인간존엄의 형사법,
형사정책 및 제도개혁

대표편집 한인섭 / **공동편집** 문준영 · 김영중 · 김광수

한인섭	이상수	최준혁	강민구	이덕인	김대근	장다혜	정도희	고명수
최정학	김광수	박경신	정민영	김남준	하태영	김영중	임수빈	김태명
김동혁	이형근	김현숙	박지현	이기수	김상준	안성조	신상현	서주연
임보미	한상훈	홍진영	문준영	이윤제	오병두	김한균	김지선	신혜진
박형관	신용해	박진열	심유진	금용명	정긍식	이경주	이재승	김남진
김두식	최광준	오두진	이창화	임성호	김진우	뮤즈니	강태경	양현아
백태웅	이주영	김창록	황승흠	심우민	임은정	박근용		

박영사

출간에 붙여

한인섭

　1977년 대학에 입학한 지 거의 반세기가 되어 간다. 시대의 격랑 속에서도 크게 다치지는 않은 채, 1986년에 교수직에 입문했고, 서울대에서는 30년 동안 교수로 있으면서 학생들을 가르치는 복을 누렸다. 학자 생활 초창기엔 동학들과 토의하고 글을 썼지만, 점차 제자들의 연구를 북돋우고 논문을 지도하는 즐거움을 누렸다. 어떤 연구자든, 그의 학위논문은 시간과 정성에서 최고의 역량이 응축된 작품인데, 교수는 논문 지도의 명목으로 제자들이 개척해 가는 새로운 주제와 구상으로부터 많은 것을 배우게 된다. 제자가 교수로부터 배우는 게 있다면, 교수가 제자로부터 배우는 것도 그에 못지않다. 때로는 보다 좋은 논문을 만들어 내기 위해 같이 끙끙거리기도 하고, 활발한 토의를 하면서 공동 탐구해 가는 순간들이 가끔은 괴로워도 돌이켜 보면 소중하기 그지없다.

　근래에 이를수록 논문 지도의 방법을 약간 달리하게 되었다. 대학원 강의에서는 그 학기의 기본주제의 독해와 아울러, 이전에 쓰여진 선배들의 박·석사논문들을 수강생들과 다시 읽는 기회를 가졌다. 대학원생들에게 최우선 과제는 학위논문을 잘 작성하는 것인데, 거기에 선배들의 학위논문만큼 유용하게 참고되는 게 달리 없을 정도다. 그래서, 학기 중에 선배들의 연구를 대하면서, 자신이 추구할 논문의 주제도 떠올려 보도록 하고, 자신의 논문의 초고를 잡아 발표해 보도록 한다. 그때그때 압박감은 있지만, 논문 작성에 실제적으로 도움이 될 것으로 믿는다. 때로는 관심 있는 주제의 선배 학자와 직접 연결하기도 하고, 초청강사로 모시기도 하는데, 요즘은 zoom에 익숙한지라 서로 연결하는 데 크게 어려움도 없다. 이리하여 서로의 만남과 접촉의 활성화를 통해 학문공동체로서의 모습을 구체화하여 간다면, 서로에게 매우 다행한 일이다 싶다.

　현직 교수로서의 시한이 가까워지면서, 이제까지의 제자들의 학위논문과 일반논문을 죽 살펴보자는 생각이 생겼다. 학위논문 이후 각자가 자신의 주제들을 어떻게 더 발전시켜 갔는지도 궁금했다. 독해하면서 그중에 각 1편의 논문을 선별하여, 대학원생들의 교육자료로 만들어 제공해 봤다. 이렇게 하다 보니, 나 자신의 관점과 방향이 보이기도 했다.

내가 주로 교수로서 강조한 것은 형사법에서 인간존엄의 가치를 어떻게 하면 높일 수 있을까 하는 것이고, 형사절차에서는 국가 측에 비해 열악한 각 당사자들에게 보다 힘을 실어주기 위해 적법절차와 인권보장의 가치를 조금이라도 높여 보자는 데 주안점을 두었다고 할 수 있다. 1989년 <법과사회>를 창간할 때의 초심을 빌려 오자면, "억압적. 권위적 법문화를 청산하고 민주적이고 정의로운 규범질서를 적극적으로 모색하는 법학", "우리의 구체적 법현실에서 문제점을 찾아내어 그 해결책을 모색하는 법학", "전문가와 대중 사이의 담벽을 헐고 대중과 함께하는 법학"이 부족하지만, 나의 지향점이었다. 이렇게 사회적 약자, 소수자, 다중적 피해자, 법소외자를 위한 법학에 보다 주안점을 두자고 하다 보니, 제자들도 지도교수 혹은 심사위원으로서의 나의 관심을 의식하지 않을 수 없어 이를 보다 적극 반영한 측면이 있었겠다 싶기도 하다.

교수로서, 학자로서, 나는 사회적 발언을 적극적으로 펼친 참여형 지식인일는지 모른다. 실제로는 암중모색하면서, 때로는 주저주저하면서 목소리를 내거나 글을 쓴 것인데도 말이다. 특히 형사법의 민주화, 형사사법 제도 및 관행의 개혁에 대해 구체적인 대안을 주장하고, 이를 관철하기 위해 여러 노력을 해 왔다. 내 논문이나 활동에 관련된 키워드를 찾자면, 아마 제일 순위로 '개혁', '참여', '인권', '사법개혁' 등이 나올 것이다. 사실 어떠한 개혁 작업도 단독의 성취물이 될 수 없다. 예컨대 정부위원회에서, 입법과정에서 참여하여 힘들게 어떤 개혁안을 성사하는 데 조금 관여했다고 하더라도, 그 이후의 전개에서 복잡한 여러 과정을 거쳐 겨우 입법화에 도달하고, 그것의 구체화에도 수많은 난관이 따른다. 그러기에 최종적 결실은 나의 애초 의사와는 극히 일부밖에 공통점이 발견되지 않는 경우도 적지 않았다. 그럼에도 그 정도의 진전도, 한둘의 작품이 아니라 모두의 엄청난 수고가 집적된 것이다. 그래서 내가 특정한 개혁에 관여했다고 해도, 다만 나도 그 주제에 관심을 갖고 약간의 관여를 했다는 정도라고 말하는 것이 정직할 것이다.

그러한 개혁 작업의 동반자로서, 암중모색하고 주장점을 만들어가는 도상에서 참으로 좋은 동반자들과 함께하는 기쁨을 누렸다. 대학·대학원에서 사제관계로 만난 사이에 못지 않게, 서로를 격려하고 자극하면서 길을 개척한 소중한 학문적 동반자이고 인생의 동행인들이다. 그리고 함께 고민하고 실천한 경험들이 보석 같은 논문으로 결실된 것을 찾아내어, 회고하면서 읽는 기쁨이 컸다. 사법개혁에의 실천적 모색, 그리고 통합적 사회과학의 일환으로 법을 이해하는 동반자 혹은 동행인들의 지적 산물을 찾아 공유하면서 마음속으로 감사를 느끼는 그런 소중한 과정이었다.

이렇게 대학원의 논문지도, 그리고 사법개혁 및 법학지식의 형성에서 동반자들의 논문을 모아, 다시 후학들의 교육자료로 쓰다 보니, 소수의 학생만 보기엔 아까워서, 보다 널리 보기 위해서 하나의 책자로 간행하자는 생각이 들었다. 책을 묶는 키워드는 <인간존엄>이라는 것이다. 혹자는 물을 수 있다. 범죄라는 게 인간존엄을 파괴하는 행위이고, 형사(사)법은 그 죄지은 자를 찾아 처벌하는 법이고 절차인데, 거기에 인간존엄이란 말을 갖다 붙이는 게 오히려 수상쩍은 게 아니냐는 것이다. 때로는 짐승만도 못한 짓을 한 자들에게도 헌법과 법률상의 적법절차를 최대치로 보장하자는 게 피해를 당한 약자의 고통을 더하는 게 아닌가 하는 의문들이 생겨날 수 있다. 그 의문들 모두 나름의 절실성을 갖는다. 그럼에도 형벌의 주체인 국가의 권력남용으로 인해 무자비한 피해가 양산되어 온 것도 엄연한 역사적 현실이고, 우리 법제상 보장된 적법절차 규정들도 실제로 제대로 활용되지 못하는 경우도 허다하다. 명료하고 간편한 제도를 안착시키면, 수많은 사람이 쉽게 권리를 활용하고, 자신의 안전을 쉽게 보장받을 수도 있다.

　법학자로서의 나의 입지점은, "모든 사람은 인간으로서의 존엄과 가치를 가지며, 행복을 추구할 권리를 가져야 한다"는 것이고, "국가는 개개인의 기본적 인권을 확인하고 이를 보장할 의무를 진다(헌법 제10조)"는 것이다. 모든 국민은, 그 어떤 처지에 있든, 어떤 잘못을 했던, "인간"으로서의 존엄과 가치를 평등하게 인정받아야 한다는 것이다. 형사법에 관여하는 모든 사람들은 자신의 임무가 인간존엄을 회복하고, 인간존엄을 확인하는 것임을 늘 깨달아야 한다고 믿는다. 구체적인 상황 속에서 이런 명제는 계속 흔들리고 도전받을 수밖에 없지만, 그리고 그에 대한 심정적 공감도 자연스럽지만, 그럼에도 불구하고 법률가는 인간존엄의 명제를 황금률처럼 간직하고 법적 작업을 해 나갈 것을 국가와 국민으로부터 요구받고 있다고 생각한다. 그 점을 다시 한번 환기하고 주창하기 위하여 <인간존엄>을 염두에 두고, 우리의 형사법과 형사현실의 문제와 과제를 다양한 각도에서 검토할 수 있으면 하는 바람이다.

　애초의 구상보다 필자의 범위가 늘어나게 되고, 도중에 소중한 인연들이 떠올라 새로 추가되기도 했다. 출판사에 넘기고 보니, 분량이 생각보다 훨씬 늘어났지만, 그 모든 것을 소중하게 여기고 한 권의 책으로 담아내기로 했다. 지난 몇십 년간 출판 동반자로서 함께해 온 박영사와 조성호 이사님, 편집의 수고를 맡아주신 이수연 대리님께 감사드린다.

2025년 2월 14일
서울대 법학연구동 3층 연구실에서
한인섭 씀

인간존엄을 향한 개혁법학자의 길

문준영

작년 가을 법과사회이론학회 추계 학술대회의 제2부 행사로 마련된 특별 대담에서 한인섭 교수님께서 그동안 관여하신 학문적·사회적 실천의 장에서 당신이 하신 역할에 대해 '에디터'라고 말씀하신 것으로 기억한다.

교수님께서는 학자의 길을 걷기 시작한 무렵 『형사정책』(1985)과 『법과사회』(1989)의 창간과 편집을 주도하고, 『법·국가·저발전』(1986), 『5·18, 법적 책임과 역사적 책임』(1995), 『국민을 위한 사법개혁』(1996), 『재심·시효·인권』(2007), 『2008년 한국과 표현의 자유』(2009), 『한국의 공익인권소송』(2010), 『양심적 병역 거부와 대체복무제』(2014), 『교정판례백선』(2024) 등 다수의 편저에 관여하셨고, 『거창양민학살사건 자료집 1~7』(2003, 2007), 『인권변론자료집 1~6』(2011), 『식민지법정에서 독립을 변론하다』(2012), 『가인 김병로』(2017), 『인권변론 한 시대』(2011), 『이 땅에 정의를』(2018), 『그곳에 늘 그가 있었다』(2020) 등의 자료집과 저서로 한국 민주주의와 법률가의 역사를 기록하고 편술하셨다.

또한, 돌이켜보면, 사형제의 실질적 폐지, 국민참여재판제도, 로스쿨 제도, 양심적 병역 거부와 대체복무제, 공수처 창설, 형집행법 제정 등 1990년대 이후 지금까지 한국 사법제도의 변화와 개혁의 성과들이 빚어지는 현장에서 교수님께서는 창의적이고 성실한 저자이자 에디터와 같은 역할을 하셨다. 교수님께서 공저한 책의 제목을 빌리면, 우리나라의 형사법과 형사정책, 사법제도가 나아가야 할 길을 탐색하고 닦는 '그곳에 늘 그가 있었다.' 제자의 한 사람으로서 이 글을 적는 내가 지켜본 교수님은, 이 책의 기조 논문에 쓰인 것처럼, 시대의 기후를 예민하게 읽고 한국의 법·제도·정책이 지금 여기서 한 발짝 더, 그러나 단단한 한 걸음을 내딛게 만들기 위해 어느 방향으로 어떻게 논의와 메시지를 조율·집중하고 효과적이고 설득력 있게 전달해야 할지 치열하게 고민해 오셨다.

이 책에는 그러한 교수님과 오랜 동학으로서, 서울대 법대 교수 30년 동안 교수님으로부터 가르침과 영감을 받은 제자로서, 또는 지난한 사법개혁 작업을 함께한 동반자로서 인연을 맺은 60명의 글이 실려 있다. 이 책은 우리 시대의 형사법, 형사정책과 사법개혁 과제를 정돈하고 법과 정책과 개혁의 비전을 세우는 계기로 삼는다는 의미에서 필자들의 글을 한 권의 책으로 엮은 것이다. 동시에 이 책은 교수님이 정년을 맞이한 즈음에 기획되고 발간 작업이 추진됨에 따라 교수님의 정년을 기념하는 논문집이라는 의미도 갖게 되었다. 통상의 정년 기념 논문집이라면 새로운 글을 받아 신겠지만, 이 책에 실린 글은 모두 필자들이 과거에 쓴 글을 그대로 유지하고, 필요한 곳에서 후기를 통해 보완하도록 하였다. 이 책의 내용을 보면, 이미 시효가 지난 것이 아니라 현재 진행 중인 이슈와 과제를 다루고 있음을 알 수 있을 것이다.

흩어져 있는 글을 모아 체계를 갖추게 하는 데는 무엇보다 교수님의 예의 에디터로서의 역량이 큰 힘이 되었음을 밝혀둔다. 나와 김영중 한국형사·법무정책연구원 연구위원은 옆에서 거들었을 뿐이고, 김광수 박사가 60명에 이르는 필자들과 연락하며 이 책의 발간에 이르기까지 여러 궂은일을 맡았다. 이 자리를 빌려 이 책을 위해 글을 내주신 필자들과 김광수 박사에게 깊은 감사의 말씀을 전한다. 몇몇 필자는 후기 지면을 이용하여 한인섭 교수님과의 학문적, 개인적인 인연을 적었다.

부족하지만 이 서문과 후기들로 정년을 맞이한 교수님께 드리는 헌사에 갈음할 수 있기를 바랄 뿐이다. 다시 한번 교수님의 정년을 진심으로 축하드리며, 교수님의 바람과 같이 이 책에 실린 글들이 인간존엄의 형사법과 형사정책, 제도개혁을 향한 마중물이 되고 새로운 물꼬를 트는 데 이바지할 수 있기를 기원한다.

2025년 2월 14일
제자의 일원으로
문준영 씀

차례

기조논문:
인권 기반의 통합적 형사법학을 향한 연구와 과제

제1편. 인간존엄성의 형사법

2장. 형법을 통한 인간 존엄성의 보호
―혐오표현에 대한 형사제재를 중심으로―   73

최준혁(교수, 인하대학교 법학전문대학원)

3장. 비인간적이고 잔혹한 형벌의 의미
―미국수정헌법 제8조와의 비교―   98

강민구(변호사, 법무법인 린)

4장. 사형제도의 정당성에 대한 비판적 검토   123

이덕인(교수, 부산과학기술대학교 경찰행정과)

10장. 수사과정에서 나타나는 허위자백의 징표   650

이기수(교수, 전남대학교 해양경찰학과)

11장. 배심원의 의사결정과정에 관한 실증연구:
한국 최초의 모의 배심재판 사례 분석   670

김상준(변호사, 법무법인 케이에스앤피)

12장. 임의제출물 압수에서 '임의성' 요건:
자백배제법칙과 미란다 판결의 함의   720

안성조(교수, 제주대학교 법학전문대학원)

제3편. 인간존중의 형사·교정정책과 제도개혁

제4편. 갈등하는 역사현실 속에서 법과 인권

11장. 인권에 대한 관계적 접근 1487

이주영(연구교수, 서울대학교 인권센터)

12장. 한국 로스쿨의 의의와 과제
- '로스쿨 시스템'을 로스쿨답게 만들어야 - 1510

김창록(교수, 경북대학교 법학전문대학원)

13장. 법과 사회의 지나온 과거와 미래상 1551

황승흠(교수, 국민대학교 법과대학) · 심우민(교수, 경인교육대학교)

14장. 함께 가는 길
− 인(因)과 연(緣), 필연 −

1572

임은정(부장검사, 대전지방검찰청)

15장. 참여연대에서 얻은 보람

1584

박근용(공익제보센터장, 서울시교육청)

기조논문:
인권 기반의 통합적
형사법학을 향한 연구와 과제

기조논문

인권 기반의 통합적 형사법학을 향한 연구와 과제 - 실태·정책·법의 트라이앵글 속에서 -*

한인섭(교수, 서울대학교 법학전문대학원)

I 머리말

한국형사정책학회에서 기조강연[1]을 요청하면서 필자에게 제기한 질문은 '로스쿨 시대에 형사정책이 설 자리는 어디인가?' 하는 것이었다. 이전 사법시험의 시대에는 형사정책은 1차 선택 과목(객관식)의 하나였고, 학부에 형사정책 과목이 개설되어 상당 수의 법학도가 수강했다. 형사정책 제목의 교과서와 문제집도 있었다. 그런데 지금 변호사시험에는 형사정책은 선택과목에서도 빠졌고, 3년간의 빡빡한 수업 일정에 형사정책 과목을 택하는 학생 수가 현격히 줄어들었다. 학문 분야로서의 형사정책도 대학, 로스쿨에서 경시되거나 무시되고 있다. 강좌 개설 대학도 줄어들고 있다.

학생들은 객·주관식 시험 압박 속에서 정답으로 분류되는 판례 지식을 흡수하는 데 바쁘다. 판례 중에서 반대의견, 소수의견은 달갑지 않다. 정답 인식에 혼동을 불러일으키기에, 다수의견을 중심으로 암기식으로 흡수하려 든다. 교수들은 어떤가. 교수들의 논문에도 판례 의존도가 현저히 높아져 간다. 논문 중 판례평석 혹은 판례비평의 비중이 갈수록 높아진다. 최근에 올수록 대법원 판결, 헌법재판소 결정은 풍부한 논변을 담고 있다. 다수의견과 반대의견이 논리성을 갖추고 있기에, 그 판례의 틀 속에서 작업하게 되며, 독자적 사고를 과감하게 전개하는 연구도 점점 줄어드는 것

* 이 글은 한인섭, "형사법 연구·교육에서 형사정책 지식을 활용하기 - 실태·정책·법의 트라이앵글 속에서 -", 형사정책 제35권 제2호, 한국형사정책학회, 2023에 게재되었음을 밝힌다.

1) 이 글은 2023년 4월 22일 한국형사정책학회에서 행한 기조강연을 바탕으로 하면서, 그 전후에 활발히 피드백을 해주신 여러 연구자들의 지적에 자극받은 바 크다. 크고작은 의견과 도움을 주신 분들께 감사 드린다.

같다. 형사법 연구자들은 대체로 실정법과 판례를 중심으로 하면서, 약간의 비교법적 검토를 평면적, 선별적으로 가미하여 자신의 논거를 뒷받침한다.

연구 대상이 되는 사실관계는 어떤가. 대법원 판례 평석의 경우 사실관계는 고정되어 있다. 물론 연구대상의 선정 동기로서 작용하는 사건, 사고 등이 논문의 도입부에서 본문 혹은 각주로 제기되는데, 단편적이고 일화적인 경우가 적지 않다. 본론에 이르러서는 그러한 사례에 대한 검토보다는 법리적 측면에서의 지적 담론에 치중한다. 그런 방법은 형사법 논문이라면 일응 당연할 듯도 보이지만, 아마도 논자의 선행지식과 경험 속에서의 제한된 사례군이 자신의 해석에서 보이지 않는 동반자 (invisible partner) 역할을 한다고 보면, 사실관계에 대한 충분한 조사가 있는 경우와 비교하면 아쉬울 수 있다.

형사법계에서 형사정책은 동반학문처럼 여겨질 수도 있지만, 보조학문으로서 다루어지거나 아예 무관심한 경우가 적지 않을 것이다. 형사정책은 종합학문이라고 하지만, 관련 학문과의 생산적, 적극적 교류의 모습이 그리 잘 보이지 않는다. 학문으로서의 형사정책의 재활성화를 통해, 형사정책은 물론 형사법적 지식에 생기를 불어넣고, 관련 학문도 풍부하게 하는 그러한 가능성은 없는 것일까. 형사정책의 새로운 좌표 설정이 필요한 것 아닐까 이런 문제제기가 나오게 되는 것이다.

그런데 문제의 심각화가 로스쿨과 변호사 시험 때문일까. 이는 또 다른 검토사항이다. 로스쿨 이전 시대에도 법 분야에서 형사정책은 주변학문이었고, 형사법적 논고가 형사정책의 뒷받침을 받으며 풍부하게 전개되었다는 그런 사례도 별반 없다. 또한 형사정책이 객관식 고시과목이었던 시절에도 그 객관식 문제는 학문으로서의 형사정책과 큰 관련이 없는 듯이 느껴졌다. 형사정책은 확립된 답변의 지식체계라기보다 각 분야에서, 방법론과 초점에 따라 다양하고 다변하기 때문에 객관식 문제로 출제하기엔 근본적 한계가 있다고 생각한다.

다른 한편 로스쿨 시대의 학생은 이전의 법학부 학생과 지식 기반이 다르다. 법학부 학생은 대개 법률과 판례, 교과서와 문제집의 범위를 벗어나지 않는다. 그들에게는 형사정책적 지식의 기초가 될 사회과학(사회학, 경제학, 행정학, 조사방법 등)에 대한 체계적인 지식을 접할 기회가 적다. 그러나 현재 로스쿨에는 거의 법 밖의 분야, 사회과학과 인문학적 소양을 갖춘 학생들이 있으며, 자연과학이나 공학, 의학 지식을 갖춘 학생도 있다. 특정 학생은 어느 한두 분야의 전공이겠지만, 한 강의실에는 여러 전공지식의 기본 소양을 갖춘 학생들의 집합체가 모여있는 셈이다. 따라서 형사정책적 지식과 형사법을 연결하고자 할 때, 그것이 어떤 세부 전공의 지식을 요하는 것이라면 학생집단 중에 누구는 교수보다 훨씬 체계적이고 최신의 지식으로 발표, 토론에 임할 잠재력이 있다. 그러니 오히려 현재의 로스쿨 학생들을 대상으로 한다면, 형사정책적 지식을 더 밀고 나갈 수 있지 않을까.

물론 변시 합격이란 당면 목표 앞에 시간을 다른 곳에 쏟을 여유가 거의 없다. 학생 개인에게도, 소속 대학에서도, 변시 합격률은 선차적인 목표가 되기에 변시 과목이 아닌 과목을 지식 심화 차원에서 활발하게 토론하는 모습은 기대하기 어려울 수도 있다.

그러나 필자는 약간의 다른 방식으로 문제제기를 하고 싶기도 하다. 첫째, 학생들은 열린 지식체계를 갖고 로스쿨에 진입했는데, 교수들이 그러한 지식체계에 대한 접점이 없거나 익숙하지 않아서, 교수들이 학생들을 법내부의 세계, 즉 법률과 판례와 약간의 법학적 지식의 틀 안에서 사고하도록 지적 협소화에 기여하고 있지 않은가 하는 점이 하나다. 둘째, 변시 합격률 앞에서 뭔가 불안한 학생들이 풍부한 논변과 판례, 입법 비평의 열린 강의와 지도를 원치 않는다는 그런 소극적 자세를 보이고 있지 않을까 하는 점이다. 대법원 산하에 있던 사법연수원의 연수교육에서는 대법원 판례에 대한 빈번한 비판이나 원생들의 자유로운 토론은 권장되는 분위기가 아니었다. 그러나 법조인 양성의 중심이 연수원으로부터 법학전문대학원 체제로 바뀌게 되었을 때, 기대된 교육의 하나는 창의적이고 자유로운 교육 내용과 방식의 개발이었다. 수험법학의 압박이라는 현실 속에서도, 그러한 기대가치는 계속 실험되고 도전되어야 한다고 생각한다. 셋째, 판례 위주의 연구와 교육은 당연히 필요하지만, 교수가 판례와 법해석 속에서 주로 활동하면 그러한 방식의 법학 학습은 학생들에게도 당연히 영향을 미친다. 학생의 당면한 필요(needs)와 교수의 소극적 자세가 상호 영향을 미치면서, 연구와 교육이 모두 협소해지지는 않는가 하는 문제의식을 가질 수 있다.

필자는 지금 로스쿨과 일반대학원에서 형사법, 형사정책 관련 과목을 맡고 있다. 사회과학, 사회조사 분야는 형사문제에 꼭 필요한 동반자라고 생각하지만, 그 분야에서는 지식 흡수와 전달을 넘어서 지식 창조의 연구를 할 수준은 되지 못한다. 필자도 로스쿨 교수로서 위에서 지적한 바의 문제제기에서 자유롭지 못하다. 그러니 지금부터의 논의는 로스쿨의 형사법 교수의 입장에서 무엇을 어떻게 연구하고 교육할 것인가에 대한 필자 자신의 주관적 경험과 개인적 비전을 말하는 것이 될 것이다. 그러니 일반적, 추상적 논의가 아니고, 필자 자신의 관심, 지식, 경험의 드러냄이 될 것이다. 이는 자기 모색에 대한 조심스런 점검이자 모자람의 고백이기도 할 것이다.2) 필자의 주관적 편향과 한계가 자연스럽게 드러날 것이고, 비판받을 지점도 드러날 것이다.

논의를 위한 대상, 인용되는 자료는 주로 필자가 그동안 써온 글들이다. 돌이켜 보면 부족하기 그지 없지만, 개별적인 논고에서 나름의 모색, 특히 뭔가 다르게 노력하려 한 점들이 있을 수 있다.

또 한 가지 미리 말해두고 싶은 것은, 필자의 글들은 개혁지향성을 추구한다는 점이다. 개별 논문을 쓰거나 단행본을 편집하거나 단독집필을 할 때, 늘 현실 속에서 문제를 추출하고, 그것을 형사사법의 제도적 개혁이란 각도에서 접근하려고 해 왔다. 판례의 변화를 요청하는 글들도 있지만, 그 경우에도 궁극적으로는 입법적, 제도적 해결을 염두에 두면서 그러한 시도를 추구했다. 적어도 현실 속에서 어떤 고충, 민원, 문제, 쟁점이 추출된다면, 그것은 일차적으로 해석론의 영역에서 논변을 추구하되, 그에 머무르지 않고 제도개혁, 사법개혁의 차원을 염두에 두고 연결하고자 했던 것이다. 그런 면에서 정책적이고, 개혁적인 지향점을 갖는다. 그러한 접근방식의 장단점이 있겠지만, 어쨌든 필자의 입각점이 그러함을 미리 말씀드리는 것이 지적 예의라 생각한다.

Ⅱ   형사법 문제를 다룰 때 바탕이 될 자세

필자가 형사법을 강의할 때 꼭 인용하는 몇 대목이 있다. 먼저 근대 형사법의 선구자의 첫 번째로 꼽히는 체사레 벡카리아는 <범죄와 형벌>의 마지막을 이렇게 쓰고 있다. "형벌은 어떤 경우에도 시민에 대한 폭력이 되지 말아야 한다. 형벌은 가능한 한 최소한의 것이어야 하고, 범죄에 비례해야 한다."3)

형벌은 고통이다. 그것도 의도적 고통을 국가가 강제력을 갖고 집행하는 것이다. 형벌 그 자체는 악(evil)이되, 사회적으로 법적으로 필요한 한도 내에서, 엄격한 형사절차에 따라 집행될 때 비로소 정당화되는 점에서 필요악(necessary evil)이다. 이는 베카리아든, 벤담이든, 오늘날 형사법의 바탕 지식에 해당한다. 형벌권의 행사는 국가의 책무이자 권한인데, 그 권한 행사자는 재량의 여지가 있음을 악용하여 쉽게 권

---

2) 한인섭, "다양한 전공, 그 특장을 융합하는 로스쿨 강의," 서울대학교 법학, 제51권 제1호, 서울대학교 법학연구소, 2010, 325－333쪽.

3) 체사레 벡카리아/한인섭 역, 범죄와 형벌, 박영사, 2006, 192쪽.

한을 넘어서 권력남용의 유혹이나 습관에 빠지게 된다. 구성요건의 문언적 의미를 확장하고, 목적론적 해석을 쉽게 끌어들이고, 어떤 경우에는 국민의 엄벌정서를 끌어들여 형사법적 적용범위를 확장하려 든다. 수사기관의 경우, 속된 말로 털면 먼지 안 나는 자가 어디 있나, 안 나오면 나올 때까지 털자는 식으로 권한을 권력화한다면 형벌권과 소추권 자체가 제도악으로 변질될 수 있다.

그러니 형사법을 공부하는 초입부터 형벌권은 최후의 수단이고, 필요 최소한도로 행사되어야 하며, 그 자체가 하나의 악(harm, evil)일 수 있음을 명심해야 한다. 이를 형사법의 겸억성 혹은 절제성이라 부르기도 한다.

근대 이전의 최고 법률가라 할 만한 다산 정약용 역시 이런 점을 너무나 잘 알고 있었다. 그의 흠흠신서 서문에서는 "하늘만이 사람을 살리기도 하고 죽이기도 하니 사람의 생명은 하늘에 매여 있다. 사람이 하늘이 권한을 대신 쥐고서 삼가고 두려워할 줄 몰라 살려야 될 사람을 죽이기도 하고, 죽여야 할 사람을 살리기도 한다… 삼가고 또 삼가는 것(欽欽)은 형벌을 다스리는 근본이다."[4] 형벌권을 행사하고, 해석하는 자는 삼가고 또 삼가는 자세로 임해야 한다는 것이다. 이는 형사법적 쟁점을 다루는 이론가에게도 다르지 않다. 해석론에 능소능대함에 취해 확장, 유추해석의 묘리에 빠져드는 것은 경계해야 할 것이고, 형사법 적용 대상이 아닌 영역에 무리하게 확장하여 형사법의 영역을 넓혔다고 자찬할 일이 아니다.

한편 형벌은 과연 나쁜 것이기만 할까. 잘못된 사람을 개선·교화하고, 심리적 어려움에 처한 자를 치료·처우하는 것은 오히려 선한 것이 아닌가. 여기서 의료적 처우, 심리적 처우와 같은 의료적–치료적 조치(medical–therapeutic measurement)를 필요한 범위 내에서 행하고, 그것도 수혜자의 비용부담 없이 국가가 처우하는 것은 필요악이 아니라 필요선이며, 개인적–사회적 복지의 제공 아닌가 하는 접근이 나올 수 있다. 실제로 교정처우, 의료처우의 이름으로, 혹은 보안처분이나 치료개선처분의 이름으로, 이러한 조치의 적극적 확대를 고취하는 이론이 대세를 점했던 시기도 없지 않았다. 그러나 그러한 처분이 개인적 자율성을 침해하고, 더욱이 자유박탈이라는 형벌효과와 병행해서 가해진다면, 그것이 과연 어떻게 정당화될 수 있을 것인가.

이럴 때 필자는 우리 형법 및 형사소송법의 제정에서 결정적 역할을 한 입법자인 엄상섭 의원의 글을 자주 음미하곤 한다. 그에 따르면 "형벌에 대한 개념 설정이나 명칭의 여하에 불구하고, 형벌에 대한 사회인의 전통적 감정과 자유박탈이라는 본질적인 요소만은 변질시킬 수 없다는 것 등을 치밀하게 검토해 볼 때에는 교육형이란

---

4) 정약용 저/박석무·정해렴 역주, 흠흠신서 1, 현대실학사, 1999. 21쪽.

결국은 장미화가 장식되어 있는 정도의 형관(荊冠, 가시관)에 불과한 것이다. 형관인 이상 이를 쓰고 있는 사람의 고통에 있어서는 장미화로 장식된 것이라고 하여 가감이 있는 것은 아니다."라고 했다. 새로운 이론과 학설로 형관을 장미인 양 미화하는 일각의 입장에 대해 그는 "신기(新奇)를 좋아하고 이념론의 매력에만 현혹되지 말고 인간의 생태를 토대로 하는 학구적인 태도를 가지는 데서만 '사람을 해치지 않는 형법이론'을 파악하게 될 것이다."라고까지 한다. 이와 같이 그는 형법이론이 낡은 이론은 물론이고, 새롭고 기발한 이론이라 할지라도, 인간 생태를 무시할 때 '사람을 해칠' 가능성이 있는 형법이론이라고까지 그 위험성을 경고하고 있다.[5]

대학에서 형사법을 강의할 때, 한계 중의 하나는 형벌론, 그것도 형벌의 본질과 현상에 대한 논의를 거의 하지 않는다는 것이다. 형법은 강의 시간 부담 때문에 형벌론까지 가지 못하는 점도 있을 것이고, 형벌론은 수험 문제로 등장하지 않는다(전형적인 문제 경향은 '죄책을 논하라'이지 '형벌을 논하라'는 없다)는 이유도 있을 것이다. 형사소송법에도 형벌의 문제는 다루지 않는다. 형사법이 범죄와 형벌의 법인데, 그 한 축인 형벌은 강학상 무시된다. 범죄론의 경우도 범죄의 실태, 생태 등 범죄학적 측면은 거의 언급되지 않는 경향이 있고, 구성요건의 비중이 압도적으로 높다. 범죄자의 개별적, 유형적 특성은 완전히 소거되고, 오직 갑, 을 등 추상인이 행위의 주체로 기술된다. 형벌 부분은 당연히 안다고 전제되거나 알지 못해도 된다고 무시된다. 필자의 강의도 크게 다를 수 없지만, 그래도 형벌의 본질이나 그 형벌의 특성, 형벌의 실제 효과에 대해 언급, 주목은 하고 지나치려고 노력한다.

형벌은 범죄문제를 해결하기 위한 수단 중의 하나이고, 그 중에서 가장 강력한 수단에 해당한다. 극악한 범죄자를 인간으로 대우하고, 교정기관에서 교정·교화·개선·치료를 위해 애쓴다는 것은 일견 모순으로 여겨질 수 있다. 피해자는 회복하기 어려운, 때로는 회복불가능한 피해 속에 신음하는데, 범죄자에게 변호인의 조력을 받게 하고, 3심의 기회를 보장하고, 교정처우에도 인간존엄과 인간다운 대우를 강조하고, 과밀수용은 위헌이라 하여 적정한 시설 여건을 법적 의무로 부과하고, 인간다운 품위와 배려를 보장하게 하는 것에 대한 대중적 분노는 일상적이다. 그러나 우리 헌법과 인권법은 분명하게 규정한다. "모든 국민은 인간으로서의 존엄과 가치를 가지며, 행복을 추구할 권리를 가진다." 여기서 "모든 국민"에 수형자도 당연히 포함된다. 그가 인간존엄과 가치를 향유할 수 있는 것은 그가 그 대우를 받기에 합당한 가치 있는 행위를 해서가 아니라, 무조건 그가 "인간"이기 때문이다. 즉 인간이기만 하면, 헌법

---

5) 엄상섭, "형법연구의 기본 태도(1956)", 신동운·허일태 편, 효당 엄상섭 형법논집, 2003. 8−9쪽.

적 존엄가치를 갖고, 행복추구권을 갖는다는 것이다. 국가는 이러한 인권이 불가침임을 확인하고, 이를 보장할 의무를 질 뿐이고, 그 불가침한 인권을 박탈할 수 없다. 형사법을 연구하고 교육한다는 것은 도저히 구제가망이 없는 것처럼 여겨지는 극악한 존재에게서도 "인간으로서의 존엄과 가치"를 확인하고, 그를 그러한 대우를 받아 마땅한 인간으로서 재정립하는 것이다. 세간의 인식이 그와 매우 동떨어진 지대에 있다면, 그 간격을 줄여갈 책무를 형사법학자는 지고 있다고 생각한다. 적어도 강의나 연구에서 나는 그 점을 잊지 않으려 노력하고, 강조하려고 한다.

Ⅲ 형사문제를 보는 좌표

1. 실태·정책·법의 트라이앵글 속에서

형사법학자는 법률, 판례, 학설 사이에서 순환한다. 가끔 외국법이나 비교법적 지식을 첨가하는데, 그러한 지식은 비교법적 검토가 본 주제가 아닌 한, 산발적이고 평면적이다. 최근 논문 유형 중 다수는 판례 중심적이다. 판례에 대한 해설이든, 비판이든, 판례의 프레임 속에서 작업한다. 최근에는 판례에서 다수의견, 반대의견, 보충의견 등 논변이 풍부하게 이루어지면서, 전원합의체를 통한 판례 변경도 잦다. 2년 전의 교과서를 그대로 쓰기 어려울 정도의 변화 추세다. 그러니 판례의 동향을 정확히 아는 데만도 시간이 넉넉지 않아, 더욱 판례를 중심으로 논의가 진행된다. 이러한 법률－판례－학설 사이의 순환 동선을 법해석학 도그마틱의 트라이앵글이라 부를 수도 있겠다.

필자의 주장은 그보다 폭넓은 트라이앵글 속에서 작업하자는 것이다. 이를 실태·정책·법의 트라이앵글이라 부르겠다. 어떤 법적 판단은 범죄에 대한 실정법적 해석과 포섭을 말하는데, 그 해석과 포섭은 도그마틱 개념의 활용을 통해 기계적으로 도출되는 것이 아니다. 판례의 소재 사실과 연구자의 경험, 지식 속에 포착된 유사 사실을 토대로, 단순 개념 적용이 아니라 필자의 가치평가가 해석 속에 보이지 않게 녹아든다. 그러나 사실, 실태를 수집·정리·분석하기 위한 의지적 노력 혹은 학술적 노력을 적극 하지 않는 편이다. 필자는 제대로 된 법적 해결을 위해서는, 문제사실 및 관련사실에 대해 보다 적극적으로 실태 파악을 하고, 가치중립적인 것처럼 가장된 법적 판단도 여러 가용한 정책 중의 하나로 위치짓고, 적절한 자리매김이 되어야 한다고 생각한다. 그래서 어떤 형사법적 학술산출물에는 실태−정책−법의 순환 작용을 계속 해가면서 최종적인 법적 판단을 하는 것이 더 필요하고 바람직하다고 생각하는 것이다.

이것은 협의의 형사법적 좌표보다 훨씬 넓은 트라이앵글을 그려낸다. 그러한 주장을 더 탄탄하게 받쳐줄 지적 기초가 있을까. '최선의 사회정책이 최선의 형사정책'이라고 한 Franz von Liszt의 소론을 소개하고 싶다. 그는 협의의 형법학이 아니라, 폭넓은 형사법학을 제창했다. Gesamte Strafrechtswissenschaft라 불리우는 그것인데, 통상 전(全)형법학 등으로 번역되곤 하지만, 그 취지를 더 잘 살리면 <종합형사법학>이라 하는 것이 더 좋겠다고 생각한다. 그 종합형사법학은 ① 범죄현상과 원인에 관한 학문으로서의 범죄학 ② 형법학 ③ 형사정책을 포함하는 기획이었다. 이러한 리스트의 관점은 오늘날에도 종합형사법학지를 통해 내려오고 있으며,[6] 독일 프라이부르크 시의 막스플랑크 범죄학·안전·법 연구소의 경우도 범죄학 분과와 형사법 분과의 결합으로 많은 연구성과를 축적하고 있으며 연구소장도 그 공동소장체제를 이끌어오고 있다.[7]

이에 반해 영미는 범죄(사회)학 등 사회과학 중심으로 진행되고 있으며, 로스쿨 내의 형법학은 범죄학적 성과를 토대로 삼고 있는 경우가 많지 않다. 하지만 범죄학(criminology)라 할 때 범죄사회학과 형사법에 대한 법사회학적, 사회과학적 연구를 포함한다. 범죄학에 관해 고전적 의미의 교과서라 할 만한 서덜랜드의 경우 criminology를 사회현상으로서의 범죄에 관한 종합지식체계라 하면서, ① 법제정, 법위반, 위반에 대한 모든 대응과정의 지식을 포괄하고 ② 형벌규정의 제정을 위한 조건을 연구하는 법사회학 ③ 범죄원인론, ④ 범죄억제 및 형벌체계를 연구하는 행형학 등을 criminology의 연구범위로 제시하고 있다.[8] 이와 같이 리스트는 도그마틱 형법학에 국한하지 않고, 서덜랜드는 법을 제외한 사회과학 만을 말하고 있지 않다. 양자 모두 종합적, ·학제적 틀을 주창하고 있는 것이다. 차이점은 독일의 경우 그래도 법학 중심인 데 반해, 영미의 경우 사회과학이 훨씬 압도하고 있는 것이다. 그러나 어떤 경우에도 형사법학의 지식체계가 이론적, 도그마틱적 범주 내에 국한하고 있지는 않다.

우리의 경우에도 형사정책은 그러한 기획을 염두에 두고 출발되었다. 1980년대 중

---

6) Zeitschrift für die gesamte Strafrechtswissenschaft [ZStW]는 1882년부터 현재까지 형사법과 범죄학의 근본문제를 탐구하는 종합 저널로써 지금껏 내려오고 있다.

7) Max−Planck−Institut(https://csl.mpg.de/de, 2023. 6. 30. 최종검색.)

8) Edwin Sutherland and Donald Cressey, Principles of Criminology, Chicago: J.B. Lippincott, 1960.; 이수성·한인섭, "세계 범죄학의 연구동향 분석", 서울대 법학, 제26권 제2호, 서울대학교 법학연구소, 1985.

반 한국형사정책학회가 출범할 때, 그 인적 구성은 법학 및 사회학의 결합이었고, 여기에 언론, 역사, 심리학 등이 함께 가세했다.[9] 1989년 한국형사정책연구원이 출범하였는데, 국책연구기관으로서 비로소 범죄−형벌에 대한 형사법적 분석과 실태조사 분석을 행하는 사회과학적 연구가 결합될 수 있었고, 실증조사연구가 체계적으로 이루어질 수 있었다. 유수한 형사법학자들도 이러한 학회 활동과 연구기관의 연구보고서 등을 통해 법학과 사회과학의 연구성과들을 용이하게 섭취할 수 있게 되었다. 비록 사회과학적, 사회조사방법론에 익숙하지 않은 형법학자라 할지라도, 한국형사법무정책연구원[10]의 30여년동안 축적된 방대한 실태조사의 연구성과를 쉽게 검색하고 이용할 수 있다.[11] 그러한 성과에 쉽게 접근할 수 있음에도 이를 외면하고, 협의의 트라이앵글의 순환 속에서 법해석 작업을 하는 것은 현 시점에서 하나의 지적 태만일 수도 있다.

종합형사법학적 안목을 추구할 경우, 자신이 다루고자 하는 쟁점에 대하여, 동학들의 선행 연구성과를 수집 이용하면서, 늘 실태−정책−법 사이의 순환을 하는 작업이 필요하다. 가령 사실적시 명예훼손죄를 다룬다고 하자. 현재 그 조문은 위헌이라거나 폐지되어야 한다는 주장이 많이 제시되어 있다. 그러한 연구성과를 독해하는 것은 당연하지만, 필자로서는 기존의 연구들에서 실태−정책−법의 트라이앵글 속에서의 의식적 접근을 별로 보지 못했다. 명예훼손의 실태를 쉽게 각종 연감 통계를 통해 변화 양상을 확인할 필요가 있을 것이다. 또한 명예훼손의 고소, 고발의 유형, 명예훼손의 매체, 피해자적 측면, 문제해결의 과정 등에 대해 실태적 이해가 이루어져야 하는데, 통계와 사례에 대한 충분한 선행조사가 이루어진 이후에 해석적 작업, 헌법적 측면, 입법론적 측면에 대한 접근이 이루어지는 것이 바람직하다고 본다. 폐지되면 민사적 방법으로 접근할 수 있지 않을까 하는데, 그 민사법적 측면이 과연 피해의 신속하고 확실한 구제에 도움될 것인가, SNS 시대를 맞아 명예훼손, 모욕의 총량이 폭증하고 있고 고소·고발 건수도 십여 년 전에 비하면 몇 배나 늘어나고 있는데 사실적시 명예훼손죄의 폐지론은 이런 새로운 법적 요구를 꼼꼼히 검토한 후에 도달한 결론인가, 그런 법적 요구에 대응할 다른 대체적 수단과 형사법적 관계의 장단점에 대한 비교 검토는 이루어지고 있을까, 이런 여러 검토를 거쳐 개별적 판단에

---

9) 한국형사정책학회 창립시의 발기취지문 등 참조. 당시의 학문적 문제의식과 비전에 대해서는 한인섭, "한국형사정책학회 창립 전후—회고와 전망", 형사정책, 제27권 제1호, 한국형사정책학회, 2015.

10) 한국형사정책연구원(KIC)는 2021년 들어 비형사 법무영역을 포함하기 위해 한국형사법무정책연구원 (Korean Institute of Criminology and Justice, KICJ)로 법적 명칭을 변경했다.

11) 한국형사정책연구원, 형사정책연구 30년의 성과와 과제 (1) 범죄학연구, (2)형사법연구, 2019.

도달할 때 보다 설득력을 갖출 수 있을 것이다.

　다른 예로 교통범죄의 경우를 살펴보자. 교통사고의 심각성에 대해 강력한 경고를 발하기 위해 등장한 것이 특가법 제5조의3 도주차량운전자의 가중처벌 조항이다. 이는 1973년 국회가 아닌 비상국무회의에서 통과된 것이다.[12] 이러한 과잉입법은 형법의 체계정합성, 다른 범죄에 대한 법정형과의 형평성 면에서 심각한 문제를 안고 있다는 지적이 빈번히 나왔고, 헌법재판소에서 일부 위헌 심판이 내려지기도 했지만,[13] 약간의 수정을 거쳐 그 골자가 유지되고 있다. 다른 한편 1980년대 초 국내에서 자동차를 생산하고 마이카 시대를 부추기면서 교통사고처리특례법이 제정되었다.[14] 거기엔 보험·공제에 가입하면 업무상과실치상의 경우 반의사불벌죄를 면제하는 특례가 들어갔고, 그것이 인명경시적 풍조를 불러일으킨다는 비판도 축적되었는데, 역시 약간의 수정·보완을 거치면서도 그 골자가 유지되고 있다. 한국에서 교통사고의 통계를 보면 매우 심각하고, 교통사고가 상당히 감소된 지금도 OECD 국가권에서 높은 사망자 비율을 기록하고 있다.[15] 교통사고는 종합적인 교통질서와 인명존중의 조화점을 추구하는데, 거기엔 수많은 정책적 요인들이 영향을 미친다. 국민의 음주습관, 도로상태, 교통질서에의 숙지도, 신호등 체계 등 수많은 요인 중에서 형사법은 그 일부일 뿐이다. 그런데 위와 같이 특가법이나 교특법은 종합적 문제해결의 일환이 아니라, 그때의 즉각적 필요나 정치적 요구에 의해 즉자적으로 도입된 인상이 짙다. 그런데 한번 입법화되고 나면 그 자체 자기생명력을 가지고 경로의존

---

12) 1973·2·24, 법률제2550호 개정. 도주차량 운전사 등을 죄질이 극악한 범죄로 하고 이를 가중처벌함으로써, 이들 범죄에 대한 일반경계적 실효를 거둠과 아울러 건전한 사회질서 유지와 국민기강의 확립을 기하려는 것이 개정 이유로 들고 있다. 그 중 도주차량 운전사는 그 죄질에 따라 사형까지 처할 수 있도록 형을 가중하였다(특정범죄가중처벌등에관한법률 [시행 1973. 3. 27.] [법률 제2550호, 1973. 2. 24., 일부개정] 【제정·개정이유】 https://www.law.go.kr/lsInfoP.do?lsiSeq=59812&lsId=&efYd=19730327&chrClsCd=010202&urlMode=lsEfInfoR&viewCls=lsRvsDocInfoR&ancYnChk=#, 2023. 6. 30. 최종검색.).

13) 헌법재판소 1992. 4. 28. 선고 90헌바24 전원재판부[위헌] "제5조의3 제2항 제1호는 헌법에 위반된다."

14) 법률 제3490호, 1981. 12. 31. 제정되고, 바로 다음 날인 1982. 1. 1.부터 시행되었다. 제정이유로는 "자동차의 운전이 국민생활의 기본요소로 되어가는 현실에 부응하여 교통사고를 일으킨 운전자에 대한 형사처벌등의 특례를 정함으로써 교통사고로 인한 피해의 신속한 회복을 촉진하고 국민생활의 편익을 증진하려는 것."이라 하고 있다(교통사고처리특례법 [시행 1982. 1. 1.] [법률 제3490호, 1981. 12. 31., 제정] 【제정·개정이유】 https://www.law.go.kr/lsInfoP.do?lsiSeq=56029&lsId=&efYd=19820101&chrClsCd=010202&urlMode=lsEfInfoR&viewCls=lsRvsDocInfoR&ancYnChk=0#, 2023. 6. 30. 최종검색.).

15) 2019년* OECD 36개 회원국 중, 우리나라의 인구 10만 명 당 교통사고 사망자는 6.5명으로 27위, 자동차 1만 대 당 사망자는 1.2명으로 31위를 기록했다(출처: OECD 회원국 교통사고 비교 결과 발표, 도로교통공단 (https://www.koroad.or.kr/main/board/6/7459/board_view.do?&cp=24&listType=list&bdOpenYn=Y&bdNoticeYn=N, 2023. 6. 30. 최종검색.).

성을 만들어간다. 앞으로 교통사고와 관련된 대인, 대물 피해에 대한 입법론적 접근에서는 물론, 해석론적 작업에서도 종합적인 통계와 실태를 바탕에 깔고, 다각도의 정책적 방안을 심도 있게 검토하는 가운데서 법의 역할을 염두에 두면서 진행되어야 한다고 본다. 단순히 합헌/위헌론이나 해석론적 확대/축소에 대한 개인적 선호도와 이론적 친숙성의 차원에서 처리될 것이 아니라, 실태－정책－법의 트라이앵글 속에서 접근되고 해석되어야 더 바람직한 논변을 전개할 수 있지 않을까 하는 생각이다. 적어도 그런 주제라면 각주와 참고문헌에서 훨씬 풍부한 자료들이 인용되고 활용되는 모습이 일상화된다면, 형사정책적 접근의 유용성이 더 잘 보일 것이다.

앞에서 리스트와 서덜랜드의 이론을 예시했지만, 우리의 경우에도 이러한 종합적 접근은 입법적, 해석적 차원에서 권장될 수밖에 없다. 필자가 발견한 것 중 형법학적 이론을 거의 최초로 펼친 글로서 김병로의 '(이상적) 형법의 개론'이란 글이 있다.16) 김병로가 일본 메이지 대학에서 법을 공부하면서 쓴 것으로, 그의 이름으로 등장하는 최초의 글이기도 하다. 거기서 그는 이상적 형법학이란 ① 고금의 형법을 연혁적으로 연구하여 그 원리원칙을 지득하고, ② 각국의 현행형법을 비교법적으로 연구하여 그 원리원칙의 이동 및 득실 여하를 발견하고, ③ 실재한 일국 형법에 대하여 계통 및 질서 여하함을 지득하고 제반 조규를 종합 또는 분석하여 통일적으로 그 원리원칙의 존재 여하함을 고찰, 탐구하여 해석의 정확함을 기도하며, ④ 이상의 연구한 결과 연혁의 득실 여하함과, 비교의 완전 흠결 여하함을 확지하여 형법상 일대 원칙을 발견하여 이상적 형법을 창설하여 장래의 입법 또는 개정의 자료를 확립제공함을 형법학 연구의 임무라고 하였다. 이렇게 그는 연혁형법학, 비교형법학, 해석형법학을 거쳐 이상적 형법학의 단계를 설정한 것이다. 그런데 그는 형법학을 연구함에 있어 필요한 보조과학을 별도로 논하고 있다. 특히 형법학과 중요한 직접관계가 있는 것으로, 형사생리학, 형사심리학, 형사사회학, 형사정책, 형사통계학, 법의학, 범죄기술학 등을 열거하고 있다. 김병로의 그러한 자세와 관점이 그가 그 글을 쓴 지 40년이 지나 그가 독립 후 한국의 형법, 형사소송법을 입안할 때 참고가 되었을 것이다.17) 오늘날은 김병로의 시대보다 그러한 보조과학의 수준이 훨씬 발전했고, 또 마음만 먹으면 연구서와 자료 확보도 훨씬 용이하다. 그러나 형사법학자의 논의 속에 그러한 학문적 성과가 반영되어 있는 경우가 오히려 드문 편이다. 도그마틱 법해석학의 논변의 주요 요소로서 밀접하게 결합되어 있지 않는 것이다. 앞으로 형사법적

---

16) 김병로, "이상적 형법의 개론(제1회)," 학지광, 제2호, 1914.4. (한인섭, 가인 김병로, 박영사, 2017, 40쪽 이하에서 재인용.).
17) 한인섭, 가인 김병로, 박영사, 2017, 555쪽 이하 참조.

논변에서 보조과학, 더 정확히는 인접과학과 인접학문의 성과를 당연히 인용, 활용하는 새로운 전통이 하나의 관례처럼 자리잡기를 기대해 마지 않는다.

2. 실태에 대한 다양한 접근

범죄와 형벌에 대한 실태를 이해하는 여러 가지 방법이 있고, 통상적 방법보다 훨씬 질적 수준이 높은 방법론의 뒷받침을 받는 정교한 조사방법이 있을 수 있다. 그러나 형사법학자로서 스스로 새로운 조사방법론을 개발하여 활용하는 그러한 연구는 솔직히 매우 어렵다. 하지만 약간의 정성을 기울인다면 확보할 수 있는 자료가 매우 풍부한데도, 그러한 자료조차 접근하거나 활용하지 않는 경우가 오히려 통상적이어서 문제라 생각한다.

제일 우선적인 것은 범죄/형벌에 대한 국가통계의 활용이다. 범죄분석, 범죄백서, 경찰·검찰·법원의 각종 연감류의 자료가 가장 손쉬운 접근통로일 것이다. 필자는 형사법학자의 컴퓨터와 머릿속엔 늘 형사통계의 자료들이 있어야 한다고 생각한다. 구체적 연구에서 인용하든 않든, 해당 주제에 대한 통계자료는 늘 손 가까이 두는 지적 습관이 필요하다.

19세기 범죄연구의 과학화는 범죄에 대한 국가통계의 집적과 거기서 형사통계(범죄와 형벌 통계)의 항상성, 일관성의 발견으로부터 비롯되었다.[18] 각국은 형사통계의 발간과 정교화를 국가사업의 일환으로 하고 있으며, 형사통계를 잘 만들어낼수록 선진국이라 해도 과언이 아니다. 형사통계의 편파성과 부정확성에 대한 지적이 끊임없이 제기되어 왔고, 그로 인해 통계의 해석에서 유의점들이 정리되고 있기도 하다. 하지만 형사통계를 완전히 버리고 대체할 다른 양적 수단을 만들어내는 것도 매우 어렵다. 특히 형사통계로부터 경향(trend)을 이해하기 위한 자료로서의 유용성은 말할 나위가 없다. 형사통계는 정책적 접근에서도 기본 중의 기본이다. 민주주의는 다양한 국민의 의사가 표출되고, 정당들도 난립하고, 정책도 백가쟁명이 될 수 있다. 서로 다른 견해와 가치관, 강조점을 가진 시민들 사이에, 유효한 토론을 하기 위해서는 그 바탕에 통계라는 객관수치의 토대 위에서 이루어져야 소모적 낭비를 줄일 수 있다. 그러니 타인을 설득하기 위한 형사법적 논의에서도 통계와 경향의 이해는 모두를 위한 출발점을 제공할 잠재력이 있다.[19]

---

18) A. Quetelet와 A. Guerry의 선구적 작업을 통해 범죄현상이 대량적.집단적 현상이며, 범죄패턴과 범죄측정을 예측할 수 있는 정도로 설명될 수 있다고 했다. John Hagan, Modern Criminology, McGraw-Hill, 1987, 18쪽 이하 참조.

연구주제의 실태에 대한 깊은 접근을 위해서는 연구목적에 맞는 조사방법론이 활용되어야 한다. 그런데 조사연구는 법학자에게 잘 훈련된 익숙한 연구방법이 아니다. 조사연구를 제대로 하기 위해서는 몇 가지 조건이 전제된다. 첫째, 조사방법론에 능숙한 전문연구자가 있어야 한다. 이러한 전문연구는 법학이 아니라 사회과학의 영역이다. 둘째, 조사연구를 위한 연구비가 확보되어야 한다.[20] 그런데 그러한 연구비를 형사법학자 개인이 획득하기란 노력해도 평생 몇 번 가능하기가 어렵다. 셋째, 범죄(자)연구, 형벌 연구는 그 대상을 사회 내에서 찾기가 어렵다. 피해자 연구는 일부 가능하지만, 가해자 연구는 거의 불가능하다. 결국 가해자, 범죄자 연구를 위해서는 국가기관(경찰, 검찰, 법무부, 법원, 교정보호기관 등)의 연구 협조를 받아야만 가능하다. 법적 근거는 마련되어 있다고 할지라도, 실제로는 이런저런 장벽이 여간 높지 않다. 필자 개인의 경우를 예시한다면, 연구생활 중에서 본격적인 조사연구를 해본 것은 <무기수형자의 시설내 적응과 사회복귀에 관한 연구>가 있는데, 전국의 무기수형자 300명 이상에 대해 상세한 설문조사를 하고, 50명 가까이 각 1시간 이상 대면 질의응답을 통해 이루어진 것이다.[21] 이러한 조사연구를 위해서는 사회과학자로부터 조력을 받았고, 학술재단의 연구지원비를 획득했고, 교정당국과 현지 교도관들의 아낌없는 지원을 받았기에 비로소 가능했다. 이러한 조건을 다 충족할만한 여건을 확보하기란 지금도, 시도해도 쉽지 않음을 절감한다. 이렇게 직접적 조사연구가 어렵다고 해도 조사연구의 성과를 활용하는 방안에 부지런을 피우지 않으면 안된다고 생각한다. 예컨대 한국형사법무정책연구원의 30여년간의 축적된 연구보고서 중에는 매우 많은 조사연구의 결과물이 축적되어 있다. 그것을 자신의 연구목적에 활용하려는 의지적 노력이 일상화된다면, 우리의 형사법 연구물의 내용에서 큰 진전을 이룰 수 있을 것으로 확신한다. 그러나 현재까지, 그러한 조사연구 보고서를 분류하고 활용하는 습관은 소수의 형사법학자들만 보이고 있어 아쉬움이 있다. 모든 자료를 디지털로 금세 확인할 수 있는 신 시대에는, 이제껏 나온 조사연구 보고서의 활용을 습관화하는 자세가 필요하지 않을까 한다.

---

19) 한국형사.법무정책연구원에서 제공하는 '범죄와 형사사법 통계정보'(CCJS)는 학문적 목적으로 이용하기에 매우 유용하다(https://www.kicj.re.kr/crimestats/portal/main/indexPage.do 2023. 6. 30. 최종검색.).

20) 조사연구를 활발히 하고 있는 한국형사정책연구원의 경우를 예시한다면, 법적 비교연구는 5천만원 이하로도 가능한 반면, 조사연구를 위해서는 최소한 5천만원 이상, 폭넓게 조사연구를 하려면 1억 이상이 소요되는 경우도 적지 않다.

21) 한인섭, "무기수형자의 시설내 적응과 사회복귀에 관한 연구", 성곡논총, 제32권(중), 성곡언론문화재단, 2001. 그리고 그 후속논문으로 한인섭, "여성무기수형자에 대한 형사절차 및 시설내 처우", 형사정책연구, 제16권 제3호, 한국형사정책연구원, 2005.

이렇게 대량현상으로서의 범죄통계, 질적 방법으로 확보되는 조사연구 외에도 실태를 가까이서 파악하고 활용할 다른 유용한 방법들이 충분히 있을 수 있다. 사례수집조사도 그 하나다. 대법원판례 속에서 추출하는 특정사건에만 치중할 경우, 그 사건의 사례가 얼마나 일반적인지 예외적/특수적인지 좌표설정을 제대로 할 수 없다. 그럴 때 그 주제에 관한 사례유형의 확보를 위한 노력을 할 수 있다. 필자의 연구 중에 한 예를 들자면, 1996년도에 가정폭력을 다룬 논문이 있다.[22] 당시 성폭력, 가정폭력에 대한 사회적 관심이 높고 기존의 정책과 법에 대한 비판이 매우 고조된 시기였다. 한국피해자학회도 이런 조류 속에서 탄생하였다. 당시 쟁점 가운데 아내의 남편살해의 사례 중에서, 아내가 가정내 폭군이었던 남편으로부터 가혹한 폭력을 일상적, 지속적으로 겪은 유형들이 있었다. 가정폭력 피해자를 위한 전문적 상담기관으로 자리잡은 한국여성의전화에서 그러한 피해 상담 사례를 수집하고, 그에 대한 새로운 관점에서의 탐구를 필요로 하고 있었다. 필자는 한국여성의전화 실무자와 접촉하면서 법학자로서 필요한 도움을 제공하고 있었다. 이러한 우호적 관계 속에서 한국여성의전화 측은 필자에게 그 가해자가 된 피해여성 피고인을 위한 법적 변론이 어떻게 가능할까 상의해왔다. 필자는 한국여성의전화 측에 사례유형과 자료의 수집에서 절대적인 도움을 받았고, 또 관련 사건을 담당한 변호사들로부터 변론자료 묶음을 전달받을 수 있었다. 그 자료들에 나타난 참상에서 적어도 7개 사례유형에 집중하여, 피해자측을 위한 변론의 논리를 변론법학의 관점에서 정리한 논문을 쓸 수 있었다. 이러한 시도는 그 뒤 가정폭력 피/가해자에 대한 여러 학자들의 논문으로 이어졌고,[23] 여성단체와 언론 등의 노력이 가세하여, 비록 정당방위론까지 수긍되지 않더라도 양형에서 중대한 특별양형인자로 자리잡는 등[24]의 법적 변화를 이루는 한 과정에 의미 깊은 관여를 할 수 있었다. 그러면서 단일 사례가 아니라, 일정한 사례

---

22) 한인섭, "가정폭력 피해자에 의한 가해자 살해: 그 정당화와 면책의 논리", 서울대학교 법학, 제37권 제2호, 서울대학교 법학연구소, 1996.

23) 예컨대 양현아·김현경, "가정폭력 피/가해자의 탄생: 가정폭력 피해자의 처절한 사적 구제," 공익과인권, 통권 제12호, 서울대학교 공익인권법센터, 2012.

24) 살인죄에 대한 양형기준을 보면, 제1유형(참작동기살인), 제2유형(보통동기살인), 제3유형(비난동기살인), 제4유형(중대범죄결합살인), 제5유형(극단적 인명경시 살인)으로 분류한다. 아내의 남편살해는 충분히 검토하지 않으면 2,3유형으로 분류되기 쉬우나, 그간의 실태 조사와 여론화의 결과 '피해자의 귀책사유 있는 살인'으로 '피해자로부터 자기가 장기간 가정폭력 등 지속적인 육체적.정신적 피해를 당한 경우' '피해자로부터 자지가 수차례 실질적인 살해의 위협을 받은 경우' 등의 경우에는 특별양형인자(감경요소)로 분류될 수 있다. 참작동기살인으로 분류되고, 다시 감경요소가 인정되면 집행유예판결이 가능해질 수 있게 된다. 양형위원회, 양형기준, 2011, 2-9쪽. 필자는 제1기 양형위원회(2007-2009) 위원으로, 살인죄 등 중요범죄의 양형기준을 정비하는데 관여한 바 있다.

유형을 확보하여, 그 유형 내에서의 사례를 비교 검토하면서 어떤 형사법적 논변을 하는 방법의 유용성을 체득할 수 있었다.

또 하나의 방법은 문제의 현장과의 긴밀한 연결이다. 현장에는 법적 응답을 요청하는 많은 질문거리를 만날 수 있다. 다시 필자의 연구를 예시한다. 2008년 광우병 파동이라 불리우는 일련의 사태 속에서 촛불시위가 전국적으로 넘쳐났다. 그중 서울에서는 광화문과 시청 사이의 대로에서 엄청난 규모의 시민들이 모여 연일 규탄시위를 벌였다. 그 촛불시위를 이끌어간 대책회의 참여자에 대해 검사는 주로 두가지 혐의로 기소했다. 첫째는 야간에 미신고 옥외집회를 주최했으므로 집시법 위반이라는 것이다. 또한 시내 중심가 도로를 점거했으므로 형법 제185조 일반교통방해죄에 해당한다는 것이다. 종래에도 이런 대형 노상집회 시위에 대해 집시법 위반, 일반교통방해죄로 의율되었기에 일견 통상적 법적용이라 여기고 별 문제의식 없이 지나칠 수도 있었다. 그러나 시위 현장에서 관찰한 바 그러한 관행적 법적용에 대해 특별한 문제의식이 생겼다. 첫째 서울 중심가의 야간은 주간과 별 구분되지도 않는다. 불빛이 환하고 인파로 넘쳐나는 서울 중심가에서 야간은 주간보다 더 어둡다거나 더 불안을 자극하는 요소가 없다. 안전도의 면에서 주간과 구별할 이유가 없는 것이다. 모든 집회는 질서가 있었고 평화롭게 전개되었다. 나아가 야간이 되면서 시위대의 성격이 변하는 것을 느꼈다. 주간에는 노인, 부녀층이 다소 많다면, 야간에는 직장인과 학생들이 대거 등장했다. 야간 집시를 주간과 달리 허가주의라는 규제 원칙으로 일관한다면, 이는 우리 사회의 중추 중의 하나인 직장인과 학생들에게 집시권을 사실상 제한, 박탈하는 결과를 초래하여 법앞의 실질적 평등이 위반된다. 이런 문제의식은 집회·시위를 현장에서 경험하는 과정에서 뚜렷해진 것이다. 이러한 문제의식에 공감한 학자들이 함께 <2008년 한국과 표현의 자유>라는 심포지움을 기획했고, 그 결과가 묶어진 책자[25]는 헌법재판소의 헌법소원의 자료가 되어 나중에 헌법불합치 결정을 도출하는 한 근거가 되었다.[26]

두 번째 일반교통방해죄에 대한 것인데, 이는 도로를 불통, 손괴하는 경우에 적용

---

25) 한인섭 편, 2008/2009 한국과 표현의 자유, 경인문화사, 2009.

26) 헌법재판소 2009. 9. 24. 선고 2008헌가25에서는, 집회 및 시위에 관한 법률(2007. 5. 11. 법률 제8424호로 전부개정된 것) 제10조 중 '옥외집회' 부분 및 제23조 제1호 중 '제10조 본문의 옥외집회' 부분은 헌법에 합치되지 아니한다. 위 조항들은 2010. 6. 30.을 시한으로 입법자가 개정할 때까지 계속 적용된다 라고 하여 헌법불합치결정을 내렸다. 또한 헌법재판소 2014. 3. 27. 선고 2010헌가2,2012헌가13에서는, 집회 및 시위에 관한 법률(2007. 5. 11. 법률 제8424호로 개정된 것) 제10조 본문 중 '시위'에 관한 부분 및 제23조 제3호 중 '제10조 본문' 가운데 '시위'에 관한 부분은 각 '해가 진 후부터 같은 날 24시까지의 시위'에 적용하는 한 헌법에 위반된다고 하여 한정위헌 결정을 내렸다. 현재 이 조항은 개정되지 않아, 적용될 수 없는 상태로 있다.

될 조문인데, 거기에 '기타 사유'가 구성요건 조문으로 들어 있다. 그 교통방해와 관련하여 그 기타 사유에 가장 합당한 예는 신호기 조작 등으로 교통 자체의 혼잡과 방해를 초래하는 것이다. 그 기타 사유는 불명확한 만큼 훨씬 축소해석이 이루어져야 죄형법정주의 원칙에 들어맞는다. 그런데 시민들의 표현의 자유를 봉쇄하기 위해 '기타 사유'에 기대어 일반교통방해죄를 적용해온 관례는 헌법적 문제가 있다는 것이다. 현장에서 보면, 교통방해를 의식적으로 행한 것은 소위 명박산성이라고 하는 거대한 콘테이너 박스를 도로 차단용 적치물로 설치한 것이다. 다중이 모여 집회하고 시위를 한다면, 그것은 도로교통의 방해물이 아니라 보호되어야 할 헌법적 표현의 자유의 행사인 것이고, 경찰의 역할은 차량통행과 시민안전을 조화시키도록 잘 유도하는 것이다. 따라서 필자는 별도의 논문을 통해 일반교통방해죄의 적용을 비판했다.[27] 그 쟁점 역시 헌법소원이 제기되었으나, 헌재는 이를 기각했다.[28] 하지만 그러한 비판이 누적되면서, 2018년에 경찰개혁위원회는 집시를 가로막는 경찰행정이 아니라 집시의 자유와 시민안전을 보장하는 방향으로 집시의 운용방침을 권고했고, 경찰청은 이를 수용했다.[29] 이로써 경찰은 집시의 규제자, 통제자의 역할이 아니라, 집시의 민주적 관리자로 역할 변화를 했고, 이는 시민을 존중하고 시민적 자유의 보장자로서의 헌법적 소임에 걸맞는 행태 변화를 이룩해낸 것이다. 이와 같이 현장 참여관찰을 통해 문제의식을 얻고 이를 이론화하는 것도 가능하다.

실태에 대한 또 하나의 접근은 증언 혹은 인터뷰를 통한 것이다. 필자는 우리 현대사의 비극인 6.25 전쟁상황에서 민간인 학살과 대량적 인권침해에 대해 문제의식을 갖고 기존의 문헌조사를 통해 논문을 썼다.[30] 그러면서 문자화된 정보를 통해서는 실제적 이해에 현저히 미흡함을 절감하고 있었다. 많은 피해들이 문자화의 단계에 도달하지 못한 상태이기에, 문자화된 정보만 모아서 그 실태 파악이 제대로 될

---

27) 한인섭, "일반교통방해죄와 집회시위에의 그 적용을 둘러싼 문제", 형사법연구, 제21권 제1호, 한국형사법학회, 2009.

28) 헌법재판소 2010. 3. 25. 선고 2009헌가2.

29) 경찰개혁위원회는, 그동안 경찰이 집회.시위를 통제 대상으로 인식하고 집시의 자유를 제한하는 방향으로 해석.적용해온 것을 탈피하고, 평화적인 집회.시위는 최대한 보장하고, 보호할 것을 권고했다. 집시법의 본 목적은 규제가 아니라 자유의 보장이며, 경찰은 집회.시위를 '관리' '대응'의 기조에서 벗어나 '보장'의 기조하에서 운용하고, 일반교통방해죄 위반으로 입건하지 않음을 원칙으로 한다는 권고를 내렸다. 경찰청, 국민을 위한 경찰개혁, 1년의 발자취: 경찰개혁위원회 권고안 모음, 2018, 43-47쪽. 대한민국 정책브리핑, "경찰개혁위, 집회시위 자유 보장을 위한 권리장전 마련! 헌법상 집회시위 자유 보장 방안을 경찰에 권고", 2017. 9. 7. https://www.korea.kr/briefing/pressReleaseView.do?newsId=156224283, 2023. 6. 30. 최종검색.)

30) 한인섭, "한국전쟁과 형사법: 부역자 처벌 및 과 민간인 학살과 관련된 법적 문제를 중심으로" 서울대학교 법학, 제41권 제2호, 서울대학교 법학연구소, 2000.

수 없는 것이다. 필자는 6.25 당시 발생한 비극 중에 거창양민학살사건에 주목하여
판결문, 입법자료 등 미공간자료를 확보하여 몇편의 글을 썼다. 그런 과정에서 알게
된 사건의 생존자, 체험자들의 증언을 인터뷰를 통해 정리한 책을 냈다.31) 그로부터
시작하여, 독재하 인권침해에 대하여 인권변호사들의 활동에 대한 상세한 증언을 인
터뷰하고 정리한 <인권변론 한 시대>를 냈다.32) 통상 학자들은 이미 문자화된 기
록을 수집, 정리하고 이를 분석하는 습관이 있고, 그것은 다른 연구자들의 자료수집
노고를 크게 덜어주며 학계에 기여한다.33) 하지만, 많은 형사적 사실들은 문자화되
어 있지 않다. 때로는 기억과 조사를 바탕으로 문자 증언을 창출해야 할 책무도 지
게 된다. 수많은 문자 자료들도 구술체험과 동반할 때, 그 진정한 의미를 깊히 이해
할 수 있는 경우도 적지 않다. 뛰어난 범죄학자들이 범죄자에 대한 자기보고나 자전
적 연구를 한 경우가 적지 않지만,34) 한국의 형사문제에 대해 그러한 작업에 깊이
들어간 예는 흔치 않다.35) 그러나 학자들은 자료의 부족을 한탄만 할 게 아니라, 때
로는 자료 자체의 생산작업도 해내야 할 것이다. 그것은 범죄자나 피해자의 사연일
수도 있고, 그에 관여한 법조인의 활동에 대한 것일 수도 있다. 어쨌든 자신의 문제
의식을 깊이 갖고 있는 분야에서, 기성 문자기록이 미흡하다면 때로는 스스로 인물
탐구나 심층인터뷰를 통해 우리의 학문영역을 풍부하게 만드는 것도 필요하다.

　　요컨대 형사법학자는 자신의 연구대상인 범죄(현상, 범죄자, 상대방인 피해자)에 대한
실태 파악을 자기 나름의 방식으로 늘 해야 하고 그것이 연구습관 중의 하나로 체화
할 필요가 있다고 생각한다. 범죄/절차/형벌 통계, 조사연구, 사례유형, 현장 참관,
심층인터뷰 등은 그 몇 가지 예일 뿐이다. 내용도 다양해야 하지만, 그 방법도 문제
사실에 합당한 방법의 탐색적 개발은 자신뿐 아니라 동료 연구자에게도 도움이 되고
자극이 될 것이다. 새로운 논문에는 새로운 접근방법에 대한 제안과 토론도 다다익
선이라고 생각한다.

---

31) 한인섭 편, 거창은 말한다: 생존자, 체험자의 반세기만의 증언, 경인문화사, 2007.
32) 홍성우·한인섭, 인권변론 한 시대, 경인문화사, 2011.
33) 필자의 경우 관심분야에 대한 자료수집과 정리를 통해, 후속연구를 조금이라도 용이케 하기 위한 작업
　　을 나름대로 추진해왔다. 예컨대 한인섭 편, 거창양민학살사건자료집, 제1-7권, 관악사, 2003·2007.;
　　홍성우·한인섭 편, 인권변론자료집: 1970년대, 제1-6권, 경인문화사, 2012.; 한인섭 편, 항일민족변론
　　자료집 제1-4권, 관악사, 2012.
34) 예컨대 Edwin Sutherland, The Professional Thief, the University of Chicago Press, 1956.
35) 예컨대 조갑제, 사형수 오휘웅 이야기, 한길사, 1986; 조갑제, 고문과 조작의 기술자들, 한길사, 1987
　　은 언론인으로서 심층취재를 통해 형사문제를 파고든 역작으로 널리 인정되어 왔다.

Ⅳ 개혁가의 시각으로 형사문제, 형사사법을 이해하기

1. 형사법의 가변성

형법과 형사소송법은 기본법률로써 개정과 변화에 익숙치 않다. 새로운 규제의 필요성이 있는 경우에도 좀체로 개정되지 않았고, 그런 상황에서 법적 해결은 주로 특별형법을 통해 이루어져 왔다. 국보법, 폭처법, 특가법, 사회보호법 등은 가끔은 비상입법기구에 의해 충분한 법적 검토 없이 졸속으로 제정되어 집행되곤 했다.[36] 1990년대에 이르러서도 형법, 형사소송법은 컴퓨터범죄의 도입, 영장실질심사제의 도입 등 최소한의 개정에 그치고 원형이 거의 유지되었다. 형법상 존속살해죄의 가중 규정이 위헌이라는 비판 앞에 그 법정형의 하한이 무기형에서 7년으로 하향한 정도의 개정이 전부였다. 어쨌든 형사 기본법이 변화에 인색했던 것은 사실이다. 1990년대의 성폭력, 가정폭력, 아동학대 등의 범죄화의 요구에 대해서도 형법이 그대로 고수되자, 역시 특별법을 통한 우회적 입법화의 길을 걸었던 것이다.

그러던 추세가 최근 일변하고 있다. 기본법률도 자주 개정된다. 아마도 형법 중에서 최근의 가장 큰 개정은 성폭력 분야일 것이다. 2012년의 형법 개정을 통해, 강간죄에 유사강간이 추가되고, 강간죄의 객체가 부녀에서 사람으로 확대되고, 혼인빙자간음죄가 위헌[37]으로 삭제되었다. 특히 형법상 친고죄 조항이 폐지됨으로써, 강간죄와 강제추행죄는 피해자의 의사와 관계없이 처벌될 중범죄로서의 자리 정립이 되었다. 성폭력의 경우 특별법의 개별 구성요건이 다양하게 확대되고 법정형이 그때 그때 인상되어, 성폭력범죄 전반에 걸친 종합적 정비입법의 필요성이 커지고 있다.

그동안 거듭된 판결을 통해 확고하게 판례법으로 자리잡은 쟁점도 최근 도전받고 있다. 부동산/동산의 담보/매매에 관하여 배임죄 등으로 의율해오던 경향이 2010년대에 이르러 대법원 전원합의체 판결을 통해 비범죄화하고 있다.[38] 부동산의 이중매매의 경우를 제외하고, 양도담보, 저당권, 이중매매 등의 경우 배임죄의 적용을 받지 않게 되고, 형사적 해결이 아니라 민사적 해결을 통해 접근하도록 재조정되고 있

---

36) 한인섭, "특별형법의 기본적 문제점," 인권과정의, 제170호, 대한변호사협회, 1990.

37) 형법 제304조(혼인빙자등간음)은 헌법재판소 2009. 11. 26.자 2008헌바58, 2009헌바191(병합)에서, 위헌 결정이 내려졌고, 2012. 12. 18. 법률 제11574호에 의하여 삭제되었다.

38) 전원합의체를 통한 배임죄 판례변경을 사건 번호만 적시해보면 2008도10579, 2019도9756, 2019도14340, 2020도6258 등이 있고, 전원합의체를 거쳤지만 선판례가 유지된 것은 부동산 이중매매가 일정한 단계를 넘어서면 배임죄가 된다는 것(2017도4027) 하나에 그치고 있다.

다.[39)]

　기본법률의 급변 과정에서 커다란 물의가 빚어지기도 한다. 대표적인 것이 2010년 형법 개정이다. 유기징역/금고의 상한선이 "15년 이하"였던 것이 "30년 이하"로 늘어났고, 가중하는 경우 "25년" 상한 규정이 무려 "50년까지"로 연장되었다. 이로 인해 무기형과 유기형의 구분이 무의미해졌다는 지적도 나온다. 그런데 문제는 이러한 법정형의 인상이라는 매우 중요한 개정이 충분한 토론과 공론화의 과정 없이 국회 법사위에서, 중형주의 포퓰리즘의 분위기를 타고, 졸속하게 통과되어 버렸다는 것이다. 이는 가히 입법 쿠데타로 비판받고 있기도 하다.[40)]

　입법의 변화는 필연적으로 양형기준의 변화를 불러오지 않을 수 없다. 양형위원회에서는 살인죄 등에 대해 나름의 충분한 검토를 거쳐 양형기준을 확정하여 시행해오고 있었는데, 이러한 입법적 개정으로 인해 양형기준을 더 상향하는 방향으로 재조정하지 않을 수 없었다.

　이렇듯 오늘날은 형사법 분야가 더디게 변화하는 것이 아니라, 그때그때의 여론과 입법자의 의사에 따라 신속하게, 혹은 졸속하게, 쉽게 변화될 수 있는 연성규범으로 변질되었다. 특히 선거와 여론을 염두에 둔 정치권은 쉽게 중형주의 포퓰리즘에 노출된다. 때로는 그러한 포퓰리즘 여론에 적극 편성하여 득표요인으로 이용한다. 가해자, 피해자의 별칭이 붙은 법조항의 경우 개정압력이 시간적으로 훨씬 거센 경향이 있는데, 이러한 개정압력에 따라 극단적 조치와 형벌을 남용하는 입법은 위헌이나 헌법불합치의 결론이 내려지거나, 그렇지 않더라도 지속적인 부작용의 문제를 노출하게 된다. 현실정치의 득표를 의식할 필요가 없는 전문가로서의 형사법학자들은 때로는 포퓰리즘에 맞서면서 합리적, 과학적, 체계적 검토를 통한 결론을 내야 한다. 법전체의 균형의 관점에서 검토하기도 하고, 단기적 의도가 가져올 장기적 휴유증 등에 대한 객관적 검토를 거쳐, 전문가로서의 목소리를 내야 한다. 학문적으로 정제된 이론과 학설이 여론과 국회에 영향을 미치도록 전문가의 목소리를 전달할 방법을 고민해야 한다. 그렇다고 전문가의 목소리가 단일, 총체적으로 집중할 필요는 없다.

---

39) 그간의 배임죄 처벌에 대한 일관되고 무게있는 비판을 주도한 대표자로 김신 대법관/교수를 들 수 있다. 그는 "법원이 법률의 문언을 복잡하고 기교적으로 해석하면" 무죄추정의 원칙과 죄형법정주의에 반하는 결과가 생길 위험이 크다고 경고했다. 배임죄는 검찰의 기업 표적수사에 널리 활용되어 왔고, 기업 경영인은 배임죄 리스크를 안고 있다. 그는 2012-2018년 대법관 재임기간동안 부동산/동산에 관련된 여러 배임죄의 비범죄화 판결을 다수의견 혹은 반대의견으로 냈다. 퇴임후 그는 김신, 배임죄에 대한 몇가지 오해, 법문사, 2020; 김신, 배임죄 판례 백선, 법문사, 2021 등의 책을 통해 영향을 미치고 있다.

40) 한인섭, "유기징역의 상한: 근본적 재조정이 필요하다." 한인섭·이호중·허일태·이덕인·이상원·최정학 편, 형법개정안과 인권, 경인문화사, 2011.

전문가는 그래서도 안된다. 전문가는 일률적으로 몰고가는 여론 압력에 맞서, 다양한 관점에 비추어 조명하고, 다른 목소리와 다른 이론의 존재와 가치를 지속적으로 전달하여 어느 정도의 파급력을 가질 수 있도록 해야 할 것이다.[41] 신속, 졸속의 시대일수록 전문가는 조사, 검토, 성찰의 가치를 일깨워야 할 것이다.

2. "그날의 날씨"와 "시대의 기후" 읽기

미국의 헌법학자 Paul Freund는 미국연방대법원의 역할을 말하면서, 대법원은 그날의 날씨가 아니라 시대의 기후에 의해 영향받아야 한다[42]고 했다. 눈앞의 사건 자체에 매몰되지 말고, 장기적 경향과 흐름 속에 그 판결이 어떻게 영향을 받고 또 영향을 미칠까를 고려해야 한다는 뜻이다. 그런데 그 '시대의 기후'의 내용은 무엇일까. Freund는 두가지 점을 언급했다. 하나는 인권에 대한 점증하는 감수성과 법앞의 평등에 대한 폭넓은 관념이 그것이다. 인권의 증진, 평등의 확장이 대법원을 비롯한 사법부가 제시해야 할 시대의 전망이다.

형사법적 쟁점의 검토에 있어 눈앞의 사건에도 집중해야 하지만, 그 사건의 맥락과 시대적 흐름에 대한 전반적인 이해를 배경지식으로 가질 필요가 있다. 필자는 형사사법의 장기추세의 이해를 위해 통계를 자주 들여다본다. 특히 연도별 추이의 통계가 접근도 쉽고 흐름을 이해하는데 도움이 된다. 예컨대 언제나 피의자, 피고인의 구속 여부는 최종적 형사판결에 못지않게 중요하다. 구속이 되면 수사기관과 피의자의 역학관계에서 후자가 결정적으로 불리해진다. 임의수사도 심리적 강제성을 갖고 있기 마련인데, 강제수사를 받게 되면 방어권 행사도 어렵고 불편과 비용부담이 크다. 두려움도 커지고, 자포자기에 이르기도 쉽다. 직장관계, 가정생활, 사회적 평판 모두에 악영향을 미친다. 무죄추정의 원칙은 사실상 유죄추정으로 다가오는 구속의 차가운 현실 앞에 공허해진다. 그래서 형사관계에서 인권감수성에 대한 지표로서 구속율의 변화가 유의미하다. 기소 시점을 기준으로 구속율은 1980년대 초반에는 80%

---

41) 최근의 실태 조사 분석의 예로는 김지선등, 중형주의 형사제재의 실효성 평가연구(1): 신상정보등록 및 공개제도의 실효성 평가연구, 한국형사정책연구원, 2020; 김지선등, 중형주의 형사제재의 실효성에 관한 평가연구(II): 전자감독제도의 실효성 평가연구, 2021; 안성훈등, 중형주의 형사제재의 실효성 평가연구(III) – 취업제한제도와 성충동 약물치료제도의 실효성 및 성폭력 범죄자 대상 형사제재 체계 재구축 방안 연구.

42) the U.S. Supreme Court "should never be influenced by the weather of the day but inevitably they will be influenced by the climate of the era."(The Supreme Court and the "Climate of the Era", https://constitutioncenter.org/blog/the‒supreme‒court‒and‒the‒climate‒of‒the‒era, 2023. 6. 30. 최종검색.)

에 이르렀으나, 점차 감소되다가 1997년 영장실질심사제의 시행과 함께 두드러진 감소 추세에 접어들었다. 지금은 구속기소율이 5% 미만이다. 아래 <그림 1>에서 보듯, 인원수로만 봐도 한때 연간 10만 명 이상이던 것이, 지금은 2만 명 가까운 인원이 구속상태에서 재판을 받는다.43)

| 그림 1 | **구속영장 발부건수 빛 발부율 현황**

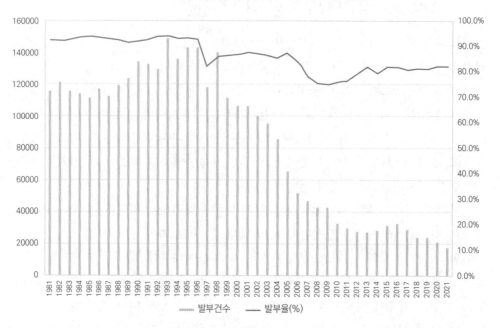

형사와 관련하여 한국의 인권수준이 개선되었는가 악화되었는가를 특정 시점에서 판단하기란 쉽지 않지만, 몇십 년의 장기추세를 놓고 보면 단기적 부침 속에서도 장기적으로 개선방향으로 가고 있음을 분명히 알 수 있다.

물론 그와 상반되는 듯한 지표도 있다. 아래 <그림 2>에서 보듯 압수수색검증영장 발부건수를 보면 20여 년 전에는 연 5만 건에 미치지 못했지만, 지금은 연 30만 건 이상을 헤아린다.44) 판사의 영장발부 비율도 90% 내외로 매우 높기에, 과연 판사의 영장통제기능이 제대로 행사되고 있는지 논란이 제기되곤 한다. 물론 압수수색영장의 발부건수가 현저히 높아지고 있다고 해서 이것이 인권상황의 악화로 곧바로 재

---

43) 본문의 통계 및 하단의 그래프는 법원행정처가 발간한 1981 사법연감부터 2021 사법연감까지의 구속영장 청구, 발부, 기각 통계를 바탕으로 정리하였다.

44) 본문의 통계 및 하단의 그래프는 법원행정처가 발간한 1981 사법연감부터 2021 사법연감까지의 압수·수색·검증영장 청구, 발부, 기각 통계를 바탕으로 정리하였다.

단하기는 쉽지 않다. 이전에 압수수색은 영장 없이도 임의제출물 압수라는 편리한 수단을 과용한 측면도 있고, 압수수색영장이 꼭 필요해진 것은 위법수집증거의 증거능력 판단이 엄격해진 측면도 있을 것이고, 증거 면에서 핸드폰, 디지털매체 등 디지털포렌식 기술의 발전으로 말미암아 압수수색의 실효성이 높아진 측면도 있을 것이다. 하지만 이러한 통계를 통해 우리는 압수수색영장 발부의 절차에 있어 보다 신중하고, 변호인참여, 압수수색 범위의 사법적 통제 강화를 위한 새로운 제도의 도입을 절실하게 검토해야 할 단계에 왔음을 알 수 있다.

| 그림 2 | **압수수색검증영장 발부건수 빛 발부율 현황**

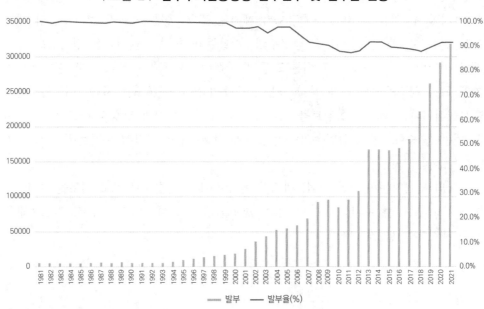

형벌의 전반적 수준을 장기경향으로 살펴본다면 어떻게 판단할 수 있을까. 최중형의 극형인 사형에 대하여는 장기적으로 형집행이 줄어들어 왔다. 그러다 1998년 이후 지금까지 25년간 장기 미집행상태에 있다. 김대중 대통령 때부터 미집행 단계에 들어섰지만, 정권의 보수/진보성을 가리지 않고 미집행은 법적 사실이다. 그리하여 대외적으로 한국은 실질적 사형폐지국의 지위를 갖게 되었다. 이러한 미집행의 안정화 속에서 법원의 사형판결도 매우 줄어들어, 최근에는 연간 0-1건 정도의 사형이 선고되는 정도이다.[45] 2000년부터 사형폐지법안이 국회에 회기를 달리하면서 계속

---

45) 2022. 6. 23 제1심에서 사형선고가 내려졌는데, 2년 7개월만의 일이라 한다. 사형의 장기적 미집행, 장기유기징역형의 활용, 오판 가능성과 정치적 변화에 따른 집행 여부의 불확실성 등의 자각 등이 법관들

계류되어 있다. 2020년에는 사형집행정지(moratorium)에 대한 UN결의안에 찬성표를 던졌고, 정권을 달리한 2022년에도 찬성표를 던졌다.[46] 중형주의에 대한 여론의 압력은 상존하지만, 그런 가운데서도 사형에 대한 의존증, 금단현상은 종식된 수준에 이르렀다. 반민주적 악법의 개폐시대를 거쳐, 간통, 낙태, 혼인빙자간음죄 등이 형사법의 처벌대상에서 삭제되었다. 자유박탈적 보안처분, 예컨대 사회안전법상의 보안감호, 사회보호법상의 보호감호 등이 폐지되었다. 이렇게 본다면 전통적, 억압적 형사제재는 점감하고 있음을 알 수 있다.

물론 반대의 흐름도 있다. 자유형 상한의 2배 이상 인상, 전자발찌·신상공개 등의 보안처분의 대상 확대, 특정 범죄유형에 대한 형벌의 인상과 공소시효 연장(폐지) 등을 예시할 수 있을 것이다. 보호감호가 폐지된 후 그 이름을 바꾼 보호수용의 재도입을 위한 시도도 집요하다.[47] 중형주의, 강벌주의, 형사 포퓰리즘은 정치적으로 언제나 인기있는 정치상품이고 여론도 곧잘 중형주의로 중형·강벌로 비약한다.[48] 거기엔 특정 사건을 과도하게 부각시키고, 대중의 원초적 분노를 자극하여, 형사법의 기본원칙이나 정책적 종합검토를 뛰어넘고 곧바로 입법화와 강성정책으로의 추진력을 얻는다. 중형, 강벌, 엄벌주의의 입법화와 정책시행의 극단적 축적물이 현재의 미국이다.[49]

형사법 연구자는 이러한 법적, 제도적 변화에 대해 단순 수용자로 머무를 수 없고, 시대의 기후를 늘 주시하면서, 장기적 전망을 갖고 그때그때의 학술적 검토의견을 계속 제시해야 할 것이다.

을 사형 대신 무기징역을 택하게 하는 요인들 중의 일부가 될 것이다. 종래의 사형 대신 무기징역형이, 종래의 무기징역 대신 장기유기징역으로의 형량의 변화 흐름이 보이기도 한다. 박준규, "사형 선고 1년에 24명서 2명으로... 법원이 사형과 헤어질 결심한 이유는," 한국일보 2023. 6. 5. https://www.hankookilbo.com/News/Read/A2023052115590001462 2023. 6. 30. 최종검색.)

46) Moratorium on the use of the death penalty : resolution / adopted by the General Assembly (https://digitallibrary.un.org/record/3997726 2023. 6. 30. 최종검색.)

47) 그런 시도에 대한 비판의 예시로는, 이호중, "보호감호(보호수용)의 재도입에 대한 비판", 한인섭등, 형법 개정안과 인권, 경인문화사, 2011, 15-54쪽.

48) 문재인 정부 기간동안 시행된 청와대 국민청원을 살펴보면, 동의수 기준 상위에 디지털성범죄, 음주운전, 심신미약, 어린이 교통안전, 촉법소년 기준연령 등이 형사법적 이슈가 많은데, 그 대다수가 엄벌, 가중처벌을 청원하는 내용들이다. 전현욱·임정호·김민규·장안식·박재홍·여지민·김봉신·김남옥·이혜수·박혜림·최란, 형사입법의 실제와 주요 형사정책별 입법평가(II), 한국형사·법무정책연구원, 2023, 20쪽 이하.

49) 한인섭, 형벌과 사회통제, 박영사, 2006. 스웨덴의 교정정책과 대비되는 미국의 강성 형벌정책의 악화의 현상, 원인, 추세를 나름대로 정리한 바 있다.

3. 반대의견, 소수의견, 소수설, 단독설의 가치

사법판단의 최종심에 해당하는 대법원과 헌법재판소는 법정의견이 되는 다수의견과 함께 반대의견을 판결문, 결정문에 포함한다. 반대의견도 다수의견과 함께 판결, 결정의 일부를 구성한다. 만일 반대의견을 포함하지 않은 채 다수의견 만을 판결, 결정으로 내세운다면 이는 판결문의 왜곡이고 지탄받아야 할 처사일 것이다.[50]

반대의견은 그 자체 다수의견과 함께 판결의 일부를 구성한다. 따라서 판례를 독해할 때 반대의견은 생략하지 말고, 다수의견과 함께 검토되어야 한다. 로스쿨에서 많은 학습량을 단기간에 소화하느라, 대법원판결 중에서 다수의견만 소개하고, 그 다수의견도 논거 부분을 생략하고 결론 위주로만 강의하는 것은 합당하지 않다. 시간적 여유가 없어 그런다면, 당연한 것이 아니라 별도로 읽도록 권유해야 할 것이다.

반대의견은 몇 명이 서명했든 간에, 다수의견과 설득력의 경쟁에서는 대등한 차원에 자리잡고 있다. 반대의견은 현재의 다수의견에의 안주를 거부하고, 안이한 타협을 거부한다. 현재는 다수의견으로 되지 못했지만, 장차 다수의견이 될 수 있을 것이라는 희망을 간직하고 있고, 미래를 위한 씨앗이 될 수 있다. 어느 대법관은 이를 '제비 한 마리가 전하는 젊은 봄'으로 비유하기도 했다.[51] 현재의 최고법원 재판도 학계로부터 비평의 소재가 되고, 법조인으로부터 지속적인 도전을 받고, 하급심으로부터도 도전에 직면한다. 전원합의체의 다수의견이니 군소리 없이 추종하라는 명령은 사법 영역에서는 절대로 통용되지 않는다. 반대의견이 그러하듯, 어떤 한 개인이 얼마든지 확립된 판례를 비평하고 질타하고 대안을 촉구할 수 있는 것이 법학 세계의 한 특권 같기도 하다. 새로운 법발견, 법적 변화는 바로 그러한 지속적인 비평과 비판의 축적 위에서 가능하다. 이같이 반대의견은 과거로부터 이어지는 현재에 대한 비판인 동시에, 미래의 현재를 앞당기기 위한 디딤돌 놓기 작업이기도 하다.

반대의견은 종종 소수의견으로도 통칭된다. 학설은 다수설, 소수설의 이름으로 분류된다. 그런데 많은 학설은 1인설, 단독설에서 출발한다. 현재의 다수설도 처음에는 1인설로부터 출발했을 것이다. 그렇듯이 현재의 단독, 소수설은 미래의 다수설을 향한 장기경쟁을 한다.

---

50) 1980년 5월 20일 김재규 등에 대한 대법원판결이 선고되었다. 대법원 1980. 5. 20. 선고 80도306 판결. 그런데 공간된 대법원판결에는 반대의견(6인)이 삭제된 채였다. 그 반대의견은 1990년대에 이르러 다수의견과 함께 전문 그대로 공간되었다.

51) "한마리 제비로서는 능히 당장에 봄을 이룩할 수 없지만, 그가 전한 봄, 젊은 봄은 오고야 마는 법, 소수의견을 감히 지키려는 이유가 바로 여기에 있는 것이다." (민문기 대법원판사의 단독 소수의견의 발췌 대법원 1977.9.28. 선고 77다1137 전원합의체 판결 소수의견)

단독설, 소수의견이 있어야 다수설, 다수의견도 긴장한다. 단독설, 단독의견을 펴려면 지혜와 함께 용기도 필요하다. 하나의 의견은 다른 잠재적 동조자를 격려하고 동조자를 넓혀가는 기초가 된다. 우리는 현재를 살아가기에 다수의견, 다수설을 익혀야 하지만, 현재의 미흡함을 늘 느끼고 살아가기에 대안적 사고를 추구해야 한다.

대학은 자유와 고독을 권장하는 지적 공동체다. 대학에서 창출되는 새로운 지식은 늘 도전적이고 다소간 불편하고 심지어 불온할 수 있다. 대학이 아닌 공간, 일반 직장사회나 위계적 조직체에서 새로움을 내세우고, 권위가 아니라 설득력 경쟁에서 동일선상에서 따져보자는 주장을 내세우기란 쉽지 않다. 그러나 대학이나 학문공동체에서 쓰여지는 글은 늘 새롭고, 단독적이고, 독창적일 것이 요구된다. 다른 사람 생각이나 글을 따라 썼다가는 표절이나 아류로 폄하될 수도 있다. 학문적 견해에 대해 대학동일체, 교수동일체, 학자동일체는 성립될 수 없다. 새로운 견해, 색다른 견해는 대학의 자유라는 환경 속에서 가장 자연스럽다. 그런 점에서 법조인 양성의 첫 과정이 사법연수원, 법무연수원이 아니라 대학, 대학원이라는 것은 다수의견의 동일체적 암송과 적용이 아니라, 다수의견을 학습하되, 반대의견과 함께, 추종이 아니라 비평적으로의 접근이 일상화하자는 게 아닐까.

4. 합헌에서 위헌으로의 헌법적 변화가 갖는 함의

형사법의 영역에는 많은 부분이 헌법적 심사를 받는다. 미국 법학에서 헌법적 형사소송이라는 말은 일상화되어 있지만, 우리의 경우에도 형사법은 헌법의 조명하에, 헌법적 심사를 받는다. 헌법적 형법, 헌법적 형사소송법의 시대를 맞고 있다고 해도 과언이 아니다. 형사법의 연구와 강의에서도 헌법재판소의 결정은 핵심적인 지식 중의 하나로 자리잡고 있는 시대에 살고 있다.

형사법 관련 헌법재판에서 매우 흥미로운 현상 중의 하나는 합헌결정이 내려진 후 10여년 지나면 위헌이나 헌법불합치로 파기 번복되는 경우가 적지 않다는 것이다. 예컨대 간통죄의 경우 헌재에서 1990년에는 합헌(6인)이었다가 2001년에는 합헌(8인)이다가, 2015년에 이르러 위헌(7인)으로 번복되었다.[52] 양심적 병역거부에 대한 처벌 규정에 대하여 헌재는 2004년에는 합헌(7인), 2011년 합헌(7인)이었다가, 2018년에 이르러 헌법불합치(6인)으로 번복되었다.[53] 재소자에게 투표권을 부여하지 않는 공

---

52) 헌법재판소 2015. 2. 26. 선고 2009헌바17. 성적 자기결정권 및 사생활의 비밀과 자유를 침해하여 헌법에 위반된다.
53) 헌법재판소 2018. 6. 28. 선고 2011헌바379등.

직선거법 규정에 대하여 2004년에는 합헌(8인)이었다가, 2014년에 이르러 집행유예자에게 투표권을 부여하지 않는 것은 위헌(9인), 수형자 모두에게 일률적으로 투표권을 부여하지 않는 조항에 대하여는 헌법불합치(7인)으로 기존 결정이 파기되었다.[54]

　이러한 파기 번복은 왜 생기는 것일까? 전임자의 결정도 나름의 충분한 논리성과 설득력을 갖고 있었을 텐데, 비교적 단기간 내에 이러한 파기, 번복은 어떻게 이해되고 설명될 수 있을까.

■표 1　헌법재판소 결정: 합헌에서 위헌(혹은 헌법불합치)으로

	합헌 결정			위헌, 불합치 결정	후속입법
간통죄	1990 (합헌6, 위헌3)	2001 (합8, 위1)	2008 (합4, 불합치1, 위4)	2015 (위7, 합2)	폐지
양심적 병역거부	2004 (합7, 위2)	2011 (합7, 위2)		2018 (헌법불합치6, 각하3)	병역법 개정
재소자투표권 미부여	2004 (합8, 위1)	2009 (각하1, 기각3, 위헌5)		2014 (집행유예자미부여 위헌9) (수형자　미부여, 불합치7, 합1, 위1)	선거법 개정
동성간 (비강제) 성행위… 군형법 위반	2002 (합6, 위2)	2011 (합5, 위4)	2016 (합5, 위4)	2022 (대법원: 사적공간에서 합의성행위: 무죄10, 유죄2)	…
사형	1997 (합7, 위2)	2010 (합5, 위4)			

　파기된 과거의 합헌결정의 내용을 살펴보면, 그 합헌결정은 전원일치가 아니라 반대의견을 포함하고 있다. 가령 재소자 투표권을 부여하지 않는 것이 헌법적 문제가 없다는 다수의견에 대하여, 1인의 위헌 반대의견이 있는데, 독해해보면 그 반대의견에서 재소자 선거권 부여의 필요성, 타당성, 합헌성에 대해 무게있는 법리검토를 하

---

54) 헌법재판소 2014. 1. 28. 선고 2012헌마409등.

고 있다. 당초엔 재소자 투표권이라는 개념 자체에 대해 의아하고 생소한 선입관을 갖는 우리 사회의 법률가, 시민, 입법자들에게 위의 반대의견을 통해, 새로운 논거와 비교법적 지식이 유입되었다. 이 반대의견을 접하고 나면, 재소자 투표권을 전혀 부여하지 않는 우리의 형사법, 선거법이 오히려 비교법적으로, 헌법적으로 정당화하기 어려움을 느끼며 일차적으로 곤혹감이 든다. 그러나 10여 년간의 전파과정을 통해 재소자 투표권 개념은 하나의 실재하는 개념으로 정착되었다. 1인의 반대의견은 미래를 위한 씨앗을 제공한 셈이다.

다른 한편 헌법재판관의 임기가 미국처럼 종신직이라면, 판례의 변화는 쉽지 않을 것이다. 자신이 10~20여 년 전에 공들여 쓴 합헌의견을 스스로 파기 번복하기란 쉬운 일이 아닐 것이다. 그러나 우리의 헌법재판관, 대법관 등 최고 재판관들의 임기는 6년이고, 법률상 연임은 가능하지만 실제 연임된 예도 거의 없기에, 사실상 6년 단임제로 운용된다. 새 재판관은 기존 판례에 심리적으로 기속될 이유가 없다. 새 재판관들은 이전의 합헌결정도 재검토, 재평가할 수 있다. 거기에 기존의 다수의견과 반대의견의 내용을 동시에 검토하고, 또 원래의 결정들에 대한 후속 비평들을 함께 검토한다. 한편 피해자와 변호인들은 헌법소원, 위헌제청 신청을 계속한다. 헌법소원이 축적되면 그것 역시 무시할 수 없는 요인이 될 수 있다. 이런 상황에서는 거의 6년에 한번씩 재심이 이루어질 수 있다.[55]

지난 몇십 년 동안 위헌, 헌법불합치 결정으로 인한 법률의 합헌적 정비가 계속되었기에, 최근에 올수록 이전보다 위헌, 헌법불합치할 건수가 적을 것이라는 생각도 일견 들 수 있지만, 실제는 그렇지 않다. 이전처럼 한눈에 봐도 위헌인 법률의 제정은 억제되지만, 국민과 법조인의 헌법의식, 규범의식이 발전하는 만큼 헌법적 심사잣대도 더 정밀해질 것을 요청받을 것이다. 비유하자면 과거엔 육안으로 판단하던 것이, 점차 돋보기를 들이대고, 다음엔 현미경을 들이대는 식의로의 잣대 변화도 진행된다. 어떻게 보면, 헌법재판소는 자신의 기관 위상, 신뢰도와 주목도를 확보하기 위해서는, 연간 일정 건수 이상의 위헌, 헌법불합치 결정을 내려야 할지도 모른다.

---

55) 최근의 예로, 2015년 대법원은 긴급조치 제9호의 경우 대통령은 정치적 책임을 질 뿐 국민 개개인에 대한 관계에서 민사상 불법행위를 구성한다고 볼 수 없다(대법원 2015. 3. 26. 선고 2012다48824)고 판시했다. 2015년 판결은 매우 많은 비판에 직면했지만, 판례변경이 이루어진 것은 그로부터 7년뒤인 2022년에 이르러서이다. 대법원은 전원합의체 판결을 통해 "긴급조치 제9호의 발령부터 적용.집행에 이르는 일련의 국가작용은, 전체적으로 보아 위법하다고 평가되고, 긴급조치 제9호의 적용.집행으로 강제수사를 받거나 유죄판결을 선고받고 복역함으로써 개별 국민이 입은 손해에 대해서는 국가배상책임이 인정될 수 있다"(대법원 2022. 8. 30. 선고 2018다212610 전원합의체 판결)고 판례변경을 했다. 2015년 판결에 관여했던 대법관들이 6년 임기를 마치고 퇴임한 뒤에 판례의 변경이 이루어진 것이다.

늘 합헌의견만 낸다면 누구도 헌법재판소에 지금만큼의 주목도, 신뢰도, 권위를 부여하지 않았을 것이기 때문이다.

헌법재판소 결정의 변화에서 예시하듯이, 이러한 헌법적 형사법의 변화는 '시대의 기후'를 반영하고, 하나의 결정은 기대의 기후 변화에 영향을 미친다고 할 수도 있을 것이다. 시대 기후를 독해하기 위해서 인권감수성, 젠더감수성, 약자감수성, 평등감수성이 법관에게 더욱 요청된다. 사법적 결정은 정치적 결정, 행정적 결정과 다르다. 입법이나 행정은 다수의 지배 원칙이 관철되고, 소수자나 개인의 인권보장이 국가의 기본의무라 말은 자주 하지만 실제로는 왕왕 무시된다. 그러나 사법부는 투표권력이 개별 결정에 직접적인 영향을 미칠 수 없다. 물론 대법관, 헌법재판관의 구성에 있어 대통령과 입법부의 권한이 작동한다. 그러나 일단 임명된 대법관, 헌법재판관, 그리고 판사들은 자신의 판단에 대해 투표권력의 심판대 위에 서지 않는다. 그런 면에서 정치적 정당성이 취약하다는 약점이 있다고 종종 비판받고 있지만, 대신 법관은 "헌법과 법률, 그리고 양심에 따라" 재판해야 한다. 유권자에 대한 눈치보기, 입법권과 행정권에 의한 직접적 간섭의 통로는 없다. 법원장이나 상급 법원도 특정한 판결에 대해 지시, 보고, 개입할 수 없다. 법관동일체의 원칙 같은 것은 없다. 특정 재판부의 판단에 대해 이견이 있으면 절차에 따라 상소할 수 있을 뿐이다.[56] 사법부는 국민의 기본권을 보장하는 최후 보루로서 모든 국민의 인간존엄과 가치를 수호할 책무를 갖는다.

그와 관련된 대법원 판례를 하나 인용한다. 사안은 현재 혼인 중에 있지 아니한 성전환자에게 미성년 자녀가 있는 경우, 성별정정을 허가할 수 있는지 여부에 대한 것이다. 거기서 세 대법관은 다음과 같은 보충의견을 통해 법원의 역할과 의무를 기술하고 있다.

> 사법은 다수결의 원칙이 지배하는 입법이나 행정과 달리 다수의 정치적·종교·사회적 이해관계에서 벗어나 소수자를 보호하고 국민의 기본권을 보장하는 최후의 보루로서의 역할을 할 때 그 존재 의의가 있다. 법원은 우리 사회 소수자가 갖는 인간으로서의 존엄과 가치 및 행복추구권의 본질적 내용을 침해할 우려가 있는 사안에서는 더욱 이러한 책무를 소홀히 하여서는 아니 된다....성전환자의 성별정정 허가 여부를 심리하는

---

56) 한 예시로서, 1952년 5월 19일 안윤출 부장판사는, 서민호 의원의 석방을 명하는 석방명령서를 발부하였는데, 정부측의 비난이 거셌고 이승만 대통령은 김병로 대법원장에게 불만을 표했다. 그에 대해 대법원장은 "판사가 내린 판결은 대법원장도 이래라 저래라 할 수 없는 것이다. 판결이 잘못되었다고 생각하면 절차를 밟아 항소하시오"로 의연히 응수했다. 한인섭, 가인 김병로, 박영사, 2017, 664쪽.

법원은 성전환자가 소수자로서 겪는 차별과 감당해야 하는 고통의 깊이를 헤아리지 않은 채 사회 다수의 의사에 따라 피상적으로 결정하는 것을 경계하여야 한다.... 성전환자들이 우리 사회의 동등한 구성원으로서 진정한 성정체성을 법적으로 인정받아 각자의 개성에 따른 고유한 삶을 형성해 나갈 수 있도록 하는 것이 소수자의 권리보호와 인권보장을 사명으로 하는 법원이 하여야 할 역할이자 의무이다.[57]

　이러한 관점은 명시적으로 표현되든 않든 간에, 사법적 결정에 종사하는 법조인으로서는 늘 명심해야 할 기본이다. 사법적 결정에 영향을 미치고자 하는 학문적 작업에서는 더욱 그러할 것이다. 현실 사법부는 수동적이기에, 오히려 시민들과 변호인들이 자신의 의뢰인의 관점에서 앞장서서, 깊이 숙고해야 할 것이다. 특히 소수자·약자의 사안이라면 그가 "소수자로서 겪는 차별과 감당해야 할 고통의 깊이를 헤아리"면서 이를 사법적 통로를 통해 전달하고, 모두가 "동등한 구성원으로서" 자기 정체성을 법적으로 인정받고, 개성에 따른 고유한 삶을 형성해갈 수 있도록 하는 마음가짐을 갖고, 이를 효과적으로 전달하고자 하는 부단한 노력을 경주해야 할 것이다.
　소수자의 권리로서 형사법의 영역에서 오랫동안 가장 큰 현실적 쟁점 중의 하나는 양심적 병역거부자를 군형법상 항명죄나 병역법상 병역기피로 처벌해온 우리의 형사현상이었다. 매년 600명 이상이 실형을 받았고, 실형의 기간은 징역 3년에서 2년, 다시 1년 6개월로 고정되다시피 했다. 필자는 양심의 자유, 종교의 자유의 심장을 침해하는 이러한 한국의 형사관행에 대하여 많은 문제의식을 느꼈다. 그리하여 2000년대 초반기부터 뜻을 같이하는 학자들과 <양심적 병역거부> 책을 펴내면서, 헌법적·형사법적 문제를 짚었고,[58] 10여 년이 흐른 후에는 대체복무제의 가능성을 현실화하기 위해 다시 <양심적 병역거부와 대체복무제> 책을 펴냈다.[59] 헌법재판소에서 이 쟁점을 갖고 공개변론을 할 때는 참고인으로 관여, 진술했다.[60] 필자는 이 헌법재판소에서 단순히 합헌/위헌의 법리 공방에 머무르지 않고, 스토리텔링을 통해 조금이라도 소수자의 고통을 실감있게 전달할 방법이 무엇인가를 특별히 고민했다. 그 하나의 방법으로 두 형제의 사연을 택했다.[61] 대학 재학생으로 있으면서 형이 양심적

---

57) 다수의견에 대한 대법관 박정화, 대법관 노정희, 대법관 이흥구의 보충의견. 대법원 2022. 11. 24.자 2020스616 전원합의체 결정.
58) 안경환·장복희 편, 양심적 병역거부, 2001, 거기서 필자는 한편의 논문을 기고했고, 더 보완하여 쓴 글이 한인섭, "양심적 병역거부: 헌법적·형사법적 검토", 인권과정의, 제309호, 대한변호사협회, 2002.
59) 한인섭·이재승 편, 양심적 병역거부와 대체복무제, 경인문화사, 2013.
60) 2015년 7월 9일 헌법재판소 공개변론.
61) 한인섭, "양심적 병역거부, 그 처벌의 위헌성", 법과정책연구(제주대학교), 제21권 제3호, 제주대학교

병역거부로 처벌받는 모습을 보면서도, 동생이 그 길을 택할 수 밖에 없었던 사안에서, 형벌의 예방효과(일반예방, 특별예방) 어느 것도 작동하지 않는다. 그들이 파렴치한 범죄자에게 선고될 형을 받을 나쁜 짓을 하지 않았고, 그들은 수형생활 중에 교도관의 일을 돕는 문서업무나 잡무를 수행한다. 법무부 관리들은 그들이 소내에서 교정사고를 저지르지 않고, 어떤 재소자보다 신뢰할 수 있다고들 한다. 그들은 통상적 범죄자 군에 들어갈 수가 없고, 재범방지나 사회복귀 목적도 무의미하다. 다른 나라에 태어났다면 대체복무, 사회공익복무를 통해 사회적으로 유익한 일을 합법적으로 할 수 있는데, 한국에 태어난 이유로 이러한 가혹한 형사처벌을 감내하게 하는 형사제도는 과연 옳은 것인가. 당사자와 변호사, 학계의 노력들이 축적되어 그들의 실상과 고충이 법원에 전달되면서 판사들 사이에서도 종래의 법적용에 대한 반성적 고려가 누적되어, 하급심에서 재판을 유예하거나 무죄판결이 점점 나오는 추세가 쌓였고, 거듭된 합헌결정에도 불구하고 헌법소원이 계속 누적되었다. 법조인들의 설문조사에서도 양심적 병역거부를 처벌하지 말아야 한다는 의견이 훨씬 다수를 차지하게 되었다. 이렇게 10여 년이 경과하는 동안 불처벌의 정당성론이 대법원과 헌법재판소를 움직였다. 2018년에 이르러 헌법재판소는 대체복무제 규정이 없는 병역법 조항은 헌법불합치로 결정했고,[62] 대법원은 양심적 병역거부에 대한 종교적 신념을 소극적 양심실현의 자유로 인정하고, 그들을 형사처벌하는 것은 양심의 자유에 대한 과도한 제한이 되거나 본질적 내용에 대한 위협이 된다고 하면서, 소수자에 대한 관용이라는 자유민주주의에도 반하는 것이라고 판시했다.[63] 이렇게 10여 년 동안 양심적 병역거부 주제에 대한 이해도도 높아지고, 법조인과 판사들의 규범의식에도 변화를 초래했고, 그리하여 결국 형사처벌 대신 대체복무제의 입법화로 현재에 이르고 있다. 말하자면 시대의 풍향, 기후가 바뀌어간 것이다. 변화의 방향은 소수자에 대한 인권감수성의 증대와 대안적 법정책 수립의 단계로 진입하는 것이었다.

　하나의 문제를 해결했다고 그것으로 그치는 게 아니다. 재소자 선거권에 대하여 현재의 기준선은 실형 1년 미만의 재소자에 대해서만 투표권을 인정하는 것이다. 그러나 1년 이상의 실형을 받은 시민은 왜 투표권을 주지 말아야 하는가에 대한 논변은 취약하다. 어떻든 수형자의 선거권은 제한해야 하겠다는 비합리적 편견에 의거한, 입법편의적 사고의 산물이 아닌가 하는 비판이 나온다. 그러기에 그 쟁점에 대한 헌법소원이 축적되고 있는 중이다.[64] 양심적 병역거부에 대한 대체복무제도 마찬가

　　법과정책연구원, 2015.
　62) 헌법재판소 2018. 6. 28. 선고 2011헌바379등
　63) 대법원 2018. 11. 1. 선고 2016도10912 전원합의체 판결

지다. 처벌은 면하지만 대체복무기간이 36개월이어서 현역 복무의 2배나 되어 그 정도는 징벌적 처우이고 인권 침해에 해당할 수 있다고 보아 기간의 적정한 단축, 교정기관에서 합숙근무 형태로 일률화한 대체복무형태에 대한 문제점 등 현행 대체복무제는 다른 나라에 비해 징벌적인 요소가 적지 않다. 그러기에 현행 제도와 운영방식에 대하여 헌법소원 및 대체입법론이 제기되고 있다.[65] 인권적 처우의 문제는 한 번 해결되면 그것으로 종결되는 것이 아니라, 새로운 시작이고, 새로운 문제제기가 이어진다. 그러기에 법적 기준은 가변적이 될 수밖에 없다. 현재의 법령과 판례는 잠정적이고, 변화도상에 있다. 법률가와 시민들의 관심과 노력에 따라 변화될 수 있어야 실질적 민주국가라 할 수 있을 것이기에.

V 형사법 교육에서 실태·정책·법의 트라이앵글적 내용 구성

로스쿨을 마치고 치르는 시험은 변호사시험이다. 그 시험에 합격하면 변호사의 자격을 얻는다. 사법연수원의 경우 수료하면 판사, 검사, 변호사의 길을 선택하게 되는데 반해, 로스쿨은 모두 변호사로서 출발하는 변호사 정체성을 갖는다. 변호사의 사명은 무엇인가. 변호사법 제1조는 "변호사는 기본적 인권을 옹호하고 사회정의를 실현함을 사명으로 한다."라고 하고, 그 변호사는 "그 사명에 따라 성실히 직무를 수행하고 사회질서 유지와 법률제도 개선에 노력하여야 한다."라고 규정한다. 여기서 강조하고 싶은 것은 변호사의 사명 중 하나는 "법률제도 개선에 노력"할 사명이라는 것이다. 변호사윤리규약에서도 "변호사는 법령과 제도의 민주적 개선에 노력하여야 한다(제1조 제3항)." 여기서 명료해지는 것은, 현재의 법령. 제도가 불완전하거나 시

---

64) 거듭된 헌법소원에 대해 최근 헌법재판소는 "1년 이상 실형 선고를 받은 수형자의 선거권을 박탈하는 공직선거법 조항이 헌법에 위배되지 않는다"는 결정을 내렸다. 헌법재판관 7인이 각하로 결정했지만, 2인은 위헌이라는 반대의견을 펼쳤다. 헌법재판소 2023. 3. 23. 선고 2020헌마958등. 그러나 헌법재판소는 선거권 제한의 입법목적으로 범죄 예방과 준법의식의 함양을 거론하지만, 선거권 박탈이 마치 범죄 억지력이 있다는 식의 주장은 설득력이 없다는 비판이 나오고 있다. (http://www.withoutwar.org/?p=19965, 2023. 6. 30. 최종검색.)

65) 2021년부터 약 2년동안 현행 대체복무제도가 위헌이라며 제기된 헌법소원은 100여건에 달한다. 36개월이란 기간, 교정시설에서의 합숙근무 일률화 등이 기본권을 침해한다는 것이다(경향신문, 2023. 5. 1.자., "대체복무는 징벌적" 헌법소원 100여건…제도개편은 언제쯤", https://m.khan.co.kr/national/national-general/article/202305010830011#c2b, 2023. 6. 30. 최종검색.)

대에 뒤떨어져 있을 수도 있다는 사실을 솔직히 인정하고, 변호사는 현재 법령의 적용만을 자기 임무로 삼아서는 안 된다는 것이다. 변호사는 언제나 개혁적 자세를 갖추어야 한다. 의뢰인을 변론하면서 법령, 제도의 미비점과 문제점을 느끼게 되면, 그 개선을 위한 노력은 변호사 제도의 존재근거가 된다. 우리 변호사 윤리는 현재에 안주하지 않는 개혁적 법률가상을 지향한다.

개혁적 법률가를 양성하기 위해서는 현행 법령, 판례의 기계적 암송과 질문봉쇄의 수동적 학습방식이 어울리지 않는다. 앞서 말한 실태를 다각도로 파악하고, 가용한 정책수단이 어떤 것이 있을까, 현재 적용될 법률과 판례는 과연 합당하고 정당하고 합헌적인가, 비교법적으로 볼 때 우리의 법제는 어떤 위치에 있을까, 인권감수성과 평등감수성에 기여할 수 있는가를 끊임없이 질문해야 한다. 앞서 말했듯이 통계와 경향성을 확인하는 것도 일상적 습관이 되어야 한다.

로스쿨 법학교육에서도 그러한 실태－정책－법의 흐름 속에서 구성할 필요도 있을 것이다. 현재는 과중한 수업 부담과 변시 부담으로 인해, 질의응답은 최소화되고 판례 위주의 교육에 치중한다. 그런데 그 판례도 다수의견과 반대의견의 치열한 논변을 생략하고, 결론 위주의 전달에 치중한다. 그러한 방식은 위의 변호사의 사명을 함양하기에 적합한 교육이 아니라고 본다.

그렇다면 짧은 시간에 어떻게 실태－정책－법의 트라이앵글 속에서 학습할 수 있을까. 교육자로서는 고심할 대목이다. 필자는 형법각론 과목에서 다소의 실험을 계속해오고 있다. 형법각론에는 범죄의 목록이 죽 펼쳐져 있다. 예컨대 살인죄를 다룬다면, 우리 살인의 실태, 특징, 추이 등을 10분 이내의 시간을 할애하여 전달하고자 한다. 공식 통계와 조사연구의 결과가 있다면 ppt를 통해 짧게라도 소개한다. 기본적인 해석과 함께 판례를 소개하는데, 판례의 다수의견과 함께 반대의견도 소개하고자 하고, 때로는 학생들의 편을 나누어서 상호 토론도 유도한다. 형법뿐 아니라 특별형법도 소개한다. 해석론과 유관한 입법동향, 가령 국회 계류의 법률안이나 공청회의 쟁점도 소개하면서 현행의 법령, 판례의 문제점을 부각하고 개선의 방향을 살펴본다. 주요 판례에 대해서는 학자들의 평석 논문이 있으면 그 제목과 요지라도 소개하고자 한다. 판례도 늘 비평대상이 되어야 하고, 비평의 방식에 대한 이해를 갖도록 하기 위해서이다. 판례를 독해하되, 판례에 매몰되지 않고 자신이 해석의 주인공이 되어 판단하도록 강조한다.

학기말에 최근 판례 중 하나를 골라 10쪽 내외의 과제물을 내도록 하는데, 주제에 맞추어 자기만의 방법과 관점을 활용하도록 권장한다. 학생들의 학부 전공이 다양하므로 로스쿨 1학년에 배우는 형법각론 시간에는 자신의 전공의 장점을 살리는 리포트가 곧잘 눈길을 끈다. 시민단체 활동 중의 장애인 상담경험을 바탕으로 친족상도례의 문제점을 추출하여 논문을 쓴 학생도 있고, 경영학적 관점에서 배임죄의 소위 경영판단 관련 판례를 비평하기도 하고, 화투사기그림에 대해서 미학적 관점을 적용하는 미술학도의 글도 나온다. 학기 말에는 3분 내외의 발표를 하도록 하고, 수업시간으로 부족할 경우에는 3분 동영상을 공유게시판에 올리도록 한다. 이러한 기말 리포트 중 몇몇은 조금 더 지도하면 졸업논문 수준이 되고, 로스쿨 저널에 게재되기도 한다.

학생들의 성적을 비율적, 기계적으로 줄세우는 현행 성적매기기 방식은 로스쿨의 다양성, 창의적 교육을 매우 저해한다. 동료들로부터 서로 배우고, 서로를 격려하고, 부족한 부분을 서로 채워가는 협동적 자세를 기계적 줄세우기 성적평가 시스템은 만들어낼 수 없다. 전국 25개 대학에 일률적으로 부과되는 성적평가방식은, 앞으로 대학별, 과목별로 다양한 성적평가방식을 도입하고, 실험하며, 비교하는 체제로 바뀌는 것이 교육내용과 방식에도 긍정적 영향을 미칠 것이다.

로스쿨 학생의 학습분량은 엄청나지만, 그 분량에 짓눌리게 되면 공부의 즐거움이 사라진다. 법 공부는 즐겁게 할 수 있어야 한다. 모든 지식은 장차 자신의 의뢰인을 위한 최선의 지식과 노하우를 성실히 쏟아부을 수 있는 밑거름이 될 것이다. 기본개념과 지식을 습득하게 되면, 자유롭고 창의적으로 접근한다면 기성의 법률과 판례, 학설에서 배울 것도 있고 여러 미흡한 점이나 문제점이 느껴질 수 있다. 자신의 창의력을 발휘하여 법령과 제도의 개선안을 만들고 민주적으로 설득하는 과정 속에서 어떤 때는 씨앗 단계에서 어떤 때는 결실 단계에 이를 수도 있다. 법의 가변성을 받아들인다면, 법률가는 그 가변성을 원하는 방향으로 변화시키기 위한 촉진자로서의 자신의 역할을 즐겁게 받아들일 수 있을 것이다. 현재까지의 지식을 학습하지만, 미래의 지식 생산에 한 역할을 하는 자신을 상상하면서 비전을 닦아가는 것은 필요하고 바람직하다. 교육자로서 형사법학자는 학생들에게 그러한 상상과 비전의 날개를 펼쳐가도록 격려, 조장할 필요가 있다고 생각한다.

형사법 공부는 단지 답안지에 쓰일 지식으로 그쳐선 안 된다. 형사법 공부 내용을 일상생활 속에서 실천할 수 있다. 형사법을 제대로 공부한다는 것은 인간으로서의 존엄과 가치를 함양하는 것이고, 타인의 인권과 인격을 자신만큼 존중하는 태도를 함양하는 것이다. 형사법은 말한다. 타인의 신체, 자유, 평등을 불가침한 것으로 인정하고 존중하라는 것. 다툼이 있을 때 한쪽 얘기만 듣고 성급히 재단하지 말고, 상대방에게도 공정한 말할 기회를 동등하게 제공해야 한다는 것, 남을 터무니없이 비난부터 하지 말고, 무죄추정에서 출발해야 하고 의심날 때는 상대방의 이익의 관점에서 생각해 보야 한다는 것, 무엇을 판단하려면 쉽게 속지 말고 증거, 근거를 요구해야 한다는 것, 타인이 잘못하면 불이익을 줄 수 있지만 잘못 만큼만 주어야지 그 이상 과잉대응하면 안 된다는 것, 사람을 매도하지 말고 잘못한 행위를 중심으로 판단해야 한다는 것, 불의에 쉽게 동조하는 방조자가 되어어서는 안 된다는 것 등등. 아마도 이런 덕목들이 형사법적 리걸 마인드라고 할 수도 있다고 본다. 형사법의 학습은 전문가되기 교육도 되지만, 훌륭한 민주시민교육의 요체도 갖추고 있다.

로스쿨을 통한 법조인 양성체제는 사법연수원의 관료적 양성체제와 다르다. 후자는 관료형 법조인의 양성을 기본으로 해왔다. 연수원의 학생도 교원도 공무원이다. 연수원의 교원도 판사가 주축이고 검사가 함께 한다. 반면 로스쿨을 마치고 변호사시험을 통해 변호사가 되는데, 이는 법조인의 출발점이 관료가 아니라 시민형 전문가가 된다는 것이다. 변호사는 시민의 이웃으로 자리해야 하고, 시민의 고충을 일상적으로 체감하는 법전문가이다. 판사, 검사는 일반 시민들이 자유롭게 접촉할 수 없지만, 변호사 사무실의 문은 시민들에게 열려 있다. 사무실을 찾아가면 된다. 한국의 법조윤리와 변호사윤리의 정립에 큰 기여를 했던 이병린 변호사의 말을 빌리자면, "변호사는 어디까지나 생기발랄한 중립적 야인이어야 한다. …야인이란 대중과 더불어 살아가는 것을 의미한다. 변호사는 사회개선을 기하되 점진적으로 문화적.합법적 수단으로 노력한다는 점에서 반역아와 다르고, 생생한 야인으로 비판정신과 저항정신을 지니고 살아간다는 점에서 일맥상통하는 점이 있다… 변호사의 직업이란 억울한 사람의 편이 되는 것이다. 그렇기 때문에 입법의 맹점, 사법의 불비, 행정의 독선을 대중의 위치에서 보고 느끼게 된다…"[66] 약간 고색창연한 느낌도 있지만, 변호사의 위치설정과 과제를 힘입게 말하는 대목이다. 이러한 변호사를 양성하는 교육기관이 로스쿨이라면, 변호사를 비롯한 법조인과 법률가는 시민의 위치와 관점에서 현실법을 이해하면서, 그 맹점·불비·독선을 견제하고 개선해가는 개혁가의 양성이란 취지에 걸맞는 방식과 내용을 채워갈 필요가 있다.

법률가라면 다소 딱딱하고 형사법을 전공한다고 하면 왠지 무서울 것 같은 선입견부터 생긴다고 한다. 형사법이 엄중한 권력작용처럼 생각되기에 그럴 수도 있다. 하지만 실무가든 연구자든, 자기 소임을 할 뿐이며, 그가 자신을 위해 과다하게 행사할 그런 권력은 애초부터 없다. 그는 권력자가 아니라 권한과 직분을 행사하는 자이며,

---

66) 이병린, "변호사를 뜻하는 법학도에게," 법 속에서 인간 속에서, 청구출판사, 1967, 58−60쪽 발췌.

그 권한과 직분은 자의적으로 행사될 것도 아니고 순전히 의무밖에 없는 것이다. 국민은 권리를 가지지만, 국가는 의무만을 진다. 의무적 국가는 그 의무의 행사에 있어서도 흠흠하고 자계해야 한다.

최근 법률가의 생애와 말씀을 필자 나름으로 정리하는 작업을 계속해오고 있는데, 그러다 보니 법률가의 기본 덕목은 흠흠과 겸손이 아닌가 하는 생각에 이르렀다. 겸손에 대한 두 법률가의 말을 발췌해본다.

> 이홍훈: 반말은 우선 쓰지 말아야겠다. 아무리 피고인이라도 무죄추정의 원칙을 적용받아야 하고, 또 법관보다 나이 많은 사람이 태반이다. 어린 사람들한테 반말을 써도 우선 품위가 없어 보인다 라고 생각해서 반말 쓰는 것을 안 했는데… 그 뒤 몇 년 걸려서 법원의 그런 풍토(법관의 반말 쓰는 풍조)가 좀 없어졌을 거예요.[67]

> 조영래: 앞으로는 피의자나 증인을 조사하면서 절대 신경질을 내지 않기로 맹세한다… 지금까지 충분히 실천은 못하였으나 4개월동안 내가 준행하려고 하는 제일보는 피의자 또는 참고인, 가족 들에게 친절히 대하는 자세를 견지하는 것이다. 어떤 경우에라도 친절한 자세를 흩뜨리지 않도록, 어떤 경우에도 조금이라도 권력을 가진 자의 우월감을 나타내거나 상대방을 위축시키거나 비굴하게 만드는 일이 없도록… 사람을 사람으로 대접해서는 안 된다고 한다면, 인간성에 거는 우리의 모든 신뢰와 희망은 대체 어떻게 될 것인가.[68]

사람을 사람으로 대하고, 서로 존중하고, 그런 의미에서 반말도 않고, 늘 친절히 대하는 것, 그것이 법조윤리의 알맹이면서 민주시민의 상식이다. 법을 강의하고 연구하는 모든 것에도 같은 윤리, 원칙이 두루 미치는 것이 바람직함은 말할 나위가 없다.

---

67) 신동호(면담), 법관의 길: 이홍훈, 법원도서관, 2022, 104쪽.
68) 검사 시보를 하면서 조영래가 일기장에 남긴 글의 일부이다. 출처는 조영래변호사를 추모하는 모임 엮음, 진실을 영원히 감옥에 가두어 둘 수는 없습니다, 창비, 1991.

Ⅵ 맺음말

 형사정책적 지식과 관점, 시야를 중시하는 형사법학자에게 로스쿨 교육은 현실적 어려움과 가능성을 동시에 지니고 있다. 수험법학의 압박이 전자라면, 학생들의 출신 전공다양성은 종합학문, 학제적 연구로서의 형사정책의 지식기반이 될 수 있다. 형사문제를 취급할 때 거듭 강조되어야 할 기본자세는 형사제재가 고통이고 악이라는 점을 감안하여, 필요최소한도로 제한되어야 하고 권력남용이 되지 않도록 자기억제, 겸억성, 흠흠하는 자세가 필요하다는 것이다. 이는 형사법을 적용·집행하는 실무 법조인 뿐 아니라 형사법 연구자에게도 마찬가지다.

 형사법 연구자는 법률—판례—학설의 좁은 범위를 탈피하여 보다 거시적, 과학적 조망을 할 필요가 있다. 구체적으로 형사에 관한 연구와 교육에서 실태·정책·법의 넓은 트라이앵글 속에서 작업하는 것이 필요하고 유용하다고 생각한다. 실태라면 공식적 범죄—형벌에 관한 통계, 그 중에서도 특히 시계열적 통계가 기본 중의 기본이지만, 형사법 연구를 위해서는 자기 분야의 실제상황을 이해하고 연구주제에 합당한 방법도 개별적으로 모색해야 할 것이다. 사례유형과 패턴의 수집, 변론자료와 재판자료의 확보, 피해자나 관련자의 목소리와 고통을 듣고 공감하기, 현장에서 문제 소재와 해결책에 대한 아이디어 얻기 등이 예시될 수 있다. 형사법적 쟁점들은 하나의 지점이 아니라 일련의 흐름 속에서 파악될 필요도 있다. 수사—재판—행형—사회 내 처우 등은 연쇄적으로 이어지기에, 특정한 형사문제는 형사사법 시스템의 플로우 속에서 이해하는 것이 보다 합당할 것이다.

 형사법의 이해를 위해서는 먼저 형사법의 가변성이 일상화된 시대가 되었음을 염두에 두어야 한다. 범죄화/탈범죄화의 흐름 속에서 많은 유형이 새롭게 법적 범죄 목록에 등장하고, 또 범죄 목록에서 빠져간다. 입법적 방법, 사법적 방법, 실행적 차원에서 모두 그렇다. 형사법의 가변성은 형사법학자들을 자극하고 적극적 역할을 요청한다. 형사법적 소재는 매우 뜨겁고 여론을 자극하는 경우가 많다. 그러나 '그날의 날씨'라는 단기적 국면만 보고 일희일비할 게 아니라, 그 '시대의 기후' 다시 말해 장기적 경향 속에서 점검되어야 한다.

 판례와 학설에는 지배설, 다수설, 다수의견이 있지만, 반대의견, 소수의견이 명문화될 수 있는 것이다. 모든 새로운 견해는 단독작품에서 시작된다. 단독설, 반대의견은 그냥 법정의견이 되지 못한 실패작이 아니라, 현재를 비판적으로 조망하고 미래의 씨앗이자 변화의 촉매가 될 수 있다. 대법원의 전원합의체 판결에서의 판례변경을 보면 과거의 반대의견이 다수의견으로 변화되어간 과정을 볼 수 있고, 헌법재판소는 합헌결정이 이후에 위헌, 헌법불합치 결정으로 번복되어간 사례가 매우 많다. 그만큼 우리 사회가 역동적이어서 그렇기도 하고, 재판관의 법정 임기의 단기성과 관련되어지기도 하지만, 반대의견이 다수의견으로 바뀌어가는 과정에서 법률가들의 노고가 뒷받침되기에 가능한 일이다.

형사법 교육에서도 형사정책적 함의는 교육의 일부를 구성하는 것이 바람직하다고 본다. 현재의 판례를, 그 중에서도 다수의견을, 그것도 결론 위주로, 그것도 암기 위주로 지식전달하는 것은 다양한 분야로 진출할 인재 양성이라는 로스쿨의 지향점에도 맞지 않다. 실태 — 정책 — 법의 트라이앵글 속에서 개별 주제를 가르칠 수 있도록 내용을 짜가야 한다. 형사법 해석에 못지 않게 그 형사법이 규율하는 범죄현상, 형벌현상에 대한 이해가 동반되는 것이 바람직하다. 다수의견에 못지않게 반대의견, 소수설의 가치가 거론되면서, 주입식 전달이 아니라 상호 토론이 활성화되어야 한다. 학생들은 시험만 치를 뿐 아니라, 과제물 부여를 통해 형사법 주제에 대한 자신의 장점을 살리는 창의적 접근이 권장되어야 한다. 그럴 때 로스쿨의 소기의 목표를 달성할 수 있는 것이고, 법률과 제도의 민주적 향상에 기여하는 법조인의 사명도 더 잘 실천할 수 있는 길이기도 하다.

인간존엄성의 형사법

1

헌법재판소 결정문을 통해서 본 인간존엄의 의미
- 존엄개념의 과용과 남용 -*

이상수(교수, 서강대학교 법학전문대학원)

I 서론

1. 존엄개념의 확산과 이를 둘러싼 논란

2차대전 이후 '인간존엄(human dignity)'이라는 개념은 철학적 사변거리를 넘어 현실과 법의 영역으로 들어오고 있다.[1] 이 점을 잘 보여주는 것이 국제인권법이다. 우선 관습국제인권법이 됐다고도 종종 인정되는 세계인권선언은 첫 문장에서 "인류 가족 모든 구성원의 존엄"을 인정하고, 제1조에서 모든 사람은 존엄에서 평등하다고 규정했다. 그리고 시민적 정치적 권리에 관한 국제규약(1966)과 경제·사회·문화적 권리에 관한 국제규약(1966)도 "인류가족 모든 구성원의 본래적 존엄과 동등하고 양도할 수 없는 권리를 인정"하고, "이러한 권리는 인간이 본래적 존엄에서 유래함을 인정한다"고 했다. 결국 국제인권법의 가장 중요한 세 문서[2]가 모두 인간존엄이 국제인권법 체계의 규범적 기초라는 점을 명문으로 인정하고 있는 것이다.[3] 나아가 인

---

* 이 글은 이상수, "헌법재판소 결정문을 통해서 본 인간존엄의 의미-존엄개념의 과용과 남용-", 『서강법률논총』 제8권 제1호, 2019에 게재되었음을 밝힌다.

1) 존엄(dignity) 혹은 인간존엄(human dignity)에 대한 철학적 논의에 대해서는 다음을 참조할 수 있다. Michael Rosen, *Dignity: Its History and Meaning*, Harvard University Press, 2012, 마이클 로젠 (공진성, 송석주 옮김), 『존엄성』, 아포리아, 2016; 손재연, "위상적 개념으로서의 인간존엄", 『법철학연구』 제21권 제1호, 2018.

2) 이 세 문서를 국제인권헌장이라고 부른다.

3) 다른 국제인권문서에서도 존엄이 등장하고 있다. 예컨대, Protocol 13 to the Convention for the Protection of Human Rights and Fundamental Freedoms (ECHR), League of Arab States, Inter—American Convention on the Prevention, Punishment and Eradication of Violence Against

간존엄은 단순히 인권목록을 정당화하는 배후가치에 그치지 않고 국제인권재판에서 구체적 사건의 재판규범으로도 이용되고 있다. 예컨대, 유럽인권재판소 판결에 존엄이 사용되었다.[4]

존엄이라는 단어는 국제인권 법규범으로서 등장했을 뿐만 아니라, 많은 나라의 국내법, 특히 헌법의 언어를 구성하고 있다. 대표적으로는 독일, 일본, 이탈리아, 이스라엘, 인도 등의 헌법이 존엄을 명시하기 시작했고, 현재는 150개국에 이르는 나라가 헌법에 명문으로 존엄을 규정하고 있다.[5] 존엄이 헌법규범으로 등장한다는 것은 존엄을 이유로 국가권력작용이 위헌판정을 받을 수 있다는 것을 의미하고 실제 그런 일이 벌어진다. 심지어 존엄이란 표현이 헌법에 등장하지 않는 경우에도 존엄은 헌법원리로 원용되기도 한다. 미국의 경우가 그렇다.[6]

이처럼 존엄은 다양한 국내외의 법과 법정에서 두루 사용되면서 살아있는 법규범이 되고 있다. Duwell은 인간존엄에 관한 포괄적 단행본을 편집하면서 이제 존엄에 대해서 치열한 논쟁을 할 적절한 시기가 됐을 뿐만 아니라 이 개념에 대한 이해는 지적 정직성의 문제라고 했다.[7] 즉 인간존엄을 이해하는 것은 더 이상 미룰 수 없는 긴급하고도 중대한 현안이 됐다는 것이다.

국제인권법과 각국 헌법이 인간존엄이라는 동일한 단어에 대해서 그토록 중대한 의미를 부여하고 나아가 재판규범으로 확대해가는 이 현상을 어떻게 이해해야 하는가? 거기에는 우연 이상의 어떤 필연성이 있는 것처럼 보인다. 어쩌면 지구촌은 문화적 다양성에도 불구하고 인간존엄이라는 보편가치를 공유하며, 이를 법적으로 구현해 가고 있는지도 모른다. 어쩌면 오늘날 지구화 시대가 보편적 법 언어를 요청하고, 존엄이라는 단어가 그 대안으로 부상하고 있는지도 모른다. 과연 그럴까? 과연 지구촌은 존엄이라는 보편적 가치를 지국적 법의 기초로 삼으면서 서로 수렴하고 있는 것일까?

Women, the Revised European Social Charter, the Convention on Human Rights and Biomedicine 등에서 존엄이 거론됐다.

4) 예컨대, Tyrer v United Kingdom, 2 EHRR 1; Bock v. Germany, 12 EHRR (1990); SW v. UK; CR v. UK, 21 EHRR (1995) 등. Pretty v. United Kingdom, 24 EHRR (1997)에서는 EU 인권협약의 핵심은 인간존엄의 존중이라고 했다(이 판결문 56문).

5) https://www.constituteproject.org/search?lang=en&key=dignity&status=in_force

6) 예컨대, 존엄이 미국에서 동성결혼의 정당화 논거로 이용됐다. Obergefell v. Hodge (2015). 존엄의 관점에서 이에 관한 비평으로, Lawrence H. Tribe, "Equal Dignity: Speaking its Name", 129 Harv. L. Rev. f. 16, November 2015.

7) Marcus Duwell, Jens Braarvig, Roger Brownsword, Dietmar Mieth eds., *The Cambridge Handbook of Human Dignity: Interdisciplinary Perspective*, Cambridge University Press, 2014, p.xix.

Carozza는 이런 맥락에서 인간존엄 개념의 중요성을 지적했다. 그는 지구적 인권보통법(global human rights ius commune)의 등장을 목도하면서, 그 근저에는 인간의 존엄성에 대한 믿음이 놓여 있다고 주장한다.[8] 말하자면 인간이 존엄하다는 공통된 믿음이야 말로 존엄이라는 말이 지구적으로 통용되는 근본적 이유라는 것이다. 존엄의 구체적인 의미가 국가별로 다르다고 하더라도 존엄 자체에 대한 믿음은 공통적이라고 한다. 이 말에 담겨 있는 그의 주장은 인간존엄의 의미에 관한 '실체적인 대화'(substantive dialogue)가 가능하며 나아가 존엄 개념은 인권실험의 미래를 위해서 결정적으로 중요하다는 점을 향한다.[9] 그가 볼 때, 존엄은 지구화 시대의 초국적 대화를 위한 공통의 거점이 되는 셈이다. Barroso는 지난 수십 년 간 국내 및 국제법원에서 인간존엄이 널리 사용되고 있는 현상에 주목하고 존엄의 의미를 도출했다. 그는 또한 민주주의사회에서 다양성의 배후에 있는 단일성이 있다면 그것은 인간존엄일 것이라고 했다.[10] 그는 인간존엄의 내용이 역사적 문화적 환경에 영향을 받는 것이 사실이지만, 그럼에도 불구하고 존엄은 대체로 인간의 내적 가치(intrinsic value), 자율성(autonomy), 공동체 가치(community value)를 표창하고 있다고 보았다.[11] 이처럼 Carozza와 Barroso는 존엄이라는 단어가 초국가적 사법소통과 법문화의 발달에서 중대한 역할을 맡고 있다고 보고, 이를 더욱 진전시킬 것을 주장하고 있다.

한편, 존엄이란 단어의 빈번한 사용에 대한 신중론 내지 회의론도 없지 않다. 이는 인간존엄 개념이 인권을 지지하고 확장하기는커녕 인권을 제약하는 것처럼 보이는 경우가 종종 등장하기 때문이었다. 이와 관련하여 많이 논란이 되는 것으로 독일의 엿보기쇼,[12] 프랑스의 난쟁이 던지기 놀이[13]가 있다. 엿보기쇼와 난쟁이 던지기 놀이는 모두 인간의 존엄에 반한다는 이유로 독일과 프랑스 법원에서 각각 금지결정을 받았다. 논란이 된 사건의 여성과 난장이는 명시적으로 자신들이 직업선택의 자유를 가질 뿐만 아니라 자신의 선택이 자발적이었으며 그것이 금지되면 자신의 생계마저 위협받게 될 것이라고 주장했지만 법원에 의해 받아들여지지 않았다. 이처럼 누구도

---

8) Paolo G. Carozza, "Human Dignity and Judicial Interpretation of Human Rights: A Reply", 19 Eur. J. Int'l L. 931, November 2008, p.932, pp.939-940.
9) 위의 글, p.943.
10) Luis Roberto Barroso, "Here, There and Everywhere: Human Dignity in Comtemporary Law and in the Transnational Discourse", 35 B.C. Int'l & Comp. L. Reve. 331, Spring 2012, p.391.
11) 위의 글, 362쪽 이하.
12) Christian Walter, "Human Dignity in German Constitutional Law", in *The Principle of Respect for Human Dignity*, 1999, p.36
13) 난쟁이 던지기 놀이에 대해서는 마이클 로젠, 앞의 책(각주1), 85면 이하에 소개되어 있다.

엿보기쇼나 난쟁이 던지기 놀이로 인한 피해를 주장하지 않았음에도 불구하고 인간 존엄을 근거로 인권 혹은 기본권을 제약했다는 점에서 이 사건은 문제적이다. 인간 존엄을 이유로 인권의 향유를 제약하는 이런 용례는 국제인권법규가 존엄을 규정한 의도와 정면으로 충돌된다고 할 수 있다. 왜냐하면 적어도 전후 국제인권법규가 존 엄을 명시한 것은 인권을 제약하기보다는 그것을 정당화하려는 의도였기 때문이 다.[14]

존엄에 대한 논의를 더욱 혼란스럽게 한 것은 생명공학의 발달이었다. 유전자공학 등 생명공학의 발달은 인간의 본질에 관한 심각한 철학적 고민을 낳았고, 그 과정에 서 생명을 대상으로 한 연구 및 상업 활동에 대한 규제의 필요성이 대두됐는데, 이 런 규제를 정당화하는 단어로서 존엄이 등장한 것이다. 결국 생명공학 분야에서 학 문의 자유, 직업과 영업의 자유, 신체에 대한 자유와 지배권 등이 인간존엄의 이름으 로 제압되었다.

이렇게 볼 때 인간존엄 개념이 늘 인권친화적이지는 않다는 것은 명백해 보인다. 존엄이 인권에 대해서 갖는 이러한 이중성은 광범하게 확인되고 인정되고 있다. Duwell은 존엄의 이해에는 자유주의적 관점과 보수주의적 관점이 있다고 한다. 전자 는 존엄을 이유로 개인의 선택 영역을 보호하고 확장하고자 하며, 후자는 존엄을 이 유로 개인의 선택 영역에 대한 제한을 강조한다.[15] 그러면서 Duwell은 인간존엄이 보수적 관점을 위한 집결지가 되고 있다고 지적했다.[16] 보수주의자들에게 인간존엄 이란 인권과는 다른 개념이고 그보다 더 높은 가치를 표장하는 어떤 것이다. 그들은 존엄사, 안락사, 동성애 등이 본인의 동의여하를 불문하고 금지되어야 하는 근거로 인간존엄을 끌어들인다. McCrudden은 많은 실증적 연구를 통해 적어도 현재로서는 존엄에 대한 공통의 이해는 식별되지 않는다고 단언했다.[17] 법원이 존엄이란 단어를 많이 이용하기는 하지만 실상 존엄은 그저 빈 껍질(empty shell)일 뿐이라는 것이 고,[18] 거기에 담긴 내용은 국가나 지역에 따라 모순되는 것들이고 심지어 동일한 법 원이나 판결 내에서도 일관성을 유지하지 못한다는 것이다. 결국 존엄은 구체적 사 안에 대한 사법적 판단에서 아무런 실체적 안내를 제공하지 못한다는 것이다.

---

14) Christopher McCrudden, "Human Dignity and Judicial Interpretation of Human Rights", 19 Eur. J. Int'l L. 655. September 2008, p.677

15) Duwell, 앞의 책(각주1), pp.7-8

16) Duwell, 앞의 책(각주1), p.13.

17) McCrudden, 앞의 글(각주14), 2008. p.712.

18) McCrudden, 앞의 글(각주14), 2008. p.698.

존엄의 의미가 이토록 모순적이라면 현재 많은 법원에서 이용되는 존엄은 무엇이 란 말인가? 만약 존엄이 이런 모순적인 의미를 가진 채 여러 법원에 의해 이용되는 것이 사실이라면, 이런 현상의 의미는 무엇인가? Duwell은 존엄이 인권을 압도하는 것으로 이해할 때, 이는 전체 인권들의 법적 지위와 도덕적 권위를 잠식하는 트로이 목마가 될 수 있다고 경고한다.[19] 즉 존엄개념이 인권체제를 무력화시키는 교두보가 될 수도 있다는 것이다. 또한 존엄의 내용적 모호함과 모순성에도 불구하고 그것이 판결의 핵심논거로 인용된다면 이는 법치주의에 대한 위협이라고도 할 수 있다. 왜 냐하면 적어도 법치주의란 자의적인 법집행의 반대개념이기 때문이다. 물론 존엄이 인권이나 법치주의보다 더 높은 가치라고 주장할 수는 있다. 하지만 과연 존엄이란 단어에 그러한 법적 의미를 부여할지에 대해서는 공동체 차원에서의 깊은 검토를 거 치지 않으면 안 된다. 인권과 법치주의는 우리사회가 결코 가벼이 취급할 수 없는 중요한 가치이기 때문이다. 본고는 이러한 논란에 직접 뛰어들거나 대답을 제시하려 고 하지는 않는다. 다만 인간존엄을 둘러싸고 심각한 논란이 제기되고 있다는 점을 우선 지적한다.

본고는 이런 논란을 배경으로 하면서, 우리나라 헌법에서 존엄이란 단어가 어떻게 사용되고 있는지를 살펴보고자 한다. 특히 우리나라 헌법의 해석에서 인간존엄은 과 연 인권(혹은 기본권)친화적으로 사용되고 있는가, 아니면 존엄이 인권(혹은 기본권)제 한적으로 사용되는가? 우리나라에서 존엄은 법치주의를 위협하는 식으로 사용되고 있지는 않은가? 만약 존엄이 인권제한적으로 사용되고 있거나 법치주의를 위협하는 식으로 사용된다면 그 심각성의 정도는 어느 정도인가? 본고는 이런 질문에 답하고 자 한다.

2. 방법론

제헌헌법부터 1960년 헌법까지는 존엄에 대한 언급이 헌법에 존재하지 않았다. 그 러다가 1962년, 1969년, 1972년 헌법에서 각각 1회씩 존엄을 언급함으로써 헌법에 존엄이란 단어가 비로소 등장했다. 1980년 헌법에서는 제9조, 제30조, 제34조에서 존엄이 각각 언급됐다. 현행의 1987년 헌법도 1980년 헌법과 마찬가지로 존엄을 세 번 언급하고 있다. 즉, 제10조 "모든 국민은 인간으로서의 존엄과 가치를 가지며, 행 복을 추구할 권리를 가진다"고 규정하고, 제32조 제3항은 "근로조건의 기준은 인간

---

19) Duewell, 앞의 책(각주1), p.25.

의 존엄성을 보장하도록 법률로 정한다"고 하고, 제36조 제1항은 "① 혼인과 가족생활은 개인의 존엄과 양성의 평등을 기초로 성립되고 유지되어야 하며, 국가는 이를 보장한다"고 규정한다. 우리나라 헌법에서 존엄이란 단어가 권위주의 시대에 도입되어 점차 확대됐다는 점은 흥미롭다고 하겠다.

이처럼 존엄이란 단어가 등장한 것은 1962년 헌법에서였지만, 구체적 판결에서 존엄이 이용되기 시작한 것은 1987년 헌법 이후이다. 그것은 무엇보다 1987년 헌법에 이르러서야 헌법재판소(이하 '헌재')가 출범하여 작동하기 시작했기 때문이다. 본고는 헌법 자체에 등장하는 인간존엄의 해석을 통해서 우리 헌법상 존엄의 의미를 파악하는 것이 아니라, 헌재 결정문에 나타난 존엄을 매개로 우리 헌법상 존엄의 의미를 파악해 보았다. 분석대상은 1989년부터 2017년 사이(29년간)의 모든 헌재 결정문으로 했다. 이를 위해서 본 연구는 이 기간 중 헌재 결정문에 등장하는 존엄에 대한 전수조사를 실시했다. 즉, 본 연구는 존엄이란 단어를 포함한 모든 결정문을 대상으로 존엄이라는 단어의 용례를 살펴봄으로써 한국 헌법에서 존엄의 의미를 파악해 보려는 것이다.

1989년부터 2017년까지 전체 결정문 11,233건 중에서 존엄이라는 단어를 포함하고 있는 것은 756건으로서 전체 사건 중 0.74%였다. 이는 결코 적지 않은 수라고 할 수 있다. 하지만 아래 표에서 보듯이 많은 결정문에서 존엄은 1번 혹은 2번 정도 언급되고 있을 뿐이다. 존엄이 한 번 언급된 결정문은 349건이고 두 번 언급된 결정문은 153건으로, 이 둘을 합치면 502건에 이른다(<표1> 참조). 이들 결정문에서 존엄이 심각하게 이용되었다고 볼 수 없을 것이다. 그럼에도 존엄을 세 번 이상 거론한 결정문도 196건에 이르고, 5번 이상 존엄을 거론한 결정문은 129건이어서, 존엄에 대해서 어느 정도 의미를 부여한 것으로 보이는 사건도 적지 않다고 할 수 있다. 그리고 15번 이상 존엄을 거론한 결정문도 13건에 이른다(<표2> 참조). 존엄이 언급된 결정문의 수를 보면, 989년에서 2000년까지 존엄이란 단어를 사용한 결정문의 수는 연평균 12건 정도였지만, 2001년부터 2017년까지 그 수는 36건에 이른다. 이처럼 존엄을 거론한 결정문의 수가 2000년을 전후하여 현저히 증가했다는 점도 주목할 만하다.

■ 표 1 우리나라 헌법에서 '존엄'을 포함한 결정문의 수

	1	2	3	4	5	6	7	8	9	10	11	12	13	14	15	16	17	18	23	24	26	27	37	42	90	tatal
1989	4	4																								8
1990	3	1	2											1												7
1991	4	1	2	1										1												9
1992	8	1	1			1				1																12
1993	7	2	2																							11
1994	9	1																								10
1995	6	3	1					1				1		1												12
1996	5	1	2				1	1				1								1						12
1997	12	1	4	2				2																		22
1998	10	5	1	1	1	1						1														19
1999	4	5	1	1	1						2															15
2000	1	1		1	1							1					1									5
2001	8	5	3	1	2		4		1	1			1													27
2002	8	6	2	2		2	1						1													22
2003	10	6	5	4	1		3			1				1												31
2004	21	6	1	3	2	1	1	1				1				1										38
2005	18	7	5	4	2	2	1		1											1				1		42
2006	13	8	4	3	1																					29
2007	14	5	1	2		1	1	1																		25
2008	14	11	6	1	1	1	1	2			2				1								1			41
2009	29	15	4		2		2	1				1	1		1			1								57
2010	20	4	3	4		1	2		1	1							1								1	38
2011	18	11	6	4	3		3	2	1		1			3												53
2012	13	5	1	2	4		1																			26
2013	12	6	4	3							1															26
2014	20	3	4	1	1	3																				32
2015	20	8	8	6	1	3	2	2					1													51
2016	23	13	2	1	3	1	2									1							1			47
2017	15	8	3		2		1																			29
tatal	349	153	78	47	28	17	25	10	8	5	4	9	3	7	2	2	1	1	1	1	1	0	2	1	1	756

■ 표 2 우리나라 헌법에서 '존엄'을 15번 이상 포함하는 결정문

연도	사건번호	사건 내용	언급 횟수
1996	1996. 11. 28. 95헌바1	사형제	24
2000	2000. 6. 1. 98헌마216	국가유공자	17
2004	2004. 10. 28. 2002헌마328	기초생활 최저생계비	16
2005	2005. 12. 22. 2003헌가5 등	호주제	26
2005	2005. 2. 3. 2001헌가9 등	호주제	42
2008	2008. 11. 27. 2004헌바54	예산회계법	15

2008	2008. 7. 31. 2004헌마1010 등	태아의 생명권	37
2009	2009. 5. 28. 2006헌바109 등	정보통신망 음란	15
2009	2009. 11. 26. 2008헌마385	연명치료 입법부작위	23
2010	2010. 7. 29. 2008헌가19 등	생명윤리 안전	18
2010	2010. 2. 25. 2008헌가23	사형제	90
2016	2016. 3. 31. 2013헌가2	성매매 알선	15
2016	2016. 12. 29. 2013헌마142	구치소 과밀수용	37

대략 이 정도의 조사만으로도 우리나라 헌법에서 존엄의 용법이 갖는 큰 특징 몇 가지를 도출할 수 있다. 지난 28년간 무려 700건 이상의 결정문에서 존엄이 사용되었다는 점에서 우리나라 헌재는 존엄이란 단어를 실로 많이 사용했다고 할 수 있다. 존엄이 한두 번 언급되는 데 그치는 경우가 압도적으로 많기는 하지만, 그럼에도 불구하고 대략 100건 이상의 사건에서 존엄이 의미 있게 사용되었다고 짐작할 수 있고, 특히 15번 이상 거론한 13건의 경우 존엄이 헌재 결정에서 결정적 역할을 했을 것으로 강하게 추정할 수 있고, 그 목록을 통해 대략 어떤 헌법적 문제에서 존엄이 결정적 역할을 했는지를 짐작할 수 있다. 게다가 존엄을 거론한 결정문의 수는 2000년 이후 획기적으로 증가했다. 이렇게 볼 때 한국에서 존엄의 영향력은 점점 더 커지고 있으며 실로 살아있는 법규범이 되었다고 추론할 수 있다. 이처럼 많은 사건에서 많이 언급됐다는 것 자체는 우리나라 헌법에서 존엄의 의미에 관한 연구의 필요성을 강하게 시사한다.

헌재의 결정문에서 존엄이란 단어가 실로 많이 이용되고 있음에도 불구하고, 뒤에서 보듯이, 각 결정문의 내용을 읽어보면 존엄 자체에 대한 깊은 이해나 분석의 시도는 거의 없다. 이에 따라 존엄 자체를 깊이 논의한 결정문을 통해서는 한국 헌법상 존엄의 의미를 파악하기 어렵고, 오히려 헌재가 이해한 존엄의 편린을 담고 있다고 보이는 다양한 용례를 통해서 헌재가 가진 존엄의 의미를 추론할 수밖에 없다. 본고는 바로 그러한 방식으로 우리 헌법상 존엄의 의미를 파악해 보고자 한다. 이를 위해 우선 본고는 존엄에 대한 일반적인 기술을 한 용례를 별도의 범주로 나누고 (II.), 이어 좀 더 구체적인 존엄의 용례를 여러 범주로 분류함으로써 존엄의 전체상을 제시해보았다. 존엄의 용례를 분류함에 있어서 중요한 기준은 역시 존엄이 인권 혹은 기본권과 어떤 관계를 맺는지였다. 이런 관점에서 볼 때 존엄은 기본권 강화를 위한 근거로 이용된 경우(III.)와 기본권을 제한하는 논거로 이용된 경우(IV.)로 크게 나눌 수 있었다. 그리고 전자의 경우를 다시 세 가지, 즉 기본권을 창설하는 존엄(IV. 1.), 특정 기본권의 상대적 중요성을 강조하는 존엄(IV. 2.), 과중한 형벌을 억제하는 존엄(IV. 3.)으로 세분화했다. 이런 틀에 따라 기존의 결정문을 분류한 결과 다소간의 중첩도 있었지만, 대부분의 결정들을 담아낼 수 있었다. 아래에서는 이런 틀 각각에 속하는 대표적인 결정들에 어떤 것이 있는지를 살펴보면서, 각각의 용례에서 보이는 특징을 추출해 보았다. 그리고 제5장(V.)에서는 존엄이 주요하게 사용된 몇몇 사례를 살펴봄으로서 개별적 결정 내에서도 존엄이 다양한 의미를 지니며 심지어 서로 상충되는 의미로 사용된다는 점을 서술했다. 제6장(VI.)은 결론으로서 본론 논의의 요약과 함의를 정리하고 향후 과제를 제시했다.

II 존엄 자체에 대한 이해

헌재의 결정문 중에는 존엄 자체의 의미에 대해서 깊이 해석한 것은 없지만, 존엄 자체의 중요성 혹은 헌법상의 위치에 대해서 거론한 부분이 몇 군데 있다. 이를 통해서 우리나라 헌법에서 존엄 자체에 대해서 헌재가 어느 정도의 비중을 인정하는지를 살펴볼 수 있다.

1. 기본권과 존엄

존엄의 위상은 기본권과의 관계에서 일단 설명된다. 이에 대해서 헌재는 다음과 같이 판시했다.

> 헌법 제10조는 … 모든 기본권의 종국적 목적이자 기본이념이라고 할 수 있는 인간의 존엄과 가치를 규정하고 있다. 이러한 인간의 존엄과 가치조항은 헌법이념의 핵심으로서 국가는 헌법에 규정된 개별적 기본권을 비롯하여 헌법에 열거되지 아니한 자유와 권리까지도 보장하여야 하고, 이를 통하여 개별 국민이 가지는 인간으로서의 존엄과 가치를 존중하고 확보하여야 한다는 헌법의 기본원리를 선언한 것이다.[20] (강조는 필자가 추가함)

---

[20] 2010. 2008헌가23. (이와 같은 표기는 "헌재 2010. 2. 25. 2008헌가23"을 축약한 것임. 이하 이와 같이 표기함)

여기에서 존엄과 기본권의 관계를 서술하고 있다. 이에 의하면 존엄은 "모든 기본권의 종국적 목적이자 기본이념"이다. 이는 존엄이 기본권의 이념적(철학적) 기초이며 기본권운영의 지도원리가 된다는 점을 지적한 것으로 볼 수 있다. 뿐만 아니라 존엄은 "헌법에 열거되지 아니한 자유와 권리"까지도 보장하도록 요구하는 근거가 된다고 하였다. 말하자면 인간의 존엄을 인정한다는 것은 헌법에 명시되지 않았지만 존엄의 실현에 필요한 기본권의 존재를 승인하고 보호할 국가의 책무를 인정하는 것이다. 또 "헌법에서 보장된 개별적 기본권은 이러한 인간의 존엄과 가치의 실현을 위한 구체화"[21]라고도 하였는데, 이 역시 기본권이 존엄에서 유출된다는 점을 지적한 것이다. 요컨대, 존엄은 열거된 기본권과 아직 열거되지 않은 기본권의 생성근거가 되는 가치이며, 기본권 실현의 최종목표지점으로서 기본권의 실현을 안내하는 가치이다.

2. 헌법과 기본권

헌재의 결정문에서 존엄과 헌법의 관계를 서술한 곳도 여러 군데 있다. 이에 의하면 존엄은 단지 기본권론에만 연결되는 것이 아니고, 그 이상이다. 즉, 헌재는 "헌법 제1조에서 규정한 인간의 존엄과 가치는 헌법이념의 핵심"[22]이며 "인간의 존엄성은 최고의 헌법적 가치이자 국가목표규범"[23]라고 하였다. 말하자면 존엄은 기본권 부분에 한정하지 않고, 헌법 전체를 인도하는 최고가치인 것이다.

3. 국가권력과 존엄

자유주의 세계에서 국가권력은 그 자체로서 목적이 된다기보다 수단적 의미를 가진다. 헌재는 존엄을 매개로 이 점을 명확히 하였다. 즉, 헌재는 "국가권력은 인간의 존엄과 가치 및 이를 구체적으로 실현시키는 기본권을 보장하고 실현하기 위한 수단"[24]이라고 하였다. 그리고 존엄은 "국가와 국가권력의 정당성의 원천"이라고 했다. 즉, 국가권력은 근본적으로 존엄을 실현하기 위해서 존재하는 2차적이고 수단적인 것이다.

---

21) 1995. 95헌마120, 조승형의 별도의견.
22) 2010. 2008헌가23; 2004. 2002헌마238에도 동일한 표현이 있다.
23) 2011. 대일청구권 사건; 2004. 2002헌마238.
24) 1995. 95헌마120, 조승형의 별도의견.

이런 맥락에서 존엄은 국가권력에 의무와 과제를 부과한다. 국가의 의무와 과제는 말할 것도 없이 인간존엄성의 실현이다. 국가는 인간존엄성을 실현해 나감에 있어서 일정한 의무와 과제를 안게 된다. 이에 대해서 헌재는 다음과 같이 서술했다.

> 국가는 인간존엄성을 실현해야 할 의무와 과제를 안게 됨을 의미한다. 따라서 인간의 존엄성은 <u>국가권력의 한계</u>로서 국가에 의한 침해로부터 보호받을 개인의 방어권일 뿐 아니라, <u>국가권력의 과제</u>로서 국민이 제3자에 의하여 인간존엄성을 위협받을 때 국가는 이를 보호할 의무를 부담한다.[25]

이처럼 인간존엄에서 국가의 의무와 과제가 도출되는데, 그것은 국가가 개인의 존엄을 침해하지 않을 것과 제3자가 개인의 존엄을 침해할 때 국가가 개입해서 이를 저지하는 것을 의미한다. 여기에서 헌재는 다소 소극적으로 국가의 책무를 제시했다. 즉, 국가는 누군가의 존엄을 침해해서도 안 되고(소극적 자제) 누군가의 존엄이 침해되는 상황을 방치해서도 안 된다는 것(제3자에 의한 침해를 막기 위한 개입)이다. 여기에서 국가는 존엄의 내용에 대한 적극적인 설계자라기보다, 존엄의 (다소 수동적인) 수호자의 모습을 하고 있다. 하지만 인간존엄이란 가치가 국가권력에게 인간존엄의 적극적 실현을 위한 적극적인 정책 개발과 실시를 금지한다고 볼 것은 아니다. 왜냐하면 앞에서 보았듯이, "인간의 존엄성은 최고의 헌법적 가치이자 국가의 최고 목표규범"이라고도 했기 때문이다.

요컨대, 존엄은 국가권력의 존재이유이며, 국가권력은 존엄의 실현을 위한 수단으로서만 가치를 갖는다. 이 연장에서 존엄은 국가권력에 의무와 과제를 부여한다. 즉, 국가권력은 적어도 소극적으로 스스로 인간존엄을 훼손하지 말아야 하며, 어떤 개인의 인간존엄이 훼손되는 것을 방치하지도 말아야 한다. 나아가 국가권력은 적극적인 정책을 통해서도 인간존엄의 실현을 도모해야 할 의무를 진다.

---

25) 2011, 2008헌마648.

4. 소결

이처럼 결정문은 존엄에 실로 높은 헌법적 가치가 있음을 인정하고 있다. 그에 의하면 존엄은 모든 기본권의 근거이면서 모든 기본권의 최종적 목적이고, 국가권력의 정당화근거이면서 국가권력의 의무와 과제의 부과 근거이다.

그러나 존엄의 위상에 대한 이런 식의 규정에도 불구하고 헌재는 존엄 자체의 실체적 내용에 대해 거의 아무것도 말하지 않았다. 다만 존엄이라는 가치가 헌법적으로 중요하다는 것, 존엄이 기본권 부분을 포함한 헌법 체계에서 높은 지위를 갖는다는 것을 선언할 뿐이다. 물론 존엄의 실체적 의미가 아직 명료하게 정의되지 않았다고 해서 존엄의 중요성이 반드시 폄하될 것은 아니다. 다만 존엄의 의미에 대한 명료한 규정이 없이 존엄의 헌법상 지위가 규정되고 있다는 점을 지적할 수는 있다. 아래에서는 좀 더 구체적으로 존엄의 용례를 중심으로 헌재가 이해한 존엄의 의미를 살펴본다.

Ⅲ 기본권의 강화를 위한 근거로서의 존엄

2차 대전 이후 세계인권선언을 기안하는 과정에서 존엄이 도입된 것은 이를 통해서 인권이 단순히 세계인권선언의 인권목록에 등장한 인권을 정당화하면서 통일적 질서를 부여하는 가치일 뿐만 아니라, 선언에 등장하는 인권목록이 인권의 전부가 아니며 향후에 더욱 확장될 수 있다는 메시지를 담기 위한 것이었다. 존엄과 인권이 갖는 이런 관계는 한국 헌법에서 존엄과 기본권과의 관계에서도 발견된다. 즉, 한국 헌법의 맥락에서도 존엄은 기본권의 확장과 강화를 위한 근거로서 기능하고 있다. 여기에는 세 가지 방식이 보인다. 첫째, 존엄이 새로운 기본권을 창설하는 근거로서 이용된다. 둘째, 존엄을 이유로 기존의 기본권을 강화한다. 셋째, 존엄을 이유로 기본권에 대한 제한의 한계를 정당화한다. 각각에 대해서 살펴보자.

1. 새로운 기본권 창설의 근거로서의 존엄

헌법 제37조 제1항은 "국민의 자유와 권리는 헌법에 열거되지 아니한 이유로 경시되지 않는다"고 규정한다. 그렇다면 헌법에 열거되지 않았음에도 불구하고 권리로서 인정되는 기본권에는 어떤 것이 있으며, 그 권리는 어떻게 정당화되는가? 이 지점에서 존엄이 등장한다. 즉 인간존엄은 헌법에 열거되지 않은 권리를 창설하며 그에 정당성을 부여한다. 존엄은 이런 방식으로 기본권 체계를 강화한다.

헌재는 여러 곳에서 존엄은 인격권을 의미한다고 설명하고 있다. 그런데 그 인격권은 크게 보아 자율적 결정권과 모욕을 당하지 않을 권리를 낳는 것으로 보인다. 말하자면 헌재는 존엄을 인격권과 연결시키고, 그로부터 개인의 자율적 결정권과 모욕당하지 않을 권리를 도출하는 것이다. 아래에서는 헌재가 인간존엄을 명시적으로 거론하면서 그 존재를 인정한 기본권으로서 자율적 결정권와 모욕당하지 않을 권리를 먼저 살펴보고, 이어 또한 존엄에서 도출한 것으로 보이는 여러 권리들을 살펴본다.

(1) 자율적 결정권

헌재는 전형적으로 다음과 같은 논리구조로 자율적 결정권을 도출하였다.

> 헌법 제10조는 "모든 국민은 인간으로서의 존엄과 가치를 가지며, 행복을 추구할 권리를 가진다. 국가는 개인이 가지는 불가침의 기본적 인권을 확인하고 이를 보장할 의무를 진다."라고 규정하여 개인의 인격권과 행복추구권을 보장하고 있다. 개인의 인격권·행복추구권에는 개인의 자기운명결정권이 전제되는 것이고, 자기운명결정권에는 성행위의 여부 및 그 상대방을 선택할 수 있는 성적자기결정권이 포함됨은 분명하다.[26]

여기에서 보듯이 존엄을 인격권으로 연결시킨 뒤 여기에는 개인의 자기운명결정권이 있다고 하고, 이러한 자기운명결정권에는 성적 자기결정권이 포함된다는 논리를 펼치고 있다. 이런 맥락에서 헌재는 간통에 대한 형사처벌은 개인의 성적 자기결정권을 침해하는 것이므로 위헌이라고 판단했다.[27] 이처럼 존엄에서 자기결정권 혹은 자율적 결정권을 도출하고 이를 근거로 판정을 내린 결정례는 실로 많다. 예컨대, 혼인빙자간음죄는 여성의 성적 자기결정권을 부인하는 것이므로 위헌이다.[28] 아동도 "자신의 교육에 관하여 스스로 결정할 권리"를 가지므로 이를 침해하는 과외교습금지법은 위헌이다.[29] "자유로운 흡연에의 결정 및 흡연행위를 포함하는 흡연권"도 제10조에 근거한다고 보았다.[30] 국적선택권은 헌법에 명시되어 있지는 않지만 헌법 제

---

26) 2015. 2009헌바1.
27) 2015. 2009헌바1.
28) 2009. 2009헌바58.
29) 2000. 98헌가16.

10조에서 도출되는 권리라고 했다.[31] 개인정보 자기결정권은 헌법에 명시되지 않은 기본권으로서 제10조에서 그 근거를 갖는다.[32] "모든 국민은 스스로 혼인을 할 것인가 하지 않을 것인가를 결정할 수 있고 혼인을 함에 있어서도 그 시기는 물론 상대방을 자유롭게 선택할 수 있는 것"이므로 동성동본금혼은 위헌이라고 했다. [33] 태아의 성별고지 금지는 "개인과 가족의 자율적 결정권"을 침해하므로 위헌이라고 했다[34] 헌재는 인간은 존엄하므로 자신의 생활영역을 형성해 갈 권리를 가지며 여기에는 자유로운 성의 사용권이 포함하는데, 호주제는 이를 부인하므로 위헌이라고 판단했다.[35] 제10조에 따라 모든 국민은 그의 존엄한 인격권을 바탕으로 하여 자율적으로 자신의 생활영역을 형성해 나갈 수 있는 권리를 가지는 데, 출생을 안 날로부터 1년 이내에만 친자관계를 확인하도록 한 것은 이를 위반한 것이므로 위헌이라고 했다. 그리고 인수자 없는 시체를 실험용으로 보내는 것은 살아있는 자의 자기결정권을 보장하지 못하는 것이므로 위헌이라고 했다.[36]

위에서 보듯이 자율적 결정권이 헌법에 명시되어 있지 않음에도 불구하고 존엄에 근거하여 인정됐다. 이러한 자율적 결정권은 자기 운명에 대한 결정권, 즉, 본인의 의사와 상관없이 다른 것, 특히 국가나 사회관습 등에 의해서 자신의 삶이 규정되는 것에 대한 거부를 의미한다는 점에서 그것은 해방적 의미를 가지며, 기본권을 확장하는 효과를 가진다. 실제로 많은 법률 규정이 자율적 결정권을 침해한 것을 이유로 위헌판정을 받았다는 것은 주목할 만하다.

그러나 헌재는 왜 존엄이 자율적 결정권을 낳는지에 대해서 많은 설명을 하지는 않았다. 다만 인간의 존엄은 그 본질적 내용으로서 자율적 선택권을 내용으로 갖는다고 간단히 전제하고, 여러 사안에서 개인의 자율적 결정권이 침해되고 있는지 여부에 대해서 판단했다.

(2) 모욕당하지 않을 권리

몇몇 결정례에서 헌재는 인간의 존엄을 모욕감이나 수치심과 연결시키고 있다. 즉 인간은 존엄하므로 모욕적 대우를 당하지 않을 권리가 있으며, 이는 인격권의 일부

---

30) 2004. 2003헌마457.
31) 2015. 2013헌마805; 2006. 2003헌마806.
32) 2007. 2005헌마1139; 2010. 2008헌마663; 2016. 2015헌마913; 2016. 2014헌마785; 2016. 2014헌마709.
33) 1997. 95헌가6 등.
34) 2008. 2004헌마1010.
35) 2005. 2003헌가5·6(병합).
36) 2015. 2012헌마940.

를 구성하는 것으로 보고 있다. 아래 예를 보자.

앞에서 본 사실관계에 비추어 보면, 보통의 평범한 성인인 청구인들로서는 내밀한 신체부위가 노출될 수 있고 역겨운 냄새, 소리 등이 흘러나오는 가운데 용변을 보지 않을 수 없는 상황에 있었으므로 그때마다 수치심과 당혹감, 굴욕감을 느꼈을 것이고 나아가 생리적 욕구까지도 억제해야만 했을 것임을 어렵지 않게 알 수 있다. 나아가 함께 수용되어 있던 다른 유치인들로서도 누군가가 용변을 볼 때마다 불쾌감과 역겨움을 감내하고 이를 지켜보면서 마찬가지의 감정을 느꼈을 것이다. 그렇다면, 이 사건 청구인들로 하여금 유치기간동안 위와 같은 구조의 화장실을 사용하도록 강제한 피청구인의 행위는 인간으로서의 기본적 품위를 유지할 수 없도록 하는 것으로서, 수인하기 어려운 정도라고 보여지므로 전체적으로 볼 때 비인도적·굴욕적일 뿐만 아니라 동시에 비록 건강을 침해할 정도는 아니라고 할지라도 헌법 제10조의 인간의 존엄과 가치로부터 유래하는 인격권을 침해하는 정도에 이르렀다고 판단된다.[37)]

위 사례에서는 인격권을 매개로 수치심, 당혹감, 굴욕감, 기본적 품위 등을 존엄과 연결시키고, 그런 이유로 당시 구치장 화장실 시설 운영을 위헌으로 판단했다. 피의자들을 유치장에 수용할 때 실시하는 신체정밀 수색은 "청구인들의 명예와 자존심 등을 심하게 손상하는" 것이며, 그로 말미암아 "청구인들에게 심한 모욕감과 수치심만을 안겨주었다고 인정하기에 충분하다"과 보아 위헌이라고 한 것이다.[38)] 미결수용자에게 구치소 안에서 사복을 입지 못하게 하고 재소자용 의류를 입게 하는 것은 허용되지만, 그 미결수가 수사나 재판을 받기 위해서 시설밖으로 나올 때까지 재소자용 의류를 입게 하는 것도 심하게 "모욕감이나 수치심"을 느끼게 하는 것으로서 인간의 존엄과 가치에서 유래하는 인격권 등을 침해한다고 보았다.[39)] 유치장 수용시 옷을 전부 벗긴 상태에서 앉았다 일어서기를 반복하게 하는 방법의 신체정밀수색은 수용인에게 "심한 모욕감과 수치심"만을 안겨주었다고 인정하기에 충분하고, 이는 헌법 제10조의 인간의 존엄과 가치로부터 유래하는 인격권 및 제12조의 신체의 자유를 침해하는 것이라고 했다.[40)]

성범죄자의 신상공개에 대해서 다수 의견은 합헌이라고 보았지만, 소수의견은 신

---

37) 2001. 2000헌마546.
38) 2002. 2000헌마327.
39) 1999. 97헌마137; 2011. 2009헌마209.
40) 2002. 2000헌마327.

상공개는 인간존엄성을 보장하는 헌법정신에 위배되는 측면이 아주 강하며,[41] 현대판 '주홍글씨'에 비견할 정도의 "수치형"과 비슷하므로 헌법이념에 배치된다고 주장했다.[42]

이상에서 보듯이 헌재는 인간존엄이 인간이라면 심한 창피나 모욕을 받지 않을 권리를 낳는다고 보았다. 이 권리는 헌법에 명시되어 있지는 않지만, 헌법 제10조의 존엄에서 직접 유래하는 것이라고 보았다.

(3) 인간다운 생활을 할 '구체적' 권리: 최소한의 물질적 생활을 향유할 권리

헌법 제34조는 "모든 국민은 인간다운 생활을 할 권리를 가진다"고 규정하고 있다. 이 조항의 의미에 대해서 헌재는 다음과 같이 설명했다.

> '인간다운 생활을 할 권리'로부터는, 그것이 사회복지·사회보장이 지향하여야 할 이념적 목표가 된다는 점을 별론으로 하면, 인간의 존엄에 상응하는 생활에 필요한 최소한의 물질적인 생활의 유지에 필요한 급부를 요구할 수 있는 구체적인 권리가 상황에 따라서는 직접 도출될 수 있다고 할 수는 있어도, 동 기본권이 직접 그 이상의 급부를 내용으로 하는 구체적인 권리를 발생케 한다고는 볼 수 없다고 할 것이다.[43]

이에 의하면, 인간다운 생활을 할 권리는 일차적으로 국가의 사회복지나 사회보장 정책의 이념적 목표이다. 이념적 목표가 된다는 것은 헌법 제34조가 국가의 사회복지나 사회보장관련 법률 및 정책의 헌법적 근거가 된다는 의미이다.

그러나 헌재는 거기에 머물지 않고 일정한 경우 헌법 제34조는 개인에게 직접 청구권을 발생시킨다고 한다. 즉, 만약 어떤 국민이 '최소한의 물질적인 생활'의 유지에 필요한 급부를 국가로부터 제공받지 못한다면 이 경우 국민은 그러한 급부의 제공을 청구할 구체적인 권리를 갖는다. 말하자면 이 조항은 개개 국민에게 최소한의 물질적 생활을 보장하는 사회복지나 사회보장 정책을 즉시 실시할 의무를 국가에 부여하며, 최소한의 물질적 생활을 영위하지 못하는 국민 개인은 국가에 대해 최소한의 물질적 생활을 보장하는 급부의 제공을 청구할 구체적인 권리를 갖는다는 것이다.

---

41) 2003. 2001헌마93.
42) 2003. 2002헌가14 한대현 등 반대의견.
43) 2017. 2016헌마448.

여기에서 최소한의 물질적 생활의 보장수준을 확정함에 있어서 인간의 존엄이라는 단어가 이용되고 있다. 즉, 최소한의 물질적 생활이란 인간의 존엄에 상응하는 생활에 필요한 수준의 물질적 생활조건을 의미한다. 그렇다면 인간의 존엄에 상응하는 생활수준이란 어느 정도를 말하는가? 헌재는 이것이 무엇을 말하는지에 대해서 일반적인 해석지침을 주지는 않았다. 이런 상황에서 많은 청구인들은 여러 사회복지 혹은 사회보장 관련 법률 규정이 '최소한의 물질적 생활유지'를 보장해주지 않는다고 주장하였다. 그에 대해 헌재는 다양한 판례를 통해서 그런 법률 각각이 존엄에 상응하는 최소한의 물질적인 생활수준을 보장하지 않는지에 대해서 판단했다. 이와 관련한 결정문은 그 수가 아주 많으므로 아래에서는 2000년 이후에 검토된 사례를 중심으로 정리해 보았다.

국민기초생활보장법이 '대학원에 재학 중인 사람'과 '부모에게 버림받아 부모를 알 수 없는 사람'에 대한 별도의 배려를 하지 않았다고 하더라도, 그로써 인간의 존엄에 상응하는 생활에 필요한 '최소한의 물질적인 생활'을 유지하지 못할 바는 아니므로 위헌이라고 할 수 없다.[44] 국민기초생활보장법이 기초생활 최저생계비 산정에서 장애인 구성원을 고려하지 않았다고 하더라도 위헌이 아니다.[45] 국민기초생활보장법이 기초생활보장제도의 보장단위인 개별가구에서 교도소·구치소에 수용 중인 자를 제외토록 규정한 시행령은 수용자의 생계보장과 관련하여 그 내용상 최소한의 필요한 보장수준을 제시하지 아니하여 인간으로서의 존엄이나 본질적 가치를 훼손했다고 볼 수는 없으므로 헌법 제10조의 인간의 존엄과 가치를 침해한다고 할 수 없다.[46] 국민기초생활 보장법상 수급자를 정하는 기준인 소득인정액에 재산의 소득환산액을 포함시키면서, 재산의 소득환산에 관한 구체적인 사항을 하위법령이 정하도록 위임시킨 조항들은 그 내용상 최소한의 기본적 사회보장을 하지 않아 인간으로서의 인격이나 본질적 가치를 훼손할 정도에 이른다고는 볼 수 없으므로, 헌법 제10조의 인간의 존엄과 가치를 침해한다고 할 수 없다.[47] '6·25전쟁 중 적후방지역작전 수행공로자에 대한 군복 무인정 및 보상 등에 관한 법률'이 퇴직군인 특별법에 비해 더 적은 보상을 제공하는 것은 사실이지만, 이 법이 최소한의 기본적 보상이나 사회보장을 하지 아니하여 인간으로서의 본질적 가치를 훼손할 정도에 이른다고 볼 수 없는 이상 이 사건 법률조항은 청구인의 인간으로서의 존엄성을 침해하지 아니한다.[48] 국가 등의

---

44) 2017. 2016헌마448.
45) 2004. 2002헌마328.
46) 2011. 2009헌마617, 2010헌마341(병합)
47) 2012. 2009헌바47.

양로시설 등에 입소하는 국가유공자에게 부가연금, 생활조정수당 등의 지급을 정지해도 그로 인해 존엄에 상응하는 최소한의 물질적 생활이 불가능해진다고 볼 수 없으므로, 그와 같은 내용을 규정한 법률은 합헌이다.[49)]

여기에서 보듯이, "인간의 존엄에 상응하는" 물질적 조건이 인간다운 생활을 할 권리의 내용을 구성하는 것으로 되어 있지만, 인간의 존엄에 상응하는 물질적 조건이 무엇인지를 밝혀지지 않았고, 인간의 존엄에 상응하지 않는 물질적 조건을 보장하지 않는다는 이유로 위헌판정을 받은 법률은 없다. 결국 인간은 존엄하므로 최소한의 물질적 보장을 요구할 권리가 있다는 것은 인정했지만 실제로 그러한 이유로 위헌판정된 법규나 사례는 거의 없다. 결국 헌재는 당장 입에 풀칠할 수 있다면 인간다운 생활이 유지된다고 보는 것 같다. 아무튼 헌재는 존엄을 매개로 해서 인간다운 생활을 할 '구체적' 권리로서 최소한의 물질적 생활을 향유할 권리를 도출하고, 이를 근거로 한 국민의 헌법재판청구권을 인정하고 있다.

(4) 미결수용자 가족의 접견권

미결수용자가 가족을 접견할 권리가 있는지에 대해서 대법원은 이를 긍정하면서, 미결수용자가 자신의 가족을 접견할 권리는 헌법 제10조가 보장하고 있는 인간으로서의 존엄과 가치 및 행복추구권 가운데 포함되는 헌법상의 기본권으로 보았다.[50)] 그렇다면 미결수용자의 가족은 미결수용자를 접견할 권리를 갖는가? 이에 대해서 헌재는 다음과 같이 판시했다.

> [대법원 판례가 인정하듯이] 미결수용자가 가족과 접견하는 것이 헌법 제10조가 보장하고 있는 인간으로서의 존엄과 가치 및 행복추구권 가운데 포함되는 헌법상의 기본권이라고 한다면 그와 마찬가지로 미결수용자의 가족이 미결수용자와 접견하는 것 역시 헌법 제10조가 보장하고 있는 인간으로서의 존엄과 가치 및 행복추구권 가운데 포함되는 헌법상의 기본권이라고 보아야 할 것이다.[51)]

여기서 보듯이 헌재는 미결수용자가 자신의 가족을 접견하는 것이 헌법상의 권리라고 판단한 대법원의 판례가 옳다고 보면서, 마찬가지로 미결수용자의 가족이 그

---

48) 2008. 2006헌바35.
49) 2000. 98헌마216.
50) 대법원 1992. 5. 8. 선고, 91부8 판결(공1992. 8. 1.(925), 2151
51) 2003. 2002헌마193

미결수용자를 접견하는 권리 또한 헌법 제10조에 의해서 보장되는 기본권이라고 하였다.

(5) 평화적 생존권

우리 헌법은 평화적 생존권, 즉, 전쟁이나 테러 등 무력행위 없는 삶을 영위할 권리에 대해서 규정하고 있지 않다. 하지만 헌법은 다음과 같이 판시했다.

> 오늘날 전쟁과 테러 혹은 무력행위로부터 자유로워야 하는 것은 인간의 존엄과 가치를 실현하고 행복을 추구하기 위한 기본 전제가 되는 것이므로, 달리 이를 보호하는 명시적 기본권이 없다면 헌법 제10조와 제37조 제1항으로부터 평화적 생존권이라는 이름으로 이를 보호하는 것이 필요하다. 그 기본 내용은 침략전쟁에 강제되지 않고 평화적 생존을 할 수 있도록 국가에 요청할 수 있는 권리라고 볼 수 있을 것이다.[52]

즉, 헌법에 평화적 생존권에 대한 명시적 규정이 없다고 하더라도, 평화가 없다면 존엄의 추구는 애당초 불가능하므로 헌법 제10조에 따라 평화적 생존권이 인정된다는 것이다. 그 연장선에서 국민은 침략전쟁에 참여하도록 강제되지 않을 권리를 갖는다는 것이다. 그러나 2009년에 헌재는 이 결정을 변경하여 평화적 생존권의 존재를 부인하는 결정을 내렸다.

> 청구인들이 평화적 생존권이란 이름으로 주장하고 있는 평화란 헌법의 이념 내지 목적으로서 추상적인 개념에 지나지 아니하고, 평화적 생존권은 이를 헌법에 열거되지 아니한 기본권으로서 특별히 새롭게 인정할 필요성이 있다거나 그 권리내용이 비교적 명확하여 구체적 권리로서의 실질에 부합한다고 보기 어려워 헌법상 보장된 기본권이라고 할 수 없다.[53]

헌재는 평화주의가 헌법의 이념이긴 하지만 그렇다고 해도 그것에서 국민의 평화적 생존권이 바로 도출할 수 없다고 하였다. 그 필요성이 특별히 인정할 만한 필요성이 없고, 그 권리내용(보호영역)이 비교적 명확하지 않다는 것이 중요한 이유였다. 다만 일부 재판관은 여전히 종전과 같이 평화적 생존권이 헌법상 인정되는 구체적

---

52) 2006. 2005헌마268.
53) 2009. 2007헌마369.

기본권이라고 보았다.[54]

2. 특정 기본권의 상대적 중요성을 판단하는 기준으로서의 존엄

헌법에는 여러 기본권들을 열거하고 있거니와 이들 기본권 중에는 더 중요한 것과 덜 중요한 것이 있을까, 아니면 기본권은 모두 동등하게 중요한 것일까? 이에 대해서 헌재는 다음과 같이 기술했다.

> 우리 헌법구조에서 보다 더 중요한 자유영역과 덜 중요한 자유영역을 나눌 수 있다면, 이를 판단하는 유일한 기준은 인간의 존엄성이다. 따라서 인간의 존엄성을 실현하는 데 있어서 불가결하고 근본적인 자유는 더욱 강하게 보호되어야 하고 이에 대한 제한은 더욱 엄격히 심사되어야 하는 반면에, 인간의 존엄성의 실현에 있어서 부차적이고 잉여적인 자유는 공익상의 이유로 보다 더 광범위한 제한이 가능하다고 할 것이다.[55]

헌재에 의하면 기본권(자유)들은 그 중요성에서 동일하지 않다. 기본권의 상대적 중요성은 서로 다르다고 볼 수 있는데, 그 판단의 유일한 기준은 인간의 존엄이다. 그렇다면 어떤 기본권이 존엄의 이름하에 상대적으로 더 중요하거나 덜 중요한 것으로 간주되는가? 헌재가 기본권에 대해서 서열을 매기지는 않았지만, 특정 기본권이 존엄의 관점에서 특별히 더 중요하다고 강조한 것은 여러 건이 있다.

헌재는 "신체의 자유는 정신적 자유와 더불어 헌법이념의 핵심인 인간의 존엄과 가치를 구현하기 위한 가장 기본적인 자유로서 모든 기본권 보장의 전제조건이다"[56]고 하면서, 존엄의 이름하에 신체의 자유의 중요성을 강조하고, 그 연장선에서 신체의 자유에 대한 침해가 있는 경우에는 "세심한 배려"[57]가 제공되어야 하며, 그 침해여부도 "엄격하게"[58] 심사되어야 한다. 그 결과, 찬양고무 불고지죄 구속기간 연장[59], 기본적인 생리현상도 어렵게 하는 과도한 계구의 사용,[60] 외국에서 실제로 형의 집행을 받았음에도 불구하고 우리 형법에 의한 처벌 시 이를 전혀 고려하지 않는

---

54) 2009. 2007헌마369 조대현, 목영준, 송두환의 별개의견.
55) 1999. 94헌바37.
56) 2010. 2009헌마421; 2003. 2002헌마193; 2016. 2013헌바190.
57) 1997. 96헌가8 등, 96헌가48.
58) 2003. 2001헌마163.
59) 1992. 90헌마82.
60) 2005. 2004헌마49.

것[61] 등은 존엄에 중대한 의미를 갖는 신체의 자유를 과도하게 제한하므로 위헌이라고 했다. 그러나, 신체의 자유는 존엄의 가치를 구현하기 위한 가장 기본적인 것이긴 하지만 전투경찰에게 영창처분하는 것은 합헌이라고 판단했다.[62]

헌재는 또한 "헌법상 보장되는 양심의 자유는 우리 헌법이 실현하고자 하는 가치의 핵이라고 할 인간의 존엄과 가치와 직결되는 기본권이다"[63]고 하여 인간의 존엄과 관련하여 양심의 자유가 갖는 중요성을 강조했다. 그러나 양심적 병역거부자에 대한 형사처벌,[64] 대체복무 불허,[65] 향토예비군의 훈련거부에 대한 처벌,[66] 준법서약서 요구[67]는 모두 합헌이라고 판단했다. 결국 헌재는 인간의 존엄을 위해서 양심의 자유가 매우 중요하다고 거듭 강조하고 있음에도 불구하고, 실제로 양심의 자유가 문제로 되는 많은 사안에서 양심보다 국가안보 등 다른 가치를 더 우선시함으로써 존엄이 양심의 자유를 확대하는 데에는 기여하지 못했다.

헌재는 "언론·출판의 자유, 집회·결사의 자유는 인간이 그 존엄성을 지켜 나가기 위한 기본적인 권리"라고 했다.[68] 그런 식으로 언론·출판 집회·결사의 자유를 보장하는 것이 중요하다고 하면서도, 공무원에 대한 노동3권의 제한[69], 지방공무원에 대한 노동3권제한,[70] 청소년 관련 음란물에 대한 규제는 모두 합헌이라고 했다. 결국 양심의 자유에서와 마찬가지로, 존엄이 언론·출판의 자유나 집회·결사의 자유를 확대하는 데에는 기여하지 못한 것으로 보인다.

그 외에도 헌재는 명예의 보호는 "인간의 존엄과 가치, 행복을 추구하는 기초가 되는 권리"[71]라고 하였으며, 중요한 개인정보는 인간의 존엄성이나 인격의 내적 핵심을 이루는 요소라고 했고,[72] "수학권의 보장은 국민이 인간으로서 존엄과 가치를 가지며 행복을 추구하고 인간다운 생활을 영위하는 데 필수적인 조건이자 대전제"라고 했다.[73] 헌재는 "[재산권] 보장이 자유와 창의를 보장하는 지름길이고 궁극에는

---

61) 2015. 2013헌바129.
62) 2016. 2013헌바190.
63) 2011. 2008헌가22; 2011 2007헌가12 등; 2002. 98헌마425, 990헌마170 병합; 2011. 2007헌가12.
64) 2011. 2008헌가22 등.
65) 2004. 2002헌가1; 2004. 2004헌바61 등.
66) 2011. 2009헌바103.
67) 2002. 98헌마425, 99, 헌마170, 498 병합.
68) 2007. 2003헌바51 ; 1989, 88헌마22; 2002 2001헌가27; 2007. 2003헌바51; 2013. 2009헌마747.
69) 2007. 2003헌바51.
70) 2005. 2003헌바50
71) 2013. 2009헌마747.
72) 2007. 2005헌마1139.

인간의 존엄과 가치를 증대시키는 최선의 방법"이라고 하면서,[74] 택지소유상한제[75]는 위헌이라고 하고, 점유에 의한 부동산 취득시효,[76] 자동차세 과세 배기량 기준[77]은 합헌이라고 했다.

　이처럼 헌재는 존엄을 이용하여 특정 기본권의 상대적 중요성을 부각하였다. 헌재가 어떤 기본권의 상대적 중요성이 작다는 점을 지적하기 위해서 존엄을 사용한 경우는 없고, 모두 어떤 기본권의 상대적 중요성이 크다는 점을 보이기 위해서 존엄을 이용했다. 그런 점에서 존엄은 모두 기본권의 강화를 도모하는 방향으로 원용되었다고 할 수 있다. 그러나 존엄의 원용에 의해서 어떤 기본권의 중요성이 부각됐다고 해서, 그 결정례에서 문제의 기본권이 실제로 더 많이 보장됐다고 일반적으로 말하기는 어렵다. 특히 양심의 자유, 언론·출판의 자유, 집회·결사의 자유 등의 경우에는 존엄이라는 단어가 이들 기본권의 실제적 강화에는 거의 기여하지 못했다.

3. 과중한 형벌을 억제하는 존엄

　헌재는 존엄을 과중한 형벌을 억제하는 근거로 이용하였다. 예컨대 아래를 보자.

> 어떤 유형의 범죄에 대하여 특별히 형을 가중할 필요가 있는 경우라 하더라도, 그 가중의 정도가 통상의 형사처벌과 비교하여 현저히 형벌체계상의 정당성과 균형을 잃은 것이 명백한 경우에는 인간의 존엄성과 가치를 보장하는 헌법의 기본원리에 위배될 뿐 아니라 법의 내용에 있어서도 평등원칙에 반하는 위헌적 법률이 된다.[78]

　헌재는 헌법 제10조의 요구에 따라 형벌의 위협으로부터 인간의 존엄과 가치를 보호하여야 하며, 이런 맥락에서 과도한 형벌이나 다른 형벌에 비추어 균형이 맞지 않는 형벌은 헌법 제10조 위반으로서 위헌이 된다고 한 것이다. 헌재는 이런 맥락에서 많은 결정을 했다.

　예컨대, 특정범죄가중처벌법의 과실치상행위,[79] 특정범죄가중처벌법에서 일정액

---

73) 1992. 89헌마88; 1999. 97헌마130 기각; 2004. 2003헌가1 등; 2007. 2005헌가11; 2000. 98헌가16 등.
74) 1989. 88헌가13.
75) 1999. 94헌바37.
76) 1993. 92헌바20.
77) 2002. 2001헌가24.
78) 2014. 2011헌마224.
79) 1992. 90헌바24.

이상 포탈에 대한 가중,[80] 특정범죄가중처벌법에서 금융기관 임직원 처벌,[81] 국가보안법 제13조,[82] 통화위조,[83] 상관살해죄의 필요적 사형,[84] 야간 위험물건 소지 처벌[85] 등에서 형벌이 과도하다고 보아 이를 위헌으로 판단했다.

하지만, 군용물절도죄 가중,[86] 형법 제337조 법정형 하한,[87] 관세법 위반,[88] 파업에 대해 업무방해죄 형사처벌,[89] 의사 아닌 자의 의료행위 가중처벌,[90] 일정금액 이상 수뢰 가중처벌[91] 등과 관련해서는 형벌이 과도하지 않다고 보아 합헌이라고 보았다.

위에서 언급된 결정 이외에도 이와 유사한 결정이 많이 있다. 아무튼 여러 결정에서 존엄이 형벌규정의 과도함, 즉 위헌성을 지적하는 근거가 됐다. 그런 한에서 존엄은 일정하게 기본권을 강화했다고 할 수 있다. 헌재는 이런 판단에서 인간의 존엄을 원용하여 위헌(또는 합헌)결정을 했지만, 인간존엄이 형벌의 과도함을 판단함에 있어서 어떤 객관적 기준을 추가한 것 같지는 않다. 존엄은 그저 재판관의 직관을 장식적으로 정당화하는 정도의 역할을 했다고 하겠다.

Ⅳ 인권제한의 논거로서의 존엄

지금까지는 존엄이 기본권의 확장 및 강화의 방향으로 사용되는 경우를 보았다. 이는 대체로 기본권을 주장하는 사람을 지지하거나 옹호하기 위해서 존엄을 사용하는 경우였다. 이에 비해 헌재의 결정례 중에는 기본권 보호를 도모하는 주장을 좌절시키기 위해서 존엄이라는 단어를 쓰기도 한다. 예컨대 헌재는 성매매의 금지가 합헌이라고 하면서 다음과 같이 정당화했다.

---

80) 1998. 97헌가68.
81) 1999. 98헌바26.
82) 2002. 2002헌가5.
83) 2014. 2011헌마224.
84) 2007. 2006헌가13.
85) 2006. 2005헌바38.
86) 1995. 92헌바45.
87) 1997. 93헌바60.
88) 1998. 97헌바67.
89) 1998. 97헌바23.
90) 2001. 2000헌바37.
91) 2001. 2000헌바91.

설령 강압이 아닌 스스로의 자율적인 의사에 의하여 성매매를 선택한 경우라 하더라도, 자신의 신체를 경제적 대가 또는 성구매자의 성적 만족이나 쾌락의 수단 내지 도구로 전락시키는 행위를 허용하는 것은 단순히 사적인 영역의 문제를 넘어 인간의 존엄성을 자본의 위력에 양보하는 것이 되므로 강압에 의한 성매매와 그 본질에 있어 차이가 없다. 따라서 성매매를 근절함으로써 건전한 성풍속 및 성도덕을 확립하고자 하는 심판대상조항의 입법목적은 성매매의 자발성 여부와 상관없이 그 정당성을 인정할 수 있다.92)

결국 성매매의 금지는 성매매 당사자의 성적 자기결정권, 사생활의 비밀과 자유, 성판매자의 직업선택의 자유를 제한하는 것은 사실이지만, 성매매는 본질적으로 인간의 존엄에 반하는 것이므로 자발적으로 성매매를 선택했다고 하더라도 그런 행위는 허용될 수 없다는 것이다. 여기에서 헌법에서 명문으로 규정된 자유권이 존엄의 이름하에 제압되고 있을 뿐만 아니라, 앞서 인간존엄의 본질적 내용으로 거론됐던 자기결정권조차 인간존엄의 또 다른 어떤 속성에 의해서 제압되고 있다.

이처럼 인간존엄을 이유로 여러 가지 기본권의 제한을 도모하는 결정례는 많다. 예컨대, 제대혈의 매매규제,93) 직계존속의 가중처벌,94) 비의료인의 의료행위 금지,95) 변호사의 자격증 제도,96) 민간자격 신설금지,97) 낙태죄,98) 사형99) 등에서 인간존엄은 합헌결정의 하나의 논거로 이용되었다. 음란표현물 규제,100) 기업의 장애인고용의무제,101) 기업의 퇴직금 규제102) 등에서 국가의 규제는 모두 인간의 존엄이라는 이름하에 합헌으로 판단되었다. 주요 논점을 아래 표로 정리해 보았다.

---

92) 2016. 2013헌가2; 2005. 2004헌바29.
93) 2017. 2016헌바38.
94) 2002. 2000헌바53.
95) 2002. 2001헌마370; 1996. 94헌가7; 2005. 2003헌바86; 2005. 2005헌바29; 2013. 2010헌바488; 2014. 2012헌바293; 2015. 2015헌바51; 2016. 2016헌바322; 2016. 2016헌바367; 2017. 2017헌바217; 2005. 2003헌바95.
96) 2000. 98헌바95, 96, 99헌바4 병합.
97) 2010. 2009헌바53 등.
98) 2012. 2010헌바402.
99) 2010. 2008헌가23; 1996. 95헌바1.
100) 1998. 95헌가16.
101) 2003. 2001헌바96.
102) 2005. 2002헌바11.

쟁점 법률 (헌재의 판단)	청구인이 주장하는 기본권	기본권 제한 논거로서의 존엄
성매매 금지 (합헌)	성매매 당사자의 성적 자기결정권, 사생활의 비밀과 자유, 성판매자의 직업선택의 자유	성매매는 인간존엄성을 자본의 위력에 양보하는 것이므로 허용될 수 없다.
제대혈 매매규제 (합헌)	계약의 자유, 재산권	제대혈 거래허용이 경우 생명복제에 따르는 인간 존엄성 침해의 우려가 있고, 신체가 인격과 분리된 단순한 물건으로 취급되어 인간의 존엄성을 해친다.
직계존속 가중처벌 (합헌)	평등원칙, 사생활의 자유, 인간의 존엄	오히려 패륜적·반도덕적 행위의 가중처벌을 통하여 개인의 존엄과 가치를 더욱 보장하고 이를 통하여 올바른 사회질서가 형성될 수 있다.
비의료인 의료행위 금지 (합헌)	일반적 활동의 자유, 행복추구권	의료행위는 인간의 존엄과 가치의 근본인 사람의 신체와 생명을 대상으로 하는 것이다.
변호사 자격증제도 (합헌)	직업선택의 자유	법률사무는 사람의 생명, 재산, 인격, 명예 등 인간의 존엄과 가치의 기본이 되는 사무를 처리하는 것이다.
민간자격 신설금지(합헌)	직업선택의 자유, 일반적 행동의 자유	인간의 존엄과 가치의 근본인 생명, 건강에 직결되는 자격증이 있다.
낙태죄(합헌)	임부의 존엄과 행복추구권, 자기결정권	생명은 존엄한 인간존재의 근원이고 태아도 생명권을 가진다.
사형(합헌)	존엄, 생명권	사형제는 범죄자의 인간으로서의 존엄과 가치를 침해한 것으로 볼 수 없다. 오히려 범죄자가 스스로 선택한 결과이다.
음란표현물 규제(합헌)	언론출판의 자유	'음란'이란 인간존엄 내지 인간성을 왜곡하는 노골적이고 적나라한 성표현으로서 하등의 문학적, 예술적, 과학적 또는 정치적 가치를 지니지 않는다.
기업의 장애인고용	사업주의 행동자유권, 경제활동의 자유, 평등권,	장애인에 대하여 인간으로서의 존엄과 가치를 인정하고 나아가 인간다운 생활을 보장하기 위

의무제(합헌)	계약·직업수행의 자유, 재산권	하여 기업의 경제상의 자유는 제한될 수 있다.
기업의 퇴직금 규제(합헌)	계약의 자유, 기업활동의 자유	퇴직금을 노사간에 자율적으로 결정하게 하면, 인간의 존엄성이 담보되는 근로조건이 확보되지 못할 수 있다.

이 표에서 주목할 부분은 이들 규제의 위헌성을 주장한 청구인은 대개 헌법상 보장된 자유의 보장을 요청했다는 점이다. 이들의 청구가 기각됐다는 것은 헌법상 보장된 자유가 존엄의 이름하에 제한되거나 제압됐다는 것이다. 위 사례들 중에는 청구인 측에서 인간으로서의 존엄을 이유로 특정 법규의 위헌성을 주장한 경우도 있다. 이런 경우 헌재는 존엄에 대한 자신의 해석을 이용하여 청구인의 주장을 기각했다. 이들 결정문에 나타난 인간존엄의 용법에 대한 현저한 특징을 몇 가지 지적하고자 한다.

첫째, 위 사례에서 존엄은 개인의 기본권보다 상위의 가치이다. 적어도 위 사례들은 기본권과 존엄의 가치가 서로 충돌하는 경우 기본권이 제한되어야 한다는 것을 반복적으로 보여주고 있다.

둘째, 위 여러 사례에서 존엄이 자유를 제약하는 방향에서 사용되고 있다는 것은 명백하다. 그런 점에서 존엄의 이런 용례는 반기본권적이다. 여기에서 존엄을 이유로 개인의 자유를 제한하는 것이 반드시 잘못이라고 주장하는 것은 아니다. 다만 존엄이 자유를 제약하는 핵심논거로 사용되는 결정례가 적지 않다는 것이다.

셋째, 이들 사건에서 보호되는 존엄은 특정 개인(즉 청구인)의 존엄이라기보다 추상적인 인간의 존엄에 가깝다. 예컨대, 그것은 직계비속에 의한 범죄피해자인 직계존속 전체, 장애인 전체, 노동자 전체, 환자 전체, 변호사의 의뢰인 전체, 더 넓게는 국민 전체 혹은 인간 전체의 존엄이다. 이들 추상적 인간은 헌법재판에서 구체적 행위자로서 등장하고 있지 않다. 대신 헌재가 특정 집단, 국민 전체 혹은 인간 전체의 존엄을 수호하는 입장에서 발언하고 있다. 이런 의미에서 이들 사건에서 헌재의 태도는 자유주의적이라기보다 공동체주의적이다.

여기에서는 존엄이란 단어가 중요한 의미를 가지고 있는 결정문 몇 개를 좀 더 자세히 보면서 존엄이란 단어가 헌재에서 어떻게 이용됐는지를 살펴본다.

1. 사형제도와 인간의 존엄

사형제도가 생명권을 침해함으로써 인간의 존엄과 가치를 침해하는지가 헌재에서 정면으로 논의되었다. 생명은 인간이 인간으로서 존재하기 위한 최소한의 전제이므로 생명을 부인하는 것은 그 자체로서 인간의 존엄성을 부인하는 것일 수가 있다. 그러므로 사형제도의 폐지론자가 인간의 존엄을 자신들 주장의 근거로 끌어들일 가능성이 크다. 우리나라에서 사형제를 정면으로 다룬 결정은 두 건이 있었는데, 인간의 존엄은 주로 사형폐지론자의 논거로 이용됐다.

1999년 결정에서 사형제도의 위헌성을 주장한 김진우는 다음과 같이 주장했다.

> 형벌로서의 사형은 자유형과는 달리 사형선고를 받은 자에게 개과천선할 수 있는 도덕적 자유조차 남겨주지 아니하는 형벌제도로서 개인을 전적으로 국가 또는 사회 전체의 이익을 위한 단순한 수단 내지 대상으로 삼는 것으로서 사형수의 인간의 존엄과 가치를 침해하는 것이다.[103]

그에 의하면 사형제도는 최소한의 도덕적 개선의 여지도 주지 않고 또 인간을 수단화하는 점에서 인간의 존엄과 가치를 침해한다. 그가 보는 존엄이란 인간의 개선가능성에 대한 일말의 믿음을 유지하는 것이고 인간을 수단화하지 않는 것이다. 이런 논리는 2010년의 결정에서도 보인다. 즉, 김희옥은 "사형제도는 범죄인을 사회전체의 이익 또는 다른 범죄의 예방을 위한 수단 또는 복수의 대상으로만 취급하고 한 인간으로서 자기의 책임 하에 반성과 개선을 할 최소한의 도덕적 자유조차 남겨주지 아니하는 제도이므로 헌법 제10조가 선언하는 인간의 존엄과 가치에 위배"[104]된다고 했다. 김종대는 "사형제도는 범죄억제라는 형사정책적 목적을 위해 사람의 생명을 빼앗는 것으로 그 자체로 인간으로서의 존엄과 가치에 반"[105]한다고 했고, 목영준은

---

103) 1996. 95헌바1 김진우 반대의견.
104) 2010 2008헌가23 김희옥 위헌의견.

"사형은 악성이 극대화된 흥분된 상태의 범죄인에 대하여 집행되는 것이 아니라 이성이 일부라도 회복된 안정된 상태의 범죄인에 대하여 생명을 박탈하는 것이므로 인간의 존엄과 가치에 위배"106)된다고 했다. 이들에 의하면 존엄이 의미하는 바는 인간을 수단으로 이용하지 말라는 것, 인간은 이성적 존재이며 도덕적 존재라는 것을 의미한다. 사형은 인간을 수단으로 이용하는 것이고, 인간이성에 대한 완전한 부인이고 인간의 도덕적 개선가능성에 대한 완전한 부인에 상당하며, 그 점에서 사형은 인간존엄성에 대한 부인이고 따라서 헌법 제10조 위반이라는 것이다.

사형제의 합헌을 주장한 다수의견은 인간의 생명은 고귀하고, 이 세상에서 무엇과도 바꿀 수 없는 존엄한 인간존재의 근원이라고 인정하면서도, "현실적인 측면에서 볼 때 정당한 이유없이 타인의 생명을 부정하거나 그에 못지 아니한 중대한 공공이익을 침해한 경우"107)에 생명권에 대한 제한이 정당화될 수 있다고 한다. 여기서 말하는 공공이익이란 범죄의 예방과 악의 영원한 제거를 의미한다. 즉 원리적인 것은 차치하고 현실적으로 볼 때 사형제는 필요하다는 주장이다.

2010년 결정에서 헌재는 한걸음 더 나갔다. 즉 사형은 "범죄자가 스스로 선택한 잔악무도한 범죄행위의 결과인바, 범죄자를 오로지 사회방위라는 공익 추구를 위한 객체로만 취급함으로써 범죄자의 인간으로서의 존엄과 가치를 침해한 것으로 볼 수 없다"108)고 했다. 즉 사형제도는 범죄자를 단순히 수단으로만 취급한 것이 아닌데, 그 이유는 사형제는 범죄자의 선택에 의하여 부과되는 것이기 때문이라는 것이다. 이 문장에서 존엄이라는 단어는 사용되지 않았지만, 존엄이 일반적으로 자율적 선택권을 의미한다는 점을 생각했을 때, 사형제도는 그런 맥락에서 정당화된다는 암시를 담고 있다. 사형제는 사형되는 사람의 선택권(즉 존엄)을 존중하는 것이라는 뜻으로 읽힌다.109) 같은 결정에서 송두환은 "인간의 존엄성 및 인간 생명의 존엄한 가치를 선명하기 위하여, 역설적으로 그 파괴자인 인간의 생명을 박탈하는 것이 불가피한 예외적 상황도 있을 수 있"다고 했다. 즉 경우에 따라서는 인간의 존엄을 확보하기 위해서 범죄자의 사형시키는 것이 필요하다는 것이다.

결국 합헌론의 입장에서 볼 때, 사형제도는 현실적 측면에서 필요할 뿐만 아니라

---

105) 2010 2008헌가23 김종대 위헌의견.
106) 2010 2008헌가23 목영준 위헌의견.
107) 1996. 95헌바1.
108) 2010. 2008헌가23.
109) 실제 칸트는 인간은 존엄하다는 것을 논증한 후, 그 논리적 귀결로서 사형제를 지지했다. 사형을 시키고 또 사형당하는 것이 존엄의 원칙에 맞다는 것이다(남기호, "칸트의 형벌이론에서 사형제 폐지가능성", 『사회와 철학』 제22권, 2011, 124면).

존엄이라는 원리의 측면에서도 정당화된다는 것이다. 즉, 범죄인의 존엄을 위해서든 다른 인간의 존엄을 위해서든 사형제는 유지되어야 한다는 것이다. 요컨대, 사형은 인간존엄을 위해서 필요하다!

여기에서 보듯이 존엄은 사형제의 폐지론과 존치론 모두의 근거로 사용되고 있다. 인간존엄이 인정되는 한 사형제가 폐지되어야 한다는 주장이 있는 반면, 인간존엄이 인정되므로 사형제가 유지되어야 한다는 주장이 공존하고 있는 것이다. 기본권의 옹호와 제한의 관점에서 보면, 사형제 폐지론은 존엄개념을 이용해서 죄수의 생명권을 옹호하고자 하며, 존치론은 존엄개념을 이용해서 죄수의 생명권을 부인하고자 한다.

2. 간통죄와 인간존엄

간통죄논란에서도 유사한 구도가 보인다. 간통죄의 위헌성 논란이 여러 차례 있었는데, 각각 1990년,[110] 2001년,[111] 2008년,[112] 2015년[113] 등 4번이다. 앞의 세 번은 모두 합헌 판단이었지만, 2015년에 최종적으로 위헌으로 판단되었다.

우선 간통죄의 위헌을 주장하는 재판관들이 자신들의 중요한 논거로서 인간의 존엄을 거론했다. 권성은 "간통에 대한 형사처벌은, 이미 애정과 신의가 깨어진 상대 배우자만을 사랑하도록 국가가 강제하는 것이 되는데 이것은 그 당사자의 인격적 자주성, 즉 성적 자기결정권을 박탈하여 성(性)적인 예속을 강제하는 것"이므로 제10조에서 말하는 인간의 존엄성을 침해한다고 주장했다.[114] 여기서 존엄은 자율적 결정권을 의미하며, 특히 성적 예속을 강제당하지 않는 것, 다시 말해 누구와 성적 관계를 가질 것이가에 대해서 스스로 결정권을 갖는 것을 의미한다. 간통죄는 이러한 결정권을 제한하는 것이므로 헌법 제10조의 존엄을 침해한다는 것이다. 또 김종대 등 다른 소수의견은 "국민의 성적 자기결정권과 사생활의 비밀과 자유는 우리 헌법상 인정되는 기본적 권리이므로 그 제한에 대한 위헌 여부는 엄격한 비례심사를 거쳐야 한다"고 주장했다.[115] 즉 성적 자기결정권은 존엄에서 기인하는 중요한 기본권이므로 그것을 제한할 때는 신중해야 하며 그 연장선에서 간통죄는 과잉금지원칙을 위반

---

110) 1990. 89헌마82.
111) 2001. 2000헌바60.
112) 2008. 2007헌가17 등.
113) 2015. 2009헌바17 등.
114) 2001. 2000헌바60 권성
115) 2008. 2007헌가17 등. 김종대, 이동흡, 목영준의 위헌의견

했다고 주장했다. 2015년에 헌재는 "성적 자기결정권을 자유롭게 행사하는 것이 개인의 존엄과 행복추구의 측면에서 한층 더 중요하게 고려되는 사회로 변해가고 있다"는 점을 고려할 때, 간통죄는 국민의 성적 자기결정권을 과도하게 제한하는 것이라고 할 수 있고 따라서 위헌이라고 판단했다.

요컨대, 간통죄는 개인의 성적 예속을 강제하고 성적 자기결정권을 제한하기 때문에 위헌이며, 제한이 가능하다고 하더라도 간통죄는 이를 과도하게 제한하기 때문에 헌법 제10조의 위반이라는 것이다. 아무튼 간통죄 위헌 주장에서 존엄은 근본적으로 성적 자기결정권을 낳는 것으로 이해되고 있다.

이에 비해 간통죄 합헌론(존치론)은 간통죄가 개인의 성적 자기결정권을 침해하지만, 성도덕과 혼인제도 유지 등의 이유로 이를 제한할 수 있다고 하고, 제한이 과도하지 않으므로 합헌이라고 주장한다. 동시에 간통죄 합헌론은 인간의 존엄을 그 근거로 삼기도 한다. 즉, 간통죄는 개인의 존엄과 양성의 평등을 기초로 한 혼인과 가족생활의 유지·보장을 위해서 필요하다는 것이다.[116) 왜냐하면 개인의 존엄성에 기초한 혼인제도는 중혼금지와 일부일처제를 요청하는데, 이를 위해서는 간통죄에 대해 형사처벌할 수 있다는 것이다. 존엄에서 중혼금지와 일부일처제를 도출하고, 거기에서 간통죄의 처벌근거를 찾는 것이다.

여기에서 보듯이, 간통죄 논란에서 존엄은 간통죄의 위헌론의 논거이면서, 동시에 간통죄 합헌론의 논거가 되고 있다. 존엄은 개인의 성적 자기결정권의 근거가 되기도 하고, 개인의 성적 자기결정권을 제한하는 근거가 되기도 한다. 기본권의 강화와 제한의 관점에서 보면, 간통죄 위헌론은 존엄개념을 이용해서 (남성의) 성적결정권을 강화하고자 하며, 합헌론은 존엄개념을 이용해서 (남성의) 성적 결정권을 제한하고자 한다.

3. 혼인빙자간음죄와 인간존엄

혼인빙자간음죄에 대한 위헌성 판단에서도 존엄이 많이 언급되었다. 혼인빙자간음죄는 2002년 합헌으로 판단됐다가 2009년에 위헌으로 판단됐다.

2002년에 헌재는 혼인을 빙자한 간음은, 남성의 성적 자기결정권의 한계를 벗어난 것일 뿐만 아니라, 여성의 진정한 자유의사, 즉 여성의 성적 자기결정권을 침해하는 행위이므로, 그러한 행위를 처벌하는 혼인빙자간음죄는 합헌이라고 했다. 결국 여성

---

116) 2008. 2007헌가17 등.

의 성적 자기결정권을 침해하는 남성의 성적 자기결정권을 제한해야 한다는 논리이다.117)

이에 비해 2009년에는 혼인을 빙자한 간음은, 여성을 유혹하는 행위의 일종이므로, 혼인빙자간음죄는 인간존엄에서 기원하는 남성의 성적 자기결정권을 과도하게 침해하는 것이라고 했다.118) 그런데 헌재는 한 걸음 더 나아가 혼인빙자간음죄가 여성의 성적 자기결정권도 침해한다고 했다. 그러나 여성의 성적 자기결정권이 침해되는 방식은 남성의 경우와 사뭇 다르다. 혼인빙자간음죄는 여성을 성적 자기결정권을 행사할 수 없는 무능한 존재로 간주한다는 점에서 여성의 존엄과 가치에 반한다. 이 경우 여성의 성적 자기결정권을 침해하는 것은 남성이라기보다 국가이다. 국가가 혼인빙자간음죄를 유지하는 것은 여성의 성적 자기결정권(여성의 성적 자기결정 능력)을 무시하고 여성을 비하함으로써, 여성의 존엄을 해친다는 것이다.

전체적으로 보면, 혼인빙자간음죄와 관련하여 헌재는 인간의 존엄에서 성적 자기결정권이 도출된다고 전제하면서, 2002년에는 여성의 성적 자기결정권의 보호를 위해서 혼인빙자간음죄의 존치가 필요하다고 했다가, 2009년에는 남성의 성적 자기결정권과 여성의 성적 자기결정권을 보호하기 위해서 그것이 폐지되어야 한다고 했다. 이런 판단들에서 존엄이 서로 상이한 의미를 지니고 상이한 결론을 낳고 있음을 볼 수 있다. 기본권의 옹호와 제한의 관점에서 보면, 혼인빙자간음죄 위헌론은 존엄개념을 이용해서 (남성의) 성적 자기결정권을 옹호하고자 하며, 합헌론은 존엄개념을 이용해서 (남성의) 성적 자기결정권을 제한하고자 한다.

VI 결론

이상에서 지난 29년간 축적된 헌재 결정문의 검토를 통해 한국의 헌법에 규정되어 있는 인간존엄의 구체적 의미를 찾아보았다. 이상의 논의를 요약하면서 결론을 내리고 그 함의를 제시해 본다.

첫째, 존엄이 실로 많이 이용되고 있다는 단순한 사실을 지적하지 않을 수 없다. 존엄이 3번 이상 언급된 결정문이 196개이고, 15회 이상 거론된 결정문이 13개에 이른다. 게다가 존엄이 이용되는 빈도는 증가하고 있다. 이는 존엄이 헌법전의 문구에

---

117) 2002. 99헌바40.
118) 2009. 2008헌바58.

만 머물거나 장식적 언어로만 남아 있지 않고 살아있는 법규범으로 작동하고 있으며 그런 경향이 강화되고 있음을 암시한다. 실제로도 앞에서 보듯이 존엄은 법률의 위헌여부 판단에서 실체적 기준으로 기능을 하고 있다. 또 헌재는 스스로 존엄이 "최고의 헌법적 가치"라고 명시적으로 인정했다. 이제 우리나라 헌법 및 헌재의 결정을 이해하기 위해서 존엄의 의미를 파악하는 것은 필수적이라고 할 수 있다.

둘째, 존엄이 헌법재판에서 실체적 해석기준으로 많이 이용된다는 말이, 존엄의 의미가 명료하다는 의미는 아니다. 오히려 존엄은 맥락에 따라 다양한 의미를 지니고 있다. 예컨대, 존엄은 자율적 결정권, 모욕당하지 않을 권리, 과도하게 형벌을 받지 않을 헌법상 권리 등을 의미한다. 나아가 존엄은 기본권의 제한을 정당화하는 데에서도 중요한 역할을 한다. 그런 점에서 존엄의 내용은 모순적이라고 할 수 있다. 적어도 결정문에 기초해서 보았을 때, 이 모순을 통일적으로 이해할 수 있는 상위개념으로서의 존엄 개념이 존재하는 것으로 보이지는 않는다. 동일한 단어가 다양한 의미를 지니며 심지어 모순된 의미를 지닌다는 것을 그 개념이 그만큼 모호하다는 반증이다.

존엄개념의 모호성과 모순성은 상이한 쟁점에서만 나타나는 것은 아니다. 동일한 쟁점을 다룬 동일한 결정에서도 존엄의 의미는 모호하고 모순적이다. 예컨대 사형제, 간통죄, 혼인빙자간음죄에서 존엄은 합헌론과 위헌론 모두의 근거로 이용됐다. 현재까지 재판관들 사이에서 존엄의 의미에 대한 합의 수준은 매우 낮은 것으로 보인다. 물론 존엄이 헌법의 지도원리라는 점에 대해서 합의가 없는 것은 아니지만, 구체적 결정에서 존엄이 서로 다른 가치관을 가진 재판관들의 법적 판단에서 공동의 법적 기준으로서의 기능을 하는 것으로 보이지는 않는다. 재판관은 각자 이해하는 방식으로 각자의 주장을 정당화하기 위해 존엄을 이용하고 있을 뿐이다. 게다가 시간의 흐름에 따라 재판관들 사이에서 존엄에 대한 이해가 근접해가는 것도 아니다. 통시적으로 보더라도 지난 29년간 재판관들 사이에서 존엄의 개념에 대한 합의 수준이 증가됐다는 징후는 거의 보이지 않기 때문이다. 존엄은 각 재판관의 개인적 견해나 직관을 (모호한 방식으로) 정당화하며, 다분히 장식적으로 사용되고 있다는 비판을 면하기 어려워 보인다.

셋째, 존엄의 의미가 모호하고 모순적이라는 것은 존엄개념의 남용으로 이어지는 것으로 보인다. 특히 인권의 확장을 바라는 사람들 입장에서 존엄은 인권체제를 파괴하는 트로이 목마, 법치주의의 위기를 낳을 우려가 있다는 것을 서두에서 지적했거니와, 우리나라 헌재 결정문은 그러한 우려에 근거가 없지 않다는 것을 보인다. 존엄은 사형제, 성매매금지, 중혼금지, 일부일처제, 표현의 자유 등 논란이 많은 사안에서 자주 이용되며, 그 결론은 일반적으로 인권옹호자들이 지지하는 것과 충돌하는 경우가 적지 않다. 이렇게 볼 때 기본권의 확장을 도모하려는 사람에게 존엄의 남용은 하나의 위협이 될 수 있다. 뿐만 아니라 존엄은 정교한 법적 논증을 조장하기보다는 오히려 피하도록 한다는 점에서도 존엄에 대한 경계심을 일으킨다. 존엄은 마치 전가의 보도처럼 활용된다. 존엄이라는 추상적인 단어를 사용하게 되면서 법적 논란은 상이한 견해의 병립 이상으로 나아가지 못한다. 결국 존엄의 원용은 결정이 논리의 힘(즉, 법치주의)에 입각하도록 한다기보다 힘의 논리에 입각한 것처럼 보이게 한다. 또 존엄 논변은 법관의 개인적 직관에 과도하게 의존한다는 의미에서도 법치주의를 위협한다. 이렇듯 존엄이란 단어가 남용되어 인권체제와 법치주의를 위협할 수 있다는 우려는 우리나라에서 단순한 가능성을 넘어 현실화하고 있다고 할 만하다.

물론 존엄이 반드시 역기능만 하는 것은 아닐 것이고, 모호성과 모순성이야 말로 존엄의 순기능의 근거인지도 모른다. 예컨대, 존엄은 그 명료성과 일관성을 어느 정도 포기함으로써, 새로운 상상력의 근거가 될 수 있다. 존엄은 획일주의적 인권론에서 문화적 특수성을 반영하는 통로가 될 수도 있으며, 다양한 의견을 공존시키는 완충지대의 역할을 할 수도 있다. 반대로 존엄은 특수성의 가면을 쓴 전체주의적 억압에 맞서 보편적 가치를 수용하는 통로가 될 수 있다.

존엄개념에 이런 긍정성과 잠재력이 없다고 단언할 수 없지만, 적어도 현재 우리나라에서 존엄이 과용되고 남용되고 있다는 것은 부인하기 어려워 보인다. 이런 상황은 시간의 흐름에 따라 점차 개선되고 있는 것으로 보이지도 않는다. 존엄의 순기능을 살리기 위해서는 단순히 존엄이란 단어를 결정문에서 많이 쓰는 것만으로는 부족하고 존엄의 모호성과 모순성을 극복하고 남용을 최소화하려는 의식적인 노력이 있어야 할 것이다. 본고는 이를 위해서 무엇이 필요한지에 대해서는 말하지 않는다. 다만 그간 우리나라의 헌재 결정문을 살펴보건대, 그리고 존엄을 둘러싼 지구적 차원의 논쟁을 보건대, 지금 단계에서 그러한 노력이 절실히 요청되고 있다는 것을 지적한다.

2

형법을 통한 인간 존엄성의 보호
- 혐오표현에 대한 형사제재를 중심으로 -*

최준혁(교수, 인하대학교 법학전문대학원)

I 머리말

 자유주의 국가에서 표현의 자유의 중요성은 아무리 강조해도 지나치지 않으나, 혐오표현에 대한 대응은 국가마다 차이가 있다. 미국은 표현의 자유가 헌법에서 갖는 중요성으로 인해 혐오표현의 규제에 대하여 소극적인 반면, 독일 등 유럽연합의 국가들은 혐오표현에 대한 형사제재 규정을 두고 있다.[1] 혐오표현에 대한 처벌조문으로는 명예훼손죄 이외에도 독일형법 제130조의 국민선동죄 같은 조문들이 제시되는데, 특히 후자는 인간의 존엄과 연결되어 논의된다.

 그렇다면, 인간의 존엄이라는 중요한 개념과 형사정책이라는 포괄적인 범주를 함께 고려하면서 인간의 존엄이 형법이론에서 어떠한 의미를 갖는지의 문제를 법익과 연결시켜서 검토하는 것은 혐오표현에 대한 처벌조문의 정당성을 근거짓는 시도로서 충분한 가치가 있을 것이다. 리스트(Liszt)에 따르면 형사정책은 '범죄원인 및 형벌효과에 대한 과학적인 연구에 의거한 원칙들의 체계적인 총체개념으로서, 국가는 이러한 원칙에 따라 형벌 및 형벌과 유사한 제도들을 이용해서 범죄를 퇴치해야 한다.'[2]

---

 * 이 글은 한국형사정책연구원 개원 30주년을 기념하여 2019. 5. 31. 열린 「30주년 유관학회 공동학술회의」 "인간 존엄과 가치의 형사사법적 실현"의 제3세션 '인간의 존엄과 가치의 형사정책적 프로그램'에서의 발표를 수정하였으며, 같은 제목으로 경찰법연구 제18권 제3호(2020), 39-71면에 실렸다.

 1) 박지원, "혐오표현 제재 입법에 관한 소고", 미국헌법연구 제27권 제3호(2016), 105면; Brugger, "Hassrede, Beleidigung, Volksverhetzung", JA 2006, 687.

 2) Liszt, "Kriminalpolitische Aufgaben", in: Aufsätze und kleinere Monographien Band I, 1999 (Nachdruck 1905), S. 250. 번역은 찌프(김영환·허일태·박상기 옮김), 형사정책, 한국형사정책연구원, 1993, 7면.

법도그마틱은 해석학적 학문으로서 현행법의 체계화 및 해석에 기여하는 반면, 법정책의 대상은 현행법이 아니며 현행법은 단지 정당하다고 여겨지는 표상의 발전과 현실화에 대한 출발점의 의미만을 갖는다는 점에서 형법이론과 형사정책은 구별되나 형법학은 기존 형벌체계의 운용과 해석에 결정적인 지침을 주므로 형사정책의 연구에도 규준이 되며,3) 형사정책의 정책적 결정은 해석학의 발전과 일치해야 올바르며 도그마틱은 자신의 해결책을 형사정책의 전체구상 안에서 발전시켜야 한다.4) 이러한 관점에서 보면 형사정책에 대한 논의의 출발점을 형법이론으로 삼는 방법은 충분한 의미가 있겠다고 생각한다.

1. 역사적 경험

1) 아이히만과 '악의 평범성'

아돌프 아이히만은 제2차 세계대전의 전범으로 국가안보부의 유태인과의 과장이었다. 그는 1941년부터 1945년까지 유태인 문제에 대한 '최종해결(Endlösung)', 즉 대량학살의 실무 책임자였으며 각지의 강제수용소로의 이송을 담당하였다. 그는 2차 세계대전 종전 이후 숨어살다가 체포되어 1961년 12월에 이스라엘의 예루살렘 지방법원에서 사형을 선고받았으며 형은 1962년 6월 1일에 집행되었다.5) 한나 아렌트6)는 『예루살렘의 아이히만』7)에서 아이히만 재판에 대해 보고하였는데, 이 책의 본문에 해당하는 부분의 15장 '판결, 항소, 처형'에서 아이히만의 사형집행 장면을 서술하면서 다음의 말로 마무리한다. "두려운 교훈, 즉 말과 사고를 허용하지 않는 악의 평범성을."(349면) 악의 평범성은 이 책의 부제이기도 하다.

아렌트는 책의 후기에서도 다시 악의 평범성을 논의한다(391면). "나는 또한 진정한 논쟁이라면 이 책의 부제에 대한 것이었어야 했다고 생각할 수 있었다. 나는 재판에 직면한 한 사람이 주연한 현상을 엄격한 사실적 차원에서만 지적하면서 악의

---

3) 박상기·손동권·이순래, 형사정책(11판), 한국형사정책연구원, 2010, 11면.

4) 찌프(김영환·허일태·박상기 옮김), 형사정책, 15면.

5) Ebert, Die "Banalität des Bösen"—Herausforderung für das Strafrecht, Sächsische Akademie der Wissenschaften zu Leipzig 2000, S. 5.

6) 아렌트의 논의인 '권리를 가질 권리'(그에 대한 설명으로 김대근, "'권리를 가질 권리'를 갖는다는 것", 형사정책연구소식 제149호(2019), 61-65면)도 인간의 존엄을 설명하는 시도로 논의된다. 일본에서의 논의의 예로 金 相均, 差別表現の法的規制, 法律文化社, 2017, 199頁. 반론으로 손제연, 법적 개념으로서의 인간존엄, 서울대학교 법학박사학위 논문, 2018, 85면.

7) 한나 아렌트(김선욱 옮김), 예루살렘의 아이히만, 한길사, 2006.

평범성에 대하여 말한 것이다. … 자신의 개인적인 발전을 도모하는 데 각별히 근면한 것을 제외하고는 그는 어떠한 동기도 갖고 있지 않았다. … 이 문제를 흔히 하는 말로 하면 그는 **단지 자기가 무엇을 하고 있는지 결코 깨닫지 못한 것이다**(강조는 아렌트). … 그는 어리석지 않았다. 그로 하여금 그 시대의 엄청난 범죄자들 가운데 한 사람이 되게 한 것은 (결코 어리석음과 동일한 것이 아닌) 순전한 무사유였다. 그리고 만일 이것이 '평범한' 것이고 심지어 우스꽝스런 것이라면, 만일 이 세상의 최고의 의지를 가지고서도 아이히만에게서 어떠한 극악무도하고 악마적인 심연을 끄집어내지 못한다면, 이는 그것이 일반적인 것이라고 부르는 것과 아직 거리가 멀다는 것이다."8)

2) 빈딩의 "생존가치 없는 삶의 절멸의 허용"

1920년, 독일의 형법학자 빈딩(Karl Binding: 1841–1920)9)은 세상을 떠나기 직전 정신과의사인 호헤(Alfred Hoche)10)와 함께 『생존가치 없는 삶의 절멸의 허용(Die Freigabe der Vernichtung lebensunwerten Lebens)』이라는 제목의 소책자를 썼다. 생존가치 없는 삶이란 중병에 시달리는 사람에 대한 꼬리표로서, '생존가치 없는'이란 회복할 수 없는 저능함(빈딩) 또는 정신적인 사망상태(호헤)에 대한 다른 표현이다. 허용이란, 생존가치 없는 삶에 대하여 국가권력이 합법적으로 절멸할 수 있게 한다는 의미의 법률용어이며 절멸은 학문의 기준에 따라 가스나 음독, 아사 등의 방법으로 시행되는 살해이다.

'생존가치 없는 삶의 절멸'을 위한 국가적 조치가 필요하다는 주장은 독일의 형법

---

8) 에버트(Ebert)는 아이히만에게 위법성의 인식이 없다는 점에서 형법이론에 관한 논의를 시작한다. Ebert, Die „Banalität des Bösen"–Herausforderung für das Strafrecht, S. 9. 아이히만의 특성을 일관성으로 논의하는 마갈릿(신성림 옮김), 품위있는 사회, 동녘, 2008, 62면도 참조.

9) 빈딩은 독일의 형법학자로서 저서 "규범과 그 위반(Die Normen und ihre Übertretung)"에서 논의한 규범이론은 그 이후의 독일 형법학계에 많은 영향을 미쳤다. 나우케(Nauke)는 빈딩의 주요한 주장인 실정법(Gesetz)과 규범(Norm)의 구별이 생존가치 없는 삶의 절멸을 법률적으로 허용하는 길을 열었다고 보았다. Nauke, Einführung, in: Binding/Hoche, Die Freigabe der Vernichtung lebensunwerten Lebens, BWV 2006, XIII.

10) 호헤(1865–1943)는 독일 프라이부르크에서 임상에 종사하던 정신과의사로 1902년부터 1933년까지 프라이부르크 정신병원의 원장으로 재직하였다. Nauke, Einführung, in: Binding/Hoche, Die Freigabe der Vernichtung lebensunwerten Lebens, BWV 2006, VIII.
그는 1940년의 한 대화에서 당시 진행되고 있던 안락사 프로그램에 대하여 비판하기도 하였으나, 자신의 주장을 철회하지는 않았다. Hohendorf, Die Bedeutung der Freigabe der Vernichtung lebensunwerten Lebens von Karl Binding und Alfred Hoche für die Scheinbare Rechtfertigung des nationalsozialistischen Euthanasie–Programms, in: Kubiciel/Löhnig/Pawlik/Stuckenberg/Wohlers (Hrsg.), "Eine gewaltige Erscheinung des positiven Rechts", Mohr Siebeck 2020, S. 321.

학계에서 진지하게 논의되지는 않았으나 1929년의 경제공황 이후 그에 대한 찬성의 목소리가 사회에서 나오기 시작하였고, 히틀러는 1929년의 국가사회주의당 뉘른베르크 대회에서 나찌스당이 이를 긍정적으로 평가하고 있음을 분명히 밝혔다.[11] 히틀러는 '치료 불가능한 환자'들에게 '안락사'를 허용함으로써 대량학살을 시작했고, 자신의 학살계획을 '유전적으로 손상을 입은' 독일인(심장과 폐질환 환자)들을 제거함으로써 마무리하려고 하였다.[12] 나찌스 시대에 정신질환자를 살해한 의사인 Heyde/Sawade에 대한 1962년의 형사재판의 공소장에 의하면, 희생자의 수는 10만 명을 넘었으며,[13] 1939년부터 1945년까지 안락사라는 명목으로 살해된 정신장애인의 수는 약 30만 명에 달한다.[14][15]

2. 역사적 경험에서의 교훈

첫째, 누가 보아도 악한 행위를 처벌할 필요가 있다. 20세기의 전체주의적 독재에 관한 경험은, 이상향을 약속하는 이데올로기가 어떻게 국가에 의해 조직된 중한 불법의 길을 열어젖히는지 잘 보여주었다.[16] 그에 대응하여, 2차세계대전이 끝난 후 1945년의 국제연합헌장 전문에 '기본적 인권과 인간의 존엄 및 가치'가 등장했고 패전국인 이탈리아(1947년), 일본(1947년), 독일(1949년)이 헌법에 이를 수용하였다.[17]

---

11) Hohendorf, in: Kubiciel/Löhnig/Pawlik/Stuckenberg/Wohlers (Hrsg.), "Eine gewaltige Erscheinung des positiven Rechts", S. 322ff.

12) 아렌트(김선욱 옮김), 예루살렘의 아이히만, 392면.

13) Nauke, Einführung, in: Binding/Hoche, Die Freigabe der Vernichtung lebensunwerten Lebens, XXXVII.

14) Hohendorf, in: Kubiciel/Löhnig/Pawlik/Stuckenberg/Wohlers (Hrsg.), "Eine gewaltige Erscheinung des positiven Rechts", S. 311. 치료불가능한 환자에 대한 안락사 프로그램에 관하여 Mitscherlich·Milke(Hrsg.), Medizin ohne Menschlichkeit, 16. Aufl., Fischer 2004, S. 236ff.

15) 빈딩의 형법이론이 나찌스의 체제불법에 어떠한 영향을 미쳤는지는 그 자체로 매우 흥미로우나 여기에서 다룰 내용은 아니다. 다만 나찌스 시대의 법학은 빈딩이 주장한 이론, 즉 법익개념이 내용적으로 개방되어 있다는 점(이론적인 체계개념으로 내용이 비어있다는 지적으로 Frommel, Präventionsmodelle in der deutschen Strafzweck-Diskussion, Duncker & Humblot 1987, S. 117; Hörnle, Grob an-stössiges Verhalten, Vittorio Klostermann 2005, S. 15)을 선호하기는 하였으나 빈딩 자체는 계몽적-자유주의적 사상가라는 이유로 거부하였다. Fiolka, Das Rechtsgut Band 2, Helbing & Lichtenhahn 2006, S. 541.

16) Ebert, Die "Banalität des Bösen"-Herausforderung für das Strafrecht, S. 30.

17) 이계수, "인간존엄과 민주법학-노동, 젠더, 장애", 민주법학 제63호(2017), 15면; 잔트퀼러, "인간의 존엄성, 그리고 도덕적 권리의 실정법적 변형", 철학연구 제34집(2007), 고려대학교 철학연구소, 183면. 독일의 연방헌법재판소도 판결에서 이를 언급한다. Nettesheim, „Leben in Würde": Art. 1. GG als Grundrecht hinter der Grundrechten, JZ 2019, 1.

독일기본법에서의 인간의 존엄은 나찌스의 체제불법에 대한 반작용으로서[18] 독일기본법은 제79조에서 이를 소위 영구보장의 대상으로 규정하여 다른 기본권과 구별되는 특별한 보호를 하고 있는데, 이러한 보호는 나찌스 체제불법으로 인해 정당화되거나 심지어 '명령된' 것이다.[19] 2차세계대전 이후 뉘른베르크나 도쿄의 전범재판이 있었고 그 후에도 계속 일어난 대규모 인권침해 및 인도법 위반사례에 대해 해당국가의 국내형사사법제도가 제 기능을 다하지 못하는 상황에 대하여 구 유고나 르완다에 대한 임시재판소를 설치하였고 그 후 상설의 국제형사재판소가 설립되어 활동하고 있다는 점도 이러한 필요성을 잘 보여준다.

둘째, 이러한 대량학살의 전단계의 행위도 규율할 필요성이 있다. 차별, 적의 또는 폭력의 선동이 될 민족적, 인종적 또는 종교적 증오의 고취는 법률에 의해 금지된다(자유권 규약 제20조 제2항). '반유대주의, 제노포비아, 인종적 증오를 확산시키거나 선동하거나 고취하거나 정당화하는 모든 형태의 표현 또는 소수자, 이주자, 이주 기원을 가진 사람들에 대한 공격적인 민족주의, 자민족중심주의, 차별, 적대 등에 의해 표현되는 불관용에 근거하는 다른 형태의 증오(1997년 10월 30일의 유럽평의회 각료회의의 혐오표현에 관한 권고)'는 소수자에 대한 혐오표현으로서, 이를 통하여 대중에게 차별과 적대를 선동하여 구체적인 행동이 촉발될 가능성이 있다면 선제적인 개입이 불가피하다.[20] 규범이 부족한 곳에서 새로운 권리를 창출할 것을 강력히 요청하는 현대적 인간존엄의 담론은 집단학살이나 모멸감과 비하를 유발하는 체계적이고 구조적인 형태의 심각한 침해 사안에서 인간존엄을 보호할 권리를 추가적으로 발생시키도록 요구한다는 설명[21]도 같은 맥락에서 이해할 수 있다.

셋째, 그렇다고 하더라도 '인간의 존엄' 개념은 그 개념의 '존엄함'을 확보하고 드높이기 위해서라도 섬세하게 사용될 필요가 있다. 생명공학기술의 발전은 인간의 존엄 논변이 다시 전면에 등장하게 만들었으며[22] 하나의 예로 생명윤리 및 안전에 관한 법률도 인간의 존엄 및 정체성을 강조하고 있다.[23] 생명공학기술의 발전에 의해

---

18) Neumann, Das Rechtsprinzip der Menschenwürde als Schutz elementarer menschlicher Bedürfnisse. Versuch einer Eingrenzung, ARSP 103 (2017), 296.

19) Brugger, Hassrede, Beleidigung, Volksverhetzung, JA 2006, 690.

20) 홍성수, 말이 칼이 될 때, 어크로스, 2018, 31면, 120면.

21) 손제연, 법적 개념으로서의 인간존엄, 111면.

22) Hilgendorf, Menschenrechte, Menschenwürde, Menschenbild, in: Hilgendorf·Joerden (Hrsg.), Handbuch Rechtsphilosophie, J.B.Metzler 2017, S. 371.

23) 생명윤리 및 안전에 관한 법률 제1조(목적) 이 법은 인간과 인체유래물 등을 연구하거나, 배아나 유전자 등을 취급할 때 인간의 존엄과 가치를 침해하거나 인체에 위해(危害)를 끼치는 것을 방지함으로써 생명윤리 및 안전을 확보하고 국민의 건강과 삶의 질 향상에 이바지함을 목적으로 한다.

인간의 본성 또는 본질을 규정할 때 정신적－심리적 인격체성의 요소보다는 자연적－물리적 생명체성의 요소가 보다 결정적인 의미를 가지게 되었으며,[24] 인간이 스스로 선택할 능력이 있다는 점에서 특별한 존재라고 보았던 법률적인 관점에 근본적인 의문을 제기할 잠재력을 포함하고 있다는 점[25]은 분명하다. 그럼에도 불구하고 이 논증은 생명윤리에 관한 논의에서 자신의 견해를 다른 경쟁적인 견해와 구별하기 위해 무분별하게 사용되는 경우가 많다는 비판에 직면한다. 존엄에 대해 호소하고 있으면서도, 더욱 상세한 다른 개념에 대하여 모호하게 재진술하거나 다루는 주제에 대한 의미에 아무런 더함이 없는 단순한 슬로건에 지나지 못한다는 것이다.[26] 이렇게 되면 인간의 존엄은 '별 가치 없는 것'으로 격하되고, 교회의 설교를 위한 미사여구 정도밖에 되지 못하며, 이 개념에 대한 원용이 임의적이고 협잡에 불과하다는 오명을 쓰게 될 수 있다.[27] 인간의 존엄이 최종논변으로 활용되면 논의가 종결되어버리기 때문에 그 후 인간의 존엄에 대한 구체적인 논의를 할 수 없게 된다는 문제가 있다. 나아가 인간의 존엄성과 그 근거지움은 생명윤리의 문제를 해결할 때 인간의 존엄성 논변이 도움을 줄 수 있는지와 구별할 필요가 있다.[28]

인간의 존엄 논증은 기계신으로 활용되어서는 안 되며, 이 논증이 어떠한 역할을 할 수 없는 영역에서 원용되어서도 안 된다.[29] 그렇다고 하더라도 인간의 존엄 개념이 모호하다는 점이 이 개념의 사용 자체를 반대하는 이유가 될 수는 없으며[30] 위에서 논의한 인간의 존엄과 관련된 문제점은 개념 자체의 문제라기보다는 사용방법의 문제라고 볼 수 있다.

제4장 배아 등의 생성과 연구

제1절 **인간 존엄과 정체성 보호**(강조: 저자)

제20조(인간복제의 금지) ① 누구든지 체세포복제배아 및 단성생식배아(이하 "체세포복제배아등"이라 한다)를 인간 또는 동물의 자궁에 착상시켜서는 아니 되며, 착상된 상태를 유지하거나 출산하여서는 아니 된다.

② 누구든지 제1항에 따른 행위를 유인하거나 알선하여서는 아니 된다.

24) 임미원, "생명윤리의 관점에서 본 칸트의 인간존엄의 개념", 칸트연구 제19집(2007), 274면.
25) Nettesheim, JZ 2019, 6.
26) 손제연, 법적 개념으로서의 인간존엄, 119면.
27) 힐겐도르프(김영환·홍승희 옮김), "남용된 인간의 존엄-생명윤리논의의 예에서 본 인간의 존엄이라는 논증의 문제점-", 법철학연구 제3권 제2호(2000), 260면.
28) 그런데 생명공학에 관한 논의에 인간존엄성을 끌어들일 경우, 인간의 존엄성의 한계가 불명확하다는 점 때문에 연구를 봉쇄한다는 문제점이 나타날 뿐만 아니라, 인간의 존엄성 원칙 자체의 가치를 떨어뜨릴 위험성도 있다. 권수진·신의기·최준혁, 형사특별법 정비방안(10): 보건·의료·마약·생명윤리 분야, 한국형사정책연구원, 2008, 241면.
29) Hassemer, ZRP 2005, 101.
30) Neumann, ARSP 103(2017), 287.

아래에서는 이러한 문제의식에서 출발하여 인간의 존엄은 어떻게 형법과 연결되는지, 특히 이 개념을 구체적으로 사용하는 방법으로 인간의 존엄이 법익으로 기능할 수 있는지를 혐오범죄를 매개로 해서 논의하겠다.

Ⅱ 본문

1. 인간의 존엄

1) 인간의 존엄의 내용을 이해하는 방법

(1) 역사적 접근

인간의 존엄의 보호 또는 침해란 인간의 존엄이 무엇인가라는 개념의 정립과 관련이 되기 때문에 존엄의 내용을 확정할 필요성이 있다.

인간의 존엄에 대한 생각의 기원은 고대에까지 거슬러갈 수 있다. '존엄성'은 어떤 지위를 차지한 사람에게 주어져야 마땅한 높은 사회적 신분과 명예, 정중한 대우를 표시하는 개념으로 시작하였다.[31] 다음으로 인간이 자연과 구별되는 특별한 역할을 수행한다는 인간상의 형성과 존엄이 연결되어 있다는 생각은 이미 플라톤의 저작에서도 찾을 수 있다.[32] 그러나 이러한 논의가 본격적으로 제시된 글은 키케로의『의무론』이라고 한다. 키케로는 존엄성을 오직 인간이 동물이 아니라 인간이기 때문에 가지는 것이라고 설명한다. "인간의 본성이 다른 가축이나 짐승보다 얼마나 뛰어난가를 밝히는 것은 언제나 의무에 대한 모든 탐구와 관련된다. 가축과 짐승은 모든 것이 충동에 의한 감각적 쾌락 이외에는 아무 것도 느끼지 않지만, 인간의 정신은 배우고 사고하는 데에서 함양된다." 그 후 중세의 피코 델라 미란돌라는『인간의 존엄성에 관하여』라는 제목으로 알려진 연설에서, 인간의 특징은 사전에 부여된 역할을 단순히 이행하지 않는다는 점에 있으며, 인간은 스스로의 운명을 선택하는데 왜냐하면 다른 피조물들에게는 없는, 가능성의 범위 안에서 자신을 형성할 능력을 신이 주었기 때문이라고 설명하였다.[33]

---

31) 손제연, 법적 개념으로서의 인간존엄, 14면.

32) Hilgendorf, Menschenrechte, Menschenwürde, Menschenbild, S. 367.

33) 키케로와 피코 델라 미란돌라에 관한 설명은 로젠(공진성·송석주 옮김), 존엄성, 아포리아, 2016, 36면 이하; Hilgendorf, Menschenrechte, Menschenwürde, Menschenbild, S. 367. 신의 형상에 대한 모상이 라는 생각은 이미 창세기에도 나타난다. Sander, Grenzen instrumenteller Vernunft im Strafrecht,

그런데 모든 인간이 존엄하다는 명제의 현대적 의미를 가장 잘 설명하고 있다고 평가받는 것은 칸트의 목적으로서의 인간 존엄성의 원칙, 줄여서 인간 존엄성의 원칙이다.[34] 칸트가 윤리형이상학 정초에서 밝힌 "네가 너 자신의 인격에서나 다른 모든 사람의 인격에서 인간(성)을 항상 동시에 목적으로 대하고 결코 한낱 수단으로 대하지 않도록, 그렇게 행위하라는 원칙"은 그 이후에도 큰 영향을 끼쳤다. 칸트 이전의 인간성은 신의 형상에 의존하는 신학적 전제에 토대를 두고 있었던 반면, 철학적 논증을 통해 인간성을 다른 무엇과도 비교할 수 없는 어떤 것으로 굳건한 토대 위에 세운 것은 칸트의 이성 중심의 철학이다.

인간의 수단화 또는 도구화 금지를 핵심내용으로 하는 칸트의 설명을 독일의 헌법학자인 뒤리히(Dürig)는 소위 객체공식으로 표현하였으며 이는 독일기본법 제1조의 이해에 큰 영향을 미쳤다.[35] 뒤리히는 구체적인 인간이 객체로, 단순한 수단으로, 대체가능한 양적 크기로 비하되면 인간존엄성은 침해된다고 설명하였다.[36]

(2) 헌법에서의 인간의 존엄

독일기본법에 의하면 인간의 존엄은 건드려져서는 안 된다. 독일연방헌법재판소는 기본법 제1조 제1항을 기본법의 최상위의 헌법질서로 보았으며, 학자들도 이러한 근본기능을 인정하여 이 조문이 역사적─구체적 공동생활의 규범적 전제로 매우 중요하다고 인정하거나, 독일의 국가성의 의미라고 보거나 공동생활의 기초라고 설명하고 있었다.[37] 인간의 존엄에 관한 규정을 인간존엄의 권리라고 해석하면 이 권리는 절대적이므로 상대적 권리와는 달리 제한이나 형량의 대상이 되지 않는다. 그러므로 일반적으로 상대적 권리가 침해되었을 때에는 일단 침해가 되었는지 확인한 후 비례원칙에 따라 이러한 침해가 정당한지 검토하는 이단계 접근방식을 택하는 반면, 인간의 존엄에 대한 모든 침해는 바로 위반이라고 설명하게 될 것이다.[38]

우리 헌법에서는 인간의 존엄이 세 번 등장한다. 제10조는 "모든 국민은 인간으로

Peter Lang 2007, S. 281.

34) 백종현, "칸트 '인간 존엄성 원칙'에 비추어본 자살의 문제", 칸트연구 제32집(2013), 206면.

35) 임미원, "생명윤리의 관점에서 본 칸트의 인간존엄의 개념", 281면; 손제연, 법적 개념으로서의 인간존엄, 24면.

36) 현대의 노동분업사회에서는 타인의 사용이 불가피한 요소이기 때문에 수단화 자체를 부정적으로 판단할 수는 없다는 지적으로 Hilgendorf, „Instrumentalisieungsverbot und Ensembletheorie der Menschenwürde", FS Puppe, 2011, S. 1656.

37) Nettesheim, JZ 2019, 1.

38) 손제연, 법적 개념으로서의 인간존엄, 89면.

서의 존엄과 가치를 가지고 행복을 추구할 권리를 가진다. 국가는 개인이 가지는 불가침의 기본적 인권을 확인하고 이를 보장할 의무를 진다"고 선언한다. 제32조 제3항은 "근로조건의 기준은 인간의 존엄을 보장하도록 법률로 정한다"고 하며 제36조 제1항은 "혼인과 가족생활은 개인의 존엄과 양성의 평등을 기초로 성립되고 유지되어야 하며, 국가는 이를 보장한다"고 선언한다. 이중 가장 중요한 조문은 개별기본권보다 앞서 규정되어 있는 제10조이며 여기서의 인간존엄에 대해 학자들은 최고규범으로서 모든 법령의 효력과 내용을 해석하는 기준이 되는 근본원리라고 보거나, 기본권 보장의 이념의 기초라고 설명하거나 헌법상의 이념 또는 원리라고 설명한다.

헌법재판소는 구치소내 과밀수용에 대한 위헌확인결정[39] 등의 결정에서 인간의 존엄의 의미를 다음과 같이 밝힌다.

> "헌법 제10조에서 규정한 인간의 존엄과 가치는 헌법이념의 핵심으로, 국가는 헌법에 규정된 개별적 기본권을 비롯하여 헌법에 열거되지 아니한 자유와 권리까지도 이를 보장하여야 하며, 이를 통하여 개별 국민이 가지는 인간으로서의 존엄과 가치를 존중하고 확보하여야 한다는 헌법의 기본원리를 선언한 것이다. 따라서 자유와 권리의 보장은 1차적으로 헌법상 개별적 기본권규정을 매개로 이루어지지만, 기본권 제한에 있어서 인간의 존엄과 가치를 침해하거나 기본권 형성에 있어서 최소한의 필요한 보장조차 규정하지 않음으로써 결과적으로 인간으로서의 존엄과 가치를 훼손한다면 헌법 제10조에서 규정한 인간의 존엄과 가치에 위반된다."

(3) 인간의 존엄이 논의되는 맥락에 대한 의문

먼저, 인간이라는 종의 보호 또는 특정한 인간상[40]의 보호를 목적으로 인간의 존엄 논변을 끌어들이는 경우가 문제가 된다. 생명윤리에 관한 논의에서 인간의 존엄 개념이 적용되는 범위와 정도는 보호대상에 따라 구분할 수 있는데, 이 개념이 가장 엄격하게 적용되는 대상은 모든 살아있는 인간이다. 다음으로 생물학적 종으로서의 인간에 속하였거나 속했던 것에 해당하는 탄생 이전의 배아와 태아, 사망 이후의 시체에는 이 개념이 상대적으로 약하게 적용된다. 모든 살아있는 인간이 갖는 인간의 존엄성이라는 권리가 형량이 불가능함에 반하여 배아와 태아, 시체에 대하여는 이들이 갖는 인간의 존엄성이라는 권리를 다른 권리 및 의무와 형량하여 보호의 정도를

---

39) 헌법재판소 2016. 12. 29. 선고 2013헌마142 전원재판부 결정.
40) 그에 대한 비판으로 고봉진, "생명윤리에서 인간존엄 '개념'의 총체성", 법철학연구 제11권 제1호 (2008), 92면.

결정하게 된다. 마지막으로 인류 전체를 보호대상으로 하는 경우로, 말하자면 인간이라는 종의 존엄성을 인간의 존엄성이라고 표현하기도 한다. 앞의 두 가지와 다르게 이때는 인간존엄성을 개인이 아니라 전체가 보유하게 되며, '자연에 반함'이 인간의 존엄성의 침해라는 설명이 대부분이다.[41] 인간의 종의 보호를 위한 처벌규정을 도입한 프랑스형법이 예가 될 수 있을 것이다.[42][43]

다음으로 개인의 자율적인 선택에 반하는 결정의 근거로 인간의 존엄이 제시되는 경우가 있다. 자살이나 안락사 또는 장기이식이 대표적인 경우이며 독일연방헌법재판소의 핍쇼 판결[44]이나 프랑스 꽁세유데따의 난쟁이던지기 판결[45]도 이와 관련된다.[46] 이러한 논의는 인간존엄이 높은 수준의 인간성으로 이해될 수 있고 그 인간성을 보호하기 위해서 자율적 선택도 제한될 수 있다고 본다는 점에서 국가의 후견주의적 개입을 정당화한다는 비판을 받는다.[47] 그러나 인간의 존엄은 '잔혹하고 이상한 처벌의 금지'에서처럼 국민의 기본권을 제한하는 국가의 조치에 대한 판단근거로 작용해야 하며,[48] 특정한 인간상을 전제로 하여 국가가 개인의 자율 및 자기결정권을 제한하는 근거로 원용되어서는 안 된다.[49][50]

---

41) Birnbacher, Bioethik zwischen Natur und Interesse, Frankfurt am Main 2006, S. 86; Birnbacher, Menschenwürde – abwägbar oder unabwägbar? in: Kettner (Hrsg.), Biomedizin und Menschenwürde, Frankfurt am Main 2004, S. 253ff.

42) 그에 대한 논의와 배아보호에 대한 잠재성논증, 정체성논증, 연속성논증에 대한 비판은 권수진·신의기·최준혁, 형사특별법 정비방안(10): 보건·의료·마약·생명윤리 분야, 239－241면.

43) 실제로 독일연방헌법재판소도 종으로서의 인간의 본질(Gattungswesen)에 관하여 언급할 때에는 종의 존엄이 아니라 인간이라는 종에 속하는 개인의 존엄을 이야기한다. Seelmann, Respekt als Rechtspflicht? in: Brugger·Neumann·Kirste (Hrsg.), Rechtsphilosophie im 21. Jahrhundert, Surkamp 2008, 428.

44) 그에 대하여 너스바움(조계원 옮김), 혐오와 수치심, 민음사, 2015, 269면.

45) 그에 대하여 로젠, 존엄성, 85면: 손제연, 법적 개념으로서의 인간존엄, 71면.

46) Seelmann, Menschenwürde als Würde der Gattung-ein Problem des Paternalismus? in: Hirsch/Neumann/Seelmann (Hrsg.), Paternalismus im Strafrecht, Nomos 2010, S. 241.

47) 2017년 독일형법에 새로 도입된 영업적 자살방조죄(제217조: 그에 대한 설명으로 김성규, "'업무로서 행해지는 자살방조'의 범죄화-독일 「형법전(Strafgesetzbuch)」 제217조의 신설에 관한 일고찰", 강원법학 제52권(2017), 1－32면)에 대하여, 자기결정권을 근거로 하면 개별사례에서의 처벌되지 않는 자살방조와 처벌되는 영업적인 자살방조를 구별하는 것은 무의미하다는 지적으로 Kargl, Strafrecht, Nomos 2019, S. 123. 독일법상 자살방조가 처벌되지 않는데 영업적이라는 이유로 불법이라고 볼 수는 없으며 이러한 형태의 관여가 생명을 존중하라는 명령에 반하지도 않는다는 지적으로 Lackner/Kühl, Strafgesetzbuch, 29. Aufl., 2018, § 217

48) 허일태, "형사법적 관점에서 인간의 존엄과 형사책임의 근거", 고려법학 제49권(2007), 1138면.

49) Neumann, ARSP 103(2017), 300.

50) 촉탁승낙살인죄와 자살관여죄 규정을 두고 있는 형법의 규범체계를 강조하면서, 국가의 생명보호의무가 발동하기 시작하면 개인의 생명처분권을 적극적으로 인정해 줄 수는 없고 이는 개인과 공동체의 관계를 전제로 하는 헌법의 인간존엄에 부합하는 결론이라는 입장으로 최민영, "안락사와 생명처분권-형

2) 논의의 단초

인간의 존엄성이 어떤 확정적인 내용을 가지기 어렵다는 점을 역사적 고찰은 보여준다. 인간의 존엄성은 선재하는 것이 아니라 사회적인 가치관의 상호작용을 통해서 정의되고 발전하며 시간에 따라 변화한다.

다음으로, 인간의 존엄이 최상위의 헌법질서 또는 근본적인 법원칙이라는 점에 쉽게 동의할 수 있다고 볼 수도 있겠으나 이러한 동의가능성에는 이 개념의 추상성 및 불명확성이 수반한다.[51] 개념이 추상적이고 불명확하기 때문에 인간의 존엄은 소제기의 기초가 되는 주관적 권리가 아니라 객관적 원칙이나 해석의 지도원칙 등으로 이해해야 한다는 주장이 나오기도 한다.[52] 독일 헌법학의 논의에서는, 독일기본법 제1조를 설명하면서 역사적 고찰과 연결하여 존엄 개념에 어떠한 의미를 형성하려는 시도를 쉽게 찾을 수 있다. 이러한 시도의 기반에는 인간의 존엄이 인간의 특성으로 영구불변이며 가치적이고 특별하다는 생각이 깔려있다.[53] 그러나 인간의 존엄의 규범성을 법에 선행하거나 법의 외부에 위치하면서 존엄의 개념에 내용을 부여하는 어떠한 질서와 연결하겠다는 노력은 구체적인 결과를 도출하지 못하는 경우가 많다. 특히 다원주의 사회에서는 인간의 존엄성 및 그 보호에 관한 다양한 의견이 있을 수 있기 때문에 인간의 존엄성을 주장한다고 하더라도 구체적인 문제를 해결하기는 어려우며 동일한 사안에 대한 찬반논거로 동시에 주장될 수도 있다.[54]

그리고, 헌법이나 국제규범에서 인간의 존엄은 침해할 수 없는 최고의 가치라고 명문화하고는 있으나, 개별법률에서 명시되어 있는 인간의 존엄이 다른 기본권과 대등한 지위라고 보이는 사례도 존재한다. 하나의 예로 범죄피해자 보호법은 다음과 같이 규정한다.

법 제252조 해석을 중심으로 -", 안암법학 제34권(2011), 324면.

51) Sander, Grenzen instrumenteller Vernunft im Strafrecht, S. 283.

52) Kargl, Strafrecht, S. 177. 사실 이러한 모호성은 법익 개념에 대한 비판이라는 점은 흥미롭다. 보호가 필요한 모든 객체를 총체적으로 하나의 개념으로 묶는다면 추상적인 일반화가 되어 내용이라기보다는 보여주기식의 성격을 가질 수밖에 없으며 고도의 추상성과 인식의 최소가치를 갖는 이론이 된다는 것이다. Hörnle, Grob anstössiges Verhalten, S. 17.

53) Nettesheim, JZ 2019, 2.

54) 권수진·신의기·최준혁, 형사특별법 정비방안(10): 보건·의료·마약·생명윤리 분야, 241면.

> **제2조(기본이념)** ① 범죄피해자는 범죄피해 상황에서 빨리 벗어나 인간의 존엄성을 보
> 장받을 권리가 있다.
> ② 범죄피해자의 명예와 사생활의 평온은 보호되어야 한다.
> ③ 범죄피해자는 해당 사건과 관련하여 각종 법적 절차에 참여할 권리가 있다.

이 조문이 '인간의 존엄성을 보장받을 권리'를 명시하고 있다는 점은 주목할만하
다. 그런데 법률이 인간의 존엄을 어떻게 구체화하고 있는지에 대한 논의의 실마리
는 제2조에 명시하고 있는 내용 및 제2조의 제1항, 제2항, 제3항과의 관계에서 찾을
수 있다고 생각한다.

인간의 존엄이 최종적인 논변이고 다른 권리보다 선행되어야 한다는 생각에서 출
발하면 제2항과 제3항에서 언급하는 명예, 사생활의 평온 및 절차참여권은 모두 인
간의 존엄의 발현형태 또는 그 구체적 표현이라고 볼 수 있을 것이다. 그러나 이 법
률에서의 인간의 존엄은 제1항에서의 '범죄피해상황에서 빨리 벗어나는'이라는 수식
어와 연결하여 이해할 수 있으며, 이 법률 제2장(범죄피해자 보호·지원의 기본 정책)의
조문도 이의 근거이다. 범죄피해자의 지원을 위한 여러 조치 중 범죄피해자를 직접
적인 대상자로 하지 않는 제10조 이하를 제외하면 논의해야 할 조문은 손실복구 및
지원(제7조), 형사절차 참여보장(제8조), 정보제공(제8조의2), 사생활의 평온과 신변보
호(제9조)이다. 이중 제9조는 제1항이 명시하듯이, 제2조 제2항의 명예 및 사생활의
보호와 쉽게 연결시킬 수 있다. 제8조와 제8조의2도 범죄피해구조금의 지급에 관한
내용도 담고 있지만 해당사건에 대한 범죄피해자의 참여권(제2조 제3항)과 연결된다.
그렇다면 국가가 범죄피해자의 지원을 위해 해야 하는 조치 중 인간의 존엄과 직접
적으로 관련된 조문은 손실복구 및 지원이라고 보인다.

국제규범에서도 인간의 존엄이 다른 권리와 병렬적으로 규정되어 있는 예를 찾을 수
있다. 포로의 대우에 관한 1949년 8월 12일자 제네바협약은 다음과 같이 규율한다.

> **제3조 국제적 성질을 가지지 아니하는 충돌**
> 체약국의 영토 내에서 발생하는 국제적 성격을 띠지 아니한 무력충돌의 경우에 있어
> 서 당해 충돌의 각 당사국은 적어도 다음 규정의 적용을 받아야 한다.
> 1. 무기를 버린 전투원 및 질병, 부상, 억류 기타의 사유로 전투력을 상실한 자를 포
>   함하여 적대행위에 능동적으로 참가하지 아니하는 자는 모든 경우에 있어서 인종,

색, 종교 또는 신앙, 성별, 문벌이나 빈부 또는 기타의 유사한 기준에 근거한 불리한 차별없이 인도적으로 대우하여야 한다.

이 목적을 위하여 상기의 자에 대한 다음의 행위는 때와 장소를 불문하고 이를 금지한다.

가. 생명 및 신체에 대한 폭행, 특히 모든 종류의 살인, 상해, 학대 및 고문.

나. 인질로 잡는 일.

다. 인간의 존엄성에 대한 침해, 특히 모욕적이고 치욕적인 대우

라. 문명국인이 불가결하다고 인정하는 모든 법적 보장을 부여하는 정상적으로 구성된 법원의 사전재판에 의하지 아니하는 판결의 언도 및 형의 집행.

2. 부상자 및 병자는 수용하여 간호하여야 한다.

국제적십자위원회와 같은 공정한 인도적 단체는 그 용역을 충돌당사국에 제공할 수 있다. 충돌당사국은 특별한 협정에 의하여 본 협약의 다른 규정의 전부 또는 일부를 실시하도록 더욱 노력하여야 한다.

전기의 규정의 적용은 충돌당사국의 법적 지위에 영향을 미치지 아니한다.

생명 및 신체에 대한 폭행은 제1항 가호에서 금지되고 모욕적이고 치욕적인 대우에 의해 예시된 존엄성에 대한 침해는 제1항 다호에서 금지된다. 제네바협약에서 존엄을 중요하게 다루고 있다는 점은 분명하나, 이때의 존엄성은 세계인권선언이나 독일기본법에서처럼 인권의 몇몇 기본 조합에 토대를 제공하는 의미가 아니라, 전쟁포로인 인간이 정중하게 대우받아야 할, 즉 그 사람이 '존엄하게' 대우받을 권리를 가져야 할 필요가 있다는 의미에서이다.[55] 이러한 예들은 '인간의 존엄'을 법률을 통해 실정화할 수 있음을 보여준다.

3) 인간의 존엄의 작동방법

헌법재판소는 인간의 존엄이 문제가 되는 사안에서 인간존엄의 제한이 인정된다고 하더라도 비례성원칙을 통해 다른 가치들과 비교형량한 후에야 인간존엄의 침해를 인정하는 것이 아니라, 인간존엄의 제한 자체를 부인하거나 제한을 인정하는 경우에는 반드시 해당 사안에서 헌법을 위반하는 인간존엄의 침해가 있다고 판단하는데 이는 독일기본법과 그에 대한 일반적 해석론, 그리고 독일연방헌법재판소의 판결과 비

---

55) 로젠, 존엄성, 82면.

숫한 입장이다.[56) 이미 언급하였던 구치소내 과밀수용에 관한 위헌결정에 따르면 인간의 존엄과 가치는 헌법이념의 핵심이며, 헌법상 기본권 및 열거되지 않은 자유와 권리의 보장을 통해 국민의 인간으로서의 존엄과 가치는 존중되고 확보되며 국가에게는 그러한 의무가 있다. 자유와 권리의 보장의 매개는 1차적으로 헌법상 개별 기본권규정이나, 기본권 제한에 있어서 인간의 존엄과 가치를 침해하거나 기본권 형성에 있어서 최소한의 필요한 보장조차 규정하지 않음으로써 결과적으로 인간으로서의 존엄과 가치를 훼손한다고 판단되면 헌법 제10조에서 규정한 인간의 존엄과 가치가 등장한다.[57) 이때의 인간의 존엄은 보충적인 문제해결방법(Auffangsproblemlöser)이다.[58)

인간의 존엄 논변에 대한 이러한 활용방법은 형법에서의 사회상규와 유사하다고 보인다. 사회상규의 개념을 다양하게 이해할 수 있겠으나 형법의 임무는 법익보호와 함께 사회윤리적 행위가치의 보호라고 설명[59)하며 구성요건해당성을 제한하는 개념으로도 사회적 상당성이 등장한다. 형법전에는 위법성조각사유와 관련해서 사회상규는 정당행위에 관한 제20조에 명시되어 있는데, 체계적 해석상 위법성조각사유 전체를 관통하는 근거라고 이해되지만 실제로는 다른 위법성조각사유가 존재하지 않을 때 보충적으로 검토한다.[60)

물론 인간의 존엄은 그 내용을 파악하기 어렵다는 점에서 사회상규와 비슷하지만, 그 자체로 불가침이므로 사회상규와 다르다고 보인다. 그러나 사회상규의 개념이 불명확하다는 지적[61)에서 나타나듯이 형량불가능이라는 속성은 인간의 존엄을 구체적인 권리로 이해하는 방식에 장애가 될 수 있다. 인간의 존엄이란 기존의 다른 이익이 요청하는 것보다 특별하고 우선적인 보호를 요한다는 생각을 관철하면, 이익형량

---

56) 손제연, 법적 개념으로서의 인간존엄, 87면.
57) 이 결정을 보면 헌법재판소가 인간의 존엄과 가치를 기본권으로 이해하고 있다는 점이 분명하다.

　　5. 본안에 대한 판단
　　가. **제한되는 기본권**(강조; 필자)
　　이 사건 수용행위로 인하여 헌법 제10조에 의하여 보장되는 청구인의 인간의 존엄과 가치가 침해되었는지 여부가 문제된다.
　　청구인은 이 사건 수용행위로 인하여 행복추구권, 인격권 및 인간다운 생활을 할 권리를 침해받았다는 주장도 하고 있으나, 위 기본권들의 침해를 다투는 청구인의 주장은 모두 인간의 존엄과 가치의 침해를 다투는 청구인의 주장에 포섭될 수 있으므로 별도로 판단하지 아니한다.

58) Nettesheim, JZ 2019, 8.
59) 이재상·장영민·강동범, 형법총론(제9판), 박영사, 2018, 1/13.
60) 김성돈, 형법총론(5판), 성균관대학교출판부, 2018, 271면.
61) 사회상규를 '국민인간의 건전한 도의적 감정'이나 '사회윤리 내지 사회통념'으로 이해하면 고도의 추상성 때문에 법관의 자의성을 배제할 수 없다. 김성돈, 형법총론, 343면.

이 문제가 되는 상황에서 '불가침의' 인간의 존엄이란 대항불가능한 개념으로 작용하게 된다. 형법에서 이익형량이 논의되는 긴급피난을 생각해 보면 피난행위로 인해 보호되는 법익이 침해되는 법익보다 우월해야 한다. 이때 법익의 우월성은 형법각칙의 개인적 법익에서의 규정순서에 따라 일응 판단할 수 있으며, 생명은 다른 인격적 법익보다 우선하며 재산적 법익보다 우선한다. 만약 명예훼손을 존엄이라는 법익으로 재구성하고 존엄에게 우선순위를 부여하면 명예를 보호하기 위한 생명훼손도 긴급피난으로 정당화될 수 있을지 모른다.[62] 만약 존엄이 일종의 정신적 이익으로서 법익이라고 파악하면 형법이론에서의 논의와 조화되기 어려운 상황이 되며, 이를 피하기 위해 존엄의 범위를 재구성하면 그 범위가 축소될 위험성이 존재한다.

4) 권리로서의 인간의 존엄의 이해

인간의 존엄의 의미를 파악하기 위해서는 인간존엄에 관한 특정한 개념에서 출발하여 보호범위를 연역적으로 도출하는 것이 아니라 인간존엄이 침해된 경험에서 귀납적으로 그 의미를 찾는 방법이 낫다고 보이며 이를 규범적 시각이라고 부를 수 있다.[63] 노예제도나 잔인한 고문, 대량학살 등 인간의 존엄을 침해하는 사안이 분명히 존재하며, 그러한 사안의 존재로부터 침해의 대상이 되는 어떠한 인간의 존엄이 존재한다고 추정할 수 있다는 것이다. 어떠한 사안이 여기에 해당하는지는 사회구성원의 규범적 이해에 기반한다. 인간의 존엄성이란 지성이나 푸른 눈처럼 인간이 태어나면서부터 '소유'할 수 있는 속성이 아니라, 상호인정이라는 상호인격적 관계에서만, 그러니까 인격 상호간의 평등한 관계에서만 의미를 가질 수 있는 '불가침성'을 말한다.[64]

그리고 인간의 존엄은 단순한 객관적 가치질서가 아니라 개인의 주관적 권리라고 본다. 인간의 존엄의 속성이 헌법이념의 핵심이며 최상의 법가치라고 보는 동시에, 모든 인간은 인간으로서 존엄하다고 보면서 이를 자신의 권리라고 주장할 수 없다고 판단한다면 모순이다. 그리고 애초에 침해할 수 없는 실체라면 규범적으로 보호할 필요성도 없다고 말할 수도 있는 것이다.[65]

---

62) 인간의 존엄에 대한 침해는 어떠한 경우에도 정당화되지 않는다고 본다면 위법성조각사유가 적용되지 않을 것이라는 지적으로 Hilgendorf, FS Puppe, S. 1666.

63) Neumann, ARSP 103(2017), 292.

64) 하버마스(장은주 옮김), 인간이라는 자연의 미래, 나남출판, 2003, 71면; Neumann, ARSP 103(2017), 299.

65) Neumann, ARSP 103(2017), 292.

다음으로 인간의 존엄은 독일연방헌법재판소의 판결이 이중전략을 취하고 있다는 네테스하임(Nettesheim)의 설명처럼 두 가지 방법으로 작용한다고 보인다. 헌법재판의 차원에서는 인간의 존엄은 한편으로는 전체의 헌법질서를 떠받치는 기능을 하며, 다른 한편으로는 특히 기본적이거나 윤리적으로 논란이 되는 상황에서 기본권보호를 강화하는 방법으로 이용된다. 인간의 존엄이 권리라는 관점에서는 포괄적 권리로서 누락된 권리를 보충하는 기능과 추가적이고 독립적인 특수한 권리로서의 기능을 구별하자고 설명한다.[66]

2. 형법과 헌법의 관계

형법 역시 인간의 존엄을 보호하는 수단이다.[67] 인간의 존엄성 보호는 우리 형법의 기초가 되는 대전제인데, 이는 헌법의 자유권과 평등권의 존재내용이며 적법성원리의 핵심이다.[68] 그리고 법익보호라는 형법의 임무는 "국가는 개인이 가지는 불가침의 기본적 인권을 확인하고 이를 보장할 의무를 진다"는 헌법 제10조 제2문에서 비롯된다.[69]

형법의 임무는 법익보호라고 전통적으로 이해하고 있었으나 헌법과의 관계가 문제가 되면서 독일에서는 다른 방향의 논의가 전개되었다. 티데만(Tiedemann)은 헌법과의 관계를 논의하면서 형사정책과 형법도그마틱을 구별한다. 헌법은 형사정책에 '지침과 자극'을 주는 방법으로 영향을 끼치고 형태를 형성하는 반면에, 형법도그마틱은 형법이론과 형사판례의 관심사로서 개별법의 영역으로 형사법원의 관할로 형법도그마틱의 근본문제는 제한된 범위에서만 헌법의 직접적 영향을 받는다는 것이다.[70] 라고드니(Lagodny)는 형법규범에 대한 독일연방헌법재판소의 논의를 수용하여, 입법자에게 넓은 입법재량이 존재하기 때문에 형법의 법익이론은 큰 의미가 없고[71] 규범

---

66) 손제연, 법적 개념으로서의 인간존엄, 131면.
67) Kargl, Strafrecht, S. 61. 이재상·장영민·강동범, 형법총론, 1/13은 형법의 의무인 사회윤리적 행위가치의 보호는 사회에서 공존하는 타인에 대한 존중의 의사 자체를 보호하는 의미라고 설명한다.
68) 이용식, "형법에 있어서 인권보호-형법의 체계론적 검토를 중심으로-", 형사정책 제14권 제2호(2002), 279면; "비례성 원칙을 통해 본 형법과 헌법의 관계", 형사법연구 제25호(2006), 34면.
69) 이상돈, 형법강론(2판), 박영사, 2017, 6면.
70) Tiedemann, Verfassungsrecht und Strafrecht, C.F.Müller 1991, S. 6.
71) Lagodny, Strafrecht vor den Schranken der Grundrechte, J.C.B.Mohr 1996, S. 424ff. 이 논의를 따른 독일연방헌법재판소의 근친상간죄 결정에 관하여 Greco, Was lässt das Bundesverfassungsgericht von der Rechtsgutslehre üblig? ZIS 5/2008, 235. Hassemer, Darf es Straftaten geben, die ein stra-frechtliches Rechtsgut nicht in Mitleidenschaft ziehen? in: Hefendel/Hirsch/Wohlers (Hrsg.), Die

의 보호목적이 아니라 비례성원칙이 판단의 기준이 된다고 설명하였다.

형법적인 불법판단은 가령 행정법적 조치와는 달리 미래의 효과만이 아니라 과거의 행위에 대한 판단이라는 점에서 질적인 차이가 있으나 형법은 국가가 법익보호를 위해 동원할 수 있는 가장 강력한 수단이므로 비례성원칙의 적용대상이 되는 점은 분명하다.[72] 하지만 국가형벌권의 정당성에 대한 의문에 대한 해결의 두 가지 방향, 즉 그 정당성을 담보해줄 수 있는 헌법적 근거를 모색하는 측면과 형벌권의 행사와 적용에 헌법적 제한을 가하는 측면을 나누어보면 비례성원칙은 후자의 영역에서 주로 기능하는 반면 형법에 대한 제한을 위해서는 책임성, 보충성, 단편성, 겸억성 등 형법 내재적 제한요소들이 동원된다.[73] 비례원칙의 적용을 위해서는 형량이 필요한데 그를 위해서는 보호되는 이익이 전제되어야 하며, 여기에서 법익이론과 헌법은 연결된다.[74] 국가가 국민의 기본권보호를 위해 적절하고 효율적인 최소한 이상의 보호조치를 취했는가 여부에 대한 헌법재판소의 심사에서는 과소보호금지원칙[75]이 적용되는데, 법익 개념에 대해 생각하지 않고서는 이 원칙을 구체화할 수 없다.[76] 나아가 헌법의 가치질서는 형법을 통해 어떠한 법익을 보호해야 하는가에 대한 시사점을 제공하는데, 기본권의 배후에 위치한 개개인의 이익은 형법에 의해서도 보호되어야 한다는 점에는 의문의 여지가 없다.

3. 혐오표현 규율의 전제

인간의 존엄이 권리이며, 형법이론이 헌법과의 관계에서도 형법의 정당화를 위해 기능할 수 있다는 점을 확인하였다. 아래에서는 인간의 존엄을 혐오표현에 관한 형법의 규율과 어떻게 연결시킬 수 있을지 검토해 보겠다.

가. "인간의 존엄성을 실정법의 원리, 개념 및 규범으로 개념화시키는 것만이 존엄성의 보장에 의해 보호되어야 하는 것, 다시 말해 인간인 모든 이의 자유와 평등에 대한 적절한 이해를 허용한다"[77]는 주장은 경청할 만하다고 생각한다. 언뜻 보면 인

Rechtsgutstheorie, Nomos 2003, S. 56도 참고.

72) Baumann/Weber/Mitsch/Eisele, Strafrecht Allgemeiner Teil, 12. Aufl., Gieseking 2016, 2/17.

73) 이용식, "비례성 원칙을 통해 본 형법과 헌법의 관계", 35-36면.

74) Baumann/Weber/Mitsch/Eisele, Strafrecht AT, 2/18.

75) 그에 관하여 이부하, "국가의 기본권보호의무와 과소보호금지의 원칙", 인하대학교 법학연구 제17집 제2호(2014), 55면.

76) Hassemer, Die Rechtsgutstheorie, S. 63.

77) 잔트퀼러, "인간의 존엄성, 그리고 도덕적 권리의 실정법적 변형", 168면.

간의 존엄이 명문화되지 않으면 보호되지 않는다는 선언처럼 보여 '어떤 사람들을 놀라게 할지도 모르는' 이 주장의 배경에는, 인권이 전(前)실정적 효력을 갖는 이유는 인간의 '본성' 때문이 아니라 인간의 존엄이라는 근본적인 가치와 기저로서의 규범, 그리고 그 규범이 법률로서의 인권과 기본권으로 구체화되기 때문이라는 시각이 깔려있다.[78] 구체화되는 형태로서의 실정법의 원리, 개념, 규범에는 형법이론에서의 법익도 해당된다.

나. 그럼에도, 이미 형법이 어떠한 구성요건에서 특정한 행위유형을 규정하는 방법에 의해 보호하고 있는 법익이라면 인간의 존엄을 보호하겠다는 명목으로 새롭게 그에 대한 구성요건을 창설할 필요는 없다.[79] 보호법익이 없는 범죄는 없다고 일반적으로 이해하고 있으며, 헌법의 기본권은 형법이론에서는 법익을 통한 논의로 실현되기 때문이다. 만약 인간의 존엄을 보호법익으로 하는 어떠한 처벌규정이 존재한다면 과연 이익형량이 가능한가라는 의문이 발생할 것이며[80] 이익형량이 가능하다고 본다면 불가침성과의 관계가 문제되는데 형법은 생명 이외에는 이익형량에 관한 정교한 이론을 개발하지 못하였다.[81]

다. 인간의 존엄이 보호법익이 될 수 있다면, 그때의 인간의 존엄이란 자유로운 공동생활에서 근본이 되는 규범을 침해해 다른 사람의 인간의 존엄을 침해한 경우에 한정한다고 이해해야 전통적인 의미의 법익보호와의 충돌이 발생하지 않는다. 즉, 형사제재를 통해 인간의 존엄의 소극적인 측면이 보호되는 것이지 스스로의 존엄을 침해하는 경우에 대한 금지 또는 인간이라는 종의 존엄을 훼손하는 것으로 보이는 행위의 금지 등을 통한 인간의 존엄의 적극적인 측면을 보호하려는 시도가 아니다.[82]

라. 어떠한 행위를 불법이며 범죄라 하여 국가가 형벌권을 행사하여 이를 규제할

---

78) Sandkühler, Einführung, in: ders. (Hrsg.), Menschenrechte in die Zukunft denken, Nomos 2009, S. 26.

79) 같은 설명으로 Nettesheim, JZ 2019, 10.

80) 이때의 인간의 존엄은 실제로는 규칙이 아니라 원리라고 이해될 것이다. 페터스(정종섭·박진완 옮김), "규칙과 원리로서의 기본권", 서울대학교 법학 제43권 제4호(2002), 322면.

81) 독일형법 제130조의 불처벌과 관련해서는 제7항에서 언급하는 소위 사회상당성조항(제86조 제3항)이 논의되는데 독일의 통서른 제86조 제3항은 위헌조직선전물 반포죄의 구성요건해당성을 배제하는 사유라고 이해한다. NK−StGB−Paeffgen, § 86 Rn. 38. 제130조가 명예훼손죄와 비슷한 측면이 있으나 명예훼손죄에 대한 제193조(정당한 이익의 옹호)는 이 죄의 위법성조각에 원용할 수 없다고 설명하며 (NK−StGB−Ostendorf, § 130 Rn. 40) 모욕죄에 관한 설명에서 긴급피난의 예를 들기는 한다 (NK−StGB−Zaczyk, § 185 Rn. 18).

82) 적절한 지적으로 Roxin/Greco, Strafrecht Allgemeiner Teil, 5. Aufl., C.H.Beck 2020, §2 Rn. 20ff.

것인지의 문제는 인간과 인간, 인간과 사회와의 상호관계를 함수로 하여 시간과 공간에 따라 그 결과를 달리할 수밖에 없는 것이고, 결국은 그 사회의 시대적인 상황·사회구성원들의 의식 등에 의하여 결정될 수밖에 없으며, 기본적으로 입법권자의 의지 즉 입법정책의 문제로서 입법권자의 입법형성의 자유에 속한다.[83] 공동생활에서 나의 자유의 한계가 타인의 권리라는 점은 부연설명이 필요하지 않다. 그런데, 형법의 법률유보 원칙뿐만 아니라 형법이 규정하는 내용을 본질적인 부분에 제한해야 한다는 것도 인간의 존엄에서 도출되는 요구이다.[84]

　마. 정치적인 토론의 대상이 되며 법률적으로 금지되는 행위가 모두 인간의 존엄을 침해하는 것은 아니다.[85] 이미 보았듯이 혐오표현이 연결되는 범죄 중 하나는 명예훼손죄이다. 명예훼손죄의 보호법익을 사회적인 존중요구로 볼 수 있다고 하더라도 이는 인격권에서 도출되는 수많은 존중요구, 가령 타인의 생명이나 신체, 자유 등을 침해하면 안 된다는 등의 존중요구 중 하나로서 누구나 공동생활을 하는 구성원 모두에게 지는 의무이다.[86] 비슷한 맥락에서 공공의 안녕은 그 자체로 독립적인 법익이 될 수 없는데, 왜냐하면 형법은 그 전체로서 공공의 안녕을 보호하며 다만 형법전에 명시적으로 규정한 다른 법익의 보호를 통해 간접적으로 이를 보호하기 때문이다.[87] 동일한 문제상황에 대하여 법영역에 따라 일반적 인격권, 기본권, 명예 등의 서로 다른 개념을 이용해 설명하고 있기는 하나[88] 명예나 일반적 인격권에 대한 어떠한 침해가 곧바로 인간의 존엄의 훼손이 되는 것은 아니다. 인간의 존엄이 절대적으로 보호되어야 한다는 점에서 출발하면 인간의 존재의 핵심영역을 침해한 경우에만 존엄의 훼손이라고 보아야 한다.[89]

　바. 혐오표현에 대한 처벌조문의 외국의 입법례를 참고할 수 있다. 먼저 스위스형법 제261조[bis]는 아래와 같이 규율한다.

---

83) 헌법재판소 2011. 6. 30. 선고 2011헌바199결정.

84) Kargl, Strafrecht, S. 61.

85) Nettesheim, JZ 2019, 10.

86) 최준혁, "출판물에 의한 명예훼손죄의 해석론 – 가중처벌요소와 공범을 중심으로 –", 형사정책 제25권 제3호(2013), 95면. 나치스 당시 형법개정논의에서 명예에 대한 죄를 개인적 법익의 정점에 두어 생명에 관한 죄보다 먼저 규정하자는 제안이 있었다. 같은글, 76면.

87) Niggli·Wiprächtiger (Hrsg.), Bassler Kommentar Strafrecht II, 2. Aufl., Hilbing Lichtenhahn 2007, Art. 261bis N 7 (Mettler).

88) Seelmann, Rechtsphilosophie im 21. Jahrhundert, 419.

89) Greco, ZIS 5/2008. 238; Hörnle, Grob anstössiges Verhalten, S. 121.

제261조bis(인종차별) 공연히 그의 인종, 민족 또는 종교를 이유로 하여 특정 개인 또는 사람의 특정 집단에 대한 증오 또는 차별을 선동한 자,

공연히 특정 인종, 민족 또는 종교에 속한 자를 체계적으로 격하시키거나 비방할 것을 목적으로 하는 이념을 유포한 자,

동 목표를 갖는 선전활동을 조직, 고무하거나 또는 이에 가담한 자,

공연히 말, 문서, 도화, 거동, 활동 또는 기타 다른 방법으로 특정 개인 또는 사람의 특정 집단을 그의 인종, 민족 또는 종교를 이유로 하여 인간존엄에 반하는 방식으로 격하시키거나 또는 차별하거나 또는 동 이유로 집단살인이나 기타 인도에 반하는 범죄를 부인하거나, 현저하게 무해화시키거나 또는 정당화시키려고 시도한 자,

공중에 공하는 자신의 급부제공을 특정 개인 또는 사람의 특정 집단에 대하여 그의 인종, 민족 또는 종교를 이유로 하여 거부한 자는

3년 이하의 자유형 또는 벌금에 처한다.

이 조문의 보호법익은 인간의 존엄이라고 이해되고 있다. 스위스연방대법원의 판결도 이 조문의 보호법익은 특정 인종, 민족 또는 종교에 속한 자로서의 특성을 지닌 인간의 존엄이며 간접적 또는 부수적으로는 공공의 안녕도 보호한다고 판결한다(BGE 130 IV 111).[90]

이 구성요건의 다섯 가지 행위유형에서는, 비록 네 번째 유형만 인간존엄을 명시하고 있지만 공통적인 전제조건이 인간의 존엄의 훼손이고, 그렇기 때문에 이 조문은 침해범이라고 설명한다. 스위스연방대법원은 대량학살 또는 인도에 반하는 죄를 부정하는 구성요건에서는 공공의 안녕이라는 일반적인 법익이 직접적으로 보호되며 개인적 법익은 간접적으로 보호될 뿐이라고 판결한다.[91]

스위스형법에서의 인간존엄의 침해라는 결과는 개개인 또는 개개인의 속성에 기반한 집단에게 인간으로서의 동등성 또는 동가치성이 부인되는 경우 침해되는 것이다. 특정한 표현을 통해 인간의 존엄이 침해되는지는 객관적인 설명가치에 따라 판단해야 하는데, 이는 객관적인 제3자가 상황에 기반해 어떻게 이해하는지에 따라 판단되어야 한다(BGE 131 IV 23).

이 조문은 인종, 민족, 종교를 열거하고 있는데 이는 형법의 특성에 비추어 볼 때 한정적인 열거로 이해해야 할 것이며 그렇기 때문에 가령 예를 들어서 정치적, 지역적

---

90) Niggli · Wiprächtiger (Hrsg.), Bassler Kommentar Strafrecht II, Art. 261bis N 7 (Mettler).
91) Niggli · Wiprächtiger (Hrsg.), Bassler Kommentar Strafrecht II, Art. 261bis N 8 (Mettler).

또는 국가적 집단은 그것이 인종, 민족 또는 종교적 집단과 동일하다고 이해되는 경우가 아니라면 이 조문을 통해 보호되지 않으며 성별에 기반한 집단도 마찬가지이다.[92]

제4항이 명시하고 있는 '인간존엄'이라는 요건을 일부 학설은 추가적인 요건으로, 즉 매우 중요한 사안에서만 이 조문이 적용된다는 취지로 이해하고 있으며, 다른 견해는 격하(Herabsetzen)이라는 단어가 불명확한 개념으로서 어떠한 행위도 포섭될 수 있기 때문에 '인간존엄의 침해'라는 요건은 구성요건의 제한을 위해 반드시 필요하다고 이해한다고 한다.[93] 실제로 스위스의 판례는 인종차별적이거나 인종적인 모욕은 통상적으로 인간존엄의 침해에 해당한다고 판단하고 있으며[94] 1993년에 도입되어 1995년부터 시행되고 있는 이 규정이 적용된 판결은 1995년부터 2005년 사이 총 271건이라고 한다.

비슷한 내용을 규정하고 있는 독일형법 제130조[95]는 명시적으로 인간존엄의 침해라는 결과를 구성요건에 규정하고 있다.

제130조(국민선동) ① 공공의 평온을 교란하기에 적합한 방법으로 다음 각호의 1에 해당하는 행위를 한 자는 3월 이상 5년 이하의 자유형에 처한다.

1. 일부 주민에 대한 증오심을 선동하거나 그에 대한 폭력적·자의적 조치를 촉구하는 행위

2. 일부 주민을 모욕 또는 악의로 비방하거나 허위사실에 의하여 명예를 훼손함으로써 인간의 존엄을 침해하는 행위(강조: 필자)

② 다음 각호의 1에 해당하는 자는 3년 이하의 자유형 또는 벌금형에 처한다.

1. 일부 주민, 민족적·인종적·종교적 집단 또는 민족성에 의하여 분류된 집단에 대한 증오심을 선동하거나 이들에 대한 폭력적·자의적 조치를 촉구하거나, 일부 주민 또는 위 집단을 모욕 또는 악의로 비방하거나 허위사실에 의하여 명예를 훼손함으로써 인간의 존엄을 침해하는 것을 그 내용으로 하고 있는 문서(제11조 제3항)에 관하여 다음과 같은 행위를 한 자

　　a) 반포행위

---

92) Niggli·Wiprächtiger (Hrsg.), Bassler Kommentar Strafrecht II, Art. 261bis N 20 (Mettler).
93) Niggli·Wiprächtiger (Hrsg.), Bassler Kommentar Strafrecht II, Art. 261bis N 48 (Mettler).
94) Niggli·Wiprächtiger (Hrsg.), Bassler Kommentar Strafrecht II, Art. 261bis N 55 (Mettler).
95) 독일학계의 다수설은 이 조문은 1차적으로 공공의 평온을 보호하며, 개인의 존엄도 보호된다고 설명한다. Lackner/Kühl, StGB, § 130 Rn. 1. 이 조문의 보호법익을 설명하면서 '집단'의 존엄과 인도에 반하는 죄를 언급하는 견해로 NK－StGB－Ostendorf, § 130 Rn. 4.

b) 공연히 전시, 게시, 상영하거나 기타 그 접근을 용이하게 하는 행위

c) 18세 미만자에게 제공, 양여하거나 기타 그 접근을 용이하게 하는 행위

d) 위 문서 또는 이를 통하여 만들어진 제작물을 a) 내지 c)에 의한 방법으로 사용하거나 타인의 사용을 가능하게 하기 위하여 제조, 취득, 인도, 보관, 공여, 광고, 선전, 수입 또는 수출하는 행위

2. 제1호에 규정된 내용의 표현물을 방송, 미디어 또는 전신을 통하여 반포한 자

③ 국가사회주의(나치) 지배 하에서 범하여진 국제형법 제6조 제1항에서 규정된 종류의 행위를 공공의 평온을 교란하기에 적합한 방법으로 공연히 또는 집회에서 승인, 부인, 고무한 자는 5년 이하의 자유형 또는 벌금형에 처한다.

④ 공연히 또는 집회에서 국가사회주의(나치)의 폭력적·자의적 지배를 승인하거나 찬양하거나 정당화함으로써 피해자의 존엄을 침해하는 방법으로 공공의 평온을 교란한 자는 3년 이하의 자유형 또는 벌금형으로 처벌한다. (하략)

독일형법 제130조는 계급투쟁의 선동을 처벌하는 조문을 두었던 1819년의 프랑스 신문법의 영향을 받아 프로이센형법전에 처음 도입되었다.[96] 그 후 사회민주주의에 대한 대응 또는 침해범으로의 규정, 제111조(공연한 범죄선동)와의 통합 등 다양한 개정안이 제시되었으나, 현재의 형태로 개정된 것은 1959년 겨울의 반유대 선동캠페인이 폭력범죄에 포섭되기 어렵다는 이유에서였다.[97]

명시적으로 인간존엄의 침해라는 결과를 구성요건에 규정하고 있는 이 조문의 보호법익은 1차적으로는 공공의 평온이며, 개인의 존엄도 보호된다고 독일의 다수설은 설명한다.[98] 특히 이 조문 제2항은 혐오표현에 대한 정의규정을 담고 있다는 점[99]에서 입법에 참고가 될 수 있을 것이다.

명예훼손죄와의 차이가 문제가 되는데,[100] 독일연방대법원은 2017년 7월 27일의 판결(BGH StV 2018, 80)에서 제130조 제1항은 명예훼손죄와 비교해 보았을 때 중한

---

96) Frank, Das Strafgesetzbuch für das Deutsche Reich, 18. Aufl., Tübingen 1931, S. 322.

97) NK – StGB – Ostendorf, § 130 Rn. 3. BeckOK StGB/Rackow StGB § 130 Rn. 1ff도 참조.

98) Lackner/Kühl, StGB, § 130 Rn. 1. 이 조문의 보호법익을 설명하면서 '집단'의 존엄과 인도에 반하는 죄를 언급하는 견해로 NK – StGB – Ostendorf, § 130 Rn. 4.

99) Brugger, JA 2006, 688.

100) 구체적인 피해자를 적시하지 않을 경우 명예훼손죄에 해당하지 않는다고 하더라도 제130조 위반이 될 수 있다는 설명으로 Hoven/Krause, Die Strafbarkeit der Verbreitung von „Fake News", JuS 2017, 1169.

불법의 내용(Unrechtsgehalt)이며, 이 조문이 적용되기 위해서는 일부 집단 등에 대한 가중적인 침해가 있어야 하는데 이때의 집단에는 독일에 지속적으로 거주하고 있는 외국인도 포함된다는 기존의 입장을 확인하였다.[101]

Ⅲ 맺으며

타인에 대한 혐오나 증오와 같이 적대적 감정을 표출하는 혐오표현은 그 내용이 타인이 속한 집단에 대한 편견과 차별의 감정을 내포함으로써 차별적 혐오표현이 된다. 그리고 굴욕과 멸시를 겪는 개개인의 기본권을 보호할 필요가 있는데, 자유와 평등의 보장은 이를 위한 충분한 방법이라고 보기 어렵다.[102]

위 Ⅱ. 3에서의 논의를 충족시킨다는 전제에서 차별적 혐오표현은 형법전에 규율할 수 있다. 인간의 존엄을 존중한다는 것은 타인을 격하시키지 않는 것이다.[103] "사람은 사회적 존재이므로 사람의 인격을 경멸하는 가치판단의 표시가 공연히 이루어질 때 그 사람의 사회적 가치는 침해되고 사회의 가치가 침해됨에 따라 사회의 구성원으로서 생활하고 발전해 나갈 가능성도 침해받게 될 뿐만 아니라, 특히 현대사회에서 미디어와 정보통신 기술의 발달로 인하여 타인에 대한 모욕적 행위가 쉽게 전파될 수 있고 그러한 행위가 초래할 수 있는 피해가 과거에 비하여 극심하며 피해회복 또한 쉽지 않다는 점 등을 고려한다면 모욕 행위에 엄정한 책임을 묻기 위하여 과태료 등 보다 경미한 제재가 아닌, 피해자의 고소가 있을 것을 조건으로 형사처벌을 그 제재 수단으로 선택한 것이 현저히 자의적인 것으로서 국가형벌권 행사에 관한 입법재량의 범위를 벗어난 것이라 보기 어렵다"고 본 헌법재판소의 모욕죄 헌법소원도 이러한 생각의 근거로 함께 제시할 수 있다.[104]

혐오표현에 대한 처벌을 한다고 할 때에도 그에 대한 처벌은 형법의 원칙에 따를 필요가 있으며[105] 구체적으로는 혐오표현 중 증오선동이 입법의 대상이 될 것이

101) Stegbauer, Rechtsprechungsübersicht zu den Propaganda− und Äußerungsdelikten, NStZ 2019, 74.
102) Nettesheim, Schlusswort, JZ 2019. 242.
103) Hörnle, Warum sich das Würdekonzept Magalits zur Präzisierung „Menschenwürde als geschütztes Rechtsgut" eignet, in: Hilgendorf (Hrsg.), Menschenwürde und Demütigung, Nomos 2013, S. 93.
104) 헌법재판소 2011. 6. 30. 선고 2011헌바199결정.
105) 너스바움은 독일의 예를 들면서 반유태주의 내용을 담고 있는 소책자를 쓰는 것 자체를 범죄로 하려는 시도는 없으며 이러한 자료가 유포되지 못하게 막는 것으로 충분하다고 설명한다. 너스바움(조계원 옮

다.[106] 인종, 민족, 종교 등으로 구별되는 집단에 대한 차별적 표현이 단순한 명예훼손이나 모욕을 넘어서 집단에 대한 증오와 배제를 선동하며, 이것이 동시에 인간의 존엄 및 공공의 안전에 대한 침해로 볼 수 있을 경우에는 형법이 개입할 수 있다는 생각이다. 이를 보여주는 외국의 입법례인 스위스형법 제261조[bis]나 제국형법 시대에는 계급투쟁의 선동을 처벌하는 조문이었던[107] 독일형법 제130조 또는 캐나다형법 제318조를 참고할 수 있다.

후기

한인섭 교수님과의 인연은 매우 오래되었는데, 교수님께서 형사정책연구원 원장이시던 시절의 기억으로 한정하면 연구용역 참여나 연구보고서 검토, 자문 등 이외에 의뢰를 받아 연구원 채용을 위한 시험문제를 내고 채점하기도 하였다.

이 글은 한인섭 교수님이 한국형사정책연구원의 원장으로 재직하시던 2019년 5월 30~31일에 열린 30주년 기념 학술대회의 둘째날, 「30주년 유관학회 공동학술회의」 "인간 존엄과 가치의 형사사법적 실현"의 제3세션 '인간의 존엄과 가치의 형사정책적 프로그램'에서 발표한 글이다. 초청의 글에서 한인섭 교수님은 다음과 같이 쓰셨다.

> 지난 30년을 돌아보고, 새로운 30년을 준비하기 위한 쉼표를 찍으며 한국형사정책연구원은 형사사법에서 인간의 존엄과 가치를 어떻게 실현해 나가야 할 것인지를 이론적·실천적으로 성찰해 보고자 합니다. 이에 그 세부논의 주제로는 형사사법개혁 지표, 헌법과 형사법의 실천원리, 형사정책적 프로그램으로서 인간존엄과 가치, 그리고 형사절차, 교정보호, 국제인권법 차원에서 인간 존엄과 가치 실현 등을 잡았습니다.
>
> (2019년 3월 28일)

이번 논문집의 제목과 비슷한 제목을 가진 이 학술회의는 여러 학회가 공동주최하였으며 각 세션별로 공동주최하는 학회가 발표자를 추천하도록 되어 있었는데, 제3세션은 한국형사정책학회와 한국법철학회였다. 필자가 왜 발표를 맡게 되었는지까지

김), 혐오와 수치심, 534면.
106) 홍성수, 말이 칼이 될 때, 160면.
107) 이 조문은 프랑스형법의 영향을 받아 프로이센형법전에 처음 도입되었다. Frank, Das Strafgesetzbuch für das Deutsche Reich, 18. Aufl., Tübingen 1931, S. 322.

는 기억이 나지 않는데, 예전에 한국형사정책연구원의 어느 행사에서 관련 학회의 총무간사들이 (다른 발표자를 구하지 못하여) 직접 발표했던 기억이 있어 이 사안도 그러한지 확인하였으나, 필자가 2019년 당시 형사정책학회의 총무간사는 아니었다.

먼저 하겠다고 자발적으로 나섰는지 아니면 반강제적으로 발표를 하게 되었는지 여부도 기억이 나지 않으나, 쉽지 않은 주제를 어떻게 하면 다르게 접근할지에 대하여 당시 매우 고심하였고 제목과 내용, 결론 모두 기존의 연구성과들과 다르게 하려고 하였다. 그러다 보니 최근의 어느 큰 학술행사에서도 이 글에 대한 비판이 있었다고 들었으나 −필자는 같은 시간에 다른 세션에서 발표를 하고 있었기 때문에, 그 비판을 직접 들을 수 없었다−, 학문의 영역에서는 무관심보다는 비판이 훨씬 나음은 분명하고 지금 다시 쓴다고 하더라도 글이 특별히 다른 방향으로 나아가지는 않을 것 같다. 이 글 이후에 나온 "정신에 대한 죄"(윤진수·한상훈·안성조 편, 법의 미래, 법문사, 2022, 465면 이하)와 "카스파 하우저와 포이어바흐−'정신에 관한 죄'의 논의−"(법사학연구 제66호, 2022, 217면 이하)는 이 글을 쓰는 준비과정에서 공부한 내용들이 들어있다.

첫째 날인 5월 30일에 열린 학술대회인 「형사정책연구 30년의 성과와 과제」에도 참가하였다. 형사정책연구원은 개원 이후 발간한 연구보고서를 형법과 범죄학 분야로 나누어서 분석하고 평가하는 자리를 마련하였으며 그 내용은 두 권의 책으로 발간되었다. 필자는 형사소송절차(II): 공판절차, 특수절차 부분을 맡아 총 44종의 보고서를 분석하고 검토하였고(탁희성 외, 형사정책연구 30년의 성과와 과제(II): 형사법연구, 2019, 447면 이하), 학술대회에서 발표할 기회도 갖게 되었다. 이틀 연속으로 출석하게 되었는데, 당시 행사에서 받은 30주년 기념 에세이 「KIC와 나」는 −비록 필자는 형사정책연구원에 재직할 인연은 없었으나− 지금도 심심할 때 가끔 들추어본다.

3
_____

비인간적이고 잔혹한 형벌의 의미
- 미국수정헌법 제8조와의 비교 -*

강민구(변호사, 법무법인 린)

I   서론

1. 연구의 목적

형기 종료자에 대한 성충동 약물치료, 신상공개·고지 등은 보안처분으로 분류되면서도 그 형벌적 속성에 대한 논란이 형사법학계에서 지속되고 있다.[1] 형벌과 보안처분을 준별하는 이원주의 학설 및 헌법재판소[2]·대법원[3] 판례의 태도에 비추어 보아도 형벌적 속성이 짙은 보안처분에 대해서는 소급금지원칙 등 헌법적 제한원리가 형

---

* 이 글은 강민구, "비인간적이고 잔혹한 형벌의 의미: 미국수정헌법 제8조와의 비교", 비교형사법연구 제20권 제4호, 한국비교형사법학회, 2019에 게재되었음을 밝힌다.

1) 입법부터 현재까지 각각 신체형(거세형), 수치형(명예형)적 속성이 짙은 형사제재라는 점이 다수 문헌에서 지적되어 왔다. 그 중 최근 문헌으로는 김민이, "형사제재의 새로운 지평에 대한 비판적 검토", 청파법학 제16호, 2018 및 강민구, "보안처분과 국가형벌권 한계", 서울대학교 법학과 박사학위논문, 2018을 들 수 있다.

2) "그러나 보안처분의 범주가 넓고 그 모습이 다양한 이상, 보안처분에 속한다는 이유만으로 일률적으로 소급효금지원칙이 적용된다거나 그렇지 않다고 단정해서는 안 되고, 보안처분이라는 우회적인 방법으로 형벌불소급의 원칙을 유명무실하게 하는 것을 허용해서도 안된다. 따라서 보안처분이라 하더라도 형벌적 성격이 강하여 신체의 자유를 박탈하거나 박탈에 준하는 정도로 신체의 자유를 제한하는 경우에는 소급효금지원칙을 적용하는 것이 법치주의 및 죄형법정주의에 부합한다." (헌재 2012. 12. 27. 2010헌가82 등, 헌집24(2하), 294면.)

3) "가정폭력처벌법이 정한 보호처분 중의 하나인 사회봉사명령은 가정폭력범죄를 범한 자에 대하여 환경의 조정과 성행의 교정을 목적으로 하는 것으로서 형벌 그 자체가 아니라 보안처분의 성격을 가지는 것이 사실이나, 한편으로 이는 가정폭력범죄행위에 대하여 형사처벌 대신 부과되는 것으로서, 가정폭력범죄를 범한 자에게 의무적 노동을 부과하고 여가시간을 박탈하여 실질적으로는 신체적 자유를 제한하게 되므로, 이에 대하여는 원칙적으로 형벌불소급의 원칙에 따라 행위시법을 적용함이 상당하다." (대법원 2008. 7. 24. 2008어4 결정. 공 2008(하), 1489면)

벌과 마찬가지로 적용된다고 볼 수 있다. 이 점에서 최근 헌법재판소가 과밀수용 위헌 결정(이하 '이 사건 결정')의 방론에서 국가형벌권 행사의 한계 중 하나로 설시한 비인간적이고 잔혹한 형벌 금지[4]는 사형제도 자체 또는 특정 범죄에 대한 법정형으로서의 사형은 물론 새로 도입된 보안처분류 형사제재 자체 또는 특정 경미 범죄에의 그 제재나 그 제재의 장기성·일률성 등에 대한 위헌심사기준으로서 향후 현실적 유용성이 주목된다.

이 논문의 목적은 비인간적이고 잔혹한 형벌의 의미를 분석적으로 규명하는 것이다. 이는 인간의 존엄과 가치를 국가형벌권 행사에 있어서 보다 구체화한 기준인 만큼 그 의미를 분석적으로 규명하는 것이 중요하다. 따라서 연구방법으로 수정헌법 제8조 잔혹하고 이상한 형벌 금지를 국가형벌권 행사의 한계 심사기준으로 활용하고 있는 미국의 논의와 비교 해석하는 방법론을 택하기로 한다. 이 사건 결정문은 미국 수정헌법 제8조를 잔혹하고 이상한 형벌 금지라고 번역[5]하는 데서 보듯, 잔혹한 형벌 금지 부분의 문언이 일대일로 대응되기 때문이다.

물론 독일 기본법에도 비인간적 또는 모욕적 형벌 금지[6]가 존재하지만, 비인간적 형벌 또는 모욕적 형벌이 잔혹한 형벌 금지와 동일하다고 단정하기는 어렵다.[7] 이 외에도 국제협약, 규약, 선언 등에서는 '고문 및 기타 잔혹한, 비인도적 또는 굴욕적 처우나 형벌'이라 하여 잔혹한 형벌 금지 기준을 천명하고 있으나 고문에 초점이 맞추고 있다는 점에서,[8] 이 논문은 잔혹한 형벌의 의미나 범위, 심사기준이 장기간 누

---

4) "인간의 존엄과 가치는 모든 인간을 그 자체로서 목적으로 존중할 것을 요구하고, 인간을 다른 목적을 위한 단순한 수단으로 취급하는 것을 허용하지 아니하는바, 이는 특히 국가의 형벌권 행사에 있어 매우 중요한 의미를 가진다. 국가의 형벌권 행사는 공동체의 질서를 유지함으로써 인간의 존엄과 가치를 보호하기 위한 것이기도 하지만, 동시에 그 대상이 되는 피의자·피고인·수형자의 인간의 존엄과 가치에 대한 위협이 될 수도 있기 때문이다. 인간의 존엄과 가치는 국가가 형벌권을 행사함에 있어서 피의자·피고인·수형자를 다른 모든 사람과 마찬가지로 존엄과 가치를 가지는 인간으로 대우할 것을 요구한다. 그러므로 인간의 존엄과 가치는 국가가 형벌권을 행사함에 있어 사람을 국가행위의 단순한 객체로 취급하거나 비인간적이고 잔혹한 형벌을 부과하는 것을 금지하고, 행형(行刑)에 있어 인간 생존의 기본조건이 박탈된 시설에 사람을 수용하는 것을 금지한다." (헌재 2016. 12. 29. 2013헌마142, 헌집28(2하), 656면.)

5) 헌재 2016. 12. 29. 2013헌마142, 헌집28(2하), 662면.

6) "… neither political persecution nor inhuman or degrading punishment or treatment exists." (독일 기본법 Article 16. (3), 여기서는 법제처 세계법률종합정보에 올려진 영문본을 참조함)

7) 이 사건 결정문은 '고문 및 비인도적 또는 모욕적 처우나 처벌의 방지를 위한 유럽위원회(European Committee for the Prevention of Torture and Inhumane or Degrading Treatment or Punishment)'에서 보듯 잔혹한 형벌을 비인도적 형벌 및 모욕적 형벌과 구분하고 있다. (헌재 2016. 12. 29. 2013헌마142, 헌집28(2하), 662면)

8) 가령 그 대표적인 협약으로서 고문 및 잔혹하고 비인도적인 굴욕적 대우나 처벌의 방지에 관한 협약(Convention against Torture and Other Cruel, Inhuman or Degrading Treatment or

적되어 온 미국의 논의와 비교하려는 것이다.

2. 논문의 구성

비인간적이고 잔혹한 형벌의 의미를 분석적으로 탐구하기 위한 이 논문은 크게 4부분으로 구성된다. Ⅱ에서는 이 논문의 전제로서 왜 형벌 또는 형벌적 보안처분에 대한 제한원리로서 타 제한원리와 구별되는 실익이 있는지를 검토한다. 이어 비인간적이고 잔혹한 형벌의 의미에 대한 학계 및 실무 논의를 한국에 대해서는 Ⅲ에서 미국에 대해서는 Ⅳ에서 각 정리한다. 마지막으로 Ⅴ에서는 미국에서의 논의와 비교하여 우리 기준의 분석적 의미를 종합 검토한다.

Ⅱ 타 제한원리와의 구별 실익

1. 책임원칙

형벌의 경우 책임에 비례하는 형벌이라 해도, 그 형벌의 효과가 비인간적이고 잔혹하다면 그 자체로 위헌이라는 점에서 구별 실익이 존재한다. 보안처분의 경우에는 형벌적 보안처분이라 해도 책임원칙이 제한원리로 작동하지 않아[9] 구별 실익을 논의할 필요가 없다. 형벌과 보안처분에 대한 일원주의, 이원주의 어디에서든 보안처분은 책임과 무관하게 부과할 수 있기[10] 때문이다.

Punishment)(1984)은 제1조 제1항에서 '고문'만을 정의하고 있다.
9) 물론 그렇다고 비례성 원칙이 형벌에 적용되지 않는다는 것은 아니다. 비례성 원칙이 형벌에는 책임원칙으로 구체화되었을 뿐이다. 김성돈은 이런 오해가 형벌－책임원칙, 보안처분－비례성 원칙이란 공식에 의해 발생했다고 지적한다. (김성돈, "보안처분의 합목적성과 정당성", 성균관법학 제27권 제4호, 2015, 25면).
10) 형벌과 보안처분 간 동이에 대해서는 일원주의와 이원주의 간에 견해대립이 존재하나, 책임과 재범의 위험성이 양자 간 구별요소라는 데는 대체로 의견이 일치되고 있다. 유사한 한 예로, 김종현, "보안처분의 헌법적 한계에 관한 연구", 헌법재판소 헌법재판연구원, 2018, 18－19면.

2. 비례성원칙

형벌에 대해서는 비례성원칙의 구체화로서 책임원칙이 작동하고 이는 앞서 검토하였으므로, 여기서는 보안처분에 한정해 그 구별 실익을 검토한다. 비례성 원칙에 목적의 정당성은 포함되지 않는다는 입장에 따를 경우,[11] 헌법재판소 판례에 따르면 수단의 적합성, 침해의 최소성, 법익의 균형성에 대한 세부심사를 통해 비례성 원칙에 반하는지 여부를 판단하게 된다. 그런데 비례성 원칙에 위배되지 않는다 해도 비인간적이고 잔혹한 형벌일 수 있다는 점에서 구별실익이 존재한다. 왜냐하면 형벌의 목적이 정당하다 하더라도 그 효과의 정당성이 담보되지는 않으며, 침해의 최소성과 법익의 균형성은 모두 상대적 기준으로서 다른 수단들에 비해 덜 침해적이며 공익과 사익 사이에 이익형량상 균형적이라는 의미에 불과하기 때문이다.

3. 죄형법정주의

죄형법정주의가 형벌 및 형벌적 보안처분에 대해서도 적용된다는 점에는 학계와 실무 모두 이견이 없다.[12] 그런데 해당 형벌 또는 형벌적 보안처분 규정이 소급효를 규정하고 있지 않고, 구성요건이 명확할 경우라 해도 비인간적이고 잔혹한 형벌일 수 있다는 데 구별 실익이 있다. 죄형법정주의 파생원칙은 형벌 규정의 소급여부나 명확성여부라는 제한원리일 뿐 그 효과의 한계에 대한 제한원리는 아니다.

4. 국가행위의 단순한 객체 취급 금지

이 사건 결정에서는 인간의 존엄과 가치에서 비롯되는 국가형벌권 행사의 한계로서 국가행위의 단순한 객체 취급 금지도 함께 병렬적으로 설시되었다. 따라서 비인간적이고 잔혹한 형벌의 의미를 해석론적으로 고찰하는 것은 동시에 국가행위의 단순한 객체 취급 금지와 구별되는 의미에 대한 탐색이기도 하다. 비인간적이고 잔혹한 형벌은 형벌 또는 형벌적 보안처분에 국한해 그 형사제재의 효과에 주목한 것이라면, 국가행위의 단순한 객체 취급 금지는 형벌이든 비형벌이든 단순한 객체의 의

---

11) 이와 관련한 헌법 대 행정법, 형법 학계 간 그리고 개별 연구자 간 견해 차이에 대한 정리는 강민구, "보안처분 중복부과의 제한원리: 비례성·보충성 원칙을 중심으로", 형사법연구 제30권 제4호, 348면 참조.
12) 비형벌적 보안처분에 대해서는 판례는 죄형법정주의의 적용을 부정할 수 있다고 보는데 반해, 학계는 이에 대해서도 전면적 관철이 필요하다는 것을 통설로 본다. (김종현, 주 10)의 논문, 47−48면)

도로서 피제재자를 취급해서는 안 된다는 점에서 구별 실익이 존재한다.

Ⅲ 비인간적이고 잔혹한 형벌: 한국의 논의

1. 기존 논의 검토

1) 문언 해석론

비인간적이고 잔혹한 형벌 금지는 그동안 특가법 법정형, 사형 또는 신상공개 등 논쟁적인 형벌 및 형벌적 보안처분 영역에서 형사법학계와 실무 모두 꾸준한 논의가 이루어져 왔던 것은 사실이다. 그럼에도 이 사건 결정의 방론적 설시에 대한 해석론적 연구는 발견하기 힘들다. 다만 이 사건 결정이 국가형벌권 행사의 한계에 대한 기준 설시가 다른 개별기본권 침해 여부와 무관하게 별도로 적용된다는 헌법논증적 강점을 지적한 것은 의미가 있다.[13] 헌법 제10조는 더 이상 보충적 권리가 아니라, 주관적이고 구체적인 권리이며 따라서 비인간적이고 잔혹한 형벌의 의미는 그 자체가 독립적 위헌심사기준으로 작동한다는 점은 중요하다. 이외에는 과밀수용 문제 자체에 대한 연구가 있다.[14]

비인간적이고 잔혹한 형벌의 분석적 의미를 명료화하는 작업은 아직 본격화되지 못하였지만 그 중요성은 매우 크다. 헌법 제10조 인간의 존엄과 가치로부터 국가형벌권 행사의 한계에 대한 독립적 위헌심사기준의 하나로서 형벌 영역에서 구체화된 기준이기 때문이다. 물론 이 기준을 신상공개 및 수치형(치욕형)적 형사제재와 성충동 약물치료 및 거세형(신체형)적 형사제재에 적용하여 위헌임을 주장한 연구가 존재하나[15] 분석적 의미를 탐구한 연구는 아니었다. 헌법 제10조의 적용범위를 판단하는 일반요건 설시가 되지 않아 구체적 논증이 결여되었다는 비판[16]은 이 사건 결정의 구체화된 설시 이후 현재 상황에서도 여전히 유효성을 갖는다.

---

13) 김하열, "교정시설 내의 과밀수용과 인간의 존엄성-헌재 2016. 12. 29. 2013헌마142-", 법조 제66권 제3호, 2017을 참조할 것.

14) 성중탁, "우리나라 교정시설의 과밀수용 문제와 그 해결 방안", 행정판례연구 제22권 제1호, 2017.

15) 강민구, 주 1)의 논문, 96-99 및 126-128면 참조.

16) 김명재, "헌법재판소 판례에서의 인간존엄에 관한 논증", 법학논총 제30권 제3호, 2010.

2) 특정 형사제재의 헌법 제10조 위반여부

상대적으로 더 많이 발견되는 것은 학계와 실무에서 논란되어 온 특정 형벌 또는 형벌적 보안처분 즉 사형, 신상공개, 성충동 약물치료의 위헌성(정당성)에 대한 연구다. 이들 논문들은 위헌의 이유 중 하나로 헌법 제10조 침해 여부를 다루는 경우들도 있기 때문이다. 다만 헌법 제10조의 해석 및 적용론은 그로부터 국가형벌권 행사의 영역에서 구체화되어 설시된 비인간적이고 잔혹한 형벌의 분석적 의미를 논구하는 이 논문과 다소 거리가 있기에 간략히 기존 연구경향을 정리하고 이 논문에의 시사점을 정리하기로 한다.

(1) 사형(제도)[17]

헌법 제10조가 형벌 또는 형벌적 보안처분에 대한 제한원리로서 논의되어 온 주요 흐름들 중 하나는 인간의 존엄성 침해 여부이다. 특히 사형제도가 그 자체로서 피제재자 또는 사형집행자의 인간의 존엄성에 반하는 형벌인지 여부에 논의가 집중되어 왔다[18]. 특히 사형제도 자체가 "당사자에게는 비인간적이고 야만스럽기 짝이 없는 잔인한 형벌이며, 인간적으로 참을 수 없는 고통을 줄 뿐만 아니라, 그 당시의 직계존비속에게도 일생 동안 가슴에 못박는 일"[19]이라는 연구가 그 한 예다.

그러나 기존 사형(제도)의 정당성에 대한 연구는 사형제도가 인간의 존엄성에 반한다고 볼 경우에도 초점은 각 문언의 분석적 의미는 아니기 때문이다. 가령 앞의 설시에서 비인간적, 야만적 형벌과 잔인한 형벌은 같은지 다른지 등에 대한 질문은 사형이 인간의 존엄성에 반하는지의 논의에서 직접적으로 다루어지고 있지 않다.

이 사건 결정은 비인간적이고 잔혹한 형벌 금지라고 하여 형벌의 효과에 대해서만 제한하였지 그 적용범위를 피제재자만으로 한정한 것은 아니다. 비인간적이고 잔혹한 형벌의 분석적 의미가 확립된다면 피제재자 및 그 가족, 사형집행자에게 각 측면에서

---

17) 사형제도는 사형이라는 특정한 형종 자체를 의미하며, 사형이라고만 하면 특정 범죄에 대한 형벌의 법정형으로서의 사형을 의미할 수도 있어 양자는 구별된다. 헌법재판소 역시 일찍이 형법 제41조 제1호라는 사형제도와 형법 제250조 제1항의 사형을 구분하여 각각 별도로 위헌여부를 판단한 바 있다. (헌재 1996. 11. 28. 95헌바1, 헌집8(2), 543－548면)

18) 물론 사형제도 찬반에 대한 형법적 연구는 다수 존재한다. 다만 이 논문의 초점은 특정한 형벌이 아닌 비인간적이고 잔혹한 형벌 일반의 의미를 해석론적으로 분석하자는 것이므로 이에 대한 방대한 정리는 소략하기로 한다. 일례로 허완중은 사형제도가 사형수와 사형제도 운영관계자의 인간의 존엄성에 반한다고 한다(허완중, "사형제도의 위헌성", 법학논총 제38권 제1호, 122－125면.) 반대로 피해자의 인권도 고려해야 하며 인간의 존엄과 가치도 절대적이지 않다는 반론도 있다. (남선모, "사형부집행에 따른 문제점 고찰", 법학연구 제43권, 2011)

19) 허일태, "한국의 사형제도의 위헌성", 저스티스 제31권 제2호, 1998, 19－20면.

의 효과에 대해 보다 구체적인 인간의 존엄성 침해 여부 판단이 가능해질 것이다.

(2) 신상공개 및 성충동 약물치료

헌법 제10조 위배 여부에 대해 형벌 영역에서는 사형에 논의가 집중되어 왔다면, 보안처분에서는 신상공개 및 성충동 약물치료의 위헌성(정당성) 여부에 논의의 초점이 있어 왔다. 먼저 신상공개에 대해서는 이중처벌금지원칙 위배 여부나 개개인정보 자기결정권 등의 개별기본권 침해 여부에 논의가 집중되어 왔다[20]. 그런데 이중처벌 금지원칙은 위 형사제재가 거듭 처벌을 부과하는 것인지 여부일 뿐 그 형벌적 보안 처분의 효과의 한계에 대한 제한원리는 아니다. 또한 개별 기본권에 대한 과잉금지 심사를 통과한다 하더라도 그 형벌의 효과가 비인간적이고 잔혹하다면 그 자체로 위헌일 수 있다.

다음으로 성충동 약물치료에 대해서는 동의 없는 강제적 약물주입이 위헌이라거나 재범의 위험성 판단시기가 위헌이라는 지적에 논의가 집중되어 왔다[21]. 그러나 이 역시 치료를 거부할 수 있는 권리 등 개별 기본권에 대한 과잉 금지 심사를 통과한다 하더라도 그리고 재범의 위험성 판단이 집행시에 이루어진다고 해도 그 효과가 비인간적이고 잔혹하다면 그 자체로 위헌일 수 있다.

이 사건 결정은 잔혹하고 비인간적 형벌일 경우 그 자체로 인간의 존엄성에 반해 위헌이라는 직접적 논증의 길을 열고 있다. 그동안 위헌적이라는 지적은 누적되어 왔지만 위헌의 논증이 개별 기본권 심사 위주로 이루어져왔는데, 오히려 이들 형사 제재는 근대적 형벌이 추구해온 방향인 신체형 대신 구금형으로, 공개집행 대신 비 공개집행 및 집행 후 사회복귀라는 이념에 반하는 공개적 수치심 주기, 신체형(거세 형)적 강제약물투입과 성호르몬의 일시적 무력화 등이 비인간적이고 잔혹한지에 대 한 해석론이 특히 유의미할 수 있다.

2. 헌법재판소 결정례 검토

1) 특가 법정형 하한 중벌과 가혹한 형벌

형사제재 영역에서 인간의 존엄과 가치에 반해 그 자체만으로 위헌으로 결정된 사 례는 찾아보기 어렵다. 그렇기에 비록 헌법 제11조 평등원칙과 병렬해 설시되기는

---

20) 강민구, 주 1)의 논문, 13−16면 참조.
21) 강민구, 주 1)의 논문, 22−23면 참조.

하였으나 특가도주치사죄의 법정형 하한에 대한 위헌 결정도 논의에 포함시킬 필요가 있다. 특가도주치사죄[22]가 입법정책의 남용으로서 인간의 존엄성에 반해 정의에 반하여 과잉입법금지원칙에 반하는 가혹한 형벌규정이라는 병렬 설시는 향후 독립위헌심사기준의 가능성을 보여준 드문 결정[23]으로서 주목할 수 있다. 특가도주치사죄의 법정형 하한이 사형, 무기징역, 또는 징역 10년 이상인 것은 살인죄의 법정형 하한이 사형, 무기징역, 징역 5년 이상인 것에 비해 오히려 더 높은 것으로서 가혹한 형벌이라 보았던 것이다.[24]

이 결정에서 가혹한 형벌은 과잉입법금지원칙과 평등의 원칙에 반하는 형벌규정이라고 설명되고 있다. 적어도 그 법정형의 종류나 하한이 과도하다면 다시 말해 사형, 무기징역 등 형벌의 종류나 그 범위 즉 단기 몇 년 이상이 다른 범죄에 비하여 지나칠 경우 과잉입법으로 평등원칙 위반임과 동시에 인간의 존엄성과 관련한 과잉입법금지원칙 위반이 된다는 것이다. 아무리 특정한 분야의 특별한 목적을 위해 제정된다 하더라도 그 입법내용은 정의와 형평에 반하거나 자의적으로 이루어져서는 안 된다. 책임원칙에 반함은 물론 적법절차를 무시한 법정형벌로서 가혹하다고 본 결정문의 취지를 고려하면, 가혹한 형벌은 절차적 적정성뿐만 아니라 그 규정의 내용적 적정성 차원에서 지나치게 과도하여 자의금지 및 과잉금지원칙과 관련하여 실질적 법치국가 실현에 위배될 때 적용됨을 알 수 있다.

가혹과 잔혹의 의미 차이가 무엇인지는 문제될 수 있으나,[25] 특가법 조항에 대한

---

22) 특정범죄가중처벌등에관한법률(1984. 8. 4. 법률 제3744호 개정) 제5조의3 제2항 제1호.
   "사고운전자가 피해자를 사고장소로부터 옮겨 유기하고 도주한 때에는 다음의 구분에 따라 가중처벌한다.
   1. 피해자를 치사하고 도주하거나 도주 후에 피해자가 사망한 때에는 사형·무기 또는 10년 이상의 징역에 처한다."
23) 오영신, 헌법재판과 위헌심사기준-형벌법규-, 법문사, 2018, 94면.
24) "우리 헌법은 국가권력의 남용으로부터 국민의 기본권을 보호하려는 법치국가의 실현을 기본이념으로 하고 있고 그 법치국가의 개념에는 헌법이나 법률에 의하여 명시된 죄형법정주의와 소급효의 금지 및 이에 유래하는 유추해석금지의 원칙 등이 적용되는 일반적인 형식적 법치국가의 이념뿐만 아니라 법정형벌은 행위의 무거움과 행위자의 부책에 상응하는 정당한 비례성이 지켜져야 하며, 적법절차를 무시한 가혹한 형벌을 배제하여야 한다는 자의금지 및 과잉금지의 원칙이 도출되는 실질적 법치국가의 실현이라는 이념도 포함하는 것으로 이는 국회의 입법재량 내지 입법정책적 고려에 있어서도 국민의 자유와 권리의 제한은 필요한 최소한에 그쳐야 하며, 기본권의 본질적인 내용을 침해하는 입법은 할 수 없는 것을 뜻한다."(헌재 1992. 4. 28. 90헌바24, 헌집4, 229-230면)고 판시하여 형벌법규에 대한 위헌심사의 의미를 밝혔다.
25) 가혹(苛酷)과 잔혹(殘酷)은 혹독할 혹(酷)이 같다. 물론 모질 가(苛)와 잔인할 잔(殘)이 같은지는 엄밀히 따져야할 문제일 수 있지만, 판례는 양자를 엄밀히 구분하기 보다는 혼용하되 지나친 법정형은 가혹한 형벌로 표현하고 있는 것으로 보인다.

위헌심사 설시에서 양자의 의미는 명확하게 대별되지는 않고 있다. 가혹·잔인[26] 또는 가혹하거나 잔인한[27] 형벌이라 표현하고 있을 뿐이다. 적어도 과도한 법정형의 하한 설정은 가혹함과 동시에 잔인한 형벌이라 할 수 있고, 잔혹한 형벌이 잔인하고 가혹한 형벌이라고 할 때 잔인한 형벌의 독자적 의미는 가혹한 형벌을 포함해 좀 더 넓은 것으로 이해할 수 있을 것이다.

2) 사형과 잔혹하고 이상한, 비인간적 형벌

다음으로 1996년, 2010년 두 번에 걸친 사형제도 합헌 결정에서는 잔혹하고 이상한 형벌에 대한 설시가 등장하는 바 주목할 가치가 있다. 먼저 1996 8:1 사형제 합헌 결정에서의 1인 소수의견이다. 이 소수의견은 신상공개와 마찬가지로 사형이라는 생명권을 제도적으로 박탈하는 형벌을 잔혹하고 이상한 형벌이라고 하며 과잉금지심사와 연결될 수 있는 형벌의 목적을 달성하는데 필요한 정도를 넘는 과도한 형벌 금지와 구분하여 설시하였다.[28]

이는 2010 7:2 사형제도 합헌의 소수의견에서도 잔혹하고 이상한 형벌 금지 원칙을 적법절차의 정신과 함께 설시하며 그 선고와 집행에서 반영되어 왔으며, 적법절차의 정신이 사형 선고 및 집행에 연결된다면 잔혹하고 이상한 형벌 금지 원칙은 제도살인으로서의 사형제도에 대한 폐지론과 연결될 수 있다는 설시를 하고 있다.[29] 2010 사형 7:2 합헌결정에서의 7인 합헌의견은 소수의견과 결론을 달리할 뿐 잔혹하고 이상한 형벌 또는 인간의 존엄성을 무시하거나 해하는 형벌이 되지 않도록 해야

---

26) "나아가 형사정책적 측면에서도 형벌이 지나치게 가혹·잔인하면 일시적으로는 범죄 억지력을 발휘할지 모르지만 결국에는 중벌에 대해 면역성과 무감각이 생기게 될 뿐이고, 범죄예방과 법질서수호가 아니라 법의 권위를 실추시키고 법질서의 영속성과 안정을 저해하는 요인이 될 뿐이다."(헌재 2003. 11. 27. 2002헌바24, 헌집15(2하), 254면.)

27) "형벌이 지나치게 가혹하거나 잔인하면 일시적으로는 범죄 억지력을 발휘할지 모르지만 결국에는 중벌에 대해 면역성과 무감각이 생기게 될 뿐이고, 나아가 범죄예방과 법질서 수호로 이어지는 것이 아니라 법의 권위를 실추시키고 법질서의 영속성과 안정을 저해하는 요인이 될 뿐이다."(헌재 2004. 12. 16. 2003헌가12, 헌집16(2하), 455면.)

28) "따라서 사형은 이러한 생명권에 대한 박탈을 의미하므로, 만약 그것이 인간의 존엄에 반하는 잔혹하고 이상한 형벌이라고 평가되거나, 형벌의 목적달성에 필요한 정도를 넘는 과도한 것으로 평가된다면 앞서 본 헌법 제12조 제1항 및 제110조 제4항의 문언에도 불구하고 우리 헌법의 해석상 허용될 수 없는 위헌적인 형벌이라고 하지 않을 수 없을 것이다."(헌재 1996. 11. 28. 95헌바1, 헌집8(2), 544면.)

29) "그러나 사형제도는 잔혹하고 이상한 형벌의 금지와 적법절차의 정신에 따라 그 선고 및 집행의 절차와 방법을 정함에 있어 인간의 존엄성을 신중히 고려하는 방향으로 변화되어 왔고 그 대상 범죄의 범위도 축소되어 왔으며, 나아가 인간의 생명을 국가권력의 힘으로 빼앗는다는 일종의 제도살인(制度殺人)의 속성을 가지고 있음에 비추어 사형제도 그 자체의 폐지 여부에 관한 진지한 논의가 전 세계적으로 계속되어 왔고, 현재에도 계속되고 있다."(헌재 2010. 2. 25. 2008헌가23, 헌집22(1상), 90면.)

함을 설시하고 있음은 동일[30]하다는 점도 주목할 필요가 있다.

이처럼 잔혹하고 이상한 형벌 및 비인간적 형벌 금지는 기존의 형벌에 대한 위헌결정 논리였던 책임 형벌 간 비례원칙, 형벌의 체계균형성원칙 외에 또 다른 심사기준으로 작동해감을 사형에 대한 결정문들에서 지속적으로 확인할 수 있다. 잔혹하고 이상한 형벌이 '96 사형 8:1 합헌결정에서의 1인 위헌의견에서 비롯된 것이라면 아래에서는 다수의견에서 추가하여 '인간의 존엄성을 무시하거나 해하는 형벌'이라는 비인간적 형벌로 칭할만한 기준이 추가된 것도 볼 수 있다.

이는 헌법 제10조에 반하는 형벌의 효과에 대한 한계기준이 지속적으로 확립되어가는 과정이라고 평가할 수 있을 것이다. 물론 인간의 존엄성을 무시하는 또는 해하는 형벌의 의미가 분석적으로 명확해진 것은 아니다. 그럼에도 불구하고 미국수정헌법과 같은 문언인 잔혹하고 이상한 형벌 외에 비인간적 형벌 금지를 말하며 그 의미를 인간의 존엄성을 침해하는 것 외에 무시하는 것까지 포함하였음도 주목할 필요가 있다. 잔혹한 형벌에 비해 보다 넓은 의미범위를 내포할 가능성을 지니고 있는 것이다.

3) 수치형적 형사제재와 잔혹하고 비정상적, 선정적 형벌

헌법재판소 5인 재판관은 법정형의 하한이 아니라 형벌의 종류 즉 형종인 수치형에 대해서도 잔혹하고 비정상적, 선정적 형벌로 위헌이라는 의견을 개진한 바 있다. 이들은 신상공개라는 전근대적 수치형적 속성이 짙은 형벌은 형기 만료자에게 또 다시 사회적 사형선고를 하는 것으로 문명국가에서 용납되기 힘든 국가공권력 행사로서 최후수단의 한계를 넘어선 잔인하고 가혹한 형벌이며, 이는 비정상적인 방법[31]을 취한 것이라고 설시했던 것이다.

첫째, 신상공개가 잔인하고 가혹하다고 함으로써 즉 잔혹한 형벌[32]의 의미를 확

---

30) "'잔혹하고 이상한 형벌' 또는 인간의 존엄성을 무시하거나 해하는 형벌이 되지 않도록 수사 및 재판, 형의 집행 등 모든 절차를 세심하게 다듬고 정비하여야 할 것이다." (헌재 2010. 2. 25. 2008헌가23, 헌집 22(1상), 75면.) '잔혹하고 이상한 형벌'에서 보듯 헌법재판소는 이를 위헌심사기준으로 활용해 왔으며, 미국수정헌법 제8조와 완전히 대응된다는 점에서도 그 상호 의미연관성을 비교할 필요성이 제기된다.

31) "그러함에도 국가가 이러한 노력을 다하기도 전에 개인의 인격권에 중대한 침해를 가져올 수 있는 신상공개라는 비정상적인 방법을 동원하는 것은 최소침해성의 관점에서도 문제가 있다." (헌재 2003. 6. 26. 2002헌가14, 헌집15(1), 653면.)

32) 잔혹(殘酷)은 잔인(殘忍), 가혹(苛酷)이 합쳐진 말로 볼 수 있다. 해칠 잔(殘), 독할 혹(酷)이 합쳐진 말이 잔혹이고, 잔인은 잔(殘)에 동정심없을 인(忍)이, 가혹은 매서울 가(苛)가 추가된 말이다. "그러나 현행 신상공개제도가 실제로 범죄의 억지나 예방에 실효성이 있다는 증거는 어디에서도 찾아보기 어렵다. 반면에, 신상공개는 이미 형사처벌을 받아 응분의 죄값을 치른 자를 대상으로 또 다시 '사회적 사형선고'를 하는 것과 같은 폐해를 가져온다. 이는 국가공권력에 허용되는 최후수단의 한계를 넘어서는 것일 뿐만 아니라, 그 내용에 있어 오늘날 문명국가에서는 용납되기 힘들 정도의 잔인함과 가혹함이 있

장할 수 있었다. 잔인함과 가혹함이 동시에 언급되었는데 이는 법정형의 하한이 지나치게 높은 경우뿐만 아니라 법정형의 종류 자체가 지나칠 경우에도 잔인하고 가혹할 수 있음을 시사한다. 앞서 특가도주치사죄의 법정형 하한에 대한 결정문과 연결하여 보면, 법정형벌 입법이 과잉하여 내용의 적정성, 법 내용상의 평등으로서의 정의에 반해 위헌이라는 말이 된다.

둘째, 신상공개가 비정상적, 선정적 방법이라고 설시함으로써 잔혹한 또는 비인간적인 형벌의 의미를 구체화하고 있다. 신상공개라는 방법은 "단지 한 개인의 치부를 국가가 직접 적극적으로 일반대중에게 폭로하는 극히 비정상적이고 선정적인 방법"[33]이라는 것이다. 한 개인에 대해 사인이 아닌 국가라는 제도가, 간접적으로도 아니고 직접적으로, 소극적으로도 아니고 적극적으로, 최소한의 필요한 사람이 아닌 일반대중에게, 단순 정보라기보다 치부를, 그것도 중립적이라기보다 부정적 뉘앙스의 폭로를 하는 것은 극히 선정적인 비정상적 방법이라는 것이다. 신상공개의 비정상적 방법이라는 의미는 현대판 주홍글씨로서 수치형과 매우 흡사하다고 설시하는 데서[34] 형벌의 전근대성과도 연결된다.

여기서 잔인함과 가혹함이 구별되는지 문제된다. 가혹한 형벌이 법정형의 하한과 관련하여 설시된 적이 있다는 점에서 잔인한 형벌이 비정상적, 선정적인 전근대적 형벌방법으로서 연결된다고 봄이 타당할 것이다. 그 점에서 헌법 제10조 자체가 형벌법규에 대한 독립 위헌심사기준으로 작동한 결정을 가혹한 형벌과 비인간적이고 굴욕적 형벌로 구분하며 후자의 예가 전근대적인 신체형, 수치형·공개형이라 볼 수도 있을 것이다.

4) 행형에서의 인간으로서의 기본적 품위

일찍이 행형에 대한 일련의 위헌결정문에서 인간의 존엄과 가치에서 비롯되는 인간으로서의 기본적 품위 기준을 독립적 위헌심사기준으로 명시한 바 있다. 2001년 유치장 개방화장실 결정에서는 수치감, 당혹감, 굴욕감을 주는 행형을 배제하며 이것이 인간으로서의 기본적 품위와 연관하여 수인한도를 넘을 때 위헌으로 보고 있다. 이처럼 인간의 존엄과 가치에서 개별적 기본권인 인격권이 도출될 수 있음을 확

다."(헌재 2003. 6. 26. 2002헌가14, 헌집15(1), 656면, 5인 다수 위헌 의견.)

33) 헌재 2003. 6. 26. 2002헌가14, 헌집15(1), 656면.

34) "그리하여 수치형은 19세기 초까지 유럽 등지에서 성행하다가 그 이후부터는 자격형(자격정지, 자격상실 등)으로 변모하기에 이른다. 그런데도 성매수자에 대한 신상공개를 제도화하여 근대 형사제도의 발전 과정에서 자취를 감췄던 수치형의 기본구조를 답습하는 것은 시대의 흐름에 맞지 않고, 앞서 본 수치형의 문제점들을 거의 그대로 재현할 우려가 있다."(헌재 2003. 6. 26. 2002헌가14, 헌집15(1), 652면.)

인하고, 인격권 침해와 관련하여 인간으로서의 기본적 품위 기준을 판단했던 것은 다음해인 2002년 신체과잉수색 결정에서도 동일하게 나타난다. 다만 이 결정의 경우에는 신체에 대한 직접적 침해라고 볼 수 있는 수색이 포함되어 인격권과 함께 신체의 자유가 동시 침해된다고 판단하였다.[35] 여기서도 전해인 2001년 유치장 개방화장실 결정과 동일하게 인간으로서의 기본적 품위 기준 위배로 인간의 존엄과 가치에서 유래되는 인격권 침해로 위헌이라 판단하고 있다.

또한 인간으로서의 기본적 품위가 명시되지는 않았지만, 모욕감, 수치심, 심리적인 위축 등을 판단요소로 하여 인격권 침해가 일찍이 1999년 재소자용 의류사건에서 설시된 바 있다. 당시에는 무죄추정의 원칙, 공정하게 재판을 받을 권리, 헌법 제10조에서 유래하는 행복추구권도 인격권과 함께 설시되었지만 이는 재소자용 의류의 특성 때문임을 고려한다면 이 1999년 결정 역시 인간의 기본적 품위 기준을 암묵적으로라도 다루었다는 평가가 가능하다.[36] 요컨대 인간의 기본적 품위 침해 여부는 명예·자존감 손상, 수치감·모욕감·당혹감, 비인도적·굴욕적 부과 여부 등을 고려해 판단할 수 있고 이는 비인간적 형벌 판단의 판단방식이 될 수 있다.

물론 이와 결이 다른 사형에 대한 소수 위헌의견에서 제시되었던 진화하는 품위기준 또는 현실 문명이나 시대에 대한 언급[37]도 존재한다. 그러나 인간으로서의 기본적 품위는 지속적인 법정 의견으로 확립되어 왔음에서 의미 부여가 가능할 것이다. 그리고 이는 미국 연방대법원의 판례 해석론인 진화하는 인간 품위 기준과 대비되어

---

35) "특히 청구인들의 옷을 전부 벗긴 상태에서 앉았다 일어서기를 반복하게 하는 방법의 이 사건 신체수색은 …(중략)… 청구인들로 하여금 인간으로서의 기본적 품위를 유지할 수 없도록 함으로써 수인하기 어려운 정도라고 보여지므로 헌법 제10조의 인간의 존엄과 가치로부터 유래하는 인격권 및 제12조의 신체의 자유를 침해하는 정도에 이르렀다고 판단된다." (헌재 2002. 7. 18. 2000헌마327, 헌집14(2), 62-63면.)

36) "그러나 미결수용자가 수사 또는 재판을 받기 위하여 시설 밖으로 나오면 일반인의 눈에 띄게 되어 재소자용 의류 때문에 모욕감이나 수치심을 느끼게 된다. …(중략)… 그러므로 미결수용자에게 재소자용 의류를 입게 하는 것은 무죄추정의 원칙에 반하고 인간으로서의 존엄과 가치에서 유래하는 인격권과 행복추구권, 공정한 재판을 받을 권리를 침해하는 것이다" (헌재 1999. 5. 27. 97헌마137 등, 헌집 11(1), 663-664면)

37) "그러나 우리는 형벌로서의 사형이 우리의 문화수준이나 사회현실에 미루어 보아 지금 곧 이를 완전히 무효화시키는 것이 타당하지 아니하므로 아직은 우리의 현행 헌법질서에 위반되지 아니한다고 판단하는 바이지만, … (중략) … 한 나라의 문화가 고도로 발전하고 인지가 발달하여 평화롭고 안정된 사회가 실현되는 등 시대상황이 바뀌어 생명을 빼앗는 사형이 가진 위하에 의한 범죄예방의 필요성이 거의 없게 된다거나 국민의 법감정이 그렇다고 인식하는 시기에 이르게 되면 사형은 곧바로 폐지되어야 하며, 그럼에도 불구하고 형벌로서 사형이 그대로 남아 있다면 당연히 헌법에도 위반되는 것으로 보아야 한다는 의견이다."(헌재 1996. 11. 28. 95헌바1, 헌집8(2), 547-548면)

이외에도 조승형 반대의견을 참조할 수 있다. "바. 사형제도는 시대의 변화(정치·사회·문화·국제사회등 제분야에 있어서의 변천)에 순응하여 폐지되어야 한다."(헌재 1996. 11. 28. 95헌바1, 헌집8(2), 563면).

해석할 여지가 있다는 점에서도 검토할 가치가 있다.

Ⅳ 잔혹하고 이상한 형벌:38) 미국의 논의

1. 조문 해석론39)

1) 문언주의적 접근40)

(1) 잔혹한 형벌: 의도냐 효과냐

우리 헌법재판소와 미국 연방대법원이 각각 제시한 잔혹한과 'cruel'은 일대일로 대응되는 바 미국의 해석론은 우리에게 참고가 될 여지가 크다. 여기서는 미국수정 헌법 제8조 잔혹한의 해석론으로서 의도냐 효과냐 논의에 비교법적으로 결부시켜 우리 헌법재판소 설시의 잔혹한의 의미를 비교 고찰해보고자 한다. 왜냐하면 미국에서 단일한 기준인 잔혹하고 이상한 형벌이라는 문언과 달리 우리의 헌법재판소 설시는 비인간적이고 잔혹한 형벌 외에 국가행위의 단순한 객체 취급 또한 병렬적으로 설시하고 있는데, 후자는 다분히 의도에 주목한 설시로 보이기 때문이다.

따라서 미국 수정헌법 제8조 문언 상 잔혹한의 원의적 의미를 의도냐 효과냐의 관점에서 고찰해 효과라고 결론지은 스틴너포드의 주장41)은 특히 우리에게 시사하는

---

38) Amendment 8−Cruel and Unusual Punishment. Ratified 12/15/1791.

    Excessive bail shall not be required, nor excessive fines imposed, nor cruel and unusual punish−ments inflicted.

    법무부는 잔혹하고 이상한 형벌이라 번역하였으며(법무부, 독일과 미국의 연방제, 2000, 부록 참조), 헌법재판소에도 동 문구가 존재하는 바 여기서는 이 번역을 따른다. 해당 조문의 역사와 기원 및 19·20·21세기 주요 이슈와 문헌, 판례 등에 대한 개괄적 정리로는 Joseph A. Melusky and Keith A. Pesto, CRUEL AND UNUSUAL PUNISHMENT: Rights and Liberties under the Law, U.S.A.: ABC CLIO, 2003.

39) 이 논문의 목적은 미국수정헌법 제8조에 대한 미국형사법학계의 연구동향을 정리하는 것은 아니다. 이는 별도의 방대한 저작 검토를 필요로 하는 것이다. 이 논문이 우리 기준의 의미를 탐색하기 위해 동일한 문구인 잔혹한 형벌의 의미, 상이한 문구인 이상한 형벌의 의미, 우리처럼 그리고 관계로 연결된 어구의 해석방법에 대한 문언주의적 조문 해석론에 한정해 유의미한 연구 몇 편만을 주로 소개한 이유다.

40) 물론 문언주의(textualism), 원의주의(originalism)은 엄밀하게 같은 말은 아니다. 문언주의가 법문 자체를 엄격히 해석하는 방법이라면 원의주의는 그 법문을 만든 입법자의 의도를 포함하여 문언의 의미를 해석하자는 입장이기 때문이다. 문언주의의 극단에 선 법률가로 일컬어지는 미국 연방대법관 스칼리아는 역사적 해석이 동반되는 원의주의와는 결을 달리해 문언 자체의 의미를 탐색하는 것이다. 여기서 스틴너포드나 라이언의 논의를 소개한 것은 문언주의적 해석에 충실한 대표적 연구들 중 하나로 보이기 때문이다. 물론 스틴너포드는 조문의 역사적 배경 및 의미까지 탐색한다는 점에서 원의주의적 태도를 보이지만, 그럼에도 문언주의적 해석의 틀을 벗어났다고 보기는 어려울 것이다.

바가 크다. 잔혹한 의도만을 가진 형벌이 아니라 그 의도가 없어도 잔혹한 효과를 낳는 형벌은 모두 미국수정헌법 제8조 위반이라 보아야 한다는 것이다. 그런데 최근 연방대법원은 고통 그 자체보다도 고통을 부과하는 처벌자의 태도에 의존하는 경향성을 보아왔다며, 이에 대해 비판한다[42]. 스틴너포드의 주장을 앞서의 연방대법원 판례와 연결해 본다면 불필요·부당한 고의적 고통 부과도 생래적으로 잔혹한 형벌일 수 있지만, 잔혹한 의도가 없다 해도 전근대적 형벌인 잔혹형·공개형, 정신적 고통부과 등도 잔혹한 효과로 인해 잔혹한 형벌이 될 수 있다는 것으로 이해될 수 있다.

(2) 이상한 형벌: 비인간적 형벌과의 관계

잔혹한 형벌이 일대일 대응되었던 것과 달리 비인간적 형벌은 이상한 형벌과 일대일 대응이 되지 않는다. 그리고 헌법재판소는 사형에 대한 결정문에서 잔혹하고 이상한 형벌이라는 표현을 사용한 바 있는데, 헌법재판소가 미국수정헌법 제8조를 잔혹하고 이상한 형벌이라고 번역하는 점을 고려할 때 비인간적이고 잔혹한 형벌 금지와의 관계가 문제된다.

여기서는 사형 결정문에서 설시된 이상한 형벌의 의미가 미국과 달리 오히려 잔혹한 형벌과 구별되지 않고 유사한 의미를 지닌다는 점을 살펴봄으로써, 비인간적 형벌과 이상한 형벌 간 의미상 차이점에 주목하려 한다. 앞서 문구가 번역상 일대일 대응임은 살펴보았지만 그렇다고 해서 양자의 내포가 동일할 것까지 담보되지는 않기 때문이다.

이상한 형벌의 의미는 그 원의주의적 연구를 한 스틴너포드의 주장에 따르면, 커먼로 전통에 기반해 아무리 입법부라 해도 커먼로 즉 오랜 기간 사용되어온 형벌 이외에 새롭고 혁신적인 잔혹한 형벌을 가하면 안 된다는 의미라고 한다.[43] 미국수정헌법 제8조가 영국 권리장전과 문언이 동일하며, 따라서 영국에 사지를 찢는 고문도구 등을 다시 구비하는 것이 커먼로 전통에 어긋난다는 식의 해석과 마찬가지로 보아야 한다는 것이다. 이 경우 잔혹한과 연결시켜 보면 장기간 사용되어온 형벌들에 반하는 즉 이상한 형벌은 미국수정헌법 제8조 위반이 된다[44]. 이는 최근 들어 대중

---

41) John F. Stinneford, *"The Original Meaning of "Cruel"". The Georgetown Law Journal Vol.* 155., 2016, 441-506면 참조.

42) John F. Stinneford, 주 41)의 글, 444면.

43) John F. Stinneford, *"The Original Meaning of "Unusual": The Eighth Amendment as a Bar to Cruel Innovation". 102 Nw. U. L. Rev.* 2008, 1739면.

44) John F. Stinneford, 주 43)의 글, 1745면.

의 변덕에 의한 형벌 포퓰리즘에 대한 방어법리로서도 그 의의를 평가할 수 있을 것이다.[45)]

그런데 우리 헌법재판소의 설시에서 이상한 형벌은 두 번 모두 사형제도에 대한 위헌심사기준으로서 등장하였고 그때마다 잔혹한 형벌과 이상한 형벌의 양자 차이에 대해서는 언급이 없다는 점에서 미국수정헌법 상 이상한 형벌과 일치한다고 보기 어려운 지점이 있다. 문언적 의미대로라면 사형제도 자체는 이상한 형벌이라 보기 어려울 수도 있다. 왜냐하면 사형제도 자체는 인류역사상 거의 단속 없이 지속되어 왔고 단지 특정 범죄에 대해 사형제도가 부여되는 것에 대해 잔혹하고 이상한 형벌이 될 수 있다는 점에 대한 설시 차원에서만 연결될 수 있기 때문이다.[46)] 오히려 신상공개에 대해 비정상적 방법이라며 전근대적 수치형의 기본구조를 답습하고 있다는 지적[47)]이 미국의 이상한 형벌의 의미와 보다 유사하게 보여진다. 근대적 형벌과는 상당히 이질적이기 때문이다.

(3) 잔혹한 형벌과 이상한 형벌의 관계

잔혹한 형벌과 이상한 형벌의 관계가 무엇인지 문제된다. 이에 대해 라이언은 그리고로 연결된 것인 만큼 잔혹한 형벌 금지, 이상한 형벌금지 보다 더 좁은 잔혹하고 동시에 이상한 형벌만 금지되어야 한다고 본다. 라이언은 미국수정헌법 제8조가 진화하는 품위 기준에 의해 심사되는 것이 문언에 반한다는 점을 지적하며 그 의미가 잔혹한 형벌금지인지 이상한 형벌금지인지 잔혹하고 동시에 이상한 형벌만 금지인지 질문한다.[48)]

이는 앞서 잔혹한과 이상한의 원의적 의미를 구분한 스틴너포드의 논의를 고려하면, 단지 드물게 행해지지는 않았다 하더라도 오랜 기간 동안 사용되어 온 형벌과 반대되는 그리고 동시에 잔혹한 의도가 없다 해도 잔혹한 효과를 낳는 형벌만이 미국수정헌법 제8조 위반이 되는 것이다. 이는 인간의 존엄에 반한다 또는 진화하는 인간 품위 기준에 대한 설시에 비해 문언 해석에 충실한 구체적 심사기준으로서 의미가 있으며, 판례들에서도 또한 혼용되어 설시되고 있음을 확인할 수 있었다.

---

45) John F. Stinneford, 주 43)의 글, 1825면.

46) 헌재 2010. 2. 25. 2008헌가23, 헌집22(1상), 40면 및 75면.

47) 헌재 2003. 6. 26. 2002헌가14, 헌집15(1), 652면 및 656면.

48) Meghan J. Ryan, *Does the Eighth Amendment Punishments Clause Prohibit Only Punishments That Are Both Cruel and Unusual?, 87 WASH. U. L. REV., 2010*, 569면.

2) 비문언주의적 접근[49]

물론 미국수정헌법 제8조를 잔혹한 형벌, 이상한 형벌, 잔혹하고 이상한 형벌의 의미에 대해 문언적 해석에 집중하는 라이언이나 거기서 한발짝 더 나아가 원의적 의미까지 탐색하는 스틴너포드의 입장만 있는 것은 아니다. 이와 달리 문언적, 원의적으로 분석적 의미를 탐색하는 대신 그 인간의 존엄성에 반하는지 여부를 목적론적으로 해석하는 입장도 있다. 이는 비인간적이고 잔혹한 형벌이 비롯된 원천인 헌법 제10조의 포괄적 문언인 인간의 존엄성에 대한 형벌과 관련한 해석론이기도 하다.

여기서는 미국에서 수치형 도입의 정당성에 대한 치열한 논쟁과정에서 반대론으로서 인간의 존엄성을 든 대표적 학자인 너스바움의 논의에 한정해 간략히 정리한다.[50] 너스바움은 수치형의 정당성 여부를 놓고 벌어진 미국형사법학계의 논쟁에서 그 정당성을 부정하는 대표적 학자다. 수치형 부정의 핵심 논거는 수치형이 자유민주주의 사회 핵심 가치인 구성원들에 대한 동등 처우 원칙을 훼손해 인간의 존엄성에 반한다는 것이다.[51] 이런 자유와 권리의 비동등 처우가 인간의 존엄성에 반한다는 주장의 독특성은 미국 수정헌법 제8조의 해석을 자유민주주의 사회의 핵심가치와 연관지으며 인간의 존엄성에 반하는지 여부에 대한 해석론으로 끌고 갔다는 점이다.[52]

---

49) 비문언주의의 대표적 방법으로 목적주의를 들 수 있을 것이다. 목적론적 관점에서 법문의 의미를 거시적, 근본적 관점에서 조망하는 것인데 때로 문언주의와 충돌하기도 한다. 비문언주의 또는 목적주의의 극단에 선 법률가로 평가되는 스티븐 브라이어 대법관은 법치에 민주가 포섭되어선 안 되며, 민주의 관점에서 법치를 읽어내고 법치의 관점에서 민주를 읽어내는 역동성이 헌법해석에 요청된다고 주장한다. (Stephen Breyer, Active Liberty: Interpreting Our Democratic Constitution, NY, 2006. 이국운·장철준 옮김, 역동적 자유: 민주주의 헌법을 해석하는 방법, 사회평론아카데미, 2016. 참조)

50) 미국에서 수치형에 대한 논쟁은 1996년 이후 현재까지 치열하게 전개되어 왔다. 찬반론, 반론과 재반론 과정의 대표적 문헌을 정리한 단행본 형태의 논문선집이 이를 정리한 단행본이 Thom Brooks ed., *Crime and Punishment: Critical Essays in Legal Philosophy*, ASHGATE, 2014이다. 미국의 수치형의 정당성을 둘러싼 논쟁에 대한 상세한 정리는 강민구, 주 1)의 논문, 9−12면을 참조할 것.

51) Martha C. Nussbaum, 'Shaming Citizens?', in *Hiding from Humanity: Disgust, Shame and the Law*, Princeton: Princeton University Press, 2014, 231−233면. (조계원 역, 『혐오와 수치심: 인간다움을 파괴하는 감정들』, 민음사, 2015.)

52) 이런 너스바움의 논의를 우리의 신상공개, 성충동 약물치료에 각 적용해, 자유민주주의 형사사법의 차원에서 그 형사법적·헌법적 정당성을 비판적으로 검토한 연구로 강민구, 주 1)의 논문, 92−95 및 124−125면을 각 참고할 수 있다.

2. 연방대법원 위헌 판례[53]의 해석론

1) 논증내용

(1) 정신적 고통과 잔혹한 형벌

1910년 웜스 대 미국 판례 이후 연방대법원은 별다른 미국수정헌법 제8조 관련한 결정을 내지 않다가, 반세기 만인 1958년 트롭 대 덜리스 판례에서 그 해석 지평을 획기적으로 확장한다.[54] 이 판례는 잔혹한 신체형 외에 잔혹한 정신적 고통의 부과 역시 제8조에 위반됨을 설시하였다. 일종의 현대적 유형(流刑)에 해당하는 미국시민권의 박탈이 위헌적인 이유를 설명하며 한 개인을 끊임없이 증가하는 고통과 절망의 운명으로 던져버린다고 한 것이다.

미국시민권의 박탈은 서구 역사에 유구하게 내려온 소위 국외추방령 그리고 동양 역사에서 대명률에서 5형 중 하나로 인정된 후 근대형벌로 전환한 19세기 전후까지 인정된 유형을 떠올리게 하는 공동체와 단절시키는 상태나 조건에 처하는 것과 같은 정신적 고통도 잔혹하고 이상한 형벌이 될 수 있다. 미국수정헌법 제8조를 정확한 해석범위를 좁히려 하기보다는, 그 근본정신이 인간의 존엄에 있음을 명확히 하며 적극적인 헌법해석의 가능성을 열어놓았던 것이다.[55]

(2) 불필요하고 부당한 고의적 고통부과와 잔혹한 형벌

불필요하고 부당한 고의적 고통의 부과로서 위헌이라 본 대표적 판례는 호페 대 펠저 판례이다.[56] 판결문에서는 미국수정헌법 제8조 위반이 명징하다고 하고 있다. 수형자였던 호페는 노동대열에서 열외 되어 7시간 동안 말뚝(hitching post)에 수갑이 채워진 채로 땡볕 속에 물도 없이 샤워시간도 갖지 못하고 조롱당하며 굴욕적으로 묶여 있어야 했다. 물론 이렇게 말뚝에 수갑이 채워지기 전에 이미 제압당하고 수갑 채워지고 족쇄 채워진 채로 감옥에 보내진 상태였다.

미연방대법원은 아무런 건강과 안전에 대한 대비조차도 없는 환경에서 7시간 말뚝에 수갑 채워 놓은 것은 미국수정헌법 제8조에 놓여있는 인간의 존엄이라는 기본적

---

53) 전반적인 개괄적 이해를 위해서는 문홍주, 미국헌법과 기본적 인권 제4판, 유풍출판사, 1992, 684-727면을 참조할 것.

54) Jeffrey L. Kirchmeier는 미국 수정헌법 제8조 관련 판례를 개관하며 이 1958년 위헌 결정이 현대적인 해석론의 지평을 넓혔다고 평가하고 있다. (Jeffrey L. Kirchmeier, Let's Make a Deal: Waiving the Eighth Amendment by Selecting a Cruel and Unusual Punishment, 32 Conn. L. Rev., 2000, 622면.)

55) Trop v. Dulles, 356 U.S. 86, 1958, 100면. 이 대목은 이후의 판례에서도 인용하며 반복 확인되고 있다. Furman v. Georgia, 408 U.S. 238, 1972, 270면.

56) Hope v. Pelzer 536 U.S. 730 (2002).

정신을 위반한 것이라고 하였다. 그리고 이 처벌부과는 선조들조차 명확하게 금지해
온 부당·불필요한 고통의 쓸데없는 부과로 볼 수 있다고 하였다. 앞서 조문해석론에
서 잔혹한 형벌이라는 문언을 의도에 한정할 필요 없이 잔혹하다는 효과로 볼 수 있
다는 입장에 선다면, 의도적으로 잔혹한 형벌효과를 의도한 경우는 당연 포섭된다고
볼 것이다.

2) 논증방식

(1) 비례 논증

미국 연방대법원은비례 논증, 즉 극도로 비례에 어긋나는지 여부를 위헌심사기준
으로 삼는 논증방식을 일찍이 활용하여 왔다. 형벌이 극도로 비례에 어긋나 미국 수
정헌법 제8조 위반이라고 결정한 선도적인 판례는 윔스 대 미국 판례[57]이다. 공문서
를 위조한 윔스에 대해 주형인 벌금 외 15년의 중노동 및 부가형으로서 금치산선고
를 하여 시민권을 영구 정지시킨 것이 극도로 비례에 어긋난 처벌로서 잔혹하고 이
상한 형벌에 해당한다는 결론을 도출하였다. 이 다수 법정 의견은 1892년 오 닐 대
버몬트 판례의 부수의견(obiter dicta) 중 (미국수정헌법 제8조는) 고문을 가하는 처벌만
을 금지하는 것이 아니라 그 기간이나 강도가 지나쳐 기소된 범죄행위 보다 극도로
비례에 어긋나는 경우도 금지한다는 부분[58]을 인용하며 위 설시를 하였다.

이후에도 극도로 비례에 어긋나는 형벌이어서 잔혹하고 이상한 형벌에 해당한다는
설시가 몇 발견된다.[59] 성인을 단순 강간한 사건에 사형을 과하는 것에 대한 코커
대 조지아 판례,[60] 살해 고의가 없는 중죄모살(felony murder) 사건에 사형을 과하는
것에 대한 엔문드 대 플로리다 판례[61] 등이 이어졌다. 미국 연방대법원 판례 중 아
동강간범에 대한 사형이 금지되었던 것도 피해자 사망을 초래하지도 않았고 그 결과
를 의도한 것도 아니라는 점에서 유사한 사례로 볼 수 있을 것이다.

그러나 이러한 비례성을 심사하는 기준이나 요소가 무엇인지에 대한 구체화는 그
이후 상습범에 대해 가석방 없는 종신형에 대한 솔렘 대 헬름 판례[62]에서 정식화된
다.[63] 극도로 비례에 어긋나는지 여부는 보다 객관적인 기준들 즉 ① 범죄의 중대성

---

57) Weems v. United States, 217 U.S. 349 (1910).
58) O'Neil v. Vermont, 144 U.S. 323 (1892).
59) 이들에 대한 자세한 설명은 이훈동, "죄형균형의 원칙에 관한 고찰", 외법논집 제37권 제1호, 2013,
   226-227면 참조.
60) Coker v. Georgia, 433 U.S. 238 (1972).
61) Enmund v. Florida, 458 U.S. 782 (1982).
62) Solem v. Helm, 463 U.S. 277 (1983).

과 형벌의 가혹성, ② 동일한 관할권 내에서의 다른 범죄자에게 부과되는 형벌, ③ 상이한 관할권에서 동일한 범죄에 부과되는 형벌을 고려하여야 한다는 것이다. 그리고 이후 이는 하멜린 대 케네디 판례에서 소위 전체적 비례성 심사 즉 솔렘 대 헬름 판례의 ① 기준이 충족되는 경우에만 ②, ③ 요소가 적용되며 극단적으로 비례성을 일탈한 형벌만을 금지한다고 그 적용범위를 축소하였다.[64]

(2) 진화하는 품위 기준

진화하는 품위 기준이 본격화된 것은 미국에서 사형제도에 대한 판례에서다. 특히 그레그 대 조지자 판례의 반대의견에서 미국 브레넌 대법관은 이 기준의 네 가지 결정기준 중 하나로 인간의 존엄성을 든 바 있다.[65] 이에 따르면 인간의 존엄은 진화하는 품위기준과 밀접한 의미관련을 가지게 된다. 그러나 스틴너포드는 인간의 존엄과 진화하는 품위기준은 모순, 상충될 수 있다는 반론을 제기[66]한다. 인간의 품위 기준은 반드시 진화하는 것은 아니며 오히려 1990년대 말부터 세계적으로 엄벌주의적 전환이 일어났듯 안전, 방위에 자리를 내줄 수도 있기에 상대적 기준이며, 이는 인간의 존엄성이라는 불가침의 절대적 기준과 대비된다는 것이다.

이런 점에서 잔혹한 형벌에 더해 비인간적 형벌을 설시한 것은 진화하는 인간 품위 기준과 반드시 일치하지 않고 때로는 모순, 상충될 수도 있는 보편적, 절대적 의미로 이해할 필요가 있다. 사형에 대한 소수 위헌의견에서 제시되었던 진화하는 품위기준 또는 현실 문명이나 시대에 대한 언급보다는[67] 비록 행형으로서 비인간적 형

---

63) 최희경, "수정헌법 제8조에 대한 최근 미연방대법원판결 연구", 공법학연구 제13권 제4호, 2012, 120면.

64) 최희경, 주 63)의 글, 122면.

65) Gregg v. Georgia, 428 U.S. 153, 1976, 227면 이하 참조. 첫째, 인간의 존엄, 둘째, 자의적 처벌 금지, 셋째, 현대사회에서 세계적으로 받아들여질 만한 형벌, 넷째, 현저한 비례에 어긋나지 않는 형벌이 그 것이다.

66) John F. Stinneford, Stinneford, I*ncapacitation Through Maiming: Chemical Castration, the Eighth Amendment, and the Denial of Human Dignity, 3 U. St. Thomas L. J.,* 2006, 564-565면 특히 각 주 28 참조.

67) "그러나 우리는 형벌로서의 사형이 우리의 문화수준이나 사회현실에 미루어 보아 지금 곧 이를 완전히 무효화시키는 것이 타당하지 아니하므로 아직은 우리의 현행 헌법질서에 위반되지 아니한다고 판단하는 바이지만, … (중략) … 한 나라의 문화가 고도로 발전하고 인지가 발달하여 평화롭고 안정된 사회가 실현되는 등 시대상황이 바뀌어 생명을 빼앗는 사형이 가진 위하에 의한 범죄예방의 필요성이 거의 없게 된다거나 국민의 법감정이 그렇다고 인식하는 시기에 이르게 되면 사형은 곧바로 폐지되어야 하며, 그럼에도 불구하고 형벌로서 사형이 그대로 남아 있다면 당연히 헌법에도 위반되는 것으로 보아야 한다는 의견이다."(헌재 1996. 11. 28. 95헌바1, 헌집8(2), 547-548면)
이외에도 조승형 반대의견을 참조할 수 있다. "바. 사형제도는 시대의 변화(정치·사회·문화·국제사회 등 제분야에 있어서의 변천)에 순응하여 폐지되어야 한다."(헌재 1996. 11. 28. 95헌바1, 헌집8(2), 563면).

벌 금지에 직접 적용될 수는 없다 하더라도 화장실 개방유치장 사건, 신체과잉수색 사건에 설시된 인간으로서의 기본적 품위라는 위헌심사기준이 명예·자존감 손상, 수치감·모욕감·당혹감, 비인도적·굴욕적 부과 여부 등을 고려해 인격권 침해 여부로 즉 인간의 존엄과 가치와 결부되었던 것을 환기할 수 있다.

(3) 범주논증
① 상태나 처지

미국 연방대법원은 진화하는 품위 기준 위배여부 논증, 극도로 비례에 어긋나는지 여부 논증 외에 범주별 논증도 최근 위헌심사에 적극 활용하고 있다. 범죄인의 상태나 처지[68]로서 마약중독자, 심신장애자, 소년에 대해 미국 연방대법원은 일련의 판례를 축적하고 있다. 먼저 범죄인의 상태에 따라 그 처벌이 미국수정헌법 제8조 위반 여부가 문제된 판례이다. 범죄인의 상태가 마약중독 상태라는 이유에 대한 최초로 알려진 판례는 로빈슨 대 캘리포니아 판례[69]인데, 여기서 로빈슨은 마약중독 상태였고, 연방헌법은 그런 마약중독 상태나 조건에 기초해 90일 구금 처벌을 내린 것이 미국 수정헌법 제8조 위반이라고 보았다.

② 조건

다음으로 범죄인의 조건이 심신장애자나 미성년자일 때 그에 대한 처벌이 미국수정헌법 제8조 위반인지가 사형에 대해 논의가 누적되어 왔다. 첫째, 범죄인의 처지가 심신장애자나 미성년자일 때 특히 사형 집행 여부를 둘러싸고 일련의 범주별 논증 판례들이 누적되어 왔다. 우선 정신지체자에 대해 사형을 금지한 2002년 앳킨스 대 버지니아 판례,[70] 이전의 펜리 대 리노프 판례[71]를 직접 파기하면서 범주적 논증의 시작을 알렸다. 그 근거는 주별 입법현황, 그로부터 추론할 수 있는 국민적 합의, 형벌의 목적에서의 책임 문제였다.

둘째, 범죄인의 처지가 소년일 때 사형을 재금지하였다.[72] 1988년 금지하였다가[73]

---

68) 최희경 주 63)의 글, 121면은 이를 범주적 접근이라 칭하며 비례성 원칙의 한 부분으로 설명하고 있다. 범주별 접근과 비례성 원칙이 중복될 수 있으므로 이는 가능한 분류이나, 여기서 양자를 구별한 이유는 범주별 접근은 범죄자의 상태나 처지에 주목하는 입장으로 다른 잔혹하고 이상한 형벌과 달리 일반 성인범이 아닌 정신지체자, 마약중독자, 소년범에 한정해서 드러나는 양태이기에 별도로 분류할 수 있다고 보았기 때문이다.
69) Robinson v. California, 370 U.S. 660 (1962).
70) Atkins v. Virginia 536. U.S. 304 (2002).
71) Penry v. Lynaugh, 492 U.S. 302 (1989).

1989년 16-17세에 다시 허용하였다가 이를 파기하며 2005년 재금지한 것이다. 그 근거는 진화하는 품위기준이었다. 여기서도 정신지체자에 대한 사형 금지 결정을 한 위 2002년 앳킨스 대 버지니아 판례처럼 주별 입법현황과 그로부터 추론할 수 있는 국민적 합의, 형벌의 목적에서 책임 문제는 동일하게 고려하였지만, 추가로 사형에 대한 입법현황 및 소년범에 대한 최근 집행한 주의 수를 살펴보았다. 그 결과 30개 주에서 소년범에 대한 사형을 금지시키고 있었다.

셋째, 범죄인의 처지가 소년일 때 사형은 물론이고 비살인범에 대해 가석방 없는 종신형을 부과하는 것의 금지로 2010년 확장되었다. 이는 연방대법원이 사형은 특별히 취급되어야 한다는 데서 벗어나 적어도 소년범에 대해서는 잔인하고 이상한 형벌을 보다 확장 적용해야 함을 시사하는 것이다. 한 연구는 그래햄 대 플로리다 판례[74]가 미국수정헌법 제8조에 대한 새로운 기준으로서 향후 '소년범은 다르다'라는 새로운 연방대법원의 인식에 기초한 새로운 판례들이 등장할 것이라고 예상한다.[75]

넷째, 범죄인의 처지가 소년일 때 살인범이라 해도 절대적 종신형을 필요적으로 부과하는 것의 금지로 2012년 확정되었다. 이 밀러 대 앨러배마 판례[76]는 연방대법원이 그래햄 대 플리다 판례의 연장선상에서 다시 한 번 소년범은 다르다는 새로운 인식하에, 피고인의 개별적 특성 및 범죄의 세부사항 검토까지 더 나아간 것으로 평가할 수 있다.[77]

V   결론: 비인간적이고 잔혹한 형벌의 의미

1. 비교관점에서의 시사점

1) 조문해석론
미국의 조문해석론과 비교하여 얻을 수 있는 시사점은 다섯 가지로 정리될 수 있

---

72) Roper v. Simmons, 543 U.S. 551 (2005).

73) Thompson v. Oklahoma 487 U.S. 815. 818-38 (1988).

74) Graham v. Florida, 560 U.S. 48 (2010).

75) 류성진, "미성년 범죄자와 미국 수정헌법 8조 해석의 확장 - 미국 연방대법원의 Graham v. Florida 사건이 지니는 의미", 외법논집 제37권 제1호, 2013, 68-70면.

76) Miller v. Alabama, 567 U.S. 460 (2012).

77) 강경래, "미국소년사법과 수정헌법 제8조에 관한 판례의 동향 - 미연방대법원의 판결을 중심으로", 소년보호연구 제30권 제2호, 2017, 15면.

다. 첫째, 잔혹한 형벌의 의미는 의도로 한정할 필요 없이 효과를 의미한다고 볼 수 있다. 이는 잔혹한 의도가 없이 잔혹한 효과가 발생하는 형벌이라고 해도 그 자체로 헌법 제10조 위반일 가능성을 시사한다. 둘째, 이상한 형벌의 의미는 우리의 비인간적 형벌 해석에 원용되기 어렵다. 원의적 의미까지 고려할 때 중세 고문기구 등을 도입하는 데 대해 근대적 법치국가의 제한원리로서 영국의 권리장전에 뿌리를 둔 규정을 유념할 필요가 있다. 셋째, 비인간적 형벌은 따라서 보다 절대적 의미에서 인간의 존엄에 반하는지 여부에 대한 판단을 필요로 한다. 이 점에서 헌법 제10조 인간의 존엄성이나 그 파생기본권인 인격권 침해 여부 심사와 뚜렷하게 구분되지 않는다. 넷째, 미국수정헌법 제8조와 마찬가지로 비인간적 형벌과 잔혹한 형벌의 관계는 교집합으로 해석해야 한다. 그런데 비인간적 형벌의 범주가 더 넓어 잔혹한 형벌을 포괄하므로 우리의 경우 잔혹한 형벌의 해석이 훨씬 중요해지게 된다. 다섯째, 마지막으로 문언주의를 넘어선 목적주의에서 자유민주주의 사회의 핵심가치와 결부시켜 인간의 존엄과 가치를 구성원의 자유와 권리의 동등처우로 구체화한 기준은 참조할 필요가 있다. 이는 미국 연방대법원 판례의 진화하는 인간 품위 기준과 상이하다.

2) 미국 연방대법원 판례

논증내용과 논증방식에서 시사점을 나누어보면 다음과 같다. 먼저 논증내용에서이다. 첫째, 정신적 고통에 대해서도 잔혹한 형벌에 포섭시킬 수 있을 것이다. 잔혹한 형벌이라고만 하였으므로 이를 육체적 고통에 한정한다고 해석할 필요는 없기 때문이다. 둘째, 고의적 고통부과가 필수적 요건은 아니라고 해도 그 내용이 불필요하고 부당한 것이라면 그 자체로 잔혹한 형벌로 해석할 가능성이 있다. 불필요한 형벌 또는 부당한 형벌을 고의적으로 부과하는 것 자체가 잔혹한 형벌이라고 볼 여지가 있다.[78]

다음으로 논증방법에 대해서이다. 첫째, 비례 논증과 관련하여 논증방법상 특별한 시사점은 발견되지 않는다. 우리의 경우 책임 형벌 간 비례원칙 및 형벌의 체계균형성, 체계정당성에 의해 보다 더 세분화되어서 적용되고 있기 때문이다. 둘째, 진화하는 인간 품위 논증은 우리와의 문언 차이가 섬세하게 고려될 필요가 있다. 우리의 경우에도 인간으로서의 기본적 품위 기준이 비록 행형이기는 하나 설시된 바 있다.

---

78) 미국 연방대법원의 해당 판례는 행형에서 이루어진 징벌로 이 사건 결정의 설시에 비추어 "행형(行刑)에 있어 인간 생존의 기본조건이 박탈된 시설에 사람을 수용하는 것을 금지"에의 해당여부로 판단하는 것이 타당하다고 볼 여지도 있다. 그런데 이 기준은 인간 생존의 기본조건이라고 하여 비록 포괄적이기는 하나 다분히 수용시설에 초점을 둔 것으로 보이는 바 여기서는 비인간적이고 잔혹한 형벌 금지에서 논의하였다. 다만, 징벌에 대한 국가형벌권 행사의 한계에 대한 헌법 10조 위반의 세부 심사기준에 대해서는 보다 더 깊은 검토가 필요하다.

셋째, 범주논증에 대해서는 특정한 상태 및 처지 또는 심신장애자, 미성년자 등 조건에 대한 논증방식이 참조될 수 있다. 가령 전체 성인범죄자에 대해서는 잔혹한 형벌이 아니더라도 심신장애자나 미성년자가 범죄자인 경우에 한해서는 잔혹한 형벌이 되는 범주별 논증이 진행될 수 있다는 점이다. 특정한 상태도 마찬가지로 행위 없는 상태에 대한 범죄화가 잔혹한 형벌이 될 가능성도 검토 필요성이 있다.

2. 비인간적이고 잔혹한 형벌의 의미

1) 비인간적 형벌의 보편성과 독자성

첫째, 우리의 비인간적 형벌의 의미는 이상한 형벌과 대비되어 이해될 필요가 있다. 우리가 이상한 형벌이라고 언급했던 헌법재판소 설시는 사형 관련 결정의 소수의견에서 언급되었는데 '잔혹하고 이상한 형벌 금지 원칙'이라 하여 마치 국가가 제도로서 생명권을 박탈할 수 있는지에 대한 설시였지 잔혹한 형벌과 구분하여 이상한 형벌의 의미에 주목했던 것으로는 보이지 않는다. 따라서 이 사건 결정이 이상한 형벌이 아니라 비인간적 형벌이라고 설시한 의미는 미국수정헌법 제8조 문언과 오히려 분리하여 커먼로 전통의 견지에서 보아 이상한지 여부가 아니라 인간의 존엄성에 반하는지 그 자체에 대한 판단으로 이해할 필요가 있다.

둘째, 비록 행형 영역에서였기는 하나 우리의 인간으로서의 기본적 품위 기준은 미국의 진화하는 인간 품위 기준과 대별된다는 점에서도 그러하다. 앞서 신상공개 및 수치형(치욕형)적 형사제재에 대한 검토에서 한 사람의 체면을 깎는다는 언급은 유치장화장실 사건[79] 등 기존 행형에 대한 수차례의 인간의 존엄과 가치 위반여부에 대한 독립심사에서 인간으로서의 기본적 품위 위배 및 비인도적·굴욕적인지 여부가 초점이었던 것과도 연결된다. 미국과 달리 인간의 품위를 진화한다 대신 기본적이라는 표현을 사용한 것에 주목할 필요가 있다.

2) 잔혹한 형벌의 중요성

이처럼 비인간적 형벌 및 그와 관련성 있는 심사기준인 인간으로서의 기본적 품위

---

79) 그렇다면, 이 사건 청구인들로 하여금 유치기간동안 위와 같은 구조의 화장실을 사용하도록 강제한 피청구인의 행위는 인간으로서의 기본적 품위를 유지할 수 없도록 하는 것으로서, 수인하기 어려운 정도라고 보여지므로 전체적으로 볼 때 비인도적·굴욕적일 뿐만 아니라 동시에 비록 건강을 침해할 정도는 아니라고 할지라도 헌법 제10조의 인간의 존엄과 가치로부터 유래하는 인격권을 침해하는 정도에 이르렀다고 판단된다." (헌재 2001. 7. 19. 2000헌마546, 헌집13(2), 111면.)

는 인간의 존엄성에 반하는 점을 절대적으로 설시한 것이었다. 이점에서 미국수정헌법 제8조의 문언상 이상한 형벌 및 그 판례의 심사기준으로 구체화된 진화하는 인간 품위 기준과 대비된다는 점에서 잔혹한 형벌의 의미가 보다 중요해진다. 실질적으로 더 분석적 심사기준이 될 수 있기 때문이다.

첫째, 잔혹한 형벌은 비인간적 형벌 또는 인간으로서의 기본적 품위의 구체화된 표현으로 이해할 여지가 있다. 잔혹한 형벌과 비인간적 형벌의 관계는 서로 상이한 개념 간의 교집합 관계가 아니라 잔혹한 형벌은 비인간적 형벌의 부분집합이 되는 관계라는 것이다. 이 점에서 스틴너포드나 라이언의 논의처럼 이상한 형벌에 의해 잔혹한 형벌이 이상한 형벌에 의해 제한된다고 보기 보다는 잔혹한 형벌의 의미의 구체화가 필요하였다.

둘째, 잔혹한 형벌의 의미는 의도가 아닌 효과이며, 이 효과에는 정신적 고통도 포함되며, 의도의 측면에서 불필요하고 부당한 고통 부과일 경우는 그 자체로 포섭된다고 할 수 있다. 그동안 헌법재판소는 법정형의 범위 즉 하한이 지나친 가혹한 형벌, 법정형의 종류로서 특히 사형이 그 제도 자체의 특이성 또는 적용되는 범죄범위나 집행방식에 기인한 잔혹하고 이상한 비인간적 형벌, 비정상적이고 선정적인 전근대적 법정형에 대한 잔혹한 형벌 결정문들을 확인할 수 있었다.

3) 범주 논증의 활용가능성

상태 및 처지 또는 조건에 대한 논증은 향후 활용될 가능성이 크다. 최근 미국 판례에서 자주 등장한 이 논증은 우리의 경우에도 잔혹한 형벌 유무가 범주에 따라 달라질 수 있는 방식으로 활용될 수 있다. 그동안 특정 범죄의 법정형에 주목하여 위헌심사가 누적되어 왔는데, 이제 범죄자에게로 시선을 돌릴 필요성도 존재한다 할 것이다. 형벌의 효과가 일반적으로 잔혹하다고 평가하기 어려워도 범죄자의 행위가 아닌 상태 또는 심심상실자나 미성년자 등 조건이나 처지에 따라서는 잔혹하다는 평가를 내릴 수도 있다는 것이다.

후기

한인섭 선생님과 저의 형사법에 대한 첫 문제의식의 대면은 2010년경 법학전문대학원 시절 형법1 수업으로 거슬러 올라갑니다. 선생님께서는, 甲, 乙, 丙… 및 그 행위의 범죄 성부라는 추상법학의 한계를 넘어, 한국의 사회(横)와 역사(縱)의 접점 속에서 재(再)음미해야 한다는 현실법학의 문제의식을 던지셨습니다.

이후 선생님의 소년원 일일교사에 동행하였을 때, 인권의 가장 마지막 사각지대는 수용자라는 선생님의 말씀이 잊히지 않아 박사과정에 진학하였습니다. 제 박사논문은 2010년대 형사제재의 강성화 경향 중 신종 보안처분에 대한 국가형벌권의 한계에 대한 것이었습니다. 사회적, 법적 차원과 형벌에 대한 문명사적 차원을 교차시키는 선생님의 문제의식과 통찰은 저에게 큰 지적 자극이었음을 고백합니다.

이 논문은 그 후속편으로, 국가형벌권의 한계에 대한 이론적 모색을 다룬 것입니다. 헌법 제10조와 미국 수정헌법 제8조에 대한 해석 사례와 방법을 비교함으로써, 한국의 국가형벌권 행사의 한계에 대한 평가 또는 심사에서의 시사점을 도출하려는 시도였습니다. 문언과 역사의 차이로, 우리는 '인간'으로서의 존엄과 가치라는 비교형량을 넘어선 심사기준의 구체화로서, '잔혹한' 형사제재 또는 '비인간적 대우' 금지 원칙의 적극적 적용이 필요하고, 이때 미국의 범주 논증 등을 참고할 필요도 있다는 내용입니다.

현실법학으로서의 형법과 형사정책에 대한 선생님의 일관된 연구와 실천을 기념하는 책에 저의 조그만 논문을 게재할 수 있음에 감사드리며, 앞으로도 사회현실의 변화와 그 축도로서의 형사법에 대한 선생님의 문제의식을 가슴에 품고 사는 법률가가 되겠습니다.

4

사형제도의 정당성에 대한 비판적 검토[*]

이덕인(교수, 부산과학기술대학교 경찰행정과)

I 문제의 제기

오늘날 세계의 여러 나라 가운데 139개 국가는 사형제도를 그들의 형벌규범 목록으로부터 과감히 배제하고 있다. 단순히 통계적인 수치로 말하자면 사형제도에 대한 세계적 흐름의 대세는 이를 폐지하는 방향으로 나아가고 있다고 해도 과언이 아닐 것이다. 그러나 2010년을 기준으로 58개 국가는 여전히 사형을 법정형으로 규정해 두고 있으며, 이 가운데 공식적인 통계를 확인할 수 없는 중국을 제외한 23개국에서 최소한 527명에 대해 사형을 집행하였고, 사형선고를 받은 사람의 수도 67개국 2,024명에 달한다. 형식적·실질적인 측면에서 사형제도를 유지하고 있는 이들 국가들은 대체로 응보주의 관점 및 일반예방 차원의 형벌 목적과 사회문화적 특수성을 내세우면서 그 제도적 정당성을 주장하지만 실제로는 정치적인 맥락에 따라 사회통제를 위한 수단으로 사형제도를 존치하면서 유용하고 있는 것이다. 그런데 사형제도는 형벌 자체의 정당성 여부를 떠나 다양한 변인들과 결합된 문제점을 역동적으로 드러낸다. 더욱이 사형을 실지로 집행하는 국가들에서 야기되는 그 제도적 부조리함은 형벌적 속성에 내포되어있는 아이러니한 전경에 대한 조감을 통해서도 확인할 수 있다.

따라서 아래에서는 우리나라를 포함한 지구촌 사회에서 사형제도와 관련하여 나타난 다양한 문제들이 어떠한 형상으로 그 정당성에 의문을 제기하고 있는지를 논증하고, 특히 우리나라의 경우 그 제도적 정당성을 검토하기 위한 전제조건들이 어떻게 구체화되어야 하는지를 논의해 보고자 한다. 아울러 사형제도에 대한 헌법재판의 변

---

[*] 이 글은 이덕인, "사형제도의 정당성에 대한 비판적 검토", 형사정책 제23권 제1호, 한국형사정책학회, 2011에 게재되었음을 밝힌다.

천 과정, 사형제도와 생명권 제한의 정당화, 사법적 불법 청산과의 관계를 살펴보고, 이를 여전히 헌법적 평가의 대상으로 삼아야 할 것인지 아니면 입법정책에 의해 폐지하도록 해야 할 것인지를 고찰하기로 한다.

Ⅱ 인류, 그리고 사형제도의 파노라마

1. 국제적 동향

1) 아시아
(1) 중국과 대만

중국은 그동안 공식적인 사형집행통계를 국가기밀로 간주하여 대외적으로 발표하지 않으면서 이에 대한 비판을 잠재우기 위해 한편으로는 2011년 2월, 사형이 규정된 범죄구성요건을 68개에서 55개로 축소하여 밀수, 절도, 도굴, 증치세전용 영수증 위조 및 판매 등 13개 경제 및 비폭력범죄에 대한 사형을 제외하는 형법개정안을 마련하였고, 다른 한편으로 이른바 사형집행유예제도를 운영하여 왔으나 최근 중국 인민최고법원은 그 대상 범위에서 강력범죄를 제외하기 위한 감형제한 규정을 두어 2011년 5월 1일부터 시행하고 있다.[1]

같은 중화권 국가인 대만의 경우는 2011년 3월, 5명의 사형수에 대한 집행 후 유럽연합(EU)의 비난에 직면하자, '살인자는 생명으로 보상해야 한다(殺人償命)'는 국민의식을 내세우면서 이러한 의식구조가 바뀌려면 긴 시간이 필요하고, 사형제도를 실행하는 데 매우 신중하지만 "법이 폐지되기 전까지는 법에 따라야 한다"는 입장을 밝힌 바 있다. 즉 사형제도를 국가의 역사와 문화의 일부로 전제하면서 국민과 정치권이 아직 사형제도 폐지에 대한 합의에 도달하지 못하였다는 점을 들어 우회적으로 국제 사회의 비난을 모면하고 있다.[2]

---

1) 중국에서의 사형이 예정된 형벌규범의 변화추이에 대해서는 이덕인, "중국 사형제도의 현상과 전망", 『형사정책연구』 제21권 제2호, 2010., 353면 이하 참조; 아울러 감형제한규정에 관한 자세한 것은 最高人民法院關於死刑緩期執行限制減刑案件審理程式若干問題的規定 已于2011年4月20日 由最高人民法院審判委員會 第1519次 會議通過 現予公佈, 自2011年5月1日起施行. 참조.

2) http://www.nownews.com/2011/03/09/10844-2695066.htm.

(2) 일본

일본은 2004년 말 실시한 내각부 여론조사에서 사형제도에 찬성하는 국민 의견이 80%를 상회할 정도로 사형제 존속 여론이 거센 국가로 분류된다.[3]

최근 일본 최고재판소는 1994년, 4명을 살해혐의로 기소되어 항소심에서 사형이 선고된 3명의 사형수들에 대해 사형을 확정하였다.[4] 이 사건의 피고인들은 범행 당시 18~19세의 미성년자였으며, 원심에서는 범행의 중심인물인 1명에 대해서만 사형을 선고하고, 나머지 2명에 대해서는 범행에서 맡은 역할과 교정 가능성의 차이를 인정하여 무기징역을 내렸다. 그러나 항소심은 3명 전원에 대해 사형을 선고하면서 그들의 행위가 형에 이의를 제기할 정도의 차이는 없다고 판단하였다. 하급심에서는 2009년 5월, 재판원제도를 도입한 이래 처음으로 시민의 사법 참여에 의한 사형이 선고되는 판결이 나왔으며,[5][6] 향후 일본에서 사형이 선고되는 1심 사건은 예외 없이 재판원이 참여하는 형태로 진행될 전망이다. 입법적으로는 사형선고에 있어서 신중성을 확보하기 위하여 2011년 2월 17일, 사형제 폐지를 추진하는 일본의 초당파 의원모임이 주도가 되어 재판원제도에 따라 피고인에게 사형을 선고하려면 3명의 판사와 6명의 재판원이 전원일치에 의한 합의로 사형을 주장하여야 이를 허용할 수 있도록 하고, 2016년까지 사형집행을 잠정 중단하는 것을 내용으로 하는 형법개정안을 국회에 제출하기로 하였다.[7]

(3) 이슬람국가

이슬람 사회의 사형제도는 율법인 샤리아의 종교적 금지규범과 미분화된 상태로

---

3) 이와 관련하여 자세한 내용은 김용세, "일본의 사형제도 운영 현황과 전망", 『형사정책연구』 제20권 제4호, 2009., 208면 이하 참조.

4) http://www.asahi.com/national/update/0410/NGY201104090023.html?ref=goo.

5) 横浜地裁, 2010. 11. 16. 平成21年(わ)第2242号 참조.

6) 우리나라는 일본보다 1년 3개월 빠른 2008년 2월부터 한국식 배심제 재판인 국민참여재판을 운영하고 있으나 아직 사형판결은 한 건도 없다. 이것은 일본이 중대범죄의 1심 재판에서 예외 없이 재판원에 의한 재판을 여는 반면, 우리의 경우는 피고인의 신청이 있어야 국민참여재판이 가능하다는 점에서 나타나는 차이 때문이다. 더불어 일본은 헌법상 '재판소(법원)에서 재판을 받을 권리'가 보장되어 있는 데 대하여, 우리의 경우 헌법상 '법관에 의한 재판을 받을 권리'를 보장하고 있다는 점에서도 차이가 있다고 판단된다. 또한 일본은 잔학한 범죄를 저지른 피고인에 대해서도 예외 없이 재판원에 의한 재판을 여는 반면, 제도가 다른 우리나라의 경우 사형선고가 예상되는 피고인은 국민참여재판을 피하는 경향이 있다고 보인다(http://mainichi.jp/select/jiken/new/20101116k0000e0400023000c.html); 일본의 재판원제도와 사형에 대해서는 이덕인, "사형제도에 대한 연구—일본의 현상과 문제점—", 『형사정책』 제22권 제1호, 2010., 311~312면 참조.

7) http://mainichi.jp/select/seiji/news/20110217k0000m010092000c.html.

존재하는 특성을 보이며, 이를 통해 국가통제와 사회질서를 유지하려 하는 경향이 농후하다.[8] 2010년 10월, 이슬람국가인 인도네시아 헌법재판소 소장인 모하마드 마푸드(Mohammad Mahfud)는 자국 내 부정부패 관행을 일소하려면 부패혐의자에 대한 사형선고가 가능해야 한다는 주장을 언론에 제시한 바 있다. 현재 인도네시아에서는 부패범죄에 대해 징역 3~4년형이 선고되는 데 그치고 있으며,[9] 형법상 사형이 선고될 수 있는 경우는 테러범죄, 마약 밀거래범죄, 살인죄에 한정되어 있다.

아울러 이슬람의 가르침은 신앙의 자유를 인정하고 개인의 종교적 의견을 보호한다고 되어 있다. 그러나 2010년 11월, 파키스탄에서는 기독교 교인인 한 여성에 대해 이슬람교 창시자인 마호메트를 부정하는 발언을 하였다는 이유로 사형이 선고되었다. 그녀는 마을 농장에서 무슬림 동료들과 함께 일하던 중 식수를 길어왔으나 일부 동료들로부터 기독교인이 떠온 물은 깨끗하지 않아 마실 수 없다는 모욕을 당하였다. 이 여성을 모욕한 무슬림들은 오랫동안 그녀에게 이슬람으로의 개종을 강요해왔던 것으로 알려졌다. 언쟁 과정에서 이 여성은 동료들에게 "예수님은 인류의 죄를 위해서 십자가 위에서 돌아가셨는데, 마호메트는 당신들을 위해 무엇을 했느냐"고 묻자 이에 격분한 동료들이 그녀를 구타한 후 경찰에 신고하자 연행되어 결국 사형선고에 이르게 된 것이다.[10]

2) 미국

지난해 46명의 사형수에 대한 사형을 단행한 미국은 최근 애리조나주에서의 집행이 연방법원의 반대로 무산되었다. 그 이유는 주사 사형에 사용되는 약물 가운데 첫 단계에 쓰이는 마취 약물인 티오황산나트륨(sodium thiosulfate)의 미국 내 재고가 바닥나 이를 사형폐지국가인 영국으로부터 수입하여 집행하려 했던 사실이 언론을 통하여 알려졌기 때문이다. 즉, 검증되지 아니한 약물로 사형을 시킬 경우 자칫 사형수에게 부적절한 고통을 줄 수 있다는 이유에서이다.[11] 이러한 사례를 통해 알 수 있는 사실은 미국에서의 사형제도란 생명권 침해 자체에 대한 문제와 결부되지 않고

---

8) 이슬람사회에서 사형제도의 의미에 대해서는 이덕인, "이슬람사회의 사형제도에 대한 연구—이란과 사우디아라비아, 예멘을 중심으로—", 『외법논집』 제34권 제4호, 2010., 113면 이하 참조.

9) http://www.ipsnews.net/deathpenaltyabolition/nov2010—wpr.asp.

10) http://www.huffingtonpost.com/2010/11/11/asia—bibi—pakistan—blasph_n_782297.html; 다만 그녀에게 희망적인 사실은 다른 강경파 무슬림국가와 달리 파키스탄에서는 현재까지 신성모독법 위반으로 실제로 사형이 집행된 경우는 없으며 피고인은 대부분 항소심에서 석방되어 왔다는 점이다.

11) World Coalition to Abolish the Death Penalty, November 24, 2010(http://deathpenaltynews.blogspot.com/).

절차적 정당성에 주목하여 잔혹하거나 비인도적이지만 않다면 사형이 허용된다는 입장을 일관되게 유지하고 있다는 점이다.[12] 2010년 11월, 스위스 제네바에서 개최된 유엔인권위원회의 '보편적 정례인권검토(UPR)' 회의가 다른 회원국들로부터 제기된 228개에 이르는 인권개선사항을 미국에 전달하자, 이를 수취한 미국은 그 권고안에 답변하면서 사형제도에 대해서는 국제법이 허용하고 있다는 입장에 근거하여 전면 폐지하거나 중단하라는 유럽 국가들의 요구를 거부하였다.[13]

한편, 뉴욕주에 소재한 '무죄프로젝트'센터는 2000년 12월, 절도 및 살인 혐의로 사형에 처해진 텍사스주 거주 남성의 머리카락 DNA를 검사한 결과 유죄 여부에 대한 의문을 제기하였다. 무고한 죽음을 당한 사형수는 1989년, 2명의 공범 진술과 전과기록 등에 따라 범인으로 지목되었고, 자백과 함께 범행 현장에서 발견된 머리카락이 그의 것으로 결론 나면서 사형이 선고된 것이다. 그러나 당시에는 모발에 대한 DNA 분석이 이루어지지 않았으며, 집행 전 최후발언에서도 피해자는 자신의 혐의를 완강하게 부인하였다고 한다. 사형수의 아들은 DNA 검사가 사형이 집행되기 전에 실시되었다면 자신의 아버지는 죽지 않았을 것이라고 역설하였다. 그러나 이에 대해 사형을 선고했던 판사는 자신의 판단에는 의심의 여지가 없었다고 단언하였다.[14]

2. 국내 동향

1) 중벌화 경향의 사형선고

지난 한 해 동안 우리 대법원은 모두 4건의 사형판결을 최종확정하였다. 이 가운데 2010년 2월, 헌법재판소가 사형제도에 대한 위헌법률심판청구사건을 합헌으로 결정한 이후 상고한 피고인에 대해 이를 기각하고 사형을 선고한 원심을 확정한 판결은 특히 주목되는 사건이다. 최근 하급심에서는 아래와 같은 2건의 형사사건에서 사형이 선고되었다. 2010년 10월 7일, 수원지법 여주지원은 24차례에 걸쳐 가정주부를 성폭행하거나 금품을 빼앗은 혐의로 기소된 피고인에게 비록 살인은 저지르지 아니하였으나 죄질의 중대함을 들어 검찰의 구형대로 사형을 선고하였다. 법원은 최소한의 존엄성마저 박탈하고 마지막까지 의지처로 삼아야 할 가정을 파괴한 피고인의 범행을 우리 사회가 용납하거나 감당할 수 없는 극도로 잔인하고 비열한 것으로 판단

---

12) 박용철, "미국의 사형제도 개괄", 『비교형사법연구』 제12권 제1호, 2010., 333면 이하 참조.

13) http://geneva.usmission.gov/2010/11/02/upr-webcast/.

14) http://www.texasobserver.org/contrarian/dna-could-show-if-claude-jones-was-wrongly-executed.

하고, 앞으로도 교화 가능성이 없어 보이고 사회에 복귀하면 더 잔혹한 범죄를 저지를 소지가 충분하다는 점을 고려하여 극형 선고가 불가피하다는 이유를 밝힌 바 있다.[15] 2010년 10월 28일, 대전지방법원에서는 2000년부터 2010년 3월까지 모두 3명의 여성 택시 승객을 성폭행하거나 살해한 뒤 사체를 유기한 피고인에 대해서도 사형을 선고하였다. 판결에서는 누범기간 중 심야시간대 혼자 탑승한 여성들에게 강도 및 성범죄를 저지르는데 그치지 않고 목숨까지 빼앗은 범행이 반복되었다는 점을 지적하면서 이와 같은 범행의 성질이 건전한 일반인의 상식으로는 도저히 납득할 수 없다고 보았다. 아울러 살인의 고의를 부인하고, 끊임없이 진술을 번복하면서 진지하게 참회하지도 않았기 때문에 범죄에 대한 응보, 일반예방 및 사회보호의 제반 견지에서 볼 때 영원히 사회로부터 격리시켜야 한다고 판시하였다.[16] 비록 하급심의 판결로서 상소심에서의 판단이 유보되어 있지만 이러한 판결의 태도는 우리 사회에 잠재되어 있는 형벌 대중주의(Penal Populism)와 무관하지 않아 보인다.

2) 재심에 대한 무죄 선고

2010년 9월 30일, 서울중앙지법은 이른바 민청학련사건에 연루되었던 긴급조치 위반자들이 제기한 재심에서 내란음모와 국가보안법 위반혐의 등에 대해 무죄를 선고하고, 긴급조치위반 혐의에 대해서는 유신헌법이 1980년 폐지된 사실에 근거하여 면소를 선고하였다.[17] 재판부는 "일부 피고인들의 자백이 고문과 강요에 의한 것으로서 임의성이 없으며 자백을 제외하고는 공소사실을 뒷받침할 만한 증거를 찾을 수 없다"고 밝히고, 법원이 36년 전 피고인들에게 사형 등 중형을 선고한 것에 대하여 "부당한 공권력의 행사로부터 국민을 보호해야 할 법원이 재판과정에서 그러한 사명을 다하지 못했을 뿐 아니라 재판 그 자체가 회복할 수 없는 인권침해의 수단이 되었던 과거사를 사과한 바 있다.[18] 아울러 1958년 국가보안법 위반(간첩)혐의로 기소

---

15) 사형이 실제로 집행되던 시절인 1992년, 우리 법원은 강도강간을 일삼은 '가정파괴범' 2명에 대하여 사형을 선고하고 집행한 것을 비롯하여 살인범이 아닌 강도강간범에게도 사형을 선고하는 경우가 종종 있었다.

16) 2010년 12월 31일을 기준으로 대법원에 의해 사형이 확정된 사형수는 총 61명(군교도소 2명 포함)이다.

17) 민청학련사건은 1974년 유신정권에 반대하는 민주화 운동이 일어나면서 전국민주청년학생총연맹 명의로 관련 유인물이 배포되자 학생, 지식인 등을 주동자로 몰아 긴급조치위반 혐의 등으로 180여 명을 구속기소하고 8명에게 사형을 선고한 사건이다. 2005년, 국가정보원 과거사건 진실규명을 통한 발전위원회는 재조사를 통해 "민청학련사건은 반정부 시위를 '공산주의자들의 배후조종을 받는 인민혁명 시도'로 왜곡한 학생운동 탄압사건"이라고 발표한 바 있다. 관련되는 판례로는 대법원 2010. 12. 16. 선고., 2010도5986판결 참조.

18) 이와 별도로 2010년 10월 29일, 서울중앙지법 민사합의29부는 민청학련을 조직했다는 이유로 처벌받은

되어 사형선고를 받은 후 1959년 7월 사형이 집행된 사법살인의 첫 희생자였던 조봉암에 대해서도 대법원의 재심절차가 개시되어, 2011년 1월 21일 사형집행 52년 만에 무죄가 선고되었다.[19]

Ⅲ 사형제도 정당성 검토의 전제조건

1. 공식적 사형집행 통계의 검증

생명권 보호 내지 생명권 불가침이라는 자유주의 국가이념을 훼손하지 않으면서도 사형을 정당화할 수 있다는 견해에 따르면 사형수에 대한 자기 생명권의 무효화와 응보주의 및 공리주의 형벌개념에 의해 사형제도의 정당성이 확보될 수 있다고 한다.[20] 그러나 사형제도에 대한 정당성을 검토하려면 먼저 사형집행의 공식적인 규모를 정확하게 파악하는 작업으로부터 논증은 시작되어야 한다.

통계출처	통계치	비고						
법무부 (2009)	920건	살인, 강도살인, 존속살해 등 강력범: 562명. 국가보안법, 반공법 등 사상, 정치범: 254명. 간첩사범: 43명.						
시사IN (2009)	1,106건	(http://www.sisain.co.kr/news/articleView.html?idxno=1786.)						
육군본부 법무50년사 자료 (1996)	2,827건	1950. 06. 25. ~ 1950. 12. 31. (1,902건) 1951. 01. 01. ~ 1951. 12. 31. (925건)						
한림대학교 생사학 연구소 (2003)	1,634건	연도	1945~ 1949	1950~ 1959	1960~ 1969	1970~ 1979	1980~ 1989	1990~ 1997	1998~
		사형 집행	199건	886건	196건	187건	77건	89건	0

피해자 26명과 유족 등 총 151명이 국가를 상대로 제기한 손해배상청구사건에서 원고 일부 승소를 인정하면서 국가는 520여 억원을 배상하라고 판결한 바 있다.

19) 대법원 2011. 1. 20. 선고., 2008재도11판결 참조.

20) 안진, "로크의 사형론과 형사정책적 함의", 『법과 정책연구』 제10집 제1호, 2010., 19면.

이와 관련하여 2009년 법무부가 공식적으로 발표한 자료에 따르면 1949년 7월 14일 정부수립 이후 첫 사형집행을 시작으로 1997년까지 모두 920건의 사형집행이 있었다고 확인하고 있으나 위의 여타 자료를 살펴보면 한국전쟁 중이던 1950년 6월부터 1951년 12월까지 1년 6개월의 기간 동안에만 무려 2,827건의 집행이 있었던 것을 비롯하여 1,106건, 1,634건 등 각각 상이 한 통계적 수치가 제시되고 있다. 따라서 현저한 차이가 나타나는 사형집행의 통계를 추적하여 이러한 격차가 발생하게 된 원인이 어디에 있는지를 규명해 볼 필요가 있을 것이다.

2. 사형판결의 발굴과 분석

사형집행의 공식적인 규모를 밝혀낸 다음에는 당시 판결을 수집하여 어떠한 범죄구성요건과 양형의 조건 아래에서 사형이 선고되었는지를 분석하는 절차가 뒤따라야 할 것이다.[21] 이와 관련하여 역사적 진실규명을 통한 과거사 정리 차원에서 한국전쟁 전후 시기, 광복 이후 권위주의 통치 시기까지의 사법부 판결에 대한 일부 조사 활동의 내용이 확인되고 있다. 그러나 국가기관이 적극적으로 문제해결에 개입한 것이 아니라 억울한 사형선고와 그에 따른 집행이었음을 주장하는 피해자들의 신청에 따라 절차가 진행되었고, 범위가 다양하기는 하나 사형제도를 전반적으로 다루고 있지 아니한 한계가 있다. 따라서 범위에 제한을 두지 않고 수집 가능한 사형확정 판결문과 하급심 판결 등 관련 자료를 입수하여 시대적 상황과 정치적 맥락 등 사형선고에 영향을 미친 여러 제반 사정들을 고려하여 분석해 볼 필요가 있을 것이다.[22]

---

21) 형사법률상 우리나라에서 사형이 선고될 수 있는 범죄구성요건의 수는 모두 162개에 달한다. 구체적으로는 형법상 20개 조문, 군형법상 75개 조문, 기타 형사특별법상 67개의 조문에서 사형이 법정형으로 규정되어 있다. 특히 형사특별법의 관련 규정을 구체적으로 살펴보면, 국가보안법 9개, 마약류관리에 관한 법률 7개, 마약류 불법거래방지에 관한 특례법 1개, 문화재보호법 1개, 보건범죄단속에 관한 특별조치법 3개, 부정선거관련자처벌법 3개, 선박 및 해상구조물에 대한 위해행위의 처벌 등에 관한 법률 4개, 성폭력범죄의 처벌 및 피해자보호 등에 관한 법률 4개, 원자력법 2개, 원자력시설 등의 방호 및 방사능방재대책법 3개, 장기이식 등에 관한 법률 9개, 전투경찰대설치법 1개, 지뢰 등 특정 재래식 무기 이용 및 이전의 규제에 관한 법률 1개, 특정범죄가중처벌 등에 관한 법률 11개, 폭력행위 등 처벌에 관한 법률 1개, 한국조폐공사법 1개, 항공법 3개, 항공안전 및 보안에 관한 법률 2개, 화학무기의 금지를 위한 특정 화학물질의 제조수출입규제 등에 관한 법률에 1개의 범죄구성요건이 사형을 법정형으로 규정하고 있다.
22) 그러나 이와 관련하여 우리 법원이 정부수립 이후 모든 형사판결을 공개하지 아니하였고 특정 시기에는 판결문의 작성자에 대한 인적사항조차 제대로 밝히지 않는 등 현실적 한계가 작용한다. 아울러 2009년 법무부가 공식적으로 발표한 내용에서도 나타나듯이 정부기록보존소의 화재로 유실된 판결이 다수 존재한다는 점 또한 연구범위에 제한을 가져오게 한다.

3. 사형에 대한 국민적 정서의 규명

사형제도가 우리 사회에서 의미하는 바를 해명하는 작업 역시 중요한 연구대상이다. 사형을 선고하는 법원이나 이에 따라 집행을 담당하는 국가는 국민의 법감정이 요구하고 있다는 점을 일관되게 지적하면서 사형제도의 정당성을 주장해 왔다. 그러나 그 실체가 무엇인지 제대로 규명되지 아니한 상황에서 사형집행을 전후하여 몇 차례에 걸쳐 국민의식을 조사한 사례가 있어 왔으나 이것만으로 사형제도를 요청하는 법감정의 실체가 드러난 것은 아니다.[23] 따라서 사형제도에 대한 법감정이 존재하는 것인지 그리고 실지로 그것이 존재한다면 어떠한 과정을 거쳐 형성되어 왔는지를 논증해 보아야 한다. 아울러 사형제도와 관련된 사회적 담론과 이에 참여하고 있는 다양한 유형의 사회적 인식은 어떻게 변화하면서 전개되어 왔는지도 검토되어야 할 것이다.

4. 사법적 불법의 개념 정립과 유형화

나아가 사법적 불법의 개념과 의미를 확정하고 유형화를 시도하는 과정이 필요하다. 현재 오판과 사법살인이라는 용어가 거의 동일한 의미로 혼용되고 있으나 명백하게 양자는 구별되어야 하는데, 왜냐하면 오판은 대체로 과실에 의한 경우를 상정하게 되지만 사법살인에 있어서는 미필의 경우를 포함한 고의적인 경우가 대다수를 차지하기 때문이다. 따라서 불법의 성격을 달리하기 때문에 양자에 대한 가치판단은 달라야 하는 것이다.[24] 사법적 불법의 규모를 확인하고 난 후에는 이를 고의적인 사법왜곡행위와 과실에 의한 사법오류행위로 대별하고, 다시 사법왜곡행위는 사법살인과 사법학살로 구분하여 구체적인 사례를 확인한 다음 이를 유형화해야 한다.[25] 특히 사법왜곡행위는 그 성격이 정치테러의 수단화, 적법절차의 실종, 신속한 집행이라는 공통된 불법의 양상을 드러내는 것으로 이에 대한 체계적인 연구가 요청된다.[26]

---

23) 그런데 사형이 실제로 어떻게 작용하고 있는지를 거의 알기 어려운 일반인들에게 이 제도의 찬반을 문의하게 될 경우 대체로 사형제도가 마땅히 구현하려는 의미에 집착하여 이에 찬성하게 된다. 조준현, "사형제도 존폐논쟁의 현황과 전망 – 이념논쟁과 국민정서", 『형사정책연구』 제17권 제2호, 2006., 21면.

24) 이덕인, "사형폐지의 정당성: 사법살인과 오판에 의한 사형", 『중앙법학』 제12집 제2호, 2010., 111면 이하 참조.

25) 법왜곡행위의 원인과 문제점에 대해서는 허일태, "법왜곡행위와 사법살인의 방지를 위한 입법정책", 『형사정책연구』 제18권 제2호, 2007., 8면 이하 참조.

26) 2007년 1월 30일, 진실·화해를 위한 과거사 정리위원회에 의하여 1970년대 긴급조치 위반사건 재판

5. 사형제도에 대한 객관적·구체적 성찰

사형제도는 결국 인권과 인간존엄의 문제와 결부된 다양한 영역의 관심과 논쟁의 대상이 된다.[27] 그러나 연구된 결과들을 살펴보면 다분히 사건 중심의 분석 또는 절차적 정당성과 형벌의 가혹함에 초점을 맞추어 저술된 문헌이 주를 이루고 있다. 다만 미국에서는 오판과 관련하여 Edwin M. Bochard가 저술한 'Convicting the

---

1,412건을 사건별로 판결 요지와 판사의 실명을 함께 기록하여 분석한 보고서가 공개된 바 있다. 여기에는 대법관·헌법재판소 재판관 등 현직 고위법관 10여 명과 대법원장·헌재소장·대법관 등을 역임한 전직 고위법관 100여 명의 이름이 망라되어 있었다. 우리 법원은 특히 유신 치하에 내려진 대다수의 판결문을 비공개하거나 공개하더라도 하급심법원 판결의 경우 일부만 공개하는 식의 선별적 공개태도를 고수해 왔다. 그런데 판결문에는 반드시 그 판결에 관여한 법관들의 이름이 기재되어 있다. 자신의 이름을 걸었다는 의미는 달리 표현하자면 해당 판결에 대한 무한책임이 재판에 관여한 법관에게 있음을 선언하는 것이다. 판결내용만 공개하고 법관의 이름을 지우거나 가명 처리하는 태도는 책임을 지지 않겠다는 것이 되며, 그것은 스스로 의식적이든 무의식적이든 최근 드러나고 있는 과거의 법왜곡과 오판, 심지어는 사법살인에 개입한 사실을 인정하는 것이 되어 버린다. 우리나라의 경우 법관이 오판이나 잘못된 판결을 선고한 법왜곡행위를 형사처벌하지 않는다. 그러나 법적 책임을 묻지 않는다고 하여 판결에 대한 사회적 책임이나 역사적 책임까지 회피되는 것은 아니다. 법관에게는 이른바 '법조적 양심'이라는 것이 존재한다. 그것은 우리 헌법이 법관에게 '헌법, 법률과 양심에 따라' 독립적으로 재판하라고 그 권위를 선언하고 있듯이 모든 실정법은 국가의 상위규범이자 최고규범인 헌법의 테두리 내에서 해석되고 법관의 양심이라는 프리즘을 통해 적용되는 치열한 고민의 과정을 거쳐야 함을 의미한다. 잘못된 사법 과거사는 반드시 청산되어야 하며, 그 출발은 사법부로부터의 자발적인 의지와 노력에 의해 시도되어야 한다. 과거사 정리위원회가 쏟아 놓은 진실규명 및 결정에 따라 재심을 통한 무죄 판결들이 언론을 장식할 때까지도 잘못된 증거채택과 법적용으로 무고한 자들에게 사형을 선고하고 그 집행과정을 수수방관한 사법부는 피해자의 유가족과 국민 앞에 충심에서 우러나오는 사과를 하지 않았다. 법관 가운데는 자신들을 전인격체라고 여기는 사람도 있으나 그들 역시 인간존재로서의 한계를 가지고 있으므로 과실로 인하여 진실에 반하는 오판을 할 수도 있다. 그러한 오판은 충분하지는 않지만 재심이나 형사보상절차를 통하여 신원(伸冤)의 가능성을 열 수 있다. 그러나 법관이 의도적으로 진실에 반하는 판결을 하거나 또는 부정의한 판결을 막을 수 있었는데도 이를 방조하였다면 그 행위는 정상적인 수단을 통하여 해결할 수 없는 일이다. 따라서 사형제도 정당성 검토의 전제조건 가운데 공식적 사형집행 통계를 확정하고 해당 판결을 수집, 분석하는 과제는 사법부 스스로가 공언한 사법 과거사 청산의 당연한 귀결이 되는 것이다.

27) 이와 관련하여 미국의 경우 Howard W. Allen, Jerome M. Clubb, Vincent A. Lacey, Race, class, and the death penalty: capital punishment in American history, SUNY Press, 2008.; Jacqueline Herrmann, The History of the Death Penalty in the United States: Presented and Analyzed on the Basis of Selected U.S. Supreme Court Cases, GRIN Verlag, 2008.; James J. Megivern, The death penalty: an historical and theological survey, Paulist Press, 1997.; Sharon Jaegers, The Death Penalty in the USA and in Other Countries−Problems and Developments on the Basis of Selected Examples, GRIN Verlag, 2009.; Stuart Banner, The death penalty: an American history, Harvard University Press, 2002. 등 참조; 일본의 경우 三原憲三, 死刑存廃論の系譜, 成文堂, 2008.; 森川哲郎, 身の毛もよだつ日本残酷死刑史: 生埋め·火あぶり·磔·獄門·絞首刑, 日本文芸社, 2006.; 辻本義男, 史料 日本の死刑廃止論, 成文堂, 1983.; 布施弥平治, 日本死刑史, 巌南堂書店, 1983.; 池田浩士, 死刑の昭和史, インパクト出版会, 1992 등 참조.; 중국의 경우는 Hong Lu, Terance D. Miethe, China's Death Penalty: History, Law and Contemporary Practices, Taylor and Francis, 2009. 张文, 十问死刑: 以中国死刑文化为背景, 北京大学出版社, 2006.; 布鲁诺·赖德尔, 死刑的文化史, 三联书店, 1992 등 참조.

Innocent'라는 연구 이후의 관련 연구들에서, 일본의 경우 일본변호사연합회가 중심이 되어 1998년 제출한 '오판원인의 실증적 연구'를 필두로 하여 다양한 연구에서 객관적인 논증을 시도하려는 움직임이 나타나고 있다. 국내에서도 이에 대한 논의는 특정 분야에 국한되지 않고, 규범적 측면은 물론 종교적, 사회윤리적, 철학적 측면에서 폭넓게 시도되어왔다. 그러나 사형제도에 대한 그간의 논의들에서는 제도적 정당성과 부당성을 다투기 위하여 문헌 위주의 접근방식에 따라 인권과 인간존엄의 가치를 연결시키고, 사회제도적 측면의 필요성과 정당화 논증이 대칭적인 구조를 이루며 전개되었다. 아울러 부분적으로 고대부터 조선시대에 이르기까지 연대기적 서술방식에 따라 사형제도를 사적으로 고찰한 문헌이 일부 존재하고 있으나, 상대적으로 중요한 근·현대에 있어서 이와 관련된 연구는 진행된 바 없으며, 사법살인이나 오판의 문제를 제기하는 과정에서 특정사건에 대한 내용이 언급되고 있을 뿐이다.

간명하게 표현하자면 사형제도를 지지하거나 폐지하자는 측에서도 구체적으로 어느 정도의 사형집행이 있어 왔는지를 객관적으로 파악하지 못한 채 거의 감정적 논변에 의지하여 사형제도를 바라보고 있는 것이다. 즉, 이러한 집행으로 인하여 사회적으로 어느 정도의 위하력에 근거한 범죄예방효과가 존재하는지의 문제와 역으로 얼마나 많은 오판과 남용으로 인하여 이 제도의 존치를 금지해야 하는지의 문제는 서로 대립하는 가운데 어느 관점에서도 상대편의 논증을 제대로 비판하거나 설득할 수 있는 근거를 제시하지 못하였다.

Ⅳ 사형제도에 대한 헌법적 평가의 한계

1. 헌법재판의 변천 과정

1) 대법원

(1) 1960-70년대

정부수립 이후 사형제도에 대해 내려진 최초의 헌법적 판단에서는 생명의 불가역성을 전제하고, 한 사람의 생명이 전 지구보다 무겁고 또 귀중하고도 엄숙한 것이며 존엄하기에 이와 같이 존귀한 생명을 잃게 하는 사형은 형벌 가운데에서도 가장 냉혹한 것이라고 하였다.[28] 뒤이어 대법원은 사형으로 양정 처단하려면 항상 형사정책

---

28) 대법원 1963. 2. 28. 선고., 62도241판결; 그러나 이 판결은 전후 일본 최고재판소가 1948년, 사형의 위

측면과 인도주의적 측면을 심각하게 고려해야 하고, 국가의 발전과 도덕적 감정의 변천에 따라 입법적으로 해결되어야 하는 문제이기는 하나 국가 실정과 국민의 도덕적 감정에 근거하여 질서유지와 공공복리 차원에서 형법 등에 사형이라는 형벌이 규정된 것은 헌법에 위반되지 않는다고 판시하였다.[29] 그러나 1970년대에 접어들어 사형제도의 헌법적 정당성을 문의하는 대법원판결은 나타나지 않는다. 왜냐하면 장기 집권을 계획한 유신체제의 특성상 위헌심판이 허용될 수 없었을 뿐만 아니라, 사회 통제를 위한 정치적 수단으로 사형제도를 활용하고자 했던 정치 권력과 이에 사법적 부역을 행하였던 일부 법조세력이 가세하고 있었기 때문이다.

(2) 1980년 이후 헌법재판소의 헌법재판 이전

1983년 대법원은 국민의 총의에 의해 사형제도가 인정되고 공익을 위해서는 개인의 생명권도 희생될 수 있다는 논거를 제시한다.[30] 그로부터 2년 뒤인 1985년, 판결에서 사형은 극형으로서 그 생명을 존치시킬 수 없는 부득이한 경우에 한하여 적용되어야 할 궁극의 형벌이라고 판단하면서도 죄책이 심히 중대하고 죄형의 균형이나 범죄의 일반적 예방의 견지에서 불가피하다고 인정되는 경우라면 그 선택이 허용된다고 하였다.[31] 아울러 1987년 판결에서도 기존의 입장을 재확인하고 있다.[32] 그런데 1980년대 후반에 나타난 이 두 판결 역시 일본 최고재판소의 판결을 사법적으로 표절한 의혹이 제기됨에도 불구하고,[33] 사형선택의 허용기준을 신중하고 면밀하게 검토하여 원심의 사형선고를 파기한 점은 타당해 보인다. 1991년, 사형제도에 대한 대법원의 마지막 헌법재판 또한 새로운 헌법적 근거에 따라 제도적 정당성을 선언한 것이 아니라 앞선 대법원 판례들을 참조하는 수준에서 종전 입장을 되풀이하고 있다.[34]

헌성을 검토한 最高裁, 昭和23年 3月 12日, 大法廷判決 昭和22(れ)119号를 표절한 의혹이 짙다.

29) 대법원 1967. 9. 19. 선고., 67도988판결.

30) 대법원 1983. 3. 8. 선고., 82도3248판결.

31) 대법원 1985. 6. 11. 선고., 85도926판결.

32) 대법원 1987. 9. 8. 선고., 87도1458판결.

33) 이에 관련하여 일본의 最高裁, 1983. 7. 8. 第二小法廷 昭和56(あ)1505号 刑集 37卷6号, 609頁 이하 참조; 일본의 사형허용기준에 대해 자세한 것은 이덕인, "양형으로서 사형의 정당성에 대한 검토", 『비교형사법연구』 제10권 제2호, 2008., 98면 이하 참조.

34) 대법원 1991. 2. 26. 선고., 90도2906판결.

2) 헌법재판소

1988년 9월, 실질적인 헌법재판이 가능한 헌법재판소가 구성되자 사형제도에 관한 위헌심판청구가 1989년 2월 28일에 제기되었고(89헌마36), 1990년 5월 1일에도 위헌심판이 재차 제기되었다(90헌마13).[35] 그러나 1993년 11월 25일, 이 두 건의 위헌심판청구에 대하여 첫 번째 사건은 '청구기간의 도과'를 이유로 각하되었고, 두 번째 사건은 '재판기일 추후지정'을 이유로 그 결정이 유보되었다.[36] 이듬해인 1994년 10월 6일, 흉악범 15명에 대한 사형이 단행된 후 남아 있던 42명의 사형확정자들이 1995년 1월 4일, 사형제도에 대한 세 번째 위헌심판을 청구하였으나 그 결과는 합헌으로 종결되었다.[37] 그 후 2008년 10월 4일, 헌법소원의 형태가 아니라 항소심 법원의 위헌법률심판제청을 통하여 13년 전, 헌법재판소가 합헌을 선언하면서 미루어둔 단계적 폐지시기의 도래를 묻는 네 번째 헌법재판에 이르게 되었다.

(1) 1996년 헌법소원형 위헌심판청구

1996년 11월 28일, 헌재는 "사형제도는 필요악으로서 불가피하게 선택된 것이고 여전히 제 기능을 하고 있다는 점에서 정당화될 수 있으므로 형벌로서의 사형이 우리의 문화 수준이나 사회현실에 미루어 보아 지금 곧 이를 완전히 무효화시키는 것은 타당하지 아니하므로 아직은 현행의 법질서에 위반되지 않는다"고 판시하면서, "나라의 문화가 고도로 발전하고 인지가 발달하여 평화롭고 안정된 사회가 실현되는 등 시대 상황이 바뀌어 생명을 빼앗는 사형이 가진 범죄예방의 필요성이 거의 없게 되거나 국민의 법감정이 사형의 필요성이 없다고 인식하는 시기에 이르게 되면 사형을 곧바로 폐지하여야 하며, 그럼에도 불구하고 형벌로서 사형이 그대로 남아 있다

---

35) 이들 두 건의 위헌심판청구에 있어 헌재는 사안의 중대성으로 인하여 쉽게 결론을 내리지 못하다가 2년이 지난 1992년 5월 12일 첫 변론을 열었다. 첫 변론에서 직권으로 지명한 형법학자 3명과 헌법학자 1명의 참고인 진술을 청취하였는데 그 견해가 갈렸다. 여기서 심재우 교수와 김일수 교수는 위헌론을, 김종원 교수는 합헌론을, 이강혁 교수는 사형선고를 일률적으로 위헌으로 볼 수 없지만 법률이 사형판결에 대한 지침이나 절차에 관하여 구체적으로 규정하지 않을 경우 위헌의 소지가 있다는 부분적 위헌론을 피력하였다.

36) 그런데 후자의 청구는 다시 1년여의 기간을 지연하다가 1994년 12월 30일, 청구인에게 이미 사형이 집행되었음을 이유로 소송종결 처분하였다.

37) 이 사건 청구인은 살인과 특수강간 등의 범죄를 저질러 1, 2심에서 사형을 선고받았으나 대법원 상고와 동시에 살인죄에 대하여 사형을 규정한 형법 제250조 제1항, 사형을 형의 종류의 하나로서 규정한 같은 법 제41조 제1호, 사형집행의 방법을 규정한 같은 법 제66조, 사형집행의 장소를 규정한 (구)행형법 제57조 제1항에 대한 위헌법률심판제청을 신청하였으나 대법원이 이를 기각하자 헌법소원을 제기한 것이다. 그런데 이 청구인은 그 뒤 상고심에서 증거 부족을 이유로 원심이 파기 환송되어 무기징역형을 선고받아 현재 부산교도소에서 복역 중이다.

면 당연히 헌법에도 위반되는 것으로 보아야 한다"고 하였다.[38] 헌재는 이른바 시기상조론 내지 단계적 폐지론을 천명하면서 사형이 흉악범죄예방의 효과가 있는 것을 인정하고 있다.[39]

(2) 2010년 위헌심판제청형 위헌심판청구

2008년 10월, 사형제도에 대한 위헌심판제청을 제기한 형사법원은 헌재의 단계적 사형폐지론을 반박하면서 아직도 국민의 의식이 사형제도의 필요성을 요구하고 있다는 주장은 폐기되어야 할 구시대의 허상이라고 지적하였다. 2009년 6월 9일, 이 사건에 대한 헌재의 공개변론이 시작되었고 국가인권위원회는 사형제도 폐지의 의견을 헌재에 제출하였다. 그러나 헌재는 2010년 2월 25일, 관여 재판관 5대4(합헌: 5인, 위헌: 4인)의 의견으로 사형제도가 헌법에 위반되지 아니한다는 결정을 선고하였다.[40] 합헌결정의 요점을 살펴보면 형법 제41조 제1호 규정의 사형제도는 현행 헌법이 스스로 예상하고 있는 형벌의 한 종류이고, 생명권 제한에 있어서 헌법 제37조 제2항에 의한 한계를 일탈하였다고 할 수 없으며, 인간의 존엄과 가치를 규정한 헌법 제10조에 위배된다고 볼 수 없다는 것이다. 다만 이 사건은 합헌의견이나 위헌의견을 제시한 재판관 모두 '사형'이라는 형벌 그 자체가 우리 헌법에 근거를 가질 수 있는지를 찾는 작업으로부터 논증을 시작하고 있다는 점에서 과거의 헌법재판과는 구별된다.[41]

---

38) 이 사건에서 헌법재판관 9인 가운데 7인이 합헌을 선언하였다. 자세한 내용은 헌법재판소 1996. 11. 28. 선고., 95헌바1결정 형법 제250조 등 위헌소원, 판례집 8-2, 537면 이하 참조.

39) 그런데 이 결정의 선고 직전인 1996년 11월 18일, 정부가 확정한 형법개정(안) 제44조 제3항에는 "사형의 선고는 특히 신중하게 하여야 한다"고 하는 '사형선고 신중선언'규정을 신설하였으나 형법개정에는 반영되지 못하였다.

40) 이 사건의 제청신청인은 2회에 걸쳐 4명을 살해하고 그 중 3명의 여성을 추행한 범죄사실로 구속 기소되어, 1심에서 사형이 선고되자, 항소하여 재판을 받던 중 2008년 9월 26일, 형법 제250조 제1항, 사형제도를 규정한 형법 제41조 제1호 등이 헌법에 위반된다는 것을 이유로 한 변호인의 위헌법률심판제청신청이 항소법원에 의해 받아 들여져 위헌제청결정이 되었다. 그러나 헌법재판소, 2010. 2. 25. 선고., 2008헌가23결정(위헌제청)으로 합헌이 선언되자 2010년 6월 10일, 대법원 3부는 사형을 선고한 원심을 최종확정하였다.

41) 이에 따라 그 근거조항으로 두 의견 모두 헌법 제110조 제4항을 지적하였다. 헌법 제110조는 [군사재판]이라는 제목으로 제1항에서 군사재판을 관할하기 위하여 특별법원으로 군사법원을 둘 수 있다고 규정하고, 제2항은 군사법원의 상고심 관할을 대법원으로 규정하고 있다. 특히 제4항은 비상계엄 하에서 일정한 범죄에 대해 단심으로 할 수 있으나, '다만 사형을 언도하는 경우에는 그러하지 아니하다'라는 규정을 두고 있다.

2. 사형제도와 생명권 제한의 정당화

1) 비례원칙

(1) 사형의 위하효과와 적합성 원칙

사형제도가 범죄예방이라는 공익적 목적의 실현에 효과적이고 적합한 수단이 되려면 이를 통한 위하효과가 검증되어야 한다. 그러나 이와 관련하여 일정한 연구결과가 제시되고 있으나 의심스러운 부분이 제기되고 더욱이 과학적으로 그 결과가 명쾌하게 검증되지 아니하는 한 범죄억지효과는 부정되어야 한다.[42] 또 다른 목적으로서 인간의 원초적 욕구인 응보와 보복감정을 충족시켜 해당 범죄자를 사회로부터 영원히 격리하여 정의로움을 실현해야 한다는 주장에 있어서는 응보와 보복감정의 충족이 정의로움과 완벽하게 등치될 수 있는지 역시 단언할 수 없어 보인다.[43]

(2) 종신형 및 사형축소와 필요성 원칙

필요성원칙과 관련하여 사형제도의 대안으로 제시되는 가석방 없는 종신형제도가 자주 언급되고 있다. 이에 대하여 사형존치론에서는 종신형으로의 대체가 필요성 원칙을 충족할 수 없다고 판단하는 반면, 사형폐지론에서는 회복불가능성을 회피할 수 있다는 점에 근거하여 이를 충족한다고 주장한다. 즉, 종신형제도의 도입 또는 사형대상 범위를 축소하는 경우에 범죄자에 대한 인권침해를 최소화하고 회복불가능성이라는 사형제도의 치명적 한계를 극복할 수 있다는 것이다. 이러한 관점을 유지하는 입장에서는 사형대상 범죄를 타인의 생명을 침해하는 범죄행위로 제한하고, 사형선고에 필요한 정족수를 가중해야 하며, 사형을 선고한 뒤 집행할 때까지 필요적인 유예기간을 둘 것을 제안한다. 아울러 사형선고의 요건을 엄격하게 정하자는 주장도 동일한 맥락에서 이해될 수 있다.[44]

2) 본질내용침해금지의 원칙

법리적으로 본질 내용이 무엇인지에 대해서는 어떠한 경우에도 제한될 수 없는 절대적 핵심영역으로 이해하는 견해와 비례성 원칙에 따라 제한되고 남은 나머지의 영역으로 이해하는 견해가 대립하고 있다. 그러나 전자는 절대적 핵심영역이 무엇인지

---

42) 이와 관련하여 홍기원, "법치국가 형법의 현재와 미래: 사형제도의 범죄억지력에 관한 최근 미국 법경제학의 연구성과에 대한 검토", 『고려법학』 제57권, 2010., 1면 이하 참조.

43) 즉, 보정적 차원의 시정적 정의(是正的 正義)에 입각할 때 사형은 결코 정의롭지 아니한 것이다. 이에 대해서는 이덕인, "양형으로서 사형의 정당성에 대한 검토", 97면 참조.

44) 대법원 2001. 3. 9. 선고., 2000도5736판결.

에 대하여 명확한 설명이 어렵다는 난점이 있으며, 후자 역시 생명권에 대한 보장이 무의미해질 수도 있다는 비판이 제기된다. 이러한 문제는 이미 1996년 제기된 헌법소원에서 헌법재판관들이 판단한 결정문에서도 드러난다. 즉 당시의 합헌의견은 상대설에 입각하여 사형이 비례의 원칙에 따라서 최소한 동등한 가치가 있는 다른 생명 또는 그에 못지아니한 공공의 이익을 보호하기 위한 불가피성이 충족되는 예외적인 경우에만 적용되는 한, 그것이 비록 생명을 빼앗는 형벌이라 하더라도 헌법 제37조 제2항 단서에 위반되는 것은 아니라고 판단한 반면, 기본적 인권에 대한 이성적 논의를 지향하는 위헌의견은 사형제도가 생명권의 본질적 내용을 침해하는 생명권의 제한이므로 헌법 제37조 제2항 단서에 위반된다고 판단한 것이다.[45]

3. 사형폐지를 위한 입법정책적 결단의 촉구

1) 헌법재판의 한계

헌재가 비록 사형제도에 대해 여전히 합헌임을 인정하고 있으나 그 의견의 실질적 내용을 분석해 보면 과거의 결정에서 전향적으로 태도를 변경하고 있음을 확인하게 된다. 왜냐하면 합헌의견을 제시한 재판관들 가운데 2명이 '현행 헌법의 해석상 사형제가 위헌이 아니라고 선언할 수는 없지만, 헌법개정 또는 국회 입법에 의해 사형제를 폐지해야 한다'는 의견을 명시적으로 밝히고 있기 때문이다. 즉, '헌법해석에 의해 사형제를 곧바로 폐지할 것인지' 아니면 '입법에 의하여 사형제를 폐지해야 하는지' 방법론상 차이가 있을 뿐 9명의 헌법재판관 가운데 6명 이상의 재판관들은 사형제를 폐지해야 한다는 점에서는 일치된 의견을 보이고 있다.[46] 결국 사형제도의 존폐는 헌법재판이 아니라 입법자에 의한 입법의 개폐 여부에 의하여 해결되어야 할 문제라고 할 수 있으며, 그 열쇠는 입법자가 쥐고 있는 것이다.[47] 원래 헌법재판소는 헌법의 규정을 전제로 하여 법률상의 제도가 헌법의 명문규정에 반하거나 제도의 본질에 위배되는 등 명백한 위헌성이 확인될 때 비로소 위헌결정을 내릴 수 있다. 즉, 하위규범이 헌법규범에 반하는지의 여부는 그들의 능력으로 충분히 가려낼 수 있으나 최고규범 내의 규범충돌 또는 최고규범 자체의 정당성 여부를 판단하는 것은

---

45) 헌법재판소 1996. 11. 28. 선고., 95헌바1결정 참조.

46) 박찬걸, "사형폐지론의 입장에서 바라본 사형제도", 『한양법학』 제21권 제2집, 2010., 361면.

47) 물론 전 세계적으로 5개 국가에서는 사형제도의 위헌성을 헌법재판기관이 인정하여 사형을 폐지한 사례가 존재하기는 한다. 특히 헝가리와 남아프리카공화국 헌법재판소의 위헌결정에 대한 쟁점과 검토사항에 있어서는 허일태, "사형제도의 세계적 추세와 위헌성", 『동아법학』 제45호, 2009., 284면 이하 참조.

이론적으로는 가능하지만 현실적으로 보면 헌법재판관의 몫이 아니다.

2) 입법정책적 결단의 실현

이와 관련하여 15대 국회 이후부터 17대 국회에 이르기까지 새로운 국회가 구성될 때마다 입법청원을 통하여 사형폐지법(안)이 발의되고 있으나 매번 제대로 된 논의 과정을 거쳐보지 못한 채 폐기되어 왔다. 18대 국회에서도 역시 의원입법으로 3건의 관련 의안이 상정되어 있는 상태이다. 2008년, 박선영 의원 등 39인이 제출한 법안을 필두로 하여,[48] 2009년에는 김부겸 의원 등 53인이 제안한 법안이 있으며,[49] 2010년에도 주성영 의원 등 10인이 사형폐지에 관한 특별법안을 국회에 제출해 둔 상황에서 향후 논의과정을 예의 주시할 필요가 있다.[50] 특히 18대 국회에서 사형폐지를 위한 입법정책적 결단이 더욱 기대되는 시점에서 주목할 부분은 2010년 11월 4일자로 제출된 유럽평의회와 체결한 범죄인 인도조약의 가입비준동의안(의안번호 6441호)에 대해 18대 국회의 형사입법자들이 사형집행 유보조항을 수정하지 않고 원안대로 가결했다는 사실이다.[51]

구분	15대	16대	17대
발의일	1999.12.07.	2001.10.30.	2004.12.09.
발의자	유제건 등 91인	정대철 등 63인	유인태 등 175인
대체형	무기징역	무기징역	절대적 종신형[52]

---

48) 의안번호 1800928호인 이 법안은 2008년 9월 12일 제안되어, 그해 11월 7일 제278회 국회(정기회) 제18차 전체회의에서 상정 및 제안 설명되어 11월 19일 제278회 국회(정기회) 제1차 법안심사 제1소위에 회부되어 있다.

49) 의안번호 1806259호인 이 법안은 2009년 10월 8일 제안되어, 법제사법위원회에 다음날인 10월 9일자로 회부되어 11월 18일 제284회 국회(정기회) 제10차 전체회의에 11월 18일 상정되었다.

50) 가장 최근인 2010년 11월 22일, 제안된 이 법안(의안번호 1809976호) 역시 2010년 11월 23일 법제사법위원회에 회부되어 2011년 4월 15일, 제299회 국회(임시회) 제4차 전체회의에 상정되어 있다

51) 유럽평의회와의 범죄인인도조약(안) 제11조는 "인도 청구된 범죄자가 청구국의 법에 의해서 사형으로 처벌될 수 있는 범죄이나 그러한 범죄에 관하여 피청구국의 법에 의하여서는 사형으로 처벌되지 않거나 일반적으로 집행되지 않는 경우, 청구국이 피청구국에게 사형이 집행되지 않을 것임을 믿기에 충분한 보증을 제공하지 않는 한 인도청구는 거절될 수 있다"고 규정하고 있다. 이 조항이 포함된 유럽평의회와의 범죄인 인도조약(안)이 국회에서 가결되어 국외로 도주한 사형이 상당한 범죄자에 대한 사형선고는 가능하지만 집행은 불가능하며, 이에 따라 국내에서 사형선고를 받은 사형수라고 하더라도 함부로 집행을 하게 되면 우리 정부에 국제사회의 이목과 비난이 집중될 것이기에 현 정권은 집행을 정지할 수밖에 없다.

		(가석방 일부제한 가능)	
처리결과	법사위 심사 없이 임기만료폐기	법사위 심사 없이 임기만료폐기	법사위 심사 중 임기만료폐기

V 맺음말

지난해인 2010년, 미국과 일부 아시아권 국가들을 중심으로 사형이 집행되었으나 전 세계의 사형집행 건수는 전년도에 비해 줄어들었으며 사형폐지국가 역시 증가하는 추세를 나타내는 등 국제적인 사형폐지 움직임이 가속화되고 있다. 우리나라는 1997년 12월, 23명의 사형수에 대한 집행을 끝으로 공식적인 모라토리엄을 선포하지는 않았으나 현재까지 14년간 사형집행을 정지하여 국제 사회로부터 사실상 사형폐지국가로 분류되어 오고 있다. 그러나 흉악범죄가 기승을 부릴 때마다 국민감정과 이에 편승한 여론은 정치 권력을 향해 사형집행의 재개를 촉구하고 이에 따라 일련의 조치가 검토되었던 것이 사실이다. 따라서 엄밀하게 말하자면 대한민국에서 사형제도는 완전히 폐지된 것이 아니라 필요에 따라 국민 여론의 압박과 정치권력의 의지에 의해 용수를 쓴 채 교수대로 걸어가야 하는 사형수는 여전히 전국 각 지역별 교정시설에 분산 수용되어 집행을 대기하고 있는 것이다.

사형제도가 정당성을 확보하려면 공식적인 사형집행 통계가 존재해야 하며, 이를 토대로 사형판결에 대한 구체적인 검증과 논의가 필요하다. 그러나 우리의 경우 이러한 과정은 존재하지 않으며, 다만 국민적 정서에 기댄 채 주관적이고 감정적 관점에서 사형제도를 관망해 왔다고 할 수 있다. 더불어 과거의 사법적 불법에 의한 오판이 사법살인의 형태로 저질러진 사례 역시 하나둘 밝혀지고 있지만 이에 대한 청산 역시 순조롭지 않아 보인다.

인권과 인간존엄은 사형제도와 결코 양립할 수 없으며, 아무리 흉악한 범죄라고 하더라도 그것이 인간과 관계된 사회적 병리현상이라고 할 때 그에 대한 적절한 안

---

52) 종신형은 가석방이 가능한 상대적 종신형과 가석방이 불가능한 절대적 종신형으로 구분되며 사형폐지의 대체형은 후자의 경우를 말한다.

전장치와 치유방법을 고려하지 아니하고, 사형제도를 통하여 범죄로부터 사회의 안전을 담보하겠다는 낡은 형사정책적 사고방식은 국가가 본연의 책무를 유기하는 행위가 된다. 아울러 그동안 사형제도를 존치하면서 국가는 헌법적 평가를 통해 사형폐지 불가의 논리를 주장해 왔다. 그러나 대법원은 물론이고 헌법재판소 역시 일반적으로 그 존폐 문제의 결론을 입법적으로 해결하도록 요청하고 있다는 사실은 사형수라고 하더라도 그 생명권 제한의 정당화 문제를 판단하는 것은 인간존재의 능력 밖에 위치한 사안이라는 점을 시사한다. 따라서 사형제도의 정당성에 대한 입증책임은 국가가 당연히 부담해야 할 것이며, 이러한 입증이 가능하지 않다거나 혹은 불충분한 경우라면 국가는 형벌목록에서 사형을 영원히 삭제해야 할 것이다.

후기

제가 처음으로 한인섭 교수님의 존함을 알게 되었던 것은 지금으로부터 29년 전인 1995년, 체사레 베카리아가 남긴 불후의 저서 '범죄와 형벌(Dei delitti e delle pene)'의 번역본을 통해서였습니다. 일본의 형사법학자이자 변호사였던 가자하야 야소지(風早八十二)가 이 책을 일본어로 옮긴 것이 1929년 무렵이었으니 그로부터도 약 66년이나 흐른 세월에 베카리아의 정신은 교수님의 번역으로 그렇게 국내에 소개되었습니다. 시간이 어느덧 지나 이제 한 교수님은 정년을 눈앞에 두고 계십니다. 그런데 저는 지금에야 베카리아의 원저를 번역한 교수님의 심정을 조금은 알 것 같습니다. 교수님은 이 땅의 법학도들에게 영혼 없이 '존재'하는 형사규범이 아니라 신념을 담은 '당위'의 형사규범이 취해야 할 방향을 베카리아의 문장을 통해 말하고 싶어 하셨던 것은 아니었을까 하는 그런 생각을 하게 됩니다. 그 깊은 배려 아래 어쩌면 사형제도를 바라보는 교수님의 시선이 있는 듯합니다.

1999년 8월 31일, 한인섭 교수님은 천주교 주교회의 정의평화위원회가 주최한 사형폐지 세미나에서 사형을 '역사적 유물'로 만들 것을 촉구하며 사형폐지를 주장하셨습니다. 그때로부터 25년이 지난 오늘, 여전히 현실의 형벌로써 우리 사회의 사형제도는 언제 박동을 멈출지 예견할 수 없는 상태로 연명장치에 의지한 채 고르지 못한 숨을 내쉬고 있습니다. 그러나 그 부실한 장치를 제거하는 데에는 여전히 어려움이 따르고 관련된 논의조차 온전히 진전시키지 못하고 있는 형편입니다. 지난 2009년 3월 무렵, 당시 이명박 정권에서는 멈추어두었던 사형 집행을 재개할지도 모른다는 우려가 현실화되어 가는 분위기에 있었고 당시 132명의 전국 형사법 교수들은 이에 반대하는 공동성명을 발표하여 법무부에 전달한 바 있습니다. 형사법학자들이 그와 같은 내용을 담아 단결된 의사를 밝힌 것은 대단히 이례적인 일이었습니다. 그 중심에 한인섭 교수님이 계셨습니다.

2015년 11월 23일, 19대 국회(법제사법위원회)에서는 사형폐지에 관한 공청회가 열렸습니다. 이 자리에 진술인으로 참석했던 한인섭 교수님은 현재의 무기형 그리고 앞으로 도입될 종신형은 사형에 대한 확실하고 효과적인 대안이 될 것이라 전망하며, 흉악범죄에 대한 예방효과를 사형이라는 수단을 통해서 달성하려는 의견에 동의하지 않았습니다. 피해자의 법감정에 근거해 사형이 필요하다는 점에 대해서도 그것은 분명 존중되어야 하지만 사형이라는 방법을 통해 해결책을 찾는 것은 적절치 않으며, 피해자의 분노와 상실감에 대하여 우리 사회가 공감하고 법기관은 그에 대해서 적절하게 그들을 대변하고 회복을 위한 정신적, 물질적 지원에 앞장서야 한다고도 말씀하셨습니다. 나아가 피해자가 원하는 것은 정의로운 처벌이며, 그 정의로운 처벌의 상한선이 사형이어야 하느냐 하는 것은 피해자 가족의 선택사항이라기보다 우리 사회문명의 정도와 우리 국가의 인권수준에 따라 정해진다고 하시면서 과거 오판의 가능성과 정치적 남용의 사례, 종교적 동기, 정치적 동기 아울러 정치적 효과를 겨냥한 처형들이 많았고 민주화된 국가에서도 사형집행의 대상 중에는 소수자, 약자 중에서 선택되는 경우가 있었던 사실을 강조하며, 대한민국의 사형폐지 법안이 하루바삐 통과되기를 희망하셨습니다.

이때로부터 어느덧 10년이라는 시간이 경과해 가는 현재에도 사형이 응당 폐지되어야 할 그때의 정당한 논거에 변함은 없습니다. 제가 오랜 세월을 사형제도에 대해 생각하고 줄곧 한 길에서 굳건한 소신으로 버틸 수 있었던 것은 다름 아니라 교수님께 받은 정신적 자산의 영향과 격려 덕분이라 생각합니다. 교수님의 은퇴를 축하하고자 후학들이 마련하는 소중한 글 묶음의 잔치에 이렇게 소중한 지면의 일부를 차지하는 것이 저로서는 과분한 영광이자 끝까지 달려가야 할 여정에 또 다른 책임을 더하는 느낌입니다. 베카리아의 사상 아래 올곧게 지켜온 한인섭 교수님의 사형폐지의 신념이 하나의 이상론이나 관념에 그치는 것이 아니라 다시는 되돌리지 말아야 할 역사의 흔적인 유물이 되는 그날이 오기를 간절하게 염원해 봅니다.

5

사형 폐지 이후 대체형벌의 지평과 전망: 입법예고된 가석방없는 무기형 도입의 문제점과 대안*

김대근(연구위원, 한국형사·법무정책연구원)

"아무도 그날의 신음 소리를 듣지 못했다
모두 병들었는데 아무도 아프지 않았다"
— 이성복, "그날", <뒹구는 돌은 언제 잠 깨는가>(문학과 지성사, 1980)

I   정부의 입법예고

1. 중형주의 시대

엄벌주의와 중형주의라는 유령이 우리 사회를 짓누르고 있다. 구조화된 신자유주의에서 엄벌주의 또는 중형주의는 동시대의 사회적 보편성을 지닌다는 점에서 이론적 의미가 크다. 특히 비판범죄학에서 주로 논의되는 로익 바캉의 Penal State와 푸코의 Punitive Society는 엄벌주의 내지 중형주의를 분석하는 유용한 개념이다. 로익 바캉의 'Penal State'(형벌국가)는 '엄벌주의 국가' 내지 '중형주의 국가'로 이해되며,[1] 이 개념은 형벌 자체가 무거운 점, 특히 빈자들에게 가혹한 형벌의 문제점을 오늘날 '신자유주의'라는 맥락에서 강조한다.[2] 반면, 푸코의 'Punitive Society'(처벌사회)는 '새로운 자유주의의 통치술'로서 안전(sécurité')장치의 다원화라는 측면이 강조되며[3],

---

* 이 글은 김대근, "사형 폐지 이후 대체형벌의 지평과 전망: 입법예고된 가석방없는 무기형 도입의 문제점과 대안", 인권연구 제7권 제2호, 한국인권학회, 2024에 게재되었음을 밝힌다.

1) 로익 바캉(류재화 역), 『가난을 엄벌하다』, 시사IN북, 2010 참조.
2) 이에 대한 상세한 논의로는 Markus D. Dubber, *The Dual Penal State: The Crisis of Criminal Law in Comparative-Historical Perspective*, Oxford University Press, 2018 참조.
3) Michel Foucault(Bernard E. Harcourt, et), *The Punitive Society: Lectures at the Collège de France*,

오늘날 다원화된 제재를 분석하는 데 유용하다. 형벌과 보안처분의 엄격한 이원론에도 불구하고 법정형을 비롯한 형벌이 무거워지면서 동시에 다양한 보안처분이 입법화되고, 심지어 전자감독과 같은 (보안처분적 성격의) 제도가 확정판결을 받은 자 뿐만 아니라 수사, 재판 중인 피의자 및 피고인에게 선제적으로 도입[4]되는 최근 우리 사회의 모습이 전형적인 처벌사회라고 할 수 있다.[5] 더 나아가 강력범죄에 대한 정부의 잇단 대책도 처벌사회의 모습을 보여준다. 정부가 형벌 강화를 시작으로 경찰 면책규정을 확대하고 불심검문을 강화하며 사법입원제를 도입하는 등의 대책을 내놓은 것이 대표적이다. 최근 법무부 장관은 사형 집행 시설을 점검하라는 지시를 내리기도 했다. 음울한 그림자가 드리운 가운데 가석방 없는 무기형, 이른바 절대적 종신형의 도입은 지금, 또 언제나 그랬듯이, 가장 논쟁적인 주제다.

2. 정부 입법예고안

법무부 입법예고와 이를 거의 그대로 발의한 일부 의원의 개정법률안(이하 '입법예고 등'으로 부른다)[6]에 따르면, 현행법상 사형제와 별도로, 「형법」 제42조(징역 또는 금

1972－1973 *(Michel Foucault Lectures at the Collège de France, 2)*, Picador, 2018. 푸코의 '처벌사회' 개념은 새로운 자유주의 하에서 '역사적 특수성'을 지니기도 한다. 특히 시장이 자연질서적이라는 환상을 통해 국가 개입을 최소화하고자 하지만, 실상 국가 형벌을 통해 유지되었다는 점을 계보학적으로 분석하는 글로는 Bernard E. Harcourt, *The Illusion of Free Markets: Punishment and the Myth of Natural Order*, Harvard University Press, 2011 참조.

4) 스토킹범죄의 처벌 등에 관한 법률[법률 제19518호, 2023. 7. 11., 일부개정] 제9조 ① 법원은 스토킹범죄의 원활한 조사·심리 또는 피해자 보호를 위하여 필요하다고 인정하는 경우에는 결정으로 스토킹행위자에게 다음 각 호의 어느 하나에 해당하는 조치(이하 "잠정조치"라 한다)를 할 수 있다.

3의2. 「전자장치 부착 등에 관한 법률」 제2조제4호의 위치추적 전자장치(이하 "전자장치"라 한다)의 부착

5) 이에 대한 분석으로는 김대근, 「스토킹행위자에 대한 전자감독제도 도입에 따른 법리적 쟁점과 개선방안」, 입법학연구 제21집 제1호, 2024. 70쪽. "스토킹처벌법상 잠정조치로서의 전자감독은 보안처분이 아니고 영장주의의 대상인 강체처분도 아니다. 별도의 의무를 강제하기 위한 수단도 아니기 때문에 의무이행의 강제로서의 성격을 지니지 않는다. 동법상 다른 잠정조치의 경우, 그 유형과 기본권 제한의 정도가 다르다는 점에서 단순 비교를 통해 전자장치 부착의 성격을 규명할 수도 없다. 그렇다고 법원의 확정판결을 전제로 하지 않는다는 점, 우리 형법 제41조에 규정된 것이 아니라는 점에서 형벌은 더욱 아니다. 때문에 스토킹처벌법상 전자감독은 피해자 보호를 위한 새로운 유형의 (준사법적)처분이라고 보아야 할 것이다. 특히, 잠정조치로서 전자장치 부착은 항고의 대상(제9조 제6항)이라는 점에서는 행정처분의 하나로 볼 여지가 크다고 할 것이다…(중략)…'법원의 결정'을 헌법상 영장주의에 따르는 형사사법적 허가장으로 해석될 수 있고, 잠정조치로서 전자장치 부착의 절차가 강제처분 법정주의와 법원의 영장에 의해 사법적 통제를 받는다고 할 수 있다는 점에서 수사상 강제처분의 새로운 유형으로 볼 여지가 있다."

6) 가석방 없는 무기징역 또는 무기금고 판결을 선고할 수 있도록 하는 법적 근거를 마련하는 형법 개정법률안으로는 조정훈의원 대표발의 형법 일부개정법률안(23727)과 서영교의원 대표발의 형법 일부개정

고의 기간 등) 제2항에 가석방 없는 무기형의 근거를 두고, 조문을 신설하여 법관이 무기형 선고 시, 가석방 허용여부를 함께 선고하도록 한다. 사형 미집행으로 인한 공백과 가석방 가능성에 따른 국민 불안을 막겠다는 것이다.[7] 미국이 적극 도입하고 있다는 명분과 함께[8], 범죄를 예방하고 흉악범을 사회로부터 영구히 격리할 수 있다는 믿음이 여기에 깊이 자리 잡고 있다.[9]

Ⅱ   사형과 동시에 존재하는 가석방 없는 무기형

> "우리가 누군가를 기억하려고 애쓸 때,
> 이 우주는 조금이라도 바뀔 수 있을까?"
> ― 김연수, 「다만 한 사람을 기억하네」, (문학동네, 2014년 겨울호)

그동안 가석방 없는 무기형은 사형 폐지 이후 대체형벌의 하나로서 논의되어 왔다는 점을 고려하면, 이처럼 사형과 함께 가석방 없는 무기형을 두는 제안은 꽤나 낯설다. 원칙적으로 사형이 폐지되지 않은 상태에서의 대체형벌의 논의는 사형폐지의 단계조치로서 전제되거나 이해되기 때문이다.[10]

법률안(23539)이 있다. 이후 발의된 조수진의원 대표발의 형법 일부개정법률안(25265)은 살인, 상해치사, 폭행치사 등 살인죄로 3년 이상의 징역이나 금고의 집행 중에 있는 사람은 가석방할 수 없도록 형법 제72조제1항 단서를 신설한다.

7) 정부안인 형법 일부개정법률안(25236)의 제안이유 및 주요내용은 다음과 같다. "우리나라는 1997년 12월 이후 사형을 집행하지 않고 있고, 무기(無期)의 징역 또는 금고를 선고받은 범죄자도 20년이 지나면 가석방될 수 있어 국민적 불안이 가중되고 있는바, 앞으로는 「형법」에 따른 무기형을 가석방이 허용되는 무기형과 가석방이 허용되지 아니하는 무기형으로 구분하여 무기형의 유형에 절대적 종신형을 추가하고 무기형을 선고하는 경우에는 가석방이 허용되는지 여부를 함께 선고하도록 하여 살인 등 중대한 범죄를 저지른 사람을 사회로부터 영구히 격리시킬 수 있도록 하려는 것임."

8) 법무부 보도자료("가석방을 허용하지 않는 무기형 신설", 2023.8.11.)에 따르면 "가석방이 허용되지 않는 무기형(절대적 종신형)은 사형제와 함께 우리사회에서 장기간 논의, 검토되어 온 방안으로 미국을 비롯한 여러 선진국에서 도입하고 있습니다."라고 밝히고 있다. 미국이 형사사법체계의 모범국가인지 의문일 뿐만 아니라, 대부분의 여러 선진국에서는 가석방이 허용되는 종신형을 운용하고 있다. 이에 대한 자세한 연구로는 김대근·이덕인·권지혜, 『사형 폐지에 따른 법령정비 및 대체형벌에 관한 연구』, 한국형사법무정책연구원, 2021, 제2부("미국의 사형제 현황 및 대체형벌 분석")와 제3부("유럽평의회의 사형제 현황 및 대체형벌 분석") 참조

9) 법무부 보도자료("가석방을 허용하지 않는 무기형 신설", 2023.8.11.)의 '향후계획'에 따르면, "법무부장관은 "가석방이 허용되지 않는 무기형이 도입되면, 흉악범을 사회로부터 영구히 격리하는 실효적인 제도로 운영될 수 있을 것"이라고 밝혔습니다."라고 한다.

10) 한국형사법무정책연구원 연구보고서, 『사형 폐지에 따른 법령정비 및 대체형벌에 관한 연구』, 2021,

너무나도 급속하게 입법예고가 이루어졌기 때문인지 입법예고 등에서 제시한 조문상의 체계와 형식도 이례적이다. 조문의 위치가 형벌의 종류를 규정한「형법」제41조가 아니라, 징역 또는 금고의 기간을 규정한 제42조에 항을 신설하여, 무기징역 또는 무기금고는 가석방이 허용되는 무기형과 가석방이 허용되지 않는 무기형으로 하고(제2항 신설), 무기형을 선고하는 경우에는 가석방이 허용되는지 여부를 함께 선고해야 한다는 것이다(제3항 신설). 사형 폐지의 대안이 아닌, 사형과 함께 절대적 종신형을 함께 두는 태도는, 행위에 따른 적정한 형벌을 가해야 하는데 상대적 무기형만으로는 이에 못 미칠 수 있다는 사고와 법관의 양형재량이 존중되어야 한다는 사고에서 비롯된 것으로 애써 추론할 여지는 있다. 그러나 이러한 입법형식은, 가석방 없는 무기형 자체의 문제점은 차치하고라도, 후술하는 바와 같은 많은 문제가 있다.

1. 형벌인 듯 형벌 아닌 형벌 같은

일단 입법예고 등에 따른 가석방 없는 무기형은 형벌의 신설도 아니다. 형벌의 종류를 규정하는「형법」제41조를 우회해서는, 선고할 때 법관에게 가석방 여부를 판단하게 하는 방식으로 형벌'처럼' 운용하겠다는 것이다. 그러기 위해서 입법예고 등은 먼저 '가석방이 허용되지 아니하는 무기형'의 법적 근거를 마련한다(안 제42조제2항). 또한 무기형을 '선고'할 때, '가석방이 허용되는지 여부를 함께 선고'하게 함으로서 법관에게 판단의 부담을 떠넘기고, 법관에게 법해석이 아닌 입법행위(법형성)의 가능성을 부여한다. 이러한 입법형식은 죄형법정주의와 충돌할 뿐 아니라, 국회에게 입법권을 부여하고 있는 헌법 및 권력분립원칙과도 반한다. 무엇보다 우리 가석방 제도의 취지와 부합하지 않는 점이 가장 큰 문제다.

2. 죄형법정주의와의 충돌

주지하다시피 입법예고 등은 사형을 유지하면서 가석방 없는 무기형을 제안한다. 그렇다면 어느 범죄가 사형과 가석방 없는 무기형을 받게 될까. 죄형법정주의 이념에 따라 범죄와 형벌은 국회의 고유한 권한이며 행위 시에 미리 정해져야 한다. 법정형으로 사형과 무기징역을 규정하고 있는 범죄 구성요건을 일일이 검토해서, 어느 범죄를 사형, 가석방 가능 무기형, 가석방 없는 무기형으로 처벌할지를 어느정도 미

359쪽.

리 명확하게 규정해야 하는 것이다. 요컨대, 입법예고 등은 죄형법정주의의 명확성 요청에 부합하지 않을 수 있다. 법치국가 원칙의 형사법적 요청이 죄형법정주의라는 점에서, 제안된 입법예고 등은 법치국가적 예측가능성을 확보하지 못해서 결국 죄형법정주의에 반한다는 평가가 가능하다.[11]

3. 권력분립 원칙과의 충돌

「헌법」에 따라 입법권은 국회에 속하고(제40조), 사법권은 법관으로 구성된 법원에 속한다(제101조 제1항). 입법과 사법을 서로 상이한 국가기관에게 귀속시키는 것은 국가권력의 집중을 방지하여 권력의 오남용을 방지하고, 궁극적으로는 국민의 자유와 권리를 보장하기 위해서다. 특히 사법(司法)이 "구체적인 법적 분쟁이 발생한 경우 독립적 지위를 가진 중립적 기관이 무엇이 법인가를 인식하고 선언함으로써 법질서의 유지와 법적 평화에 기여하는 국가작용"[12]이라는 점, 때문에 사법은 – 법형성이 아닌 – 법 분쟁절차에서 법질서 유지를 통한 법적 평화의 실현이라는 기능[13]에 머물러야 한다.

물론 입법예고 등은 '가석방이 허용되지 아니하는 무기형'의 법적 근거를 마련했다(안 제42조제2항)는 점에서 전적으로 법관에게 법형성 권한을 부여한 것은 아니다. 그러나 형벌의 종류가 아닌 것을 법관에게 형벌로서 선고하게 하는 것은 법관으로 하여금 형벌(법)을 형성해야 하는 부담인 동시에, 법률의 본질적인 내용인 가벌성의 문제를 입법자로부터 박탈한다는 점에서 입법형성권을 침해하고, 견제와 기능의 분리 원칙에 부합하지 않는다. 본래 법관이 법정형 범위에서 선고형을 확정한다는 점에 비추어 법관이 무기형을 선고할 때 가석방 여부를 선고한다고 하여 권력분립원칙 위반으로 보기 어렵고, 무엇보다 국회가 형법 개정을 통해서 가석방 없는 무기형을 명확하게 규정하고 이미 무기형이 가능한 범죄가 형법에 명시된다면 권력분립원칙 위반 문제는 생기지 않는다는 견해도 있을 수 있다. 그러나 본질적으로 입법적 사항이

---

11) 이에 대해서 익명의 심사자께서 제안해주신 바, 가석방 없는 무기형을 기존 무기형을 구체화하는 것으로 보면 이것이 죄형법정주의와 충돌한다고 보기 어렵다는 지적 또한 설득력이 있다. 설사 입법예고 등이 기존 무기형을 가중하는 것으로 보더라도 그 근거를 형법에 마련한다면 죄형법정주의에 부합한다고 볼 여지도 있기 때문이다. 또한 같은 맥락에서 형법은 단일형이 아니라 형벌의 종류와 범위를 규정하는 것이 일반적이라는 점에서 무기형을 가석방 가능한 것과 불가능한 것으로 나눈다고 하여 이를 죄형법정주의와 충돌한다고 보기 어렵다는 지적을 하기도 했다.
12) 한수웅, 『헌법학』, 법문사, 2022, 1363쪽
13) 한수웅, 『헌법학』, 법문사, 2022, 1364쪽

어야 할 형벌의 종류를 법관이 선고하는 형식이라는 점에서는 입법권을 침해하는 측면이 크다. 앞에서 언급한 죄형법정주의의 문제가 권력분립의 한 내용이라는 점에서 죄형법정주의와의 충돌에서 이미 권력분립원칙과의 충돌이 내재한 것이기도 하다.

4. 가석방 제도의 취지와 충돌

「형법」은 징역이나 금고의 집행 중에 있는 사람이 행상(行狀)이 양호하여 뉘우침이 뚜렷한 때에는 무기형은 20년, 유기형은 형기의 3분의 1이 지난 후 행정처분으로 가석방을 할 수 있다고 규정한다(제72조 제1항). 가석방 제도는 수형자의 사회복귀를 용이하게 함으로써 수형자로 하여금 사회복귀를 위한 자발적이고 적극적인 노력을 촉진하는 측면(특별예방목적)과 함께, 정기형 제도의 결함을 보충하여 수용자의 개선가능성을 고려하고 형집행의 구체적 타당성을 확보하려는데 있다.[14] 때문에 가석방 판단의 대상은 '징역이나 금고의 집행 중에 있는 사람' 즉, 기결수에 대한 것이어야 하지 판결 당시, 즉 미결상태의 사람에 대한 것이 아니다. 헌법재판소도 가석방은 "갱생한 수형자에 대한 무용한 구금을 피하고 수형자의 윤리적 자기형성을 촉진하고자 하는 의미에서 취해지는 형사정책적 행정처분"[15]이라고 한다는 점에서 가석방은 '수형자'에 대한 형사정책적 행정처분이라는 점은 분명하다.[16]

또한 '행상(行狀)이 양호하여 뉘우침이 뚜렷한' 경우 남은 수형 생활이 불필요하고, 수용자에게 재범의 위험성이 없어서 남은 형기를 집행하지 않는 것이 바람직하다는 판단이 있어야 한다. 그러한 판단은 당연하게도 형 집행의 과정에서 교정 당국에 의한 면밀한 검토를 통해서 이루어져야 하지, 판결 당시 법관에 의해서 미리 판단할 수 있는 것이 아니다. 법관에 의해 가석방이 이루어진다면 사실상 집행유예와의 차별성도 없어지게 되어 형사사법절차의 혼란이 가중될 수 있다. 요컨대 '행상(行狀)이 양호하여 뉘우침이 뚜렷한'지에 대한 판단은 특별예방적 관점에서 가장 중요한 고려사항이므로, "범죄의 경중을 고려사항으로 삼아 중대한 범죄라는 이유로 가석방을 불허할 수도 없다"[17]는 결론으로 귀결된다.

---

14) 김성돈, 『형법총론』, 성균관대학교 출판부, 2015, 832쪽
15) 헌재 1995. 3. 23. 선고 93헌마12 전원재판부 결정
16) 물론 가석방의 본질에 대해서는 다양한 관점이 가능하다. 은사포상설, 행정처분설, 행형제도설, 종합설 등이 그렇다. 이에 대한 설명으로는 김정환, "1개의 판결에서 다수의 범죄사실에 대하여 다수의 형이 확정된 사안에서 가석방의 요건을 정한 형법 제72조 제1항의 해석", 『교정판례백선』, 박영사, 2024, 403쪽; 정승환, "수형자의 가석방 요구권", 『교정판례백선』, 박영사, 2024, 418쪽
17) 김성돈, 『형법총론』, 성균관대학교 출판부, 2015, 834쪽

이처럼 가석방에 대한 판단은 판결 당시 범죄의 경중에 의해서 판단되어서는 안되고, 징역이나 금고의 집행 중에 있는 사람에 대해서 행상이 양호하여 뉘우침이 뚜렷한 경우 및 재범가능성 등을 고려해서 이루어져야 한다.

Ⅲ 사형 대체형벌의 논의 지평

> "우리의 눈이 태양에 맞추어지지 않는다면,
> 태양은 결코 보이지 않을 것이다"
> — 괴테, 「온순한 크세니엔(Zahme Xenien)」

1. 서설

사형의 대체형벌 내지 사형의 대체조치에 대한 명확한 정의는 없으나, 사형은 가장 엄중한 범죄에 적용하는 처벌이라는 점을 고려하면 사형의 대체조치는 가장 엄중한 범죄에 대해서, 사형 폐지 후 사형을 대체하는 처벌방식이라고 할 수 있다.[18]

사람의 생명을 박탈하는 것이 아니라면, 그 다음으로 무거운 것은 자유를 박탈하는 형태일 것이다. 여기서 자유박탈의 정도에 따라 절대적 종신형과 상대적 종신형, 그리고 무기형, 더러는 (기간의 상한이 정해진)자유형까지, 사형의 대체형벌로서 논의된다.

2. 종신형과 무기형, 특히 상대적 종신형과 무기형의 차이

종신형은 '절대적 종신형'과 '상대적 종신형'으로 나눌 수 있는데, 절대적 종신형은 살아있는 동안 형집행이 면제되어 다시 자유의 몸이 될 가능성이 없는 경우를, 상대적 종신형은 형을 집행하더라도 가석방 등을 통해 사회로 돌아올 가능성을 열어둔 경우를 말한다.[19] 문제는 상대적 종신형과 무기형의 차이이다. 상대적 종신형은 가

---

18) 리씨훼이(한상돈 역), "사형의 대체조치 -중국형법의 입법을 기점으로-", 비교형사법연구 제9권 제2호, 한국비교형사법학회, 2007, 648-649쪽. 이하 사형 대체형벌의 논의지평에 대해서는 각주11) 44쪽 이하를 요약 정리한 것이다.

19) 주현경, "절대적 종신형 도입에 대한 비판적 검토", 고려법학 제68호, 고려대학교 법학연구원, 2013, 390쪽.

석방이 가능하다는 점에서 현행 무기징역과 병렬적으로 소개되기도 한다. 현재 우리나라의 현재 무기징역도 형기의 정함 없이 형을 집행한다는 점에서 종신형과 유사할 뿐만 아니라, 일정기간 후에 가석방이 허용되고 있으므로(「형법」 제72조) 포괄적으로는 무기징역도 상대적 종신형에 해당된다고 할 수 있다.[20]

다만 양자를 다음과 같이 구별하는 논의가 있다. 현행 무기징역은 원칙적으로 형기의 정함 없이 평생을 교도소에서 복역한다는 의미에서 상대적 종신형과 유사하지만, 무기형은 일정한 기간과 요건 하에 가석방을 전제한 것임에 비하여 종신형은 일정 기간 동안 가석방을 허용하지 않는다는 점에서 차이가 있다는 것이다(①).[21] 또한 상대적 종신형은 원칙적으로 일생을 교도소에서 복역하되 예외적으로 가석방이 허용될 수 있는 것이고, 무기징역은 일정기간과 조건을 전제로 가석방을 허용한다는 점에서[22] 구별될 수도 있다는 주장도 있다(②). 전자(①)의 경우 최저 복역기간의 관점에서, 후자(②)는 가석방의 예외성이라는 관점에서 무기징역과 구별을 시도하는 것이다. 일견 유사해 보이는 두 개의 주장을 통해, 상대적 종신형은 무기징역에 비교하여 첫째, 장기간의 최저 복역기간과 둘째, 예외적으로 가석방이 허용된다는 점을 특징으로 도출할 수 있을 것이다.

3. 절대적 종신형의 의의

가. 의의

절대적 종신형은 범죄자의 가석방 가능성을 배제함으로써 영구히 사회로부터 격리하여 교도소에 구금하는 형벌이다.[23] 절대적 종신형의 도입 주장은 사형제도 폐지의 정당화 근거에 의존하고 있고, 비판 의견에도 불구하고 사형폐지를 위한 과도기적 과정에서 필요한 제도로 여겨지기도 한다.[24] 예컨대 나치의 불법국가를 경험한 독일은 1949년 기본법을 제정하면서 사형을 폐지할 때 절대적 종신형만 두었고,[25] 1931

---

20) 이원경, "사형의 대체방안으로서 종신형제도에 관한 제 문제", 교정연구 제69호, 한국교정학회, 2015, 270쪽.
21) 신양균, "절대적 종신형을 통한 사형폐지?", 비교형사법연구 제9권 제2호, 한국비교형사법학회, 2007, 632쪽.
22) 한영수 외, 『사형제도 폐지 및 대체형벌 실태조사』, 국가인권위원회 연구용역보고서, 2018, 67쪽.
23) 허일태, "사형의 대안으로서 절대적 종신형 도입방안", 형사정책연구 제17권 제2호, 한국형사정책연구원, 2006, 41쪽.
24) 주현경, "절대적 종신형 도입에 대한 비판적 검토", 고려법학 제68호, 고려대학교 법학연구원, 2013, 387 – 388쪽.
25) 이후 1977년, 절대적 종신형이 위헌이라는 독일 연방헌법재판소의 결정이 있었다.

년 사형을 폐지한 미국의 미시간주 역시 사형의 대체형으로서 절대적 종신형을 두었다.[26] 절대적 종신형이 사형보다는 가볍고 무기형보다는 무거운 형벌이라는 점에서 절대적 종신형은 사형과 무기형 사이의 간극을 좁힐 수 있는 형벌로 이해되기도 한다.[27]

절대적 종신형을 지지하는 입장에서는 자유와 권리를 절대적으로 침해한다는 비판에 대해서는 사면제도를 통하여 해결할 수 있다거나, 만일 상대적 종신형을 도입하게 되면 가석방이 허용되는 기간을 길게 설정하는 것 이외에는 무기징역과 다르지 않기 때문에 국민과 피해자의 감정, 위하력 등 수용하기 어렵다는 점, 그리고 최근 형벌이 기존에 생물적 생존을 박탈했던 방식에서 사회적 생존을 박탈하는 형태로 발전되고 있다는 주장을 제기한다.[28]

나. 절대적 종신형의 부과 유형

절대적 종신형을 부과하는 유형은 두 가지로 나눌 수 있다. 첫째, 특정 범죄에 절대적 종신형이 선고 가능한 형벌로서 규정되어 있는 경우로 해당범죄에 대한 유죄판결이 내려지면 선고형으로 선택형을 찾을 수 없이 절대적 종신형이 자동적으로 부과되는 유형이고, 둘째, 특정 범죄에 대해 선고 가능한 형벌로서 사형 등 선택형이 있어 법원의 재량으로 개별사정들을 참작하여 종신형을 결정하는 유형이다.[29] 지금 논의되고 있는 입법예고 등이 바로 후자의 방식이다.

전자의 경우 사형이 존재하지 않는다면 법관의 합리적인 양형 재량권을 침해할 소지가 있으나 종신형이 자동적으로 선고되는 범죄유형을 아주 협소하게 설정한다면 사형의 대체로서, 그리고 수형자의 사회 복귀에 일부 상응하는 면이 있다. 후자의 경우 선고 가능한 선택형에 사형이 있다면 사형 선고를 일부 대체할 수 있는 형벌로 평가할 수 있을 것이고, 가석방이 가능한 종신형이나 유기 자유형도 선택이 가능하다면 사형의 축소와 폐지에 긍정적일 수 있는 가능성이 있다. 물론 후자의 방식은

---

26) 허일태, "사형의 대안으로서 절대적 종신형 도입방안", 형사정책연구 제17권 제2호, 한국형사정책연구원, 2006, 53−54쪽 참조. 특히 미국의 절대적 종신형에 대한 최근의 논의로는 최대호, "가석방 없는 종신형의 입법과 그 정당성 고찰− 미국에서의 종신형 관련 최근 동향을 소재로 −", 경희법학 제58권 제3호, 2023 참조.

27) 허일태, "사형의 대안으로서 절대적 종신형 도입방안", 형사정책연구 제17권 제2호, 한국형사정책연구원, 2006, 42쪽.

28) 한영수 외, 『사형제도 폐지 및 대체형벌 실태조사』, 국가인권위원회 연구용역보고서, 2018, 69쪽 참조.

29) 이인영, "연쇄살인범에 대한 사형대체형으로서 종신형 도입에 관한 논의", 한림법학 제15권, 한림대학교 법학연구소, 2004, 231쪽.

제도 운용상 집행유예와 차별성이 없을 뿐만 아니라, 가석방 제도의 취지를 형해화
할 수 있다는 점에서 타당하지 않다.

다. 문제점

절대적 종신형을 비판하는 논거(단점)로는, 우선 생명을 유지시킨다는 점에서 사형
보다는 인도적이라고 할 수 있지만, 수형자들을 사회적·심리적으로 황폐화 시킬 수
있고 수형자를 사회 공동체에서 영원히 단절시킨다는 점에서 인간으로서의 존엄과
가치를 침해한다는 점이 제기된다.[30] 또한 절대적 종신형은 신체의 자유에 대한 본
질적인 내용을 침해하는 것[31]이기에 비례 원칙에 따르더라도 허용될 수 없고, 형벌
의 목적인 특별예방과 이에 따른 범죄자의 재사회화를 고려할 수 없다는 비판도 거
론된다.[32] 본질적으로 절대적 종신형은 죽음의 시기만을 미룬다는 의미 외에 형사정
책적 의미는 없고 단지 사형제도를 폐지했다는 상징적인 점 외에는 큰 의미는 없다
는 견해가 설득력을 갖는 지점이다.[33]

우리나라의 경우, 법률에 절대적 종신형에 대한 명문 규정이 없음에도 불구하고,
사형을 선고한 후 집행하지 않고 있는 현실은 절대적 종신형의 성격을 가진다고 할
수 있다.[34] 이때, 집행되지 않는 사형은 법률상 무기 또는 20년 이상 50년 이하의
징역 또는 금고로 감형이 가능하므로(「형법」 제55조 제1항 제1호) 사회에 복귀할 수 있
는 가능성이 있지만, 절대적 종신형은 그 개념상 가석방의 가능성이 배제되기에 현
실적으로는 절대적 종신형이 사형보다 더 중한 형벌이 될 수도 있다.

헌법재판소는 절대적 종신형을 도입하더라도 사면에 의한 석방이나 감형의 가능성
이 열려있다고 본다.[35] 그러나 헌법상 보장된 대통령의 사면권을 제한할 수 있는지는
별개의 문제라는 점[36] 및 우리의 행형현실을 고려할 때 수용질서의 문란 및 교정사

---

30) 2010. 2. 25. 2008헌가23 참조

31) 헌법 제37조 ②국민의 모든 자유와 권리는 국가안전보장·질서유지 또는 공공복리를 위하여 필요한 경
우에 한하여 법률로써 제한할 수 있으며, 제한하는 경우에도 자유와 권리의 본질적인 내용을 침해할 수
없다.

32) 신양균, "절대적 종신형을 통한 사형폐지?", 비교형사법연구 제9권 제2호, 한국비교형사법학회, 2007,
637－638쪽.

33) 박성철, "사형제도의 폐지와 대체형벌에 관한 소고 －종신형의 도입과 피해자의 의사－", 형사정책연구
제21권 제4호, 한국형사정책연구원, 2010, 140쪽.

34) 박성철, "사형제도의 폐지와 대체형벌에 관한 소고 －종신형의 도입과 피해자의 의사－", 형사정책연구
제21권 제4호, 한국형사정책연구원, 2010, 140쪽.

35) 2010. 2. 25. 2008헌가23. "...절대적 종신형제도를 도입한다고 하더라도 여전히 사면에 의한 석방이나
감형의 가능성이 열려 있는 이상, 현재의 무기형에 대하여 가석방이 가능한 것을 문제 삼는 것은 적절
하지 아니한 측면이 있다."

고, 교정시설과 행형예산의 부담 증대를 가져 올 수 있다는 비판이 늘상 제기된다.[37]

4. 상대적 종신형의 의의

가. 의의

상대적 종신형은 가석방 등을 통해 수형자가 사회에 복귀할 가능성이 있는 경우를 말한다.[38] 형 선고시에 형기를 정하지는 않았으나 최저 복역기관이 경과하거나 예외적인 경우 가석방이 가능한 종신형이다. 현행 무기징역형의 가석방은 20년 이상을 복역하면 가석방의 대상이 되는데 상대적 종신형의 개념상 가석방이 가능한 최저 복역기간을 20년 이상으로 설정하면 상대적 종신형은 현행 무기징역형과 절대적 종신형의 중간에 위치하게 된다. 이 경우, 상대적 종신형은, 현행 무기징역형이 사형의 대체형으로서 미흡하다는 비판이 따르지만, 한편으로는 절대적 종신형이 인간존엄성을 침해하고 형벌목적에 반한다는 비판을 어느 정도 진정시킬 수 있는 대안으로 여겨진다.[39]

나. 상대적 종신형과 무기형이 동시 존재할 때, 이를 차별화하는 방안

1) 상대적 종신형에서 가석방의 형태

사형을 폐지하고 상대적 종신형만을 도입한다고 전제할 때 상대적 종신형과 무기징역형의 차이는 존재해야 한다는 주장이 있을 수 있다. 가석방에 있어서 상대적 종신형의 차별화 방안에 대하여는 첫째, 상대적 종신형과 현행 무기형에 차이를 두지 않는 방안, 둘째, 양자의 가석방 기간은 동일하게 하되, 전자의 가석방 요건을 현행 무기형의 가석방요건에 재범가능성이 없을 것을 추가하는 방안, 셋째, 전자의 가석방 기간과 요건을 현행 무기형보다 엄격하게 하는 방안이 있다.[40]

필자는 상대적 종신형과 무기형을 애써 구별할 실무상의 필요성은 크지 않다고 생

---

36) 이보영 외, "사형제도의 존폐와 그 현실적 대안 −절대적 종신형제 도입을 촉구하며−", 법학연구 제25집, 한국법학회, 2007, 363쪽.

37) 한영수 외,『사형제도 폐지 및 대체형벌 실태조사』, 국가인권위원회 연구용역보고서, 2018, 71쪽 참조.

38) 주현경, "절대적 종신형 도입에 대한 비판적 검토", 고려법학 제68호, 고려대학교 법학연구원, 2013, 390쪽.

39) 윤영철, "사형제도에 대한 헌법재판소 결정(2010. 2. 25, 2008헌가23)의 문제점과 사형제도 폐지에 관한 소고", 중앙법학 제12집 제3호, 중앙법학회, 2010, 278쪽.

40) 윤영철, "사형제도에 대한 헌법재판소 결정(2010. 2. 25, 2008헌가23)의 문제점과 사형제도 폐지에 관한 소고", 중앙법학 제12집 제3호, 중앙법학회, 2010, 278쪽.

각한다. 그럼에도 불구하고, 양자를 구별해야 한다면, 상대적 종신형의 가석방 기간은 현행 무기형의 가석방 요건을 보다 명확하고 엄격하게 규정하고, 상대적 종신형에서의 가석방 결정은 감형여부의 결정과 마찬가지로 법원의 결정에 의하도록 하는 것이 타당하다고 생각한다.[41] 한편, 상대적 종신형에서 사면과 감형을 인정하지 않되「형법」상 가석방 규정을 통해서만 가능하게 한다면, 가석방을 행정처분이 아닌 수형자의 권리로 적극적으로 인정할 필요가 있을 것이다.[42]

2) 최저 복역기간의 형태

상대적 종신형의 도입은 가석방이 가능한 최저 복역기간과 관련해서도 의의가 있다. 상대적 종신형에서 최저 복역기간 지나치게 길면 이는 절대적 종신형이 신체의 자유에서 본질적 내용을 침해한다는 비판을 그대로 받을 수 있으므로[43] 그 기간의 설정은 중요하다. 가석방, 사면, 감형 또는 복권 등을 허용하는 조건으로서 수감시설에서의 복역한 기간에 대하여 범죄에 대한 응보와 예방이라는 형벌목적에 부합되도록 15년, 20년, 20년 이상, 25년, 인구학적 측면에서의 평균수명을 기준으로 잔여수명이 3분의 2 이상이 경과된 후 등 다양한 의견이 제시된다.[44]

참고로 현행 무기징역형의 가석방이 가능한 최저 복역기간은 20년인데, 2010.4.15. 개정되기 이전의 형법 제72조 제1항은 무기징역형의 선고받은 자가 가석방 될 수 있는 최저 복역기간은 10년임을 규정하고 있었다.

다. 문제점

상대적 종신형은 형기가 정해져 있지 않지만 보통 일정기간을 석방한 후 가석방이 가능하기 때문에 기존의 가장 중한 유기 자유형과 차이가 없다는 비판이 있을 수 있다. 또한 응보의 측면에서 사형보다 못하다는 비판과 함께, 가석방에 따른 출소자의 재범 위험성 등이 거론되기도 한다.

---

41) 같은 견해로 윤영철, "사형제도에 대한 헌법재판소 결정(2010. 2. 25, 2008헌가23)의 문제점과 사형제도 폐지에 관한 소고", 중앙법학 제12집 제3호, 중앙법학회, 2010, 278쪽.
42) 한영수 외,『사형제도 폐지 및 대체형벌 실태조사』, 국가인권위원회 연구용역보고서, 2018, 70-71쪽 참조.
43) 이원경, "사형의 대체방안으로서 종신형제도에 관한 제 문제", 교정연구 제69호, 한국교정학회, 2015, 277쪽.
44) 한영수 외,『사형제도 폐지 및 대체형벌 실태조사』, 국가인권위원회 연구용역보고서, 2018, 70-71쪽 참조.

5. 무기형의 의의

현행 무기징역형은 상대적 종신형과 유사하지만, 이보다는 가벼운 형벌로서 소개된다. 때문에 사형의 대체형벌이라는 맥락에서는 무기형을 보다 강화하거나 엄격하게 운용하려는 논의가 따른다. 먼저, '특별무기자유형제도'는 가석방의 조건으로서 20년을 가석방 기산일로, 사회감정 및 개전의 정을 그 조건으로 하고, 형벌과 처분을 집행·지휘할 수 있는 입·퇴소 제도를 운용해야 하며 현행 무기징역형을 병과할 수 있는 형태를 말한다.[45) 한편, '중(重)무기형'은 현행 무기형 제도는 그대로 두고 이보다 가석방 요건을 강화한 무기형을 말하는데 종신형에 비해 가석방 가능성이 높아 수형자가 수형생활에서 개선의 노력을 기울일 가능성이 크지만 가석방 후 재범의 위험성과 피해자의 응보감정을 완화시킬 수 있는지에 대한 의문이 제기되기도 한다.[46)

이 형벌들은 비록 그 명칭이 '무기형'이지만 가석방이 가능한 최저 복역기간을 설정하는 등의 가석방 요건을 기존의 무기징역형보다 엄격하게 설정하였다는 점에서 상대적 '종신형'과 큰 차이가 없다. 때문에 개념상 상대적 종신형을 우리 법체계상의 무기징역형과 같은 것으로 보아도 무방해 보인다.

6. 유기형의 의의

상대적 종신형의 도입에 있어 「형법」의 규정을 들어 구체적인 예시를 든 견해로는 2010년 「형법」 개정으로 유기자유형의 상한이 30년으로 최장 50년까지 상향되었고 (제42조) 현행의 법률상 무기징역의 집행 중에 있는 자는 20년이 지나야 가석방이 가능하다는 점에서(제72조), 가석방 실무운용을 평균적으로 대비한다면 무기징역을 선고받고 가석방될 수 있는 최저 복역기간을 약 30년으로 추정되며 이는 상대적 종신형과 큰 차이가 나지 않는다고 한다.[47) 이 견해는 절대적 종신형도, 상대적 종신형도 아닌 기존의 유기자유형으로 사형을 대체할 수 있는 가능성을 시사한다. 유기자유형의 상항이 상향되었고 무기징역 수형자의 가석방 가능 최저 복역기간과 큰 차이가 나지 않을 가능성이 있기 때문이다. 즉 기존 유기자유형에 관한 규정을 개정하거

---

45) 이훈동, "전환기의 한국 형법 −사형제도의 새로운 시각−", 외법논집 제26집, 한국외국어대학교 법학연구소, 2007, 440−443쪽.

46) 신양균, "절대적 종신형을 통한 사형폐지?", 비교형사법연구 제9권 제2호, 한국비교형사법학회, 2007, 633쪽.

47) 이경렬, "終劇 사법살인: 사형법제의 폐지를 위한 補論", 비교형사법연구 제17권 제4호, 한국비교형사법학회, 2015, 163−164쪽.

나 실무상의 운용을 달리하여 상대적 종신형과 유사한 효과를 내어 사형을 대체할 수 있는 가능성이 열려있다고 할 수 있다.

7. 대안의 전망

가. 서설

대체형벌에 대한 논의에서 국내 논의는 절대적 종신형, 다시 말해 가석방 불가능 무기형과 상대적 종신형, 즉 가석방 가능 무기형으로 압축된다. 미국과 유럽의 비교 법적 논의에서도 두 개의 가능성이 논의되지만, 대략의 추세는 가석방 가능 무기형 인 상대적 종신형이 보다 설득력 있는 대안으로 모아진다고 생각한다. 특히 절대적 종신형이 인간의 존엄성을 침해하기 때문에 헌법에 반한다는 독일 연방헌법재판소의 결정[48]이나 유럽 인권재판소의 결정[49] 및 가장 최근 캐나다 연방대법원의 결정[50]에 서 확인할 수 있는 것처럼, 절대적 종신형은 오늘날 사형 못지않은 잔인하고 가혹한 형벌이라는 점에는 상당 부분 공감을 이루기도 한다.

그 점에서 일단, 법무부의 입법예고한 가석방 없는 무기형은 사형의 폐지는 전제 하지 않았다는 점에서 또 형벌의 형식을 갖추지 못했다는 점에서 근본적으로 한계가 있다. 그러나 정작 가석방 없는 무기형 자체에 많은 문제가 있다. 사형 폐지를 주장 했던 이유들이 가석방 없는 무기형에도 동일하게 적용되며 따라서 가석방 없는 무기 형은 또 다른 사형에 불과하다는 비판이 있는 것이다.[51]

나. 가석방 없는 무기형의 문제 1- 인간의 존엄성, 그리고 자유와 권리의 본질적 인 내용 침해

가석방 없는 무기형은 인간의 자유를 영구적이고 절대적으로 박탈한다는 점에서 자유와 권리의 본질적 내용 침해를 금지하는 우리 헌법 제37조 제2항과 충돌한다. 우리 헌법재판소(2008헌가23) 또한 가석방 없는 무기형이 "자연사할 때까지 수용자를

---

48) BVerfGE 45, 187 - Lebenslange Freiheitsstrafe Bundesverfassungsgericht, 자세한 내용은 한국형사법 무정책연구원, 『사형 폐지에 따른 법령정비 및 대체형벌에 관한 연구』, 2021의 제5부 제2장 참조

49) CASE OF HUTCHINSON v. THE UNITED KINGDOM(Application no. 57592/08), 자세한 내용은 한국형 사법무정책연구원, 『사형 폐지에 따른 법령정비 및 대체형벌에 관한 연구』, 2021의 제5부 제3장 및 제4 장 참조

50) R. v. Bissonnette, 2022 SCC 23(2022.5.27. 선고)

51) Mugambi Jouet, "The Abolition and Retention of Life Without Parole in Europe: A Comparative and Historical Perspective", European Convention on Human Rights Law Review 4, 2023, p.4.

구금한다는 점에서 사형에 못지 않은 형벌이고, 수형자와 공동체의 연대성을 영원히 단절시킨다"는 점을 지적한 바 있다. 가석방 기회가 부여되지 않는 종신형은 교화 및 개선가능성을 원천적으로 봉쇄한다는 점에서 인간의 존엄성을 침해하고 수형자의 사회복귀라는 교정 이념에 반한다.

다. 가석방 없는 무기형의 문제 2- 효과성

1) 사형의 경우

가석방 없는 무기형의 가장 큰 문제는 효과성 부분이다. 위에서 언급한 문제점을 상쇄할 만큼의 (범죄예방)효과가 가석방 없는 무기형에 있을지 의문이다. 이를 위해 가석방 없는 무기형에 비해 무거운 형벌이라고 할 수 있는 사형의 효과성을 검토해 보자.

기본적으로는 사형의 효과성을 경험적으로 검증할 수 없다는 것이 국내외 학계의 통설이다.[52] 범죄의 요인은 너무나도 다양하기에 형벌을 변수로 범죄예방의 효과를 실험할 수 없기 때문이다. 심지어 많은 지표가 사형과 범죄의 관계를 설명해내지 못한다. 그럼에도 불구하고 일부 경제학 논문에서는 사형의 효과성을 긍정하기도 한 바 있다. 1972년 Isaac Ehrlich는 사형집행으로 인하여 8건의 살인이 억제되었다는 주장을 한다.[53] 그러나 이 연구는 통계학적 비약이 있는 것으로 드러난다.[54] 가장 설득력 있는 비판을 제시한 John Donohue와 Justin Wolfers의 연구에서는 "억제의 증거는 놀랍도록 취약하다"는 결론을 내렸다. 미국에서 사형제도는 기껏해야 미미한 효과를 가진다. 그리고 이 효과가 긍정적인 것인지, 부정적인 것인지도 분명치 않다. 혹은 "실존하는 데이터가 이 불확실성을 해결할 수 있을" 가능성도 없다고 주장한다.[55]

우리나라의 경우에도 대개의 살인범죄자들이 범행 시에 이미 사형이라는 형벌의

---

52) 최근에는 오히려 사형의 효과가 없다는 연구가 더 지지를 얻는다. 예컨대, Scott W. Decker and Carol W. Kohfeld, "The Deterrent Effect of Capital Punishment in the Five Most Active Execution States: A Time Series Analysis," Criminal Justice Review 15:173 (1990).

53) Isaac Ehrlich, "The Deterrent Effect of Criminal Law Enforcement,", The Journal of Legal Studies Vol 1, No. 2, (1972)

54) John J. Donohue Ⅲ, "Empirical Evaluation of Law: The Dream and the Nightmare", American Law and Economics Review Vol. 17, No. 2 (Fall 2015)

55) John J. Donohue & Justin Wolfers, "Uses and Abuses of Empirical Evidence in the Death Penalty Debate," Stanford Law Review 58, pp.791−794 (2005).

존재를 알고 있음에도 범행으로 나아갔다는 점은 사형의 고유한 효과에 의문을 던진
다.[56] 또한 우리나라가 1997년 이후 사형 미집행에도 불구하고 최근 살인사건이 10
년 전에 비해 거의 절반가까이 감소했다는 점[57]을 고려해 볼 때 사형이 범죄 예방과
억제에 효과적이라 보기 어려운 측면이 있다.

2) 억제 곡선(Deterrence Curve)의 문제

범죄예방의 중요한 요소로 거론되는 무거운 형벌과 확실한 형벌 중에 후자의 효과
성은 많은 연구들에서 입증된 바 있다.[58] 그리고 무거운 형벌의 효과성에 대해서는
회의적인 연구가 오히려 많다. 특히 중한 범죄일수록 형벌의 효과가 크지 않다는
Lawrence M. Friedman의 이론을 소개해본다.[59] 만약 절도에 징역 5년형을 선고하
다가 10년으로 형을 늘리면 일정한 효과가 있을 것이다. 그러나 두 배의 선고가 두
배의 효과를 갖는 것은 아니어서 범죄율이 절반으로 낮아지는 것은 아니다. 불법 주
차의 과태료가 1달러고, 10명중 두 명의 불법주차가 적발된다면 대개의 사람들은 벌
금을 감수할 것이다. 1달러가 크지 않고, 주차공간은 부족하기 때문이다. 이제 과태
료가 100달러로 올랐다고 하자(검거율은 동일하다). 이제 대부분의 운전자들은 주차에
신중할 수 있다. 아주 적은, 절박하거나 혹은 다른 사람들만이 여전히 주차할 것이
다. 이제 벌금을 200달러로 올린다. 이는 약간의 효과를 보이겠지만, 불법주차가 반
으로 줄지는 않는다. 이것은 작은 효과는 있겠지만, 큰 효과를 기대하기 어렵다. 이
미 대부분의 사람들은 억제되었기 때문이다. 억제 곡선은 평평해진다.[60]

---

56) 박형민·김대근, 『사형확정자의 생활 실태와 특성』, 한국형사법무정책연구원, 2020, 6쪽. "사건 당시 사
형을 당할 것에 대한 두려움이나 생각, 또는 사건으로 인해 받을 처벌에 대한 생각을 한 적이 있는지에
대해서, 거의 대부분의 사형확정자들은 사건 당시 처벌에 대해서는 생각하지 않았다고 대답하였다. 그
들은 술에 취했거나 화가나서 정신이 없었거나, 잡힐 생각을 하지 않아서 처벌은 생각도 하지 않았다고
응답하였다. 처벌에 대한 생각이 있었다고 대답한 사형확정자도 사건 당시가 아니라, 사건이 끝나고 난
뒤에 처벌에 대한 생각이 들었다고 진술하였다."

57) 대검찰청, 『범죄분석』, 2022. 살인사건은 2012년 1,022건에서 2021년 692건으로 크게 감소하는 추세다.

58) Gary Becker, "Crime and Punishment: An Economic Approach,", Journal of Political Economy, Vol.
76, No. 2 (1968) 참조. 한편 Becker의 기본적인 가정은 "기대 효용이 시간과, 기타 활동에서 자원을
사용함으로써 얻을 수 있는 비용을 초과하면 범죄를 저지른다"는 것이다. 이는 누구라도 범죄자가 된다
는 것을 의미한다. "그들의 기본적인 동기가 다른 사람들과 다르기 때문이 아니라 그들의 이익과 비용
이 다르기 때문이다." p.176; Daniel S. Nagin 또한 "가혹성 보다 확실성이 더 효과적인 억제수단이라
는 결론은 구체적으로는, 체포에 따른 법적 결과로서의 가혹성이 아니라 체포의 확실성이 더 효과적인
억제제라는 의미다"고 설명한다. Daniel S. Nagin, "Deterrence in the Twenty−First Century", The
University of Chicago Press, 2013, p.4.

59) Lawrence M. Friedman, *Impact: How Law Affects Behavior*, Harvard University Press(September
19, 2016), p.105−107

억제 곡선은 중범죄[61])에서 특히 평평해진다. Kenneth D. Tunnell은 절도나 강도를 저지른 수형자들을 인터뷰했다.[62]) 그는 범죄자들이 단순히 위험을 크게 고려하지 않는다는 것을 발견했다. 그들 중의 한 명은 "난 지금까지 잡힐 거라고 전혀 생각하지 않았는데, 이런, 감옥에 있네." Tunnell은 그의 인터뷰에 기반해서, 가혹한 처벌이 갖는 효과에 대해 회의적인 태도를 보인다.[63]) 다른 말로, 이 범죄들의 곡선이 평평해졌다는 것이다.[64])

이는 살인과 같은 강력범죄에서 형벌이(억제 및 예방에) 미치는 효과가 크지 않음을 시사한다. 심지어 대개의 범죄자들은 위험 선호적(risk-preference)인 측면이 있어서 체포와 처벌의 위험성을 낮게 평가하는 경향이 있다.

3) 소결

그보다 가벼워 보이는 가석방 없는 무기형의 범죄 억제 및 예방 효과를 고려한다면, 범죄자들이 자신의 범죄가 가석방이 불가능한 무기형을 받을지 또는 가석방이 가능한 무기형을 받을지 알고 행위로 나아간다고 보기는 어렵다. 가석방 없는 무기형의 범죄 억제 및 예방 효과 또한 검증할 수 없거나 특별한 효과는 없다고 보아야 한다.

라. 가석방 없는 무기형의 문제 3- 비교법적 검토 및 미국사례의 한계

같은 맥락에서 1977년 독일연방헌법재판소(BVerfGE 45)는 "종신형의 수형자도 다시금 자유를 부분적으로 향유할 수 있는 기회를 제공받는 것이 인간의 존엄에 어울리는 행형의 전제조건"이라는 점을, 2013년 유럽인권재판소(Vinter 사건)는 "감형이 금지되는 영국의 종신형이 유럽인권보호협약 제3조를 위반하여 수형자의 인권을 침해"하는 점을 들어 가석방 없는 무기형을 비판한다. 최근인 2022년 캐나다 연방대법

---

60) Lawrence M. Friedman, *The Legal System: A Social Science Perspective*, Russell Sage Foundation(1975), p.76.

61) 중범죄자의 개념에 대해서는 김대근, "중(重)범죄자의 시설 내 처우 현황과 문제점-중범죄자 개념의 한계와 교정의 실천성-", 보호관찰 제21권 제2호, 한국보호관찰학회, 2021 참조

62) Kenneth D. Tunnell, "Choosing Crime: Close Your Eyes and Take Your Chances," in *Criminal Justice in America: Theory, Practice, and Policy* (edited by Barry W. Hancock, Paul M. Sharp). 2d ed. (2000), p. 38.

63) Kenneth D. Tunnell, "Choosing Crime: Close Your Eyes and Take Your Chances," in *Criminal Justice in America: Theory, Practice, and Policy* (edited by Barry W. Hancock, Paul M. Sharp). 2d ed. (2000), pp. 43-48.

64) 이는 경제학에서 한계비용(체감)으로 설명되기도 한다.

원(R. v. Bissonnette, 2022 SCC 23)은 1급 살인에 대해서 가석방 불가기간인 25년을 연달아 부과하도록 하는 캐나다 형법 제745.51조가 인간의 존엄성과 양립할 수 없으며, 형벌의 혹독함만 확인할 수 있을 뿐이고 주목적 중 하나인 교화를 전혀 이끌어 낼 수 없다는 점을 지적하며 위헌결정을 했다.[65] 우리 헌법재판소 또한 가석방 없는 무기형이 "자연사할 때까지 수용자를 구금한다는 점에서 사형에 못지 않은 형벌이고, 수형자와 공동체의 연대성을 영원히 단절시킨다"는 점을 지적한 바 있다.[66] 실제 '인류를 대상으로 하는 대체형벌의 거대한 실험장'인 유럽에서는 사형을 전면적으로 폐지한 결과 고작 4개국만이 가석방 없는 무기형을 대체형벌로 규정하고 대부분의 국가에서 가석방이 가능한 무기형을 운용한다. 심지어 무기형이 아닌 유기징역을 최고형으로 두는 나라가 9개국이다.

하필 법무부가 예시로 든 미국은 다른 나라에서는 찾기 힘든 엄벌주의와 중형주의로 일관된 형사사법체계를 운용하고 있다(이 외에 중국과 북한도 빈번한 사형 등으로 중형주의를 고수한다). 그럼에도 불구하고 미국에서 강력범죄는 끊이지 않으며 매우 심각한 사회문제라는 사실을 간과해서는 안된다. 때문에 미국에서도 가석방 없는 무기형이 소송절차상의 권리 보장에 취약하고, 살인범죄 외에도 적용되며, 의무적으로 선고되기도 하면서 잔혹하다는 비판과 함께, 특히 형벌의 비례성과 응보이념이 제대로 작동되지 않는다는 문제가 지속적으로 제기된다.

구체적으로 미국에서는 2020년 기준 55,000명이 가석방 없는 무기형을 살고 있고 이는 2003년에 비해 66% 증가한 수치로[67] 이 중 다수가 폭력을 수반하지 않는 마약이나 재산 관련 범죄로 형을 살고 있다.[68] 일각에서는 가석방 없는 무기형을 선고가 시민들의 법 감정에 부합하지 않으며 오히려 형법에 대한 공동체의 도덕적 신뢰를 훼손시킨다고 비판한다.[69] 또한 중년이 되면 재범률이 급격하게 감소하기 때문에 범

---

65) 더 나아가 이 결정에서는 과도한 형벌은 사법행정에 대한 불신과 형사사법체계의 합리성과 공정성에 대한 신뢰 약화 및 중한 형벌을 일반적인 것으로 만들어서 형벌 인플레이션을 가져올 수 있다고 지적한다.

66) 헌법재판소 2010.2.25. 2008헌가23

67) Ashley Nellis,"Nothing but Time: Elderly Americans Serving Life Without Parole", The Sentencing Project, 2022.06.23. https://www.sentencingproject.org/reports/nothing−but−time−elderly−americans−serving−life−without−parole/(마지막 검색: 2023.09.26.) 자세한 미국의 가석방 없는 무기형 관련 통계는 The Sentencing Project, "No End in Sight−America's Enduring Reliance on Life Imprisonment", 2021. 보고서 참조.

68) Judith Lichtenberg, "Against Life without Parole", Georgetown Law Faculty Publications and Other Works No. 2064, 2018, p.41.

69) Paul H. Robinson, "Life without Parole under Modern Theories of Punishment", University of Penn Law School, Public Law Research Paper No. 10−34, 2012, p.157−158. 그는 시민들을 대상으로 특

죄 예방을 이유로 가석방 없는 무기형을 선고하는 것은 매우 비효율적이라는 연구 결과가 있다.[70] 따라서 사실상 가석방 없는 무기형의 존속을 주장하는 유일한 실질적 이유는 응보의 목적인데 설사 응보적 관점을 취하더라도 곧바로 가석방 없는 무기형을 찬성하는 것으로 귀결될 수는 없다. 응보적 관점은 다른 모든 사정을 고려하지 않은 채 범죄와 비례하여 형벌을 부과할 것을 요구하지도 않으며 상당한 기간 형을 산 사람이 여전히 사회에 위협이 될 가능성이 있다는 이유로 가석방을 금지하는 것은 지나치게 엄격할 뿐만 아니라[71] 가석방을 금지함으로서 지불해야 하는 경제적, 사회적 비용이 매우 크다는 것이다.[72] 가석방 없는 무기형을 선고받은 수용자들이 고령화되며 그들을 위한 질병 관리 등 많은 예산이 소요되는 만큼 해당 제도는 현재 미국 행형 시스템에 큰 짐을 지우고 있는 제도로 평가되며[73] 해당 제도가 재소자의 가족에게 끼치는 영향 등의 사회적 비용도 간과할 수 없다.[74] 따라서 현재 미국에서도 폐지에 대한 요구가 적지 않은 제도를 우리나라가 선진적으로 여겨 맹목적으로 적용하는 것은 바람직하지 않다.

마. 가석방 없는 무기형의 문제 4- 교정관리의 문제점

유럽 인권 재판소는, 유럽인권조약의 제3조('어느 누구도 고문, 비인도적인 또는 굴욕적인 취급이나 형벌을 받지 아니한다')가 '희망할 권리'를 포함하며 이 때 희망은 인간을 구성하는 중요한 요소로 "수용자들도 자기가 저지른 죄가 속죄될 수 있는 것이라는 희망을 가질 권리가 있다"고 판시한 바 있다.[75] 희망이 없고 더 이상의 최고형이 존

정 범죄자가 얼마만큼의 징역을 살아야 할 것 같은지를 물어보고 인터뷰의 결과를 실제 법원의 판결과 비교한다.

70) National Research Council, The Growth of Incarceration in the United States: Exploring Causes and Consequences, 2014, p.155－156.

71) 완벽하게 재범 가능성을 예상하는 것은 불가능하며 이 논리라면 범죄를 저지르지 않았지만 사회에 위협이 될 수 있다는 이유로 일반 시민에게도 엄격한 통제를 해야 한다.

72) Judith Lichtenberg, "Against Life without Parole", Georgetown Law Faculty Publications and Other Works No. 2064, 2018, p.22.

73) The Sentencing Project, "No End in Sight－America's Enduring Reliance on Life Imprisonment", 2021.p.5.

74) Judith Lichtenberg, "Against Life without Parole", Georgetown Law Faculty Publications and Other Works No. 2064, 2018, p.22.

75) Adriano Martufi, "The paths of offender rehabilitation and the European dimension of punishment: New challenges for an old ideal?", Maastricht Journal of European and Comparative Law Vol. 25(6), 2018, p.676－677.; 유럽인권재판소, "Vinter and others v. United Kingdom", 2013.06.09. 판결. Power－Forde 판사의 보충의견. https://hudoc.echr.coe.int/eng#{%22itemid%22:[%22001－122664%22]}

재하지 않는 교정시설에서 수형자가 규칙을 준수하고 바르게 생활할 동기를 갖기는 어려울 것이다. 교정관리가 어렵다는 점에서 교도관들은 가석방 없는 무기형의 도입을 심각하게 우려한다.[76]

사실, 가석방 자체가 갖는 형사정책적 의의는 종신형의 경우에 더 크다고 할 수 있다. 2019년 『사형확정자의 생활실태와 특성』 연구에서도 확인할 수 있지만, 사형확정자에게는 물론 교도관들에게도 가석방이 갖는 의미는 각별하다.[77] 사형확정자의 지위가 감형을 통해 무기징역형으로 바뀌게 되면 그에 따라 지위와 처우가 바뀌게 되며, 이 경우 「형법」 제72조 제1항과 「소년법」 제65조에 따라 20년(다만, 소년의 경우에는 5년)을 경과하면 가석방의 대상이 되는 것이다. 가석방의 대상이 되기 위해서는, 법의 요건에 따라 "행상이 양호하여 뉘우침이 뚜렷"해야 할 뿐만 아니라, 교정시설 내에서 자신의 삶에 책임을 져야 하는 상황이기 때문에 교정행정에 있어서도 적지 않은 변화를 기대할 수 있다. 물론 여기에 기존 무기징역형과 차별화되도록, 최저 복역기간을 법정하는 것도 가능하다. 다만, 기존 사형확정자가 무기징역형으로 감형되는 경우 외국의 입법례에 따라 가석방의 허용 여부가 상이할 뿐만 아니라, 그 요건 또한 각각 다르다는 점을 검토할 필요가 있다.

바. 가석방 없는 무기형의 문제 5- 불필요성

물론 어느 수형자(무기수)가 교화불가능하고 재범의 위험성이 높다면 사회로부터 영구적인 격리가 필요할 수 있다. 이 경우 가석방을 불허하면 된다. 형법은 무기형은 20년이 지난 후 행정처분으로 가석방을 '할 수 있다'(제72조 제1항)고 규정하기 때문이다. 기한이 된 모든 무기수형자에게 가석방을 허가해야 하는 것도 아니고 무기수형자들에게 가석방신청권을 부여한 것도 아니라는 점에서 "현행 무기징역형제도의

---

76) 국민들의 알 권리를 이유로 가석방 폐지를 주장한 미국의 'Truth in Sentencing(선고의 진실)' 운동에서 조차 재소자들이 형기의 100% 대신 85%를 채울 것을 주장했는데 이는 나머지 15%를 사회에서 보낼 수 있다는 희망이 더 나은 교도소 환경을 만들 것이라고 생각했기 때문이다. Paul H. Robinson, "Life without Parole under Modern Theories of Punishment", University of Penn Law School, Public Law Research Paper No. 10-34, 2012, p.157-158.

77) 박형민, 김대근, 『사형확정자의 생활실태와 특성』, 한국형사정책연구원, 2020, 121쪽. "이와 같이 사형확정자들이 교정시설 내에서 자신의 삶에 책임을 질 수 있게끔 제도를 마련하는 것이 필요하다. 이를 위해서는 동료 수용자들과의 생활 및 교정관과의 관계에 대한 중장기적인 계획을 수립할 필요가 있다. 이러한 관점에서 사형확정자들에게 교정 및 교화, 직업훈련 등의 프로그램을 도모할 필요가 있다. 더나아가 올바른 교정생활을 통해 급수를 달리해서 처우한다면, 보다 자신의 삶에 책임을 지게 되고 교정생활에 임할 것이기 때문에 교정관리의 측면에서도 바람직한 측면이 있다고 할 것이다. 더 나아가 감형이나 가석방과 같은 가능성을 염두에 둔다면, 보다 높은 급수와 처우를 받기 위해 보다 노력할 계기를 준다는 점에서도 기결수로서의 마땅한 처우를 제공할 필요는 있어 보인다."

형집행 실무는 사실상 절대적 종신형을 본위로 운용되고 있다"는 것이 앞서 언급한 헌법재판소의 지적이다.[78] 요컨대 흉악하고 위험한 범죄자를 사회로부터의 격리하는 일은 현행 법체계 안에서도 충분히 가능하기에 입법예고 등과 같은 가석방 없는 무기형은 불필요하다.

Ⅳ 대안의 구체화

> "아무리 끔찍한 얼굴이라도 그 얼굴과 대면하자는 것이고,
> 튼튼한 기억과 강인한 힘으로 인간의 삶을 회복하자는 것"
> – 황현산, '기억 없는 삶의 비극'(한국일보, 2014.10.15.)

1. 서설

가. 무기형의 방향성

가석방 없는 무기형은 인간의 존엄성과 양립할 수 없다는 인식이 가석방 가능한 무기형을 유지하는 국가들의 기본적인 형벌철학 안에 흐르고 있다. 특히 유럽 국가들은 대체로 가석방의 기회를 허용하지 않거나 금지하며 가석방 없는 무기형은 개인의 존엄성 상실, 회생권에 대한 부정 등을 수반하고 있음을 강조한다. 또한 자의적이면서 느슨하게 구조화된 사면절차를 넘어 종신형을 선고받은 사람들에게 형벌을 감내할 수 있도록 하는 절차가 필요하다는 사실도 가석방 없는 무기형을 거부하는 가장 강력한 논거로 작용한다. 사형폐지와 동시에 무기형으로 그 자리를 대체한 유럽 국가들은 최초에 가석방 가능성을 염두에 두고 있었는지 아닌지를 구분하지 않고 현재에는 가석방을 허용하는 방향으로 변화해 가는 추세다.[79]

---

78) 2010. 2. 25. 2008헌가23, "우리 형법이 가석방이 가능한 무기형, 즉 상대적 종신형만을 규정하고 있는 것으로 본다고 하더라도 현행 무기징역형제도의 형집행 실무는 사실상 절대적 종신형을 본위로 운용되고 있다고 할 것이다. 형법은 무기수형자의 경우 10년이 지난 후에 가석방이 가능하도록 규정하고 있을 뿐 기한이 된 모든 무기수형자에게 가석방을 허가하여야 하는 것도 아니고 무기수형자들에게 가석방신청권을 부여한 것도 아니다. 따라서 무기징역형이 '무기'라는 표현에 걸맞지 않게 운용되고 있는 부분이 일부 있다고 하더라도 그것은 형집행 실무상의 문제라고 볼 것이고, 한편으로는 무기수형자에 대한 현재의 가석방요건을 보완하는 방법으로 해결할 수 있는 것이다. 또한 절대적 종신형제도를 도입한다고 하더라도 여전히 사면에 의한 석방이나 감형의 가능성이 열려 있는 이상, 현재의 무기형에 대하여 가석방이 가능한 것을 문제삼는 것은 적절하지 아니한 측면이 있다."

우리 헌법재판소도 "절대적 종신형제도가 우리 헌법 하에서 사형제도와는 또 다른 위헌성 문제를 야기할 수 있고, 현행 형사법령 하에서도 가석방제도의 운영 여하에 따라 사회로부터의 영구적 격리가 가능한 절대적 종신형과 상대적 종신형의 각 취지를 살릴 수 있다는 점 등을 고려하면, 우리 형벌 법규체계에 상대적 종신형 외에 무기수형자에게 더 가혹한 절대적 종신형을 따로 두어야 할 절박한 필요성도 없고 그 도입으로 인하여 무기수형자들 사이 또는 무기수형자와 유기수형자 사이의 형평성 문제가 완전히 해결된다고 볼 객관적 자료도 없다. 또한 무기징역이라는 형벌의 특징상 범행의 편차가 커도 수긍할 수밖에 없는 측면이 있어, 그 제도를 두어야만 평등원칙 등에 부합되는 것이라 보기도 어렵다"는 점을 강조한다.[80]

나. 가능한 두 가지 입법

가석방이 가능한 무기형의 내용을 어떻게 구성할 것인가에 대한 논의에서 핵심은 당연히 가석방과 관련한 문제들이다. 구체적으로는 수용자에게 일정한 조건이 충족된 경우 가석방, 사면, 감형 또는 복권 등을 허용하는 것으로 수용자가 교정시설에서 복역한 시간적 경과의 정도가 쟁점이다.[81] 이러한 전제에서 사형폐지 이후 대체형벌의 형태는 ① 현행 우리 법률 상의 무기징역형 내지, ② 최저복역 기간을 두고 가석방 가능성을 심사하게 하는 무기징역형, 이 두 가지를 상정할 수 있겠다.

먼저 현행 무기징역형을 사형의 대체형벌 즉 우리 법체계의 법정최고형으로 두는 방안의 경우 사형의 효과성 없음을 가장 전향적으로 고려하는 방향일 뿐 아니라, 교화 및 사회복귀라는 교정 이념에 가장 충실하다. 가석방의 기한이 충족되면 심사를 통해 가석방 여부를 판단할 수 있어서 수용자에 대한 구체적 타당성을 꾀할 수 있다는 점에서 유연한 제도 운용이 가능하다. 현행 형사법에서 최저 복역 기간을 두는 방안보다 법률개정이 용이하다는 장점도 있다. 그러나 그동안의 법감정을 고려하면 사형을 대체할 만한 중형(重刑)이 아니라는 비판을 설득해야 하는 난관이 따른다.

한편, 최저 복역기간을 두고 가석방을 심사하는 무기징역형은 무기형을 유지하면서 가석방 제도의 실질화와 정당성 확보를 위한 제도적 보완[82]이라는 측면이 있다.

---

79) 독일 연방헌법재판소의 결정(BVerfGE 45)과 2013년과 2017년 유럽인권재판소의 두 차례의 결정 (VINTER AND OTHERS. v. THE UNITED KINGDOM과 HUTCHINSON v. THE UNITED KINGDOM)은 이러한 흐름을 매우 잘 보여준다고 할 것이다. 자세한 내용은 한국형사법무정책연구원, 『사형 폐지에 따른 법령정비 및 대체형벌에 관한 연구』, 2021의 제5부 제2장, 제3장 및 제4장 참조

80) 2010. 2. 25. 2008헌가23

81) 한영수 외, 『사형제도 폐지 및 대체형벌 실태조사』, 국가인권위원회 연구용역보고서, 2018, 116쪽.

82) 박용숙, "절대적 종신형에 대한 비판적 고찰", 입법과 혁신 제4호, 2023, 45쪽

일단 최적 복역기간에는 가석방이 일체 불가능하다는 점에서 현행 무기징역형보다 중형이고 법감정에도 부합한다. 일정기간 사회로부터 확실한 격리를 할 수 있는 점에서 시민을 안심시키는 측면도 있다. 그러나 가석방 요건(형법 제72조)과의 차이를 두어야 하는 등 입법기술적으로 고려해야 할 점이 많고, 무엇보다 최저복역기간을 과도하게 장기화하는 입법[83]은 결과적으로는 가석방이 불가능해져서 교정이념에 반하고 교정실무에 어려움을 가져올 수 있다.

2. 최저 복역기간의 구체화

가석방을 허용한다는 전제 아래 무기형을 설계할 경우 가장 중요한 사항은 최저 복역기간을 어떻게 설정할 것인지에 달려 있다. 다시 말해 상대적 무기형을 도입하거나 운용할 때, 최저 복역기간을 설정하는 것이 핵심과제가 된다.

사형 폐지 이후 대체형벌에 대한 인류의 실험장인 유럽의 국가들은 무기형 수형자가 가석방 자격을 갖기 전에 반드시 복역해야 하는 최저 수감기간과 관련된 국가 차원의 다양한 기준을 마련하고 있다. 이들은 무기형 수형자가 석방되기 전에 구금되는 일반적인 최저 기간을 12년에서 25년 사이로 정하고 있는 것으로 보이지만 이보다 더 장기간을 설정하고 있는 국가들도 있다는 사실에 주의할 필요가 있다. 이 기간의 설정은 무기의 구금을 계속해야 할 필요성이 없어지는 기간을 의미하는 것이다. 그러나 공통적인 기준점이나 과학적인 근거는 없으며 이는 해당 국가의 형사정책과 행형정책에 위임된 문제다. 분명한 사실은 대다수의 국가에서 무기형 수형자를 사회로부터 영구히 격리한 채 가두어 두어야 할 대상으로 낙인찍지 않고 어떤 시점에는 반드시 사회의 구성원으로 복귀되어야 할 존재로 인식하고 있다는 점일 것이다.

최저 복역기간을 설정하는 데 있어서 평균 기대수명과 잔여수명을 고려한 방안(①)과 최저 복역기간을 법정하는 방안(②)이 있을 수 있다. 전자인 평균수명을 기준으로 예컨대, 잔여 수명의 3분의 2 이상이 경과될 것을 가석방요건으로 하자는 제안은 최소한의 교화개선기간에 차별을 두는 것으로 평등의 원칙에 위반될 소지가 있다는 지적이 있다.[84] 때문에 2001년 발의된 「사형폐지에관한특별법안」(정대철의원 대표

---

83) 관련하여 2024년 한국형사법학회 형법전면개정위원회는 학회 내부의 의견 수렴 결과 사형존치의견과 사형폐지의견의 수가 같아서, 사형존치를 1안으로 채택하면서도 최저 복역기간 50년을 둔 상대적 종신형을 사형 대체형벌로 제안한 바 있다. 한국형사법학회, 『형사법 개정방안 연구: 형법총칙』, 한국형사법무정책연구원, 2025(근간), 제4장 제1절 사형 및 종신형 부분 참조.
84) 이원경, "사형의 대체방안으로서 종신형제도에 관한 제 문제", 교정연구 제69호, 한국교정학회, 2015, 283쪽.

발의)85)처럼 일정한 기간을 법정하여 최저 복역기간을 법정하는 방안이 상대적으로 논란이 적을 것으로 보인다.

필자는 구체적으로는 다음과 같은 제안을 한다. 현행 형법(시행 2020. 10. 20. 법률 제17511호)의 제55조 제1항에서는 "사형을 감경할 때에는 20년 이상 50년 이하의 징역 또는 금고로 한다"(1호)와 "무기징역 또는 무기금고를 감경할 때에는 10년 이상 50년 이하의 징역 또는 금고로 한다"(2호)는 규정이 있었고, 제72조(가석방의 요건) 또한 "징역 또는 금고의 집행중에 있는 자가 그 행상이 양호하여 개전의 정이 현저한 때에는 무기에 있어서는 20년, 유기에 있어서는 형기의 3분의 1을 경과한 후 행정처분으로 가석방을 할 수 있다"(제1항)고 하였다. 또한 제78조(시효의 기간)에서는 그대로여서, 시효는 형을 선고하는 재판이 확정된 후 그 집행을 받음이 없이 사형은 30년, 그리고 무기의 징역 또는 금고는 20년을 경과함으로 인하여 완성된다고 규정하고 있다(1호, 2호).

가. 25년을 최저복역기간으로 법정하는 방안

이러한 사정을 종합적으로 고려하면 가석방, 사면, 감형이 가능한 최저 복역기간을 예컨대, 25년으로 법정하는 것이 타당해보인다.

나. 현행 무기징역형의 가능성

또는 현행 무기징역을 사형폐지 이후 법정 최고형으로 두고 운용하는 방안이다.

다. 현행 무기징역형을 원칙으로 하면서(기존 사형확정자에 대한) 상대적 종신형을 절충하는 방안

현행 무기징역을 사형폐지 이후 법정 최고형으로 두면서, 다만 기존 사형확정자들에 대해서는 최저 복역기간을 두고 상대적 종신형으로 운용하는 절충안도 가능할 수 있다.

---

85) 정대철안은 가석방, 사면, 감형이 가능한 최저 복역기간으로 15년을 설정하고, 최저 복역기간의 선고도 법원의 재량판단으로 두었다.

3. 마치면서

가석방 없는 무기형을 비판하는 목소리에 대해 법무장관은 "가해자의 인권보다 피해자와 유족의 인권을 먼저 생각할 때"라고 공박한다.[86] 전형적인 허수아비의 오류다. 가석방 없는 무기형의 폐해와 부작용, 그리고 무용성과 불필요함을 지적하는 주장을, 가해자 인권과 피해자 인권의 대립이라는 프레임을 대체하고, 가해자 인권만 옹호한다는 허수아비를 만들어 공격하는 셈이다. 가석방 없는 무기형을 비판하는 이유는 피해자를 보호하거나 사회를 지켜낼 수 없기 때문이다. 엄벌주의와 중형주의는 모두로부터 비난받기에 가장 취약할 수밖에 없는 수형자를 재물삼아 대중의 불안과 공포를 잠재우려고 한다. 법의 보호가 유보되고 권리가 박탈당하는 지점이 주권의 예외상태고, 누군가는 그 속에서 벌거벗은 생명(bare life)으로 다루어지면서 권력이 작동하는 것을 확인시켜주는 장치로 전락할 뿐이다.

---

86) 연합뉴스, "한동훈, '가석방없는 무기형' 인권 우려에 '피해자 인권이 먼저'", 2023.08.23.(https://www.yna.co.kr/view/AKR20230823138700001)

6
_____

형법상 성폭력법체계의 개선방향:
성적 자기결정권 의미구성을 중심으로*

장다혜(선임연구위원, 한국형사·법무정책연구원)

I 들어가며

　2018년 한국사회 변화의 중요한 흐름을 추동했던 미투운동은 이른바 '권력형 성폭력'에 대한 사법적, 사회적 물음을 던졌다. 성적 침해의 강제력 행사수단이 폭행·협박과 같은 유형력이 아닌 소속된 집단 내부 권력관계로 인한 무형의 지배력이라는 특징을 가진 '권력형' 성폭력에 현재 형법상 성폭력법체계가 대응할 수 있는지에 대해서는 2018년 11월 현재까지 부정적인 평가가 주류적이다. 공소시효가 지난 성폭력 대응의 한계를 차지하고라도, 이윤택 전 연희단거리패 예술 감독의 상습강제추행 1심 유죄 판결(『한겨레』, 2018.9.19일자)을 제외한 대부분의 사건들은 무혐의로 불기소 처분되거나 무죄 판결을 받았다. 특히 안희정 전 충청남도 도지사의 수행비서에 대한 피감독자간음에 대한 1심 무죄 판결은 현재 사회구성원들의 권력형 성폭력에 대한 문제인식을 현행 형법상 성폭력법체계와 사법부가 따라가지 못한다는 비판을 불러일으켰다(『오피니언뉴스』, 2018.8.15일자). 현행 형법 등 성폭력 관련 법률의 한계에 대한 인식은 이른바 '미투입법'으로 불리는 형법 및 성폭력 관련 법률 개정안 발의로 이어졌으며, 이 중 「형법」상 업무상 위력 등에 의한 간음죄(제303조제1항)의 법정형이 기존 "5년 이하의 징역 또는 1천500만원 이하의 벌금"에서 "7년 이하 징역 또는 3천만원 이하의 벌금"으로, 「성폭력범죄 처벌 등에 관한 특례법」상 업무상 위력 등에 의

_____

　*　본 논문은 한국여성연구원에서 주최한 미투기획포럼을 통해 발표된 원고와 한국형사정책연구원의
　　 2018년도 수시연구과제인 장다혜·이경환의 "형법상 성폭력범죄의 판단기준 및 개선방안: 비동의간음
　　 죄의 도입가능성을 중심으로"의 내용을 재구성한 것임을 밝힌다.

한 추행죄(제10조제1항)의 법정형이 기존 "2년 이하의 징역 또는 500만원 이하의 벌금"에서 "3년 이하의 징역 또는 1천500만원 이하의 벌금"으로 2018년 9월 20일 개정되어 2018년 10월 16일부터 시행 중이다. 그러나 이렇게 처벌을 강화하는 형법 및 성폭력처벌법 등의 개정으로 미투운동을 통해 제기되었던 조직 내 또는 사실상 우월한 지위를 이용한 성폭력의 문제를 해결할 수 있는지에 대해서는 여전히 의문이 남는다. 최근 해군 장교 2명에 대해 부하 여군을 수차례 강간한 혐의로 각 징역 10년, 징역 8년을 선고한 1심 판결에 대해 폭행협박의 혐의를 입증할 증거가 부족하다며 무죄 취지로 원심을 파기한 국방부 고등군사법원의 판결(『YTN』, 2018.11.19일자)은 법정형 상향이 아닌 형법상 성폭력범죄를 구성하는 요건들에 대한 근본적인 재평가가 필요하다는 점을 극명하게 보여준다.

현재 국회에 상정되어 있는 형법 및 성폭력처벌법 개정안들 중 우리의 성폭력법체계를 근본적으로 변경하는 법률안으로는 비동의간음죄 신설 또는 폭행·협박과 같은 유형력 요건 이외에 비동의 요건을 성폭력의 행위수단으로 추가하거나 대체하는 것들이 있다. 현재 20대 국회에 제출된 형법개정법률안 중 비동의간음죄 신설안 또는 비동의 요건의 추가안은 총 7개로, 이 중 비동의간음죄의 신설안인 천정배의원안(의안번호: 2012795)을 제외한 나머지 개정안들은 모두 "의사에 반하여" 또는 "동의 없이"라는 비동의 요건을 강간죄나 강제추행죄에 도입하여 법률상 성폭력에 대한 개념을 변경하고 있다. 특히 강창일의원안(의안번호: 2012564), 백혜련의원안(2012601), 나경원의원안(2015354)은 기존의 강간죄 등에서의 행위수단인 폭행·협박을 삭제하고 비동의로 대체하는 것으로, 이 중 나경원의원안은 업무상 위력 등에 의한 간음죄에 "명시적인 동의 없이" 간음하는 행위를 처벌하는 조문을 신설하는 안을 담고 있어 권력형 성폭력의 처벌을 위해 비동의 요건을 강간죄 이외에 위력간음까지 확장하고 있다. 이러한 입법안들은 주로 현행 성폭력법체계의 처벌상 흠결을 메꾸기 위한 방안으로 비동의 요건의 추가를 고려한다. 7개의 개정안 중 형법상 성폭력법체계의 전면적인 변화를 모색하는 법률안은 이정미의원안(의안번호: 2015062) 하나인데, 이 안은 형법 제32장을 성적 자기결정권 침해의 죄로 변경하는 전면 개정안으로 성적 자기결정권을 중심으로 현행 형법상 성폭력법체계를 전면적으로 재편하려고 시도하고 있다.

비동의 요건과 관련된 형법개정법률안들은 비동의 요건의 도입을 통해 형법상 성폭력 개념을 변경함으로써 종국적으로 성폭력 관련 법체계 전반의 변화를 가져올 수밖에 없다. 그러나 제32장의 전면 개정안을 제시한 이정미의원안을 제외한 나머지 개정법률안들은 개정의 필요성을 강간죄의 폭행 협박에 대한 최협의설 판단기준으로 인한 처벌의 흠결을 극복한 것으로 설정하고 있을 뿐 성폭력법체계의 전반적인 변화에 대한 인식을 가지고 있지 않으며, 대부분의 개정안들이 강간죄나 유사강간죄, 강제추행죄를 제외한 나머지 성폭력 범죄의 행위수단에 대한 개정을 포함하고 있지 않아 오히려 형법상 법체계의 혼란을 가져올 가능성이 높다. 구체적으로 보면, 이들 개정안에서 비동의 요건을 두고 있는 강간죄의 형량이 업무상 위계 또는 위력에 의한 간음죄의 형량보다 높아 유무형의 유형력 행사를 포함하는 위력과 비동의의 구분과 해석에 있어 혼란을 야기할 수밖에 없으며, 그로 인해 오히려 강간죄 등에 규정된 비동의 요건이 행위자의 유형력 행사를 요구하는 것으로 제한적으로 해석되는 결과를 초래할 가능성이 높다. 결국 성폭력의 법적 개념을 변경하는 비동의 요건 도입과 관련된 법개정이 그 개선의 효과를 제대로 담아내기 위해서는 전체적인 형법상 성폭력법체계의 변경을 고려한 전면 개정을 검토할 수밖에 없다.

현재 미투운동을 통해 제기된 현행 성폭력법체계의 공백을 해결하려는 입법의 방향은 '무엇을 국가가 제재해야 할 성폭력 범죄로 볼 것인가'라는 질문에 대한 응답과 연관되어 있다. 성폭력 범죄에 대한 범위는 형법상 성폭력 범죄의 보호법익인 성적 자기결정권의 침해를 기준으로 검토해야 하며, 이를 통해 현행 성폭력법체계에 대해 체계적으로 점검하고, 현재 어떠한 한계가 있는지를 분석한 뒤 이를 극복할 수 있는 방향을 모색할 필요가 있다. 본 논문에서는 현행 형법상 성폭력법체계를 성폭력범죄를 구성하는 세 가지 행위수단, 즉, 폭행·협박, 위계·위력, 심신상실 또는 항거불능의 상태 이용을 중심으로 분석적으로 검토하고, 해외의 성폭력법체계와 비교하여 어떤 특성을 가지고 있는지, 그로 인해 발생하는 처벌의 공백이 무엇인지를 분석하고자 한다. 그리고 이러한 분석을 기초로 향후 형법상 성폭력법체계를 위한 개선방안을 제언하고자 한다.

본 논문에서 현행 형법상 성폭력 범죄에 대한 분석과 개선방향의 모색에 있어 핵심적인 기준으로 삼는 것은 성적 자기결정권이다. 이때 성적 자기결정권은 형법상 성폭력 범죄의 보호법익으로 설정되어 있는 소극적 의미의 성적 자기결정권, 즉, 원하지 않은 성적 행위를 하지 않을 자기 결정과 관련된 것으로, 개인의 성과 신체에 대한 자기결정이라는 점에서 헌법상 행복추구권에서 도출된 인격권이자 성적인 인격과 신체의 완전성에 대한 침해로서의 법익성을 가진다(박혜진, 2009). 성적 자기결정권은 법리상 성폭력범죄의 보호법익으로 보편적으로 제시되는 것이긴 하지만, 성적 자기결정권을 보호법익으로 설정한다는 의미에 대해서는 형법에서 성폭력 범죄의 보호법익을 둘러싼 논쟁과 변화의 역사를 통해 해석될 필요가 있다. 그러므로 현행 성폭력법체계에 대한 체계적 검토 이전에 성적 자기결정권의 침해를 중심으로 형법을 개선하려는 그간의 시도와 한계에 대해 살펴볼 필요가 있다.

Ⅱ   형법상 보호법익인 성적 자기결정권의 의미구성

성폭력이 성적 자기결정권의 침해행위라는 설명은 2018년 현재 시점에서 일반화된 이해일 수 있으나, 실제 형법상 성적 침해와 관련된 규정이 상정하고 있는 보호법익을 정조에서 성적 자기결정권으로 이행하는 것은 아직까지 진행 중인 과제이다. 형법상 성폭력범죄를 성적 자기결정권 침해로 바꾸어야 한다는 주장은 이미 성폭력 특별법제정운동이 전개되었던 90년대부터 여성운동, 여성학계, 그리고 법학계에서 지속적으로 제기되어 왔다. 이미 형법학계에서도 성적인 신체와 인격에 대한 침해를 '여성의 정조권'으로 설명해 온 과거 형법이 법과 도덕의 분리라는 근대법 원칙에 반한다는 비판이 지속적으로 제기되어 왔으며, 서구사회에서 이를 개인의 성적 자기결정권 침해로 변경해 온 흐름을 반영하여 변화해야 한다는 논의가 있지만, 성적 자기결정권이라는 보호법익에 따른 성폭력 범죄의 행위유형과 행위수단 등 구성요건에 대한 해석의 방향에 대해서는 아직까지 합의가 이루어지지 않았으며, 현재 제출되고 있는 입법안들은 대부분 형법상 규정으로 인한 처벌의 공백을 개선하는 데에 집중하고 있을 뿐이다. 이러한 상황에서 형법상 성적 자기결정권이 법 개정과 해석의 방향에서 어떻게 논의가 되어 왔는지 살펴볼 필요가 있다.

1. 여성의 정조권에서 성적 자기결정권으로의 이동

1) 보호법익으로서의 정조와 형법의 구성

형법상 성폭력범죄의 여성의 정조권을 보호법익으로 상정한 1953년 형법은 독일 등 대륙법계 형법과 일본의 형법개정안, 그리고 일제시기 조선형사령에 의해 의용된 일본형법 등을 입법의 모델로 참조하였다. 독일의 경우 1973년 법개정 전까지 형법상 성적 침해행위를 "도덕에 대한 침해"의 장에서 성적 명예에 대한 침해로 규정하고 있었는데, 성적 명예를 중혼 등 혼인의 사회적 질서와 관련된 범죄와는 구별하여 개인적 법익침해로 구성하였다. 1930년대 당시 의용형법 제22장은 '외설간음 및 중혼의 죄'로 이 장에는 강간, 간음, 음행매개, 간통, 중혼 등이 규정되어 있었는데, 당시 이 장의 보호법익인 여성의 정조권을 개인적 법익침해로 보기보다는 공공의 질서에 대한 사회적 법익침해로 이해하고 있었기 때문에 혼인 등과 관련된 질서위반의 행위와 함께 다룬 것이다(한봉석, 2014: 200–201). 한국의 형법 제정과정에서 독일 등의 대륙법계 형법을 참조하여 제22장 외설간음 및 중혼의 죄를 성 풍속을 해하는 죄와 정조를 해하는 죄로 분리함으로써 정조는 "피해부녀의 의사에 반하는 간음행위로서" 개인적 법익으로 구성되었다.[1] 이때 다른 나라의 형법에는 규정되어 있지 않은 두 개의 조문이 형법 초안 제32장 정조에 관한 죄에 새롭게 신설되는데, 그것이 유리한 지위 등 기타 위력을 이용한 감독자의 지위이용에 의한 부녀정조유린행위(제326조)와 혼인의 위계를 이용한 간음인 사기결혼(제327조)에 대한 처벌규정이다.[2] 이 중 혼인빙자 기타 위계를 이용한 간음죄의 경우 "음행의 상습 없는 부녀"라는 구성요건을 두고 있는데, 이는 개인적 법익 침해인 '여성의 정조권'이 가부장적인 일부일처제도와 관련된 공공질서에 기초하여 구성된 개념임을 보여준다. 비록 형법에서 보호하고자 하는 정조가 오직 남편과의 성관계를 상정하고 있는 것은 아니나[3] 불특정 다수와 성관계를 하는, 이른바 음행의 상습이 있는 여성의 성적 실천을 배제함으로써, 가부장적 가족질서 내에 한정된 개인적 법익임을 보여준다.

여성의 정조권을 보호법익으로 하는 형법 제32장은 강간죄를 기본적인 범죄구성요건으로 설정하고 있는데, 강간죄에서 규정하는 행위태양은 성기삽입으로 인한 침해로 설정하고 피해자를 오직 부녀로 한정하고 있었다. 가부장적 일부일처제도 내에서 여성의 정조권은 남편에 의해 침해될 수 없기 때문에 남편의 아내에 대한 강간은 인정되지 않았다.[4] 정조권은 정조 유린에 적극적으로 저항하는 여성에게 한정되는

---

1) 조선법제편찬위원회 형법기초요강(1948)에 따르면, "14. 외설간음 및 중혼죄의 장을 풍속을 해하는 죄와 간음죄의 이장으로 나누고 일반외설행위, 간통, 중혼편은 전자의 장하에, 강간을 위시여 피해부녀의 의사에 반하는 간음행위를 후자의 장하에 규정하여, 전자는 공익, 후자는 사익으로 각각죄질로 하는 것으로 할 것. 19. 간음죄의 장하에 유리한 지위 및 기타 위력 또는 혼인의 위계를 사용하여서 부녀의 정조를 유린하는 조문을 신설할 것(한국형사정책연구원, 1990:11)"이라 서술하고 있다.

2) "우리나라의 전통적 미풍에 비추어 부녀의 정조는 재산권은 물론이고 때로는 생명권보다 소중한 것임에 불구하고 강자의 지위에 있는 자가 약자의 지위에 있는 부녀의 정조를 농락하는 소행에 대하여는 그[것이] 강간이 아닌 이상 아무런 처벌규칙도 없는 것이 우리 현행 형벌법규이다. 그러므로 이러한 행위를 처벌키 위함이다(엄상섭, 1948:29)."

3) "정조란 그 고유의 의미에서는 유일의 상대편에게만 바쳐야 하는 것이다. 그러나 형법에서 보호하려는 정조는 그렇게 엄격한 것이 아니다. 개가(改嫁)한 부녀의 정조나 이삼차의 실연을 한 부녀의 정조나를 막론하고 형법상 보호의 대상이 되는 것이다. 다만 정조관념이란 인정받을 수 없을 정도로서 상대편을 가리지 않고 유상무상으로 육체를 제공하는 상습을 가진 부녀의 정조만은 보호대상에서 제외한다는 것이 제304조의 법의(法意)인 것이다(엄상섭, 1955:375)."

것으로, 강간죄의 행위수단인 폭행·협박은 상대방의 의사를 제압할 수 있는 정도가 아니라 상대방의 저항을 불가능하게 하거나 현저히 곤란할 정도에 이른 경우에만 인정되는 '최협의설'이 확립되었다. 이렇게 정조를 보호법익으로 상정한 형법의 태도에 대해 성폭력 문제를 해결하기는커녕 오히려 가부장적 성인식을 더욱 공고히 하고 있다는 비판이 페미니즘 연구를 통해 적극적으로 제기되었다(박선미, 1989; 이명선, 1989; 심영희, 1992 등). 형법학계 역시 법과 윤리의 분리라는 근대법적인 원칙에 따라 성도덕의 개념인 정조라는 보호법익이 형법상 법익으로 적절하지 않다고 보고 성적 자기결정권을 보호법익으로 설정해야 한다는 주장을 전개해왔다(이영란, 1994; 한인섭, 1996 등).

2) 보호법익으로서 성적 자기결정권에 기초한 법규정과 해석의 변화와 한계

이러한 상황에서 "1953년 형법 제정 이래 사회 영역의 발전과 윤리의식의 변화로 발생한 법규범과 현실의 괴리를 해소"하기 위해 추진된 1995년 12월 29일 형법 일부개정(시행 1996.7.1.)을 통해 형법 제32장의 제목을 '정조에 관한 죄'에서 '강간과 추행의 죄'로 변경하여 형법에서 정조라는 보호법익이 삭제되었다. 그러나 강간 등을 규정하는 장의 제목만 변경하였을 뿐 여전히 '여성의 정조'라는 보호법익을 전제로 구성되었던 형법상 성폭력범죄 규정을 유지해오다가 2012년 12월 18일 형법일부개정(시행 2013.6.19.)에 이르러서야 비로소 강간죄의 객체가 '부녀'에서 '사람'으로 변경 되었으며, 성기삽입 이외의 삽입행위가 유사강간죄라는 별도의 범죄로 규정됨으로써 '개인의 성적 자기결정권'이라는 보호법익이 반영된 법개정이 이루어졌다. 그러나 강간죄의 법정형이 3년 이상인 것과 구분하여 유사강간죄의 법정형을 2년 이상으로 규정함으로써 여전히 성기에 의한 삽입행위에 비해 그 외의 삽입행위로 인한 침해의 불법성을 낮게 평가하고 있다는 점에서 성기삽입을 중심으로 한 성폭력범죄의 구성 자체의 변화는 크지 않다.

남편이 폭행협박으로 법률상 아내를 강간하거나 추행한 행위에 대해서 2004년부터 하급심 판결에서 강간죄나 강제추행죄를 적용한 판례들이 나오기 시작하였으며,[5] 결국 2013년 5월 16일 대법원 전원합의체 판결을 통해 부부간의 강간을 부인했던 종래의 판결을 변경하여 정상적인 결혼생활을 유지하고 있더라도 남편의 폭행·협박에 의한 강간에 대해 강간죄를 인정하였다.[6] 강간죄의 폭행·협박에 대한 최협의설

---

4) 대법원 1970.3.10. 선고 70도29 판결 참조.
5) 서울중앙지법 2004.8.20 판결 2003고합1178 판결(강제추행 인정), 부산지방법원 2009.1.16 선고 2008 고합808 판결(강간죄 인정) 등.

에 입각한 판례의 태도 역시 2005년부터 변화를 겪게 되었는데, 비록 폭행·협박의 최협의설에 대한 규범판단을 유지하고 있으나, 실질적 저항행위의 존재를 요구해왔던 최협의 폭행·협박 정도를 충족하는 입증의 기준7)을 완화하는 방향으로 변화하게 되었다. 2005년 7월 28일 대법원은 "강간죄가 성립하기 위한 가해자의 폭행·협박이 있었는지 여부는 그 폭행·협박의 내용과 정도는 물론 유형력을 행사하게 된 경위, 피해자와의 관계, 성교 당시와 그 후의 정황 등 모든 사정을 종합하여 피해자가 성교 당시 처하였던 구체적인 상황을 기준으로 판단하여야 하며, 사후적으로 보아 피해자가 성교 이전에 범행 현장을 벗어날 수 있었다거나 피해자가 사력을 다하여 반항하지 않았다는 사정만으로 가해자의 폭행·협박이 피해자의 항거를 현저히 곤란하게 할 정도에 이르지 않았다고 섣불리 단정하여서는 안 된다"고 하여, 그동안 폭행·협박의 최협의 정도를 충족하는 정황증거로 피해자의 범행 전 탈출시도나 범행 전·후 피해자의 구조 요청을 요구했던 기존 판례의 판단기준을 변경하였다.8) 2005년 이후 대법원은 범행 장소가 제3자가 접근할 수 있다는 사실 또는 피고인과 피해자가 수년 전부터 알고 지내던 사이 내지 연인관계였다는 점이 성적인 자기 방어를 포기할 정도의 심리적 억압상태를 부인하는 근거가 될 수 없다고 판단하고 있으며, 피해자와 피고인 간의 체격의 차이 등 신체적인 특성이나 범행 당시 피해자의 명시적인 거부의 사표시, 당시 피해자의 신체적·정신적 상태(알코올의 섭취), 범행 후 피해자의 피고인에 대한 행동 등을 최협의의 폭행·협박 정도에 대한 판단기준으로 삼고 있다.9) 이러한 판례의 태도는 실질적인 피해자의 저항행위를 입증하도록 요구해왔던 기존 판례를 변경하여 합리적인 관점에서 피해자의 저항행위가 제압되거나 피해자가 저항할 수 없었던 상황에 대해 종합적으로 판단함으로써 최협의 폭행·협박의 정도에 대한 객관적인 기준을 모색하고 있음을 보여준다. 비록 폭행·협박의 최협의설 자체에 대한 판례의 변경은 없으나 최협의 정도를 충족하는 사실에 대한 판단기준을 객관적이고 합리적인 관점으로 변경함으로써 사실상 최협의설을 완화하고 있는 것이다.

최근에는 대법원이 강제추행죄에서 기습적인 추행에 대해서도 폭행·협박의 정도 및 추행과 폭행·협박 간의 인과관계를 인정했던 것을 강간죄에도 적용함으로써, 강

---

6) 대법원 2013. 5. 16. 선고 2012도1478 전원합의체 판결 참조.
7) 강간죄의 최협의 폭행협박 판단의 기준을 살펴보면, 피해자의 실질적인 저항행위를 확증할 수 있는 간접증거로 ① 피해자의 구조 요청, ② 사건 장소로의 자발적 이동, ③ 탈출의 시도 등을 요구하고 있다 (장임다혜, 2009).
8) 대법원 2005. 7. 28. 선고 2005도3071 판결 참조.
9) 대법원 2012. 7. 12. 선고 2012도4031 판결; 대법원 2018. 2. 28. 선고 2017도21249 판결.

간죄의 폭행·협박에 대한 판단기준은 폭행 또는 협박을 '항거를 곤란케 하는 정도인 경우'에 인정하는 강제추행의 판단기준과 유사한 정도로 확대되었다. 대법원은 "강간죄에서의 폭행·협박과 간음 사이에는 인과관계가 있어야 하나 폭행·협박이 반드시 간음행위보다 선행되어야 하는 것은 아니다"라고 판단기준을 제시하여,[10] 피해자와 피고인이 동거하고 있었으나 이미 피해자가 헤어지자고 이야기한 사정, 피고인이 피해자의 옆에서 자위행위를 하는 것에 대해서는 피해자가 동의하였으나 성교행위에 대해서는 명시적 거부의사표시를 했던 점을 고려하여, 피고인이 기습적으로 피해자의 팔과 함께 몸을 세게 끌어안은 채 가슴으로 피해자의 등을 세게 눌러 움직이지 못하게 한 유형력의 행사를 항거불가능하거나 현저히 곤란하게 할 정도의 폭행·협박으로 보았으며, 간음행위 시작 당시 폭행·협박이 없었다고 하더라도 간음행위와 거의 동시 또는 그 직후에 피해자를 폭행하여 간음한 경우에도 강간죄의 폭행·협박을 성립되는 것으로 보았다.

그러나 이러한 대법원 판례의 변화에 대해 전통적인 최협의 폭행협박설을 수정했다는 점에서 의미가 있으나 최협의 폭행협박설을 유지하였다는 점에서 한계가 있다는 평가가 존재한다(조국, 2016). 실제 폭행협박의 최협의설이 수정되지 않음으로써 여전히 하급심에서는 피해자의 실질적인 저항행위에 대한 입증을 요구하는 태도를 보이는 등 비일관적인 폭행협박에 대한 해석이 이루어지고 있는 한계가 존재하고 있다.

2. 비동의간음죄 신설 논의에서의 성적 자기결정권의 의미

최근 비동의간음죄 신설이나 비동의 요건을 추가하는 형법개정법률안은 모두 형법상 강간 등 성폭력범죄의 유형력인 폭행·협박의 최협의설에 대한 한계를 극복하기 위한 대안으로 제기된 것이지만, 비동의 요건을 중심으로 형법상 성폭력 범죄의 개념을 구성한다는 것은 결국 형법상 성적 자기결정권이라는 보호법익에 따른 체계 전반의 변화와 연결될 수밖에 없다. 이하에서는 비동의간음죄 신설 논의가 등장했던 성폭력특별법제정운동 당시의 논쟁과 2000년대 중반에 전개되었던 비동의간음죄 관련 논의를 통해 형법상 성적 자기결정권의 의미에 기초한 입법적 개선방향의 흐름이 어떻게 변화되어 왔는지를 살펴보고자 한다. 이를 통해 성적 자기결정권이라는 보호법익을 실현을 위해 형법상 성폭력법체계 전반의 변화가 모색될 필요가 있음을 확인할 수 있다.

---

10) 대법원 2017. 10. 12. 선고 2016도16948, 2016전도156 판결.

1) 성폭력특별법제정운동과 비동의간음죄 신설 요구

폭행·협박을 "피해자의 반항을 불가능하게 하거나 현저히 곤란할 정도"를 의미하는 최협의로 해석함으로써 성폭력을 상대방의 동의 유무가 아닌 여성의 저항 여부로 판단하는 법원의 태도는 여성의 성적 자기결정권 침해를 협소하게 다룰 뿐만 아니라 여성에게 저항을 통해 강간을 입증하라는 부당한 요구를 한다는 점에서 현실에서 발생하고 있는 여성에 대한 성적 침해를 제대로 다루지 못한다는 비판이 전개되었다 (박선미, 1989; 심영희외, 1989; 배은경, 1997). 이에 따라 정조를 보호법익으로 삼고 있는 「형법」상 성폭력범죄 규정을 개인의 성적 자기결정권의 침해를 중심으로 전환하는 것이 필요하다는 인식 하에 현행 형법이 성적 자기결정권을 침해하는 비동의적인 성 중 일부만을 범죄로 규정하고 있다는 점을 비판하며 성폭력특별법에 비동의간음죄를 신설해야 한다는 주장이 제기되었다(최은순, 1993; 한인섭, 1994).

90년대 성폭력특별법제정운동 당시 비동의간음죄 신설 주장은 형법상 강간죄의 폭행·협박이라는 강제성 요건과 폭행·협박 판단기준으로서 최협의설로 인해 다양한 유형의 성적 자기결정권 침해행위를 처벌하지 못한다는 문제인식하에서 강간의 연속선상에 있는 침해행위를 경중에 따라 성폭력법체계로 구조화할 필요성에 근거하고 있다. 상대방의 폭행·협박 등 유형력이 행사되었음에도 불구하고 그 정도가 항거불가능하거나 곤란한 정도에 이르지 않았거나 이를 입증하기 어려운 경우와 더불어 저항행위의 성공으로 간음 또는 추행의 미수에 이른 경우를 당시 형법으로는 처벌할 수 없으므로 비동의간음죄의 신설이 필요하다는 것이다(최은순, 1993; 한인섭, 1994; 신윤진, 2005). 강간죄의 구성요건인 폭행·협박의 정도를 상대방의 항거불능 내지 곤란이라는 최협의로 해석하고 있는 법원 태도에 대한 비판적 관점에 기초하여 비동의간음죄가 폭행·협박이라는 유형력 요건의 한정적인 해석으로 인한 처벌의 공백을 메꾸기 위한 하나의 범죄유형으로 제시된 것이었다. 그러나 이 당시 주장이 형법 제32장의 전반적인 체계 변경의 요청을 담고 있지 않았더라도, 유형력 요건의 한계를 폭행협박이 아닌 여성의 성행위 합의를 판단하기 위해 저항에 집중하는 폭행협박의 최협의설이 전제하고 있는 정조에 대한 가부장적 관념으로 보고(김희균, 2005) 비동의간음죄 신설을 통해 "동의 없는" 성적 침해라는 성폭력범죄 유형을 새로이 구축할 것을 제안한다는 점에서, 성적 자기결정권을 형법상 성폭력범죄의 보호법익으로 변경하고자 시도한 것으로 평가할 수 있다.

2) 성적 자기결정권에 근거한 비동의간음죄 신설 반대 의견

폭행·협박에 대한 최협의설로 인한 처벌의 공백을 해결할 필요성에 대해서는 비동의간음죄 신설을 반대하는 학자들 역시 인정하고 있다. 그러나 이들은 '동의'라는 구성요건이 피해자의 의사에 근거하고 있다는 점에서 불명확성을 가지며 여성의 성적 자기결정권에 대한 국가 형벌권의 과도한 개입과 보호로 인해 오히려 여성의 성적 자기결정의 주체성을 훼손하므로 비동의간음죄 신설을 통해 처벌의 공백을 해결하려는 시도에 한계가 있다는 점을 지적한다. 다시 말해, 성적 자기결정권 개념에 근거하여 비동의간음죄를 신설하는 것이 오히려 여성의 성적 자기결정권을 제한하는 법체계를 구성하게 된다고 비판하는 것이다.

구체적으로 살펴보면, 이상돈(2003)은 비동의간음에 포섭될 수 있는 사안은 가해남성과 피해여성 사이에 '의사소통적 장애'가 발생한 상황이고 의사소통 방식은 곧 문화이기 때문에 형법상 법익개념에 포섭되지 않으며, 이러한 문화적인 영역에 형법이 개입하려는 이유는 보호해야 할 대상으로서 여성에 관한 성 역할 고정관념에 근거할 뿐이므로 이러한 형벌권의 과도한 개입이 성평등한 성적 자기결정권의 실현을 방해한다고 지적한다. 다시 말해, 남성중심적인 성문화에서 여성의 성적 주체성과 이에 기반한 자기 결정을 구성하는 것은 형법적 차원이 아니라 사회·문화적 차원에서 이루어져야 할 문제임에도 불구하고 과도한 형법의 개입을 통해 해결하려는 태도는 여성이 성적 자기결정권을 행사할 수 있는 능력을 가진 주체임을 부정할 뿐이라는 것이다(이상돈, 2003: 401-407). 조국 역시 여성의 성적 자기결정권에 대한 어떠한 침해도 형법을 통해 막아줘야 한다는 시각이 오히려 가부장적인 관념의 산물일 수도 있다는 점을 지적하면서, 항거곤란한 정도가 아닌 강제력으로 피해자의 동의 없이 간음·추행한 경우와 저항의 외적 표시를 남길 여지없이 공포심에 짓눌려 강간당한 경우 가해자를 처벌할 수 있도록 유형력 모델을 유지한 채 폭행·협박의 최협의설을 완화하는 입법 또는 법해석을 통해 해결할 수 있다고 본다(조국, 2004: 67-69). 이러한 입장은 최근 비동의 요건 도입에 대해 반대의견을 제출하고 있는 주장들에서도 동일하게 확인할 수 있는데, 성적 자기결정권을 자유의사 또는 동의 합의의사에 기초한 성적 관계맺음임에도 불구하고 이를 일방의 개인의사 영역에 한정하여 범죄화하는 것은 형법의 과도한 개입이 될 수밖에 없으며(김한균, 2018: 436-438), 여성의 특수한 상황의 고려 및 여성피해자에 대한 특별한 보호를 위한 차별적 법제를 구축하는 것은 '나약한 여성상'을 법이 공식화함으로서 여성의 성적 주체성을 훼손할 위험이 크다고 평가한다(주승희, 2018: 122-123).

그러나 이러한 주장들이 전제하고 있는 성적 자기결정권의 의미는 다음과 같은 두 가지 측면의 전통적 자유주의의 이분법에 기초하여 구성되었다는 점에서 한계를 가진다. 우선, 전통적인 자유주의 철학에 근거한 공사 이분법에 따라 사적 영역인 성(sexuality)의 문제는 자기결정의 영역에 속하게 되어 국가가 개입할 문제가 아니라 사회적 영역에서 개인이 다루어야 한다는 전제이다. 자유주의 법체계에서 성적 자기결정권은 성별에 관계없이 모두에게 동등하게 주어진 권리이며 권리를 향유할 수 있는 개인은 권리행사의 능력을 가진 시민이므로, 사적인 성적 영역의 국가 개입에 대한 요청은 성적 자기결정권의 행사능력이 없는 자에 대한 특별한 보호를 구성할 뿐이라는 것이다. 이러한 인식은 한편으로 여성의 정조 침해를 특별히 범죄로 구성해왔던 기존의 형법 체계가 사실상 동등한 성적 자기결정권의 보호를 제공하지 않아왔다는 비판적 관점을 제공할 수 있다. 그러나 성적 자기결정권의 동등한 보호를 실현하기 위한 형사법체계의 구축에 대해서는 어떠한 추가적인 검토 없이 사적 영역에 대한 불개입 원칙을 반복하는 것은 인권 개념의 발전에 따라 국가 개입의 방식이 다양화되고 있는 형사법체계의 변화를 고려하지 않는 것일 뿐이다. 성적 자기결정권의 동등한 보호의 실현은 자발적 동의에 기초하지 않은 성관계가 발생하는 성별 위계적인 사회구조와 여성의 성을 정조와 연관하여 구성해온 사회문화 속에서 구축된 성적 자기결정권 수행의 불평등한 조건들에 대한 고려 속에서 가능한 것이다(장다혜, 2004; 이호중, 2005; 이유정, 2007). ‘모두에게 이미 성적 자기결정권이 동등하게 주어져 있다’라는 성적 자유주의의 전제 하에서 성적 자기결정권의 주장은 결과적으로 성별 불평등과 이성애남성 중심의 섹슈얼리티 구조 속에서 발생하는 여성의 성적 침해 문제를 제대로 담아내지 못할 수밖에 없다(신상숙, 2001). 개인주의적인 자유주의 철학 하에서 완전한 자기 통치(self-gevernace)를 바탕으로 설정된 개념인 ‘자기결정’이 가능하기 위해서는 합리적 선택 가능성이 보장되어야 하며 선택의 방해로부터 자유로워야 하므로(Schulhofer, 1998: 105-106), 오히려 선택의 방해 자체를 범죄화하는 비동의간음죄의 도입은 불평등한 권력관계와 뿌리 깊은 정조관념에 노출되어 있는 사회에서 성적 자기결정권의 의미를 바로 세우기 위해 필요한 것일 수 있다(이유정, 2007).

　이러한 입장들이 가진 더 큰 한계는 신체와 정신의 이분법에 근거하여 성적 자기결정권의 내용을 개인의 의사결정에 관한 것으로 한정함으로써 상대방의 동의 없는 성적 침해행위를 성행위와 관련된 의사결정의 자유를 침해하는 행위로 협소하게 이해하고 있다는 점에 있다. 이러한 인식 하에서 ‘비동의’ 요건은 피해자의 의사에 근거한 불명확한 개념일 뿐이며, 성적 자기결정권의 침해행위 모두를 범죄화하는 것은 피해자의 의사에 따라 형벌의 적용여부가 결정되는 불합리한 결과를 가져오게 된다고 이해된다(이영란, 1994; 서보학, 1998; 김한균, 2018). 그러나 형법상 성적 자기결정권을 보호법익으로 하는 범죄가 형법상 의사결정의 자유를 보호법익으로 하는 협박죄, 강요죄와는 다르게 신체를 대상으로 하며, 동시에 신체의 완전성 침해만을 설정한 폭행죄나 상해죄와 달리 개인의 인격과 결부된 성의 완전성 침해를 포함한다는 점을 고려한다면 성적 자기결정권은 성행위와 관련된 의사결정의 자유가 내포한 본질인 성과 관련된 신체적, 정신적 정체성 내지 성의 완전성에 대한 침해로 이해되어야 한다(박혜진, 2009). 이는 헌법재판소가 성적 자기결정권을 표현의 자유가 아닌 헌법 제10조 인간의 존엄과 행복추구권에서 도출되는 자기운명결정권의 하나로 인정한 것과 연결된다.[11] 비동의간음죄는 성행위에 대한 서로 다른 의사결정 자체를 형사적 제재의 대상으로 하는 것이 아니라 상대방의 의사결정에도 불구하고 그 의사에 반하여 상대방의 신체에 대해 성적 행위를 한 것에 대해 처벌하는 것이며, 그러한 의사에 반한 행위가 상대방의 성적인 신체와 섹슈얼리티에 대한 폭력으로 상대방의 개인성과 상호주체성을 침해하는 결과를 초래하기 때문에 처벌하는 것이다.

3) 성적 자기결정권의 실현을 위한 형법상 성폭력법체계 재구성 필요성 제기

2000년대 중반에 전개된 비동의간음죄의 도입 논의는 정조를 중심으로 구축되었던 성폭력법체계를 성적 자기결정권을 중심으로 재구성하기 위한 형법 제32장의 전면적 개정 논의로 확대되었다. 성적 자기결정권이라는 개인적 법익을 중심으로 어떠한 행위를 국가형벌권이 개입할 범위로 설정할지에 대해 구체적인 입법안이 제시되어, 성적 자기결정권 침해의 의미가 보다 구체화되었다고 평가할 수 있다. 구체적으로 살펴보면, 2006년 여성운동단체들의 연대체인 여성인권법연대가 발족하여 '동의 없는 성적 행동'이라는 표제로 비동의 요건을 포함한 성폭력관련법의 체계와 구조를 전체적으로 변경하는「형법」제32장 전면 개정안을 마련하였으며, 2007년 임종인 의원 대표발의(의안번호: 176449)로 제출되었으나 임기만료로 폐기되었는데, 2007년 형법개정안은 그 제안이유를 성적 자기결정권이라는 성폭력처벌법의 보호법익에 부합하는 형법상 성폭력법체계를 정비하고자 한다는 것을 명시하고, 제32장의 제목을 "성적 자기결정권을 침해하는 죄"로 변경하고 비동의간음죄를 "동의 없는 성적 행동"이라는 표제로 이 장의 기본적 구성요건으로 구성하고 있다.

이 개정안의 구체적인 내용을 살펴보면, '동의 없는' 성적 행동 및 간음을 기본적

---

11) 헌법재판소 1990.9.10 선고 89헌마82 결정 참조.

구성요건으로 하고, '폭행, 협박, 위력으로' 성적 행동 및 간음을 가중적 구성요건으로, 그리고 최협의 폭행·협박 및 준강간, 특수강간 등의 경우를 가중적 처벌요건으로 두는 것으로 규정함으로써 기존의 형법 제32장의 법체계 및 구조를 전면적으로 변경할 것을 제안한다. 또한 제32장이 정조가 아닌 성적 자기결정권을 침해하는 범죄임을 분명히 하는 보호법익에 따른 개념과 용어의 변경도 시도하는데, '추행'의 용어를 '성적 행동'으로 변경하고, 성교행위가 아닌 삽입행위의 경우를 모두 '강간 또는 간음행위'로 포섭함으로써 정조의 평가에 기초한 성기에 대한 성기 삽입과 그 외의 삽입행위에 대한 불법성에 대한 다른 평가를 제거하고 일체의 삽입행위를 동일한 불법성으로 다룬다. 폭행 또는 협박과 함께 위력을 규정함으로써 범죄행위자의 사회적 지위와 권력적 요소로 인한 두려움과 공포가 존재하는 경우를 유형력이 행사된 경우와 동일하게 처벌할 수 있도록 규정하고 있으며(이호중, 2007: 21), 업무상 위력간음을 "교육, 업무, 고용, 종교 기타 관계로 인하여 자기의 보호 또는 감독을 받는 사람에 대하여 그 보호 또는 감독의 관계를 이용하여 성적 행동"을 한 경우로 규정하여, 위력 요건을 삭제하고 "보호 또는 감독 관계를 이용"한 행위를 요건으로 두는 것으로 변경하였다. 이는 유무형의 힘을 의미하는 위력을 폭행협박과 같은 '유형력 행사'라는 점을 분명하게 하고 행위자의 특정한 지위를 이용하는 행위를 일종의 '지위의 남용'으로 구분한 것이다.

90년대 비동의간음죄 신설의 주장이 기존의 강간죄 등을 그대로 두는 대신 비동의간음죄를 신설함으로써 강간죄의 해석으로 인한 처벌의 공백을 해결하고자 하는 것이었다면, 2000년대 비동의간음죄 신설은 비동의 요건을 기본적인 성폭력 범죄의 행위수단으로 규정함으로써 성적 자기결정권에 부합하는 성폭력법체계의 재구성을 위한 것이었다. 이러한 입장은 UN 등 국제기구의 여성에 대한 폭력(Violence against Women)에 대한 대응 정책의 방향과도 유사하다. UN CEDAW 일반권고 35호에서는 젠더 기반 여성에 대한 폭력 관련 일반입법조치와 관련하여 "부부강간 및 아는 관계/데이트 강간을 포함한 성범죄의 정의는 자유롭게 결정할 수 있는 동의 부재를 기초로 하고, 강요적 환경을 고려해야 한다"[12]고 명시하고 있다.[13] 기본적인 성폭력범죄 유형을 비동의를 중심으로 변경하는 것은 형법상 성폭력의 기본 개념을 변경함으로

---

12) Committee on the Elimination of Discrimination against Women, General recommendation No. 35 on gender—based violence against women, updating general recommendation No. 19, 14 July 2017, CEDAW/C/GC/35, par. 29(e).

13) 본 권고에 기반하여 2018.3.12. CEDAW 위원회 한국정부 젠더 기반 여성에 대한 폭력분야 권고의 내용에는 "(a) 형법 제297조 개정하여 피해자의 자유로운 동의 없음을 중심으로 강간을 정의하고, 특히 배우자 강간을 범죄화할 것"이 포함되어 있다.

써 기존의 규정방식과 해석에 존재하는 정조 관념의 제거와 동등한 성적 자기결정권의 보호를 위한 형법체계의 재구성으로 연결될 수밖에 없다.

Ⅲ 현행 형법상 성폭력법체계의 특징과 한계

현재 형법상 성폭력범죄의 보호법익이 성적 자기결정권이라는 것에 이론은 없으나, 우리 형법상 성폭력법체계는 정조를 보호법익으로 설정했던 1953년 형법 제정 당시의 체계를 그대로 유지함으로써 성적 자기결정권이라는 보호법익에 부합하지 않는 한계를 가지고 있다. 이하에서는 형법상 성폭력범죄의 행위유형과 행위수단에 대한 규정에서 나타나는 정조 관념과 체계상의 한계를 구체적으로 분석하고자 한다.

1. 용어 및 개념에 반영된 사회적 질서로서 정조

1) 성적 행위의 유형으로서 간음 및 추행

우리 형사법체계에서 성폭력범죄에 해당하는 성적행위의 유형은 크게 간음, 유사간음, 추행으로 나뉜다. 간음은 남성성기를 여성성기에 삽입하는 행위, 즉 성교행위를 의미하는 것이며, 유사강간(간음)은 구강, 항문 등 신체(성기는 제외한다)의 내부에 성기를 넣거나 성기, 항문에 손가락 등 성기 이외에 신체의 일부 또는 도구를 넣는 행위를 의미한다. 추행은 간음 또는 유사간음에 해당하지 않는 성적행위로, 판례에서는 "객관적으로 일반인에게 성적 수치심이나 혐오감을 일으키게 하고 선량한 성적 도덕관념에 반하는 행위로서 피해자의 성적 자유를 침해하는 행위"[14]를 의미한다. 형법 제297조는 강간죄를 규정하면서 강간이라는 용어를 그대로 사용하고 있어 이에 따라 강간과 간음을 별도의 행위로 구분할 수도 있으나, 강간이라는 용어가 강제로 간음행위를 하는 것을 의미하기 때문에 여기에서는 이를 별도의 행위유형으로 분류하지 않는다.

2013년 형법 일부개정을 통해 신설된 유사강간죄에서는 유사강간에 대한 정의를 법률에 규정하고 있으나, 강간(간음)이나 추행에 대해서는 법률상 정의는 없다. 간음

---

14) 대법원 2002. 4. 26. 선고 2001도2417 판결; 대법원 2018. 2. 8. 선고 2016도17733 판결.

및 추행의 법적 개념은 판례를 통해 확인되는데, 간음의 경우 성기삽입행위인 성교행위로 해석함으로써 행위유형이 제한되어 있으나 추행은 판례상으로도 간음이나 유사간음 이외의 성적 행위가 모두 해당될 수 있는 불명확한 개념이다. 구체적으로 살펴보면, 판례는 일반적으로 가슴이나 엉덩이 등 성적으로 판단되는 신체부위에 접촉하거나 키스하거나 껴안는 등 성적의미의 신체적인 접촉행위를 추행행위로 인정하고 있으나, 피해자를 도구로 삼아 피해자의 신체를 이용하여 스스로를 만지게 하는 행위[15]나 30대 직장 상사가 20대 부하직원의 어깨를 주무르는 행위,[16] 11세 아동 앞에서 성기를 꺼내어 잡고 움직이며 피해자에게 가까이 다가가는 행위[17] 등 가해자와 피해자 간의 신체적인 접촉이 없는 행위를 추행으로 인정하기도 한다. 그러나 신체적 접촉이 없는 행위에 대해서 48세 여성에게 바지를 벗어 성기를 보여준 행위에 대해서는 신체접촉이 없었고 공개된 장소라는 점 등을 고려하여 추행으로 인정하지 않기도 한다.[18] 이렇게 추행에 해당하는 행위범주가 명확하지 않은 것은 판례상 추행 개념이 "일반인에게 성적 수치심이나 혐오감을 일으키게 하고 선량한 성적 도덕관념에 반하는 행위"라는 추상적 정의에 근거하고 있기 때문이다. 판례는 "추행에 해당하는지에 대한 판단은 피해자의 의사, 성별, 연령, 행위자와 피해자의 관계, 그 행위에 이르게 된 경위, 피해자에 대하여 이루어진 구체적 행위태양, 주위의 객관적 상황과 그 시대의 성적 도덕관념 등을 종합적으로 고려하여 판단하여야 한다"는 기준을 제시하고 있는데,[19] 이는 결국 추행에 해당하는 행위의 범주에 대한 판단이 행위 자체의 특성보다는 피해자나 행위자의 특성, 행위 상황의 특성 등으로 유추된 수치심이나 혐오감을 느낄 수 있는 피해자 내지 상황에 대한 기존의 통념에 기대고 있음을 알 수 있다.

2) 정조와 성적 자기결정권을 연결하는 개념으로서 '성적 수치심'

추행의 개념에서 사용되는 "성적 수치심 또는 혐오감을 일으키는 행위" 내지 "선량한 성적 도덕관념에 반하는 행위"라는 문구는 사회적 법익인 성풍속을 해하는 범죄들의 구성요건인 '음란'의 개념에서도 유사하게 확인할 수 있다. 판례에서는 '음란'을 "사회통념상 일반 보통인의 성욕을 자극하여 성적 흥분을 유발하고 정상적인

---

15) 대법원 2018. 2. 8. 선고 2016도17733 판결.

16) 대법원 2004. 4. 16. 선고 2004도52 판결.

17) 대법원 2013. 1. 16 선고 2011도7164 판결.

18) 대법원 2012. 7. 26. 선고 2011도8805 판결.

19) 대법원 2010. 2. 25. 선고 2009도13716 판결, 대법원 2012. 3. 29. 선고 2012도936 판결 등 참조.

성적 수치심을 해하여 성적 도의관념에 반하는 것"[20]으로 개념화하고 있다. 또한 군형법 제92조의 추행죄에서도 '추행'이라는 개념을 동일하게 사용하고 있는데, 판례는 군형법상 추행죄의 주된 보호법익이 '개인의 성적 자유'가 아니라 '군이라는 공동사회의 건전한 생활과 군기'라는 사회적 법익으로 보고 군형법상 추행과 형법상 추행을 다르게 개념화하고 있다. 군형법 제92조의 추행은 "계간(항문 성교)에 이르지 아니한 동성애 성행위 등 객관적으로 일반인에게 혐오감을 일으키게 하고 선량한 성적 도덕관념에 반하는 성적 만족 행위로서 군이라는 공동사회의 건전한 생활과 군기를 침해하는 것"을 의미한다.[21]

성적 자기결정권을 침해하는 범죄와 성풍속을 해하는 범죄에서 동일한 판단기준을 활용하거나 동일한 용어를 사용하고 있는 것은 개인적 법익 침해와 사회적 법익 침해의 경계에 놓여 있는 정조라는 보호법익이 여전히 형법상 성폭력법체계에서 핵심적인 기준이 되고 있음을 보여준다. 앞서 살펴보았듯이 우리의 형법 제정 과정에서 의용형법상 제22장 음란, 간음, 중혼의 죄를 정조에 관한 죄와 성풍속을 해하는 죄를 별도의 장으로 분리함으로써 성범죄의 영역을 개인적 법익과 사회적 법익으로 구분하고자 했으나, 강간과 강제추행과 같은 기본적인 범죄유형의 구성요건과 관련하여 음란[22]이라는 용어를 단지 추행으로 변경하였을 뿐 그 개념은 동일하게 해석되어 왔다. 이러한 해석은 정조라는 보호법익이 그 속성상 가부장적인 일부일처제라는 사회질서와 연결된 성차별적인 개념으로 개인적 법익으로서의 명확한 모습을 갖추고 있지 못했기 때문에 가능한 것이었는데, 성적 자기결정권을 보호법익으로 하고 있는 현행 법체계에서도 동일한 해석이 유지됨으로써 실질적으로는 성적 자기결정권이 아닌 정조에 기초한 법적 해석이 이루어지고 있는 것이다.

정조라는 가부장적 사회질서와 관련된 보호법익이 형법상 성폭력 체계에 여전히 존재하고 있다는 점은 간음, 추행이라는 용어 자체에서도 파악할 수 있다. 간음(姦淫)의 사전적 의미에 대해 표준국어대사전은 "부정한 성관계를 함. 주로 배우자 이외의 사람과의 성관계 따위를 이른다"라고 설명하며, 추행 역시 도덕적 가치평가가 포함된 개념으로, 표준국어대사전에서 추행(醜行)은 "1. 더럽고 지저분한 행동, 2. 강간이

---

20) 대법원 2017. 10. 26. 선고 2012도13352 판결.

21) 대법원 2008. 5. 29. 선고 2008도2222 판결.

22) 일본의 명치13년(1880년) 구형법에서는 강제추행을 강간죄의 선행규정으로 두면서, 강간을 폭행협박으로 남녀의 정욕을 완성하는 것, 즉 간음하는 것이며 강제추행은 폭행으로써 음란의 소행을 하는 것으로 규정하면서 남녀의 정욕을 완성하는 것이 아니라 예를 들어 사람의 음부 등을 보임으로써 우롱하는 것으로 구분하였다(권창국, 2016:5-6). 현재 일본 형법에도 강제추행 규정은 강제음란이라는 표제로 "폭행 또는 협박으로 음란한 행위를 하는" 것으로 규정되어 있다(일본 형법 제176조).

나 그와 비슷한 짓"이라고 정의되어 있다. 즉, 형법상 성폭력 법체계에서 성적 행위를 바람직한 성적 질서에 대한 가치와 그에 대한 도덕적 비난이 내포되어 있는 용어를 활용하여 지칭함으로써 정조라는 보호법익을 중심으로 한 체계를 구축하고 있는 것이다.

이렇게 정조 개념에 기초한 사회적 평가가 포함된 용어와 개념을 이용하여 형법상 성적 침해행위를 규정하고 있기 때문에, 성적 자기결정권의 침해로 인정되는 '성적 속성'에 대한 판단기준은 '성적 수치심'이 된다. 판례는 성적 수치심을 기준으로 성적 자유를 침해하는 행위의 부적절한 성적 속성을 판단하는데, 피해자와 같은 성별, 연령대의 일반적이고 평균적인 사람의 성적 수치심으로 평가함으로써 피해자의 관점과 성별화된 맥락을 고려하는 것으로 설정하고 있으나, 결국 성적 수치심이라는 기준을 활용함으로써 여성의 정조권에 대한 침해결과로서 여성의 수치심과 이러한 수치심을 느낄 수 있다고 평가되는 여성 집단에 대한 차별적 관념, 즉 보호받을 만한 정조에 기초한 법적 판단을 반복할 뿐이다. 결국 현행 형사법체계가 성적 속성에 대한 판단 기준을 '성적 수치심'으로 설정함으로써 성적 자기결정권이라는 보호법익을 기준으로 한 법적 판단이라는 이름으로 정조에 기초한 법해석을 하고 있음을 확인할 수 있다.

근대 형법의 제정 당시 개인의 권리로서 성적 자기결정에 대한 침해가 아닌 사회적 공공질서로서 여성의 정조에 관한 도덕적 침해라는 것이 국가 형벌권 행사의 근거가 되었기 때문에, 영미법체계에서 역시 강간(rape)과 외설적(indecent) 행위라는 용어를 사용하여 성폭력범죄를 표현하거나, 독일이나 스위스와 같은 대륙법 체계에서도 도덕에 대한 침해 등 사회적 법익의 차원에서 성적 침해를 규정해왔다(윤덕경, 2012: 13). 그러나 성적 자기결정권으로 보호법익이 전환되면서 각 국가별로 이러한 사회적 가치평가를 제거하기 위해 형법상 용어 및 개념의 개선을 추진하고 있다. 구체적으로 살펴보면, 1973년 독일은 성과 관련된 형법체계에서 도덕성을 제거하고 개인의 권리보호에 초점을 두기 위해 도덕에 관한 침해를 성적 자기결정에 관한 침해로 변경하고 조문에서 성적 명예, 수치심 등의 용어를 제거하고 성적 행위 등의 용어로 대체하였다. 영국 역시 2003년 법개정을 통해 외설적 행위를 성적 행위로 변경하였다. 그동안 영국은 사회적 평가가 반영된 외설성이라는 추상적 구성요건을 통해 다양한 성적 침해를 포괄해왔으나, 외설성이라는 개념에 내포된 윤리적 평가와 결별하기 위해 '외설적'이라는 용어를 중립적인 개념인 '성적'으로 대체하고, 합리적인 사람의 관점에서 행위의 본질 또는 행위의 목적이나 상황을 통해 성적인 속성을 판단하도록 규정하고 있다(Stevenson et al, 2004: 42−43).

2. 유형력을 중심으로 한 성폭력 법체계의 특징과 한계

1) 현행 형법상 성폭력법체계: 유형력 모델

형법상 성폭력범죄는 간음, 유사간음, 추행이라는 성적 행위가 특정한 행위수단에 의해 이루어졌을 때에 성립한다. 이 때 특정한 행위수단으로는 폭행 또는 협박, 위계 또는 위력 사용, 심신상실 또는 항거불능의 상태 이용으로 크게 나누어볼 수 있다.

성폭력범죄 행위수단에 대한 법해석을 살펴보면, 다음과 같다. 우선, '폭행 또는 협박으로' 앞서 설명한 성적인 행위유형(간음, 유사간음, 추행)을 실행하는 행위는 강간, 유사강간, 강제추행으로 처벌된다. 행위유형이 간음인지 추행인지에 따라 범죄의 성립요건에 해당하는 폭행 또는 협박의 정도에는 차이가 있으나, 대체로 폭행협박은 상대방의 저항을 제압하기 위해 범죄행위자가 상대방에게 신체적인 유형력을 행사하거나 말 또는 행위로 해악을 고지함으로써 피해자의 자유를 강제하는 효과를 내는 수단을 의미한다. 판례는 성폭력범죄에서의 폭행협박 정도에 대해서 유형력의 행사나 해악의 고지만으로는 충분하지 않고 상대방의 저항(항거)을 불가능하게 하거나 곤란하게 하는 정도를 요구한다.[23] 둘째, '위계 또는 위력으로써' 성적인 행위 유형(간음, 추행)을 실행하는 행위는 위계·위력간음 또는 위계·위력추행으로 처벌된다. 여기에서 위계란 행위자가 간음 또는 추행의 목적으로 상대방에게 오인, 착각, 부지를 일으키고 상대방의 그러한 심적 상태를 이용하여 간음 또는 추행의 목적을 달성하는 것을 의미한다.[24] 예를 들어, 의료행위로 가장하여 성적행위를 하는 경우와 같이 성적 행위의 속성이나 목적에 대해 오인, 착각, 부지를 일으키는 속임수를 이용하는 경우가 위계에 해당된다. 위력은 피해자의 자유의사를 제압하기에 충분한 세력을 말하고, 유형적이든 무형적이든 묻지 않으므로 폭행·협박뿐 아니라 행위자의 사회적·경제적·정치적인 지위나 권세를 이용하는 것을 포함한다.[25] 위계 또는 위력은 폭행 또는 협박보다 행위수단의 포섭범위가 매우 넓은 보충적인 요건이기 때문에, 위계 또는 위력의 이용을 성폭력범죄의 행위수단으로 인정하는 법률규정은 피해자가 미성년자 또는 장애인인 경우, 그리고 고용 등 보호감독관계와 같이 피해자와 가해자의 관

---

23) 대법원 2017. 10. 12. 선고 2016도16948 판결 등 참조.
24) 대법원 2012. 9. 27. 선고 2012도9119 판결.
25) 대법원 1998. 1. 23. 선고 97도2506 판결.

계적 특성으로 피해자가 특별히 취약한 경우에만 한정되어 있다. 마지막으로 '심신상실 또는 항거불능 상태를 이용하여' 성적인 행위 유형(간음, 유사간음, 추행)을 실행하는 행위는 준강간, 준유사강간, 준강제추행 범죄가 성립하며, 각각 강간죄, 유사강간죄, 강제추행죄에 의해 처벌한다. 여기서 심신상실은 정신기능의 장애로 인하여 의사결정능력과 사리판단능력이 없는 상태를 의미하는 것으로 형법 제10조 제1항인 심리장애 상태를 의미하므로 동조 제2항의 심신미약의 상태를 제외하는 것으로 본다(백형구, 2003). 그리고 항거불능의 상태라 함은 형법 제297조, 제298조와의 균형상 심신상실 이외의 원인 때문에 심리적 또는 물리적으로 반항이 절대적으로 불가능하거나 현저히 곤란한 경우를 의미하는 것[26]으로 본다.

■ 표 1 **형법상 성폭력범죄의 체계**

죄명(조문)	행위유형	행위수단	법정형
강간(§297)	간음강간	폭행·협박	3년 이상
유사강간(§297의2)	유사간음	폭행·협박	2년 이상
강제추행(§298)	추행	폭행·협박	10년 이하 1,500만원 이하
준강간(§299)	간음	심실상실 또는 항거불능 상태 이용	3년 이상
준유사강간(§299)	유사간음	심실상실 또는 항거불능 상태 이용	2년 이상
준강제추행(§299)	추행	심실상실 또는 항거불능 상태 이용	10년 이하 1,500만원 이하
미성년자심신미약자위계·위력간음(§302)	간음	위계·위력	5년 이하
피보호감독자위력간음(§303①)	간음	위계·위력	7년 이하 3,000만원 이하
피구금자간음(§303②)	간음	–	7년 이하
미성년자간음(§305)	간음	–	3년 이상
미성년자유사간음(§305)	유사간음	–	2년 이상
미성년자추행(§305)	추행	–	10년 이하 1,500만원 이하

---

26) 대법원 2000. 5. 26. 선고 98도3257 판결; 대법원 2009. 4. 23. 선고 2009도2001 판결; 대법원 2012. 6.

<표 1>은 형법 제32장에서 규정된 성폭력범죄를 행위유형, 행위수단과 법정형을 나눈 것이다. 표를 살펴보면, 우선 형법 제32장의 조문 체계가 행위수단을 중심으로 구성되어 있음을 알 수 있다. 제32장의 제목인 강간과 추행의 죄에서 나타나듯이, 성적 자기결정권 침해 범죄를 규정하고 있는 제32장의 기본적인 범죄유형은 '폭행 또는 협박'을 사용한 성적행위 유형(간음, 유사간음, 추행)이다. 폭행 또는 협박의 사용은 없으나, 그러한 정도에 준한 행위수단은 '심신상실 또는 항거불능 상태 이용'이다. '위계 또는 위력'을 사용한 경우는 피해자의 연령, 장애의 특성이나 특정 관계로 인해 피해자가 가해자에 대해 특별히 취약한 지위에 있는 경우에 한하여 규정하는 형법상 성폭력범죄의 특수한 유형이다. 마지막으로는 피해자가 13세 미만인 미성년자인 경우 내지 피해자−가해자 관계가 법률상 피구금관계에 한정된 특수유형으로, 행위수단과 관계없이 성적 행위가 이루어지면 형법상 기본 범죄유형으로 처벌한다. <표 1>에 따르면 행위유형 역시 불법성이 다르게 설정되어 있는데, 우선 성기에 의한 성기 삽입인 성교행위가 가장 불법성이 높은 행위이며, 그다음으로 성기 이외의 삽입행위, 삽입 이외의 성적 침해유형 순으로 불법성이 낮아진다.

종합해보면, 우리 형사법체계는 폭행·협박을 형법상 성폭력범죄의 기본적 행위수단으로 둠으로써 유형력 요건을 중심으로 하는 성폭력법체계이며, 간음행위를 기준으로 유사간음과 추행을 감경적인 구성요건으로 둠으로써 폭행 또는 협박으로 하는 성교행위를 성폭력범죄의 기본적인 범죄유형으로 두고 있다는 것을 알 수 있다. 이러한 점에서 우리의 성폭력법체계는 저항을 억압하는 유형력을 성폭력범죄 행위수단의 기본적 형태로 규정한 유형력 모델이라 할 수 있다.

2) 유형력 모델의 한계

형법상 성폭력법체계가 상대방의 저항을 제압하는 폭행협박이라는 유형력을 기본적인 범죄유형으로 두는 유형력 모델이므로, 유형력을 행사할 필요가 없는 피해자의 상태를 이용하거나 무형력까지 포괄한 위력과 같은 행위수단 역시 유형력의 기준을 중심으로 해석된다.

우선 우리 형법은 유형력을 행사할 필요가 없는 피해자의 상태를 이용한 성적 침해 역시 범죄로 규정함으로써, 특정한 상황을 이용하는 행위 역시 성폭력 행위수단으로 포섭하고 있다. 피해자의 심신상실 또는 항거불능 상태를 이용하는 준강간 등의 범죄가 여기에 해당하는데, 유형력 모델의 성폭력법체계에서는 유형력을 저항을

---

28. 선고 2012도2631 판결.

할 수 없는 정도에 이른 것으로 한정하고 있기 때문에 특정상황의 이용 행위 역시 피해자의 저항을 중심으로 피해자가 저항을 할 수 있는 능력을 애초에 가지고 있지 않거나 행위 당시 저항을 할 수 없는 상태를 이용하는 것으로 한정된다. 구체적으로 살펴보면, 형법 제299조 준강간등의 조문은 정신기능의 장애로 인하여 의사결정능력과 사리판단능력이 영구적으로 없는 상태를 의미하는 심신상실만을 규정하여 심신미약의 상태를 배제하고 있고, 항거가 곤란한 상황을 배제하고 절대적으로 불가능한 경우를 의미하는 항거불능으로 규정하고 있다. 판례는 술이나 약물 등으로 인해 일시적으로 저항무능력상태가 되는 항거불능에 대해서 "항거불능의 상태라 함은 형법 제297조, 제298조와의 균형상 심신상실 이외의 원인 때문에 심리적 또는 물리적으로 반항이 절대적으로 불가능하거나 현저히 곤란한 경우"[27]로 한정적으로 해석하고 있기 때문에, 술에 만취하였더라도 당시 상황을 비교적 상세히 진술하거나 저항행위에 대해 진술하였다면 심신상실에 이르지 않은 심신미약의 정도에 이른 것으로 보거나[28] 피해자가 모텔 객실로 스스로 걸어가는 등 특정한 행위를 했다는 근거로 일시적인 "블랙아웃 증상은 심신상실 또는 항거불능 상태에 해당하지 않"다고 보아 준강간의 적용을 배제한다.[29] 이렇게 우리 성폭력법체계는 피해자가 행위 내지 기억을 할 수 없는 무의식 상태인 경우에 한정하여 성폭력범죄로 처벌하고 있는데, 이는 유형력 모델 하에서 이용 행위가 유형력 행사에 조응하는 상황으로 한정되기 때문이다. 다시 말해, 성폭력 범죄에 이용되는 상대방의 상태는 상대방의 저항을 억압하는 정도의 유형력을 행사할 필요가 없는 저항무능력 상태로 협소하게 해석되는 것이다.

유형력 모델에서는 폭행협박보다 넓은 범위의 힘의 행사를 행위수단으로 규정하는 위계위력 역시 유형력을 중심으로 해석될 수밖에 없다. 앞서 살펴본 대로 위력은 피해자의 자유의사를 제압하기 충분한 세력(유·무형의 힘 포함)을 의미하므로, 여기에는 최협의에 이르지 않는 협의에 의한 폭행·협박뿐만 아니라 사회적·경제적·정치적인 지위나 권세를 이용하는 것도 가능하다는 것[30]이 판례의 판단기준이다. 그러나 위력이 유형력이 아닌 무형력을 행위수단으로 포섭하고 있음에도 불구하고, "위력으로써 간음"이라는 규정을 통해 위력의 '행사', 그리고 그와 간음행위 간의 인과관계를 요구함으로써 무형의 위력이 존재하는 것을 넘어 무형의 위력이 간음을 위해 행사되어

---

27) 대법원 2000. 5. 26. 선고 98도3257 판결; 대법원 2009. 4. 23. 선고 2009도2001 판결; 대법원 2012. 6. 28. 선고 2012도2631 판결 참조.
28) 대법원 2011. 10. 27. 선고 2011도11518 판결, 울산지방법원 2012. 12. 7. 선고 2012고합278 판결.
29) 서울고등법원 2015. 1. 30. 선고 2014노3517 판결.
30) 대법원 2005. 7. 29. 선고 2004도5868 판결.

야 되어야 하는데, 무형의 위력 행사는 결국 성적 행위 당시 행위자의 신체적 또는 언어적인 행위를 통해 표출되어야 하므로 사실상 무형의 권세를 가진 자의 유형력 행사로 한정되어 해석되고 있다. 미성년자나 장애인에 대한 위력간음죄의 유죄 판례들을 살펴보면, 대부분 피해자의 거부표현을 무시한 채 팔목 부위를 꽉 잡거나 입을 막는 등의 신체적인 힘의 행사에 대해 언급하고 있다. 판례는 그러한 힘의 행사가 저항하지 못할 정도의 유형력은 아니었으나 신체적인 유형력이 행사되었다는 사실[31]과 함께 저항하기 어려운 장소 내지 피해자의 경악과 공포, 피해자의 술에 취하는 등 심신미약의 상태, 신체적인 차이의 존재 등으로 인해 저항의 의사가 제압되었을 때에 이를 위력에 의한 간음 또는 추행으로 인정한다. 최근 전 충남도지사의 업무상위력등간음죄 1심 판결에서 행위자에게 피해자의 자유의사를 제압하기에 충분한 세력, 즉 위력은 있으나 행위 당시 행위자의 언행이 지위 내지 권력을 남용하거나 위력적인 분위기를 만들거나 물리력을 행사하는 등 위력의 행사를 인정할 수 없다며 무죄선고를 했는데,[32] 이는 위력의 행사가 결국 신체적, 언어적 행위를 통한 유형력의 행사를 의미하며 다만 무형의 지위나 권세의 이용은 단지 그러한 유형력이 상대방의 저항을 제압할 정도에 이르지 않았더라도 행위자가 가진 무형의 힘이 더해져 저항이 제압되는 결과를 초래할 수 있다는 점에서 고려되고 있음을 보여준다. 결국 위력은 최협의 폭행협박이라는 수단의 보충적인 행위수단으로 협의의 폭행협박이라는 유형력을 의미하는 것으로 한정되는 것이다.[33]

우리의 성폭력법체계에서 폭행협박과 심신상실 또는 항거불능 상태의 이용이 유형력 행사와 이용의 대응관계에 있는 것과 마찬가지로, 위력(협의의 폭행협박)과 위계(상대방의 오인, 착각, 부지의 심적 상태 이용)의 관계도 그러하다. 이 점에서 우리 형법상 성폭력범죄에서 위계와 위력은 동일한 조문에 대등한 행위수단으로 규정되어 있으

---

31) 뇌병변 1급 장애인인 피해자의 거부의사표시에도 불구하고 욕설을 하고 피해자의 머리를 강제로 피고인의 성기 쪽으로 누르거나(대법원 2001. 12. 24. 선고 2001도5074 판결), 성경험이 없는 17세 피해자가 하지 말라고 하면서 바지를 벗지지 못하도록 벨트를 잡고 있었으나 피고인이 그냥 하자며 설득하고 피해자의 신음소리를 막기 위해 손으로 입을 막거나(대법원 2007. 8. 23. 선고 2007도4818 판결), 성경험이 있는 17세의 피해자의 거부의사표시에도 불구하고 피해자의 팔목을 힘 있게 꽉 잡았고 울면서 몸을 비트는 피해자의 바지를 힘으로 벗기는 등(대법원 2005. 7. 29. 선고 2004도5868 판결) 등이 유형력의 행사로 인정이 되었다.

32) 서울서부지방법원 2018. 8. 14. 선고 2018고합75 판결.

33) 일부 미성년자 위력간음 판례에서 유형력 행사는 없으나 피보호감독자의 지위나 11세라는 어린 연령 등의 추가적인 요인이 있는 경우 위력으로 인정한 판례들이 있으나(춘천지방법원 2017. 9. 8. 선고 2016고합128 판결, 부산지방법원 2012. 10. 12. 선고 2012고합358, 2012전고13(병합) 판결 등), 이러한 경우 추가적인 불법 요소가 있는 경우에 한정될 뿐이다.

며, 미성년자나 장애인 또는 보호감독관계라는 특정한 요건이 있는 경우에만 위계위력이 성폭력범죄의 행위수단으로 인정된다. 그러나 위력이라는 힘의 행사에 대응하는 이용행위를 위계로만 한정시키는 것은 어두운 밤을 틈타 남편으로 가장하여 여성과 성행위를 하는 행위 등과 같이 성인을 대상으로 오인, 착각, 부지의 심적 상태를 이용하여 간음하는 경우를 배제하게 된다. 게다가 위력과 마찬가지로 위계의 행사와 간음행위의 인과관계에 대해 좁게 해석하고 있어, 간음행위 자체에 대한 오인, 착각, 부지를 이용한 경우가 아닌 간음행위와 불가분적 관련성이 인정되지 않는 고립된 장소로 유인하는 행위나 성행위와 관련된 조건에 대한 속임수인 경우 위계에 해당하지 않는 것으로 보아[34] 결국 미성년자나 지적 장애인에 대한 간음행위를 용이하게 하기 위해 위계를 이용한 대부분의 사례는 여기에서 배제될 수 없다. 특히 미성년자나 장애인에 대한 위계위력 간음 또는 추행에 대해 제한적인 법해석이 이루어지고 있는데, 이는 성폭력처벌법이나 아청법 등 특별법에서 가중된 형벌을 피하기 위해 실질적인 유형력의 입증을 요청하거나 위계위력의 개념을 제한적으로 해석하기 때문이기도 하다(최은하, 2015: 188-189). 그러나 위계위력에 대해 유형력 중심의 제한적 해석이 이루어지는 것은 폭행협박의 행위수단을 기본적인 구성요건으로 규정하고, 위계위력을 보충적인 요건으로 적용하고 있는 현재 법체계의 유형력 모델로 인한 것이다. 독일이나 영국 등 해외의 성폭력법체계에서 미성년자나 장애인이 피해자인 경우에 행위자의 지위 남용을 폭행협박 등의 유형력을 이용한 좁은 의미의 성폭력과 분리하여 체계화하고 있다. 미성년자나 장애인이 피해자인 경우 피해자에 대해 특정한 영향력을 행사할 수 있는 지위에 있는 자가 성적 행위를 하거나 성인인 행위자가 대가지급 내지 성적 인식의 제한된 인지 상태를 이용하여 미성년자에 대해 성적 행위를 하는 경우에 성적 남용으로 처벌함으로써 행위자의 폭력적 행위가 아닌 그 행위의 착취적 성격에 집중하고 있다. 그러나 우리의 경우 미성년자나 장애인에 대한 성적 남용의 속성을 가진 행위에 대해 위계위력이라는 유형력의 보충적 요건을 둠으로써 보다 강력한 유형력 모델을 구축하고 있는 것이다.

유형력 모델은 행위자의 폭행협박 등 유형력이 행사되어 피해자의 저항행위가 실

---

34) 판례는 지적장애인인 피해자를 행위의 발생을 가능하게 하는 제3자가 없는 고립된 장소인 집 또는 모텔로 오게 하는 것은 위계에 해당하지 않는다고 보며(대법원 2002. 7. 12. 선고 2002도2029 판결; 대법원 2014. 9. 4. 선고 2014도8423, 2014전도151 판결), 피고인이 16세 피해자에게 성교의 대가로 50만원을 줄 의사나 능력이 없으면서도 돈을 주겠다고 거짓말을 하고 피해자가 이 말에 속아 피고인과 성교행위를 하였다고 하더라도, 사리판단력이 있는 피해자에 관하여는 그러한 금품의 제공과 성교행위 사이에 불가분의 관련성이 인정되지 아니하는 만큼 위계에 해당하지 않는다고 본다(대법원 2001. 12. 24. 선고 2001도5074 판결).

패하고 그로 인해 성적 침해가 일어난 전형적인 강간의 상황을 전제한 모델이다. 유형력 요건에서의 제압은 대체로 피해자의 거부의사가 아닌 저항행위에 집중되는데, 이는 전통적으로 강간죄를 여성이 사력을 다해 끝까지 저항해야만 그것을 강간으로 보는 이른바 '강간신화'에 기초한 해석의 방향이다. 과거 프랑스 형법에서 강간을 "저항을 제압하기에 충분한 유형력을 행사하여 피해자와 합의 없이 간음한 것"으로 규정한 것은 정조유린으로서 강간에 대한 신화, 즉 정조 있는 여성이 결사적인 저항을 하면 성행위가 불가능하다는 전제에 기초한 것으로, 당시 정조를 지키려는 자유의지를 가진 정숙한 여성만이 강간죄의 객체였으며, 강간의 성립을 위해 피해자가 끝까지 일관되게 저항하고 소리를 질러야 하며 폭행의 흔적이 피해자에게 남아 있을 것이 요구되었다(김희균, 2005: 109-110). 현재 유형력 요건에서 피해자의 극도의 저항행위 존재나 피해자가 "음행의 상습 없는" 정숙한 여성일 것을 요구하지 않으나, 여전히 법원은 피해자의 거부의사를 제압한 폭행협박이 아니라 그 폭행협박의 존재를 입증할 수 있는 피해자의 저항행위를 요구함으로 정조를 보호법익으로 설정했던 과거의 법적 태도와 크게 다르지 않은 해석을 유지하고 있다(유주성, 2016: 38-39). 이러한 점에서 유형력 모델을 유지하되 피해자의 저항을 통해 비동의를 추정하는 것이 아니라 피해자의 자유의사를 제압한 행위자의 폭행·협박 자체에 대한 입증에 집중해야 한다는 주장이 제기되기도 한다(김희균, 2005). 그러나 행위자의 유형력 행사에 집중하는 법해석은 피해자가 제압되는 무형력의 행사나 무방비상태를 포섭하지 못하는 한계를 가진다는 점에서 성폭력이 이루어지는 현실을 제대로 포괄할 수 없다. 종합해보면, 유형력 모델에서의 한계는 유형력의 존재를 입증하는 기준을 피해자의 항거불능 또는 현저한 곤란으로 상정한 강간죄를 성폭력법체계의 기본적인 범죄유형이자 구성요건으로 둠으로써 여전히 정조를 보호법익으로 하였던 기존의 법적 태도를 유지하고 있다는 점에 있다.

3) 독일의 유형력-남용 모델에서 동의 모델로의 이행

대륙법계국가인 독일은 유형력 요건을 중심으로 한 성폭력법체계를 유지하여 오다가 2016년 11월 10일 형법상 성폭력범죄의 기본적 구성요건에 비동의 요건을 추가함으로 유형력-남용 모델에서 비동의 모델로 전환하게 되었는데, 유형력 모델이 가진 한계를 극복하기 위한 동의 모델로의 전환 시도라는 점에서 별도로 검토해볼 필요가 있다.

독일의 형법상 성폭력체계는 1997년까지 제13절 성적 자기결정권 침해에 관한 죄

이하에서 폭행협박에 의한 성기삽입행위인 강간죄를 기본적인 구성요건으로 하는 유형력 요건을 둔 성폭력범죄와 미성년자 및 장애인에 한정하여 행위자의 지위 내지 피해자의 상황을 남용한 성적 행위와 항거가 불가능한 피해자의 상황을 남용한 성적 행위에 대해 유형력 요건이 없는 성적 남용 범죄로 규정하는 유형력－남용 모델을 취하고 있었다. 독일의 경우 성폭력범죄에 대한 낮은 유죄율 및 그로 인한 성적 자기결정권 침해에 대한 처벌 공백을 해결하기 위해 형법상 성폭력범죄 기본적 범죄유형(제177조)에 대한 개정을 추진해왔는데, 주요한 개정은 1997년 개정과 2016년 개정이다.

독일의 1997년 형법개정은 유형력 모델을 유지하면서도 유형력 요건의 한계를 극복하기 위한 방향성을 가지고 있었다. 유형력 모델이 전제하고 있는 정조 침해에 대한 전통적 사고를 개선하기 위해 1997년 제177조의 개정은 다음과 같은 두 가지 큰 축으로 이루어졌다. 첫째, 성폭력범죄의 기본적 범죄유형을 성기삽입이 전제된 강간행위에서 성기 삽입 이외의 성적 강요행위로 변경하였다. 이를 위해 폭행협박의 유형력에 의한 성기삽입 이외의 성적 행위를 규정한 성적 강요죄와 강간죄를 (구)제177조로 통합하고, 성적 강요죄를 (구)제177조제1항에 둠으로써 성폭력범죄의 기본적인 구성요건으로 설정하는 동시에 같은 조 제2항에 성기삽입에 의한 강간죄를 다수에 의한 성적 침해와 함께 가중적 처벌요건으로 규정하였다.[35] 이러한 개정을 통

---

35) 독일형법(구) 제177조[성적강요; 강간](1) 타인에게 자신 또는 제3자의 성적행위를 수인하도록 하거나 또는 자신이나 제3자에 대하여 성적 행동을 하도록 다음 각호의 1과 같이 강요한 자는 1년 이상의 자유형에 처한다.
   1. 폭행을 행사한 경우
   2. 신체 또는 생명에 대한 현재의 위험으로 위협한 경우, 또는
   3. 피해자가 범죄행위자의 행위에 무방비하게 맡겨져 있는 상황을 이용한 경우
   (2) 특히 중한 경우에는 2년 이상의 자유형에 처한다. 특별한 사정이 없는 한, 다음 각호의 1에 해당하면 특히 중한 경우로 본다.
   1. 행위자가 피해자와의 성교를 실행하거나 실행하도록 만들거나, 신체 안으로의 삽입과 결부된 경우(강간)처럼 피해자를 특별히 모욕하는 유사성행위를 희생자에게 실행하거나 희생자로 하여금 실행하도록 만드는 경우, 또는
   2. 범죄행위가 다수에 의해 범죄가 공동으로 범해지는 경우
   (3) 다음 각호의 1에 해당하는 자는 3년 이상의 자유형에 처한다.
   1. 무기나 다른 위험한 도구를 휴대한 경우
   2. 타인의 저항을 폭력을 통해 또는 폭력을 이용한 협박을 통해 저지하거나 이기기 위해서 그 밖에 도구 또는 약품을 휴대한 경우, 또는
   3. 희생자를 심각한 건강상 침해의 위험에 빠뜨리는 경우
   (4) 다음 각호의 1에 해당하는 자는 5년 이상의 자유형에 처한다.
   1. 행위 중에 무기 또는 다른 위험한 물건을 사용한 자

해 성폭력범죄가 성기삽입에 의한 정조침해가 아닌 성적 행위로 인한 성적 자기결정권 침해임을 분명하게 한 것이다. 둘째, 폭행협박이라는 유형력 요건이 피해자의 저항행위를 요구함으로써 현실적으로 피해자가 저항에 성공할 가능성이 없다고 판단하여 어떠한 신체방어도 하지 않고 범죄행위자가 이를 이용하는 사례들이 저항행위가 없었다는 이유로 처벌되지 않는 문제를 해결하기 위해(BT-Drs. 18/8210, 2016.4.25.: 7), 폭행((구)제177조제1항제1호) 또는 신체 또는 생명에 대한 협박((구)제177조제1항제2호) 이외에 "피해자가 범죄행위자의 영향력 행사에 무방비하게 맡겨진 상황을 이용"((구)제177조제1항제3호)이라는 포괄구성요건(Auffangtatbestand)을 신설하였다. 여기에서 피해자의 무방비한 상황의 이용은 피해자가 저항을 할 수 없는 상황을 이용하는 행위로, 구체적으로는 타인의 도움을 기대할 수 없는 상황에서 피해자가 공포나 두려움으로 저항하지 않는 경우가 해당된다. 우리 형법은 폭행협박이라는 유형력 행사에 대응하는 상대방이 저항할 수 없는 상태를 이용하는 행위를 피해자의 심신상실 또는 항거불능 상태의 이용으로 설정하고 있으나, 독일의 경우 남용 모델을 두고 있기 때문에 피해자의 심신상실 또는 항거불능 상태를 이용한 성적 침해는 (구)제179조 '항거불능자에 대한 성적남용'[36]에 포섭된다. 1997년 개정을 통해 독일은 유형력

---

2. 피해자를

a) 범행시에 신체적으로 심각하게 학대하거나

b) 사망의 위험에 빠뜨린 경우

(5) 제1항의 중하지 아니한 경우에 대해서는 6월 이상 5년 이하의 자유형에 처하고, 제3항과 제4항의 중하지 아니한 경우에 대해서는 1년 이상 10년 이하의 자유형에 처한다.

36) 독일 형법 (구)제179조 [항거불능자에 대한 성적남용] (1) 다음 각호의 1에 해당하는 타인의 항거 불능인 상태를 남용하여 타인에 대하여 성적 행동을 하거나 또는 타인으로 하여금 자기에 대하여 성적 행동을 하게 한 자는 6월 이상 10년 이하의 자유형에 처한다.

1. 정신적·심리적 질병 또는 중독과 관련된 장애 또는 심한 의식장애로 항거불능인 자

2. 신체적으로 항거불능인 자

(2) 항거불능상태의 남용 하에 제3자에 대하여 성적 행동하게 하거나 또는 제3자로 하여금 자신에게 하도록 하는 것을 통해 항거불능상태인 자(제1항)를 남용한 자도 동일하게 처벌한다.

(3) 특히 중한 경우에 대해서는 1년 이상의 자유형에 처한다.

(4) 미수범은 처벌한다.

(5) 다음 각호의 1에 해당하는 경우 2년 이상의 자유형에 처한다.

1. 행위자가 피해자와 함께 성교하거나 또는 피해자에 대하여 신체 침입과 관련된(강간) 유사 성행위를 하거나 또는 피해자로 하여금 자신에 대하여 유사 성행위를 하게 한 경우

2. 다수에 의해 범죄가 공동으로 범해지는 경우

3. 행위자가 피해자에 대한 행위로 중한 건강상의 훼손위험 또는 신체적·정신적 발전에 현저한 훼손을 야기한 경우

(6) 제5항의 중하지 아니한 경우에 대하여는 1년 이상 10년 이하의 자유형에 처한다.

요건을 중심으로 한 성폭력범죄의 기본적인 행위수단에 유형력 요건이 포섭하지 못하는 피해자 무저항 상태를 이용하는 행위를 추가함으로써, 폭행협박에 집중된 유형력 요건의 범위를 넓히고자 한 것이다. 그러나 이러한 개정에 대해서 기존의 정조를 보호법익으로 하였던 전통적인 강간 정의를 근본적으로 변경하지 못함으로써 여전히 피해자의 저항행위 여부를 성폭력 범죄 성립의 핵심적인 판단기준으로 한다는 한계가 있다는 비판이 제기된다(Hörnle, 2017:1311-1312).

2016년 법개정은 1997년 개정을 통해 시도했던 유형력 모델의 개선이 결국 종국적인 한계에 봉착했다는 인식에 기초하여 이루어졌다. 당시 독일에서 연간 8,000여 건의 강간사건이 신고되고 있으나 2016년 강간죄로 신고된 사건의 8%만이 유죄 선고를 받는 등 낮은 유죄율이 문제되고 있었으며(『DW』, 2016.7.7일자),[37] 이러한 원인에 대해 1997년 법 개정에도 불구하고 유형력 요건에 한정된 행위수단의 설정이 현실상 이루어지는 다양한 형태의 성적 자기결정 침해행위를 포섭하지 못하기 때문이라는 인식이 공유되었다. 게다가 2011년 <여성에 대한 폭력과 가정 폭력의 방지와 대응을 위한 유럽의회협정(Council of Europe Convention on preventing and combating violence against women and domestic violence: 이하 이스탄불 협정)[38] 제36조가 비동의적인 성적행위를 강간 등 성폭력으로 규정하고 있음에도 불구하고 독일 형법이 여전히 유형력 모델을 취하고 있는 것에 대해 법 개정을 촉구하는 "no-means-no" 캠페인이 광범위하게 전개되면서, 2014년부터 비동의 성적 침해를 처벌하기 위한 법 개정이 추진되었으며 2016년 11월 10일 비동의 요건을 규정한 제177조 개정안이 시행되기 이르렀다.

개정된 제177조[39]의 특징은 다음과 같다. 첫째, 제177조제1항에 "인식가능한 의사

---

(7) 제177조 제4항 2호 및 제178조는 동일하게 적용된다.

37) 한국의 경우, 검찰연감에 따르면 2016년 형법상 '강간 및 추행의 죄'의 기소율은 약 29%(19,032건 접수, 5,633건 기소)이고, 사법연감에 따르면 2016년 유죄율은 약 91%(5,818건 접수, 5,347건 유죄)로 나타나, 접수된 사건의 대략 28% 정도가 유죄 선고를 받고 있다.

38) Council of Europe Treaty Series No. 210, 11.V.2011.

39) 독일 형법 제177조 [성적침해; 성적강요; 강간] (1) 타인의 인식가능한 의사에 반하여 성적행위를 그에게 실행하거나 그로 하여금 실행하도록 하거나 그로 하여금 제3자에 대해 성적행위를 실행하거나 제3자의 성적행위를 수인하도록 만드는 자는, 6개월 이상 5년 이하의 자유형에 처한다.

(2) 타인에 대해 성적행위를 실행하거나 그로 하여금 실행하도록 하거나 그로 하여금 제3자에 대해 성적행위를 실행하거나 제3자의 성적행위를 수인하도록 만드는 자는, 다음의 경우에도 동일하게 처벌된다:

1. 범죄행위자가 타인이 반대의사를 형성하거나 표시할 수 없는 상황에 있음을 이용하는 경우

2. 범죄행위자가 타인의 동의를 확인한 경우가 아니라면, 타인이 그의 신체적 또는 정신적 상태로 인해 의사의 형성 또는 표시에 현저한 장애가 있음을 이용한 경우

에 반하는 성적 행위"를 규정함으로써 비동의 범죄를 성폭력 범죄의 기본적인 유형이자 기본적 구성요건으로 규정하였다. 여기에서 인식가능한 의사에는 명시적인 의사표시뿐만 아니라 묵시적인 표현까지 포함된다(Schmidt, 2018: Rn.466d). 성폭력범죄를 규정한 제177조의 기본적 구성요건이 의사에 반하는 성적 침해이기 때문에, 기존의 성적 강요에서 규정된 유형력 요건은 기본적인 범죄에 추가되는 가중적 처벌요건이 된다(제177조제5항). 둘째, 피해자의 거부의사표시를 구성요건으로 하지 않은 피해자의 성적 자기결정권의 행사가 제한된 상황을 이용하는 행위를 제177조제2항에 규정하여, 비동의에 대응하는 이용행위 역시 비동의 범죄로 처벌하도록 규정하고 있

---

3. 범죄행위자가 의외의 순간(Uberraschungsmoment)을 이용하는 경우

4. 범죄행위자가 피해자가 저항하면 느낄 수 있을 만한 해악이 발생할 가능성이 있는 상황을 이용하는 경우, 또는

5. 범죄행위자가 타인으로 하여금 성적행위를 실행하거나 수인하도록 느낄 수 있을 만한 해악으로 위협함으로써 강요한 경우

(3) 미수는 처벌된다.

(4) 의사를 형성하거나 표시할 수 없는 무능력이 피해자의 질병이나 장애에서 비롯된 경우에는 1년 이상의 자유형이 선고된다.

(5) 범죄행위자가 다음에 해당하는 경우에는 1년 이상의 자유형에 처한다:

1. 피해자에 대해 폭력을 행사한 경우

2. 피해자를 신체 또는 생명에 대한 현재의 위험으로 위협한 경우, 또는

3. 피해자가 범죄행위자의 행위에 무방비하게 맡겨져 있는 상황을 이용한 경우

(6) 특별히 중한 경우에는 2년 이상의 자유형이 선고된다. 특별히 중한 경우는 일반적으로, 다음의 경우에 인정된다:

1. 범죄행위자가 피해자와의 성교를 실행하거나 실행하도록 만들거나, 특히 신체 안으로의 삽입과 결부된 경우(강간)처럼 피해자를 특별히 모욕하는 유사성행위를 희생자에게 실행하거나 희생자로 하여금 실행하도록 만드는 경우, 또는

2. 범죄행위가 다수에 의해 공동으로 행해진 경우

(7) 범죄행위자가 다음에 해당하는 경우에는 3년 이상의 자유형에 처한다:

1. 무기나 다른 위험한 도구를 휴대한 경우

2. 타인의 저항을 폭력을 통해 또는 폭력을 이용한 협박을 통해 저지하거나 이기기 위해서 그 밖에 도구 또는 약품을 휴대한 경우, 또는

3. 희생자를 심각한 건강상 침해의 위험에 빠뜨리는 경우

(8) 범죄행위자가 다음에 해당하는 경우에는 5년 이상의 자유형에 처한다:

1. 범행에 무기 또는 다른 위험한 도구를 사용한 경우 또는

2. 피해자를

a) 범행시에 신체적으로 심각하게 학대하거나

b) 사망의 위험에 빠뜨린 경우

(9) 제1항 및 제2항의 중하지 아니한 경우에는 3개월 이상 3년 이하의 자유형에 처하고, 제4항 및 제5항의 중하지 아니한 경우에는 6개월 이상 10년 이하의 자유형에 처하고, 제7항 및 제8항의 중하지 아니한 경우에는 1년 이상 10년 이하의 자유형에 처한다.

다. 성적 자기결정권의 행사가 제한되는 상황으로는 ① 피해자의 거부의사표시가 기대 불가능하여 비록 동의의사표가 있더라도 이를 유효하다고 볼 수 없거나, ② 피해자의 거부의사표시가 객관적으로 불가능한 경우로 나누어 볼 수 있는데(Schmidt, 2018: Rn.467), 이에 따라 제177조제2항에서는 의사형성 또는 의사표시를 할 수 없는 상황에 있음을 이용하는 경우(제1호), 의사형성 또는 의사표시 능력에 제약이 있는 경우(제2호), 기습 등 의외의 순간을 이용하는 경우(제3호), 저항 시 해악이 발생할 수 있는 상황을 이용하는 경우(제4호), 신체 또는 생명에 대한 해악을 제외한 다른 해악을 고지하여 협박하는 경우(제5호)를 이용행위로 규정하고 있다. 셋째, 개정 전에는 저항무능력상태(항거불능)를 이용한 경우에는 성적 남용으로 처벌되었으나, 성폭력범죄의 기본적인 구성요건이 의사에 반하거나 의사형성 또는 표시능력이 제한된 상황이 됨으로써 장애나 질병으로 의사무능력 상태에 있는 경우를 이용한 행위가 성적 남용이 아닌 성폭력 범죄인 성적 침해로 포섭되었으며 가중적 처벌요건으로 규정되었다(제179조 삭제 및 제177조제4항 신설).

제177조 개정안 입법이유서에서 법 및 소비자보호위원회(des Ausschusses für Recht und Verbraucherschutz)는 범죄행위자가 피해자의 인식가능한 거부의사를 무시하는 것이 곧 성적 자기결정권의 침해이고, 피해자의 저항행위 여부에 따라 성적 자기결정권의 침해 여부가 결정되어선 안 된다는 점을 분명히 강조한다(BT–Drs. 18/9097, 2016.7.6.:21). 현행 독일 형법 제177조는 성적 자기결정권이라는 보호법익에 따라 의사에 반하는 또는 의사능력이 제한된 상황을 이용하는 성적 침해를 성폭력 개념으로 포섭함으로써, 기존의 유형력–남용 모델에서 동의 모델로 전환하게 되었다. 제177조의 기본적인 구성요건을 타인의 인식가능한 의사에 반하여 이루어진 성적 행위(제1항)로 변경하고, 장애인과와 비장애인의 구분 없이 피해자의 거부의사표시가 기대 불가능하여 동의의사를 유효하다고 볼 수 없거나 피해자의 거부의사표시가 객관적으로 불가능한 상황(제2항)을 성적 남용이 아닌 성적 침해로 포섭함으로써, 유형력과 남용의 전통적인 이분법을 극복하고 동의를 중심으로 성폭력을 개념화한 것이다.

그러나 2016년 형법개정으로 동의모델을 구축했음에도 불구하고 이러한 시도가 형법 제13절 성적 자기결정권 침해에 관한 죄의 전체 규정이 아닌 제177조에 한정됨에 따라 입법의도에 따른 패러다임의 전환이 실제 이루어졌는지에 대해서는 부정적인 평가가 주류적이다. 성적 남용에 대한 대부분의 규정이 개정되지 않은 것에 대해 체계적인 정합성의 흠결을 문제 삼기도 하지만(Renzikowski, 2017: Rn.10–11), 유형력 모델에서의 남용 행위를 구분하는 것과 달리 의사능력이 제한된 상황의 이용행위를 남용으로 구분할 필요가 없음에도 불구하고 미성년자와 장애인에 대한 성적 남용 규정을 유지하는 것이 오히려 이들의 성적 자유에 대한 제한일 수 있다는 점이 지적되기도 한다(Hörnle, 2017: 1313-1314). 이와 관련해서 동의모델에 따른 성범죄 법체계를 가지고 있는 영국의 경우, 동의에 대해서 동의능력과 동의의 자유로운 행사가 가능한 상황에서 가능한 것으로 개념화하고 연령과 장애의 기준에 따라 동의 무능력과 능력의 제한을 나누고 있다. 영국의 2003년 성범죄법(Sexual Offences Act)에서 13세 미만의 사람은 동의능력이 없으며 13세 이상 16세 미만인 동의능력이 제한되는 것으로 규정하고 있으며, 의사형성능력 또는 의사소통능력이 제한된 정신장애를 가진 자에 대해서는 동의능력이 제한되는 것으로 규정하고 있다. 이러한 구분에 따라 동의 능력이 없는 자에 대해서는 비동의 요건[40]을 두지 않고 처벌하도록 규정하고 있으며,[41] 동의능력이 제한되는 경우에는 행위자가 피해자에게 영향력을 행사할 수 있는 신뢰 지위에 있는 자이거나 행위자와 피해자의 연령 차이에 따라 피해자의 동의가 있더라도 성폭력범죄로 규정하고 있다.[42] 이러한 영국의 동의모델 역시 피해자의 의사형성 또는 의사표시능력 여부에 대한 일괄적인 기준(연령, 장애)에 따른 성적 남용 범죄를 규정하고 있어 미성년자나 장애인의 성적 자유에 대한 제한이 문제될 수 있으나, 이에 대해 처벌이 배제되는 조건[43]을 둠으로써 그 제한의 정도를 줄이고자 하고 있다.

독일에서 이루어진 유형력 모델에서 동의모델로의 이행은 유형력 모델과 성적 자기결정권이라는 보호법익의 불일치를 해결하려는 시도라는 점에서, 현재 우리 성폭력법체계의 한계를 보다 분명히 인식할 수 있도록 해준다. 동의 모델로의 이행은 성폭력범죄의 보호법익을 정조에서 성적 자기결정권으로 변화시키는 형법상 성폭력법체계 내에서의 패러다임 변화이다.

---

40) 2003년 성범죄법 제1조 내지 제4조는 비동의 요건과 이에 대한 합리적 인식(신뢰)요건을 둔 비동의 성폭력범죄를 규정하고 있다.

41) 13세 미만을 대상으로 한 성범죄(제5조이하)는 연령 요건만을 두고 있다.

42) 피해자가 13세 이상 16세 미만인 경우에는 가해자가 성인이고 연령에 대한 합리적 인식(신뢰)가 있는 경우에 처벌하며(제9조 이하), 16세 이상 18세 미만인 경우에는 신뢰지위 내지 가족관계가 있고 연령 및 지위에 대한 합리적 인식(신뢰)가 있는 경우에 처벌한다(제16조 이하). 동의선택이 제한된 정신장애를 가진 경우에는 장애에 대한 합리적 인식(신뢰)가 있는 경우(제30조 이하) 내지 동의를 얻기 위한 위계가 있는 경우(제34조 이하)를 처벌하며, 정신장애를 가지고 있거나 환자인 경우 치료 및 보호감독을 하는 자엔 경우에 처벌한다(제38조 이하).

43) 신뢰지위에 선행하는 성적 관계가 있는 경우(제24조)에는 처벌을 배제하는 규정을 두고 있다.

Ⅳ 　성적 자기결정권에 부합하는 성폭력법체계 개선방향

　　최근 미투운동으로 제기된 입법안들은 현행 성폭력법체계에서 나타나는 처벌의 공백을 해결하기 위해 일부 구성요건을 추가 또는 변경하거나 법정형을 강화하는 데에 집중하고 있다. 그러나 앞서 살펴보았듯이 현재 발생하는 성폭력범죄의 처벌 공백의 문제는 성적 자기결정권이라는 보호법익에 부합하지 않는 형법상 성폭력법체계로 인한 한계에서 도출되는 것이다. 결국 미투운동에 조응하는 형법의 개정방향은 성폭력법체계를 성적 자기결정권이라는 보호법익에 따라 재구성하는 것이 되어야 한다.

1. 성적 자기결정권의 보호법익에 부합하는 체계로서 동의모델로의 이행 필요

　　개인의 자유로운 의사에 따른 신체적인 성적 행위에 대한 성적 자기결정권이라는 보호법익에 대한 침해 자체를 기본적인 성폭력범죄 유형으로 설정하는 동의 모델로의 이행은 국제적인 차원에서도 요구되는 추세이다. UN CEDAW 일반권고 35호에서는 일반입법조치로 성범죄의 정의는 자유롭게 결정할 수 있는 동의의 부재를 기초로 하라고 권고하고 있고, 2011년 4월 7일 채택되고 2014년 8월 발효된 이스탄불 협약 역시 가입국의 성폭력법체계를 동의 결여를 중심으로 변경하도록 규정하고 있다. 이미 영국, 캐나다, 미국의 일부 주 등이 피해자의 동의를 중심으로 성폭력법체계를 구성하고 있고 있으며, 국제사회의 요구에 따라 독일 등과 같은 유럽 국가들도 성폭력 법제를 변경하고 있다.

　　앞에서 살펴보았듯이 유형력 모델에서는 성적 자기결정권이 아닌 정조를 보호법익으로 하기 때문에, 유형력에 대한 입증을 위해 피해자의 저항 여부를 요구한다는 법적 판단과정에서의 한계를 가지고 있다. 저항을 중심으로 한 유형력에 대한 판단은 피해자의 저항에 대한 피고인의 주관적 인식, 즉 고의에 대한 판단을 피해자가 당시 보여준 저항행위 존재 여부에 대한 판단으로 대체하게 되는 한계를 가진다. 비록 구조요청이나 탈출 시도 등 피해자의 실질적 저항행위에 대한 입증을 요구해왔던 기존의 강간 판례가 2005년 이후 변화하였으나 여전히 유형력의 정도를 충족하기 위한 저항 여부에 대한 판단기준은 변경되지 않았기 때문에, 여전히 강간 등 성폭력범죄 재판에서는 피해자의 저항 여부나 정도를 중심으로 유무죄 판단을 하고 있으며, 이에 대해 객관적인 정황보다는 저항에 대한 피해자의 진술 신빙성 판단을 매우 핵심적인 요소로 삼음으로써 행위자의 유형력 행사나 고의에 대한 판단보다는 범행전후의 피해자 언동이나 행실, 재판과정에서의 피해자 진술 태도 등 피해자 자체에 대한 판단에 집중하는 결과를 가져온다. 이러한 문제는 항거불능을 이용한 준강간 사례에서 더욱 분명히 드러나는데, 유형력 모델에서는 피해자가 제대로 의사형성 내지 의사표시를 할 수 없는 상태에 있음을 이용하여 성적 행위를 하는 것에 대해 저항무능력 이외에 별도의 기준을 제시하지 못하기 때문에 피해자가 주취로 비틀거리긴 하지만 걸을 수 있는 상태인 경우에는 객관적 정황으로 도출되는 피해자의 의사형성무능력에 대한 고려가 배제되며 피고인의 성관계 합의에 대한 주관적 인식이 그대로 받아들여지게 된다.44)

동의모델은 성행위에 대한 합의 여부를 요건으로 판단하게 됨으로써 현재 유형력 요건 상 유형력 판단의 중심이 되고 있는 저항에 대한 평가가 아닌 성행위에 대한 합의 여부에 대한 객관적 평가를 이행하게 된다. 동의모델에서 비동의 요건에 대한 판단은 단지 피해자의 비동의 의사에 대한 진술만으로 성립하는 것이 아니라 비동의를 입증할 수 있는 객관적 정황, 그리고 비동의에 대한 피고인의 주관적 인식에 대해 판단하게 되므로 피해자 진술의 신빙성에 대한 판단은 유형력 요건에서 유형력의 정도를 입증하는 내용으로 포섭되는 것과 달리 객관적 정황 및 피고인의 고의 판단과 분리되어 이루어질 수 있다. 피고인의 고의에 대한 입증은 검사가 피해자의 비동의 의사표시나 동의할 수 없는 상태에 있음을 입증하게 되면 합리적인 관점에서 이를 인식할 수 있는지 여부에 대한 객관적 평가를 통해 가능하다. 물론 동의모델에서도 피해자의 비동의 의사표시나 동의할 수 없는 상태에 대한 피해자 진술의 신빙성에 대한 판단이 이루어질 수밖에 없으나, 현재 유형력 모델 하에서 판례가 진술의 신빙성 판단에 대해 저항을 기준으로 하는 유형력 정도에 대한 판단으로 포섭하여 서술하고 있는 것과 달리 비동의 요건에 대한 진술 신빙성 평가가 분리되어 이루어짐으로써 보다 세밀한 신빙성 판단기준이 제시될 수 있을 것이라 기대된다.

---

44) 예컨대, 법원은 피해자가 지인 1명과 소주 6병을 나누어 마시고 몸을 제대로 가누지 못하여 넘어지고 주변의 도움을 받아 화장실에 다녀올 정도로 만취하였으며, 낯선 피고인과 모텔에 가는 동안에도 지속적으로 구토한 사실은 인정하였고, 술에 취한 상태에서 처음 만난 피고인과 불과 1시간 만에 모텔에 가 합의 하에 성관계를 갖는다는 것이 합리적이지 않다는 점을 인정하였으나, 피해자가 술에 취한 상태에서 비이성적인 행동을 하였고 당시 상황이 전혀 기억나지 않는다는 사정만으로 준강간의 고의를 인정할 수 없으며, 피해자가 모텔 객실로 스스로 걸어가는 등 행위를 한 것을 근거로 일시적인 "블랙아웃 증상은 심신상실 또는 항거불능 상태에 해당하지 않는"다고 보았다. 이 사건에서 피해자의 만취 상태에 대해서는 제3자의 진술이 있으며 피고인 역시 피해자가 계속 구토를 하였기 때문에 성관계 이후 피해자를 씻기기 위해 욕조로 데리고 갔다는 사실을 인정하고 있으나, 법원은 이러한 객관적 사실에 대한 검토 없이 피해자가 블랙아웃 상태에서 본인의 의사와 관계없이 한 행위가 피고인에게 동의로 인식될 수 있다는 점을 고려하여 준강간의 고의가 없다고 판단한 것이다. (서울고등법원 2015. 1. 30. 선고 2014노3517 판결 참조)

비동의 요건을 도입하는 동의 모델로의 이행은 그동안 유형력 요건에서의 피해자에게 집중되었던 입증 부담이 피고인에게 전환되거나 보다 손쉬운 성폭력 범죄의 입증이 가능하도록 하는 방식의 전환을 의미하는 것이 아니다. 비동의 요건이 도입된다하더라도 여전히 범죄 구성요건의 입증부담은 검사에게 있으므로 객관적 증거를 제시하기 어려운 사례들에서 비동의 요건과 관련된 피해자의 진술 신빙성을 입증해야 하는 부담은 유형력 요건에서와 마찬가지로 존재한다. 그러나 피해자의 저항을 요구하는 유형력 요건만을 성폭력범죄의 구성요건으로 두는 유형력 모델에서 동의 없는 성적 침해를 기본적 범죄유형으로 두는 동의 모델로의 이행은 형사법체계에서 성적 자기결정권이라는 보호법익을 구축하는 방향이라는 점에서 그 필요성이 있으며, 행위수단과 행위유형을 성적 자기결정권의 침해를 중심으로 체계화함으로써 기존의 정조라는 보호법익의 영향 하에서 왜곡되었던 성폭력 범죄 구성요건에 대한 판단의 한계를 해소할 수 있는 방향이다.

2. 형법상 성폭력범죄 관련 체계 개선의 방향

1) 정조 관념의 제거 및 명확성 확보를 위한 행위유형의 개선방향

우리 형법은 성폭력 범죄에 해당하는 성적 행위유형을 간음, 유사간음, 추행으로 나누어 불법성의 경중을 구분하고 있다. 이러한 구분은 이미 살펴보았듯 정조를 보호법익으로 할 때에 통용될 수 있는 유형화일 뿐이다. 우선 성기에 의한 삽입행위와 그 외의 삽입행위에 대한 불법성의 구분은 성적 자기결정권을 기준으로 한 침해 정도로 볼 때 구분되지 않으며, 오히려 물건에 의한 성기삽입행위로 인해 심리적인 외상이 더 중할 수 있다는 점을 고려할 때에 성기에 의한 삽입행위보다 낮은 불법성을 설정하는 것도 적절하지 않다. 성기에 의한 성기삽입으로 인한 임신 또는 성병전염 등의 결과는 상해와 관련된 결과적 가중범의 영역으로 포섭해야 할 문제이며, 그 가능성만으로 불법성이 더 하다고 보는 것 역시 논리적이지 않다. 다만 삽입행위와 접촉행위의 신체적인 침해 정도에 차이가 있다는 점을 고려할 때에 삽입과 신체접촉을 구분하는 것은 가능하다. 해외의 입법례를 살펴보면 독일은 삽입행위 일체와 그 외의 성적 침해를 구분하고 있으며, 영국의 경우 성기에 의한 신체 삽입과 그 외의 삽입행위를 다른 조문으로 규정하고 있으나 동일한 법정형을 두고 있다. 성적 자기결정권이라는 보호법익을 고려할 때에 삽입행위 일체와 그 외의 성적 침해를 구분하는 것이 적절하며, 삽입행위 중 그 불법성이 행위의 속성상 침해적 속성이 덜한 경우에는 피해의 경함을 기준으로 양형단계에서 감경하는 것이 타당하다.

정조를 기준으로 한 성 도덕적 평가를 제거하기 위한 용어의 변경 역시 필수적이다. 간음과 추행이라는 용어의 사용은 성적인 것에 대한 판단을 수치심 내지 혐오감, 도덕관념이라는 기준으로 둠으로써 해당 범주의 불명확성을 가중시킬 뿐이다. 도덕적 가치평가를 제거하고 객관적 용어로 변경하기 위해서, 간음은 삽입 행위로 변경하고 추행은 성적 행위로 변경하는 것이 가능하다. 이때 '성적'의 의미에 대해서는 그 사회가 성적이라고 평가하는 행위로 개념화함으로써 사회적 관념의 변화를 반영할 수 있다. 현재 성적 수치심 또는 혐오감을 일으키고 선량한 성적 도덕관념에 반하는 행위로 추행행위를 개념화하고 있으나 성적 수치심 또는 혐오감 자체가 판단기준이 되는 것은 성적 자기결정권이라는 보호법익의 침해로 인해 가능한 일반적인 피해자 상태를 지칭하는 용어로는 적합하지 않을 뿐만 아니라 주관적인 감정상태를 기준으로 한다는 점에서 명확한 지침을 제시해주지 못한다. 오히려 성적인 자기결정의 침해를 경험한 일반적인 피해자의 감정은 모욕감, 불쾌감, 무력감, 두려움이나 공포 등이 동시에 일어나는 상태에 가까울 것이다. 그러나 이러한 감정의 상태로 그 행위가 객관적으로 문제되는 행위인지에 대해 평가할 수는 없으며, 판례 역시 피해자와 같은 조건에 있는 일반인이 느끼는 성적 수치심 등을 언급하고 있어 객관적 평가를 하고 있음에도 불구하고 이러한 개념화를 통해 일반인에게 주관적 감정상태가 기준이 될 수 있다는 잘못된 지침을 제공할 수 있다.

이러한 용어 변경을 반영하여 제32장의 제목은 성적 자기결정에 대한 죄 내지 성적침해에 대한 죄로 변경하는 것이 적절하다. 보호법익이 장의 제목에 들어가는 것에 형법 체계에 맞지 않는다는 의견이 있으나, 이미 제22장에서도 성풍속에 대한 죄로 되어 있어 체계적으로 볼 때에도 큰 무리는 없다고 보인다.

2) 비동의 요건 및 유형력 요건의 조화를 통한 행위수단의 체계화

국제적인 기준에 따라 비동의 요건은 성문법체계에도 도입되고 있으며, 오스트리아와 같이 경미범죄로 "의사에 반하는" 성적침해에 대한 조문(비동의간음죄안)을 신설하여 기존의 유형력 요건을 기본적 모델로 하되 그로 인한 흠결에 대해서 보충적으로 처벌할 수 있도록 규정하는 방식과 독일과 같이 동의모델에 따라 비동의 요건을 기본적인 범죄유형으로 하고 행위수단의 강제성 정도와 행위유형의 불법성 정도에 따라 가중적 구성요건을 구성하는 방식이 모두 검토될 수 있다. 그러나 성적 자기결정권이라는 보호법익과 부합하는 법체계적인 개선을 위해서는 기본적인 범죄유형과 체계를 유지한 채 비동의간음죄를 보충적인 감경규정으로 신설하는 안은 제한적인 결과를 가져올 수밖에 없다. 이러한 개선은 해당 행위가 추행으로 인정되지 못하는 범주의 성적인 행위의 형사처벌을 가능하게 할 수 있거나 유형력 요건의 증명이 충분하지 않은 사례에서 피해자가 동의하지 않았음이 범행 전·후 사정을 통해 명백하게 입증된 경우를 포섭할 수는 있다. 그러나 후자의 경우에 유형력 요건 중심의 법체계에 부합하지 않는 결정인데 유형력 요건에 대해 충분히 입증되지 않은 행위들을 처벌하게 됨으로써 체계적인 정합성을 해할 수 있는 우려가 있다. 뿐만 아니라 비동의간음죄 신설 이외에 형법의 체계적인 개선을 하지 않음으로 인해 앞서 살펴본 심신상실 또는 항거불능이라는 저항 무능력 요건과 위계 또는 위력의 제한적 해석으로 인한 흠결이 해소되지 않는다. 이러한 개선방향은 비동의 요건으로 성폭력범죄를 체계화하라는 국제사회의 권고와도 부합하지 않는다.

최근 입법안으로 제시된 폭행·협박이라는 유형력 요건을 비동의 요건으로 대체하는 안은 비동의 요건을 포괄적인 구성요건으로 설정하는 효과를 가지는데, 이러한 입법방식은 영국과 같은 영미법체계와 유사한 것이다. 영미법체계에서 비동의 요건만으로 성폭력범죄를 규정함으로써 포괄적 구성요건이 가진 불명확성의 한계를 해결하기 위해 동의 개념이나 증거추정, 피고인의 고의에 대한 주관적 구성요건에 관한 규정을 별도로 두거나 판례법을 통해 해결하고 있는데, 대륙법체계인 우리 법체계에서는 적합한 방식은 아니다. 또한 우리의 경우 이미 행위수단별로 불법성을 나누어 법률상 법정형을 세밀화하고 있으므로 다른 행위수단과의 관련성 속에서 비동의 요건이 설정될 수밖에 없다. 그러므로 모든 성폭력범죄에서 비동의 요건만을 규정하는 것이 아니라 비동의 요건을 기본적인 범죄유형으로 두고 가장 낮은 법정형을 두되 그 외의 행위수단이 추가되는 경우 법정형을 가중하는 독일의 규정방식을 고려하여 비동의 요건과 유형력 요건을 체계화하여 도입하는 방식을 검토할 수 있다.

비동의 요건과 유형력 요건의 체계화 방향을 검토하기 위해서는 그동안 처벌의 흠결로 지적된 사례들을 살펴볼 필요가 있다. 기존의 문헌들이나 판례 분석을 통해 확인된 처벌의 흠결이 있는 경우는 ① 행위 시에 폭행·협박이나 위계·위력이 없거나 입증되기 어려우나 피해자의 의사에 반하여 성적 행위가 있었다는 것이 입증된 경우, ② 행위 시 저항이 불가능하거나 현저히 곤란할 정도의 폭행·협박은 입증되지 않았으나 유형력의 행사 등 협의의 폭행·협박이 있는 경우, ③ 비장애성인에 대해 위계·위력이 이용된 경우, ④ 행위 시 상대방이 항거불능 또는 심신상실의 상태는 아니지만 심신미약으로 인해 동의의 의사를 표시할 수 없는 상태인 경우이다. 동의 모델 하에서는 위의 사례들은 모두 성적 자기결정권을 침해한 행위에 해당하나, 유형력 모델인 현행 성폭력법체계에서는 피해자의 의사에 반하는 경우, 의사표시를 할 수 없는 상태를 이용한 경우, 위계나 위력이 있는 경우, 저항이 현저히 곤란한 정도에 해당하지 않은 폭행이나 협박이 있는 경우에 처벌되지 않고 있음을 알 수 있다.

그러므로 처벌의 공백을 해결하기 위한 행위수단의 설정은 ① 비동의 요건(의사에 반하는 행위와 동의능력 또는 의사표시능력에 제한된 상태를 이용하는 행위), ② 위력 요건(협의의 폭행·협박뿐만 아니라 무형의 세력을 포함), ③ 폭행·협박 요건(최협의 폭행·협박), ④ 동의무능력 상태의 이용으로 나눌 수 있다. 우선 비동의 요건에는 피해자의 의사에 반한 것뿐만 아니라 동의할 수 없는 상태를 이용하는 행위가 포함되는데, "동의 없는" 성적 행위 내지 삽입행위로 규정함으로써 의사에 반한 내지 심신미약 등 동의능력이 제한된 상태를 이용하는 것을 포섭할 수 있다. 위계와 위력의 경우에는 현행 법체계에서는 유형력의 보충적인 요건으로 규정함으로써 피해자 요건을 두어 제한하고 있으며, 위계와 위력이 서로 다른 행위수단임에도 불구하고 현재의 형법체계상 피해자가 성적 자기결정권을 행사할 수 없는 취약한 상태에 한정하여 일종의 남용 범죄에서만 인정하였기 때문에 마치 같은 수준의 행위수단인 것처럼 규정되어 왔다. 그러나 위계와 위력의 행위수단의 내용과 본질에 큰 차이가 있고, 이미 형법의 다른 범죄에서 위계와 위력은 별도로 규정되기도 한다.[45] 위계는 이미 비동의 요건을 충족하는 행위가 될 수 있으므로 비동의 요건으로 포섭하는 것이 적절하며, 위력의 경우에 힘의 행사를 전제한다는 점에서 비동의 요건보다는 가중적인 요건으로 둘 수 있다. 판례의 해석에 따르면, 위력의 경우에 협의의 폭행·협박이라는 유형력 행사 자체가 포섭되어 있기 때문에 위력을 피해자의 요건과 관계없이 규정함으로써 협의의 폭행·협박이라는 행위수단을 이용한 성적 침해행위를 포섭할 수 있다. 폭행·협박의 요건은 현행 강간죄 등에서의 행위수단인 저항을 억압하는 폭행·협박의 정도에 해당하는 것으로 동일하게 두고, 현재 준강간죄 등의 행위수단인 심신상실 또는 항거불능 상태의 이용은 동의 무능력 상태를 이용하는 것이므로 구성요건의 내용을 변경할 필요가 있다. 이러한 행위수단의 분류에 따라 행위의 불법성에 차이가 있으므로 법정형을 통해 체계화할 수 있다. 현행 형법에서 폭행·협박을 수단으로 하는 성교행위에 대해서는 3년 이상의 징역과 추행행위에 대해서 10년 이하 징역 또는 벌금을 규정하고 있는 것을 기준으로 하면, 위력의 경우에는 그보다 경미한 범죄로

---

45) 위계만을 규정하고 있는 범죄로 제137조 위계에 의한 공무집행방해, 제313조 신용훼손이며, 위력만을 규정하고 있는 범죄는 제258조의2 특수상해, 제261조 특수폭행, 제278조 특수체포·특수감금, 제284조 특수협박 등으로 단체 또는 다중의 위력에 한정하여 규정하고 있다.

규정하고, 비동의 요건의 경우에는 가장 경미한 행위수단으로 체계화할 수 있다. 이렇게 행위수단의 체계를 구성하게 되면, 피해자의 연령, 장애나 양육 및 보호감독 관계 등은 유형력의 보충적인 요건을 두는 것이 아닌 처벌을 가중하는 요건으로 두거나 동의가 있더라도 특정한 지위를 이용한 행위를 처벌하는 요건을 별도로 두는 것이 가능하다.

3) 향후 과제

성폭력법체계에서의 성적 자기결정권이라는 보호법익의 구축은 본 논문에서 다루고 있는 형법 제32장에 국한된 쟁점은 아니며, 성폭력 범죄의 처벌등에 관한 특례법(이하 성폭력처벌법)이나 아동청소년의 성보호에 관한 법률(이하 아청법) 등 우리 형사법체계 내에서의 모든 성폭력범죄 관련 법체계와 관련된 것이다. 여기에서는 형법 제32장에서 규정하고 있는 직접적인 신체적 행위에 국한하여 성적 자기결정권의 의미를 재구성하고 있으나, 성폭력처벌법상 성폭력범죄의 정의가 형법 제22장의 음화반포나 공연음란 및 제32장 강간 등의 모든 성범죄를 포괄하고 있으며, 성적 수치심을 구성요건으로 하는 통신매체이용음란죄(성폭력처벌법 제13조)나 카메라등이용촬영죄(성폭력처벌법 제14조) 등 언어적 표현, 이미지의 이용, 사생활의 침해 등 직접적인 신체적인 접촉을 동반하지 않는 행위를 통한 성적 침해를 성적 자기결정권이라는 보호법익을 침해하는 행위로 규정하고 있다는 점을 고려하면, 정조와 음란, 성적 자기결정권이 사회적 질서와 개인적 권리로 정확히 양분되지 않은 젠더의 사회구조와 복잡하게 얽혀 구축되어 온 개념인지 알 수 있다. 이러한 점을 고려하여 성적 자기결정권이라는 의미구성은 우리 사회 내 여성에 대한 폭력의 구조적인 특성을 인식하면서 비신체적인 방식으로 이루어지는 성적 침해의 본질을 정조 개념과 무관하게 재설정할 수 있도록 확대되어야 하며, 이는 향후 연구 과제이다.

신체적인 성폭력을 중심으로 한 형법상 성폭력법체계를 성적 자기결정권 침해를 중심으로 재구축하는 과정에서 본 논문에서 엄밀히 검토하지 못한 쟁점은 동의능력이 제한된 것으로 설정되는 미성년자나 장애인의 성적 자기결정권에 대한 것이다. 근대적인 법체계에서 권리를 향유할 수 있는 법적 주체의 설정은 권리행사능력을 전제로 한 것이기 때문에, 연령이나 장애를 근거로 동의 무능력 내지 제한을 설정하는 입법방식은 성적 자기결정권 행사에 대한 법적 제한으로 이어진다. 미성년자나 장애인의 성적 자기결정권 제한을 최소화하기 위해서는 연령이나 장애만을 요건으로 하는 입법은 지양해야 하며, 특히 장애에 관련된 요건은 장애의 종류나 정도에 관계없이 모든 장애를 통칭하여 규정하는 방식으로 둘 경우에 장애인의 권리에 대한 과도한 제한일 수 있다는 점을 고려하여 장애에 대한 연구를 통해 어떠한 종류의 장애를 구성요건화 할 것인지에 대한 검토가 필요하다. 이 점에서 연령이나 장애에 관한 요건은 가중적인 처벌요건으로 두거나 가족 등 양육이나 보호관계를 이용한 행위에 대한 별도의 요건을 구체적으로 검토할 필요가 있으나, 본 논문의 연구목적에서 벗어나 상세히 검토하지는 못했다. 구체적인 연령이나 장애의 기준과 관련한 성적 침해의 규정방식에 대해서는 실증적인 연구와 함께 체계적인 검토가 필요한 쟁점이다.

마지막으로 비동의 요건과 유형력 요건의 체계화를 통한 동의 모델의 구축을 위한 형법 제32장의 재구성으로 해결되지 않는 처벌의 흠결은 앞서 간략히 언급하였던 피해자 진술 신빙성 판단의 문제이다. 폭행협박의 최협의설을 완화하는 최근 판례의 변화에도 불구하고 전형적인 성폭력 피해자상에 근거하여 피해자 진술의 신빙성을 부인함으로써 폭행협박의 최협의 정도를 충족하지 못했다고 판단하는 판례들이 존재하며, 피해자의 범행 전후 태도나 재판에서의 진술 태도 등을 피해자 진술의 신빙성을 판단하는 근거로 삼음으로써 결국 피해자의 언행 자체가 성폭력 재판의 주된 대상이 되는 과정에서 형사절차상 2차 피해가 발생하게 된다. 이러한 문제는 비동의 요건에 대한 판단에 있어서도 동일하게 반복될 수 있으므로, 피해자 진술 신빙성 판단에 있어 전형적인 성폭력 피해자에 대한 신화에 기초한 판단을 제거할 수 있는 판례의 구축이 필요하다. 판례의 재구축이 필요한 또 다른 쟁점은 피고인의 동의에 대한 구성요건적 착오 주장의 판단기준으로, 피고인의 고의 판단 시 피고인 관점에서의 주관적 판단을 배제하고 합리성을 근거로 한 객관적 판단기준을 세우는 것이 필요하다. 영미법체계에서는 피고인의 착오에 대한 배심원들의 주관적 판단을 제거하기 위해, 판례법으로 구축된 피해자의 과거 성적 이력, 연인 관계 여부, 피해자의 옷차림 등에 대해서 피고인의 확정적 방어 주장이 될 수 없다는 원칙을 법률상 규정으로 도입하고 있다. 우리의 경우 이러한 판단기준은 판례를 통해 구축되어야 할 영역으로, 이를 위해서는 판결문이 객관적·주관적 구성요건에 대한 판단과 피해자 진술의 신빙성에 대한 판단으로 나뉘어 기술될 필요가 있으며, 이러한 판례들을 축적함으로써 세부적인 판단기준을 마련해 나가야 할 것이다.

7

여성폭력 및 여성폭력방지기본법 개선 모색*
– 스페인 '젠더폭력 통합 보호 조치에 관한 조직법'을 반영하여–

정도희(교수, 경상국립대학교 법과대학)

I 들어가며

아마도 근래 우리 사회에서 발생한 많은 사건들 중에서도 여성폭력이라는 화두를 던진 사안은 신당역 스토킹 살인사건일 것이다. 우리 사회에서는 종래 개별법의 형태로 규정되었던 가정폭력, 성폭력, 성매매 피해자의 통합적인 지원체계와 포괄적인 입법의 필요성을 다룬 연구들이 진행되었고,[1] 논의가 거듭된 끝에 「여성폭력방지기본법」이 2018년 12월 제정되어, 2019년 시행되었다. 이 법은 여성폭력방지를 위한 국가의 책임을 규정하고 여성폭력의 방지에 국가가 컨트롤타워의 역할을 한다는 점을 명확히 하였다. 법률 제정 과정에서 찬성과 반대의 의견 대립이 있었고 이것은 현재에도 계속되어 개정이 필요하다는 논의와 그 방향에 대한 연구가 이루어지고 있다.[2]

본고에서는 현행 「여성폭력방지기본법」을 분석하고 그 미비점을 보완하는 방안을

---

* 이 글은 2023년 10월 28일(금) 이화여자대학교 젠더법학연구소 학술세미나[젠더폭력: 현주소와 앞으로의 과제]에서 발표한 [여성에 대한 폭력, 여성폭력방지기본법]을 수정·작성한 글로 원광법학 제39권 제1호(원광대학교 법학연구소, 2023.3.)에 게재되었음을 밝힌다.

1) 예컨대, 윤덕경, [연구보고서–6]여성폭력 피해자 보호지원의 통합적 운영을 위한 법제 정비방안 연구, 한국여성정책연구원, 2015; 윤덕경·차인순, "여성폭력 방지를 위한 포괄적 입법에 관한 연구", 이화젠더법학 제8권 제3호, 이화여자대학교 젠더법학연구소, 2016. 등 참조.

2) 예컨대, 김정혜, [KWDI이슈페이퍼]평등정책으로서 젠더폭력 예방정책의 방향 전환, 한국여성정책연구원, 2021; 최창행, "여성폭력방지기본법 제정의 정책적 성과와 향후 보완방향", 한국여성정책연구원 세미나자료, 한국여성정책연구원, 2019.2. 등 참조.

구상하는 것을 목표로 한다. 이를 위하여 우리에게는 다소 생소할 수 있는 스페인의 입법례를 소개하고자 한다. 스페인은 일찍이 여성폭력에 대한 입법적 대응으로 '젠더폭력 통합 보호 조치에 관한 조직법'(Ley Orgánica 1/2004, de 28 de diciembre, de Medidas de Proteccióon Integral contra la Violencia de Género)3)을 제정하여 시행하고 있다. 스페인은 2022년 9월 성폭력범죄의 처벌과 피해자 보호를 강화하는 방향으로 형법을 개정하였는데, 여성폭력방지에 관한 스페인의 입법례는 우리 「여성폭력방지기본법」의 개선에 시사점을 줄 수 있을 것으로 기대한다.

이하에서는 여성폭력의 개념 및 여성폭력피해방지법의 제정(Ⅱ)을 살피고, 스페인 여성폭력피해자 지원과 입법례(Ⅲ)를 검토한 후, 현행 「여성폭력방지기본법」의 주요 내용과 개선을 모색(Ⅳ)하고자 한다.

Ⅱ   여성폭력의 개념 및 여성폭력피해방지기본법의 제정

1. 여성폭력의 개념 및 입법

(1) 여성폭력의 개념

여성에 대한 폭력은 '젠더에 기반한 폭력'(gender based violence)이고, 여성에 대한 차별의 한 형태라는 것은 국제사회가 합의한 바 있다. 예컨대, UN여성차별철폐위원회는 1993년 <여성폭력철폐선언>에서 여성폭력이 '젠더에 기반한 폭력'(gender-based violence)이며 불평등한 성별의 위계 위에서의 여성에 대한 차별임을 확인한 바 있다.4) <여성폭력철폐선언>에 의하면, 여성폭력은 "공적 또는 사적 생활에서 발생하는, 여성에게 신체적, 성적 또는 심리적 해악 또는 고통을 주거나 줄 수 있는 젠더에 기반한 폭력행위, 그러한 행위를 하겠다는 협박, 강압 및 자유의 박탈"이다(제1조).5) 이러한 여성폭력의 개념을 다소 확장하여 2014년 발효된 <유럽평의회

---

3) 이 법을 다룬 거의 유일한 국내문헌(전경태, "스페인 여성폭력특별법원의 특성 및 피해자보호조치", 가족법연구 제32권 제3호, 한국가족법학회, 2018.11.)은 법률명을 '여성폭력 통합조치에 관한 조직법'(Ley Orgánica 1/2004, de 28 de diciembre, de Medidas de Proteccióon Integral contra la Violencia de Género)으로 번역된 바 있는데, 본고에서는 원문(la Violencia de Género)대로 '젠더폭력'으로 번역한다.

4) 장미혜, 앞의 논문, 71면.

5) 김정혜·조영주·추지현·김효정·정수연, [연구보고서11]젠더폭력정책에서 보호담론의 한계와 정책 방향 연구: 성폭력 예방정책을 중심으로, 여성정책연구원, 2020, 21-22면.

협약>은 여성폭력을 여성의 인권을 침해하는 차별의 하나로, 여성에 대한 "공적 생활 또는 사적 생활에서 발생하는, 여성에 대하여 신체적, 성적, 심리적, 경제적 해악이나 고통을 초래하거나 줄 가능성이 있는 젠더에 기반한 폭력의 모든 형태, 혹은 이러한 행위를 하겠다는 위협, 강압, 자유박탈"로 여성에 고통을 주는 행위로(제3조 a), '여성에 대한 젠더에 기반한 폭력'을 "여성이라는 이유로 여성에게 가해지는 또는 여성에게 불균형하게 영향을 끼치는 폭력"(제3조 d)으로 정의하였다.[6]

요컨대, 여성폭력은 여성에 대하여 가해지는, 여성이라는 성별을 이유로 한 차별적 폭력, 즉, '젠더에 기반한 폭력'으로 이해할 수 있다.

(2) 여성폭력 관련 입법

여성폭력의 유형은 광범위하고 다양하다. 다양한 폭력유형 가운데에서도 현행법은 가정폭력, 성폭력, 성매매, 그리고 최근에는 스토킹에 관하여 "분절적으로" 입법이 이루어져 있고, 가해자 처벌을 위한 입법과 피해자 보호를 위한 입법으로 이원화되어 있다.[7]

경찰청의 '주요 젠더폭력범죄 신고자 성별 분류 현황'에 의하면, 가정폭력 신고 건수는 2019년 240,594건, 2020년 221,824건, 2021년 218,680건으로, 신고자가 여성인 경우가 2019년 158,424건, 2020년 144,628건, 2021년 135,624건으로 집계되었다.[8] 여성가족부의 2022년도 상반기 '가정폭력 피해자 지원시설 운영실적'(2022년 6월 30일 기준)에 의하면, 국비 지원 상담소 기준 가정폭력 상담 건수는 2017년 171,975건, 2018년 219,459건, 2019년 238,601건으로 증가하였고, 2020년 230,578건으로 감소하였다가, 2021년 263,556건으로 크게 증가하였다.[9] 현행 「가정폭력범죄의 처벌 등에 관한 특례법」은 가정폭력의 개념을 "가정구성원[10] 사이의 신체적, 정신적 또는 재산상 피해를 수반하는 행위"(동조 제1호)로 정의하고, 가정폭력범죄(동조 제3호)를 규정한다. 이에 더하여, 가정보호사건(제2장)[11], 피해자보호명령(제3장),[12] 민사처리

---

6) 김정혜·조영주·추지현·김효정·정수연, 앞의 책. 22-23면; 장미혜, 앞의 논문, 71-72면.

7) 분절적인 입법에 대한 지적으로 권정현, "다중흐름모형(MSF)을 적용한 여성폭력방지기본법 제정과정 분석", 국정관리연구 제17권 제2호, 성균관대학교 국정전문대학원, 2022.6. 146면.

8) https://www.police.go.kr/www/open/publice/publice0210.jsp(경찰청, 2023.2.26. 확인).

9) http://www.mogef.go.kr/mp/pcd/mp_pcd_s001d.do?mid=plc504&bbtSn=704351(여성가족부, 2023.2.26. 확인).

10) '가정구성원'으로 사실혼을 포함하여 혼인한 배우자와 배우자였던 자, 자기 또는 배우자와 직계존비속 관계에 있거나 있었던 자, 함께 거주하는 친족 등을 명시하고 있다(「가정폭력범죄의 처벌 등에 관한 특례법」 제2조 제2호).

11) 제2장은 제1절(통칙)(제4조(신고의무 등), 제5조(가정폭력범죄에 대한 응급조치), 제6조(고소에 관한 특

에 관한 특례(제4장)[13], 벌칙(제5장)[14]을 명시한다.[15]

경찰청의 '주요 젠더폭력범죄 신고자 성별 분류 현황'에 의하면, 성폭력 신고건수
는 2019년 29,548건, 2020년 23,926건, 2021년 25,190건으로, 신고자가 여성인 경우
가 2019년 18,205건, 2020년 15,141건, 2021년 15,505건으로 집계되었다.[16] 현행
「성폭력범죄의 처벌 등에 관한 특례법」은 성폭력범죄의 개념을 정의하고(제2조), 성폭
력범죄의 처벌과 절차에 관한 특례(제2장),[17] 신상정보 등록 등(제3장),[18] 벌칙(제4

례), 제7조(사법경찰관의 사건 송치), 제8조(임시조치의 청구 등), 제8조의2(긴급임시조치), 제8조의3
(긴급임시조치와 임시조치의 청구), 제9조(가정보호사건의 처리), 제9조의2(상담조건부 기소유예), 제10
조(관할), 제11조(검사의 송치), 제12조(법원의 송치), 제13조(송치 시의 가정폭력행위자 처리), 제14조
(송치서), 제15조(이송), 제16조(보호처분의 효력), 제17조(공소시효의 정지와 효력), 제18조(비밀엄수
등의 의무), 제18조의2(「형사소송법」의 준용)), 제2절(조사ㆍ심리)(제19조(조사ㆍ심리의 방향), 제20조(가
정보호사건조사관), 제21조(조사명령 등), 제22조(전문가의 의견 조회), 제23조(진술거부권의 고지), 제
24조(소환 및 동행영장), 제25조(긴급동행영장), 제27조(동행영장의 집행 등), 제28조(보조인), 제29조
(임시조치), 제29조의2(임시조치의 집행 등), 제30조(심리기일의 지정), 제31조(심리기일의 변경), 제32
조(심리의 비공개), 제33조(피해자의 진술권 등), 제34조(증인신문ㆍ감정ㆍ통역ㆍ번역), 제35조(겸증, 압
수 및 수색), 제36조(협조와 원조), 제37조(처분을 하지 아니한다는 결정), 제38조(처분의 기간 등), 제
39조(위임규정)), 제3절(보호처분)(제40조(보호처분의 결정 등), 제41조(보호처분의 기간), 제42조(몰
수), 제43조(보호처분 결정의 집행), 제44조(보고와 의견 제출 등), 제45조(보호처분의 변경), 제46조
(보호처분의 취소), 제47조(보호처분의 종료), 제48조(비용의 부담)), 제4절(항고와 재항고)(제49조(항
고), 제50조(항고장이 제출), 제51조(항고의 재판), 제52조(재항고), 제53조(집행의 부정지), 제54조(종
결된 사건 기록 등의 송부))로 구성된다.

12) 제3장은 제55조(피해자보호명령사건의 관할), 제55조의2(피해자보호명령 등), 제55조의3(피해자보호명
령의 기간), 제55조의4(임시보호명령), 제55조의5(이행실태의 조사), 제55조의6(병합심리), 제55조의7
(준용), 제55조의8(항고와 재항고), 제55조의9(위임규정)로 구성된다.

13) 제4장은 제56조(배상신청), 제57조(배상명령), 제58조(배상명령의 권고), 제59조(신청의 각하), 제60조
(불복), 제61조(배상명령의 효력과 강제집행), 제62조(다른 법률의 준용)으로 구성된다.

14) 제5장은 제63조(보호처분 등의 불이행죄), 제64조(비밀엄수 등 의무의 위반죄), 제65조(과태료), 제66
조(과태료)로 구성된다.

15) 이에 대하여 정도희, "호주와 스페인의 예를 통해 본 가정폭력 피해자 정보 공유와 제언", 피해자학연
구 제28권 제3호, 한국피해자학회, 2020.12. 139면 이하.

16) https://www.police.go.kr/www/open/publice/publice0210.jsp(경찰청, 2023.2.26. 확인).

17) 제2장은 제3조(특수강도강간 등), 제4조(특수강간 등), 제5조(친족관계에 의한 강간 등), 제6조(장애인
에 대한 강간ㆍ강제추행 등), 제7조(13세 미만의 미성년자에 대한 강간, 강제추행), 제8조(강간 등 상해
ㆍ치상), 제9조(강간 등 살인ㆍ치사), 제10조(업무상 위력 등에 의한 추행), 제11조(공중 밀집 장소에서
의 추행), 제12조(성적 목적을 위한 다중이용장소 침입행위), 제13조(통신매체를 이용한 음란행위), 제
14조(카메라 등을 이용한 촬영), 제14조의2(허위영상물 등의 반포등), 제14조의3(촬영물 등을 이용한
협박ㆍ강요), 제15조(미수범), 제15조의2(예비, 음모), 제16조(형벌과 수강명령 등의 병과), 제17조(판결
전 조사), 제18조(고소 제한에 대한 예외), 제20조(「형법」상 감경규정에 관한 특례), 제21조(공소시효에
관한 특례), 제22조(「특정강력범죄의 처벌에 관한 특례법」의 준용), 제23조(피해자, 신고인 등에 대한
보호조치), 제24조(피해자의 신원과 사생활 비밀 누설 금지), 제25조(피의자의 얼굴 등 공개), 제26조
(성폭력범죄의 피해자에 대한 전담조사제), 제27조(성폭력범죄 피해자에 대한 변호사 선임의 특례), 제
28조(성폭력범죄에 대한 전담재판부), 제29조(수사 및 재판절차에서의 배려), 제30조(영상물의 촬영ㆍ
보존 등), 제31조(심리의 비공개), 제32조(증인지원시설의 설치운영 등), 제33조(전문가의 의견 조회),

장)¹⁹⁾을 규정한다. 현행 「남녀고용평등 및 일·가정·양립 지원에 관한 법률」은 '직장 내 성희롱'을 "사업주, 상급자 또는 근로자가 직장 내의 지위를 이용하거나 업무와 관련하여 다른 근로자에게 성적 언동 등으로 성적 굴욕감 또는 혐오감을 느끼게 하거나 성적 언동 또는 그 밖의 요구 등에 따르지 아니하였다는 이유로 고용에서의 불이익을 주는 것"(제2조 제2호)으로 정의한다.²⁰⁾

현행 「성매매알선 등 행위의 처벌에 관한 법률」은 성매매를 "불특정인을 상대로 금품이나 그 밖의 재산상의 이익을 수수하거나 수수하기로 약속하고", "성교행위"(가목)나 "구강, 항문 등 신체의 일부 또는 도구를 이용한 유사 성교행위"(나목)의 하나에 해당하는 행위를 하거나, 그 상대방이 되는 것으로 정의한다(제2조 제1호). 이에 더하여, 성매매피해자 등의 보호(제2장),²¹⁾ 보호사건(제3장),²²⁾ 벌칙 등(제4장)²³⁾을 명시한다.

경찰청 통계에 의하면, 2021년 현행 「스토킹범죄의 처벌 등에 관한 법률」 위반 발생건수는 1,023건, 검거 건수는 880건으로, 검거인원 총 818명 중에서 남성이 669명, 여성이 147명이었다.²⁴⁾ 2021년 제정, 시행된 「스토킹범죄의 처벌 등에 관한 법률」²⁵⁾은 스토킹행위의 개념을 "상대방의 의사에 반하여 정당한 이유 없이 상대방 또

제34조(신뢰관계에 있는 사람의 동석), 제35조(진술조력인 양성 등), 제35조의2(진술조력인의 결격사유), 제35조의3(진술조력인의 자격취소), 제36조(진술조력인의 수사과정 참여), 제37조(진술조력인의 재판과정 참여), 제38조(진술조력인의 의무), 제39조(벌칙적용에 있어서 공무원의 의제), 제40조(비디오 등 중계장치에 의한 증인신문), 제41조(증거보전의 특례)로 구성된다.

18) 제3장은 제42조(신상정보 등록대상자), 제43조(신상정보의 제출 의무), 제43조의2(출입국 시 신고의무 등), 제44조(등록대상자의 신상정보 등록 등), 제45조(등록정보의 관리), 제45조의2(신상정보 등록의 면제), 제45조의3(신상정보 등록의 종료), 제46조(등록정보의 활용 등), 제47조(등록정보의 공개), 제48조(비밀준수), 제49조(등록정보의 고지), 제49조의2(간주규정)로 구성된다.

19) 제4장은 제50조(벌칙), 제51조(양벌규정), 제52조(과태료)로 구성된다.

20) 이에 대하여 정도희, "직장 내 성희롱 피해 개념 및 형사처벌", 피해자학연구 제22권 제1호, 한국피해자학회, 2014.4. 163면 이하.

21) 제2장은 제6조(성매매피해자에 대한 처벌특례와 보호), 제7조(신고의무 등), 제8조(신뢰관계에 있는 사람의 동석), 제9조(심리의 비공개), 제10조(불법원인으로 인한 채권무효), 제11조(외국인여성에 대한 특례)로 구성된다.

22) 제3장은 제12조(보호사건의 처리), 제13조(관할), 제14조(보호처분의 결정 등), 제15조(보호처분의 기간), 제16조(보호처분의 변경), 제17조(다른 법률의 준용)로 구성된다.

23) 제4장은 제18조(벌칙), 제19조(벌칙), 제20조(벌칙), 제21조(벌칙), 제22조(범죄단체의 가중처벌), 제23조(미수범), 제24조(징역과 벌금의 병과), 제25조(몰수 및 추징), 제26조(형의 감면), 제27조(양벌규정), 제28조(보상금)로 구성된다.

24) 경찰청, 2021범죄통계, 2022. 123면.

25) 1999년 15대 국회 이후 수차례 스토킹범죄 관련 입법안의 발의가 지속되어온 결과이다. 이에 대하여 정도희, "스토킹의 개념과 처벌에 관한 몇 가지 제언", 법과 정책연구 제17권 제3호, 한국법정책학회, 2017. 31면 이하.

는 그의 동거인, 가족에 대하여" "접근하거나 따라다니거나 진로를 막아서는 행위" (가목), "주거, 직장, 학교, 그 밖에 일상적으로 생활하는 장소 또는 그 부근에서 기다리거나 지켜보는 행위"(나목), "우편·전화·팩스 또는 「정보통신망 이용촉진 및 정보보호 등에 관한 법률」 제2조 제1항 제1호의 정보통신망을 이용하여 물건이나 글·말·부호·음향·그림·영상·화상을 도달하게 하는 행위"(다목), "직접 또는 제3자를 통하여 물건등을 도달하게 하거나 주거등 또는 그 부근에 물건등을 두는 행위"(라목), "주거등 또는 그 부근에 놓여져 있는 물건등을 훼손하는 행위"(마목) 중에서 "어느 하나에 해당하는 행위를 하여 상대방에게 불안감 또는 공포심을 일으키는 것"으로 정의한다. 또한 '스토킹범죄'를 "지속적 또는 반복적으로 스토킹행위를 하는 것"(동조 제2호)으로 정의하고, 스토킹범죄 등의 처리절차(제2장),[26] 벌칙(제3장)[27]을 규정한다.

이처럼 입법은 다양한 폭력유형 중에서도 가정폭력, 성폭력, 성매매 유형에 집중되어 왔다. 이처럼 주로 가정폭력과 성폭력을 여성폭력의 두 축으로 보는 구상은 수정이 있어야 한다는 견해가 주장되었고,[28] 여성폭력 문제에 대하여 가정폭력(범죄), 성폭력범죄, 성매매에 대해서만 법률로 규정하고 있는데, 이외의 스토킹범죄, 인신매매, 데이트폭력 등 여성에 대한 폭력의 가해자 처벌과 피해자 보호가 필요하다는 의견이 제기되기도 하였고,[29] 가정폭력, 성폭력, 성매매 등 복합적인 문제를 가진 피해자의 경우에 각각의 법률이 분산되어 상담 등 통합적인 지원에 어려움이 있다는 지적이 있었다.[30] 다양한 여성폭력에 대응할 수 있는 포괄적인 입법에 대한 요청이 이어졌다.[31]

---

26) 제2장은 제3조(스토킹행위 신고 등에 대한 응급조치), 제4조(긴급응급조치), 제5조(긴급응급조치의 승인 신청), 제6조(긴급응급조치의 통지 등), 제7조(긴급응급조치의 변경 등), 제8조(잠정조치의 청구), 제9조(스토킹행위자에 대한 잠정조치), 제10조(잠정조치의 집행 등), 제11조(잠정조치의 변경 등), 제12조(항고), 제13조(항고장의 제출), 제14조(항고의 재판), 제15조(재항고), 제16조(집행의 부정지), 제17조(스토킹범죄의 피해자에 대한 전담조사제)로 구성된다.

27) 제3장은 제18조(스토킹범죄), 제19조(형벌과 수강명령 등의 병과), 제20조(잠정조치의 불이행죄), 제21조(과태료)로 구성된다.

28) 장미혜, "여성폭력이란 무엇인가?: 개념과 유형", 이화젠더법학 제13권 제3호, 이화여자대학교 젠더법학연구소, 2021.12. 67면.

29) 장미혜, 앞의논문, 68면.

30) 윤덕경·차인순, 앞의 논문. 49면.

31) 여성폭력 방지를 위한 포괄 입법으로 기존의 가정폭력, 성폭력, 성매매를 규율한 법률들의 유사점을 포괄하고, 통일적인 기준을 마련하며 여성폭력의 범위를 확대하여야 한다는 구상이 제안된 바 있다(윤덕경·차인순, 앞의 논문, 59면).

2. 「여성폭력방지기본법」의 제정과 미비점

우리 사회에서는 여성이 폭력으로 인하여 희생되는 사건이 계속되면서,[32] 이른 바 '미투 운동'이 확산되고, 여성폭력이 개인의 문제가 아닌 사회구조적인 문제라는 인식이 확산되는 동시에, 여성폭력에 대한 국가의 책임과 대응이 요청되었다.[33] 더불어 여성과 남성의 불평등, 차별로 인한 폭력을 방지하여야 한다는 요청과 포괄적인 법률의 입법 요청으로 인하여, 「여성폭력방지기본법」의 제정이 추진되기에 이르렀다.[34] 예컨대, 2018년 2월 21일 정춘숙의원이 대표발의한 "여성폭력방지기본법안"(의안번호 제12065호)[35]은 종전의 「가정폭력방지 및 피해자보호 등에 관한 법률」, 「성폭력방지 및 피해자보호 등에 관한 법률」, 「성매매방지 및 피해자보호 등에 관한 법률」이 규정하고 있는 바를 반영하여 국가 및 지방자치단체의 책무(안 제4조), 실태조사(안 제12조), 여성폭력 예방교육(안 제19조), 여성폭력 추방주간 및 여성폭력 홍보영상의 제작·배포·송출(안 제21조)를 규정하고, 이와 함께 여성폭력의 정의(안 제3조), 여성폭력방지정책 국가행동계획 및 연도별 시행계획의 수립·시행(안 제7조, 제8조), 여성폭력방지위원회 및 지방여성폭력방지위원회 설치(안 제10조, 제11조), 여성폭력통계의 구축(안 제13조), 피해자의 권리 및 보호·지원(안 제14조, 제15조), 피해자 정보보호 및 2차 피해 방지(안 제17조, 제18조) 등 새로운 규정 신설을 제안하였다.[36]

「여성폭력방지기본법」은 종래 개별적으로 규율되던 가정폭력, 성폭력, 성매매를 통합적으로 규율하고, 여성에 대한 새로운 유형의 폭력을 반영하여 여성폭력의 확대를 고려한 포괄적인 성격의 법률이다.[37] 여성에 대한 폭력 방지와 피해자 보호와 지원에 관한 국가의 책임을 분명히 하고, 여성폭력방지정책의 추진을 규정하며, 여성폭력 특수성을 반영하여 피해자 지원시스템과 일관성 있는 통계 구축 등을 통하여 여성폭력피해자 지원정책의 실효성을 높이고자 하였다.[38]

---

32) 2016년 5월 17일 강남역 화장실 살인사건, 2018년 10월 22일 강서구 등촌동 전처 살인사건 등 여성살해 사건이 발생하였다.

33) 권정현, 앞의 논문, 160면.

34) 권정현, 앞의 논문, 163면.

35) 제정안은 여성폭력과 여성폭력 피해자 및 2차 피해를 정의하고 여성폭력방지 및 피해자 보호에 관한 기본적인 사항으로 규정함으로써, 여성폭력방지정책의 종합적, 체계적 추진을 통해 개인의 존엄성과 인권 증진에 이바지하고자, 다음과 같이 총5장 24조로 구성되었다(여성가족위원회, 여성폭력방지기본법안 검토보고서, 2018.8. 3-4면).

36) 여성가족위원회, 여성폭력방지기본법안 검토보고서, 2018.8. 4-5면.

37) 「여성폭력방지기본법」의 제정방향을 제시한 연구로, 윤덕경·차인순, 앞의 논문, 60-61면.

38) 여성가족위원회, 여성폭력방지기본법안 검토보고서, 2018.8. 1-2면.

그러나 「여성폭력방지기본법」은 유감스럽게도 제정 이후 현재까지 논쟁은 계속되고 있다. 예컨대, 여성폭력의 개념, 2차 피해의 개념과 명확성의 원칙 위반이라는 지적, 여성의 주체성을 사법적 판단에 종속시킨다는 지적, '친밀한 사이'도 법률 용어가 아니고 명확성원칙 위반이라는 지적, 그리고 이 법이 남성을 배제시킨다는 지적 등이 있다.

이러한 문제를 해결하기 위하여, 여성폭력방지법제의 비교법적 연구가 현재의 미비점을 보완할 수 있는 착안점이 될 수 있을 것이다. 물론 미국 등 종전에 연구가 이루어진 국가의 입법례를 참조하는 것도 의미 있는 것일 것이다. 다만, 최근 2022년 9월 성폭력범죄의 처벌과 피해자 보호를 강화하는 형법 개정이라는 급격한 진전을 이룬 스페인의 경우를 살펴보는 것도 유익하리라고 본다. 스페인은 일찍이 2004년 여성폭력 관련 법률을 제정하였고 현재에도 시행 중이다. 이것이 바로 스페인의 '젠더폭력 통합 보호 조치에 관한 조직법'(Ley Orgánica 1/2004, de 28 de diciembre, de Medidas de Proteccíon Integral contra la Violencia de Género)이다. 이하에서는 이 법을 살피고, 우리 법률에 줄 수 있는 시사점을 도출해 보고자 한다.

Ⅲ 스페인 여성폭력피해자 지원 및 입법

1. 스페인의 여성폭력피해 현황과 피해자 지원

우리의 경우 여성폭력의 가해자가 가족관계에 있는 배우자인지 여부가 가해자의 유형 파악에 중요한 기준이다.[39] 스페인의 경우도 이와 유사하게 여성폭력에서 가해자 유형 파악에 가족관계의 배우자나 연인에 의한 폭력인지 여부가 중요한 기준이다. 스페인에서는 2003년 1월 1일부터 현재까지 1,194명의 여성이 여성폭력으로 인하여 사망한 것으로 집계되고, 이 중에서 피해자의 국적은 스페인 781명, 외국이 395명, 기타 18명으로 집계된다.[40] 스페인에서는 긴급한 여성폭력 상황에 직면한 피해자의 신고체계가 구축되어 있으며,[41] 만일 피해자가 어떠한 도움이 필요한 것인지

---

39) 이러한 지적으로 장미혜, 앞의 논문, 67면.

40) http://estadisticasviolenciagenero.igualdad.mpr.gob.es/(젠더폭력 정부위원회(Delegación del Gobier nocontra la Violencia de Género)의 통계포털(Portal Estadístico), 2023.2.26. 확인).

41) 스페인에서 긴급한 상황에 직면한 여성폭력 피해자의 경우, 긴급서비스 112, 국가경찰(Policía Nacional) 091, 민간 경비(Guardia Civil) 062에 연락하여 구조를 요청할 수 있고, 만일 가해자가 가까

확신이 없다면 먼저 통화기록을 남기지 않으면서 53개국의 언어로 24시간 이용할 수 있는 016 무료 비밀상담전화(Servicio 016)를 이용할 수 있고, 016-on-line@igualdad.gob.es로 이메일을 보내거나 WhatsApp 600 000 016으로 온라인 채팅으로 연락할 수 있다.[42] 이것은 평등부(Ministerio de Igualdad)[43]가 '젠더폭력 정부위원회'(Delegación del Gobierno contra la Violencia de Género)[44]를 통하여 모든 형태의 폭력에 대하여 전문가에 의한 정보, 법률자문, 즉각적인 심리사회적 치료를 위한 전화서비스를 제공하는 것이다.[45] 2007년 9월 3일부터 2022년 12월 31일까지 016 신고 전화는 1,136,490건이었고, 2022년 한해 102,391건이었다.[46] 2007년 9월부터 2023년 1월 31일까지 1,145,847건이었다. 2023년 1월 한 달 동안 9,357건이었으며 이것은 2022년 동기간 6,542건에 비하여 43% 증가한 것이다.[47]

만일 피해자가 미성년자인 경우에는, 비영리단체인 '위험에 빠진 아동과 청소년 돕기' 전화(Teléfono/Chat ANAR, Ayuda a niños y adolescentes en riesgo)[48] 900 20 20 10에 연락할 수 있다. 평등부의 WRAP['젠더폭력 사건에서 예방 및 지원 자원 웹'(web de recursos de apoyo y prevención ante casos de violencia de género)]에서 가장 가까운 위치의 모든 NGO, 여성단체, 경찰서, 법원을 검색할 수 있다.[49] 젠더폭력 피해자 보호를 위하여 긴급 상황에 있는 피해자를 방문하는 서비스로 '젠더폭력 피해자의 보호와 돌봄을 위한 전화서비스'(ATENPRO, el Servicio telefónico de atención y protección para víctimas de violencia de género)가 있다.[50] 2005년부터 2023년 1월 31

이에 있어서 피해자가 목소리를 내지 않고서 영상통화기능을 이용하여 구조를 요청할 수 있도록 수신호(Señal de Scorro)가 활용된다. 스페인 바르셀로나에서 위험에 빠진 여성이 이러한 수신호를 취하였고, 한 여성근로자가 이를 확인하고 112에 전화를 걸어 64세 남성 가해자를 체포한 사례도 있다. Público, "La señal universal de socorro contra la violencia de género ayuda a una mujer en Barcelona", https://www.publico.es/sociedad/senal-universal-socorro-violencia-genero-ayuda-mujer-barcelona.html(Público, 2023.2.26. 확인).

42) The Local, "What to do if you're in an abusive relationship in Spain", https://www.thelocal.es/20211126/what-to-do-if-youre-in-an-abusive-relationship-in-spain/(The Local, 2023.2.26. 확인).

43) https://www.igualdad.gob.es/Paginas/index.aspx(스페인 평등부, 2023.2.26. 확인)

44) https://violenciagenero.igualdad.gob.es/(스페인 젠더폭력 정부위원회, 2023.2.26. 확인).

45) https://violenciagenero.igualdad.gob.es/informacionUtil/recursos/telefono016/home.htm(스페인 젠더폭력 정부위원회, 2023.2.26. 확인).

46) https://violenciagenero.igualdad.gob.es/(스페인 젠더폭력 정부위원회, 2023.2.26. 확인).

47) Boletín Estadistico Mensual Enero 2023, 18면 이하(https://violenciagenero.igualdad.gob.es/violenciaEnCifras/boletines/boletinMensual/2023/home.htm(스페인 젠더폭력 정부위원회, 2023.2.26. 확인).).

48) https://www.anar.org/(스페인 ANAR, 2023.2.26. 확인).

49) https://wrap.igualdad.gob.es/recursos-vdg/search/SearchForm.action(스페인 평등부 젠더폭력정부위원회의 WRAP, 2023.2.26. 확인).

50) Sheila Rivera Pérez, El Fenómeno del Stalking : Nueva modalodades delictivas, Máster de Abogacía

일까지 이 서비스의 등록 건수는 132,005건으로 집계된다.[51] 또한 2009년부터 2023년 1월 31일까지 젠더폭력에서의 거리두기(Alejamiento) 조치의 정보기술 수단에 의한 감시시스템의 장치(Dispositivos) 설치는 13,175건이고, 2023년 1월 31일 현재 활성 장치의 개수는 3,230개로 집계된다.[52]

2. 스페인 '젠더폭력 통합 보호 조치에 관한 조직법'의 주요내용 및 시사점

(1) '젠더폭력 통합 보호 조치에 관한 조직법'의 주요내용

"젠더폭력(la Violencia de Género)은 사적인 영역에 국한된 문제가 아니다. 오히려, 이것은 우리 사회에 만연한 불평등을 가장 잔인하게 상징하는 것이다. 이것은 단지 여성이라는 사실로 인하여 여성에게 가해지는 폭력이고, 이것은 가해자들에 의한 (피해자의) 자유, 존엄성, 자기결정권이라는 기본권의 결여로 여겨지는 폭력이다. 우리 (스페인) 헌법 제15조[53]는, 모든 사람이 어떠한 경우에도 고문이나 비인도적이거나 굴욕적인 형벌이나 대우를 받아서는 안 된다고 명시하면서 생명과 신체적·도덕적 완전성에 대한 모든 사람의 권리를 인정한다. 우리의 마그나 카르타는 계속해서 이러한 권리가 모든 공권력에 구속력이 있으며 그 행사는 법률에 의하여서만 규제될 수 있다고 명시하고 있다. 1995년 유엔 제4차 세계여성대회에서는 여성에 대한 폭력이 평등, 발전, 평화라는 목표의 달성에 걸림돌이고 인권과 기본적 자유의 향유를 침해하고 손상시킨다고 단언하였다. 또한 이러한 폭력을 넓은 의미에서 역사적으로 남성과 여성 사이의 불평등한 권력 관계의 표현으로 정의하였다...(중략)...여성에 대한 공격은 특히 스페인의 현실에서 발생한다. 모든 형태의 젠더폭력에 맞서 싸우는 여성 단체의 노력 덕분에 우리는 이제 그 영향을 과거보다 대단히 잘 인식하게 되었다. 그들은 더 이상 '보이지 않는 범죄'가 아니라, 집단적인 거부의 대상이자 명확한 사회적 경종의 원인이다.

우리 헌법이 수호하는 자유, 평등, 생명, 존엄성, 차별금지 등 기본권에 대한 가장 노골적인 공격 중 하나인 젠더폭력에 공권력은 무관심할 수 없다. 이러한 공권력은 헌법 제9조 제2항[54]에 따라 이러한 권리를 실질적이고 효과적으로 만들기 위하여 적극적인

2017－2018, Universidad del País Vasco, 290면.

51) Boletín Estadístico Mensual Enero 2023, 28면 이하(https://violenciagenero.igualdad.gob.es/violencia EnCifras/boletines/boletinMensual/2023/home.htm(스페인 젠더폭력 정부위원회, 2023.2.26. 확인).).

52) Boletín Estadístico Mensual Enero 2023, 34면 이하(https://violenciagenero.igualdad.gob.es/violencia EnCifras/boletines/boletinMensual/2023/home.htm(스페인 젠더폭력 정부위원회, 2023.2.26. 확인).).

53) 스페인 헌법 제15조 모든 사람은 생명, 신체, 정신에 대한 완전한 권리를 향유한다. 고문, 비인도적이거

> 조치를 취하고 완전한 향유를 방해하거나 방해하는 모든 장애물을 제거할 의무가 있다...(후략)"
>   – 스페인 '젠더폭력 통합 보호 조치에 관한 조직법'(Ley Orgánica 1/2004, de 28 de diciembre, de Medidas de Protección Integral contra la Violencia de Género)[55][56] 서문(Preámbulo) 중에서

스페인 '젠더폭력 통합 보호 조치에 관한 조직법'(Ley Orgánica 1/2004, de 28 de diciembre, de Medidas de Protección Integral contra la Violencia de Género)(이하, '젠더폭력통합조치법')은 스페인에서 과거 가정폭력 피해가 빈번하고, 등한시되었던 여성의 권리가 입법을 통하여 강력하게 보호되어야 하고, 남성과 여성의 평등한 권력 구조가 형성되어야 한다는 자각 하에 제정되었다. 이 법은 젠더폭력 사건에서의 대응을 위한 것으로, 사건 발생 후의 경찰에의 신고, 피해자에 대하여 의료지원, 사회복지서비스 제공, 여성피신처 및 상담서비스 제공 등을 위한 것이다.[57] 이와 같은 포괄적인 보호수단을 법률에 명시한 취지는 여성 및 미성년자 젠더폭력피해자의 피해를 예방·근절하고, 가해자 처벌을 위한 것이다. 이 법은 젠더폭력피해자의 정보권, 통합적인 사회적 지원, 무료 법률지원, 채용과 사회복지혜택, 공무원여성의 권리, 경제적 권리를 규정한다.

젠더폭력통합조치법은 서문 이외에 전문과 5개의 장으로 구성되는데, 5개의 장은 각각 "여성폭력의 민감화, 예방 및 발견"(제1장), "여성폭력 피해여성의 권리"(제2장), "공공기관에 의한 보호"(제3장), "형법에 의한 보호"(제4장)[58], "사법에 의한 보호"(제

나 굴욕적인 형벌이나 처우는 어떠한 경우에도 허용되지 아니한다. 사형은 폐지한다. 다만, 전시에 군형법에서 규정하는 경우 제외된다.

54) 스페인 헌법 제9조 ② 공권력은 개인 및 개인이 구성하는 단체의 자유와 평등이 존치되고 실현되도록 여건을 개선하고, 완전성을 침해하거나 곤란하게 하는 장해를 제거하여야 하고, 모든 국민의 정치적·경제적·문화적·사회적 생활의 참여를 용이하게 하여야 한다.

55) 국내문헌(전경태, 앞의 논문, 2018.11.)에서 이 법의 이름은 '여성폭력 통합조치에 관한 조직법'(Ley Orgánica 1/2004, de 28 de diciembre, de Medidas de Protección Integral contra la Violencia de Género)으로 번역된 바 있는데, 이 글에서는 '여성폭력'이 아닌, 원문 "la Violencia de Género"를 직역하여 '젠더폭력'으로 표기하고자 한다.

56) 법률 원문은 https://www.boe.es/buscar/act.php?id=BOE-A-2004-21760#:~:text=Art%C3%ADculo%201.&text=Por%20esta%20ley%20se%20establecen,custodia%2C%20v%C3%ADctimas%20de%20esta%20violencia(Agencia Estatal Boletín Oficial del Estado (BOE), 2023.2.26.). 참조.

57) Encarna Bodelon/Noelia Igareda/Gloria Casas, Gender-based Violence, Stalking and Fear of Crime, Country Report Spain, EU-Project 2009-2011, published in January 2012, 36면.

58) "형법에 의한 보호"의 구체적인 내용은 후속연구과제로 남겨두고자 한다.

5장)이다.[59] 이 법의 입법목적은 현재 또는 과거의 배우자나 동거 여부와 관계없이 유사한 애정 관계를 유지하거나 유지한 남성들에 의하여 여성에게 차별의 표현으로써 가해지는 폭력의 근절(제1조 제1항)이다. 이 법은 젠더폭력을 "성적 자유에 대한 범죄, 협박, 강요 및 자의적인 자유의 박탈을 포함하는 모든 신체적·정신적 폭력행위"로 정의한다(제1조 제3항).

젠더폭력통합조치법 제1조(입법목적) ① 이 법은 현재 또는 과거의 배우자 또는 동거 여부에 관계없이 유사한 애정 관계를 유지하거나 유지한 남성이 차별, 불평등한 상황 및 남녀 사이에 우세한 권력의 표현으로써 여성에게 행사하는 폭력을 퇴치하는 것을 목적으로 한다.

② 이 법은 이러한 폭력의 예방, 처벌 및 근절하고, 피해자 지원을 목표로 하는 통합적인 보호조치를 수립한다.

③ 이 법에 명시된 젠더폭력은 성적 자유에 대한 범죄, 협박, 강요 및 자의적인 자유의 박탈 등 모든 신체적·정신적 폭력행위를 의미한다.

젠더폭력통합조치법은 젠더폭력을 겪는 여성의 사회통합을 위하여 그 경제적 권리를 보장한다(제2조 e). 또한 포괄적인 보호시스템을 구축하여 다음과 같이 '여성폭력 정부 특별위원회'와 '국가 여성폭력 감시기구'를 규정하고, 피해자 보호를 위한 공공정책의 추진을 명시한다(제2조 f). 여성폭력 정부 특별위원회는 정부가 시행하는 젠더폭력 문제에 대한 공공정책을 입안하고, 이에 관한 모든 조치를 당국과 협력, 조정하고 추진하며(제29조 제1항), 국가 여성폭력 감시기구는 젠더폭력 문제에 대한 자문과 분석을 제공하고, 보고서, 연구 등을 처리한다(제30조).

젠더폭력통합조치법 제29조(여성폭력 정부 특별위원회((La Delegacióon Especial del Gobierno contra la Violencia sobre la Mujer)).

① 고용사회부(Ministerio de Trabajo y Asuntos Sociales) 산하 여성폭력 정부 특별위원회는 정부가 시행하는 젠더폭력 문제에 관한 공공정책을 입안하고 이와 관련하여 취해지는 모든 조치를 관할 당국과 협력 및 조정하고 추진한다.

---

59) 전경태, 앞의 논문. 260면.

② 여성폭력 정부 특별위원회의 장은 관할 당국과의 협력 및 조정하여 이 법이 보장하는 권리와 이익을 보호하기 위하여 법원에 개입할 수 있는 권한을 가진다.

③ 여성폭력 정부 특별위원회의 장이 수행할 직급 및 구체적인 기능은 규정에 따라 결정된다.

젠더폭력통합조치법 제30조(국가 여성폭력 감시기구(Observatorio Estatal de Violencia sobre la Mujer))

① 국가 여성폭력 감시기구는 고용사회부 산하 협의체로 설치되어 젠더폭력 문제에 대한 자문 및 분석을 제공하고, 제도적 협력, 보고서 및 연구 준비, 이 영역에서의 강령에 대한 제안 등을 처리한다. 이러한 보고서, 연구 및 제안은 젠더폭력을 당할 위험이 가장 높거나 서비스 접근에 가장 어려움을 겪는 여성들에게 특히 주의를 기울여야 한다. 어떠한 경우에도, 이러한 보고서, 연구 및 제안에 포함된 데이터는 성별에 따라 구분되어 제시되어야 한다.

② 국가 여성폭력 감시기구는 이 법 제1조에 명시된 조건에 따라, 젠더폭력 진화에 관한 연례보고서를 정부와 지방자치단체에 보내 저질러진 범죄의 유형과 피해자를 보호하기 위하여 시행된 조치의 효과를 조사한다. 또한 보고서는 채택된 조치가 실제로 젠더폭력 피해자들에게 충분히 강력한 보호를 제공한다는 것을 보장하기 위해 법률 개정이 필요한 영역을 선별하여야 한다.

③ 기능, 운영체제 및 구성은 가장 대표적인 고용주 및 노동조합 조직뿐만 아니라, 자치공동체, 지방 당국, 사회적 대리인, 소비자 및 사용자 협회 및 전국적인 범위를 가진 여성 단체를 위하여 어떠한 경우에도 보장되는 역할과 함께 규정에 의하여 결정된다.

젠더폭력통합조치법은 젠더폭력의 근절을 위한 시민단체 등의 참여를 독려하고(제2조 i), 젠더폭력 피해자의 사법적 보호를 위하여 형법과 형사소송법의 체계의 강화를 규정하고 있다(제2조 g).

또한 이 법은 여성의 생명, 건강에 영향을 끼치는 배우자나 연인의 폭력 근절은 목적으로 하고 있고, 피해자의 국적, 법적 지위와 관계없이 스페인에서 젠더폭력 피해 여성의 권리를 보장한다는 점을 선언하고 있다. 이 법 제17조부터 제28조까지 피해자의 권리를 규정하고, 이에 따라, 피해여성은 출신, 종교, 기타 개인적·사회적 조건에 관계없이 피해자의 권리[60]를 보장받는다(제17조 제1항).

> **젠더폭력통합조치법 제17조(피해자의 권리 보장)**
>
> ① 젠더폭력 피해를 겪는 모든 여성은 출신, 종교 또는 그 밖의 개인적 또는 사회적 조건이나 특정 사항에 관계없이 본문에서 인정하는 권리를 보장받는다.
>
> ② 이 장에서 구상하는 젠더폭력 피해자에 대한 정보, 통합적인 사회적 지원 및 법적 지원은 신체적, 도덕적 완전성, 자유, 안전 및 평등, 성별에 따른 차별 금지에 대한 헌법상의 권리를 실질적이고 효과적으로 표현하는 데 도움이 된다.

구체적으로, 젠더폭력통합조치법은 젠더폭력 피해여성의 정보권(제18조), 통합적인 사회적 지원을 받을 권리(제19조)와 고용 및 사회보장의 권리를 규정한다(제21조). 더불어 젠더폭력 피해여성을 위한 법률 구조 등을 규정한다(제22조).

---

60) 스페인 평등부는 젠더폭력 피해자의 권리를 안내하기 위하여 젠더폭력 피해자의 권리를 정리한 가이드북을 다양한 국가의 언어로 제작하여 피해자에게 배포하고 있다(The Local, "What to do if you're in an abusive relationship in Spain", https://www.thelocal.es/20211126/what−to−do−if−youre−in−an−abusive−relationship−in−spain/(The Local, 2023.2.26. 확인). https://violenciagenero.igualdad.gob.es/informacionUtil/derechos/home.htm(젠더폭력 정부위원회, 2023.2.26. 확인.)). 그 내용을 보면, 젠더폭력여성피해자가 가진 특정한 권리, 젠더폭력 외국인 여성 피해자의 권리, 젠더폭력피해자의 일반범죄피해자로서 가진 권리로 나누어 설명한다.
첫째, '젠더폭력 여성피해자가 가진 특정한 권리'로는, 정보에 대한 권리(젠더폭력통합조치법 제18조), 포괄적인 사회 지원을 받을 권리(젠더폭력통합조치법 제19조), 즉각적이고 전문적인 법률지원을 받을 권리(젠더폭력통합조치법 제20조), 고용의 권리(젠더폭력통합조치법 제21조), 사회 보장 분야의 권리(젠더폭력통합조치법 제21.5조, 제21.2조), 고용 영역에서의 권리 및 노동 시장 참여(젠더폭력통합조치법 제22조, 제21.3조), 여성 공무원의 권리(젠더폭력통합조치법 제24조부터 제26조), 경제적 권리(젠더폭력통합조치법 제27조, 제2조), 즉시 교육을 받을 권리(젠더폭력통합조치법 제5조)가 있다.
둘째, '젠더폭력 외국인여성 피해자'의 권리로, 스페인에서의 젠더폭력 외국인 여성피해자의 체류자격(젠더폭력통합조치법 제17.1조), 미등록 젠더폭력 외국인 여성피해자의 보호, 국제적인 보호를 받을 권리가 있다.
셋째, 젠더폭력피해자가 가진 일반범죄피해자의 권리로, 범죄피해자보호법(Ley 4/2015, de 27 de abril, del Estatuto de la víctima del delito)상의 권리, 고소할 권리(형사소송법 제259조 이하), 법원 보호명령을 신청할 권리(젠더폭력통합조치법 제62조, 형사소송법 제544조 제3항), 유럽의 보호명령을 신청할 권리(Ley 23/2014, de 20 de noviembre, de reconocimiento mutuo de resoluciones penales en la Unión Europea), 형사절차에 당사자가 될 권리:피해자에게 자신의 권리와 법적 선택권을 고지하는 것(형사소송법 제109조 이하), 재산 반환, 손실 배상과 손해배상의 권리(형사소송법 제100조 이하), 법원 절차에 대한 정보를 제공받을 권리, 젠더폭력과 관련된 절차의 틀 안에서 피해자의 존엄성과 사생활의 비밀을 보호받을 권리(젠더폭력통합조치법 제63조, 범죄피해자보호법 제19조 이하), 젠더폭력으로 분류된 범죄피해자 지원 등이 있다(Ministerio de Igualdad, Guía de Derechos para las Mujeres víctimas de violencia de género, 2022. 6−29면).

(2) 시사점: 피해자보호명령제도의 규정

스페인 젠더폭력통합조치법은 우리 「여성폭력방지기본법」의 수정에 반영될 수 있는 점은 어떠한 것이 있을까. 예컨대, 피해자의 사법적 보호(protección judicial) 관련 규정이 그러하다. 젠더폭력통합조치법은 여성폭력특별법원의 설치를 규정하고, 이와 함께 제61조부터 제69조까지 피해자보호명령제도를 규정하는데, 퇴거명령과 접근금지명령이다. 이 법에 의하면, 판사는 가해자에게 피해자나 피해자 가족과 함께 거주하지 못하도록 거주지를 퇴거할 것을 명령하고, 가해자가 그 거주지로 복귀하는 것을 금지할 수 있다(제64조 제1항). 그리고 가해자는 피해자에게 접근하거나 피해자가 자주 가는 주거나 직장 그 밖의 장소에 접근할 수 없다(제64조 제3항). 또한 판사는 가해자가 피해자나 특정인에게 모든 종류의 통신수단을 사용하여 연락(통신)하는 것을 제한할 수도 있다(제64조 제5항).

젠더폭력통합조치법 제62조(보호명령에 관하여)

보호명령 신청이 접수되면 여성폭력법원과 직무판사는 사안에 따라 형사소송법 제544조의3에서 규정한 바에 의한 역할을 한다.

젠더폭력통합조치법 제64조(배제, 금지명령 및 접촉 금지)

① 판사는 젠더폭력 피고인에게 피해자와 함께 살던 주거지 또는 가족이 거주하는 곳에서 퇴거를 명령할 수 있고, 그곳으로의 복귀를 금지할 수 있다.

② 판사는 보호대상이 피고인과 공동소유하는 가정용 주택의 사용을 주택 임대를 포함하는 활동을 하는 기관 또는 그러한 법인이 존재하는 공기업과 협의하여 다른 주택의 사용과 교환할 수 있도록 예외적으로 승인할 수 있다.

③ 판사는 피고인에게 어떠한 장소에서도 보호대상에게 접근할 수 없도록, 금지명령을 내릴 수 있고, 그녀의 집, 직장 또는 그녀가 자주 방문하는 다른 장소에 접근할 수 없도록 금지명령을 내릴 수 있다. 이러한 명령을 준수하지 않을 경우 즉시 경고하기 위하여 기술적 수단을 사용할 수 있다.

④ 금지명령은 영향을 받는 사람이나 보호대상이 이미 장소를 떠났는지 여부에 관계없이 부과될 수 있다.

⑤ 판사는 피고인이 지정된 사람 또는 사람들과 어떠한 종류의 접촉을 하는 것도 금지할 수 있으며 그렇지 않으면 형사책임을 지게 될 것이라 경고할 수 있다.

⑥ 전항의 조치는 누적하여 또는 개별적으로 결정할 수 있다.

만일 가해자가 접근 금지명령을 위반하면 즉각적인 경고와 같은 효과를 위한 기술적 조치, 수단을 사용할 수 있고(제64조 제3항), 전자팔찌 부착명령을 부과할 수 있다.[61]

이와 같이 퇴거명령과 접근 금지명령을 규정하고, 위반시 기술적인 조치를 사용할 수 있다는 점을 젠더폭력통합조치법에 규정한 것은 의미 있는 입법이다. 스페인은 가정폭력 사안에서의 피해자보호명령제도가 있으나, 포괄적인 젠더폭력통합조치법에도 이를 규정한 것이다. 우리의 「여성폭력방지기본법」에 반영이 필요한 부분이다.

IV 현행 여성폭력방지법기본법의 개선 제안

1. 여성폭력의 개념 확장

기존의 가정폭력, 성폭력, 성매매에서 확대하여 새로운 유형의 폭력을 포섭하는 여성폭력방지를 위한 포괄 입법의 필요성에 대한 지적이 이어졌고,[62] 이에 따라 제정된 현행 「여성폭력방지기본법」은 여성폭력을 "성별에 기반한 여성에 대한 폭력으로 신체적·정신적 안녕과 안전할 수 있는 권리 등을 침해하는 행위로서 관계 법률에서 정하는 바에 따른 가정폭력, 성폭력, 성매매, 성희롱, 지속적 괴롭힘 행위와 그 밖에 친밀한 관계에 의한 폭력, 정보통신망을 이용한 폭력 등"(제3조 제1호)으로 정의한다. 발의 당시 여성폭력방지기본법안에서는 여성폭력을 '성별에 기반한 폭력'으로 명시한 바 있었다.[63] 그러나 이는 국회의 심사를 거치면서, 법안의 이름에 '여성'을 넣어 상징성을 확보하고자 했고, 법안명과 정의 규정이 일치하지 않는다는 지적에 따라 '성별에 기반한 여성에 대한 폭력'으로 수정되었다고 한다.[64][65]

---

61) 전경태, 앞의 논문. 281－282면.

62) 이러한 의견으로, 윤덕경·차인순, 앞의 논문, 69면.

63) 2018년 2월 21일 정춘숙의원 대표발의 "여성폭력방지기본법안"(의안번호 제12065호) 제3조(정의) 1. "여성폭력"이란 성별에 기반한 폭력으로 신체적·정신적 안녕과 안전할 수 있는 권리 등을 침해하는 행위로서 관계 법률에서 정하는 바에 따른 가정폭력, 성폭력, 성매매, 성희롱, 지속적 괴롭힘 행위와 그 밖에 친밀한 관계에 의한 폭력, 정보통신망을 이용한 폭력 등을 말한다.

64) 권정현, 앞의 논문, 163면.

65) 이에 따라 여성폭력 근절을 위한 기본법 제정의 상징성과 성과만 남은 것이고 사회의 성차별적 구조는

생각건대, 여성폭력을 '성별에 기반한 여성에 대한 폭력'으로 명시한 것은 바람직하다. 다만, "신체적·정신적 안녕과 안전할 수 있는 권리 등을 침해하는 행위로서 관계 법률에서 정하는 바에 따른 가정폭력, 성폭력, 성매매, 성희롱,[66] 지속적 괴롭힘 행위와 그 밖에 친밀한 관계에 있는 폭력, 정보통신망을 이용한 폭력 등"으로 명시되어 있다. 이러한 규정으로 인하여 여성에 대한 폭력이라도 관계 법률에서 정하는 바가 없는 경우에는 여성폭력의 범주에 들어가지 않는 것으로 오해를 일으킬 우려가 있을 수 있다. 예컨대, 데이트 폭력의 경우는 '그 밖에 친밀한 관계에 있는 폭력'으로 포섭될 수 있는 행위임에도 불구하고, 관계 법률에서 정하는 바가 없으므로, 적어도 법문언상 이 법의 적용에서 배제될 여지가 있다. 이처럼 수많은 유형의 폭력 유형이 있으나, 그 유형을 이 법의 조문에서 모두 포섭하기 어렵고, 그에 대한 입법이 완전하지 않은 경우도 있다. 상술하였듯 스페인의 젠더폭력통합조치법은 젠더폭력을 성적 자유에 대한 범죄, 협박, 강요 및 자의적인 자유의 박탈 등 모든 신체적·정신적 폭력행위로 정의한다. 생각건대, "관계 법률에서 정하는 바에 따른"은 삭제하고, 여성폭력을 "성별에 기반한 여성에 대한 폭력으로 신체적·정신적 안녕과 안전할 수 있는 권리 등을 침해하는 행위"로 다소 광범위하게 정의하는 것이 바람직하다고 본다.

한편, 2022년 2월 4일 송옥주의원이 대표발의한 '여성폭력방지기본법 일부개정법률안'(의안번호 제14678호)은 '성별에 기반한 폭력'의 피해 대상을 여성뿐 아니라 남성에도 확대하여 보호하고자, '여성폭력 피해자 적용 특례규정'의 신설을 제안한 바 있다.[67] 물론 성별을 기반으로 하는 젠더폭력은 피해자가 여성도 남성도 될 수 있겠으나, 다만, 현행 「여성폭력방지기본법」은 여성폭력을 그 적용대상으로 하므로, 이러한 특례규정을 이 법에 추가하는 것은 "여성폭력방지와 피해자 보호·지원에 관한 국가 및 지방자치단체의 책임을 명백히 하고…"(제1조)라는 당초의 입법목적에 부합하지

개선한 것으로 보기 어렵다는 비판도 있다. 권정현, 앞의 논문, 163-164면.

66) 2021년 6월 3일 김기현의원이 대표발의한 '여성폭력방지법 일부개정법률안'(의안번호 제10546호)은 성희롱의 '희롱'의 사전적 의미가 '말이나 행동으로 실없이 놀리는 것'으로 성범죄의 '권력을 통한 괴롭힘'을 함의하기에 부적절하다고 지적하고, '성희롱'을 '성적 괴롭힘'으로의 수정을 제안하였다(안 제3조 및 제12조).
안 제3조(정의) 이 법에서 사용하는 용어의 뜻은 다음과 같다.
1. "여성폭력"이란 성별에 기반한 여성에 대한 폭력으로 신체적·정신적 안녕과 안전할 수 있는 권리 등을 침해하는 행위로서 관계 법률에서 정하는 바에 따른 가정폭력, 성폭력, 성매매, 성적 괴롭힘, 스토킹 행위와 그 밖에 친밀한 관계에 의한 폭력, 정보통신망을 이용한 폭력 등을 말한다.

67) 안 제3조의2(여성폭력 피해자 적용 특례) 이 법은 성별에 기반한 폭력으로 피해를 입은 남성에 대하여도 적용한다.

않은 것으로, 적절하지 않다고 생각한다.

2. 여성폭력 피해자의 개념 확장

당초 법률안 발의 당시 여성폭력 피해자는 "여성폭력으로 인하여 직·간접적으로 피해를 입은 사람"(안 제3조 제2호)으로 정의되어, 간접피해자가 피해자의 범위에 포함된 바 있다. 그러나 원안의 간접피해자의 범위가 명확하지 않고 이를 명확히 확정할 필요가 있다는 지적이 제기되었고,[68] 이에 따라 여성가족부가 2018년 9월 간접피해자의 범위를 피해자의 배우자와 직계친족 및 형세자매로 구체화하는 수정안을 제출하였다. 이에 따라 현행 「여성폭력방지기본법」은 여성폭력 피해자를 "여성폭력 피해를 입은 사람과 그 배우자(사실상의 혼인관계를 포함한다), 직계친족 및 형제자매"(동조 제2호)로 정의한다. 현행법은 간접피해자의 범위를 배우자, 직계친족, 형제자매로 구체화하여 명시한 것이다.

다른 법률들과 비교하면, 「성폭력방지 및 피해자보호 등에 관한 법률」은 성폭력 피해자를 "성폭력으로 인하여 직접적으로 피해를 입은 사람"(제2조 제3호)으로, 「가정폭력방지 및 피해자보호 등에 관한 법률」은 피해자를 "가정폭력으로 인하여 직접적인 피해를 입은 자"(제2조 제3항)로 정의한다. 한편 「성매매방지 및 피해자보호 등에 관한 법률」상 성매매피해자는 "「성매매알선 등 행위의 처벌에 관한 법률」 제2조 제1항 제4호에 따른 사람"(제2조 제4항)으로, 「성매매알선 등 행위의 처벌에 관한 법률」 제2조 제1항 제4호는 "위계, 위력, 그 밖에 이에 준하는 방법으로 성매매를 강요당하는 사람"(가목), "업무관계, 고용관계, 그 밖의 관계로 인하여 보호 또는 감독하는 사람에 의하여 「마약류관리에 관한 법률」 제2조에 따른 마약·향정신성의약품 또는 대마에 중독되어 성매매를 한 사람"(나목), "청소년, 사물을 변별하거나 의사를 결정할 능력이 없거나 미약한 사람 또는 대통령령으로 정하는 중대한 장애가 있는 사람으로서 성매매를 하도록 알선·유인된 사람"(다목), "성매매 목적의 인신매매를 당한 사람"(라목)으로 한정한다. 이처럼 성폭력, 가정폭력, 성매매 피해자에는 직접적인 법익침해를 당한 사람만이 해당된다. 그런데 범죄피해자보호법은 피해자를 "타인의 범죄행위로 피해를 당한 사람과 그 배우자(사실상의 혼인관계를 포함한다), 직계친족 및 형제자매"로 명시한다. 이러한 차별화된 입법은 범죄피해자보호법의 입법목적과 무관하

---

68) 제정안의 여성폭력 정의와 관련하여, 여성가족위원회, 여성폭력방지기본법안 검토보고서, 2018.8. 21면 이하.

지 않다는 생각이다. 범죄피해자보호법은 "범죄피해자의 보호·지원의 기본 정책을 정하고, 타인의 범죄행위로 인하여 생명·신체에 피해를 받은 사람을 구조함으로써 범죄피해자의 복지 증진에 기여함을 목적으로"(제1조) 한다.

생각건대, 여성폭력방지법의 입법 목적을 고려하면 피해자 개념을 범죄피해자의 경우처럼 확대하고 원안에서 제안된 바대로 "여성폭력으로 인하여 직·간접적으로 피해를 입은 사람"으로 확대하는 것이 바람직하다.

3. 2차 피해의 용어의 명확화와 불이익처우금지 확대

「성폭력범죄의 처벌 등에 관한 특례법」은 '피해자, 신고인 등에 대한 보호조치'를 규정하고, 불이익처우의 금지와 함께 피해자의 인적 사항 등의 공개 금지, 신변안전 조치 등을 명시한다.[69] 「성매매 알선 등 행위의 처벌에 관한 법률」은 '성매매 피해자에 대한 처벌특례와 보호'(제6조 제1항)를 명시하여 성매매피해자의 성매매는 처벌하지 않고, 성매매 피해자의 인적 사항 등의 공개 금지, 신변안전조치 등을 규정한다.[70] 이외에도 「성폭력방지 및 피해자보호 등에 관한 법률」 제8조[71]와 「가정폭력방지 및 피해자보호 등에 관한 법률」 제4조의5[72]는 피해자에 대한 불이익처분의 금지

---

69) 법원 또는 수사기관이 성폭력범죄의 피해자, 성폭력범죄를 신고한 사람을 증인으로 신문하거나 조사하는 경우에는 「특정범죄신고자 등 보호법」제5조 및 제7조부터 제13조까지의 규정을 준용한다(「성폭력범죄의 처벌 등에 관한 특례법」 제23조).

70) 법원 또는 수사기관이 이 법에 규정된 범죄를 신고한 사람 또는 성매매피해자를 조사하거나 증인으로 신문하는 경우에는 「특정범죄신고자 등 보호법」 제7조에서 제13조까지의 규정을 준용한다(「성매매 알선 등 행위의 처벌에 관한 법률」 제6조 제3항).

71) 「성폭력방지 및 피해자보호 등에 관한 법률」 제8조(피해자 등에 대한 불이익조치의 금지) 누구든지 피해자 또는 성폭력 발생 사실을 신고한 자를 고용하고 있는 자는 성폭력과 관련하여 피해자 또는 성폭력 발생 사실을 신고한 자에게 다음 각 호의 어느 하나에 해당하는 불이익조치를 하여서는 아니 된다.
  1. 파면, 해임, 해고, 그 밖에 신분상실에 해당하는 불이익조치
  2. 징계, 정직, 감봉, 강등, 승진 제한, 그 밖의 부당한 인사조치
  3. 전보, 전근, 직무 미부여, 직무 재배치, 그 밖에 본인의 의사에 반하는 인사조치
  4. 성과평가 또는 동료평가 등에서의 차별이나 그에 따른 임금 또는 상여금 등의 차별 지급
  5. 직업능력 개발 및 향상을 위한 교육훈련 기회의 제한, 예산 또는 인력 등 가용자원의 제한 또는 제거, 보안정보 또는 비밀정보 사용의 정지 또는 취급자격의 취소, 그 밖에 근무조건 등에 부정적 영향을 미치는 차별 또는 조치
  6. 주의 대상자 명단 작성 또는 그 명단의 공개, 집단 따돌림, 폭행 또는 폭언 등 정신적·신체적 손상을 가져오는 행위 또는 그 행위의 발생을 방치하는 행위
  7. 직무에 대한 부당한 감사 또는 조사나 그 결과의 공개
  8. 그 밖에 본인의 의사에 반하는 불이익조치

72) 「가정폭력방지 및 피해자보호 등에 관한 법률」 제4조의5(피해자에 대한 불이익처분의 금지) 피해자를

를 규정한다. 「가정폭력범죄의 처벌 등에 관한 특례법」제4조 제4항[73]과 「성매매알선 등 행위의 처벌에 관한 법률」 제7조 제2항[74]은 신고한 사람에게 신고를 이유로 한 불이익 금지를 규정한다.

현행 「여성폭력방지기본법」은 '2차 피해'를 여성폭력피해자가 "수사·재판·보호·진료·언론보도 등 여성폭력 사건처리 및 회복의 전 과정에서 입는 정신적·신체적·경제적 피해"(가목), "집단 따돌림, 폭행 또는 폭언, 그 밖에 정신적·신체적 손상을 가져오는 행위로 인한 피해(정보통신망을 이용한 행위로 인한 피해를 포함한다)"(나목), 그리고 "사용자(사업주 또는 사업경영담당자, 그 밖에 사업주를 위하여 근로자에 관한 사항에 대한 업무를 수행하는 자를 말한다)로부터 폭력 피해 신고 등을 이유로 입은 다음 어느 하나에 해당하는 불이익조치"(다목)의 어느 하나에 해당하는 피해를 입는 것(제3조 제3호)으로 규정한다. 그리고 특히 다목의 불이익조치로는 "1) 파면, 해임, 해고, 그 밖에 신분 상실에 해당하는 신분상의 불이익조치", "2) 징계, 정직, 감봉, 강등, 승진 제한 그 밖에 부당한 인사조치", "3) 전보, 전근, 직무 미부여, 직무 재배치, 그 밖에 본인의 의사에 반하는 인사조치", "4) 성과평가 또는 동료평가 등에서의 차별과 그에 따른 임금 또는 상여금 등의 차별 지급", "5) 교육 또는 훈련 등 자기계발 기회의 취소, 예산 또는 인력 등 가용자원의 제한 또는 제거, 보안정보 또는 비밀정보 사용의 정지 또는 취급 자격의 취소, 그 밖에 근무조건 등에 부정적 영향을 미치는 차별 또는 조치", "6) 주의 대상자 명단 작성 또는 그 명단의 공개, 집단 따돌림, 폭행 또는 폭언, 그 밖에 정신적·신체적 손상을 가져오는 행위", "7) 직무에 대한 부당한 감사 또는 조사나 그 결과의 공개", "8) 인허가 등의 취소, 그 밖에 행정적 불이익을 주는 행위", "9) 물품계약 또는 용역계약의 해지, 그 밖에 경제적 불이익을 주는 조치"를 명시하여 피해자에 대한 불이익처우 금지를 명확히 규정한다.[75] 즉, 2차 피해의 범위에 피해자 불이익조치도 포함하여 이를 금지하고 있다.

즉, 현행 「여성폭력방지기본법」은 「성폭력범죄의 처벌 등에 관한 특례법」, 「가정폭력방지 및 피해자보호 등에 관한 법률」, 「성매매 알선 등 행위의 처벌에 관한 법률」

고용하고 있는 자는 누구든지 「가정폭력범죄의 처벌 등에 관한 특례법」에 따른 가정폭력범죄와 관련하여 피해자를 해고하거나 그 밖의 불이익을 주어서는 아니 된다.

73) 「가정폭력범죄의 처벌 등에 관한 특례법」 제4조(신고의무 등) ④ 누구든지 제1항부터 제3항까지의 규정에 따라 가정폭력범죄를 신고한 사람에게 그 신고행위를 이유로 불이익을 주어서는 아니 된다.

74) 「성매매알선 등 행위의 처벌에 관한 법률」 제7조(신고의무 등) ② 누구든지 이 법에 규정된 범죄를 신고한 사람에게 그 신고를 이유로 불이익을 주어서는 아니 된다.

75) 제정안은 2차 피해의 유형과 보호범위와 불이익조치의 구체적 내용 등을 명시적으로 규정하여 2차 피해의 입증과 방지대책 마련 등에 효과를 기대한 것이다. 제정안의 2차 피해 정의와 관련하여, 여성가족위원회, 여성폭력방지기본법안 검토보고서, 2018.8. 24면 이하.

의 입법을 반영하여 수사·재판단계에서의 피해자에 대한 2차 피해 개념을 정의한다. 그러나 2차 피해의 범위 설정에는 논의가 일치하지 않았고,[76] 여전히 2차 피해의 용어의 적절성에 대한 지적은 계속되고 있다.

생각건대, 피해자의 2차 피해를 입법에서 고려한 취지는 바람직하다. 그러나 2차 피해는 법률 용어가 아니라는 지적을 피하기는 어려운데, 의도했던 의미를 더욱 명확화하고자 용어 자체를 다른 법률용어로 대체하는 것을 재고할 필요가 있다고 본다. 또한 현재와 같이 2차 피해의 유형이 「여성폭력방지기본법」에 한정적으로 열거되어 명시될 필요성이 있는지에 대해서도 검토할 필요성이 있다. 2차 피해를 명확히 규정하면서도 좁게 설정하지 않도록 주의가 필요하다. 피해자나 신고자에 대한 불이익처분을 금지하는 것은 타당한 입법이고, 다만, 만일 현행대로 2차 피해를 구체적으로 한정하여 규정한다면, 현행 조문에 더하여 상술한 「성폭력방지 및 피해자보호 등에 관한 법률」 제8조의 경우처럼 "그 밖에 본인의 의사에 반하는 불이익조치"를 추가하여 확대하는 것이 더욱 바람직하다고 본다.

4. 피해자보호명령제도의 도입 및 조문의 신설·개정을 통한 보완 노력

상술하였듯 여성폭력에서 피해자의 지원과 보호가 중요하다는 점을 생각해볼 때, 무엇보다 젠더폭력통합조치법에 피해자보호명령제도를 명시한 스페인의 입법을 우리 「여성폭력방지기본법」에 반영할 필요가 있다고 본다. 이것은 실효성도 있겠으나, 여성폭력방지를 위한 기본법에 피해자보호명령제도가 도입되어 피해자에 대한 가해자의 접근 금지 명령이 명문화되는 것은 피해자의 입장을 고려할 때 상징적으로도 의미 있는 입법일 것이다.

더불어 현행 「여성폭력방지기본법」에 대해서는 여전히 논의가 지속되고 있다. 개정안도 지속적으로 발의되고 있는데, 예컨대, 2022년 2월 7일 송옥주의원이 대표발의한 '여성폭력방지기본법 일부개정법률안'(의안번호 제14683호)은 「여성폭력방지기본법」에 2차 피해에 대한 국가와 지방자치단체의 피해 최소화 조치가 구체적으로 명시되어 있지 않기 때문에, 피해자 보호와 지원이 충분하지 못하다는 점을 지적하고, 피해자의 직업, 성명 등 인적사항이나 사진 등이 인쇄물이나 정보통신망을 이용하여 유포되는 사건이 발생하는데도 2차 피해를 실질적으로 보호하고 지원할 근거가 부족하

---

76) 당초 여성가족부는 2차 피해에 정보통신망을 이용한 인터넷, 언론의 댓글 금지도 포함시켜야 한다는 의견이었고, 2018년 제출된 수정안에서는 정보통신망을 이용한 피해도 포함되기도 하였다. 여성가족위원회, 여성폭력방지기본법안 검토보고서, 2018.8. 28면.

다는 점을 지적하고, 피해자의 인적 사항 등이 유포되어 2차 피해가 발생할 경우에 상담, 유포물 삭제, 법률 및 의료서비스 등을 지원할 수 있는 근거 규정의 마련을 제안한 바 있다. 2차 피해자의 피해를 최소화하고 피해자를 보호하고자 조문의 신설을 제안하였다(안 제18조 제4항).[77]

또한 2022년 5월 6일 신현영의원이 대표발의한 '여성폭력방지기본법 일부개정법률안'(의안번호 제15518호)은 2019년 「여성폭력방지기본법」의 제정 이후 여성폭력통계 수집이 이루어지지 않고, 기관에 자료요청을 하면 소극적 대응을 하기 때문에, 자료제공의 의무화를 명문화할 필요가 있다는 점을 지적하고, 「여성폭력방지기본법」제13조 제2항을 수정하여 여성가족부장관이 경찰, 검찰, 법원 등에 여성폭력통계 관련 자료요청을 하면 이 기관들이 여가부장관에게 자료 제공을 하도록 규정의 명문화를 제안한 바도 있다(안 제13조 제2항).[78]

더불어, 이와 유사한 취지로, 피해자 정보 공유의 명시를 제안한 발의안도 있다. 2022년 12월 9일 권인숙의원이 대표발의한 '여성폭력방지기본법 일부개정법률안'(의안번호 제18845호)은 여성폭력 사건에서 피해자의 2차 피해 방지를 위하여 여성가족부장관, 지방자치단체의 장이 피해자를 보호·지원하기 위하여, 수사기관에 여성폭력 관련 사건사고 등에 대한 정보를 요청하고 공유할 수 있도록 근거 규정의 명문화를 제안하였다(안 제16조 제2항).[79]

생각건대, 정보통신망을 이용한 인적 사항 등의 유포피해가 발생하는 경우, 유포

---

77) 안 제18조(2차 피해 방지 등) ①~③ (현행과 같음)

    ④ 국가와 지방자치단체는 인쇄물이나 「정보통신망 이용촉진 및 정보보호 등에 관한 법률」 제2조 제1항 제1호의 정보통신망을 이용하여 피해자의 인적사항과 사진 등이 유포(이하 이 조에서 "유포물"이라 한다)되어 2차 피해가 발생한 사람에 대하여 상담, 유포물 삭제, 법률 및 의료서비스 등을 지원할 수 있다.

    ⑤ 제2항에 따른 수사기관의 범위와 2차 피해 방지교육, 제4항에 따른 피해자 지원에 관하여 필요한 사항은 대통령령으로 정한다.

78) 안 제13조(여성폭력통계 구축) ① 현행과 같음 ② 여성가족부장관이 다음 각호의 여성폭력통계를 요구하는 경우 「국가재정법」 제6조의 중앙관서와 지방자치단체 및 공공기관은 여성폭력통계를 제공하여야 한다.

    1. 여성폭력사건 관련 수사를 통하여 작성된 경찰청 및 해양경찰청 통계자료

    2. 여성폭력사건 관련 수사 또는 재판을 통하여 작성된 검찰청 통계자료

    3. 여성폭력사건 관련 재판을 통하여 작성된 법원행정처 통계자료

    4. 여성폭력사건 관련 그 밖의 중앙관서와 지방자치단체 및 공공기관 통계자료

    ③ 현행과 같음

79) 안 제16조(관계기관 간 협력체계의 구축 등) ② 여성가족부장관, 시도지사 또는 시장군수구청장은 피해자를 보호지원하기 위하여 수사기관에 여성폭력 관련 사건 신고 등에 대한 정보를 요청할 수 있다. 이 경우 수사기관은 피해자의 명시적인 반대의견과 정당한 사유가 없으면 정보를 제공하여야 한다.

물의 삭제, 법률 및 의료서비스 등 지원의 근거 규정을 「여성폭력방지기본법」에 두는 것은 디지털성범죄의 피해가 심각해지고 있는 현 상황에서 적절한 제안으로 볼 수 있다. 또한 피해자 지원 관련 기관의 가정폭력 피해자 정보 공유도 논의된 바가 있는 필요한 제안으로 생각된다. 여성폭력 방지와 피해자 보호를 위하여 지속적으로 개정 노력이 이어져야 할 것이다.

Ⅴ 나가기

이상으로 현행 「여성폭력방지기본법」의 주요내용을 살피고, 이와 유사한 스페인의 젠더폭력피해자 지원과 스페인 젠더폭력통합조치법을 검토한 후, 여성폭력방지법기본법의 개선방향을 모색하였다.

우리 사회에서 여성은 여전히 평등한 지위에 있다고 보기 어려운 경우가 존재하고, 상당수의 여성들이 여성이라는 성별에 기반한 폭력 피해를 입고 있으며, 이를 방지하기 위한 「여성폭력방지기본법」의 입법은 타당성이 있다. 다만, 미비점에 대한 개선은 계속되어야 한다.

현행 「여성폭력방지기본법」의 개선방안으로, 여성폭력과 여성폭력 피해자의 개념 확장, 2차 피해 용어의 명확화와 불이익처우금지의 확대, 조문의 신설·개정을 통한 미비점 보완 노력을 제안하였다. 더불어, 상술한 스페인의 젠더폭력 피해여성은 젠더폭력통합조치법에 의하여 보호 받는다. 우리 「여성폭력방지기본법」에 이 법의 내용 중에서도 대표적으로 피해자보호명령제도가 명시되는 것이 바람직할 것이다.

생각건대, 입법은 인식을 변화시킬 수 있다. 일례로 미국의 여성폭력방지법의 제정이 여성폭력이라는 주제를 사회의 관심의 대상이 되게 하였고, 인식과 문화를 바꾸는 것에 기여하였다고 한다.[80] 우리의 경우도 「여성폭력방지기본법」의 시행과 개선이 여성폭력에 대한 사회 전반의 인식 변화에 기여할 수 있기를 기대한다.

---

80) 이창무, "미국의 여성폭력방지법 시행의 영향 및 효과에 관한 연구", 형사정책 제16권 제1호, 한국형사정책학회, 2004.6. 297면.

8

스토킹행위·스토킹범죄 구성요건 연구
- 독일형법 제238조와의 비교를 중심으로-*

고명수(교수, 서울대학교 법학전문대학원)

I 서

오랜 진통 끝에 「스토킹범죄의 처벌 등에 관한 법률」(이하 스토킹처벌법)이 2021년 4월 20일 제정, 10월 21일부터 시행 중이다. 1999년 5월 24일 스토킹처벌에 관한 특례법안(김병태의원 등 13인 외 21인, 의안번호 151966) 발의 이후 22건의 의원안, 1건의 정부안이 제출되었다.[1] 제21대 국회는 10건의 스토킹 관련 법률안을 통합·조정해 위원회 대안을 만들고 법제사법위원회를 거쳐 스토킹범죄의 처벌 등에 관한 법률안(법제사법위원장, 의안번호 2109075)을 재석 238인 중 찬성 235인(기권 3인)으로 가결하였다.

스토킹처벌법이 이처럼 우여곡절 끝에 제정된 것은 스토킹 개념의 모호함, 사회적으로 용인되는 행위와 스토킹행위 간 구분의 어려움 때문이었다. 대표적인 스토킹행위인 접근하거나 진로를 막아서는 행위(스토킹처벌법 제2조 제1호 가목), 편지, 선물을 주는 행위(동호 라목)는 일상다반사이고, 호감표시이거나 이성 간 애정문제로 인한 행위일 수 있다는 인식이 팽배했다. 그래서 형법 투입을 최대한 자제하고 사회 내 자율적 수단으로 통제하는 것이 바람직하다고 보았다. 스토킹범죄 처벌규정을 만들더

---

* 이 글은 고명수, "스토킹행위·스토킹범죄 구성요건 연구-독일형법 제238조와의 비교를 중심으로-", 법제 통권 제696권, 법제처, 2022에 게재되었음을 밝힌다.

[1] 일련의 입법안 스토킹범죄구성요건 분석은, 한민경, "법정에 선 스토킹: 판결문에 나타난 스토킹 행위의 유형과 처벌을 중심으로", 「원광법학」 제37권 제1호, 73-74쪽 참고.

라도 상징형법에 그칠 수 있다는 우려도 제기되었다.[2] 이런 이유로 2012년 경범죄처벌법으로 '지속적 괴롭힘'(제3조 제41호)[3]을 규율하는 정도의 대응에 그쳤다.[4] 그 사이 스토킹이 강력 범죄로 이어지는 안타까운 사건들이 지속적으로 발생하였고,[5] 국가가 스토킹을 엄벌하고 스토킹피해자를 보다 적극적으로 보호하여야 한다는 공감대가 형성되었다. 이에 발맞춰 스토킹처벌법 제정을 위한 연구가 계속되었다. 독일, 미국, 일본 등 외국의 입법례 분석을 비롯하여 스토킹범죄의 특성이 심층 연구되었다. 폭행, 협박에는 이르지 않은 스토킹의 불법성 근거, 기존 범죄[6](특히 협박죄)와 비교할 때 스토킹범죄의 적정한 처벌 정도를 논의하였다. 이러한 노력이 결실을 맺어 스토킹처벌법이 제정되었다.

　스토킹처벌법은 '상대방의 의사에 반하여' '정당한 이유 없이' 상대방 또는 그의 동거인, 가족에 대하여 일정 행위[7]를 하여 '상대방에게 불안감 또는 공포심을 일으

---

2) 이승준, "독일의 스토킹 처벌 규정의 개정과 그 시사점", 「형사정책」제29권 제2호, 126쪽: 법집행기관의 집행력 부족으로 인한 전체 법질서 균열을 경계한다.

3) 상대방의 명시적 의사에 반하여 지속적으로 접근을 시도하여 면회 또는 교제를 요구하거나 지켜보기, 따라다니기, 잠복하여 기다리기 등의 행위를 반복하여 하는 사람'을 10만 원 이하의 벌금, 구류 또는 과료의 형으로 처벌한다. (경범죄처벌법 제3조 제1항) 스토킹관련 규정은 이 외에도 제19호(불안감 조성, '정당한 이유 없이 길을 막거나 모여들거나 뒤따르거나 겁을 주어 불안하게 하거나 귀찮고 불쾌하게 한 경우', 제40호(장난전화, '정당한 이유 없이 다른 사람에게 전화·문자메시지·편지·전자우편·전자문서 등을 여러 차례 되풀이하여 괴롭힌 경우')가 있다.

4) 이 규율의 한계에 대해서는, 정도희, "스토킹의 개념과 처벌에 관한 몇 가지 제언", 「법과 정책연구」 제17권 제3호, 42쪽 참고: 상대방의 명시적 거절의사표시를 요한다는 점, 일정 행위가 반복되어야만 국가개입이 가능하다는 한계를 지적한다.

5) 최근 사건으로는 2016년 4월 헤어진 연인을 스토킹하다 흉기로 수차례 찔러 살해한 가락동 스토킹 살인사건(한겨레, "죽겠다" 협박하던 그놈만 살았다, 가락동 스토킹살인 2년, 2018년 4월 19일, 최종검색일: 2022년 2월 10일; <https://www.hani.co.kr/arti/society/women/841206.html>); 2021년 3월 스토킹 피해자를 포함하여 그 가족까지도 살해한 노원 세 모녀 살인사건(국민일보, 노원구 아파트서 세모녀 피살…20대 용의자 자해, 2021년 3월 26일, 최종검색일: 2022년 2월 10일; <http://news.kmib.co.kr/article/view.asp?arcid=0015674112&code=61121211&cp=nv>).

6) 형법상 폭행죄, 협박죄, 강요죄, 주거침입죄, 명예훼손죄, 모욕죄, 업무방해죄, 성폭력범죄의 처벌 등에 관한 특례법 제13조(통신매체를 이용한 음란행위), 제14조(카메라 등을 이용한 촬영), 정보통신망 이용촉진 및 정보보호 등에 관한 법률 제44조의7 제1항 제3호(정보통신망을 통하여, 공포심이나 불안감을 유발하는 부호·문언·음향·화상 또는 영상을 반복적으로 상대방에게 도달하도록 하는 내용의 정보를 유통한 경우), 제70조(명예훼손), 채권의 공정한 추심에 관한 법률 제9조(폭행·협박 등의 금지) 제2호 및 제3호, 위치정보의 보호 및 이용 등에 관한 법률 제15조 제1항(위치정보의 수집 등의 금지)을 들 수 있다. (정현미, "스토킹범죄 규제를 위한 입법방향", 「이화젠더법학」 제12권 제3호, 239쪽)

7) 가. 접근하거나 따라다니거나 진로를 막아서는 행위, 나. 주거, 직장, 학교, 그 밖에 일상적으로 생활하는 장소 또는 그 부근에서 기다리거나 지켜보는 행위, 다. 우편·전화·팩스 또는 「정보통신망 이용촉진 및 정보보호 등에 관한 법률」 제2조제1항제1호의 정보통신망을 이용하여 물건이나 글·말·부호·음향·그림·영상·화상을 도달하게 하는 행위, 라. 직접 또는 제3자를 통하여 물건등을 도달하게 하거나 주거등 또는 그 부근에 물건등을 두는 행위, 마. 주거등 또는 그 부근에 놓여 있는 물건등을 훼손하는

키는 것'을 스토킹행위로 규정하고 있다(제2조 제1호). 이러한 '스토킹행위를 지속적 또는 반복적으로 하는 것'을 스토킹범죄로 정의한다(동조 제2호). 대부분의 입법안과는 달리, 제정법은 스토킹행위와 스토킹범죄를 이원화하였다. 스토킹행위태양을 세분화·단계화하여 형벌의 대상을 제한하여야 한다는 연구[8]가 반영된 것으로 보인다. 이로써 스토킹범죄 전 단계에도 응급조치(제3조), 긴급응급조치(제4조), 잠정조치(제9조)를 통해 스토킹피해자를 보호할 수 있는 법적 근거가 마련되었다는 점에서 긍정적으로 평가할 수 있다.[9] 아래 Ⅱ., Ⅲ.에서는 스토킹행위·스토킹범죄 구성요건의 특성을 면밀히 분석한다.

스토킹범죄 연구는 지금까지는 스토킹처벌법 도입 여부 및 방식에 초점이 맞춰져 있었다. 스토킹처벌법이 제정되었기 때문에 이제는 스토킹행위·스토킹범죄에 대한 보다 효과적인 규율방안, 내용적 개선을 연구할 때이다. 법 제정 이후 벌써 9건의 개정안이 발의되었다. 대부분 절차적 측면에서, 스토킹처벌법 제정 목적인 피해자 보호(제1조 참고)를 강화하기 위한 제안이다.[10] 이 방안들은 주로 스토킹행위자가 피해자에게 접근하는 것을 적시에 효과적으로 막기 위한 것이다. 스토킹은 주로 아는 사람에 의해 이뤄지기 때문이다.[11] 그런데 스토킹처벌법의 내용도 개선이 필요하다. 사이버스토킹행위를 규정하자는 제안(김상희의원안, 의안번호 2111800), 피해자가 미성년자인 경우 5년 이하의 징역 또는 5천만원 이하의 벌금으로 가중처벌하자는 제안(민형배의원안, 의안번호 2114454)이 그 일환이다. 이외에도 스토킹범죄 구성요건에 대

행위

8) 이건호, "스토킹 행위에 대한 규제와 피해자화 방지전략에 대한 고찰", 「형사정책연구」 제71권, 1485쪽; 박찬걸, "스토킹의 개념 정립 및 피해자 보호방안에 관한 연구: 지속적 괴롭힘죄의 신설에 즈음하여", 「가천법학」 제5권 제2호, 339-340쪽; 정도희(주 4), 50쪽.

9) 동일한 관점으로는, 박찬걸, "최근 제정된 스토킹처벌법의 개정에 대한 소고", 「형사법연구」 제33권 제3호, 269-270쪽: 스토킹처벌법을 사전 예방기능에 초점을 맞춘 법으로 분석하면서, 획기적 진일보로 평가한다.; 이건호, "스토킹 행위에 대한 형사법적 대응과 그 한계-스토킹 행위의 유형화와 법률적 대응방법의 다양화를 중심으로-", 「형사정책」 제16권 제2호, 156쪽.

10) 반의사불벌죄 조항 삭제, 피해자에 대한 불이익처분 금지 신설, 피해자보호명령 및 신변안전조치 도입(남인순의원안, 의안번호 2110747), 긴급응급조치를 취소 또는 변경한 경우에도 스토킹행위의 상대방이나 그 법정대리인에게 통지하여야 하는 규정 신설(양정숙의원안, 의안번호 2111777), 「범죄신고자법」 준용을 통한 신변안전조치 명확화(정청래의원안, 의안번호 2112435), 법률조력에 대한 특례조항 신설(김미애의원안, 의안번호 2113395), 긴급응급조치 위반 시 과태료가 아니라, 1년 이하의 징역 또는 1천만원 이하의 벌금에 처하는 개정(이영의원안, 의안번호 2113929), 피해자보호명령, 신변안전조치, 피해자의 신원과 사생활 비밀 누설 금지 규정(태영호의원안, 의안번호 2113986), 피해자의 신원과 사생활 비밀 누설 금지, 피해자에 대한 변호사 선임의 특례 규정(전주혜의원안, 의안번호 2114172)을 제안한 바 있다.

11) 송란희, 현장 사례를 통해 본 스토킹범죄 처벌법 입법방향, 제21차 젠더와 입법포럼, '스토킹범죄의 처벌 등에 관한 법률' 제정안 "이의 있습니다", 2018. 7. 3., 5쪽.

한 실체법적 분석, 적용 법리 개발, 형법 기본이론에 대한 정합성 강화가 요구된다. 그리고 점진범, 적성범 연구(아래 Ⅲ-2, 3.)를 통해 스토킹범죄유형을 심층 연구하고자 한다. 독일은 우리보다 앞서 2007년 3월 31일 독일형법 제238조에 스토킹범죄를 규정하였고 적용과정에서 여러 시행착오를 겪고 있다. 2017년 3월 10일 결과범이자 침해범으로 제정한 스토킹범죄를 적성범으로 개정한 것도 그 중 하나이다. 독일형법 제238조 제·개정과정과 축적된 스토킹범죄 법리를 분석하여 시사점을 얻고자 한다. 이에 기초하여 스토킹행위·스토킹범죄 구성요건 개선방안을 제시한다(Ⅳ.).

Ⅱ   스토킹행위 구성요건

1. 스토킹개념의 모호함

일상에서 스토킹행위는 매우 다양한 형태로 나타날 수 있다. 행위유형마다 피해자에게 미치는 영향의 정도도 다양하다.[12] 스토킹행위를 거쳐 기존 범죄(주 6 참고)로 나아가거나 기존 범죄와 일부 중복되는 행위구조를 가지고 있다.[13] 그래서 스토킹범죄의 보호법익 확정도 쉽지 않다. 독일은 스토킹범죄(제238조)를 독일형법 내 개인의 자유에 대한 죄에 규정하였다. 그리고 스토킹범죄의 보호법익을 일반적으로 개인 생활형성에 관한, 행동의 자유 및 의사결정의 자유로 포괄적으로 이해한다.[14] 우리나라도 보호법익을 동일하게 본다.[15] 그러나 스토킹범죄를 형법이 아닌 특별법에 규정하면서 보호법익에 대한 논의를 비중 있게 다루고 있지는 않다. 게다가 스토킹처벌법은 피해자 보호 및 건강한 사회질서 확립을 목적으로 내세워(제1조), 스토킹범죄의 보호법익을 개인적 법익을 넘어 사회적 법익 차원까지 확장하고 있다.

이러한 스토킹행위특성으로 인해, 스토킹을 보호법익을 중심으로 모든 사태를 포괄하기 위한 추상화 작업 후 재차 구체적인 구성요건을 만드는 방식(이른바 판덱텐 방식[16])으로 규율하기 어렵다.[17] 그래서 우리나라를 비롯하여 대부분의 국가에서 구체

---

12) 이원상, "스토킹 처벌규정 도입에 대한 고찰", 「형사정책연구」 제94권, 152쪽; 송란희(주 11), 5-7쪽.

13) 김성룡, "독일의 '스토킹행위의 처벌에 관한 법률'의 고찰", 「형사정책연구」 제18권 제4호, 139쪽.

14) 독일에서의 논의는, Eisele, Sch/Schr-StGB, §238, Rn. 4; Kubiciel/Borutta, KriPoZ 3/2016, 194 (194); BT-Drs. 15/5410, S. 6; BT-Drs. 16/1030, S. 14 참고: 보호법익으로 개인의 법적 평온, 개인적 삶의 영역, 공포로부터의 자유를 제시하는 견해도 있다.; 제238조 제2항은 신체의 완전성, 생명, 제3항은 생명을 보호법익으로 한다.

15) 특히 김성룡(주 13), 151-152쪽: 자유에 대한 포괄적 법익으로 이해한다.

적인 스토킹행위유형을 나열하는 사안 중심적 방식으로 스토킹을 구성하고 있다. 이렇게 스토킹을 구성하면 새로운 유형의 스토킹행위에 대응하지 못하는 단점이 있다. 독일형법 제238조는 사안 중심적 방식을 취하되, 그 단점을 보완하기 위해 포괄구성요건(제1항 제8호)을 두고 있다. 포괄구성요건에 대해서는 아래 Ⅳ-3.에서 자세히 검토한다.

2. 상대방의 의사에 반하여 정당한 이유 없이 한 행위

스토킹행위는 '상대방의 의사에 반하여' '정당한 이유 없이' 일정 행위를 하여 '상대방에게 불안감 또는 공포심을 일으키는 것'이다(스토킹처벌법 제2조 제1호 참고). 위 요소들은 대부분의 국가에서 요구하는 스토킹의 기본 전제조건이다. 독일형법 제238조 제1항도 일정 행위를 하여 '타인의 생활형성을 중대하게 침해하기에 적합한 방식으로' 타인을 '권한 없이' 스토킹한 자를 처벌한다. '권한 없이' 요건이 위 '상대방의 의사에 반하여' '정당한 이유 없이' 요건에 해당한다.

이성 간 애정표현과 스토킹행위를 구분하는 핵심적인 기준은, 특정 행위가 상대방의 의사에 반하는지 여부이다.[18] 그래서 스토킹처벌법은 스토킹행위가 되려면 상대방의 의사에 반할 것을 요구한다. 이때 상대방의 의사는, 경범죄처벌법 제3조 제1항 제41호가 상대방의 '명시적' 의사에 반할 것을 요구하는 것과 비교하면, 명시적·묵시적 의사를 불문한다.

이 요건을 '상대방의 동의 없이'로 개정할 필요가 있다는 견해가 있다.[19] 상대방의 의사에 반할 것을 요구하면 피해자의 의사가 쟁점이 되어 피해자에게 부담이 될 수 있으므로, 상대방의 동의를 얻어 행한 것인지를 검토하는 방식이 타당하다고 한다. 그런데 거부의사가 아닌 동의 유무를 기준으로 하면 스토킹행위에 포섭되는 행위범위가 너무 넓어진다. 스토킹행위는 사회적으로 용인되는 행위와의 구분이 다소 모호하다. 스토킹행위유형인, 접근하거나 따라다니거나 진로를 막아서는 행위, 일상적으로 생활하는 장소 또는 그 부근에서 기다리는 행위, 편지, 선물을 주는 행위는 일상

---

16) 판덱텐 시스템과 사안 중심적 입법형식에 대해서는, 이원상(주 12), 174-175쪽, 179쪽 참고.

17) 판덱텐 시스템에 따른 구성을 시도하는 견해는, 이원상(주 12), 176쪽: "사람을 괴롭힐 목적으로 그 주변에서 지속적인 의사표현을 통하여 그 사람 또는 그와 친밀한 사람에게 불안감이나 공포감을 조성한 자는 3년 이하의 징역 또는 500만원 이하의 벌금에 처한다."

18) 같은 견해로는 박찬걸(주 8), 334쪽; 정도희(주 4), 34쪽.

19) 김정혜, 스토킹처벌 법안의 주요 내용 및 쟁점, 제21차 젠더와 입법포럼, '스토킹범죄의 처벌 등에 관한 법률' 제정안 "이의 있습니다", 2018. 7. 3., 20쪽.

다반사이다. 물론 스토킹행위가 되려면 '상대방에게 불안감 또는 공포심을 일으키는 것'이어야 한다는 추가적인 요건도 충족되어야 한다. 그러나 이 요건은 객관적으로 알려진 모든 정황에 기초하여 사전적 관점에서 사회 일반인을 기준으로 충족 여부를 판단하여야 하기 때문에(아래 Ⅱ-3. 참고) 피해자의 거부의사가 아닌 동의 유무를 기준으로 하면 보다 용이하게 충족된다. 그리고 이 요건에 대한 행위자 고의인정도 용이해져(아래 Ⅳ-1. 참고), 스토킹행위 성립범위가 넓어진다. 반대로 스토킹범죄 성립 범위가 지나치게 확대되는 것을 막기 위해 상대방의 명시적 의사에 반한 경우로 제한할 것을 요구하는 견해가 있다.20) 그런데 스토킹행위자는 피해자를 잘 아는 경우가 대부분이다. 스토킹행위자와 피해자 간 관계를 고려할 때, 스토킹행위를 피해자가 명시적으로 거부의사를 표하는 경우로만 한정하면 피해자 보호에 취약하다. 게다가 스토킹행위 특성상 피해자의 명시적 의사표명이 오히려 스토킹행위자를 자극할 수 있다. 따라서 상대방의 (명시적·묵시적) 의사에 반할 것을 요건으로 하는 것이 타당하다.

상대방의 의사에 반한 것인지는 피해자의 주관적 의사를 기준으로 판단하여야 한다. 이에 반해 사회평균인을 기준으로 하여 객관적으로 평가하여야 한다는 견해가 있다.21) 극단적인 남성기피증이 있는 여성을 예로 들어 설명한다. 남성기피증이 있는 여성에게 어떤 남성이 통상적인 데이트 신청을 두 번 하여 그 여성이 극도의 불안감을 느낀 경우는, 피해자의 심리적 고통이 객관적 합리성을 잃은 것이어서 스토킹에 해당하지 않는다고 한다. 이 견해는 '상대방의 의사에 반할 것'과 '상대방에게 불안감 또는 공포심을 일으키는 것'을 하나로 묶어 판단한 것으로 보인다. 그런데 양 구성요건요소는 스토킹행위 성립을 각각 제한하기 때문에, 양 요소를 하나의 요건으로 판단하는 것은 바람직하지 않다. 스토킹범죄를 개인적 법익에 대한 죄로 보는 이상, 피해자의 주관적 의사에 반하지 않은 행위에 국가가 개입할 명분도 부족하다.22) 따라서 피해자의 주관적 의사에 실제로 반한 것인지를 확인하여야 한다. 그에 반해 상대방에게 불안감 또는 공포심을 일으킨 것인지는 사회일반인을 기준으로 하여 객관적으로 판단하는 것이 타당하다. 범죄성립 여부가 피해자의 심리상태에 의해 좌우되는 것은 일종의 우연책임이기 때문이다. 이에 대해서는 아래 Ⅱ-3., Ⅳ-1.에서

---

20) 김잔디, "스토킹죄의 실행행위 구조에 관하여", 「비교형사법연구」 제21권 제2호, 90쪽.

21) 박찬걸(주 8), 334쪽.

22) 김성돈, 「형법총론(제7판)」, 성균관대학교 출판부, 2021, 329쪽: 법익주체의 자율적 처분권에만 맡겨져 있는 법익을 다루는 범죄에 대해 피해자의 승낙이 있으면, 처음부터 해당 법익을 보호할 이익이 없기 때문에 구성요건도 충족시키지 못한다.

자세히 검토한다. 위 사례에서 남성의 데이트신청이 스토킹이 아닌 이유는, 피해자의 주관적 의사에 반하기는 하였으나 사회일반인의 기준에서 볼 때 피해자가 불안감을 느낀 것이 과도하기 때문이다.

다음으로 '정당한 이유 없이' 요건을 검토한다. 정당한 이유로 한 행위는 위법성단계(형법 제20조 내지 제24조)에서 평가할 수 있음에도 불구하고 구성요건해당성마저 부정함으로써, 그러한 행위는 사회적으로 용인되는 행위임을 명시한 것이다.[23]

특히 피해자의 승낙(형법 제24조)에 의해 정당한 이유가 인정되는 경우를 논의해볼 필요가 있다. 기존 범죄(주 6 참고) 중 피해자 승낙이 있는 폭행, 모욕, 명예훼손행위는 위법성이 조각되는데, 이 요건으로 인해 스토킹행위 자체를 구성하지 않는다.[24] 피해자는 행위자의 특정 행위유형[25]에 대해 승낙해야 한다. 스토킹범죄에 대한 승낙이 되려면, 특정 스토킹행위유형에 대한 승낙 외에도 일련의 스토킹행위를 지속·반복적으로 하는 것에 대해서도 피해자의 승낙이 있어야 한다.[26]

3. 상대방에게 불안감 또는 공포심을 일으키는 행위

스토킹처벌법은 스토킹행위 성립요건으로 피해자의 불안감 또는 공포심을 일으키는 행위일 것을 요구한다.[27] 그에 반해 독일형법 제238조는 피해자의 생활형성에 대한 중대한 침해에 대한 적합성을 요건으로 하여, 피해자의 심리상태를 구성요건에 명시하지 않는다. 그러나 스토킹으로 인해 생활형성의 자유가 침해되는 과정에서 피해자가 불안감 또는 공포심을 느끼는 것은 당연한 것으로 이해한다.[28] 그래서 스토킹으로 인해 피해자가 불안감 또는 공포심을 느끼지 않았음에도 이사 또는 이직한 경우는 독일형법 제238조의 보호대상으로 삼지 않는다.

이를 고려할 때, 피해자의 행동의 자유 및 의사결정의 자유에 대한 보호 정도와 관련하여 스토킹행위 요건을 다음의 단계로 도식화할 수 있겠다.

---

23) 같은 이해는, Eisele, Sch/Schr−StGB, §238, Rn. 26.

24) 그에 반해 피해자의 양해에 해당하는 주거침입, 강요행위는 이 요건과 무관하게 애초에 구성요건해당성이 부정된다.[김성돈(주 22), 331쪽, 335쪽 참고]; 피해자의 승낙과 양해를 구분하지 않는 견해는 배종대, 「형법총론 (제15판)」, 홍문사, 2021, 80/1 이하.

25) Valerius, Beck−OK, §238, Rn. 15.

26) Eisele, Sch/Schr−StGB, §238, Rn. 33.

27) 미국도 안전에 대한 두려움, 정신적인 고통을 구성요건요소로 한다. (이성기, "스토킹 행위에 관한 형사법적 연구", 「법학논문집」 제42권 제1호, 291−292쪽)

28) 같은 관점으로는 Kühl, ZIS 7/2016, 450 (451); 이원상, "스토킹처벌법의 문제점에 대한 고찰", 「비교형사법연구」제23권 제4호, 208쪽; 김성룡(주 13), 151쪽 이하, 이성기(주 27), 291쪽.

① 스토킹처벌법에 규정된 일정 행위를 한 경우(입법자가 이러한 행위는 피해자의 불안감 또는 공포심 유발에 대한 일반적·추상적 위험성이 있다고 보고 스토킹처벌법에 규정한 것이다.) → ② 피해자의 불안감 또는 공포심을 유발하기에 적합한 일정 행위를 한 경우 → ③ 피해자의 불안감 또는 공포심을 유발한 일정 행위를 한 경우 → ④ 피해자의 불안감 또는 공포심을 유발하고 그로 인해 피해자의 생활형성을 침해하기에 적합한 일정 행위를 한 경우 → ⑤ 피해자의 불안감 또는 공포심을 유발하고 그로 인해 피해자의 생활형성을 침해하는 일정 행위를 한 경우.[29]

유형 ①은 추상적 위험범, 유형 ②·④는 추상적 위험범의 하위개념으로서 적성범, 유형 ③·⑤는 침해범이다.

2009년 1월 9일 김재윤의원 등 10인이 발의한 '스토킹 처벌 및 방지에 관한 법률안'(의안번호 제3469호)은 스토킹범죄를 ① 유형으로 제안한 바 있다. 스토킹행위·스토킹범죄를 위험범으로 규율하여야 한다는 견해는, 스토킹 초기단계 행위는 그 자체로 위험성이 있을뿐더러 중범죄로 발전될 가능성이 크다는 점을 근거로 제시한다.[30] 현행 스토킹처벌법은 상대방에게 불안감 또는 공포심을 '일으키는 것'이라 하여 침해범으로 구성하고 있다. 그러나 이를 추상적 위험범으로 해석할 수 있다고 보는 견해가 있다. 판례가 협박죄, 명예훼손죄도 추상적 위험범으로 해석하는데다, 원래 스토킹범죄는 ① 유형인데 그 성립범위를 축소하기 위해 피해자에 대한 불안감 또는 공포심 유발을 추가로 요구하는 것이어서 추상적 위험범으로 해석하는 데 문제가 없다고 설명한다.[31] 실무의 태도를 반영한 현실적인 분석이기는 하나, 이 해석에 따르면 협박죄를 추상적 위험범으로 해석할 때의 문제점, 즉 형사책임이 지나치게 전치화되고 범죄 성립이 판사의 자의에 의해 결정될 수 있다는 문제점이 스토킹행위·스토킹범죄에도 그대로 적용된다.[32] 게다가 협박죄는 '협박한 자'를 대상으로 하고 있

---

29) 적성범과 침해범 사이에 구체적 위험범(스토킹처벌법에 규정된 일정 행위로 인해 피해자의 불안감 또는 공포심에 대한 구체적 위험이 발생한 경우(② 유형과 ③ 유형 사이) 또는 스토킹처벌법에 규정된 일정 행위로 인해, 피해자의 불안감 또는 공포심이 유발되고 그로 인해 피해자의 생활형성 침해에 대한 구체적 위험이 발생한 경우(④ 유형과 ⑤ 유형 사이))이 있을 수 있는데, 구체적 위험성은 '제3자의 관점에서 가까스로 면한 사고', 즉 법익의 안전이 심각하게 손상되어 손해가 발생하는 것을 더 이상 방지할 수 없었는데 손해가 우연히 발생하지 않은 것으로 이해한다. 객관적으로 알려진 모든 정황에 기초하여 사전적 관점에서 위험성을 판단한다.(고명수, "자동차 불법경주 규율 개선에 관한 연구―독일 형법 제315조d와의 비교를 중심으로―",「형사법의 신동향」제72호, 269–270쪽 참고) 따라서 구체적 위험범 법리와 스토킹행위―스토킹피해 간 관계를 고려할 때 구체적 위험범으로 구성하기는 어려워 보인다.

30) 정현미(주 6), 246–247쪽; 이승준(주 2), 131쪽; 김잔디(주 20), 97쪽; 박찬걸(주 9), 275–276쪽.

31) 박찬걸(주 9), 275–276쪽.

32) 이에 대한 비판은 대표적으로, 배종대(주 24), 31/9 이하.

어 협박 개념구성에 따라33) 추상적 위험범으로 이해할 수 있는 일말의 여지가 있다 할지라도, 불안감 또는 공포심을 '일으키는 것'을 추상적 위험범으로 구성하는 것은 문리해석의 한계를 벗어난다.34) 그리고 스토킹행위와 사회적으로 용인되는 행위 간 구분이 다소 모호한 점도 고려하여야 한다. 무엇보다 스토킹범죄를 개인적 법익에 대한 죄로 이해한다면, 추상적 위험범으로 해석하는 것은 지양하여야 한다.35) 또한, 행위책임원칙상 범죄를 추상적 위험범으로 규율하려면, 객관적인 구성요건적 행위 자체가 보호법익에 대해 일반적인 침해위험성을 제시하여야 한다. 위험범은 침해범 과 비교할 때 보다 적은 객관적 불법을 실현하기 때문에 그 처벌도 침해범보다 경해 야 한다.36) 이러한 형법의 기본원칙을 무시한 채 판례의 누적을 통해 보호의 정도를 구체화시키는 방법을 취한다면 형법의 근간이 흔들릴 수 있다. 따라서 스토킹행위·스토킹범죄를 ① 유형으로 구성하는 것에 반대한다. 다만, 스토킹'행위'는 ① 유형 행위만으로도 스토킹처벌법상 일정 보호조치를 취할 수 있는 방안을 생각해볼 수 있다. 이에 대해서는 아래 Ⅳ-2.에서 검토한다.

스토킹처벌을 위한 입법안 대부분은 제정법과 같이 ③ 유형을 제안하였다. 대표적으로 서범수의원안(의안번호 2104200, 2020.9.24.) 제2조 제1호 및 제2호37)를 들 수 있다.38) 염동연의원안(의안번호 172815, 2005.9.27.) 제2조,39) 이낙연의원안(의안번호

---

33) 협박을 타인에게 공포심을 불러일으킬 수 있는 모든 해악고지에 해당하는 것으로 보는 광의의 협박개 념에 따르면 협박죄를 위험범으로 구성하게 된다. (배종대(주 24), 31/5 이하 참고)

34) '일으키는 것' 문구를 침해범으로 해석해야 하는 것에는 동의하나, 스토킹범죄를 추상적 위험범으로 보 아야 한다는 견해는, 박찬걸(주 9), 275-276쪽.

35) 김혜경, "개인적 법익의 추상적 위험범적 해석의 타당성", 「형사정책」 제22권 제2호, 248쪽: 그 근거로 형법의 보충성, 그리고 개인적 법익에 대한 죄는 법익 귀속자가 명백하고 법익침해 여부 증명이 보편적 법익에 대한 죄의 경우보다 수월하다는 차이가 있다는 점을 든다.; 장응혁, "스토킹범죄의 정의에 관한 연구-독일과 일본의 논의를 중심으로-", 「법학연구」 제27권 제1호, 191쪽: 개인적 법익을 보호하는 범죄를 추상적 위험범으로 해석하는 것을 경계하여야 한다는 문제의식 하에서 스토킹범죄도 침해범으 로 구성하여야 한다고 본다. 다만 이 견해는 피해자 보호 측면에서 위험범으로 구성하는 것이 부득이 하다고 보고, 이 문제를 구성요건의 엄격화로 해결할 것을 제안한다.; Kühl, ZIS 7/2016, 450 (450).

36) 고명수, "형사입법에 대한 사전적 법적 심사기준 개선연구-합헌성 및 체계정합성 심사를 중심으로 -", 「법학연구」 제24권 제3호, 201-202쪽: 이 외에도 위험개념이 모호하기 때문에 불법결정이 자의적 일 수 있고, 처벌에 대한 정당성이 충분히 확보되지 않는다는 점을 지적한다.; 같은 입장으로는 장응혁 (주 35), 186쪽.

37) 제2호에서 스토킹범죄를 '지속적 또는 반복적으로 스토킹행위('피해자의 의사에 반하여 정당한 이유 없 이 피해자에게 다음 각 목의 어느 하나에 해당하는 행위', 제1호)를 하여 피해자에게 불안감 또는 공포 심을 일으키는 것'이라고 정의하였다.

38) 이 외에도 김병태의원안(의안번호 151966, 1999.5.24.): '심각한 공포심이나 불안감을 유발하는 행위', 이강래의원안(의안번호 162733, 2003.10.13.):'공포감이나 불안감을 유발하거나 정신적, 신체적으로 고 통을 주는 것'을 들 수 있다.

39) "이 법에서 "스토킹 등 대인공포유발행위"라 함은 특정인에게 정당한 이유 없이 다음 각 호의 어느 하

1901321, 2012.8.27.) 제2조 제1호[40])는 ④ 유형을 제안하였다. ⑤ 유형을 제안한 입법안으로는 정춘숙 의원안(의안번호 2100036, 2020.6.1.) 제2조 제1호[41])가 있다. ② 유형과 ⑤ 유형을 혼합한 형태도 있다.[42]

스토킹행위·스토킹범죄를 적성범과 침해범 중 어느 유형으로 하는 것이 타당한지는 아래 Ⅳ-1.에서 살펴보고, 여기에서는 피해자의 불안감 또는 공포심 유발에 대한 판단기준을 검토한다.

이와 관련하여 피해자의 주관적 심리를 강조하는 입장은 사회 일반인을 기준으로 해당 요건 충족 여부를 판단하면 스토킹 성립이 제한되는 경우가 있다고 지적한다.[43] 다만 이 입장도 피해자의 주관적 심리상태는 부차적인 고려 대상이고, 사회 일반인을 주된 기준으로 하여야 한다고 한다.[44] 이를 보다 구체화할 필요가 있다. 위 Ⅱ-2.에서 피해자의 의사에 반하는지와 피해자의 불안감 또는 공포심을 유발하는지를 하나로 묶어 판단하는 것에 반대한 바 있다.[45] 피해자의 의사에 반하는지 여부는 피해자의 실제 주관적 의사를 기준으로 판단하는 것이 타당하다고 하였다. 즉

나에 해당하는 행위를 시도하여 당사자 또는 당사자와 신뢰관계가 있는 자에게 불안·공포 또는 재산상의 손해를 유발시킬 수 있는 행위를 말한다." (이하 생략)

40) "스토킹이란 당사자의 의사에 반하고, 피해자나 그 가족이 생명, 신체의 안전에 위협을 느낄만한 다음 각 목의 어느 하나에 해당하는 행위를 하는 것을 말한다." (이하 생략)

41) "스토킹범죄"란 상대방의 동의 없이 반복적으로 다음 각 목의 행위를 하여 자유로운 생활형성을 침해하는 일련의 행위를 말한다. (이하 생략); 이승준(주 2), 140쪽도 이 유형을 제안한다.

42) 남인순의원안(의안번호 2000102(2016.6.3.)) 제2조 제1호는 스토킹을 "당사자의 동의 없이 다음 각 목의 어느 하나에 해당하는 행위를 하는 것"이라고 정의하면서(② 유형), 바목은 "그 밖에 피해자, 피해자의 동거인, 피해자의 친족, 피해자의 직장동료 등 피해자와 가까운 관계에 있는 사람이 생명, 신체의 안전에 위협을 느낄만한 공포나 두려움을 주는 등 자유로운 생활형성을 침해하는 행위"(⑤ 유형)로 구성한 바 있다.

43) 이원상(주 12), 177쪽; 정도희(주 4), 49쪽; 다른 근거로는, 박찬걸(주 9), 275쪽: 이 견해는 스토킹행위 구성에 피해자의 주관적 심리가 중요하게 고려되어야 한다는 입장이다. 원래 스토킹행위는 ① 유형으로 구성가능하나 피해자의 주관적 심리를 추가적인 구성요건으로 제시한 것으로 보기 때문이다. 다만, 앞으로 실무에서 사회 일반인을 기준으로 두려움 또는 공포감을 느끼게 할 수 있는 행위로 해석하는 식으로 구체적인 판단기준이 세워질 것으로 예상한다.

44) 이원상(주 12), 177쪽; 이 제안에 대해 다소 오해가 있어 보인다. 호감형의 사람이 스토킹 고의로 행위하였음에도 피해자는 스토킹으로 받아들이지 않을 수 있고, 그와 반대로 불호감형의 사람이 순수하게 친절을 베풀었음에도 피해자는 스토킹으로 받아들일 수 있다는 이원상 교수의 견해에 대해 정도희 교수는 객관적 기준에 따라 판단하여야 한다는 입장에서 다소 공감하기 어렵다고 지적한다. (정도희(주 4), 49쪽) 그런데 이원상 교수는 이 예시를 스토킹 행위개념의 복잡성을 설명하기 위해 제시한 것이고 피해자의 의사 내지 심리적 감정이 사회 일반인을 기준으로 한 판단에 영향을 미칠 수 있음을 보여주기 위해 제시한 것으로 보인다.

45) 정도희(주 4), 49쪽도 양 요건을 하나로 묶어 판단하는 것으로 보인다. 스토킹행위 판단기준을 피해자가 원하지 않았음에도 일련의 객관적 행위를 했다는 데서 찾는다. 피해자 관점에서 피해자의 주관적 심리를 고려하되, 스토킹 여부는 피해자의 심리상태에 좌우되지는 않는다고 한다.

피해자의 거부의사표시가 없더라도 해당 요건은 충족될 수 있다. 다만 피해자의 명시적·묵시적 거부의사가 행위자에게 표현되면 '피해자의 의사에 반하는 행위를 한다는 것', 그리고 '피해자에게 불안감 또는 공포심을 유발하기에 적합한 행위를 한다는 것'(아래 Ⅳ-1. 참고)에 대한 행위자 고의 인정이 보다 용이하다. 그에 반해 피해자의 불안감 또는 공포심 유발에 대한 판단은 행위가 이루어진 구체적 상황, 피해자의 거부의사 표시 여부[46] 등 객관적으로 알려진 모든 정황에 기초하여 사전적 관점에서 사회 일반인을 기준으로 하여야 한다. 범죄성립이 피해자의 주관적 심리상태에 따라 좌우되는 것은 일종의 우연책임이 될 수 있기 때문이다. 그리고 피해자의 주관적 심리상태를 기준으로 하면 국가가 자유로운 생활 영위를 위한 행위자의 기본권에 지나치게 개입하는 것이다.[47] 위 Ⅱ-2.에서 살펴 본 극단적인 남성기피증이 있는 여성 사례가 이에 해당할 수 있겠다.

Ⅲ 스토킹범죄 구성요건

1. 지속적·반복적인 스토킹행위

스토킹범죄는 지속성·반복성을 특징으로 한다. 스토킹처벌법도 스토킹범죄를 지속적 또는 반복적으로 스토킹행위를 하는 것(제2조 제2호)으로 규정하여 이를 명확히 하고 있다. 피해자의 의사에 반한 일정 행위를 지속·반복적으로 하면, 폭행, 협박 등을 동반하지 않더라도, 스토킹피해자에게 장기간에 걸쳐 심리적·신체적 영향을 준다.[48] 스토킹행위의 위험성은 행위의 반복 중에 '나선형태의 상승곡선'을 따라 증가한다.[49] 그래서 경한 스토킹행위가 살인에 이르기도 한다. 따라서 스토킹행위의 지속성 또는 반복성에서, 개별 행위의 합을 넘어선 스토킹범죄의 고유의 불법내용을 찾을 수 있다.[50] 이를 근거로 스토킹범죄 구성요건이 만들어졌고, 스토킹행위가 기

---

46) 문제는 피해자의 거부의사가 행위자에게 제대로 전달되지 않은 경우일 것인데, 이때에도 피해자의 의사에 반한 행위인 것은 맞으나, 스토킹행위가 되려면 행위자에게 피해자의 의사에 반하는 행위를 한다는 것, 그리고 그로 인해 피해자가 불안감 또는 공포감을 느낀다는 것에 대한 고의가 있어야 하므로, 행위자가 그러한 사실조차 인식하지 못했다면 스토킹행위를 구성하지 않는다.

47) 이러한 지적으로는, 이건호(주 9), 154쪽.

48) 이원상(주 12), 152쪽; 박찬걸(주 8), 331-332쪽; 김잔디(주 20), 94쪽; 이건호(주 9), 124-125쪽.

49) 김성룡(주 13), 141쪽; 김학태, "독일과 한국에서의 스토킹 규제에 관한 비교법적 고찰", 「EU연구」 제28호, 193쪽.

존 범죄를 추가적으로 실현하지 않더라도 스토킹범죄로 규율할 수 있게 되었다.[51] 그리고 기존 범죄를 추가적으로 실현하여 스토킹범죄가 해당 범죄와 상상적 경합이 되더라도, 양형 과정에서 스토킹행위의 지속성·반복성이 반영될 수 있게 되었다.[52]

이하에서는 스토킹행위의 지속성·반복성 표지와 관련하여, 지속성과 반복성 간 관계, 반복성 표지의 구체적 의미를 검토한다.

먼저 지속성과 반복성 간 관계를 따져보면, 지속성이 있으면 반복성을 갖지만 반대로 반복성은 지속성을 항상 갖지는 않기 때문에 반복성이 보다 큰 개념이다. 그래서 반복성만 요구하고 지속성은 삭제하여야 한다는 주장이 있다.[53] 독일형법 제238조 제1항도 2021년 10월, '끈질기게 하여'(beharrlich)를 '반복적으로 하여'(wiederholt)로 개정되었다.

다음으로 지속성·반복성 표지의 구체적 의미를 살펴본다. 독일 연방대법원은 객관적 요소(반복된 행위)와 주관적 요소(법률에서 요구하는 피해자에 반하는 행위 금지에 대한 무시)로 설명한다. 피해자 의사에 대한 무시 또는 피해자의 바람에 대한 무관심에서 비롯된 행위를 장래에도 반복하여 행하려는 의도로 반복할 것을 요구한다.[54] 그리고 개별 스토킹행위는 서로 충분한 시·공간적 연관성이 있을 것, 행위자의 의지가 지속적으로 일관될 것을 요구한다.[55] 후자의 요구를, 상대방에 대한 통제력 획득·표출이라는 일정 목표 하에 개별 스토킹행위가 내적으로 연결되어야 한다고 구체화할 수 있다.[56] 따라서 행위자가 개별 스토킹행위 당시에 지속·반복적으로 스토킹행위를 할 고의가 없다면, 행위자가 그동안 했던 스토킹행위의 빈도와 지속기간을 추후에 인지하더라도, 스토킹범죄 고의는 인정되지 않는다.[57] 다만 행위자의 고의는 개별적인 스토킹행위를 연결하는 차원으로 족하고 행위자가 장래의 모든 스토킹행위방식을 구체적으로 구상하지 않아도 된다.[58] 개별 스토킹행위들이 내적으로 연결되었다면, 각 행위 사이에 시간적 간격이 크더라도 스토킹범죄성립을 위한 하나의 행위단일체

---

50) Hochmayr, ZStW 122 (2010), 757 (757); 김학태(주 49), 196－197쪽.

51) 정도희(주 4), 48쪽; 이원상(주 12), 151쪽.

52) 스토킹처벌법 제정 전에는 일련의 스토킹행위를 잘게 나눠 기존 형법 구성요건에 해당하는 행위만을 처벌할 수 있었음을 지적한 견해는, 한민경, (주 1), 86쪽.

53) 이러한 분석으로는, 김잔디(주 20), 92쪽; 정현미(주 6), 260쪽.

54) BGH NStZ 2010, 277 (278).

55) BGH NStZ 2010, 277 (280).

56) 이러한 이해는, Meyer, ZStW 115 (2003), 249 (252); Hochmayr, ZStW 122 (2010), 757 (770 f.).

57) Hochmayr, ZStW 122 (2010), 757 (761).

58) Hochmayr, ZStW 122 (2010), 757 (763 f.); 지속·반복적으로 스토킹행위를 한다는 고의 판단기준이 모호하고 그 입증이 쉽지 않다는 지적은, Eisele, Sch/Schr－StGB, §238, Rn. 24.

(Handlungseinheit)를 구성할 수 있다.[59] 이때 개별 스토킹행위 모두 스토킹처벌법 제2조 제1호 각 목상 동일한 스토킹행위양태일 필요는 없고, 각기 다른 행위양태여도 지속·반복적으로 이루어지면 된다.[60] 그런데 개별 스토킹행위 사이에 행위자와 피해자 간 합의된 접촉이 있으면 지속성·반복성은 부정된다.[61] 다양한 스토킹행위들을 전체적으로 평가하여야 하는데, 개별 스토킹행위 간 내부적 연결 외에도 각 행위 간 시간적 간격도 중요한 판단요소라고 한다.[62] 그러면서 스토킹행위 발생일이 총 5일이었고 발생일 간에 최대 6주 간격이 있었던 사건에서, 일련의 스토킹행위들이 3개월 이상의 장기간에 걸쳐 이뤄졌다는 사실에도 주목하였다.[63] 스토킹행위가 지속되는 기간이 길어질수록 가해자의 행위가 더 과격해진다는 스토킹범죄의 특성을 반영한 것으로 보인다. 스토킹행위 지속기간의 중요성은 독일형법 제238조 2021년 10월 개정에도 반영되었다. 동조 제2항은, 제1항 제1호 내지 제7호상 행위를 특히 중하게 한 경우 3월 이상 5년 이하의 자유형으로 가중 처벌하는데, 그러한 경우 중 하나(제3호)로 '다수의 행위를 통해 최소 6개월 이상의 기간 동안 피해자를 스토킹한 경우'를 규정하였다. 이 외에도 지속성·반복성이 인정되기 위한 최소한의 개별 스토킹행위 수가 논의된 바 있다. 독일형법 제238조 제정과정에서 5개 이상의 행위가 있을 것이 거론된 바 있었으나,[64] 연방대법원은 개별 스토킹행위가 특히 심각한 경우라면 한 번의 반복만으로도 이 요건을 충족시킨다고 보았다.[65]

이상의 논의를 통해 지속성 또는 반복성 표지를 다음과 같이 구체화할 수 있겠다. 해당 표지는 내적으로 연결된 스토킹행위(질적 요소)를 일정 기간 동안(시간적 요소), 여러 차례 반복하여(양적 요소) 행할 것을 요구한다. 스토킹범죄 성립에 각 요소 간 관계도 중요하다.[66] 개별 스토킹행위가 심각하면, 스토킹행위 지속기간이 짧더라도 스토킹범죄가 성립할 수 있다. 그에 반해 개별 스토킹행위가 경한 경우에는 보다 긴 지속기간동안 일정 횟수 이상 반복되어야 할 것이다.

59) BGH NStZ 2010, 277 (280).
60) Eisele, Sch/Schr−StGB, §238, Rn. 39; Hochmayr, ZStW 122 (2010), 757 (770 f.).
61) BGH NStZ 2016, 724 (725).
62) BGH NStZ 2010, 277 (278).
63) BGH NStZ 2010, 277 (279).
64) BR−Drs. 551/04, S. 7.
65) BGH NStZ 2010, 277 (279).
66) Hochmayr, ZStW 122 (2010), 757 (760).

2. 점진범(Das sukzessive Delikt)

스토킹범죄구조는, 내적으로 연결된 개별 스토킹행위가 일정 기간 반복된다는 점에서 계속범(Dauerdelikt)과 유사한 특성을 갖는다. 그래서 일반적으로 점진범을 계속범의 하위개념으로 이해하면서 양자를 엄격하게 구분하지는 않는다. 계속범은 범죄의 기수 이후 법익침해상태가 일정 시간 경과할 것을 요하는 범죄로, 구성요건적 행위에 의해 야기된 위법상태를 유지하기 위한 행위가 수 개 존재한다. 각 행위는 구성요건을 독자적으로 충족하지만, 전부를 포괄하여 일죄가 된다.[67] 그러나 스토킹범죄는 개별 스토킹행위 사이에 시간적 중단이 있다는 점에서, 범죄구성요건이 연속적으로 실현되는 계속범과 다르다. 그리고 스토킹범죄는 개별 스토킹행위만으로는 스토킹범죄 구성요건의 모든 요소를 충족하지 못한다. 그러한 행위를 반복해야만 스토킹범죄가 성립한다. 이를 반영하여 독일에서는 스토킹범죄를 '점진범'[68](Das suk-zessive Delikt)으로 구분한다.[69] 점진범에 대한 연구는 많지 않다. 그러나 스토킹범죄를 제대로 규율하기 위해서는, 계속범과의 차이를 중심으로 점진범 법리를 연구하고 스토킹범죄구조를 보다 명확히 이해할 필요가 있다.

우선 스토킹범죄와 다른 기존 범죄(주 6 참고) 간 경합문제를 생각해본다. 점진범에서는 내적으로 연결된 각 부분행위들이 하나의 행위단일체로 묶이는 효과가 발생한다. 따라서 스토킹범죄와 같은 법정형(징역 기준)의 범죄(협박죄) 또는 보다 낮은 법정형의 범죄(폭행죄)를 추가적으로 실현한 경우에도 하나의 행위단일체로 묶여 스토킹범죄 단일형을 구성한다.[70] 그에 반해 스토킹범죄보다 중한 범죄를 추가적으로 실현한 경우에는 양 죄는 경합관계에 놓인다. 추가적으로 실현된 범죄의 성격에 따라 상상적 경합(대표적으로 강요죄), 실체적 경합(대표적으로 살인죄, 상해죄)이 될 것이다.

다음으로 실행의 착수 시기 문제이다. 스토킹범죄 실행의 착수시기를 첫 번째 개별 스토킹행위를 한 때로 보아야 하는지, 아니면 스토킹범죄에 결정적인 영향을 미치는 개별 스토킹행위를 한 때로 보아야 하는지를 검토한다. 물론 스토킹범죄는 미수범 처벌규정이 없기 때문에 실행의 착수시기 논의는 실익이 그다지 크지는 않다.

---

67) 김성돈(주 22), 739쪽.

68) 이러한 용어사용은, 김잔디(주 20), 100쪽, 각주 42번: 일본에서는 점차범이라는 용어를 사용하는데, '점차'(시간이나 차례에 따라 조금씩)와 '점진'(조금씩 앞으로 나아감)의 어의를 고려하여 점진범 용어를 사용할 것을 제안한다. 점진범을 '일정한 목표를 향한 동종의 행위를 반복하여 실행하는 것을 전제로 복수의 행위를 실행함으로써 차츰 달성하고자 하는 결과에 근접하게 되는 범죄유형'으로 정의한다. 이에 동의하여 본고도 점진범으로 기술한다.

69) BGH NStZ 2010, 277 (280): 'Die sukzessive Tatbegehung'; Eisele, Sch/Schr-StGB, §238, Rn. 39.

70) Hochmayr, ZStW 122 (2010), 757 (780 f.).

실행의 착수시기와 관련하여 통설은 행위자의 범행계획에 비추어 볼 때 구성요건실현을 위한 직접적 개시행위로 본다.[71] 구성요건실현을 위한 직접적 개시행위인지 여부는 행위자의 범행계획을 객관적으로 분석하여 해당 행위와 이후 구성요건실현행위 사이에 중간행위가 있는지에 따라 판단한다(중간행위개입시설)[72]. 스토킹범죄는 지속·반복적으로 스토킹행위를 하여야만 구성요건이 실현된다. 개별 스토킹행위가 상호 간에 내적으로 연결되어야 하고 그에 대한 행위자의 고의가 인정되어야 한다. 이때 개별 스토킹행위의 강도, 내적으로 연결된 스토킹행위가 지속·반복된 전체 기간, 발생빈도 등을 종합적으로 판단할 필요가 있다(위 Ⅲ-1. 참고).

정당방위 성립과 관련하여서는 다음과 같은 논점이 있을 수 있다. 정당방위 성립요건 중 부당한 침해는 법질서전체를 기준으로 하여 그 침해의 위법성을 판단한다.[73] 따라서 최초의 개별 스토킹행위에 대해서도 피해자 측은 정당방위를 할 수 있다. 정당방위 성립요건 중 침해의 현재성은, 법익침해가 급박한 상태에 있거나 바로 발생하였거나 아직 계속되고 있어야 함을 요구한다. 즉 정당방위는 범죄종료 시까지 할 수 있다. 그래서 계속범에 대한 정당방위는 그 범죄가 언제 종료되었는지가 논점이 된다. 그러나 점진범에서는, 개별 부분행위(스토킹행위)가 완전히 종료된 후에 다음 개별 부분행위(스토킹행위)가 있기 전에 이뤄진 정당방위의 성립 여부가 논점이 될 수 있다.[74] 이 경우 예방적 정당방위가 되므로 정당방위가 인정되지 않을 것이다.[75] 독일 연방대법원도 동일한 결론을 내린 바 있다. 7번째 스토킹행위를 하고 난 후 도주하던 스토킹행위자에게 피해자가 총상을 입힌 사건에서 피해자의 정당방위를 인정하지 않았다.[76] 침입자가 다른 날 밤에 갑자기 다시 침입해 올 수 있다는 불안감만으로 침해의 현재성을 인정할 수 없다고 보았다.[77] 그런데 스토킹행위는 다양한

---

71) 배종대(주 24), 109/7 이하; 임웅, 「형법총론 (제12정판)」, 법문사, 2021, 384쪽; 이재상/장영민/강동범, 「형법총론 (제10판)」, 박영사, 2019, 27/29 이하; 김성돈(주 22), 449-451쪽; 실행의 착수시기와 관련하여 구성요건에 해당하는 실행행위를 기준으로 하는 객관설, 행위자 의사를 기준으로 하는 주관설, 양자를 결합하는 절충설(주관적 객관설, 개별적 객관설)이 대립한다. 판례는 개별 범죄종류마다 다른 기준을 제시한다.

72) 김성돈(주 22), 450-451쪽.

73) 배종대(주 24), 63/9; 임웅(주 71), 252쪽; 이재상/장영민/강동범(주 71), 17/7; 김성돈(주 22), 297쪽.

74) 이러한 문제제기는, Hochmayr, ZStW 122 (2010), 757 (778 f.).

75) 예방적 정당방위에 대해서는, 배종대(주 24), 63/7; 이재상/장영민/강동범(주 71), 17/12; 김성돈(주 22), 295쪽 참고.

76) BGH NJW 1979, 2053 (2053): 스토킹행위자는 밤에 피해자 부부의 정원과 아파트에 7회, 그 중 2회는 침실에까지 침입했다. 피해자는 집에 경보 시스템까지 설치하였다.

77) BGH NJW 1979, 2053 (2053 f.); 다만 언제든지 피해를 입을 수 있는 지속적인 현재의 위험이 있기 때문에 긴급피난을 인정하였다.

형태로 나타난다. 상대방 또는 그의 동거인, 가족의 신변(생명, 신체의 완전성, 자유)을 침해하겠다는 협박을 동반하는 스토킹행위가 반복적으로 이뤄질 수 있다. 이 협박은 피해자에게 계속 영향을 준다.[78] 따라서 개별 스토킹행위가 종료된 후 다음 개별 스토킹행위 전에도 의사결정·의사활동의 자유에 대한 공격의 현재성이 인정될 수 있어야 한다.[79]

마지막으로 스토킹범죄에 대한 방조범 성립문제를 검토한다. 방조자가 피방조자의 전체 스토킹범죄에 가담하면 스토킹범죄 방조범이 된다. 그런데 휴대폰을 제공해 스토킹행위자가 상대방에게 전화를 한 번 할 수 있게 해 준 경우 또는 스토킹행위자가 정보통신망을 이용하여 상대방에게 보내는 파일(글, 말, 부호, 음향, 그림, 영상, 화상; 스토킹처벌법 제2조 제1호 다목)을 편집·제작해 준 경우처럼 특정 개별 스토킹행위에만 가담한 경우에도, 피방조자의 전체 스토킹범죄 방조범이 될 수 있을지의 문제이다.[80] 방조행위는 피방조자의 실행착수 전후 어느 때라도 가능하다. 피방조자가 실행에 착수한 후 기수에 이르기 전에도 가능하며, 기수에 이른 후에도 범죄행위가 종료되기 전이라면 가능하다.[81] 따라서 방조행위의 시기는 문제되지 않는다. 그러나 다음의 추가적인 요건이 확인되어야 할 것이다. 피방조자가 문제되는 개별 스토킹행위에 이어 내적으로 연결된 스토킹행위들을 반복할 것이라는 사실, 또는 그 행위에 앞서 피방조자가 이미 스토킹행위들을 한 바 있고 그 행위가 이전 행위들과 내적으로 연결되어 있다는 사실, 또는 피방조자가 이미 일련의 스토킹행위를 반복하여 스토킹범죄기수에 이르렀다는 사실을 알면서도, 문제되는 개별 스토킹행위를 방조하였을 것이 요구된다.

3. 적성범(Eignungsdelikt)

위 Ⅱ-3.에서 언급하였던 적성범 법리를 살펴본다. 적성범은 우리에게는 다소 생소한 개념인데, 독일은 적성범을 침해범, 추상적 위험범, 구체적 위험범과 구분되는

---

78) 이러한 관점은, Hochmayr, ZStW 122 (2010), 757 (778 f.); Roxin/Greco, AT, 15/29: 공갈죄에서 의사결정·의사활동의 자유를 침해하는 수단인 협박이 종료하였다는 이유로 정당방위의 현재성을 부정하는 것은 타당하지 않다고 지적한다. 피해자 머릿속에 남아 있는 협박을 '다모클레스의 칼'(환락 중에서도 늘 존재하는 위험)에 비유한다.

79) 개별 스토킹행위 유형과 상관없이 개별 스토킹행위가 종료되었더라도 스토킹은 지속 중인 것으로 보아야 한다는 견해는, 김정혜(주 19), 23-24쪽.

80) 이러한 문제제기는, Hochmayr, ZStW 122 (2010), 757 (776 ff.).

81) 통설, 판례의 입장이다.; 배종대(주 24), 146/5; 김성돈(주 22), 701-702쪽.

실체적 개념으로 활용하고 있다.[82] 적성범은 결과발생 또는 구체적인 위태화를 전제하지는 않지만 규범 내부적으로 피해자관련성을 완전히 배제하지는 않는다. 충분한 가상적—추상적인 피해자관련성이 있을 것을 요구한다.[83] 그래서 잠재적 위험범(potenzielles Gefährdungsdelikt)이라고도 한다. 그리고 구체적 위험은 발생하지 않더라도 행위가 그러한 구체적 위험을 야기하기에 적절해야 한다는 점에서 추상적—구체적 위험범(abstrakt—konkretes Gefähr— dungsdelikt)이라고도 한다.[84] 대표적인 적성범 규정으로는 독일형법 제130조(국민선동) 제1항('공공의 평온을 교란하기에 적합한(geeignet) 방법으로'), 제325조(대기오염) 제1항('그 시설이 있는 영역 외에서 타인의 건강, 동물, 식물, 기타 상당한 가치가 있는 타인의 물건을 해하기에 적합한(geeignet) 대기의 변화를 야기한 자')이 있다. 따라서 적합성(Geeignetheit) 개념 이해가 중요하다.

Hoyer은 행위자가 위험에 처하게 될 법익의 대상과 관련하여 위험의 효과가 발생하지 않게 충분히 안전조치하지 않은 상태에서 행위를 하여 침해를 야기하기에 충분한 위험원을 (공동)생성한 경우에 적합성이 있다고 설명한다. 행위자가 충분한 안전조치를 취하지 않은 것은 과실조정능력(Fahrlässigkeitsvermittlungsfähigkeit)이 있음에도 그 능력을 투입하지 않은 것이고, 따라서 그 행위는 허용되지 않은 침해과실(Verletzungsfahrlässigkeit)이 있다고 한다.[85] 이 법리를 권총발사에 비유하여 설명한다.[86] 권총을 발사하여 사람을 살해하거나 생명을 위험에 빠뜨리면, 살인에 적합한 물건을 사용한 것이다. 그런데 행위자가 객관적으로 또는 적어도 주변상황에 대한 자신의 인식에 기초할 때 권총의 (실제) 사격 범위에 위험에 처할 대상이 없음을 확신할 수 없는 상태에서 권총을 발사하였으나 위험의 효과가 발생하지 않았다면, 그 것은 권총이라는 수단의 특성이 아니라 피해자영역의 특성에서 비롯된 것이다. 그러면 살인에 대한 적합성이 인정된다고 한다. 행위자가 적절한 안전예방조치(피해자영역의 특성에 대한 충분한 통제)를 하여 실제 구체적인 피해자관련성(사격 범위에 실제 사람이 없었다는 사실)이 없도록 기여한 경우에만 살인에 대한 적합성이 부정될 수 있다

---

82) 적성범을 추상적 위험범의 하위개념으로 보는 견해는, Wessels/Beulke/Satzger, AT, Rn. 45.

83) Hoyer, Die Eignungsdelikte, Duncker & Humblot, 1987, S. 201.

84) Wessels/Beulke/Satzger, AT, Rn. 45; Eisele, Sch/Schr—StGB, §238, Rn. 1; Kubiciel/Borutta, KriPoZ 3/2016, 194 (195); 잠재적 위험범 용어에 반대하는 견해는, Kriminologische Zentralstelle, Stellungnahme zu dem Referentenentwurf eines Gesetzes zur Verbesserung des Schutzes gegen Nachstellungen, Stand: 21. April 2016, S. 2: 도그마틱차원에서 잠재적 위험범과 적성범은 구분되기 때문에, 적성범 개념을 사용해야 한다는 입장이다.

85) Hoyer(주 83), S. 197 f., S. 200.

86) Hoyer(주 83), S. 109 f.

고 한다.[87]

독일은 2007년 형법 제238조를 신설하면서, 명확성원칙을 이유로 스토킹범죄를 ⑤ 유형(침해범이자 결과범; 타인의 생활형성을 중대하게 침해한 자; 위 Ⅱ-3. 참고)으로 하였다.[88] 그러나 스토킹범죄 신고에 비해 유죄 선고가 극히 저조하였다.[89] 피해자가 불안감 또는 공포심을 느꼈음에도 자신의 생활방식을 변경하지 않으면 구성요건을 충족하지 못하기 때문이다. 게다가 독일 연방대법원은 생활형성에 대한 침해 개념을 매우 좁게 보았다. 스토킹으로 인해 피해자가 하지 않았을 행동이 대외적으로 드러나야 비로소 피해자의 생활방식이 침해된 것으로 보았다.[90] 즉 스토킹행위의 불법내용보다 피해자의 반응이 스토킹범죄성립에 더 결정적인 기준으로 작용하였다.[91] 생활형성에 중대한 침해결과를 야기했다는 인과관계 입증도 범죄성립에 걸림돌로 작용하였다.[92] 이 문제를 해결하고자 2012년 독일 바이에른주(州)는 오스트리아 형법 제107조a를 참고하여 독일형법 제238조 제1항을 적성범으로 개정할 것을 요구하였다.[93] 이후 2017년 3월 형법 제238조를 ⑤ 유형(피해자의 생활형성을 중대하게 침해하는 일정 행위를 한 경우)에서 ④ 유형(그러한 침해를 유발하기에 객관적으로 적합한 행위를 한 경우)으로 개정하였다.

이 개정에 대해 우선 형사책임의 전치화라는 비판이 제기되었다. 법익보호 목적에 보다 효과적이라는 이유로 형사책임을 전치화하는 것은 정당화될 수 없고, 스토킹범죄는 사회적으로 용인되는 행위 간의 구분이 모호하다는 특성이 있다는 점을 고려할 때 시민사회에 대한 지나친 개입이 될 수 있음을 경계한다.[94] 그리고 '피해자의 생활형성에 대한 중대한 침해'개념 자체가 불명확한데,[95] 이 개념을 그대로 활용하면서 '피해자의 생활형성에 대한 중대한 침해에 적합한 행위'를 요구하는 것에 반대한다. 게다가 적성범으로 변경하면 행위가 침해결과에 미치는 영향으로 범죄성립 여부를 판단하는데, 이때 판사의 자의가 개입될 수 있다고 비판한다.[96] 적합성은 직접

---

87) Hoyer(주 83), S. 201.
88) BT-Drs. 16/3641, S. 13.
89) Schöch, NStZ 2013, 221 (222): 신고 대비 유죄선고 비율이 다른 범죄에 비해 지나치게 낮다고 지적한다. 2010년 21,698명의 피의자 중에서 3.4%인 748명이 기소되었고, 1.9%인 414명만이 유죄 선고받았다.
90) BGH NStZ 2010, 277 (279); Kuhlen, ZIS 3/2018, 89 (93).
91) Kubiciel/Borutta, KriPoZ 3/2016, 194 (196); Eisele, Sch/Schr-StGB, §238, Rn. 29; Gericke, MüKo-StGB, §238, Rn. 2.
92) Eisele, Sch/Schr-StGB, §238, Rn. 29.
93) Schöch, NStZ 2013, 221 (224).
94) Kühl, ZIS 7/2016, 450 (450 f.).
95) 이러한 지적은 특히, Kinzig/Zander JA 7/2007, 481 (484); Kühl, ZIS 7/2016, 450 (451).

관찰할 수 있는 사실문제가 아니기 때문이다. 적합성 여부 판단기준이 결과발생에 대한 개연성인지, 가능성인지도 분명하지 않다고 지적한다. 적성범은 일반적으로 보편적 법익에 대한 범죄유형임을 강조하며, 개인적 법익에 대한 죄를 적성범으로 처벌하는 것은 정당화될 수 없다는 견해도 있다.[96] 개인적 법익에 대한 죄임에도 예외적으로 적성범으로 구성한 경우(비방죄(독일형법 제186조))[98]도 있지만, 비방죄 구조는 대중과 관련성이 있다는 점에서 스토킹범죄와는 차이가 있다고 항변한다. 그리고 이 개정으로 유죄판결 건수가 증가할 것으로 기대할 수 없다는 지적도 있다.[99] 스토킹범죄구성요건 유형을 명문으로 개정하는 것보다 스토킹범죄를 실무에서 어떻게 다루는지가 더 중요하다는 것이다.[100] 독일형법은 스토킹행위로 피해자, 그의 친족 또는 그와 친밀한 관계에 있는 자에 대해 사망 또는 중대한 건강손상의 위험을 야기한 경우(구체적 위험범; 2021년 개정 전 제238조 제2항, 개정 후 동항 제2호)를 기본 스토킹범죄보다 중하게 처벌하는데, 연방대법원은 구체적인 증상발현이 입증되어야 중대한 건강손상의 위험 야기를 인정할 수 있다는 입장이다.[101] 이에 비추어 볼 때, 피해자에게 눈에 띌 만한 피해가 발생하지 않은 스토킹행위는 법원이 심각하게 받아들일만한 위험원이 아니라고 볼 것이라고 예상한다.

개정에 찬성하는 측은, 우선 생활형성에 대한 중대한 침해를 요구함으로써 범죄성립 여부를 피해자의 반응에 따라 결정하는 것은 부당하다고 비판한다.[102] 대다수의 스토킹피해자들은 불안감 또는 공포심을 느끼더라도 사회적·경제적으로 불안정한 상황 속에서 이사나 이직을 감당하기 어렵다. 그런데도 피해자가 이사·이직할 것을 요구하는 것은 극히 비현실적인 대응이라고 지적한다. 적성범으로 규율하면 스토킹범죄성립이 피해자의 스토킹에 대한 반응 여부 및 방식에 좌우되지 않고, 사법기관이 스토킹의 심각성을 직접 평가할 수 있게 된다.[103] 이 개정이 명확성원칙에 반한다는 지적에 대해서는, '피해자의 생활형성에 대한 중대한 침해' 개념이 이미 어느 정

---

96) Kühl, ZIS 7/2016, 450 (451): 독일형법 제126조(범죄위협에 의한 공공평온교란)에서도 공공평온을 교란하기에 적합한 방법이 되려면, 공공평온 교란이 구체적이어야 하는지, 추상적-일반적이어야 하는지, 아니면 공개적 장소에서 관련 발언을 하는 것만으로 충분한지 해석의 문제가 있다고 지적한다.

97) Kühl, ZIS 7/2016, 450 (450).

98) '타인에 대한 관계에서 그 자를 경멸하거나 세평을 저하시키기에 적합한 사실을 주장하거나 유포한 자'

99) Kriminologische Zentralstelle(주 84), S. 5.

100) Kriminologische Zentralstelle(주 84), S. 9.

101) BGH, Beschluss des 5. Strafsenats vom 22.7.2010 — 5 StR 256/10 —, Rn. 10.: 우울한 탈진상태를 동반하는 심신증이 입증되지 않은 경우였다.

102) Kuhlen, ZIS 3/2018, 89 (94 f.).

103) Kubiciel/Borutta, KriPoZ 3/2016, 194 (195 f.).

도 구체화되었고[104] 개정 후에도 동일 개념을 그대로 사용하기 때문에, 처벌 대상이 되는 행위에 대한 예측가능성이 훼손되지 않는다고 반박한다.[105] 적합성은 스토킹행위가 피해자의 심리에 미치는 영향의 정도를 기준으로 판단하면 된다고 한다. 이때 스토킹행위의 빈도, 연속성, 강도, 지속기간, 그리고 피해자의 변화된 생활방식, 심리적·신체적 피해 등을 고려한다.[106] 특별예방효과에서 이 개정의 정당성을 찾는 견해도 있다.[107] 스토킹행위자는 대부분 비합리적으로 행동하고 병리학적으로 문제가 있는데, 이러한 자로부터 피해자의 자유를 보호해 주어야 한다고 주장한다.

Ⅳ 스토킹행위·스토킹범죄 구성요건 개선방안

1. 범죄유형 변경

위 Ⅱ-3.에서 스토킹행위·스토킹범죄 요건을 피해자의 행동의 자유 및 의사결정의 자유에 대한 보호정도 단계별로 유형 ①~⑤을 제시하였다. 그리고 유형 ①은 타당하지 않음을 논증하였다. 여기에서는 적성범으로 구성할 것인지, 침해범으로 구성할 것인지를 검토한다. 피해자의 불안감 또는 공포심 유발(유형 ②·③)단계를 규율대상으로 할지, 그로 인한 피해자의 생활형성에 대한 침해(유형 ④·⑤)단계를 규율대상으로 할지는 각국의 상황에 따라 입법 정책적으로 결정할 사항이다. 현재 우리나라

---

104) BGH NStZ 2010, 277 (279); BGH NStZ-RR 2013, 145 (146); BT-Drs. 16/575, S. 8 참고: 생활형성에 대한 중대한 침해가 인정되는 경우로, 피해자가 전혀 외출하지 못한 경우, 제3자와의 동행 없이 혼자서는 외출하지 못한 경우, 자신의 주거지나 근무지를 변경한 경우, 이민 간 경우를 든다. 이 외에도 피해자가 치료가 필요한 경우, 여가활동 및 의사소통방식이 현저히 변화한 경우, 이름을 변경한 경우가 해당할 수 있다고 본다.; 생활형성에 대한 중대한 침해가 부정되는 경우는, 이메일 주소를 변경한 경우, 전화를 받지 않거나 전화기에 자동응답기를 설치한 경우, 증거획득 목적으로 발신자 추적 장치를 설치한 경우를 든다. 이 외에도 전화번호를 변경한 경우, 경보시스템을 설치한 경우, 휴대전화를 잠시 끄는 경우, 별장으로 일주일 간 피신한 경우, 창문과 문을 잠그는 것과 같이 일상적인 보호조치를 취한 경우, 계속된 전화로 불안하고 불면증이 생겼으나 생활형성에 영향을 미칠 정도는 아니었던 경우가 해당된다 (Eisele, Sch/Schr-StGB, §238, Rn. 32).

105) Spohn, Zehn Jahre Anti-Stalking-Gesetz: Ein Resümee mit Blick auf die Reform durch das Gesetz zur Verbesserung des Schutzes gegen Nachstellungen, Nomos, 2017, S. 197 f.; Eisele, Sch/Schr-StGB, §238, Rn. 30.

106) Kubiciel/Borutta, KriPoZ 3/2016, 194 (195 f.); Kühl, ZIS 7/2016, 450 (451); Eisele, Sch/Schr-StGB, §238, Rn. 31.; 보다 구체적으로, 협박죄를 기준으로 하여 적합성 여부를 판단하면 된다고 보는 견해는, Valerius, JuS 2007, 319 (323).

107) Kubiciel/Borutta, KriPoZ 3/2016, 194 (197 f.).

는 피해자의 불안감 또는 공포심 유발단계를 규율하고자 한다. 따라서 스토킹행위·스토킹범죄를 유형 ②(적성범)와 유형 ③(침해범) 중 어느 것으로 규율하는 것이 타당한지를 검토한다.

스토킹처벌법 입법 과정에서 스토킹행위·스토킹범죄 유형에 대해서는 크게 관심을 두지 않았다. 죄형법정주의는 어떠한 행위가 범죄를 구성하는지를 명확하게 제시할 것을 요청한다. 이에 따라 입법자는 범죄유형도 구성요건에 명시해야 한다. 스토킹범죄 보호정도를 적성범으로 할 것인지 침해범으로 할 것인지를 먼저 정하고, 그에 따라 구성요건을 구성하여야 한다. 우리 입법자는 스토킹행위를 상대방에게 불안감 또는 공포심을 '일으키는 것'(제2조)으로 규정하여 침해범임을 명시하였다. '일으키는 것'을 문리해석하면 스토킹범죄는 침해범이다. 그런데도 많은 견해가 스토킹규율 목적인 스토킹피해자 보호를 감안하면, 스토킹범죄는 위험범(내지 적성범)으로 규율하는 것이 타당하다고 본다. 그렇다면 '일으키는 것' 문구를 개정하여야 한다. 개정하지 않고 목적론적 해석을 통해 스토킹행위·스토킹범죄를 위험범(내지 적성범)으로 규율할 것을 기대해서는 안 된다.

스토킹행위자의 고의와 관련하여서도 '일으키는 것' 문구의 개정이 요구된다. '상대방에게 불안감 또는 공포심을 일으키는 것'에 대한 고의가 있어야 스토킹행위가 성립한다. 위 Ⅱ-3.에서 불안감 또는 공포감 유발 여부는 사회 일반인의 객관적 기준으로 판단하여야 한다고 논증하였다. 극단적인 남성기피증을 가진 여성 사례(Ⅱ-2.)를 제시했던 견해는 반대 사례도 제시하였는데, 상대방의 거부에도 불구하고 내심의 의사는 다를 것이라고 생각하며 수십 차례 일방적으로 꽃을 배달하거나 편지를 보낸 경우에도 '합리적인 사람을 기준으로 하여 상대방이 심리적 고통을 겪으리라는 것을 알 수 있었다면' 스토킹에 해당한다고 본다.[108] 고의는 행위자 주관적 요소이고, 따라서 그 판단은 구체적, 개별적이어야 한다. 현행 '일으키는 것' 문구에 따르면 행위자는 자신이 상대방에게 불안감 또는 공포심을 유발한다는 고의를 가진 채 일정 행위를 해야 한다. 이 사례에서 행위자에게 그러한 고의는 없다. 게다가 정신의학적으로 볼 때 대부분의 스토킹행위자는 피해자도 자신에게 호감이 있을 것이라고 착각한 채 스토킹행위를 한다고 한다.[109] 고의가 없기 때문에 스토킹행위·스토킹범죄가 성립하지 않는다. 이러한 스토킹규율의 공백을 방지하기 위해서는 '일으키기에 충분한' 또는 '일으키기에 적합한' 형태로 구성요건을 변경하여야 한다. 그래야 해당 구

---

108) 박찬걸(주 8), 334쪽.
109) 정도희(주 4), 33쪽; 이기헌, "스토킹의 형법적 규제에 관한 비교법적 고찰", 「비교형사법연구」 제4권 제2호, 333쪽.

성요건 충족 여부를 객관적 기준에 의해 판단함을 명시할 수 있고, 행위자의 고의대상도 불안감 또는 공포심 유발에 적합한 행위를 한다는 것이 된다.

따라서 '상대방에게 불안감 또는 공포심을 일으키는 것'에서 '상대방에게 불안감 또는 공포심을 일으키기에 적합한(또는 충분한) 것'(적성범)으로 개정하여야 한다. 이 방안은 스토킹피해자 보호라는 입법자의 의도에도 부합한다. 그리고 피해자의 불안감 또는 공포심 유발 여부는 사회 일반인을 기준으로 객관적으로 판단하여야 한다는 당위(위 Ⅱ-3. 참고)를 명확히 제시하기 위한 것이어서 형사책임을 ③ 유형에 비해 실질적으로 전치화하는 것도 아니다.

2. 보호조치별 스토킹행위 구성요건 차별화

스토킹처벌법은 스토킹행위(제2조 제1호)와 스토킹범죄(동조 제2호, 지속적 또는 반복적으로 스토킹행위를 하는 것)를 구분하는 이원적 구조로 제정되었다. 아직 스토킹범죄에 이르지는 않은 스토킹행위에 대해서도 응급조치(제3조), 긴급응급조치(제4조), 잠정조치(제9조)를 통해 국가가 스토킹피해자를 보호할 수 있게 한 것이다. 스토킹행위를 행정적 예방조치로 다뤄 죄형법정주의의 엄격한 적용에서 벗어날 수 있고, 탄력적이고 신속한 운용이 가능하다는 점에서 바람직한 조치이다.[110] 특히 스토킹규율에 대한 양 관점, 즉 스토킹 개념의 모호함으로 인해 스토킹'범죄' 성립을 엄격히 제한할 필요가 있다는 점과 국가가 스토킹피해자를 적시에 보호해 주어야 한다는 점을 조화롭게 반영할 수 있다. 이 관점에서 현행 스토킹행위·스토킹범죄 구성요건을 검토해본다.

스토킹범죄 구성요건과 스토킹행위 구성요건 간에 지속성·반복성 요소 차이만 둔 것은, 개별 스토킹행위에 대해 국가가 보호조치를 취하는 것에 대한 정당성을 확보하기 위한 것으로 보인다. 스토킹행위가 반복되면 형벌부과가 정당화되는 구조에서 개별 행위의 위험성이 충분히 확보되기 때문이다. 그러나 스토킹행위 성립이 어려워 국가의 개입시점이 다소 늦어진다는 단점이 있다. 이를 보완하기 위해 스토킹행위 구성요건을 완화하는 방안을 생각해볼 수 있다.

스토킹행위를 ① 유형(추상적 위험범, 상대방의 의사에 반하여 정당한 이유 없이 상대방 또는 그의 동거인, 가족에 대하여 다음 각 목의 어느 하나에 해당하는 행위를 한 경우)으로 구성하는 방안을 들 수 있다. 서범수의원안(의안번호 2104200, 2020.9.24.) 제2조 제1호

---

110) 주 9 참고.

및 제2호[111])는 스토킹행위에 대해서는 상대방에게 불안감 또는 공포심을 일으킬 것을 요구하지 않았다.[112]) 그러나 스토킹 개념이 모호하고 사회적으로 용인되는 행위와의 구분이 쉽지 않다는 점을 감안할 때 스토킹행위를 '일괄적으로' ① 유형으로 변경하는 것은 타당하지 않다. 스토킹행위에 대한 보호조치 중 스토킹행위자와 피해자 등의 분리 및 범죄수사(스토킹처벌법 제3조(응급조치) 제2호), 스토킹행위의 상대방이나 그 주거 등으로부터 100미터 이내의 접근 금지(제4조(긴급응급조치) 제1호)는 스토킹행위자의 기본권을 상당히 제한한다.

이를 고려하여, '진행 중인 스토킹행위'[113])에 대해 사법경찰관리가 할 수 있는 응급조치(제3조) 중 제2호를 제외한 조치(스토킹행위의 제지, 향후 스토킹행위의 중단 통보 및 스토킹행위를 지속적 또는 반복적으로 할 경우 처벌 경고(제1호), 피해자등에 대한 긴급응급조치 및 잠정조치 요청의 절차 등 안내(제3호), 스토킹 피해 관련 상담소 또는 보호시설로의 피해자등 인도(피해자등이 동의한 경우만 해당한다)(제4호))는 ① 유형에 대해서도 할 수 있도록 하는 방안을 제안한다. 스토킹피해를 이유로 경찰에 신고하였으나 상대방에게 불안감 또는 공포심을 일으키기에 적합한 행위인지 판단이 모호하여 경찰이 아무런 조치를 할 수 없어 발걸음을 돌리면 스토킹피해자는 국가의 보호를 받지 못한다는 느낌을 강하게 받을 것이고, 반대로 스토킹행위자는 자신의 행위가 아무런 문제가 없다고 생각할 것이다. 상대방의 주관적 의사에 반하는 행위는 제아무리 호감표현이라 해도 일정 정도 제한되어야 한다. 따라서 신고를 받아 출동한 사법경찰관리는, 상대방의 의사에 반하여 정당한 이유 없이 상대방 또는 그의 동거인, 가족에 대하여 스토킹처벌법 제2조 제1호 각 목의 어느 하나에 해당하는 행위가 진행 중인 경우, 응급조치(제3조) 중 제2호를 제외한 조치를 할 수 있다고 개정할 것을 제안한다.

3. 포괄구성요건 신설

독일은 2007년 스토킹범죄를 신설하면서 '기타 이와 유사한 행위'(제238조 제1항 제5호)라는 포괄구성요건을 두었다. 이 포괄구성요건이 명확성원칙을 위반한다는 지적이 많았다.[114]) 이 외에도 포괄구성요건은 법치국가적 정형성을 벗어나 처벌범위를

---

111) 주 37 참고.

112) 유사한 제안으로는, 이건호(주 9), 153쪽.

113) 스토킹행위 중 신고가 어려울 수 있고, 정보통신망을 이용하는 경우 전송과 동시에 피해자에게 도달되므로 진행 중 신고가 불가능함을 지적하는 견해로는, 김정혜(주 19), 23 – 24쪽.

지나치게 넓힐 수 있다는 문제가 있다.[114] 제238조 제1항을 개정하는 과정에서, 연방정부는 적성범으로 개정하면 형사책임이 확장된다는 점을 고려하여 포괄구성요건을 삭제하는 법률안을 발의하였다.[116] 제1호 내지 제4호 구성요건을 통해 제5호를 해석하기에는 각 구성요건의 성격이 이질적이어서 제5호는 충분히 명확하지 않다는 점을 근거로 제시하였다. 그러나 연방의회에서 포괄구성요건 삭제에 반대하였고, 제5호는 2017년 개정형법에 존치되었다.[117] 이후 2021년 10월 제238조를 개정하면서 현재 제5호 규정은 제8호로 이동하고 '기타 제1호 내지 제7호와 유사한 행위'로 문구를 변경하였다.

포괄구성요건 삭제에 반대하는 입장은, 스토킹행위의 다양성과 입법자의 입법재량을 내세운다.[118] 제1호 내지 제4호 구성요건이 서로 이질적인 것은, 오히려 스토킹행위의 다양성을 보여주는 것이다. 스토킹행위자는 구체적으로 규정된 구성요건적 행위가 아닌 방식으로 스토킹 하는 창의성을 얼마든지 발휘할 수 있고, 그러면 규율의 공백이 발생한다고 지적한다.[119] 그리고 입법자는 다양한 행위양태를 포섭하기 위해, 해석이 필요한 불확정적 법적 개념을 사용할 수 있는 입법재량이 있음을 강조한다. 명확성원칙과 관련하여 구성요건이 수범자에게 방향을 제시할 수 있을 정도면 족하고, 포괄구성요건은 구체적으로 제시된 다른 구성요건에 준하는 행위이고 스토킹 피해발생에 적합한 위험성을 내재한 행위를 다룬다고 목적론적 제한 해석할 수 있다는 입장이다.[120] 이러한 해석은 위험범(적성범)에 대해서도 가능하므로, 제238조를 적성범으로 개정하였기 때문에 포괄구성요건을 삭제하자는 주장은 설득력이 없다고 반박한다.[121]

판단컨대, 스토킹행위는 다양하게 나타날 수 있다. 입법자는 새로운 유형의 스토킹행위를 현행 스토킹처벌법 제2조 제1호 바목 이하에 구체적으로 추가하여야 한다. 추가하기 전에는 스토킹규율의 공백을 감수할 수밖에 없다. 구체적으로 규정된 행위유형 외에 다른 방식으로 행한 스토킹에 노출된 스토킹피해자를 제대로 보호해줄 수

---

114) BGH NStZ 2010, 277 (278); Neubacher, ZStW 118 (2006), 855 (869); Kinzig/Zander, JA 2007, 481 (486).

115) 이러한 지적은, 이원상(주 28), 218쪽.

116) BT-Drs. 18/9946, S. 14.

117) BT-Drs. 18/10654, S. 3 f.

118) Kuhlen, ZIS 3/2018, 89 (95); Kubiciel/Borutta, KriPoZ 3/2016, 194 (196).

119) Kubiciel/Borutta, KriPoZ 3/2016, 194 (196): 독일형법 제177조가 규정하고 있지 않은 성희롱, 자살 위협, 오물, 동물의 사체 또는 기타 쓰레기 등을 버리는 경우를 예로 든다.

120) Kubiciel/Borutta, KriPoZ 3/2016, 194 (196 f.); Kuhlen, ZIS 3/2018, 89 (92).

121) Kubiciel/Borutta, KriPoZ 3/2016, 194 (198).

없는 것이다.[122] 포괄구성요건을 두더라도 현행 스토킹처벌법 제2조 제1호 가목 내지 마목 구성요건을 통해 규율대상이 되는 스토킹행위를 충분히 예견할 수 있다. 따라서 독일형법 제238조 제1항 제8호와 같이 스토킹처벌법 제2조 제1호 바목에 '이와 비교할 수 있는 그 밖의 다른 행위'[123] 구성요건을 둘 것을 제안한다.

V 결

이상의 논의를 통해 스토킹행위·스토킹범죄 구성요건을 분석하고 개선방안을 제시하였다. 이를 간략히 정리하면 다음과 같다. 스토킹을 규율할 때 항상 염두에 두어야 하는 점은, 스토킹개념이 모호하고, 스토킹행위가 사회적으로 용인된 행위와 구분이 쉽지 않은 것이다. 스토킹행위가 성립하려면 '상대방의 의사에 반하여' '정당한 이유 없이' 상대방 또는 그의 동거인, 가족에 대하여 일정 행위를 하여 '상대방에게 불안감 또는 공포심을 일으키는 것' 요건을 충족시켜야 한다. 이때 '상대방의 의사에 반할 것'과 '상대방에게 불안감 또는 공포심을 일으키는 것'을 하나로 묶어 판단하지 않고, 각각의 구체적인 의미를 새겨 스토킹행위·스토킹범죄 성립 제한요소로서 각기 기능할 수 있게 하여야 한다. 스토킹범죄를 개인적 법익에 대한 죄로 보는 이상, 피해자의 주관적 의사에 반하지 않은 행위에 국가가 개입할 명분이 부족하기 때문에 상대방의 의사에 반한 것인지 판단은 피해자의 실제 주관적 의사를 기준으로 하여야 한다. 따라서 피해자의 거부의사표시가 없더라도 해당 요건은 충족될 수 있다. 다만 피해자의 명시적·묵시적 거부의사가 행위자에게 표현되면 '피해자의 의사에 반하는 행위를 한다는 것', 그리고 '피해자에게 불안감 또는 공포심을 유발하기에 적합한 행위를 한다는 것'에 대한 행위자 고의 인정이 보다 용이하다. 그에 반해 피해자의 불안감 또는 공포심 유발에 대한 판단은 객관적으로 알려진 모든 정황에 기초하여 사

---

122) 이를 근거로 포괄구성요건을 찬성하는 견해는, 정현미(주 6), 249쪽; 이승준(주 2), 140쪽(포괄구성요건을 구체적으로 제시된 다른 구성요건과 유사한 행위로 규정하는 독일방식을 제안한다.); 이성기(주 27), 297쪽(포괄구성요건을 추상적으로 구성하는 미국 방식을 제안한다. 상대방의 의사에 반한 지속적 또는 반복적인 행위로 '피해자, 피해자의 가족 또는 친밀한 관계에 있는 사람으로 하여금 생명, 신체, 생활의 안전에 위협을 느끼게 하거나 상당한 정신적 고통을 주는 행위'로 규정할 것을 제안한다.); 그에 반해 장응혁 교수는, 스토킹범죄를 침해범으로 구성한다 할지라도 판례가 이를 위험범으로 해석할 가능성이 높다는 점을 감안하여, 구성요건을 엄격하게 제한하여 스토킹범죄성립을 제한하고자 한다. 그래서 포괄구성요건에 반대한다.(장응혁(주 35), 192쪽).

123) 정춘숙 의원안(의안번호 2100036, 2020.6.1.) 제2조 제1호 참고.

전적 관점에서 사회 일반인을 기준으로 하여야 한다. 피해자의 주관적 심리상태를 기준으로 하면, 스토킹행위의 불법내용보다 피해자의 반응이 스토킹행위·스토킹범죄 성립에 더 결정적인 기준이 되어 일종의 우연책임이 될 수 있기 때문이다. 이 판단기준을 명확히 하기 위해서는 '상대방에게 불안감 또는 공포심을 일으키는 것'(침해범)에서 '일으키기에 적합한(또는 충분한) 것'(적성범)으로 개정하여야 한다. 입법자는 죄형법정주의 요청에 따라 범죄유형도 구성요건에 명시해야 한다. 해석론으로 위험범(내지 적성범)으로 보고 스토킹행위·스토킹범죄 성립을 객관적 기준에 따라 결정하면 된다고 무리하게 해석하는 것보다 구성요건에서 이를 명확하게 통제하는 것이 바람직하다. 이때 적합성은 스토킹행위의 빈도, 연속성, 강도, 지속기간 등을 고려하여 스토킹행위가 피해자의 심리에 미치는 영향의 정도로 이해할 수 있겠다.

스토킹범죄는 개별 스토킹행위만으로는 성립하지 않고, 개별 스토킹행위가 지속·반복되어야만 성립한다. 즉 스토킹범죄의 고유의 불법내용은 스토킹행위의 지속성·반복성에서 찾을 수 있다. 지속성·반복성 표지는, 내적으로 연결된 스토킹행위(질적 요소)를 일정 기간 동안(시간적 요소), 여러 차례 반복하여(양적 요소) 행할 것을 요구한다. 스토킹범죄 성립에 각 요소 간 관계도 중요하다. 개별 스토킹행위가 심각하면, 스토킹행위 지속기간이 짧더라도 스토킹범죄가 성립할 수 있다. 그에 반해 개별 스토킹행위가 경한 경우에는 보다 긴 지속기간동안 일정 횟수 이상 반복되어야 할 것이다. 예를 들어 심각한 스토킹행위는 한 달 동안 2-3차례 반복되면 족하지만, 경한 스토킹행위는 3-4개월에 거쳐 5회 이상 행해져야 스토킹범죄가 성립할 수 있을 것이다. 이러한 스토킹범죄 구조를 보면, 범죄구성요건이 연속적으로 실현되는 계속범과는 달리 개별 스토킹행위 사이에 시간적 중단이 있다. 이 특성을 중심으로 점진범의 법리를 분석하여 스토킹범죄 구조를 보다 명확히 이해하고자 하였다. 이 분석에 기초하여 스토킹범죄를 중심으로 점진범 연구가 축적되는 계기가 되기를 기대한다.

이 외에도 스토킹처벌법이 상징형법으로만 기능하지 않도록, 스토킹처벌법 제2조 제1호 가목 내지 마목 행위가 진행 중인 경우 신고를 받아 출동한 사법경찰관리가 응급조치(제3조) 중 제2호를 제외한 조치는 피해자에 대한 불안감 또는 공포심 유발 여부와 무관하게 할 수 있다고 개정할 것, 그리고 스토킹처벌법 제2조 제1호 바목에 '이와 비교할 수 있는 그 밖의 다른 행위'라는 포괄구성요건을 둘 것을 제안한다. 포괄구성요건을 두는 것은 스토킹규율의 공백을 막기 위한 것이다. 입법자는 새로운 유형의 스토킹행위를 구체적으로 추가하는 개정 노력을 게을리 해서는 안 된다. 독일형법 제238조도 2021년 10월 개정을 통해 기본 스토킹범죄(제238조 제1항) 및 가중

처벌되는 중한 스토킹범죄(제2항) 행위유형을 추가하였다.[124] 그리고 스토킹행위의 위험성을 고려할 때, 스토킹범죄를 기본범죄로 하여 상해, 사망의 결과를 발생시킨 경우 결과적 가중범으로 규율할 필요가 있다. 독일형법은 제238조는, 건강손상을 야기하거나(제2항 제1호) 사망 또는 중대한 건강손상이라는 '구체적 위험'을 발생시킨 경우(제2호)를 특히 중한 스토킹행위로 3월 이상 5년 이하의 자유형으로 가중 처벌하고, 사망의 결과를 야기한 경우(제3항)[125]에는 1년 이상 10년 이하의 자유형으로 가중 처벌한다. 결과적 가중범을 규율함으로써 스토킹범죄의 심각성을 보다 명확하게 제시할 수 있고, 그로 인해 발생한 상해, 사망의 결과와 관련하여 불법성을 제대로 평가할 수 있기 때문이다.

구슬이 서 말이라도 꿰어야 보배다. 스토킹행위·스토킹범죄 구성요건을 잘 갖추어 놓아도 이를 제대로 활용하지 못하면 스토킹피해자를 보호할 수 없다. 독일의 실무 경험을 살펴보면, 스토킹범죄 법정형이 3년 이하의 징역이어서 집행유예 선고가 많았는데, 이후 스토킹피해자에 대한 보호에 소홀한 측면이 있었다고 한다. 이때 스토킹행위자는 보다 심각한 형태의 스토킹으로 나아가는 경우가 많다고 한다.[126] 그리고 검찰에서 스토킹범죄에 대한 경각심 부족 현상이 확인되었다. 스토킹범죄가 스토킹범죄보다 중한 범죄를 추가적으로 실현하면 양 죄는 경합관계에 놓인다(위 Ⅲ-2. 참고). 그런데 상해죄가 성립하면 스토킹범죄에 대해서는 검찰이 관심을 두지 않는

---

124) 제238조 제1항 제5호부터 제8호까지 신설: 5. 타인, 그의 친족 또는 그와 친밀한 관계에 있는 자를 대상으로 형법 제202조a, 제202조b 또는 제202조c의 행위를 하거나, 6. 타인, 그의 친족 또는 그와 친밀한 관계에 있는 자의 이미지를 유포 또는 공개하거나, 7. 타인을 경멸하거나 세평을 저하시키기에 적합한 내용(형법 제11조 제3항)을, 그 자가 작성한 것처럼 가장하여 유포 또는 공개하거나, 8. 기타 제1호 내지 제7호와 유사한 행위
제238조 제2항 제1호, 제3호부터 제7호 신설, 기존 제2항 규정(스토킹행위로 피해자, 그의 친족 또는 그와 친밀한 관계에 있는 자를 사망 또는 중대한 건강손상의 위험을 야기한 경우)은 제2호에 위치시킴: ② 특히 중하게 제1항 제1호 내지 제7호상 스토킹행위를 한 경우 3월 이상 5년 이하의 자유형에 처한다. 일반적으로 특히 중한 스토킹행위로 인정되는 경우는, 행위자가 1. 스토킹행위로 피해자, 그의 친족 또는 그와 친밀한 관계에 있는 자의 건강손상을 야기한 경우, 2. 스토킹행위로 피해자, 그의 친족 또는 그와 친밀한 관계에 있는 자를 사망 또는 중대한 건강손상의 위험을 야기한 경우, 3. 다수의 행위를 통해 최소 6개월 이상의 기간 동안 피해자를 스토킹한 경우, 4. 제1항 제5호상 행위를 하면서 타인을 디지털 방식으로 염탐하기 위한 목적의 컴퓨터프로그램을 이용한 경우, 5. 제1항 제5호상 행위로 얻은 이미지를 제1항 제6호의 행위를 하면서 사용한 경우, 6. 제1항 제5호 행위로 얻은 내용(형법 제11조 제3항)을 제1항 제7호 행위를 하면서 사용한 경우, 7. 행위자가 21세 이상인데 피해자는 16세 미만인 경우이다.
그리고 제238조 제4항(상대적 친고죄 규정)을 삭제하였다.
125) 피해자나 그와 가까운 사람이 가해자를 피해 도망치다 사망하거나, 피해자가 자살하게 된 경우가 이에 해당한다. (BT-Drs. 16/3641 S. 14)
126) 이러한 지적으로는, Kriminologische Zentralstelle(주 84), S. 6.

경향이 있다고 한다. 스토킹범죄가 협박죄도 추가적으로 실현하면 스토킹범죄로 입건된 사건을 검찰이 협박죄로만 기소할 가능성이 크다는 지적도 있다.[127] 이러한 실무태도는 스토킹범죄의 심각성 인식을 저해할 수 있다. 독일의 사례를 반면교사 삼아, 스토킹규율에 대한 양 관점, 즉 스토킹 개념의 모호함으로 인해 스토킹범죄성립을 엄격히 제한할 필요가 있다는 점과 국가가 스토킹피해자를 적시에 보호해 주어야 한다는 점을 조화롭게 추구하는 운용의 묘를 기대한다.

후기

2021년 4월 20일 「스토킹범죄의 처벌 등에 관한 법률」 제정 후 40여 개의 개정안이 발의되었고 2023년 7월 11일 개정되었다. 특히 신당역 화장실 살인사건이 공분을 불러일으켰고, 스토킹 피해자 보호의 공백을 메우기 위한 노력이 이어졌다. 필자는 2023년 초에 그때까지 발의된 30여 개의 개정안을 검토하고 스토킹 "행위"(스토킹행위가 지속적 또는 반복적으로 있어야 스토킹범죄가 성립함(법 제2조제2호)) 규율입법 개선 방안을 제시한 바 있다. 그 내용을 간략하게 소개한다.[128]

스토킹행위를 적시에 규율하지 않으면 심각한 스토킹범죄 또는 강력 범죄로 이어질 가능성이 높다. 따라서 일련의 개정안이 스토킹피해자를 보다 신속하게, 그리고 빈틈없이 보호하기 위한 방안을 제시하는 건 타당하고 필요한 조치이다.[129] 다만 그

---

127) Kriminologische Zentralstelle(주 84), S. 7.

128) 자세한 내용은 고명수, 스토킹행위 규율입법 개선연구 - 「스토킹범죄의 처벌 등에 관한 법률」 개정안에 대한 검토를 겸하여 -, 입법학연구 제20집 제1호, 2023, 95면 이하 참고.

129) 2023년 개정 내용을 정리하면 다음과 같다. 먼저, 스토킹행위가 추가되었다(법 제2조제1호 다목 후단, 바목 신설). 법 제7조(긴급응급조치의 변경 등)제5항 사법경찰관의 긴급응급조치 취소 또는 종류 변경 통지·고지의무(스토킹행위의 상대방등 및 긴급응급조치대상자 등에 대하여), 제8조(잠정조치의 청구) 제3항 사법경찰관의 잠정조치 불신청사실 고지의무(피해자 또는 그 법정대리인에 대하여), 제4항 검사의 잠정조치 불청구사실 고지의무(피해자 또는 그 법정대리인에 대하여), 제11조(잠정조치의 변경 등) 제4항 법원의 잠정조치의 취소, 기간의 연장, 그 종류 변경 통지의무(검사, 피해자 스토킹행위자등에 대하여)를 신설하였고, 제9조(스토킹행위자에 대한 잠정조치) 제5항 법원의 통지의무를 피해자의 동거인, 가족에 대하여도 확대하였다. 그리고 제7조제6항, 제9조제1항제2호 및 제3호는 피해자 외에 피해자의 동거인, 가족도 보호대상에 포함하였고, 잠정조치로 위치추적 전자장치 부착 조치를 신설하였으며(제9조제1항제3의2호), 전자장치가 부착된 사람이 잠정조치기간 중 전자장치의 효용을 해치는 일련의 행위를 하는 것을 금지하고(제9조 제4항), 이를 위반할 시 3년 이하의 징역 또는 3천만원 이하의 벌금을 처할 수 있게 하였다(제20조(벌칙)제1항). 그리고 긴급응급조치 불이행에 대한 벌칙(1년 이하의 징역 또는 1천만원 이하의 벌금), 이수명령 이행에 관한 지시 불이행에 대한 벌칙(같은 조 제4항)을 규정하였다. 또한, 제1항제2호·제3호 및 제3호의2(신설)에 따른 잠정조치 기간을 2개월에서 3개월로 연장하였

과정에서 보호조치 대상자의 기본권을 고려하지 않는 문제를 지적하고 싶다. 스토킹은 그 개념 자체가 모호하고 유형이 다양하여, 사회적으로 용인되는 행위와 스토킹행위를 구분하는 것이 쉽지 않다. 그래서 스토킹"행위" 구성요건을 신설할 때에도, 보호조치 부과 여부를 결정할 때에도, 보호조치를 신설할 때에도, 보호조치의 유형, 범위, 기간 등을 설정할 때에도, 가해자의 일상생활의 자유를 지나치게 제약하지는 않는지를 반드시 고려해야 한다. 즉 스토킹을 규율할 때 가장 유의해야 하는 지점은 가해자와 피해자의 자유 영역 간 경계 설정이다. 이 규율 방향을 구체화하면:

현행법은 스토킹행위 성립을 전제해서만 보호조치를 부과할 수 있는데 이를 개선할 필요가 있다. 보호조치 대상자의 기본권에 미치는 영향을 고려하여 보호조치 부과 요건을 차등화한다. 응급조치는, 상대방의 의사에 반하여 정당한 이유 없이 상대방 또는 그의 동거인, 가족에 대하여 스토킹행위를 한 자를 대상으로, ─사법경찰관리의 직권, 또는 스토킹행위의 상대방이나 그 법정대리인 또는 스토킹행위를 신고한 사람의 요청에 따라─ 할 수 있도록 한다. 응급조치 중 스토킹행위자와 피해자등의 분리 및 범죄 수사(법 제3조제2호)는 삭제한다. 기본권 제한의 정도가 더 큰 긴급응급조치를 부과하려면, 위 응급조치 부과 요건 외에 "상대방에게 불안감 또는 공포심을 일으키기에 적합한 행위"일 것을 추가로 요구한다. 그리고 스토킹행위자의 기본권에 중대한 제한을 가할 수 있는 강화된 긴급응급조치(위치추적장치 부착, 직장에 통보, 접근가능거리 확대 등)는 잠정조치로 하거나, 사법경찰관이 법 제4조제1항 (일반)긴급응급조치를 한 후 법원으로부터 그에 대한 사후승인을 받는 절차 중에, 법원이 강화된 긴급응급조치를 부과할지에 대해 추가 판단하게 하여 법원의 승인을 받은 후 실시한다. 또한, 부과할 수 있는 보호조치를 다양화하고, 개별 사건 대응에 적합한 보호조치를 구체적으로 부과한다.

고(제9조제7항), 제17조의4(피해자에 대한 변호사 선임의 특례) 규정을 신설하였으며, 반의사불벌규정을 삭제하였다.

9

기업의 담합행위에 대한 형사처벌에 관한 연구*

최정학(교수, 한국방송통신대학교 법학과)

I 머리말

흔히 '카르텔'이라 불리기도 하는 담합행위는 "사업자가 다른 사업자와 공동으로 상품 또는 용역의 가격 등의 거래조건, 거래량, 거래상대방 또는 거래지역 등을 제한하는 행위"1)를 말한다. 담합은 그 자체로 자유롭고 공정한 경쟁을 핵심 내용으로 하는 우리 경제질서의 원칙에 반하는 행위일 뿐만 아니라 이에 참여하는 기업에 대해서는 경쟁을 통한 혁신의 유인을 제거하고 신규기업에 대해서는 진입장벽으로 작용함으로써 전반적으로 기업 전체의 경쟁력을 떨어뜨리는 요인이 된다. 또 소비자에게는 같은 상품에 대해 상대적으로 높은 가격을 지불하게 함으로써 그 소득을 부당하게 기업에로 이전시키는 재산상의 피해를 발생시킨다.

이렇게 여러 차원의 피해를 발생시키는 담합을 규제하기 위하여 우리 법률은 몇 가지 조항을 가지고 있다. 우선 1981년 제정된 「독점규제 및 공정거래에 관한 법률」(이하 '공정거래법'으로 약칭)은 처음부터 담합행위에 대해 형벌이 부과될 수 있도록 하는 벌칙조항을 두어 이를 규제하였다(제정 공정거래법 제11조, 제55조). 이 조항은 그 후 약간의 내용변화를 거치기는 하였지만 부당한 공동행위에 대해 형벌을 부과한다는 원칙적인 모습에는 변화가 없이 현재에 이르고 있다(현행 공정거래법 제19조, 제66조). 또 형법은 제315조에서 '경매·입찰방해죄'를 두어 "위계 또는 위력 기타 방법으로 경매 또는 입찰의 공정을 해한" 경우를 처벌하고 있다. 이 또한 1953년 형법의

---

* 이 글은 최정학, "기업의 담합행위에 대한 형사처벌에 관한 연구", 형사법연구 제33권 제2호, 한국형사법학회, 2021에 게재되었음을 밝힌다.

1) 권오승, 경제법, 법문사, 2015, 269면.

제정 당시부터 있던 조항으로 지금까지 아무 변화 없이 같은 구성요건을 유지하고 있다. 이에 더해 건설산업기본법 제95조는 형법 제315조의 특별법으로 건설공사에서의 입찰담합죄를 규정하고 있다. 이 역시 1958년 제정 건설업법에서부터 있던 조항으로, 다만 이때에는 "부당한 이익을 취득하거나 공정한 가격 결정을 방해할 목적"이 있어야 하지만, 이 범죄가 성립하는 경우에는 일반 형법에 비해 크게 높은 법정형에 해당하게 된다.

이렇게 보면 적어도 겉으로는 담합에 대해 우리 법률은 상당히 엄격한 태도를 취하고 있는 것처럼 보인다. 그러나 실제 규제 실태를 점검해보면 이와는 사뭇 다른 결과를 확인할 수 있다. 우선 공정거래법이 제정된 1980년대부터 지금까지 대부분의 담합행위에 대해서는 공정거래위원회가 부과하는 과징금이나 시정명령과 같은 행정제재가 부과되었다.[2] 최근 몇 년 사이에 공정거래위원회가 검찰에 고발한 사례가 늘고 혹은 검찰이 고발없이 수사한 경우도 발생하였다고는 하나 이것이 종래의 경향에 근본적인 어떤 변화를 의미하는 것이라고는 아직 단정짓기 어렵다.

나아가 공정거래위원회가 검찰에 고발한 경우에도 그다지 무겁게 처리되고 있다고는 판단되지 않는다. 법인과 개인을 포함하여 대부분의 경우에 과소한 벌금형이 선고되는데 지나지 않기 때문이다. 또 이러한 상황은 형법의 경매·입찰방해죄나 건설산업기본법의 입찰담합죄에 대해서도 마찬가지여서 대부분의 (개인) 피고인들이 집행유예로 석방되거나 역시 그리 많지 않은 액수의 벌금형이 부과되고 있을 뿐이다. 요컨대 담합행위에 대해서 우리 행정 혹은 사법당국의 인식은 이를 경제법을 위반한 경미한 '행정범(mala prohibitum)' 정도로 여기고 있을 뿐, 사회의 기본 가치를 침해하는 반도덕적 성격을 가진 중대한 '자연범(mala in se)'으로는 보지 않고 있는 듯하다.

하지만 담합행위에 대한 엄격한 처벌의 필요성은 점점 더 커져가고 있다. 우선 국내적으로 경제 규모의 성장과 그 체질의 변화는 더 이상 시장경제질서를 침해하는 기업의 반경쟁적 행위를 용납하기 어려운 단계에 이르게 하였다. 이에 따라 2000년대 이후로는 공정거래위원회도 부당공동행위를 '시장경제 제1의 공적'으로 보고 있다고 하거니와[3] 담합에 대한 보다 강력한 법적 대응은 이제 피할 수 없는 일이 되어 버린 것이다. 그리고 여기에는 그 수단의 하나로 형사법적 통제, 즉 형벌이 고려되어야 한다.

---

2) 1981년부터 2018년까지 공정거래위원회가 처리한 담합사건 1,399건 가운데 고발이 이루어진 204건을 제외한 나머지 1,195건(85.4%)은 모두 행정적으로 처리되었다. 2018년도 공정거래위원회 통계연보, 61면.

3) 이황, '세계화와 한국 경쟁법의 발전', 윤창호/장지상/김종민 편, 한국의 경쟁정책, 형설출판사, 2011, 398면.

또 대외적으로도 담합에 대한 강화된 법적 규제, 특히 행정제재를 넘어서서 형벌 규정이 도입되는 것은 세계적인 추세이다. 오래 전부터 엄격한 형사처벌 규정을 가지고 있던 미국과 캐나다는 물론이고, 1990년대 이후에는 독일과 프랑스, 영국, 오스트리아 등 유럽국가들도 담합에 대해 행정제재로 대응해 오던 기존의 전통에서 벗어나 새롭게 형벌규정을 도입하였다. 물론 이것은 이 나라들의 자발적인 선택이라기보다는 '신자유주의 세계화' 정책의 일환으로 각 나라마다 다른 경쟁법의 규제수준의 차이를 최소화하기 위해 미국이 추진해온 일종의 '담합의 범죄화' 정책의 결과라고 할 수 있지만, 여하튼 대외경제에의 의존도가 매우 높고 특히 미국과 여러 가지 측면에서 긴밀한 관계를 형성하고 있는 우리로서는 무시할 수 없는 상황의 변화라고 할 것이다.

이 글은 이런 맥락에서 우리나라에서도 담합의 '실질적 범죄화'[4]가 필요하다는 문제의식에서 현행 형사규제의 개선방안을 제시해보고자 한다. 이하 제2장에서는 담합의 개념과 종류, 그 폐해 및 범죄성과 같은 기본적인 문제를 정리하고, 제3장에서는 담합을 처벌하는 현행 법규정과 그 적용실태를 살펴본다. 제4장에서는 담합의 형사처벌에 관한 미국과 독일 두 나라의 사례를 소개하며, 마지막으로 제5장에서 우리나라 형사규제의 개선방안을 제안한다.

Ⅱ 담합의 개념과 범죄성(Criminality)

1. 담합의 개념

일반적으로 '담합' 또는 '카르텔'이라 함은 둘 이상의 사업자가 공동으로 상품 또는 용역의 가격 등의 거래조건, 거래량, 거래상대방, 거래지역 등을 제한하는 행위를 일컫는다.[5] '카르텔(Cartel)'이라는 용어는 '문서'라는 의미의 라틴어 'Carta', 'Karte'

---

[4] 우리나라는 이미 담합을 처벌하는 형법과 공정거래법의 규정을 가지고 있으므로 '형식적 범죄화'는 이루어져 있다고 할 수 있다. 남은 문제는 실제로 이것이 형사절차를 통해 다루어지고 형벌이 집행되는 '실질적 범죄화'라고 할 것이다. 이 개념은 Rebecca Williams, 'Cartels in the Criminal Law Landscape', in Caron Beaton-Wells & Ariel Ezrachi (ed.), *Criminalising Cartels - Critical Studies of an International Regulatory Movement*, Hart Publishing, Portland, 2011, 291면에서 얻었다.

[5] 권수진/신영수/김호기/최문숙(이하 '권수진 외 3인'으로 약칭), 담합행위에 대한 형사법적 대응방안, 한국형사정책연구원, 2011, 29면; 권오승/이봉의/이호영/홍대식/홍명수/조성국/신영수/황태희(이하 '권오승 외 7인'으로 약칭), 독점규제법, 법문사, 2017, 161면; 임영철/조성국, 공정거래법-이론과 실무-, 박영사, 2018, 205면.

등에서 유래한 것으로서, 중세에는 '교전국들 간의 문서에 의한 휴전협정'을 의미하는 것으로 사용되었다가 근대에 와서 '기업 간 경쟁에 있어서의 휴전'을 뜻하는 것으로 의미가 변경되었다고 한다.[6]

한편 카르텔 개념 정의에 있어서 '초과이윤의 확보'라는 요소를 포함시키는 입장이 있는데, 이에 따르면 카르텔은 ① 어떤 상품을 생산 또는 판매하는 둘 이상의 사업자가 존재하는 것을 전제로 ② 그 둘 이상 사업자들이 공동으로 행하는 행위로서 ③ 참가사업자들 서로 간에 사업에 관해 제한을 가할 것을 내용으로 하며 ④ 결과적으로 해당 상품 또는 서비스 시장에서 경쟁을 제한하고 카르텔 참가사업자들에게 일반적으로 초과이윤을 보장해 주는 기업행태를 의미한다고 한다.[7]

카르텔은 다수의 개별 사업자들이 협정을 맺는 형태가 일반적이지만, 동업자단체가 주체가 되어 가격 등을 결정하는 경우도 있는데 그 효과는 사업자들 간의 카르텔과 마찬가지이고, 동업자단체가 활성화되어 있는 우리나라나 일본의 경우 동업자단체에 의한 카르텔 사례가 적지 않게 발생한다고 한다.[8]

우리나라에서 '담합'개념과 '카르텔' 개념은 특별한 구별 없이 같은 의미로 사용되는 것이 보편적인 입장인 것으로 보인다.[9] 하지만 엄밀히 보았을 때 담합은 "사기, 협잡 등을 목적으로 하는 비밀스러운 공모, 결탁"을 의미하는 것이고, 카르텔은 "산출량, 판매활동, 제품가격 등을 통제하기 위한 사업자들의 결합 또는 연합"을 의미하는 것으로서 양자가 구별된다는 의견도 있다.[10]

용어의 엄밀한 의미에는 차이가 있다고 보는 것이 옳을지도 모르나 카르텔 또는 담합의 형사규제를 검토함에 있어서는 양자의 개념 구별은 큰 실익이 없는 것으로 보인다. 카르텔 또는 담합에 속하는 행위를 폭넓게 고찰하여 그 중 형사규제가 필요한 행위를 골라내고 또는 형사규제의 정도를 달리해야 할 행위들을 분류하는 작업이 중요하기 때문이다. 그리고 현행 공정거래법은 '담합' 또는 '카르텔'이라는 용어를 직접적으로 사용하지 않고 이를 대체하는 용어로서 '부당한 공동행위'라는 별개의 용어를 사용하면서 이를 규제하는 명문의 규정을 두고 있기때문에, 해당 규정을 중심으로 해석론 및 입법론을 전개하는 데 있어서 카르텔 개념과 담합 개념의 구별은 큰 의미를 가지지 못한다. 따라서 이 글에서는 '카르텔' 개념과 '담합' 개념을 별도로

---

6) 임영철/조성국, 앞의 책, 205면; 허찬무, 공정거래법과 카르텔규제, 비봉출판사, 2000, 17면.
7) 허찬무, 앞의 책, 16면.
8) 허찬무, 앞의 책, 16면.
9) 권오승 외 7인, 앞의 책, 161면; 임영철/조성국, 앞의 책, 205면
10) 허찬무, 앞의 책, 16면.

구별하지 않고 동일한 개념으로 사용토록 한다.

2. 담합의 종류-경성담합과 연성담합

담합은 그 경쟁제한 효과를 기준으로 이를 경성담합과 연성담합으로 분류할 수 있다. 즉 담합 중에서 특히 가격이나 수량, 판매지역 등에 관한 합의나 입찰담합과 같은 공동행위는 경쟁을 제한하는 효과가 크기 때문에, 이를 '경성카르텔(hardcore cartel)' 혹은 '경성담합'이라고 한다. 그러나 거래조건이나 상품의 종류나 규격, 기술개발 등에 관한 공동행위는 경쟁을 제한하는 효과와 아울러 효율성을 증대하는 효과를 가지기 때문에, 이를 '연성카르텔(softcore cartel)' 혹은 '연성담합'이라고 한다. 즉 경성담합은 경쟁제한 효과만 발생하는 경우이고, 연성담합은 경쟁제한 효과와 함께 효율성증대 효과가 나타나는 경우를 의미한다.

경성담합과 연성담합 개념의 구분을 긍정하게 되면 경성담합에 대해서는 경쟁제한성과 부당성을 매우 쉽게 인정할 수 있는 반면, 연성담합에 대해서는 경쟁제한 효과와 효율성증대 효과의 비교형량에 있어서 신중을 기하게 된다. 반면 양자의 구분을 부정한다면 행위유형과 상관없이 동일한 심사가 이루어지게 될 것이다.

경성담합은 합의의 성격이나 그 필연적 효과가 명백히 반경쟁적이기에 구체적인 시장분석이나 경쟁제한성 분석 없이도 그 위법성이 당연히 인정된다는 것이 미국에서 확립된 '당연위법(per se illegal)의 원칙'이다.[11] 이 원칙은 가격의 공동결정이나 입찰담합과 같은 특정한 유형의 행위는 경쟁제한 효과가 있다는 경험칙에 의해 그러한 행위들에 대해서는 상당한 분석비용을 들여 엄밀하게 경쟁제한성 평가를 할 사회적 효용이 존재하지 않는다는 사법심사의 경제적 측면을 고려한다.[12] 따라서 이 원칙이 적용되는 유형의 행위에 대하여는 경쟁제한성을 입증할 필요가 없고, 해당 행위가 경쟁제한성이 없다는 반증 또한 허용되지 않는다고 한다.[13]

우리 공정거래법은 경성담합이나 연성담합의 개념을 명시적으로 사용하고 있지는 않지만, 학계에서는 일반적으로 그 구별의 유효성을 인정하고 경성담합 당연위법의

---

11) 미국에서도 FTC와 DOJ의 'Antitrust Guidelines for Collaborations Among Competitors'(2000)에서 'per se illegal(당연위법) 원칙'과 'rule of reason(합리의 원칙)'이 적용되는 유형으로 구분하여 분석 방법을 제시하고 있고, 경성담합 행위자에 대해서는 DOJ가 형사기소한다는 원칙을 제시하고 있다(이재구, 공정거래법-이론, 해설과 사례-, 지식과 감성, 2018, 261면에서 재인용).

12) 권오승/서정, 독점규제법-이론과 실무-, 법문사, 2018, 258면.

13) 권오승/서정, 앞의 책, 258면.

원칙을 대체로 수용하는 것으로 보인다. 또 공정거래위원회도 실무적으로는 양자를 구분하여 그 경쟁제한성 심사에서 차별을 하고 있다.[14]

3. 담합의 폐해

담합의 폐해는 여러 차원에서 분석될 수 있다. 가장 일반적으로는 전체 경제질서의 관점에서 '시장 경제의 근간이라고 할 수 있는 수요, 공급에 의한 가격 및 공급량 결정을 막음으로써 시장원리의 작동을 방해한다'거나 '사회적으로 최적 수준보다 높은 가격 수준을 가져와 자원배분의 비효율성을 낳는다'[15]는 점을 들 수 있다. 즉 시장경제 제도는 무엇보다도 경쟁의 원리에 근거하고 있다고 할 수 있는데, 담합은 이러한 경쟁의 공정성을 해침으로써 경제제도의 원칙을 무너뜨리는 효과를 낳는다는 것이다. 이로 인해서 경쟁이 자극하는 '창의적인 기술개발이나 품질향상 또는 경영합리화 노력 등'이 사라지고 이에 따라 '경제의 역동적인 발전을 기대할 수 없게 된다'[16]고도 한다. 우리나라를 비롯하여 대부분의 국가들이 담합행위를 경쟁법을 통하여 규제하고 있는 기본적인 이유가 여기에 있다.

그런데 이같은 담합의 폐해는 보다 구체적으로 기업과 소비자에게로 옮겨진다. 먼저 기업의 입장에서 담합은 전반적인 경쟁력의 약화를 초래할 가능성이 높다. 담합에 참여하는 기업들은 안정적인 독점이윤이 보장될 것이므로 기술이나 경영의 혁신유인이 사라지게 되고, 이러한 동력을 가지고 있는 신규 기업들은 담합으로 인해 시장에 진입하지 못하게 됨으로써 자신들의 꿈을 실현할 기회를 갖지 못하게 된다. 경쟁력 없는 기업은 살아남고 경쟁력 있는 기업은 퇴출되는, 즉 '악화가 양화를 구축하는' 최악의 결과가 될 수 있는 것이다.[17]

나아가 소비자들에게는 더욱 현실적인 피해가 발생한다. 소비자들은 담합으로 인해 인위적으로 높게 형성된 가격을 지불하고 상품을 구입할 수밖에 없다. 또 설령 상품의 품질이 낮아지더라도 다른 대체 상품이 없으므로 이를 감내해야 하는 상황을 맞게 된다. 이러한 피해를 정확한 금액으로 산정하기는 쉽지 않지만, OECD는 매년 전 세계적으로 담합이 초래하는 피해액은 '보수적으로 보더라도 10억 달러 이상일

---

14) 공정거래 심사기준 제3조 참조.
15) 유진수/권남훈, "부당한 공동행위", 윤창호/장지상/김종민 편, 한국의 경쟁정책, 형설출판사, 2011, 135–136면.
16) 허찬무, 위의 책, 39면.
17) 허찬무, 위의 책, 같은 면.

것'이라고 평가한다. 또 미국의 양형위원회는 담합이 통상 10% 정도의 가격 상승을 가져올 것이라는 전제에서 적절한 벌금을 계산하도록 하고 있다.[18] 마찬가지로 1999년 비타민 가격에 대한 국제담합사건에서 당시 미국의 법무부 반독점 차관보였던 클라인(Klein)은 "담합 참가 기업들을 위해 미국 소비자들이 추가로 지불한 금액이 5억 달러에 상당"하다고 평가하였다.[19] 이와 같이 담합은 그 대상이 되는 상품의 소비자로부터 담합 참가 기업에로 소득을 이전시키는 결과를 낳는데, 이것은 담합이 전체 사회의 경제질서뿐만 아니라 개인의 재산에도 피해를 입히는 일종의 재산범죄가 될 수 있다는 것을 뜻한다.

4. 담합의 범죄성

담합이 위와 같은 피해를 수반한다 하더라도 이를 범죄로 볼 것인가는 또 다른 문제이다. 특히 미국을 제외하고 전 세계적으로 담합이 범죄로 규정된 것은 비교적 최근의 현상이며, 오히려 이것은 나라에 따라서 전통적으로 장려되기도 하였고 혹은 규제되는 경우라도 형벌이 아니라 주로 행정상의 제재로 이루어져 왔다는 사실은 담합의 범죄성에 대해 의심을 갖게 한다.[20] 달리 말해 담합과 같은 '경제'범죄는 다만 효율성의 원리에 따라 경제법에 의해 규율되는 것일 뿐 형법에 규정된 범죄와 같은 반도덕적 가치를 포함하고 있지 않다는 것이다.[21] 여기에 일정한 담합은 왕왕 법에 의해 허용되어 있다는 사실은 그 도덕성에 대한 판단을 더욱 애매하게 만든다.[22]

이러한 문제는 담합을 어떠한 세재로 통제하는 것이 보다 더 효과적인가 하는 질문과는 다른 것이다. 예컨대 법인에 대해서는 과징금이 개인에 대해서는 자유형이 더 효율적이라거나, 법인에 대해서도 금전적 제재 이외에 실질적인 효과를 갖는 보안처분이 필요하다는 주장은 모두 제재의 효과에 초점을 맞춘 예방적 관점을 기준으로 하고 있다. 이와는 달리 담합행위에 형벌이 부과될 만한 반도덕적 불법이 있는가 하는 물음은 형벌의 정당화(ligitimation)에 관한 것으로서 담합의 범죄화에 관한 본질

---

18) Caron Beaton-Wells, 'Capturing the Criminality of Hard Core Cartels: The Australian Proposal', *Melbourne Univ. Law Review 31*, 2007, 690면.

19) 허찬무, 위의 책, 38면.

20) 2차대전 이전에 독일과 네덜란드 등에서 담합이 국가에 의해 허용되었을 뿐만 아니라 권장되기도 하였다는 지적은 이상윤, '카르텔 규제의 형사적 집행 효과에 관한 의문들－공정거래법 전면개편안의 전속고발권 폐지 관련 내용을 중심으로', 고려법학 95, 2019, 180면.

21) Caron Beaton-Wells, 위의 글, 677면.

22) 위의 글, 696-697면.

적인 문제라고 할 수 있다. 따라서 이하에서 간단하게나마 이를 검토해보고자 한다.

법철학자 그린(Green)은 어떤 행위가 범죄성을 갖는다고 하기 위해서는 다음의 3가지 요소, 즉 책임(culpability), 피해(harmfulness), 도덕적 그릇됨(moral wrongfulness)이 갖추어져야 한다고 하였다.[23] 여기에서 책임은 "범죄행위를 할 때 피고인의 마음 상태"를 뜻한다. 이것은 법적으로는 범죄인이 행위 당시에 주변 사정과 자신 행위의 위법성을 알았거나 알았어야 했다는 것, 즉 고의나 과실, 위법성의 인식 등을 의미하는 것이다. 그런데 이러한 책임요소는 범죄의 성립조건으로 언제나 요구되는 것이고, 담합범죄의 경우에도 당연히 마찬가지이다. 또 피해는 "어떤 사람의 이익에 대해 상당기간 지속되는 의미있는 침해"라고 정의될 수 있는데, 이때의 '이익'에는 개인적인 이익뿐만 아니라 사회의 집단적인 이익도 포함되는 것이다. 따라서 위에서 살펴본 것처럼 소비자들의 재산상 손해뿐 아니라 경쟁질서의 침해와 같은 사회적 문제도 그 피해로 포함하고 있는 담합범죄의 경우에는 이러한 요소가 존재한다는 점이 별 문제없이 증명될 수 있다.

가장 알기 어렵고 논란이 되는 것은 도덕적 그릇됨의 문제이다. 과연 담합행위를 도덕적으로 잘못된 행위라고 할 수 있을까. 이에 대해 그린은 "어떤 행위를 그릇되게 만드는 것은 그 행위의 결과가 아니라 그 행위 자체가 도덕적 규칙이나 의무를 위배했다는 데에 있다"는 존재론적 관점을 취한다. 그리고 담합과 관련한 이러한 도덕적 규칙으로 그린은 일상생활에서 불공정하거나(cheating) 속이거나(deceiving) 훔치는(stealing) 행위가 금지되어 있다는 일반적인 규범을 든다.[24] 담합은 첫째, 가격이 판매자 각각에 의해 독자적으로 결정된다는 시장의 규칙을 위반했다는 점에서 불공정한 행위이고, 둘째, 담합 사실을 알지 못하는 소비자나 공급자 혹은 (입찰 담합의 경우에는) 입찰관리자를 속이는 행위이며, 셋째, 결국 소비자로 하여금 비싼 가격을 지불하게 한다는 점에서 훔치는 행위이다. 결국 이상의 논증을 통해 담합의 범죄성 요소는 모두 충족된다.

담합행위의 반도덕성, 따라서 이를 범죄로 다루어야 할 필요성과 정당성을 논구하는 이런 시도는 특히 담합이 범죄로 평가받기 위해서는 '경쟁이 제한되었다'는 결과가 필요하다고 보는 유럽식의 '결과중심적 접근'에 비해, 이러한 결과와 관계없이 담합행위 자체가 갖는 음모성(conspiracy)이 범죄의 핵심요소라고 보는 미국식의 '행위중심적 접근'을 강조하게 된다. 행위중심적 접근은 담합행위 자체에 대한 도덕적 평

---

23) Stuart P. Green, *Lying, Cheating, and Stealing: A Moral Theory of White-Collar Crime*, Oxford University Press, 2006, 44면. (Caron Beaton-Wells, 위의 글, 678면에서 재인용)

24) 위의 책, 45면. (Caron Beaton-Wells, 위의 글, 678면에서 재인용)

가를 강조하고 따라서 이에 대한 (형사 혹은 민사적) 사법 절차를 통한 규제로 이어지게 되는 반면, 담합이 시장에 미치는 영향에 대한 관심은 이를 다만 경제적 평가의 문제로 보게 하고 이에 따라 자연스럽게 행정조사와 타협적 해결을 통해 이를 통제하려 한다.[25]

이러한 맥락에서 하딩(Harding)은 "미국 이외의 곳에서 담합의 범죄화가 성공하기 위해서는, 도덕적으로 문제되는 것이 단지 반경쟁적 결과가 아니라 담합행위 자체라는 것을 인식하여야 하며"[26] 이러한 범죄성에 대한 인식이 없이는 담합의 범죄화 전략이 성공할 수 없다고 했던 것이다.[27] 그에게 담합행위는 "교묘하고, 은폐된, 의도적 불법행위가 집단적으로 조직되어 반경쟁적 목적을 추구한 것"[28]이며, 따라서 당연히 처벌되어야 할 범죄행위 가운데 하나이다.

Ⅲ 담합에 대한 처벌규정 및 그 적용실태

1. 담합에 대한 처벌규정

(1) 독점규제 및 공정거래에 관한 법률

담합은 우선 '독점규제 및 공정거래에 관한 법률'에 의해 규제된다. 이 법의 제19조 제1항은 "사업자는 계약·협정·결의 기타 어떠한 방법으로도 다른 사업자와 공동으로 부당하게 경쟁을 제한하는 다음 각 호의 어느 하나에 해당하는 행위를 할 것을 합의하거나 다른 사업자로 하여금 이를 행하도록 하여서는 아니된다"고 하여 사업자 사이의 부당공동행위, 즉 담합을 금지하고 그 구체적인 행위유형을 9가지로 나열하고 있다. 이 가운데 가격을 결정·유지 또는 변경하는 행위(1호), 상품의 생산·출고·수송 또는 거래의 제한이나 용역의 거래를 제한하는 행위(3호), 거래지역 또는 거래상대방을 제한하는 행위(4호), 입찰 또는 경매에 있어 낙찰자, 경락자, 투찰가격, 낙찰가격 또는 경락가격 등을 결정하는 행위(8호)는 경쟁제한 효과가 큰 경성담합이며

---

25) Christopher Harding, 'Business Collusion as A Criminological Phenomenon', *Critical Criminology 14*, 2006, 186면.

26) Christopher Harding, 'Forging the European Cartel Offence: The Supranational Regulation of Business Conspiracy', *European Journal of Crime, Criminal Law and Criminal Justice 12*, 2004, 284-5면.

27) Christopher Harding, 위의 글, 2006, 183면.

28) 위의 글, 같은 면.

나머지 유형은 연성담합이다.

이 규정을 위반하여 부당한 공동행위를 하거나 이를 행하도록 한 자는 "3년 이하의 징역 또는 2억원 이하의 벌금"에 처해진다(제66조 제1항). 또 이와는 별개로 공정거래위원회는 "당해 사업자에 대하여 대통령령이 정하는 매출액에 100분의 10을 곱한 금액을 초과하지 아니하는 범위안에서 과징금을 부과할 수 있다."(제22조) 뒤에 살펴보겠지만 공정거래위원회는 부당공동행위에 대한 제재로 주로 이 과징금을 부과하고 있다.

그런데 이에 대해서는 면책규정이 있다. 즉 공정거래법 제19조 제2항은 "부당한 공동행위가 (산업합리화, 연구·기술개발, 불황의 극복 등) 각호의 1에 해당하는 목적을 위하여 행하여지는 경우로서 … 공정거래위원회의 인가를 받은 경우에는 이를 적용하지 아니한다"고 하여, 일정한 사유가 있는 경우에는 사업자 간의 공동행위를 허용하고 있다. 그런데 이와 반대로 같은 조의 제5항은 "2이상의 사업자가 제1항 각호의 어느 하나에 해당하는 행위를 하는 경우로서 해당 거래분야 또는 상품·용역의 특성, 해당 행위의 경제적 이유 및 파급효과, 사업자 간 접촉의 횟수·양태 등 제반사정에 비추어 그 행위를 그 사업자들이 공동으로 한 것으로 볼 수 있는 상당한 개연성이 있는 때에는 그 사업자들 사이에 공동으로 제1항 각호의 어느 하나에 해당하는 행위를 할 것을 합의한 것으로 추정"하도록 하여 부당공동행위의 처벌범위를 넓히고 있다. 각 조항의 해석상 문제에 대해서는 후에 서술한다.

(2) 형법과 건설산업기본법

다음으로 형법은 제315조에서 "위계 또는 위력 기타 방법으로 경매 또는 입찰의 공정을 해한 자는 2년 이하의 징역 또는 7백만원 이하의 벌금에 처"하도록 하여 경매·입찰방해죄를 규정하고 있다. 이 조항은 담합을 명시적인 행위로 포함하고 있지는 않지만 행위방법에 특별한 제한도 두고 있지 않으므로 담합을 통해 경매나 입찰의 공정을 해한 때에는 위계에 의한 경매·입찰방해 혹은 기타 방법에 의한 경매·입찰방해죄가 성립하게 될 것이다.[29] 이 경우 공정거래법 제19조 제1항 제8호와의 관계가 문제되는데, 양자는 법조경합으로서 하나의 행위가 두 조항에 모두 해당하는 때에는 특별법인 공정거래법 위반행위만이 성립한다고 보아야 할 것이다.[30] 다만 공

---

[29] 김일수/서보학, 새로쓴 형법각론, 박영사, 2016, 188면; 이재상/장영민/강동범, 형법각론, 박영사, 2019, 220면; 신동운, 형법각론, 법문사, 2018, 799면.

[30] 같은 취지로 권수진 외 3인, 위 보고서, 81면. 그런데 공정거래법 위반범죄는 즉고발범죄이므로 공정거래위원회의 고발이 있어야만 기소할 수 있다. 여기에서 공정거래위원회의 고발이 없는 경우 검사가 이

정거래법은 행위의 주체를 사업자로 한정하고 있으므로 사업자가 아닌 사람이 이 죄를 범했을 때에는 형법의 경매·입찰방해죄만 성립하게 될 것이다.

다음으로 건설산업기본법 제95조는 건설공사의 입찰에서 "부당한 이익을 취득하거나 공정한 가격 결정을 방해할 목적으로 입찰자가 서로 공모하여 미리 조작한 가격으로 입찰"하거나 "위계 또는 위력 그 밖의 방법으로 다른 건설사업자의 입찰행위를 방해한 자"를 5년 이하의 징역 또는 2억원 이하의 벌금으로 처벌한다. 이것은 실제로 건설공사에서 많은 입찰담합행위가 이루어지고 있는 현실을 반영한 형법의 경매·입찰방해죄에 대한 특별규정으로 보아야 할 것이다. 두 조항의 해석상의 여러 문제에 대해서는 후술한다.

2. 처벌규정의 적용실태

다음으로 이러한 처벌규정이 현실에서 얼마나 적용되고 있는지를 살펴본다. 그런데 형법의 경매·입찰방해죄와 건설산업기본법 위반범죄는 해당 조항에만 관련된 통계를 구할 수 없으므로[31] 다만 여기에서는 공정거래법 위반행위에 대한 처리 결과를 통해 담합이 전체적으로 어떤 절차를 통해 어느 정도로 규제되고 있는지 알아보려한다.

■표 1 공정거래법 위반유형별 사건처리 실적(2010-2019)[32]

연도	시장지배적 지위남용	기업결합	경제력집중	부당공동 행위	사업자 단체	불공정거래 행위
2010	19	21	38	104	113	725
2011	23	22	83	135	155	599
2012	10	39	34	76	144	843
2013	13	21	45	89	114	381

를 형법의 경매·입찰방해죄로 기소할 수 있는가 하는 문제가 발생한다. 이에 대해 위의 법조경합 관계를 엄격히 적용한다면 검사는 기소할 수 없고 만약 기소하였다면 공소기각을 하여야 한다고 보아야 할 것이다. 그러나 이 경우 검사의 기소재량을 인정하여 형법의 경매·입찰방해죄로 기소가 가능하다고 볼 여지도 있다. 판례는 후자의 입장이다. 대법원 2010. 10. 14, 2010도4940 판결 참조.

31) 사법연감에는 각각 신용, 업무와 경매에 관한 죄와 건설산업기본법 위반 전체 범죄의 통계가 집계되어 있을 뿐이다.

32) 공정거래위원회, 2019년도 통계연보, 2020, 26면.

2014	14	39	65	173	109	478
2015	11	27	100	235	126	505
2016	9	23	151	273	82	283
2017	12	37	65	202	65	205
2018	12	35	71	315	74	254
2019	5	14	67	202	62	214

위 <표 1>을 통해 부당공동행위가 전체 공정거래법 위반행위 가운데 상당한 비중을 차지하고 있음을 알 수 있다. 특히 2016년 이후로 부당공동행위는 불공정거래행위와 함께 전체 위반행위 가운데 가장 많은 수를 기록하고 있다. 담합은 이제 공정거래법에서도 가장 중요한 문제 가운데 하나가 된 것이다.

■ 표 2 **부당공동행위 조치유형별 시정실적(1981–2019)[33]**

연도	고발		시정명령		시정권고	경고	자진신청	합계
		과징금		과징금				
1981~1995	3	0	44	11	32	61	0	140
1996	0	0	19	13	6	11	0	36
1997	1	0	11	6	8	2	0	22
1998	0	0	32	19	2	3	0	37
1999	0	0	34	15	0	0	0	34
2000	3	3	32	9	0	12	0	47
2001	4	1	29	6	0	10	0	43
2002	0	0	34	14	0	13	0	47
2003	5	3	11	6	0	7	0	23
2004	3	2	21	10	0	11	0	35
2005	4	2	28	19	0	14	0	46

---

33) 위 연보, 61면.

2006	3	2	31	25	0	11	0	45
2007	7	6	22	18	0	15	0	44
2008	5	5	45	38	0	8	7	65
2009	5	5	33	16	0	10	13	61
2010	1	1	34	25	0	23	4	62
2011	8	8	38	27	0	18	8	72
2012	2	2	28	22	0	10	1	41
2013	12	12	20	16	0	10	3	45
2014	36	36	25	20	0	14	1	76
2015	9	9	61	54	0	18	0	88
2016	22	21	27	22	0	15	0	64
2017	27	27	27	25	0	12	3	69
2018	44	39	91	55	0	11	11	157
2019	19	19	35	30	0	4	18	76

■ 표 3 공정거래법 위반유형별 과징금 부과 현황(2015-2019)[34]

(단위: 백만원)

연도	시장지배적 지위남용		경제력 집중억제		부당공동행위		사업자단체 금지행위		불공정거래 행위		합계	
	건수	금액	건수	금액	건수	금액	건수	금액	건수	금액	건수	금액
2015	4	12,538	3	2,166	63	504,919	19	1,745	19	24,295	108	545,663
2016	0	0	2	429	45	756,040	11	1,274	12	17,283	70	775,026
2017	1	1,031,145	1	2,403	52	229,439	14	2,253	10	11,375	78	1,276,615
2018	1	6,320	1	2,961	94	237,950	14	1,534	10	42,049	120	290,814
2019	2	8,855	3	736	52	73,762	1	500	11	10,283	69	94,136

<표 2>를 통해 공정거래위원회는 부당공동행위에 대해 시정명령을 가장 많이 활용하고 있음을 알 수 있다. 고발은 2012년까지는 별로 이루어지지 않아오다가

---

34) 위 연보, 36면.

2013년부터 큰 폭으로 증가하였다.35) 한 가지 눈에 띄는 것은 고발이나 시정명령이 있는 경우 대부분 과징금이 함께 부과된다는 것이다. 이것은 <표 3>에서 볼 수 있듯이 공정거래법 위반행위 가운데 부당공동행위에 대한 과징금 부과비중이 압도적으로 높다는 점을 통해서도 확인된다.

결국 이를 종합해보면 다음과 같이 요약된다. 담합, 즉 공정거래법 제19조 제1항의 부당공동행위에 대해서 공정거래위원회는 검찰에 고발하여 형사절차를 진행하고 형벌을 부과하는 것에 대해서는 소극적인 자세를 취하고 있다. 반면 과징금의 부과는 상당히 적극적으로 이루어지고 있어서, 부당공동행위에 대한 공정거래위원회의 규제가 형사처벌보다는 과징금 부과 등 행정제재에 주로 의존하고 있다는 것을 보여준다.

■표 4　**부당공동행위 위반유형별 시정실적(1981-2019)36)**

연도	가격의 공동결정유지	판매 조건	생산출고 제한	거래지역 상대방 제한	종류규격 제한	공동회사 설립	사업활동 제한	입찰 담합	합계
1981 ~ 1995	100	8	7	14	1	3	7	0	140
1996	27	1	0	3	0	2	3	0	36
1997	14	1	1	3	0	1	2	0	22
1998	33	0	0	2	0	0	2	0	37
1999	29	0	0	0	0	0	5	0	34
2000	37	3	2	2	0	3	0	0	47
2001	32	3	0	4	0	2	2	0	43
2002	31	2	1	5	1	5	2	0	47
2003	16	2	1	1	0	0	3	0	23
2004	28	1	1	1	1	1	2	0	35

---

35) 그 이유를 정확히 알 수는 없지만, 이것은 아마도 공정거래위원회의 전속고발권 폐지 논란과 관계가 있는 듯하다. 즉 2010년대 초반 전속고발권의 폐지 주장이 점차 힘을 얻어가자 공정거래위원회는 고발 건수를 늘리는 것으로 이에 대응하였다는 추론이 가능하다. 공정거래위원회의 전속고발권 문제에 대해서는 최정학, 공정거래위원회의 전속고발권 존폐론의 검토, 형사법연구 23(3), 2011, 311면 이하를 참조.
36) 위 연보, 62면.

2005	38	0	0	5	0	2	1	0	46
2006	37	0	2	1	1	2	2	0	45
2007	33	1	1	4	0	0	5	0	44
2008	52	0	0	7	0	3	3	0	65
2009	29	3	1	4	0	2	1	21	61
2010	23	0	1	3	0	2	3	30	62
2011	28	4	0	3	0	1	2	34	72
2012	17	0	3	0	0	5	2	14	41
2013	19	0	1	0	0	1	2	22	45
2014	16	0	5	1	0	1	2	51	76
2015	15	1	3	1	0	1	1	66	88
2016	19	0	1	2	0	1	2	39	64
2017	13	0	1	2	0	0	3	50	69
2018	17	0	0	0	0	0	2	138	157
2019	14	0	2	2	0	1	2	55	76

끝으로 <표 4>를 통해 부당공동행위 시정실적 가운데에서도 그 대부분을 가격의 공동결정·유지와 입찰담합이 차지하고 있음을 확인할 수 있다. 입찰담합은 2007년 공정거래법 개정으로 제19조 제1항에 삽입되었는데, 실질적인 규제가 이루어진 2009년 이래 가장 많은 단속건수를 보여주고 있다.

IV 담합규제에 대한 외국의 예

1. 미국-셔먼법(Sherman Act) 집행의 역사

잘 알려진 대로 미국은 일찍이 1890년 셔먼법을 제정하여 담합행위를 한 기업과 기업의 경영진을 형사처벌해 왔다. 사실 카르텔에 대한 미국과 유럽의 접근 방식은 크게 대비되는데, 전자가 '행위중심적'인, 즉 담합행위의 도덕성 혹은 이에 대한 참여자들의 태도를 문제삼아 이를 형법적으로 문제삼는다면, 유럽은 경쟁법적 관점에서 실제 경쟁이 저해되었는가를 문제삼는 '결과 중심'의 접근을 하고 제재 또한 주로 경제법이나 행정법을 통하여 이루어지고 있다.[37]

　유럽과 달리 미국이 담합행위에 대해서 도덕적인 접근을 하고, 따라서 형벌 위주의 대응을 해온 데에는 역사적이고 정치적인 여러 가지 이유가 있을 것이다. 예컨대 일반적으로 미국에서는 초기부터 자본주의 시장경제에 대한 신념이 강하였고 따라서 이에 반하는 기업의 집중과 권한남용 등의 행위에 대한 불신이 강했던 반면, 민족국가와 기업들의 연합체를 통해 식민지를 착취했던 경험이 있는 유럽의 경우에는 이러한 행위들에 대해 애매모호한 태도를 취해왔다는 설명[38]이 가능하다. 실제로 미국에서 1890년 셔먼법이 제정될 당시, 또 1974년 이 법의 형량을 크게 높일 때에도 이렇게 담합행위를 한 대기업들에 대한 대중들의 분노가 큰 역할을 하였다고도 하고,[39] 또 지금도 다수의 미국인들에게 가격담합은 마치 은밀한 절도와 같이 여겨지고 있다고도 한다.[40]

　여하튼 이렇게 미국은 지금까지 전세계적으로 담합행위에 대한 형사처벌을 주도해온 나라로 인식되어 왔고, 실제로도 이로 인한 개인 처벌의 대부분이 미국에서 이루어진 것으로 파악되고 있다.[41] 하지만 알려진 바와는 달리 미국에서도 법률의 제정 이후 처음부터 담합행위에 대한 처벌이 활발하게 이루어졌던 것은 아니고, 이를 위해서는 상당한 시간이 필요하였다고 할 수 있다. 이런 맥락에서 미국 셔먼법 집행의 역사를 간단히 개괄해 보면 다음과 같다.[42]

---

37) 담합의 규제에 대한 용어의 차이에서도 이 같은 양대륙의 시각의 차이가 드러난다. 미국에서는 주로 'Anti-trust'라고 하는 반면, 유럽에서는 이를 'Competition Regulation'이라고 말한다. 전자가 어느 정도의 부정적인 의미를 담고 있는 반면, 후자는 매우 중립적인 용어이다. Christopher Harding & Joshua, *Regulating Cartels in Europe*, Oxford Univ. Press, 2010, 2면, 각주 1. 이 밖에 담합행위에 대한 미국과 유럽의 제재방식의 비교로는 Caron Beaton-Wells, 위의 글, 698면.

38) Christopher Harding, 위의 글, 2006, 186면. 같은 글, 187면은 이러한 사실을 잘 보여주는 역사적 자료로 1944년 미국 루스벨트 대통령이 국무부에 보낸 서한을 들고 있는데, 그 내용은 다음과 같다. "지난 반세기 동안 미국은 사적 독점에 반하는 전통을 만들어 왔다. 셔먼법과 클레이튼법은 마치 헌법에서 적법절차와 같이 미국적인 삶의 한 방식이 된 것이다. … 불행히도 많은 다른 나라들, 특히 유럽의 여러 나라들은 담합을 통제하는 이런 전통을 갖고 있지 않다. 오히려 몇몇 나라들은 담합을 권유하기까지 한다. … 국제거래에서 상품의 자유로운 유통을 제한하는 담합의 관행은 앞으로 억제되어야 할 것이다. …"

39) Donald I. Baker, 'Punishment for Cartel Participants in the US', in Caron Beaton-Wells & Ariel Ezrachi (ed.), *Criminalising Cartels-Critical Studies of an International Regulatory Movement*, Hart Publishing, Portland, 2011, 32면.

40) Donald I. Baker, 위의 글, 33면.

41) Donald I. Baker, 'The Use of Criminal Law Remedies to Deter and Punish Cartels and Bid-Rigging', *69 George Wsahington Law Review*, 2001, 707면; 이상윤, 위의 글, 187-188면.

42) 이하 내용은 Donald I. Baker, 위의 글, 2001, 694면 이하와 Donald I. Baker, 위의 글, 2011, 23면 이하를 주로 참고하였다.

1890년 셔먼법이 제정되었을 때 담합행위는 5천달러 이하의 벌금과 1년 이하의 징역으로 처벌되는 경범죄(misdemeanors)로 규정되었다.[43] 그러나 우선 그 구성요건부터 명확하지 않았는데, 이것은 이 법률이 전통적인 보통법(common law)의 체계를 따랐기 때문이다. 즉 무엇이 법률을 위반한 행위인가를 정하는 것에 대해서는 법관에게 광범위한 재량권이 부여되었다. 반대로 구체적인 사건에서 사실관계를 확정짓는 것은 배심원의 몫이었다. 또 법률 제정 직후에는 법무장관(Attorney General)이 독점행위에 대한 민사와 형사적 집행을 모두 담당하는 등 담합행위의 통제에 투여된 정부의 자원도 충분하다고 할 수 없었다. 그러다가 독점의 통제에 매우 열성적이었던 루스벨트(Roosevelt) 대통령(1901-1909)은 법무부내에 반독점국(Antitrust Division)을 만들고 여기에 셔먼법 위반행위에 대해 지방 검찰의 동의없이 독자적으로 기소할 수 있는 권한을 부여한다.

구성요건의 불명확성은 시간이 지나면서 법무부의 반독점국과 법원의 해석에 의해 보완되어, 처벌되는 행위와 민사제재 혹은 손해배상의 대상이 되는 행위가 보다 명확하게 구분되게 되었다. 예컨대 가격담합(price-fixing), 입찰담합(bid-rigging), 고객이나 시장의 분할(customer or market allocation)은 범죄에 해당하고, 합작 투자 규칙(joint venture rules)이나 표준설정 관행(standard setting practices), 수직적 제한(vertical restraints) 등은 민사적 제재의 대상이 된다.[44] 이러한 과정을 거쳐 1940년대가 되어서야 비로소 기업에 대해서 일반적으로 셔먼법에 의한 처벌이 이루어졌다고 할 수 있고, 담합행위를 한 개인에 대해 주목할 만한 실형이 선고된 것은 이로부터 다시 20여년이 지난 1960년대 이후부터라고 할 수 있다.

오펙(OPEC) 오일 카르텔과 이로 인해 발생한 미국내 인플레이션은 담합에 대한 형사제재를 강화하는 정치적 계기가 되었다. 1974년 미국 의회는 셔먼법 위반행위를 중범죄로 규정하고 기업에 대한 벌금을 1백만 달러 이하로, 개인에 대해서는 10만 달러 이하의 벌금 또는 3년 이하의 징역으로 상향하는 법개정을 한다. 이와 함께 법률의 집행예산 또한 비약적으로 증가하고 동시에 법무부 반독점국은 앞으로 개인에 대한 처벌, 특히 자유형이 부과될 수 있음을 강조한다.[45]

---

43) Sherman Act, ch. 647, 26 Stat. 209 (1890)
44) 이러한 기준은 후에 셔먼법 제1조의 판단기준으로 등장한 '당연위법(per se illegal)'과 '합리성의 원칙(rule of reason analysis)'의 구별과 상응하기는 하지만, 양자가 정확하게 일치하는 것은 아니다. 즉 범죄에 해당하는 모든 행위는 '당연 위법'이겠지만, 당연히 위법한 모든 행위가 반드시 범죄인 것은 아니다. 예컨대 끼워 팔기(tie-ins)나 수직적 제한이 여기에 해당한다.
45) Donald I. Baker, 위의 글, 2011, 30면.

1987년에는 '대안 벌금(alternative fine)', 즉 '범죄행위로 인한 피고인 혹은 공모자의 이익 또는 사회적 손실의 2배에 해당하는 액수'를 셔먼법상의 벌금과 비교하여 더 큰 액수를 벌금으로 부과하는 새로운 제도가 도입되고,[46] 1990년에는 다시 기업에 대한 벌금의 상한은 1천만 달러, 개인에 대해서는 35만 달러로 상향조정된다. 이 형량은 다시 2004년 기업에 대해서는 1억 달러, 개인에 대해서는 1백만 달러 이하로 개정되어 현재에 이르고 있다.

한편 1991년에는 단체에 대한 양형기준(Sentencing Guidelines of Organizations)이 마련되어 담합행위에 대한 형벌이 더욱 높아지면서도 균등하게 부과되기에 이른다. 양형기준은 형벌의 수준을 정함에 있어, 기본적으로 부과된 점수(points) 이외에 피고인의 행위에 의해 영향받은 '거래의 규모(volume of commerce)'를 고려하게 하고, 그 밖에 범죄행위에서 피고인의 역할의 중요성, 과거 범죄전력 등을 통해 조정(adjustments)이 가능하게 함으로써 그 정도를 크게 높이는 효과를 가져왔다.

그 결과 1990년대 중반을 지나면서 기업에 대해서 높은 벌금이 부과되기 시작한다. 즉 양형기준이 사용되기 이전, 예컨대 1992년에는 기업에 대해 부과된 평균 벌금액이 50만 달러 미만이었지만, 1995년 이후에는 1천만 달러를 넘어서는 경우도 드물지 않게 되었다. 실제로 셔먼법이 제정된 1890년부터 1994년까지 부과된 벌금액보다 1995년부터 2000년까지 반독점국에 의해 거두어들인 벌금액이 더 많다고 한다.[47] 예컨대 1999년 비타민 카르텔 사건에서 Hoffman La Roche와 BASF 두 회사는 각각 5억 달러와 2억 2천 5백만 달러를 벌금으로 납부하였다. 참고로 1970년대 이래 셔먼법 위반으로 기업에 부과된 벌금의 총액을 표로 나타내면 다음과 같다.

■표 5 미국에서 담합범죄로 기업에게 부과된 벌금의 총액(1970−2009)[48]

연도	벌금 총액
1970−79	4,800만 달러
1980−89	1억 8,800만 달러
1990−99	16억 달러

---

46) 18 U.S.C. §3571 (d), 형사벌금개선법(The Criminal Fines Improvements Act of 1987)

47) William E. Kovacic, 'Criminal Enforcement Norms in Competition Policy: Insights from US Experience', in Caron Beaton−Wells & Ariel Ezrachi (ed.), *Criminalising Cartels−Critical Studies of an International Regulatory Movement*, Hart Publishing, Portland, 2011, 66면.

48) William E. Kovacic, 위의 글, 67면.

2000–09	42억 달러

개인에 대해서도 마찬가지이다. 1890년 셔먼법 제정 이래로 60여년간 개인에 대한 처벌은 별로 이루어지지 않아 오다가 1950년대 말 전기장비(electiric equipment) 담합 사건에서 기업 경영진이 처음으로 실형을 선고받게 된다. 사실 이 사건의 선고 형량 은 그리 높지 않았다. 하지만 이 판결은 기업계는 물론 일반 대중에게 가격 담합이 중대한 경쟁법 위반이며 이에 대해서 실형이 선고될 수 있다는 것을 널리 인식하게 하는 중요한 계기가 되었다고 평가받는다.49) 이후 1974년 법개정과 함께 법무부 반 독점국은 개인에 대한 형벌, 특히 자유형의 예방효과를 강조하기 시작한다. 이에 따 라 그 후 계속해서 셔먼법 위반 형사사건의 수가 늘어나고, 특히 1987년 개인에 대 한 양형기준이 도입되면서50) 실형선고의 수와 기간이 대폭 증가하게 된다. 예컨대 1999년과 2000년에는 모두 50명이 12,246일(약 34년)의 징역형을 선고받았는데, 이 가운데 15명에게는 1년 이상의 형이 선고되었다고 한다. 그리고 아래에서 보듯이 이 기간은 2000년대에 들어와 다시 폭발적으로 증가하게 된다. 1960년대 이래 미국에서 셔먼법 위반으로 처리된 형사사건의 수와 2000년부터 2009년까지 담합범죄로 인한 형사사건 가운데 개인이 실형을 선고받은 사건의 비율, 그리고 개인이 복역한 자유 형의 총 기간을 표로 나타내보면 다음과 같다.

■ 표 6 미국에서 수평적 담합을 이유로 처리된 형사사건의 수(1961–2009)51)

연도	기소된 사건 수	연평균
1961–70	128	12.8
1971–80	281	28.1

49) William E. Kovacic, 위의 글, 64면.
50) 사실 양형기준은 기업에 비해 기업경영자 개인에 대한 처벌이 잘 이루어지지 않는다는 사실이 그 제정 동기가 되었다고 한다. 당시 법관들은 여러 가지 이유로, 예컨대 피고인이 지역사회의 유지라거나 사회 의 다른 구성원들에게 어떤 위험도 되지 않는다거나, 또는 깊이 반성한다거나 기타 재범의 위험성이 없 다는 등의 사유로 실형 선고를 꺼려하는 경향이 있었는데, 이렇게 기업과 개인 처벌에 있어서의 불균등 이 결국 객관적인 양형기준을 제정하게 만들었다는 것이다. Donald I. Baker, 위의 글, 2001, 706면. 그런데 이 양형기준에 대해서는 2005년 *United States v. Booker*, 543 US 220 사건에서 그 의무적 적 용이 위헌이라는 미국 연방대법원의 결정이 나온다. 하지만 그 이후에도 반독점국과 법원이 담합사건 에서 양형기준을 예전과 다름없이 적용하는 관행은 변화가 없었다고 한다. Donald I. Baker, 위의 글, 2011, 30–31면.
51) William E. Kovacic, 위의 글, 64면.

1981–90	802	80.2
1991–2000	622	62.2
2001–2009	392	43.5

■ 표 7 셔먼법 위반 형사사건 가운데 개인이 실형선고를 받은 비율(2000–2009)[52]

연도	실형 선고 비율(%)
1990년대 평균	37
2000	38
2001	46
2002	53
2003	50
2004	71
2005	67
2006	68
2007	87
2009	80

■ 표 8 미국에서 개인이 담합범죄로 복역한 총 일수(2000–2009)[53]

연도	총 복역일수
1990년대 평균	3,313
2000	5,584
2001	4,800
2002	10,501
2003	9,341
2004	7,334
2005	13,157

---

52) William E. Kovacic, 위의 글, 68면.
53) Donald I. Baker, 위의 글, 2011, 31면.

2006	5,383
2007	31,391
2008	14,331
2009	25,396

2. 독일-입찰담합에 대한 사기죄의 적용

(1) 독일에서 담합행위에 대한 처벌의 역사

독일에서 주요한 (경성)담합행위들은 ―예컨대 가격담합(price fixing), 생산량 제한 (output restriction), 시장이나 고객 분할(market or consumer allocation)― 경쟁제한금 지법(Gesetz gegen Wettbewerbsbeschränkungen)에 의해 규율된다. 즉 독일 경쟁제한금 지법 제1조는 '경쟁의 방지, 제한 또는 왜곡을 목적으로 하거나 그러한 효과를 낳는 사업자간의 협약, 사업자단체의 결정 및 공조적 행위'를 금지하고 있는데, 이러한 행 위에는 경쟁사업자간 가격협정, 출량조절, 공급처 및 고객, 시장의 분할행위, 입찰담 합, 집단보이코트 또는 민감한 시장정보의 교류 등이 모두 포함되는 것으로 해석되 고 있다. 경쟁제한금지법은 이와 같은 담합행위에 대해 형벌을 부과하지는 않고 다 만 질서위반법(das Gesetz über Ordnungswidrigkeiten)에서 정한 절차에 의해 기업이나 개인에게 금전적 제재금을 부과하도록 하고 있다(제81조 제2항 제1호). 이 제재금은 법원이 아닌 연방카르텔청(Bundeskartellamt)이 부과한다는 점에서 그 법적 성격이 벌 금과는 다른 행정적 제재금으로 여겨지고 있다.

하지만 이와는 별도로 1997년 독일 형법은 입찰담합에 관한 범죄규정을 도입하였 다. 즉 독일 형법 제298조는 "상품 혹은 상업적 용역의 입찰에서, 특정인이 낙찰받도 록 하기 위한 불법한 목적에 동의하면서 입찰에 참여한" 경우를 5년 이하의 징역 또 는 벌금에 처하도록 하고 있다. 나아가 최근에는 모든 (수평적) 경성카르텔을 다시 범죄화하자는 주장이 강하게 제기되고 있다.[54] 사실 독일에서는 이미 1947년부터 1957년까지 카르텔을 ―뿐만 아니라 그 밖의 경제력 과잉 집중도― 범죄행위로 보

---

54) Florian Wagner―Von Papp, 'What if all Bid Riggers Went to Prison and Nobody Noticed? Criminal Antitrust Law Enforcement in Germany', in Caron Beaton―Wells & Ariel Ezrachi (ed.), *Criminalising Cartels ― Critical Studies of an International Regulatory Movement*, Hart Publishing, Portland, 2011, 159―160면.

는 법률이 존재하고 있었다. 따라서 이하에서는 우선 담합행위에 대한 독일 형사처벌의 역사를 간략히 정리해보기로 한다.[55]

일찍이 1797년 프러시아 제국의 칙령(Prussian Royal Decree)은 공공 경매에서의 입찰 방해를 벌금 또는 6주 이하의 징역으로 처벌하는 범죄로 규정하고 있었다. 이 칙령의 해설(recitals)은 이러한 입찰방해행위는 "비도덕적이고 불법적인 자기이익(immoral and illegal self-interest)"에 근거하고 있는 것이라고 말하고 있다. 1851년 프러시아 형법은 비슷한 내용을 제270조에 도입하면서 300탈러(thaler)이하의 벌금과 6개월 이하의 징역을 형벌로 규정한다.

1923년 바이마르 공화국 시절 카르텔 규제령(Cartel Regulation) 역시 징역을 포함한 형사제재를 규정하고 있었다. 이 조항은 실제로 그렇게 많이 적용되지는 않았지만, 일정한 형식을 갖춘 카르텔은 통제될 수 있었고, 법원에 의해 무효로 선언되기도 하였다. 1933년 정권을 획득한 나치는 산업의 카르텔화를 장려 내지는 강제하였다. 나아가 그들은 낮은 물가상승률을 유지하기 위해 엄격한 가격통제체제를 완성하였는데, 이에 따라 공공입찰에서 입찰자들이 입찰에의 참가여부나 입찰의 내용, 부대비용(side-payments), 그 밖에 가격 제안 등을 위해 타협하거나 합의하는 것은 모두 금지되고 처벌되었다. 하지만 이것은 자유로운 경쟁을 보호하기 위한 것이 아니라 국가에 의해 통제된 인위적 가격체제를 위한 것이었다.

2차대전 이후 연합국은 독일 경제를 분권화시키려 하였다. 이것은 "특히 카르텔, 신디케이트, 트러스트, 또는 그 밖의 독점적 장치에 의해 나타난 경제력의 과도한 집중을 없애기 위한"[56] 것이었다. 이에 따라 '과도한 경제력 집중'을 금지하는 연합국의 명령(Ordinance)이 제정되었는데, 여기에는 "국내 혹은 국제거래나 그 밖의 다른 경제활동을 제한하거나 또는 그러한 의도를 가진 … 모든 카르텔 … 기타 여러 형태의 합의 또는 공동행동"이 해당되었고, 그 위반행위에 대해서는 20만 RM 이하의 벌금이나 10년 이하의 징역과 같은 형벌이 규정되었다. 이 조항은 1955년 독일 연방공화국으로 주권이 이양된 후에도 변함없이 지속되었는데, 이것은 독일 정부가 연합국 측에 "경쟁의 제한을 금지하는 일반 조항을 가진 독일법이 마련될 때까지는 … 경쟁제한과 독점을 금지하는 연합국의 법령을 폐지하거나 수정하지 않"겠다고 약속한 때문이었다. 이에 따라 이 조항은 1957년 경쟁제한금지법이 제정되기 이전까지, 형사제재의 부과를 포함하여 활발하게 적용되었다.[57]

---

55) 이하의 내용은 위의 글, 160면 이하를 주로 참고하여 정리하였다.

56) '베를린 3자 회담 보고서(포츠담 선언)' 3장 12호. 1945. 8. 2일. (Papp, 위의 글, 161면에서 재인용)

1949년 제출된 경쟁보호법의 초안(이른바 '조스턴 안(Josten Bill)')은 카르텔과 그 밖의 경쟁제한 행위에 대해서 여전히 형사처벌 조항을 유지하고 있었다. 하지만 이 안은 법률로 제정되지 못했다. 이에 대한 기업들의 반발이 심했기 때문이다. 반면 당시 아데나워 정부는 형벌을 포기하는 대가로 카르텔청에 기업들에 대한 높은 행정벌을 부과할 수 있는 재량을 주고자 하였다. 이렇게 양자의 이해가 타협되어 1957년 독일 경쟁제한금지법이 제정되기에 이른다.[58]

이와 같이 경쟁제한금지법의 입안자들은 담합행위에 대한 형벌을 포기하고 대신 행정적 제재를 규정하기로 하였는데, 당시 법률의 주석서(memorandum)는 그 이유를 다음과 같이 제시하고 있다.

"지금까지 독일의 일반 대중과 경제 공동체 사이에서 반경쟁적 계약이나 관행이 불법적이라거나 도덕적으로 비난받을 만한 일이라는 인식이 널리 퍼져있지 않다. … 이런 상황에서 변화된 경제정책의 위반행위에 대해 형사제재를 도입하는 것은 적절하지 않아 보인다. … 우리는 관계자들의 다수가 이 법의 위반행위를 단지 상업적으로 부정직한 행위 혹은 경쟁에 기반한 경제의 한 조직원리를 침해한 것 정도로 여길 것이라고 보아야만 한다."[59]

하지만 이러한 설명은 이미 이 법률의 제정 당시에, 위에서 살펴본 연합국의 반카르텔법에 의한 형사처벌 경험이 10년을 넘었다는 점에서 납득하기 어렵다. 또 일찍이 18세기 프러시아에서도 반경쟁적 행위를 '부도덕'한 것으로 보았다는 사실도 위에서 소개한 바 있다. 그렇다면 20세기의 독일에서는 왜 이러한 인식이 달라졌다고 보아야 하는가 하는 의문이 남는다.

이러한 사정을 고려한 탓일까? 경쟁제한금지법의 입안자들은 다시 다음과 같은 전망을 남기고 있다.

---

57) 이 당시에 형벌이 부과된 예로는 BGH 5 March 1953, 5 StR 734/52, 4 BGHSt 94, (1953) NJW 870; BGH 15 December 1953, 5 StR 238/53, 5 BGHSt 218, (1954) NJW 320; BGH 10 April 1956, 1 StR 526/55, (1956) NJW 959－960 등이 있다.

58) Daniel Ohana, *Administrative Penalties in the Rechtstaat: On the Emergence of the Ordnungswidrigkeit Sanctioning System in Post War Germany*, Working Paper 134, European Forum at the Hebrew University, Jerusalem, 2014, 40－41면. 이 글의 37면 이하는 1957년 독일 경쟁제한금지법의 제정 과정에 대해 자세한 분석을 제공해 주고 있다.

59) Bundestags－Drucksache 1/3462, 13 June 1952, Annex 1, 21f, 2/1158, 22 January 1955, Annex 1, 27－28. (Papp, 위의 글, 163면에서 재인용)

"훗날 경쟁의 개념이 지금보다 더욱 생생하고 의미있는 것으로 파악되게 되면, 우리는 (카르텔 행위를) 범죄화하지 않는 이 결정을 포기하고 행정적 제재에서 진정한 범죄에 대한 그것으로 제재의 강도를 높일 수 있게 될 것이다"[60]

마치 이러한 예측을 수용하기라도 하듯이 1950년대 이래 계속해서 입찰담합 또는 이를 포함한 경성카르텔 행위 전체를 형사처벌하자는 주장이 제기되어 왔다. 하지만 1997년에서 와서야 이러한 입법은 비로소 현실화되었다.

(2) 현재의 형벌규정과 그 집행현실

이렇게 경쟁제한금지법이 형벌규정을 두지 않음에 따라 1958년 이후 1990년대까지 담합행위는 형사처벌되지는 않았다. 그러나 법원은 이에 대해 일반 형법의 사기죄를 적용할 수 있는지를 고심하여 왔고, 마침내 1992년 '라인강 정비공사(Rheinausbau)' 판결[61]에서 처음으로 입찰방해 행위에 대해 사기죄의 유죄판결을 내린다. 그 논리적 근거는 입찰방해 행위를 통해 낙찰된 가격이 잠정적인 경쟁가격 보다 높을 경우, 그 차이에 따르는 액수만큼을 사기죄에서 요구하는 경제적 손해로 볼 수 있다는 것이다. 이후 경쟁법 위반행위의 범죄화에 대한 논쟁이 다시 시작되었고, 위에 소개한 바와 같이 1997년에는 형법 제298조에 입찰방해죄가 도입되게 된 것이다.

그런데 이 조항은 사기죄와는 달리 피해자의 경제적 손해가 구성요건으로 포함되어 있지 않으므로 이를 입증할 필요가 없다. 따라서 형법 제298조와 제263조는 서로 대체관계에 있지 않다는 것, 즉 두 조항이 법조경합의 관계가 아니라는 점을 주의하여야 한다. 즉 두 범죄는 구성요건이 달리 규정되어 있으므로, 각각의 요건을 충족한 경우 2가지 범죄, 즉 경합범이 성립하게 되는데, 대부분의 입찰방해 행위는 사기죄에도 해당하게 되고 나아가 가중 사기죄의 요건[62]을 충족시키는 경우도 많을 것이다.

여하튼 이후 독일에서는 1998년에서 2008년 사이에 모두 264명이 입찰담합죄로 기소되었고 이 가운데 184명이 유죄판결을 받았다. 이 가운데 26명이 집행유예된 자유형의 판결을 받았으며 157명은 벌금형을 선고받았다. 자유형이 부과된 26명 중에

---

60) 위의 각주와 마찬가지

61) BGH, 8 Jan. 1992, 2 StR 102/91, (1992) NJW 921. 이에 대한 평석으로는 Dietrich Kramm, Zur Betrugsstrafbarkeit von Submissionsabsprachen, JZ, 48. Jahrg., Nr. 8, 1993, 420−424면.

62) 독일 형법 제263조 제3항 제1호에 의해 범죄인의 '행위가 상업적 이유로 혹은 위조나 사기의 목적을 가진 단체의 일원으로' 이루어진 때에는 6개월 이상 10년 이하의 징역으로 가중 처벌된다. 또 같은 항 제5호는 위의 두 가지 조건을 모두 갖춘 경우, 즉 위조나 사기 목적 단체의 일원으로서 상업적 이유로 한 사기행위에 대해 1년 이상 10년 이하의 징역을 부과한다고 규정한다.

는 1년 이상 2년 이하인 경우가 5명, 6개월에서 1년 사이가 20명, 6개월 이하가 1명
이었다. 이를 연도별 도표로 나타내면 다음과 같다.

■ 표 9   **독일 입찰담합죄 처벌 현황(1998-2008)**[63]

연도	기소	유죄판결	자유형(집행유예)	벌금
1998	5	5		5
1999	16	8		8
2000	11	8		8
2001	8	3		3
2002	22	13	3	10
2003	33	27	3	24
2004	37	34	1	33
2005	29	14	2	12
2006	36	27	6	20
2007	43	25	6	19
2008	24	20	5	15
합계	264	184	26	157

위의 통계를 통해 입찰방해죄가 도입된 초기에 비해 시간이 지날수록 그 적용이 점
점 더 엄격해 졌음을 알 수 있다. 전체적으로 기소와 유죄 판결의 수가 증가하였음은
물론, 처음에는 없던 자유형의 선고도 2002년 이후에는 -비록 적은 수이지만- 몇
건씩 이루어지고 있기 때문이다. 그러나 이 때까지도 대부분의 피고인에게는 벌금형
이 선고되고 있고, 또 입찰방해죄로 실형이 선고된 사례는 한 건도 보이지 않는다.

하지만 이와 같은 통계에는 다음과 같은 문제가 있다는 점을 주의하여야 한다. 즉
위에서 살펴본대로 입찰방해죄는 사기죄, 특히 중사기죄와 경합관계에 있는 경우가
많은데 -특히, 중한 사건의 경우에는 더욱 그러할 것이다- 이 때 중사기죄의 법정
형이 입찰방해죄의 그것보다 더 높으므로 공식 통계에는 이 판결이 중사기죄의 해당
항목으로만 파악된다는 것이다.[64] 그러므로 위 통계의 숫자들은 최소한의 것으로 보

---

63) Florian Wagner-Von Papp, 위의 글, 182면에서 재구성.
64) Papp, 위의 글, 167면. 그 대표적인 사례로 2006년 파이프 담합사건을 들 수 있다. 이 판결에서 피고인

아야 하고 실제로는 이보다 조금 더 높은 정도가 정확한 수치일 것이다.

V 담합에 대한 형사규제 개선방안

1. 현행 규정의 해석 및 정비

1) 공정거래법 제19조의 해석과 관련된 문제들
(1) '부당성' 요건

공정거래법 제19조의 담합 처벌규정에 대한 해석에서 가장 먼저 문제가 되는 것은 '부당성' 요건에 관한 것이다. 즉 같은 조 제1항은 " … 다른 사업자와 공동으로 부당하게 경쟁을 제한하는 …"이라고 규정하고 있어서 글자 그대로 해석하자면 '경쟁제한성' 이외에 '부당성'이 또 하나의 범죄성립요건인 것처럼 되어있다. 그러나 사실이 조항은 1999년 공정거래법이 개정될 때 '일정한 거래분야에서 경쟁을 실질적으로 제한하는'이라는 문구가 '부당하게 경쟁을 제한하는'으로 그 표현이 바뀐 것이다.[65] 그리고 그 취지는 경쟁제한성에 대한 공정거래위원회의 입증책임을 완화하겠다는 것, 보다 구체적으로는 가격획정이나 시장분할, 집단 배척(group boycott) 등의 경성 담합에 대하여 관련시장의 획정과 경쟁여부를 따로 심사하지 않겠다는 것, 즉 말하자면 '당연 위법(per se illegal)'의 원칙을 받아들인다는 데에 있었다고 한다.[66] 다시 말해 담합 자체에 대해 원칙적으로 금지의 입장을 갖고 있는 공정거래법 전체의 취지에 비추어, 담합 특히 경성 담합은 원칙적으로 위법한 것이며, 다만 제19조 제2항에 의해 공정거래위원회의 인가를 받은 경우에만 그 부당성이 조각되게 된다는 것이다. 이렇게 보면 경쟁제한성이나 부당성이라는 요건은 별다른 규범적 의미를 갖지 못하게 되며, 특히 '부당성'이 '경쟁제한성'과 별도로 다른 하나의 범죄성립요소로 해석되지는 않게 된다.

은 2년 10개월의 실형을 선고받았고, 2명의 공동피고인은 2년의 집행유예형을, 또 다른 공동피고인은 1년의 집행유예형을 선고받았는데, 이 가운데 마지막 피고인, 즉 1년의 집행유예형만 입찰방해죄에 대한 형벌로 기록되었다는 것이다. 앞선 3명의 피고인에 대해서는 모두 중사기죄와 경합책임이 인정되었기 때문이다. LG München II 3 May 2006, W5 KLs 567 Js 30966/04, BeckRS 2008, 00736. 이 뮌헨 주법원의 판결은 그대로 확정되었다. 이 사건의 간단한 개요는 Papp, 위의 글, 169－170면에 소개되어 있다.

65) 1999년 개정 이전의 조항은 "사업자는 계약·협정·결의 기타 어떠한 방법으로도 다른 사업자와 공동으로 일정한 거래분야에서 경쟁을 실질적으로 제한하는 다음 각호의 1에 해당하는 행위를 할 것을 합의하여서는 아니된다"고 되어 있었다.

66) 정호열, 경제법, 박영사, 2006, 297면.

공정거래위원회의 내부 규칙인 '공정거래 심사기준'도 경성 담합(가격협정, 산출량의 결정·제한 또는 시장·고객의 할당)에 대하여는 특별한 사정이 없는 한 구체적인 시장 상황에 대한 심사없이 부당공동행위로 판단할 수 있으며,[67] 연성카르텔(공동생산, 공동마케팅, 공동연구·개발, 공동구매 등)의 경우에는 경쟁제한효과와 효율성증대효과를 종합적으로 고려하여 심사하도록 함으로써 이러한 입장을 취하고 있다(공정거래 심사 기준 제3조). 공정거래위원회의 심결례 또한 필요한 경우 '경쟁제한성'을, 그것도 그다지 엄격하지 않은 '시장점유율'만을 통하여 입증할 뿐 '부당성'의 요건은 전혀 고려하지 않는 태도를 보이고 있다.[68]

판례는 종래의 '경쟁의 실질적 제한'과 '부당한 경쟁제한'을 똑같이 해석하고 있다.[69] 즉 "일반적으로 부당한 공동행위로 문제된 합의가 그 자체로 경쟁제한성을 가지는지 여부는 당해 상품의 특성, 소비자의 제품선택 기준, 당해 행위가 시장 및 사업자들의 경쟁에 미치는 영향 등 여러 사정을 고려하여 당해 행위로 인하여 일정한 거래분야에서의 경쟁이 감소하여 특정사업자 또는 사업자단체의 의사에 따라 어느 정도 자유로이 가격, 수량, 품질, 기타 거래조건 등의 결정에 영향을 미치거나 미칠 우려가 있는지 여부를 살펴 개별적으로 판단해야 한다"는 것이다. 여기에 '부당성' 판단은 별도로 이루어지지 않는다.[70]

이에 대하여 '부당성' 요건에 독자적 의미를 부여하려는 견해는 다음과 같은 근거를 제시한다. 즉 공정거래법 제19조 제1항의 해석에는 이 조항 전체의 목적을 고려한 종합적인 규범적 평가가 필요하고,[71] 또 제2항에서 인정된 예외사유가 '합리성의

---

67) 공정거래위원회는 그 이유를 "(이) 유형의 공동행위를 수행했다는 사실 그 자체가 관련시장에서 당 사업자들이 경쟁을 제한하는 시장지배력을 보유하고 있다는 증거"가 될 수 있기 때문이라고 한다. 공동행위심사기준 Ⅳ. 1. 가. (3)

68) 6개 초고속인터넷 사업자의 부당한 공동행위에 대한 건(공정거래위원회 의결 2005. 12. 12); 굴삭기 및 휠로다 제조 3개 사업자의 부당한 공동행위에 대한 건(공정거래위원회 의결 2005. 6. 24); MDF(섬유판) 제조 5개 사업자의 부당한 공동행위에 대한 건(공정거래위원회 의결 2001. 11. 1); 3개 학생복제조업체의 부당한 공동행위 등에 대한 건(공정거래위원회 의결 2001. 5. 31) 등

69) 대표적으로 대법원 2006. 11. 9, 2004두14564.

70) 다만 대법원 2005. 9. 9, 2003두11841 판결과 대법원 2009. 7. 9, 2007두26117판결, 서울고등법원 1996. 12. 6, 96나2240 판결 등에서는 사업자 단체의 담합행위와 관련하여 '부당성'을 별도의 요건으로 파악하는 듯한 시도를 하고 있다. 하지만 대법원 두 판례의 결론은 서로 달랐는데, 2003두11841 판결에서는 소비자 보호와 국민경제의 균형있는 발전 등의 이유로 부당공동행위가 부정된 반면 2007두26117 판결에서는 그렇지 않았다. 후자에 대한 자세한 평석으로는 양명조, 독점규제법위반 공동행위 사건에 있어서의 부당성 판단과 행위 일치의 쟁점 – 2009년 대법원 판결 평석, 경쟁법연구 21, 2010, 5면 이하.

71) 박해식, "공정거래법의 해석·적용론", 한국경쟁포럼 발표자료(2007. 9. 15.) [이봉의, 공정거래법상 '카르텔'의 부당성 판단, 사법 1(2), 2007, 11면에서 재인용]

원칙'에 포함되는 모든 사유를 포괄하고 있지 못하므로 '부당성' 요건에서 효율성과 경쟁제한성의 비교형량이 이루어져야 한다는 것이다.[72] 이와 비슷하게 담합에 대해서는 경쟁제한효과를 중심으로 위법성을 판단하되, 그 최종적인 금지 여부는 이외의 여러 요인들, 예컨대 담합에 대한 참가 사업자의 태도, 당해 산업의 특성, 규제의 유무와 정도, 관련 시장 및 국민경제에 미치는 효과 등을 종합적으로 함께 고려해야 한다[73]는 주장도 있다. 나아가 이렇게 제1항의 '부당성' 판단의 범위가 넓어지는 경우에는, 제2항의 예외적 인가사유와 그 판단내용이 중복될 우려가 있으므로 제2항을 폐지하거나, 아니면 반대로 '부당성'의 요건을 삭제하고 인가사유를 보다 일반적, 포괄적인 형태로 규정해야 한다고 한다.[74]

여기에서 공정거래법의 관점에서 위와 같은 상반된 두 가지 입장 중 어느 것이 더 타당한가 하는 점에 대한 판단을 내리기는 어렵다. 다만 형법의 시각에서는 다음과 같은 언급을 할 수 있을 것이다. 즉 '부당성'에 독자적인 규범적 의미를 부여하는 것은, 적어도 범죄구성요건으로서는 지나치게 그 범위가 넓다는 지적을 피하기 어렵다.[75] 이것이 나름의 전체적인 경제(법)적 시각을 갖는 것이라 하더라도, 오히려 그렇기 때문에, 여기에 포함되는 요소가 대단히 많고 넓은 범위에 걸쳐 있을 것이기 때문이다. 아쉽지만, 범죄구성요건으로 이렇게 포괄적인 요소를 인정하는 것은 불가피하게 주관적이고 자의적인 판단을 수반하게 한다. 따라서 담합'범죄'에 관한 한은 '부당성' 요건을 삭제하거나, 아니면 현재의 공정거래위원회나 판례의 입장과 같이 여기에 특별한 의미를 부여하지 않고 '경쟁제한성'에 이것이 포함되는 것으로 해석해야 할 듯하다. 다만 그럼에도 불구하고 경쟁제한성이 있는 담합행위가 특수한 상황에서 소비자의 보호나 국민경제의 발전에 기여하는 것이 명백한 경우에는 형법 제20조의 일반적, 초법규적 위법성조각사유에 해당하는 것으로 볼 수 있을 것이다.

---

72) 정호열, 위의 책, 299-300면.
73) 이봉의, 위의 글, 25면.
74) 이봉의, 위의 글, 26-27면.
75) 같은 취지로 권수진 외 3인, 담합행위에 대한 형사법적 대응방안, 형사정책연구원, 2012, 222면.

(2) 합의의 추정

공정거래법 제19조 제5항은 "2 이상의 사업자가 제1항 각 호의 어느 하나에 해당하는 행위를 하는 경우로서 해당 거래분야 또는 상품·용역의 특성, 해당 행위의 경제적 이유 및 파급효과, 사업자 간 접촉의 횟수·양태 등 제반사정에 비추어 그 행위를 그 사업자들이 공동으로 한 것으로 볼 수 있는 상당한 개연성이 있는 때에는 그 사업자들 사이에 공동으로 제1항 각 호의 어느 하나에 해당하는 행위를 할 것을 합의한 것으로 추정한다"고 규정한다. 이 조항은 통상 부당한 공동행위의 합의가 사업자들 사이에서 은밀하게 이루어지는 경우가 많으므로 조사기관으로서는 이를 입증하기가 쉽지 않다는 사정을 고려하여 그 입증 부담을 낮추어 준 것이라고 해석된다. 문제는 이러한 합의의 추정을 법인이 아닌 개인에게도 인정할 수 있겠는가 하는 점이다.

이 조항이 주체로 상정하고 있는 '사업자'에는 법인은 물론 개인도 포함되기는 한다. 공정거래법 제2조 제1호에 의하면 사업자란 "제조업, 서비스업, 기타 사업을 행하는 자"이기 때문이다. 그러나, 특히 일정 규모 이상의 사업에 대해서는 법인 사업자인 경우가 대부분일 것으로 생각된다.

여하튼 제19조 제5항이 주로 법인 사업자에 대해서 적용된다는 점은 분명하고 혹 이것이 개인 사업자에 대해서도 적용될 수 있다고는 볼 수 있겠지만, 이를 넘어서 법인에 소속되어 직접 합의를 했다고 여겨지는 개인에게도 해당된다고 해석하기는 어렵다. 우선 법인 사업자 사이에 합의가 추정된다 하더라도 법인에 소속된 누가 그 합의를 직접 하였는가를 정확하게 알지 못할 수도 있기 때문이다. 또 이 조항이 규정하고 있는 합의 추정의 기준들을 —해당 거래분야 또는 상품·용역의 특성, 해당 행위의 경제적 이유 및 파급효과 등— 볼 때, 이것은 법인 소속 개인이 아니라 법인 자체를 대상으로 하고 있다고 보는 편이 더 타당하다.[76]

나아가 법인에 소속된 개인은 이 조항이 말하는 '사업자'가 아니므로, 일반적인 형사책임 원칙인 검사의 거증책임에 대한 예외를 인정할 수 없다는 문제도 있다. 그런데 이렇게 수범자와 형사책임의 주체가 분리되는 상황은 이 조항만이 아니라 담합범죄를 규정하고 있는 제1항에 대해서도 발생한다. 이에 대해서는 항을 바꾸어 살펴보기로 한다.

---

76) 이 두 가지 이유는 권수진 외 3인, 위 보고서, 227-228면에서 얻었다.

(3) 수범자와 범죄 주체의 분리-양벌규정의 역적용 문제

공정거래법 제19조 제1항은 "사업자는 … 다음 각 호의 어느 하나에 해당하는 행위를 할 것을 합의하거나 다른 사업자로 하여금 이를 행하도록 하여서는 아니된다"고 하여 부당공동행위의 주체가 사업자임을 분명히 하고 있다. 위에서 본 바와 같이, 이때 사업자에는 개인 사업자도 포함되겠지만 대부분의 경우에는 법인 사업자가 그 대상이 되게 될 것이다. 여하튼 부당공동행위의 주체는 사업자이며 법인에 소속되어 이러한 행위의 합의를 직접 한 개인이 아니라는 점은 위 조항의 문언상 명백하다.

그런데 공정거래법 제66조는 각호에 해당하는 자를 3년 이하의 징역 또는 2억원 이하의 벌금에 처하도록 하면서 제9호에서 "제19조 제1항의 규정을 위반하여 부당한 공동행위를 한 자 또는 이를 행하도록 한 자"라고 함으로써 담합행위와 관련한 처벌대상을 제19조 제1항의 행위주체, 즉 사업자로 한정하고 있다. 그러나 이렇게 되면 직접 부당한 공동행위의 합의를 한 개인은 여기에서 제외되어 처벌할 수 없게 된다. 즉 행위규범 및 처벌규범의 수범자와 실제 범죄주체가 분리되는 결과가 발생하는 것이다.

이러한 문제는 사실 공정거래법만의 것은 아니다. 예컨대 산업안전보건법, 건설업법, 건축법, 환경보전법 등과 같이 법률의 내용이 사업자를 의무의 주체 혹은 행위의 주체, 따라서 처벌의 주체로 규정하고 있지만 실제 그 법률의 위반행위는 개인이 하는 것으로 보는 ─따라서 처벌대상도 개인이 되는─ 많은 행정법규가 동일한 문제를 갖고 있다. 그리고 이러한 불일치의 배경에는 법인은 행위능력, 따라서 범죄능력도 없고 그러므로 범죄행위의 주체가 될 수 없다고 보는 우리 판례[77]와 형법학계 다수설[78]의 전통적인 입장이 자리잡고 있다. 법률의 문언에는 법인이 범죄행위를 하고 처벌도 받는 것으로 되어 있음에도 불구하고 이를 완강히 부인함으로써, 수범자에 해당하지 않는 개인을 처벌대상으로 포함시켜야 하는 해석상의 어려움이 발생하는 것이다.

흔히 '양벌규정의 역(逆)적용'이라 불리는, 이 문제에 대한 판례의 해결책은 다음과 같다. 즉 이러한 법률들이 모두 포함하고 있는 양벌규정에서 개인 행위자에 대한 처벌의 근거를 찾는 것이다. 양벌규정은 대개 "법인의 대표자나 법인 또는 개인의 대리인, 사용인, 그 밖의 종업원이 그 법인 또는 개인의 업무에 관하여 … 위반행위를 하면 그 행위자를 벌하는 외에 그 법인 또는 개인에게도 … 과한다"와 같이 규정

---

77) 헌법재판소 2013. 6. 27, 2012헌바371; 대법원 1984.10.10, 82도2595.
78) 이재상/장영민/강동범, 형법총론, 박영사, 2017, 99면; 배종대, 형법총론, 홍문사, 2017, 138면; 박상기, 형법총론, 박영사, 2012, 42면 등.

되어 있는데, 여기에서 문제되는 것은 "그 행위자를 벌하는 외에"라는 부분이다. 이때 '행위자'가 법인에 소속된 대리인, 사용인 등의 개인을 말하는 것은 분명하고, 이를 통해 본래는 사업자로 한정되어 있는 법 위반행위의 주체가 확대되는 것으로 해석할 수 있다는 것이다.[79] 사실 이것은 일본의 판례와 통설을 우리 대법원이 받아들인 것인데,[80] 양벌규정 자체가 일본에서 도입된 것이니 그에 대한 일본의 해석을 우리 법원이 수용한 것도 나름 이해할 수 있는 여지가 전혀 없지는 않다.

그러나 이러한 해석은 옹색한 것이다. 우선 양벌규정의 문언에 비추어 볼 때 개인 행위자가 '위반행위를 할' 수 있는지가 문제된다. 양벌규정은 법인을 처벌하기 위해 개인의 위법행위가 확정될 것을 전제하고 있는데,[81] 공정거래법 제19조 제1항에서 보듯이 개인은 이러한 위반행위를 −적어도 법률상− 할 수가 없는 것이다.[82] 그러므로 공정거래법 제66조 이하의 처벌조항은 원칙적으로 법인에게만 적용되고,[83] 개인을 처벌하기 위해서는 그 대상자의 확대를 규정하는 별도의 조항이 필요하다고 보아야 한다. 그 모델로 흔히 거론되는 것은 독일 형법 제14조 또는 독일 질서위반법 제9조이다.[84] 이 조항은 '타인을 위한 행위에 대한 처벌확장사유'로서 다음과 같은 내용을 규정하고 있다.

독일형법 제14조(다른 사람을 위한 행위)

① 처벌규정이 특별한 인적 성질, 관계 또는 상황(특별한 인적 표지)을 처벌요건으로 하고 있는 경우, 다음 각호의 1에 해당하는 자격으로 행위한 자에 대하여서는, 설령 그러한 표지가 본인에게만 충족되고 행위자에게는 충족되지 아니한 경우에도 당해 처벌규정을 적용한다.

1. 법인의 대표권 있는 기관 또는 그러한 기관의 구성원
2. 권리능력 있는 인적 회사의 대표권이 있는 사원

---

79) 대법원 1997. 6. 13, 97도534; 대법원 1999. 7. 15, 95도2870; 대법원 1980. 12.9, 80도384; 대법원 1995. 11. 21, 93도35; 대법원 1991. 11. 21, 91도801 등.
80) 서희종, 행정형벌에서의 양벌규정과 위반행위의 주체, 사법행정 33(3), 1992, 96면.
81) 김대휘, 양벌규정의 해석, 형사판례연구 10, 2002, 37−38면.
82) 권수진 외, 위 보고서, 230−231면.
83) 이렇게 보면 사실 양벌규정은 필요없게 될 것이다. 법인이 이미 처벌되고 있기 때문이다. 그럼에도 불구하고 우리 법률들이 양벌규정을 두고 있는 것은−또는 그 필요성은− 법인은 범죄를 할 수 없다는 완고한 법원의 입장 때문이다.
84) 독일형법 제14조와 독일 질서위반법 제9조는, 전자가 범죄에 대해서 후자가 질서위반행위에 대해서 적용된다는 차이가 있을 뿐, 그 내용은 같다.

> 3. 타인의 법정대리인
>
> (이하 생략)

(4) 합의의 실행 여부

다음으로 공정거래법 제19조 제1항은 " … 다음 각 호의 어느 하나에 해당하는 행위를 할 것을 합의하거나 다른 사업자로 하여금 이를 행하도록 하여서는 아니된다"고 하여 '합의' 자체가 범죄구성요건임을 분명히 하고 있다. 본래는 합의 이외에 의사의 연락이나 공동의 인식에 기초한 서로 간의 행위의 일치를 요구하고 있었는데, 1992년 공정거래법 제3차 개정에서 지금과 같이 바뀐 것이다. 이로써 "합의에 기초한 실행행위에 나아가지 않더라도 부당공동행위가 성립될 수 있고, 공동행위를 실행한 결과 이득을 얻어야 할 필요는 더더구나 없"85)게 되었다.

이렇게 부당공동행위의 성립을 —따라서 범죄의 기수시점을— 앞당긴 이유로는 첫째, 공동행위는 사업자들 사이의 자발적 합의로서 이것이 성립되면 바로 실행되는 것이 보통의 경우이며, 만약 실행가능성이 없다고 판단되었다면 그러한 합의가 아예 성립되지 않았을 것이라는 점, 둘째, 만약 실행행위를 부당공동행위의 성립 요건에 포함시키게 되면 당국으로서는 사업자들이 공동행위를 하기로 합의한 사실을 알았다 하더라도 이것이 실행될 때까지 기다려야 비로소 이를 규제할 수 있게 되는데, 이것은 공정거래법의 취지에 부합하지 않는다는 점 등이 제시된다.86) 결국 요약하자면 이 개정의 의미는 "부당한 공동행위의 성립요건을 완화함으로써 그 규제를 강화하기 위"한 것이라고 할 수 있다.87)

그러나 형법의 시각에서 보면 이것은 기수시점을 너무 앞당긴 것이라고 평가할 수 있다. 아무런 객관적인 요건 없이 행위자들의 주관적 요건 —즉, 합의— 만으로 범죄가 성립하는 결과가 되기 때문이다. 아무리 경제형법과 같은 새로운 영역에서는, 범죄 피해 규모가 크고 그 예방이 중요하므로 이를 위험범화하여 그 처벌의 시점을 앞당길 필요가 있다 하더라도,88) 이를 위해서는 최소한 범죄행위가 일정한 위험을 내포하고 있어야 한다.89) 하지만 부당한 공동행위의 합의가 이 정도의 '위험성'이 있

---

85) 정호열, 위의 책, 109면. 정호열 교수는 그 결과 형법적으로 "실행행위는 물론 실행의 착수마저 없는 상태에서도 처벌의 대상이 된다"고 하고 있으나, 이것은 예전의 기준에 의한 것일 뿐 1992년 법개정으로 범죄구성요건이 바뀌었으므로 합의 자체가 범죄 실행행위가 된다고 보아야 한다.

86) 권오승, 위의 책, 2015, 271면.

87) 이남기, 경제법, 박영사, 1998, 156면.

88) 최정학, 환경형법 벌칙규정의 문제점, 형사정책 31(4), 2020, 40면.

는 행위라고 할 수 있는지는 다소 의문이다. 결국 일치된 행위라는 객관적 요건을 삭제한 공정거래법의 개정은 경제법의 관점에서는 필요한 것이었을런지 모르나, 이를 제외한 채 합의만을 범죄구성요건으로 하기에는 조금 지나친 것이라고 생각된다.

그러므로 이 문제를 해결할 수 있는 방법은 1992년 개정 이전과 같이 '합의'라는 문구를 삭제하고 " … 다음 각 호의 어느 하나에 해당하는 행위를 하거나 다른 사업자로 하여금 이를 행하도록 하여서는 아니된다"라고 바꾸면 된다. 그러나 이렇게 되면 수사기관이 담합의 의사를 확인하였으나 아직 그 구체적인 실행행위는 없는 경우를 처벌할 수 없다는 결론이 된다. 그리고 이것은 범죄의 성립시점을 앞당겨 보호법익에 대한 침해를 사전에 예방하려는 법률개정의 취지에 역행하는 것이다. 따라서 이 양자를 조화시키기 위한 한 방법으로 담합범죄의 미수범 처벌규정이 필요하다고 생각한다. 그리고 담합의 의사가 합치된 시점을 실행의 착수시점으로 이것이 실행된 시점을 범죄의 성립시점으로 해석하는 것이다. 이를 위해서는 다소 기술적인 법문언이 필요한데, 예를 들면 " … 다음 각 호의 어느 하나에 해당하는 행위를 할 것을 합의, 실행하거나 다른 사업자로 하여금 이를 행하도록 하여서는 아니된다"고 하여 합의와 실행을 모두 범죄구성요건으로 설정하는 것이다. 그리고 처벌규정인 제66조 제1항 제9호에 미수범을 추가하여 "제19조 제1항의 규정을 위반하여 부당한 공동행위를 한 자 또는 이를 행하도록 한 자 및 그 미수범"으로 규정하여야 한다.[90]

2) 형법 제315조 경매·입찰방해죄
(1) '적정한 가격'의 기준

형법 제315조의 경매·입찰방해죄의 해석과 관련하여 우선 문제되는 것은 어떤 경우가 '경매 또는 입찰의 공정을 해'하는 것인가 하는 점이다. 이에 대해 통상은 "적정한 가격을 형성하는데 필요한 안전하고 자유로운 경쟁상태를 방해하거나 위태롭게 하는 것"이며, 여기에는 "경매·입찰의 가격결정에 악영향을 주"거나 "경쟁방법의 공정성을 깨뜨리는 것" 등이 포함된다고 한다.[91] 문제는 그렇다면 이때 '적정한 가격'

---

89) 범죄성립 시점이 앞당겨질 필요가 있는, 즉 위험범화가 필요한 대표적인 영역으로 환경범죄를 들 수 있다. 이 경우 그 행위로 인한 결과가 발생할 때까지 기다린다면 그 피해가 너무 커지기 때문이다. 하지만 이 때에도 예컨대 '오염물질의 불법배출'과 같은 어떤 행위는 있어야 한다. 오염물질의 불법배출에 대한 합의나 그러한 계획만으로는 처벌할 수 없다.

90) 다만 공정거래법 위반을 포함한 경제범죄 또는 행정범죄의 경우에 미수범을 처벌하는 예가 거의 없다는 점에서 이러한 제안이 얼마나 현실적인지는 의문이다. 하지만 적어도 형법 이론적으로 미수범을 처벌하는 것은 별 문제가 없다고 생각한다.

91) 이재상/장영민/강동범, 형법총론, 220면.

은 다시 무엇인가 하는 점이다.

적정한 가격에 대해서는 ⅰ) 객관적으로 산정되는 공정한 가격, 즉 평균적인 시장 가격이라는 입장과[92] ⅱ) 경매 또는 입찰의 구체적 진행과정에서 얻어지는 경쟁가격 이라는 견해[93]가 대립한다. ⅰ)을 '시장가격설', ⅱ)를 '경쟁가격설'이라고 할 수 있다. 전자의 입장에 따르면 담합에 의해 결정된 가격일지라도 이것이 시장가격과 크게 차이가 나지 않는다면 경매 또는 입찰의 공정을 해하였다고 볼 수 없게 된다. 판례는 "입찰가격이 세무서의 사정 가격보다 높았다 할 지라도 입찰의 공정성을 해한 것"이라고 하여 후자인 '경쟁가격설'의 입장을 취하고 있다.[94]

시장가격설은 "경매·입찰에서 형성되는 경쟁가격도 시장가격의 상대적인 반영일 때 적정성을 보장받을 수 있"고 "경매·입찰제도에서 예상되는 가격 자유경쟁도 사회적으로 형성된 시장가격을 중심으로 한 것이지 (경매·입찰에의) 참가자들의 전략적인 호가가 아니라는 점"에서 사회적으로 적정한 이윤이 고려된 시장가격이 적정가격의 판단기준이 되어야 한다고 주장한다.[95] 그러나 문제는 시장가격이 얼마인지를 언제나 정확하게 산정할 수 없다는 데에 있다. 예컨대 건설공사 입찰에서 공사의 실비나 적정이윤, 나아가 비용을 줄이기 위한 기업의 노력 등은 계산하기 어려운 가변적인 것이다.[96] 또 이를 알 수 있다 하더라도 이것이 구체적인 경매·입찰의 과정을 통해 얻어진 가격과 비슷하리라는 보장은 없다.[97] 나아가 우리 형법은 일본 형법[98]과 달리 '경매 또는 입찰의 공정을 해함으로써' 범죄가 성립되는 것으로 규정할 뿐, '공정한 가격을 해'칠 것을 요건으로 하지 않는다.[99] 그러므로 담합행위가 가격결정에 영향을 주지 않았다 하더라도 ─따라서 설령 담합가격이 시장가격과 동일하거나 심지어 더 낮다 할지라도─ 경쟁방법의 적법성과 공정성을 해하였다면 여전히 경매·입찰 방해죄가 성립하는 것으로 보아야 한다.[100] 이런 점에서 판례의 입장인 경쟁가

---

92) 김일수/서보학, 형법총론, 225면; 정영일, 형법총론, 182면; 정성근/박광민, 형법총론, 213면.
93) 이재상/장영민/강동범, 위의 책, 같은 면; 배종대, 형법총론, 317면; 임 웅, 형법총론, 224면; 박상기, 형법총론, 217면.
94) 대법원 1971. 4. 30, 71도519.
95) 김일수/서보학, 위의 책, 같은 면.
96) 西田典之, 刑法各論(제6판), 弘文堂, 2012, 447면.
97) 이상현, 입찰담합 ─ 입찰, 경매방해죄(형법 제315조)의 엄격한 적용대상, 형사법연구 21(2), 2009, 91면
98) 일본 형법 제96조의 6 ① 위계 또는 위력을 사용하여 공(公)의 경매 또는 입찰로 계약을 체결하기 위한 일의 공정을 해치게 할 행위를 한 자는 3년 이하의 징역 또는 250만엔 이하의 벌금에 처하거나 이를 병과한다. ② 공정한 가격을 해치거나 부정한 이익을 얻을 목적으로 담합한 자도 전항과 같다.
99) '공정한 가격'에 대한 일본의 판례와 통설도 '담합이 행해지지 않고 자유로운 입찰이 이루어졌더라면 형성되었을 가격'이라고 한다. 最決昭 28·12·10 刑集 7·12·2418; 最決昭 32·1·22 刑集 11·1·50. 前田雅英, 刑法各論講義(제5판), 東京大學出版會, 2011, 625면; 西田典之, 위의 책, 446면.

격설이 옳다고 생각된다.

(2) '부정한 이익을 얻을 목적'의 필요성과 경매·입찰방해죄의 위법성 판단

경매·입찰방해죄의 해석과 관련한 두 번째 문제는 부정한 이익을 얻는 것과 같은 주관적인 목적이 필요한가 하는 점이다. 우선 문언상으로는 이러한 초과 주관적 요소로서의 목적을 인정할 여지가 없다. 그러나 판례는 이미 1960년에 " … 그 담합의 목적이 … 주문자의 예정 가격 내에서 무모한 경쟁을 방지하려 함에 있는 경우에는 … 부정한 이익을 얻을 목적으로 담합을 한 것이 아닌 이상 입찰의 공정을 해하였다고 할 수 없다"[101]고 하여, 지나친 경쟁으로 인한 관련업계의 어려움이나 또는 생산품의 품질이나 안전도의 저하를 막기 위한 담합은 허용되는 것으로 보았고, 그 이후 이러한 취지의 판결은 계속되어 왔다.[102]

이렇게 우리 대법원이 경매·입찰방해죄에 대하여 목적을 통한 제한적 해석을 했던 것은 담합죄에 대해 "공정한 가격을 해치거나 부정한 이익을 얻을 목적"을 요구하고 있는 일본 형법 제96조의6 제2항의 영향을 받은 것으로 보인다. 사실 일본 형법의 이 조항은 제정 당시 일본의 관급공사에서 담합의 관행이 만연한 데에 따른 것이었다. 즉 현실에서 벌어지는 모든 담합을 처벌할 수 없으므로 이 가운데 불법적인 담합을 '목적'에 의하여 구별하여 범죄로 규정하자는 것이다. 그러나 이러한 의도는 훗날 이 조항의 해석과 관련하여 '공정한 가격'이나 '부정한 이익'이 무엇인지 또 이러한 목적이 없어 처벌되지 않는 정당한 담합의 범위는 어디까지인지 등의 다소 불명확한 여지를 남기게 된다.[103]

우리 형법의 경매·입찰방해죄는 이러한 제한을 두고 있지 않으므로 범죄 성립여부에 대한 판단에서 직접 이를 고려할 필요는 없다. 하지만 공계약 등에서 담합이 성행하였던 것은 일본뿐 아니라 우리의 경우에도 마찬가지였을 것이고, 위의 대법원 판결은 아마도 이러한 현실을 반영한 것이 아닌가 생각된다. 하지만 시간이 흐름에

---

100) 대법원 2009. 5. 14, 2008도11361. 이와 비슷하게 대법원 2010. 10. 14, 2010도4940 판결은 "입찰자들 상호간에 특정업체가 낙찰받기로 하는 담합이 이루어진 상태에서 그 특정업체를 포함한 다른 입찰자들은 당초의 합의에 따라 입찰에 참가하였으나 일부 입찰자는 자신이 낙찰받기 위하여 당초의 합의에 따르지 아니한 채 오히려 낙찰받기로 한 특정업체보다 저가로 입찰"한 경우에도 "이러한 일부 입찰자의 행위는 위와 같은 담합을 이용하여 낙찰을 받은 것이라는 점에서 적법하고 공정한 경쟁방법을 해한 것이 되고, 따라서 이러한 일부 입찰자의 행위 역시 입찰방해죄에 해당한다"고 판시한다.

101) 대법원 1960. 8. 4, 4292형상96.

102) 대법원 1971. 4. 20, 70도2241; 대법원 1982. 11. 9, 81도537; 대법원 1983. 1. 18, 81도824 등.

103) 西田典之, 위의 책, 445면.

따라 우리나라에서도 시장 경제질서가 확립되고 공정한 경쟁이 강조되는 등 담합의 처벌 필요성이 커진 것이 사실이라면 이제는 이를 달리 볼 수 있지 않을까 여겨진다.

이런 맥락에서 우리 대법원은 또 다른 판결에서 "그 행위가 설사 동종업자 사이의 무모한 출혈경쟁을 방지하기 위한 수단에 불과하여 입찰가격에 있어 입찰실시자의 이익을 해하거나 입찰자에게 부당한 이익을 얻게 하는 것이 아니었다 하더라도 실질적으로는 단독입찰을 하면서 경쟁입찰인 것 같이 가장하였다면 경쟁입찰의 방법을 해한 것이 되어 입찰의 공정을 해한 것으로 되었다"[104]고 하여 경우에 따라서는 '부정한 이익'의 목적이 없이 무모한 경쟁을 방지하기 위한 담합이라도 입찰방해죄가 성립한다고 보고 있다.

위의 두 가지 대법원 판례를 비교하여 보면, 결국 입찰방해죄에 있어서 위법성 판단의 기준은 낙찰가격에 영향을 미쳐 부정한 이익을 취하였거나 그럴 목적이 있었는가 여부 보다는 적법하고 공정한 경쟁방법을 해하였는가에 있다고 할 수 있다. 그러므로 설령 부정한 이익의 목적이 없다 하더라도 행위가 경쟁입찰을 가장하는 것과 같이 허용할 수 있는 정도를 넘어선 때에는 범죄가 성립하는 것으로 보게 되는 것이다. 문제는 행위가 어느 수준에 이르러야 공정한 경쟁을 해하였다고 할 것인가, 반대로 말하면 어떤 행위는 위법성이 조각되는 것으로 볼 수 있는가 하는 점인데, 이에 대해서 일률적이고 분명한 기준을 말하기 어렵다면 현재로서는 종합적인 판단에 따라 형법 제20조의 사회상규 조항을 적용하는 수 밖에 없다.[105] 다만 공정거래법 제19조 제2항은 인가받을 수 있는 공동행위를 규정하고 있으므로 미리 이러한 인가를 받지 않은 담합에 대해서 사회상규를 통해 위법성을 조각할 수 있는 경우는 매우 드물지 않을까 생각된다.

(3) 미수범 규정의 도입

경매·입찰방해죄는 "위계 또는 위력 기타 방법으로 경매 또는 입찰의 공정을 해한" 경우에 성립하므로 위에서 살펴본 공정거래법의 일반 담합범죄의 경우와 마찬가지로 범죄 기수시점의 문제가 제기된다. 즉 경매 또는 입찰자간의 합의, 다시 말해 담합의 합의만으로 범죄가 성립한다고 볼 것인가 아니면 이에 따른 (경매)입찰행위가 있어야 하는가 하는 것이다. 이에 대해서는 위의 두 가지 해석이 모두 가능하지만[106] 공정거래법의 담합범죄 경우와 마찬가지로 역시 '경매 또는 입찰의 공정이 해'

---

104) 대법원 2003. 9. 26, 2002도3924.
105) 같은 취지로 이상현, 위의 글, 92면.

하여 졌다고 볼 수 있기 위해서는 구체적인 입찰행위가 있어야 한다고 보아야 할 것이다. 담합의 합의가 경매 또는 입찰의 공정을 해할 위험이 전혀 없다고는 할 수 없지만, 단지 이러한 의사의 합치만으로 범죄의 기수를 인정하기에는 다소 무리가 있다고 생각한다. 보호법익을 침해하는 객관적인 행위가 현실로 나타나지 않았기 때문이다.

그러나 담합의 합의가 갖는 위험성을 모두 부인할 수는 없다. 또 수사기관이 담합합의를 확인한 경우 이것이 실행에 옮겨지기 전에 미리 차단할 수 있다면 경매 또는 입찰의 공정이라는 법익의 보호에 훨씬 효과적일 것이다. 이러한 점을 고려하여 이 죄에 대해서도 미수범 규정의 도입이 필요하다고 생각한다.107) 이렇게 되면 담합의 합의만 있고 아직 이것이 입찰행위로 진행되지 않은 경우에는 경매·입찰방해죄의 미수범으로 벌할 수 있게 될 것이다.

3) 건설산업기본법 제95조의 입찰방해죄

이외에 건설산업기본법 제95조는 형법 제315조의 특별법으로 건설공사에서의 입찰담합죄를 규정하고 있다. 다만 이 경우에는 "부당한 이익을 취득하거나 공정한 가격 결정을 방해할 목적"이 있어야 한다. 위에서 검토한대로 이것은 그동안 건설공사에서 입찰담합의 관행이 적지 않게 존재하였고, 지나친 가격 경쟁으로 인한 관련 업계의 어려움이나 저비용으로 인한 부실 공사 등의 부작용을 막기 위하여 범죄 성립의 범위를 제한한 것으로 볼 수 있을 것이다.

여기에서 '부당한 이익'이란 담합으로 인해 얻은 이익이 사회통념에 따른 정당한 이익의 범위를 넘어선 경우를 말하는데, 그 가장 대표적인 예로 담합에 참여한 대가, 즉 담합금이 수수된 경우를 들 수 있다. 그리고 이 때의 담합금에는 하청 등의 형태로 낙찰자로부터 추후에 이익의 분배를 받는 경우도 포함되는 것으로 보아야 한다.108) 또 '공정한 가격 결정을 방해'한다는 것은 위에서 본 형법의 경매·입찰방해죄의 경우와 같이 "적정한 가격을 형성하는데 필요한 안전하고 자유로운 경쟁상태를 방해하거나 위태롭게 하는 것", 즉 "입찰의 가격결정에 악영향을 주"거나 "경쟁방법의 공정성을 깨뜨리는 것" 등을 의미한다고 보면 될 것이다.

한편 이 조항은 " … 목적으로 입찰자가 서로 공모하여 미리 조작한 가격으로 입

---

106) 위의 글, 86면.
107) 위의 글, 같은 면.
108) 일본의 담합죄를 참고한 해석이다. 西田典之, 위의 책, 448면.

찰"할 것을 구성요건으로 하고 있으므로 위와 같은 기수시점의 문제는 발생하지 않는다. 다만 실행의 착수시점을 '입찰자가 서로 공모할 때'로 볼 것인가 아니면 '미리 조작한 가격으로 입찰할 때'로 볼 것인가가 문제될 수 있는데, 후자로 보면 범죄의 기수시점과 차이가 나지 않고 또 위에서 본 공정거래법이나 형법의 경우와 마찬가지로 미수범을 처벌하기 위해서도 전자의 시점, 즉 공모 시점을 실행의 착수시점으로 보는 편이 나을 것이다.

이 조항과 관련하여 한가지 눈에 띄는 것은 법정형이 '5년 이하의 징역 또는 2억원 이하의 벌금'으로 상당히 높게 규정되어 있다는 것이다. 이것은 같은 종류의 범죄인 형법의 경매·입찰방해죄와는 큰 차이가 나는 것으로 건설공사에서의 입찰담합이 다른 일반적인 경우에 비해 특별히 불법이 무거운 어떤 사정이 인정되지 않는다면 쉽게 납득하기 어려운 것이다. 따라서 두 조항의 법정형은 다소 조정될 필요가 있다고 여겨지는데, 이에 관해서는 항을 바꿔 살펴본다.

4) 법정형의 문제

끝으로 담합범죄에 대한 법정형이 적절하게 설정되어 있는지를 외국의 경우와 비교해서 검토해 보기로 하자. 단 여기에서는 개인에 대한 법정형만을 문제삼기로 한다. 경제개발협력기구(the Organization for Economic Co-operation and Development, 'OECD')에 따르면 2019년 현재 전세계적으로 22개 관할권에서 담합에 참여한 개인에 대해 자유형과 같은 비금전적 형사 제재가 도입되어 있다고 한다.[109] 또 이와는 별개로 독일, 한국, 일본은 입찰담합에 대한 별도의 처벌조항을 가지고 있다. 이 가운데 몇 나라의 법정형을 표로 나타내 보면 아래와 같다.

■표 10 **세계 여러 나라의 담합범죄에 대한 법정형(입찰담합죄 포함)**[110]

국가	(개인에 대한) 법정형. (　) 안은 입찰담합범죄에 대한 법정형
미국	10년 이하의 징역 또는 100만 달러 이하의 벌금. 단, 대안 벌금(alternative fine), 즉 '범죄행위로 인한 피고인 혹은 공모자의 이익 또는 사회적 손실의 2

---

109) Organisation for Economic Co-operation and Development, *Review of the Recommendation of the Council concerning Effective Action against Hard Core Cartels [OECD/LEGAL/0294] – Report by the Secretariat, DAF/COMP*(2019)*13* (Jul 4, 2019), para 214 and note 44. (이상윤, 위의 글, 186면에서 재인용)

110) 유럽과 미주 대륙 나라들에 대해서는 이상윤, 위의 글, 184-186면에 소개된 정보를 이용하여 표로 구성하였다.

	배에 해당하는 액수'와 비교하여 더 큰 금액을 벌금으로 부과
캐나다	14년 이하의 징역 또는 2천 5백만 캐나다 달러의 벌금
영국	5년 이하의 징역 또는 (무제한의) 벌금
덴마크	6년 이하의 징역
프랑스	4년 이하의 징역 또는 7만 5천 유로 이하의 벌금
그리스	2년 이상 5년 이하의 징역 또는 10만 유로 이상 100만 유로 이하의 벌금
루마니아	5년 이하의 징역
브라질	2년 이상 5년 이하의 징역
독일	[5년 이하의 징역 또는 (5년 이하의) 벌금]
일본	5년 이하의 징역 또는 5백만엔 이하의 벌금(3년 이하의 징역 또는 2백 5십만 엔 이하의 벌금)
한국	3년 이하의 징역 또는 2억원 이하의 벌금(2년 이하의 징역 또는 7백만원 이하의 벌금)

가장 오랫동안 그리고 지금도 가장 엄격하게 담합행위를 처벌하고 있는 나라답게 미국은 이에 대한 법정형이 매우 높다. 또 사실 미국보다도 1년 먼저 반독점법을 제정했던 캐나다는 이보다도 더 무거운 형량을 정해 놓고 있다. 1990년대 이후 담합에 대한 형벌규정을 도입한 유럽 국가들의 경우 대개 '5년 또는 6년 이하의 징역' 정도의 법정형을 가지고 있다. 일본도 지난 2004년 '사적 독점의 금지 및 공정거래의 확보에 관한 법률'을 개정하여 종전에 '3년 이하의 징역 또는 5백만엔 이하의 벌금'이던 것을 '5년 이하의 징역 또는 5백만엔 이하의 벌금'으로 상향조정하였다.

이러한 외국의 사례와 비교하여 보면 우리의 경우 담합범죄에 대한 법정형이 높다고 할 수는 없다. 사실 현재 공정거래법 제66조에 규정된 담합에 대한 형벌은 지난 1990년 개정된 것으로 30년째 그대로 유지되고 있다. 그렇다면 이제 우리나라가 처한 대내외적 상황이 이에 대한 형사처벌의 강화를 요구하고 있음에 비추어 이를 '5년 이하의 징역 또는 5억원 이하의 벌금' 정도로 높이는 것도 검토해 볼 수 있다고 생각한다. 이것은 단지 외국과 비슷한 수준으로 형량을 강화한다는 것 이외에도 날로 그 규모가 커져가고 있는 국내외의 담합행위에 대해서 실질적인 위하력을 확보한다는 의미가 있을 것이다.

또 형법에 규정된 경매·입찰방해죄의 경우에는 1995년 개정으로 벌금액이 '2만 5

천환에서 7백만원으로' 바뀌었을 뿐 '2년 이하의 자유형'은 1953년 형법 제정 이래 변함이 없다. 그러나 입찰담합은 공정거래법 제19조 제1항 제8호에 규정되어 있는 행위유형으로 가격담합이나 시장분할과 똑같은 경성담합행위이다. 그렇다면 다른 담합행위와 처벌의 균형을 맞추기 위해서라도 그 법정형을 상향조정할 필요가 있다.[111]

이에 관해서는 또 입찰담합의 상당부분을 차지하는 건설공사 입찰담합에 대해서는 건설산업 기본법에 의해 '5년 이하의 징역 또는 2억원 이하의 벌금'으로 처벌하도록 하고 있다는 점도 고려되어야 한다. 이 두 범죄는 사실상 같은 범죄임에도 그 법정형은 자유형의 경우 2배, 벌금형의 경우에는 20배가 넘게 차이가 난다. 그러므로 이를 조정할 필요가 있는데, 형법에 규정된 경매·입찰방해죄의 법정형이 공정거래법의 그것보다도 낮다는 점을 감안하면 전자를 높여 규정하는 것이 나을 것으로 보인다. 참고로 일본의 경우에도 1941년 담합죄의 도입 당시 '2년 이하의 징역 또는 5천엔 이하의 벌금'이었던 형량이 1991년 '2년 이하의 징역 또는 2백 5십만엔 이하의 벌금'으로 바뀌었다가 지난 2017년 현재와 같이 자유형을 '3년 이하의 징역'으로 높여 개정하였다.

2. 입찰담합에 대한 사기죄의 적용

다음으로 담합, 특히 입찰담합에 대해 사기죄를 적용할 수 있는지 하는 문제가 있다. 위에서 본대로 독일의 경우 1997년 형법에 입찰담합죄가 도입되기 이전부터, 그리고 그 이후에도 이러한 행위에 대해 사기죄로 인한 처벌이 이루어져 오고 있다. 그런데 사실 이 문제에 대해서는 이미 1917년 조선고등법원의 판례가 있다. 아래에서 이를 간단히 살펴본 다음 우리의 경우 가능한 사기죄의 적용법리를 구성해 보기로 한다.

1) 담합죄 도입 이전 일본 판례의 태도

일본 형법에 지금과 같은 담합죄가 도입된 것은 1941년이다. 그러므로 그 이전에는 담합행위는 직접 처벌되지 않았고, 이것이 사기죄에 해당하는가 하는 문제에 대해서 논란이 있었는데 이에 대해서는 판례도 그 입장이 엇갈리고 있었다.

먼저 조선고등법원의 입장은 담합행위가 사기죄에 해당한다는 것이었다. 즉 대정

---

111) 비슷한 지적으로 이상현, 위의 글, 88면.

(大正) 6년(1917) 조선고등법원은 "입찰 때에 입찰자 사이에 공모하여 미리 최저가 입찰자를 지정하고, 다른 입찰자는 그 가액 이상으로 입찰할 것을 담합·협정하고, 입찰함에 있어서는 마치 각자 독립적인 견적가액에 따라 정당하게 입찰을 하는 것처럼 가장하지만, 실제로는 담합·협정한 금액에 따라 입찰하여 계약담임자로 하여금 정당하게 한 입찰이라고 오신하게 하는 행위는 사기죄의 기망수단이 될 수 있"으며 "당해 기망수단을 써 계약담임자를 착오에 빠지게 하여 최저가 입찰자를 낙찰인으로 하여 계약을 체결하게 하고, 공사청부 계약상의 권리를 취득하게 한 때에는 형법 제246조 제2항의 사기죄를 구성한다"고 판시한다.112) 같은 취지의 판결은 소화(昭和) 6년(1931)에도 이어져 "요컨대 경쟁입찰, 즉 법령 또는 계약에 의해 담합행위를 금지한 경우의 입찰을 할 때에, 각 입찰자가 공모하여 미리 경쟁에 의한 청부 금액의 저하를 방지할 목적으로 입찰방법의 담합을 하고, 이에 근거하여 입찰하면서 마치 경쟁입찰의 본지에 따라 각자 독립하여 결정한 청부금액을 신청하여 입찰하는 것처럼 가장하는 것은, 주문자(관청인 경우에는 계약담임자)의 중요한 기대사항에 관해 주문자를 기망하는 것으로서, 그로 인해 청부계약을 체결하여 청부인의 지위를 취득한 때에는, 주문자에게 손해를 입히면서 재산상 불법적인 이익을 얻은 것이라고 할 것이어서, 형법 제246조 제2항에서 규정하는 사기죄의 구성요건을 충족"113)한다고 결론 내린다. 다만 "청부업자인 각 입찰자가 입찰할 때 단지 영업상 적정한 청부가액을 유지한다는 취지만의 담합을 하고, 이에 근거하여 입찰하는 경우에는 별도의 폐해를 수반하지 않는 것이며, 또한 주문자도 적정가액의 입찰인 이상 이를 인용하는 것이 상당하다고 인정할 것이므로, 이러한 담합은 청부업자의 영업권의 범위 내에서 허용되는 행위라고 인정하는 것이 타당하다고 할 것이며, 따라서 공서양속에 반하지 않으므로, 형법 제35조가 인정하는 정당행위라고 할 수 있을 것"이라고 한다.114)

그러나 일본 대심원은 대정(大正) 8년(1919) 판결에서 이와 상반되는 입장을 취한다. "입찰자는 수의로 입찰가액을 정함에 자유가 있으며 입찰자의 연합에 의한 협정입찰은 주문자에 대하여 가액의 양정을 과오케 하는 수단이 아니고 입찰자 자기에게

---

112) 朝鮮高等法院 判決 大正 6년(1917) 5. 10, 1916刑上154, 155.

113) 朝鮮高等法院 決定 昭和 6년(1931), 7. 30, 高等法院 刑事判決錄 제18권 81. (국역 조선고등법원 형사판결록 제18권 270면 이하)

114) 하지만 이 경우에도 "담합으로 적어도 낙찰인이 될 입찰자가 다른 입찰자에 대해 자기의 경제적 불이익을 초래할 금품 그 밖의 사람의 수요를 만족하게 하는 이익을 수여하도록 하는 약정을 포함하는 경우에는 … 그 담합은 그 자체가 공서양속에 반하는 사항을 목적으로 하는 것"이며 "따라서 낙찰인이 될 입찰자가 다른 입찰자에게 이익을 수여한다는 약정을 포함하는 담합에 근거하여 한 입찰은 도저히 형법 제35조가 인정하는 행위의 위법성을 조각하는 정당행위라고 할 수 없는 것"이라고 한다.

이익이 되는 가격을 주장하는 방법이라고 보는 것이 상당하며, 따라서 청부공사에 관한 협정입찰을 하는 것은 사기죄에 있어서의 기망수단의 시용은 아니"며 이것은 "입찰자가 담합금의 수수를 약속하였건 안하였건 불문"이라고 한다.[115]

이와 같은 대심원의 입장에 따라 이후 일본에서는 관공서의 입찰에서 담합이 공공연히 행해져 왔고, 바로 이것이 1941년 형법 개정에서 담합죄를 신설한 배경이 되었다. 당시 원래 정부의 제안은 현재의 일본 형법 제96조의6 제1항과 제2항을 통합하여 "위계 또는 위력을 사용하거나 혹은 담합에 의하여 공공 경매 또는 입찰의 공정을 해하는 행위를 한 자는 2년 이하의 징역 또는 5천엔 이하의 벌금에 처한다"라는 것이었는데, 이에 대해서는 위의 조선고등법원 판결에서도 나타나듯이, 모든 담합이 위법한 것은 아니며 정당한 담합도 있을 수 있다는 반론이 있어서 '혹은 담합에 의하여'라는 부분을 삭제하는 대신 새롭게 제2항을 만들고 여기에 '공정한 가격을 해하거나 또는 부정한 이익을 얻을 목적으로'라는 목적에 의한 제한을 추가하는 수정안이 채택되었다고 한다.[116]

2) 우리나라에서 담합행위에 대한 사기죄 적용가능성

이와 같은 일본의 논의를 배경으로 하여 우리나라에서 담합행위에 대해 사기죄를 적용하는 법리를 구성해 본다면 다음과 같이 될 것이다. 우선 담합을 통한 입찰행위, 즉 각 입찰자가 미리 공모하여 최저 입찰가와 낙찰자를 정하고 다른 입찰자들은 최저 가액 이상으로 입찰하는 등의 방식으로 정상적인 경쟁을 통해 가격이 저하되는 것을 방지하는 담합을 하면서도 이를 비밀에 부쳐 마치 공정한 경쟁을 통한 입찰이 이루어지는 것처럼 가장하는 것은 입찰 관리자에게 허위 사실을 표시하는 것, 즉 '기망'에 해당한다. 또 그 결과 미리 정해진 어떤 사람이 실제로 낙찰자로 선정되어 입찰 관리자와 정상적인 계약을 체결하였다면 이것은 관리자의 '처분행위'가 되고, 이러한 계약은 담합이라는 기망행위를 통해 이루어진 것이므로 양자 사이에 인과관계도 인정된다. 나아가 낙찰자는 계약의 성립으로 인해 낙찰금액에 해당하는 보수를 받을 수 있는 채권을 취득하게 되고 이것이 '재산상의 이익'에 해당한다는 것은 논란의 여지가 없다.

문제는 위의 일본 대심원 판결과 같이 담합행위를 단지 입찰자에게 이익이 되는 가격을 주장하는 방법 정도로 보아 이것이 주문자에게 낙찰가격을 잘못 정하게 하는

---

115) 日本 大判 大正 8년(1919) 2. 27, 刑事判決錄 25집 252항. (木村龜二(김병오 역), 刑法各論, 普文堂, 1958, 122면에서 재인용)
116) 西田典之, 위의 책, 445면; 団藤重光 책임편집, 注釋刑法(3), 各則(1), 有斐閣, 1965, 89면.

수단이 아니라고, 즉 기망이 아니라고 할 수 있는가 하는 점이다. 그러나 입찰제도는 경쟁계약에서 경쟁에 참가한 다수인에 대하여 문서로 계약의 내용을 표시하게 하여 가장 유리한 청약자를 상대방으로 하여 계약을 체결하는 것을 내용으로 한다.[117] 따라서 입찰자 서로 간에 계약의 내용, 특히 그 가운데에서도 핵심적인 부분인 입찰가액을 미리 알고 있었다거나 협의 내지 공모하였다는 것은 주문자에 대해서 입찰의 본질적인 내용 혹은 중요한 기대사항에 관해 허위의 사실을 표시하는 기망에 해당한다고 보아야 할 것이다.

이를 좀 더 확대해서 생각해 본다면 입찰담합 이외의 다른 담합행위, 즉 공정거래법에 규정된 가격담합이나 시장분할, 소비자분할의 경우에도 사기죄를 적용할 수 있는가 하는 의문을 가질 수 있다. 하지만 이것은 다소 무리라고 생각한다. 가격이나 거래지역, 거래상대방에 대한 기업간의 합의가 소비자를 속인다는 의미에서 '기망'이라고는 할 수 있겠지만 이로 인해서 소비자의 구매행위가 이루어졌다는 것, 즉 기망으로 인한 '처분행위'가 있었다는 사실을 입증하는 것이 쉽지 않아 보이기 때문이다. 위에서 살펴본 것처럼 독일이나 일본에서도 입찰담합에 대해서만 사기죄가 문제되었던 것은 아마 이와 같은 사정 때문이 아니었을까 여겨진다.

다음으로 경매·입찰방해죄와 사기죄와의 관계에 대해서는 두 범죄는 각각 다른 요건을 설정하고 있고 양자는 어떤 특별한 관계에 있지도 않으므로, 서로 대체할 수 없는 관계, 즉 법조경합에 해당하지 않는 실체적으로 다른 범죄라고 보아야 한다. 다만 하나의 행위가 두 가지 범죄요건에 모두 해당하는 경우이므로 절차상의 일죄, 즉 상상적 경합으로 처리하게 될 것이다. 이 경우 사기죄의 법정형이 경매·입찰방해죄의 그것보다 훨씬 무거우므로 결국 사기죄로 처벌된다는 결론에 이르게 된다.

끝으로 사기죄에 대해서는 그 이득액에 따라 이를 가중처벌하는 '특정경제범죄 가중처벌 등에 관한 법률'이 적용될 수 있다. 이 법률의 제3조는 사기죄로 인해 취득한 재산상 이익의 가액이 5억원 이상 50억원 미만인 때에는 3년 이상의 유기징역을, 50억원 이상인 때에는 무기 또는 5년 이상의 징역을 부과하도록 하고, 이 두 경우 모두 이득액 이하에 상당하는 벌금을 병과할 수 있도록 규정하고 있다. 그러므로 이 조항과 관련해서는 이득액이 일정금액 이상이라는 사실이 범죄구성요건의 일부가 되며, 따라서 그 액수가 엄격하고 신중하게 산정되어야 한다.[118]

이와 관련해서 입찰담합의 경우에 낙찰받은 금액의 전부가 재산상 이익에 해당하

---

117) 신동운, 형법각론, 법문사, 2018, 798면.
118) 대법원 2007. 4. 19, 2005도7288.

는가 아니면 공정한 경쟁이 있었더라면 얻어지리라고 예상되는 '적정가격' 혹은 '경쟁가격'과 낙찰가격과의 차액이 여기에 해당하는가의 문제가 있을 수 있다. 후자가 낙찰자가 실질적으로 얻은 이익이라는 점에서 재산상 이익을 여기에 한정해야 한다는 주장이 있을 수 있지만,[119] 담합을 통한 낙찰계약은 원칙적으로 무효이고 공정한 경쟁을 통한 낙찰자와 범죄행위의 결과 선정된 낙찰자가 동일할 것이라는 보장도 없는 만큼 이로 인해 얻은 이익의 전부, 즉 담합을 통해 제시된 입찰가격의 전부를 재산상 이익으로 보아야 한다고 생각한다.

VI 맺음말

지금까지 담합의 개념과 범죄성, 처벌규정과 그 적용실태, 담합의 처벌에 대한 외국의 사례 등을 살펴보고 우리나라에서 담합의 형사규제에 대한 개선방안을 제시하였다. 요컨대 공정거래법과 형법, 건설산업기본법이 담합을 범죄로 규정하고 있음에도 불구하고 그 실질적인 처벌은 별반 이루어지고 있지 않으며, 따라서 법정형을 현실에 맞게 상향조정하고 입찰담합에 대해서는 사기죄를 추가 적용하는 등의 방법으로 형사처벌을 강화하자는 것이 이 글의 핵심 주장이다.

하지만 이에 대해서는 여전히 담합을 경쟁법 위반행위 정도로 보고 이를 범죄로까지 다루는 것은 지나치다는 인식이 존재한다. 미국을 제외한 유럽의 여러 나라들도 20세기 후반까지 담합을 처벌하지 않고 주로 행정제재로 대응해 왔으며 담합범죄 규정이 도입된 이후에도 실제 처벌된 사례는 많지 않다는 비교법적 사실은 이러한 생각을 뒷받침한다.[120]

담합을 행정제재로 규제하는 것이 나은가 아니면 형벌을 부과하는 것이 올바른가 하는 질문에 정답을 말하기는 어렵다. 다만 그 나라가 처한 역사적, 경제적 상황, 그리고 이에 따른 담합 규제 강도의 수준, 그 밖에 두 가지 제재의 효과 등에 따라 적절한 방법을 택하는 것이 가능하리라고 생각한다. 우리나라에서 기업간 담합은 1950

---

119) 앞에서 소개한 독일의 판례(BGH, 8 Jan. 1992, 2 StR 102/91, (1992) NJW 921)는 담합을 통해 입찰된 가격이 가정적인 경쟁가격보다 높을 경우에 사기죄가 성립한다고 하여 이러한 입장을 취하고 있는 것으로 보인다. 하지만 독일 형법 제263조 사기죄는 우리 형법의 사기죄와 마찬가지로 범죄로 인한 이익 혹은 손해에 따른 법정형의 차이가 없다는 점을 주의하여야 한다. 같은 조 제3항의 '중사기'의 경우에도 마찬가지이다.

120) 이상윤, 위의 글, 187 – 188면.

년대 이후 30여 년간 국가로부터 아무런 제재를 받지 않아 오다가 1980년대 부터는 행정제재를 통해 규제되었다. 이제 2000년대 이후 한국 경제의 대내외적 변화는 이를 보다 분명한 범죄의 하나로 보고 그 통제를 강화해야 할 필요를 제기하고 있는 것은 아닌가?[121] 어쩌면 최근 담합에 대한 공정거래위원회의 고발이 늘어나고 이에 따라 수사 및 처벌사례가 증가하고 있다는 사실은 이러한 점을 반증하는 것으로 볼 수도 있다.

나아가 이와 같은 담합의 범죄화는 국민과 기업에 대한 학습효과가 있다는 점도 고려해 보아야 한다. 어쩌면 지금까지 담합이 명백한 범죄로 인식되지 않아온 이유는 이것이 잘 처벌되지 않았기 때문일런지도 모른다. 그렇다면 앞으로 담합에 대해 처벌이 강화된다면 이에 대한 사회와 기업의 인식이 이에 맞춰 변화할 수도 있을 것이다. 일반적으로 형법은 그 사회의 도덕적 기준에 대한 인식을 형성하는 교육적 기능을 한다. 즉 "대중은 무엇이 비난가능한가 하는 것을 대체로 무엇이 처벌되는가 하는 데에서 배운다."[122] 잘 알려진 대로 야콥스(Jacobs)는 이를 가리켜 형법의 '적극적 일반예방 기능'이라고 부르기도 하였다.[123]

---

121) 우리나라에서 기업에 대한 규제가 본격화된 것은 1990년대 말 외환위기 이후 경제체제가 세계적인 신자유주의체제에 통합된 다음부터라고 할 수 있다. 또 이 때를 시점으로 정부주도의 개발경제체제가 끝이 나고 민간과 시장의 자율성이 강조되는 시장경제체제가 도입됨에 따라 공정거래법도 경쟁법 본연의 임무, 즉 공정한 경쟁질서를 유지하기 위해 힘을 기울여 왔다고 한다. 이러한 맥락에서 공정거래위원회는 2000년대 중반 이래 공정거래법의 공적 집행(public enforcement)을 부당공동행위, 경쟁제한적 기업결합, 시장지배적 지위 남용행위 등 경쟁법의 3대 지주로 일컬어지는 분야로 집중하는 노력을 하고 있으며, 특히 부당공동행위, 즉 담합을 '시장경제 제1의 공적'으로 보고 있다고도 한다. 이황, 위의 글 (위 각주 4), 398면.

122) John Collins Coffee Jr, 'Does "Unlawful" Mean "Criminal"?: Reflections on the Disappearing Tort/Crime Distinction in American Law', *Boston University Law Review 71*, 1991, 200면.

123) *Günther Jakobs, Strafrecht, Allgemeine Teil, 2. Aufl.*, 1993, 1/2. 야콥스의 적극적 일반예방이론에 대한 간결한 소개로는 김성돈, 적극적 일반예방이론과 기능주의적 형법해석, 형사법연구 10, 1997, 91면 이하.

10

중대재해처벌법의 적용에 관한 연구
-하급심 판결의 분석을 중심으로-*

김광수(법학박사, 서울대학교 법학연구소)

I 서론

2021. 1. "중대재해 처벌 등에 관한 법률(이하 "중대재해처벌법")"이 제정되고 1년의 유예기간이 지난 2022. 1.부터 적용된 후, 약 3년 가까운 시간이 지났다. 제정 당시의 혼란 때문인지 2022년에는 중대재해처벌법에 대한 판결은 나오지 않았지만, 2023. 4. 6. 의정부지방법원 고양지원의 판결 이후로 2024. 10. 13.까지 총 25건의 사건에 대한 제1심 판결이 선고되었다.[1]

한국 산업계뿐만 아니라 사회 전반에 가장 큰 영향을 끼치는 법률인 까닭에, 중대재해처벌법에 대한 현재까지의 연구는 셀 수 없을 정도로 많다. 그러나 이 연구의 대부분은 하급심 판결이 본격적으로 나오기 전에 ① 처벌 대상의 범위 문제,[2] ② 발

---

* 이 글은 김광수, "중대재해처벌법의 적용에 관한 연구 – 하급심 판결의 분석을 중심으로 –", 형사정책 제36권 제3호, 한국형사정책학회, 2024에 게재되었음을 밝힌다.

1) 이 논문의 투고기간인 2024. 10. 13. 이후 두 건의 중대재해처벌법 사건이 더 선고되었다. 그 중 한 건은 경영책임자에 대해서 집행유예 없는 징역 2년을 선고했고, 다른 한 건은 중대재해처벌법 사건 중 유일하게 무죄를 선고했다. 그 중 무죄 판결(대구지방법원 영덕지원 2024. 10. 16. 선고 2023고단226 판결)은 중대재해처벌법의 부칙에 공사금액 50억 원 이하 공사에 대해서는 "공포 후 3년이 경과한 날부터 시행"한다고 규정하여 적용하지 않았다. 징역 2년의 유죄가 선고된 판결은 이 논문이 게재 확정되고 수정 중인 2024. 10. 31. 기준으로 공개되지 않았기에 이 논문에 추가하지 못했다. 독자들에게 양해를 구한다. 이 판결에 대한 정보로는 매일노동뉴스, 2024. 10. 21., "[단독] 중대재해 최초 '무죄' 선고, 공사금액이 갈랐다"
https://www.labortoday.co.kr/news/articleView.html?idxno=224210 (최종검색: 2024. 10. 31.)

2) 강영기 · 이창대 · 이성남, "중대재해처벌법의 시행에 따른 기업들의 대응방안 등에 대한 검토", 법과 기업 연구 제11권 제2호, 서강대학교 법학연구소, 2022; 권오성, "중대재해처벌법의 수규자에 관한 해석상 쟁점", 사법 제68호, 사법발전재단, 2024; 김지인, "중대재해처벌법 시행에 따른 대응 방안과 향후 과제 –

생 가능한 법적 쟁점의 조망3)에 초점을 맞춰 진행되어 오고 있었고, 최근에는 중대재해처벌법을 적용한 하급심 판결에 대한 연구가 있긴 했지만, 초창기 판결 1, 2건을 기준으로 진행된 것으로 보인다.4) 이러한 연구 경향과 달리 중대재해처벌법의 적용 문제는 산업계와 경영진들에게는 가장 중요한 문제인 까닭에, 실무계에서는 하급심 판결에서 적용한 의무위반의 현황과 법정형 등에 대해서는 지속적으로 정리하여 발표하고 있긴 하다.5) 그러나 이러한 논의는 현재 '존재하는' 중대재해처벌법에 대한 경영진의 대응방안 차원에서만 논의하고 있지 그 이상을 넘어선 논의로는 나아가고 있지 않은 것으로 보인다.

그리하여 이 연구는 먼저 사전 정리로 중대재해처벌법의 구조에 대해 조망한 뒤(Ⅱ.), 현재까지(2024. 10. 13. 기준) 제1심법원에서 선고된 25개 판결을 대상6)으로 구성요건 적용과 선고형 등 중대재해처벌법을 법원에서는 어떻게 적용하고 있는지를 정리하고(Ⅲ.), 그에 따라 법적용 상뿐만 아니라 형사정책상 어떠한 문제가 있는지 분석한 뒤(Ⅳ), 입법론 등 형사정책적 대안까지 제시하고자 한다(Ⅴ.).

비록 25개의 제1심판결을 대상으로 진행하는 이 연구를 통해 중대재해처벌법의 적용에 대한 신뢰도 높은 경향을 파악하기에는 (약간 부족한 수의 판결이기에) 어려운

중소기업의 관점에서 -", 중소기업과 법 제15권 제1호, 아주대학교 법학연구소, 2023; 서진두, "중대재해처벌법상 경영책임자 개념의 한계와 책임주체 재구성에 관한 소고", 노동법논총 제60권, 한국비교노동법학회. 2024; 이상철, "중대재해처벌법상 '경영책임자등'의 개념", 형사법의 신동향 통권 제77호, 대검찰청, 2022; 최민규, "중대재해 처벌등에 관한 법률상 안전사고의 현황과 대응방안 - 건설 산업을 중심으로 -", 중재연구 제33권 제2호, 한국중재학회, 2023 등 많은 논문이 이 논점을 다루고 있다.

3) 김성룡, "「중대재해 처벌 등에 관한 법률」의 적용을 둘러싼 형사법적 쟁점 검토", 법학논고 제77집, 경북대학교 법학연구원, 2022; 김성룡, "중대재해처벌법의 산업재해치사상죄의 성립요건 - 작위의무, 인과관계, 고의, 예견가능성을 중심으로 -", 법과 기업 연구 제12권 제3호, 서강대학교 법학연구소, 2022; 김·장 법률사무소 중대재해대응팀, 중대재해처벌법, 박영사, 2022; 김재윤, "형사법적 관점에서 보는 중대재해처벌법의 발전방향", 형사법연구 제34권 제3호, 한국형사법학회, 2022; 박세영, "중대재해처벌법위반죄의 구성요건체계에 관한 고찰", 경희법학 제58권 제3호, 경희대학교 법학연구소, 2023; 박혜림, "중대재해 처벌에 관한 법률의 실효성 확보를 위한 논의", 원광법학 제39권 제2호, 원광대학교 법학연구소, 2023; 정현희, "중대재해 처벌 등에 관한 법률의 재판 실무상 쟁점", 사법정책연구원, 2022; 최정학, "중대재해처벌법: 기업 경영자 처벌의 논리", 노동법연구 제51호, 서울대학교 노동법연구회, 2021 등 많은 논문이 이 논점을 다루고 있다.

4) 이승준, "중대재해처벌법위반죄에서의 경영책임자의 책임과 인과관계 - 의정부지법 고양지원 2023. 4. 6. 선고 2022고단3254 판결의 평석 -", 형사법의 신동향 통권 제79호, 대검찰청, 2023; 조재호, "산업안전보건법위반죄와 중대재해처벌법위반(산업재해치사), 업무상과실치사죄의 죄수관계: ○ 부산고등법원(창원) 2023. 8. 23. 선고 2023노167 판결", 노동법학 제88호, 한국노동법학회, 2023.

5) 법률신문, 2024. 1. 29., "중대재해 처벌 등에 관한 법률 시행 2년 분석 및 시사점" https://www.lawtimes.co.kr/LawFirm-NewsLetter/195464 (최종검색: 2024. 10. 13.)

6) 이 판결은 2024. 10. 13.까지 로앤비, 엘박스, 케이스노트 프로 등 유료 구독 판결 제공 사이트와 '무사퇴근연구소(https://musa-lab.com/)' 등 노무법인에서 제공하는 노동정보 사이트에서 수집한 판결문과 정보를 바탕으로 언론의 기사와 교차 검증하여 정리했다.

것은 사실이다. 또한 후술하겠지만, 25개 판결 모두 중대산업재해에 대한 판결이라 중대시민재해에 대한 논의는 중대산업재해의 논의에 비해 많이 적을 것이다. 그러나 중대재해처벌법에 대한 초기 적용 단계라고 할 수 있는 현재 상황에서 이러한 분석의 시도는 중대재해처벌법 연구를 위한 기초자료뿐만 아니라 (거칠어 보이지만) 새로운 관점과 개선안도 제공할 수 있을 것이라 생각하며 연구를 진행한다.[7]

Ⅱ 사전 정리–중대재해처벌법의 구조

1. 목적 및 처벌 대상

이 연구의 대상인 중대재해처벌법은 "사업 또는 사업장, 공중이용시설 및 공중교통수단을 운영하거나 인체에 해로운 원료나 제조물을 취급"하는 "사업주, 경영책임자, 공무원 및 법인"이 "안전·보건 조치의무를 위반"하여 "인명피해를 발생"시킨 경우, 이를 처벌하여 "중대재해를 예방하고 시민과 종사자의 생명과 신체를 보호"하는 것을 목적(제1조)으로 하는 법이다. 목적에 적시된 처벌 대상 중 사업주, 경영책임자(제6조, 제10조) 및 법인(제7조, 제11조)에 대해서는 명시적인 처벌 규정을 두고 있지만, 공무원에 대해서는 제2조의 정의 규정 내 "경영책임자등"에 중앙행정기관장과 지방자치단체장, 지방공기업장, 공공기관의 장을 명시(제2조 제9호 나목)[8]하는 방식을 이용하여 부분적으로나마 처벌하고 있다.

2. 구성요건–안전·보건 확보의무 위반에 따른 인명피해 발생

(1) 안전·보건 확보의무 위반

이 법률은 중대재해를 "중대산업재해(제2조 제2호)"와 "중대시민재해(제2조 제3항)"로 나눠서 정의하고 각 재해당 "사업주와 경영책임자등의 안전 및 보건 확보의무(중

---

7) 그렇기에 중대재해처벌법에 대한 기존의 많은 연구가 존재하긴 하고 그 연구성과의 토대 위에서 진행하긴 했으나, 수많은 연구에 비해 구체적인 부분에 대한 참고문헌 인용이 적은 점에 대해 미리 양해를 드린다.

8) **제2조**(정의) 이 법에서 사용하는 용어의 뜻은 다음과 같다.

　9. "경영책임자등"이란 다음 각 목의 어느 하나에 해당하는 자를 말한다.

　나. 중앙행정기관의 장, 지방자치단체의 장, 「지방공기업법」에 따른 지방공기업의 장, 「공공기관의 운영에 관한 법률」 제4조부터 제6조까지의 규정에 따라 지정된 공공기관의 장

대산업재해-제4조/중대시민재해-제9조)"를 규정한 뒤, 이를 위반하여 '중대재해(사망 또는 상해)'가 발생한 경우에 "사업주 또는 경영책임자등(중대산업재해-제4조/중대시민재해-제9조)"과 "법인 또는 기관"도 처벌(중대산업재해-제7조/중대시민재해-제11조)하는 구조를 갖고 있다.

먼저, "사업주와 경영책임자등"이 지켜야 할 "안전 및 보건 확보의무"는 중대산업재해(제4조)와 중대시민재해(제9조) 각각 규정하고 있다.

■표 1 중대재해처벌법 상 안전 및 보건 확보의무의 내용

구분	중대산업재해(제4조)	중대시민재해(제9조) -제조물, 원료(제1항) -공중이용시설 또는 공중교통수단(제2호)	특이사항
제1호	• 재해예방에 필요한 인력 및 예산 등 안전보건관리체계의 구축 및 그 이행에 관한 조치	• 재해예방에 필요한 인력·예산·점검 등 안전보건관리체계의 구축 및 그 이행에 관한 조치	• 중대시민재해에 "점검" 추가
제2호	• 재해 발생 시 재발방지 대책의 수립 및 그 이행에 관한 조치		
제3호	• 중앙행정기관·지방자치단체가 관계 법령에 따라 개선, 시정 등을 명한 사항의 이행에 관한 조치		• 문구 동일
제4호	• 안전·보건 관계 법령에 따른 의무이행에 필요한 관리상의 조치		

이 "안전 및 보건 확보의무" 제1호와 제4호의 구체적인 사항에 대해서는 "대통령령으로 정한다."라고 규정(중대산업재해-제4조 제2항/중대시민재해-제9조 제4항)하여 그 구체적인 의무를 시행령에 규정하도록 위임하고 있고, 중대재해처벌법이 시행되기 약 3개월 전인 2021. 10. 5. 시행령이 제정되어 법 시행과 같이 시행되었다. 이를 중대재해처벌법 상 의무와 연결하여 살펴보면 아래와 같다.[9]

---

[9] 이에 대해서는 이미 법제처 국가법령정보센터를 통해 쉽게 찾아볼 수 있고, 김성룡, "중대재해처벌법의 산업재해치사상죄의 성립요건", 8~9면에 더 직관적으로 표현하고 있기에 정리할 필요가 없다는 평가도 가능하고 타당한 지적이다. 그러나 후술하는 내용과 같이 이 연구의 목적과 방향을 위해서 난잡한 법률 상황을 그대로 보일 필요가 있어 정리했다. 이 점에 대해 양해를 부탁드린다.

■ 표 2 중대재해처벌법 시행령 상 안전 및 보건 확보의무의 내용

구분			의무사항	특이사항
중 대 산 업 재 해	법 제4조 제1항 제1호 위임사항 (시행령 제4조)	제1호	• 사업·사업장의 안전·보건 목표·경영방침 설정	
		제2호	• 안전·보건 업무총괄·관리 전담 조직 설치	• 일정 규모 이상 사업에 적용
		제3호	• 사업·사업장의 특성에 따른 유해·위험요인 확인·개선 업무절차 마련, 반기 1회 이상 점검·조치	• 「산업안전보건법」 제36조 절차 수행시 점검 간주
		제4호	• 안전·보건 예산 편성 및 집행	
		제5호 가목	• 「산업안전보건법」 상 안전보건관리책임자등의 업무 수행 필요 권한·예산 부여	
		제5호 나목	• 「산업안전보건법」 상 안전보건관리책임자등의 업무 수행 평가기준 마련 및 연 1회 이상 평가·관리	
		제6호	• 「산업안전보건법」 상 안전관리자, 보건관리자, 안전보건관리담당자 및 산업보건의 배치	• 다른 법령 규정 존재 시 그 법령 적용
		제7호	• 사업·사업장의 안전·보건 사항 관련 종사자 의견 청취 절차 마련, 개선방안 마련 후 반기 1회 이상 점검·조치	• 「산업안전보건법」 상 관련 절차 수행시 의견청취 간주
		제8호	• 중대산업재해 발생 대비 매뉴얼 마련, 반기 1회 이상 점검·조치	
		제9호 가목	• 도급·용역·위탁 시 도급·용역·위탁 받는 자에 대한 산업재해 예방 조치 능력·기술 평가기준·절차 마련 및 반기 1회 이상 점검	
		제9호 나목	• 도급·용역·위탁 시 도급·용역·위탁 받는 자에 대한 안전·보건 관리비용 기준 마련 및 반기 1회 이상 점검	
		제9호 다목	• 건설업 및 조선업 도급·용역·위탁 시 도급, 용역, 위탁 등을 받는 자의 안전·보건을 위한 공사·건조기간 기준 마련 및 반기 1회 이상 점검)	

	법 제4조 제1항 제4호 위임사항 (시행령 제5조 제2항)	제1호	• 이행 여부 반기 1회 이상 점검 또는 점검 결과 보고받음	
		제2호	• 제1호 미이행시 의무 이행 필요 조치 수행	
		제3호	• 안전·보건 교육 실시 여부 반기 1회 이상 점검 또는 점검 결과 보고받음	
		제4호	• 제3호 미이행시 교육 실시 필요 조치 수행	
중 대 시 민 재 해	법 제9조 제2항 제1호 위임사항 (시행령 제10조)	제1호 가목	• 법 제9조제2항제4호 안전·보건 관계 법령의 안전관리 업무 수행	
		제1호 나목	• 시행령 제4호 안전계획 이행	
		제1호 다목	• 국토교통부장관 고시 사항 업무 수행	
		제2호	• 제1호 각목 이행 위한 예산 편성·집행	
		제3호	• 법 제9조제2항제4호 안전·보건 관계 법령의 안전점검 등 계획·수행	
		제4호	• 안전·유지관리 인력 확보(가목), 공 중이용시설 안전점검·정밀안전진단 과 공중교통수단 점검·정비(나목), 보수·보강 등 유지관리(다목) 안전계 획 연 1회 이상 수립·이행	• 「시설물의 안전 및 유 지관리에 관한 특별법」 상 시설물 안전 및 유 지관리계획 수립·시 행, 「철도안전법」 상 연차별 시행계획 수립· 추진 후 수립 여부 및 내용 직접 확인·보고 받은 경우 이행 간주
		제5호	• 제1호~제4호 사항 반기 1회 이상 점 검 또는 점검 결과 보고받음	
		제6호	• 제5호 점검 또는 보고 결과에 따라 중대시민재해 예방 조치(인력 배치, 예산 추가 편성·집행 등)	
		제7호 가목	• 공중이용시설 또는 공중교통수단 유 해·위험요인의 확인·점검 사항 마련 ·이행	• 「철도안전법」 상 비상 대응계획 포함 철도안 전관리체계 수립·시 행, 「항공안전법」 상

		제7호 나목	• 공중이용시설 또는 공중교통수단 유해·위험요인 발견 시 신고·조치요구, 이용 제한, 보수·보강 등 개선사항 마련·이행	위기대응계획 포함 항공안전관리시스템 마련·운용 후 수립 여부 및 내용 직접 확인·보고받은 경우 이행 간주
		제7호 다목	• 중대시민재해 발생 시 사상자 등 긴급구호조치, 공중이용시설 또는 공중교통수단 긴급안전점검, 위험표지 설치 등 추가 피해방지 조치, 관계 행정기관 등 신고·원인조사 개선조치사항 마련·이행	
		제7호 라목	• 공중교통수단 또는 「시설물의 안전 및 유지관리에 관한 특별법」상 제1종시설물 내 비상상황·위급상황 발생 시 대피훈련 사항 마련·이행	
		제8호 가목	• 도급·용역·위탁 시 이용자나 그 밖의 사람의 안전 확보 위한 중대시민재해 예방 조치능력 및 안전관리능력 평가 기준·절차 마련, 이행 여부 연 1회 이상 점검 또는 점검 결과 보고받음	
		제8호 나목	• 도급·용역·위탁 시 이용자나 그 밖의 사람의 안전 확보 위한 업무 수행 시 중대시민재해 예방 필요 비용 기준 마련, 이행 여부 연 1회 이상 점검 또는 점검 결과 보고받음	
	법 제9조 제2항 제4호 위임사항 (시행령 제11조 제2항)	제1호	• 이행 여부 연 1회 이상 점검 또는 점검 결과 보고받음	
		제2호	• 제1호 미이행시 의무 이행 필요 조치 수행	
		제3호	• 안전·보건 교육 실시 여부 연 1회 이상 점검 또는 점검 결과 보고받음	
		제4호	• 제3호 미이행시 교육 실시 필요 조치 수행	

이 법률은 위와 같이 수많은 의무를 규정하고 있지만 간단히 정리하면, 사업주 또는 경영책임자 등이 사업장 또는 공중이용시설 등 현장에 대한 안전 및 보건 확보의무를 위반한 상태에서 그 현장에서 인명피해가 발생하면, 그 의무를 위반한 사업주

또는 경영책임자 등을 처벌하는 법률이라고 정리할 수 있다.

(2) 안전·보건 확보의무 위반과 인명피해 사이의 인과관계

이 법률 상 처벌조문은 사망과 상해라는 인명피해, 즉 결과발생이 존재해야 처벌하는 결과범이므로 안전·보건 확보의무 위반과 인명피해 사이에 당연히 인과관계가 존재해야 한다. 범죄의 실행행위인 '안전·보건 확보의무 위반'과 그 결과인 인명피해 사이의 시간적·공간적·인적 간극이 넓다는 지적이 나오기도 하여, 이 법률이 제정되기 전 일부 법률안에서는 인과관계를 추정하는 조문을 담기도 했고,[10] 인과관계의 추정 조문이 필요하다는 지적이 지속적으로 나오기도 했지만,[11] 현행 조문에는 무죄추정의 원칙에 위배된다는 지적[12]에 따라 형사법의 기본원칙에 맞게 해석하도록 특별한 규정은 두고 있지 않다.

그렇지만 중대재해처벌법 상 안전·보건 확보의무 위반과 인명피해 사이에는 현실적으로 인과적 사슬과 같은 다단계 인과관계가 존재하는 것은 사실이기에[13] 형사법의 기본원칙만을 고수한다고 하여 인과관계 인정 여부에 대한 문제는 그대로 유지되고 있었다. 이에 대해 대법원의 주류 판결이 상당인과관계설을 기준에 따라 부작위범에 대해서는 "작위의무를 이행하였더라면 결과가 발생하지 않았을 것이라는 관계

---

10) [2105290] 중대재해에 대한 기업 및 정부 책임자 처벌법안(박주민 의원 등 45인)과 [2105421] 중대재해에 대한 기업 및 정부 책임자 처벌법안(이탄희 의원 등 11인) 제5조는 아래와 같이 동일한 인과관계 추정 조문을 두고 있다.

> **제5조(인과관계의 추정)** 다음 각 호의 어느 하나에 해당하는 경우에는 사업주 또는 경영책임자 등이 제3조에서 정한 위험방지의무를 위반한 행위로 인하여 중대산업재해가 발생한 것으로 추정한다.
> 1. 당해 사고 이전 5년간 사업주 또는 경영책임자 등이 제3조가 정하고 있는 의무와 관련된 법을 위반한 사실이 수사기관 또는 관련 행정청에 의해 3회 이상 확인된 경우
> 2. 사업주 또는 경영책임자 등이 당해 사고에 관한 증거를 인멸하거나 현장을 훼손하는 등 사고 원인 규명, 진상조사, 수사 등을 방해한 사실이 확인되거나 다른 사람으로 하여금 이러한 행위를 하도록 지시 또는 방조한 사실이 확인되는 경우

11) 최정학, "중대재해범죄와 인과관계", 민주법학 제79호, 민주주의법학연구회, 2022, 65~70면; 매일노동뉴스, 2022. 9. 29., "[제정 당시 빠졌던] 중대재해처벌법 인과관계 추정 "입법하자""
https://www.labortoday.co.kr/news/articleView.html?idxno=211194 (최종검색: 2024. 10. 13.)

12) 제21대 국회 제383회국회(임시회) 제1호 법제사법위원회회의록(법안심사제1소위원회) 중 이용구 법무부차관과 김인겸 법원행정처차장의 의견(18~25면).

13) 김성룡, "「중대재해 처벌 등에 관한 법률」의 적용을 둘러싼 형사법적 쟁점 검토", 173~174면; 김영규, "중대재해처벌법의 다단계 인과관계 판단 구조: '인접효 법칙'을 중심으로", 노동법률 2023년 11월호, ㈜중앙경제, 2023, 115~116면; 김·장 법률사무소 중대재해대응팀, 앞의 책, 238~242면은 '2단계 인과관계의 문제'라는 목차 하에 이와 같은 문제를 제한 뒤 분석하고 있다.

가 인정될 경우에는 부작위와 법익침해 결과 사이에 인과관계가 있다"는 가설적 인과관계에 따라 판단하고 있다는 점을 전제한 뒤,[14] 인과적 사슬로 연결된 다단계 인과관계를 판단하기 위해서는 다단계적 심사를 바탕으로 "구조적·경영상의 위험이 문제되는 경우"에 위험감소이론을 통해 인과성 판단을 하여 인정할 수 있을 것이라는 의견[15]과 "시간적·공간적으로 서로 멀리 떨어져 있는 합법칙적 변화는 시간적·공간적으로 상호 인접해있는 다른 합법칙적 변화를 통해 언제나 서로 연결"된다는 인접효 법칙에 따라 인정될 수 있다는 의견[16]이 제시되기도 한다.

3. 법정형

중대재해처벌법 상 안전 및 보건 확보의무를 위반하여 사망의 결과가 발생하면 중대산업재해와 중대시민재해를 불문하고 "사업주 또는 경영책임자등"에 대해서 "1년 이상의 징역 또는 10억원 이하의 벌금에 처"할 수 있고(제6조 제1항/제10조 제1항), 법에 규정된 인원에 대한 상해의 결과가 발생하면 "7년 이하의 징역 또는 1억원 이하의 벌금에 처"할 수 있다(제6주 제2항/제10조 제2항). 또한, 중대산업재해에 대해서는 형 확정 후 5년 이내에 재범을 저지르면 형의 1/2까지 가중할 수 있다(제6조 제3항).

위와 같은 중대재해가 발생하면 법인 또는 기관도 양벌규정에 따라 처벌을 받는데, 중대산업재해와 중대시민재해를 불문하고 사망의 경우에는 "50억원 이하의 벌금", 상해의 경우에는 "10억원 이하의 벌금"을 부과할 수 있다(제7조/제11조).

Ⅲ   하급심 판결의 정리

1. 대상 판결의 개요

분석 대상은 중대재해처벌법 시행 이후 2024. 10. 13.까지 중대재해처벌법을 적용하여 선고한 제1심 판결인 총 25개 판결이다. 이 25건 판결 모두 중대재해 중 중대산업재해에 관한 사건이었고 모두 유죄로 판결되었다. 8호 판결에서 유해화학물질에

---

14) 정현희, 앞의 보고서, 114면; 김성룡, "「중대재해 처벌 등에 관한 법률」의 적용을 둘러싼 형사법적 쟁점 검토", 161면은 '가설적 첨가절차'로 설명하고 있다.

15) 김성룡, "「중대재해 처벌 등에 관한 법률」의 적용을 둘러싼 형사법적 쟁점 검토", 174면.

16) 김영규, 위의 논문, 117~118면.

따른 상해가 문제가 되어 중대시민재해 사건으로 분류될 가능성도 있었다. 그러나 이 사건의 피해자는 그 유해화학물질을 이용한 근로자들이었고, 피해자들이 유해화학물질에 장기간 '노출'되는 방식으로 피해를 받았는데, 검사가 중대시민재해와 관련하여 적용한 화학물질관리법 제57조의 업무상과실·중과실화학물질유출·누출치상죄는 그 구성요건을 "유출" 또는 "누출"을 이용[17]하여, 이 사건의 '노출'과는 사전적 의미가 다르다고 판단했기에 법원은 중대시민재해와 관련 가능성이 있을 부분에 대해서는 무죄 판결을 선고하고 중대산업재해 부분 중심으로 판결했다.

분석 대상 판결 25건은 아래의 표와 같다.[18]

■표 3 **대상 판결 25건 목록**

구분	재해	관할법원	선고일	판결번호	비고
1호[19]	산업	의정부지방법원 고양지원	2023. 4. 6.	2022고단3254	
2호	산업	창원지방법원 마산지원	2023. 4. 26.	2022고합95	• 대법원 판결 선고[20]
3호	산업	인천지방법원	2023. 6. 23.	2023고단651	
4호	산업	창원지방법원 마산지원	2023. 8. 25.	2023고합8	• 항소심 판결 선고[21]
5호	산업	의정부지방법원 고양지원	2023. 10. 6.	2022고단3255	
6호	산업	서울북부지방법원	2023. 10. 12.	2023고단2537	• 항소심 판결 선고[22]
7호	산업	제주지방법원	2023. 10. 18.	2023고단146	
8호	산업	창원지방법원	2023. 11. 3.	2022고단1429	• 항소심 판결 선고[23] • 위헌법률심판

17) 8호 판결에서는 '유출' 또는 '누출'이라는 단어를 구성요건으로 삼은 화학물질관리법 제57조를 "탱크로리, 배관, 밸브 등 어떤 특정한 공간이나 장소 안에 있던 화학물질이 작업자의 과실이나 시설 결함·노후화, 자연재해, 운송사고 등으로 인하여 밖으로 새어나오거나 흘러나옴으로써 발생하는 상황을 의미한다고 봄이 타당하다."라고 판시하여 '노출'의 뜻과는 달리 판단했다.

18) 이 글은 중대재해처벌법에 대한 하급심 판결의 경향을 분석하는 것을 목표로 하고 있기에, 중대재해처벌법이 적용되지 않고 산업안전보건법 또는 형법상 업무상과실치사상죄가 적용되는 공동피고인의 부분에 대해서는 원칙적으로 분석하지 않고 필요한 경우에만 부분적으로 살펴보겠다.

					제청신청 기각[24]
9호	산업	대구지방법원 서부지원	2023. 11. 9.	2023고단1746	
10호	산업	대구지방법원 서부지원	2023. 11. 17.	2023고단593	
11호	산업	서울중앙지방법원	2023. 11. 21.	2023고단3237	• 항소심 판결 선고[25]
12호	산업	부산지방법원	2023. 12. 21	2023고단1616	
13호	산업	대구지방법원	2024. 1. 16.	2023고단3905	
14호	산업	대구지방법원 서부지원	2024. 2. 7.	2022고단2940	
15호	산업	울산지방법원	2024. 4. 4.	2022고단4497	
16호	산업	수원지방법원 안산지원	2024. 4. 24.	2023고단3139	
17호	산업	창원지방법원 마산지원	2024. 5. 2.	2024고단89	
18호	산업	울산지방법원	2024. 7. 4.	2023고단5014	
19호	산업	춘천지방법원	2024. 8. 8.	2022고단1445	
20호	산업	창원지방법원 통영지원	2024. 8. 21.	2023고단95, 2023고단1448 (병합)	
21호	산업	전주지방법원	2024. 8. 21.	2024고단867	
22호	산업	의정부지방법원	2024. 8. 27.	2024고단4	
23호	산업	청주지방법원	2024. 9. 10.	2023고단1464	
24호	산업	광주지방법원	2024. 9. 26.	2024고단1482	
25호	산업	대전지방법원 천안지원	2024. 10. 7.	2024고단1530	

---

19) 중대재해처벌법 판결 선고 이후 언론에서 각 판결을 선고일자 순으로 "1호", "2호"와 같이 표기하고 있고 이 글의 판결에 대한 내용을 언론보도에서 쉽게 찾아볼 수 있도록 하기 위해 이 글에서도 그 관행을 따라 표기했다.

2. 구성요건 적용 검토

(1) 대상 판결의 안전 및 보건 확보의무 위반 현황

대상 판결에서 기소된 "사업주 또는 경영책임자등"에 대해서는 모두 두 가지 이상의 안전 및 보건 확보의무 위반이 인정되었다. 가장 많은 의무 위반은 법 제4조 제1항 중 시행령 제4조 제3호에서 규정한 '사업·사업장의 특성에 따른 유해·위험요인 확인·개선 업무절차 마련 및 반기 1회 이상 점검·조치' 위반이며 총 21개 판결에서 위반을 찾을 수 있었다. 다음으로 많이 위반을 한 의무는 시행령 동조 제5호 나목에서 규정한 「산업안전보건법」 상 안전보건관리책임자등의 업무 수행 평가기준 마련 및 연 1회 이상 평가·관리' 의무 위반이었고 총 19개 판결에서 위반이 인정되었다.

가장 많은 의무 위반이 문제가 된 판결은 3호 판결로 법 제4조 제1항에서 위임한 시행령 제4조의 7개 항목에서 위반한 것을 알 수 있었다. 다음으로 많이 의무를 위반한 판결은 제7호 판결로 이 판결도 법 제4조 제1항에서 위임한 시행령 제4조 중 6개 항목을 위반했다.

이를 표로 살펴보면 아래와 같다.

■표 4 대상 판결의 안전·보건 확보의무 위반 현황

구분	1.	2.	3.	4.	5-가.	5-나.	6.	7.	8.	9-가.	9-나.	9-다.	⑤-1.	⑤-2.	⑤-3.	⑤-4.	계
1호			○			○			○								3
2호						○				○							2
3호	○		○	○	○	○		○	○								7
4호	○			○		○			○								4
5호			○			○				○							3
6호	○		○			○	○	○									5
7호	○		○		○	○		○	○								6

---

20) 대법원 2023. 12. 28. 선고 2023도12316 판결. 항소심 판결은 부산고등법원 2023. 8. 23. 선고 (창원)2023노167 판결.
21) 부산고등법원 2024. 8. 21. 선고 (창원)2023노373 판결.
22) 서울북부지방법원 2024. 4. 25. 선고 2023노1866 판결.
23) 창원지방법원 2024. 10. 25. 선고 2023노3091 판결.
24) 창원지방법원 2023. 11. 3.자 2022초기1795 결정.
25) 서울중앙지방법원 2024. 4. 29. 선고 2023노3460 판결.
26) 8개 판결에서 의무 위반 사유로 시행령 제4조 제1호를 언급했으나 유죄를 인정한 7개 판결만 기록한다.

호																	계
8호			○			○												2
9호			○			○							○					3
10호		○	○							○								3
11호			○	○		○												3
12호			○				○		○	○								4
13호			○			○		○										3
14호	○		○		○	○				○								5
15호			○			○		○					○	○				5
16호	○		○	○									○					4
17호			○			○		○										3
18호			○						○	○			○	○				5
19호	○		○			○	○											4
20호			○			○				○								3
21호			○			○												2
22호	×		○				○											2
23호		○	○															2
24호			○	○			○								○	○		5
25호			○			○							○	○				4
계	7[26]	2	21	5	4	19	0	8	8	5	3	0	5	3	1	1		92

- ○ : 유죄 / × : 무죄 / (공란) 적용법조 아님.
- '1.' : 법 제4조 제1항 제1호 위반 중 시행령 제4조 제1호
  (법 제4조 제1항 위반 중 시행령 제4조 위반에 대해서는 호번호만 위와 같은 방식으로 기재함)
- '⑤-1.' : 법 제4조 제1항 제4호 위반 중 시행령 제5조 제2항 제1호
  (법 제4조 제1항 위반 중 시행령 제5조 제2항 위반에 대해서는 제5조를 '⑤'로 기재하고 항번호는 생략한 뒤 호번호만 기재함.)

이러한 현황을 그래프로 나타내면 아래와 같이 두 그래프로 표현할 수 있다.

| 그림 1 | 대상 판결의 안전·보건 확보의무 위반 현황(판결 기준)

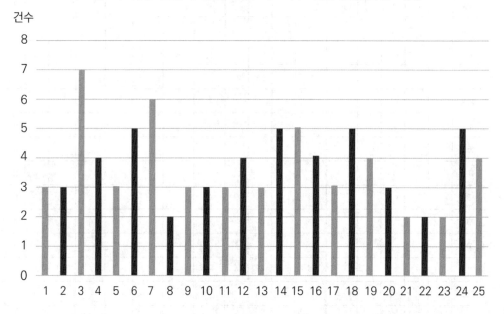

| 그림 2 | 대상 판결의 안전·보건 확보의무 위반 현황(의무 기준)

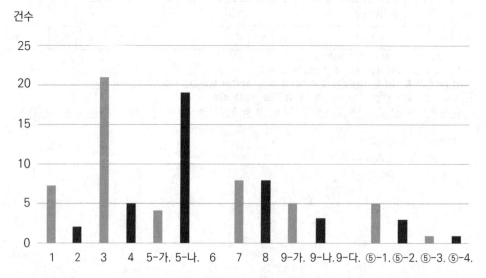

(2) 구성요건에 대한 법리 제시

사실심 판결이어서 그런지 25건 판결의 대부분은 기소된 사건의 의무 위반이 중대재해처벌법 상 의무 위반으로 인정될 수 있는지에 대한 판단을 중심으로 판결하였다. 그러나 일부 판결에서는 법률 상 의무의 내용과 구성요건 요소에 대해 해석을 제시하며 적용하고자 했다.

① 시행령 제4조 제1호 '사업·사업장의 안전·보건 목표·경영방침 설정'에 대한 해석

법 제4조 제1항 제1호에 따라 규정된 시행령의 제4조 제1호는 사업주 또는 경영책임자등이 "사업 또는 사업장의 안전·보건에 관한 목표와 경영방침을 설정"하여야 한다고 의무를 부과하고 있다. 그러나 산업안전보건법 제13조는 "회사의 대표이사는 대통령령으로 정하는 바에 따라 매년 회사의 안전 및 보건에 관한 계획을 수립하여 이사회에 보고하고 승인을 받아야 한다."라고 규정하고, 대통령령인 동법 시행령 제13조 제2항은 "1. 안전 및 보건에 관한 경영방침", "2. 안전·보건관리 조직의 구성·인원 및 역할", "3. 안전·보건 관련 예산 및 시설 현황", "4. 안전 및 보건에 관한 전년도 활동실적 및 다음 연도 활동계획"이라고 하여 안전 및 보건 계획 수립에 관해 구체적인 지침을 제시하고 있다. 이러한 까닭에 중대재해처벌법상 "안전·보건에 관한 목표와 경영방침"과 산업안전보건법 상 "안전 및 보건에 관한 계획"이 동일한 것인지 또는 중첩될 수 있는 것인지 여부가 문제될 수 있다.[27] 이에 대해서는 두 가지 상반된 판결이 존재한다.

먼저 4호 판결은 중대재해처벌법에서 규정한 '안전·보건에 관한 목표와 경영방침'과 산업안전보건법이 규정한 '회사의 안전 및 보건에 관한 계획'이 둘 다 "상당 부분 중복될 수 있"지만 산업안전보건법에 따른 계획은 "매년 사업장의 상황을 고려한 구체적인 안전·보건 경영계획"이고, 중대재해처벌법에 따른 '안전·보건에 관한 목표와 경영방침'은 "사업을 수행하면서 각 부문에서 항상 고려하여야 하는 안전·보건에 관한 기본적인 경영철학과 의사결정의 일반적인 지침을 담고 있어야" 하므로 양자는 다른 계획이라고 판시하였다. 즉, 산업안전보건법에 따른 '회사의 안전 및 보건에 관한 계획'이 존재한다고 하더라도 중대재해처벌법 상 '안전·보건에 관한 목표와 경영방침'을 별도로 수립해야 한다는 것이다.

그러나 22호 판결은 4호 판결과 다르게 시행령 제4조 제1호를 바라보고 있다. 시

---

[27] 이에 대해 4호와 22호 판결의 변호인은 산업안전보건법 상 '회사의 안전 및 보건에 관한 계획'을 수립하고 이행했기에 중대재해처벌법을 위반하지 않았다고 주장했다.

행령 제4조 제1호 위반 여부에 대해 제22호 판결의 재판부는 "본사 차원의 안전보건 관리계획서에 이미 중대재해처벌법 시행령 제4조 제1호에서 요구하는 '사업 또는 사업장의 안전·보건에 관한 목표와 경영방침'은 명시되어 있"었고 "이와 실질적으로 유사한 내용이 (비록 산업안전보건법에 기하여 작성된 것이나) 피고인 회사의 2021년도 안전보건관리계획서에도 포함되어 있"기에 "중대재해처벌법 시행령 제4조 제1호에 따른 조치를 이행하였다고 볼 여지가 있"다고 판시했다. "(비록 산업안전보건법에 기하여 작성된 것이나)"라고 하여 괄호를 이용하여 판시하긴 했지만, 이 괄호 내용에 따라 산업안전보건법에 따른 '회사의 안전 및 보건에 관한 계획'이 중대재해처벌법 상 '안전·보건에 관한 목표와 경영방침'을 대체할 수 있다고 판시한 것이다.

② 인과관계에 대한 해석

대부분의 판결은 구체적인 의무 위반을 적시한 다음에 '이 의무에 위반되어 중대재해처벌법이 성립한다'는 취지로 판시하고 있으나, 인과관계에 대해서도 법리를 제시한 판결도 일부 존재한다.

먼저, 4호 판결은 중대재해처벌법 상 안전·보건 확보의무 불이행과 중대산업재해 사이의 인과관계가 부족하다는 지적에 대해, 세월호 사건에 관한 대법원 판결[28]을 인용하며 "사업주 또는 경영책임자등이 안전보건 확보의무에 따른 조치를 이행하였더라면 종사자의 사망이라는 결과가 발생하지 않았을 것이라는 관계가 인정될 경우에는 그러한 조치를 하지 않은 부작위와 중대산업재해의 결과 사이에 인과관계가 있는 것으로 보아야" 한다고 판시했고, "사망이라는 결과를 발생하게 한 유일하거나 직접적인 원인이 된 경우"뿐만 아니라, "부작위와 사망의 결과 사이에 피해자나 제3자의 과실 등 다른 사실이 개재된 때에도 그와 같은 사실이 통상 예견할 수 있는 것이라면 상당인과관계를 인정할 수 있다"는 상당인과관계에 대한 대법원 판결[29]을 인용하여 논지를 세운 뒤, ① 안전시설비 예산이 용도에 맞게 집행되었더라면, ② 대응조치 매뉴얼이 있었더라면, ③ 안전·보건 조치의무 이행여부를 주기적으로 평가했다면, ④ '안전·보건에 관한 목표와 경영방침'을 실질적·구체적으로 설정했다면, 사망사고가 발생하지 않았을 것이라고 판시했다.

22호 판결도 4호 판결과 동일하게 상당인과관계에 대한 대법원 판결을 인용한 뒤, 앞서 살펴본 다단계 인과관계에 대한 해결 방법을 통해 인과관계를 인정하려고 하는

---

28) 대법원 2015. 11. 12. 선고 2015도6809 전원합의체 판결.
29) 대법원 2014. 7. 24. 선고 2014도6206 판결.

것으로 보인다. 먼저 법원은 "이 사건 사고 발생의 주된 원인은 적절한 안전조치 없이 사다리를 이용한 고소작업이 이루어지는 것을 알면서도 방임한 관리사무소장 F에게 있"지만(필자: 두 번째 인과관계), 피고인 회사가 "고소작업에서의 유해·위험요인을 확인하여 개선하는 업무절차를 마련"하고, "관리사무소 직원들의 의견을 청취하여 개선방안의 이행 여부를 점검"했다면(필자: 첫 번째 인과관계), 피해자의 과실이 존재한다고 하더라도 경영책임자인 피고인의 안전확보의무 위반과 사고 사이에 인과관계가 인정할 수 있다고 판시했고, 최소한의 개선이 가능했던 이유로 "사고 바로 다음 날 안전난간이 있는 사다리를 구입"한 점을 들고 있다.

23호 판결도 22호 판결과 유사하게 다단계 인과관계를 설명하고 있다. 먼저 법원은 "중대재해처벌등에관한법률위반(산업재해치사)죄도 결과적 가중범에 해당"한다는 점을 밝힌 뒤, "경영책임자의 안전확보의무위반과 중대산업재해 발생 사이의 상당인과관계에 관하여도" 기존 법리가 적용된다는 점을 확인했다. 구체적인 사건에 들어가서는 "이 사건 사고 발생의 주된 원인은 적절한 안전조치 없이 이 사건 작업이 이루어진 데에 있"으나(필자: 두 번째 인과관계), 경영책임자인 피고인이 "유해·위험요인을 확인하여 개선하는 업무절차를 미리 마련하여 두고, 안전·보건에 관한 업무를 총괄·관리하는 전담 조직을 실효성 있게 구성하여 운영"했다면(필자: 첫 번째 인과관계), "미리 위험성을 파악하여 산업안전관리법령에서 정한 안전조치가 충분히 이루어진 상태에서 이 사건 작업이 진행될 수 있었을 것"이라고 판시했다.[30]

즉, 법원은 대법원의 기존 법리를 확인하면서 경영책임자의 의무위반 행위와 결과 사이의 인과관계 가능성을 열어둔 다음에, '경영책임자의 의무 위반 − 현장 안전보건관리책임자의 의무 위반 − 피해자의 인명피해' 사이의 다단계 인과관계에 대해 심사하는 방식으로 인과관계를 인정하고 있다.

---

30) 23호 판결에서는 아래와 같은 사유를 들면서 첫 번째 인과관계가 두 번째 인과관계에 영향을 끼쳐 결과와 연결이 되게 한다고 판시하고 있다.
(전략) 앞서 본 사고 발생의 경위, 이 사건 작업의 위험성, 당시 현장의 상황, 지시·감독자의 관여 가능성, 피고인 B, E의 행위 태양과 의무 위반의 내용(피고인 B, E는 자신들이 소속된 도급인의 사업장에서 수급인에 의해 진행되는 이 사건 작업에 대한 안전조치의무가 없다고 오판한 채, 안전조치 없이 반복 실행되어 온 방식이 이 사건 작업에서도 그대로 되풀이되는 것을 방치하였다)과 피고인 D의 안전확보의무위반의 내용과 정도(형식적인 전담 조직의 구성, 유해·위험요인의 확인 및 개선에 관한 업무절차 미비가 위와 같은 상황을 막지 못하는 결과를 야기하였다고 볼 수 있다) 등을 종합하면, (후략)

③ 안전 및 보건 확보의무 위반에 대한 고의 요건 필요 여부

안전 및 보건 확보의무 위반에 대한 고의 요건 필요 여부, 즉 의무를 고의로 위반해야 하나 과실로 위반해도 되는 것이냐에 대한 논의도 존재했으나,[31] 이에 대해서도 하급심 판결은 설명을 하고 있다.

4호 판결에서 안전 및 보건 확보의무 위반에 대해 고의가 없기에 무죄라는 피고인 측의 주장에 대해, 산업안전보건법에 대한 기존 대법원 판결의 논리와 동일하게[32] 중대재해처벌법 상 산업재해치사죄는 "안전보건 확보의무가 취해지지 않은 채 사업이 이루어지고 있다는 사실을 알면서 이를 방치한다는 인식"이 필요하다고 밝힌 다음, 피고인이 안전보건관리체계 구축을 위해 컨설팅 업체에 의뢰하면서 컨설팅 업무에 적극적으로 협조하지 않던 상황에서 중대산업재해가 발생하였으므로 안전보건 확보의무가 취해지지 않은 채 사업이 이루어지고 있다는 사실을 알면서 이를 방치한다는 인식이 존재한다고 판결했다. 즉, 중대재해처벌법은 안전보건 확보의무 위반을 고의로 저지르고 인명피해에 대해서는 과실인 경우에 적용하는 법률이라는 점을 밝힌 것이다. 이러한 견해는 19호 판결의 문구 중 "(전략) 안전보건 확보의무를 제대로 이행하지 않은 상태에서 피해자를 이 사건 작업에 투입한다는 것을 미필적으로 인식하였다고 보이는 점 등을 종합하면, (후략)", 22호 판결 중 피고인이 "이러한 의무를 위반하였고, 그 위반에 고의가 있었는지 여부를 본다"와 같은 문구를 통해서도 확인할 수 있다.

그러나 8호 판결에서는 "경영책임자는 실질적으로 지배·운영·관리하는 사업장에서 근로자들의 안전·보건상 유해 또는 위험을 방지하기 위하여 안전보건관리체계의 구축 및 그 이행에 관한 조치를 취하여야 하며, (중략) 취급상의 주의사항 등을 근로자들에게 알려주는 등 건강장해를 예방하기 위한 필요한 조치를 하여야 할 업무상 주의의무가 있"다고 한 뒤에, "그럼에도 불구하고 피고인들은 이를 게을리한 채, (후략)"라는 문구를 사용하여 안전 및 보건 확보의무 위반을 과실로도 실행할 수 있는 것으로 추측되는 문구를 남기고 있기도 하다.[33]

---

31) 중대재해처벌법 상 중대산업재해치사죄를 과실범으로 바라보는 연구는 최정학, "중대재해처벌법: 기업 경영자 처벌의 논리", 5면 이하. 고의의 안전·주의의무 위반에 의해 과실로 발생한 인명피해를 처벌하는 '결과적 가중범'으로 보는 연구로는 김재윤, 앞의 논문, 205~206면 참조. 이에 대한 실익에 대해서는 박세영, 앞의 논문, 187~191면.

32) 구체적인 대법원 판결을 적시하진 않고 곧바로 중대재해처벌법으로 변환시켜 적용했다. 산업안전보건법 상 기본범죄 고의 요건 판결에 대해서는 대법원 2009. 5. 28. 선고 2008도7030 판결 참조.

33) 이러한 점에 대해 피고 측도 문제가 있다고 판단했는지, 8호 판결의 피고인은 법원에 중대재해처벌법에 대한 위헌법률심판제청신청을 했고 그 신청은 기각되었다(창원지방법원 2023. 11. 3.자 2022초기1795

3. 대상 판결의 경합범죄

대상 판결에서 기소된 자 중 법인에 대해서는 중대재해처벌법 뿐만 아니라 산업안전보건법 제167조 제1항의 안전조치의무위반치사죄도 양벌규정의 적용을 받으면서 경합되고 있다. 이는 중대재해처벌법의 적용을 받는 "사업주 또는 경영책임자등"뿐만 아니라 현장에서 실제 안전보건조치의무를 수행하는 근로자들도 법인의 소속이기 때문에, 산업안전보건법을 위반하여 처벌을 받으면 당연하게 양벌규정이 적용되는 효과로 보인다.[34]

그러한 까닭에 자연인인 "사업주 또는 경영책임자등"에 대한 경합범죄를 중심으로 살펴보면, 대부분의 판결에서는 "사업주 또는 경영책임자등"은 중대재해처벌법만 적용되어 처벌받고 있어 경합범죄 여부가 문제가 안 되는 것으로 보인다. 그러나 피고인이 경영책임자이자 산업안전보건법 상 안전보건총괄책임자로 인정된 일부 판결에서는 "사업주 또는 경영책임자등"에게 중대재해처벌법 뿐만 아니라 산업안전보건법 또는 형법상 업무상과실치사상죄도 형법 제40조의 상상적 경합의 적용을 받고 있는 것으로 나타났다.

이를 표로 살펴보면 아래와 같다.

■표 5   대상 판결 내 "사업주 또는 경영책임자등"의 경합범죄 현황

구분	산업안전보건법 상 산업안전보건치사	형법 상 업무상과실치사상
1호	×	×
2호	○	○
3호	×	×
4호	×	×
5호	×	×
6호	×	×

결정). 그 기각 결정문을 살펴보면 "중대재해처벌법 제6조 제2항에 의해 사업주 또는 경영책임자등을 처벌하기 위해서는 안전 및 보건 확보의무 위반에 관한 이들의 고의가 요구된다고 판단된다."라고 하여 명시적으로 고의가 필요하다고 밝혔다. 8호 판결의 법관과 신청 기각 결정의 법관이 동일인인 것으로 보아 고의가 필요하다는 점을 명시적으로 밝혔다고 볼 수 있지만, 안전 및 보건 확보의무를 "게을리"하였다는 문구를 사용하여, 기본범죄에 해당되는 의무를 과실로 위반해도 되는 듯한 느낌을 주는 문구는 2, 13, 15, 17호 판결에서도 계속 찾아볼 수 있다.

34) 그러므로 여기서는 자연인인 "사업주 또는 경영책임자등"에 대한 경합범죄를 중심으로 살펴보겠다.

7호	×	×
8호	×35)	○
9호	○	○
10호	×	×
11호	×	×
12호	×	×
13호	○	○
14호	×	×
15호	○	×
16호	×	×
17호	×	×
18호	○	○
19호	×	×
20호	×	×
21호	×	×
22호	×	×
23호	×	×
24호	○	○
25호	×	×
계	6	6

먼저 2호 판결은 제조업 회사의 대표이사인 피고인에게 수급인 사업주인 공동피고인과 같이 산업안전보건법 제167조 제1항의 (도급인의) 안전조치의무위반치사죄와 형법 상 업무상과실치사죄의 상상적 경합이 인정된다고 판시한 뒤 두 피고인이 이 두 범죄의 공동정범이라는 점을 인정했다.

8호 판결은 제조업 회사의 대표이사인 피고인에게 업무에 사용한 유해화학물질 판매자인 공동피고인에게 인정된 형법 상 업무상과실치상죄도 중대재해처벌법 제6조

---

35) 8호 판결은 피해자가 사망한 사건이 아니라 상해를 입은 사건이기에 산업안전보건법 제167조 제1항의 산업안전보건치사죄가 적용되지 않았다.

와 함께 상상적 경합이 인정된다고 판시하였다. 대표이사인 피고인에 대해서는 산업안전보건법위반죄도 인정되었으나, 산업안전보건법 제167조 제1항이 사망의 결과만을 처벌한다고만 규정하고 상해의 결과를 처벌하는 문구는 없기에, 이 사건에서는 기본범죄인 안전보건조치의무를 위반한 경우를 처벌하는 제168조 제1항[36])이 적용되었다.

9호 판결도 철강제품 제조 및 가공업 대표이사인 피고인이 근로자인 피해자에 대한 안전보건 조치의무를 하지 않았다는 점을 들면서 산업안전보건법 제167조 제1항의 안전조치의무위반치사죄와 형법 상 업무상과실치사죄의 상상적 경합이 인정된다고 판시했다.[37])

15호 판결은 다른 경합범죄 인정 판결과 달리 형법 상 업무상과실치사죄는 없이 산업안전보건법 제167조 제1항의 안전조치의무위반치사죄와 중대재해처벌법 제6조의 상상적 경합을 인정했다.[38])

중대재해처벌법 상 처벌규정과 산업안전보건법 상 안전조치의무위반치사죄 그리고 형법 상 업무상과실치사상죄의 상상적 경합을 인정할 수 있을지에 대한 문제는 상상적 경합의 성립요건의 문제, 각 법률에서 규정한 의무의 위반 행위를 형법 제40조에서 명시한 "한 개의 행위"로 볼 수 있느냐의 문제로 정리할 수 있다. 앞서 다단계 인과관계 구조 논의에서 살펴봤듯이 중대재해처벌법 상 안전 및 보건 확보의무에 대한 위반은 인명피해 사고의 전 단계에서 이미 실행된 (그리고 유지된) 것이고, 산업안전보건법 상 안전 및 보건조치의무와 업무상과실치사상죄의 주의의무는 사고 당시 또는 사고와 밀접한 관계가 있는 시기에 발생한 것이기 때문이다.[39])

특히 이 문제는 중대재해처벌법의 초창기 판결인 2호 판결에서부터 논쟁의 대상이 되었기에 이례적으로 빠른 시간 내에 대법원의 판결까지 선고되었다.[40]) 이러한 논쟁에 대해 대법원은 "1개의 행위라 함은 법적 평가를 떠나 사회관념상 행위가 사물자

---

36) 인명피해 규정이 없는 단순한 의무위반 범죄 처벌 규정이다.

37) 이러한 경향은 유사한 사안인 13, 18호 판결에서도 살펴볼 수 있다.

38) 기타 논의를 하자면, 오탈자로 추정되지만 경합범죄에 대해 고민한 것이 아닌가 하고 의문이 남는 기록도 보인다. 16호 판결은 경영책임자인 피고인에 대해 중대재해처벌법 제6조 제1항만 적용했지만, '법령의 적용' 아래의 '1. 상상적 경합' 목차를 보면 현장의 안전보건관리책임자뿐만 아니라 경영책임자에 대해서도 상상적 경합을 적용한다고 판시하기도 했다. 피해자는 53세 남성 1명이라고 기재되어 다수 피해자에 대한 중대산업재해처벌치사죄의 상상적 경합이라고도 보기는 힘들다.

39) 이는 고의 행위와 과실 행위를 '한 개의 행위'로 볼 수 있냐는 논의로도 나아간다. 이에 대해서는 최정학, "중대재해처벌법: 기업 경영자 처벌의 논리", 5면 이하.

40) 제1심 판결인 2호 판결은 창원지방법원 마산지원에서 2023. 4. 26.에 선고되었는데, 이에 대한 대법원 판결은 같은 해인 2023. 12. 28.에 선고되었다.

연의 상태로서 1개로 평가되는 것을 의미한다"는 기존의 대법원 견해를 다시 확인한 다음에, 산업안전보건법과 중대재해처벌법은 "각 법의 목적이 완전히 동일하지는 않지만 '산업재해 또는 중대재해를 예방'하고 '노무를 제공하는 사람 또는 종사자의 안전을 유지·증진하거나 생명과 신체를 보호'하는 것을 목적으로 함으로써 궁극적으로 사람의 생명·신체의 보전을 그 보호법익으로 한다는 공통점이 있"기에 "사회관념상 1개의 행위"라고 볼 수 있고, 이러한 해석은 "사람의 생명·신체의 보전을 보호법익으로 하는 형법상 업무상과실치사상죄"에도 적용이 된다고 판시했다. 그리하여 피고인이 "안전보건총괄책임자로서 작업계획서 작성에 관한 조치를 하지 않은 산업안전보건법위반행위와 경영책임자로서 안전보건관리체계의 구축 및 그 이행에 관한 조치를 하지 않은 중대재해처벌법위반행위는 모두 같은 일시·장소에서 같은 피해자의 사망이라는 결과 발생을 방지하지 못한 부작위에 의한 범행에 해당하여 각 그 법적 평가를 떠나 사회관념상 1개의 행위로 평가할 수 있"기에 상상적 경합으로 볼 수 있다고 판시했다.[41]

즉, 법원은 각 법률에 따른 의무의 미이행이라는 '부작위'에 집중하고 그 부작위가 지속되어 인명피해 사고로 나아갔기 때문에 사회관념상 1개의 행위로 평가하여 상상적 경합을 인정한 것으로 판단된다.

4. 대상 판결의 선고형량

(1) "사업주 또는 경영책임자등", 법인에 대한 선고형량 비교

중대재해처벌법을 적용하여 처벌받은 "사업주 또는 경영책임자등"은 6월에서 2년 정도의 징역형을 선고받은 것으로 나타났고, 23호와 24호 판결은 징역형이 아닌 벌금 3천만 원, 5천만 원을 선고받았다. 징역형 중에서 가장 많은 선고형은 징역 1년으로 13건의 판결에서 선고되었고(2, 3, 4, 8, 9, 10, 11, 14, 16, 17, 19, 21, 25호 판결), 가장 높은 선고형인 징역 2년은 2건의 판결에서 선고되었다(15, 20호 판결). 벌금형을 제외한 징역형의 평균은 약 1.12년이었다.

법인에게는 양벌규정에 따라 벌금형이 선고되었는데, 2천만 원에서 20억 원의 범위 내에서 선고받은 것으로 나타났다. 가장 많이 선고된 벌금형은 5천만 원과 8천만 원으로 각 8건 판결에서 선고되었고(5천만 원: 3, 4, 11, 12, 18, 19, 22, 24호 판결 / 8천만 원: 7, 10, 13, 14, 16, 17, 21, 25호 판결), 다음으로는 2천만 원(5, 8호 판결), 3천

---

41) 대법원 2023. 12. 28. 선고 2023도12316 판결.

만 원(1, 6호 판결), 1억 원(2, 23호 판결)의 벌금형이 각 2건의 판결에서 선고되었다. 법인에 대한 벌금형의 평균은 약 1억 5천만 원 정도였고, 20억을 선고한 20호 판결의 벌금형을 제외한 평균은 6천 5백만 원이었다.

각 판결의 선고형 현황을 정리하면 아래와 같다.

■표 6 대상 판결 내 "사업주 또는 경영책임자등"의 경합범죄 현황

구분	"사업주 또는 경영책임자등"의 선고형	법인의 선고형
1호	징역 1년 6월	벌금 30,000,000원(3천만 원)
2호	징역 1년	벌금 100,000,000원(1억 원)
3호	징역 1년	벌금 50,000,000원(5천만 원)
4호	징역 1년	벌금 50,000,000원(5천만 원)
5호	징역 1년 6월	벌금 20,000,000원(2천만 원)
6호	징역 8월	벌금 30,000,000원(3천만 원)
7호	징역 1년 2월	벌금 80,000,000원(8천만 원)
8호	징역 1년	벌금 20,000,000원(2천만 원)
9호	징역 1년	벌금 70,000,000원(7천만 원)
10호	징역 1년	벌금 80,000,000원(8천만 원)
11호	징역 1년	벌금 50,000,000원(5천만 원)
12호	징역 6월	벌금 50,000,000원(5천만 원)
13호	징역 1년 2월	벌금 80,000,000원(8천만 원)
14호	징역 1년	벌금 80,000,000원(8천만 원)
15호	징역 2년	벌금 150,000,000원(1억 5천만 원)
16호	징역 1년	벌금 80,000,000원(8천만 원)
17호	징역 1년	벌금 80,000,000원(8천만 원)
18호	징역 1년 6월	벌금 50,000,000원(5천만 원)
19호	징역 1년	벌금 50,000,000원(5천만 원)
20호	징역 2년	벌금 2,000,000,000원(2십억 원)
21호	징역 1년	벌금 80,000,000원(8천만 원)

22호	징역 8월	벌금 50,000,000원(5천만 원)
23호	벌금 30,000,000원(3천만 원)	벌금 100,000,000원(1억 원)
24호	벌금 50,000,000원(5천만 원)	벌금 50,000,000원(5천만 원)
25호	징역 1년	벌금 80,000,000원(8천만 원)
평균 (징역형)	징역 약 1.12년 (소수점 셋째 자리 반올림)	벌금 142,400,000원 (20억 원 제외시 벌금 65,000,000원)

이를 그래프로 살펴보면 아래와 같다.

|그림 3| **대상 판결의 경영책임자에 대한 징역형 선고 현황(23, 24호 판결 제외)**

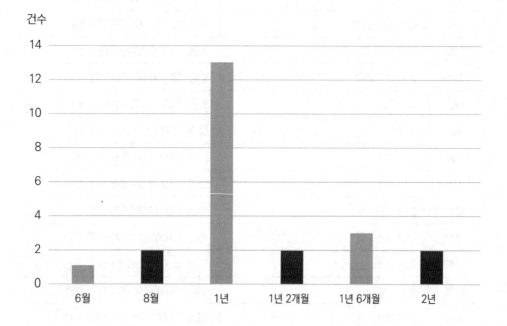

| 그림 4 | 대상 판결의 법인에 대한 벌금형 선고 현황

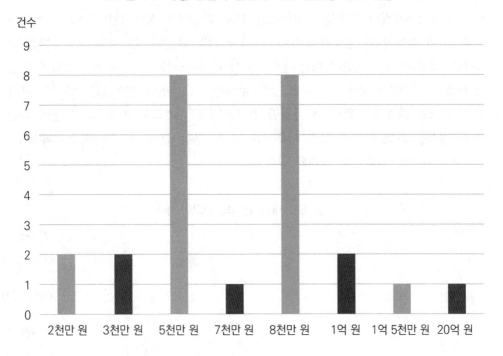

20호 판결은 벌금 20억 원이 선고되었는데, 후술하는 피고인의 태도뿐만 아니라 "불과 1년 내에 무려 3명의 근로자가 산업재해사고로 안타깝게 사망하였는데도 자신의 잘못을 진지하게 반성"하지 않는 점, 이 사건으로 재판이 진행 중인데도 "사업장에서 근로자 사망 산업재해가 또다시 발생한" 점을 반영한 것으로 보인다.

법률에 따른 자유형의 법정형은 "1년 이상의 징역"이지만 12호와 22호 판결에서는 형법 제53조에 따라 정상참작감경을 하여 징역 6월(12호 판결)과 징역 8월(22호 판결)이 선고되기도 했다. 특히 22호 판결은 정상참작감경을 한 이유로 "중대재해처벌법 시행 후 6개월이 경과하기도 전에 발생한 사고"이기도 하고, "전국에 소규모 사업장이 산재한 피고인 회사의 영업상의 특성"을 반영하여 중대재해처벌법이 요구하는 "안전보건확보의무를 단시일 내에 적정하게 이행하기에는 현실적인 어려움이 있었을 것으로 보"인다는 점을 들었다. 이러한 논리는 23호 판결에서도 일부 반영되어, "중대재해 처벌 등에 관한 법률이 시행된 지 2개월이 채 지나지 않은 시점에 이 사건 사고가 발생하"여 "안전확보의무를 단기간 내에 적정하게 이행하기에는 현실적인 어려움이 있었을 것으로 보인"다고 평가하며 벌금형을 선고하기도 했다.

비록 25개의 판결이지만 법원의 선고형은 점차 높아지는 것으로 보인다. 경영책임자에 대한 징역형을 살펴보면, 1호 판결에서 징역 1년 6개월을 선고한 뒤에, 14호까지 징역 1년 6개월의 상한을 유지하다가 15호 판결에서 징역 2년이 선고된 뒤에는 징역 1년이 하한이 된 경향을 보였다. 그러나 22호 판결에서는 다시 징역 8월을 선고했다. 상향 추세는 법인에 대한 벌금형에서 더 두드러지게 나타난다. 징역형과 같이 14호 판결까지는 벌금 1억 원의 상한 내에서 벌금 5천만 원이 가장 많이 선고되었으나, 15호 판결에서 벌금 1억 5천만 원이 선고된 이후로는 벌금 5천만 원이 하한이 된 경향을 보였고 15호 판결 이후에는 벌금 8천만 원이 가장 많이 선고되었다.

이를 그래프로 나타내면 아래와 같다.[42]

| 그림 5 | 대상 판결의 선고형 추세

(2) 집행유예 여부[43]

대상 판결 중 벌금형을 선고한 23, 24호 판결을 제외한 23건 판결에서 징역형이 선고되었고, 징역형이 선고된 총 23건 판결 중 3건을 제외한 20건 모두 집행유예가

---

42) 20호 판결의 법인에 대한 벌금형은 20억 원이지만, 이를 반영하여 그래프를 그리기는 힘들다. 그리하여 추세 확인을 하는 차원에서 이 그래프 내 20호 판결의 법인에 대한 벌금형은 3억 원으로 조정하였다.
43) 이 부분에 대해서는 자연인인 "사업주 또는 경영책임자등"에 한해 논의한다.

선고되었다. 집행유예가 선고되지 않은 3건 중 2호 판결은 이 사건 발생 전부터 고용노동부 감독에서 안전조치의무위반 사실이 적발되어 벌금형을 선고받은 전력이 여러 번 있었고, 이 사건 기소 전에 이미 산업안전보건법 제167조 제1항의 안전조치의무위반치사죄로도 기소되어 징역형과 집행유예를 선고받은 전력이 있다는 점에서, 15호 판결은 이미 몇 차례 진행된 안전점검을 통해 중대산업재해 발생의 위험성이 있다는 것이 지적되었지만 이를 알고도 안전 문제에 대해 방치하였다는 점에서, 특히 20호 판결은 피고인이 자신의 잘못을 반성하지 않고, 법정에서도 불량한 자세로 일관하였다고 평가하면서 이례적으로 "개전의 정이 도무지 보이지 않는바, 더욱 엄벌에 처할 필요가 있"다고 판시하였다.

20호 판결

(전략) 특히, 피고인 G은, 자신이 경영하는 피고인 H에서 불과 1년 내에 무려 3명의 근로자가 산업재해사고로 안타깝게 사망하였음에도 불구하고, 자신의 잘못을 진지하게 반성하고 향후 산업재해사고 발생 방지를 위해 최선의 노력을 할 것을 다짐하기는커녕, 수사기관에서는, 이미 더 이상 뭘 해야 할지 모를 정도로 주의의무를 기울여 모든 조치를 다 하였는데 피해자의 잘못으로 이 사건 사망 사고가 발생하여 오히려 피고인 H가 상당한 손해를 본 것이라는 취지로 진술하고, 이 법정에서도 근로자인 피해자의 죽음을 안타까워하며 피해자와 피해자의 유족에게 진심으로 용서를 구하는 모습은 보이지 않은 채 시종일관 따분하고 귀찮다는 듯한 불량한 자세로 일관하는 등, 개전의 정이 도무지 보이지 않는바, 더욱 엄벌에 처할 필요가 있음, (후략)

집행유예를 반영한 징역형의 실형일의 평균은 0.22년으로 약 3개월 정도였다.
각 판결의 집행유예 현황을 정리하면 아래의 표와 같다.

■표 7 대상 판결의 집행유예 현황 및 기간

구분	"사업주 또는 경영책임자등"의 선고형량	집행유예	
		선고 여부	기간
1호	징역 1년 6월	○	3년
2호	징역 1년	×	

3호	징역 1년	○	3년
4호	징역 1년	○	2년
5호	징역 1년 6월	○	3년
6호	징역 8월	○	2년
7호	징역 1년 2월	○	3년
8호	징역 1년	○	3년
9호	징역 1년	○	2년
10호	징역 1년	○	2년
11호	징역 1년	○	2년
12호	징역 6월	○	1년
13호	징역 1년 2월	○	1년
14호	징역 1년	○	2년
15호	징역 2년	×	
16호	징역 1년	○	2년
17호	징역 1년	○	2년
18호	징역 1년 6월	○	2년
19호	징역 1년	○	2년
20호	징역 2년	×	
21호	징역 1년	○	2년
22호	징역 8월	○	2년
23호	벌금 30,000,000원(3천만 원)	×	
24호	벌금 50,000,000원(5천만 원)	×	
25호	징역 1년	○	2년
평균 (실형일수)	0.22년 (약 3개월) (소수점 셋째 자리 반올림)		

(3) 양형 반영 요소

25건 모든 판결에서 양형이유를 적시하고 있다.[44] '불리한 정상' 중 가장 많은 이유로 든 요소는 피해자가 사망했고, 의무 위반이 중대하다는 등 '중대한 범죄'를 저질렀다는 것이었으며 20건의 판결에서 그 내용을 찾을 수 있었다. '중대한 범죄'를 저질렀다고 한 판결 중 일부 판결은 '안전관리 시스템의 미비로 반복되는 중대산업재해 방지를 위한 결과에 상응하는 책임을 부여'하는 것이 필요하다는 관점에서 아래의 이유를 들고 있다.

6호 판결

(전략) 사업장 종사자들의 안전을 확보하고 안전관리 시스템 미비로 반복되는 중대산업재해를 방지하기 위해서는 피고인들에게 결과에 상응하는 책임을 물을 필요가 있다.[45] (후략)

그다음으로는 중대산업재해 관련 동종 전과가 있는 점을 들며 10건의 판결에서 불리한 정상으로 적용되었다.

특히 "최근 사업주 및 도급인에 대하여 보다 무거운 사회적·경제적 책임을 물어야 한다는 점에 관하여 상당한 수준의 사회적 합의가 이루어졌고(1호 판결)", "중대재해사고를 기업의 조직문화 또는 안전관리 시스템 미비로 인한 구조적 문제로 인식하는 견지"에서 중대재해처벌법이 신설되었으므로(4호 판결) 더욱 엄중하게 처벌하는 불리한 양형인자가 된다고 판시한 판결이 6건 존재했다. 즉, 중대재해처벌법의 존재 자체가 엄중하게 처벌하는 주요 근거가 된다는 것이다.

유리한 양형 요소로는 피해자나 유가족과 합의한 점이 24건, 재발방지 조치를 취한 점이 19건, 범행을 인정하거나 반성한 점이 15건 순으로 나타났다.

특이한 요소를 판시한 판결도 몇 건 찾을 수 있었다. 7호 판결은 '유리한 정상'으로 "과실범인 점"을 들고 있는데, 이 판결에서는 명시적으로 양형이유가 아니라 '집행유예'라는 목차를 통해 집행유예 사유를 들고 있고, 경영책임자뿐만 아니라 산업안전보건법 상 안전보건관리책임자와 안전관리자, 책임감리자 등을 묶어서 집행유예

---

44) 7호 판결에서는 유리한 정상만 판시했고 불리한 정상은 판시하지 않았다.

45) 이 문구와 유사한 문구는 4호 판결에서 살펴볼 수 있다. 4호 판결에서는 "안전관리 시스템의 미비로 인해 반복되는 중대재해를 예방하기 위해서는 경영책임자인 피고인에게 더욱 엄중한 책임을 물을 필요가 있다."라고 판시하였는데, 6호 판결에서 4호 판결 문구와 유사하지만 위와 같은 문구로 정리하여 처음 판시한 이후, 9, 10, 12호 등 이후 판결에서도 동일하게 나타난다.

사유를 들고 있으며, 과실에 의한 인명피해 발생을 강조하는 차원에서 기재한 것으로 추측된다.

20호 판결은 '불리한 정상'으로 '개전의 정이 없음'을 들고 있는데, 피고인이 자신의 잘못을 반성하지 않고, 법정에서도 불량한 자세로 일관하였다고 평가하면서 이례적으로 "개전의 정이 도무지 보이지 않는바, 더욱 엄벌에 처할 필요가 있"다고 판시하고 있다.

20호 판결

(전략) 특히, 피고인 G은, 자신이 경영하는 피고인 H에서 불과 1년 내에 무려 3명의 근로자가 산업재해사고로 안타깝게 사망하였음에도 불구하고, 자신의 잘못을 진지하게 반성하고 향후 산업재해사고 발생 방지를 위해 최선의 노력을 할 것을 다짐하기는커녕, 수사기관에서는, **이미 더 이상 뭘 해야 할지 모를 정도로 주의의무를 기울여 모든 조치를 다 하였는데 피해자의 잘못으로 이 사건 사망 사고가 발생하여 오히려 피고인 H가 상당한 손해를 본 것이라는 취지로 진술하고, 이 법정에서도 근로자인 피해자의 죽음을 안타까워하며 피해자와 피해자의 유족에게 진심으로 용서를 구하는 모습은 보이지 않은 채 시종일관 따분하고 귀찮다는 듯한 불량한 자세로 일관하는 등, 개전의 정이 도무지 보이지 않는바,** 더욱 엄벌에 처할 필요가 있음, (후략) (밑줄 및 강조: 필자)

이를 표로 정리하면 아래와 같다.

■ 표 8   대상 판결의 양형 반영 요소 현황

구분	불리한 정상				유리한 정상						
	법 제정 취지	중대한 범죄	동종 전과	개전의 정 없음	범행 인정	합의	재발 방지 조치	피해자 과실	동종 전과 없음	과실범	영업상 특성
1호	○				○		○	○	○		
2호	○		○		○	○	○	○			
3호		○			○	○					
4호	○				○			○	○	○	
5호		○			○	○	○	○			

6호		○				○	○	○			
7호						○			○	○	
8호		○				○			○		
9호		○	○46)		○	○	○	○	○		
10호		○			○	○	○				
11호	○		○			○	○				
12호		○	○		○	○	○	○			
13호		○	○		○	○	○				
14호		○	○		○	○		○			
15호		○				○	○				
16호		○			○	○	○		○		
17호		○	○		○	○	○				
18호		○			○	○			○47)		
19호		○				○	○	○	○		
20호		○	○	○		○	○	○			
21호		○	○48)		○	○	○				
22호		○				○			○		○
23호	○				○	○	○		○		○
24호	○	○				○	○	○	○		
25호		○			○	○	○	○	○		
계	6	20	10	1	15	24	19	10	12	1	2

- '법 제정 취지': 중대재해처벌법 제정 취지.
- '중대한 범죄': 피해자 사망, 의무위반 중대 등 포함.
- '범행인정': 범행인정, 반성 등 포함.
- '합의': 유족 사과 및 배상, (유족 또는 피해자) 합의 등 포함.
- '재발방지 조치': 재발방지 약속 및 재발방지 조치 이행 등 포함.
- '피해자 과실': 피해자 건강상태, 피해자 과실 등 포함.

---

46) 9호 판결은 법인에 대해서는 동종범죄 전과가 존재한다는 사유를 불리한 정상으로 판단했고, 사업주에 대해서는 동종범죄 전과가 없다는 점을 유리한 정상으로 판단했다.
47) 18호 판결은 동종범죄 전과가 전혀 없는 것이 아니라, "동종 범행으로 벌금형을 초과하는 처벌을 받은 적은 없는 점"을 유리한 정상으로 판단했다.
48) 21호 판결은 법인에 대해서는 동종범죄 전과가 있지만, "사업자 또는 경영책임자등"에 대해서는 동종

이 표의 내용을 그래프로 정리하면 아래와 같다.

| 그림 6 | **대상 판결의 양형 반영 요소 현황**

건수

Ⅳ   하급심 분석에 따른 중대재해처벌법 문제점 검토

대상 판결의 분석을 통해 검토할 수 있는 중대재해처벌법의 문제점은 크게 아래와
같이 나눌 수 있을 것이다.

범죄 전과는 없지만 이종범죄 전과가 있다는 점을 불리한 정상으로 판단했다.

1. 구성요건에 대한 여러 문제

(1) 의무 내용의 시행령 내 과다 위임 및 산업안전보건법 의무와 중첩 문제

대상 판결의 분석을 통해 나타난 중대재해처벌법의 문제점 중 하나로 먼저 법에서 규정할 안전 및 보건 확보의무의 내용의 대부분을 시행령으로 많이 위임하고 있고, 위임받아 규율한 시행령도 산업안전보건법 상 안전 및 보건 조치의무와 상당수 중첩되는 점을 들 수 있다.

앞서 살펴본 바와 같이 중대재해처벌법은 법 제4조(중대산업재해)와 제9조(중대시민재해)에 의무를 규정하고 구체적인 내용은 대통령령으로 위임하고 있다. 대통령령인 시행령은 이 의무를 구체화하고 있으나 의무의 거의 대부분은 "재해예방에 필요한 인력 및 예산 등 안전보건관리체계의 구축 및 그 이행에 관한 조치"에 관한 법 제4조 제1항 제1호와 제9조 제1항 제1호[49]의 내용 설명에 할애하고 있다.

대상 판결의 분석에 따르면 25개 판결 중 가장 많이 위반한 의무는 시행령 제4조 제3호의 '사업·사업장의 특성에 따른 유해·위험요인 확인·개선 업무절차 마련 및 반기 1회 이상 점검·조치 의무(21건)'이나 이 의무는 동호 단서 규정에 따라 「산업안전보건법」 제36조 위험성평가 절차 마련 등의 의무를 이행하면 조치한 것으로 간주된다. 이런 간주 규정은 네 번째로 많이 위반한 의무인 시행령 동조 제7호의 "사업·사업장의 안전·보건 사항 관련 종사자 의견 청취 절차 마련, 개선방안 마련 후 반기 1회 이상 점검·조치 의무"도 동호 단서 규정에서도 두고 있다(「산업안전보건법」 상 의무 수행 시 조치 간주). 그리고 두 번째로 많이 위반한 의무인 시행령 동조 제5호 나목의 「산업안전보건법」 상 안전보건관리책임자등의 업무 수행 평가기준 마련 및 연 1회 이상 평가·관리 의무'는 규정 내에 명시적으로 「산업안전보건법」을 표현하고 있기에, 꼭 이 의무가 중대재해처벌법 내에 존재해야 하는지에 대해 의문을 갖게 한다. 유사한 규정이 중대재해처벌법 뿐만 아니라 산업안전보건법 상에도 존재하여 발생하는 문제는 앞서 살펴봤던 시행령 제4조 제1호의 적용에 대한 4호 판결과 22호 판결의 상이한 해석에서도 살펴볼 수 있다.[50]

의무 내용을 시행령에 과다하게 위임한 문제는 법이론·체계적 관점이 아닌 현실적인 문제도 발생시켰다. 중대재해처벌법은 2021. 1. 26. 제정되어 1년의 유예기간을 뒀지만, 그 실질적인 의무를 담은 시행령은 법률 시행 3개월 전인 2021. 10. 5. 제정되었다. 비록 여러 방법을 통해 구체적인 내용을 현장에 전달했고 유예기간도 1년을

---

49) 중대시민재해에 대한 규정에는 위의 중대산업재해 문구에 "점검"을 추가하고 있다.

50) Ⅲ. 2. (2) 나. 참조

두었다고 하지만, 가장 중요한 의무가 시행 바로 전에 확정되어 실질적으로 유예기
간이 큰 의미가 없었던 것이다.

이러한 문제에 대해서 22호와 23호 판결은 범죄의 성립에는 영향이 없지만 양형사
유 중 '유리한 정상'에 영업 특징으로 단기간에 안전 및 보건 확보의무를 이행할 수
없었던 점을 들고 있다.

23호 판결

양형의 이유

(전략) 중대재해 처벌 등에 관한 법률이 시행된 지 2개월이 채 지나지 않은 시점에 이
사건 사고가 발생하였고, 안전확보의무를 단기간 내에 적정하게 이행하기에는 현실적인
어려움이 있었을 것으로 보인다. (후략)

그리고 판결문에는 마지막에 '범죄사실에 대한 해당법조'를 기재해야 하는데, 법률
만 기재하는 까닭에 중대재해처벌법이 적용되는 판결에 대해서는 피고인에게 적용되
는 범죄가 무엇인지 제대로 알 수 없어 피고인의 방어권 보호에 문제가 될 수 있는
상황이 발생하고 있었다. 그뿐만 아니라 16호 판결은 법 제4조 제1항 제4호와 시행
령 제5조 제2항 제1호의 조문 내용을 설시하며 이 규정도 위반하였다고 판결문에 적
고 있으나, 뒤의 '법령의 적용' 중 '1. 범죄사실에 대한 해당법조'를 살펴보면 법 제4
조 제1항 제1호만 기록되어 있지, 제4호는 기록되어 있지 않아,[51] 복잡하게 만든 새
로운 법률로 인해 혼란을 가중시키는 게 아닌지 하는 의문도 제기된다.[52]

---

2. 피고인 C의 중대재해처벌법위반(산업재해치사)

(전략) ④ 안전·보건 관계 법령에 따른 의무를 이행했는지를 반기 1회 이상 직접 점
검하여야 한다.[53]

(중략)

---

51) 이와 달리 15호 판결은 법 제4조 제1항 제1호뿐만 아니라 제4호도 기재하여 제4호도 위반했다는 점을
분명히 밝혔다.
52) 그런 복잡함을 피하고 싶었는지 24호 판결은 제1호와 제4호 의무 위반이긴 하지만 "중대재해처벌 등에
관한 법률 제6조 제1항, 제4조 제1항(산업재해치사의 점)"이라고만 기재해 구체적인 호를 기재하지 않
았다.

> **법령의 적용**
>
> 1. 범죄사실에 대한 해당법조
>
> ○ 피고인 A: (생략)
>
> ○ 피고인 B: (생략)
>
> ○ 피고인 C: 중대재해 처벌 등에 관한 법률 제6조 제1항, 제4조 **제1항 제1호(필자: 제4호 미기재), 제2조 제2호 가목**(중대산업재해치사의 점) (밑줄 및 강조, 밑줄·강조 표시 내 괄호 설명: 필자)

(2) 의무 위반에 대한 규제 필요성 간과

앞서 검토하기도 한 당연한 이야기지만 중대재해처벌법 상 형사처벌 조문의 구조는 법률과 시행령에 규정된 안전 및 보건 확보의무를 위반한 상황에서 이 위반과 인과관계가 있는 인명피해가 발생한 경우에 처벌하는 것이다. 다단계 인과관계를 통해 중대재해처벌법에서 규정한 의무의 위반과 인명피해를 연결하고 있지만, 중대재해처벌법 상 경영책임자가 실행한 본질적 범죄행위는 안전 및 보건 확보의무 위반이다. 경영책임자가 중대재해처벌법 상 규정된 의무를 위반하여 사업 또는 사업장에 인명피해가 발생할 가능성이 있는 환경을 조성[54]한 다음, 현장에서 산업안전보건법 또는 형법상 업무상 주의의무를 위반한 인명피해가 발생한다면, 그 환경을 조성한 책임과 인명피해에 대한 예견가능성을 물어 죄책을 부담하게 하는 것이다. 대상 판결 25건도 모두 경영책임자의 의무 위반 상황을 적시한 후, 그 의무 위반에 따라 만들어진 사업장에서 인명피해가 발생했다는 점을 분명히 밝히고 있어, 의무 위반 자체에 대한 불법성은 모두 긍정하고 있다.

이에 대해 다단계 인과관계, 인접효 법칙 등 여러 법리를 통해 인과관계를 인정하고자 하고 법원도 상당인과관계설의 구체적인 해석론을 제시하며 인과관계를 인정하고 있기에, 이 법리에 대해서는 타당하다고 평가할 수 있을 것이다.[55] 그러나 가장 큰 문제는 인명피해라는 결과가 발생한 경우에만 중대재해처벌법으로 가중 처벌하고, 인명피해 결과가 발생하지 않은 경우에 대해서는 중대재해처벌법 상 처벌 규정이 없어, 인명피해라는 결과에 따라, 소위 말하는 우연에 따라 범죄 성립 여부가 결정된다는 법구조라 할 수 있다.

---

53) 법 제4조 제1항 제4호의 위임을 받은 시행령 제5조 제2항 제1호의 규정이다.

54) 대상 판결에 모두 중대산업재해에 대한 판결이기에 여기에서는 중대산업재해로 한정하여 논의한다.

55) 이에 대해서 필자의 반대의견은 없다.

중대재해처벌법은 의무 위반 그 자체에 대해서는 처벌하지 않고 인명피해가 발생하지 않는다면 적용하지 않는, 어떤 의미에서 보면 가장 자율 경영을 추구하는 법률이라고도 평가할 수 있을 것이다. 그러나 이 법은 인명피해가 발생하기만 하면 전방위적 수사를 진행할 수 있는 근거가 되고 사후조사에 따라 피고인에게 여러 개의 의무 위반을 적발해낸다.[56] 소위 말하는 '결과책임'의 전형을 보이는 것이다.[57]

이러한 법률 구조에 대해 입법자는 강화된 처벌 규정을 통해 "사업주 또는 경영책임자등"이 자발적으로 안전 및 보건에 관한 모든 의무를 다할 것이라 예상한 것으로 보인다.[58] 이러한 예측은 인간은 손익에 반응하여 행동하고, 형량의 강화는 범죄율의 감소로 나아간다는 우리 모두의 상식 속에서는 자연스러운 결론으로 보인다.[59] 그러나 오히려 이러한 중대재해처벌법의 제정의 의도는 경영책임자의 '투철한 준법정신 강화'라는 의도한 바가 아니라 '인명피해 발생 후 대형 로펌을 찾는 현상의 강화'라는 예측하지 못한 현실로 나아갔다.[60] 눈에 보이지 않는 미래의 '인명피해 발생 가능성'보다 눈에 보이는 '이윤 추구'로, '인명피해 발생'이 눈에 보이는 방식으로 현실화가 되면 그때에서야 가시적 성과를 보이는 '대형로펌 선임'으로 나아가는 것이다. 차라리 산업안전보건법과 같이 안전 및 보건 확보의무 자체의 위반에 대해 관할관청이 지속적으로 감독하고 계도하며, 미이행시 처벌하는 방안이 인명피해를 근원적으로 막을 수 있는 효과적인 방안이라 판단되지만, 중대재해처벌법은 이러한 방식의 입법을 활용하지 않았다.

---

56) 이런 경향은 초창기의 판결에서는 다수의 의무 위반을 인정(3호 판결: 7개 의무 위반 / 7호 판결: 6개 의무 위반)했다가, 최근 판결에서는 2~3개의 의무 위반을 인정(20호 판결: 3개 의무 위반 / 21, 22, 23호 판결: 2개 의무 위반)하는 경향에서 살펴볼 수 있다. 이는 법원의 경향이라기보다, 다단계 인과관계의 심사를 통해 인과관계를 인정할 수 있는 방법이 확보되었기에 무리하게 여러 의무 위반을 조사할 필요가 없다고 판단한 수사기관의 수사 경향과 검찰의 기소 경향이 반영된 것으로 판단된다.

57) 의무규정이 존재하지만 그 범위가 모호한 까닭에 오히려 의무규정의 존재가 결과책임을 은폐하는 장식이 될 수 있다고 우려한 연구로는 이근우, "중대재해처벌법 경과와 제정법률에 관한 비판적 검토", 형사정책 제32권 제4호, 한국형사정책학회, 2021, 227면.

58) 의무 위반 자체에 대한 처벌 규정이 없다는 점은 산업안전분야를 담당하는 공무원의 업무 경감을 위하는 게 아닌가 하는 추측도 가능하게 한다. 만일 이 추측이 맞다면, 중대재해처벌법은 최저 비용으로 최대의 효과를 얻고자 한 법률로도 평가할 수 있을 것이다.

59) 스티븐 레빗·스티븐 더브너/안진환 번역, 괴짜경제학 플러스, 웅진지식하우스, 2007, 158면.

60) 노컷뉴스, 2024. 8. 6., "법기술자에 짓밟힌 중처법 + 소극적인 檢+관대한 法…중처법, 대형로펌에는 '잭팟'" https://www.nocutnews.co.kr/news/6189375 (최종검색: 2024. 10. 13.); 노컷뉴스, 2024. 8. 6., "법기술자에 짓밟힌 중처법 + 만원짜리 부품만 바꿨더라면…대형로펌엔 수십억" https://www.nocutnews.co.kr/news/6191046 (최종검색: 2024. 10. 13.); 뉴시스, 2024. 10. 10., "'중대재해' 대기업 10곳 중 7곳은 10대 로펌 선임…유죄는 1개소 그쳐" https://www.newsis.com/view/NISX20241009_0002914105 (최종검색: 2024. 10. 13.).

(3) 소결

중대재해처벌법은 안전 및 보건 확보의무의 구체적인 내용을 법률을 통해서는 파악하기 힘들고 시행령을 통해 거의 위임하고 있다. 그러나 대상 판결을 분석하면서, 많은 의무 위반을 저지르는 분야는 거의 모두 산업안전보건법에 규정되어 있었다. 그리고 당연한 이야기지만 경영책임자의 의무 위반 자체에 대해서 모든 판결에서 명확히 구분하여 판단하고 있지만, 정작 인명피해라는 결과가 발생할 경우에만 처벌하여, 수범자인 경영책임자들은 확정되지 않고 막연한 안전 및 보건 확보의무의 준수보다 인명피해 발생 시 대형로펌의 선임으로 나아가는 현상을 보이고 있다. 당연하지만 법원은 경영책임자의 의무 위반을 명확하게 구분하여 판결하고 있고, 인명피해 발생을 효과적으로 근절하기 위해서는 의무 위반 자체에 대한 처벌 규정을 신설하는 방안도 좋은 대안이라고 생각되지만, 그렇다고 하면 중대재해처벌법이 산업안전보건법과 다를 바가 없는 옥상옥, 사족과 같은 법률이 된다는 딜레마에 맞닥뜨린다.

2. 상상적 경합 중 '행위의 단일성' 요건의 광범위한 허용

법원은 경영책임자가 산업안전보건법상 안전보건총괄책임자로 겸임하는 경우, 중대재해처벌법 제6조와 산업안전보건법 제167조 제1항, 그리고 형법상 업무상과실치사상죄를 사회관념상 1개의 행위로 평가하여 상상적 경합으로 인정될 수 있다고 판시하고 있다. 이는 2호 판결에 대한 대법원 판결에서 명시적으로 확인할 수 있다. 그러나 이러한 상상적 경합은 서로 다른 의무를 일괄적으로 하나로 묶거나, 고의와 과실 행위를 하나의 행위로 보는 등의 문제점에 맞닥뜨리게 된다. 또한 상상적 경합이 아무리 가장 중한 형으로 처벌한다고 하더라도, 만일 "상상적 경합 관계에 있는 수죄 중 그 일부만 유죄로 인정된 경우와 그 전부가 유죄로 인정된 경우"에는 "양형의 조건을 참작함에 있어 차이가 생"길 뿐만 아니라 "선고 형량을 정함에 있어서 차이가 있을 수 있"는 등 "판결 결과에 영향을 미치게" 될 수 있어,[61] 무조건적이고 기계적인 상상적 경합 인정은 조심할 필요가 있다.

이러한 문제를 해결하기 위해 이 경합 중 중대재해처벌법 제6조와 산업안전보건법 제167조 제1항에 대해서는 ① 이 죄 사이의 행위 주체와 객체가 동일하고 ② 각 죄 사이의 의무 내용이 중첩되는 경우에는 상상적 경합을 인정하고, 중대재해처벌법 상 의무가 산업안전보건법상 의무랑 다르다면 실체적 경합을 인정하자는 주장[62]은 원

---

61) 대법원 1980. 12. 9. 선고 80도384 전원합의체 판결; 대법원 2005. 10. 27. 선고 2005도5432 판결.

칙적으로 타당해 보인다. 그러나 이를 바탕으로 대상 판결 중 중대재해처벌법과 산업안전보건법의 상상적 경합이 문제된 판결 6건을 살펴보면, 실제 적용에서 두 법의 상상적 경합 또는 실체적 경합을 인정할 필요가 있을지에 대해서는 의문이 생긴다. 이를 정리하면 아래와 같다.

2호 판결
- 산업안전보건법 상 의무: 중량물 취급 작업 시 안전대책 포함 작업계획서 작성·이행
- 중대재해처벌법 상 의무: 「산업안전보건법」 상 안전보건관리책임자등의 업무 수행 평가기준 마련

9호 판결
- 산업안전보건법 상 의무: 안전통로 설치 또는 위험 우려 기계장치 부위 안전 조치
- 중대재해처벌법 상 의무: 사업·사업장의 특성에 따른 유해·위험요인 확인·개선 업무절차 마련 및 반기 1회 이상 점검·조치

13호 판결
- 산업안전보건법 상 의무: 위험 우려 기계장치 부위 안전 조치, 방호장치 해체 금지 및 사용 정지 금지, 기계 정비·청소·급유 등 작업 시 기계 정지
- 중대재해처벌법 상 의무: 사업·사업장의 특성에 따른 유해·위험요인 확인·개선 업무절차 마련 등

15호 판결
- 산업안전보건법 상 의무: 기계 결함 발견 시 정비, 기계 정비·청소·급유 등 작업 시 기계 정지
- 중대재해처벌법 상 의무: 사업·사업장의 특성에 따른 유해·위험요인 확인·개선 업무절차 마련 등

18호 판결
- 산업안전보건법 상 의무: 중량물 취급 작업 시 안전대책 포함 작업계획서 작성·이행, 크레인 작업 시 근로자 출입 통제
- 중대재해처벌법 상 의무: 사업·사업장의 특성에 따른 유해·위험요인 확인·개선 업무절차 마련 등

---

62) 정정임, "중대산업재해의 법적 쟁점과 체계적 규율", 노동법논총 제59집, 한국노동법학회, 2023, 526~527면.

> **24호 판결**
> - 산업안전보건법 상 의무: 차량계 하역운반기계 사용 작업 시 작업계획서 작성·지
>   휘, 건설기계 사용 작업 시 자격·면허 등 소지 근로자 한정 작업 지시
> - 중대재해처벌법 상 의무: 사업·사업장의 특성에 따른 유해·위험요인 확인·개선
>   업무절차 마련 등

즉, 산업안전보건법에서 규정한 구체적 안전 및 보건 조치의무의 모든 내용이 중대재해처벌법 상의 안전 및 보건 확보의무의 내용에 포함되고 있는 것이다. 실제 사건에서 이러한 방식으로 계속 적용이 된다면, 상상적 경합을 엄격히 적용하여 두 범죄를 인정하는 것보다 하나의 법을 적용하는 방법으로 해결하는 것이 바람직할 것이고, 두 법률이 모두 존재한다면 산업안전보건법의 미비점을 개선하기 위해 특별히 제정된 중대재해처벌법을 법조경합 관계로 판단하여 적용하는 것이 나을 것이라 판단된다.[63]

이와 마찬가지로 중대재해처벌법 제6조와 형법상 업무상과실치사상죄도 법조경합 관계로 판단하여, 중대재해처벌법만 적용하는 것이 나을 것이라 판단된다. 물론 대법원의 견해에 따라 '사회관념상'이란 기준을 적극적으로 활용하여 넓게 본다고 하면, 1개의 행위를 고의와 과실로 상반되게 평가할 여지도 있을 듯 하다.[64] 그러나 아무리 '사회관념상'이란 요건이 강조된 행위라 할지라도 행위 개념에도 '의사적 요소'는 필요하고[65] 행위의 판단 근거가 되어야 하기 때문에, 고의이기도 하고 과실이기도 한 상황으로 뭉뚱그려 판단하기보다 하나로 정리하는 방안에 대해 고민해야 할 것이다. 대상 판결 중 4호, 19호, 22호 판결 등 대다수 판결은 중대재해처벌법 제6조가 성립하려면 고의의 의무 위반이 필요하다고 하고 있으나, 업무상과실치사상죄와 상상적 경합을 인정하는 5건의 판결 중 3건의 판결(2, 13, 15호)에서 "게을리"라는 문구를 사용하는 등 중대재해처벌법 제6조도 과실의 의무 위반으로도 가능하다고 오해

---

63) 이 경우 법조경합으로 해결할 수 있다는 견해는 김성룡, 「「중대재해 처벌 등에 관한 법률」의 적용을 둘러싼 형사법적 쟁점 검토", 176면.

64) 물론 이론적 논의에서 이를 적극적으로 주장하는 의견은 없다. 하나의 행위가 병발 등의 결과를 통해 두 개 이상의 결과를 야기한 경우(임웅, 형법총론 제12정판, 법문사, 2021, 640면에는 고의의 재물손괴 행위가 과실치상의 결과를 가져온 경우를 예로 든다.) 또는 법이론에 따른 결과인 경우(오영근 형법총론 제6판, 박영사, 2021, 491면에는 인과관계의 착오에 대한 논의 중 '사실의 착오 중 방법의 착오'에서 고의범과 과실범 간에 상상적 경합이 있을 수 있는 경우를 예로 든다.)에 가능하다는 설명은 찾을 수 있었다.

65) 임웅, 앞의 책, 126면.

를 살 여지가 있을 수 있기에,[66] 중대재해처벌법 제6조는 고의의 의무 위반인 경우에만 적용한다는 점을 분명히 하고, 형법상 업무상과실치사상죄와의 상상적 경합 없이 단독으로 적용해야 할 것이다.

3. 선고형의 문제

(1) 법정형과 선고형 사이의 큰 격차

앞서 살펴본 바와 같이 중대재해처벌법은 중대산업재해와 중대시민재해를 막론하고 사망의 경우에는 "1년 이상의 징역 또는 10억원 이하의 벌금", 상해의 경우에는 "7년 이하의 징역 또는 1억원 이하의 벌금"에 처한다. 법인은 양벌규정(중대산업재해 - 제7조 / 중대시민재해 - 제11조)을 통해 사망의 경우에는 "50억원 이하의 벌금", 상해의 경우에는 "10억원 이하의 벌금"에 처한다고 규정하고 있다.

사망의 경우에는 법정형의 상한이 없기에 형법 제42조가 적용되어 '1년 이상 30년 이하의 징역'이라는 법정형을 갖게 된다. 만일 경합범의 적용을 받게 된다면 형법 제38조 제1항 제2호가 적용되어 최대 '1년 이상 45년 이하의 징역'이라는 처단형으로 사건을 판단하게 된다.

그러나 대상 판결 25건의 선고형을 살펴본 결과, 징역형의 경우에도 최대 2년까지만 선고했고, 벌금형도 최대 20억 원까지(20억 원 제외 시 1억 5천만 원) 선고했으며, 가장 많이 선고된 형을 살펴보더라도 징역형은 1년(13건), 벌금형은 5천, 8천만 원(각 8건)이라 법정형 그리고 처단형의 범위와 큰 차이를 보이는 것을 알 수 있었다. 그리고 징역형에 대해서는 심지어 23건의 징역형 판결 중 20건에 대해 집행유예를 선고하고 있었다. 심지어 이러한 선고형은 중대재해처벌법의 신설을 통해 중대산업재해 방지를 위한 처벌 강화의 필요성이 크다는 것을 인정한 상태에서 나온 판결이라 중대재해처벌법의 법정형에 대해 새로운 관점의 접근이 필요하다는 점을 우리에게 제시하는 것으로 보인다.

---

66) 산업안전보건법이나 중대재해처벌법 상 의무 위반을 과실로도 저지를 수 있다는 점을 검토하는 논의에 대해서는 정정임, 앞의 논문, 528면.

(2) 양형기준의 부재

처벌 강화라는 입법부의 엄벌주의 요청에 대해 사법부가 위와 같이 제동을 건다고 하더라도 양형기준이 없다는 점은 별도의 불안 요소가 될 수 있다. 현재 중대재해처벌법에 대한 양형위원회의 양형기준은 존재하지 않는다. 그러한 까닭에 대상 판결의 대부분은 중대재해처벌법에 대한 처단형의 상한을 30년 이상으로 산정하고 있고, 양형기준이 존재하지 않는다고 명시하고 있다.

2호 판결

양형의 이유

1. 법률상 처단형의 범위

   나. 피고인 B: 징역 1년~45년

2. 양형기준에 따른 권고형의 범위

   나. 피고인 B, C: 판시 범죄사실 중 일부가 상상적 경합 관계에 있으므로 양형기준이 적용되지 않고, 형이 가장 무거운 중대재해처벌등에관한법률위반(산업재해치사)죄에 관하여는 양형기준이 설정되어 있지 않다.

3호 판결

양형의 이유

1. 법률상 처단형의 범위

   나. 피고인 B: 징역 1년~30년

2. 양형기준에 따른 권고형의 범위

   나. 피고인 B: 양형기준이 설정되어 있지 아니하여 적용되지 아니한다.

그러나 15호 판결은 중대재해처벌법에 대한 "양형기준이 마련되지 않았"기 때문에 "산업안전보건법위반죄의 양형기준을 참고"[67]하면서, 안전·보건조치의무위반치사의 가중영역 권고형인 징역 2년~5년을 선택한 뒤에 이를 반영하여 경영책임자에게 징역 2년을 선고했다.

---

67) 양형위원회, 양형기준, "과실치사상·산업안전보건범죄 양형기준"
   https://sc.scourt.go.kr/sc/krsc/criterion/criterion_38/accidental_homicide_01.jsp (최종검색: 2024. 10. 13.)

15호 판결

양형의 이유

[피고인 A]

1. 법률상 처단형의 범위: 징역 1년 이상~30년 이하

2. 양형기준에 따른 권고형의 범위[중대재해처벌등에관한법률위반(산업재해치사)죄에 대한 양형기준이 마련되지 않았으므로, 산업안전보건법위반죄의 양형기준을 참고한다]

[유형의 결정] 과실치사상·산업안전보건범죄 > 02. 산업안전보건법 범죄 > [제3유형] 안전·보건조치의무위반치사

[특별양형인자] 감경요소: 처벌불원 또는 실질적 피해 회복(공탁 포함)

가중요소: 안전·보건조치의무 위반의 정도가 중한 경우

[권고영역 및 권고형의 범위] 가중영역, 징역 2년~5년

물론 양형기준은 구속력이 없는 권고기준에 불과하다. 현재 사법부가 입법부의 의도와는 달리 상대적으로 완화된 형량으로 선고하고 있어서 양형기준이 당장은 필요하지 않다는 판단도 가능할 것이다. 비록 완만하긴 하지만 조금씩 증가하고 있는 선고형 추세와 20호 판결처럼 갑작스럽게 20억 원의 벌금형이 선고되는 현실에 대해 제어방안이 전무한 현재 상황을 살펴 보면, 양형기준의 설정 필요는 기우라고는 볼 수 없을 것이다. 물론 무조건적인 형량 완화를 제안하는 것은 아니다. 중대재해가 심각한 상황이라는 판단 하에 강력한 처벌이 필요하다는 결과가 도출되면 당연히 높은 선고형도 정당성을 가질 수 있다. 그러나 엄벌주의라는 입법의 결과물 다음 과정으로 양형위원회에서 독립적인 시각을 통해 별도의 검토를 진행하는 것은 오히려 다양한 관점을 포용하는 민주주의의 실현 방안 중 하나일 것이다.

V 개선방안 제안

하급심 판결의 분석 결과를 바탕으로 중대재해처벌법을 검토한 결과, 중대재해처벌법 상 의무 내용이 시행령 내에 과다 위임되어 있을 뿐만 아니라 시행령에서 규정한 의무도 산업안전보건법 의무와 중첩되고 있고, 인명피해의 결과가 발생했을 때만

처벌하는 구조는 오히려 의무에 대한 미이행을 유발할 가능성이 있으며, 상상적 경합의 요건 중 하나인 "한 개의 행위"를 넓게 해석하여 고의와 과실 행위를 하나의 행위로 보기도 하고, 높은 법정형에 비해 상대적으로 낮은 선고형 경향을 가지고 있는데 비해 양형기준은 존재하지 않는 등 여러 문제가 있다는 점을 발견할 수 있었다. 특히 중대재해처벌법 상 의무 중 상당수가 산업안전보건법 상 의무랑 중첩되는 현 상황 속에서 중대재해처벌법의 효과적인 적용을 위해 의무 위반 자체에 대해 규제하는 규정을 신설한다고 하면, 이 법률이 산업안전보건법과 어떤 차이가 존재하는지에 대한 딜레마에 맞닥뜨리게 된다. 이러한 상황 속에 필자는 오히려 이 딜레마가 중대재해처벌법의 현실이라는 점을 인정하고, 이를 바탕으로 개선방안을 고민해보는 것을 제안한다. 아래의 제안은 이러한 문제의식을 전제로 한 내용이다.

1. 적극적 개선방안-중대재해처벌법의 폐지

먼저 적극적인 개선방안으로 중대재해처벌법의 폐지를 제안할 수 있을 것이다. 중대재해처벌법은 산업안전보건법으로 처벌되지 않는 "사업주 또는 경영책임자등"을 처벌하기 위해 제정한 법률이다. 그렇기에 독립된 법률이긴 하나 상당수 내용은 산업안전보건법 상 제167조 제1항과 유사한 구조를 가지고 있고, 거기에 "사업주 또는 경영책임자등"을 처벌하는 근거를 추가한 법률이라고 평가할 수 있을 것이다.

그렇기에 중대산업재해에 한해서는 중대재해처벌법 규정을 산업안전보건법에 일부 추가하는 개정으로도 중대재해처벌법과 거의 동일한 효과를 얻을 수 있을 것이다. 구체적으로 제시하면 먼저, 중대재해처벌법 제2조 제8호와 제9호에 규정하고 있는 "사업주"와 "경영책임자등"의 정의 규정을 산업안전보건법 제2조 제4호의 "사업주" 정의 규정과 비교 검토한 후 편입하고, "사업주 또는 경영책임자등"에 대한 중대재해처벌법의 안전 및 보건 확보의무를 산업안전보건법에 추가한 뒤,[68] 기존의 처벌 규정인 산업안전보건법 제167조에 별도의 항을 신설하여 중대재해처벌법 상 처벌 규정을 추가하는 방식으로 기존의 목적을 큰 무리 없이 달성할 수 있을 것이다.[69] 중대산업재해에 대한 산업안전보건법 내 편입 규율은 산업안전보건법과 중첩 적용의 가능성을 막아 더 효과적인 법적용과 집행을 가능하게 할 것이다.[70]

---

68) 중대재해처벌법 상 의무는 산업안전보건법 상 의무보다 포괄적이고, 이 의무는 "사업주 또는 경영책임자등"에게 적용하기 때문에 산업안전보건법 상 의무와 큰 충돌은 발생하지 않을 것이다.

69) 법인에 대한 벌금형은 법정형 상향 개정으로 쉽게 반영할 수 있을 것이다.

70) 중대재해처벌법과 산업안전보건법을 통합하자는 제안을 함과 동시에 통합에 대한 구체적인 대안을 제

그리고 중대시민재해는 독일과 중국 등 대륙법계 국가에서는 의무 위반 관련 행정형벌과 달리 인명피해 결과를 처벌하는 규정은 이미 형법전 내에서 규율하고 있기에, 이러한 선례를 바탕으로 중대재해처벌법뿐만 아니라 각 개별법에 있는 중대시민재해 처벌 규정을 통합시킬 수 있을 것이다.[71]

2. 절충적 개선방안-중대재해처벌법의 개선

비록 폐지할 필요가 충분히 있다고 하더라도, 이미 국민과 국회의 합의를 거친 법률을 당장 폐지하는 것은 사실상 불가능할 수 있다. 그러한 차원에서 여기에서는 중대재해처벌법을 존치하는 상황에서의 개선방안도 제시하겠다.

(1) 특별법으로서 중대재해처벌법 우선 적용

중대재해처벌법은 산업안전보건법의 처벌이 미비한 영역을 특별히 처벌하기 위해 제정된 법률이기 때문에[72] 산업안전보건법과 중대재해처벌법을 일반법과 특별법의 관계로 볼 수 있을 것이다. 중대재해처벌법을 특별법으로 본다면, 산업안전보건법뿐만 아니라 형법상 업무상과실치사상죄가 문제되는 경우에도, 특별법인 중대재해처벌법을 적용할 수 있을 것이며, 기존 대법원 견해와 같이 기계적으로 하나의 행위로 묶어 상상적 경합을 인정하여 양형의 조건이나 선고 형량에 영향을 미칠 수 있는 문제는 더 이상 발생하지 않을 것이다.

(2) 의무 위반에 대한 규제 및 처벌 규정 신설

중대재해처벌법 상 의무 위반 그 자체에 대해 규제하고 처벌하는 규정의 신설도 필요하다. 인명피해가 발생한 경우에만 처벌을 하는 기존의 구조를 그대로 유지한다면, 발생하지 않은 만일의 사태에 대비하여 안전 및 보건 확보의무를 성실하게 지키

시한 연구로는 정정임, 앞의 논문, 529면 이하. 이 논문을 심사한 익명의 심사위원 중 1인은 이 논문의 주제와 벗어날 수 있다는 점을 인정하지만 광산업, 어업 등 산업안전보건법이 적용되지 않거나 일부만 적용되는 영역이 있어 중대재해처벌법 상 의무 규정이 독자적인 의의가 있는 점도 감안해야 한다는 좋은 의견을 제안했고 이에 대해 적극 공감한다. 현재 우리 법체계 상 각 산업에 대한 개별 특별법을 두고 있고, 특별법 중 상당수가 벌칙 규정에 인명피해에 대한 처벌을 규율하고 있으면서 중대재해처벌법을 제정하여 유사한 사안에 대한 법의 중첩적 적용이 진행되는 상황이기에, 각 산업 특별법 내 인명피해 처벌 규정을 정비하여 문제를 해결하는 것도 좋은 방법이라 생각한다.

71) 이에 대한 독일과 중국의 입법례 분석과 우리나라 입법에 대한 시사점 제시에 대해서는 곧 다른 연구를 통해 소개할 것임을 약속한다.

72) 김성룡, "「중대재해 처벌 등에 관한 법률」의 적용을 둘러싼 형사법적 쟁점 검토", 176면.

기보다는 앞서 살펴본 언론의 분석과 같이 인명피해 사고가 발생하고 나서야 대형로 펌을 선임하여 지지부진하고 소모적인 논쟁만 반복할 가능성이 높을 것이다.

오히려 의무 위반에 대한 관할관청의 감독 의무와 함께 이행강제 규정을 부여하고 그럼에도 불구하고 이를 미이행한 경우에 그 의무 위반에 대한 처벌을 실시하는 것이 인명피해가 발생하는 것을 방지하는 중대재해처벌법의 목적에 더 부합할 것이라고 본다.[73]

(3) 시행령 규정의 중대재해처벌법 편입 개정

그리고 시행령에 규정한 의무 규정을 중대재해처벌법 상의 의무로 편입하는 개정이 필요하다. 시행령에 의무를 규정하는 등 위임입법을 하는 이유는 "행정 영역이 복잡·다기하여 상황의 변화에 따라 다양한 방식으로 적절히 대처할 필요성이 요구되"지만, "국회의 기술적·전문적 능력이나 시간적 적응능력에는 한계가 있"다는 한계[74] 때문에 활용하는 것인데, 중대재해처벌법의 시행령에 규정된 의무는 '목표와 경영방침 설정', '업무 전담 조직 설치', '업무절차 마련', '의견 청취 절차 마련', '매뉴얼 제작' 등 위임입법의 취지와 맞지 않는 추상적인 의무를 규정하고 있다. 법률은 시행까지 1년이라는 유예기간을 부여하여 경영책임자들이 준비할 시간을 주고자 했지만, 오히려 현장에서 필요한 의무 규정이 법률에 대한 시행령이란 이유로 늦게 제정이 된 까닭에 의무 이행에 준비할 시간이 부족하여 처벌이 되는 사례도 판결을 통해 확인할 수 있었다.

오히려 현행 시행령 규정을 법률로 편입하고 시행령에서는 경영책임자가 효과적인 안전 및 보건 확보의무를 수행하기 위해 더욱 구체적인 지침을 제시해야 할 것이다. 이러한 법체계는 산업안전보건법이 구축하고 있기에 이를 바탕으로 재정비가 필요할 것이다.

(4) 실질적인 법정형으로 개편

다음으로 중대재해처벌법의 법정형을 실질적으로 개편하는 개정도 필요할 것이다. 중대재해를 방지하기 위해 엄중한 처벌을 선고하고자 하는 취지에 따라 사망시 '1년 이상 30년 이하의 징역'과 '10억 원 이하의 벌금'이라는 높은 법정형을 부과하고 있는데, 이 연구를 통해 살펴본 바에 따르면, 법정형에 따라 산정한 처단형의 10분의 1

---

73) 사후처벌보다 예방체계 구축이 더욱 중요하다는 의견은 이근우, 앞의 논문, 241면.

74) 헌법재판소 2002. 6. 27. 선고 2000헌가10 전원재판부.

도 되지 않는 형을 선고하고 있었다.

무조건적으로 엄격한 형벌에 처하는 것보다 목적을 살릴 뿐만 아니라 수범자에게도 어느 정도 납득이 갈 수 있는 효과적인 입법이 필요할 수 있는데, 이에 대해서는 중대시민재해를 개별적으로 규율하는 다른 특별법률의 입법례75)를 참고하거나, 제21대 국회에서 대규모 인명 피해 사건을 규율하기 위해 형법상 업무상·중과실치사상죄를 개정하자는 법률안76)의 취지를 참고할 수 있을 것이다.

(5) 양형기준 수립

비록 법원에서 높은 법정형과 달리 완화된 형으로 선고하고 있다고는 하나 양형기준이 없는 상황에서 중대재해처벌법의 선고형은 여론 등 외부의 영향에 취약할 가능성도 무시하지 못할 것이다. 이에 대해 15호 판결의 재판부는 중대재해처벌법이 산업안전보건법의 특별법이자 가중처벌을 하는 법률이란 취지를 잘 살려 산업안전보건법 상 양형기준 중 안전·보건조치의무위반치사의 가중영역을 선택하여 자체적이지만 설득력 있는 기준 하에 선고하기도 했다.

중대재해처벌법 상 중대산업재해 처벌 규정은 산업안전보건법의 규정에 비해 가중처벌을 하는 규정이라고 볼 수 있기에 15호 판결과 같이 '과실치사상·산업안전보건범죄 양형기준' 중 안전·보건조치의무위반치사의 가중영역을 기준으로 양형기준을 재정비하는 방안도 진행할 수 있을 것이다.

중대재해처벌법 상 중대시민재해에 대해서는 다수에 대한 인명피해의 가능성과 범행의 중대성 등에 비추어 보면, 유사한 범죄라고 할 수 있는 '방화범죄 양형기준'77)을 참고로 하여 양형기준을 구성할 수 있을 것이다.

---

75) 중대시민재해 관련 특별법에서는 업무상·중과실치사상에 대해 10년 이하의 징역 또는 금고를 부과하고 있다. 이에 대해서는 김광수, "『중대재해 등 처벌에 관한 법률』의 구성요건에 대한 소고: 과실의 안전·보건의무 위반 시 처벌 제한을 중심으로", 법학연구 제30권 제2호, 경상대학교 법학연구소, 2022, 38면 참조.

76) [2114840] 형법 일부개정법률안(민형배 의원 등 11인) 참조. 이 법률안에서는 업무상·중과실치사상죄를 "7년 이하의 금고 또는 5천만원 이하의 벌금"에 처하자는 상향 개정을 제안했다.

77) 양형위원회, 양형기준, "방화범죄 양형기준"
https://sc.scourt.go.kr/sc/krsc/criterion/criterion_24/arson_01.jsp (최종검색: 2024. 10. 13.)

   2021. 1. 더 이상의 인명피해가 발생하지 않았으면 하는 바람과 함께 중대재해처벌법은 제정이 되었다. 그러나 현재까지 산업현장에서의 인명피해는 끊이지 않고 계속 발생하고 있다. 이에 대한 문제점을 분석하기 위해 이 연구는 중대재해처벌법에 대해 판결한 25개의 하급심 판결을 분석했고 이를 바탕으로 중대재해처벌법을 살펴본 결과, 상당수 의무 규정이 기존의 산업안전보건법과 중첩되었을 뿐만 아니라, 법률이 아닌 시행령에 규정되어 있었고, 의무 위반 규제 및 처벌을 통해 중대재해에 대한 효과적인 대응이 가능할 수 있는데도 결과가 발생한 경우에만 처벌하고 있었으며, 높은 법정형에 비해 완화된 형량이 선고되었지만, 양형기준이 존재하지 않아 여론 등 외부의 영향에 취약할 수 있는 상황이란 점을 알 수 있었다. 이러한 문제에 대해 이 연구는 중대재해처벌법을 폐지하고 중대산업재해는 산업안전보건법으로, 중대시민재해는 형법전으로 편입하자는 적극적인 개선방안뿐만 아니라, 중대재해처벌법을 유지시킬 경우에는 특별법으로서 중대재해처벌법을 우선 적용하고, 인명피해라는 결과가 발생한 경우에만 처벌하는 기존의 구조에서 벗어나 의무 위반 자체에 대해서도 규제하는 규정을 신설하며, 시행령 상 의무를 중대재해처벌법으로 편입하고, 실질적인 법정형으로 개편할 뿐만 아니라 양형기준을 수립해야 한다고 제안했다.

   국민과 입법부는 중대재해를 막기 위해서 엄벌주의를 실현시키는 방법을 채택했다. 약 2년 여의 시간이 지났지만, 우리 사회 속에서 중대재해는 줄어들 기미가 보이지 않는다. 일선에서는 처벌이 약하기 때문에 중대재해가 줄어들지 않는다고 주장할 수도 있을 것이다. 그러나 현재까지 중대재해처벌법으로 처벌을 받은 기업 중 절반은 50인 미만의 사업장을 운영하는 중소기업이라는 보도,[78] 오히려 대기업은 중대재해처벌법의 적용에서 유유히 벗어나고 있다는 분석[79]은 형량을 강화하면 문제가 해결될 것이라는 '착시 현상'[80]에서 벗어나 우리에게 점차 진실을 알려주고 있는 것으

---

78) 법률신문, 2024. 9. 25., "중대재해처벌법에 중기 취약, 유죄 절반이 50인 미만 사업장"
   https://www.lawtimes.co.kr/news/201539 (최종검색 : 2024. 10. 13.)

79) 노컷뉴스, 2024. 8. 6., "법기술자에 짓밟힌 중처법 + 소극적인 檢+관대한 法…중처법, 대형로펌에는 '잭팟'" https://www.nocutnews.co.kr/news/6189375 (최종검색: 2024. 10. 13.); 노컷뉴스, 2024. 8. 6., "법기술자에 짓밟힌 중처법 + 만원짜리 부품만 바꿨더라면…대형로펌엔 수십억" https://www.nocutnews.co.kr/news/6191046 (최종검색: 2024. 10. 13.); 뉴시스, 2024. 10. 10., "'중대재해' 대기업 10곳 중 7곳은 10대 로펌 선임…유죄는 1개소 그쳐" https://www.newsis.com/view/NISX20241009_0002914105 (최종검색: 2024. 10. 13.).

80) 경향신문, 2020. 12. 2., ""산재 때 '형사 처벌'해야 예방에 도움" "엄벌주의 효과 없어""

로 보인다.

경제적 인간임을 신뢰하여 강한 처벌 규정에 인명피해 감소로 나갈 것이라는 입법자의 예측이 인명피해 사고가 났을 때에 아주 적극적인 법적 쟁송으로 나아간다는 (예측하지 못했지만) 너무나도 경제적인 결과를 야기한 현 상황 속에서, 필자도 어떠한 대안을 선택하면 당연히 잘될 것이라고 당당하게 예측하긴 힘들다. 그러나 '늦었다고 생각할 때가 가장 빠른 때'라는 말처럼, 오히려 이러한 상황이 우리가 중대재해 근절을 위해 다시 논의하고 힘을 합칠 가장 좋은 때라고 생각한다.[81] 이 연구도 그러한 취지에서 진행해 본, 기초자료 제공과 함께 새로운 가능성을 도모하기 위해 기존의 연구방식에서는 약간 벗어나게 연주해 본 변주곡 중 하나다. 다양한 방식을 통해 제시되는 다채로운 의견은 우리가 생각하지 못한 영감을 제공해 줄 것이다. 더 이상의 인명피해를 막고자 하는 목적을 위해 각 분야 내 많은 사람들의 다양한 의견을 기대한다.

후기

이 글은 '중대재해 처벌 등에 관한 법률(이하 "중대재해처벌법")' 시행된 지 3년 가까이 지났지만 인명피해가 여전히 반복되고 있다는 현실을 개선하기 위해, 실제 사건에서는 이 법률이 어떻게 적용되는지 검토하고 개선방안을 모색한 연구이다. 이 연구는 2022년 4월에 발표했던 "『중대재해 등 처벌에 관한 법률』의 구성요건에 대한 소고"[82]에서 제시했던 문제점이 실제 사건에는 어떻게 나타나고 있는지 검토한 후속 연구이기도 하다.

논문이 발표된 이후, 근로자들이 업무 편의를 위해 자체적으로 만든 공구를 이용하다가 그 공구에 근로자 중 1인이 맞아 사망한 사건에 대해 검찰은 경영책임자를 중대재해처벌법 위반으로 기소했지만 1심법원이 최초로 무죄를 선고한 판결[83]이 나

---

https://www.khan.co.kr/politics/assembly/article/202012022108025#csidx2f48bc683a564bda2fc4882
bb82de42 (최종검색: 2024. 10. 13.)

81) 정치권과 정부가 결자해지의 정신으로 법률의 대대적 정비가 필요하다는 의견에 대해서는 연합뉴스, 2024. 6. 21., ""중대재해처벌법, 불명확하고 위헌 소지 높아…대대적 손질해야""
https://www.yna.co.kr/view/AKR20240621038100003 (최종검색 : 2024. 10. 13.)

82) '중대재해 처벌 등에 관한 법률'이 당연한 법률명인데 제목에는 '중대재해 등 처벌에 관한 법률'로 오타를 냈다. 투고 당시, 논문 게재 연락을 받고 새벽에 급히 수정 작업을 하다가 졸면서 생긴 실수이다. 지금이라도 수정을 하는 방법이 있다고는 하지만, 앞으로는 실수를 줄이고 살자는 반면교사의 의미에서 그대로 두기로 했다.

와, 중대재해처벌법도 '산업안전보건법'과 유사한 방식으로 적용되는 듯한 모습을 보이기도 했다. 만일 이후 사건에도 중대재해처벌법이 이런 방식으로 계속 적용된다면, 중대재해 앞에 '더 중대한'이 붙은 새로운 법률이 제정된다는 농담 같지만 허투루 들을 수 없는 분석이 나올 수도 있을 것이다.

이 글의 사전 연구 중 하나인 나의 박사학위논문 제목은 '사회재난 인명피해에 대한 형사법적 대응 연구'이다. 중대재해처벌법과 관련하여 여러 편의 글을 썼지만, 사실 중대재해에 대해서 큰 관심을 가지고 있진 않았다. 우연히 읽은 한국형사정책연구원 보고서인 "다중인명피해 안전사고에 대한 형사정책적 대응방안 연구"가 일회성 연구로 끝난 것에 아쉽다는 생각만 하며 지내다가, 2019년 5월 23일에 발생한 강릉과학단지 수소탱크 폭발 사건으로 친구가 세상을 떠나고 장례식장에서 친구를 보낸 뒤에 비로소 관련 법률을 자세히 살펴본 게 제대로 된 첫 검토였다. 그러한 과정 속에서 중대재해, 특히 중대시민재해 분야를 규율한 대부분의 법률에 법전문가가 검수한 흔적이 없었고 그 결과 형사법의 원칙이 적용되기는커녕 체계성조차 존재하지 않는다는 사실을 알게 되었다.[84]

여러 문제점이 머릿속을 맴돌고 있긴 했지만 제대로 정리하지 못한 채, 단순히 위 보고서의 개정 작업 정도로 생각하고 연구를 진행했다. 제자들의 논문 작성을 위해 한 달에 한 번씩 진행하는 온라인 세미나에서 한인섭 교수님은 내 논문의 초안을 다시 한번 보시고는, '아직까지 여러 문제점을 단순하게 나열만 하고 있다. 이러한 입법 과정에서 변화하는 부분, 그에 따라 하나의 지점으로 모이는 부분이 이 연구의 특색이자 차별점이 될 수 있다'는 취지의 조언을 해주셨다. 정작 내가 그 말을 의미를 알지 못해 멍한 표정으로 듣고만 있고 있으니 세미나를 같이 듣던 신혜진 검사님[85]께서는 당시 제정 과정에서 말이 많았던 중대재해처벌법이 그 '지점'일 수 있다는 힌트를 주셔서 연구의 방향을 명확하게 잡을 수 있었고 빠른 속도로 진행할 수 있었다. 이 두 조언 덕분에 난 졸업할 수 있었다.

한 교수님께 가르침을 받은 기간 동안, 나는 학문과 기술의 발전에 따라 새로운 기본권이 등장하고 발전하는 과정의 반대편에서 당연하게 지켜진다고 믿었던 기본권

---

83) 대구지방법원 서부지원 2024. 12. 19. 선고 2023고단510 판결.

84) 그때도 이 주제를 연구할 거란 결심은 하지 않았다. 2020년에 경기도 안산에 사는 그 당시 다니던 직장의 동료와 일상적인 대화를 나눈 뒤에 혼자 걸으면서, ① 안산에 사는 동료와 대화를 했다. ② 안산은 세월호 사고로 많은 상처를 받은 곳이다. ③ 세월호 사고에서 부작위에 의한 살인죄 논리를 인정하기도 했지만, 다중인명피해사고 관련 법률이 너무나 미비하다. ④ '아! 이거다'라는 논리, 즉 '동료 → 안산 → 세월호 사고 → 법률미비 → 연구'라는 기적의 논리가 발동되어 연구하기 시작했다.

85) 이 책 제3편 여덟 번째 글의 저자이시기도 하다.

이 오히려 소홀해지는 경향에 대해 관심을 갖기 시작했다. '정의'라는 목적하에 소위 나쁜 사람들을 처벌하기 위해 만든 특별법이 오히려 모든 사람들의 기본권을 침해하는 문제에 대한 고민, 그 결과물이 이 글과 학위논문이다.

처음에는 막연하게 서울대 대학원을 가면 굶지는 않고 책을 읽을 수 있다는 이야기를 듣고 입학하긴 했다. 그러나 이곳에서 난 공부뿐만 아니라 많은 것을 얻었다. 뭔가 아이디어는 있지만 정리가 되지 않아 SF영화처럼 논리가 순간이동을 해버리는 나의 말을 교수님은 조용히 다 들어주신 뒤에 내가 생각하지 못한 부분까지 깔끔하게 정리하여 말씀하시면, 난 입을 쩍 벌리고 고개를 끄덕이며 "그렇군요."라는 말과 함께 기분 좋게 감탄을 하며 지냈다. 다른 학생들의 질문에 대해서도 교수님은 학생들이 제안한 주제에 대한 시의성 및 필요성 등 학술적 가치를 판단해 주셨고 문제의 논점과 실익 등을 잘 정리하여 지도해주셨다. 그 후 우리는 그 지도 내용을 바탕으로 함께 토의하고 구체화하면서 각자의 연구와 학위논문으로 발전시켜 나갔다.

학생들 그리고 동료들하고도 재미있는 시간을 보내기도 했다. 특히 유학생들이 형법을 전공하는 건 드문 일이긴 했지만, 격의 없이 대하시던 교수님의 모습에 지도학생이 되어 많은 연구 활동을 함께 하기도 했다. 그러면서 맺게 된 인연으로 한 학생의 결혼식에서 교수님은 주례를 맡으셔서 축복을 기원하기도 하셨다.[86] 또 예전 직장 동료들이 교수님과 함께 거닐면서 나눈 다양한 주제의 대화는 지금까지도 함께 만나 고민하는 좋은 화두가 되었다.

비록 지금은 번아웃, 소진되었다는 핑계를 대며 뒹굴뒹굴하고 있긴 하지만, 교수님과 함께 한 시간 동안 나에게는 학문적 성취뿐만 아니라 함께 나아갈 친구들까지 얻은 소중한 시간이었다. 사회생활을 못하면서 지내는 나에게 학문과 나 사이, 사회와 나 사이의 가교 역할을 해주신 듯한 느낌이었다. 아직도 어떻게 살아야 하나 고민하며 흔들리고만 있는 현실이지만, 내가 받은 행복만큼, 내가 웃었던 추억만큼이라도 다른 이들에게 다시 베풀 수 있는 삶을 살고자 다짐한다. 감사합니다.

---

86) 난 축의금 담당이었다.

11

위력에 의한 업무방해죄의 위헌성
- 쟁의행위와 소비자보호운동을 중심으로 -*

박경신(교수, 고려대학교 법학전문대학원) · 손익찬(변호사, 공동법률사무소 일과사람)

Ⅰ 문제 상황: 위력에 의한 업무방해죄의 존재 및 적용례

우리 형법 제314조 제1항은 "제313조의 방법 또는 위력으로써 사람의 업무를 방해한 자는 5년 이하의 징역 또는 1천 5백만 원 이하의 벌금에 처한다."고 규정하고 있다. 위 조문을 자세히 풀어보면, '허위의 사실을 유포, 위계, 위력'이라는 수단을 사용하여 '사람'의 '업무'를 방해하는 경우 범죄를 구성하게 된다. 이에 관해 '허위사실유포', '위계', '위력', '사람', '업무', '방해'라는 각각의 구성요건 표지들에 대하여 대법원 판례의 설명 및 그에 따른 업무방해죄를 적용한 판례의 축적이 진행되어 왔다.

그런데 허위사실유포, 위계 등은 상대적으로 그 범주가 명확하게 확정될 수 있지만 '위력'은 대법원이 '타인의 의사의 자유를 제압 또는 혼란케 할 수 있는 모든 세력'이상으로 구체적으로 해석하지 않음으로서 헌법적 타당성에 심대한 의구심이 있어왔다.

자유민주주의사회에서 국민들에게 어떤 기본권이 보장된다는 것은 국민들이 이 기본권의 행사가 타인에게 일정한 부담이 된다고 할지라도 그 기본권을 행사할 수 있음을 의미한다. 그러한 부담을 지울 수 없다면 그 기본권이 보장된다고 볼 수 없을 것이다. 예를 들어 소비자들은 질이 나쁜 제품을 사지 않을 자유를 무기로, 노동자는 열악한 노동조건에 자신의 노동을 팔지 않을 자유를 무기로, 각각 생산자로부터 좋은 제품의 생산을 그리고 사용자로부터 더 나은 노동조건을 획득할 수 있는 것이다.

* 이 글은 박경신·손익찬, "위력에 의한 업무방해죄의 위헌성－쟁의행위와 소비자보호운동을 중심으로", 공익과인권 제9권, 서울대학교 공익인권법센터, 2011에 게재되었음을 밝힌다.

최근의 2010년 헌법재판소가 내린 결정은 이러한 헌법해석을 명백히 승인하고 있다.

하지만 아직도 '위력'문구와 일반적 법원해석을 따르자면 정당한 쟁의행위와 소비자운동도 범죄시할 수 있는 가능성을 내포하고 있다. 그리고 가장 '위력'을 좁게 해석한 2011년 대법원 전원합의체 판결을 따르더라도 어디까지를 '타인의 의사의 자유를 제압 또는 혼란케 하더라도' 정당한 쟁의행위와 소비자운동으로 면책시킬지가 매우 불분명하다. 이 글의 II에서는 위 조항이 명확성의 원칙을 일반적으로 위반함을 확인하며 이와 함께 이러한 불명확성은 우리 법조항의 계수원이었던 일본형법 가안이 가지고 있었던 '노동운동을 누락 없이 광범위하게 탄압하기 위한 의도로부터 비롯되었음을 확인한다. 이 글의 III에서는 쟁의행위에 대해 위 조항을 적용했던 대법원 판례들을 검토하면서 가장 최근의 대법원판례마저도 위 조항이 가진 불명확성을 치유하지 못하며 실제 적용에 있어서는 과잉금지의 원칙을 위반하고 있음을 확인한다. 이 글의 IV에서는 소비자운동에 대해 위 조항을 적용하는 것은 II에서 살펴본 그 이상의 불명확성을 포함하고 있어 더욱 명확성의 원칙을 위반하며 소비자운동에의 적용은 그 자체가 과잉금지의 원칙을 위반함을 확인할 것이다.

II 업무방해죄의 위헌성

1. 업무방해죄 요건의 불명확성

1) 명확성의 원칙과 헌법재판소 95헌가16 결정의 의의

명확성의 원칙이란, 행정부가 법률에 근거하여 국민의 자유와 재산을 침해하는 경우 법률이 수권의 범위를 명확하게 확정해야 하고 법원이 공권력행사의 적법성을 심사할 때에는 법률이 그 심사의 기준으로서 충분히 명확해야 한다는 것을 뜻한다.[1] 법령이 규율하는 내용이 막연하여 다의적인 해석이 가능할 경우 명확성의 원칙에 위배되는 것이다. 수범자인 일반인이 일상적인 언어생활을 통하여 법의 내용을 명확히 알 수 있고 통상의 법감정과 합리적인 상식에 기하여 그 구체적인 의미를 충분히 예측하고 해석할 수 있을 정도로 규정되어있다면 그 법령은 명확성 원칙을 충족하는 것이다.[2][3]

---

1) 헌법재판소 2003. 11. 27. 선고 2001헌바35 결정.

그런데 표현의 자유를 제한하는 법령의 경우 일반 법령보다 한층 더 엄격한 정도의 명확성이 요구된다. 왜냐하면 국가가 명확하지 못한 기준으로 표현의 자유를 규제할 경우 수범자인 국민은 어느 경우에 자신의 표현이 규제되는 기준을 확신할 수 없어 형벌 등의 불이익을 입을 것을 우려하여 의사 표현을 하지 못할 수 있기 때문이다. 헌법재판소 또한 '불명확한 규범에 의한 표현의 자유의 규제는 헌법상 보호받는 표현에 대한 위축적 효과를 수반하기 때문'에 표현의 자유를 규제하는 입법에 있어 명확성의 원칙은 특별히 중요한 의미를 지니고, '위축적 효과가 미치지 않도록 규제되는 표현의 개념을 세밀하고 명확하게 규정할 것이 헌법적으로 요구된다'고 밝힌 바 있다.[4]

2) 해당 조항의 불명확성에 대한 검토–2010년 홈플러스 결정

현재 대법원은 업무방해죄에서의 위력을 '사람의 의사의 자유를 제압·혼란케 할 만한 일체의 세력'으로서 폭행·협박은 물론 사회적·경제적·정치적 지위와 권세에 의한 압박 또한 위력에 포함된다고 정의하고 있다.[5] 이러한 해석에 따르면 사람의 의사가 제압되거나 혼란되는 결과를 초래되는 일체의 유·무형의 행위가 '위력'에 해당하여 매우 다양한 행위태양이 여기에 해당된다.

업무방해죄에서의 '위력'의 의미에 대한 현재 대법원 견해에 따른다면 소비자의 구매거절이나 노동자들의 노무제공거부 모두 그 자체로 업무방해죄 구성요건에 해당될 여지가 있다. 소비자들의 구매거절이나 노동자들의 노무제공거부 모두 업주의 의사의 자유를 제압 및 혼란케 할 수 있기 때문이다.

그러나 헌법재판소는 이렇게 노무제공거부 자체가 범죄구성요건이 되는 것은 위헌적인 해석이라고 판시하였다. 헌법재판소가 2010년 선고한 2009헌바168 결정(이하 '2010년 홈플러스 결정')에서는, 노동자의 단체행동권 행사의 경우 사용자의 의사의 자유를 제압하고 고용주의 업무에 지장을 초래하는 것을 당연히 전제하고 있음을 밝혔다. 그리고 그렇기 때문에 단체행동에 의해 의사의 제압이라는 결과가 발생하였다고 하여 곧바로 업무방해죄에서 말하는 '위력'에 해당한다고 할 수 없다는 취지를 밝혔

---

2) 헌법재판소 2008. 1. 10. 선고 2007헌마1468 결정.

3) 다만, 법을 실제로 성문화 하는 경우 다양한 상황에 대처해야 하는 기술적·상황적인 이유로 인하여 언제나 일의적인 내용으로 정할 수 있는 것은 아니기 때문에, 입법목적, 입법취지, 입법연혁, 법규범의 체계적 구조 등을 고려하여 그 의미를 분명히 할 수 있으면 명확성의 원칙에 위반되는 것은 아니라고 한다. 헌법재판소 1992. 2. 25. 선고 89헌가104 결정; 1995. 9. 28. 선고 93헌바50 결정 등 참조.

4) 헌법재판소 1998. 4. 30. 선고 95헌가16 결정.

5) 대법원 2005. 3. 25. 선고 2003도5004 판결 참조.

다. 이미 헌법에서 업무의 지장이 본질적으로 수반되는 '단체행동권'을 기본권으로 규정하고 있으므로 그 행사를 원칙적으로 불법한 것이라고 볼 수 없다는 것이다.[6][7] 그렇다면 소비자보호운동권의 행사 역시 사업자에게 일정한 영향을 끼칠 것을 목적으로 사업자의 의사의 자유를 제압할 것을 예정하고 있는 것이다.[8] 따라서 본질적으로 수반되는 '의사의 제압'이 있다고 하여 '위력'으로 인정하는 것은 소비자보호운동권을 원천적으로 부인하는 것이다.

그러므로 위 헌재결정만 보더라도 현재의 대법원에 의해 해석된 상태의 형법 제314조의 업무방해는 과잉금지원칙에 위반할 것이다. 물론 헌재는 형법 제314조가 그렇게 해석되지 않을 가능성을 인정하였으므로 그 헌재결정만으로 과잉금지원칙 위반을 확신할 수는 없다. 하지만 설령 대법원이 축소해석을 하여 조항이 실제로 그렇게 적용되지 않는다고 하더라도 위력에 의한 업무방해죄 조문이 존재하는 한, 대다수의 소비자들과 근로자들은 정당한 구매거절 및 노무제공거부가 형벌의 적용을 받을 가능성이 있다고 판단하여 적법한 권리행사를 포기하게 될 우려가 크다.

이러한 상황은 95헌가16결정에서 적시한대로 '법규가 무엇이 금지되는 표현인지가 불명확하게 규정하고 있는 경우에는 자신이 행하고자 하는 표현이 규제의 대상이 아니라는 확신이 없는 기본권주체가 규제를 받을 것을 우려해서 표현행위를 스스로 억제하게 될 가능성이 높은 상황' 즉 '위축적 효과'에 해당한다. 따라서 해당조항은 헌법이 특별히 요구하는 표현의 자유 영역에서의 명확성의 원칙에 위배된다.

2. 업무방해죄의 '위력'과 다른 법령에서 사용되는 '위력'과의 질적인 차이

한편 위와 같은 주장에 대하여, 다른 법령에 '위력'의 개념이 존재함을 들어 형법에 업무방해죄라는 '일반 조항'을 두어 위법한 행위를 규율할 필요가 있고 이것이 명확성의 원칙에 위배되지 않을 정도로 명료하게 해석될 수 있다는 반론이 있을 수 있다. 즉 다른 법령에서도 '위력' 개념을 사용하고 있다는 사실은 '위력'이라는 행위태양이 법질서 전반에서 가벌성을 인정받고 있는 행위태양이라는 점 및 다른 법령에서

---

6) 헌법재판소 2010. 4. 29. 선고 2009헌바168 결정.
7) 대한민국 헌법(헌법 제10호, 전부개정 1987. 10. 29, 시행 1988. 2. 25.) 제33조 제1항. 근로자는 근로조건의 향상을 위하여 자주적인 단결권·단체교섭권 및 단체행동권을 가진다.
8) 대한민국 헌법(헌법 제10호, 전부개정 1987. 10. 29, 시행 1988. 2. 25.) 제124조. 국가는 건전한 소비행위를 계도하고 생산품의 품질향상을 촉구하기 위한 소비자보호운동을 법률이 정하는 바에 의하여 보장한다.

는 불명확성의 문제가 없이 적용이 되고 있다는 점을 증명하는 것일 수 있다. 또한 그렇기 때문에 다른 법령에서 처벌의 공백이 생기는 경우에 대비하여 일반법인 형법에서 이를 규정하고 있을 필요가 있다는 전개도 가능하다. 위와 같은 주장이 옳은 것인지 검증해보도록 하겠다.

다른 법령에서 규제하는 '위력'에 의한 행위태양은 아래와 같다.

■표 1 **위력에 의한 특정 업무의 방해를 규율하고 있는 특별법들**

건설산업기본법9)

제95조(벌칙) 건설공사의 입찰에 있어 다음 각호의 1에 해당하는 행위를 한 자는 5년 이하의 징역 또는 5천만 원 이하의 벌금에 처한다.
3. 위계 또는 위력 기타의 방법으로 다른 건설업자의 입찰행위를 방해한 자

경륜 · 경정법10)

제26조(벌칙) 다음 각 호의 어느 하나에 해당하는 자는 5년 이하의 징역 또는 1천500만 원 이하의 벌금에 처한다.
1. 위계(僞計) 또는 위력(威力)을 사용하여 경주의 공정(公正)을 해치거나 공정한 시행을 방해한 자

경비업법11)

제15조의2(경비원 등의 의무) ①경비원은 직무를 수행함에 있어 타인에게 위력을 과시하거나 물리력을 행사하는 등 경비업무의 범위를 벗어난 행위를 하여서는 아니된다.

교정시설경비교도대설치법12)

제12조(벌칙) ⑦작전지역에서 위력 또는 전투의 공포를 이용하여 주민의 재물을 약취한 자는 1년이상의 유기징역에 처한다.

국민체육진흥법13)

제47조(벌칙) 속임수나 위력(威力)을 사용하여 체육진흥투표권 발행 대상 운동경기의 공정성을 해치거나 공정한 시행을 방해한 자는 5년 이하의 징역이나 2천500만원 이하의 벌금에 처한다.

군형법14)

제62조(가혹행위) ② 위력을 행사하여 학대 또는 가혹한 행위를 한 사람은 3년 이하의 징역 또는 700만원 이하의 벌금에 처한다.

노인복지법15)

제55조의4(벌칙) 다음 각 호의 어느 하나에 해당하는 자는 3년 이하의 징역 또는 1천만원 이하의 벌금에 처한다.
2. 위계 또는 위력을 행사하여 제39조의11제2항에 따른 관계 공무원의 출입 또는 조사를 거부하거나 방해한 자

매장문화재 보호 및 조사에 관한 법률16)

제32조(가중죄) ① 단체나 다중(多衆)의 위력(威力)을 보이거나 위험한 물건을 몸에 지녀서 제31조

의 죄를 범하면 같은 조에서 정한 형의 2분의 1까지 가중한다.

문화재보호법17)

제93조(가중죄) ① 단체나 다중(多衆)의 위력(威力)을 보이거나 위험한 물건을 몸에 지녀서 제90조부터 제92조까지의 죄를 범하면 각 해당 조에 정한 형의 2분의 1까지 가중한다.

방문판매 등에 관한 법률18)

제11조(금지행위) ① 방문판매자등은 다음 각호의 1에 해당하는 행위를 하여서는 아니된다.
1. 재화등의 판매에 관한 계약의 체결을 강요하거나 청약철회등 또는 계약의 해지를 방해할 목적으로 소비자에게 위력을 가하는 행위

범죄피해자 보호법19)

제38조(재판 등에 대한 영향력 행사 금지) 범죄피해자 보호·지원 업무에 종사하는 자는 형사절차에서 가해자에 대한 처벌을 요구하거나 소송관계인에게 위력을 가하는 등 수사, 변호 또는 재판에 부당한 영향을 미치기 위한 행위를 하여서는 아니 된다.

실종아동등의 보호 및 지원에 관한 법률20)

제18조(벌칙) 다음 각 호의 어느 하나에 해당하는 자는 2년 이하의 징역 또는 1천만원 이하의 벌금에 처한다.
1. 위계 또는 위력을 행사하여 제10조제1항의 규정에 따른 관계공무원의 출입 또는 조사를 거부하거나 방해한 자

아동·청소년의 성보호에 관한 법률21)

제7조(아동·청소년에 대한 강간·강제추행 등) ⑤ 위계(僞計) 또는 위력으로써 여자 아동·청소년을 간음하거나 아동·청소년을 추행한 자는 제1항부터 제3항까지의 예에 따른다.

전통 소싸움경기에 관한 법률22)

제24조(벌칙) 위계 또는 위력을 사용하여 소싸움경기의 공정을 해하거나 공정시행을 방해한 자는 5년 이하의 징역 또는 3천만원 이하의 벌금에 처한다.

전투경찰대설치법23)

제10조(벌칙) ⑦ 작전지역에서 위력 또는 전투의 공포를 이용하여 주민의 재물을 약취한 자는 무기 또는 3년 이상의 징역에 처한다.

정당법24)

제61조(창당방해 등의 죄) ① 위계 또는 위력으로써 창당준비활동을 방해하여 창당준비위원회의 기능을 상실 또는 일시 정지하게 한 자는 7년 이하의 징역 또는 3천만원 이하의 벌금에 처한다. ② 위계 또는 위력으로써 정당활동을 방해하여 정당의 기능을 상실 또는 일시 정지하게 한 자도 제1항에 규정하는 형(刑)에 처한다.

채권의 공정한 추심에 관한 법률25)

제9조(폭행·협박 등의 금지) 채권추심자는 채권추심과 관련하여 다음 각 호의 어느 하나에 해당하는 행위를 하여서는 아니 된다.
1. 채무자 또는 관계인을 폭행·협박·체포 또는 감금하거나 그에게 위계나 위력을 사용하는 행위

측량·수로조사 및 지적에 관한 법률[26]

제107조(벌칙) 측량업자나 수로사업자로서 속임수, 위력(威力), 그 밖의 방법으로 측량업 또는 수로사업과 관련된 입찰의 공정성을 해친 자는 3년 이하의 징역 또는 3천만원 이하의 벌금에 처한다.

특정범죄 가중처벌 등에 관한 법률[27]

제5조의9(보복범죄의 가중처벌 등) ④ 자기 또는 타인의 형사사건의 수사 또는 재판과 관련하여 필요한 사실을 알고 있는 사람 또는 그 친족에게 정당한 사유 없이 면담을 강요하거나 위력(威力)을 행사한 사람은 3년 이하의 징역 또는 300만원 이하의 벌금에 처한다.

한국마사회법[28]

제58조(벌칙) 다음 각 호의 어느 하나에 해당하는 자는 5년 이하의 징역 또는 3천만원 이하의 벌금에 처한다.
1. 위계(僞計)나 위력을 사용하여 경마의 공정을 해치거나 경마 시행을 방해한 자

할부거래에 관한 법률[29]

제34조(금지행위) 선불식 할부거래업자는 다음 각 호의 어느 하나에 해당하는 행위를 하여서는 아니 된다.
11. 청약의 철회 또는 계약의 해제와 관련하여 분쟁이 발생한 경우 대금을 지급받기 위하여 소비자에게 위계를 사용하거나 위력을 가하는 행위

항공안전 및 보안에 관한 법률[30]

제42조(항공기 항로 변경죄) 위계 또는 위력으로써 운항중인 항공기의 항로를 변경하게 하여 정상운항을 방해한 사람은 1년 이상 10년 이하의 징역에 처한다.

---

9) 건설산업기본법(법률 제9999호, 타법개정 2010. 2. 4, 시행 2011. 2. 5.).
10) 경륜·경정법(법률 제10880호, 일부개정 2011. 7. 21, 시행 2011. 7. 21.).
11) 교정시설경기보도대설치법(법률 제8728호, 타법개정 2007. 12. 21, 시행 2008. 12 .22.).
12) 교정시설경기보도대설치법(법률 제8728호, 타법개정 2007. 12. 21, 시행 2008. 12 .22.).
13) 국민체육진흥법(법률 제10557호, 일부개정 2011. 4. 5, 시행 2011. 4. 5.).
14) 군형법(법률 제9820호, 일부개정 2009. 11. 2, 시행 2010. 2. 3.).
15) 노인복지법(법률 제10997호, 타법개정 2011. 8. 4, 시행 2011. 8. 4.).
16) 매장문화재 보호 및 조사에 관한 법률(법률 제10882호, 일부개정 2011. 7. 21, 시행 2011. 7. 21.).
17) 문화재보호법(법률 제10562호, 일부개정 2011. 4. 6, 시행 2011. 4. 6.).
18) 방문판매 등에 관한 법률(법률 제10303호, 타법개정 2010. 5. 17, 시행 2010. 11. 18.).
19) 범죄피해자 보호법(법률 제10283호, 전부개정 2010. 5. 14, 시행 2010. 8. 15.).
20) 실종아동등의 보호 및 지원에 관한 법률(법률 제10997호, 타법개정 2011. 8. 4, 시행 2011. 8. 4.).
21) 아동·청소년의 성보호에 관한 법률(법률 제10261호, 타법개정 2010. 4. 15, 시행 2011. 1. 1.).
22) 전통 소싸움경기에 관한 법률(법률 제10118호, 일부개정 2010. 3 17, 시행 2010. 9. 18.).
23) 전투경찰대 설치법(법률 제10749호, 일부개정 2011. 5. 30, 시행 2011. 5. 30.).
24) 정당법(법률 제10396호, 일부개정 2010. 7. 23, 시행 2010. 7. 23.).
25) 채권의 공정한 추심에 관한 법률(법률 제9418호, 제정 2009.2. 6, 시행 2009. 8. 7.).
26) 측량로조사 및 지적에 관한 법률(법률 제10485호, 타법개정 2011. 3. 30, 시행 2011. 4. 1.).
27) 특정범죄 가중처벌 등에 관한 법률(법률 제10210호, 일부개정 2010. 3. 31, 시행 2010. 3. 31.).

그러나 다른 법령에서의 '위력' 개념은 그 법령의 입법취지가 상정하고 있는 맥락을 고려하여 구체화될 수 있다는 점에서, 형법 제314조 제1항의 '위력' 개념과는 현격한 차이가 있다. 그중 몇 가지만 예를 들어 살펴보자.

건설산업기본법, 경륜경정법, 국민체육진흥법의 경우 '입찰', '경주', '운동경기'라는 일종의 시합에서 그 시합의 공정성을 보호하기 위해서는 적법한 행위 또는 부작위라고 할지라도 규제될 필요가 있기 때문에 '위력'을 처벌하는 것이다. 예를 들어, '대기업 A' 소속인 '건설회사 X'가 다른 건설회사들에게 '대기업 A'가 추진하는 다른 사업에 참여할 기회에서 배제할 것을 위협하며 입찰경쟁에 참가하지 않을 것을 요구하는 경우를 생각해보자. 이때 '건설회사 X'가 어떠한 이유에서든지 다른 건설회사에게 이러한 요구를 하는 것 자체는 적법하다 할 것이다. 그러나 '입찰'은 시합이며 시합의 공정성을 유지하기 위해서는 위와 같은 적법한 행위도 규제되어야 하기에 위 조항이 존재하는 것이다. '경주'역시 우수한 말들을 많이 가진 '마주 X'가 '마주 Y'에게 특정한 경주에 출전하지 않으면 자신이 가진 말들을 '마주 Y'가 참여하는 경주에 출전시키지 않겠다고 약속하는 경우, 어느 경주에 출전할지는 전적으로 각 마주의 자유이나 그 자유의 행사가 규제되어야 경주의 공정성이 담보되기 때문에 위 조항이 존재하는 것이다. 운동경기의 경우도 경주의 경우와 같다.

경비업법 및 교정시설경비교도대설치법은 입법취지상 '경비'나 '교정활동'의 성격상 무기 등의 소지가 불가피하나, 그러한 소지를 남용하여 타인의 자유를 제한하는 일을 방지하기 위한 조항이다. 군형법의 경우 역시 군의 위계질서 속에서 우월한 지위를 남용하여 가혹행위를 하는 것을 막기 위함이다. 특히 교정시설경비교도대설치법 및 군형법의 경우 '재물의 약취'와 '학대 또는 가혹한 행위'라는 사회적으로 비난가능성이 자명한 행위를 요건으로 하고 있다.

노인복지법의 경우 같은 구성요건 내에 '공무원의 출입 또는 조사를 거부하거나 방해'하는 명백하게 사회적으로 비난가능성이 있는 작위행위를 전제로 한다. 또한 매장문화재보호및조사에관한법률 및 문화재보호법은 도굴행위를 집단의 힘을 빌려 할 경우 가중처벌하기 위한 것으로서, 이미 도굴행위라는 사회적 비난가능성이 자명한 행위가 전제되어 있다.

즉 위의 법조항에서 사용되는 '위력'개념은 각 법조항의 입법취지가 상정하고 있

---

28) 한국마사회법(법률 제10891호, 일부개정 2011. 7. 21, 시행 2011. 7. 21.).

29) 할부거래에 관한 법률(법률 제10303호, 타법개정 2010. 5. 17, 시행 2010. 11. 18.).

30) 항공안전 및 보안에 관한 법률(법률 제10160호, 일부개정 2010. 3. 22, 시행 2010. 9. 23.).

는 맥락 속에 고유하게 존재하는 정황요건들이 더해져 성립하는 것이다. (예컨대, 시합, 약취, 도굴 등) 그렇기 때문에 추상적으로 '의사의 자유를 제압·혼란'이라는 문구에만 의지하여 '위력'개념을 사용하고 있는 형법 제314조 제1항은 '위력'이 사용되어 그것이 위법하게 판단되어야 할 맥락과 권력구도의 설정을 결여하고 있어 지나치게 포괄적이고 불명확한 것이다.

3. 제314조 제1항의 적용례 탐구를 통하여 밝혀지는 불명확성

한편으로는 현재 '위력에 의한 업무방해죄'가 적용되는 사례들을 들어 아무런 위헌적인 문제가 발생하지 않는다고도 주장할 수 있으나, 이에 대해서는 유·무죄가 갈린 사안들을 비교함으로써 반박할 수 있다.

1) 제314조 제1항의 적용례
(1) 실제 판결들 사이에서 나타나는 불일치
① 유죄판결을 받은 사례들
'위력에 의한 업무방해죄'가 적용되어 유죄를 받은 대표적인 사례들은 아래와 같다.

① 채권자가 채권추심행위로 수백차례 전화통화를 시도한 행위[31]
② 자신명의로 사업자등록이 되어 있다는 지위를 이용하여 피해자의 사업장 출입을 막기 위해 자물쇠번호를 변경한 행위[32]
③ 역시 위와 같은 지위에서 임의로 폐원신고를 한 행위[33]
④ 음식점이나 다방에서 고함을 지르고 난동을 부린 행위[34]
⑤ 사무실 임차인이 임대차계약 종료 후 갱신계약 여부에 관한 의사표시나 명도의무를 지체하고 있다는 이유로, 임대인이 영업을 하지 못하도록 단전조치를 한 행위[35]
⑥ 공장정문을 봉쇄하거나 출입문에 바리케이드를 치고 모든 출입자의 출입을 통제한 행위[36]

---

31) 대법원 2005. 5. 27. 선고 2004도8447 판결.
32) 대법원 2005. 9. 9. 선고 2005도626 판결.
33) 대법원 2005. 3. 25. 선고 2003도5004 판결.
34) 대법원 1961. 2. 24. 선고 4293형상864 판결.
35) 대법원 2006. 4. 27. 선고 2005도8074 판결.
36) 대법원 1991. 4. 23. 선고 91도753 판결.

그러나 유죄 사례들은 다음과 같은 무죄 사례들과 견주어 살펴볼 필요가 있다.

② 무죄 사례 1: 상인협의회 임원들이 본래 회사에 납부해야 할 관리비를 회사와의 협상수단으로 대신 수령하여 예치한 경우 및 임원 중 1인이 회사직원에게 욕설을 한 경우

대법원은 "A종합시장 상인협의회"(이하 "상인협의회"라고 함)의 회장 및 임원인 피고인들이, 본래 A종합시장의 상인들이 A종합시장 주식회사(이하 "회사"라고 함)에 납부해야 할 관리비 상당액을 상인협의회에 가입한 상인들로부터 징수하여 은행에 예치한 행위는, 상인협의회의 구성원들의 총의에 따른 사무를 집행한데 불과하므로 피고인들의 의사는 계약조건의 절충에 있었다고 보이고 이로써 그들에게 회사의 업무를 방해할 범의가 있었다거나 위와 같은 행위만으로서 회사의 업무를 방해할만한 위력을 행사한 것으로는 보기 어렵다고 하였다(이하 '무죄사례 1 (가)').

또한 피고인 중 1인이, 가계약갱신 및 체납임 관리비 상당액 독려 차 나온 회사의 사원에게 "너희들이 무엇인데 상인협의회에서 하는 일을 방해하며 협의회에서 돌리는 유인물을 압수하느냐 당장 해임시켜야 하겠다."고 욕설을 한 사실은 인정할 수 있으나, 다른 피고인들이 공모한 사실을 인정할 수 없고, 또 위와 같은 행위만으로는 업무방해죄의 위력을 행사한 것으로 보기는 어렵다고 판단하였다.[37](이하 '무죄사례 1 (나)').

③ 무죄 사례 2: 노동조합원인 피고인이 동료근로자를 독려하여 업무거부를 한 경우

대법원은 또한 노동조합원인 피고인이, 같은 노동조합원인 공소외인을 대동하여 노동관계집회에 참석하기 위하여 자신이 근무하고 있던 B기업의 사업장에서 3시간 정도 조기 퇴근한 것만 가지고 곧바로 위력으로 업무를 방해한 경우에 해당한다고 하기는 어려울 것이라고 보았다.[38]

대법원은 위 사실이 업무방해죄에 해당하지 않는 이유로는, B기업의 전체근로자는 50명이며 그 중 29명이 노동조합에 가입하였고 생산직 근로자는 28-29명으로 파악되는데, B기업의 업무 또는 작업내용이나 피고인 등이 B기업에서 차지하는 임무나 작업의 비중 또는 그 밖의 다른 특수한 사정으로 인하여 이들의 위와 같은 조기 퇴근이 위력이라고 볼만한 사정이 있는지를 자세히 따져봐야 하는데, 원심에선 그 점

---

37) 대법원 1983. 10. 11. 선고 82도2584 판결.
38) 대법원 1991. 4. 23. 선고 90도2961 판결.

에 대한 입증이 없기 때문이라고 보았다.

④ 무죄 사례 3: 1인이 토지 측량 업무를 방해한 경우

대법원은, 자신이 종중의 정당한 종손임을 주장하는 피고인이, 종중의 다른 구성원이 종중소유의 토지를 타인에게 매도하기 위해 그 토지를 측량하려는 것을 방해한 행위는 업무방해죄에서의 위력에 해당하지 않는다고 보았다.[39]

피고인은 측량신청을 받고 나온 대한지적공사 직원인 측량기사가 측판을 설치하려는 것을 막고, 현장에 나와 있던 공소외인에게 '내 허락 없이 측량을 하면 가만두지 않겠다.'고 소리치고 '협잡꾼, 사기꾼 같은 인간들'이라고 하며 약 30분 동안 시비를 하는 등 위력을 과시하여 토지에 대한 현황측량업무를 방해하고, 그 후에도 한차례 더 측판설치를 방해하며 공소외인에게 '내 허락 없이 측량을 하면 가만두지 않겠다.'고 소리치고 약 40분 동안 시비를 하였다고 하여 위력에 의한 업무방해죄로 기소되었으나 대법원에서 무죄 확정판결을 받게 되었다.

(2) 현행 해석례에 따르면 기소가 가능함에도 불기소하는 경우

예를 들어, 사용자가 근로자 혹은 노동조합(이하 '근로자 측')의 정당한 쟁의행위나, 근로자 측의 권리행사를 저지하는 행위를 하는 경우를 생각해보자. 경우에 따라 다르겠지만 일반적으로 사용자의 행위는 '노동조합 및 노동관계조정법'[40] (이하 '노조법'이라 한다) 상 부당노동행위에 해당할 것이다. 그리고 사용자는 고용계약상 근로자에 비해 우위에 있기 때문에 근로자 측이 사용자측의 요구를 거절하는 경우 신분상의 불이익이 우려가 되므로 사용자의 행위는 근로자 측의 '의사를 제압하기에' 족하므로 '위력에 의한 업무방해죄'의 구성요건에 해당할 수 있다.[41] 그럼에도 검찰은 사용자의 이러한 행위가 노동조합의 업무를 방해했다는 혐의로 기소하지는 않고 있다. (불기소 사례 1)

이번에는 실제 사례를 통해 살펴보자. 첫째로 홈팬의 연패에 화가 난 팬들이 감독 면담을 요구하며 프로야구팀 구단버스를 둘러싸서 선수단의 이동을 방해한 경우나, 둘째로 극장에서 공연을 관람하던 관중들이 음향시설 고장으로 제대로 관람이 이루어지지 않자 이에 대해 집단적으로 환불을 요구하며 매표소 앞을 가로막아 다음 회

---

39) 대법원 1999. 5. 28. 선고 99도495 판결.
40) 노동조합 및 노동관계조정법(법률 제10339호, 타법개정 2010. 6. 4. 시행 2010. 7. 5.).
41) 이근우, 노동쟁의에 대한 업무방해죄 적용의 축소 가능성, 비교형사법연구 제12권 제2호(2010), 38−39.

의 관객입장이 이루어지지 못한 사건이 있었다. 이러한 경우 역시 '다수'라는 우월적인 지위를 이용하여 프로야구 구단 및 극장의 업무를 방해한 것이므로 현행법의 해석례에 따르면 업무방해죄의 구성요건에 해당할 수 있다.[42] 그럼에도 검찰은 위의 두 사례의 경우 역시 업무방해죄로 역시 기소하지 않았다. (불기소 사례 2)

2) 유죄 사례와 무죄 사례·불기소 사례의 비교 및 검토

위의 판례들 및 불기소 사례들은 일반인들이 무엇이 위력에 의한 업무방해이고 그것이 어느 정도에 이르러야 금지되는지 알 수 있을 정도로 일관된 기준을 제시하지 못하고 있다.

예컨대 유죄 사례 ②, ③에서 사업자등록증을 가진 자는 폐원신고를 할 수 있는 권한 및 사무실열쇠를 바꿀 권한을 가지고 있고 그 권한을 행사한 것 및 유죄 사례 ⑤에서 임대인이 단전조치라는 건물관리권한을 행사한 것과, 무죄 사례 2에서 상인협의회 임원들이 회원들이 자발적으로 위탁한 금원을 보관할 권한을 가지고 있으며 이 권한을 행사한 것 사이에 어떠한 본질적인 차이가 있는지 불분명하다. 도리어 업무방해죄에서의 위력에 해당하려면 단지 사실적인 힘의 우위에 있다는 점만 있어선 안 되고 그를 통해 피해자들의 의사의 자유를 제압·혼란케 해야 한다. 그러나 유죄 사례 ②, ③, ⑤에서의 피해자들은 자유의사가 제압되었다기보다는 단지 결과적으로 업무가 방해받았을 따름이다. 또한 피고인의 명의로 사업자등록이 되어 있다는 사실 혹은 임대인이라는 사실이 과연 형법적으로 자유의사를 제압할만하다는 평가를 받을 수 있을지는 더욱 의문이다. 만약 관련법령에 따라 사업자등록이 되었다는 사실만으로 자유의사를 제압할만한 지위가 인정된다는 법리가 일반화된다면, 사업자등록이 되어 있는 사람의 경제활동이 불합리하게 제약될 여지가 크다. 도리어 단순히 사업자 등록증을 갖고 있는 지위에서 할 수 있는 행위보다는, 불기소 사례 1에서와 같이 사업자와 노동조합 관계에서 사업자가 노동조합의 업무를 방해할 수 있는 정도가 큼에도 이에 대해서 검찰은 일관되게 기소를 하지 않고 있다.

또한 위 무죄 사례 1 (가)의 경우, 기존의 법원의 정의를 놓고 본다면 상인협의회가 회사보다 상인들에게 영향력을 쉽게 행사할 수 있으므로 회사의 자유의사를 제압, 혼란케 할 만한 세력을 이용하여 업무를 방해하였다고 판단할 수도 있는 경우이다. 무죄 사례 2 역시 다른 피고인이 노동조합원이었고 집회를 참가하려하였다는 점에서, 숫자적으로 많고 노동조합원이라는 지위를 이용하여 업무거부를 한 것으로 본

---

42) 이근우, 위의 글, 39.

다면, 충분히 자유의사를 제압, 혼란케 할 만한 세력을 이용하여 업무를 방해하였다고 판단할 수 있는 경우이다. 더욱이 불기소 사례 2에서는 위의 사례들과는 달리 실제 물리력을 동원하여 업무를 방해하였음에도 기소조차도 하지 않았다. 그렇다면 일반인의 입장에서는 어떠한 이유에서 유죄 사례 ②, ③에 대해서는 유죄판결이 내려지고 무죄 사례 1 (가)와 무죄 사례 2에 대해서는 무죄판결이 내려졌는지, 그리고 불기소 사례 2의 경우에는 왜 기소가 이루어지지 않았는지 알 수가 없을 것이다.

한편 유죄 사례 ④에서 음식점이나 다방에서 고함을 지르고 난동을 부린 행위 역시 무죄사례 1 (나)에서 욕설을 하거나 무죄사례 3에서 토지측량방해를 위해 소란을 피운 것과 어떤 차이가 있는지 불분명함에도 불구하고 법원은 결론을 달리하고 있다.

나아가 유죄 사례 ①은 채권의 추심을 위하여 짧은 기간 내에 반복적으로 채무자에게 음향(전화를 받지 않는 경우)이나 말(전화를 받는 경우)을 전달하여 공포심·불안감을 유발하여 업무의 평온을 심하게 해친 경우에 해당할 수 있다. 이 경우는 채권의 공정한 추심에 관한 법률 제9조 제1항 제1호 또는 제3호의 적용으로도 충분히 규율이 가능하다.[43] 그리고 유죄 사례 ④는 난동행위를 위력에 의한 업무방해죄로 보지 않더라도 폭행·협박의 구성요건에 해당할 수 있다. 또 유죄 사례 ⑥의 경우는 업무방해죄의 구성요건에 해당된다고 보기 이전에 노조법상 벌칙규정에 해당할 수 있다.

결론적으로, 위력에 의한 업무방해죄가 적용되어 유죄가 선고된 사건 유죄 사례 ②, ③, ⑤의 경우, 무죄인 사건들 및 불기소 사례들과 비교하여 행위 태양이 명확하게 구별된다고 말하기 어렵다. 또한 유죄 사례 ①, ④, ⑥과 같이 다른 법령으로 처벌이 가능하다면 형법 제314조가 고유하게 처벌하는 '위력'이 무엇인지에 대한 기준을 제시하는 것에 도움이 되지 못한 것은 물론 이를 일반조항을 적용하여 처벌할 필요성이 있는지도 추가적인 설명 없이는 정당화되기 힘들 것이다. 또한 불기소 사례 2에서와 같이 야구팬들의 버스 저지나 관중들의 점거와 같은 일반적인 표현의 자유·결사의 자유에 대해서는 형법을 적용하지 않으면서 오히려 검찰은 헌법이 명문의 조문을 두어 특별히 보장하는 단체행동권 행사나 소비자보호운동의 자유의 행사를 업무방해죄로 처벌하고 있다. 이러한 상황은 결국 위력에 의한 업무방해죄 조항이 명

---

43) 채권의 공정한 추심에 관한 법률

　　제9조(폭행·협박 등의 금지) 채권추심자는 채권추심과 관련하여 다음 각 호의 어느 하나에 해당하는 행위를 하여서는 아니 된다.

　　3. 정당한 사유 없이 반복적으로 또는 야간에 전화하는 등 말·글·음향·영상 또는 물건을 채무자나 관계인에게 도달하게 함으로써 공포심이나 불안감을 유발하여 사생활 또는 업무의 평온을 심하게 해치는 행위.

확한 의미를 담지 못하고 있음에서 기인한다.

4. 업무방해죄의 제정 연혁 및 각국의 운용사례

1) 업무방해죄 제정의 연혁—일본법 가안의 계수

업무방해죄 조항의 제정연혁을 살펴보면 위에서 살펴본 것과 같이 일관된 해석에 있어 커다란 어려움을 겪고 있고 명확성의 원칙을 위반하는 것은 당연하다고 하겠다. 일본은 산업화초기인 1880년 프랑스의 노동관계법을 계수하면서 노동운동을 제압하기 위해 그 적용범위를 '위력'으로 넓혔고 그 이후 전시체제 중이었던 1940년 3월 형법가안에서는 "개괄적으로 규정하여 일체의 경우에 대응함으로써 (처벌) 누락의 염려가 없게"한다는 목적으로, 업무방해죄의 보호 대상이 되는 범위를, 포괄적으로 '업무'라는 단어를 사용하여 확장하여 자의적 해석의 여지를 넓혔다. 우리 형법은 일본 형법 가안을 무비판적으로 계수하여 업무방해죄의 구성요건에 '위력' '업무' '방해'라는 포괄적인 단어를 사용하여 규정하고 있다.

영국, 프랑스, 독일 등에서도 과거의 전시기간 및 고도성장기간에는 현재의 우리나라처럼 근로자의 단결 자체와 근로자들이 단체로 하는 행동 전반을 금지하는 '단결금지법리'에 근거하여 쟁의행위 자체를 형사 처벌했던 전례가 있었다.

그러나 위 모든 나라의 헌법이 근로3권을 기본권으로 보장하게 된 이후에는 위와 같은 평화로운 쟁의행위에 대한 형사처벌은 자취를 감추게 되었다. 결국 '위력'이라는 폭넓은 범주 자체는 근로3권 보장 이전 시기의 자의적 해석을 목적으로 도입된 것을 우리가 계수한 것이었으므로 근로3권을 침해할 수 있는 가능성을 내포하고 있을 수밖에 없으며 그렇기 때문에 명확성의 원칙을 위배할 수밖에 없는 것이다.

2) 영국의 경우[44]

영국에서는 '노동의 자유론'에 따라, 개별적인 거래의 자유 및 자유경쟁의 이념이 가장 중시하였고, 이러한 자유를 침해하는 '인위적인', '소란스러운', '불온한' 행동인 쟁의행위는 범죄로 취급해야 하므로, 쟁의행위에 대한 원칙적인 형사처벌이 정당화되었다.

'단결금지법(Combination Act)'은 근로자가 자발적·개별적으로 근로제공을 거절하는 행위 및 다른 근로자와 공동으로 또는 상호 영향을 미쳐서 노동을 중단하는 행위

---

44) 조경배, 형사면책법리와 쟁의행위 정당성론의 논의구조, 한국노동법학 제9권(1999. 12.), 326-333 참조.

를 범죄로 취급하였다. 그러나 '1824년 노동조합법'은 '쟁의행위가 폭력·협박에 의한 강제를 동반하지 않는 한' 타인을 유인하여 취업시간 또는 고용기간 종료 전에 근로를 중지시켜도 처벌하지 못한다고 규정하였다. 이러한 태도변화는 '노동력 거래의 자유론'에 근거한다. '노동력 거래의 자유론'이란, 당시 영국에서 사용자가 자신이 주장하는 근로조건을 받아들이지 않는 근로자를 임의대로 해고할 자유가 있었던 것과 동등하게 근로자 역시 임금인상을 요구하기 위해 개별적·집단적으로 근로제공을 거부할 자유는 있기 때문에 근로자가 하는 쟁의행위만을 일방적으로 형사 처벌해서는 안 됨을 내용으로 한다. 그리고 '1871년 노동조합법'은 처벌되는 쟁의행위 유형인 '협박·폭력·방해'의 개념을 구체적으로 명시하고, 이러한 수단을 사용하지 않은 쟁의행위는 합법화하여 다시금 쟁의행위에 대한 형사면책의 범위를 넓혔다.

1875년 공모죄 및 재산보호법(Conspiracy and Property Protection Act 1875)이 제정되면서 쟁의행위 전반에 대한 형사면책의 범위는 한층 확장되었다. 이 법률은 "단독으로 행할 경우 범죄를 구성하지 않는 쟁의행위를 다수인이 단결하여 한다고 하여 이를 형사공모로서 소추할 수는 없다고 규정"하여, 당시의 지배적인 견해였던 '보통법상 공모 법리'에 대해 예외를 인정하였고 형사면책의 범위를 한층 더 확장하였다.

이처럼 쟁의행위가 예외적인 경우에만 형사처벌의 대상이 되자 영국은 주종법(Master and Servant Act)을 사용하여 다시금 쟁의행위에 대한 형사처벌 가능성을 확장시켰다. 주종법에서는 근로자의 근로 계약 위반 행위만을 범죄행위로 보아, 3월 이하의 금고형에 처할 수 있도록 규정하고, 쟁의행위 역시 근로 계약 위반에 해당하는 것으로 보았다. 일반적인 계약 법리에 따르면 노사가 동등하게 취급되어야 마땅한 것이다. 하지만 사용자 측은 1) 근로자는 사용자와는 달리 손해배상 책임을 질 수 있는 경제적인 능력이 없고 2) 주종법의 입법목적은 계약위반의 예방이므로 위와 같은 형사처벌이 유지될 필요성이 있음을 주장하여 근로자에 대한 형사처벌의 정당성을 주장하였다.

그러나 근로계약관계에서도 일반 계약 법리가 동일하게 적용되어야 한다는 내용을 담은 1875년 사용자·근로자법(Employers and Workmen Act 1875)이 제정되어 주종법은 사실상 폐기되었다. 폐기의 주된 이유는, 위와 같은 사용자측의 논거를 인정할 경우, 특별한 보호를 받아야 할 쟁의행위에 대한 형사처벌의 범위가 넓어진다는 것이었다.

마지막으로 쟁의행위에 대한 형사처벌을 가능케 한 것은 바로 '보통법상 형사공모죄(criminal conspiracy)'였다. 이러한 '보통법상 형사공모죄'에 따르면 "2인 이상의 자가, 불법한 행위를 할 것을 합의하거나 또는 합법적 행위를 불법적인 수단을 이용하여 할 것을 합의하는 것"을 처벌하였다. 여기에서 '불법'이 의미하는 바가 범죄 (crime)인지, 불법행위(tort)인지, 계약위반(breach of contract)인지가 분명하지 않았기 때문에, 공공정책(public policy)의 제안이나 단순히 비도덕적 행위를 위한 공모 역시 모두 범죄로 보았고 쟁의행위 역시 여기에 포함되어, 다수인이 쟁의행위를 합의했다는 사실 자체만으로도 '보통법상 형사공모죄'로 처벌을 받을 수 있었다.

이러한 '보통법상 형사공모죄'가 쟁의행위에 적용되는 것을 막기 위해 1875년 공모죄 및 재산보호법은 쟁의행위에 '보통법상 형사공모죄'를 적용하는 것을 금지하는 규정을 두었다. 이로써 영국의 형사법제는, 쟁의행위에 대한 특별한 보호를 인정하였으며 또한 단독으로 행할 경우 범죄를 구성하지 않는 행위를, 다수인이 공동으로 행하였다고 하여 형사책임을 물을 수 없다는 원칙을 다시금 확인하였다.

3) 프랑스의 경우

프랑스는 1789년 대혁명 이후, 시민계급을 위한 계약의 자유의 범위를 넓히기 위하여 샤필리에 법(lois Le Chapelier)을 제정하고 '계약의 자유', '경제활동의 자유'를 침해하는 모든 결사를 금지하였다. 또한 1810년 나폴레옹 형법전 제420조는 21명 이상의 결사를 금지하고, 제414조는 사용자의 단결은 임금 인하의 강제를 위해 남용된 경우에만 금지하였으며, 제415조에서 쟁의행위 내지 임금·노동조건의 개선을 위한 근로자의 단결은 전조보다 더 무겁게 처벌하였다.[45] 이처럼 프랑스에서의 근로자의 단결은 그자체가 위법하므로 그 결사의 쟁의행위 또한 불법으로 처벌되었을 것임은 재론의 여지가 없는 부분이다.

그러나 프랑스는 1864년 형법 개정을 통해 "<u>임금에 대한 자유로운 교섭은 근로자들의 단결가능성을 예정하고 있기 때문에, 이를 위해 노무제공을 거절할 수 있는 개별근로자가 집단으로 행동하는 것 또한 허용되어야 한다.</u>"는 원칙을 확인하고 단결 그 자체에 대한 처벌을 폐지하였다. 그리고 단결체의 쟁의행위에 대해서는 폭력·협박·위계가 없는 한 쟁의권을 인정하였다. 그러다가 1946년 10월 27일 헌법전문에서 "파업권은 이를 규율하는 법률의 범위 내에서 행사한다."고 규정하고 이후 '군인, 경찰 등 개별 법률에 의하여 파업을 금지하지 않는 한 일반적으로 파업을 허용한다.'는 태도를 취하게 되어 쟁의행위에 대한 형사처벌을 전면 금지하기까지 나가게 된 것이다.

---

45) 도재형, 파업과 업무방해죄, 노동법학 제34호(2010.6.), 69-70.

4) 독일의 경우[46]

독일 또한 1845년 프로이센 일반 영업령(Allgemeine Preussische Gewerbeordnung)에서는 쟁의행위를 원칙적으로 금지하였다. 이 법령은 1869년 북독일연방영업령(Gewerberodnung fuer den Norddeutschen Bund)에 의해 폐지되었으나 법원은 다른 규정을 확대 적용하여 근로자의 쟁의행위를 제약하였다. 그러나 1919년 바이마르 헌법이 제정되어 명시적으로 단결권을 규정하여[47] 쟁의권이 헌법적으로 보장되었다. 그에 따라 쟁의행위 참가자가 개별적으로 저지른 범죄 이외에 쟁의행위 자체를 처벌하는 법률은 자취를 감추게 되었다.[48]

우리나라의 업무방해죄와 비교하여, 독일의 부정경쟁방지법(Gesetz gegen den un-lauteren Wettbewerb, 약칭 UWG) 제15조 업무비방죄(Geschaftliche Verleumdung)[49]를 살펴볼 필요가 있다. 독일 부정경쟁방지법 제15조에서는 경쟁자의 상품이나 서비스에 대한 거짓된 사실 등을 유포하여 영업에 해를 끼친 경우를 한정하여 처벌하고 있다. 즉 독일은 다른 범죄를 수반하지 않은 쟁의행위나 시민운동 자체를 형사 처벌의 대상으로 삼고 있지 않다. 그렇게 악용될 여지를 줄이기 위하여 '위력' '업무' '방해'와 같은 모호한 개념의 사용 또한 최대한 자제하고 있는 것이다.[50]

---

46) 도재형, 위의 글, 70-71.

47) 바이마르 헌법(Weimar Verfassung) 159조. Die Vereinigungsfreiheit zur Wahrung und Förderung der Arbeits- und Wirtschaftsbedingungen ist für jedermann und für alle Berufe gewährleistet. Alle Abreden und Maßnahmen, welche diese Freiheit einzuschränken oder zu behindern suchen, sind rechtswidrig. (원문)

Freedom of association for the maintenance and promotion of employment and economic con-ditions is guaranteed for everyone and for all occupations. Agreements and measures, which re-strict or seek to impair this freedom are illegal. (영역본)

48) 조경배, (각주 10), 240-242; 이광택, 쟁의행위와 정당성, 한국 노동법학회 동계학술대회 자료집 (2002), 18-19. 독일의 학설·판례는 '사회적 상당성'이론을 취하여 쟁의행위의 손해배상책임만을 판단하고 있음에 반하여, 한국의 '노동법적 정당성'은 위 독일의 이론을 수입함과 동시에 그 범위를 형사면책의 경우에까지 적용하고 있다. 그리고 이러한 법리의 확대는 쟁의행위 전반에 대하여 포괄적으로 형벌을 가할 수 있는 "일반 조항"인 업무방해죄의 존재로 인한 것임을 지적하고 있다.

49) begeht, wer wider besseres Wissen über das Erwerbsgeschäft eines anderen, dessen Inhaber oder Leiter, Waren oder Leistungen unwahre Tatsachen(nicht bloße Werturteile) behauptet oder ver-breitet, die geschäftsschädigend zu wirken geeignet sind; strafbar mit Freiheitsstrafe bis zu 1 Jahr oder Geldstrafe (§ 15 UWG).

50) 독일은 쟁의행위 과정에서의 폭행, 주거침입, 기물손괴 등 개별 참가자의 행위에 대해서만 형사책임을 물을 뿐 참가자 전체에 대하여 쟁의행위 자체만을 이유로 형사처벌을 가하지는 않는다. 그리고 변경되기 이전의 우리 대법원이 쟁의행위 정당성 판단의 기준으로 내세운 '노동법적 정당성 요건' 역시 독일의 '사회적 상당성론'을 차용한 것인데, '사회적 상당성론'은 쟁의행위 참가자들의 형사책임이 아닌 민사책임을 판단하는 기준임을 밝혀둔다. 자세한 내용은 조경배, 형법상 업무방해죄와 쟁의권, 민주법학 (2010), 240-242 참조.

5) 일본의 경우

1880년 일본 구 형법은 1864년 프랑스 형법을 계수하면서 1864년 프랑스 형법 제414조가 금지하고자 했던 행위태양인 '노동의 조직적 정지'를 '방해'로 바꾸고, 그 수단인 '폭행, 협박'을 '위력, 위계'라는 불명확한 구성요건으로 변형하여 제270조로 계수하였다. 또한 군국주의 일본은 노동운동 및 사회운동이 침략전쟁 수행에 걸림돌이 되는 것을 막기 위하여 구 형법의 개정을 시도하였고 1940년 3월 형법가안을 발표하였다. 이 형법가안에서는 "개괄적으로 규정하여 일체의 경우에 대응함으로써 (처벌) 누락의 염려가 없게" 한다는 목적으로 업무방해죄의 보호 대상이 되는 범위를 포괄적으로 '업무'라는 단어를 사용하여 확장하여 자의적 해석의 여지를 넓혔다. 이는 당시 일본 정부가 태평양전쟁의 수행을 위하여 모든 종류의 쟁의행위·시민운동을 탄압하기 위하여 형벌구성요건을 의도적으로 명확하지 않게 구성한 것이므로, 죄형법정주의 중 명확성의 원칙을 의도적으로 배제한 것이다.51)

다만 이 가안은 실제로 시행된 적은 없다. 그러나 우리나라와 일본은 이 가안을 모델로 형법을 제정하여 일본 역시 우리나라와 유사한 업무방해죄 조항을 두고 있다.52) 그러나 일본에서는 이를 쟁의행위나 시민운동에 적용하여 처벌한 사례는 없다.53)

---

51) 유기천, 형법학 각론강의 상(전정신판, 일조각, 1985). 196; 이근우, (주 41), 주 12 재인용. 일본 형법가안은 태평양전쟁을 수행하기 위한 도구로 제정되었던 입법으로서 독일 나치의 영향을 받은 전체주의적 형법관이 표현된 것이라고 한다.

52) 일본 형법 제234조는 "위력을 사용하여 사람의 업무를 방해한 자도 전조의 예에 의한다."고 규정하고 있다. 일본 형법 제233조에서는 우리나라와 마찬가지로 그 행위태양으로 허위사실의 유포 및 위계를 들고 있다.

53) 2011년 철도파업 판결 중 반대 의견이 이를 명확히 드러내고 있다. "위력에 의한 업무방해죄에 관하여 형법에 우리와 거의 동일한 규정을 두고 있는 일본에서는 폭행이나 협박 등 폭력적 수단으로 사용자의 업무를 방해하는 경우만을 처벌대상으로 삼고 있을 뿐이고 이러한 폭력적 수단을 수반하지 아니하는 단순 파업은 업무방해죄에 의한 형사처벌이 문제되지 않는다는 것이 학설 및 판례의 입장이라고 한다. 아울러 일본 이외에 현재의 유럽 각국이나 미국에서도 위법한 쟁의행위는 주로 손해배상 등 민사상 책임이나 징계책임의 문제로 삼을 뿐이고 (중략) 이러한 측면에서도 단순 파업을 위력으로 포함시키는 다수의견의 견해는 보편적 입장을 벗어나 있다."

6) 소결

이상에서 살펴본 바와 같이 과거에는 선진 각국에서도 근로자 혹은 시민들의 단결 자체를 불법으로 보고 처벌하거나 그 단결체의 집단행동인 쟁의행위 및 시민운동을 형사 처벌하였다. 그러나 이러한 태도는 기본권 보장의 중요성이 강조됨과 동시에 변화를 겪게 되었다. 그리고 제2차 세계대전 이후에는 평화적인 쟁의행위나 시민운동 그 자체를 처벌하는 조항은 폐기되었고 처벌 사례 또한 자취를 감추었다.

그런데 우리나라는 산업화초기와 전시체제 하에서 노동운동과 시민운동을 탄압하기 위해 일본이 일부러 도입한 '업무', '위력' 등의 모호하고 광범위한 개념을 그대로 이용하여 활발하게 형사처벌에 적용하고 있다. 비교법적으로 입법의도를 살펴볼 때 일본조차도 더 이상 형사처벌의 기준으로 이용하지 않는 '업무', '위력' 등의 모호하고 광범위한 개념을 그대로 차용하는 우리나라의 업무방해죄는 명확성의 원칙상 심각한 문제를 내포하고 있는 것이다.

5. 종합적 검토

업무방해죄는 명확성의 원칙에 위배됨은 물론이거니와 특히 '위축 효과'가 예상되어 표현의 자유를 제한하는 법률이므로 위헌적이다. 그리고 다른 법령에서의 '위력' 개념과는 달리 일반법인 형법에서의 위력 개념은 그것이 규율 대상으로 삼고 있는 위법한 상황에 대한 맥락과 권력구도의 설정이 결여되어 있어 그 의미를 짚어내기가 힘들다. 또한 업무방해죄의 실제 적용에 있어서도 '위력' 개념의 모호성 때문에 실무에서 적용의 곤란을 겪고 있거나, '위력' 개념이 모호하지 않은 다른 법령을 통하여 규제가 가능한 것들이기 때문에 '일반 조항'으로도 제대로 기능을 수행하지 못하고 있다. 그리고 업무방해죄는 전쟁 중이었던 1940년 3월의 일본형법 '가안'을 계수한 것으로서 일본의 입법취지는 노동운동·시민운동을 '누락'없이 처벌하기 위해 고의로 모호하고 광범위한 개념을 사용한 것이었다. 그러므로 노동운동 및 시민운동을 기본권으로 보장하고 있는 현행 헌법체계와 맞지 않음은 물론이다. 과거에 선진 각국에서도 고도산업화 초기에 노동운동 탄압을 위해 이 조항을 둔 적이 있었으나 광범위한 남용가능성을 인식하여 지금은 폐지되거나 사문화되었다.

아래에서는 가벌성이 낮다고 여겨지는 소비자들의 단순구매거절이나 노동자들의 단순노무제공거부 등의 부작위에 업무방해죄가 적용되는 경우들을 살펴보고 그 적용의 위헌성을 다룰 것이다. 이와 같은 위헌성 역시 업무방해죄 조항 자체가 위에서 살펴본 바와 같이 모호하기 때문인 것이다.

Ⅲ 형법 제314조 제1항을 쟁의행위에 적용하는 것의 위헌성

1. 서론

위에서 살펴본 바와 같이 위력에 의한 업무방해죄는 특히 쟁의행위를 탄압하는 도구로 사용되고 있다. 그 중에서 비판의 초점이 집중되는 지점은 바로 단순한 노무제공 거부(이하 '단순 파업')라는 방식으로 쟁의행위를 한 근로자들도 업무방해죄로 처벌하는 판례의 태도이다. 이하에서는 단순 파업과 위력에 의한 업무방해죄의 관계를 다룬 헌법재판소 결정례 및 대법원 전원합의체판결의 의미 분석 및 검토를 통해 동 조항이 과잉금지원칙을 위반함을 증명할 것이다.

2. 헌법재판소 97헌바23 결정

1) 97헌바23 결정의 소개

위력에 의한 업무방해죄에 관한 헌법재판소 1998. 7. 16.자 97헌바23 결정(이하 '1998년 문화방송 결정')은 1998년 7월 당시 대법원 판례의 태도를 그대로 수용하였다. 이에 따르면 쟁의행위는 근로자들이 단결하여 사용자에게 압박을 가하는 것이므로 본질적으로 위력에 의한 업무방해의 요소를 포함하고 있고, 그러므로 헌법과 법률이 보장하는 '정당한' 쟁의행위에 해당하여 위법성이 조각되지 않는 한 업무방해죄에 해당한다는 그 당시 대법원 판례의 법리를 인용하고 있다.[54]

1998년 문화방송 결정에서는 그 당시 대법원 판례(이하 '과거 대법원 판례')가 '헌법과 법률이 보장하고 있는 범위'를 넘어선 쟁의행위만 업무방해죄로 보고 처벌하므로 헌법상 문제될 것이 없다고 보았다. 과거 대법원 판례는, 쟁의행위는 원칙적으로 업무방해죄의 구성요건에 해당하나 쟁의행위에 정당성이 인정되는 경우 위법성이 조각된다는 태도를 취하고 있었다.[55] 그리고 쟁의행위가 정당성을 얻으려면 노조법에서

---

54) 대법원 1991. 1. 29. 선고 90도2852 판결; 대법원 1991. 4. 23. 선고 90도2771 판결; 대법원 1991. 11. 8. 선고 91도326 판결.

55) 이러한 태도는 그 후의 대법원 판례까지도 이어졌다. 대법원 2004. 5. 27. 선고 2004도689 판결; 대법원 2006. 5. 12. 선고 2002도3450 판결; 대법원 2006. 5. 25. 선고 2002도5577 판결.

요구하는 '주체', '목적', '수단 및 방법', '절차'의 4가지 요건을 갖춰야 하고 그럴 경우에만 형법상 정당행위로 보아 위법성이 조각된다고 보는 논리구조이다. 즉 과거 대법원 판례는, '헌법과 법률이 보장하고 있는' 쟁의행위의 범위란 노조법상 요건을 갖춘 쟁의행위를 의미하며, 그 요건을 갖추지 않으면 곧바로 '헌법과 법률이 보장하고 있는 범위'의 밖에 놓인다고 보고 있었다.

집단적 노무제공의 거부와 관련된 대법원 판례의 요지는, 파업 등의 쟁의행위는 본질적·필연적으로 위력에 의한 업무방해의 요소를 포함하고 있어 폭행·협박 또는 다른 근로자들에 대한 실력행사 등을 수반하지 아니하여도 그 자체만으로 위력에 해당하므로, a) 정당성이 인정되어 위법성이 조각되지 않는 한 업무방해죄로 형사처벌할 수 있다는 것이다.

이러한 대법원 판례의 입장에 따르면 단순파업의 업무방해죄 적용이 기본적으로 근로자의 정당한 권리행사를 제한하는 것이 아니라고 할 것이다. 단체행동권의 행사가 본질적으로 위력성을 가져 외형상 업무방해죄의 구성요건에 해당한다고 하더라도 그것이 헌법과 법률이 보장하고 있는 범위 내의 행사로서 정당성이 인정되는 경우에는 위법성이 조각되어 처벌할 수 없음을 분명히 하고 있기 때문이다. 즉 대법원 판례는 헌법이 보장하는 근로3권의 내재적 한계를 넘어선 행위(헌법의 보호범위 밖에 있는 행위)를 규제하는 것일 뿐 정당한 권리행사까지 처벌하는 것이 아님을 분명히 하고 있다. 따라서 본인의 의사에 반하는 노역을 강요하거나 또는 근로자라는 신분만으로 그들을 불합리하게 차별하는 것은 아니라고 볼 수도 있다.

또한 집단적 노무제공의 거부가 부작위범으로 처벌되지도 아니하였다. 대법원 판례는, b) 사용자의 자유의사를 제압하기에 족한 다수의 근로자가 상호 의사 연락 하에 집단적으로 노무제공을 거부하는 것을 작위의 일종인 위력으로 파악하여 이것이 별도의 독자적인 구성요건에 해당한다고 보고, 그 전제를 다수 근로자의 상호 의사 연락 하에 이루어진 노무제공의 거부는 근로자 개개인의 그것과는 본질적으로 그 성격을 달리한다는 것으로 보고 있다. 근로자 개개인의 행동과 근로자 다수가 공동으로 세력을 형성하여 하는 행위는 그 세력의 정도나 위험성의 면에서 서로 같다고 할 수는 없기 때문이다.

2) 검토

(1) 쟁의행위가 원칙적으로 업무방해죄의 구성요건에 해당한다고 본 부분에 대한 비판-법체계상의 문제와 과잉금지의 원칙 중 최소 침해성 원칙 위배

판시 a)와 같은 논증 구조는, 노동법상의 불법과 형법상의 불법을 동일하게 보는 한에서만 가능하다.[56] 노동법의 일종인 노조법에서의 법위반이 있음을 이유로 곧바로 형법상 구성요건에 해당한다고 보고 있기 때문이다. 그러나 이러한 해석론은, 노조법 규정의 취지 및 입법목적을 무시하고 있어 법체계상 맞지 않으며, 형벌의 보충성에도 어긋나는 해석이다.

노조법상 쟁의행위의 정당화 요건에 관련된 조문들은 각각의 경우마다 그 입법취지가 다르다. 즉 절차규정과 같이 노동조합 내부의 단체자치를 보호하기 위해 제정된 규정이 있는 반면에,[57] 쟁의행위 수단·방법에 있어서의 폭력행사 금지규정과 같이 사용자의 법익을 보호하기 위하여 존재하는 규정이 있다. 이렇듯 입법취지가 제각각임에도, 별다른 고민 없이 노조법상 불법의 존재를 바탕으로 쟁의행위 전반에 대하여 형법상 업무방해죄를 적용하여 형사책임을 지우는 태도는, 형법을 모든 문제 해결의 '1차적 수단(prima ratio)'으로 보는 경우에만 가능하다. 사용자의 재산권과 기업의 자유강화라는 노동형법정책 달성을 위하여, 형법이라는 수단을 사용하여 근로3권의 행사를 의도적으로 위축시키려는 것이다.[58]

그러나 쟁의행위에서 발생하는 범죄에 대해서는 일반법인 형법에 앞서 특별법인 노조법이 적용되는 것이 타당하다. 근로 3권의 보장을 통하여 근로자의 개별적인 지위 향상 및 노사관계의 공정한 조정을 원칙으로 하는 노조법의 입법 목적 및 위에서 살펴본 노조법상 각 정당화 요건들의 취지를 고려해본다면, 쟁의행위에 대한 규제로 형법을 사용하는 것은 원칙적으로 지양되어야 하며 처벌이 필요한 경우라 하더라도 노조법상 벌칙규정이 우선 적용되어야 할 것이다. 이는 형법상 업무방해죄의 법정형이 '5년 이하의 징역 또는 1천500만 원 이하의 벌금'임에 반하여 노조법상 불법이

---

56) 우희숙, 쟁의행위와 위력업무방해죄의 관계, 노동법논총 제20집 (2010), 106.

57) 정진경, 쟁의행위의 절차적 정당성과 업무방해죄, 저스티스 통권 제72호 (2003), 224-226. 특히 이 글에서는, 쟁의행위의 정당성 요건 중 '조합원의 찬반투표'를 흠결한 쟁의행위에 참가한 조합원들의 처벌에 대해서, 이 규정의 취지는 노동조합의 자주적이고 민주적인 운영을 도모하고자 하는 것으로 본다면 위 규정을 준수하여야 할 의무가 있는 자는 명백히 조합의 간부로서 조합을 자주적이고 민주적으로 운영할 책임이 있는 자에 한정된다고 할 것이나, 법원은 이러한 쟁의행위 자체의 정당성을 부인함으로써 쟁의행위의 주체, 목적, 수단이나 방법에 있어 아무런 문제가 없는 쟁의행위에 가담한 조합원들까지 업무방해죄로 형사처벌하는 것은 조항의 입법취지에 맞지 않으므로 납득하기 어렵다는 견해를 밝히고 있다.

58) 여기에 대해서는 우희숙, (주 56), 106; 정진경, (주 57), 205 등 참조.

있을 경우의 법정형은 가장 높은 것이 '3년 이하의 징역 또는 3천만 원 이하의 벌금'이라는 점에서, 쟁의행위에 있어서는 입법자가 일반 형법상 업무방해죄보다 더 경미한 처벌을 염두에 두고 있음을 알 수 있고 이를 통해 현행 법제도의 운용이 최소침해성 원칙에도 어긋남을 시사하고 있다.

■ 표 2 노조법에서 요구하는 쟁의행위 정당성 요건 및 처벌규정들

	정당화 요건규정	벌칙규정 및 법정형
주체	제37조 ② 조합원은 노동조합에 의하여 주도되지 아니한 쟁의행위를 하여서는 아니된다.	제89조 제1호 3년 이하의 징역 또는 3천만원 이하의 벌금
목적	제37조 ① 쟁의행위는 그 목적·방법 및 절차에 있어서 법령 기타 사회질서에 위반되어서는 아니된다.	없음
수단·방법	제38조 ① 쟁의행위는 그 쟁의행위와 관계없는 자 또는 근로를 제공하고자 하는 자의 출입·조업 기타 정상적인 업무를 방해하는 방법으로 행하여져서는 아니 되며 쟁의행위 참가를 호소하거나 설득하는 행위로서 폭력·협박을 사용해서는 아니된다.	제89조 제1호
	제42조 ① 쟁의행위는 폭력이나 파괴행위 또는 생산 기타 주요업무에 관련되는 시설과 이에 준하는 시설로서 대통령령이 정하는 시설을 점거하는 형태로 이를 행할 수 없다.	제89조 제1호
	② 사업장의 안전보호시설에 대하여 정상적인 유지·운영을 정지·폐지 도는 방해하는 행위는 쟁의행위로서 행할 수 없다.	제90조 2년 이하의 징역 또는 2천만원 이하의 벌금
	제42조의 2 ② 필수유지업무의 정당한 유지·운영을 정지·폐지 또는 방해하는 행위는 쟁의행위로서 이를 행할 수 없다.	제89조 제1호
절차	제41조 ① 노동조합의 쟁의행위는 그 조합원의 직접·비밀·무기명투표에 의한 조합원 과반수의 찬성으로 결정하지 아니하면 이를 행할 수 없다.	제91조 1년 이하의 징역 또는 1천만원 이하의 벌금
	제45조 ② 쟁의행위는 제5장제2절 내지 제4절의 규정에 의한 조정절차를 거치지 아니하면 이를 행할 수 없다.	

한편 쟁의행위가 노조법상 주체, 수단·방법, 절차와 관련된 규정을 어긴 경우에는 벌칙규정이 존재하지만 목적을 일탈하여 위법한 경우에 처벌할 수 있는 규정이 없으므로 처벌의 공백을 막기 위하여 형법의 개입이 정당화 될 수도 있다는 견해도 존재한다.59) 그러나 위의 견해를 긍정하더라도, 현재 위력에 의한 업무방해죄는 처벌규정이 없는 목적 일탈의 경우뿐만이 아니라 나머지 경우에도 적용되고 있기 때문에 위와 같은 해석론은 현실적으로 긍정하기 어렵다.

그리고 노조법상 목적 규정을 위반한 쟁의행위에 대하여 처벌규정이 없더라도 이것이 형사상 구성요건에 해당되는지에 대해서는 별도의 판단을 내리어야 함은 당연하다. 즉 노조법상 불법이 존재하더라도 '위력'의 사용으로 인하여 '업무'가 '방해'가 되는 형사상 불법이 있었는지는 별도로 살펴봐야 하는 것이다. 노조법상 부당한 쟁의행위여도 형법 일반 해석례상 '위력'이나 '방해'의 범위의 해석에 따라 얼마든지 형법 제314조 제1항의 구성요건에 해당하지 않게 될 가능성도 있다.60) 또 뒤에서 살펴볼 노조법 제4조의 해석방법에 따라, 노조법상 정당성이 없는 쟁의행위라도 형법 제20조상 '기타 사회상규'를 탄력적으로 해석하여 위법성이 조각되는 경우도 존재할 수 있다.

(2) 집단적 노무제공 거부와 단독적 노무제공 거부를 달리 보는 태도에 대한 비판

1998년 문화방송 결정의 판시사항 중 b)부분에 따르면 의식적·집단적인 노무제공의 거부는 근로자 한 사람이 개별적인 노무제공을 거부하는 경우와는 본질적으로 다른 것으로, 전자의 세력의 정도와 위험성은 후자의 그것을 능가하여 '위력'으로 평가할 수 있으므로 전자에 대하여 충분히 가벌성을 물을 수 있다고 보고 있다. 그러나 (1)에서 논증한 바와 같이 형법에 앞서① 노조법이 투입되어야 한다는 점이 설령 틀리다고 하더라도, 1998년 문화방송 결정은 현행 헌법체계 및 형법이론과도 양립할 수 없다.

① 첫째로, 이는 앞서 살펴본 '단결금지법리'시대의 이론적 산물로서 근로자 다수의 집단행동을 기본권 행사로 인정하고 있는 현행법 체계와는 맞지 않다. 과거 유럽 각국이 단체행동권을 헌법상 기본권으로 보장하기 이전에는 노동자의 단결 및 집단행동이 사용자의 '자유로운' 의사를 제압할 경우 그러한 행위를 형법적으로 금지하

---

59) 관련 견해에 대한 자세한 내용은 우희숙, (주 56), 124-126 참조.

60) 이에 대해서는 이근우, (주 41), 37-43 참조.

는 것이 정당화되었다. 그러나 이후 쟁의행위를 헌법이 보장하는 근로3권에서 도출되는 권리의 행사로 파악함에 따라, 쟁의행위 자체에 대한 원칙적인 형사처벌을 금지하고 다만 쟁의행위가 별도의 범죄를 구성하는 경우에만 형사처벌을 하게 되었다.

'단결금지 법리'시대의 법체계에 따르면, 근로자의 단결 및 쟁의행위는 일반적으로 금지되어 형사처벌의 대상이 되었다. 그러나 단결권을 사회적으로 인정하면서부터 예외적인 경우에만 쟁의행위를 형사처벌의 대상으로 삼았다. 이후 단결권 및 단체행동권이 헌법상 기본권으로 자리를 잡은 이후에는 쟁의행위가 다른 범죄구성요건에 해당되지 않는 한 우리나라와 같이 쟁의행위 자체를 처벌하는 태도는 선진국에서는 사라졌다고 보아도 무방하다.

② 둘째로, 형법상 부진정부작위범의 이론에 따르더라도 단독적 노무제공 거부는 부작위이나 집단적 노무제공 거부는 작위와 같다고 보는 태도는 정당화될 수 없다. 이는 부작위범에 대한 형법의 일반론과도 크게 어긋나는 해석이다. 단순 파업의 경우 적극적인 행동이 있는 것이 아니다. 그러므로 이러한 부작위를 작위와 같은 것으로 평가하여 부진정 부작위범의 성립을 긍정하려면 보증인적 지위가 인정되어야 한다. 보증인적 지위가 인정되려면 ① 법익의 주체가 법익침해의 위협에 스스로 대처할 보호능력이 없고, ② 부작위 행위자가 그 법익침해의 위험으로부터 상대방의 법익을 보호해 주어야 할 법적 의무인 작위의무가 있어야 하며, ③ 부작위 행위자가 이러한 보호자의 지위에서 법익침해를 일으키는 사태를 지배하고 있을 것을 요한다.

그러나 사업주와 근로자의 관계에서 사업주가 ①에서 언급하는 법익 보호능력이 없다고 볼 수 있을까? 그렇지 않을 것이다. 그리고 보증인적 지위 인정에 가장 중요한 ②에서의 작위의무의 경우 작위의무자의 부작위가 일반적인 범죄에서의 작위와 동등한 형법적 가치로 평가될 수 있어야 하며, 그러한 작위의무는 법령·법률행위·선행행위·기타 신의성실의 원칙이나 사회상규 혹은 조리상 근거가 있어야 한다.[61] 이 사건에서의 부작위는 근로 제공 거부이므로 여기에서 요구되는 작위는 근로 제공이다. 만약 여기서의 근로 제공 의무가 형법으로 강제될만한 성질의 것이라고 판단한다면 이

---

61) 대법원 2006. 4. 28. 선고 2003도4128 판결. "작위를 내용으로 하는 범죄를 부작위에 의하여 범하는 부진정부작위범이 성립하기 위해서는 형법이 금지하고 있는 법익침해의 결과 발생을 방지할 법적인 작위의무를 지고 있는 자가 그 의무를 이행함으로써 결과 발생을 쉽게 방지할 수 있었음에도 불구하고 그 결과의 발생을 용인하고 이를 방관한 채 그 의무를 이행하지 아니한 경우에 그 부작위가 작위에 의한 법익침해와 동등한 형법적 가치가 있는 것이어서 그 범죄의 실행행위로 평가될 만한 것이어야 하며, 여기서 작위의무는 법령, 법률행위, 선행행위로 인한 경우는 물론, 기타 신의성실의 원칙이나 사회상규 혹은 조리상 작위의무가 기대되는 경우에도 인정된다."

는 헌법 제12조 제1항의 강제노역 금지의 원칙에 어긋남은 물론이거니와 국제노동기구(ILO) 제105호 "강제노동의 폐지에 관한 조약" 제1조 d항에도 어긋난다.[62] 또한 근로자들이 ③에서의 법익의 보호자 지위에 있거나 보호능력이 있다고 보기도 어렵다.

(3) 소결

이상의 논의에 따르면 판시 사항 중 노조법상 요건을 결여하여 정당성이 인정되지 않는 쟁의행위를 곧바로 형법으로 처벌하는 판시 a)는 우리 법체계와 맞지 않고 최소침해성 원칙에 위배된다. 다수인의 단순파업을 위력으로 해석하는 판시 b)는 '단결금지법리'시대의 이론적 산물로서 쟁의행위가 헌법상 기본권인 단체행동권의 범위에 포함되지 않던 시대에나 통용되던 논리임과 동시에 부진정부작위범에 대한 일반 법리와 어긋난다. 그러므로 헌법상 기본권으로 단체행동권 규정이 헌법에 신설되거나 우리나라와 같이 제정 당시부터 보장되고 실정법상 동 권리가 보장되는 이상 다수인의 노무제공거부를 위력에 의한 업무방해죄로 처벌하는 것은 헌법상 기본권 보장의 취지를 몰각한 것이다.

3) 별론: 노조법 제4조의 재해석

판시 a)에 따르면, 쟁의행위가 노조법상 정당성요건을 충족시키지 못한다면 그와 동시에 형법 제20조의 정당행위에 해당하지 않게 되어 위법성이 조각될 여지가 없어진다. 이러한 해석론은 노조법상 부당한 쟁의행위를 처벌하는 독자적인 범죄구성요건이 없는 경우라면, 법률의 흠결을 메우려는 정책적인 고려라고 볼 수도 있을 것이다. 그러나 현행 노조법은 쟁의행위가 노조법의 규정을 위반하는 경우 그에 대응하는 벌칙규정이 존재한다. 따라서 노조법상 부당한 쟁의행위에 대해서는 원칙적으로는 노조법상 벌칙규정이 적용되고 그를 넘어서는 불법이 있는 경우에만 '예외적으로' 형법상 업무방해죄가 적용되어야 마땅하다. 또한 노조법 제4조[63]는 부당한 쟁의행위의 경우에도 형법 제20조가 규정하는 정당행위 중 '사회상규에 위배되지 않는

---

62) 위에서 언급한 ILO 조약에 따르면, 동맹파업에 참가한 것에 대한 제재를 가하는 것은 강제노동과 같다고 보아 금지하고 있다. 또한 국제노동기구 결사의 자유위원회에서는 2000년 이래 매년 계속하여, 그리고 국제연합 경제적·사회적·문화적 권리위원회에서는 2001년과 2009년에 걸쳐 거듭하여, 폭력이 수반되지 아니한 근로자의 단체행동과 관련된 다양한 행위를 형법 제314조에 기하여 처벌하는 상황에 대한 우려와 함께 '비폭력적 쟁의행위'가 동 조항에 의해 처벌되지 않도록 하는 조치를 권고하고 있다. 여기에 대해서는 대법원 2011. 3. 17. 선고 2007도482 전원합의체 판결의 소수 의견을 참고하라.

63) 노동조합 및 노동관계조정법 제4조(정당행위). 형법 제20조의 규정은 노동조합이 단체교섭·쟁의행위 기타의 행위로서 제1조의 목적을 달성하기 위하여 한 정당한 행위에 대하여 적용된다. 다만, 어떠한 경우에도 폭력이나 파괴행위는 정당한 행위로 해석되어서는 아니된다.

행위'에 해당한다면 형사면책이 가능하다는 의미로 해석하는 것이 타당하다.[64]

반면에 노조법상 요건을 모두 지킨 정당한 쟁의행위의 경우에 노조법 제4조는 '정당한 쟁의행위가 있는 경우 형사책임이 면제 된다'는 것을 확인하는 소극적 의미만을 갖고 있다고 보아도 무방하다.

3. 헌법재판소 2009헌바168 결정 및 대법원 2007도482 전원합의체판결의 의미

1) 헌법재판소결정 및 대법원 전원합의체판결의 소개

한편 헌법재판소는 2010 홈플러스 결정에서 노조법상 쟁의행위에 형법을 1차적 수단으로 규제하는 것은 헌법상 기본권인 단체행동권을 지나치게 제약하는 것이라고 보아 종전의 견해 중 일부(위 판시사항 중 a)부분)를 수정하였다.

"노동관계 당사자 간에 근로조건의 결정에 관한 주장의 불일치로 인하여 발생한 분쟁상태에 있어서, c) 헌법이 보장한 근로자의 단체행동권 행사로서 파업·태업 등 근로자가 그 주장을 관철할 목적으로 행하는 업무의 정상적인 운영을 저해하는 쟁의행위는 원칙적으로 이 사건 법률조항의 위력에 의한 업무방해를 구성하지 않는다고 봄이 상당하다. 헌법 제33조 제1항은 근로자의 단체행동권을 헌법상기본권으로 보장하고 있고, 단체행동권에 대한 어떠한 개별적 법률유보조항도 두고 있지 않으며, 단체행동권에 있어서 쟁의행위는 핵심적인 것인데, 쟁의행위는 고용주의 업무에 지장을 초래하는 것을 당연한 전제로 한다. 헌법상 기본권 행사에 본질적으로 수반되는 것으로서 정당화될 수 있는 업무의 지장 초래가 당연히 업무방해에 해당하여 원칙적으로 불법한 것이라 볼 수는 없다."(헌법재판소 2010. 4. 29. 2009헌바168 결정)

한편 대법원 2011. 3. 17. 선고 2007도482 전원합의체 판결(이하 '2011년 철도파업 판결') 역시 2010년 홈플러스 결정 중 노조법상 쟁의행위에 대해 형법을 1차적 수단으로 활용하는 것은 헌법상 기본권인 단체행동권을 지나치게 제약하는 것이라는 부분과 견해를 같이 하여, 근로자의 쟁의행위는 헌법상 기본권의 행사이므로 원칙적으로 업무방해죄의 구성요건에 해당한다고 본 기존의 판례 법리를 폐기하였다.

"근로자는 헌법 제37조 제2항에 의하여 국가안전보장·질서유지 또는 공공복리 등의 공익상의 이유로 제한될 수 있고 그 권리의 행사가 정당한 것이어야 한다는 내재적 한계가 있어 절대적인 권리는 아니지만 원칙적으로는 헌법상 보장된 기본권으로

---

64) 우희숙, (주 56), 113 이하 참조.

서 근로조건 향상을 위한 자주적인 단결권·단체교섭권 및 단체행동권을 가진다(헌법 제33조 제1항).

그러므로 쟁의행위로서의 파업이 언제나 업무방해죄에 해당하는 것으로 볼 것은 아니고, 전후 사정과 경위 등에 비추어 사용자가 예측할 수 없는 시기에 전격적으로 이루어져 사용자의 사업운영에 심대한 혼란 내지 막대한 손해를 초래하는 등으로 사용자의 사업계속에 관한 자유의사가 제압·혼란될 수 있다고 평가할 수 있는 경우에 비로소 그 집단적 노무제공의 거부가 위력에 해당하여 업무방해죄가 성립한다고 봄이 상당하다."(대법원 2011. 3. 17. 선고 2007도482 전원합의체 판결)

위 판결 및 결정으로 인하여 더 이상 쟁의행위로서의 단순파업이 언제나 업무방해죄에 해당한다고 볼 수는 없게 되었다. 대법원 판례가 제시한 요건과 같이, 전후 사정과 경위 등에 비추어 1) 사용자가 예측할 수 없는 시기에 전격적으로 이루어져(전격성 혹은 예측불가능성) 2) 사용자의 사업운영에 심대한 혼란 내지 막대한 손해를 초래(중대한 혼란 내지 손해)하여, 기존의 업무방해죄의 보호법익인 '사용자의 사업계속에 관한 자유의사'가 제압·혼란될 수 있다고 평가할 수 있는 경우에 비로소 그 집단적 노무제공의 거부가 위력에 해당하여 업무방해죄가 성립한다고 보아야 하게 된 것이다.

2) 검토

(1) 긍정적인 면: 쟁의행위가 원칙적으로 구성요건에 해당한다고 보는 태도에서의 변화

2010년 홈플러스 결정 중 판시 c)를 살펴보면, 2010년 홈플러스 결정은 기존의 1998년 문화방송 결정이 쟁의행위가 노조법상 정당성요건을 충족하는 경우에만 위법성이 조각되는 것으로 보던 관점을 버리고 순수한 쟁의행위는 원칙적으로 구성요건 해당성을 배제하는 관점을 채택하여 헌법상 기본권의 보호범위를 넓혔다는 의의가 있다. 그리고 2011년 철도파업 판결은 2010년 홈플러스 결정의 관점을 도입하여 대법원의 태도를 바꾸었다는 점에서 의미가 있다.[65] 한편 2011년 철도파업 판결이 확립한 기준 자체가 옳은지 여부를 떠나서, 적어도 대법원이 기존의 입장을 변경하여 위력 판단에 대한 구체적인 기준을 세우려는 시도를 했다는 점에서만큼은 이 판결을 긍정적으로 평가할만하다.[66]

---

65) 이러한 면에서 적어도 98년 문화방송 결정의 나. 검토 − (1)에서 제기한 문제제기는 어느 정도 해결되었다고 볼 수 있다.

66) 이렇게 판례를 변경한 취지는 2011년 철도파업 판결의 반대 의견이 더 자세히 설명해주고 있다.

(2) 부정적인 면

대법원은 2011년 철도파업 판결에서는 파업은 단순히 근로계약에 따른 노무의 제공을 거부하는 부작위에 그치지 아니하고, 집단적으로 노무제공을 중단하는 실력행사이므로 업무방해죄에서 말하는 위력에 해당하는 요소를 포함하고 있다고 보아, 집단적인 행위와 개별적인 행위를 질적으로 구분하여 전자는 일정한 요건이 적용될 경우 형사처벌이 가능하다고 보고 있다. 그러나 이는 이미 앞서 설명한 대로 역사의 유물이 되고 만 단결금지법리의 잔재이며, 우리 형법상 부진정 부작위범의 이론에 의해서도 설명이 되기 어렵다.

또한 판례는 위력의 행사와 관련하여, 행위태양에 있어서의 '전격성'과 결과적인 면에서의 '중대한 혼란 내지 손해'라는 기준을 제시하고 있다. 이러한 '전격성'과 '혼란 내지 손해'가 어느 정도인지에 대해서 아무런 기준도 제시하지 않은 문제점을 차치하고서라도, 과연 이 두 기준이 쟁의행위의 불법과 합법을 판단하는 기준이 될 수 있는지는 의문이다.

4. 종합적 검토: 과잉금지원칙의 위반

그러나 위와 같은 관점의 변화에도 불구하고 2011년 철도파업 판결이 설시한 '위력에 의한 업무방해죄'의 요건은 단순파업을 여전히 형사 처벌대상으로 삼는 것이어서 비교법적으로 보았을 때 과잉금지원칙에 어긋난다. 위력에 의한 업무방해죄에 관하여 우리나라와 거의 동일한 규정을 두고 있는 일본에서는 쟁의행위가 폭력적 수단을 사용하는 경우만 처벌대상으로 삼고 단순 파업의 경우는 처벌대상으로 삼고 있지 않다. 또한 현재 유럽 각국과 미국에서도 위법한 쟁의행위에 대하여 형사처벌을 하고 있지는 않으며 민사상 불법행위나 징계책임만 물을 뿐이다.

뿐만 아니라 대법원은 2011년 철도파업 판결에서 전격적으로 그리고 심대하게 사용자에게 타격을 주는 모든 행위를 '위력'으로 규정하고 있다. 이는 애당초 파업이 아니고 다른 법률상 권리행사마저도 위력에 의한 업무방해죄의 처벌대상이 된다는

"당사자 일방의 채무불이행으로 인하여 상대방 당사자의 자유의사를 제압·혼란케 할 만한 정도의 법익 침해의 위험이나 결과를 초래할 수 있다는 이유로 위력의 해당범위를 확대하는 것은 자칫 단순한 채무불이행을 업무방해죄로 처벌하게 될 우려가 있으므로 허용되어서는 아니 된다. 이와 마찬가지로 이 사건에서 문제되는 단순 파업의 경우도 그것이 쟁의행위로서의 정당성의 요건을 갖추지 못하고 있다고 하더라도…개별적 근로관계의 측면이나 집단적 근로관계의 측면에서 모두 근본적으로 근로자측의 채무불이행과 다를 바 없으므로, 이들 위력의 개념에 포함시키는 것은 무엇보다도 죄형법정주의의 관점에서 부당하다."

해석을 가능하게 한다. 대법원은 월차유급휴가의 집단적 신청으로 회사 업무를 방해한 경우와,[67] 정시출퇴근 및 시간외 근로를 거부하는 이른바 '준법투쟁'이 쟁의행위의 정당성이 인정되지 않는 경우도 업무방해죄로 처벌하고 있다.[68] 그러나 이러한 태도는 일면 정당한 권리행사로서의 성격을 갖는 행위임에도 형벌을 부과할 수 있다는 것으로서 지나치게 형사처벌의 범위를 확대하여 근로자들로 하여금 형사처벌의 위협 아래 근로에 임하게 하는 위헌적 요소가 있다고 이미 헌법재판소에서 지적한바 있다.[69] 결과적으로 쟁의행위를 '위력'으로서 업무방해죄로 처벌하는 태도의 유지 때문에 적법한 권리행사마저 처벌되어 과잉금지원칙에 위배되는 결과가 발생하는 것이다.

더욱이 2010년 홈플러스 결정이 업무방해죄를 추상적 위험범으로 보는 대법원 판례와 결합하는 경우 더 큰 헌법적인 문제가 발생한다. 추상적 위험범의 경우 범죄의 성립에 있어서 주관적 구성요건요소인 고의를 요구하지 않기 때문에, 노조법상 불법한 쟁의행위가 있는 경우 곧바로 위력에 의한 업무방해죄가 성립하는 단초를 제공하여 헌법이 보장하는 단체행동권의 행사범위가 지나치게 좁아지기 때문이다. 이러한 이유 때문에 위력에 의한 업무방해죄를 추상적 위험범으로 보는 종전의 태도에는 재고의 여지가 있다. 학계에서는 형법 제314조가 '업무를 방해한 자'를 처벌한다고 규정한 형식상, 이는 추상적 위험범으로 해석되어서는 안 되고, 구체적 위험범,[70] 혹은 침해범으로 해석되어야 한다는 견해 또한 존재한다.[71] 현재 대법원판결이 업무방해죄를 추상적 위험범으로 보는 이상 '위력에 의한 업무방해죄'는 과잉금지원칙에 위배된다.

부연하여, 만약 업무방해죄를 구체적 위험범이나 침해범으로 보지 않을 경우에는, 사실상 미수범에 대한 처벌을 명문의 규정 없이 인정하게 되어, 헌법 제12조상 죄형법정주의 중 유추해석금지원칙에 반하는 결과를 가져오게 된다.

---

67) 대법원 1991. 1. 29. 선고 90도2852 판결 참조.
68) 대법원 1991.11.8. 선고 91도326 판결, 대법원 1996. 2. 27. 선고 95도2970 판결, 대법원 1996. 5. 10. 선고 96도419 판결, 대법원 2004. 8. 30. 선고 2003도2146 판결 등 참조.
69) 헌법재판소 1998. 7. 16. 선고 97헌바23 결정 참조.
70) 배종대, 형법각론(제6판, 홍문사, 2006), 304.
71) 우희숙, (주 56), 131; 장영민·박강우, 노동쟁의행위와 업무방해죄의 관계, 한국형사정책연구원(1996), 33.

Ⅳ 형법 제314조 제1항을 소비자보호운동에 적용하는 것의 위헌성

1. 서설

위 Ⅱ.에서 논한 바와 같이, 쟁의행위, 위력에 의한 업무방해죄는 그 구성요건 때문에 의사에 영향을 끼칠 것이 당연히 예정된 소비자보호운동 및 쟁의행위까지도 처벌하게 되어 '위력'의 정의가 불명확한 데 비해 처벌범위가 지나치게 넓어지는 문제점을 안고 있다. 위력에 의한 업무방해죄를 소비자보호운동에 적용할 경우에 '위력'의 개념이 불명확한 탓에 소비자들은 자신들에게 허용되는 의사표현의 범위가 어디까지인지에 대한 혼란을 겪게 되고 이는 결국 표현 자체를 꺼리게 되는 효과(위축효과, chilling effect)를 겪게 된다.

또한 검찰은 그러한 표현이 헌법상 기본권인 소비자보호운동에 해당하는지 여부에 대하여 별다른 고민을 하지 않고 소비자의 집단행동에 대해서 위력에 의한 업무방해죄 조항을 적용하게 되는 결과를 발생한다. 현재 대법원은 업무방해죄의 적용범위를 지나치게 확장시켜서 단순파업 및 준법투쟁 등 쟁의행위 전반에 대하여 업무방해죄 조항을 적용하고 있기 때문이다. 주지하다시피 심지어 준법투쟁에조차도 노동형법정책상 필요성을 앞세워 업무방해죄 조항을 적용하고 있기 때문에 동일선상에서 헌법과 소비자기본법에서 구체적으로 보호하고 있는 소비자보호운동조차도 별다른 고민 없이 업무방해죄의 적용을 받게 되는 것이다.

이하에서는 쟁의행위를 위력에 의한 업무방해죄로 처벌하는 Ⅲ.의 판례들에서 제시한 '위력'에 대한 개념 정의들을 차용하여 소비자보호운동, 특히 회사에 적극적으로 전화를 거는 형태의 소비자보호운동을 위력에 의한 업무방해죄로 처벌하는 것의 위헌성을 논증하고자 한다.

2. 명확성의 원칙 위반

2011년 철도노조 판결에 따르면 형법 제314조의 '위력'부분이 노무제공거절에 적용될 때 '집단성'과 '예측불가능성'의 요건으로 환원됨은 위에서 확인한 바와 같다. 그런데 도대체 어느 정도의 집단의 모의가 있어야 '집단성'을 충족한 것으로 보아 부작위에서 작위로의 전환이 성립하는 것인지가 불분명하다. 또 '사용자가 예측하기 어려운 시기'가 도대체 무엇을 의미하는지도 불분명하다.

이러한 '위력'개념이 소비자보호운동의 일종인 소비자불매운동에 적용되는 경우는 어떠한 행위태양이 '위력'에 해당하는지 더욱 불분명하다. 불매도 개별적으로는 '부작위'이기 때문에 이를 작위로 준별하고 다시 나아가 '위력'으로 규정하기 위해서는 2011년 철도파업 판결과 같이 '집단성' 또는 '전격성(예측불가능성)' 등의 추가 요건의 부과가 필수적이다. 그런데 이를 소비자보호운동에 적용한다면 도대체 '집단적'이라는 것이 어느 정도 규모의 소비자들 사이의 모의를 요건으로 하는 것인지, 그리고 도대체 왜 생산자들이 거래가 이루어질 것을 기대하는 시기에 소비자들이 거래거절을 하면 가벌성이 발생하는 것인지가 시장경제 하에서는 상상하기 힘들다. 즉 쟁의행위가 위력 행사로 인정될 기준을 적용해 보아도 일반인이 소비자보호운동에 있어서는 '위력'의 요건이 무엇인지 명확한 기준을 도출할 수가 없다.

소비자보호운동은 그 방식에 대한 특별법조항이 없다는 점에서 위와 같은 불명확성은 더욱 증폭된다. 노조법과는 달리 소비자기본법에는 소비자보호운동이 정당성을 얻게 될 행동 지침 또는 요건이 없다. 즉 쟁의행위가 정당성을 얻기 위한 요건은 노조법상 명시되어 있으나 소비자보호운동에 대해서는 소비자기본법에서 달리 정당성 요건을 제시하고 있지 않고 있다. 그렇기 때문에 수범자인 국민은 어떠한 경우에 소비자보호운동이 정당한지에 대한 판단을 내리기 곤란한 상황에 처하게 된다. 2010년 홈플러스 결정을 적용하여 소비자보호운동 역시 헌법의 보호범위를 넘어선 경우에만 위력에 의한 업무방해죄의 구성요건에 해당하고 원칙적으로는 위력에 의한 업무방해를 구성하지 않는다고 가정하더라도, 소비자보호운동의 주체이자 형법의 수범자인 국민의 입장에서는 어떠한 경우에 자신의 행위가 정당성이 없어는 예외적인 경우에 해당하여 형법상 위력에 의한 업무방해죄의 적용을 받게 되는지를 예측하기 어렵다. 그리고 이러한 곤란함은 결국 위력에 의한 업무방해죄의 '위력' '업무' '방해'라는 구성요건표지들이 불명확함에서 비롯함은 앞서 설명한 것과 같다.

3. 과잉금지의 원칙 위배

형법 제314조의 '위력' 부분은 현재까지의 대법원 판례를 통해 그 외연이 구체화된 상태에 따르면 과잉금지원칙을 위배된다. 우선 헌법재판소가 지금까지 업무방해죄에 관해 내린 합헌결정에서 확인한 원칙부터 살펴볼 필요가 있다. 헌법재판소는 1998년 문화방송 결정에서 "대법원 판례는 헌법이 보장하는 근로3권의 내재적 한계를 넘어선 행위(헌법의 보호영역 밖에 있는 행위)를 규제하는 것일 뿐 정당한 권리행사까지 처벌하는 것이 아님을 분명히 하고 있다."고 하였다. 그리고 2010년 홈플러스 결정에서는 "헌법상 단체행동권의 의의 및 한계를 기초로 하여 이 사건 법률조항을 해석할 경우, 형법상 업무방해죄는 모든 쟁의행위에 대하여 무조건 적용되는 것이 아니라, 단체행동권의 행사에 정당성이 없다고 판단되는 쟁의행위에 대하여만 적용되는 조항임이 명백하다고 할 것이다."라고 하며 형법 제314조 제1항에 대해 합헌선언을 하였다.

그러나 헌법재판소는 1998년 문화방송 결정에서 권리행사로서의 성격을 갖는 준법투쟁을 처벌하는 대법원 판례는 단체행동권의 행사를 사실상 위축시킴을 지적하였고,[72] 2010년 홈플러스 결정에서는 쟁의행위가 고용주의 업무에 지장을 초래함은 당연한 전제이므로 원칙적으로 불법하다고 볼 수 없어서 법원이 쟁의행위의 내재적 한계를 일탈하였는지 여부를 판단할 때 단체행동권의 보호영역을 지나치게 축소시켜서는 아니 된다고 판단하였다.[73]

즉 헌법재판소는 형법 제314조 제1항이 헌법상 기본권 행사를 원칙적으로 처벌하는 것은 헌법상 기본권 보호영역을 지나치게 제한하는 것이라고 규정하면서 '위력에 의한 업무방해죄' 해석의 헌법적 한계를 규정한 것이다. 실제로 위 헌법재판소의 경고가 대법원의 2011년 철도파업 판결을 이끌어낸 것으로 볼 수 있다.

그런데 2011년 철도파업 사건에서의 해석에 따라 그 내용이 구체화된 형법 제314조 제1항을 소비자보호운동의 영역에 적용할 경우 헌법재판소가 설정한 '위력에 의한 업무방해죄' 해석의 헌법적 한계를 필연적으로 도과하게 된다. 즉 대법원은 노동

---

72) 헌법재판소 1998. 7. 16. 선고 97헌바23 결정. "다만 연장근로의 거부, 정시출근, 집단적 휴가의 경우와 같이 일면 근로자들의 권리행사로서의 성격을 갖는 쟁의행위에 관하여도 정당성이 인정되지 않는다고 하여 바로 형사처벌할 수 있다는 대법원 판례…의 태도는 지나치게 형사처벌의 범위를 확대하여 근로자들의 단체행동권의 행사를 사실상 위축시키는 결과를 초래하여 헌법이 단체행동권을 보장하는 취지에 부합하지 않고 근로자들로 하여금 형사처벌의 위협 하에 노동에 임하게 하는 측면이 있음을 지적하여 두고자 한다."

73) 헌법재판소 1998. 7. 16. 선고 97헌바23 결정. "노동관계 당사자 간에 근로조건의 결정에 관한 주장의 불일치로 인하여 발생한 분쟁상태(노조법 제2조제 5호)에 있어서, 헌법이 보장한 근로자의 단체행동권 행사로서 파업·태업 등 근로자가 그 주장을 관철할 목적으로 행하는 업무의 정상적인 운영을 저해하는 쟁의행위(노조법 제2조 제6호)는 원칙적으로 이 사건 법률조항의 위력에 의한 업무방해를 구성하지 않는다고 봄이 상당하다…단체행동권에 있어서 쟁의행위는 핵심적인 것인데, 쟁의행위는 고용주의 업무에 지장을 초래하는 것을 당연한 전제로 한다. 헌법상 기본권 행사에 본질적으로 수반되는 것으로서 정당화될 수 있는 업무의 지장 초래가 당연히 업무방해에 해당하여 원칙적으로 불법한 것이라 볼 수는 없다… 구체적 사안에서 쟁의행위가 목적·방법·절차상의 내재적 한계를 일탈하여 이 사건 법률조항에 의하여 처벌될 수 있는지 여부는 법원이 쟁의과정을 종합적으로 고려하여 판단하여야 할 사항이나, 헌법 제33조에 의하여 보장되는 근로자의 단체행동권의 보호영역을 지나치게 축소시켜서는 아니 될 것이다"

사건에 있어서는 동 조항의 외연을 "[파업은] 단순히 근로계약에 따른 노무의 제공을 거부하는 부작위에 그치지 아니하고…<u>집단적</u>으로 노무제공을 중단하는 실력행사이므로, 업무방해죄에서 말하는 위력에 해당하는 요소를 포함하고 있다…<u>사용자가 예측할 수 없는 시기에 전격적으로 이루어져 사용자의 사업운영에 심대한 혼란 내지 막대한 손해를 초래하는 등으로 사용자의 사업계속에 관한 자유의사가 제압·혼란될 수 있다고 평가할 수 있는 경우에 비로소 그 집단적 노무제공의 거부가 위력에 해당하여 업무방해죄가 성립한다.</u>"라고 설정하여 결국 노동관계에서의 '위력'의 요건으로 (1) 집단성 (2) 예측불가능성을 설정하였다고 할 수 있다. 이를 차례대로 소비자보호운동에 적용하여 분석해보자.

첫째, 법원은 개별적인 노무제공거부는 부작위이지만 이를 집단적으로 할 경우 부작위를 넘어서서 작위에 해당한다고 보고 있다. 여기서 작위-부작위 논의가 중요한 것은 '위력'은 최소한 작위여야 한다는 보편타당한 원리 때문일 것이다. 아무것도 하지 않은 사람에게 위력을 행사했다고 볼 수는 없다. 그렇다면 한사람이 노무제공거부를 하면 부작위이지만 여러 사람이 집단으로 하면 작위가 될까? 집단적인 부작위를 작위로 보는 이유는 부작위자들이 하나의 집단을 형성할 때 명시적으로 작위의무를 갖는 보증인의 의무를 취득하지는 아니하더라도 최소한 그 집단의 규모가 사용자의 업무에 지대한 영향을 초래할 정도의 규모일 경우에는 그 집단에게 각 개인이 가진 책임의 총합보다는 더욱 높은 책임성을 그 집단에게 부여하기 때문이라고 볼 수 있다.

그런데 2-3명이 노무제공거부를 한다면 법원이 요구하는 '집단성'을 충족한다고 볼 수 있을까? 20-30명은 어떨까? 이 질문에 대한 답을 하기 위해서는 결국 작업장의 전체인원을 알아야 할 것이다. 예를 들어 200명 중에서 2-3명이 모의하여 파업을 하는 경우와 20-30명이 그렇게 하는 경우는 작위성 여부에 있어서 평가가 극도로 달라질 것이다. 즉 여기서 집단적이라 함은 절대적으로 최소 숫자가 정해져 있는 것이 아니라 작업장의 전체 노동자 수의 상당한 부분을 차지하는 경우를 말함을 알 수 있다.

그런데 소비자들의 경우에도 한 사람이 불매할 경우는 부작위라고 볼 수밖에 없다. 그렇다면 소비자들의 불매를 '위력'이라고 판단하기 위해서는 대법원이 노동사건에서 하였던 것과 마찬가지로 일정한 집단성을 요건으로 둘 수밖에 없다. 그러나 그러한 논의에 필연적으로 필요한 '전체 소비자 수'라는 것은 '작업장의 전체 노동자 수'와는 달리 쉽게 상상할 수 없다. 소비자들은 노동자들과 달리 특정 매장이나 특정

제품에 매어있지 않기 때문이다. 개인이 특정 매장에서 특정 제품을 구매할 작위의 무가 없음은 말할 것도 없거니와 사업주에게 여타의 기대이익도 존재하지 않는다. 그렇다면 집단으로 모의하여 공동으로 매매에 응하지 않았고 그 예상되는 파급효과가 크다고 하여, 그 집단에게 각 개인이 지는 책임성의 총합보다 더 큰 책임성을 부과한다는 것은 논리적으로 불가능하다. 사업주는 자신이 시장에 출시한 어떤 제품에 대한 판매기대치를 가질 수 있겠지만, 한 소비자가 자신의 친구·동료·가족들에게 자신의 제품사용후기를 공유하여 해당제품을 사지 않기로 의견일치를 보아서 그 판매기대치를 미치지 못하는 실적이 나왔다고 하여 이들에게 더 큰 책임성을 부과할 수 있다면 이는 우리나라 헌법 제119조 제1항에 보장된 자유시장의 원리를 전면적으로 부인하는 것이다.

두 번째로 대법원은 '사용자의 예측할 수 없는 시기에' 파업을 하는 경우에 그 파업은 '위력'의 효과를 가진다고 하였다. 이를 소비자보호운동에 적용시켜보면, 생산자들이 '소비자들이 매매에 응할 것으로 예측하는 시기' 자체가 성립될 수 없다. 대법원이 '예측불가능성'을 위력적 파업의 요건으로 삼는 것은 사용자의 기대이익을 보호해야 한다는 원리를 근저에 둔 것으로 보인다. 사용자의 기대이익이 노사관계에서도 보호받을 수 있는 것인지는 별론으로 하더라도, 자유시장경제체제에서 사업주가 소비자에 대해 매매에 응할 것이라는 기대이익을 가질 수는 없다. 이 역시 위에서 언급한 자유시장의 원리를 전면적으로 부인하는 것이다.

결론적으로, 형법 제314조의 '위력'을 최근의 대법원 판결에 따라 최대한 좁혀서 해석한다고 하더라도, 이를 소비자보호운동에 적용할 경우 소비자의 거래거절권을 과도하게 제한하는 결과를 낳게 되어 과잉금지의 원칙에 위반된다.

물론 소비자기본법 제5조 제1항은 소비자의 기본적 권리를 정당하게 행사해야 한다고 규정하고 있다.[74] 그러나 이 조항은 2010년 홈플러스 결정에서의 노조법 제5조의 해석과 마찬가지로 소비자보호운동이 원칙적으로 위력에 의한 업무방해죄의 구성요건에 해당하나 정당성요건을 갖고 있는 한 위법성이 조각되는 것으로 보아서는 안되고, 위 조항 역시 소비자보호운동이 원칙적으로 처벌의 대상이 되어서는 안 된다는 점을 강조한 것으로 이해해야 한다. 소비자보호운동권 또한 헌법 제126조에서 보장하고 있는 기본권이므로, "하위법률에 의하여 그 보호영역이 지나치게 축소되는 것" 또한 지양해야 할 것이다. 따라서 소비자보호운동이자 소비자의 권리 행사 중의 하나인

---

74) 소비자기본법(법률 제101678호, 일부개정 2011.5.19, 시행 2011.8.20) 제5조 제1항. 소비자는 사업자 등과 더불어 자유시장경제를 구성하는 주체임을 인식하여 물품 등을 올바르게 선택하고, 제4조의 규정에 따른 소비자의 기본적 권리를 정당하게 행사하여야 한다.

불매운동 그 자체는 업무방해죄의 구성요건에 해당하지 않는다고 보아야 한다.

4. 적극적인 전화걸기를 한 경우에서의 과잉금지의 원칙 위배여부

1) 서설

그렇다면 소비자보호운동 중에서 적극적으로 기업에 전화걸기를 시도하여 기업의 전화업무에 지장을 준 경우를 업무방해죄로 처벌하는 것도 과잉금지의 원칙에 위배되는지 의문이 남는다.[75] 결론부터 말하자면, 상당한 숫자의 소비자가 기업에 전화를 걸어 전화업무에 지장을 준 경우라 하더라도 이는 소비자보호운동의 표현방식의 하나이기 때문에 여기에 업무방해죄조항을 적용하여 처벌할 경우 과잉금지의 원칙에 위배될 수 있다.

2) 방법의 적절성

방법의 적절성이란 어떤 입법을 통하여 특정한 기본권제한조치를 취하였을 때 입법이 예정한 목적을 달성할 수 있어야 한다는 의미이다. 전화걸기를 위력에 의한 업무방해죄로 처벌한다면, '사전모의를 통한 집단적 전화걸기'로부터는 광고주의 영업을 보호할 수 있더라도 '사전모의'를 하지 않았으나 실질적으로 그 효과는 동일한 '사전모의에 의하지 않은' 집단적 전화걸기와 같은 형태의 소비자 의견 제시로부터는 광고주의 영업을 보호할 수 없다.

따라서 영업을 보호한다는 목적을 달성하기 위해서는 '사전모의' 여부와 관계없이 모든 집단적 전화걸기를 업무방해죄로 처벌하여야한다. 그러나 이는 1) 항의전화를 거는 것 자체는 법령상, 거래관념상 당연히 예정되어 있는 행위이고 2) 모든 집단적 전화걸기를 금지하는 것은 헌법적으로 보호되는 소비자보호운동의 자유 및 언론의 자유를 전면적으로 제한하는 것이다. 이로써 사법당국은 딜레마에 빠지게 된다. '사전모의'가 있는 경우만 위력에 의한 업무방해죄로 처벌한다면 입법목적을 완전히 달

---

75) 이와 관련하여 참고할만한 실제 사례가 있다. '조중동 폐간 국민캠페인'(현 명칭 언론소비자주권국민캠페인, 이하 '언소주')이라는 인터넷 카페의 카페지기, 운영진, 게시판지기들은 조선·중앙·동아일보(이하 '조중동')의 보도태도 및 편집정책 수정 등을 목적으로 카페 회원들과 함께 조중동의 광고주 업체에 전화를 걸었고 실제로 몇몇 업체들은 조중동에 대한 광고를 중단하였다. 검찰은 언소주 회원들의 이러한 행동이 위력에 의한 업무방해죄에 해당한다고 보아 언소주 회원 중 일부를 기소하였으며, 1심·2심에서 모두 유죄판결을 받고 2011년 8월 현재 상고심이 진행 중이다. 자세한 내용은 서울중앙지방법원 2009.2.19. 선고 2008고단5024·2008고단5623(병합) 판결, 서울중앙지방법원 2009.12.18. 선고 2009노677 판결 등 참조.

성하지 못하고, 반대로 전면적으로 처벌하는 경우 과도한 기본권의 제한임이 명백하다. 그리하여 형법 제314조 제1항은 방법의 적절성을 갖추지 못하게 된다.[76]

3) 피해의 최소성

'피해의 최소성'이란 입법에서 예정하고 있는 기본권제한조치보다 덜 제한적인 대안(less restrictive alternative)이 단 하나라도 존재한다면, 그러한 방법을 택하지 않고 보다 규제적인 방법을 택하는 것은 위헌이라는 내용의 원칙이다. 위력에 의한 업무방해죄의 입법목적을 광고주의 영업을 보호라고 본다면 '사전 모의를 통한 집단적 전화걸기' 중 '폭력의 위협 등을 포함하는 표현' 정도가 형법상 가벌성이 있으므로 그러한 표현만 규제하더라도 충분히 입법목적을 달성할 수 있다. 왜냐하면 사업자의 입장에서는 전화 폭주 등으로 일시적인 영업곤란을 예견할 수 있고 어쩌면 당연히 예견해야 하기 때문이다.[77] 그럼에도 사실상 모든 형태의 '사전 모의를 통한 집단적 전화걸기'를 형벌을 투입하여 처벌하는 현행법의 태도는, 사업자와 소비자 간의 사적 영역에서의 분쟁에 적극적으로 개입하는 것으로 형벌투입의 최후수단성 및 보충성 원칙을 간과한 국가형벌권의 남용이다.[78] 그리고 기본권 침해를 최소화한 방법이 아니므로 피해의 최소성 원칙의 위반이다.

여기에 대해서는 폭력의 위협이 포함되지 않은 표현이라도 조직적·집단적으로 전화를 걸어 업무를 방해하는 경우도 업무방해죄로 규율할 '필요'가 있으며, 이와 대비하여 조직적·집단적으로 전화를 걸었음에도 업무에 대한 추상적인 위험이 발생하지 않는 경우에는 이를 형법으로 규율할 '필요'가 없다는 반론도 가능하다.

그러나 이는 피해의 최소성 원칙 및 형법의 최후수단성에 대한 오해에서 비롯한다. 국가의 형벌투입은 단지 '필요'에 의해서 이루어져서는 안 되고 최후의 경우에만 동원할 수 있는 해결수단이며 이는 형법학계에서 통용되고 있는 논리이다. 독일의 법학자 리스트(Liszt)는 '형법은 형사정책의 뛰어넘을 수 없는 한계'라고 한 말에서

---

76) 박지현·김종서, 위력에 의한 업무방해죄와 광고주 불매운동, 민주법학 제40호 (2009), 91-92.

77) 박지현·김종서, 위의 글, 92-93.

78) 형벌은 사회적 제재를 가하는 수단 중 가장 강력한 제재수단이기 때문에, 다른 수단에 의하여서 해결할 수 없는 최후의 경우에만 투입되어야 한다(ultima ratio, 최후수단성). 그렇기 때문에 다른 사회적·법적 통제수단들이 사회분쟁상황을 완전히 처리하지 못하는 곳에서만 비로소 보충적으로 투입될 수 있는 자격을 갖는다(Subsidiaritaet des Strafrechts, 형벌의 보충성). 형벌은 다른 규범의 사회통제를 보충해 주는 성격을 가지며, 보충적인 수단인 형벌이 중심적이고 전면적인 수단으로 활용되어 최초수단(prima ratio) 내지 유일한 수단(sola ratio)로 활용될 경우 국가권력의 남용이 우려됨과 동시에 정당성이 흔들리는 원인이 된다. 자세한 내용은 배종대, 형법총론(제9판, 홍문사, 2008), 53-54.

비롯하였으며,79) 이러한 형법의 보충성과 최후수단성을 구체화시킨 것이 헌법상 과잉금지의 원칙 중 피해의 최소성 원칙인 것이다.

따라서 폭력의 위협이 포함되지 않은 본 사안에서, 조직적·집단적으로 전화를 걸어 업무를 방해하는 경우라 하여 다른 대안을 고려치 않고 이를 곧바로 가벌성 있는 행위로 보아야 하는지는 의문이다. 그리고 기본권 행사의 방식에 해당하는 행위를 단지 그것을 규제할 '필요'가 있다는 이유로 범죄로 규율하는 것은 위에서 본 바와 같이 피해의 최소성 원칙 및 형법의 최후수단성을 간과한 규제책에 해당한다.

4) 법익의 균형성

(1) 충돌하는 기본권들의 확정: 소비자의 표현의 자유·결사의 자유 및 소비자보호운동의 자유 vs 사업주의 직업수행의 자유

표현의 자유는 헌법 제21조에서 보장하고 있으며, 개인적 의사의 표현인 언론·출판의 자유와 집단적 의사의 표현인 집회·결사의 자유로 나눌 수 있다. 표현의 자유란 사회 구성원이 자신의 사상과 의견을 자유롭게 교환하고 표현할 수 있는 자유를 의미한다.80) 또한 소비자보호운동은 헌법 제124조에서 국가가 명시적으로 보장하고 있는 기본권이다.

소비자가 물건에 대하여 구매 거절의 의사를 표시하고 또 그러한 생각을 공유하는 단체를 조직하여 활동을 하는 것은 표현의 자유 및 결사의 자유의 보호영역에 포함된다. 그리고 소비자 운동의 일종으로서의 구매거절운동 또한 소비자보호운동의 자유의 보호영역에 포함된다.

이와 대립하여 소비자보호운동의 대상이 되는 기업의 경우 직업수행의 자유의 제한이 문제될 수 있다. 헌법 제15조에서는 직업선택의 자유를 보장하고 있으며, 세부적으로 직업결정의 자유, 직업수행의 자유, 직업이탈의 자유를 보장내용으로 한다. 소비자보호운동이 존재하는 경우 사업주가 자신이 원하는 대로 경영을 하지 못하게 되는 상황에 직면함을 고려한다면 사업주의 직업수행의 자유가 제한을 받고 있다고 볼 수 있다.

(2) 소비자보호운동의 자유의 성격

사업자의 영업의 자유는 자유권에 해당하는 기본권임이 명백한 반면, 소비자의 권

---

79) Franz von Liszt, Einfluss, 80; 이상돈, 형법의 근대성과 대화이론(홍문사, 1994), 133 이하 참조; 배종대, (주 78), 62 재인용.
80) 헌법재판소 1998. 4. 30. 선고 95헌가16 결정.

리는 성질상 여러 가지의 기본권이 복합적으로 담겨있다는 견해가 유력하다.[81] 이 견해에 따르면, 소비자보호운동의 자유는 상품 또는 용역의 자유로운 선택과 소비자 집단행동에 관하여 국가의 방해를 받아서는 안 된다는 측면에서는 자유권적 기본권의 성질이 있다고 한다. 그리고 대량 생산·판매·소비가 이뤄지는 현대산업사회에서 소비자는 경제적 약자이자 종속적 지위에 있으므로 소비자보호운동의 자유는 소비자의 이익을 보호함으로써 헌법 제34조 제1항의 인간다운 생활을 할 권리를 보호한다는 점에서 사회권적 기본권의 측면 또한 갖고 있다고 한다.

소비자보호운동의 자유가 소극적인 자유권으로서의 의미만 가진다면 헌법에서 별도로 규정할 필요 없이 헌법 제10조에서 도출되는 일반적 행동자유권만으로도 보호가 가능할 것이다. 그럼에도 헌법 제124조가 별도의 규정을 두어 소비자보호운동의 자유를 명시하고 있는 이유는 국가가 거대 기업들의 횡포에 무력한 소비자들이 기업을 향하여 소비자보호운동의 자유가 있음을 적극적으로 확인하고 소비자들의 피해를 예방하고자하기 위함이다. 그렇기 때문에 소비자보호운동의 자유에는 사회권적 기본권의 성격도 있다고 보아야 하는 것이다.

(3) 기본권 충돌의 의의와 해결이론

'기본권 충돌'이란 복수의 기본권 주체가 서로 충돌하는 권리를 실현키 위해 국가에 대해 각기 대립되는 기본권 적용을 주장하는 경우를 말한다.[82] 기본권 충돌의 해결이론으로는 1차적으로 '법익형량의 원칙'이 있다. 이는 충돌하는 기본권의 법익을 형량하여 보호법익이 더 큰 기본권을 우선시켜 사안에 적용한다는 법리이다. 생명권·인격권 우선의 원칙, 생존권 우선의 원칙, 자유권 우선의 원칙 등이 이에 해당한다. 그러나 충돌하는 기본권들이 보호법익의 크기가 비슷하여 상위기본권을 가릴 수 없을 경우에는 2차적으로 '규범조화적 해석의 원칙'이 적용된다. 여기에는 '공평한 제한의 원칙', '대안발견의 원칙'이 세부원칙으로 존재한다.

(4) 기본권 충돌이론에 따른 해결-'법익 균형성' 원칙의 위배

앞서 살펴본 바와 같이 사업자의 영업의 자유는 자유권적 기본권의 성격을 갖고 있다. 그러나 소비자보호운동의 자유는 자유권적 기본권의 성격과 동시에 사회권적 기본권의 성격 또한 갖고 있다. 구체적으로, 소비자기본법 제1조에 따르면 이 법의

---

81) 권영성, 헌법학원론(개정판, 법문사, 2010), 584-585.
82) 권영성, (주 81), 337.

목적은 경제적 약자인 소비자의 권익증진 및 이를 통한 소비생활의 향상과 국민경제의 발전을 목적으로 하고 있으므로 소비자보호운동의 자유도 이러한 관점에서 보아야 한다. 그러므로 '법익형량의 원칙' 중 '생존권 우선의 원칙'을 적용하면 사회권적 기본권의 성격을 지니고 있는 소비자보호운동의 자유가 영업의 자유에 우선하는 것으로 볼 수 있다.

한편, 영업의 자유는 결국 자본주의 사회에서 소비자인 시민들에게 상품이라는 자원을 효율적으로 배분하기 위하여 보장되는 기본권이라는 점을 생각할 때, 소비자의 권리가 사업자의 영업의 자유보다 우월한 이익이라고 볼 수 있다. 즉 사업자의 영업의 자유는 소비자의 권익을 보장하기 위한 수단적 권리라고도 할 수 있다. 그러므로 사업자의 영업의 자유와 권리는 소비자의 권리를 침해하지 않는 한에서 인정되어야 한다고도 생각해볼 수 있다.

그렇다고 하여 사업자의 영업의 자유와 소비자보호운동의 자유가 충돌하는 경우, 소비자의 권리가 항상 우선하여야 한다는 것은 아니다. 그런데 현재의 업무방해죄 조항을 적용할 경우 소비자보호운동의 자유가 영업의 자유 보장을 위해 곧바로 제한당하는 상황이 초래되므로 동 조항은 법익의 균형성 원칙에 위배되어 위헌이라 할 것이다.

5. 소결론

위에서 본 바와 같이, 소비자보호운동에서는 쟁의행위처럼 정당행위 요건이 구비되어 있지 않고 집단성 또한 기준을 두기 힘들어 어느 정도의 소비자보호운동이 '위력'에 해당하는지 불명확하다. 또한 '위력'을 쟁의행위와 같은 위법성 기준을 적용하여도 본질적으로 광범위하고 부작위적인 소비자보호운동의 특성에 부합하지 않아 업무방해죄의 구성요건에 해당될 수밖에 없고, 이는 과잉금지의 원칙에 위배된다.

또한 적극적 전화걸기 형태의 소비자보호운동에 대한 처벌은 사전모의가 없는 경우에는 방법의 적절성을 결여하고 있다. 그리고 사업자가 예측할 수 있는 영업곤란에 대해 형벌이 투입되는 것이므로 피해의 최소성도 위반한다. 나아가 법익을 형량할 경우 생존권적 기본권으로서 소비자보호운동의 자유가 자원분배의 수단 격인 영업의 자유에 우선하므로, 영업의 자유를 보장하기 위해 소비자보호운동을 곧바로 제한하는 위력에 의한 업무방해죄 적용은 법익균형성을 결여하여 위헌이라는 결론에 이를 수 있다.

V 결론

위력에 의한 업무방해죄는 입법연혁에서부터 전시 노동력 동원을 위해 모든 형태의 노동·시민운동을 탄압하기 위한 목적으로 제정되어 개별적으로는 합법적인 행위를 집단적으로 하는 것을 금지하는 '단결금지법리'를 원래 내용으로 하고 있었기 때문에 현행 헌법체계와 맞지 않다. 이는 비슷한 법제들이 외국에서 모두 폐기된 것으로도 뒷받침될 수 있다.

또한 위력에 의한 업무방해죄는 위와 같은 목적에서 의도적으로 명확하지 않게 규정되었기 때문에 형법상 일반조항으로 제대로 기능하지 못하고 있다. 현재 대법원의 해석인 '의사의 자유를 제압할 만한 압박'은 이미 2010년 홈플러스 결정과 대법원 2011년 철도파업 판결에 의해 '파업은 업무에 지장을 초래할 것을 당연한 전제로 한다'고 하여 파업이 당연히 위력에 해당하므로, 기본권 행사조차 당연히 구성요건에 해당할 수밖에 없음이 이미 밝혀졌다. 다수의 특별법들에 존재하는 '위력' 개념은 각 법들의 입법취지가 상정하는 맥락 속에 존재하는 고유한 정황들에 의해 구체화됨에 비해, 형법상 위력에 의한 업무방해죄는 법률상으로 명확하게 구체화될 맥락이 없음을 확인할 수 있다.

마지막으로 '위력에 의한 업무방해죄'를 최근 대법원의 판례에 따라 엄격하게 해석한다고 할지라도, 이를 불매운동 등 여타의 소비자보호운동에 적용할 경우 소비자들의 거래의 자유라는 시장경제의 근본원리에 반하거나 반할 소지가 있고 합법적인 권리로서의 소비자보호운동을 금지하거나 위축시키기 때문에 과잉금지의 원칙과 명확성의 원칙에 위배된다.

12

정치인의 이념이나 사상에 대한 표현의 한계는 어디까지인가*

정민영(변호사, 법무법인 덕수)

I 들어가며

이른바 '색깔론'이라는 것의 정치적 파괴력이 우리 사회에서는 꽤 오래 지속되었다. 누군가에게 '주사파', '종북' 등 이념의 딱지를 붙이는 방식의 공격은, 그 내용에 실체가 있든 없든 그 자체로 상대방에게 적지 않은 타격을 주곤 했다. '모든 것을 다 걸고 싸우는 선거에 즈음하여 색깔론은 더욱 기승을 부리곤 했다. 누군가의 말과 글, 주변 인물과 경력 등을 탈탈 털어 공직을 맡아서는 안 될 부적격 인사로 몰아가는 건, 분명 효과적인 전략이었다.

지금도 이런 일은 종종 벌어지지만, 효과는 예전만 못한 듯하다. 어떤 사람의 머릿속에 있는 '생각'을 공격하는 것은 이제 많은 사람들에게 철 지난 구태로 받아들여지고, 별 것 아닌 문제로 이념 공세를 펴다가 오히려 시대에 뒤떨어진 세력으로 공격을 받는 일도 종종 보게 된다. 우리 사회가 유지해 온 시스템이 누군가의 이념이나 사상 때문에 위협받지는 않을 것이라는 집단적 자신감이 생겼기 때문인지도 모르겠다.

이런 변화는 법원 판결에서도 감지된다. 과거 우리 법원은 "남북이 대치하고 있고 국가보안법이 시행되고 있는 우리나라의 현실을 감안하여 특정인을 반사회세력으로 낙인찍는 행위에 대해 비교적 엄격한 태도를 보여 왔다."[1] 이런 법원의 입장이 이

---

* 이 글은 정민영, "정치인의 이념이나 사상에 대한 표현의 한계는 어디까지인가", 언론중재 통권 제161호, 언론중재위원회, 2021에 게재되었음을 밝힌다.

1) 한 월간지가 KBS에서 방영된 다큐멘터리 프로그램의 책임프로듀서에 대하여 "누가 움직이는가, 빨갱이는 선, 경찰은 악으로 연출하는 공영방송 KBS"라는 제목으로 "KBS는 이 같은 역사적 사실을 늘 정반대로 왜곡하여 이승만을 사대주의자로, 여운형을 민족주의자로 미화하는 말도 되지 않는 저질의 프로

394 인간존엄의 형사법, 형사정책 및 제도개혁

글에서 살펴볼 2018년 대법원 전원합의체 판결[2]을 기점으로 상당히 변화하고 있는 것으로 보인다. 이제 법원은 "민주주의 정치체제가 발전하고 그동안 표현의 자유가 계속 확대되어 온 시대적, 정치적 상황을 고려해 정치인에 대한 이념 공세 역시 '하나의 의견 표명으로 볼 필요를 강조하기에 이르렀다. 법원은 "정치적 이념 공방에 법원이 직접 개입하는 것은 바람직하지 않다"는 입장을 분명히 하고 있다.

논쟁을 통해 해결할 문제들을 일일이 사법부로 가져가는 것은 분명 바람직하지 않을뿐더러 과도한 사회적 비용을 치르는 일이기도 하다. 표현의 자유를 넓혀 온 시대적 흐름에 비추어 보더라도 이같은 법원의 궤도 선회를 긍정적으로 평가할 지점이 적지 않다. 그럼에도 우려섞인 시선이 있다. 우리 사회가 '레드 콤플렉스'를 어느 정도 극복한 것처럼 보이지만, 상대방에 대한 낙인찍기와 편가르기는 과거보다 오히려 극단화된 면이 있고, 상대방을 공론장에서 배제하기 위한 수단으로 이른바 혐오표현 등이 빈번하게 이루어지고 있다는 점을 감안하면, 여전히 법원의 적극적인 역할이 필요한 것이 아니냐는 지적이다. 이 글에서는 '종북', '주사파' 표현에 대한 대법원의 전원합의체 판결을 비롯해 최근의 몇몇 판결에서 법원이 보인 일종의 태도 변화의 징후들을 짚어보고, 공인의 이념이나 사상에 대한 표현의 한계는 어디까지인지 다루고자 한다.[3]

그램을 끊임없이 내보냈다. 이것이 당시 이 프로를 연출했던 남OO PD의 자의적 해석이었다면 그는 분명히 주사파이다"라는 기사를 게재한 사안과 관련하여 법원은 "남북이 대치하고 있고 국가보안법이 시행되고 있는 우리나라의 현실에서 특정인이 주사파로 지목될 경우 그는 반사회세력으로 몰리고 그에 대한 사회적 명성과 평판이 크게 손상될 것"이라고 하여 명예훼손 책임을 인정하였다(대법원 2002. 12. 24. 선고 2000다14613 판결).

2) 대법원 2018. 10. 30. 선고 2014다61654 판결

3) 정치인의 의견표명, 정치인에 대한 의견표명은 어찌보면 늘상 선거와 연관지어 받아들여지기도 한다. 선거와 관련해 이루어지는 명예훼손 등과 관련해서는 공직선거법에서 후보자비방죄(110조), 허위사실공표죄(250조) 등의 규정을 두고 있다. 선거법상 허위사실공표죄 등과 명예훼손은 보호법익 등에 있어 차이가 있으나, 실제 사건에서는 명예 훼손과 관련한 법리들이 상당 부분 그대로 적용된다. 이 글에서는 일단 명예훼손이라는 쟁점을 중심으로 살펴보도록 한다.

II | 대법원의 입장 선회(旋回): '종북', '주사파'는 명예훼손적 표현인가

— 대법원 2018. 10. 30. 선고 2014다61654 전원합의체 판결

1) 기초적 사실관계

(1) 이 사건의 피고 중 한 명이었던 변희재 미디어워치 대표는 2010년대 초반부터 이른바 진보개혁 진영에 속한 정치인들을 '종북'이라는 표현으로 공격하곤 했다. 2012년 3월, 변씨는 자신의 트위터 계정에 이정희 전 민주노동당 대표와 남편 심재환 변호사를 두고 종북, 주사파 종파의 성골쯤 되는 인물' 등의 표현을 사용한 글을 올렸는데, 그 주요내용은 이정희 전 대표, 심재환 변호사 등이 종북, 주사파인 경기동부연합에 속해 있고, 심재환은 경기동부연합의 주요 의사결정을 하고 종북담론을 만들어내는 인물이며, 이정희는 이를 추종하여 대외적으로만 대표 역할을 하는 얼굴마담이라는 것 등이었다. 당시 여러 인터넷 언론들은 변희재의 트위터 게시글 내용을 보도하거나 이를 인용한 칼럼 등을 게재하였다. 이정희 전 대표 등은 자신들이 경기동부연합이라는 단체에 가입한 사실이 없고, 변희재 등이 자신을 종북, 주사파로 지칭하여 명예를 훼손하였다고 주장하면서 변희재를 상대로 손해배상을, 이를 보도한 언론사와 기자들을 상대로 손해배상 및 정정보도를 청구하였다.

(2) 1심과 항소심 법원4)은 모두 피고 변희재 등이 원고들을 '종북', '주사파' 등으로 표현한 것이 명예훼손에 해당한다고 판단하면서 변씨가 이 전 대표 등에게 손해배상을 해야 한다고 판결했다. 항소심 판결의 핵심 내용은 "이 사건 표현행위에서 종북과 주사파 그리고 경기동부연합을 병렬적으로 사용하고 있는 점과 그 글의 문맥, 작성 및 전파 경위 등을 종합하여 특정인이 주사파 또는 종북 세력으로 인식되는 경기동부연합에 속해 있다고 표현하는 것은 그들이 북한 정권을 무비판적으로 추종하여 대한민국의 정체성과 헌법적 기본질서를 부정하는 행위를 하여 형사처벌을 받아야 하는 사람으로서 반사회세력이라는 부정적이고 치명적인 의미를 가지고 있다"는 것이어서 당사자에 대한 명예훼손이 된다는 것이었다. 이 사건이 있기 전에도 우리 법원은 누군가에게 '종북', '주사파' 등의 표현을 쓰는 경우 명예훼손 책임이 성

---

4) 서울고등법원 2014. 8. 8. 선고 201338444 판결

립한다는 취지의 판결을 여러차례 한 적이 있었던 만큼, 이 사건의 1심, 항소심의 결론은 이례적으로 받아들여지지 않았다.

2) 대법원 2018. 10. 30. 선고 2014다61654 전원합의체 판결

그런데 2018년 대법원은 '종북', '주사파' 등의 표현이 그 자체로 명예훼손에 해당하지 않는다고 판단하면서 원심 판결을 파기했다. 이 사건에 대한 대법관들의 견해는 다수의견과 반대의견으로 갈렸는데, 다수의견이 '종북', '주사파' 등이 사실적시가 아닌 의견 표명이라고 본 근거는 ① '종북'이라는 용어는 다의적이고 가변적이어서 그 의미를 객관적으로 확정하기 어렵고, 이 사건 표현행위에 사용된 '주사파'의 경우도 마찬가지이다. ② 민주주의 정치체제가 발전하고, 그동안 표현의 자유가 계속 확대되어 온 시대적·정치적 상황을 고려하면, '주사파'라는 용어에 대한 평가도 달라져야 한다. ③ 이 사건 표현행위에서 주사파라는 용어는 '종북'이라는 용어와 병렬적으로 사용되어 통합진보당의 운영이나 제19대 국회의원 선거 비례대표 경선 과정을 둘러싸고 원고들이 취한 정치적 행보나 태도를 비판하기 위한 수사학적 과장이라고 볼 수도 있다는 것이었다.[5]

이와 달리 반대의견[6]은 '종북', '주사파' 등의 용어가 우리 사회에서 받아들여진 역사적 맥락과 그것이 발화되었을 때 가져오는 실질적 효과에 주목했다. 반대의견을 밝힌 대법관들은 "민주주의 국가에서 표현의 자유가 최대한 보장되어야 하고 특히 공적인물이나 정치적 이념에 대한 비판과 검증은 더욱 철저하게 이루어져야 하지만, 그럼에도 불구하고 표현의 자유에도 일정한 한계가 있을 수밖에 없다"라고 전제하면서, "변씨 등이 '주사파'라는 표현을 사용한 맥락과 글 전체의 취지를 보면, 이 전 대표 부부가 '주사파 또는 종북 세력으로 인식되고 있는 경기동부연합에 속해 있음으로써 북한 정권을 무비판적으로 추종해 대한민국의 정체성과 헌법적 기본질서를 부정하는 세력'이라는 의미로 사용한 것"이라며, 문제가 된 표현들이 주관적 평가가 아닌 사실 적시의 영역에 속한다고 판단했다. 특히 반대의견은 '종북', '주사파' 등의 표현은 그러한 입장으로 규정된 사람들을 민주적 토론의 대상에서 배제하기 위한 공격의 수단으로 사용되어 온 측면이 있다고 밝히면서 상대방의 존재를 부정하고 토론 자체를 봉쇄하는 표현에 대해서는 일정한 제한이 필요하다고 보아 손해배상책임이 인정되어야 한다고 판단했다.

---

5) 다만 다수의견은 '종북', '주사파'라는 용어가 명예훼손에 해당하지 않는 의견 표명이라고 하더라도, 피해자들에 대한 인격권 침해는 별도로 판단할 수 있다고 판단하였다.

6) 대법관 박정화, 대법관 민유숙, 대법관 김선수, 대법관 이동원, 대법관 노정희

이 판결은 이른바 공적 인물의 정치적 이념에 대한 표현의 한계와 관련해 여러 쟁점들을 담고 있다. 그 중에서도 다수의견과 반대의견이 첨예하게 대립했던 지점은, '종북', '주사파'라는 표현을 '의견 표명'으로 볼 것인지 '사실 적시'로 볼 것인지의 문제였다(앞서 살펴본 대로 다수의견은 의견 표명이라고 보았고, 소수의견은 사실적시라고 보았다). 이 판결이 나온 뒤 많은 언론은 "'종북, 주사파'는 의견 표명이어서 명예훼손에 해당하지 않는다"라는 제목의 기사를 쏟아냈고,[7] 이 판결에 대한 법학계 안팎의 논의도 활발하게 진행되었다.

3) 사실 적시인가 의견 표명인가 '종북', '주사파'의 경우

(1) 어떠한 표현이 누군가에 대한 명예훼손이 될지 여부를 판단할 때 거치게 되는 첫 번째 단계는, 그 표현이 '의견 표명인지 사실 적시인지 구분하는 것이다. 잘 알려져 있듯, 우리 형법은 명예훼손죄가 성립되기 위해서는 사실을 적시할 것 ─ 그것이 허위사실이든 진실한 사실이든 ─ 이라는 요건을 요구한다.[8] 명예훼손으로 인한 민사상 손해배상책임이 성립하기 위해서도 그것이 주관적 평가나 의견 개진이 아닌 사실의 적시여야 한다는 점을 법원은 분명히 하고 있다.[9] '의견'이나 '평가'는 바라보는 시각에 따라 다양할 수 있어 그것이 허위인지 여부를 따지기 어려운 면이 있고, 다양한 의견들이 공론장에서 교류하는 것은 그 자체로 두텁게 보호할 필요가 있기 때문이다. 그런데 실제로 어떤 표현이 '의견'인지 '사실'인지 구별하는 것은 간단하지 않다. 의견을 표명하는 것처럼 보이지만 실제로는 어떤 사실을 강하게 암시하는 경우도 있고, 그 반대의 경우도있을 수 있다. 실제로는 하나의 진술 안에 의견 표명과 사실 적시의 성격이 모두 포함되어 있는 경우가 대부분이다. 대법원은 어떤 진술이나 표현이 사실인지 의견인지 구별함에 있어 "언어의 통상적 의미와 용법, 입증가능성, 문제된 말이 사용된 문맥, 그 표현이 행하여진 사회적 상황 등 전체적 정황을 고려하여 판단하여야 한다"라는 판단 기준을 제시하고 있기는 하지만[10] 그 역시 모호

---

7) 서울신문(2018. 10. 30). <'종북 주사파' 명예훼손 아니다...변희재 승소>, 한국일보 (2018. 10. 30). <대법 "정치인에게 종북이라 말한 건 명예훼손 아니다">, 이데일리 (2018. 10. 30). <대법 "종북·주사파 지칭, 명예훼손 해당 안돼"> 등

8) 형법 제307조(명예훼손) ① 공연히 사실을 적시하여 사람의 명예를 훼손한 자는 2년 이하의 징역이나 금고 또는 500만원 이하의 벌금에 처한다. <개정 1995. 12. 29.>
② 공연히 허위의 사실을 적시하여 사람의 명예를 훼손한 자는 5년 이하의 징역, 10년 이하의 자격정지 또는 1천 만원 이하의 벌금에 처한다. <개정 1995. 12. 29.>

9) 대법원 2000. 7. 28. 선고 99다6203 판결 "단순한 의견 개진만으로는 상대방의 사회적 평가가 저해된다고 할 수 없으므로, 의견 또는 논평의 표명이 사실의 적시를 전제로 하지 않은 순수한 의견 또는 논평일 경우에는 명예훼손으로 인한 손해배상책임은 성립되지 아니한다"

한 측면이 있다.

(2) 앞서 살펴본 것처럼, 위 대법원 판결의 다수의견은 '종북', '주사파'라는 표현을 사실적시가 아닌 주관적 평가 내지 의견 표명이라고 보아 명예훼손 책임이 성립하지 않는다고 판단하였다. 구체적으로 다수의견은 '종북'을 '객관적으로 의미를 확정하기 어려운 개념'으로, '주사파'를 '수사학적 과장을 위해 동원된 개념'으로 이해하였다.[11]

우선, '종북'이라는 표현부터 보자. 대법원 다수의견은 '종북'은 과거에는 북한을 무비판적으로 추종하는 태도를 뜻하는 것이었지만, 이후 그 용어는 "북한에 우호적인 태도를 보이는 사람들", "정부의 대북강경정책에 대하여 비판적인 견해를 보이는 사람들"에 이르기까지 다양한 의미로 사용되었다는 점을 지적한다. 또 북한과 대한민국의 관계가 변화함에 따라 그 용어가 갖는 의미도 변할 수밖에 없는데, '종북'이라고 했을 때 그 의미를 객관적으로 확정하기 어렵다는 논리를 펴고 있다. 주사파에 대하여도 다수의견은 그 의미를 "대한민국의 정체성과 정통성을 부정하고 북한 김씨 일가를 추종하는 세력"이라는 의미로만 해석할 것은 아니고, '주사파'라는 용어에 대한 평가 또한 이제는 달라져야 한다고 판시하였다. 그러나 '주사파'라는 용어에 대한 평가가 어떻게 달라져야 하는지에 대한 뚜렷한 설명은 내놓지 않은 채, 이를 의견을 표명하는 과정에서 이루어진 '수사학적 과장'이라고 보았다.

(3) 다수 의견이 지적한 것처럼, '종북'이라는 말이 단순히 북한 체제를 숭앙하는 사람만을 지칭하는 것을 넘어서 광범위하게 쓰이게 된 것은 사실이다. 흥미로운 것은, '종북'이라는 개념을 확장하기 위한 노력을 주도적으로 해온 당사자가 이 사건의 당사자이기도 한 변희재 미디어워치 대표였다는 사실이다. 변희재 미디어워치 대표는 2010년대 초부터 트위터와 인터넷 언론 등을 통해 '종북' 개념을 확장해서 사용하여야 할 필요에 대해 강변해 왔다. 변희재는 종북의 가장 좁은 개념은 "북한 김씨 일가를 찬양하며 대한민국을 전복하는 세력"이지만, 이 개념을 넓은 의미로 사용한다면 "특별한 권력욕도 없고, 북한의 적화노선을 추종하지도 않는데 종북세력의 집권에 힘을 보태는 세력"들까지 포함할 수 있다고 주장해 왔다. 여기에 그치지 않고 더 나아가 팝 아티스트 낸시랭을 종북이라고 지칭하면서, "낸시랭은 최극단적 광의

---

10) 대법원 2017. 5. 11. 선고 2016도19255 판결
11) 김경수·정호빈(2020). 공인의 정치적 이념에 대한 표현과 명예훼손 - 대법원 2018. 10. 30. 선고 2014
다61654 전원합의체 판결. <법학평론> 제10권.

의 개념에서의 종북입니다. 스스로 종북질을 하는 게 아니라, 총선과 대선 참패로 희망을 잃은 친노종북 세력들이 그냥 기어들어가 찬양하면서, 종북세력에 합류된 아주 독특한 경우예요."라고 하는 데까지 이르기도 했다.12)

그런데 '종북 공격의 대상이 넓어졌다'는 상황의 변화를 '종북이라는 말이 의미하는 바가 넓어졌다'라는 결론으로 곧바로 연결시킬 수 있을지는 다소 의문이다. 오히려 "누군가를 '종북'으로 지칭함으로써 그 사람의 사회적 평판을 떨어트리고, 그 사람을 민주적 공론장에서 배제하는 사회적 효과가 매우 강력했기 때문에 해당 표현이 남용된 것이지 그 개념이 의미하는 바가 변화한 것은 아니"라는 지적이 더 설득력이 있다고 보인다.13)14)

(4) 설령 '종북'이나 '주사파'라는 용어의 의미가 다소 넓어졌다는 입장을 받아들인다고 하더라도, 개개의 표현에서 이 용어들이 의미하는 바는 각기 다를 수 있다는 점 역시 충분히 고려되어야 한다. 어떤 표현에서는 '종북', '주사파'가 북한을 추종하는 반사회세력'이라는 의미로까지 해석되지 않을 수도 있겠으나, 명백히 '대한민국을 부정하는 세력'이라는 의미로 사용되는 경우도 얼마든지 있을 수 있는 것이다. 그렇다면 개개의 용어 자체에 대하여 일반론적인 관점에서 '의견 표명에 해당한다'는 결론을 내리기보다, 문제가 된 표현의 전체 맥락을 고려하여 그 표현에서 '종북', '주사파' 등의 용어가 어떤 의미로 사용되었는지, 사람들이 이를 어떻게 받아들일지 판단하였어야 했다고 보인다.15)

이 사건에서 피고 변희재가 작성한 트위터 글 내용을 보면, 단순히 원고들을 '종북'으로 평가하는 것을 넘어 '종북', '주사파', '경기동부연합' 등의 용어들을 구체적 맥락 속에서 결합하여 사용하였음을 확인할 수 있다. 이러한 문제적 용어들을 하나

---

12) 이종태(2013. 4. 17). "우린 너를 종북이라 부르기로 합의했다" <시사인>.

13) 오현정(2019). '종북' 관련 표현에 대한 민사상 명예훼손 책임을 부인한 판결. <민주사회를 위한 변론> 제112호, 298면.

14) 실제로 종북이라는 표현이 문제된 개별 사안을 살펴보면, 북한을 무비판적으로 추종하는 태도를 가리키는 좁은 의미로 사용되는 경우가 많다. 이정기는 "종북 관련 표현이 문제된 사건에서 우리 법원은 대체로 '종북'이라는 용어를 "주체사상을 신봉하고 대한민국의 정체성과 정통성을 부정하는 반사회 세력으로 개념화하는 경우가 많았 다"라고 분석하였다(이정기 (2016). '종북' 관련 판례의 특성과 판례에 나타난 법원의 표현의 자유 인식. <미디어와인격권>, 제2권 제1호).

15) 대법원은 사실적 주장과 의견 표명을 구별함에 있어 "양자를 구별할 때에는 당해 원보도의 객관적인 내용과 아울러 일반 독자가 보통의 주의로 원보도를 접하는 방법을 전제로, 사용된 어휘의 통상적인 의미, 전체적인 흐름, 문구의 연결 방법뿐만 아니라 당해 원보도가 게재한 문맥의 보다 넓은 의미나 배경이 되는 사회적 흐름 및 일반 독자에게 주는 전체적인 인상도 함께 고려하여야 한다"라고 판시하였다(대법원 2011. 9. 2. 선고 2009다52649 전원합의체 판결 참조).

의 글에서 병렬적으로 사용하는 경우라면, 글의 전체 맥락을 통해 사용된 용어들의 의미를 구체화하는 것이 충분히 가능하다. 이 사건의 항소심에서는 이를 종합해 고려할 때, 피고 변희재의 트위터 게시글은 "원고들이 북한정권을 무비판적으로 추종하여 대한민국의 정체성과 헌법적 기본질서를 부정하는 행위를 하여 형사처벌을 받아야 하는 사람으로서 반사회세력이라는 부정적이고 치명적인 의미를 갖는 사실적시"라고 보았고, 대법원 판결의 반대의견 역시 이와 견해를 같이 한 것이다. 이와 달리 다수의견은 특정 표현에서 개별 용어들이 어떤 맥락과 의미로 사용되었는지 자세히 판단하기 보다는, 문제가 된 용어가 일반적으로 어떻게 받아들여지는지에 무게를 둔 것으로 보인다.

4) '종북', '주사파'를 혐오표현(hate speech)으로 보아야 할 필요에 대하여

반대의견은 이 사건에서 '종북', '주사파' 등의 용어를 어떻게 평가할 것인지에 대한 입장을 자세히 밝혔다.

"생각과 이념이 다른 사람을 인정하고 관용하는 전제 위에서 표현의 자유는 비로소 숨쉴 수 있는 것이다. 상대방을 아예 토론의 상대방으로 인정하지 않는 '배제'와 '매도'는 민주적 토론을 원천적으로 봉쇄할 수 있다. 표현의 자유라는 명분으로 생각이 다른 사람들을 배제하는 것은 민주주의를 질식시킬 우려가 있으므로 신중한 접근이 필요한 영역이 존재한다. 그동안 우리 사회에서 '종북', '주사파', '경기동부연합'이라는 용어는 그러한 입장으로 규정된 사람들을 민주적 토론의 대상에서 배제하기 위한 공격의 수단으로 사용되어 온 측면이 있다. 합리적이고 민주적인 토론을 통한 민주주의의 성숙을 위하여 위와 같은 극단적 표현들은 자제되어야 한다. 우리 사회에서 부정확하거나 바람직하지 못한 표현들이 난무하고 있는 것이 현실이라는 점을 고려하면, 자유로운 의견 표명과 공개토론이 가능한 표현이라면 얼마든지 최대한 보장되어야 마땅하지만 상대방의 존재를 부정하고 토론 자체를 봉쇄하는 표현에 대해서는 일정한 제한이 필요하다. 그렇지 않을 경우 오히려 민주주의가 질식될 수 있기 때문이다"

명시적으로 언급하지는 않았지만, 반대의견은 '종북', '주사파' 등의 표현이 이른바 혐오표현(hate speech)[16]이 될 수 있다는 점을 염두에 둔 것으로 읽히기도 한다. 실

---

16) 혐오표현(hate speech)에 대한 법적인 정의가 마련되어 있지는 않으나, 대체로 이는 '인종, 성, 연령, 민족, 국적, 종교, 성 정체성, 장애, 정치적 견해 등에 관한 특정 소수자 집단에 대한 편견, 폭력을 부추길 목적으로 이루어지는 의도적인 폄하, 위협, 선동' 등의 의미로 받아들여진다. 이와 관련해서는 박해영(2015. 3). 혐오표현(hate speech)에 관한 헌법적 고찰 <공법학연구>, 16권3호 참고.

제로 2010년대 초반부터 본격화된 '종북 낙인찍기'는 여러 사회정치적 현안에 대하여 특정한 입장을 지지하는 사람들의 발언권을 배제하기 위한 목적으로 진행되었다고 보는 견해가 많다. 역사교과서 국정화, 사드 배치 논란, 테러방지법 등과 관련한 찬반 입장이 갈등하는 국면마다, 보수 세력의 입장에 반대하는 사람들을 '종북'이라는 프레임을 씌워 공론장에서 축출하기 위한 시도는 곳곳에서 이루어졌고, 급기야 2013년 인터넷에서는 '종북 셀프테스트'가 유행처럼 퍼지기까지 했다. 북한을 추종하는 입장을 전혀 가지고 있지 않은 사람들을 무더기로 '종북'으로 규정해 공격하는 것을 혐오표현의 일종으로 보아야 한다는 주장이 나오는 것은 이러한 맥락 때문이다.

혐오표현의 해악이 심각한 문제로 받아들여지는 것은, 그것이 단순히 표현의 대상이 된 당사자들에게 불쾌감이나 모욕감을 주는 것을 넘어, 이들에 대한 차별과 배제로 이어지기 때문이다. 그래서 혐오표현을 규제하는 것은 "모욕, 불쾌감, 상처를 주는 말로부터 사람들을 보호하는 것이 아니라 사회 구성원들이 적대, 배제, 차별, 폭력을 당하지 않고 여러 구성원들과 함께 더불어 살아갈 수 있는 공존의 조건을 지키는 일로 이해되는 것이다.17)

혐오표현을 규제하여야 하는지, 규제한다면 어느 정도의 수준으로 다루어야 하는지에 대한 의견은 다양할 수 있다. 어떤 표현이나 진술에서 특정 용어가 사용되었다는 이유만으로 그 표현 전체를 혐오표현으로 단정하는 것도 바람직하다고 보이지는 않는다. 다만 앞서 살펴본 것처럼 대법원 판결의 다수 견해는 문제된 표현들이 '혐오표현에 해당하는 위법한 정도'에 이르렀는지 충분히 판단하기 전에, '종북', '주사파'라는 단어들이 그 자체로서 명예훼손에 해당하지 않는 '의견 표명'이라는 결론을 미리 내렸다는 점에서 비판의 여지가 있다. 혐오표현을 이용해 정치적 견해가 다른 사람들에게 낙인을 찍고, 이들의 발언권을 박탈하고자 하는 시도가 오히려 사람들의 일상에 더욱 깊이 파고드는 상황을 감안할 때, 대법원 판결의 다수의견은 '종북', '주사파' 등의 용어가 혐오표현으로 사용될 수 있는 맥락에 대해 지나치게 안이하게 판단한 것은 아닌지 아쉬움이 남는다.

5) 이 판결 이후 정치인의 사상이나 이념 관련 표현에 대한 법원의 판단들

우려스러운 것은, 이 판결 이후 '종북', '주사파' 등의 용어를 사용하더라도 위법하지 않은 것, 다시 말해 이를 법원에 의해 공식적으로 허용된 표현으로 받아들이는 분위기가 형성되었다는 점이다. 이러한 분위기는 이후 법원의 판결들을 통해서도 감

---

17) 홍성수(2018). 말이 칼이 될 때, <서울: 어크로스>.

지된다. 대법원은 이후 변희재가 정치인 이재명에 대하여 "종북에 기생하여 국민들의 피를 빨아먹는 거머리떼들, 종북세력을 은폐하며 손 잡은 건 종북보다 더 나쁜 종북 등으로 표현한 사건,[18] TV방송에서 이정희 전 대표와 심재환 변호사에 대하여 "종북 부부" 등으로 표현한 사건[19] 등에서 위 대법원 판결과 유사한 논리를 들어 명예훼손이 성립하지 않는다는 취지로 판단했다. 위 판결들이 내린 결론이 수긍할 만한 것이었는지 여부와 별개로, 문제가 된 표현이 이루어진 전후 맥락보다는 표현 자체를 "수사적 과장", "비유적 표현", "의견 개진" 등으로 단정하는 방식의 접근이 바람직한지는 의문이다.

Ⅲ 결론

가급적 표현의 내용에 대하여는 검찰이나 법원이 개입을 자제하는 것이 바람직하다. 사회 구성원들 대다수가 동의하지 못하는 극단적인 의견이라도 공론의 장에서 다른 의견을 통해, 반박되는 과정을 통해 자연스럽게 걸러지도록 하는 것이 바람직하다. 더구나 이른바 공적(公的) 인물, 특히 정치 영역에 나선 사람들에 대한 비판적 의혹 제기는 심히 악의적인 공격으로 볼 수 있지 않은 한 폭 넓게 허용되어야 한다는 것이 법원의 확립된 견해이기도 하다. 나아가 악의적인 공격이 이루어졌다고 하더라도, 이에 대하여 손해배상 등 민사적 책임을 지우는 것을 넘어 이를 형사적으로 처벌하는 것은 표현의 자유에 대한 위협이 될 수 있다는 점에서 극도로 신중해야 할 문제이다.

다만 대법원의 판결이라는 것은 문제가 된 해당 사건뿐 아니라, 이후 유사한 사건들에 대한 법원이나 검찰의 판단에 지대한 영향을 줄 수밖에 없다. 법원 역시 그러한 점을 감안하여 판결이 특정한 결론에 이르게 된 논리적 이유를 판결문에서 상세히 설명하는 것이기도 하다. 이 글에서 다룬 대법원의 전원합의체 판결에서 문제가 된 변희재의 트위터 게시글은 표면적으로는 '종북', '주사파' 등의 용어를 사용한 것이지만, 그 배경에는 이러한 표현들을 통해 상대방의 발언권을 약화시키고, 나아가 이를 박탈하고자 하는 일련의 흐름이 자리하고 있다. 이를 적절히 제어하지 않을 경우, 오히려 우리 사회가 두텁게 보호하고 있는 표현의 자유가 심각한 정도로 위협받

---

18) 대법원 2019. 4. 3. 선고 2016다278166(본소), 2016다278173(반소) 판결
19) 대법원 2019. 5. 30. 선고 2016다254047 판결

는 결과로 이어질 수 있다는 점을 대법원 다수의견이 좀 더 적극적으로 고려하였으면 어땠을까 하는 아쉬움이 남는다.

제**2**편

인권보장을 실현하는 적법절차

1

법무검찰개혁의 활동과 성과

김남준(변호사, 법무법인 시민)

I   들어가며

1. 검찰이 개혁되어야 하는 이유

관료권력은 국민주권에 기반한 민주공화국의 국가운영을 보장 및 증진하고, 국가 정책의 효율적인 수행을 위한 수단적 역할을 하는데 그 본래의 기능이 있다. 그러나 관료권력은 그 조직의 이해관계에 따라 권한을 행사하고, 그 권한을 확대하려는 유혹에 빠지기 쉬운 경향이 있어 초과 권력화 할 수 있는 위험도 있다. 우리나라는 해방과 개발독재시대를 거치면서 관료를 이용한 국가와 사회지배가 이루어졌다. 한정된 자원을 이용하여 고속성장을 하기 위한 불가피한 선택이라는 주장도 있으나 관료권력에 대한 민주적통제가 이루어지지 않을 경우 정보의 차단, 정책의 왜곡 등 많은 문제가 발생한다. 관료권력 중에서도 권력기관들이 관료권력의 성격이 강해지면서 그 권한이 지나치게 비대할 경우에는 더욱 심각한 문제가 발생할 수 있다. 권력기관이 통제를 벗어날 경우 기관 자체 고유의 논리와 이익에 따라 국민의 자유와 인권을 직접적으로 침해하는 문제가 발생할 수 있는 것이다. 우리나라는 해방기의 혼란 및 압축성장과정에서 권력기관들에게 많은 권한을 배분해 왔다. 그러나 이미 선진국대열에 진입해있는 현재 한국의 상황에서 권력기관들의 초과권력화 및 권한 남용을 더이상 용인할 수는 없는 것이다.

우리나라는 일제강점기, 해방, 개발독재시대를 거치면서 특수한 역사적 상황과 타협하여 각 권력기관이 초과 권력을 행사하도록 설계되어 있고, 조직도 지나치게 비대하다고 평가된다. 사회의 발전 수준에 맞추어 각 권력기관들이 본래의 기능을 행사할 수 있도록 필요한 정도의 조직과 인원, 권한을 가지도록 재조정할 필요가 있다.

권력기관과 관련된 요소로 열거할 수 있는 것은 크게 정보, 수사, 기소, 재판이다. 이 각 요소를 다루는 권력 기관은 분리하는 것이 원칙이다. 각 기능을 담당하는 기관이 분리되어야 상호 견제 감시를 통해 국민의 자유와 인권을 보장할 수 있는 것이다.

우리나라 검찰은 일제강점기에 일제의 효율적 지배를 위해서 창설되었다. 식민지 사법에 따라서 근대 형사소송법의 일반적 원리가 배제되어 법원의 통제를 거치지 않는 검찰과 경찰의 강제처분이 원칙이 되는 구조였다. 식민지 시절 경찰은 물론, 검찰도 식민지 지배의 도구로 기능했던 것이다. 1954년 형사소송법을 제정하면서 경찰과 검찰의 권한을 어떻게 배분하느냐를 두고 많은 논쟁이 있었다. 검찰과 경찰 모두 일제의 지배도구이기는 하였으나 국민의 자유와 인권에 대한 경찰의 침해 정도가 상대적으로 극심했고, 검찰은 실제 영향력도 상대적으로 미미했다. 또 해방 이후의 혼란기를 거치는 과정에서 친일경찰로 구성된 경찰조직의 만행으로 인하여 경찰에 대한 여론이 매우 좋지 않은 상황이었다. 결국 소수의 검찰인력으로 경찰조직을 통제하기 위하여 검찰을 수사의 주재자로, 경찰을 보조자로 배치하고 검찰에게 수사권, 수사지휘권, 공소제기 및 유지권, 공소취소권, 형집행권 등 재판권을 제외한 형사사법 전반에 관한 권한을 주는 방식으로 입법되었다. 1961년 군사쿠데타 이후인 1961년 9월, 정식입법권을 가지지 않은 국가재건최고회의에서 검찰에 영장청구권을 독점하게 하는 법안이 통과되었고, 같은 내용이 제3 공화국헌법에까지 규정되어 검찰은 재판권을 제외하고, 형사사법 권한의 대부분을 독점하게 되었다. 노태우 정부에서 범죄와의 전쟁을 기화로 검찰수사인력이 획기적으로 증원됨으로써 물리력까지 갖춘 검찰의 권한은 이제 어떤 기관에 의한 통제도 불가능한 지경에 이르게 되었다. 검찰이 가진 비대한 권력은 국민의 자유와 인권에도 큰 위협이 되지만 스스로에게도 버거운 짐이 되고 있다. 그 권력에 대한 통제와 더불어 시대에 맞는 새로운 제도 설계가 필요한 시점이 되었다. 특히 정치권력과 한 몸이 된 검찰국가가 들어서면서 그 폐해는 더욱 심해지고 있어 검찰개혁과 그 권력에 대한 통제는 더욱 절실한 시대적 과제가 되었다.

2. 김대중, 노무현 정부의 검찰개혁

김대중 정부 이전에는 경찰, 군대, 군 정보기관, 정보기관이 검찰보다 더 강한 권력기관이었다. 따라서 검찰개혁의 필요성에 대한 인식은 없었다고 해도 과언이 아니다. 김대중 정부 들어서 '검찰이 바로 서야 나라가 바로 선다'라는 말로 상징되듯이 검찰의 중요성이 인식되기 시작하고 이에 따른 책임성도 요구되었다. 그러나 김대중 정부에서 제도적인 검찰개혁에 대한 인식이 있었다고 보기는 어렵다. 오히려 검찰의 정보기능이 더 강화되었던 시기다. 노무현 정부는 검찰개혁에 상당한 관심을 가지고 주요 정책목표로 내세웠다. 그러나 노무현 정부의 검찰개혁은 실패했다고 평가받고 있다. 노무현 정부는 정치권력이 검찰에 개입하지 않고, 이용하지 않으면 검찰이 자율적으로 개혁을 할 수 있다고 판단하였다고 한다. 그러나 검찰은 이미 그 당시에 관료권력화하여 집단적 이익을 지키는데 충실한 조직으로 변해 있었다. 결국 노무현 정부의 검찰개혁은 사법개혁의 주요 의제로 포함되지도 못한 상태에서 대선 자금 수사를 기점으로 좌초되었다.

3. 문재인 정부의 검찰개혁

문재인 정부는 촛불정국을 통해 드러난 국민의 열망과 참여정부에서의 검찰개혁 실패를 거울삼아 정권 초기에 검찰개혁을 최우선 국정과제로 삼았다. 각 권력기관에 별도의 위원회를 만들어 제도개혁을 추진하였다. 이하에서 설명할 법무검찰개혁 관련 내용도 여러 위원회 중 법무부에 설치된 위원회에서 논의하고 의결한 권고를 중심으로 하였다. 문재인 정부는 법무부, 행안부와 사이에서 수사권조정에 대한 합의를 이루어 내었다. 검경수사권 조정 과정을 통하여 검찰이 6대범죄만을 수사할 수 있도록 하는 방향으로 형사소송법, 검찰청법을 개정하였으며, 우여곡절 끝에 공수처도 설립하였다. 대선 후에 검찰의 수사권을 경제, 부패범죄의 2대범죄로 제한하는 법률이 통과되었다. 윤석열 정부 들어서 시행령을 통하여 검찰의 수사권을 확대하고 행정부 전 영역에 걸쳐 검찰의 영향력이 가속화되고 있지만 이미 진행된 제도적인 변화를 쉽게 뒤로 돌리기는 힘들 것이라는 측면에서는 성과가 있다고 볼 수 있다. 그러나 검찰공화국의 탄생, 시행령을 통한 입법의 무력화, 이를 통한 검찰수사권의 확대라는 현 상황에서 평가해보면 문재인 정부의 검찰개혁은 성공했다고 보기는 어렵다. 이하 문재인 정부의 검찰개혁 관련 내용 중 법무부에서 2회에 걸쳐 만들어진 1, 2기 법무검찰개혁위원회에서 논의하고 발표한 권고를 중심으로 문재인 정부에서 법무검찰개혁의 핵심과제를 무엇으로 설정했는지 살펴보고 남은 과제에 대해 살펴보고자 한다.

Ⅱ   1기 법무검찰개혁위원회

1. 출범

1기 법무검찰개혁위원회는 문재인 정부의 초대 법무장관인 박상기장관 이 임기를 시작하면서 법무부에 법무검찰개혁을 위하여 만든 조직이다. 2017. 8. 9. 발대식 및 1회 회의가 열렸다.[1] 문재인 정부가 출범한지 3개월이 되는 날이었다. 1기 법무검찰개혁위원들은 위원장 및 위원 16인을 모두 외부인사로 구성하였다.[2] 검찰개혁위원회, 경찰개혁위원회, 국정원발전위원회 등 다른 위원회와 구별되는 특징적인 점이었다. 법무검찰개혁위 발대식 하루 전날 문무일 검찰총장은 대검찰청에 검찰개혁위원회를 설치하겠다고 발표하였다. 법무부가 검찰개혁을 주도하는데 대해서 검찰이 견제하는 모습으로 해석되었다.

2. 활동 내역

1기 법무검찰개혁위원회에서는 위원들이 제기하는 주제와 법무부에서 작성한 안을 토대로 논의가 이루어졌다. 위원회는 법무부 탈검찰화, 공수처, 수사권 조정 등 주요 개혁과제에 대해서 토론하고 권고를 했다. 활동을 시작한지 2주 정도가 지난 2017. 8. 24. 1호로 법무부 탈검찰화 권고안을 발표하였고, 2호로 2017. 9. 18. 고위공직자범죄수사처신설 권고안을 발표하는 등 중요한 권고안들을 발표하였다. 고위공직자범죄수사처신설 권고안은 법무부 TF와 국회를 통과하는 과정에서 권한과 규모가 축소되는 우여곡절도 겪었다. 위 권고안 외에도 검찰과거사위원회 설치 권고안, 수사권조정권고안 등을 발표하였다. 1기 법무검찰개혁위원회는 1년간 활동하였고, 활동을 종료한 후 활동내용을 기재한 백서를 발간하였다. 백서를 중심으로 그 권고안 및 주요 내용을 살펴보기로 한다.

---

1) 1기 법무검찰개혁위원회 백서 11쪽
2) 2017. 8. 9. 연합뉴스 '검찰개혁 본격화' 법무검찰개혁위 발족, 위원장 한인섭

3. 권고안의 개요

1) 법무부 탈검찰화(1차 권고)[3]

위원회의 첫 번째 권고로서 2017. 8. 24. 발표하였다. 검찰중심으로 운영되어 온 법무부가 본연의 기능을 되찾고, 국민의 신뢰를 받는 전문적인 법치행정을 구현할 수 있도록 하는 데 목적을 둔 권고다. 직제개정뿐만 아니라 법무부의 실, 국장 및 과장급인사, 평검사 인사와 관련한 구체적인 일정까지 담긴 권고안이다.

2) 고위공직자범죄수사처 신설(2차 권고)[4]

여러 차례 집중적인 토론을 거쳐 9. 18. 발표한 권고안이다. 기존 제도로는 고위공직자의 권력형 비리를 제대로 막을 수 없으므로 권력으로부터 독립한 기구의 필요성 및 특히 검찰에 대한 견제기구로서 고위공직자범죄수사처의 중요성이 부각되고 있는 시대적 요구를 반영한 권고다. 명칭, 수사대상, 공수처검사의 임명, 퇴직 후 임용제한, 다른 수사기관과의 관계 등에 대하여 토론한 후 법안까지 작성해 권고하였다.[5] 많은 언론은 공수처가 지나친 권한을 가진 것으로 우려하는 논조가 강했다. 그러나 위에서 살핀 바와 같이 법무부와 국회를 통과하는 과정에서 고위공직자 범죄수사처는 그 기능 및 위상이 상당히 실추되고 말았다.

3) 검찰과거사조사위원회 설치 권고(3차 권고)[6]

9. 29. 검찰의 과거 인권침해와 검찰권 남용사례에 대한 진상을 규명하고 진정한 사과와 반성을 통해 유사사례가 재발하지 않도록 하기 위하여 검찰의 과거사를 조사할 기구로 위원회를 설치하도록 권고한 것이다. 조사위원회의 명칭, 설치와 관련한 사항, 조사대상, 조사위원회의 구성 및 활동, 산하의 조사단 구성 등에 대하여 자세하게 규정하여 권고하였다. 조사대상사건으로 검찰권 행사가 잘못되었음이 무죄판결을 통하여 확인된 사건, 검찰권이 행사되는 과정에서 인권침해의혹이 제기된 사건, 국가기관에 의한 인권침해의혹이 상당함에도 검찰이 수사 및 공소를 거부하거나 현저히 지연시킨 사건 등을 예시하였다. 이 권고에 따라 검찰과거사조사위원회 및 조사단이 구성되어 활동을 개시하였다.

---

3) 1기 법무검찰개혁위원회 백서 21쪽
4) 1기 법무검찰개혁위원회 백서 29쪽
5) 2017. 9. 19. 국민일보 수퍼공수처,고위공직자 범죄 캔다. 막강한 제3 수사기관
6) 1기 법무검찰개혁위원회 백서 61쪽

4) 과거사 재심사건 관련 적절한 검찰권 행사(4차 권고)[7]

9. 29. 과거사 재심사건과 관련하여 검찰권을 적정하게 행사하도록 권고한 것이다. 피고인이 무죄인 것이 명백한 경우 법원의 재심개시결정에 대한 항고 및 재심 무죄 판결에 대한 상소를 지양하고, 피고인의 재심청구가 없는 경우에도 직권으로 재심을 청구해야한다고 권고하였다. 과거사 재심사건에서 무죄를 구형하였다가 징계처분을 받은 임은정 검사에 대한 징계조치 시정 및 실질적인 피해회복조치가 이루어져야한다고 권고한 점은 구체적 개인에 대한 조치를 언급했다는 점에서 특징적인 부분이다.[8] 검찰도 위 권고에 발맞추어 TF를 구성하여 과거사 사건에서 직권으로 재심을 청구하기 시작하였다.

5) 인권보장 강화를 위한 인권보호수사준칙 개정(5차 권고)[9]

12. 7. 발표된 권고안이다. 그 동안의 검찰 수사 과정에서 사건관계인들의 인권을 실질적으로 보장함에 소홀하거나 부적절하다는 비판이 있어 왔으므로, 피의자 등 사건관계인의 인권을 보장하는 방향으로 인권보호수사준칙을 개정할 것을 권고하였다. 변호인 없이 하는 피의자 면담 불허, 심야조사 금지, 피의자의 휴식권 보장, 피의자와 관련된 사항을 기재하여 수사기록에 편철할 것, 다른 사건이나 타인의 사건을 통하여 심리적으로 압박하는 수사 금지, 메모권 등에 관한 내용을 인권보호수사준칙에 반영할 것 등 수사과정에서 발생할 수 있는 인권침해를 예방하기 위한 내용을 담았다.

6) 고문조작 등 반인권적 범죄피해자를 위한 국가배상 및 소멸시효 관련 권고안 (6차 권고)[10]

12. 7. 5차 권고안과 같은 날 발표한 권고안이다. 권위주의 정부가 통치하던 시기에 불법구금, 고문, 증거조작 등 공권력을 이용한 국가의 반인권적 범죄로 처벌받은 사례가 많았는데, 그 피해를 구제하기 위한 조치를 취하여야한다는 것을 확인하였다. 특히 2013년에 대법원이 위와 같은 사례에 대해 소멸시효를 대폭 단축시켜버리는 바람에 국가배상의 범위가 축소되었는데[11] 구체적인 사건에서 소멸시효 항변을 하지 않을 것을 정부정책으로 채택할 것 및 법률안 제정 등을 통하여 소멸시효를 배

---

7) 1기 법무검찰개혁위원회백서 73쪽
8) 2017. 9. 29. 이투데이 법무검찰개혁위, '무죄 명백한 과거사, 검사 직권재심청구하라'
9) 1기 법무검찰개혁위원회 백서 81쪽
10) 1기 법무검찰개혁위원회 백서 91쪽
11) 2018. 1. 19. 40년 전에는 '인혁당 가족' 꼬리 붙이더니 이제 '빚쟁이' 만들어 괴롭힌다.

제할 것을 촉구하였다.

7) 검찰 내 성폭력 관련 권고(7차 권고)[12]

2018. 1. 30. 위원회가 권고한 것으로서 검찰 내에서 발생한 구체적 성폭력 사건과 관련된 것이다. 2018. 1. 29. 창원지검 통영지청 서지현 검사가 검찰 내부 게시판에 2010년 발생한 전 법무부 검찰국장에 의한 강체추행 및 그 이후 인사상 불이익 조치에 관한 글을 게재하였고[13], 이에 따라 위원회가 긴급 안건으로 선정하여 논의하였다. 위원회는 법무부와 검찰이 이 사건을 정확하게 인식하고 엄정하게 대처해야 한다는 점, 외부전문가로 구성된 '진상규명위원회'를 발족하여 사건의 진상을 철저히 규명하고, 검찰 내 성폭력 실태에 대한 전수조사를 할 것을 권고하였다. 위원회는 추후에 법무 검찰 내 성평등 문제 전반에 대한 진단과 대책에 대하여 심도있게 논의하고 종합적으로 권고할 예정임을 밝혔다. 후속권고로 진상규명위원회 및 조사팀 설치를 권고하여 2018. 2. 2. 법무부는 '법무부 성희롱, 성범죄 대책위원회'를 발족하였다. 대검에서는 법무부대책위원회와 별도로 외부인사가 참여하는 조사단을 구성하였고, 별도의 위원회를 구성한다고 발표하였는데 위원회는 이 점에 대하여 셀프조사의 위험성에 대하여 우려를 표하였다.

8) 검경수사권 조정(8차 권고)[14]

위원회는 10차례의 논의를 거쳐 2018. 2. 8. '검경수사권 조정의 방향과 주요 쟁점에 관한 권고안'을 도출하여 발표하였다. 공수처설치권고안과 더불어 제도적 개혁에 관한 가장 핵심적인 권고안이라고 할 수 있다. 검경수사권조정이 단순히 수사기관의 권한 배분 문제가 아니라, 국민을 위한 수사구조개혁이라는 차원에서 결정되어야 하며, 실체적 진실의 발견을 위한 효율적 수사체계의 구성, 인권옹호와 적법절차의 실현, 권한의 집중과 남용을 막기 위한 기관 간 견제와 균형이 이루어질 수 있는 방향으로 논의되어야한다는 점을 명확히 하였다. 핵심 내용으로는 검경관계를 지휘복종 관계가 아닌 상호협력관계로 바꾸고, 그러면서도 검사의 사법경찰관리에 대한 견제, 감독 기능은 유지하도록 하였다. 검사장은 수사와 관련하여 일반적 수사준칙이나 지침을 마련하도록 하고, 일정 범위의 사건에 대해서는 검사가 경찰에 대한 수사요구

---

12) 1기 법무검찰개혁위원회 백서 95쪽
13) 2018. 1. 31. 아주경제 서지현 검사 너무 늦은 고백? 성범죄 2013년6월19일 전후 구분하는 이유
14) 1기 법무검찰개혁위원회 백서 103쪽

를 할 수 있도록 하였다. 경찰의 수사종결권은 인정하지 않고, 검사의 영장기각에 대하여 사법경찰관이 이의를 제기할 수 있도록 하며, 이와 관련하여 각급 검찰청에 영장심의위원회를 두도록 하였다. 검사의 1차적 직접수사는 부패범죄, 경제 금융범죄, 공직자 범죄, 선거범죄 등으로 한정하고, 경찰 관련 범죄 등에 대해서도 검사가 수사할 수 있도록 하면서 검사의 인권용호기관으로서의 역할을 유지하게 하는 것이었다. 위 권고안의 내용이 상당 부분이 반영된 형사소송법 검찰청법개정안이 국회를 통과하게 되었다.

9) 검사장 관련 제도 및 운용의 시정 필요 권고(9차 권고)[15]

2018. 4. 5. 발표된 권고안이다. 2004년 검찰청법 개정으로 검사장 직급이 폐지되었음에도 검사장 승진과 관련하여 직급이 사실상 유지되어 온 측면이 있으므로 검사장 제도를 법과 원칙에 맞게 시정할 필요에서 한 권고다. 검사장 제도가 실질적으로 유지됨으로써 위계적 서열구조가 온존하고, 승진을 둘러싼 인사 경쟁이 과열되는 문제가 있었다. 또한 검사장은 차관급이 아닌데도 대검검사급 이상의 검사를 차관급으로 대우하여 전원에게 전용차량을 배정하고, 집무실의 기준면적은 차관급 공무원의 사무실면적보다 더 넓게 설정한 문제 등이 있어 이러한 점을 형평에 맞게 시정하도록 권고한 것이다.[16]

10) 법무검찰의 성평등 증진(10차 권고)

2018. 5. 2. 권고안이다. 2017. 11.부터 법무부 내 일반행정직, 보호직, 교정직, 출입국, 검사, 검찰수사관 등 각 직역별로 6회에 걸쳐 포커스 그룹 면접 및 설문조사를 실시하고, 이를 토대로 논의한 끝에 권고안을 도출하였다. 성평등 증진은 단순히 현상적인 성차별적 요인을 해소하는 것에 그치지 않고 권위적, 비민주적 조직문화를 탈피할 수 있도록 지속적이고 궁극적인 정책실현을 목표로 해야한다는 점을 밝혔다. 구체적으로 인사와 관련하여 인사혁신처에서 수립한 균형인사제도 중 여성대표성 목표비율과 여성관리자 목표 비율을 달성할 수 있도록 하고 비중 있는 보직에 성별 비율에 따른 배치를 할 수 있도록 하며, 일, 생활 균형을 위한 구체적인 조치를 취하고, 실질적인 성희롱, 성폭력, 예방과 대처 방안을 마련하며, 법무부 내 성평등 위원회 및 성평등 정책담당관실을 신설할 것을 권고하였다. 상당한 기간이 경과한 2020

---

15) 1기 법무검찰개혁위원회 백서 115쪽
16) 2018. 4. 5. 연합뉴스 법무검찰개혁위 "검사장 없애고 처우 낮추라" 한목소리

년에야 양성평등정책위가 신설되었다.[17)]

11) 검사의 타기관 파견 최소화(11차 권고)[18)]

2018. 5. 4. 검사의 타기관 파견에 대한 문제점과 개선방안을 논의한 끝에 권고안을 발표하기에 이르렀다. 2018. 4. 기준으로 검찰은 35개 기관에 60명의 검사를 파견하고 있었다. 검사의 타기관 파견은 합리적인 사유나 파견기간을 고려하지 않은 채 상시적으로 이루어지고 있었고, 검찰청의 인력 부족과 업무과중에도 불구하고, 일부 검사들의 휴직이나 승진코스가 되어 온 관행이 없지 않다는 비판이 제기되어 온 점을 고려하여 타기관 기관장의 법률자문관 역할만을 위하여 검사를 파견하는 것을 중단하고, 본래 직무와 구체적이고 명확한 관련성이 있는 경우에만 파견이 이루어질 수 있도록 하는 내용으로 권고한 것이다.[19)] 구체적으로 직무와의 관련성, 변호사등 다른 법률가로의 대체 불가능성, 기관간 협력의 구체적 필요성, 파견기관의 의사존중 등을 그 기준으로 삼아야한다는 점을 밝혔다. 윤석열정부 이후에는 검사의 타기관 파견이 문제가 아니라 검사가 행정부 전 영역을 장악하는 문제로 확대되었다.

12) 공안기능의 재조정, 법무부검찰국의 탈검찰화, 젠더폭력관련법 재정비(12, 13, 14차 권고)[20)]

위 각 권고안은 2018. 6. 21. 동시에 발표되었다.[21)] 여러 주제를 동시에 논의하다가 논의가 성숙하여 하루에 발표한 것이다. 공안기능의 재조정권고안은 공안개념부터 재정립할 것을 요구했다. 공안개념은 국가안보와 공공질서를 직접적으로 위태롭게 하는 분야로 한정하고, 노동 선거 분야는 공안에서 분리하여 각 전문분야에 따른 전담, 전문검사 체제로 개편하고, 범죄수사와 무관한 동향정보 수집활동과 기획기능을 축소, 재점검할 것을 권고한 것이다. 공안사건의 거의 90%가 근로기준법 위반사건인바, 노동사건을 공안사건으로 분류하는 것은 적절하지 않으며, 노동사건의 공안형법화의 영향으로 노동사건에 대한 불공정한 법집행이 있어왔다는 반성적 고려가 필요하다는 차원에서 한 권고이다.

법무부 검찰국의 탈검찰화권고는 2017. 8. 24에 한차례 한 바 있으나 당시 검찰국

---

17) 2020. 3. 30. 경향신문 법무부'양성평등정책위'신설 … 권고받은 지 2년만에
18) 1기 법무검찰개혁위원회백서 131쪽
19) 2019. 9. 27. 내일신문 검사의 타기관파견 축소, 이번엔 성공할까"검사 외부파견 60명, 전체 검사의 2.8%"
20) 1기 법무검찰개혁위원회백서 137, 145, 147쪽
21) 2018. 6. 22. 로리더 법무검찰개혁위, 공안기능재조정, 검찰국 탈검찰화 등 권고

의 탈검찰화는 별도로 논의하기로 하였다. 검찰국 탈검찰화는 검찰국의 문호를 개방하여 외부전문가를 영입하고, 형사법제과는 법무실로 이관하며, 탈검찰화 차원에서 검사로만 임명하던 직위에 비검사도 임명될 수 있도록 하도록 권고하였다.

젠더폭력 관련법 재정비 권고는 젠더폭력관련 법률이 정비되어 있지 않고, 실효성 있는 제도가 정비되어 있지 않다는 문제의식 하에 형법 및 각 성폭력 관련 특별법으로 퍼져있는 처벌규정을 통합 재정비하고, 불법촬영물등 사이버성 폭력 규제를 현실화하며, 스토킹방지법을 제정을 추진하고, 형법 제 32장의 제목을 현행 강간과 추행의 죄에서 성적 자기결정권의 침해 등으로 보호법익을 명확히 하고, 가정폭력 등 젠더 폭력법령체계를 재정비하는 것등을 권고하였다.

Ⅲ 기타 권력기관 관련 위원회의 활동

1. 검찰개혁위원회 등의 활동 및 권고

대검에 설치된 검찰개혁위원회는 2017. 9. 외부위원 16인과 내부위원 2인으로 출범하여 2017. 10. 30. 검찰 과거사 관련, 과거사 피해자에 대한 검찰총장의 직접 사과 및 조사위원회 설치 권고를 시작으로 검찰수사 적정성 확보 방안 등 16차례 권고를 하였다. 권고 내용은 검찰의 수사나 기소 과정 등 실무적 관점에서의 인권보장을 기하기 위해서 발표한 내용이 많이 포함된 것이 특징적이다. 그러나 수사권 조정안에 대해서 검찰의 입장을 대변하는 등으로 검찰의 영향을 받은 것으로 보이는 의견을 내기도 하였다. 검찰개혁위원회는 설치 주체, 인원 구성 문제 등으로 혁신적인 권고안을 내지는 못한 것으로 평가되고 있다.[22]

검찰과거사위원회는 2017. 12. 12. 9명의 위원들로 구성되었고, 대검찰청은 2018. 2. 6. 검찰과거사위원회에서 선정한 진상조사 대상 사건을 조사하기 위하여 '검찰과거사 진상규명을 위한 대검찰청 진상 조사단'을 설치하였다. 위원회는 김근태고문 은폐사건, 형제복지원 사건, 김학의 차관 사건 등을 조사하였다. 과거 검찰이 처리한 사건 중에서 의문이 있었던 17건의 사건을 조사하여 검찰의 과거사를 돌아볼 수 있었다는 점에서 성과를 보였으나 사건 조사 과정에서 조사단원들 간의 의견 불일치, 임기연장 등 문제로 내홍이 있었다는 평가를 받았다.[23]

---

22) 검찰개혁위원회 1년의 기록 참조

2. 경찰개혁위원회

검찰개혁과 직, 간접적으로 관계되어 있는 위원회로서 경찰개혁위원회는 다른 위원회보다 먼저인 2017. 6. 16. 설립되었다. 19명의 위원으로 구성되었고, 인권보호, 자치경찰, 수사개혁 3개 분과로 나누어 경찰의 문제점을 진단하고, 향후 수사권 조정 등이 이루어진 후 경찰권 비대화를 막을 수 있는 대책을 수립하였다. 30건의 권고안을 발표하였는데, 권고 내용이 충실하다고 평가된다.[24] 경찰개혁위원회의 경찰인권침해사건 진상조사위원회 구성에 관한 1호 권고에 따라 별도 조직으로 인권침해진상조사위원회가 구성되어 경찰에 의하여 행해진 과거의 인권침해사건을 조사하였다.

3. 국정원개혁발전위원회

국가정보원에는 2017. 6. 국정원개혁발전위원회가 위원장 외 외부위원 10인(원부서장 출신 3인, 시민단체 3인, 감사원 출신 1인), 내부위원(기조실장, 방첩차장)등 13인으로 구성되었고, 위원회 산하에 적폐청산, 조직쇄신 TF가 구성되었다. 국내정보파트 폐지, 댓글 사건 민간인 팀장 수사 의뢰 권고 등의 활동을 하였다.

Ⅳ   2기 법무검찰개혁위원회

1. 출범

2019. 7. 윤석열중앙지검장이 검찰총장에 취임하였다. 여러 총장 후보가 있었으나 윤석열 중앙지검장이 적폐청산을 주도적으로 이끈 점이 고려된 인사라고 평가되었다. 2019년 8월 대통령은 조국 민정수석을 법무부 장관으로 지명하였다. 조국 민정수석은 장관 후보로 지명되자 강한 검찰개혁 의지를 천명했다. 당시 문재인 정부는 검찰조직을 동원하고, 키워가면서까지 적폐청산 수사, 사법농단 수사를 상당 기간 지속해 왔다는 평가를 받고 있었는데 정권 출범 후 2년이 훨씬 넘어가는 시점에서 검찰개혁을 할 수 있을지 우려가 있었다.

법무부 장관청문회가 진행되는 도중에 장관 본인과 가족이 범했다는 위법행위들이

---

23) 검찰과거사위원회 자료집 참조
24) 경찰개혁위원회 백서 참조

언론에 대서특필되기 시작하였다. 일간지 대부분의 지면을 도배하고 공해 수준의 많은 양의 방송보도가 계속되었다. 검찰과 유착된 언론의 힘이 막강하고, 검찰은 무소불위의 권한을 가진 조직이라는 사실이 다시 확인되고 있었다. 검찰개혁의 동력이 점점 약화 되고 있는 상황에서 9. 9. 대통령은 조수석을 법무부 장관에 임명하였다.

조국법무부장관은 행정부 단독으로 가능한 검찰개혁을 먼저 진행하겠다고 발표하였고 장관 취임 직후 바로 검찰개혁추진단이 구성되었다. 또 2기 법무검찰개혁위원회도 출범시킬 계획이라고 발표했다[25),26)] 위와 같은 분위기에서 원래는 예정에 없었던 2기 법무검찰개혁위원회가 출범되었다.

2. 주요 활동 내용

2기 위원회는 2019. 9. 30. 출범하여 1년간 활동하였다. 1년 동안 50차례 회의를 하였고, 25회에 걸친 권고를 하였다. 2기 위원회는 1기 위원회와는 달리 현직 검사와 검찰공무원 등 내부 구성원도 위원으로 참여하였다. 국회 입법을 거치지 않고 행정부 내부에서 할 수 있는 개혁안 구상을 위해서 필요하다는 취지였다. 2기 위원회가 출범한 지 2주 만에 조국법무부 장관이 사임하였다. 위원회는 장관이 공석인 상태에서도 계속되어야 한다는 위원회의 결의에 따라 계속 유지되어 1년 임기를 마쳤다. 3달 이상 장관이 공석인 상태에서 위원회가 계속 운영되었고, 추미애 법무부장관이 취임한 후에도 원래의 조직이 그대로 유지되었다. 위원회가 진행되는 과정에서 일부 위원의 국회 출마등으로 위원들의 교체 및 추가 선임이 진행되었다.

3. 권고안의 개요

1) 검찰직접수사 축소, 형사공판부로의 중심 이동 권고(1차 권고)

2019. 9. 30. 법무검찰개혁위원회 출범식 후 열린 1차 회의 후 권고한 것이다. 1차 권고는 검찰개혁의 방향을 표명한 것으로서 '검찰 직접수사 축소'와 '형사,공판부로의 중심 이동'을 그 내용으로 하고 있다. '1. 검찰개혁의 기본방향 – 검찰개혁은 검사 본연의 권한을 공정하게 행사하기 위한 조직체계, 인사, 제도, 문화, 민주적 통제방안 등을 갖추는 것을 지향해야 한다. 2. 우선 착수 사항 – 검찰의 직접수사 축소, 형

---

25) 2019. 9. 11. 케이비에스 조국 법무장관 '검찰개혁위 신속 발족'지시 '비법조인 참여 확대'

26) 2019. 9. 23. 한국일보 검찰개혁추진단 본격 가동 2기 개혁위 준비

사, 공판부로의 중심 이동 등을 위하여 검찰청 사무기구에 관한 규정, 검사인사규정, 검사전보 및 보직 관리 등에 관한 규칙 등의 개정을 위한 실무작업에 즉시 착수하고, 관련 자료를 신속하게 제출할 것을 권고한다. 향후 논의 사항－검찰권의 공정한 행사를 위한 감찰제도 실질화 방안을 우선적으로 논의하기로 한다.' 내용으로 되어 있고, 향후 1차 권고의 부족한 부분을 보완하기 위하여 '추가적인 직접 수사 축소, 형사, 공판부로의 중심 이동 방안에 관한 논의는 추후 계속하기로 한다'라는 내용이 부가적으로 기재되어 있다.[27]

2) 감찰권 실질화 권고(2차 권고) 및 검찰개혁 4대기조 발표

10. 7. 감찰권실질화와 관련된 권고가 있었다. 대검의 자체 감찰은 모두 폐지하고, 법무부의 2차적 감찰권을 규정한 법무부 감찰규정을 삭제하여 법무부가 직접 검찰에 대한 감찰을 할 수 있도록 하는 것이 감찰권 실질화 권고의 주요 내용이다. 그리고 감찰관, 감찰담당관 등의 직위에 검사가 임명될 수 있도록 한 규정을 삭제하고, 법무부감찰의 독립성 및 중립성 확보를 위하여 감찰위원회의 독립성을 강화하는 등의 방안을 마련해야 한다는 내용이다.

검찰개혁 4대기조는 ① 비대해진검찰조직의 정상화 및 기능전환, ② 검찰조직의 민주적통제와 내부투명성 확보(검찰조직 운영의 정상화), ③ 검찰권 행사의 공정성, 적정성 확보, ④ 수사과정에서의 국민의 인권보장 강화로 정했다. 6가지 신속과제로는 <비대해진 검찰조직의 정상화 및 기능전환>과 관련하여 ① 법무부탈검찰화의 신속한 완성방안 검토, <검찰조직의 민주적 통제와 내부투명성확보>와 관련해서는 ② 검찰국의 탈검찰화, 기능 조정, ③ 투명하고 공정한 사건배당 및 사무분담시스템 확립, <검찰권 행사의 공정성, 적정성 확보>와 관련해서는 ④ 표적수사(선별수사, 별건수사)에 대한 실효성 있는 통제방안 검토, ⑤ 수사단계에서의 전관예우 근절 방안 검토, <수사과정에서의 국민의 인권보장 강화>와 관련해서는 ⑥ 수사과정에서의 당사자의 인권보장 강화를 선정하였다.[28][29]

---

27) 2기법무검찰개혁위원회 백서 27－28쪽
28) 2기 법무검찰개혁위원회 백서 369쪽－375쪽
29) 2019. 10. 7. 머니투데이 법무검찰개혁위 4대 검찰개혁 6개 신속과제 선정

3) 이행점검 TF 결성 결의, 장관의 사퇴와 위원회 계속 결의, 법무부탈검찰화권고 (3차 권고)

10. 11. 4차회의가 개최되었다. 회의 과정에서 과거 1기법무검찰개혁위권고안과, 대검검찰개혁위의 권고안에 대하여 그 이행을 점검하는 이행점검 티에프를 만드는 것으로 의결하였다.

5차 회의는 10. 14. 월요일에 개최되었다. 당일 조국 장관이 사퇴하였다. 회의 개최 전에 위원들에게 위원회의 존속 여부에 대한 논의 끝에 위원회를 존속하는 것으로 의견이 모였다. 위원회 계속결의 사실을 브리핑을 통해 발표하였다. 10. 18. 3차 권고를 발표하였다. 법무부를 전면적으로 탈검찰화 하는 내용으로 이행 시기까지도 표기된 내용이다. 격론이 있었으나 위원들의 다수 의견은 법무부를 전면적으로 탈검찰해야한다는 것이었다.

4) 사무분담 및 사건배당기준위원회 설치(배당절차투명화)권고(4차 권고)와 검찰 직접수사부서 검사 인원 및 내부파견제한 권고(5차 권고)

10. 21. 4차 권고인 '사무분담 및 사건배당기준위원회 설치권고,'[30] 5차권고인 '검찰 직접수사부서 검사 인원 및 내부파견제한 권고'[31]를 발표하였다.[32] 4차 권고안은 각 검찰청에 민주적으로 선출된 직급별 검사대표, 일반직 검찰 공무원 대표, 외부 위원 등이 참여하는 '사무분담 및 사건배당기준위원회'를 설치하고 해당 위원회를 통해 사무분담 및 사건배당에 관한 투명하고 공정한 기준을 마련하라는 내용이었다. 규칙안도 첨부되어 있다. 배당절차의 투명화로 전관예우 불신 차단, 검찰 내부의 '과도한 상명하복 문화'불식, 직제에 드러나지 않는 은밀한 직접수사부서 운용방지, 인사평가의 공정성, 객관성 증대 등을 이루는 데 설치목적이 있다.

5차 권고안인 인원 및 내부파견 제한권고안은 형사부 강화 방안의 일환으로서 직접수사부서 문제, 내부파견 기간 및 인원제한 문제를 다루었다. 검찰직접수사 부서 인원은 부장을 제외하고 5인 이내로 하는 등을 내용으로 하여 권고했다. 검찰 외부에서는 인식하기 어렵지만 내부에서는 중요하게 생각하는 주제다.

---

30) 2기 법무검찰개혁위원회 백서51쪽-64쪽
31) 2기 법무검찰개혁위원회 백서 64쪽-68쪽
32) 2기 법무검찰개혁위원회 백서 399쪽-405쪽

5) 대검찰청 등의 정보수집기능폐지 권고(6차 권고)

2019. 10. 28. 정보수집기능폐지권고안이 발표되었다.[33] 대검과 서울중앙지검 등에 있는 정보기능을 담당하는 부서를 폐지하고, 각급검찰청의 장이 사회적 불안을 조성할 우려가 있는 경우, 정당 사회단체의 동향이 사회질서에 중대한 영향을 미칠 우려가 있는 경우' 등에 대검에 정보보고를 하도록 되어 있는 검찰보고사무규칙 8조 내지 10조를 개정하라는 내용이다. 이는 대검 등에 집중된 정보수집기능을 전면 폐지하고, 특정 목적을 위한 표적적 정보수집을 방지하여 직접수사부서의 권한을 축소하고, 유휴인력을 형사부, 공판부에 투입하는 등으로 검찰 본연의 입무에 충실할 수 있도록 하는 것이다. 검찰은 당시 수사정보만 수집하고 있다고 주장하면서 사실을 잘못 파악하고 권고한 것이라고 반발하였으나 그후 손준성검사사건 등을 통하여 그 당시에도 광범위하게 정보수집을 하고 있다는 사실이 확인되었다.

6) 이의제기권의 실질적 보장을 위한 관련 지침 개정 권고(7차 권고)

11. 11. 검사의 이의제기권을 실질적으로 보장하기 위하여 관련 지침을 개정하라는 내용의 권고를 하였다. 과거 검찰청법 개정으로 검사의 이의제기권을 실질화하는 조치를 취했다. 그러나 이의제기 전에 상급자와 숙의를 거치게 하는 등 현실성 없는 절차와 상명하복적인 검찰의 조직 특성으로 인하여 실제로 이의제기권은 단 한 번도 행사되지 않았다고 한다. 이를 개선하기 위한 것으로서 주요내용은 이의제기 전 상급자와의 숙의 조항을 삭제하고 이의제기서 제출 대상을 관할 고등검찰청장으로 변경하며, 위원회 등의 심의 의결을 거치게 하고, 수명의무와 불이익금지조치 및 이의제기 담당자를 면책하는 내용 등이었다. 지침의 개정안까지 작성하여 첨부하였다.

7) 대검찰청등의 감사원 정례감사 제외 관행 폐지권고(8차 권고)

11. 18. 대검찰청 등의 감사원 정례감사 제외 관행 폐지 권고를 하였다.

대검찰청이 검사정원법시행령에 규정된 정원 외 인원을 축소하고, 존속기간이 지난 비직제기구를 폐지하거나 기존 정규조직으로 이관하도록 하며, 대검찰청 등에 대한 감사원 감사의 정례화를 위한 협력과 이행점검이 이루어지도록 지휘감독 할 것을 법무부에 권고하는 내용이다.[34] 검찰은 그동안 감사원 감사를 받아오지 않았는데 일반 국민들은 다른 기관과는 달리 검찰이 감사원 감사를 받아오지 않았고, 문재인 정

---

33) 2019. 10. 28. 서울신문 개혁위, 검찰정보수집 기능 전면 폐지 권고(정치적 악용 우려... 검 반발할 듯)
34) 2기법무검찰개혁위원회 백서 97쪽-104쪽, 434쪽-439쪽

부 들어서야 처음으로 한번, 그것도 지방검찰청 단위에서 받았다는 사실은 잘 몰랐다고 하는 보도가 있었다.

8) 일반검사회의, 수사관회의 구성 등 권고(9차 권고)

2019. 11. 25. 9차 권고를 발표하였다. 일반 검사회의, 수사관회의 등의 민주적 구성과 자발적 활동 보장을 위한 법제도 개선작업 착수, 익명게시판 운영권고였다. 이와 관련된 규칙(안)까지 작성하여 발표하였다[35]. 검찰조직의 민주적 통제와 내부투명성 확대를 위한 조치의 일환이다.

9) 불기소 결정문 공개 등 권고(10차 권고)

12. 9. 불기소결정문공개 등 권고 브리핑을 하였다.[36] 국회의원, 판검사, 장차관 등 관련 중요사건의 불기소결정문의 공개를 권고하고, 공개대상 피의자 변호인의 소속, 성명도 공개할 것을 권고하였다. 검찰의 자의적인 불기소결정을 막음으로써 검찰외부로부터의 민주적 통제를 가능하게 하고, 전관특혜를 불식시키는 데 큰 도움이 될 수 있는 것들이다. 그리고 수사기록 등의 전자문서화, 수사기록 등의 열람, 등사 범위 확대를 권고하였다. 피의자등의 방어권보장, 신속한 권리구제에 도움이 될 수 있는 내용이다.

10) 수사과정인권보호조치(검찰옴부즈만 수용·진술녹음·영상 녹화조사·조서 작성 실시간 시스템구축) 권고(11차 권고)

12. 23. 수사상 인권보호조치 권고를 하였다. 검찰 옴부즈만 제도를 수용하고, 양면 모니터에 의한 조서작성 실시간 확인시스템을 구축하며, 피조사자의 요청이 있을 시 필수적으로 진술녹음, 영상녹화조사를 실시하도록 하고, 자기변호노트, 노트북 등에 의한 기록권을 보장하는 등의 내용으로서 검찰의 위법, 부당한 수사를 막고 피조사자의 방어권과 변호인의 조력권을 보장함으로써 적법절차에 근거한 투명한 수사절차를 확보하기 위한 것이다. 조서작성 실시간 확인 시스템 구축에 대해서는 실제 업무를 수행하는 검찰 내부 직원들의 반대가 많았으나 외부에서는 매우 우호적이었다.[37)38]

---

35) 2기 법무검찰개혁위원회 백서 105쪽 − 21쪽,440쪽−450쪽
36) 2기 법무검찰개혁위원회 백서 122쪽−134쪽, 460쪽−468쪽
37) 2기 법무검찰개혁위원회 백서 135쪽 − 52쪽, 475쪽−483쪽
38) 2019. 12. 23. 중앙일보 영화서 보던 검찰조사 장면 확 바뀐다 … 양면 모니터로 실시간 확인 가능, 서

11) 법무부탈검찰화 실질화 권고(12차 권고)

2020. 1. 20. 법무행정역량 강화를 위한 법무부 탈검찰화실질화 방안을 밝힌 권고를 하였다. 법무부 탈검찰 실질화 방안의 주요 내용은 단기적으로 외부인력들을 임기제 공무원이 아닌 일반경력직 공무원으로 임용하는 방안을, 중, 장기적으로는 정부변호사 제도 도입 방안을 권고하였다. 법무부에 우수한 법률전문가가 영입될 수 있도록 하고, 장기적 전망하에서 경험과 역량을 비축할 수 있도록 하여, 지속적으로 근무할 수 있도록 하는 조치다. 법무행정의 전문성과 지속성이 향상되고, 이를 통하여 법무부탈검찰화가 이루어질 수 있게 하는 것이다.

12) 공익소송 패소비용의 필요적 감면규정 마련 권고(13차 권고)

2. 10. 공익소송 패소비용의 필요적 감면 규정을 마련하라는 권고를 하였다. 공익소송 패소비용의 필요적 감면을 위하여 국가를 당사자로 하는 소송에 관한 법률, 시행령의 개정을 권고하였고, 사인간의 소송에서 공익성이 인정되는 경우를 대비하여, 국민적 공감대가 형성되는 범위에서 패소당사자의 소송비용을 필요적으로 감면하도록 민사소송법 제98조, 109조 개정 추진을 권고하였다. 약자 및 소수자의 권익을 보호하고 국가권력의 남용을 억제하여 공익과 인권을 우선시하는 방향으로 국가송무제도를 개선하는데 목적이 있는 권고다. 검찰과 관련되지 않은 권고지만 시민사회단체들이 관심이 있는 주제여서 그런지 언론에서도 상당량 보도가 되었다.[39] 위 주제는 그 이후에도 논의가 지속되어 같은 내용을 가진 법안이 발의되었다.

13) 피의자 신문 중 변호인의 조언상담권, 의견진술권 보장 권고(14차 권고)

2. 24. 발표전 피의자신문 중 변호인의 조언, 상담권 및 의견진술권 보장 권고안이다. 관련 조항인 형사소송법 제243조 제2항 개정권고를 하면서 기존과 달리 신문에 참여한 변호인이 '신문 중'에도 의견을 진술할 수 있도록 하여 피의자의 방어권 보장을 강화하도록 권고하였다.[40] 변호인이 실질적인 조력을 할 수 있도록 하여 수사실무관행을 인권친화적으로 개선하는 효과가 있을 것으로 기대되는 권고안이다.

울 경제 '검찰 옴부즈만 조사녹화 시행화라' 개혁위 11차 권고 등

39) 2020. 2. 10.경향신문 약자위한 공익소송 위축 우려, 패소비용 감면규정 마련해야 등

40) 2기 법무검찰개혁위원회 백서 177쪽-185쪽, 528쪽-540쪽

14) 미결수용자 등의 수사·재판시 사복착용권의 실질적보장 권고(15차 권고)

3. 23. 미결수용자 등의 수사, 재판시 사복착용권을 보장하라는 내용의 권고를 하였다. 사소해 보일 수도 있지만 낙인효과를 방지하고, 미결수용자등의 권리를 실질적으로 보장하기 위한 구체적 조치를 담고 있다. 헌법상 무죄추정의 원칙, 인격권, 공정한 재판을 받을 권리, 형사절차 상 방어권 보장 등을 위한 조치다.

15) 교정시설수용자의 검사실 출석관행 및 남용개선권고(16차 권고)

4. 13. 교정시설 수용자의 검사실 출석 관행 및 남용개선 권고를 하였다. 수용자의 인권과 방어권 보장, 교정행정의 효율성, 수사기관 간의 형평성 등을 위해 교정시설 수용자 등(구속피의자, 구속피고인, 수형자, 소년원생)의 검사실 출석조사 관행 및 남용의 개선을 권고하는 내용이었다. 원칙적으로 수용자에 대한 검찰 조사는 교정시설방문조사나 원격화상조사로 하고, 정당한 사유가 있는 경우 교정시설의 장의 승인을 얻어 검사실 출석조사를 허용하며, 출석조사의 경우에도 교정기관은 수용자를 검찰 청구치감까지만 호송, 계호하도록 '형의집행 및 수용자의 처우에 관한 법률'등 관련 법령의 개정 추진을 권고하는 내용이었다. 검찰 수사인력 부족 등의 사정을 고려하여 단기적으로는 수용자가 피의자로 조사받는 경우에 한하여 허용하고 참고인 조사의 경우에는 교정시설 방문조사나 원격화상 조사를 할 것을 권고하였다. 서면 통지 등 절차적 요건을 강화하고, 검찰의 편의에 의한 출석조사 요구를 금지하는 내용도 포함되었다. 일부 언론은 검사들이 수용자들을 상대로 정보수집을 하는 행위를 막는 효과가 있다는 내용을 보도했다.[41]

16) 소년범죄사건 처리 관행 및 범죄피해자 구조제도 개선 권고(17차 권고)

4. 27. 소년범죄 사건 처리 관행 및 범죄피해자구조제도 개선 권고를 하였다. 핵심적인 내용은 소년범죄 처리절차 개선, 소년 피해자 지원 강화, 소년범죄총괄조직 신설 및 전담검사육성권고였다. 소년 범죄처리절차와 관련해서는 피해자접근금지와 보호관찰 신설, 재범고위험강력사건에 대한 검사결정전 조사 의무화, 소년피해자 지원 강화와 관련해서는 소년피해자국선변호사제도 신설, 소년피해자의 피해영향 조사를 위한 소년법개정, 소년피해자지원을 위한 범죄피해자 보호법상 특례규정신설을 권고했다. 소년범죄총괄 조직으로는 소년사법국 신설, 단기간 내 신설이 어려울 경우 소년정책관을 신설하고, 소년범죄전담검사에 대하여 필수전담기간 2년 설정 및 전문성 증진을

---

41) 2020. 4. 13. 중앙일보 '검찰, 수용자 출석조사 맘대로 하지 말라' '제보자 X 사라질까'

위한 연 24시간 교육을 의무화 할 것을 권고하였다. 이 권고를 하는 과정에서 사회적으로 소외되어 있는 소년 등에 대한 보호제도가 미비하다는 것이 확인되었다.

17) 검찰인사제도 개선 권고(18차 권고)

2020. 5. 7.-8. 31차와 32차 회의를 워크숍을 하면서 진행하였고, 5. 18. 33차 회의를 거쳐 검찰인사제도 개선 권고안을 확정하였다. 오랜 논의를 거쳐 확정한 인사안이다. 검사들과 직접 관계되는 내용이었으므로 법무부가 아닌 서울고검에서 발표하기로 결의되었다. 권고사항의 핵심 내용은 승진 및 전문화에 있어 특수, 공안, 기획 분야의 독점 해소, 검사장 등 기관장을 형사, 공판부 검사를 중심으로 임용, 형사부전문검사시스템구축, 검사전보인사최소화 및 투명화, 권역검사제 도입, 검찰인사위원회실질화, 검사복무평정제도의 합리적이고 투명한 운영, 경력검사단독검사제 도입, 검사장 순환보직제등을 통한 검사 직급 일원화의 취지 실현 등 인사와 관련한 종합적인 개선안을 담고 있다.

18) 출국금지제도 개선 권고(19차 권고)

6. 8. 출국금지제도 개선권고안을 발표하였다. 권고안의 주요 내용은 출국금지 대상을 명확히 하여 단순히 '출국이 적당하지 않은 사람'에서'범죄수사가 개시되어 출국이 적당하지 않은 피의자'로 한정하도록 하고, 피의자 이외의 사람에 대해서는 수사기관이 구체적 필요성을 소명하여야 출국금지가 가능하도록 하라는 내용이다. 출국금지기간이 장기화되는 것을 막고, 통지유예의 요건도 강화하도록 하였다. 이의신청기간도 10일로 너무 짧아 30일로 연장하는 등 관련 절차를 개선하도록 권고하였다.

19) 범죄피해자보호제도 개선(20차 권고) 및 수사자문단 소집관련 긴급권고

6. 29. 범죄피해자보호제도 개선을 위한 권고를 하였다. 권고의 주요 내용은 범죄피해자정책총괄을 위한 전담기구 신설 및 인권국 조직개편, 범죄피해자의 초기단계 지원 확대, 보호기금 개편, 성과평가를 기반으로 한 위탁사업 운영, 일부 사업의 기금사업에서 일반회계사업으로의 이관, 보호기금재원의 안정적 확충방안 마련을 위한 벌금 전입비율의 10%로의 확대, 과료, 몰수추징금의 기금 편입을 위한 범죄피해자보호기금법의 개정이었다. 법무부개혁과제로서 피해자지원도 중요한 내용인데 이제까지 관심이 닿지 않던 영역이어서 의미가 있다고 평가되었다.

위 권고 직후 검찰총장의 '검언유착' 사건 관련 수사자문단소집에 대하여 위원회가 권고를 해야 한다는 의견이 일부 위원들에 의해 제기되었다. 수사심의위원회라는 공식 기구를 이용하지 않고, 편의적으로 수사자문단을 소집하는 것은 제도를 남용하는 문제라는 것이었다. 절차적인 문제점을 지적하면서 수사자문단 소집을 중단하는 것을 권고하는 것으로 의견이 정리되어 7. 2. 긴급권고를 하였다.

20) 법무부장관과 검찰총장의 수사지휘권 제도개혁 권고(21차 권고)

7. 27. 법무부장관과 검찰총장의 수사지휘권 제도개혁에 관한 권고를 하였다. 권고안의 주요 내용은 검찰수사의 정치적 중립성을 보장하기 위하여 법무부장관의 구체적 수사지휘는 각 고등검사장에 대하여 서면으로 하되 사전에 고등검사장의 서면 의견을 받을 것, 법무부장관의 구체적 사건에 대한 수사지휘 중 불기소지휘는 원칙적으로 금지할 것, 검찰총장의 구체적 수사지휘권은 각 고등검사장에게 분산할 것, 고등검사장의 수사지휘는 서면으로 하고 수사검사의 의견을 미리 서면으로 받아볼 것이 주요 내용이었다. 법무부장관의 검사인사시 검찰총장의견청취절차를 개선하여 검찰인사위원회의 역할도 강화하도록 하였다. 또 검찰총장을 현직검사에서만 임명하는 관행을 개선하여 다양화하도록 권고하였다. 언론의 관심이 가장 많았던 권고다. 그러나 일부 언론을 제외하고는[42] 권고안의 본질에 대한 이해는 별로 보이지 않는 분석들이 대부분이었다.

21) 정신질환범죄차 치료환경 개선권고(22차 권고), 수용자 자녀 인권보호를 위한 정책개선 권고(23차 권고)

2020. 9. 14. 22차권고와 23차 권고가 발표되었다. 정신질환범죄자 치료환경 개선권고는 정신질환 범죄자를 시설 내, 사회 내 정신질환 범죄자로 구분하여 시설 내는 치료감호소 강화, 교정시설 수용 중인 정신질환자에 대한 처우 및 관리 강화를 권고하였고, 사회 내 정신질환자의 경우는 한국법무보호훈복지공단이 지원방안을 강구하고, 보호관찰관의 역할을 강화하는 내용을 권고안으로 담았다.

수용자 자녀 인권보호를 위해서는 체포, 구속, 수용, 단계를 구분하여 수용자의 자녀에 대한 보호책을 강구하라는 내용을 담았다. 수용자자녀의 경우는 사회의 관심 밖에 있는 영역이라는 것이 논의 과정에서 확인되어 양육자의 범위 확대, 접견권 보장 및 강화, 가족관계 회복프로그램 보완, 특별법 제정 등을 권고하였다.[43]

---

42) 2020. 7. 31. 내일신문 법무부장관 수사지휘권 오히려 절차적 제한 강화
43) 2020. 9. 14. 경향신문 부모 체포 구속 장면 자녀가 못 보게 개선 남겨진 자녀는 아동보호체계와 연계

22) 검찰의 성평등 인사와 일, 생활 균형실현방안 권고(24차 권고)

2020. 9. 21. 검찰의 성평등 인사와 일, 생활 균형실현방안 권고안을 발표하였다. 권고안의 요지는 성평등 인사 실현을 위한 성평등검사인사기본계획 수립, 성평등 관점에서 검사 임용절차 검증 및 투명한 운용, 일,생활 균형 업무환경조성을 위해서 업무시스템을 마련하고, 돌봄역할자도 공존할 수 있는 인사시스템을 마련하라는 내용이다.

23) 법무부, 대검의 비공개규정 권고(25차 권고), 국민에게 드리는 글

2020. 9. 28. 월요일 마지막 회의인 50차 회의가 개최되어 법무부장관이 위원들에게 감사패를 수여하였다.

비공개 규정 권고는 법무부와 검찰이 헌법상 기본권과 관련된 규정들도 비공개로 유지함으로써 법치주의와 행정의 공개성을 훼손하고 있고, 자의적 기준에 따라 공개하지 않고 있어 이를 법무부, 대검찰청 홈페이지에 공개할 것을 권고한 것이다. 조금이라도 자의적인 검찰권 행사를 방지할 수 있는 데 기여하기 위한 목적이다.[44]

국민께 드리는 글도 발표하였다. 법무검찰개혁 활동에 대한 국민들의 이해를 구하기 위한 의도를 담아 위원회의 활동이 주로 제도적인 법무, 검찰개혁에 집중했다는 사실을 부각하고, 어떠한 편향이 없었음을 밝히면서 앞으로도 국민을 위한 제도개혁이 계속되어야한다는 위원들의 생각을 담았다.[45] 정치적 편향 없이 제도개혁만을 고민했는데도 언론의 평가는 엇갈렸다.

V 나가며-남은 과제들

(1) 법무검찰개혁위원회는 다른 권력기관 관련 위원회와는 달리 1기와 2기가 구성되어 활동하였다. 2기가 만들어진 것은 당시의 시대적 상황이 반영된 것이다. 두 번에 걸쳐 운영된 법무검찰개혁위원회는 법무검찰과 관련하여 많은 개혁안을 발표하였다. 2019년 말과 2020년 초에는 국회에서 공수처법이 통과되고 검경수사권조정안 등이 담긴 검찰청법 및 형사소송법개정안이 통과되었다. 2022년 다시 검찰의 수사범위를 2개의 범죄로 제한하는 법률이 통과되었다. 그럼에도 검찰개혁은 요원하다. 제도

---

44) 2020. 9. 29. 내일신문 "대검 내부규정 중 일부는 목록조차 비공개 ... 견제 없어"
45) 2020. 9. 29. 경향신문 막내린 검찰개혁위 엇갈린 평가..."개혁 방향타" "정치적 편향"

적 변화도 부족하고, 제도적 변화 못지않게 문화적인 변화도 중요한데 아무런 변화가 보이지 않는다. 윤석열 정부 이후 검찰공화국의 탄생으로 과거로 회귀하고 있다.

(2) 위원회는 집행기관이 아니라 정책방향과 제도설계를 권고하는 기관이다. 집행기관인 법무부와 검찰이 권고를 구체화하여 집행하지 않으면 실질적인 변화가 어렵다. 공수처 및 수사권 조정의 개혁 과정에서 집행부, 국회의 역할이 충분하지 못했다. 공수처법 제정 당시 규모를 줄이고 수사 대상을 축소하는 법안이 통과될 때부터 공수처가 제대로 기능을 하지 못할 것이라는 것은 충분히 예상할 수 있었던 일인데도 미리 준비하지 않은 잘못이 크다. 검경수사권조정안도 불충분하다. 비록 경찰의 수사권은 인정되었지만 검찰의 직접수사범위가 너무 넓다. 윤석열정부는 시행령을 통하여 검찰이 모든 수사를 할 수 있게 하여 검찰권은 온존되었다. 안일한 국회의 입법과정에서 기인된 결과다. 우리나라 검찰은 특수수사의 범위가 너무 넓어 아직도 무소불위의 권한을 행사할 소지가 크다. 검찰의 인력은 오히려 늘어나고 있다.

최근 수사, 기소 분리법안이 발의되었다. 검찰의 권한을 법률가의 역할에 충실하도록 하는 법안이다. 국민의 자유와 인권 보장을 위하여 수사권조정을 넘어, 수사, 기소를 분리하는 것을 검찰개혁의 새로운 과제로 삼아야 할 것이다.

(3) 검찰개혁은 검찰의 권한을 조정하는 것에만 머무르는 것이 아니라 전체 권력기관개혁과 맞물린다. 정보, 수사, 기소, 재판은 연속적인 과정으로 이루어져 있고, 하나하나가 모두 국민의 자유와 인권을 침해할 소지가 있는 것이다. 원칙적으로 정보는 정보기관이, 수사는 수사기관이, 기소는 법률가로 이루어진 검찰이, 재판은 법원이 담당하는 것이 순리이며, 각 기관 간의 권한분산 및 견제를 통하여 국민의 자유와 인권에 대한 침해를 최소화하는 것이 권력기관 간 권한분배의 원칙이다. 역사적으로 우리나라는 권력기관 간 권한 분배의 원칙에 충실하지 못하여 각 권력기관이 여러 가지 권한을 동시에 가지고 있었다. 민주주의가 성숙된 지금은 원칙에 맞추어 권력기관의 권한을 재조정하여야한다. 국정원에서 대공수사권을 분리하는 것, 경찰의 정보기능을 축소하고 1차 수사를 담당하는 것, 검찰의 직접수사를 없애는 제도개혁이 동시에 진행되어야한다. 거기에 시민적 통제까지 더해야 한다. 권력기관은 통제되지 않을 경우 무소불위의 조직으로 성장할 가능성이 있는 것이다.

(4) 법무검찰개혁위원회에서 권고한 내용은 앞으로 법무검찰을 개혁하는데 하나의 주요한 근거자료가 될 수 있다. 1, 2차 법무검찰개혁위원회의 활동은 그 점에서 의미가 있고, 그 권고안들이 비록 완전 무결할 수는 없지만 중요한 기준점으로 작용할 것이다. 앞으로는 집행부와 국회의 역할이 더 중요해질 것이다. 집행부에 의하여 위 권고안들을 구현할 기구가 구성되고, 국회도 권력기관 개혁의 의지를 가진다면 법무검찰개혁위의 권고안도 현실화될 수 있을 것이다.

2

형사소송법 개정안 【증거】
- 제3장 제2절 증거(제307조에서 제318조3)-*

하태영(교수, 동아대학교 법학전문대학원)

I 서론

대한민국은 1945년 8월 15일 일본 식민 통치(1910~1945)에서 해방되었다. 1945년 부터 1948년까지 3년간 미군정이 시작되었다. 미군정청은 1948년 3월 20일 군정법령 제176호 『형사소송법개정』을 공포하였다. 이 법령은 1948년 4월 1일부터 시행되었다. 영미법계 당사자주의 소송구조를 기반으로 한 형사소송법이었다.[1]

1948년 5월 10일 총선거가 실시되었고, 제헌의회는 1948년 5월 31일 개원하였다. 7월 17일 제헌의회는 새 공화국 헌법을 제정하였다. 1948년 8월 15일 제헌헌법에 근거하여 새 정부 수립이 선포되었다. 미군정은 끝이 났고, 대한민국이 출범하였다.

1948년 8월 15일 대한민국 정부 수립과 함께 대통령령 제4호 『법전편찬위원회직제』가 제정되었다. 국가기본법전 편찬 작업이 시작되었다. 그러나 새 정부가 추진한 법전편찬은 난항을 겪었다. 미군정 형사소송법이 계속 적용되었다. 1950년 6월 25일 한국전쟁을 겪게 되었고, 6.25동란 중에 많은 법조계 인재(학자와 실무가)들이 희생되었다. 그럼에도 형사소송법 제정 작업은 전쟁 중에 심의를 거듭하였다.

현행 대한민국 형사소송법은 1954년 9년 23일 법률 제341호로 제정되었다. 1954년 9월 30일부터 시행되었다.[2] 대한민국 형사소송법은 5편, 조문 493조 그리고 부칙

---

* 이 글은 하태영, "형사소송법 개정안 【증거】-제3장 제2절 증거(제307조에서 제318조3)-", 형사소송 이론과 실무 제9권 제2호, 형사소송법학회, 2017에 게재되었음을 밝힌다.

  한인섭 교수님의 정년퇴임을 축하드립니다.

1) 형사소송법상 증거규정의 연혁과 미래에 관하여: 이완규, 개정형사소송법의 쟁점, 탐구사, 2007, 67-94면; 정웅석·최창호, 형사소송법, 대명출판사, 2017, 9-10면 참조.

으로 구성되었다.3) 이 법률은 1912년 조선총독부제령 제11호『조선형사령』과 1948년 미군정청 군정법령 제176호를 참고하였다. 조선형사령은 구 일본 형사소송법 그대로 가져온 것이었다. 입법과정에서 조선에만 적용되었던 독소특례 규정들은 삭제되었다. 6.25전쟁과정에서 생존하였고, 일본에서 공부한 법률전문가들이 법전 편찬과정에서 참여하여 만든 대한민국 최초 형사소송법이었다. 그래서 일본식 문체가 형사소송 법전에 흐르고 있었다.

대한민국 형사소송법은 제정이후 2024년 2월 13일까지 41차례 개정되었다.4) 그러나 법률문체(장문·한자·일본문체)는 전혀 변화가 없었다. 입법자들은 법률문체 문제점을 심각하게 인식하지 못했다. 많은 내용이 담긴 긴 법조문과 난해한 법률용어들이 법조문에 그대로 사용되었다. 당시 법률전문가 입장에서 당연한 것이었다.

2007년 6월 1일 제16차 개정부터 신설되는 조문은 한글로 입법되었다.5) 그래서 현행 대한민국 형사소송법은 한자와 한글이 혼용된 형사소송법이 되었다.

2016년 법제처는『알기 쉬운 형사소송법』을 발간하였다.6) 형사소송법 조문을 새

---

2) 형사소송법 제정 1954. 9. 23. [법률 제341호, 시행 1954. 9. 30.] 법무부; 김기두, 신형사소송법, 개고, 박영사, 1970, 26－27면; 이창현, 형사소송법, 제2판, 입추출판사, 2015, 11면; 이창현, 형사소송법, 제7판, 정독, 2021, 11－18면(형사소송법 연혁).

3) 형사소송법 제정 1954. 9. 23. [법률 제341호, 시행 1954. 9. 30.] 법무부.
제1조 본법 시행 전에 공소를 제기한 사건에는 구법을 적용한다.
제2조 본법 시행 후에 공소를 제기한 사건에는 본법을 적용한다. 단, 본법 시행 전에 구법에 의하여 행한 소송행위의 효력에는 영향을 미치지 아니한다.
제3조 본법 시행 전에 구법에 의하여 행한 소송절차로 본법의 규정에 상당한 것은 본법에 의하여 행한 것으로 간주한다.
제4조 본법 시행 전 진행된 법정기간과 소송행위를 할 자의 주거나 사무소의 소재지와 법원 소재지의 거리에 의한 부가기간은 구법의 규정에 의한다.
제5조 본법 제45조의 규정에 의하여 소송관계인이 재판서나 재판을 기재한 조서의 등본 또는 초본의 교부를 청구할 경우에는 용지1매에 50환으로 계산한 수입인지를 첨부하여야 한다.
제6조 본법 시행당시 법원에 계속된 사건의 처리에 관한 필요사항은 본법에 특별한 규정이 없으면 대법원 규칙의 정한 바에 의한다.
제7조 당분간 본법에 규정한 과태료와 부칙 제5조의 용지 요금액은 경제사정의 변동에 따라 대법원규칙으로 증감할 수 있다.
제8조 본법 시행직전까지 시행된 다음 법령은 폐지한다.
1. 조선형사령 중 본법에 저촉되는 법조
2. 미군정법령 중 본법에 저촉되는 법조
제9조(시행일) 이 법률은 단기 4287년 5월 30일부터 시행한다.

4) 형사소송법 일부개정 2024. 2. 13. [법률 제20265호, 시행 2024. 2. 13.] 법무부.

5) 형사소송법 일부개정 2007. 6. 1. [법률 제8496호, 시행 2008. 1. 1.] 법무부.

6) 법제처, 알기 쉽게 쓴 형사소송법 설명자료집, 법제처, 2016.

롭게 정비하였다. 내용은 전혀 손을 보지 못하고 단어만 정비한 것이다. 그러나 이 법률안도 개정되지 못하고 현재 잠자고 있다. 많은 법률전문가와 국문학자가 이 작업에 동참하였다. 그러나 아쉽게도 법률용어(일본식 용어와 중국식 용어)와 어려운 단어에서 일부 순화되었을 뿐, 법률문체는 전혀 손 대지 못했다.

이 논문 작성배경은 여러 가지가 있다. 8년간 형사소송법 개정특위위원으로 활동하면서 느낀 바가 있었다. 또한 한글 전용세대가 로스쿨에서 법학을 공부하고 있고, 이들이 법전을 읽을 수 없으며, 해독을 할 수 없다는 심각한 상황을 목격하였다. 그래서 1년간 형사소송법 전면 수정작업을 진행하였다. 더 이상 해석론에 머물러 난해한 법조문을 외면할 수 없었다. 그 연구성과물 일부가 이 논문이 된 것이다.

나는 형사소송법 조문 수정 작업과정에서 오직 하나만 생각했다. "국민을 위한 형사소송법! 한글세대를 위한 형사소송법! 가독성이 있는 형사소송법! 명확성·간결성·가독성·개조성·국제성을 가진 형사소송법! 기계번역(예: 구글·Google)로 80% 이상 번역이 되는 형사소송법!"이다. 1년 동안 『알기 쉬운 법문장』을 잊은 적이 없다. 『세종대왕과 성호와 다산』의 고뇌를 깊이 생각했다. 훈민정음정신과 애민정신이었다.

이 논문에서 먼저 증거편(제3장 제2절 증거 제307조에서 제318조3)을 소개한다. 향후 기회가 되면, 연구성과물은 계속하여 논문으로 발표될 예정이다. 나의 초안을 가지고 여러 연구자들이 같이 해야 할 작업이기 때문이다.

가까운 시일에 대한민국 법전편찬위원회가 구성되기를 기대한다. 나의 제안이 입법개정에 참고자료가 되었으면 한다.

Ⅱ 형사소송법에서 법문장 문제점

문장론에 대한 비판은 200년 전부터 있었다. "오늘날 널리 통용되는 문체야 말로 독일 국민이 보여 주는 아둔함의 대표 격이며, 장황하고 복잡하게 늘어진 문장에서 나는 국민의 참담한 내일을 목격한다. 간혹 이들이 쓴 글을 읽게 되면, 5분 정도 뭔지 알 수 없는 글귀들을 참을성 있게 받아들여야 결말 부분에 이르러서 마침내 수수께끼를 풀게 된다. 어쨌든 이런 문장들이 국민들을 만족시키고 있다. 때문에 문체는 날이 갈수록 위엄과 엄숙한 풍모에 젖어들고 있으며 국민은 점점 바보가 되어 간다."7) 독일 철학자 쇼펜하우어(Arthur Schopenhauer, 1788~1860) 말이다.

"일본·중국·영미 문체를 모방한다는 것은 한국인 얼굴에 가면을 쓰는 것과 같다. 가면은 아무리 아름답더라도 결국 진짜 얼굴이 될 수 없으며, 언젠가 사람들에게 그 본색을 드러내게 마련이다. 아무리 추악하게 생겼더라도 생기가 넘치는 한국인 얼굴이 아름다운 가면보다 훨씬 정감 있게 다가온다. 입법부가 하는 말이 무슨 뜻인지 분명하게 알 수 있어야 한다. 그렇게 하려면 문체가 보여야 한다."8)

나는 쇼펜하우어 말에 공감한다. 몇 가지 질문으로 문제제기를 한다.

1. 형사입법에 법문장이 왜 중요한가?

입법가와 실무가와 이론가가 현행 형사소송법의 법문장을 고민하는 시간이 되었다. 우리는 그동안 형사입법은 국회와 법무부의 문제로 생각했다. 현실 감각에 맞는 창의적인 발상을 할 시기가 되었다고 생각한다. 입법이 정확하면 많은 학설(學說)을 줄일 수 있을 것이다.

2. 형사입법 무엇이 문제인가?

문장이 길다. 많은 정보가 담겨 있기 때문이다. 가독성이 떨어진다. 이해하기 어렵다. 법문장 영향으로 판례로 대체로 문장이 길다. 각 조문 마다 통일성이 떨어진다. 어떤 장은 '이장' 또는 '본장'으로 되어 있고, '단' 또는 '다만'으로 서술되어 있다.

또한 '전조' '전항의 행위'로 등 법조문의 독자성이 떨어진다. 다양한 행위 유형은 가능한 개조식으로 분리하여 각 호를 사용하는 맞다. 그림으로 설명할 수 없다면, 가능한 한 알기 쉽게 서술해야 한다. 이것이 죄형법정주의의 현대적 정신이다. 명확성은 단어뿐만 아니라 문장에서도 명확해야 한다.

'서울에 사는 ○○○대표님과 ○○○부장님'은 '서울에 사는 ○○○대표님과 대전에 사는 ○○○과장님'과 다르다. 수식어 문제도 더 명확해야 한다. 그리고 이미 확립된 판례의 정문은 법률문장(입법)에 반영되어야 한다. 나는 이것이 한국 형사입법

---

7) 아르투어 쇼펜하우어/김욱 옮김, 쇼펜하우어의 문장론, 지훈출판사, 2005, 172면; 법문장에 대한 비판적 문헌으로 하태영, 형사입법에서 법문장의 문제점과 개선방안(二), 하마의 하품 II, 법문사, 2016, 120−145면(121면 인용); 하태영, 대법원 판결문에서 법문장 문제점과 개선방안, 동아법학 제75호, 동아대학교 법학연구소, 1−55면(2−3면 인용).
8) 아르투어 쇼펜하우어/김욱 옮김, 쇼펜하우어의 문장론, 160면.

의 근본문제라고 생각한다. 학파논쟁은 입법논쟁이다. 우리도 한번 거쳐야 한다.

3. 독일 형사입법은 어떤가?

독일 형사입법은 가독성을 높이는 개조식 법문장으로 가는 추세이다. '전조' 또는 '전항'보다 '제○○조, 제○항'이라고 해당조문에 명확하게 밝히고 있고, '다음 각호'를 원칙적으로 사용하며, '콤마(,)'를 사용하고 단(段)을 구분하고 있다. 개정을 할 때 법률에 편입하기가 쉽다. 한마디로 실무가와 일반국민들에게 '해석'(법문 의미를 분명히 하는 작업) 부담을 줄이는 입법이다. 나는 이것이 국민 친화적인 법문장이라고 생각한다.

4. 한국 형사입법 최근 경향은?

대한민국 형사입법은 최근 많이 발전했다. 그러나 아직 부족하다. 주어·동사·목적어·부가어가 더 명확해야 한다. 가능한 긍정문과 능동태로 법문장이 작성되어야 한다. 이중 부정문도 개선되어야 한다. 법문장은 규범준수에 효과도 있다. 인간의 뇌(腦)구조는 일상적인 언어유형을 좋아한다. 최근 개정된 경찰관직무집행법 제3조는 좋은 모범 사례가 될 것이다. 개조식 문장은 그림처럼 시각효과가 있고 간결하여 인지효과가 높다.

5. 어떻게 고칠 것인가?

법언어에 대한 철학이 강화되고 법문장에 투영되어야 한다. 독일 철학자 쇼펜하우어의 언어철학이다. "문법의 발단은 인간의 사상을 완벽하게 표현하기 위한 실질적인 수단이다. 그러나 입법가들은 과연 어떤가? 그들은 지면을 절약하기 위해 조상들이 남겨 놓은 세밀한 문법적 구별을 무용지물로 만들고 있다. 그 중에서도 대표적인 만행(蠻行)이 여러 개의 행위양태를 묶어 놓은 장문이다. 어떤 법문장이든 실무가와 일반국민들을 위한 진지한 배려가 시도되어야 하며, 객관적 설명이 부가되도록 노력해야 한다. 언어는 객관이다. 따라서 입법자가 멋대로 표현하고, 읽는 실무가와 일반국민이 그 의미를 적당히 추측해 내도록 요구하는 것은 만행이다. 격(格)을 무시하고, 전항과 전문을 다시 찾도록 하고, 접두사를 생략하는 것은 주관주의다."[9]

쇼펜하우어는 또 이렇게 우리들에게 말한다. "적어도 학자라면 이러한 풍조에 반항하는 구체적인 시범을 보이고, 참된 한국어를 수호해야 마땅함에도 누구 한 사람 입법자의 법문장을 제지하려는 용기를 드러내지 못하고 있다. 나는 지금까지 이런 입법자에게 순수한 학구적 열망으로 저항하는 학자를 보지 못했다. 오직 해석론이다."10)

쇼펜하우어는 한국 법학자들에게 조언한다. "학자들에게 분노가 없다. 멍청한 비둘기처럼 먹이를 던져 주는 손길에 감사의 눈물만 흘린다. 그러나 분노가 결여된 자에게 지성도 결여되어 있다는 점을 명심해야 할 것이다. 지성은 반드시 어떤 종유의 '예리함'을 요구한다. 예리한 감각은 법문장에서도, 또한 판례평석에서도 비난과 모멸을 불러일으키기 위해 항상 손을 맞잡는다. 이런 살아 있는 감정이야 말로 어리석은 모방을 제지하는 유일한 방법이다."11) "대륙법 체계라면 법문으로 돌아가라"처럼 읽힌다.

6. 알기 쉬운 형사입법의 실익은?

형사소송법 제312조와 제313조는 법문장이 길어서 가독·이해·해석·인용에 많은 어려움이 있다. 실무가와 학생들을 잘 알 것이다. 형사소송법 복잡한 법문장을 개조식 문장으로 바꾸면 실무가와 일반인들에게 많은 도움이 될 것이다. 형사소송법, 특히 증거편 법문장을 다듬는 작업은 입법가와 실무가와 교수 그리고 시민들이 같이 고민해야 하는 과제라고 생각한다.

7. 어떤 법률이 좋은 법률인가?

간결한 문체와 명확한 표현이다. 일반국민이 알기 쉽게 이해할 수 있는 명확한 법률이 좋은 법이다. 문맥상 거슬린다면 과감히 잘라내는 것이 낫다.

쇼펜하우어는 이렇게 말한다. "항상 꾸밈없는 간결한 문체와 누구나 읽고 이해할 수 있는 명확한 표현을 구사해야 한다." "입법부가 법을 만든 목적은 일반국민들에게 국민이 합의한 국가의 사상을 온전히 주입시키는 데 있다. 입법 목적은 처벌이

---

9) 아르투어 쇼펜하우어/김욱 옮김, 쇼펜하우어의 문장론, 181면, 183면.
10) 아르투어 쇼펜하우어/김욱 옮김, 쇼펜하우어의 문장론, 184면.
11) 아르투어 쇼펜하우어/김욱 옮김, 쇼펜하우어의 문장론, 184면.

아니라 국민을 계몽시키는 데 있다." "입법자 사상은 한 낮에 햇살에 그 모습을 드러
내고, 입법자의 법문장은 누구나 들을 수 있는 목소리로 외치며, 입법자 법언어는 결
코 어리석은 아름다움을 추구하지 않는다." '이해와 표현이 가능한 문장'이 좋은 법
문장이다.

쇼펜하우어 가상 조언이다. "법문장이 복잡하고 어려운 것은 이 같은 특징을 통해
살아남은 집단이 있기 때문이며 그들은 국민이 이해할 수 없는 좀 더 추상적인 표현
을 추구한다. 그러나 온전한 정신을 갖춘 입법자와 법실무가 그리고 법학자라면 모
든 계층의 독자들이 이해할 수 있도록 좀 더 구체적인 표현을 구사해야 한다."

위대한 입법은 다량의 사상을 표현하기 위해 소량의 언어를 사용했다. 입법자 사
상을 국민과 법률가 머릿속으로 고스란히 옮길 수 있는 법문장이다. 법문장은 화가
의 손에 의해 완성된 한 장의 유화처럼 국민과 법률가의 머릿속에서 객관적으로 작
용해야 한다.[12]

Ⅲ 형사소송법 개정방향과 개정지침

부산지방법원에서 정년퇴임한 부장판사님 지적이다. "길다. 어휘는 너무 전문적이
다. 어려운 용어가 많다. 부자연스럽다. 거대한 문장 덩어리이다. 전근대적 수준에
머물고 있다. 안개 낀 들판을 헤매는 경험을 해야 한다."[13] 법조문을 읽다 보면, 누
구나 느끼는 감정이다. 형사소송법 개정방향과 개정지침은 ① 제목변경, ② 일본식
조사 '의' 삭제, ③ 명확성, ④ 간결성, ⑤ 가독성, ⑥ 국제성(기계 번역이 가능한 문체)
등이다.

1. 명확성

형사소송법은 한자로 가득하다. 그 뜻을 알기 어렵다. 일본문체·중국문체·영어문
체·독일문체가 혼용되어 있다. 대한민국 국민은 한글전용으로 의무교육을 받고 있
다. 한자투성이 형사소송법은 누구를 위한 형사소송법인가? 많은 의문이 있다. 통일
시대를 생각하면, 걱정이 된다.

---

12) 아르투어 쇼펜하우어/김욱 옮김, 쇼펜하우어의 문장론, 93면.

13) 고종주, 재판의 법리와 현실 - 소송사건을 이해하고 표현하는 방법 - , 법문사, 2011, 133면 각주 6.

2. 간결성

법률은 국민과 약속이다. 쉽게 알 수 있도록 오해가 없어야 한다. 이것이 세련된 국어문장이다. 한글은 알기 쉽고 완벽하다. 일본어·중국어·영어·독일어 표현법을 왜 사용하는가? 많은 사람들이 궁금해하고 있다. 간결해야 읽힌다.

3. 가독성

짧아야 읽힌다. 세련된 글은 단문이다. 법률과 판결문은 단문인 경우 이해가 쉽다. 내면이 그림으로 그려지기 때문이다. 그래서 입법부와 법관이 사용하는 문체는 단문이어야 한다. 문맥상 거슬리면 과감히 잘라내는 것이 맞다.

『~의, ~에의, ~에서의, ~으로부터, ~에 의하여, ~로 하여금, ~으로서의, ~적, ~ 또는, ~을 가진다, ~하지 아니 한다, ~하지 아니할 수 없다』.[14] 법전에서 사용되고 있는 조사·동사·반어법들이 법률문체를 망치고 있다. 가독성이 없는 장문이 될 수밖에 없다.

대한민국 공용문서는 한글로 쓴다. 1948년 제정된 '한글전용법'이다. 입법부는 한자와 한글 혼용 형사소송법을 왜 개정하지 않는가? 법무부는 한자와 한글 혼용 형사소송법전으로 왜 변호사시험을 치르는가? 여기에 대한 명확한 답변이 없다.

4. 개조성

대한민국 형사소송법은 졸렬하게 표현하고, 여러 가지 요건을 묶어서 복잡하게 표현한다. 세련된 법조문은 단문이다. 법률은 단문인 경우 이해가 쉽다. 제○조·제○항·제○호다. 국민과 공무원이 모두 함께 사용하는 문체다. 대한민국 형사소송법이 가야할 길이다. 국어성쇠는 민족흥망을 좌우한다. 형사소송법 제정 73년이 되는 해다. 이제 법률문장 문체정비가 필요한 시기다. 입법부는 답변해야 한다. 제34조와 제35조를 보시길 바란다.

---

14) 이수열, 우리가 정말 알아야 할 대한민국 헌법, 현암사, 1999, 9~18면.

【 예 1】 형사소송법 제34조(피고인·피의자와의 접견, 교통, 진료)

가. 현행

> **제34조(피고인·피의자와의 접견, 교통, 진료)**
>
> 변호인이나 변호인이 되려는 자는 신체가 구속된 피고인 또는 피의자와 접견하고 서류나 물건을 수수(授受)할 수 있으며 의사로 하여금 피고인이나 피의자를 진료하게 할 수 있다.
>
> [전문개정 2020.12.8.]
>
> 【출처】 형사소송법 일부개정 2024. 2. 13. [법률 제20265호, 시행 2024. 2. 13.] 법무부.
>
> 【개정 전】
>
> **제34조(피고인, 피의자와의 접견, 교통, 수진)**
>
> 변호인 또는 변호인이 되려는 자는 신체구속을 당한 피고인 또는 피의자와 접견하고 서류 또는 물건을 수수할 수 있으며 의사로 하여금 진료하게 할 수 있다.

나. 개선방안

> **제34조(피의자·피고인의 접견권·교통권·수수권·의료진료권)**
>
> 선임변호인·선임예정변호인은 법률이 정한 범위에서 다음 각 호 권리를 모두 행사할 수 있다.
>
> 1. 체포·구속된 피의자·피고인 접견권
> 2. 체포·구속된 피의자·피고인 서류·물건 수수권
> 3. 체포·구속된 피의자·피고인 의료진료권
>
>
> **【개정방향】**
> * 제목변경: 피의자·피고인의 접견권·교통권·수수권·의료진료권
> * 명확성
> * 간결성
> * 가독성
> * 개조식
> * 피의자·피고인으로 순서 바꿈. 법조문과 소송절차에 따름
> * 피고인·피의자와의 접견, 교통, 진료 → 피의자·피고인의 접견권·교통권·수수권·의료진료권 [예] 범죄와의 전쟁 → 범죄와 전쟁

- 신체구속을 당한 → 체포·구속된 (체포도 포함, 강압적 표현 수정, 구속은 신체를 포함함, 체포도 구속일수에 산입됨. 피의자에게 접견교통권을 인정하는 것이 헌법정신임)
- 수수권과 의료진료권은 법률용어임. [예] 주고받을 권리, 의사에게 진찰을 받을 권리보다 명확함
- 제89조·제91조 참조

【예 2】형사소송법 제35조(서류·증거물의 열람·복사)

가. 현행

> **제35조(서류·증거물의 열람·복사)**
>
> ① 피고인과 변호인은 소송계속 중의 관계 서류 또는 증거물을 열람하거나 복사할 수 있다. <개정 2016.5.29>
>
> ② 피고인의 법정대리인, 제28조에 따른 특별대리인, 제29조에 따른 보조인 또는 피고인의 배우자·직계친족·형제자매로서 피고인의 위임장 및 신분관계를 증명하는 문서를 제출한 자도 제1항과 같다.
>
> ③ 재판장은 피해자, 증인 등 사건관계인의 생명 또는 신체의 안전을 현저히 해칠 우려가 있는 경우에는 제1항 및 제2항에 따른 열람·복사에 앞서 사건관계인의 성명 등 개인정보가 공개되지 아니하도록 보호조치를 할 수 있다. <신설 2016.5.29>
>
> ④ 제3항에 따른 개인정보 보호조치의 방법과 절차, 그밖에 필요한 사항은 대법원규칙으로 정한다. <신설 2016.5.29>
>
> [전문개정 2007.6.1.]
>
> [제목개정 2016.5.29]

나. 개선방안

> **제35조(서류·증거물 열람·복사)**
>
> ① 다음 각 호에 해당하는 사람은 소송 중인 관계 서류·증거물을 열람·복사할 수 있다. <개정 2016.5.29>
>
> 1. 피고인
> 2. 변호인

3. 피고인 법정대리인으로서 피고인 위임장·신분관계를 증명하는 문서를 제출한 사람

4. 제28조 특별대리인으로서 피고인 위임장·신분관계를 증명하는 문서를 제출한 사람

5. 제29조 보조인·피고인 배우자·직계친족·형제자매로서 피고인 위임장·신분관계를 증명하는 문서를 제출한 사람

② 재판장은 다음 각 호에 해당하는 경우 제1항·제2항에 근거하여 열람·복사하기에 앞서 사건관계인 성명 등 개인정보가 공개되지 않도록 보호조치를 할 수 있다.

1. 피해자 생명·신체 안전을 현저히 침해할 가능성이 있는 경우

2. 증인 생명·신체 안전을 현저히 침해할 가능성이 있는 경우

3. 사건관계인 생명·신체 안전을 현저히 침해할 가능성이 있는 경우

<신설 2016.5.29>

④ 제3항에 근거하여 개인정보 보호조치방법·절차 그밖에 필요한 사항은 대법원규칙으로 정한다. <신설 2016.5.29>

[전문개정 2007.6.1.][제목개정 2016.5.29]

【개정방향】

- 제목변경: 서류·증거물 열람·복사
- 개조식
- 제1항과 제2항을 통합함.
- 개조식으로 입법하면 추후 개정이 용이함
- 가독성
- 명확성
- 해칠 우려가 있는 경우에는 → 침해할 가능성이 있는 경우

5. 국제성

독일 형사소송법 제251조(조서낭독)이다. 이 조문 특징은 개조식으로 간결하다. 독일 형사소송법 모든 조문이 개조식으로 된 것은 아니다. 최근 경향은 가독성에 중점을 두고, 각 호를 많이 사용하고 있다.[15] 대한민국 형사소송법도 외국어로 번역될

---

15) 형사입법에서 법문장 모범 사례. 최근 경향은 짧고 쉬운 문장, 명확한 문장이다. 먼저 이해를 돕기 위해 우리나라 경찰관직무집행법과 독일 형사소송법 법조문을 소개한다. 형사입법에서 법문장의 모범 사례

경우 가독성이 있어야 한다. 현행 형사소송법 조문은 장문으로 가독성이 현저히 떨어진다. 그래서 문체혁명이 필요하다.

Strafprozeßordnung(StPO) 독일 형사소송법

§ 251 Urkundenbeweis durch Verlesung von Protokollen

(1) Die Vernehmung eines Zeugen, Sachverständigen oder Mitbeschuldigten kann durch die Verlesung eines Protokolls über eine Vernehmung oder einer Urkunde, die eine von ihm erstellte Erklärung enthält, ersetzt werden,

1. wenn der Angeklagte einen Verteidiger hat und der Staatsanwalt, der Verteidiger und der Angeklagte damit einverstanden sind;

2. wenn die Verlesung lediglich der Bestätigung eines Geständnisses des Angeklagten dient und der Angeklagte, der keinen Verteidiger hat, sowie der Staatsanwalt der Verlesung zustimmen;

3. wenn der Zeuge, Sachverständige oder Mitbeschuldigte verstorben ist oder aus einem anderen Grunde in absehbarer Zeit gerichtlich nicht vernommen werden kann;

4. soweit das Protokoll oder die Urkunde das Vorliegen oder die Höhe eines Vermögensschadens betrifft.

(2) Die Vernehmung eines Zeugen, Sachverständigen oder Mitbeschuldigten darf durch die Verlesung des Protokolls über seine frühere richterliche Vernehmung auch ersetzt werden, wenn

1. dem Erscheinen des Zeugen, Sachverständigen oder Mitbeschuldigten in der Hauptverhandlung für eine längere oder ungewisse Zeit Krankheit, Gebrechlichkeit oder andere nicht zu beseitigende Hindernisse entgegens−tehen;

라고 볼 수 있다. 소위 '형사법 분야 법문장 신형(新型) 모델'이다. 경찰관 직무집행법 제3조·제4조·제5조 법문장. 경찰관 직무집행법 특징은 복문을 가능한 단문으로 바꾸고, 각 요건을 제1호·제2호 등 나누어 설명하고 있으며, 주어·동사·목적어가 분명하다. 한자를 한글로 바꾸어 가독성이 있다. '자(者)'를 '사람'으로 바꾸어 놓았다. 또한 제1항에 따라, 제1항부터 제3항까지 등 세련된 문장으로 다듬어졌다. 또한 '에 의한', '내지' 등 전형적 법문장 문구도 사라졌다. 이러한 알기 쉬운 개조식 법문장 장점은 각 호를 새로 추가하기 쉽고, 또 삭제하기도 간편하며, 해당 조문 판례 축적에 도움이 된다. 법문 전체 개정이 없어, 판례 검색에 혼란을 최소화 할 수 있다. 한글체계에서 이상적인 모델이라고 생각한다. 실무가와 일반국민들에게 아주 유용한 법문장이다.

2. dem Zeugen oder Sachverständigen das Erscheinen in der Hauptverhandlung wegen großer Entfernung unter Berücksichtigung der Bedeutung seiner Aussage nicht zugemutet werden kann;

3. der Staatsanwalt, der Verteidiger und der Angeklagte mit der Verlesung einverstanden sind.

(3) Soll die Verlesung anderen Zwecken als unmittelbar der Urteilsfindung, insbesondere zur Vorbereitung der Entscheidung darüber dienen, ob die Ladung und Vernehmung einer Person erfolgen sollen, so dürfen Protokolle und Urkunden auch sonst verlesen werden.

(4) In den Fällen der Absätze 1 und 2 beschließt das Gericht, ob die Verlesung angeordnet wird. Der Grund der Verlesung wird bekanntgegeben. Wird das Protokoll über eine richterliche Vernehmung verlesen, so wird festgestellt, ob der Vernommene vereidigt worden ist. Die Vereidigung wird nachgeholt, wenn sie dem Gericht notwendig erscheint und noch ausführbar ist.

【출전】 https://www.gesetze－im－internet.de/stpo/__251.html
【검색일자】 2024년 8월 31일

6. 개정지침

① 제목변경, ② 일본식 조사 '의' 삭제, ③ 명확성, ④ 간결성, ⑤ 가독성, ⑥ 국제성(구글 번역이 가능한 문체)이 필자가 생각한 여섯 가지 수정원칙이다. 대표로 13가지만 소개한다. 직접 수정된 내용은 제3장 형사소송법 개정안을 참조하시길 바란다.

가. 증거에 의하여야 한다 → 증거로 한다.

나. 법관의 자유판단에 의한다 → 자유롭게 판단한다. 의한다 → 일본식 문체 정비
(법제처안: 자유로운 판단에 의한다).

다. 제308조의2(위법수집증거의 배제) → 제308조2(적법수집증거사용원칙).

라. 이를 유죄의 증거로 하지 못한다 → 유죄증거로 사용할 수 없다.

마. 그 피고인에게 불이익한 유일의 증거인 때에는 → 피고인에게 불리한 오직 하나뿐인 증거인 경우

바. 이를 유죄의 증거로 하지 못한다 → 이 자백을 유죄증거로 사용할 수 없다.

사. 제311조 내지 제316조에 규정한 것 이외에는 → 제311조·제312조·제313조·제314조·제315조·제316조를 제외하고

아. 공판준비 또는 공판기일에 피고인이나 피고인 아닌 자의 진술을 기재한 조서와 → 1. 공판준비·공판기일에서 피고인 진술내용을 적은 조서
　　　　　　　 2. 공판준비·공판기일에서 피고인 아닌 사람 진술내용을 적은 조서

자. 그밖에 이에 준하는 사유로 인하여 → 이에 준하는 그밖에 사유로

차. '특히' → '특별히'로 통일

타. 기타 업무상 필요로 작성한 통상문서 → 그밖에 업무상 필요하여 작성된 일반문서

파. 정황에 의하여 → 정황에서

하. 피고인 또는 피고인 아닌 자의 진술을 기재한 것인 때에는 → 피고인 진술·피고인 아닌 사람 진술이 기재된 경우

Ⅳ　형사소송법 개정안

2024년 2월 13일 개정된 법률 최종안[16]을 토대로 한 조문씩 세밀하게 검토하였다.[17] 법제처 권고안도 있지만, 이 권고안은 문체 변경 없이 일부 자구만 수정한 것이다. 그래서 참고만 하였다. 지겹고 힘든 시간이었지만, 한국 형사법 발전을 위해 필요한 작업이라고 생각하고 최선을 다했다. 이 개정시안이 형사소송법 발전 초석이 되길 기대한다. 법률문장에서 문체혁명이 일어나기를 기원한다.

수정원칙은 ① 제목변경, ② 일본식 조사 '의' 삭제, ③ 명확성, ④ 간결성, ⑤ 가독성, ⑥ 국제성(기계 번역이 가능한 문체)이다. 일반국민도 쉽게 이해할 수 있도록 수정했다. 외국어로 기계번역이 쉽도록 수정했다. 판결문도 변하도록 수정했다. 진행과정과 끝이 선명하게 떠올라야 정확한 의미를 파악할 수 있다.

---

16) 정웅석·최창호, 형사소송법, 대명출판사, 2017, 11면("최근 전기통신기술의 비약적인 발전에 따라 컴퓨터 등 각종 정보매체를 이용한 정보저장이 일상화되었고, 범죄행위에 사용된 증거들도 종이문서가 아닌 전자적 정보의 형태로 디지털화되어 있는 현실을 고려하여, '진술서' 및 그에 준하는 '디지털 증거'의 진정성립은 과학적 분석결과에 기초한 디지털포렌식 자료, 감정 등 객관적 방법'으로도 인정할 수 있도록 하는 일부 조문의 개정(2016년 10월 1일부터 시행, 법률 제14179호)이 있었다.")

17) 형사소송법 일부개정 2024. 2. 13. [법률 제20265호, 시행 2024. 2. 13.] 법무부.

1. 제307조(증거재판주의)

1) 현행

> **제307조(증거재판주의)**
>
> ① 사실의 인정은 증거에 의하여야 한다.
>
> ② 범죄사실의 인정은 합리적인 의심이 없는 정도의 증명에 이르러야 한다.
>
> [전문개정 2007.6.1]【시행일 2008.1.1.】
>
> [본조제목개정 2007.6.1]【시행일 2008.1.1】

2) 개선방안

> **제307조(증거재판주의)**
>
> ① 사실인정은 증거로 한다.
>
> ② 범죄사실인정은 합리적 의심이 없을 정도로 증명되어야 한다.
>
> [전문개정 2007.6.1]【시행일 2008.1.1.】
>
> [본조제목개정 2007.6.1]【시행일 2008.1.1.】
>
>
> **【개정방향】**
>
> • 일본식 문체 정비
>
> • 일본식 조사 '의' 삭제
>
> • 명확성
>
> • 간결성
>
> • 가독성
>
> • 사실의 인정은 → 사실인정은
>
> • 증거에 의하여야 한다 → 증거로 한다.
>
> • 범죄사실의 인정은 → 범죄사실인정은
>
> • 합리적인 의심이 없는 정도의 → 합리적 의심이 없을 정도로
>
> • 증명에 이르러야 한다 → 증명되어야 한다.

2. 제308조(자유심증주의)

1) 현행

> **제308조(자유심증주의)**
>
> 증거의 증명력은 법관의 자유판단에 의한다.

2) 개선방안

> **제308조(자유심증주의)**
>
> 법관은 증거에 대한 증명력을 자유롭게 판단한다.
>
> **【개정방향】**
> - 명확성
> - 가독성
> - 주체 명시
> - 국어문법: 능동태
> - 증거의 증명력은 → 법관은 증거에 대한 증명력(2안: 증거증명력)을
> - 법관의 자유판단에 의한다 → 자유롭게 판단한다.
> - 의한다 → 일본식 문체 정비(법제처안: 자유로운 판단에 의한다.)

3. 제308조의2(위법수집증거의 배제)

1) 현행

> **제308조의2(위법수집증거의 배제)**
>
> 적법한 절차에 따르지 아니하고 수집한 증거는 증거로 할 수 없다.
>
> [본조신설 2007.6.1]【시행일 2008.1.1】

2) 개선방안

1안

제308조2(적법수집 증거사용원칙) ★★★★★

법원은 적법절차로 수집한 증거를 증거로 사용한다.

[본조신설 2007.6.1]【시행일 2008.1.1.】

2안

제308조2(적법수집증거사용)

법원은 적법절차로 수집한 진술증거·비진술증거만을 증거로 사용한다.

[본조신설 2007.6.1]【시행일 2008.1.1.】

3안

제308조2(위법수집증거배제)

법원은 위법절차로 수집한 증거를 증거로 사용할 수 없다.

[본조신설 2007.6.1]【시행일 2008.1.1.】

【개정방향】

- 제목변경: 적법수집증거사용원칙 → 적법절차를 명확히 함
- 일본식 조사 '의' 삭제
- 명확성
- 간결성
- 가독성
- 제목과 본문 통일
- 주체 명시(법원을 명시하여 적법절차 판단주체를 명확히 함)
- 국어문법(＝주어＋목적어＋본동사＋조동사 순)
- 부정문을 긍정문으로

1안

- 적법한 절차에 따르지 아니하고 → 법원은 적법절차로
- 수집한 증거는 증거로 할 수 없다 → 수집한 증거를 증거로 사용한다.

2안

- 적법한 절차에 따르지 아니하고 → 법원은 적법절차로
- 수집한 증거는 증거로 할 수 없다 → 수집한 진술증거·비진술증거만을 증거로 사용한다.

3안

- 적법한 절차에 따르지 아니하고 → 법원은 위법절차로
- 수집한 증거는 증거로 할 수 없다 → 수집한 증거를 증거로 사용할 수 없다.

4. 제309조(강제 등 자백의 증거능력)

1) 현행

제309조(강제 등 자백의 증거능력)

피고인의 자백이 고문, 폭행, 협박, 신체구속의 부당한 장기화 또는 기망 기타의 방법으로 임의로 진술한 것이 아니라고 의심할 만한 이유가 있는 때에는 이를 유죄의 증거로 하지 못한다.

2) 개선방안

1안

제309조(강제자백과 증거능력)

법관은 다음 각 호에 해당하는 경우 피의자 자백·피고인 자백을 유죄증거로 사용할 수 없다.

1. 고문
2. 폭행
3. 협박
4. 신체구속 부당한 장기화
5. 기망
6. 그밖에 방법으로 이루어진 경우

2안

제309조(강제자백과 증거능력)

법관은 다음 각 호 사유가 있는 경우 피의자·피고인 자백을 유죄증거로 사용할 수 없다.

1. 고문
2. 폭행
3. 협박
4. 신체구속 부당한 장기화
5. 기망
6. 그밖에 방법으로 이루어진 경우

3안 ★★★★★

제309조(강제자백과 증거능력)

법관은 수사기관이 다음 각 호 행위로 수집한 피의자 자백·피고인 자백을 유죄증거로 사용할 수 없다.

1. 고문
2. 폭행
3. 협박
4. 신체구속 부당한 장기화
5. 기망
6. 그밖에 방법으로 이루어진 경우

【개정방향】

- 제목변경: 강제자백과 증거능력
  → 형사소송법 제318조 제목 참조. 당사자 동의와 증거능력
- 명확성
- 가독성
- 개조식
- 주체 명시
- 일본식 조사 '의' 삭제
- 피고인의 자백이 → 피의자·피고인 자백을
- 임의로 진술한 것이 아니라고 의심할 만한 이유가 있는 때에는 → 삭제

- 이를 유죄의 증거로 하지 못한다 → 유죄증거로 사용할 수 없다.

5. 제310조(불이익한 자백의 증거능력)

1) 현행

제310조(불이익한 자백의 증거능력)

　피고인의 자백이 그 피고인에게 불이익한 유일의 증거인 때에는 이를 유죄의 증거로 하지 못한다.

2) 개선방안

1안

제310조(피고인에게 불리한 자백과 증거능력)

　법관은 피고인 자백이 재판에서 피고인에게 불리한 오직 하나뿐인 증거인 경우 이 자백을 유죄증거로 사용할 수 없다.

2안

제310조(피고인에게 불리한 자백과 증거능력) ★★★★★

　법관은 피고인 자백이 재판에서 피고인에게 불리한 오직 하나뿐인 증거인 경우 이 자백을 유죄증거로 사용할 수 없으며, 반드시 보강증거가 있어야 유죄증거로 사용할 수 있다.

3안

제310조(불이익한 자백과 증거능력)

　법관은 피고인 자백이 재판에서 피고인에게 불리한 오직 하나뿐인 증거인 경우 이 자백을 유죄증거로 사용할 수 없다.

【개정방향】
- 제목변경: 피고인에게 불리한 자백과 증거능력
  - → 형사소송법 제318조 제목 참조. 당사자 동의와 증거능력
- 명확성

- 가독성
- 일본식 조사 '의' 삭제
- 피고인의 자백이 → 법관은 피고인 자백이 재판에서
- 그 피고인에게 불이익한 유일의 증거인 때에는 → 피고인에게 불리한 오직 하나뿐인 증거인 경우
- 이를 유죄의 증거로 하지 못한다 → 이 자백을 유죄증거로 사용할 수 없다.

6. 제310조의2(전문증거와 증거능력의 제한)

1) 현행

제310조의2(전문증거와 증거능력의 제한)

  제311조 내지 제316조에 규정한 것 이외에는 공판준비 또는 공판기일에서의 진술에 대신하여 진술을 기재한 서류나 공판준비 또는 공판기일 외에서의 타인의 진술을 내용으로 하는 진술은 이를 증거로 할 수 없다.

  [본조신설 61·9·1]

2) 개선방안

제310조2(전문증거와 증거능력 제한)[18]

  법원은 제311조·제312조·제313조·제314조·제315조·제316조를 제외하고 다음 각 호 서류·전문진술을 증거로 사용할 수 없다.

  1. 공판준비·공판기일에서 진술을 대신하여 진술을 적은 서류
  2. 공판준비·공판기일 외에서 다른 사람 진술을 내용으로 하는 전문진술

【개정방향】
- 제목변경: 전문증거와 증거능력 제한
- 주체 명시
- 명확성
- 간결성
- 가독성

- 개조식
- 일본식 조사 '의' 삭제
- 제311조 내지 제316조에 규정한 것 이외에는 → 제311조·제312조·제313조·제314조·제315조·제316조를 제외하고. → 내지는 한자·일본식 표현임. 정확한 조문을 밝혀 가독성을 높임
- 공판준비 또는 공판기일에서의 진술에 대신하여 진술을 기재한 서류나 → 1. 공판준비·공판기일에서 진술을 대신하여 진술을 적은 서류.
  → 가능한 문장: 진술을 대신하여 제출된 진술을 기재한 서류
- 공판준비 또는 공판기일 외에서의 타인의 진술을 내용으로 하는 진술은 → 2. 공판준비·공판기일 외에서 다른 사람 진술을 내용으로 하는 전문진술
- 이를 증거로 할 수 없다 → 법원은 다음 각 호 서류·전문진술을 증거로 사용할 수 없다.

7. 제311조(법원 또는 법관의 조서)

1) 현행

> **제311조(법원 또는 법관의 조서)**
>
> 공판준비 또는 공판기일에 피고인이나 피고인 아닌 자의 진술을 기재한 조서와 법원 또는 법관의 검증의 결과를 기재한 조서는 증거로 할 수 있다. 제184조 및 제221조의2의 규정에 의하여 작성한 조서도 또한 같다. [개정 73·1·25, 95·12·29] [전문개정 61·9·1]

2) 개선방안

> **제311조(법원조서·법관조서)**
>
> 법원은 다음 각 호 조서를 증거로 사용할 수 있다.
> 1. 공판준비·공판기일에서 피고인 진술내용을 적은 조서
> 2. 공판준비·공판기일에서 피고인 아닌 다른 사람 진술내용을 적은 조서
> 3. 법원·법관이 조사한 검증결과를 적은 검증조서
> 4. 법원·법관이 제184조·제221조2에 근거하여 작성한 증거보전조서·증인신문조서

---

18) 정웅석·최창호, 형사소송법, 대명출판사, 2017, 575면(전문증거체계 도표 5-2 참조).

【개정방향】
- 제목변경: 법원조서·법관조서
- 명확성
- 간결성
- 가독성
- 개조식
- 주체 명시
- 수동태에서 능동태로 바꿈
- 일본식 조사 '의' 삭제
- 법률적용의 용이성 [예] 형사소송법 제311조 제1호 위반
- 공판준비 또는 공판기일에 피고인이나 피고인 아닌 자의 진술을 기재한 조서와
  → 1. 공판준비·공판기일에서 피고인 진술내용을 적은 조서 2. 공판준비·공판기일
  에서 피고인 아닌 사람 진술내용을 적은 조서
- 법원 또는 법관의 검증의 결과를 기재한 조서는 → 3. 법원·법관이 조사한 검증결
  과를 적은 검증조서
- 증거로 할 수 있다 → 법원은 다음 각 호 조서를 증거로 사용할 수 있다
- 제184조 및 제221조의2의 규정에 의하여 작성한 조서도 또한 같다 → 법원·법관
  이 제184조·제221조2에 근거하여 작성한 증거보전조서·증인신문조서

8. 제312조(검사 또는 사법경찰관의 조서 등)

(1) 현행

제312조(검사 또는 사법경찰관의 조서 등)

① 검사가 작성한 피의자신문조서는 적법한 절차와 방식에 따라 작성된 것으로서 공판준비, 공판기일에 그 피의자였던 피고인 또는 변호인이 그 내용을 인정할 때에 한정하여 증거로 할 수 있다. <개정 2020.2.4>

② 삭제 <2020.2.4>

③ 검사 이외의 수사기관이 작성한 피의자신문조서는 적법한 절차와 방식에 따라 작성된 것으로서 공판준비 또는 공판기일에 그 피의자였던 피고인 또는 변호인이 그 내용을

인정할 때에 한하여 증거로 할 수 있다.

④ 검사 또는 사법경찰관이 피고인이 아닌 자의 진술을 기재한 조서는 적법한 절차와 방식에 따라 작성된 것으로서 그 조서가 검사 또는 사법경찰관 앞에서 진술한 내용과 동일하게 기재되어 있음이 원진술자의 공판준비 또는 공판기일에서의 진술이나 영상녹화물 또는 그 밖의 객관적인 방법에 의하여 증명되고, 피고인 또는 변호인이 공판준비 또는 공판기일에 그 기재 내용에 관하여 원진술자를 신문할 수 있었던 때에는 증거로 할 수 있다. 다만, 그 조서에 기재된 진술이 특히 신빙할 수 있는 상태하에서 행하여졌음이 증명된 때에 한한다.

⑤ 제1항부터 제4항까지의 규정은 피고인 또는 피고인이 아닌 자가 수사과정에서 작성한 진술서에 관하여 준용한다.

⑥ 검사 또는 사법경찰관이 검증의 결과를 기재한 조서는 적법한 절차와 방식에 따라 작성된 것으로서 공판준비 또는 공판기일에서의 작성자의 진술에 따라 그 성립의 진정함이 증명된 때에는 증거로 할 수 있다.

[전문개정 2007.6.1]

【출처】 형사소송법 일부개정 2024. 2. 13. [법률 제20265호, 시행 2024. 2. 13.] 법무부.

【개정 전】

제312조(검사 또는 사법경찰관의 조서 등)

① 검사가 피고인이 된 피의자의 진술을 기재한 조서는 적법한 절차와 방식에 따라 작성된 것으로서 피고인이 진술한 내용과 동일하게 기재되어 있음이 공판준비 또는 공판기일에서의 피고인의 진술에 의하여 인정되고, 그 조서에 기재된 진술이 특히 신빙할 수 있는 상태하에서 행하여졌음이 증명된 때에 한하여 증거로 할 수 있다.

② 제1항에도 불구하고 피고인이 그 조서의 성립의 진정을 부인하는 경우에는 그 조서에 기재된 진술이 피고인이 진술한 내용과 동일하게 기재되어 있음이 영상녹화물이나 그 밖의 객관적인 방법에 의하여 증명되고, 그 조서에 기재된 진술이 특히 신빙할 수 있는 상태하에서 행하여졌음이 증명된 때에 한하여 증거로 할 수 있다.

③ 검사 이외의 수사기관이 작성한 피의자신문조서는 적법한 절차와 방식에 따라 작성된 것으로서 공판준비 또는 공판기일에 그 피의자였던 피고인 또는 변호인이 그 내용을 인정할 때에 한하여 증거로 할 수 있다.

④ 검사 또는 사법경찰관이 피고인이 아닌 자의 진술을 기재한 조서는 적법한 절차와 방식에 따라 작성된 것으로서 그 조서가 검사 또는 사법경찰관 앞에서 진술한 내용과 동

일하게 기재되어 있음이 원진술자의 공판준비 또는 공판기일에서의 진술이나 영상녹화물 또는 그 밖의 객관적인 방법에 의하여 증명되고, 피고인 또는 변호인이 공판준비 또는 공판기일에 그 기재 내용에 관하여 원진술자를 신문할 수 있었던 때에는 증거로 할 수 있다. 다만, 그 조서에 기재된 진술이 특히 신빙할 수 있는 상태하에서 행하여졌음이 증명된 때에 한한다.

⑤ 제1항부터 제4항까지의 규정은 피고인 또는 피고인이 아닌 자가 수사과정에서 작성한 진술서에 관하여 준용한다.

⑥ 검사 또는 사법경찰관이 검증의 결과를 기재한 조서는 적법한 절차와 방식에 따라 작성된 것으로서 공판준비 또는 공판기일에서의 작성자의 진술에 따라 그 성립의 진정함이 증명된 때에는 증거로 할 수 있다.

[전문개정 2007.6.1]【시행일 2008.1.1】

[본조제목개정 2007.6.1]【시행일 2008.1.1.】

2) 개선방안

제312조(검사작성 피의자신문조서·사법경찰관작성 피의자신문조서·검찰작성 진술조서·사법경찰관작성 진술조서·검찰수사과정에서 쓴 피의자진술서·경찰수사과정에서 쓴 피의자진술서·검찰수사과정에서 쓴 참고인진술서·경찰수사과정에서 쓴 참고인진술서·검사작성 검증조서와 압수조서·사법경찰관작성 검증조서와 압수조서)

① 법원은 다음 각 호 요건을 모두 충족한 경우 검사가 작성한 피의자신문조서를 증거로 사용할 수 있다.

1. 적법한 절차와 방식으로 작성된 경우

2. 피고인·변호인이 공판준비·공판기일에서 사법경찰관에게 진술한 내용을 인정하는 진술을 한 경우

② 삭제 <2020.2.4>

③ 법원은 다음 각 호 요건을 모두 충족한 경우 사법경찰관이 작성한 피의자신문조서를 증거로 사용할 수 있다.

1. 적법한 절차와 방식으로 작성된 경우

2. 피고인·변호인이 공판준비·공판기일에서 사법경찰관에게 진술한 내용을 인정하는 진술을 한 경우

④ 법원은 다음 각 호 요건을 모두 충족한 경우 검사·사법경찰관이 작성한 피고인이 아닌 제3자(참고인) 진술조서를 증거로 사용할 수 있다.

1. 적법한 절차와 방식으로 작성된 경우

2. 원진술자가 공판준비·공판기일에서 검사·사법경찰관 앞에서 진술한 내용과 동일하게 기재되어 있음을 다시 진술하거나 또는 영상녹화물·그 밖에 객관적인 방법으로 증명된 경우

3. 피고인·변호인이 공판준비·공판기일에서 진술조서에 기재된 내용에 대해 원진술자에게 반대신문을 할 수 있었던 경우

4. 참고인 진술조서에 기재된 진술이 특별히 신빙할 수 있는 상태에서 이루어진 것이 증명된 경우

⑤ 법원은 피고인이 되기 전 피의자가 수사과정에서 쓴 피의자진술서·참고인이 수사과정에서 쓴 진술서 경우 다음 각 호에 근거하여 증거로 사용할 수 있다.

1. 피의자가 검찰수사과정에서 쓴 진술서는 제1항·제2항을 준용한다.

2. 피의자가 경찰수사과정에서 쓴 진술서는 제3항을 준용한다.

3. 참고인이 검찰수사과정에서 쓴 진술서는 제4항을 준용한다.

4. 참고인이 경찰수사과정에서 쓴 진술서는 제4항을 준용한다.

⑥ 법원은 다음 각 호 요건을 모두 충족한 경우 검사·사법경찰관이 작성한 검증조서와 압수조서를 증거로 사용할 수 있다.

1. 적법한 절차와 방식으로 작성된 경우

2. 검증조서와 압수조서를 작성한 사람이 공판준비·공판기일에서 진술로 성립진정을 증명한 경우

[전문개정 2007.6.1] 【시행일 2008.1.1】

[본조제목개정 2007.6.1] 【시행일 2008.1.1.】

【개정 전】

제312조(검사작성 피의자신문조서·사법경찰관작성 피의자신문조서·검찰작성 진술조서·사법경찰관작성 진술조서·검찰수사과정에서 쓴 피의자진술서·경찰수사과정에서 쓴 피의자진술서·검찰수사과정에서 쓴 참고인진술서·경찰수사과정에서 쓴 참고인진술서·검사작성 검증조서와 압수조서·사법경찰관작성 검증조서와 압수조서)

① 법원은 다음 각 호 요건을 모두 충족한 경우 검사가 작성한 피의자신문조서(피고인이 되기 전 피의자 진술 내용을 적은 조서)를 증거로 사용할 수 있다.

1. 적법한 절차와 방식으로 작성된 경우
2. 검사작성 피의자신문조서와 검찰수사과정에서 진술한 내용이 공판준비·공판기일에서 동일하게 기재되어 있음을 인정하는 진술을 한 경우
3. 검사작성 피의자신문조서에 적힌 진술이 특별히 신빙할 수 있는 상태에서 이루어진 것이 증명된 경우

② 법원은 제1항 요건이 모두 충족됨에도 피고인이 검사작성 피의자신문조서 성립진정을 부인하는 경우 다음 각 호 요건을 모두 충족할 경우 검사작성 피의자신문조서를 증거로 사용할 수 있다.
1. 검찰수사과정에서 진술한 내용이 검사작성 피의자신문조서와 동일하게 기재되어 있음이 영상녹화물·그 밖에 객관적인 방법으로 증명된 경우
2. 검사작성 피의자신문조서에 적힌 진술이 특별히 신빙할 수 있는 상태에서 이루어진 것이 증명된 경우

③ 법원은 다음 각 호 요건을 모두 충족한 경우 사법경찰관이 작성한 피의자신문조서를 증거로 사용할 수 있다.
1. 적법한 절차와 방식으로 작성된 경우
2. 피고인·변호인이 공판준비·공판기일에서 사법경찰관에게 진술한 내용을 인정하는 진술을 한 경우

④ 법원은 다음 각 호 요건을 모두 충족한 경우 검사·사법경찰관이 작성한 피고인이 아닌 제3자(참고인) 진술조서를 증거로 사용할 수 있다.
1. 적법한 절차와 방식으로 작성된 경우
2. 원진술자가 공판준비·공판기일에서 검사·사법경찰관 앞에서 진술한 내용과 동일하게 기재되어 있음을 다시 진술하거나 또는 영상녹화물·그 밖에 객관적인 방법으로 증명된 경우
3. 피고인·변호인이 공판준비·공판기일에서 진술조서에 기재된 내용에 대해 원진술자에게 반대신문을 할 수 있었던 경우
4. 참고인 진술조서에 기재된 진술이 특별히 신빙할 수 있는 상태에서 이루어진 것이 증명된 경우

⑤ 법원은 피고인이 되기 전 피의자가 수사과정에서 쓴 피의자진술서·참고인이 수사과정에서 쓴 진술서 경우 다음 각 호에 근거하여 증거로 사용할 수 있다.
1. 피의자가 검찰수사과정에서 쓴 진술서는 제1항·제2항을 준용한다.
2. 피의자가 경찰수사과정에서 쓴 진술서는 제3항을 준용한다.

3. 참고인이 검찰수사과정에서 쓴 진술서는 제4항을 준용한다.

4. 참고인이 경찰수사과정에서 쓴 진술서는 제4항을 준용한다.

⑥ 법원은 다음 각 호 요건을 모두 충족한 경우 검사·사법경찰관이 작성한 검증조서와 압수조서를 증거로 사용할 수 있다.

1. 적법한 절차와 방식으로 작성된 경우

2. 검증조서와 압수조서를 작성한 사람이 공판준비·공판기일에서 진술로 성립진정을 증명한 경우

[전문개정 2007.6.1] 【시행일 2008.1.1】

[본조제목개정 2007.6.1] 【시행일 2008.1.1.】

【개정방향】

• 제목변경: 검사작성 피의자신문조서·사법경찰관작성 피의자신문조서·검찰작성 진술조서·사법경찰관작성 진술조서·검찰수사과정에서 쓴 피의자진술서·경찰수사과정에서 쓴 피의자진술서·검찰수사과정에서 쓴 참고인진술서·경찰수사과정에서 쓴 참고인진술서·검사작성 검증조서와 압수조서·사법경찰관작성 검증조서와 압수조서

　　→ 형사소송법제312조 본문 내용 구체성 명시

• 명확성

• 간결성

• 가독성

• 개조식

• 국어문법정비

• 일본식 조사 '의' 삭제 → 꼭 필요한 경우만 사용

• 또는 → 기호 방점(·)으로 표시함. 이하 통일

• 현행 제312조는 제1항과 제3항이 동일한 내용임에도 문장 부호가 다름

　　→ 제1항 공판준비, 공판기일에

　　→ 제3항 공판준비 또는 공판기일에

　　→ 급하게 입법(입법과정)

　　→ 다른 조문을 비교하지 않음(입법절차)

　　→ 형사소송법 전체를 분석하면 상당한 차이점을 발견할 수 있음

• 주체 명시: 법원은

• '특히'를 '특별히'로 통일. 형법 제15조 제1항 '특별히 중한 죄가 되는 사실'

- 제3항을 명확히 함. 검사 이외의 수사기관이 작성한 피의자신문조서는 → 사법경찰관이 작성한 피의자신문조서
- 제4항을 개조식으로 명확히 함. 굳이 위에서 찾을 필요 없이 제4항 독자성 확보
- 제6항 개정함.
  → 검사·사법경찰관이 작성한 검증조서와 압수조서를 증거로 사용할 수 있다.
- 검증조서와 압수조서(형사소송법 제49조)
- 참조조문

형사소송법 제49조(검증조서·압수조서·수색조서)
① 검증·압수·수색은 조서를 작성한다.
② 검증조서는 검증목적물 현상을 명확하게 하기 위하여 그림·사진을 첨부할 수 있다.
③ 압수조서는 반드시 품종·외형상 특징·수량을 기재하여야 한다.
- 반드시~하여야 한다.
  → 강조하는 경우만 사용함
  → 그 외는 '~한다'로 통일함.
  → 형사소송법에 '~하여야 한다.'가 일반화 되어 있음

9. 제313조(진술서등)

1) 현행

제313조 (진술서등)
① 전2조의 규정 이외에 피고인 또는 피고인이 아닌 자가 작성한 진술서나 그 진술을 기재한 서류로서 그 작성자 또는 진술자의 자필이거나 그 서명 또는 날인이 있는 것(피고인 또는 피고인 아닌 자가 작성하였거나 진술한 내용이 포함된 문자·사진·영상 등의 정보로서 컴퓨터용디스크, 그밖에 이와 비슷한 정보저장매체에 저장된 것을 포함한다. 이하 이 조에서 같다)은 공판준비나 공판기일에서의 그 작성자 또는 진술자의 진술에 의하여 그 성립의 진정함이 증명된 때에는 증거로 할 수 있다. 단, 피고인의 진술을 기재한 서류는 공판준비 또는 공판기일에서의 그 작성자의 진술에 의하여 그 성립의 진정함이 증명되고 그 진술이 특히 신빙할 수 있는 상태하에서 행하여 진 때에 한하여 피고인의 공판준비 또는 공판기일에서의 진술에 불구하고 증거로 할 수 있다. <개정 2016.5.29>

② 제1항 본문에도 불구하고 진술서의 작성자가 공판준비나 공판기일에서 그 성립의 진정을 부인하는 경우에는 과학적 분석결과에 기초한 디지털포렌식 자료, 감정 등 객관적 방법으로 성립의 진정함이 증명되는 때에는 증거로 할 수 있다. 다만, 피고인 아닌 자가 작성한 진술서는 피고인 또는 변호인이 공판준비 또는 공판기일에 그 기재 내용에 관하여 작성자를 신문할 수 있었을 것을 요한다. <개정 2016.5.29>

③ 감정의 경과와 결과를 기재한 서류도 제1항 및 제2항과 같다. <신설 2016.5.29>

[전문개정 1961.9.1]

2) 개선방안

제313조(검찰수사과정·사법경찰관수사과정 이외의 장소에서 작성된 피의자 진술서·제3자 진술서·피의자 진술기재서류·제3자 진술기재서류)

① 법원은 제311조·제312조를 제외하고 다음 각 호 요건을 모두 충족한 경우 피고인·피고인이 아닌 사람이 작성한 진술서·진술기재서류를 증거로 사용할 수 있다.

1. 작성자·진술자가 자필로 작성하였거나 또는 서명·도장이 있는 경우(진술내용이 포함된 문자·사진·영상 등의 정보로서 컴퓨터용디스크, 그밖에 이와 비슷한 정보저장매체에 저장된 경우 포함)

2. 작성자가 공판준비·공판기일에서 진술로 성립진정을 증명한 경우

3. 다만 피고인이 된 피의자 진술을 기재한 서류는 공판준비·공판기일 진술에도 불구하고 다음 각 호 요건을 모두 충족할 경우 증거로 사용할 수 있다.

가. 작성자가 공판준비·공판기일에서 진술로 성립진정을 증명한 경우

나. 작성자 진술이 특별히 신빙할 수 있는 상태에서 이루어진 경우

<개정 2016.5.29.>

② 제1항 본문에도 불구하고 진술서 작성자가 공판준비·공판기일에서 성립진정을 부인하는 경우 다음 각 호 요건 중 어느 하나 충족한 경우 증거로 할 수 있다.

1. 과학적 분석결과에 기초한 디지털포렌식 자료로 객관적 방법으로 성립진정이 증명된 경우

2. 감정 등 객관적 방법으로 성립진정이 증명된 경우

3. 다만 피고인 아닌 사람이 작성한 진술서 경우 피고인·변호인이 공판준비 또는 공판기일에 기재 내용에 관하여 작성자를 신문을 할 수 있어야 한다. <개정 2016.5.29>

③ 감정경과와 감정결과를 적은 서류는 제1항·제2항을 준용한다.

【개정방향】

- 제목병경: 검찰수사과정·사법경찰관수사과정 이외의 장소에서 작성된 피의자 진술
  서·제3자 진술서·피의자 진술기재서류·제3자 진술기재서류
  → 형사소송법제313조 본문 내용 구체성 명시
- 명확성
- 간결성
- 가독성
- 개조식
- 국어문법정비
- 일본식 조사 '의' 삭제 → 꼭 필요한 경우만 사용
- 또는 → 기호 방점(·)으로 표시함. 이하 통일
- 등(等): 어떤 경우는 붙여 쓰고 또 어떤 경우는 띠어 씀. 통일
  → 등(等)은 앞에서 열거한 경우와 유사함
- 필자 제안【제313조의2 신설안】: ① 디지털 문서는 구분하여 입법하는 것이 역사성
  이 있음. ② 기존 판례를 존중하는 의미도 있음. ③ 법안정성에 기여함

제313조2(디지털매체로 저장되어 출력된 피의자 진술서·제3자 진술서·피의자 진술기재서류·제3자 진술기재서류)

① 법관은 제311조·제312조를 제외하고 다음 각 호 요건을 모두 충족한 경우 피고인·
피고인이 아닌 사람이 작성한 진술서·진술을 기재한 서류를 증거로 사용할 수 있다.

  1. 컴퓨터용디스크·그밖에 이와 비슷한 정보저장매체에 문자·음성·영상자료 등 정보
     로 기억된 경우 디지털매체 특수성으로 서명을 하거나 또는 도장을 찍을 수 없더라
     도 작성자·진술자 신원을 객관적 방법으로 증명한 경우
  2. 작성자·진술자가 공판준비·공판기일에서 진술로 성립진정을 인정한 경우

② 제1항 제2호 경우 작성자·진술자가 진술로 성립진정을 부인하는 경우 과학적 분석
결과에 기초한 디지털포렌식 자료로 객관적 방법으로 성립진정이 증명된 경우

③ 제1항 제1호 방법으로 피고인 진술내용이 기재되어 디지털매체로 저장된 서류는 피
고인이 공판준비·공판기일에서 진술한 경우에도 불구하고 다음 각 호 요건을 모두 충족
한 경우 증거로 사용할 수 있다.

  가. 작성자가 공판준비·공판기일에서 진술로 성립진정을 인정한 경우
  나. 피고인·변호인이 공판준비·공판기일에서 진술한 서류기재내용에 관하여 원진술자

를 신문할 수 있었던 경우

다. 작성자 진술이 특별히 신빙할 수 있는 상태하에서 이루어진 것이 증명된 경우

라. 다만 작성자·진술자가 진술로 성립진정을 부인하는 경우 과학적 분석결과에 기초한 디지털포렌식 자료로 객관적 방법으로 성립진정이 증명된 경우

10. 제314조(증거능력에 대한 예외)

1) 현행

제314조(증거능력에 대한 예외)

제312조 또는 제313조의 경우에 공판준비 또는 공판기일에 진술을 요하는 자가 사망·질병·외국거주·소재불명 그밖에 이에 준하는 사유로 인하여 진술할 수 없는 때에는 그 조서 및 그 밖의 서류(피고인 또는 피고인 아닌 자가 작성하였거나 진술한 내용이 포함된 문자·사진·영상 등의 정보로서 컴퓨터용디스크, 그밖에 이와 비슷한 정보저장매체에 저장된 것을 포함한다)를 증거로 할 수 있다. 다만, 그 진술 또는 작성이 특히 신빙할 수 있는 상태하에서 행하여졌음이 증명된 때에 한한다. <개정 2016.5.29>

[전문개정 2007.6.1]

2) 개선방안

제314조(증거능력 예외)

법원은 제312조·제313조 경우 공판준비·공판기일에 진술을 해야 하는 사람이 다음 각 호 사유를 모두 충족한 경우 조서와 그밖에 서류(피고인·피고인 아닌 사람이 작성하였거나 또는 진술한 내용이 포함된 문자·사진·영상 등 정보로서 컴퓨터용디스크·그밖에 이와 비슷한 정보저장매체에 저장된 것을 포함한다)를 증거로 사용할 수 있다.

1. 사망·질병·외국거주·소재불명·이에 준하는 그밖에 사유로 공판준비·공판기일에서 진술이 불가능한 경우
2. 진술·작성이 특별히 신빙할 수 있는 상태에서 이루어진 것이 증명된 경우

[전문개정 2007.6.1] 【시행일 2008.1.1.】

[본조제목개정 2007.6.1] 【시행일 2008.1.1.】

11. 제315조(당연히 증거능력이 있는 서류)

1) 현행

제315조(당연히 증거능력이 있는 서류)

다음에 게기한 서류는 증거로 할 수 있다. [개정 2007.5.17 제8435호(가족관계의 등록 등에 관한 법률)] 【시행일 2008.1.1】

1. 가족관계기록사항에 관한 증명서, 공정증서등본 기타 공무원 또는 외국공무원의 직무상 증명할 수 있는 사항에 관하여 작성한 문서

2. 상업장부, 항해일지 기타 업무상 필요로 작성한 통상문서

3. 기타 특히 신용할 만한 정황에 의하여 작성된 문서

2) 개선방안

제315조(당연히 증거능력이 있는 서류)

법원은 다음 각 호 문서를 증거로 사용할 수 있다. [개정 2007.5.17 제8435호(가족관계의 등록 등에 관한 법률)] 【시행일 2008.1.1】

1. 가족관계기록사항에 관한 증명서·공정증서등본·그밖에 공무원·외국공무원이 직무상 증명할 수 있는 사항에 관하여 작성된 문서
2. 상업장부·항해일지·그밖에 업무상 필요하여 작성된 일반문서
3. 그밖에 특별히 신용할 만한 정황에서 작성된 문서

【개정방향】
• 명확성
• 간결성
• 가독성
• 주체 명시
• 기타 → '그밖에'
• '특히' → '특별히'로 통일
• 일본식 문체 정비
• 일본식 조사 '의' 삭제
• 기타 업무상 필요로 작성한 통상문서 → 그밖에 업무상 필요하여 작성된 일반문서
• 정황에 의하여 → 정황에서

12. 제316조(전문의 진술)

1) 현행

제316조(전문의 진술)

① 피고인이 아닌 자(공소제기 전에 피고인을 피의자로 조사하였거나 그 조사에 참여하였던 자를 포함한다. 이하 이 조에서 같다)의 공판준비 또는 공판기일에서의 진술이 피고인의 진술을 그 내용으로 하는 것인 때에는 그 진술이 특히 신빙할 수 있는 상태 하에서 행하여졌음이 증명된 때에 한하여 이를 증거로 할 수 있다.

[개정 2007.6.1]【시행일 2008.1.1】

② 피고인 아닌 자의 공판준비 또는 공판기일에서의 진술이 피고인 아닌 타인의 진술을 그 내용으로 하는 것인 때에는 원진술자가 사망, 질병, 외국거주, 소재불명 그밖에 이에 준하는 사유로 인하여 진술할 수 없고, 그 진술이 특히 신빙할 수 있는 상태 하에서 행하여졌음이 증명된 때에 한하여 이를 증거로 할 수 있다.

[개정 95·12·29, 2007.6.1]【시행일 2008.1.1.】[전문개정 61·9·1]

2) 개선방안

> ### 제316조(전문진술)
>
> ① 법원은 공판준비·공판기일에서 다음 각 호에 모두 해당하는 경우 피고인이 아닌 사람(피고인을 공소제기 전에 피의자로 조사하였거나 또는 그 조사에 참여하였던 사람을 포함한다. 이하 이 조에서 같다) 진술을 증거로 사용할 수 있다.
>
> 1. 피고인 진술을 내용으로 하는 경우
>
> 2. 피고인 진술이 특별히 신빙할 수 있는 상태에서 이루어진 것이 증명된 경우
>
> [개정 2007.6.1]【시행일 2008.1.1】
>
> ② 공판준비·공판기일에서 피고인 아닌 사람 진술이 피고인 아닌 제3자 진술을 그 내용으로 하는 경우 다음 각 호 사유를 모두 충족한 경우 그 진술을 증거로 사용할 수 있다.
>
> 1. 원진술자가 사망·질병·외국거주·소재불명·이에 준하는 그밖에 사유로 공판준비·공판기일에서 원진술자 진술이 불가능한 경우
>
> 2. 그 진술이 특별히 신빙할 수 있는 상태에서 이루어진 것이 증명된 경우
>
> [개정 95·12·29, 2007.6.1]【시행일 2008.1.1.】[전문개정 61·9·1]
>
>
> ### 【개정방향】
>
> - 제목변경: 전문진술
>   → 우리는 일상용어에서 '전문의 진술'이라고 표현하지 않는다.
> - 명확성
> - 간결성
> - 가독성
> - 개조식
> - 주체 명시
> - 일본식 조사 '의' 삭제. '사람의 진술'로 표현할 수 있으나, 언어 관행이다. 언어 혁명을 위해서 '피고인 아닌 사람 진술'이 타당하다.

13. 제317조(진술의 임의성)

1) 현행

제317조(진술의 임의성)

① 피고인 또는 피고인 아닌 자의 진술이 임의로 된 것이 아닌 것은 증거로 할 수 없다.

② 전항의 서류는 그 작성 또는 내용인 진술이 임의로 되었다는 것이 증명된 것이 아니면 증거로 할 수 없다.

③ 검증조서의 일부가 피고인 또는 피고인 아닌 자의 진술을 기재한 것인 때에는 그 부분에 한하여 전2항의 예에 의한다.

2) 개선방안

제317조(진술임의성)

① 법원은 피고인·피고인 아닌 사람이 임의로 진술한 경우만 진술증거로 사용할 수 있다.

② 법원은 서류작성·서류내용이 임의로 진술한 것이 증명된 경우 제1항 서류를 증거로 사용할 수 있다.

③ 법원은 검증조서 일부분에서 피고인 진술·피고인 아닌 사람 진술이 기재된 경우 그 일부분에 대해 제1항·제2항을 준용한다.

【개정방향】

• 제목변경

• 일본식 조사 '의' 삭제

• 명확성

• 간결성

• 가독성

• 주체 명시

• 전항 → 제1항으로 통일함

• 전항의 서류는 → 제1항 서류를

• 그 작성 또는 내용인 진술이 임의로 되었다는 것이 증명된 것이 아니면 → 서류작성과 서류내용이 임의로 진술된 것이 증명된 경우

• 증거로 할 수 없다 → 제1항 서류를 증거로 사용할 수 있다

- 검증조서의 일부가 → 검증조서 일부분에서
- 피고인 또는 피고인 아닌 자의 진술을 기재한 것인 때에는 → 피고인 진술·피고인 아닌 사람 진술이 기재된 경우
- 그 부분에 한하여 → 법원은 그 부분에 대해
- 전2항의 예에 의한다 → 제1항·제2항을 준용한다.

14. 제318조(당사자의 동의와 증거능력)

1) 현행

제318조(당사자의 동의와 증거능력)

① 검사와 피고인이 증거로 할 수 있음을 동의한 서류 또는 물건은 진정한 것으로 인정한 때에는 증거로 할 수 있다.

② 피고인의 출정 없이 증거조사를 할 수 있는 경우에 피고인이 출정하지 아니한 때에는 전항의 동의가 있는 것으로 간주한다. 단, 대리인 또는 변호인이 출정한 때에는 예외로 한다.

2) 개선방안

제318조(당사자 동의와 증거능력)

① 법원은 다음 각 호 사유가 모두 충족되는 경우 증거로 사용할 수 있다.

1. 검사·피고인이 서류·물건·진술을 증거로 사용하기로 동의한 경우
2. 법원이 제1호 서류·물건에 대해 진정성을 인정할 수 있을 경우

② 법원은 피고인 법정 출석 없이 증거조사를 실시할 수 있는 경우 피고인이 출석하지 않으면 제1항 증거에 동의한 것으로 본다. 다만 대리인·변호인이 법정에 출석한 경우 제1항 증거에 동의한 것으로 볼 수 없다.

【개정방향】
- 제목변경: 당사자 동의와 증거능력
- 명확성
- 간결성

- 가독성
- 개조식
- 주체 명시
- 검사와 피고인이 증거로 할 수 있음을 동의한 서류 또는 물건은 → 검사와 피고인이 서류·물건을 증거로 사용하기로 동의한 경우
- 진정한 것으로 인정한 때에는 → 법원이 제1호 서류·물건·진술에 대해 진정성을 인정할 수 있을 경우
- 증거로 할 수 있다 → 증거로 사용할 수 있다.
- 하다. 할 수 있다. 다름. 할 수 있다는 조동사이기 때문에 반드시 본동사가 있어야 함
- 피고인의 출정 없이 증거조사를 할 수 있는 경우에 → 법원은 피고인 법정 출석 없이 증거조사를 실시할 수 있는 경우
- 피고인이 출정하지 아니한 때에는 → 피고인이 출석하지 않으면
- 전항의 동의가 있는 것으로 간주한다 → 제1항 증거에 동의한 것으로 본다.
- 단, 대리인 또는 변호인이 출정한 때에는 예외로 한다 → 다만 대리인·변호인이 법정에 출석한 경우 제1항 증거에 동의를 한 것으로 볼 수 없다.

15. 제318조의2(증명력을 다투기 위한 증거)

1) 현행

제318조의2(증명력을 다투기 위한 증거)

① 제312조부터 제316조까지의 규정에 따라 증거로 할 수 없는 서류나 진술이라도 공판준비 또는 공판기일에서의 피고인 또는 피고인이 아닌 자(공소제기 전에 피고인을 피의자로 조사하였거나 그 조사에 참여하였던 자를 포함한다. 이하 이 조에서 같다)의 진술의 증명력을 다투기 위하여 증거로 할 수 있다.

② 제1항에도 불구하고 피고인 또는 피고인이 아닌 자의 진술을 내용으로 하는 영상녹화물은 공판준비 또는 공판기일에 피고인 또는 피고인이 아닌 자가 진술함에 있어서 기억이 명백하지 아니한 사항에 관하여 기억을 환기시켜야 할 필요가 있다고 인정되는 때에 한하여 피고인 또는 피고인이 아닌 자에게 재생하여 시청하게 할 수 있다. [전문개정 2007.6.1]【시행일 2008.1.1】

2) 개선방안

> **제318조2(증명력을 다투기 위한 증거)**
>
> ① 법원은 제312조·제313조·제314조·제315조·제316조에 근거하여 증거로 사용할 수 없는 서류와 진술(적법절차위반은 제외한다)은 공판준비·공판기일에서 피고인·피고인이 아닌 사람(공소제기 전 피고인을 피의자로 조사하였던 사람 또는 그 조사에 참여하였던 사람을 포함한다. 이하 이 조에서 같다) 진술 증명력을 다툴 수 있는 증거로 사용할 수 있다. 다만 적법절차를 준수하지 않은 증거는 탄핵증거로 사용할 수 없다.
>
> ② 법원은 제1항에도 불구하고 피고인·피고인이 아닌 사람 진술을 내용으로 하는 영상녹화물은 다음 각 호 요건을 모두 충족한 경우 재생하여 시청하게 할 수 있다.
>
> 1. 공판준비·공판기일에서 피고인·피고인이 아닌 사람이 진술과정에서 기억이 명백하지 않은 경우
> 2. 진술상황에서 기억을 환기할 필요성이 인정되는 경우
>
> [전문개정 2007.6.1]【시행일 2008.1.1】
>
> [본조제목개정 2007.6.1]【시행일 2008.1.1.】

【개정방향】

* 명확성
* 간결성
* 가독성
* 개조식
* 일본식 조사 '의' 삭제
* 제312조부터 제316조까지의 규정에 따라 → 법원은 제312조·제313조·제314조·제315조·제316조에 근거하여
* 증거로 할 수 없는 서류나 진술이라도 → 증거로 할 수 없는 서류와 진술은
* 공판준비 또는 공판기일에서의 → 공판준비·공판기일에서
* 피고인 또는 피고인이 아닌 자(공소제기 전에 피고인을 피의자로 조사하였거나 그 조사에 참여하였던 자를 포함한다. 이하 이 조에서 같다)의 진술의 증명력을 다투기 위하여 증거로 할 수 있다 → 피고인·피고인이 아닌 사람(공소제기 전 피고인을 피

의자로 조사하였던 사람 또는 그 조사에 참여하였던 사람을 포함한다. 이하 이 조에서 같다) 진술 증명력을 다툴 수 있는 증거로 사용할 수 있다.

- 제1항에도 불구하고 → 법원은 제1항에도 불구하고
  → 영상녹화물을 탄핵증거로 사용할 수 없음
  → 제1항과 제2항을 분리한 입법이유가 있음
- 피고인 또는 피고인이 아닌 자의 진술을 내용으로 하는 영상녹화물은
- 공판준비 또는 공판기일에 → 1. 공판준비·공판기일에서
- 피고인 또는 피고인이 아닌 자가 진술함에 있어서 기억이 명백하지 아니한
  → 피고인·피고인이 아닌 사람이 진술과정에서 기억이 명백하지 않은 경우
- 사항에 관하여 기억을 환기시켜야 할 필요가 있다고 인정되는 때에 한하여
  → 2. 진술상황에서 기억을 환기할 필요성이 인정되는 경우
- 피고인 또는 피고인이 아닌 자에게 재생하여 시청하게 할 수 있다 → 피고인·피고인이 아닌 사람 진술을 내용으로 하는 영상녹화물은 다음 각 호 요건을 모두 충족한 경우 재생하여 시청하게 할 수 있다.

16. 제318조의3(간이공판절차에서의 증거능력에 관한 특례)

1) 현행

제318조의3(간이공판절차에서의 증거능력에 관한 특례)

제286조의2의 결정이 있는 사건의 증거에 관하여는 제310조의2, 제312조 내지 제314조 및 제316조의 규정에 의한 증거에 대하여 제318조 제1항의 동의가 있는 것으로 간주한다. 단, 검사, 피고인 또는 변호인이 증거로 함에 이의가 있는 때에는 그러하지 아니하다. [본조신설 73·1·25]

2) 개선방안

제318조3(간이공판절차에서 증거능력에 관한 특례)

법원은 제286조2 간이공판절차결정을 한 사건 증거인 경우 제310조2·제312조·제313조·제314조·제316조에 근거한 증거에 대해서 제318조 제1항 당사자 동의가 있는 것으로 본다. 다만 검사·피고인·변호인이 증거동의에 이의를 제기한 경우, 동의가 있는 것으로 보지 않는다.

【개정방향】

- 제목변경: 간이공판절차에서 증거능력에 관한 특례
- 명확성
- 간결성
- 가독성
- 일본식 조사 '의' 삭제
- 제286조의2의 결정이 있는 사건의 증거에 관하여는 → 법원은 제286조2 간이공판절차결정을 한 사건증거 경우
- 제310조의2, 제312조 내지 제314조 및 제316조의 규정에 의한 증거에 대하여 → 제310조의2·제312조·제313조·제314조·제316조에 근거한 증거에 대해
- 제318조 제1항의 동의가 있는 것으로 간주한다 → 제318조 제1항 당사자 동의가 있는 것으로 본다.
- 단, 검사, 피고인 또는 변호인이 증거로 함에 이의가 있는 때에는 그러하지 아니하다 → 다만 검사·피고인·변호인이 증거동의에 이의를 제기한 경우 동의가 있는 것으로 보지 않는다.

V   결론

대한민국 형사소송법 법문장은 일본 법문장에서 영향을 받았다. 그 특징은 장문이다. 한 조문에 많은 정보를 담고 있다. 그래서 일반 국민들이 복잡한 법문장을 이해하는 것은 쉽지 않다. 외국어(영어와 독일어)로 바꾸기도 힘들다. 이것이 형사소송법에서 법문장 문제점이다. 짧고 명확한 문장으로 개정되어야 한다. 비록 법률이 풍부한 내용을 담고 있다고 해도, 문체가 결여된 싸구려 모조품 같은 느낌을 주어서는 안 된다.

향후 대한민국 형사소송법이 전면 개정을 하기 어렵다면, 일부 개정 때 개조식 그리고 두괄식(핵심 내용이 문장 전면에 등장하는) 문장으로 법문장을 '한 장(章), 한 조문(條文), 한 문장(文章)'을 정비할 필요가 있다. 형사소송법 경우 최소한 수사편과 증거편만이라도 빠른 시간 내에 개정이 필요하다.

현행 법률을 개정할 때마다 의지를 갖고 쉽게 바꾸어야 한다. 각 장(章)을 매년 단계적으로 손질해야 한다. 자동차 부속품을 교체하는 것과 같다. 그 다음에 형사소송법을 전면 개정을 해야 한다. 22대(2024~2028) 국회에 기대를 건다.[19]

이 논문 작성방법은 현행 조문과 법제처 개정안을 비교하여, 현행 형사소송법 조문을 다듬었다. 그동안 발전한 학설·판례·논문을 참고하여 과감히 수정하였다. 필자가 숙고한 수정안은 파격적일 수 있다. 그러나 2016년 4월 영남형사판례연구회 세미나 발표·2017년 9월 법무대학원 대학원 수업·로스쿨 강의를 통해 여러 차례 검증을 거쳤다.[20]

형사소송법 조문 문체가 바뀌지 않으면, 법원 형사판례 문체도 바뀌지 않는다. 변호사시험 문제도 바뀔 수가 없다.[21] '사망한 문체'가 실무에서 '고급법률문장'으로 맹신되는 풍토는 대한민국에서 중단되어야 한다. 국회의원들이 이 논문을 한번 읽어주시길 간곡히 부탁드린다.

---

19) 하태영, 형사입법에서 법문장의 문제점과 개선방안(二), 『하마의 하품 II』, 법문사, 2016, 120−145면 참조(120면 인용). 나는 2017년 논문에서 "20대(2016−2020) 국회에 기대를 건다"고 표현했다. 이후 국회는 법률문장에 관심을 표명하였다. 21대(2020−2024) 국회는 형사소송법을 개정하면서 어려운 법률용어를 상당히 다듬었다. 그럼에도 형사소송법은 여전히 일본식 법률문체를 유지하고 있다. 생각하건데 장문과 조사를 다듬어야 한다. 그리고 온점(·)을 적극 활용해야 한다. 온점(·)은 이미 헌법 조문에서 사용하고 있다.

20) 2017년 9월 5일(화) 동아대학교 법학전문대학원 학생·2017년 9월 26일(수) 법무대학원 학생들과 한 면담자료이다: "한자(漢字)로 된 법문장을 이해하기도 어렵다. 너무 길어 법조문 인용도 힘들다. 특히 증거법은 너무 복잡하다. 왜 이런 법조문을 개정 없이 아직까지 방치하고 있는가? 형사소송법 학자들과 법조 선배님들이 원망스럽다. 문제제기를 하지 않으면 입법부가 손을 되겠는가. 마틴 루터는 종교개혁과 함께 성경문체 혁명을 시도했다. 세종대왕 정신이 부활해야 한다. 광화문 거리에 앉아 계신 그 분은 단순한 동상이 아니다. 훈민정음 정신이 입법에 새겨져야 한다."

21) 하태영, 대법원 판결문에서 법문장 문제점과 개선방안, 동아법학 제75호, 동아대학교 법학연구소, 1−55면(6면. 제6회 변호사시험문제 문체 비판 참조).

3

한국 형사법의 변천과정과 나아갈 방향
– 모델론을 통한 형사소송법 개정 평가를 중심으로 –*

김영중(연구위원, 한국형사 · 법무정책연구원)

I 서론

1. 연구의 필요성

우리 사회는 인간의 존엄성을 지키고, 구성원들의 행복을 추구하는 목표를 추구한다. 이러한 목표를 달성하기 위해 과거 보다 나은 제도를 구축하여 사회를 발전시키려고 노력한다. 한 국가의 사법기능을 책임지는 기관과 국가의 장래를 고민하는 사람들은 이러한 꿈을 키우고 실현해야 할 임무를 가진다. 법은 사회에서 국민의 자유를 제약하는 한편 권리와 의무를 획정하는 역할을 담당한다. 따라서 법의 방향은 국민의 자유에 대한 제한을 최소화하면서도 무엇이 권리이고 의무인지는 명확하게 하는 쪽으로 나아가야 한다. 이는 법을 제정하는 주체뿐만 아니라 이를 기관이 법을 해석함에 있어서도 마찬가지이다. 특히 형사법은 형벌이라는 수단을 통해 자유를 제한하는 측면에서 볼 때, 확장, 축소, 절차 신설 및 운용 등에서 그 제한을 최소화하는 방향으로 이끌어 가야 한다.

이 글은 이러한 고민에 대한 방향을 제시하기 위해 우리 형사법의 과거에서 현재에 이르기까지 변화를 분석해 보고 앞으로 나아가야 할 방향을 제시하는 데 그 목적이 있다. 과거는 미래의 거울이라는 면에서 우리는 근래에 우리 사회에 나타난 변화들을 면밀히 분석해 볼 필요가 있다. 더구나 이러한 변화들이 우리 사회의 현재 제

---

* 이 글은 김영중, "한국 형사법의 변천과정과 나아갈 방향—모델론을 통한 형사소송법 개정 평가를 중심으로—", 서울법학 제27권 제2호, 서울시립대학교 법학연구소, 2019에 게재되었음을 밝힌다.

제2편 인권보장을 실현하는 적법절차   471

도를 변화시키는 것을 넘어 미래의 제도에 대한 방향설정까지 변화시키는 것이라면 더욱 면밀한 분석과 그 타당성 여부를 검토하는 것은 단순한 필요를 넘어 절대적으로 요청되는 임무이기도 하다.

이 글은 형사법 중 특히 형사소송법의 개정을 5기로 나누어 보았다. 제1기는 1948년 헌법제정 이후 1972년까지로 1973년 형사소송법의 개정을 기준으로 삼는다. 1973년에 유신헌법에 따른 개정이 이루어졌다는 점에서 이를 기준으로 하였다. 제2기는 1973년부터 1987년까지인데, 이 시기에 대통령 긴급조치가 있었다는 점과 군부통치가 계속되었다는 점을 근거로 하였다. 제3기는 1987년부터 1995년까지이다. 1980년대부터 시작된 인권보장의 움직임이 1987년 형사소송법개정을 통하여 확대되었다는 점에서 1987년을 시작점으로 하였으며, 1995년에 이를 더욱 확장하는 개정이 이루어졌다는 점에서 1995년을 끝점으로 하였다. 제4기는 1995년부터 다시 형사소송법이 대폭 개정된 2007년으로 하였고, 2007년 이후를 다시 제5기로 설정하였다.

이렇게 우리 형사소송법의 전개과정을 5기로 나누어 볼 때, 근래의 제5기에 일어난 현상이 단순한 통제형 모델의 확대라면, 이는 역사의 회귀로서 결코 바람직하지 않은 방향이라고 아니할 수 없다. 따라서 제5기가 과연 어떠한 의미를 가지고 있는가에 대한 면밀한 분석은 우리 사회의 미래를 위해서 화급하고도 긴요한 일이라고 보인다. 본 연구는 이러한 필요성과 임무에 부응하고자 한다.

2. 연구의 목적

2007년 이후 형사 관련 입법이 이른바 정신을 차릴 수 없을 만큼 쏟아져 나왔다. 이러한 입법 중에는 순수한 형사사법의 발전을 지향한 것도 없지는 않지만, 정치적 사회적 욕구가 그대로 투영된 것이 주류를 형성하고 있다. 따라서 이러한 입법현상이 정상적인지를 검토할 필요가 있다. 본 연구는 2007년 전후 형사소송법 개정을 분석하고 발전방향을 제시하는 것을 목적으로 한다. 2007년 이후의 형사소송법 변화는 역사적 시각에서 검토하여야 할 필요가 있으므로 해방 이후의 형사법 변화를 체계적으로 분석한다. 위 분석을 위하여 분석틀을 구성한다.

3. 분석틀

한국 형사법의 현주소는 역사적 변천과정에서 그 의미를 명확히 할 수 있으므로,

먼저 해방 이후 한국 형사소송법 개정의 변천과정을 살펴보고 이를 시대별로 구분하는 작업을 선행하였다.

이러한 시대구분을 하기 위해서는 이를 위한 기준이 되는 틀이 있어야 한다. 뒤에서 자세히 살펴보겠지만 우리 형사소송법의 개정과정은 피의자·피고인의 권리보장과 검찰·경찰 등 수사기관의 권한 확대를 중심으로 개정이 이루어져 왔으며, 특히 근래에 이르러서는 피해자의 관점이 추가되기 시작하였다.

이러한 측면에서 이 논문에서는 미국에서 형사사법의 모델론을 이야기 할 때 기본적으로 거론되는 허버트 패커(Herbert Packer, 이하 '패커')가 1964년에 제시한 두 가지 형태의 모델론, 즉 범죄억제(Crime Control)모델과 적법절차(Due Process) 모델[1]에 추가로 두 개의 피해자의 관점을 보완한 모델을 제시하여 권리와 의무, 국가의 형벌을 통한 범죄억제, 피해자의 권리와 형벌과의 관계 등을 설명함에 있어서 유용한 켄트로치(Kent Roach, 이하 '로치')의 4가지 모델론을 기준으로 형사소송법 개정 과정을 평가하였다.[2]

Ⅱ 패커의 모델론과 로치의 모델론

1. 모델론의 역할

형사사법은 여러 가치를 담고 있으므로 하나의 기준만으로 이를 평가하는 것은 힘들다. 따라서 평가 체계로서 여러 가지 모델이 요구되었으며, 이러한 모델론은 "체계를 운영하는 데 있어서 다양한 측면을 여러 가지 방식을 통해 살펴볼 수 있으므로" 유용한 측면이 있다.[3] 형사사법의 모델은 형사사법 제도를 설계하는 데 있어서 가이드라인이나 형사사법제도의 운용 측면을 평가하는 도구로 사용되었다.[4]

---

1) 이 모델의 평가에 대한 국내문헌으로는 조국, "형사절차의 근저에서 대립하는 두 가지 가치체계에 관한 소고-영미법학에서의 논의를 중심으로-", 「저스티스」 제32권 제4호, 1999.12, 한국법학원, 159면 이하; 최선우, "형사사법의 역사성과 체제론적 접근", 「한국공안행정학회보」, 제13권 제3호, 2011, 한국공안행정학회; 이승호, "형사사법의 담론과 법원운용의 시스템", 「형사정책연구」 제20권 제1호, 2009 봄호, 한국형사정책연구원, 811면 이하

2) 우리나라 형사사법에 대해 킹(King)이 제시한 권력모델 관점에서 분석하는 논문으로 최선우, "권력모델에 의한 형사사법 연구 -검사의 지위와 역할 중심-", 「한국경찰학회보」 19권 1호, 2017, 한국경찰학회, 185면 이하 참조.

3) Kent Roach, *Four Models Of The Criminal Process*, 89 Journal of Criminal Law and Criminology 671, winter 1999, Northwestern University School of Law['Roach, 1999'로 약칭함], pp.671-672.

패커는 형사사법에 있어서 적법절차와 피의자/피고인의 권리 사이의 균형을 추구하기 위해 범죄억제와 적법절차를 각각 중심으로 하는 두 가지 모델을 제시한 바 있다. 이 모델론은 지금까지 미국의 형사사법절차를 평가하는 데 있어서 주요한 역할을 하여 왔다.[5]

형사사법 모델론은 또한 형사법에 어떠한 가치가 영향을 주어야 하는지에 대한 규범적인 기준을 제공할 수 있다. 패커는 이 부분에 대해 특별한 언급을 하고 있지는 않으나, 그의 범죄억제모델이 안전과 질서에 대한 사회적 관심에 기초를 두고 있는 데 반하여, 적법절차 모델은 국가와 관련된 개인의 권리들의 우선성에 기초를 두고 있다는 점은 명백하다.

요컨대, 모델론은 형사절차의 실제운영, 형사사법의 가치 그리고 형사사법에 대해 사람들이 생각하고 의견을 주고받는 방식을 토론할 수 있는 기준을 제공하여 왔다.

2. 범죄억제모델

패커의 범죄억제모델에서 형사절차는 경찰과 검사들이 조작하는 빠른 속도의 "조립라인 컨베이어 벨트"와 비슷하다. 이 모델에서 형사절차는 사전조사, 체포, 구속후 조사, 공판준비 또는 항소, 유죄판결 및 처분 등 각각의 연속적인 단계가 일련의 통상적인 작동과정에 포함된다. 조립라인의 결과물은 유죄판결이다.[6] 이와 같은 범죄억제모델은 결과를 도출하기 위한 과정이므로 주로 효율성을 중시한다.[7]

범죄억제모델은 형사사법에 있어서 입법부의 역할을 중시한다. 이 모델은 입법부가 "부여된 권한"을 가지고 형사제재라는 수단을 광범위하게 사용하는 것을 승인한다고 본다. 형사제재는 "사회적 자유의 확실한 보증인"이며 "공공질서"를 유지하기 위해 필수적이라고 간주된다. 형사재제는 사람들과 그들의 재산을 침해로부터 보호한다는 진보적인 목적과 질서와 사회적 안정을 도모하기 위한 보수적인 목적에서 채택되었다.[8] 패커는 대부분의 범죄는 기소되는 것은 고사하고, 경찰에도 신고되지 않는다는 피해자 연구결과를 고려하지 않고 주장을 하였기 때문에 효율적인 범죄수사

---

4) Roach, 1999, p.671.

5) Roach, 1999, p.671.

6) Herbert L. Packer, *Two Models Of The Criminal Process*, University of Pennsylvania Law Review, Vol.113, No.1, Nov., 1964['Packer, 1964'로 약칭함], p.11.

7) Packer, 1964, p.13.

8) John Hagan, The Disreputable Pleasures: Crime and Deviance in Canada, Jun 1. 1980, McGraw—Hill, p.10-13.

와 기소가 범죄를 통제할 수 있다고 가정하였다.[9)]

이 모델에서 대부분의 사실조사는 변호사나 법정에 있는 판사가 아니라 경찰이 길거리나 지하철역 등에서 수행한다. 경찰은 피의자가 범죄를 했을 것이라는 의미에서 "사실상 유죄"에 관심을 갖는다. 그들은 대부분 피고인의 권리와 방어권 행사를 통해 인정된 증거들을 통해 합리적인 의심이 없다고 인정될 "법적 유죄"에 관심을 갖지 않는다. 경찰은 심문을 위해 사람을 체포하고 어떤 때에는 용의자가 사실상 유죄라고 인정된다면 가장 빠른 수단을 사용하기도 하는 광범위한 수사권한을 가지고 있는데, 경찰조사는 피의자의 진술의 신빙성을 보장하기 위해서만 제한될 뿐이다. 이 모델론에 따르면 변호인이 있는 장소는 법원이며, 그는 법원에 사건이 오기 전까지 형사사건에 들어올 수 없다.[10)]

이 모델은 대부분의 범죄 피해자들이 경찰에 범죄를 신고하지 않는다는 범죄피해 조사 결과를 고려하지 않은 채 형법이 범죄를 통제할 수 있다고 가정한다. 범죄는 일반적인 억제 방법으로는 성과를 거두기 힘들며, 형벌로 인해 가해자를 낙인찍고 저항하게 하여 더 문제를 어렵게 만들 것임에도 불구하고 범죄를 억제하기 위해서 어쩔 수 없다고 한다. 패커는 피고인의 변호인이 피고인을 대리하는 당사자주의적 형사재판의 중요성을 강조하였다.[11)]

이 모델에서 검사는 무죄 증거, 즉 실체적 진실을 밝히기 위한 증거를 수집하는 데 노력을 쏟지 않는다. 재판전 구속은 피고인의 재판정 출석을 보장하기 위한 것이 아니라 장래의 범죄를 예방하고 첫 번째 기회에 피고인의 유죄답변을 설득하기 위한 수단에 불과하다.[12)]

3. 적법절차 모델

범죄억제모델과는 반대로 적법절차모델은 변호인이 판사 앞에서 피고인의 권리가 침해되었으므로 공소는 기각되어야 한다고 주장하는 "장애물 코스"이다.[13)] 범죄억제 모델에서는 결과물 생산을 위한 효율성을 중시하는 반면 적법절차모델은 피고인의

---

9) Roach, 1999, p.677.
10) Herbert L. Packer, The Limits of the Criminal Sanction, Stanford University Press, 1968['Packer, 1968'로 약칭함], 203.
11) Roach, 1999, p.674.
12) Packer, 1968, pp.211 – 14.
13) Packer, 1964, p.11.

공정성과 "질적인 통제"에 중점을 두고 있다.[14]

적법절차 모델은 특히 합의에 의한 거래에 기초한 "피해자 없는 범죄"와 관련하여 "형사제재의 도덕성과 유용성에 대한 회의론"에서 시작한다.[15] 이 회의론은 "개인이 최고성과 공적인 권한의 제한이라는 상호보완적인 관념"이라는 진보적인 가치에 바탕을 두고 있다.[16] 많은 경찰권 남용은 입법부가 이러한 활동들을 범죄화하지 않는다면 예방될 것이다. 비범죄화는 형사사법체계의 업무량을 감소시킬 것이며 더 중대한 범죄의 피고인들의 존중하는데 더 많은 시간을 할애하게 할 것이다.[17]

적법절차 모델은 범죄억제모델에 비해 효용성과 유죄답변을 강조하지 않는다. 적법절차 모델은 또한 모든 피고인은 재산이나 사회적 지위에 관계없이 동등하게 대우되어야 한다는 평등에 관심을 갖는다. 소수자들과 가난한 사람들은 경찰봉의 남용과 기소를 견뎌야 한다.[18] 이 모델은 모든 피고인들의 적법절차권 보장은 가장 사회적으로 약한 사람들의 권리를 보호할 것이라고 가정한다.[19]

적법절차 모델은 용의자의 권리를 보호하고 거리와 지하철역 등에서의 비공식적 증거조사를 최소화하기 위해 경찰권의 행사에 수많은 제한을 둔다.[20] 경찰은 자신이 조사하는 사건을 확대하기 위해 사람을 체포하거나 구속할 수 없다. 만약 경찰과 피의자 사이에 어떠한 대화라도 오가게 된다면, 피의자는 묵비권과 변호인의 조력을 받을 권리가 있다는 점을 제공받아야 한다.[21]

보증금 조건부 보석의 대체수단도 있어야 한다. 왜냐하면 "재판전의 자유에 경제적 능력이라는 조건을 부과하게 하는 체계는 차별"이기 때문이다.[22] 형사재판은 사실상 유죄가 아니라 검사가 합법적으로 수집한 증거에 바탕을 둔 합리적 의심이 없는 법적인 유죄를 입증하는 데에 집중한다.[23]

패커는 적법절차가 특히 낙태, 근친상간, 중혼, 도박, 공공장소 만취, 동성애, 마약, 포르노, 매춘과 관련하여 입법부가 형사제재에 덜 의지하도록 하기를 희망하였는데, 이 모든 것들을 그는 "피해자 없는" 범죄들이라고 믿고 있었다. 왜냐하면 이

---

14) Packer, 1964, p.13.
15) Packer, 1968, p.151.
16) Packer, 1968, p.165.
17) Packer, 1968, p.173.
18) Packer, 1968, p.180.
19) Roach, 1999, p.681.
20) Roach, 1999, p.681.
21) Packer, 1968, p.203.
22) Packer, 1968, p.217.
23) Packer, 1968, p.167.

범죄들은 "동의적인 거래"24)를 수반하였기 때문에, 그 범죄들에는 경찰이 함정수사, 전화도청, 수색, 심문 등이 필요하였기 때문이었다.

4. 패커의 모델론에 대한 비판과 새로운 모델론의 등장

형사절차에서 어떠한 모델이 우세하고 어떠한 트렌드를 가지고 있는지를 확인하는 것은 가치가 있다. 형사절차에서 발견되는 다양한 가치들, 그리고 특정한 시기에 특정한 영역에서 어떠한 모델이 우세한지를 확인하는 부분은 사회의 흐름과 형사사법의 관계를 추론할 수 있다는 점에서 의미가 있다.25) 패커의 모델들이 아직 의미를 가지고 있는 면도 있지만 현대의 형사사법을 평가함에 있어서는 진부한 면이 있다.26)

패커는 권리침해가 가장 우려되는 장소는 법원이 아니라 경찰과 검찰이라고 본다. 모호한 법은 이를 집행하는 자들이 밀행적으로 비공식적으로 법을 운용하게 하며, 종종 자의적으로 구두점을 찍는 경우도 있으며, 오히려 명확한 기준에 의해 구속이 이루어지는 경우가 거의 없게 한다는 것이다. 이러한 상황에서 포괄적으로 재량권을 위임하는 것은 당연히 그것의 남용을 가져오게 하며, 이러한 재량권을 제한하는 첫 번째 수단은 법을 무효화하는 것뿐이다.27)

범죄억제 모델은 패커의 말처럼 조립 라인처럼 작동한다. 사건은 자동차와 마찬가지로 체포부터 유죄협상, 판결이라는 완성품이 나올 때까지 처리된다. 각각의 사건은 피고인마다 독특한 면이 있지만, 조립 라인을 계속 가동하여 목표를 달성한다는 시스템의 측면은 모든 사건이 유사하다. 반면, 적법절차모델은 모든 사건을 개별적으로 그리고 세심하게 조사하여 아무도 부당하게 유죄판결을 받거나 부당한 처벌을 받지 않도록 해야 한다고 본다. 이 모델의 목표는 모든 결정이 가능한 한 정확하게 이루어지도록 하는 것이다.28)

말콤 피리(Malcolm Feeley)는 또한 "권리를 발동하는 비용이 권리 자체의 손실보다

---

24) Packer, 1968, p.151.

25) John Griffiths, *Ideology in Criminal Procedure or A Third "Model" of the Criminal Process*, The Yale Law Journal, Vol.79, No.3, January 1970, Yale Law School, p.361.

26) Roach, 1999, p.681.

27) John Calvin Jeffries Jr., *Legality, Vagueness, and the Construction of Penal Statutes*, Virginia Law Review, Vol.71, No.2, Mar 1985, Virginia Law Review Association, p.215.

28) Paul J. Larkin Jr, *Public Choice Theory and Overcriminalization*, Harvard Journal of Law and Public Policy, Vol.36, No.715, 2013, pp.793-794.

종종 더 큰" 일부 경우에서 적법 절차의 경험적 무관성을 주장하는 패커의 체계의 이분법적 성격을 의심해 왔다. 그는 "실행 중인 법률은 책에 나와 있는 법률과 너무 유사할 뿐이다. 적법절차는 범죄 억제를 위한 것"이라고 한다.[29]

패커는 모델들의 내적 논리를 설명하지 못했다는 비판을 받아왔다. 존 그리피스(John Griffths)는 이 실패는 우리에게 특정 가치가 다른 모델보다 더한 모델에 속하는지 여부를 판단할 방법이 없다고 주장했다. 그리피스는 이 실패의 이유를 패커가 범죄 과정의 "모델"을 구성하는 데 성공하지 못했기 때문이라고 보았다. 범죄 억제와 적법절차 모델은 "어떤 사람이 싸울 대안적 이상"이 될 수 없었으며, 그들은 "범죄 절차의 실제 시스템과 유사하거나 은유적인 관계를 가진 독립체"가 아니었다.[30]

그리피스는 범죄억제와 적법절차 모델들이 아래의 가정들을 공유한다고 주장하였다. 즉 형사절차는 "이해할 수 없을 정도로 적대적인 두 개의 대립 세력, 즉 개인(특히 피고인 개인)과 국가"와의 싸움이며,[31] 그래서 패커는 우리에게 형사절차에서 투쟁 모델만을 제시한 것이다. 그 반대 가정으로부터 시작해서, "화합할 수 있는, 심지어 상호 지지할 수 있는, 심지어 사랑의 상태",[32] 그는 범죄자, 피해자, 그리고 그들의 지역사회를 조정하는 데 중점을 두는 범죄 과정의 가족 모델을 주장하였다.[33]

5. 켄트 로치의 4가지 모델론

켄트 로치(Kent Roach)는 패커의 두 가지 모델에 더하여 다음 두 모델을 제시하고 있다. 피해자 권리에 기초한 형벌모델(Punitive Victims' Right Model), 피해자 권리에 기초한 비형벌모델(Non-punitive Victims' Right Model)이 그것이다.

로치는 패커의 모델론이 현재 형사사법에 있어서 법과 정책을 설명하는 가이드로 부적합하다고 보았다. 즉, 경험적·규범적으로 패커가 주장하는 모델론의 가치가 현대에는 매우 낮아졌다고 보았다. 로치에 따르면 패커의 모델론은 여성들, 아동들, 소수자들 그리고 범죄피해자들이 형사처벌에 있어서 권리를 주장하는지 설명할 수 없

---

29) Malcolm M. Feeley, The Process is the Punishment: Handling Cases in a Lower Criminal Court, Russell Sage Foundation, July 14, 1992, p.277.

30) John Griffiths, 앞의 논문, p.362.

31) John Griffiths, 앞의 논문, p.367.

32) John Griffiths, 앞의 논문, p.371.

33) Mirjan R. Damaska, Evidentiary Barriers to Conviction and Two Models of Criminal Procedure: A Comparative Study, University of Pennsylvania Law Review, Vol.121, No.3, Jan 1973, pp.506, 572-73.

다고 한다. 이 모델론은 왜 여성, 어린이, 소수자들 그리고 범죄피해자들이 형사제재에 있어서 권리를 주장하는지 설명할 수 없고 적법절차의 주장과 부합하지만 도덕성을 강요하는 공동체의 주장에 반하는 것이 아니라 범죄피해자들과 잠재적 피해자들의 약자 그룹의 권리에 반하는 새로운 정치적 사안들을 설명할 수 없다는 문제가 있었다.[34]

그도 그럴 것이 패커가 모델론을 제시할 당시인 1960년대만 해도 페미니즘과 인종차별의 형사사법과의 관련성에 대한 논의가 이루어지지 않은 상태였다. 그렇기 때문에 패커의 모델론은 페미니즘과 표현이라는 측면에 초점을 맞춘 인종차별론에서 논쟁이 진행중인 포르그래피나 혐오표현 등을 설명할 수 없다. 또한 이 모델론은 아동과 여성들에 대한 폭력이나 성폭력, 소수자들에 대한 혐오범죄들에 대한 고려도 포함되지 않는다.[35]

로치가 제시한 새로운 모델들은 피해자의 권리에 대한 여러 가지 이해들에 바탕을 두고 있다.[36] 피해자의 권리에 바탕을 둔 모델들은 피고인들을 범죄피해자나 소수자 그리고 범죄피해자와 연합한 다른 그룹들과 겨루게 하는 새로운 정치적 사례들과 범죄피해자와 그들의 지원자들을 가해자들과 그들의 지원자들이 함께 하는 회복적 사법의 관행들을 설명할 수 있다.[37] 피해자의 권리에 기초한 징벌모델은 형벌의 응보적이고 명백한 중요성과 피고인의 권리와 함께 피해자의 권리의 필요성을 긍정한다. 피해자의 권리에 기초한 비형벌적 모델은 범죄예방과 회복적 사법을 강조하여 피해자화(victimization)와 처벌의 고통을 최소화하려는 시도를 한다. 이 두 피해자의 권리에 기초한 형벌적 모델과 비형벌적 모델은 범죄억제와 피해자의 존중을 예정하고 있으나 형벌적 모델은 형사사법체계와 형벌의 집행에 자신의 모든 에너지를 집중하는 반면 비형벌적 모델은 사회의 발전과 통합의 다른 영역까지 확장한다.[38]

로치는 변호인들이 적법절차를 통해 보장되는 피고인의 권리들을 거의 주장하지 않는다고 본다.[39] 회복적 사법, 가족회의, 원주민 사법과 같은 방식은 참여를 장려하는 공정한 절차 속에서 변호인이 없어야 작동할 수 있다고 한다.[40]

---

34) Patrick Devlin, The Enforcement of Morals, Liberty Fund, 2009.
35) Roach, 1999, p.674.
36) Roach, 1999, p.673.
37) John Braithwaite·Philip Pettit, Not Just Deserts: A Republican Theory of Criminal Justice, Clarendon Press, Jan 28, 1993, p.59.
38) Roach, 1999, p.674.
39) M. Baranek Patricia·V. Ericson Richard, The Ordering of Justice: A Study of Accused Persons as Dependants in the Criminal Process, University of Toronto Press, 1982, p.190.

로치에 따르면 패커는 적법절차는 범죄억제와 충돌한다고 하였으나 새로운 연구에 따르면 가해자들은 공정하게 대우받을 경우에 더 법을 준수할 것이라고 본다.[41] 패커의 가정과는 반대로 공정한 대우는 범죄억제의 효과를 높이기 위해 필요할 것이며, 형벌은 범죄를 억제하는데 필요하지 않으리라는 것이다.[42]

로치에 따르면 패커는 신고되지 않은 범죄가 높은 수라는 피해자 연구들이 나오기 전에 글을 썼으며, 그는 경찰에 신고된 소수의 사건을 처리하는 효율성이 실제 범죄를 통제할 것이라고 가정하였다.[43] 패커가 간과한 범죄피해자 가운데 가장 영향력이 큰 사람은 여성이었다.[44] 패커는 끊임없이 남성 대명사를 사용한 것보다 더 중요한 방법으로 여성을 포함시키는 데 실패했다. 그는 여성과 아동에 대한 성폭력과 가정폭력이 공공연히 무시되고 단지 사생활로 비쳐진 시기에 논문을 발표했다. 페미니즘은 패커가 자신의 모델을 개괄한 뒤에야 강력한 지적, 정치적 세력으로 부상했고, 이점은 그의 모델론에 대한 어떠한 평가에서도 고려되어야 한다.

어떤 학자는 패커의 두 모델이 형사사법에 대한 창의적인 사고를 제한하는 진보적이고 당사자주의적인 가정들에 의해 결합된다고 주장한다.[45]

많은 경험적 연구들은 경찰, 검찰, 판사, 피고인들이 범죄 억제와 적법절차라는 상반된 이념에 반하는 공통된 조직적 이익을 공유한다는 것을 보여주고 있다. 이들 전문가들은 범죄억제나 적법절차를 위한 전사가 아니라 자신의 조직의 이익을 극대화하기 위해 습관적으로 협조하는 관료들이다.[46]

적법절차를 통해 보장되는 권리들 대부분은 상징적인 의미를 가질 뿐이거나, 특정한 경우에만 기능하는 사치품이나 예비품과 같다.[47] 그러므로 피고인의 변호사는 의뢰인에게 재판의 효율적 진행과 관대한 처분을 받게 하기 위해 종종 유죄인정을 추천한다.[48]

---

40) John Braithwaite·Stephen Mugford, *Conditions of Successful Reintegration Ceremonies: Dealing with Juvenile Offenders*, British Journal of Criminology, Vol.34, No.2, Spring 1994, p.139.

41) Tom R. Tyler, Why People Obey The Law, Princeton University Press, 1990, pp.79−80.

42) Roach, 1999, p.686.

43) Roach, 1999, p.686.

44) Robert Elias, The Politics of Victimization: Victims, Victimology, and Human Rights, Oxford University Press; 1 edition, Dec 18, 1986, p.130.

45) John Griffiths, 앞의 논문, pp.395−96.

46) Roach, 1999, p.687.

47) Malcolm M. Feeley, 앞의 논문, p.290.

48) John Baldwin·Michael McConville, Negotiated Justice: Pressures to Plead Guilty, Robertson, 1977, p.28.

패커의 이론을 비판을 하는 많은 학자들은 적법절차는 범죄억제를 위한 것이라고 보았다.[49]

패커의 모델론처럼 피해자의 권리에 기초한 형벌적 모델은 롤러코스터에 비유될 수 있다.[50] 이 모델은 재판, 항소, 처벌을 향해 나아간다는 면에서는 범죄억제 모델과 적법절차 모델에서처럼 일정한 선(line)을 유지하지만, 범죄를 억제하기 위한 형사제재의 입법화 실패와 피해자를 존중하고 피해자의 권리 주장에 대응하는 수단들이 개입하는 면에서는 차량의 운행이 유동적이 된다.[51]

이 모델은 범죄피해자와 잠재적 범죄피해자들의 권리를 존중하는 방향으로 입법을 해야 한다고 본다. 피해자의 권리에 기초한 형벌모델은 피해자와 잠재적 피해자들의 권리가 피고인의 적법절차상 권리와 대립하는 정치적 상황을 가정한다.[52] 피해자 권리에 기초한 형벌모델은 범죄피해자들의 범죄신고를 장려하고 형사절차내에서 재피해자화 하는 것을 방지하기 위해 형사사법체계를 개선해야 한다고 주장한다.[53]

범죄피해자과 그 보조자의 형사재판 요구는 피고인과 검사가 유죄협상을 하도록 디자인 되어 있는 범죄억제모델의 효율성에 지장을 줄 수 있다. 범죄억제모델에서는 유죄답변협상(Plea bargaining)이 중요함에도 불구하고, 이 유죄답변협상에는 피해자들이 포함되지 않거나 피해자들의 기대와 부합하지 않는다는 비판이 가능하다.[54]

피해자 보호의 관점은 종종 장래에 발생할 수 있는 피해자를 예방하기 위한 입법에 투영된다. 성폭력법에 대한 페미니스트 시각에서의 개혁과 아동 성폭력을 대상으로 한 새로운 법률은 피해자의 사생활과 진실성을 보호하기 위해서뿐만 아니라 유죄판결을 쉽게 받게 하기 위해 고안된 것이다. 판결 선고 과정과 가석방 심사 위원회에서 피해자들의 핵심진술과 피해자들의 개입은 종종 범죄자에게 중한 형벌을 가져오기도 한다. 이러한 면에서 피해자가 형사절차에 적극적으로 개입하면 적법절차를 보장할 때보다 범죄억제 효과가 더 클 수 있다.[55]

피해자 권리에 기초한 비형벌적 모델은 가족과 지역사회 건설을 통한 성공적인 범죄예방과 회복적 사법 중 하나로 볼 수 있다.[56] 일단 범죄가 발생하면, 치유, 보상,

---

49) Doreen J Mcbarnet, Conviction: Law, the State and the Construction of Justice, Oxford Socio-legal Studies, 1981, p.182.
50) Roach, 1999, p.699.
51) Roach, 1999, p.700.
52) Roach, 1999, p.700.
53) Roach, 1999, pp.700-701.
54) Roach, 1999, p.701.
55) Roach, 1999, p.703.

그리고 회복적 사법의 과정이 진행된다. 규범적으로 이 원 모델(circle model)은 범죄자들의 권리보다 피해자들의 요구를 더 강조한다. 이 모델은 피해자화와 처벌의 고통을 최소화하기 위해 노력한다.[57)]

이 모델은 일부 피해자들은 피해에 대처하는 더 나은 방법을 발견했기 때문에 신고하지 않는다고 본다. 피해자들은 회피, 수치심주기, 사과, 그리고 비공식적인 보상과 같은 방법을 선택할 수 있기 때문이다. 그들은 또한 공식적인 개입의 불편함이나 문제의 경미성, 사생활 보호, 시간 문제 등으로 신고를 하지 않기도 한다.[58)]

비형벌적 접근법은 전통적인 범죄억제 정책들과 기관들을 배척하는 것이 아니라 형벌적인 모델과는 달리 그들을 중심에서 주변으로 배치하려고 한다. 이 모델은 가족들, 학교들, 마을 운영자들, 보험사들, 그리고 사회적 서비스와 경제적 기회를 제공하지 못한 사람들도 범죄에 책임이 있다고 본다.[59)]

피해자들은 이 모델에서 중심에 서 있으며 그들에게 일정한 권리와 자율성이 있다고 본다. 그들은 배상과 사과를 받아들일지 결정할 수 있는 권한을 가지고 있다. 피해자 권리에 기초한 형벌모델에서 피해자는 형벌부과의 최종권한을 가진 행정가들, 입법자들, 판사들에게 자신의 의견을 표명할 수 있다.[60)]

Ⅲ 모델론에 기초한 한국 형사소송법 개정 평가

앞에서 본 분석틀을 기준으로 하여 최근까지의 한국 형사법 개정에 대한 시대구분을 시도하고, 그 방향성을 추적하였다. 우리 형사소송법은 정권의 변동이나 개헌과 밀접한 연관을 가지고 변화되어 왔다. 형사법의 역사적 변천과정을 보면 초창기부터 근래에 이르기까지 국가의 국민에 대한 형벌권행사가 안정된 정권을 유지하기 위한 수단으로 사용된 면이 있음이 보인다.[61)] 하지만 최근에는 형사소송법의 중심이 국가에서 그 수범자인 피고인·피해자 그리고 피해자로 변환되고 있다는 점을 볼 수 있는 부분도 있다.

---

56) Roach, 1999, p.699.
57) Roach, 1999, p.707.
58) Roach, 1999, p.707
59) Roach, 1999, p.708.
60) Roach, 1999, p.710.
61) 김일수, 『현대 형사정책에서 엄벌주의(Punitivism)의 등장』, 2010년 대검찰청용역과제, 68면 이하.

1. 형사법의 토대 형성기(제1기)

제1기는 1948년부터 1973년까지로 나누어 볼 수 있다. 이 시기 중 전반기는 1945년 이후 형법·형사소송법의 제정 전까지는 각 법률의 토대를 형성하는데 역량이 집중되었으며, 1953년의 형법 제정, 1954년의 형사소송법 제정을 통해 결과를 나타내었다. 1961년[62]과 1963년[63]에는 형사소송법이 개정되었다.

이 기간 동안에는 독일과 일본을 거친 대륙식 형사절차와 미군정을 통해 영향을 받은 미국식 형사절차가 우리 형사소송법에 큰 영향을 미쳤다. 특히 영미식 형사절차의 도입을 통하여 피의자와 피고인의 인권보장과 당사자주의가 형사소송에서 강조되었다.[64] 1961년 형사소송법에서 도입된 검사의 구속장소 감찰제도, 증인신문제도의 변경과 1963년의 상소권의 확대 도입 등도 같은 취지에서 볼 수 있다. 하지만 형법의 경우에는 이제 막 출범하는 국가의 치안확보를 위해 시행된 측면이 있으므로 이를 고려해 보면, 이 시기의 형사법은 범죄억제모델과 적법절차모델의 혼합형이라고 볼 수 있다.

2. 범죄억제형 형사법 전개기(제2기)

제2기는 1973년부터 1987년까지로 볼 수 있다. 이 시기에는 1972년에 헌법이 개정되었고, 1973년 형사소송법 개정, 1975년 형법 개정이 있었다.

이 기간에는 유신헌법 공포에 따른 형사소송법의 개정이 주요 내용을 이루었다. 1973년 1월 25일 형사소송법의 개정[65]은 보석결정, 구속취소 결정 및 구속의 집행정지결정에 대하여 검사가 즉시항고 할 수 있도록 하고, 구속적부심사제도를 폐지하고, 긴급구속요건을 '금고이상의 죄를 범한 자'로 완화하고, 피의자의 정신감정을 수사단계에서도 할 수 있도록 하는 등 수사단계에서 법원의 권한을 축소시키고 검찰의 권한을 강화시키는 것을 주요 내용으로 하였다. 이에 대해서는 법원사법에서 검찰사법으로 바뀌었으며, 피의자·피고인의 인권보호, 형사재판의 민주화로부터 멀리 떨어져 나갔다는 평가가 가능하다.[66]

---

62) 1961. 9. 1. 법률 제705호로 개정되어 1961. 9. 1. 시행.
63) 1963. 12. 13. 법률 제1500호로 개정되어 1963. 12. 17. 시행.
64) 강동범, "형사소송법의 주요 개정과정과 의의", 이화여자대학교 「법학논집」 제11권 제1호, 2006.9, 이화여자대학교 법학연구소, 80면; 나항윤, "개정형사소송법(1)−실무의 관점에서−", 「사법행정」 1962.1, 한국사법행정학회, 13면.
65) 1973. 1. 25. 법률 제2450호로 개정되어 1973. 2. 1. 시행.

1973년 12월 20일 개정[67] 형사소송법은 보석청구의 허가를 제한하고, 긴급구속의 요건을 강화하는 것을 내용을 하였다.

이 시기를 평가함에 있어서 중요한 요소 중의 하나는 대통령의 긴급조치이다. 긴급조치는 1972년 헌법 제53조에서 규정하고 있었으며 제9호까지 나왔다. 형사절차와 관련하여서는 1974. 1. 8. 긴급조치 제1호에서 법관이 발부한 영장이 없이도 체포, 구속, 압수, 수색할 수 있게 한 것, 마찬가지로 1975. 4. 8. 조치 위반자에 대한 영장 없는 체포, 구금, 압수, 수색 권한 부여, 긴급조치 제2호를 통한 비상군법회의를 통한 재판 등을 들 수 있다.

전체적으로 평가할 때 이 시기의 형사법은 범죄억제를 위한 수단으로서의 의미가 강하였다.

3. 적법절차 보장을 위한 형사법 맹아기(제3기)

제3기는 1987년부터 1995년까지이다. 적법절차 보장을 위한 움직임은 1980년부터 조금씩 시작되었다고도 할 수 있으나, 1987년 개정이 중요한 분수령이어서 1987년을 변곡점으로 평가할 수 있다. 이 시기에는 1980년 헌법 개정, 1980년 형사소송법 개정, 1987년 형사소송법 개정, 1988년 형법 개정이 있었다.

1980년 형사소송법 개정[68]은 헌법에서 부활된 구속적부심사제도에 관한 절차를 규정하여 피의자의 인권보장에 한 걸음 나아갔으며, 형사피고인이 유죄판결을 받기 전까지 무죄추정이 된다는 규정을 신설하여 피고인의 인권보장을 위한 제도적 기반을 다졌다. 또한 공소기각이나 면소 재판을 할 것이 명백한 사건에 대해서는 피고인이 출석하지 않고도 재판이 진행될 수 있도록 하였다. 대체적으로 볼 때 이 개정은 적법절차 모델의 확장에 한 걸음 나아갔다고 평가할 수 있다.

1987년 6월 항쟁의 결과로 나온 9월 18일에 개정된 헌법에서는 기본권 보장이 강화되었으며, 특히 형사절차에 있어서 피해자의 권리와 함께 적법절차 관련 규정들이 대거 헌법에 명문으로 규정되게 되었다. 적법절차의 헌법상 도입은 더 이상 국가의 자의적인 권력 행사를 허용하지 않겠다는 민주화의 열망이 반영된 것이다.[69]

---

66) 변종필, "형사소송법 개정의 역사와 전망", 「형사법연구」 제19권 제3호, 2007 가을, 한국형사법학회, 69면.

67) 1973. 12. 20. 법률 제2653호로 개정되어 1973. 12. 20. 시행.

68) 1980. 12. 19. 법률 제3282호로 개정되어 1980. 12. 18. 시행.

69) 김면기, "형사소송에서 적법절차의 명암(明暗)과 시사점", 「형사정책연구」 제29권 제1호, 2018 봄, 한

1987년 11월 28일 개정된 형사소송법70)은 헌법에서의 적법절차 보장에 대한 규정들을 명문화 하는 개정이었다. 특히 체포 또는 구속된 자가 고지받을 사항과 그 가족들이 통지받을 사항에 체포 또는 구속의 이유가 추가되었으며, 현행범체포의 경우에도 변호인선임의뢰권을 인정하였고, 모든 범죄에 대한 구속적부심사청구를 할 수 있도록 하고, 범죄피해자도 증인으로서 당해 사건의 공판절차에서 진술할 수 있게 되었다. 이러한 개정의 방향을 보면 이 시기는 적법절차의 보장이 적극적으로 구현되기 시작하였으며, 형사소송의 한 축으로 피해자가 등장하기 시작하였다고 볼 수 있다.

4. 적법절차 보장적 형사소송의 구현기(제4기)

제4기는 1995년부터 2007년까지이다. 이 시기에는 1995년/2004년/2006년 형사소송법 개정이 있었으며, 1997년 형사소송법 개정, 2007년 형사소송법 개정, 1995년 형법 개정이 있었다.

1995년에 개정된 형사소송법71)은 민주화의 결과에 따른 기본권 보장의 강화와 형사절차의 신속성, 범죄피해자 보호 등을 목적으로 한 것이었다. 주요 개정사항으로는 체포제도 도입, 구속전 피의자심문제도 신설, 보증금납입조건부 피의자석방제도 신설, 피고인의 열람·등사청구권 보장, 피해자 증인에게 해를 가하거나 가할 염려가 있는 경우를 보증금납입조건부 피의자석방 및 필요적 보석시의 예외사유로 둔 것 등을 들 수 있다. 이 개정은 1987년 헌법 개정의 정신을 확장하는 것으로 적법절차의 보장과 피해자보호를 한 층 더 강화한 것이라고 평가할 수 있다.

1997년의 형사소송법 개정72)은 피의자 또는 그 변호인, 법정대리인 등이 신청할 때에는 구속영장을 청구받은 지방법원판사가 피의자를 심문할 수 있도록 하였고, 검사 또는 사법경찰관이 피의자에 대하여 피의자심문을 신청할 수 있음을 고지하고, 원칙적으로 피의자신문조서에 판사의 심문을 신청하는지 여부를 기재할 수 있도록 하였다.

우리나라의 형사사법에서 1990년대는 피해자로 그 시각을 돌리는 전환점이 되었다. 앞서 본 피해자 증인 관련 규정의 추가나 피해자의 진술권 신설 등이 그것이다.

국형사정책학회, 252면.
70) 1987. 11. 28. 법률 제3955호로 개정되어 1988. 2. 25. 시행.
71) 1995. 12. 29. 법률 제5054호로 개정되어 1997. 1. 1. 시행.
72) 1997. 12. 13. 법률 제5435호로 개정되어 1997. 12. 13. 시행.

또한, 2000년대에 들어서는 '회복적 사법'이라는 패러다임도 본격적으로 논의되기 시작하였다.[73]

2007년 6월 형사소송법 개정[74]은 적법절차의 보장에 한 층 더 앞서가는 개정이었다. 즉 법원이 구속사유를 심사함에 있어서 범죄의 중대성, 재범의 위험성, 피해자 및 중요 참고인 등에 대한 위해 우려 등을 고려하도록 하였고, 피고인의 법정 구속 기간을 완화하였고, 긴급체포제도를 개선하였다. 긴급압수수색의 남용을 방지하고 긴급체포에 대한 긴급압수수색의 독자성을 인정하기 위해 긴급성 요건이 추가되었고, 시간에 있어서도 제한을 두었다. 또한 피고인과 피의자의 방어권 보장을 위한 몇 가지 장치 등의 추가와 공판중심주의적 법정심리절차도 도입되었다. 재정신청 대상 범죄를 확대하여 형벌권 행사의 적정성을 제고하기도 하였다. 이러한 개정의 내용을 보면 이 개정은 형사절차의 중심이 검찰권의 행사로부터 국민의 방어권 행사로 전환되어 가는 특징을 보인다. 또, 한편으로 이 개정은 인권친화적이고 시민중심적인 형사소송구조로 이행되어 가는 내용을 담고 있다.[75]

시간의 흐름을 x축, 보장의 정도를 y축으로 할 때, 해방이후 2007년까지의 한국 형사소송법은 아래와 같은 방향성을 가지고 변화하여 왔다고 할 수 있다.

| 그림 1 | 형사소송법의 변천

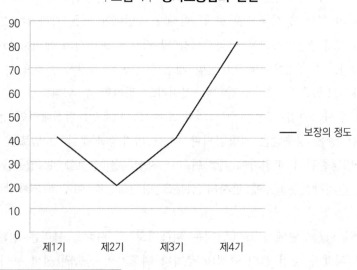

73) 천진호, "범죄피해자의 권리 확보방안", 「피해자학연구」 제15권 제1호, 2007.,4, 한국피해자학회, 6-7면.
74) 2007. 6. 1. 법률 제8496호로 개정되어 2008. 1. 1. 시행.
75) 이에 관하여는 신동운, "향후 형사법 개정의 방향", 서울대학교 「법학」, 제46권 제1호, 서울대학교 법학연구소, 2005, 127면 이하; 이진국, "형사법제의 쟁점과 전망", 「법제연구」 제34호, 한국법제연구원, 2008.6., 98면 참조.

2007년까지 한국 형사소송법은 제2기의 암흑기를 거쳤지만, 전체적으로는 범죄억제형 모델이 약화되고 적법절차형 모델이 강화되었다고 할 수 있다.

5. 2007년 이후 형사소송법의 특성(제5기)

2007년을 기준으로 형사소송법에 대폭적인 개정이 이루어졌고, 또한 형법의 형벌 강화와 특별형법의 확대 등이 있었다. 따라서 제5기는 2007년 이후 상황을 중심으로, 형사소송법뿐만 아니라 형법, 형사특별법의 변화상황을 함께 살펴보았다.

1) 형사소송법의 변화에 대한 평가

2007년 12월 21일 개정[76) 형사소송법은 강력범죄의 공소시효 연장, 전문심리위원 및 전문수사자문위원제도를 도입 등을 주요내용으로 한다. 전문가가 수사와 심리에 참여하는 것은 보다 정확하고 충실한 사실인정에 도움이 되고, 공소시효의 연장은 기술의 발달로 인한 증거확보의 용이성이 그 근거가 된다. 다만, 이는 범죄억제형 모델의 확대라고 평가할 수 있는 여지가 있다.

2011년 7월 18일 개정[77) 형사소송법은 재판공개, 압수수색, 정보저장매체의 압수, 수사권 조정을 주 내용으로 하고 있다. 이러한 개정 내용은 대체로 적법절차모델이 확대되는 경향에 부합하는 개정이라고 할 수 있다. 다만, 수사권조정은 이와 직접 관련된 것은 아니며, 기관간 권한 조정이 핵심 쟁점이었다. 2007년 형사소송법 개정이 법원과 검찰 사이에 지형변화를 가져왔다면, 수사권 조정은 검찰과 경찰 사이에 지형변화를 가져온 것이라 할 수 있다. 수사권 조정 논의에서 형사소송의 이념이나 목적은 주장을 합리화하는 수단으로서도 실질적으로 사용되지 못하였고, 이에 따라 형사제도의 논의가 인권보장이 아닌 다른 쟁점으로 전이하는 결과를 낳게 되어 형사소송의 목적이 수면 아래로 잠길 수 있는 가능성을 열게 되었다.

2014년 5월 14일 개정[78) 형사소송법은 '상고이유서가 제출되었다고 하더라도 상고이유서에 형사소송법 제383조의 각 호에서 상고이유로 들고 있는 어느 하나에라도 해당하는 사유를 포함하고 있지 않은 때에는 적법한 상고이유서를 제출한 것이라고 할 수 없어 형사소송법 제380조에 따라 결정으로 상고를 기각할 수 있다'는 대법원

---

76) 2007. 12. 21. 법률 제8730호로 개정되어 2007. 12. 21. 시행.
77) 2011. 7. 18. 법률 제10864호로 개정되어 2012. 1. 1. 시행.
78) 2014. 5. 14. 법률 제12576호로 개정되어 2014. 5. 14. 시행.

전원합의체 결정[79]을 명문으로 규정한 것으로 법원의 업무상 편의가 고려된 것으로서 적법절차 모델의 확대에는 직접적으로 연결되기 어려운 면이 있다.

2014년 10월 15일 개정[80] 형사소송법은 법원이 수명법관으로 하여금 형사소송법 제72조의 사전청문절차를 진행할 수 있도록 하는 규정을 신설하면서 형사소송법 제80조에서 제72조를 삭제한 것으로 법원업무상 절차를 정비한 것이다. 이는 적법절차 모델과 관련이 있는 것으로 보이지만, 관련성이 조금 미약한 면이 있다.

2014년 12월 30일 개정[81] 형사소송법은 무죄판결 비용보상 청구기간을 무죄판결이 확정된 사실을 안 날부터 3년, 무죄판결이 확정된 때부터 5년으로 연장하고, '심신장애자'를 '심신장애인'으로 표현을 순화한 것으로, 적법절차 모델의 방향에 선 개정이라 할 수 있다.

2015년 7월 31일 개정[82] 형사소송법은 장애인 등의 방어권 보장을 위해 보조인이 될 수 있는 자의 범위에 피고인·피의자와 신뢰관계에 있는 자를 포함하도록 하고, 사람을 살해한 범죄의 공소시효를 폐지하며, 형집행정지 심의위원회를 설치하는 등의 내용을 담고 있다. 피고인의 권리 보장과 형벌권의 확대를 동시에 담고 있으므로, 적법절차 모델과 범죄억제 모델이 혼합되어 있는 개정이라고 볼 수 있다.

2016년 1월 6일 개정[83] 형사소송법은 벌금 등 재산형에 대한 분할납부 및 대행납부 규정을 신설하고, 재정신청 기각 결정에 대해 즉시항고를 할 수 있도록 하며, 재정신청이 있으면 재정결정이 확정될 때까지 공소시효의 진행을 정지하려는 규정이다. 이 개정은 피해자 등의 보호 및 형벌의 집행에 있어서 적정성 확보를 주요 내용으로 하는 것으로 피해자권리(형벌)형의 확대라고 볼 수 있다.

2016년 5월 29일 개정[84] 형사소송법은 소송계속 중에 있는 사건의 관계 서류의 열람·복사에 있어서 사건관계인의 개인정보 공개 제한 근거 규정 마련, 진술서 및 그에 준하는 디지털 증거의 진정성립을 과학적 분석결과에 기초한 디지털포렌식 자료, 감정 등 객관적 방법으로도 인정할 수 있도록 하면서 반대신문권 보장 규정도 함께 마련, 피고인 등 재심을 청구한 사람이 원하지 아니하는 경우에는 재심무죄판결을 공시하지 아니할 수 있도록 하는 규정 등의 신설을 주요 내용으로 한다. 이 개

---

79) 대법원 2010. 4. 20.자 2010도759 전원합의체 결정.
80) 2014. 10. 15. 법률 제12784호로 개정되어 2014. 10. 15. 시행.
81) 2014. 12. 30. 법률 제12899호로 개정되어 2014. 12. 30. 시행.
82) 2015. 7. 31. 법률 제13454호로 개정되어 2015. 7. 31. 시행.
83) 2016. 1. 6. 법률 제13720호로 개정되어 2018. 1. 7. 시행.
84) 2016. 5. 29. 법률 제14179호로 개정되어 2016. 5. 29. 시행.

정은 형벌의 확대의 측면은 보이지 않고 피해자나 증인 보호, 피고인 보호 등의 내용을 담고 있으므로 피해자권리(형벌)형의 확대라고 볼 수 있다.

2017년 12월 12일[85])과 19일 개정[86]) 형사소송법은 비공무원의 서류와 소환장의 본인확인 방법으로 기명날인 외에 서명을 할 수 있도록 하고, 피고인이 정식재판을 보다 용이하게 청구할 수 있도록 '불이익변경의 금지'를 '형종상향의 금지'로 변경하는 내용을 담고 있다. 피고인의 권한 보장과 절차적 보완을 담고 있다는 점에서 적법절차 모델의 확대라고 해석할 수 있다.

2) 형법 및 특별형법 변화에 대한 평가

2007년 이후 형법은 다른 법률의 개정과 함께 개정된 경우를 제외하고 2010년 4월, 2013년 4월과 6월, 2014년 5월과 12월, 2016년 1월, 5월, 12월, 2017년 12월, 2018년 10월과 12월에 이르기까지 총 11차례의 개정이 있었다.

이 중 2010년 4월 15일의 형법 개정[87])은 유기징역의 상한을 15년 이하에서 30년 이하로 높이고, 가중할 때의 상한도 50년까지로 조정하며, 감형기준도 이에 따라 상향 조정하는 방향으로 이루어졌다. 전반적으로 볼 때 형벌을 가중하는 방향의 개정으로 당시 제출된 여러 법안들에서 이러한 엄벌주의 경향이 두드러졌다.[88]) 이는 제4기까지의 방향과 전혀 다른 방향으로 범죄억제형 모델의 확대라고 평가할 여지가 있다.

2012년 12월 18일의 형법 개정[89])은 성폭력 범죄의 객체를 '부녀'에서 '사람'으로 변경하고, 유사강간행위를 범죄유형으로 추가하고, 혼인빙자간음죄를 폐지하며, 성범죄에 있어서 친고죄 규정을 폐지하는 내용으로 이루어졌다. 범죄유형의 추가라는 면에서는 범죄억제형 모델의 확대로 친고죄 규정 폐지와 성범죄 피해자를 기존의 부녀에서 사람으로 확대한 면에서 피해자권리(형벌)형 모델의 혼합형태라고 평가할 여지가 있다.

한편 계속되는 성범죄와 아동에 대한 학대 등의 문제는 사회에서 큰 이슈가 되어왔다. 예전보다 이러한 문제에 대해 사회적인 관심이 집중되게 된 이유는 언론의 보도실태, 관련 영화의 인기, 인터넷의 발달로 인한 정보공유의 확대 등을 들 수 있다.

---

85) 2017. 12. 12. 법률 제15164호로 개정되어 2017. 12. 12. 시행.
86) 2017. 12. 19. 법률 제15257호로 개정되어 2017. 12. 19. 시행.
87) 2010. 4. 15. 법률 제10259호로 개정되어 2010. 10. 16. 시행.
88) 탁희성, 김대근, 김유근, 김성돈, 『한국 형사입법의 방향과 쟁점에 관한 연구 -형사입법의 현황분석 및 합리적 형사입법을 위한 제언』, 한국형사정책연구원 연구총서 14-AA-01, 2014, 320-321면.
89) 2012. 12. 18. 법률 제11574호로 개정되어 2013. 6. 19. 시행.

이러한 사회적 관심과 더불어 관련 법률도 제정되었다. 우선「성폭력범죄의 처벌 및 피해자보호 등에 관한 법률」(이하 '성폭력처벌법')이 1994년 1월 5일 법률 제4702호로 제정되었다. 또「성폭력범죄의 처벌 등에 관한 특례법」이 2010년 4월 15일 법률 제10258호 제정되어 같은 날 시행되었다.「성폭력범죄의 처벌 및 피해자보호 등에 관한 법률」중 위 성폭범처벌법 제정에 따른 중복규정 삭제하는 개정이 2010년 4월 15일에 있었다. 1994년부터 이어진 성폭력 피해 여성들의 보호 특히「성폭력범죄의 처벌과 피해자 보호등에 관한 법률」의 제정과 관련하여 성폭력 범죄에 있어서는 피해자 보호의 중요성이 더욱 강조되었다는 평가도 있다.[90]

「아동·청소년의 성보호에 관한 법률」은 2009년 6월 9일 법률 제9765호 전부개정되어, 제명을「청소년의 성보호에 관한 법률」에서「아동·청소년의 성보호에 관한 법률」로 개정하여 아동도 이 법에 따른 보호대상임을 명확히 하였다. 또, 아동·청소년을 대상으로 한 유사 성교 행위 및 성매수 유인행위 처벌 규정을 신설하며, 성범죄 피해자 및 보호자에 대한 합의 강요행위를 처벌하는 규정을 신설하도록 하여 아동·청소년의 성보호를 더욱 강화하였다. 아동·청소년 성범죄자에 대한 재범가능성과 범죄의 경중을 고려하여 정보통신망을 통해 신상정보를 공개하는 제도도 도입되었으며, 양벌규정 보완, 과태료 신설 등을 통하여 아동·청소년의 성범죄에 대한 처벌확대와 피해자 보호를 담고 있었다.

이와 함께「성폭력범죄자의 성충동 약물치료에 관한 법률」이 2010년 7월 23일 법률 제10371호로 제정되어 2011년 7월 24일 시행되었으며,「특정 성폭력범죄자에 대한 위치추적 전자장치 부착에 관한 법률」이 2007년 4월 27일에 법률 제8394호로 제정되어 2008년 10월 28일부터 시행되었다.

아동학대 범죄에 대해 특별히 대응하기 위해「아동학대범죄의 처벌 등에 관한 특례법」이 2014년 1월 28일 법률 제12341호로 제정되어 2014년 9월 29일 시행되었다.

이 시기의 특징을 요약하면 다음과 같다. 성범죄 및 학대범죄와 관련하여 많은 법률이 제정되고 개정되었다. 주요 내용으로 구성요건의 확대, 형벌의 강화, 심신미약 등 형법총칙의 배제, 친고죄와 반의사불벌죄의 제한에 이은 폐지, 부착명령, 약물치료, 신상정보등록·공개·고지 등 보안처분 강화, 증거법상의 여러 특칙을 들 수 있다.

결론적으로 이러한 사항들을 종합하여 보면 이는 범죄억제모델의 확대라고 볼 여지가 있다.

---

90) 오영근, "한국 피해자학의 회고와 전망",「피해자학연구」제24권 제1호, 2016.4, 한국피해자학회, 273면.

Ⅳ 결론

제5기는 로치의 구분에 의할 때, 피해자 권리에 기초한 형벌모델과 범죄억제모델의 경계에 속한다고 할 수 있다. 특히 입법취지로 내세운 피해자보호가 명분에 그치지 않고 국가 권력의 확대를 숨은 의도로 삼고 있다면, 이는 순수한 범죄억제 모델의 확대에 지나지 않는다.

제5기는 범죄억제 모델의 확대라고 평가해도 어느 정도 설득력이 있다. 이러한 이해를 바탕으로 한다면, 앞으로의 나아갈 방향은 "제4기로 돌아가자!"라는 구호로 집약될 수 있을 것이다. 하지만 제5기는 제2기의 범죄억제 모델과는 사뭇 다른 면이 있다.

우선 제2기가 국가우선의 범죄억제 모델이라 한다면, 제5기는 피해자 보호를 강조하는 방향의 입법들로 볼 수 있다. 이는 위에서 본 바와 같은 각 법률안들의 제안이유에서도 나타나고 있다. 또한 '성폭력범죄 등 사건의 심리·재판 및 피해자 보호에 관한 규칙', '성폭력범죄 사건의 심리·재판 및 피해자 보호에 관한 규칙', '성폭력범죄 사건의 증인신문 및 피해자 보호에 관한 규칙' 등 대법원 규칙들에서도 이와 같은 사실을 살펴볼 수 있다.

범죄모델의 확대가 가져올 수 있는 회귀는 단순한 기우가 아니다. 피의자, 피고인의 인권, 피해자의 인권은 분명 형사절차의 다른 무엇과 비교해서 그 중요도가 낮지 않다. 오히려 피의자, 피고인 그리고 피해자의 인권을 보장하면서 형사절차를 진행하는 형사사법체계가 갖추어져야 한다. 그러한 면에서 현재는 피해자의 권리에 기반한 형벌모델을 기본으로 하되 차츰 비형벌 모델로의 전환을 통해 피해자와 범죄자의 사회통합을 이루려는 노력을 해야 할 것으로 보인다. 다만 아직 우리나라는 적법절차가 확보된 상태에서 범죄억제가 가끔 고개를 내밀고, 피해자의 경우에는 여러 시민단체 등에서 강력하게 주장해야 입법에 반영된다는 점에서 갈길이 먼 것으로 보인다. 빠른 시일 내에 피해자 중심의 형사사법으로 전환되어 형벌, 적법절차와 조화를 이룰 수 있기를 바란다.

후기

이 글이 작성된 시점은 2019년인데, 그 후 형사소송법에 대 변혁이 있었다. 주요한 내용만 살펴본다. 2019년 12월 31에는 2018년 12월 27일 헌법재판소의 결정에 따라 체포영장과 구속영장 집행을 위하여 영장 없이 타인의 주거 등을 수색하려는 경우에는 미리 수색영장을 발부받기 어려운 긴급한 사정이 있어야 한다는 예외사유를 규정하는 제137조 및 제216조제1항제1호의 개정이 있었다.

2021년 1월 1일에는 2018년 6월 21일 법무부장관과 행안부장관이 발표한 '검·경 수사권 조정 합의문'의 취지에 따라 검찰과 사법경찰관의 협력 의무 신설(제195조), 경찰의 수사에 대한 검사의 지휘 규정 삭제(제196조), 송치사건에 대한 검사의 보완 수사요구권한 신설(제197조의2), 사법경찰관리의 수사과정에서의 법령위반, 인권침해 또는 현저한 수사권 남용에 대한 검사의 사건기록 송부 및 시정조치 요구권한 신설 (제197조의3), 사법경찰관의 수사 후 범죄 혐의가 인정되면 검사에게 사건 송치 및 그 밖의 경우 이유를 명시한 서면과 함께 관계 서류와 증거물을 검사에게 송부하는 제도 신설(제245조의5), 특별사법경찰관의 모든 수사에 대한 검사의 지휘 명시(제245조의10), 검사가 작성한 피의자신문조서에 대하여 공판준비 또는 공판기일에 그 피의자였던 피고인 또는 변호인이 그 내용을 인정할 때에 한하여 증거로 할 수 있도록 하는(제312조) 등 기존 형사사법체계에 대한 근본적인 변화가 있었다.

아울러 검사가 수사를 개시할 수 있는 범죄의 범위를 부패범죄, 경제범죄, 공직자범죄, 선거범죄, 방위사업범죄 등으로 한정하는 검찰청법 개정이 있었다. 이보다 앞선 2020년 7월 15일에는 고위공직자 등의 범죄를 독립된 위치에서 수사할 수 있는 고위공직자범죄수사처를 설치하는 근거법률인 고위공직자범죄수사처 설치 및 운영에 관한 법률이 제정되었다.

형사소송절차의 측면에서는 위와 같은 큰 변화가 있었고, 형사법 측면에서는 피해자의 권리를 강화하고, 이와 함께 특수범죄의 형량을 강화하는 개정(성범죄 관련 특별법 등)이 이어지고 있다.

패커의 모델론에 따르면 형사소송절차의 위와 같은 변화는 적법절차를 강화하는 것이라고 평가할 수 있다. 검찰권을 견제할 수 있도록 타 수사기관의 권한을 강화하고 독립된 수사, 기소기관을 설립하는 등의 입법조치를 취한 면에서 그렇다. 한편으로 범죄에 대한 대응 강화라는 측면에서는 로치의 모델론에 따르면 피해자 권리에 기초한 형벌모델이 주로 작동중이라는 평가가 가능할 것이다.

아쉬운 점은 우리 사회에서 비범죄화 시도가 눈에 띄게 줄고 있다는 점이다. 사회가 발전하고 복잡해질수록 위험사회로 빠져들어간다는 속성이 있다는 점과 신종범죄에 대한 대응을 강화하는 추세하고 하더라도 범죄화와 형벌 부과는 최후의 보루가 되어야 한다는 기본적인 원칙은 지켜져야 할 것이다.

4

검찰권 남용에 대한 통제방안*

임수빈(변호사, 법무법인 엘케이비앤파트너스)

I 법리해석·판례를 통한 검찰권 통제

1. 타건압박수사에 대한 적극적 법리해석

1) 타건압박수사에 대한 현재의 실무태도

우리나라에 타건압박수사를[1] 금지하는 명문의 규정은 없다. 그래서 실무상으로는 금지규정이 없음을 근거로 검찰은 타건압박수사가 법상 허용되는 것으로 보고 이를 활용하고 있고, 법원 역시 타건압박수사를 금지하는 것이 아니라 다만 타건압박수사 중 확보한 어떤 진술의 증거능력 내지 신빙성 여부만 따지고 있는 실정이다.

즉, 대법원은 다른 사건으로 수사 중에 있는 사건관계인의 진술에 관하여 "무릇 별건으로 수사 중에 있는 사람의 참고인 진술은 그 진술이 별건에서의 유리한 처분을 얻기 위하여 수사관의 의도에 영합하려는 동기에서 나온 허위진술이 아닌지 주의를 기울여 그 증거능력이나 신빙성을 판단…"이라고 설시하여,[2] 타건압박수사 그 자체의 적법성 여부는 논하지 아니한 채 타건압박수사 중 획득한 진술의 증거능력이나 신빙성 여부에 관하여만 살피고 있다.

---

* 이 글은 임수빈, "검찰권 남용에 대한 통제방안", 서울대학교 법학전문대학원 박사학위논문, 2017의 내용 일부를 발췌·요약한 것이다.

1) 검찰이 원래는 A 범죄(本件)에 대하여 수사하고 싶은데 그에 관한 증거가 부족한 상황에서, 일단 B 범죄(他件)에 대하여 먼저 수사를 하여 증거를 확보하고, 그와 같이 확보한 B 범죄(타건)에 대한 증거를 내세워 피의자를 비롯한 사건관계인을 상대로 원래 목표로 하였던 A 범죄(본건)에 관하여, 때로는 강압적으로 때로는 회유적으로 때로는 강압적이면서도 회유적으로, 심리적·정신적 압박을 가하여 자백과 같이 검찰에 유리한 내용의 진술을 받아내는 등으로 증거를 수집하여 확보하기도 하는바, 이와 같이 수사하는 행태를 이른바 '타건(他件)압박수사'라고 부르기로 한다.

2) 대법원 2002. 10. 22. 선고 2002도2167 판결

그렇다면 타건압박수사는 과연 적법하고 허용되는 것일까? 아니면 불법수사로서 금지되는 것은 아닐까? 타건압박수사는 불법수사일 뿐만 아니라 사람을 죽게 만드는, 일종의 살인적(殺人的) 수사방법으로서 하루빨리 근절하여야 하는 수사행태는 아닐까 하는 의문이 제기된다.

2) 타건압박수사는 가혹행위로서 형사상 범죄이며 민사상 불법행위

타건압박수사 그 자체만 놓고 본다면 외부에서 이를 무조건 불법이라고 단정하기는 어려울 수도 있다. 왜냐하면 검찰은 타건압박수사에 관하여 그럴듯한 명분을 쉽게 내세울 수 있기 때문이다. 예를 들어, 검찰이 원래는 B 범죄를 수사하고 있었는데, 그 과정에서 우연히 A 범죄의 증거를 입수하게 되었고, 이에 범죄수사의 책무를 지고 있는 검찰로서는 A 범죄에 대하여 어쩔 수 없이 수사에 착수하게 된 것일 뿐,[3] 처음부터 A 범죄를 목표로 한 상태에서 일단 B 범죄에 대한 수사에 착수한 것은 아니라고 주장할 수 있을 것이며, 이와 같은 경우 외부에서는 검찰의 수사행태에 관하여 문제를 삼을만한 꼬투리를 잡기 어려울 것이므로, 검찰의 위와 같은 주장에 대하여 잘못된 것이라고 반박하기는 쉽지 아니할 것이다.

그렇지만, 실제로 검찰이 원래 본건인 A 범죄에 대한 수사를 목표로 한 상태에서 타건인 B 범죄에 대한 수사를 통하여 확보된 증거를 내세워 피의자나 사건관계인에 대하여 본건인 A 범죄에 대하여 검찰에 유리한 내용으로 진술하라고 압박하는 사례가 존재하는바, 이와 같은 것이 과연 헌법과 법률에 의거하여 허용되는 수사방법인가 하는 점이 문제라고 하겠다.

우리 검찰에서는 미국의 '플리바게닝(Plea–Bargaining) 제도'와[4] 마찬가지로 우리나라에서도 위와 같은 수사방법은 당연히 허용되어야 한다고 주장할 수 있을 것이다. 그러면서 위와 같은 방법을 동원하지 아니하면 뇌물사건과 같은 '당사자 사이의 은밀한 범죄'에 있어서는 이를 적발하여 처벌하기 어렵다고 주장하여, 현실적으로 뇌물사건과 같은 사건의 수사에 있어 부득이 타건압박수사가 필요하다고 강변할 수도 있을 것이다.

그렇지만, 미국의 플리바게닝 제도를 도입할 것인지[5] 여부와는 관계없이, 우리나

---

3) 나아가 검찰은 B 범죄를 수사하는 과정에서 A 범죄와 관련된 증거를 우연히 입수한 이상, A 범죄에 대하여 수사하지 아니하면 오히려 검찰이 직무를 유기하는 것이라고 주장할 수도 있을 것이다.

4) '플리바게닝'이란, 미국에 있어 피고인은 기소사실 인부절차(arraignment)에서 ① 무죄(not guilty), ② 유죄(guilty), ③ 불항쟁(no contest: nolo contendere) 중 어느 하나로 답변하여야 하는데(연방형사소송규칙 제10조), 이와 같은 답변을 둘러싸고 피의자와 검사가 미리 협상(bargaining)을 하는 것을 뜻한다(윤동호, "플리바게닝 도입론 비판", 형사법연구21/3(2009. 9), 한국형사법학회, 4쪽).

라에서 타건압박수사는 허용되지 아니하는 것으로 보아야 한다고 생각한다.6) 왜냐하면 타건압박수사는 수사 과정에서 피의자나 사건관계인을 상대로 심리적으로 압박하는 단계가 필수적인데, 그 단계에서 심각한 인권침해 내지 인권유린이 필연적으로 발생하기 때문이다.

횡령사건과 같은 다른 사건(타건)에 대한 수사를 통하여 확보된 어떤 증거 내지 자료를 내세워, 피의자나 사건관계인을 상대로 뇌물사건과 같이 관계없는 별개의 범죄(본건)에 관하여 검찰에 유리한 내용의 진술을 하라고 강요하는 것은 분명히 문제가 있다. 검찰이 타건수사를 통하여 획득한 증거로 피의자 등을 압박하는 것은, 그것이 아무리 '딜'이니 '협상'이니 하는 용어로 미화(美化)되고 화장(化粧)된다고 하더라도, 그것이 정치적이건 정치적이지 아니하건 간에, 허용될 수 없는 것이다.

헌법 제12조 제2항 규정을 보면 "고문을 받지 아니할 권리"와 "형사상 자기에게 불리한 진술을 강요당하지 아니할 권리"가 같은 조항에 나란히 병렬적으로 서술되어 있는데, 이 점을 특히 주목할 필요가 있다. 즉, 진술거부권은 고문 금지와 같은 차원에서 보장되어야 하는 헌법상 국민의 기본적 권리임을 헌법이 분명하게 선언하고 있다는 것이다. 이와 같이 헌법에 의하여 소중하게 보호되어야 하는 진술거부권이 검찰의 자의적인 수사 방식과 행태로 무참히 침해되고 함부로 무시되고 있는 현실을 그대로 내버려 두어서는 아니 된다고 하겠다. 육체적으로 고문을 가하는 것만큼, 진술거부권을 침해하는 것 역시 정신적, 심리적으로 크나큰 고통을 야기하기 때문이다.

헌법과 법률에 의하여 피의자는 어떤 범죄의 증거가 명백하다고 하더라도 그 범죄사실에 관하여 진술을 거부할 수 있고, 나아가 그 범행을 부인할 수도 있다. 그런데 검찰이 타건에 대한 수사를 통하여 확보된 증거를 내세워 본건에 관하여 검찰에 유리한 진술을 하라고 요구하고, 이에 불응하면 피의자의 회사를 망가뜨리거나 피의자 내지 그 가족들까지 구속하겠다고 피의자를 협박하는 것은, 전혀 별개의 사건인 본건에 있어 피의자에게 형사상 불리한 진술을 강요하는 것이며, 결국 위와 같은 수사 행태는 피의자의 진술거부권 자체를 형해화(形骸化)하는 것으로서, 인간으로서의 존엄과 가치를 부정하는 것이다. 검찰은 그럴 수 있는 권한이 없다.

---

5) 우리나라에 플리바게닝 제도를 도입할 것인지 여부의 문제는 이 논문의 주제와는 관련성이 크지 아니하므로, 이에 관하여는 논하지 아니하기로 한다.

6) 플리바게닝 제도는 ① 제도의 법제화 및 ② 법원의 관여가 필수적인데, 우리나라의 타건압박수사는 법제화된 것도 아니고 법원의 관여도 전혀 배제되어 있으므로, 설사 우리나라에 플리바게닝 제도가 도입된다고 하더라도, 타건압박수사는 허용될 수 없는 것이다. 나아가, 현재 플리바게닝 제도가 도입되지도 아니한 상황에서 검찰이 타건을 활용하는 수사행태가 부득이 필요하다고 주장하는 것은, 불법적인 암시장을 그대로 운용하겠다는 취지와 마찬가지의 주장이라고 하겠다.

헌법 제12조 제7항과 형사소송법 제309조는 피고인 자백의 증거능력과 관련하여 "고문·폭행·협박·구속의 부당한 장기화 또는 기망 기타의 방법에 의하여 임의로 진술한 것이 아니라고 인정되는 때에는 증거능력을 부정"하도록 규정하고 있다. 그렇지만 이러한 규정들을 단순히 증거능력과 관련되는 것으로만 제한적으로, 소극적으로 해석하여서는 아니 된다고 본다. 헌법 제12조 제7항은 같은 조 제2항과 맞물려 "모든 국민은 고문을 받지 아니하고, 형사상 자기에게 불리한 진술을 강요당하지 아니할 뿐 아니라" 나아가 "신문을 받음에 있어 고문·폭행·협박·구속의 부당한 장기화 또는 기망이나 이에 준하는 기타의 방법에 의하여 신문을 받지 아니한다."라는 원칙을 천명하고 있는 것으로 이해하여야 하며, 이와 같이 확장적이고 적극적으로 해석하는 것이 헌법의 기본정신에 부합한다고 하겠다.

결국, 검찰이 타건에 대한 수사를 통하여 확보된 증거를 들이대며 본건에 관하여 검찰에 유리한 내용으로 진술하라고 압박하는 것은, 피의자에게 형사상 불리한 진술을 강요하는 것일 뿐만 아니라, 협박 또는 이에 준하는 방법으로 수사하는 것에 해당한다고 할 것인즉, 이는 헌법과 형사소송법에 반하는 불법수사임이 명백하다고 하겠으며, 나아가 형사상 범죄를 구성한다고 할 것이다.

형법 제123조는 공무원의 '직권남용' 행위를 금지하고 있다. 앞서 본 바와 같이, 모든 국민은 형사상 자기에게 불리한 진술을 강요당하지 아니하고, 진술을 하지 아니하더라도 불이익을 받지 아니하며, 신문을 받음에 있어 고문, 폭행, 협박, 구속의 부당한 장기화 또는 기망이나 이에 준하는 기타 방법으로 수사를 받지 아니할 권리가 있다. 그럼에도 불구하고, 검찰이 타건압박수사를 통하여 피의자로부터 진술을 받는다면, 이는 "수사기관이 직권을 남용하여 어떤 사람으로 하여금, 다른 범죄(본건)에 관하여 진술할 의무가 없음에도 불구하고, 의무가 없는 일이라고 할 수 있는 본건에 관하여 진술을 하도록 하여, 그의 진술거부권 행사를 방해한 것"으로, 형법 제123조 소정의 직권남용죄에 해당한다고 할 수 있다.

또, 형법 제125조는 공무원의 '가혹행위'를 금지하고 있다. 그런데 여기에서 말하는 '가혹한 행위'의 의미에 관하여, 대법원은 "직권을 남용하여 사람으로서는 견디기 어려운 정신적·육체적 고통을 가하는 경우"라고 정의하면서, "가혹한 행위에 해당하는지 여부는 행위자 및 그 피해자의 지위, 처한 상황, 그 행위의 목적, 그 행위에 이르게 된 경위와 결과 등 구체적 사정을 검토하여 판단하여야 한다."라고 판시한 바 있다.[7]

---

7) 대법원 2008. 5. 29. 선고 2008도2222 판결

판례의 입장에 비추어 보건대, 검찰이 타건압박수사를 하는 것은, 본건에 관하여 검찰에 유리한 진술을 하지 아니할 경우 이미 확보된 증거에 의거하여 타건으로 피의자를 구속하거나 피의자의 회사를 파산시키거나 피의자의 가족까지도 구속시키겠다고 협박하는 것으로서, 이는 곧 피의자에게 "사람으로서는 견디기 어려운 심리적·정신적 고통을 가하는 경우"에 해당한다고 할 것인즉, 결국 검찰이 그 직무를 행함에 있어 형사피의자 또는 기타 사람에 대하여 가혹한 행위를 가하였다고 할 것이므로, 형법 제125조 소정의 가혹행위를 구성한다고 하겠다.

나아가, 타건압박수사는 민사상 불법행위를 구성하여 이에 관여한 수사관계자들은 손해배상 책임을 부담하게 될 것이다. 민법 제750조를 보면 "고의 또는 과실로 인한 위법행위로 타인에게 손해를 가한 자는 그 손해를 배상할 책임이 있다."라고 규정하고 있는바, 타건압박수사를 행한 수사관계자는 ① 그와 같은 수사를 함에 있어 당연히 고의 또는 중과실이[8] 있다고 할 것이고, ② 타건압박수사는 헌법과 법률에 위반하는 불법적인 수사행태 내지 수사방법인 이상, 당연히 위법행위라고 할 것이며, ③ 이에 따라 피의자 등은 정신적인 손해는 물론 재산적 손해도 입었다고 할 것이므로, 국가만이 아니라 수사관계자 개인도 피의자와 같은 상대방에 대하여 손해배상 책임을 지게 된다고 하겠다.

한편, 현재 법무부에서 시행 중인 '인권보호수사준칙'(법무부훈령 제985호)을 보면, 제3조에서 '가혹행위 등의 금지'에 관하여 규정하고 있다. 그렇지만 위 제3조는 조문 자체가 잘못 규정되어 있다. 우선, 금지의 대상을 '고문 등 가혹행위'라고 규정하여 "신체적으로 고문만 하지 아니하면 무엇이든지 괜찮다."라는 잘못된 인식을 검사들에게 심어줄 우려가 있을 뿐만 아니라, 금지되는 대상인 '가혹행위'가 무엇인지 명확하게 이를 규정하고 있지 아니하기 때문이다. 그리고, 가혹행위에 따른 책임을 단순히 그 진술의 증거능력 문제와만 연결시켜 놓았기에, 검사를 비롯한 수사관계자들로 하여금 가혹행위가 형사상 범죄이고 민사상 불법행위에 해당한다는 사실을 간과하게 만들고 있다. 따라서, 타건압박수사는 가혹행위에 해당하고, 이는 범죄이며 불법행위이므로 엄격하게 금지되어 있음을 밝히는 방향으로 제3조 조문을 수정하여야 할 것이다.

---

8) 대법원 판례에 의하면, 국가배상법 제2조와의 관계를 고려할 때 공무원 개인의 손해배상 책임은 고의 또는 중과실이 있는 경우에만 인정되고, 경과실만 있는 경우에는 인정되지 아니한다(대법원 1996. 2. 15. 선고 95다38677 판결).

3) 타건압박수사는 허용되지 아니한다고 적극적으로 해석

우리나라가 민주화된 후 물리적·신체적 고문 같은 것은 많이 사라졌다. 반면 타건압박수사의 경우와 같이 피의자를 심리적·정신적으로 압박하는 사례는 없어지기는커녕, 물리적 고문을 대신할 수 있는 수사방법이라는 구실로 점점 더 많아지고 있는 것 같다. 사람을 때리고 고문하는 육체적인 고통이 아니면 다 괜찮은 것일까? 육체적으로 고통을 가하는 것이 '고문'으로서 금지되고 있는 것이라면, 타건압박수사는 피의자를 심리적·정신적으로 압박하여 피의자에게 고통을 가하는 '가혹행위'로서, 이 또한 마땅히 금지되어야만 하는 것이다. 이로 인하여 자살하는 사례가 연이어 발생하고 있는 작금의 현실을 보더라도, 이는 최악의 인명살상적(人命殺傷的) 수사행태이고, 헌법과 법률에 위반하는 불법수사인 것이다.

수사는 '잘못된' 범죄를 '바로' 잡는 것인 이상, 수사도 '바로' 행하여져야 한다. 검찰은 헌법과 법률에 따라 국민의 기본권을 보장하면서 적법한 범위 내에서 '바르게' 수사하여야만 한다. 그러므로 타건압박수사와 같이 피의자 등 사건관계인을 상대로 심리적·정신적으로 압박을 가하는 수사행태는 허용되지 아니한다고 적극적으로 해석하여 이를 즉시 금지시켜야 한다고 하겠다.

2. 타건압박수사에 대한 적극적 법리해석

1) 공소권 남용론의 개념과 인정 여부에 대한 학설의 대립

'공소권 남용론'이란, 검찰의 공소권 행사가 형식적으로는 적법한 것처럼 보이지만 실질적으로는 재량권의 범위를 현저히 일탈하여 위법한 경우, 이는 공소권 남용에 해당하므로 법원은 실체판단이 아닌 형식재판을 통하여 공소를 기각하자는 이론이다. 공소의 제기란 특정 사건에 관하여 검사가 법원에 재판을 청구하는 의사표시라고 할 수 있는데, 공소권 남용론은 검사가 공소를 제기함에 있어 검찰권이 남용되는 것을 억제하기 위하여 나온 이론으로서, 앞서 본 바와 같이 검찰권 남용은 수사단계, 기소·불기소 처분단계, 그리고 공판단계 등 여러 단계에서 나타날 수 있는데, 그 중 공소제기 단계에서 검찰권이 남용되는 것을 이른바 공소권 남용이라고 하는 것이다.

우리 형사소송법은 국가소추주의, 기소독점주의 및 기소재량주의(기소편의주의)를 채택하고 있는바, 이는 권력분립의 원칙이 형사사법절차에 투영되어 구현되어 있는 것으로, 공소제기의 권한은 행정부에 소속된 검사에게 부여하고, 공소가 제기된 사건의 재판은 사법부에 소속된 판사로 하여금 담당하도록 하여, 권력분립의 원칙에 입각하여 권력간 상호 견제와 균형을 도모하자는 취지인 것으로 해석할 수 있다.

그런데, 검사의 공소제기가 형식적으로는 일응 적법한 것처럼 보이지만 실질적으로는 기소재량의 범위를 현저하게 일탈하여 위법한 경우, 법원은 실체판단에 나아갈 것이 아니라 형식적 재판으로 그 사건을 조속히 종결하여 피고인의 권리를 보호하는 한편, 검사로 하여금 공소권을 적정하게 행사하도록 통제하자는 차원에서 유래된 것이 바로 공소권 남용론인 것이다.

다만, 이 이론은 법률상 명문의 근거규정 없이 이론상 제기되었다는 점에서 그 태생적인 한계를 지니고 있다고 할 수 있다. 즉, 1980년대를 전후하여 우리나라에서 공소권 남용 이론에 대한 논의가 본격화된 이후 공소권 남용 이론을 긍정하는 입장이 우리 학계의 지배적인 분위기이었고 현재에도 통설이지만,9) 1990년대 이후로는 법률상 명문의 근거규정이 없다는 이유로 이를 부정하는 학설도 제기되고 있다.10) 그렇지만 명문의 규정이 없다고 하더라도, 현행법 규정의 한계를 넘어서서 설사 형식적으로는 일응 적법한 것처럼 보인다고 하더라도 실질적으로는 재량권을 벗어난 잘못된 공소권 행사에 대하여, 이를 부적절한 공소의 제기로 보고 형식재판을 통하여 피고인을 조기에 형사절차로부터 해방시키고, 검사의 공소권 행사에 있어 편파적이고 부당한 기소를 통제할 필요가 있다는 차원에서 볼 때, 공소권 남용 이론은 긍정함이 타당하다고 하겠다.

우선, 공소권 남용 이론을 긍정하는 학설을 보자. 긍정설에 따르면, 검사의 공소제기가 형식적으로는 일응 적법한 것처럼 보이지만, 기소와 관련된 검사의 재량은 자유재량이 아니라 기속재량으로서, 검사의 공소제기가 실질적으로는 그 재량의 범위를 현저히 일탈하여 위법한 이상, 법원은 그 사건에 대하여 실체판단으로 나가지 말고 조속히 형식재판으로 종결시켜 사건관계인의 인권을 보호하고 검사의 공소제기에 있어 적정성을 도모하여야 한다고 주장한다.11)

다음, 공소권 남용 이론을 부정하는 학설을 보자. 부정설에 따르면, 설사 검사가 공소권을 남용하였다고 하더라도, 법원은 명백한 근거규정이라고 볼 수 없는 형사소송법 제327조 제2호에 의거하여 공소기각 판결을 선고하여서는 아니되고, 실체 판단으로 나아가 유·무죄 판결을 선고하여야 한다고 주장한다.12) 비록, 경찰관이 손님으

---

9) 신동운, 신형사소송법, 566쪽; 차용석·최용성, 형사소송법 제4판, 21세기사(2013), 312쪽; 정웅석·백승민, 형사소송법, 340쪽; 노명선·이완규, 형사소송법, 288쪽

10) 이주일, "공소권남용이론", 134쪽

11) 신동운, 신형사소송법, 566쪽; 차용석·최용성, 형사소송법, 312쪽; 정웅석·백승민, 형사소송법, 340쪽; 노명선·이완규, 형사소송법, 288쪽

로 가장하고 노래방에 들어가 도우미를 불러낸 사건에 있어, 대법원이 "함정수사는 위법함을 면할 수 없고, 이러한 함정수사에 기한 공소제기는 그 절차가 법률의 규정에 위반하여 무효인 때에 해당한다."라고 판시하고[13] 있기는 하지만, 함정수사와 공소권 남용은 서로 다른 차원의 이야기인 이상, 함정수사와 관련되는 위와 같은 판례를 공소권 남용 사안에까지 확대하여 적용하거나 유추하여 해석하여서는 아니 된다고 한다.

위와 같은 긍정설과 부정설의 대립은 공소권 남용 이론에서 논의되고 있는 여러 유형의 문제들에 대하여 그 해답을 달리 한다.

첫째, 범죄의 혐의를 입증할만한 객관적 증거가 전혀 없음에도 불구하고 검사가 공소를 제기한 경우에 있어, 긍정설은 형사소송법 제328조 제1항 제4호 소정의 "공소장에 기재된 사실이 진실하다 하더라도 범죄가 될 만한 사실이 포함되지 아니하는 때"에 해당한다는 이유로 공소기각 결정을 하여야 한다고 주장하거나[14] 혐의 없는 사건에 대한 공소의 제기는 공소제기의 유효요건을 결한 경우로서 형사소송법 제327조 제2호 소정의 "공소제기의 절차가 법률의 규정에 위반하여 무효인 때"에 해당한다는 이유로 공소기각 판결을 하여야 한다고 주장하는[15] 반면, 부정설은 객관적인 증거가 없음에도 불구하고 공소를 제기한 경우라고 하더라도 현행법상 형사소송법 제326조 소정의 면소판결 사유나 제327조 내지 제328조 소정의 공소기각 사유에 해당하지 아니하므로 실체적 심리를 진행하여 형사소송법 제325조 소정의 "피고사건이 범죄로 되지 아니하거나 범죄사실을 증명할 수 없는 때에는 판결로써 무죄를 선고하여야 한다."라는 규정에 따라 무죄 판결을 선고하여야[16] 한다고 주장한다.[17]

둘째, 기소유예 처분을 하여야 마땅한 사건에 대하여 검사가 소추재량을 남용하여 공소를 제기한 경우에 있어, 긍정설은 검사에게 주어져 있는 공소제기의 권한은 검사의 재량에 속하기는 하지만 자유재량이 아니라 기속재량인 이상 재량의 범위를 일

---

12) 백형구, 형사소송법강의, 341쪽 ; 신현주, 형사소송법 신정2판, 박영사(2002), 392쪽 ; 이재상·조균석, 형사소송법, 378~379쪽 ; 채방은, "공소권 남용론에 관한 연구", 경희대학교 박사학위논문(2000), 42쪽
13) 대법원 2008. 10. 23. 선고 2008도7362 판결
14) 차용석·최용성, 형사소송법, 313쪽
15) 신동운, 신형사소송법, 569쪽
16) 검사가 일단 공소를 제기한 사건에 대하여는 실체재판을 하는 것이 오히려 피고인에게 가치가 있다는 이유로, 공소권 남용론을 긍정하면서도 무죄판결설을 주장하는 학설이 있다. 그리고 이 학설에 따르면 공소권 남용론에 대한 학설의 대립은 현실적으로 실익이 없다고 한다(배종대·이상돈·정승환·이주원, 형사소송법, 234쪽).
17) 백형구, 형사소송법강의, 472쪽 ; 신현주, 형사소송법, 394쪽 ; 이재상·조균석, 형사소송법, 367쪽 ; 정웅석·백승민, 형사소송법, 341쪽

탈하여 제기된 공소의 제기는 위법하고, 따라서 형사소송법 제327조 제2호에 해당하여 무효라는 이유로 공소기각 판결을 선고하여야 한다고[18] 주장하거나,[19] 기판력이 없는 공소기각 판결보다는 기판력이 인정되는 면소 판결을 선고하여야 한다는 견해가 있을 수 있는데,[20] 이와 같은 '면소 판결설'의 대하여는 형사소송법 제326조에서 면소 판결의 사유를 명문으로 규정하고 있지만 공소권 남용을 그와 같은 면소 판결 사유 중의 하나에 해당한다고 보기는 어려운 이상 아무런 근거규정도 없이 공소권 남용이라고 하여 이에 대하여 면소 판결을 선고하기는 어렵다고 보는 것이 대부분의 학설인 반면,[21] 부정설은 검사의 기소유예 처분은 기소편의주의에 입각한 검사의 고유한 재량행위에 해당하므로 법원이 이를 대위하여 행사할 수는 없고, 따라서 설사 검사가 마땅히 기소유예 처분을 하여야 할 사건에 대하여 기소유예 처분을 하지 아니하고 공소를 제기하였다고 하더라도 그 공소제기는 유효하다고 할 것이며, 만약 범죄의 증거가 충분하면 유죄 판결을 선고하여야 한다고 주장한다.[22]

셋째, 검사가 공동피의자들을 불합리하게 차별하여 일부에 대하여는 공소를 제기하고 일부에 대하여는 불기소 처분한 경우에 있어, 긍정설은 검사의 자의적이고 차별적인 공소제기는 헌법 제11조 소정의 평등 원칙에 반하는 것으로 이는 형사소송법 제327조 제2호에 해당하여 무효이므로 공소기각 판결을 선고하여야 한다고 주장하는[23] 반면, 부정설은 공소제기 여부는 검사의 재량행위에 해당하므로 검사의 차별적 기소가 명백하게 불합리한 경우에도 실체판단을 하여야 한다고 주장하거나[24] 차별적 공소제기를 공소기각의 사유로 삼는 것은 공소가 제기되지 아니한 사실까지 심판의 대상에 포함시키는 것으로 이는 불고불리(不告不理)에 반하는 결과를 초래하는 이

---

18) 이와 같이 긍정설은 공소권 남용에 대하여 형식재판에 의하여 소송을 종결시키는 법리를 전개한다. 이는 형식재판 사유의 보충적 법 형성(Rechtsfortbildung praeter legem)으로서 "초소송법적(超訴訟法的)인 공소기각 사유를 인정"하는 것이라고 할 수 있다(정진연, "공소권 남용론에 관한 비판적 고찰", 법학논총/12(2000), 숭실대학교 법학연구소, 8쪽 ; 이상돈, "일반논문 : 조세범칙조사 불승인결정 사건에 대한 공소제기와 공소권 남용", 고려법학/76(2015), 고려대학교 법학연구원, 196쪽).

19) 차용석·최용성, 형사소송법, 314쪽 ; 이창호, "전선: 최근 국가보안법 남용사례와 형사법적 대응", 민주법학/43(2010), 민주주의법학연구회, 525쪽

20) 현재 '면소 판결설'을 주장하는 국내 학자는 없는 것으로 알고 있다. 다만, 여기에서는 논의의 필요상 '면소 판결설'을 언급한다.

21) 이주일, "공소권남용이론", 136쪽; 이존걸, "면소판결사유의 범위", 한국콘텐츠학회논문지/11(2011), 한국콘텐츠학회, 305쪽

22) 신동운, 신형사소송법, 570쪽; 배종대·이상돈·정승환·이주원, 형사소송법, 236쪽; 백형구, 형사소송법 강의, 449쪽; 이재상·조균석, 형사소송법, 368쪽

23) 신동운, 신형사소송법, 572쪽; 배종대·이상돈·정승환·이주원, 형사소송법, 236쪽; 차용석·최용성, 형사소송법, 315쪽

24) 백형구, 형사소송법강의, 444쪽

상 실체판단을 하여야 한다고 주장한다.[25]

넷째, 검사가 피의자를 수사하여 수개의 범죄사실을 찾아냈으나 그 중 일부만을 기소하여 사실심 판결이 선고된 후에 비로소 누락된 다른 범죄사실을 추가로 기소한 경우에 있어, 긍정설은 사실심 판결 선고 이후에 누락된 사건을 추가로 기소하는 것은 병합심리에 의하여 함께 재판을 받고 특히 양형상의 혜택을 받을 수도 있는 피고인의 권리를 침해하는 것이므로 형사소송법 제327조 제2호를 적용하여 공소기각 판결을 선고하여야 한다고 주장하거나,[26] 검사가 범죄사실 전부를 알면서도 일부 범죄사실을 기소 대상에서 누락하였다면 이 누락된 부분은 검사가 묵시적으로 예비적·택일적으로 공소를 제기한 것으로 볼 수 있고, 따라서 추후에 누락된 부분을 추가 기소하는 것은 마치 공소를 취소한 범죄사실을 다시 기소한 것으로 볼 수 있으므로, 이는 형사소송법 제329조 규정에 위반하여 공소가 제기된 때에 해당하여 제327조 제4호에 의거하여 공소기각 판결을 선고하여야 한다고 주장하는 반면,[27] 부정설은 검사에게 동시(同時) 소추의무가 있다고 할 수 없고 여러 개의 사건들 중에서 누락된 일부사실을 나중에 추가로 기소한다고 하여 공소권 행사가 부당하다고 할 수 없는 이상, 실체 재판을 진행하여 유죄 또는 무죄 판결을 선고하여야 한다고 주장한다.[28]

이상 살펴본 몇 가지 사례를 표로 정리하면 아래와 같다.

■ 표 1 **몇가지 사례에 있어 공소권 남용론의 긍정설·부정설**

순번	사례	긍정설	부정설
1	객관적 증거가 없음에도 기소한 경우	공소 기각	무죄 판결
2	기소유예할 사안을 기소한 경우	공소 기각	유죄 판결
3	공동피의자들 중 일부만 부당하게 기소한 경우	공소 기각	유죄 판결
4	수개범죄 중 일부기소 후 다시 추가기소한 경우	공소 기각	유죄 판결

앞서 본 바와 같이, 1980년대를 전후하여 검사의 공소권 남용을 억제하자는 차원에서 공소권 남용 이론이 주창된 후 현재까지 긍정설이 통설이지만, 공소권 남용을 적용할만한 명문의 근거규정을 찾기 어렵다는 한계가 있고, 실무상으로도 법원에서, 특히 대법원에서 실제로 공소권 남용 이론을 적용하여 공소를 기각한 사례가 많지

---

25) 이재상·조균석, 형사소송법, 369쪽
26) 배종대·이상돈·정승환·이주원, 형사소송법, 236쪽
27) 신동운, 신형사소송법, 574쪽
28) 이재상·조균석, 형사소송법, 370쪽

아니하며, 일단 공소가 제기되면 법원은 자신의 역할을 검찰권 남용 여부에 대한 판단이 아니라 공소사실의 진위 여부에 대한 판단으로 인식하여 실체판단으로 나아가고 있는 것이 현 실정이기에, 공소권 남용 이론을 부정하는 학설도 제기되고[29] 있다.[30] 그러나 후술하는 바와 같이 최근 판례의 경향이 공소권 남용론을 적극 적용하는 추세로 점차 나아가고 있을 뿐만 아니라, 공소권 남용론을 적극적으로 적용하여 검찰의 공소권 남용을 억제하여야 할 필요성이 있다는 차원에서 볼 때, 공소권 남용 이론을 긍정함이 타당하다고 하겠다.

2) 공소권 남용론에 대한 판례의 태도

공소권 남용론에 대한 우리나라의 판례에 관하여 살펴보자. 판례의 입장은 기본적으로 공소권 남용론 그 자체는 인정하고 있지만, 실제로 이 이론을 적용하는 데에는 소극적이고 미온적이라고 할 수 있다.[31] 몇 가지 주제별로 시간적 순서에 따라 법원의 입장을 검토한다.

(1) 사실심인 항소심 판결이 선고된 후 누락된 사건에 대하여 검사가 추가로 공소를 제기한 사안에 있어, 공소권이 남용되었는지 여부에 관한 판례이다.[32]

우선 사실관계를 보면, 피고인들이 군대 현역복무확인서와 타인의 인감증명서 등을 위조하고 이를 이용하여 보증보험증권을 발급받은 후, 보험회사를 상대로 위와 같은 서류를 이용하여 신용대출금 4,000만원 상당을 편취한 사안에 있어, 피고인들은 위 범행을 모두 자백하였으나 검사는 인감증명서 위조의 점을 누락한 채 사기죄 등으로 공소를 제기하였고, 이에 제1심에서는 징역 1년 6월이, 항소심에서는 감형되어 징역 1년이 각 선고되어 확정되었다. 그런데 그 과정에 있어 인감증명서 위조의 점이 동사무소에 의하여 나중에 고발되는 바람에 뒤늦게 수사가 진행되어 항소심에서 판결이 선고된 다음날에서야 인감증명서 위조의 점에 대하여 공소가 제기되었고,

---

29) 이주일, "공소권남용이론", 134쪽; 윤영철, "검사의 기소재량권에 대한 통제제도의 현황과 사전적·민주적 통제방안에 관한 소고", 법학논고/30(2009. 6), 경북대학교 법학연구원, 321쪽

30) 공소권 남용에 대한 비교법적 검토로 신동운, "판례평석 : 항소심판결 선고 후의 누락사건에 대한 공소제기와 공소권남용－대법원 1996. 2. 13. 선고 94도2658 판결(판례공보 1996, 1017)－", 서울대학교 법학/37(1996), 서울대학교 법학연구소, 441쪽 이하 참조

31) 신동운, "판례평석: 항소심판결 선고 후의 누락사건에 대한 공소제기와 공소권남용", 425쪽; 이주일, "공소권남용이론", 144쪽; 이윤제, "국제형사재판소의 재판전 공소사실확인 제도", 아주법학/6(2012), 아주대학교 법학연구소, 457쪽

32) 부산고등법원 1994. 9. 7. 선고 93노1497 판결 ; 대법원 1996. 2. 13. 선고 94도2658 판결

제1심에서는 징역 6월이 추가로 선고되었다.

그런데 항소심인 부산고등법원은 인감증명서 위조의 점에 대한 검사의 추가 기소는 공소권 남용에 해당한다고 판시하면서 공소기각의 판결을 선고하였다.[33] 즉, 부산고등법원은 검사의 공소권도 헌법과 형사법의 정신을 해치지 아니하는 범위 내에서 적정하게 행사되어야 한다고 하면서, "비록 공소권의 행사가 형식적으로는 적법하더라도 실질적으로는 부당한 특별한 경우에는, 검사의 공소권에 대하여 직권남용 이론을 적용함으로써 피고인을 조기에 형사절차에서 해방시키고 검사의 부당한 공소권 행사를 통제할 필요성이 있다."라고 천명한 다음, "이 사건의 경우 현역복무확인서와 인감증명서 등을 위조한 후 이를 이용하여 보험회사를 상대로 금원을 편취한 일련의 범죄행위에 대하여, 수사기관에서 이를 모두 자백한 상태에서 기소되어 재판절차를 마친 피고인으로서는, 자신이 저지른 일련의 범죄행위 모두에 대하여 기소되어 재판을 받을 위험이 이미 따랐다고 하여야 할 것인데, 수사결과 객관적으로 드러난 사회적 사실관계에 대하여 법률적 관점에서 이를 적절히 평가하여 소추할 책임을 지고 있는 검사가, 그 중 일부의 행위(인감증명서 위조사실)를 기소대상에서 누락시켰다가 뒤늦게 다시 그 행위에 대하여 공소를 제기함으로써, 결과적으로 피고인으로 하여금 자기의 책임없는 사유로 인하여 판결확정 전에 저질러진 일련의 범죄행위에 대하여 동시에 재판을 받지 못함으로 인하여 집행유예 결격자가 되어 두 번의 실형을 선고(제1심은 이 사건 공소사실에 대하여 징역 6월을 선고하였다)받도록 하는 것은, 결과적으로 공소권을 남용한 경우에 해당한다."라고 판시하였던 것이다.

위와 같이 공소권 남용론을 적용하여 검사의 공소를 기각한 위 항소심 판결은 "우리 사법사상 최초로 법원이 검사의 공소권 남용을 정면으로 인정하여 공소기각 판결을 선고한 사례"라는[34] 점에서 매우 획기적이라고 하겠다.

그러나, 대법원은 "비록 검사가 관련사건을 수사할 당시 이 사건 범죄사실이 확인된 경우 이를 입건하여 관련사건과 함께 기소하는 것이 상당하기는 하나, 이를 간과하였다고 하여 검사가 자의적으로 공소권을 행사하여 소추재량권을 현저히 일탈한 위법이 있다고 보여지지 아니한다."라고 하면서, "피고인이 관련사건과 병합하여 재판을 받지 못하게 되는 불이익을 받게 되었다고 하나, 검사가 위 항소심 판결 선고 이후에 이 사건 공소를 제기한 것이 검사의 태만 내지 위법한 부작위에 의한 것으로 인정되지 아니하며, 피고인으로서는 관련사건이 법원에 계류 중 이와 별도로 이 사

---

33) 부산고등법원 1994. 9. 7. 선고 93노1497 판결
34) 신동운, "판례평석: 항소심판결 선고 후의 누락사건에 대한 공소제기와 공소권남용", 425쪽

건 범죄사실에 대하여 수사를 받고 있느니 만큼, 관련사건의 재판과정에서 이 사건 범죄사실에 대하여 추후 기소되는 경우 관련사건과 병합하여 재판을 받을 수 있도록 변론기일의 속행 내지 선고기일의 연기를 신청할 수도 있었을 터인데 아무런 조치를 취하지 아니한 채 관련사건에 대하여 확정판결을 선고받았으므로, 이 사건 공소에 대하여 별도로 재판을 받는 데 대하여 피고인에게 아무런 책임이 없다고도 볼 수 없다."라는 이유로 공소권 남용에 해당하지 아니한다고 판시하고 위 원심 판결을 파기환송하였다.[35]

위 대법원 판례를 분석하여 보면, 일단 대법원 역시 공소권 남용론에 대하여는 이를 긍정하기는 하되, 검사가 공소권을 자의적으로 행사하였다는 공소권 남용의 일반적 기준과 관련하여 ① 검사의 태만 내지 위법한 부작위가 없고, ② 피고인이 실질적인 피해를 입게 됨에 일말의 책임이 있다면, 공소권 남용에 해당하지 아니한다고 판시한 것이다.

그러나, 위와 같은 대법원 입장은 문제가 있다고 생각한다. 원심이 적절하게 판시한 바와 같이, 검사는 수사결과 드러난 사실관계에 대하여 법률적 관점에서 이를 평가하여 소추할 책임이 있다고 할 것인데, 그 중 일부의 행위(인감증명서 위조사실)를 기소대상에서 누락시켰다가 뒤늦게 다시 그 행위에 대하여 추가로 공소를 제기한 것인바, ① 이때 검사가 일부의 행위를 기소대상에서 누락한 것은 검사의 태만 내지 위법한 부작위로 인한 것이므로, 그 후 그 행위를 추가 기소한 것은 공소권을 자의적으로 행사하였다고 할 것이고, ② 피고인이 관련사건의 재판과정에서 이 사건 범죄사실이 병합하여 재판을 받을 수 있도록 하지 못한 데에 있어 피고인에게는 아무런 책임이 없다고 보아야 하기 때문이다.

오히려 원심이 ① 누락된 사건에 대한 검사의 추가 기소는 검사의 잘못에 기인하는 공소권의 자의적 행사이고, ② 피고인은 자기의 책임 없는 사유로 동시에 재판을 받지 못하는 불이익을 입은 이상, 결국 이 사건 검사의 추가 기소는 공소권 남용에 해당한다고 판단한 것이 타당하다고 하겠다. 이와 같이 하급심에서 공소권 남용 이론을 적극적으로 적용하여[36] 검사의 공소를 기각한 사안에 대하여, 대법원은 오히려 후퇴하여 검사의 공소권에 대한 재량의 범위를 폭넓게 인정하였는바, 이러한 대법원

---

35) 대법원 1996. 2. 13. 선고 94도2658 판결
36) 우리나라의 하급심 판사들이 공소권 남용 이론을 적극적으로 적용하는 이유는 "검사의 남기소(濫起訴)를 억제하고 일반시민들의 기소·불기소의 형평에 대한 강렬한 요구를 수용할 필요성을 강렬하게 느끼기 때문"이라고 분석하는 견해도 있다(심의기, "공소권남용이 되는 검사의 자의적인 공소권 행사의 요건", 고시연구(2000. 4), 고시연구사, 158쪽).

의 소극적인 태도는 매우 아쉽다고 하겠다.[37]

(2) 위 사안과 유사하게 항소심 판결이 선고된 후 누락된 사건에 대하여 검사가 추가로 공소를 제기한 사안에 관한 다른 판례이다.[38]

위와 같은 대법원의 소극적인 입장은, 유사한 사안에 있어 그대로 유지되었다. 먼저 사실관계를 보건대, 피고인은 1996년 7월 10일 특정경제범죄 가중처벌 등에 관한 법률위반(사기)죄 등으로 구속 기소되어 1996년 12월 5일 제1심에서 징역 2년 6월의 실형을 선고받고 항소를 제기하여, 1997년 2월 26일 항소심에서 제1심 판결을 파기하고 징역 1년 6월을 선고받은 후 다시 상고를 제기하였으나, 1997년 5월 9일 대법원에서 상고기각 판결을 선고받았다. 그 사이 검사가 1997년 2월 11일경부터 이 사건에 대한 내사에 착수하여 1997년 2월 18일경 피고인의 추가범행 중 일부를 포착하였고, 이에 검사는 1997년 3월 25일경 피고인의 추가범행 중 일부를 인지하여 1997년 4월 11일경 추가로 기소하는 한편, 1997년 4월 21일경 피해자의 고소 등으로 추가범행 중 다른 부분에 대하여 수사를 개시하여 1997년 6월 30일경 추가범행 중 다른 부분에 대하여 또다시 추가로 기소를 하였다.

위와 같이 추가범행에 대하여 제기된 공소에 관하여, 피고인은 공소권 남용이라고 주장하였으나, 대법원은 "검사가 위 종전 사건에 대한 항소심 판결 선고 이전에 이 사건 각 범행에 대한 공소를 제기하여 위 두 사건이 병합되어 피고인이 함께 재판받도록 하는 것이 시간적으로 불가능하였던 이상, 이 사건 공소가 위 종전 사건의 항소심 판결 선고 전에 제기되지 아니하여 피고인이 관련 사건과 병합하여 재판을 받지 못하게 된 불이익을 받게 되었다고 하더라도, 그것이 검사가 자의적으로 공소권을 행사하여 소추재량권을 현저히 일탈한 위법으로 인한 것으로 볼 수 없다."라는 이유로, 추가범행에 대한 검사의 공소제기는 공소권 남용이 아니라고 판단하였다.[39]

여기에서 보는 (2) 사안은, 앞서 본 (1) 사안과 비교할 때, 종전 사건에 대한 항소심 판결 이전에 추가로 기소하여 두 사건을 병합하여 함께 재판받도록 하는 것이 시간적으로 불가능하였던 것으로 인정되는 이상, 검사의 공소권 행사가 자의적이라고 보기 어렵다고 판단한 대법원의 입장은 수긍이 간다고 하겠다.

---

37) 같은 취지로 신동운, "판례평석: 항소심판결 선고 후의 누락사건에 대한 공소제기와 공소권남용", 447쪽 이하 참조
38) 대법원 1998. 7. 10.선고 98도1273 판결
39) 대법원 1998. 7. 10.선고 98도1273 판결

(3) 다음은 선행사건에 대하여 먼저 공소가 제기된 후 후행사건에 대하여 추가로 공소가 제기된 사안에 있어, 공소권이 남용되었는지 여부에 관한 판례이다.[40]

우선 사실관계를 보면, 피고인은 수회에 걸친 상습절도행위(선행사실)로 구속되어 수사를 받고 기소되어 제1심에서 징역 1년 6월 및 보호감호를 선고받고 확정되었다. 그 사이에 가스분사기 소지행위(후행사실)에 대하여 추가로 입건되어 검찰로 송치되었으나 검사가 기소를 미루던 중 선행사실에 대한 판결이 확정되고 나서야 후행사실에 대하여 피의자신문조서를 작성한 후 공소를 제기하였다.

그런데 검사의 이와 같은 공소제기에 대하여 제1심은[41] 아래에서 보는 바와 같은 이유로 공소권 남용에 해당한다고 판단하고 공소기각 판결을 선고하였으며, 제2심[42] 역시 제1심과 의견을 같이하면서 검사의 항소를 기각하였다.

즉, 제1심 법원은 "검사의 소추권은 헌법과 형사소송법의 근본이념에 벗어나지 않게 적정하게 행사되어야 하며, 공소권의 행사가 형식적으로는 적법하지만 실질적으로는 소추재량을 현저히 일탈하여 적정성을 결여한 경우에는 헌법상 적정절차(due process)의 보장이념(헌법 제12조 제1항)에 비추어 공소권의 남용으로서 공소제기의 절차가 무효인 경우에 해당하고, 특히 피고인은 자신이 저지른 일련의 범죄행위에 대하여는 동시에 재판을 받을 정당한 이익이 있는 것이므로, 일련의 범죄행위 중 일부 범죄행위에 대하여만 이미 구속 기소되어 있는 피고인에 대한 나머지 범죄행위에 대한 이시추가기소(異時追加起訴)는 헌법상 신속한 재판을 받을 권리의 보장이념(헌법 제27조 제3항, 신속한 재판을 받을 권리의 구체적 내용으로서 신속한 소추권 행사가 요구된다)과 관련하여서도 공소권 행사의 실질적 적정성이 요구된다."라고 하면서, 피고인이 판결 확정 전에 범하여진 일련의 범죄행위에 대하여 동시에 재판받지 못함으로써 두 번의 형을 선고받게 된 것과 관련하여, ① 검사가 피의자가 범한 일련의 범죄행위 중 일부에 대하여 이미 구속 기소된 사실을 알면서도 정당한 이유 없이 나머지 범죄행위에 대하여 신속히 수사하여 공소를 제기하지 아니한 것은 검사의 태만 내지 위법한 부작위에 의한 공소권 행사에 기인하고, 또 ② 동시에 재판을 받지 못한 점에 대하여 피고인에게 귀책사유가 없는 경우(헌법 제12조 제2항의 피고인의 진술거부권 제도에 비추어 중대한 귀책사유가 없는 경우로 제한할 필요가 있다)에 해당한다는 이유로,

---

40) 대구지방법원 의성지원 1998. 11. 7. 선고 98고단200 판결; 대구지방법원 1999. 1. 14. 선고 98노3819 판결; 대법원 1999. 12. 10. 선고 99도577 판결
41) 대구지방법원 의성지원 1998. 11. 7. 선고 98고단200 판결
42) 대구지방법원 1999. 1. 14. 선고 98노3819 판결

"이시추가소추권 행사는 특별한 사정이 없는 한 피고인의 신속한 재판을 받을 권리를 침해하는 것으로서 공소권 남용에 해당하여 공소제기의 절차가 법률의 규정에 위반하여 무효"라고 판시하였다.[43)]

그러나 대법원은, 앞서 본 (1) 사안에 있어서와 마찬가지로 여기에서 보는 (3) 사안에 있어서도, 제1심 및 제2심 법원과 입장을 달리한 채 소극적인 태도를 취하여, 아래와 같은 이유로 공소권 남용에 해당하지 아니한다고 판단하고 사건을 파기환송하였다.[44)]

즉, 대법원은 "검사가 자의적으로 공소권을 행사하여 피고인에게 실질적인 불이익을 줌으로써 소추재량권을 현저히 일탈하였다고 보여지는 경우에 이를 공소권의 남용으로 보아 공소제기의 효력을 부인할 수 있다."라고 선언하여 일단 공소권 남용론은 긍정하면서도, "자의적인 공소권의 행사라 함은 단순히 직무상의 과실에 의한 것만으로는 부족하고 적어도 미필적으로나마 어떤 의도가 있어야 한다."라고 하면서, "검사가 구속영장 기재의 범죄사실(선행사건)로 피고인을 신문할 당시 피고인이 여죄의 사실(후행사건)도 자백하였으나, 경찰에서 후행사건의 수사관계로 선행사건과 분리하여 뒤늦게 따로 송치한 관계로 선행사건의 기소 당시에는 후행사건은 검찰에 송치되기 전이었고, 불구속으로 송치된 후행사건에 대하여 검사가 제1회 피의자신문을 할 당시 선행사건의 유죄판결이 의외로 빨리 확정된 경우, 검사의 후행사건에 대한 기소는 공소권 남용에 해당하지 아니한다."라고 판시한 것이다.[45)]

즉, 여기에서 보는 (3) 사안에 있어, 대법원은 "자의적인 공소권의 행사라 함은 단순히 직무상의 과실에 의한 것만으로는 부족하고 적어도 미필적으로나마 어떤 의도가 있어야 한다."라고 설시하였는바, 대법원은 검사의 자의적 공소권 행사로 인한 공소권 남용이라고 인정하기 위해서는, ① 검사의 태만 내지 위법한 부작위 등과 같은 직무상 과실이 있어야 하고, ② 피고인에게 실질적인 불이익을 주어야 할 뿐만 아니라, ③ 검사에게 적어도 미필적으로나마 어떤 의도가 필요하다고 판단하였던 것이다.

그런데, 여기에서 살펴보는 (3) 사안에 있어 대법원은, 종전 대법원 판례에서[46)] 공소권 남용으로 인정하기 위한 요건이었던 ① 검사의 자의적인 공소권 행사에 검사의 태만 내지 위법한 부작위가 있을 것, ② 피고인이 실질적인 불이익을 받음에 있어 피고인에게는 아무런 책임이 없을 것이라는 요건 이외에, ③ 검사에게 적어도 미필

43) 대구지방법원 의성지원 1998. 11. 7. 선고 98고단200 판결
44) 대법원 1999. 12. 10. 선고 99도577 판결
45) 대법원 1999. 12. 10. 선고 99도577 판결
46) 대법원 1996. 2. 13. 선고 94도2658 판결을 말한다.

적으로나마 어떤 의도가 필요하다는 요건을 추가한 것이다.

대법원이 종전의 요건인 ①번과 ②번 이외에 ③번의 요건을 추가한 이유는, 일본 최고재판소가 미나마따病과 관련되는 이른바 '칫소(チッソ)회사 사건'에서 "공소권 남용이라고 인정하기 위하여는 검사의 공소제기 그 자체가 직무범죄를 구성할 정도로 권한을 남용하는 경우에 한한다."라고 판시한 취지를 반영하려는 의도에서 비롯된 것으로 보이며, 결국 이와 같은 입장을 통하여 대법원은 공소권 남용으로 인정될수 있는 범위를 매우 좁혀 버렸다.[47] 이에 대하여 대법원이 검찰과의 마찰을 피하려고 '사법소극주의'에 입각하여 있기 때문이라는 비판도 있다.[48]

(4) 선행 사건에 대한 판결이 확정되어 그 형의 집행을 받던 중 가석방되었는데, 선행 사건과 밀접한 관계에 있는 다른 범죄사실에 대하여 추가로 기소된 사안에 대한 판례이다.[49]

먼저 사실관계를 보건대, 피고인은 1999년 7월 28일 경기도 고양시에서 타인의 자동차를 절취하여 무면허로 운전하고 다니던 중 1999년 12월 2일 경기도 안산에서 무면허 운전을 하다가 경찰관에게 검거되었는데, 피고인을 검거한 안산경찰서 경찰관은 피고인을 절도 및 무면허운전으로 지명수배한 고양경찰서에 피고인의 신병을 인계하지 아니한 채 무면허운전 혐의로 인지하여 피고인을 구속한 후 수원지방검찰청에 송치하였고, 수원지방검찰청은 1999년 12월 13일 '1999년 12월 2일자 안산에서의 무면허운전의 점'에 대하여만 공소를 제기하였으며, 수원지방법원은 2000년 1월 27일 피고인에 대하여 도로교통법위반죄로 징역 6월을 선고하였고, 피고인의 항소 포기로 위 판결은 확정되었다. 그런데, 피고인이 수원교도소에서 징역 6월형을 복역하다가 2000년 5월 10일 가석방으로 출소하게 되었는바, 수원경찰서 경찰관들이 '1999년 7월 28일자 절도 등'의 혐의로 기소중지되어 있던 피고인을 긴급체포하여 기소중지를 한 고양경찰서로 피고인의 신병을 인계하였고, 고양경찰서 경찰관은 피고인을 상대로 '1999년 7월 28일자 경기도 고양시에서 타인의 자동차를 절취하여 무면허로 운전하고 다닌 점'에 대하여 조사한 후 2000년 5월 11일 피고인에 대하여 구

---

47) 이 판결에 대한 자세한 평석으로, 이태종, "판례평석: 이시(異時) 분리기소(分離起訴)와 공소권남용(公訴權濫用)", 법조/49(2000), 법조협회 참조
48) 대법원이 공소권 남용에 대하여 소극적인 입장을 취하는 이유는, 검찰과의 관계에서 발생하게 될지도 모르는 파문을 염려하고 있기 때문인 것으로 보인다는 지적이다(신동운, "판례평석: 항소심판결 선고 후의 누락사건에 대한 공소제기와 공소권남용", 447쪽).
49) 대법원 2001. 9. 7. 선고 2001도3026 판결

속영장을 신청하였으나, 의정부지원 영장담당 판사는 "수원지검 검사가 1999년 12월 13일 피고인에 대하여 무면허운전죄로 구속 기소하면서 이 사건 절도 등 범행에 대하여는 아무런 조치를 취하지 않다가 위 도로교통법위반죄로 인한 징역형을 복역하고 출소하는 날 피고인을 절도 등 혐의로 긴급체포한 것은 피고인에게 가혹하고 수사권 남용의 여지가 있다."라는 이유로 구속영장을 기각하였고, 사건을 송치받은 의정부지청 검사는 2000년 7월 28일 피고인의 '1999년 7월 28일자 절도 및 무면허운전의 점'에 대하여 불구속 기소하였다. 이에 제1심 및 제2심에서는 피고인에 대하여 유죄를 인정하면서 징역 6월을 선고하였다.

그러나, 대법원의 판단은 달랐다. 우선, 이번에 공소가 제기된 '1999월 7월 28일자 무면허운전의 점'에 대하여는, ① 1999년 12월 2일 안산경찰서 경찰관에게 무면허운전 혐의로 검거된 후 무면허운전 범죄사실로 구속 기소되어 징역 6월의 실형을 선고받았는데, ② 이번에 다시 검거되어 조사를 받는 과정에서 피고인은 종전 사건의 내용과 처벌받은 경위 등에 관하여 진술하였고, ③ 이번 사건의 공판과정에서 피고인은 위와 같은 사정을 들어 이 사건 공소제기는 2중 기소에 해당한다는 취지의 주장을 하였는바, ④ 이와 같은 사실관계에 의하면 종전 사건의 범죄사실은 피고인이 1999년 7월 28일 자동차를 훔친 때로부터 1999년 12월 2일 검거될 때까지 무면허로 자동차를 운전하였다는 내용인 것으로 보이고, 따라서 ⑤ 이 사건 무면허운전의 점은 종전 사건에서 확정판결을 선고받은 범죄사실에 포함되어 있다는 이유로, '면소' 판결을 선고함이 타당하다는 취지로 원심을 파기환송하였다.

나아가, 대법원은 절도의 점에 대하여 "검사가 자의적으로 공소권을 행사하여 피고인에게 실질적인 불이익을 줌으로써 소추재량권을 현저히 일탈하였다고 보이는 경우에 이를 공소권의 남용으로 보아 공소제기의 효력을 부인할 수 있는 것이고, 여기서 자의적인 공소권의 행사라 함은 단순히 직무상의 과실에 의한 것만으로는 부족하고 적어도 미필적이나마 어떤 의도가 있어야 한다."라고 선언한 다음,[50] ① 종전 사건을 수사한 수원지방검찰청 검사 내지 이번 사건을 수사한 의정부지청 검사에게 두 사건을 신속하게 병합시키지 못한 데에 잘못이 있다고 보이고, ② 피고인으로서는 종전 사건으로 처벌받은 이상 추가 기소와 처벌은 없을 것으로 기대함이 상당하다고 할 것인데, 이 사건 추가 기소는 관련 사건을 함께 재판받을 이익을 박탈함으로써 피고인의 권리나 이익을 침해한다고 할 것이며, ③ 결국 검사가 미필적으로나마 어

---

50) 앞서 본 대법원 1999. 12. 10. 선고 99도577 판결에서, 공소권 남용이라고 인정되기 위하여는 "적어도 미필적으로나마 어떤 의도가 필요하다."라고 판시한 것에 따른 것으로 보인다.

떤 의도를 가지고 공소권을 자의적으로 행사한 것으로 보인다는 이유로 "공소권 남용의 여지가 있다."라고 판시하고,[51] 공소권 남용 여부를 따져 보라는 취지로 파기환송하였다.[52]

여기에서 보는 (4) 사안에 있어, 위와 같은 대법원 판결은 다른 판례들의 입장과는 달리 대법원이 공소권 남용을 적극적으로 인정하고 있다는 차원에서 매우 의미 있다고 할 수 있다. 더욱이 위 대법원 판결은, 하급심인 제1심이나 항소심에서는 검사의 공소권 남용을 인정하지 아니하였음에도 불구하고, 대법원에서 직접 나서 공소권 남용을 인정하였다는 면에서 매우 이례적이라고 할 수 있다.

(5) 사정의 변경이 없음에도 불구하고, 기소유예 처분을 하였던 사건을 재기하여 추가 기소한 사안에 대한 판례이다.[53]

우선 사실관계를 살펴보면, 피고인은 2007년 2월경부터 2009년 8월경까지 중국에 있는 외당숙(이른바 '연길삼촌')과 함께 우리나라에서 중국을 거쳐 북한으로 송금을 원하는 사람들을 상대로 일단 피고인 명의의 예금계좌로 돈을 입금받은 다음 위 연길삼촌이 지정하는 예금계좌로 돈을 송금하는 등의 방법으로 총 1,600회에 걸쳐 모두 26억원 가량의 돈을 북한으로 환치기하여 외국환업무를 하였다는 혐의로 조사를 받고 2010년 3월 29일 서울동부지방검찰청에서 '기소유예' 처분을 받았다. 그 후 피고인은 위 연길삼촌 및 북한에 있는 피고인의 부친 등과 연계하여 국내 탈북자들의 부탁을 받고 중국에서 북한으로 밀입국하여 그 재북 가족들에게 금품을 전달하고 중개수수료를 받았다는 등의 내용으로 조사를 받고 2013년 3월 26일경 서울중앙지방검찰청에서 국가보안법위반(간첩)[54] 및 북한이탈주민의 보호 및 정착지원에 관한 법률위반 혐의로 구속 기소되었다.[55] 그런데, 이 사건 제1심 법원은 국가보안법위반의

---

51) 대법원 2001. 9. 7. 선고 2001도3026 판결

52) 다만, 이 사건을 파기 환송받은 서울지방법원에서는 절도의 점에 대하여 또다시 공소권 남용에 해당하지 아니한다고 판단하고 유죄를 선고하였고, 이 판결은 피고인측이 상고를 제기하지 아니한 채 상고기간이 도과하여 그대로 확정되었다(서울지방법원 2002. 11. 5. 선고 2001노8398 판결).

53) 서울고법 2016. 9. 1. 선고 2015노2312 판결

54) 이 사건은 이른바 '서울시 공무원 간첩사건'이라고 불리운다. 피고인은 원래 오세훈 시장 시절에 특채되었지만, 이 사건이 터지자 보수·극우 단체는 "박원순 서울시장은 간첩사건 책임지고 사퇴하라."라고 시위를 벌였고, 이에 야당 국회의원은 "국가정보원이 박원순 서울시장을 죽이려고 간첩조작 사건을 만들어냈다."라고 주장하면서 표적수사 의혹을 제기하였다(한겨레21, 1000호(2014. 2. 24), "박원순 죽이기 시나리오?").

55) 당시 피고인이 간첩이라는 유력한 증거로는 피고인 여동생의 진술이 있었는데, 그 여동생은 국정원 중앙합동신문센터에 수용되어 조사를 받고 있었는바, 변호인들의 접견 신청에 대하여 국정원이 변호인 접견을 불허하자, 불허 처분의 취소를 구하는 준항고 신청(서울중앙지방법원 2013보1,2,3,4,5 사건)을

점에 대하여는 무죄를 선고하고[56] 북한이탈주민의 보호 및 정착지원에 관한 법률위
반의 점에 대하여는 유죄로 판단하면서 징역 1년에 집행유예 2년을 선고하였으며,
이에 검사 및 피고인 쌍방이 항소하였다. 그런데 항소심에서 피고인을 조사하였던
국가정보원 직원들이 피고인의 북한 출입경 기록을 임의로 작성하여 항소심 공판관
여 검사로 하여금 법원에 증거로 제출하도록 하였다가,[57] 피고인의 고소로 위 북한
출입경 기록이 위조되었음이 밝혀졌고, 이에 따라 출입경 기록을 위조한 국가정보원
직원들은 모해증거위증 등이 혐의로 구속 기소되었으며, 공판관여 검사들은 감봉·정
직 등의 징계를 받았다. 그런데, 그 과정에서 북한민주화청년학생포럼의 대표가 서
울중앙지방검찰청에 피고인을 업무방해와 외국환거래법위반 등의 혐의로 고발하였
으며, 이 사건을 배당받은 검사는 이미 2010년 3월 피고인에 대하여 기소유예 처분
을 한 바 있는 서울동부지방검찰청으로 외국환거래법위반 사건을 재기하여 이송하여
달라고 요청하였고, 서울동부지방검찰청에서는 위 사건을 재기하여 서울중앙지방검
찰청으로 이송하였다. 2014년 5월 9일 서울중앙지방검찰청 검사는 피고인을 조사한
다음 "피고인이 2005년 6월경부터 2009년 10월경까지 위 연길삼촌과 함께 우리나라
에서 중국을 거쳐 북한으로 송금을 원하는 사람들을 상대로 일단 피고인 명의의 예
금계좌로 돈을 입금받은 다음 위 연길삼촌이 지정하는 예금계좌로 돈을 송금하는 등
의 방법으로 총 1,300회에 걸쳐 13억원 가량의 돈을 입금받아 총 340회에 걸쳐 13억
원 가량의 돈을 송금하여 환치기하였다."라는 외국환거래법위반 혐의와 "피고인이
사실은 북한이탈주민이 아니라 중국 국적을 보유하고 있는 재북 화교 출신임에도 북
한이탈주민인 양 가장하여 서울시 계약직 공무원으로 채용되었다."라는 위계에 의한
공무집행방해 혐의로 피고인에 대하여 공소를 제기하였다.

　제1심인 서울중앙지방법원에서는 외국환거래법위반의 점에 대하여 배심원들이 다
수결로 "공소권이 남용되었다."라고 평결하였음에도 불구하고, 위 공소사실 전부를
유죄로 인정하고 피고인에 대하여 벌금 1,000만원을 선고하였다.[58] 그러나 항소심인

<hr />

　　제기하였고, 이에 서울중앙지방법원은 2014. 3. 불허 처분을 취소하는 결정을 내렸다. 그 후 약 6개월
　　간의 구금에서 풀려난 피고인의 여동생은 기자회견을 통하여 "오빠가 간첩이라는 진술은 거짓말인데,
　　국정원에서 오빠가 간첩이라는 사실을 부인하지 않으면 오빠의 형량을 낮춰주고 한국에서 함께 살 수
　　있도록 해 주겠다."라고 회유하였다고 밝혔다(한국일보 2014. 3. 7.자).
56) 피고인이 간첩이라는 피고인 여동생의 진술에 대하여, 제1심 법원은 국정원이 피고인의 여동생을 영장
　　도 없이 무리하게 구금하고 변호인의 접견권을 제한하는 등으로 적법하지 아니하게 수사하였다고 지적
　　하면서 증거로 삼지 아니하였다(세계일보 2014. 4. 25.자).
57) 그 후 간첩의 점은 항소심에서도 무죄가 선고되었고, 대법원에서 그대로 무죄로 확정되었다(서울신문
　　2015. 10. 30.자).
58) 서울중앙지방법원 2015. 7. 16. 선고 2014고합539 판결

서울고등법원에서는 외국환거래법위반의 점에 대하여는 공소권 남용에 해당한다는 이유로 검사의 공소를 기각하고, 다만 위계에 의한 공무집행방해의 점에 대하여만 유죄로 인정하면서 피고인에 대하여 벌금 700만원을 선고하였다.59)

항소심인 서울고등법원이 외국환거래법위반의 점에 대하여 공소권 남용에 해당한다고 판시한 내용을 정리하면 아래와 같다.

첫째, 국민참여재판에서 배심원의 평결은 법원을 기속하지 아니하는바, 배심원들이 다수결로 공소권이 남용되었다는 평결을 하였다고 하더라도 법원은 이를 채택하지 아니할 수 있다.

둘째, 검사가 자의적으로 공소권을 행사하여 피고인에게 실질적인 불이익을 줌으로써 소추재량권을 현저히 일탈하였다고 보여지는 경우에는 이를 공소권의 남용으로 보아 공소제기의 효력을 부인할 수 있는 것이고, 여기서 자의적인 공소권의 행사라고 함은 단순히 직무상의 과실에 의한 것만으로는 부족하고 적어도 미필적으로나마 어떤 의도가 있어야 한다.

셋째, 종전에 기소유예 처분을 받았던 범죄사실과 이번에 기소된 범죄사실은 약간의 차이만 있을 뿐이고, 또 피고인이 기소유예 처분을 받은 후 다시 동종 범행을 저지른 사정은 없다. 애당초 기소유예의 근거가 되었던, 초범이고, 가담 내용이 경미하며, 반성하는 사정은 달라지지 아니하였고, 경위 역시 참작할 만하다. 따라서 검사가 종전 사건에서 기소유예 처분을 한 바 있음에도 이를 번복하여 기소할 만한 사정변경이 있었다고 보기 어렵다.60)

넷째, 이 사건은 북한민주화청년학생포럼 대표의 고발에 따라 종전 사건을 재기하여 수사한 결과에 따라 기소한 것인데, 위 고발인은 고발장에 단지 추측성 언론보도 기사만을 첨부하였을 뿐이어서, 이는 검찰사건사무규칙 제69조 제3항 제5호 소정의 "동일사건에 관하여 검사의 불기소처분이 있는 경우(다만, 새로이 중요한 증거가 발견된 경우에 고소인 또는 고발인이 그 사유를 소명한 때에는 그러하지 아니하다)"에 해당하여 각하 처분을 하는 것이 원칙이다.

다섯째, 현재 사건은 종전 사건에 대한 기소유예 처분이 있었던 2010년 3월경으로

---

59) 서울고등법원 2016. 9. 1. 선고 2015노2312 판결

60) 판결문을 보면, 아래와 같은 내용이 추가로 설시되어 있다.
　　○ "다만, 종전 사건에서는 피고인이 북한이탈주민이었으나, 현재 사건에서는 중국 국적의 재북 화교 출신으로 달라졌고, 주범이라고 할 수 있는 국상걸(연길삼촌)과의 관계가 종전 사건에서는 피고인이 그 이름을 모르지만 3차례 만나 식사한 사이이었다가 현재 사건에서는 외당숙으로 밝혀졌다. 그렇지만 사건 재기 후 수사에도 불구하고 피고인이 종전 사건과 비교하여 외국환거래법위반 범행에 더 깊숙이 중요하게 가담하였다는 증거는 발견되지 아니하였다."

부터 만 4년이 경과한 2014년 5월경에 기소되었는데, 그 사이에 피고인에 대한 국가보안법위반 등 사건에 있어 국가정보원 직원들이 조작한 증거가 제출되었다가 피고인의 고소로 위 증거가 위조되었음이 밝혀지고, 그로 인하여 국가정보원 직원들이 구속되었으며, 피고인에 대한 국가보안법위반 혐의는 항소심에서 무죄가 선고되고, 공판관여 검사들이 증거 위조와 관련하여 징계를 받는 일련의 사건이 발생하였다.

여섯째, 결국 검사가 현재 사건을 기소한 것은 통상적이거나 적정한 소추재량권의 행사라고 보기 어렵고 어떠한 의도가 있었다고 보여지므로, 공소권을 자의적으로 행사한 것으로 위법하다고 평가함이 상당하고, 이로 인하여 피고인이 실질적인 불이익을 받았음이 명백한 이상, 현재 사건에 대한 기소는 소추재량권을 현저히 일탈한 경우에 해당한다고 인정되므로, 외국환거래법위반의 점에 대한 공소는 그 공소제기의 절차가 법률의 규정에 위반하여 무효인 때에 해당한다.

위와 같은 서울고등법원의 판결은 매우 의미가 있다. 즉, 비록 제1심에서는 배심원들이 다수결로 공소권 남용이라고 평결하였음에도 법적 기속력이 없는 관계상 제1심 법원은 단순히 유죄라고 판단하였지만, 항소심인 서울고등법원에서는, ① 위와 같은 검사의 공소 제기는 공소권을 자의적으로 행사한 것으로 위법하다고 평가되고, ② 이로 인하여 피고인이 실질적인 불이익을 받았으며, ③ 아무런 사정의 변경이 없음에도 불구하고, 기소유예 처분을 하였던 사건을 재기하여 추가 기소한 경위에 비추어 보면, 검사에게 적어도 미필적으로나마 어떠한 의도가 있었다고 보여진다고[61] 판시하면서, 결국 검사의 공소 제기는 소추재량권을 현저히 일탈한 이상, 그 공소제기의 절차가 법률의 규정에 위반하여 무효라는 이유로 검사의 공소를 기각한 것이다.[62]

3) 법원에서 공소권 남용론을 적극 적용할 필요

공소권 남용론은 "검사의 공소제기가 형식적으로는 적법한 것처럼 보이지만 실질적으로는 기소재량의 범위를 현저하게 일탈하여 위법한 경우, 법원은 실체판단에 나아가지 말고 형식재판으로 그 사건을 종결시켜 피고인의 권리를 신속히 보호하는 한편, 검사로 하여금 공소권을 적정하게 행사하도록 통제하자."라는 차원에서 유래된

---

61) 이 역시 앞서 본 (3) 사안의 대법원 1999. 12. 10. 선고 99도577 판결에서, 공소권 남용이라고 인정되기 위하여는 "적어도 미필적으로나마 어떤 의도가 필요하다."라고 판시한 것에 따른 것으로 보인다.

62) 이 사건에 대하여 대법원은 검사의 상고를 기각하여, 이 사건 공소사실 중 외국환거래법위반의 점에 대한 공소제기가 검사의 자의적인 공소권 행사로써 이로 인하여 피고인이 실질적인 불이익을 받았음이 명백하므로 소추재량권을 현저히 일탈한 경우에 해당한다고 보아 공소를 기각한 원심 판결을 확정하였다(대법원 2021. 10. 14. 선고 2016도14772 판결).

이론으로서, 미국의 법원은 이를 적극적으로 적용하고 있고, 일본의 법원은 그 적용을 점차 확대하여 나가고 있다.

그런데, 현재 우리나라의 대법원은 공소권의 행사가 재량권의 범위를 현저히 일탈하여 위법하기 위하여는, ① 검사의 태만 내지 위법한 부작위로 공소권의 행사가 자의적이고, ② 피고인이 아무런 잘못 없이 실질적으로 피해를 입었으며, ③ 검사에게 적어도 미필적으로나마 어떤 의도가 있어야 한다는 입장으로서, 아직까지는 공소권 남용론을 적용함에 있어 소극적이고 미온적이라고 하겠다.

그리고, 대법원의 입장이 변화하는 추세 내지 경향을 살펴보면, 공소권 남용으로 인정하기 위하여 처음에는 ① 요건과 ② 요건만 필요한 것으로 보던 중, 공소권 남용의 적용범위를 최소화하기 위하여 주관적인 요소라고 할 수 있는 ③ 요건을 추가하였다가, 그 후에는 객관적 상황에 터잡아 ③ 요건의 충족 여부를 판단하는 입장으로서, 공소권 남용의 적용을 점차 확대하여 나가고 있는 추세라고 분석할 수 있다.

앞으로 대법원은 위 ③ 요건을 좀 더 폭넓게 인정하여 공소권 남용론을 적극적으로 적용할 필요가 있다고 본다.[63] 우리 사법부가 종전의 '사법소극주의'를 버리고 검찰의 공소권 남용에 대하여 이제는 능동적으로 대처할 시기가 되었다고 판단되기 때문이다.

한편, 법원이 공소권 남용론을 우선적으로 적극 적용하여야 할 것으로 보이는 사안에 대하여 살펴본다. 앞서 본 바와 같이, 검찰권이 남용되는 사례로 표적수사와 타건압박수사의 문제가 심각하게 거론되고 있다. 그와 같은 행태의 수사과정에서 심리적 압박과 같은 불법적인 수사방법이 행하여진다면 이에 기한 공소제기는 그 절차가 법률의 규정에 위반하여 무효이므로, 함정수사의 경우에 있어서와 마찬가지로, 법원은 당연히 검사의 공소를 기각하여야 할 것이다.[64]

나아가, 어떤 사건에 있어 표적이 되는 사람과 그러하지 아니한 사람, 또는 검찰의 수사에 협조한 사람(주로 타건의 피의자로서 본건 수사에 협조한 사람)과 그러하지 아니한 사람(주로 본건의 피의자)에 대하여, 검사가 자의적으로 결정을 하여 어느 사람에

---

63) 한편, 검찰이 표적수사를 한 후 공소를 제기한 사안에 있어서도, 표적수사는 ① 표적이 되는 조사 대상자는 다른 사람보다 불평등하게 수사를 받게 되는 불이익을 입는다고 할 것이므로 헌법상의 '평등원칙'에 위반하고, ② 표적에 대한 증거를 확보하는 과정에서 강압적 수사와 정치적 딜 내지 회유·협상이 이루어지므로 적정절차(due process)에 따른 수사가 아니라고 할 것인즉, 표적수사 후 제기된 공소에 대하여는 공소권 남용에 해당한다고 판단하여 공소를 기각하는 방향으로 나아감이 상당하다고 할 것이다(같은 취지로 김인회, "검찰의 수사권 및 공소권 남용 연구", 309쪽 참조).

64) 앞서 본 바와 같이, 경찰관이 손님으로 가장하여 노래방에 들어가 도우미를 불러낸 사건에 있어, 법원은 "함정수사는 위법하므로, 함정수사에 기한 공소제기는 그 절차가 법률의 규정에 위반하여 무효이다."라고 판시한 바 있다(대법원 2008. 10. 23. 선고 2008도7362 판결).

대하여는 함부로 공소를 제기하고 다른 사람에 대하여는 부당하게 기소를 유예한다면, 법원은 공소가 제기된 사람에 대하여 ① 다른 사람에 대한 기소유예 처분과 비교하여 피고인에 대한 검사의 공소제기는 법과 정의의 차원에서 도저히 받아들일 수 없다고 판단되는 경우, 이는 공소권의 자의적 행사라고 할 것이고, ② 그로 인하여 피고인이 평등의 원칙에 반하여 공소제기를 당하는 피해를 입었다면, ③ 검사의 의도는 일응 인정되는 것으로 판단하고, 공소권이 남용되었다는 이유로 검사의 공소를 기각함이 합당하다고 할 것이다.

한편, 공소권 남용론과 관련하여 주로 논의되고 있는 앞서 본 네 가지 사례에 있어, 기소유예할 사안을 기소하거나, 공동피의자들 중 일부만 부당하게 기소하거나, 수개 범죄 중 일부 기소 후 다시 추가기소한 경우, 이는 공소권을 남용한 경우에 해당한다고 할 것이므로 검사의 공소를 기각함이 타당하다고 하겠다. 다만, 객관적 증거가 없음에도 기소한 경우에 있어서는 피고인의 이익을 위하여 공소를 기각하는 것보다 무죄를 선고함이 타당할 것으로 본다.

Ⅱ 수사·기소 적정화를 통한 검찰권 통제

1. 수자 절차의 투명화와 방법의 명확화

1) 수사 절차와 방법에 관하여 구체적이고 상세하게 규정할 필요

수사란 어떻게 하여야 하는 것일까? 도대체 어떻게 수사하는 것이 인권도 보장하고 절차의 적법성도 준수하면서, 아울러 효율적으로 실체적 진실을 발견할 수 있는 것일까? 훌륭한 검사가 되고자 하는 사람이라면 누구든지 이런 고민을 할 것이다. 그런데 수사에 있어 중요한 것은 수사의 결과가 아니다. 수사에 있어 중요한 것은 수사의 과정이다. 수사란 '부정(不正)'을, 즉 '옳지 아니함'을 '정(正)'으로, 즉 '올바름'으로 잡아가는 과정이라고 할 수 있는데, 수사하는 과정이 바르지 아니하다면 이는 결코 정당하고 온당한 수사라고 할 수 없기 때문이다. 따라서 수사의 효율성이나 실체적 진실보다는 인권의 보장과 절차의 적법성이 언제나 우선하여야 한다고 본다. 수사는 '잘하는' 것보다 '바로' 하는 것이 더 중요하다. 따라서 실체적 진실의 발견과 인권의 보장이 같은 차원에서 동등하게 논의되어서는 아니 되는 것이며, 인권의 보장이 실체적 진실의 발견보다 상위에 있다고 보아야 한다.

현재, 검찰에는 법무부훈령으로 제정되어 있는 '인권보호수사준칙'이라는 것이 있다. 2003년 1월 1일부터 인권보호수사준칙이[65] 새로 제정되어 시행되어 오면서 2006년 7월 1일 및 2015년 4월 2일 모두 2회에 걸쳐 개정이 있었다. 그럼, 준칙의 주된 내용을 살펴보자. 먼저, 제2조를 보면 "검사는 피의자 등 사건관계인의 인권을 존중하고 적법절차를 지켜 사법정의를 실현하도록 노력하여야 한다."라고 규정하여, 검사에게 인권보장의 책무를 부과하고 있다. 또, 제3조를 보면 "검사는 어떠한 경우에도 피의자 등 사건관계인에게 고문 등 가혹행위를 하여서는 아니 된다."라고 규정하여 가혹행위는 금지된다는 사실을 천명하고 있다. 또한, 제5조를 보면 "검사는 객관적인 입장에서 공정하게 수사하여야 하고, 주어진 권한을 자의적으로 행사하거나 남용하여서는 아니 된다."라고 규정하여 공정한 수사가 원칙임을 선언하고 있다. 그리고, 제7조를 보면 "검사는 수사과정에서 원칙적으로 임의수사를 활용하고, 강제수사는 필요한 경우에 한하여 법이 정한 바에 따라 최소한의 범위 내에서 한다. 강제수사가 필요한 경우라도 대상자의 권익 침해의 정도가 더 낮은 수사 절차와 방법을 강구한다."라고 규정하여 임의수사가 원칙임을 선언하고 있다.

위와 같이 준칙에는 훌륭하고 좋은 내용들이 많이 들어 있다. 그렇지만 준칙만으로는 충분하지 아니하다. 검찰권의 남용은 여러 단계에 있어 실로 다양한 모습으로 나타나고 있는데, 준칙은 이를 제대로 통제하지 못하고 있기 때문이다. 따라서, 검찰권 남용의 실태와 문제점을 극복할 수 있도록, 아래에서 살펴보는 바와 같이 수사의 절차와 과정, 그리고 그 방법에 있어 검찰권이 남용되지 아니하도록 좀 더 구체적이고 세밀하게 규정할 필요가 있다고 하겠다.

(1) 피의자를 소환할 때 피의자를 배려하여 어느 정도 시간적 여유를 주고 소환하여야 한다.

준칙 제33조 제1호에 따르면 "피의자에게 출석을 요구함에 있어, 검사는 출석 일시 등을 정할 때, 피의자의 명예 또는 사생활이 침해되거나 생업에 지장을 주지 않도록 노력하여야" 하는 것으로 규정되어 있다. 그러나, 현 실태를 보면 피의자를 소환할 때 매우 촉박하게 출석을 요구하는 경우가 심심치 않게 있다. 오늘 전화해서 "내일이나 모레 출석하라."라고 급박하게 요구하곤 한다. 검찰 입장에서 피의자의 생업이나 사생활은 별로 안중에 없다. 그저 수사의 편의와 검찰의 일정만이 고려된다. 특히 정보통신의 발달로 인하여 우리나라에서 시민들의 휴대전화 사용이 일상화·대

---

65) 이하 '인권보호수사준칙'을 '준칙'이라고만 한다.

중화되고, 검찰이 휴대전화를 통하여 대부분의 피의자들을 소환하게 되면서,[66] 검찰에서 피의자들에 대하여 요구하는 출석 일시가 너무 촉박하게 앞당겨져 버렸다.

그런데 피의자의 입장에서는 가뜩이나 위축되어 있는 상태인데 검찰로부터 전화로 소환을 받게 되면 그 일자가 너무 촉박하거나 이미 다른 일정이 잡혀 있다고 하더라도 이를 이유로 검찰의 출석 요구를 거부하기는 어렵다. 아니 사실상 거부할 수 없다. 검찰 수사관이 고압적인 목소리로 내일 오후까지 출석하라고 하는데, 그래서 출석하면 그 수사관에게 조사를 받으면서 어떤 대접을 받게 될지 모르는데, 그 수사관을 상대로 전화 통화를 하면서 출석을 연기하여 달라고 부탁하는 것은 실제로 불가능에 가깝다. 그래서 다른 약속을 모두 취소하고 검찰이 지정한 일시에 마치 착한 학생처럼 검찰청에 출석하여 조사를 받게 된다.

따라서 피의자를 소환함에 있어서는, 피의자를 배려하여 적어도 어느 정도의 시간적 여유를 반드시 주도록 하여야 한다. 적어도 1주일 전에는 연락을 취하여 피의자가 어느 정도 검찰 조사에 대비할 수 있도록 함이 상당하다. 그리고 피의자가 출석일시의 변경을 요구하면 수사기관은 적어도 한번은 이에 반드시 응하도록 하여야 한다. 피의자 조사는 강제수사가 아니라 임의수사이다. 그러하기에 피의자에게는 자기가 편하게 조사받을 수 있는 시기를 선택할 수 있는 권리가 있다고 해석하여야 하는 것이지, 검찰이 원하는 시기에 반드시 출석하여 조사를 받아야 할 의무가 있다고 해석하여야 하는 것은 아니라고 하겠다. 따라서, 아래와 같이 준칙 제33조 제1호에 후문을 추가하는 내용으로 이를 개정하여야 한다.

〈개정안〉 제33조(출석 요구) 피의자에게 출석을 요구할 때에는 다음 각 호의 사항에 유의하여야 한다.
1. 출석 요구 방법, 출석 일시 등을 정할 때 피의자의 명예 또는 사생활이 침해되거나 생업에 지장을 주지 않도록 노력한다. 구속 피의자가 아닌 이상 늦어도 출석 1주 전에 소환 통보를 하여야 하며, 피의자가 출석 일시의 연기를 요청하는 경우 적어도 한번은 이를 수용하여야 한다.

---

66) 검찰사건사무규칙 제12조를 보면, 검찰은 피의자 또는 참고인에 대하여 출석을 요구하는 경우, 원칙적으로 서면(書面)인 '출석요구서'를 우송하여 소환하여야 하고, 다만 필요한 경우 예외적으로 전화·모사전송 기타 상당한 방법으로 출석을 요구할 수 있는 것으로 규정되어 있다. 그러나, 현실적으로는 전화를 통하여 소환하는 것이 보통이며, '출석요구서'를 우송하는 것은 아주 드물고 예외적인 것으로 운영되고 있다.

한편, 이와 관련하여 '피의자 조사'는 임의수사이지만 '피의자 신문'은 강제수사이기에, 피의자 신문에 있어서는 피의자에게 검찰청에 출석하여 체류하면서 검찰의 조사에 응할 수인(受忍) 의무가 있다고 주장하는 견해가 있어, 피의자 조사 및 피의자 신문의 법적 성질에 대하여 살펴보고자 한다.

피의자 조사 내지 피의자 신문이란 수사기관이 피의자를 신문하여 피의자로부터 진술을 듣는 것을 말하는데, 형사소송법 제200조는 피의자 신문의 일반적·원칙적 규정이고, 제241조 이하는 피의자 신문의 절차와 방식을 규정한 조문으로서, 피의자 조사이건 피의자 신문이건 간에 모두 진술거부권이 있는 피의자에 대하여 그 진술을 강제할 수 없는 이상 임의수사인 것으로 보는 것이 통설이다.[67] 판례도, 구속영장에 의하여 구금된 피의자가 피의자 신문을 위한 출석요구에 응하지 아니할 경우 수사기관이 구속영장의 효력에 의하여 피의자를 조사실에 구인할 수는 있지만, 구인된 피의자에 대한 피의자 신문은 어디까지나 진술거부권에 기초한 임의수사의 방법으로 진행되어야 한다고 판시하여, 피의자 신문을 당연히 임의수사로 보고 있다.[68]

그런데, 피의자 조사와 피의자 신문을 구별하여 형사소송법 제200조 소정의 '출석요구 및 진술 청취'는 임의수사인 피의자 조사로 보고, 형사소송법 제241조 이하는 강제수사인 피의자 신문으로 보자는 견해가[69] 있다. 위와 같은 견해는 피의자에게 검찰청에 출석하여 체류하면서 검찰의 조사를 받을 수인 의무가 있다고 주장하기 위한 것으로, 위 견해에 따르면 피의자 신문은 강제수사이기 때문에 상대방인 피의자에게 일정한 법적 의무를 부과하는 강제력이 행사될 수 있고, 따라서 피의자는 이를 수인할 의무를 부담한다고 주장한다. 그러면서 그 논거로 형사소송법 제199조를 보면 "수사에 관하여는 그 목적을 달성하기 위하여 필요한 조사를 할 수 있다."라고 규정되어 있고, 제200조를 보면 "검사 또는 사법경찰관은 수사에 필요한 때에는 피의자의 출석을 요구하여 진술을 들을 수 있다."라고 규정되어 있는바, 이는 피의자 조사에 관한 일반적·원칙적 규정으로서 임의수사에 관한 것이고, 형사소송법 제241조 이하 규정은 피의자 신문에 있어 특별한 절차와 방식을 요구하고 있는바 ① 만약 제241조 이하가 임의수사라면 제200조와 병렬적으로 위치시킴이 마땅함에도 굳이 강

---

67) 신동운, 신형사소송법, 247쪽; 정웅석·백승민, 형사소송법, 124쪽; 이재상·조균석, 형사소송법, 236쪽; 배종대·이상돈·정승환·이주원, 형사소송법, 111쪽

68) 대법원 2013. 7. 1.자 2013모160 결정

69) 김종률, "현행 형사소송법상 피의자신문에 관한 연구", 대검찰청 수사과학연구회 자료집, 122쪽 이하 ; 김종률, "현행 형사소송법상 피의자신문", 법률신문 2004. 2. 19.자
http://www.lawtimes.co.kr/Legal-Info/Research-Forum-View.aspx?serial=1641 (2016. 12. 19. 최종방문)

제수사 뒤에 위치시키고 있고, ② 연혁적인 배경을 보아도 원래 피의자 신문은 검사가 예심판사에게 청구하여 예심판사가 행하던 강제처분의 일종이었으며, ③ 임의수사인 피의자 조사와 강제수사인 피의자 신문을 구별하는 것이 오히려 피의자의 인권보장에 도움이 된다고 한다.[70]

또, 위와 같이 피의자 신문을 강제수사로 보는 견해에 대하여, 이는 피의자 신문의 법적 성격을 연혁적으로 재조명한 것으로서, 지금까지 구속, 불구속 사건을 막론하고 널리 피의자 신문을 활용하여 오던 관행을 개선하여 중요사건이나 구속사건에 한하여 피의자 신문을 엄격하게 활용하는 것이 바람직하다는 점을 상기시켰다는 점에 있어 의미가 있다는 주장도[71] 제기되었다.[72]

그렇지만, 만약 피의자에게 수인 의무를 인정하게 되면 실질적으로 피의자에게 진술을 강제하는 것이 되어 헌법상 보장된 묵비권, 즉 진술거부권이 침해될 수 있으므로 함부로 피의자에게 위와 같은 수인 의무를 부담시킬 수는 없는 것이고, 위와 같은 견해에 따르면 변호인 참여권, 진술거부권의 고지 등과 같이 피의자 신문에 있어 피의자를 보호하기 위한 규정들이 그 성격을 달리 하는 피의자 조사에는 적용될 수 없다는 결론이 되어, 인권보장을 위한 여러 규정을 유명무실하게 만들 위험이 있는 이상 이를 받아들일 수는 없으므로, 형사소송법 제241조 이하 규정은 피의자 조사에 있어 그 절차와 방식에 관한 규정으로서 제200조와 유기적으로 연결되어 있다는 통설의[73] 입장이 타당하다고[74] 하겠다.

한편 일본 형사소송법 제198조 제1항 단서를 보면 "피의자는 체포 또는 구속된 경우를 제외하고는 출석을 거부하거나 출석 후 언제든지 퇴거할 수 있다."라고 규정되어 있음을 근거로, 적어도 체포·구속 중인 피의자에 대하여는 수인 의무를 인정하는 방향으로 입법적인 해결을 모색하자는 주장도 있다.[75] 그러나, 체포·구속된 피의자

---

70) 김종률, "현행 형사소송법상 피의자신문에 관한 연구", 대검찰청 수사과학연구회 자료집, 122쪽 이하 ; 김종률, "현행 형사소송법상 피의자신문", 법률신문 2004. 2. 19.자
http://www.lawtimes.co.kr/Legal-Info/Research-Forum-View.aspx?serial=1641 (2016. 12. 19. 최종방문)

71) 백형구 등 대표집필, 주석 형사소송법 Ⅱ 제4판(2009), 한국사법행정학회, 140쪽(다만, 이 부분의 집필자는 당시 검사이었던 정진섭)

72) 이와 같은 견해에 따르면, 피의자 조사에 있어서는 반드시 조서를 작성할 필요가 없고, 피의자로부터 진술서를 징구하거나 대화를 나눈 후 간단하게 수사보고서를 작성하거나 전화통화 내지 이메일을 통한 문답도 가능하다고 주장한다(백형구 등, 주석 형사소송법 Ⅱ, 136쪽).

73) 신동운, 신형사소송법, 248쪽 ; 정웅석·백승민, 형사소송법, 124쪽; 이재상·조균석, 형사소송법, 236쪽; 배종대·이상돈·정승환·이주원, 형사소송법, 111쪽

74) 검찰사건사무규칙을 보아도 "제3절 임의수사"라는 제목 아래 피의자 신문 등에 관하여 규정하고 있다.

75) 노명선·이완규, 형사소송법, 154쪽

가 검사실로 인치되어 본인의 의사에 반하여 검사실에 체류할 수밖에 없는 것은 체포·구속으로 인하여 신병이 확보된 결과에 불과한 것이지, 신문을 받는 피의자에게 수인 의무가 있기 때문은 아닌 것이며, 신병이 확보된 결과 피의자가 검사실에 체류할 수밖에 없다고 하여, 불구속 상태에서는 없던 수인 의무가 체포·구속되는 피의자에게는 새로이 발생한다고 해석할 수는 없다고 하겠다.

나아가 '수사'와 '조사' 그리고 '신문'이라는 용어들의 상호 관계에 대하여 살펴본다. 형사소송법 제195조를 보면 "검사는 범죄의 혐의가 있다고 사료하는 때에는 범인, 범죄사실과 증거를 수사하여야 한다."라고 규정하고 있는바, 즉 '수사'의 대상은 "범인, 범죄사실, 그리고 증거"라고 할 것이고, 제199조를 보면 "수사에 관하여는 그 목적을 달성하기 위하여 필요한 조사를 할 수 있다."라고 규정하고 있는바, 즉 '조사'는 '수사'를 위하여 행하는 각종 활동 중의 하나로서, 주로 피의자(제200조)나 피해자(제238조), 또는 제3자(제221조)와 같이 사람을 대상으로 하는 수사 활동을 의미하고 있다.

그런데, 사람을 상대로 하는 조사 중 특히 피의자에 대한 조사에 관하여는 피의자의 인권을 철저히 보장하기 위하여 '피의자 신문'(제241조 이하)이라고[76) 하여, 그 절차와 방식을 참고인에 대한 조사와는 다르게 규정하고 있는 것이라고 해석함이 상당하다고 하겠다. 따라서, '수사'라는 용어는 가장 넓은 개념이고, '조사'라는 용어는 중간 정도의 개념이며, 조사 중 피의자를 상대로 하는 조사를 의미하는 '신문'이라는 용어는 가장 좁은 개념이라고 하겠다.[77)

(2) 수회에 걸쳐 반복적으로 이루어질 수 있는 피의자의 출석 요구 횟수를 제한하여야 한다.

준칙 제33조 제3호에 따르면 "검사는 피의자에 대하여 불필요하게 여러 차례 출석 요구를 하지 않도록" 규정되어 있다. 특히, 진술을 거부하거나 범행을 부인하는 피의자에 대하여 자백을 강요하기 위한 수단으로 불필요하고 반복적인 소환을 하여서는 아니 된다고 명백하게 규정되어 있다. 그렇지만, 위 규정은 현실에 있어 제대로 지켜지지 아니하는 경우가 있다.

현실적으로 검사는 자백을 받기 위하여 수도 없이 많이 피의자를 소환하는 경우가 없지 아니하다. 그리고, 앞서 본 한 총리 사건에 있어서와 같이, 출석한 피의자에 대

---

76) '신문'이란 일정한 사항을 확인하기 위하여 신문자가 주도적으로 질문을 하여 상대방에게 진술 형태의 답변을 구하는 것을 말한다(신동운, 신형사소송법, 250쪽).
77) 이 논문에서는 이와 같은 취지에서 '수사'와 '조사'라는 단어를 별로 구별하지 아니하고 사용하기로 한다.

하여 매회 조서를 받지 아니하거나 출석하고 퇴실하는 시간 등을 제대로 기재하지 아니하는 등으로, 출석한 피의자를 상대로 검사가 과연 어떤 내용으로 어떻게 수사하였는지, 도대체 그 피의자가 검찰청에 출석하여 어떤 일이 있었던 것인지 알 수 없게 만드는 경우도 없지 아니하다.

타건압박수사의 경우, 피의자 등 사건관계인에 대한 반복적인 출석 요구는 더욱 심해지게 된다. 특히 구속된 피의자의 경우 검사실로 소환 당하는 것 자체가 피의자에게 엄청난 불편과 어려움을 야기한다. 왜냐하면, 구치소에 그대로 있으면 그나마 별로 어려움 없이(?) 하루를 지낼 수 있는 반면, 검사실로 소환 당하게 되면 많은 어려움을 겪게 되기 때문이다. 검찰에 소환되면 구치소에서 아침 일찍 식사를 마친 후 신체검사를 마치고 포승줄에 묶여 검찰청으로 와서, 일단 검찰청에 설치되어 있는 구치감에서 대기하게 된다. 검사실로 빨리 가지 않으면 아니할수록 구속 피의자가 검찰청 구치감에서 겪게 되는 불편과 어려움은 더욱 가중된다. 구치소와 달리 검찰청 구치감에서는 식사도 제대로 할 수 없고 용변도 편하게 보기 어렵다. 검사실로 와서도 포승줄에 묶인 상태에서 검사나 수사관에게 조사를 받는다. 포승줄을 풀고 재판을 받는 것과는 확연히 다르다. 혹시라도 검사실에서 평소 알고 지내던 지인과 마주치게 되면, 포승줄에 묶여 불편한 것보다도 포승줄에 묶여 있는 자신의 모습을 지인에게 보여주는 데에 따른 심리적 창피함으로 인하여 피의자는 더 큰 마음의 상처를 입게 된다.

따라서, 피의자에 대하여 불필요하게 반복적으로 출석을 요구하여서는 아니 되며, 이를 규제하기 위하여는 위와 같이 원칙을 천명하는 데에서 그칠 것이 아니라, 피의자를 검찰에 소환하는 횟수의 최대한도를 아예 미리 정할 필요가 있다고 본다. 물론 몇 회가 적정한지 단정적으로 말할 수는 없을 것이다. 그렇지만, 통상적인 사건에 있어서는 피의자를 1~2회 정도 소환하는 것이 보통이고, 사건의 내용이 복잡하다든가 고소인과의 대질조사가 필요하다든가 하는 특별한 사정이 있다고 하더라도 1~2회 더 소환하여 조사하면 충분하다고 할 것이므로, 어떤 사건을 조사함에 있어서는 아무리 많아도 5회 정도 소환하여 조사하면 충분할 것으로 보인다. 그러므로, 피의자에 대하여는 원칙적으로 최소한 소환하여야 하고, 어쩔 수 없다고 하더라도 최대한 5회 까지만 출석을 요구할 수 있으며, 이를 초과하는 출석 요구는 원칙적으로 할 수 없고, 예외적으로 부득이하게 추가 소환조사가 필요한 경우에는 구속기간을 연장하는 경우와 마찬가지로 법원으로부터 사전 허가를 받도록 함이 상당하다고 본다. 따라서, 아래와 같이 준칙 제33조에 제4호를 추가하는 내용으로 개정하여야 한다.

〈개정안〉 **제33조(출석 요구)** 피의자에게 출석을 요구할 때에는 다음 각 호의 사항에 유의하여야 한다.

   4. 피의자 등 사건관계인에 대한 소환은 최소한에 그쳐야 하며, 부득이한 경우에도 최 대한 5회까지만 허용된다. 이를 초과하여 소환하기 위하여는 사전에 법원으로부터 허가를 받아야 한다.

나아가 검사가 어떤 피의자를 5회 이상 초과하여 소환한다면 이는 조사를 한다는 차원 이상의 다른 어떤 의도가 있는 것으로 보일 수 있다. 즉, 타건압박수사를 통하여 본건에 대한 자백 내지 유리한 진술을 하도록 압박하거나, 아니면 피의자 면담을 통하여 어떤 거래나 회유·협상을 하려는 개연성이 높다고 할 수 있다. 따라서 5회를 초과하는 출석 요구는 원칙적으로 허용할 필요가 없다고 하겠다. 한편, 피의자나 사건관계인의 입장에서도 검찰청에 출석하여 조사를 받는 것이 매우 괴로운 것이 사실인데, 검찰이 요구하면 몇 십번이라도 검찰청에 출석하여야 한다면, 그 어떤 피의자도 이를 받아들이기는 어려울 것이다. 따라서 피의자나 사건관계인이 검찰에 출석하여야 하는 횟수를 미리 제한하여 놓는 것이 그 인권을 보호하는 데에도 큰 역할을 할 것이다.

(3) 피의자 등에 대하여 수사과정을 기록하도록 한 규정은 조서를 작성하지 아니하는 경우에도 적용되어야 한다.

현행 형사소송법 제244조의4 규정을 보면, 검사 또는 사법경찰관은 피의자 또는 참고인에 대한 조사과정의 투명성을 확보하기 위하여, 피의자 또는 참고인이 조사장소에 도착한 시각, 조사를 시작하고 마친 시각, 그 밖에 조사과정의 진행경과를 확인하기 위하여 필요한 사항을 피의자신문조서 또는 참고인 진술조서에 기록하거나 별도의 서면에 기록한 후 수사기록에 편철하도록 되어 있다.

그런데 피의자 또는 참고인이 수사기관에 출석하기는 하였으나 조서를 작성하지는 아니한 경우, 수사기관에서는 오히려 '수사과정의 기록'에 관한 위 조문을 반대로 해석하여 피의자 또는 참고인이 조사장소에 도착한 시각, 조사장소에서 떠난 시각 등 필요한 사항을 전혀 기록에 남기지 아니하고 있다. 오죽하면 앞서 본 바와 같이 한 총리에 대한 제2차 사건에서, 서울구치소에 수감된 상태인 H가 2010년 4월 1일부터 2010년 12월 20일까지 약 9개월 동안 서울중앙지방검찰청 특수부에 70회 이상 출석하여 조사를 받았음에도 불구하고, 기록에 남아있는 증거서류라고는 2010년 4월 4일부터 2010년 5월 11일까지 사이에 작성된 단 1회의 진술서와 5회의 진술조서만 남아있을 뿐, 그 밖에 60회 넘게 검찰청에 출석하였음에도 검찰에 출석하여 어떠한 조사를 받고 어떠한 진술을 하였는지, 언제 왔다가 언제 갔는지 알 수 있게 하는 자료가 아무 것도 남아있지 아니할 정도이다.[78]

따라서, 이와 같은 검찰권 남용을 방지하고 억제하기 위해서라도, 피의자 또는 참고인이 소환을 받아 수사기관에 출석하면, 피의자신문조서나 참고인 진술조서를 작성하건 아니면 작성하지 아니하건 간에 무조건, 그 진행경과를 확인할 수 있도록 피의자 또는 참고인이 조사장소에 도착한 시각, 조사를 시작하고 마친 시각(조사가 없었다면 조사장소에서 떠난 시각과 조서를 작성하지 아니한 사유), 그 밖에 필요한 사항을 기록하여 이를 수사기록에 편철함으로써 수사과정의 투명성을 확보하도록 하여야만 할 것이다.

형사소송법 제244조의4 조항이 위와 같은 사항을 피의자신문조서 또는 참고인 진술조서에 기록하거나 별도의 서면에 기록한 후 수사기록에 편철하도록 규정한 것은, 조서를 작성한 경우에는 피의자신문조서 또는 참고인 진술조서에 위와 같은 내용을 기록하고, 조서를 작성하지 아니한 경우에는 별도의 서면에 기록하여 이를 수사기록에 편철하라는 취지인 것이지, 피의자 또는 참고인을 상대로 조서를 작성하지 아니하는 경우에는 위와 같은 내용을 기록에 아예 남길 필요가 없다는 취지가 절대 아닌 것이다. 위 조항에서 별도의 서면에 기록하여 편철하라고 규정한 취지가, 바로 조서를 작성하지 아니한 경우에 대비한 것이라고 해석함이 상당하다고 본다. 따라서, 아래와 같이 준칙 제38조의2 규정을 신설하여야 할 것이다.

〈개정안〉 제38조의2(수사과정의 기록 관련) ① 형사소송법 제244조의4 규정은 피의자를 소환하였으나 조사하지 아니하거나 조서를 작성하지 아니한 경우에도 적용한다. 이때 검사는 동조 소정의 사항을 별도의 서면에 기록한 후 수사기록에 편철하여야 한다.
② 참고인을 소환하였으나 조사하지 아니한 경우에도 같다.

한편, 앞서 본 바와 같이 피의자 조사와 피의자 신문을 구별하는 견해에 따르면,[79] 피의자 조사는 피의자를 상대로 엄격한 절차와 방식이 요구되는 신문을 한 것이 아니라 임의수사로서 가볍게 조사를 한 것에 불과하므로, 피의자 조사의 경우에

---

78) 서울중앙지방법원 2011. 10. 31. 선고 2010고합1046 판결
79) 김종률, "현행 형사소송법상 피의자 신문"

는 피의자 신문에 관계되는 형사소송법 제244조의4 규정이 적용될 필요가 없다는 주장이 제기될 수도 있으나, 피의자 조사와 피의자 신문을 구별하여야 할 하등의 이유가 없고, 수사과정의 투명성과 적법성을 확보하기 위한 장치인 형사소송법 제244조의4 규정을 적용함에 있어 피의자 조사와 피의자 신문을 구별하여 굳이 예외를 둘필요가 없다는 점에서, 위와 같은 주장은 받아들이기 어렵다고 하겠다.

(4) 현재 검찰이 활용하는 이른바 '피의자 면담'은 금지되어야 한다.

준칙 제36조에 따르면 "검사는 피의자를 신문하기 전에 피의자에게 변호인을 참여시킬 수 있음을 미리 알려주어야 하고, 원할 경우 피의자 신문에 변호인의 참여를 허용하되, 변호인이 신문을 방해하거나 수사기밀을 누설하는 경우 또는 그 염려가 있는 경우 등 정당한 사유가 있는 때에는 변호인의 참여를 불허하거나 퇴거를 요구할 수 있도록" 되어 있다. 그리고 이른바 '면담'이라는 형식의 조사는 그 어디에도 규정되어 있지 아니하다.

그런데, 이와 관련하여 현실적으로 발생하고 있는 문제는, 검찰이 피의자를 신문하는 것이 아니라 면담한다는 구실로 변호인의 참여를 불허한 채 검사 혼자 피의자를 조사하는 경우이다. 앞서 본 한 총리에 대한 제1차 사건에 있어, K가 증언한 내용 중에서 "(검사가) 묻지는 않았지만 밤 12시가 넘어서까지 면담 형식으로 계속 이야기를 했잖아요."라고 증언한[80] 부분이 있는데, 이 부분을 보더라도 "검사가 묻지는 아니하였기"에 신문이 아니라고 할 수 있지만 "면담 형식으로", 즉 면담을 빙자하여 "계속 이야기하여" K를 사실상 조사하였고, 그와 같은 피의자 면담 과정에서는 변호인의 참여가 허용되지 아니하였으며, 검사와의 면담이 "새벽 1~2시까지" 이루어졌는데 K로서는 고통스러웠음을 엿볼 수 있다.[81]

그렇지만 위와 같은 검찰의 수사행태는 헌법과 법률에 위반하는 것이다. 피의자 면담이라고 하는 것이 그 실질에 있어서는 피의자 신문과 전혀 다를 바 없음에도 불구하고, 검찰은 이른바 피의자 면담을 빙자하여 헌법과 법률에 의하여 보장되는 변호인의 조력권과 참여권을 침해한 채 피의자를 조사하는 것이기 때문이다.

---

80) 서울중앙지방법원 2010. 4. 9. 선고 2009고합1500,1357(병합) 판결; 황창화, 피고인 한명숙과 대한민국 검찰, 92쪽

81) 판결문(서울중앙지방법원 2010. 4. 9. 선고 2009고합1500,1357(병합) 판결 및 서울고등법원 2012. 1. 13. 선고 2010노1032 판결)을 보면, ① 검찰도 밤 12시까지는 K를 조사하였지만 그 이후부터 새벽 2시까지는 부장검사가 면담을 하였다고 인정하고 있고, ② 변호인은 24:00에 돌아갔으나, K는 02:00까지 검찰청에 있다가 03:10 구치소로 귀소하였으며, ③ 하루종일 조사를 받은 K로서는 새벽 2시까지 이어지는 조사와 면담으로 두려움을 느꼈을 것으로 추단된다고 기재되어 있다.

한편, 이 부분에 있어서도 피의자 조사와 피의자 신문을 구별하는 견해에 따르면,[82] 피의자를 상대로 엄격한 절차와 방식이 요구되는 신문을 한 것이 아니라 임의수사로서 가볍게 면담을 하는 정도에 해당하는 조사를 한 것에 불과한 이상, 피의자 신문에 적용되는 변호인 참여가 필요 없다는 주장이 있을 수도 있으나, 이미 살펴본 바와 마찬가지로 피의자 조사와 피의자 신문을 구별하여야 할 이유가 없고, 피의자 면담과 피의자 신문은 실질적으로 동일하다고 할 것이므로, 피의자 면담을 이유로 변호인 참여권을 배제하는 것은 헌법을 위반하는 것이라고 하겠다.

그러므로, 피의자 면담이라는 것 자체를 아예 없애야 한다. 그렇지 아니하다면, 피의자를 면담하는 경우에도 피의자를 신문하는 경우와 마찬가지로 변호인의 조력권과 참여권을 보장하여야 하며, 이를 명백히 하기 위하여 조문으로 "피의자 면담시에도 변호인의 참여권을 보장하여야 한다."라고 규정할 필요가 있다고 하겠다. 따라서, 아래와 같이 준칙 제36조 제3항에 후문을 추가하는 내용으로 이를 개정하여야 한다.

《개정안》 제36조(피의자신문시 변호인의 참여) ①~② (생략)

③ 변호인이 신문을 방해하거나 수사기밀을 누설하는 경우 또는 그 염려가 명백한 경우 등 정당한 사유가 있는 때를 제외하고는 제2항의 참여를 불허하거나 퇴거를 요구할 수 없다. 특히, 피의자 면담 등을 이유로 하여 변호인의 참여를 불허하거나 변호인에게 퇴거를 요구하여서는 아니 된다.

(5) 이른바 '타건압박수사'은 형사상 가혹행위에 해당하므로 이를 금지시켜야 한다.

앞서 본 바와 같이 검찰은 다른 사건인 B 사건(他件)에 대한 수사를 통하여 확보된 어떤 증거 내지 자료를 내세워 피의자에게 전혀 별개의 사건인 A 사건, 즉 본건(本件)에 관하여 자백하거나 검찰에 유리한 내용으로 진술하라고 요구하곤 한다. 이러한 수사방법이 거래이니 회유 내지 협상이니 하는 용어로 아무리 미화되고 포장된다고 하더라도, 그 과정에서 피의자의 회사를 망하게 하거나 피의자 내지 그 가족을 구속하겠다고 때로는 강압적인 방법으로 때로는 회유적인 방법으로 피의자를 심리적·정신적으로 압박하는 이상, 이는 분명히 헌법상 보장된 국민의 기본권, 즉 인간으로서의 존엄과 가치를 침해하는 것이고, 형사상 자기에게 불리한 진술을 강요당하지 아니할 진술거부권을 함부로 형해화(形骸化)하는 것이다.

비록 육체적·물리적으로 피의자에게 고문을 가하는 것은 아니라고 하더라도, 이와

---

82) 김종률, "현행 형사소송법상 피의자 신문"

같은 수사방법은 피의자에게 심리적·정신적으로 너무나 큰 고통을 야기하는 것으로, 민사상 손해배상 책임을 부담하게 되는 불법행위이며, 피의자에 대한 명백한 가혹행위로서 형사상 범죄를 구성하므로, 타건압박수사를 통하여 피의자나 사건관계인을 상대로 어떤 범죄에 관하여 자백이나 유리한 진술을 하도록 압박하는 행위는 이를 명문으로 금지시켜야만 한다.[83] 따라서, 준칙 제3조를 아래와 같이 개정하여야 한다.

〈현행〉 제3조(가혹행위 등의 금지) ① 어떠한 경우에도 피의자 등 사건관계인에게 고문 등 가혹행위를 하여서는 아니 된다.
② 검사는 가혹행위로 인하여 임의성을 인정하기 어려운 자백을 증거로 사용하여서는 아니 된다. 진술거부권을 고지받지 못하거나 변호인과 접견·교통이 제한된 상태에서 한 자백도 이와 같다.

〈개정안〉 제3조(가혹행위 등의 금지) ① 어떠한 경우에도 피의자 등 사건관계인에게 육체적 고문이나 심리적 가혹행위를 하여서는 아니 된다.
② 육체적 고문이나 심리적 가혹행위는 형사상 범죄를 구성하고 민사상 불법행위에 해당할 수 있음을 명심하여야 한다.
③ 타건압박수사를 통하여 피의자 등 사건관계인에게 자백과 같은 유리한 진술을 강요하는 행위는 심리적 가혹행위에 해당하므로, 이는 절대적으로 금지한다.
④ 검사는 가혹행위로 인하여 임의성을 인정하기 어려운 자백을 증거로 사용하여서는 아니 된다.
⑤ 진술거부권을 고지받지 못하거나 변호인과 접견·교통이 제한된 상태에서 한 자백도 마찬가지로 증거로 사용하여서는 아니 된다.

(6) 심야조사를 개선하여야 한다.

현재 검찰에서는 철야조사는 하지 못하도록 되어 있는 반면, 심야조사에 관하여는 준칙 제40조에 의하여 "원칙적으로 검사는 자정 이전에 피의자 등 사건관계인에 대

---

83) 경찰의 경우, 각 경찰서에는 청문감사관이 설치되어 있고, 각 지방경찰청에는 '수사이의 심사위원회' 및 '수사이의조사팀'이 구성되어 수사과정에서의 불법적 수사에 대하여 제기되는 이의에 관하여 제도적으로 이를 시정하는 제도를 두고 있는바(자세한 내용은, 강순천, "재판 전 형사절차에 있어서 시민의 사법참여제도-공소권 통제를 중심으로-", 전주대학교 박사학위논문(2014), 167~173쪽 참조), 검찰에도 이와 유사한 기구를 설치하여 검찰 수사과정에서의 불법적 수사에 적극 대처하는 한편, 그 과정에서 입수되는 각 검사의 업무수행 능력 및 자질 등에 관한 자료를 검사적격심사위원회로 송부하여 적격심사에 반영되도록 하는 제도적 장치를 강구할 필요가 있다고 하겠다.

한 조사를 마치도록 하되, ① 조사받는 사람이나 그 변호인의 동의가 있거나, ② 공소시효의 완성이 임박하거나, ③ 체포기간 내에 구속 여부를 판단하기 위하여 신속한 조사의 필요성이 있는 등 합리적인 이유가 있는 경우에는, 인권보호관의 허가를 받아 자정 이후에도 조사할 수 있는"것으로 되어 있다. 그 바람에, 앞서 본 바와 같이 성완종 회장 사건에 있어, 성 회장은 오전 10시에 검찰에 출석하여 18시간 동안 조사받고 새벽 4시에 귀가하였고,[84] 홍준표 경남지사는 오전 10시에 검찰에 출석하여 17시간 동안 조사받고 새벽 3시에 귀가하기도 하였다.

그런데 심야조사가 실제로 피의자 등 사건관계인의 인권을 심각하게 침해하고 있음은 앞서 본 바와 같다. 사실 검찰에서 2~3시간 정도 조사를 받는 것도 보통 사람의 입장에서는 힘들 수밖에 없는데, 10시간 넘게 조사를 받게 된다면, 근로기준법상 1일 근로시간이 원칙적으로 8시간이고 최장 12시간을 초과할 수 없도록 되어 있는 점에 비추어, 정신적으로나 육체적으로나 매우 피곤해질 수밖에 없으며, 심리적으로도 온전하다고 보기 어려울 것이다. 그런 상황에서 이루어진 피의자의 진술이 과연 임의성이 있다고 할 수 있는지 의문이 아닐 수 없다.

어찌 보면, 검찰은 피의자로부터 원하는 진술을 듣기 위하여 심야조사를 유도하는 측면도 없지 아니하다. 사실 장시간 조사하는 이유를 보더라도, 실제로 검찰이 피의자를 상대로 조사를 하여야 할 분량이 많아서라기보다는 검찰이 한번 한 질문을 또 묻고, 다시 묻고, 몇 십번씩 계속하여 똑같은 질문을 반복하는 식으로 피의자를 압박하며 시간을 끌기 때문에 조사하는 시간이 장시간 소요되는 경우가 있다. 그런데 같은 질문을 수십번씩 반복하여 질문하는 것은 일종의 가혹행위에 해당한다고 볼 수 있다. 피의자가 분명히 "아니다."라고 대답하였는데도 똑같은 질문을 수십번씩 계속하여 반복적으로 듣게 되면, 나중에는 힘들고 귀찮아서라도 피의자는 그냥 "그렇다."라고 대답할 수도 있기 때문이다.[85]

---

84) KBS 2015. 4. 4.자 뉴스광장 "성완종 회장 18시간 조사뒤 귀가"

85) 이와 관련하여 심리학적으로 반복질문이 허위자백에 미치는 영향을 분석한 논문이 있어 이를 소개한다 (자세한 내용은 백승경·김재휘, "반복질문이 허위자백에 미치는 영향", 한국심리학회지 사회와성격 19/3(2005. 8), 한국심리학회, 23~36쪽 참조).

• 대학생 50명을 상대로 컴퓨터로 글자를 타이핑하게 함에 있어 "숫자 키를 누르면 컴퓨터에 오류가 발생한다."라고 허위 정보를 준 다음, 50명으로 하여금 글자를 타이핑하게 하였다. 그러다가 숫자 키를 누르지 아니하였음에도 컴퓨터에 오류가 발생하도록 하였고, 이에 학생을 상대로 "숫자 키를 눌렀는지?"를 4회에 걸쳐 반복하여 질문하였다. 그 결과 아래 표와(논문 29쪽 참조) 같은 반응이 나왔는데, 반복질문을 통하여 "예'라는 허위답변을 한 사람이 "1명(2%)→2명(4%)→5명(10%)→12명(24%)"으로 점차 증가함을 알 수 있었다. 다시 말해, 동일질문의 반복만으로도 사람들의 자기 기억에 대하여 확신을 감소시키고 자기 신념에 대하여 혼란을 가져다줄 수 있다는 것이다.

그러므로, 어느 모로 보나 심야조사는 원칙적으로 허용하면 아니 된다. 다만, 공소시효의 완성이 임박하거나 체포시간 내에 구속 여부를 판단하기 위한 경우에는 예외적으로 불가피하게 심야조사를 허용할 수밖에 없을 것이다. 문제는 피의자 내지 변호인의 '동의'가 있음을 이유로 심야조사를 허용하는 경우라고 할 수 있다. 사실 피의자 신분으로 검찰에 소환되어 조사를 받다가 검사가 자정 이후에도 계속 조사를 하자고 하면서 동의를 구하는데, 검사한테 피의자로 조사받고 있으면서 이와 같은 검사의 요구를 거절할 수 있는 피의자는 별로 없을 것이다. 이런 경우에 있어 동의는 한갓 허울에 불과하고, 실제로는 검사의 강요라고 보는 것이 타당할 것이다. 따라서 자정 이후의 심야조사를 허용하는 사유 중 피의자 내지 변호인의 동의는 그 허용사유에서 삭제하여야 한다.

나아가 공소시효의 완성이 임박하거나 체포시간 내에 구속 여부를 판단하기 위하여 불가피한 경우에는 예외적으로 어쩔 수 없이 심야조사를 허용한다고 하더라도, 그 심야조사 과정에서 혹시 있을지 모르는 인권침해적 수사를 예방하기 위하여 특단의 조치를 취할 필요가 있다. 즉, 심야조사를 함에 있어서는 변호인 참여를 필수적으로 하여, 변호인 없이는 심야조사를 할 수 없도록 하여야 한다. 이를 위하여 국선변호인 제도를 수사단계로 확대시킬 필요가 있다. 또, 심야조사를 함에 있어서는 인권보호관의 사전 서면(書面)허가만으로는 부족하고, 심야조사가 끝날 때까지 인권보호관이 검찰청 안에서 대기하다가 심야조사가 끝나면 조사가 끝난 상태를 직접 대면(對面)하여 확인한 다음 조서에 자필로 기록하도록 하여야 한다. 통상 어느 검찰청의 선임(先任) 부장이 인권보호담당관으로 지정되어 인권보호관의 직무를 대행하고 있는데, 이와 같이 선임 부장인 인권보호담당관의 직접 대면 확인 조치는 후배 검사들에게 제약요인으로 작용하여 심야조사에 대하여 강력한 억제수단이 될 것이다.

그리고, 나아가 과연 자정까지의 수사를 무제한 허용하는 것이 타당한지 여부도 검토할 필요가 있다. 인권보호수사준칙에 따르면 자정까지의 조사는 검사가 원하는 한 얼마든지 허용된다는 것인데, 해가 지고 밤이 된 상태에서 계속 조사를 받는다는 것은 피의자의 입장에서는 매우 위축되고 억압된 상태에서 어떤 진술을 강요받을 수 있는 위험이 높아지기 때문이다. 따라서, 어떤 사람에 대한 조사가 가능한 시점을 자

대답 내용	1회 질문 시	2회 질문 시	3회 질문 시	4회 질문 시
"예"	1명(2%)	2명(4%)	5명(10%)	12명(24%)
"아니요"	42명(84%)	45명(90%)	37명(74%)	33명(66%)
"모름"	7명(14%)	3명(6%)	8명(16%)	5명(10%)
합계	50명(100%)	50명(100%)	50명(100%)	50명(100%)

정에서 앞당길 필요가 있다. 보통 저녁 8~9시면 해도 지고 날도 어두워져 사람들이 조사받기 힘들어진다고 할 수 있으므로, 저녁 7시까지만 조사를 허용하고, 그 시간 이후에는 조서를 열람하도록 하여, 저녁 9시 이전까지는 모든 조사를 마치도록 하되, 저녁 9시 넘어 조사하는 경우에는 이를 심야조사로 보고 예외적인 경우에만 허용하되 자정까지만 허용하고, 앞서 본 바와 같은 특단의 조치가 병행하여 실시되도록 함이 상당하다고 할 것이다. 따라서, 준칙 제40조를 아래와 같이 개정하여야 한다.

〈현행〉 제40조(심야조사 금지) ① 검사는 자정 이전에 피의자 등 사건관계인에 대한 조사를 마치도록 한다.
② 제1항의 규정에도 불구하고 조사받는 사람이나 그 변호인의 동의가 있거나, 공소시효의 완성이 임박하거나, 체포기간 내에 구속 여부를 판단하기 위해 신속한 조사의 필요성이 있는 등 합리적인 이유가 있는 경우에는, 인권보호관의 허가를 받아 자정 이후에도 조사할 수 있다.

〈개정안〉 제40조(심야조사 금지) ① 검사는 저녁 9시 이전까지 피의자 등 사건관계인에 대한 조사를 마쳐야 한다.
② 제1항의 규정에도 불구하고 조사받는 사람이나 그 변호인의 동의가 있거나(삭제) 공소시효의 완성이 임박하거나, 체포기간 내에 구속 여부를 판단하기 위하여 신속한 조사의 필요성이 있는 등 합리적인 이유가 있는 경우에 한하여, 인권보호관의 사전 허가를 받아 그날 자정까지만 조사할 수 있다. 조사가 끝난 후 인권보호관은 피의자 등 사건관계인을 직접 만나 심야조사 과정에서 가혹행위가 있었는지 여부를 직접 확인하고 그 내용을 조서에 기재하여야 한다.
③ 피의자를 심야조사하기 위하여는 반드시 변호인을 참여시켜야 한다. 사선변호인이 없는 경우에는 국선변호인을 참여시킨다.

한편, 위와 같은 개정안에 대하여 피의자의 사정으로 인하여 저녁에 조사를 시작한 경우에는 어떻게 하여야 하는 것인지 의문이 있을 수 있다. 그렇지만 검찰이나 피의자 모두 사람으로서 주간에 근무를 하는 것이 원칙인 이상, 저녁에 조사를 시작하였다고 하더라도 저녁 9시까지만 조사를 할 수 있는 것으로 제한함이 상당할 것으로 사료된다. 왜냐하면 야간에 조사하는 경우 조사에 소요되는 시간보다 야간이라는 것 자체가 피의자를 심리적으로 위축시키는 효과가 클 수 있기 때문이다. 그리고,

"저녁 몇 시까지"라고만 제한하지 말고 "몇 시간 동안"까지만 이라고 제한하여, 하루 동안 조사를 받아야 하는 최장 시간의 한계를 설정하는 방안도 고려할만 하다. 근로기준법상 하루 8시간 근로가 원칙인 것으로 규정되어 있으므로, 조사를 받아야 하는 최장 시간도 하루 8시간을 전후하여 그 한계를 설정하는 것이 타당할 것으로 보이지만, 수사기관의 애로사항도 있을 수 있으므로, 장기적으로 검토할 문제인 것으로 보인다.

2) 조속히 인권보호수사준칙을 개정하고, 궁극적으로는 가칭 '수사절차법'을 제정함이 상당

위에서 살펴본 내용은, 수사의 절차와 방법을 명확하고 구체적으로 규정하여, 피의자나 피해자, 그리고 참고인 등 사건관계인의 인권을 보장하는 한편, 수사의 적정성과 투명성을 확보하자는 것으로서, 매우 시급한 과제라고 하겠다. 따라서 법무부나 검찰로 하여금 위와 같은 내용의 개정안을 반영하는 방향으로 현행 인권보호수사준칙을 개정하거나 아니면 다른 규칙이라도 만들도록 하여야 한다.

그렇지만, 법무부나 검찰이 그런 방향으로 스스로 조속히 개선하지는 아니할 것으로 보인다. 왜냐하면 위에서 언급한 내용들이 검찰의 무제한적이고 월권적인 권한행사를 제약하고, 검사로 하여금 자기 마음대로 수사를 하지 못하도록 하는 것이기에, 검찰은 "위와 같은 내용처럼 규정을 하게 되면 수사를 제대로 할 수 없다."라고 주장하면서 그 도입을 거부하고 저지하려고 할지 모르기 때문이다.

그렇다면, 궁극적으로는 국회에서 가칭 '수사절차법'이라는 법률을 제정하여 위와 같은 내용들을 법률로 소화하여야 한다. 수사의 과정과 절차에 있어 사건관계인들의 인권침해 실태는 심각하다. 법무부나 검찰이 인권보호수사준칙을 조속히 개정하거나 다른 규칙을 제정하여 위와 같은 내용을 제대로 반영하지 아니한다면, 하루라도 빨리 수사의 절차를 투명하게 하고 수사의 방법을 민주적으로 명확하게 하여 수사가 '바르게' 이루어지도록 하기 위해서라도, 국회에서 이에 관한 법률을 제정할 필요가 있는 것이다.

우리 형사소송법을 보면, 법원의 심리절차에 관하여 먼저 규정한 다음, 수사 절차에 관하여는 법원의 심리절차에 관한 규정을 대부분 준용하면서 제195조부터 제245조의4 조항까지 약 50개 조문만을 별도로 두어 수사의 모든 과정을 규율하고 있다. 그렇지만 그로 인하여 수사의 절차와 방법에 관한 수많은 사항이 법률의 규제 대상에서 제외되고 누락되었으며, 이를 기화로 수사기관은 법률에 특별히 규정된 바 없다는 이유로 수사기관 마음대로 수사를 하는 부작용이 있어왔다.

따라서 수사절차법을 제정함으로써 형사재판에 관하여는 형사소송법이 규율하고, 형사재판 이전의 경찰 및 검찰 수사 단계에 관하여는 수사절차법이 규율하는 형태가 되어야 한다고 하겠다.

영국의 경우, 수사절차에 관하여 1984년 제정된 '경찰 및 형사증거법(Police and Criminal Evidence Act)'과 이에 근거하여 제정된 '경찰관 집무규칙(Code of Practice)'에 상세하게 규정되어 있다. 이와 마찬가지로 우리나라에서도 가칭 수사절차법을 제정하여 수사의 절차와 방법에 대하여 소상하고도 구체적으로 명확히 규정함으로써, 수사기관의 월권적이고 인권침해적인 수사 행태를 통제할 수 있을 것이다.

다만, 영국의 경찰관 집무규칙(Code of Practice)은 법률이 아니라 명령인데, 우리나라의 가칭 수사절차법은 명령이 아니라 법률 형식으로 제정하여야 한다고 생각한다. 왜냐하면 행정부에서 관장하는 명령 형식으로 제정하게 되면 법무부나 검찰이 자기들에게 유리한 내용으로만 규정할 우려가 있기 때문이다.

수사의 절차와 방법에 대하여 더 이상 수사기관의 은혜와 배려에 맡겨 놓아서는 아니 된다. 수사의 절차와 방법에 대하여 법률에 구체적으로 그 내용을 규정하여, 수사의 주체뿐만 아니라 수사의 객체도 수사 진행상황을 예측할 수 있도록 하는 한편, 피의자나 피해자, 나아가 참고인 등 사건관계인들의 인권이 제대로 보장되도록 하여야 할 것이다.

2. 기소기준제의 도입

1) 기소기준제 도입의 필요성

(1) 공소제기와 기소유예의 판단기준이 모호하다.

현재 검사가 어떤 사건을 처리함에 있어 공소를 제기할지 아니면 기소를 유예하여야 할지 결정함에 있어 의지할 만한 기준이 없다.

형사소송법 제247조는 기소편의주의를 천명하면서 "검사는 형법 제51조의 사항을 참작하여 공소를 제기하지 아니할 수 있다."라고 규정하고 있다. 그렇지만, 형법 제51조의 정상참작 사유를 어느 정도 어떻게 참작하여 어떠한 결론이 나올 경우에는 공소를 제기하여야 하고, 그러하지 아니한 경우에는 기소를 유예하여도 좋은 것인지 애매모호하기만 하다. 법률이 검사의 기소편의주의를 천명하였다고 하여, 검사가 자의적으로 공소를 제기하거나 기소를 유예할 수 있다는 의미는 아닐 것이다. 그럼 어떻게 하여야 할까?

(2) 양형기준제의 도입으로 사법부의 신뢰가 향상되었다.

사실 형법 제51조는 법관이 피고인에 대하여 형을 정함에 있어 참작하여야 하는 사항들을 규정하고 있는 조문인 것이지, 검사를 대상으로 하는 조문은 아니다. 형사 재판에 있어 법원은 피고인에 대하여 심리하여 일단 유·무죄 여부를 판단한 다음, 유죄인 피고인에 대하여 그 형량을 결정하는 단계를 밟게 된다. 그런데 법관이 법정 형의 범위 내에서 선고형을 결정하는 것은 비록 법관의 재량에 속하기는 하지만, 형벌의 목적이나 형사정책적 고려, 그리고 사회정의와 국법질서를 수호하는 차원에서 적정한 형량을 선택하는 것이 국가를 유지하고 사회를 지탱하기 위하여 매우 중요하다고 아니할 수 없다.

그런데 법관에 의한 양형이 재량에 속한다는 이유로 일부 부당한 형량이 선고되는 사례가 종전에는 없지 아니하였으며, 이것이 '유전무죄, 무전유죄'라는 말로 희화될 정도로 사법부의 신뢰 저하와 직결되었음은 두말할 필요가 없다. 이에 양형제도의 개선은 사법개혁 중요과제 중의 하나로 다루어져 왔다.[86] 1999년 대통령 자문위원회로 설립된 '사법개혁추진위원회'에서는 사법개혁 중요과제 중의 하나로 양형합리화 방안을 설정하였으나, 법원 내부적으로 양형실무위원회가 구성되거나 외부인사까지 참여하는 양형제도연구위원회를 구성하였을 뿐, 실질적인 성과를 내지는 못하였다.

그 후 2003년 대법원규칙에 근거하여 대법원 산하에 설치된 '사법개혁위원회'에서는 개혁과제 중의 하나로 다시 양형제도의 개선이 제시되었고, 그 결과 2004년 11월 아래와 같은 내용으로 양형제도 개선방안을 의결하였다. 즉, ① 양형자료 조사제도를 도입하고, ② 대법원이 양형 데이터베이스 시스템을 구축할 필요가 있으며, ③ 참고적 양형기준제를 도입하고, ④ 이를 위하여 대법원에 양형위원회를 설치한다는 것이었다.[87]

2005년 1월 대통령령에 의거하여 대통령 자문기구로 설치된 '사법제도개혁추진위원회'에서는 양형제도의 개선과 관련하여 법원과 검찰이 각각 다른 법률안을 제출함에 따라 치열한 논쟁과 신중한 검토를 거쳐 결국 2007년 1월 입법화되기에 이르렀다.[88] 그 주요내용을 보면, 법원조직법에 '제8편 양형위원회'를 신설하여 "형(刑)을

---

86) 자세한 내용은 김선수, 사법개혁리포트, 박영사(2008), 320∼333쪽 참조
87) 김선수, 사법개혁리포트, 323쪽
88) 김선수, 사법개혁리포트, 331쪽

정할 때 국민의 건전한 상식을 반영하고 국민이 신뢰할 수 있는 공정하고 객관적인 양형(量刑)을 실현하기 위하여 대법원에 양형위원회를 두고, 그 양형위원회는 법관이 합리적인 양형을 도출하는 데 참고할 수 있는 구체적이고 객관적인 양형기준을 설정하거나 변경하며, 법관은 형의 종류를 선택하고 형량을 정할 때 양형기준을 존중하되, 양형기준이 법적 구속력을 갖지는 아니한다."라는 것이었다.[89]

위와 같이 법관이 양형을 함에 있어 비록 법률상은 아니지만 사실상 상당한 기속력을 가지는 양형기준제가 도입됨에 따라, 법관이 선고하는 형량과 관련하여 그 동안 시중에 나돌던 이른바 '전관예우', '유전무죄, 무전유죄', '들쑥날쑥 판결' 등과 같은 부정적인 단어는 많이 그 모습을 감추게 되었으며, 반면 사법부에 대한 국민의 신뢰는 많이 향상되었다고 본다. 이와 같이 긍정적인 효과를 발휘하였음이 역사상 입증된 양형기준제를 검찰에 도입할 수는 없을까?

(3) 검찰에 기소기준제를 도입할 필요가 있다.

검사가 어떤 사건에 대하여는 공소를 제기하고 다른 사건에 대하여는 기소를 유예함에 있어, 과연 어떤 처분을 하여야 할지 의지할 수 있는 구체적이고 객관적인 기준이 없는 것이 현실이다. 그러다보니 그 결정이 자의적으로 흐를 위험이 상존하며, 이런 측면에서 전직 검사들의 전관예우 문제와 그 비판이 제기되곤 한다.

실례를 보더라도, 한 총리의 제2차 사건에 있어 한 총리는 3회에 걸쳐 합계 약 9억원 상당의 정치자금을 받은 범죄사실로 징역 2년의 실형을 선고받은 반면, 약 9억원에 달하는 정치자금을 제공한 H는 정치자금법위반 혐의에 대하여는 입건조차 되지 아니하여 정치자금법위반의 점과 관련하여서는 아무런 형사처벌을 받지 아니하였다.

이것은 결코 공정하거나 합리적이라고 말할 수 없다. 아마 검찰은 H가 검찰 수사에 협조하였다는 이유로 정치자금법위반에 대하여 입건 자체를 유예하였다고 주장할지도 모르겠다.[90] 그렇지만, 다른 사건에 있어서도 9억원이나 되는 거액의 정치자금을 불법적으로 제공한 사람에 대하여 검찰이 H의 경우와 마찬가지로 형사입건 자체를 유예할지는 의문이 아닐 수 없다. 이와 같이 사안에 따라서가 아니라 그때그때 경우에 따라서, 또는 그 사람이 누구인지에 따라서 공소를 제기하거나 아니면 기소

---

89) 김선수, 사법개혁리포트, 330쪽
90) 타건압박수사에 있어 검찰은 때로는 강압적인 방법으로 때로는 회유적인 방법으로 심리적·정신적 압박을 가하는데, 이때 회유적인 방법으로 동원되는 것 중의 하나가 본건에 관하여 검찰에 유리한 진술을 하면 타건에 있어 기소유예 내지 입건유예를 해 주겠다는 것으로서, 이 논문에서 주장하는 바와 같이 기소기준제를 도입하게 되면 검찰이 기소유예 등을 함부로 해 줄 수 없게 되어, 타건압박수사의 활용도가 떨어지게 될 것이다.

를 유예하게 된다면, 이는 법치(法治)가 아니라 인치(人治)인 것이며, 현대 국가를 지탱하는 원칙이라고 할 수 있는 법치주의이념에도 반하는 것이다.

양형기준제가 도입됨에 따라, 법관의 재량에 속하던 양형에 있어 비록 법적 구속력은 아니라고 하더라도 사실상의 기속력을 가지는 양형기준이라는 제약이 부과되었고, 그로 인하여 오히려 사법부 전체의 신뢰는 향상되었는바, 이와 같은 역사적 교훈을 검찰에도 그대로 적용할 필요가 있다고 본다. 즉, 검사가 기소 여부를 결정함에 있어 의지할 수 있도록 '기소기준제'를 도입하자는 것이다. 이 기소기준제는 혐의가 인정되지 아니하는 사안에는 당연히 적용되지 아니한다. 기소기준제란 공소를 제기할지 아니면 기소를 유예할지 여부를 판단함에 있어 적용되는 기준을 설정하여 운영하는 제도를 말한다.

이와 같은 기소기준제를 검찰에 도입하게 되면, 검찰이 기소 여부를 결정함에 있어 투명성과 객관성, 그리고 형평성과 공정성을 확보할 수 있게 될 것이다. 법원의 양형기준제가 도입될 당시, 검찰은 법원 판결의 공정성과 객관성을 확보할 수 있을 것이라는 명분으로 강력하게 양형기준제의 도입을 주장하였다. 그렇다면 그 당시와 마찬가지 논리로 검찰 결정의 투명성과 형평성을 확보하기 위해서라도 검찰에 기소기준제가 도입되어야 마땅한 것이며, 이에 대하여 법원의 양형기준제 도입을 강력하게 주장하였던 검찰이 기소기준제의 도입을 반대할 명분은 없을 것이라고 본다.

2) 기소기준제의 내용
(1) 기소기준제는 점수를 산정하여 기소 여부를 결정한다.
그럼, 어떠한 내용으로 기소기준제를 도입하여야 할 것인지 검토하여 본다. 검사가 기소 여부를 결정함에 있어서는 법관이 양형을 결정함에 있어서와 마찬가지의 사항들을 우선적으로 고려하여야 할 것이다. 따라서, 법원조직법 제81조의6 조문에 규정되어 있는 바와 같이, 검사의 기소기준을 설정하거나 변경함에 있어서는 "범죄의 죄질, 범정(犯情) 및 피의자의 책임의 정도를 반영"하여야 하고, "범죄의 일반예방과 피의자의 재범 방지 및 사회복귀를 고려"하여야 하며, "같은 종류 또는 유사한 범죄에 대해서는 고려하여야 할 양형 요소에 차이가 없으면 그 처분에 있어서도 서로 다르지 아니하게 취급"하여야 하고, "피의자의 국적, 종교 및 양심, 사회적 신분 등을 이유로 차별하지 아니하여야" 한다. 나아가 "범죄의 유형 및 법정형, 범죄의 중대성을 가중하거나 감경할 수 있는 사정, 피의자의 나이, 성품과 행실, 지능과 환경, 피해자에 대한 관계, 범행의 동기, 수단 및 결과, 범행 후의 정황, 범죄 전력, 그 밖에 합리적인 양형을 도출하는 데 필요한 사항 등"을 종합적으로 고려하여 공소제기의 기준을 설정하거나 변경하여야 할 것이다.

이와 같은 기소기준을 설정하거나 변경하기 위하여 대검찰청에 '기소기준위원회'를 두어 그 업무를 담당하도록 한다. 이 위원회는 법원의 양형위원회와 마찬가지로 학식과 경험이 있는 사람들로 다양하게 구성하여야 한다. 그리고, 그 기소기준에 대하여는 검사가 사건을 처리함에 있어 이를 존중하도록 하되, 법적 구속력을 가지지는 아니하는 것으로 하면 될 것이다.

그렇지만, 현재 법원에서 활용 중인 양형기준표와 비슷한 형태로 검찰의 기소기준표를 만드는 것은 곤란하다. 왜냐하면, 현행 법원의 양형기준표를 보면 범죄에 따라 기본양형과 가중 내지 감경된 양형이 있어 일정 범위로 그 양형의 기준을 제시하고 있는데, 필자가 주장하는 검찰의 기소기준표는 양형의 범위를 설정하자는 것이 아니라 "공소제기 또는 기소유예의 기준을 만들자."라는 것이기에, 검찰의 기소기준표를 법원의 양형기준표처럼 만들어서는 소용이 없기 때문이다.

따라서, 검찰의 기소기준표는 아래와 같은 내용으로 만들 것을 제안하고자 한다. 즉, 범죄별로 기본점수를 부여한 후 가중 내지 감경되는 사유에 따라 각각 특정 점수를 추가로 더하거나 공제하여, 결과적으로 산출되는 점수를 가지고 공소제기의 기준이 되는 점수와 비교하여 기소 여부를 결정하도록 하자는 것이다. 몇 가지 사례를 들어 설명한다.

(사례 1) 피의자가 절도범죄를 저질렀다. 절도죄의 기본점수는 75점이다. 그런데 피의자는 상습범이었기에 12점이 가산된다. 반면 피의자는 가족의 생계를 위하여 할 수 없이 범행에 이르렀기에 6점이 공제되고, 피해자와 합의도 하였기에 추가로 7점이 공제된다. 결과적으로 74점(75＋12−6−7)이 산출되는데, 기소기준 70점보다 높은 점수이므로 피의자에 대하여는 공소를 제기함이 합당하다.

(사례 2) 피의자가 강도죄를 저질렀다. 강도죄의 기본점수는 83점이다. 그런데 피의자는 흉기를 사용하였기에 10점이 가산된다. 반면 피의자는 너무나 배가 고픈 나머지 어쩔 수 없이 범행에 이르렀기에 6점이 공제되고, 초범인 관계로 5점이 추가로 공제된다. 결과적으로 82점(83＋10−6−5)이 산출되는데, 기소기준 70점보다 높은 점수이므로 피의자에 대하여는 공소를 제기함이 합당하다.

(사례 3) 피의자가 살인범죄를 저질렀다. 살인죄의 기본점수는 90점이다. 그런데 당시 피해자는 야간에 피의자의 자택에 침입하여 절취할 물건을 물색 중이었기에, 피해자가 범행을 유발한 점을 감안하여 9점이 공제된다. 피해자를 발견한 피의자는 소리를 치며 야구방망이를 집어 들었고, 피해자가 도주하려는 순간 피의자는 너무 놀란 나머지 야구방망이로 피해자의 머리를 1회 가격하여 살해하였기에, 과잉방위에 해당하여 10점이 공제된다. 그 후 피의자는 경찰에 신고하여 자신의 범죄를 자수하였기에 5점이 공제되며, 피해자의 가족들과 합의를 하였기에 7점이 추가로 공제된다. 결과적으로 69점 (90−9−10−5−7)이 산출되는데, 기소기준 70점보나 낮은 점수이므로 피의자에 대하여는 기소를 유예함이 합당하다.

(사례 4) 피의자가 상해범죄를 저질렀다. 상해죄의 기본점수는 78점이다. 그런데 피의자는 부친인 피해자에게 상해를 가하였기에 11점이 가산된다. 그렇지만 피의자는 부친인 피해자가 오랜 기간에 걸쳐 모친을 폭행하는 모습을 보고 마음 아파하던 중, 범행 당시에도 피해자가 모친을 폭행하자 격분한 나머지 피의자에게 상해를 가하였기에, 피해자에게도 범행의 발생에 상당한 책임이 있어 9점이 공제된다. 그 후 부친인 피해자가 오히려 자신의 과오를 반성하고 아무 조건 없이 피의자에 대한 처벌을 원하지 아니하기에 7점이 공제된다. 그리고 피의자는 초범이기에 5점이 추가로 공제된다. 결과적으로 68점(78+11−9−7−5)이 산출되는데, 기소기준 70점보다 낮은 점수이므로 피의자에 대하여는 기소를 유예함이 합당하다.

(사례 5) 피의자가 강간범죄를 저질렀다. 강간죄의 기본점수는 83점이다. 그런데 피의자는 자녀가 보는 앞에서 부녀를 강간하였기에 10점이 가산된다. 반면 피의자는 정신병을 앓고 있어 심신미약의 상태이기에 9점이 공제되며, 피해자측과 합의를 하였기에 7점이 추가로 공제된다. 결과적으로 77점(83+10−9−7)이 산출되는데, 기소기준 70점보다 높은 점수이므로 피의자에 대하여는 공소를 제기함이 합당하다.

(사례 6) 피의자가 사기범죄를 저질렀다. 사기죄의 기본점수는 79점이다. 그런데 피의자는 초범이기에 5점이 공제되고, 피해자측과 합의를 하였기에 7점이 추가로 공제되며, 피해액이 5,000만원에 미치지 아니하여 점수에 가감이 없다(5,000만원 이상이면 가산점수가 있다). 결과적으로 67점(79−5−7)이 산출되는데, 기소기준 70점보다 낮은 점수이므로 피의자에 대하여는 기소를 유예함이 합당하다.

(사례 7) 피의자가 뇌물범죄를 저질렀다. 뇌물죄의 기본점수는 82점이다. 그런데 피의자가 받은 뇌물액이 3,000만원을 초과하기에 5점이 가산된다. 반면 피의자는 초범이기에 5점이 공제되고, 뇌물로 받은 금원을 전액 반환하였기에 6점이 추가로 공제된다. 결과적으로 76점(82＋5－5－6)이 산출되는데, 기소기준 70점보다 높은 점수이므로 피의자에 대하여는 공소를 제기함이 합당하다.

위와 같은 내용의 기소기준표가 하루아침에 만들어질 수는 없을 것이다. 그렇지만, 대법원에 양형위원회를 설치한 것처럼 대검찰청에 기소기준위원회를 신설하여 작업하기 시작한다면, 법원의 경우와 마찬가지로 검찰에도 적절하게 적용될 수 있는 기소기준표를 만들어 낼 수 있을 것이다. 그리고, 이를 통하여 검찰 결정의 투명성과 객관성을 확보하고, 나아가 검찰에 대한 국민의 신뢰를 크게 향상시킬 수 있을 것이다. 법원의 양형기준제가 제대로 활용되고 있는 마당에, 검찰 역시 기소기준제의 도입을 크게 반대할 명문은 없다고 본다. 따라서 기소기준제를 도입하는 방안을 긍정적으로 검토할 필요가 있다고 하겠다.

(2) 기소유예와 마찬가지로 입건유예 경우에도 기소기준제를 적용하여야 한다.
여기에서 강조하고 싶은 것은, 검찰에 기소기준제가 도입된다고 할 때, 이 제도는 이미 피의자로 입건된 경우에 한하여 적용되는 것이 아니라, 내사단계에서 피의자로 입건할 것인지 아니면 입건을 유예할 것인지 여부를 결정함에 있어서도 당연히 이 제도가 적용되어야 한다는 점이다.

앞서 검찰권을 남용하는 사례에서 보았듯이, 검찰은 피의자에 대하여 조사를 하고서도 아예 조서를 작성하지 아니하여 조서 작성시의 각종 규제를 회피하곤 한다. 따라서, 내사 단계의 어떤 사람에 대하여 아직 입건하지 아니하였음을 이유로 기소기준제의 적용을 배제한 채 함부로 입건을 유예하는 경우가 있다면, 이는 검찰 처분의 투명성과 객관성을 확보하기는커녕 오히려 검찰의 신뢰를 저하시킬 것이다. 따라서 아직 입건되지 아니한 피내사자에 대하여 그를 정식으로 형사 입건할 것인지 여부를 결정함에 있어서도 기소기준제가 반드시 적용되어야 한다.

3) 기소기준제 시행으로 기소편의주의의 단점 보완
사실 기소편의주의가 남용되는 사례가 적지 아니한 것이 현실이다. 형사소송법 제246조는 국가소추주의를 선언하고 있고, 제247조는 기소편의주의를 천명하고 있다.

그런데, 기소편의주의는 검사가 수사한 결과 공소를 제기하기에 충분한 증거가 확보되고 소추요건도 모두 갖추어져 있음에도 불구하고, 제반사정을 감안하여 검사는 재량에 의하여 불기소 처분을 할 수 있다는 것으로, 검사가 공소를 제기하기에 충분한 증거가 확보되고 소추요건도 모두 갖추어져 있다면 반드시 공소를 제기하여야 한다는 '기소법정주의(기소강제주의)'와 대립되는 개념이다.

이와 같은 기소편의주의에 대하여, 검찰 단계에 있어 탄력성 있는 법의 집행을 통하여 구체적인 정의를 실현할 수 있고, 형사정책적인 고려에 의하여 범죄인에게 개선의 기회를 제공할 수 있다는 등으로 그 합목적성이 인정되는 이상, 기소법정주의보다 합리적이라는 것이 실무와 학계의 통설이기는 하지만, 기소편의주의가 항상 합리적으로 운용되는 것은 아니라는 점에 문제가 있다. 때로는 기소편의주의가 남용되어 국민으로부터 비판을 받기도 한다. 그 대표적인 사례가 이른바 '12·12 사건'에 있어 전두환 등 피의자들에 대하여 검찰이 기소유예 결정을 내린 경우라고[91] 할 수 있을 것이다.[92]

당시 검찰은 ① 피의자 등을 기소하는 경우, 재판 과정에서 과거사가 반복 거론되고 법적 논쟁이 계속되어 국론분열과 대립양상을 재연함으로써 불필요하게 국력을 소모할 우려가 있고, ② 이러한 혼란상은 앞으로 국가안정을 저해하고 국가발전에도 지장을 초래하는 결과를 야기할 수 있으며, ③ 검찰이 이 사건의 진상을 철저히 규명하고 그것이 범법행위이었음을 명백히 인정한 이상, 불행하였던 과거를 청산하고 불법적 실력행사를 경고하는 냉엄한 역사적 교훈을 남겨 역사발전의 계기가 될 것이므로, ④ 이 사건에 대한 역사적 평가는 후세에 맡기고 관련자들에 대한 사법적 판단은 이번 검찰의 결정으로 마무리하는 것이 바람직하고, 나아가 ⑤ 대다수 국민들도 더 이상 지난 일로 갈등과 반복을 지속하여 국가적 혼란을 초래함으로써 국가발전에 지장을 주는 것을 바라지 아니할 것이라는 이유로[93] '12·12 사건'에 대하여 기소유예 결정을 하였다.[94]

---

91) 검찰은 '12·12 사건'에 대하여는 1994. 10. 29. '기소유예' 결정을 하였고, '5·18 사건'에 대하여는 1995. 7. 18. '공소권 없음' 결정을 하였다.

92) 검찰이 '12·12 사건'에 대하여 기소유예 처분을 내린 것은 검찰의 기소권 남용의 가장 결정적 사례라고까지 비판하기도 한다(한인섭, 5·18재판과 사회정의, 경인문화사(2006), 130쪽).

93) 헌법재판소 1995. 1. 20.자 94헌마246 결정(판례집 7권 1집, 15~111쪽)에서 재인용

94) 기소유예 처분을 한 검찰의 이와 같은 주장에 대하여, ① 검사가 기소유예할 수 있는 사안은 법관의 선고유예를 받을 만하거나 그보다 경미한 사건에 국한되는데 12·12 사건은 그러하지 아니하고, ② 12·12 사건의 피의자들은 개전의 정이 없어 정상을 참작할 여지가 없으며, ③ 검찰의 '어거지 중재'식 기소유예 결정은 고소인이나 피고소인측의 재판을 받을 헌법상의 권리를 침해하는 것이고, ④ 중대 범죄자를 처벌하지 아니하고서는 진정한 국가안정이나 국가발전을 이룰 수 없는 것이라는 비판이 제기되었

위와 같은 검찰의 '기소유예' 결정에 대하여 당초 위 사건을 고소하였던 정승화 등 22명은 헌법소원을 제기하였는바, 헌법재판소는 ① 12·12 사건의 처리에 있어 충실한 과거의 청산과 장래에 대한 경고, 정의의 회복과 국민들의 법 감정 충족 등과 같은 기소 사유가 갖는 의미도 중대하지만, 이 사건을 둘러싼 사회적 대립과 갈등의 장기화 또한 가볍다고만 단정할 수 없는데, ② 양자간 가치의 우열이 명백하지 아니한 상반되는 방향으로 작용하는 두가지 참작사유 중 검사가 어느 한쪽을 선택하고 다른 사정도 참작하여 기소를 유예하는 처분을 하였다고 하여 그 처분이 형사소송법 제247조 제1항에 규정된 기소편의주의가 예정하고 있는 검사의 재량의 범위를 벗어난 것으로서 헌법재판소가 관여할 정도로 자의적인 결정이라고 볼 수 없다는 다수의견으로 고소인들의 헌법소원을 기각하였다.[95]

한편, 위와 같은 헌법재판소의 결정에는 이를 반대하는 소수의견이 있었는바, 소수의견은 ① 이 사건에서 피청구인이 내세우는 기소 방향으로 작용하는 사유에 대한 논증은 있었으나 기소유예 방향으로 작용하는 사유에 대하여는 아무런 논증이 없는바, ② 가사 그에 대한 논증이 있다고 가정하더라도 기소 방향으로 작용하는 참작사유의 가치가 그 반대사유의 가치에 비하여 현저히 그리고 명백하게 우월한 이상, ③ 피청구인의 기소유예 처분은 검사의 합리적인 재량의 한계를 일탈한 부당한 처분이며, 그로 인하여 청구인들의 평등권과 재판절차 진술권을 침해하였으므로, 마땅히 취소되어야 한다고 주장하였다.[96]

12·12 사건에 대한 검찰의 기소유예 결정은 과연 타당하였던 것일까? 물론 각자의 역사관과 세계관, 그리고 정의감 등에 비추어 검찰의 결정에 찬성하는 사람도 있을 것이고, 반대하는 사람도 있을 것이다. 그렇지만, 위 결정 이후 그 당시 김영삼 대통령에 의하여 이른바 '역사 바로 세우기' 차원에서 진행된 전두환·노태우 두 전직 대통령에 대한 사법처리 결과와[97] 이에 대한 국민들의 지지와 호응도에 비추어 보면, 12·12 사건에 대한 검찰의 당초 기소유예 결정은 잘못되었다고 보는 것이 역사적으로 타당할 것 같다.[98]

다(한인섭, 5·18재판과 사회정의, 130~133쪽).

95) 헌법재판소 1995. 1. 20.자 94헌마246 결정

96) 헌법재판소 1995. 1. 20.자 94헌마246 결정 중 소수의견

97) 제1심 법원은 "12·12 사건은 군사반란이고 5·18 사건은 내란 및 내란목적살인이었으며, 폭력으로 국권이나 정권을 장악한 쿠데타는 비록 성공하였다고 하더라도 사법심판의 대상으로 형사책임을 면할 수 없다."라고 판시하면서 전두환에 대하여는 '사형'을, 노태우에 대하여는 '무기징역'을, 각 선고하였다. 항소심은 전두환에 대하여는 '무기징역'을, 노태우에 대하여는 '징역 15년'을, 각 선고하여 감형하였고, 대법원에서 그대로 확정되었다. 그렇지만 그 후 김대중 대통령의 당선에 즈음하여 '특별사면'으로 전두환·노태우 모두 석방되었다.

위와 같이 12·12 사건에 대한 검찰의 기소유예 처분이 타당한지 여부에 대한 논란은 차치하더라도, 검찰에서 이루어지는 수많은 불기소 처분이 모두 타당하다고는 볼 수 없을 것이다. 그래서 현행법상으로도 항고와 재정신청 제도99) 등을 통하여 이를 통제하고 있다. 그렇지만, 검찰권 남용을 통제하기 위하여 한걸음 더 나아가 독일식의 기소법정주의를100) 도입할 필요는 없을지 검토하여 본다.

미국, 영국, 프랑스 등 대부분의 선진국들은 기소편의주의를 채택하고 있는 반면, 유독 독일만은 기소법정주의를 채택하고 있다.101) 그 이유에 대하여는, 당시 연방국가이었던 독일이 제국 차원의 형사소송법을 제정하면서, 검사를 법률의 파수꾼으로 규정하고, 검사의 지위를 단순히 피고인과 대립하는 당사자가 아니라 법률을 수호하고 객관의무를 부담하는 독립관청으로 보았기 때문에, 검사의 자의적 결정과 정치적·당파적 영향을 배제하는 한편, 공소제기 권한이 자백을 강제하기 위한 수단으로 남용되는 것을 방지하고, 나아가 형사사법이 획일적으로 운영되어 법적 안정성이 도모될 수 있도록 기소법정주의를 채택한 것으로 보고 있다.102)

우리나라에 있어서도 검찰권 남용을 통제하기 위하여 독일식의 기소법정주의를 도입할 필요가 있다는 주장이 있을 수 있다.103) 그런데, 앞서 본 바와 같은 내용의 기소기준제를 우리나라에 도입하게 되면, 중요범죄의 경우 일정한 과정을 통하여 결과적으로 산출되는 점수가 기소 여부를 결정하는 분기점 점수보다 통상 높을 것이므로, 의당 중요범죄에 대한 사건은 기소하는 방향으로 결론이 날 것이다. 따라서 기소

---

98) 12·12 사건에 대한 검찰의 기소유예 처분은 검찰의 자의와 독선에 의한 결정이었다고 비판적으로 보는 시각이 있다(김재윤, "검사의 소추재량권에 대한 민주적 통제방안", 114쪽).

99) 현행 재정신청 제도에 여러 문제가 있지만, 그 중 하나의 문제는 법원이 공소제기 명령을 하여 기소된 사건에 있어 그 공소유지를 검사가 담당한다는 점이다. 그 결과 검사는 공소유지를 제대로 하지 아니하거나 무죄를 구형하거나 항소를 하지 아니하는 등으로 제대로 업무를 수행하지 아니하는 경우가 있다. 그래서 대한변호사협회는 법원의 공소제기 명령에 따라 기소된 사건의 공소유지는 검사가 아니라 종전처럼 변호사가 담당하도록 개선하여야 한다고 주장하고 있다. 또 대한변호사협회는 ① 재정신청 대상범죄를 고발사건까지 확대하고, ② 검찰 항고를 임의적 전치주의로 전환하며, ③ 재정법원을 현행 고등법원에서 지방법원으로 변경하고, ④ 수사가 미진할 경우 법원이 보완수사를 명령할 수 있도록 개선하자고 주장하고 있다(자세한 내용은 대한변협신문 2016. 9. 12.자 3면; 대한변호사협회(www.koreanbar. or.kr) 2016. 8. 22. 발표 "검찰 개혁에 관한 성명서" 참조).

100) 독일의 기소강제절차(재정신청제도)에 대한 자세한 내용은 김태명, "다시 개정되어야 할 재정신청제도", 형사정책연구/82(2010), 한국형사정책연구원, 101쪽 이하 참조

101) 한상훈, "외국의 검찰제도와 한국검찰 개혁에 대한 시사점", 법과사회/37(2009), 법과사회이론학회, 138쪽

102) 김태명, "독일의 기소강제절차와 일본의 부심판절차에 비추어 본 우리나라 재정신청제도의 개정방향", 경찰법연구11/2(2013), 156쪽

103) 장기 3년 이상에 해당하는 중대한 범죄에 대하여는 기소할 의무를 강제하고, 검사의 기소유예 처분에는 원칙적으로 법관의 동의를 요하는 것으로 입법적 개선을 하여야 한다는 주장도 있다(한인섭, 5·18재판과 사회정의, 138쪽).

기준제의 도입으로 사실상 기소법정주의를 실현하는 결과가 되어, 기소편의주의가 태생적으로 가지고 있는 단점이라고 할 수 있는 검찰권의 자의적 행사와 부당한 기소유예 처분의 폐단을 예방하고 시정할 수 있어, 형사사법에 있어 정의를 추구하고 검찰권 남용을 통제할 수 있을 것이다.

5

수사준칙의 제정 방안에 관한 연구*

김태명(교수, 전북대학교 법학전문대학원)

I 머리말

　문재인 정부는 대통령 선거공약의 「권력기관 개혁」 이행방안으로서 지난 2018년 6월 21일 국무총리가 주재하고 법무부장관과 행정안전부장관이 합의하는 형식으로 검·경 수사권 조정 합의문(이하 '합의문'이라 약칭한다)을 발표했다. 합의문은 검사의 경찰에 대한 수사지휘를 폐지하고, 경찰에게는 수사종결권을 부여하며, 아울러 법무부장관의 주재로 검찰총장과 경찰청장이 협의하여 수사준칙을 제정한다는 방침 등을 담고 있다.

　합의문에 대해서는 직접적인 이해관계자인 경찰과 검찰은 서로의 불만을 토로하였다. 우선 검찰은 "형사사법제도의 근간을 바꾸는 문제를 국가기관 간 타협하는 방식으로 결정하는 것은 매우 위험하다"고 하면서 중앙집권적이고 민주통제가 약한 '국가사법경찰'에 대해서는 인권보호를 위하여 검사의 사법통제를 현행대로 유지해야 한다고 주장하였다.[1] 경찰은 그동안 검찰과의 갈등의 원인이 되었던 수사지휘권이 폐지되고 두 기관의 상호협력관계로 전환되었다는 점을 긍정적으로 평가하면서도 모든 범죄에 대해 1차적·본래적 수사기관인 경찰이 사건을 수사하고 검사가 기소권자로서 경찰수사의 결과를 객관적으로 검토하는 것이 수사와 기소 분리를 통한 견제와 균형이라는 수사권 조정 취지와 부합한다고 하여, 수사와 기소가 완전히 분리하지 못한 합의문에 대해 아쉬움을 토로했다.[2]

---

* 이 글은 김태명, "수사준칙의 문제점과 개선방안", 범죄수사학연구 제6권 제2호, 경찰대학 범죄수사연구원, 2020에 게재되었음을 밝힌다.
1) 대검찰청, 수사권조정 관련 의견, 2018.5. 참조.
2) 경찰청, 수사권 조정에 대한 의견서, 2018.5.31. 참조.

학계에서도 합의문의 내용을 놓고 격론을 벌였다. 한국형사법학회, 한국형사소송법학회, 한국비교형사법학회, 한국형사정책학회, 한국피해자학회, 형사판례연구회의 형사법관련 6개 학회는‘수사권 조정 정부 합의안에 대한 형사법적 고찰’이라는 주제로 대토론회를 개최하고, 합의문의 내용의 당부에 대한 공방을 펼쳤다.3) 이외에도 대토론회에 토론자로 참여한 교수들을 비롯하여 많은 교수들이 합의안에 대한 평가의 글을 발표하였다.4)

법률가단체들도 평가를 내놓았다. 대한변호사협회는 검찰과 경찰의 권한을 조화롭게 조정하기 위한 정부의 노력이 엿보인다고 평가하면서도, 경찰이 수사과정에서 부실수사를 하는 경우 종결 전까지 이를 통제할 방법이 없고 고소인이 없는 중요 국가적·사회적 법익 침해범죄의 경우 이의제기권조차 인정되지 않으므로 이를 통제할 방법이 없으며, 경제적 능력이 없는 사회적 약자가 이의제기권을 자유롭게 행사한다는 것은 사실상 기대하기 어렵다고 비판하고 있다.5) 민주사회를 위한 변호사 모임(이하에서는 ‘민변’으로 약칭한다)은 합의문에 대해 기본적으로 환영의 뜻을 표하면서도 검찰의 직접 수사권의 범위가 너무 넓고 그 기준이 모호하고, 검사작성 피의자신문조서의 증거능력에 대해서는 아무런 입장을 밝히지 아니하였으며, 경찰 수사단계에서 수사가 중지되거나 중단되는 경우에 대한 구체적인 통제방안이 없어 경찰의 수사종결권의 남용이 우려된다는 등의 지적을 하였다.6)

정부로부터 검경수사권 조정 합의문을 전달받은 국회 사법개혁특별위원회(이하 ‘사개특위’로 약칭한다)는 그동안 특별한 활동을 하지 않다가 최근 학계·법조계 전문가들을 초청하여 검경수사권조정 법안 마련을 위한 공청회를 개최하였다. 이 공청회에서는 바람직한 검경수사권 배분을 놓고 또 한 번 갑론을박이 벌어졌다.7) 검경 수사권 조정합의문이 사개특위에 제출된 후 법무부는 행정안전부와 협의하여 조정안을 조문화하는 작업을 진행하고, 지난 11월 12일 백혜련 의원은 조정안을 반영한 형사소송법과 검찰청법 개정법률안(이하‘개정안’으로 약칭한다)을 발의하였다.8)

---

3) 형사법 관련 6개 학회 대토론회, 수사권 조정 정부 합의안에 대한 형사법적 고찰, 2018.7. 7. 참조.

4) 합의문의 내용을 평가한 글로는 박용철, “검경 수사권조정 합의안의 내용과 의미에 대한 일고”, 형사정책 30권2호(2018.8), 37면 이하; 주승희, “검경 수사권조정 정부합의안에 대한 비판적 검토 및 합리적 대안모색”, 형사정책 30권2호(2018.8), 133면 이하 참조.

5) 대한변호사협회, -논평- 검경수사권 조정 합의안, 인권 보장 측면에서 검토하자, 2018.6. 21. 보도자료 참조.

6) 김호철(민변 회장), “[논평] 검·경 수사권 조정 합의를 환영하며, 정부와 국회는 검찰·경찰 개혁에 더욱 박차를 가하라.” 민변홈페이지(http://minbyun.or,kr/?p=39414), 2018.11. 11. 방문.

7) 국회 사법개혁특별위원회, 검경수사권조정에 관한 공청회, 2018.11.14.

8) 의안번호 16499, 형사소송법 일부개정법률안(백혜련의원 대표발의), 2018.11.12.

개정안이 정부입법이 아니라 의원입법의 형태로 발의되면서 조정안을 반영한 법률의 개정이 빠른 속도로 진행될 것으로 기대된다.[9] 합의문과 개정안에 따르면 법무부장관은 검찰총장, 경찰청장과 협의하여 수사에 관한 일반적 준칙을 정하여야 한다. 그런데 합의문과 개정안은 수사준칙의 방법에 대해서만 간단히 정하고 있을 뿐, 그 구체적 내용에 대해서는 특별한 언급이 없다.

우리나라 「형사소송법」은 그 명칭이 시사하는 바와 같이 주된 내용이 소송절차에 관한 규정이고, 수사절차에 관한 규정은 제2편 제1장 71개 조문에 불과하다. 500여개의 형사소송법 조문이 대부분 소송절차에 관한 규정이고, 나아가 사실상 「형사소송법」의 시행령이라고 할 수 있는 형사소송규칙에 180여개의 조항이 있는 것과 비교해 본다면, 수사절차에 관한 규정이 얼마나 빈약한지를 금방 알 수 있다.

이번 합의문이 법률로 성사될 경우 수사절차에서는 형사소송법 제정 이후 가장 큰 변화가 일 것으로 기대된다. 여전히 검사의 관할로 남아있는 특수사건을 제외하더라도 그동안 경찰이 사실상 관할해 온 전체의 98%에 이르는 일반사건에 대한 수사의 권한과 책임은 경찰로 이관된다. 일반사건에 대한 경찰수사의 적법성을 담보하고 여전히 검찰의 관할로 남아 있는 특수사건의 적법성을 확보하기 위해서는 경찰과 검찰이 공히 준수해야 할 수사준칙이 제정이 시급히 요구된다.

이에 필자는 먼저 현재 수사에 관한 각종 규정의 형식과 내용을 점검하고 영국, 미국, 독일, 일본 등 선진국에서 규정하고 있는 수사준칙의 사례를 검토한 다음, 합의문과 개정안이 제시하고 있는 수사준칙의 제정의 방법과 내용에 대한 의견을 제시하고자 한다.

---

9) 정부입법은 관계기관, 당정협의 등을 거쳐 입법예고를 하고 규제심사와 법제처 심사를 한 후 차관회의와 국무회의를 통과해 대통령 재가까지 받아야 법안을 국회에 제출할 수 있는 반면, 의원입법은 국회의원 10명 이상의 찬성으로 법안을 발의할 수 있고 국회 법제실 등의 검토를 거쳐 곧바로 상임위원회에 회부해 심사를 할 수 있다. 정부의 수사권 조정안에 반대 입장을 보이는 검찰의 반발을 차단하기 위한 것이라는 평가가 있는 가운데, 야당인 자유한국당은 "의원명의를 빌려 추진한 졸속입법은 사전평가, 입법예고, 공청회, 관계부처협의 등 정밀한 절차를 거치지 않으려는 정부의 꼼수"라고 비판하고 있다. 뉴시스, "수사권조정, 의원입법 추진에 꼼수논란...또 검찰 패싱?", 2018.11.14. 참조.

Ⅱ 현행 수사관련 법령의 개요

1. 헌법과 법률

우리나라 최고법인「헌법」에는 세계적으로 유래를 찾아보기 힘들 정도로 형사절차에 관한 다수의 규정이 있다. 형사절차 법정주의 내지 적법절차의 원칙(제12조 제1항), 고문금지와 불이익진술거부권(제12조 제2항), 영장주의(제12조 제3항, 제16조), 변호인의 조력을 받을 권리(제12조 제4항), 체포·구속적부심사청구권(제12조 제6항), 자백배제법칙과 자백의 보강법칙(제12조 제7항), 일사부재리의 원칙(제13조 제1항), 신속한 공개재판을 받을 권리(제27조 제3항), 무죄추정(제27조 제4항), 형사보상청구권(제28조), 공개재판의 원칙(제109조), 군사법원(제110조)과 같은 규정은 그 자체가 형사소송법의 법원이 된다.

그다음 법률의 형식으로 된 형사사송법의 법원은 단연코「형사소송법」이다. 다만 앞에서 서술한 바와 같이「형사소송법」은 그 대부분이 소송절차에 관한 것이고 수사절차에 관한 것은 일부에 불과하다. 이외에도 법률의 형식으로 된 형사소송법의 법원으로는「법원조직법」,「각급법원의 설치와 관할구역에 관한 법률」,「검찰청법」,「변호사법」,「사법경찰관리의 직무를 수행할 자와 그 직무범위에 관한 법률」,「경찰관직무집행법」,「국민의 형사재판 참여에 관한 법률」,「소년법」,「즉결심판에 관한 절차법」,「군사법원법」,「조세범처벌절차법」,「군사법원법」,「형의 집행 및 수용자의 처우에 관한 법률」등이 있다. 경찰관직무집행법을 제외하면 대부분이 형사사법기관에 관한 법률이거나 특별절차에 관한 법률이다. 경찰관직무집행법조차도 경찰수사에 규정이 아니라 범죄의 예방과 진압(제3조부터 제10조의4까지), 기록보관(제11조), 손실보상(제11조의2, 제11조의3)에 관한 규정이다.

2. 대통령령과 법무부령

지난 2011년 7월 우리나라는 형사소송법과 검찰청법을 개정하여 그간 수사의 보조자에 불과하던 경찰에 수사개시·진행권을 부여함으로써 검찰과 경찰의 관계의 재정립을 시도하였다. 검사의 수사지휘에 관한 구체적 사항은 대통령령으로 정하도록 규정한 개정 형사소송법 제196조 제4항에 따라 경찰과 검찰은 수사지휘에 관한 하위법령의 제정에 착수하였고, 많은 논란 끝에「검사의 사법경찰관리에 대한 수사지휘 및 사법경찰관리의 수사준칙에 관한 규정」(이하 「수사지휘규정」으로 약칭한다)이 제정·시행되었다. 이에 대해서는 경찰에 수사개시권이 보장되었다는 점에서는 긍정적인 평가도 있었으나, 실제로는 검사의 수사지휘 관행을 법제화 하는데 그쳤다는 비판을 받았다.[10]

「수사지휘규정」이 수사의 준칙으로 기능하기에는 뚜렷한 한계가 있었다. 우선 「수사지휘규정」은 법령의 명칭대로 검찰의 경찰에 대한 수사지휘에 관한 내용이 주를 이루고 있고, 수사의 준칙에 관한 내용은 일부(제11조부터 제73조)에 불과하다. 수사준칙에 관한 규정을 꼼꼼히 살펴보면 형사소송법의 내용을 그대로 반영하거나, 수사지휘에 필요한 내용이고 그나마 수사절차상 준수해야 할 내용을 규정한 조항은 모두 준수의무의 주체를 사법경찰관으로 정하고 있다. 보다 근본적으로 수사지휘규정은 경찰과 검찰이 지휘감독관계에 있음을 전제로 한 것으로 경찰과 검찰의 상호대등·협력관계를 전제로 한 합의문 또는 개정안에는 맞지 않다.

그렇다면 경찰과 검찰이 수사절차에서 준수해야 할 규칙은 어디에 규정되어 있을까? 그것은 바로 법무부령이다. 현행 형사소송법에 따르면 수사의 주재자는 검사이고(「형사소송법」 제195조), 사법경찰관은 검사의 지휘를 받아 수사를 한다(「형사소송법」 제196조). 검찰의 조직과 권한에 관한 기본법이 바로 「검찰청법」인데, 「검찰청법」은 수사의 주재자인 검사가 검찰청의 직무에 관하여 필요한 사항은 법무부령으로 정하도록 하고 있다. 이에 따라 법무부령으로 제정된 「검찰사건사무규칙」(법무부령 제937호)이 사실상 검찰수사의 준칙의 역할을 하고 있다. 「검찰사건사무규칙」은 각급 검찰청의 사건의 수리·수사·처리 및 공판수행 등에 관한 사항을 정하고 있는데, 특히 수사절차에 관한 제7조부터 제56조의2는 검사에 대하여 적용되는 수사준칙이라고 말할 수 있다.

법무부는 이외에도 수사과정에서 모든 사건관계인의 인권을 보호하고 적법절차를 확립하기 위하여 검사를 비롯한 수사업무 종사자가 지켜야 할 기본 준칙으로 「인권보호수사준칙」(법무부훈령 제985호)을 제정·시행하고 있다. 수사를 받은 피의자 또는 참고인의 입장에서 보면 법무부령인 「검찰사건사무규칙」보다 법무부훈령인 「인권보호수사준칙」이 더 큰 의미를 갖는다. 예를 들어 피의자신문과 관련하여 출석까지의 여유기간 보장, 피의자면담을 이유로 한 변호인 참석 불허, 심야조사, 휴식, 메모, 수사준칙의 사전고지, 과도한 심리적 압박이나 인권·명예훼손 등은 피의자나 참고인에

---

10) 대표적인 글로는 황문규, "검경 수사권 관련 대통령령에 대한 비판적 고찰" 형사정책연구 23권1호 (2012 봄호), 118면 이하 참조.

게 아주 중요한 사안이 되는데, 이러한 내용들이 「인권보호수사준칙」에 담겨있다.

그런데 그 내용을 살펴보면 형사소송법에 규정된 것과 실질적인 차이가 없는 것이 많고, 그나마 형사소송법에 없는 규정도 그 내용이 추상적이어서 실질적인 수사준칙으로서의 역할을 하기는 어렵다. 이러한 상황에서 지난 2017년 12월 7일 법무·검찰 개혁위원회는 피의자신문절차의 개선을 내용으로 하는 「인권보호수사준칙」의 개정을 권고하였다.[11]

정부에서 수사권조정안이 마련되는 도중에 검찰은 '검찰 수사준칙 태스크포스'를 출범해 수사에서 기소, 공판까지 전 과정을 매뉴얼화하는 작업에 착수했는데, 기존 「인권보호수사준칙」을 더욱 구체화하는 한편 각종 지침 등에 산재돼 있는 수사절차 관련 규정들을 한 데 모아 수사정보 수집에서부터 체포·구속, 피의자신문 등 수사 과정에서 지켜야 할 기준을 구체화해 담을 예정이라고 한다.[12] 매뉴얼에 따라 공정하고 객관적인 업무를 수행할 수 있도록 하자는 데에는 반대할 이유가 없다. 그러나 국민의 인권과 직결된 사항을 법무부훈령으로 제정해야 하는가는 의문이 아닐 수 없다. 법무부훈령은 검찰청 내부의 사무처리지침에 불과하고 법규적 효력을 가지지 않는다.[13] 훈령이란 상급관청이 하급관청의 권한행사를 지휘하기 위하여 발하는 명령으로서 원칙적으로 법규와 같은 성질을 갖지 않는다. 따라서 이를 위반한다고 하여 그 자체로서 위법이라고 할 수도 없을 뿐만 아니라 그로 인하여 국민의 자유와 권리가 침해되었다고 보기도 힘들다. 국민의 자유와 권리의 제한에 관한 사항은 원칙적으로 국회가 제정한 법률에 의해야 하고, 대통령과 행정각부장관은 구체적으로 위임된 사항만을 정할 수 있다. 그 내용은 차지하고서라도 인권과 관련된 수사의 준칙을 대통령령이나 부령도 아닌 훈령으로 제정한다는 것 자체가 문제가 아닐 수 없다.

경찰도 범죄수사에 관한 준칙을 제정·시행하고 있는데, 그것이 바로 「범죄수사규칙」(경찰청훈령 제881호)이다. 「범죄수사규칙」은 1991년 경찰청 개정을 계기로 경찰청 운형으로 제정되어 2008년 대폭개정을 거쳤다.[14] 일선 경찰관들은 「범죄수사규칙」에 의거하여 수사를 하고 있다고 해도 과언이 아니며 범죄수사규칙을 읽어보면 경찰의 전반적인 수사활동을 파악할 수 있다.[15]

---

11) 법무검찰개혁위원회 제5차 권고안, 2017.12.17. 참조.
12) 법률신문 2018.6.14.자, "수사에서 기소까지 '검찰 수사준칙 매뉴얼' 만든다" 참조.
13) 검찰사건사무규칙의 규정은 검찰청 내부의 사무처리지침에 불과한 것일 뿐 법규적 효력을 가진 것이 아니다(헌법재판소 1991.7.8. 91헌마42 결정 참조).
14) 경찰청의 「범죄수사규칙」의 내용과 한계에 관해서는 황문규(연구책임자), 경찰독자적 수사준칙에 관한 행안부령 제정방안에 대한 연구, 2012. 참조.
15) 이연수·신현덕, 범죄수사규칙, 2005, 3면은 수사·형사업무를 담당하는 사법경찰관리인 경찰관에게 범

경찰청의 「범죄수사규칙」은 검찰청의 「검찰사건사무규칙」이나 「인권보호수사준칙」 과는 달리 수사의 기본원칙(제1조부터 제12조까지), 수사의 조직(제13조부터 제16조의2) 까지, 특별사법경찰관리와의 관계(제17조부터 제21조까지), 수사서류(제22조부터 제27조 까지), 내사(제28조), 피해신고(제29조, 제30조), 변사자의 검시(제31조부터 제38조까지), 범죄인지(제39조부터 제41조까지), 고소·고발·자수(제42조부터 제53조까지), 출석요구와 임의동행(제54조, 제54조의2), 피의자신문과 참고인조사(제56조부터 제72조까지), 영상녹 화(제73조부터 제79조까지), 체포와 구속(제80조부터 제107조까지), 압수와 수색(제108조 부터 제134조까지), 검증(제135조부터 제141조까지), 통신수사(제142조부터 제153조까지), 증거보전(제154조부터 제168조까지), 수배와 공조(제170조부터 제188조까지), 송치와 이 송(제189조부터 제199조까지), 범죄피해자 보호(제200조부터 제206조의2까지), 소년사건 에 관한 특칙(제207조부터 제217조까지), 성폭력사건에 관한 특칙(제128조부터 제223조 까지), 가정폭력사건에 관한 특칙(제224조부터 제230조까지), 외국인범죄에 관한 특칙 (제231조부터 제245조까지), 다중범죄에 관한 특칙(제246조부터 제252조까지), 아동보호 사건에 관한 특칙(제253조부터 제261조까지), 마약류범죄관련 보전절차(제262조, 제263 조), 보석자 등의 관찰(제264조부터 제266조까지), 장부와 비치서류(제267조부터 제278조 까지), 약식절차에서의 전자문서의 이용(제279조부터 제282조까지) 등 경찰수사의 거의 모든 분야에 걸치고 있고, 그 내용 또한 비교적 상세하다.

「범죄수사규칙」에는 제척·기피·회피(제8조부터 제8조의5), 언론발표시 주의사항(제 12조), 수사지휘와 이의제기(제14조부터 제15조의6) 등 형사소송법이나 수사지휘규정에 는 없는 내용이 다수 규정되어 있다. 그리고 「인권보호수사준칙」과 비교해 볼 때 그 내용도 비교적 자세하다.[16)]

그럼에도 불구하고 「범죄수사규칙」은 적지 않은 문제점을 내포하고 있다. 우선 검 찰청훈령인 「인권보호수사준칙」과 마찬가지로 「범죄수사규칙」은 경찰청 내부의 사무 처리지침에 불과할 뿐 법규명령으로서의 효력을 갖고 있지 않다. 그리고 상위법인 형사소송법과 부합하지 않은 규정도 발견된다. 예를 들어 형사소송법은 수사의 권한 을 가진 경찰공무원, 즉 사법경찰관을 '경무관, 총경, 경정, 경감, 경위'로 한정하고

죄수사업무를 수행함에 있어서 지켜야 할 수사경찰의 기본적 필요사항을 규정함으로써 구체적 업무처 리에 있어서의 기준과 통일을 기하여 수사의 방법과 절차와 서식에 있어서 능률을 극대화하기 위에 제 정된 규칙이라고 설명하고 있다.

16) 이처럼 「범죄수사규칙」이 상당히 인권친화적인 내용을 담게 된 것은 지난 2017.6.16.에 출범한 경찰개 혁위원회의 권고안을 경찰이 수용한데서 비롯된 것이다. 경찰개혁위원회의 권고와 그에 따른 법령의 개정과정에 대해서는 유주성, "경찰수사개혁의 성과와 과제", 형사정책 30권 2호(2018.8.), 87면 이하 참조.

있는데도 「범죄수사규칙」은 경찰청장과 지방경찰청장에게 수사지휘권을 부여하고 있다. 형사소송법상 치안총감, 치안정감 및 치안감은 사법경찰관이 아니므로 수사를 할 수 없음에도 불구하고 경찰청장과 지방경찰청장에게 수사지휘권을 부여하는 것은 상위법인 형사소송법에 반한다고 볼 수 있다.[17] 또한 합의문은 "사법경찰직무에 종사하지 아니하는 경찰이 사법경찰직무에 개입·관여하지 못하도록 절차와 인사제도 등을 마련"하도록 하고 있는데, '사법경찰직무에 종사하지 아니하는 경찰'이란 결국 형사절차의 기본법인 형사소송법상 사법경찰관으로 분류된 경찰공무원만을 의미한다고 보아야 할 것이다.

3. 소결

이상에서 살펴본 바와 같이 우리나라에서 수사절차를 포함한 형사절차의 기본법이라고 할 수 있는 「형사소송법」과 「형사소송규칙」은 대부분 소송절차에 관한 것으로 수사절차에 관한 실질적인 법원(法源)으로 기능하기에는 한계가 있다. 그리고 수사절차에 관한 하위법이라고 할 수 있는 「수사지휘규정」은 주로 수사지휘에 관한 것이거나 사법경찰관에게 적용되는 소수의 수사준칙만을 규정하고 있다. 이러한 상황에서 실질적으로 수사준칙의 기능을 하는 규정은 검찰청과 경찰청에서 제정·시행하고 있는 「인권보호수사준칙」과 「범죄수사규칙」인데, 이것들은 법규명령이 아니라 검찰청과 경찰청의 사무처리지침의 효력밖에 갖고 있지 못하다. 그뿐만 아니라 이들 법령들은 경찰과 검찰의 관계를 지휘복종관계로 전제하고 제정된 것으로 상호대등·협력관계를 전제로 한 합의문과 개정안에는 어울리지 않는다고 할 수 있다.

그렇다면 경찰과 검찰이 서로 협력하여 수사를 할 것을 전제로 한 새로운 수사시스템에 어울리는 수사준칙의 모습은 어떠해야 할까? 이 문제를 본격적으로 검토하기에 앞서 미국, 영국, 독일, 일본 등 선진국의 입법례를 검토해 보기로 한다.

---

17) 이 점을 지적한 글로는 김성룡, "청와대의 수사권 조정안과 검찰개혁", 형사정책 30권2호(2018.8), 16-17면 참조.

Ⅲ 선진국의 입법례

1. 미국[18]

미국연방의 형사사건에 대한 수사는 FBI(Federal Bureau of Investigation)가 맡고 있다. FBI는 미국연방법에 의해 법무부장관에게 부여된 수사의 권한을 위임받아 수행하고 있으며 수사활동에 대해 법무부장관에 대한 보고의무도 있다. FBI 이외에도 법무부 산하에는 마약단속국(Drug Enforcement Administration), 알코올·담배·무기·폭발물단속국(Bureau of Alcohol, Tobacco, Firearms and Explosives) 등 다양한 수사기관이 있다. 법률상으로는 모든 수사의 권한을 법무부장관에게 부여하고 있으나 그 권한을 법무부장관이 실제 사용할 수 없고, 각 법집행기관에 부여된 권한들이 남용되지 않도록 감독할 수 있을 뿐이다.

1908년에 법무부 산하에 과 단위(당시 근무인원 총 34명)의 수사기관으로 처음 설립되어 1935년 FBI로 확대·개편되어 발전해 온 FBI는 그동안 미국의 형사범죄, 테러사건 해결 및 첩보활동 등에서 매우 중요한 역할을 해왔지만 일련의 정치적 사건을 통해 FBI의 범죄수사의 객관성과 정치적 중립성의 문제가 꾸준히 지적되었고, FBI가 소장하는 정보공개 및 조직 축소 등의 주장이 제기되었다. 그러나 9/11테러 이후 이러한 상황은 반전되었다. CIA가 해외 정보수집에 국한하여 FBI와 정보공유를 하지 않은 것이 9/11테러 발생의 원인으로 지목됨에 따라, 9/11테러 이후 FBI는 본연의 임부인 국내치안 외에도 정보수집에 관한 권한을 강화하였다.

법무부장관(Attorney General)은 FBI의 수사활동에 관한 준칙으로는 가이드라인(Attorney General's Guidelines for Domestic FBI Operations, AGG Dom)을 제정할 권한을 가진다. 법무부장관 가이드라인(AGG Dom)에 따르면 FBI는 연방범죄 및 국가안보와 관련된 정보수집과 수사, 다른 연방·주·지역과 외국기관에 대한 수사보조, 정보분석과 기획 및 수집된 정보의 공유, 기타 사건에 대한 제한적 수사와 정보 분석과 기획의 권한을 가진다. 법무부장관의 가이드라인은 FBI의 수사 및 첩보수집, 다른 기관과의 협력관계 등에 대하여 통일성, 일관성, 명확성을 부여하는 일반적 지침을 규정하고 있다. 법무부장관의 가이드라인은 법무부의 내부 업무지침으로 제정되는 것이며 다른 법적 권리를 창설하거나 검사의 수사에 관한 권리를 제한하는 것도

---

18) 이하의 내용은 미국 FBI의 DIOG에 대해서는 윤해성, "FBI 국내 수사 및 활동가이드(Domestic Investigations and Operations Guide) 분석을 통한 시사점 제시, 한국테러학회보 10권2호(2017.6.), 66면 이하 참조.

아니다. AGG Dom에는 FBI소속 국장, 부국장, 특수요원 및 일반요원의 권한과 책임을 비교적 상세하게 규정하고 있다. 그리고 FBI소속 국장, 부국장 및 상관에게는 수사활동과 정보활동을 검토·승인할 수 있는 권한과 책임을 진다. 이에 따라 이들은 부하들이 하는 모든 수사활동과 정보활동 그리고 수사방법이 헌법, 연방법, 행정명령, 대통령지시사항, AGG Dom, 조약, 양해각서, DIOG 기타 적용가능한 법적·정책적 요구사항을 준수하도록 감독하여야 한다.

한편 법무부장관은 미국연방법(Section 301 of Title 5, U.S.C.)에 따라 스스로 관련규칙을 제정할 수 있을 뿐만 아니라 FBI국장에게 자신의 권한을 위임할 수 있는데 (Sub. P. and Section 0.137 of Title 28 C.F.R), 2008년 FBI국장이 법무부장관으로부터 위임을 받아 자체적으로 제정한 가이드라인이 바로 DIOG(Domestic Investigations and Operations Guide)이다. DIOG는 2011년 한 차례 개정되었는데, 현재 공간된 DIOG는 2013년 판이다. DIOG는 그 목차만 수십 쪽에 달하고 그 내용은 수백 쪽에 이를 정도로 그 분량이 방대하다. DIOG은 수사의 범위와 원칙, 구체적인 수사방법 등에 대해 광범위하게 규정되어 있기 때문에 실질적으로 DIOG가 FBI에 소속된 직원의 수사활동과 정보활동의 기준이 된다고 할 수 있다.

2. 영국

1) 영국 형사절차의 변화과정

영국에서는 근대적 경찰제도가 도입된 이후 사실상 경찰이 시민들을 대신하여 소추를 담당하였다. 즉 경찰이 소추를 담당하는 변호사를 고용하여 그 변호사로 하여금 소추를 담당하도록 하였기 때문에 실질적으로 경찰이 소추권을 행사하였다.[19] 1879년에는 프랑스, 독일 등의 영향을 받아 범죄기소법(Prosecution of Offence Act)이 제정되고 기소를 전담하는 공적기구로서 공소국장(Director of Public Prosecutions)이 신설되었으나, 공소국장이 기소를 담당하는 사건의 범위는 살인사건, 대규모 사기사건 그리고 경찰관이 관여된 사건 등으로 한정됨으로써 경찰소추의 현실에 큰 변화를 가져오지는 못하였다.

이러한 영국의 전통적인 소추절차는 1972년에 발생한 이른바 Confait 사건이다. Confait 사건은 2007년 우리나라에서 발생한 수원 노숙소녀 살해사건과 비슷한 특징

---

19) 이하의 내용은 최대현, "수사와 기소 기능분리의 원칙과 한계 : 영국 검찰제도의 발전과정과 시사점", 경찰학연구 12권 4호(통권32호), 54면 이하 참조.

을 가지고 있다. 피의자들이 청소년들(각각 3명과 4명)이며 그중에는 발달장애인을 포함하고 있었다. 두 사건 모두 1심에서 강요된 자백에 의해 유죄판결을 받았으나 항소심에서 무죄판결을 받고 석방되면서 사회에 큰 파장을 불러일으켰다. 이에 영국정부는 1977년 형사절차 개혁을 위한 왕립위원회(위원장 Philips, 이하 필립스 위원회라고 한다)를 구성하였고, 필립스 위원회 4년간의 활동 끝에 1981년 수사관이 검사를 고용하여 공소를 유지하도록 하는 시스템이 중요한 원인으로 지적하고 원칙적으로 수사와 기소를 분리할 것을 권고하였다.

필립스 위원회가 제시한 수사와 기소의 분리를 필립스 원칙이라고 하는데, 필립스 위원회는 수사와 기소의 분리에서는 수사절차에 관여하지 않는 독립된 법률전문가가 객관적인 위치에서 수사결과를 평가하고 기소여부를 결정할 것과 검찰과 경찰의 관계가 견제와 균형의 원칙에 기초한 상호협력관계가 되어야 함을 강조하였다. 영국정부는 필립스 위원회의 권고에 기초하여 1985년 범죄기소법(Prosecution of Offences Act 1985)을 제정하고 이에 기초하여 1986년 국가기소청(CPS)을 설치하였다.

수사와 기소의 기능분리 원칙에 기초하여 국가기소청(CPS)이 탄생한 이후 영국의 소추절차는 몇 차례 변화를 겪다가, 2003년 형사사법법(Criminal Justice Act, 이하 CJA라고 한다)이 제정됨으로써 소추절차가 법제화되었다. 그리고 이 법률에 의하여 기소지침을 제정할 권한을 부여받은 공소국장이 제정한 기소지침(The Director's Guidance On Charging)이 경찰과 검찰이 기소권을 행사함에 있어 실질적인 기준이 된다. 이에 따르면 구속담당 경찰관(Police Custody Officers)은 기소절차에서 중요한 역할을 담당한다. 즉, 구속담당경찰관은 구속된 피의자의 혐의를 인정할 만한 충분한 증거가 있는지를 결정한다. 구속담당경찰관이 충분한 증거가 없다고 판단할 경우 그의 독자적인 판단에 따라 피의자를 보석(Bail)으로 석방할 수 있다. 반대로 충분한 증거가 있다고 인정할 경우에는 기존에 직접 기소를 결정하는 것과는 달리 새로운 기소절차에서는 사건을 검사에게 송부해야 하며 경찰로부터 사건을 송부 받은 담당 검사(대부분 경찰서에 상주하는 당직 검사)가 증거의 충분성 조사와 공익기준에 대한 적합성 여부를 판단하여 기소를 결정하게 된다. 검사의 기소개시결정은 권고적인 것 아니라 강제적이어서, 특히 기소에 대한 대체방법을 선택한 경우 구속담당경찰관은 이에 따라야 한다.

피의자에 대한 처분은 네 가지로 나누어진다. 첫째 보석이나 기소 없이 석방을 하는 경우이다. 대부분 무혐의나 증거 불충분 또는 구속담당경찰관에 의해 기소가 적절하지 않다고 판단되는 경우이다. 여기서 기소 판단의 대상이 되는 사건을 선별하는 것은 여전히 구속담당경찰관의 역할이다. 따라서 일부 중대 사건들을 제외하고 대부분의 사건들은 구속담당경찰관이 우선적으로 기소유예(Caution)나 절차중지(No Further Actions)를 결정한다. 그리고 그들이 기소가 필요하다고 판단하는 사건들을 검사에게 송부되고 검사에 의하여 기소 여부가 결정된다.

구속담당경찰관이 검사에게 송부한 사건에 대해서는 검사가 다음과 같은 처분을 한다. 우선 구속담당경찰관의 의견과 같이 기소를 결정할 수 있다. 다음으로 기소결정에 시간이 필요한 경우 구속담당경찰관에게 보석을 명하거나 또는 구속상태를 유지하면서 증거조사(Thresh Test)를 거쳐 기소여부를 결정할 수 있다. 마지막으로, 혐의가 인정되나 특별한 사정에 의하여 기소가 부적절하다고 판단할 경우에는 기소유예(Caution), 징계(Reprimand) 또는 경고(Warning) 처분을 할 수도 있다.

최근 개정된 공소국장의 기소지침은 중요사건에 대하여 경찰이 검찰과 사전에 대면협의과정(Face to face consultation)을 거치도록 규정하고 있다. 중요사건에는 살인, 강간 등 성폭력, 아동학대, 대규모 사기, 90분 이상의 협의가 필요한 사건, 그밖에 지역 검찰과 협의된 사건 등이 포함되어 있다. 중요사건이 발생한 경우 경찰은 즉시 검찰과 협의를 진행하여야 하며 검사는 수사제안서나 결정서 등을 경찰에 제공할 수 있다. 물론 대면 협의 이전에 전화 등을 통해 사전에 협의를 조율할 수 있으며 필요한 서류 등의 제출을 협의할 수도 있다.

이처럼 영국에서는 수사와 기소의 분리를 원칙으로 하면서도 실질적으로 경찰은 소추절차에서 상당한 권한을 행사하고 있는데, 이것은 경찰의 독자적인 수사종결권의 대표적인 사례라고 할 수 있을 것이다. 우리나라에서는 경찰에 수사종결권을 부여한다고 하지만 그것은 형식적이고 잠정적인 경찰수사의 종결을 의미할 뿐, 영국경찰에게 부여된 기소유예(Caution)나 절차중지(No Further Actions)의 권한과는 거리가 멀다. 게다가 영국은 경찰에게 독점적인 수사권을 부여하고 우리나라와 같이 검찰에게 수사지휘권을 부여하고 있지도 않다. 영국에서도 검찰에게 경찰에 대한 수사지휘권을 부여해야 한다는 주장이 제기되었지만, 검사에게 수사지휘권을 부여할 경우 검사가 수사에 직접적으로 개입하게 되면 수사의 효율성이 저해되고 검사가 객관성을 잃고 평가자로서의 역할을 제대로 수행할 수 없게 될 우려가 있다는 이유로 거절되었다. 앞에서 설명한 바와 같이 영국 검찰은 경찰행정지원단이나 형사사법지원단을 통해 경찰에 대해 조언하거나 경찰과 협의하는 것을 주된 임무로 하고 있다.

이 점은 우리나라에 적지 않은 시사점을 제공한다고 본다. 우리나라는 오랜 동안 경찰수사의 독립성을 인정해야 한다는 주장이 제기되어왔는데, 그 이면에 있는 경찰의 권한확대가 아니라 수사의 효율성과 검찰권의 공정성 확보라는 측면이 간과되어 왔다. 영국의 형사절차는 수사권과 소추권까지 장악한 비대한 경찰권력을 제한하는 방향으로 변화되어 왔지만 그렇다고 하여 검찰에 직접수사권을 인정하거나 경찰에 대한 수사지휘권을 부여하는 등 수사영역에까지 검찰권을 확장하지는 않았다. 검찰권을 수사영역에까지 확장하는 것은 결국 수사의 공정성과 효율성을 저해하고 검찰을 수사기관화하여 기소권의 공정성을 저해할 우려가 있다는 지적은 우리나라의 정책입안자들이 귀담아 들어야 할 교훈이라고 할 것이다.

2) 수사 및 형사증거에 관한 법률(The Police and Criminal Evidence Act, PACE)의 제정

당사자주의와 사인소추를 근간으로 하는 영국의 보통법(Common Law)하에서 경찰관은 수사에 있어서 일반사인과 동일하게 취급되어 특별한 권한이 인정되지 않았고, 다만 법질서 업무를 담당하는 자로서 범인체포와 소추의 업무만을 수행하였다. 이러한 보통법 하에서 영국 경찰의 수사는 그 권한과 절차에 대해서는 명시적인 규정도 없이 판례와 법관규칙(Judges's Rule)에 의하여 이루어졌다. 1912년 이 법관규칙은 영국 최고법원 판사들이 피의자의 구금과 경찰의 신문, 진술서작성, 진술과 자백의 법정에서의 증거능력 등에 관한 실무 가이드라인을 제시하기 위해 만들어졌다. 법관규칙은 법이 정한 규칙(the rule of law)은 아니지만 법관들이 공정한 재판을 위하여 증거를 배제하기 위한 근거가 되는 다양한 행위기준을 제시한 경찰의 실무규칙이었으므로, 법관규칙에 부합하는 방식으로 경찰이 수집한 진술은 증거능력이 있는 것으로 추정되었다. 법관규칙에 의하여 판사는 위법수집증거의 증거능력을 배제할 수 있었으나 실제 실무에서 이를 이유로 하여 증거능력을 배제한 사례가 거의 없다는 이유로 오랫동안 비판의 대상이 되었다.

1979년에 구성된 형사절차에 관한 왕립위원회(The Royal Commission on Criminal Procedure, RCCP)는 정지, 압수, 수색에 관한 경찰관의 권한은 전국적으로 통일성이 확보되어야 하고 그 권한은 공격적인 무기의 사용까지 확대되어야 한다고 제안함과 동시에, 제안된 법규에 위반하여 수집한 증거는 의무적으로(obligatory) 증거능력을 배제할 것을 권고하였다. RCCP의 권고는 시민단체나 자유주의 진영으로부터 경찰관의 정지, 압수, 수색권을 강화하는 것으로 비판을 받았지만 다수의 법률가단체로부터 경찰의 권한과 피의자의 권리 사이의 균형을 유지하며 양자 모두의 강화할 수 있는 방안으로 지지를 받았다.

이에 1984년 영국에서는 England 와 Wales에서 경찰권행사의 적법성을 보장하기 위한 준칙으로 「경찰 및 형사증거에 관한 법률」(The Police and Criminal Evidence Act, 이하 'PACE'라고 한다)이 제정되었다. 경찰에게 과도한 권한을 부여한다는 비판이 제기되었을 정도로 PACE는 경찰의 범인검거부터 피의자의 최초 법정출석까지의 절차 등을 광범위하게 규율하고 있고 특히 개인과 가택의 수색과 물건의 압수, 구금된 피의자의 신문 등을 포함하고 있다. PACE는 종래 보통법이나 다른 법령에 규정되어 있던 것 외에도 고소 이전 단계에서 범죄혐의로 체포된 자를 경찰서에 구금할 수 있는 기간 등을 새롭게 규정하였으며, 법률 명칭에서도 알 수 있듯이 경찰의 권한 이외에도 형사소송상 증거에 관한 중요한 규칙까지 담고 있다. PACE는 2001년 테러와 관련하여 그리고 2005년에는 중대조직범죄와 관련하여 대폭적으로 개정되었다.

PACE는 경찰권 행사의 적법성을 담보하고 적법성을 판단하는 기준이 된다. 경찰관이 PACE에 규정된 구체적 요건을 위반하면 징계뿐만 아니라 형사책임이나 민사책임까지 받을 수 있다. 그리고 PACE를 위반하여 수집한 증거는 '증거능력 인정이 절차의 공정성을 해하는 경우 법관은 그 증거능력을 배제할 수 있다"는 PACE 78(1)에 의하여 증거능력이 배제된다.[20]

3) Code of Practice

PACE PART Ⅳ는 내무성(Home Office)이 경찰의 권한행사를 규율하는 실무규칙을 제정할 수 있도록 규정하고 있고, 이에 근거하여 영국 내무성은 경찰의 수사상 권한행사의 세부적인 절차에 관한 Code of Practice(이하 '실무규칙'이라 한다)를 제정·운영하고 있다.[21] 실무규칙은 형식상 법률이 아니라 내무성장관이 제정한 것이지만 의회의 승인을 받아 규정된 것이므로, 실질적으로는 법률의 효력을 갖는다고 말할 수 있다.

실무규칙은 Code A부터 H까지 8개 부분으로 구성되어 있다. Code A는 경찰의 정지와 수색(stop and search),[22] Code B는 수색과 압수(search and seizure) Code C

---

20) 김현숙, 영국의 PACE법 연구, 치안정책연구소, 2011, 7면 이하에는 PACE의 전문이 번역되어 있다.

21) PACE codes of practice의 Code A는 2015년에, Code B는 2013년에, Code C는 2018년에, Code D는 2017년에, Code E는 2018년에, Code F는 2018년에, Code G는 2012년에 그리고 Code H는 2018년에 개정되었다. 자세한 내용은 https://www.gov.uk/guidance/police−and−criminal−evidence−act−1984−pace−codes−of−practice(2019.2.27. 방문) 참조.

22) PACE와 Code of Practice상 영국경찰의 정지·수색에 대해서는 이영돈, "영국의 경찰과 형사증거법상(PACE)상 경찰의 정지·수색권−경찰관직무집행법상 불심검문과 비교를 중심으로−, 경찰법연구 10권 2호, 19면 이하 참조.

는 피의자의 구금·처우·신문(detention, treatment and question), Code D는 범인식별절차(identification), Code E는 피의자신문녹음(audio recording interview), Code F는 영상진술녹화(visual recording with sound of interviews), Code G는 체포(statutory power of arrest), Code H는 테러법(The Terrorism Act)에 의한 피의자의 구금·처우·신문으로 구성되어 있다. 실무규칙은 PACE와 함께 경찰관의 권한행사의 적법성을 판단하는 기준이 되는데, 경찰관이 그 권한을 행사하는 과정에서 실무규칙을 위반하면 그러한 증거는 법정에서 증거로 사용될 수 없고 해당 경찰관은 징계의 대상이 될 수도 있다.

3. 독일

독일은 연방제국가의 형태를 취하고 있는데 형법과 형사소송법의 입법관할권은 연방정부에 있지만, 경찰사무와 관련한 사항은 원칙적으로 지방정부에서 입법권을 행사하고 있다. 수사업무에 관한 연방과 주정부 간의 협력사항에 관한 내용을 제외한 교통·수사·방범·경비업무에 관한 사항은 주 경찰의 사무이다. 다만, 국경수비, 초국가적 범죄에 대한 형사소추 등 연방정부 차원에서 이루어져야 할 경찰사무를 수행하기 위하여 연방범죄수사청(Bundeskriminalamt)과 연방경찰(Bundespolizei)과 같은 연방경찰기관을 설치·운용하고 있다.

연방의 소관인 형사소송법에 근거한 형사절차 관련 사항은 연방법무부에서 제정·시행하고 있다. 물론 수사업무와 관련하여 경찰에서 이행하는 절차에 관한 내부규정은 해당 경찰기관별로 자율적으로 제정·시행하고 있지만, 이러한 규정은 대외적 효력은 없다. 독일에서 형사절차상 경찰의 지위와 임무에 관한 일반적 규정은 형사소송법 제163조 및 법원조직법 제152조 그리고 「형사소송 및 벌금소송에 관한 지침」과 경찰법에서 범죄수사와 관련한 경찰의 임무를 규정하고 있다. 이들 법규에 근거하여 수사에 관한 검찰과 경찰의 공동준칙들이 제정되어 있는데, 「형사소송 및 벌금소송에 관한 지침」의 부칙 A(검사의 지시를 근거로 한 경찰의 직접강제력 사용에 관한 법무부장관과 내무부장관의 공동준칙)이나 부칙 E(조직범죄 소추시 검찰과 경찰간 협력에 관한 법무부장관과 내무부장관의 공동준칙)이 그 대표적인 사례이다.[23]

독일 형사소송법은 검사에게 수사주재자로서의 지위를 부여하여 전체 수사절차를

---

23) 독일 형사소송법 및 경찰법상 검찰과 경찰의 관계에 관해서는 박노섭, 수사-기소분리와 경검 상호관계에 대한 비교법적 연구, 2009, 187면 이하 참조.

장악하도록 하고 있다. 제161조 제1항에서 검찰에게 직접 또는 경찰임무를 담당하는 관청 및 공무원으로 하여금 수사를 하도록 할 수 있는 권한을 부여하고 있다. 제2항은 경찰임무를 담당하는 관청 및 공무원에게 검사의 이러한 촉탁 또는 위임을 충족할 의무를 부과하여 검사에게 경찰을 통한 수사권 행사를 가능하게 하고 있다. 이를 근거로 독일에서는 검찰과 경찰이 상명하복관계에 있다는 주장이 제기되고 있지만, 실제 범죄수사에 있어서 검사와 경찰이 수평적·협력적 관계에 있다는 점에 대해서는 큰 이견이 없다. 검사는 소위 '팔 없는 머리'로서 경찰의 협조 없이는 직접수사를 하는 데 대한 한계를 가지고 있다. 한편, 검사의 수사지휘는 경찰수사에 대해서도 직접적인 개입보다는 '법률의 감시자'로서 경찰수사에 대한 법적 통제에 치중하고 있다.

수사실무에서 검찰과 경찰의 상호협력적 관계는 수사에 관한 준칙에서도 잘 나타난다. 「형사소송 및 벌금소송에 관한 지침」의 부칙 A(검사의 지시를 근거로 한 경찰의 직접강제력 사용에 관한 법무부장관과 내무부장관의 공동준칙)에서 경찰의 직접강제력 사용에 관한 유형과 방식에 대한 검사의 지시는 일반적인 사항에 그쳐야 하고, 물리력을 행사하는 경찰에 맡겨져야 함을 규정하고 있다. 다만, 경찰이 요청하거나 법적근거가 있거나 또는 물리력 행사가 수사절차의 많은 부분에 영향이 있는 경우에 한해 검사의 구체적 지시는 허용됨을 명시하고 있다. 한편, 부칙 E(조직범죄 소추시 검찰과 경찰간 협력에 관한 법무부장관과 내무부장관의 공동준칙)는 조직범죄에 대한 공동진압의 중요성을 지적하고 검찰과 경찰 상호 긴밀한 협력의 필요성을 강조하고 있다. 조직범죄를 성공적으로 진압하기 위해서는 형사절차 전반에 걸쳐 검찰과 경찰의 광범위한 협력이 필요하다는 공감대 위에서 협력에 필요한 절차와 방식을 규정하고 있다.

4. 일본

전쟁 전의 법제는 경찰을 행정경찰과 사법경찰로 구분하는 태도를 취하고 있었다. 즉, 사법경찰활동인 범죄수사는 사법권에 속하는 작용으로 검찰의 사무로 보았지만, 경찰고유의 사무로 보지는 않았던 것이다. 이러한 태도는 전후 1947년 12월 17일 제정된 구 경찰법에서 범죄수사 및 피의자의 체포가 경찰의 고유한 사무인 것으로 정해지고, 이어 새로이 제정된 1948년의 형사소송법에서 경찰을 제1차적 수사기관으로 하고 검사를 제2차적·보충적 수사를 하도록 규정함에 따라 커다란 변화를 맞게 된다.

일본의 경찰법은 수사를 경찰조직의 책무로 규정하고 있으나, 이러한 수사의 권한 행사에 관하여는 형사소송법이 기본법 역할을 하고 있다. 형사소송법 이외 경찰수사와 관련한 법령은 경찰이 주체적으로 제정·시행하고 있는 범죄수사규범이 있으며, 검사의 업무를 규정하고 있는 검찰사건사무규정 등에서 경찰의 수사에 관하여 일부 다루고 있다.

전후 형사소송법에서 과거와는 달리 경찰을 독립한 제1차적 수사기관으로 설정함에 따라 전쟁 이전에 사법성 훈령의 형식으로 범죄수사의 일반준칙을 규율하였던 「사법경찰관직무규범」이 폐지되고 그에 대신하여 국가지방경찰본부장관의 훈령으로서 「범죄수사규범」이 제정되어 1949년 4월 1일부터 시행되었다. 당시의 범죄수사규범은 충분한 준비 없이 제정되어 그 내용에 있어서 불충분한 점이 있었기 때문에 곧 재검토되어 다음 해인 1950년 4월 국가공안위원회 규칙으로 「범죄수사규범」이 제정되어 같은 해 5월 1일부터 시행되었다. 현행 「범죄수사규범」은 국가공안위원회 규칙으로서 체계상으로는 내각부령에 해당한다. 내각부는 총리가 직접 담당하며, 내각부의 외국(外局)으로 국가공안위원회를 두고 있으며, 국무대신(国務大臣)이 국가공안위원회위원장이 된다. 따라서 내각부령은 우리나라의 대통령령 또는 국무총리령에 해당하는 것으로 볼 수 있다. 수사절차상 경찰의 위상 변화를 계기로 경찰은 수사체제를 일제히 정비하게 된다. 구체적으로 살펴보면, 전전(戰前)에 내무성 경보국 방범과의 한 계에 지나지 않았던 수사담당부문을 국가지방경찰본부 형사부로 승격시킴과 동시에 그 안에 방범과, 수사과, 감식과 및 범죄통계과를 설치하였다. 또 이 때 과학수사를 추진하기 위해 감식과의 부속기관으로써 과학수사연구소를 설립하는 등 경찰의 수사역량을 강화하려는 노력을 기울다.

당시 일본경찰은 경찰 자체적으로 범죄수사규범을 제정한 것에 대해 경찰수사의 자주성과 수사권독립을 위한 첫걸음으로 여기면서 커다란 의미를 부여하였다. 대부분의 범죄수사가 경찰의 노력과 연구로 행해져 왔고, 그 결과 사회역시 경찰임무의 첫째는 범죄수사에 있고 경찰이야말로 본래적인 수사기관인 것으로 생각하고 있었음에도 불구하고, 경찰은 수사를 행함에 있어 경찰의 마음가짐에서 전문적인 수사기술 등 세세한 점에 이르기까지가 검찰의 손에 의해 정해진 준칙에 따라야 했기 때문에 경찰수사에는 열의와 창의 대신에 의존과 정체가 지배하여 수사책임이 어디에 있는지 흐릿해져 버리게 되는 결과를 가져왔는데, 경찰 스스로 범죄수사규범을 정하게 됨으로써 경찰 수사의 자주성을 회복하는 계기가 되었다고 평가하였다.

우리나라의 「범죄수사규칙」의 모델이 되기도 하였던 일본의 「범죄수사규범」은 270여개에 이르는 방대한 규정이다.24) 그 중 우리나라에도 잘 알려져 있는 미죄처분을

---

24) 일본 「범죄수사규범」의 전문 및 우리나라 「범죄수사규칙」과의 차이점에 대해서는 이형범, 한일 범죄수사

간략히 소개하면 다음과 같다.

일본은 2차 세계대전 이후 우리나라의 즉결심판제도에 해당하는 위경즉결례(違警即決例)를 폐지하고 경찰이 수사한 모든 사건을 검찰에 송치하여 검찰로 하여금 종결처분을 하는 것을 원칙으로 하면서, 검찰이 미리 지정한 경미한 사건은 경찰이 자체적으로 종결하고 사후적으로 그 결과를 보고하도록 하였는데(형사소송법 제246조),[25] 이를 미죄처분이라고 한다. 미죄처분은 명치(明治) 시대 초기부터 미죄 불검거라는 방침에 따라 실무관행으로 행해져 오던 것을 제도화한 것으로, 현재는 기소유예처분과 더불어 재판절차에 앞서 사건을 형사절차로부터 배제시키는 대표적인 다이버전으로 이해되고 있다. 2016년(平成 28년)에 미죄처분을 받은 인원은 67,346명(일반형법범으로서 미죄처분을 받은 인원은 67,340명)으로 전체검거인원의 29.7%를 차지하고 있다.[26]

미죄처분의 지정은 검사총장통달이 제시한 기준에 따라 각지의 검사정(檢事正)이 관할구역 내에서 사법경찰원(司法警察員)에 대해서 행한다.[27] 지정사건은 지역에 따라 다소 차이가 있으나 대체적으로 ① 피해액 근소(주로 5,000엔 미만), 범정(犯情) 경미, 피해회복, 피해자유서, 우발적 범행, 재범의 우려가 없는 절도, 횡령, 사기사건 및 이에 준하는 장물사건, ② 도박액이 근소하고 범정도 경미하며 재범의 우려가 없는 초범자의 도박, ③ 기타 검사정(檢事正)이 특별히 지정한 특정죄종의 사건(피해가 경미한 폭행 등)이 포함되어 있다. 그리고 범죄의 동기는 우발적, 생활곤란, 호기심 등으로 제한된다. 다만 강제수사(체포 등)를 받은 사건, 고소·고발·청구·자수와 관련된 사건, 소년사건(다만 후술하는 바와 같이 간이송치가 가능하다), 주둔군 구성원·군속·가족이 피의자인 사건, 검찰관이 특별히 송치할 것을 지시한 사건은 제외된다. 그리고 범죄조회 결과 전과나 경찰에 의해 검거되거나 미죄처분을 받은 전력이 있거나 또는 주거 부정 등의 사유가 있는 경우에는 미죄처분을 부과할 수 없다.

미죄처분을 행함에 있어서는 엄중히 훈계하여 장래를 바로잡도록 하고, 친권자·고용주 등을 불러 앞으로의 감독에 필요한 주의와 함께 청원서를 받으며, 피의자에게 피해회복·사죄 기타 적당한 방법을 강구하도록 타이르는 조치를 취할 수 있다(「범죄

규칙(범) 비교연구, 치안정책연구소, 2009 참조.

25) 일본형사소송법 제246조 사법경찰원은 범죄를 수사를 한 때에는 이 법률에 특별히 정한 경우를 제외하고는 신속히 서류 및 증거물과 함께 사건을 검찰관에게 송치하여야 한다. 단 검찰관이 지정한 사건에 대해서는 그러하지 아니하다.

26) 法務省, 犯罪白書(平成 29年版) 제2편 제1장 참조.

27) 이하의 내용은 이동희, 경미범죄의 효율적 처리방안 – 일본의 경미범죄 처리제도의 비교법적 시사점을 중심으로, 형사정책 15권 2호(2003), 378면 참조.

수사규범」제200조). 다만 피의자(용의자)가 처우상 지장이 있거나, 피의자(용의자)의 친권자, 감독자 등이 원거리에 거주하고 있거나 또는 질병 기타 사유로 인하여 출석을 하기 곤란한 경우에는 이를 생략할 수 있다.

미죄처분은 처벌이 아니기 때문에 그 자체로는 전과가 되지 않는다. 다만 경찰에 의해 검거되었다는 사실은 범죄력(犯罪歷)으로서 기록에 남고, 앞에서 설명한 바와 같이 다시 범죄를 범하였을 경우에는 미죄처분을 받지 못하는 등 불이익이 따른다.

구체적인 사건에서 경찰이 미죄처분을 함에서는 검찰의 지휘를 받지 않는다. 그러나 불송치사건에 관해서는 그 처리연월일, 피의자의 성명·연령·직업 및 주거, 죄명 및 범죄사실의 요지를 매월 일괄하여 미죄처분사건보고서에 의해 검찰관에게 보고하여야 한다(「범죄수사규범」제199조). 이러한 보고를 통하여 경찰의 미죄처분권한 행사의 적법성여부가 통제되고 있다.

일본 검찰의 업무에 관하여는 사법성 훈령으로「검찰사건사무규정」이 있다. 이 규정은 검사의 사건처리 등 업무에 관한 사항을 규정하고 있는데 수사, 공판, 재판집행 등 전문 172개조로 구성되어 있다. 경찰수사와 관련해서는 경찰에서 검찰로 사건송치시 수리절차와 관련한 사항 그리고 경찰에서 체포하여 송치한 피의자를 석방한 경우 경찰에 통지하는 사항 등을 규정하고 있다. 그러나 형사소송법상 별도의 근거조항이 있는 경우 이외에는 경찰에 대한 지휘를 할 수 있는 규정이 없다. 한편 2009년 시행된 재판원재판 제도와 관련하여 최고검찰청에서는 전국 지방검찰청에 하달한 내부업무처리지침 중에 경찰과의 관계에 관한 사항을 규정하였다. 최고검찰청은 경찰에 대해 불필요한 보충수사를 요구하지 않도록 유의하라거나 수사진행이나 공판수행에 있어 경찰조직이나 활동실태 등을 이해하고 충분한 의사소통이 이루어져야 하는 데 대한 인식을 공유하도록 유도하였다.

5. 외국 입법례의 시사점

위에서 살펴본 바와 같이 미국, 영국, 독일, 일본 등 선진국에서는 수사기관의 수사활동에 관한 광범위하고도 자세한 내용을 법령을 갖추고 있고, 이러한 법령은 곧바로 수사활동의 준칙이 된다. 나아가서 수사기관이 이들 법령을 위반하여 수집한 증거는 위법수집증거로서 증거능력이 배제될 수 있고, 위법수사를 한 수사기관에게는 징계나 민형사상의 책임을 묻는 근거가 된다. 각각 법률과 대통령령인 「형사소송법」과 「수사지휘규정」에는 수사에 관한 가장 기본적인 내용(「형사소송법」)이나 수사지휘에 관한 내용(「수사지휘규정」)이 주를 이루고 있어 수사기관의 수사활동에 관한 실질적인 기준으로서의 역할을 하기는 어렵다. 이러한 상황에서 경찰과 검찰은 각각 「범죄수사규칙」과 「인권보호수사준칙」에 의거하여 수사를 진행하고 있는데, 이들 규정은 각각 경찰청과 대검찰찰청의 훈령에 불과하고 그 자체로서 법규로서의 효력이 인정되지 아니한다. 게다가 보다 더 근본적인 문제점으로는 「수사지휘규정」이나 「범죄수사규칙」 및 「인권보호수사준칙」은 모두 경찰과 검찰의 관계를 지휘감독관계로 전제한 것으로서 상호협력관계를 전제로 한 합의문이나 개정안과는 어울리지 않는다. 새로운 방식과 내용의 수사준칙이 제정되어야 할 이유가 바로 여기에 있다.[28]

Ⅳ 수사준칙의 입법형식과 내용

1. 수사준칙의 입법형식

합의문은 "법무부장관은 검찰총장, 경찰청장과 협의하여 수사에 관한 일반적 준칙을 정할 수 있다."고 하여 법무부장관에게 하여금 수사준칙의 제정임무를 부여하였다. 그리고 개정안은 검사와 사법경찰관은 수사, 공소제기 및 공소유지에 관하여 서로 협력하여야 하고, 법무부장관은 수사를 위하여 준수하여야 하는 일반적 수사준칙에 관한 사항을 검찰총장 및 경찰청장과 협의하여 정하도록 규정하였다(개정안 제195조). 그런데 수사준칙을 과연 법무부령으로 제정하여야 하는지는 의문이 아닐 수 없다.

검사를 수사의 주재자로 규정하고 검사에게 사법경찰관에 대한 수사지휘권을 부여하고 있는 상황에서는 검사가 소속한 법무부에서 수사에 관한 준칙을 제정하고, 사법경찰관으로 하여금 그에 따르도록 하는 것이 가능하였다. 그러나 경찰과 검찰을 상호대등한 수사주체로 인정하고 수사에 관한 협력의무를 원칙으로 한 합의문과 개정안에 따르면, 수사지휘에 관한 이러한 법체계를 유지하기 어렵다.

헌법은 대통령령안, 행정각부 간의 권한의 획정, 행정각부의 중요한 정책수립과 조정에 관한 내용은 구무회의의 심의를 거치도록 하고 있다(헌법 제89조 제3호, 제10조, 제11호). 그리고 법률에서 위임한 사항, 법률을 집행하는데 필요한 사항, 국정의 통일적 추진·집행을 위한 기본 방침에 관한 사항, 여러 부처에 공통되는 사항이거나

---

28) 수사절차에 관란 독자적인 법제정의 필요성에 관한 자세한 사항은 김면기, "수사절차법 제정의 필요성과 방향", 치안정책연구소 학술세미나, 국민을 위한 수사구조개혁과 경찰의 과제, 2017.11.22. 참조.

그 밖에 국무회의에서 논의를 거쳐 결정할 필요가 있다고 판단되는 사항, 행정기관의 조직에 관한 사항, 권한의 위임·위탁에 관한 사항은 대통령령으로 제정하고, 법률·대통령령에서 위임한 사항, 법률·대통령령을 집행하는 데에 요한 사항, 부처가 단독으로 업무를 수행할 수 있는 사항, 복제·서식 등에 관한 사항, 절차적·기술적 사항은 부령으로 제정하여야 한다.[29] 수사준칙은 검찰뿐만 아니라 경찰, 해양경찰, 특별사법경찰 등 여러 기관에 적용되어 '행정각부에 공통되거나 여러 부처와 관련되는 사항'에 해당하므로 법무부령이 아니라 대통령령으로 제정하는 것이 옳다. 그리고 수사기관에게 공통적으로 적용되는 수사준칙이 마련되더라고 각 수사기관의 특성에 맞게 추가·변경되어야 할 사항이 있기 마련인데, 수사준칙을 대통령령으로 정하면 절차적·기술적 사항은 부령으로 정할 수 있는 이점이 있다.

다음으로 대통령령이 아니라 법무부령으로 제정할 경우 수사준칙의 중립성이 훼손될 소지가 있다. 2011년 형사소송법 개정으로 사법경찰관의 수사주체성이 일부 인정되면서 사법경찰관의 수사를 규율하기 위한 새로운 법령이 필요했다. 형사소송법은 이를 대통령령으로 규정하도록 했는데, 검찰은 경찰에 대한 수사지휘의 범위를 최대한 확장하는 쪽으로 하위법령을 정비하고자 하였고 경찰은 이에 반대하면서 최종안을 도출하는 과정에서 극심한 갈등이 표출되었다.

「수사지휘규정」 제18조 1항은 입건 여부와 관계없이 경찰이 검찰에게 제출해야 하는 사건기록에 대해 열거하고 있는데, 이는 경찰의 내사행위 전반에 통제를 가능하게 한 규정이라고 비판하였다. 또한 제76조는 선거·공안사건 등 예민한 사건에 대해서 경찰이 검찰에 입건 여부를 지휘 받도록 규정하고 있는데, 이는 경찰의 수사주체성을 인정한 형사소송법 제196조 제2항의 취지에 어긋난다고 비판하였다. 검찰은 「수사지휘규정」이 제정된 이후 직접 접수한 내사사건에 대해서도 경찰을 지휘할 수 있는 근거 규정을 마련하기 위해 「검찰사건사무규칙」에 제143조의2, 제143조의3, 제143조의4를 신설하여 그동안 검찰에서 진정·내사사건 등으로 접수하던 사건을 새로운 명칭인 '수사사건'으로 접수할 수 있도록 하였다. 검찰은 이 조항들을 「수사지휘규정」 제80조 제1항[30]과 연계하여 검사가 직접 접수한 내사사건에 대해서도 경찰에 수사를 지휘할 수 있는 법적인 근거가 구비되었다고 주장하였다.[31]

2011년 「형사소송법」의 개정 및 「수사지휘규정」의 제정 그리고 그 이후 「검찰사건

---

29) 법제처, 법령입안·심사기준, 2017, 16면 참조.
30) 「수사지휘규정」 제80조(검사 수사사건 지휘) ① 사법경찰관리가 검사로부터 검사가 접수한 사건에 대하여 수사할 것을 지휘 받은 때에는 신속히 수사한 후 사건 송치 전에 검사의 구체적 지휘를 받아야 한다.
31) 이에 대해서는 황문규, 앞의 논문, 12면 참조.

사무규칙」의 개정과정에서 볼 수 있듯이, 새로운 수사시스템은 법체계적 정합성을 갖추지 못할 경우 상당한 혼란을 초래할 뿐만 아니라 결국에는 새로운 수사시스템 도입의 취지까지 몰각되는 상황을 초래할 수 있다. 이와 같은 과거의 경험을 고려해 볼 때 경찰과 검찰의 상호대등·협력관계를 새로운 수사시스템 하에서의 수사준칙은 마땅히 법률인 「형사소송법」 그리고 그 하위법령인 대통령령에 규정되는 것이 바람직하다고 본다.[32]

끝으로 법규범적 효력의 측면에서 볼 때에도 수사준칙은 대통령령으로 규정하는 것이 옳다고 본다. 그동안 수사절차에 관한 규정은 수사기관의 수사활동의 준칙을 정한 법령 정도로 인식되는 경향이 강하였다. 사법개혁과정을 거치면서 우리나라는 체포·구속과 같은 대인적 강제처분에 관한 규정을 대폭적으로 손질하였으나 압수·수색·검증과 같은 대물적 강제처분에 관한 규정은 거의 손질을 하지 않았다. 그러다가 대법원에서 적법한 절차에 따르지 아니하고 압수·수색한 물건에 대한 증거능력이 부정하는 판결을 연이어 내놓자 정부는 대물적 강제처분의 요건을 강화하는 법개정을 추진하였다.

개정 전 「형사소송법」 제215조는 실질적으로 압수·수색·검증의 요건을 규정하였다기 보다는 압수·수색·검증의 절차를 규정한 정도였고, 이 조항으로는 위법한 압수·수색·검증을 통제하기 어려웠다는 것은 두말할 필요가 없었다. 개정 후 제215조는 '해당 사건과 관계가 있다고 인정할 수 있는 것'에 한정하여 압수·수색·검증을 할 수 있다고 규정함으로써 이른바 별건압수의 가능성을 차단하였다. 그뿐만 아니라 개정 「형사소송법」 제106조 제3항과 제4항을 신설하여 압수의 목적물이 컴퓨터용디스크, 그 밖에 이와 비슷한 정보저장매체인 경우에는 원칙적으로 기억된 정보의 범위를 정하여 출력하거나 복제하여 제출받도록 하고, 범위를 정하여 출력 또는 복제하는 방법이 불가능하거나 압수의 목적을 달성하기에 현저히 곤란하다고 인정되는 때에 한하여 정보저장매체 등을 압수할 수 있도록 하였다. 그리고 정보를 제공받은 경우 그 정보주체에게 해당 사실을 지체 없이 알리도록 하였다. 오늘날 상당수의 증거가 정보저장매체에 저장되어 있는 현실을 감안하여 정보에 대한 압수의 절차를 세밀하게 규정한 것이다.

수사절차에 관한 법령은 수사기관의 수사활동을 위한 것이라기보다는 그로 인해

---

[32] 지난 2018년 11월 14일에는 박지원의원 대표발의로 형사소송법 일부개정법률안(의안번호 16543호)이 제출되었는데, 이 법률안은 사법경찰관리와 검사가 수사와 공소제기 및 유지의 원활한 수행을 위하여 상호 협력하도록 하고, 필요한 구체적인 사항은 경찰청장과 검찰총장이 협의하여 대통령령으로 정하도록 하고 있다(법률안 제196조의3).

자유과 권리를 제한·침해당하는 국민을 위한 것이고, 그 때문에 국민의 입장에서 요건과 절차를 명확하고 세밀하게 규정하여야 한다. 수사준칙이 수사기관을 위한 것이 아니라 그로 인해 자유와 권리를 제한·침해당할 수 있는 국민을 위한 것이라는 점을 고려해 볼 때, 수사준칙은 법률 및 법률로부터 위임을 받은 대통령령에 제정하는 것이 바람직하다. 그렇다면 수사준칙에는 어떤 내용이 포함되어야 할까?

2. 수사준칙의 내용

1) 체계적 측면

우선 체계적인 면에서 상위법인 형사소송법을 고려하지 않을 수 없다. 우리나라 형사소송법은 제1편 총칙에서 공소제기 후 공판절차를 중심으로 한 총칙을 먼저 규정한 다음 제2편 제1장에서 수사에 관한 규정을 두고 있다. 수사에 관한 규정들이 '제1심'이라는 제목이 붙은 제2편에 위치하고 있는 것부터가 어색할 뿐만 아니라, 특히 구속·압수·수색·검증·감정 등 강제수사에 관한 규정들의 상당수가 제1편 총칙편의 규정들을 준용하고 있어, 그 내용을 이해하기 어려울 뿐만 아니라, 준용규정을 법원의 강제처분에 관한 규정을 수사절차로 변환해 보면 불명확하거나 심지어 모순적인 내용들도 다수 발견된다.[33]

수사에 관한 규정들은 법률전문가는 물론이고 수사와 관련된 사람들이 처음 읽어보아도 이해하기 쉽게 편성되어야 하나, 우리나라 형사소송법은 법률전문가조차 관련 규정을 찾기가 쉽지 않다. 입법기술상 조문전체를 재배열하는 전면개정은 상당한 어려울 것이지만, 적어도 형사소송법의 하위법령으로 제정되는 수사준칙은 수사절차에 따라 배열해야 할 것이다. 즉, 수사에 관한 규정은 수사의 기본원칙, 수사기관, 수사의 단서, 임의수사, 강제수사의 순으로 편성되어야 한다.[34]

---

33) 우리나라 형사소송법의 편장체계의 유래와 수사관련 준용규정의 문제점을 잘 분석한 글로는 이동희, "형사소송법의 편장체계 전면개정의 필요성과 개정시론", 2018년도 한국비교형사법학회 동계학술대회 자료집, 46-53면 참조.

34) 수사절차에 따라 조항을 배열한 대표적인 사례가 영국의 PACE이다. PACE는 정지와 수색(제1부), 출입·수색·압수(제2부), 체포(제3부), 구금(제4부), 신문과 처우(제5부), 실무규범 일반(제6부), 수사절차에서의 서류(제7부), 증거수집·보전(제8부), 보칙(제9부), 경찰민원과 징계(제10부), 일반규정(제11부) 그리고 잡칙과 보칙(제1부2)의 순서로 배열되어 있다. PACE는 내용 면에서뿐만 아니라 체계 면에서도 우리나라 수사준칙의 제정에 시사하는 바가 크다.

2) 내용적 측면

수사준칙에는 먼저 수사의 원칙과 수사기관에 관한 조항이 규정되어야 한다. 현행 형사소송법 제198조(준수사항)와 제199조(수사와 필요한 조사)에 수사원칙에 관한 간단한 내용이 규정되어 있으나, 「범죄수사규칙」과 「인권보호수사준칙」에 규정되어 있는 수사의 기본원칙이 수사준칙에 포함되어야 할 것이다.

다음으로 수사준칙의 적용을 받을 수사기관에 관한 조항이 포함되어야 한다. 수사 준칙은 비단 검사, 사법경찰관리뿐만 아니라 특별사법찰관리 그리고 공직자비리수사처(이하 '공수처'라고 한다)에 소속된 수사기관에 대해서도 적용되는 것이 바람직하다고 본다. 그리고 만약 수사준칙의 적용을 배제하거나 제한할 필요가 있다면 관련 부처의 부령으로 특별히 정할 수 있도록 하면 될 것이다. 그리고 수사기관의 제척·기피·회피에 관한 조항의 신설을 고려해볼 필요가 있다. 형사소송법상 제척·기피·회피제도는 법관과 법원공무원에 대해서만 적용되고 수사기관과 소추기관에 대해서는 적용되지 않는 것이 원칙이다. 그러나 수사와 소추의 공정성을 확보하기 위해서는 수사 및 소추기관에 대해서도 제척·기피·회피를 운영하는 것이 바람직하다고 본다. 이외에도 수사기관에 관한 규정에서는 수사기관 상호간의 협조의무 및 협조의 방법에 관한 조항을 규정할 필요가 있다.

그다음으로 수사의 단서에 관한 조항의 정비가 필요하다. 그동안 수사의 단서 변사체검시, 변사체의 보관·인도, 고소인·고발인에 대한 수사결과의 통지와 수사절차에의 참여 등에 관한 규정이 도입되어야 한다. 합의문은 사법경찰관이 사건을 검사에 송치하지 아니하는 경우 고소인, 고발인, 피해자 또는 그 법정대리인에게 통지하고, 통지를 받은 고소인 등은 이의신청을 할 수 있으며, 이의신청이 있는 경우 사법 경찰관은 검사에게 사건을 송치하도록 하였다. 이와 같은 내용은 굳이 형사소송법에 규정할 것이 아니라 수사준칙에 규정하더라도 무방하다고 본다.

수사의 개시와 관련해서는 내사에 관한 규정의 정비도 필요하다. 그동안 수사지휘 여부를 둘러싸고 내사는 경찰과 검찰의 대립하는 전선(戰線)처럼 비춰졌다. 그러나 상호대등·협력관계를 전제로 하는 수사시스템에서는 피내사자의 권리보장이라는 관점에서 내사에 관한 규정을 정비하여야 한다고 본다.

그리고 피의자신문, 참고인조사, 임의동행, 동의에 의한 압수·수색·검증(실황조사 포함)과 같은 이른바 임의수사에 관한 규정의 정비도 요구된다. 앞에서 서술한 바와 같이 법무검찰개혁위원회는 피의자신문의 절차와 관련하여 출석 때까지의 유예기간 부여, 심야조사 금지, 연속적·반복적 조사 금지, 변호인의 참석을 보장하지 아니하는 피의자면담 금지, 조서를 작성하지 아니하는 경우에도 조사과정을 기록하여 수사기록에 편철, 휴식권 보장, 메모할 권리 보장, 수사준칙 사전고지, 별개사건으로 심리적 압박 금지, 불필요한 인권·명예훼손 금지 등을 경고한 바 있는데,[35] 이러한 내용들이 모두 수사준칙에 담겨야 한다고 본다.

또한 강제수사에 관한 규정의 대폭적인 보완도 필요하다. 앞에서 지적한 바와 같이 우리나라는 사법개혁 과정에서 대인적 강제처분에 관한 규정을 상당히 보완하였으나 대물적 강제처분에 관한 규정을 보완하는 작업은 상당히 더디게 진행되었다. 그동안 대물적 강제처분에 관해선 대법원판례가 상당히 축적되었고 아직까지 법령에 반영되지 않은 것이 많다. 기본법인 「형사소송법」에 저촉되지 않는 범위에서 수사준칙에 보완적인 세부규정을 마련할 필요가 있다고 본다. 이뿐만 아니라 형사소송법이나 특별법에 아예 규정이 없는 사항들, 예컨대 사진촬영과 지문채취, 금융정보탐지, 함정수사, 거짓말탐지기를 이용한 조사, 수사기관에 의한 범죄현장 녹음·녹화, 공개수배, 피의사실공표 등과 같이 국민의 자유·권리와 직결된 수사방법에 대한 규정의 보완이 필요하다. 다만 강제수사는 먼저 기본법인 「형사소송법」에 근거조항이 마련되어야 하위법형인 대통령령에 세부사항을 규정할 수 있으므로, 「형사소송법」의 개정작업 병행되어야 할 것이다.

개정안은 경찰의 수사종결, 검찰로의 사건송치·송부, 보완수사요구, 시정조치요구, 징계요구, 재수사요청 등에 관한 규정을 신설하고 있다. 합의문에서 제시한 수사심의위원회를 제외한 거의 모든 내용이 개정안에 담긴 것으로 보이는데, 개정안의 조항을 현행 형사소송법 조문에 대입해 보면 그렇지 않아도 난삽한 형사소송법 조항이 더 난삽해 보인다. 개정안 조항의 위치도 적절한지 의문이다. 합의문의 내용을 모두 형사소송법 개정안에 담아야 할 필요는 없어 보인다. 형사소송법의 개정과 함께 수사준칙의 제정을 서두른다면 합의문에 제시된 상당부분을 수사준칙에 담을 수 있다고 본다.

한편 합의문은 사법경찰관이 사건을 불송치하는 경우 그 이유를 명시한 서면과 함께 사건기록등본을 지체 없이 검사에게 송부하도록 있고 개정안도 합의문의 내용을 그대로 조문화(제245조의5 제2호)하였는데, 이럴 경우 송치나 불송치는 사법경찰관의 업무량의 측면에서 차이가 없다. 일본의 미죄처분 제도에서 볼 수 있듯이 경찰청과 검찰청이 합의하여 불송치사건의 송부기한, 송부방법 등을 정하는 것이 바람직해 보인다.[36] 이뿐만 아니라 현재 경찰서장의 고유한 권한으로 되어 있는 즉결심판청구제

---

35) 법무검찰개혁위원회 제5차 권고안, 2017.12.17. 참조.

도에 대해서도 보완이 필요하다고 본다. 경찰서장이 피의사건에 대해 즉결심판을 청구하는 때에는 (피고인이 정식재판을 청구하지 않는 한) 검사에게 사건이 보고되지 않고 종결된다. 이것도 일종의 불송치결정이라고 할 수 있는데, 경찰과 검찰이 협의하여 적어도 수사준칙에는 관련규정을 두는 것이 바람직하다고 본다.

수사권을 두고 검찰과 경찰과 대립해 온 우리나라로서는 검찰로의 사건송치·송부, 보완수사요구, 시정조치요구, 징계요구, 재수사요청 등이 중요해 보이지만, 실질적으로 수사의 효율성 증대와 국민의 인권보호의 관점에서 보면 수사기관과의 업무협조, 범죄정보의 수집과 공유에 관한 규정의 마련이 급선무이다. 미국이나 영국의 수사관련법령이 이와 관련된 다수 규정을 두고 있듯이, 우리나라에서도 수사관련법령을 정비하거나 수사준칙을 마련함에 있어서는 수사기관과의 업무협조, 범죄정보의 수집과 공유에 관한 세밀한 규정을 두어야 할 것으로 본다.

끝으로 수사준칙에는 범죄피해자의 보호, 수사서류의 작성·관리, 전자문서의 이용, 특별한 사건에 대한 수사절차[37] 등에 관한 규정이 포함되어야 할 것이다.

V 맺음말

이상에서 수사준칙의 제정을 위한 기초연구로서 수사준칙관련 현행 법령의 상황, 외국의 입법례 그리고 바람직한 수사준칙의 제정방법과 내용에 대해 살펴보았다.

필자는 6월에 발표된 수사권조정 합의문을 전제로 수사준칙의 제정방법과 내용에 관한 의견을 제시하였는데, 앞으로 있을 여러 가지 변수를 고려하면 이마저도 온전한 제안이 되기 곤란하지 않을까 생각된다.

대표적인 변수가 영장에 관한 헌법규정의 정비이다. 예컨대 검사의 독점적 영장청구제도를 폐지하고 사법경찰관에게 체포·압수·수색·검증영장 청구권을 부여한다면 합의문에 제시된 영장심의위원회 등 검사가 영장청구를 하지 않을 시 사법경찰관의 불복에 관한 내용이 그 의미가 반감될 것으로 본다. 그리고 합의문에서 언급하지 아니한 사법경찰관과 검사의 피의자신문조서 증거능력의 차등도 적지 않은 변수가 될

---

36) 경찰청은 수사권조장에 대한 의견서(2018.5.31.)에서 사법경찰관의 불송치결정시 검사에 통지하는 안에 대해 일선경찰관들의 반대하고 있음을 밝히고 있다.

37) 특별한 사건이라 함은 소년사건, 성폭력사건, 가정폭력사건, 외국인범죄, 단체·집단범죄, 아동보호사건 등을 말한다.

것으로 본다. 형사소송법의 개정을 통해 사법경찰관과 검사의 피의자신문조서 증거능력 인정요건을 동일하게 규정한다면 그동안 경찰과 검찰의 중복수사 문제는 상당부분 해소될 수 있을 것이다. 그리고 합의문에서 여전히 검찰의 독자적 수사영역으로 남겨 둔 이른바 특수사건의 관할도 변수가 될 수 있다. 경찰은 여전히 수사와 기소의 완전한 분리를 주장하고 있고, 정치적상황이 변하여 경찰이 모든 사건에 대하여 수사권을 행사하는 경우에는 형사소송법과 수사준칙의 대폭적인 개정이 불가피하다.

합의문은 이른바 타협안으로서 경찰과 검찰 양측 모두에게 성에 차지 않는다고 불만을 토로하고 있지만, 합의문에 따라 형사소송법 개정이 이루어진다면, 경찰로서는 특수사건을 제외한 일반사건에 대한 독자적인 수사역량을 증명하고 1차적 수사기관으로서의 책임을 수행할 준비가 되어 있는지를 검증받는 기회가 될 것이다. 그리고 검찰은 모든 사건에 대한 수사지휘라는 과도한 업무에서 벗어나 특수사건에 대한 전문적인 수사기관으로서 그리고 경찰, 정보기관 등에 의한 인권침해를 감시하고 침해된 인권을 회복하는 인권보장기관으로 거듭날 수 있는 기회가 될 것이다.

합의문은 경찰과 검찰에게 상호대등한 지위에서 협력하여 적법절차를 준수하면서 실체진실을 발견하여 형사사법의 정의를 실현해 갈 것을 주문하였다. 따라서 경찰과 검찰은 수사준칙을 제정하는 과정에서 과거 「수사지휘규정」의 제정과정에서 보여준 대립과 반복의 자세를 가져서는 곤란하다. 그리고 수사준칙을 제정함에 있어서는 수사기관의 입장에서 실무지침을 마련한다는 생각이 아니라 수사절차의 적법성을 보장하고 인권침해를 방지하기 위한 대책을 마련한다는 생각으로 임해야 한다. 부디 경찰과 검찰은 신중하고도 겸허한 자세로 형사소송법의 개정과 더불어 수사준칙의 제정에 적극 협력하기를 기대한다.

6

피해자 고소권의 법적 쟁점
- 피해자의 고소적격을 중심으로 -*

김동혁(교수, 경일대학교 경찰행정학과)

I 서론

고소란 범죄의 피해자 또는 그와 일정한 관계에 있는 고소권자가 수사기관에 범죄사실을 적시하고 범인의 처벌을 희망하는 의사표시이다. 고소는 수사기관의 현행범체포, 변사자 검시, 불심검문 등과 마찬가지로 수사개시의 단서가 된다. 또한 고소는 친고죄에 있어서 소추조건이 되므로, 친고죄에 있어서 고소가 없는 경우에 검사는 기소를 할 수 없다. 즉 고소는 수사개시의 단서[1]가 되며 친고죄의 경우에는 소추조건[2]이 되어, 수사단계와 기소단계에서 기능한다.[3]

우리 형사소송법 제223조는 "범죄로 인한 피해자는 고소할 수 있다"고 규정하여 고소권의 주체를 범죄의 피해자로 정하고 있다.

범죄의 피해자에게는 고소권 이외에 헌법상 재판절차진술권(헌법 제27조 제5항)과 범죄피해구조청구권(헌법 제30조)이 보장되며, 배상명령신청권(소송촉진 등에 관한 특례법 제25조, 제26조) 등이 보장된다.

특히 형사절차상 의미가 있는 것은 고소권자인 범죄의 피해자에게 검사의 불기소처분[4]에 대한 재정신청권(형사소송법 제260조), 헌법소원심판청구권(헌법재판소법 제68

---

* 이 글은 김동혁, "피해자 고소권의 법적 쟁점 - 피해자의 고소적격을 중심으로 -", 경찰법연구 제12권 제2호, 한국경찰법학회, 2014에 게재되었음을 밝힌다.

1) 이존걸, 수사단서로서의 고소, 법학연구 제19집, 한국법학회, 2005, 306면 이하.
2) 김성규, 공소제기의 조건으로서의 고소 - 친고죄에 있어서의 고소를 중심으로 -, 성균관법학, 성균관대학교 비교법연구소, 2003, 113면 이하.
3) 공판단계에서는 고소취소가 기능하며, 고소가 취소되면 법원은 공소기각의 판결을 내려야 한다.

조 제1항)이 인정된다5)는 것이다.

최근 성폭력범죄에 대한 엄벌 경향으로 성폭력범죄에 대한 친고죄가 폐지되는 추세6)에 있으므로, 범죄 피해자가 가지는 고소권의 논의필요성이 더해졌다. 친고죄의 피해자 보호 기능을 고려한다면 피해자보호를 위한 일반 범죄의 고소권에 대한 법적 해석을 더욱 명확히 할 필요가 있다.

이 글에서는 특히 고소권과 관련한 피해자의 개념을 중심으로 논하고자 하며, 고소권의 주체로서 인정될 수 있는 피해자의 개념, 즉 고소적격에 대해 살펴보기로 한다.

피해자의 고소적격에 있어 해석상 문제가 될 수 있는 것은 다음과 같다.

첫째, 고소적격이 인정되기 위한 범죄피해자의 개념 문제이다.

즉, 피해자의 고소권을 인정하기 위해서는 어느 정도의 의사능력을 인정할 것인가, 예컨대 민법상의 행위능력과 같은 일정한 기준을 갖춘 자만이 고소권을 행사할 수 있는가.

다음으로 피해자의 개념을 실체적으로 볼 것인가 절차적으로 볼 것인가, 예컨대 사자명예훼손죄의 고소권은 법적으로 친족 또는 자손임이 확인되어진 자에만 귀속되는가.

둘째, 사회적 국가적 법익에 대한 고소적격의 인정문제이다.

고소권이 인정되는 경우는 원칙적으로 개인적 법익에 대한 범죄를 대상으로 하는바, 사회적 국가적 법익을 대상으로 하는 범죄의 경우에도 피해자 개념을 인정하여 고소적격을 부여할 수 있는가. 예컨대 간통죄나 공무집행방해죄와 같은 경우에도 피해자의 고소적격을 인정할 수 있는가.

---

4) 피의자에게 범죄로 인하여 발생한 손해를 범죄피해자에게 배상하는 경우 그 사정을 참작하여 검사가 기소를 유예할 수 있다는 이유로 검사의 기소편의주의로 인한 불기소처분이 피해자를 적극적으로 보호할 여지가 크다는 견해가 있다. 조상제, 형사제재와 피해자보호, 피해자학연구 제15권 제2호, 한국피해자학회, 2007, 115면.
  그러나 검사의 불기소처분이 항상 이와 같은 방식으로 작동되는 것은 아니므로 일률적으로 기소편의주의가 피해자에게 유리한 제도로 보기는 어렵다고 본다.
5) 검사의 불기소처분은 공권력의 행사 또는 불행사에 해당하므로 헌법소원심판의 대상이 될 수 있으며, 이때 범죄 피해자인 고소인의 헌법소원심판청구권의 근거는 '헌법 제11조 제1항에서 보장된 모든 국민의 평등권에 의하여 국가기관인 검사에 대하여 차별없는 성실한 직무수행을 요구할 권리'와 '헌법상 재판절차진술권을 침해한 것'로 보고 있다(헌법재판소 2001.5.31. 2000헌마429결정, 헌법재판소 2002.10.31. 2002헌마433결정).
6) 2013년 성폭력 범죄가 비친고죄가 되었으며, 이는 친고죄 규정으로 인한 합의종용이나 고소기간 제한으로 실질적으로 피해자의 고소선택권이 오히려 2차피해의 조건이 된다는 비판과 성폭력범죄의 낮은 처벌율 등이 문제가 되었기 때문이라고 한다. 장다혜, 성폭력 범죄 친고죄 폐지 이후 피해자 보호방안, 경찰법연구 제11권 제2호, 한국경찰법학회, 2013, 3면.

그리고 피해자 개념을 인정할 경우, 이때의 피해자는 범죄의 피해자로 볼 것인가 법익의 피해자로 볼 것인가, 예컨대 위와 같은 경우 고소적격을 인정하기 위한 피해자의 해석에 있어 피해자를 범죄행위의 대상으로 볼 것인가, 침해된 법익의 주체로 볼 것인가의 문제이다.

이하에서는 고소권자로서 범죄피해자의 개념에 대한 위의 문제에 대한 해답을 해석론적으로 제시함으로써 고소제도의 적법성을 높이고, 고소권의 효율적인 행사를 통해 피해자의 권리보호에 기여하고자 한다.

Ⅱ 고소권자로서의 피해자 개념

1. 피해자의 고소적격

1) 범죄피해자의 고소능력

범죄로 인한 피해자는 고소권을 가진다.[7] 고소권을 갖는 피해자는 고소능력이 있어야 한다. 고소란 범죄사실을 적시하고 범인의 처벌을 희망하는 의사표시이다. 처벌의 의사표시이므로 단순한 피해사실의 신고는 고소가 아니다.[8] 따라서 고소능력은 처벌의 의사표시능력의 문제이다.

개념상 고소능력은 소송행위로서 의사표시를 할 수 있는 소송능력을 말하며, 이는 민법상의 행위능력과 구별된다. 다만 고소능력의 기준으로 민법상 행위능력까지 요하는가, 즉 미성년자의 고소 혹은 고소위임이 유효한가, 미성년자의 고소를 인정할 경우 실제의 기준은 어떠한가가 문제된다.

(1) 민법상 행위능력과 고소권을 가지는 미성년자의 기준

유효한 처벌의 의사표시를 위하여 어느 정도의 의사능력을 요하는지에 대해서 판례[9]는 "고소를 함에는 소송행위능력, 즉 고소능력이 있어야 하는바, 고소능력은 피해를 받은 사실을 이해하고 고소에 따른 사회생활상의 이해관계를 알아차릴 수 있는

---

7) 그러나 자기 또는 배우자의 직계존속은 고소하지 못한다(형사소송법 제224조). 직계존속 고소금지에 대한 자세한 내용은 손동권, 형사소송법상 직계존속에 대한 고소(고발)금지 규정의 위헌성 여부, 일감법학 제22권, 건국대 법학연구소, 2012 참조.

8) 박상기, 고소제도에 관한 연구, 한국형사정책연구원 연구총서 제19권, 1997, 29면.

9) 대법원 98도2074 판결; 2004도 664 판결; 2011도4451 판결.

사실상의 의사능력으로 충분하므로 민법상의 행위능력이 없는 자라도 위와 같은 능력을 갖춘 자에게는 고소능력이 인정된다고 할 것이고, 고소 위임을 위한 능력도 위와 마찬가지라고 할 것이다."라고 판시하고 있다.

즉 처벌의 의사표시는 사실상의 의사능력 있는 자의 표시이면 족하고, 민법상 행위능력을 요하지 않는다고 보고 있으며, 이는 고소의 위임을 위한 능력의 경우10)도 마찬가지이다.

이와 같이 고소능력에 행위능력까지 요하지는 않으나, 사실상의 의사능력은 일반적인 기준을 정할 수 없으나 개개 사건에 따라 판례가 인정한 기준을 보면 다음과 같다.

판례는 간음목적 미성년자 약취 범행과 관련하여 '피해자는 11세 남짓한 초등학교 6학년생으로서 그 정신능력과 수사기관 조사에서의 진술태도 등에 비추어 자신의 피해를 받은 사실을 이해하고 고소에 따른 사회생활상의 이해관계를 알아차릴 수 있는 사실상의 의사능력이 있었던 것'이라고 하여 11세 남짓한11) 미성년자의 고소능력을 인정한 바 있다.

또한 청소년의 성보호에 관한 법률 제16조에 규정된 반의사불벌죄에 있어서 '피해자가 제1심 법정에서 피고인들에 대한 처벌희망 의사표시를 철회할 당시 나이가 14세 10개월이었더라도 그 철회의 의사표시가 의사능력이 있는 상태에서 행해졌다면 법정대리인의 동의가 없더라도 유효하다'고 함으로써 14세12)의 미성년자에게 고소철회능력을 인정한 바 있으며, 강간 당시 14세의 정신지체아가 범행일로부터 약 1년 5개월 후 주위 사람들에게 피해사실을 말하고 그들로부터 고소의 의미와 취지를 설명 듣고 고소에 이른 경우 고소능력을 인정13)한 바 있다.

따라서 판례의 경향을 본다면, 11세 이상의 미성년자라도 사실상 의사능력이 인정될 수 있다면 고소능력을 가진다고 볼 수 있다.

(2) 소결

민법상 행위능력은 미성년자인 행위자를 법률관계로부터 보호하는 것을 기본 취지로 하고 있는 것이다. 즉, 미성년자의 법률행위는 법정대리인의 동의를 얻어야 하며,

---

10) 따라서 미성년자가 고소 위임을 하는 경우, 그 고소 위임은 법정대리인인 후견인만이 할 수 있는 것은 아니며, 미성년자도 고소를 위임할 능력이 있다고 보아야 한다.

11) 대법원 2011도4451 판결.

12) 대법원 2009도6058 전원합의체 판결.

13) 대법원 2007도4692 판결.

동의를 받지 않은 행위는 취소할 수 있고,[14] 권리만을 얻거나 의무만을 면하는 행위는 법정대리인의 동의를 요하지 않는다.[15]

반면에 피해자의 고소권은 본인의 범죄피해에 대해 국가기관의 권한을 발동시키는 것이므로 고소의 권한을 넓게 인정한다고 하여 피해자에게 불이익이 생기는 것은 아니다. 형사소송법상 고소의 효력은 수사기관의 조서작성 의무,[16] 사법경찰관의 신속한 조사의무,[17] 검사의 신속한 공소제기 결정과 공소불제기 이유 고지 등의 의무[18]로 규정되어 있다. 즉 고소의 효력은 국가기관의 의무 위주로 규정되어 있으므로, 고소권자가 불이익한 법적 의무를 지게 될 경우는 많지 않다.

따라서 고소능력은 상대적으로 사법(私法)관계에서와 같은 위험성이 적으므로 민법상 행위능력까지 요구하지 않고, 사실상의 의사능력으로 족하다는 판단은 피해자의 권리보호 측면에서 합리적이라고 본다.

그러나 고소권과 다르게 피해자에게 불이익한 결과를 가져오는 고소의 철회권과 같은 경우는 피해자보호를 위해 이를 좁게 해석하여야 한다. 특히 청소년대상 성폭력범죄의 반의사불벌죄에 있어 동 규정의 취지는 피해자의 고소없이도 수사를 가능하게 하여 청소년을 보호하려는 것[19]이므로, 처벌불원의 의사표시는 법정대리인의 동의를 요한다고 보아야 할 것이다. 다만 이때 법정대리인의 동의를 요하는 것은 미성년자의 사실상 의사능력이 부족[20]하다기보다는 고소제도의 본질적인 취지인 피해자보호에서 그 근거를 찾아야 할 것이다.

---

14) 민법 제5조 제1항, 제2항.

15) 민법 제5조 제1항 단서.

16) 형사소송법 제237조.

17) 형사소송법 제238조.

18) 형사소송법 제257조(고소등에 의한 사건의 처리), 제258조(고소인등에의 처분고지), 제259조(고소인등에의 공소불제기이유고지), 제259조의 2(피해자 등에 대한 통지).

19) 대법원 2009도 6058 전원합의체 판결에서 대법관 김영란의 반대의견. '청소년의 성보호에 관한 법률에서의 반의사불벌죄는 피해자의 고소없이도 수사가 개시되도록 하여 처벌의 실효성을 제고함으로써 청소년을 보다 두텁게 보호하려는 데에 그 취지가 있을 뿐, 처벌의 유무를 오로지 청소년인 피해자 본인의 의사에만 맡기고 친권자 등 법정대리인의 후견적 역할을 배제하려고 하는 데에 그 취지가 있는 것은 아니다.'

20) 대법원 2009도 6058 전원합의체 판결에서 대법관 김영란의 반대의견. '청소년 대상 성폭력범죄의 피해자는 정도의 차이는 있으나, 지능, 지적 수준, 발달성숙도나 사회적응력이 성인의 그것에 미치지 못할 것이고, 이에 따라 자신에게 가해진 범행의 의미, 피해를 당한 정황, 처벌을 희망하지 않는다는 의사표시는 처벌 희망의사표시의 철회가 가지는 의미, 내용, 효과에 대한 이해 및 인식 능력 또한 마찬가지로 부족하다고 보아야 한다.'

2) 범죄피해의 개념

(1) 법적 의미의 피해자

고소권이 인정되는 범죄피해자의 개념의 해석에 있어서는 범죄피해의 개념을 명확히할 필요가 있다. 즉 범죄의 피해를 범죄로 인해 실질적인 해(harm)로 개념할 것인지 범죄로 인해 형법상 법익의 침해로 개념할 것인가가 문제된다. 이는 범죄의 피해를 사실적 의미의 피해자로 볼 것인지 법적 의미의 피해자로 볼 것인지의 문제이다.

예를 들어 형사소송법 제227조는 사자명예훼손죄의 고소권자로서 친족 또는 자손을 규정하고 있다.

동 조문의 "친족 또는 자손"의 해석과 관련하여 이때의 피해자 개념을 '자신이 친족 또는 자손임을 주장하는 자'로 볼 것인지 아니면 '법적으로 친족 또는 자손임이 확인되어진 자'로 볼 것인지가 문제된다. 동 조문의 해석상 문제는 피해자를 사실상 의미의 피해자로 볼 것인가, 법적 의미의 피해자로 볼 것인가이다.

본인은 자신이 사자(死者)의 친족 또는 자손으로 알고 있었으나, 법적으로는 친족 또는 자손이 아닌 경우에 고소를 제기하였다면 이 사람을 피해자라고 보아야 할 것인가, 이를 유효한 고소로 볼 수 있을 것인가.

(2) 소결

위에서 살펴보았듯이, 형사소송법상 고소의 효력은 사법기관의 법적 의무로 규정되어 있으므로 고소는 사법기관에 대해 가지는 피해자의 법적 권리이다.

다른 한편, 친고죄에 있어 고소라는 소송조건이 결여된 경우 검사는 공소권없음을 이유로 불기소처분을 하여야 하고, 공소제기 이후 수소법원은 공소기각의 판결을 하여야 한다.[21] 고소를 한 사람이 피해자가 아니라면 고소권자가 아닌 것이 되며, 고소인이 피해자가 아니라는 것이 소송절차를 하는 중에 밝혀지면 이는 적법한 고소가 아니므로 친고죄에 있어서는 공소권없음으로 불기소하든지 공소기각 판결을 하여야 한다.

이렇듯 고소는 여러 가지 법적 효력을 가지므로 이는 피해자의 법적 지위를 전제로 하는 권리의 개념으로 보아야 한다.

따라서 형사절차에서 피해자란 피해자라고 주장하는 자이지만, 그 사람은 고소권을 가진 피해자이어야 한다. 즉, 고소권자인 피해자는 사실적 의미의 피해자가 아니라 법적 의미의 피해자인 것이다. 피해자는 적법한 고소권자인지 확인된 피해자로

---

21) 형사소송법 제327조(공소기각의 판결).

새겨야 할 것이다.

사자명예훼손의 고소권자인 피해자는 법적으로 확인된 친족, 자손으로 새겨야 하므로, 본인은 자신이 사자(死者)의 친족 또는 자손으로 알고 있었으나, 법적으로는 친족 또는 자손이 아닌 경우에 고소를 제기하였다면 이는 유효한 고소로 볼 수 없다.

2. 피해자 외의 고소권자

1) 피해자 법정대리인의 고소권과 고소권의 성격

범죄로 인한 피해자는 고소권을 가지며, 이때의 피해자는 직접적인 피해자에 한정되고 간접적인 피해자는 이에 해당되지 않는다.[22] 예를 들면 강간죄에 있어 강간피해여성 외에 이 여성의 남편은 아내를 피해자로 하는 강간죄의 고소권이 없다. 다만 피해여성이 금치산자이거나 한정치산자 혹은 미성년자여서 남편이 법정대리권을 가지는 경우는 고소의 법정대리권이 인정된다.

피해자 외에 법정대리인의 고소권도 인정되며, 형사소송법 제225조 제1항은 "피해자의 법정대리인은 독립하여 고소권을 갖는다"라고 규정하고 있다. 이는 피해자가 고소권을 갖는 이외에 이와 같은 경우 피해자의 법정대리인도 고소권을 가진다는 것이다. 다만 '독립하여 고소권을 갖는다'는 의미에 관하여 피해자의 고소권이 소멸한 경우에도 법정대리인에게 고소권이 인정되는가에 대해서는 독립대리권설과 고유권설의 대립이 있다.

독립대리권설[23]은 고소권의 일신전속적인 성질을 강조하는 입장으로 피해자의 고소권이 소멸하면 법정대리인의 고소권도 소멸한다고 한다. 특히 친고죄에 있어서 법률관계의 불안정을 피하기 위하여 고소를 취소하려는 피해자는 법정대리인의 고소를 취소할 수 있다고 한다.

고유권설[24]은 무능력자의 보호를 강조하는 입장으로 피해자의 고소권 소멸여부와 관계없이 법정대리인은 고소권을 행사할 수 있으며, 피해자는 법정대리인의 고소를 취소할 수 없다고 한다.

---

22) 김형준, 친고죄의 고소와 그 취소, 법학논문집 제24집 제2호, 중앙대학교 법학연구소, 2000, 48면.

23) 백형구, 형사소송법 강의, 2001, 51면; 송광섭, 형사소송법, 2003, 345면; 신양균, 형사소송법, 2004, 96면; 신현주, 형사소송법, 2002, 212면; 이재상, 신형사소송법, 2007, 198면; 정영석·이형국, 형사소송법, 1996, 154면; 진계호, 형사소송법, 2004, 212면.

24) 배종대·이상돈, 형사소송법, 2006, 190면; 신동운, 136면; 이영란, 한국형사소송법, 2007, 234면; 임동규, 형사소송법, 2006, 134면; 정웅석·백승민, 형사소송법, 2007, 446면; 차용석·최용성, 형사소송법, 2004, 177면.

판례25)는 "법정대리인의 고소권은 무능력자의 보호를 위하여 법정대리인에게 주어진 고유권이므로, 법정대리인은 피해자의 고소권 소멸 여부에 관계없이 고소할 수 있고.."라고 하여 고유권임을 명확히 밝히고 있다. 또한 "이러한 고소권은 피해자의 명시한 의사에 반하여도 행사할 수 있다"고 하고 있으므로, 피해자가 고소취소의 의사를 밝혀도 법정대리인의 고소권은 소멸하지 않는다.

생각건대, 무능력자의 법정대리인이 가지는 고소권은 고유한 권리라고 보는 것이 타당하다. 왜냐하면 첫째, 불기소처분이나 공소기각 판결과 같은 중요한 소송법적 효과를 발생시키는 고소권의 행사를 무능력자의 판단에만 맡길 수는 없을 뿐 아니라,26) 둘째, 친고죄에 있어서의 고소권은 형사절차에서 피해자에게 권한을 부여하는 것으로서 피해자의 의사를 중시하려는 제도이므로 기본적으로 피해자를 보호하려는 것이다. 여기에 무능력자제도와 무능력자의 대리인 제도도 본인을 위한 제도이기 때문이다. 따라서 더욱 효과적인 피해자 본인의 권리보호를 위해 법정대리인의 고소권은 고유권으로 보는 것이 두 제도의 취지에 맞는다고 본다.

2) 피해자의 배우자 및 친족의 해석론

고소권은 일반적으로 피해자 및 법정대리인에게 인정되지만, 특별한 경우에 있어서는 아래의 사람이 고소권을 가진다.

(1) 피해자가 사망한 경우

피해자가 사망한 때에는 그 배우자, 직계친족 또는 형제자매가 고소할 수 있다(형사소송법 제225조 제2항). 다만 피해자의 명시한 의사에 반하여 고소하지 못한다(동항 단서). 이에 대해서는 사망 시 친족 등의 고소권을 고유권이라고 보는 견해27)와 단서의 피해자의 명시한 의사에 반하지 못한다는 규정상 독립대리권으로 보아야 한다는 견해28)가 대립되고 있다.

이 경우 단서조항이 없으면 배우자, 직계친족 또는 형자자매는 고유권을 갖는다고 할 수 있으나, 단서조항에 의해 직접피해자의 의사에 고소권의 행사여부를 결정할 수 있게 하고 있다. 먼저 본문만을 가지고 본다면 피해자는 사망하였으므로 고소를

---

25) 1999. 12. 24. 99도3784 판결.
26) 신동운, 위의 책, 136면.
27) 배종대·이상돈, 191면; 송광섭, 346면; 이재상, 198면; 임동규, 134면; 정웅석·백승민, 446면; 진계호, 213면.
28) 백형구, 51면; 신동운, 136면; 이영한, 235면; 차용석·최용성, 177면.

취소할 수도 없고, 피해자의 고소권 소멸여부와 관계없이 배우자 등은 고소권을 가지고 있다. 굳이 고유권설과 독립대리권설의 논의를 거치지 않더라도 본 조항에 의해 고유권적 성질을 가지는 것이다.

고유권설과 독립대리권설은 피해자 본인의 권리와 법정대리인 등의 권리와의 결연관계에 관한 대립이라고 볼 수 있다. 고유권설에 의하면 법정대리인 등은 피해자의 고소권과 관계없이 고소권을 행사할 수 있으나, 독립대리권설에 있어서 법정대리인 등의 고소권은 피해자 고소권의 소멸이나, 피해자의 취소로 영향을 받는다.

이 조항은 그 결연정도에 있어서 두 학설의 사이에 있는 것으로 보이며, 위에서 알아본 바와 같이 독립대리권설보다 고유권설이 피해자의 보호에 유리하므로, 본문 조항은 고유권의 원칙을 규정하고 단서에서 그 제한을 규정한 것으로 해석하여 제한적인 고유권으로 보아야 할 것이다.

(2) 사자명예훼손의 경우

형사소송법 제227조는 사자의 명예를 훼손한 범죄에 대하여는 그 친족 또는 자손은 고소할 수 있다고 규정하고 있다. 사자명예훼손죄는 그 범죄의 성질상 피해자[29]를 친족 또는 자손으로 보아야 하므로 사자명예훼손죄의 고소권은 친족 또는 자손의 고유권으로 보아야 할 것이다.

(3) 법정대리인이 피의자, 법정대리인의 친족이 피의자인 경우

또한 형사소송법 제226조는 피해자의 법정대리인이 피의자이거나 법정대리인의 친족이 피의자인 때에는 피해자의 친족은 독립하여 고소할 수 있다고 규정하고 있다. 법정대리인의 고소권을 고유권으로 보아야 하므로, 이 경우 친족의 고소권도 또한 고유권으로 보아야 할 것이다.[30]

3) 지정고소권자, 고소의 대리

형사소송법 제228조에 따르면 친고죄에 대하여 고소할 자가 없는 경우에 이해관계인의 신청이 있으면 검사는 10일 이내에 고소할 수 있는 자를 지정하여야 한다.

고소권자가 고소권을 상실하거나 고소하지 아니할 의사를 명시하고 사망한 경우는 고소할 자가 없는 경우에 해당하지 않는다. 지정고소권자는 친족 등 고소권자가 존

---

29) 위에서 알아보았듯이, 이때의 피해자는 범죄의 사실상 피해자가 아닌 법적 피해자를 의미한다.

30) 신동운, 위의 책, 137면.

재하지 않는 경우에 보충적으로 인정되기 때문이다.[31]

또한 형사소송법 제236조에 의해 고소와 그 취소는 대리인으로 하여금 할 수도 있다. 동 조항에 의한 대리인의 고소의 경우 대리권이 정당한 고소권자에 의하여 수여되었음이 실질적으로 증명되었다면 그 방식에 특별한 제한은 없다. 따라서 친고죄에 있어서 피해자로부터 고소를 위임받은 대리인은 수사기관에 구술에 의한 방식으로 고소를 제기할 수도 있다.[32]

Ⅲ 사회적 법익과 국가적 법익에 대한 고소적격

1. 문제의 소재

형사소송법 제223조 "범죄로 인한 피해자는 고소할 수 있다"는 규정에 따라 고소권의 주체는 범죄의 피해자이다. 이때의 피해자는 일반적으로 법익침해를 받은 당사자로서 그 법익의 귀속주체여야 한다.[33] 대법원도 상표권을 이전등록받은 승계인이 피해자의 지위를 승계하는지에 대한 판결에서 이러한 태도를 취하였다.[34] 따라서 원칙적으로 개인적 법익을 침해하는 범죄의 경우에만 고소권이 발생할 수 있다고 해야 한다.[35] 고소권의 주체를 피해자로 규정한 것 자체가 고소는 개인적 법익[36]에 대한 것임을 전제로 한 것으로 해석할 수 있기 때문이다.

즉, 고소권이 인정되는 범죄는 개인적 법익을 침해하는 범죄임이 원칙이고, 원칙적으로 개인적 법익을 침해하는 범죄의 경우에만 피해자에게 고소권이 발생한다.

그런데 우리 법과 판례의 태도는 사회적 법익이나 국가적 법익을 침해하는 범죄의 경우에 있어서도 개인의 피해자성을 인정하고 있다.

헌법재판소의 견해를 보면,

---

31) 형사소송법 제225조 제2항은 피해자 사망시 배우자 등의 고소권을 인정하고 있으나, 단서에서 피해자의 명시한 의사에 반하지 못한다고 규정하고 있으므로, 이는 보충적 성격을 가진 것으로 이해하여야 한다.

32) 대법원 2002. 6. 14. 2000도4595 판결.

33) 신동운, 신형사소송법, 법문사, 2008, 135면.

34) 대법원은 94도2196 판결에서 "상표권을 이전등록받은 승계인은 그 이전등록 이전에 발생한 침해에 대하여도 상표권의 성질상 그 권리의 주체로서 피해자인 지위를 승계한다"고 판시하였다.

35) 신동운, 위의 책, 135면.

36) 생명, 신체, 사생활 등 개인적 법익의 침해와 범죄피해자의 권리에 대한 자세한 내용은 김재민, 헌법상 기본권 규정에 대한 피해자학적 고찰(1), 경찰법연구 제3권 제1호, 한국경찰법학회, 2005, 102면 이하 참조.

사회적 법익이나 국가적 법익을 침해하는 범죄라 하더라도 범죄의 수단이나 행위의 상대방이 된 사람은 피해자로서 고소권을 갖는다고 하고 있다[37]고 하여 고소권의 주체인 피해자를 개인적 법익을 침해당한 경우로 한정하지 않고, 사회적 법익이나 국가적 법익에 대한 피해자의 고소권을 인정한다.

이렇게 사회적 법익에 대한 범죄와 국가적 법익에 대한 피해자의 고소권을 인정하므로, 개인적 법익에 대한 피해자의 고소권이라는 원칙과 충돌이 생기며, 고소권에 있어서 피해자개념의 일원적, 통일적 해석이 어려운 실정이다.

2. 사회적, 국가적 법익을 침해당한 경우 피해자의 해석론

1) "범죄로 인한 피해자"의 해석론

이러한 문제는 사회적, 국가적 법익 침해 범죄에 대한 고소권의 해석문제로서 이는 다음과 같은 법문상 해석의 차이에서 기인하며, 이에 따라 사회적, 국가적 법익 범죄에 대한 피해자 고소의 인정여부가 달라진다.

이는 형사소송법상 규정되어 있는 "범죄로 인한 피해자"란 규정을 "범죄"에 중심을 두어 해석할 것인가, "피해"에 중심을 두어 해석할 것인가의 문제이다.

즉, 실제로 범죄에 의해 피해를 입은 자로 해석할 것인가, 법익의 침해를 받은 자로 해석할 것인가에 대해 범죄로 인한 피해자를 법문대로 해석하여 실질적인 해(harm)를 입은 자로 해석할 수도 있으나, "범죄"라는 규정을 이미 법익침해가 전제된 것으로 해석할 여지도 있기 때문이다.

2) "범죄"의 피해자로 해석할 경우

먼저 범죄로 인한 피해자를 법익 개념이 전제된 "범죄"의 피해자로 해석할 경우에는 고소의 일반적인 논의와 같이 개인적 법익이 침해된 범죄의 경우에만 고소권을 가지는 피해자를 인정할 수 있다. 형법상 개인적 법익과 사회적 법익, 국가적 법익은 그 보호하는 대상이 다르기 때문이다.

따라서 이러한 해석하에서는 사회적, 국가적 법익을 침해하는 경우 개인의 피해자성을 인정할 수 없고, 또한 개인의 고소권도 인정될 수 없다.

---

37) 헌재 92헌마262 결정.

3) 범죄로 인한 "피해자"로 해석할 경우

반면 범죄의 피해자를 범죄로 인해 실질적인 해를 입은 자로 해석할 경우에는 사회적 법익, 국가적 법익을 침해하는 범죄의 경우에도 개인의 피해자성이 인정되며, 고소권도 인정된다.

우리나라 판례의 태도는 이러한 해석론을 채택하고 있다.

헌법재판소는 위의 헌재 92헌마262 결정에서 "범죄의 피해자의 개념 또는 범위를 정함에 있어서는 보호법익의 주체만이 아니라 범죄의 수단이나 행위의 상대방도 포함되는 것으로 해석되고..."고 하여 개인적 법익 외에 사회적 법익, 국가적 법익에 대한 피해자의 고소권을 인정[38]하고 있다. 즉 피해자의 개념을 범죄의 수단이나 행위의 상대방이라고 함으로써 실질적인 범죄의 피해자도 고소권의 주체인 피해자로 해석한다.

3. 소결

결과에 있어 사회적, 국가적 법익을 침해하는 범죄에 있어 피해자성과 고소권을 인정하는 판례의 입장은 찬성하나, 그 근거로서 범죄의 수단이나 행위의 상대방이라는 해석은 형법의 본질인 법익개념을 경시한 것으로 동의할 수 없고, 형소법 제223조의 피해자는 법익의 침해를 받은 자로 해석하여야 한다. 다만 이때 사회적, 국가적 법익은 부수적으로 개인적 법익에 대한 보호기능도 가진다고 보아야 한다.

① 법익은 형법 각 규정의 해석론에 의하여 추상화된 개념이므로, 고소권의 주체가 개인이라는 것과 개인적 법익을 침해받은 것과는 구별해야 한다. 환언하면 개인적 법익을 침해받은 개인과 마찬가지로 사회적 법익과 국가적 법익의 침해행위에 의한 객체가 되는 실제 피해를 받은 개인도 고소권을 가진다고 보아야 한다. 이러한 취지에서 판례의 태도가 옳다고 본다.

② 그러나 사회적 법익과 국가적 법익의 경우에 있어서 개인이 피해자로서 고소권을 가진다는 것의 논거로 범죄의 대상이나 행위의 상대방이 되었다고 보는 것에는 의문이 있다. 원칙적으로 고소권이 인정되는 피해자는 법익침해를 받은 당사자로서 그 법익의 귀속주체여야 하기 때문이다. 이러한 일반적인 원칙과

---

38) 위 결정은 "국가기능의 공정한 행사를 보호법익으로 하는 직권남용죄의 보호법익의 주체는 아니지만, 행위의 상대방 또는 위 플래카드의 권리자로서 이 사건 직권남용죄의 피해자에 해당한다."고 하여 정당의 지구당 부위원장의 직권남용죄에 대한 피해자개념을 인정하였다. 사회적 법익인 간통죄의 피해자를 인정하는 것 외에 국가적 법익에 대해서도 개인의 피해자 개념을 인정하였다는 데에 의의가 있다.

사회적, 국가적 법익에 대한 피해자의 개념을 인정하는 것을 조화롭게 해석하기 위해서는 법익의 개념을 재고해 볼 필요가 있다. 침해되는 법익의 개념과 관련하여 본다면, 사회적 법익과 국가적 법익이 침해된 경우라도 개인적 법익이 함께 침해받은 것으로 볼 수도 있다. 즉 개인적 법익과 사회적 법익, 국가적 법익을 구분한다고 하여 사회적 법익과 국가적 법익을 보호하는 죄가 개인적 법익을 전혀 보호하고 있지 않다고 볼 수는 없다. 이 경우 사회적 법익은 부차적으로 개인적 법익을 보호하고 있다고 보는 것이 옳다고 본다.

예를 들어, 공무집행방해죄에 있어서 보호법익은 적정한 공무집행이라고 보아야 하지만, 폭행 또는 협박을 받은 공무원은 범죄의 피해자로서 고소를 할 수 있는 것이며, 이것은 공무원의 개인적 법익이 함께 침해되었다고 해석될 수 있다.

따라서 사회적 법익과 국가적 법익에 대한 피해자의 개념과 고소권을 인정하여야 하며, 그 이유는 개인적 법익에 대한 침해도 부수적으로 일어났기 때문이라고 보아야 한다.

Ⅳ 맺음말

이상에서 고소권의 주체로서 피해자의 해석론에 관하여 살펴보았다.

고소권은 범죄피해자의 권리개념으로 이해되어야 한다. 고소의 권리는 범죄의 피해를 당함으로써 피해자에게 당연히 유보되는 권리라고 보아야 하는 것이다. 또한 범죄의 피해자는 일반적으로 사회적, 법적 약자인 경우가 많으므로 피해자가 국가에 대해 가지는 고소권은 시민의 기본적인 권리서 다루어져야 한다. 그러므로 고소의 주체로서 범죄피해자의 개념은 한정적으로 해석하지 않는 것이 타당하다.

따라서 고소능력은 민법상 행위능력까지는 요하지 않고 사실상의 의사능력으로 족하다고 보아야 한다. 행위능력은 사법상 계약에서 취소권 등을 인정하여 행위자를 보호하려는 취지로 기준을 세운 것이나, 고소능력은 행위능력에 비해 상대적으로 불이익을 받을 가능성이 적으므로 넓게 인정하는 것이 타당하다.

또한 우리 판례는 간통죄와 공무집행방해죄와 같은 사회적 법익, 국가적 법익이 침해된 경우에도 고소권을 인정하고 있으며, 그 근거로 고소권이 인정되는 피해자의 개념과 범위를 "범죄의 수단이나 행위의 상대방도 포함"한다고 해석한다. 피해자의 범위를 넓게 해석하는 것은 찬성할 일이나, 이러한 해석은 원칙적으로 고소권자인 피해자는 법익침해를 받은 당사자라는 일반적인 원칙에 어긋나며, 법익개념을 도외시한 해석이다. 따라서 사회적, 국가적 법익에 대한 죄인 경우에도 실질적으로 개인적 법익을 침해하였다고 볼 수 있는 경우에는 개인적 법익침해를 이유로 고소권을 행사할 수 있다고 보아야 한다.

한편, 피해자의 개념은 법적 의미의 피해자이어야 한다. 예컨대 사자명예훼손죄의 고소권자인 피해자는 법적인 의미의 친족 또는 자손이어야 한다. 고소권은 법적 개념이며, 따라서 법적인 지위를 요한다고 보아야 하기 때문이다.

이러한 피해자개념의 해석은 피해자의 고소권 행사에 적법성을 확보해 줌과 동시에 효율적인 권리행사에 도움을 줄 것이다.

7

질문의 유형과 방식에 관한 연구: 2차원적 질문분류 방법론 제안*

이형근(법학박사, 심리학박사, 경정)

I 서론

우리는 일상을 영위하면서 다른 사람들과 다양한 '주제'로 대화를 나눈다. 그리고 그 대화 중에는 다양한 '내용'의 질문이 포함되어 있다. 또한, 누군가는 '꼬치꼬치' 캐묻는 경향이 있는가 하면, 누군가는 '에둘러' 묻는 경향이 있다. 여기에서 주제와 내용은 질문을 구성하는 '무엇을'에 해당하고, 꼬치꼬치와 에둘러는 질문을 구성하는 '어떻게'에 해당한다. 이와 같이 우리가 일상에서 사용하는 질문은 내용(무엇을)과 형태(어떻게)로 구성되어 있다. 그러나 질문을 하면서 무엇을 묻고 있는지를 인식하지 못하는 경우는 드문 반면, 어떻게 묻고 있는지를 정확하게 인식하지 못하는 경우는 빈번하다. 질문형태의 불식(不識)이 일상적 대화에 미치는 영향은 다분히 상황의존적이다. 즉, 대화의 주제가 사업이나 거래인 경우에는 업무의 성패에 영향을 미칠 것이고, 대화의 주제가 사교나 친목인 경우에는 대인관계에 영향을 미칠 것이다. 반면, 질문형태의 불식이 기능적 대화, 즉 범죄수사, 감사 또는 조사에 관한 면담에 미치는 영향은 대체로 일상적 대화의 경우보다 더 강하고 부적정이다. 질문형태가 답변의 양과 질에 영향을 미치기 때문이다.[1] 따라서 기능적 대화를 업으로 하는 사람(이하 '면담실무자')이 올바른 형태의 질문을 사용하지 못하면, 과거 사건을 정확하게 재구

---

* 이 글은 이형근, "질문의 유형과 방식에 관한 연구: 2차원적 질문분류 방법론 제안", 범죄수사학연구 제7권 제1호, 경찰대학 범죄수사연구원, 2021에 게재되었음을 밝힌다.

1) 김동률·이 훈, 피의자신문과정에서 실체적 진실의 왜곡가능성: 수사기관의 질문유형과 신문기법에 대한 분석을 중심으로, 한국공안행정학회보, 제65호, 한국공안행정학회, 2016, 68-72면.

성하는 데 어려움을 겪을 수 있다.

그러나 면담실무자들의 질문역량이 일반인들의 질문역량보다 우수하다거나 일정 수준 이상으로 표준화되어 있다고 보기는 어려울 것 같다. 면담과정에서 각종 책략이 사용되고 있을 뿐만 아니라,[2] 이로 인해 허위자백이 이루어진 예도 적지 않기 때문이다.[3] 이와 같은 현상의 저변에는 질문형태의 심리학적 특성과 관련 매뉴얼 및 교육의 양적·질적 부실이라는 요인이 자리잡고 있다. 일반적으로 질문내용과 질문형태는 '길항관계(拮抗關係)'에 있다. 즉, 질문의 내용에 집중할수록 질문의 형태가 부적정해지는 경향이 있다. 이것은 인지적 에너지의 제약에 따르는 불가피한 현상이다. 이와 같은 현상을 극복하기 위해서는 별도의 훈련이 필요하다. 그러나 면담실무자에게 제공되는 매뉴얼과 교육은 양적·질적으로 불충분하다.[4] 관련 매뉴얼과 교육의 양적 불충분 문제는 다양한 요인(예: 예산, 업무공백)과 연관되는 반면, 질적 불충분 문제는 대체로 인식과 노력의 부재 또는 부족에 기인한다. 또한, 양적 불충분 문제가 해소되더라도 질적 불충분 문제가 선결되지 않으면, 질문역량의 적정화와 표준화를 기대하기 어렵다. 따라서 관련 매뉴얼과 교육의 내용(질)을 개선하는 작업을 먼저 시작해야 한다.

기능적 면담에는 다양한 역량이 요구된다. 라포형성, 규칙설명, 질문기법, 청취기법, 진술분석, 조서작성 등이 여기에 포함된다. 이 중에서 가장 중심이 되는 역량은 질문기법이다. 면담의 핵심은 문과 답에 있는 바, 후자는 피면담자의 영역이고 전자는 면담자의 영역이기 때문이다. 또한, 면담자의 문은 피면담자의 답에 -보다 정확하게는 피면담자의 기억과 거짓말 전략에- 일정한 영향을 준다. 따라서 대부분의 면담 매뉴얼은 질문기법을 전면 또는 중심에 배치하고 있다.[5] 그런데 각 면담 매뉴얼이 질문을 형태적으로 분류하는 기준이 제각각이고, 심지어 서로 모순되는 경우도 있어 면담실무자들에게 적지 않은 혼란을 주고 있다. 국외의 면담 매뉴얼 간에도 유사한 문제가 존재한다.[6] 그 결과 A 매뉴얼에 따라 훈련한 면담실무자는 구체적 질문

---

2) 정세종, 피의자신문과정에서 허용될 수 있는 책략의 범위, 한국민간경비학회보, 제12권 제4호, 한국민간경비학회, 2013, 224-226면.

3) 이기수, 허위자백의 사례분석을 통해 본 형사절차상 문제점, 비교형사법연구, 제14권 제1호, 한국비교형사법학회, 2012, 168-175면.

4) 이형근, 피의자 신문의 이론과 실제, 경인문화사, 2021, 133-136면.

5) 대검찰청, 조사·신문 핵심원리 실무매뉴얼, 후인, 2010, 35-38면: 이형근, 수사면담기법론, 경찰대학, 2018, 77-83면.

6) 김시업 역, 인지면담: 수사면담 시 기억 향상법, 학지사, 2011, 137-142면; Centrex, Practical Guide to Investigative Interview, Centrex, 2004, pp. 25-29.

을 '지향'하는 반면, B 매뉴얼에 따라 훈련한 면담자는 구체적 질문을 '지양'하는 촌극이 벌어지고 있다. 따라서 질문분류의 적정화와 표준화를 관련 매뉴얼 및 교육 개선의 출발점으로 삼을 필요가 있다. 이에 본연구는 범죄수사에 관한 기능적 면담에 요구되는 역량 중 질문기법을 연구의 대상으로 삼아, 질문형태의 의의와 기능을 논증하고(Ⅱ), 종래의 1차원적 질문분류 방법론의 내용과 문제점을 진단한 후(Ⅲ), 2차원적 질문분류 방법론을 제안해 보고자 한다.

Ⅱ 질문형태의 의의와 기능

1. 질문형태의 의의

답은 문이라는 작용에 대한 반작용이다. 따라서 질문은 답변에 일정한 영향을 준다. 질문의 '내용'이 답변에 미치는 영향은 불가피한 측면이 있는 반면, 질문의 '형태'가 답변에 미치는 영향은 일정 수준 이상으로 조절할 수 있다. 가령, 수사관은 피의자를 신문할 때 부득이 민감한 정보(예: 행적)에 접근해야 한다. 그러나 수사관은 민감한 정보를 확인함에 있어 '꼬치꼬치' 캐묻는 형태를 취할 수도 있고, '찬찬히' 이야기를 듣는 형태를 취할 수도 있다. 아무래도 후자가 피의자 답변에 미치는 영향이 적을 것이다. 원칙적으로 면담자는 피면담자의 기억과 사고에 영향을 덜 주는 질문형태를 사용해야 한다. 기능적 면담이 피면담자의 기억과 사고를 그의 진술을 통해 가급적 원형에 가깝게 확인하는 것을 1차적 목적으로 하기 때문이다. 단지 강압적인 질문이나 유도질문을 사용하지 않는 것만으로는 이와 같은 목적을 달성하기 어렵다. 사람의 기억은 일반의 통념보다 현저히 더 취약하고, 사람의 사고, 가령 거짓말 전략은 일반의 통념보다 훨씬 더 역동적이기 때문이다.

사람의 기억은 통상 '부호화－저장－인출'의 단계를 거치는 것으로 알려져 있다.[7] 수사관은 수사대상자가 기억을 부호화하고 저장하는 단계에 관여할 수 없다. 단지, 인출하는 단계에 관여할 수 있을 뿐이며, 관여의 주된 수단은 질문이다. 그런데 수사관의 질문형태가 기억의 7대 죄악[8] 중 하나로 일컬어지는 피암시성을 유발할 수 있다는 점에 유의해야 한다. 가령, "아까 누가 거기서 뭘 들고 가는 것 같던데요."라는

---

7) 민경환 외 8 역, 심리학개론, 시그마프레스, 2012, 214－230면.
8) 일시성, 방심, 차단, 오귀인, 피암시성, 편향, 집착(민경환 외 8 역, 앞의 책, 237－257면).

목격자의 진술을 듣고, 수사관이 "그래요? 그 컴퓨터를 들고 간 사람이 몇 명이었나요?"라고 물으면, 목격자의 '뭘(원형)'이 '컴퓨터(변형)'로 바뀔 가능성이 있다. 또한, 이와 같이 훼손된 기억은 거의 불가역적이다. 컴퓨터 도난 신고를 받고 현장에 출동한 수사관이 이와 같은 사태를 의도하지는 않았을 것이다. 단지, 여느 일반인과 같이 자신이 어떻게 묻고 있는지를 인식하지 못했을 가능성이 높다. 한편, 부적절한 질문형태는 수사대상자의 거짓말 전략에 부정적 ―수사대상자의 관점에서는 긍정적일 수 있는― 영향을 줄 수 있다. 질문에는 정보를 '요청'하는 주기능이 있을 뿐만 아니라 정보를 '제공'하는 부기능(side effect)이 있기 때문이다. 가령, 수사관이 장문으로 이루어진 폐쇄형 질문을 하면, 수사대상자가 이를 통해 수사관의 의도나 수사사항을 간파할 수 있다. 따라서 면담자는 피면담자의 기억과 거짓말 전략에 영향을 덜 주는 질문형태를 사용할 수 있어야 한다.

범죄수사는 "범죄혐의의 유무를 명백히 하여 공소제기 및 공소유지 여부를 결정하기 위해서 범인을 발견·확보하고 증거를 수집·보전하는 수사기관의 활동"을 의미한다.[9] 범죄혐의의 유무는 객관적 증거를 바탕으로 밝히는 것이 이상적이겠으나, 형사소송법은 주관적 성격이 강한 진술도 증거방법 중 하나로 삼고 있다(제310조의2 이하). 또한, 수사실무에서는 업무의 80% 이상이 피의자 등에 대한 조사에 할애되고 있다.[10] 이와 같이 기능적 면담은 범죄혐의의 유무를 밝히는 데 기여하는 것을 2차적 또는 궁극적 목적으로 한다. 수사대상자의 진술을 청취하기 위해서는 수사관이 질문을 해야 한다. 앞서 언급한 바와 같이 모든 질문은 내용과 형태로 구성되는데, 전자는 대체로 '사고'의 영역에 속하는 반면, 후자는 대체로 '습관'의 영역에 속한다. 질문을 할 때 어떻게 묻고 있는지를 정확하게 인식하지 못하는 이유가 바로 여기에 있다.

또한, 범죄수사에 관한 법령·규칙에도 질문의 형태에 관한 규정[11]이 질문의 내용에 관한 규정[12]보다 더 적다. 그나마 질문의 형태에 관한 규정은 수사법이 아니라 '증거법'에 속해 있고, 질문의 형태를 직접 규율하는 방식이 아니라 진술을 증거로 하기 위한 '요건(예: 임의성)'을 규율하는 방식을 취하고 있다. 따라서 수사관은 고문, 폭행, 협박, 신체구속의 부당한 장기화, 기망, 임의성이라는 증거법상의 기준에 의존하여 스스로의 질문형태를 점검해야 한다. 그런데 고문에서 기망에 이르는 기준은

---

9) 대법원 1999. 12. 7. 선고 98도3329 판결.
10) 박노섭·이동희·이 윤·장윤식, 범죄수사학, 경찰대학 출판부, 2013, 362면.
11) 형사소송법 제309조(강제 등 자백의 증거능력), 제317조(진술의 임의성).
12) 형사소송법 제242조(피의자신문사항), 범죄수사규칙 제71조(피의자에 대한 조사사항).

너무 과격해서 통상적인 면담에서 사용되는 질문형태의 적정성을 준별할 실천적 준거가 되기 어렵고, 임의성이라는 기준은 너무 일반적이어서 어느 범위까지의 질문형태가 이 기준을 충족하는지 정확히 알기 어렵다. 따라서 법령·규칙에 의하든 매뉴얼에 의하든 질문형태의 적정성을 정확하게 준별할 수 있는 실천적이고 구체적인 기준을 마련할 필요가 있다.

2. 질문형태의 기능

형사사법절차에서 질문형태는 진실을 구축하는 기능, 허위자백을 방지하는 기능, 조서의 왜곡을 방지하는 기능, 청취한 진술의 증거법적 효용을 제고하는 기능, 기능적 면담에 요구되는 윤리적 기준을 담보하는 기능 등을 갖는다. 기능의 명칭만 보면 그야말로 만병통치약에 가깝다. 여기에서는 질문형태의 기능을 상세히 살펴볼 것이다.

1) 진실의 구축

앞서 올바른 질문은 피면담자의 기억과 거짓말 전략에 영향을 덜 주는 형태여야 한다고 하였다. 면담에 저항하지 않는 피면담자(예: 앞서의 목격자)의 경우에는 이와 같은 기준의 타당성을 어렵지 않게 이해할 수 있을 것이다. 그런데 면담에 저항하는 피면담자(예: 거짓말을 하는 피의자)의 경우에도 이와 같은 기준이 타당한 것인지 의문이 들 수 있을 것 같다.[13] 거짓말을 하는 경우라면 오히려 진실을 말하도록(예: 자백) 적절히 영향을 주어야 할 것 같다는 생각이 들기 때문이다. 그러나 가사 피면담자가 거짓말을 할 가능성이 있다고 하더라도, 면담자는 그의 거짓말 전략에 영향을 덜 주는 질문형태를 사용해야 한다. 숙련된 면담실무자(55.9%)의 거짓탐지 역량이 일반인(54.3%)의 경우와 마찬가지로 우연히 맞추는 수준에 불과할 뿐만 아니라,[14] 진실을 말하도록 하기 위해 사용되는 통상적인 수단(예: 책략) 중에 그 효과가 검증된 것이 거의 없기 때문이다.[15] 현재까지 가장 이상적인 면담방법론으로 평가되고 있는 영국의 PEACE 모델이 피면담자의 규범적 지위나 진실성과 무관하게 동일한 질문형태를

---

13) 저항은 대체로 거짓말을 의미한다.

14) Vrij, A., Fisher, R. P., Mann, S. & Leal, S., Lie detection: Pitfalls and opportunities, In G. D. Lassiter & C. A. Meissner (Eds.), Police Interrogations and False Confessions: Current Research, Practice and Policy Recommendations, American Psychological Association, 2010, pp. 97-110.

15) 홍유진, 효과적인 피의자 신문 기법 탐색을 위한 연구: PEACE-model과 Reid technique의 효과성 검토 및 검증을 중심으로, 경기대학교 심리학박사학위논문, 2017, 120-121면; Gudjonsson, G. H., The Psychology of Interrogations and Confessions, John Wiley & Sons, 2003, p. 21.

적용하도록 하는 것도 이와 같은 이유 때문이다.[16]

피면담자의 거짓말 전략에 영향을 덜 주는 질문형태는 다음과 같은 기제를 통해 진실의 구축에 기여한다. 첫째, 거짓은 진실보다 저용량의 데이터다. 거짓말은 피면담자가 창작한 가상의 사실이기 때문에 오감 중 일부만을 포함하며, 그나마 양적·질적으로 부실하다. 즉, 진실이 영상 파일(avi)에 가깝다면 거짓은 한글 파일(hwp)에 가깝다. 둘째, 거짓말을 하려면 꾸미기와 감추기, 눈치 살피기, 진실 억누르기 등을 병행해야 하므로 상당한 인지적 에너지가 필요하다.[17] 따라서 거짓말은 통상 짧고, 추상적이며, 느린 경향이 있고, 당초에 준비한 진술보다 더 확장하면 모순이 드러날 가능성이 높다.[18] 모순은 진술 상호 간의 모순일 수도 있고, 진술과 다른 증거 간의 모순일 수도 있다. 셋째, 올바른 질문형태는 질문의 주기능(정보 요청)에 충실하고 부기능(정보 제공)을 억지하기 때문에 진술의 확장을 돕는다. 즉, 거짓된 피면담자가 당초에 준비한 것보다 더 많은 진술을 할 가능성을 높여준다. 넷째, 청취한 진술이 풍부할수록 현재적·잠재적 증거와의 비교를 통해 진술의 진위를 밝힐 가능성이 높아진다. 효과적 증거 활용법들이 공히 올바른 질문형태의 사용을 핵심으로 하는 정보수집형 면담방법론을 채택하고 있는 것도 이와 같은 이유 때문이다.[19] 요컨대, 올바른 질문형태는 피면담자의 규범적 지위나 진실성과 무관하게 진실의 구축에 기여한다. 아울러, 이어서 살펴볼 질문형태의 다른 기능들도 여기에서 파생한다.

2) 허위자백 방지

허위자백은 "실제 자신이 행하지 않은 범죄에 대하여 범행을 시인하는 진술"을 의미한다.[20] 따라서 허위자백은 형사사법절차상 진실의 구축에 있어 제1종 오류에 해당한다. 허위자백의 형성 과정에는 피의자의 특성, 수사관의 특성, 신문기법 및 환경 등 다양한 요인이 영향을 미치는데,[21] 본연구의 연구대상인 질문기법도 그 과정에

---

16) Centrex, 앞의 책, 25-29면.

17) Vrij 외 3, 앞의 논문, 100-107면.

18) Vrij, A., Detecting Lies and Deceit: Pitfalls and Opportunities(2nd Ed), John Wiley & Sons, 2008, pp. 410-415.

19) Fahsing, I. A. & Rachlew, A., Investigative interviewing in the Nordic region, In T. Williamson, B. Milne & S. P. Savage (Eds.), International Developments in Investigative Interviewing, Willan Publishing, 2009, pp. 39-65; Hartwig, M., Granhag, P. A., Strömwall, L. & Kronkvist, O., Strategic use of evidence during police interviews: When training to detect deception works, Law and Human Behavior, 30(5), 2006, p. 605; Vrij, 앞의 책, 395면.

20) 이기수, 형사절차상 허위자백의 원인과 대책에 관한 연구, 서울대학교 법학전문박사학위논문, 2012, 38면.

21) 이기수, 앞의 논문, 309면.

적지 않은 영향을 준다. 가령, '사법에 의한 투옥, 과학에 의한 방면'으로 일컬어지는 미국의 이노센스 프로젝트에 의하면,[22] 2021년 4월 현재까지 법원으로부터 유죄를 선고받은 375명의 무고한 수형자가 방면되었는데, 그들이 투옥된 주요 원인 중 하나가 부적정한 신문에 따른 허위자백이었다. 또한, 허위자백의 과정에는 폭행, 협박 등의 물리력뿐만 아니라 폐쇄형 질문의 일종인 양자택일형 질문, 유도질문, 기타 피의자의 사고에 영향을 미치기 위한 각종 책략이 사용되었다. 이를 통해 피면담자의 사고에 영향을 미치려는 시도의 효과성은 검증된 바 없는 반면,[23] 이러한 시도에 허위자백을 야기하는 위험성은 내재한다는 사실을 알 수 있다. 요컨대, 올바른 질문형태는 허위자백의 주요 원인 중 하나인 신문기법 요인을 차단 또는 최소화함으로써 허위자백의 방지에 기여한다.

3) 조서왜곡 방지

조서왜곡은 "실제의 문답과 조서에 기재된 문답 간에 증거법적으로 유의미한 차이가 있는 경우"를 의미한다.[24] 통상 질문기법과 조서작성은 별개의 역량으로 여겨진다. 그러나 조서왜곡의 유형[25] 중 일부는 질문기법과 밀접하게 연관된다. 가령, 문답전환[26] 형태의 조서왜곡은 개방형 질문을 잘 사용하지 못하는 수사관이 조서를 단문장답 형태로 꾸미려고 할 때 발생한다. 여기에서 단문은 개방형 질문을 의미하고, 장답은 이에 따른 덩이 형태의 진술을 의미한다. 즉, 문답전환은 '장문단답(면담)'을 '단문장답(조서)'으로 가장하는 형태의 조서왜곡이다. 문답전환은 증거법적 문제뿐만 아니라 민사적 문제까지 야기할 수 있다. 먼저, 문답전환은 조서의 임의성이나 증명력을 탄핵할 사유가 될 수 있다.[27] 조서에 기재된 진술이 피면담자의 입을 통해 발화된 것이 아니기 때문이다. 다음으로, 문답전환은 객관의무 위반으로 인한 손해배상의 사유가 될 수 있다.[28] 조서에 기재된 진술의 내용과 별론으로 진술의 주체가 객

---

22) 1992년 뉴욕의 예시바 대학교 카도조 로스쿨 소속 Scheck 교수와 Neufeld 교수에 의해 시작된 사법피해자 구제운동(www.innocenceproject.org).

23) 홍유진, 앞의 논문, 120–121면; Gudjonsson, 앞의 책, 21면.

24) 이형근·조은경, 피의자신문조서의 왜곡 유형과 정도에 관한 연구: 조서와 영상녹화물의 비교를 통한 사례연구, 경찰학연구, 제14권 제2호, 경찰대학, 2014, 30면.

25) 답변생략, 문답생략, 답변의 뚜렷한 조작, 답변의 미묘한 조작, 질문조작, 문답추가, 문답전환(이형근·조은경, 앞의 논문, 38면).

26) 실제로는 질문한 것을 답변한 것처럼 기재하는 형태의 조서왜곡(이형근·조은경, 앞의 논문, 38면).

27) 이형근·백윤석, 피의자신문조서의 왜곡에 대한 증거법적 평가방향: 왜곡에 대한 일반인과 변호사의 인식 비교연구, 경찰학연구, 제19권 제4호, 경찰대학, 2019, 154–155면.

28) 대법원 2020. 4. 29. 선고 2015다224797 판결.

관적 사실에 부합하지 않기 때문이다. 따라서 올바른 질문형태를 사용하지 못하는 수사관은 '예쁘지만 위험한' 조서 또는 '안전하지만 못난' 조서 중 하나를 선택해야 한다. 요컨대, 올바른 질문형태는 조서왜곡의 방지에 기여할 뿐만 아니라 '안전하고 예쁜' 조서를 가능하게 해준다.

4) 증거법적 기능

앞서 형사소송법은 주관적 성격이 강한 진술을 범죄혐의의 유무를 밝히기 위한 도구, 즉 증거방법 중 하나로 삼고 있다고 하였다. 다만, 형사소송법은 진술증거의 주관성·취약성을 고려하여, 진술을 증거로 하기 위한 각종 요건을 설정하고 있다. 형사소송법 제312조에 규정된 전문법칙, 제317조에 규정된 임의성 요건 등이 대표적 예다. 부적정한 질문형태가 조서왜곡을 매개로 증거법적 문제를 야기할 수 있음은 이미 확인하였다. 특히, 부적정한 질문형태가 증거능력뿐만 아니라 증명력에도 영향을 미칠 수 있다는 점에 유의해야 한다. 가령, 법원은 유도질문의 유무[29], 폐쇄형 질문의 빈도[30] 등을 진술의 신빙성 판단 기준으로 삼고 있다. 한편, 복합질문에 따라 이루어진 시인 진술을 자백으로 볼 수 없다는 취지에서 무죄를 선고한 판결이 있어 주목을 요한다. 법원은 "복합질문은 동시에 두 개 이상의 쟁점에 대한 답변을 요구하고 있어 답변하는 사람이 하나의 질문에 대하여만 답변하고 나머지 질문에 대하여는 답변을 하지 않아 어떤 질문에 답변한 것인지 여부를 불분명하게 만들 수 있는 위험성이 내포되어 있다."라고 판시하였다.[31] 요컨대, 올바른 질문형태는 청취한 진술의 증거능력뿐만 아니라 증명력 제고에도 기여한다.

5) 윤리적 기능

질문형태의 윤리적 기능은 앞서 살펴본 다른 기능에서 자연스럽게 파생한다. 앞서 살펴본 기능들이 법과 연관되는 또는 법에 근거를 둔 것이고, 법은 최소한의 도덕이기 때문이다. 또한, 올바른 질문형태는 신문이나 조사가 피면담자에게 가외의 제재로 기능하는 것을 방지해준다.[32] 피면담자의 기억과 거짓말 전략에 영향을 주려는 시도는 ―대소강약에 따라 정도의 차이는 있겠으나― 피면담자에게 불편과 부담을 줄 수 있기 때문이다. 국내외의 선행연구가 공히 올바른 질문형태의 사용을 핵심으

---

29) 대법원 2014. 7. 24. 선고 2014도2918, 2014전도54 판결.
30) 서울고등법원 2014. 9. 4. 선고 2014노1251 판결.
31) 의정부지방법원 2016. 3. 22. 선고 2014노2984 판결.
32) 이형근, 앞의 책(2021), 8면.

로 하는 정보수집형 면담방법론의 윤리성을 높게 평가하는 것도 이와 같은 이유 때문이다.[33] 요컨대, 올바른 진문형태는 규범적 요구뿐만 아니라 윤리적 요구의 충족에도 기여한다.

Ⅲ 종래의 1차원적 질문분류 방법론

지금까지 문제를 제기하고 질문형태의 의의와 기능을 논증하는 과정에서 다수의 질문형태를 언급하였다. 질문형태를 언급하지 않고 질문이라는 주제를 논하는 것은 불가능에 가깝기 때문이다. 순서대로 보면 구체적 질문, 유도질문, 폐쇄형 질문, 개방형 질문, 복합질문 등이 언급되었다. 또한, 이 외에도 오도질문, 반복질문 등의 질문형태가 있다. 여기에서는 국내외의 질문분류 방법을 상세히 살펴볼 것이다.

1. 국내의 질문분류

1) 경찰청의 질문분류

현재까지 경찰청에는 범용, 즉 피의자, 피해자, 목격자 등 모든 피면담자에게 적용 가능한 공인 매뉴얼이 없다. 다만, 경찰청 소속 교육기관인 경찰대학과 경찰수사연수원에서 교재로 사용되고 있는 '수사면담기법론(이하 '범용 매뉴얼')'[34]에 포함된 정보수집형 수사면담 매뉴얼이 범용 공인 매뉴얼에 가깝다. 한편, 경찰청은 최근 피해자 면담용 공인 매뉴얼 두 건을 개발하였다.[35] 여기에서는 이 세 건의 매뉴얼을 중심으로 경찰청의 질문분류 방법을 진단해보고자 한다.

'범용 매뉴얼'은 질문을 개방형 질문, 구체적 질문, 폐쇄형 질문, 유도질문, 복합질

---

33) 김민지, 피의자 신문 기법의 문제점 및 개선방안: 심리학적 관점을 중심으로, 한국경찰연구, 제12권 제1호, 한국경찰연구학회, 2013, 52면; 이기수·김지환, 피의자신문기법의 문제점과 개선방안에 관한 연구: Reid Technique과 PEACE 모델 비교·검토를 중심으로, 한국경찰연구, 제11권 제4호, 한국경찰연구학회, 2012, 247면; Gudjonsson, 앞의 책, 53–54면; Kassin, S. M., Drizin, S. A., Grisso, T., Gudjonsson, G. H., Leo, R. A. & Redlich, A., Police–induced confessions: Risk factors and recommendations, Law and Human Behavior, 34(1), 2010, p. 85.

34) 이형근, 앞의 책(2018), 84–108면.

35) 경찰청, 인권보호를 위한 피해자 중심 조사·면담 기법 개발에 관한 연구, 한국형사정책연구원, 2018(이하 '피해자 매뉴얼'); 경찰청, 성폭력 피해자 표준 조사 모델(개정판), 경찰청, 2019(이하 '성폭력 피해자 매뉴얼').

문, 반복질문으로 분류하고 있다.36) 이 매뉴얼은 '개방성'의 정도에 따라 질문을 '개방형 질문부터 폐쇄형 질문까지'로 서열화한 후, '유도질문부터 반복질문까지'를 부적정한 질문으로 범주화하고 있다. '피해자 매뉴얼'은 질문을 개방형 질문, 구체적 폐쇄형 질문, 선택형 질문, 유도질문으로 분류하고 있다.37) 여기에서 구체적 폐쇄형 질문과 선택형 질문은 범용 매뉴얼상 구체적 질문 및 폐쇄형 질문에 각각 해당한다. 이 매뉴얼은 유도질문뿐만 아니라 구체적 폐쇄형 질문이나 선택형 질문도 피해자의 진술에 부정적 영향(예: 피암시성)을 줄 수 있다고 본다. '성폭력 피해자 매뉴얼'은 질문을 개방형 질문, 구체적 질문, 선택형 질문, 유도질문으로 분류하고 있다.38) 여기에서의 선택형 질문도 범용 매뉴얼상 폐쇄형 질문에 해당하며, 복합질문과 반복질문을 별도로 형태로 분류하지 않는다는 점 외에는 범용 매뉴얼의 질문분류 방법과 유사하다. 요컨대, 세 건의 매뉴얼상 질문분류 방법 간에는 공통점과 차이점이 병존하고 있다.

2) 검찰청의 질문분류

검찰청은 2010년 범용 공인 매뉴얼을 개발하였다.39) 이 매뉴얼은 질문을 개방형 질문, 구체적 질문, 폐쇄형 질문, 유도질문, 복합질문, 부정질문으로 분류하고 있다.40) 여기에서 부정질문은 "질문 안에 포함된 암시에 대한 동의가 예상되는 질문형태"를 말한다.41) 반복질문을 별도의 형태로 분류하지 않는다는 점, 부정질문을 별도의 형태로 분류한다는 점 외에는 경찰청의 범용 매뉴얼상 질문분류 방법과 유사하다. 다만, 이 매뉴얼이 피면담자의 규범적 지위, 진실성이나 태도에 따라 서로 다른 면담방법론을 제안하고 있다는 점에 유의해야 한다. 가령, 이 매뉴얼에는 진술청취형 조사, 행동분석형 조사, 설득추궁형 신문, 사실확인형 신문, 부인시현형 신문 등이 포함되어 있다. 특히, 설득추구형 신문에는 피의자의 거짓말 전략에 영향을 주기 위한 다양한 책략이 포함되어 있으며, 특히 폐쇄형 질문의 일종인 양자택일형 질문을 활용하여 자백을 유도하는 상세한 방법이 소개되어 있다.42) 요컨대, 검찰청과 경찰청의 질문분류 방법 간에 일정한 차이가 있을 뿐만 아니라, 질문의 기능에 대한

---

36) 이형근, 앞의 책(2018), 77-81면.
37) 경찰청, 앞의 책(2018), 151-154면.
38) 경찰청, 앞의 책(2019), 37-38면.
39) 대검찰청, 앞의 책.
40) 대검찰청, 앞의 책, 35-37면.
41) 대검찰청, 앞의 책, 37면. "누가 했는지는 모르지?", "그때 잘 못 봤지?"가 부정질문의 예다.
42) 대검찰청, 앞의 책, 610-611면.

두 기관의 관점에 현저한 차이가 있다.

2. 국외의 질문분류

국외에는 보다 다양한 면담방법론 또는 매뉴얼이 있다. PEACE 모델, REID 테크닉, 인지면담, NICHD 프로토콜, ABE 가이드, KINESIC 인터뷰, WZ 기법, FBI 매뉴얼 등이 그것이다. 이 면담방법론과 매뉴얼은 공히 질문분류 방법을 포함하고 있다. 여기에서는 질문분류의 중요성을 강조하고 있는 PEACE 모델, 인지면담, NICHD 프로토콜, ABE 가이드를 중심으로 국외의 질문분류 방법을 진단해보고자 한다.

PEACE 모델은 질문을 개방형 질문, 폐쇄형 질문, 유도질문, 복합질문, 반복질문으로 분류한다.[43] 이 매뉴얼은 국내에서 구체적 질문으로 분류하는 질문을 개방형 질문으로 분류한다는 데 특징이 있다. 인지면담은 질문을 개방형 질문과 폐쇄형 질문으로 분류한다.[44] 이 면담방법론은 국내에서 구체적 질문으로 분류하는 질문을 폐쇄형 질문으로 분류한다는 데 특징이 있다. 따라서 인지면담의 질문분류 방법이 PEACE 모델의 질문분류 방법보다 더 보수적이다. NICHD 프로토콜은 질문을 개방형 질문, 초점화 질문, 폐쇄형 질문, 유도질문, 반복질문 등으로 분류한다.[45] 여기에서 초점화 질문은 국내의 분류에 따르면 구체적 질문에 해당한다. ABE 가이드는 질문을 개방형 질문, 구체적 폐쇄형 질문, 강요된 선택형 질문, 유도질문, 복합질문으로 분류한다.[46] 여기에서 구체적 폐쇄형 질문과 강요된 선택형 질문은 국내의 분류에 의하면 각각 구체적 질문 및 폐쇄형 질문에 해당한다. 요컨대, 국내의 질문분류 방법과 국외의 질문분류 방법 간에 일정한 차이가 있을 뿐만 아니라, 국외의 면담방법론 또는 매뉴얼상 질문분류 방법 간에도 적지 않은 차이가 있다. 국내외의 질문분류 방법론을 요약하면 <표 1>과 같다.

---

43) Centrex, 앞의 책, 25-59면.
44) 김시업 역, 앞의 책, 137-142면.
45) 김태경·이영호, 이동 진술조사 지침서, 두감람나무, 2010, 72-77면.
46) 김면기·이정원, 영국의 피해자 조사기법 실무교육과 그 시사점: 포츠머스 대학에서 ABE 가이드에 관한 훈련과정을 중심으로, 형사법의 신동향, 제66호, 대검찰청, 2020, 268면.

	국내				국외			
	경찰청 범용	경찰청 피해자	경찰청 성폭력	검찰청 범용	PEACE	인지면담	NICHD	ABE
T.E.D.	개방형	개방형	개방형	개방형	개방형	개방형	개방형	개방형
W/H	구체적	구체적 폐쇄형	구체적	구체적	개방형	폐쇄형	초점화	구체적 폐쇄형
Y/N	폐쇄형	선택형	선택형	폐쇄형	폐쇄형	폐쇄형	폐쇄형	강요된 선택형
기타	유도 복합 반복	유도	유도	유도 복합 부정	유도 복합 반복	–	유도 반복	유도 복합

주. T.E.D.: Tell, Explain, Describe. W/H: Who, When, Where, What, Why, How. Y/N: Yes or No.

3. 검토

국내외의 질문분류 방법론 진단을 통해 크게 두 가지 문제가 있다는 사실을 알 수 있다. 하나는 면담방법론 또는 매뉴얼상 질문분류 방법 간에 적지 않은 차이가 있다는 점이고, 다른 하나는 국내외의 질문분류 방법론이 공히 질문을 1차원적으로 분류하고 있다는 점이다. 먼저, 질문분류 방법 간의 차이는 다음과 같은 문제를 야기한다. 첫째, 면담방법론 또는 매뉴얼에 따라 동일한 질문을 다르게 분류하는 경우가 있어, 올바른 질문형태의 지향점을 찾기 어렵다. 가령, PEACE 모델은 W/H 형태의 질문을 '지향'해야 할 개방형 질문으로 분류하고, 인지면담은 같은 형태의 질문을 '지양'해야 할 폐쇄형 질문으로 분류한다. 이와 같은 현상은 W/H 형태의 질문에 포함되는 다양한 의문사의 '개방성' 차이에 대한 몰이해에서 비롯되는 것으로 볼 수 있다. 가령, 무엇을, 어떻게, 왜는 상대적으로 개방성이 높은 의문사에 속하는 반면, 누가, 언제, 어디서는 상대적으로 개방성이 낮은 의문사에 속한다. 둘째, 면담방법론 또는 매뉴얼에 따라 유도질문, 반복질문, 복합질문 등의 별도 분류 여부가 달라 부적정한 질문형태의 범위를 정확하게 알기 어렵다. 가령, 경찰청의 '피해자 매뉴얼'과 '성폭력 피해자 매뉴얼'은 유도질문만을 별도의 형태로 분류하고 있고, 인지면담은 유도질문, 반복질문, 복합질문 모두를 별도의 형태로 분류하지 않고 있다. 이와 같은 현상은 '개방성'이라는 기준을 질문분류의 핵심 준거로 삼는 데에서 비롯되는 것으로 볼 수 있다. 셋째, 매뉴얼 중에 개방성 차원으로 분류되는 질문형태의 명칭에 가치함축적 용어가 포함된 경우가 있어, 해당 질문형태의 적정성 또는 부적정성을 정확하게 알기 어렵다. 가령, ABE 가이드는 Y/N 형태의 질문을 '강요된' 선택형 질문으로 명명하고 있어, 이 형태의 질문이 모두 부적정하다는 인식을 준다.

다음으로, 1차원적 질문분류 방법은 다음과 같은 문제를 야기한다. 첫째, 하나의 질문이 둘 이상의 형태로 분류되는 경우가 있어, 질문기법의 학습과 적용에 상당한 혼란을 준다. 가령, Ⅱ에서 예시하였던 "그 컴퓨터를 들고 간 사람이 몇 명이었나요?"라는 질문은 구체적 질문이자 유도질문이다. 질문만 놓고 보면 '몇'이라는 의문사가 포함된 구체적 질문이지만, 맥락까지 고려하면 목격자의 기억을 훼손하는 암시적 질문, 즉 유도질문이기 때문이다. 둘째, 면담방법론 또는 매뉴얼에 따라 유도질문, 반복질문, 복합질문 등의 별도 분류 여부가 다른 근원적 원인도 1차원적 질문분류 방법에 있다. 이와 같은 현상이 '암시성' 또는 '부적정성'이라는 기준의 독립적 기능을 간과한 데에서 비롯되기 때문이다. 셋째, 개방성 차원의 분류에 암시성 또는 부적정성 기준이 혼입되어, 개방형 질문, 구체적 질문, 폐쇄형 질문을 중립적으로 이해하고 적용하는 데 지장을 준다. ABE 가이드가 Y/N 형태의 질문을 '강요된' 선택형 질문으로 명명하는 것도 이와 같은 현상 때문이다. 요컨대, 질문분류 방법 간의 차이와 1차원적 질문분류 방법이 질문기법의 학습과 적용에 있어 적지 않은 혼란과 애로를 주고 있다.

Ⅳ 2차원적 질문분류 방법론 제안

1. 분류의 준거

1차원적 질문분류 방법이 질문기법의 학습과 적용에 혼란과 애로를 주는 점, 질문분류 방법 간의 차이 중 다수가 1차원적 질문분류 방식에 기인하는 점 등으로 고려할 때, 2차원적 질문분류 방법을 면담방법론과 매뉴얼에 탑재할 필요가 있다. 여기에서는 2차원적 질문분류 방법을 설계함에 있어 고려할 준거를 설정한 후, 구체적인 설계 방안을 모색해 볼 것이다. 2차원적 질문분류 방법의 설계에는 다음과 같은 기준이 적용되어야 할 것으로 생각한다. 첫째, 모든 질문이 개방성 차원의 '질문유형'

과 암시성 또는 부적정성 차원의 '질문방식'으로 분류될 수 있어야 한다. 가령, 2차원적 질문분류 방식에 의하면, Ⅱ와 Ⅲ에서 예시하였던 "그 컴퓨터를 들고 간 사람이 몇 명이었나요?"라는 질문이 질문유형의 측면에서는 구체적 질문으로 분류되고, 질문방식의 측면에서는 유도질문으로 분류된다. 둘째, 개방성 차원과 암시성(부적정성) 차원은 서로 독립적이어야 한다. 따라서 개방성 차원의 질문유형에 속하는 요소에는 가치함축적 용어가 포함되지 않아야 한다. 셋째, 각 면담방법론 또는 매뉴얼상 질문분류 방법 간 차이가 정비되어야 한다. 이때 W/H 형태의 질문에 포함되는 다양한 의문사의 '개방성' 차이가 고려되어야 한다. 넷째, 유도질문, 반복질문, 복합질문 등 종래의 질문분류 방법에 포함되어 있던 질문형태를 가급적 모두 포섭해야 한다. 부적정한 질문형태의 사용을 최대한 억지해야 하기 때문이다. 다섯째, 모든 질문형태, 즉 질문유형 및 질문방식에 속하는 요소가 정확하게 정의되어야 한다. 이는 동일한 질문을 누군가는 '지향'하고 누군가는 '지양'하는 사태를 방지하기 위함이다. 여섯째, 올바른 질문형태를 원활하게 사용할 수 있는 구체적 방법이 제시되어야 한다. 개방형 질문이 올바른 질문형태에 속한다는 사실을 아는 모든 면담실무자가 개방형 질문을 잘 사용하는 것은 아니기 때문이다. 일곱째, 가급적 종래의 질문분류 방법 중 하나를 기준으로 하고, 다른 방법들을 고려하여 간결한 질문분류가 되도록 하여야 한다. 면담실무자 중 다수가 종래의 질문분류 방법에 친숙할 뿐만 아니라, 복잡한 질문분류는 학습과 적용에 오히려 부담이 될 수 있기 때문이다. 본연구가 '다차원'이 아니라 '2차원'을 제안하는 것도 이와 같은 이유 때문이다.

2. 질문유형

2차원적 질문분류 방법에서 질문유형은 "질문을 개방성의 정도에 따라 중립적으로 분류하는 기준"을 의미한다. 질문유형에는 세 가지 요소를 포함하고, 그 명칭은 각각 개방형 질문, 구체적 질문, 폐쇄형 질문으로 해야 할 것으로 생각한다. PEACE 모델이나 인지면담과 같이 질문유형에 개방형 질문과 폐쇄형 질문 두 가지만 포함하면, W/H 형태의 질문을 너무 리버럴하게 또는 보수적으로 분류해야 하기 때문이다. 또한, W/H 형태의 질문에 포함되는 다양한 의문사의 '개방성' 차이를 고려하지 못하게 되는 문제도 있다. 아울러, 이 세 가지 명칭이 가장 일반적으로 사용되고 있는 명칭일 뿐만 아니라, 가치함축적 용어(예: 강요된)도 포함하지 않고 있다. 여기에서 유의할 것은 질문유형이 '중립적' 분류 기준이라는 점이다. 따라서 개방형 질문, 구체적 질문, 폐쇄형 질문은 암시적인 또는 부적정한 질문방식에 해당하지 않는 한 가치중립적이며, 다만 이들 간에 일정한 우선순위가 있을 뿐이다.

1) 개방형 질문

질문유형 중 개방형 질문은 "답변의 범위가 설정되지 않은 또는 넓게 설정된 유형의 질문"을 의미하고, 준별공식은 '마침표로 끝나는 청유형'이다. T.E.D. 형태의 질문, 즉 '말해보세요. 설명해보세요. 묘사해보세요.'가 개방형 질문에 해당한다. 대부분의 면담방법론 또는 매뉴얼은 개방형 질문을 먼저, 그리고 빈번하게 사용할 것을 권장한다.[47] 질문유형에 포함되는 하위 요소 중 개방형 질문이 피면담자의 기억과 사고에 가장 적은 영향을 미치기 때문이다. 그러나 단지 T.E.D 형태의 질문을 먼저, 그리고 빈번하게 사용하라는 주문만으로는 개방형 질문의 적극적 사용을 독려하기 어렵다. 개방형 질문은 기본적으로 답변의 범위가 설정되어 있지 않거나 넓게 설정되어 있어 필요한 정보를 정밀하게 탐색하는 데 한계가 있기 때문이다. 따라서 개방형 질문의 적극적 사용을 실현하려면, 개방형 질문을 다시 몇 가지 하위 요소로 구분할 필요가 있다.

개방형 질문은 개관적 개방형 질문, 단서 제시 개방형 질문, 구간 제시 개방형 질문, 후속 개방형 질문으로 나눌 수 있다. 1) 개관적 개방형 질문은 "특정 주제에 관하여 답변의 범위가 설정되지 않은 또는 넓게 설정된 유형의 개방형 질문"을 의미한다. "A 사건에 관해 모두 말해보세요."라는 질문이 여기에 해당한다. 통상 개방형 질문이라고 하면 개관적 개방형 질문을 의미하는 것으로 볼 수 있다. 2) 단서 제시 개방형 질문은 "앞의 답변 안에 포함된 일화 또는 쟁점 중 하나가 답변의 범위로 설정된 유형의 개방형 질문"을 의미한다. 가령, 피면담자가 "오전에는 산책을 하고 오후에는 세차를 했어요."라는 진술을 하는 경우라면, "산책할 때 있었던 일을 자세히 말해보세요."라는 질문이 단서 제시 개방형 질문에 해당한다. 여기에서 '단서'는 피면담자의 영역이고, '제시'는 면담자의 영역이다. 답변의 범위인 단서가 피면담자의 이전 진술 안에 포함된 일화 또는 쟁점이기 때문에 단서 제시 개방형 질문이 피면담자의 기억과 사고에 미치는 영향은 적다.

3) 구간 제시 개방형 질문은 "앞의 답변 안에 포함된 특정 지점(시점)부터 특정 지점(시점)까지가 답변의 범위로 설정된 유형의 개방형 질문"을 의미한다. 가령, 앞의

---

47) 경찰청, 앞의 책(2018), 152면; 경찰청 앞의 책(2019), 37면; 김면기·이정원, 앞의 논문, 267면; 김시업 역, 앞의 책, 139면; 김태경·이영호, 앞의 책, 73면; 대검찰청, 앞의 책, 35-36면; 이형근, 앞의 책(2018), 78면; Centrex, 앞의 책, 25-29면.

면담례에서 산책 국면과 세차 국면에 관한 상세한 진술을 청취한 후 두 일화 사이에 있었던 일을 확인하고자 하는 경우라면, "산책을 마치고 세차를 할 때까지 있었던 일을 자세히 말해보세요."라는 질문이 구간 제시 개방형 질문에 해당한다. 여기에서 각 지점 및 지점 간의 '공백'은 피면담자의 영역이고, '제시'는 면담자의 영역이다. 구간 제시 개방형 질문의 경우와 마찬가지로 답변의 범위인 구간이 피면담자의 이전 진술 안에 포함되어 있기 때문에 구간 제시 개방형 질문이 피면담자의 기억과 사고에 미치는 영향은 적다. 4) 후속 개방형 질문은 "앞의 답변 안에 포함된 특정 지점 (시점) 이후가 답변의 범위로 설정된 유형의 개방형 질문"을 의미한다. 가령, 앞의 면담례에서 세차 국면에 관한 상세한 진술을 청취한 다음 그 이후에 있었던 일을 확인하고자 하는 경우라면, "세차를 마친 이후에 있었던 일을 자세히 말해보세요."라는 질문이 후속 개방형 질문이 된다. 여기에서 특정 지점 및 그 이후의 공백이 피면담자의 영역이라는 점, 그래서 피면담자의 기억과 사고에 미치는 영향이 적다는 점 등은 단서 제시 개방형 질문이나 구간 제시 개방형 질문의 경우와 마찬가지다. 지금까지 설명한 개방형 질문의 하위 요소를 정리하면 <표 2>와 같다.

■표 2 **개방형 질문의 하위 요소**

	개관적	단서 제시	구간 제시	후속
개념	특정 주제에 관하여 답변의 범위가 설정되지 않은 또는 넓게 설정된 유형의 개방형 질문	앞의 답변 안에 포함된 일화 또는 쟁점 중 하나가 답변의 범위로 설정된 유형의 개방형 질문	앞의 답변 안에 포함된 특정 지점부터 특정 지점까지가 답변의 범위로 설정된 유형의 개방형 질문	앞의 답변 안에 포함된 특정 지점 이후가 답변의 범위로 설정된 유형의 개방형 질문
예시	A 사건에 관해 모두 말해보세요.	산책할 때 있었던 일을 자세히 말해보세요.	산책을 마치고 세차를 할 때까지 있었던 일을 자세히 말해보세요.	세차를 마친 이후에 있었던 일을 자세히 말해보세요.
시각화	(○-△-□-) ↑	(○-△-□-) ↑ ↑ ↑	(○-△-□-) ↑ ↑	(○-△-□-) ↑

개방형 질문의 하위 요소 상호 간에는 우선순위가 없다. 다만, 제1회 면담의 도입부에서는 개관적 개방형 질문을 사용해야 한다. 개관적 개방형 질문은 답변 안에 일화 또는 쟁점이 둘 이상이 되기 이전까지만 사용해야 하며, 둘 이상의 일화 또는 쟁

점이 확인되면 곧바로 다른 하위 요소를 사용해야 한다. 즉, 단서 제시 개방형 질문, 구간 제시 개방형 질문, 후속 개방형 질문을 유기적으로 사용하여 관련 진술을 청취해야 한다. 개방형 질문의 1차적 종점은 개방성이 낮은 유형의 질문이 필요한 때이다. 즉, 피면담자가 비교적 상세한 진술을 하면서도 W/H에 해당하는 정보 중 하나 이상을 언급하지 않거나(구체적 질문 要), 존재할 개연성이 있는 정보를 언급하지 않을 때(폐쇄형 질문 要)가 개방형 질문의 1차적 종점이다. '1차적' 종점이라고 표현한 것은 구체적 질문이나 폐쇄형 질문에 대한 답변에 따라 다시 개방형 질문을 해야 할 경우가 있기 때문이다.

2) 구체적 질문

질문유형 중 구체적 질문은 "답변의 범위가 특정 정보에 한정된 유형의 질문"을 의미하고, 준별공식은 '의문사가 포함된 의문형'이다. W/H 형태의 질문, 즉 '누가, 언제, 어디서, 무엇을, 왜' 등의 의문사를 포함하는 질문이 구체적 질문에 해당한다. 다수의 면담방법론 또는 매뉴얼은 구체적 질문을 개방형 질문 다음에 사용할 것을 권장한다.[48] 질문유형에 포함되는 하위 요소 중 구체적 질문이 피면담자의 기억과 사고에 미치는 영향이 중간 정도이기 때문이다. 다만, 앞서 설명한 바와 같이 구체적 질문의 분류에 있어 W/H 형태의 질문에 포함되는 다양한 의문사의 '개방성' 차이가 고려되어야 한다. 통상 '무엇을, 어떻게, 왜'는 상대적으로 개방성이 높은 의문사에 속하는 반면, '누가, 언제, 어디서'는 상대적으로 개방성이 낮은 의문사에 속하기 때문이다. 이와 같은 의문사의 개방성 차이는 구체적 질문을 개방형 질문으로 전환해보면 쉽게 알 수 있다. 가령, "어제 저녁에 무슨 일이 있었나요?"라는 구체적 질문은 "어제 저녁에 있었던 일을 말해보세요."라는 개방형 질문으로 자연스럽게 전환할 수 있다. "그 때가 몇 시쯤인가요?"라는 구체적 질문도 "그 시각을 말해보세요."라는 개방형 질문으로 전환할 수 있으나, 시각이라는 정보의 특성상 실질적 의미가 적다. 따라서 구체적 질문은 개방성이 높은 하위 요소와 개방성이 낮은 하위 요소로 구분되어야 한다. 지금까지 설명한 바를 정리하면 <표 3>과 같다.

---

48) 경찰청, 앞의 책(2018), 152－153면; 경찰청 앞의 책(2019), 38면; 김면기·이정원, 앞의 논문, 267면; 김태경·이영호, 앞의 책, 73－74면; 대검찰청, 앞의 책, 36면; 이형근, 앞의 책(2018), 78면.

■ 표 3 **구체적 질문의 하위 요소**

의문사	개방성 낮은			개방성 높은		
	누가 who	언제 when	어디서 where	무엇을 what	어떻게 how	왜 why
예시	점심 식사를 누구와 했나요?	점심 식사를 언제 했나요?	점심 식사를 어디에서 했나요?	점심 식사 메뉴가 무엇이었나요?	점심 식사가 어땠나요?	점심 식사를 왜 하지 않았나요?

구체적 질문의 하위 요소 간에는 일정한 우선순위가 있다. 즉, 특별한 사정이 없다면 개방성이 높은 구체적 질문을 먼저 사용해야 한다. 개방성이 높은 구체적 질문은 실질적으로 개방형 질문에 준하는 기능을 갖기 때문이다. 특히, 시간과 공간에 관한 질문은 가급적 면담의 후반부에서 사용해야 한다. 시간이나 공간을 속이는 형태의 거짓말이 빈번하기 때문이다.[49] 가령, 지지난 주말에 했던 일을 지난 주말에 한 것처럼 진술하는 것이 시간을 속이는 거짓말에 해당한다. 이 경우 면담자가 시간에 관한 질문을 먼저 하면 피면담자가 거짓말 전략을 수정할 가능성이 있다. 또한, 구체적 질문, 특히 개방성이 낮은 구체적 질문은 가급적 연속해서 사용하지 않는 것이 좋다. 피면담자에게 인지적 부하 또는 전략 수정의 기회를 제공할 수 있기 때문이다. 아울러, '왜'라는 의문사를 포함하는 구체적 질문을 할 때에는 다소간의 주의가 필요하다. 이유라는 정보 자체가 본질적으로 주관성, 민감성을 띠기 때문이다. 따라서 이유를 질문할 때에는 비난조나 추궁조가 아니라 설명을 요청하는 것이 되도록 하여야 한다.

3) 폐쇄형 질문

질문유형 중 폐쇄형 질문은 "답변의 범위가 특정한 선택지의 선택에 한정된 유형의 질문"을 의미하고, 준별공식은 '반대의 또는 다른 선택지가 포함된 의문형'이다. Y/N 형태의 질문, 즉 '예 또는 아니요' 중에 하나를 선택하도록 하는 질문이 폐쇄형 질문의 대표적 예다. 폐쇄형 질문에 Y/N 형태의 질문만 포함되는 것은 아니다. 양자택일형 질문이나 다중택일형 질문도 폐쇄형 질문으로 볼 수 있기 때문이다. '버스 또는 지하철' 중에 하나를 선택하도록 하는 질문이 전자의 예이고, '버스, 지하철 또는 택시' 중에 하나를 선택하도록 하는 질문이 후자의 예다. 대부분의 면담방법론 또는

---

49) Vrij, 앞의 책, 373-378면.

매뉴얼은 폐쇄형 질문을 가장 나중에, 그리고 최소한 사용할 것을 권장한다.[50] 질문 유형에 포함되는 하위 요소 중 폐쇄형 질문이 피면담자의 기억과 사고에 가장 많은 영향을 미치기 때문이다. 그러나 모든 폐쇄형 질문을 부정적으로 평가해서는 안 된다. 폐쇄형 질문의 부적정성은 다분히 상황의존적이기 때문이다. 가령, 누군가를 만나서 곧바로 "점심에 뭘 드셨나요?"라고 질문하면 "안 먹었는데요."라는 답변이 돌아올 수 있다. 기능적 면담에서 이와 같은 상황은 피암시성의 유발이나 신뢰의 저하로 이어질 수 있다. 이 경우에는 "점심식사 하셨어요?"라는 질문을 먼저 한 후에 "예."라는 답변이 돌아오면 "뭘 드셨나요?"라고 질문해야 한다. 인지면담에서 개방형 질문과 폐쇄형 질문을 잘 조합하여 사용할 것을 권장하는 것도 이와 같은 이유 때문이다.[51] 반면, 양자택일형 질문이나 다중택일형 질문은 예외적으로만 사용해야 한다. 질문 안에 가능한 모든 선택지가 포함되어 있지 않기 때문이다. 가령, 앞의 질문례의 경우 '승용차, 자전거, 도보' 등의 다른 선택지가 가능하다. 기능적 면담에서 이와 같은 질문은 피암시성의 유발이나 임의성의 저하로 이어질 수 있다. RIDI 테크닉의 7 단계에서 사용되는 '택일형 질문 제시'가 이와 같은 문제를 내포하는 것으로 평가되고 있다.[52] 지금까지 설명한 바를 정리하면 <표 4>와 같다.

■표 4 폐쇄형 질문의 하위 요소

	이분형	양자택일형	다중택일형
완전성	모든 경우의 수 포함	모든 경우의 수 불포함	
예시	점심 식사를 했나요? (안 했나요?)	커피로 드릴까요, 아니면 녹차로 드릴까요?	커피로 드릴까요, 녹차로 드릴까요, 아니면 콜라로 드릴까요?

폐쇄형 질문을 사용하여 긍정하는 답변을 들은 경우에는 원칙적으로 개방형 질문을 덧붙여야 한다. 가령, "점심식사 하셨어요?"라는 질문에 대하여 "예."라는 답변이 돌아오면, "점심 메뉴를 자세히 말해보세요."라는 질문을 덧붙여야 한다. 이를 '페어링(pairing)'이라고 한다.[53] 페어링은 폐쇄형 질문의 사용에 따르는 임의성 저하 문제

---

50) 경찰청, 앞의 책(2018), 153면; 경찰청 앞의 책(2019), 38면; 김면기·이정원, 앞의 논문, 267면; 김시업 역, 앞의 책, 137－139면; 김태경·이영호, 앞의 책, 74－76면; 대검찰청, 앞의 책, 36면; 이형근, 앞의 책(2018), 79면; Centrex, 앞의 책, 25－29면.

51) 김시업 역, 앞의 책, 142－142면.

52) 이기수·김지환, 앞의 논문, 242－243면.

53) 이형근, 앞의 책(2018), 79면.

를 완화하는 기능을 한다. 또한, 택일형 질문은 피면담자가 앞서 진술한 둘 이상의 모순되는 또는 부정확한 정보를 선택지로 제시하고, 그 중에 어떤 정보가 사실인지 또는 정확한지를 확인하는 등의 용도로만 사용해야 한다. 그 이외의 택일형 질문은 구체적 질문으로 대체해야 한다. 가령, '버스, 지하철 또는 택시'는 '무엇을'로 대체해야 한다. 지금까지 설명한 바를 종합하면 <표 5>와 같다.

■ 표 5 **질문유형 요약**

	개방형 질문		구체적 질문		폐쇄형 질문	
다른명칭	진술권유		지시형 질문		선택형 질문	
			초점화 질문			
준별공식	마침표로 끝나는 청유형		의문사가 포함된 의문형		반대의 또는 다른 선택지가 포함된 의문형	
하위유형	개관적	단서 제시 구간 제시 후속	무엇을 어떻게 왜	누가 언제 어디서	이분형	양자택일형 다중택일형
개방성	상		중		하	

3. 질문방식

2차원적 질문분류 방법에서 질문방식은 "질문을 암시성의 유무 또는 적정성의 유무에 따라 분류하는 기준"을 의미한다. 질문방식에는 네 가지 요소를 포함하고, 그 명칭은 각각 중립적 질문, 유도질문, 반복질문, 복합질문으로 해야 할 것으로 생각한다. 한편, 오도질문은 유도질문의 하위 요소 또는 일종으로 포섭하고, 부정질문은 별도의 방식으로 분류하지 않고자 한다. 이는 종래의 질문분류 방법을 종합적으로 고려하여 부적정한 질문방식의 사용을 최대한 억지하면서도, 분류 체계의 간결성을 유지하기 위한 방안이다. 질문유형과 달리 질문방식은 '가치함축적' 분류 기준이다. 따라서 면담실무자는 원칙적으로 중립적 질문만을 사용해야 한다.

1) 중립적 질문

질문방식 중 중립적 질문은 "새로운 정보나 가치함축적 표현을 포함하지 않는 방식의 질문"을 의미한다. 따라서 개방형 질문, 구체적 질문, 폐쇄형 질문에 새로운 정보나 가치함축적 표현이 포함되어 있지 않으면, 질문방식의 측면에서 중립적 질문이 된다. 중립적 질문에 대응하는 개념이 '암시적 질문(예: 유도질문, 반복질문)'과 '부적정한 질문(예: 복합질문)'이다. 따라서 어떤 질문은 단지 세 가지 질문유형 중 하나에 속할 수도 있고(중립적 질문), 추가로 세 가가지 질문방식 중 하나 이상에 속할 수도 있다(암시적 질문, 부적정한 질문).

2) 유도질문

질문방식 중 유도질문은 "진실한 또는 진위를 알 수 없는 새로운 정보나 가치함축적 표현을 포함하는 방식의 암시적 질문"을 의미한다. Ⅱ와 Ⅲ에서 예시하였던 "그 컴퓨터를 들고 간 사람이 몇 명이었나요?"라는 질문이 '새로운 정보'를 포함하는 유도질문의 예다. 목격자의 '뭘(원형)'이 '컴퓨터(변형)'로 바뀔 가능성이 있기 때문이다. 또한, "손님과 종업원이 옥신각신하다가 손님이 밖으로 나가버렸어요."라는 목격자의 진술을 듣고, 수사관이 "그래요? 그 사람이 어느 방향으로 도망갔나요?"라고 물으면, 이 질문은 '가치함축적 표현'을 포함하는 유도질문이 된다. '나가다'라는 가치중립적 동사를 '도망가다'라는 가치함축적 동사로 대체한 것이 손님과 종업원의 행위에 대한 피면담자의 기억(원형)을 왜곡(변형)할 가능성이 있기 때문이다. 다수의 면담방법론 또는 매뉴얼이 유도질문을 사용하지 말 것을 권장하는 것도 이와 같은 이유 때문이다.[54]

유도질문에는 "거짓된 새로운 정보나 잘못된 가치함축적 표현을 포함하는 방식의 암시적 질문"인 오도질문이 포함된다. 즉, 유도질문은 협의의 유도질문과 오도질문으로 구성된다. 앞서 설명한 바와 같이 오도질문을 별도의 방식으로 분류하지 않는 것은 분류 체계의 간결성을 유지하기 위함이다. 또한, 면담 단계에서 어떤 정보의 진위를 정확하게 알 수 있는 경우가 오히려 드물기 때문이다. 다만, 수사관이 거짓된 정보임을 명확하게 알고도 오도질문을 한 경우라면, 이는 단지 질문방식의 문제만이 아니라 형사소송법이 금지하는 '기망'으로 보아야 할 것이다(제309조).

---

54) 경찰청, 앞의 책(2018), 153-154면; 경찰청 앞의 책(2019), 38면; 김면기·이정원, 앞의 논문, 267면; 김태경·이영호, 앞의 책, 76-77면; 대검찰청, 앞의 책, 37면; 이형근, 앞의 책(2018), 79-80면; Centrex, 앞의 책, 25-29면.

3) 반복질문

질문방식 중 반복질문은 "동일한 질문을 반복하는 방식의 암시적 질문"을 의미한다. 동일한 질문을 반복하는 것이 왜 암시적일까. 상황의존적인 측면이 있으나 동일한 질문의 반복이 일정한 가치를 함축하고 있기 때문이다. 가령, 어떤 질문에 대하여 답변을 하였는데, 아무런 설명 없이 같은 질문을 다시 받으면 '내 답변이 틀렸나' 또는 '저 사람이 원하는 답변이 아닌가'라는 생각을 할 수 있다. 이와 같이 반복질문은 질문 안에 포함된 '내용'이 아니라 반복이라는 '방식'으로 인해 암시성을 갖는다. 다수의 면담방법론 또는 매뉴얼이 반복질문을 사용하지 말 것을 권장하는 것도 이와 같은 이유 때문이다.[55] 특히, 아동 등 취약자와의 면담에 있어서는 반복질문이 엄격하게 금지된다. 아동은 성인보다 더 높은 수준의 피암시성을 갖고 있기 때문이다.[56] 다만, 반복질문은 중립적인 '다시 묻기'와 구별되어야 한다. 중립적인 다시 묻기는 "면담자가 피면담자의 진술을 잘 듣지 못하였거나, 피면담자의 진술이 부정확할 때 단지 한 더 묻는 것"을 의미한다. 따라서 중립적인 다시 묻기를 할 때에는 피면담자에게 그 취지를 잘 설명해 주어야 한다.

4) 복합질문

질문방식 중 복합질문은 "하나 또는 둘 이상의 질문을 통해 둘 이상의 정보를 요구하는 방식의 부적정한 질문"을 의미한다. Ⅱ에서 복합질문에 따라 이루어진 시인 진술을 자백으로 볼 수 없다는 판결을 소개한 바 있다.[57] 이와 같이 복합질문은 질문의 증거법적 기능을 훼손한다. 또한, 복합질문은 면담에 저항하지 않는 피면담자(예: 순수한 목격자)에게 과도한 인지적 부담을 줄 수 있고, 인지적 부담은 우선순위의 뒤에 있는 정보의 회상에 특히 부정적 영향을 준다. 아울러, 복합질문은 면담에 저항하는 피면담자(예: 거짓말을 하는 피의자)에게 거짓말 전략의 구상에 유용한 정보와 생략의 회피처를 제공할 수 있다. 가령, 복합질문은 면담자가 중요하다고 생각하는 다수의 쟁점을 —그 일부에 대한 답변도 듣지 않은 채— 한꺼번에 노출하는 방식이기 때문에 '패'를 보여주는 것과 마찬가지다. 아울러, 피면담자는 복합질문에 포함된 정보 중 일부만 답변하고 다른 일부는 답변하지 않을 기회를 갖게 된다. 다수의 면담방법론 또는 매뉴얼이 복합질문을 사용하지 말 것을 권장하는 것도 이와 같은 이유

---

55) 김태경·이영호, 앞의 책, 74-75면; 이형근, 앞의 책(2018), 80면; Centrex, 앞의 책, 25-29면.
56) 조은경, 성폭력 피해아동 면담 및 조사 매뉴얼 개발, 여성가족부, 2010, 3-12면.
57) 의정부지방법원 2016. 3. 22. 선고 2014노2984 판결.

때문이다.[58] 구체적 질문의 경우에는 특히 개방성이 높은 유형(무엇을 어떻게, 왜)을 반복질문의 방식으로 하지 않아야 한다. 개방성이 낮은 유형(누가, 언제, 어디서)보다 정보 및 회피처 제공의 우려가 더 높기 때문이다. 따라서 면담자는 복합질문을 둘 이상의 중립적 질문으로 분할해야 한다. 지금까지 설명한 바를 정리하면 <표 6>과 같다.

■표 6 **질문방식 요약**

대분류	중립적 질문	암시적 질문		복합질문
소분류	–	유도질문 (오도질문)	반복질문	–
비고	중립적, 적정	암시적		부적정

4. 질문유형과 질문방식의 조합

2차원적 질문분류 방식에 의하면 모든 질문은 하나의 질문유형에 속하고, 동시에 하나 또는 그 이상의 질문방식에 속한다. 가령, "아까 누가 거기서 뭘 들고 가는 것 같던데요."라는 목격자의 진술을 듣고, 수사관이 "그래요? 그 컴퓨터를 들고 간 사람이 몇 명이었나요?"라고 물으면, 이 질문은 구체적 질문이라는 질문유형에 속함과 동시에 유도질문에 속한다. 만약, 앞의 목격자가 "아까 누가 거기서 컴퓨터를 들고 가는 것 같던데요."라고 진술했다면, 같은 질문이 구체적 질문이라는 질문유형에 속함과 동시에 중립적 질문에 속하게 된다. 질문유형과 질문방식의 조합에 있어 유의할 것은 하나의 질문이 둘 이상의 질문방식에 속할 수 있다는 점이다. 즉, 질문유형의 하위 요소는 서로 독립적 반면, 질문방식에 속하는 요소 중 유도질문, 반복질문, 복합질문은 서로 독립적이지 않다. 가령, 유도질문은 반복하면 반복질문이 될 수 있고, 유도질문 여러 개를 동시에 하면 복합질문이 될 수 있으며, 복합질문을 반복하는 경우도 상정해 볼 수 있다. 그럼에도 불구하고 본연구가 '다차원'이 아니라 '2차원'을 제안하는 것은 분류 체계의 간결성을 유지하기 위함이다.

---

58) 김면기·이정원, 앞의 논문, 267면; 대검찰청, 앞의 책, 37면; 이형근, 앞의 책(2018), 80면; Centrex, 앞의 책, 25－29면.

V 결론

진술증거제도는 진술을 청취하고 기록하며, 현출하고 평가하는 국면으로 구성된다. 따라서 진술증거제도를 온전하게 개선하기 위해서는 모든 국면에 대한 정밀한 진단이 필요하다. 그러나 진술증거제도에 관한 선행연구 중 다수가 진술의 평가 국면, 즉 증거능력과 증명력 문제에 집중되어 있는 것이 사실이다.[59] 이에 본 연구는 진술증거제도의 종합적인 개선을 도모하는 차원에서 상대적으로 연구가 부족한 청취 국면, 특히 질문기법을 연구의 대상으로 삼아 그 실태를 진단하고 개선방안을 모색해 보았다.

Ⅱ에서는 피면담자의 기억과 사고에 부정적 영향을 주지 않기 위해서는 올바른 질문형태를 사용해야 한다는 점, 올바른 질문형태가 진실 구축, 허위자백 방지, 조서왜곡 방지, 증거능력 및 증명력 제고, 윤리적 요구 충족 등의 기능을 한다는 점, 그럼에도 불구하고 범죄수사에 관한 법령·규칙에는 이에 관한 상세한 규정이 없다는 점 등을 확인하였다. Ⅲ에서는 현존하는 면담방법론 및 매뉴얼상의 질문분류 방법을 진단하여, 질문분류 방법 간에 적지 않은 차이가 존재한다는 점, 하나의 질문이 둘 이상의 형태로 분류되는 경우가 있어 질문기법의 학습과 적용에 상당한 혼란을 준다는 점 등을 확인하였다. Ⅳ에서는 이상의 진단 결과를 토대로 2차원적 질문분류 방법론을 제안하였다. 2차원적 질문분류 체계는 질문을 개방성 차원의 '질문유형'과 암시성 또는 부적정성 차원의 '질문방식'으로 분류하고, 기존 면담방법론 및 매뉴얼상에 존재하던 불일치를 정비하는 방식으로 설계하였다. 이를 통해 면담실무자의 질문기법 학습과 적용이 한결 쾌적해질 것으로 생각한다. 모쪼록 본연구가 면담방법론의 발전과 진술증거제도의 개선에 미력을 보탤 수 있기를 바란다.

---

59) 이형근, 앞의 책(2021), 8-10면.

8

검사작성 피의자신문 영상녹화물에 대한
비판적 검토*

김현숙(법학박사)

I 서론

형사절차상 피의자의 진술은 그 피의자가 피고인이 되어 법정에서 유죄여부가 결정될 때 매우 중요한 역할을 한다. 특히 피의자의 진술, 그 중에서도 자백진술을 담은 증거물은 설령 그것 자체만으로는 증거능력을 인정받지 못한다고 하더라도 법정에서 현출되었을 때 당해 피고인이 무죄를 주장하는데 현저히 불리하게 작용하게 된다.

게다가 제1심 형사공판사건에서 무죄판결율은 전체 사건 중 약 1.3%에 지나지 않는다.[1] 이는 수사과정에서 검사에 의하여 형성된 심증이 판결을 내리는 판사에게까지 거의 이어져 있다는 것을 증명한 단적인 예일 뿐이다. 즉 검찰수사단계에서의 실체적 진실발견이 곧 법원의 실체적 진실발견과 거의 일치함을 보여주는 것이다. 한편 검찰에 송치된 형법범 총인원 중 자백 등을 제외한 묵비율과 부인율은 지난 2007년에 각각 10.1%, 0.02%에 불과했다[2].

이런 이유 때문에 수사의 주체인 수사기관은 피의자의 범죄사실을 밝혀내는 중요한 단서가 되는 자백을 피의자로부터 받아내려고 노력한다. 그리고 형사소송법에는 피의자신문시 '조서를 반드시 작성하여야'하고, 다수 사건에서 이 조서를 법정에 증

---

* 이 글은 김현숙, "검사작성 피의자신문 영상녹화물에 대한 비판적 검토", 형사법연구 제21권 제2호, 한국형사법학회, 2009에 게재되었음을 밝힌다.

1) 2008년 사법연감의 통계에 따르면 2007년의 제1심 형사공판사건 판결인원수 241,486건 중에서 무죄는 3,166건에 지나지 않는다(<출처> 2008 사법연감은 대법원 홈페이지의 '사법연감(통계)'를 참조하였다. http://www.scourt.go.kr/justicesta/JusticestaListAction.work?gubun=10)

2) 총 인원 833,807명 중 묵비는 85,916명, 부인은 2,085명(법무부, 2008 법무연감, 2008.10, 333면).

거로 제출해오고 있기 때문에 피고인의 유죄를 입증하려는 수사기관으로서는 조서에 피의자의 자백 또는 피의자에게 불리한 진술이 잘 드러나게 작성하려고 할 것이다. 이 과정에서 피의자가 범죄사실을 시인하지 않고, 수사기관이 의도한 방향대로 수사가 진행되지 않을 때에는 수사기관이 강압, 회유, 협박 등 불법적이고 변칙적인 수사방법을 택하게 될 위험성이 피의자신문과정에 있게 마련이다.

지난 2007년 형사소송법이 개정되는 과정에서 피의자의 진술을 담은 증거물에 대한 논의가 매우 활발하게 이루어졌다. 그 중에서도 가장 첨예하게 견해대립이 있었던 부분이 바로 피의자신문조서와 피의자신문과정에서 작성하는 영상녹화물의 증거능력에 관한 문제였다. 처음에 사법제도개혁추진위원회에서 논의될 당시에는 조서재판의 폐해를 절감하고 피의자신문조서를 없애자는 논의까지 나온데다가 조서를 살려두려면 적어도 증거능력이 인정되는 요건을 매우 엄격하게 제한하자는 데 논의의 초점이 맞춰져 있었다.

그 당시 검찰은 이미 내부적으로 수사과정을 영상녹화하는 제도를 도입하여 시범적으로 시행해 오고 있었는데,3) 이 영상녹화물의 증거능력을 종전의 피의자신문 조서의 증거능력보다도 더 완화하여 인정받으려는 시도를 하고 있었다. 그래서 검찰은 형사소송법 개정논의가 가장 활발하게 이루어진 2006년 말경에는 영상녹화조사실을 대폭 늘렸고,4) 피의자신문조서를 작성하지 않고 영상녹화물만을 법원에 증거로서 제출하기도 했다.5)

그러나 2007년 형사소송법이 개정된 이후 피의자진술의 영상녹화 횟수는 활발하게 진행되어 오던 2006년 말과 2007년 초에 비하여 약 절반 수준으로 감소했다.6) 검찰은 증거능력을 인정받지 못하는 영상녹화물을 애써 작성할 필요가 없기 때문에 영상녹화를 하지 않게 되었다고 주장하지만, 역으로 생각하면 이 점은 검찰이 영상녹화제도를 도입하려고 했던 이유를 간접적으로 짐작해 볼 수 있는 대목이 되기도

---

3) 대검찰청은 2004년 6월부터 기존의 일부 검사실을 대상으로 영상녹화조사를 시범운영하여 그 운용 결과를 분석, 보완한 후 2004년 12월에 4개청에 전자조사실을 최초로 설치하여 운영하였고, 현재에 이르고 있다(대검찰청의 영상녹화조사 시작 경위에 대한 자세한 내용은, 서울남부지방검찰청 편, 영상녹화 조사 제도 개관, 2005.12, 38면 이하 참조).

4) 국회예산정책처, 2008년도 예산안분석(Ⅳ), 2007.10, 478면 참조.

5) 피의자신문조서의 제출 없이 영상녹화물만을 제출한 것에 대해 판단한 하급심 판례로는 서울남부지방법원 제2형사부 2007. 4. 6. 선고 2006노1833 판결; 서울남부지방법원 2007. 6. 20. 선고, 2006고단 3255 판결 등이 있다.

6) 법률신문 2008년 7월 23일자 [피의자 진술 영상녹화 작년의 절반 수준]. 이 기사에 언급한 대검찰청 자료에 따르면 2007년 같은 시기보다 2008년 1월-5월까지의 영상녹화조사 활용실적이 43.3%나 감소한 것으로 나타났다.

한다. 우리나라 이외에 수사과정 영상녹화제도를 도입한(예를 들어 '미국') 혹은 도입하려는 나라('일본')에서 영상녹화를 채택하려고 한 이유를 살펴보면, '수사 기관의 실체적 발견에 도움이 된다는 점'보다는 '피의자가 자백을 강요받지 않은 상태에서 진술할 수 있고, 피의자의 권리보호에 더 유리하다는 점'에 무게를 싣고 있다[7]. 그런데 개정 형사소송법에서 영상녹화물을 본증으로 사용할 수 없어서 증거로서의 효용성이 반감되자마자 적극적으로 영상녹화제도를 도입하려고 한 수사 기관에서의 영상녹화실적이 뚝 떨어지게 된 것은 영상녹화를 하려던 취지가 '수사의 투명성 확보나 피의자신문과정에서의 권리보호'보다는 '영상녹화물의 증거로서의 가치'에 더 힘을 실어왔던 것이 아닌가 의문이 든다.

이렇게 일선 검찰청의 영상녹화 활용실적은 감소하고 있음에도 불구하고 검찰은 꾸준히 영상녹화 수사시스템을 증설해오고 있으며[8], 지난 1월 7일 대검찰청의 발표에 따르면 올해 10월까지 형사소송법 개정안을 국회에 제출할 예정인데, 이 개정안 속에 영상녹화물의 증거능력을 인정하는 규정을 포함시키겠다고 밝힌 바 있다[9].

현행 형사소송법에 따르면 영상녹화와 피의자신문조서의 작성은 서로 밀접한 관련을 맺고 있다. 따라서 검찰단계에서 피의자신문을 녹화한 영상녹화물 또는 영상 녹화물의 증거능력을 논하기 위해서는 피의자신문조서의 증거능력에 관한 논의가 선행되어야 한다. 그러나 이 글에서는 지면관계상 형사소송법 개정으로 새롭게 우리 법에 도입된 영상녹화물, 그 중에서도 검사의 피의자신문과정에서 작성된 영상 녹화물에 관한 문제만을 다루기로 한다[10]. 더불어 개정 형사소송법의 관련조문을 우리보다 먼저 영상녹화제도를 입법화한 미국의 몇 개 주의 법규정과 판례의 예를 함께 들어서 각 조문별로 비판적으로 검토하고 해석해보고자 하였다.

---

7) Lisa C. Oliver, Mandatory Recording of Custodial Interrogations Nationwide: Recommending a New Model Code, 39 Suffolk U.L.Rev. 2005, 263면 이하.

8) 대검찰청 2008년 국정감사자료(업무현황), 2008. 10. 20. 이 자료에 따르면 2008년 8월까지 전국 61 개 청에 415개 조사실을 설치하여 운영해오고 있다.

9) 연합뉴스 2009. 1. 7.일자.

10) 수사기관에서 작성한 피의자신문조서와 관련한 자세한 내용은 김현숙, 피의자신문조서와 영상녹화물의 증거능력에 관한 연구, 서울대학교 박사학위논문, 2008. 8.을 참조바람.

Ⅱ 형사소송법 제244조의2 제1항에 대한 검토

1. "피의자의 진술은 영상녹화할 수 있다."

현행 형사소송법에서는 피의자신문내용을 기재하는 '피의자신문조서'는 '작성하여야' 하는 반면에 그 진술의 녹화는 '영상녹화할 수 있다'고 규정하여 원칙적인 영상녹화 의무조항을 배제하고 있다. 그리고 영상녹화를 할 수 있는 주체는 피의자신문의 주체인 수사기관이다. 따라서 우리 법에 따를 때 영상녹화를 할지 여부는 수사기관이 재량으로 판단하는 것이며, 이는 영상녹화제도를 도입한 외국의 입법례가 강제성(mandatory 또는 requirement)을 띠는 것과는 사뭇 다른 양상을 보인다.

예를 들면 미국의 Texas주[11]나 Illinois주[12], Maine주[13], 워싱턴 D.C.[14] 등은 특정 또는 전체범죄에 대하여 피의자신문과정을 영상녹화하도록 법에 규정하고 있는데, 각각의 법규정을 살펴보면 'must'라든지 'require' 같은 단어를 사용하여 수사기관의 영상녹화를 강제하고 있는 것을 알 수 있다.

형사소송법 개정안이 성안될 당시에 녹화여부를 수사기관의 재량으로 정하는 이러한 방식에 대하여 '피의자의 방어권보장이라고 하는 본래의 취지에 정면으로 배치되는 것'이라고 강력하게 반발하는 의견들[15]이 제시되었다. 그리고 그 이유로 녹음·녹화할 대상이나 사건을 선별하여 녹음·녹화하여 법원에 선별적으로 증거제출을 하면 수사기관에 유리한 증거자료만 제출됨으로써 공정한 재판을 받을 국민의 기본권을 침해할 우려가 있다는 점을 들었다.[16]

수사기관의 재량에 따라 녹화여부를 결정하게 되면 녹화를 했을 때 수사기관이 유

---

11) TEX. CODE CRIM. PROC. ANN. art. 38.22(2001): "Providing Texas Rules of Evidence require recording of interrogation".

12) ILL. COMP. STAT. 5/103−2.1(2003): "indicating custodial interrogation in homicide and sexual offense cases not admissible unless recorded".

13) ME. REV. STAT. ANN. tit. 25, § 2803−B(2004): "requiring videotaping when suspect questioned at police facility".

14) D.C. CODE ANN. § 5−133.20(2004): "holding police must record entire interrogation in dangerous, violent crimes".

15) 오기두, "영상녹화물의 증거능력 및 증거조사방법", 형사사법토론회 자료집, 사법제도개혁추진위원회, 2005, 28면; 나영민·박노섭, 피의자신문제도의 개선방안에 관한 연구(연구총서 06−07), 한국형사정책연구원, 2006, 59면; 이동희, "사개추위안의 피의자신문 녹음·녹화제도 도입방안에 대한 검토", 비교형사법연구 제8권 제1호 특집호, 한국비교형사법학회, 2006. 7, 429면 등.

16) 오기두, "영상녹화물의 증거능력 및 증거조사방법", 형사사법토론회 자료집, 사법제도개혁추진위원회, 2005, 28−29면.

리한 경우에만 편의적으로 제도를 이용하거나 수사기관에게 불리한 경우에는 피의자나 변호인의 요청이 있더라도 수사기관의 재량에 따라 영상녹화를 거부할 수 있다. 따라서 수사기관에 의해 작성된 피의자신문과정의 영상녹화물이 '피의자의 권리보호'와 '수사의 투명성 보장'이라는 본래의 가치를 실현하는 도구가 되려면 수사기관의 신문방법에 영상녹화를 의무화시키는 것이 바람직하다고 생각한다.

영상녹화를 실시하는 대상사건은 우리 형사소송법에는 명시되어 있지 않다. 다만 대검찰청 예규인 '영상녹화업무처리지침'(개정 대검예규 과수 제425호, 2007. 12. 11.) 제3조 제1항에서 '피의자 등의 진술이 공소사실 입증에 반드시 필요하고, 사안의 중대성, 죄질 등을 고려하여 볼 때 진술번복 가능성이 있거나 조서의 진정성립, 진술의 임의성, 특신상태 등을 다툴 것으로 예상'될 경우에 영상녹화를 실시한다고 규정하고 있다. 영상녹화를 전면 실시하는 경우를 제외하고 일부만 실시할 경우에 그 범죄의 종류를 특정한 외국의 입법례와는 달리[17], 우리의 영상녹화 대상사건은 '형사소송법'이 아닌 '검찰예규'에 규정되어 있고, 그 내용 또한 피의자신문조서의 증거능력을 보완하기 위한 방편으로 해석된다. 따라서 피고인의 입장에서 진술의 임의성을 다툴 사건이라도 검사의 재량으로 선별적으로 판단하여 영상녹화를 하게 되기 때문에 실제로 진술의 임의성을 다투려는 쪽인 피고인측에서 자신의 의도대로 영상녹화물을 활용할 수 없는 문제점이 생기게 된다.

2. "미리 영상녹화 사실을 알려주어야 한다."

본래 정부안으로 사개추위가 제시한 형사소송법 개정안은 '피의자 또는 변호인의 동의가 있는 때'에 영상녹화를 실시할 수 있는 것으로 규정하고 있었다. 그리고 검찰에서 개정 형사소송법보다 앞선 2006년 6월 20일에 제정한 '영상녹화업무처리지침' 제7조에도 '검사 또는 검찰청 수사관이 영상녹화를 시작하면서 먼저 자신의 소속, 직급, 성명과 영상녹화 취지를 고지하고 피의자 등의 영상녹화에 대한 동의 여부를 확인하여야 한다'라고 하여 피의자의 동의를 전제로 영상녹화를 하게끔 되어 있었다. 그런데 형사소송법을 개정할 당시에 법제사법위원회 소위원회 회의를 거치면서 '영

---

17) 미국의 뉴멕시코주: 모든 중범죄(HJC/HB 382), 뉴저지 주: '살인, 유괴, 폭행, 절도, 강도, 성폭행 등 성범죄, 방화 등 1,2급 중범죄와 그 공범 및 미수범'(Recordation of Custodial Interrogations Reporting Form: New Interrogation Recordation Form 2006.12.19), 로드 아일랜드 주: 살인죄 등 무기징역형이 선고될 수 있는 범죄
(http://www.rilin.state.ri.us/billtext05/housetext05/h5349aa.pdf).

상녹화 사실을 고지'하고 영상녹화를 하는 것으로 개정안이 변경되었다[18]. 피조사자의 동의를 받아 영상녹화를 할 경우에는 변호인이 참여하면 모든 변호인이 영상녹화를 거절할 것이라는 가정[19]하에서 '동의' 부분이 삭제되었다. 큰 그림으로 봤을 때 영상녹화물의 증거능력 자체를 크게 제한했기 때문에 형평성에 맞추어 동의규정이 빠지게 된 것이다.

그러나 현행 형사소송법 제244조의2의 성립과정에서 영상녹화를 하는 조건이 '피의자 또는 변호인의 동의'가 아닌 '피의자에 대한 고지'로 바뀌게 되었다. 따라서 피의자 또는 변호인의 동의 없이 영상녹화를 할 경우에는 피의자가 영상녹화를 원하지 않는 경우와 반대로 피의자가 영상녹화를 원하는 경우에 둘 다 문제의 소지가 발생하게 된 것이다.

먼저 피의자가 영상녹화를 원하지 않는데 수사기관이 영상녹화를 고지하고 피의자신문을 하는 경우에는 피촬영자로서의 피의자의 초상권을 침해할 여지가 있다. 무엇보다도 진술거부권을 제대로 행사할 수 없는 문제가 생긴다. 피의자는 피의자 신문을 거부할 수는 있어도 일단 조사실에 들어와서 영상녹화를 하겠다는 사실을 고지받았을 때 영상녹화자체는 거부할 수 없다. 다만 피의자신문자체는 원칙적으로 임의수사이기 때문에 피의자신문과정에서 조사실에서의 퇴실을 요구할 수 있을 뿐이다. 따라서 피의자가 진술거부권을 행사한다고 할지라도 영상녹화물에는 그 진술 거부권을 행사하는 장면이 고스란히 담기게 된다. 즉, 자신에게 불리한 진술을 거부하더라도 그 표정이나 몸짓 등이 영상에 세세하게 기록되는 것은 막을 수 없게 되는 문제가 발생한다. 이는 조서재판시에 드러났던 폐해, 예를 들면 피의자가 진술거부권을 행사할 때 피의자신문조서에 '묵묵부답하다'라든지 '묵묵부답하며 다리를 꼬고 비스듬히 앉다' 같은 내용을 기재[20]하여 왔는데, 이는 마치 수사기관의 신문내용을 시인하는 편견을 주게 되어 양형에 불리한 요소로 작용할 우려가 있는 바로 그 폐해를 더욱 심각하게 재현하는 것에 불과한 것이다.

이러한 우려 때문에 피의자는 자신이 진술거부권을 행사하는 장면을 수사기관의

---

18) 2007. 3. 26. 제266회 법제사법위원회 법안심사 제1소위원회 제1차회의, 국회속기록, 14면(최병국 위원 발언부분): "피의자가 검사 앞에서 자백을 죽 다 해 놓고 난 뒤에 '아닙니다. 그날 내가 구타를 당해서 그랬습니다' 해가지고 법정에 가서 진술을 번복하는데 그 때 녹음해서 '봐라! 내가 언제 구타했느냐' 하는 그런 보충적인 상황의 경우에, 소위 요즘 말하는 영상녹화·녹음의 주된 사용을 그렇게 한다고요. 그런데 그 자체도 동의를 하지 않으면 인정하지 않는다, 이러면 그 자체가 필요 없는 것이지요."

19) 2007. 3. 27. 제266회 법제사법위원회 소위원회 제2차 회의 속기록, 77-78면.

20) 진술거부권의 행사를 조서에 작성할 때 그 작성예로는, 김현숙, 피의자신문조서와 영상녹화물의 증거능력에 관한 연구, 서울대학교 박사학위논문, 2008. 8, 26-27면 참고.

재량대로(피의자의 입장에서는 강제로) 촬영당하고 싶지 않을 수도 있다. 먼저 영상 녹화를 거부할 수 있는 장치를 마련해주지 않고 영상녹화를 수사기관의 재량으로 하는 것은 강제로 촬영을 하는 것에 해당되어 일종의 강제수사로 해석[21]된다. 이 점에서 법정에서 영상녹화물을 어떻게 사용할 것인지 그 사용용도와 관계없이 피의자의 동의 없이 행한 영상녹화는 영장주의의 원칙을 침해할 소지가 있다고 해석하는 학자의 견해[22]가 있는데, 타당하다고 생각한다.

덧붙여 피의자의 동의를 얻지 않고 영상녹화를 실시하는 것은 수사기관의 수사 방법 중 하나인 거짓말탐지기 사용과도 그 형평성이 맞지 않다. 같은 대검찰청 예규인 '거짓말탐지기 운영규정'(훈령·예규 일제정비 2003. 9. 1.)상 거짓말탐지기는 반드시 피의자의 동의를 얻어서 실시하도록 규정하고 있다(동 규정 제7조 제2호).[23]

3. "조사의 개시부터 종료까지의 전과정 및 객관적 정황을 녹화하여야 한다."

현행법에 따르면 영상녹화를 하게 되는 경우에는 '조사의 개시부터 종료까지' 전 과정을 녹화해야 한다. 만일 조사과정의 일부만을 녹화했을 경우에는 영상녹화가 진 행되기 이전이나 이후의 상황을 알 수 없기 때문에 그 녹화물의 내용인 진술의 임의 성이나 신용성의 정황적 보장을 판단하는 데 문제가 발생하게 된다.

여기에 규정되어 있는 조사의 범위를 피의자 1인에게 해당하는 하나의 수사기관에 서의 "모든" 조사로 볼 것인가, 아니면 "각 피의자신문에 해당"하는 조사로 볼 것인 가에 대해서 법제사법위원회 회의과정에서 매우 의견이 분분했다.

"모든" 조사로 보자는 입장[24]은 피의자 1인이 수사기관에 첫 출석해서부터 마지막 으로 수사기관에 출석할 때까지의 전과정을 영상녹화해야 한다고 본다. "모든"이라 는 말이 삭제되면 사실상 편집가능한, 즉 촬영개시시점도 녹화개시시점도 수사기관 이 정하게 되는 것이라서 사실상 그 자체가 편집이 되지 않겠느냐는 이유에서 위와

---

21) 수사기관의 일방적 필요에 따라 피의자의 명시적인 의사에 반하여 녹음녹화하는 행위를 강제수사로 보는 견해로는 오기두, "영상녹화물의 증거능력 및 증거조사방법", 형사사법토론회자료집, 사법제도개혁 추진위원회, 2005, 565면 참조.

22) 조국, "검사작성 피의자신문조서와 영상녹화물의 증거능력", 저스티스 통권 제106호, 한국법학원, 2008. 10, 189면.

23) 이는 경찰의 경우에도 마찬가지인데, 경찰청예규 제323호(개정 2004.5.4) 거짓말탐지기운영규칙 제 3조 제2호에 따르더라도 '거짓말탐지기 검사'는 '검사받을 자가 사전에 임의 동의한 경우에만 행 할' 수 있 도록 하고 있다.

24) 2007. 4. 27, 제267회 법제사법위원회 제5차 회의 국회속기록, 11-12면(문병호의원과 노회찬 의원의 발언).

같은 주장을 하고 있다. 하지만, 법제사법위원회의 전체회의에서 이 "모든"이 삭제되는 것으로 의결이 되었다. 이 의견을 낸 안상수 의원의 설명에 따르면 "모든"이라는 단어가 포함되면 예를 들어 피의자신문과정을 1회부터 5회까지 모두 녹화하고 조서 작성을 해야 하지만 1회부터 5회까지 증거능력이 다 생기는 것으로 받아들일 수가 있기 때문에 "모든"을 삭제해야 한다고 주장했다. 그리고 이렇게 함으로써 "매회마다 처음부터 끝까지"로 오해의 소지가 없어진다는 것25)이다.

이 "조사의 전과정" 부분은 형사소송법이 개정되고 얼마 되지 않아 바로 문제가 되었는데, BBK의혹사건으로 조사를 받던 K씨가 자신의 변호를 맡으려는 변호인이 되려는 사람과 접견한 자리에서 다음과 같은 이야기를 꺼냈다고 한다26).

1) "20일 기간동안 매일 조사받았지만 그때마다 조서를 작성한 것은 아니고 여러 차례 대화를 나눈 다음 그 내용을 검사가 조서화했다"
2) "처음 조사를 받을 때에는 영상녹화 장치가 있는 조사실에서 조사를 받았으나 고장이 났다면서 제3차 피의자 신문 때부터 검사실에서 단둘이 앉아서 조사를 받았다"
3) "검사실에는 영상녹화장치가 없다"
4) "변호인이 모든 조사 과정에 입회한 것이 아니라, 처음 1,2회 조사시에 P변호사가 입회하였으나 제3차 조서부터는 변호인 없이 조서를 작성한 후 그 내용을 수정할 때만 O변호사가 입회하여 수정할 내용을 보아주었다"

검사가 법원에 피의자신문조서를 제출할 때에는 5회의 조사가 이루어져서 5회의 피의자신문조서가 작성되었다고 했을 때 그 중에서 검사가 증거로 삼을 수 있는 부분(예를 들면 피의자의 자백진술이 기재된 횟수의 피의자신문조서)을 증거로 제출한다. 정작 진술의 임의성이 문제삼거나 피고인이 수사기관에서의 진술을 부인하는 부분은 바로 이 자백진술이 기재된 피의자신문조서일 텐데 이 신문과정이 영상녹화가 되어 있지 않다면 피의자가 진술의 임의성을 먼저 문제삼는 것은 거의 불가능한 일이라고 본다.

K씨 사건의 경우에도 총 7회의 조사 중 영상녹화를 했던 것은 앞의 2회 조사뿐이었고, 본격적으로 조사가 진행되었을 3회 이후의 조사에는 영상녹화가 실시되지 않았기 때문에 변호인없이 조서를 작성했던 사정은 별론으로 하고라도 그 자체만으로

---

25) 2007. 4. 26, 제267회 법제사법위원회 제4차 회의 국회속기록, 34－37면(안상수 위원장 발언부분).
26) 이하의 내용은 한겨레 2007.12.6.일자
    (http://www.hani.co.kr/arti/politics/politics_general/255115.html)를 참고함.

도 진술의 임의성을 문제삼는 사태가 벌어졌던 것이다.

물론 입법자인 국회의원들 그 중에서도 법제사법위원회 위원들의 의사에 따르면 "모든"이라는 문구를 삭제함으로써 각 피의자신문 횟수마다 따로따로 조사의 전과정을 녹화하는 것이라고 해석할 수도 있다. 한편 대검찰청 예규 영상녹화업무처리지침 제6조 제2항에 따르면 검사는 "당해"조사의 시작부터 마치는 시점까지의 전 과정 및 객관적 정황을 영상녹화하도록 하고 있다. 이 두 가지 점을 놓고 봤을 때 현행법상 '조사의 개시부터 종료까지'는 '당해 횟수 조사의 개시부터 종료까지'라고 해석될 것이다.

그럼에도 불구하고 우리의 수사관행은 보통 피의자신문이 한 회에서 그치지 않고 수회의 피의자신문을 행하고 있으므로 일단 제1회에서 영상녹화를 할 생각이라면 마지막회의 영상녹화까지 조사과정 전체를 영상녹화해야 하는 것으로 넓게 보아야 할 필요가 있다. 만일 현행법의 입법자에 따른 해석방식에 의하면 예를 들어 제1회부터 제5회까지 피의자신문이 있었을 때 제1, 2회 정도는 조서만을 작성하고 회유 등을 통하여 자백을 하게 한 후에 제3회 이후에서 영상녹화로 자백진술이 담긴 피의자의 모습을 고스란히 담아낼 수 있게 되어 피의자에게 현저한 불이익으로 작용하게 될 수도 있기 때문이다.

조사개시시점과 조사종료시점에 관한 구체적인 사항은 형사소송규칙 제134조의2에 규정되어 있다. 그런데 같은 조 제3항에는 '조사가 개시된 시점부터 조사가 종료되어 조서에 기명날인 또는 서명을 마치는 시점까지'만을 영상녹화의 범위에 한정시키고 있다. 즉, 영상녹화가 진행되기 이전에 피의자와 수사관이 만났을 때부터 영상녹화를 할 것인지에 대한 언급은 없다. 참고로 미국의 워싱턴 D.C.의 경우에는 피의자와 법집행기관 근무자가 첫 대면했을 때부터 영상녹화가 이루어져야 한다고 법에서 규정하고 있다.[27]

또한 영상녹화를 하기 이전에 이미 같은 내용의 조사가 이뤄진 적이 있는 경우에 그 조사에 따라 영상녹화에 해당하는 조사가 이루어졌다면 이 영상녹화는 임의성에 어떤 영향을 받는가 하는 문제도 제기해볼 수 있다. 이 경우 그 이전의 조사가 수사에 해당하는지를 불문하고 그 조사내용에 따라서 작성된 당해 영상녹화물은 '조사의

---

27) Electronic Recording Procedures Act of 2004 (Act 15—751) Sec.101(a)(2): "The recording required by paragraph (1) of this subsection shall commence with the first contact between the suspect and law enforcement personnel once the suspect has been placed in the interview room and shall in—clude all subsequent contacts between the suspect and law enforcement personnel in the interview room."

전과정'이라는 요건을 갖추지 못한 것으로 볼 여지가 있다.[28]

위의 두 가지 점에 비추어 볼 때 영상녹화된 진술의 임의성을 판단하기 위해서는 피의자신문조서가 작성된 전체 회수가 모두 영상녹화되어 있어야 하고, 수사과정기록 이외에도 피의자가 당해 수사기관에 들어서면서 조사실로 대동할 때까지의 CCTV 기록도 함께 증거로 제출해서 진술의 임의성을 인정할 수 있어야 할 것이다.

4. 영상녹화 요약서 작성여부

영상녹화조사를 수사단계에 도입하면서, 경찰과 검찰은 '조서작성과 영상녹화를 병행함에 있어 조서에 기재하지 않은 내용 중 필요한 사항이 있는 경우 또는 조서 작성 없이 영상녹화만을 실시하는 경우'에 사건의 실체파악 및 내부결제용으로 수사 과정에서의 피의자 등의 진술요지를 기재한 수사보고 형식의 영상녹화 요약서를 작성하여 기록에 편철하고 있다(영상녹화업무처리지침 제8조).

대검찰청 과학수사과에서도 각국의 실태를 조사하여 본 결과 전부녹취서를 작성하는 것은 비용이나 경제적인 면에서 의문이 있어 일단 신문요지서를 작성하는 것을 원칙으로 하되, 필요한 경우에는 녹취서를 작성하여 첨부하도록 하였다고 한다.[29] 그런데, 영상녹화물 전체 내용을 액면 그대로 한 글자도 빠짐없이 기재한 녹취서와 달리, 수사기관 작성의 영상녹화 요약서는 작성자의 부연설명, 생략, 삭제 등 과정을 거친 결과물로서 수사기관의 편향된 시각을 그대로 드러낼 위험성이 높다.

현행법상 영상녹화 요약서는 조서를 작성하지 않았거나, 조서작성시 미처 담지 못한 진술이 있는 경우에만 작성하는 것이므로 원본을 정확하게 옮겨놓은 것이 아니며, 전체 내용이 아닌 발췌만으로는 원본과 분리될 수 없는 것[30]이어서 설사 영상녹화 요약서에 피의자의 서명날인을 받았더라도 그 서명날인된 영상녹화 요약서를 증거로 제출할 수 없다고 본다.

2007년의 한 하급심판례[31]도 비슷한 결론을 내리고 있다. 피고인은 해외유명상표

---

28) 같은 견해로는, 법원행정처, 새로운 형사재판의 이해, 2007. 12, 207면.

29) 이완규, "증거규정 개선"안, 2005. 3. 24. 사개추위 토론회, 사법제도개혁추진위원회, 사법제도개혁 추진위원회 자료집 제10권(사법선진화를 위한 개혁−연구보고서·참고자료 Ⅵ−6, 공판중심주의적 법정심리절차 확립), 396면.

30) 비슷한 예로 수사기관이 작성한 피의자신문조서의 일부를 가리고 복사하여 제출한 경우에는 일정한 조건을 만족시킨 때에만 그 증거능력 여부를 판단하였다(대법원 2002. 10. 22. 선고 2000도5461 판결[공 2002.12.15(168), 2916])

31) 서울남부지방법원 제2형사부 2007. 4. 6. 선고 2006노1833 판결(공보불게재).

가 부착된 여성용위조상표가방 제조 후 노점상 등지에 판매하여 상표권을 침해한 혐의로 기소되었다. 이 사건의 원심은 공소외 공동피고인의 경찰 피의자진술조서의 진술기재에 따라 피고인에게 유죄를 인정하였다. 그리고 피고인의 검사의 영상녹화 요약서를 증거로 함에 동의하였다. 그런데 항소심인 서울남부지법은 "피의자의 진술을 조서에 기재하여야 한다고 규정한 현행 형사소송법의 해석상 피고인이 위 범죄사실에 관하여 부인하고 있는 이 사건에 있어서 피의자신문조서가 아닌 피의자 신문과정의 영상녹화물의 요약서상의 위 기재만으로는 피고인이 범죄사실을 자백한 것으로 보기 어렵다"[32]고 하여 영상녹화 요약서의 증거능력을 부인하였다. 법원이 영상녹화 요약서의 증거능력을 부인한 이유는 피의자신문시 반드시 조서를 작성하도록 되어 있는 현행 형사소송법의 규정에 비추어 피의자신문조서 없이 영상녹화 요약서만을 제출하였기 때문으로 보인다. 영상녹화 요약서만으로는 피의자의 범죄사실을 제대로 파악하기 어려워서 이를 바탕으로 피고인에게 유죄를 인정할 수는 없기 때문이다.

제312조에 따르면 재판과정 중 수사기관 작성의 피의자신문조서에 대한 내용을 피고인이 부인하는 경우에 영상녹화물이 그 입증방법으로 사용될 수 있는데, 수사보고 형식의 영상녹화 요약서 대신 속기교육을 받은 검찰수사관이나 전문속기사를 통한 영상녹화 전부녹취서를 작성해 두는 것이 실효성면에서 타당하다고 생각한다.

5. 조서작성과 별개로 촬영할 수 있는가

피의자신문조서는 피의자신문시에 반드시 작성'하여야' 하는 것인 반면, 영상녹화물은 반드시 작성하여야 하는 것이 아니므로 피의자신문조서만을 작성할 확률이 현실적으로 더 높다고 본다. 그런데 검찰의 영상녹화업무처리지침 제3조에 따르면 '조서작성과 병행하여 영상녹화를 실시하는 경우'와 '조서작성 없이 피의자 등의 조사과정을 영상녹화하는 경우'로 나누어 규정하고 있어서 사실상 영상녹화물만을 작성하는 경우도 있다고 해석된다. 형사소송법이 개정되기 이전에 시행중이던 영상녹화업무처리지침 제11조에 따르면 '검사는 영상녹화와 병행하여 조서를 작성할 수 있고, 조서를 작성하지 아니하는 경우에는 검찰청 수사관으로 하여금 영상녹화된 진술내용의 요지를 기재한 진술요지 또는 그 내용에 대한 녹취록을 작성하게 하여야 한다'고 규정하고 있었다.

개정전 형사소송법하에서 법원은 피의자신문조서는 제출하지 않고 영상녹화물만

---

32) 서울남부지방법원 제2형사부 2007. 4. 6. 선고 2006노1833 판결(공보불게재).

을 법정에 제출한 사안에서, 그 영상녹화물의 증거능력을 인정하지 않는 판단을 내렸다.[33] 이 사건의 피고인은 지급기일에 자신이 발행할 약속어음을 결제할 의사나 능력이 없음에도 불구하고 지급을 약속하고 지급기일에 결제하지 아니하여 피해자로부터 재산상 이득을 취하여 사기죄로 기소되었다. 검사는 공소사실과 같은 피고인의 편취의 범의가 있었다는 점에 부합하는 증거의 하나로서 '검사 작성 영상녹화물'을 다른 '피의자신문조서나 진술조서의 제출 없이' 공소사실에 대한 증거로 제출하였다.

법원은 이 사안에서 "영상녹화물 중 피고인에 대한 영상녹화 부분을 피의자신문조서의 제출 없이 유죄의 증거로 인정하게 된다면 이는 형사소송법 제244조에서 규정한 바와 같이 피의자진술은 반드시 조서에 기재하도록 하고 오기 여부를 확인한 다음 피의자로 하여금 그 조서에 간인하게 하며 서명 또는 기명날인하도록 하여 피고인이 될 피의자에 대한 수사절차를 엄격히 규제하고 이 같은 절차를 거쳐 작성된 증거만 유죄의 증거로 법정에 제출하도록 하고 있는 형사소송법 취지를 잠탈하는 부적법한 증거로서 증거능력이 없다"고 판시하였다.

당시 이 판결에 대하여 학계와 실무계의 의견은 팽팽하게 맞섰다. 피의자신문조서를 제출하지 않고 영상녹화물만을 제출하여 증거능력 유무를 따지는 것은 검찰이 영상녹화물을 본증으로 인정받고자 한 것으로 평가된다. 검찰의 입장에서는 피의자신문의 경우에 조서를 작성하여야 한다는 형사소송법 제244조도 효력규정이 아닌 훈시규정으로 본다.[34] 또한 법 제244조의 취지를 '피의자가 어떠한 진술을 하였는지를 전달하는 수단으로써 다른 증거수단보다 신뢰성이 있는 우월한 증거를 마련'[35]하려는 것으로 읽고 있다.

그러나 이런 검찰의 태도는 영상녹화물을 본증으로 사용할 수 없도록 관련 규정을 삭제한 입법취지에 정면으로 반하는 것으로 해석된다. 또한 형사소송법 제244조 제1항에 명시되어 있는 "피의자의 진술은 조서에 기재하여야 한다"는 규정은 반드시 하여야 하는 강행규정[36]으로 보는 것이 타당하다. 이같이 해석하면 피의자신문 시 피의자신문조서를 작성하면서 영상녹화를 하지 않는 것은 가능하고, 피의자신문조서를

---

33) 서울남부지방법원 2007. 6. 20. 선고 2006고단3255 판결[각공2007.8.10.(48), 1826].

34) 이완규, "개정 형사소송법상 조서와 영상녹화물", 비교형사법연구 제9권 제2호, 한국비교형사법학회, 2007.12, 163면.

35) 이완규, 앞의 글, 164면.

36) 신동운 교수는 제244조 제1항을 '수사기관 작성의 조서임에도 불구하고 법관의 조서처럼 증거능력이 부여되는 데에 대비한 안전장치'로서 입법자가 의도적으로 설정한 규범이라고 보고 있다[신동운, "영상녹화물의 피의자신문조서 대체 가능성에 대하여", 형사판례연구회 발표문, 2008.7, 20면(*본 면 수는 발표문의 원고에 따른 것이므로 공간될 경우 변동될 수 있음)].

작성하지 않고 영상녹화를 할 수는 없다. 따라서 영상녹화물 없이 피의자신문조서만을 제출하는 것은 가능하지만, 피의자신문조서 없이 영상녹화물만을 제출한다고 하여 그 증거능력 여부를 따질 수는 없다고 본다.

그러나 위와 같은 논의와는 관계없이 현행 형사소송법에서는 '조서의 진정성립을 증명하는 경우'와 '기억을 환기시키는 경우' 외에는 영상녹화물을 법정에서 다룰 이유가 없기 때문에 그 전제가 되는 피의자신문조서를 제출하지 않은 상태에서 영상녹화물만을 제출하는 일은 불가능하다고 본다. 따라서 현행법의 해석상 독립하여 영상녹화물만을 증거로 제출할 수 없는 이상 피의자신문조서를 작성하지 않고 영상녹화만을 하는 것은 실무상으로도 불필요한 일이라고 생각한다.

III. 형사소송법 제312조 제2항과 제318조의2 제2항에 대한 검토

1. 개관

현행 형사소송법은 제312조 제2항에서 '검사가 피고인이 된 피의자의 진술을 기재한 조서가 적법한 절차와 방식에 따라 작성된 것'임에도 불구하고 '피고인이 그 조서의 성립의 진정을 부인하는 경우'에 '그 조서에 기재된 진술이 피고인이 진술한 내용과 동일하게 기재되어 있음이 영상녹화물이나 그 밖의 객관적인 방법에 의하여 증명되고, 그 조서에 기재된 진술이 특히 신빙할 수 있는 상태하에서 행하여졌음이 증명된 때'에 한하여 증거로 할 수 있다고 규정하고 있다. 즉, 영상녹화물은 본증이 아닌 조서의 성립의 진정이 부인될 때 그 성립의 진정을 증명하는 하나의 객관적인 증명방법에 해당할 뿐이라고 본다.

게다가 진술의 증명력을 다투기 위한 증거로 영상녹화물을 제출한 경우에는 피고인이 공판준비 또는 공판기일에 진술할 때 기억이 명백하지 아니한 사항에 관하여 기억을 환기시켜야 할 필요가 있다고 인정되는 때에 한하여 피고인에게 재생하여 시청하게 할 수 있도록 동법 제318조의2 제2항에 규정해 둠으로써 영상녹화물은 동조 제1항상의 탄핵증거의 예외에 해당하는 특수한 형태라고 평가할 수 있다.

2. 피의자신문조서의 실질적 진정성립을 증명하는 방법으로서의 영상녹화물

형사소송법은 피의자신문조서의 진정성립 증명과 관련하여 영상녹화물(그 밖의 객관적인 방법)에 의한 실질적 진정성립의 입증을 허용하고 있다. 형사소송법이 개정되기 전에 수사기관이 작성한 영상녹화물에 증거능력을 인정하는 입장에서는 그 영상녹화물을 검증한 조서의 증거능력 유무에 따라 판단한 대법원 판례를 그 근거로 든다[37]. 더불어 피의자의 자백진술만이 거의 유일한 증거일 경우에 비디오테이프가 갖는 '피의자신문과정의 원래 모습 재현'이라는 성질 때문에 영상녹화물이 본증으로서의 가치를 갖는다고 주장한다.[38]

한편 본래 국회법제사법위원회에 처음 회부된 개정안에 따르면 영상녹화물의 증거능력을 피의자신문조서의 증거능력과 마찬가지로 본증으로 인정하는 규정이 따로 포함되어 있었는데, 법제사법위원회의 심의과정에서 영상녹화에 대한 규정이 대폭 삭제되면서 영상녹화물의 증거능력 문제는 제312조의 해석에 맡기게 된 것이다. 개정 형사소송법 하에서도 영상녹화물을 본증으로 삼아 증거능력을 인정해야 한다고 주장하는 견해[39]가 있는데, 영상녹화물을 전문증거로 취급하여 제310조의2에 따라 조서와 마찬가지로 증거능력을 판단해야 한다고 본다. 그러나 이같은 견해는 영상녹화물을 본증으로 사용하지 못하도록 하기 위해서 개정안 제312조의2를 삭제한 입법자의 의사를 전혀 고려에 넣지 않은 견해라고 생각한다. 영상녹화물에 대해 독립규정을 두어 증거능력을 인정한 개정안 제312조의2를 삭제하였다는 것은 명시적으로 영상녹화물이 본증으로서의 증거능력을 가질 수 없음을 보여주는 것이라고 해석함이 옳다고 본다.[40] 따라서 개정 형사소송법에 의하면 수사기관이 촬영한 영상녹화물이 피의자신문조서를 대체하는 증거의 한 형태로 사용되는 것은 허용할 수 없다 할 것이

---

37) 대법원 1992. 6. 26. 선고 92도682 판결에서는 피의자신문과정을 비디오테이프로 녹음녹화한 경우 그 비디오테이프에 대한 법원의 검증조서는 "검사작성의 피의자신문조서에 준하여 그 증거능력을 인정한다"고 판시한 바 있다.

38) 안성수, "미국 증거법상 전문법칙 및 수사단계에서의 진술내지 조서의 증거능력", 저스티스 통권 제84호, 한국법학원, 2005.4, 216-217면: 이 글에 따르면 피의자신문과정을 비디오녹화했을 경우에 이를 본 피고인이 진정성립을 부인하는 경우가 발견되지 않고, 특히 조직폭력사건의 피의자조서에서 큰 효과를 보고 있다고 한다.

39) 이완규, "개정 형사소송법상 조서와 영상녹화물", 비교형사법연구 제9권 제2호, 한국비교형사법학 회, 2007.12, 173면.

40) 영상녹화물의 본증 또는 탄핵증거로서의 증거능력을 부정하는 견해로는, 서보학, "개정 형사소송법에 의한 수사조서 및 영상녹화물의 증거능력", 사법 제3호, 사법연구지원재단, 2008.3, 162면 이하; 오기두, "영상녹화물의 증거능력 및 증거조사방법", 형사사법 토론회 자료집, 사법제도개혁추진위원회, 2005, 28면 이하; 조국, "검사작성 피의자신문조서와 영상녹화물의 증거능력", 저스티스 통권 제106호, 2008.10, 171면 이하 등 참조.

다.[41]

현재의 이런 우리 형사소송법 규정에 대하여 입법론을 제시하면서 전향적인 입장에서 영상녹화물의 독립적 증거능력을 인정하는 방향으로 형사소송법을 개정해야 한다고 주장하는 학자가 있는데, 그 근거로 조서중심의 재판이나 실질적 진정성립의 문제에 대해 영상녹화물이 긍정적이고 합리적인 대안으로서의 역할을 할 가능성이 있음에도 불구하고 이를 원천적으로 차단하는 것은 법관의 심증형성에 필요한 객관적인 자료의 현출을 지나치게 제약하는 것이라는 점을 들고 있다.[42]

그러나 이 같은 주장은 피의자신문조서가 여전히 강력한 증거능력을 가지는 이상 영상녹화물이 오히려 조서의 증거능력을 강화시켜주는 역할을 하게 되어 다른 여타의 증거가 아닌 피의자의 자백진술의 증거로서 가지는 위치가 훨씬 높아지는 결과를 초래하게 되므로 타당하지 않다고 생각한다. 게다가 국민참여재판이 실시되고 있는 현 상황에서 피의자신문조서를 낭독하는 것 대신에 피의자신문과정을 담은 영상녹화물을 배심원 앞에서 상영하게 되면 이를 통하여 지나치게 유죄에 편향적인 심증형성을 할 우려가 크다는 점에서 영상녹화물의 본증으로서의 가능성은 앞으로도 그리 크지 않을 것이라고 본다.

3. 피고인의 기억을 환기하는 수단으로서의 영상녹화물

위에서 살펴본 바와 같이 영상녹화물이 본증이 될 수는 없다고 한다면, 탄핵증거로서 사용될 수 있는지에 대해서는 현행 형사소송법의 해석상 탄핵증거로 볼 수 없다고 본다.

그런데 제318조의2 제2항 자체를 탄핵증거 조항에 해당하지 않는다고 보면서도 일정부분에서는 그 진술자의 진술을 탄핵하는 효과를 거둔다고 해석하는 학자[43]도 있다. 이 견해에 따르면 피고인이 공판준비 또는 공판기일에 진술하면서 기억이 명백하지 아니한 사항이 있을 때 검사가 그 진술자의 수사기관에서의 진술을 내용으로

---

41) 이와는 반대로 영상녹화제도의 도입취지인 '수사과정의 투명성과 공정성 제고와 인권보장'을 고려 하여 제도의 운영과정에서 발생할 수 있는 부수적인 폐단만을 우려하여 독립적인 증거능력을 부정하여서는 안된다고 주장하는 학자도 있다: 안성조, "영상녹화물의 증거능력", 외법논집 제30집, 한국외국어대학교 전문분야연구센터 법학연구소, 2008.5, 389면.

42) 안성조, "영상녹화물의 증거능력", 외법논집 제30집, 한국외국어대학교 전문분야연구센터 법학연구소, 2008. 5, 368면 이하.

43) 류지영, "형사소송법 제312조의 영상녹화물의 증거능력", 중앙법학 제10집 제4호, 중앙법학회, 2008. 12, 126면.

하는 영상녹화물의 재생신청을 하여 그 진술자로 하여금 시청하게 함으로써 기억을 환기시킨 후에 다시 그 진술자로 하여금 환기된 기억에 의하여 진술할 수 있게 하는 이 일련의 과정이 피고인의 진술을 탄핵하는 효과를 나타낸다는 것이다.

영상녹화물을 탄핵증거로 사용할 수 있다고 주장하는 쪽에서는 제318조의2 제2항의 '기억환기용' 영상녹화물 규정이 제1항의 탄핵증거 규정과는 별개의 것이라고 하면서 여전히 영상녹화물은 탄핵증거로 사용할 수 있다고 주장한다.44) 예를 들어 이완규 검사는 기억을 환기시키기 위하여 영상녹화물을 시청하게 하는 것은 탄핵 증거와는 별개의 신문방법의 일종이기 때문에 미리 증거로 제출하는 것이 아니라 신문과정에서 진술자의 기억환기를 도와주기 위해 보여주는 것이므로 제318조의2 제1항의 탄핵증거 조항에도 불구하고 제2항은 탄핵증거조항과는 별개라는 이유를 제시한다.

생각건대 제318조의2 제2항에서 "제1항에도 불구하고"라는 문언이 명시적으로 사용되고 있다는 점에서 영상녹화물은 제1항에 규정되어 있는 탄핵증거가 될 수 없다45)고 해석하는 것이 옳다고 본다. 영상녹화물을 탄핵증거로 사용할 수 있다고 한다면 결국 수사기관이 탄핵증거로서 영상녹화물을 신청하여 제출하고 조사할 수 있다면 공판정에서 재생하는 증거조사방법을 택하게 되는데, 그렇게 되면 당해 영상녹화물을 재판정에서 법관과 배심원 모두가 시청하게 되어서 유죄인정의 심증을 형성하는데 영향을 주기 때문에 사실상 본증으로서의 기능을 하게 되는 것이기 때문이다46). 따라서 제318조의2 제2항에 충실하여 진술자가 진술을 함에 있어서 기억이 불분명할 때 그 기억을 환기시키기 위하여 그 진술자에 대해서만 극히 제한적으로 재생하여 시청할 수 있도록 하고 이를 탄핵증거로 사용할 수 없다고 생각한다.

기억환기를 위한 영상녹화물 재생은 검사의 신청이 있는 경우에 한하여 기억환기가 필요한 피고인 또는 피고인 아닌 자에게만 이를 재생하여 시청하도록 한다(형사소송규칙 제134조의5 제1항). 따라서 피고인·변호인의 신청에 의한 조사는 원칙적으로 허용되지 않고 있으며, 재판장의 필요에 따라 직권으로 재생할 수도 없다. 실무상 조

---

44) 이완규, 개정 형사소송법의 쟁점, 탐구사, 2007, 152면; 같은 견해로 안성수, "영상녹화물의 녹화 및 증거사용방법", 법학연구 제10집 제1호, 인하대학교 법학연구소, 2007. 3, 40-41면.

45) 신동운, 신형사소송법, 2008, 188면 조국, "검사작성 피의자신문조서와 영상녹화물의 증거능력", 저 스티스 통권 제106호, 한국법학원, 2008. 10, 187면 등: 신동운 교수는 형사소송법 제318조의2 제2 항이 '제1항의 규정에도 불구하고'라는 표현을 사용한 것이 영상녹화물을 탄핵증거의 허용범위에서 배제하기 위한 것이라고 보고 있다. 즉 제318조의2 제1항과의 관계에서 제318조의2 제2항을 반대해석하였을 때 탄핵증거로도 사용할 수 없다고 한다.

46) 오기두, "영상녹화물과 증거사용", 형사법관 세미나자료, 2008.4.21, 미간행, 36면; 조국, "검사작성 피의자신문조서와 영상녹화물의 증거능력", 저스티스 통권 제106호, 한국법학원, 2008. 10, 187면.

서의 진정성립을 입증하기 위한 영상녹화물은 '증인등 목록'에 기재하고, '증거방법' 란에 '영상녹화물(....에 대한 피의자신문조서 또는 진술조서)'이라고 표시하며 '입증취지 등'란에 '조서의 진정성립'등으로 기재하고 있다. 반면 기억의 환기를 위한 영상녹화 물의 조사는 증거목록에 기재할 필요가 없으며, 증인신문조서 또는 공판조서에 적절한 방법으로 시행 여부를 기재[47]한다고 한다.

4. 영상녹화물이 사실인정자에게 편견을 줄 수 있는지 여부

영상녹화물에 대한 증거능력을 논의하면서 법원측에서 우려했던 바는 영상녹화물의 "심증에 미치는 영향"이 매우 강력하다는 것이다. 그래서 '다른 모든 증거로 하고도 안 됐을 때 아주 보충적인 것으로만 영상녹화물을 사용하자'는 주장을 한다[48]. 수사과정을 영상녹화하여서 얻는 가장 큰 장점은 앞서 서술한 것처럼 혹시 수사과정에서 있을지도 모를 인권침해 행위를 감시하는 것이다. 그러나 피의자의 진술, 그 중에서도 특히 자백진술이 담긴 영상녹화물은 진술당시의 사실 그대로를 재현한다는 점에서 사실인정자(법관이나 배심원)에게 부당하게 과도한 신뢰감을 줄 우려가 있어서 이를 경계할 필요가 있다.[49]

영상녹화물의 장점과 단점을 주장하는 사람 모두가 동감하는 것은 영상녹화물이 거기에 담긴 사람의 음성, 동작 등을 기계장치를 통하여 여과없이 재생하는 것이기 때문에 신문과정 당시의 상황을 생생하게 보여준다는 것이다. 그렇지만 영상녹화물의 편집이나 조작이 없다고 하더라도 녹화하는 카메라의 각도를 어떻게 설정하느냐 또는 프레임을 어떤 방식으로 지정하느냐에 따라서 영상녹화물이 있는 그대로를 보여주는 것이라고 볼 수 없는 측면도 무시할 수 없다.

수사기관 영상녹화제도를 우리보다 앞서 시행한 영국과 미국에서는 최근 몇 년 간 비디오녹화된 자백이 피의자에 대한 편견을 심어줄 수 있는지에 대한 연구결과가 발표되고 있다. 조사과정을 녹화할 때 그 초점이 거의 배타적으로 피의자의 진술장면에만 집중되어 있기 때문에 피의자가 자발적으로 수사기관에서 진술을 하더라도 문제가 있다는 것이다.[50] 현재 우리나라 검찰청에서 진행중인 영상녹화실에 설치되어

---

47) 법원행정처, 법원실무제요(형사편[II]), 2008, 148면.
48) 2006. 12. 12. 제263회 국회 제1호 국회 법제사법위원회 회의록, 56면(법원행정처기획조정실장 박병대 발언부분 참조).
49) 오기두, "영상녹화물의 증거능력 및 증거조사방법", 형사사법 토론회 자료집, 사법제도개혁추진위원회, 2005, 21면.

있는 카메라도 조사실 전체를 확인할 수 있도록 녹화되기는 하지만, 진술자(여기에서는 피의자)의 얼굴을 식별할 수 있는 것이면 족하고(형사소송규칙 제134조의2 제4항), 조사에 임하는 수사관을 식별할 수 있는 장치는 사실상 없다. 실제로 조사를 받는 자와 조사자 모두를 정면에서 찍는 것이 힘들고, 영상녹화물에 촬영된 진술은 '피고인이 조서에 기재된 내용이 자신의 진술내용과 동일하게 기재되어 있음을 인정하지 아니하는 경우에 그 성립의 진정을 증명하기 위해서' 조사되는 것이기 때문에 진술자의 진술장면만을 문제삼는다.

하지만 영상녹화물은 반대로 자신이 진술한 조서에 기재된 진술내용이 임의로 진술된 것이 아니라고 피의자가 항변할 수 있는 증거물도 되기 때문에 피의자의 진술장면 이외에 수사기관인 검사의 신문장면도 정면에서 함께 녹화되어야 한다고 생각한다. 덧붙여 영상녹화는 현행법상 피의자가 신청하여, 또는 피의자의 동의를 얻어 행해지는 것이 아닌데다가, 그 촬영권을 가진 측(여기에서는 수사기관)에 의해서 촬영각도나 명암, 음영, 촬영의 프레임 등을 지정할 수 있기 때문에 이를 피의자의 자백 진술 부분에 맞추어 조작하게 되면 법관 등 사실인정자에게 부당한 편견을 줄 여지도 있게 된다. 따라서 이로 인하여 피의자가 과도한 불이익을 받지 않도록 하는 것에 초점을 맞추어 형사소송법 개정 당시에 이러한 분위기가 입법에 반영된 것으로 해석된다.

Ⅳ   결론

사법제도개혁추진위원회와 법제사법위원회의 논의를 거쳐 성안된 개정 형사소송법 제312조는 영상녹화물이 본증 또는 탄핵증거가 될 수 있는 가능성을 차단한 것으로 이해된다. 그런데 영상녹화물을 피의자신문조서의 대체물로서 증거능력을 인정받으려고 했던 수사기관 특히 검찰로서는 조서작성보다 시간이 절약되고(어떤 검사들은 피의자신문조서와 함께 작성하여야 하므로 오히려 번거롭다고 하기도 하지만) 피의자의 진술을 생생하게 보여줄 수 있는 영상녹화물을 본증으로 사용하지 못하게 한 개정 형사소송법에 큰 불만을 표시하고 있다.[51] 실제로 올해 10월에 국회에 제출할 예정인

---

50) G.D. Lassiter/Jennifer J. Ratcliff/ Lezlee J. Ware/ Clinton R. Irvin, Videotaped Confessions: Panacea or Pandora's Box,?Law&Policy Vol.28, No.2, April 2006, pp. 192 참조.

51) 대표적인 글로는 이완규, "개정 형사소송법의 조서와 영상녹화물", 비교형사법연구 제9권 제2호, 2007,

형사소송법 개정안에는 영상녹화물의 증거능력을 인정하는 규정을 삽입하겠다는 입장도 밝힌 바가 있다[52].

근본적으로는 피의자신문과정의 영상녹화를 전면적으로 확대하여 실시하여야 한다고 본다. 영상녹화의 본래취지는 피의자신문조서를 대체하는 '증거능력을 인정받기 위한' 방편이 아니라 피의자신문과정의 투명성을 높이고 인권친화적인 수사시스템을 확립하는데 있다. 물론 의무적(강제적)인 영상녹화제도를 도입하려고 하는 외국의 주창자들에 따르면 영상녹화를 해야 하는 주된 이유가 '강압적인 수사관행(police misconduct)'과 그로 인한 '자백강요(coerced confession)', 허위자백으로 인한 '잘못된 판결(wrongful conviction)'을 방지하려는데 있다고 한다.[53] 그리고 수사과정의 영상녹화를 도입하려고 하는 일본의 경우에는 특히 일본 변호사연합회에서 밀실수사 방지를 기치로 삼고 적극적으로 영상녹화 도입을 추진하고 있다.[54]

그런데 우리의 형사소송법 개정과정에서 도입된 수사기관의 영상녹화제도는 제도가 가지는 본래의 취지보다는 그 영상녹화물을 어떠한 방식으로 법정에 현출시킬 것인가에 초점이 맞춰져 있었다. 게다가 개정 형사소송법하에서도 피의자신문조서가 여전히 중요한 증거로서 법정에 제출되어 증거능력이 인정되고 있는 상태에서 피의자가 수사기관에서 진술한 내용을 피고인이 되어 법정에서 이를 부인하였을 때 실질적 진정성립의 증명방법으로서 영상녹화물이 사용되고 있다. 이러한 상황하에서 영상녹화물의 증거능력이 인정되는 방향으로 형사소송법이 다시 개정된다면 그 영상녹화물은 피의자신문조서의 증거능력을 강화시키는, 또는 대체하는 것이 되어 지금까지의 조서재판과 크게 그 내용이 달라질 것이 없다고 본다.

영상녹화물의 작성방식에서도 문제가 있다고 본다. 먼저 피의자나 변호인의 동의

143면 이하 참조.

52) 연합뉴스 2009.1.7.일자(성혜미 기자).

53) [미국] Lisa C. Oliver, Mandatory Recording of Custodial Interrogations Nationwide: Recommending a New Model Cod,e39 Suffolk U.L.Rev., 2005－2006, pp.263; Wayne T. Westling & Vicki Waye(1998), Videotaping Police Interrogations: Lessons from Australia, 25 Am.J.Crim.L. 493; Thomas P. Sullivan(2005), Electronic recording of Custodial Interrogations: Everybody Wins, 95 J.Crim.L.&Criminology 1127 등. [일본] 加藤康榮(2007), "取調べの有要性と任意性立証－－録音・録画記録制度の是非", 日本大学法 科大学院法務研究 3號, 日本大学法科大学院, 2007.3, 81－106頁; 大出良知, 川崎英明, 神山啓史, 岡崎啓(1993), "取調べ可視化の手段", [季刊]刑事弁護, 日本評論社, 48頁; 森 直被也(2007), "被疑 者ノートを利用した弁護実践", 自由と正義 第58券 第10號(通号 第705號), 日本辯護士聯合會, 61 頁 以下; 秋田真志, 小林功武(2004), "実践の中で取調べの可視化を─被疑者ノートの試み", [季 刊]刑事弁護 第39號, 日本評論社, 82－86頁 等.

54) 일본의 '取調べの可視化' 운동에 대하여는 일본변호사연합회에서 운영하는 홈페이지(http://www. ka－shika－suishin.com)를 참조하기 바람.

없이, 단지 영상녹화를 한다는 고지만을 하고 영상녹화를 하면서 그것을 법정에 피의자신문조서에 기재된 진술을 보충하는 증거로 제출하게 되면 피의자의 초상권이 문제될 소지가 있다. 또한 영상녹화 자체를 처음부터 거부할 수는 없기 때문에 피의자신문과정에서 진술을 거부하였을 때 그 진술거부장면이 고스란히 녹화되어 사실상 진술거부권을 행사할 수 없는 문제점이 있다고 본다. 영상녹화물을 작성할 때 한 건의 모든 조사과정을 녹화하는 것이 아니라 매회 각각 영상녹화를 할 수도 있고 하지 않을 수도 있기 때문에 영상녹화물에 담긴 진술의 임의성도 문제삼을 수 있다. 영상녹화물이 조서의 진정성립의 입증방법의 하나라고 한다면 적어도 조서를 작성한 전 과정에 대한 영상녹화가 이루어져야 그 진술의 임의성을 따질 수 있다고 생각한다. 피의자의 자백진술이 기재된 조서만 증거로 제출하는 현재의 관행도 바로 그러한 점에서 바로잡아야 할 것 중 하나이다. 우리나라의 피의자신문은 1회에 그치지 않고 대부분 수회에 걸쳐서 이루어지는 것이기 때문에, 만일 1회에서 자백 하고, 2회에서 그 자백을 번복하였다가 다시 3회에서 최종적으로 자백한 경우에 제1회와 3회만을 영상녹화하고 이것을 조서와 함께 증거로 제출한다면 2회와 3회 사이에 자백을 하게 되었을 만한 일이 일어났다고 짐작할 수 있지 않겠는가. 이러한 점에서 피의자가 수사기관에서 진술을 하였을 때에는 제1회 신문이 시작되기 전단계부터 3회 피의자신문이 끝날 때까지 전단계를 모두 녹화하고 그 내용을 제출하여야 비로소 3회에 기재되어 있는 자백이 진실한지 여부를 논의할 수 있을 것이라고 생각한다.

그리고 피의자신문조서나 영상녹화물을 법정에 제출하여 이를 낭독하거나 재생하는 것보다는 피고인의 진술을 법정에서 직접 듣고 이를 토대로 판단하는 것이 공판중심주의와 직접주의에 훨씬 부합하는 것이라고 본다. 지금처럼 검사가 기소한 사건의 유죄율이 99%에 근접해 있는 상황에서는 수사기관의 수사내용이 법정에서 그대로 받아들여지고 있다는 의미로 해석한다고 해도 과언이 아닐 것이다. 그 중에서도 범죄사실을 부인하는 경우는 0.1%, 범죄사실을 묵비하는 경우는 10% 가량에 지나지 않아 수사과정에서 이미 90%는 범죄사실을 인정하고 있다. 이와 같은 점에 비추어 볼 때 법정에서 피고인이 자신의 범죄사실을 부인할 여지는 매우 적다고 할 것인데, 피의자로서 했던 진술을 번복하였을 때 그 진술장면으로 진술이 진실하다는 것을 증명하는 것은 논리구조상 맞지 않다고 본다. 따라서 기억을 환기시키는 용으로서 원진술자에 대한 영상녹화물의 재생 및 시청을 제외하고는 영상녹화물을 본증이나 탄핵증거로 사용해서는 안 된다고 생각한다.

9

진술거부권의 불이익 추정 금지 원칙에 따른 형사 공판절차의 개선방안*

박지현(교수, 인제대학교 법학과)

I 진술거부권의 증명력 제한 원리로서 불이익 추정 금지 원칙

진술거부권은 우리 헌법상으로는 "형사상 자기에게 불리한 진술을 강요당하지 아니"(제12조 제2항)할 권리이다. 역사적, 비교법적으로는 묵비권, 침묵권, 자기부죄 거부의 권리(특권) 등 조금씩 다른 의미를 시사하는 이름들과 혼용되고 있지만 명칭에 대한 논의는 이글에서는 굳이 필요하지 않을 것 같다. 이 글이 특히 형사재판의 심리 단계에서 작용하게 될 불이익추정 금지의 원칙을 논하려는 것이므로 형사소송법에 명시된 진술거부권을 중심에 놓고 보아도 무리가 없을 것이다.

진술거부권의 가장 기본적인 효력은 그를 침해하여 취득된 진술의 증거능력을 부정하도록[1] 하는 증거법적 효과라 할 수 있다. 위법수집 증거의 배제(형사소송법 제308조의2)의 원칙으로도 설명될 수 있는 효과이기도 하지만 공권력의 진술거부권 침해의 유인을 제거하는 것이 가장 직접적으로 이 권리를 보호할 수 있는 방법인 까닭에서이다. 진술거부권의 침해를 가장 형식상 명백히 확인할 수 있는 경우가 사전(事前) 고지의 불이행에 이은 피의자 신문의 경우인데, 이때 얻어진 진술의 증거능력을 배제하는 것을 진술거부권의 '중핵'(core)이라고 하기도 하며[2] 많은 나라에서 진술거

---

* 이 글은 박지현, "진술거부권의 불이익 추정 금지 원칙에 따른 형사 공판절차의 개선방안", 한양법학 제33집, 한양법학회, 2011에 게재되었음을 밝힌다.

1) 대법원 1992.6.23. 선고 92도682 판결; 대법원 2010.5.27. 선고 2010도1755 판결; Twining v. New Jersey, 211 U.S. 78 (1908); Miranda v. Arizona, 384 U.S. 436 (1966); BGHSt 38, 214.

2) Chaves v. Martines, 538 U.S. 760 (2003).

부권의 최소한의 내용으로서 보장하고 있다.

그 외에 사실 가장 논의가 부족한 부분이 진술거부권의 불이익 추정 금지의 원칙이다. 형사기소되어 최종적으로 심리를 받는 단계에서 피고인의 침묵이 결국 어떻게 취급되는가에 따라 진술거부권의 보장수준이 결정된다. 침묵으로 불리한 추론을 당하리라는 염려가 있는 한 진술거부권 행사는 임의로울 수 없고, 불리한 추론을 허용하는 것은 결국 진술하도록 강요하는 것이 되기 때문이다. 사전고지는 권리의 존재를 알려주고, 불이익금지는 권리행사를 임의롭게 해준다. 고지 위반의 효과는 진술한 자를 구제하고, 불이익금지 효과는 침묵한 자를 구제한다. 사전고지 제도는 형식화된 장치로서 위반여부가 쉽게 확인 가능하여 실효적 통제가 가능하지만, 불이익 추정 금지 원칙은 사실의 심증에 관여하는 원칙으로서 형식화되기 어렵고 위반 여부도 쉽게 확인되지 않는다. 불이익 추정 금지는 진술거부권의 당연한 효과로 여겨지지만 구체적으로 무엇을 의미하는지는 거의 합의되어 있지 않다. 심지어 이 불이익 추정 금지의 '절차적 보장'이라는 문제로 들어가 보면 전혀 논의되는 바가 없는 실정이라고 하여도 과언이 아니다. 불이익 추정 금지가 왜 진술거부권의 '당연한 귀결'인가를 생각해보면 좀 더 많은 논의가 필요하지 않은가 생각된다.

이 글은 불이익 추정 금지의 원칙이 공허하다고 할 만큼 실체 없는 내용이 되어버린 이유를 우리 형사소송구조, 특히 피고인신문 절차와 법관의 자유심증에 대한 통제장치의 부재에서 찾고 이 원칙의 취지에 합당하고 필요한 수준의 실효적 보장을 위한 개선방안을 고민해 보고자 한다. 특히 우리 형사소송제도가 중심구조로 채택한 직권주의적 방식 및 그에 연관된 여러 장치들에 대한 고찰을 포함하며 직권주의 소송구조의 나름의 장점에도 불구하고 그것이 진술거부권에 미치는 부정적 영향에 주목하여 줄 것을 제안하고 가능한 대안을 모색하고자 한다. 논의 중 불가피하게 등장하는 타국의 입법 및 판결들은 불이익 추정 금지원칙의 여러 내용들이 그를 둘러싼 소송의 형식과 구조가 분리되어 독립적 의의를 가질 수 없다는 점을 이해시키기 위한 것이다. 불이익추정 금지의 내용면에서의 고찰, 가령 침묵의 여러 형태(일관된 침묵, 부분적 침묵 등)에 따른 효과 등에 관해서는 이글에서 다루지 않음을 양해 바란다.[3]

---

3) 이에 관해서는 민영성, "진술거부권의 행사와 불이익추정의 금지", 저스티스, 통권 제66호, 2002, 209면; 졸고, 진술거부권에 관한 연구, 서울대박사학위논문, 2007. 2., 237-253면.

1. 진술거부권의 논리적 귀결로서 불이익 금지

불이익 추정 금지의 원칙은 진술거부권을 행사하였다는 사실로부터 피고인에게 불리한 추론을 하는 것을 금지하는 원칙을 말한다. 형사소송법 제244조의3은 수사기관으로 하여금 피의자에게 "진술을 하지 아니하더라도 불이익을 받지 아니한다는 것"(제1항 제2호)을 알려주도록 하는 형식으로 간접적으로 이 원칙을 명시하고 있다. 이 원칙의 가치를 가늠하려면 그 근거를 살펴볼 필요가 있다.

흔히 거론되는 것으로, 첫째, 불이익 추정은 사실상의 진술 강요에 해당하므로 금지되어야 한다는 것이다.[4] 불이익 추정이 허용될 경우 피의자, 피고인은 진술거부권 행사 여부를 판단함에 앞서 그 불이익한 결과를 염려하지 않을 수 없게 된다. 이러한 심리적 압박은 적극적 경고에 의하든 사실상 예상되는 것에 의하든 마찬가지로 진술을 강요하게 된다. 진술의 강요는 직접적, 작위적인 방식에 의할 때와 그러하지 않을 때가 서로 달리 취급될 이유가 없다는 것이다.

둘째, 자유심증주의의 내재적 한계[5]에서 요구된다는 해석이다. 피고인의 진술 거부의 동기를 실제로는 알 수 없는데도 '피고인은 자기를 변호하기 위해 제출할 수 있는 것이 아무것도 없기 때문에 진술을 거부하는 것' 아니냐는 식의 추론이 통상 신뢰성을 갖기 어렵다는 것이다.[6] 죄지은 자도 죄를 부정하기 위해서 허위사실을 적극적으로 진술하는 경우가 있고, 죄 없는 자도 다양한 이유에서 진술을 거부하는 경우가 있을 수 있다. 수사단계에서의 피의자의 침묵은 더욱더 어떠한 추정효과가 있다고 보기 어렵다. 더욱이 진술거부권의 사전고지에 따라, 그로 인해 침묵한 소위로부터 어떤 동기를 추론하는 것 자체가 부당하게 된다.[7] 검사의 입증부담의 원칙이 가장 철저히 준수되고 존중되는 절차에서라면 공판정의 진술거부 역시 어떠한 불리

---

4) Kristian Kühl, "Freie Beweiswürdigung des Schweigens des Angeklagten und der Untersuchungs verweigerung eines angehörigen Zeugen − BGHSt 32, 140", Juristische Schulung, 1986, 118면; Schneider, Die strafprozeßuale Beweiswürdigung des Schweigens von Beschuldogten und Angehörigen Zeugen, Jura 1990, 576면 이하. 진술 거부권을 무의미하게 할 수 있다는 이유 를 드는 다음 견해들도 이와 다르지 않은 취지라고 생각된다: 신동운, 신형사소송법, 법문사, 2008, 788면; 정웅석/백승민, 형사소송법, 대명문 화사, 2007, 494면; 이재상, 신형사소송법, 박영사, 2008, 122면; 배종대/이상돈, 형사소송 법, 홍문사, 2004, 106면.

5) Kühl, 상동.

6) 민영성, 위글, 11면.

7) 동지, Doyle v. Ohio, 426 U.S. 610 (1976); James v. Illinois. 493 U.S. 307 (1990).

한 의미도 갖지 않게 될 것이다. 그러한 맥락에서 침묵에 관해서는 어떤 '소박한 경험칙' 자체가 존재할 수 없다고 말할 수도 있다.[8] 그러나 둘째 근거는 특수한 침묵 상황, 가령 수사 중 침묵하다가 공판정에 와서 뒤늦게 알리바이를 주장하는 것과 같은 특수 상황에 관해서는 불이익 추정이 금지되어야 할 이유로 사고되기 어렵다. 그와 같은 특수 상황에서는 피의자의 최초의 침묵의 동기가 무엇이었을까 하는 의문을 갖는 것이 상식적이며, 뭔가 유죄가 되는 사실을 숨기려 하였던 것은 아닐까 하는 의혹을 갖게 만든다. 일정한 경우에는 '소박한 경험칙'은 불이익한 추정을 불러오게 된다는 것이다. 만약 둘째 근거만을 고려한다면 불이익 추정 금지는 원칙적으로 성립 불가능하다. 핵심적인 근거는 첫 번째로 언급한 사정에 두어야 할 것이다.

2. 탄핵주의의 논리적 귀결로서 불이익 추정 금지

1) 불이익 추정 금지의 원칙의 성립 과정

불이익 추정 금지의 원칙은 '자기부죄거부의 특권'(Privilege from self-incrimination)[9]에 처음부터 결합되어 등장한 것은 아니었다. 자기부죄 거부의 특권의 유래가 무엇인가에 관해서는 논란은 있지만, 그 중 하나로 거론되는 중세 캐논법(canon law)상의 '자기폭로의 무 불부담의 원칙'(Nemo tenetur prodere seipsum)은 불이익 추정을 금지하는 원리는 아니었던 것으로 확인된다.[10], 자기부죄 거부의 특권의 근대적 출발점으로 일컬어지는, 16~7세기 영국에서의 개신교도들의 선서거부 운동(즉, 진술거부) 역시 불이익 추정을 받는 데 대한 반대를 그 내용으로 포함하지 않았다. 당시 종교재판이나 커먼로 재판은 아직 '피고인 진술식 재판'(defendant-speaks-trial)[11]이었다. 커먼로 재판은 아직 무죄추정원칙이 확립되어 있지 않아 소추자에게 기소사실에 관한 '합리적 의심을 깨뜨리는'(beyond reasonable doubt) 입증을 요구하지 않았던 시절이었다.[12] 즉, 당시의 자기부죄 거부권은 불리한 추정을 감수하는 것이었다고 할 수 있다.

---

8) 田宮裕, "被告人·被疑者の黙秘權", 刑事訴訟法講座1, 有斐閣, 1963, 83-4면.

9) 자기부죄금지의 원칙(권리)의 수립과정에 관해서 자세히는 졸고, 위 논문, 18~41면 참조.

10) Langbein, "The Privilege and Common Law Criminal Procedure: The Sixteenth to the Eighteenth Centuries", R. H. Helmholz(외), The Privilege Against Self-Incrimination : Its Origins And Development, University of Chicago Press, 1997, 84-90면.

11) Mike McNair, "The Origins of Adversarial Trials: Langbein", Law Quarterly Review, 2004. 1., 185-6면; Langbein, 위 논문, 82면.

12) Langbein, 상동.

불이익 추정 금지의 원칙이 영국의 커먼로 재판소의 판례에 의해 확립된 것은 의외로 늦은 1940년대에 이르러서의 일로 나타난다.[13] 청교도들의 나라 미국에서는 영국의 경우 보다 다소 앞섰던 것으로 보인다.[14] 독일연방최고재판소는 침묵으로부터 불이익 추정이 가능하다고 보았다가[15] 1980년대 이후에야 이를 금지하는 원칙을 확립한 것으로 보인다.[16] 한국에서는 1963년 헌법에 의해 진술거부권이 기본권으로 명시되고 2007년 개정 형사소송법에서 불이익추정금지의 원칙이 명문화되었으나 그에 앞선 2001년의 판결은 진술거부 및 허위진술이 불이익양형 사유가 될 수 있다고 보고 있고 이에 찬성하는 의견[17]도 적지 않아 현재로서는 상당히 형식적으로 인정되고 있다고 말할 수 있다.[18]

불이익 추정금지의 원칙이 진술거부권(혹은 자기부죄 금지의 원칙)의 본래의 내용이 아니었다면 그것이 진술거부권 안으로 포섭되어 들어오게 된 계기는 무엇일까. 결정적 계기는 탄핵주의적 형사사법의 수립에서 찾는 것이 옳다고 본다. 탄핵주의와 결합된 자기부죄 금지의 권리에서는 불이익 추정 금지원칙은 비로소 그의 당연한 일 내용으로 취급될 수 있다.

2) 진술거부권과 탄핵주의의 결합에서 도출되는 불이익 추정 금지원칙

불이익 추정의 금지의 원칙을 탄핵주의와 관련시키는 방법[19]은 그를 '당사자주의'와 관련시키는 방법[20]에 대해 경계할 필요성을 제기하는 것이기도 하다.

---

13) Rex v. Leckey, 1944 K.B. 80 – 2 (Eng. C.A.)

14) Wilson v. U.S. 149 U.S. 60, at 61, 62(1893). 주법에 대하여도 강제력을 갖는다고 한 판결은 이후, Griffin v. California, 380 U.S. 609 (1965).

15) BGHSt 1, 366.

16) BGH, StrV (1983) 321. 이에 반대하는 견해는 OLG Oldenburg, NJW (1969) 806; Güldenpfennig, NJW (1969) 1867.

17) 백형구, 알기쉬운 형사소송법, 박영사, 2004, 454면; 이재상, 위책, 122면; 임동규, 형사소송법, 법문사, 2006, 377면; 정영석/이형국, 형사소송법, 법문사, 1996, 83면; 정용석/백승민, 위책, 495면. 반대하는 의견으로는, 배종대/이상돈, 위책, 107면; 신양균, 형사소송법, 법문사, 2004, 541면; 신현주, 형사소송법, 박영사, 2002, 134면.

18) 대법원 2001. 3. 9. 선고 2001도192 판결.

19) LaFave/Israel/King, Criminal Procedure, West Group, 2004(제4판), 28면. 민영성, 위 글, 209면.

20) 염정철, "진술거부권에 관하여", 고시계, 1966년 11월호, 국가고시학회, 42면; 권문택, "묵비권", 법정, 1969년 3월호, 법정사, 49면; 김기두, "임의수사의 한계–진술거부권에 관한 연구", 고시계, 1962년 7월호, 179면; 안명기, "진술거부권", 사법행정, 1971년 11월호, 한국사법행정학회, 56–59면; 조국, "미란다규칙의 실천적 함의에 대한 소고–미국연방대법원의 입장변화를 중심으로–", 형사법연구, 한국형사법학회, 1998, 414면; 이재상, 위책, 115면. 이재상은 '당사자주의의 전제인 무기대등의 원칙'을 진술거부권의 근거로 제시하는데, 무기대등의 원칙을 직권주의의 반대개념으로서의 당사자주의에 관련시키는 것이 적절한지 의문이 든다.

당사자주의 원리(adversarial system)는 영미 형법학계의 설명에 따르면 소송참가자에게 사건의 법적 사실적 '쟁점의 전개에 관한 책임'(the responsibility for developing the legal and factual issues of the case)을 분배하는 원리라고 한다.[21] "실체적 진실 발견의 원동력을 갈등·투쟁하는 대립 당사자의 소송활동에서 구하는"[22] 소송구조라는 설명과 상통할 것이다. 당사자주의 재결체제는 판단자가 대립적 당사자들이 제시하는 자료를 검토하여 사실과 법률에 관하여 중립적인 입장에서 판단하도록 한다.[23] 판단자는 "말 없는 심판으로서 제시된 변론에만 의존하여 결정하며 당사자들이 스스로 계쟁물을 선택하도록 내버려 둔다."[24] 이러한 당사자주의의 특징으로부터는 자기부죄 금지의 원칙이 발을 올릴 근거가 될 만한 것을 발견하기 어렵다. 그로부터는 오히려 피고인의 변론권, 방어권, '진술권' 따위의 근거를 발굴해낼 수 있을 뿐이다. 진술거부권이 당사자주의에 근거한다는 오해는 이러한 '수정된 당사자주의'에 영향을 주는 다른 원리들(가령 탄핵주의)을 당사자 주의적 특성으로 오인한 탓이 아닐까 생각한다.

한편 탄핵주의(accusatorial procedure), 즉 소추주의는 '소추기관의 소추에 의하여 재판기관이 심리를 개시하도록 하는 주의'[25]를 말한다. 즉 '재판기관과 독립된 소추자'를 요구하는 원리이다. 이러한 의미의 탄핵주의는 불고불리(不告不理)의 원칙과 함께, 소추된 피고인의 방어권 보장을 논리적으로 포함하게 된다.[26] 소추자는 공격활동을, 피고인은 방어활동을 하도록 하는 이러한 탄핵주의원리는 따라서 유무죄의 판단을 위한 '입증책임을 할당하는 원리'라고 이해된다.[27] 즉, 유죄의 확정을 위한 입증책임의 분배의 문제에 있어서 피고인에게 그 자신의 결백을 입증할 부담을 지우는 대신에 정부(검사)에게 피고인의 유죄를 입증할 부담을 지우는 절차 방식이 된다.[28] 미연방대법원에 따르면 탄핵주의 체제는 "국가가 개인에 대하여 모든 짐을 떠맡는" 체제이며, 소추자는 배심원단이 피고인의 유죄를 확신하는데 필요한 충분한 증거를 제시하여야 하며 그것은 "피고인이 돕도록 강제하지 않고 취득된 독립적인 증거"[29]

---

21) LaFave/Israel/King, 위책, 28면.
22) 신동운, 형사소송법, 법문사, 2005, 11면.
23) LaFave/Israel/King, 상동.
24) 상동.
25) LaFave/Israel/King, 위책, 29면.
26) 신현주, 위책, 35면; LaFave/Israel/King, 위책, 30면.
27) LaFave/Israel/King, 위책, 29면.
28) LaFave/Israel/King, 위책, 29-30면.
29) LaFave/Israel/King, 위책, 29면.

이어야 한다. 그러한 특성으로부터 입증책임의 소추자 부담의 원리, 피고인의 무죄추정의 원칙, 진술거부권에 의해 제약을 받는 증거수집활동의 요청 등의 원칙들이 파생되어 나왔다 할 수 있다.[30]

　진술거부권을 무죄추정의 권리에 연결 짓는 방식[31]은 우리의 논의상황에서도 새로운 것은 아니다. 무죄추정의 원칙은 그 하나만으로도 진술거부권의 정당화에 충분하다는 주장도 있다.[32] 한때 유럽인권재판소는 자기부죄 거부의 권리의 근거를 무죄추정의 권리에서 찾아내기도 했다.[33] 무죄추정의 원리는 탄핵주의를 피의자 피고인의 권리라는 관점에서 달리 표현한 것이며, 불이익 추정의 금지의 원칙은 진술거부와 관련된 무죄추정의 원칙이라고도 할 수 있다. 즉, 소추자가 합리적 의심을 넘는 입증을 실패하였을 때는 무죄판결이 되어야 하며 피고인이 침묵하였다는 이유로 달리 판단하여서는 안 된다는 것이다. 유죄의 입증이 이미 충분할 때 진술거부는 '다른 증거의 유죄의 증명력을 감쇄시키지 못하고 유죄의 심증을 흔들지 못할' 수는 있다.[34] 그러나 이는 진술거부권 행사의 불이익이 아니라 변론(방어)의 실패에 따른 불이익이라고 말하는 것이 옳을 것이다.

3) 불이익 추정금지 원칙의 후퇴는 탄핵주의의 후퇴

　영국의 1994년의 불이익추정 허용 입법[35]에 관해 많은 논쟁이 있지만[36] 이를 '규문주의 재판으로의 회귀'라고 지적하는 맹비난[37]이 이는 이유도 불이익추정 금지의 원칙이 탄핵주의와 긴밀히 연결되어 있기 때문이다. 법규의 내용은 후술하겠지만 미리 이 법을 거론하는 이유는 이 법의 시행 후의 경험적 자료를 미리 살펴볼 필요가

---

30)　신현주, 상동; LaFave/Israel/King, 30면: "탄핵주의의 중요한 요소중 하나로서 피고인의 조력 없이 국가가 증명하여야할 부담의 원칙은… 자기부죄거부의 특권에도 반영되었다."

31)　이재상, 위책, 107면.

32)　Stefan Trechsel, Human Rights in Criminal Proceedings, London: Oxford University Press, 2005, 348면.

33)　Telfner v. Austria, no. 33501/96, 20 Mar. 2001, (2002) 34 EHRR 7; Averill v. United Kingdom, 36408/97 [2000] ECHR 212 (6 June 2000).

34)　憲法的刑事手續研究會, 憲法的刑事手續, 日本評論社, 1997, 447면.

35)　각주 53, 57번 해당 본문 참조.

36)　비판적 견해로, Chris Blair, "Miranda and the Right to Silence in England", Tulsa Journal of Comparative And International Law, 2003, 18−9면; I. H. Dennis, The Law of Evidence vol. 2, Sweet & Maxwell, 2002, 174−5면; Tim Ward & Piers Gardner, "The Privilege Against Self Incrimination: In Search Of Legal Certainty", European Human Rights Law Review, 2003, 4., 398면.

37)　Gregory W. O'Reilly, England Limits the Right to Silence and Moves towards an Inquisitorial System of Justice, Journal of Criminal Law and Criminology, Fall, 1994, 402면.

있어서이다. 법 시행 후 몇 년 간의 변화를 알려주는 통계에 따르면 도입 전후로 피의자의 침묵권 행사비율은 10%에서 6%로 떨어졌고 침묵권의 부분적 행사 비율 역시 13%에서 10%로 떨어졌다.[38) 이는 법개정이 침묵권 행사를 저지하는 요인으로 분명히 작용했음을 의미한다. 그러나 그와 달리 자백의 비율은 전혀 달라지지 않았다고 한다. 침묵권의 제약은 자백의 증가가 아닌 혐의부인진술의 증가를 낳고 있다는 것이다.

불이익 추정 금지 원칙의 보장이 불철저할 경우 소추측의 입증의 부담을 경감시키는 방향으로는 즉시 효과가 나타난다. 그러나 그 결과는 진범인 경우와 무고한 경우 모두의 경우에 유죄판결을 받을 확률을 높이게 된다. 침묵하는 쪽을 선택해도 피고인에게 불리한 다른 증거의 증명력을 강화시켜 불리한 결과를 얻게 되고, 혐의부인진술을 하더라도 다른 유죄의 증거를 탄핵하는 데 실패하여 양형에까지 불리한 결과를 얻게 될 수 있다.

결국 불이익 추정 금지원칙을 무력화하는 것은 탄핵주의 원칙을 무력화하는 것이다. 탄핵주의와 무죄추정의 원칙을 고수하는 한 불이익 추정 금지의 원칙은 폐기될 수 없다는 것을 확인할 수 있다. 우리 학계나 실무에서 불이익 추정 금지의 원칙을 철회하거나 후퇴시키자는 논의는 보이지 않지만 그것은 이 원칙이 그만큼 모호하게 취급되고 있기 때문이기도 하다. 결국 이 원칙을 통해 보장하려는 권리의 구체적 내용과 범위를 확정하는 문제에서 다시 출발하여야 한다.

Ⅲ 침묵 및 불이익 배제 방법의 다양성 – 소송구조적 이해

1. 공판중 침묵의 취급

진술거부권 행사가 문제가 될 때 그것이 언제 행사된 것이냐, 즉 피의자 신문시 침묵하였던 것인지, 공판정에서 진술 또는 증언을 행하지 않은 것인지에 따라 증거 사용 가능성, 증거가치의 부여가 달라질 가능성이 있기 때문에 아래에서는 공판중 침묵의 경우와 수사 중 침묵의 경우를 나누어 고찰하기로 한다.

---

38) Tom Bucke, Robert Street & David Brown, The Right of Silence: The Impact of the Criminal Justice and Public Order Act 1994, Home office, 2000, 31~35면 (Daniel J. Seidmann and Alex Stein, The Right To Silence Helps The Innocent: A Game－Theoretic Analysis Of The Fifth Amendment Privilege, Harvard Law Review, December 2000, 501면에서 재인용).

1) 침묵 형식의 비교: '질문을 받지 않기' vs '질문에 답하지 않기'

'공판중' 침묵은 피고인 신문 제도를 채택하지 않고 피고인 증인제도를 취하는 영미법계에서는 '피고인 증언의 불신청'을 말한다. 반면 피고인 신문을 중요한 증거조사 절차로 삼고 있는 독일, 일본 및 우리나라의 경우에 그것은 '피고인의 답변 거부'를 지칭하게 된다.

커먼로의 오랜 전통은 피고인은 이해관계인이라는 이유로 증인적격, 즉 증언을 행할 자격을 인정하지 않는 것이었지만[39] 현재는 사정이 달라져 피고인 자신의 선택에 따라 증언대에 서거나 서지 않을 수 있다.[40] 미연방의 경우 1842년의 머피 판결에 의해 피고인의 증언능력에 대한 제한은 해제되었다.[41] 그러나 이는 피고인의 증언할 권리(right to testify)[42]를 말하는 것이지, 증언의 의무를 부과하는 것은 아니었다. 피고인은 동시에 증언하지 않을 권리(right not to take the stand)를 가지며 이는 수정헌법 제5조의 자기부죄거부의 권리의 귀결이라고 이해되고 있다.[43] 영국의 경우도 큰 틀에서는 그와 다르지 않다. 그렇게 피고인 증인제도를 취하는 시스템에서 공판중 침묵권은 '질문을 받지 않을 권리'가 된다.

우리나라를 포함하여, 대륙법계 형사소송절차에서는 피고인이 증인으로서가 아니라 피고인으로서, 즉 선서 없이 질문을 받도록 하고 있다.[44] 피고인 신문 제도를 두되 예외적으로 진술거부권을 행사할 수 있도록 하는 나라에서는 피고인의 침묵은 '질문에 대하여 답변을 거부할 권리'가 된다. 이들 나라에서는 피고인은 공판중 진술거부권을 보유한다는 사실을 미리 고지 받지만, 피고인이 진술 거부의 의사를 표시한 때도 판사가 신문을 개시하는 것 자체는 적법시되고 있으며 피고인이 진술거부의 의사를 확실히 하는 때에 신문을 중지할 의무를 부담하는가에 대해서는 법정된 바는 없다. 따라서 우리나라와 같은 경우 진술거부권의 행사는 신문을 중지시킬 권리인가 그렇지 않은가는 아직 명확하지 않다. 다만 일본의 한 하급심 판결은 '묵비권을 행사하는 피고인에 대해 질문을 행하는 것 자체가 부당하다고 할 수는 없으나 이후 묵비

---

39) Langbein, 위글, 84-90면.
40) 물론 증언을 하지 않고 비선서진술(unsworn statement)을 할 수도 있다. 비선서진술시에는 자기부죄거부의 권리의 포기가 있는 것이 아니므로 교호신문에 대해 답변할 의무도, 위증의 부담도 지지 않는다. 피고인의 비선서진술권 또는 자기변호의 권리(right to self-representation)를 미연방 수정6조상의 권리로 보는 미연방대법원 판결은, Fareta v. California, 422 U.S. 806(1975).
41) United States v. Murphy, 41 U.S. 203.
42) LaFave/Israel/King, 위책, 1140-1.
43) 상동, 1139-8면.
44) 독일 형사소송법 제257조, 'Befragung'; 일본 형사소송법 제311조, '被告人質問'.

의 의사를 다시금 명확히 표명하였는데도 질문을 계속한 것은 위법'하다고 판시한 바 있다.[45]

2) 공판중 침묵 사실의 증거사용의 허용 여부

공판중 침묵으로부터 불이익 추론을 어떻게 배제하고 또 얼마나 허용하는지는 각 국마다 다르다. 몇 개 나라를 비교해보아도 이에는 다양한 수준이 있을 것임을 예상할 수 있다. 미국의 경우 일찍이 피고인이 증언하지 않은 사실을 불이익하게 언급하는 것을 미연방 헌법 수정5조 위반으로 보는 입장을 고수하고 있다. 미연방대법원은 윌슨 판결을 통해 피고인이 증인이 되지 않은 것에 관해 검사측이 어떻게든 언급하는 것은 금지된다는 점을 확인했다.[46] 브루노 판결에서는 피고인이 스스로 불이익 추정 금지 원칙의 '설명'(Jury Instruction)[47]을 구할 권리를 갖는다고, 즉 피고인이 '증언불신청 사실을 조금도 불이익하게 고려하여서는 안 된다'는 설명을 요청할 권리를 갖는다는 쪽으로 권리보장 수준이 확대되었다.[48] 그리핀 판결에 이르러서는 주법 역시 불이익을 유도하는 판사의 설명을 허용할 경우 연방수정헌법 제5조 및 제14조에 의해 무효가 된다는 점이 선언되었다.[49] 이후 카터 판결로 판사는 피고인의 증언 불이행에 대해 불이익 추정을 금지하는 예방적 설명을 행할 의무를 갖는다는 데까지 이르렀다.[50]

그와 달리 영국의 경우는 증언 불이행에 대한 불이익 추정을 실제로 허용하는 입법을 단행했다. 커먼로 상으로는 앞서 언급한 렉스 대 렉키 사건[51]에서와 같이 증언 불이행에 관한 불이익 '설명'이 금지되었지만 1994년 형사사법 및 공공질서법 (Criminal Justice and Public Order Act, CJPOA 1994)은 불리한 추론을 일정한 경우 허용했는데[52] 그 중 하나가 증언 불이행에 정당한 이유가 없는 한 불이익한 '설명'이 허용된다는 것이었다. 위 법에 관해 무효를 선언할 권한을 가지고 있었던 유럽인권재판소마저 "피고인이 증언을 행하지 않은 이유가 설명이 필요한 상황에서 납득할

---

45) 札幌高判 平成14(1995). 3. 19 判タ 1095호 287면.

46) Wilson v. U.S., 149 U.S. 60, at 61, 62(1893).

47) 국민의 형사재판 참여에 관한 규칙, 제37조자 '설명'이라는 용어를 사용한 점을 고려하여 종래 설시, 지시 등으로 표현되는 이 제도를 이하 '설명'이라고 지칭하기로 한다. 동 규정은 각주 55번 참조.

48) Bruno v. U.S., 308 U.S. 287, at 291(1939).

49) Griffin v. California, 380 U.S. 609 (1965).

50) Carter v. Kentucky, 450 U.S. 288, at 291–293(1981).

51) 각주 14번 참조.

52) Criminal Justice and Public Order Act, 1994, c. 33, §5.

만한 설명이 없다면 그를 검사측의 증거들의 증명력을 판단하기 위한 자료가 삼는 것을 막지는 않는다"[53]고 하여 사실상 그 적법성을 승인해 주었다.

우리의 경우 법관에 의한 재판에서는 피고인이 진술하지 않은 사실의 증거사용 문제에 관한 제한은 전혀 고려되고 있지 않다. 불이익 추정 금지의 원칙이 존재한다는 추상적 원칙의 선언만이 존재한다고 할 수 있다. 국민참여재판에 관해서는 한 개의 규정을 찾아볼 수 있다. "국민의 형사재판 참여에 관한 법률"에 따른 "국민의 형사재판 참여에 관한 규칙"(제2237호 2009.06.01)은 판사에게 배심원단에 대하여 "피고인의 증거제출 거부나 법정에서의 진술거부가 피고인의 유죄를 뒷받침하는 것으로 해석될 수 없다는 점을 설명"할 의무를 주고 있다.[54] 형식적으로는 타국에 비추어 모자람이 없다고 할 수 있지만 그 실제 효과가 타국과 같은 수준의 것이 될 수 있겠는지는 피고인 신문 상황을 고려해야 할 것이다.

2. 수사중 침묵의 취급

1) 불이익 추정 예방 측면에서 본 침묵권 고지제도

수사중 침묵권의 행사의 보장은 피의자 신문전 침묵권의 고지라는 절차를 통해 상당 수준 달성되고 있다고 할 수 있다. 고지 제도가 직접 불이익 추정 금지의 근거가 되는 것은 아니지만 어떤 내용이 고지되었는가에 따라 침묵한 사실이 시사하는 자연적 추론이 달라진다는 점에서 고지 내용은 불이익 추정 금지의 원칙의 보장 수준에 영향을 준다고 할 수 있다.

미국의 경우 미란다 판결에 의하여 보장된 미란다 권리는 구속중 피의자에게 인정되는 권리로서 모든 피의자는 구속시 "어떠한 질문에 앞서서도 피의자는 침묵을 유지할 권리를 보유한다는 것, 어떠한 진술도 자신에게 불리하게 사용될 수 있다는 것, 그리고 변호인의 참여를 요구할 권리가 있다는 것을 고지 받아야 한다. 또한 피의자

---

53) Murray v. United Kingdom, 22 Eur. Ct. H.R. 29 (1996).

54) 제37조(재판장의 설명) ① 재판장이 법 제46조제1항에 따라 배심원에게 그 밖에 유의할 사항에 관한 설명을 할 때에는 다음 각 호의 내용을 포함한다. 1. "형사소송법" 제275조의2(피고인의 무죄추정), 제307조(증거재판주의), 제308조(자유심증주의)의 각 원칙 2. 피고인의 증거제출 거부나 법정에서의 진술거부가 피고인의 유죄를 뒷받침하는 것으로 해석될 수 없다는 점 3. "형사소송법" 제2편 제3장 제2절의 각 규정에 의하여 증거능력이 배제된 증거를 무시하여야 한다는 점 4. 법 제41조제2항제1호 및 제4호의 각 의무 5. 평의 및 평결의 방법. 6. 배심원 대표를 선출하여야 하는 취지 및 그 방법 ② 검사·피고인 또는 변호인은 재판장에게 당해 사건과 관련하여 설명이 필요한 법률적 사항을 특정하여 제1항의 설명에 포함하여 줄 것을 서면으로 요청할 수 있다.

는 임의롭게, 권리포기의 의미를 알고서, 지적 판단에 의하여(voluntarily, knowingly and intelligently) 그러한 권리를 유효하게 포기할 수 있다. 변호인과 상담하고자 하는 한 질문은 허용되지 않는다. 미란다 권리의 포기는 단지 스스로 진술하였다는 것으로는 인정되지 않고 피의자가 변호인과 상담한 후에 신문을 승낙한 경우에만 인정된다".55) 이러한 판단은 구속중 피의자에 관해서는 일관되게 견지되어 왔다.

반면 영국의 경우 1994년의 형사사법과 공공질서법(CJPOA)은 수사중 침묵의 일정한 경우에도 불이익 추정이 허용되는 방향으로 선회했다.56) 그에 따라 고지 내용도 종전과 달리57) 다음과 같이 변경됨에 이르렀다. "당신은 아무것도 말할 필요가 없다. 그러나 당신이 경찰의 신문을 받으면서 말하지 않은 것을 법정에서 말하게 되면 방어에 불리하게 될 수(may harm your defence) 있다. 당신이 말하는 모든 것은 증거로 사용될 수 있다."58) 다만 이후 판례에 의해 피고인의 수사중 침묵이 '변호인의 조언에 따른 결과'임을 납득할 만큼 설명했는데도 배심원단에게 불이익 추론을 허용하는 '설명'을 행하는 것은 위법한 것이라는 작은 제한이 붙게 되었다.59) 그러한 고지 제도는 그 자체로는 불이익 추정 금지의 원칙의 내용은 아니지만 그러한 고지 이후 침묵한 사실이 실제로 의미하는 바를 추론하는 데 영향을 미친다. 미국의 한 자료에 따르면 배심원들이 피고인의 수사중 침묵 사실을 알게 되는 드문 경우에도 그를 이유로 불이익한 추론을 하지 않고 있다는 것이 통계상 분명히 드러난다고 한다.60) 이는 미란다 경고문 자체가 침묵의 불이익 추론을 자연적으로 저해하는 탓으로 이해될 수 있다.

우리의 경우는 2007년의 형사소송법 개정을 통해 수사기관으로 하여금 피의자신문 전 피의자에게 "1. 일체의 진술을 하지 아니하거나 개개의 질문에 대하여 진술을 하지 아니할 수 있다는 것, 2. 진술을 하지 아니하더라도 불이익을 받지 아니한다는 것, 3. 진술을 거부할 권리를 포기하고 행한 진술은 법정에서 유죄의 증거로 사용될 수 있다는 것, 4. 신문을 받을 때에는 변호인을 참여하게 하는 등 변호인의 조력을 받을 수 있다는 것"(제244조의3)을 고지하게 하고 있다. 진술거부의 불이익을 주지 않

---

55) Miranda v. Arizona, 384 U.S. 436 (1966).

56) Criminal Justice and Public Order Act, 1994, c. 33, §34-5 (Eng.).

57) 종래의 경고는 다음과 같았다. "당신은 원치 않으면 말하지 않아도 좋습니다. 당신이 말한 것은 증거로 사용될 수 있습니다", Paras. 10.1 and 10.4, Code C, Codes of practice (1991).

58) PACE, 1984, §10.5(b),Code of Practice C (Eng.).

59) R. v. Betts, 2 Crim. App. R. 16, P 53 (Eng. C.A. 2001). 이에 영향을 준 유럽인권재판소 판결은 Condron v. United Kingdom, [2000] Crim. L. Rev. 679 (Eur. Ct. H.R. 2000).

60) Daniel J. Seidmann and Alex Stein, 위글, 465면.

는다는 약속이 포함되어 있다는 점에서 권리보장에 매우 적극적이며 특히 피의자가 구속중인지 여부를 떠난 일체의 신문 상황을 전제한 것이라는 점에서 여느 타국에 비해 진일보하다 할 수 있다. 문제는 그보다는 수사중 침묵 사실을 공판정에서의 다루는 태도이다.

2) 수사중 침묵 사실의 증거사용 허용 여부

한편 신문시 침묵을 법정에서 어떻게 다루도록 하는가, 즉 언급하는 것 자체가 금지되는가 그렇지 않은가도 불이익 추론 및 그 금지원칙의 보장에 큰 영향을 준다. 커먼로 전통에서는 불이익 추정을 유도하는 판사의 설시의 금지는 재판정에서의 피고인의 증언 불이행에 관해서뿐만 아니라 피고인이 경찰의 신문에 대해 침묵한 경우에 관해서도 동일하게 적용된다.[61] 신문 중 일부 사항에 대하여는 침묵하고 다른 사항에 대하여는 진술한 경우에도 그 일부 사항의 침묵의 불이익 추정은 금지된다는 것이 커먼로 재판소의 판결이다.[62] 그런데 영국의 위 CJPOA(1994)는 공판중 침묵의 경우와 마찬가지로 수사 중 침묵에 관해서도 불리한 추론이 허용되는 일정한 경우를 규정하고 있다. (a) 피고인이 수사중 일정한 시점에 언급하였을 것이 합리적이었다고 생각되는 사정을 당시 언급하지 않았으면서 공판정에서 그 사실을 주장할 경우 그 주장에 관해서, (b) 특정한 물체, 물질 또는 자국에 관해 경찰관의 질문에 대해 답변하지 않은 때 그 사유에 관해서, (c) 범죄 발생 장소에 있으면서 그 경위에 대해 경찰관의 질문에 답변하지 않은 때 그 사유에 관해서 등이다.[63] 이와 같은 경우 다른 사정이 없는 한 불이익 추론을 허용하는 대배심 '설명'이 허용된다.

미국의 경우 '미란다 고지 후의 침묵'에 관해서는 그 사실을 검사가 언급하는 것 자체를 금지하고 있다. 도일 대 오하이오 판결에서는 그 폭로가 피고인이 증인으로서 행하는 증언을 탄핵하기 위한 목적인 때에도 마찬가지로 위법하다고 말하고 있다.[64] 그러면 미란다 고지전, 즉 체포전 침묵(prearrest silence)의 경우라면 그와 다르게 취급할 수 있을까. 이후 젠킨스 판결[65]에서는 체포 이전에 경찰의 질문을 받은 피의자가 침묵한 경우 이후 증언대에서 행하는 진술을 탄핵하기 위해 그 침묵을 언

---

61) R. v. Whitehead [1929] 1 K.B. 99; R. v. Keeling [1942] 1 A.E.R. 507; R. v. Leckey [1944] K.B. 80; R. v. Sullivan [1966] 51 Cr. App. 102.

62) R. v. Henry [1990] Crim.L.R. 574.

63) Criminal Justice and Public Order Act, 1994, c. 33, §34, 35, 37.

64) Doyle v. Ohio, 426 U.S. 610, 96 S.Ct. 2240, 49 L.Ed.2d 91 (1976). 이는 미란다 고지 후 침묵을 피고인 증언의 탄핵에 이용할 수 없음을 판시한 것이다.

65) Jenkins v. Anderson, 447 U.S. 231(1980).

급하여도 좋다고 판시함에 이르렀다.66) 동 판결의 반대의견 중에도 드러나는 바이지만,67) 독일 판결과 젠킨스 판결을 종합하면 피고인은 장차 증언을 행할 것이 아닌 한 수사중 침묵 사실을 배심원단에게 드러내지 않을 수 있지만, 증언을 행하기로 마음을 먹는다면 체포 전 상황에서 경찰로부터 받는 질문에 답변할 필요가 있게 된다고 해석하게 된다.

영국의 불이익 추정의 허용과, 미국의 제한적인 허용과 대비되는 전면적 금지의 사례는 캐나다에서 발견된다. 캐나다대법원은 크로포드 판결에서68) 증인인 피고인의 진술을 탄핵하기 위하여 피고인이 수사중 침묵했던 사실을 언급한 것은 위법하며 또한 그에 이어 판사가 그 반대신문이 헌법(s. 7 of the Canadian Charter of Rights)위반임을 배심원에 대해 설명하지 않은 것 역시 위법하다고 판시했다. 그에 따르면, 캐나다 헌법상 "침묵권은 다른 기본권과 마찬가지로 그 자체로 절대적인 권리는 아니고 이익균형의 원리의 지배를 받"는다. 피고인이 침묵권을 포기하고 증언하기로 하는 경우에도 '공판전 침묵권(pre-trial silence)을 포기한 것은 아니기 때문에', "여전히 공판전 침묵을 유무죄에 관한 증거로 사용하지 않도록 할 권리를 보유"한다는 것이다.69)

수사중 침묵을 탄핵증거로 사용할 수 있겠는가 하는 쟁점이 첨예하다는 것을 알 수 있다. 미연방대법원은 '체포후' 침묵에 관해서는 그를 부정하고 '체포전' 침묵에 관해서는 예외적으로 그를 인정한 태도라 할 수 있고 캐나다대법원은 전면적으로 그를 부정하고 있음을 알 수 있다. 혹자는 수사중 침묵을 '자기모순 진술의 신용성의 판단에 한정해 사용하는 것을 허용하자'70)고 주장하는데 이는 진술거부권 행사를 탄핵증거로 사용하는 것을 허용하자는 의미와도 같다. 영미와 같이 증언을 행한다는 것이 일정 범위의71) 침묵권의 포기, 즉 진실 의무의 부담을 의미하는 나라에서라면

---

66) 젠킨스 판결이 근거로 삼은 것은 다음과 같다. (a) '커먼로 전통'에 따르면 증인이 된 자는 증언에 대하여 탄핵을 받아야 한다. (b) 증인에 대한 탄핵은 흔히 앞선 기회에서의 침묵이 이유가 무엇인지는 설명할 것을 요구한다. (c) '체포전 침묵'에는 아직 어떠한 공권력도 행사되지 않았기 때문에 그를 언급한다는 것이 수정5조 및 14조의 침해가 있다고 볼 수 없다는 것이었다.

67) 위 판결, 246-7면.

68) R. v. Crawford [1995] 1 S.C.R. 858.

69) 이 사건의 특기한 점은 그 반대신문이 공동피고인인 공범중 한 피고인이 증언을 하고 다른 피고인은 증언을 하지 않는 상황에서 증언을 하지 않는 피고인의 변호인이 자신의 피고인을 위하여 증언을 행하는 피고인에 대해 행한 반대신문 상황이었던 점을 감안하더라도 결론이 달라지지 않는다고 한 점이다.

70) 団藤重光, "セルフ インクリミネションについて", 裁判官特別研究叢書, 23호, 1951, 23면(多田 辰也, "黙秘權行使と不利益推認", 板倉宏博士古稀祝賀論文集編集委員会 편, 現代社会型犯罪の諸 問題, 勁草書房, 2004, 434면에서 재인용).

71) 그 범위는 각주 74번 해당 본문에서 설명.

몰라도 우리나라와 같이 피고인 신문을 받는 상황이 진술거부권의 포기를 의미한다고 할 수 없는 나라에서라면 그와 같은 해석은 정당화되기 어려울 것이다.

우리나라는 다른 대륙법계 전통과 마찬가지로 검사측이 피고인의 수사중 침묵 사실을 공판정에서 언급하는 것을 일률적으로 금지하고 있지 않다. 오히려 검사측 피의자 신문조서의 증거능력이 인정되는 일정한 조건하에서(형사소송법 제312조 제1, 2항) 피의자 신문의 전내용에 포함되어 무차별적으로 증거로 제출되도록 하고 있다.

Ⅳ 한국에서의 불이익추정금지의 원칙의 제약 요소들에 관한 검토

1. '질문에 답하지 않음'이 시사하는 불이익

우리 형사절차는 배심형 재판이든 직업법관의 재판이든 피고인신문(형사소송법 제296 조의2)의 형식으로 피고인의 진술 및 태도에 대한 조사를 행하는 것이 원칙으로 되어 있다. 배심원에 대한 '설명의무'를 통제하는 방식은 영미계 소송절차에서 그것이 갖는 가치에 비할 때 그와 같은 효과를 거의 기대하기 어렵다 할 수 있다. 피고인 신문을 통해서 구체적 의혹을 제기하고 피고인이 구체적으로 숨기는 것이 있음을 '실제로 보여'주면서, '피고인이 증언을 하지 않은 것은 무언가 숨기는 것이 있음을 의미한다'는 따위의 설명의 위법여부를 논한다는 것은 의미가 없다는 것이다. 법관에 의한 재판이건 배심원에 의한 재판이건 문제는 피고인 신문 제도 자체에 놓여있다.

피고인 신문 제도는 나름의 의의가 있다. 재판부를 위해서는 피고인의 임의의 진술을 증거로 획득하는 기회가 되고 피고인을 위해서는 스스로 이익 되는 사실을 진술할 기회가 될 것이다. 또한 신문에 응한 피고인의 진술은 증거로 이용될 수 있지만 피고인에게 선서나 위증죄의 부담을 주지 않는다는 점에서 피고인에게도 이로운 면이 있다. 그러나 진술 거부권의 불이익추정 금지와 관련해서 발생하는 문제는 피고인 증인제도를 취하는 영미계 절차에서보다 침묵이 훨씬 더 강한 불이익 추정력을 갖게 된다는 점이다. 이는 다음과 같은 사정에서이다.

첫째, 피고인 신문 제도 하에서는 '신문의 개시' 자체는 적법시된다. 영미계의 피고인 증인 제도에서는 피고인은 증인이 될 의사가 없는 한 원칙적으로 신문 자체를 받지 않기 때문에 피고인의 침묵의 의도 또는 의미를 추정해내기가 자연적으로 불가능한 면이 있다. 반면 신문의 개시를 허용하는 우리의 경우 피고인은 '특정한 질문에 대해 침묵한 점'[72) 때문에 침묵이 구체적 의혹을 유발하게 되어 불이익한 심증에 이를 위험이 더 커진다. 둘째, 피고인 신문은 '주신문'에 해당하며 질문할 수 있는 사항에 제한이 없기 때문에 훨씬 구체적인 불이익 심증을 초래한다. 영미계에서의 피고인 증인은 스스로 자기부죄거부의 권리를 포기하고 증언을 행하는 자라고 이해되고 있으나 실제로 답변 의무가 미치는 사항은 변호인이 행하는 주신문에 대해 피고인이 답변한 사항의 해명의 범위에 한정된다. 즉, 검사는 "변호인의 주신문을 받아 답변한 쟁점과 합리적 연관이 있는 범위에서"[73)만 반대신문을 할 수 있고 여타의 사항에 관해서는 여전히 침묵권을 보유한다. 이는 피고인이 침묵권의 행사와 포기의 범위를 스스로 결정함을 의미한다. 우리의 경우 피고인 신문은 검사나 판사의 주신문으로서 행해지기 때문에 피고인에게 민감한 어떤 사항이든 신문할 수 있다. 자신에게 불리한 질문이 던져지지 않도록 피고인이 선택할 권한이 없고 오히려 불리한 질문에 우선적으로 노출된다는 것이다. 이러한 상황에서의 침묵은 불이익 추정력은 더욱 높아질 수밖에 없다.

셋째, 피고인 신문은 다른 증거조사 이후에 실시하도록 되어있기는 하나 실제로는 다른 증거나 증언의 심증을 형성하기 위한 자료를 얻으려고 피고인 신문을 행하는 경우가 보통이다. 즉, 다른 증거조사는 마쳐진 상태가 아니라 피고인 신문에 의해 비로소 마쳐진다. 피고인 신문은 다른 증거조사 결과 떠오른 구체적 의혹을 제기하고 답변을 구하는 형식으로 진행될 때가 많다. 때문에 피고인이 침묵할 경우 피해자인 증인의 진술이 반사적으로 신뢰를 얻게 된다.

위와 같은 이유로 피고인 신문은 '피고인의 최후진술'과는 달리 가장 중요한 증거조사 방법으로서 '직권주의적'이며 본질적으로 '규문적'이다. 실제가 그러하기 때문에 아예 솔직하게 '피고인의 침묵을 이유로 피해자의 진술 등 다른 증거의 증명력 평가를 달리 하여도 좋다'는 견해도 등장한다.[74)

피고인의 진술거부권 행사 사실을 피해자 증언 기타 다른 증거의 신용성을 판단할 자료로 이용하는 것은 분명히 불이익 추정이다. 피고인신문에 의존하는 증거조사 방식을 개혁하지 않으면 미리 제공된 질문지에 따라 '예', '아니요'로만 답하게 하는 현재의 형식적 증인신문 방식을 개선하기 쉽지 않을 것이다. 증인신문이 단문답식으로

---

72) 같은 취지의 지적으로 多田辰也, 위책, 433면.
73) Jenkins v. Anderson, 447 U.S. 231, 100 S.Ct. 2124, 65 L.Ed.2d 86 (1980); Harrison v. United States, 392 U.S. 219, 88 S.Ct. 2008, 20 L.Ed.2d 1047 (1968).
74) 靑柳文雄 外, 註釋刑事訴訟法 제3권, 立花書房, 1978, 258면.

이루어진다는 것은 증인의 진술의 신빙성을 직접 증인의 태도에서 찾는 것이 아니라 피고인의 진술과의 일치 여부에서 찾는다는 것이다. 이러한 관행 속에서는 피고인의 진술거부권 행사는 불이익 추정을 도저히 피할 수 없게 된다.

2. 수사 중 침묵 사실의 증거제출의 방치

피고인이 침묵하였던 사실을 알게 되었다는 것만으로 당연히 불이익한 추론이 이루어지는 것은 아니다. 문제는 그 사실이 어떤 형식으로 법정에 증거로 들어오게 되는가이다. 검사의 조서나 영상녹화물에는 피의자가 답변을 거부한 정황과 태도까지 표현된다. 특히 피의자가 일부 사실에 관해 부분적으로 진술거부권을 행사하였을 경우에는 불리한 인상을 더욱 피하기 어렵다.

배심원도 그렇지만 판사 역시 사람이며 일반적 경험칙에 따라 판단한다. 흔히 불이익 추정 금지의 원칙은 자유심증주의에 대한 제한이라고 한다. 필자가 생각할 때 그것은 '이미 알게된 침묵 사실로부터 자연적으로 추론되는 사항을 외면하고 침묵을 배제한 채 재추론하라'는 요구가 된다. 이는 합리적 추론에 반하는 추론을 하라는 것이다. 침묵이 '유일한 증거인 때' 유죄판결을 행할 수 없다는 원칙만은 충분히 통제력 있는 원칙이라 할 수 있다. '탄핵증거 등 어떠한 식의 증거로도 사용될 수 없다'[75]는 원칙은 어떠한가. 탄핵증거가 될 수 없다는 것은 피고인의 공판정에서의 진술을 불신하기 위하여 피고인의 수사중 침묵 사실을 증거로 사용할 수 없다는 뜻일 것이다. 그러나 판결문은 유죄의 증거를 적시할 의무를 질 뿐[76] 피고인의 공판중의 진술을 불신한 이유가 그의 수사중 침묵이라는 사실을 드러내어 주지 않는다. 그러한 한 불이익 추론은 확인 불가능하며 탄핵증거 사용의 배제 원칙은 통제력을 갖지 못하는 원칙이다.

---

75) 김희옥, 위글, 46면.
76) 형사소송법 제323조(유죄판결에 명시될 이유) ① 형의 선고를 하는 때에는 판결이유에 범죄 될 사실, 증거의 요지와 법령의 적용을 명시하여야 한다.

3. 자기변호와 진술거부권 행사를 같이 할 수 없는 모순

피고인신문(제296조의2)과 피고인의 모두진술(법 제286조)은 우리 형사절차가 변호사 강제주의를 취하지 않고 있는 탓으로 피고인의 '자기변호인의 지위'를 보장하는 절차이기도 하다. 방어권은 혐의부인 진술을 할 권리를 포함한다고 보아야 하는데 변호인의 대리가 없는 상황에서 피고인에게 진술거부권을 준다는 것은 혐의부인권(방어권)과 진술거부권의 양자택일을 강제하는 것이다. 결국 진술거부권을 약화시킨다. 피고인은 '한 입으로 두 말을 할 수는 없'기 때문이다. 우리 형사절차상 피고인의 변호인 조력 없는 당사자 지위는 진술거부권과도 충분히 공존하기 힘들다. '불이익 추정' 문제라기보다는 '불이익' 문제라서 본고의 논지와 다소 빗나가지만 역시 소송구조의 문제로서 언급하지 않을 수 없어 여기 아울러 지적하였다.

V 불이익 금지를 위한 형사공판절차 개선방안

불이익 추정 금지의 원칙은 법관의 자유심증 원칙에 대한 제한을 의미하는 것이지만 그러한 원칙론적 통제는 법관의 재량에 구체적으로 작용하기 어렵다. 이 점을 중시한다면 대안은 불이익 추정 자체가 논리적으로 가능하지 않도록 사전적으로 방지하는 것일 수밖에 없다. 즉, '피고인이 죄가 없다면 스스로 미리 그 사정을 말하지 않을 이유가 없었으리라'는 추정이 성립하지 않도록 제도화되어 있어야 한다는 것이다. 앞선 문제제기들을 종합하여 다음과 같은 소송절차 개선을 제안한다.

첫째, 공판중 침묵권의 보장을 위하여 진술거부권을 행사하겠다는 것을 명백히 밝히는 피고인에 대해서는 피고인 신문을 실시할 수 없도록 하여야 한다.

이는 '질문에 답하지 않을' 권리보다 '질문을 받지 않을' 권리가 침묵권의 실질적 보장에 적합하기 때문이며 또한 합리적 불이익 추정으로 이어질 가능성이 적기 때문이다. 진술거부권을 행사하는 피고인에 관해서는 법원은 원칙적으로 피의자 신문권 자체를 보유하지 않는다. 피고인은 종전과 같이 '질문을 받고서 답변을 행하지 않는 구체적 침묵'을 감행함으로써 불이익한 추정의 핸디캡을 감수할 선택의 기로에 몰리지 않는다. 피고인은 어떠한 구체적 질문도 받지 않게 됨으로써 자신의 입으로 무죄를 설명할 구체적 부담을 벗게 된다. 피고인의 진술거부권 행사는 어떠한 사실상 추정의 힘도 갖지 못하게 된다.

이와 관련해서는 좀 복잡하지만 언급하지 않을 수 없는 또 다른 문제가 함께 해결되어야 한다. 진술거부권 행사자에 대해 피고인 신문을 개시할 수 없도록 법제화할 경우 피고인 신문을 시도하는 것 자체가 절차위법을 구성하게 된다. 그것이 판결에 영향을 미쳤다고 판단할 수 있는 경우는 형사소송법 제361조의5의 제1호의 항소이유가 됨을 인정할 수 있을 것이다. 그런데 만약 피고인이 여러 증거들의 맥락 속에서 피고인신문에 대하여 취한 행동이 불이익한 추정을 받을 만하였던 것이었다면 우리 형사소송 구조에서는 그 행동 및 그의 사실상 추정력은 환송심에서 재차 자료가 되는 것을 피할 수 없다. 따라서 침묵 및 그의 불이익 추정이 문제가 되고 그것이 소송서류를 통해 환송심에 영향을 미칠 우려가 있는 경우에는 파기시 재판을 법관 재판으로 하지 않고 국민참여재판으로 하도록 명할 수 있도록 하는 제도가 함께 고민되어야 한다.

둘째, 피고인이 진술할 의사가 있어서 피고인 신문을 행하는 경우에도 법관이 신문하지 않고 변호인이 신문하게 하며 이 경우 법관은 증인신문의 경우와는 달리 주신문을 행할 권한을 갖지 못하는 것으로 명시하여야 한다.

현재의 직권주의적 사고에 의하면 법관은 증인에 대해서나 피고인에 대해서나 언제든지 무엇이든 질문할 수 있다. 즉, 주신문자의 지위를 갖는다. 직권주의적 태도의 장단점을 일반적으로 논하는 것은 여기서는 불필요하다. 여기서 법관의 주신문권이 문제가 되는 것은 직권주의의 가치를 논하는 차원에서가 아니라 진술거부권이라는 기본권의 보장의 차원에서이기 때문이다. 증인에 관해서는 어떠하건, 피고인에 관해서는 피고인의 의사와 의지를 대변하는 변호인에 의해서만 주신문을 받게 하고, 검사는 피고인이 주신문에 따라 행한 진술이 합리적 연관을 갖는 사항에 한하여(소위 반대신문권의 한계) 반대신문할 수 있도록 하며 이 반대신문의 범위의 제한은 법관이 반대신문하고자 할 때에도 마찬가지로 가해짐을 명확히 할 필요가 있다. 간단히, 피고인신문은 변호인의 권한으로 하며, 검사와 법관은 반대신문만을 할 수 있도록 한다. 그렇게 하여야만 피고인의 선택권에 반하는 질문이나 답변이 행해지는 상황을 방지할 수 있기 때문이다.

이상은 피고인의 공판 중 침묵에 관한 공판절차 개선방안이고 다음은 공판 전 침묵에 관한 공판절차의 개선방안이라 할 수 있다.

셋째로, 수사 중 침묵권의 보장을 위하여 검사 및 경찰 작성 피의자 조서, 경찰의 증언, 영상녹화물, 검사의 의견진술 등에 수사 중 침묵 사실 및 침묵 정황에 대한 언급이나 노출이 없게끔 유도하는 법개정이 필요하다.

피고인이 수사중 침묵하였던 사실은 원칙적으로 공판정에 증거자료로 제출될 수 없도록 제도적으로 보장되어 있어야 한다. 그를 위해서는 각종 조서에 수사중 침묵 사실이 언급될 수 없도록 하여야 한다. 만약 피의자가 전면적 진술거부를 행한 때라면 피의자의 진술거부권 행사여부에 관한 조서(형사소송법 제244조의 3 제2항) 기재가 그를 입증하는 서면이 될 것인데, 이 경우 이 조서가 증거로 제출되는 것 자체를 막는 방식으로 이를 실현할 수 있다. 피의자가 부분적 진술거부를 행한 때, 즉, 일부 질문에 대해 '말하지 않겠다'고 답한 경우에는 그 사실이 조서에 문답사항의 일부로 기록되어 있을 것인데 이 경우는 해당 문답을 삭제한 경우에만 조서를 증거로 제출할 수 있도록 하는 방식으로 그를 실현할 수 있을 것이다. 이와 같은 형식은 영상녹화물이 증거 또는 조서의 진정성립 증명 자료(법 제312조 제2항)로 제출되는 경우에도 마찬가지로 관철되어야 할 것이다.

넷째, 국민참여재판시 판사는 진술거부권의 취지의 설명과 함께 그 행사로 불리한 추론을 할 수 없음을 알려주고 특히 진술하지 않음을 이유로 유죄의 직접적인 증거로 삼아서는 안 될 뿐 아니라 다른 증인의 진술을 신뢰하는 이유로 삼아서도 안 됨을 알려주어야 한다.

현행 국민참여재판법은 규칙(제37조)에서 '유죄를 뒷받침하는 것으로 해석될 수 없다'고 알리도록 규정함에 그치고 있다. 이 정도로는 배심원들이 여러 증거들을 평가하면서 진술거부 사실을 다른 대립증거의 신뢰의 근거로 삼게 되는 무의식적인 과정에는 충분한 영향을 미치기 어렵다. 따라서 피고인측의 주장과 대립하는 다른 증언 등 대립 증거를 평가할 때도 피고인이 그에 관해 침묵한다는 사실 때문에 특별히 신뢰되어서는 안된다는 점을 분명히 설명해 주어야 한다. 이 주장은 영미나 다른 나라에서도 구체적으로 입법되지 않은 사항이지만, 공판 전이든 후이든 침묵이 비정상적인 태도로 간주되고 진실이든 거짓이든 진술을 하도록 유도되고 있는 한국적 상황에서 잠정적으로 필요한 적극적 조치라고 이해하면 될 것이다.

이 글은 불이익 추정 금지의 원칙의 적용 가능성을 근본적으로 발목 잡고 있는 소송구조상의 문제를 지적하고 대안을 제시하고자 하였다. 이상 네 개의 개선 제안은 직권주의, 혹은 당사자주의적 구조에 관한 원론적인 논의를 피하면서도 진술거부권의 취지로부터 현 소송구조의 큰 변경 없이 도모할 수 있는 최선의 방안을 모색한 것이다. 이는 오로지 진술 거부권의 관점에서 요청되는 개선에 한정되는 것이므로, 만약 우리 형사소송법의 여러 면에서의 진보를 종합적으로 고려하여 구조적 변경을 시도한다면 전체적 맥락에서 네 가지 중의 일부가 무의미한 것이 되거나 불필요한 것이 될 수도 있다. 가령 수사중 작성된 조서가 증거능력을 가질 수 없도록 하는 개혁이 이루어진다면 수사중의 전면적 침묵이든 부분적 침묵이든 그 사실이 조서에 기재되어 증거로 제출되는 상황을 염려할 필요가 없어질 것이므로 위 셋째 개선안은 더 이상 필요하지 않게 될 것이다.

그러나 만약 실체적 진실주의나 직권주의에 기대어 진술거부권의 현재의 미흡한 보장수준을 정당화하려는 사고에 아직 미련을 두어야 한다면, 왜 그와 같은 이념들을 기본권으로서의 진술거부권보다 더 우선한 가치로 간주하여야만 하는지를 반문할 수밖에 없다.

10

수사과정에서 나타나는 허위자백의 징표*

이기수(교수, 전남대학교 해양경찰학과)

I 서론

실체진실의 발견과 적법절차 준수의 두 가치를 위해 오랜 세월 형사소송법이 끊임 없이 개정을 반복하며 발전해왔음에도 우리를 매우 당혹스럽게 하는 현상이 있다. 그것은 바로 짓지 않은 죄를 자백하는 허위자백이다. 왜냐하면 허위자백은 실체진실 의 발견에 실패하게 해 오판으로 연결되며, 형사절차상의 많은 위법적 행위와 연관 을 맺고 있기 때문이다. 게다가 허위자백으로 인해 오판이라는 결과가 나온다면 형 사절차는 실체진실의 발견도, 적법절차의 준수도 모두 실패하는 결과가 되고 만다. 이것은 실제 범인은 자유를 만끽하고 거리를 활보하며 또 다른 범죄를 행하도록 하 고, 억울한 사람을 형사처벌함으로써 형사절차가 낳을 수 있는 최대의 실패를 만드 는 것이다.

한편 수사과정에서 허위자백이 일단 발생하게 되면 신뢰성은 물론 형사절차 전반 의 효율성을 크게 떨어뜨린다. 범인이 아닌 사람을 대상으로 형사절차가 진행되면서 지출되어서는 안 될 노력과 예산이 낭비된다. 진범의 검거에 집중되어야 할 수사역 량은 허위자백을 한 피의자에게 집중되고, 기소와 재판과정에서도 자백에 대한 높은 신뢰를 바탕으로 형사절차가 잘못된 방향으로 진행되는 것이다. 외국의 저명한 연구 에서 허위자백이 발생하고 일단 기소되어 재판이 진행되면 유죄판결로 연결될 확률 이 매우 높다는 결과가 제시되었다. 이러한 이유로 허위자백은 그것이 자주 발생하 는 일이 아니고, 피해자가 극소수에 그친다고 하더라도 결코 묵과되어서는 안 되는

---

* 이 논문은 이기수, "수사과정에서 나타나는 허위자백의 징표", 경찰법연구 제14권 제2호, 한국경찰법학 회, 2016을 일부 수정·편집한 것임을 밝힙니다.

것이다. 그리고 실제로는 허위자백이 생각보다 많이 발생하고 있으며, 그 피해도 무시할 수 있는 정도가 아님이 외국의 연구를 통해 속속 드러나고 있다. 국내에서도 허위자백에 대한 깊이 있는 연구가 필요한 이유가 바로 여기에 있는 것이다.

이 연구는 이러한 필요성에서 허위자백의 사례들을 통해 허위자백이 갖는 공통된 징표들을 찾아내고 이를 수사절차에서 활용토록 하고자 하는 것이다. 자백이 나오면 그에 반하는 무죄입증의 증거들은 모두 배척하고 자백한 사람의 유죄를 입증하는 한 방향으로만 진행되는 수사관행을 깨는 것, 수사초기에 형성된 유죄편향적 편견을 극복하고, 무죄추정의 시각에서 사건을 바라보는 균형 잡힌 시각을 갖게 하는 것이 목표이다. 다시 말해 자백으로 인해 유죄추정의 편견에 빠진 수사관, 검사, 법관에게 무죄추정의 시각에서 바라볼 수 있는 도구로서 허위자백의 징표를 제공하는 것이 이 연구가 추구하는 바라고 할 수 있다. 그렇게 된다면 형사절차가 억울한 범인을 만들어내는 최악의 실패에 빠지지 않도록 예방할 수 있을 것이고, 그 피해도 막을 수 있을 것이다.

연구에서는 먼저 허위자백의 개념과 특징, 문제점 등을 이론적으로 고찰하고, 선행연구를 검토해볼 것이다. 다음으로 그 동안 여러 사례들을 통해 드러난 허위자백의 징표들을 적합한 사례와 함께 고찰하고 공통적인 주요 징표들을 선별하도록 할 것이다. 연구방법으로 이론적 논의는 문헌연구를 통해 진행하고, 허위자백 징표의 도출은 사례분석을 통한 실증연구를 병행하고자 한다.

Ⅱ 이론적 논의

1. 허위자백의 개념

자백이란 자신이 범죄사실의 전부 또는 일부를 범하였음을 인정하는 피의자 또는 피고인의 진술[1]이라는 점에 국내 학자들의 견해가 대체로 일치한다. 허위자백의 개념정의에 관해서는 국내외적으로 학계의 의견이 다양하게 제시되고 있다.

이 정의들에 따르면 광의의 개념정의로 '사실과 부합하지 않는 진실하지 않은 자백'이라고 보는 견해가 있는가 하면, 협의의 개념으로는 '절대적으로 무고한 사람이 범죄에 대해 자백하는 것'으로 보는 견해[2]도 있다. 허위자백의 개념정의와 그에 따

---

1) 신동운, 「간추린 신형사소송법」 제7판, 법문사, 2015, 471면.

른 범위의 설정은 자백배제법칙에 의해 증거에서 배제할 자백의 범위와 직결되므로 형사소송법적으로도 중요한 의미를 갖는다. 위에 제시된 두 개념 모두 지나치게 범위가 확장되거나 축소되는 단점이 있음을 감안할 필요가 있다.

요컨대 허위자백의 개념은 '실제 자신이 행하지 않은 범죄에 대하여 시인하는 진술'이라고 정의할 수 있을 것이다.[3] 그리고 이 개념정의에 따르면 허위자백 범위의 지나친 축소와 확장을 막고 핵심적인 요소를 포함할 수 있다.

2. 허위자백의 특징

허위자백은 크게 세 가지 특징을 가지고 있고, 이것은 곧 형사절차에서 허위자백이 갖는 문제점과도 연관된다. 구체적으로 다음과 같은 특징을 갖는다.

첫째, 허위자백의 가장 큰 특징이자 문제점은 오판의 주요 원인으로 작용한다는 점이다. 실제 외국에서 20세기 후반 오판을 연구한 결과들[4]에 따르면 전체 오판사례에서 허위자백이 원인이 된 경우가 14-25%에 이르는 것으로 나타나고 있다. 또한 미국에서 허위자백으로 입증된 사례만을 분석한 한 연구[5]에 따르면 전체 125건의 허위자백 사례 중 44건이 유죄판결을 받았다. 특히 기소 후 플리바게닝(Plea Bargaining, 유죄인정 후 형량거래)을 택하지 않고 재판을 선택한 37명 중 30명이 재판 진행을 통해 유죄판결을 받아 81%의 높은 유죄판결 비율을 보여주고 있다.[6] 이것은 허위자백이 가진 위험성을 여실히 보여주는 것이며, 형사사법학계에서도 주목할 만한 연구결과로서 허위자백의 가장 큰 특징으로 들 수 있다.

둘째, 허위자백은 확산효과(Multiplying Effect)를 발생시킨다. 확산효과는 공범이 있는 사건에서 허위자백이 한 사람에 그치지 않고 무고한 다른 사람에게까지 확산되는

---

2) Gisly Gudjonsson, The Psychology of Interrogation and Confessions, A Handbook, Jon Wiley & Sons, 2003. 174면.

3) 허위자백의 개념정의에 대한 자세한 논의는 이기수, "허위자백의 원인과 대책에 관한 연구", 서울대학교 박사학위논문, 2012, 34-39면 참조.

4) Hugo Bedau, Michael Radelet, "Miscarriage of Justice in Potentially Capital Cases", Stanford Law Review, 1987.; Edward Connors, Thomas Lundregan, Neli Miller & Tom McEwen, "Case Studies in the Use of DNA Evidence to established Innocence after Trial", 1996.; Berry Sheck, Peter Neufeld, Jim Dwyer, "Actual Innocence: Five Days to Execution and Other Dispatches from the Wrongly Convicted", 2000.

5) Richard A. Leo, Steven A. Drizin, "The Problem of False Confession in the Post-DNA World", North Carolina Law Review Vol. 82. No. 3, 2004.

6) Richard A. Leo, Steven A. Drizin, 앞의 논문, 958면.

것을 말한다. 확산효과가 발생하는 이유는 공범이 있는 사건이라면 자백을 한 피의자가 당연히 공범을 알고 있을 것이라는 강한 추정에 근거하여 수사관이 피의자를 추궁하기 때문이다. 이미 자포자기 상태에서 허위자백을 해버린 피의자는 수사관의 강력한 추궁과 요구에 부응해 다시 무고한 제3자를 공범으로 만들어내게 되는 것이다. 수사관은 공범을 자백한 연후에야 허위자백 피의자에 대한 고통스러운 추궁과 신문을 멈출 것이기 때문이다.

실증적인 사례연구에서도 허위자백의 확산효과는 명확하게 발견된다. 미국의 한 연구[7])에 따르면 연구대상 125건의 허위자백 사례 중 30%에 달하는 38건이 허위자백의 확산효과가 발생한 것이었다. 또한 우리나라의 허위자백 실증연구[8])에도 확산효과는 신기할 정도로 근접한 비중을 보이는데 46건 중 30.4%에 이르는 사례들에서 발견되고 있다.

셋째, 허위자백에 관하여 일반인들은 통상 '스스로 행하지 않은 범죄를 자백할 리 없을 것'이라는 그릇된 믿음을 갖고 있다. 그리고 이러한 통념은 일반인뿐 아니라 형사절차에 종사하는 전문가라고 할 수 있는 수사관, 검사, 법관에게까지 널리 퍼져있다고 할 수 있다. 실제 허위자백 사례의 수사에 관여한 수사관, 검사 중 누구도 스스로 죄의식을 갖거나 잘못을 인정하지 않는다. 그것은 그들의 잘못된 수사방식이나 신문기법으로 허위자백이 생겨날 수 있다는 가능성에 대하여 인지조차 하지 못하고 있는 경우들이 많기 때문이다.

이러한 편견과 실태파악의 어려움은 허위자백을 극복하기 위해 넘어야 할 가장 큰 장애이며, 그에 따라 허위자백의 원인을 규명하고 대책을 마련하는 것까지도 어렵게 하는 요인이 되고 있다.

3. 허위자백에 관한 선행연구 동향

외국에서의 허위자백에 관한 연구는 1930년대 미국에서 오판에 대한 관심을 기초로 시작되었다. 오판연구에서 시작된 허위자백에 대한 관심은 독자적인 연구로 이어졌고, 초기에는 주로 허위자백의 존재여부에 대한 실증적 연구가 주를 이루었다. 실증연구를 통해 허위자백의 존재가 명확해지자 그 원인에 대하여 연구를 진행하게 되

---

7) Richard A. Leo, Steven A. Drizin, 앞의 논문(The Problem of False Confession in the Post-DNA World), 972-982면.

8) 이기수, 앞의 논문, 113-117면; 이기수, "외국의 허위자백 연구동향과 형사정책적 함의", 「형사정책연구」 제25권 제3호, 2014, 224면.

고, 같은 조건에서도 허위자백을 하는 사람과 그렇지 않은 사람이 나타나면서 개인적 취약성에 관한 연구, 문제가 되는 신문기법, 허위자백과 유죄판결의 관계에 대한 연구 등으로 광범위하게 전개된다. 최근 들어 허위자백의 연구는 그 동안에 전개된 분야별로 세밀화하며 깊이 있는 연구를 진행하기도 하고, 다방면의 복합적인 연구를 진행하는 등 다양성을 갖고 크게 발전해가고 있다고 할 수 있다.[9]

국내의 연구를 살펴보면, 2000년대 이전까지는 고문 등에 의한 허위자백사례가 다수 발견됨에도 그와 관련된 체계적인 연구를 찾아보기는 어렵다. 2000년대 이후에는 심리학 분야에서 허위자백을 대상으로 한 연구가 발견된다. 허위자백을 했던 사례를 심리학적 차원에서 분석한 연구[10]나 실험을 통해 허위자백의 발생 기제를 검증하거나 신문기법의 효과 등을 분석한 연구[11]가 그것이다.

형사법학계에서는 2012년에 국내에서 1990년대 이후 발생한 허위자백 사례 46건을 수집·분석한 연구가 있다.[12] 이 논문은 다수의 허위자백 사례를 검증하고 분석하였다는 의미가 있지만, 외국의 연구와 비교할 때 여전히 미흡한 초기단계의 연구라고 할 것이다. 다행히 이 연구 이후에도 형사법 분야에서 허위자백에 관한 연구는 이어지고 있다. 권영법은 그의 논문[13]에서 최근 활용되고 있는 신문기법과 허위자백과의 관계를 연구하여 신문기법의 개선을 제안하였다. 김영수도 그의 논문[14]에서 허위자백을 예방하기 위한 조사기법의 개선안을 제시하였다.

한편 허위자백의 징표에 관한 연구는 아직 발견하기 어렵다. 만일 허위자백과 진실한 자백을 구별할 수 있는 특징들을 찾아내 이를 수사과정과 기소, 재판과정에서 활용해 허위자백을 선별해 낼 수 있다면 그 피해로부터 무고한 많은 사람들을 구제할 수 있을 것이다. 그리고 무엇보다도 그런 작업은 다른 대안들보다 소요비용을 줄여 보다 효율적으로 문제를 해결할 수 있다. 특히 수사, 기소, 재판단계에 종사하는 전문가들이 이것을 학습함으로써 형사절차에서 허위자백으로 인한 억울한 피해를 감

---

9) 외국의 허위자백 연구 동향과 관련한 보다 자세한 내용은 이기수, "외국의 허위자백 연구동향과 형사정책적 함의", 「형사정책연구」 제25권 제3호(통권 제99호, 2014, 가을), 2014, 225-231면 참조.
10) 김병준, "허위자백의 심리구조: K순경(1992) 사건을 중심으로", 「수사연구」 2003년 6-8월호 연재, 2003.
11) 장훈도, "무죄 입증 가능성과 형벌의 감경약속 정도가 허위자백에 미치는 영향", 연세대 석사학위논문, 2005; 백승경/김재휘, "반복질문이 허위자백에 미치는 영향", 「한국심리학회지」, 제19권 3호, 2005; 전미혜, "형벌의 감경 약속과 범죄 심각성이 허위자백에 미치는 영향", 경기대 석사학위논문, 2008.
12) 이기수, "허위자백의 원인과 대책에 관한 연구", 서울대학교 박사학위논문, 2012.
13) 권영법, "현대 심리신문기법과 허위자백", 「형사정책연구」 제23권 제3호(2012. 가을), 91-127면.
14) 김영수, "피의자의 허위자백 방지를 위한 조사기법의 고도화 방안", 「치안정책연구」 제27권 제1호, 2013, 91-133면.

지해내고 예방함에 노력을 기울이도록 할 것이다. 이 연구는 그런 점에서 미흡하나마 시초적인 의미를 가진다고 할 수 있다.

이상에서 관련 연구 동향을 살펴보았는바, 허위자백에 관한 연구는 국내에서 더욱 활발하게 전개될 것이 요구된다. 이를 통해 허위자백을 방지하고, 허위자백의 피해자를 구제해 실체진실의 발견에 다가가고, 형사사법의 신뢰도를 높이는 것이 형사법 학계의 큰 과제라고 할 것이다.

Ⅲ 사례를 통해 본 허위자백의 징표

현재 상황에서 허위자백의 사례를 수집하는 것은 그리 쉽지 않다. 앞서 논했듯이 우선 사법기관 스스로 허위자백은 없을 거라는 편견을 갖고 있기도 하고, 조직 이기주의도 작용해 허위자백의 사례를 공개하기 꺼리며, 실무상 비밀주의 관행도 존재하고 있기 때문이다. 다행히 허위자백 연구를 거듭하면서 일부 허위자백 사례를 찾아내고 관련 자료를 확보하였는데 여기서는 모두 4건의 허위자백 사례를 중심으로 그 징표를 살펴보기로 한다.

한 가지 분명히 할 점은 여기서 제시되는 허위자백의 징표는 그 존재가 바로 허위자백임을 입증하는 것이라고 할 수는 없다는 것이다. 다만, 허위자백이라면 필연적으로 여기서 제시되는 징표를 하나라도 포함하고 있을 것이다. 따라서 수사 중 허위자백의 징표가 발견된 경우 반드시 자백의 진위를 재검토할 것이 요구된다. 이러한 전제를 토대로 허위자백의 징표가 활용된다면 그 효용성을 극대화할 수 있을 것이다.

허위자백 사례를 선별한 기준은 이미 진행된 실증연구에서 활용된 기준[15] 즉, '① 자백의 존재, ② 재판부가 자백의 신빙성을 부정하며 무죄 선고(확정)한 경우 또는 검찰의 기소단계에서 자백의 신빙성을 부정하며 불기소 처분한 경우, ③ 본인의 임의성 부정 및 허위자백 주장'이라는 3가지 기본 조건이다. 이 조건을 충족시키는 사

---

[15] 허위자백 판단의 기준과 관련하여 논란이 있을 수 있다. 그런데 재판실무상 자백이 허위임을 명시적으로 판결문에 적시하는 경우는 드물다. 따라서 위 3가지 기본 조건을 충족시키는 사례를 현실적인 허위자백 판단의 기준으로 삼을 수 있을 것이다. 그리고 이 기준들은 해당 연구에서 재검증작업을 실시해본바 허위자백으로서 적실성이 매우 높은 것으로 나타났다. 즉, 전체 허위자백 사례 46건 중 진범검거, DNA 검사 등으로 완전히 허위자백이 밝혀진 사례가 52%, 자백의 일부라도 허위가 입증된 사례가 24%로 나타났고, 그 외는 기본 조건을 충족했지만 추가적인 자료부족 등으로 명확한 입증이 곤란한 사례들이었다고 할 수 있다. 자세한 판별기준은 이기수의 실증연구("허위자백의 원인과 대책에 관한 연구", 서울대학교 박사학위논문, 2012, 86－95면) 참조.

례들은 편의상 사건의 제목을 정해 이하에서 다음과 같이 칭하기로 한다. 그것은 Ⓐ '수원 노숙소녀 상해치사 사건', Ⓑ '수원 특수강간 사건', Ⓒ '화성 폭발물 협박전화 사건', Ⓓ '광명 44건 절도 사건' 등이다.

이 4건의 사례들은 허위자백의 판별기준으로 위의 3가지 기본조건을 충족시키는 외에 추가적인 허위자백의 근거들을 제시할 수 있는 사안들이다. 우선 Ⓐ 사건의 경우 5인의 미성년자들이 피해자를 폭행해 숨지게 했다는 내용의 사건인데, 모두 대법원에서 무죄확정 판결을 받았고, 이후 국가손해배상소송을 통해 배상판결을 받았다. 여기서 피의자의 자백에 반하는 증거(안경의 소유)가 발견되고, 일부 피의자들의 알리바이(현장부재증명)가 확인되었으며 언론보도를 통해 허위자백의 사례로 소개되기도 하였다. 이 사례와 관련한 자료는 처음 무죄를 선고한 고등법원 판결문[16]과 검사의 상고이유서에 대한 변호인의 답변서[17]를 확보하여 분석하였다.[18]

Ⓑ 사건은 미성년자인 5명의 피의자들이 여성 피해자 1명을 성폭행했다는 혐의내용이다. 기소단계에서 검사는 수사과정의 임의성 의심사유의 존재, 자백의 신빙성 부인, 증거 부존재 등을 이유로 불기소처분 하였다. 사건 종결 이후 피의자들은 국가를 상대로 손해배상청구소송을 제기하였다. 여기서는 검찰의 불기소결정서[19]와 손해배상청구 소장을 자료로 분석하였다.

Ⓒ 사건은 경기도 화성군에서 발생한 '폭발물 설치 협박전화'와 관련된 사안이다. 사례는 미성년자인 피의자가 폭발물을 설치했다는 내용의 협박전화를 했다는 것인데 이미 제시된 허위자백의 기본 조건 3가지를 충족하고 있다. 그 밖에도 범죄를 입증할 참고인이 법정에서 그 동안 허위진술을 한 것이라며 진술을 번복하였고, 물증은 전혀 발견되지 않은 사안이다. 여기서는 대법원의 판결문[20], 재판부에 제출된 변호인 의견서[21]를 확보하여 분석하였다.

Ⓓ 사건은 44건의 절도범죄와 관련하여 검찰이 기소과정에서 25건의 알리바이를 확인하여 공소취소하였고, 나머지 19건에 대하여는 재판과정에서 변호인이 알리바이를 주장하여 무죄판결을 받은 사례이다. 허위자백 선별의 기본 3가지 조건을 충족하

---

16) 서울고등법원 2009. 1. 22. 선고 2008노1914 판결문.

17) 박준영, 「변호인 답변서(2009도1151 상해치사 등)」(2009.5월).

18) 이 사례는 가장 대표적인 현대의 허위자백사례로 상대적으로 풍부한 자료들을 토대로 별도의 연구논문으로 분석되기도 하였다. 보다 자세한 내용은 이기수, "허위자백의 사례분석을 통해 본 형사절차상 문제점", 「비교형사법연구」제14권 제1호, 2012, 165-192면 참조.

19) 수원지방검찰청 2010.12.30. 불기소결정서(2010년 형제63006호, 63600호).

20) 대법원 2013. 11. 28. 선고 2013도2138 판결.

21) 박준영, 변호인의견서(2011고단592 위계공무집행방해, 2012. 5월).

는 외에 알리바이가 입증된 사례이다. 이 사건은 각 심급별 판결문[22], 검사의 상고이유에 대한 변호인의 답변서[23]를 중심으로 분석하였다.

1. 자백의 일관성 결여

범죄를 행하는 동안 범인은 발각 시 체포의 두려움 등으로 인해 극도로 집중하고 그런 이유로 범행의 핵심적인 내용을 대부분 명확하게 기억하는 특성을 보인다. 수십 건의 절도를 행한 상습 절도범이 자신의 범행을 건마다 정확히 기억하고 그때의 상황을 재현하는 것을 보는 것은 수사관들에게 그리 낯설지 않다.[24] 따라서 자백을 하면서 범행의 핵심적 내용이 변해간다거나 자백과 부인을 반복한다면 자백의 신빙성을 크게 의심해볼 필요가 있다.

또한 허위자백이라면 필연적으로 최초의 자백부터 완벽하게 수사내용과 일치하는 내용을 진술할 수 없다. 따라서 수사관의 입장에서는 불합리하거나 수사내용과 불일치하는 자백내용, 증거 또는 객관적 정황과 모순되는 자백내용을 그대로 두고 수사를 종결할 수 없기 때문에 반드시 피의자신문을 수회에 걸쳐 실시하게 되어 있다. 그렇기 때문에 허위자백이 발생하면 이후 신문을 다시 진행하게 되고,[25] 이 과정에서 작성된 피의자신문조서는 범행의 핵심적인 내용마저도 일관성을 갖지 못하고 변해가는 양상을 띠는 것이다. 실제 허위자백의 사례들을 면밀히 분석해보면 대부분 자백의 내용이 신문을 거듭하면서 계속 변해가 마침내는 범행의 객관적 정황과 맞는 수준까지 변경이 되어 수사가 종결되기에 이른다. 피의자신문을 수회에 걸쳐 진행하면서 객관적 정황에 근접해가는 이유는 이 과정에서 수사관이 추궁과 사건관련 정보 제공[26]을 통해 어느 정도 피의자의 진술을 자연스럽고, 증거 및 정황과도 일정 수준

---

22) 수원지방법원 안산지원 2010.5.7. 선고 2009고단2128 판결; 수원지방법원 2010.10.14. 선고 2010노2234 판결; 대법원 2011.4.28. 선고 2010도14808 판결.

23) 박준영, 변호인 답변서[(2010도14808 특정범죄가중처벌등에관한법률위반(절도)], 2011.1월 작성.

24) 필자는 경찰의 일선수사현장에서 10년 넘게 수사실무에 종사한 경력을 가지고 있고, 이런 범인들의 기억력에 놀라움과 호기심을 갖게 된 경험을 갖고 있다.

25) 여기서 피의자신문조서 작성의 횟수는 수사관이나 수사상황에 따라 차이가 날 수 있다. 신문조서 작성 이전에 완전한 자백을 받아놓고 서류를 작성한다면 회수가 감소할 것이고, 그렇지 않다면 5-6회에 걸쳐 작성되는 경우도 있다. 어떤 경우든 허위자백이라면 단 한 번의 피의자신문에 그치는 경우는 매우 드물다.

26) 허위자백의 사례들을 연구하다보면 도대체 범죄를 저지르지 않은 피의자가 어떻게 범행의 구체적인 내용을 진술할 수 있었는가에 대한 의문을 갖게 된다. 그런데 해답은 신문과정에서 수사관이 피의자의 자백에만 의존해 조서를 작성하는 것이 아니라는 점에 있다. 이를테면, 추궁을 하다가 현장사진을 보여주는 등 사건관련 정보를 제공하거나 힌트를 주어 자백의 구체화를 돕는 방식, 구체적인 진술을 수사관이

부합하는 정도가 되도록 유도하고 도와주는 역할을 하기 때문이다. 또 다른 형태는 자백과 부인을 반복하는 경우인데, 수사환경이나 신문기법, 수사관의 교체 등에 따라 자백과 부인을 반복하는 형태를 보인다.

이런 이유로 자백이 이루어진 경우 특히 범행의 핵심적 내용을 중심으로 일관성이 유지되고 있는지를 확인하는 것은 허위자백의 징표를 찾아내는 가장 중요한 작업이 될 수 있다. 다음은 고문과 폭행 등 물리력의 사용이 없는 상태에서 발생한 허위자백의 전형적 예라 할 수 있는 'Ⓐ 수원노숙소녀 상해치사사건'의 판결문에 나타난 자백의 일관성 결여 관련 내용이다.

> (가) 피고인들의 자백과 번복 과정
>
> 피고인 1은 검찰에서 처음 범행을 부인하였으나, …"거짓말하는 것이 심적으로 괴로워 사실대로 진술하게 되었다"고 하면서 자백하였으나, 그 뒤 "…제가 아무리 아니라고 해도 빠져나갈 수 없다는 생각이 들어서 그랬다"고 하면서 범행을 부인하며 계속하여 억울하다고 하였다. 피고인 2는 검찰에서 처음 범행을 부인하다가, 나중에 범행을 자백하였으나, 접견시 억울하다고 번복하였다가, 그 뒤 다시 자백하고 반성문을 제출하였다가, 원심 공판이후 다시 이를 부인하였다. 피고인 3은 검찰에서 처음에는 범행을 부인하였으나, 그 뒤 검찰에서부터 원심 공판 이전까지 대체로 범행을 자백하였는데, 원심 공판 이후 다시 이를 부인하고 있다.
>
> …피고인 2는 이 사건 범행 현장에서 발견된 청바지와 안경을 피고인 1의 것이라고 진술하였다가, 그 뒤 안경은 피고인 1의 것인지 모르겠고, 청바지는 피고인 1의 것이 아니라고 진술을 번복하였다.
>
> …수원고등학교에 도착한 이후의 정황에 관하여는 "저는 담을 넘어 간 것 같습니다."라고 하다가 곧 이어 "위에서 담을 넘어갔다는 것은 저 말고 다른 애들이 담을 넘어갔다고 진술한 것이고, 저는 철문을 넘어간 것이 맞습니다."라고 하는 등 순간순간 자신의 진술을 번복하고….[27]

위 사례에서는 4명의 피의자가 기소되어 법정에 서기까지 각각 지속해서 자백과 부인을 반복하고, 범행의 주요 내용들에 대해서도 자백내용을 변경하는 등 전형적인

하고 피의자로부터 긍정의 답을 받아 조서에는 피의자가 모두 진술한 것처럼 기재하는 방식 등 그릇된 신문방식을 통해 구체적인 자백 진술이 이루어지고 있음을 알 수 있다[그것이 알고싶다 제764회 (2010.8.7.) 참조].

27) 서울고등법원 2009. 1. 22. 선고 2008노1914 판결문 참조.

일관성 결여의 형태를 보여준다.

다음에서 살펴볼 사례는 특수강간 혐의로 수사를 받았던 피의자 4명이 검찰의 기소단계에서 불기소처분[28]을 받은 '⑧ 수원 특수강간 사건'의 내용으로 검찰작성 불기소결정서의 일부이다.

현재 피의자들 및 참고인들은 모두 범죄일시경에 피의자실 기재와 같이 피해자와 성관계를 맺은 사실이 전혀 없다는 취지로 진술하여 피의사실을 부인하고 있고, 그들의 진술 번복 경과는 다음과 같다.

－ 피의자 1은 경찰 1회 조사시부터 일관되게 범행을 모두 인정하였으나, 2010.10. 28. 검찰 4회 조사시부터 진술을 번복하면서 그동안의 진술이 모두 허위였다는 취지로 범행을 부인하였음.

－ 피의자 2와 참고인 A(피의자들과 공범이나, 촉법소년인 관계로 불입건)는 각각 1회 조사시부터 끝까지 일관되게 범행을 부인하였음.

－ 피의자 3,4는 각각 경찰 1회 조사시 범행을 인정한 바 있으나, 그 후 2회 조사시부터 끝까지 일관되게 범행을 부인하였음.[29]

또 다른 허위자백의 사례에서도 역시 일관성의 결여가 발견된다. 2011년 '© 화성 폭발물 협박전화 사건'[30]에서는 협박전화에 사용한 전화기의 출처에 관하여 다음과 같은 자백진술이 발견된다.

피고인은 '甲(피고인의 친구)이 휴대폰을 어디에서 구했는지 여부는 모른다'는 취지로 진술하였습니다. 그리고…'협박전화에 사용된 휴대폰은 甲이 빌린 휴대폰이고, 현재 甲이 가지고 있다'는 취지로 진술….

'피고인은 수사초기 범행을 부인하다가 자백을 하였으나, 자백을 한 후에도 프로파일러와의 면담과정에서 울면서 다시 범행을 부인한 바 있습니다.[31]

---

28) 구체적으로 검찰은 자백의 일관성 부재 외에도 자백내용이 휴대전화 통화내역 등 객관적 자료와 불일치하고, 공범 간 진술 불일치, 일부 변소내용의 증명 등을 토대로 자백의 신빙성을 부정하며 불기소처분하였다.

29) 수원지방검찰청 2010.12.30. 불기소결정서(2010년 형제63006호, 63600호) 2－3면.

30) 이 사례도 허위자백의 3가지 판단기준을 충족하며, 중요 증인진술의 일관성 결여와 허위진술 가능성 등을 토대로 대법원에서 최종 무죄판결을 하였다.

31) 박준영, 변호인의견서(2011고단592 위계공무집행방해), 2012. 5월 작성, 13－30면. 이 자료는 비록 변호인의견서로서 공신력을 담보하기 어려운 측면이 존재하나 해당 사건은 피고인에 대하여 무죄를 선고하였고, 자료의 수사기록 페이지 등 근거기록을 모두 적시하고 있다.

이 사례는 결정적인 증언을 했던 참고인 甲의 진술도 일관성을 잃고 있는 것으로 나타났다.32) 대법원도 판결문에서 '참고인 甲이 이 사건 4번의 범행 중 그가 가담한 범행의 횟수에 대하여 명확하게 진술하지 못하고 있는 등 진술의 일관성이 부족하여'33)라고 지적하고 있다.

요컨대 자백진술의 일관성 결여는 허위자백을 특징짓는 매우 전형적이고 중요한 징표로서 허위자백을 구별하는데 활용할 수 있을 것이다.34)

2. 물증(物證)의 부존재

물증이 없는 자백은 반드시 자백의 신빙성을 의심해보고 무죄여부를 신중하게 판단해야 한다. 자백이 진정하다면 이를 입증할 직접적인 물증이 확보되는 것이 상식적이다. 그러나 허위자백의 사례들은 대부분 자백이 구체적으로 이루어졌음에도 불구하고 이를 입증할 직접적인 물증이 없는 경우가 대부분이다. 사례들을 살펴보면 당연히 있어야 할 물증조차도 없는 경우가 발견된다.

Ⓐ 수원 노숙소녀 상해치사 사건의 경우 피의자들의 자백내용에 따르면 피해자를 심하게 폭행한 것으로 되어 있다. 그러나 피해자의 신체와 범죄현장에서 피의자 5명 중 누구도 일치하는 DNA나 족적 등 물적 증거가 전혀 발견되지 않았다. 또한 피해자를 데리고 폭행을 하기 위해 이동한 경로에 수십 대의 CCTV가 녹화되고 있었음에도 전혀 피의자들이 발견되지 않는다. CCTV는 모두 정상적으로 가동되고 있었음에도 말이다. 법원의 판결문에서도 유무죄 판단에 있어 '피고인들에 대한 상해치사의 점을 인정할 물증은 전혀 없는바'35)라고 명시적으로 물증의 부존재를 적시하고 있다.

Ⓑ 수원 특수강간 사건에서도 5인의 피의자가 피해자를 성폭행한 것으로 자백을 했지만 이를 입증하는 직접적인 물증은 전혀 없다. 성폭행의 경우 음모나 정액 등 범인의 DNA가 필수적이나 5명 모두 찾을 수 없었다. 검사의 불기소 사유에도 이 점을 명확히 하고 있다.36)

---

32) 박준영, 위 의견서, 14-20면.

33) 대법원 2013. 11. 28. 선고 2013도2138 판결.

34) 제시된 사례 외에도 무죄확정판결을 받지 못한 사례이긴 하나 허위자백으로 의심되어 방송에서 자세히 다룬 사례들에서도 자백진술이 매우 현저하게 일관성을 잃는 경우들을 발견할 수 있다(그것이 알고싶다 제898회 '979소년범과 약촌오거리의 진실', 제949회 '수면제 살인 미스터리', 제955회 '두 3인조의 수상한 자백').

35) 서울고등법원 2009. 1. 22. 선고 2008노1914 판결문.

36) 수원지방검찰청 2010.12.30. 불기소결정서(2010년 형제63006호, 63600호), 4면.

그 외 ⓒ 화성 폭발물 협박전화 사건에서도 유일하게 협박전화 녹음 내용이 존재하나 피의자의 음성과 동일성을 인정할 수 없고, 그 외 전혀 자백을 입증할 물증을 찾을 수 없다.[37]

ⓓ 광명 44건 절도사건의 경우는 수십 건의 절도사건 현장에서 피의자의 범행을 입증할 물적 증거가 전혀 발견되지 않는 비상식적인 상황을 보여준다. 그 많은 절도 사건에서 현장에 피의자와 일치하는 족적조차도 제시되지 못하고 있다. 또한 피해품을 판매하였다는 금은방 등을 경찰이 추적했음에도 피해품의 존재를 확인하지 못했다.[38] 당연히 있어야 할 물증이 없는 것으로 이 사건 역시 44건 모두에 대하여 무죄를 선고받았다.

이상에서 살펴본 바와 같이 당연하게 허위자백에는 이를 입증할 직접적인 물증이 있을 수 없다. 물증의 부재는 자백의 허위성을 인지하기 위해 우선적으로 지정되어야 할 허위자백의 징표라고 할 수 있다.[39]

3. 자백내용과 공범 또는 참고인 진술의 모순

공범이 있는 사건에서 허위자백이 발생하는 경우는 대체로 공범간의 자백에서 차이를 보이는 특징을 보인다. 그것은 범행을 한 적이 없는 피의자가 분리조사를 받으면서 자백 초기에 정확하게 범행상황이나 증거의 존재를 알지 못하는 상태에서 일치된 자백을 하기 어렵다는 점에서 기인한다. 다만 여기서 주의할 것은 자백 초기 혹은 초기 피의자신문에서는 자백내용이 불일치할 가능성이 높지만, 신문을 거듭할수록 혹은 수사종결 단계에 이를수록 증거와 객관적 자료를 토대로 추궁하고 정보를 제공하는 수사관의 의지에 의해 자백이 일치되는 단계로 변화될 가능성이 높다는 것이다. 따라서 최초에 이루어진 자백의 내용에서 나타나는 차이점의 존재에 주목할 필요가 있다. 또한 같은 이유로 피의자의 초기 자백은 참고인 혹은 증인의 진술과

---

37) 대법원 2013. 11. 28. 선고 2013도2138 판결.

38) 박준영, 변호인 답변서[[(2010도14808 특정범죄가중처벌등에관한법률위반(절도)], 2011.1월 작성, 17–18면.

39) 여기서 직접적인 물증이 없는 상태에서 허위자백만으로 어떻게 유죄판결까지 갈 수 있는가를 짚어볼 필요가 있다. 우리 형사소송법은 자백보강법칙(제310조)을 규정하고 있다. 자백만으로 유죄를 확정할 수 없고 보강증거를 필요로 한다는 것이다. 그런데 이 보강증거에 대하여 우리 판례는 '반드시 직접 범죄사실을 증명하는 직접증거에 한하지 않고 간접증거 내지 정황증거로도 족하다'고 보고 있다 (1998.12.22. 98도2890, 공1999, 275). 그리고 공범자의 자백도 보강증거가 될 수 있다고 판시하고 있다(대판 2006.5.11. 선고 2006도1944판결). 따라서 허위자백이 이루어진 상태에서 범죄를 입증할 직접 증거가 없어도 보강증거를 근거로 유죄판결을 할 수 있는 가능성은 열려있는 것이다.

차이를 보이는 특징을 갖는다. 다음에서 허위자백 사례에서 발견되는 공범 간 진술 불일치를 살펴본다. 먼저 Ⓐ 수원 노숙소녀 상해치사 사건에서는 공범인 피고인 4명, 공소외 5(공범이나 형사미성년자로 불입건) 간의 진술의 불일치를 보여준다.

> 피고인들과 공소외 5의 각 진술은 피해자를 아는 사이였는지, 수원역 부근의 여관 주차장에서 먼저 폭행한 사실이 있는지, 그 이후 피고인들 일행과 피해자가 함께 S고등학교까지 가게 된 경위 등에 있어 진술이 서로 불일치하고, 특히 공소외 5의 진술은 피고인들의 진술과도 너무 동떨어져 있을 뿐만 아니라 피해자가 아닌 공소외 6에 대한 폭행의 동기 및 경위와 매우 흡사하여 과연 피해자를 폭행한 사실이 있는지 의문이 든다.[40)]

다음으로 Ⓑ 수원 특수강간 사건에서도 공범간의 자백 불일치는 현저하게 나타난다.

> 피의자들, 참고인들 및 피해자의 위와 같은 진술, 상당한 수사기간 동안 일관되게 범행을 인정할 당시의 피의자 1, 참고인 A의 진술조차도 그 일시, 장소, 범행경위, 범행 횟수, 공범의 숫자 등에 관한 진술이 계속 불일치하면서 번복되었던 점, … 결국 허위로 범행을 자백하였다고 하면서 진술을 번복한 점 등을 종합할 때, 본건에 대하여는 그 신빙성을 인정할 수 없는 … 달리 이를 인정할 증거가 없다.[41)]

Ⓒ 화성 폭발물 협박전화 사건에서는 단독범인 피의자와 참고인의 진술이 불일치하고 있다.

> 피고인은 최초 허위자백을 하면서(참고인A의 진술 전), '참고인A가 휴대폰을 주워왔다'는 진술을 하지 못하였고, '참고인A가 어디에서 구했는지 모른다거나 참고인A가 빌려왔다'는 취지로 진술하였는바, …. 한편, 참고인A는 경찰수사과정에서, "'피고인에게 휴대폰을 주웠다'는 말을 하였다"고 진술하였습니다(수사기록 제595쪽). 빌렸다는 것과 주웠다는 것은 큰 차이가 있습니다.
> 그리고 피고인은 휴대폰의 소재와 관련하여 '현재 참고인A가 가지고 있다'는 취지의 진술을 하였는데(수사기록 제554쪽), 이는 참고인A의 '피고인이 버렸다'는 취지의 진술

---

40) 서울고등법원 2009. 1. 22. 선고 2008노1914 판결문 참조.
41) 수원지방검찰청 2010.12.30. 불기소결정서(2010년 형제63006호, 63600호), 3-4면.

과 상당히 괴리가 있다 할 것입니다. … 이 사건은 … 물증의 출처, 소지자, 유기와 관련된 피고인과 참고인A의 진술이 엇갈리는 사건입니다.[42]

이상에서 본 바와 같이 허위자백은 공범이 있는 사건에서 공범간의 자백진술에 있어 불일치를 보이는 것이 특징이고, 참고인이나 증인진술과도 불일치하는 특성을 보인다. 따라서 공범 간 자백 내용의 불일치, 자백과 참고인(증인) 진술 간의 불일치는 허위자백의 중요 징표로 볼 수 있는 것이다.

4. 자백내용과 객관적 정황과의 불일치

허위자백은 자백이 이루어져도 그 내용이 수사를 통해 확인된 객관적 정황, 증거 등과 불일치되는 경우가 많다. 자백을 토대로 '터널비전'[43]에 빠져버린 수사관은 오로지 자백을 맹신하고, 유죄의 한 방향으로만 달려가는 경향이 있다. 객관적 정황은 자백이 사실이 아님을 명확히 말해주고 있음에도 이를 무시하는 경향을 보이는 것이다. 위에서 제시한 4건의 허위자백 사례 중 ⓓ 광명 44건 절도사건에서 그런 징표가 매우 확연하게 나타나고 있다.

> 1심 재판과정에서 사실조회를 통하여 밝혀진 현장부재건수가 25건이었는데, 본 변호인이 수사기록 상의 수사보고 및 통신사실조회결과 및 결석현황을 좀 더 확인해 본 결과, 남아 있는 19건 중에도 현장부재가 의심되는 건수가 여전히 많이 존재하였습니다. 이하에서는 항을 바꾸어 현장부재가 의심되는 부분을 지적하도록 하겠습니다.[44]

위 사례는 피의자 두 명이 44건의 절도범죄를 자백하고 기소되었는데 그중 25건에 대하여 현장부재증명으로 검사가 공소를 취소하였고, 나머지 19건 중에서도 현장부재증명이 확인되는 내용들을 적시하고 있다. 자백내용 중에는 학교에 출석한 시간에 절도를 한 것으로 진술한 것이나, 물리적으로 도달할 수 없는 시간에 절도를 한 것으로 진술한 내용이 확인되는 등 객관적 정황과 맞지 않는 다수의 내용이 적시되고

---

42) 박준영, 변호인의견서(2011고단592 위계공무집행방해), 2012. 5월 작성, 15-16면.
43) 터널 속에서 보이는 좁은 시야에만 집중하게 되는 현상을 일컫는 용어로, 수사에 있어서는 피의자가 자백을 하게 되면 무죄를 입증하는 증거는 무시되고, 수사관들이 유죄를 입증하는 쪽에만 집중하게 되는 상황이 전개된다.
44) 박준영, 답변서[(2010도14808 특정범죄가중처벌등에관한법률위반(절도)], 2011.1월. 5-12면 참조.

있다. 결국 이 사례는 자백내용의 신빙성이 부정되고, 무죄판결을 받기에 이른다.

앞서 살펴보았던 Ⓐ 수원노숙소녀 상해치사 사건에서도 자백내용이 객관적 정황과 불일치하는 것은 마찬가지이다.

> 당시 (범죄현장인) 수원고등학교 정문에 설치되어 있던 무인카메라에 피고인들의 모습이 전혀 찍혀 있지 않고 주위에서 싸우는 소리를 전혀 듣지 못한 점…현장에서는 피고인들의 지문이나 유류물 기타 흔적이 전혀 발견되지 않았다. 피고인 2는 이 사건 범행현장에서 발견된 청바지와 안경을 피고인 1의 것이라고 진술하였다가[45](증거기록 269쪽, 270쪽), 그 뒤 안경은 피고인 1의 것인지 모르겠고, …진술을 번복하였다(증거기록 380쪽).[46]

또 다른 허위자백사례인 Ⓑ 수원 특수강간 사건에서도 자백진술과 객관적 정황과의 불일치가 발견된다.

> 피의자1, 참고인B … 그날의 범행경위를 구체적으로 진술한 바 있으나 그 내용이 피의자들 및 참고인들의 휴대전화 통화내역 등 객관적 자료와 맞지 않아 추가조사시 이를 지적하면 '잠시 착각한 같다'는 취지로 진술하면서 다시 다른 범행일시를 지목하다가 그 역시 객관적 자료와 맞지 않자 결국 허위로 범행을 자백하였다고 하면서 진술을 번복 ….[47]

이상의 내용들은 허위자백은 그 내용에 있어 객관적 정황과 부합하지 않고 있음을 명확히 나타내주고 있다. 그리고 이것은 허위자백의 명확한 징표 중 하나이다.

5. 수사과정 의혹의 미해결

진정한 자백이 갖는 가장 큰 특징 중의 하나는 수사과정에서 생겨나는 의혹들을 해소해준다는 것이다. 수사가 진행됨에 따라 수사현장에서는 대부분 풀 수 없는 의혹들이 생겨나게 마련이다. 진정한 자백은 이러한 의혹들을 시원하게 풀어주는 특징

---

45) 안경은 사망한 피해자의 것으로 확인됨.
46) 서울고등법원 2009. 1. 22. 선고 2008노1914 판결문 참조.
47) 수원지방검찰청 2010.12.30. 불기소결정서(2010년 형제63006호, 63600호) 4면.

이 있다. 그리고 수사과정에서 전혀 알 수 없었던 사실까지 자백을 통해 알게 해준다. 이것이 이른바 '비밀의 폭로'라는 것이다. 수사를 통해 확보할 수 없었던 결정적인 증거의 발견을 가능케 하는 경우도 있고, 범행을 직접 한 사람이 아니면 도저히 알 수 없는 미스터리를 풀리게 해주는 경우도 있다. 그런데 허위자백은 그런 의문을 해소하기는커녕 자백을 했음에도 불구하고 여전히 풀리지 않는 의혹들이 존재하고, 심지어는 의혹을 증폭시키는 경우가 많다.

먼저 Ⓐ 수원노숙소녀 상해치사 사건에서는 자백에서 피의자들이 새벽시간 대에 수원역에서 만난 피해자를 때릴 생각으로 2km나 떨어진 s고등학교에 가고, 담장을 넘었다는 진술이 있다. 새벽 시간에 폭행을 위해 어둡고 인적이 드문 곳이 얼마든지 많은데 2Km나 걸어서 이동한 것이나 그냥 쉽게 넘어갈 수 있는 1m정도의 낮은 철제문을 두고 3m나 되는 담장을 넘어갔다는 자백내용은 부자연스럽고 진실성에 의혹을 품게 한다.[48]

Ⓑ 수원 특수강간 사건에서는 피의자들이 자백을 했음에도 불구하고, 그 일시, 장소, 방법 등에 불일치를 보이고, 자백내용과 관련자들의 통화내역의 불일치도 발견되었다. 심지어 피해자마저도 진술이 일관성을 잃는 등 피의자들의 자백에 의문이 커져가고, 범행사실 자체에 대하여도 확신할 수 없는 지경에 이른다.[49]

Ⓒ 화성 폭발물 전화협박 사건에서는 협박전화에 사용한 전화기의 출처, 소유자에 대하여 피의자와 참고인의 진술에 일관성이 없고, 모순을 보이기도 한다. 또한 협박전화에 사용한 전화기를 버렸는지 갖고 있는지도 확실하지 않으며, 이를 확보하지도 못했다. 결국 어떤 전화기를 사용했는지, 사용한 전화기는 어디에 두었는지 의문을 해소하지 못하였고, 자백에도 불구하고 오히려 의문만 커지는 결과로 이어졌다.[50]

Ⓓ 광명 44건 절도사건에서는 피의자가 일찌감치 자백을 했지만 수사를 진행하면서 오히려 현장부재증명이 확인되거나 물리적으로 범행이 곤란한 상황 등이 발견되면서 수사과정에서 의문만 커져가는 기형적 현상을 보여준다.

---

48) 서울고등법원 2009. 1. 22. 선고 2008노1914 판결문 참조.
49) 수원지방검찰청 2010.12.30. 불기소결정서(2010년 형제63006호, 63600호); 손해배상청구 소장 등 자료 참조.
50) 대법원 2013. 11. 28. 선고 2013도2138 판결; 박준영, 변호인의견서(2011고단592 위계공무집행방해), 2012. 5. 참조.

6. 소결: 수사절차상 활용방안의 모색

이상에서 논한 허위자백의 징표는 비유하자면 '곡물을 걸러내는 체'의 역할을 할 수 있다. 앞서 제시된 허위자백의 징표는 곧바로 허위자백임을 의미하는 것은 아니다. 그렇지만 허위자백이라면 반드시 위의 징표 중 하나 이상에 해당될 것이고, 그럴 경우 재검토를 통해 형사절차에서 걸러낼 수 있을 것이다. 특히, 수사절차에서 허위자백의 징표들을 효율적으로 활용하기 위해서는 아래와 같은 세 가지 단계에서 활용을 검토할 수 있다.

첫째, 수사기관 내부의 결재단계를 적극 활용할 필요가 있다. 결재단계가 중요한 이유는 직접 수사를 하지 않은 상급자가 기록을 포함한 수사전반을 객관적인 시각에서 바라볼 수 있기 때문이다. 필수적인 결재단계로 영장신청과 수사종결단계를 들 수 있다. 영장신청은 강제처분이라는 점에서, 수사종결단계는 수사를 최종 마무리한다는 점에서 수사기관 내부적으로 매우 중요시되고 결재를 꼭 거치도록 되어 있다.

따라서 이 단계에서 앞서 제시된 징표들을 하나의 체크리스트로 작성해 각 항목별 해당여부를 검토해 하나라도 해당되는 경우 자백의 진위와 수사상 오류 등을 철저히 재검토하는 방식으로 활용이 가능하다.

둘째, 자백이 이루어지는 과정에서 허위자백의 의심이 강하게 들 경우에 곧바로 활용할 수 있다. 즉, 자백은 통상 '내가 했다'는 범죄 시인 직후에 범죄의 세밀한 내용을 진술하는 소위 '자백의 구체화 단계'를 거치게 된다. 허위자백이라면 이 단계에서 피의자가 진술을 구체적으로 못하거나, 수사를 통해 밝혀진 객관적 사실과 불일치하는 내용이 많이 나타나게 된다. 이러한 현상이 감지될 경우 위와 같이 허위자백의 징표 체크리스트를 활용하여 자백의 진위를 재검토할 수 있다.

셋째, 중요 강력범죄에서 실시되는 현장검증[51] 시에도 허위자백을 한 피의자라면 범행의 재연이 서툴고 무엇을 할지 몰라 망설이는 경우들이 발견된다. 이 경우 앞서 제시된 방식으로 자백의 진위 여부를 재검토한다면 보다 용이하게 허위자백을 인지해낼 수 있을 것이다.

---

51) 살인사건 등 중요 강력범죄의 경우 범행을 명확히 하고, 추가적 증거의 발견 등을 위해 통상 현장검증을 실시한다. 범죄수사규칙 제135조에서는 이를 실황조사로 규정하고 있다. 제135조(실황조사) ① 경찰관은 범죄의 현장 그 밖의 장소, 신체 또는 물건에 대하여 사실 발견을 위하여 필요가 있을 때에는 실황조사를 하여야 한다.

Ⅳ 결론

허위자백에 대한 연구가 충분하지는 않지만 이미 국내외 실증적 연구를 통해서 허위자백의 존재는 더 이상 의문의 여지가 없게 되었다. 허위자백의 피해자가 형사절차에서 겪어야 하는 고통은 상상조차 하기 어렵다. 권한과 지식을 가진 수사기관, 사법기관 앞에서 약자일 수밖에 없는 개인은 억울함을 호소해도 그저 공허한 '찻잔 속의 메아리'일 뿐이다. 죄를 짓지 않은 개인이 본인의 의사에 반해 형사절차에 끌려들어와 당하게 되는 억울함과 감당하기 어려운 불이익, 고통은 육체·정신적 인내의 한계를 벗어난 정도이고, 한 사람의 인생을 망가뜨리기에 족하다. 그리고 그런 피해자를 지켜보는 가족과 주변의 사람들이 느끼게 될 사법제도에 대한 불신은 오랜 세월 쌓아온 형사정의의 신뢰를 망가뜨리고도 남음이 있다고 할 것이다. 허위자백은 엄연히 실재하며 피해자가 생각보다 다수이고 크다는 것을 인식해야 한다. 당연히 그 해결책을 제시하는 것은 형사법학의 무거운 과제라고 할 수 있다.

이 연구는 그런 비극의 씨앗이 될 수 있는 허위자백의 피해를 사전에 방지하고자 하는 고민의 산물이라고 할 수 있다. 형사절차에서 발생한 허위자백의 사례들을 분석하고 공통적인 요인들을 추출하여 허위자백의 징표들을 선정하였다. 우리는 약자인 개인이 불가피한 상황에서 허위자백을 했을 경우 기소, 재판단계까지 가기 전에 수사절차에서 이를 빨리 인지하고 바로 잡아야 한다. 그럼으로써 억울한 사람을 형사절차에서 구제해내고 진범을 잡아 형사정의를 바로잡을 수 있기 때문이다.

허위자백의 징표들은 하나의 기준으로 정형화시켜 수사절차에서 '체'로 활용한다면 허위자백을 걸러내는 좋은 수단이 될 수 있다. 수사기관의 결재 단계나 자백의 진위에 의심이 생겨나는 시점에서 허위자백의 징표를 활용하여 자백을 재검토하는 공식적인 절차를 거치게 한다면 효용성이 클 것이라 사료된다.

한편 혹자는 이 징표들이 매우 일반적이라고 할 수도 있을 것이다. 그러나 우리는 관련 사례들을 분석하면서 공통적이고 일반적이라고 느껴질 수도 있는 허위자백의 징표를 생각조차 해보지 않은 수사관들이 많다는 것을 주목할 필요가 있다. 그런 행태 속에서 '무죄추정의 원칙'은 그저 허울 좋은 공허한 가치일 뿐이다. 허위자백의 징표는 그 존재 자체로 허위자백의 존재가능성에 대한 검토의 기회를 제공한다. 수사관뿐만 아니라 검사, 법관들에게도 자백을 맹신하여 유죄편향적 사고를 지닌 그릇된 자세에서 벗어나 자백의 진위를 다시 살피게 하는 시각의 전환을 가져올 수 있다. 그렇게 하여 의문이 가는 자백을 균형된 시각으로 다시 검토하도록 하고 허위자백의 피해자를 단 한 명이라도 억울한 피해에서 구제할 수 있다면 이 작업은 충분히 가치가 있다고 생각된다.

오랜 형사사법의 역사에서 허위자백의 징표들이 논해지지 않은 것은 그만큼 이 분야가 무관심 상태로 존재했다는 방증이기도 하다. 또한 이 징표들의 도출과 활용은 수사실무에 중요한 변화를 가져올 수 있다. 즉, 수사절차에서 수사관들이 피의자를 유죄편향적으로만 보는 편향적 시각에서 벗어나 객관적인 무죄추정의 시각에서 바라볼 수 있는 기회를 만들어주는 계기가 될 수 있다. 그렇게 하여 수사절차에서 잠자는 것이나 다름없던 '무죄추정의 원칙'을 살려낼 수 있는 도구로 활용될 수 있을 것이다.

아직은 미흡하나마 이 작은 고민의 결과들이 수사절차에서 허위자백을 조기에 가려내고, 그 피해를 예방하는 데 기여했으면 하는 바람이다. 그럼으로써 우리의 형사절차는 보다 건강하게 정의실현에 성공할 수 있을 것이다. 아울러 관련한 더 심도 있고, 발전된 연구도 지속적으로 이어지길 기대해본다.

후기

새로운 학문의 길을 열어주신 한인섭 지도교수님

교수님은 처음 뵈었을 때부터 따뜻한 미소로 저를 대해주셨습니다. 처음에 제가 정한 박사논문의 주제는 대부분 교수님들께서도 지지해주셨지만, 막상 연구를 수행하려니 많은 난관에 부딪쳐 계속할 수가 없었습니다. 막다른 골목에 이른 심정으로 기운이 빠져 교수님을 찾아뵈었는데, 역시나 교수님께서는 빙그레 웃으시며 외국 서적 4권을 내주셨고, '허위자백'이란 주제를 제안하셨습니다. 그 외국 서적이 주었던 위압감이 얼마나 대단했던지 선뜻 자신감이 생기지는 않았습니다. 하지만 허위자백의 피해사례들을 보며 깊은 측은지심을 느꼈고, 반드시 해내야겠단 결심이 섰습니다. 그렇게 저는 교수님의 인도로 미개척 분야였던 형사법의 허위자백 분야에 발을 들였고, 그것은 경찰수사 실무에 20년 넘게 종사한 저에게 아주 적합한 일이기도 했습니다.

그 동안 제가 쓴 허위자백 책과 논문들은 형사재심 전문변호사인 박준영변호사님께서 지금도 재판정에서 활용하며 억울한 사람들을 구제하는 데 잘 활용되고 있습니다. 박준영변호사는 거의 불모지나 다름없던 형사재심 분야의 살아있는 역사가 되어

가고 있습니다. 이 책에 실린 논문 '허위자백의 징표'는 특히 수사기관이 수사절차에서 스스로 허위자백을 걸러내서 억울한 사람을 만들지 않고, 형사절차가 실패하지 않도록 하기 위한 바람의 산물입니다. 최근 들어 미성년자, 지적 장애인, 외국인근로자처럼 취약성을 가진 계층에 대한 수사과정에서 허위자백은 여전히 심각하게 발생하고 있습니다. 저는 지금도 이 분야에 대한 관심과 연구를 지속하고 있고, 제 연구성과에 자부심을 갖고 있습니다. 인기 있는 분야는 아니지만 형사실무에 꼭 필요한 연구로서 오래도록 살아 기능할 것이라고 확신합니다.

무지했던 저를 새로운 길로 이끌어주신 한인섭교수님께서 이제 교단을 떠나신다니 아쉽기만 합니다. 그 간의 가르침과 노고에 깊이 감사드립니다. 교단을 떠나시더라도 교수님의 학자적 태도와 정신은 계속 우리와 함께 할 것이고, 오히려 더 가까이에서 자주 뵐 수도 있을 것이란 기대를 갖고 있습니다. 교수님께서 향후에도 늘 건강하시고, 제자와 후학들을 위해 많은 지도와 편달을 통해 학문발전에 계속 기여해 주시기를 기원합니다.

11

배심원의 의사결정과정에 관한 실증연구:
한국 최초의 모의 배심재판 사례 분석

김상준(변호사, 법무법인 케이에스앤피)

I   글 머리에

한국 사법개혁위원회는 국민의 사법참여에 대한 검토를 주요 5대 개혁 과제[1] 중 하나로 정하였다. 위원회는 현재 이 제도의 도입 여부와 도입 형태에 관하여 논의를 계속해 오고 있다.[2] 그 과정에서 2004년 8월 26일 오전 서울중앙지방법원 대법정에서 한국 최초로 모의 배심재판을 시연한 바 있었다. 오후에는 구의회 추천을 받은 참심원들을 초청하여 같은 시나리오로 참심재판을 시행하였다. 필자는 이 모의재판의 기획에 관한 실무책임을 지고 근 3개월간에 걸친 재판준비작업에 관여한 바 있다. 이 기획, 준비작업은 하드웨어적인 측면과 소프트웨어적인 측면을 모두 망라한 것이었다. 그것은 한편의 영화를 만들어 흥행에 올리는 것을 방불케 했다. 주요 준비

---

[1] 대법원장이 사법개혁위원회에 부의한 주요 5대 검토 분야는 대법원의 기능과 구성, 법조일원화와 법관 임용방식의 개선, 법조인 양성 및 선발, 국민의 사법참여, 사법서비스 및 형사사법제도이다.

[2] 현재 사개위에서는 2003년 10월 출범이래 2004년 9월 6일에 이르기까지 모두 19차에 걸친 전체위원회의 논의를 거쳤다. 그 과정에서 세계 각국의 국민 사법참여제도 및 이 분야 현안 쟁점에 대한 전문위원들의 보고를 듣는 이외에 위원들의 토론과정을 거쳐 참여 위원들의 이 분야 쟁점에 관한 개략적 입장을 밝히기도 하였다. 한편 사개위는 2004년 3월 22일 공청회를 개최하여 국민의 사법참여제도에 대한 헌법적합성 여부와 그 구체적 실현방안 등에 관하여 각계의 의견을 청취한 바 있었다. 이 공청회는 2부로 나누어 진행되었다. 제1부는 국민사법참여의 헌법적합성에 관한 것으로서 다수의 발표자 또는 지정토론자가 합헌론 또는 합헌적 제도설계 가능론의 입장에 서 있었다. 제2부에서는 사법참여의 형태에 관한 논의가 이루어졌다. 대다수의 발표자 또는 지정토론자가 배심제 또는 배심과 참심을 병용하는 제도도입을 주장하였다. 현재 사개위에서는 이 사법개혁 과제에 대한 보다 심도 있는 논의를 위하여 전문위원들을 중심으로 하여 연구가 진행 중에 있고 2004년 10월부터 본격적인 논의가 재개될 것으로 예상하고 있다.

사항으로는 ① 사건 시나리오의 작성 ② 재판절차에 관한 규칙과 방식의 결정 ③ 출연진의 확보와 연습 ④ 배심원 후보자의 선발과 처우 ⑤ 법정시설 검토 ⑥ 평의 과정 분석 방침의 설정 ⑦ 홍보 방침 등이었다.

처음 시도하는 모의재판인지라 그 준비과정에서 봉착한 애로는 한두 가지가 아니었다. 그러나 그 과정에서 종래 전문법관 재판만으로는 알 수 없었던 미지의 세계가 활짝 열린 것을 느낄 수 있었다. 모의재판 행사를 모두 마친 후 얻게 된 감회와 반성적 교훈은 한두 마디로 다 말할 수 없을 정도로 많았음을 미리 밝혀야 하겠다. 이 모의재판에 관한 국민적 관심과 여론의 반응은 매우 뜨거웠고 우호적이었다.³⁾ 미진한

---

3) 2004년 8월 27일 자 조선일보 기사는 다음과 같은 내용을 전하고 있다.

이날 재판의 공방은 어느 헐리우드 법정영화에도 뒤지지 않을 만큼 매우 치열했다. 증인신문 과정에서 "이의 있습니다"와 "기각합니다"가 번갈아 등장하며, 공방의 열기를 더했고, 검사와 변호사는 배심원들에게 적극적으로 다가서 서로의 입장을 호소했다. 배심원과 방청객을 위해, 신문을 할 때나 변론을 할 때 또박또박 천천히 끊어 말하는 법관들의 배려도 돋보였다. 법관들의 활약도 눈부셨지만, 역시 재판의 중심에는 배심·참심원이 있었다. 우리나라 최초의 12명 배심원들은 시작부터 상기된 표정으로 재판 중간 중간 미리 준비한 각자의 노트에 무엇인가를 메모하거나 고개를 끄덕이며 주의깊게 재판에 경청하는 모습을 보였다. 재판장은 재판 중 간간이 선입견이 생길 수 있는 사안에 대해서 배심원들에게 '편견을 갖지 말'라는 적절한 주의와 당부를 부탁하기도 했다. 시민을 대표해 공정한 판결 책임을 등에 업고, 배심원들은 장장 4시간여에 걸친 토론과 평의 끝에 무죄를 선고했다. 무죄가 선고되자 변호인측은 마치 실제 재판에 승소한듯 서로 손뼉을 치고 만세를 부르는 등 크게 기뻐하는 모습을 연출해 시선을 받았다. 참심 재판부 역시 결국 배심원과 같이 조씨의 무죄에 손을 들어주었다. 이는 '국민의 사법참여'이자 '시민 손으로 가려낸 진실'이 무엇인지를 보여주는 현장이었다. 배심·참심재판에 대한 방청객들의 반응은 대부분 긍정적이었다. 특히 '국민의 직접적인 사법 참여'라는 점에 큰 의의를 두고 이를 높이 평가했다. 법대생 여자친구의 권유로 재판에 참가한 김기현(21·경기 군포시)씨는 "치열한 공방전이 인상적이었다. 만일 나에게도 배심원의 기회가 주어진다면 기꺼이 참여하겠다"며 긍정적으로 평가했다.

또 2004년 8월 29일 인터넷 신문 오마이뉴스는 이날의 모의재판을 다음과 같이 평가하였다.

이날 배심·참심 모의재판은 강도살인 혐의로 기소된 20대 피고인에 대한 공판을 통해 현행 법관에 의한 재판 제도와 배심·참심제 두 제도의 장단점을 비교할 수 있는 계기가 됐다. 우리나라 사법 체계에 비춰볼 때 영화나 드라마에서 볼 수 있는 낯설면서도 신선한 충격을 안겨주었다. 모의재판을 지켜본 모형관(24·고려대 법학과) 학생은 "일반 시민을 상대로 사건에 대해 이해할 수 있도록 변론해 나가는 것은 '국민참여 사법개혁'으로 기대를 갖게 했다"고 말했다. 다른 학생인 김선휴(고대 법학 3년·여)양은 "검사나 변호사들이 배심원들에게 쉽게 설명하면서 실체적 진실이 밝혀졌다"며 "시간이 많이 걸려 지치고 힘든 과정이었지만 국민 자신이 권리와 의무를 찾아 사법 참여를 촉진하는 계기가 됐으면 한다"고 평가했다. 이영선 단국대 교수는 "이날 배심 재판에 대한 평가는 매우 긍정적"이라며 "참심재판보다 배심재판으로 결정이 내려지길 바라고 전면적인 수용보다는 5년 이상의 형사사건 등 부분 적용하는 것이 바람직하다"고 평가했다. 이어 이 교수는 "검사−판사−변호인이 서로 연결고리로 이어져 부정부패를 만든 기존 제도를 끊을 수 있다"며 "국민이 상식 선에서 결론에 이를 수 있는 '살아있는 재판'을 보았다"고 말했다. 배심원 대표를 맡은 회사원 김동헌씨는 "낯설지만 여러 가지로 상당히 의미있는 경험이었다"며 "우리 정서에 맞게 제도적·법적 보완장치가 마련되어 국민이 참여할 수 있는 제도로 뿌리내렸으면 한다"고 소감을 전했다. 피고인의 변론을 맡았던 진선미 변호사는 "모의재판이지만 일반인들을 상대로 우리의 주장을 설득하기 위해 많은 준비와 노력을 했다"며 "이번 재판에서 배심원들의 법의식 수준이 상당히 높아져 있음을 확인해 국민참여제도의 도입 시기가 앞당겨질 것 같다"고 말했다.

점이 있었을 것임에도 애정어린 국민적 호응에 이 자리를 빌려 깊은 감사를 드리고 싶다.

우리가 가장 관심을 집중한 부분은 증거조사가 모두 끝난 다음, 배심원들이 하게 될 평의(deliberation) 과정과 그 내용이었다. 한국에 배심재판이 도입될 수 없다는 반대론자들은 한국사회와 한국인의 배심제도 수용능력에 대하여 매우 회의적이다.[4] 그러므로 우리의 모의재판에 초청된 분들이 과연 어떻게 평의를 진행하는가를 알아보는 것은 단순한 호기심의 차원을 넘는 일이었다. 한국인들은 이 재판에 임하여 미국이나 서구 사람들과 비교하여 합리적 판단을 내리는 데 어떤 차이를 보일 것인가.[5] 한국 배심원들은 혹시 재판과정에서 제시된 증거의 내용을 잘 이해하지 못한 채 분석적으로 사고를 하지 못하고 성급한 결론을 내리는 것은 아닐까. 토론문화에 익숙지 못하여 서로 자기주장만을 내세우다가 결론을 짓지 못하지는 않을까. 감성에 치우쳐 냉정한 판단을 하는 데 문제가 있는 것은 아닐까. 초청된 배심원들이 벌이게 될 평의의 내용과 질적 수준은 향후 이 제도 도입 논의의 향배를 가름할 수 있는 중요한 일 중의 하나였다.

---

4) 김일수 교수는 한 신문의 기고문(김일수, 2004)에서 "배심제 도입의 기반이 될 인적 자원이 취약하다는 점을 냉정히 짚어 봐야 한다. 배심제의 성패는 유능한 判·검사, 변호사가 아니라 공정하게 사유하는 배심원의 확보에 달려 있다. 배심원이 될 인적 자원은 개인주의와 자유주의의 성숙을 거친 열린 사회일수록 풍족하나 연고주의에 깊이 뿌리박은 닫힌 사회일수록 빈약할 수밖에 없다. 두 다리 걸치면 남이 될 수 없는 우리 풍토에서 공정한 법의식을 지닌 배심원을 구하기란 여간 어려운 일이 아니리라. 학연, 혈연, 지연 그리고 끈끈한 정으로 얽힌 우리네 삶의 풍토를 직시한다면, 아마 성직자라도 배심원으로 나서기 쉽지 않으리라."고 지적하고 있다.

5) 최근 서구인과 동양인 사이에서의 의사결정 구조의 차이를 의사결정 심리학 분야에서 실험적으로 분석한 연구서(니스벳. 최인철 역, 2004)가 한국어로 번역되었다 배심원으로서의 한국인에 대한 연구에도 이 연구서가 참고가 될 것이다.

2004년 8월 26일 모의배심재판 場面

　이번 모의배심재판 준비 단계에서 무작위로 선택되어 발송한 모의재판 초청장에 응해 준 시민들은 모두 37명이었다. 모의 재판 전날 진행된 배심선발과정은 이들을 대상으로 진행되었다. 배심원 선발과정에서 이 시민들 가운데에서 배심원 12명과 예비배심원 2명을 선발하였다. 나머지 배심원으로 선발되지 않은 시민들 전원을 다음 날 배심법정 방청석에 오시도록 하여 이 분들로 2개의 배심원단(일종의 shadow jury)을 구성하였다. 그래서 결과적으로는 모두 36명의 배심원들(1명이 재판과정에는 불참. 정식 배심원단의 예비배심원 2명은 배심원 B팀에 들어가 평의를 진행하였다)이 세 그룹으로 나뉘어 동일한 사건에 대하여 평의를 하였던 것이다. 그 이외에도 8월 26일의 정식 모의재판에 앞서 사전준비차 7월 20일, 8월 10일 그리고 8월 20일 모두 세 번에 걸쳐 동일한 시나리오를 가지고 실전과 동일한 방식으로 연습 모의재판을 시행한 바 있었다. 배심원들은 8월 26일의 배심원들과는 다른 별도의 시민들로 구성되었는데 연령, 성별, 학력, 사회적, 경제적 지위 등이 골고루 분포되도록 하였다. 8월 20일에는 두그룹의 배심원단을 운영하였다. 결과적으로 우리는 이번 모의재판 준비 및 실연과정에서 모두 7개의 배심원단을 운영한 경험을 쌓은 셈이다. 모든 평의과정은 사전 양해하에 모두 비디오 촬영을 하였고 모니터 룸에서 주로 법관으로 구성된 실무준비팀과 심리학자들이 실시간으로 진행되는 평의과정을 지켜보면서 분석작업을 하였다. 배심재판 참여 전후에 걸쳐 일정한 설문조사도 시행하였다.

　이 글은 이러한 배심원단의 평의과정을 분석한 결과를 정리하여 후일의 논의에 참고를 하고자 하는 데 주된 목적이 있다. 이러한 평의과정을 분석함에 있어서는 그 이론적 전제로 주로 미국에서 광범위하게 축적된 배심평의과정에 관한 경험적, 실증적 연구를 먼저 일별해 보고자 한다. 그리고 다소 사족이 될 것인지도 모르겠으나 시나리오 작성 과정에서 봉착한 한가지 어려운 문제에 직면하여 한국 형사사법제도에 대한 반성적 고민을 덧붙이고 싶다.

Ⅱ 한국 모의배심재판 평의과정에 대한 분석

1) 2004년 7월 20일 첫 사전 연습모의재판에서의 배심평의와 그 이후의 준비과정

모의재판 준비실무팀은 2004년 5월말 첫 회동을 거쳐 기본 준비방침을 세운 데 이어 6월 중에는 모의재판 시나리오 대상이 되는 사건을 선별하는 작업을 거쳤다. 6월 말부터는 본격적으로 준비작업에 들어갔다. 실무팀에서는 8월 26일 정식 모의재판 행사를 하기에 앞서 연습 모의재판을 세차례 시행해 보기로 하였다. 우선 7월 20일에 시행한 연습재판은 그 시점에서 시나리오가 이제 완성되었기 때문에 법정에서 재판 실연을 하기에는 아직 시기가 일렀다. 그러나 시나리오가 제공하는 정보정도면 일반 시민들이 유무죄를 판단하는 데 충분할 것인지, 난이도는 어떤 것인지 등을 사전 점검하여 구체적인 시나리오의 방향을 결정지을 필요가 있었다. 법정에서 재판이 진행되지 않은 것과 증인에 대한 문답식 신문과정이 생략되었기 때문에 아직 정식 재판의 모습을 갖추지는 못하였지만, 참여해 주신 12명의 배심원들은 모두 진지한 자세로 한시간여에 걸쳐서 토론에 임해 주었다. 이 7월 20일 1차 연습재판의 평의과정을 모니터한 법심리학자들의 소감을 다음과 같이 정리해 보았다. 이 소감은 이후 두차례의 추가적인 연습재판과 실제 벌어진 모의재판에도 대부분 같은 맥락으로 적용될 수 있을 것이다.

[충북대학교 심리학과 박광배 교수의 소감]

지난 20 일에 대법원에서 열렸던 배심 모의재판에서 가장 두드러진 현상은 한국 배심원들이 미국이나 영국의 배심원들에 비하여 전혀 손색이 없이 제시된 증거들에 기초하여 냉철하고 합리적인 의사결정 과정을 거쳐서 법적이거나 상식적인 모든 면에서 논리적인 결론을 도출했다는 것이다. 법정에서 이루어진 증인들의 증언과 검사 및 변호사의 요지는 객관적으로 볼 때 합리적 의심의 여지를 넘어서 유죄판결을 할 수 없는 조건들이었는데, 배심원들은 그러한 주어진 상황과 조건들에서 벗어남이 없이 시종일관 주어진 증거들과 판사의 지침에 충실한 추론과정을 거쳐서 만장일치의 무죄평결을 하였다. 또한 의견이 다른 배심원을 이해하려는 진지함을 보여주었고, 다른 의견과 자신의 의견을 진솔하게 비교, 평가하는 지적, 도덕적 자질을 가지고 있다는 것을 확인시켜 주었다.

한국 배심원들도 미국 배심원들과 마찬가지로 이야기 구조(story structure)를 가지는 추론양식을 가지고 있다는 것이 관찰되었다. 평의 도중에 한 배심원은 "직장을 구하지 못하는 젊은이들은 비디오를 많이 본다."는 전제를 하고, 그 전제에 기초하여 피고인이 범죄가능성이 전혀 없다는 증언들을 신중하게 고려해야한다는 제안을 하였고, 또 다른 배심원은 "딸이 어떤 위치에 있었는지는 모르지만 어머니가 화장실의 어느 쪽으로 들어갔는지는 못 보았을 것"이라는 추론을 하였다. 이러한 추론들은 법정에서 제시된 증언들 속에 포함되지 않은 정보들을 유추하는 것인 바, 앞으로 한국 배심원들의 의사결정 과정에 대한 이해와 연구에서 이야기 모형(story model)이 진지하게 검토되어야 한다는 것을 시사한다.

이번에 이루어진 예비 모의재판에서 시나리오 자체가 무죄추정을 하기 쉽도록 되어 있는데, 이 점은 오히려 제1호 배심원들을 평가하는데 더 많은 정보를 제공하는 순기능을 하였다. 왜냐하면, 제1호 배심원들이 그러한 시나리오에 기초하여 만약 유죄평결을 하였다면 한국 배심원들에 대하여 재고해봐야 했을 것이기 때문이다. 따라서 다음 예비 모의재판에서는 동일한 사건을 이용하여 세 가지의 시나리오를 구성하기를 권고한다. 하나는 무죄에 더 역점이 주어지는 시나리오이고, 두 번째 시나리오는 동일한 사건에서 유죄에 더 비중이 주어지는 것이고, 세 번째는 유죄와 무죄가 거의 동등하게 경합하도록 만들어서 세 집단의 배심원단에게 평결을 맡기는 것이다. 이때 세 집단의 배심원단은 성별, 연령, 교육, 경제수준, 직업, 등에서 가능한 한 매치(match)되도록 구성한다. 다음에 이루어질 예비 모의재판에 대하여 한 가지 더 제안을 한다면, 판사들의 판단과 비교할 수 있는 방안이 모색되면 좋을 것으로 생각된다.

[한림대학교 심리학과 조은경 교수의 소감]

전반적으로 배심원들의 의견 개진이 기대 이상으로 명료하고 예리했습니다. 증인들의 기억 신빙성에 대한 평가, 검사측의 증거 불충분에 대한 지적, 범죄발생 당시 범인에 대한 확신과 수사과정에서의 범인 확인과정을 구별해야 한다는 지적, 피고의 인상과 심리상태에 대한 추론 및 알리바이에 대한 논쟁 등이 다른 배심원들에게 명료하게 전달되었습니다. 이는 본 배심원단이 사회경제적 수준이나 교육 수준이 편향되어 있는 것이 아닌가 의심을 갖게 하였습니다. 물론 진짜 배심원을 선정할 때는 무작위 선정이 될 것이라고 믿습니다.

배심원들 중에서 처음에 발언을 하기 시작한 사람이 집단리더의 역할을 하게 된다는 기존의 연구결과와 마찬가지로 이번 모의실험에서도 그러한 경향이 관찰되었습니다. 12명의 배심원 중에서 한 번밖에 발언을 하지 않은 배심원도 있었는데 그런 사람들은 다수의 의견에 쉽게 동조하거나 어서 끝내고 싶은 마음에서 침묵을 지키거나 하지 않는지 살펴보면 좋겠습니다. 사회심리학 개념 중에 인지적 종결욕구(need for closure)라는 것이 있습니다. 인지적 종결욕구가 높은 사람은 문제의 답을 빨리 찾으려고 하고 결론을 빨리 내리는 경향이 있으며 그와 관련한 상당히 신뢰로운 연구결과들이 나오고 있습니다. 향후 실험에서 간단한 인지적 종결욕구 척도를 사용해서 재판 전에 개인차를 측정하고 평의과정에서의 행동을 관찰해 보는 것도 좋겠습니다.

평의가 시작되기 전 배심원들의 생각은 무죄 10명, 잘모르겠다 2명이었습니다. 다수가 무죄의견으로 출발했기에 만장일치로 무죄 결론을 내리는데 큰 어려움은 없었지만 마지막까지 1명이 무죄라는 판단을 할 수 없다고 버티면서 무죄가 아니라는 결론을 반복했습니다. 그러나 한 명의 배심원이 판사가 평의에 들어가기 전에 말했던 "무죄추정의 원칙"을 들먹이며 설득을 하였고 결국 잘 모르겠다는 결정을 고수하던 배심원은 할 말이 없어졌습니다. 이는 판사의 구체적인 지시나 말의 내용이 배심원들의 생각과 행동에 영향을 미칠 수 있음을 보여준 단적인 사례입니다. 배심원들에게 내리는 지시사항을 표준화하고 배심원의 역할을 판사를 통해서 전달할 것이 아니라 사전에 숙지시키는 절차를 포함하는 것이 좋겠습니다.

끝까지 잘 모르겠다는 의견을 개진한 배심원이 '판단하기 참 어렵다. 다음에는 가급적 참여를 안하고 싶다'라는 말을 한 것이 인상적입니다. 실제로 배심재판이 진행될 경우에 이와 같이 배심원의 역할 자체를 부담스러워하는 사람들이 드물지 않게 나오리라 예상됩니다. 배심원들의 심리적 안정을 도모하는 방법도 연구되어야 하지 않을까요?

본 모의사건의 구성은 다수의 배심원들이 지적한 바와 같이 증거가 너무 빈약한 상태라서 배심원들간의 갈등과 결론도출 과정을 관찰하기에는 부적절했다고 생각합니다. 다음에는 사건의 구성에 좀 더 신경을 쓰는 것이 좋겠습니다. 이번 평의과정에서도 배심원들이 일반적인 범죄자의 심리에 대한 막연한 추론을 하는 것을 볼 수 있었는데(예: 우발적 범행을 한 사람은 범행시와 동일한 추리닝을 입고 다니지 않을 것이다, 3년간 실직상태에 있던 사람은 정신이 온전치 않을 것이다 등) 만약 복잡한 사건이라면 배심원들의 이러한 소박한(naive) 범죄심리분석이 어떤 결과를 가져올 것인지 매우 흥미롭습니다.

실제 재판에서는 증인들, 특히 피고와 피해자는 증언시에 감정적인 동요가 진술과 함께 발생할 가능성이 높습니다. 모의재판에서도 증인들의 감정적인 동요를 조작하여 배심원들이 어떻게 영향을 받는지를 보는 것이 좋겠습니다. 예컨대, 이번 모의사건의 경우에는 피해자의 딸이 감정적으로 격앙되고 피고에 대한 확신에 찬 모습을 보여주었다면 배심원들의 반응이 어떻게 달라졌을지 궁금합니다.

　본 모의재판에는 5명의 증인이 있었는데, 배심원들이 신빙성에 관한 논의를 한 대상은 주로 피해자의 딸과 공원관리인이었습니다. 즉, 범행현장을 목격한 증인들의 증언에 대해서만 신빙성 논의를 하였고 현장에 없었던 다른 증인들에 관한 증언 신빙성에 관한 의문이나 거짓말에 관한 의심은 제기되지 않았습니다. 이것이 일반적인 현상인지 아닌지에 대해서는 차후의 실험들을 통해서 연구가 되어야겠지만, 만약 현장을 보았다고 주장하는 증인들에 대해서 배심원들이 더 엄격한 타당성 기준을 요구하는 것이라면 이러한 사실이 양측 증인 선정에 고려되어야 하겠고, 증인 신빙성 연구에 대해서 법원에서 좀 더 많은 지식을 가지고 있어야 되겠다는 생각이 듭니다.

　7월 20일자 모의 배심원들의 평의과정은 한마디로 환상적이었다. 평의방식에 대하여는 사전에 아무런 방침도 주지 않았다. 단지 스스로 의논하여 대표를 선출하라고 하였을 뿐이다. 평의과정에서 의문이 있으면 대표자를 통하여 서면질문서를 보내라고 지시하였다(실제 두건 서면질문이 있었다). 최초로 대표자를 선출하자고 제안한 사람이 자천타천으로 배심원 대표가 되었다. 반드시 연장자가 대표자가 된 것은 아니었다. 이 점은 이후 다른 배심원단도 마찬가지였다. 평의전에 사전 설문조사를 통하여 증거설명을 듣고 혼자서 내린 결론을 명시하도록 하였다. 무죄 10표, 판단보류 2표였다. 평결방식에 대하여는 무척 고심을 하는 눈치였다. 배심원 대표의 제안으로 각자의 의견을 돌아가면서 밝히는 쪽으로 가닥이 잡혀졌다. 쟁점에 대한 사전토론 없이 의견을 먼저 밝히는 방식으로 평의가 이루어진 것(verdict-driven deliberation)은 다소 아쉽다. 그렇다고 하여 아무런 이유 설명 없이 거수 등의 방법으로 결론만을 제시하지는 않은 점에서 그 평의의 질적 수준은 보장될 수 있었다고 보인다. 그리고 그 이후의 토론은 주로 증거를 분석하고(evidence-driven deliberation) 재판장의 지시사항과 증거법칙을 재검토하는 데 집중되었다. 이후 연습재판과 모의재판에서 이루어진 여섯 건의 배심평의 중 다소 문제가 있었던 8월 10일 자 연습재판을 제외하고는 우리 시민들의 판단능력과 평의과정에서 보여준 인내심, 다른 배심원들에 대한 배려 등은 세계 어디에 내 놓아도 손색이 없었다고 자부할 만하다.

　7월 20일자 연습 모의재판에서는 증인들의 증언의 요지가 서술식으로 낭독됨으로써 개별 증언들의 신빙성과 타당성이 생생하게 비교검토될 기회가 없었다. 특히 검찰측 증인에 대한 변호인의 탄핵이 문답과정이 아니라 변호인 주장의 요지 형식으로 구술된 것이 배심원들에게 그대로 먹혀 들어간 것이 아닌가 생각되었다. 그 때문에 검찰측 증언의 가치가 쉽게 떨어진 것도 상대적으로 무죄 판단을 용이하게 하였던 것으로 보였다. 시나리오의 대상이 된 원 사건과는 달리 경찰에서의 피고인의 자백, 경찰 실황조사서, 용서를 구하는 태도(원 사건에서 역시 증거능력이 없는 부분이므로 유무죄 판단에서 고려의 대상으로 삼아서는 아니되지만) 등이 현출되지 아니한 점 등도 종합적으로 작용하여 비교적 쉽게 만장일치로 무죄평결에 이르렀다고 보였다.

설문 분석 결과 이 사건 모의배심원들의 압도적인 견해(1명 제외)는 이 정도의 증거(즉 피해자 딸의 모호한 범인 목격진술)만을 가지고서는 아무런 물증도 없는 상태에서 도저히 유죄를 인정할 수 없다는 것으로 요약될 수 있겠다. 그리고 수사기관의 수사가 미진하였다는 지적이 나왔다. 우리의 모의재판에서 사안 자체가 너무 한쪽으로 쏠리는 것은 적당치는 못하다고 생각되지만, 일단 이 첫 실험적 재판이 "누가 보더라도 무죄"라는 결론이 나온 것이 오히려 우리의 향후 작업에 좋은 기준점이 된다는 점에서 중요한 의미를 둘 수 있을 것이었다.

다만 비교적 손쉽게 만장일치로 무죄가 된 점에 대하여 실무팀에서는 시나리오의 보강이 필요하였다. 물론 실제 법정에서 공방이 벌어진다면 배심원의 판단에도 쏠림 현상은 덜할 것이라고 예상되었다. 그러나 실제 사건과의 연계성을 고려하여 시나리오의 기본 틀을 바꾸지는 않기로 하되, 증거 신빙성의 강도를 시청각적으로 보강하기로 하였다. 추가로 보완하기로 한 사항은 ① 피해자 딸의 목격진술에 기초하여 범인의 인상에 관한 몽타쥬를 작성하고 이를 법정에 현출시키는 일(다만 너무 피고인과 동일하여서는 아니될 것이므로 피고인 역을 맡은 대역 사진과 다른 20대 남자 4명의 사진을 합성하여 몽타쥬를 만들도록 하였다. 이후 재판에서는 변호인이 다른 남자 4명의 사진을 내세우면서 탄핵을 할 것을 예정하였다), ② 라인 업 과정을 미리 비디오로 촬영하여 이를 법정에 현출시키는 일, ③ 피해자 딸의 범인 목소리에 대한 특징에 관한 진술과 실제 피고인의 음성의 특징을 상호 비교할 수 있는 성문분석 전문가의 소견 확보, ④ 피고인의 집에서 압수된 츄리닝에서 혈흔이 검출되지 아니한 점과 관련하여 현재 혈흔반응조사의 세계적 수준. 혈흔감정 불능의 의미, 이 사건에서의 혈흔 감정결과 등에 관한 전문가의 소견 확보 등이다. 우리 재판실무가들은 아무런 물증 없이 정황증거만으로 기소가 되는 사건을 종종 접하게 된다. 그러나 현대 한국사회 시민들의 감각은 그 정도로는 부족하다고 볼 여지가 있다. 비록 정황증거뿐이기는 하지만 수사기관이 피고인을 의심하고 기소까지 하게 된 데에는 그럴만한 이유가 있다는 것을 최선을 다하여 과학적, 시청각적으로 보여 줄 필요가 있을 것이다. 우리가 배심참심 등 국민참여재판의 도입을 신중히 고려하는 것도 자백 위주의 억압적 수사관행에서 탈피하고자 하는 것과 깊은 관련을 가지고 있다. 그래서 법정에서 배심, 참심원에 대한 설득을 염두에 두고 과학기술을 총동원하여 보다 세련된 방법으로 인권융화적 수사관행을 이루어 내어야 할 것이다. 그리하여 수사와 재판이 주먹구구식이라는 오해를 불식시키고 보다 더 질 높은 형사사법이 구현될 수 있을 것이라고 기대를 해 보는 것이다. 따라서 이러한 증거방법들이 법정에 현출된다고 하는 것은 우리의 모의재판이 당연히 추구하여야 할 올바른 방향이라는 생각을 감히 해 보게 된 것이다. 이는 이번 모의배심, 참심재판이 우리 사회에 던지게 될 중요한 시사점 중의 하나가 될 것이라고 예상하였다. 우리 실무 준비팀으로서는 다가 올 8월 10일 2차 연습재판에서 이러한 수사기관의 과학적 채증노력 추가될 때 배심원들의 판단에 어떤 효과를 미칠지 무척 궁금하였다.

2차 연습재판을 준비하면서 특히 기억에 남을 수밖에 없었던 것은 라인 업 과정을 서울중앙지검 전자조사실에서 촬영하였던 일이다. 이 라인 업 시나리오의 주된 플롯은 목격자인 피해자의 딸이 피고인을 범인으로 지목하기는 하였는데 라인 업 절차와 과정에 문제가 잠복해 있는 것으로 구상되었다. 거기에는 목격자와 라인 업 시행 경찰관 사이의 미묘한 심리적 교감이 암암리에 표현되어야 했다. 국내 유명 영화감독인 김상진 감독의 도움으로 불과 1분 남짓 되는 라인 업 장면을 촬영하는 데 하루 종일이 걸렸다. 콘티 상으로는 모두 15컷을 찍어야 했다. 그 촬영에 동원된 스텝진만 해도 모두 27명이었다. 이 촬영을 위하여 애써주신 여러분들의 땀과 수고가 좋은 결실로 연결되기를 간절히 기원한다.

2) 2004년 8월 10일 2차 연습모의재판에서의 배심평의와 그 이후의 준비과정

2차 연습재판은 이제 실전과 동일한 방식으로 치러졌다. 그 사이 검사와 변호사의 역할을 해 줄 변호사들 6분이 선정되어 연습을 마쳤다. 증인들 역시 몇 차례의 리허설을 거쳤다. 아직 다소간 아마추어 냄새가 나기는 하지만 증인들은 그런대로 재판 과정에서의 역할을 잘 소화해 주고 있었다. 법정에서 영상자료로 몽타주 사진이 제시되고 라인 업 과정을 촬영한 비디오도 상영되었다. 연습재판 과정 그 자체는 별다른 문제가 없는 상태였다.

재판이 종료한 후 평의개시 전에 시행한 설문조사에서는 예상한 대로 유무죄의 분포가 1차 연습재판과는 다소 양상이 달라졌다. 무죄 의견 6, 유죄 의견 3, 판단보류 3이었다. 다른 배심원단과 마찬가지로 돌아가면서 이유를 붙인 각자의 의견이 제시되었다. 주류는 무죄 의견이었지만 강한 유죄의견을 가진 2명의 배심원들이 있음이 밝혀졌다. 유죄의견을 제시한 두 사람 모두 2~30대의 젊은 층이었다. 모니터 실에서 그 평의과정을 지켜보던 변호인 역을 맡은 측에서는 '젊은 층이 오히려 보수적인 것 같다. 실제 배심모의재판에서는 젊은 층을 선발하는 것이 불리한 것 아닌가' 하는 반 농담조의 의견도 일부 제시되기도 하였다. 강한 유무죄의 의견이 대립되었으므로 이제부터의 평의과정에 관심이 집중되었다. 어떻게 그들은 이 난국을 타개할 것인가. 아직 증거에 대한 세밀한 분석작업은 없었기 때문에 이제 증거를 평의실로 보내달라고 하지 않을까. 필자는 자못 그 이후의 평의의 전개에 관하여 긴장감 어린 기대를 하기 시작했다.

그런데 평의실에서는 의외의 일이 벌어지기 시작하였다. 배심원 대표를 맡은 50대 후반의 배심원은 다소 성미가 급하거나 저녁 시간에 무슨 약속이 있는 듯이 보였다. 배심원 대표는 유죄 의견을 자꾸 주장하는 젊은 배심원에게 대하여 자신의 무죄 주장을 고수하는 것까지는 좋았으나 '물증이 없으니 무죄다'라는 말만 반복할 뿐 증거의 가치에 대한 섬세한 분석을 해 내지 못하는 것이 결정적 흠이었다. 본격적인 평의를 하기 시작한 지 30분이 조금 넘어서니 퇴근시간인 오후 6시가 되었다. 배심원들은 사건의 쟁점에 대하여 아직 깊이 있게 들어가지 못한 채 언저리만을 맴도는 대화를 계속하였다. 그처럼 입체적인 증거들을 내 놓았음에도 불구하고 배심원들은 전혀 증거의 내용에 대하여 언급을 할 태세를 보이지 않았다. 놀랍게도 배심원 대표는 이제 사건 외적인 상황으로 다른 의견의 배심원들을 설득하기 시작했다. '어차피 다수가 무죄 의견을 주장하고 있다. 더 토론을 해 봐야 무죄 의견이 유죄로 넘어가지는 못할 것이다. 이것은 실제 재판이 아니라 모의재판이다. 우리는 이 정도로 토론을 한 것만으로도 모의배심원으로서의 역할을 다 했다. 이제 집에 가자.' 상황이 일전하였다. 유죄 의견을 계속 고수하던 배심원들은 더 할 말이 없어졌다. 그런 과정을 거쳐 2차 연습재판의 배심원들은 만장일치로 무죄 평결을 내 놓았던 것이다.

우리는 이 평의과정을 지켜보면서 스스로를 반성할 수 있었다. 7월 20일자 1차 연습재판의 배심원들은 훨씬 상황이 열악하였음에도 성실하고 진지하게 평의에 임하였다. 물론 2차 배심원들이 불성실하였다고 말하는 것은 아니다. 그러나 1차와 2차 배심원 양자에게 주어진 상황이 굉장히 달랐던 것이 하나 있었음을 뒤늦게 발견하였다. 그것은 바로 동기부여의 문제였다. 실제 사건이 아닌 것에서 주어지는 심리적인 이완수준은 감수할 수밖에는 없을 것이다. 그러나 이 모의재판이 비록 실제 사건은 아니지만 성실한 평의가 중요함을 강조하는 과정이 2차 연습재판의 배심원들에게 생략되었던 것이 문제였다. 이 모의재판을 하는 시대적 이유, 그에 따른 소명의식, 투철한 봉사정신에 대한 공감대의 형성이 무엇보다도 중요함을 깨닫게 해 주었어야 하였다. 그리고 평의시간을 충분히 확보해 줄 필요가 있었다(2차 연습재판은 오후 3시에 시작하였다. 세시간의 재판을 거쳐 오후 5시가 되어서야 비로소 평의실에 들어갈 수 있었다). 그래서 3차 연습재판은 오전에 시작하여 오후 시간을 평의과정에 충분히 쓸 수 있도록 일정을 조정하자고 의견이 모아졌다. 한편 평의 시작 전에 설문조사를 한 것이 평의 시작 전부터 유무죄 판단을 고착화시키는 부정적 효과가 있는 것은 아닌가 하는 의심을 해 보게 되었다. 따라서 3차 연습재판부터는 평의 전후에 걸쳐 개인 의견의 변화를 묻는 것은 평의 후 시점 한번으로 끝내기로 하였다.

2004년 8월 10일 2차 연습재판 광경

다음으로 배심원의 개인적 성향이 혹시 집합적인 배심토의의 질적 수준과 어떤 관련이 없을 것인가도 검토해 보았다. 성미가 급하고 빨리 끝내고 싶은 마음에서 상황에 대한 전체적인 인상만을 말할 뿐 구체적으로 심도 있는 증거 검토의 기회를 갖지 못한다면 그것은 배심평의의 질적 수준에 심대한 영향을 미칠 것이다. 이제는 유무죄의 결론보다도 찬성과 반대의 의견 대립 과정에서 그 어려움을 어떻게 슬기롭고 조화롭게 해결해 내는가 하는 능력을 검토하는 것이 다음 과제임을 느끼게 된 것이다. 여기서 한림대 심리학과 조은경 교수의 의견을 받아들여 후술하는 인지적 종결

욕구에 관한 사전 설문조사를 벌이기로 하였다. 8월 20일 3차 연습재판에서는 배심원단을 두 팀으로 나누고 한 팀은 종결욕구가 높은 사람들로, 다른 팀은 그 욕구가 낮은 사람들로 구성하여 배심원단 사이에서 평의의 차이가 나는지를 직접 검토해 보기로 한 것이다.

3) 인지적 종결 욕구(need for cognitive closure)

인지적 종결 욕구는 크루글랜스키(Kruglanski, 1989)의 이론을 근거로 한다. 이 이론은 인지적 과정에 영향을 미치는 동기가 무엇인가를 밝히는 목적으로 제안된 것이다. 웹스터와 크루글랜스키(Webster & Kruglanski, 1994)는 인지적 종결 욕구 尺度(Need for Closure Scales, NFCS)를 개발하였다. 이 척도는 5개의 중요한 범주들로 구성되어 있다. 첫 번째 범주는 자신의 환경들이 질서정연하고 구조화된 것에 대한 선호이다. 종결욕구가 높은 사람들은 그들의 삶이 질서정연하고 구조화되기를 바라며 혼돈과 무질서함을 매우 싫어한다. 두 번째 범주는 모호함에 대해 정서적으로 불편함을 느끼는 것이다. 높은 인지적 종결 욕구의 사람들은 종료되지 않은 애매한 상황을 그들의 종결욕구가 좌절된 혐오적인 상황으로 지각한다. 세 번째 범주는 판단과 선택에 있어서의 명확성이다. 종결욕구가 높은 사람들은 명백하고 확신있는 결정을 선호한다. 네 번째 범주는 미래 상황에 대한 예측가능성으로 종결욕구가 높은 사람들은 모든 상황에서 일관적이고 변하지 않는 지식에 대한 욕구가 증가한다고 가정하였다. 마지막 범주는 폐쇄적인 사고에 관한 것으로 대안적인 의견이나 자신의 판단과 일관적이지 않은 증거들을 고려하지 않으려는 욕구를 말한다.

인지적 종결 욕구는 사람들이 주어진 문제에 관한 지식을 계속 추구하기를 원하는지 아니면 회피하려 하는지와 관련된 동기이다. 사람들은 인지적 종결에 의해 생길 수 있는 이익과 비용을 분석하여 인지적인 종결의 추구나 회피를 선택하게 된다. 실제의 상태와 원하는 상태가 일치한 경우에는 인지적 종결 욕구가 높아져 인식 과정은 종결되고 관련된 정보에 더 이상 민감하지 않게 된다. 그러나 실제와 원하는 상태가 불일치하는 경우 인지적 종결을 회피하고 관련 정보에 더 민감하게 된다. 사람들은 상황적인 요인과 안정적인 성격적 특질 모두에 의해 인지적 종결 욕구나 종결 회피 욕구를 가질 수 있다.

많은 연구들이 종결 욕구를 유발시키기 위해 여러 가지 상황적 조작을 실시해 왔다. 시간적 압력이 높은 상황이나(Kruglanski & Freund, 1983) 수행해야 할 과제의 흥미도가 낮은 경우(Webster, 1993), 소음이 있는 상황에서 판단과제를 하게 하는 경우

(Kruglanski et al, 1993)에는 사람들이 높은 인지적 종결 욕구를 갖게 되어 더 이상 자신의 가설과 불일치하는 정보에 주의를 기울이려 하지 않고 판단과제를 끝내려 한다. 반면에, 공개적인 평가 상황과 같이 자신의 가설에 대한 타당성에 관심이 커지게 되는 경우나(Kruglanski &Freund, 1983; Peri, Kruglanski, & Zakai, 1986), 정확한 의견형성의 중요성이 강조되는 경우(Webster, 1993), 그리고 판단과제 자체가 흥미로워서 끝내고 싶지 않은 경우에는 종료를 지연하거나 회피하도록 동기화되어 철저하고 광범위한 정보처리를 하게 되고 여러 가지 대안적 가설을 고려하게 된다.

크루글랜스키와 프로인트(Kruglanski & Freund, 1983)는 시간압력과 공개적인 평가와 같이 상황적 조작에 의해 종결 욕구와 종결회피 욕구를 유발시킨 후 인상형성 과제를 실시하였다. 그 결과, 종결 욕구가 높은 피험자들이 종결회피 욕구가 높은 피험자들보다 인상형성 과제에서 初頭效果의 영향을 많이 받았고 고정관념적인 판단 경향을 더 많이 보이는 것으로 나타났다. 이와 같은 결과는 종결 욕구가 높은 사람들이 빠른 종료를 위해 상대적으로 간단하고 처리하기 쉬운 휴리스틱 단서에 의존하여 판단하고, 종결회피 욕구가 높은 사람들은 체계적인 처리 방법을 사용하여 판단함을 시사한다고 할 수 있다(Kruglanski, 1996). 우리는 일단 인지적 종결욕구가 낮은 집단이 상대적으로 높은 집단에 비하여 증거위주의 평의를 할 것이라는 전제에서 3차 연습재판을 대비하였다.

NFCS 문항들	
모호함에 대한 불편함	나는 예측할 수 없는 상황을 싫어한다 나는 사람들의 의미나 의도가 나에게 명백하지 않을 때 불편함을 느낀다 나는 예측할 수 없는 상황에 빠져 들어가기를 싫어한다 나는 내 인생에서 어떤 일이 왜 일어나는지를 이해할 수 없을 때 불쾌하다 나는 불확실한 상황을 좋아하지 않는다 나는 마지막 순간에 내 계획을 변경시키는 것이 정말 싫다 나는 마음의 결정을 내리지 못하고 갈팡질팡하는 사람들의 얘기를 들어주기가 짜증스럽다 나는 다른 다양한 방식으로 대답할 수 있는 질문들을 싫어한다 나는 내 인생에서 어떤 일이 왜 일어나는지를 이해할 수 없을 때 불쾌하다 나는 어떤 사람이 다른 여러 의미로 해석할 수 있는 말을 할 때 불쾌함을 느낀다
계획적인 삶 선호	규칙적으로 잘 계획된 생활이 내 성격에 맞는다 나는 명확하고 구조화된 삶의 방식을 좋아한다

	나의 개인적인 공간은 보통 정리되어 있지 않고 무질서하다(R) 나는 모든 것에 두는 자리를 정하고 그것들을 제자리에 놓는 것이 좋다 나는 질서정연함과 조직화가 좋은 학생들이 지니는 가장 중요한 특성들 중 하나라고 믿는다 나는 예기치 못한 행동을 하는 사람과 함께 있는 것을 싫어한다 나는 일을 성공시키기 위해서는 명확한 규칙과 순서가 반드시 필요하다고 생각한다 나는 내 일(공부)의 틀에 박힌 일상적인 측면을 싫어한다(R) 변함없고 틀에 박힌 일상이 삶을 보다 즐길 수 있도록 해준다고 생각한다
판단의 명확성	나는 스스로를 우유부단하다고 생각한다(R) 나는 보통 중요한 결정을 빠르고 확신있게 내린다 나는 어떤 문제에 직면하면 보통 하나의 최선책을 금방 찾아낸다 나는 쇼핑을 할 때, 내가 원하는 것이 정확히 무엇인지를 결정내리기가 어렵다(R) 나는 대부분의 의사결정에서 매우 고심하는 경향이 있다(R) 나는 대부분의 사회적 갈등 상황에서, 어느 쪽이 옳고 그른지를 쉽게 판단할 수 있다 나는 나에게 있어서 중요한 일들에 혼란을 느낄 때마다 매우 불안하여 이성을 잃게 된다 나는 가능한 마지막 순간까지 중요한 결정을 미루는 경향이 있다(R)
예측가능 성 선호	나는 마지막 순간에 내 계획을 변경시키는 것이 재미있다고 생각한다(R) 나는 무엇이 일어날지 알 수 없는 상황으로 빠져들어 갈 때의 불확실함을 즐긴다(R) 나는 예측할 수 없는 친구들과 사귀는 것을 좋아한다(R) 나는 강의목적이나 과제물이 명확하지 않은 수업에서 가장 잘 배울 수 있다고 생각한다(R) 나는 보통 내 자신의 입장을 정하기 전에 다른 많은 의견들을 고려하지 않는다 나는 나와 의견이 매우 다른 사람들과 교류하는 것을 좋아한다(R)
폐쇄적 사고	나는 내가 직면한 문제들에 대해 항상 많은 해결책들을 생각해낸다(R) 어떤 문제를 해결하려 할 때, 나는 종종 너무 많은 대안들이 떠올라서 혼란스럽다(R) 나는 어떤 문제에 관해 생각할 때, 가능한 그 문제와 관련된 다른 많은 의견들도 고려한다(R) 나는 대부분의 갈등상황에서, 보통 양쪽의 주장이 왜 모두 옳을 수 있는지를 알 수 있다(R) 나는 사람들이 무슨 생각을 하고 있는지에 대해 늘 알고 싶다

4) 2004년 8월 20일 3차 연습모의재판에서의 배심평의

2차 연습재판의 교훈을 토대로 재판은 오전 10시에 시작되었다. 8월 25일에 예정된 배심선발절차 연습도 아울러 겸해서 이루어졌다. 처음 하는 배심선발절차에 재판장과 검사, 변호인단이 잘 적응을 하지 못한 것만이 다소 문제였으나(실제 8월 25일에 시행된 배심선발절차는 환상적으로 이루어졌다) 이제 재판은 수차례의 리허설과 연습재판을 거치는 과정에서 매우 잘 다듬어졌다. 검사와 변호인의 모두진술과 최후변론, 증거조사 중의 이의제기 등도 매끄럽게 무리 없이 이루어졌다. 마치 미국에서의 법정 영화를 보는 것을 방불케 할 정도로 검사와 변호인 역을 맡은 변호사들[6]은 능숙하고 호소력 있게 변론에 임하셨다. 재판장 역을 맡은 변호사들[7] 역시 위엄이 있으면서도 자상하게 자신들의 역할을 잘 소화해 주셨다. 증인 역할을 맡은 배역들[8]도 실제 재판을 방불케 하는 극적인 연기를 구사하였다. 법정과 평의과정을 촬영하기 위하여 새로 관련 기자재를 구입하여 설치하였다. 법원행정처, 서울중앙지법 직원 여러분들의 헌신적인 숨은 노고가 없었으면 이 연습재판과 모의재판이 순조롭게 진행될 수 없었을 것이다. 이 분들의 노고에 대하여도 이 자리를 빌려 깊은 감사를 드린다.

배심선발절차 시행에 앞서 인지적 종결 욕구를 검증하는 설문조사가 시행되었다. 배심원단 A팀은 종결욕구가 높은 사람들로, B팀은 종결욕구가 낮은 사람들로 구성되었다. 당장 특이하게 눈에 뜨이는 것은 A, B팀 사이의 연령의 편차였다. 즉 종결욕구가 높은 A팀은 50대 이상의 장년층이 9명이고 40대 이하는 3명인 반면, B팀은 그 정반대로 장년층은 3명에 불과하고 40대 이하는 9명이었다. 그 당시로는 왜 이런 연령 구성에서의 격차를 보이는지 의문스러웠다. 이 부분은 후술하는 분석에서 다시 보기로 한다.

배심원단 A팀은 평의를 시작한 지 약 40~50분이 지나서 평결이 성립되었음을 알려 왔다. 만장일치 무죄였다. 비디오로 촬영된 평의과정의 질적 수준은 높은 편이었다. 1명의 배심원이 유죄의견을 끝까지 고수하였으나 다른 배심원들의 집중적인 설득으로 의견을 바꾸었다. 증거에 대한 검토도 그런대로 이루어졌다.

아직 배심원단 B팀은 평의가 계속 중이었다. 예상한 대로 인지적 종결욕구가 낮은 집단이 시간을 더 들여가면서 평의를 하는 것이 확인되고 있었다. 평의의 시간보다도 더 주목할 만한 일은 그 평의의 내용이었다. 정말 이들이 하는 평의내용은 경이로움 그 자체였다.

"제가 사회를 보도록 하겠습니다. 논의의 신속한 진행을 위해서는 일단 유무죄에

---

6) 검사 역은 김진, 박형연, 이경현 변호사가, 변호인 역은 진선미, 최영동, 한택근 변호사가 맡아 수고해 주셨다.
7) 배심 재판장은 김홍엽 변호사, 참심 재판장은 곽태철 변호사, 참심 배석판사는 박래춘, 안지현 변호사가 담당하였다.
8) 피고인·증인은 김근호, 김호철, 배후영, 신순식, 조승연, 하성진 씨 등이 맡아 주셨다.

대한 여러분들의 의견을 돌아가면서 한분씩 말씀하시는 것이 좋을 것 같습니다." B팀 평의실에서 배심원 대표를 자청한 6번 배심원인 40대 여성이 어색한 분위기를 깨고 첫 말문을 열었다. 이에 4번 배심원이 사회자가 제의한 방식으로 논의를 시작하는 것에 대하여 찬성 발언을 하였다. 그 순간 맞은편에 앉은 12번 배심원이 반론을 제기했다. "지금 너무 불분명한 것이 많아요. 저는 유무죄에 관한 의견을 말씀드리기 곤란하네요. 결론부터 먼저 말하기 전에 우리는 불분명한 것에 대하여 우선 논의를 해서 확실히 해 두었으면 좋겠어요." 옆방 모니터실에서 폐쇄회로로 평의 과정을 숨가쁘게 지켜보고 있었던 우리들 사이에서는 탄성의 목소리가 절로 새어나왔다. 열두명의 "평범한 시민"들은 그렇게 논의를 시작했다. 그때부터 그들은 우리가 파 묻어놓은 모든 사실인정상의 지뢰들을 찾아가 파내는 작업을 하기 시작하였던 것이다. 다른 배심원단과는 달리 3차 연습재판 B팀은 처음부터 각자의 최종 의견을 돌아가면서 말하는 대신(verdict-driven), 증거를 연결지어 사안의 쟁점을 먼저 분석하는 방식(evidence-driven)을 선택하였던 것이다. 그리고 각자의 내심의 결론을 짐짓 감춘 채 다른 배심원의 주장에 대하여 자신이 다른 관점에서 문제를 제기하고 정리해 내는 실력을 보였다. 여기서 사회자의 능숙성, 사회자를 보조하여 토론 분위기를 이끌어가는 보조자의 역량이 돋보였다. 다만 그 시점에서 하나 흠이 있었다면, 12명의 배심원 중 적극적으로 토론에 참여하는 사람들은 6~7명 정도 되었고 나머지는 토론과정에 깊숙이 개입하지 못하였다는 점이다. 그래서 모니터 실에서는 왜 사회자가 주로 침묵하는 배심원들에게 발언기회를 주지 않을까 하는 불만 섞인 지적도 나왔다. 그러나 그것도 잠시뿐이었다. 적극적으로 발언을 한 배심원들은 나머지 침묵하는 배심원들의 의견이 궁금해진 것이다. 이쯤 토론을 하였으니 이제 한 사람씩 돌아가면서 발언을 해 보자는 제의가 나오게 되었다. 침묵한 배심원들은 그냥 생각 없이 앉아 있었던 것은 아님이 곧 밝혀졌다. 그들은 재판과정과 동료 배심원들의 토론과정을 주의 깊게 지켜 본 다음, 상세하게 정리한 메모를 들고 자기류의 증거분석을 또 시도하는 것이었다.

그것은 실로 고되고 지루한 작업이었지만 그들은 진지하게 그 과업을 모두 감당해 내었다. 남녀노소, 지식과 빈부의 격차와는 상관없이 그들은 동료 배심원들과 상대방의 의견들을 정중하면서도 열린 마음으로 대해 주었다. 그 토론과정과 그들이 이끌어 낸 결론 모두가 경탄스러운 것이었다. 그것은 한마디로 말하여 바로 "正義의 잔치"였다.

범인식별절차에서 피해자 딸이 처음부터 분명하게 피고인을 범인으로 지목하지 못하고 망설인 것이 문제여서 피해자 딸의 범인지목 진술은 문제가 많다는 의견이 제시되었다. 그러나 바로 반론이 나왔다. '오히려 처음부터 확실하게 진술하는 것이 이상하다. 누구나 처음에는 망설이는 것이 당연하다. 목격자는 피고인을 처음 본 순간부터 내심 그를 범인으로 확신하였다고 말하지 않더냐. 그런데 다른 사람이 유사하게 보여 조금 더 신중하게 답을 하려고 하다보니 즉석에서 답이 나온 것이 아니라고 목격자 증인이 증언하였다.'라는 지적이 나왔다. "최초 범인지목의 확실성 정도는 매우 중요한 증거이다. 그러나 최초의 지목태도에 자신감이 없었다는 이유만으로 바로 그 지목의 신빙성을 낮게 볼 것은 아니다. 왜 자신감이 없었는지, 또는 왜 그처럼 자신 있게 지목하였는지에 관한 이유가 정확하게 처음부터 오염이 되지 않은 채 순수하게 기록되는 것이 중요하다."고 하는 사회과학분야에서의 두텁게 쌓인 연구성과들이 있다. 그것은 경험과 상식의 세계에서도 수긍될 수 있는 일이다. 그 점을 밝히는데 이 배심원단은 자신들의 실력을 유감 없이 보여주었다.[9]

끝까지 한 사람의 배심원이 소수파의 의견을 고수하였지만 다수의 차분한 설득에 의하여 만장일치에 이를 수 있었다. 배심원 B팀은 1시간 30여분에 걸친 평의 끝에 만장일치로 무죄의견을 내 놓았다.

5) 2004년 8월 26일 실제 모의재판에서의 배심평의

실제 모의재판에서 배심원단은 3개 팀으로 구성하였음은 앞에서 언급한 바와 같다. 서울중앙지법 관내의 관악구, 서초구, 성북구(주민 합계 약 138만명)에 대하여 선거인명부에서 각 투표구별로 무작위 추출한 2명씩의 명단을 보내줄 것을 요청하여, 576명의 후보자명단을 확보하였다. 후보자들에 대하여 배심원에 참석할 수 있는지를 우편으로 문의하여 41명의 참가 신청을 받았다. 참가 신청자 41명의 지역별 분포, 성별 등은 다음과 같다.
  - 지역별: 관악구 15명/서초구 17명/성북구 9명
  - 성별: 남성 25명/여성 16명

---

9) 다만 우리 수사실무자나 법실무자들만 그러한 상식의 가르침을 모를 뿐이다. 누차 반복되는 대법원의 판례에도 불구하고 여전히 라인 업과 같은 범인지목절차를 실제 수사과정에서 쓰지 않고 있는 것이 우리 수사의 현실이다. 개탄스러울 뿐이다. 우리가 법정에서 종종 만나는 목격자는 매우 확실하게 범인지목을 하는 수가 있다. 그러나 수사기록 그 어디에도 최초로 목격자가 어떤 태도를 보였는지는 알 길이 없는 경우가 허다하다. 아니 우리의 수사관행에서는 애초부터 그런 애매한 진술은 조서에 받아두지 않는 것을 철칙으로 여기고 있지 않은가. 최초의 목격진술이 망설인다고 하여 판사는 항상 그 목격진술의 신빙성을 배척할 것인가. 아무런 전후 사정의 설명도 없이 직설적으로 범인지목을 해 내는 목격자나 피해자의 진술조서 앞에서 억울함을 호소하는 피고인의 변명을 우리가 어떤 정도로 취급해 왔는가를 진지하게 되돌아 볼 일이다.

- 연령: 20대 6명/30대 9명/40대 3명/50대 12명/ 60대 9명/70대 2명(이상 평균 연령 48세)

후보자들 중 참가신청 후 사정변경을 이유로 2명이 불참을 통고하여 왔으며, 또한 배심원 선발절차 당일에 2명이 사전 연락 없이 불참하여 총 37명의 배심원 후보자가 남게 되었다. 실제 재판과정에서는 다시 1명이 불참하여 36명의 배심원들로 3개 배심원단이 구성될 수 있게 되었다.

전날인 8월 25일 배심선발절차에서 미리 인지적 종결욕구에 대한 설문조사를 시행하였다. 다만 이번 3개팀은 8월 20일 연습재판과는 달리 인지적 종결욕구의 편차만을 중심으로 구성된 것은 아니다. 일단 검사단과 변호인단의 배심기피가 선행되었기 때문이다. 37명의 후보자 중 21명에 대하여 기피가 이루어졌고(그 중 각자 5명의 무이유부기피권이 행사되었다) 나머지 16명 중에서 선호하는 후보자 12명이 정식 배심원으로 2명이 예비배심원으로 선택되었다.

우연의 일치인지는 모르나 배심기피는 주로 인지적 종결 욕구가 높은 집단을 대상으로 이루어졌고 상대적으로 종결욕구가 낮은 사람들이 최종 배심원단에 남게 되었다(종결욕구가 낮은 순으로 리스트를 만들었을 때 종결욕구가 낮은 순서에서 기피가 된 사람은 5명이었다). 실무를 담당하면서 특이하게 느껴졌던 것은 8월 25일과 26일 양일간에 걸쳐 출석시간보다도 앞서서 훨씬 일찍 배심원 대기실에 나타난 사람들 중에서는 인지적 종결욕구가 높게 나타나는 경향이 있었던 반면, 임박하게 출석을 하였거나 심지어는 약간 시간을 넘긴 사람들 중에서는 그 욕구가 낮게 나타나는 경향이 있었다. 이는 인지적 종결욕구가 높은 사람일수록 계획적인 삶을 선호한다는 분석과 무관치는 않아 보였다.

2004년 8월 26일 배심원단 A팀 배심평의 장면

　배심원 모두에게는 필기도구와 메모판이 배포되어 재판과정에서 메모를 하는 것이 허용되었다. 평의과정에서 의문이 있으면 서면으로 질문을 하는 것도 허용되었다. 평의를 돕기 위하여 증거의 요지, 판사의 지시사항, 주요 물증의 사본 등이 인쇄물로 배부되었다. 다만 중간평의나 증인에 대한 직접적 질문은 아직 허용되지 못하였다.

　배심원 A팀은 무려 세시간을 넘기면서 토론을 하였다. 이들은 주로 인지적 종결욕구가 가장 낮은 집단에 속하였는데, 정말 해도 너무하다고 싶을 정도로 판단을 뒤로 미루는 경향이 있음을 알게 되었다. 처음 의견을 개진하는 과정에서 무죄 8명, 유죄 2명, 판단보류 2명의 분포를 보였다. 이들 배심원들은 돌아가면서 첫 의견을 말하는 과정에서 불가불 유무죄에 대한 의견을 말하기는 하였지만 그래도 '이것은 나의 최종적인 견해가 아니다. 앞으로 판단이 달라질 여지가 있다'는 점들을 스스로들 열심히 강조하였다. 정말이지 판단을 끝까지 유보하고 싶은 마음들을 가지고 있는 것으로 보였다. 필자는 평의시작 전 평의실을 정리하기 위하여 잠시 이 배심원단과 평의실에서 마주친 바 있다. 그때 언제까지 평의를 마치면 되는가라는 질문에 대하여 조금은 과장을 섞어 "특별한 제한은 없습니다. 만장일치가 될 때까지 계속 토론을 하셔야 합니다. 그래서 혹시 오늘 늦도록 합의가 이루어지지 않는 것에 대비하여 호텔도 준비해 두었습니다."라고 답변을 하였다. 물론 우리의 모의 배심원들은 웃음으로 화답을 해 주었다. 평의 세시간이 다 되어가도록 피고인측이 제시한 알리바이의 신빙성 때문에 유죄의견을 고수하던 12번 배심원이 결국 검사의 유죄입증도 부족함을 인정하고 무죄로 돌아선 순간, 어느 배심원이 "이제 호텔로 가지 않아도 좋겠다"며 안도의 표정을 지었다. 정말 그들은 호텔로 가서 밤을 세울 각오까지 한 것은 아닐까 의심되었다.

무죄 의견을 내세운 배심원들은 유죄 의견을 내세우는 배심원들의 주장을 경청하였다. 그리고 증거를 다시 상세히 검토해 가면서 서로의 주장을 대비해 보는 진지함을 보였다. 무죄를 주장하는 다수의 배심원들은 이제 유죄의견에 큰 근거가 없음을 발견하였다. 그러나 그들은 그리 서둘지 않는 기색이 역력했다. 다시 원점으로 돌아와 관점을 달리해서 사안을 바라보면서 반대파가 의견을 바꿔주기를 기다리는 인내심을 보이기도 하였다. 심지어는 평의 막바지에 가서는 기왕 이처럼 모의재판 배심원으로 법원에 나왔으니 이번 모의재판에 참여하면서 느낀 소감, 앞으로 사법개혁이 어떤 방향으로 진행되었으면 좋을지 등과 같은 사건 외적인 쟁점(그러나 반드시 이들 배심원과 무관하다고만 볼 수 없는 쟁점)에 대하여 돌아가면서 발언을 하기도 하였다. 이들 배심원들은 사법개혁의 방향에 대하여 높은 기대감을 표시하기도 하였다. 그리고 외국제도가 좋다고 하여 분별 없이 외국제도를 도입하는 것에 대한 경계의 목소리도 잊지 않았다. 그러나 이번 모의재판에 참여하여 이렇게 좋은 토론을 하는 것을 보고 나서 우리 한국인도 잘 할 수 있음을 느꼈다고 1번 배심원이 말하기도 하였다.

배심원 B팀은 1시간 30분 동안, C팀은 2시간 20분 동안 평의를 진행하였다. C팀은 상대적으로 인지적 종결 욕구가 높은 집단이었음에도 의견이 대립이 심하여 일찍 합의에 이르지 못한 것이다. B팀의 경우 무죄 10, 유죄 2의 대립 속에서 고성이 오고 가는 격론이 벌어지기도 하였다. 조금 더 차분하게 진행하였으면 하는 아쉬움도 있었지만 그렇다고 하여 검토하였어야 할 쟁점을 놓치고 있지는 않았다.

나중 설문조사를 보면 이 배심원들의 평의과정에 대한 만족도는 그리 높지 못하고 재판이 어려웠다고 답변을 하는 경향이 상대적으로 높은데, 아마도 그 평의과정의 긴장감 때문이었으리라. 이들 배심원단의 평의 역시 큰 흠을 잡을 것은 없어 보였다.

모든 배심원단은 이처럼 진지한 논의 끝에 모두 만장일치로 무죄 평결을 내 놓았다.

6) 인지적 종결 욕구에 대한 분석[10]

분석 대상이 된 배심원들은 인지적 종결욕구에 관하여 조사가 이루어진 8월 20일의 3차 연습재판 2개 배심원단 및 8월 26일 모의재판 3개 배심원단 합계 60명이다(인지적 종결욕구 설문조사에 1명이 응하지 아니하여 실제 조사대항이 된 배심원은 59명이다). 이들에 대하여 인구통계학적 특성을 조사하는 한편으로(구체적인 것은 배심원선발절차에서도 드러나게 되었다) 모의재판 전반에 관한 평의후 설문조사를 시행하였다. 개

---

10) 이 부분 통계처리는 법원행정처 조사담당 직원 한미영 씨의 도움을 받았다.

인별 인지적 종결욕구와 인구통계학적 특성에는 어떤 연관이 있는지를 우선 조사하였다. 그리고 이들 59명의 배심원들을 재구성하여 인지적 종결욕구가 낮은 15명, 중간층 39명, 종결욕구가 높은 15명으로 그룹화하고 그룹간에 평의후 설문조사 항목 37문항에 대한 답변태도의 분포에서 어떤 통계적으로 유의미한 편차가 나타나는가를 알아보고자 하였다.

통계적으로 유의미한 것으로 분석된 항목은, 연령, 학력, 변호인의 설득력, 재판 복잡성에 대한 인식정도, 평의과정 및 결과에 대한 만족도, 평의과정에서의 난이도 인식(개인적 판단의 곤란성/재판에 대한 기억 재현의 난이도/결론도출 난이도), 他 배심원들에 대한 평가 등이다.

[연령] 이번 조사에서 가장 특기할 사항은 한국인들은 그 인지적 종결욕구와 연령 사이에 통계적으로 유의미한 차이를 보이고 있다는 점이다. 즉 연령이 낮은 층은 장년층에 비하여 그 종결욕구가 낮은 것으로 나타났다. 대략의 구획은 40대에서 갈라지고 있다.

만일 인지적 종결욕구가 낮은 사람들이 불확실하고 애매 모호한 증거를 가지고 사실인정을 하는 데 있어서 보다 더 분석적으로 접근할 수 있고 나아가 배심원 집단을 구성할 경우 질 높은 평의를 할 수 있다는 가설을 세우는 경우라면, 이 분석은 매우 큰 시사점을 우리에게 던져 준다. 왜 장년층에서 이러한 종결욕구가 높은 것으로 나타나는지에 대하여는 향후 세심한 추가 분석이 필요하다. 교육적, 사회적 여건의 변화가 세대 간의 의사결정 구조에 어떤 차이를 불러일으킨 것인지에 대하여도 앞으로 심도 있는 검토를 계속해 보아야 할 것이다. 여하튼 이 분석이 일반화될 수 있다면 우리는 향후 신세대로 구성될 미래 한국 사회의 앞날에 관하여 어떤 긍정적인 가능성을 점쳐 볼 수 있는 것이다.[11]

실제 모의배심재판 평의과정에서도 보면, 증거를 상세하게 분석해 보고 그 연후에 결론을 내리는 증거 중심의 질 높은 의견제시를 하는 배심원들은 주로 40대 이하 청년, 중년층이었다. 유무죄 판단에 관하여 같은 의견을 가지고 있는 배심원들 사이에서도 새로운 관점에서 반론을 제기하고 토론거리를 만들어서 스스로가 가지고 있었

---

11) 그런데 여기서 한가지 의문에 봉착한다. 대체로 인생 경험이 많고 연륜이 쌓여간다는 것과 봉착한 불분명한 문제에 대한 해답을 명확하게, 그리고 조기에 찾아낼 수 있다고 하는 것은 어떤 상관관계를 가질까. 많은 경험을 토대로 좋은 결론을 쉽게 내릴 것이라고 볼 수도 있고, 또는 인생경험의 지혜는 그렇게 빠른 판단은 그 질적 수준을 보장할 수 없기 때문에 심사숙고를 거칠 것을 명하는 것이라고 볼 수도 있을 것이다. 본문에서의 분석결과만을 놓고 보자면 나이가 들수록 조기에 판단을 내릴 수 있을 것이라는 예측도 가능하다. 그러나 그 판단의 질적 수준은 어떻게 될 것인가.

던 의견에 어떤 문제가 없는지를 자기 점검하는 일 역시 주로 젊은 층이 담당하였다. 특히 20대 대학 재학생 젊은이들도 나이 지긋한 배심원들 앞에서 전혀 거리낌 없이 분석적인 자기 의견을 개진하였다. 8월 10일 2차 연습재판에서 젊은 층에서 다수의견에 반기를 들어 유죄를 주장한 것도, 이후 인지적 종결욕구와의 관계 속에서 재해석해 볼 때, 기실 그들의 숨은 의사는 무죄 쪽이었는지는 몰라도 일단 다수파와는 다른 입장에서 사안을 접근하여 심도 있는 논의를 거쳐 보다 정확한 결론에 이르고자 한 것은 아닐까 하는 생각도 해 보게 된다.

그런데 더욱 놀라운 일은 장년, 노년층 배심원들 역시 이러한 젊은 층의 분석적 사고에 대하여 그들의 의견을 경청하고 대등한 동료로 대해주는 열린 마음을 가지고 있음을 확인하였다는 점이다. 논쟁적인 토론과정에서 사건의 본질에서 벗어나 연령의 다과만을 근거로 하여 상대방을 압박하는 일은 단 한 건도 목격되지 아니하였다.

지금까지 모의배심재판의 평의과정을 세대별 관점에서 전체적으로 총평해 보자. 한국 배심원들은 연령에 구애됨이 없이 모든 배심원들이 거의 동등한 발언기회를 가졌다. 오히려 장년층은 배심원 대표를 젊은 층에게 양보해 주는 한편 분석적인 접근은 젊은 층이 맡도록 하는 대신, 종합적인 합의를 도출하는 과정에서 조정자로서의 기능을 원숙하게 수행하였다. 결과적으로 한국 배심원들은 그 평의가 올바른 방향으로 이끌어져 가는 경우라면 세대별 분업과 협업의 조화로운 체제를 유지할 가능성이 있다고 예상해 볼 수 있었다.

			연 령						Total	NFC Mean
			20대	30대	40대	50대	60대	70대		
Group	low	Count	4	4	3	2	2		15	135.9
		%	26.7%	26.7%	20.0%	13.3%	13.3%		100.0%	
	middle	Count	4	7	1	10	7		29	156.3
		%	13.8%	24.1%	3.4%	34.5%	24.1%		100.0%	
	high	Count	1	1	2	5	4	2	15	173.5
		%	6.7%	6.7%	13.3%	33.3%	26.7%	13.3%	100.0%	
Total		Count	9	12	6	17	13	2	59	155.5
		%	15.3%	20.3%	10.2%	28.8%	22.0%	3.4%	100.0%	
NFC Mean		점수	149.2	147.5	148.3	160.4	160.8	176.0	155.5	

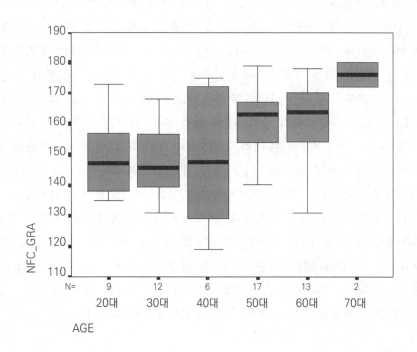

연령에 따른 인지적 종결 욕구 간의 평균 차이 검증

인지적 종결욕구 점수	20대 (n=9)	30대 (n=12)	40대 (n=6)	50대 (n=17)	60대 (n=13)	70대 (n=2)	전체 (n=59)	F
평균	149.2	147.5	148.3	160.4	160.8	176.0	155.5	3.38**

***$p<.001$, **$p<.01$, *$p<.05$

[학력] 학력과 인지적 종결욕구 사이에도 다소 약하기는 하지만 통계적으로 유의미한 관계가 있음이 드러났다. 주로 학력이 높을수록 종결욕구가 낮아지는 관계에 있음이 보인다. 그러나 비교가 되는 표본의 수에 있어서 현저한 불균형(중졸이하:고졸이하:대학재학 이상=5:15:39)이 있어서 현재의 조사에 대하여 큰 의미를 부여하여서는 아니될 것이라고 보인다. 향후 세밀한 조사가 필요한 부분이다.

다만 분석과정에서 추가로 심도 있는 향후 분석의 필요가 있음을 발견하였다. 인지적 종결욕구가 낮은 사람이 높은 학력을 가질 소지가 있다고 볼 수는 없을 것이다. 정확히 말하여 판단을 가급적 뒤로 늦추고 분석적 사고를 하는 훈련은 확실히 교육수준과 관련을 가질 것이다. 다시 말하여 반드시 고학력이라고 말할 수는 없겠지만 질 높은 교육은 합리적 판단의 훈련기회를 부여할 것이다. 그렇다면 교육이 경우에 따라 피교육자의 인지적 종결욕구를 낮출 수도 있다는 분석은 가능할 것인가. 그렇다면 인지적 종결욕구라는 어려운 척도보다 대상자가 어떤 교육훈련을 받았는가, 다시 말하여 그러한 교육훈련의 외부적 징표로서 학력이라고 하는 변인을 가지고 판단의 질적 분석을 시도해 볼 수는 없을 것인가. 앞으로의 실험에서는 인지적 종결욕구와 학력이라고 하는 두 변인을 각자 통제한 상황에서 어떤 요인이 집단의사결정과정에서 더 큰 영향력을 발휘할 것인지를 분석해 볼 것이다. 그리고 그러한 분석은 아마도 국민참여재판의 국민적 기반을 확충하는 과제, 즉 공교육에 있어서 피치자가 아닌 주인로서의 법교육, 민주적, 합리적 시민의식의 고취, 분석과 토론능력의 함양과 같은 과업을 수행하는 하나의 단서를 제공해 주리라.

			학 력						Total	NFC Mean
			국졸	중졸	고졸	대학재학중	대졸	대학원졸		
Group	low	Count			2	4	7	2	15	135.9
		%			13.3%	26.7%	46.7%	13.3%	100.0%	
	middle	Count		1	8	4	15	1	29	156.3
		%		3.4%	27.6%	13.8%	51.7%	3.4%	100.0%	
	high	Count	1	3	5		5	1	15	173.5
		%	6.7%	20.0%	33.3%		33.3%	6.7%	100.0%	
Total		Count	1	4	15	8	27	4	59	155.5
		%	1.7%	6.8%	25.4%	13.6%	45.8%	6.8%	100.0%	
			175.0	169.0	158.6	146.1	154.9	148.0	155.5	

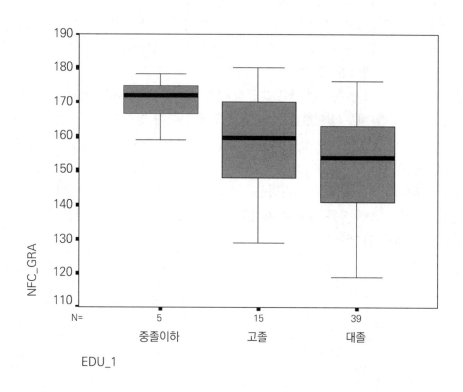

학력에 따른 인지적 종결 욕구 간의 평균 차이 검증

인지적 종결욕구 점수	중졸이하 (n=5)	고졸 (n=15)	대졸 (n=39)	전체 (n=59)	F
평균	170.2	158.6	152.4	155.5	4.11*

***p<.001, **p<.01, *p<.05

[변호인의 설득력에 대한 평가] 앞서 본 바와 같이 모든 배심원들은 피고인의 무죄 평결을 선택하였다. 즉 이 말은 재판과정에서 변호인측의 증거에 대하여 더 많은 가치를 부여하고 그 주장에 동조하였음을 의미한다. 그러므로 재판 중에 변호인 측이 보다 더 설득력이 있었다고 생각하는 입장에서 무죄 결론을 내는 것은 일관성 있는 태도가 될 것이다. 재판과정에서는 변호인 측이 설득력이 있었는지 자신이 없는 상태에서 무죄평결에 이르게 되었다면 그것은 평의과정의 혼란과 결론에 대한 압박감이 컸을 것이라는 추론이 가능하다. 그런데 특이한 현상은, 아래 분석표에서도 보는 바와 같이 인지적 종결욕구가 낮은 그룹 중에서는 53%의 배심원들이 이 질문에 대하여 그렇다는 답변을 하였고, 중간 그룹 중에서는 이보다 다소 낮은 48%가 긍정의 답변을 한 반면, 높은 그룹에서는 긍정의 답변보다는 "보통이다" 또는 "그렇지 않다"는 답변이 더 많이 나온 점이다. 이러한 차이는 낮은 집단과 높은 집단 사이에 통계적으로 볼 때 유의미한 것이다.

인지적 종결욕구가 높은 사람들은 그들의 삶이 질서정연하고 구조화되기를 바라며 혼돈과 무질서함을 매우 싫어한다. 그리고 모호함에 대해 정서적으로 불편함을 느끼는 것이다. 재판이란 어차피 상충하는 주장이 대립되는 장소이다. 더구나 배심재판의 장에서는 더욱 그럴 것이다. 그렇기 때문에 그것이 변호인의 주장이든, 검사의 주장이든 분명한 선택을 내리기 어려웠을 것이고 나아가 그러한 불명료성이 존재하는 한에서는 검사든, 변호사든 배심원 자신의 관점에서는 큰 설득력을 가질 수 없다고 생각할 수 있었을 것이다.

재판 중에 변호인 측이 보다 더 설득력이 있었다고 생각하십니까

			재판 중에 변호인 측이 보다 더 설득력이 있었다고 생각하십니까			Total
			그렇다	보통이다	그렇지 않다	
Group	low	Count	8	6	1	15
		%	53.3%	40.0%	6.7%	100.0%
	middle	Count	14	11	4	29
		%	48.3%	37.9%	13.8%	100.0%
	high	Count	3	7	5	15
		%	20.0%	46.7%	33.3%	100.0%
Total		Count	25	24	10	59
		%	42.4%	40.7%	16.9%	100.0%

인지적 종결욕구 상/하위 집단(상위 25%/하위 25%) 간의 평균 차이 검증

	변량원	사례수	평균	표준편차	자유도 (df)	t값
변호인 측의 설득력	인지적 종결욕구 low	15	1.53	.64	27.4	−2.37*
	인지적 종결욕구 high	15	2.13	.74		

***p<.001, **p<.01, *p<.05

[재판의 복잡성에 대한 인식 정도] 인지적 종결욕구가 낮은 집단은 재판이 복잡한 것은 아니었다고 답하는 경향이 있는 반면, 높은 집단에서는 그러한 경향은 보이지 않는다. 그리고 양 집단 사이의 이러한 답변 경향의 차이는 통계적으로 유의미하다고 볼 수 있다. 이러한 답변 경향의 차이는 앞서 본 변호인의 설득력에 대한 인식정도는 물론이고 뒤에서 분석할 평의과정에 대한 난이도나, 만족감에 대한 답변에서도 일맥상통한 면이 있다. 특히 높은 집단은 그렇지 않은 다른 집단에 비하여 유별난 답변의 분포경향을 보이고 있는 것에 주목할 만하다.

혹시 인지적 종결욕구가 높은 사람들은 일종의 휴리스틱이나 고정관념에 근거하여

재판을 간단하게 보고 결론을 쉽게 내리고자 하는 경향이 있고, 반대로 낮은 사람들은 대안을 모색하는 과정에서 재판의 복잡성을 더 크게 느끼는 것은 아닐까 하는 반론도 고려해 보았다. 그러나 재판의 복잡성이라고 하는 것은 주관적인 인식이기도 하지만 한편으로는 외부적, 객관적으로 주어지는 조건이라고 볼 수 있을 것이다. 그 때문에 그 사건 심리를 하는 부담을 받아들이는 입장에서는 재판의 난이도와 복잡성에 대한 평가는 인지적 종결욕구와는 무관하게 큰 차이가 없었을 수도 있을 것이다. 그런데 이 재판의 복잡성 여부는 결국 평의과정을 모두 거치고 결론에 이른 상태에서 이루어진 답변이다. 그러므로 재판과정의 모호성이 충실한 평의과정에서 모두 충분히 해명되었다고 느낀 이후라면 더 이상 재판 복잡성을 문제삼지는 않을 것이다. 이 분석결과는 인지적 종결 욕구가 낮은 계층은 그 평의과정에서 이러한 모호성을 충분히 해명함으로써 이 문항에 대한 높은 부정적 답변을 한 것으로 볼 여지가 있다.

재판이 복잡하였습니까

			재판이 복잡하였습니까			Total
			그렇다	보통이다	그렇지 않다	
Group	low	Count		6	9	15
		%		40.0%	60.0%	100.0%
	middle	Count	2	7	20	29
		%	6.9%	24.1%	69.0%	100.0%
	high	Count	5	7	3	15
		%	33.3%	46.7%	20.0%	100.0%
Total		Count	7	20	32	59
		%	11.9%	33.9%	54.2%	100.0%

인지적 종결욕구 상/하위 집단(상위 25%/하위 25%) 간의 평균 차이 검증

	변량원	사례수	평균	표준편차	자유도 (df)	t값
재판의 복잡성	인지적 종결욕구 low	15	2.60	.51	24.7	3.16**
	인지적 종결욕구 high	15	1.87	.74		

*** $p < .001$, ** $p < .01$, * $p < .05$

[평의과정에서의 난이도 인식] 인지적 종결욕구가 높은 집단은 재판이 복잡하다고 느끼고 있을 뿐만 아니라 재판에서의 증거조사가 마무리되고 평의가 진행되는 과정에서도 여전히 사건에 대한 판단이 어려움을 느끼고 있다. 어렵다고 답하는 경향은 낮은 집단과는 정반대로 나오고 있는 것이 주목된다. 그리고 평의과정에서 재판을 회상하는 것에 대한 곤란성 여부를 묻는 질문에 대해서도 낮은 집단은 73%에 달하는 다수가 잘 회상할 수 있었다고 답변한 반면 종결욕구가 높아질수록 긍정의 답변이 줄어드는 경향이 있음이 보인다. 또한 최종결론 도출에 있어서도 낮은 집단은 80%가 어렵지 않았다고 답한 반면, 높은 집단은 거꾸로 57%가 어렵다고 답변하고 있다.

결국 종결욕구가 낮은 집단은 대체로 보아 증거위주로 평의를 하고 평의시간은 길게 되지만 그 과정에서 평의과정과 결론도출을 조직적으로 편하게 할 수 있다는 것으로 분석되고 이러한 것이 뒤에서 보게될 평의의 만족 수준을 높이는 것으로 귀결될 수 있을 것이다.

귀하는 배심평결 과정에서 이 사건에 대하여 판단하는 것이 어렵게 느껴졌습니까

			귀하는 배심평결 과정에서 이 사건에 대하여 판단하는 것이 어렵게 느껴졌습니까			Total
			그렇다	보통이다	그렇지 않다	
Group	low	Count	2	5	8	15
		%	13.3%	33.3%	53.3%	100.0%
	middle	Count	9	9	11	29
		%	31.0%	31.0%	37.9%	100.0%
	high	Count	10	2	3	15
		%	66.7%	13.3%	20.0%	100.0%
Total		Count	21	16	22	59
		%	35.6%	27.1%	37.3%	100.0%

인지적 종결욕구 상/하위 집단(상위 25%/하위 25%) 간의 평균 차이 검증

	변량원	사례수	평균	표준편차	자유도 (df)	t값
판단의 어려움	인지적 종결욕구 low	15	2.40	.74	27.6	3.02**
	인지적 종결욕구 high	15	1.53	.83		

***p<.001, **p<.01, *p<.05

배심원들이 재판 중에 있었던 일들을 회상하는 데 어려움이 있었습니까

			배심원들이 재판 중에 있었던 일들을 회상하는 데 어려움이 있었습니까			Total
			그렇다	보통이다	그렇지 않다	
Group	low	Count	1	3	11	15
		%	6.7%	20.0%	73.3%	100.0%
	middle	Count		5	24	29
		%		17.2%	82.8%	100.0%
	high	Count	2	7	6	15
		%	13.3%	46.7%	40.0%	100.0%
Total		Count	3	15	41	59
		%	5.1%	25.4%	69.5%	100.0%

인지적 종결욕구 상/하위 집단(상위 25%/하위 25%) 간의 평균 차이 검증

	변량원	사례수	평균	표준편차	자유도(df)	t값
회상의 어려움	인지적 종결욕구 low	15	2.80	.56	28	2.0*
	인지적 종결욕구 high	15	2.33	.72		

***p<.001, **p<.01, *p<.05

배심원들이 최종 배심평결을 도출하는 것이 어려웠습니까

			배심원들이 최종 배심평결을 도출하는 것이 어려웠습니까			Total
			그렇다	보통이다	그렇지 않다	
Group	low	Count	1	2	12	15
		%	6.7%	13.3%	80.0%	100.0%
	middle	Count	1	6	22	29
		%	3.4%	20.7%	75.9%	100.0%
	high	Count	8	4	2	14
		%	57.1%	28.6%	14.3%	100.0%
Total		Count	10	12	36	58
		%	17.2%	20.7%	62.1%	100.0%

인지적 종결욕구 상/하위 집단(상위 25%/하위 25%) 간의 평균 차이 검증

	변량원	사례수	평균	표준편차	자유도(df)	t값
최종 배심평결의 어려움	인지적 종결욕구 low	15	2.73	.59	24.7	4.58***
	인지적 종결욕구 high	15	1.57	.76		

***p<.001, **p<.01, *p<.05

최종 배심평결 결과에 대하여 귀하는 만족스럽게 생각하십니까

			최종 배심평결 결과에 대하여 귀하는 만족스럽게 생각하십니까			Total
			그렇다	보통이다	그렇지 않다	
Group	low	Count	13	1	1	15
		%	86.7%	6.7%	6.7%	100.0%
	middle	Count	25	4		29
		%	86.2%	13.8%		100.0%
	high	Count	7	7	1	15
		%	46.7%	46.7%	6.7%	100.0%
Total		Count	45	12	2	59
		%	76.3%	20.3%	3.4%	100.0%

7) 배심원들에 대한 설문조사 분석 종합[12]

배심평의 후 배심원들에 대하여 이번 재판 참여에 대한 소감을 묻는 설문조사를 시행하였다. 이 부분 설문조사 분석은 8월 10일 2차 연습재판 참여 배심원들도 대상으로 포함하였다(상세한 조사결과는 별첨자료 참조). 따라서 총 조사대상자의 수는 6개 배심원단의 72명이다. 전체적으로 볼 때 평의과정의 만족도는 69%가 그렇다고 답변을 하여 높은 수준을 보이고 있다. 인지적 종결욕구 분석에서 보았듯이 일부 배심원단에서는 불만을 보이고 있기는 하지만, 전체적으로 볼 때 동료배심원의 태도가 개방적이라고 인식하고 있고(85% 긍정), 다른 배심원들도 증거를 잘 이해하고 있으며(61% 긍정), 평의과정에서의 논의가 충실하였다(71% 긍정)고 답하였다. 평의과정에서 스스로 적극적으로 토론에 참여하였고(72% 긍정), 자신의 견해도 충분히 피력하였다(68% 긍정)고 답하였다. 재판이 끝난 직후 유무죄 판단이 분명하였는가라는 질문에 대하여는 62%가 그렇다고 답변을 하였다. 유무죄에 관한 최초의 판단은 무죄 74%, 유죄 14%, 미정 9%였다. 평의과정에서 유무죄에 관한 자신의 견해를 바꾼 사람들도 있었다. 평의과정에서의 견해 변화에 대한 분석은 후술한다.

경찰 수사가 공정하였는가 라는 질문에 대하여는 13%만이 그렇다고 답변을 하였고 51%는 보통이라고 하여 수사 공정성에 대한 중립적인 입장을 취한 반면, 자신이

---

12) 이 부분 분석은 충북대 박광배 교수의 도움을 받았다.

직접 관여한 이 배심재판은 공정하였는가라는 질문에 대하여는 무려 71%가 그렇다고 답변하였다. 앞으로 국민참여재판이 시행될 경우 재판에 직접 관여하는 시민들의 재판의 공정성에 대한 인식이 제고될 것임은 의심할 여지가 없으리라. 그리고 그러한 국민참여재판에 대한 국민 일반이 받아들이게 될 절차적 공정성과 결과에 대한 신뢰도 역시 제고될 것으로 기대해 본다. 물론 국민참여재판의 질적 수준이 보장되는 경우에 그러할 것이다.

모의재판에 참석한 소감을 묻는 질문에는, 63%가 "매우 보람 있었다", 34%가 "보람 있었던 편이다"라고 답을 하여 97%의 압도적 만족도를 보였다. 배심제 도입에 찬성하는 견해는 79%였고, 한국인의 배심재판 역량에 대하여는 63%가 긍정을 하였다. 물론 스스로의 배심재판 역량은 92%가 긍정적으로 자평하고 있다. 그리고 앞으로 배심제가 도입되어 소환장이 온다면 적극 참여할 것인가 라는 질문에 대하여는 80%가 이를 긍정하였다. 모의재판이 모두 끝나고 기자단의 합동기자회견에 임한 남녀 배심원 2명은 이번 모의재판 참가의 소감과 국민참여재판에 대한 사법개혁의 장래 전망을 매우 긍정적으로 밝힌 바 있었다. 아래에서 회견내용을 정리해 보았다.

- **기자** 배심재판에 참여한 전체적인 소감은?
- **배심원(남)** 처음에는 상당히 부담감을 가졌다. 배심원제도라는 것이 우리나라에 아직 없는 새로 도입하는 제도라서 상당히 낯설었다. 그런데 실제 재판에 참여해 보니까 배심원들간에 여러 가지 의견이 나왔는데 그래도 이 제도의 도입이 희망적이고 해 볼 만한 제도라는 견해가 많았다. 장차 보완가면서 우리 정서에 맞게 정착이 가능할 것이다. 나도 그 생각에 동의한다.
- **기자** 주로 어떤 부분을 경청하였고, 가장 인상깊었던 부분이 있었다면?
- **배심원(남)** 우선 처음에는 긴장을 많이 했다. 이런 경험이 없었기 때문이다. 그런데 와 보니까 판사님이 말씀해 주신 여러 가지 정황을 듣고 진행되는 사항들을 보면서 거기에 충실하려고 많이 노력을 했다. 국민을 참여시켜서 재판을 한다는 것은 상당히 야심찬 계획인 것 같다. 이런 제도를 여러 가지로 생각을 해본다는 것 자체가 의의 깊었다. 그래서 나는 시종일관 긴장되고 상당히 신중하게 임하려고 노력을 많이 했다. 인상깊었던 것은 모의재판이기는 하지만 그래도 준비를 하려고 많이 노력했다는 것이 역력하게 보였다. 그리고 배심원들이 토론할 수 있는 그런 환경을 만들어주려고 노력했다는 인상을 많이 받았다.
- **기자** 유무죄에 대하여 어떻게 판단을 내렸는가? 그 결론을 내릴 때 어디에 가장 초

점을 두었는가?

- **배심원(남)** 판사님께서 저희들에게 유인물을 주셨는데 그 안에 기준을 설명한 자료가 있었다. 구체적인 기준을 준 것이 아니지만, 유무죄 판단에서 증거에 입각한 정확한 의견을 토대로 판단을 내리라는 것이었다. 그것이 판단의 기초가 되었다. 개인적으로는 무죄 의견이었다.

- **기자** 배심원들 간에 다툼이 많았는가?

- **배심원(남)** 서로 의견을 이야기하고 그 의견에 대해서 서로 자신의 의견을 이야기하는 방식으로 토의를 진행했다. 최초에는 12명중에서 8명은 같은 무죄 의견이었고, 2명은 보류, 2명은 반대의견이 나왔다.

- **기자** 협의과정이 궁금하다. 대세가 이것이니까 따라오라는 방식이었는가?

- **배심원(남)** 그런 분위기는 아니었다. 12명이 먼저 다 돌아가면서 단순하게 自己 의견만을 이야기한 다음, 반대 의견을 낸 사람의 입장에 서서 그 사람이 유죄라고 말한 그 사실 자체를 가지고 자신의 생각을 도출해 나갔다. 단순히 自己의 의견을 반복한 것은 아니다. 내 생각에는 상대 배심원이 유죄라고 하는데 이것은 이렇게 생각하기 때문에 유죄다, 무죄다 이런 식으로 토론을 했다.

- **배심원(여)** 합리적 의심의 여지가 남아 있지 않을 정도로 확실한 증거가 있어야 유죄로 인정할 수 있다는 재판장의 설명서가 있다. 나는 당초 심증으로 유죄를 생각했었다. 무죄를 주장하는 사람들로부터 그렇다면 확실한 증거가 있는가를 답해 달라는 요청을 받았다. 그런데 스스로 그러한 주장에 대해서 합리적으로 완벽하게 증거를 할 수가 없었다. 그래서 개인적으로 무죄쪽으로 의견을 정리했다.

- **기자** 배심재판에 참여한 전체적인 소감은?

- **배심원(여)** 처음에 편지를 받았을 때 굉장히 당황했었다. 너무 생소해서 도대체 이게 뭔가 하다가, 많이 망설이다가 오게 되었다. 어쨌든 모의재판이라는 것에 대해서 묘한 매력도 느꼈고, 영화 속에서 본 배심원이라는 것에 대해서도 생각이 있어서 좋은 시간이 되지 않을까 해서 참여했다. 법원 근처에 살면서도 들어와 보지 못했는데 어제 처음 들어오는데 신비스럽기도 하고 무섭기도 하고 해서 처음에는 그냥 갈까 하는 생각도 했다. 여기서 시간을 보내면서 여기 계신 분들이 너무 편안하게 잘해 주는 것을 느꼈다. 나는 지금까지 사법부에 계신 분들은 무섭고 굉장히 권위적이라 접촉하기 힘든 사람들로 알고 있었는데, 너무 편안하게 따뜻하게 잘해줘서 마음이 점점 녹으면서 오늘까지 있었다. 그분들에게 다시 한번 감사를 드린다. 오늘 전체 배심원들의 이야기를 통해서 우리나라의 시민들의 의식도 많이 달라졌다는 것을 직접 피

부로 느끼면서 경험할 수 있었다. 개인적으로는 배심원 제도에서 조금 회의를 느꼈었다. 우리나라 사람들은 정서적으로 지연이나 학연관계에 얽매여 정적으로 흐르는 경향이 많아서 공정한 판단을 내리지 못할 것이라는 부정적 생각을 많이 했었다. 그런데 오늘 평의과정에서 서로 이야기를 나누어 보면서 종전에 내가 가지고 있던 생각을 바꿀 수 있는 계기가 됐었다. 그리고 사법부에 계신 분들이 좀 더 개혁을 해보겠다고 시도하는 것 같다. 그 분들이 어떤 비전을 갖고 앞으로의 사법부에서 새로운 어떤 진취적인 일을 해나가는데 있어서 우리들이 조금이라도 도움이 되었으면 하는 바람도 한편으로 간절히 가지고 있다. 좋은 시간이었고, 굉장히 보람 있고 일생에 한번 기억에 남는 시간이 아닌가 생각을 했다.

• **기자** 부담감은 없었는가.

• **배심원(여)** 많은 부담감을 가졌다. 전체 분위기는 다 무죄 쪽이었기 때문이다. 내 양심상 내가 갖고 있는 여러가지 판단으로는 끝까지 유죄로 몰고 가고 싶었는데, 그것을 끝까지 증명할 만한 증거가 스스로 부족함을 느껴서 결론은 무죄로 했다. 굉장히 두렵고 떨림이 있었다. 한 사람의 인생이 배심원을 해서 어떻게 결정짓게 될 것이냐는 아주 굉장히 중요한 것이지 않는가. 그 결정에 대해서 많이 두려움이 있었다.

• **기자** 본인이 직접 재판을 받는 당사자가 되었을 경우에 직업법관에게 재판받는 현재 제도와 오늘 직접 참여하신 배심제도 중 어느 쪽을 더 선호할 것인지?

• **배심원(여)** 나는 배심원 쪽을 더 선호하지 않을까 한다. 판사 한 분의 판단만으로는 부족하여 배심재판으로 보완하자고 하는 것 같다. 오늘 결론은, 배심원 쪽을 신뢰해야 할 것 같은 마음이 들었다.

Ⅲ 　배심재판의 시도와 한국 형사사법제도에 대한 소회

　지난 5월말 사법개혁위원회에서는 국민의 사법참여에 관한 논의에 앞서 모의재판을 실시할 것을 의결한 이후, 우리는 모의재판을 위한 실무준비작업에 바로 착수하였다. 실무준비작업에 있어서 첫 과제는 대상사건의 시나리오를 만드는 일이었다. 우리는 이번 모의재판에서 시나리오는 실제 사건을 기초로 하여 만들어지도록 하는 것을 원칙으로 하였다. 왜냐하면 처음부터 가공의 사건을 새로 만드는 경우 현실감이 떨어지거나 스토리의 플롯이 어색해 질 수 있을 것이기 때문이었다. 그리고 작업의 효율성을 고려해 보더라도 실제사건을 모델로 하는 것이 좋을 것이라는 고려도 있었다. 더 나아가 실제사건에서의 판사의 판단(1심 유죄, 항소심 무죄. 상고심에서 무죄 확정)과 모의배심원의 판단을 비교해 보는 것도 흥미가 있을 것이었기 때문이다. 실제 사건을 기초로 한 것 때문에 이하의 검토도 가능할 수 있었다.

대상사건을 선정함에 있어서는 유무죄가 너무 분명한 것은 제외하도록 하였다. 왜냐하면 결과가 미리 쉽게 예측된다면 행사로서의 모의재판의 긴장감이나 집중도가 떨어질 것이었기 때문이다. 일부 사개위 전문위원은 그렇더라도 결과적으로 유죄가 나올 수 있도록 사건이 선정되어야 한다는 의견을 내 놓았다. 당초 제시된 이유는, 무죄사건의 경우에는 수사기관이 범한 실수가 드러날 수 있고 그것이 공개적인 모의재판 과정에서 밝혀진다는 것은 문제라는 것이었다. 이 점에 관하여 신중한 접근이 필요한 것은 사실이었다. 이러한 모의재판 행사가 일부러 수사기관에 대한 불신감을 조장해가면서까지 이루어질 필요는 없었기 때문이다. 다만 이러한 점을 고려한다고 하더라도 사건 결론에 대한 숨겨진 정답(?)을 미리 정해두는 것은 곤란할 것이라는 것이 대다수 다른 전문위원들의 견해였다.

이에 우리가 다음으로 할 수 있었던 일은 사건의 사실인정과정에서의 유무죄가 쟁점으로 되어 그 판단이 애매한 사건이되 하루에 재판과 평의가 모두 이루어질 수 있을 정도로 쟁점이 압축되어 있는 사건을 고르는 것이었다. 대법원까지 올라오면서 유무죄가 엎치락뒤치락하여 문제로 되는 사건은 결국 법률가들 역시 그 사실인정이 애매하다고 여긴 사건이리라. 그래서 우리는 대법원 재판연구관들에게 연락을 취하여 스스로가 재판연구관으로 사건을 접하면서 판단이 어려웠던 사건을 추천해 줄 것을 의뢰하였다. 그리하여 최종적으로 "애매한" 사건 10건을 압축해 놓고 대상사건 선정작업에 들어갔다. 그리하여 우리의 시나리오 대상사건이 선정되었던 것이다. 필자는 그 사이 외국에 한달간 출장을 다녀오는 바람에 그 선정과정에는 직접 개입하지는 못하였다. 지난해 재판연구관으로 근무할 시절 동료 재판연구관들로부터 판단이 어렵다고 하면서 이 사건을 두고 고민하는 말을 들은 일이 있어서 그런 대로 이번 선정은 잘 된 것이리라 생각했다.

귀국 후 필자는 실제 사건기록을 검토하는 한편으로 동료가 그 실제 사건기록을 토대로 하여 만들어 온 시나리오 제1판을 받아 볼 수 있었다. 그런데 여기서 한 가지 중대한 문제에 봉착하였다.

실제 사건에서는 피고인이 경찰에서 체포된 지 수 시간만에 자백을 하였다. 그리고 피고인이 경찰서에서 마주친 피해자의 부친에게 무릎을 꿇고 눈물을 흘리면서 사과를 하였다는 장면이 나온다. 그런데 피고인이 검찰 이후부터는 경찰 자백이 고문에 의한 것임을 주장하면서 범행을 전면 부인하였던 것이 실제 사건의 전모이다. 물론 무릎을 꿇고 잘못을 빌었던 일도 없었다는 것이다. 항소심에 이르기까지 그러한 경찰 자백이 고문에 의한 것이었는지 여부를 가리기 위하여 수사경찰관들이 증인으로 나와 지루한 법정공방을 벌이게 된다. 경찰관은 법정에 나와 그렇게 증언을 하였다. "요즘 세상에 경찰관이 어떻게 고문을 할 수 있겠습니까. 그렇다고 해서 자백하는 피고인이 있나요." 초판 시나리오 역시 같은 맥락에서 작성되었다. 수사기관에서 자백한 피고인이, 그것도 피해자측에게 눈물까지 보이면서 사죄를 한 것이 사실이라면 이것은 보통 문제가 아닐 것이다. 적어도 그 자백이나 고해가 강압과 폭력, 고문에 의한 것이 아닌 한에서는.

그러나........ 배심재판의 절차는 미국소송절차를 따를 것이 예정되어 있었다. 이 방침은 우리 모의재판 절차에서의 전문증거가 엄격한 제한을 받게 될 것임을 시사하는 것이었다. 따라서 그런 자백조서를 단순히 법정에 증거로 제출하는 것은 있을 수는 없는 일이다. 직접 수사를 담당한 경찰관은 법정에 나와서 피고인이 수사과정에서 자기 앞에서 자백을 하는 것을 들은 일이 있다는 사실을 증언해야 한다. 우리 시나리오 초판도 그렇게 되어 있었다. 시나리오에는 경찰관에 대하여 변호인측에서 고문 여부를 추궁하는 장면이 들어 있었다. 그러나 그것은 아니다. 적어도 배심재판을 하려면 이러한 고문시비는 사전 준비절차, pre-trial 단계에서 그 가부가 미리 가려져 있어야 할 것이다. 고문의심이 없는 것으로 결정되었다면 경찰관은 그냥 법정에 나와서 증언을 하면 되고 이제 그것은 유력한 유죄증거가 될 뿐이다. 그 경찰자백은 고문에 의한 것이라는 결정이 내려졌다면 비록 경찰관이 법정에서 증인으로 나온다고 하여도 경찰 자백 운운하는 것은 절대 입 밖으로 내서는 아니될 일이다. 왜냐하면 이러한 잘못된 증언이 배심원들에게 미칠 극히 부정적이면서도 편파적인 효과를 차단하지 못할 것이기 때문이다.[13]

---

13) 증거능력이 없는 자백(예컨대 자백이 진술의 임의성이 없는 상태, 즉 폭행, 협박, 회유에 의한 경우, 미란다 원칙을 위반한 상태에서 얻은 자백)이 우연히 법정에서 제출되었다. 이 경우, 판사가 이를 속기록에서 삭제하고 배심원들에게 이러한 자백을 고려하지 말 것을 명령하였다. 그럼에도 불구하고, 피고인이 자백하였다는 그 자체가 유죄심증에 강력한 영향을 미치는가 하는 점이 이 대목에서의 관심사이다. 이 쟁점에 관한 미국 법심리학자 Kassin과 Sukel의 연구(Kassin & Sukel, 1997)에 의하면, 배심원들은 매우 억압된 분위기에서 이루어진 자백의 자발성에 대하여 이를 어떻게 다루어야 하는 것인가 하는 점에 관한 판사의 명령을 잘 이해하였다고 답하였다. 그래서 그 명령에 따라 이러한 자백을 유죄의 증거로 삼지 않고자 하는 경향을 보였다. 그러나 실제 평결결과에서는 이러한 배심원의 심리적인 태도에도 불구하고 이러한 억압적인 자백이 현출된 경우는 그렇지 않은 경우와 비교하여 유죄인정의 빈도가 더 높게 나타났다는 것이다. 즉 규범적으로는 고문자백을 배제하여야 하는 것은 당연하다고 생각하면서도 실제 판단에서는 그것이 유죄 편향적으로 영향을 미친다는 것이다.

배심원들은 "증거법칙에 대하여 아무것도 모르는 법률의 문외한"이지 않는가. 그래서 경찰 자백 부분, 고문인지 아닌지 하는 공방을 벌이는 부분을 우리 시나리오에 등장시켜서는 알 될 일이라고 생각했다. 여기서부터 고민이 시작되었다.

그런데 실제사건에서는? 우리 형사소송법 제312조 제2항은 "검사 이외의 수사기관 작성의 피의자신문조서는 공판준비 또는 공판기일에 그 피의자였던 피고인이나 변호인이 그 내용을 인정할 때에 한하여 증거로 할 수 있다."고 규정하고 있다. 여기서부터 파생된 우리 판례법리는 경찰에서 한 자백의 기초가 된 대다수의 경찰 증거들도 법정에서 내용부인을 하는 한 아예 증거로 쓸 수 없도록 하고 있다. 이것은 사법시험을 합격한 법률가라면 반드시 알고 있어야 하는 중요한 증거법칙인 것이다. 실제사건 항소심에서의 무죄판결문에도 이것은 다음과 같이 요령 있게 정리되어 있다.

> 경찰 작성의 피고인에 대한 피의자신문조서의 각 진술기재, 피고인이 경찰에서 작성한 자술서의 기재, 경찰 및 검사(수사기록 173쪽의 ○○○에 대한 진술조서 중 △△△ 진술부분) 작성의 △△△에 대한 진술조서의 각 진술기재, 경찰 작성의 압수조서 및 현장검증사진의 기재 및 각 영상은 피고인이 그 내용을 부인하거나 증거로 함에 부동의한 이상 그 증거능력이 없어 이들을 각 증거로 삼을 수 없고, A, B, C(필자 주—이상은 경찰관들임), △△△의 각 당심 법정 진술 중 피고인이 경찰조사에서 범행사실을 순순히 자백하였다는 부분과 경찰의 현장검증 과정에서의 피고인 진술이나 범행재현 부분에 대한 각 진술과 경찰 작성의 용의자 범행자백에 대한 보고(수사기록 49쪽)의 기재 중 피고인이 경찰조사에서 범행사실을 순순히 자백하였다는 기재부분은 피고인이 공판정에서 경찰에서의 진술부분과 검증조서에 기재된 진술내용 및 범행을 재연한 부분에 대하여 그 내용을 부인하는 이상 형사소송법 제312조 제2항의 취지에 비추어 그 증거능력이 없으므로(대법원 1998. 3. 13. 선고 98도159 판결, 2002. 8. 23. 선고 2002도2112 판결 등 참조), 이들을 각 증거로 삼을 수 없다.

심지어는 실제사건 제1심 역시 비록 피고인에 대하여 유죄를 선고하기는 하였지만 그 유죄판결문의 증거 요지 표목에 이러한 증거들을 열거하지 않았다. 모두 적법한 조치이다. 제1심 판사들 역시 그 정도의 증거법칙은 알고 있었다는 뜻이다. 그럼에도 유죄가 선고된 것을 보면 다른 증거가 있었다고 판단하였을 것이다.

판사들은 이들 증거능력 없는 증거들을 유무죄 판단에서 일체 고려에 넣지 말아야 한다는 이 증거법칙, 법리를 이 세상에서 그 누구보다도 잘 알고 있는 전문가들이다. 그러나 아는 것만으로 힘이 될까. 우리 판사들은 이러한 증거능력 없는 증거들에 무한정 노출되어도 나중에 그것을 유죄판단에 고려하지 않는 강인한 인지적 힘을 가지고 있을까. 검사나 변호사와 같은 다른 직종의 법률전문가들 역시 그러한 편파적 영향력에서 자유로울 수 있을까.

필자는 실제 사건을 들여다보고 시나리오를 구상하는 이번 모의재판 준비과정에서 그 해답을 찾을 수 있었다. 결단코 아니라고.

실제사건으로 돌아와서 다시 보자. 경찰자백을 뺀 순간, 이 사건은 정말 "앙꼬 없는 찐빵"이었다. 나머지 유일한 유죄 증거는 범인과 현장에서 대면한 피해자와 그 언니의 목격진술뿐이었다. 이들 피해자와 그 언니를 제외하고 다른 목격자가 한 사람 더 있었다. 그는 현장에서 범인을 추격한 사람이었다. 그런데 비교적 이해관계에서 자유로울 수 있는 그 추격자는 최초 경찰진술에서 범인과 피고인의 동일성을 부정하였다. 이제 남은 유일한 목격자는 피해자와 그 언니뿐이었다. 경찰이 피고인 아니면 그 형을 범인으로 상정하고 사진들을 제시한 순간, 처음에는 피해자 언니는 적어도 사진상으로는 피고인과는 얼굴이 판이하게 다른 피고인의 형을 범인으로 지목하였다. 피해자 역시 덩달아서 피고인의 형을 범인으로 지목하였다. 그런데 경찰이 피해자를 무작정 피고인의 집으로 데리고 가서 피고인 형제를 대면시킨 이후부터는 피해자와 그 언니는 이제 그 방향을 바꾸어 일치하여 피고인을 범인으로 지목하였다. 만일 그 형이 그대로 지목되었더라면 그가 피고인이 되었을 것이다. 피해자와 언니는 매우 상세하게 범인의 인상착의를 기억해 낼 수 있었다. 적어도 진술조서상으로는. 그 목격은 잔인한 범행이 이루어진 직후 끔찍한 범행 현장에서 이루어진 것이었다. 피해자의 언니가 짧은 순간 범인을 대면하였을 뿐인데도 말이다. 범인으로부터 급습을 당하여 정신을 잃은 피해자 본인조차 매우 상세하게 범인의 "모든 것"을 진술하고 있다. 화장실 거울에 비친 범인을 볼 수 있었다는 것이다. 그러나 그것은 말뿐이었다. 라인 업과 같은 범인식별절차는 시행되지도 않았다. 피해자측의 진술을 토대로 한 몽타주 같은 것도 작성하지 않았다. 경찰이 객관적인 조사를 한 유일한 것은 사진제시였을 뿐이다. 그러나 그 과정에서는 피해자측은 피고인이 아닌 그 형을 지목하는 잘못을 범하였다. 피해자의 언니는 범행현장에서 범인과 몇 마디 대화를 나누었는데 지금 피고인의 목소리와 범인의 목소리가 같다고 주장한다. 그러나 그 목소리가 어떻게 같다는 것인지 아무런 설명도 없다.

이 부분에서 항소심과 제1심은 다음과 같이 설명을 하고 있는데, 이를 동시에 대조해 보면 좋은 공부거리가 될 것이다.

[항소심] 사람의 외모나 억양 등은 많든 적든 서로 비슷한 면이 있는 것이고, 피고인과 범인의 동일성에 관한 범인식별진술은 범인을 정확하게 관찰하고 그 특징을 기억하는 것만으로는 부족하고 실물이나 사진을 보면서 목격한 범인을 정확하게 선별하여야 하는 것이므로, 진술자가 관찰하여 기억하고 있는 범인과 피고인의 동일성을 비교 대조하는 판단작용을 포함하는 것이어서 그 과정에서 다른 암시로부터 영향을 받기 쉽다고 할 것이다. 더구나 이 사건과 같이 짧은 시간 동안 범행을 당한 피해자나 순간적으로 범인을 목격한 목격자가 어떤 용의자의 인상착의 등에 의하여 그를 범인으로 진술하는 경우에, 그 용의자가 종전에 피해자나 목격자와 안면이 있는 사람이라든가 피해자나 목격자의 진술 외에도 그 용의자를 범인으로 의심할 만한 다른 정황이 존재한다든가 아니면 피해자나 목격자가 아무런 선입견이 없는 상태에서 그 용의자를 포함하여 인상착의가 비슷한 여러 사람을 동시에 대면하고 그 중에서 범인을 식별하였다든가 하는 부가적인 사정이 있다면, 직접 목격자인 피해자 등의 진술은 특별히 허위진술을 할 동기나 이유가 없는 한 그 증명력이 상당히 높은 것이라 하겠으나, 피해자나 목격자가 범행 전에 용의자를 한번도 본 일이 없고 피해자나 목격자의 진술 외에는 그 용의자를 범인으로 의심할 만한 객관적인 사정이 존재하지 않는 상태에서, 수사기관이 잘못된 단서에 의하여 범인으로 지목하고 신병을 확보한 용의자를 대면하고 그가 범인임을 확인하였을 뿐이라면, 사람의 기억력의 한계 및 부정확성과 위와 같은 상황에서 피해자에게 주어질 수 있는 무의식적인 암시의 가능성에 비추어 그 피해자나 목격자의 진술에 높은 정도의 신빙성을 부여하기는 곤란하므로(대법원 2001. 2. 9. 선고 2000도4946 판결 참조), 피해자나 목격자가 피고인을 범인으로 지목한 진술은 경찰이 잘못된 단서에 따라 피고인을 용의자로 지목하여 확인을 의뢰하자 피해자나 목격자가 생면부지의 피고인을 보고 범인임에 틀림없다고 확인하였고 그 후 같은 진술을 반복한 것에 지나지 아니하다고 보아야 할 것이니, 그와 같은 피해자나 목격자의 진술만으로 피고인을 이 사건 범행의 범인으로 단정하는 것은 무리라고 하지 않을 수 없다.

[제1심] 이 사건의 피해자 △△△과 그의 언니 ○○○은 수사기관 이래 이 법정에 이르기까지 일관되게 이 사건의 장소인 ××역 여자화장실에서 △△△을 성폭행한 범인이 피고인이라고 진술하고 있다. 이 사건 장소인 ××역 여자화장실은 이 법원의 현장검증과정에서 확인된 바와 같이 이 사건 범행 시간대가 낮이고, 실내이긴 하나 조명도 있어 매우 환한 장소로서, 피해자인 △△△은 여자화장실 세면대에서 손을 씻고 있을 때 여자화장실 입구을 힐끗 쳐다보는 범인의 얼굴과 한번 마주쳤고, 잠시 후 등 뒤에서 손

으로 입을 막을 때 세면대 앞에 있는 대형거울을 통하여 범인의 얼굴을 보았으며, 그후 마주보며 어깨를 잡은 상태에서 다시 정면으로 범인의 얼굴을 마주 보았으므로, △△△은 범인의 얼굴을 가장 가까이에서 정확하게 목격한 사람이고, 또한 피해자의 언니인 ○○○ 역시 여자화장실 입구에서 내부수리중이라고 하면서 출입을 가로막는 범인과 서로 마주보며 잠시 실랑이를 하였으므로 범인의 얼굴을 정확하게 보았다고 할 것이다. 그와 같이 범인을 가장 가까이에서 정확하게 목격한 피해자 자매가 사건 발생후 3일만에 피고인과 마주하게 되자 두 자매 모두 주저 없이 피고인을 범인으로 지목하였다는 점, 더구나 피해자 자매가 거짓으로 피고인을 범인으로 지목하여야 할 아무런 이유가 없다는 점에 비추어 보면 △△△, ○○○의 각 진술은 이 사건의 가장 유력한 증거로서 신빙하지 않을 수 없다.

범행현장은 지하철역 구내 화장실이었는데 현장보존이 되지 않아 그 현장으로부터 어떤 단서도 찾아내지 못하였다. 혹시 피고인이 경찰에 체포되어 와서 바로 자백하였기 때문에 그런 단서를 찾아 볼 노력이 필요하지 않았던 것은 아닐까 생각해 보게도 된다. 통상 지하철역 구내에는 CCTV가 설치되어 있을 것인데 그 비디오에 범인의 모습이 찍혔는지 여부를 알아 본 흔적도 없다.

더구나 범인이 입었다고 하는 그 아이보리색 스웨터에 이르면 한편의 블랙 코미디를 보는 것 같아 실소가 나올 지경이다. 피해자 등 목격자들은 범인이 밝은 색 상의(그것이 아이보리색인지는 나중에 특정되었다. 또 그 상의가 스웨터인지는 피해자와 추적 목격자 사이에 의견이 갈리고 있었다)를 입고 있었다는 것은 일치하여 진술하였다. 그때 경찰은 이 사건과 같은 강력사건에 접하고 범인을 검거하는 데 총력을 기울였다. 범인의 도주로를 따라 범인이 은신했을 것으로 생각되는 마을을 수색하고 다니던 도중의 일이다. 그 마을 주택가 마당에서 아이보리색 스웨터가 빨랫대에 걸려 있는 것을 발견하였던 것이다. 경찰은 그 집에 범인이 있을 것으로 단정하였다. 다년간 수사에 종사한 형사의 짐승 같은 육감이라고 볼 수 있겠다. 피해자는 그 아이보리색 스웨터가 범인의 것이라고 확신에 차서 진술을 하고 있다. 그러나 그 아이보리색 스웨터는 20대 남자인 피고인의 여동생 것이었다. 오. 맙소사. 그 저주받을 아이보리색 스웨터를 입고 그 일대를 배회한 연령 20대에서 30대 남자라면 그 누구라도 필경은 고초를 겪었을 것이다. 그 동네 젊은 남자들은 그때 가족 중 누군가의 밝은 색 옷이 마당에 걸려있지 않은 것을 천행으로 여겨야 하였으리라. 더 압권은 남아 있다. 경찰이 나중에 다시 와서 압수해 가서 법원에 제출한 스웨터는 처음 피해자측이 지목한 것이 아닌 —빨랫대에 걸려 있던 것이 아닌— 다른 꽃무늬 아이보리색 스웨터였던 것이다! 압수된 스웨터에서는 혈흔이 발견되지 않았다. 당시 범행 현장의 상황이나 범행의 방법으로 보아 옷에 피해자의 피가 묻었을 가능성이 농후하였다. 그러나 검찰은 그럼에도 불구하고 세탁을 하면 혈흔이 검출되지 않을 수 있다는 국립과학수사연구소의 의견에 힘을 입어 그 옷이 범행 현장에 피고인이 입고 있었던 옷이라는 취지로 그 압수조서를 증거로 제출하였다. 옷에 혈흔이 검출되지 않았다는 사정은 그 옷 주인의 오빠가 범인이 아니라고 볼 자료가 도저히 될 수는 없는 것인가. 그러한 감정 결과가 나왔음에도 그 감정결과를 가지고 여전히 피고인이 여동생의 옷을 입고 범행을 한 후 그 옷을 세탁하였다고 볼 자료로 삼을 것인가. 이는 건전한 시민의 상식에 기초한 판단에 맡겨두고자 한다. 여하튼 우리 수사기관의 판단은 후자였다. 무엇이 우리 수사기관과 적어도 1심 판사들로 하여금 꼭 후자 쪽으로 그 판단을 기울게 만들었는가.

　피고인은 검찰에 송치된 이후부터는 알리바이를 주장하면서 경찰에서 한 자백은 고문에 의한 허위자백이라고 호소하였다. 그러나 이미 경찰 자백사실을 알고 있는 검사는 이러한 주장을 곧이곧대로 받아주지 않았다. 왜 경찰에서는 순순히 자백을 하였는데 이제 와서 부인을 하는가라는 추궁이 계속 이어졌다. 그 경찰자백은 법정에서 전혀 증거로 쓸 수 없는데도 말이다. 그러나 검찰자백은 다르다. 다행이었던 것은, 피고인은 검찰에서는 자백을 하지는 않았다. 만일 피고인이 그때 검사 앞에서도 자백을 하였더라면 이 사건은 우리 모의재판 대상사건의 부류에도 들지 못했을 것이다. 검찰자백조서의 신빙성을 엄격히 보고자 하는 요즈음 형사판사들의 새로운 경향이 나타나기 전까지라면 적어도 그랬을 것이다. 그러나 검찰 피의자신문조서에는 검사의 추궁과정에서 무수하게 피고인이 경찰에서 자백을 한 사정이 드러나 있었다. 그 검찰 조서는 틀림없이 법정에 제출될 것임이 분명했다. 비록 경찰자백조서는 법정에 현출되지 않는다고 하여도 그 검사 피의자신문조서에 담긴 내용, 즉 경찰자백 내용을 합리적으로 제어할 수단이 우리 현행 형사소송법에는 없는 것인가. 있는 것인가.

　그리고 피고인의 알리바이에 이르면 더욱 더 할 말이 없어진다. 피고인은 자신의 알리바이로 자신은 사건 당시 범행현장과는 떨어진 PC방에서 포트리스라는 인터넷 게임을 하고 있었다고 하면서 그 로그 정보를 조사해 줄 것을 요청하였다. 확실히 사건이 있었던 당일 피고인의 ID로 누군가가 그 범행시작 시간 훨씬 이전부터 인터넷에 접속한 일이 있음은 밝혀졌다. 피고인은 그 "누군가"가 바로 자신이라고 주장하였다. 알리바이의 소명자료치고는 꽤나 객관적인 검증이 가능한 것이었다. 그러나 검찰은 이 말 역시 믿지 않았다. 게임 ID는 돈받고 매매가 되는 것이기 때문에 피고인이 이미 누군가에게 그것을 팔아먹었을 것이라는 것이 논지였다(나중 항소심은 이 ID가 거래되는 것은 아니라는 취지를 시사하였다). 검찰은 피고인의 이 부분 주장이 거짓말이라는 전제에서 더 조사를 진행하였다. 새로운 사실들이 발견되었다. 그것은 피고인에게는 불운이었다. 피고인이 구속된 이후에도 피고인의 ID로 누군가가 접속을 한 일이 있음이 밝혀졌기 때문이었다. 드디어 검찰은 피고인을 궁지로 몰아넣을 수 있다고 생각했을 것이다. 그 구속이후 접속자를 추적해 보면 피고인이 주장하는 알리바이가 허구임을 밝힐 수 있을 것이라고 보았다. 그러나 이 부분은 바로 해명되었다. 피고인의 알리바이 주장을 검찰이 잘 받아들여 주지 않는 사실을 안 피고인의 여자친구가 자신의 형부와 함께 피고인의 ID로 그 인터넷 게임 사이트에 들어갔던 것이 밝혀졌을 뿐이었다. 그들은 피고인의 게임 접속내역을 확인해 보려고 하였던 것이었다. 그러나 검찰의 지칠 줄 모르는 재반격이 이어졌다. 당시 피고인은 대학 졸업반 2학기에 재학 중이었다. 그런데 그해 가을 학기에 한창 수업을 들어야 할 시간대였던 시점에서도 계속 그 ID로 접속한 사실을 다시 밝혀낸 것이었다.

검찰은 이런 정황으로 보아 사건 당시 게임에 접속한 사람이 피고인이라는 주장은 거짓말이라는 생각을 굳히고 있었던 것으로 보인다. 더구나 이처럼 알리바이를 거짓으로 조작하여 대는 태도 그 자체가 더욱 유죄 의심을 굳히는 계기가 되었을 것이다. 이에 대하여 피고인측은 이 인터넷 게임은 돈받고 거래되는 그런 것과는 거리가 먼, 누구나 무료로 접속하여 게임을 즐기는 것이라는 점과 구속 이후 자신의 여자친구 형부가 자신의 ID로 접속한 이유, 그리고 4학년 2학기에 수업 내내 컴퓨터 게임을 즐긴 경위 등에 관하여 관련자의 진술을 방증으로 제시하였다. 그러나 이 모든 것이 검찰과 제1심에서는 배척되었다. 더구나 피고인은 이 사건 범행이 일어난 후 1시간도 지나지 않은 14:59:02경 친구에게 전화하여 포트리스 게임을 하자고 하였고, 다시 그 친구가 15:13:15경 다른 PC방에서 피고인에게 전화하여 피고인이 접속한 서버를 확인한 후 함께 포트리스 게임을 하였다는 사실은 객관적인 자료에 의하여 분명히 인정되는 사실이었다. 다시 말하여 범행을 하고 바로 PC방에 가서 태연하게 게임을 즐기기에는 시간적으로나, 사리상 매우 이례적인 일이었다. 그러나 이를 검사나 제1심 법원은 도외시하고 있다.

이 부분에 관한 제1심의 판단은 아래와 같다.

[제1심] 피고인의 포트리스게임 ID인 bidolli76가 2000. 12. 5. 12:33부터 18:04까지 인터넷상에 접속되어 있었던 사실은 인정되나, 포트리스 게임의 특성상 현실적으로 광범위한 ID의 판매, 교환, 대여 등이 이루어지고 있다는 점, 기록에 의하면 피고인이 출석하여 수업을 받고 있는 시간대에도 모두 32회에 걸쳐 피고인의 포트리스게임 ID로 접속이 이루어 진 사실이 인정되는 점, 같은 ID로 중복접속도 이루어지고 있는 점 등에 비추어 볼 때 피고인이 아닌 제3자가 피고인의 포트리스게임 ID를 이용하여 인터넷게임에 접속할 가능성이 충분히 있으므로, 이 사건 범행시간대에 피고인의 ID가 인터넷에 접속되어 있었다는 사실만으로는 피고인이 범행현장에 있지 않았다고 단정할 수 없다.

그러나 이러한 제1심 판결에 대하여 항소심은 이렇게 설명하고 있다.

[항소심] 앞에서 본 인정사실에 비추어 보면 특별한 사정이 없는 한 피고인이 자신의 포트리스 게임 ID로 위와 같이 접속하여 포트리스 게임을 하였을 가능성이 높다고 보아야 할 것이고, 제3자가 피고인의 포트리스게임 ID를 이용하여 인터넷게임에 접속한다는 것은 극히 예외적인 경우에 해당한다고 보아야 할 것이다.

왜 검사는 물론 의심의 여지는 남아 있지만 피고인의 알리바이 주장의 합리성을 편견 없이 검토해 주지 않고 피고인이 거짓말을 할 것이라는 전제에서 확률적으로 희박한 쪽의 판단만을 선택하였던 것일까. 왜 1심 재판부는 증거능력이 없는 피고인의 경찰자백을 제외하고는 구체적인 물증이 하나 없이 오로지 피해자측의 목격진술에만 의지하여 피고인의 유죄를 인정하였을까. 왜 항소심 재판부나 변호인 역시 증거능력이 없기는 매 한가지인 수사경찰관 증언을 듣기 위해 경찰관을 법정까지 불러내어 힘들게 그 경찰자백이 고문과 폭언에 의한 것인지, 아닌지를 밝혀 보려고 하였는가. 경찰관이 고문을 하였든 아니든, 여하튼 간에 법정에서 그 경찰자백조서의 내용이 부인된 이상 증거로 쓰지 않으면 그만인데도 말이다. 나아가 법정에서 한 경찰관의 증언 그 자체도 결국에는 모조리 증거능력이 없는 것인데도 말이다. 왜 검사는 비교적 상세하게 무죄판결의 이유를 설명하고 있는 항소심판결에 대하여 여전히 경찰조사과정에서 자백을 한 것을 숨은 전제로 하면서 상고까지 하고 있을까. 왜 상고심 재판연구관은 그 사건을 두고 고심에 고심을 거듭하면서 어려운 시간을 보냈을까. 그리고........ 왜 우리들은 고르고 고른 끝에 모의재판에 적합할 정도로 애매한 사건이라고 하여 굳이 이 사건을 선택하였던 것일까. 실제사건에서의 법률전문가들이 겪었던 어려움에 비하여 모의재판 시나리오는 경찰자백을 그대로 빼 내자(비록 몇 가지 과학수사적인 요인을 추가시키고 피고인의 알리바이 주장의 신빙성에 의문스러운 점을 부각시켰음에도 불구하고) 우리의 7개 배심원단들과 2개의 참심원단들은 대체로 큰 어려움 없이 만장일치로 무죄 의견을 내 놓았다.

필자는 이제 그 해답을 밝혀야 한다. 바로 그 답은 경찰자백을 극복할 수 없는 프로페셔널리즘의 부족 때문이라고 말이다.

이것은 우리가 부인하려야 부인할 수 없는 사정이다. 이 점을 솔직히 인정하지 않는다면 우리 형사사법제도의 개선은 결국 공염불이 될 것임을 경계해야 한다. 우리 법률가들 역시 아무리 지워버리고 싶어도 경찰자백이 있었다는 그 객관적 사실을 들은 순간 이를 뇌리에서 지울 수 없을 가능성이 있다는 것을 인정하는 것이 도리일 것이다.[14] 아무리 고도로 훈련된 전문가 법관 역시 나약한 한 사람의 인간일 뿐이다. 판사가 오염된 증거, 오도된 정보로부터 편견을 갖지 않고 강건하게 형사법의 대원칙인 무죄추정의 원칙, 합리적 의심의 판단기준을 투철하게 지킬 수 있으려면 어떤 인적·물적 대책이 마련되어야 할 것인지를 엄숙하게 자문해 보아야 한다.

우리 대한민국 법률가들은 증거법칙을 능히 이해할 수 있는 지적인 능력을 가지고 있음을 자랑한다. 그러나 증거능력 없는 증거를 배제할 수 있는 강건한 정신력, 그리고 좋은 정보와 그릇된 정보를 필터링할 수 있는 두뇌 시스템, 나아가 하늘이 무너져도 지켜야 한다고 배운 정의의 그 소중한 가치 중의 하나인 인권의식을 그들 머리와 가슴 속에 모두 다 갖추고 있다고 단정할 자신은 없다. 우리는 지적 오만과 편견의 덩어리들이라고 고백을 하여야 한다. 그것이 아님을 전제로 하는 우리 사법제도와 그 관행은 그래서 보다 겸허한 형태로 재편되어야 한다.

이 사건 경찰자백은 과연 고문에 의한 허위자백이었을까. 그것은 상식의 세계에 맡겨 둘 일이다. 실제 사건은 대법원의 무죄확정판결이 나왔다. 우리는 객관적 진실을 다 알 수는 없다. 다만 우리 형사사법체제의 정의관념에서 보자면 피고인은 분명히 무죄이다. 즉 자신의 유죄를 인정한 경찰자백은 논리적으로 허위이다. 피고인은 정상적인 지능을 가진 대학생으로 보인다. 남의 죄를 대신 뒤집어쓰고 어떤 허명을 내 보고자 하는 공명심을 가지고 시키지도 않은 허위자백을 할 리는 더더욱 없었을

---

14) 대법원 전원합의부는 2004년 9월 16일 대법원 대법정에서 검사 피의자신문조서의 증거능력의 인정기준에 관한 종전 대법원 판례를 유지할 것인지 여부를 놓고 공개변론을 개최하였다. 이날 검찰측에서는 배심원이나 참심원과는 달리 법률전문가인 판사들은 오도된 증거를 분별해 내는 능력이 탁월할 것이라는 취지의 진술을 하였다. 그러나 이러한 주장이 받아들여지기 위해서는 실증적 연구의 뒷받침이 필요할 것이다.

것이다. 그것이 상식이 전해주는 진실이라고 믿고 싶다. 비록 그 사건의 경찰관들은 법정에서 그렇게 증언을 하지 않았지만.........

현재 이 사건은 2라운드가 진행 중이다. 피고인과 그 가족들은 대한민국을 상대로 고문 피해를 당한 점을 들어 손해배상청구소송을 제기하였다. 아직 확정판결이 없기 때문에 뭐라고 말하기는 어렵지만, 그래도 그 민사사건의 1심 판결은 다음과 같은 사실을 인정하고 원고 승소 판결을 내렸다. 주어와 술어의 일치에 유념해 보자. 필경 사정이 있었으리라.

> A와 B(수사경찰관들임)는 2000. 12. 7. 밤 △△경찰서 수사당직실에서 원고 ○○○(피
> 고인임)을 조사하던 도중, △△경찰서 소속 경찰관 성명불상자가 들어와 원고 ○○○
> 에게 자백을 강요하면서 머리채를 잡아 흔들고 뺨을 여러 차례 때리면서 욕설을 하였
> 으며 바닥에 꿇어 앉혀서 경찰봉을 장단지와 허벅지 사이에 끼워 놓고 양발로 경찰봉
> 의 양쪽을 짓밟고 주먹과 발로 온 몸을 구타하는 등 가혹행위를 한 사실을 인정할 수
> 있다.

다시 모의재판으로 돌아와 본다. 실제사건은 대상사건으로 삼기에 적절한 것은 못 되었다는 것이 솔직한 고백이다. 그것이 우리 모의재판 준비에 내적, 외적인 어려움을 가중시키는 요인으로 작용하였다. 그러나 그 소득은 오히려 더 컸고 결과적으로 보아 좋은 사건을 선택하였다고 생각한다. 그것은 이번 준비과정에서 다른 재판절차를 전제로 하여 실제사건의 맹점을 적나라하게 되짚어 볼 수 있었다는 점 때문이었다. 그래서 우리의 시도는 매우 유용하였다. 바로 우리나라에 국민참여 형태의 재판이 실현될 수는 없을 것이다. 하지만 이번 모의재판과 같은 실험적 시도와 연구를 해 보는 것만으로도 우리 직업법관에 의한 재판을 반성적으로 재검토하여 개선의 소중한 동인으로 삼을 수 있으리라 기대한다.

그것을 겸허하게 느끼는 것만으로도 생업과 일상의 분망함을 잊으시고 우리의 작은 정의의 잔치에 기꺼운 봉사를 마다하지 않으신 그들 85명 시민들의 시간에 보답하는 길이라 생각한다.

Ⅳ 글을 마치며

　판사들은 참과 거짓의 곡예 속에서 진실을 찾아나가는 일을 주업으로 하는 사람들이다. 판사들은 그래서 숙명과도 같은 "사실인정(Fact-Finding)"이라는 문제에 매달려 여명의 초를 태워가며 오늘도 고뇌하며 살아간다(김상준, 2004). 이 한도에서 법관은 진실과 거짓을 가리는 일에 관하여는 우리 사회에서 가장 숙달된 전문가로 자리매김 되어야 한다. 필요한 일은 이 사실인정을 보다 더 체계적으로 할 수 있도록 하는 방법론이나 훈련과정을 보다 더 정교하게 만들어야 한다는 것이다. 과거 사법연수원에서는 "사실인정론"이라는 강좌를 개설할 계획을 세운 바 있었으나 아직 그 결실을 보지 못하고 있다. 최근 다시 이 사실인정론을 사법연수원의 강좌로 개설할 움직임이 있다는데, 이것은 반가운 일이다.

　필자는 수년 전 미국에 체류하면서, 개인적인 관심으로 미국에서는 사실인정(Fact Finding)이라는 이슈와 관련하여 어떤 논의가 있는가를 살펴볼 기회가 있었다. 쉬운 주제가 아니어서인지 많은 자료를 접할 수는 없었다. 급기야 발견한 자료는 State Justice Institute의 재정지원 하에 미국사법교육원(American Academy of Judicial Education)이 만든 "사실인정과 의사결정 주체로서의 판사(The Judge as Fact Finder and Decision Maker)"라고 하는 법관연수교재였다. 그런데 이 교재를 일별해 보면 그 내용의 전부가 모두 인간행동과학과 심리학적 연구 성과를 집대성해 둔 것임을 알 수 있다. 그 때 몸서리쳐질 정도로 느낀 것은 법률이론과 법조문에만 천착하여 살아온 나에 대한 자기 반성, 프로페셔널리즘의 결핍감이었다. 사실인정의 세계에서 나에게 무엇인가 부족하다고 느껴 갈구해 마지않던 끝에 발견한 중요한 배움의 근거에 대한 희열과 신비감이었다. 미지의 세상에 첫 발을 들여놓으면서 느껴지는 소년의 호기심이었다.

　그리고 그 뒤에 배심재판이 있었다. 이러한 사실인정론이 보다 더 체계적으로 정치하게 될 수 있었던 것은 배심재판의 적정성에 대한 염려를 바탕으로 한 사회과학자들의 노력의 결실들이 두텁게 쌓여 있었기 때문에 가능한 것이었다. 그러한 인접학문의 연구업적들을 허심탄회하게 법의 세계에 들여놓고 있는 그들의 열린 마음가짐이 있었다. 연구의 출발은 나약한 인간 그 자체의 판단능력에 대한 회의론이었는지도 모른다. 그러나 재판은 신만이 알 수 있는 진실을 그래도 알아내야 할 것을 요구한다. 신을 대신하여 사실인정을 주재하시는 배심원들의 평결결과를 해피엔딩으로 이끌어야 한다는 순수하기만 한 낙관적 세계관이 그 바탕에 깔려있었다. 직업법관의 전지전능성, 직업법관 재판 지상주의 일변도의 사고방식으로는 도저히 따라 잡을 수 없는 인본주의와 공리주의가 지배하고 있음을 알 수 있었다. 여기서 배심재판제도에 관한 실증 연구에 관심을 기울여 볼 가치가 충분함을 느끼게 되었다.

실은 이 글은 이러한 문제의식에서 출발하였다. 더 나아가 법관인 필자가 배심재판의 연구를 강조하고 있는 이유도, 우리 전문 직업법관 재판의 벤치마킹의 대상을 배심재판으로 삼아 우리의 재판을 반성적으로 되돌아보고 싶은 마음 때문이다. 좋은 재판이란 무엇인가를 궁리하는 일은 바로 "인간"과 그 인간이 하는 "판단과정"에 관한 실증적 천착이 필요함을 강조하는 데에서 출발할 수 있다고 믿는다. 시민참여 재판제도의 도입, 아니 그러한 제도의 도입을 전제로 하는 연구를 하는 것만으로도 직업법관 재판을 포함한 전체 재판작용을 개선하고 그 건강성을 유지하는 데에 긍정적인 영향을 미칠 것이라고 기대한다.

필자는 이번 모의재판의 경험을 가지게 된 것을 개인적으로는 큰 영광으로 생각한다. 그리고 그 때 만났던 시민 여러분들의 진지한 눈빛을 잊을 수 없다. 아마도 2004년 여름 한국 사회 가운데에서 가장 善하고 正義로운 領域을 꼽으라면 그 분들의 모임도 빠뜨려서는 아니될 것이다.

[후기]

이 글은 2004년 8월 26일 시행된 모의재판에 대한 분석을 회고적으로 정리한 것이다. 이 보고서는 사법개혁위원회 모의재판 실무준비팀의 내부적 참고자료로 활용되었다. 한편 필자는 2004년 10월 3일 이 보고서의 요약본을 토대로 하여 일본 쿄토대에서 개최된 한일법사회학회에서 발표를 한 바 있다. 사법개혁위원회는 2004년 11월 1일 국민의 사법참여방안에 관한 결의를 거쳐 같은 달 15일 최종적으로 다음과 같은 건의문을 채택하였다.

사법개혁위원회 건의문

본 위원회는 국민의 사법참여에 관하여 다음과 같이 건의합니다.

이 건의안은 사법개혁위원회규칙 제8조 제3항에 따라 단일한 건의안으로 채택되었습니다.

다음

I. 머리말

우리나라에 근대 사법제도가 도입된 이래 100여년 동안 유지되어 온 직업법관에 의한 재판제도는 공정하고도 효율적인 사법정의를 실현하는 데에 큰 기여를 하여 왔으며 안정된 제도로 정착되었습니다. 한편으로 민주화·다원화·국제화의 커다란 흐름 속에서 국민들은 성숙된 역량을 바탕으로 하여 '국민을 위한 사법'을 넘어서서 '국민의 사법'으로의 전환을 기대하고 있습니다.

사법개혁위원회는 국민의 사법참여에 대한 시대적 요청을 수용하고 국제적 기준에 맞는 사법제도를 확립하기 위하여 '국민의 사법참여'에 관한 방안을 검토하여 오면서 공청회를 열어 각계각층의 의견을 청취하고, 모의 배심·참심 재판을 진행하여 사법참여제도에 대한 이해의 폭을 넓혔습니다. 그 결과 본 위원회는 국민과 사법부의 역량을 두루 감안해 볼 때 이제는 더 이상 미룰 필요 없이 국민이 재판에 직접 참여하는 제도를 도입하여야 한다는 점에 의견을 모았습니다.

국민의 사법참여제도는 사법의 민주적 정당성을 강화하고 투명성을 제고함으로써 궁극적으로 국민으로부터 신뢰받고 존중받는 사법을 확립하는 밑거름이 될 것입니다. 그렇지만 사법참여제도의 도입은 현행 사법제도의 근간을 바꾸는 중요한 문제이므로, 우리나라의 법체계와 현실에 가장 적합한 사법참여의 형태를 신중하게 탐구하고 설계해 나갈 필요가 있습니다.

이에 본 위원회는 여러 외국 제도의 장점을 수용하여 국제적·보편적인 기준에 부합하면서 우리나라의 실태와 문화에 맞는 국민사법참여제도를 마련하는 것이 적절하다고 보아, 다음과 같은 내용의 단계적인 국민사법참여제도의 도입을 건의하는 바입니다.
[이하 생략]

12

임의제출물 압수에서 '임의성' 요건: 자백배제법칙과 미란다 판결의 함의*

안성조(교수, 제주대학교 법학전문대학원)

Ⅰ 문제의 제기

최근 현행범 체포현장에서 형사소송법 제218조에 의한 임의제출물의 압수가 가능한가를 둘러싸고 벌어진 하급심[1]과 대법원[2] 간의 법리다툼은 임의제출에서 '임의성'의 의미에 대해 학계와 실무의 관심을 촉발시키기에 충분한 것으로 보인다. 사실 그동안 국내에서 임의성의 의미나 인정요건과 관련된 해석론과 법리는 충분히 축적되어 오지 못하고 있었다. 쟁점을 간단히 정리하면 하급심은 현행범 체포과정에서 수사기관은 피의자에 대해 우월한 지위에 있으므로 사실상 피의자가 임의제출을 거절할 수 없기 때문에 제218조의 임의성 요건은 부정된다고 보아야 하고, 따라서 이 경우에는 제217조를 적용해 사후영장을 받아야 한다는 입장인 반면 대법원은 현행범 체포현장이라고 하더라도 제출의 임의성이 인정된다면 제218조에 따른 임의제출물의 압수가 가능하다고 보고 있다.

상·하급심 간의 상기 해석논쟁은 제218조는 물론 자백의 임의성(제309조), 진술의 임의성(제317조) 등 형사소송법에 자주 등장하는 '임의성'이란 개념의 의미 폭이 얼마나 넓은지를 여실히 보여주는 적절한 사례라고 말할 수 있다. 하급심은 수사기관

---

* 이 글은 안성조, "임의제출물 압수에서 '임의성' 요건: 자백배제법칙과 미란다 판결의 함의", 형사법연구 제33권 제1호, 한국형사법학회, 2021에 게재되었음을 밝힌다.

1) 의정부지방법원 2019.8.22. 선고 2018노2757 판결; 의정부지방법원 2019.10.31. 선고 2018노3609 판결.

2) 대법원 2019.11.14. 선고 2019도13290 판결; 대법원 2020 4.9. 선고 2019도17142 판결.

에 의해 현행범으로 체포된 피의자는 심리적 위축으로 인해 '임의성'을 인정할 수 없다는 것이고, 대법원은 설령 그러한 상황에서 압수물을 제출한다고 하더라도 '임의성'이 인정되는 경우도 있다고 판단하고 있는 것이다. 요컨대, 대법원은 '상당한 수준의 심리적 강제'가 추정되는 상황에서도 제출의 임의성은 인정될 여지가 있다고 보지만, 하급심은 그러한 수준의 강제가 추정되는 경우라면 곧바로 임의성을 부정하고 증거능력을 배제해야 한다는 취지로 해석할 수 있을 것이다. 임의성을 규정하는 관점의 차이 내지 간극이 상당히 큰 것을 엿볼 수 있다.

위 견해대립은 저 유명한 미란다 판결을 떠올리게 만든다. 미연방대법원이 주목한 것은 바로 '구금상태하의 신문(interrogation in custody)'[3]은 '본래적으로 강제적인 압력(inherently compelling pressures)'을 지니고 있다는 점인데, 하급심의 입장은 바로 이와 마찬가지로 체포현장에서 수사기관과 피의자 간 대등하지 못한 심리적 불균형 관계의 현실을 적확하게 지적하고 있기 때문이다. 아울러 그렇다면 만일 체포현장이 아닌 곳에서의 임의제출 시에도 본래적으로 강제적인 압력이 추정된다고 평가할 수 있는 것인지에 대해서 하급심은 과연 어떤 입장인지 의문을 품게 만든다. 다양한 심리학적 연구결과에 의하면, 수사기관과 시민 간의 대면(encounter)은 그 자체로 강제적 분위기를 형성하여 시민을 심리적으로 위축시킬 수 있기 때문이다.[4] 이처럼 임의성 인정여부를 판결하기 어려운 상황의 스펙트럼은 '비구금상태 하에서 임의제출이나 신문에 의한 자백'부터 '체포나 구속 등 구금상태 하에서 임의제출이나 신문에 의한 자백'에 이르기까지 넓게 분포할 수 있다. 임의성을 엄격하게 정의하는 관점들 중에는 '비구금상태 하에서의 임의제출', 즉 실무에서 많이 활용되는[5] 영장 없는, '동의에 의한 압수(consent seizure)' 시에도 임의성을 인정할 수 없다는 견해도[6] 있을

---

3) '사실상의 구금상태(in custody)'란 체포나 구속은 물론 '일체의 중대한 방식으로 행동의 자유가 박탈(the deprivation of freedom of action in any significant way)'된 상황을 말한다. Custodial Interrogations, 37 Geo.L.J.Ann.Rev.Crim.Proc. 168 (2008), at 170. 이하 본고에서는 간단히 '구금상태'로 번역하기로 한다.

4) Stanley Milgram, Obedience to Authority: An Experimental View(New York: Perennial Classics, 2004); Leonard Bickman, The Social Power of a Uniform, *4 J. Applied Soc. Psychol.47* (1974); Janic Nadler, "No Need to Shout: Bus Sweeps and the Psychology of Coercion, *Sup.Ct.Rev. 153* (2002). 현장수사경험이 많은 수사관들과 인터뷰를 해보면 심지어 수사기관 관계자도 지위고하를 막론하고 임의제출을 요구받는 상황이 되면 당황하게 되는 등 심리적으로 상당히 위축된다고 한다.

5) 김희옥·박일환 대표편집, 주석 형사소송법(II) (한국사법행정학회, 2017), 308면.

6) Marcy Strauss, "Reconstructing Consent", 92 *J.Crim.L.&Criminology 211* (2002) at 222-253. 동 문헌은 영장 없이 수행되는 '동의수색(consent search)'은 첫째, '임의성을 기준으로 하는 심사(voluntariness test)' 기준을 따르는 한 그 내재적인 한계에 부딪칠 수밖에 없고 둘째, 대부분의 시민들은 수사기관의 수색 '요청(request)'을 '강제성이 있는 요구(demand)'나 '명령(command)'으로 받아들인다는 현실(특

것이다. 이 경우에도 임의성을 온전히 인정하기 어렵다고 보기 때문이다. 하지만 이러한 '엄격'해석론은 형사소송법이 '임의제출물의 압수'를 허용하고 있는 태도와 다르고 상기 대법원의 입장과도 배치되는 것이다. 현행법과 대법원은 현행범 체포 시 임의제출 상황처럼 '일정한 수준의 심리적 강제'가 추정되더라도 그것을 경감하는 사정이 존재한다면 임의성을 인정할 수 있다는 입장으로 보이는바, 임의성은 그 관점에 따라서[7] 매우 다의적이고 논쟁적인 성격의 개념임을 쉽게 파악할 수 있다. 미란다 원칙이 자백의 증거능력 판단과 관련해 전통적인 심사방법인 '임의성을 기준으로 하는 테스트(voluntariness test)'를 극복하는 과정에서 탄생한 것이라는 역사적 배경도 이러한 맥락에서 이해할 수 있을 것이다.[8]

　　본고는 이처럼 임의제출물의 압수와 관련해 '임의성' 유무에 초점을 맞추어 증거능력을 판단하는 방식이 갖는 한계를 지적하고, 압수거부권이 사전 고지되고 임의제출의 기본적 외관을 갖춘 경우는[9] 임의성을 인정하되, 제309조의 법문처럼 폭행, 협박, 기망 등 '임의성을 의심할 만한 이유가 있는 때'에는 증거능력을 배제하는 방향으로 제218조를 해석하고 운용하되(위법배제설의 채택), 다만 수사기관의 위법행위는 없지만 임의성에 의심이 있는 경우에는 보충적으로 '상황의 총체성'을 고려해 임의제출의 적법성을 판단하는 것이 바람직하다는 결론을 제시해 보고자 한다(종합설의 보충적 고려). 이를 위해 먼저 모두에서 논급한 상·하급심 간의 법리 및 해석논쟁을 개관해 보면서 임의성 유무에 초첨을 맞추어 증거능력을 판단하는 방식이 지닐 수밖에 없는 한계점을 살펴보고(Ⅱ), 자백배제법칙과 관련해 그동안 판례를 통해 형성되어 온 임의성 판단의 법리를 검토한 후 위법배제설 및 종합설의 장점을 입론하고 (Ⅲ), 이러한 중간결론을 동의에 의한 압수·수색의 적법성과 관련된 미연방대법원의 주요 판례 및 이에 대한 비판적 평석들과 비교·검토해 본 후 임의제출 시 압수거부권의 의무화·입법화 필요성 도출해 내면서(Ⅳ), 최종적으로 임의제출물 압수 시 요구되는 임의성 요건에 대하여 합당한 결론을 제시해 보고자 한다(Ⅴ).

───────────

히 미국에서 유색인종의 경우)을 제대로 반영하지 못하고 있으며 셋째, 수사기관이 임의수색 당시에 대한 기억의 왜곡에 의해 '위증(perjury)'을 하게 됨으로써 '사법의 염결성(judicial integrity)'을 훼손시키는 결과를 초래하는 결과를 가져오기 때문에 결국 폐지하는 것이 바람직하다고 주장한다. 이러한 논지는 동의에 의한 압수, 즉 임의제출에 대해서도 같은 입장이라고 볼 수 있을 것이다.

7) 특히 제3자는 당사자에 비해 상황의 강제성 수준을 낮게 예측한다는 흥미로운 실험결과의 소개로는, Roseanna Sommers&Vanessa K. Bohns, "The Voluntariness of Voluntary Consent: Consent Searches and the Psychology of Compliance" *128 Yale L.J. 1962* (2019) 참조.

8) 이 점에 대해서는 조국, "미란다 규칙의 실천적 함의에 대한 소고", 형사법연구 제10호, 1997, 410면 이하 참조.

9) 예컨대 임의제출진술이 있거나 임의제출서가 징구된 사정 등.

Ⅱ 현행범 체포 시 임의제출 가능성 논쟁: 임의성 판단기준에 대한 근본적 의문

1. 하급심의 해석론: '본래적으로 강제적인 압력' 추정론

첫 번째 사안의 사실관계: 피고인은 2018.3.20. 지하철역 에스컬레이터에서 핸드폰 카메라를 이용해 여성 피해자의 치마 속을 몰래 촬영하였다. 그 후에도 총 17회에 걸쳐 이와 유사한 기능을 갖춘 기계장치를 이용해 성적 욕망이나 수치심을 유발할 수 있는 타인이 신체를 촬영하였다. 마지막으로 역시 지하철역 에스컬레이터에서 18번째로 핸드폰 카메라를 이용해 여성 피해자의 치마 속을 촬영하다가 경찰관에서 현행범으로 체포되어 성폭법상 카메라등이용촬영죄로 기소되었다.

두 번째 사안의 사실관계: 유사한 사안으로서 피고인은 2018.3.7.부터 2018.4.18.까지 7회에 걸쳐 지하철 전동차 내에서 카메라 기능이 부착된 핸드폰으로 성적 욕망 또는 수치심을 유발할 수 있는 피해자들의 신체를 그 의사에 반하여 촬영하였다. 여기서도 피고인은 성폭법상 카메라등이용촬영죄로 기소되었다.

피고인은 각기 다르지만 피해자의 신체를 몰래 촬영한 카메라를 현행범 체포현장에서 임의제출했다는 점에서 유사한 상기 두 사안에서 현행범 체포 시 임의제출의 허용여부에 대한 의정부지방법원의 판단[10]은 거의 동일하다.

그 요지는 일반적인 현행범 체포현장에서 자신의 죄책을 증명하는 물건을 스스로 제출할 의사가 피의자에게 있다고 해석하는 것은 사회통념에 어긋나, 사법신뢰를 잃기 쉽다는 것이다. 설령 현행범 체포현장에서 피체포자의 임의제출진술이 있다거나 사후적으로 임의제출서가 징구되었더라도, 이는 우월적 지위에 있는 수사기관 영향에 기한 것으로 보아야 하는데, 왜냐하면 수사기관은 계속 구금할 수 있는 구속영장 청구 여부 내지 확대 압수·수색을 위한 영장청구를 판단할 권한이 있기 때문이라고 한다. 그러므로 체포대상자에 대하여 형사소송법 제218조에 따른 임의제출물 압수·수색을 인정할 필요성은 오로지 형사소송법 제217조 소정의 사후 압수·수색영장 절차를 생략하는 데에 있으며 이는 긴급압수물에 대한 사후영장제도를 형해화시키는 결과를 낳게 될 수 있으므로 제218조에 따른 영장없는 압수·수색은 현행범 체포현장에는 허용되지 않는다고 해석해야 마땅하다는 것이 하급심 논지의 핵심이다. 물론

---

10) 의정부지방법원 2019.8.22. 선고 2018노2757 판결; 의정부지방법원 2019.10.31. 선고 2018노3609 판결.

두 사안에서 하급심은 공통적으로 "종전의 대법원 판례에 따라 현행범 체포현장에서 제218조에 따른 임의제출물의 압수가 가능하다고 하다고 보더라도" 제출의 임의성 여부를 검사가 입증하여야 하는데, 이를 입증하지 못하여 증거능력이 부정되어야 한다고 설시하고 있으나, 여전히 법리적 측면에서는 이러한 상황에서는 임의제출의 임의성이 곧바로 부정되어 제218조의 적용이 배제되므로 제217조의 사후영장을 받아야 한다는 입장으로 보는 것이 타당할 것이다.

2. 대법원의 해석론: '임의성' 추정론

이에 대해 대법원은 다음과 같이 반박한다.

"범죄를 실행 중이거나 실행 직후의 현행범인은 누구든지 영장 없이 체포할 수 있고(제212조), 검사 또는 사법경찰관은 피의자 등이 유류한 물건이나 소유자·소지자 또는 보관자가 임의로 제출한 물건은 영장 없이 압수할 수 있으므로(제218조), 현행범 체포현장이나 범죄현장에서도 소지자 등이 임의로 제출하는 물건은 형사소송법 제218조에 의하여 영장 없이 압수하는 것이 허용되고, 이 경우 검사나 사법경찰관은 별도로 사후에 영장을 받을 필요가 없[으므로]", 현행범 체포현장에서는 임의로 제출하는 물건이라도 압수할 수 없다는 원심의 판단부분은 잘못되었다고 설시한다. 그런데 대법원은 하급심의 해석론에 대해서 결론을 제외하고는 특별히 잘못된 점을 구체적으로 논급하고 있지는 않다.

다만 그러한 판단의 근거가 되는 선례(대법원 2016. 2. 18. 선고 2015도13726 판결)를 참조하고 있을 뿐이다. 동 판례에 따르면 "검사 또는 사법경찰관은 형사소송법 제212조의 규정에 의하여 피의자를 현행범 체포하는 경우에 필요한 때에는 체포 현장에서 영장 없이 압수·수색·검증을 할 수 있으나, 이와 같이 압수한 물건을 계속 압수할 필요가 있는 경우에는 체포한 때부터 48시간 이내에 지체 없이 압수영장을 청구하여야 한다(제216조 제1항 제2호, 제217조 제2항). 그리고 검사 또는 사법경찰관이 범행 중 또는 범행 직후의 범죄 장소에서 긴급을 요하여 판사의 영장을 받을 수 없는 때에는 영장 없이 압수·수색 또는 검증을 할 수 있으나, 이 경우에는 사후에 지체 없이 영장을 받아야 한다(제216조 제3항). 다만 형사소송법 제218조에 의하면 검사 또는 사법경찰관은 피의자 등이 유류한 물건이나 소유자·소지자 또는 보관자가 임의로 제출한 물건은 영장 없이 압수할 수 있으므로, 현행범 체포현장이나 범죄장소에서도 소지자 등이 임의로 제출하는 물건은 위 조항에 의하여 영장 없이 압수할 수 있고, 이 경우에는 검사나 사법경찰관이 사후에 영장을 받을 필요가 없다."고 한다. 요컨대, 제218조는 사후영장을 요하는 제216조나 제217조에 대해 이를 필요로 하지 않는 예외조항이 된다고 해석하는 취지인 것이다. 다만 그와 같은 해석론에 도달하게 된 근거가 조문의 문리해석상 당연하다는 취지에서 비롯된 것인지, 현행범 체포 시에도 임의제출이 가능하다는 선이해에서 비롯된 것인지 분명하지 않다. 다시 말해, 조문의 취지가 그러하므로[11] 현행범 체포 시에도 임의성이 인정되는 때가 있다고 보아야 한다는 것인지, 아니면 현행범 체포 시에도 임의성이 인정될 수 있기 때문에 조문을 그렇게 해석해야 한다는 것인지 명확히 논급하고 있지는 않다.

추측컨대 대법원의 이러한 해석론은 인신구속 하에서 진술의 임의성 판단과 관련해 '고문, 폭행, 협박, 신체구속의 부당한 장기화 또는 기망 기타 진술의 임의성을 잃게 하는 사정'이 없다면 임의성은 '추정'되며, 임의성을 잃게 하는 그와 같은 사정은 헌법이나 형사소송법의 규정에 비추어 볼 때 '이례'에 속한다고 보는 기존의 입장,[12] 즉 '임의성 추정론'의 연장선상에서 비롯된 것으로 보인다. 다시 말해 대법원은 현행범 체포상황에서는 피의자의 심리상태가 위축되어 강압적 분위기가 형성될 수 있다는 점을 인정하더라도 고문, 폭행, 협박 등과 같은 '이례'적 위법행위가 없다면 임의성은 '추정되며', 다만 임의제출의 의미나 효과를 고지했는지 여부, 임의제출할 경우 압수되어 돌려받지 못한다는 사정을 충분히 알고 있었는지 여부 등 '상황의 총체성'을 고려하여 임의성을 판단해야 한다는[13] 기존의 입장에 기초한 것으로 이해할 수 있을 것이다.[14]

---

11) 예컨대 제218조에서 임의제출자의 자격을 소유자소지자, 보관자로 제한하고 있을 뿐 장소를 제한하는 규정을 두고 있지 않다는 점에서 현행범 체포상황이라 하더라도 임의제출 자체가 불가능한 것으로는 볼 수 없다는 견해로는 신이철, "형사소송법 제218조의 유류물 또는 임의제출물의 압수에 대한 소고", 형사법의 신동향 제67권, 2020, 98면 참조.

12) 대법원 1983.3.8. 선고 82도3248 판결. 이러한 대법원 입장을 '임의성 추정론'으로 명명하며 이처럼 인신구속 하에서 획득한 자백이 임의성이 없는 경우는 '특히 이례에 속하는 것'이라는 '확정적 추정(conclusive presumption)'은 미란다 판결이 구금상태하의 신문은 '본래적으로 강제적인 압력'을 지니고 있다고 판단한 것과 정면으로 배치된다고 비판하는 견해로는, 조국, "'자백배제법칙'의 근거와 효과 그리고 '임의성' 입증", 서울대학교 법학 제43권 제1호, 2002, 388면.

13) "검찰수사관이 필로폰을 압수하기 전에 피고인에게 임의제출의 의미, 효과 등에 관하여 고지하였던 점, 피고인도 필로폰 매매 등 동종 범행으로 여러차례 형사처벌을 받은 전력이 있어 피압수물인 필로폰을 임의제출할 경우 압수되어 돌려받지 못한다는 사정 등을 충분히 알았을 것으로 보이는 점, 피고인이 체포될 당시 필로폰 관련 범행을 부인하였다고 볼 자료가 없고, 검찰수사관이 필로폰을 임의로 제출받기 위하여 피고인을 기망하거나 협박하였다고 볼 아무런 사정이 없는 점 등에 비추어 보면, 피고인은 필로폰의 소지인으로서 이를 임의로 제출하였다고 할 것이므로 그 필로폰의 압수도 적법하다(대법원 2016. 2. 18. 선고 2015도13726 판결)."

14) 자백의 임의성과 관련해서도 "조서의 형식, 내용(진술거부권을 고지하고 진술을 녹취하고 작성완료 후

요컨대, 대법원은 '상당한 수준의 강압'이 추정되는 상황 하에서도 '상황의 총체성'을 고려해 보면 임의성이 인정될 여지가 있다고 판단하고 있는 것으로 보는 것이 타당할 것이다.

이와 관련된 평석들은 대체로 대법원의 판단을 지지하는 것으로 보인다.[15) 즉, 하급심의 논지에도 일리는 있으나, 법문의 해석상 체포현장이라 하더라도 임의제출의 가능성이 원천적으로 차단되지는 않는다는 것이다.[16) 그러한 상황에서도 원칙적으로 임의제출이 허용되나, 다만 이때에는 임의성 여부를 좀 더 주의 깊게 검토해 보아야 하고 검사는 임의성을 엄격하게 입증해야 한다는 것이다.

3. 견해대립의 시사점: 자백배제법칙의 이론적 근거의 재음미 필요성

상기 견해대립은 '임의성' 판단과 관련해 세 가지 중요한 의미를 담고 있다.

첫째, 임의성 개념의 의미 폭이 넓기 때문에 '임의성 유무'에 초점을 맞추는 방식은 임의제출의 적법성 판단기준으로는 거의 무용하다는 점을 알 수 있다. 하급심과 대법원은 각기 다른 관점에서 임의성 유무를 판단하고 있는 것으로 보인다. 엄격한 관점에서 보면 수사기관과 시민 간 상호작용의 현실에 비추어 볼 때 진정 '임의적인' 동의에 의한 압수나 수색은 언제나 성립이 불가능할 것이다.

둘째, 현행범 체포현장에서 구금상태로 인한 심리적 위축과 강제적 압력이 형성될 수 있음에도 불구하고 이 경우 임의제출의 '임의성'을 인정할 여지가 있는지에 대해서 하급심과 대법원은 상이한 견해를 견지하고 있음을 알 수 있다. 문리적으로 제218조가 체포·구속상태 하에서는 그 적용이 배제된다는 명문의 근거가 없는 이상, 현행법의 태도는 대법원의 입장과 마찬가지로 상당한 수준의 강압이 추정되는 상황에서도 임의제출의 '임의성'이 인정될 수 있다는 취지로 해석하는 것이 타당할 것이다. 다만, 그러한 해석론을 지지한다고 하더라도 대법원은 과연 어떠한 요건을 갖추어야만 일정한 수준의 강압 하에서도 임의성이 인정될 수 있는지에 대해 명확한 기준을 제시해

그 내용을 읽어 주어 진술자가 오기나 증감변경할 것이 없다는 확인을 한 다음 서명날인하는 등), 진술자의 신분, 사회적 지위, 학력, 지능정도 그 밖의 여러 가지 상황을 참작하여 법원이 자유롭게 판정한다"는 입장이다(대법원 1983.3.8. 선고 82도3248 판결). 하지만 대법원의 이러한 입장은 결국 '상황의 총체성' 기준에만 의존하는 것으로서 이 기준에 대한 비판으로부터 자유롭지 못하게 된다.

15) 신이철, 앞의 논문, 97면 이하; 신상현, "임의제출물 압수의 적법요건으로서의 임의성", 형사법의 신동향 제67권, 2020, 274면 이하; 김정한, "임의제출물의 압수에 관한 실무적 고찰, 형사법의 신동향 제68권, 2020, 251면.

16) 동지의 김희옥/박일환 대표편집, 앞의 책, 317면.

주고 있지 못하다.[17] '상황의 총체성'을 고려해야 한다는 입장으로 보이지만, 이 기준은 후술하는 바와 같이 한계에 봉착하고 만다. 미란다 판결처럼 '압수거부권'의 고지를 적법성 인정을 위한 필수요건으로 둘 수 있겠지만, 대법원은 임의제출물의 임의성 판단과 관련해 '임의제출의 의미와 효과(아마도 압수거부권도 포함하여)의 고지'를 고려사항으로 언급하고 있지만 어디까지나 그것은 '상황의 총체성'의 일부를 구성하는 한 요소로서 다루어질 뿐이지 필수적인 요건으로 요구하고 있지 않다.

셋째, 상·하급심 법리다툼에서도 볼 수 있는 바와 같이 임의제출물의 압수와 관련해서 '임의성' 판단법리가 구체적으로 형성되어 있지 못하다는 사실을 알 수 있다. 대법원과 하급심은 각기 자신의 입장만을 내세울 뿐 어떠한 이유에서 기존의 대법원 입장이 틀렸는지, 또는 하급심의 입장이 왜 잘못되었는지 충분히 납득할 수 있을 만큼 적실한 근거를 설시해 주고 있지 못하다.

이처럼 임의제출물 압수의 적법성 또는 임의성 인정요건과 관련된 법리나 해석론이 부족한 상황이라면 그러한 판단기준과 관련해 이미 상당한 해석론적 논의성과를 이루어 낸 자백배제법칙의 이론적 근거들을 살펴볼 필요가 있을 것이다. 후술하겠지만 이러한 접근방식은 미연방대법원이 '동의에 의한 수색(consent search)'과 관련된 리딩 케이스에서 '임의성'을 어떻게 판단할 것인지에 대해 자백의 임의성 판단기준에 주목하고자 했었던 사실에서도 힘입은 바 크다. 물론 소송법 전반에 걸쳐 여러 조문에 등장하는 '임의성'을 모두 통일적으로 해석하는 것이 옳은 것인지, 형법상 의사의 자유나 승낙 등에 요구되는 임의성 내지 자발성과는 또 어떠한 연관이 있는지 더 논구될 필요가 있을 것이지만, 본고에서 주목하고자 하는 바는, 임의성 판단기준에 대한 현재의 한계상황이 자백배제법칙의 이론적 근거와 관련해 전개되어 온 논의 상황의 맥락과 밀접히 맞닿아 있다는 판단하에, 상대화되기 쉬운 '주관적 판단대상'으로서의 '임의성 기준'을, 법적인 판단을 내릴 때 보다 합당한 '객관적 판단대상'으로 어떻게 전환시킬 수 있으며, 그 전환된 구체적인 기준은 어떠한 것인지에 초점을 맞추어 논의를 진행하고자 한다.

---

17) 다만, 전술한 첫 번째 사안에서 하급심(원심)은 "임의제출에 의한 압수절차와 그 효과에 대한 피고인의 인식 또는 경찰관의 고지는 없었던 것으로 보이고, 임의성 증명방법으로 형식적 서류가 요구되는 것은 아니지만, 경찰관은 피고인으로부터 임의제출서를 징구하고 압수증명서를 교부해야 함에도 이러한 절차를 준수하지 않았으므로" 경찰관의 강제수사 또는 피고인의 임의적 제출의사 부재를 의심할 수 있다고 설시하고 있어서(의정부지방법원 2019.8.22. 선고 2018노2757 판결) 임의제출물 압수 시 요구되는 임의성 인정의 요건을 제시하려는 시도를 하고 있는 것으로 볼 여지가 있을 것이다.

미국에서 동의에 의한 압수·수색과 관련된 '임의성 판단' 법리는 기본적으로 자백의 임의성 기준과 관련된 판례의 입장에 기초해 발달해 온 것으로 보인다. 그렇다면 임의제출물의 압수에서 임의성 판단과 관련된 법적 기준의 정립을 위해 자백배제법칙의 근거와 관련해 전개되어 온 학설과 판례들을 검토해 봄으로써 그 논의의 단초를 마련해 보는 것도 의미가 있을 것이다.

1. 학설의 개관 및 검토

(1) 허위배제설

자백배제법칙의 이론적 근거는 다양하지만, 여기에는 일정한 역사적 흐름이 있다고 널리 받아들여지고 있다. 전통적인 관점은 임의성 없는 자백은 허위가 개입될 여지가 크고 진실의 발견을 저해하기 때문에 증거능력이 부정된다는 허위배제설의 입장인데, 이에 따르면 임의성 없는 자백이란 허위의 진술을 할 염려가 있는 상황 하에서 행하여진 자백을 의미하며, 기망에 의한 자백이라도 허위의 자백이 아니면 임의성을 긍정하게 된다. 따라서 임의성 문제는 진실성 내지 신뢰성 문제가 된다. 이 학설에 대해서는 증거능력 판단의 기준이 되어야 할 '임의성' 개념을 '증명력' 판단의 기준인 '신빙성(reliability)'으로 대체하는 오류를 범했다는 비판이 일반적이다.[18]

임의제출물의 압수와 관련시켜서 볼 때 허위배제설은 별다른 의미를 지니지 못함을 알 수 있다. 예컨대 강압에 의한 압수라 하더라도 진술증거와 달리 그 자체의 신용력에 차이가 생기지는 않기 때문이다.

(2) 인권옹호설

이러한 문제점을 안고 있던 허위배제설과 차별성을 분명히 내세우며 주장된 인권

---

18) 권오걸, 형사소송법 (형설출판사, 2010), 665면; 손동권, 형사소송법 (세창출판사, 2010), 551면; 신동운, 신형사소송법 (법문사, 2011), 1167면; 신양균, 형사소송법 (화산미디어, 2009), 752면; 이은모/김정환, 형사소송법 (박영사, 2019), 616면; 이재상, 형사소송법 (박영사, 2012), 552면; 정승환, 형사소송법 (박영사, 2018), 554면; 조국, 앞의 논문(각주 12), 377면; 차용석/최용성, 형사소송법 (21세기사, 2008), 511면. 반면, "왜 자백배제법칙이 중요한 적법절차원리가 되었는가"라는 질문에 대한 답으로 허위배제설이 의미있는 논거를 제시한다고 보는 견해로 배종대/홍영기, 형사소송법 (홍문사, 2017), 313면.

옹호설은 증거법적 측면에서 헌법상의 진술거부권을 보호하기 위한 장치가 자백배제법칙이라는 입장으로서 범죄사실의 인부에 대한 의사결정의 자유, 즉 진술의 자유를 침해하는 경우 자백의 임의성이 부정된다고 평가하는 입장이다.[19] 소위 '형사절차혁명(criminal procedure revolution)' 이전까지 미국연방대법원이 취해왔던 '임의성을 기준으로 하는 테스트(voluntariness test)'를 계수한 입장으로서 독일 형사소송법 제136조 a의 '금지된 신문방법' 내지 '증거금지(Beweisverbote)'의 이론적 기초가 된 학설이다. 이 입장에 따르면 '자백의 임의성'은 피의자·피고인의 '자유롭고 합리적인 선택'인지 여부에 따라 결정된다. 그러한 임의성 판단기준에 대해 대법원 판례는 "구체적인 사건에 따라 당해 조서의 형식과 내용, 피고인의 학력, 경력, 직업, 사회적 지위, 지능정도 등 제반 사정을 참작하여 판단한다"[20]고 하는데, 그 취지는 '상황의 총체성(totality of the surrounding circumstances)'을 고려하여 임의성 유무를 판단하는 미연방대법원의 입장[21]과 맞닿아 있다.

인권옹호설은 일견 '임의성'의 의미 그 자체에 초점을 맞추고 있다는 점에서 헌법과 형사소송법의 문언에 충실한 판단기준을 두고 있다는 장점이 있으나, 이에 대해서는 여러 측면의 비판이 제기된다. 첫째, 임의성 판단을 '의사결정의 자유' 여부에 따라서 내려야 하므로 이를 위해 '상황의 총체성'을 고려해야 하지만, 앞서 살펴본 바와 같이 현행범 체포상황에서의 임의제출이 가능한지에 대해서 견해가 다를 수 있듯이, 이에 대한 판단은 법관의 재량에 의존해 차이가 날 수밖에 없으므로 증거능력 판단기준이 주관화, 내면화될 수 있다.[22] 둘째, '임의성'이란 기준만으로는 수사기관의 신문 내지 임의제출 요구 시에 사용되는 수사기법에 있어서 본래적으로 내재할 수밖에 없는 강제적 요소가 허용되는 정도에 대해 명백한 기준을 제시하지 못한다. 셋째, 자백배제법칙의 근거를 진술거부권의 침해라는 측면에서만 찾게 된다면 그 이

---

19) 피의자·피고인으로 하여금 국가기관에 자발적으로 협조할 것을 강요하는 것은 그의 내면의 자유를 침해하여 인간의 존엄을 훼손시킨다는 점에서 인권옹호설의도 자백배제법칙의 중요한 근거라고 보는 입장으로는 배종대/홍영기, 앞의 책, 313 – 314면.

20) 대법원 1993. 7. 27. 선고 93도1435 판결.

21) 미국 판례에서 '상황의 총체성'은 피의자·피고인의 연령, 교육수준, 정신적·육체적 상태, 신문수사관의 수, 신문기간, 신문장소 등을 종합적으로 고려하는 것을 뜻한다. 본고에서는 대법원이 임의제출이나 진술의 임의성 판단을 위해 고려하고 있는 제요소들, 예컨대 신분, 사회적 지위, 학력, 지능정도, 제출의 의미와 효과를 고지했는지 여부 등의 고려사항들을 통칭하는 용어로 '상황의 총체성' 개념을 사용하고자 한다.

22) '상황의 총체성'이라는 기준이 법원과 소송당사자 및 수사기관에게 일관된 가이드라인을 제공하기에 얼마나 무기력한 기준인지 다양한 사례를 통해 논증하고 있는 입장으로는 Marcy Strauss, *Ibid.*, at 223 – 236.

외의 사유, 예컨대 여러 절차상의 위법행위, 즉 헌법적, 법률적 이익에 대한 침해 내지 중대한 위험을 제거하는 데 충분하지 못하다.[23]

상기 비판에도 불구하고 인권옹호설은 임의제출물의 압수의 요건과 관련해 그 의의가 충분히 검토될 필요가 있다. 왜냐하면 형사소송법 제218조 법문에 따르면 "임의로 제출한 물건을 영장없이 압수할 수 있다."고 하여 법률이 '임의성'을 요건으로 두고 있는 한 '의사결정의 자유'라는 임의성의 의미 그 자체를 경시할 수는 없기 때문이다.

(3) 절충설

이 학설은 허위배제설과 인권옹호설을 결합한 것으로 자백에 허위가 개입할 의심이 있거나, 자백획득과정에서 진술의 자유를 침해한 경우 증거능력을 배제하는 입장이다. 대법원 판례 중에는 "임의성 없는 자백의 증거능력을 부정하는 취지는 허위진술을 유발 또는 강요할 위험성이 있는 상태 하에서 행하여진 자백은 그 자체가 실체적 진실에 부합하지 아니할 소지가 있으므로 그 증거능력을 부정함으로써 오판의 소지를 없애려고 하는 데에 있을 뿐만 아니라, 그 진위 여부를 떠나서 임의성 없는 자백의 증거능력을 부정함으로써 자백을 얻기 위하여 피의자의 기본적 인권을 침해하는 위법·부당한 압박이 가하여지는 것을 사전에 막기 위한 것"이라고 설시하여 절충설을 취하고 있음을 명백히 하고 있는 것도 있다.[24] 이 입장에 따르면 형사소송법 제309조는 '자백의 임의성 법칙'을 규정한 것으로 이는 '자백의 위법배제법칙'과 다르다고 한다.[25] 제309조에 위반한 신문방법은 허위가 개입할 여지가 있거나 임의성에 의심이 있다고 평가되므로 이때는 바로 자백의 임의성 법칙을 규정한 제309조를 적용해 증거능력을 배제하고, 기타 진술거부권을 불고지하거나 변호인 접견권을 침해하는 등 자백의 임의성은 인정되더라도 자백획득의 절차와 방법이 위법한 경우에는 자백의 임의성 법칙이 아니라 별도의 위법수집증거배제법칙(제308조의2)으로 해결해야 한다는 견해이다.[26]

이 학설에 대해서는 첫째, 허위배제설과 인권옹호설에 대한 비판이 그대로 적용될 수밖에 없고,[27] 둘째, '임의성이 없거나 의심스러운 자백'과 '임의성은 있으나 위법

---

23) 권오걸, 앞의 책, 664면; 손동권, 앞의 책, 551면; 신동운, 앞의 책, 1169면; 이은모/김정환, 앞의 책, 617면; 이재상, 앞의 책, 552－553면; 정승환, 앞의 책, 555면; 차용석/최용성, 앞의 책, 512면.
24) 대법원 2000. 1. 21. 선고 99도4940 판결.
25) 이삼, 자백배제법칙에 관한 연구, 성균관대학교 박사학위 논문, 2002, 105면 이하.
26) 신양균, 앞의 책, 755면.

한 절차에 의해 획득한 자백'을 구별해 각기 다른 조문을 적용하는 해석론이 '임의성이 의심스러운 자백'의 배제를 규정한 제309조의 취지에 부합되는 것인지 의문이라는 비판이 제기된다.[28] 왜냐하면 '임의성에 의심이 있다'는 법문의 의미는 '임의성이 없다'와 다르며, '임의성을 의심하게 하는 유형적 위법활동을 금지한다', 그리고 '임의성의 결여를 증명할 필요가 없다'는 의미를 가지고 있어서, 자백배제법칙을 굳이 '자백의 임의성 법칙'으로 제한하여 해석할 필요가 없기 때문이다.[29]

(4) 위법배제설

위법배제설은 제309조의 자백배제법칙을 자백의 임의성 법칙으로 국한시켜 이해할 필요가 없다는 해석론에 기초하여 논란이 많은 '임의성'이란 기준으로부터 탈피해 자백 취득과정에서 헌법 제12조 제1항의 적정절차원칙의 이념을 보장하기 위한 증거법상의 법칙으로 이해하는 학설로서 현재 다수설이다.[30] 그 이론적 배경에 있어서 미국 '형사절차혁명'으로 확립된 위법수집증거배제법칙의 시각에서 자백배제법칙을 포괄하려는 시도로 평가되기도 한다.[31] 이 학설에 따르면 적정절차의 요청에 위반해 위법하게 수집된 자백은 임의성에 대해 판단을 할 필요도 없이 위법수집증거이기 때문에 증거능력이 배제된다고 본다. 고문·폭행·협박 등 자백의 임의성에 영향을 미칠 사유가 확인되면 자백의 증거능력을 부인하고 그 사유와 임의성 사이에 별도의 인과관계를 묻지 않는다. 그 결과 자백배제법칙으로 증거능력을 제한할 수 있는 범위가 확대되고, 자백배제기준으로 위법이라는 객관적·통일적 기준으로 제시함으로써 동 법칙의 실제적 적용을 촉진시킬 수 있다는 장점을 지닌다. 요컨대, 자백배제법칙은 더 이상 '자백의 임의성배제법칙'이 아니며, '위법수집자백배제법칙' 내지 '자백의 위법배제법칙'으로 파악되고, 결국 '위법수집증거배제법칙의 특칙'이 된다.[32] 즉, 자백획득의 절차와 방법이 위법하면 곧바로 증거능력이 배제된다는 것이다. 후술하겠지만 미국에서 동의에 의한 압수 및 수색과 관련해 임의성 판단기준이 바로 위법배제설과 유사한 형태로 변화되어 왔다는 점에서 그 의의와 가치가 충분히 음미되어야 할 학설이라고 평가할 수 있을 것이다.

---

27) 신동운, 앞의 책, 이은모/김정환, 앞의 책, 617면; 이재상, 앞의 책, 553면; 차용석/최용성, 앞의 책, 512면.
28) 이용식, "자백배제법칙의 근거와 임의성의 판단", 외법논집 제35권 제3호, 2011, 198면.
29) 이용식, 앞의 논문, 200면.
30) 손동권, 앞의 책, 553면; 차용석/최용성, 앞의 책, 514면.
31) 조국, 앞의 논문(각주 12), 383면.
32) 조국, 앞의 논문(각주 12), 383면.

이 학설에 대해서는 첫째, 자백의 임의성이라는 측면을 도외시하는 것은 제309조의 입법취지에 반하고, 둘째, 고문이나 폭행에 의한 자백처럼 임의성에 의심이 있는 경우와 자백의 임의성은 인정되나 단지 그 획득절차가 위법한 경우의 질적 차이를 설명하기 곤란하며,[33] 셋째, 적법절차원칙을 넘어서서 자백배제법칙이 갖고 있는 독자적 의미를 밝히지 못한다는 비판을 받고 있다.[34]

(5) 종합설

종합설은 허위배제설, 인권옹호설, 위법배제설 모두 종합적으로 자백의 증거능력을 배제하는 근거가 된다는 입장으로 이들 세 학설은 서로 배척·상충하는 관계가 아니라 상호 보완관계에 있다고 봄으로써 자백배제법칙의 적용범위를 최대한 확장시키고자 한다. 자백배제법칙이 단순히 소송법상 증거법칙의 차원을 넘어서 헌법적 기본권에 해당하기 때문에 동 법칙의 적용범위는 수사기관의 위법행위에 초점을 맞추고 있는 위법배제설의 외연을 넘어 사인간의 영역에까지 확장된다고 한다.[35] 위법배제설이 자백배제법칙의 적용범위를 확대한 것에 더하여 위법배제설보다도 그 적용범위를 더 넓히려는 학설인 것이다.

종합설에 대해서는 우선 절충설에 대한 비판이 거의 그대로 적용되는데, 즉 임의성 판단기준으로 '상황의 총체성'을 고려하거나 자백자의 주관을 중시하기 때문에 자백배제법칙의 객관적 운용기준과 판단기준을 제시할 수 없다고 한다. 다음으로 자백배제법칙을 헌법적 권리로 파악한다고 하더라도 이는 '사법절차적 권리'에 속하는 것으로 이 권리는 애당초 수신인이 국가권력이므로 사인효와는 무관한 기본권 규정이라는 지적이 있다.[36]

하지만 종합설은 인권옹호설까지 포용하므로 임의제출과 관련하여 법문에 충실한 해석방법이 될 수 있으며, 이로 인하여 증거능력 배제의 효과를 최대한 확장시킬 수 있다는 장점이 있으므로 그 의의가 면밀히 재검토될 필요가 있다고 본다.

---

33) 신동운, 앞의 책, 1168면; 신양균, 앞의 책, 753면; 이은모/김정환, 앞의 책, 618면; 이재상, 앞의 책, 556면; 정승환, 앞의 책, 556면.

34) 신동운, 앞의 책, 1168-1170면. 우리 헌법은 자백배제법칙을 단순히 증거법상의 보조수단으로 보고 있지 않으며, 기본권으로 격상시킴으로써 그 독자적인 위치를 강조하고 있기 때문에(헌법 제12조 제7항), 자백배제법칙은 자백이 임의로 진술한 것이 아니라고 의심할 만한 이유만 있으면 곧바로 증거능력이 배제되나, 위법배제설을 따를 경우에는 위법한 증거수집행위가 분명하게 입증되어야 하는데 그것은 결코 용이한 일이 아니므로 피고인의 방어권을 크게 약화시키게 됨으로써 결과적으로 기본권적 지위를 갖고 있는 자백배제법칙의 독자적 의미를 살리지 못한다고 한다.

35) 권오걸, 앞의 책, 668면; 신동운, 앞의 책, 1170-1171면; 이주원, 형사소송법 (박영사, 2019), 371면.

36) 조국, 앞의 논문(각주 12), 386면.

2. 학설 개관 및 검토로부터의 시사점: '위법배제설'의 수용과 '종합설'의 고려

(1) 위법배제설에 대한 비판논거의 재반박-위법배제설의 옹호 및 수용

앞서 고찰한 바와 같이 위법배제설은 자백배제법칙을 '임의성'이라는 주관적 기준으로부터 벗어나 헌법 제12조 제1항의 적법절차원칙에 기초해 자백의 적법성 여부 판단기준을 설정할 수 있게 해주는 이론적 장점이 있다. 물론 이에 대한 비판적 견해도 있지만, 이에 대해서는 다음과 같은 재반박이 가능하다.

우선, 첫째 비판에 대해서는 제309조의 취지는 고문·폭행·협박 기타 여하한 위법 행위로 임의성이 없다고 의심을 불러일으킬 만하다고 평가되는 사유가 있다면, 임의성 유무에 대한 실질적 판단과는 별개로 증거능력을 배제하겠다는 것이고, 이러한 맥락에서 보면 제309조에 열거된 위법행위를 통해 자백을 취득한 경우에 그 자백은 곧 임의성에 의심이 있는 자백이 되는 것이므로, 다시 말해 수사기관의 위법행위가 곧 자백의 임의성을 의심할 만한 사유가 되는 것이므로 위법배제설이 임의성과 무관하다는 비판은 적절하지 못하다는 지적이 있다. 다만, '자백의 임의성을 기준으로 하는 테스트'가 수사기관의 위법행위와 임의성의 관계에 대한 실질적인 측면, 즉 자백의 진실성(신뢰성) 내지 진술의 자유 침해여부에 초점을 맞추어 이에 대한 심사를 통해 증거능력 판단을 행하는 것이라고 한다면, 위법배제설은 그러한 증거능력 판단의 시점을 앞당겨서 자백취득행위시의 위법행위가 있으면 곧 자백의 임의성에 의심이 있는 경우로 보고 실질적인 측면에 대한 별도의 심사 없이 증거능력을 배제하는 견해라는 점에서는 양 학설에 차이를 찾아볼 수 있을 것이다.[37]

고문이나 폭행에 의한 자백처럼 임의성에 의심이 있는 경우와 자백의 임의성은 인정되나 단지 그 획득절차가 위법한 경우의 질적 차이를 설명하기 곤란하다는 둘째 비판에 대해서는, 우선 임의성에 의심이 있다는 것은 자백의 증거능력을 배제하는 결론에 해당하는 판단이 되는데, 자백이 위법하게 수집되었다는 점은 임의성에 의심이 있는 자백인가를 판단하는 근거가 되기 때문에 양자는 질적으로 엄격히 구별할 수 있는 개념이 아니라는 지적이 있다. 다시 말해 적법절차를 위반해 불공정하게 획득한 자백은 임의성이 의심된다고 보아야 하기 때문에 임의성은 있으나 그 획득절차가 위법한 경우를 거의 상정하기 어렵다는 것이다. 요컨대, 임의성에 의심이 가는 불공정하게 획득한 자백은 이미 임의성 있는 자백이라고 볼 수 없다는 견해이다.[38]

또 다른 반박논거로서 설령 임의성에 의심이 있는 자백과 임의성은 있으나 위법한

---

37) 이러한 취지로 해석할 수 있는 견해로는 이용식, 앞의 논문, 28면.
38) 이재상, 556면.

절차에 의해 취득한 자백을 구별하는 것이 가능하다고 하더라도 불법의 측면에서 양자 간의 질적인 차이가 있다고 보기는 어렵다는 견해가 있다. 고문이나 폭행 등에 의한 자백(명백히 임의성에 의심이 있는 자백)과 진술거부권을 불고지하여 획득한 자백(임의성이 의심되지만 인정될 수도 있는 자백)의 경우에 전자가 더 야만적인 행위라고 할 수는 있지만 후자 역시 명백한 헌법상의 기본권 침해로 중대한 불법이라는 점에서 질적 차이가 없다는 것이다.[39]

끝으로, 위법배제설의 정책적 목적은 제309조의 조문취지를 고려할 때, 형사절차에서 자백의 임의성을 적절히 담보하기 위해 자백취득단계에서 위법한 수사활동을 억제하려는 데 있다고 보아야 하는바, 자백취득단계에서의 위법행위의 존재는 곧 자백의 임의성에 의심이 있는 경우에 해당하므로 자백배제법칙의 적용을 위해 검사가 증명해야 하는 대상은 '자유롭고 합리적인 선택'으로서 임의성 유무가 아니라 자백취득과정에서 위법(수사)행위의 존부가 되어야 하기 때문에, 이러한 조문의 취지에 비추어 볼 때 자백의 증거능력이 배제될 여러 사례에 있어서 임의성의 존부는 질적 차이를 가져오지 못한다는 견해도 있다.[40]

(2) 위법배제설에 대한 비판논거의 재음미-종합설의 재해석 및 보충적 고려

상기 반박논거들은 위법배제설을 옹호하는 입장에서 동 학설의 정책적 목적에 주목함으로써 적실한 논거들을 잘 제시해 주고 있다고 볼 수 있을 것이다. 하지만 그럼에도 불구하고 여전히 남아 있는 논점은 '임의성'이라는 요건 그 자체가 지니고 있는 '법적 효력'과 그 효력여부를 결정짓는 '법적 비중'의 문제이다. 위법배제설을 지지하는 주요한 논거들은 대체로 '임의성 유무' 자체는 자백배제법칙를 적용해 증거능력을 배제하는 데 있어서 의미있는 비중을 갖지 못한다고 평가하고 있다. 그 이유는 무엇일까? 그것은 앞서 살펴본 바와 같이 제309조의 입법취지가 '자백의 임의성을 담보하기 위해 위법수사를 억제'하려는 정책적 목표에 있기 때문이다. 또한 '임의성을 기준으로 하는 테스트'라는 전통적인 자백배제기준, 즉 '상황의 총체성' 기준이 객관적 판단기준으로서 중요성과 효용을 잃게 되면서 임의성에 의심을 줄 만한 수사기관의 '위법행위' 그 자체에 더 비중을 두게 된 과정, 즉 '임의성' 판단기준 법리발달의 역사적 맥락도 고려될 수밖에 없을 것이다. 하지만 그럼에도 불구하고 위법배제설에 대해 의문을 제기하는 관점에서는 다음과 같이 반문할 수 있다.

---

39) 조국, 앞의 논문(각주 12), 382면.
40) 이용식, 앞의 논문, 198-203면 참조.

첫째, 법의 영역에서 '임의성', '자발성', '자유롭고 합리적인 선택'은 쉽게 포기하거나 간과될 수 없는 매우 중요한 개념이다. 자신의 가치체계에 근거하여 행위자가 자신과 관련된 사항에 대해 스스로 내린 의사결정은 존중되어야 한다는 소위 '자율성 존중의 원칙'은 형사법의 영역에서도 작동하기 때문이다.[41] 예를 들어 세 개념을 유사한 의미로 파악해서 본다면, 그 인정여부 자체가 중요한 법적 효력을 갖는 경우가 있다. 형법의 경우 피해자의 '(자발적) 승낙'은 위법성을 조각시키는 강력한 효과를 가져오며, 피고인의 범행은 '자유롭고 합리적 선택'으로 추정되어 그가 책임무능력자가 아닌 이상 행위의 금지성에 착오가 없고, 강요된 행위 등 책임조각사유가 인정되지 않는다면 온전히 범죄를 성립시키고 형벌이라는 법적 효과를 가져온다. 여기서 흥미로운 사실은 형법의 영역에서도 임의성은 그 의미 폭이 가변적인 개념이라는 점이다. 예컨대, 폭행 또는 협박에 의해 현금카드를 갈취당한 피해자라 하더라도, 피해자의 의사를 완전히 억압할 정도의 폭행이나 협박이 아니었다면, 그 현금카드에 대한 사용승낙이 있다고 평가되어 —형법적으로는 자발적 행위로 평가되어— 가해자가 그 현금카드로 현금을 인출했을 경우에는 현금지급기 관리자의 의사에 반하지 않아 절도죄가 성립하지 않는다. 일정한 수준의 강압에도 불구하고 피해자의 재산적 처분행위에 자발성이 인정된다는 것이다.[42] 이와 유사한 법리는 강요된 행위(제12조)도 마찬가지다. 일체의 강요된 행위가 행위자의 '자유롭고 합리적인 선택'을 부정하게 되는 것이 아니라 '저항할 수 없는 폭력이나 자기 또는 친족의 생명, 신체에 대한 위해를 방어할 방법이 없는 협박'의 수준에 이르러야 책임이 조각된다.[43]

둘째, 형사절차에서 압수·수색에 대한 '동의'는 헌법상 보장되는 영장주의의 예외를 인정할 수 있을 만큼 강력한 효력을 발휘한다. 따라서 '임의성' 유무는 결코 가볍게 다루어져서는 안 된다. 이러한 맥락에서 보면 다음과 같은 가설적 상황을 제시해

---

41) '자율성 존중의 원칙'에 대해서는 정규원, "피검자의 동의-자발성을 중심으로", 한양대 법학논총 제23권 제1호, 2006, 181면 이하 참조.

42) 대법원 2007.5.10. 선고 2007도1375 판결. "예금주인 현금카드 소유자를 협박하여 그 카드를 갈취한 다음 피해자의 승낙에 의하여 현금카드를 사용할 권한을 부여받아 이를 이용하여 현금자동지급기에서 현금을 인출한 행위는…(중략) 위 예금 인출 행위는 하자 있는 의사표시이기는 하지만 피해자의 승낙에 기한 것이고, 피해자가 그 승낙의 의사표시를 취소하기까지는 현금카드를 적법, 유효하게 사용할 수 있으므로, 은행으로서도 피해자의 지급정지 신청이 없는 한 그의 의사에 따라 그의 계산으로 적법하게 예금을 지급할 수밖에 없기 때문이다."

43) 대법원 1988. 2. 23. 선고 87도2358 판결 "설령 대공수사단 직원은 상관의 명령에 절대 복종하여야 한다는 것이 불문률로 되어 있다 할지라도 국민의 기본권인 신체의 자유를 침해하는 고문행위 등이 금지되어 있는 우리의 국법질서에 비추어 볼 때 그와 같은 불문률이 있다는 것만으로는 고문치사와 같이 중대하고도 명백한 위법명령에 따른 행위가 정당한 행위에 해당하거나 강요된 행위로서 적법행위에 대한 기대가능성이 없는 경우에 해당하게 되는 것이라고는 볼 수 없다."

볼 수 있을 것이다. 고문에 의해 의사결정의 자유가 완전히 억압되어 자백을 한 경우와 비록 사전에 진술거부권의 고지를 받지는 못 했지만 이미 진술거부권의 의미를 충분히 알고 이해하고 있으며 부당하게 많은 혐의를 받고 있는 상황에서 자신의 저지른 죄를 명백히 하기 위해 '자발적으로' 자백을 한 경우에 두 사례에 있어서 '임의성 유무'는 어떻게 고려되어야 하는가? 우선 전자의 사례에서는 고문이라는 위법행위와 임의성의 부존재라는 사정이 결합되어 증거능력을 배제하는 효과를 부여해야 한다는 점에 대해서는 누구나 동의할 것이다. 문제는 후자의 사례인데, 미란다 판결이 잘 지적한 바와 같이 비록 구금상태라는 일정수준의 강압적 요소가 작용하고 있음을 부인할 수 없지만, '상황의 총체성'을 고려할 때 피의자의 자백에 일정한 '임의성'을 인정할 수 있음은 명백한 사실이다.44) 다만 이때 진술거부권 불고지라는 위법행위와 결합되어 있는데, 그럼에도 임의성은 인정되는 상황에서45) 이 경우 증거능력을 배제하는 것이 '임의성이 인정되면 영장주의의 예외로 증거능력이 인정되고, 임의성이 부정되면(의심되면) 법적 효과로서 증거능력이 배제된다'라는 원칙에 비추어

---

44) 대법원 판례도 진술거부권이 불고지된 경우에도 임의성이 인정될 수 있다고 보고 있다. "형사소송법 제200조 제2항은 검사 또는 사법경찰관이 출석한 피의자의 진술을 들을 때에는 미리 피의자에 대하여 진술을 거부할 수 있음을 알려야 한다고 규정하고 있는바, 이러한 피의자의 진술거부권은 헌법이 보장하는 형사상 자기에 불리한 진술을 강요당하지 않는 자기부죄거부의 권리에 터잡은 것이므로 수사기관이 피의자를 신문함에 있어서 피의자에게 미리 진술거부권을 고지하지 않은 때에는 그 피의자의 진술은 위법하게 수집된 증거로서 진술의 임의성이 인정되는 경우라도 증거능력이 부인되어야 한다." 대법원 1992. 6. 23. 선고 92도682 판결. 이 판결은 진술거부권 불고지가 위법수집증거가 되어 증거능력이 부인된다고 판시한 소위 '최초의 한국판 미란다 판결'이다.

45) 대법원 판례도 진술거부권을 고지하지 않은 때에는 진술의 임의성이 인정되는 경우라도 증거능력이 부인되어야 한다고 설시하여 이러한 상황이 가능함을 시사하고 있다. 대법원 1992.6.23. 선고 92도682 판결; 대법원 2009.8.20. 선고 2008도8213 판결; 대법원 2010.5.27. 선고 2010도1755 판결 등. 다만, 진술거부권의 불고지가 단지 수사기관의 실수일 뿐, 피의자의 자백을 이끌어내기 위한 의도적이고 기술적인 증거확보의 방법으로 이용되지 않았고, 이후 이루어진 신문에서는 진술거부권을 고지하여 잘못이 시정되는 등 수사절차가 적법하게 진행되었다는 사정, 최초 자백 이후 구금되었던 피고인이 석방되었다거나 변호인으로부터 충분한 조력을 받은 가운데 상당한 시간이 경과하였음에도 다시 자발적으로 계속하여 동일한 내용의 자백을 하였다는 사정 등이 있을 경우 최초자백 이후 이를 기초로 한 2차적 증거인 피고인의 법정진술은 증거능력이 있다(대법원 2009. 3. 12. 선고 2008도11437 판결). 이른바, 독수독과 원리의 예외로서 '인과관계의 희석 또는 단절'이 인정된 사례이다. 외견상 이 판결과 유사한 미국 판례로는 Oregon v. Elstad 470 U.S. 298, 318 (1985). 이 사안에서는 최초의 자백진술이 미란다 고지 없이 이루어졌고, 이후 적정한 미란다 고지가 행해진 후 피고인이 다시 자백을 하였는데 대법원 다수의견은 독수과실의 원리는 1차 증거의 오염에 헌법위반이 있을 것을 요하나 미란다 고지의 불이행은 그러한 헌법위반에는 해당하지 않기 때문에 2차 자백의 증거능력이 인정된다고 판시하였다. 이러한 결론은 보수파 연방대법원이 미란다 원칙을 헌법에 의해 보장되는 권리 그 자체가 아니라 자기부죄금지 특권을 보호하기 위한 '예방적 법칙'에 불과한 것으로 보았기 때문이라는 비판으로는 조국, 위법수집증거배제법칙 (박영사, 2005), 52면 이하 및 430−431면 참조. 이후 미란다 원칙의 지위는 'Dickerson v. United States 530 U.S. 428, 444 (2000)'에서 헌법적 의미를 갖는 지침(constitutional guidelines)으로 다시 복귀되었다고 동 문헌은 평가한다.

볼 때 합당한 것인지 충분히 의문을 제기할 수 있을 것이다.

물론 이에 대해서 다음과 같이 답할 수 있다. "임의성이 인정되는 자백이라도 위법행위와 결합되어 있으면 증거능력은 배제된다"고. 다시 말해 위법행위는 그것이 임의성에 영향을 주거나 아니면 그 자체로 증거능력을 배제시키는 요소이기 때문에 상기 후자의 사례에서 설령 임의성에 영향을 주지 않았다고 하더라도 위법행위 단독으로 증거능력을 배제시키게 된다는 것이다. 이는 위법수집증거배제법칙의 당연한 귀결이기도 하다. 물론 전자 사례와 비교할 때 후자 사례의 경우 증거능력을 배제의 효과를 야기하는 근거로서의 효력은 상대적으로 약하다고 말할 수 있다. 전자의 경우에 고문은 임의성에 영향도 주고 그 자체로 위법행위이기 때문에 더 강력한 효력을 발휘해 상대적으로 오염의 정도가 크다고 볼 수 있기 때문이다. 그렇지만 증거능력의 배제의 효과는 '임의성 유무'는 물론 '위법행위의 존부'로부터도 영향을 받기 때문에 전술한 전자와 후자 사례에서 오염도의 차이는 분명 있겠지만 '증거법적 효과의 측면'에서는 '질적 차이'는 없다고 보는 것이 타당할 것이다.[46]

요컨대 소송법이든 실체법이든 임의성 판단은 여전히 중요하지만, 증거능력 배제의 효과는 임의성 유무라는 실체적 기준만으로 결정되지는 않고 절차상 위법행위의 존부라는 기준도 고려해야 하기 때문에 양 사례에서 분명 '오염도의 차이'는 관념할 수 있겠으나,[47] 증거법적 효과의 측면에서 "질적으로 같다"고 보면 될 것이다.[48]

그렇다고 해서 '위법배제설'의 이론적 토대가 침식되지는 않는다. 위법행위는 일반적으로 임의성에 영향을 줄 여지가 크기 때문이다. 앞의 '가설적' 상황처럼 위법행위가 개입되었음에도 불구하고 임의성이 인정될 수 있는 사례는 극히 예외적일 것이다. 다만, 위법배제설이 '임의성'을 도외시한다는 비판은 동 학설이 수사기관의 '위법행위가 개입되지 않았으나 임의성이 없는 자백'[49]을 제대로 분별해낼 수 없다는 점

---

46) 이러한 결과가 발생하는 이유는 '임의성의 부재(또는 의심)'와 '위법행위의 존재'는 각각 그 단독으로 증거능력 배제의 효과를 가져올 수 있는 근거로서의 크기와 효력을 지니고 있기 때문이다.

47) 질적 차이를 긍정하는 견해로는 신동운, 앞의 책, 1172면. 같은 맥락에서 자백의 수집절차에 위법이 있으나 임의성은 명백히 인정되는 경우가 분명 존재한다고 보는 견해로는 이주원, 앞의 책, 371면.

48) 논자에 따라서는 고문이나 폭행과 같이 증거수집절차의 위법이 본질적이고, 이를 통해 임의성 없는 자백이 획득된 경우와 진술거부권 불고지처럼 그 위법이 비본질적이어서 자백의 임의성이 인정되는 경우에 후자의 경우는 증거동의에 의해 증거능력이 인정되므로 증거법적으로 '질적 차이'가 있다고 볼 수도 있을 것이다. 백형구, 형사소송법강의 (박영사, 2000), 585, 641면. 하지만 진술거부권 고지의무의 불이행은 진술거부권이라는 헌법상 권리의 두터운 보호를 위한 제도적 담보장치를 해체시키는 중대한 위법이므로 '본질적 위법'이 아니라는 평가는 타당하지 못하다 할 것이며, 제309조에 위반해 획득된 자백의 증거능력을 절대적으로 배제되어 증거동의에 의해서도 증거능력은 인정되지 않으며 탄핵증거로도 사용할 수 없다는 것이 통설이다. 조국, 앞의 논문(각주 12), 389면.

49) 예컨대 비교적 장시간 수면을 방해하여 얻었지만 임의성을 명백하게 부정하기에 부족한 경우(30시간

에서는 분명 그 의의를 지니고 있다고 평가하는 것이 공정할 것이다. 바로 이러한 맥락에서 '종합설'의 미덕이 잘 드러난다고 보는데, 왜냐하면 종합설은 허위배제설, 인권옹호설, 위법배제설의 각 의의를 고르게 인정하면서 이들이 상호 배타적이지 않고 보완적으로 적용될 수 있다고 보고 있기 때문이다.[50] 요컨대, 위법배제설만으로 증거능력을 배제할 수 없지만 전체상황에 비추어 볼 때 임의성이 의심스러운 사안에 대해서는 '임의성을 기준으로 하는 테스트'를 통해 판단할 필요성이 여전히 있다는 것이고, 바로 이 점에서 '종합설'의 장점이 있다고 볼 것이다. 다만, 앞서 논급한 판례들의 입장에 의하면 대법원은 '상황의 총체성' 기준을 '전가의 보도'처럼 사용하고 있으나,[51] 전술한 바와 같이 수사기관의 위법행위가 개입되지 않았지만 임의성이 의심스러운 경우에 한해 보충적으로 그 기준을 사용하는 것이 바람직하다고 본다.[52] 아울러 후술하겠지만, 판례의 입장처럼 압수거부권 고지는 단지 '상황의 총체성'을 구성하는 한 판단요소로만 볼 것이 아니라 그것이 결여되면 증거능력을 배제시키는 필수적 요건으로 보아야 한다.

(3) 임의제출의 '임의성' 요건에 대한 시사점

자백배제법칙의 근거와 관련된 상기 견해대립의 검토는 임의제출물의 압수에 있어서 '임의성' 요건에 대한 몇 가지 시사점을 제공해 준다.

첫째, 임의제출의 적법성 판단기준과 관련해 '임의성을 기준으로 하는 심사'가 '상황의 총체성'에 의존하여 증거능력판단 기준의 주관화화 내면화를 초래할 수밖에 없듯이, 임의제출물의 압수에서 임의성 판단도 '임의성 유무'에 초점을 맞추는 방법은 한계에 봉착할 수밖에 없다.

둘째, '임의성'은 다의적이고 의미의 폭이 넓은 개념이므로 일정수준의 강제적 요소[53]가 추정되는 상황에서도 인정될 수 있다. 임의성 판단과 관련된 형사절차는 예

잠을 재우지 않고 얻은 자백의 임의성을 부정한 사례로는 대법원 1997. 6. 27. 선고 95도1964 판결), 병든 피의자에게 경찰이 약을 주었는데, 우연히 의사지배능력을 떨어뜨리는 효과가 있었으나 경찰은 그러한 효과를 알지 못했던 경우(관련된 미국 판례로는 Townsend v. Sain. 372 U.S.293 (1963)이 있으며 동 판결은 미란다 판결이 나오기 전 '임의성을 기준으로 하는 테스트'를 따른 판결이다.) 등이 있다.

50) 종합설을 지지하는 견해로는 배종대/홍영기, 앞의 책, 315면. 동 문헌은 대법원도 허위배제설(2000.1.21. 선고 99도4930 판결), 위법배제설(1983.3.8. 선고 82도3248 판결), 인권옹호설(2015.9.10. 선고 2012도9879 판결 등)을 종합적으로 설시하여 종합설에 가까운 입장으로 볼 수 있다고 평가한다. 역시 종합설을 지지하는 입장으로는 이주원, 앞의 책, 371면.

51) 이 점에 대한 지적으로는 이용식, 앞의 논문, 202면.

52) '상황의 총체성'이라는 기준은 보충적으로 적용된다면, 임의성이 문제되는 수많은 상황과 무정형한 요소들을 포괄적으로 고려할 수 있다는 점에서는 그 나름의 의의가 있다고 본다.

53) 이러한 강제적 요소에는 고의적인 위법한 행위도 있겠지만 반드시 여기에 국한되지는 않는다. 구속된

컨대 '인신구속 하의 자백'이나 '현행범 체포상황 하의 임의제출' 등과 같이 일정한 수준의 강압이 개입되는 경우가 많으며, 따라서 임의성 기준은 이러한 요소를 완전히 배제하는 방향으로 설정되어서는 안 되고, 임의제출물의 압수 시 허용되는 강압의 수준과 유형을 어떻게 설정해야 하는가에 초점을 맞추어야 한다.

셋째, 위법배제설의 논거에서 간취할 수 있듯이 자백배제법칙의 취지가 자백의 임의성을 담보해 줄 수 있도록 위법행위를 억제하려는 정책적 목표에 있다면 이러한 정책적 목표는 헌법상 요구되는 영장주의의 예외로서 임의제출에 의한 압수에 대해서도 마찬가지라 할 것이므로 그 적법성이 인정되기 위해서는 임의성 판단기준을 엄격히 설정해야 한다. 이를 위해 임의성을 담보해줄 수 있는 장치로서 자백의 경우 진술거부권의 고지가 헌법과 법률에 의해 요구되고 있는 것처럼, 임의제출에 있어서도 압수거부권의 고지가 입법화될 필요가 있는지 논구되어야 한다. 이 점에 대해서는 아래(IV)에서 상론하기로 한다.

넷째, 위법배제설이 자백배제법칙을 '자백의 임의성 법칙'으로 국한시켜 이해하지 않듯이, 임의제출에 요구되는 '임의성 판단기준'도 '제출의 임의성'으로 협소하게 파악하는 것도 부당한지 검토될 필요가 있다. 전자의 경우 제309조가 명백히 '진술의 임의성이 의심될 만한 이유가 있는' 경우 자백의 증거능력을 배제하고 있는 반면 제218조는 '임의로 제출한' 경우 제출의 적법성을 인정하고 있어서 문언상의 차이가 있다. 전자의 경우는 확실히 '자백의 임의성 법칙'으로 국한시켜 해석할 필요가 없다. 하지만 후자의 경우는 다르다. 문언상 '임의로' 제출한 경우에만 영장 없는 압수가 적법하다는 취지이므로, '임의성' 자체의 존부가 관건이라는 취지로 해석할 여지도 있다. 하지만 형법해석에서 일반적으로 특별한 책임조각사유가 존재하지 않는 한 행위자가 저지른 행위가 '자유롭고 합리적인 선택'이라는 사실은 추정되듯이, 본래적인 강압이 추정되는 상황이 아니라면 '임의성'의 존재도 적극적으로 입증할 필요는 없을 것이다. 그보다는 소극적으로 '임의성'의 부재사유가 존재하면 증거능력을 부정하되, '임의성 유무' 자체에 대한 판단에 초점을 맞춤으로써 수반되는 난점을 회피하기 위해서는 그 방법은 자백의 경우와 마찬가지로 '임의성을 의심할 만한 이유', 즉 허용되는 수준의 강압을 넘어선 위법행위 및 영향력 행사가 있는지 여부를 판단하면 될 것이다.

요컨대, 임의제출물의 압수에 있어서 '임의성' 요건을 충족시키지 못하여서 증거능

피의자 신문이나 임의제출물의 압수처럼 형사절차에 본래적으로 내재한 강압적 요소도 고려해야 하기 때문이다.

력이 배제되는 이론적 근거는 '위법배제설'에서 찾는 것이 합당하다고 본다. 다만, 그렇다 하더라도 수사기관의 위법행위가 없는 상황에서도 임의성이 의심되는 사례도 존재할 수 있고, 이때에는 보충적으로 '상황의 총체성'을 고려해 별도의 판단이 필요하다는 점은 전술한 바와 같다.[54)]

Ⅳ 동의수색 기준에 대한 미란다 판결의 함의: 쉬넥로스 판결의 의의와 한계

1. 동의에 의한 압수·수색에 관한 미연방대법원 판례의 검토와 논의의 필요성

앞서 검토한 자백배제법칙과의 비교를 통한 임의성 판단기준에 대한 논의의 양상은 흥미롭게도 미연방대법원의 판례입장의 변화와 유사성을 보이고 있다. 즉 임의성이라는 주관적, 실체적 요소에 대한 직접적이고 적극적인 판단 대신에 수사기관의 위법행위라는 절차적이고 객관적인 요소의 입증을 통해 동의에 의한 압수·수색의 적법성을 판단하는 방향으로 법리를 형성해 나아가고 있는 미연방대법원의 입장은 우리에게도 시사하는 바가 매우 크다고 판단된다. 아울러 이와 관련된 국내외 논의들은 임의제출물의 압수와 관련된 세부 판단기준의 설정에 있어서도 상당히 유의미한 기여를 해줄 수 있을 것으로 사료된다. 이하에서는 동의에 의한 압수·수색과 관련된 미국의 리딩케이스를 살펴본 후 그 법리적인 의의와 한계를 알아보고, 그 시사점이 현재 우리나라 임의제출물 압수법리에 어떤 함의를 가질 수 있는지 살펴보기로 한다. 주로 동의에 의한 수색(consent search)과 관련된 미국 법원의 입장과 학술적

---

54) 서울중앙지방법원 2020. 12. 23. 선고 2019고합927 판결 참조. 이 사건에서 강사휴게실 PC 보관자인 조교 A는 검찰수사관으로부터 강사휴게실 PC를 조사할 필요성에 대해서 설명을 들은 뒤 검찰수사관이 제시한 임의제출동의서, 압수목록교부서 등에 서명하였고 뒤 진술서를 작성하였는데 변호인측은 진술서를 작성할 당시 검찰수사관의 강압이 있었으므로 임의제출의 임의성을 인정하기 어렵다고 주장하였고, 이에 법원은 임의제출 전후의 '상황의 총체성'을 검토한 뒤 "설령 변호인의 주장과 같이 A가 검찰수사관의 강요에 의하여 진술서를 작성하였다고 하더라도, 그러한 사정만으로 그 이전에 A가 임의제출동의서를 작성함으로써 강사휴게실 PC를 임의로 제출하겠다는 의사를 표시한 것이 검찰수사관의 강요에 의한 것이었다고 볼 수 없다."고 판단하였다. 이 사건에서 압수(제출)거부권에 대한 고지가 있었는지 불분명하지만 만일 고지를 했더라도 제반 정황(소속대학 행정지원처장 B에게 임의제출동의서에 서명할 것인지 여부를 문의하였고, B로부터 검찰수사관에게 협조해야 한다는 답변을 들은 후에 서명함)에 비추어 볼 때, 거부권을 고지받았더라도 서명을 하였을 것으로 판단되며, 따라서 수사기관의 위법행위가 없어도 임의성이 의심되는 사례의 하나로 제시할 수 있을 것이다.

견해들이지만, 성질상 동의압수(consent seizure), 즉 임의제출물의 압수에도 공통적으로 적용될 수 있는 논의들이라고 볼 수 있을 것이다.[55]

2. 판례입장의 변화: '상황의 총체성' 기준에서 '위법배제' 기준으로

(1) Schneckloth v. Bustamonte, 412 U.S. 218(1973)

동의에 의한 압수·수색과 관련된, 더 정확히는 동의수색(consent search)의 임의성 판단기준에 대한 기념비적 판결인 쉬넥로스 케이스의 개요는 다음과 같다.

> 경찰관이 헤드라이트가 고장나 있고 번호판이 타버린 차를 정지시켰는데, 차 안에는 총 6명이 있었다. Alcala와 Bustamonte는 운전사인 Gonzales와 앞좌석에 타고 있었는데 경찰관의 질문에 Gonzales를 비롯한 네 명은 면허증을 제시하지 못하였다. 유일하게 면허증을 제시한 Alcala는 그 차가 자신의 형의 자동차임을 밝혔고, 모두 차에서 내린 후 2명의 경찰관이 추가로 도착하였다. Alcala는 경찰관의 자동차 수색요청에 동의하였다. 트렁크에서는 세차장에서 도난된 3장의 수표가 발견되었고, Alcala가 아닌 Bustamonte가 절도죄로 기소되었다.

미연방대법원에 따르면 동의는 수정헌법 제4조에 보장된 영장주의의 적법한 예외가 되며, 그러기 위해서는 동의가 반드시 자유롭고 임의적인 것이어야 한다. 그런데 쉬넥로스 판결에 따르면 임의성 개념은 그 의미의 폭이 너무 넓어서 쓸모가 없다고 한다. 폭력의 위협과 같은 강압하에서도 수사대상자는 어쨌든 '선택'을 하고 있기 때문에 그의 진술이나 동의는 임의적이라고 볼 수 있는 반면 일체의 어떠한 공식적인 요구가 없는 상황 하에서만 그의 진술이나 동의는 '진실로' 임의적이라고 볼 수도 있기 때문이다. 다시 말해 임의성은 일도양단적(binary)으로 작동하는 기준이 아니며, 강압의 수준이나 사회적인 압력에 따라 달라질 수밖에 없는 '정도(degree)'의 문제인 것이고 이런 측면에 비추어서 임의성은 정책판단에 기초해 있는 용어라서, 그 올바른 정의를 위해서는 불공정하고 야만적인 수사기법의 회피가능성과 법집행기관의 적법한 이익 간의 균형에 대한 고려가 필요하다고 지적한다.[56]

쉬넥로스 판결은 미란다 판결 이전의 Columbe v. Connecticut[57] 판결을 참조하면

---

55) 동지의 김정한, 앞의 논문, 234면.

56) Schneckloth v. Bustamonte, 412 U.S. 218, 223 – 225.

서 피고인의 의지가 압도되거나 자기결정능력이 심각하게 훼손되면 자백은 임의적이
지 않다고 보면서, 과거의 판례들은 임의성 판단기준으로 '상황의 총체성'을 고려했
다고 설시한다.[58] 이 기준은 피고인의 특성을 고려한다는 점에서 주관적이고, 동시
에 경찰관의 행위와 신문의 상황을 고려한다는 점에서는 객관적이다. 동 판결은 상
황의 총체성 기준을 동의에 관한 법리에 수용하면서 동의라는 맥락에서 임의성 역시
법집행기관의 이익과 위법행위의 억제필요성 사이의 균형의 관점에서 구성되어야 한
다고 설시하였다.[59]

쉬넥로스 판결은 자백배제법칙과 관련해 형성되어 온 '상황의 총체성' 법리를 수
용하고 답습했다는 점에서는 피고인의 주관적 요소와 수사기관의 객관적 요소를 종
합적으로 고려하고 있는 것처럼 보이지만,[60] 실제로는 판결 전체에 걸쳐서 임의성이
란 요건은 수사기관의 위법행위를 억제하기 위한 것이지, 피고인이 주관적으로 자유
로운 선택을 한 것인지를 확증하기 위한 것은 아님을 명확히 하고 있다는 점에서,
실질적으로는 객관적인 요소로 판단의 비중을 옮겨가고 있었다고 보는 것이 타당하
다고 한다.[61] 그리고 이러한 정책적 목표 하에서는 수사기관의 위법행위에 초점을
맞추어야 하며, 특정 피고인의 인식과 이해(knowledge and intelligence)에 초점을 맞
추어서는 안 된다는 것이 동 판결의 전반적인 취지로 보인다.

(2) 쉬넥로스 판결 이후 드레이튼 판결까지 판례입장의 변화

동의수색에 있어서 임의성 판단기준과 관련된 법리에는 쉬넥로스 판결 이후 큰 변
화가 없지만, 그 실질에 있어서는 객관적 요소에 초점을 맞추는 방향으로 발전해 왔
다. 예컨대, 판례는 점차 피고인의 교육배경이나 지능 등 주관적 요소보다는 수색의
장소, 수색을 요청하는 표현방식, 수사기관의 행위 등 객관적 요소만을 고려해 임의
성 판단을 해오고 있다.[62] 특히 이러한 경향은 United States v. Drayton 판결[63]에

---

57) Columbe v. Connecticut, 367 U.S. 568 (1961).

58) Schneckloth v. Bustamonte, 412 U.S. 218, 226.

59) Schneckloth v. Bustamonte, 412 U.S. 218, 227−229.

60) 이 점에 대해서는 Marcy Strauss, *Ibid.*, at 216−219. "the question whether a consent to a search
was in fact 'voluntary' or was the product of duress or coercion, express or implied, is a question
of fact to be determined from the totality of all the circumstances." Schneckloth v. Bustamonte,
412 U.S. 218, 227.

61) 이러한 평가로는 Ric Simmons, *Ibid.*, at 779.

62) 이러한 판례경향에 대한 상세한 소개로는 Marcy Strauss, Ibid., at 225−235.

63) 사실관계는 다음과 같다. 피고인들은 미시간으로 가는 버스에 탑승해 있었는데 마약을 그들의 넓적다
리 안쪽에 테이트로 묶어서 나르려는 목적이었다. 버스가 주유를 위해 정차하고 운전사가 하차하자 경

이르러 정점에 도달하는데, 동 판결의 다수의견에 의하면 동의수색에 있어서 임의성 기준은, 수정헌법 제4조의 '합리성(reasonableness)' 요건을 원용하여, 수사기관의 수색요청이나 행위가 '합리적인 사람'이라면 그 요청을 거부할 수 있는 자유가 있음을 느낄 수 있는 정도인지 여부가 된다. 요컨대, 객관적인 '합리성 기준'에 초점을 맞추게 된 것이다.[64] 결론적으로, 판례의 기준은 수사기관이 동의를 얻기 위해 강제적 기법을 사용하지 않았을 경우에만 동의수색은 '자발적'인 것이 된다[65]는 입장으로 발전해 온 것이다. 즉, 동의수색의 적법성 판단에 있어서 법원이 물어야 할 것은 '수사기관 행위의 합리성' 여부가 된다. 그리고 이와 같은 법리는 '동의압수(consent seizure)'[66]의 경우에도 마찬가지라고 한다.[67]

(3) 시사점

상기 동의수색과 관련해 미국에서 판례를 통해 발달해 온 임의성 판단기준의 법리는 임의제출물 압수의 적법성과 관련해서도 몇 가지 시사점을 제공해 준다.

첫째, 동의에 의한 압수이든, 수색이든 그것이 적법한 것이 되기 위해서는 임의성이 인정되어야 하지만, 이때의 임의성은 '자유롭고 합리적인 선택' 여부와 같은 주관적 표지에 의해서 결정되는 것이 아니고, 수사기관의 위법행위나 압수와 수색 시의 강제적 요소가 있었는지 여부와 같은 객관적 요소에 따라서 판단되어야 한다.

둘째, 미국의 경우는 그러한 객관적 요소가 수정헌법 제4조의 '합리성' 요건 및 수정헌법 제14조의 적정절차조항으로 구체화될 수 있으며, 우리나라의 경우 헌법 제12조 제1항 및 제3항의 '적법절차'와 더불어 형사소송법 제308조의2의 '위법수집증거

찰관 세 명이 탑승했다. 그중 한 명은 출입문 쪽에 서 있었고, 나머지 한 명은 각각의 승객들에게 몸을 밀착시키면 몸과 짐의 수색에 대한 협조를 요구하였고, 또 다른 한 명은 각각의 승객들이 질문과 협조 요구를 받을 때 을 받을 때, 그 뒤에 서 있었다. 피고인 두 명 모두 수색에 동의를 하였고, 경찰관은 마약을 발견하였다. United States v. Drayton, 536 U.S. 194 (2002). 드레이튼 판결에 대한 보다 상세한 소개와 평석으로는 강우예, "임의수사에 있어서 자발성에 관한 연구", 중앙법학 제9권 제3호, 2007, 196-199면 참조.

64) United States v. Drayton, 536 U.S. 194, 206. 이러한 평가로는 Ric Simmons, *Ibid.*, at 780-783. 이러한 판단기준에 의하면 자백의 경우, 만성적 정신분열증 환자가 신의 목소리를 듣고 자백을 한 경우에도 수사기관의 행위에 적법절차의 위반이 없다면 '자발적'인 것이 된다. Colorado v. Connelly, 479 U.S. 157 (1986).

65) "A consent to search is 'voluntary' if the police have not used 'coercive' tactics in obtaining the consent."

66) '동의압수'와 '임의제출물 압수'를 구별하는 견해도 있지만(김정한, 앞의 논문, 258면), 임의제출도 엄연히 수사기관의 요구가 있어야 하고 양자 모두 '임의성'을 요건으로 한다는 점에서 본고에서는 양자를 혼용가능한 개념으로 사용하기로 한다.

67) Ric Simmons, *Ibid.*, at 781-783.

배제법칙'의 '적법한 절차', 그리고 헌법 제12조 제7항 및 제309조의 자백배제법칙에서 금지하는 위법유형인 '임의성에 영향을 주어 의심을 가게 할 만한 일체의 부적절한 수사행위'[68] 등에서 그 판단기준을 도출해 낼 수 있을 것이다.[69]

셋째, 미국에서 발달한 임의성 판단기준, 즉 합리성이란 기준은 자백배제법칙의 이론적 근거와 관련된 위법배제설의 입장과 밀접하다고 평가할 수 있을 것이다. 다만, 이와 관련해 헌법과 형사소송법에서 금지하는 유형의 '전형적' 위법행위가 임의성을 부정하게 만들거나 의심을 품게 만드는 것은 당연하지만, 그러한 위법유형은 아니더라도 일정수준 이상의 허용되지 않는 강제적 요소가 있을 경우 임의성이 의심된다고 보는 것도 '합리성 기준'의 당연한 귀결이므로 이러한 법리를 수용한다면 임의제출의 임의성 판단에 있어서도 합리성 기준에 따라 허용되지 않는 일체의 부적절한 수사행위까지도 배제하는 방향으로 고려할 수 있을 것이다.

3. 임의제출의 적법성을 인정하기 위한 요건

앞서 검토한 바와 같이 '임의성' 개념의 넓은 의미 폭으로 인해 임의제출물의 압수의 적법성 판단은 주관적이고 실체적인 요소보다는 객관적이고 절차적인 요소에 비중을 두어 판단하는 것이 합당하고 바람직해 보인다. 하지만, 미국에서 발달한 임의성 기준 법리를 수용하더라도 과연 어느 정도의 '강제적 요소'가 있을 때 임의성이 담보될 수 있어서 허용가능한 수준인지 여전히 명확하지 않고, 따라서 보다 구체적으로 논구될 필요가 있을 것이다. 일반적으로 수사기관에 의한 압수와 수색은 체포상황에서는 물론 모든 경우에 일정한 강제적 요소를 내재하고 있으므로, 관건은 허용되는 수준의 강압이라고 할 때, 과연 허용되는 수준이 어느 정도이고, 어떤 유형인지 판단하는 일이 될 것이다.

(1) 미란다 판결의 재발견: 압수거부권의 고지 필요성

진술거부권을 불고지하고 획득한 자백의 증거능력배제 근거에 대해 일반적으로 진술거부권 고지는 진술거부권 행사의 불가결한 전제이며,[70] 이에 의하여 수사의 공정

---

68) 제309조를 제308조의2의 특칙으로 보더라도, 여기서 배제하려는 위법행위는 제309조의 위법유형인 '적법한 절차'를 넘어 '임의성에 영향을 주는 일체의 적절하지 못한 수사행위'라고 보는 입장으로는 이용식, 앞의 논문, 210면.

69) 자백배제법칙(헌법 제12조 제7항 및 형소소송법 제309조)은 적법절차의 원칙(헌법 제12조 제1항 및 제3항)뿐만 아니라 진술거부권(헌법 제12조 제2항), 변호인의 조력을 받을 권리(헌법 제12조 제4항) 등과 관련해서 검토되어야 한다는 견해로는 신동운, 앞의 책, 1171면.

744 인간존엄의 형사법, 형사정책 및 제도개혁

성이 담보될 수 있고,[71] 진술거부권의 불고지는 피고인의 기본권 행사를 저해하는 위법이 있으므로[72] 증거능력이 배제되어야 한다고 한다. 더 나아가 진술거부권은 피고인의 방어권 행사를 위한 기본권적 성격을 지니므로 이를 고지하지 않은 채 얻은 자백은 기본권을 침해하는 중대한 위법에 해당하므로[73] 임의성에 의심이 있는 경우로 볼 수 있어[74] 증거능력이 부정된다는 견해도 있다. 또 진술거부권을 고지하지 않은 채 자백을 얻어내는 방법은 작위의무를 위반한 묵시적 기망에 해당한다고 볼 수 있으며, 기본권을 침해하는 중대한 위법이기 때문에 증거능력이 부정된다는 견해도 있다.[75]

진술거부권 고지의무와 관련된 상기 견해들은 진술거부권의 고지가 헌법상 보장되는 진술거부권의 실질적 행사를 담보해 주는 장치로서 매우 중요하므로 그 불고지는 중대한 위법이 된다는 점에 있어서는 공통적인 입장으로 보인다. 다만 진술거부권 고지의무와 관련된 선도적 판결인 미란다 판결의 핵심 취지가 잘 드러나지 않고 있어서 이하에서는 미란다 판결의 판단구조로부터 진술거부권의 고지가 왜 필요하며 어떠한 의의를 갖는 것인지 검토해 보고자 한다.

미란다 판결은 헌법상 보장되는 자유의 이념을 형사사법에서 확장, 구현하기 위한 노력의 일환으로 형사절차혁명의 전개로 발현되었다고 평가된다.[76] 그런데 '허용되는 수준의 강압', 다시 말해 '임의성이 담보될 수 있는 수준의 강압'과 관련해서 미란다 판결은 대단히 중요한 법리를 설시하고 있어서 이를 재음미할 필요가 있다.

우선, 미란다 법원은 강요에 의한 진술을 금지하고 있는 수정헌법 제5조의 '강제' 개념을 법적, 물리적 강제 이외 것으로 확장시켰다는 점에서 큰 의의가 있다. 미란다 판결 전의 판례 입장은 법적, 물리적 강제는 금지했지만 다양한 유형의 '심리적인 압력과 기법들'은 허용하고 있었다. 미란다 법원은 긴 지면을 통해 자백에 이르게 하는 수사기관의 신문기법과 매뉴얼을 논급하면서 그러한 심리적 공격은 구금상태하에서 피의자의 의지를 억압하도록 매우 빠르게 작동할 수 있다고 예리하게 지적하였다.[77] 즉, 수사기관의 심리적 강제도 피신문자의 의지를 억압할 수 있다는 것이다.[78]

---

70) 이은모/김정환, 앞의 책, 623면.

71) 이재상, 앞의 책, 561면.

72) 신동운, 앞의 책, 1176면.

73) 이주원, 앞의 책, 376면.

74) 이창현, 형사소송법 (피앤씨미디어, 2018), 862면.

75) 배종대/홍영기, 앞의 책, 319면.

76) 조국, 앞의 논문(각주 8), 409-410면.

77) Miranda v. Arizona, 384 U.S. 436, 447-456.

다음으로, 미란다 법원은 그러한 강압으로부터 획득된 자백의 증거능력을 곧바로 배제하는 대신, 강압의 수준을 완화(cure)하는 장치를 고안하였는데, 그것이 바로 미란다 고지(warnings)인 것이다.[79] 그리하여 미란다 고지를 하지 않고 획득한 진술은 임의성 유무와 관계없이 그 자체로 위법한 것이 된다.[80] 미란다 고지의 주된 목적은 피신문자로 하여금 자신의 진술거부권을 인지하게 하는 데 있지 않고, 그보다는 신문상황에 본래적으로 내재한 강제적 압력을 극복하는 데 있다.[81] 따라서 설령 피신문자가 진술거부권을 완벽히 인지하고 있다 하더라도, 미란다 고지는 피신문자에게 신문자가 그러한 권리를 존중하여 만일 피신문자가 그 권리를 행사할 경우 이를 승인할 것임을 알려주는 기능을 한다. 그리하여 미란다 고지는 신문상황에 본래적으로 내재한 강압의 수준을 허용가능한 수준으로 낮춰주는 기능을 하게 된다.[82] 즉, 미란다 고지는 진술의 임의성을 담보해 줄 수 있는 하나의 법적 장치가 되는 것이다.[83] 미란다 법원의 구상을 형법적 관점에서 보자면 구금상태 하의 신문 시에 미란다 규칙의 불고지라는 '부작위'는 폭행, 협박, 신체구속의 장기화처럼 임의성에 영향을 주거나 의심하게 만드는 '작위'행위와 동등한 가치를 갖는 위법행위로[84] 평가되어야 한다는 취지로 해석할 수 있을 것이다.

허용가능한 강압의 수준을 가늠하는 지표로서 '미란다 고지'라는 미란다 판결의 높은 기준은 수정헌법 제5조의 자기부죄금지특권으로부터 도출된다. 이 헌법상의 권리가 침해될 위험이 있는 상황에서 이를 보호하기 위한 최소한의 절차적 안전장치가 바로 미란다 고지인 것이다.[85] 아울러 그보다 낮은 기준으로서 고문 등 물리적 강제

---

78) Miranda v. Arizona, 384 U.S. 436, 469.

79) Miranda v. Arizona, 384 U.S. 436, 479. 이와 관련된 논평으로는 Matthew Phillips, "Effective Warnings Before Consent Searches: Practical, Necessary, and Desirable" *45 Am. Crim. L. Rev. 1185* (2008) at 1208. "Although warnings may not completely cure coercion problems, they may alle－ viate coercion and encourage consent for more acceptable reasons."

80) Miranda v. Arizona, 384 U.S. 436, 479.

81) Miranda v. Arizona, 384 U.S. 436, 468. 물론 미란다 고지는 자기부죄금지특권을 모르는 자에게는 그것을 알게 해주는 역할도 하지만, 더욱 중요한 것은(more important) 신문상황에 내재한 본래적 압력을 극복하는데 전제조건이 된다고 한다.

82) Miranda v. Arizona, 384 U.S. 436, 468. "진술자로 하여금 신문상황에 내재한 압력을 극복하고 자신이 자기부죄금지특권을 행사함에 있어서 자유로움을(free to exercise the privilege) 인지할 수 있도록 보장해 주는 데 있어서 필수불가결하다(indispensable)."고 한다. 요컨대 본래적 강압의 수준을 '임의성을 담보할 만한 수준으로(허용가능한 수준으로)' 낮추어 준다는 취지로 이해할 수 있다.

83) 박용철, "진술거부권 불고지에 대한 소송법적 문제", 형사법연구 제22권 제1호, 2010, 111면.

84) 배종대/홍영기, 앞의 책, 319면은 이를 부작위에 의한 기망으로 본다. 타당한 견해이나 비단 기망으로만 볼 필요는 없을 것이다. 본래적으로 내재한 강제적 요소를 고의로 제거하지 않는 것은 그 자체가 강압(기망이든 협박이든)과 동가치를 갖는 행위로 평가될 수 있기 때문이다.

를 금지하는 기준은 수정헌법 제14조 적정절차조항으로부터 도출되는데, 이처럼 자백의 증거능력판단과 관련하여 이중의 기준(dual standard)이 적용된다고 볼 수 있다.[86]

하지만 미란다 판결 이후에도 수사기관은 가족과 집으로부터 격리시키는 등 '심리적 강제'에 해당하는 다양한 신문기법을 지속적으로 활용해 왔는데, 이로부터 미란다 고지 후에도 수사기관과 피조사자 사이에 여전히 남아있게 되는 강압의 유형은 무엇인지 검토할 필요가 있을 것이다.

아울러 상기 미란다 판결에 대한 고찰은 임의제출물의 압수나 동의수색 등에 있어서도 압수·수색 거부권의 고지가 필수적으로 요구되는지 논의될 필요성을 제기한다. 이와 관련해 살펴보면, 일단 동의에 의한 압수나 수색도 이중의 기준이 작동함을 알 필요가 있다. 우선 수정헌법 제14조의 적정절차조항은 자백의 경우와 마찬가지로 동의수색에도 적용되며, 아울러 수정헌법 제4조의 합리성 요건은 동의수색에 허용되는 강압의 수준을 설정하기 위해서 작동한다. 이와 같이 각기 다른 헌법적 원천에서 유래하는 법리지만, 허용가능한 강압의 수준이라는 점에서 동일한 원리에 기초해 있다. 그렇다면 동의압수나 수색의 경우에도 미란다형 고지가 필요한 것일까? 이와 관련해서 미연방대법원은 동의수색은 자백보다는 수월해야 하기 때문에 필요하지 않다고 지적하는데,[87] 이 논점에 대해서는 뒤에서 상론하기로 한다.

(2) '심리적 강제'의 유형

미란다 고지가 수사기관과 피조사자 사이에 본래적으로 내재한 강압의 수준을 허용가능한 범위로 낮추어 주는 기능을 한다고 할 때, 이 때 본래적으로 내재한 강압의 유형은 구체적으로 무엇이며 그럼에도 불구하고 여전히 수사기관에 의해 행하여지는 여러 방식의 강제적 요소, 즉 자백과 동의를 획득하기 위한 수사기법에는 어떠한 것들이 있는지 이를 유형화하여 검토해볼 필요가 있을 것이다. 단, 적법절차에 위배되거나 헌법과 법률이 금지하는 위법유형은 당연히 임의성을 배제하는 근거로 평가될 것이기 때문에 여기서는 그에 해당하지 않더라도 임의성에 영향을 줄 수 있는 일체의 부적절한 수사행위나 기법에 주목해 보기로 한다.

우선, 수사기관과 시민의 상호작용과 같은 상황에서 수사기관의 권위가 시민에게

---

85) 김성돈, "미란다법칙과 위법수사통제방안", 형사법연구 제14권, 2000, 3면과 8면 참조.
86) Ric Simmons, *Ibid.*, at 794. 따라서 설령 수사기관이 미란다 고지라는 높은 기준을 충족시켰어도, 물리적 강제력을 사용했을 때에는 적정절차조항 위반으로 증거능력이 부정된다.
87) Ric Simmons, *Ibid.*, at 795.

끼칠 수 있는 영향력은, 사회심리학자 French와 Raven이 분류한 권력유형(영향력 내지 힘의 유형)에 따라서 다음과 같이 여섯 가지로 유형화할 수 있다.[88]

첫째, 보상의 힘(Reward Power)은 수사기관이 관대한 처벌 등을 약속함으로써 갖게 되는 권력을 말하고,

둘째, 강제력의 힘(Coercive Power)은 처벌이나 불이익을 가하겠다는 위협에 기초해 갖게 되는 권력이며,

셋째, 정당성의 힘(Obligatory Power)은 시민에게 무언가를 요구할 수 있는 정당한(legitimate) 자격이나 권리에 기초한 것으로 예컨대 수사기관이 영장 없이도 압수를 요구하고 압수할 수 있다고 시민이 믿게 되는 경우에 기능한다.

넷째, 준거의 힘(Referent Power)은 다른 사람이 특정인(수사기관)에 대한 신뢰나 존경이나 매력을 느껴서 그에게 동화되고 그를 본받으려고 하는 데 기초를 둔 권력을 말한다.

다섯째, 전문성의 힘(Expert Power)은 수사기관이 가진 해당분야의 전문성으로부터 나오는 권력이고,

여섯째, 정보의 힘(Informational Power)은 수사기관이 시민에게 필요한, 혹은 알고 싶어나 알아야 할 정보를 제공함으로써 지니게 되는 권력이다.[89]

이 중에서 임의제출이나 동의수색의 상황에서 수사기관이 갖게 되는 영향력의 유형은 최소한 4개로 정당성, 강제력, 준거, 정보에 기반한 권력이 그러하다. 보상의 힘은 압수나 수색은 통상적으로는 형사절차에서 매우 이른 단계이므로 아직 수사기관이 이를 내세워 압수나 수색의 동의를 받는 경우는 상정하기가 어려울 것이다.[90]

이러한 힘의 유형 중에서, 미국의 경우에 수정헌법이 금지하고자 하는 것은 대체로 '정당성 힘'과 '강제력의 힘'일 것이다. 예컨대 수사기관이 '정당성의 힘'을 행사하기 위해서는 동의에 의한 압수나 수색을 강제할 수 있는 권리가 있다고 믿도록 만들어야 하는데 분명히 수사기관에게는 그러한 권리가 없기 때문이다.[91] 반면 준거나

---

88) 프렌치와 라벤은 권력을 '한 사람이 다른 사람에게 어떤 일을 하도록 영향력을 행사할 수 있는 정도'로 규정하며, 이는 본고에서 주목하고자 하는 수사기관의 지위에 기한 시민에 대한 영향력 분석에 유용하다고 보여 원용하기로 한다. French & Raven, The Basis of Social Power, in: Studies in Social Power (Dorwin Cartwright ed., 1959), at 150−167.

89) 상기 여섯 유형의 권력이 수사기관과 시민 간의 상호작용에 작동할 수 있다는 것은 미국법원에서 말하는 '합리적 인간(reasonable person)'이 '합리적이고 무고한 인간(reasonable innocent person)'임을 전제한다. 왜냐하면 만일 '합리적이고 유책한 인간(reasonable guilty person)'을 전제할 경우 그는 오로지 정당하거나 강압적인(obligatory or coercive) 권력에만 반응할 것이기 때문이다. Ric Simmons, Ibid., at 816.

90) 프렌치와 라벤의 권력유형 분석 등에 대한 소개로는 Ric Simmons, Ibid., at 810−814

정보로부터 나오는 힘에 기반한 동의는 허용가능한, 즉 임의성의 담보에 영향을 미치지 않는 범위에 속한다고 보아야 한다. 수사기관을 신뢰하고 존경해서 동의하거나 (준거의 힘), 해당 사건의 중요성이나 동의 필요성에 공감해서(정보의 힘) 동의하는 경우는 그러한 영향력 행사가 헌법적 가치에 반한다고 평가할 수 없기 때문이다. 이러한 유형화는 우리나라의 법체계에서도 타당성을 지닌다고 생각된다.

미란다 판결이 논급한 바, 구금상태하 신문에 본래적으로 내재한 강제적인 압력의 요소 중에서 미란다 고지를 통해 분명히 낮출 수 있는 것은 전술한 권력유형에 비추어 보면 바로 '정당성의 힘'을 지칭하는 것으로 볼 수 있을 것이다. 왜냐하면 미란다 고지는 수사기관에게 진술을 강요할 수 있는 자격이나 권리가 없다는 사실을 솔직하게 밝히는 성격을 갖고 있기 때문이다. 미란다 판결에서 강조하듯이 거부권 고지는 진술자로 하여금 자신이 자기부죄금지특권을 자유롭게 행사할 수 있다는 점을 인지할 수 있도록 보장해 주며, 이는 압수·수색의 경우에도 마찬가지다. 따라서 동의에 의한 압수·수색 시에도 거부권 고지를 할 경우에는, 그것이 적절하게 이루어진다면 최소한 이때 수사기관이 갖고 있지 않은 '정당성의 힘'에 의한 압력을 제거하거나 줄일 수 있으며,[92] 더 나아가 수사기관으로 하여금 그보다 허용가능한 설득기법을 선택하도록 유도할 수 있다.[93] 이러한 의미에서 미란다 고지는 본래적인 강압의 수준을 허용가능한 수준으로 낮추는 기능을 한다고 말할 수 있다. 하지만 '강제력의 힘'은 거부권이 고지되어도 여전히 별개로 작동할 수 있다. 물론 미란다 고지나 거부권 고지를 통해 부수적으로는 '강제력의 힘'도 일부 무력화시키는 효과를 가져올 수도 있을 것이다. 하지만 수사기관은 고지 후에 대상자가 순순히 요구에 응하지 않으면 차고 있는 총에 손을 갖다 대거나 험악한 어조로 진술 및 제출을 요구하거나 거짓

---

91) 그럼에도 불구하고 현실적으로 대부분의 시민은 수사기관의 압수나 수색에 대한 동의 요청(request)에는 법적인 효력(force of law)이 있다고 여긴다. 즉, 수사기관의 요청을 그의 권위로부터 나오는 하나의 '강제력 있는 요구(demand)'로 간주한다는 것이다. 이러한 점을 지적하고 있는 다양한 판례의 소개로는 Marcy Strauss, Ibid., at 241 – 242. 따라서 이와 같은 시민들의 반응성향은 수사기관에게 그 점을 이용해 더욱더 자신에게 정당한 힘이 있게끔 믿도록 만드는 수사기법을 개발하려는 유인력을 제공해 준다고 볼 수 있을 것이다.

92) 압수나 수색의 경우에도 동의거부권(right to refuse consent)의 고지가 그 절차에 내재한 강압의 수준을 경감시키는 기능을 할 수 있다는 점에 대해서는 Marcy Strauss, Ibid., at 255 – 256. 다만 동 문헌은 그러한 거부권의 고지가 있다 하더라도 시민과 수사기관의 대면 및 상호작용에 내재한 강압을 완전히 제거할 수는 없기 때문에, 결론적으로 동의에 의한 수색(또는 압수) 제도를 폐지해야 한다고 주장한다. 하지만 본고의 견해에 따르면, 거부권의 고지를 통해 강압을 완전히 제거하는 것이 목표가 아니라 그 수준을 '허용되는 수준으로' 낮출 수 있으면 족한 것이고, 그 밖에 수사기관의 위법행위가 수반되지 않는다면 통상적으로 임의성이 인정되는 적법한 압수나 수색으로 볼 수 있다는 것이다.

93) Ric Simmons, Ibid., at 819 – 820.

조언을 하거나 가족들과의 부당한 격리를 예고하면서 위협할 수도 있는데, 이러한 '강제력의 힘'은 단지 미란다 고지나 거부권 고지를 통해서는 쉽게 제거되거나 낮아지지 않을 것이다. 이에 대해서는 별도의 통제장치가 필요하다.[94] 다만, 그렇다 하더라도 최소한 '정당성의 힘'이 제거된다면, 미란다 판결의 취지와 같이 대상자는 자신에게 진술이나 제출을 거부할 자유가 있음을 알게 될 것이고, 따라서 그 상황에 본래적으로 내재하는 총체적인 강압의 수준은 임의성을 담보할 만한 수준, 즉 허용되는 수준으로 완화된다는 점에 있어서는 차이가 없다고 볼 수 있다.

이상의 논의를 정리해보면, 임의성 판단기준은 객관적인 합리성 요건에 따라 판단하는 것이 명료한 결과를 가져오는 장점이 있으며, 더 나아가 동의에 의한 압수·수색에는 일정수준의 강제적 요소가 있음을 시인할 때 허용되는 수준의 설득방식을 유도하기 위해서는 최소한 거부권 고지를 하는 것이 요구된다. 요컨대, 수사기관에게 헌법과 법률에 위배되는 위법행위가 있으면 임의제출물 압수의 임의성이 부정될 것이고, 그러한 수준의 위법하고 강제적인 요소는 없다고 하더라도 수사기관의 기망 등에 의해 '정당성의 힘'에 호소한 임의제출 요구가 발생하는 것을 방지하기 위해서는 거부권 고지를 의무화, 입법화할 필요가 있으며, 만일 수사기관이 압수거부권 고지를 하지 않을 경우에는 그 자체로 임의제출은 위법한 것으로 평가되어야 한다. 요컨대, 권리보장을 위한 별도의 장치가 없다면 압수거부권의 고지는 임의제출 시 요구되는 '임의성' 요건의 핵심이며, 임의성을 담보하기 위한 최소한의 요건이 된다.[95]

---

94) 그 강제력의 수준과 유형이 형법상 폭행이나 협박 등의 범죄구성요건을 충족시킬 경우 우선 형사처벌이 가능하고, 획득된 증거는 위법수집증거에 해당하여 증거능력 배제를 통한 통제가 가능할 것이다. 만일 그러한 수준에 이르지 않는 유형의 강제력이라도 임의성에 영향을 주어 이를 의심케 할 만한 행위라면 '상황의 총체성'을 고려하여 임의성에 의심이 있다고 보아 증거능력을 배제할 수 있을 것이다. 이로부터 미란다 고지는 총체적 강압의 수준을 임의성을 담보할 만한 수준으로 경감시켜 주지만, 그 강압의 모든 유형을 완전히 제거해 주는 것은 아니므로, 여전히 임의성에 대한 심사가 필요하다는 점을 알 수 있다.

95) 압수거부권 고지가 입법적으로 해결되기 전에는 판례를 통해 고지의무를 부과하는 것이 타당하다. 단, 기존의 판례처럼 동의거부권 고지가 '상황의 총체성' 맥락에서 고려되는 한 요소로만 고려되어서는 안 되고 그것이 결여되면 임의제출의 적법성이 부정되는 필수적인 요건으로 자리매김되어야 한다. 그 고려방식은 예컨대 임의동행의 적법성 요건과 관련해 대법원이 "수사관이 동행에 앞서 피의자에게 동행을 거부할 수 있음을 알려 주었거나 동행한 피의자가 언제든지 자유로이 동행과정에서 이탈 또는 동행장소로부터 퇴거할 수 있었음이 인정되는 등 오로지 피의자의 자발적인 의사에 의하여 수사관서 등에의 동행이 이루어졌음이 객관적인 사정에 의하여 명백하게 입증된 경우에 한하여, 그 적법성이 인정되는 것으로 봄이 상당하다."고 판시한 것을 참고할 만하다(대법원 2006. 7. 6. 선고 2005도6810 판결; 대법원 2020. 5. 14. 선고 2020도398 판결; 대법원 2020. 5. 14. 선고 2020도398 판결).

4. 압수거부권의 고지 의무화를 둘러싼 법리적 문제: 쉬넥로스 판결 비판[96]

현재 국내의 상당수 학자들은 압수거부권[97]의 고지를 미란다 고지처럼 법률에 명
문화하거나 판례를 통해 수사기관의 의무로 규정할 필요가 있다고 지적한다. 이와
관련해 전술한 동의수색과 관련된 기념비적 판결인 쉬넥로스 판결에서는 거부권의
고지는 '상황의 총체성' 기준에 의거해 동의의 유효성을 판단하는 한 요소에 불과할
뿐 임의성을 인정하기 위한 필수적인 조건은 아니라고 명시적인 판단을 내리고 있어
서 이에 대해 면밀히 살펴볼 필요가 있다.[98]

(1) 거부권 고지의 불필요성을 지지하는 쉬넥로스 판결의 논거[99]

무엇보다 쉬넥로스 판결이 그러한 결론에 이르는 논거를 차례대로 살펴보면 다음
과 같다. 그 논거의 핵심은 헌법상 진술거부권이 요구되는 자백진술과의 차이점에
주목한다는 점에 있다.[100]

첫째, 무고한 자가 수색에 동의하는 것은 빨리 혐의로부터 벗어날 수 있다는 장점
이 있다.[101] 즉, 무고한 자라 하더라도 진술거부권을 행사하지 않고 진술을 한다고
해서 수사기관으로부터 자신의 결백함을 인정받기는 어렵다는 점에서 신문의 경우는

---

96) 쉬넥로스 판결에서 수색거부권의 고지는 불필요하다고 밝힌 논거들 중 법리적 측면이 아닌 수사실무
상의 현실적인 어려움(impracticality)도 논급되고 있으나, 본고에서는 법리적인 측면에 대한 논거만 검
토하고 이에 대한 반박의 근거를 제시하고자 한다. 수색거부권 고지의 현실적 어려움이라는 논거에 대
한 폭넓고 정치한 비판을 가하며 거부권의 고지가 필요하고 정당하다고 밝히고 있는 논문으로는
Matthew Phillips, *Ibid.*, at 1193−1211.
97) '임의제출 거부권'이 더 정확한 용어겠지만, 본고에서는 간단히 '압수거부권'으로 칭하기로 한다.
98) 이러한 결론에 대해 이상한(strange) 판결이 아니냐는 의문을 제기하고 있는 문헌으로는 Ronald Jay
Allen, Joseph L. Hoffmann, Debra A. Livingston, & William J. Stuntz, Comprehensive Criminal
Procedure (Aspen Publishers, 2005), at 674. 한편 동의수색의 임의성이 인정되기 위해서는 쉬넥로스
판결과 달리 수사기관의 거부권 고지가 요구된다거나 피수색자의 거부권에 대한 인식이 필요하다고 판
시한 일부 주법원 판결에 대한 소개로는 John N. Ferdico, Criminal Procedure (Wadsworth/Thomson
Learning, 2002), at 350.
99) 쉬넥로스 판결의 보다 정확한 판시사항은 "동의거부권에 대한 인식은 임의적 동의의 전제조건이 아니
라는 것(Knowledge of a right to refuse to consent is not a prerequisite of a "voluntary" consent)
"이다. 동의거부권의 고지라는 요건과 동의거부권에 대한 인식이라는 요건은 엄밀히 말하면 차이가 있
지만, 동 판결에서는 동의거부권의 고지에 대한 명백히 반대함을 밝히고 있고(Schneckloth v.
Bustamonte, 412 U.S. 218, 231−232). 미란다 판결의 법리와의 차별성을 부각시키고 있는 점 등에 비
추어 볼 때 전체적인 맥락에서 동의거부권의 고지에 대한 반대논거로 이해하는 것도 무방하다고 본다.
이러한 입장으로는 Marcy Strauss, *Ibid.*, at 218−220; Ric Simmons, *Ibid.*, at 794−795.
100) 쉬넥로스 판결의 논거에 대한 개괄적인 소개로는 Matthew Phillips, *Ibid.*, at 1187−1189.
101) Schneckloth v. Bustamonte, 412 U.S. 218, 228. "a search pursuant to consent may result in con−
siderably less inconvenience for the subject of the search."

동의의 이익이 거의 없는 것과 차이가 있음을 강조하는 취지로 보인다.

둘째, 진술거부권은 재판상의 권리('trial' right)임에 비하여 수색거부권은 재판 전 권리('pretrial' 권리)로서 양자는 중요한 차이가 있는데, 전자는 변호인 선임권처럼 공정한 재판을 받을 권리와 관련되며 따라서 '인지하고 이해하면서 포기(waiver)할 권리'라는 원리는 전자에만 적용되고 후자에는 적용되지 않는다. 따라서 법집행기관은 구금상태하 피의자 신문 시 진술거부권을 고지해야 하는 것과 달리 동의수색 시 이를 거절할 권리를 고지할 필요가 없다.102) 쉬넥로스 판결은 재판상 권리와 재판 전 권리의 구별을 지지해 주는 몇 가지 논거를 제시하는데, 다음과 같다.

우선, 수정헌법 제4조는 불합리한 압수·수색으로부터 프라이버시와 안전을 보장받기 위한 조항으로서 형사재판에서 공정하게 실체진실을 규명하는 것과 관계없다.103) 수정헌법 제4조는 실체진실 규명을 위한 보조장치(adjunct)가 아니며, 따라서 제4조의 권리를 침해받더라도 재판의 공정성, 즉 사실확인절차의 염결성(integrity of fact finding process)은 침해되지 않는다. 자신의 프라이버시에 대한 권리를 포기한 자는 오로지 자신의 프라이버시에만 영향을 주지만, 재판상 권리, 즉 자기부죄금지특권이나 변호인선임권을 포기한 자는 공정한 재판을 받을 권리를 포기하는 것이 되어 '재판제도의 정당성 그 자체'에 영향을 준다. 수정헌법 제4조는 진술거부권과는 다른 헌법적 법익(constitutional values)을 보호하기 위한 조항이라는 것이다.

다음으로 수정헌법 제4조의 권리는 어떤 측면에서는 상대적으로 덜 보호된다고 말할 수 있다. 수색에 대한 동의는, 설령 수색의 대상자가 부재해도 압수물과 이해관계가 있는 제3자도 할 수 있는데 이것은 '재판상 권리'의 경우에는 불가능한 일이다. 즉, 진술거부권은 그렇게 할 수 없다.104) 그렇기 때문에 진술거부권과 달리 수정헌법 제4조의 권리는 피고인이 반드시 '알면서 자발적으로' 포기해야 한다고 말할 수 없다. 수정헌법 제4조의 권리침해 여부는 법집행기관의 행위의 합리성(reasonableness)에 초점을 맞추는 반면, 수정헌법 제5조의 권리침해 여부는 피고인의 주관적 동의 여부, 즉 피고인이 알면서 임의로 권리를 포기했는지 여부가 관건이 된다. 요컨대, 객관적 요소에 초점을 맞추는 합리적 수색은 허용되지만, 합리적 신문을 통한 자백은, 피고인이 알면서 자발적으로 진술거부권을 포기하지 않는 이상 허용되지 않는다.

끝으로 중요한 차이점은, 미란다 판결의 핵심은 구금상태하 신문 시에 경찰의 신

---

102) Schneckloth v. Bustamonte, 412 U.S. 218, 236-245.
103) Schneckloth v. Bustamonte, 412 U.S. 218, 242.
104) Schneckloth v. Bustamonte, 412 U.S. 218, 245.

문기법 및 구금환경의 본성(nature of custodial surroundings)으로부터 본래적으로 강압적인 상황이 형성되는 관계로, 그러한 강압을 제거하기 위한 충분한 보호장치가 없이는 어떠한 진술도 진정 임의적인 것으로 볼 수 없기 때문에 미란다 고지가 요구된다는 취지인 바, 수색은 전형적으로 피수색자에게 익숙한 장소에서 비구금상태하에서 이루어지기 때문에, 전통적인 임의성 판단기준, 즉 임의성을 기준으로 하는 심사를 기각할 이유가 없으며, 따라서 미란다형(Miranda-like) 수색거부권을 고지할 필요가 없다.105) 다시 말해 미란다 원칙은 비구금상태하 신문에는 적용되지 않는데, 이러한 상황은 동의수색의 상황과 매우 직접적인 유사성이 있으므로(most directly analo-gous to the situation of a consent search), 동의수색의 상황이 본래적으로 강압적이라고 간주될 필요는 없다는 것이다.

쉬넥로스 법원이 논급한 것은 아니지만 자백과 수색 사이에는 또 하나의 중요한 차이점이 있다.106) 자백의 임의성을 확인하려는 목적은 증거능력 유무의 문제도 있지만, 증명력(reliability)을 확보하려는 데도 있다. 자백을 평가하는데 있어서 진술의 신빙성은 가장 중요한 관심사가 된다. 만일 강압이 사용되었다면 자백은 허위일 가능성이 있고 따라서 법원은 자백이 실제로 임의로 행하여진 것인지 여부를 확인해야 할 좋은 이유가 있다. 하지만 수색이나 압수의 결과물은 강압이 사용된 경우나 그렇지 않은 경우를 불문하고 그 자체 신용력이 있다는 점에서 자백과는 차이가 있다. 이른바 '성상불변론'의 관점에서 보면 진술증거인 자백과 비진술증거의 압수·수색은 차이가 있다고 말할 수 있을 것이다.107)

(2) 쉬넥로스 판결의 논거 및 성상불변론에 대한 비판

동의수색의 경우에는 거부권 고지가 불필요하다는 쉬넥로스 판결의 논거에 대해서 차례로 검토해 보기로 한다.

먼저, 첫째 논거에 대해서는 자백보다 수색의 경우에 동의의 이익이 더 크다고108) 하여서 동의수색의 경우에는 수색거부권의 고지가 필요하지 않다는 결론은 도출되지는 않는다. 동의수색은 헌법상 보호되는 영장주의의 예외로서 그것이 인정되기 위해

---

105) Schneckloth v. Bustamonte, 412 U.S. 218, 248.
106) Ric Simmons, *Ibid.*, at 798.
107) 이러한 논거에 기초해 임의제출물의 압수 시 압수거부권의 불고지가 있더라도 이 사실 하나만으로는 - 진술증거도 아닌 - 물적 증거의 증거능력을 전면으로 부정하는 것에 소극적인 입장으로는 신이철, 앞의 논문, 95면 참조.
108) 이 전제 자체를 부정하는 견해로는 Marcy Strauss, *Ibid.*, at 265-269.

서는 동의의 '임의성'이 인정되어야 한다. 앞서 살펴본 바와 같이 미란다 고지는 구금상태하의 신문 시 본래적으로 내재하는 강압을 자백의 임의성을 담보할 수 있는 정도의 허용되는 수준으로 완화하려는 장치라는 점을 고려하면, 동의로부터 얻는 이익이 자백보다 수색이 크다고 하더라도, 이는 수색에 동의하게 되는 하나의 동기에 대한 설명에 불과하며 동의수색에서도 거부권 고지를 해야 할 당위와 필요성을 제거하지 못 한다. 일부 특수한 상황을 근거로 동의수색이 자백보다 쉽게 이루어져야 한다는 논지는 임의수사를 빙자한 사실상 강제수사를 조장할 가능성을 높인다. 영장주의를 형해화시켜 사법신뢰를 잃기 쉽다는 것이다. 이러한 점은 정책적 목표의 측면에서도 정당화될 수 있다. 앞서 고찰한 바와 같이 동의에 의한 압수나 수색 시 임의성 판단기준을 위법배제설의 관점에서 이해해야 한다고 할 때 위법배제설의 취지가 임의성을 담보해 줄 수 있도록 위법행위를 억제하려는 정책적 목표에 있다면 헌법상 요구되는 영장주의의 예외로서 임의제출 및 동의수색에 대해서도 마찬가지라 할 것이므로 그 적법성이 인정되기 위해서는 임의성 판단요건을 엄격히 설정해야 한다. 요컨대, 동의로 인한 이익의 다소는 일부 특수한 사례에 대한 설명일 뿐, 이를 근거로 동의수색의 임의성 기준이 낮게 설정되어야 한다는 논거는 동의거부권의 전반적 취지와 형사소송의 기본원리에 어긋난다는 것이다.

둘째 논거에 대해서는 진술거부권의 침해는 공정한 재판을 받을 권리, 다시 말해 재판시스템의 정당성 내지 염결성 훼손과 연관되어 있는 반면, 수색거부권은 개인의 프라이버시권의 침해만 관련되며, 전자가 본인만 '알면서 자발적으로' 포기할 수 있는 것과 달리 후자는 제3자에 의한 동의도 가능하다는 점에서 수색에 대한 동의거부권은 상대적으로 덜 보호받는 권리의 보호와 관련된다는 취지의 논변으로 볼 수 있는바, 이 역시 미란다 고지의 목적에서 벗어난 것으로 평가할 수 있을 것이다. 설령 법에 의해 더 보호받아야 하는 권리와 그렇지 못한 권리라는 구분법을 수용한다 하더라도 중요한 점은 진술거부권이나 동의거부권 모두 신문과 수색 시 임의성의 담보를 위한 최소한 필수적인 요건이라는 점에서 동일하고 따라서 거부권 고지는 양자에게 있어서 공통적으로 요구된다고 보는 것이 타당할 것이다. 이 점은 아래에서 보듯이 거부권 고지로 인해 완화하고자 하는 강압의 유형이 무엇인지를 고려하면 더욱 선명해진다.

아울러 수색거부권의 포기는 헌법상 프라이버시권에만 영향을 주고 재판의 공정성과는 무관하다는 지적에 대해서는, 그것이 비록 재판의 공정성 보호와는 무관하다고 하더라도 일체의 형사소송법의 원리에 저촉됨이 없이 단지 프라이버시권에만 영향을 준다고 볼 수는 없다. 수색거부권을 고지하는 등 '임의성을 담보할 만한 장치'를 제공하지 않고 사실상 암묵적 강제에 의해 이루어진 수색은 영장 없이 이루어지는 사실상 강제수사에 해당한다고 평가할 수 있고 따라서 이를 무분별하게 허용하는 것은 수정헌법 제4조의 '합리성' 요건에 반한다고 볼 수 있다. 즉 우리나라의 경우 '영장주의'에 반하며 형사소송법이 천명하고 있는 '임의수사의 원칙'에도 어긋난다고 할 것이다. 동일한 맥락에서 대법원은 임의동행의 적법성 요건과 관련해 다음과 같이 판시한 바 있다.[109]

> "형사소송법 제199조 제1항은 "수사에 관하여 그 목적을 달성하기 위하여 필요한 조사를 할 수 있다. 다만, 강제처분은 이 법률에 특별한 규정이 있는 경우에 한하며, 필요한 최소한도의 범위 안에서만 하여야 한다"고 규정하여 임의수사의 원칙을 명시하고 있는 바, 수사관이 수사과정에서 당사자의 동의를 받는 형식으로 피의자를 수사관서 등에 동행하는 것은, 상대방의 신체의 자유가 현실적으로 제한되어 실질적으로 체포와 유사한 상태에 놓이게 됨에도, **영장에 의하지 아니하고 그 밖에 강제성을 띤 동행을 억제할 방법도 없어서 제도적으로는 물론 현실적으로도 임의성이 보장되지 않을 뿐만 아니라**, 아직 정식의 체포구속단계 이전이라는 이유로 상대방에게 헌법 및 형사소송법이 체포·구속된 피의자에게 부여하는 각종의 권리보장 장치가 제공되지 않는 등 형사소송법의 원리에 반하는 결과를 초래할 가능성이 크므로, **수사관이 동행에 앞서 피의자에게 동행을 거부할 수 있음을 알려 주었거나 동행한 피의자가 언제든지 자유로이 동행과정에서 이탈 또는 동행장소로부터 퇴거할 수 있었음이 인정되는 등** 오로지 피의자의 자발적인 의사에 의하여 수사관서 등에의 동행이 이루어졌음이 객관적인 사정에 의하여 명백하게 입증된 경우에 한하여, 그 적법성이 인정되는 것으로 봄이 상당하다."

다만 재판상 권리와 재판 전 권리의 구분은 수색거부권의 고지대상을 굳이 피의자로 국한시킬 필요가 없음을 일깨워준다는 점에서 그 의의가 있을 것이다. 다시 말해 진술거부권은 재판상 권리로서 공정한 재판을 받을 권리와 밀접한 권리이기 때문에 우리나라의 경우 진술거부권의 고지대상이 형사소송법에 피의자와 피고인으로 명문화(제244조의3, 제283조의2)되어 있다. 하지만 수색거부권 내지 압수거부권의 고지는 공정한 재판을 받을 권리의 보호를 위해 요구되는 것이라기보다는 '영장주의'의 예외를 허용하기 위한 엄격한 '임의성' 기준설정 필요성 및 수사기관의 위법행위를 억

---

109) 대법원 2006. 7. 6. 선고 2005도6810 판결. 굵은 글씨는 필자 강조.

제할 정책적 목표에서 요구된다고 볼 것이기 때문에 굳이 피의자·피고인으로 그 고지대상이 제한될 필요는 없을 것이다. 형사소송법 제218조는 "소유자, 소지자 또는 보관자가 임의로 제출한 물건은 영장 없이 압수할 수 있다."고 하여 임의제출의 주체가 반드시 피의자 또는 피해자로 한정되지 않는다. 그렇다면 압수거부권의 고지대상 역시 굳이 피의자로 자격에 제한을 둘 필요는 없을 것이고, 쉬넥로스 판결은 이러한 차이를 잘 해명해 준다는 점에서 그 의의를 찾을 수 있다.

셋째 논거는 상당히 면밀한 검토를 요한다. 미란다 판결의 취지는 구금상태하 신문 시에 본래적으로 내재하는 강압을 제거하기 위해서 미란다 고지가 요구된다는 것이기 때문에 미국 법원은 '구금상태'라는 요건이 갖추어지지 않았거나 '신문'이라는 요건이 결여된 경우는 미란다 고지가 불필요하다고 일관되게 판시해 오고 있기 때문이다.110) 이러한 맥락이라면 동의수색의 경우 전형적으로 비구금상태하에서 행하여지기 때문에 거부권의 고지가 불필요하다고 판단한 쉬넥로스 판결에도 분명 일리는 있을 것이다. 하지만 이러한 논변은 다음과 같은 한계를 지닌다.

우선 적어도 우리나라 형사소송법에는 부합되지 않는다. 현행 형소법은 피의자를 신문하기 전에 진술거부권 등을 고지하도록 규정되어 있기 때문에(법 제244조의3), 구금상태와 비구금상태를 불문하고 진술거부권 고지가 요구된다.111) 그렇다면 조문 해석상 우리나라 법은 미란다 원칙의 적용범위보다도 더욱 엄격하게 구금과 비구금 상태의 구별없이 수사기관과 시민 간의 대면과 상호작용에서 발생하게 되는 강압을 제거하기 위한 법적 장치를 마련하려는 입법적 결단을 내리고 있는 것으로 해석할 수 있고112) 따라서 이러한 결단은 동의에 의한 수색 및 압수에도 일관되게 반영되어야 한다고 보는 것이 합당하고 자연스러운 해석론일 것이다.

다음으로 만일 쉬넥로스 판결처럼 구금상태와 비구금상태의 강압의 수준을 구별하는 법리를 수용한다고 하더라도 미란다 고지의 기능을 고려할 때 동의수색 시에도 수색거부권을 고지해야 할 필요성이 사라지는 것은 아니다. 우선 비구금상태의 익숙한 환경이라고 하여 일반시민이 수사기관의 요구에 직면하여 겪게 되는 심리적 위축과 강압이 없다고 단정하는 것은 전술한 바 있는113) 여러 심리학적 연구결과들은 물론 사회통념에 비추어 보더라도 타당하지 않음을 지적해 두고자 한다. 아울러 수색

---

110) 이와 관련된 다양한 판례의 소개로는 Custodial Interrogations, *37 Geo.L.J.Ann.Rev.Crim.Proc. 168* (2008) at note 522.

111) 이 점에 대해서는 박용철, 앞의 논문, 97면.

112) 동지의 박용철, 앞의 논문, 112면 참조.

113) 각주 4) 및 각주 91) 참조.

이나 압수도 현행범 체포상황에서의 임의제출처럼 구금상태에서도 충분히 발생할 수 있다. 이 경우에는 쉬넥로스 판결의 법리를 따르더라도 거부권의 고지가 필요할 것이다.[114]

물론 상기 논거에 대한 반론의 더욱 중요한 근거는 다른 데 있다. 쉬넥로스 법원은 미란단 판결의 핵심을 놓치고 있다. 앞서 논급한 바와 같이 미란다 고지는 구금신문(custodial interrogation) 시 그 본래적 강압으로부터 임의성을 담보하기 위한 장치이다. 임의성을 담보하기 위해 가장 중요한 것은 피신문자가 자신의 권리를 인식하고 그것을 행사함에 있어서 자유롭다는 사실을 일깨워 고무시켜 주는 것이다.[115] 요컨대, 강압으로부터 임의성을 담보하기 위한 요체가 되는 것은 자신의 권리를 앎과 동시에 상황에 본래적으로 내재하는 강압이 작동하는 상황에서도 그 권리행사의 자유로움을 깨닫는 것이므로, 바꾸어 말하면 신문 시 작동하는 강압의 여러 유형 중에서 정당성의 힘을 제거하는 것이다. 다른 유형의 강압이 작동하더라도 정당성의 힘이 제거되면, 자백의 임의성을 담보할 수 있는 정도의 허용되는 수준으로 강압을 낮출 수 있다는 것이 미란다 판결의 요체인 것이다.

이처럼 미란다 고지로 제거하려는 강압의 유형은 바로 '정당성의 영향력'인데, 이는 구금상태와 비구금상태를 불문하고 수사기관의 권위에 기반한 기망행위 등에 의존해 행사될 수 있는 것이기 때문에[116] 동의거부권 고지는 동의수색의 경우에도 여전히 그 본래적 목적을 달성하는 데 필요하다. 아울러 부수적으로는 동의거부권 고지는 수사기관으로 하여금 피수색자의 권리를 존중하도록 만들고, 보다 적절한 수준의 허용가능한 수사기법으로 동의수색에 임하도록 유도하는 기능[117]을 할 수 있을

---

114) 쉬넥로스 판결에 따르면 동 판결은 수색의 대상이 비구금상태인 경우에(when the subject a search is not in custody) 적용되는 것이라고 밝히고 있다.

115) Miranda v. Arizona, 384 U.S. 436, 468.

116) 예를 들어 만일 거부권 고지가 의무화되지 않는다면, 수사기관은 실제로는 없는 압수·수색의 권한이 있는 듯이 주장할 것이고(claim authority to search yet in fact lack such authority), 그럴 경우 압수·수색 대상자는 그러한 정당성의 힘에 굴복해 거절할 수 있다는 사실을 모르게 되며, 이러한 무지는 동의를 무효로 만드는 요소가 된다는 지적으로는 Yale Kamisar, Wayne R. LaFave, Jarold H. Israel, & Nancy J. King, Basic Criminal Procedure (Thomson/West, 2005), at 452.

117) '강제력의 힘'이나 '정당성의 힘'에 의존하지 않는 보다 적절한 수준의 허용가능한 수사기법으로서는 일단 임의제출물의 압수상황의 경우라면, 피압수자가 압수에 동의하는 동기로는 다음과 것들을 상정해볼 수 있는데, 이때 수사기관으로서는 강압의 방법이 아니라 설명과 설득의 방식으로 둘째나 셋째 동기를 유발하는 방법을 제시해볼 수 있을 것이다.
    ① 임의제출에 협조함으로써 훈방조치 등 관대한 처분을 위해서
    ② 어쨌거나 결국 자신은 압수당할 것으로 생각해서(압수거부권이 없다고 생각하거나 체포현장이라면 임의제출을 거부하더라도 영장에 의한 압수를 당할 것이라고 생각해서)

것이기 때문에 이 역시 "심리적 강제의 수준을 허용가능한 수준으로 낮춘다"는 본래의 목적 달성에 기여한다. 이에 대해 비구금상태에서는 강제적 압력이 이미 허용가능한 수준이기 때문에 미란다 고지는 불필요하지 않느냐고 반문할 수도 있을 것이다. 물론 구금상태와 비교하면 비구금상태는 양적으로 볼 때 총체적인 강압의 수준이 낮다고 평가할 수 있을 것이다. 구금상태에서 분명 여러 유형의 강압이 더 크고 쉽게 작동할 것이다. 하지만 '임의성의 담보'에 반드시 요구되는 것은 '정당성의 힘'을 제거하는 것이므로 강압의 총량은 문제되지 않는다. 바꾸어 말하면 강압의 수준이 낮아도 '정당성의 힘'이 제거되지 않으면 임의성은 담보되지 않는다. 어느 경우든 '정당성의 힘'을 이용해 보려는 동기는 여전히 남아 있고, 오히려 비구금상태라면 수사기관에게는 다른 수사기법보다 바로 이 '정당성의 힘'에 호소하려는 유인력이 더 크게 작동할 수밖에 없을 것이다. 이는 명백히 경계되어야 하는 기제이므로 거부권 고지를 통해 수사기관이 자신에게 동의를 강제할 수 있는 자격과 권리가 없음을 밝힘으로써 피수색자에게 자신의 권리를 알고 그 거부권 행사에 자유로움을 깨닫게 해주려는 목적에서 수색거부권 고지가 반드시 필요하다고 보는 것이 타당할 것이다.118)

끝으로 쉬넥로스 판결의 명시적인 논거는 아니지만 어쩌면 압수 및 수색거부권 고지에 반대하는 논거의 배경에서 암묵적인 기능을 하고 있다고도 말할 수 있는 성상불변론에 대해서는 우선, 이 논거 역시 거부권의 본래적 기능, 즉 "심리적 강제의 수준을 허용가능한 수준으로 낮춘다"는 기능을 간과해서 제기될 수 있는 논거로 보인다. 심리적 강제의 수준은 수사기관과의 대면상황 및 상호작용의 양상에 따라서 달라지는 것이지, 그 수집대상이 진술증거인지 비진술증거인지에 좌우되는 것은 아니기 때문이다.119) 다음으로 이 논거는 우리나라의 현행 법체계에서는 큰 의미가 없다

---

③ 자신의 행위를 정당화하거나 결백함을 해명하기 위해서

118) 이러한 취지에서 보면, 구금상태와 비구금상태를 구별하여 전자의 경우에만 미란다 고지를 요구하는 미국 판례의 입장은 어쩌면 미란다 판결의 본의에서 다소 벗어나 있는 것으로 평가해야 할 것이다. 하지만 수사의 효율성 측면에서 미란다 판결에 반대하고 도전하는 입장도 여전히 상당하다는 점에서(김성돈, 앞의 논문, 4면 참조) 그러한 구분 법리는 일종의 절충안 내지 타협안으로 선해할 수 있을 것이다. 사견으로는 '정당성의 영향력'에 의존할 가능성은 자백보다 압수·수색의 경우가 더 크기 때문에 후자의 경우에는 구금상태와 비구금상태를 불문하고 미란다 고지를 할 필요성이 크다고 생각한다. 왜냐하면 신문을 받는 대상은, 수사기관에 진술을 강요할 수 있는 자격이나 권리가 있다고 믿어서라기보다는(그렇지 않다는 것을 일반시민도 잘 알고 있음) 구금상태로부터 오는 불안감과 공포 내지 수사기관의 다양하고 교묘한 설득기법으로 인해 신문에 협조할 동기를 가질 수 있지만, 비구금상태의 일반적인 압수·수색상황에서는 그러한 점을 관념하기 어렵고, 오히려 '정당성의 힘'을 가장한 수사기관의 영향력에 굴복하는 경우가 많을 것이기 때문이다.

119) 동지의 신상현, 앞의 논문, 285면.

고 평가할 수 있을 것이다. 왜냐하면 위법수집증거배제법칙의 입법화(제308조의2)로 인해 진술증거와 비진술증거를 구별함이 없이 위법하게 수집된 증거에 대해서는 동등하게 그 증거능력을 배제하는 입장을 취하고 있기 때문이다. 물론 비진술증거에 대해서는 판례가 '재량적' 증거배제론을 취하고 있지만[120] 수색거부권의 불고지는 진술거부권의 불고지에 상응하는 정도로 형사소송의 기본원리에 반하는 중대한 위법사유로 보아야 한다.[121]

(3) 국내의 논의

임의제출거부권 고지를 해야만 비로소 제출의 임의성을 인정받을 수 있는가 여부, 다시 말해 상황의 총체성을 고려한다고 할 때 임의제출거부권의 고지는 미란다 고지처럼 임의제출의 적법성 인정을 위해서 필수적인 요건인가에 대해 학설은 대립되고 있다.

우선 긍정성설은 증언거부권이나 진술거부권과 같은 취지에서 수사기관은 압수거부권을 반드시 사전에 고지해야만 하고 불고지 시 임의성을 부정하여 증거능력을 배제해야 한다는 입장이다.[122]

반면에 부정설은 현행법에는 수사기관의 고지의무가 명문화되어 있지 않기 때문에 고지의무는 인정되지 않으며, 임의성은 상황의 총체성을 판단하는 한 요소일 뿐이므로 압수거부권을 고지하지 않았다고 하여도 제출자의 의사결정의 자유를 반드시 침해하게 되는 것도 아니므로 제출의 임의성이 인정될 수 있다는 입장이다.[123] 또한

---

120) 대법원 2007.11.15. 선고, 2007도3061 전원합의체판결.

121) 재량적 위법수집증거배제법칙에 대해서는 조국, "재량적 위법수집증거배제의 필요성, 근거 및 기준", 서울대학교 법학 제45권 제2호, 2004, 49면 이하 참조. 이러한 판례의 태도에 비판적인 입장으로는 김봉수, "'재량적' 위법수집증거배제(론)에 대한 비판적 고찰-왜 유독 '비진술증거'에 대해서만 '재량적 배제'를 인정하려 하는가?-, 비교형사법연구 제11권 제2호, 2009, 205면 이하.

122) 조국, "압수·수색의 합법성 기준 재검토, 비교형사법연구 제5권 제2호, 2003, 776면; 김학신, "미국의 디지털 범죄와 헌법상 영장주의", 미국헌법연구 제20권 제1호, 2009, 272면; 조국, 앞의 책, 360면. 역시 같은 취지로 볼 수 있는 홍영기, "형법·형사소송법 2019년 대법원 주요판례와 평석", 안암법학 제60권, 2020, 139면. 독일의 문헌중에는 Kleinknecht, Meyer, & Meyer-Goßner, Strafprozeßordnung, 43.Aufl. (C.H. Beck, 1997), §97 Rn.6 참조. 참고로 독일의 경우 임의제출물의 압수와 관련해 '임의성'에 초점을 맞춘 논의를 찾아보기 힘들다. 별도 설명이 없거나 미미한 수준이다. 예를 들어 Roxin/Schünemann, Strafverfahrensrecht (C.H. Beck, 2012); Kindhäuser, Strafprozessrecht (Nomos, 2006); Rudolphi (Gesamtredaktion), SK-StPO (Alfred Metzner Verlag, 1996); Volk/김환수·문성도·박노섭 공역, 독일형사소송법 (박영사, 2009); Klesczewski/김성돈 역, 독일형사소송법 (성균관대학교 출판부, 2007) 등이 그러하다. 같은 취지에서 독일에도 수사기관의 압수거부권 고지의무 인정여부에 대한 찬반견해는 일부 있으나 그 충분한 논거는 제시되어 있지 않다는 지적으로는 신상현, 앞의 논문, 281면 참조.

압수거부권의 고지를 동의의 유효요건으로 두는 것은 수사 현장의 긴박성을 충분히 고려하지 못한 비현실적인 방법이므로 무리라고 한다.

한편 제출의 임의성을 담보하기 위해서는 압수거부권 고지가 요구된다고 보면서도 아직 그러한 거부권이 진술거부권처럼 명문화되어있지 않은 상태에서는 그 불고지로 인해 임의제출물 압수가 위법해지는 것은 아니며, 이를 절대적 요건으로 두면 자칫 실체진실발견에 소홀할 우려가 있으므로 임의성을 판단하는 자료로서 활용하는 것이 바람직하다는 견해도 있다.[124]

판례는 전술한 앞서 검토한 바와 같이 '상황의 총체성'을 종합적으로 고려해 판단한다는 입장이며, 따라서 압수거부권의 고지 여부를 임의성 판단시의 한 요소로 고려하고 있는 것으로 보이며 따라서 이는 문리에 따르는 해석론을 취하고 있는 것으로 볼 수 있을 것이다.

(4) 임의제출물 압수에서 '임의성'이 인정되기 위한 요건

자백이든 임의제출이든, 수사기관의 협조요구에 대한 동의가 유효하기 위한 요건으로 현행법은 양자 모두에 '임의성'이란 기준을 설정하고 있다는 점에서 공통적이다. 임의성이 부정되거나 임의성에 의심이 있는 자백이나 임의제출은 위법하며, 증거능력이 배제된다. '임의성'은 진술거부권이나 영장주의와 같은 헌법적 권리의 보호에 대한 예외를 만들어 내기 때문에 엄격한 요건 하에서만 인정되어야 한다. 그런데 '임의성'은 어떠한 기준에 의해 판단되어야 하는가에 대해 학설과 판례는 다양한 입장을 취하고 있다. 오늘날 지배적이고 공통적인 견해는 '임의성을 기준으로 하는 심사(voluntariness test)'는 판단하는 사람에 따라서 달라질 수밖에 없어서 판단기준이 주관화, 내면화되기 쉽다는 것이다. 이 기준의 한계는 '상황의 총체성'이라는 복합적 기준을 활용해도 마찬가지로 드러난다. 이러한 난점을 극복하기 위해 국내 학계에서는 자백배제법칙의 이론적 근거와 관련해 객관적인 위법수사에 초점을 맞추는 '위법배제설'이 다수설적 지위를 차지하게 되었다. 같은 맥락에서 미국에서는 자백의 임의성 유무를 불문하고 사전에 진술거부권 등을 고지하지 않을 경우 증거능력이 배제된다는 미란다 판결을 통해 미란다 고지를 의무화하였다. 아울러 동의수색의 임의성

---

123) 강동범, "동의나 영장 없는 혈액압수의 적법성", 고시계, 통권 제514호(1999), 38면; 이상돈, 사례연습 형사소송법 (법문사, 2006), 178면; 안성수, "당사자의 동의에 의한 압수·수색", 비교형사법연구 제10권 제1호, 2008, 309면; 최창호, "미국법상 동의에 의한 수색에 관한 연구", 가천법학 제6권 제3호, 2013, 314면; 한상훈, "임의제출물의 영치와 위법수집증거배제법칙, 법조 제65권 제8호, 2016, 618면.
124) 김태명, "체포현장에서 피의자가 임의제출한 휴대전화기의 압수와 휴대전화기에 저장된 정보의 탐색·수집", 경찰법연구 제19권 제1호, 2021, 45면 참조.

판단기준에 대해 쉬넥로스 판결 및 드레이튼 판결은 수사기관의 위법행위나 그 행위의 '합리성'이라는 객관적인 요소에 중점을 두는 법리를 제시하였다.

다시 원래의 질문으로 돌아가면, 자백이나 임의제출물 압수에 요구되는 엄격한 요건은 어떠한 것이어야 하는가? 자백과 관련해서 미란단 판결과 현행법이 진술거부권 등의 고지라는 높은 기준을 설정해 두고 있음은 주지의 사실이다. 이 기준을 임의제출에도 적용할 수 있을 것인가에 대해 학설은 나뉘어 있고 동의에 의한 수색과 관련된 리딩케이스인 쉬넥로스 판결은 부정적인 근거를 제시하여 부정설의 근거가 되고 있다. 하지만, 앞서 고찰한 바와 같이 미란다 고지가 '구금상태하 신문상황에 본래적으로 내재하는 강제적 압력'을 제거 또는 경감하기 위해서 요구된다는 미란다 판결의 취지에 비추어 보면 임의제출물 압수 시에도 압수거부권의 고지가 의무화되어야 할 것이다.[125] 물론 전형적인 임의제출물 압수는 비구금상태에서 행하여진다는 차이점이 있지만, 우선 현행범 체포상황과 같은 구금상태에서 임의제출이 행하여질 수도 있고, 다음으로 진술거부권의 고지를 구금·비구금 불문하고 공통적으로 요구하고 있는 현행법의 태도 내지 입법적 결단, 다시 말해 형사절차에서 시민의 헌법적 권리를 두텁게 보호하려는 취지에 비추어 보면 장소를 불문하고 임의제출 시에도 압수거부권의 고지가 요구된다고 보는 것이 영장주의의 예외를 인정하기 위한 엄격한 기준이라는 맥락에서 볼 때 적절하다고 생각된다.

이러한 입장에 의하면 압수거부권을 고지하지 아니한 임의제출물의 압수는 위법하며 증거능력이 배제된다. 물론 압수거부권을 고지했다고 하더라도 폭행, 협박, 기망 등 수사기관의 위법행위가 개입된 경우에는 증거능력이 배제되며, 다만 압수거부권이 고지되었고 그러한 위법행위가 개입되지 않는 경우라도 그 제출의 임의성이 의심되는 경우에는 -매우 드물겠지만- 보충적으로 '상황의 총체성'을 고려하여 임의성 여부를 판단하면 될 것이다.

---

125) 그 방법은 입법적으로 해결하는 것이 가장 바람직하겠으나, 그 입법화 전에 과도기적으로는 판례가 이를 요구하는 방향으로 나아가야 할 것이다. 입법적 해결안에 대해서는 신이철, 앞의 논문, 96면과 신상현, 앞의 논문, 291면 참조.

V 맺음말

동의가 유효하기 위한 조건은 무엇인가? 일반적으로 받아들여지는 요건은 첫째, '충분한 설명에 기반한 동의(informed consent)'여야 하고, 둘째, 그 동의가 '임의적(voluntary)'이어야 한다는 것이다. 형법학자 파인버그(Feinberg)는 임의성 요건으로 ① 충분한 지식 ② 심리적 강제의 부재 ③ 외부적 제약의 부재 등을 제시하였다.126) 물론 이러한 일반론만으로 임의제출물의 압수에 요구되는 '임의성' 요건을 적절하게 해석해 낼 수는 없다. 하지만 적어도 논증의 개괄적인 방향성을 비판적으로 가늠해 보기에는 충분해 보인다.

임의제출물의 압수 시 피압수자에게 임의제출물의 의미나 효과, 압수거부권 등의 고지가 없는 상황이라면 그 동의는 유효하다고 보기 어렵다. 충분한 설명에 기반한 동의가 아니기 때문이다. 현행법이 명시적으로 요구하고 있지 않은 '압수거부권' 고지까지 이루어져야만 임의제출이 적법하다고 볼 것인지 여부는 임의제출 시 피압수자가 느끼게 되는 심리적 강제의 수준, 위법수사의 억제라는 정책적 목표 등을 종합적으로 고려해 결정해야 할 문제이다. 물론 궁극적으로 입법적으로 해결하는 것이 바람직할 것이다.

압수거부권의 고지는 '충분한 설명에 기반한 동의'를 위해 필요하기도 하나 파인버그가 말한 '심리적 강제'의 수준을 낮추거나 제거하기 위해 요구된다고 보아야 한다. 수사기관과 대면한 상태에서 현실적으로 완전한 수준의 임의성은 관념하기 어려울 것이다. 따라서 임의제출물 압수에 요구되는 '임의성'의 정도는 일정한 수준의 심리적 강제가 작동하는 상황을 전제하고 있다고 보아야 하며, 미란다 판결의 혁신적 법리에 비추어 보면 일반적으로 '동의거부권' 고지는 심리적 강제의 수준을 허용되는 범위로, 즉 임의성을 담보할 만한 수준으로 낮추어 주는 기능을 하므로, 압수거부권의 고지 역시 임의제출의 적법성이 인정되기 위해서 반드시 요구된다.

압수거부권의 고지가 이루어져도 수사기관은 폭행, 협박, 기망 등 여러 가지 형태의 '외부적 제약' 내지 '심리적 강제'를 행사하는 경우도 있을 것이다. 이 경우에 수사기관의 수사기법은 헌법상, 법률상의 위법행위에 해당하므로 '위법배제설'의 관점에서 임의성에 의심이 있는 경우에 해당하여 증거능력이 배제될 것이다. 압수거부권 고지는 임의제출의 적법성이 인정되기 위한 최소한의 요건이지 충분한 것은 아니다.

---

126) Joel Feinberg, Social Philosophy (Prentice−Hall, 1973), at 48.

그렇다면 압수거부권이 고지되고 수사기관의 위법행위도 없지만 임의성에 의심이 있는 경우에는 어떻게 적법성을 판단해야 하는가? 이때에는 증거능력 배제의 효과를 최대한 확장시키려는 '종합설'의 취지에 비추어, '상황의 총체성'에 따라서 임의성 인정여부를 판단하면 될 것이다. 즉, 신분, 사회적 지위, 학력, 지능정도, 연령, 정신적·육체적 상태, 수사관의 수, 압수장소, 그리고 임의제출 전후의 사정 등을 종합적으로 고려하여 판단하면 될 것이다. 이밖에도 '상황의 총체성' 기준은 보충적으로 적용된다면 나름의 의의를 지닐 수 있는데, 명백한 위법행위로 간주하기 힘들지만 임의성에 의심을 품게 만드는 다양하고 무정형한 수사기관의 강압적 수사기법을 밝혀내고 억제하는 데 기여할 수 있다.

입법론적으로 압수거부권의 고지의무가 명문화되어야 하며, 불고지는 위법수집증거로서 증거능력을 배제시키게 된다. 입법화 전까지는 임의동행의 적법성 요건과 같이 판례를 통해 압수거부권의 고지의무를 적극적으로 요구할 필요가 있으며, 그 위반의 경우 '임의성'이 부정되어 위법한 임의제출로 보는 법리가 형성되어야 할 것이다.

본고는 임의제출물의 압수와 관련해 '임의성'이라는 요건이 지니는 법적 비중과 의의를 재조명하면서 형사소송의 제원리 및 관련 법리와 정합적이면서도 일관성 있는 해석론을 제시해 보고자 하였다. 혹자는 임의제출의 적법성 요건을 이렇게 엄격하게 설정하는 것이 과연 사회전체의 이익을 위해서 바람직한 것인가라는 의문을 제기할 수도 있을 것이다. 이러한 이견의 제기가능성은 미란다 법원도 잘 인식하고 있었다. 자기부죄금지특권의 보호보다 신문의 필요성이 더 중요하다는 주장이 반복하여 제기되어 왔음을 언급하면서 미란다 판결은 다음과 같은 인용구를 제시한 바 있다.

"한 국가의 문명의 질은(The quality of a nation's civilization) 대체로 형법의 집행에 사용되는 수단에 의해 측정될 수 있다."[127]

궁극적으로 이 문제는 우리가 현재 어떤 사회에 살아가고 있으며, 어떠한 사회에서 살고자 하는가를 결정짓는 문제이기도 할 것이다.

---

127) Miranda v. Arizona, 384 U.S. 436, 479−480.

후기

이 글을 쓰게 된 동기는 언젠가 한인섭 선생님과 짧게 나누었던 대화에서 시작되었다. 시민이 수사기관으로부터 임의제출을 요구받을 때 느끼게 되는 심리적 강압은 임의성과 양립하기 어렵다는 취지의 대화였던 것으로 기억된다. 그래서 필자는 이 글에서 임의성을 담보할 수 있을 만큼 강압의 수준을 낮추기 위해서 미란다 고지처럼 압수거부권의 고지가 필요하다고 주장을 하였는데, 마침 이 글이 논문으로 발표된 이듬해인 2022년 경찰청은 압수거부권의 고지를 요구하는 '경찰 수사에 관한 인권보호 규칙'을 입법 예고하였고, 이 규칙은 2023.3.30. 경찰청 훈령 제1075호로 시행되었다. 동 규칙 제23조(임의제출물 압수 시 권리 고지)에 의하면 "경찰관은 소유자, 소지자 또는 보관자에게 압수할 물건의 임의제출을 요구할 때에는 제출을 거부할 수 있고, 특정한 범위를 정하여 제출할 수 있음을 알려주어야 한다." 적법절차의 측면에서 한 걸음 더 진보한 실로 반갑고, 바람직한 조치라고 아니할 수 없을 것이다. 향후 이 글의 논지가 판례와 법률에도 반영될 수 있기를 진실로 바라마지 않는다.

필자는 이 글의 마지막 페이지에서 미란다 판결문의 다음과 같은 인상적인 인용구를 소개한 바 있다.

"한 국가의 문명의 질은 대체로 형법의 집행에 사용되는 수단에 의해 측정될 수 있다."

위 문구는 미란다 판결문에서 적법절차의 중요성과 관련해 논급된 것이지만, 이 논문집의 교정을 마무리할 무렵 계엄사태를 목도하면서 더욱 의미심장하게 다가온다. "계몽과 자유 민주주의의 근본가치들이 흔들리고 역사가 퇴보하고 있다는 한탄이 점점 더 커지고 있는 것"은 오늘날 전 세계적 현상이자 지구촌 구성원 공동의 과제라고 진단한 한 책의 경구(警句)가 현 상황과 오버랩되기도 한다.[128] 여러모로 도덕적 진보가 필요한 이 시점에서 다시 드는 생각 하나.

"우리는 현재 어떤 사회에 살아가고 있으며, 어떠한 사회에서 살고자 하는가?"

한인섭 선생님의 정년을 진심으로 축하드리며 부족하나마 이 논문을 헌정해 드리고자 한다.

---

128) 마르쿠스 가브리엘/전대호 역, 어두운 시대에도 도덕은 진보한다(열린책들, 2024) 참조.

13

피의자가 타인 형사사건에서 증인으로 출석하여 증언하는 경우 변호인의 조력을 받을 권리 - 독일 및 스위스의 입법례를 참고하여-*

신상현(헌법연구원, 헌법재판소)

I 문제의 소재

〈사례〉

甲은 A 사건과 관련하여 참고인 및 피고발인 신분으로 여러 차례 검찰 조사를 받았지만, 검찰의 종국결정이 내려지지 않아서 피의자의 지위에서 완전히 벗어나지 못한 상황에 놓여 있었다.

그 후 피고인 乙에 대한 B사건에서 甲은 증인으로 소환되어 신문을 받게 되었다. B사건은 A사건과도 관련이 있었던 관계로, B사건에서의 甲의 진술이 A사건에서 자신에게 불리하게 작용할 여지가 있었다. 甲은 자신을 '피의자 증인'이라 지칭하면서, 자신은 언제든지 피고인으로 전환될 수도 있고 자신의 법정 증언이 자신에게 불리한 증거로 사용될 수도 있으며 잘못 진술하면 위증죄로 처벌받을 수도 있는 3중의 심리적 압박상황에 처해 있다고 주장하였다.[1] 그에 따라 甲은 형사소송법(이하 법명을 생략) 제148조상의 증언거부권을 행사하겠다고 주장하였고, 동시에 자신 역시 변호인의 조력을 받을 권리를 가진다고 하면서 B사건의 재판부에 자신을 위한 변호인의 참여·동석을 허락할 것을 요청하였다.

* 이 글은 신상현, "피의자가 타인 형사사건에서 증인으로 출석하여 증언하는 경우 변호인의 조력을 받을 권리-독일 및 스위스의 입법례를 참고하여-", 비교형사법연구 제24권 제1호, 한국비교형사법학회, 2022에 게재되었음을 밝힌다.

현재 甲이 언급한 것과 같은 '피의자 증인'이란 개념이 실제로 존재하지는 않는다. 증인이란 법원 또는 법관에 대하여 자기가 과거에 체험한 사실을 진술하는 제3자이므로,[2] 적어도 자신의 형사사건에 있어서는 제3자에 해당할 수 없는 피의자(피고인)가 동시에 증인의 신분을 지닐 수 없는 것은 당연한 이치이다.[3] 권리·의무의 측면에서 보더라도, 피의자(피고인)는 진술거부권을 행사할 수 있어서 사건에 대해 일체의 진술을 하지 않을 수 있으므로, 위증죄로 처벌받지 않으려면 진실을 말해야 할 의무를 부담하고 있는(제157조 제2항) 증인의 범주에 결코 피의자(피고인)가 포함될 수 없다.[4]

하지만 <사례>처럼 한 사건에서 피의자로 취급되는 사람은 또는 경우에 따라서 명확히 피의자로 인정하기에 아직 충분한 범죄혐의가 존재하는 것은 아니지만 그렇다고 하여 이와 관련된 범죄의 정범이나 공범으로서의 혐의를 완전히 배제할 수는 없는 사람은 '다른 사람의 형사사건에서는' 제3자로서의 지위를 가지므로 증인이 될 수 있다. 이하에서는 이러한 상황에 처해 있는 사람을 <사례>에서 甲이 명명한 것과 같이 간략히 '피의자 증인'이라 지칭하기로 한다.[5]

그런데 이 피의자 증인이 법정에서 증언을 하는 경우, 그 진술을 기재한 조서는 "공판기일에 피고인 아닌 자의 진술을 기재한 조서"로서 제311조에 따라 절대적으로 증거능력이 인정될 수 있다. 물론, 다른 사건의 조서는 제311조의 적용대상에서 제외된다는 견해[6]가 통설인데, 이에 따르더라도 그 조서는 제315조 제3호의 "기타 특히 신용할 만한 정황에 의하여 작성된 문서"에 해당하여 당연히 증거능력이 인정된다.[7] 그에 따라 피의자 증인이 적절한 법률상 조언을 받지 못한 채 그대로 증언을

1) "한OO, 조O 재판서 증언거부…"피의자로 묶여 못해"", 전자 뉴시스 2021년 6월 25일 자 기사, https://www.newsis.com/view/?id=NISX20210625_0001489865 (2022. 1. 25. 검색).
2) 신동운, 신형사소송법(제5판), 법문사, 2014, 934면. 따라서 수사기관 앞에서 진술하는 자는 증인이 아니라 참고인이라 부른다(이재상/조균석/이창온, 형사소송법(제13판), 박영사, 2021, 34/3).
3) Roxin/Schünemann, Strafverfahrensrecht, 29. Auflage, München 2017, § 26, Rn. 4. 대륙법계 국가들과 달리 피고인의 증인적격성을 인정하는 영미법 국가들에 대한 설명으로는 박일환, 주석 형소법 (Ⅰ), 696-698면.
4) 신양균/조기영, 형사소송법, 박영사, 2020, 639-640면; 이은모/김정환, 형사소송법(제8판), 박영사, 2021, 521면; 이재상/조균석/이창온, 앞의 책, 34/11; 이창현, 형사소송법(제7판), 정독, 2021, 748면; Volk/Engländer, Grundkurs StPO, 10. Auflage, München 2021, § 21, Rn. 2.
5) 이 '피의자 증인'은 단순히 혐의가 있음을 의심받고 있는 사람일 뿐이고 명백히 자신이 증언하는 사건에서의 피고인과 공동피고인의 지위에 이른 것은 아니라는 점에서, 이 문제는 '공동피고인의 증인적격'이라는 주제와는 다른 문제이다.
6) 신동운, 앞의 책, 1153면; 신양균/조기영, 앞의 책, 815면; 이은모/김정환, 앞의 책, 670면; 이재상/조균석/이창온, 앞의 책, 40/31; 이창현, 앞의 책, 875-876면.
7) 대법원 2005. 4. 28. 선고 2004도4428 판결; 배종대/홍영기, 형사소송법(제2판), 홍문사, 2020, 52/6; 신

하게 된다면, 자신에 대한 사건에서 불리한 결과를 감수할 수밖에 없는 모순적인 상황에 처하게 된다.

이러한 문제점을 해결하기 위하여 제148조는 이들에게 증언거부권을 인정하고 있다. 즉 누구나 자신이 형사소추 또는 공소제기를 당하거나 유죄판결을 받을 사실이 드러날 염려가 있는 증언을 거부할 수 있는 것이다. 이 증언거부권은 형사상 자기에게 불리한 진술을 강요할 수 없다는 헌법 제12조 제2항 후단의 원칙, 즉 자기부죄금지원칙 또는 nemo tenetur 원칙에 당연히 포함되는 권리이다.[8) 제148조의 "형사소추 또는 공소제기를 당[할] … 염려가 있는 사실"이란 공소제기 전후를 불문하고 아직 수사가 개시되지 않은 사실도 포함하며, 약식명령 청구(제449조), 고등법원의 공소제기결정(제262조 제2항 제2호), 즉결심판 청구 등이 있는 경우도 여기의 형사소추에 포함된다.[9) 증언으로 인해 형사소추의 가능성이 생기는 경우뿐만 아니라 이미 존재하고 있던 가능성을 더 높이는 경우에도 증언거부권이 인정된다.[10) 또한 증인은 구성요건적 사실뿐만 아니라 누범가중의 사유나 상습성 인정의 근거가 될 사유 등에 대해서도 불이익을 초래할 수 있는 사실로서 증언을 거부할 수 있다.[11) 더 나아가 통상 범죄사실을 추측할 수 있는 근거가 될 수 있는 밀접한 관련사실까지 그 대상에 포함된다.[12) 물론, 증인이 '이미' 저지른 범죄사실에 대한 형사소추의 위험성이 있어야 하고, 증언을 함으로써 '새로운' 범죄(예를 들어 비밀누설죄, 위증죄)를 구성하게 될 수 있다고 하더라도 이를 근거로 하여 증언거부권이 인정되는 것인 아니다.[13) <사례>의 甲 역시 자신에 대한 A사건에서 형사소추 또는 공소제기를 당할 수 있다는 점에서 제148조에 따라 증언거부권을 행사할 수 있다.

그런데 피의자 증인이 더욱 효과적으로 증인신문에 대응하기 위하여 더 나아가 법률전문가인 변호인[14)의 동석을 요구할 수 있는지가 문제된다. 즉 헌법 제12조 제4항

동운, 앞의 책, 1153면; 이재상/조균석/이창온, 앞의 책, 40/31; 정웅석/최창호/이경렬/김한균, 신형사소송법, 박영사, 2021, 568면.

8) 대법원 2010. 1. 21. 선고 2008도942 전원합의체 판결; 신동운, 앞의 책, 950면; 이재상/조균석/이창온, 앞의 책, 34/25; 박일환, 주석 형소법 (Ⅰ), 709면.

9) 신동운, 앞의 책, 950면; 이은모/김정환, 앞의 책, 528면.

10) 신동운, 앞의 책, 951면; 신양균/조기영, 앞의 책, 647면; 이재상/조균석/이창온, 앞의 책, 34/28.

11) 이은모/김정환, 앞의 책, 528면; 이재상/조균석/이창온, 앞의 책, 34/28; 이창현, 앞의 책, 756면.

12) 박일환, 주석 형소법 (Ⅰ), 710면.

13) 다만, 새로운 증언을 함으로써 같은 사안에 대한 과거의 증언이 거짓으로 판명되어 그 과거의 증언을 이유로 위증죄로 처벌될 위험이 있다면, 당연히 증언거부권을 행사할 수 있다(박일환, 주석 형소법 (Ⅰ), 711면).

14) 이하에서 피의자·피고인·피의자 증인의 조력자는 '변호인'으로, 그 밖의 절차참여자의 조력자는 '변호사'로 지칭한다. 또한 '변호인(의) 조력을 받을 권리'는 이미 통용되고 있는 용어이므로, 주체를 불문하

에서는 체포 또는 구속을 당한 사람은 즉시 변호인의 조력을 받을 권리를 가진다고 선언하고 있는데, <사례>에서 문제되는 피의자 증인에게 또는 더 나아가서 그 밖의 증인 모두에게 헌법상 또는 법률상 이러한 권리를 부여할 수 있을 것인지가 문제되는 것이다. 이는 피의자 증인이 증언거부권을 행사할 것인지 여부 또는 증인신문에서의 대응방식 등에 대해 결정을 함에 있어서 동석한 변호인의 조언을 들어야 할 필요성이 크다는 점을 근거로 한다.

피의자 증인에게 헌법상 변호인 조력을 받을 권리가 인정된다고 보는 경우에는 입법자가 그 정신을 구체화해야 한다. 또는 그 권리가 헌법상 권리로까지 인정되는 것은 아니라고 보더라도 입법자가 그 법적 근거를 창설한다면 법률상으로라도 피의자 증인에 대한 보호가 이루어질 수 있다. 현재 증인이 범죄 피해자인 경우에는 '성폭력범죄의 처벌 등에 관한 특례법' 제27조, 이를 준용하고 있는 '아동·청소년의 성보호에 관한 법률' 제30조에서 변호사의 도움을 받을 권리를 명문으로 인정하고 있고, 제163조의2 및 형사소송규칙 제85조의3에 따라 신뢰관계에 있는 자로서 변호사를 참여시킬 여지도 있다. 하지만 <사례>의 甲처럼 피해자가 아닌 피의자 증인에 대해서는 변호인의 참여·동석을 인정하는 법률상 규정을 찾아볼 수 없다. 실제로 이 점이 문제되었던 사건에서도 규정의 흠결을 근거로 들면서 재판부에 따라 변호인의 참여를 받아들이지 않기도[15] 하였고 받아들이기도[16] 하였다.[17] 이처럼 변호인의 참여

고 동일하게 사용한다.

15) 재판부의 결정(각주 17)의 기사에서 인용): "○○○의 변호인도 6월 30일자로 기재한 것 같이, 증언거부권을 가진 증인이 증언하기 전에 변호인과 상의하거나 변호인이 증인 대신 의견을 제시할 수 있다는 형사소송법 또는 규칙 조항이 없어, ○○○ 증인의 변호인에게 증인신문 절차에 참여해 의견을 진술하거나 증인신문과정에서 ○○○과 상의할 기회를 법률상 허가할 수 없습니다. ○○○이 신청한 신뢰관계에 있는 자, 즉 변호인의 동석 여부에 대해서도 말합니다. … ○○○은 범죄피해자에 해당하지 않아 ○○○의 변호인에게 신뢰 관계가 있는 자로서 증인 옆에 앉도록 허가할 수 없습니다."

16) 재판부의 결정(각주 17)의 기사에서 인용): "다른 사람의 형사사건에서 증언할 경우 변호인의 조력을 받을 수 있다는 명확한 규정도 없고 반대로 금지 규정도 없습니다. 다만, 이후 공판 조서는 증거능력이 있는데 형사피의자에 대한 신문 시에도 변호인의 참여권을 보장해야 한다는 것이 형사소송법의 규정이고 헌법재판소도 스스로 선임한 변호인의 조력을 받아 조언을 듣고 상담하는 것이 수사절차 시작부터 재판 종료까지 언제나 가능하다고 판시하고 있습니다. 지금 이 상황의 경우에도 타인 형사사건의 증인으로 출석해 증언하는 경우입니다. 피의자 신분을 벗어났는지에 대한 검찰의 명확한 결정이 이뤄지지 않았습니다. 형사소추의 염려가 있는 증인이라면 증언 거부 사유가 있는지, 있다면 거부권을 행사할 것인지 여부에 대해 변호인의 조력을 받을 권리가 있다고 보는 것이 타당하다고 재판부는 생각합니다. 따라서 재판부는 증인 ○○○에 대한 변호인의 참여를 받아들입니다. 다만, 증언거부 사유가 있는지, 거부권을 행사할 것인지 판단에 대해서만 증인을 도울 수 있고 재판에 지장을 초래해서는 안 됩니다."

17) "'피의자 증인' 옆에 앉는 변호인…앞으로 가능할까", 전자 노컷뉴스 2021년 7월 11일 자 기사, https://www.nocutnews.co.kr/news/5586289 (2022. 1. 25. 검색). 이와 관련하여, 변호인이 피의자 증인을 조력할 수 있는 법률규정을 두고 있지 않은 입법부작위에 대해 헌법소원이 제기되어 현재 심리 중에 있다(2020헌마1272).

여부가 개별 재판부의 결정에 맡겨져 있는 상황은, 언제든지 형사소추의 위험에 처해 있는 피의자 증인의 입장에서는 납득하기 어려울 수 있다.

이와 관련하여 독일과 스위스에서는 이 문제에 대해 중요한 시사점을 줄 수 있는 법률규정과 판례가 존재한다. 그러므로 우선 독일과 스위스의 입법례와 헌법재판소 결정을 살펴본 후(Ⅱ), 이를 바탕으로 하여 피의자 증인에게도 헌법상 변호인의 조력을 받을 권리를 인정할 수 있을 것인지, 그렇다면 그 권리의 내용을 어떠한 형태로 우리나라 형사소송법에 구체화시킬 것인지에 대해 검토해 본다(Ⅲ).

한편, 피의자 증인의 변호인 조력을 받을 권리의 인정 여부는 동시에 변호인 스스로의 권리로서 접견교통권·참여권을 인정할 것인지의 문제와도 연결된다. 후자는 전자를 실현하는 구성요소이자 구체적 수단이기 때문이다.[18] 다만, 이하에서는 피의자 증인의 권리에 초점을 맞추어 '피의자 증인에게 변호인의 조력을 받을 권리가 인정되는지 여부'를 중심으로 하여 논의를 진행하도록 한다.

Ⅱ 외국의 입법례[19]

1. 독일

1) 증인의 증언거부권 및 답변거부권

독일 형사절차에서도 증인은 진실을 말해야 할 의무가 있지만,[20] 법률상 그 진술

---

18) 한수웅, 헌법학(제11판), 법문사, 2021, 663면. 헌법재판소는 이러한 변호인의 권리를 독자적인 권리로서 인정한 바 있고(헌법재판소 2003. 3. 27. 선고 2000헌마474 결정), 변호인이 되려는 자에게도 피의자 접견교통권을 인정하였다(헌법재판소 2019. 2. 28. 선고 2015헌마1204 결정).

19) 이하에서 언급할 독일·스위스에서는 일부 법률용어가 우리나라와 다르게 사용되기 때문에 사전 설명이 필요하다. 우리나라에서는 법관 앞에서 체험 사실을 진술하는 사람을 '증인'으로, 수사단계에서 검사·경찰 앞에서 진술하는 사람을 '참고인'이라고 부르는 데 반해, 독일·스위스에서는 수사단계에서 검사·경찰에게 신문받는 사람도 '증인(Zeuge)'이라 부른다. 또한 우리나라에서는 공소제기 여부를 기준으로 피의자와 피고인을 구별하고 있지만, 독일·스위스에서는 협의의 피의자(Beschuldigte)(공소제기 이전 수사단계), 공판전피고인(Angeschuldigte)(공소제기 이후 공판개시 이전단계) 피고인(Angeklagte)(공판개시 이후 공판단계)을 모두 포함하는 광의의 '피의자(Beschuldigte)'란 개념이 존재한다(이 광의의 개념을 '피범행혐의자'라고 지칭하기도 한다). 예를 들어 스위스 형사소송법 제111조에서도 "피의자(beschuldigte Person)란 범죄로 고발되어 혐의를 받는(verdächtigt) 사람, 고소된(beschuldigt) 사람 또는 형사사법기관의 소송행위에 의해 기소된(angeklagt) 사람을 말한다."라고 정의하고 있는데, 이 개념은 모든 절차단계에서 통일적으로 사용된다(Eicker/Huber/Baris, Grundriss des Strafprozessrechts, 2. Auflage, Bern 2020, 103면).

을 거부할 수 있는 예외가 인정된다. 독일 형사소송법(이하 '독형소') 제52조(피의자의 친족의 증언거부권), 제53조(직무상 비밀유지의무가 있는 자의 증언거부권), 제53조a(업무 보조인의 증언거부권), 제54조(공무원의 증언거부권)에 따라 증언 전체를 거부할 수 있는 권리가 그것이다. 제52조는 신분관계의 존재만으로 절대적으로 인정되는 증언거부권 이고, 제53조와 제53조a는 직업과 관련하여 제한적으로 인정되는 증언거부권이며, 제54조는 증언의 승낙이 있을 것을 조건부로 하여 인정되는 증언거부권이다.[21]

한편, 독형소 제55조에서는 답변거부권(Auskunftsverweigerungsrecht)[22]이라는 제목 하에 증인이 개별 질문에 대한 답변을 거부할 수 있는 권리를 인정하고 있다. "모든 증인은 질문에 대한 답변(Auskunft)으로 인해 자기 자신이나 제52조 제1항에 규정되 어 있는 친족이 범죄 또는 질서위반죄(Ordnungswidrigkeit)로 소추될 위험이 있는 경 우에 그 답변을 거부할 수 있다(제1항). 증인에게 답변거부권을 고지해야 한다(제2 항)." 이는 자기부죄금지, 즉 nemo tenetur 원칙상 당연히 인정되는 권리이다.[23] 이 글에서 다루고 있는 '피의자 증인', 즉 자신이 소추될 염려가 있어서 우리나라 제148 조에 따라 증언을 거부할 수 있는 사람은 이 조항에 따라 답변거부권을 행사할 수 있는 사람과 관련된다고 볼 수 있다.

이는 증인이 진실을 말해야 할 의무 때문에 자기 자신 또는 친족이 범죄혐의를 받 게 되는 부담스러운 상황을 방지하여 증인을 보호하기 위한 규정이다. 따라서 신문 자의 질문이 피의자에게 유리한지 또는 불리한지 여부는 답변거부의 결정을 할 때 중요한 의미를 가지지 않는다.[24] 또한 증인이 독형소 제52조부터 제54조까지의 증언 거부권을 행사하는 경우 증언 자체를 거부할 수 있는 것과 달리, 답변거부권은 원칙 적으로 각 질문에 대해 개별적으로 인정될 뿐이다. 물론, 질문에 대한 답변 전체가 모두 증인에게 불리한 결과를 가져오게 되는 경우라면 질문 전체에 대해 답변을 거 부할 수 있고, 이 경우에는 결과적으로 증언거부권을 행사한 것과 같아진다.[25] 기본

그러므로 이하에서 독일·스위스 형사소송법을 설명하면서 사용하는 '증인' 및 '피의자'란 개념은 수사 단계와 공판단계를 구별하지 않고 모든 절차단계에서 통용되는 용어로 이해하면 될 것이다.

20) Beulke/Swoboda, Strafprozessrecht, 15. Auflage, Heidelberg 2020, Rn. 293; Putzke/Scheinfeld, Strafprozessrecht, 8. Auflage, München 2020, Rn. 196; Volk/Engländer, 앞의 책, § 21, Rn. 5.
21) Putzke/Scheinfeld, 앞의 책, Rn. 198-202.
22) Auskunft란 정보제공·알림을 의미하는데, 여기에서는 '증언'과 구별되는 의미로 '답변'이라 지칭한다.
23) Krey/Heinrich, Deutsches Strafverfahrensrecht, 2. Auflage, Stuttgart 2019, Rn. 1317; KK-StPO/Bader, § 55, Rn. 1; LR-StPO/Kühne, Einl. J, Rn. 126.
24) Volk/Engländer, 앞의 책, § 21, Rn. 14.
25) Krey/Heinrich, 앞의 책, Rn. 1320; Putzke/Scheinfeld, 앞의 책, Rn. 203; Roxin/Schünemann, 앞의 책, § 26, Rn. 33; Volk/Engländer, 앞의 책, § 21, Rn. 14.

적으로는 자신 또는 친족에게 범죄혐의가 생길 우려가 있는 경우가 답변을 거부할 수 있는 전형적인 사례이나, 범죄혐의가 발생하더라도 제거될 수 없는 소송장애사유가 존재하거나 명백히 위법성 또는 책임조각사유가 존재하는 등으로 인해 종국적으로 소추될 위험이 없는 경우에는 답변거부권이 인정될 수 없다.[26] 여기서 범죄혐의가 생긴다는 것은 이미 (과거에) 행한 범죄로 인해 자기나 친족이 소추될 위험이 있다는 것이고, 증언 그 자체로 인해 (사후에) 소추될 위험이 생길 수 있는 것은 포함하지 않는다.[27]

증인이 답변거부권을 제대로 행사할 수 있게 하기 위하여 신문자는 증인에게 이 권리가 있음을 고지해야 하는데, 이러한 답변거부권 고지의무는 피의자가 아닌 증인을 보호하기 위한 목적을 지닐 뿐이어서, 신문자가 이를 고지하지 않고 증언을 얻어낸 경우에도 피의자에 대해 그 증언의 증거사용이 부정되는 것은 아니라는 것이 통설과 판례이다.[28] 즉 단지 나중에 증인에 대해 기소가 이루어지는 등으로 인해 증인에 대한 형사절차가 개시되는 경우 그 증인에 대해서 그 증언(진술)을 증거로 사용하지 못하게 할 뿐이다.[29]

한편, 독형소 제56조에 따르면, 답변거부권을 행사하는 사람은 신문자의 요구가 있으면 그 근거가 되는 사실을 소명해야 할 의무가 있다. 그런데 자신에게 불리하게 될 위험이 있어서 답변을 거부하는 것인데도 불구하고 그에 대한 자세한 소명을 요구하게 되면 오히려 답변거부권 행사의 본래 취지에 반할 수 있으므로, 답변을 거부하는 증인에게 과도한 소명의무를 부과해서는 안 된다.[30]

2) 증인의 변호인 조력을 받을 권리

(1) 독일 연방헌법재판소 결정

독일에서도 증인신문에 변호사가 참여할 권리가 있는지와 관련하여 1974년에 독일 연방헌법재판소가 판단을 내린 바 있다.[31] 특히 해당 사안에서는 ─앞서 설명한─ 독형소 제55조 제1항이 적용되어 답변거부권을 행사할 수 있는 증인의 변호사를

---

26) Krey/Heinrich, 앞의 책, Rn. 1319; Putzke/Scheinfeld, 앞의 책, Rn. 203.
27) BGH NStZ 2013, 238, 239; Krey/Heinrich, 앞의 책, Rn. 1318; KK─StPO/Senge, § 55, Rn. 9.
28) BGHSt (GrS) 11, 213, 218; BGHSt 38, 302, 304; Beulke/Swoboda, 앞의 책, Rn. 301; Krey/Heinrich, 앞의 책, Rn. 1324; Volk/Engländer, 앞의 책, § 21, Rn. 16.
29) BGHSt 50, 380; Roxin/Schünemann, 앞의 책, § 26, Rn. 36; MüKo─StPO/Maier, § 55, Rn. 112; Sommer, Effektive Strafverteidigung, 3. Auflage, Köln 2016, Kap. 3, Rn. 1362.
30) Roxin/Schünemann, 앞의 책, § 26, Rn. 35.
31) BVerfG NJW 1975, 103 = BVerfGE 38, 105.

신문 과정에서 배제시키는 것이 헌법에 합치하는지가 문제되었다. 이 결정의 주문에서 독일 연방헌법재판소는, 증인신문을 할 때 증인의 변호사를 배제시키는 것은 원칙적으로 법치국가원리에 포함되어 있는 공정한 재판을 받을 권리를 침해한다고 보면서, 비례성원칙을 준수하면서 기능적이고 효과적인 사법기능을 유지하기 위한 경우에만 예외적으로 변호사의 동석을 배제하더라도 법치국가원리에 부합하여 허용된다고 하였다. 이 결정의 내용을 살펴보면 다음과 같다.

증인은 다른 사람에 대한 형사절차에서 독자적인 목적을 추구하지 않으므로, 원칙적으로 스스로 절차를 형성할 권리를 가지지 못한다. 즉 타인의 형사사건에 출석하여 증언을 하는 증인의 임무는 자신이 지각한 사실에 대한 정보를 제공하는 것으로 제한된다. 그렇지만 증인 역시 형사소송법상 증언거부권, 답변거부권, 선서를 거부할 권리 등 법적으로 보호되는 독자적 권리를 지닌 채 증인신문에 참여하므로, 그 한도 내에서는 증인도 공정한 재판을 받을 권리를 향유할 수 있어야 한다. 따라서 증인이 증인신문을 받을 때 자신의 절차적 권한을 적절히 행사하기 위해 필요한 사정이 있는 경우, 자신이 신뢰할 수 있는 변호사의 동석·참여를 요구할 수 있는 권리를 가진다. 독일 연방변호사규칙(BRAO) 제3조 제3항에서도 누구든지 모든 형태의 사건에서 자신을 대리할 변호사를 선임할 수 있다고 규정하고 있다.[32)]

사안에서 답변거부권을 행사할 수 있는 증인이 증언을 하는 것은 피의자가 진술하는 상황과 근본적으로 다를 것이 없다. 형식적으로는 증인의 지위에서 신문을 받는 것이기는 하지만, 이미 그 증인은 고소가 되어 형사상 제재(수사나 기소)가 임박한 상태이므로 그가 처한 상황은 피의자에 가깝다. 증인이 자신에게 불리한 사항에 대해 답변을 거부할 수 있게 하는 독형소 제55조 제1항 역시 ―누구도 자신에게 불리하게 진술할 것이 강제되지 않는다는― 법치국가원리에 따라 피의자에게 인정되는 권리규정들과 같은 취지를 지니고 있다. 원칙적으로 증인에게는 진실을 말해야 할 의무가 있지만, 자신에게 불리한 사실이 문제되는 경우에는 그에 대해 답변을 할 것인지 또는 거부할 것인지 여부를 독자적이고 적절하게 결정할 수 있어야 한다. 비록 증인에게 형사소추를 위한 어떠한 혐의점을 이끌어 낼 수 있어서 수사에 도움이 되는 경우라 하더라도, 답변·진술 여부에 관한 그 사람의 자유로운 의사결정(독일 기본법 제2조 제1항)을 존중해야 하는 것이다.[33)]

물론, 독형소 제55조 제2항에서 신문자가 답변거부권이 있음을 고지할 것을 요구

---

32) BVerfG NJW 1975, 103.

33) BVerfG NJW 1975, 103.

하고 있지만, 일반적으로 법문외한인 증인은 그 답변거부권의 범위와 한계에 대하여 정확하게 알지 못한다. 또한 그들에게서 정보를 얻어내려는 신문자나 다른 절차참여자도 증인에게 이에 대한 정확한 정보를 제공하지 않는다. 이 경우 변호사가 증인 옆에서 증인에게 법적 조력을 할 수 있다면, 증인이 자신의 절차적 권한을 효과적으로 행사할 수 있는 기회를 보장할 수 있다. 따라서 단지 신문 전후에만 변호사에게 조언을 얻을 수 있게 하거나 조언을 위해 신문을 중단·연기시키는 것만으로는 위와 같은 증인의 이익에 부합하는 조치를 취했다고 볼 수 없다.[34]

자신의 과오를 숨길 수 있는 증인의 권리는 인격권 및 인간존엄의 존중으로부터 도출되는 권리로서, 법치국가원리에서 파생되는 무죄추정 및 진술의 자유와도 결부되어 있다. 증인을 조력하는 변호사가 증인신문 절차에 참여한다면, 증인의 이익에 부합하는 방향으로 절차적 권리를 행사할 수 있게 하고 그럼으로써 신문의 진행과 결과에 중대한 영향을 미치게 된다. 즉 법문외한인 증인에게 불리함에도 불구하고 신문자가 진실발견이라는 명목으로 진술(증언)을 얻어내려는 가능성을 사전에 차단하는 기능을 한다. 이는 위법하게 얻은 진술의 증거사용을 금지하는 판례법상 원칙과도 같은 방향성을 지니고 있다. 더 나아가 증인이 증언·답변거부권을 행사하지 않고 증언을 하는 경우에도 사람마다 진술을 함에 있어서 장애나 서투른 점이 있을 수 있으므로 변호사가 그 진술의 오류를 바로잡아야 할 필요가 있는 사례도 많고, 사생활이나 명예와 관련된 불필요한 사실의 진술을 사전에 차단시킴으로써 또는 위증죄로 처벌받을 수 있는 실언을 방지·정정함으로써 증인을 보호하는 역할을 수행할 수도 있다.[35]

물론, 법치국가원리는 증인의 변호인 조력을 받을 권리를 인정함에 있어서 일정한 한계를 설정한다. 항상 무제한적으로 증인이 변호사의 도움을 받을 수 있다고 한다면 효과적인 사법기능의 유지라는 이익에 반할 수도 있기 때문이다. 그러므로 비례성원칙에 따라 증인의 보호라는 이익과 형사절차의 효율성이라는 이익을 비교형량해야 하고, 경우에 따라서 효과적인 형사사법기능의 유지에 우위가 인정되는 때에는 예외적으로 변호사의 조력 및 동석을 보장하지 않아도 되는 것이다. 하지만 해당 사안에서 독일 연방징계법원이 이러한 형량 과정을 전혀 거침이 없이 변호사의 참여를 배제시킨 것은 위법하다.[36]

---

34) BVerfG NJW 1975, 103 f.
35) BVerfG NJW 1975, 103, 104.
36) BVerfG NJW 1975, 103, 105.

또한 변호사의 입장에서도, 적절한 형량을 거치지 않고 변호사를 신문에서 배제시키는 조치가 변호사의 직업행사의 자유(독일 기본법 제12조 제1항)를 침해한다고 하였다. 즉 변호사가 명백히 효율적인 증거조사를 방해함으로써 공정한 결정을 내리지 못하게끔 변호권을 남용하는 사정이 있는 경우에만 변호사가 증인신문에 참여하는 것을 배제할 수 있다고 본 것이다.[37]

이 결정은 모든 증인에게 항상 피고인(피의자)과 동일한 정도로 변호인의 조력을 받을 권리를 보장해야 한다고 선언한 것은 아니다. 증인의 증언은 실체적 진실을 규명하기 위한 중요한 증거물에 해당하므로, 변호사가 개입하여 그 증거가치를 위태롭게 만드는 결과를 초래해서는 안 되기 때문이다.[38] 따라서 증인이 증언을 하는 상황을 항상 피고인(피의자)이 진술을 하는 상황과 동일하게 취급할 수는 없다. 하지만 독일 연방헌법재판소는 증인에게 보장된 법률상 권리의 보호와 증언을 통한 효과적인 실체적 진실발견을 비교형량한 결과 전자의 우위가 인정되는 경우에는 원칙적으로 증인 변호사의 동석을 허용해야 한다고 하면서, 그 근거로서 법치국가원리에서 도출되는 공정한 절차의 원칙을 들고 있다.[39] 특히 최소한 답변거부권을 행사할 수 있는 증인처럼 —진술거부권을 행사할 수 있는— 피의자와 유사한 지위를 지니고 있는 증인에게는 증인의 보호라는 전자의 이익이 우선되므로 변호인 조력을 받을 권리를 보장해야 한다고 결론내린 것으로 이해할 수 있다.

(2) 독일 형사소송법 제68조b의 증인 조력인(Zeugenbeistand) 규정

위 결정이 내려진 후 그 취지에 따라 1998년에 증인보호법(ZSchG)을 통해 독형소 제68조b에 '증인 조력인' 규정이 도입되었다. 이 규정은 몇 번의 수정을 거친 후 2009년 대대적으로 개정되어 현재에 이르고 있다.[40]

우선 독형소 제68조b 제1항 제1문은 "증인은 변호사의 조력을 받을 수 있다."고 하여, 증인의 일반적인 변호인 조력을 받을 권리를 선언하고 있다. 동항 제2문은 "증인신문에 참여하는 변호사인 조력인에게 출석이 허용된다."고 하여, 증인신문과 관련된 증인의 변호인 조력을 받을 권리를 규정한다.[41] 여기에서의 증인신문은 법원, 검사, 사법경찰 등 모든 신문주체에 의한 신문을 포함한다.[42] 변호사의 출석권이 인

---

37) BVerfG NJW 1975, 103, 105.
38) Roxin/Schünemann, 앞의 책, § 26, Rn. 68.
39) 독일 기본법에는 우리나라 헌법 제12조 제4항과 같은 형태의 규정이 존재하지 않는다.
40) Gercke/Wölky, Zeugen, Rn. 5.
41) HK−StPO/Gercke, § 68b, Rn. 1; LR−StPO/Ignor/Bertheau, § 68b, Rn. 2.

정되는 시기에 대해서는 오직 증인신문이 진행되는 때로 한정된다는 견해[43]와 신문 전후도 포함된다는 견해[44]가 대립한다. 증인신문에 참여하는 변호사는 증언·답변거부권 행사에 대한 포괄적인 조언, 신문자의 부당한 질문에 대한 이의제기, 증인을 위한 절차법적 설명, 증인보호의 신청 등 충분한 조력을 할 수 있다.[45] 더 정확한 정보를 얻기 위하여 피고인의 변호인과 연락을 취하는 것도 가능하다.[46] 법률상 규정이 없는 관계로 신문자가 증인에게 이러한 권리가 있음을 고지해야 할 의무는 없지만,[47] 공정한 재판을 받을 권리를 보장하기 위하여 신문자는 증인에게 변호사와 동석할 기회를 제공하는 것이 바람직하다.[48] 증인은 변호사와 나눈 조언 및 대화에 대해서도 답변거부권을 행사할 수 있다.[49]

그런데 동항 제3문은 "특정한 사실에 비추어 볼 때 변호사의 출석이 정상적인·원활한(geordnet) 증거조사를 중대하게 침해할 것으로 보이는 특정한 사정이 인정되는 경우에는, 증인신문에서 변호사를 배제할 수 있다."고 하여, 증인신문 과정에서 변호사를 배제할 수 있는 예외가 있을 수 있음을 명시하고 있다. 즉 이 경우에는 효과적인 사법기능의 이익의 우위가 인정된다는 것이다.[50] 그러한 예외사유의 예로서 동항 제4문에서 "① 변호사인 조력인이 수사(심리)(Untersuchung)의 대상인 범죄 또는 그 범죄와 관련되는 정보장물죄(Datenhehlerei), 범죄비호죄(Begünstigung), 처벌방해죄(Strafvereitelung) 또는 장물죄(Hehlerei)에 가담한 경우, ② 변호사인 조력인이 증인의 이익만을 위한 것으로 보이지 않음으로 인하여 증인의 진술행태에 영향을 미치는 경우, 또는 ③ 변호사인 조력인이 증인신문을 통해 알게 된 사실을 제112조 제2항 제3호상의 증거인멸을 위하여 이용하거나 수사(심리)의 목적을 위태롭게 하는 방식으로 (제3자에게) 넘겨주는 경우"를 열거하고 있다. 지금까지는 앞서 언급한 독일 연방헌법

---

42) HK−StPO/Gercke, § 68b, Rn. 3. 처음에는 경찰신문 시 변호인이 참여할 수 없었으나, 현재처럼 조항이 개정되었다(Gercke/Wölky, Zeugen, Rn. 7).

43) M−G/S/Schmitt, § 68b, Rn. 5; Sommer, 앞의 책, Kap. 3, Rn. 1375. 왜냐하면 증인의 변호사에게 증인에게 인정되는 것보다 더 넓은 권한을 부여할 수는 없기 때문이다. 한편, 증인 변호사의 권한 범위가 이처럼 제한된다는 점은 독일 연방헌법재판소도 인정한 바 있다(BVerfG NJW 1975, 103, 104).

44) MüKo−StPO/Maier, § 68b, Rn. 16. 왜냐하면 효과적인 증인보호를 위해 필요하기 때문이다.

45) Heghmanns, Strafverfahren, Berlin u. a. 2014, Rn. 406; LR−StPO/Ignor/Bertheau, § 68b, Rn. 4; MüKo−StPO/Maier, § 68b, Rn. 14 이하; Gercke/Wölky, Zeugen, Rn. 6, 23.

46) Gercke/Wölky, Zeugen, Rn. 52.

47) 물론, 법원은 독형소 제48조 제2항에 따라 증인에게 출석요구를 할 때 증인보호를 위한 절차법적 규정 등을 고지해야 한다(Gercke/Wölky, Zeugen, Rn. 14).

48) M−G/S/Schmitt, § 68b, Rn. 3.

49) OLG Düsseldorf NStZ 1991, 504; KK−StPO/Slawik, § 68b, Rn. 8.

50) MüKo−StPO/Maier, § 68b, Rn. 41.

재판소의 결정에 따라 형량을 거친 엄격한 요건 하에서만 변호사의 조력 배제가 가능했었는데, 여기에서 그 배제사유를 명시함으로써 법적 근거를 확보한 것이다.[51] 이에 대한 결정은 신문자(법원, 검사, 사법경찰)가 의무합치적 재량에 따라 행해야 하는데, 앞서 언급한 독일 연방헌법재판소의 결정과 마찬가지로 개별 사안에서 모든 인적·사실적 사정을 고려하여 비례성원칙에 따라 증인의 이익과 형사절차의 효율성이라는 공익 사이에 형량을 거쳐야 한다.[52] 신문자가 당해 변호사를 배제하는 결정을 내린 경우, 공정한 절차원칙을 보장하기 위하여 증인이 새로운 변호사를 선임할 수 있는 기회를 제공해야 한다.[53]

하지만 위 조항에서 매우 포괄적으로 배제사유를 규정함으로써(소위 "포괄조항(Catch-all-Klausel)"의 형식) 실무에서 종종 '성가신' 존재로 여겨지는 변호사의 참여가 자의적으로 배제될 가능성이 커진다는 점에서, 헌법상 명확성원칙에 반할 수 있다는 비판도 제기된다.[54] 개별적으로 검토해 보면, 동항 제4문 제1호의 배제사유로서 범죄가담에 대한 최초혐의(Anfangsverdacht)만을 요구하는 것은 증인보호의 이익과 상충되므로 구속에 필요한 정도의 요건인 유력한 혐의(dringender Verdacht)까지 있어야 한다는 목소리가 있고,[55] 제2호 사유가 있으면 다른 변호사로 교체를 하여 이익충돌을 해결할 수 있는데도 변호사의 참여를 완전히 배제하는 것은 문제라는 비판적 시각이 존재한다.[56] 더 나아가 헌법정신에 반할 여지가 있는 변호사 참여배제에 대해서 검사와 사법경찰관도 직접 결정을 내릴 수 있는 규정의 형태를 비판하면서, 법관유보를 통해 법원의 (사전) 승인을 받게 해야 한다는 견해도 주장된다.[57]

제2항은 법원 또는 수사기관의 증인신문 과정에서 증인을 보호할 필요성이 인정되는 일정한 경우에 직권으로[58] 그리고 국가의 비용으로[59] 증인에게 변호사를 선임해

---

51) HK-StPO/Gercke, § 68b, Rn. 1.

52) BVerfG NJW 1975, 103, 105; HK-StPO/Gercke, § 68b, Rn. 12; KK-StPO/Slawik, § 68b, Rn. 2; M-G/S/Schmitt, § 68b, Rn. 7; MüKo-StPO/Maier, § 68b, Rn. 53.

53) MüKo-StPO/Maier, § 68b, Rn. 58.

54) Klengel/Müller, "Der anwaltliche Zeugenbeistand im Strafverfahren", NJW 2011, 23, 26 f.; HK-StPO/Gercke, § 68b, Rn. 9; LR-StPO/Ignor/Bertheau, § 68b, Rn. 6 이하.

55) Klengel/Müller, NJW 2011, 23, 26; HK-StPO/Gercke, § 68b, Rn. 10; LR-StPO/Ignor/Bertheau, § 68b, Rn. 12. 반면, 다른 보호수단이 갖춰진다면 최초혐의로도 충분하다는 견해로는 MüKo-StPO/Maier, § 68b, Rn. 47.

56) HK-StPO/Gercke, § 68b, Rn. 11.

57) LR-StPO/Ignor/Bertheau, § 68b, Rn. 25.

58) 따라서 증인의 신청이 필요하지 않다(HK-StPO/Gercke, § 68b, Rn. 19; M-G/S/Schmitt, § 68b, Rn. 12; MüKo-StPO/Maier, § 68b, Rn. 69).

59) HK-StPO/Gercke, § 68b, Rn. 23.

주어야 한다고 규정하고 있다. 즉 "증인이 증인신문 과정에서[60] 변호사인 조력인의 조력을 받지 않고 있고 (동시에) 그를 보호할 가치가 있는 이익이 다른 방식으로는 고려될 수 없는 경우, 그 증인이 증인신문 과정에서 자신의 권한을 스스로 행사할 수 없다고 보이는 특별한 사정이 있다면, 증인신문을 하는 동안 그 증인에게 변호사인 조력인을 선임해 주어야 한다. 제142조 제5항 제1문과 제3문을 준용한다." 이 규정의 목적은 증인의 효과적인 진술을 보조하기 위함에 있으므로, 증인이 변호사를 선임할 재력이 있는지 여부는 문제가 되지 않는다.[61] 보호 필요성이 있는 증인의 예로는, 진술을 하는 데 있어서 서투르거나 장애가 있는 증인, 독형소 제55조상의 답변거부권을 행사할 수 있는 증인, 증언을 함으로써 보복을 당할 위험에 처해 있는 증인 등을 들 수 있다.[62] 특히 경제사건이나 성범죄사건처럼 사실관계가 복잡한 사례에서 변호사의 조력이 고려될 필요가 있다.[63] 이 규정에 의한 변호사 선임은 부차적 성격을 지니므로, 증인이 스스로 변호사를 선임했거나 ─신문자가 이미 증인보호를 위한 적절한 조치를 취한 경우(독형소 제168조c 제3항 및 제5항, 제168조e, 제224조 제1항 제2문, 제247조, 제247조a) 또는 신문자가 이미 명확히 증인의 권리에 대해 고지해 준 경우와 같이─ 다른 방법으로 증인 자신의 권리 보호가 가능한 경우에는 이 조항이 적용되지 않는다.[64]

제3항에 따르면, "제1항 제3문과 제2항 제1문에 따른 재판에 불복할 수 없다. 수사(심리)의 목적을 위태롭게 하지 않는 한, 그 사유를 기록에 기재하여야 한다." 법원이 아니라 검사나 사법경찰이 제1항 제3문에 따른 배제의 결정(처분)을 한 경우에는 증인이 독형소 제162조에 따른 관할법원에 재판을 신청(=이의제기)할 수 있는데(독형소 제161조a 제1항 제2문, 제3항 제1문 및 제2문, 제163조 제3항 제3문), 그 신청에 따라 배제결정의 당부를 심사한 법원의 재판에 대해서도 다시 불복할 수 없다.[65] 이 경우 제1항 제3문에 대한 신문자의 결정에 대해 다툴 수 없다는 점은 ─특히 이 배제사유들이 불명확하다는 점과 결부되어─ 헌법에 부합하는지 의문이 들 수 있다.[66] 또한

---

60) (각주 44)의 견해에 따른다면) 증인신문 이전이라도 신문과 밀접한 관련을 가지는 조언·대화를 하는 것도 가능하다(MüKo─StPO/Maier, § 68b, Rn. 62).

61) LR─StPO/Ignor/Bertheau, § 68b, Rn. 11; M─G/S/Schmitt, § 68b, Rn. 11.

62) Krey/Heinrich, 앞의 책, Rn. 1356; HK─StPO/Gercke, § 68b, Rn. 15; M─G/S/Schmitt, § 68b, Rn. 9; Gercke/Wölky, Zeugen, Rn. 27.

63) HK─StPO/Gercke, § 68b, Rn. 16; Gercke/Wölky, Zeugen, Rn. 29.

64) HK─StPO/Gercke, § 68b, Rn. 17; LR─StPO/Ignor/Bertheau, § 68b, Rn. 18; M─G/S/Schmitt, § 68b, Rn. 11; Gercke/Wölky, Zeugen, Rn. 30.

65) KK─StPO/Slawik, § 68b, Rn. 4; LR─StPO/Ignor/Bertheau, § 68b, Rn. 23; M─G/S/Schmitt, § 68b, Rn. 15; MüKo─StPO/Maier, § 68b, Rn. 57; Gercke/Wölky, Zeugen, Rn. 31, 49.

제3항 제2문에 의하면 검사와 사법경찰이 수사(심리)의 목적이 위태롭게 된다고 여기는 경우 변호사의 참여를 배제시키는 결정을 내리면서 그 사유를 기재하지 않아도 되는데, 그 결정에 대해 증인이 이의신청을 하더라도 법원이 해당 결정의 당부를 심사할 자료가 없으므로 사실상 증인의 법적 보호가 불가능하게 된다는 비판이 제기된다.[67]

한편, 증인이 피해자인 경우에는 독형소 제406조f[68]에서 피해자 조력인(Verletztenbeistand)에 관한 규정을 두고 있는데, 제1항에서 독형소 제68조b와 유사한 형태로 피해자의 변호인 조력을 받을 권리를 법률상 인정하고 있다. 검사나 사법경찰이 신문을 하는 경우에도 이 규정이 적용된다.[69] 그런데 제2항의 신뢰관계인 참여의 경우와 달리, 제1항에는 변호사의 참여를 배제할 수 있는 예외가 규정되어 있지 않다. 따라서 '피해자인 증인'을 신문할 때에는 제68조b 제1항 제3문 및 제4문의 배제사유가 적용되지 않는다고 해석해야 한다.[70]

3) 소결

1974년의 독일 연방헌법재판소 결정에서는 공정한 절차의 원칙(공정한 재판을 받을 권리)으로부터 증인의 변호인 조력을 받을 권리를 헌법상 권리의 하나로서 도출하였다. 하지만 모든 증인에게 피고인과 동일한 정도로 그 권리가 인정되는 것은 아니고, 증인보호의 이익과 효과적인 실체진실 발견의 이익을 비교형량한 결과 전자에 우위가 인정되는 경우에만 증인을 위한 변호사의 동석을 허용하였다. 그 예로는 증인이 독형소 제55조상의 답변거부권을 행사할 수 있는 경우, 증인이 진술을 함에 있어서 장애나 서투른 점이 있거나 사생활·명예 보호가 필요한 경우 등 증인을 조력할 필요성이 상당히 큰 경우가 제시된다.

---

66) HK-StPO/Gercke, § 68b, Rn. 9, 11.
67) LR-StPO/Ignor/Bertheau, § 68b, Rn. 27.
68) "(1) 피해자는 변호사의 조력을 받거나 변호사로 하여금 대리하게 할 수 있다. 피해자 신문에 출석한 변호사인 조력인은 참여할 수 있다. 피해자 신문에 참여하는 변호사인 조력인에게 출석이 허용된다. (2) 피해자를 신문할 경우, 수사(심리)의 목적을 위태롭게 하는 것이 아닌 한, 피해자의 신청에 따라 피해자와 신뢰관계에 있으며 신문에 출석한 사람에게 참여를 허용할 수 있다. 그 재판은 신문을 진행하는 사람이 한다.; 그 재판에 불복할 수 없다. 그 기각의 사유를 기록에 기재하여야 한다."
69) Volk/Engländer, 앞의 책, § 39, Rn. 41; KK-StPO/Zabeck, § 406f, Rn. 2; LR-StPO/Hilger, § 406f, Rn. 4; MüKo-StPO/Grau, § 406f, Rn. 1.
70) Volk/Engländer, 앞의 책, § 21, Rn. 17; HK-StPO/Pollähne, § 406f, Rn. 5; LR-StPO/Hilger, § 406f, Rn. 3. 물론, 이 글에서 문제되는 피의자 증인은 피해자가 아니므로, 이 규정에 대해서는 더 자세히 다루지 않는다.

이러한 취지에 따라 독형소 제68조b가 신설되어 지금까지 몇 번의 개정을 거쳤다. 현행법상으로는 증인의 일반적인 변호인 조력을 받을 권리 및 변호사의 증인신문 참여권을 명문으로 규정하면서, 다만 예외적으로 변호사의 출석이 원활한 증거조사를 방해할 것으로 보이는 특정한 경우에는 실체진실 발견의 이익에 중점을 두어 변호사의 배제를 허용하고 있다. 또한 경우에 따라서는 법원이 직권으로 그리고 국가의 비용을 들여 증인을 위하여 변호사를 선임해 줌으로써 실효적인 증인보호를 강조하고 있다.

이 경우 독형소 제55조상의 답변거부권을 행사할 수 있는 사람은 <사례>의 甲, 즉 피의자 증인과 동일한 지위를 가지고 있다. 물론, 독일에서는 이러한 피의자 증인 뿐만 아니라 그밖에 보호의 필요성이 큰 증인에게도 변호사의 동석이 허용된다. 하지만 어쨌든 독일 법제 하에서도 이 글에서 다루고 있는 피의자 증인에게는 —특별히 형사소추의 이익이 매우 큰 것으로 인정되지 않는 한— 변호인의 조력을 받을 권리가 인정될 것이다.

2. 스위스

1) 정보제공인(Auskunftsperson)[71]의 개념

범죄혐의가 있는 사람은 피의자의 지위에서 신문을 받아야 한다. 반면, 범행에 가담하지 않은 자로서 범죄의 해명에 기여하는 진술을 할 수 있는 사람은 스위스 형사소송법(이하 '스형소') 제162조에 따라 증인으로서 신문을 받는다.[72] 그런데 피의자로 인정되기에 충분한 범죄혐의는 존재하지 않지만 어느 정도 그 혐의가 존재한다는 사실을 완전히 배제할 수는 없는 사람 등을 어떻게 취급해야 할 것인지가 문제된다. 특히 피의자와 증인은 각자에게 부여된 권리와 의무가 다르기 때문에 양자의 구별이 애매한 사례가 발생하면 문제가 발생할 수 있다.[73]

왜냐하면 우선 피의자에게는 신문을 시작할 때부터 진술거부권 등의 절차적 권리를 명시적으로 고지해 주어야 하므로(스형소 제158조), 명백히 피의자로 보기는 애매한 사람에 대하여 우선은 아무런 진술거부권을 고지하지 않고 진술을 얻어낸 후 그

---

71) 각주 22)와 마찬가지로 Auskunft란 용어를 사용하고 있는데, 여기에서는 단어의 의미를 살려 '정보제공인'이라 지칭하기로 한다.

72) "본질상 그리고 일반적으로 인정되는 절차원칙에 따라 절차의 당사자는 동시에 증인이 될 수 없다(BGE 92 IV 201 E. 2a)."

73) Oberholzer, Grundzüge des Strafprozessrechts, 4. Auflage, Bern 2020, Nr. 922.

를 피의자로 전환시킨다면 신문기관의 진술거부권 고지의무를 우회하게 되는 결과를 가져온다. 다음으로 증인에게는 진실에 합치하는 진술을 할 의무가 있기 때문에, 위와 같은 사람을 단순히 증인으로 취급한다면 자신에게 불리한 사항에 대해서도 진술을 해야 하므로 자기부죄금지원칙에 반하는 상황이 벌어질 수도 있다.[74]

그에 따라 스위스 형사절차에서는 피의자나 증인이 아닌 '정보제공인'이란 별도의 절차참여자가 명문으로 인정되고 있다. 스형소 제162조에서도 증인은 정보제공인이 아닌 사람이라고 정의하고 있다. 그러므로 위와 같은 사람은 피의자나 증인이 아니라 정보제공인으로 취급되어 그 지위에서 신문을 받게 된다.[75]

그렇다면 정보제공인으로 신문받아야 하는 자가 누구인지가 문제된다. 스형소 제178조는 이를 열거하여 규정하고 있다. 특히 범죄혐의의 존부가 문제되는 자로서, 피의자인 것은 아니지만 밝혀져야 할 범죄 또는 이와 관련된 다른 범죄의 정범이나 공범으로서의 혐의를 배제할 수 없는 사람(제d호),[76] 공동피의자로서 자신의 혐의 범죄가 아닌 다른 범죄에 대해 신문을 받는 사람(제e호), 밝혀져야 할 범죄와 관련된 행위 때문에 다른 절차에서 피의자가 된 사람(제f호)이 정보제공인으로 취급된다.[77] 한편, 스형소 제179조에 따르면 사법경찰은 피의자로 취급되지 않는 사람을 정보제공인으로 신문할 수 있는데, 여기에는 공식적인(=조사를 작성하는) 신문뿐만 아니라 비공식적으로 단순히 질문을 건네는 것도 포함된다. 이 조항의 정보제공인의 범위는 스형소 제178조와 다르게 구성되어 있는데, 그 때문에 이 사람을 '특별한(sui generis) 정보제공인'이라 부른다.

---

74) Eicker/Huber/Baris, 앞의 책, 134면; Oberholzer, 앞의 책, Nr. 925. 물론, 우리나라의 경우와 마찬가지로 스형소 제169조 제1항 제a호에서도 증인 자신이 형사상 책임을 질 수 있는 경우 그 증언을 거부할 수 있음을 명시하고 있다. 또한 먼저 증인으로 신문한 사람의 지위가 피의자로 전환된 경우, 처음 신문 당시에 진술거부권 고지가 없었으므로 그 사람이 증인의 지위에서 한 진술은 ―그 사람이 피의자로서 진행되는 형사절차에서는― 증거로 사용할 수 없다(BGer 6B_9/2018 E. 1.3.; Oberholzer, 앞의 책, Nr. 394, 902, 925).

75) Schmid/Jositsch, StPO, Art. 162, N 2.

76) 예를 들어 여러 동승자 중 누가 사고를 야기한 운전자인지 불분명한 경우와 같이, 신원불명의 여러 사람이 정범이나 공범이 될 여지가 있으나 신문 시점에는 그들의 지위가 ― 피의자인지 증인인지 ― 명확히 정리되지 않은 경우가 그러하다(Schmid/Jositsch, StPO, Art. 178, N 9). 이러한 사람을 피의자와 명확히 구별하는 것이 쉽지는 않으나, 일단 명백히 피의자로 분류할 수 없는 경우에는 제d호의 정보제공인으로 취급하여 신문하는 것이 바람직하다(Schmid/Jositsch, StPO, Art. 178, N 11).

77) 그밖에도 사인소추인(제a호), 신문 당시 15세가 되지 않은 사람(제b호), 제한된 판단능력으로 인해 신문의 대상을 이해할 수 없는 사람(제c호), 회사에 대한 형사절차에서 회사의 대리인으로 지정되었거나 지정될 수 있는 사람 및 그 대리인의 직원(Mitarbeiter)(제g호)도 정보제공인에 포함된다. 이는 한정적 열거규정이므로, 이 사람들 이외에 정보제공인의 범위를 더 확장시킬 수 없다(Schmid/Jositsch, StPO, Art. 178, N 1).

이처럼 정보제공인은 이중적 지위(Zwitterstellung)[78] 또는 중간적 지위(Mittelstellung)[79]를 지니고 있다고 평가되고, 그 결과 개별 형태에 따라 피의자 또는 증인과 유사한 지위를 가지게 된다. 즉 스형소 제178조 제b호부터 제g호까지의 정보제공인은 (피의자나) 증인처럼 출석의무는 있지만, 본질상 피의자에 더 가깝다고 볼 수 있으므로 피의자의 신문에 대한 규정이 적용되어 진술의무나 진실을 말해야 할 의무는 없다(스형소 제180조 제1항).[80] 결국 사실상 피의자처럼 진술거부권이 인정되는 것이다.

형사사법기관(Strafbehörde)[81]은 신문을 개시할 때 피신문자에게 그 권리와 의무를 포괄적으로 고지해 주어야 한다(스형소 제143조 제1항 제c호). 피신문자가 스형소 제178조 제b호부터 제g호까지의 정보제공인인 경우 피의자에 대한 규정이 적용되므로, 그 정보제공인에게 형사절차의 대상이 된 범행, 진술과 참여를 거부할 수 있다는 사실, 변호인을 선임할 수 있거나 경우에 따라서 국선변호를 신청할 수 있다는 사실, 통역인을 요구할 수 있다는 사실을 고지해야 한다(스형소 제180조 제1항 제2문, 제158조 제1항). 스형소 제181조에도 위 정보제공인에게 진술거부권이 있음을 고지해야 한다고 규정한다. 이를 고지하지 않았다면 그 진술은 증거로 사용할 수 없다(스형소 제180조 제1항 제2문, 제158조 제2항).

2) 정보제공인의 변호인 조력을 받을 권리

스형소 제127조에 의하면 피의자뿐만 아니라 다른 절차참여자인 정보제공인(제105조 제1문 제d호)도 자신의 권리보호를 위하여 변호사를 선임할 수 있다. 형사사법기관에 의해 신문을 받는 스형소 제178조 제b호부터 제g호까지의 정보제공인은 −앞서 언급한 것처럼− 변호인 선임권에 대한 고지를 받고 즉시 변호인의 조력을 받을 수 있다. 경찰신문에 관한 구체적 규정인 스형소 제159조 제1항(제180조 제1항 제2문에서 준용)에 따르면, 경찰신문에서 위 정보제공인은 자신의 변호인을 참석시키고 질문하

---

78) Schmid/Jositsch, StPO, Art. 180, N 1.

79) Oberholzer, 앞의 책, Nr. 890.

80) Eicker/Huber/Baris, 앞의 책, 134면; Oberholzer, 앞의 책, Nr. 983. 반면, 사인소추인(스형소 제178조 제a호)은 신문 시 진술의무가 있고 증인신문에 관한 규정의 적용을 받는다(스형소 제180조 제2항). 사인소추인은 우리나라에서 인정되지 않고 이 글에서 다루는 피의자 증인과도 무관하므로, 사인소추인인 정보제공인에 대해 적용되는 기타 규정들은 별도로 검토하지 않는다.

81) 신문을 할 수 있는 형사사법기관은 검사, 경범죄사법기관(Übertretungsstrafbehörde), 법원이다(스형소 제142조 제1항 제1문). 사법경찰도 피의자와 정보제공인을 신문할 수 있으나(스형소 제142조 제2항 제1문), 증인을 신문할 수는 없다(Schmid/Jositsch, StPO, Art. 142, N 6).

도록 할 수 있는 권리를 가진다.

특히 그 중에서도 피의자와 매우 유사한 지위를 가지는 정보제공인인 스형소 제 178조 제d호부터 제f호에 해당하는 사람에게는 변호인의 조력을 받을 기회가 제공되어야 한다. 그 밖의 정보제공인의 경우에도 정당한 이익이 있음이 소명된다면 변호인의 조력을 받을 권리가 인정된다.[82]

3) 보론–증인의 변호인 조력을 받을 권리

한편, 증인도 절차참여자로서 자신의 이익을 위하여 변호사를 선임할 권리가 있다 (스형소 제127조, 제105조 제1문 제c호). 하지만 이러한 일반적인 변호인 선임권으로부터 증인이 신문을 받을 때 변호사의 동석을 요구할 권리가 바로 도출되지는 않는다.[83] 변호사의 조력을 필요로 하는 피의자의 경우와 달리, 증인의 경우에는 단지 소송지휘기관(Verfahrensleitung)[84]이 보호가 필요한 사람에게 변호사 또는 신뢰관계에 있는 사람과 동행하는 것을 허용할 수 있을 뿐이다(스형소 제149조 제3항). 즉 변호사의 참여 여부는 소송지휘기관의 의무합치적 재량에 따라 판단되는 사항일 뿐이고, 증인이 이를 당연한 권리로서 요구할 수 있는 것은 아니다.[85] 그 점에 있어서 변호사인 조력인의 배제 여부를 신문자의 의무합치적 재량에 따라 결정하게 하는 독형소 제68조b와도 그 취지가 일치한다.

4) 소결

스위스에서는 –우리나라 독일에서처럼– 절차참여자로서 단순히 피의자와 증인을 구별하고 있는 형태를 넘어서 '피의자/증인/정보제공인'의 삼분 체계를 구축하고 있다. 정보제공인의 경우 그 형태와 성격에 따라 증인에 대한 규정을 준용하기도 하고 피의자에 대한 규정을 준용하기도 한다. 이 글에서 다루고 있는 피의자 증인은 피의자에 대한 규정이 준용되는 정보제공인에 해당한다.

따라서 스위스 법제 하에서 피의자 증인은 피의자와 마찬가지로 변호사를 선임하고 그 조력을 받을 권리를 가지고 있고, 신문자는 증인에게 변호사의 동석을 허용해야 한다. 반면, 정보제공인(피의자 증인을 포함)이 아닌 일반 증인의 경우에는 독일의

---

82) Schmid/Jositsch, StPO, Art. 180, N 4.

83) BGer 1B_26/2014 E. 2.

84) 기소 또는 불기소 이전에는 검사가, 공판단계에서는 법관(재판장 또는 단독판사)이 소송지휘권을 가진다(스형소 제61조).

85) BGer 1B_26/2014 E. 2.; Oberholzer, 앞의 책, Nr. 405.

경우와 마찬가지로 신문자가 비교형량을 거친 후 의무합치적 재량에 따라 변호사의 참여 여부를 결정할 수 있다.

Ⅲ 우리에게 주는 시사점

1. 피의자 증인에게 헌법상 변호인의 조력을 받을 권리를 인정할 것인지 여부

헌법 제12조 제4항은 "누구든지 체포 또는 구속을 당한 때에는 즉시 변호인의 조력을 받을 권리를 가진다. 다만, 형사피고인이 스스로 변호인을 구할 수 없을 때에는 법률이 정하는 바에 의하여 국가가 변호인을 붙인다."고 선언하고, 제12조 제5항 제1문은 "누구든지 체포 또는 구속의 이유와 변호인의 조력을 받을 권리가 있음을 고지받지 아니하고는 체포 또는 구속을 당하지 아니한다."고 규정하고 있다. 헌법 제12조 제4항 본문은 특히 신체구속을 당한 사람의 변호인 조력을 받을 권리의 중요성을 강조하고 있을 뿐이고, 신체구속 여부를 불문하고 피고인뿐만 아니라 피의자에게도 법치국가원리와 적법절차원칙에 비추어 당연히 변호인의 조력을 받을 권리가 인정된다.[86] 즉 피의자·피고인에게 구속 여부와 상관없이 인정되는 '변호인의 조력을 받을 일반적인 권리'는 헌법 제12조 제4항, 헌법 제27조의 공정한 재판을 받을 권리, 법치국가원리의 본질적 요소인 공정한 절차의 원칙으로부터 파생되는 헌법상 권리로서, 수사·공소기관과 피의자(피고인) 사이의 무기대등의 원칙을 실현하기 위한 전제조건이 된다.[87] 또한 최근에는 사법절차가 아닌 행정절차에서 구속이 이루어진 경우에도 헌법 제12조 제4항 본문을 원용할 수 있다고 하여 그 적용 범위를 넓게 인정하고 있다.[88]

그렇다면 증인의 경우는 어떠할까? 헌법해석상 위와 같이 피의자·피고인에게 변호인 조력을 받을 권리의 적용 범위를 확대시키는 것은 가능할 수 있겠지만, 소송의 주체가 아니라 증거조사의 대상이면서 절차참여자에 불과한 증인에게까지 동일한 권리가 인정된다고 해석할 수는 없을 것이다. 이러한 증인의 증언은 당해 사건의 피고

---

86) 헌법재판소 2004. 9. 23. 선고 2000헌마138 결정.

87) 김하열, 헌법강의(제3판), 박영사, 2021, 407면; 한수웅, 앞의 책, 659면.

88) 헌법재판소 2018. 5. 31. 선고 2014헌마346 결정. 이에 대해서, 행정절차·행정소송·헌법재판 등의 영역에서는 헌법 제12조 제4항 본문이 아니라 공정한 재판을 받을 권리를 보장하는 헌법 제27조를 헌법적 근거로 삼으면 된다는 비판적 시각도 존재한다(한수웅, 앞의 책, 658면).

인의 유·무죄 입증을 위한 결정적인 증거물이 되는데, 증인과 동석한 변호사가 조언을 하는 과정에서 증언내용을 왜곡시키거나 증언태도를 명확히 파악할 수 없게 하여 원활한 증거조사를 방해할 위험이 있기 때문이다.[89] 이는 실체적 진실발견에서 멀어지는 결과를 초래하는 것이다. 또한 헌법 제27조 제1항의 재판청구권에서 도출되는 공정한 재판을 받을 권리 역시 기본적으로는 형사소추를 당하여 소송의 주체가 된 피의자·피고인의 무기대등을 보장하기 위하여 인정되는 권리로 이해해야 한다.[90]

하지만 증인 중에서도 '피의자 증인'의 경우에는 사정이 다르다. 피의자 증인은 형식적으로는 출석한 법정에서 타인의 형사사건에 대하여 증언을 하는 사람이지만, 실질적으로는 그 사건과 관련하여 자신도 범죄혐의가 이미 있거나 새롭게 생길 위험이 있는 사람이다. 따라서 피의자 증인을 단순히 실체적 진실의 발견을 위하여 자신이 경험한 사실을 진술하는 제3자라고만 취급할 수는 없다.

이렇게 피의자 증인이 피의자와 유사한 성격을 지닌다는 점을 고려하여, 형사소송법은 피의자 증인에게도 증언거부권을 부여하고(제148조) 법원에게 이를 고지할 의무를 지운다(제160조). 그런데 이 고지의무를 이행하지 않은 경우의 법적 효과와 관련하여 증거능력이 부정된다는 견해[91]와 긍정된다는 견해[92]가 대립한다. 물론, 후자의 긍정설도 당해 사건에서 피고인에 대해서 증거능력이 없다는 의미로 해석해야 하고, 나중에 그 증인을 대상으로 하는 형사사건이 진행되는 경우에는 진술거부권 불고지의 사례와 마찬가지로 그 진술의 증거능력을 부정해야 할 것이다. 하지만 그에 따라 실제로 증언거부권 고지를 받는다고 하더라도, 일반인의 입장에서는 어떠한 경우에 그리고 어떠한 범위까지 증언을 하지 않아도 되는지 명확히 알기 어렵기 때문에, 잘 모르고 불필요한 사실까지 진술하게 될 위험이 있다.[93] 더군다나 증언거부권을 행사하는 경우에도 제150조에 따라 그 증언의 거부사유를 소명해야 하는 부담이 뒤따르는 것도 문제이다. 물론, 거부사유를 소명하지 않았다고 하더라도 증언거부권 자체

---

89) Gercke/Wölky, Zeugen, Rn. 3. 이러한 문제는 피해자인 증인을 신문하는 경우에도 마찬가지로 발생한다(조미선, "피해자의 정의 및 피해자 변호사 역할에 관한 소고", 인권과 정의 제499호, 2021, 63면).

90) 한수웅, 앞의 책, 943면.

91) 신양균/조기영, 앞의 책, 648면; 이은모/김정환, 앞의 책, 529면; 이재상/조균석/이창온, 앞의 책, 34/30; 이창현, 앞의 책, 758, 823면; 정웅석/최창호/이경렬/김한균, 앞의 책, 453면.

92) 대법원 1957. 3. 8. 선고 4290형상23 판결; 박일환, 주석 형소법 (Ⅰ), 685, 713면(독형소 제55조 제2항의 경우와 마찬가지로 증언거부권 고지 조항이 증인이나 제3자의 법익보호를 위한 것일 뿐 피고인을 보호하기 위한 규정은 아니라는 점을 근거로 한다). 다만, 증언거부사유가 있음에도 증언거부권을 고지하지 않아서 증인의 증언거부권 행사에 사실상 장애를 초래한 경우에는 위증죄의 성립이 부정된다(대법원 2010. 1. 21. 선고 2008도942 전원합의체 판결).

93) Gercke/Wölky, Zeugen, Rn. 2.

가 소멸되는 것은 아니다.[94] 그러나 거부사유를 소명하는 과정에서 자신에 대한 형사소추의 위험성이 커질 수 있으므로, 증인이 이에 대해 부담을 느끼고 증언거부권의 행사 자체를 자제하게 되는, 즉 증언거부권이 형해화되는 결과를 초래할 수 있다.[95] 설령 증인이 증언을 거부하면서 그 사유에 대한 소명까지 하겠다고 마음을 먹었더라도 어느 정도까지 소명을 해야 하는지 알기 어려운 경우가 다반사이다. 또한 이 모든 것을 알면서도 증언거부권을 행사하지 않고 증인신문을 받는 경우라 하더라도, 증인신문의 방식이나 기술에 취약한 피의자 증인이 검사나 피고인 변호인의 － 적법한 범위 내의－ 유도질문에 넘어가는 등으로 인해 자기도 모르게 자신에게 불리한 발언을 하게 될 가능성도 있다.

결국 －누구의 형사사건에 출석하여 진술하는지와 상관없이－ 법률전문가의 도움이 없다면 자신의 혐의에 대한 발언을 제대로 통제할 수 없게 될 우려가 매우 크고, 이는 헌법 제12조 제2항에서 보장하는 진술거부권을 침해하는 결과로 이어진다. 그러므로 －모든 증인에게까지는 아니지만－ 적어도 피의자 증인에게는 변호인의 조력을 받을 기회를 제공해 줄 필요가 있는 것이다. 즉 헌법 제12조 제2항에서 보장하는 nemo tenetur 원칙 및 헌법 제27조 제1항에서 도출되는 공정한 절차의 원칙에 합치하는 방향은, 피의자·피고인뿐만 아니라 '피의자 증인'에게도 변호인의 조력을 받을 권리를 명확히 인정하는 것이다.

정리하면, 헌법조문의 내용 및 증거물로서의 증언의 객관적 가치와 중요성을 고려했을 때 반드시 모든 증인에게 변호사의 조력을 받을 권리를 보장해야 하는 것은 아니지만, 적어도 자신에 대한 범죄혐의가 어느 정도 존재하는 관계로 법정에 출석하여 진술하는 사건의 범죄 또는 이와 관련된 다른 범죄의 정범이나 공범으로서의 혐의를 배제할 수 없어서 법정에서 잘못된 진술을 하면 자신에게 불리하게 작용할 위험에 처해 있는 사람, 즉 '피의자 증인'에게는 피의자와 동일하게 이 권리를 인정해야 한다는 것이 헌법상 요청에 해당한다. 그 밖의 나머지 증인에게도 변호사의 참여·동석을 허용할 것인지의 문제는 헌법 차원의 문제가 아니라 단지 법률상 문제일 뿐이다.

물론, 이렇게 피의자 증인에게만큼은 헌법상 변호인의 조력을 받을 권리가 인정된다고 하더라도, 언제나 이 권리가 무제한적으로 인정된다는 것은 아니다. 마찬가지로 피의자(피고인)의 경우에도 변호인의 조력을 통한 공정한 절차원칙의 실현의 이익과 효과적인 형사소추의 이익을 형량하여 그 권리의 인정 범위를 제한하고 있다.[96]

---

94) 박일환, 주석 형소법 (Ⅰ), 717면.
95) 박일환, 주석 형소법 (Ⅰ), 723면.

즉 변호인의 조력을 받을 권리는 국가안전보장·질서유지 또는 공공복리를 위하여 제한될 수 있고, 또한 "국가기밀의 누설이나 증거인멸, 증인협박, 사생활 침해, 관련 사건 수사의 현저한 지장 등과 같은 폐해를 초래할 우려가 없는 때에 한하여 허용된 다."[97] 대법원도 "신문을 방해하거나 수사기밀을 누설하는 등의 염려가 있다고 의심할 만한 상당한 이유가 있는 특별한 사정이 있음이 객관적으로 명백하여 변호인의 참여를 제한하여야 할 필요가 있다고 인정되는 경우에는 변호인의 참여를 제한할 수 있음은 당연하다."라고 하였다.[98]

한편, 헌법재판소는 "변호인과 상담하고 조언을 구할 권리는 변호인의 조력을 받을 권리의 내용 중 구체적인 입법형성이 필요한 다른 절차적 권리의 필수적인 전제 요건으로서 변호인의 조력을 받을 권리 그 자체에서 막바로 도출되는 것"이라고 하여,[99] 변호인의 참여를 요구할 수 있는 권리가 입법 없이도 국가기관을 직접 구속하는 구체적인(자유권적) 권리로 이해하고 있다.[100] 이에 대해서, 변호인의 조력을 받을 권리는 절차적(청구권적) 기본권의 성격도 지니고 있어서 입법을 통한 구체적 형성이 없이는 그 권리를 실현하기 어렵다는 반대견해도 있다.[101] 이러한 견해대립을 차치하고서라도, 피의자 증인에게 변호인의 조력을 받을 권리를 현실적·실효적으로 보장해 주기 위해서는 입법자의 구체적인 입법행위가 뒤따라야 한다는 점을 부인할 수 없을 것이다. 그러므로 이하에서는 위 헌법상 권리의 내용, 범위, 제한이 필요한 영역을 현행법상 어떠한 형태로 구체화할 것인지도 검토해 본다.

2. 현행법의 개선방안

독일에서는 독형소 제68조b에 따라 원칙적으로 모든 증인에게 변호사의 조력을 받을 기회를 제공하고 있다. 즉 피의자 증인뿐만 아니라 하자있는 진술의 조력 또는 사생활·명예의 보호가 필요한 증인에게도 비교형량을 거쳐 변호사의 동석을 허용한다. 하지만 ─앞서 논증한 것처럼─ 증인의 증거조사 수단으로서의 가치(=진실을 말함으로써 사건의 해명에 기여할 것)를 고려한다면, 자기부죄금지원칙 보장과 무기대등

---

96) 한수웅, 앞의 책, 660면.
97) 헌법재판소 1997. 11. 27. 선고 94헌마60 결정.
98) 대법원 2003. 11. 11.자 2003모402 결정.
99) 헌법재판소 2004. 9. 23. 선고 2000헌마138 결정.
100) 이에 찬성하는 견해로는 김하열, 앞의 책, 414─415면.
101) 한수웅, 앞의 책, 664면.

의 관점에서 인정되는 피의자의 변호인 조력을 받을 권리가 모든 증인에게도 동일하게 요구된다고 볼 수는 없다. 피의자와 유사한 지위를 가지는 피의자 증인에 대해서만 이러한 권리의 실현이 헌법상 긴요하게 요구되는 것이다. 즉 그 밖에 사생활·명예의 보호가 필요한 증인의 경우에는 위와 같은 헌법상 권리까지는 인정되지 않으므로, 재판부가 개별 사정을 고려하여 적절한 조치를 취하더라도 헌법에 반하는 상황이 초래되지는 않는다.

한편, 스위스 형사소송법은 증인에 대한 변호인의 참여 여부를 신문자의 판단에 맡기고 있을 뿐이지만, 피의자와 증인 중간에 위치하고 있는 정보제공인(Auskunftsperson)이란 절차참여자를 창설하여, 그들 중 피의자 증인에 해당하는 사람에게는 피의자신문에 관한 규정을 준용함으로써 변호인의 동석을 허용하고 있다. 이와 같은 형태로 절차참여자를 구별한다면, 피의자(피고인)와 증인 서로 간의 권리·의무의 차이로 인해 발생할 수 있는 문제점(=진술거부권을 가진 사람의 진실을 말할 의무?)을 해결하는 데 도움을 줄 수 있다. 그러므로 법률상 별도의 절차참여자로서 피의자 증인이란 개념을 인정하는 방안을 고려해 볼 필요가 있다.

결국 독일 및 스위스 형사소송법에서 추구하고자 하는 증인보호의 정신을 모두 고려하면서 '증인의 효과적인 변호인 조력을 받을 권리'와 '정확한 증거조사를 통한 실체진실의 발견'이라는 두 이익이 조화롭게 균형을 이룰 수 있는 형태로 개선방향을 잡으면 될 것이다.

1) 공판단계

원칙적으로 증인 역시 증인신문 과정에서 변호사의 도움을 받을 수 있어야 하고, 증인이 이를 법원에 신청한 경우 법원이 의무합치적 재량에 따라 변호사의 동석 여부를 결정할 수 있게 구성하는 것으로 충분하다. 즉 일반적인 증인에게는 개별 사건마다 소송지휘권의 행사를 통해 변호사의 동석 여부를 정하면 될 것이므로, 이를 위하여 별도의 법률규정을 마련해야 할 필요는 없다.[102]

하지만 피의자 증인에게는 헌법상 변호인의 조력을 받을 권리가 인정되므로, 피고인의 경우와 마찬가지로 이 권리를 법률상 구체화해야 위 헌법상 요청이 제대로 실현될 수 있다. 물론, 이 경우에도 충돌하는 두 이익의 형량이 필요한 것은 마찬가지이므로, 헌법재판소가 제시한 사유(국가기밀 누설, 증거인멸, 증인협박, 사생활 침해, 수사

---

102) 물론, 그렇더라도 법률상 독일과 같은 조항을 창설하여 모든 증인에게 변호인의 조력을 받을 권리를 보장하는 것도 충분히 가능하다. 이 글은 헌법상 보호가 필요한 피의자 증인에게 적절한 기본권 보호 수단을 제공하고 있지 않은 상황을 지적하고 있는 것이다.

의 현저한 지장 등), 대법원이 제시한 사유(신문 방해, 수사기밀 누설), 독형소 제68조b 제1항 제4문 각 호의 사유 등을 참고하여 일정한 경우에는 변호인의 참여가 제한될 수 있음을 명시해야 한다. 이 과정에서 법률조항의 불명확성으로 인해 증인의 이익이 침해되는 것을 방지하기 위하여 가능한 한 상세히 제한 사유들을 열거해야 할 것이고, 필요한 경우에는 구체적인 사항의 규정을 대법원규칙에 위임할 수도 있을 것이다.

현행 형사소송법의 구조를 고려하면, 증인신문을 규정하고 있는 제1편 제12장에서 제163조의2(신뢰관계에 있는 자의 동석) 다음에 피의자 증인에 대한 변호인 참여를 보장하는 제163조의3을 신설하면 될 것이다. 여기에서 변호인 참여를 제한하는 사유를 자세히 명시해야 하고, 법원이 제한 결정을 내린 경우 이에 대해 불복할 수 있는 기회를 제공해야 한다. 이 경우 제163조의2와 제243조의2의 내용을 참고하는 것도 도움이 될 것이다.

제163조의3(변호인의 참여 등)

① 법원은 다음 각 호의 어느 하나에 해당하는 사람(이하 "피의자증인"[103])이라 한다)을 증인으로 신문하는 경우 피의자증인 또는 그 변호인·법정대리인·배우자·직계친족·형제자매의 신청에 따라 변호인을 증인신문에 참여하게 하여야 한다.

1. 다른 사건의 피의자
2. 전 호의 피의자는 아니지만 제150조의2부터 제155조까지의 규정에 의하여 출석한 사건의 범죄 또는 이와 관련된 다른 범죄의 정범이나 공범으로서의 혐의를 배제할 수 없는 사람

② 법원은 다음 각 호의 어느 하나에 해당하는 특별한 사정이 있는 경우에는 신문 전에 또는 신문 중이라도 제1항에 따른 변호인의 참여를 제한할 수 있다.

1. 국가기밀 누설, 증거인멸·은닉·조작, 피의자증인 협박, 소송관계인의 사생활 침해 등을 초래하거나 초래할 구체적 위험이 발생하여 심리에 현저한 지장을 줄 우려가 있는 때
2. 법원·소송관계인의 신문 또는 피의자증인의 진술을 적극적으로 방해하거나 허위 진술을 유도하는 등 그 진술의 내용에 명백히 부당한 영향을 미칠 수 있는 행위를 하는 때

③ 신문에 참여하고자 하는 변호인이 2인 이상인 때에는 피의자증인이 신문에 참여

할 변호인 1인을 지정한다. 지정이 없는 경우에는 법원이 이를 지정할 수 있다.

　④ 법원은 변호인의 신문참여 및 그 제한에 관한 사항을 증인신문조서에 기재하여야 한다.

　⑤ 제2항의 결정에 대하여는 즉시항고를 할 수 있다.

2) 수사단계

우리나라에서는 수사단계에서 검사나 경찰 앞에서 자신이 체험한 사실을 진술하는 사람을 증인이 아니라 참고인이라 부른다. 위와 같은 변호인의 조력을 받을 권리는 비단 공판단계에서의 증인에게뿐만 아니라 수사단계에서의 참고인에게도 보장되어야 한다. 참고인이 타인 형사사건의 피의자신문 과정에서 한 진술이 자신에 대한 혐의를 불러일으킬 수 있는 경우라면, 공판단계에서 피의자 증인이 처해 있는 것과 동일한 상황이 발생하기 때문이다.

그런데 현재 실무상 경찰에 의한 참고인 조사 과정에서는 변호사의 참여가 보장된다. 비록 법률의 형식으로 규정되어 있지는 않지만, 경찰청의 '변호인 접견·참여 등 규칙'(경찰청 훈령 제882호, 2018. 8. 13. 시행)에서 이에 대한 자세한 규정을 두고 있다. 특히 동 규칙 제8조 제1항[104], 제12조[105], 제13조 제2항[106], 제15조 제1항[107])에서

---

103) '피의자증인'이라는 용어를 더 적절한 용어로 대체할 수도 있을 것이다.

104) 제8조(신문 전 변호인의 참여 및 그 제한) ① 경찰관은 피의자 또는 그 변호인·법정대리인·배우자·배우자·직계친족·형제자매의 신청이 있는 경우에는 변호인의 참여로 인하여 신문방해, 수사기밀 누설 등 수사에 현저한 지장을 줄 우려가 있다고 인정되는 사유가 없으면 변호인을 피의자 신문에 참여하게 하여야 한다.

　한편, '검찰사건사무규칙'(법무부령 제1016호, 2021. 9. 24. 시행) 제22조 제1항, '경찰수사규칙'(행정안전부령 제305호, 2022. 1. 4. 시행) 제12조 제1항에서도 유사한 규정을 두고 있다.

105) 제12조(변호인의 조언과 상담) 경찰관은 신문 중 특정한 답변 또는 진술번복을 유도하거나 신문을 방해하는 등 우려가 없는 한 피의자에 대한 변호인의 조언·상담을 보장하여야 한다.

106) 제13조(변호인의 의견진술) ② 피의자에 대한 신문에 참여한 변호인은 신문 중이라도 의견 진술을 요청할 수 있고 경찰관은 수사에 현저한 지장이 없는 한 이를 승인할 수 있다. 다만, 부당한 신문방법에 대하여는 경찰관의 승인 없이 이의를 제기할 수 있다.

107) 제15조(신문 중 변호인 참여의 제한) ① 경찰관은 변호인의 참여로 인하여 다음 각 호의 어느 하나에 해당하는 사유가 발생하여 신문 방해, 수사기밀 누설 등 수사에 현저한 지장이 있을 때에는 피의자신문 중이라도 변호인의 참여를 제한할 수 있다.
　1. 경찰관의 승인 없이 부당하게 신문에 개입하거나 모욕적인 말과 행동을 하는 경우
　2. 피의자를 대신하여 답변하거나 특정한 답변 또는 진술 번복을 유도하는 경우
　3. 「형사소송법」제243조의2 제3항 단서에 반하여 부당하게 이의를 제기하는 경우
　4. 피의자신문 내용을 촬영·녹음·기록하는 경우. 다만, 제11조에 따른 변호인의 메모는 제외한다.
　한편, '검찰사건사무규칙' 제22조 제4항, '경찰수사규칙' 제13조 제1항에서도 유사한 규정을 두고 있다.

'피의자'를 위한 변호인의 참여 및 제한에 대해 상세히 규정하면서,[108] 제16조에서 이 규정들을 '피혐의자·피해자·참고인'에 대한 조사 시에도 준용하고 있다.[109] 이 경우 ―공판단계에서의 피의자 증인처럼― 당해 또는 다른 사건과 관련하여 범죄혐의를 완전히 배제할 수 없는 사람은 수사단계에서 피혐의자 또는 참고인으로 분류될 것이다. 따라서 그러한 사람에게도 변호인의 조력을 받을 권리가 어느 정도 보장되고 있다고 평가할 수는 있다.

하지만 보다 확실한 권리 보장을 위해서는 이를 법률상 조항으로 격상시키는 것이 필요하다.[110] 따라서 수사단계에서의 변호인 참여 및 제한을 규율하고 있는 제243조의2에 제6항을 추가하면서 위 규칙 제16조와 같은 형태로 준용 규정을 신설하면 될 것이다.

제243조의2(변호인의 참여 등)

[① ― ⑤ 생략]

⑥ 검사 또는 사법경찰관이 피혐의자 또는 범죄의 정범이나 공범으로서의 혐의를 배제할 수 없는 참고인을 조사하는 경우에 당해 피혐의자 또는 참고인의 법률적 조력을 위한 변호사의 참여에 관하여는 제1항부터 제5항까지의 규정을 준용한다. 이 경우 "피의자"는 각각 "피혐의자" 또는 "참고인"으로, "신문"은 "조사"로, "변호인"은 "변호사"로 본다.

---

108) 변호인 참여의 제한 사유를 자세히 제시한 것으로는 주승희, "피의자신문에 참여한 변호인의 진술거부 권행사 권고와 변호인윤리", 법학논총 제33집, 2015, 441 ― 444면.

109) 제16조(피혐의자, 피해자, 참고인에 대한 준용) 피혐의자·피해자·참고인에 대한 조사에 있어서 당해 피혐의자·피해자·참고인의 법률적 조력을 위한 변호사의 참여에 관하여는 제8조부터 제15조까지의 규정을 준용한다. 이 경우 "피의자"는 각각 "피혐의자", "피해자", "참고인"으로, "신문"은 "조사"로, "변호인"은 "변호사"로 본다.

110) 같은 취지에서 규칙으로 변호인 참여를 제한하는 것은 법률유보원칙에 반한다는 견해로는 박혜림, "변호인과의 접견교통권의 보장과 그 한계에 대한 고찰", 중앙법학 제21집 제2호, 2019, 250면; 주승희, 앞의 논문, 425 ― 427면. 결국 개정안으로 제시한 제163조의3 제2항과 각주104)부터 각주107)까지의 규정들을 참고하여 제243조의2 제1항의 "정당한 사유"를 구체화하는 작업 역시 필요할 것이다.

한편, 독일에서도 변호인의 절차에의 참여를 배제할 수 있는 사유를 비교적 상세히 규정하고 있는데, 수사(심리)의 대상인 범죄에 가담하였거나 구금 중인 피의자와의 접견을 남용하여 범죄를 저질렀거나 피의자가 유죄판결을 받는 사안에서 정보장물죄, 범죄비호죄, 처벌방해죄 또는 장물죄를 범했다는 유력한(dringend) 혐의 또는 공판개시를 정당화할 만한 혐의가 인정되는 경우(독형소 제138조a 제1항), 테러단체 조직범죄가 문제되는 사안에서 범죄 가담 등의 혐의가 있는 경우(독형소 제138조a 제2항), 중대범죄 사안에서 변호인의 참여로 인해 독일연방공화국의 안전에 위험을 초래할 경우(독형소 제138조b)가 그 예이다. 물론, 이 규정이 적용되는 경우에는 수사기관이 아니라 법원이 변호인의 참여를 배제하는 결정을 내리므로(독형소 제138조c 제1항) 우리나라 제243조의2와는 그 형태가 다르지만, 어쨌든 그 사유들은 충분히 참고할 수 있다.

Ⅳ 맺으며

수사절차에서의 피의자와 공판절차에서의 피고인은 헌법 제12조 제2항에 따라 자신에게 불이익한 사실을 진술하지 않을 권리가 있고, 피의자·피고인신문이 이루어질 때 이 권리를 효과적으로 보장받기 위하여 헌법 제12조 제4항 및 공정한 절차의 원칙에 따라 변호인의 조력을 받을 수 있다. 이러한 점은 다른 관련 범죄에 대하여 수사단계에서 혐의를 받(을 수 있)는 참고인과 공판단계에서 혐의를 받(을 수 있)는 '피의자 증인'에게도 동일하게 적용되어야 한다. 이 절차참여자들이 비록 당해 사건에서 직접 범죄혐의를 받는 사람은 아니고 단지 자신이 체험한 사실을 수사 또는 증거조사의 일환으로 진술하는 제3자라 하더라도, 조사 또는 신문 과정에서 진술을 함으로써 자신에게 불리한 결과를 초래할 우려가 있는 경우에는 피의자·피고인에 상응하는 만큼 헌법상 권리를 주장할 수 있어야 한다. 그에 따라 이들 역시 진술 또는 증언을 거부하고 참고인 조사 또는 증인신문에 적절히 대응할 수 있어야 하며, 이를 위하여 원칙적으로 변호인의 참여·동석이 보장될 필요가 있다. 입법자는 이들의 변호인 조력을 받을 권리 및 변호인 참여의 제한 사유 등에 관하여 형사소송법에 명확한 규정을 둠으로써 헌법상의 요청을 실현해야 할 것이다.

후기

이 논문은 2022년 4월 30일에 게재되었는데, 약 2년이 지난 2024년 3월에 논문에서 다루어진 사건에 대한 헌법재판소 결정이 선고되었다(헌재 2024. 3. 28. 2020헌마1272 결정). 헌법재판소는 한인섭 교수에 대한 증인채택 결정이 공판기일에서 취소되었고 그 후 사건이 종결될 때까지 해당 사건에서 증인으로 신문받은 사실이 없다는 점을 근거로 하여, 청구인인 대리인의 변호권 내지 조력할 권리가 침해된다고 볼 수 없다고 보았다. 그 결과 청구인의 기본권 침해의 자기관련성 및 현재성을 인정하지 않고 부적법 각하결정을 내렸다.

헌법재판소는 적법요건을 엄격히 심사하여 각하결정을 내렸는데, 헌법적 해명의 필요성을 인정하여 전향적으로 본안심사에 나아갔다면 '피의자 증인'과 관련하여 보다 의미 있는 설시가 담긴 결정이 선고되지 않았을까 하는 아쉬움이 든다.

14

변호사와 의뢰인 간 비밀유지권 현황과 입법방안*

서주연(변호사)

I 서론

변호사의 비밀유지권 내지 비닉특권(秘匿特權)은 변호사와 의뢰인 간에 주고받은 의사소통에 관한 사실이나 자료가 법정에 제출 또는 공개되는 것을 거부할 수 있는 권리이다.[1] 영미법에서 비닉특권은 주로 변호사와 의뢰인 간 특권(Attorney-Client Privilege: ACP) 또는 법률전문가 특권(Legal Professional Privilege: LPP)으로 칭해지며, 이는 의뢰인 외에 법원이나 행정기관과 같은 제3자에 대한 관계에서 의뢰인의 비밀에 관한 개시를 거부할 수 있는 권리를 말한다.[2] 미국 연방대법원은 비닉특권이 변호사와 의뢰인 간의 의사소통이 신뢰관계에서 이루어지도록 보장하기 위해서 보통법이 인정하고 있는 가장 오래된 특권이며,[3] 변호사와 의뢰인 간의 법률관계가 종료하거나 심지어 의뢰인이 사망한 경우에도 존속한다고 밝힌 바 있다.[4]

우리 법률에서 변호사의 비밀유지와 관련된 규정으로는 대표적으로 변호사의 압수거부권과 증언거부권이 있다. 즉 변호사는 업무상 위탁을 받아 소지 또는 보관하는 물건으로서 타인의 비밀에 관한 것은 압수를 거부하거나 업무상 위탁을 받은 관계로 알게 된 사실로서 타인의 비밀에 관한 것은 증언을 거부할 수 있고(형사소송법 제112

---

* "서주연·윤종행·천하람, 변호사와 의뢰인 간 비밀유지권에 관한 연구(연구총서 20-AB-09), 한국형사정책연구원, 2020. 12."로부터 발췌 및 수정한 것임을 밝힌다. 2024. 9. 현재 본 논문에서는 삭제되었으나, 당시 연구에는 대한변호사협회 비밀유지권 침해 실태 조사 분석(제3장)과 각국의 입법례 검토(제4장)가 포함되어 있으니 참고하기 바란다.

1) 정형근, "변호사법 주석", 피앤씨미디어, 2016, 182면.
2) Bankim Thanki QC (Editor), "The Law of Privilege 3rd Edition", Oxford University Press, 2018, 12~15면.
3) Upjohn Co. v. United States, 449 U.S. 383, 389 (1981).
4) Swidler & Berlin v. United States, 524 U.S. 399 (1998).

조, 제149조), 직무상 비밀에 속하는 사항에 대해 증인신문을 받을 때 증언거부권을 행사할 수 있다(민사소송법 제315조 제1항).

　변호사의 증언거부권 등이 비밀유지와 관련하여 의무 또는 권리 중에 어떤 성격이 보다 강한지 여부는 분명하지 않다. 이는 변호사법이 규정하고 있는 비밀유지의무와 비교하여 소송법에 규정된 증언거부권 등을 어떻게 파악하는지 여부에 따라 달리 파악되고 있기 때문이다. 즉 비밀유지의무가 변호사의 직업윤리 관점에서 의뢰인과의 관계에서 규율되는 것과 달리 소송법상 증언거부권 등은 증거법적 관점에서 그 성격상 권리로 구성된 것이라는 견해,5) 소송법상 증언거부권 등이 변호사의 비밀유지의무를 면제한 내용으로서 변호사나 의뢰인의 권리보다 여전히 의뢰인의 비밀유지를 위한 의무로 이해된다는 견해 등이 있다.6)

　무엇보다 우리 법률은 변호사의 비밀유지의무를 명문으로 규정하고 있을 뿐 변호사 또는 의뢰인의 비밀유지권을 규정하고 있지 않으며(변호사법 제26조), 현행 법제에서 그 존부가 판례나 유권해석 등을 통해 정립되었다고 하기도 어렵다. 다만 우리 법제에서 영미법의 비닉특권과 같거나 유사한 개념의 변호사와 의뢰인 간 비밀유지권이 도출될 수 있는지 여부와 관련하여 대법원은 2012. 5. 17. 선고 2009도6788 전원합의체 판결을 통해 변호인과 의뢰인 간 특권의 존재를 부정하였다.7) 반면 당시 원심은 명문의 규정이 없음에도 불구하고, 변호인의 조력에 관한 우리 헌법재판소의 결정 취지, 변호인과 의뢰인 간 비밀유지에 관한 현행법상 각 규정의 취지 및 한계, 영미법계 국가에서 그러한 특권이 판례상 인정되고 있는 점 등을 고려하여 변호인과 의뢰인 간 특권의 존재를 인정하였다.8)9)

　원심이 우리 법제에서 변호인과 의뢰인 간 특권을 인정한 것은 그러한 특권을 의뢰인의 방어권 내지 변호인의 조력을 받을 권리의 측면에서 파악하였기 때문인 것으로 보인다. 한편으로 만일 원심의 판단과 같이 변호인과 의뢰인 간 특권이 우리 법제에서 인정된다면, 그러한 특권이 미치는 증거에 대해서는 그 수집절차에 위법이

---

5) 정인진, '변호사의 비밀유지의무', "저스티스 104", 한국법학원, 2008, 140면.

6) 정형근, "변호사법 주석", 피앤씨미디어, 2016, 183면.

7) 대법원 2012. 5. 17. 선고 2009도6788 전원합의체 판결.

8) 서울고등법원 2009. 6. 26. 선고 2008노2778 판결.

9) 2024. 9. 확인 결과, 2024. 2. 변호사와 의뢰인 간 비밀유지권을 인정하는 하급심 판례가 다시 나와 주목받고 있다. 법원은 "의뢰인이 피의자로 수사를 받고 있는 상황에서 헌법 제12조 제4항에 의하여 인정되는 변호인의 조력을 받을 권리 중 하나로서, 변호인과 의뢰인 사이에서 의뢰인이 법률자문을 받을 목적으로 비밀리에 이루어진 의사 교환에 대하여는 변호인이나 의뢰인이 그 공개를 거부할 수 있다고 봄이 타당하다"고 판시하며 변호사와 의뢰인 간 의사교환 자료 일체에 대한 검찰의 압수를 취소하였다 (서울남부지방법원 2024. 2. 23.자 2023보4 결정).

없고 진정성립이 인정되는 경우에도 증거능력을 부인하게 될 것이다. 즉 변호인과 의뢰인 간 특권은 변호인의 조력을 받을 권리뿐만 아니라 증거법의 측면에서 실체적 진실발견과 적법절차 원칙 사이에서 이루어지는 정치한 이익형량의 문제와도 밀접한 관련이 있다.[10]

우리 법제에서 비밀유지권에 관한 본격적인 논의는 2016년 검찰이 수사 중인 사건과 관련하여 변호사를 압수·수색한 것을 계기로 촉발하였다. 당시 대기업 총수 일가의 조세포탈 혐의에 대해 검찰이 그 세무 관리를 맡았던 법무법인을 압수·수색한 것이다.[11] 실제 영장 집행이 아닌 법무법인의 협조로 자료를 받는 방식을 취하였으나, 의뢰인의 범죄 혐의에 대해 변호사에게 영장이 청구·발부된 것에 대해 대한변호사협회 등 법조계의 반발이 있었다.[12] 그 이후에도 검찰은 2018년 대법원 산하 법원행정처의 권한 남용 사건, 2019년 가습기 살균제 사건, 2020년 프로포폴 불법투약 의혹 사건 등에서 사건과 관련이 있다고 파악된 변호사가 소속된 법무법인이나 법률대리를 맡은 변호사 사무실을 압수·수색해왔으며, 이에 대한 비밀유지권 침해 논란이 계속되고 있다.[13]

2019년 4월 대한변호사협회는 의뢰인과 변호사 간의 비밀유지권 침해 실태를 파악하기 위해 전국 회원을 대상으로 비밀유지권 침해 피해 사례를 조사하였다. 그 결과 검찰과 경찰뿐만 아니라 수사 내지 조사 권한을 가지고 있는 국세청, 금융감독원, 공정거래위원회도 법무법인, 기업·기관 법무팀, 변호사 사무실, 피의자 사무실 등을 압수·수색하고 있으며, 구체적으로는 이들이 컴퓨터나 휴대전화를 압수·수색하여 그 내용을 확인하거나 변호인이 작성한 의견서, 메모 등을 증거로 수집한 사례 등이 확인되었다.[14] 이에 대한변호사협회는 의뢰인과 변호사 간의 비밀유지권은 재판받을

---

10) 김우진, '변호인 작성의 법률의견서의 증거능력', "형사판례연구 21", 한국형사판례연구회, 2013, 500면.

11) 이데일리, '잇단 로펌 압수수색 논란…檢 "증거 확보" vs 변호사 "방어권 침해"', 2019. 3. 3. 보도(https://www.edaily.co.kr/news/realtime/realtime_NewsRead.asp?newsid=01833526622419712, 2020. 12. 7. 검색).

12) 대한변호사협회, '성명서−검찰과 법원은 변호사의 의뢰인 비밀유지권을 침해하는 영장을 남용하지 말라', 2016. 8. 18. 성명(https://www.koreanbar.or.kr/pages/news/view.asp?teamcode=&category=&page=26&seq=7254&types=3&searchtype=&searchstr=, 2020. 12. 7. 검색).

13) 한겨레, '김앤장 압수수색 뒤, 무서운 무반응', 2018. 12. 14. 보도(http://www.hani.co.kr/arti/society/society_general/874457.html#csidxa311e9a6bb2abb6a1a52619e5ac560b, 2020. 12. 7. 검색); 조선일보, '물증 찾는다며… 툭하면 변호사 사무실 터는 검찰', 2020. 6. 20. 보도(https://www.chosun.com/site/data/html_dir/2020/06/20/2020062000182.html, 2020. 12. 7. 검색).

14) 대한변호사협회, '의뢰인 변호사간 비밀유지권 침해 실태조사−검경, 국세청, 금감원, 공정위 등의 침해 사례 확인', 2020. 7. 4. 보도(https://www.koreanbar.or.kr/pages/news/view.asp?teamcode=&category=&page=8&seq=9676&types=3&searchtype=&searchstr=, 2020. 12. 7. 검색); 중앙일보, '대형로

권리의 보장을 위한 전제로서 당연히 인정되어야 하며, 변호인의 조력을 받을 권리가 실질적으로 보장되기 위해서는 의뢰인과 변호사간의 상담 내용 및 이를 기록한 서류 등은 공개되어서는 안 된다고 주장하였다.[15]

그간 변호사와 의뢰인 간 비밀유지권의 도입을 위한 국회 입법안도 다수 발의되었다. 제19대 국회 노철래 의원안(의안번호 제8201호), 제20대 국회 나경원 의원안(의안번호 제9774호) 및 유기준 의원안(의안번호 제11628호), 제20대 및 제21대 국회 조응천 의원안(의안번호 제22526호 및 제697호)이 그것이다. 이들은 공통적으로 변호사법 제26조 변호사의 비밀유지의무 규정을 개정하여 비밀유지권 조항을 신설하고 있으며, 그 내용에 있어서는 대체로 영미법의 비닉특권을 참고하고 있다.

이에 본 연구는 먼저 현행 법제에서 비밀유지와 관련된 법령 및 판례 등을 중심으로 변호사와 의뢰인 간 비밀유지권의 도입 필요성을 살펴보았다. 실무에서 변호사와 의뢰인 간 비밀유지권이 보장 또는 침해되는 실태, 영미법 및 대륙법의 비밀유지권에 관한 제도 등에 비추어 우리 법제에 시사하는 바가 있는 경우 이를 언급하였다. 또한 비밀유지권의 도입 방안을 제시하고자 그간의 비밀유지권 관련 국회 입법안을 검토하였으며, 이 같은 과정을 통해 본 연구의 결론으로서 우리 법체계에 적합하고 실효적인 비밀유지권의 입법안을 마련할 수 있을 것으로 기대하였다.[16]

펌 압수수색 뒤 위기감…"檢, 변호사까지 탈탈 털어가", 2019. 7. 5. 보도(https://news.joins.com/article/23516359#none, 2020. 12. 7. 검색).

15) 대한변호사협회, '의뢰인 변호사간 비밀유지권 침해 실태조사 – 검경, 국세청, 금감원, 공정위 등의 침해 사례 확인', 2020. 7. 4. 보도(https://www.koreanbar.or.kr/pages/news/view.asp?teamcode=&category=&page=8&seq=9676&types=3&searchtype=&searchstr=, 2020. 12. 7. 검색).

16) 2024. 9. 현재, 최근까지도 수사 및 조사기관의 변호사와 의뢰인 간 의견교환 내용 등을 광범위하게 압수·수색하는 사례가 빈번히 발생하고 있는 것으로 확인된다(법률신문, "'재판에 불리할까봐 증거 동의'… '변호인 조력권' 위축 우려', 2024. 4. 3. 보도(https://www2.lawtimes.co.kr/news/197264?localKind=AA01); 법률신문, '로펌 압수수색 때마다 '변호사 비밀유지권' 법제화 목소리', 2023. 8. 16. 보도(https://www.lawtimes.co.kr/news/190300) 등).

변호사와 의뢰인 간 비밀유지권의 도입 필요성

1. 의뢰인·국민 중심의 권리보호

변호사와 의뢰인 간 비밀유지권은 비밀유지와 관련된 관련 법령의 해석으로부터 도출될 수 있다고 하기에 무리이며, 이로 인해 변호사와 의뢰인 양자에 대해 비밀유지권의 침해 사례가 집적되고 있는 것이 사실이다. 비밀유지권이 우리 법제에 도입되어야 할 필요성은 무엇보다 비밀유지권이 헌법상 변호인의 조력을 받을 권리의 내용으로 인정될 수 있기 때문이다(헌법 제12조 제4항).[17] 따라서 비밀유지와 관련된 현행 법제는 변호사와 의뢰인 양자에 있어 비밀유지권이 인정되는 헌법합치적 방향으로 해석 및 적용되어야 하며, 나아가 비밀유지권이 명문으로 입법되지 않음으로써 그 권리에 대한 침해가 명백하다면 그 구체적인 입법형성에 대한 입법자의 의무가 요구되는 것이다.

헌법재판소는 그간 변호인의 조력을 받을 권리의 내용을 신체구속된 피의자·피고인의 변호인의 조력을 받을 권리,[18] 불구속 피의자·피고인의 변호인의 조력을 받을 권리,[19] 변호인의 피의자·피고인을 조력할 권리,[20] 변호인이 되려는 자의 피의자·피고인을 조력할 권리[21] 등으로 점차 확대·전개해왔다.[22] 여기에서는 비밀유지권에 대해서도 헌법상 변호인의 조력을 받을 권리의 내용으로 인정될 수 있는 것인지 여부에 관한 문제가 쟁점이 될 수 있다. 이와 관련하여 헌법재판소가 변호인의 조력을 받을 권리에 대해서 불구속 피의자에 대한 변호인의 조력을 받을 권리와 수사기록의 열람·등사권을 그 내용으로 인정한 사안을 살펴보고자 한다.

우선 헌법재판소는 헌법 제12조 제4항의 문언이 "체포 또는 구속을 당한 자"를 명시하여 변호인의 조력을 받을 권리를 규정하고 있는 것에 대해 그 문언을 넘어 불구속 피의자에게 변호인의 조력을 받을 권리가 인정된다고 결정한 바 있으며, 그 근거는 다음과 같다.[23]

---

17) 윤종행, '변호사와 의뢰인간의 대화내용에 대한 증언거부권 – 미국에서의 논의를 중심으로', 법학논총 31(2), 국민대학교 법학연구소, 2018, 293면; 박현성, '미국법상 변호사 – 의뢰인 특권, 소송준비자료의 개시면책에 관한 연구', 법조 61(2), 법조협회, 2012, 336면.
18) 헌법재판소 2009. 10. 29. 선고 2007헌마992 전원재판부 결정.
19) 헌법재판소 2004. 9. 23. 선고 2000헌마138 전원재판부 결정.
20) 헌법재판소 2004. 6. 15. 선고 2004헌마474 결정, 헌법재판소 2007. 5. 31. 선고 2006헌마503 결정.
21) 헌법재판소 2019. 2. 28. 선고 2015헌마1204 결정.
22) 신동운, "간추린 신형사소송법(제12판)", 법문사, 2020, 39~41면.

헌법 제12조 제4항은 특별히 신체구속을 당한 사람에 대한 변호인의 조력을 받을 권리의 중요성을 강조하기 위해 별도로 이를 명시하고 있는 것으로, 불구속 피의자에 대한 변호인의 조력을 받을 권리를 배제하는 것은 아니라고 보아야 한다. 결국 피의자·피고인의 구속 여부를 불문하고 조언과 상담을 통해 이루어지는 변호인의 역할은 변호인의 조력을 받을 권리의 내용 중 가장 핵심적인 것이며, 변호인과 상담하고 조언을 구할 권리는 변호인의 조력을 받을 권리의 내용 중 구체적인 입법형성이 필요한 다른 절차적 권리의 필수적인 전제요건이 되는 것으로서 헌법상 변호인의 조력을 받을 권리 그 자체에서 도출될 수 있다. 그러나 헌법재판소는 불구속 피의자에 대한 변호인의 조력을 받을 권리를 제한 없이 인정하고 있지는 않다. 즉 불구속 피의자가 피의자신문 시 변호인의 조언과 상담을 원한다 하더라도, 위법한 조력의 우려가 있어 이를 제한하는 다른 규정이 있는 경우 수사기관은 피의자의 요구를 거절할 수 있다고 보았다.

다음으로 헌법재판소는 증거개시제도와 관련하여 수사기록의 열람·등사권을 변호인의 조력을 받을 권리로서 인정하고 있으며, 그 근거는 다음과 같다.[24]

변호인의 변론 활동 중 수사서류에 대한 검토는 피고인에게 유·불리한 증거를 구분하여 피고인의 이익으로 원용하거나 효율적으로 방어해야 할 필수적인 것이므로, 피고인이 변호인을 통해 수사서류를 열람·등사하는 것은 피고인에게 보장된 변호인의 조력을 받을 권리의 중요한 내용을 이루게 된다. 따라서 수사서류 열람·등사권은 피고인의 신속·공정한 재판을 받을 권리 및 변호인의 조력을 받을 권리라는 헌법상 기본권의 중요한 내용이자 구성요소이며 이를 실현하는 구체적인 수단이 된다. 그러나 수사서류의 열람·등사권이 헌법상 기본권의 중요한 내용이자 구성요소라고 하더라도, 열람·등사의 절차 및 대상, 열람·등사의 거부 및 제한 사유, 검사의 열람·등사 거부처분에 대한 불복절차 및 제재 등 그 상세한 내용의 형성은 입법을 통해 구체화 될 수 있는 것으로서 형사소송법이 이를 구체화하고 있다고 하였다.

요컨대 헌법재판소는 헌법 또는 법률에 명문의 규정이 없는 권리라고 하더라도, 피의자·피고인의 권리가 헌법상 변호인의 조력을 받을 권리의 핵심적인 것, 중요한 내용이자 구성요건으로서 이를 실현하는 구체적인 수단이 되는 경우 헌법상 변호인의 조력을 받을 권리로 인정하고 있다. 나아가 그 권리의 구체적인 범위와 한계는 형사소송법 또는 판례를 통해 제한될 수 있음을 분명히 하였다.

---

23) 헌법재판소 2004. 9. 23. 선고 2000헌마138 결정.
24) 헌법재판소 2010. 6. 24. 선고 2009헌마257 결정.

이 같은 논증은 실상 변호사와 의뢰인 간의 비밀유지권에 대해서도 그대로 적용되어 비밀유지권에 관한 명문의 규정이 없음과 무관하게 헌법상 변호인의 조력을 받을 권리의 내용으로 인정할 수 있다. 변호인이 의뢰인과 의견이나 서류·자료 등을 교환하는 데 있어 비밀유지를 통해서만 국가기관에 대한 의뢰인의 방어권을 적절히 행사할 수 있다. 비밀의 누설 또는 공개됨으로써 결과적으로 의뢰인이 신속·공정한 재판을 받을 권리 또는 변호인의 충분한 조력을 받을 권리가 침해된다면 이는 헌법에 위반되는 것이며, 이에 비밀유지권은 의뢰인이 신속·공정한 재판을 받을 권리 또는 변호인의 충분한 조력을 받을 권리를 실현하는 구체적인 수단이라고 할 수 있다.

한편 비밀유지권이 변호인의 조력을 받을 권리의 내용으로 인정된다 하더라도, 그러한 권리를 충분히 보장하기 위해서는 구체적인 입법형성이 요구될 수 있다. 이는 최근 수사절차에서 변호인의 참여권과 변론권 보장을 강화 및 확대하고 있는 입법방향에 비추어서도 적극적으로 고려되어야 한다.[25] 즉 피의자를 포함하여 피혐의자, 피내사자, 피해자, 참고인이 조사를 받는 경우에도 변호인이 참여할 수 있도록 하며, 변호인이나 피의자가 그 신문 내용을 기록 할 수 있도록 하고 있다.[26] 이러한 제도들이 실효적으로 운영되어 의뢰인·국민의 기본권을 실질적으로 보장하기 위해서는 비밀유지권의 법제화가 필수적이며,[27] 그 적용범위는 변호인이나 피의자뿐만 아니라 사건관계인에도 미칠 수 있어야 한다.

2. 적법절차 원칙의 내실화 및 확장

변호사와 의뢰인 간 비밀유지권이 우리 법제에 도입되어야 할 필요성은 헌법상 변호인의 조력을 받을 권리는 물론이고, 적법절차의 원칙에서도 찾을 수 있다(헌법 제12조 제1항, 제3항). 문언에 따르면, 적법절차의 의의는 인신 구속에 관한 헌법과 법률을 해석·적용함에 있어 국가형벌권보다 개인의 인권 옹호에 우위를 두고 신중을 기해야 한다는 데 있다.[28] 그러나 적법절차는 단순히 법률을 준수한 형사절차의 의미

---

25) 연합뉴스, '참고인·피내사자 조사도 변호인 참여…검사 상대 직접변론 보장', 2020. 1. 31. 보도 (https://www.yna.co.kr/view/AKR20200131107200004, 2020. 12. 10. 검색).

26) 검찰사건사무규칙(법무부령 제966호로 2020. 1. 31. 일부개정 및 시행된 것), 변호인 등의 신문·조사 참여 운영지침(대검찰청예규 제1028호로 2019. 11. 12. 제정 및 시행된 것), 변호인 접견·참여 등 규칙(경찰청훈령 제882호, 2018. 8. 13. 일부개정 및 시행된 것) 등.

27) 장철준, '헌법상 변호인의 조력을 받을 권리와 의뢰인의 비밀보장', 헌법학연구 23 (1), 한국헌법학회, 2017, 23면.

28) 대법원 2003. 11. 11. 자 2003모402 결정.

를 넘어서 법공동체의 구성원 사이에 지속적으로 공유되고 있는 가장 기본적인 규범의식의 요구, 즉 기본적 인권이 보장되는 절차를 의미하며, 그 법률의 내용에 있어서는 정의에 합치될 것임을 요한다.[29]

헌법에서 적법절차의 원칙이 문언상 형사절차, 특히 인신 구속을 염두에 두고 규정되었음 분명하나, 오늘날 반드시 형사절차에 국한하여 적용될 것은 아니라고 할 수 있다. 위에서 보듯이 적법절차의 의의는 법공동체의 구성원 사이에 지속적으로 공유되고 있는 가장 기본적인 규범의식의 요구, 즉 기본적 인권 보장에 있으며, 나아가 국가기관에 대한 개인의 인권 옹호에 있기 때문이다.[30] 또한, 실체적 진실 발견을 목적으로 국가기관이 주재하는 모든 절차에는 필연적으로 인권 침해의 소지가 있고, 이때에도 적법절차 원칙을 통해 국가기관의 수사 또는 조사 권한의 남용을 제한하도록 해야 한다. 따라서 비단 형사절차뿐만 아니라 국가기관이 관여하는 민사절차 및 행정절차에 있어서도 적법절차의 원칙이 준수되어야 한다.[31]

일반적으로 적법절차의 원칙은 실체적 진실 발견과 대립하거나 이를 제한하게 된다. 조사·수사 또는 소송절차가 지향하는 객관적인 진실 규명이 저해되거나 불가능하게 되더라도 법공동체가 추구하는 가치나 이념, 즉 기본권 존중이나 공평성의 요청을 위해 이를 용인하지 않으면 안 되는 경우가 있기 때문이다.[32] 즉 실체적 진실 발견은 절대적이거나 유일한 가치일 수 없으며, 적법절차를 구현하는 가운데 실체적 진실을 발견하고 공정한 절차를 실현할 수 있는 것이다.[33]

이와 관련하여 소송법이 변호사의 증언거부권 등을 규정하고 있는 것은 변호사와 의뢰인 사이의 비밀유지 및 신뢰관계 보호라는 요청을 실체적 진실 발견보다 우선시한 것이다(형사소송법 제112조, 제149조, 민사소송법 제315조 제1항, 제344조 제2항 제1호). 그런데 앞서 제3장 대한변호사협회의 비밀유지권 침해 조사 결과에서 제시된 바, 현실적으로 의뢰인의 비밀유지 또는 변호사와의 신뢰관계 보호는 심각하게 침해받고 있다. 주목할 만한 것은 비밀유지권을 침해한 국가기관에는 수사기관 외에 국세청,

29) 신동운, "신형사소송법(제3판)", 법문사, 2011, 7~8면.
30) 헌법재판소는 적법절차의 원칙에 대하여 공권력에 의한 국민의 생명·자유·재산의 침해는 반드시 합리적이고 정당한 법률에 의거하여 정당한 절차를 밟은 경우에만 유효하다는 원칙이라고 정의하였으며(헌법재판소 2001. 11. 29. 선고 2001헌바41 전원재판부 결정), 기본권 보장을 위한 정당한 절차, 즉 근본적인 공정성을 담보하는 절차라고 파악하였다(헌법재판소 1996. 12. 26. 선고 94헌바1 전원재판부 결정).
31) 이태영, '변호사의 비밀유지의무', "인권과 정의 469", 대한변호사협회, 2017, 34면; 최춘식, '민사소송에서의 위법수집증거에 관한 연구', "인권과 정의 450", 대한변호사협회, 2015, 94면.
32) 신동운, "신형사소송법(제3판)", 법문사, 2011, 10면.
33) 대법원 2019. 11. 21. 선고 2018도13945 전원합의체 판결.

금융감독원, 공정거래위원회 등이 있었으며, 그 방식이 법무법인, 기업·기관의 법무팀, 개업 변호사의 사무실, 피의자의 사무실 등에서 컴퓨터나 휴대전화를 압수·수색하거나 임의제출을 강요하는 등 수사기관과 특별한 차이가 없었다는 것이다.

비밀유지권을 침해한 주체와 무관하게 그 침해의 정도에 있어 의뢰인과 관련된 사람들을 소환하여 의뢰인과 변호사가 접촉하였는지 여부를 조사한 사례, 변호사가 근무 중인 법무법인을 압수·수색하겠다고 압박하여 담당 사건의 증거에 대해 임의제출을 강요한 사례, 피고인과 구치소에서 접견한 변호사에게 연락하여 피고인과의 상담 내용을 밝히지 않을 경우 피고인에게 불이익한 조치를 취하겠다고 언급한 사례, 피의자에게 변호인과의 상담 내용을 진술할 것을 요구한 사례 등 심각한 경우가 다수 보고되었다. 사내변호사의 경우 검찰 등이 사내변호사와 외부 법무법인과의 논의 내용, 거래 대상 법무법인의 업무내역서(time sheet)를 제출할 것을 요구한 사례도 있었다.

위와 같은 비밀유지권의 침해는 국가기관에 의한 조사·수사 또는 소송절차 전반에서 실체적 진실 발견이 우선시된 결과로 분석되며, 현행 법제의 비밀유지제도에 의해서는 그러한 침해를 침해가 일어나는 도중에 제동을 걸거나 미연에 방지할 수 없다는 방증으로 생각된다. 따라서 적법절차의 원칙은 그러한 실체적 진실 발견에 대한 제한이자 공정한 절차를 실현하기 위한 장치로서 실정법에서 비밀유지권으로 구체화·입법화되어야 한다. 이때 변호사와 의뢰인의 비밀유지권을 실질적으로 보장하면서 적법하고 효율적인 조사·수사 또는 소송이 이루어질 수 있도록 그 범위와 한계를 명확히 정하는 법률안이 마련되어야 할 것이다.

3. 글로벌 스탠다드(global standard)의 반영

영미법 전통에서 법원칙으로 발전한 변호사와 의뢰인 간의 의사교환 내용에 대한 비밀유지권은 실효적인 변호사제도와 절차법적 공정성·형평성을 목적으로 하며, 오늘날 대부분의 국가에서 법제화되어 있다.[34] 각국의 입법례는 그 입법형식과 내용에 따라 차이가 있으나, 증언거부 특권에 초점을 맞추어 살펴보면 아래와 같이 요약될 수 있다.

미국에서 변호사와 의뢰인 간의 대화내용에 대한 증언거부 특권은 미국 연방대법

---

34) Lynn, Veronica (Eds.), "The Right to Counsel and the Protection of Attorney-Client Privilege in Criminal Proceedings-A Comparative View", Springer, 2020, 7~73면.

원의 판례 형성을 통해 오랜 시간 보편적으로 적용되어왔으며, 미국 연방증거법에 성문화됨으로써 보다 공고하게 운용되고 있다. 현재 업무결과물의 원칙, 공통이익의 합의 이론, 의사, 감정인, 과학자 등 전문인의 의견과 증언거부 특권과의 충돌문제 등 보다 세부적인 쟁점들에 대한 논의가 이어지고 있다.

유럽의 경우 유럽인권재판소와 유럽사법재판소는 영미법계의 특권과 거의 유사한 비밀유지권을 인정하고 있다. 영국은 변호사와 의뢰인 간의 의사교환 내용에 대한 증언거부 특권을 유럽인권협약에 의해 보장되는 사생활의 권리의 일부로 받아들여 기본권적 및 실체법적 권리로 발전시켰다. 영국에서 증언거부 특권은 법적 자문에 관한 것과 소송에 관한 것으로 나뉘며, 소송에 관한 것은 보다 폭넓게 보호하고 있다.

독일에서도 대부분의 유럽 국가들과 마찬가지로 변호인과 의뢰인 간의 증언거부 특권을 독자적으로 규율하고 있다. 독일에서 변호사들은 업무상 지득한 비밀에 관해 비밀을 유지해야 하고, 의뢰인이 변호사에게 제공한 정보는 민·형사 소송에서 증언할 의무를 지지 않는다. 또한, 변호사와 의뢰인 간에 업무상 주고받거나 변호사에게 맡긴 서류, 문자 등 모든 정보는 압수대상이 되지 않는다. 특히 독일에서는 압수거부권을 증언거부권 규정과 연계하여 상세한 규정을 두고 있고, 미국에서와 같이 법무법인이나 사내변호사의 증언거부 특권이 쟁점으로 논의되고 있다.

한편 프랑스에서는 지역변호사협회에 등록된 변호사와 의뢰인 간의 업무상 비밀대화 내용은 형법에 의해 보호된다고 명문화되었고, 개별법령에서도 변호사와 의뢰인 간의 의사교환 내용은 단순한 법률상담이든 소송상 방어준비 차원이든 불문하고 모두 업무상 비밀로서 보호대상이 된다고 규정하고 있다. 이에 따라 상담 또는 방어에 관한 업무를 불문하고 의뢰인의 변호사에 대한 자문의뢰 및 조언, 의뢰인과 변호사 사이의 통신, 변호사 간의 통신, 회의기록, 기타 서면 등이 모두 업무상 비밀의 보호대상이 되고 있다. 그리고 프랑스의 전국변호사직무규정은 변호사와 의뢰인 간의 의사교환 내용과 관련하여 비밀유지권의 인정요건과 범위에 있어 매우 상세하게 규정하고 있다.

일본에서는 변호사의 의뢰인 간의 증언거부 특권에 관한 명문의 규정이 없으나, 형법 제134조, 변호사법 제23조, 변호사직무기본규정 제23조 등에서 변호사는 의뢰인과 사이에서 통신의 비밀을 지킬 의무가 있다고 규정하고 있다. 또한, 민사소송법, 형사소송법에서 변호사의 증언거부권, 압수거부권 등을 규정하고 있으며, 변호사와의 상담의 비밀을 일정 범위에 한정하여 보장하고 있다. 그러나 민사 및 형사소송절차뿐만 아니라 중재 등 재판 외 분쟁해결, 행정절차 등에 있어서 변호사와 의뢰인간 대화 내용의 비밀은 보호되어야 한다는 것이 일반적인 학계 및 실무의 입장이다.

비밀유지제도에 있어 우리와 유사한 법체계를 가지고 있는 일본을 제외하고, 각국의 입법례는 증언거부 특권을 포함하여 국제사회에서 흔히 변호사와 의뢰인 간 특권(ACP) 또는 법률전문가 특권(LPP)으로 통용되는 비밀유지권을 법제화하여 운용하고 있다. 비밀유지권은 오늘날 세계적인 규모의 카르텔 범죄나 부정부패 사건에 대해 국제공조수사가 있거나 국가 간 국제중재 또는 국제소송을 통한 분쟁이 있는 경우 쟁점 중에 하나로 주목받고 있다. 각국의 비밀유지권에 관한 법원칙이 달라 문서를 리뷰하거나 제출할 때 원하지 않았거나 예상하지 못한 특권의 포기가 발생할 수 있기 때문이다.[35] 일본이나 우리의 경우 국제소송이 발생하여 비밀유지권 적용 여부를 다투는 경우 비밀유지권이 인정되지 않아 방어권 행사에 불리하거나 준거법을 정하기 위해 불필요한 절차를 거칠 가능성이 있다고 지적된다.[36]

변호인의 조력을 받을 권리이자 방어권의 보장으로서 비밀유지권은 각국에서 적극적으로 받아들여지거나 심도 있게 논의되어 왔다. 이는 완전히 당사자주의 소송구조를 가진 영미법 체계이든 공판 준비에서 사법기관의 역할이 큰 대륙법계 체계이든 마찬가지이며, 오히려 후자에서는 대부분의 증거가 수사기관에 의해 수집되어 법원이 주로 수사기관의 증거에 의존한다는 점에서 특히 절차 전반에 걸친 변호인의 조력이 강조될 수 있다.[37]

이와 관련하여 비밀유지권이 영미법계 특유의 제도로서 우리 법제에 도입될 수 없다거나 도입된다 하더라도 제대로 운용되지 않을 것이라는 우려도 있다.[38] 그러나 우리 형사소송법에 대해 견해의 대립이 있으나 대법원은 당사자주의를 채택하고 있다고 밝힌 바 있으며,[39] 민사소송법은 당사자주의를 채용하고 있다.[40] 행정소송의 직권주의가 가미되어 있으나, 당사자주의를 기본으로 한다고 할 수 있다.[41] 이처럼 당사자주의가 운용되고 있는 한 증거를 비롯하여 모든 절차에서 공방을 담당하는 당사자의 전략은 매우 중요하며,[42] 사실 및 법률상 주장에 관한 내용이 담긴 변호사와

---

35) 법률저널, '박준연 미국변호사의 미국법 실무(4)/변호사-의뢰인 사이의 비밀 유지 특권', 2018. 10. 26. 게재(http://www.lec.co.kr/news/articleView.html?idxno=48947, 2020. 12. 10. 검색).

36) 최선집, "조세실무연구 III", 김앤장 법률사무소, 2012, 210~211면.

37) 스테판 트렉셀 저, 강남일 역, "국제인권법과 형사소송", 2014, 292면.

38) 송시섭, '변호사 법률의견서의 증거능력', "동아법학 58", 동아대학교 법학연구소, 2013, 409면.

39) 대법원 2009. 10. 22. 선고 2009도7436 전원합의체 판결.

40) 대법원 1983. 2. 8. 선고 82다카1258 판결.

41) 대법원 1995. 4. 11. 선고 94누8020 판결.

42) 장철준, '헌법상 변호인의 조력을 받을 권리와 의뢰인의 비밀보장', "헌법학연구 23 (1)", 한국헌법학회, 2017, 19면.

의 의사교환은 비밀유지가 필수적이다.[43] 무엇보다 비밀유지권은 영미법계 특유의 요청에 따른 것이 아니라, 변호사제도를 통한 법치주의, 적법절차, 변호인의 조력을 받을 권리 등 기본적·보편적 가치에 기반을 두고 있다.[44]

결론적으로 변호사와 의뢰인 간 비밀유지권의 도입은 글로벌 스탠다드(global standard)에 맞추어 변호인의 조력을 받을 권리 및 방어권의 보장을 보다 정치화·내실화하는 차원에서 필수적인 작업으로 이해될 수 있다.

Ⅲ 변호사와 의뢰인 간 비밀유지권의 도입 가능성

1. 국회 입법안 검토

그간 비밀유지권 관련 국회 입법안으로는 제19대 국회 노철래 의원안(의안번호 제8201호), 제20대 국회 나경원 의원안 및 유기준 의원안(의안번호 제9774호, 제11628호), 제20대 및 제21대 국회 조응천 의원안(의안번호 제22526호, 제697호)이 있다. 특히 조응천 의원은 제20대 내지 제21대 국회에 걸쳐 변호사 비밀유지 특권의 도입과 관련하여 2019년 9월 18일 및 2020년 6월 19일 각각 의안번호 제22526호 및 제679호로 「변호사법 일부개정법률안」을 대표발의하였으며, 양 의원안의 내용은 동일하다. 의안번호 제22526호의 경우 2020년 5월 29일 제20대 국회 임기만료로 폐기되었으며, 의안번호 제679호의 경우 2020년 12월 현재 법제사법위원회 심사 중에 있다.[45]

조응천 의원안은 누구든지 직무와 관련하여 변호사와 의뢰인 간 비밀리에 이루어진 의사교환 내용, 변호사가 의뢰인으로부터 제출받은 서류나 자료 또는 물건, 변호사가 수임 받은 사건과 관련하여 작성한 서류나 자료에 대해 공개, 제출 또는 열람할 것을 요구할 수 없도록 하고 있다(안 제2항 제1호 내지 제3호). 이를 위반하여 수집한 증거는 재판절차뿐만 아니라 행정절차, 그밖에 이에 준하는 절차에 있어 증거로 할 수 없다고 규정하였다(안 제4항). 또한 예외적으로 비밀공개를 허용하는 경우로서

---

43) 손창완, '미국법상 비닉권과 변호사·의뢰인 간 의사교환의 보호', "인권과 정의 485", 대한변호사협회, 2019, 19면.

44) 최승재, "변호사와 의뢰인 사이의 비밀보호를 위한 제도 연구", 법률신문사, 2013, 255면.

45) 2024. 9. 확인 결과, 조응천 의원안(의안번호 제22526호, 697호) 역시 제21대 국회 임기만료로 폐기되었으며, 이후 제22대 국회에 유사한 내용의 변호사법일부개정법률안으로 이건태 의원안(의안번호 3182호), 김병기 의원안(의안번호 제3473호)이 상정되어 있다.

의뢰인의 자발적 승낙이 있는 경우, 중대한 공익상 필요가 있는 경우, 의뢰인과 변호사 간 발생한 분쟁에서 변호사가 자신의 권리 실현이나 방어를 위해 필요한 경우를 명시하였다(안 제3항 제1호 내지 제3호). 이때 의뢰인의 승낙을 강요한 자에 대해서 1년 이하의 징역 또는 1천만 원 이하의 벌금에 처하는 벌칙규정에 추가하였다(안 제113조 제3의2).

본 의원안은 현행 변호사윤리장전 제18조의 비밀유지 및 의뢰인의 권익보호 조항과 유사하다.[46] 변호사윤리장전은 변호사의 비밀유지의무의 내용으로 직무상 알게 된 비밀의 공개와 이용을 금지하고 있으며(동조 제1항, 제2항), 직무를 수행하면서 작성한 서류, 메모, 기타 유사한 자료를 공개할 수 없다고 규정하고 있다(동조 제3항). 그리고 공개 또는 이용할 수 있는 예외사유로서 중대한 공익상의 이유가 있는 경우, 의뢰인의 동의가 있는 경우, 변호사 자신의 권리를 방어하기 위해 필요한 경우를 들면서 최소한의 범위라는 제한을 두고 있다(동조 제4항). 즉 본 의원안의 경우 변호사윤리장전 제18조에 대한 기존의 해석을 참고할 수 있을 것으로 보인다.

앞서 발의되었던 노철래, 나경원, 유기준 의원안과 비교하면, 현행 변호사법 제26조에서 단서를 삭제하고 그 본문만을 안 제1항으로 두고 있다. 또한, 노철래, 나경원, 유기준 의원안이 공통적으로 안 제2항을 신설하여 비밀유지권의 내용을 모두 담고 있는 것과 달리 안 제2항 내지 제4항을 신설하여 각각 비밀유지의 주체 및 대상(안 제2항), 적용 예외(안 제3항), 적용 방식(안 제4항)을 비교적 상세히 규정하고 있다. 아래에서 조응천 의원안을 중심으로 비밀유지의 주체, 대상, 방식, 그리고 적용범위 및 예외를 차례로 살펴보고자 한다.

2. 비교 및 검토

조응천 의원안을 비롯하여 앞선 의원안들은 공통적으로 "누구든지" 변호사와 의뢰인 간의 의사교환 내용 등에 대해서 공개 등을 요구할 수 없다고 하고 있다. 즉 일반

---

46) **변호사윤리장전 제18조[비밀유지 및 의뢰인의 권익보호]**
 ① 변호사는 직무상 알게 된 의뢰인의 비밀을 누설하거나 부당하게 이용하지 아니한다.
 ② 변호사는 직무와 관련하여 의뢰인과 의사교환을 한 내용이나 의뢰인으로부터 제출받은 문서 또는 물건을 외부에 공개하지 아니한다.
 ③ 변호사는 직무를 수행하면서 작성한 서류, 메모, 기타 유사한 자료를 외부에 공개하지 아니한다.
 ④ 제1항 내지 제3항의 경우에 중대한 공익상의 이유가 있거나, 의뢰인의 동의가 있는 경우 또는 변호사 자신의 권리를 방어하기 위하여 필요한 경우에는, 최소한의 범위에서 이를 공개 또는 이용할 수 있다.

적인 수사·재판절차 또는 행정절차에서 그 공개 등을 요구할 권한이 있는 법원, 수사기관, 행정기관 등을 규율하고 있다. 결과적으로 이를 통해 현행법상 비밀유지의무를 규정하고 있는 법령들이 변호사에 한정하여 그 공개를 거부할 수 있도록 하고 있는 것에 반하여 변호사뿐만 아니라 의뢰인, 제3자 등에 대해서도 그 공개를 거부할 수 있도록 하고 있는 것이다.

■ 표 1 **제19대 내지 제21대 국회 입법안 내용**

	노철래 의원안	나경원 의원안	유기준 의원안	조응천 의원안
비밀유지 주체	누구든지			
비밀유지 대상	의뢰인과 변호사 간의 의사교환 내용 및 변호사가 의뢰인을 위하여 작성한 자료 등	변호사와 의뢰인 간 비밀리에 이루어진 의사교환 내용, 변호사가 의뢰인을 위하여 작성한 법률자문 등 자료	변호사 또는 변호사였던 자와 의뢰인 사이에서 법률자문을 목적으로 비밀리에 이루어진 의사교환 내용	1. 직무와 관련하여 변호사와 의뢰인 간 비밀리에 이루어진 의사교환 내용 2. 직무와 관련하여 변호사가 의뢰인으로부터 제출받은 서류나 자료(전자적 형태로 작성·관리되는 것을 포함함) 또는 물건 3. 변호사가 수임받은 사건과 관련하여 작성한 서류나 자료
비밀유지 방식	의뢰인의 의사에 반하여 공개하거나 개시(開示)할 것을 요구할 수 없음	공개를 요구하거나 증거로 사용할 수 없음	공개를 요구할 수 없음	공개, 제출 또는 열람할 것을 요구하여서는 아니 됨. 이를 위반하여 수집한 증거는 증거로 할 수 없음
적용범위	형사절차 외 포함		형사절차 외 포함(단 법률자문 목적에 한정함)	재판 또는 행정절차, 그 밖에 이에 준하는 절차 포함
적용 예외	(의뢰인의 의사에 반하지 않는 경우), 중대한 공익상의 필요	의뢰인의 승낙이 있는 경우, 법률에 특별한 규정이 있는 경우		1. 의뢰인의 자발적 승낙이 있는 경우·승낙을 강요한 자 형사처벌함

		2. 의뢰인이 범죄를 범할 목적으로 법적 자문을 받은 경우 등 중대한 공익상 필요가 있는 경우
가 있는 경우, 법률에 특별한 규정이 있는 경우		3. 의뢰인과 변호사 간 발생한 분쟁에서 변호사가 자신의 권리를 실현하거나 방어하기 위하여 필요한 경우

　조응천 의원안은 비밀유지의 대상으로 앞선 의원안들이 정한 내용들을 포괄하여 명시하고 있다. 변호사와 의뢰인 간 비밀리에 이루어진 의사교환 내용, 의뢰인으로부터 제출받은 서류나 자료 또는 물건, 변호사가 작성한 서류나 자료가 그것이다. 한편으로 그 직무관련성을 명시하거나 수임 여부를 따져 적용범위를 제한하고 있다. 즉 의사교환 내용 및 의뢰인으로부터 제출받은 서류나 자료 또는 물건의 경우 직무관련성이 인정되어야 하며, 변호사가 작성한 서류나 자료의 경우 수임 받은 사건과 관련하여 작성한 것이어야 한다. 의뢰인으로부터 제출받은 서류나 자료에 대해서는 전자적 형태로 작성·관리되는 것을 포함하고 있다. 다만 유기준 의원안은 변호사와 의뢰인 간의 의사교환 중에서도 법률자문을 목적으로 하였을 것, 비밀리에 이루어졌을 것이라는 요건을 갖추었을 때에 한정하여 비밀유지권이 인정될 수 있다는 제한을 두고 있다.

　비밀유지의 방식은 조응천 의원안의 경우 공개, 제출, 열람을 요구할 수 없도록 하고 있으며, 이를 위반하여 수집된 증거의 증거능력을 부정하도록 하고 있다. 앞서 노철래 의원안, 유기준 의원안이 공개를 요구할 수 없다고 한 것에서 나아가 나경원 의원안과 같이 증거로 사용할 수 없다고 한 것까지 더하여 규정한 것이다.

　그 적용범위에 있어서 조응천 의원안은 "재판 또는 행정절차, 그 밖에 이에 준하는 절차"로 폭넓게 규정하고 있다. 즉 형사절차에서의 수사 및 재판절차뿐만 아니라 민사절차, 행정절차까지 포함하여 변호사와 의뢰인 간 비밀유지권을 인정될 수 있도록 하고 있다. 앞선 의원안들이 그 대상 및 방식을 통해 형사절차 외의 절차에서도 비밀유지권이 적용될 수 있음을 짐작하게 하였던 것과 달리 조응천 의원안의 경우 이를 명시한 것이다. "그 밖에 이에 준하는 절차"의 경우 재판 또는 소송 외 분쟁해

결제도(Alternative Dispute Resolution: ADR)를 의미하는 것으로 보이며, 화해, 알선, 조정 중재 등이 해당된다.[47]

그 적용 예외에 있어서는 앞선 의원안들이 공통적으로 정하고 있는 의뢰인의 승낙이 있는 경우를 비롯하여 노철래 의원안에서와 같은 중대한 공익상 필요가 있는 경우, 그리고 조응천 의원안에서 독자적으로 의뢰인과 변호사 간 발생한 분쟁에서 변호사가 자신의 권리를 실현하거나 방어하기 위하여 필요한 경우를 들고 있다. 또한, 중대한 공익상 필요가 있는 경우로서 "의뢰인이 범죄를 범할 목적으로 법적 자문을 받은 경우 등"으로 구체화하여 명시하고 있다. 앞선 의원안들과 전혀 다른 것은 의뢰인의 승낙이 있는 경우에 있어 이를 강요한 자를 1년 이하의 징역 또는 1천만 원이하의 벌금에 처하는 벌칙규정에 추가한 것이다.

한편, 제19대 내지 제21대 국회 입법안은 일관되게 「변호사법 일부개정법률안」에 국한되어 있다. 이는 변호사와 의뢰인 간 비밀유지권이 현행 법제의 변호사의 비밀유지의무와 개념적·체계적으로 완전히 구별되는 것으로 보기 어렵다는 인식에서 비롯된 것으로 보인다.

비밀유지권이 변호사의 직업윤리뿐만 아니라 증거법의 관점에서 파악될 수 있고, 실제 도입 시 증거법 영역에 미칠 영향을 신중하게 고려할 수밖에 없다는 점에서 소송법에서의 개정이 고려될 수 있다. 형사소송법 및 민사소송법 개정의 경우 해당 절차에 대해서만 비밀유지권이 행사될 수 있으므로, 그 적용범위와 한계에 관한 통제나 예측이 변호사법 개정에 비하여 용이할 수 있다. 비교법적으로도 미국이 연방증거규칙에서 비닉특권을 규정하고 있으며, 독일과 프랑스는 변호사법이 있으나 비닉특권에 관한 내용은 소송법에서 규정하고 있다.

그러나 우리 변호사법이 변호사와 의뢰인의 정의와 관계를 규정하고 있는 기본법인 점, 변호사법에서 비밀유지의무를 규정하고 있고 비밀유지권은 동일한 내용의 비밀에 대해서 이를 보호할 수 있는 권리인 점, 변호사법에서 비밀유지권을 일반조항으로 규정함으로써 수사·공판절차에서 행정조사까지 폭넓게 적용범위를 인정할 수 있는 점, 나아가 그에 대한 일체의 침해에 대해 배제를 청구할 수 있는 권리가 의뢰

---

47) 각 중재기관 또는 중재인에 따라 다를 수 있으나, 적어도 국제상사중재에 있어 의뢰인과 변호사 간 통신에 관한 사항에 대해서는 문서, 진술 등 개시를 요구할 수 없다. 예를 들어 국제법조협회가 2010년 제정한 「IBA Rules on the Taking of Evidence in International Arbitration」에 따르면, 국제상사중재를 주재하는 재판정이 적용되는 것으로 판단한 법령이나 윤리규칙에 항변사유 또는 비닉특권이 있는 경우 증거에서 배제된다(日本弁護士連合会, "弁護士と依頼者の通信秘密保護制度に関する最終報告", 2016. 2., 15면; International Bar Association, "IBA Rules on the Taking of Evidence in International Arbitration", Article 9.2(b), 9.3 참조).

인에게 있음을 선언하는 것이라는 점, 이 같은 점들로 인해 비밀유지권에 대한 의뢰인·국민의 기본권을 최대로 보장할 수 있을 것이 기대되는 점 등에서 변호사법 개정안이 타당한 것으로 생각된다.[48]

한편으로 변호사법에 비밀유지권을 일반조항으로 규정한다 하더라도, 형사소송법 및 민사소송법에서 증언거부권 등 해당 조항과 관련된 문제점이나 미비점은 검토·개정될 수 있다.[49] 예를 들어, 증언거부권 등의 주체가 변호사로 규정되어 있어 의뢰인이 이를 행사하는 것이 가능하지 않으므로 의뢰인의 동의 또는 포기 없이 원칙적으로 변호사가 비밀을 공개할 수 없다고 보완할 수 있다. 또한 형사소송법에서 증언거부권 및 압수거부권의 예외사유로 규정하고 있는 "중대한 공익상 필요가 있는 때"의 경우 지나치게 추상적이므로 이를 보다 구체적인 표현으로 수정할 수 있다.

Ⅳ 변호사와 의뢰인 간 비밀유지권의 도입 방안

1. 비밀유지의 주체

변호사와 의뢰인 간 의사교환의 내용 등에 관한 비밀유지는 "누구든지" 해야 하며, 그 권익의 주체는 어디까지나 의뢰인이다. 변호사와 의뢰인 간 의사교환은 의뢰인에 대한 법률서비스 제공을 위한 것으로서 그 내용의 비밀유지에 있어 가장 큰 이해관계를 가지는 사람은 의뢰인이므로, 그 공개 여부를 결정할 수 있는 권한은 의뢰인에게 부여하는 것이 타당하다.[50] 우리 형사소송법 및 민사소송법이 변호사의 증언거부권 등에 있어서 의뢰인의 승낙이 있는 경우 이를 인정하지 않도록 하는 데에는 그 같은 관점이 어느 정도 반영된 것으로 보인다.

변호사와 의뢰인 간 비밀유지권의 법적 근거는 헌법상 변호인의 조력을 받을 권리 내지 공정한 재판을 받을 권리이며, 이는 변호사가 변호인으로서 피의자·피고인, 피체포자 등을 조력할 권리와 구별된다. 후자의 경우 피의자·피고인, 피체포자 등이

---

48) 손창완, '미국법상 비닉권과 변호사·의뢰인 간 의사교환의 보호', "인권과 정의 485", 대한변호사협회, 2019, 22면; 한애라, '변호사 비밀유지권 도입 정책토론회', "변호사 비밀유지권 도입 정책 토론회 자료집", 국회 조응천 의원실·대한변호사협회, 2019, 32면.

49) 김제완, '변론권 보장과 변호사의 비밀유지권 — 법적 근거와 제도개선방안을 중심으로, "변론권 보장과 변호사의 비밀유지권 토론회", 대한변호사협회, 2016, 27면.

50) 최승재, "변호사와 의뢰인 사이의 비밀보호를 위한 제도 연구", 법률신문사, 2013, 249면.

변호인의 조력을 받을 권리를 보장하기 위해 개별법률에서 인정하고 있는 법률상 권리일 뿐이다.[51] 미국의 변호사와 의뢰인 간 특권(ACP)의 경우를 참고할 수 있는데, 그 주체는 오로지 의뢰인이며,[52] 변호사는 의뢰인의 비밀을 보장할 책임을 부담하는 자로서 비밀공개를 요구받을 경우 의뢰인을 위해서 그 특권을 주장할 수 있을 뿐이다.[53]

다시 말해 비밀유지권의 주체는 그 입법취지와 법적 근거를 고려하여 의뢰인임을 분명히 하며, 동시에 의뢰인의 그러한 권리에 대한 변호사의 보호의무도 보다 강화해야 한다고 생각된다. 따라서 현행 변호사법 제26조 본문을 안 제26조 제1항에 두고, 비밀유지의무의 예외사유로서 그 단서인 "다른 법률에 특별한 규정이 있는 경우"를 삭제한 것은 바람직하다. 그 같은 예외사유를 두지 않는다 하더라도 그 권리를 제한하기 위해 다른 법률이 제·개정될 수 있음은 당연하고, 변호사법과 다른 법률과의 우열은 일반적인 법원칙에 따라 가리는 것으로 충분하기 때문이다.[54]

2. 비밀유지의 대상

변호사와 의뢰인 간 비밀유지권의 적용대상이 되는 것은 크게 의사교환 내용 및 의뢰인으로부터 제출받거나 이에 기초하여 변호사가 작성한 서류나 자료이다. 이들은 의뢰인의 변호인의 충분한 조력을 받을 권리 또는 실질적인 방어권의 보장을 위해 필수적으로 그 내용에 관한 비밀유지를 요한다는 점에서 마땅히 그 적용대상이 될 수 있다. 이때 보호대상은 의사교환의 내용이 담긴 이상 구두 또는 문서·기록에 의한 것임을 불문하고, 전화, 전자메일, SNS 등 매체에 남겨진 모든 내용이 되는 것이 바람직하다.[55]

다만 의뢰인이 자신의 조력권이나 방어권을 보장받는 것과 무관하게 단순히 공개를 피하기 위해서 변호사에게 의사를 말해두거나 서류나 자료를 맡겨두는 것으로서 비밀유지권이 남용되어서는 안 된다. 이에 아래와 같은 몇 가지 제한을 둘 수 있으

---

51) 헌법재판소 2015. 7. 30. 선고 2012헌마610 결정.
52) 남수진, '변호사-의뢰인 비닉특권의 도입 요구에 앞서 미국의 제도와 경험의 시사점', "서울법학 26(2)", 서울시립대학교 법학연구소, 2018, 500면.
53) Klitzman, Klitzman & Gallagher v. Krut, 744 F.2d 955, 957 (3d Cir. 1984).
54) 최승재, "변호사와 의뢰인 사이의 비밀보호를 위한 제도 연구", 법률신문사, 2013, 258면.
55) Susan R. Martyn·Lawrence J. Fox·W. Bradley Wendel, "The Law Governing Lawyers-National Rules, Standards, Statutes, and State Lawyer Codes(2011-2012 Edition)", Wolters Kluwer, 2019. 201~203면.

나, 역시 비밀유지권의 입법취지와 법적 근거를 고려하여 그 제한이 적정한지 여부를 살펴볼 것이며, 앞서 검토한 국회 입법안들에 대한 코멘트를 덧붙일 것이다.

첫째, 직무와 관련하여 의뢰인과 의사교환한 내용 및 의뢰인이 제출한 서류·자료에 한하여 비밀유지권을 인정할 수 있다. 이는 현행 변호사법 제26조 변호사의 비밀유지의무의 적용대상이 "직무상 알게 된 비밀"인 것과 변호사윤리장전 제18조 제2항이 "직무와 관련하여" 또는 "직무를 수행하면서" 제출받거나 작성된 서류·자료에 대한 비밀유지를 규정하고 있는 것에 대한 해석을 참고할 수 있다. 즉 이 같은 직무관련성의 경우 변호사가 의뢰인의 사건을 상담하거나 처리하는 과정에서 알게 된 것으로서 의뢰인의 이익보호를 위해 수임하지 않은 사건에 관한 비밀이나 의뢰인의 사건과 무관하게 여겨지는 비밀, 직무 수행 중 의뢰인과의 사적 관계를 통해 알게 된 비밀이 포함되기도 한다.56)

만일 직무 관련성에서 나아가 수임 여부를 따져 수임한 사건과 관련된 서류나 자료에 대해서만 비밀유지권을 인정하는 경우 이는 그 적용범위를 지나치게 제한하는 것으로서 바람직하지 못하다고 생각된다. 또한, 변호사가 작성한 서류나 자료란 영미법에서 말하는 업무결과물(work product)에 해당하는데, 미국에서는 이를 변호사와 의뢰인 간 의사교환에 따른 것이 아니라고 하더라도 폭넓게 보호되고 있다.57) 조응천 의원안(의안번호 제22526호, 제697호)은 이와 반대로 업무결과물에 대해 수임한 사건과 관련하여 작성된 경우에 한정하고 있는데, 변호사의 비밀유지의무를 규정하고 있는 현행 변호사법이나 변호사윤리장전보다 그 보호범위를 좁힌 것으로서 의뢰인의 비밀유지권을 규정하는 입법취지에 부합하지 않는다고 할 수 있다.

한편 영미법의 변호사와 의뢰인 간 특권(ACP)은 변호사와 의뢰인 간의 의사교환이 법률서비스를 제공하려는 목적이 있는 경우에 한하여 적용된다. 이에 대해 유기준 의원안(의안번호 제11628호)이 "법률자문을 목적으로" 이루어진 의사교환 내용을 보호하고 있다. 이에 따르면 의뢰인이 사실조사를 의뢰하거나 사무적·행정적 업무를 제공받기 원한 경우 법률자문을 주된 것으로 하여 부수적으로 요청한 것이 아닌 한, 보호범위에서 벗어나게 된다.58) 그러나 이 같은 제한은 직무 관련성과 내용상 크게 다르지 않고, 실무에서 변호사에게 요청할 수 있는 법률서비스가 다종·다양한 데 비

---

56) 정형근, "변호사법 주석", 피앤씨미디어, 2016, 177면.
57) 손창완, '미국법상 비닉권과 변호사·의뢰인 간 의사교환의 보호', "인권과 정의 485", 대한변호사협회, 2019, 23면.
58) 손창완, '미국법상 비닉권과 변호사·의뢰인 간 의사교환의 보호', "인권과 정의 485", 대한변호사협회, 2019, 13면.

추어 그다지 실효성 있는 제한으로 보이지 않는다.

둘째, 변호사와 의뢰인 간의 의사교환이 비밀리에 이루어져야 한다. 이는 앞서 직무 관련성과 달리 현행 변호사법이나 변호사윤리장전에서는 찾아볼 수 없으며, 영미법의 변호사와 의뢰인 간 특권(ACP)을 참고한 것으로 보인다. 이 특권에 따르면 의사교환 중에서도 외부에 공개되지 않을 것이 의도된 내용에 대해서만 보호되며, 공개 여부에 관한 의뢰인의 의도는 비밀유지의 의지, 의사교환의 성질, 합리적인 사람이라면 비밀유지를 의도한다고 결론 내릴만한 사전적 주의 등 의뢰인의 진술, 행동 등을 포함한 정황으로부터 추론될 수 있다.59) 의사교환의 비밀성이 무엇을 의미하는지 불명확하고, 그 같은 제한에 마땅한 이유가 없다는 지적도 있다.60) 그러나 이를 통해 의뢰인으로서는 공개 여부에 대한 명시적인 의사표시를 하지 않는 한 변호사와의 의사교환이 비밀에 해당한다는 원칙을 확인할 수 있다는 점에서 의뢰인의 이익을 위해 그 비밀성을 규정할 수 있다고 생각한다.

셋째, 전자적 형태의 서류나 자료를 포함할 것인지 여부가 문제될 수 있다. 이는 앞선 의원안들과 달리 조응천 의원안(의안번호 제22526호, 제697호)에 이르러 최초로 등장한 것으로서 변호사가 의뢰인으로부터 제출받거나 변호사가 작성한 서류나 자료에 대해서 전자적 형태로 작성·관리되는 것을 포함한다고 규정하고 있다. 이는 현대사회에서 다수의 문서가 컴퓨터 등 전자매체를 통해 작성·저장되거나 송·수신되는 현실을 반영하여 그 같은 전자문서에 대해서도 의뢰인이 제출한 것으로 인정하여 보호하고자 하는 취지로 타당하다고 판단된다.61)

넷째, 변호사가 의뢰인으로부터 제출받은 물건에 대해서도 비밀유지권이 적용되어야 한다. 이는 전자적 형태의 서류나 자료와 마찬가지로 조응천 의원안(의안번호 제22526호, 제697호)에서 최초로 등장한 규정이다. 현행 비밀유지제도에서 비록 변호사의 물건에 대한 압수거부권이 규정되어 있다 하더라도, 앞서 제3장 대한변호사협회의 비밀유지권 침해 조사 결과에서 드러나듯 현실적으로 이를 행사하기 어렵고, 임의제출이 강요되는 등 우회적인 방식이 자행되고 있다. 무엇보다 압수거부권의 주체가 아닌 의뢰인이 이를 소지하고 있을 경우 쉽게 압수·수색의 대상이 된다는 점에서 비밀유지권의 적용대상에 서류나 자료뿐만 아니라 물건을 포함시킬 필요성이 인정된다고 할 수 있다.

---

59) 손창완, '미국법상 비닉권과 변호사·의뢰인 간 의사교환의 보호', "인권과 정의 485", 대한변호사협회, 2019, 12면.

60) 성중탁, '토론문', "변호사 비밀유지권 관련 토론회", 국회 나경원 의원실·대한변호사협회, 2017, 22면.

61) **전자문서 및 전자거래 기본법 제2조** 등.

3. 비밀유지의 방식

비밀유지의 방식은 "누구든지", 즉 국가기관 또는 제3자 등이 변호사와 의뢰인 간의 의사교환의 내용 등에 대해 공개, 제출을 요구하거나 열람할 수 없게 하는 것이다. 현행 변호사법 및 변호사윤리장전이 변호사의 비밀유지의무를 규율하면서 그 누설 또는 부당한 이용을 금지하는 것과 비교하여 애초에 공개, 제출, 열람을 금지한다는 점에서 보다 적극적인 의미에서 비밀유지가 보장되는 결과에 이른다고 평가될 수 있다.

다만 조응천 의원안(의안번호 제22526호, 제697호)은 문언상 "공개, 제출 또는 열람할 것을 요구하여서는 아니 된다"고 표현하고 있으나, 이는 다소 어색하다. 국가기관 등이 수사·공판 등의 목적에 따라 의뢰인 또는 변호사에게 의사교환의 내용 등의 공개 또는 제출을 요구할 수는 있으나, 의뢰인이나 변호사 또는 제3자로 하여금 이를 열람하도록 요구하는 경우는 상정하기 어렵다. 일반적으로 열람의 대상은 사건·재판기록, 개인정보 등 국가기관이 제공하는 정보이고, 이에 대한 열람·등사권은 의뢰인의 변호인의 조력을 받을 권리로 인정된다. 의뢰인이 의견교환의 내용 등 자신에 관한 정보를 열람함으로써 침해되는 성질의 것이 아니며, 오히려 국가가 이를 열람하는 경우가 침해에 해당할 수 있다.

주목할 만한 것은 나경원 의원안(의안번호 제9774호)이 비밀유지권을 위반하여 수집한 증거에 대해 그 증거능력을 부정한 데 더하여 조응천 의원안(의안번호 제22526호, 제697호)은 비밀유지의무를 위반하여 수집한 증거에 대해서도 그 증거능력을 부정한 데 있다. 즉 쟁점은 비밀유지권 및 비밀유지의무 위반을 통해 수집한 증거의 증거능력을 배제하는 것이 타당한지 여부이다. 증거능력을 다투는 경우 소송법·증거법의 영역, 특히 형사절차에 미칠 영향이 지대할 것이 예상되기 때문이다. 해당 조항의 취지는 이를 통해 비밀유지권에 대한 침해 주체인 국가기관의 경각심을 고양하고 그 침해 결과를 보다 강한 수준에서 제재함으로써 비밀유지권을 실질적으로 보장하고자 한 것으로 짐작된다.

그러나 우리 형사소송법은 2007년 위법수집증거배제법칙을 명문화하였으며,[62] 이 때 "적법한 절차"는 헌법이 천명한 적법한 절차와 동일한 의미를 가진다.[63] 즉 비밀유지권 이외에 여타의 변호인의 조력을 받을 권리의 내용이 되는 권리를 침해하거나

---

62) **형사소송법 제308조의2(위법수집증거의 배제)** 적법한 절차에 따르지 아니하고 수집한 증거는 증거로 할 수 없다.

63) 신동운, "간추린 신형사소송법(제12판)", 법문사, 2020, 592면.

형사소송법의 다른 절차를 위반하여 수집한 증거가 모두 위법수집증거배제법칙에 의거하여 그 증거능력이 판단된다는 점에서 비밀유지권을 위반하여 수집한 증거를 달리 취급할 필요성이 부정된다. 나아가 비밀유지의무의 경우 변호사의 직업윤리에 가까운 규정으로서 이는 소송법의 영역에서 다투어야 할 증거능력으로 규율하는 것은 바람직하지 못하다.

4. 비밀유지의 적용범위

앞서 변호사와 의뢰인 간 비밀유지권의 도입 필요성을 헌법상 변호인의 조력을 받을 권리 및 적법절차의 원칙에서 찾은바 있다(헌법 제12조 제1항, 제3항, 제4항).

헌법재판소는 그간 형사절차에서 변호인의 조력을 받을 권리의 내용을 확대·전개해왔으며, 비밀유지권에 대해서도 헌법상 변호인의 조력을 받을 권리의 내용으로 인정할 수 있음을 확인하였다. 이 같은 변호인의 조력을 받을 권리로서 비밀유지권은 의뢰인이 피의자·피고인의 지위에 있는 경우뿐만 아니라 피혐의자, 피내사자, 피해자, 참고인의 지위에 있는 경우에도 폭넓게 보장받아야 마땅하다고 판단하였다.

적법절차의 원칙은 문언상 형사절차, 특히 인신 구속을 염두에 두고 규정되었으나, 오늘날 반드시 형사절차에 국한하여 적용될 것은 아니어서 형사절차뿐만 아니라 국가기관이 주재하는 민사·행정절차에 있어서도 적법절차의 원칙이 준수되어야 한다고 보았다. 또한, 비밀유지권의 침해 실태에 비추어 조사·수사 또는 소송절차 전반에서 국가기관이 권한 남용을 통해 실체적 진실 발견을 우선시하였으며, 그러한 실체적 진실 발견에 대한 제한이자 공정한 절차를 실현하기 위한 장치로서 비밀유지권의 도입을 주장하였다.

결론적으로 비밀유지권의 보호는 형사절차에서 수사·공판절차는 물론이고, 민사·행정절차에 있어 조사에서 소송에 이르기까지 의뢰인의 법적 지위를 막론하고 광범위하게 적용되어야 한다. 이를 조응천 의원안(의안번호 제22526호, 제697호)과 같이 "재판 또는 행정절차, 그 밖에 이에 준하는 절차"로 특정하여 규정하지 않는다 하더라도, 변호사법에서 일반조항으로 규정하는 이상 의뢰인·국민에 대해 기본권적 성격을 가지는 비밀유지권을 충분히 보장할 수 있을 것이 기대된다.

5. 비밀유지의 적용한계

비밀유지의 적용한계, 즉 비밀유지의 해제 기준을 정하는 데에는 다음의 두 가지 의의가 있다.

먼저 그간 변호사법에서 비밀유지의무를 규정하고 대한변호사협회 회칙인 변호사윤리장전에서 그 예외사유를 두는 입법형식이 적법한 것인지 내지 법률유보의 원칙을 위배하여 위헌인지 여부에 대한 논란이 있었으나,[64] 이를 변호사법에 통일하여 규정함으로써 입법적 미비를 해소할 수 있게 되었다. 다음으로 비밀유지의무와 비밀유지권이 각각 의무와 권리, 직업윤리와 증거법 등으로 달리 파악되어 왔음에도 불구하고, 양자에 있어 동일한 예외사유를 마련함으로써 우리 비밀유지제도를 조화롭고 균형 있게 정비할 수 있게 된 것이다. 예외사유는 아래와 같이 세 가지로 정리될 수 있다. 다만 비밀유지의 권리와 의무가 해제될 수 있는 예외사유를 규정한다 하더라도, 필요한 최소한의 범위에서 그러함을 명시하였다. 또한 해석에 있어서도 극히 제한적인 경우에 이를 허용하도록 해야 한다고 생각된다.

첫째, 의뢰인의 승낙이 있는 경우이다. 현행 변호사윤리장전 제18조 제4항에서 "의뢰인의 동의가 있는 경우"로 표현하고 있으며, 나경원, 유기준, 조응천 의원안(의안번호 제9774호, 제11628호, 제22526호, 제697호)은 이를 "의뢰인의 (자발적) 승낙이 있는 경우"로 규정하였다.[65] 이는 소송법상 증언과 관련된 규정에서도 찾아볼 수 있다. 즉 형사소송법상 변호사의 압수거부권 및 증언거부권에 있어 의뢰인의 승낙이 있는 경우를 예외로 할 수 있고(형사소송법 제112조, 제149조), 민사소송법상 문서제출 또는 증언에 대해 "직무상 비밀을 지킬 의무가 면제된 경우"가 의뢰인의 승낙을 의미한다(민사소송법 제315조 제2항).[66] 의뢰인의 동의는 변호사의 비밀공개를 단순히 찬성하는 의사표시일 수 있으나, 승낙의 경우 보다 적극적인 개념으로서 의뢰인이

---

64) 정형근, "변호사법 주석", 피앤씨미디어, 2016, 187면.

65) 엄밀히 말해 동의와 승낙은 다른 개념이다. 민법에서 동의는 어떤 자의 행위를 찬성하는 의사표시 또는 그 표시를 요소로 하는 단독행위이며, 동의에서 찬성하는 의사표시는 어떤 자의 행위와는 반대방향이 아니라는 점에서 계약의 요소인 승낙과 다르다(강태성, '민법에서의「승인·승낙·동의·허락·추인」에 대한 검토 및 개정안', "민사법의 이론과 실무 19 (3)", 민사법의 이론과 실무학회, 2016, 22면).

66) **민사소송법 제315조(증언거부권)** ① 증인은 다음 각호 가운데 어느 하나에 해당하면 증언을 거부할 수 있다.

1. 변호사·변리사·공증인·공인회계사·세무사·의료인·약사, 그 밖에 법령에 따라 비밀을 지킬 의무가 있는 직책 또는 종교의 직책에 있거나 이러한 직책에 있었던 사람이 직무상 비밀에 속하는 사항에 대하여 신문을 받을 때
2. 기술 또는 직업의 비밀에 속하는 사항에 대하여 신문을 받을 때
   ② 증인이 비밀을 지킬 의무가 면제된 경우에는 제1항의 규정을 적용하지 아니한다.

그 주체로서 비밀공개 여부를 판단·결정한다는 의미에서 승낙이 보다 적절한 용어로 판단된다.

비밀의지의무와 비밀유지권은 본질적으로 의뢰인의 이익을 위한 것으로서 의뢰인은 이를 포기한다는 자발적인 의사표시를 통해 변호사의 비밀공개를 승낙할 수 있다. 즉, 이때의 승낙은 그 대상이 되는 비밀이 무엇인지 특정되고 의뢰인이 분별력을 가지고 하는 것이어야만 하며,[67] 그 과정에서 어떠한 유·무형의 압박이 없는 것이어야 할 것이다. 예컨대 미국 변호사협회의 변호사직무에 대한 모범규칙(Model Rules of Professional Conduct)은 이를 "설명 있는 동의(informed consent)"로 표현하고 있으며,[68] 이는 변호사로부터 주요한 위험 부담과 제안된 행위방침에 관한 상당한 범위 내에서 가용한 대체수단에 관하여 충분한 정보를 제공받고 설명을 들은 후에 그 같은 행위방침에 합의하는 것으로 정의되고 있다.[69]

둘째, 중대한 공익상 필요가 있는 경우이다. 현행 변호사윤리장전 제18조 제4항, 형사소송법의 압수거부권 및 증언거부권이 예외사유로서 중대한 공익상 필요를 명시하고 있으며(형사소송법 제112조, 제149조), 노철래 의원안(의안번호 제8201호)과 조응천 의원안(의안번호 제22526호, 제697호)이 이를 규정하였다.

공익의 개념과 적용범위에 대해서는 주로 의뢰인의 범죄행위에 관하여 의뢰인의 비밀을 개시할 수 있는지 여부를 중심으로 논의가 전개되어왔다. 우선 생명이나 신체에 중대한 피해를 야기하는 범죄행위의 경우 변호사가 비밀유지의 대상에서 제외되나, 재산범죄의 경우 가급적 비밀유지의 대상에 포함하되 그 결과의 중대성, 범행의 규모, 악질의 정도, 피해의 양과 질 등을 고려하여 예외적인 경우에 한하여 비밀을 개시할 수 있다.[70] 한편 생명이나 신체적 이익과 재산상 이익의 구분 이외에 비밀을 변호사가 의뢰인으로부터 지득한 비밀의 내용에 관한 것인지 또는 그러한 비밀의 존재 여부 및 근거에 관한 것인지를 구분하여 전자는 엄격하게 보호되어야 하나,

---

67) 박상근, '송무변호사의 윤리와 책임', "法律家의 倫理와 責任", 서울대학교 법과대학, 2003, 251면.
68) American Bar Association, Model Rules of Professional Conduct

    1.6 (a) A lawyer shall not reveal information relating to the representation of a client unless the client gives informed consent, the disclosure is impliedly authorized in order to carry out the representation or the disclosure is permitted by paragraph (b).

69) American Bar Association, Ethics 2020 — Rule 1.0 Terminology

    (e) "Informed consent" denotes the agreement by a person to a proposed course of conduct after the lawyer has communicated adequate information and explanation about the material risks of and reasonably available alternatives to the proposed course of conduct.

70) 박휴상, "법조윤리(제3판)", 피데스, 2011, 190~191면; 이상수, "법조윤리의 이론과 실제", 서강대학교 출판부, 2009, 174면; 최진안, "법조윤리(제2판)", 세창출판사, 2012, 140면.

후자에 대해서는 공과의 관계에서 보호범위를 탄력적으로 결정해야 한다는 견해도 있다.[71]

또한, 이미 종료된 범죄행위는 설사 그것이 사상자를 야기한 것이라고 하더라도 변호사에게 비밀유지를 인정하고, 반면 장래 범죄행위를 예방하거나 현재 행해지고 있는 범죄행위의 손해를 최소화하기 위한 경우에 한하여 공익상 이유로 비밀유지의 예외로 할 수 있다.[72] 이 같은 해석은 미국 변호사협회의 변호사직무에 대한 모범규칙(Model Rules of Professional Conduct) 등을 참고하여 개진된 것으로 보인다.[73] 또한, 우리 법제에서 영미법의 변호사와 의뢰인 간 특권(ACP)과 같은 비밀유지권이 인정된다고 판단하였던 하급심 판결의 경우 그 적용한계를 상세히 설시하고 있어 주목할 만하다.[74]

조응천 의원안(의안번호 제22526호, 제697호)의 경우 중대한 공익상 필요에 대해서는 그간 중대한 공익상 필요라는 예외사유가 지나치게 추상적이고 그 판단 기준이나 주체가 모호하다는 비판을 의식한 듯,[75] "의뢰인이 범죄를 범할 목적으로 법적 자문을 받은 경우 등"을 명시하였다. 그런데 이제까지 논의가 의뢰인의 범죄행위에 관하여 의뢰인의 비밀을 개시할 수 있는지 여부를 중심으로 전개된 것은 형사절차 내지 증

---

71) 최진안, "법조윤리(제2판)", 세창출판사, 2012, 138면.

72) 박휴상, "법조윤리(제3판)", 피데스, 2011, 175면.

73) American Bar Association, Model Rules of Professional Conduct

1.6 (b) A lawyer may reveal information relating to the representation of a client to the extent the lawyer reasonably believes necessary:

(1) to prevent reasonably certain death or substantial bodily harm;

(2) to reveal the client's intention to commit a crime and the information necessary to prevent the crime;

(3) to prevent the client from committing a fraud that is reasonably certain to result in substantial injury to the financial interests or property of another and in furtherance of which the client has used or is using the lawyer's services;

(4) to prevent, mitigate or rectify substantial injury to the financial interests or property of another that is reasonably certain to result or has resulted from the client's commission of a crime or fraud in furtherance of which the client has used the lawyer's services;

74) 한편, 의뢰인의 보호를 위하여 의뢰인에게 위 특권이 인정된다면, 그 특권은 ① 전문적인 법률적 조언자로서의 지위에 기초하여 법률자문가가 행하는 모든 종류의 법률 자문에 관하여, ② 법률 자문의 목적과 관련된 그 의사 교환이 의뢰인에 의하여 신뢰를 바탕으로 비밀리에 이루어졌다면, ③ 의뢰인의 요구에 따라 영원히, ④ 의뢰인 자신이나 법률자문을 한 자에 의한 공개로부터 보호받는 것이라고 볼 수 있다. 다만, 의뢰인 스스로 그 보호를 포기하는 경우는 예외에 해당할 것이고, 또한, 의뢰인이 이미 저지른 범죄와 관련하여 변호인에게 법률자문을 구하는 경우와 달리 그 의사 교환이 의뢰인이 자신이 장래에 행할 위법한 행위를 위한 것인 경우에는 위 특권의 보호 대상에서 제외된다고 봄이 상당하다(서울중앙지방법원 2008. 10. 9. 선고 2007고합877 판결).

75) 정주백, '제2주제 토론문 – 헌법상 변호인의 조력을 받을 권리와 변호사·의뢰인의 비밀보장', "한국헌법학회·사법정책연구원 공동학술대회 – 직무상 비밀에 대한 헌법상 보호", 2016, 89~90면.

거법의 영역에서 변호사가 압수 또는 증언을 거부할 수 있는지 여부에 초점이 맞추어져 있었기 때문인 것으로 보인다.

그러나 변호사와 의뢰인 간 비밀유지권의 명문화에 있어 그 입법취지와 법적 근거를 고려하여 비밀유지의 적용범위를 국가기관이 주재하는 모든 절차로 확대한 이상, 굳이 "의뢰인이 범죄를 범할 목적으로 법적 자문을 받은 경우"에 국한하여 명시하거나 이를 열거가 아닌 예시조항으로 두는 것은 실효성이 적다고 생각된다. 중대한 공익상 필요의 개념과 적용범위를 명확히 함으로써 변호사의 비밀유지의무 및 국가기관의 비밀유지권 준수에 대한 행위규범으로서 기능을 제고할 필요성은 여전히 인정된다. 그러나 위와 같이 법률에 규정하기보다, 형사소송법 등 기존의 법률에 대한 학계의 논의와 판례, 사례 등을 분석하여 유형론적으로 해석함으로써[76] 그 내용과 입법형식을 결정하되 단기적으로는 변호사윤리장전에 이를 규정하는 것이 타당하다.[77]

셋째, 변호사가 자신의 권리를 방어하기 위하여 필요한 때이다. 현행 변호사윤리장전 제18조 제4항에서 "변호사 자신의 권리를 방어하기 위하여 필요한 경우"로 규정하고 있다. 앞서 공익상 필요와 마찬가지로 미국 변호사협회의 변호사직무에 대한 모범규칙(Model Rules of Professional Conduct) 등을 참고하여 제시된 것이다.[78] 즉 현행 변호사윤리장전이 변호사 자신의 권리를 방어하기 위해 필요한 경우에 한정하여 예외를 인정하고 있는 반면, 조응천 의원안(의안번호 제22526호, 제697호)은 이에 더하여 권리를 실현하기 위해 필요한 경우를 추가하였다.

일반적으로 변호사가 의뢰인과 수임관계에서 발생하는 청구권을 실행하기 위해 소송 등을 하거나 기타 법적 절차를 밟을 경우, 의뢰인이 변호사를 상대로 제기한 소송 기타 청구 또는 변호사 자신이 관계된 여타의 사건에서 자신을 방어해야 할 경우 등을 상정할 수 있다.[79] 그러한 분쟁이 발생한 경우마저 비밀유지의 의무와 권리를

---

76) 보다 상세한 제안으로는 하정철, '변호사의 비밀유지의무 – 예외 사유인 공익상의 이유를 중심으로', 법학논고 47, 경북대학교 법학연구원, 2014, 589면~596면; 김재원, '변호사의 의뢰인 비밀 공개 – 미국의 최근 논의를 중심으로', 인권과 정의 351, 2005, 136~137면 등.

77) 김태봉, '변호사의 비밀유지의무', 법학논총 36(4), 전남대학교 법학연구소, 2016, 281면.

78) American Bar Association, Model Rules of Professional Conduct

   1.6 (b) A lawyer may reveal information relating to the representation of a client to the extent the lawyer reasonably believes necessary:

   (4) to prevent, mitigate or rectify substantial injury to the financial interests or property of another that is reasonably certain to result or has resulted from the client's commission of a crime or fraud in furtherance of which the client has used the lawyer's services;

   (5) to secure legal advice about the lawyer's compliance with these Rules, other law or a court order;

해제할 수 없다면, 변호사로서는 그 불이익을 회피할 방법이 없게 된다는 점에서 이 같은 예외사유를 통해 일정 부분 예외가 허용될 수 있다.[80]

그러나 설사 변호사가 오로지 자신을 방어하기 위해서 또는 자신의 권리를 실현하기 위해서 의뢰인의 비밀을 개시할 수 있다고 하더라도, 변호사 직무의 공익성과 업무독점성에서 요구되는 비교적 높은 윤리의 수준에 비추어 그러한 상황이 결코 바람직하다고 할 수 없다. 따라서 자신을 방어하기 위한 소극적인 대응에서 나아가 자신의 권리를 실현하기 위한 적극적인 대응까지 포함하여 비밀유지의 의무와 권리를 예외를 허용하는 것에는 재고를 요하였다. 따라서 변호사가 자신의 권리를 실현하기 위해 필요한 경우는 예외사유로 허용하는 것은 제외하였다.

V 결론

결론적으로 비밀유지권 도입을 위해 아래와 같은 「변호사법 일부개정법률안」을 제시할 수 있다.

안 제26조(비밀유지의무 및 의뢰인의 권익보호)

① 변호사 또는 변호사이었던 자는 그 직무상 알게 된 비밀을 누설하여서는 아니 된다.

② 누구든지 다음 각 호의 사항에 대하여 공개, 제출을 요구하거나 열람하여서는 아니 된다.

1. 직무와 관련하여 변호사와 의뢰인 간 비밀리에 이루어진 의사교환 내용

2. 직무와 관련하여 변호사가 의뢰인으로부터 제출받은 서류나 자료(전자적 형태로 작성·관리되는 것을 포함한다. 이하 이 조에서 같다) 또는 물건

3. 제1호 또는 제2호와 관련하여 변호사가 작성한 서류나 자료

③ 제1항 및 제2항에도 불구하고 다음 각 호의 어느 하나에 해당하는 경우에는 최소한의 범위에서 제1항 또는 제2항을 적용하지 아니할 수 있다.

1. 의뢰인의 승낙이 있는 경우

---

79) 정인진, '변호사의 비밀유지의무', 저스티스 104, 한국법학원, 2008, 157면; 배성호, '변호사윤리로서 비밀유지의무', 한국부패학회보 12(1), 한국부패학회, 2007, 43면.

80) 김태봉, '변호사의 비밀유지의무', 법학논총 36(4), 전남대학교 법학연구소, 2016, 282면.

2. 중대한 공익상 필요가 있는 경우

3. 변호사가 자신의 권리를 방어하기 위하여 필요한 경우

첫째, 변호사법에 일반조항을 둠으로써 비밀유지권을 도입하였다. 우리 변호사법이 변호사와 의뢰인의 정의와 관계를 규정하고 있는 기본법인 점, 변호사법에서 비밀유지의무를 규정하고 있고 비밀유지권은 동일한 내용의 비밀에 대해서 이를 보호할 수 있는 권리인 점, 변호사법에서 비밀유지권을 일반조항으로 규정함으로써 수사·공판절차에서 행정조사까지 폭넓게 적용범위를 인정할 수 있는 점, 나아가 그에 대한 일체의 침해에 대해 배제를 청구할 수 있는 권리가 의뢰인에게 있음을 선언하는 것이라는 점, 이 같은 점들로 인해 비밀유지권에 대한 의뢰인·국민의 기본권을 최대로 보장할 수 있을 것이 기대되는 점 등에서 그러하다.[81]

둘째, 변호사와 의뢰인 간 의사교환의 내용 등에 관한 비밀유지는 "누구든지" 해야 하며, 그 권익의 주체는 의뢰인이다. 의뢰인의 비밀유지권과 이에 대한 변호사의 보호의무도 보다 강화하기 위해 현행 변호사법 제26조 본문을 안 제26조 제1항에 두고 동조 제2항에 비밀유지권을 규정하였다. 다만 동조 제3항에서 비밀유지의 예외사유로서 의뢰인의 승낙이 있는 경우를 두고 있는데, 이때의 승낙은 그 대상이 되는 비밀이 무엇인지 특정되고 의뢰인에게 어떠한 유·무형의 압박이 없는 자발적·명시적인 것이어야 한다. 이에 변호사는 비밀유지의무 또는 비밀유지권 해제와 관련하여 주요한 위험 부담과 가용한 대체수단, 그리고 의뢰인의 승낙에도 불구하고 공개 등이 제한되어야 하는 부분에 대한 정보와 상담을 충분히 제공하여야 할 것이다.

셋째, 비밀유지의 대상은 변호사와 의뢰인 간 비밀유지권의 적용대상이 되는 것은 크게 의사교환 내용 및 의뢰인으로부터 제출받거나 이에 기초하여 변호사가 작성한 서류나 자료이다. 이들은 의뢰인의 변호인의 충분한 조력을 받을 권리 또는 실질적인 방어권의 보장을 위해 필수적으로 그 내용에 관한 비밀유지를 요한다는 점에서 마땅히 그 적용대상이 될 수 있다. 그러한 점에서 이때 보호대상은 의사교환의 내용이 담긴 이상 구두 또는 문서·기록에 의한 것임을 불문하고, 전화, 전자메일, SNS 등 매체에 남겨진 모든 내용이다.[82]

---

81) 손창완, '미국법상 비닉권과 변호사·의뢰인 간 의사교환의 보호', "인권과 정의 485", 대한변호사협회, 2019, 22면; 한애라, '변호사 비밀유지권 도입 정책토론회', "변호사 비밀유지권 도입 정책 토론회 자료집", 국회 조응천 의원실·대한변호사협회, 2019, 32면.

82) Susan R. Martyn·Lawrence J. Fox·W. Bradley Wendel, "The Law Governing Lawyers—National Rules, Standards, Statutes, and State Lawyer Codes(2011−2012 Edition)", Wolters Kluwer, 2019.

그러나 법률서비스와 무관하게 비밀유지권이 남용되지 않도록 다음과 같이 몇 가지 제한을 둘 수 있다.

　　오로지 직무와 관련하여 의뢰인과 의사교환한 내용 및 의뢰인이 제출한 서류·자료에 한하여 비밀유지권이 인정될 수 있다. 또한 변호사와 의뢰인 간의 의사교환은 비밀리에 이루어진 것이어야 하며, 이는 영미법의 변호사와 의뢰인 간 특권(ACP)을 참고한 것으로서 이를 통해 의뢰인으로서는 공개에 대한 명시적인 의사표시를 하지 않는 한 변호사와의 의사교환이 비밀에 해당한다는 원칙을 확인할 수 있다. 나아가 현대사회에서 다수의 문서가 컴퓨터 등 전자매체를 통해 작성·저장되거나 송·수신되는 현실을 반영하여 그 같은 전자문서에 대해서도 의뢰인이 제출한 것으로 인정하여 보호하고자 한다.[83] 현행 비밀유지제도에서 변호사의 물건에 대한 압수거부권이 규정되어 있으나, 현실적으로 이를 행사하기 어렵고 임의제출이 강요되는 등 우회적인 방식이 자행되고 있는 점, 무엇보다 의뢰인이 이를 소지하고 있을 경우 쉽게 압수·수색의 대상이 된다는 점 등에서 변호사가 의뢰인으로부터 제출받은 물건에 대해서도 비밀유지권이 적용됨을 명시하였다.

　　넷째, 비밀유지의 방식은 공개, 제출의 요구 또는 열람의 금지이다. 현행 변호사법 및 변호사윤리장전이 변호사의 비밀유지의무를 규율하면서 그 누설 또는 부당한 이용을 금지하는 것과 비교하여 애초에 공개, 제출, 열람을 금지한다는 점에서 보다 적극적인 의미에서 비밀유지가 보장되는 결과에 이른다고 평가될 수 있다.

　　주목해서 다루어야 할 것은 비밀유지권 및 비밀유지의무 위반을 통해 수집한 증거의 증거능력을 배제하는 것이 타당한지 여부이다. 그러나 우리 형사소송법은 2007년 위법수집증거배제법칙을 명문화하였으며,[84] 이때 "적법한 절차"는 헌법이 천명한 적법한 절차와 동일한 의미를 가진다.[85] 즉 비밀유지권 이외에 여타의 변호인의 조력을 받을 권리의 내용이 되는 권리를 침해하거나 형사소송법의 다른 절차를 위반하여 수집한 증거가 모두 위법수집증거배제법칙에 의거하여 그 증거능력이 판단된다는 점에서 비밀유지권을 위반하여 수집한 증거를 달리 취급할 필요성이 부정된다. 나아가 비밀유지의무의 경우 변호사의 직업윤리적 성격이 강한 규정으로서 이는 소송법의 영역에서 다투어야 할 증거능력으로 규율하는 것은 바람직하지 못하다.

201~203면.

83) 전자문서 및 전자거래 기본법 제2조 등.

84) **형사소송법 제308조의2(위법수집증거의 배제)** 적법한 절차에 따르지 아니하고 수집한 증거는 증거로 할 수 없다.

85) 신동운, "간추린 신형사소송법(제12판)", 법문사, 2020, 592면.

다섯째, 비밀유지의 적용범위는 국가기관이 주재 또는 관여하는 형사절차, 민사·행정절차 전반에 미쳐야 한다. 앞서 변호사와 의뢰인 간 비밀유지권의 도입 필요성을 헌법상 변호인의 조력을 받을 권리 및 적법절차의 원칙에서 찾은바 있다(헌법 제12조 제1항, 제3항, 제4항). 이에 변호인의 조력을 받을 권리의 내용으로서 비밀유지권은 형사절차에서 의뢰인이 피의자·피고인의 지위에 있는 경우뿐만 아니라 피혐의자, 피내사자, 피해자, 참고인의 지위에 있는 경우에도 폭넓게 보장받아야 마땅하며, 적법절차의 원칙은 반드시 형사절차에 국한하여 적용될 것은 아니어서 형사절차뿐만 아니라 국가기관이 주재하는 민사·행정절차에 있어서도 적법절차의 원칙이 준수되어야 한다고 보았다.

여섯째, 비밀유지의무와 비밀유지권 양자에 있어 그 적용한계, 즉 비밀유지의 예외사유로 의뢰인의 승낙이 있는 경우, 중대한 공익상 필요가 있는 경우, 변호사가 자신의 권리를 방어하기 위하여 필요한 때를 규정하였다. 그러나 이 같은 예외사유를 적용한다 하더라도 비밀유지권의 입법취지, 변호사 직무의 공익성 등에 비추어 필요한 최소한의 범위에서 그러함을 명시하였으며, 실무에 있어서도 극히 제한적인 경우에 이를 허용하는 방향으로 운용되어야 할 것이다.

15

형사소송법상 상소제도의 변천과정과 그 의미*

임보미(HK연구교수, 건국대학교 모빌리티인문학연구원)

I 서론

상소제도 개혁의 필요성은 이미 오래전부터 제기되어왔다. 상고심에 사건이 적체되는 현상은 이미 형사소송법 제정 초기부터 시작됐고, 현재는 대법원이 처리하는 상고사건의 수가 천문학적이어서 도대체 사건의 처리가 물리적으로 가능한가 여부가 의심스러운 지경이 되었다.[1] 그동안 상고허가제, 심리불속행제도[2]로 상고심의 부담을 덜고자 했으나, 전자는 위헌론에 밀려 폐지되었고 후자 역시 위헌론에서 자유롭지 못하다. 근래에는 고등법원 상고부 또는 상고법원 설치를 통해 상고사건의 분산을 시도한 바 있다. 그러나 이러한 내용을 담은 개정안들 역시 국회에서 표류하다가 법률로서 빛을 보지 못한 채 폐기되고 말았다. 최근 김명수 대법원장이 취임과 동시에 상고제도 개혁에 대한 의지를 강하게 피력함으로써 상소심 개혁은 다시금 현실의 문제가 되었다.

1954년 형사소송법 제정 이래 상소제도와 관련해서는 1961년과 1963년, 단 두 차례 개정이 있었다. 현행 상소제도는 1963년 개정법 체제하에 따른 것이다. 본 논문은 형사소송법의 제정, 1961년 제1차 형사소송법 개정 및 1963년 제2차 개정의 과정을 고찰함으로써 오늘날 상소제도 개혁을 위한 시사점을 도출하고자 한다. 이러한 일련의 과정에서 일제와 미군정시대를 겪은 우리나라의 특수한 근현대사, 소송구조

---

* 이 글은 임보미, "형사소송법상 상소제도의 변천과정과 그 의미", 법학연구 제59권 제1호, 부산대학교 법학연구소, 2018에 게재되었음을 밝힌다.

1) 대법원 상고사건의 처리실무에 관해서는 박시환, "대법원 상고사건 처리의 실제 모습과 문제점", 민주법학 제62호, 2016, 289면 이하 참조.

2) 상고허가제와 심리불속행제도의 대상에 형사사건은 포함되지 않는다.

에 대한 입법자의 인식과 고민을 주목할 필요가 있다. 입법자는 무엇을 고민했는지, 어떠한 방향으로 개혁을 진행했는지, 문제점과 개혁실패의 원인은 무엇인지를 살펴보고 오늘날의 상소제도 개혁의 방향을 제시하고자 한다.

본문에 앞서 빈번하게 사용될 관련 용어를 미리 정리해 둘 필요가 있다. 일제시대 의용형사소송법부터 1963년 개정에 이르기까지 오늘날 '항소'에 해당하는 용어를 '공소(控訴)'라고 칭하였다. 控訴는 公訴와 발음이 같아서 혼동할 우려가 있기 때문에 1963년 개정을 통하여 오늘날과 같이 '항소'로 변경되었다. 이하에서는 당시 법률과 문헌상의 표현을 따라 1963년 이전 자료를 인용할 때는 '공소(경우에 따라 한자표기)'라고 표기한다. 또한 개정 전후 내용을 비교할 때 사용될 '구형사소송법'이라는 용어는 당해 개정직전의 형사소송법을 의미한다.

Ⅱ 제정형사소송법상 상소제도

우리 역사에 있어서 일제강점기와 미군정 시기는 서로 다른 계통의 법률을 받아들이는 계기가 되었다. 이것이 곧 제정형사소송법에 영향을 미치고 나아가 1961년 형사소송법 개정의 지향점과 흐름을 이해하는 배경이 된다.

1. 의용형사소송법상 상소제도와 미군정법령을 통한 개정

1) 식민지 시대의 심급제도와 법원조직

1895년 4월 19일(양력) 법률 제1호로 재판소구성법이 공포됨으로써 소추기관과 재판기관이 분리된 새로운 법제가 이 땅에 도입되었다.[3] 그러나 곧바로 뒤이은 일본의 외압과 간섭, 식민지배를 계기로 법률과 사법제도 역시 일본의 영향하에 놓이게 되었다. 일제는 조선형사령을 통하여 일본법을 식민지배에 의용하였는데, 따라서 일본 법제의 변천에 따라서 우리 법원의 조직 및 심급구조도 여러 차례 변화하게 되었

---

3) 당시 법원조직법에 따르면 재판소를 지방재판소, 한성 및 인천 기타 개항장재판소, 순회재판소, 고등재판소 및 특별법원으로 나누고 순회재판소와 고등재판소가 상소심을 담당하는 2심급을 규정하고 있었다. 이후 지방제도의 개혁, 재판소의 증설 및 변화 등을 이유로 재판소구성법의 개정이 있었으나, 일본과 동일한 심급 및 재판제도를 갖추게 된 것은 1907년 12월 개정을 통해서이다. 당시 법률 제1호 재판소구성법이 상정하고 있던 법원조직을 도식화 한 자료로는 신우철, "근대 사법제도 성립사 비교연구 -우리 '법원조직' 법제의 초기 형성-", 법조 제56권 제9호, 2007, 116면 참조.

다.4)

1940년대, 전쟁에서 패색이 짙어지자 일본은 「조선총독부재판소령 전시특례(제령 제2호, 1944년 2월 15일)」5)를 제정하여 기존 3심급 체제에서 항소심을 폐지하고 2심급으로 전환하였다.6) 이에 따라 단독판사의 재판은 복심법원이, 합의부 재판인 경우 고등법원이 상고심을 담당하였다. 그리고 이와 같은 2심제의 심급구조를 유지한 채 해방을 맞게 되었다.

2) 미군정시대와 심급제도의 변화

일제의 패망으로 우리나라는 해방과 동시에 1945년 9월 7일 맥아더 장군의 포고령을 시작으로 미군정 체제를 맞이하였다. 미군정은 악법으로 평가받던 식민지 시대의 일부 법률들을 폐지하고7) 미국법상의 인신보호제도 등을 새로이 도입하긴 하였으나, 군정법령 제21호를 통하여 그 때까지 통용되던 법률 및 명령들을 유지하는 것을 원칙으로 하여 의용형사소송법은 해방 이후에도 그 효력을 유지하게 되었다. 다만, 법원의 조직과 명칭에 있어서는 몇 차례 변경이 있었는데, 시간순으로 그 흐름을 정리해 보면 다음과 같다. ① 해방 직후 미군정은 1945년 10월 11일 일본인 재판관과 검찰관 전원을 면직시키고 재판소와 검찰 수뇌부에 대한 대대적 인사를 단행함과 동시에 법원의 명칭도 고등법원을 대법원으로, 복심법원을 공소원으로 바꾸어, 일제 때 격하된 최고법원의 명칭을 대법원으로 회복하였다. ② 다시 1947년 1월 1일부터 시행된 사법부령에 의해 공소원이 고등심리원으로, 지방법원 및 지방법원 지청이 지방심리원 및 지방심리원지원으로 변경되었다. 그러나 일제시대의 2심의 심급구조는

---

4) 1910년 한일병탄에 앞서, 이미 1907년 12월 23일 재판소구성법(법률 제8호)의 개정을 통해 당시 일본의 재판소 조직과 동일한 형태, 즉 區裁判所, 地方裁判所, 控訴院, 大審院을 주축으로 하는 4종 3심급제도로 변경되었다. 우리나라 사법권과 감옥사무에 관한 권한을 사실상 박탈당한 1909년 7월 이후에는 아예 한국의 재판소가 폐지되고 일본의 재판소로 통합되었으나, 기존의 재판제도는 그대로 유지되었다. 다만 「통감부재판소령(1909. 11. 1 시행)」에 따라 대심원이 고등법원으로 격하되는 한편, 예심제도가 도입되었다. 이러한 재판제도는 한일병탄 이후에도 유지되어, 심급구조는 구재판소 → 지방재판소 → 고등법원과 지방재판소 → 공소원 → 고등법원의 형태를 띠었다. 위와 같은 재판제도는 1912년에 다시 한 번 변화를 맞는다. 일제는 조선총독부재판소령을 개정하여 기존의 '재판소'를 '법원'으로 고치고, 구재판소, 지방재판소, 공소원을 폐지하고, 법원의 구성을 지방법원, 복심법원 및 고등법원의 3심급으로 정리하였다. 종래의 구재판소는 지방법원지원으로 개편되었다.

5) 이 법률에 관한 자세한 설명은 玉名友彦, (국역)조선형사령해의, 법원도서관, 2005, 213면 이하 참조.

6) 이에 더하여 '조선에 있어서 재판수속간소화를 위한 국방보안법 및 치안유지법의 전시특례에 관한 건'(1944. 2. 15. 공포)에 따라 외국과 통모하거나 외국에 이익을 줄 목적으로 범한 사건, 국체를 변혁할 목적으로 한 단체활동을 한 사건에 관한 1심 재판 판결에 대해서는 상소권을 아예 부정하였다.

7) 1945. 10. 9. 군정법령 제11호에 의하여 종래 일본법령 중에서 정치범처벌법, 예비검속법, 치안유지법, 출판법 등의 법령을 폐지시켰다: 심희기, 한국법제사강의, 삼영사, 1997, 323면.

그대로 유지되었다.

해방 이후에도 줄곧 유지된 2심 제도는 1948년 6월 1일 시행된 미군정법령 제181호 및 제192호에 의해 폐지된다. 군정법령 제181호 제1조는 "본 영은 전시의 비상조치로 제정된 재판소령, 민사령 급("및"에 해당하는 한자어 표기 - 필자 주) 형사령에 관한 특례를 폐지하고 재판의 3심제를 부활하야 사법제도를 정상에 복귀케 하는 동시에 관련된 법령의 개정을 목적으로 함."을 밝히고, 2심제의 근거가 되었던 일제시대 조선총독부재판소전시특례를 폐지하였다. 아울러 군정법령 제192호(법원조직법)는 법원의 종류를 대법원, 고등법원, 지방법원 및 간이법원으로 나누고, 지방법원 관할구역 내에 지방법원 지원을 설치할 수 있도록 하고, 법원행정을 사법부에서 대법원으로 이관하였다. 헌법 제정 이후 사법제도에 관한 기본 법령이 다시 한 번 검토되었다. 이때 제기된 행정부와 국회 법제사법위원회의 안 중 후자의 안[8]에 따라 기존의 간이법원은 폐지되고 현재와 같이 대법원, 고등법원, 지방법원과 그 지원을 골격으로 하는 3심제도가 채택되었다.

3) 미군정법령 제181호에 따른 상고이유의 삭제

전술한 바와 마찬가지로 미군정은 해방 이후에도 의용형사소송법을 그대로 유지하는 것을 원칙으로 하기는 했지만, 미군정법령 제176호(1948. 4. 1 시행)는 "불법구속에 대한 인민의 자유권을 충분히 보장"하는 것을 목적으로 하여 다양한 영미법상의 인신보호제도를 도입하였다.[9] 그러나 이 법령에 상소제도와 관련한 내용의 변화는 포함되지 아니하였다. 상소와 관련하여 의미 있는 것은 미군정법령 제181호인데, 이 법령을 통해 3심제를 부활시키는 동시에 의용형사소송법에서 상고이유로 인정하고 있던 '현저한 양형부당(의용형사소송법 제412조)'과 '중대한 사실오인(동법 제414조)'을 삭제(제181호 제4조 나항)하였다. 아울러 상고법원에서의 소송 기록의 처리(동조 다항), 상고취의서[10](동조 라항), 부대상고(동조 마항), 무변론 상고기각(동조 바항)에 관한 내용들이 개정되었다.

의용의 근거가 된 구일본형사소송법과 달리 미군정법령 제181호는 두 가지 주요

---

8) 이 안은 국회에서 가결되어 1949년 8월 1일 정부로 이송되었다. 그러나 정부로 이송된 법률안에 대하여 당시 이승만 대통령은 이의서를 붙여 국회로 돌려보냈으나, 국회에서 재의결을 통해 1949년 9월 26일 법률 제51호로 공포되었다.

9) 자세한 내용은 심희기, "미군정법령 제176호 형사소송법의 개정", 법사학연구 제16호, 1995, 117~165면 참조.

10) 현 상고이유서에 해당.

상고이유를 삭제하였다. 상고심은 원심판결을 사후에 법률적으로 검토하는 것인데, 양형부당과 사실오인을 상고이유로 인정하게 되면 상고심의 기능에 상반되는 것이며 상고심의 부담이 과중하게 된다는 점을 이유로 들고 있다.[11]

위와 같이 미군정법령에 의해 일부 개정된 의용형사소송법 및 1949년 8월 15일부터 시행된 제정법원조직법(법률 제51호, 1949. 9. 26 제정)상의 상소제도에 관한 특징은 다음과 같이 요약될 수 있다.

① 법원의 종류는 대법원, 고등법원, 지방법원의 3종이고, 재판에 대한 불복으로 控訴와 상고를 인정하여 3심제를 채택하고 있다.

② 공소는 覆審의 형태이므로 공소를 제기할 때 불복의 이유를 제시할 필요가 없으며, 공소가 제기되면 공소법원은 공소제기의 요건(공소권자, 관할, 기간내 제기)이 충족되었는지 확인하고 부적법하면 기각, 적법하면 사실인정에서부터 법령의 적용, 형의 양정에 이르기까지 모두 다시 심사하는 것을 원칙으로 한다.

③ 상소심에서는 불이익변경금지의 원칙이 적용되지만, 검사의 부대공소를 통하여 사실상 피고인에게 원판결보다 무거운 형을 부과할 수 있다.

④ 상고심은 控訴審과 달리 법령해석을 주목적으로 한다. 따라서 상고는 원칙적으로 법령의 위반을 이유로 하는 때에만 허용된다. 제410조는 21개의 절대적 상고이유[12]를 두고 있다.

⑤ 상고이유가 있다고 판단하는 경우에는 상고심 법원은 스스로 사실심리를 할 것을 선고하는 것이 원칙이나 경우에 따라 파기환송이나 파기이송을 할 수 있다.

2. 제정형사소송법상의 상소제도

1) 의용형사소송법에서 제정형사소송법으로

해방 이후 남한에 주둔했던 미군에 의한 과도 정부가 지나고 독립 정부가 수립되면서 우리 법의 제정 움직임도 활발하게 진행되었다. 초대 대법원장이었던 김병로를 위원장으로 하는 법전편찬위원회가 형사소송법요강안을 작성하여 심의를 거친 뒤 형사소송법초안을 성안하였다. 법전편찬위원회의 초안과 국회 법제사법위원회의 심의를 거친 수정안 및 그에 관한 입법 자료[13]들을 살펴보면, 기본적으로 의용형사소송

---

11) 서일교, 형사소송법강의, 제일문화사, 1957, 303면; 장승두, 형사소송법요강(중정증보판), 청구문화사, 1950, 202면.

12) 당시 상고이유에 관한 자세한 내용은 신동운, 상소제도의 개편에 따른 문제점과 개선방안, 한국형사정책연구원, 2006, 98면 이하 참조.

법을 승계하긴 하였지만 일제시대 때 의용형사소송법상의 여러 폐단들을 시정하고 수사·재판과정에서의 인권보장의 실질적 확보를 위해 고심한 흔적들을 엿볼 수 있다. 그러나 수사 및 1심 공판절차의 경우와 달리 상소제도에 관하여는 커다란 의견의 대립 없이 의용형사소송법의 기본틀을 그대로 승계하였다. 즉, 상소제도에 관해서는 기존 법원의 종류, 3심제, 항소심의 복심구조를 유지하였다. 그러나 의용형사소송법에서 인정되고 있던 부대상소를 폐지하고, 사형 또는 무기징역이나 무기금고가 선고된 판결에 대하여 상소의 포기를 인정하지 아니하며, 불이익재심을 인정하지 않으며, 상고이유로서 "사실오인", "양형부당"이 추가되는 등의 변화가 있었다.[14]

2) 제정형사소송법상 항소심의 구조

제정형사소송법상 항소심의 구조는 覆審이라는 점에 대해 당시 학계와 판례 모두 견해를 같이 하고 있다.[15] 복심이란 마치 1심이 존재하지 않았던 것처럼 항소심에서 다시 판단하는 구조를 의미한다. 따라서 控訴를 제기하는 사람은 공소를 하는 취지를 밝히기만 하면 족하고, 공소가 제기되면 처음부터 모든 절차를 반복하여 심판하는 것을 원칙으로 한다.[16]

대법원도 역시 "공소심은 피고사건에 관하여 다시 판결할 것을 명하여 그 심판에 순전한 복심주의를 채택하였음이 명백"[17]하였다고 판시한 의용형사소송법의 태도를 이어받아, 제정형사소송법상 항소심도 "복심주의를 채용"했다는 점을 명확히 하였다.[18]

3) 제정형사소송법상 상고심

제정형사소송법상의 控訴審의 구조는 제정 전의 경우와 크게 다르지 않았지만, 상고심에서는 주목할 만한 변화가 있었다. 의용형사소송법은 21개의 절대적 상고이유를 두고, 그 밖에 상대적 상고이유로서 법령위반이 판결에 영향을 미친 때, 법령위반은 아니지만 판결내용을 부당하게 만드는 객관적 상황이 있는 경우[19]를 별도의 조문

---

13) 신동운, "제정형사소송법의 성립경위", 형사법연구 제22호, 2004, 159~221면.
14) 자세한 내용은 후술함.
15) 다만, 학자에 따라서는 "공소 이유없다고 인정한 때에는 판결로써 공소를 기각하여야 한다"고 규정한 제정형사소송법 제364조 제2항을 근거로 공소심에 사후심적 요소를 가미하였다는 평가를 하기도 하였다: 서일교, 앞의 책, 298면.
16) 김기두, 형사소송법, 법문사, 1959, 298면.
17) 대법원 1950. 3. 20. 4283형상72
18) 대법원 1955. 7. 8. 4285형상16

으로 규정하고 있었다. 그러나 제정형사소송법은 위와 같은 사유들을 종합하여 하나의 조(제383조)에서 16개의 상고이유를 모두 규정하였다.[20]

제정형사소송법이 의용형사소송법의 경우보다 상고이유의 개수를 축소한 것은 사실이지만, 미군정법령 제181호에 의해 배제되었던 "양형부당"과 "사실오인"이 다시 상고이유에 포함됨으로써 상고심의 사실판단의 범위가 확장되었다. 또한 16개의 상고이유 중에서 11개 사항에 대해서는 상고인이 상고이유로 적시하지 않은 사항에 대해서도 상고심의 직권조사가 가능하도록 하였으며(제385조), 원심판결을 파기한 경우라 하더라도 일정한 요건하에 피고사건에 대하여 직접판결이 가능하도록 했다(제396조). 게다가 직접판결을 하는 부분에 있어서는 복심의 형태를 띤다. 즉, 상고심의 기능이 법률적 측면에서의 사후심을 벗어나 사건의 사실판단을 허용하고 있으며 이러한 사실판단은 예외적으로 허용되는 수준을 넘어 광범위하고 포괄적으로 인정되고 있었다. 이러한 입법태도에 대하여 비판적인 견해도 있었지만[21] 당시의 구체적인 재판실정에 비추어 상고이유의 확장, 사실판단의 허용을 통해 피고인의 이익을 보호하고자 한 입법자의 의도라고 파악된다.[22]

---

19) 예컨대 "재심의 청구를 할 수 있는 경우에 해당하는 사유가 있을 때", "형의 폐지, 변경 또는 大赦가 있는 때" 등

20) 제383조 (상고이유): 다음 이유가 있을 경우에는 원심판결에 대한 상고이유로 할 수 있다.
  1. 헌법에 위반하거나 헌법의 해석에 착오가 있는 때
  2. 대법원의 판례에 상반한 판단을 한 때
  3. 판결후 형의 폐지나 변경 또는 사면이 있는 때
  4. 관할 또는 관할위반의 인정이 법률에 위반한 때
  5. 판결법원의 구성이 법률에 위반한 때
  6. 公訴의 수리 또는 기각이 법령에 위반한 때
  7. 법령의 적용이 없거나 적용에 착오가 있어 판결에 영향을 미칠 때
  8. 법률상 그 재판에 관여하지 못할 판사가 그 사건의 심판에 관여한 때
  9. 사건의 심리에 관여하지 아니한 판사가 그 사건의 판결에 관여한 때
  10. 공판의 공개에 관한 규정에 위반한 때
  11. 심판의 청구가 있는 사건을 판결하지 아니하거나 심판의 청구가 없는 사건을 판결한 때
  12. 판결에 이유를 붙이지 아니하거나 이유에 모순이 있는 때
  13. 소송절차가 법령에 위반되어 판결에 영향을 미칠 때
  14. 재심청구의 사유가 있는 때
  15. 중대한 사실의 오인이 있어 판결에 영향을 미칠 때
  16. 형의 양정이 심히 부당하다고 인정할 현저한 사유가 있는 때

21) 서일교, 앞의 책, 303면.
22) 권오병, 형사소송법요론, 미국의소리社, 1959, 329면 참조.

4) 제정형사소송법상 형사상소제도의 의미

제정형사소송법상의 상소제도는 의용형사소송법 – 미군정법령 – 제정형사소송법의 과정을 거치면서 약간의 수정을 거치긴 했지만 본질적인 변화는 없었다. 입법의 경위와 그 방향을 통해 짐작해 보건대, 상소와 관련한 이러한 변화는 수사 및 공판절차 단계에서와 마찬가지로 피고인의 인권보장을 위한 입법적 정비의 일환으로 보인다. 복심적 항소를 통해 사건을 다시 판단하고, 상고심에서 "사실오인"과 "양형부당"을 이유로 다툴 수 있도록 한 것은 검사에게도 상소의 폭을 확장시키려는 의도가 아니라, 피고인 구제를 위하여 최종심까지 사실판단의 여지를 둔 것이라고 보는 것이 합당하다.

Ⅲ   1961년 개정–상소제도의 변혁을 시도하다

1. 개정의 배경

1961년 5·16 군사 쿠데타 이후 조직된 군사혁명위원회(후에 국가재건최고회로 개칭)는 사법분야에서 개혁해야 할 문제로 사건의 적체와 재판의 지연을 꼽았다. 그동안의 사법운영이 일제시대 때의 고루한 제도를 답습한 것이고, 기존의 심급제도와 광범위한 상소의 허용이 소송당사자들로 하여금 무익한 쟁송을 되풀이하는 폐단을 야기한다[23]는 인식에서 출발하여 "대법원은 순수한 법률심으로 개편하는 한편 상고이유를 극도로 한정하여 불필요한 소송의 지연책을 방지"[24]하는 것을 목표로 삼았다. 이러한 개혁은 비단 상소뿐 아니라 소송절차 전반에 걸쳐 행해졌다. 첫 개정 형사소송법은 1961년 9월 1일, 법률 제705호로 공포되었다.[25]

그러나 후술하는 바와 같이 1961년의 개정법은 강한 비판에 직면함으로써 시행 1년이 채 지나지 않아 다시 개정 논의가 불거진다. 결국 우리나라 상소제도사에 있어서 획기적인 내용을 담고 있었던 1961년 개정법은 2년여의 운용 끝에 재개정되었고 상소제도는 오늘날과 같은 형태로 변하게 된다.

이하에서는 1961년 개정 형사소송법의 내용을 정리한다. 비단 상소제도에 관련한

---

23) 방순원, "상고이유의 제한", 법정 제16권 제11호, 1961, 13면.
24) 한국군사혁명사편집위원회 편, 한국군사혁명사 제1집(상), 1963, 893면.
25) 새로운 심급제도와 상고이유에 제한을 둔 것을 골자로 한 개정 민사소송법도 같은 날 법률 제706호로 공포되었다.

것뿐 아니라 1심 공판절차에서 새로이 도입된 내용도 간단히 소개한다. 상소제도는 전체 심급을 아우르는 사법시스템의 유기적인 관계 속에서 이해되어야 하고, 1961년과 1963년의 개정형사소송법상의 상소제도 역시 1심에서의 공판절차의 변화 및 입법자의 상고심의 기능에 대한 이해와 밀접한 관계를 맺고 있기 때문이다.

2. 제1심의 강화

당시의 상소제도의 개혁은 변론주의, 구두주의의 강화를 표방한 1심 절차를 전제로 하고 있다. 1심 공판절차에 도입된 이하의 내용들은 실제 운용면에서 난관과 비판에 부닥쳤고, 당사자주의가 강화된 1심 공판을 전제로 한 상소제도의 개혁은 결국 좌초되었다. 그러나 결과론적인 측면은 별론으로 하고 당시의 상소제도를 이해하기 위해서는 1심의 변화와 그 취지를 파악하는 것이 필수적이다. 따라서 아래의 내용은 실제 운영[26]과 해석론적 입장보다는 도입 당시의 의도와 취지를 중심으로 소개하기로 한다.

1) 교호신문제도의 도입

제정형사소송법 제162조 제1항은 증인신문과 피고인신문에 관한 재판장의 주도적 역할을 인정하고 있었다. 이에 대하여 검사, 피고인 및 변호인은 증인 신문에 대하여 보충적인 지위를 가질 뿐이었다(제정형사소송법 제163조). 그러나 1961년 개정형사소송법은 증인과 피고인에 대한 새로운 신문방식을 채택하였다. 즉, 재판장에게 주도적으로 인정하였던 피고인에 대한 신문권을 검사와 변호인이 먼저 행사할 수 있도록 하였고[27] 제161조의2를 신설하여 증인을 신청한 측이 주신문을 하고 이에 대하여 상대방이 반대신문을 하도록 하며(개정형사소송법 제161조의2 제1항), 재판장은 위 신문절차가 끝난 후에 신문을 할 수 있도록 하였다(동조 제2항).

위와 같은 새로운 증인신문방식을 채택한 가장 큰 이유는 피고인의 증인신문권 보장에서 찾을 수 있지만,[28] 당시 입법자들은 철저한 교호신문제도의 도입을 주저했던

---

26) 개정형사소송법상을 실무적 관점에서 분석한 글로는 나항윤, "개정형사소송법 – 실무의 관점에서 – (1)", 사법행정 제3권 제1호, 1962, 13~17면; 나항윤, "개정형사소송법 – 실무의 관점에서 – (2)", 사법행정 제3권 제2호, 1962, 27~30면 참조.

27) 1961년 개정형사소송법 제287조(피고인신문의 방식): ① 검사와 변호인은 순차로 피고인에게 대하여 공소사실과 정황에 관한 필요사항을 직접 신문할 수 있다. ② 재판장은 전항의 신문이 끝난 뒤에 신문할 수 있다. ③ 합의부원은 재판장에게 고하고 신문할 수 있다.

28) 권오병, "개정형사소송법해설", 법정 제16권 제10호, 1961, 57면.

것으로 보인다. 제161조의2 제1항과 제2항이 소송당사자에게 증인신문의 우선권을 부여하고 있으면서도 재판장의 직권에 따른 증인신문의 순서와 방식의 변경을 인정하고 있다. 예컨대, 동조 제3항은 "재판장은 필요하다고 인정하면 전2항의 규정에 불구하고 어느 때나 신문할 수 있으며 제1항의 신문순서를 변경할 수 있다"고 하고, 제4항에서는 "법원이 직권으로 신문할 증인의 신문방식은 재판장이 정하는 바에 의한다"고 하여 당사자 우선의 신문권을 제한하였다.

이렇듯 영미식 당사자주의의 기본요소라 할 수 있는 교호신문제도를 전적으로 채택하지 않은 이유로는 영미식의 교호신문제도를 관철하면 당사자 간의 소송거래를 할 우려가 있다는 점을 들기도 했지만[29] 보다 주된 이유로서 피고인 보호의 측면을 간과할 수 없다. 당사자주의적 성격을 띠는 몇몇 제도의 도입에도 불구하고 당시 우리나라의 형사소송법은 여전히 직권주의적 소송구조를 근간으로 하고 있었다. 우리나라 소송구조는 영미식의 당사자주의적 소송구조와는 일치하지 않고,[30] 완벽한 교호신문제도의 운영을 뒷받침할 만한 증거법이 완비되지 않은 상태라는 점[31]에 근거하여 철저한 교호신문제도 운영의 필요성이 적다고 판단되었다. 특히 피고인의 입장에서 보면, 교호신문제도를 통해 활발한 공격·방어권을 행사하려면 법률 전문가의 조력이 필수적이다. 그러나 1960년대 초반 우리나라의 소송현실에 비추어 법정에서 치열한 공방을 펼칠만한 경험 있는 법조인이 부족했으며, 더군다나 변호인을 선임하지 않고 홀로 검사와 맞서야 하는 피고인에게 있어서 교호신문제도는 오히려 피고인 자신을 더욱 불리하게 만들 우려가 있었다.[32] 즉, 신설조항의 제3항과 제4항은 새로운 제도의 운용으로 피고인이 불리한 입장에 처하지 않도록 하는 입법자의 배려가 반영된 것이라 하겠다.

2) 전문증거의 배제

1961년 개정 형사소송법은 피고인과 증인의 신문순서와 방식을 법관 주도에서 당사자 주도로 전환한 것 외에, 제310조의2(전문증거와 증거능력의 제한)를 신설, "제311조 내지 제316조에 규정한 것 이외에는 공판준비 또는 공판기일에서의 진술에 대신하여 진술을 기재한 서류나 공판준비 또는 공판기일 외에서의 타인의 진술을 내용으

---

29) 김기두, "상호신문제도에 대한 고찰", 법정 제16권 제11호, 1961, 21면. 인용문에서는 "거래"에 해당하는 영어를 "Hargain"이라고 표기했지만, "Bargain"의 誤記로 추정된다.

30) 권오병, 앞의 논문, 57면.

31) 정영석, "형사소송법 개정의 요점", 고시계 제7권 제2호, 1962, 111면.

32) 권오병, 앞의 논문, 57면; 김기두, 앞의 논문, 23면; 정영석, 위의 논문, 111면.

로 하는 진술은 이를 증거로 할 수 없다"고 하여 전문증거 배제의 원칙을 명문으로 선언하였다. 전문증거의 배제는 개정 전에도 인정되고 있었던 법원칙[33]이었으나, 1961년 개정 형사소송법은 당해 조항을 신설하여 이 원칙을 명문으로 선언하는 한편, 기존 증거관련 조항을 정비[34]함으로써 직접심리주의, 구두주의를 도모하고자 하였다.

전문법칙은 1961년 개정에서 새로이 도입된 교호신문제도와 불가분의 관계를 맺고 있다. 교호신문제도는 당사자로 하여금 증거조사와 입증을 통해 충분한 공격과 방어를 하여 사건의 판단자를 자신에게 유리한 방향으로 설득시키는 제도이다. 이때 공권력에 맞서는 피고인에게 반대신문권의 기회가 보장되지 않으면 안된다. 전문증거의 증거능력을 인정한다면 피고인은 반대신문을 통해 그 진실여하를 다툴 수 없게 되므로 결국 전문증거의 배제는 피고인의 반대신문권을 보장하기 위한 장치로서의 기능을 한다.[35] 이와 같은 판단하에 당시 입법자는 교호신문제도의 도입과 더불어 이를 뒷받침할 만한 보완책으로 기존의 증거법을 정비했던 것이다.

3) 탄핵증거제도

교호신문제도를 도입하고 전문법칙에 관한 규정을 정비하는 한편, 제318조의2(증명력을 다투기 위한 증거)를 신설하였다. 동 조항은 "제312조 내지 제316조[36]의 규정에 의하여 증거로 할 수 없는 서류나 진술이라도 공판준비 또는 공판기일에서의 피고인 또는 피고인 아닌 자의 진술의 증명력을 다투기 위하여는 이를 증거로 할 수 있다"고 하여 이른바 탄핵증거로서의 전문증거의 증거능력을 인정하였다.[37]

주지하는 바와 같이 탄핵증거제도는 영미에서 발전한 개념이다. 소송당사자는 각자 자기에게 유리한 증거의 확보를 위해 노력할 뿐만 아니라 자기에게 불리한 증언

---

33) 그러나 개정 전에는 구형사소송법 제316조가 피고인 아닌 자의 "진술"만을 일정한 요건이 충족되지 않으면 증거로 할 수 없다고 규정하고 있었으므로, 이 진술을 기재한 "조서"는 전문법칙이 적용되지 않는다고 해석하였다(정영석, 앞의 논문, 112면). 따라서 1961년 증거법 관련 조항의 정비를 통하여 전문법칙의 범위가 확장되었다고 볼 수 있다.

34) 1961년 개정법은 선언적 규정인 제310조의2를 신설하여 전문증거 배제를 일반적 원칙으로 둔 다음, 전문증거 배제의 예외(제311조 내지 제316조)에 해당하는 기존의 조문들을 개정하였다. 이 개정을 통하여 피의자(피고인) 및 증인의 진술이나 이를 기재한 조서가 증거능력을 얻기 위해서는 기존의 "성립의 진정성" 외에 특신상태가 추가적으로 요구되었다. 또한 제316조는 전문진술에 있어서 피고인의 진술을 내용으로 하는 것을 추가하여 보완하였다.

35) 정영석, "전문법칙", 법정 제16권 제11호, 1961, 25면.

36) 전문증거에 관한 규정들.

37) 탄핵증거제도의 도입 직후 이에 관한 이론적 논의에 관해서는 권오병, "탄핵증거제도", 법정 제16권 제11호, 1961, 29면 이하; 김기두, "탄핵증거제도를 논함", 고시계 제7권 제6호, 1962, 150면 이하 참조.

의 신빙성에 대한 공격을 함으로써 그 증언이 가진 증명력을 감쇄시킬 필요가 있다. 1961년 개정법은 이러한 당사자주의적 소송의 특성에 기인하여 발전된 탄핵증거제도를 새로이 채택하였다. 본래 배심재판을 전제로 한 당사자주의적 소송구조 하에서 발전한 탄핵증거제도를 직업법관에 의한 재판만을 상정하고 있었던 우리나라의 직권주의적 소송형태에 접목시키는 데는 이론적 난점이 발생할 수밖에 없었고 탄핵증거를 둘러싼 다양한 견해들이 출현하게 된 원인이 되었다. 본 논문에서는 탄핵증거에 관한 자세한 이론적 논의는 다루지 않고, 탄핵증거제도의 도입이 당사자주의를 강화한 1961년 개정의 특징을 이루는 한 요소로서 의미를 두기로 한다.

3. 상고심의 분산

해방 이후 일제하에 통용되던 범죄즉결례가 폐지됨으로써 경미사건들이 정식재판절차로 유입되었고, 일제가 남기고 간 귀속재산 처리문제를 둘러싼 사건들이 몰려들면서 상고심에서의 사건적체와 그로 인한 대법원의 업무부담은 이미 포화상태가 되었다.[38] 이에 대한 타개책으로 법원조직법을 개정(1959. 1. 1 시행, 법률 제516호)하여 9명의 대법관 외에 대법원 판사직을 신설, 사건을 담당할 인원을 증원하여 업무의 경감을 도모하였으나 천문학적인 사건 수에 비해 최대 11명의 대법원 판사[39]의 증원(1959년 법원조직법 제5조)으로는 미봉책에 그칠 수밖에 없었다.[40]

법관의 수를 증원하는 것만으로는 이러한 문제의 근본적인 해결책이 될 수 없었기 때문에 입법자는 상고사건이 대법원으로 향하는 유입로를 좁히는 선택을 감행하였다. 앞서 살펴본 바와 같이, 공판절차의 변화를 통해 소송구조를 당사자주의로 선회하고자 하였고 이를 전제로 하여 상소제도의 변화를 추구했다. 그 개혁작업의 일환으로 고등법원에 상고부를 설치하여 기존에 대법원이 전담하던 상고사건을 분담하고자 하였다.

구형사소송법에 따르면 모든 控訴審은 고등법원이, 모든 상고심은 대법원이 담당하도록 되어 있었다. 1961년 개정형사소송법은 3심 제도를 유지하되 심급절차를 이원화하여, 사건의 경중에 따라 지방법원 단독판사 → 지방법원 합의부 → 고등법원, 지방법원 합의부 → 고등법원 → 대법원의 순서로 불복절차를 조정하였다(형사소송법

---

38) 신동운, 앞의 책, 100~101면 참조.
39) '대법원 판사'는 1987년 개정헌법에 의하여 다시 '대법관'으로 명칭이 변경되었다.
40) 대법원 판사를 증원함으로써 상고심의 문제를 해결하고자 한 시도를 비판하는 글로는 이영섭, "대법원의 사무경감", 법정 제16권 제11호, 1961, 16~19면 참조.

제357조, 371조; 1961년 개정법원조직법 제25조 제3호, 제29조 제6호).[41] 즉, 사건을 경한 사건과 중한 사건으로 나누어 전자의 경우는 제1심을 지방법원 단독판사가, 후자의 경우는 지방법원 본원 합의부가 담당하도록 하였고 그에 대한 불복의 경로를 나눈 것이다.

이원적 심급제는 1961년 개정형사소송법에서 시도한 상소제도의 개혁의 구상 중 하나로서, 이를 채택한 근본적인 이유는 구형사소송법상 모든 상고심을 담당하고 있던 대법원의 과중한 사건 처리의 부담을 경감시키는 것이었다.[42] 또한 경미사건 공소심의 경우 피고인 또는 증인 등이 지방법원 관할지에서 전국에 소재한 단 3개의 고등법원 중 하나에 왕래해야 하는 번거로움을 타파할 필요도[43] 있었다.

4. 상고심의 변화와 비판

1961년 형사소송법은 고등법원 상고부를 설치하여 대법원에 유입되는 불복사건을 중죄로 국한한 다음, 상고이유도 대폭 축소하여 상고사건의 폭주를 차단하고자 하였다.[44]

구형사소송법은 제383조에서 16개의 상고이유를 규정하고 있었으나 1961년 개정을 통해 네 개로 축소되었다.[45] 즉, 제정형사소송법상의 16개의 상고이유 중 "헌법해석의 착오 및 헌법위반"과 "대법원 판례에 상반한 경우", "사실오인 및 양형부당"만을 개정형사소송법상의 상고이유로 유지한 것이다. 그 중 제정형사소송법상에서 절대적 상고이유였던 "대법원 판례에 상반한 경우"는 개정형사소송법에서는 상대적 상고이유로서 "판결에 영향을 미칠 것"을 요구하고 있고, "사실오인 및 양형부당"은 사건범죄가 사형, 무기 또는 10년 이상의 징역이나 금고가 선고된 중형에 한해서만 다툴 수 있게 되었다. 또한 일정한 상고이유에 대해서 폭넓은 직권조사 권한을 허용

---

41) 새로운 심급제의 시행을 위하여 이를 내용으로 하는 법원조직법이 개정형사소송법과 같은 날짜로 개정되었다.

42) 정영석, 앞의 논문(각주32), 116면.

43) 이병용, "개정형사소송법하에서의 공소심운영문제", 법정 제17권 제12호, 1962, 38면.

44) 상고심의 업무부담의 경우는 비단 형사소송에만 국한된 문제가 아니었기 때문에 상고심 개혁의 내용이 주를 이루는 개정민사소송법도 형사소송법과 같은 날(1961.9.1) 법률 제706호로 발효되었다.

45) ① 헌법해석의 착오 기타 헌법위반이 있는 때, ② 대법원의 판례에 상반한 판단을 하여 판결에 영향을 미침이 명백한 법령위반이 있을 때, ③ 대법원의 판례가 없는 경우에 고등법원의 상고심판례에 상반한 판단을 하여 판결에 영향을 미침이 명백한 법령위반이 있는 때, ④ 사형, 무기 또는 10년 이상의 징역이나 금고가 선고된 사건에 있어서 명백한 법령위반이 있거나 중대한 사실의 오인이 있어 판결에 영향을 미친 때 또는 형의 양정이 심히 부당하다고 인정할 현저한 사유가 있는 때

(제385조)하고 있던 제정법과는 달리 개정법은 해당 조항을 삭제하였다.

이렇듯 파격적인 상고심의 변화는 전술한 1심에 있어서의 당사자주의의 강화 및 후술할 控訴審의 변화와 유기적인 관계에 놓여있다. 즉, 1961년 개정 당시 입법자가 구상한 새로운 상소제도는 1심에서 공판중심주의, 구두변론주의, 직접심리주의를 강화하여 철저한 심리에 만전을 기하고 상소는 판결의 당부를 사후적으로 심사하도록 함으로써 상소심의 부담을 적게 하여 사건의 신속한 처리 및 상소심 본연의 기능을 다하도록 하는 것이었다.[46]

그러나 이와 같은 상고제도의 변화는 적지 않은 비판을 불러일으키기도 하였다. 우선 상고이유를 대폭 제한한 점에 대해서는 상고이유의 제한이 법령해석의 통일이라는 상고심의 기능을 충실히 하고자 한 취지였으나, 상고심의 진입이 지나치게 제한되어 오히려 제 역할을 감당하지 못한다는 비판이 제기되었다.[47] 또한 당시 일본 형사소송법과 달리 우리 형사소송법은 상고심에서의 직권조사도 허용하지 않음으로써[48] 명백히 부당하고, 당사자의 침해를 야기하는 판결에 관해서도 아무런 조치를 취할 수 없도록 했기 때문에 "졸렬한 입법이자 악법"[49]이라는 평가를 받을 만큼 거센 비난에 부닥쳐야 했다.

상고이유의 제한 및 상고심의 직권조사사유를 인정하지 않은 것에 따른 비판 외에 상고사건이 2원적으로 처리된다는 점에 대해서도 문제가 제기되었다. 개정 형사소송법은 "대법원의 판례에 상반한 판단을 하여 판결에 영향을 미침이 명백한 법령위반이 있는 때(제383조 제2호)"와 "대법원의 판례가 없는 경우에 고등법원의 상고심판례에 상반한 판단을 하여 판결에 영향을 미침이 명백한 법령위반이 있는 때(제383조 제3호)"를 상고이유로 규정하고 있다. 그러나 상고심 법원이 3개의 고등법원 상고부와 대법원으로 나뉘어져 있기 때문에 ① 고등법원 상고심이 대법원 상고심 판례에 상반한 판단을 한 경우, ② 세 개의 고등법원 상고심판례가 서로 상반한 판결을 한 경우 및 ③ 4개의 상고심이 각각 상반한 판단을 한 경우도 발생할 수 있다. 이와 같이 고

---

46) 김종수, "상소제도의 개혁", 법정 제16권 제11호, 1961, 34면.
47) 최대교, "공소심의 구조", 법정 제18권 제11호, 1963, 59면.
48) 당시 일본 형사소송법은 제411조에서 "상고재판소는 제405조 각호에 규정하는 사유가 없는 경우라도 다음의 사유가 있어 원판결을 파기하지 아니하면 현저히 정의에 반한다고 인정되는 때에는 판결로 원판결을 파기할 수 있다... (이하 생략)"고 하여 직권심사 권한을 부여하고 있었다. 또한 제405조에서 규정한 상고이유가 없는 경우에도 법령해석을 위하여 중요하다고 인정되는 사건에 대해서는 그 판결이 확정되기 전에 스스로 상고심으로서 그 사건을 수리할 수 있도록 하여 1961년 개정에 따른 우리 형사소송법상의 상고심보다 폭넓은 심사권한을 인정하고 있다.
49) 김윤근, "형사상고심의 기능과 현행 상고이유에 대한 비판", 법정 제18권 제2호, 1963, 73면.

등법원 상호간 또는 고등법원 상고심과 대법원 판단 사이에 상반된 판단으로 판결에 영향을 미친 위법이 발생할 경우에는 당사자의 구제면에서나 판례의 통일적인 법해석 면에서나 그 기능을 철저히 달성할 수 없다는 비판이 제기되었다.[50]

5. 控訴審의 변화

1961년 형사소송법의 입법자는 "사실심은 하급심에 맡기고 헌법 및 법률심은 상급심에서 하도록 하고 종래 복심의 성격을 가졌던 공소심에 사후심의 성격을 가미"[51]하는 것을 개정의 취지로 삼았다. 이러한 취지대로 상급심(최종심)에서 헌법 및 법률심만 담당하기 위해서는[52] 충실한 사실심이 전제되어야 한다. 사실심을 충실히 하기 위하여 공판절차에 어떠한 변화를 도모했는지는 앞서 살펴본 바와 같다. 이를 바탕으로 대법원은 법률의 통일적 해석이라는 본연의 기능을 충실히 할 수 있도록 하고, 공소심의 구성은 1심 판단의 불복이 있는 자에게 사실판단의 기회를 부여하는 한편 사후심적 요소를 가미하여 2심으로의 사건진입을 차단하고자 하였다. 그러나 후술하는 바와 같이 공소심은 규정의 모호함으로 그 구조의 명확한 판단을 곤란케 하는 요소들이 남아있었고, 이로 인하여 법조실무에서 첨예한 대립과 다툼이 일어나는 계기가 되었다. 그 구체적인 변화의 내용과 주요쟁점은 다음과 같다.

1) 구형사소송법상 상고심규정의 이전

1961년 형사소송법상 공소심은 구형사소송법상 상고심 관련 규정들을 공소심 규정으로 이전하는 방식으로 설계되었다. 즉, 공소이유서제도를 채택하고 기존의 상고이유를 거의 그대로 공소이유로 전환하였다. 구형사소송법 제383조가 규정하고 있던 16개의 상고이유 중 "대법원의 판례에 상반한 때"[53]를 제외한 15개의 상고이유가 개정형사소송법 제361조의5에서 공소이유로 인정된 것이다.

공소심에서 공소이유를 두고 있다는 사실은 공소심이 더 이상 기존의 복심형태로 유지되지 않는다는 것을 의미한다. 새로이 개정된 공소심이 어떠한 성격을 띠느냐에 관하여 첨예한 논란과 다툼이 있었지만, 적어도 구형사소송법에서처럼 공소제기자가

---

50) 김윤근, 위의 논문, 72면.
51) 1961년 형사소송법(법률 제705호) 개정이유
52) 당시에는 헌법재판소가 창설되기 이전이었기 때문에 대법원이 상고심과 더불어 헌법에 관한 문제까지 같이 다루었다.
53) "대법원의 판단의 상반한 때"는 앞서 언급한 바와 같이 상고이유 중 하나에 포함되어 있다.

공소의 의사만 표현하면 공소법원이 모든 사안을 다시 심사하는 형식을 탈피하여 공소제기자가 공소이유를 지적하고 법원은 이에 대한 당부를 심사하는 것을 원칙으로 한다는 것이다. 이로써 구형사소송법상 상고심이 담당하던 사건의 대부분을 항소심에서 처리하고, 대법원은 최고법원으로서의 위상과 기능에 충실할 수 있도록 하기 위한 프레임이 짜였다.

2) 控訴審 구조에 대한 논란과 비판

그러나 구형사소송법상 상고심의 기능을 공소심으로 이전하려던 입법자의 의도와는 달리, 1961년 개정법은 시행 초기에서부터 격렬한 비판에 부닥치게 되었다. 이러한 비판의 원인은 여러 가지 측면에서 생각해볼 수 있다. 첫 번째, 상고심에 대한 비판과 같은 맥락으로서, '공소심의 사후심화' 자체에 대한 비판이다. 즉, 피고인의 구제 가능성을 축소하였다는 것이다.[54] 또한 국선변호인제도가 완벽하게 시행되고 있지 않았던 당시 사정에 비추면 공소이유서제도의 정착이 곤란하다는 지적도 있었다.[55] 두 번째, 애초 개정의 취지와는 달리 개정법은 공소심 구조에 대한 판단을 불명확하게 하는 규정들을 두고 있었다. 예를 들어, "사실오인"과 "양형부당"이 공소이유에 포함되어 있었고, 제346조 제1항이 공소법원의 심판범위를 공소이유에 포함된 사유로 한정하는 한편, 제2항에서는 그 예외로서 직권심판이 가능한 경우를 넓게 인정하고 있다.[56] 또한 전형적인 사후심과는 달리, 공소심에서 원심을 파기하는 경우 환송이 아닌 自判할 것을 규정하고 있다(동조 제5항).

---

54) 최대교, 앞의 논문, 59~60면.

55) 김종수, 앞의 논문, 36면; 정영석, 앞의 논문(각주 32), 116면. 이에 대하여 실무상 공소이유제도 때문에 피고인이 공소를 주저하는 것은 아니며, 공소이유서의 형식과 내용을 불문하고 공소법원이 알아서 공소이유를 판단해 주는 등의 현상도 나타났다는 견해도 있다: 김두현, "개정형사소송법의 이론과 실제", 법정 제17권 제12호, 1962, 29면.

56) 제361조의5는 "헌법해석의 착오 기타 헌법위반 있는 때(제1호)", "판결 후 형의 폐지나 변경 또는 사면이 있는 때(제2호)", "관할 또는 관할위반의 인정이 법률에 위반한 때(제3호)", "판결법원의 구성이 법률에 위반한 때(제4호)", "公訴의 수리 또는 기각이 법령에 위반한 때(제5호)", "법령의 적용이 없거나 적용에 착오가 있어 판결에 영향을 미칠 때(제6호)", "법률상 그 재판에 관여하지 못할 판사가 그 사건의 심판에 관여한 때(제7호)", "사건의 심리에 관여하지 아니한 판사가 그 사건의 판결에 관여한 때(제8호)", "공판의 공개에 관한 규정에 위반한 때(제9호)", "심판의 청구가 있는 사건을 판결하지 아니하거나 심판의 청구가 없는 사건을 판결한 때(제10호)", "판결에 이유를 붙이지 아니하거나 이유에 모순이 있는 때(제11호)", "소송절차가 법령에 위반되어 판결에 영향을 미칠 때(제12호)", "재심청구의 사유가 있는 때(제13호)", "중대한 사실의 오인이 있어 판결에 영향을 미칠 때(제14호)", "형의 양정이 심히 부당하다고 인정할 현저한 이유가 있는 때(제15호)"를 항소이유로 인정하고, 이 중에서 제7, 8, 9, 11, 12호를 제외한 모든 사유에 있어서 공소이유서에 포함되지 않은 경우에도 직권심판의 가능성을 인정하였다(제364조 제2호).

이러한 배경하에서, 1962년 1월 25일 공소심에서 법관의 공소장 낭독 요구를 검사가 거부한 사건이 발생하였다.[57) 이는 공소심의 성격을 복심으로 이해한 법원과 사후심으로 이해한 검찰의 견해 차이에서 비롯된 일로서, 양측은 서로 첨예하게 대립하였고 재판은 파국의 지경까지 이르렀다. 이 사건은 약 일주일 뒤 양측의 합의로 일단락되었으나 이를 계기로 공소심 구조에 관한 다양한 견해가 지면에 등장하게 되었다. 많은 비판 속에서 1961년 상소제도의 개혁 시도는 결국 좌초되었고, 약 2년여의 짧은 시행기간을 거쳐 2차 개정에 이르게 된다.

6. 1961년 개정의 의미와 한계

1961년 개정형사소송법상의 상소제도는 우리나라의 사법역사에 있어서 가장 획기적인 변화를 추구한 모델이었다. 상소심에 밀려드는 사건이 적체되면 법원의 부담이 증가하고, 이는 곧 재판자체의 질적 저하로 이어질 수밖에 없다. 이러한 문제를 해결하려면 상고심의 진입장벽을 높이고, 항소심구조의 사후심화를 도모하는 것도 한 방법이 된다. 그런데 이와 같은 변화는 피고인 구제의 가능성을 축소시킬 수 있기 때문에, 1심 재판이 충실히 진행됐다는 시민의 믿음을 확보하여 승복의 당위성 제고를 바탕으로 하지 않으면 안된다.

1961년 개정은 단순히 상소를 제한함으로써 사건부담을 물리적으로 축소하는 것이 아니라, 1심의 변화를 통하여 사실심의 충실화를 꾀하여 그 단초를 마련하고자 했다는 데 큰 의미가 있다. 물론 당시 공판절차에 도입된 여러 제도들이(제도 자체보다는 운영의 문제이므로) 반드시 재판의 질적 향상을 담보하는 것은 아니지만, 교호신문제도 및 전문법칙은 피고인 방어권과 밀접한 관련이 있는 것으로, 1961년 형사소송법의 개정은 이와 같은 유기적 관련성에 대한 이해를 바탕으로 진행되었다.[58)

그러나 그 의미에도 불구하고 개혁의 시도는 성공적이지 못하였다. 개정 당시, 우리나라는 대륙법의 계통을 이어받은 일본법의 영향이 장기간 지속되고 있었다. 한국전쟁 이후 경제난 속에서 법조인력은 부족했고, 일반 국민들은 변호사의 도움을 받을 기회가 적었다. 이렇듯 당사자주의적 제도의 운영을 실질적으로 가능하게 만드는 인프라가 부족한 상태에서 진행된 급박한 개혁은 한계에 봉착할 수밖에 없었다.

한편, 상소제도 개혁과정과 입법의 추이를 살펴보면, 당시 입법자들은 개정의 취

<hr>

57) 사건의 경위와 경과에 대해서는 동아일보 및 경향신문 1962. 1. 28. 이후 기사 참조.
58) 변종필, "형사소송법 개정의 역사와 전망", 형사법연구 제19권 제3호, 2007, 81면.

지와는 달리, 상소심의 구조를 본질적으로 변화시키는 것을 주저한 듯이 보인다. 원칙과 원칙에 대한 방대한 예외가 혼재함으로써 논란에 불을 지폈다. 이와 같은 입법 태도에 대한 비판의 주체는 특정 집단이 아닌 다양한 직역을 망라하였다. 이러한 현상은 새로운 소송 구조가 특정 구성원의 이해관계와 관련되었기 때문이 아니라, 그러한 제도를 이끌어갈 만한 물적·인적 인프라가 구성되지 않았다는 점에서 근본 원인을 찾아야 할 것이다.[59] 당시 입법자가 생각했던 이상적인 상소심의 운영은 소송 구조의 체질을 완전히 변화시켜야만 가능한 일이었다. 충분한 인적, 물적 자원과 시간을 투자해야 달성할 수 있음에도 불구하고 급격한 개혁을 시도하였고, 이는 무수한 비판과 함께 다음과 같이 상소제도의 변화를 가져오는 결과로 이어졌다.

Ⅳ   1963년 개정-현행법상의 상소제도

1961년 9월 1일부터 시행된 제1차 개정형사소송법은 시행직후부터 극심한 반대론에 부딪치다가 약 1년이 경과하면서 구체적인 재개정 논의가 진행되었다. 1961년 형사소송법은 피고인 보호를 위하여 복심형식의 상소제도가 필요하다는 주장과 새로운 공소심이 재판의 신속성면에 있어서 기대한 만큼의 실효를 거두지 못하고 있다는 비판에 맞서야했다. 아울러 1962년에 헌법이 개정되면서 고등법원 상고부에 대한 위헌 논란이 제기되었고, 위와 같은 비판과 함께 형사소송법의 재개정을 촉발시킨 원인이 되었다.[60]

박정희 정권은 1961년 집권 이후, 이듬해인 1962년에 헌법 개정의 목적으로 헌법심의위원회를 설치하였고, 위원회에서 마련한 헌법개정안이 1962년 12월 16일 법률 제6호로 공포되었다. 개정헌법 제102조 제1항 및 제2항에 따르면[61], 개별 사건을 재판할 때 당해 사건에 적용할 법률의 위헌여부가 문제될 때에는 반드시 대법원의 심사를 받아야 했다.[62] 그런데 1961년 형사소송법 및 법원조직법 하에서는, 상대적으

---

59) 변종필, 앞의 논문, 66~67면; 신동운, 앞의 책, 110면.

60) 김두현, 앞의 논문, 29면.

61) 1962년 헌법 제102조 ① 법률이 헌법에 위반되는 여부가 재판의 전제가 된 때에는 대법원은 이를 최종적으로 심사할 권한을 가진다. ② 명령·규칙·처분이 헌법이나 법률에 위반되는 여부가 재판의 전제가 된 때에는 대법원은 이를 최종적으로 심사할 권한을 가진다.

62) 한동섭, "법원의 위헌법률심사권", 고시계 제8권 제6호, 1963, 88면; 문홍주·서주실, 헌법, 법문사, 1964, 355면.

로 경한 죄의 최종심은 고등법원 상고부가 담당했으므로 새로운 헌법에 따르면 위헌 논란을 피할 수 없게 된 것이다. 그리하여 심급제도를 환원시키고, 상고심의 상고이 유를 대폭 확장하는 것을 목적으로 한 개정형사소송법이 1963년 12월 13일 법률 제 1500호로 공포(1963. 12. 17. 시행)되었다. 아울러 법원조직법도 새로운 헌법 및 형사 소송법과 조화를 이루기 위하여 형사소송법과 같은 날 개정[63]·발효하였다.

1963년 개정은 상소제도와 관련된 마지막 개정이었고, 현행 상소제도는 바로 이 1963년 개정법에 의해 운영되고 있다.

1. 고등법원 상고부의 폐지

위헌논란의 정점에 있었던 고등법원 상고부는 결국 1963년 개정으로 폐지되었다. 고등법원 상고부의 폐지와 함께 모든 상고사건은 다시 대법원이 담당하게 되었다 (1963년 법원조직법 제17조 제1호). 다만, 대법원에서 심리를 담당할 대법원 판사의 인 원을 기존 9명에서 13명으로 증원하였고, 사건의 심리 및 재판에 관한 조사·연구에 종사할 재판연구원을 대법원판사회의의 의결을 거쳐 대법원장이 지명할 수 있도록 하였다(동법 제20조의2). 이와 같은 조치는 고등법원 상고부가 폐지됨으로써 예상되는 대법원의 업무폭주에 대한 대비책으로 보이나, 이미 경험한 바와 같이 판사의 증원 으로 업무부담이 효율적으로 감소하지는 않았다. 따라서 이와 같은 대책은 처음부터 그 한계가 예정된 것이었다.

2. 상고이유의 변화와 직권심리 가능성 재개

1963년 개정형사소송법 제383조 제1항은 "판결에 영향을 미친 헌법·법률·명령 또는 규칙의 위반이 있을 때(제1호)"를 상고이유로 두고 있다. 이는 1961년 형사소송 법상 상고이유에 해당하는 "헌법해석의 착오 및 헌법위반(구법 제1호)", "대법원 또는 고등법원 상고심의 판례에 상반한 판단을 하여 판결에 영향을 미침이 명백한 법령위 반(구법 제2·3호)"을 통합하고 여기에 "법률·명령·규칙의 위반"이라는 포괄적인 상 고이유를 추가한 것이다. 이로써 판결에 영향을 미칠 것을 요구하는 표지를 제외하 고는 사실상 1961년 이전의 수준으로 심사범위가 재확대되었다.[64] 이와 더불어 "판

---

63) 1963. 12. 13일 법률 제1496호로 개정된 법원조직법은 '현행 법원조직법중 신헌법과 부합되지 아니한 조항을 개정하려는 것'을 개정이유로 들고 있다.

64) "헌법위반"의 경우에는 구형사소송법이 절대적 상고이유로 인정했던데 반해, 1963년 개정은 상대적 상

결후 형의 폐지나 변경 또는 사면이 있는 때(개정법 제2호)", "재심청구의 사유가 있는 때(개정법 제3호)"가 추가되었다. 구형사소송법의 "사형, 무기 또는 10년 이상의 징역이나 금고가 선고된 사건에 있어서 명백한 법령위반이 있거나(밑줄 필자 주) 중대한 사실의 오인이 있어 판결에 영향을 미친 때 또는 형의 양정이 심히 부당하다고 인정할 현저한 사유가 있는 때"는 밑줄 친 부분이 삭제되어 재편성되었다.

상고이유의 확장 이외에 직권심리사유의 부활도 1963년 개정의 중요한 변화이다. 1961년 형사소송법 제384조는 "상고법원은 상고이유서에 포함된 사유에 관하여 조사하여야 한다"고 하여 조사범위를 상고이유서에 제시된 쟁점으로 한하였다. 그러나 개정형사소송법은 동조에 "그러나 전조 제1호 내지 제3호[65]의 경우에는 상고이유서에 포함되지 아니한 때에도 직권으로 심판할 수 있다"고 단서조항을 추가하였다.

3. 항소이유의 확대와 사실심적 요소의 증가

위와 같은 상고심의 변화는 당연히 항소심의 변화도 수반하기 마련이다. 우선, 두 번째 심급을 나타내는 용어인 '控訴'가 1963년 개정에 이르러 현재의 용례와 같이 '항소'로 바뀌었다. 또한 항소의 이유가 재편성되었는데, 상고심의 경우와 마찬가지로 항소이유의 '숫자' 자체는 감소했으나, 포괄적·일반적 사유로서 "판결에 영향을 미친 헌법·법률·명령 또는 규칙의 위반(현행법 제361조의5 제1호)"을 항소이유로 새로이 규정하였다.

한편, 구형사소송법에서는 '판결에 영향을 미친 중대한 사실오인'과 '형의 양정이 심히 부당하다고 인정할 현저한 이유'를 항소이유로 두고 있었는데(구형사소송법 제361조의5 제14호 및 제15호), 개정법에서는 각각 '중대성'과 '현저성'의 요건이 삭제되었다. 이러한 변화가 실제 해석상의 변화로 이어진 것은 아니지만,[66] 항소심의 심사

고이유로서 "판결에 영향을 미칠 것"을 요구하고 있다. 이러한 사실은 상고이유의 확장에 관한 논란과는 별도로 헌법재판소가 창설되기 이전이었던 당시의 대법원이 헌법위반에 관한 최종적 심사기관의 지위를 가지고 있음에도 불구하고 개별적 사건의 판결에 영향을 미친 경우에 한하여 심사한다는 것은 최고법원으로서의 의무를 해태한다는 비난을 면할 수 없다.

65) 1. 판결에 영향을 미친 헌법·법률·명령 또는 규칙의 위반이 있을 때, 2. 판결 후 형의 폐지나 변경 또는 사면이 있는 때, 3. 재심청구의 사유가 있는 때

66) "사실의 오인을 항소이유로 하는 것은 구형사소송법에서도 마찬가지였다. 구법에서는 「중대한 사실의 오인」이라고 규정하였으나 현행법은 그냥 「사실오인」이라고 하고 있다. 그러나 양자의 차이는 없다고 보아야 할 것이다": 허형구·차용석·백형구, 주석 형사소송법(하), 한국사법행정학회, 1986, 199면. 또한 당시 개정 전후로 발간된 문헌을 비교해보면, 개정의 내용은 소개되어 있지만 이러한 개정에 대하여 별다른 인식이나 해석의 변화를 보이지 않고 있다.

범위 확대를 염두에 둔 입법자의 의지를 분명히 확인할 수 있다.

항소심의 변화와 관련된 또 다른 주요내용 중 하나는 항소심에서의 직권심리 사유를 전면적으로 확대하였다는 점이다. 구법하에서도 직권심판 가능성이 넓게 인정되기는 하였지만,[67] 개정법에 따르면 판결에 영향을 미친 경우에 관해서는 항소이유를 불문하고 모든 사유에 관하여 직권으로 심판할 수 있게 되었다.

이렇듯 1963년의 개정은 1961년의 입법태도와는 전혀 다른 방향으로 진행되었고, 상고이유의 확장 및 직권심리사유의 부활 등 상고제도의 변화와 더불어 사실상 제정 형사소송법 당시와 유사한 형태가 되었다. 이로써 1961년 개정의 동기였던 극심한 상고심의 적체와 소송지연 등의 문제가 다시 발생하게 되었다. 또한 1963년 개정에도 불구하고, ① 항소이유서 제도, ② 1심 법원에서의 증거를 항소심에서 증거로 할 수 있도록 규정한 제363조 제3항 및 ③ 1심 공판의 규정을 준용하도록 하는 제370조를 그대로 유지함으로써 항소심의 성격과 구조에 관한 까다로운 쟁점을 야기하게 되었다.[68]

V 오늘날 상소제도 개혁을 위한 조건

지금까지 제정형사소송법부터 현행법에 이르기까지 형사소송법상 상소제도의 변천과정을 살펴보았다. 1961년에 형사소송법 개정을 통한 가장 강력한 개혁의 시도가 있었으나 시행 초기부터 불거진 비판론에 굴복하여 결국 시행 2년여 만에 재개정된 후 현재까지 그 틀을 유지하고 있다.

그러나 상소개혁의 시도와 좌초는 의미가 전혀 없는 것이 아니다. 개혁의 배경과 시대상황, 입법자의 의지, 실패의 원인 등을 통해 오늘날 우리에게 시사하는 바가 적지 않기 때문이다. 상소제도 변천사를 통해 살펴본, 앞으로의 상소제도 개혁을 위해 고려해야 할 점을 정리하면 다음과 같다.

---

67) 각주 57) 참조.

68) 신동운, 앞의 책, 118면. 오늘날 항소심 구조와 관련한 논쟁에 대한 비판적 견해로는 심희기, "항소심의 구조: '속심겸 사후심론'의 비판적 분석", 형사재판의 제문제 제5권, 형사실무연구회 편, 박영사, 2005, 527면 이하 참조.

1. 충실한 1심이 전제되어 있는가?

상소심으로의 사건의 유입을 저지하거나 상고심을 사후심으로 구성하기 위해서는 사실심이 충실하게 진행되어야 한다. 충분한 증거조사를 하는 한편, 피고인의 방어권을 보장하여 1심 공판이 충실하게 진행되면 불복의 여지는 좁아진다.

1961년 형사소송법은 상소제도의 개혁과 함께 1심 공판의 체질적 변화를 시도하였다. 비록 그 시도는 끝내 성공적이지는 못했지만, 전체 형사절차를 유기적으로 이해하고 상소심의 변화를 꾀했다는 점은 높이 평가할 만하다. 이는 단순히 상고심으로의 사건유입을 제한하여 상고의 부담을 줄이고자 했던 시도들이 어째서 실패할 수밖에 없고(상고허가제도), 아직도 위헌론에서 자유로울 수 없는지(심리불속행제도) 그 이유와 같은 맥락에 있다.

현행 형사소송법은 1961년에 도입되었던 제도들을 유지하면서, 국민참여재판을 계기로 한층 공판중심주의를 강화하는 방향으로 개정된 것이다. 또한 국민참여재판은 공판중심주의를 구체적으로 실현하는 계기이자 상소제도의 개혁이 필요한 주요이유가 되기도 한다. 그러나 생각건대, 우리가 궁극적으로 지향해야 할 점은 '상고제도의 개혁'이 아니라 '1심 재판에 대한 만족과 신뢰'이다. 상소제도는 그 틀 안에서 구상해야 하고, 상소심의 부담경감과 기능회복은 그 결과가 되어야 한다. 1심 재판에 대한 만족과 신뢰는 사법부에 대한 신뢰, 변호인의 충분한 조력, 충실한 공판중심주의 등 다양한 요건을 필요로 한다. 현재 우리의 현실에서는 이러한 요건들이 모두 충족되었는가, 아니면 적어도 상소제도 개혁논의와 더불어 진행되고 있는가는 상소제도 개혁의 성패를 가늠할 중요한 지표가 될 것이다.

2. 피고인의 구제는 충분한가?

상소심의 피고인 구제기능은 앞서 설명한 1심의 충실화와 밀접한 관련이 있다. 아무리 완벽하다고 여겨지는 재판이라 하더라도 오판의 위험은 상존하고 있다. '법률의 통일적 해석' 역시 상소심의 주요기능에 해당하긴 하지만, 상소제도가 피고인 구제를 중심으로 생성·발전되었다는 점을 고려하면, 오판을 수정하여 피고인을 구제하는 기능이 도외시되어서는 안된다.

이러한 태도는 형사소송법 제정 및 개정의 역사에서도 드러난다. 미군정법령에 의해 삭제되었던 '사실오인'과 '양형부당'의 상고이유가 제정형사소송법에서 부활하였고, 1961년 형사소송법은 항소심의 사후심화를 도모하면서도 '사실오인'과 '양형부당'을 항소이유로서 유지하는 입장을 택하였다. 이러한 상소이유를 통해 혹시 원심에서 발생했을지 모를 오판으로부터 피고인을 구제하겠다는 입법자의 의도가 반영된 결과이다.

최대교 검사는 1961년의 개정법을 비판하면서 항소심은 복심으로 구성되어야 한다고 주장하였다. 그의 주장에 따르면, 당시 우리나라는 영미와 달리 법조일원화를 채택하고 있지 않기 때문에 "소년자 또는 경험이 적은 자라도 법관이 될 수" 있고, 항소심은 연륜과 경험이 부족한 법관의 판단으로부터 "당사자의 구제에 중점"을 두어야 한다는 것이다.[69] 이러한 지적은 오늘날까지도 여전히 의미가 있다. 아직 다수의 법조인력이 사법시험을 통해 선발된 인원으로 구성되어 있고, 대다수의 사건이 직업법관에 의한 재판으로 진행된다. 상소제도의 개혁은 '대법원의 기능회복'이 아니라 하급심의 개혁에서부터 출발해야 한다. '1심은 충실하게 사실판단을 하였는가?', '(3심제를 유지한다고 한다면) 항소심은 피고인을 오판으로부터 구제할 수 있는 기능과 역할을 충실히 담당할 수 있는가?'라는 질문이 곧 '대법원의 기능회복이 가능할 것인가'에 대한 해답을 제시해 줄 수 있다.

3. 중간심급의 역할과 심리범위는 무엇인가?

1961년 개정은 기존의 복심체제의 항소심을 사후심으로 변화시키고자 하였다. 복심과 사후심은 불복범위, 심리방법, 항소심 공판절차, 증거제출 허용여부에 대한 입장이 서로 양 극단에 위치하는 구조이다.

현행법은 1961년 개정을 통해 달성하고자 했던 상소개혁의 목표와 그 목표를 달성하기 곤란한 현실과의 사이에서 양자의 타협으로 이루어진 산물이다. 그 결과, 현행법상 항소심 구조는 완전히 복심도 아니고, 완전히 사후심도 아니다. 우리 형사항소심의 구조에 관해서 크게 '원칙적 속심설'과 '원칙적 사후심설'이 대립하고 있는데, 어느 설을 취하든 폭넓은 예외를 인정하고 있다.

판례의 태도 역시 마찬가지로 형사항소심의 구조를 "사후심겸 속심"으로 보고 있다. 문제는 이러한 이원적 성격 때문에 ① 항소심에서도 공소장 변경이 허용되고,[70] ② 조서의 기재만으로 원심 증언의 신빙성을 판단할 수 있는 한편[71], 원심의 판단에

---

69) 최대교, 앞의 논문, 59~60면.
70) 대법원 2004. 7. 22. 2003도8153
71) 대법원 2007. 5. 11. 2007도2020

의문이 있는 경우에는 다시 한번 증거조사를 해야 하며,[72] ③ 항소를 하려면 항소이유서를 제기하여야 하지만, 피고인이 항소이유를 분명히 기재하지 않은 경우에도 항소이유에 대하여 직권조사를 해야 한다.[73] 즉, 원칙과 예외가 광범위하게 혼합됨으로써 형사항소심의 근본취지 및 목적이 불분명하고, 어떤 종류의 공판이 진행되든 그것을 정당화할 우려가 있다. 피고인의 입장에서도 항소심 공판에서 새로이 증인신문을 하는지, 아니면 1심 조서의 증거능력과 증명력이 그대로 인정될 것인지 분명히 알 수가 없다. 방어권에 지장을 주며, 재판에 대한 신뢰도를 떨어뜨리게 됨은 자연스러운 수순이다. 따라서 중간심급의 기능과 목적을 분명히 하고 이를 다할 수 있도록 원칙을 세우며, 법령의 정비 역시 이에 부합하는 방향으로 진행되어야 한다.

Ⅵ 결론

1954년, 험난한 역사적 배경과 열악한 환경 속에서 형사소송법이 제정되었다. 제정 당시의 입법자의 고민과 의도, 1961년의 개혁의 시도와 좌초의 결과가 1963년 개정 이후 현행 상소제도에 고스란히 녹아있다. 상소제도 개혁의 필요성과 가치가 강조되고 있는 현재, 이러한 과거의 역사와 경험들이 중요한 시사점을 제공해 주고 있다.

'대법원으로의 사건 유입 제한' 자체를 목적으로 삼는 것은, 근시안적이며 실패할 가능성이 크다는 사실을 과거의 경험으로부터 확인할 수 있었다. 궁극적인 지향은 사법과 1심 재판에 대한 국민의 신뢰확보이고, 상소제도의 개혁은 이를 바탕으로 진행해가야 한다. 1심을 더 충실히 구성할 수 있는 법령 및 변호인의 조력 등 제반 제도의 확충이 전제되어야 한다. 상소제도의 본질적 목적은 피고인의 구제이고, 이 기능을 도외시해서는 안된다. 원칙을 세웠으면 현실과 타협하는 것은 최소화해야 한다. 원칙이 흔들리는 이유가 되며, 사법신뢰는 회복하기 어려워지기 때문이다.

더불어 상소제도의 개혁을 위해서는, 시민이 참여하는 국민참여재판과 상소제도와의 조화, 검사항소의 정당성, 법조인력 및 인사제도 등 함께 고려해야 할 문제가 많다. 이러한 요소들을 종합, 고려하여 바람직한 상소제도를 구축해야 할 것이다.

---

72) 대법원 1994. 11. 25. 94도1545; 1996. 12. 6. 96도2461
73) 대법원 2007. 5. 11. 2007도2020

제 3 편

인간존중의 형사·교정정책과 제도개혁

1

국민참여재판의 성과와 활성화 방안[*]

한상훈(교수, 연세대학교 법학전문대학원)

I 들어가는 글

우리 역사상 처음으로 국민참여재판 또는 배심원재판을 규정한 "국민의 형사재판 참여에 관한 법률"(참여재판법)이 2008년 1월부터 시행된 이래 2017년 12월까지 10년간 참여재판은 총 2,267건이 시행되었다.[1] 5,701건 피고인이 참여재판을 신청하였는데, 이중 2,277건은 피고인이 철회하였고(40.50%), 1,075건은 법원이 배제하였으므로(19.10%), 실제 참여재판으로 마무리된 것은 40.30% 정도이다. 참여재판법률상 대상사건은 143,807건이므로, 대상사건 중 참여재판 신청율은 3.96%, 참여재판 실시율은 1.96%이다.

국민의 사법에 대한 신뢰와 민주적 정당성을 제고하려는 국민참여재판의 취지에 비할 때에는 신청률이나 실시율과 같은 양적인 면에서 미약한 것이다. 이에 비하여, 질적인 면에서 볼 때 국민참여재판은 기대 이상의 성과를 보여 왔다. 초기에 회의적이었던 법조인이나 법전문가의 시각은 시행 이후에 긍정적으로 많이 변화하였고, 그 결과 2012년에는 참여재판법이 개정되어 모든 형사합의부 사건이 배심원재판의 대상이 되었다. 하지만, 그럼에도 불구하고 참여재판의 실시건수는 크게 증가하지 않고 있다. 일차적으로는 피고인이 신청해야만 참여재판을 할 수 있다고 하는 한계가 존재하지만, 법원이 업무부담 등으로 인하여 피고인의 참여재판신청을 배제하는 경

---

[*] 이 논문은 한상훈, "국민참여재판의 성과와 활성화 방안", 저스티스 통권 제172호, 한국법학원, 2019에 게재되었음을 밝힌다.

1) 통계는 법원행정처, 2008년 - 2017년 국민참여재판 성과 분석, 2018. 6. 참조.

우도 상당수 발견되고 있다.

　본고는 이러한 상황에서 참여재판을 질적으로는 물론이고 양적으로도 좀더 확대하기 위한 활성화방안을 검토해보고자 한다. 궁극적으로 개헌을 통하여 국민참여재판을 헌법에 규정하기 이전에는 　제도적 개선에 한계가 있음을 인정하지 않을 수 없다. 하지만, 현행 헌법의 범위 내에서 가능한 제도적, 실무적 방안을 모색해 보고자 하는 것이다. 이를 위하여 먼저 지난 11년간 국민참여재판의 성과를 법관, 배심원, 국민을 상대로 한 설문조사 등에 근거한 실증적 자료를 통하여 확인해보고, 현재 국회에 계류중인 참여재판법의 개정안을 중심으로 국민참여재판의 활성화방안을 검토해보고자 한다.

Ⅱ　국민참여재판의 성과

1. 참여재판의 사법적 성과

　국민참여재판은 양적인 측면에서 보면 기대했던 것보다는 활성화되지 못한 것이 사실이다. 하지만, 질적인 측면에서 보면, 보다 긍정적이다. 사법에 대한 신뢰와 사법의 민주적 정당성을 제고하는 것이 국민참여재판의 본래의 목표였다(참여재판법률 제1조 참조). 이 두 과제를 명확히 분리하기란 쉽지 않지만 일단 분리해서 검토해본다.

1) 사법의 민주적 정당성 제고

　형사재판에 민주적 정당성을 제고하기 위하여 일반국민이 배심원으로 재판에 참여하였다. 이를 통하여 국민의 의견이 재판에 반영된다는 것, 투명성이 높아진다는 것 등이 민주적 정당성의 의미라고 본다. 2012년 3월부터 6월까지 실제 배심원 478명을 대상으로 설문조사한 결과에 따르면,[2] "유죄, 무죄에 대한 평의평결과정에서 자신의

---

2) 배심원들의 연령은 최소 21세, 최대 77세까지 분포하였고, 평균연령은 42.65세였으며, 배심원의 성별은 남성이 약 47%, 여성이 약53%인 것으로 나타났으며 최종학력을 살펴보면 대학교 졸업이 51.1%로 가장 많은 것으로 나타났고, 그 다음으로 고등학교 졸업이 35.3%, 중학교 졸업 7.1%, 그리고 대학원 졸업 이상이 6.6%인 것으로 나타났다. 현재 직장 조건의 경우, 정규직인 응답자들이 40.0%로 가장 많은 것으로 나타났고, 자영업이 12.7%, 비정규직 7.6%, 자유직 5.1%로 나타났다. 조사에 응답한 배심원들의 가족 월소득은 500만원 이상이 27.3%로 가장 많은 것으로 나타났고, 그다음으로 200만원 이상 300만원 미만이 21.3%, 300만원 이상 400만원 미만이 17.0%, 400만원 이상 400만원이 13.9%, 100만원 이상 200만원 미만이 11.8%로 나타났다. 한상훈·전우영, 절차관여자 시각에서 본 국민참여재판 연구 보고서, 2012, 22면 이하.

의견을 충분히 밝히셨습니까?"라는 질문에 69%는 "매우 그렇다"고 답하였고, 23.9%는 "조금 그렇다"고 응답하여 전체의 93%의 배심원은 자신의 의견을 충분히 밝혔다고 대답하였다.

또한 배심원의 91%(397명)는 평의과정에서 배심원들이 충분한 토론을 했다고 응답하였다.

|그림 1| 배심원: 유죄, 무죄에 대한 평의평결 과정에서 배심원들이
충분한 토론을 했다고 생각하십니까?

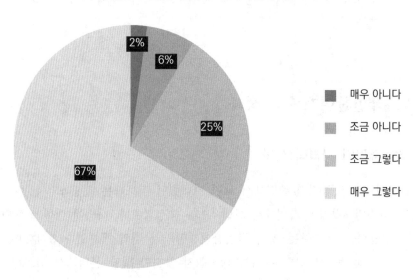

■ 매우 아니다
■ 조금 아니다
■ 조금 그렇다
■ 매우 그렇다

아울러, "국민참여재판제도 기대_재판이 보다 투명해질 것이다"라는 진술에 대하여 56.7%의 배심원은 "매우 그렇다"라고 답하였고, 39.9%는 "조금 그렇다"고 응답하여, 배심원의 96%는 국민참여재판을 통하여 재판이 보다 투명해질 것으로 생각하였다. 이렇게 볼 때, 국민참여재판은 재판을 전문가인 판사의 전유물로 만들지 않고 일반국민이 직접 참여하여 함께 판단함으로써 사법의 민주화, 투명화에 기여하였다고 평가할 수 있다.

2) 사법에 대한 신뢰의 제고

국민참여재판에 참여하였던 배심원들은 재판에 대한 신뢰가 증가하였다. 95%(411명)의 배심원은 국민참여재판으로 재판결과를 보다 더 신뢰할 수 있을 것이라고 대답하였다.

| 그림 2 | 국민참여재판제도 기대-재판결과를 더 신뢰할 수 있을 것이다

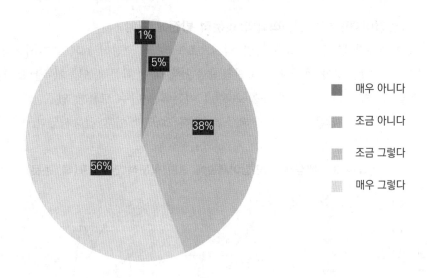

■ 매우 아니다

■ 조금 아니다

■ 조금 그렇다

▨ 매우 그렇다

　그리고, 92.9%의 배심원은 배심원으로 참여하고 나서 형사재판의 공정성에 대한 인식이 긍정적인 방향으로 변화하였다고 하였다(50.4%는 매우 그렇다, 42.6%는 조금 그렇다). 이러한 긍정적 인식은 법관도 마찬가지였다. "재판의 공정성을 위해 국민참여재판이 바람직하다고 생각하십니까?"라는 질문에 25.4%의 법관은 "매우 그렇다"고 응답하였고, 52.6%는 "조금 그렇다"고 생각하여, 78%의 법관은 재판의 공정성을 위해 국민참여재판이 바람직하다고 생각하였다. 배심원 자신의 평가보다는 낮지만 여전히 높은 정도로 국민참여재판을 지지하고 있음을 알 수 있다.

　요약하자면, 사법의 민주적 정당성을 제고한다는 목적이나 사법에 대한 신뢰를 제고한다는 측면에서 볼 때, 국민참여재판은 소기의 성과를 공히 달성하였다고 판단된다. 참여재판을 보는 법관이나 법률가들의 인식도 초기의 회의론에서 긍정론으로 많이 변화되었다고 생각한다.3)

---

3) 참여재판전담재판부의 재판장으로서 초기의 애로사항과 '예찬론자'로 변해가는 모습에 대한 묘사로는 최재혁, "법원의 관점에서 본 국민참여재판의 운영현황과 개선방향", 한일법학 28권(2009), 139면 이하 참조.

2. 참여재판의 사법 외적 성과

1) 국민참여재판론과 법심리학의 학문적 발전에 기여

국민참여재판제도의 도입은 사법 외적으로도 여러 긍정적 효과를 가져왔다. 먼저 언급할 수 있는 것이 배심제와 국민참여재판에 대한 학문적 연구가 활성화된 것이다. 아래 그래프에서 볼 수 있듯이 2000년 이전에는 아주 드물게 연구결과가 발표되었지만, 이후에는 많은 연구가 행해졌고, 특히 2007년 이후 급증하였다.[4]

| 그림 3 | 배심제, 국민참여재판에 관한 학문적 연구발표(책, 논문)

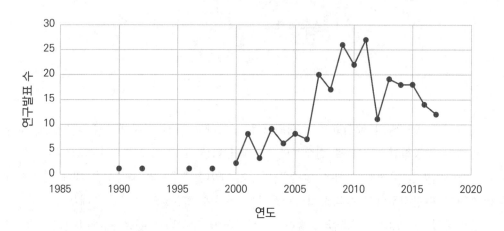

국민참여재판에 대한 양적 연구의 증대에 못지 않게 중요한 것이 질적 확대이다. 그동안 우리나라에는 배심제가 없어서 법심리학의 발전이 어려웠지만, 국민참여재판이 도입됨으로써 배심원에 대한 실증적, 경험적 연구에 기초한 법심리학이 발전할 수 있는 제도적 토대가 마련되었다. 그리고 우리나라의 독특한 국민참여재판제도와 이에 대한 이론적, 경험적 연구는 미국 등 해외에도 소개되어 외국학자들의 관심을 끌고 있다.[5]

---

4) 이 결과는 필자가 2018. 5. 연세대학교 도서관의 문헌검색에서 "배심제", "국민참여", "시민참여", "민중참여" 중에 하나라도 논문이나 저서의 제목에 사용된 경우를 검색하여 분석한 것이다.

5) Ryan Y. Park, "The Globalizing Jury Trial: Lessons and Insights from Korea", *The American Journal of Comparative Law*, Vol. 58, No. 3, 2010, pp. 525－582; Valerie P. Hans, "Trial by Jury: Story of a Legal Transplant", Law & Society Review, Volume 51, Number 3, 2017, pp. 471－499 참조.

2) 민주주의의 확산에 기여

미국이나 외국에서 배심제는 국가의 자의적 형벌권 행사로부터 국민, 시민의 자유와 인권을 지킬 수 있는 보루로 이해되고 있으므로, 민주주의와 인권의 관점에서 배심제, 국민참여제도는 중요하다.[6] 특히 영국식민지를 경험하면서 영국에 저항하는 독립운동을 처벌하려는 영국정부에 대하여 배심원이 무죄평결을 내리면서 미국인들에게 배심제의 의미는 더욱 커졌던 것이다.[7] 유럽에서도 프랑스혁명의 여파로 배심제도가 확산된 역사적 사실도 주목할 수 있다.

그러므로, 배심제, 국민참여재판제도는 한국에서도 민주주의의 완성의 시작이라고 할 수 있을 것이다. 최근 원전이나 교육정책과 같은 중요정책의 결정에서 활용되고 있는 국민공론화위원회도 마찬가지로 직접민주주의와 숙의민주주의의 성격을 띤다는 점에서 국민참여재판제도의 확대라고 볼 수 있지 않을까 생각한다.

요약해보자면, 국민참여재판은 사법의 민주적 정당성과 사법신뢰의 제고라는 입법목적에 긍정적으로 기여했다고 볼 수 있다. 이러한 긍정적 평가와 마찬가지로 일반국민은 국민참여재판이 재판의 공정성과 신뢰성 등을 높이는 데 도움이 될 것으로 기대되므로 참여재판을 확대해야 한다는 의견에 '매우 찬성'하거나 '조금 찬성'한 국민의 비율은 77%로 매우 높았다.[8]

3. 제도적 변천

2011년 12월 국회는 참여재판법률 개정법률안을 통과시키고, 2012년 1월 공포되어 7월 시행되었다.이 개정법은 국민참여재판 대상 사건을 「법원조직법」 제32조제1항에 따른 합의부 관할사건으로 확대하고(참여재판법 제5조), 성폭력범죄의 피해자

---

6) 이에 관하여 차동언 변호사는 미국의 차장검사로부터 배심제가 없는 한국이 과연 민주주의 국가인가라는 질문을 받은 적이 있다고 하는데, 민주주의와 배심제에 대한 미국인의 시각을 잘 보여준다. 차동언, "국민참여재판(배심제)이 민주주의 발전에 미치는 영향", 법학평론 제5권(2015. 2), 167면. 또한 Jeffrey Abramson, *We, the Jury: the Jury System and the Ideal of Democracy*, Bacic Books, 1995 참조.

7) Bushell 사건, Zenger 사건 등이 대표적이다. 하지만, 반대로 독립 이후에는 흑인을 포함한 소수집단에 대한 백인의 범죄를 무죄평결하는 문제점도 발생하였다. 안경환·한인섭, 배심제와 시민의 사법참여, 집문당, 2005; 한인섭·한상훈, 국민의 사법참여, 경인문화사, 2010 참조.

8) 2017년 2월 국내 온라인 설문조사기관을 통해 19세 이상의 성인남녀 1020명을 대상으로 온라인조사를 실시한 결과이다. 조사 참가자의 연령은 평균 43.18세(범위: 만 19~69세)로 연령집단에 따른 비율은 20대 20.2%, 30대 21.1%, 40대 24.2%, 50대 22.7%, 60대 11.8%였고, 남자 510명, 여자 510명으로 구성되었다. 한상훈·김슬기·박용철·이동희·이진국, 피고인 신청율 제고 등을 통한 국민참여재판 활성화방안, 원행정처 연구보고서, 2017, 233면 참조.

등이 국민참여재판을 원치 않는 경우가 많음에도 불구하고 피해자의 이러한 의사를 반영할 수 있는 명문의 규정이 없어 2차적 피해가 우려되므로 성폭력범죄 피해자가 국민참여재판을 원하지 않는 경우 또는 성폭력범죄 피해자를 보호할 필요가 경우에는 국민참여재판 배제결정 또는 통상절차 회부결정을 할 수 있도록 함으로써(참여재판법 제9조, 제11조) 성폭력범죄 피해자의 안전 및 보호에 만전을 기하도록 하였다.[9]

그런데, 원래 2008년 국민참여재판의 시행 후 5년 뒤에 그 시행성과를 평가하고 2단계 제도를 성안하기 위하여 대법원에서 국민사법참여위원회를 설치하기로 했었던 바, 국민참여재판의 도입을 검토하던 초기단계에서는 국민참여재판에 소극적이었던 국회가 오히려 시행 4년만에 적극적으로 참여재판의 확대, 강화를 실현하였다는 점에서 특이하고 주목할 만하다.

또한, 대법원은 2009년 공소장 부본을 송달받은 지 7일 이내에 참여재판에 대한 의사확인서를 제출하지 아니한 피고인도 제1회 공판기일이 열리기 전까지는 국민참여재판 신청을 할 수 있고 법원은 그 의사를 확인하여 국민참여재판으로 진행할 수 있다고 판시하여[10] 국민참여재판을 확대하는 입장을 취하였다. 이어서 2010년에는 국민참여재판에서 배심원의 평결을 존중해야 한다고 판시하였다. 즉, 국민참여재판으로 진행된 제1심에서, 배심원이 증인신문 등 사실심리의 전 과정에 함께 참여한 후 증인이 한 진술의 신빙성 등 증거의 취사와 사실의 인정에 관하여 만장일치의 의견으로 내린 무죄의 평결이 재판부의 심증에 부합하여 강도상해의 공소사실을 무죄로 판단하였으나, 항소심에서는 피해자에 대하여만 증인신문을 추가로 실시한 다음 제1심의 판단을 뒤집어 이를 유죄로 인정한 사안에서, 항소심 판단에 공판중심주의와 실질적 직접심리주의 원칙의 위반 및 증거재판주의에 관한 법리오해의 위법이 있다고 판단하였다.[11]

2011년에는 피고인이 법원에 국민참여재판을 신청하였는데도 법원이 이에 대한 배제결정도 하지 않은 채 통상의 공판절차로 재판을 진행한 경우, 피고인의 국민참여재판을 받을 권리 및 법원의 배제결정에 대한 항고권 등 중대한 절차적 권리를 침

---

9) 국민의 형사재판 참여에 관한 법률 [법률 제11155호, 2012. 1. 17., 일부개정] 2012. 7. 1. 시행. 이 법 개정의 제안이유는 법률의 성안 과정에서 법원의 업무부담을 고려하여 연간 100～200건 정도의 형사사건을 국민참여재판으로 진행하는 것이 적절하다고 판단하였으나, 제도 시행 뒤인 2008년에는 65건, 2009년에는 94건만이 참여재판으로 진행되어 대상사건 총 11,498건 중 약 1.4% 정도에 불과하여, 대상사건을 확대하고자 한 것이다. 대상범죄를 확대할 경우 참여재판의 대상 사건은 연간 약 2만 건으로 1.4%의 시행율을 유지하는 경우 연간 약 280건의 참여재판이 실시될 것으로 예상하였다.

10) 대결 2009. 10. 23, 2009모1032 (국민참여재판회부결정에대한재항고).

11) 대판 2010. 3. 25, 2009도14065.

해한 것으로서 위법하고, 국민참여재판제도의 도입 취지나 배제결정에 대한 즉시항고권을 보장한 취지 등에 비추어 이와 같이 위법한 공판절차에서 이루어진 소송행위는 무효라고 보아야 한다고 하면서, 원심판결과 제1심판결을 모두 파기하고 사건을 제1심법원에 환송한 사례가 있다.[12] 2014년에는 재판장의 배심원설명의 내용에 대하여 판단하였고,[13] 2016년에는 성폭력범죄의 피해자가 참여재판을 원하지 않는 경우 배제결정의 타당성을 검토하기도 하였다.[14]

헌법재판소의 경우, 2009년부터 약20여건이 참여재판과 관련하여 결정이 있었다. 대부분은 피고인이 국민참여재판을 받기를 희망하는데, 허용되지 않았기에 참여재판법률상 대상사건의 범위나 시행일과 관련하여 법관에 의한 재판을 받을 권리, 평등권, 무죄추정권 등을 침해한다는 취지의 소원이었다. 이에 대하여 헌법재판소는 2009년 평등권 등을 침해하지 않는다고 결정하였다.[15] 2004년에는 배제결정을 허용한 참여재판법률 제9조 제1항 제3호 등 위헌소원에서 합헌이라고 판단하였다.[16]

학계에서도 국민참여재판에 대한 활발한 평가와 제안이 다수 발표되었다.[17] 대체로 긍정적이며 배심원 평결에 보다 적극적인 의미를 부여해야 한다는 견해가 상당수 있다.

---

12) 대판 2011. 9. 8, 2011도7106.
13) 대판 2014. 11. 13, 2014도8377.
14) 대결 2016. 3. 16, 2015모2898 (국민참여재판배제결정에대한재항고).
15) 헌재 2009. 11. 26, 2008헌바12 (국민의 형사재판 참여에 관한 법률 제5조 제1항 등 위헌소원. 같은 취지: 2015. 7. 30, 2014헌바447 등).
16) 헌재 2014. 1. 28, 2012헌바298.
17) 이 발표문에서 인용한 문헌들 이외에도 하태영, "국민의 사법참여−참심제의 쟁점을 중심으로−", 경남법학 제19집, 경남대학교 법학연구소(2004); 이은로·박광배, "배심평결규칙의 법심리학적 제 문제(상): 만장일치규칙과 다수결규칙", 형사정책 18권2호(2006); 닐 비드마르(편저), 김상준·김형두·이동근·이효진 (역), 세계의 배심제도, 나남, 2007; 한상훈, "국민참여재판제도의 정착방안", 저스티스 제106호(2008); 하태훈, "국민참여재판제도 정착방안 토론", 저스티스 제106호(2008); 김태명, "국민참여재판제도의 개선과제", 인권과 정의 제379호(2008); 박미숙, "국민참여재판의 시행성과와 향후과제", 형사정책연구 제21권 제2호, 한국형사정책연구원(2010); 이동희, "국민참여재판의 시행평가와 개선방안", 전북대 법학연구 30권(2010); 이호중, "국민참여재판의 성과와 과제", 법과 기업연구 제1권 제3호, 서강대학교 법학연구소(2011); 김봉수, "국민참여재판의 개시요건에 대한 비판적 고찰", 형사정책 제23권 제1호, 한국형사정책학회(2011); 김혜경, "국민참여재판제도의 시행평가와 몇 가지 쟁점에 대한 개선방안", 영남법학 제32권, 영남대학교 법학연구소(2011); 탁희성·최수형, "형사정책과 사법제도에 관한 연구(Ⅴ)−국민참여재판제도의 평가와 정책화 방안", 형사정책연구원 연구총서 11−27(2011); 김슬기, "「국민의 형사재판 참여에 관한 법률」의 정부 개정안에 대한 비판적 검토", 연세법학 제24호(2014); 김택수, "프랑스 참심재판의 개혁과 시사점", 법학논집 제31권 제2호(2014); 성유리·박광배, "유죄판단 역치에 대한 배심설시 절차의 효과", 한국심리학회지 : 문화 및 사회문제 제21권 제3호(2015); 김형국·정선희·조수진, 국민참여재판론, 법문사, 2016; 한성훈, "국민참여재판의 활성화 방안에 관한 연구", 한양법학 27(2)(2016) 등.

1. 최종형태 입법의 필요성과 쟁점 정리

2004년 사법참여위원회나 2006년 사법제도개혁추진위원회에서는 우리나라의 국민참여재판을 2단계로 도입하기로 하였고, 현재와 같이 배심원의 평결이 권고적인 효력을 가지는 것은 1단계로 하기로 하였다. 2단계를 위하여, 참여재판법률 제55조에 의하면 국민참여재판 제도의 최종적인 형태를 결정하기 위하여 대법원에 국민사법참여위원회를 두도록 하였다. 이에 따라 2012. 7. 12. 대법원 산하에 국민사법참여위원회가 발족한 후 2013. 1. 18. 최종형태에 관한 개정안을 의결하였고 공청회를 거쳐 3. 6. 8차회의에서 확정하였다.[18]

그 사이에 법무부는 위 위원회안을 검찰의 관점에서 일부 수정한 '국민의 형사재판 참여에 관한 법률 일부개정법률(안)'을 2013. 10. 11. 입법예고하였다가, 두 달여가 지난 12월 31일 일부 내용의 수정하여 다시 입법예고하였다. 1차 입법예고 이후에 선고된 안도현 시인의 공직선거법위반사건에 대한 배심원의 무죄평결로 인하여 공직선거법 등을 참여재판에서 배제하는 내용으로 2차 개정안은 작성되었다.[19] 이 개정안은 임기만료로 폐기되었다.

그러던 중 '국민과 함께 하는 사법발전위원회' 4차회의(2018. 6. 5)에서 국민참여재판의 개선방안에 대하여 다음과 같은 몇 가지 건의사항을 의결하였다.

가. 신청주의 개선(필수적 대상사건 도입 여부)에 관하여, 고의에 의한 살인사건 등의 경우에 필수적 참여재판 대상사건으로 한다(다수의견).
나. 지방법원 지원으로의 국민참여재판 실시 법원 확대 여부에 관하여는 만장일치로 찬성 의결
다. 전원일치 무죄평결에 따른 무죄판결 시 검사의 항소권 제한 여부에 관하여는 검사의 항소권 제한을 찬성한다(다수의견).

위와 같은 사법발전위원회의 결의내용은 2012년 국민사법참여위원회의 의결사항

---

18) 국민과 함께 하는 사법발전위원회 4차 회의자료, "국민의 사법참여 확대 및 강화─국민참여재판 활성화 방안"(추가 보고)(2018. 6. 5), 22면 참조.
19) 이동희, "국민참여재판의 성과와 과제─최종형태안에 대한 평가와 제언을 포함하여", 저스티스(2015. 2), 71면 참조.

과는 차이가 난다. 특히 필수적 대상사건을 도입할 것인가, 검찰항소를 제한할 것인가와 관련되어 그러하다.

　20대 국회에서는 정성호 의원 등이 2017. 6. 12. 제출한 참여재판개정법률안이 대체로 국민사법참여위원회의 결의안을 반영하고 있다. 최근에는 김종민 의원이 사법발전위원회의 결의를 반영하여 보다 강력하게 참여재판을 성화할 수 있는 법안을 제출하였다. 2012년 모든 합의사건으로 대상사건을 확대한 이후 5년이 넘도록 참여재판제도의 2단계에 해당할 수 있는 중요한 입법적 개선은 없는 상황에서 참여재판의 활성화 방안이 국회에서 활발하게 논의되고 법안이 제출되는 것은 반가운 일이다.

　2019. 4. 30. 현재 국회에 계류되어 있는 참여재판 개정안의 현황과 주요내용은 다음과 같다.

■표 1　제20대 국회에 제출된 국민의 형사재판 참여에 관한 법률 일부개정법률안

제안일	제안자	주요 내용
2017-03-31	이재정의원 등 13인	배심원의 수를 원칙적으로 9인으로 하고 사건의 내용에 비추어 특별한 사정이 있다고 인정되는 경우에 7인으로 정할 수 있도록 함(안 제13조).
2017-06-12	정성호의원 등 10인	가. 피고인의 신청이 없는 경우에도 사법의 민주적 정당성과 투명성을 증진하기 위하여 필요하다고 인정되는 경우에는 법원이 직권 또는 검사의 신청에 따른 결정으로 국민참여재판에 회부할 수 있도록 함(안 제5조). 나. 법원의 국민참여재판 배제결정의 사유 중 '그 밖에 국민참여재판으로 진행하는 것이 적절하지 아니하다고 인정되는 경우'를 '그 밖에 국민참여재판으로 진행하는 것이 피고인이나 피해자에게 불리하거나 공정한 재판이 저해된다고 인정될 명백한 사유가 있는 경우'로 명확히 함(안 제9조제1항제4호). 다. 배심원의 평결에 보다 신중을 기하기 위하여 자백사건의 경우 5인의 배심원이 참여하는 국민참여재판 제도를 폐지하고, 7인 또는 9인의 배심원이 참여하는 국민참여재판 제도만을 유지하도록 함(안 제13조제1항 및 제30조제1항). 라. 「민법」에 따른 성년이 만 19세임을 고려하여 배심원 및 배심원 후보예정자의 연령도 만 19세 이상으로 조정함(안 제16조 및 제22조제1항). 마. 배심원 평결 요건 및 효력 등의 보완(안 제46조 및 제49조제1항) 　1) 배심원 전원의 의견이 일치하지 아니한 경우 다수결로 하던 피고인의 유·무죄에 관한 평결을 배심원 4분의 3 이상의 찬

		성에 의하도록 함.
		2) 판사는 피고인의 유·무죄를 판단할 때에는 평결이 헌법·법률·명령·규칙 또는 대법원 판례에 위반되는 경우 등을 제외하고는 배심원의 평결을 존중하도록 함.
		3) 판사는 평결이 성립되지 아니한 경우에도 배심원의 의견을 참고할 수 있고, 판결서에는 재판에 참여한 배심원의 의견을 반드시 기재하도록 함.
		바. 배심원 전원이 일치된 의견으로 무죄를 평결하고 법원이 무죄를 선고한 사건에 대하여 검사는 '사실의 오인이 있어 판결에 영향을 미칠 때'를 이유로 항소할 수 없도록 제한함(안 제46조의2 신설).
2018-08-28	주광덕의원 등 10인	최근 사법부에 대한 국민의 불신과 더불어 법관의 정치재판 논란 등 사법부의 중립성과 독립성을 침해하는 사건들이 잇따라 발생함에 따라 사법의 민주적 정당성과 투명성을 증진할 필요성이 커지고 있음. 이에 국민참여재판의 대상사건을 지방법원이나 그 지원의 합의부 관할 사건뿐만 아니라 단독판사 관할 사건까지 확대하려는 것임(안 제5조제1항).
2018-10-31	박광온의원 등 10인	법조문 중 "당해"를 각각 "해당"으로 개정함
2019-03-22	백혜련의원 등 10인	현행법은 국민참여재판의 배심원단을 무작위 추출 방식으로 구성하고 있는데, 그 구성에서 성별·연령에 대한 고려가 없어 특정 성별이나 연령에 편중되는 배심원단이 구성되어 평결이 이루어지고 있어, 평결의 신뢰도와 중립성이 떨어진다는 지적이 있음. 이에 배심원단 구성에 있어서 성별·연령별 무작위 추출방식을 도입함으로써 평결의 중립성과 신뢰도를 제고하려는 것임(제9조제1항제4호 삭제, 안 제22조, 제23조 및 제31조).
2019-04-09	김종민의원 등 11인	가. 고의에 의한 생명침해범죄(미수죄, 교사죄 포함)와 이에 준하는 범죄 사건은 국민참여재판으로 심판하도록 '필수적 대상사건'으로 정하여 국민참여재판 대상사건을 확대하되, 피고인 또는 변호인에게 국민참여재판 배제신청을 할 수 있도록 하고 이에 대한 기각결정에 대하여는 즉시항고를 할 수 있도록 규정함(안 제5조제3항 및 제9조제1항, 제3항). 나. 국민참여재판 관할법원을 '소규모 지원'을 제외한 모든 지방법원 본원·지원으로 확대함(안 제10조). 다. 배심원 및 배심원후보예정자의 연령을 민법상 성년에 맞추어 만 19세 이상으로 조정함(안 제16조 및 제22조제1항).

라. 재판장은 변론이 종결된 후 법정에서 배심원에게 피고인과 변호인 주장의 요지뿐만 아니라 검사 주장의 요지도 설명하도록 규정함(안 제46조제1항).

마. 판사는 피고인의 유·무죄를 판단함에 있어서 배심원의 평결이 헌법·법률·명령·규칙에 위반되는 경우 등을 제외하고는 배심원의 평결을 존중하도록 규정하여 배심원 평결의 효력을 강화함(안 제46조제5항).

바. 평결이 성립되지 아니한 경우 배심원의 평결 없이 판결을 선고하도록 하고, 다만 이 경우에도 배심원의 의견을 참고할 수 있도록 규정함(안 제46조제6항).

법안들은 대체로 참여재판을 활성화하고, 배심원 평결의 효력을 강화하는 것이지만, 개별적으로는 차이가 있다. 이러한 쟁점들의 판단에 있어서는 개인의 선호나 지향점과도 관련이 있어 합의가 쉽지 않다. 하지만, 대법원 국민사법참여위원회와 사법발전위원회의 결정, 그리고 20대 국회에 제출된 6건의 법률안을 중심으로 검토하여 입법적 개선을 실현할 필요는 절박해지고 있다.

배심원 평결의 효력을 강화할 경우, 위헌의 문제는 남아 있다. 문재인 대통령의 개헌안은 제28조 제1항을 "모든 사람은 헌법과 법률에 따라 법원의 재판을 받을 권리를 가진다."로 하고, 제101조 제1항을 "사법권은 법관으로 구성된 법원에 있다. 국민은 법률로 정하는 바에 따라 배심 또는 그 밖의 방법으로 재판에 참여할 수 있다."고 규정하여, 국민참여재판에 참여할 수 있는 권리를 헌법에 명문화하였기 때문에 이와 유사한 개헌이 이루어지면 위헌문제는 사라질 것으로 본다. 이에 대하여는 여야 및 사회 전반적으로 이견이 없다고 생각되나, 아직 개헌이 완료되지 않았기 때문에 국민참여재판제도를 개선하려고 할 때 개선을 어떻게 고려해야 할 것인지도 검토되어야 할 것이다.

생각건대, 개헌의 가능성이 아주 확실하게 보이지 않는 한 먼저 현재의 헌법규정을 고려한 개선방안을 실행하는 것이 바람직하다고 본다. 개헌이 이루어지면, 그때에 다시 면밀히 검토하여 개선할 것인지는 항상 열려 있는 사항일 것이다. 그렇게 볼 때, 현재의 주요쟁점은 첫째, 대상사건의 범위와 피고인의 신청주의를 유지할 것인지의 문제이다. 신청주의를 유지한다고 하여도 피고인만이 신청하도록 할 것인지, 아니면 일정한 유형의 범죄에 대하여 필수적으로 참여재판을 할 것인지 하는 점이 쟁점이 될 것이다. 둘째, 배심원 평결의 효력을 어떻게 강화할 것인지 하는 문제이다. 기속적 효력을 부여할 것인지, 아니면 강한 권고적 효력을 인정할 것인지, 법원이 기속되지 않는다면 어떠한 경우에 기속되지 않도록 예외사유를 규정할 것인지 등이 검토되어야 한다. 셋째, 배심원의 평의, 평결의 절차와 방식이다. 현재와 같이 단순다수결로 할 것인지, 아니면 가중다수결이나 만장일치를 요구할 것인지, 법관의 의견을 들을 수 있도록 한 현재의 규정을 유지할 것인지, 양형절차는 어떻게 진행되도록 할 것인지 등이 될 것이다.

이하에서는 이와 관련한 쟁점 중에 국민참여재판의 활성화와 관련하여 중요한 몇 가지 사항을 검토해보고자 한다.[20]

2. 참여재판 대상범죄의 확대

현재 대상사건인 합의부 전체 사건 중에 단지 1.5%정도(연간 300여건)만이 참여재판으로 종결되고 있다.[21] 연간 300여건, 1.5%는 양적으로도 너무 적을 뿐 아니라 질적으로도 사법에 대한 신뢰를 증진시키기에는 미흡하다고 하지 않을 수 없다. 정작 국민들의 관심이 집중되고 공정한 재판이 관심인 주요사건의 경우(권력형범죄, 뇌물죄등), 피고인들이 참여재판을 신청하지 않는 경우가 많아서 참여재판의 취지가 퇴색되고 있다. 뿐만 아니라 피고인이 양형에서 유리한 경우에 참여재판을 신청하는 경우가 흔하다. 이러한 "재판부 쇼핑(forum shopping)"은 정의롭지 않다.

피고인이 배심재판을 포기할 수 있는 미국연방형사절차의 경우 원칙적으로 배심재판을 실시하되 피고인이 원하지 않고, 검사가 동의하고, 법원이 승인해주어야 배심재판을 받지 않고, 법관재판이나 플리바게닝이 가능해진다(opt-out system).[22] 또한 일본과 같이 필수적 재판원제라고 하여도 일정 사유가 있으면 법원이 배제결정을 할 수 있으며, 최근에는 그 사유를 좀더 완화하고 있다는 점을 고려해야 한다. 결국 신청주의(opt-in system), 배제주의(opt-out system), 강제주의(mandatory system)의 차이는 절차와 정도의 차이라고 할 것이다.

참여재판의 대상사건을 확대할 때에는 현재 사법부의 인적, 물적 여건을 감안할 때 감당할 수 있는 연간 참여재판의 숫자를 검토해야 한다. 보다 많은 국가자원이

---

20) 배심원의 평의, 평결의 방식도 중요한 쟁점이기는 하나 본고는 국민참여재판의 활성화에 초점을 맞추기 위해서 논외로 한다.

21) 헤럴드경제, '갈 길 먼 국민참여재판⋯활용도 여전히 낮아'(2018. 8. 20). 이 기사 중에는 "시행율이 1% 대에 그치는 등 여전히 국민들로부터 외면받고 있다."는 표현이 있다. 하지만 정확히 말하자면, 국민이라기보다는 피고인으로부터 외면받고 있다라고 해야 할 것이다.

22) 연방형사소송규칙(Federal Rules of Criminal Procedure) 제23조(a) 참조.

사법에 투자될 경우, 국가 전체적인 자원의 적정한 배분을 고려해야 하고, 배심원으로 참여하는 일반국민에게 부가되는 부담도 생각하지 않을 수 없다. 적정한 한도에서 연간 참여재판의 실시건수의 제약이 있음을 수용해야 한다.[23]

국민사법참여위원회에서는 신청주의의 확대를 건의하였고, 사법발전위원회에서는 필수적 참여재판을 결정하였지만, 이 두 가지 입장이 서로 대립되는 것은 아니고, 5년 여의 시간적 간격으로 인하여 국민참여재판에 대한 국민적 지지가 강화된 점, 사법의 신뢰를 회복하는 것이 보다 시급해진 점, 위헌논란은 상대적으로 덜 문제가 되는 점 등을 감안할 때 자연스러운 발전과정이라고 볼 수 있을 것이다.

현재로서는 정성호 의원 법률안은 피고인의 신청이 없는 경우에도 사법의 민주적 정당성과 투명성을 증진하기 위하여 필요하다고 인정되는 경우에는 법원이 직권 또는 검사의 신청에 따른 결정으로 국민참여재판에 회부할 수 있도록 하고 있으며(안 제5조), 김종민 의원 법률안은 살인, 강도살인, 강간살인 등 고의로 생명을 침해하는 범죄는 필수적으로 참여재판으로 하도록 규정하고(안 제5조 제3항 신설) 다만, 피고인, 변호인의 신청이나 법원의 직권으로 참여재판을 배제할 수 있다(안 제9조 제1항 참조).

이렇게 피고인의 의사에 의하지 않고 참여재판을 실시할 수 있도록 개정할 경우, 헌법상 법관에 의한 재판을 받을 권리를 침해하였다고 하여 위헌문제가 제기될 수 있다. 헌법재판소의 결정에 의하면, 법관에 의한 재판을 받을 권리를 보장한다고 함은 법관이 사실을 확정하고 법률을 해석·적용하는 재판을 받을 권리를 보장한다는 뜻이고, 그와 같은 법관에 의한 사실확정과 법률의 해석적용의 기회에 접근하기 어렵도록 제약이나 장벽을 쌓아서는 아니되며, 만일 그러한 보장이 박탈된다면 헌법상 보장된 법관에 의한 재판을 받을 권리의 본질적 내용을 침해하는 것으로서 우리 헌법상 허용되지 아니한다.[24]

그런데, 2012년 헌법재판소는 구 법관징계법 제27조[25]가 법관의 징계처분에 대한 취소청구소송을 대법원의 단심재판으로 하도록 한 것에 대하여 법관에 의한 재판을

---

23) 현재에서 좀더 물적, 인적 자원을 충원한다면 연간 700~1000건은 감당할 수 있지 않을까 생각한다.

24) 헌재 1995. 9. 28, 92헌가11(특허법 제186조 제1항 위헌사건)은 "특허청의 항고심결 및 결정에 대하여 그 심결, 결정이 법령에 위반되는 것을 이유로 하는 경우에 한하여 곧바로 법률심인 대법원에 상고할 수 있도록 한 특허법 제186조 제1항은 법관에 의한 사실확정 및 법률적용의 기회를 박탈한 것으로 헌법상 국민에 보장된 '법관에 의한' 재판을 받을 권리의 본질적 내용을 침해하는 위헌규정"이라고 판시하였다.

25) 제27조(불복절차) ① 피청구인이 징계처분에 대하여 불복하고자 하는 경우에는 징계처분이 있음을 안 날부터 14일이내에 전심절차를 경유하지 아니하고 대법원에 징계처분의 취소를 청구하여야 한다. ② 대법원은 제1항의 취소청구사건을 단심으로 재판한다.
    이 규정은 2011년 개정되었지만, 문구의 조정이 있었을 뿐이다.

받을 권리(헌법 제27조 제1항)를 침해하지 않아 합헌이라고 결정한 점에 주목하여야 할 것이다. 이 사건에서 헌법재판소는 "구 법관징계법 제27조는 법관에 대한 대법원장의 징계처분 취소청구소송을 대법원에 의한 단심재판에 의하도록 규정하고 있는바, 이는 독립적으로 사법권을 행사하는 법관이라는 지위의 특수성과 법관에 대한 징계절차의 특수성을 감안하여 재판의 신속을 도모하기 위한 것으로 그 합리성을 인정할 수 있고, 대법원이 법관에 대한 징계처분 취소청구소송을 단심으로 재판하는 경우에는 법률심인 상고심으로서 사실확정에는 관여하지 않는 다른 재판과 달리 심리의 범위에 관하여 아무런 제한이 없어 사실확정도 대법원의 권한에 속하므로, 법관에 의한 사실확정의 기회가 박탈되었다고 볼 수도 없다. 따라서 헌법 제27조 제1항의 재판청구권을 침해하지 아니한다."고 판시하였다.[26]

이러한 판례를 정리하면 다음과 같다. 법관에 의한 재판을 받을 권리와 권력분립 원칙에 의하면, 구체적 사건에서 사실확정과 법률적용에 관하여 법관이 판단할 수 있어야 한다. 공익적 필요와 합리성이 인정될 경우, 제한될 수는 있지만 그러한 경우에도 법관이 사실확정과 법률적용을 할 기회가 박탈되어서는 안된다. 최소한 한 번이라도 법관에 의한 사실확정과 법률적용의 기회가 부여되었다면, 일부 제한한다고 하여도 입법자의 형성재량에 속하여 법관에 의한 재판을 받을 권리나 권력분립 원칙을 침해하지 않는다.

이러한 판례에 입각하여 볼 때, 피고인의 신청이 없더라도 법원의 직권이나 검사의 신청에 의하여 참여재판으로 진행하는 것은 법관에 의한 재판을 받을 권리를 침해하지 않는다고 본다. 왜냐하면 첫째, 1심 재판부는 배심원의 평결을 존중하더라도 그와 달리 판단할 수 있는 법적 가능성이 있고, 둘째, 항소심은 1심의 속심으로서 다시 한번 사실의 인정과 법률의 적용에 대하여 법관이 재판하기 때문이다. 즉, 참여재판법 개정안에 의하여도 피고인이 법관에 의하여 사실확정과 법률적용에 관하여 법관의 판단을 받을 기회가 박탈되지 않기 때문에 합헌이라고 할 것이다.[27]

이렇게 위헌문제를 잠재울 수 있다면, 피고인의 신청 없이도 검사의 신청이나 법원의 직권으로 참여재판을 실시하는 방안도 가능하고, 김종민 의원 안과 같이 일정한 범죄에서 원칙적으로 참여재판을 실시하되, 피고인의 신청으로 참여재판을 배제하는 방안(opt-out system)이 참여재판의 활성화를 위하여는 보다 바람직하다고 본

---

26) 헌재 2012. 2. 23, 2009헌바34(법관징계법 제2조제2호등위헌소원).

27) 이에 관하여는 또한 한상훈, "국민참여재판제도 시행과 인권옹호", 저스티스 통권 102호(2008. 2), 7면 이하; 한상훈, "국민참여재판에서 배심원평결의 기속적 효력에 관한 검토", 형사정책 24권 3호(2012), 9면 이하 참조.

다. 다만, 보다 덜 중한 사건의 경우에도 일반국민의 건전한 상식을 재판에 반영할 필요가 있는 경우에는 검사의 신청이나 법원의 직권으로 참여재판을 할 수 있도록 확대하는 것이 필요하다고 생각한다.

3. 대상사건을 단독사건으로 확대

주광덕 의원의 참여재판 개정법률안은 국민참여재판의 대상사건을 지방법원이나 그 지원의 합의부 관할 사건뿐만 아니라 단독판사 관할 사건까지 확대하려는 한다 (안 제5조제1항). 단기 1년 이상의 합의부 사건뿐만 아니라 장기를 기준으로 참여재판의 대상사건범위를 넓히는 것은 원칙적으로 바람직하다.[28] 예를 들어, 미국의 경우, 장기 6월 이상의 자유형에 해당하는 죄를 범한 경우에는 배심재판을 받을 권리가 있다.[29] 우리의 경우에도 단독사건을 참여재판으로 진행하기 위하여 재정합의부를 구성하는 경우가 있었지만, 단독판사사건도 국민참여재판을 할 수 있게 한다면, 재정합의의 절차는 불필요하게 될 것이다.

하지만, 우리의 경우, 벌금형을 포함하여 모든 단독사건까지 참여재판의 대상사건으로 포함하는 것은 사법부의 수용범위나 사건의 중요도를 고려할 때, 너무 광범위하므로 어느 정도의 제한이 필요할 것이다. 어느 정도 수준에서 국민참여재판이 허용된다고 할지는 사건수, 사안의 중대성, 국민적 관심과 필요성, 법원의 업무부담, 법원 예산의 한도 등을 감안하여 정책적으로 결정할 수 있을 것이다. 예를 들어, 법정형이 장기 3년이나 5년 이상의 징역이나 금고인 죄는 단독판사의 관할이라고 하여도 참여재판의 대상사건으로 규정하는 것을 상정해볼 수 있다.

또는 사형이나 무기징역이 가능한 중범죄 사건에 대하여는 강제주의나 배제주의를 채택하고, 기타 일정 정도의 범죄에 대하여는 신청주의를 유지하는 이원적 방안을 검토해 볼 수도 있다.[30] 중범죄의 경우에도 일정한 예외사유가 있으면 배제결정이

---

28) 박미숙·이정민·황지태·김광준·추형관·임유석, 형사정책과 사법개혁에 관한 조사, 연구 및 평가(Ⅱ) − 국민참여재판에 대한 참관 및 조사연구, 형사정책연구원, 2008, 195면은 참여재판의 근본취지에 비추어 일단 모든 범죄에 개방하고, 법원이 배제결정을 통하여 선별적으로 처리하는 것이 바람직하다고 본다.
29) Baldwin v. New York, 399 U.S. 66 (1970); Blanton v. City of North Las Vegas, 489 U.S. 538(1989) 참조.
30) 영국, 캐나다는 대상사건을 3유형으로 나누어, 기소가능범죄(indictable offences), 약식범죄(summary offences), 선택가능범죄(triable−either−way offences)로 나누고, 기소가능범죄는 배심재판이 원칙이며, 약식범죄는 법관재판으로 진행하고, 선택가능범죄는 배심재판이나 법관재판이 선택가능하도록 되어 있다. 박미숙 등, 앞의 책(주 28), 189면 참조.

불가피하므로, 공정성과 일관성을 견지하기 위하여 별도의 참여재판 배제신청재판부를 운영하는 것이 바람직할 것으로 생각된다(이에 관하여는 후술한다).

4. 배심원 평결의 효력 강화

현행법에 의하면, 배심원의 평결결과는 1단계 참여재판에서는 법관을 기속하지 않는다(참여재판법률 제46조 제2항 참조). 하지만, 배심원의 평결결과와 다른 판결을 선고하는 때에는 판결서에 그 이유를 기재하여야 하기 때문에(참여재판법 제49조 제2항), "강한 권고적 효력"을 가지는 것으로 이해할 수 있다.[31] 지난 10년간의 국민참여재판에서 배심원의 유무죄평결과 법관의 판결이 93.2%에서 일치한다는 통계도 강한 권고적 효력과 상응하는 부분이 있다.[32]

하지만, 현재와 같이 배심원의 평결이 권고적 효력을 가지기 때문에 참여재판의 활성화에 장애가 된다. 예를 들어, 피고인이 처음에는 참여재판을 신청하였다가 배심원의 평결이 권고적일 뿐이라는 말을 듣고, 참여재판을 철회하는 사례도 있다고 한다. 국민도 권고적 효력에 불과할 경우, 소중한 시간을 단지 권고를 위하여 투자하고 싶지 않을 것이므로 배심원후보자의 출석율, 참여율에 부정적 영향을 줄 수 있다.

한편, 배심원평결을 효력을 강화하려고 할 때, 배심원의 의견이 정확하고 타당한지 의문이 생길 수 있다. 배심원평결이 적정성은 법관의 판결과의 일치율로 추론할 수 있다. 참여재판을 선고한 후 법관에게 배심원의 평결에 동의하는지 질문하였다. 이에 대하여 89.5%(639명)의 법관이 동의한다고 대답하였다.[33] 아래의 설문조사는 2012년에 시행한 것이고, 법원의 판결과 배심원의 평결이 93.2% 일치한다는 자료는 10년간의 평균치이므로 직접 비교하기는 어렵지만, 법관이 내심 생각하는 판결과 배심원의 평결은 거의 일치한다고 볼 수 있다. 일부 배심원의 평결에 내심 동의하지 못한다고 하여도 배심원의 평결을 수용하는 경우도 일부 존재한다고 추론할 수 있다. 이는 사법의 민주적 정당성의 관점에서 보면, 적절하다고 생각한다.

---

31) 결정이나 평결의 효력을 ① 강한 기속적 효력, ② 약한 기속적 효력, ③ 강한 권고적 효력, ④ 약한 권고적 효력의 4종류로 분류할 때, 현재의 배심원 평결의 효력은 강한 권고적 효력으로 볼 수 있다. 한상훈, "국민참여재판에서 배심원 평결의 기속적 효력에 관한 검토", 형사정책 24권 3호(2012), 27면 이하 참조.

32) 법원행정처, 앞의 분석(주 1), 41면 이하 참조. 평결과 판결이 일치하지 않은 155건은 대부분 배심원이 무죄 평결을 하였으나, 재판부가 유죄로 판결한 사례이다.

33) 한상훈·전우영, 앞의 보고서(주 2).

| 그림 4 | **법관: 배심원의 평결에 동의하십니까?**

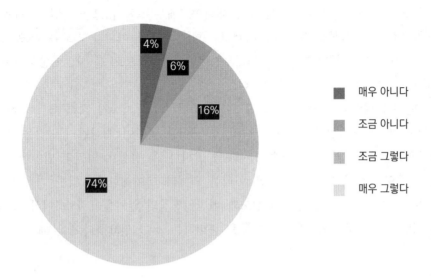

매우 아니다
조금 아니다
조금 그렇다
매우 그렇다

4%
6%
16%
74%

이러한 법관과 배심원의 일치율은 미국의 실증적 데이터를 볼 때, Los Angeles (California)나 Maricopa(Arizona) 카운티와 비슷한 수준이라고 할 수 있다.[34]

우리의 경우, 평결과 판결이 일치하지 않은 155건은 대부분 배심원이 무죄 평결을 하였으나, 재판부가 유죄로 판결한 사례라는 점을 볼 때, 배심원이 판사에 비하여 무죄를 평결할 가능성이 높은 것도 미국과 우리가 유사한 것으로 보인다. 국민참여재판을 시행한 법관들에 대한 2012년 설문조사에서 응답한 719명의 법관 중 87%는 배심원이 유무죄를 판단함에 충분한 능력이 있다고 답변하였다.[35]

또한 참여재판에 관여한 판사들은 재판의 공정성을 위해 국민참여재판이 바람직한

---

34) Eisenberg, Theodore; Hannaford-Agor, Paula L.; Hans, Valerie P.; Waters, Nicole L.; Munsterman, G. Thomas; Schwab, Stewart J.; and Wells, Martin T., "Judge-Jury Agreement in Criminal Cases: A Partial Replication of Kalven and Zeisel's The American Jury" (2005). *Cornell Law Faculty Publications*. Paper 343. http://scholarship.law.cornell.edu/ facpub/343

35) 본 조사에 답한 판사들의 근무경력을 살펴보면, 근무경력이 총 5년 이하인 경우가 62.50%로 가장 많은 것으로 나타났고, 그 다음으로 16-20년이 19.0%, 11-15년 12.4%, 6-10년 4.4%, 21-25년이 1.7% 순으로 나타났다. 한상훈·전우영, 앞의 연구 보고서(주 33), 51면 참조. 또한 오기두, "배심원의 판단능력-과연 그 능력을 의심해서 배심제 도입을 부정할 것인가?", 저스티스 제96호(2007); 황일호, "국민참여재판의 배심원에 대한 실증적 연구", 한양법학 제21권 제1집(2010); 홍기만, "국민참여재판의 배심원 판단능력에 관한 소고", 사법개혁과 세계의 사법제도[Ⅶ], 대법원 사법제도비교연구회(2010); 김상준, "배심평결과 판사판결의 일치도 및 판단차이에 관한 연구", 서울대학교 대학원 법학석사학위논문(2011); 이용구, "국민참여재판의 배심원 평결과 판결 차이에 관한 분석", 형사소송 이론과 실무 제3권 제2호(2011) 참조.

가라는 질문에 78%가 동의하고 있다. 2012년 연구에서 배심원의 26.7%(606명)은 배심원 평결에 기속력을 부여하는 것에 대하여 "매우 그렇다"고 답하였고, 54.6%(1,238명)은 "조금 그렇다"고 답하고, 16.0%(362명)은 "조금 아니다"라고 답하고, 2.8%(63명)은 "매우 아니다"라고 하여 적극 부정이다. 전체적으로 볼 때, 배심원의 81.3%가 기속력을 부여하는 것을 긍정하였다.

현단계에서는 배심원의 유무죄평결에 대하여 "약한 기속적 효력"을 부여하는 것이 바람직하다고 생각한다. "약한 기속적 효력"이란 법원이 배심원의 평결을 존중하고, 예외적인 사유가 없는 한 기속되는 것을 말한다.[36) 정성호 의원의 법안에서 배심원의 평결을 존중한다고 하는 것은 이러한 의미라고 이해한다. '약한 기속적 효력'을 가지는 참여재판에서는 법원의 선고와 배심원평결의 일치율이 95% 이상 될 수 있도록 법령이나 실무, 배심원설명문 등을 준비하는 것이 필요하다고 본다.

5. 검찰 항소제한 여부

정성호 의원의 참여재판법률 개정안은 배심원 전원이 일치된 의견으로 무죄를 평결하고 법원이 무죄를 선고한 사건에 대하여 검사는 '사실의 오인이 있어 판결에 영향을 미칠 때'를 이유로 항소할 수 없도록 제한하는 규정(안 제46조의2 신설)을 신설하고 있다. 사법발전위원회도 지난 4차회의(2018. 6. 5.)에서 같은 취지로 결정하였다.

2008년부터 2017년까지 10년간 국민참여재판으로 진행한 경우의 항소율은 81.0%로 1심 지방법원 본원 형사합의사건의 항소율(61.5%)에 비하여 높은 편이다. 검사의 항소율(쌍방 항소한 경우 포함)은 참여재판에서 48.4%로 1심 지방법원 본원 형사합의사건의 28.1%보다 20%p정도 높게 나타난다. 특히 2016년에는 51.5%, 2017년에는 51.9%로 상승하였고 피고인의 항소율 각 48.9%, 50.2%보다도 높게 나타난다.[37) 이에 반하여, 참여재판에 대한 고등법원의 파기율은 28.4%로, 같은 기간 전국 고등법원의 1심 파기율 40.5%보다 상당히 낮다.[38) 이처럼 국민참여재판은 일반재판과 비교할 때, 항소율은 높고, 파기율은 낮은 현상을 보여주고 있으며, 일정부분 검사의 남상소가 이루어지고 있다고 평가할 수 있을 것이다. 국민참여재판에서 법관과 배심원이 어렵게 도출한 결론을 검사가 항소하여 직업법관으로만 구성된 항소심에서 번

---

36) 한상훈, 앞의 논문(주 31), 22면 참조.
37) 법원행정처, 앞의 분석(주 1), 38면 이하 참조.
38) 법원행정처, 앞의 분석(주 1), 45면 이하 참조. 상고심에서의 파기율은 1.1%에 불과하다.

복한다면, 비용만 증대될 뿐 참여재판의 도입취지에 반할 뿐 아니라 피고인의 신청율을 저하시키는 요인이 되기도 할 것이다.[39]

이렇게 볼 때, 검사의 항소를 제한하는 방안은 일응 설득력이 있다. 하지만, 몇 가지 고려할 사항이 있다고 생각된다. 우선, 검사의 항소제한은 배심원의 무죄평결과 법관의 무죄판결에도 불구하고 검사가 항소를 남발하여 참여재판의 취지를 퇴색시키는 경우를 방지하려는 취지로 이해되고, 미국의 이중위험금지(double jeopardy)원칙을 참고한 것으로 보인다. 실제 미국에서 이중위험금지는 배심원의 무죄평결이 있으면 피고인은 무죄(not guilty)로 석방되고 다시 기소되는 것을 금지한다.[40] 이러한 이중위험금지원칙을 규정한 수정헌법 제5조는 각주에도 수정헌법 제14조를 통하여 적용된다.[41]

그런데, 미국은 이중위험금지라고 하여 배심원의 무죄평결이 있을 때 검사의 항소를 허용하지 않지만, 기판력을 판단할 때 소인(count)을 기준으로 하기 때문에 법적, 규범적 평가가 감안되어 기판력의 범위가 좁은 편이다. 나아가, 미국은 연방국가이므로, 주 법원의 기판력은 다른 주나 연방에 미치지 않는다. 따라서 한 범죄에 대하여 주법원에서 무죄의 평결이 나와도 동일한 행위에 대하여 연방이 다시 기소하여 처벌할 수 있고, 반대의 경우도 가능하다. 이를 이중주권원칙(dual sovereignty doc-trine)이라고 한다.[42]

이에 반하여, 우리나라의 판례와 다수설은 기본적 사실관계동일설을 취하고 있으므로, 공소사실의 동일성과 기판력의 범위가 비교적 넓은 점을 고려해야 한다. 아울러 단일한 사법체계를 갖고 있는 우리나라의 경우에는 주와 연방의 구별이 없어서 한 번 재판이 확정되면 다른 기회가 없다는 점도 경시할 수 없다. 대륙법국가에서는 이중위험금지가 아니라 일사부재리의 원칙이 적용되므로, 유무죄의 판결이 확정되기 이전에 배심원이나 국민참여재판의 1심 평결이나 선고에 대하여 검사의 항소를 제한하는 사례는 없는 것으로 알고 있다.[43]

---

39) 정한중, "국민참여 형사재판과 검사의 항소제한", 외법논집 35권 3호(2011), 216면 참조.
40) 이중위험금지원칙은 미국수정헌법 제5조에 규정되어 있다. United States v. Ball, 163 U.S. 662 (1896); Fong Foo v. United States, 369 U.S. 141 (1962); Randolph Jonakait, *The American Jury System*, 2003, p. 250 참조.
41) Benton v. Maryland, 395 U.S. 784 (1969).
42) United States v. Lanza, 260 U.S. 377 (1922); Abbate v. United States, 359 U.S. 187 (1959); Bartkus v. Illinois, 359 U.S. 121 (1959); Koon v. United States, 518 U.S. 81 (1996) 참조. 동일한 범죄에 대하여 한 주가 처벌하여도 다른 주가 다시 처벌할 수 있다는 판례로는 Heath v. Alabama, 474 U.S. 82 (1985) 참조. 오클라호마 연방건물 폭파 사건이나 로드니 킹 사건에서 실제로 주와 연방에 의하여 각각 기소된 사례가 있다.

뿐만 아니라, 검사항소의 제한은 재심제도와도 관련된다. 우리 법제도는 피고인에게 불이익한 재심을 허용하지 않으므로, 잘못된 무죄판결이 확정되면 이를 시정할 기회는 봉쇄된다.44) 이에 반하여, 외국에서는 피고인에게 불이익한 재심도 허용하는 나라가 많다. 예를 들어, 독일, 오스트리아, 덴마크, 핀란드, 노르웨이, 스웨덴, 스위스, 네덜란드, 러시아, 불가리아, 폴란드 등이 피고인에게 불이익한 재심도 허용하고 있으며, 영국과 웨일즈는 2003년 불이익재심을 도입하였다고 한다.45)

배심원의 전원일치 무죄평결을 법관이 수용하여 무죄판결을 한 경우, 사실오인을 이유로 한 검사의 항소가 허용되지 않으면, 결국 그러한 무죄판결은 확정될 가능성이 크다. 그렇다면, 만약 이후에 피고인의 허위진술이나 증인의 위증, 기타 위조, 변조된 증거에 근거하여 무죄판결이 선고되었음이 확인되어도, 현행법상 재심이 불가능하므로(형사소송법 제420조 참조), 실체적 진실과 정의에 반하는 오심의 결과가 유지될 수밖에 없게 된다. 특히나 참여재판은 다툼이 있는 중범죄인 경우가 많으므로, 이러한 오판이 발생하게 되면, 피해자나 그 유족, 나아가 사회 전체의 고통과 분노를 사법과 참여재판에 대한 불신으로 귀결될 수 있다.46)

이처럼 불이익재심을 허용하지 않는 우리의 법제하에서 중대한 범죄에 대한 무죄오판은 피해자와 유족, 국민에게 치유하기 어려운 고통과 슬픔을 가져올 수 있다는 점을 무겁게 받아들여야 할 것이다. 형사재판의 기본원리는 실체적 진실의 발견과 적법절차의 보장이고, 이는 참여재판을 통한 민주적 정당성과 신뢰의 향상과 함께 발전해야 한다. 실체적 진실에 부합하지 않는 참여재판은 국민의 지지를 잃을 위험이 있을 것으로 생각한다. 중범죄에서 오판 사례가 발생하면 참여재판에 대한 긍정적 분위기는 반전되고, 참여재판 자체에 대한 불신과 저항이 생겨날 수 있으므로, 신중하게 검토하지 않으면 안될 것이다.

이러한 점을 종합적으로 고려한다면, 배심원의 무죄평결과 법원의 무죄판결에 대

---

43) 형사재심에 대하여는 이용식, "형사재심제도의 한계와 구조에 관한 재조명", 형사법연구 19권 3호 (2007), 755면 이하 참조.
44) 중대한 오류에 의하여 중범죄자에게 무죄가 확정된 경우에도 피고인에게 불이익한 재심을 허용하는 것이 인권법상 이중처벌금지의 원칙에 반하지 않는다는 견해는 박찬운, "이중처벌금지원칙과 불이익재심의 가능성", 법조(2015. 2), 176면 이하 참조.
45) 권오걸, "불이익재심의 허용여부에 대한 비교법적 검토", 법학연구 17권 2호, 한국법학회(2017), 198면 이하 참조.
46) 이와 관련하여 영국은 2003년 불이익한 재심을 허용하도록 형사사법법(Criminal Justice Act 2003)을 입법하여, 2005년 시행되었다. 김대순, "이중위험금지 규칙은 불변의 진리인가?—영국의 Stephen Lawrence 피살 사건을 중심으로", 영산법률논총 11권 2호(2014), 3면 이하; 박찬운, 앞의 논문(주 44), 205면 이하 참조.

하여 검사의 남상소를 제한할 필요성은 있다고 할 것이다. 즉, 배심원의 전원일치 무죄평결과 이와 동일한 법원의 무죄판결에 대하여는 검사의 항소를 제한하는 것이다. 하지만, 피해자의 사망이나 중상해와 같이 생명이나 신체에 대한 강력범죄의 경우에는 검사의 항소를 허용하는 방안을 검토할 수 있을 것이다. 예를 들어, 사형, 무기 또는 장기 7년 이상의 징역이나 금고에 해당하는 죄의 경우에는 검사가 사실오인을 이유로 항소할 수 있도록 허용하고, 그 이외의 경우에는 검사의 항소를 제한하는 것이다.[47]

6. 참여재판 배제결정의 절차 개선

현재 참여재판의 운영상 피고인의 신청이 있다고 하여도 사건의 성질 등을 고려하여 참여재판에서 배제하는 법원의 배제결정을 허용하지 않을 수는 없을 것이다. 그런데, 문제는 배제결정의 기준이나 사유가 투명하지 않고, 재판부나 지역마다 편차가 있다는 점이다. 이렇게 볼 때, 참여재판의 배제결정을 수소법원이 하도록 하는 현행제도는 재검토의 여지가 있다. 수소법원은 참여재판의 부담으로 인하여 너무 넓게 배제결정을 할 가능성이 있으며, 재판부에 따라 판단기준의 편차가 있을 것이기 때문이다. 자의적이거나 비일관된 배제결정은 피고인이나 피해자, 국민으로부터 공정성과 평등권의 관점에서 비판의 소지가 있다. 지역간, 법원간 편차가 커질수록 더욱 그러하다.

그러므로 최대한 공정하고 객관적인 기준에 의하여 배제결정이 이루어지도록 개선하여야 한다. 하나의 개선책으로, 수소법원이 아닌 별도의 재판부가 당해 법원의 참여재판 배제신청 사건을 통합하여 결정하도록 하는 것을 고려해볼 수 있을 것이다. 실제 운영방식은 피고인의 참여재판 신청이 있으면, 독자적인 재판부가 배제결정의 사유가 있는지 검사의 의견을 들어 판단하도록 하는 것이다. 배제결정의 사유가 없다면, 참여재판으로 진행하게 되고, 이때 참여재판을 담당할 재판부를 배당하는 방식을 고려해 볼 수 있을 것이다. 그렇게 되면, 참여재판이 여러 재판부에 골고루 배당될 수 있을 뿐 아니라, 배제결정의 공정성, 객관성, 투명성도 확보될 수 있을 것으로 생각한다.

참여재판의 적절성을 판단하는 재판부는 지방법원 또는 지원마다 1개를 설치하고, 수석재판부가 이러한 업무를 담당하거나 별도의 단독판사가 해도 좋을 것이다. 이

---

47) 이때 어느 정도의 중범죄에 대하여 검사의 항소를 허용할 것인지는 구체적으로 논의해야 할 것이다.

재판부는 전국적인 워크샵 등을 통하여 배제결정의 기준을 통일해 나갈 수 있을 것으로 생각된다. 이러한 개선방안에 의할 경우 진행절차는 다음과 같을 것이다.

피고인의 참여재판 신청 → 별도의 재판부(수임법원)에서 참여재판 적절성 심사[48] → 통과하면 재판부 배당 → 참여재판 실시

만약 참여재판 적절성 심리재판부에서 참여재판으로 진행하는 것이 적절하지 않아 배제결정을 하게 되면, 통상의 사건과 같이 배당을 하여 통상재판으로 진행하면 될 것이다. 즉, 참여재판과 통상재판이 이원적으로 재판부에 배당되므로 재판부 사이의 업무가 균등하게 유지될 것이다.

7. 배심원후보자 소환 절차의 개선

국민참여재판을 하기 위해서는 피고인의 신청도 필요하지만, 무엇보다 국민이 배심원으로 적극 참여하여야 한다. 배심원선정절차를 위하여 배심원이 9명인 경우에 140명의 배심원후보자를 소환하고, 7명인 경우에는 110명을, 5명인 경우에 90명을 소환하고 있다. 지난 10년간 총251,067명의 배심원후보자에게 기일 통지 결과 68,162명이 출석하여 출석률은 27.1%이고, 이중 송달불능된 자, 출석취소통지를 한 자를 제외한 실질 출석률은 51.6%로 비교적 양호하다고 평가할 수 있다.[49] 출석한 배심원후보자 68,162명 중 26.4%에 해당하는 18,018명이 배심원, 예비배심원으로 선정되었다.[50] 9명이 배심원인 사건에서는 평균 39.6명, 7명인 경우에는 30.5명, 5명인 경우에는 24.9명이 출석하였으므로, 반 이상의 배심원후보자는 선정되지 못하고 귀가하게 된다.[51]

따라서, 참여재판이 보다 활성화되려면 물적 시설(참여재판 법정 등)을 확충하고, 배심원대기실을 별도로 설치하는 것이 필요하다. 이를 통하여 2개 이상의 참여재판을 동시에 개정할 수 있도록 하여, 출석한 배심원후보자가 2개 이상의 재판에 후보자로 출석할 수 있도록 하는 것이 바람직하다.[52]

---

48) 이러한 절차가 약간 생소하게 보일 수도 있으나, 증거보전절차와 같이 별도의 신청사건으로 파악하면 될 것이다.

49) 법원행정처, 앞의 분석(주 1), 51면 참조.

50) 법원행정처, 앞의 분석(주 1), 54면.

51) 법원행정처, 앞의 분석(주 1), 23면. 이러한 까닭에 배심원후보 가운데 "오기 전에 제대로 설명을 해줘야 하지 않냐", "내가 왜 배심원이 안되냐", "아침 일찍부터 왔더니 또 바로 가야되냐" 등의 항의가 많았고, 오랜 대기 시간 등에 대하여 불편을 느끼는 배심원이 상대적으로 많았다고 한다. 탁희성·최수형, 앞의 논문(주 17), 297면 이하 참조.

다수의 참여재판을 같은 날 개정하여 당일 출석한 배심원후보자를 다수의 재판부에서 소환하여 배심원으로 선정할 수 있게 되면, 법정에 출석한 배심원후보자가 배심원으로 선정될 가능성이 높아진다. 이렇게 하여 배심원후보자의 출석에 소요되는 참여재판의 비용을 절감할 수 있을 뿐 아니라 시민들의 입장에서도 불필요한 법정출석을 최소화하여 생활의 편의를 도모할 수 있다.

이를 위해서는 물적, 인적 자원의 확충 이외에도, 현행 참여재판법을 조금 수정할 필요가 있다. 현재는 수소법원이 배심원후보자를 소환하도록 규정하고 있으나(참여재판법 제23조 제1항 참조), 배심원후보자 풀제를 도입하기 위해서는 배심원후보자의 소환을 지방법원장 등 기관장이 행할 수 있도록 허용하여야 한다. 나아가 지방법원 지원에서도 참여재판을 할 수 있게 하고(참여재판법 제10조의 수정), 단독판사사건도 참여재판을 시행할 수 있게 한다면, 지방법원장뿐 아니라 지방법원 지원장도 참여재판 배심원후보자를 소환할 수 있도록 해야 할 것이다.

아울러, 참여재판법 제17조(결격사유), 제18조(직업에 따른 제외사유), 제19조(제척사유), 제20조(면제사유)에는 배심원의 자격이 규정되어 있다. 그런데, 제17조 결격사유와 제18조 제외사유는 일반적, 필요적으로 배심원의 자격이 없는 경우이지만, 제19조(제척사유)는 해당되는 사건이나 재판에만 제척사유가 되고, 제20조(면제사유)는 배심원의 직무를 면제할 수 있지만 직무를 수행할 수도 있는 사유이다. 따라서, 제17조와 제18조의 사유는 객관적, 필요적 사유이므로, 지방법원장 또는 그 위임을 받은 판사가 결정하도록 하면, 배심원선정절차의 부담을 줄이고 효율을 도모할 수 있을 것이다.

다만, 참여재판법 제19조와 제20조의 사유는 구체적인 사안에 따라 달라질 수 있는 것이므로, 지금과 같이 수소법원이 개별적으로 판단하면 될 것이다.

Ⅳ 맺음말

국민참여재판은 우리나라의 역사상 이제 11년이 막 경과했음에도 불구하고 기대 이상의 성과를 보여주고 있다. 법관에 의한 재판에 대한 신뢰가 낮아질 때 배심원이 직접 참여하는 국민참여재판을 통하여 사법부의 신뢰를 회복할 수 있다는 점도 확인할

---

52) 이러한 절차 또는 기법을 미국에서는 "배심원후보자 풀링(pooling)"이라고 한다. Federal Judicial Center, *Handbook on Jury Use in the Federal District Courts*, 1989, pp. 46–48 참조.

수 있다. 이를 통하여 재판에 대한 국민의 승복과 분쟁의 원만한 해결이라는 계산할 수 없는 사회적 자산이 확보되고, 법치주의와 민주주의도 강화될 수 있을 것이다.

이렇게 볼 때, 참여재판을 활성화하고 확대하는 것은 반드시 필요한 일이다. 하지만, 실제 참여재판을 담당하는 판사, 검사, 변호사의 입장에서는 업무부담이 적지 않아 힘들어 하고 있다. 이러한 사정을 고려하여 업무를 적절히 분담하고, 보다 객관적이고 투명하면서 동시에 효율적인 제도를 통하여 모든 관계자가 만족할 수 있는 해법을 찾도록 노력해야 하리라 본다. 이러한 배경에서 본고는 현재 제출되어 있는 여러 참여재판법 개정안의 취지에 대하여 다음과 같이 개선방안을 요약, 제시하고자 한다.

첫째, 일정한 사건의 경우에는 참여재판의 필요적 대상사건으로 하며, 다만 피고인의 배제신청이 있으면 법원이 적절한지 판단하게 하고(opt-out system), 보다 경한 사건에서도 국민의 건전한 상식을 재판에 반영할 필요가 있는 경우에는 검사의 신청이나 법관의 직권에 의하여 참여재판을 실시할 수 있도록 하는 방안이 바람직하다고 본다.

둘째, 참여재판의 대상사건을 단독판사사건으로 확대하는 데 기본적으로 찬성하지만, 일정한 하한선은 필요하다고 할 것이다. 예를 들어, 법정형이 장기 5년이나 3년 이상의 징역이나 금고인 범죄를 상정해볼 수 있다.

셋째, 배심원평결의 효력을 강화하는 데 찬성하고, 현단계에서는 배심원의 평결에 "약한 기속적 효력"을 부여하여, 법관이 배심원의 평결을 존중하고, 예외적인 사유가 없는 한 배심원의 유무죄 평결에 따르도록 하는 것이 바람직하다고 본다. 향후 대략 95% 이상의 일치율을 갖도록 할 수 있도록 법령, 실무, 배심원설시문 등을 세심하게 검토, 개선해야 할 것이다.

넷째, 법원의 업무부담 경감과 효율적 배심원선정절차의 진행을 위하여, 배심원후보자의 소환 등의 행정업무를 수소법원이 아니라 법원장 또는 지원장이 할 수 있도록 개선하며, 다수의 참여재판을 같은 날 진행하도록 제도를 정비하여 참여재판의 비용을 대폭 절감할 수 있게 하는 것을 검토해야 한다.

다섯째, 배심원 전원일치의 무죄평결을 법원이 수용하여 무죄판결한 사건에서는 검찰의 항소를 일부제한하는 것이 적절할 수 있다. 하지만, 피해자가 사망, 중상해한 경우와 같이 중대한 범죄에 대하여는 검찰의 항소가 가능하도록 예외를 두는 것이 필요하다고 할 것이다.

원래 2012년에 국민참여재판제도를 개선하려고 하였으나 시일이 많이 지연된 상태이다. 개관적으로 볼 때 우리나라의 참여재판제도는 성공적으로 정착하고 있으므로, 이에 대한 보다 강화된 제도를 활성화하는 것이 국민의 사법에 대한 신뢰와 민주적 정당성, 사법절차의 투명성의 제고에 기여할 것으로 생각한다. 국회에 제출된 다수의 법안도 이러한 방향을 염두에 두고 성안된 것들이다. 그러므로 개정법안들에 대한 전반적 검토를 포함한 본고가 국민참여재판의 활성화에 조금이라도 도움이 될 수 있다면 큰 의미가 있을 것이다. 한편, 국민참여재판의 활성화방안 이외에도 일반 형사사건에 대한 신속한 사건처리절차법 등의 보완적인 입법, 배심원의 평의·평결 방식, 유무죄심리와 양형심리의 이분화, 배심원의 적정한 숫자, 배심원선정절차, 성폭력범죄에서 피해자의 의사의 고려여부 등 여러 관련된 쟁점이 있는바,53) 본고에서는 지면과 시간의 제약으로 다루지 못하였다. 향후 활발한 논의와 개선이 있기를 기대한다.

---

53) 한 예로, 2019. 4. 8. 더불어민주당 김종민의원과 대한변호사협회가 공동주최한 "국민참여재판 활성화를 위한 토론회"에서 다수의 변호사들은 성폭력범죄에서 피해자가 국민참여재판에 반대한 경우 피고인이 참여재판을 신청하여도 법원은 거의 대부분 참여재판을 배제하여 피고인의 참여재판과 공정한 재판을 받을 권리를 침해한다고 지적하였다. 외국의 경우, 성폭력사건이라면 비공개재판으로 진행하거나 기타 피해자를 보호하기 위한 조치를 취할 수는 있지만, 피해자가 반대한다고 배심재판 자체를 하지 않는 경우는 없다고 알고 있다. 이러한 문제점에 대하여도 향후 논의가 필요하다.

2

공정한 형사재판을 받을 권리와 국민참여재판
판결의 이유 제시
- 유럽인권재판소 대재판부의 Taxquet v. Belgium
판결의 시사점을 중심으로 -*

홍진영(교수, 서울대학교 법학전문대학원)

I 문제의 제기

유럽인권협약(이하 '협약'이라 한다) 제6조 제1항에서는 "모든 사람은 민사상의 권리의무 또는 형사상의 유무죄 판단을 위하여 법률에 의하여 설립된 독립적이고 공정한 법원에 의하여 합리적인 기한 내에 공정한 공개 재판을 받을 권리가 있다."[1]라고 규정하고 있다. 위 규정에 관한 유럽인권재판소(European Court of Human Rights)의 확고한 법리 중 하나는 법원의 판결에는 그와 같은 판단의 기초가 된 이유에 대한 적절한 제시가 필요하다는 것이다.[2] 유럽인권재판소에 따르면, 위 조항에 따라 판결이유를 제시하도록 하는 것에는 다음과 같은 순기능이 있다. 첫째, 당사자로 하여금 법원이 자신의 주장을 충분히 듣고 숙고하였다는 점을 이해시킴으로써 결과에 대하여 보다 수용적인 태도를 갖는 데 기여한다. 둘째, 결과를 수용할 수 없는 경우 판결의 이유에 충분히 반박할 수 있도록 함으로써 불복의 기회를 보장한다. 셋째, 판사들

---

* 이 글은 홍진영, "공정한 형사재판을 받을 권리와 국민참여재판 판결의 이유 제시 - 유럽인권재판소 대재판부의 Taxquet v. Belgium 판결의 시사점을 중심으로", 사법 통권 제58호, 사법발전재단, 2021에 게재되었음을 밝힌다.

1) 원문은 다음과 같다. "In the determination of his civil rights and obligations or of any criminal charge against him, everyone is entitled to a fair and public hearing within a reasonable time by an independent and impartial tribunal established by law.

2) Moreita Ferreira v. Portugal (no.2) [GC], Application no. 19867/12, 11 July 2017, para. 84.

이 객관적인 논증에 기초하여 판결을 선고할 수 있도록 돕는다.[3]

그런데 이와 같은 이유 제시에 대한 요청은 배심제도를 유지하여 오고 있던 협약 가입국들의 전통과 충돌한다는 지적이 제기되었다. 특히 보통법 국가들에서 운영되고 있는 전통적인 형태의 배심제도에서는 배심의 평의 과정은 공개하지 않는다는 이른바 배심원 평의 비공개 원칙[4]을 확고하게 견지하고 있는데, 위 원칙은 배심이 평결 이유를 제시할 의무를 부담하지 않는다는 내용을 포함하는 것으로 이해되고 있고, 배심재판에서 법원이 배심의 평결을 받아들이는 이상 별도로 판결의 이유를 제시하지도 않기 때문이다. 그러나 법관 재판에 의하건 배심 재판에 의하건, 당사자의 입장에서는 자신의 주장이 재판 과정에서 충분히 고려되었는지 확인하고, 불복의 기회를 실질적으로 보장받기 위하여 판결에 이르게 된 이유를 알아야 할 필요성이 있다는 점은 동일하다. 이러한 점에서 협약 제6조 제1항에 관한 유럽 인권재판소의 법리는 잠재적으로 보통법 국가들의 전통적인 배심제도의 존립을 위협하는 상황에 있었다고 할 수 있는데,[5] 그러한 존립의 위험이 보다 구체화된 계기가 된 사건이 Taxquet v. Belgium 사건이었다. 유럽인권재판소 대재판부에서는 결론적으로 배심이 평결의 이유를 제시하지 않더라도 그 자체로 협약 제6조 제1항의 위반은 아니라고 판단하긴 하였지만, 위 사건을 계기로 하여 유럽 내에서는 배심재판에서의 이유 제시에 관한 실무와 학계의 논의가 더욱 풍부하게 개진되기 시작하였고, 몇몇 가입국들은 형사 배심재판 또는 참심재판에서 평결 내지는 판결의 이유 제시를 보다 강화하는 방향으로 절차를 개선하는 움직임을 보이기도 하였다. Taxquet 사건을 둘러싼 논쟁은 단지 유럽이라는 지역적 맥락 내에 있는 문제로만 볼 수는 없고, 우리 국민참여재판에서 판결문을 어떻게 작성하여야 할 것인지에 관하여도 중요한 고민거리

---

3) European Court of Human Rights, Guide on Article 6 of the Convention-Right to a fair trial (criminal limb)(Updated on 31 August 2021), para. 183.

4) 이를 Mansfield 규칙 내지는 탄핵금지 규칙(jury non-impeachment rule)이라고도 한다. 위 원칙에 대한 상세한 설명은 홍진영, "미국 배심제도에서의 배심원 평의 비공개 원칙과 그 한계 - 국민참여재판 배심원 평결의 기속력과 관련하여", 저스티스 통권 174호(2019. 10.), 300 이하 참조.

5) 영국의 형사사법 개혁에 관하여 다룬 얼드 판사(Lord Auld)의 보고서에서도 이 점이 일찍이 논의된 바 있다. The Right Honourable Lord Justice Auld, Review of the Criminal Courts of England and Wales, Chapter 5, para. 88~98(유럽인권재판소에서 영국의 배심재판에 판결의 이유가 결여된 것에 대하여 협약 제6조 위반이라고 판단하지는 않을 것이라 전망하면서도, 영국에서 이 문제에 대해 지적하고 있는 논자들이 점차 늘어나고 있는 것은 사실이며, 영국의 배심재판이 협약 제6조 위반의 논란에서 벗어나기 위해서는 배심원단에게 유무죄에 관한 평결을 요구하는 것을 넘어서서 상세한 질문지를 교부하여 그에 대한 답변이 이유 제시를 갈음할 수 있도록 하여야 하고, 필요한 경우에는 법관이 배심원단으로 하여금 공개적으로 그 답변을 제시하도록 요구할 수 있게 절차를 개혁하는 것이 바람직하다고 권고하였다).

를 제공한다. 국내에서도 헌법상 공정한 재판을 받을 권리 내지는 재판청구권에는 판결의 이유를 제시받을 권리가 포함된다는 주장이 설득력 있게 개진되고 있다.[6] 그런데 한편으로, 사법부 내에서는 공판중심주의의 기치 강화와 맞물려 사무실에서 판결문 이유 작성에 공을 들이는 대신 재판에서의 심증 형성에 집중하여야 한다는 취지로 이른바 '형사판결문 작성의 간결화(또는 간이화)'가 장려되어 왔다.[7] 이러한 간결화(또는 간이화)의 흐름은 국민참여재판의 맥락에서 더욱 강화되고 있다. 뒤에서 상세히 살펴보겠지만, 그 핵심적인 근거는 국민참여재판으로 재판이 진행된 사건에서 배심원의 판단과 법원의 판단이 일치하는 경우에는 판결의 정당성이 더욱 강화되므로, 현재의 실무보다 판결문을 더 간결하게 작성하여도 무방하다는 것이다. 실제로 실무에서는 이러한 의견을 적극 받아들여 피고인과 변호인의 주장에 관한 판단을 거의 생략하다시피한 판결문을 작성하는 경우들이 발견된다. 이 글에서는 판결의 이유 제시에 관하여 유럽인권재 판소에서 촉발된 논쟁을 기초로 하여, 그러한 방향이 당사자의 공정한 재판을 받을 권리 보장의 관점에서 타당한 것인지에 대하여 의문을 제기해 보고자 한다.[8]

---

6) 대표적으로, 한수웅, 헌법학(9판), 법문사(2019), 938~939; 박준석, "재판청구권과 법원의 논증의무 – 대법원 2010. 6. 24. 선고 2010도3358 판결을 중심으로", 법학논총 36권 2호, 단국대학교 법학연구소 (2012), 187 이하.

7) 그와 같은 논의를 집약하고 있는 대표적인 법원 발간 문헌으로, 서울중앙지방법원, 새로 쓰는 형사판결서, 사법발전재단(2014)이 있다. 위 문헌에서는 '설득은 법정에서, 판결은 간이하게'라는 말로 대변되는 형사판결서 적정화는 곧 공판중심주의 내실화의 다른 표현임을 강조하면서, 공판중심주의 및 직접심리주의의 원칙하에서 상시적인 법정심리와 충실한 증거조사를 통하여 쟁점과 유무죄에 관한 심증을 형성하는 것을 전제로, "이러한 심증 형성에 따른 결론 혹은 그 취지만 판결서에 적시함을 원 칙으로 할 필요"가 있고, "법정에서의 심증 형성 미흡으로 추가적인 기록 검토를 통해 결론을 내리는 경우에 필요한 증거관계의 개별적 분석 및 논증을 통한 상세한 이유의 설시는 공판중심주의 소송구 조와는 어울리지 아니한다는 평가를 받고 있다."라고 언급한다(발간사 및 34).

8) 지면의 제약 및 논의의 집중을 위하여 본 논문에서 다루는 판결 이유의 제시 범위는 유무죄판결의 이유로 한정하고, 양형 이유에 관하여는 다루지 않기로 한다.

Ⅱ 유럽인권재판소의 판결 이유 제시에 관한 법리

1. 법관재판에서 제시된 기본 법리[9]

유럽인권재판소는 1990년대부터 협약 제6조상의 권리에는 판결의 기초가 된 이유를 충분히 제시받을 권리가 포함되어 있다고 보아 왔다. 이유 제시가 필요하다고 보는 근거는 도입부에서 설명한 바와 같다.

물론 모든 재판에서 동등한 수준으로 이유를 제시하여야 하는 것은 아니며, 재판과 사안의 성격에 비추어 이유 제시의 정도는 달라질 수 있다.[10] 또한, 법원은 당사자가 제기하는 모든 주장에 대하여 상세한 답변을 제공하여야 하는 것은 아니지만,[11] 판결의 이유에 해당 사건에서 제기된 핵심적인 쟁점이 명확하게 드러나야 하고,[12] 사안의 결론에 결정적으로 작용하는 주장에 대해 구체적이고도 명시적인 답변 (specific and explicit reply)이 주어져야 한다.[13] 특히 협약상의 권리 침해 여부가 쟁점이 된 사건에 있어서는, 가입국 국내 법원에 의하여 제시된 이유가 기계적 내지 상투적(automatic or stereotypical)인 것인지 탐구할 필요가 있다.[14] 종합하면, 가입국 국내 법원이 신청인에 의하여 제기된 구체적이고, 관련성 있으며, 중요한 쟁점을 무시한 경우에 협약 제6조 위반의 문제가 발생할 수 있다.[15]

한편 어느 정도라도 이유가 제시되어 있는 사건에서 협약 제6조상의 권리가 침해되었다고 최종적으로 판단하기 위해서는 "정의의 부정(denial of justice)"에 이를 정도로 사실인정 또는 법적 판단에 명시적인 오류가 있는 경우에 해당하여야 한다.[16]

---

9) 아래 소개된 재판소의 판례는 기본적으로 European Court of Human Rights(주 3), para. 181~185에 소개된 내용을 참조하여 정리하였다.

10) Ruiz Torija v. Spain, Application No. 18390/91, 9 December 1994, para. 29.

11) Van de Hurk v. the Netherlands, Application No. 16034/90, 19 April 1994, para. 61.

12) Boldea v. Romania, Application No. 19997/02, 15 February 2007, para. 30; Lobzhanidze and Peradze v. Georgia, Application nos. 21447/11 and 35839/11, 27 February 2020, para. 66.

13) Moreira Ferreira v. Portugal (no. 2) [GC], para. 84; S.C. IMH Suceava S.R.L. v. Romania, Application No. 24935/04, 29 October 2013, para. 40.

14) Moreira Ferreira v. Portugal (no. 2) [GC], para. 84.

15) Nechiporuk and Yonkalo v. Ukraine, Application No. 42310/04, 21 April 2011, para. 280; Rostomashvili v. Georgia, Application No. 13185/07, 8 November 2018, para. 59.

16) Moreira Ferreira v. Portugal (no. 2) [GC], para. 85.

2. 시민 참여형 재판에서의 이유 제시 의무-Taxquet v. Belgium 판결

1) 유럽에서의 시민 참여형 재판 현황-Taxquet 판결 이전

(1) 참심제와 배심제 국가의 구별

유럽에서 시민들이 사법절차에 참여하는 형태는 시민들의 평의 및 평결에 직업법관이 참여하는지, 혹은 시민들이 직업법관의 관여 없이 독립적으로 평의 및 평결에 임하는지에 따라 참심제와 배심제로 나눌 수 있다. 대재판부의 Taxquet 판결 선고 당시를 기준으로 할 때 유럽에서 참심제를 채택한 국가로는 불가리아, 크로아티아, 체코, 덴마크, 에스토니아, 핀란드, 프랑스, 독일, 그리스, 헝가리, 아이슬란드, 이탈리아, 리히텐슈타인, 모나코, 몬테네그로, 노르웨이(대부분의 사건), 폴란드, 포르투갈, 세르비아, 슬로바키아, 슬로베니아, 스웨덴, 우크라이나가 있고, 배심제를 채택한 국가로는 영국 외에도 오스트리아, 벨기에, 조지아, 아일랜드, 몰타, 노르웨이(중죄 및 항소심에 한정), 러시아, 스페인, 스위스(제네바 지역에 한정)가 있다고 설명되었다.[17] 배심제를 채택한 국가에는 반드시 보통법 국가만 있는 것은 아니고, 대륙법 국가들 중의 일부도 포함되어 있다.

일반적으로 참심제 국가에서는 직업법관 1명이 직업법관 및 참심원단을 대표하여 판결문을 작성하면서 판결의 이유를 제시하는 것이 기본적인 모습이다. 한편 배심제 국가들의 경우에는 판결 이유의 제시 여부 및 그 방식이 제각각이다. 보통 법 국가들에서는 대체로 배심원단에게 유무죄의 결론만을 평결을 통하여 제시하도록 요구한다. 반면, 대륙법 국가들에서는 대체로 재판장이 제시하는 질문 목록에 대하여 배심원단이 답변을 할 것이 요구되며, 그에 더하여 배심원단이 독자적으로 이유를 덧붙이는 경우도 존재한다. 아래에서 배심제 국가의 판결 이유 제시 모습에 관하여 조금 더 상세히 살펴보기로 한다.

---

17) Taxquet v. Belgium [GC], Application no. 926/05, 16 November 2010, para. 44, 45. 단, 노르웨이와 스위스 제네바 지역은 이후 배심재판 제도를 폐지하였다. 노르웨이에 관해서는 Anna Offit, "Dismissing the Jury: Mixed Courts and Lay Participation in Norway", Sanja Kutnjak Ivković et al. eds, Juries, Lay Judges, and Mixed Courts: A Global Perspective, Cambridge University Press(2021), 197~217; 스위스에 대해서는 Gwladys Gillieron, Yves Benda & Stanley L. Brodsky, "Abolition of Juries: The Switzerland Experience", 27 Jury Expert 14 (2015), 14~19.

(2) 배심재판에서의 판결 이유 제시 여부

① 판결 이유가 제시되지 않는 경우

보통법 전통을 따르는 국가들의 형사배심 평결은 유죄(guilty)와 무죄(not guilty)의 두 가지 유형만 존재할 뿐이며,[18] 배심원은 평결에 대하여 이유를 덧붙일 것이 요구되지 않는다. 그 이유는 배심원의 평결은 공동체의 양심을 반영하는 것으로서 그 자체로 내재적인 정당성(inherent legitimacy)이 있으므로 추가적인 정당화를 요하지 않는 것으로 보는 전통이 뿌리 깊기 때문이라고 설명된다.[19] 특히 17, 18세기 영국에서는 법관이 배심원단에게 평결의 이유를 추궁하는 것이 배심으로 하여금 그 심증을 변경하도록 회유하거나 협박하기 위한 방편으로 활용되었던 역사가 있기에, 배심원단에게 이유제시의 의무를 면제하는 것이 배심의 독립성을 확보하기 위한 제도적 근간이 된다고 보아 왔다.[20] 배심원의 평결을 법원이 수용하는 이상 법원이 그 이상으로 유무죄에 관하여 판단을 덧붙이지는 않게 된다.

② 판결 이유가 제시되는 경우

한편 대륙법계 전통을 따르면서도 배심제를 채택한 오스트리아와 스페인의 경우에는 독특하게도 배심원단으로 하여금 직접 평결의 이유를 제시하도록 하고, 이를 토대로 하여 최종적으로 판결이 선고된다.

우선, 스페인의 경우[21]에는 프랑코 독재 종식 후 도입된 1978년 신 헌법 제125조에서 국민의 배심재판을 받을 권리를 명시함과 동시에, 제120조 제3항에서는 판결은 공개된 법정에서 선고되어야 하고, 이유가 제시되어야 함을 명시하였다. 위와 같은

---

18) 이를 일반평결(general verdict)이라 부른다. 다만 스코틀랜드의 경우에는 이른바 "유죄 증명 실패 (not proven guilty)"의 평결이 별도로 존재한다. 즉, 스코틀랜드에서는 무죄 평결이 피고인이 확실 히 범죄를 저지르지 않았음을 뜻하는 적극적인 무죄선언이라면, "유죄 증명 실패" 평결은 피고인이 확실히 무죄라고 볼 근거는 없지만 그렇다고 합리적 의심의 여지없이 유죄가 증명되지는 않았다는 소극적인 무죄선언이다. 위와 같은 평결 분류에 관한 찬반 논의에 대하여는, Peter Duff, "스코틀랜 드의 형사배심 제도: 아주 독특한 제도", Neil Vidmar 엮음(김상준·김형두·이동근·이효진 역), 세계의 배심제도, 나남(2007), 427~433의 내용 참조.

19) Stephen C. Thaman, "Should Criminal Juries Give Reasons for Their Verdicts: The Spanish Experience and the Implications of the European Court of Human Rights Decision in Taxquet v. Belgium", 86 Chi-Kent L. Rev. 613 (2011), 613. 국내에서 평결에 대응하는 용어인 "verdict"는 노르만 프랑스어인 "verdit"에 유래를 두고 있는 단어로, "진실을 말한다."라는 의미를 담고 있다. Thaman, 위 논문, 613.

20) Paul Roberts, "Does Article 6 of the European Convention on Human Rights Require Reasoned Verdicts in Criminal Trials", 11 Hum. Rts. L. Rev. 213 (2011), 216.

21) Thaman(주 19), 629 이하 참조.

헌법 조항들을 재판제도에 구체적으로 어떻게 반영할 것인지에 관한 오랜 논의 끝에 1995년 제정된 배심법원 조직법(Ley Organia del Tribunal del Jurado)에서는 배심원단으로 하여금 스스로 이유를 제시하도록 하였다. 즉, 배심원단은 재판장에게 교부받은 평결목록에 기재되어 있는 사실관계에 관한 사항과 피고인의 유무죄에 관한 평결을 하여야 하는데, 다수결 방식으로 평결을 한 후 그 결과에 따라 평결서에 ① 인정된 사실과 인정되지 않은 사실, ② 피고인의 유무죄에 관한 결론, ③ 인정된 사실을 뒷받침하는 증거 목록을 제시한 후, ④ 인정된 사실과 인정되지 않은 사실에 대하여 그와 같이 판단한 간결한 설명[22]을 덧붙여야 한다. 재판장이 평결서에 흠결이 있다고 판단하는 경우(예컨대 배심원단이 인정한 사실에 관한 여러 명제가 상호 모순되는 경우)에는 배심원단에게 이를 반환할 수 있고, 세 번째 반환 후에도 흠결이 보정되지 않거나 평결이 이루어지지 않으면 배심원단은 해산되고 새로운 배심원단을 구성하여 공판절차를 개시하게 된다. 재판장은 배심원단에 의한 무죄 평결을 받아들이는 경우에는 배심원단이 인정한 사실 관계를 그대로 받아들여야 하고, 이에 법률적인 판단을 부기하여 판결서를 작성하게 된다. 평결서의 작성은 원칙적으로 배심원단 대표(배심원단 대표가 다수의 표에 포함되어 있지 아니한 경우에는 배심원단이 선출한 다른 배심원)의 임무이지만, 배심원단 대표의 요청이 있는 경우에 재판장은 법원서기[23]로 하여금 평결서의 작성을 조력하도록 명하여야 한다.

오스트리아의 1920년 헌법 제91조 제2항에서는 중죄와 정치적 범죄에 대하여는 배심원이 피고인의 유죄를 결정하여야 한다는 규정을 두고 있다. 오스트리아 배심은 사안에 관하여 재판장이 제시한 일련의 질문에 대하여 다수결에 따라 예, 아니요로 답하여야 하고, 각각의 질문에 대한 근거를 간결하게 기재한 노트를 재판장에게 전달하여야 하는바(오스트리아 형사소송법 제331조 제3항), 그 과정에서 법원의 도움은 받지 않는다.[24] 재판부(3인의 법관으로 구성)가 만장일치로 배심원단이 주요한 쟁점에 대하여 오류를 저지른 것으로 판단한 경우에는 평결을 받아들이지 않을 수 있는데,

---

22) 실제 사건들에 있어서 배심원단이 제시하는 이유의 정도와 수준에는 상당한 편차가 있다고 한다. Thaman(주 19), 631.

23) 법원서기의 자격 및 역할에 관하여 소개하는 글로는, Mar Jimeno−Bulnes & Valerie P. Hans, "Legal Interpreter for the Jury : The Role of the Clerk of the Court in Spain", 6 Oñati Socio−legal Series (2016).

24) 그 결과 배심의 노트에는 사안의 결론에 이르게 된 실질적인 근거를 충분히 이해하기에는 매우 부족한 내용이 담겨 있으며, 이러한 오스트리아의 경험은 배심재판과 이유제시의 양립불가능성을 보여 주는 예가 된다고 한다는 지적으로, Greg Taylor, "Jury Trial in Austria", 14 New. Crim. L. Rev. 281 (2011), 305, 306.

이 경우에는 대법원이 해당 사건을 다른 재판부에 배당하여 새롭게 배심재판이 진행되도록 한다(제334조).

2. Taxquet 판결 이전의 유럽인권재판소의 입장-Papon v. France 판결

(1) 프랑스의 참심재판과 이유 제시

Taxquet 판결 이전에 유럽인권재판소에서 배심 또는 참심재판 판결의 이유 제시가 주된 쟁점이 된 사건으로는 Papon v. France 사건[25]이 있다. 위 사건에 대한 이해를 위해서는 간략하게나마 프랑스의 참심재판에 대한 설명이 필요하다.

대륙법 전통을 따르는 프랑스는 대혁명을 계기로 배심제를 도입하였지만, 1941년에 중죄에 대한 재판절차를 참심제로 전환하였고[26] 이후 참심제의 틀을 계속 유지해오고 있다.[27] 프랑스의 참심제하에서는 평의 비공개의 원칙에 따라 재판장은 유무죄에 관한 평결결과만을 공표하면 족하고, 구체적인 표결수나 평결의 이유를 구체적으로 밝힐 필요가 없었다. 참심원들 또한 '내적 확신(intime conviction)'[28]에 따라 평결

---

25) Papon v. France (No.2), Application no. 54210/00, 15 November 2001.

26) 프랑스에서 중죄는 10년 이상의 징역형을 선고할 수 있는 범죄를 의미하며, 참심제로 진행되는 중죄 법원(cours d'assises)에서 다루어진다(다만 테러범죄와 마약범죄의 경우에는 예외적으로 특별중죄 법원에서 법관재판으로 진행되는데, 이는 참심원들에 대한 위해의 우려 때문이다). 나머지 범죄는 경죄법원(tribunaux correctionnels)에서 다루어지는데 경죄법원에서는 직업법관 3인으로 이루어진 재판부에서 사건을 심리한다. 경죄에 대한 판결에는 이유의 제시가 요구되었으므로, 종래의 실무에 대해서는 더 중한 형을 선고받게 되는 중죄의 피고인들에게는 이유가 제시되지 않는 반면 경죄의 피고인들에게는 이유가 제시된다는 모순이 지적되었다. Mathilde Cohen, "The French case for requiring juries to give reasons: safeguarding defendants or guarding the judges?", Jacqueline E. Ross & Stephen C. Thaman eds, Comparative Criminal Procedure, Edward Elgar Publishing, Inc.(2016), 423.

27) 프랑스의 참심재판 변천의 역사에 대해서는 김택수, "프랑스 참심재판의 개혁과 시사점", 법학논총 31집 2호, 한양대학교 법학연구소(2014), 73~95 참조.

28) 프랑스 형사소송법 제353조에 따르면, 재판장은 중죄법원의 참심원단이 변론 종결 후에 퇴정하기에 앞서서 다음과 같은 지시사항을 낭독하고, 큰 글씨로 인쇄하여 평의실의 눈에 잘 띄는 장소에 게시하여 둔다.

법은 각각의 법관 및 참심원에게 범죄를 인정함에 있어서 채택한 방법에 대한 설명을 요구하지 않고, 법관 및 참심원에게 증거가 완전하고 충분한지 여부를 판단할 때에 특정 법칙을 따를 것을 요구하지도 않는다. 법은 다만 피고인에 대하여 제출된 증거 및 그 방어방법이 법관 및 참심원 자신의 이성에 어떠한 인상을 주는지 심사숙고하여 스스로 묻고 또 진실한 양심에 따라 탐구할 것을 법관 및 참심원에게 명할 뿐이다. 법은 법관 및 참심원에게 '여러분은 내적 확신(intime conviction)'을 얻었는가? 라는 하나의 질문만을 할 뿐이며, 이것이 이들이 부담하는 의무의 전부이다.

여기서의 '내적 확신'이란, 대혁명 이후 법정증거주의를 법관 및 배심원의 자유판단으로 대체하는 과정에서 등장하게 된 개념으로, 개개의 법관이나 배심원이 내면의 양심에 파고든 상태에서 증거와 방어수단이 그들의 이성에 남긴 인상에 따라 얻어진 확신을 의미한다. Jean−Marie Fayol−Noireterre, Rubrique - L'intime conviction, fondement de l'acte de juger", Informations Sociales, 2005/7 (no.

하면 족할 뿐 평결의 이유를 밝히는 것이 불필요할 뿐 아니라[29] 더 나아가 금지되었다. 비록 배심제에 관한 논란 끝에 참심제로 전환하기는 하였지만, 중죄의 범죄자에 대한 심판은 국민이 담당하고, 국민을 대표하는 배심원단은 가장 우월하며 결점이 없다는 대혁명 당시의 이념이 여전히 판결 이유의 부재를 정당화하고 있었던 것이다.[30] 다만 프랑스에서도 질문 목록의 교부는 시행되고 있어, 간접적으로 평결 이유를 알 수는 있었다. 즉, 중죄법원에서의 변론절차가 종결되고 나면 재판장이 참심원들에게 피고인의 유무죄, 형의 가중 또는 감경 사유, 위법성조각사유 등에 관하여 판단하기 위한 질문들이 제시되어 있는 질문지를 교부하여 이에 답변을 제시하도록 하였다.[31] 위 질문지에 대해서는 검사와 피고인 측이 이의를 제기할 수 있고, 질문을 추가해 줄 것을 요구할 수도 있었다. 그러나 참심원의 판단이 절대적이라는 이른바 '참심원단의 무결성' 원칙은 이상에 불과하다는 비판이 제기되었고, 특히 2000년에 중죄 재판에서 사실문제에 관한 항소가 가능하도록 형사소송법이 개정되면서[32] 항소법원이 제1심법원의 판단에 대하여 이유를 충분히 알 수 없다는 문제에 대한 해결이 요청되었다.[33] Papon 사건에 관한 유럽인권재판소 판결은 프랑스 참심제에 관한 이러한 개혁의 흐름 속에서 나온 것이어서 그 결론이 주목되었다.

---

127), 46~47.

29) Cour de cassation, crim., Dec. 15, 1999, no. 99－84099, Bull No. 308; Mathilde Cohen(주 26), 주 54에서 재인용. 참심원들에게 자신의 의견을 정당화시키기 위하여 판결 이유서를 작성하라고 한다면 "그들의 내적 확신의 순수하고도 진지한 표현을 방해하게 될 것"이라는 지적으로, M. Faustin. Helie, Traite de l'instruction criminelle ou theorie du Code d'instruction criminelle, 1866, n°3137; 유주성, "프랑스 형사증거법상 증거자유주의에 관한 연구", 비교형사법연구 16권 2호(2014. 12.), 114에서 재인용.

30) 김택수(주 27), 84.

31) 질문지에 포함되는 질문의 유형 및 질문의 방식에 관하여 소개한 국내 문헌으로, 김택수, "배심원단 에 의한 체계적 사실인정 방식의 도입에 관한 연구－프랑스와의 비교법적 고찰을 중심으로", 비교형 사법 연구 17권 1호(2015. 4.), 94~97.

32) 이전에는 중죄법원의 판결에 대하여 참심원에 법리오해를 근거로 한 상고(pourvoi en cassation)만을 제기할 수 있을 뿐 항소(appel)는 불가능하였는데[김택수(주 27), 78], 이것 역시 참심원의 무오류성이 라는 명제에 근거하였다. Claire M. Germain, "Trials by Peers: The Ebb and Flow of the Criminal Jury in France and Belgium", Sanja Kutnjak Ivković et al. eds, Juries, Lay Judges, and Mixed Courts: A Global Perspective, Cambridge University Press(2021), 221.

33) 김택수(주 27), 85.

(2) 사안의 개요 및 재판소의 판단

데스탱(d'Estaing) 정부의 예산장관이던 Maurice Papon은 그가 비시(Vichy) 정권 치하에서 보르도 시의 치안 책임자로서 1942년부터 1944년 사이에 유대인 1,670명의 수용소 강제이송을 지휘하였다는 점으로 인하여 반인도범죄로 기소되어, 1998. 4. 2. 징역 10년 및 자격정지 10년의 판결을 선고받았다. 그는 유럽인권 재판소에 권리구제신청을 하면서 협약 제6조에 관한 여러 가지 주장을 펼쳤는데, 그중에는 판결에 이유가 제시되지 않았다는 점이 포함되었다. 그러나 유럽인권재판소 제1부에서는 협약 제6조에 따른 판결의 이유제시는 참심원들이 그들의 '내적 확신(intime con-viction)'의 근거를 제시할 것을 요구받지 않는 중죄법원의 절차에 맞게 조정될 수 있다고 하였고, 특히 이 사건의 경우에는 재판장에 의하여 제시된 768개의 질문이 포함된 질문지에 대한 참심원단의 답변이 이유제시에 갈음하여 협약 제6조의 요청을 충족시킬 수 있는지가 고려되었다. 유럽인권재판소 제1 재판부는, 비록 질문지에 포함된 개별 질문에 대하여 참심원들은 예, 아니오로만 답변하기는 하였지만, 질문들이 매우 상세하였기 때문에 참심원들이 스스로 이유를 제시하지 않았다 하더라도 질문지와 답변을 종합하면 참심원들이 어떠한 근거에서 그러한 결론에 도달하였는지에 관하여 피고인이 충분히 알 수 있었다고 판단하고, 따라서 본 사건에 있어서 협약 제6조 제1항의 위반이 없다고 하였다. 다만 이와 같은 위 재판부의 판단은 프랑스의 형사사법 절차가 추상적인 차원에서 판결의 이유 제시를 요구하는 협약 제6조 제1항에 위반하는 것인지 여부에 관한 판단이 아니라, 위 사건의 구체적인 사안을 전제로 한 판단일 뿐이라는 점이 판결문에서 특히 강조되었다.

3) Taxquet v. Belgium 판결
(1) 벨기에의 배심재판과 이유 제시

나폴레옹 1세의 치하에서 벨기에에 도입되었던 배심제도는 나폴레옹 1세 패망 이후 벨기에가 빌렘 1세가 즉위한 네덜란드 연합왕국에 복속되면서 폐지되었다가, 벨기에가 독립한 후 부활하였다.[34] 1831년 제정된 벨기에 헌법 제150조에서는 모든 중죄와 정치적 범죄, 언론 관련 범죄는 배심재판으로 진행한다고 규정하였고, 1999년에 위 규정에 인종주의 또는 외국인 혐오를 동기로 한 언론 관련 범죄는 배심재판에서 제외한다는 내용이 추가되었다.

벨기에의 형사 배심재판에서는 직업법관 3명으로 구성된 재판부와 배심원 12명이

---

34) Claire M. Germain(주 32), 226.

함께 재판에 참여하나, 배심원들은 유무죄에 관한 평의를 따로 진행한 후에 평결결과를 재판부에 전달한다. 재판부는 배심의 평결이 명백히 오류가 있다고 만장일치로 판단할 경우에는 해당 평결을 거부하고 배심원단을 새롭게 구성하여 처음부터 공판절차를 다시 진행할 수 있다. 그러나 재판부가 배심원의 평결을 거부한 사건은 단 3건에 불과하다고 알려져 있다.[35]

(2) 벨기에 국내 법원에서의 진행 경과

신청인 Richard Taxquet은 1957년생으로, 벨기에 시민이다. 그는 리에주(Liège) 중죄법원에 공범 7명과 함께 전직 장관인 André Cools에 대한 살인죄 및 그의 동거인에 대한 살인미수죄로 기소되었다. 위 사건은 배심재판으로 진행되었고, 배심원은 재판장으로부터 총 32개의 질문에 대하여 답할 것을 요구받았는데, 그중 Taxquet과 연관된 4개 질문(순번 25번 내지 28번)의 취지는 다음과 같다.

① 순번 25번: 피고인 Richard Taxquet은 1991. 7. 18. 자 살인의 공소사실에 대하여 유죄인가?
② 순번 26번: 위 질문에서 언급된 살인은 사전에 계획된 것인가?
③ 순번 27번: 피고인 Richard Taxquet은 1991. 7. 18. 자 살인미수의 공소사실에 대하여 유죄인가?
④ 순번 28번: 위 질문에서 언급된 살인은 사전에 계획된 것인가?

배심원단은 위 4개의 질문에 대하여 모두 "예"로 답하였고, 2004. 1. 7. 위 법원은 그에 대하여 징역 20년을 선고하였다.

Taxquet은 같은 날 법리오해를 이유로 파기원(the Court of Cassation)에 상고를 하면서, 협약 제6조 제1항 및 시민적 및 정치적 권리에 관한 국제규약 제14조 제1항에 의하여 보장되는 '독립적이고 공정한 법원에 의하여 재판받을 권리'는 판결의 이유를 제시받을 권리(a right to a reasoned verdict)를 포함하며, 그러한 권리는 배심재판이든 법관재판이든 가리지 않고 보장되어야 한다고 주장하였다. 따라서 배심원단이 그 근거를 전혀 제시하지 않은 채 전달한 유죄의 평결에 기초하여 자신에게 선고된 판결은 벨기에 헌법 제149조의 "모든 판결문에는 이유를 명시한다(Tout jugement est motivé)."라는 규정을 위반하였을 뿐만 아니라 위와 같은 인권규약상의 규정들을 위

---

35) Taxquet v. Belgium [GC], para. 31.

반한 것이라고 주장하였다. 그러나 2004. 6. 16. 파기원은 위 인권규약들이 배심재판에서 이유를 제시받을 권리까지 보장하고 있는 것으로 볼 수는 없다고 하면서 상고를 기각하였다.

(3) 유럽인권재판소 제2 재판부 판결

Taxquet은 유럽인권재판소에 권리구제신청을 하였다. 유럽인권재판소 제2 재판부는 신청인의 주장을 받아들여, 벨기에 중죄법원의 판결에 이유제시(reasoning)가 결여되어 있는 것은 협약 제6조 제1항 위반이라고 판단하였다.[36] 구체적인 판단의 근거는 다음과 같다.

> 상급심법원에서 하급심법원의 이유를 참조하여 간략하게 이유를 제시하는 것은 허용될 수 있지만, 제1심법원에서도 그러한 간략한 이유 제시가 동일하게 허용된다고 볼 수는 없다. 신청인의 사건에서, 중죄법원의 판결은 배심원단에게 공판 과정에서 제시된 31개의 질문에 기초하고 있었고, 그중 4개의 질문이 신청인과 관계된 것이다. 배심원단은 모든 질문에 대하여 '예'로 답변하였다. … 질문이 제시된 방식을 보면, 신청인으로서는 자신이 범행에 가담하지 않았다고 부인하는 상황에서 왜 유죄 취지로 배심원의 답변이 제시된 것인지를 알 수 없다고 정당하게 문제제기를 할 만하다. 모호하고 일반적인 내용의 질문에 대한 간결한 답변은 **투명성이 결여된 자의적 사법(arbitrary justice lacking in transparency)**이라는 인상을 전달하고 있다. 신청인이 그가 유죄로 판단된 주된 근거에 대한 요약조차도 제공받지 못하였기 때문에, 그는 그 판결을 이해할 수 없었고, 따라서 이를 수용할 수도 없었다. 이것은 배심원단이 사건 기록에 기초하여 평결을 도출한 것이 아니라 공판정에서 조사된 증거에 기초하여 평결을 도출하였기 때문에 특히 중요하다. 따라서 중죄법원은 피고인과 일반 국민에게 판결의 내용을 이해시키기 위하여, 피고인의 유무죄에 관하여 배심원단이 설득되었던 고려사항이 무엇이었는지, 그리고 각각의 제시된 질문에 대한 긍정·부정 답변의 구체적 근거가 무엇인지를 설명해 주어야 한다. 중죄법원이 그러한 역할을 하지 않음으로써 상소심의 효과적인 사법심사를 저해하고 유죄를 뒷받침하는 이유에 결함이 있거나 모순이 있지 않은지 등의 쟁점을 명확히 하는 것이 불가능하게 되었다. (밑줄, 강조는 필자)

---

36) Taxquet v. Belgium [Section Ⅱ], Application no. 926/05, Judgment, 13 January 2009(Information Note on the Court's case-law, No. 115, January 2009, 23, 24).

(4) 유럽인권재판소 대재판부 판결

① 판결에 이르기까지의 경과

• 벨기에 정부의 주장

벨기에 정부는 제2 재판부의 판결에 대해 대재판부 회부(referral to Grand Chamber) 신청을 하였다.[37] 벨기에 정부의 주장은 배심원들이 그들의 '내적 확신'에 근거하여 평결에 도달하였다는 것만으로 신청인이 공정한 재판을 받을 권리를 보장받지 못하여 협약 위반이 발생하였다고 볼 수는 없다는 것인데, 그 주요 근거는 다음과 같았다. 첫째, 중죄법원의 판결에 명시적인 이유가 결여되어 있다고 해서 배심원단이 아무런 근거 없이 결론을 도출했다고 볼 수 있는 것은 아니다. 둘째, 본 사안에서 법원이 배심원단에 제공한 질문지는 유죄판결의 근거가 무엇인지를 피고인이 충분히 이해할 수 있을 정도로 구체적인 내용을 담고 있었다. 셋째, 피고인은 공소장을 읽어볼 수 있었고 증거조사가 진행된 구두변론 절차에 출석할 기회가 부여되었으므로, 그러한 과정을 통하여 자신이 왜 유죄로 판단되었는지에 대하여 알 수 있었다.

• 참가국의 주장

혹자는 위 제2 재판부 판결에 대하여 유럽인권재판소가 배심원단에 평결의 이유를 제시하도록 요구함으로써 마그나 카르타를 해체하는 작업을 시작하려는 것인지도 모른다는 평을 할 정도로,[38] 위 판결은 배심제도의 근간을 흔드는 것으로 받아들여졌다. 그러므로 자국의 형사재판에 미칠 수 있는 파장을 고려하여 참가 신청을 한 영국, 아일랜드, 프랑스 중에서 특히 전통적 배심제 국가에 해당하는 영국, 아일랜드 정부의 주장을 눈여겨볼 필요가 있다.

영국 정부는 배심제 자체는 협약에 위반되지 않는다는 것이 재판소의 확고한 판례[39]이고, 법원이 모든 재판에 대하여 이유를 제시할 절대적인 의무가 존재하는 것은 아니며, 재판소의 협약 제6조에 관한 접근 방식은 배심제를 운영하는 국가들의 특수성을 충분히 감안할 수 있을 만큼 유연한 것이라고 주장하였다.[40] 피고인이 공정한 재판을 받을 권리를 보장받아야 한다는 점에는 타협이 있을 수 없지만, 그 실

---

37) 유럽인권재판소 규칙 제73조 제1항에 따르면, 사건 당사자는 재판부 판결 선고일로부터 3개월 내에 서면으로 대재판부 회부 신청을 할 수 있다. 당사자가 위 신청을 함에 있어서는 협약 또는 프로토콜 의 해석 및 적용에 영향을 미치는 중요한 문제 내지는 대재판부의 판단을 요할 정도의 일반적 중요 성을 지닌 쟁점이 존재함을 구체적으로 밝혀야 한다.

38) Rhodes, "Quixotic Endeavours", 154 Solicitors Journal 6, 2010; Paul Roberts(주 20), 222에서 재인용.

39) 특히 Saric v. Denmark, Application No. 31913/96, 2 February 1999.

40) Taxquet v. Belgium [GC], para. 71.

현 방식은 협약 가입국가의 형사사법 시스템에 따라 다양할 수 있고, 그러한 개별 국가의 재량은 존중되어야 한다고 주장하였다. 배심재판에서 공정한 재판을 받을 권리가 보장되었는지를 판단함에 있어서는 단지 배심원단에게 주어지는 질문과 그에 대한 답변에만 국한하여 제도를 관찰하여서는 안 되고, 절차 전체의 맥락 속에서 공정한 재판을 보장하기 위한 절차적 장치와 항소의 가능성이 담보되어 있는지를 따져보아야 한다는 것이다.[41] 영국의 형사배심 절차에서 재판장은 증거조사 절차가 종결된 후 조사된 증거 전반을 배심원들에게 요약하여 환기시키고, 그럼으로써 증거 판단에 관한 올바른 접근법 내지는 주의사항을 전달하게 된다. 또한 배심원에게 사안에 적용 가능한 법규범에 관한 정보와 설명을 제공함으로써, 범죄의 구성요건을 명확히 하고 배심원단이 평결에 도달하기 위하여 거쳐야 하는 추론의 과정(the chain of reasoning)을 제시하게 된다. 검사와 피고인 측 변호인은 공판 과정에서 배심원단이 도달하여야 할 결론에 관한 의견을 제시할 수 있다. 배심원단은 추가적인 설명이 필요할 경우에는 재판장에게 질문을 기재한 메모를 제출할 수 있고, 재판장은 메모를 양 당사자에게 제시한 후 그에 대한 적절한 답변에 관한 의견을 제출받아 최종적으로 배심원단에게 공개된 법정에서 추가적인 설명을 제공할 것인지를 결정하게 된다.[42] 영국 정부는 이러한 과정을 통하여 내려진 배심원의 유무죄 평결이 어떠한 근거에서 도출되었는지 당사자가 충분히 알 수 있으므로, 단지 이유가 제시되지 않는다는 것이 협약 제6조 위반의 근거가 될 수는 없다고 주장하였다. 아일랜드 정부는 배심재판이 자국의 형사사법 제도의 근간에 자리잡고 있고, 아일랜드 국민들은 배심재판에 대하여 자부심을 가지고 있으며, 누구도 배심재판이 투명성을 결여하고 있다거나 피고인의 권리를 침해한다고 생각하지 않음을 강조하였다.[43] 아일랜드 정부도 영국 정부와 마찬가지로 절차 전반을 총체적으로 관찰하여야 함을 강조하였고, 또한 재판소의 선례[44]에서 재판소는 배심 평의의 비공개가 사실인정의 최종 판단자로서의 배심원단의 역할을 강화하고, 배심원들 사이에서의 솔직한 토론을 보장하고자 하는 영국 형사소송법의 핵심이자 정당한 특징임을 긍정하였음에 주목하였다. 이와 같은 배심 평의의 비공개는 이유 제시의 결여와 밀접한 관련을 맺고 있으므로, 만일 배심에게 이유 제시를 하도록 한다면 배심제의 본질이 허물어지게 된다는 것이다.[45]

---

41) Taxquet v. Belgium [GC], para. 72.
42) Taxquet v. Belgium [GC], para. 74, 75.
43) Taxquet v. Belgium [GC], para. 76.
44) Gregory v. the United Kingdom, Application No. 22299/93, 18 October 1995.
45) Taxquet v. Belgium [GC], para. 78, 79.

② 판결의 내용

대재판부는 제2 재판부와 마찬가지로 신청인의 협약 제6조상의 권리가 침해되었다고 판단하였으나, 그 근거를 다소 달리 함으로써 배심제 국가들의 −자국의 형사재판 제도의 근간이 무너질지 모른다는− 우려를 불식시키고자 하였다. 우선, 대재판부는 협약 가입국 중 배심제를 운영하는 국가들의 경우에도 그 역사와 전통, 법문화에 따라 다양한 형태로 배심제를 운영하고 있는데, 배심제 자체가 본 사안에서 의심의 대상이 되는 것은 아니며, 가입국들은 협약 제6조의 한계를 벗어나지 않는 범위 내에서 자국의 형사소송절차를 운영할 상당한 재량을 갖는다는 점을 전제하였다.[46] 이러한 전제하에 대재판부는 재판소의 기존 선례에 따를 때 협약은 배심원단으로 하여금 이유 제시를 요구하지 않고, 협약 제6조는 피고인이 이유를 제시하지 않는 배심으로부터 재판받는 것을 배제하지 않는다고 하였다.[47] 다만 그럼에도 불구하고 공정한 재판의 요청이 충족되기 위해서는 피고인과 일반 국민은 배심에 의한 평결의 내용을 이해할 수 있어야 하고, 이것은 자의성에 대한 필수적인 안전장치가 된다고 하였다. 재판소가 자주 언급하였듯이, 법의 지배와 자의적인 권한 행사의 방지는 협약에서 도출되는 원리이고, 사법 영역에서 그러한 원리는 민주주의 사회의 근간 중 하나가 되는 객관적이고 투명한 사법 시스템에 대한 공적 신뢰를 강화하는 역할을 하기 때문이다.[48]

재판소는 이처럼 평결의 이유가 배심원단에 의하여 제시되지 않는 배심재판에서 협약 제6조에 따른 권리가 보장되었는지를 판단하기 위해서는, 자의성의 위험을 피하고 피고인으로 하여금 자신이 받은 유죄판결의 내용을 이해할 수 있도록 하는 충분한 안전장치가 존재하는지 평가하여야 한다고 하였다.[49] 그와 같은 안전장치로는 재판장의 배심원들에 대한 법적 쟁점 또는 증거관계에 관한 설명,[50] 배심원 질문지

---

46) Taxquet v. Belgium [GC], para. 83, 84.

47) Taxquet v. Belgium [GC], para. 90.

48) Taxquet v. Belgium [GC], para. 90.

49) Taxquet v. Belgium [GC], para. 92. 그러한 평가를 함에 있어서는, 중대한 처벌이 예상되는 사건에 있어서는 공정한 재판을 받을 권리가 가능한 최대한도(to the highest possible degree)로 보장되어야 함을 염두에 두어야 한다. Taxquet v. Belgium [GC], para. 93.

50) 가령, 영국 정부가 주장한 바와 같이, 아일랜드, 영국, 웨일즈에서는 증거조사가 마쳐진 후에 배심원단에게 사안을 요약하는 절차(이른바 "summing up")가 있는데, 위 절차를 통하여 판사는 조사된 증거의 내용을 환기하고, 개별 증거에 대한 적절한 평가 방법 및 적용할 법규범에 대하여 설명한다. 이와 같은 과정을 통하여 판사는 기소된 범죄의 구성요건을 명확히 하고, 인정된 사실에 의하여 평결에 도달하기 위하여 따라야 하는 "일련의 추론 과정(chain of reasoning)"을 제시하게 된다. Taxquet v. Belgium [GC], para. 50. 배심제가 폐지되기 전 노르웨이에서도 유사한 절차를 따랐다. Taxquet v. Belgium [GC], para. 51.

에 정확하고 분명(precise, unequivocal)한 취지의 질문을 제시함으로써 배심원이 스스로 근거를 제시하지 않는다는 점이 충분히 상쇄될 수 있도록 할 것 등이 예시되었다.[51] 또한, 그러한 판결에 대하여 불복할 수 있는 기회가 열려있는지도 고려되어야 한다는 내용이 언급되었다.[52]

배심의 직접적인 이유 제시를 요구하지 않는 위와 같은 법리에 따르더라도, 대재판부는 신청인의 공정한 재판을 받을 권리가 침해되었다고 보았다. 우선, 신청인은 살인죄 및 살인미수죄라는 중대한 범죄로 기소되었음에도, 공소장이나 배심원단에 대한 질문지는 기소된 범죄의 실행에 있어서 신청인이 관여하였다는 점에 관한 충분한 정보를 담고 있지 않았다는 점이 지적되었다.[53] 배심원단에 대한 질문지도 간단한 질문만을 담고 있을 뿐만 아니라 모든 피고인에 대하여 동일한 내용으로 작성되어 있어, 신청인이 유죄임을 뒷받침하는 상세하고 구체적인 상황에 대한 아무런 언급이 되어 있지 않았다.[54] 공소장과 배심원 질문지를 종합하여 보더라도, 논의된 증거관계와 사실관계 중 어떤 것이 궁극적으로 배심원단의 답변을 이끌어내었는지를 알 수 없다. 따라서 신청인은 ① 배심원들이 다른 공동피고인들과의 관계에서 볼 때 신청인의 구체적인 역할을 어떻게 파악하였는지, ② 왜 고살(meurtre)이 아닌 모살(assassinat)으로 기소되었는지, ③ 배심원들이 어떤 이유에서 다른 2명의 공동피고인의 관여가 제한적이라고 판단하였는지 등에 대하여 구체적인 근거를 알 수 없었다. 이러한 결함은 이 사건이 사실관계와 법적 쟁점에 있어서 복잡한 사건이었고, 수많은 증인과 전문가가 진술을 하기 위하여 2달 넘게 진행된 사건이었다는 점에서 더욱 문제적이다.[55]

위와 같은 판단에 부기하여, 대재판부는 신청인이 그의 유죄 평결을 이해하기 위해서는 배심원단이 구체적인 질문에 대하여 답변을 하였어야 한다는 점이 특히 강조되어야 하고, 나아가, 본 사안이 다수의 피고인이 관여한 사안에 해당하므로, 각각의 개인에 대하여 가능한 한 개별적인 질문이 제시되었어야 한다고 지적하였다.[56] 마지막으로, 대재판부는 벨기에의 형사사법 시스템이 중죄법원의 판결에 대해서는 통상

---

51) Taxquet v. Belgium [GC], para. 92. 위 판결 시점에서 오스트리아, 벨기에, 아일랜드, 노르웨이, 러시아, 스페인, 스위스가 배심원단이 질문지에 답변을 하는 실무를 따른다고 언급되었다. Taxquet v. Belgium [GC], para. 49.

52) Taxquet v. Belgium [GC], para. 92.

53) Taxquet v. Belgium [GC], para. 94.

54) Taxquet v. Belgium [GC], para. 96.

55) Taxquet v. Belgium [GC], para. 97.

56) Taxquet v. Belgium [GC], para. 98.

적인 항소에 관한 조항을 두고 있지 않은 문제에 대해서도 언급하였다. 파기원에서는 오로지 법리오해의 문제에 대해서만 다루는 결과, 피고인이 그가 유죄인 이유에 대하여 충분한 설명을 제공할 수 있는 기회를 부여하지 않기 때문이다.[57]

결론적으로, 대재판부는 신청인은 그가 유죄임을 이해할 수 있도록 하는 충분한 안전장치를 제공받지 못하였고, 절차가 공정하지 못하였기 때문에 협약 제6조 제1항 권리의 침해가 인정된다고 판단하였다.

3. Taxquet 판결 이후 주요 국가들의 형사소송 절차 개혁

1) 벨기에

Taxquet 사건의 당사자 국가인 벨기에는 대재판부의 판결이 선고되기 전에 이미 형사소송법 개정에 착수하였다. 2009년의 형사소송법 개혁에서는 종래에 유죄 평결을 위하여 필요한 것으로 요청되었던 '내적 확신'이 '합리적 의심을 넘어선 증명(beyond reasonable doubt)'으로 대체되었다.[58] 그리고 개정 형사소송법 제334조에서는 배심원단으로 하여금 판단의 주요 근거를 밝힐 것을 요구하였다. 개정 형사소송법 제344조 제1항에 따르면 배심원단은 유무죄에 대하여 재판부와 독립적으로 평의를 하여 평결을 도출한 후, 재판부에 대하여 평결의 이유를 작성하는 것에 조력하여 줄 것을 요청할 수 있다.

그런데 벨기에는 2016년에 이르러 평의 방식을 변경하여, 3명의 직업법관이 12명의 시민과 함께 유무죄에 관한 평의를 하도록 하되, 직업법관은 유무죄에 관한 표결에 참여하지 않는 시스템을 도입하였다. 비록 직업법관이 유무죄에 관한 표결에는 참여하지 않지만, 유무죄에 관한 평결의 이유를 작성하는 과정에는 직업 법관이 동참하게 되며, 위와 같이 작성된 평결이유서에는 배심원단에게 제시되었던 질문지가

---

57) Taxquet v. Belgium [GC], para. 99.
58) Claire M. Germain(주 32), 227. 벨기에에서도 (주 28)에서 소개한 프랑스 형사소송법 제353조와 유사한 조항을 두고 있었으나, 위 개정 형사소송법 제327조에서는 그와 같은 안내문의 내용을 "법은 인정된 증거의 요소들로부터 그 기소된 사실에 대해 모든 합리적 의심을 넘어 기소된 피고인이 유죄라는 점이 분명한 경우에만 유죄를 선고할 수 있다고 예정하고 있다(La loi prévoit qu'une condamnation ne peut être prononcée que s'il ressort des éléments de preuve admis que l'accusé est coupable au−delà de tout doute raisonnable des faits qui lui sont incriminés)."라는 내용으로 대체하였다. 이와 같은 법개정은 내적 확신과 이유 제시가 상호 모순될 수 있다는 관념에 기초하고 있는 반면, 프랑스에서는 위 제353조를 그대로 존치하고 있어 내적 확신과 이유 제시가 상호 모순되지 않는다고 이해하는 것으로 파악된다. 프랑스와 벨기에에서의 내적 확신과 이유 제시의 관계에 대한 이해 방식의 차이를 설명하는 문헌으로, Francis Affergan, Christiane Besnier, Anne Jolivet, La construction de la moti−vation des décisions criminelles à l'audience : France, Belgique, Suisse (2016), 28~43.

첨부된다.[59] 한편 양형에 있어서는 직업법관과 시민이 평의와 표결 모두를 공동으로 하게 된다. 이로써 벨기에는 전통적인 배심제를-완전한 의미에 서의 참심제는 아니지만-참심제에 보다 가까운 형태로 바꾸게 된 것이다.[60]

2) 프랑스

프랑스에서는 2011년에 시민의 사법참여 및 소년재판에 관한 법률(La loi sur la participation des citoyens au fonctionnement de la justice pénale et le jugement des mineurs)을 제정하여 중죄법원의 참심재판에 관한 여러 개혁 조치를 단행하였는데,[61] 중죄법원 판결에서의 이유 제시는 그러한 개혁 조치 중 하나로 포함되었다. 이에 따라 새롭게 도입된 형사소송법 제365-1조에서는 재판장 또는 재판장이 지명하는 배석판사가 판결 이유서(feuille de motivation)를 작성하도록 규정하였다.[62] 위 판결 이유서에는 범죄사실을 인정하게 된 각각의 사실에 대한 주요 증거(물증, 증언, 피고인진술 등)가 기재되어야 하고, 이 증거들은 질문에 대한 투표에 앞서 평의과정에서 제시된 것으로서 유죄를 인정할 수 있는 자료여야 한다. 다만 양형에 관한 이유는 포함되지 않는다.[63] 판결 이유서는 판결문에 포함된 질문지에 첨부되고,[64] 형사소송법 제364조에 따라 재판장 및 첫 번째로 추첨된 참심원이 서명한다. 참심원이 서명하도록 하는 이유는 판사가 작성한 이유에 대한 참심원의 통제를 확보하기 위함이다.[65] 사안이 복잡한 경우에는 판결 이유서는 선고일로부터 3일 이내에 중죄법원 서기과에 제출되어야 한다.[66] 위 2011년 법개정 당시에는 유무죄에 한하여 판결 이

---

59) Lhermitte v. Belgium[GC], Application no. 34238/09, Judgment, 29 November 2016, para. 44.

60) Claire M. Germain(주 32), 288.

61) 상세한 내용은 김택수(주 27), 82 이하 참조.

62) 통상적으로는 재판장이 직접 판결 이유서를 작성하게 되는데, 일반적으로 재판장만이 상시적으로 중죄법원에서 근무하는 판사이고 배석판사들은 각자 소속법원에서 정해진 정규 업무를 하는 외에 정해진 순번에 따라 1년에 1, 2주 정도만 중죄법원에 근무하는 판사들이어서, 반드시 형사재판의 전문가라고 할 수는 없을 뿐만 아니라, 스스로의 정규 업무의 부담이 우선시되기 때문이라고 한다. Mathilde Cohen(주 26), 429~430.

63) 양형에 관한 이유를 포함하지 않는 것은 영미의 배심제 전통에서도, 프랑스의 경죄법원의 전통에서 도 동떨어져 있는 것이라는 지적으로, Mathilde Cohen(주 26), 429.

64) 흥미로우면서도 다소 의아한 점은, 판결 이유서는 판결문의 일부가 아니라는 것이다. 판결 이유서에 기재된 이유를 판결문에도 포함시킬지, 혹은 별도의 문서로 판결문에 첨부해 둘 것인지는 재판장의 재량에 달려 있고, 상당수가 후자가 더 간편하다는 점을 이유로 후자를 선호한다고 한다. 판결 이유 서는 판결문과 달리 피고인에게 당연히 송달되는 문서에 해당하지 않으므로, 판결문에 판결 이유서 의 내용이 포함되지 않은 경우에는 법원에 따로 판결 이유서의 제공을 요청하여야 한다. Mathilde Cohen(주 26), 437~438.

65) Jean-René Lecerf, Rapport au sénat no. 489(2011), 77; Mathilde Cohen(주 26), 436에서 재인용.

유가 제시될 것이 요구되었지만, 프랑스 헌법위원회(Conseil constitutionnel)는 2018. 3. 2. 1789년 프랑스 인권선언 제7조, 제8조, 제9조의 요청에 따라 형사 피고인에 대한 판결의 자의성을 방지하기 위해서는 유무죄뿐만 아니라 양형에 대한 이유도 제시되어야 한다는 결정을 내린 바 있다.[67]

3) 영국

영국에서는 Taxquet 판결 이후에도 평결의 이유를 제시하지 않는 보통법상의 전통을 유지하되, 대륙의 배심제 국가들에서 활용되던 것과 유사한, '평결의 경로(Route to Verdict)'라고 언급되는 질문지의 활용이 적극 장려되기 시작하였다. 영국 사법연수원(Judicial College)이 발간한 재판실무제요(Crown Court Compendium)에서는 배심원단이 복수의 쟁점을 다루어야 하는 사안에서 위와 같은 질문지를 활용할 경우 평의에서 집중하여야 할 논점이 추려질 수 있고, 배심원단에게 평결에 이르는 논리적인 경로를 제시할 수 있다고 언급하면서,[68] 구체적이고 개별적인 쟁점에 관하여 '평결의 경로'에 포함될 수 있는 질문의 예시를 풍부하게 제시하고 있다. 이와 같은 질문지를 사용함으로써 피고인과 일반 대중이 평결의 근거를 이해할 수 있어야 한다는 기대를 충족시킬 수 있다고 보는 것이다.[69]

4. 평가

이처럼, 유럽인권재판소는 형사판결에서 이유를 제시받을 권리를 보편적인 인권체계에 편입되어 있는 중요한 권리로 다룬다. 이러한 입장은 개개인을 자의적인 권력의 행사로부터 보호해야 한다는 협약에 내재한 기본 원리에 근거한 것이라고 평가된다.[70] Mathilde Cohen에 따르면, 유럽인권재판소의 위와 같은 법리는 개개인은 그 정당성을 증명하지 못하는 행위나 제도적 규범에 종속되어서는 안 된다는 자유민주주의의 이상에 기초한다.[71] 자유로운 사람들은 가치에 관한 합의를 이루지 못한

---

66) 김택수(주 27), 86, 87 참조.

67) Décision n° 2017−694 QPC du 2 mars 2018.

68) Maddison, Ormerod, Tonking & Wait, The Crown Court Compendium Part Ⅰ: Jury and Trial Management and Summing Up, Judicial College(May 2016), 1~8.

69) Sir Brian Leveson, Review of Efficiency in Criminal Proceedings, paras. 307, 308; Maddison et al. (주 68), 1~8에서 재인용.

70) Mathilde Cohen(주 65), 425.

71) Mathilde Cohen(주 26), 425.

상태에 있기 때문에, 판사와 같은 공적 판단자는 국가의 권력작용에 대하여 모든 시민들이 받아들일 수 있거나, 혹은 최소한 이해할 수 있는 이유를 제 시함으로써 이를 정당화하여야 한다.[72] 따라서 이유 제시는 민주주의 국가의 권력 작용에 있어서 본질적인 부분이고, 형사재판에서 피고인이 당면할 수 있는 자유의 박탈이라는 결과가 매우 심대하다는 점을 감안할 때 그러한 이유 제시의 필요는 더욱 긴요하다고 할 수 있다는 것이다.[73]

유럽인권재판소는 비록 전통적 배심제 국가들에서 평결의 이유를 직접적으로 제시하지 않는 것이 그 자체로 협약 제6조의 위반이라고 하지는 않았지만, 실질적으로는 배심의 평결에 대해서도 형사판결에서 이유를 제시받을 권리가 ─ 다른 형태로나마 ─ 보장되어야 한다는 태도를 취한 것으로 볼 수 있다.[74] 유럽인권재판소의 조심스러운 접근에도 불구하고, 위와 같은 입장은 배심의 독립성을 강조하는 근간 위에 배심에게 이유 제시 의무를 면제하고자 하는 전통적인 배심제와 정면으로 충돌하는 지점이 여전히 존재한다는 지적이 계속하여 제기되고 있다.[75] 또한, Taxquet 판결에서 예시하였고 영국에서 보다 적극적으로 채택하고 있는 질문지 교부 등의 방식은 여전히 평결의 실제 이유를 알 수 있는 수단으로서 충분하지 않아, 이유 제시의 기능을 동등하게 수행하는 것이 불가능하다는 비판도 제기되고 있다.[76]

Ⅲ   우리 국민참여재판에서의 판결서 이유 작성에의 시사

1. 법관재판에서의 이유제시에 관한 기본 법리

형사소송법 제39조 전단에서는 "재판에는 이유를 명시하여야 한다."라고 규정하고 있고, 형사소송법 제361조의5 제11호에서는 '판결에 이유를 붙이지 아니하거나 이유에 모순이 있는 때'를 항소이유의 유형 중 하나로 정하고 있다. 이와 같은 이유불비 내지 모순의 잘못은 직권조사사유에 해당하므로, 항소심이 이를 간과하고 이러한 잘

---

72) Mathilde Cohen(주 26), 425.

73) Mathilde Cohen(주 26), 423.

74) Mathilde Cohen(주 26), 425.

75) John D. Jackson, "The Case for a Hybrid Jury in Europe", Sanja Kutnjak Ivković et al.(주 17), 313.

76) Marc Coen and Jonathan Doak, "Embedding explained jury verdicts in the English criminal trial", Legal Studies(2017), 796.

못이 있는 제1심판결을 유지하였다면 파기를 면할 수 없게 된다.[77]

　유죄판결에 명시할 이유에 대해서는 형사소송법 제323조 제1항에서 비교적 구체적으로 규정하고 있다. 즉, 형의 선고를 하는 때에는 판결 이유에 범죄될 사실, 증거의 요지와 법령의 적용을 명시하여야 하고(제1항), 법률상 범죄의 성립을 조각하는 이유 또는 형의 가중, 감면의 이유되는 사실의 진술이 있은 때에는 이에 대한 판단을 명시하여야 한다(제2항). 형사소송법 제323조 제2항에 해당하지 아니하는 소송관계인의 주장에 대해서는 판결서에 판단을 포함시키지 않아도 이유불비의 위법에 해당하지 않지만, 사법연수원에서 발간한 "형사판결서작성실무" 교재에서는 "사안이 복잡하여 추론의 과정이 심리의 경과 등에 비추어 반드시 명백한 것은 아닌 사항에 관한 사실상의 주장이나, 법령의 해석·효력에 관하여 학설상·판례상 다툼이 있는 사항에 관한 법률상의 주장(예: 형법 제243조의 음란성에 관한 주장 등)에서는, 적어도 그것이 그 사안에서의 중요한 쟁점이 되어 있는 한 그 주장에 대한 판단을 표시하는 것이 타당"하다고 권고한다.[78]

　무죄판결에 명시하여야 할 이유는 형사소송법에 따로 구체적으로 정하여져 있지는 않다. 그러나 대법원 2014. 11. 13. 선고 2014도6341 판결에서는 "피고인에 대하여 무죄판결을 선고하는 때에도 공소사실에 부합하는 증거를 배척하는 이유까지 일일이 설시할 필요는 없다고 하더라도, 그 증거들을 배척한 취지를 합리적인 범위 내에서 기재하여야 한다."라는 입장을 취하면서, 주문에서 무죄를 선고하고도 그 판결 이유에는 이에 관한 아무런 판단을 기재하지 아니하였다면 이유불비의 항소이유가 존재한다고 보았다. 한편 위 2014도6341 판결에서는 대법원 1987. 4. 28. 선고 86도2779 판결을 선례로 명시하였는데, 위 판결은 이유불비의 위법을 그 자체로 지적한 것은 아니나, 공소사실에 부합하는 증거들을 배척하지 아니한 채 무죄를 선고한 원심판결을 심리미진 내지 채증법칙 위배의 위법이 있다고 하여 파기한 사례이다. 직접적으로 이유불비 위법에 관한 사안이 아님에도 불구하고 위 2014도6341 판결에서 86도2779 판결을 선례로 기재한 것은, 결국 원심법원이 상급심에 대하여 심리미진의 위법을 저지르지 않고 검사와 피고인이 제시한 중요한 증거를 다각도에서 충분히 고려하여 최종적인 판단을 하였음을 보여줄 수 있는 방법은 일견 공소사실에 부합하여 유죄를 뒷받침하는 것처럼 보이는 증거를 어떠한 이유에서 배척하였는지를 판결서에 기재하여 주는 것이라는 묵시적인 판단을 배경에 두고 있는 것이라 이해할 수 있다.

---

77) 대법원 2020. 5. 28. 선고 2016도2518 판결.
78) 사법연수원, 2019 형사판결서작성실무, 207.

2. 국민참여재판에서의 이유제시에 관한 논의

1) 문제의 제기

국민참여재판 판결의 이유제시와 관련하여서는 크게 두 가지 질문이 제기될 수 있다. 첫째, 배심 스스로의 평결에 대한 이유제시가 필요한가, 둘째, 배심의 평결결과와 법원의 판결이 일치하는 경우와 불일치하는 경우 법원의 이유제시에 관한 부담은 각각 어떠해야 하는가. 각각의 논점과 관련하여 실무의 현황에 대하여 살펴보고, 이를 비판적으로 검토한다.

2) 배심의 평결에 대한 이유제시

(1) 이유제시의 유형

배심원단이 법관과 독립하여 평의와 평결을 하는 사법제도에서 배심의 평결에 대한 이유제시의 유형은 배심이 독자적으로 평결의 이유를 제시하는 경우(독자적 이유제시)와 법관 또는 제3의 주체가 배심원단을 대신하여 평결의 이유를 제시하는 경우(대행적 이유제시)로 나누어 볼 수 있다. 앞서 살펴본 유럽의 예 중에서 스페인, 오스트리아의 경우에는 독자적 이유제시의 유형으로, 형사소송법 개혁 이후의 벨기에의 경우에는 대행적 이유제시의 유형으로 일응 분류해 볼 수 있을 것이다.

(2) 실무의 현황

우리의 경우에는 배심이 대외적으로 평결의 이유를 독자적으로 제시하는 것은 법령상 근거가 없을 뿐만 아니라, 보기에 따라서는 금지되어 있다고 볼 여지도 있다. 국민참여재판법 제47조에서는 배심원이 평의·평결 및 토의 과정에서 알게 된 판사 및 배심원 각자의 의견과 그 분포 등을 누설하여서는 아니 된다고 규정하고 있기 때문이다. 실무상으로도 배심이 평결의 이유를 독자적으로 제시하는 경우를 찾아볼 수는 없다.

한편 법관은 국민참여재판법 제46조 제2항(배심원 과반수의 요청이 있는 경우) 또는 제3항(배심원이 유무죄에 관한 전원의 의견이 일치하지 아니하는 경우)의 요건을 갖춘 경우에는 평의에 참석하여 의견을 진술할 수 있으므로 이 과정에서 자연스럽게 배심원들의 의견을 직접 청취할 수 있게 되는데,[79] 다만 그러한 의견에 드러난 평결의 이유를 배심원들을 대신하여 판결서에 현출시키는 것, 즉 법관에 의한 대행적 이유제

---

79) 반면, 배심원이 만장일치로 평결에 이른 경우에는 법관이 배심원들의 평의에 참석할 수 있는 기회가 존재하지 아니하므로 배심원의 의견을 자연스럽게 청취할 수 있는 기회가 존재하지는 않는다.

시가 가능한지는 국민참여재판법의 규정상 반드시 명확하지는 않다.[80] 국민참여재판법 제49조 제1항에서는 판결서에 "배심원의 의견"을 기재할 수 있다고 규정하고 있어 여기에 평결의 이유를 포함시키는 것으로 해석할 여지를 완전히 배제할 수는 없으나, 실무에서는 대체로 기재의 대상이 되는 "배심원의 의견"이란 유무죄와 선고형 자체에 관한 의견을 말하는 것으로 파악하고 있고, 드물게 쟁점에 대한 의견(심신미약 인정 여부 등)을 표시하는 경우도 있기는 하나 그 구체적인 근거까지도 기재하는 경우는 거의 존재하지 않는 것으로 보인다.

(3) 검토

배심원이 독자적으로 스스로의 평결 이유를 제시하여야 하는가의 문제는 우리 국민참여재판에서 배심원의 지위 및 그 평결의 효력과 긴밀한 연관을 갖는다.[81] 배심원이 비록 상시적인 사법권의 주체는 아니긴 하지만, 당해 사건에서 일시적으로나마 사법권력작용을 행사하는 공적 주체로 활동하면서 일정한 공적 결정을 내리는 이상은 그러한 결정의 근거를 스스로 제시할 수 있어야 공적 주체로서의 책임성(accountability)을 충족할 수 있는 것이 아닌가 하는 생각을 해 볼 수 있다.[82] 향후 배심원의 평결에 권고적 효력을 넘어선 일정한 기속력을 부여할 수 있게 된다면, 배심원이 스스로의 평결을 정당화하기 위하여 이유를 제시하여야 한다는 규범적 요청은 더욱 강력해질 수 있다. 그러나 입법론으로서 이 문제를 진지하게 다루어야 할 필요성과는 별개로, 현재의 국민참여재판법하에서는 이를 제도적으로 실현하기에 곤란한 점이 적지 아니하므로, 일단 본고에서는 배심원에 의한 독자적 이유제시에 관

---

80) 이 점과 관련하여 한국형사소송법학회 제81회 월례회에 토론자로 참석한 김선화 판사는 평의 과정을 통하여 배심원들이 어떤 이유로 공소사실을 유죄 또는 무죄로 판단하였는지 직간접적으로 알게 될 때가 있었으나, 그 경우에도 "배심원단의 판단이 어떠한 명확한 독립된 실체를 가지고 재판부에 현출된 것이 아니라 배심원들이 재판부와 이야기를 나누는 과정에서 드러난 것에 불과"했기 때문에, 판결문에 배심원의 평결 이유를 별도로 기재하지 않고 재판부가 제시하는 이유 속에 배심원들의 평결 이유를 '녹여서' 함께 쓰는 방식으로 판결 이유를 썼다고 소개한 바 있다. 김선화, "공정한 형사재판을 받을 권리와 국민참여재판 판결의 이유 제시"에 관한 지정토론(필자 소장 파일), 1, 2.

81) 국민참여재판에서 배심원의 이유제시를 논의함에 있어서는 배심원들의 평결이 어떠한 법적 지위를 갖는지, 즉 "직업법관과 분리되어 비공개된 평의절차에서 이루어지는 독립된 평결인지, 아니면 직업법관과 배심원의 합의체에서 나오는 통일적인 결론인지"가 먼저 확립되어야 하는데, 현행 국민참여재판은 배심원의 평결을 그 중간적 성격을 가지는 모호한 것으로 상정하고 있어 이유제시의 가능성과 방식에 관한 정합적 논의를 하기 어려운 것이라는 정확한 지적으로, 김선화(주 80), 3. 본 논문에서는 국민참여재판이 배심제와 참심제의 혼합적 성격을 가지고 있다는 점에 기본적으로 동의하지만, 배심제에 좀 더 가깝게 설계되었다는 판단을 전제로 하여 논의를 진행한다.

82) 필자는 이러한 생각을 다른 논문에서 어느 정도 드러낸 바 있다. 홍진영(주 4), 298, 333, 334.

한 검토를 본격적으로 하지는 않기로 한다.

한편 법관에 의한 대행적 이유제시는 현행 제도 내에서도 일정 범위 내에서는 실현이 가능하고, 또 필요하다고 생각된다. 배심원의 평결과 법관의 판결이 일치한 사건의 경우라면, 배심원단이 제시한 이유가 국민참여재판 판결서에 반영될 수 있어야만 일반 국민의 상식과 경험칙이 구체적인 사안에 어떠한 방식으로 투영되는지를 관찰할 수 있고, 그러한 일반 국민의 판단이 법관재판으로 진행된 사건에서도 적절하게 참조될 수 있다. 배심원의 평결과 법관의 판결이 일치하지 않는 사건의 경우라면, 뒤에서 다시 살펴보는 바와 같이 법관이 왜 배심원과 다른 결론을 내렸는지에 관하여 이유를 설명하여야 하므로, 그 전제로서 배심원의 평결 이유가 더욱 선명하게 판결서에 반영될 필요가 존재한다. 그러므로 재판부는 배심원이 만장일치로 평결에 이르러 평의 과정에 참석할 여지가 없었던 사안인 경우에는 배심원으로부터 평결을 전달받는 과정에서 평결 이유를 청취하고, 그 청취 결과를 토대로 하여 정리한 배심원의 평결 이유를 판결서에 소개할 필요가 있다.83) 평의 과정에 참석할 여지가 있었던 사안인 경우라도 평의 과정에서 제시된 배심원의 의견은 최종적인 평결의 이유라기보다는 결론에 관한 확신을 형성해 나가는 과정 속에서의 잠정적인 의견이므로, 만장일치로 평결이 도출된 경우와 마찬가지로 평결 이유를 재차 청취하거나, 혹은 평의 과정에서 제시된 잠정적인 의견이 최종적인 판결 이유라고 보아도 되겠는지 확인하는 방식으로 배심원의 평결 이유를 정리하고 이를 판결서에 소개할 필요가 있다. 다만 위와 같은 방식의 대행적 이유제시는 배심원이 평결에 이르게 된 진정한 이유를 법원의 시각에서 왜곡할 가능성도 없지 아니하므로, 이것을 독자적 이유제시로 대체할 것인지, 그 과정에서 법률 전문가의 조력이 필요하다면 누가 어떠한 방법으로 하여야 하는지, 혹은 영국 등에서 시행하고 있는 바와 같이 완전한 독자적 이유제시가 아닌 질문지 교부 방식을 활용할 것인지에 대하여 향후 입법적으로 고민할 필요가 있다.

---

83) 여기에는 배심원단 대표로부터 의견을 청취하여 이유를 정리하는 방법과 배심원 개개인으로부터 돌아가며 의견을 청취한 후 그들로부터 공통적으로 추출되는 이유를 정리하는 방법이 있을 수 있다. 어떤 경우이든 재판부가 정리한 배심원의 핵심적인 평결 이유에 대해서는 배심원단에게 낭독 또는 열람 등의 방법으로 확인을 거치도록 하고, 배심원단 대표의 서명을 받는 등의 방식으로 이유 기재 내용의 정확성을 담보할 필요가 있다.

1) 법관에 의한 이유 제시

(1) 이유 제시의 유형

앞서 현행 국민참여재판법하에서도 배심원의 대행적 이유제시는 가능하다고 필요하다는 결론을 내리기는 하였지만, 이는 어디까지나 판단의 최종적인 주체인 법관이 판결에 대한 적정한 이유제시를 하기 위한 전제로서의 기능을 하는 것이고, 법관의 이유제시는 그와 별도로 필요하다. 만일 제도적, 현실적 한계로 말미암아 법관과 배심원 중 어느 한 쪽만 이유제시를 할 수 있다면, 법관이 이유제시를 하여야 한다. 다만 모든 사건에서 법관의 이유제시 부담이 동일한 것으로 볼 수는 없고, ① 무죄판결이 선고되었는지 아니면 유죄판결이 선고되었는지, ② 평결과 판결의 결론이 일치하였는지 불일치하였는지에 따라 그 부담의 정도가 달라질 수 있다. 아래에서는 우선 ②의 경우에 있어서 부담의 정도가 일반적인 재판의 경우와 어떻게 같고 다른지에 대하여 살펴보기로 한다.

(2) 평결과의 일치 혹은 불일치에 따른 법관의 이유 제시 부담의 가중·경감 여부

① 평결과 판결의 결론이 다른 경우

국민참여재판으로 진행된 사건의 판결서의 작성과 관련하여, 국민참여재판법 제49조 제2항에서는 "배심원의 평결결과와 다른 판결을 선고하는 때에는 판결서에 그 이유를 기재하여야 한다."라고 규정하고 있다. 위 조항은 사법개혁추진위원회에서 국민참여재판법안을 성안할 당시에는 포함되어 있지 않았으나, 국회 법제사법위원회의 심사 과정에서 "배심원과 직업법관의 평결이 다를 경우 배심원의 의견을 존중하자는 것이 제도 도입의 취지인 점을 감안할 때, 양자의 의견이 다른 경우 판결 이유에서 설명하도록 하는 것이 필요하다."[84]라는 제안에 따라 포함되었다. 즉, 재판부가 배심원의 평결결과를 존중하지 아니하고 그와 다른 판결을 선고하기 위해서는 더욱 강화된 논증의 부담을 져야 한다는 것이 위 조항의 취지이며, 위 조항의 존재로 인하여 우리 국민참여재판에서의 배심원 평결은 "강한 권고적 효력"을 갖는 것으로 볼 수 있다는 견해도 있다.[85]

---

84) 박기준(법제사법위원회 전문위원), 국민의 형사재판 참여에 관한 법률안 검토보고서(2006. 4.), 98. 당시 법제사법위원회 소위원회 제3차 회의에서의 이상민 위원장의 발언도 참조. "배심원이 이런 표시를 했는데 그것과 달리 하는 것에 대한 설명이 있어야 재판의 신뢰도 높아지지 뜬금없이 결과만 딱 이야기 나오면 '도대체 뭐야' 이렇게 당사자들이나 국민들이 그렇게 생각할 수 있다고 생각되거든요." (제267회 국회 법제사법위원회회의록 제3호, 2007. 4. 17., 23).

85) 한상훈, "국민참여재판에서 배심원 평결의 기속적 효력에 관한 검토", 형사정책 24권 3호(2012. 12.), 29. 위 문헌에서는 "강한 권고적 효력"이란 한 기관의 결정이 기속력을 갖지는 않지만 존중해야 하며,

그러나 현실의 국민참여재판에서 위 제49조 제2항의 취지를 실질적으로 반영하여 판결서의 이유를 기재하고 있는지는 의문이다.[86] 평결과 판결이 불일치한 대부분의 사건에서는 통상적인 법관재판에서의 이유 기재 방식과 크게 다르지 않은 방식으로 판결서가 작성되고 있으며, 극히 일부의 사건에서만 배심원의 평결과 다르게 판결하는 이유를 설명하고 있는 것으로 보인다. 이 점과 관련하여 국민참여재판을 처음 담당하게 된 법관들을 위한 연수자료에서는 제49조 제2항에 따라 판결서에 이유를 기재하는 방식과 관련하여, "배심원의 평결을 반박하는 형식의 설명은 부적절하다는 의견이 다수"[87]라고 소개하고 있으나 그러한 의견의 출처와 근거에 대하여는 별도로 소개하고 있지 않다. 아마도 그 근거는 재판에 참여한 배심원들의 노고에도 불구하고 그 판단이 잘못되었다고 공개적으로 비판하게 된다면 배심원들에 대한 결례가 될 뿐만 아니라 향후 국민참여재판으로 진행될 사건에 대한 국민들의 참여 의지를 오히려 약화시킨다는 것이 아닐까 한다. 그러나 평결결과와 다른 판결을 선고하는 이유를 설명하기 위하여 배심원의 평결을 어떠한 측면에서 받아들일 수 없는지를 설명하는 것은 불가피한 일이다. 오히려 배심원의 평결을 따르지 않는 이유를 아예 설명하지 않는 것이야말로 적지 않은 기회비용을 들여 재판에 참여하고 평결을 도출한 배심원을 존중하지 않는 것이다. 또한, 제1심법원에서는 배심원 평결을 받아들이지 않았다 하더라도 항소심에서는 제1심판결에 기재된 배심원 평결 이유를 검토한 후 오히려 제1심판결의 이유보다는 배심원 평결 이유가 더 합리적이라고 판단하여 제1심판결을 파기할 수도 있는 것이므로, 제1심판결에서 배심원 평결 이유를 기재하고 이를 반박하는 것은 항소심의 판단 자료를 제공하는 측면에서도 중요한 의미가 있다. 따라서 제49조 제2항에 따라 요청되는 설명 없이 법관재판에서의 판결서 작성과 사실상 동일한 방식으로 판결서 이유를 작성하여서는 안 되고, 대행적 이유제시의 방법으로 배심원 평결 이유를 소개한 후 그와 같은 평결 이유가 타당하지 않다고 생각하는 근거를 간략하게라도 기재하여야 법관의 논증 부담을 강화시키는 위 조항의 취지를 구현할 수 있다고 생각된다.

  따르지 않을 경우에는 그 이유를 명시(통지)해야 하는 경우를, "약한 권고적 효력"(혹은 "참고적 효력")이란 한 기관이 결정을 함에 있어서 다른 기관(사람)의 의견을 들어야 하지만 이에 따를 필요도 없고 또 다른 결정을 할 때에도 그 이유를 명시하거나 통지할 필요가 없는 경우를 말한다고 설명한다. 위 논문, 28~29.

86) 이 점에 대한 지적으로, 홍진영, "국민참여재판에 따른 성폭력범죄 재판 운용의 실무적 개선방향에 관한 고찰", 법조 725호, 법조협회(2017. 10.), 304, 305.

87) 김상윤, "국민참여재판의 진행기법", 사법연수원 편, 2021년도 법관연수: 형사재판실무연수 Ⅰ, 41.

② 평결과 판결의 결론이 같은 경우

• 실무의 현황

한편 배심원단의 평결결과에 부합하는 판결이 선고될 경우에는 판결서에서의 이유 작성과 관련하여 국민참여재판법에서 침묵하고 있으며 이 점과 관련하여 입법 과정에서도 특별한 논의는 없었던 것으로 보인다. 그렇다면 일응은 원칙으로 돌아가 법관재판에서의 이유 제시와 동일한 수준으로 판결서를 작성하면 되는 것이 아닌가 생각할 수 있다. 그러나 위 법관 연수자료에서는 이러한 경우의 판결서 작성 방법에 대하여 다음과 같이 조언하고 있다.[88]

- 국민참여재판에서는 재판부도 증거조사가 이루어지지 않은 상태에서 증거기록을 보지 못한 채 배심원들과 함께 국민참여재판기일에 이루어지는 증거조사를 통해 사실관계를 파악하고 심증을 형성하게 되며, 집중적인 심리 직후 바로 판결 선고가 이루어지게 되는 경우가 많은 국민참여재판의 특성상 일반재판과 같이 결론에 이르게 되는 추론과정이나 인정 사실들을 상세하게 정리, 작성할 시간적 여유가 없음.
- 국민참여재판은 그 본질적 구조상 배심원들의 평결이 배심원들과 독립하여 형성된 재판부의 심증과 일치하는지 여부를 확인하여 판결을 선고하는 것이고, 재판부의 심증이 배심원들의 평결과 일치한다는 것으로 국민참여재판 판결의 정당성이 더욱 확고해지는 것이므로, 특히 배심원들의 만장일치 또는 압도적인 다수결[89]의 평결에 따라 판결을 선고하는 경우의 판결서는 결론에 이르게 된 자세한 추론과정이나 간접사실들에 대한 개별적이고 세세한 판단을 대폭 생략하고, 현재의 실무보다 간결하게 작성되어도 무방할 것임.

요컨대, 법원에서 국민참여재판 판결서의 이유를 간략하게 작성하고자 하는 근거는 현실적 근거와 규범적 근거로 나누어 볼 수 있는데, 현실적 근거는 판결서를 작성할 수 있는 시간적 여유가 없다는 것이고, 규범적 근거는 판결과 평결이 상호 일치하는 경우에는 판결의 정당성이 더욱 확고해진다는 것이다.

나아가 위 연수자료에서는 유죄로 판결하는 사건에서 반드시 기재하여야 할 피고인과 변호인의 주장에 관한 판단에 대하여, 아래와 같이 우선 피고인과 변호인 주장의 요지를 기재하고 다음 목차로 배심원 평결결과를 기재하는 방식으로 판결서를 작

---

88) 김상윤(주 87), 41.
89) 단, 이때의 압도적 다수결이 어느 범위까지를 의미하는지는 분명하지 않다.

성할 것을 제안하고 있다.[90]

　　피고인과 변호인의 주장에 관한 판단
　　1. 피고인과 변호인 주장의 요지
　　2. 배심원 평결결과

　실제의 국민참여재판에서도 이와 같은 이유기재 방식을 따른 경우들을 발견할 수 있다.[91] 우선, 유죄판결을 한 경우인 인천지방법원 2016고합823호 사건[92]에서 피고인은 피해자와 술을 마시던 중 피해자의 성관계 요구를 거절하였으나, 그럼에도 불구하고 피해자가 피고인의 옷깃을 잡아당기며 혀를 내밀고 피고인과 입맞춤을 하려 하자 피해자의 혀를 깨물어 절단되게 하여 피해자로 하여금 난치의 질병에 이르게 하였다는 중상해의 공소사실로 기소되었다. 위 사건에서 배심원단은 만장일치로 유죄의 평결을 하였고, 재판부도 유죄의 판결을 선고하였다. 변론 과정에서 피고인은 "공소사실 기재와 달리 피해자는 피고인의 얼굴을 때린 후 피고인의 멱살을 잡고 피해자의 혀를 강제로 피고인의 입 속으로 집어넣은 사실이 있다."라고 주장하면서, "피고인의 행위는 피고인의 신체에 대한 위와 같은 부당한 침해행위를 방위하기 위한 상당한 행위로서 정당방위에 해당하여 그 위법성이 조각된다."라는 취지로 정당방위 주장을 하였다. 위법성조각사유에 관한 주장은 '법률상 범죄의 성립을 조각하는 이유'에 해당하여 형사소송법 제323조 제2항에 따라 유죄 판결에 반드시 명시되어야 한다. 따라서 법관재판으로 위 사건이 진행되었다면 피고인은 왜 정당방위에 관한 주장이 받아들여지지 않았는지에 대하여 간단하게라도 법원의 설명을 들을 수 있었을 것이다. 그와 같은 설명에는 피고인이 주장하는 바와 같은 위법성조각을 가능하게 하는 정당방위의 객관적 상황이 존재하였는지에 관한 사실인정 및 법리 판단이 포함되어 있었을 것이고, 만일 정당방위의 객관적 상황과 피고인의 방위의사가 인정된다고 판단되었다면, 피고인이 피해자의 혀를 깨문 행위가 방위행위로서의 상당성을 갖추고 있는지에 대한 평가가 포함되어 있었을 것이다. 즉, 상당성의 평가와 관련하여 참작되어야 할 "방위행위가 사회적으로 상당한 것인지는 침해행위에 의해 침해되는 법익의 종류와 정도, 침해의 방법, 침해행위의 완급, 방위행위에 의해 침해

---

90) 김상윤(주 87), 42.
91) 국민참여재판 판결서를 전수조사하지는 못했으므로, 실제로 이러한 판결서가 어느 정도 빈도로 나타나는지에 대하여는 정확히 알 수 없다.
92) 인천지법 2017. 4. 18. 선고 2016고합823 판결.

될 법익의 종류와 정도 등 일체의 구체적 사정들"[93])에 관한 법원의 구체적인 판단이 판결서에 기재되어 있었을 것이다. 그러나 2016고합823호 사건에서는 국민참여재판으로 진행되었다는 점만을 근거로 하여 그와 같은 판단을 전부 생략하고 피고인의 정당방위 주장을 요약하여 기재한 다음 곧바로 배심원이 만장일치로 유죄로 평결하였다는 점을 기재하였고, 피고인과 변호인의 주장을 구체적으로 어떠한 이유에서 배척하는지에 대하여는 단 한 줄도 기재하지 않았다. 이는 이유불비의 위법이라 하지 않을 수 없다.

위 사건에서 피고인의 항소는 기각되었다.[94]) 앞서 본 것처럼 이유불비의 위법은 직권조사사항에 해당하므로, 항소심에서는 제1심판결을 파기하고 자판하였어야 한다. 그러나 항소심에서는 피고인의 항소를 기각하였고, 약 2면에 걸쳐서 정당방위에 관한 피고인의 주장을 배척하는 이유를 설시하면서 제1심판결에 사실 오인, 법리오해의 위법이 없다고 판단하였다.[95])

무죄판결을 한 경우인 인천지방법원 2019고합180호 사건[96])에서도 이유불비의 문제가 드러난다. 위 사건에서 피고인은 즉석만남으로 처음 만난 피해자와 함께 술을 마시다가 술에 취한 피해자를 모텔로 데리고 가 만취하여 항거불능인 상태를 이용하여 간음하려 하였으나 미수에 그쳤다는 준강간미수의 공소사실로 기소되었다. 위 사건에 대해서는 당초 검찰의 혐의없음 불기소처분이 있었으나 법원이 피해자의 재정신청을 일부 받아들임에 따라[97]) 위 공소사실 부분에 대하여 공소제기가 이루어졌다.

93) 대법원 2017. 3. 15. 선고 2013도2168 판결.
94) 서울고법 2017. 10. 12. 선고 2017노1318 판결.
95) 이에 덧붙여, 항소심에서는 피고인의 정당방위에 관한 주장을 배척하면서 "국민참여재판으로 진행된 원심에서 배심원 7명이 증인신문 등 사실심리의 전 과정에 함께 참여한 후 증인이 한 진술의 신빙성 등 증거의 취사와 사실의 인정에 관하여 만장일치의 의견으로 내린 유죄의 평결이 재판부의 심증에 부합하여 그대로 채택되었다."라고 판단하였다. 이는 대법원 2010. 3. 25. 선고 2009도14065 판결 등("사법의 민주적 정당성과 신뢰를 높이기 위해 도입된 국민참여재판의 형식으로 진행된 형사공판절차에서, 엄격한 선정절차를 거쳐 양식 있는 시민으로 구성된 배심원이 사실의 인정에 관하여 재판부에 제시하는 집단적 의견은 실질적 직접심리주의 및 공판중심주의하에서 증거의 취사와 사실의 인정에 관한 전권을 가지는 사실심 법관의 판단을 돕기 위한 권고적 효력을 가지는 것인바, 배심원이 증인신문 등 사실심리의 전 과정에 함께 참여한 후 증인이 한 진술의 신빙성 등 증거의 취사와 사실의 인정에 관하여 만장일치의 의견으로 내린 무죄의 평결이 재판부의 심증에 부합하여 그대로 채택된 경우라면, 이러한 절차를 거쳐 이루어진 증거의 취사 및 사실의 인정에 관한 제1심의 판단은 실질적 직접심리주의 및 공판중심주의의 취지와 정신에 비추어 항소심에서의 새로운 증거조사를 통해 그에 명백히 반대되는 충분하고도 납득할 만한 현저한 사정이 나타나지 않는 한 한층 더 존중될 필요가 있다.")의 법리를 전제로 한 것이다.
96) 인천지법 2019. 7. 25. 선고 2019고합180 판결.
97) 서울고법 2019. 3. 7. 자 2018초재1388 결정.

공판 과정에서는 피해자가 인사불성 상태에서 모텔에 들어가는 CCTV 영상 등이 증거로 제출된 상태에서, 피고인에게 준강간의 고의가 있었는지, 피해자가 항거불능의 상태에 있었는지에 관하여 검사와 피고인 측의 치열한 다툼이 있었다. 그러나 제1심 법원은 피고인 및 변호인의 주장을 요약하여 기재한 다음, 배심원 평결결과 유죄 2명, 무죄 5명으로 무죄 평결이 제시되었다는 점을 기재하고, 결론 부분에 "그렇다면 검사가 제출한 증거만으로는 피고인이 공소사실 기재와 같이 피해자의 항거불능 상태를 이용하여 간음하려다가 미수에 그쳤다는 사실이 합리적인 의심을 할 여지가 없을 정도로 증명되었다고 보기 어려우므로, 피고인에 대한 이 사건 공소사실은 범죄의 증명이 없는 경우에 해당"한다고만 기재하였다. 즉, 배심원의 다수가 무죄라고 하니까 무죄라고 한다는 내용 이상의 이유가 들어있지 않은 것인데, 이는 무죄판결들에서도 증거들을 배척한 취지를 합리적인 범위 내에서 기재하여야 한다는 앞서 살펴본 대법원의 입장에 반하는 것으로, 역시 이유불비의 위법이 있다고 판단된다. 그러나 역시 이 경우에도 항소심[98)]에서는 국민참여재판으로 진행된 제1심의 판단이 존중되어야 한다는 판시[99)]와 함께 준강간의 고의를 인정할 수 없는 구체적인 이유를 덧붙여 검사의 항소를 기각하였다.

• 이유제시 부담 경감의 규범적 근거 검토

위 2건의 제1심판결에 대한 항소심에서 이유불비의 위법이 존재한다는 점을 간과한 것인지, 혹은 묵시적으로나마 국민참여재판에서 평결결과와 판결이 일치하는 경우에는 배심원의 평결결과를 기재하는 것으로 '법률상 범죄의 성립을 조각하는 이유'에 대한 기재에 갈음할 수 있다는 판단을 한 것인지는 불분명하다. 만일 후자와 같이 판단한 것이라면 그 근거는 앞서 살펴본 연수자료에 기재된 바와 같이, 배심원들의 평결이 배심원들과 독립하여 형성된 재판부의 심증과 일치함으로 인하여 재판의 정당성이 더욱 확고해진다는 데에 있을 것이다. 그러나 위와 같은 근거는 다음과 같은 점에서 법관의 이유제시 의무 경감을 정당화할 수 있는 근거로서 충분하지 못하다고 생각된다.

첫째, 국민참여재판이라 하더라도 최종적으로 판결에 대하여 책임을 지는 주체는 법관이지 배심원이 아니다. 우리 국민참여재판법은 헌법 제27조 제1항의 "헌법과 법

---

98) 서울고법 2020. 5. 7. 선고 2019노1837 판결.
99) 본 사건에서의 배심원의 무죄 평결은 만장일치로 이루어진 것이 아니어서 2009도14065 판결의 법리가 직접 적용되는 경우라고 볼 수 없으나, 위 항소심판결에서는 위 법리를 확장하여 적용하는 근거에 대한 별다른 설명 없이 위와 같이 판시하였다.

률이 정한 법관에 의하여 법률에 의한 재판을 받을 권리"와 관련한 위헌 논란을 피하기 위하여 배심원의 평결에 권고적 효력만을 부여하는 것으로 제도적 설계가 이루어졌다.100) 이와 같은 설계하에서는 최종적인 유무죄 및 양형에 관한 판단은 법관이 헌법과 법률과 양심에 따라 스스로 하여야 하는 것이고, 또 그 판단이 헌법과 법률과 양심에 따른 것임을 재판의 당사자에게 구체적으로 드러낼 수 있어야 법관이 스스로에게 주어진 사법권의 행사에 관한 책무를 다 하는 것이라고 말할 수 있다.

둘째, 앞서 Taxquet 판결에서 본 바와 같이, 형사재판에서 보장되는 피고인의 공정한 재판을 받을 권리에는 판결에 이르게 된 근거를 충분히 제시받고, 그 근거를 납득할 수 없는 경우에는 이에 적절히 불복할 수 있는 기회를 가지는 것이 포함된다.101) 그런데 피고인의 핵심적인 주장에 관하여 위 2016고합823호 사건에서처럼 아무런 이유가 기재되지 않는다면 위와 같은 권리가 실질적으로 보장되고 있다고 할 수는 없다. 위 사건에서 판결문을 검토한 피고인과 그 변호인은 제1심법원이 피고인의 정당방위 주장을 현재의 부당한 침해 요건이 결여되어 있다고 보아 배척한 것인지, 혹은 정당방위의 객관적 상황은 갖추어져 있으나 상당성을 결여하였다고 보아 배척한 것인지, 만일 상당성이 결여되어 있다면 과잉방위에 해당할 여지도 있을 텐데 왜 과잉방위에 해당한다고 보지는 않은 것인지에 대하여 도저히 알 수가 없는 것이다.102) 이러한 상황에서는 제1심판결이 얼마나 설득력 있는 것인지에 대한 판단이 불가능하기에 피고인은 항소를 함으로써 스스로의 시간과 비용을 재판 과정에 더 할애하는 것이 나을지, 아니면 제1심판결을 받아들이고 다시 일상의 삶으로 돌아갈 것인지에 대하여 충분한 정보에 입각한 결단을 내리는 것이 어려워진다. 항소를 한 경우에도 제1심에서 드러난 여러 가지 쟁점 중 어느 부분에 초점을 맞추어야 할지 알 수 없으므로 투망식 변론을 할 수밖에 없게 된다. 한편 검사의 경우 비록 기본권으

---

100) 관련 논의에 대해서는 한상훈(주 85), 11.

101) 이는 판결서의 기능 중 '보고적 기능'과 연관된다. '보고적 기능'이란, 검사, 피고인 등의 당사자에게 판결의 내용을 정확하게 알려줌으로써 판결에 대한 불복 여부와 불복 범위 등을 검토할 수 있도록 자료를 제공하는 기능을 말한다. 사법연수원(주 78), 6.

102) 판결문 간결화에 관한 논의에서, 공판중심주의하의 형사재판에서는 법정에서 심증을 형성하고 이를 적극적으로 제시하는 과정 속에서 당사자를 설득하여야 하는 것이지 사무실에서 판결서의 이유를 길게 써서 당사자를 설득하려고 하는 것은 바람직하지 않다는 주장이 있다. 그러나 신중한 숙고 끝에 내려져야 할 형사재판에서의 판결에 앞서서 법관의 심증을 적극적으로 드러내는 것이 과연 바람직한 것인지에 대하여는 법관마다 의견을 달리 하는 부분이다. 그런데 국민참여재판의 경우에는 법관이 공판정에서 심증을 적극적으로 드러내는 것은 배심원들의 독립된 평의와 평결에 부당한 영향을 미치는 것으로 볼 여지도 있으므로, 법관은 더욱 신중하고 가능하면 중립적인 심판의 위치에서 재판을 진행하고자 하는 태도를 보일 것이다. 그러므로 판결 이유가 생략되더라도 법정에서의 공방 과정을 통하여 판결의 이유를 충분히 알고 설득될 수 있다는 주장은 국민참여재판의 맥락에서는 설득력이 더 약화된다.

로서 공정한 재판을 받을 권리를 누린다고 할 수는 없지만, 무죄판결에 대한 상소가 인정되는 우리의 형사소송법제하에서는 검사도 판결의 근거에 대하여 알아야 할 정당한 이익을 누린다고 할 수 있다.[103]

셋째, 판결서의 이유 기재는 판결서의 공정성과 정확성을 확보하는 데에 기여한다.[104] 법관은 법정에서 조사한 증거를 토대로 형성된 심증을 기초로 하여 유무죄의 판단을 내린 후에 판결서 초고의 작성에 돌입하게 되지만, 판결서 초고를 작성하는 과정에서 그 판결이 담은 사실인정 및 증거취사의 당부, 그리고 법령 해석의 적부에 대하여 재음미, 재평가하는 기회를 가지게 된다.[105] 이처럼 판결서의 이유를 정제해 나가는 과정 속에서 최초의 판단이 잘못되었거나 심리가 미진하였음을 깨닫고 결론을 변경하거나 변론을 재개하게 되는 경우가 존재하며, 비단 단독재판에서뿐만 아니라 합의부 재판에서 합의를 마친 이후에도 이러한 경우가 때때로 발생한다. 이에 판결의 이유를 제시하도록 하는 것은 판단을 함에 있어서 필요한 적절한 고려사항이 모두 고려되었고, 부적절한 고려사항은 완전히 무시되었다는 점을 스스로 확인할 수 있는 효과적인 방법이 되고, 그러한 과정을 거친 판결은 실체적인 관점에서 보았을 때 질적으로 더 나은 판결이 될 수 있다.[106] 비록 배심원의 평결과 법관의 판결이 결론에 있어서 일치하였다 하더라도, 연수자료에서도 지적되었듯이 법관의 판결은— 특히 평의에 참여할 수 있는 기회가 주어지지 않는 만장일치의 경우에는 더욱—배심원의 평결과 독립적으로 법관이 형성한 심증에 따라 선고되는 것이기에, 법관이 그 판결의 기초가 된 사실인정 및 증거취사의 당부, 법령해석의 적부에 관하여 배심원과의 대화 과정을 통하여 음미하고 평가하는 과정을 필연적으로 거치는 것은 아니다. 그러므로 배심원과 단순히 결론이 일치하였다는 사정이 판결서 이유 작성 과정에서의 최초 판단의 적부에 관한 재음미, 재평가를 대체할 수 있다고 보기는 어려우며, 결론의 일치만으로 이유가 생략될 수 있다고 본다면 이미 프랑스, 벨기에 등에서는 타파되어 가는 과정 속에 있는 배심·참심의 무오류원칙을 답습하는 것과 다르지 않다.

넷째, 판결서의 기능 중에는 재판공개 원칙을 실현하는 기능이 있는데, 이는 판결

---

103) 관련하여, 미주 인권재판소에서는 피고인뿐 아니라, 검사와 피해자도 유무죄의 판단을 뒷받침하는 이유를 알아야 할 정당한 이익을 누린다는 취지로 판단한 바 있다. VRP, VPC and others v. Nicaragua, 2018, para. 263; John Jackson(주 75), 314에서 재인용.
104) 사법연수원(주 78), 6.
105) 사법연수원(주 78), 6.
106) Paul Roberts(주 20), 215.

이 선고·공포됨으로써 일반 국민에 대하여 구체적인 사건에 대한 법의 해석과 운용에 관한 법원의 공적 입장을 밝히게 되고, 그럼으로써 그 재판의 적법, 당부에 대한 일반의 비평과 함께 일정 행위에 대한 법적 지침을 마련해주고, 재판에 대한 국민의 신뢰를 구축하고 법적 안정성을 확보하는 데에 기여한다는 것이다.[107] 기습추행, 더 나아가 강제 성관계에 직면한 피고인이 스스로를 방위하기 위하여 어느 정도까지의 방위력을 행사할 수 있는가는 정당방위의 기본 법리와 함께 현시대의 법의식과 사회통념, 성인지감수성까지 두루 고려하여야 적절한 판단이 가능한 쟁점이다. 인사불성 상태의 사람을 모텔에 데려가 성관계를 시도한 사건에서 준강간의 고의를 인정할 수 있는지도 마찬가지이다. 그러므로 법원이 이와 같은 사안들에서 관련 조항들의 해석과 운용, 증거 평가의 방법에 관한 공적 입장을 밝히면서, 법원이 배심원단과 일치한 의견에 따라 파악하고 있는 사회통념의 내용이 무엇인지를 일반 국민들에게 알리고, 그러한 입장에 대한 비판 또는 수용의 계기를 제공할 필요가 존재한다.

다섯째, 판결서의 사후심사 기능이란 상급법원에 대하여 하급법원의 판결 내용을 검토하게 하고 특히 원심법원 판결의 당부에 관한 사후심사를 쉽게 할 수 있도록 하는 기능을 말하는데, 국민참여재판에서 이유가 생략된 판결서는 상급심에 의한 사후심사의 어려움도 가중시킨다. 대법원은 여러 차례 상급심에서 배심원의 만장일치 평결과 법원의 판결 결론이 합치된 사건에서 제1심법원의 증거의 취사와 사실의 인정에 관한 판단은 한층 더 존중되어야 한다는 법리를 밝히고 있고,[108] 이유제시를 생략하는 실무의 관행도 위와 같은 판례에 근거하고 있는 것처럼 보이기도 한다. 그러나 상급법원에서 위 판례에 따라 제1심 판단에 대한 존중을 하기 위해서라도 제1심법원의 판결 이유 제시는 필요하다. 제1심법원이 법률삼단논법에 따른 유무죄의 판단 과정에서 대전제의 확정(법률의 해석), 소전제(증거에 의한 사실의 인정) 및 포섭(해석된 법률의 사안에 대한 적용)에 관한 판단이 각기 어떠하였는지를 드러내야만, 그리고 구체적으로 어떠한 증거를 채택하고 배척하였는지를 드러내야만 제1심 판단 존중의 범위가 비로소 확정될 수 있기 때문이다. 그렇지 않고서는 상급법원은 처음부터 다시 기록을 보고 스스로 새롭게 사실인정을 한 가운데 최종적인 판단을 내려야 하는데, 이는 위 판례의 취지뿐만 아니라 "사후심적 성격이 가미된 속심"[109]이라는

---

107) 사법연수원(주 78), 6. 이러한 점에서, 판결서의 이유 제시에 관하여 다양한 각도에서 연구를 해 온 Mathilde Cohen 교수는, 오늘날의 법의 지배 이념은 법적 의사결정자들이 그들의 결정을 정당화하 기 위한 이유를 제시하여야 한다는 이념과 분리될 수 없다고 주장한다. Mathilde Cohen(주 26), 2. 국내에서 Cohen의 주장을 적극적으로 소개하고 있는 문헌으로는, 박준석(주 6), 190~192.
108) 위 2009도14065 판결.

우리 형사소송법에 따른 항소심의 속성에도 반하는 것이다.

• 이유제시 부담 경감의 현실적 근거 검토

국민참여재판에서 법관의 판결서 작성의 부담이 경감되어야 한다는 주장의 현실적 근거로는 앞서 본 것처럼 국민참여재판으로 진행될 경우 판결서를 상세하게 작성할 수 있는 시간적 여유가 없다는 것이고, 어쩌면 규범적 근거보다 위와 같은 현실적 근거가 실무에서 더 강력하게 작동하는 것처럼 보이기도 한다.[110] 이는 국민참여재판법 제48조 제1항, 제3항에서 판결의 선고를 변론을 종결한 기일에 하고, 다만 특별한 사정이 있는 때에는 14일 이내에 따로 선고기일을 지정할 수 있는 것으로 규정하고 있으며, 위 조항이 비교적 철저하게 지켜지고 있는 점에 기인한다. 그러나 법관재판의 경우에도 동일한 내용으로 규정하고 있는 형사소송법 제318조의4의 존재에도 불구하고 즉일선고는 오히려 예외에 해당하는데, 이는 형사재판에서의 종국 결과가 피고인에게 미치는 중대한 영향을 고려할 때 신중한 판단이 요구되기 때문이고, 또한 판결서 작성에 있어서 정확성을 기하기 위함이기도 하다.[111] 국민참여재판에서도 증거의 증명력에 대하여 숙고하며 음미할 필요가 존재하거나 선례가 존재하지 아니하여 실질적으로 법리를 새롭게 형성해야 하는 사건에서는 즉일선고의 원칙을 고수하기보다는 충분한 합의 및 판결서 이유 작성 시간 확보를 위하여 선고기일을 따

---

109) 대법원 2014. 1. 16. 선고 2013도7101 판결 등.

110) 국민참여재판에서 주심으로 관여한 경험이 있는 익명의 법관에 따르면, 차질 없는 판결 선고를 위하여 아직까지 법정에서 증거조사가 실시되지 않아 증거능력이 온전히 부여되지 않은 증거를 미리 살펴보고 판결문 초안을 써 두기도 하였다고 한다. 이는 국민참여재판에서 반드시 지켜질 필요가 없는 즉일선고의 원칙을 관철시키기 위하여 공소장일본주의, 공판중심주의를 위반하는 것으로, 주객이 전도된 현상이라 하지 않을 수 없다. 이 점에 있어서 프랑스와 우리나라의 상황은 흡사한 면이 있다. Mathilde Cohen의 연구에 따르면, 프랑스 중죄법원의 재판장들은 재판이 시작되기 전에 판결 이유서의 초안을 유죄인 경우와 무죄인 경우를 모두 상정하여 2개를 써 두고, 재판이 진행되는 추이를 보면서 틈틈이 판결 이유서 초안을 고쳐 나간다고 한다. 참심원단에 의하여 평의가 시작되기 전에 이미 판결 이유서가 준비되어 있는 셈이다. 투표에 의하여 평결이 성립되고 나면 위와 같이 작성된 판결 이유서를 참심원들 앞에서 낭독하면서 이견이 없는지 확인하는 과정을 거치게 된다[Mathilde Cohen(주 26), 436]. 다만 프랑스에서는 공소장일본주의가 적용되지 않기 때문에 재판장이 공판정 외에서 소송기록을 열람하는 것에 ― 그것이 적절한지는 별론으로 ― 절차상의 위법과 관련한 문제가 발생하지는 않는다는 차이가 있다.

111) 법관으로서의 지난 경험에 비추어 보면, 개인적으로는 변론종결 후 당사자의 주장에 관하여 숙고하고 음미하며 판결서 초안의 작성 과정을 통하여 오류의 위험을 제거해 나가는 시간은 필수불가결한 것으로 생각된다. 따라서 즉일선고는 형식재판의 사유가 명백히 존재하는 사건, 항소심 또는 정식재판청구 사건에서 미리 기록 검토를 충분히 한 후에 공판기일을 진행하였으나 특별히 새로운 주장이 제기되지 않은 사건 등의 유형에서만 하는 것이 바람직하다고 생각한다. 물론 이와 달리 법규정에서 즉일선고를 원칙으로 삼고 있는데 이를 예외로 운용하는 것에 대하여 비판도 없지 않다. 최근의 비판으로는, 이창현, "웃음거리가 된 즉일선고의 원칙", 법률신문 2020. 11. 23. 자<https://m.lawtimes.co.kr/Content/Opinion?serial=165884> (2021. 10. 15. 확인).

로 지정하는 것이 즉일선고를 하는 것보다 바람직할 수 있다.

• 소결

요컨대, ① 배심원의 평결결과와 법관의 판결이 불일치하는 경우에는 법관의 이유제시 부담이 강화된다고 할 수 있지만, ② 배심원의 평결결과와 법관의 판결이 일치하는 경우에 반대로 법관의 이유제시 부담이 완화된다고 할 수는 없다. 그럼에도 불구하고 ②의 경우에 이유제시 부담을 대폭 경감하고 있는 실무의 모습은 국민의 재판청구권 실현의 측면에서 문제가 적지 아니하고, 경우에 따라서는 이유불비의 위법까지도 구성할 수 있으므로 반드시 시정될 필요가 있다. 배심원의 평결결과와 법관의 판결이 일치하는 경우 그 판결의 정당성이 강화된다고 할 수 있으려면 단순히 결론에 있어서 일치가 있을 뿐 아니라 배심원이 사실인정과 법의 적용 과정에서 건전한 상식을 어떻게 적용하였는지를 법관이 충분히 파악한 가운데 이를 스스로의 판결 이유에 녹여내었음이 전제가 되는 것이다.[112]

한편으로, 법관의 이유제시 부담은 유죄판결을 선고하는 경우가 무죄판결을 선고하는 경우보다 강화되는 것으로 봄이 타당하다. 그러한 점에서 국민참여재판에서 법관의 이유제시 부담은 다음과 같은 표로 정리해 볼 수 있다.

■ 표 1 국민참여재판에서의 법관의 이유제시 부담

	배심원 유죄	배심원 무죄
재판부 유죄	중간 부담 (유죄 + 결론 일치)	강한 부담 (유죄 + 결론 불일치에 따른 논증 부담 강화)
재판부 무죄	중간 부담 (무죄 + 결론 불일치에 따른 논증 부담 강화)	약한 부담 (무죄 + 결론 일치)

---

112) 앞서 본 연수자료에서도 간략한 이유 제시를 주장하는 한편으로, "배심원들의 평결서를 전달받으면 재판부는 평의실에 가서 평결서가 배심원들의 취지에 맞게 작성되었는지 확인하면서 평결에 이르게 된 주요한 근거를 배심원들로부터 직접 확인하여 이를 판결을 선고할 때 소개하고 판결서 작성에 일정 부분 반영하여 배심원들의 의견을 존중하는 모습을 보여주는 것이 바람직할 것"이라고도 제안하고 있다. 김상윤(주 87), 40.

Ⅳ 결론

이상의 논의를 통하여 협약 제6조의 공정한 형사재판을 받을 권리에는 판결의 이유를 제시받을 권리가 포함되고, 배심재판의 경우에는 반드시 배심원단 스스로에 의하여 이유가 제시될 필요는 없으나 적어도 피고인과 일반 국민이 배심에 의한 평결의 내용을 이해할 수 있도록 하는 충분한 안전장치가 존재하도록 하여야 한다는 Taxquet 판결의 법리를 확인하였다. 이처럼 판결 내지는 평결의 이유를 알 권리를 보편적인 인권으로 다루는 것은 개개인을 자의적인 권력 행사로부터 보호해야 한다는 법치주의의 기본 원리로부터 도출되는 결론이므로, 이는 단지 유럽이라는 지역적 맥락뿐 아니라 우리의 형사사법 맥락에서도 유효하고 타당한 것이다. 국민이 사법에 참여한다는 자체만으로 이러한 권리가 박탈되어야 한다고 볼 수는 없으며, 오히려 국민의 건전한 상식이 법관의 최종적인 판단에도 반영되었다는 점을 판결 이유를 통하여 보여주는 것이 피고인의 기본적인 인권을 보호함과 동시에 재판의 민주적 정당성을 강화하는 길이다. 이러한 관점에서 볼 때 평결과 판결의 결론이 불일치하는 경우에는 법관의 이유제시 부담이 현재의 실무보다 강화되어야 하고, 다른 한편으로 평결과 판결의 결론이 일치한다는 이유만으로 최종적인 판단 주체인 법관이 판결서에 필수적으로 기재하여야 할 이유를 생략하는 것은 이유불비의 위법에 해당하여 파기를 면할 수 없음을 논증하고자 하였다. 나아가, 배심이 독자적으로 평결의 이유를 제시하여야 하는지 여부 및 그 방안에 대하여는 추후에 별도의 논문을 통하여 상세히 검토하고자 한다.

후기

본 논문에서 검토했던 인천지방법원 2019. 7. 25. 선고 2019고합180 판결, 그에 대한 항소심인 서울고등법원 2020. 5. 7. 선고 2019노1837 판결은 이른바 '가장 보통의 준강간 사건'이라 명명되어 큰 관심과 비판의 대상이 되었고, 많은 사람들이 대법원이 위 사건을 새로운 각도에서 검토할 것을 촉구하였다. 그러나 본 논문 발간 후 대법원은 검사의 상고를 기각하였는데,[113] 대법원은 통상적으로 사용되는 형식적

---

113) 대법원 2023. 4. 27. 선고 2020도6363 판결.

인 상고 기각 문구만을 기재하였을 뿐 본 논문에서 제기한 쟁점을 직접적으로 다루고 있지 않으므로, 아직까지 이 문제에 대하여 대법원이 수립한 명확한 선례가 존재한다고 볼 수는 없는 상황이다.

한편으로 본 논문에서 현재의 실무에 대하여 문제를 제기한 후, 대법원 사법행정자문회의 산하 재판제도분과위원회에서는 전국 법관을 대상으로 국민참여재판 판결서 이유 기재에 관하여 설문조사를 실시하였다. 설문조사에 응한 총 490명(15.9%)의 법관 중 압도적 다수(90%)가 배심원의 평결과 판결이 일치할 경우 판결문의 이유 제시의 수준이 경감될 수 있다는 점에 공감하였고 그 중 과반이 평결 결과를 구체적 이유에 갈음하는 방식으로 판결서를 작성할 수 있다고 답변하였다고 한다.114) 위 위원회에서는 위와 같은 설문조사 결과를 토대로 법원행정처에 "평결과 판결이 일치하는 국민참여재판에서의 판결서 이유 기재 적정화"를 위한 관련 예규 개정을 추진할 것을 권고하였다.115) 그러나 위 쟁점은 피고인의 공정한 재판을 받을 권리와 검사의 상소권, 피해자 및 일반 국민의 알 권리와 두루 긴밀하게 관련되어 있는 문제이므로, 사법부가 그에 관해 구체적인 입장을 정하기 위해서는 법관들의 의견만이 아니라 국민참여재판에 검사 및 피고인·피해자의 변호인으로 관여한 경험이 있는 법률가들의 의견을 폭넓게 수렴하여야 한다. 또한 법원 내부에서도 이유 기재 생략이 정당화되기 어렵다는 문제의식을 가진 법관들이 이 문제를 진지하게 검토하고 있는 점은 특기할 만하다.116) 법원행정처에서는 예규 개정을 즉각 추진하지는 않고 있다가, 최근 "국민참여재판 판결서 작성의 효율성과 충실성을 균형 있게 달성할 수 있는 개선방안"에 관한 연구용역 과제 발주를 공고하였으므로 앞으로 진행될 연구의 결과 및 그에 따른 실무의 변화를 계속 주의 깊게 살필 필요가 있다.

한인섭 교수님의 수많은 훌륭한 업적 중에서도 필자에게 가장 와닿는 부분은 우리 국민참여재판 제도의 산파 역할을 하셨다는 점이다. 한 교수님께서는 필자의 박사논문 주제(배심원의 법적 판단에 관한 연구)에 많은 애정과 관심을 보이시며 심사위원장

---

114) 김재호, "준강간죄의 구성요건(고의) 등에 관한 분석 – 대법원 2023. 4. 27. 선고 2020도6363 판결을 중심으로 – "현대사회와 성범죄연구회 장기연구과정 2023. 6. 30.자 발제문, 22면 이하.

115) 사법행정자문회의 운영지원단, 제29차 사법행정자문회의 결과요지, 2023. 9. 6. 2면(인터넷 링크: https://sc.scourt.go.kr/news/NewsViewAction2.work?seqnum=56&gubun=944&searchOption=&searchWord=, 2024. 12. 13. 확인). 이에 비판적인 기사로는, 이혜리, "성범죄 가해자가 무죄라고... 피해자는 선고 이유 몰라도 되나", 경향신문 온라인 2023. 9. 13.자(인터넷 링크: https://www.khan.co.kr/article/202309132136045, 2024. 12. 13. 확인).

116) 상세한 내용은 신윤주, "성폭력범죄 국민참여재판의 현안과 과제", 「성범죄 규율체계 및 재판의 새로운 전개: 피해자 동의, 충실한 국민참여재판을 중심으로」, 법원 현대사회와 성범죄 연구회 2023. 11. 3. 공개토론회 자료집, 58면 이하. 그리고 위 발표에 대한 연대자D의 토론문, 85면.

으로서 끊임없이 용기를 북돋아 주셨고, 입법 과정에 관한 생생한 증언과 함께 많은 자료를 제공하여 주셨다. 위 제도 도입의 이론적 근거를 제공하기 위해 안경환 교수님과 집필하신 『배심제와 시민의 사법참여』는 여전히 필자에게 국민참여재판 연구를 위한 가장 좋은 길잡이가 되고 있다. 필자는 앞으로 국민참여재판 제도가 더 활성화되고 미비한 점들이 개선될 수 있도록 미력이나마 계속하여 보태며 한인섭 교수님께 받은 넓고 깊은 은혜에 보답하려 한다.

3

검찰권 행사에 대한 시민적 통제와 참여: 검사의 기소재량 통제를 위한 한국과 일본의 최근 개혁*

문준영(교수, 부산대학교 법학전문대학원)

I 서론

지난해(2004년)와 올해(2005년) 사법개혁위원회와 사법제도개혁추진위원회에서 진행된 사법개혁 작업에서 '검찰개혁'은 독립적 의제로는 설정되어 있지 않다. 대법원 산하에 조직된 사법개혁위원회가 법원이 아니라 검찰에 관한 개혁 의제를 직접 다루기보다는 법무부와 검찰의 자체 개혁에 맡겨둔다는 취지라고 할 것이다. 여기에서 '검찰개혁'이란, 1987년 민주화 이후 논의되어 온, 검찰권 행사에서의 공정정 확보 및 '검찰 중립화'를 구현하기 위한 검찰의 조직, 기구, 활동방식의 개혁을 의미한다. 그 초점은, 정치권력과 검찰 안팎에서의 부당한 간섭이나 압력으로부터 검찰 전체의 그리고 검사 개개인의 공정하고 중립적인 직무수행을 담보하기 위한 제도적 장치를 마련하는 것에 있었다. 상명하복의 위계적 조직구조를 보다 민주적인 형태로 바꾸는 것, 검찰인사에서 객관성과 투명성을 강화하는 것, 검사의 기소재량에 대한 합리적인 통제장치를 마련하는 것, 검찰인사 및 검찰권운용에 대한 외부로부터의 감시체제를 도입하는 것 등의 개혁과제들로 제기되었다.[1] 그리고 이 과제들은, 현 정부에 들

---

 * 이 글은 문준영, "검찰권 행사에 대한 시민적 통제와 참여: 검사의 기소재량 통제를 위한 한국과 일본의 최근의 개혁", 민주법학 제29호, 민주주의법학연구회, 2005에 게재되었음을 밝힌다.

 1) 이러한 쟁점들을 종합적으로 다루고 있는 최근의 문헌들로는, 박상진, 「현행 검찰조직 및 검찰권의 문제점과 개선방안」, 건국대학교 사회정책연구소, 『사회과학연구』 15집, 2002, 75−91쪽; 백광훈/신동일/이천현, 「바람직한 검찰개혁의 방향」, 『형사정책연구』 14권 2호, 2003, 203−4쪽; 이창호, 「검찰개혁의 방향과 과제」, 『민주법학』 24호, 2003, 427−450쪽; 한인섭, 「한국 검찰의 정치적 중립성—풀리지 않는

어서 아래 표에서 보는 바와 같이 일정한 입법적 결실을 거둔 것처럼 보인다.

검찰의 정치적 중립성 강화와 관련된 검찰청법의 주요 개정	
검찰총장의 정치적 중립성 확보	• 검찰총장임기제(1988.12.31, 검찰청법 12③) • 퇴직후 공직취임제한(1997.1.13, 법 12④,동⑤)(97헌마26, 1997.7.16 위헌결정) • 검찰총장 인사청문회 실시(2003.2.4개정, 법 34조②)
검사의 직무상 독립성과 중립성 강화	• 검찰총장을 제외한 모든 검사직급의 일원화 　- 검찰총장/고등검사장/검사장/검사→검찰총장/검사(2004.1.20개정, 법 6조). • '검사동일체 원칙' 관련 규정의 개정 　- '검사동일체의 원칙'을 '검찰사무에 관한 지휘·감독관계'로 변경. 　- 구체적 사건관련 상급자의 지휘·감독의 적법성·정당성에 대한 검사의 이 　　의제기권 인정(2004.1.20개정, 법 7조①②) • 검사보직시 검찰총장 의견청취절차 　- 검사의 보직과 관련하여 법무부장관은 검찰총장의 의견을 들어 대통령에 　　게 제청하도록 함(2004.1.20개정, 법 34조①). • 검찰인사위원회의 심의기구화(2004.1.20개정, 법 35조①) • 검사적격심사제도의 도입 　- 모든 검사(검찰총장 제외)는 임명후 7년마다 검사적격심사위원회에서 적격 　　심사를 받도록 함(2004.1.20개정, 법 39조).

그동안 검찰개혁 논의는 '정치권력'으로부터의 '단절' 또는 '독립'을 강조하는 분위기 속에서 이루어져 왔다. 그 가운데 법무부장관은 검찰 외부의 '정치인'으로 치부되고, 반대로 검찰총장에게는 '검찰의 수호자'와 같은 모습이 기대되었다. 그러나 강정구 교수 사건에 관한 법무부장관의 불구속수사 지휘를 둘러싸고 벌어진 최근의 사태는 그동안 추진되어 온 검찰개혁의 방향을 비롯하여 정부와 검찰의 관계, 검찰의 조직문화에 대하여 많은 생각거리를 던져 준다.

집행권력에 속하는 권한을 행사하는 검찰에 대해 법무부장관이 지휘·감독을 한다는 것은, 민주적 정당성과 책임정치의 원리에 비추어 볼 때 헌법적 요청에 부합하는 장치라고 하는 점은 부정할 수 없다.[2] 이러한 점에 대한 고려 없이 이른바 '준사법

숙제─」, 『권위주의 형사법을 넘어서』, 동성사, 2000, 63-103쪽; 허일태, 「검찰중립화방안─검찰권행사의 공정성 담보를 위한 대책─」,『동아법학』30권, 2002, 1-20쪽;「검찰중립화 방안에 관한 좌담회」, 『인권과 정의』303호, 2001, 9-35쪽 등 참조.

2) 형사절차에서 검사의 지위와 역할과 관련하여 검사를 '준사법기관'으로 자리매김하는 주장의 근거는 공소권 주축으로 하는 검찰작용은 사법작용과 밀접한 관계가 있고 고도의 중립성과 객관성을 요한다는

기관'인 검사에게 '정치인'인 법무부장관이 구체적 사건에 관해 지시하는 것 자체가 부당하다거나 지휘권의 수용을 검찰의 치욕이니 굴욕이니 하는 식으로 표현하는 것은 잘못이라 할 것이다. '검찰권의 독립'이 검찰의 안과 밖을 구분하고 민주적으로 선출된 권력에 의한 정당한 통제를 부정하는 식으로 남용된다면, 그것은 검찰 내부 구성원의 폐쇄적인 집단적 방어논리로 변질되고 민주적 정치체제에 맞지 않는, 통제 받지 않는 권력기관을 만들어 낼 것이다.

구체적 사건에 관하여 법무부장관의 지휘감독권을 규정하고 있는 검찰청법 제8조를 둘러싸고 이 규정이 정치인인 법무부장관의 부당한 간섭을 억제하기 위한 규정이라고 말해지곤 한다. 이 규정의 모델이 된 전후 일본의 검찰청법(1947년)이 입법될 당시 그러한 분위기가 없지 않았다. 그러나, 따지고 보면 이 규정은 검찰사무에 관하여 통상적인 지휘계통에 따른 지휘의 전달 방식을 정한 것에 불과한 것으로도 볼 수 있다. 검찰조직과 지휘감독에 대해 규정하고 있던 일본의 재판소구성법(1890년 제정)이 이 부분에 관해 불명확하게 규정하고 있었던 것을 전후에 검찰청법을 입법하면서 명료하게 규정한 것이라고 볼 수 있다. 문제는 이 규정을 검찰 독립의 상징으로 보는 사고방식이 법무부장관을 검사의 상관으로 인정하지 않았던 과거 일본의 검찰제도론자의 주장과 역사적으로 일정한 관계를 맺고 있었다는 점이다.3) 국민주권원리에 근거하는 민주주주의 정치체제에서 이러한 사고방식은 용납될 수 없을 것이다.

법무부장관의 구체적 지휘권 폐지를 통해 검찰의 독립성이 확보될 수 있다고 말해지곤 하지만, 이 사안은 칼로 물 베듯이 간단히 해결될 문제가 아니다.4) 우리의 상

데 있다. 그러나 검사는 판사의 같이 소극적·수동적으로 권력을 행사하는 기관이 아니라, 법에 따라 구체적으로 국가목적이나 공익의 실현을 위하여 행하는 주도적이고 능동적인 권력을 행사하는 기관이다. 검찰업무에 관하여 법무부장관의 지휘감독권 및 검찰내부의 지시·복종관계가 존재하는 것은 국가기관은 국민주권주의에서 비롯된 민주적 정당성에 기초하여 구성되어야 한다는 헌법적 요청에 부합하는 것이다. 이에 관해서는 문준영, 「검사의 법적 성격과 조직방식에 관한 논의의 비판적 고찰─검사의 준사법기관성과 검사동일체원칙을 중심으로─」, 『민주법학』 26호, 2004, 171-190쪽; 이완규, 『검사의 지위에 관한 연구─형사사법체계와의 관련성을 중심으로─」, 서울대학교 법학박사학위논문, 2005, 292-308쪽.

3) 검찰권 독립론은 1920년대 일본의 타이쇼(大正) 데모크라시기 정당내각기에 접어들자 검찰관료를 중심으로 본격적으로 터져 나오기 시작하였다. 그 근거는, 광의의 사법권에 속하는 검찰권에 대해 "행정기관의 장이자 내각의 일원인 사법대신을 공소권의 행사를 전달하는 국가최고기관으로서 용인하는 것은 제도상의 견지에서 전혀 불가능"하며, 상관의 지시에 대한 복종의무 및 검사동일체 원칙과 관련된 사항을 규정하고 있는 재판소구성법 제83조(검사총장, 검사장, 검사정의 직무이전·승계권)에서 검사의 상사로서 '사법대신'을 열거하고 있지 않으므로 사법대신은 명백히 검사의 상관이 아니라는 것이다. 한편, 사법대신의 구체적 지휘감독은 검찰총장을 경유해야 한다는 것을 1828년 검찰청법안에서 이미 규정된 바 있다. 상세한 것은, 문준영, 『한국 검찰제도의 역사적 형성에 관한 연구』, 서울대학교 법학박사학위논문, 2004, 79-84쪽.

4) 검찰의 정치적 중립성을 더욱 강화한다는 차원에서, 구체적 사건에 관한 법무부장관의 지휘권을 폐지할

황에서 정부로부터의 검찰의 독립성을 고려할 때, 양자의 관계를 완전히 단절하거나 정부의 개입과 간섭을 혐오하기보다는, 그것을 인정하면서 객관적이고 투명한 지휘권 행사의 틀을 마련하는 것이 타당하다.[5]

그러나 우리나라의 검찰이 안고 있는 문제점은, 검찰권 행사에서 정치적 중립성이나 공정성의 문제에 그치지 않는다. 검찰의 일선 수사기관화 경향, 사회중요문제에 모두 개입하려는 검찰만능주의적 경향은, 공소관청으로서의 검찰의 임무와 기능을 왜곡시키고 있다. 수사기관으로서의 편의성을 앞세우게 만들고, 사안의 근본적 해결보다는 형사처벌이라는 대증적이고 상징적인 처방이 우선되며, 그로 인하여 검찰에 대한 정부와 국민의 과잉기대를 유발하여 과중한 업무부담, 미흡한 수사결과, 인권침해라는 악순환을 초래하고 있는 것이다.[6]

이러한 모습들로 인해 형성된 검찰에 대한 국민적 불신이 전체 형사사법에 대한 불신으로 이어지고 있다. 우리의 형사사법이 처한 상황은 결코 기존의 고식적이고, 권한과 조직을 확대하는 식의 대처만으로는 한계를 가질 수밖에 없다. 그동안 우리나라는 범죄의 증가와 사건 부담에 대처하기 위해 형벌권 행사의 근거로서만 의미를 갖는 형벌법규를 양산하고 사건처리를 위한 '기능적 효율성'을 강조하는 식으로 법제와 기구를 정비해 왔다. 그러나 이러한 대처방식으로는 형사사법의 경제성과 효율성 측면에서 일부 효과를 거둘 수 있을지언정, 피의자·피고인을 비롯하여 일반시민

수도 있을 것이다. 그렇게 되면 구체적 사건에 관해서는 법무부장관이 아니라 검찰총장이 지휘감독에 따른 정치적 책임을 지게 된다. 그러나 검찰총장은 국무위원이 아니며 위임된 권한에 관한 민주적 정당성과 정치적 책임이 불분명하다. 헌법상 국회는 검찰총장에게 출석·답변을 요구하거나 해임 건의도 할 수 없으며, 국회 차원에서 검찰총장의 지휘감독책임을 물을 수 있는 길은 국정조사와 탄핵소추밖에 없다. 만일 검찰총장이 대통령과 국회에 대해 직접 지휘감독책임을 져야 한다면, 응당 정무직 공무원의 지위를 가져야 할 것이다. 그러나 이는 검찰총장 임기제와 충돌하며, 문제에 문제를 더 보태는 꼴이 될 것이다. 이러한 문제들을 제쳐두고 일단 검찰에 대한 믿음을 전제로 법무부장관의 구체적 지휘권을 폐지할 수도 있을 것이다. 검찰이 비록 독립되더라도 정부가 결정한 형사정책과 의도적으로 모순되게 형사정책을 집행할 것이고 말할 수 있는 근거는 없을지도 모른다. 법무부장관이 구체적 사건에 관한 의사결정에 관여하지 않는 것이 검찰권의 공정한 운영을 위해 더 타당할지도 모른다. 그러나 구체적 사안에서 정부의 견해와 검찰의 견해가 상반되는 경우, 정부의 견해가 합법적이고 정당하다고 무조건 무시되어야 할 근거도 없다. 이것을 어떻게 보장할 수 있을까?

5) 예를 들어, 법무부장관의 경우 구체적 사건에 관한 지휘권을 가지면서도, 지휘는 반드시 이유를 명기한 서면에 의하도록 하고, 지휘를 하더라도 수사의 개시, 기소와 같이 적극적 지휘권의 행사가 허용되는 부분을 명문화하면서, 수사중지나 불기소처분을 지시할 수 없도록 하는 방안을 들 수 있다. 같은 원칙은 '검찰총장-고등검찰청장-지방검찰청장'의 관계에도 관철되어야 할 것이다. 이유가 명시된 서면에 의한 지시는, 검찰청법 제7조 제2항의 하급검사의 이의제기가 있는 경우에도, 상급자와 하급자의 이견을 조절하고 정당한 지시의 구속성을 담보하는 장치로서 기능할 수 있다. 또한 법무부장관을 비롯한 검찰상관의 서면지시는 수사서류에 편철하여, 소송과정에서 현출될 수 있도록 하여, 지시에 따른 수사와 기소 결과에 대해 법원과 피고인측이 음미할 수 있는 기회를 제공해야 할 것이다.

6) 김종구,『형사사법개혁론―새로운 패러다임의 비교법적 모색―』, 법문사, 2003, 490-500쪽.

을 관리와 규율의 대상에 머무르게 하고 형사사법의 관료주의화 경향을 강화하여 형사사법기능의 정당성 기반을 무너뜨리는 결과를 낳고 말 것이다.[7] 우리 사회가 요구하는 형사사법개혁은, '범죄화'와 '사건처리의 효율화'에 맞춰져 온 형사사법체계에 대한 전반적 재검토, 이른바 '검찰사법'이나 '조서재판'이라고 불리는 현실의 극복, 형사절차의 각 단계에서 형사사법기관이 행사하는 재량의 투명화와 객관화, 경찰·검찰과 피고인·피의자 사이에 존재하고 있는 사이의 균형 회복을 통하여 공정하고 자유로운 민주사회에 걸맞도록 형사사법체제를 재구축하는 것이라고 할 수 있다.

이 시점에서 우리는 '검찰 민주화'의 의미를 되새겨보아야 할 것이다. 오늘날 우리의 정치적·사회적 환경 변화, 그에 따라 형사사법제도에 요구되는 새로운 과제에 비추어 볼 때, '검찰민주화'의 의미는 단지 검찰의 정치적 중립성을 확보·강화하는 것, 합리적인 검찰조직문화를 만드는 것 이상의 의미가 있다. 그것은 민주정체 속에서 사회를 대표하여 공소권을 행사하는 기관을 어떻게 조직해야 하며 공소권의 행사 방식을 어떻게 규정해야 하는가라는 원론적 문제와 더불어,[8] 민주주의와 법치주의를 진전시키기 위하여 형사사법체계의 중추적 운영자인 검찰에게 요구되는 자질과 윤리, 활동범위와 방식에 대한 새로운 접근을 요구하고 있다.

검찰이 막강한 권한을 행사하면서도 국민으로부터 그 정당성을 지지받지 못하고 있는 현실의 배경에는 검찰이 권위적이고 폐쇄적인 엘리트 관료집단으로서 시민의 눈에 비춰지고 그들의 결정에 시민의 주체적 목소리가 전혀 반영될 수 없는 현실이 존재하고 있다고 진단할 수 있다. 이러한 현상은 결코 우리의 형사사법의 미래를 위해서 달갑지 않다. 따라서 검찰권 행사에 있어서의 민주적 통제 또는 민주주의적 원칙의 실현은 형사사법개혁과 함께 검찰민주화를 위한 중요한 과제라고 할 것이다. 우리 사회가 추구하는 사법개혁의 방향인, '사법의 민주화', '사법운영의 민주화'의 목표는 궁극적으로 사법에서의 시민성의 회복, 대표성의 회복에 있다고 할 것이다. 검찰권에 대한 민주적 통제 역시 검사의 소추활동에서 시민적 대표성의 회복과 재구성이라는 관점에서 접근해 볼 수 있다.

---

7) 이상돈은 '형사사법의 경제성이나 강력한 범죄투쟁'에 맞추어진 형사소송법 정책이 낳고 있는 형사사법의 자기생산적 체계로의 성장과 정당성 위기를 지적하면서 이와 같은 법정책이 '형사소송의 죽음'을 예고할 것이라고 말하고 있다. 이상돈, 『형법학: 형법이론과 형법정책』, 법문사, 1999, 445-454쪽.

8) 검사는 '공익의 대표자'로 명명된다(검찰청법 4조). 여기에서 공익의 대표자란, 검찰이 단순한 국가이익이나 정부이익의 대변자가 아니라, 범죄의 소추와 처벌에 대하여 가지는 사회 전체의 이해관심을 대표한다는 취지라고 할 것이다. 검사는 국민의 일반의사가 표현된 형사법과 민주적 정당성을 가지는 정부가 정한 형사정책의 테두리 속에서, 주권자인 국민으로부터 위임받은 공소권을 행사하는 기관이라고 할 수 있다. 검찰에 대한 이러한 고전적 의미에서 볼 때에도, 민주주의 정치체제의 맥락 속에서 검찰이 행사하는 공소권을 어떻게 자리매김할 것인가 하는 문제는 '검찰민주화'를 생각할 때 중요한 문제이다.

이와 같은 문제의식에서 이 글에서는 검사의 기소재량을 중심으로 우리나라의 형사소추체계의 문제점을 살펴보고, 검사의 기소재량에 대한 통제방안과 검찰권행사에 대한 시민적 참여 방안에 대해 논의해 보고자 한다. 흥미롭게도 한국과 일본은 최근의 사법개혁을 통하여 검사의 기소재량을 통제하기 위한 장치로서 각각 재정신청제도와 검찰심사회제도를 정비하는 방안을 선택하였다. 따라서 이 시점에서 양국의 선택을 검찰권에 대한 시민참여적 통제라는 관점에서 비교·평가해 보는 것은 의미가 있을 것이다.

Ⅱ 우리나라에서의 기소편의주의의 현상과 문제점

1. 기소편의주의의 운용 현실

주지하다시피 우리나라의 형사소추체계는 기소독점주의와 기소편의주의에 입각하여 검사에게 광범위한 기소재량을 인정하고 있다. 이는 기소편의주의의 형사정책상 장점을 전제하면서 엄정한 법조자격을 갖춘 검사에게 공익의 대표자로서 공소권을 적정하고 공정하게 행사할 것을 기대한다는 취지라고 할 것이다. 그렇다면 우리나라의 검찰은 기소재량을 어느 정도로 행사하고 있는지 간단히 통계를 통해 살펴보자.

| 그림 1 | **검찰의 사건처리인원 및 기소·불기소율의 추이(1983-2000)**

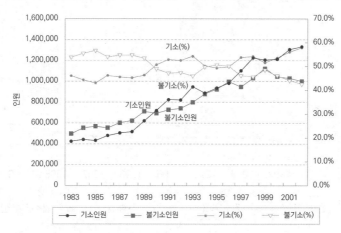

* 기소(%) = 기소인원/(기소인원＋불기소인원)×100
** 불기소(%) = 불기소인원/(기소인원＋불기소인원)×100
*** 대검찰청, 『검찰연감』, 2003에 의함.

<그림 1>은 우리나라의 최근 20년간 검찰의 사건처리인원을 보여준다. 처리 인원이 3배 정도 증가한 가운데 기소율은 완만히 상승하며 2002년에는 57.4%에 이르고 있으며, 반면 불기소율은 완만한 감소 추세를 보이며 2002년에 42.6%에 이르고 있다. 50% 이하의 불기소율은 기소편의주의를 택하고 있는 외국과 단순 비교하면 결코 높은 수치는 아니다. 예를 들어, 검찰이 한국과 유사한 권한과 조직을 가지고 있고 범죄처리건수도 비슷한 일본과 비교하여 보자.

<그림 2>와 <그림 3>에서 알 수 있듯이 일본의 경우 기소율이 전반적으로 감소하고 있는데 2000년 전체 사건 중 기소율은 53.9%이며, 같은 시기 우리나라는 50.9%였다. 더 흥미로운 점은, 일본과 한국의 검찰이 비슷한 수의 사건을 처리하고 있으나 기소유예 처분을 받은 인원수와 그 비율을 비교하면 한국이 일본에 훨씬 못 미친다는 점이다. <그림 2>는 1990년대 중반 이후 한국의 검찰이 일본의 검찰보다 더 많은 인원을 처리하고 있으나 기소유예처분 인원은 일본의 절반에도 못 미치고 있음을 보여준다.

| 그림 2 | 검사 처분 인원 중 기소유예 인원수의 한일 비교

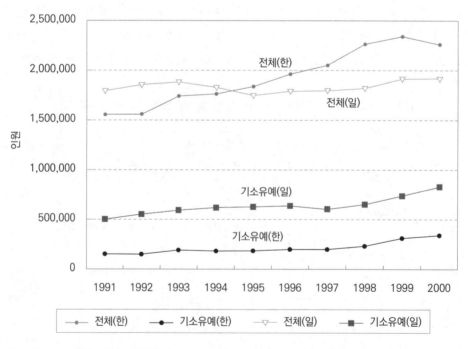

* 전체＝기소인원＋불기소인원
** 한국과 일본의 통계는, 대검찰청, 앞의 책; 法務省法務総合研究所, 『犯罪白書―増加する犯罪と犯罪者』, 2001에 의함.

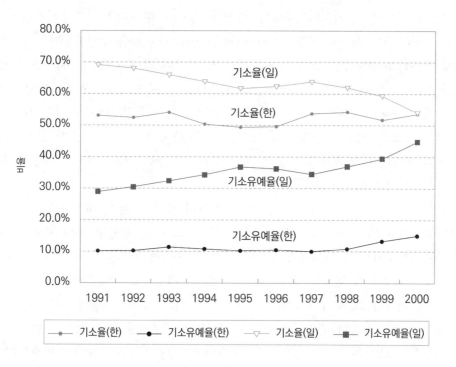

| 그림 3 | **기소율과 기소유예율의 한일 비교**

*   기소율＝기소인원/(기소인원＋불기소인원)×100
** 기소유예율＝기소유예인원/(기소인원＋불기소인원)×100
*** 한국과 일본의 통계는, 대검찰청, 앞의 책 및 *法務省法務總合研究所*, 앞의 책에 의함.

   2000년 한해 일본의 검찰이 기소·불기소한 인원은 총 1,919,881명인데 불기소처분 인원은 884,700명이고 그중 기소유예처분 인원은 842,106명(기소유예율 43.9%)이다. 같은 해 한국의 검찰은 2,254,944명을 기소·불기소처분하였는데, 불기소처분한 1,046,884명 가운데 340,960명이 기소유예처분(기소유예율 15.1%)을 받았다. 또한 같은 해 불기소처분 이유를 비교하면, 일본에서는 불기소처분 중 기소유예가 73.4%, 다음으로 혐의없음이 17.8%를 차지하고 있다. 반면 한국에서는 불기소처분 이유 중 기소유예가 32.6%로 수위에 있고, 공소권 없음이 24.3%, 혐의없음이 22.3%, 기소중지·참고인중지기 18.0%를 차지하고 있다.[9] 두 나라에서 불기소처분 유형별 비율의 차이가 나타나고 있는데, 일단 일본에 비해 한국에서는 고소·고발사건이 현저히 많고 그중 대다수가 무혐의, 기소중지 등으로 처리되고 있는 상황을 고려해야 할 것이

---

9) 이상 본문에 제시된 수치들은, 대검찰청, 『검찰연감』, 2003, 434－5쪽; *法務省法務総合研究所*, 『*犯罪白書—增加する犯罪と犯罪者—*』, 2001, 60쪽, 345－349쪽에 기재된 통계수치를 이용하여 표시한 것이다.

다.[10)

그렇다 하더라도, 기소편의주의의 핵심이 검사가 형사소추의 적법성(legality of prosecution) 외에 소추의 적정성(opportunity of prosecution)을 판단할 권한, 즉 기소유예 처분권을 행사하는 것에 있다고 한다면, 한국의 검사는 일본의 검사보다 기소유예 처분권한을 상대적으로 소극적으로 활용하고 있는 것처럼 보인다. 그러나 기소유예 처분 비율이 상대적으로 낮다는 것이 곧 한국의 검찰실무에서 검사의 기소재량이 자의적으로 행사될 가능성이 더 낮다는 것을 뜻하지는 않는다. 또한 불기소처분에 대한 불복이 대개 무혐의 처분에 대한 것이라는 점은 기소유예처분 이전에 수사 결과에 대한 불만이 많다는 것을 시사한다.

한편, <표 1>과 <표 2>가 보여주듯 검사의 불기소처분에 대한 불복의 비율은 가파르게 증가하고 있다. 검찰항고 건수를 기준으로 하면, 평균 3.9%의 고소·고발인이 불기소처분에 대해 납득하지 못하고 있다. 그중 1차 항고의 처리결과에 대해 반수 가량이 승복하지 못하고 재항고를 하고 있다. 재정신청사건은 검찰항고사건보다 사건수는 적지만 그 수가 비약적으로 증가하고 있고, 불기소처분에 대한 재정신청 비율도 검찰항고율보다 훨씬 높다. 이는 공무원의 직권남용 범죄 등에 대한 국민의 태도 변화를 보여주는 것으로도 읽을 수 있다.[11) 불기소처분에 대한 헌법소원의 경우 비록 법적 구속력이 없다고 하지만, 헌법재판소 출범 이후 접수한 전체 헌법소원 사건의 2/3가량을 차지할 정도이다.[12)

---

10) 한 연구에 따르면, 고소사건의 2/3이 무혐의와 기소중지로 처리된다. 1991년부터 1995년까지 고소 사건과 고소외 사건의 기소율을 비교하면, 고소외 사건의 기소율은 1991년 55.5%에서 1995년 54.7%로 약간 감소한 반면, 고소 사건의 기소율은 1991년 22.4%에서 1995년 19.0%로 3.4% 감소하고 있다. 고소남발 현상을 고려한다고 하여도, 고소 사건의 기소율은 고소외 사건의 기소율의 1/3에 불과한 것은, 고소인이 검찰의 사건처리에 대해 불만을 가질 소지가 있는 것이다. 최병각, 『재정신청제도에 관한 연구』, 한국형사정책연구원, 1999, 114-5쪽.

11) 90년대 들어 두드러진 현상 가운데 하나가 공무원의 직무유기와 직권남용범죄의 접수건수가 급격히 증가하였다는 것이다. 1999년에 발표된 한 연구에 따르면, 1992년 검찰이 직무유기·직권남용죄로 처리한 인원은 294명이지만, 1993년에는 무려 2,016명이나 되었다. 검찰은 이들 범죄에 대해 검찰은 80%를 혐의없음을 이유로 또는 고소·고발을 각하하여 기소하지 않았다. 박순진/이상용, 『검찰과 법원의 범죄처리동향: 1985-1998』, 한국형사정책연구원, 1999.

12) 1988년 9월부터 2003년 7월까지 불기소처분에 대한 헌법소원은 총 4,787건이 접수되었다. 이는 행정권과 관련된 헌법소원사건 총계 5,794건 중 82.6%, 전체 헌법소원사건 7431건 중 64.4%를 차지한다.

연도 구분	1997	1998	1999	2000	2001	2002	평균
사건인원	2,110,436	2,391,960	2,412,640	2,381,239	2,471,568	2,414,841	2,363,781
고소·고발인원	776,335	863,155	855,631	712,452	738,699	752,636	783,151 (33.1%)
고소·고발사건 중 불기소인원	519,619	569,206	565,279	456,717	463,902	460,200	505,821 (64.6%)
항고인원	14,582	17,525	22,350	22,872	21,750	19,166	19,707.50 (3.9%)
재항고인원	5,076	5,855	7,863	8,799	10,186	8,529	7,718
헌법소원인원	781	770	796	924	1,378	1,563	1,035
헌법소원인용율	2.4%	2.4%	3.6%	6.4%	11%	3.9%	4.95%

* 2002년도 고소사건 기준 항고율 5.3%, 항고재기수사명령율 13.4%,
　재항고율 43.9%, 재항고재기수사명령율 3.5%
* 출처: 사법개혁추진위원회, 「재정신청관련 형사소송법 개정안」(제3차본회의 의결안건 설명자
　료)(2005.5.23)(http://www.pcjr.go.kr)

■ 표 2　형법 제123조, 제124조, 제125조, 선거법위반죄에 대한 고소·고발 등 현황

연도 구분	1997	1998	1999	2000	2001	2002	평균
고소·고발인원	868	4,085	2,466	4,172	2,013	5,292	3,149
불기소인원	488	2,053	1,542	2,641	1,392	2,698	1,802 (57.2%)
재정신청인원	301	287	421	698	614	801	520 (28.9%)
부심판인원	18	12	4	10	20	0	11 (2.1%)

* 출처: 사법개혁추진위원회, 위 자료.

　불기소처분에 대한 불복 상황을 일본의 상황과 비교해 보자. 우리의 검찰항고제도
와 마찬가지로 일본의 검찰심사회 제도에서는 그 대상 범죄에 제한이 없다. <표
3>은 1980년부터 2001년까지 일본의 검찰심사회에서 접수하고 처리한 사건수를 나

타낸다.

■ 표 3   일본의 검찰심사회 사건처리결과

(단위: 건)

연도	수리			기제					미제	건의 권고
	신청	직권	합계	기소 상당	불기소 부당	불기소 상당	기타	합계		
1980	1,475	269	1,744	6	87	1,863	267	2,223	1,075	1
1985	2,067	177	2,244	10	48	1,232	289	1,579	1,685	0
1990	1,114	162	1,276	1	36	871	318	1,226	699	0
1995	1,249	110	1,359	0	59	1,528	194	1,781	625	1
2000	1,765	115	1,880	3	105	1,468	373	1,949	800	2
2001	2,264	60	2,324	1	149	1,740	296	2,186	938	0

* 출처: 最高裁判所 事務總局 刑事局 調査資料
(http://www.kantei.go.jp/jp/singi/sihou/kentoukai/saihanin/dai3/3siryou1.pdf)

　　일본의 경우 전체 형사사건에서 고소사건이 차지하는 비율이 우리에 비해 훨씬 작
고, 불기소처분에 대해 검찰심사회가 기소상당 의결을 하더라도 검찰이 그에 구속되
지 않는다.[13] 따라서 이러한 점을 고려하면 통계적 비교분석에는 주의가 필요하지
만, 검사의 불기소처분이 있을 때 한국의 검찰항고제도와 일본의 검찰심사회제도가
얼마나 이용되고 있는지 살펴보면, 예를 들어 2001년에 한국의 검찰항고사건 접수사
건 20,750건, 일본의 검찰심사회 접수건수 2,324건으로 나타난다. 이와 같이 불기소
처분에 대한 불복 수단의 이용건수에 현격한 차이가 나는 데는 여러 가지 요인들이
작용하고 있겠으나, 검사의 불기소처분에 대해 국민의 불만 정도에서 두 나라 사이
에 차이가 있음을 보여주고 있다.

　　여기에서 살펴본 것은 검사의 기소재량의 행사에 관한 몇 가지 통계수치에 불과하
다. 더 중요한 것은 검사의 기소재량이 어떠한 기준에 의해 행사되고 있는가 하는

---

13) 검찰심사회의 의결이 구속력이 없는 점에서, 일본 역시 기소편의주의에 대한 사후적 통제장치가 충분
하다고는 할 수 없다. 나중에 보듯이 일본은 지난 사법개혁작업을 통해 검찰심사회의 기소상당 의결에
법적 구속력을 부여하기로 하였다.

점이다. 이에 관한 객관적 기준도 정립되어 있지 않지만, 실제 검사들이 어떻게 기소재량를 행사하고 있는가 하는 점에 관해서는 개괄적인 설문조사를 시도한 연구를 제외하면 아직 상세한 실증적 조사와 분석이 이루어지지 않았다.

2. 기소편의주의에 대한 효과적인 견제장치의 필요성

우리나라의 소추 체계는 기소독점·기소편의주의 체제에 내재하고 있는 소추재량 오남용과 같은 공소권의 자의적 행사 위험을 충분히 제어하지 못하는 구조적 문제가 있다. 형사소송법은 법관의 양형판단에서 고려할 사항과 동일한 것을 기소유예의 기준으로 제시하고 있을 뿐이고, 그밖에 기소재량을 규제하는 구체적이면서 구속력 있는 객관적 기준은 존재하지 않는다. 검사가 기소유예 처분을 내리기 전 피해자나 법원의 동의를 얻게 하는 것과 같은 절차적 규제도 없다. 사실상 검사의 소추재량을 사전적 또는 내재적으로 통제할 수 있는 장치가 없으며, 기소한 후에도 공소 취소를 자유롭게 할 수 있다.[14] 사후적 통제수단으로서 검찰항고는 검찰내부의 통제수단이라는 점에서 근본적인 신뢰를 받지 못하고 있으며, 검사의 불기소처분의 당부를 법원이 심사하는 재정신청제도는 직권남용 등 일부범죄에 국한되고 있다. 또한 다른 외국에서 볼 수 있는 피해자소추, 대배심, 검찰심사회와 같이 일반 시민이 공소권발동에 관여할 수 있는 제도는 없다.[15] '공소에 관한 한 검찰의 왕국'[16]이라는 말은 결코 과장은 아니다.

이같이 허술한 기소재량 통제체계로 말미암아 부당한 불기소처분의 위험이 상존하게 되고 그것이 현실화하여 공소권행사의 형평성을 상실함으로써 비례성의 원칙과 구체적 정의의 이념을 위반하는 데 이르면, 종국에는 기소편의주의의 정당성 자체가 문제될 수 있다.[17] 기소독점·기소편의주의는 검찰의 막강한 권한의 원천인 것처럼

---

14) 문채규, 「검사의 부당한 불기소처분에 대한 법적 통제와 기소편의주의의 미래」, 『안암법학』 6호, 1997, 85-86쪽.

15) 우리와 같이 기소편의주의를 택하고 있는 프랑스에서는 공소취소제도가 없다. 그 이유에 대해, 공소권은 오로지 사회에만 속하며, 검사는 단지 사회를 대표하여 공소권을 '발동'하는 임무를 가지는데 지나지 않기 때문에, 검사는 공소권을 포기할 권한을 가질 수 없으며, 일단 공소가 제기되면 공소는 의무적으로 재판되어야 한다고 말한다. Gaston Stefani/Bernard Bouloc/Georges Levasseur, *Procédure Pénal*, 16ᵉ édition, Paris: Dalloz, 1996. 미국 역시 연방형사소송규칙에서 연방검사는 법원의 승인이 있을 때에만 공소를 취소할 수 있도록 하고 있다. 이재상/박미숙, 『검사의 기소재량에 관한 연구』, 한국형사정책연구원, 1993, 35쪽.

16) 문채규, 앞의 글, 86쪽.

17) 문채규, 앞의 글, 60쪽, 86쪽.

인식되지만, 막상 정당한 공권력 행사로서의 권위를 인정받지 못하게 되는 것이다. 이러한 상황을 극복하지 못하고서는 '국민의 검찰'로 다시 태어나겠다는 말은 공염불에 지나지 않게 될 것이다.

기소독점·기소편의주의의 정당성을 회복하기 위해서라도 기소재량에 대한 견제·통제장치를 정비하는 것이 시급하다. 이 문제와 관련하여 그동안 일부 중한 범죄를 중심으로 한 기소법정주의를 도입하거나 현재의 재정신청제도를 개선하는 것 등 여러 제도개선방안이 제안되었다. 그러한 제안들은 검사의 소추재량 행사의 객관화 및 적정화, 실효적인 외부적 통제장치 도입을 직접적인 목표로 삼고 있으나, 동시에 그것은, 서론에서 지적하였듯이, 형사소추 제도 수준에서 그리고 실제 현장에서 사건을 취급하는 검사의 의식 수준에서 공소권 행사에서 '시민성 회복·강화'를 지향·구현한다는 측면에서도 중요한 의미가 있다. 탈관료주의화, 탈중앙집중화의 방향으로 나아가고 있는 오늘날의 민주주의 사회에서 사법 영역에서 시민의 주권을 재구축하고 법원·검찰이 행하는 일에 대해 시민에게 설명할 책임이 점점 더 강하게 요청된다. 권위는, 이제 소수의 신성화된 엘리트에 의한 독점이나 기술관료화를 통해서가 아니라, 시민 속에서 인정받을 때 그 힘과 기능이 강화될 수 있다. "권위주의적 결정이 합의로 대체되는 것," 즉 "힘보다는 지지와 설득에 근거한 법적용"이 필요하다.[18]

그것은 검찰이 시민에게 자신의 직무와 자신이 근거하는 원칙에 대해 더 많은 정보를 제공하고 감시와 비판과 참여의 문을 여는 것을 요구한다. 객관적인 소추기준의 정립, 검찰활동에 관한 정기적이고 충실한 보고와 교육, 불기소처분에 대한 충분한 이유의 설명과 같은 것은 그 출발점이다. 무엇보다 형사절차 속에서 자신의 결정에 대한 설명책임(accountability)이 실질적으로 확보될 수 있는 장치가 필요하다.[19]

그것은 결코 검찰권을 약화하려는 검찰 외부로부터의 통제가 아니라, 오히려 공소권 행사의 공정성과 효율성에 대한 공중의 신뢰를 회복하는 밑거름이 될 것이다. 이러한 관점에 서서 다음 장에서는 사법개혁추진위원회가 의결한 재정신청제도의 전면 확대를 비롯하여 기소편의주의에 대한 시민적 통제방안에 관해 논해보기로 하자.

---

18) Antoine Garapon, *Le Gardien de Promesses: Justice et Démocratie*, Paris: Editions Odile Jacob, 1995, 242−3쪽.

19) Thomas Hetherington, P*rosecution and the Public Interest*, London: Waterlow Publisher, 1989, 162쪽.

재정신청 대상사건의 전면 확대의 의의와 앞으로의 과제

1. 사개추위가 제안한 새로운 재정신청제도

기소독점주의·기소편의주의에 대한 통제장치로서 그동안 가장 유력하게 거론되어 온 대안은 재정신청제도를 모든 범죄에 전면적으로 확대하자는 것이었다.[20] 1954년 형사소송법에서 본래 대상 범죄에 제한이 없던 재정신청제도가 유신체제 하에서 직 권남용 등 극히 일부의 공무원범죄로 축소되었던 역사적 사실로 인해 재정신청제도 의 전면 확대는 독재정권에 의해 왜곡된 제도를 원상회복한다는 역사적 상징성까지 지니게 되었다.

사법개혁위원회의 건의를 받아 사법개혁추진위원회는 2005년 5월 재정신청제도의 전면 확대 방침을 의결하고 개정법률안을 마련하였다. 개정법률안에 따르면, ① 재 정신청을 전면 확대하되 검찰항고를 반드시 거치게 하고(재항고제도는 폐지), ② 재 정신청사건의 관할 법원을 고등법원에서 지방법원 합의부로 변경하는 한편, 그 심리기 한을 3개월로 하고, 신청이 기각된 경우 대법원에 즉시항고를 할 수 있도록 하였으 며, ③ 남신청과 피의자 인권침해의 우려에서 신청인의 비용부담·담보제공에 관한 규정을 신설하고, ④ 공소유지담당변호사는 부심판결정을 한 재정법원이 지정하도록 하였다. 요컨대, 대상범죄를 전면 확대하는 한편, 종래 양자택일적으로 운영되던 재 정신청과 검찰항고를 통합하고 심판 주제와 절차를 정비한 것이다.[21]

이와 같은 제도개선방안은 기소독점주의·기소편의주의 통제에 매우 획기적인 변 화를 예고한다. 그러나 기존의 재정신청사건에서 법원이 보여준 매우 소극적인 태도 가 바뀌지 않는다면, 거꾸로 법원에 대한 국민적 불신이 더욱 커지는 계기가 될 수 도 있다.[22] 과연 법원으로 들어오게 될 그 많은 사건을 법원이 감당할 수 있을지 우

---

20) 1954년 형사소송법 제정당시 재정신청제도 도입의 경위를 비롯하여 현행 제도의 문제점과 개선방안에 관해서는, 김태명, 「재정신청제도의 의의와 범위의 확대」, 『형사법연구』 21호, 2004, 333-360쪽.

21) 사법개혁추진위원회, 「재정신청 전면 확대방안」(제3차 본위원회 의결안건, 의안 제5호), 2005.5.16.

22) 경찰관의 직권남용·불법체포에 해당하는 사안에 대한 재정신청사건에서 법원은 지나치게 검찰측에 기 울어진 이익형량을 하고 있으며, 경찰관의 "업무의 열성에 따른 법리의 오해"나 "국가에 기여한 공로" 등을 이유로, 검사가 적어도 기소유예에 해당할 사건을 무혐의로 불기소처분하였더라도 재정신청을 기 각하는 등, 재정신청사건에서 법원이 "기소독점주의와 기소편의주의"를 "견제하는 해석"의 임무를 다하 지 못하고 있다는 비판이 있다. 조국, 「'강조되어야 할 예외'로서의 재정신청제도」, 『형사판례연구』 8

려가 없는 것도 아니다.[23]

　여하튼 사개추위 결의안이 입법화된다면, 앞으로 재정신청 관할법원은 모든 범죄의 불기소처분을 적법성(주로 협의의 불기소처분)과 적정성(기소유예처분)의 기준에서 검토하게 될 것이다. 여기에서 후자의 경우 법원이 당해 사건이 기소유예의 불기소처분에 상당한가의 문제를 판단하기에 적합한 기관인지, 과연 어떠한 기준에 의하여 심판할지 불명확하다는 문제점이 있다.[24] 검찰과 법원 모두 기소와 양형 판단의 기준이 다분히 주관적이고 불투명한 현실을 고려한다면, 새로운 재정신청제도를 통해 더 많은 불기소처분 사건이 법원의 심사를 거치게 되었다 하더라도 불기소처분의 당부에 관한 법원의 적정한 평가를 통해 공소권 행사에서 자의의 배제 및 평등원칙 실현이란 제도적 목표가 제대로 달성될지 의문스럽다.

　기소편의주의에 대한 법원의 견제 기능을 충실히 하기 위한 법원의 태도 변화가 요청되겠지만, 그에 앞서 검사의 기소재량이 객관적·합리적 근거 위에서 행사되도록 소추기준을 정립할 필요가 있다. 즉 불기소처분, 특히 기소유예처분을 내리기 전에 고려해야 할 공익적 요소들과 기준들을 구체화하고, 그에 합당하도록 불기소처분의 이유에 대한 충분한 설명이 제시되도록 하는 것이다. 이것은 미국에서 시행되는 기소재량 가이드라인이나[25] 영국의 검사직무규범(Code of Crown Prosecution)과 같이, 공소권행사의 일반적 기준들을 구체적으로 설정하고 공개하고 방식이 될 것이다. 그리고 검사의 직무규범에 반드시 판사가 구속될 필요는 없지만, 이러한 장치는 평등원칙과 구체적 상황을 고려하면서, 객관적이면서 설명책임을 다하는 판단을 내릴 수

호, 2000, 550 – 566쪽 참조.

23) 과연 얼마나 많은 재정신청이 제기될 것인가, 범죄의 유형과 불기소처분의 유형은 어떤 분포를 보일 것인가 등에 관한 상세한 조사가 아직 이루어지지 않고 있다. 사개추위는 현재의 고소사건 현황을 기준으로 최소 8,000명에서 최다 11만명을 예상하고 있다. 8,000명이라는 수치는 검찰항고전치주의를 채택하고, 재정신청률이 현재의 재항고율과 동일하다는 가정에서 추산된 것이다. 사법개혁추진위원회, 앞의 「재정신청관련 형사소송법 개정안」 참조. 그러나 불기소처분이 헌법소원의 대상이 된다는 사실 자체가 항고사건 증가의 한 원인이 된다는 지적(정동욱, 「검찰항고의 운영실태 및 개선방안」, 『법조』 519호, 1992, 207쪽)을 고려한다면, 재정신청이 전면 확대되는 경우, 재정신청을 위하여 항고사건이 급증할 가능성이 없지 않다.

24) 대법원은 대법원 1986.9.16. 85모37 결정 이래 '검사의 무혐의 불기소처분이 위법하다 하더라도 기소유예를 할 만한 사건이라고 인정되는 경우 재정신청을 기각할 수 있다'는 태도를 고수하고 있다. 이러한 태도를 극단적으로 밀어붙이면, 실형 선고의 예상이 없는 한 검사의 불기소처분을 용인하는 식으로 이어질 수 있다. 사실 법원이 '기소유예처분'에 대한 재정신청을 인용한 사례는 부천서 성고문사건(대법원 1988.1.29. 86모58 결정)과 같은 예외적인 사건들이다. 헌법상 권력분립 원칙을 고려할 때 과연 무혐의를 이유로 한 불기소처분에 대한 법원이 검사의 고유권한인 기소유예처분권한을 대위 행사할 수 있는가, 나아가 '기소유예의 불기소처분에 상당한가의 문제는 법원이 판단할 문제'인가 등의 의문을 표하는 견해가 있다. 조국, 앞의 글, 561쪽; 신동운, 『형사소송법 I』(개정판), 법문사, 196, 296쪽.

25) 이재상/박미숙, 앞의 책, 62쪽 이하 참조.

있는 기초가 될 것이다.

그러나 재정신청 대상사건의 전면확대의 의미는 불기소처분에 대한 법원의 사후심사절차를 전면화하고, 1973년 이전의 '정통성' 있는 제도로 복귀하였다는 것에 한정되지 않는다. 우리의 재정신청제도는 형사소추의 이념의 제도적 반영이라는 측면에서 더욱 적극적으로 평가되고 논의되어야 역사성과 제도적 특징을 가지고 있다.

2. 새로운 재정신청제도와 형사소추의 시민성

우리나라의 형사소송법은 어떤 형사소추 이념을 취하고 있는가 하는 문제에 관하여 그간의 논의는 일면적으로 국가소추주의를 전제한 이해와 논의에 치우치는 경향이 있다. 이는, 우리나라의 검찰제도가 근대일본에서 형성된 검찰제도를 거의 그대로 수용한 결과, 그 제도상 형사소추권의 근원이 주권자 국민이라는 점, 형사소추의 '시민대표성', '동료시민에 의한 동료 시민의 소추'라는 근대적인 공적 소추(public prosecution)의 이념을 체현하는 가시적인 장치가 희박한 까닭이기도 하다. 그러나 검사라는 국가기관이 공소권을 행사하는 제도를 취한다고 해서 그 제도의 소추이념이 곧 국가소추주의에 한정되는 것은 아니다. 이러한 측면에서 근대적 검찰제도가 출발한 프랑스, 그리고 영국의 사인소추주의 전통에서 출발하여 공소제도를 창출한 미국의 검찰제도의 밑바탕에 있는 공중소추주의 이념에 주목할 필요가 있다. 시민의 대리인, 사회의 대표자, 지역사회의 대표자로 묘사되는 프랑스와 미국의 검사는, 피의자·피고인에 대해 동료시민으로서 대등한 당사자적 지위에 서서 공소권을 행사하며, 일반시민은 사소제도, 대배심, 사인소추를 통해 형사소추권의 발동에 직접 관여함으로써 공소권의 궁극적 담지자로서의 지위를 보유한다.

우리나라의 재정신청제도에서는 사인소추주의나 대배심제도 또는 일본의 검찰심사회와 같이 일반 시민이 공소권의 행사 국면에 직접 관여하지 않는다는 점에서 공소권행사에 대한 시민의 능동적인 참여와 통제라는 측면에서는 소극적인 평가를 받지 않을 수 없다. 그러나 재정신청제도가 도입된 우리의 역사적 경위, 그 제도적 특징에서 살펴보면, 재정신청제도는 단지 법원의 사후적 심사를 통한 기소독점주의·기소편의주의의 견제라는 차원을 넘어 사인소추주의 혹은 공중소추주의의 이념과 맞닿는 사고방식 속에서 정당화되고 있었다는 점에 주목할 필요가 있다.

우리의 재정신청제도의 비슷한 입법례로서 상대적 기소법정주의를 택하고 있는 독일의 기소강제절차가 자주 거론된다.[26] 물론 재정신청제도 도입의 역사적 경위를 보면, 분명 독일의 기소강제절차에서 시사를 받은 바가 없지 않다. 독일의 기소강제철차는 ① 기소법정주의의 규율을 받는 범죄유형에 대해 ② 신청권자는 피해자에게 한정되고 ③ 검찰관에 대한 기소강제의 형태를 취하고 있다. 기소강제절차 도입에 이른 19세기 독일의 입법과정에서 주목할 것은, 불기소처분에 대한 불복을 제기할 자를 '피해자'로 한정함으로써 형사소추에 대한 '시민적' 통제를 표현하는 요소를 최대한 희박하게 만드는 것과 함께 국가소추주의하의 기소독점주의에 대한 일반적 통제장치로서 기소강제절차가 제도화되었다는 것이다.[27]

반면, 우리의 재정신청제도는, ① 기소편의주의를 전제로 모든 범죄유형에 대하여 ② 신청권자는 고소인(피해자)에 한정되지 않고 고발인도 포함하며 ③ 공소유지변호사가 공소유지를 담당한다. 해방공간에서 진행된 형사사법개혁논의에서는 일찍부터 기소독점·기소편의주의에 대한 일반적 통제장치를 도입하자는 논의가 제기되었고 그것이 '형사사법 민주화'의 핵심과제로 인식되었다. 당대인들은 영미 형사사법제도의 민주주의적 특징을 사인소추주의에서 발견하였으며, 재정신청제도는 이러한 민주주의적 소추제도를 반영하는 제도로서 이해되었다.[28]

재정신청제도와 유사한 제도는 이미 1920년대 일본에서도 제기되어 입법이 시도된 바 있는데, 그로부터 전후 준기소절차 도입에 이르는 일본에서의 논의는 해방

---

26) 기소편의주의를 택하면서 법원의 사후심사를 제도화하고 있는 모델로 우리의 재정신청제도에 더 가까운 것은 네덜란드이다. 네덜란드는 기소편의주의를 택하면서도 검사가 불기소처분을 내리면 '이해관계자(interested party)'가 고등법원(Court of Appeal)에 불복을 제기하고, 법원은 이를 심사하여 검사에게 기소를 명할 수 있다. '이해관계자'는 당해 범죄와 밀접한 관계를 가져야 하지만, 피해자에 한정되지 않고, 특정범죄와 밀접한 관계를 갖는 압력단체와 결사를 포함한다. Fionda, Julia, *Public Prosecutors and Discretion: A Comparative Study*, Oxford: Clarendon Press, 1995, 127쪽. 피해자 이외에 특정범죄(환경, 여성·청소년보호, 성폭력, 인종차별, 반인도적 범죄 등)와 밀접한 관련을 갖는 단체의 절차관여는 프랑스에서도 인정되고 있다. 후술하듯이, 프랑스 형사소송법은 일정한 단체에 사소당사자(partie civile) 자격을 부여하고, 범죄의 피해자와 마찬가지로 절차에 관여하도록 하고 있다.

27) 1877년 독일 형사소송법에서 기소법정주의와 기소강제절차가 도입된 경위에 관해서는, 川崎英明 『現代檢察官論』, 東京: 日本評論社, 1999, 167 – 175쪽.

28) 1954년 형사소송법상의 재정신청제도의 원형은 이미 정부수립후 발족한 법전편찬위원회가 형사소송법 요강안와 초안을 작성할 때 등장하였다. 1949년 1월 법전편찬위원회 총회에서 형사소송법분과위원인 양원일(당시 서울고검 부장판사)은 "사인소추문제는 민주주의 법치국가에 있어서 인권옹호에 관한 중대한 입법사항"이라고 하며, 다수결로서 검사의 불기소처분에 대해 사인이 재판소에 항고할 수 있도록 한 원안이 정작 총회에 회부된 요강안에서 빠진 것을 비판하였다. 「법전편찬위원회의사록(초)」, 『법률평론』 1권 1호, 대한법리연구회, 1949, 34쪽. 1953년 국회의 형사소송법초안 심의시 이른바 법사위수정안을 통해 재정신청제도가 삽입되었을 때, 대한변협은 "민주주의적으로 발달된 영미법에 있어서는 검사의 소추권을 인정하는 동시에 사인에 대하여도 소추권을 인정하여 국민은 공정한 재판관의 판정을 구할 수 있는 방도를 열어주고 있다"고 하면서 "불충분하나마 민주주의적 입법으로 지향하는 것으로 절대 지지"한다고 하였다. 신동운 편, 『형사소송법제정자료집』, 한국형사정책연구원, 1990, 251쪽. 형사소송법기초과정에서의 재정신청제도 도입논의에 관해서는, 문준영, 앞의 책, 220 – 228, 288 – 294쪽 참조.

후 한국에서의 논의에도 영향을 주었을 것이다. 그런데, 일본에서는 주로 수사기관에 의한 인권유린을 통제하는 장치로서 준기소절차의 기원이 된 제도 도입이 주장되었고, 전후 형소법 개정 과정에서도 그러한 논의의 흐름은 지속되었다. 그러나 우리나라의 재정신청제도 도입 논의는 처음부터 기소독점·기소편의주에 대한 일반적 통제장치를 도입하여야 한다는 문제의식에서 출발하였다는 점에 주목해야 한다. 이와 같이 해방공간에서 전개된 형사사법개혁논의가 1954년 형사소송법 제정시 재정신청 제도를 통해 하나의 결실을 이루게 되는 역사적 맥락에 비추어 볼 때, 재정신청제도는 그 자체가 검사의 공소권행사에 일반시민의 관여를 통한 민주적 통제, 형사소추에서의 시민성의 확보를 통한 검찰 민주화라는 정신을 담고 있다고 말할 수 있다.

또한, 재정신청제도와 관련하여 지금까지의 논의에서는 대상 범죄의 범위에 초점이 맞춰졌으나, 피해자 아닌 일반 시민(고발인)이 신청권자가 될 수 있는 점, 검사가 아닌 변호사가 공소유지를 담당한다는 점을 적극적으로 해석할 필요가 있다. 즉 피해자에 한정하지 않고 국민 일반에게 직접적으로 범죄혐의자의 형사책임을 추급할 수 있는 수단을 마련해 둔 것은, 공소권의 최종적 담지자가 주권자 국민임을 보여주는 기제라 할 것이다. 같은 맥락에서 공소유지변호사는 준기소절차에서 피해자와 고발인의 소추 이익을 대표하는 자로 볼 수 있다. 즉 공소유지변호사는 국가나 검사의 대행자가 아니라 '시민의 대리인'으로서 검사에 속하는 권한을 행사하는 것이다. 이같이 재정신청제도는 검사의 불법 부당한 불기소처분에 대하여 사후적인 통제수단으로서 공소권의 근원적 담지자인 주권자 시민이 형사소추에 관여하는 제도적 장치라는 점에서, 형사소추의 이념과 관련하여 우리나라 형사소송법의 밑바탕에 자리잡고 있는 형사소추작용의 시민적 기반을 징표·구현하는 장치로서 적극적으로 해석할 가치가 있는 것이다.[29]

3. 재정신청제도의 제도적 보완방향

이와 같이 재정신청제도의 도입 경위 및 제도적 특징은, 우리의 형사소추제도에 관하여 공중소추주의 이념 또는 형사소추의 시민성 구현이란 차원에서 검토, 재해석을 가능하게 하는 실정법적 근거가 될 수 있다. 물론 어떤 소추이념을 취한다는 것이 곧 형사절차상의 다양하고 세부적 문제에까지 해결책을 주지는 않겠지만, 법해석론 및 제도개혁론을 전개할 때 과제와 방향을 제시하는 데 하나의 준거점이 될 수

---

29) 재정신청제도에 관한 이러한 평가는, 川崎英明, 앞의 책, 230쪽 이하의 논의에서 시사받았다.

있을 것이다.

형사소추에서 시민성, 시민적 기반의 강화라는 관점에서 보자면, 사개추위가 제안한 새로운 재정신청제도에 대해 몇 가지 보완하거나 앞으로 검토해 볼 것들이 있다고 생각한다.[30] 사개추위안에 따르면, 불기소처분의 통지를 받은 날로부터 30일내에 고등검찰청 검사장에게 항고를 제기하고, 고등검찰청 검사장의 항고기각 결정을 통지받은 날로부터 10일 이내에 재정을 신청하도록 되어 있다. 이는 현행법의 태도를 답습한 것인데, 불기소처분 통지 수령 후 검찰항고 제기기간(30일)과 항고기각 후 재정신청기간(10일)은 신청인이 기간 내에 증거를 갖추어 재정신청을 하기에는 충분하지 않다. 또한 검찰항고전치주의를 취하면서 항고사건 처리기간에 대한 명문의 규정이 없는 것도 문제이다. 항고처리기간을 명문화하면서 기간내에 아무런 조치가 없으면 항고기각으로 간주하여 재정신청을 할 수 있도록 하거나 항고기각 후 10일인 재정신청기간을 신청준비에 합당한 기간으로 연장할 필요가 있다.

법원의 부심판결정이 내려지면 공소유지변호사가 공소를 유지하게 되는데, 앞에서 보았듯이 공소유지변호사가 단순한 '검사의 대행자'가 아니라 일종의 특별검사로서 형사소추에 이해관계를 가진 '피해자와 시민의 대리인'으로 자리매김할 수 있다면, 공소유지변호사를 지정하는 방식에도 그와 같은 위상이 더 구체적으로 드러나는 방식을 고려할 수도 있다. 가령 변호사회의 추천을 받는 절차를 도입하거나 변호사회 등의 추천을 받아 작성된 후보자 명단에서 법원이 공소유지변호사를 선임하는 방법이 있을 것이다. 범죄피해자의 형사절차 관여를 확대·강화하고 있는 방향에 발맞추어 재정신청인의 변호인이나 신청인이 희망하는 변호인을 선임하는 방식도 고려해 볼 수 있다. 이 경우에는 재정신청제도의 모습이 영미의 사인소추제도에 근접하게 될 것이다.

부심판결정을 통해 공소가 제기되었을 때, 부심판사건을 심리하는 법원에서 무죄추정의 원칙을 견지할 수 있는 방안이 필요하다. 부심판결정으로 인하여 공판이 자칫 유죄추정의 절차가 되거나 공판심리 법원이 심리적 압박을 받는 일이 없어야 할 것이기 때문이다. 신청심리단계에서 증거조사나 일정한 실체판단의 필요성과 관련하여 증거수집절차, 당사자의 절차관여방식 등 여러 가지 추가적인 논의가 이루어져야 할 것이다. 또한 대개의 불기소처분이 혐의없음을 이유로 한다는 점에서, 혐의 유무를 판정할 수 있는 충분한 증거수집이 이루어질 수 있도록, 관할법원의 증거수집활

---

30) 이하의 방안들은 부분적으로 일본에서도 논의되고 있는 것들이다. 특히 일본에서는 전후는 물론 오늘날에서 공무원의 직권남용·인권유린 범죄에 대한 수사권과 공소권을 변호사회에서 부여하자는 주장이 제기되고 있다. 상세하게는, 川崎英明, 앞의 책, 235-247쪽 참조.

동, 나아가 강제처분에 관한 법적 기준이 구체적으로 논의되어야 할 것이다.

재정신청이 전면 확대됨에 따라 불기소처분에 대해 범죄피해자인 고소인이 헌법소원 심판을 청구하는 것은 이제 허용되지 않게 되었다. 다만, 불기소처분을 받은 자(즉, 피의자)의 헌법소원은 여전히 남게 되는데, 재정신청제도가 검사의 불기소처분에 대한 사법적 심사라는 견지에서 본다면, 불기소처분을 받은 자 역시 재정신청제도라는 단일한 절차를 통해 구제받을 수 있도록 보완할 필요가 있다. 한편 현재의 검찰항고나 재정신청은 고소인과 고발인에게 허용되고 있다. 고소·고발인이 없는 사안에서는 마땅한 견제장치가 없다. 고소제기를 하지 않은 피해자의 경우 헌법소원을 청구할 수 있지만,[31] 이 경우에도 단일한 재정신청제도 속에서 권리를 구제하는 것이 합리적일 것이다. 검사의 처분이유고지 단계에서 피해자의 정보권을 보장하고, 처음부터 고소·고발하지 않은 피해자에게도 재정신청권을 부여하는 방법이 있을 것이다.[32]

이상은 재정신청제도가 갖고 있는 법원에 의한 사법심사라는 틀을 유지하면서 형사소추에서 공중소추 이념, 시민적 기반 및 시민의 능동적 참여의 가치를 구현하는 방향에서 검토해 볼 만한 방안을 제시해 본 것이다. 다음 장에서는 공소권 행사에 대한 직접적인 시민의 참여와 통제의 방안을 살펴보기로 한다.

Ⅳ 공소권행사에 대한 시민적 참여와 통제 방안

1. 공소권행사에 대한 시민적 참여와 통제의 가능성

지난 5월 사법개혁추진위원회에서 한국형 배심제도의 도입을 결정하였다. 바야흐로 일반 국민이 재판주체로서 참여하는 시대가 열린 것이다. 국민의 사법참여는, 민주주의에 정당성을 부여하고 사법에는 시민으로서의 강력한 체험을 부여함으로써 단

---

31) 헌법재판소는 '헌법재판소 1992.1.28. 선고, 90헌마 277결정'의 다수의견으로 이래 피해자가 고소·고발을 제기하지 아니하였어도 평등권과 재판절차 진술권을 침해당한 이상 헌법소원을 청구할 수 있다고 판시하여 왔다.

32) 재정신청권자의 범위를 어떻게 확대하느냐에 따라 형사소추의 공중소추적 성격을 더욱 뚜렷해질 수도 있다. 가령 네덜란드나 프랑스와 같이 직접적 피해자를 이외에도 피해자를 구조하거나 일정한 범죄와 밀접한 관계를 갖는 단체에게, 일정한 요건 하에 재정신청권을 부여하는 것이다. 물론 이러한 제도는 매우 낯설고, 당장의 시급한 과제는 아니며, 현재의 고발제도를 활용한다면, 비슷한 효과를 거둘 수 있을 것이다. 물론 앞으로 시민사회 내에서 범죄예방과 피해자구조를 위한 공익적 활동이 활성화됨에 따라 새로운 국면이 전개될 수도 있다.

지 재판에 일반국민의 건전한 상식이 반영하는 것 이상으로 민주주의와 사법에 모두 이익을 준다. 사법의 임무에 참여함으로써 정치과정에서 소외된 시민에게 사법과정에서 책임 있는 판단자로서 행동을 할 기회를 부여한다. 사법이 대표성을 회복하고 시민성을 체현하며 정치에서 소외된 시민을 진정한 시민을 만듦으로써 민주주의를 풍성하게 만드는 계기가 될 것이다.[33] 피폐한 우리사회의 공공성의 공간에서, 국민이 참여하는 재판은, 민주주의가 무엇인지를 보여주는 장으로 계속 발전시켜 나가야 할 것이다.

시민의 재판참여에 이어 형사사법의 시민적 기반을 확대·강화하는 또 다른 장치로서 공소권의 발동 단계에서 시민 참여의 공간을 여는 것도 진지하게 고려해 보아야 할 것이다. 2003년부터 고등검찰청 단위로 검찰항고사건에서 법학교수나 변호사가 참여하여 의견을 제시하는 항고심사회제도가 시행되고 있다. 일종의 기소참심제로 볼 수 있다. 물론 이러한 제도로는 시민적 참여의 가치를 충분히 담지 못하고, 심의결과의 구속력과 정당성을 담보할 수 있는 독립성과 객관성을 갖추기 전에는 실질적인 통제의 효과를 거둘 수 없을 것이다.

그렇다면 형사소추권의 발동에 직접적으로 일반시민이 참여하는 방안은 어떠한가. 먼저 피해자 또는 일반사인에게 직접 형사소추권을 부여하는 방안을 살펴보자. 사실 해방공간의 형사사법개혁 논의에서도 사인이 직접 소추를 개시하는 사인소추주의를 도입하자는 주장이 제기되었고,[34] 재정신청제도 자체가 이러한 감각과 밀접하게 결합되어 있었다. 물론 모든 사안에 대해 범죄피해자나 일반시민에게 직접적으로 형사소추를 개시하고 추행할 수 있도록 하는 것은, 오늘날의 형사소추의 원칙이나 현실에 비추어 타당하지 않다고 할 것이다. 따라서 여기에서는 현재의 공적 소추 시스템을 유지하면서 시민 참여의 의의를 살릴 수 있는 방안을 검토하고자 한다.

검사가 공적 소추를 담당하면서 일반 사인이 형사소추에 직접 관여하는 제도는 외국에서 그렇게 낯설지 않다. 예를 들어, 독일에서는 '고도로 개인적인 범죄행위'에 관하여 범죄피해자가 직접 소추를 담당하게 하며, 검사는 공익상 필요가 있을 때 피해자의 사소를 인수하도록 하고 있다.[35] 프랑스에서는 검사의 불기소처분이 있더라

---

33) Garapon, 앞의 책, 265–6쪽.
34) 가령 정웅환(서울고법 부장판사 역임)은 영미형사제도의 특징에 주목하고 사인소추주의를 도입할 것을 주장한 바 있으며, 재정신청제도의 원형에 해당하는 제도를 1950년 형사소송법초안에 삽입시키는 데 크게 기여하였다. 장승두(서울지법판사, 법제처 법제관 역임)의 경우, 불기소처분이 있으면 고소인이 직접 법원에 소를 제기하고 추행하는 보충적 사소제도를 도입할 것을 주장하기도 하였다. 문준영, 앞의 책, 221쪽, 226쪽.
35) 독일의 사소제도를 비롯한 각국의 피해자 형사소추권에 관해서는, 이호중, 「형사절차에서 피해자보호를

도 범죄피해자가 예심판사에게 '사소당사자가 되는 신청(constitution du partie civile)'을 하여 공소권을 발동시킬 수 있다.[36] 영국의 형사소송제도에서는 사인소추(private prosecution)를 인정한다고 하는데, 여기에서의 사인이란 범죄의 피해자에 한정되지 않고 '공중의 누구라도'(any member of the public)를 의미한다고 한다.[37] 영국은 1985년 검찰청(Crown prosecution Service)을 창설하여 검사로 하여금 공소제기 여부를 판단하고 공소유지를 담당하게 한 후에도, 사인소추권(the right of private prose-cution)은 여전히 존속하고 있다. 미국에서는 연방과 일부 주에서 일반시민이 소추개시 여부를 판단하는 대배심(grand jury, 기소배심) 제도를 운영하고 있다. 일본의 검찰심사회제도는 검사의 불기소처분이 있을 때 직권 또는 고소인·고발인의 신청에 의해 일반인 11명이 구성된 검찰심사회에서 불기소처분의 당부를 심사한다.

이상의 제도들은 소추권의 발동 국면에서 검사가 아닌 피해자나 일반 시민의 참여를 인정하는 점에서는 공통되지만, 각 제도가 해당 국가의 형사소추체계에서 갖는 의미와 기능에는 차이가 나타난다. 검사의 기소재량에 대한 통제 측면에서 보면, 독일의 사소제도는 큰 의미가 없는 것으로 평가된다.[38] 영국의 사인소추권 역시 여러 가지 제도적 한계와 조건 때문에 공익을 보호하거나 공정하고 효율적인 검사의 직무수행을 담보하는 무기로서는 특별히 유용하지 않다는 평가를 받고 있다.[39] 프랑스에서 사소권의 발동으로 공소권을 추동하는 제도는 공소권의 발동에서의 시민의 능동성이 적극적으로 인정되는 장치라고 할 수 있지만, 이 제도는 공판 회부에 앞서 판

위한 개선방향」, 『저스티스』 27권 2호, 1994, 283-4쪽.

36) 프랑스의 경우, 범죄피해자가 가해자를 형사법원에 직접소환(citation directe)의 방식으로 범죄피해의 배상을 요구하는 사소를 제기할 수 있는 외에, 예심판사에 대해 사소당사자가 되는 신청을 통해 공소권을 시동시킬 수 있다. 후자는 일종의 기소강제절차로서 검사의 불기소처분에 대한 강력한 견제장치가 된다. 한편 프랑스 형사송법 제2-1조 이하에서는 피해자의 동의를 얻어 또는 단독으로 일정한 범죄에 대하여 사소를 제기하거나 공소에 참가할 수 있는 법인격있는 단체들을 열거하고 있다. 이들 단체는 범죄의 행위시를 기준으로 5년 전에 법률에 의한 등기가 되어 있어야 하고 공익성을 추구해야 한다. 상세한 것은, 김성태, 「프랑스의 사인소추제도」, 『경찰법연구』 2권 1호, 2003, 171-173쪽.

37) 小山阿丘, 『イギリスの訴追制度―検察庁の創設と私人訴追主義―』, 東京: 成文堂, 1993, 178쪽.

38) 독일의 사소제도는, 피해자에게 현저한 소송부담을 안겨주어 이용률은 극히 저조한 수준이며, 실무상 검찰이나 법원의 부담을 경감시켜주는 데에서 의의가 있다고 한다. 이호중, 앞의 글, 284쪽.

39) 영국의 사인소추는, 시민의 기본권의 하나라서 국가기관의 부작위에 대한 궁극적인 보장장치라고 말하곤 하지만, 사실 현실과는 커다란 괴리가 있다. 첫째, 상당한 수의 범죄가 사인소추의 개시를 위하여 판사, 법무장관(Attorney General), 검찰총장(the Director of Public Prosecution) 기타 정부부서의 동의를 요하고 있다. 둘째, 일반인이 실제 중한 범죄에 관하여 소추에 필요한 자원과 능력을 갖기란 매우 드물다. 셋째, 검찰총장은 형사절차의 어느 단계에서든 사인소추를 인수할 권한을 가지고 있다. 넷째, 법무장관은 어떤 사건에 대해서도 불기소 또는 소추의 취소를 할 수 있는 완전한 재량권이 있다. 이러한 약점 때문에, 사인소추는 한계를 가질 수밖에 없고, 그 의미는 현실적이라기보다는 상징적인 외양에 불과하다고 하는 것이다. Hetherington, 앞의 책, 154-162쪽.

사가 증거를 조사하는 예심제도를 전제로 할 때 잘 기능할 수 있다는 점을 무시해서는 안 될 것이다. 공소권의 담지자인 국민을 대표하는 대배심은 검사의 공소권 행사에 민주적 정당성을 부여해 주는 장치라 할 것이다. 그러나 오늘날의 상황에서는 검사의 공정하고 적정한 소추권의 발동에 대한 공중의 이해 관심이 가장 뚜렷하게 드러나는 때는 검사의 불기소처분이 있을 때라 할 것이다. 공익의 대변자인 검사가 소추의 공익이 없다고 판단한 그 지점에서, 그리고 검사의 판단과 피해자의 의사가 충돌하는 지점에서 검사가 법원과 공중과 피해자 앞에서 자신의 의사결정에 관해 설명할 책임을 이행하도록 하는 장치를 어떻게 마련할 것인가?

검사가 담당하는 공적 소추를 원칙으로 하고, 검사의 불기소처분을 전제로 보충적 사인소추주의 내지는 공중소추제도를 도입하는 것도 검토해 볼 수는 있지만, 이는 형사법의 이념에서 볼 때 문제가 없지 않다. 공적 소추제도는, 형벌권은 전체로서의 사회의 이익, 즉 공익을 위하여 작용되어야 한다는 원칙에 근거하고 있다. 사인소추를 채용하고 있는 국가에서도 다른 적절한 구제장치가 있음에도 불구하고 피해회복을 위하여 사적 시민이 무제한적으로 형사절차에 접근할 권리를 보장해주지는 않는다. 공익성의 실현을 위한 제한 장치 없이 사인소추를 도입하는 것은 형벌권 행사를 피해자의 사적인 보복 감정에 의존하게 만들어 객관적·합리적인 기준에 따라 형벌권이 행사될 것을 요구하는 형사소추의 원칙과 부합하지 않으며, 공적 형벌권을 실현하는 형사소추의 부담을 피해자에게 전가하는 문제가 있다.[40]

만일 형사소추의 공공성을 견지하기 위하여 법원 또는 다른 기구의 허가를 거쳐 일반사인이 형사소추를 개시할 수 있도록 한다면, 결국은 우리의 재정신청제도나 일본의 검찰심사회제도와 유사한 형태가 될 것이다. 법원이나 시민적 심의기구를 거쳐 형사소추가 허용되었다는 것은 해당 형사소추의 공익상의 필요성과 적정성이 인정되었다는 것을 뜻한다. 그러한 경우 형사소추의 진행에 따른 비용을 공공 재정에서 부담하는 것이 형사소송의 목적과 이념에 비추어볼 때도 타당하다고 할 것이다. 소송수행자로서 검사가 적절하지 않다면 변호사에게 소송수행을 맡겨야 할 것이고, 결국은 우리의 공소유지변호사 지정제도와 같은 방식이 되거나, 사인소추의 형태를 유지할 때에는 변호사선임비용을 공적 기금에서 지원하는 방식이 될 것이다.[41]

이러한 방식의 사인소추를 도입하는 것은, 외관상으로는 '사인'에 의한 형사소추를 인정하는 것이지만 그 실질에 있어서는 개별 사안에서 형사소추의 공익적 필요·적

---

40) 이호중, 앞의 글, 285쪽.
41) 법원의 심사를 거쳐 사인이 소추하는 제도는, 영국에서 사인소추제도의 대안으로 제시되고 있기도 하다. Hetherington, 앞의 책, 157쪽.

정성을 증명한 사인의 주체적 활동을 통해 공적 형사소추 기능이 담보·수행되게 될 것이다. 말하자면, 공적 소추체계 원칙에 의한 정립된 제도 아래 사인소추의 외관을 갖는 부분적 공적 소추체계를 마련하는 것이다. 그러나 재정신청제도가 모든 범죄에 대해 확대되고, 앞서 말한 바와 같은 보완이 이루어진다면, 이러한 부분적 사인소추제도 도입은 불필요한 중복이 될 것이다.

공소권행사 단계에서 일반시민의 직접적 참여를 추구한다면, 가장 주목할 가치가 있는 것은 이웃 일본의 검찰심사회제도이다. 일본은 지난 형사사법개혁논의를 통하여 훨씬 기능이 강화된 새로운 제도를 준비하였다. 과연 그 내용은 무엇이며, 우리의 선택과 어떠한 차이가 있는지 살펴보자.

2. 일본의 새로운 검찰심사회제도

일본의 검찰심사회제도는 전후 검찰민주화를 둘러싼 점령당국(GHQ)과 일본 정부 사이에 이루어진 타협의 결과 기소·불기소의 판단에 민의를 반영시킬 수 있는 제도로서 탄생하였다. 미국 점령당국이 미국식 검사 공선제와 대배심제도의 도입을 권고한 것을 계기로 대배심제도를 변용한 검찰심사회가 만들어진 것이다. 검찰심사회의 의결은 권고적 효력을 가지고 있을 뿐이지만, 검찰로 하여금 사건을 재검토하고 기소하게 만드는 효과를 가지고 있다.[42]

일본에서는 그동안 검찰심사회의 기능을 강화하자는 논의가 있어 왔는데,[43] 드디어 2000년 일본의 사법개혁심의회는 형사사법의 시민적 토대를 구축하기 위하여 재판원제도라는 국민의 재판참가형태를 도입하는 한편, 공소권 행사에 관하여도 피의자에 대한 적정절차보장에 유의하면서 검찰심사회의 일정한 의결에 법적 구속력을 부여하는 방안을 제안하였다. 이를 이어받아 일본의 사법개혁추진본부는 검사의 불기소처분에 대한 검찰심사회의 기소상당 의결에 구속력을 부여하는 것으로 결정하였고, 이 결정은 2004년 5월 공포된 '형사소송법등의 일부를 개정하는 법률'에 반영되

---

42) 1949년 제도시행 이후 2001년까지 검찰심사회는 총 136,901건을 수리하여, 16,366건의 기소상당·불기소부당의 의결을 하였고, 검사는 그 중 1,144건에 대해 실제 기소를 하였다. 1992년부터 2001년까지 10년간 평균 기소율은 24.8%이다. 기소된 사건에 대해 법원은 93.0%에 유죄판결을 내렸다. 안경환/한인섭, 『배심제와 시민의 사법참여』, 집문당, 2005, 125쪽.

43) 검찰심사회 의결에 법적 구속력을 부여하는 것 이외에도, 검사의 부당기소(이른바 '공소권남용'에 해당하는 기소유형)에 대해서도 심사권한을 주자, 현재의 준기소절차의 대상이 되는 범죄(공무범죄, 직권남용범죄 등)에 대하여 검찰심사회에 기소권을 주자는 등의 논의가 있었다. 일본의 사법개혁논의 당시 검찰심사회 기능강화를 위한 쟁점들에 관해서는, 寺崎嘉博, 「檢察審査会の議決への法的拘束力」, 『現代刑事法』 43號, 現代法律出版, 2002, 39－44쪽.

었다.[44)

　새로운 검찰심사회제도에 따르면, ① 불기소처분 사안에 대해 검찰심사회가 기소상당 의결을 한 후 검찰관이 재고했으나 다시 불기소처분을 내린 때에는 검찰심사회는 재차 심사를 하여 '기소해야 한다는 의결'(기소의결, 11명 중 8명 이상)을 할 수 있으며, ② 기소의결이 있는 경우 공소의 제기와 유지는 재판소가 지정하는 변호사(지정변호사)가 행하고, ③ 검찰심사회에서 법률에 관한 전문적 식견을 보완하기 위해 사건별로 변호사 중에서 심사보조원을 촉탁할 수 있게 하였다.[45)

　적어도 앞으로는 일본의 검찰심사회제도에 대해 그 의결이 구속력이 없으므로 기소편의주의를 통제하는 데에 한계가 있다는 식의 평가는 더 이상 통하지 않게 되었다. 또한 이번의 법개정을 통하여 검찰심사회가 검찰사무 개선에 대해 건의나 권고를 한 때에는 이를 받은 검사장이 당해 건의·권고에 회답하는 것을 의무화하였는데, 이는 구체적인 공소권 행사 단계뿐 아니라 검찰권의 전반적 운용에 대한 국민적 참여와 감시를 확장한 것이라 할 것이다.

3. 재정신청제도와 검찰심사회제도

　우리의 사개추위가 제안한 재정신청제도와 일본의 새로운 검찰심사회와 비교하여 본다면, 심사 주체의 면에서 법원이냐 일반시민이냐라는 차이가 있지만, 법원이 지정한 변호사가 공소를 유지한다는 점에서는 같다. 재정신청제도가 '사법심사형'이라고 한다면, 검찰심사회는 '기소배심형'이라고 할 수 있다. 그 심사권한과 결정의 구속력에 관하여, 전자가 법관의 사법권에 근거를 두고 있다면, 후자는 주권의 일부를 담지하고 있는 일반시민의 결정에 근거를 두고 있다고 할 것이다. 전자는 자의적 불기소처분에 대한 통제를 법률가의 법률적·정책적 판단에 맡기고 있다면, 후자는 어디까지나 일반시민의 건전한 상식에 기초한 판단에 의존한다.

　분명 우리의 재정신청제도과 비교하여 일본의 검찰심사회가 시민의 사법참여라는 이념에 근접하는 모델이라고 할 것이다. 검사의 기소재량에 대한 사후적 통제장치로서 대체로 법원의 심사가 선호되는 듯이 보이는 경향에 비추어 볼 때, 일본의 검찰심사회제도는 비교법적으로도 독특한 위치를 차지하게 될 것이다.

---

44) 재판원제도의 도입을 중심으로 한 일본의 사법개혁논의에 관해서는, 안경환/한인섭, 앞의 책, 130–147쪽.
45) 심사보조원은 검찰심사회장의 지휘·감독을 받아, 사건에 관계된 법령과 그에 대한 해석을 설명하고, 사건의 사실상·법률상의 쟁점을 정리하고 그에 관한 증거를 정리한다. 또한 사건의 심사에 관하여 법적 견지에서 필요한 조언을 하며, 검찰심사회의 의결서 작성을 보조한다.

물론 우리의 재정신청제도하에서 재정신청사건 관할 법원(현재의 고등법원 합의부, 앞으로의 지방법원 합의부)을 두는 데는 일종의 기소배심적 구상이 반영되어 있다는 관점에서 논의할 여지가 없지는 않다.[46] 아직 재정신청사건의 사건수와 유형에 대해 정확히 예측하기는 힘들지만, 본격적인 시행경과를 보면서, 새로운 과제와 대안이 대두할 수 있다. 앞에서 살펴본 우리의 재정신청제도의 밑바탕에 있는 공중소추주의의 이념, 죄책의 유무를 따지는 일반적인 재판과 기소·불기소의 적정성 판단 사이에 존재하는 차이, 그리고 보다 효율적인 제도의 운영을 고려한다면, 재정신청사건을 통상의 지방법원 합의부에서 취급하는 방식이 아니라, 전문적인 합의부 나아가 통상의 법원과는 분리된 독립적인 합의제 심사기구를 설치하는 방안도 검토해볼 수 있을 것이다.

비슷한 구상은 프랑스의 1997년 형사사법개혁논의에서도 발견할 수 있다. 당시 형사사법 개혁방안을 조사·마련한 '트루쉬 위원회(Truche commission)'는, 사법기관에 회부된 사건에 대한 사법의 책무와 평등 원칙을 강조하면서 검사의 불기소처분에 대해 불복수단을 확장할 것을 권고하였다. 즉, 종래 범죄피해자의 사소당사자신청을 통한 공소권발동이 불가능하였던 범죄들에 대해서도, 모든 고소·고발인이 검사의 불기소처분에 불복할 수 있게 하고, 각 고등법원 단위로 사법관들(판사와 검사)로 구성되는 독립적 합의제기관을 설치하고 불기소처분의 당부를 심사하는 제도를 제안하였다.[47] 트루쉬 위원회의 제안은, 1998년 6월 정부가 의회에 제출한 형사소송법개정안에 대폭 반영되었으나,[48] 법무부장관과 검찰의 관계, 검사의 지위 보장 등 여러 가지 문제가 얽히면서 입법에 이르지는 못하였다.

이와 같이 통상의 법원조직과 분리하여 재정신청사건을 심리하는 심판기구를 설정한다면, 일본의 검찰심사회 모델과 법관만으로 구성되는 심사기구 모델 사이에 절충을 시도하는 것도 가능하다. 법관 이외에 검사의 참여를 허용하거나, 나아가 일정한 수의 시민이 참여하는 참심제적 합의기구의 구성도 고려할 수 있을 것이다.

현 단계에서 재정신청제도와 검찰심사회의 장단점과 우위를 논하는 것은 섣부르다

---

46) 이러한 접근방식은 결코 황당한 것이 아니다. 예를 들어, 프랑스의 경우 중죄사건에 대한 제2의 예심과 공판회부결정을 내리는 고등법원(Cour d'appel)의 중죄예심부(La chambre de l'instruction, 기존의 명칭은 중죄소추부 la Chambre d'accusation였으나 2001년에 명칭이 바뀜)는 기소배심에 기원을 두고 있다. André Laingui, Arlette Lebigre, *Histoire du droit pénale II la procédure criminell*, Paris: Cujas, 2000, 144쪽.

47) *Rapport de la commission de réflexion sur la Justice*, La documentation Français, 1997, 26−9쪽.

48) 정식명칭은 "형사소송법의 개정 및 형사사건의 공소에 관한 법률안(le projet de loi relative à l'action publique en matière pénale et modifiant le code de procédure pénale)"이다.

고 할 것이다. 하지만 일본의 검찰심사회는 공소권의 귀속 주체가 궁극적으로 시민이라는 이념을 실현하는 데 있어서 여러 가지 장점이 가지고 있는 것은 분명하다. 시민 대표자인 검찰심사회의 일상적 활동을 통해 검찰권에 대한 민주적 감시와 비판이 이루어지고, 형사사법의 운영에 관하여 지역사회의 시민들 사이에, 그리고 검찰과 시민 사이에 상호 이해를 확대하는 데 있어서 매우 유용하고 탄력적인 틀을 제공하여 준다.

우리 형사사법에서 재정신청제도의 전면 확대가 가지고 있는 의의를 고려하면, 당장 검찰심사회제도와 같은 시민참여형 제도를 도입하기는 현실적으로 어려워 보인다. 그러나 다른 영역에서라도 (예를 들어 '검찰 옴부즈맨' 제도와 같이) 검찰 운영에 관한 시민적 참여와 감시의 틀을 마련하는 것은 가능할 것이다. 아무튼 한일 양국이 각각 해방과 패전 이후 도입하였던 검찰민주화를 위한 대표적인 두 제도가 출발기의 정신을 간직하며 21세기에 새로운 모습으로 태어나고 있는 것은 매우 흥미롭다. 앞으로 한일 양국의 선택이 어떻게 귀결될 것인지 귀추가 주목된다.

V 맺음말

그동안 한국의 검찰은 형사사법에서 다른 어떤 관여자보다 월등한 지배자적 위치를 점유하고 누려왔다. 검찰은 거의 통제받지 않는 소추권한을 기축으로, 소추기관으로서의 역할에 그치지 않고, 1차적 수사기관으로서, 법관에 버금가는 판단자로서, 행형가로서 일인다역의 역할을 수행하고 있다. 각종 범죄예방 캠페인을 조직하며 치안사범과 행정단속에서부터 교정·보호행정에 이르기까지 검찰은 전체 형사사법의 운영에 있어서 전면적이고 능동적인 역할을 자임하고 있다. 이것을 해체해야 할 것인가? 해체만이 능사는 아닐 것이다. 우리의 형사사법의 미래는 검찰에게 더욱 많은 활동을 요구하고 있다. 그러나 그에 합당한 정당성을 확보하고 공정성을 구현해야 할 책임이 검찰 앞에 놓여있다.

사실 한국의 검찰은 폭넓은 활동 범위에도 불구하고, 민주화에 따른 시대적 요구에 부응하지 못하였다. 한편으로 한정된 형사정책 자원, 정부의 권위의 상실이라는 조건이 존재하고, 다른 한편 권리의식의 향상, 더욱 다원화·복잡화하고 있는 정치·사회환경에 과연 우리의 형사사법과 그 주축을 담당하는 검찰은 어떻게 대처해야 할 것인가. 단순히 '법과 원칙대로'라고 되뇌기만 하거나, 흡사 전투에 나선 '장수'처럼 묘사되는 검사의 모습은 오늘날 검사에게 요구되는 모습이라고는 할 수 없을 것이다. 오히려 검사는 시민들 사이로 들어와서 그가 담당하고 있는 중개자적이며 복합적인 역할을 효과적으로 수행할 수 있는 틀을 마련해야 할 것이다.

검사가 대표하는 공익은 더 이상 국가와 검찰의 전매특허가 아니다. 검사 개개인의 소신 역시 새로운 임무에 부응하는 역할과 자질과 윤리와 책임에 근거할 때 의미가 있다. 이 글에서 우리는 그 출발점이 검사의 공소권행사에 대한 민주적 통제 속에서 찾아야 한다고 말하였다. '밀실에서 광장으로,' '관료주의에서 민주주의로', '권위적 엘리트에서 시민성의 회복으로'가 그 방향이다. 이것은 형사소송의 근대성을 오늘날의 맥락에서 재구축하는 것을 의미한다. 검사가 책임 있는 시민 속에서, 그들의 지지를 받고 권위의 정당성을 인정받을 때, '국민의 검찰'로서 다시 설 수 있을 것이다.

후기

서울대학교 대학원 석사과정에 진학한 해인 1996년 어느 날 한인섭 교수님의 연구실 문을 두드렸던 것으로 기억한다. 나는 학부 4학년 무렵부터 대학원에 진학해 한국 법제사를 전공할 마음을 품었으나 하필 대학원에 들어가자마자 은사로 모시고 싶던 박병호 교수님께서 정년 퇴임하시는 바람에 앞으로 어떻게 해야 할지 고민하고 있었는데, 전년 가을 모교로 부임한 한인섭 교수님을 잠시 의지처로 삼으면 되지 않을까, 하고 생각했던 것 같다.

나는 그전까지 한인섭 교수님을 만난 적이 없었다. 평소 친하게 지내던 후배를 통해 한인섭이란 강사가 형사정책 과목을 강의한다는 것은 알고 있었다. 나와 그 후배둘 다 한때 동아리와 학생회 활동을 열심히 하였고, 학부 3학년 무렵에는 법학보다는 인문학에 관심이 많아 인문대 수업을 듣거나 인문학에 관해 이야기하곤 했다. 그런데 늘 진지하게 문학 이야기만 하던 그 후배가 한인섭 교수님의 형사정책 수업을 수강하고는 나와 만날 때마다 마치 비로소 법학에서 배움과 사유의 기쁨을 느낀 것처럼 수업 내용을 들려주는 것이었다. 가물가물한 기억으로는 수업 자료로 제공된 논문을 나에게 보여주며 수업에서 다루는 주제와 방법론에 대해 열띠게 말했던 것같다. 아마도 이 책의 서두에 있는 기조 논문에서 말하는 '실태·정책·법의 트라이앵글 속에서' 어떤 사건을 깊게 다루었으리라. 라드부르흐의 『법철학』을 읽으며 법철학과 함께 형사법에도 흥미가 생기도 있던 나에게 그 후배의 이야기는 흥미로웠다.

아무튼 그 후배를 통해 한인섭이란 이름과 형사정책이란 전공이 뇌리에 새겨졌는데, 대학원 진학 후 끈 떨어진 연 신세가 된 나에게 당시 법제연구원에 있던 정긍식 선배가 한인섭 교수라면 받아줄 것이라는 하자 나는 다른 생각할 필요 없이 교수님을 찾아갔다. 그렇게 하여 나는 교수님의 첫 지도제자 중의 한 명이 되었다. 처음에는 나중에 한국법제사 전임교수가 부임하면 전공을 바꾸려는 마음도 있었지만, 곧 교수님의 품 안에서 내가 하고 싶은 공부를 할 수 있겠다는 생각이 들었다. 이후 나는 형사법과 한국법제사 양쪽에 발을 걸치고 공부하여 1998년에는 「대한제국기 형법대전 제정에 관한 연구」라는 논문으로 법학석사 학위를 취득하고, 2004년에는 「한국 검찰제도의 역사적 형성에 관한 연구」이란 논문을 법학박사 학위를 취득하였다.

대학원 생활 동안 자료 조사와 정리, 원고 교정 등을 하며 교수님의 연구 활동을 옆에서 보고 또 직접 보조할 기회가 많았다. 어느 날 교수님의 연구실에서 밤늦게까지 교수님과 함께 발표 자료를 정리하는 일을 하고 새벽녘에 함께 교문을 나서며 뭔가 상쾌하고 뿌듯한 기분이 들었던 기억이 생생하다. 그날은 아마 내가 처음으로 교수님의 연구를 직접 보조한 날이었을 것이다. 평소 존경하는 학자의 연구에 조그만 힘이나마 보탤 수 있었다는 것에서 뭔가 내 자신이 학자와 학문의 세계에 한 걸음 들어간 듯한 기분이 든 것 같다. 그날 이후 교수님의 여러 연구를 옆에서 도우며 한국의 법무와 형사사법의 현장을 접하고 현실을 진단하고 정책적 대안을 고민해 보는 값진 경험을 얻었다. 거기에서 쌓인 공부와 문제의식이 있었기에 교수님께서 박사학위 논문 주제로 한국 검찰제도의 역사를 제안하셨을 때 선뜻 수락할 수 있었다.

이 글은 박사학위 취득 후 1년 지난 2005년에 쓴 것이다. 사법개혁추진위원회에서 그간의 사법개혁 논의를 갈무리하여 구체적인 법안과 제도를 마련하고 있던 때였다. 이 글이 다루는 기소편의주의 통제 방안에 관해서는 전부터 재정신청제도를 전면 확대하는 것이 유력한 방안으로 거론되었고, 사개추위는 실제 그러한 내용을 담은 개정법률안을 마련하였다. 한국의 검찰제도의 역사와 검찰개혁론의 추이에 비춰볼 때 재정신청제도의 전면 확대는 거의 필연적인 종착지였다 할 것이다. 또한 재정신청제도의 전면 확대는 기소재량에 대해 법원에 의한 통제 모델을 취하는 유럽의 입법례와도 부합한다. 나 역시 재정신청제도의 전면 확대에 반대하지 않지만, 뭔가 논의의 균형을 잡는 소재를 제공하고 싶다는 생각에서 기소편의주의 통제방안으로서는 사법적 통제 모델 외에 당시 도입이 예정된 국민참여재판제도와 같이 시민참여형 통제 모델도 있다는 것을 소개하고 싶었다. 늘 권력의 검찰이 아니라 '국민의 검찰이 되어야 한다'라고 말해지지만, 그 방법은 무엇인가? 시민적 참여·통제 모델은 검찰과 국민을 직접 연결하고 그럼으로써 검사는 국가권력이 아니라 사회와 시민의 대표자이어야 한다는 근대 검찰의 이념과 원리를 현실의 검찰권 행사의 정통성과 정당성의 원천으로서 되살리고 생기를 가지게 할 수 있지 않을까? 그런 점에서 시민참여형 통제 방안은 하나의 대안으로서 진지하게 고려되어야 한다고 말하고 싶었다. 마침 같은 시기 일본에서는 검찰심사회제도를 개정하여 공소권 행사 단계뿐 아니라 검찰사무 전반에 대해 시민의 감시와 참여를 확장하였다. 그래서 이 글에서는 한국의 개혁된 재정신청제도와 일본의 개혁된 검찰심사회제도를 여러 측면에서 비교하며 시민참여형 통제방안의 현실성과 의미를 설명하려 하였다.

2006년 기초법 담당 교수로 부산대에 임용된 후 한국법사 연구에 전념하였기 때문에 새로운 재정신청제도의 시행 실적이나 기소편의주의의 통제 방안을 둘러싸고 그동안 어떠한 논의가 진행되었는지는 잘 모른다. 흥미롭게도, 결코 나의 논문에서 촉발된 것은 아니지만, 10년이 지난 후 공수처 도입 논의 과정에서 시민 참여형 통제 모델이 진지하게 검토되기 시작하였다. 2016년 고 노회찬 의원 등이 발의한 공수처 법안에서 공수처 검사의 불기소처분의 적정성 등에 관해 국민의 의견을 직접 반영하여 수사의 공정성과 투명성을 제고하고 심의하기 위해 일반 국민으로 구성되는 '불기소심사위원회'를 공수처에 설치하는 방안이 제안되었다. 2016년 박범계 의원 법안, 2017년 송기헌 의원 법안도 같은 방안을 택하였다. 2019년 권은희 의원 법안에서는 공소제기 여부를 심의·의결하기 위하여 일반 국민 중에서 무작위 추출 방식으로 위촉되는 기소배심제도 형태의 '기소심의위원회'를 설치하는 방법을 택하였다. 비록 무산되기는 했으나 드디어 시민 참여형 통제방안이 법률안으로 실현되기에 이른 것이다. 일단 법률안으로 등장하였으므로 앞으로의 공수처 또는 일반 검찰에 관한 제도개혁 논의에서 시민참여형 심사제도가 그전보다 좀 더 현실적인 대안으로서 거듭 거론될 가능성이 있다. 그것을 이론적으로 뒷받침하려고 제도화하려는 논의를 통해 '국민의 검찰'이란 말이 수사적 표현으로서가 아니라 검찰의 이념과 제도 차원에서 명료한 현실태를 갖게 되기를 기대한다.

4

국민의 공수처 VS 검찰의 수사처*

이윤제(교수, 명지대학교 법학과)

I 서론

2017년 9월 18일 법무부장관의 자문기관인 법무·검찰개혁위원회(이하 "개혁위") 위원장 한인섭 교수는 다음과 같이 시작되는 개혁위 제2차 권고안을 발표하였다(이하 "제2차 권고안").[1]

> 오늘 법무검찰개혁위원회는 여러 차례 깊은 논의 끝에 <고위공직자범죄수사처법안> 을 위원회 권고안(No.2)으로 발표했습니다. 그동안 권력형범죄를 방지하기 위한 방안 으로 공수처 설치는 국민적 여망이었습니다. 저희가 만든 공수처법 권고안 요지는 이 렇습니다.
> 1. 공수처는 독립된 수사기관으로, 권력형 범죄의 수사·공소만 담당하는 기관입니다. 정식명칭은 '고위공직자범죄수사처'로 하고, 약칭은 공수처로 합니다.
> 2. 공수처의 수사대상은 고위공직자이고, …

개혁위는 제2차 권고안에서 국민의 공수처 설치에 대한 여망에 따라, 권력형 비리 와 검찰비리 방지를 위하여 정치적 중립성이 높은 독립기구로서 공수처를 신설할 것 을 권고하고, 이러한 목적 달성에 필요한 구체적 방안으로 총 32조(본문 31조, 부칙 1

---

* 이 글은 이윤제, "국민의 공수처 VS 검찰의 수사처", 형사법연구 제29권 제4호, 한국형사법학회, 2017 에 게재되었음을 밝힌다.
1) 한인섭 개혁위 위원장의 발표문을 이 논문의 말미에 첨부한다; 개혁위의 공수처 법안을 포함한 개혁위 제2차 권고안 전문은 법무부 홈페이지 법무뉴스/보도자료 2017. 9. 18. 등록된 "[법무검찰개혁위원회] 국민의 여망을 담은 공수처 설치 반드시 필요"에 실려 있다. http://www.moj.go.kr/HP/COM/bbs_03/ ListShowData.do, 2017. 11. 4. 검색.

조)의 "고위공직자범죄수사처 설치와 운영에 관한 법률(안)"(이하 "개혁위안")을 발표하였다.

한편, 검찰과 법무부는 오랫동안 공수처 설립을 반대하여 왔다.[2] 법무부는 공수처 설치를 공약으로 내건 문재인 대통령이 취임하고, 박상기 법무부장관이 임명된 이후에 입장을 변경하였다. 개혁위의 제2차 권고안 발표 직후 법무부는 공수처TF를 구성하고, 총 46조(본문 45조, 부칙 1조)의 "고위공직자범죄수사처법 제정안"(이하 "법무부안")을 마련하여, 다음 달 15일 이에 대한 보도자료를 배포하였다. "법무부, 「고위공직자범죄수사처」 설치에 대한 자체 방안 제시"라는 제목의 법무부 보도자료는 "독립성, 정치적 중립성 확보 및 권한남용 우려 해소 등 국민의 신뢰받는 공수처 신설 노력"이라는 부제를 달았다. 보도자료는 향후 국회 논의과정에 법무부가 적극적으로 참여하여 법안의 통과와 공수처의 조속한 설치·가동을 위하여 최선을 다할 것이라고 설명하고 있다.[3]

개혁위안은 16명의 민간위원들이 기초한 법안임에 반하여, 법무부안은 법무부 소속 검사로 구성된 법무부 공수처TF에서 마련한 법안이다.[4] 이러한 작성 주체의 차이는 공수처 설치의 목적과 취지, 그리고 공수처의 권한과 구성원의 지위에 관하여 두 법안이 상당한 차이를 보여주는 이유를 설명한다. 보도자료를 보면 개혁위안은 "국민의 여망"을 키워드로 하였고, 법무부안은 "공수처의 조속한 설치"를 주된 목표로 삼고 있다. 한편, 언론은 법무부안이 공수처의 규모와 권한이 개혁위안보다 축소되었다고 지적하면서 개혁위안의 공수처를 "슈퍼공수처"로, 법무부안의 공수처를 "종이호랑이"로 비유하고 있다.[5] 본고는 개혁위안과 법무부안의 비교를 통하여 검찰

---

2) 참여연대 사법감시센터, "법무부장관의 공수처 반대, 근거도 명분도 없다", 2016. 9. 20., 참여연대 홈페이지 http://www.peoplepower21.org/Judiciary/1448494, 2017. 11. 5. 검색; 참여연대 사법감시센터, "참여연대, 검찰·법무부 등 공수처 반대 주장에 대한 반박 의견서 발표", 2017. 2. 16., 참여연대 홈페이지 http://www.peoplepower21.org/ Judiciary/1483360, 2017. 11. 5. 검색.

3) 법무부 홈페이지 법무뉴스/보도자료 2017. 10. 15. 등록된 "법무부, 「고위공직자범죄수사처」 설치에 대한 자체 방안 제시"에 보도자료 전문이 실려 있다. https://www.moj.go.kr /HP/COM/bbs_03/ListShowData.do, 2017. 11. 4. 검색.

4) 개혁위는 시민사회, 학계, 재야법조계, 언론, 여성을 대표하는 위원장 포함 16명의 민간위원으로 구성되었다. 개혁위가 공수처 설립에 관한 법안을 만드는 과정은 숙의민주주의(熟議民主主義)에 따랐다. 토론을 하는 과정에서 일정한 쟁점이 형성되면 일응의 표결을 통하여 위원들의 견해가 1:15처럼 명확하게 우열이 있는지, 아니면 6:10 정도로 더 논의가 필요한 상황인지를 확인하였다. 명확히 우열이 있는 경우에도 소수의견이 더 논의를 요구하면 이를 받아들여 모두가 납득할 수 있는 결론에 이를 때까지 토론하였다.

5) "법무부 공수처안, 개혁위 안에서 대폭 후퇴 …'종이 호랑이'된 격", 머니투데이, 2017. 10. 15., http://the1.mt.co.kr/newsView.html?no=2017101515248268403&ref=http%3A% 2F%2Fsearch.naver.com, 2017. 11. 5. 검색; "슈퍼공수처 없던 일로 … 법무부, 개혁위 권고안보다 축소", 매일경제, 2017. 10.

개혁의 수단으로 제시된 공수처 법안이 갖추어야 할 바람직한 내용에 관한 필자의 주장을 제시하고자 한다.

Ⅱ 개혁위안의 공수처 명칭-"고위공직자범죄수사처"와 "공수처"

현재 우리나라에서 고위공직자의 부패관련 범죄를 수사·기소할 특별기구를 가리키는 일반적 용어는 "공수처"이다. 공수처의 본딧말은 공직부패수사처나 고위공직자비리수사처가 되겠지만, 개혁위안이 "고위공직자범죄수사처"를 사용한 이후에는 이것이 점점 더 많이 사용되고 있다.[6]

공수처에 관한 대부분의 법안들은 공수처에 수사권 외에 공소권을 부여하고 있다.[7][8] 따라서 공수처 설치 법률의 명칭이 공소권은 없이 수사권만 가진 듯한 "수사처"라는 용어를 사용한 것은 적절하지 않아 보인다. 그럼에도 불구하고 개혁위안은 왜 고위공직자범죄 '수사처'라는 용어를 채택한 것일까?

최초로 공수처 설치에 관한 입법 논의를 제기한 참여연대는 1996년 11월 "고위공직자비리수사처" 신설을 포함한 부패방지법 입법청원을 하였다. 같은 해 12월 국회에 발의된 최초의 공수처 법안에서 공수처의 명칭은 "고위공직자비리조사처"였다. 이후의 법안들에서 "공직부패수사처", "고위공직자비리수사처"나 "고위공직자비리조사처"가 사용되었고, 약칭으로는 "공직부패수사처"와 "고위공직자비리수사처"를 줄인 "공수처"와 "고위공직자비리조사처"를 줄인 "고비처"가 사용되었다.[9] 현재는 "공

15., http://news.mk.co.kr/newsRead.php?year＝2017&no＝680004, 2017. 11. 5. 검색.

6) 최영승, "공수처 설치가 시급한 세 가지 이유", 프레시안, 2017. 12. 1., http://www.pre ssian.com/news/article.html?no＝178017&utm_source＝naver&utm_medium＝search, 2017. 12. 1. 검색.

7) 공소권은 기소권 및 공소유지권을 포함한다. 기소권도 기소 이후의 후속절차에서 공소유지(상소를 포함한다) 등 기소의 목적을 달성하기 위하여 필요한 권한들까지 포함하는 취지로 볼 수 있지만, 다툼의 여지를 줄이기 위하여 공소권이라는 용어를 사용한다.

8) 그 동안 발의된 법안들에 관하여는 법제사법위원회 수석전문위원 남궁석, 고위공직자비리수사처 설치에 관한 법률안(노회찬 의원 대표발의, 제1057호), 고위공직자비리수사처 설치 및 운영에 관한 법률안(박범계 의원 대표발의, 제1461호) 검토보고, 2016. 11. 참조.

9) 이윤제, "검찰개혁과 고위공직자비리수사처", 형사법연구 제29권 제1호, 2017 봄, 143면; 법제사법위원회 수석전문위원 남궁석, 앞의 검토보고서, 11－14면; 고위공직자비리조사처를 "공비처"로 약칭한 경우도 있다고 한다. 김성돈, "검찰 외 독립된 특별기구 신설의 필요성과 구체적 방안", 헌법과 형사법: (재) 유기천교수기념사업출판재단 (편), 2017, 200면.

수처"가 권력형 비리 척결과 검찰개혁의 상징으로 여론과 국민들 사이에서 광범위하게 통용되고 있다.[10]

　개혁위는 검찰개혁에 대한 국민들의 오랜 염원을 상징하는 용어를 바꿀 명분이나 권한이 없다고 판단하였다. "공수처"를 공식 명칭으로 받아들이고, 그 정식 명칭을 "고위공직자범죄수사처"로 하였다(개혁위안 제1조, 제3조).[11] '비리' 대신 '범죄'라는 용어를 사용함으로써 공수처가 사찰기구나 정보기관이 아니라, '범죄'에 대한 수사 및 공소를 담당하는 기관임을 명백히 하였다. 한편, 고위공직자범죄'수사처'에서 '수사처' 부분을 다른 용어로 변경하면 "공수처"라는 용어를 그 약칭으로 사용하기 어려웠다. 그래서 공수처가 수사권만을 가진 수사기구가 아님에도 불구하고, 정식 명칭의 마지막이 수사처라는 용어로 끝나도록 하였다. 검찰권 견제를 위해 공소권도 부여하여야 한다는 합의가 국민들 사이에 이미 광범위하게 퍼져 있었기 때문에 마지막 단어가 '수사처'로 끝나더라도 국민들에게 혼란을 초래할 것으로 보이지는 않았다.[12] 개혁위는 공수처 설립의 근본 원리는 국민주권주의와 권력분립(견제와 균형)에 있으므로, 그 명칭에서도 이 원리가 적용되어야 한다고 믿었고, 이하에서 보듯이 공수처의 기능과 권한도 국민이 원하는 개혁의 이행에 적합하도록 설계하였다.

---

10) 그 동안 발의된 법안에서 사용된 기구의 명칭이 공직부패수사처나 고위공직자비리수사처인 경우(약칭은 공수처)와 고위공직자비리조사처(약칭은 고비처)인 경우의 숫자의 차이는 크지 않아 보인다. 공수처가 고비처보다 많이 사용되게 된 경위에 대하여 명확히 알려진 바는 없다. 발음의 차이와 관련이 있지 않을까하는 추측을 한다.

11) 개혁위안이 국민이 원하는 공수처를 설치해야 한다는 취지는 개혁위의 공수처 신설안 보도자료의 제목이 "국민의 여망을 담은 공수처 설치 반드시 필요"이고 부제가 "법무·검찰개혁위원회 두 번째 권고안 발표"라는 점에서 알 수 있다. 공수처를 설치하는 주체는 "국민"이고, 개혁위의 역할은 국민의 뜻을 구체화하는 것이었다.

12) 2016년 5월 30일 임기가 개시된 제20대 국회가 구성된 이후 2016. 7. 21. 고위공직자비리수사처 설치에 관한 법률안(노회찬 의원 등 11인)[이하 "노회찬안"], 2016. 8. 8. 고위공직자비리수사처 설치 및 운영에 관한 법률안(박범계 의원 등 71인)[이하 "박범계안"], 2016. 12. 14. 고위공직자비리조사처 설치 및 운영에 관한 법률안(양승조 의원 등 10인)[이하 "양승조안"], 2017. 10. 31. 고위공직자부패방지안(오신환 의원 등 10인)[이하 "오신환안"] 등 4개의 공수처 법률안이 발의되었다. 수사권만을 가지는 고위공직자부패방지처를 신설하는 오신환안을 제외한 노회찬안, 박범계안, 양승조안은 수사의 주재자이며 기소권을 독점하고 있는 검찰을 견제하기 위하여 수사권만으로 부족하다고 보아 공수처가 수사권과 기소권을 모두 가지는 기관으로 제안되었다(노회찬안 제1조, 제12조, 박범계안 제1조, 제15조, 양승조안 제1조, 제14조).

우리나라에서 공수처 설립 주장의 이론적 근거는 크게 보아 공직부패척결과 검찰 권력의 견제이다.[13] 다른 나라에 설치된 반부패기구들은 부패척결을 주된 목적으로 도입되었는데, 우리나라에서는 공직부패·비리척결 기능과 함께 검찰권을 견제하여 야 한다는 정책적 필요가 특히 강조되고 있다는 점에 특징이 있다.[14]

1. 검찰과 공수처

검사는 수사의 주재자이며, 사법경찰에 대한 지휘·통제기관이다. 헌법이 영장청구 의 주체를 검사만으로 한정한 것은 물론이고(헌법 제12조 제3항), 형사소송법과 검찰 청법은 수사지휘권 등을 통하여 검찰의 경찰에 대한 우위를 철저히 관철하고 있 다.[15] 검찰은 다른 권력기관들을 압도하는 최강의 권력기관이다.[16] 참여정부 기간 잠시 주춤했던 검찰은 이후 약 10년간 극성기를 누렸다. 그 10년 동안 공수처에 대 한 국민적 요구도 더 높아졌다.[17][18]

---

13) 부패는 대부분 정치와 관련이 있다. 따라서 부패를 척결하기 위하여는 정치를 하거나 이에 직간접적으 로 영향을 줄 수 있는 고위공직자들의 비리에 대한 수사를 전담하는 기관이 필요하다(Shadhid M. Shahidullah, Comparative Criminal Justice System, Jones & Bartlett Learning, 2014, p. 24 참조).

14) 정진연·손지영, "공직부패범죄 통제시스템 재론－특별검사제와 공직부패수사처에 관한 논의를 중심으 로－", 한국부패학회보 제13권 제1호, 2008, 105면; 이만종, "공직부패 수사를 위한 고위공직자비리조 사처 설치 방안의 보완적 검토", 경찰학논총 제7권 제1호, 2012, 73－74면; 연성진 외 5, "부패사범 통 제체계의 실효성 제고방안", 한국형사정책연구원, 2007, 285－286면; 전태희, "주요국 공직자비리수사 기구의 현황과 시사점", 국회입법조사처 현안보고서 98호, 2010. 11. 16., 8－58면: 오병두, "독립적 특 별수사기구의 도입방안에 관한 연구", 형사정책 제24권 제2호, 2012. 8., 36－41면 참조.

15) 검사는 경찰을 지휘한다(형사소송법 제196조 제1항). 검사의 경찰에 대한 지휘권은 검사가 기소권뿐만 아니라 1차적 수사권까지 가지고 있고(형사소송법 제195조), 경찰은 수사종결권이 없고 모든 수사에 대한 종국적 처분은 검사를 통해서만 할 수 있도록 한 점(형사소송법 제196조 제4항), 검사의 피의자신 문조서를 경찰의 피의자신문조서에 비해 증거능력의 요건을 완화한 점(형사소송법 제312조), 검사의 유치장감찰권(형사소송법 제198조의2), 검사장의 경찰수사중지·체임요구권(검찰청법 제54조) 등에 의 하여 확보되고 있다.

16) 검찰이 군, 국정원, 경찰과 같은 다른 권력기관들을 제치고 최종적으로 가장 막강한 권력기관이 된 과 정에 대하여는 이윤제, "고위공직자비리수사처 설립방안에 관한 연구", 아주대학교 법학연구소 중소기 업과 법, 제5권 제2호, 2014, 4－8면; 문준영, 한국 검찰제도의 역사적 형성에 관한 연구, 2004, 서울대 법학박사학위논문, 136－158면; 문준영, 법원과 검찰의 탄생, 역사비평사, 2010, 668－669면; 이헌환, "검찰개혁－원인과 처방", 헌법학연구 제16권 제1호, 2010. 3., 81－84면; 신동운 편저, 효당 엄상섭 형 사소송법 논집, 서울대학교출판부, 2005, xvii, 125면; 엄상섭(허일태/신동운 편저), 권력과 자유, 동아 대학교 출판부, 2007, 137면 각 참조.

공직자의 비리와 부정부패는 한국사회의 발전을 저해하는 고질적인 병폐이다. 많은 사회적 노력에도 이 문제는 좀처럼 근절되지 못하였고 국정농단이라는 최악의 사태에 이르고 말았다. 상황이 이렇게 되기까지 핵심원인 중 하나로 검찰이 지목된다. 검찰은 수사권·기소권을 독점하여 막강한 권한을 쥐고 있지만 고위공직자나 검찰출신을 상대로 수사를 할 때면 봐주기 논란을 일으키기 일쑤였다. 국정농단이라는 엄중한 사안을 눈앞에 두고도 미온적인 태도로 수사에 임하여 국민들의 분노를 증폭시켰다.[19]

검찰은 고위공직자부패 수사를 전담할 수 있는 충분한 권한과 능력을 가지고 있다. 과거 대검찰청 중앙수사부는 고위공직자부패 수사를 전담하였으며, 현재도 서울중앙지검 특수부가 이 역할을 하고 있다. 그러나 국민들은 대검찰청 중앙수사부의 폐지를 요구하였고, 검찰로부터 독립된 공수처 설치를 요구하였다. 국민들은 공수처를 검찰권의 축소와 견제를 위한 수단으로 여기는 것이다.

2. 경찰과 공수처

검찰을 적법하게 견제할 수 있는 능력을 보유한 기관으로는 경찰이 있다. 수사권과 정보권을 가진 15만의 경찰은 고위공직자부패 수사와 검찰 견제에 충분한 인적, 물적 기반을 가지고 있다. 그럼에도 불구하고 검찰 견제의 방법으로 국민들은 새로운 기관인 공수처의 설치를 바라고 있다. 국민들의 검찰개혁 요구는 검찰권의 축소를 목표로 하고 있지만, 경찰권의 증가를 직접적으로 요구하는 것이 아니다.[20] 국민

---

17) 2017년 새해 여론조사에서 응답자들은 '검찰 개혁'(30.3%), '관료 개혁'(24.0%), '언론 개혁'(15.9%), '재벌 개혁'(11.7%), '격차 해소'(4.05%) 순으로 개혁 과제의 순위를 꼽았다("촛불 이후 시급한 과제 "검찰 개혁" 30.3%", 한겨레, 2017. 1. 2., http://www.hani.co.kr/arti/PRINT/777060.html, 2017. 11. 1. 검색). 2016년 7월 28일 리얼미터 여론조사에서 공수처 찬성 69.1%, 반대 16.4%(http://www.realmeter. net/2016/07/%ea%b3%a 0%ec %9c%84%ea%b3%b5%ec%a7%81%ec%9e%90%eb%b9%84%eb%a6%ac%e c%88%98%ec%82% ac%ec%b2%98−%ec%8b%a0%ec%84%a4−%ec%b0%ac%ec%84%b1−69−1−vs−% eb%b0%98%eb%8c%80−16−4/, 2017. 11. 4. 검색), 한국리서치가 2017년 9월 29~30일 실시한 여론조사에서 공수처 설치 찬성 의견은 81.9%로 나왔고, 반대 의견 14.9%에 그쳤다("공수처 설치 찬성" 81.9%로 압도적…3명 중 2명은 "공영방송 파업 정당", 경향신문, 2017. 10. 2., http://news.khan.co. kr/kh_news/khan_art_view.html?artid=201710021833005, 2017. 11. 4. 검색).

18) 검찰의 정치화와 검찰부패에 대하여는 이윤제, 주 9)의 논문, 121−125면 참조. 이명박, 박근혜 정부시기의 검찰권에 대한 분석은 김인회, 문제는 검찰이다, 오월의 봄, 2017, 24−51면 참조.

19) 공수처설치촉구공동행동(경제정의실천시민연합, 민주사회를위한변호사모임, 참여연대, 한국투명성기구, 한국YMCA전국연맹, 흥사단투명사회운동본부), "[공수처설치 촉구 공동행동 연대성명] 국회는 공수처 설치를 위한 입법논의에 즉각 나서라!", 2017년 11월 3일, http://www.nongaek.com/news/article− View.html?idxno=30474, 2017. 11. 6. 검색.

들은 검찰과 경찰을 모두 불신하고 있다. 이것은 경찰, 군대, 국정원, 검찰과 같은 거대권력기관들이 국민을 배신하고 독재자나 비도덕적 정권을 위해서 충성했던 경험에서 비롯된다.[21] 국민들은 검찰을 견제해 줄 기관을 찾고 있지만, 이것이 거대한 권력기관이 되어 국민의 자유와 권리를 억압할까봐 두려워하는 것이다.

3. 소결-공수처의 역할과 지향

그렇다면 공수처는 부패범죄를 척결하고 검찰을 견제하는 역할을 하되, 비대화, 권력기관화 되지 않고, 대통령 등 정치권력에 대하여 독립과 중립을 지켜야 한다. 이것이 국민들이 바라는 공수처 상이다. 개혁위는 국민의 수요에 부응하는 공수처 설립을 목적으로 하였다.

Ⅳ 개혁위의 공수처 구상-견제와 균형

개혁위는 국민이 원하는 공수처의 핵심이 권력형범죄의 수사·공소 전문기관으로서의 능력을 보유하되, 정치적 중립을 지키는 독립기관이라고 보았다. 검찰 견제와 권력형범죄 수사를 감당할 수 있는 권한과 능력을 갖추게 하다가 자칫하면 공수처를 권력기관화하게 하여 검찰의 전철을 밟게 할 위험이 있다. 개혁위는 정치권으로부터 영향을 차단하고, 비대한 권력기관이 되지 않도록 하는 안전 장치들을 만들어야 했다. 개혁위는 이러한 장치로 크게 두 가지를 생각하였는데, 양자 모두에 공통적인 원리는

---

20) 김성돈, 주 9)의 논문 , 220면("… 수사와 기소를 분리독립하여 수사권을 경찰에게만 일임하는 방향은 [수사의 독립성이라는] 목적달성에 더욱 멀어져 간다. 권력형비리사건의 경우 문제해결의 출발점이 (정치 또는 자본) 권력으로부터의 독립이라면 수사의 '독립성'은 수사권이 검찰에게서 경찰에게 넘어간다고 해서 조금도 나아질 수 없기 때문이다. 만약 수사권을 경찰에게만 독자적으로 부여한다면, 수사가 검찰로부터만 독립성을 쟁취할 수 있을 뿐, 경찰이 정치적 영향력으로부터 독립할 수 없다는 점에서 볼 때는 수사의 외부적 독립성이라는 목표에는 한 발자[국]도 더 나아가기 어렵다. 법제도적인 차원에서 보더라도 경찰은 이러한 차원의 독립성 측면에서 검찰과 비교할 때 훨씬 더 취약성을 보이는 국가기관이라고 해도 과언이 아니다.").

21) 2017년 9월 시사인에서 발표한 국가기관 신뢰도 조사 결과, 대법원과 검찰, 경찰, 국정원 등의 권력기관이 모두 낙제점 이하의 점수를 받았으며, 특히 검찰에 대한 신뢰도는 2013년 31.9%에서 2016년 16.9%로 박근혜 정부 4년 동안 절반 가까이 추락했다고 한다. "민주당 적폐청산위, '공수처 설치' 토론회 개최", LAWISSUE, 2017. 10. 10.,http://ccnews.lawissue.co.kr/view.php?ud=201710101423418399 d48e16fff2_12, 2017. 12. 2. 검색.

견제와 균형이었다. 첫째, 공수처에 대한 대통령의 영향을 최소화하고, 국회의 공수처에 대한 영향력을 증가시켜 두 정치권력의 공수처에 대한 영향력이 전체적으로 균형을 이루도록 하였다. 둘째, 공수처가 검찰에 대한 직접적 통제권을 부여하는 것이 아니라, 공수처, 검찰, 경찰 3기관이 상호 견제하는 시스템을 구축하여, 이 시스템이 검찰을 견제하도록 하였다. 개혁위는 공수처 소속 검사에 대한 명칭에 있어서 국회에 발의된 법안들에서 사용되었던 "특별검사"를 배제하고, "공수처 검사"를 사용함으로써 공수처와 검찰이 평등한 관계에서 상호 견제한다는 점을 명백히 하였다.

1. 공수처의 독립성과 정치적 중립성 보장

공수처는 수사권과 공소권을 행사한다는 점에서 검찰과 유사하지만, 검찰과 근본적으로 다른 점이 있다. 그것은 검찰 견제를 위해 검찰의 외부에 설치된다는 점이다. 공수처가 검찰과 마찬가지로 행정부에 속하여 대통령의 인사권에 복종한다면 검찰과 공수처의 견제는 특별한 의미를 갖지 못한다. 이들의 상호견제는 대통령에 대한 충성경쟁이 될 수 있고, 대통령은 이 두 기관을 모두 자신의 정치적 목적에 사용할 수 있게 된다. 따라서 공수처에 대한 대통령의 영향력을 최소화하여야 하며, 이렇게 하여야만 검찰이 정치적 사건을 부당하게 처리할 때 공수처가 이를 견제할 수 있게 된다. 즉, 공수처는 대통령으로부터 독립되고, 정치적 중립을 지킬 때 검찰 견제, 검찰 개혁의 기능을 제대로 할 수 있는 것이다. 개혁위안은 대통령의 영향을 최소화하는 가장 강력한 조치들을 도입하고, 국회의 영향력을 증가시켰다.

공수처는 대통령, 법원, 국회의 어느 기관에도 속하지 않은 독립기관으로, 권력형 범죄의 수사·공소만 담당한다(개혁위안 제1조, 제3조). 형집행권이나 경찰에 대한 수사지휘권과 같은 강력한 권한들은 부여하지 않았다.

공수처장의 임명에 국회, 대통령, 법원, 대한변호사협회가 모두 관여하도록 하였다. 공수처장은 공수처장추천위원회가 2명을 추천하고 그중 대통령이 지명한 1명에 대해 인사청문회를 거쳐 임명하도록 하였다. 공수처장 추천위원회는 법무부장관, 법원행정처장, 대한변호사협회장과 국회에서 추천한 4인 등 총 7인으로 구성된다(개혁위안 제4조, 제5조, 제6조). 개혁위안은 대통령이 추천위원회에서 추천한 2명의 후보 중에서 1명을 지명한 후 국회의 인사청문을 다시 거치도록 하여 국회가 대통령의 선택을 견제할 수 있는 기회를 다시 갖도록 하였다. 이러한 이중적 절차는 결국 국회나 대통령이 다른 기관의 선택에 대하여 대응할 수 있는 기회를 부여하기 때문에 국회나 대통령이 편향된 후보 보다는 양측이 납득할 수 있는 중도적 후보자를 선택하도록 유도하게 될 것이다. 뿐만 아니라, 국회는 공수처 검사 임용을 위한 초기 인사위원회 위원 7명 중 3명을 추천한다(개혁위안 부칙 제1조).

인사, 조직, 예산에 있어서 국회와 대통령으로부터 영향이 견제와 균형을 이루도록 설계되었다(개혁위안 제3조, 제5조, 제6조, 제9조, 제25조, 제27조).[22] 이 중 가장 중요한 것은 공수처를 국가재정법 제40조에 따른 독립기관으로 취급하게 함으로써 공수처의 예산에 대한 대통령의 영향을 대폭 차단하고, 반사적으로 국회의 공수처에 대한 통제력이 증가되도록 한 것이다(개혁위안 제25조).[23] 이하의 표는 공수처의 독립성과 정치적 중립성을 보장하기 위한 개혁위안의 여러 가지 통제장치들을 보여준다.

■표 1 **공수처의 독립성과 중립성 보장을 위한 개혁위안의 통제 장치**

구분	내용
공수처장 추천위원회	• 소속 및 역할: 국회 소속, 공수처장 후보자의 추천 • 구성: 위원장(호선) 포함 7인의 위원으로 구성 　– 법무부장관, 법원행정처 처장, 대한변협 회장(당연직) 　– 국회에서 추천한 4인 • 운영 등 필요사항은 「국회규칙」으로 정함
인사위원회	• 소속 및 역할 : 공수처 소속, 공수처 검사의 임용과 그 밖에 인사에 관한 중요사항 심의 • 구성: 위원장(공수처 차장) 포함 9인의 위원 　– 차장 및 공수처 검사 2인 　– 국회의장이 추천하는 변호사 자격이 없는 사람 3인 　– 법무부장관 추천 검사 1인, 법원행정처장 추천 판사 1인, 대한변협회장 추천 변호사 1인 • 인사위원회 구성과 운영 등 필요사항은 「공수처 규칙」으로 정함
결격사유 규정	• 공수처장은 검사의 직에서 퇴직 후 3년, 차장은 검사의 직에서 퇴직 후 1년이 지나야 임명 가능 • 검찰청 검사였던 자로서 공수처 검사로 임명되는 자는 공수처 검사 정원의 1/2 초과 못함

---

22) 공수처의 정치적 중립성 확보 방안에 관하여는 이윤제, 주 9)의 논문, 132－142면 참조.

23) 이윤제, "[왜냐면] 공수처 권고법안의 오해와 진실", 한겨레, 2017. 10. 9. http://www. hani.co.kr/arti/opinion/column/813770.html#csidx9c890845ab0c51eb2aabacc2d5c14b5, 2017. 11. 5. 검색.

공직임용 제한	• 공수처장, 차장은 퇴직 후 2년 이내 대통령비서실, 대통령경호처, 국가안보실, 국가정보원의 정무직 공무원으로 임용 불가 • 공수처장, 차장, 공수처 검사는 퇴직 후 3년간 검사로 임용 불가 • 공수처 검사는 퇴직 후 1년 이내 대통령비서실 직위 임용 불가
공수처장의 국회출석·보고의무	• 공수처장은 국회 요구가 있을 때 수사나 재판에 영향을 미치지 않는 한 출석하여 보고하거나 답변하여야 함
공수처 검사의 범죄에 대한 수사	• 공수처장은 공수처 검사의 범죄혐의를 발견한 경우 그 사건을 대검찰청에 이첩하도록 함
재정신청	• 공수처 검사의 불기소 처분에 대하여 고소·고발인은 서울고등법원에 재정신청 가능
징계위원회	• 소속 및 역할: 공수처 소속, 공수처 검사에 대한 징계사건 심의·의결 • 징계위원회의 구성·권한 및 심의절차, 그 밖에 필요한 사항은 「대통령령」으로 정함

2. 공수처·검찰·경찰의 삼각형 견제시스템

개혁위는 공수처, 검찰, 경찰의 3개 수사기관이 정립(鼎立)하여 상호견제를 이루는 삼각형 견제 시스템을 구상하였다. 형사소송법에서는 검찰이 경찰에 대한 지휘기관이지만, 공수처의 관할대상이 되는 "고위공직자범죄 등"에 관하여는 평등관계를 이루고, 공수처, 검찰, 경찰이 공수처를 매개로 상호 견제할 수 있도록 하였다. 이러한 시스템이 유지되기 위하여는 한 기관이 다른 두 기관을 압도하지 못하고, 작은 조직도 거대조직에 대하여 대항할 수 있는 일정한 권한을 가져야 한다. 규모만으로도 검찰의 100분의 1, 경찰의 1,000분의 1에 못 미치는 공수처는 검찰이나 경찰에 단독으로 맞서거나 우위에 설 수 없다. 공수처가 검찰과 경찰의 관계를 조정할 수 있도록 한 권한을 가지고 공수처, 검찰, 경찰의 상호견제 시스템을 유지하도록 설계하였다.

고위공직자범죄 전문기관인 공수처에 "고위공직자범죄 등"의 처리 과정을 모니터링하고 관리하는 조정자의 지위를 부여하였다. 인적, 물적 자원이 부족한 공수처가 직접 모든 고위공직자범죄를 처리할 수 없지만, 공무원이나 공공기관들로부터 수사의뢰나 고발을 받고, 검찰과 경찰로부터 수사착수에 대한 통지를 받아 종합하고, 검찰, 경찰과 협의하여 적절한 기관이 사건을 처리하도록 결정하는 관리자가 되도록 하였다(개혁위안 제19조, 제20조, 제21조, 제22조). 검사의 전속적 영장청구권과 수사지휘권이 부당하게 행사되는 경우에 경찰은 검찰을 견제할 수 없다. 개혁위안은 "고위공직자범죄 등"의 적정한 처리를 위하여 수사기관들이 상호협력하도록 하였다(개혁위안 제21조 제3항). 이것은 "고위공직자범죄 등"의 사건 처리에 있어서 공수처, 검찰, 경찰이 평등한 관계임을 전제로 한다. 개혁위안에 따르면 경찰은 검사의 범죄를 비롯하여 고위공직자들에 대한 경찰의 수사를 방해하는 경우에 언제든지 공수처장과 협의하여 사건을 공수처에 이첩할 수 있으므로 검찰이 부당하게 경찰수사를 제한할 수 없게 된다(개혁위안 제20조). 공수처 신설을 통하여 검찰권의 남용에 대하여 공수처와 경찰이 상호 협력하여 견제할 수 있게 된 것이다.

1) 공수처의 사건 관할권–수사기관공직자범죄 개념의 도입

공수처의 인적 관할, 범죄 관할(대상범죄)은 기존에 발의된 공수처 법안, 그 동안 발생하였던 권력형비리 사건과 그 처리과정에서 확인된 문제점들을 반영하여 정하였다. 인적 관할은 고위공직자와 그 가족이며, 대통령을 포함하여 행정, 입법, 사법을 망라한다. 행정부의 경우 2급 이상을 대상으로 하였는데, 청와대와 국정원은 검찰과 경찰이 접근하기 어려운 권력기관이라는 점을 고려하여 3급까지 확장시켰다(개혁위안 제2조 제1호). 공수처의 범죄 관할(대상범죄)은 "고위공직자범죄 등"으로 제한되며, "고위공직자범죄 등"은 고위공직자범죄, 수사기관공직자범죄, 관련범죄로 구성된다(개혁위안 제2조 제6호). 고위공직자범죄는 형법상의 전형적인 직무범죄는 물론 국가정보원법상 정치관여, 공직선거법상 공무원의 선거운동, 국회에서의 위증을 포함하고, 직무범죄에 가까운 실질을 갖는 공용서류등무효, 허위공문서작성, 강요, 그리고 직무범죄와 사실상 구별이 어려운 공갈도 포함시켰다(개혁위안 제2조 제3호). 수사의 실효성과 연결성을 보장하기 위하여 "관련범죄"도 수사할 수 있도록 하였다. 관련범죄는 공범(필요적 공범 포함), 소위 사후공범 유형, 관련인지 사건, 공수처에 대한 범죄를 포함한다(개혁위안 제2조 제5호 참조).

개혁위안은 수사기관공직자범죄의 개념을 도입하여 검사 및 경무관급 이상 고위경찰관의 경우는 다른 고위공직자와 달리 모든 범죄를 공수처의 관할이 되도록 하였다. 검사나 경무관급 이상 경찰의 범죄는 소속 기관에 의한 비호 가능성이 있으므로 특별히 취급하여 범죄의 종류에 제한을 두지 않고 모든 범죄를 공수처에서 수사할 수 있도록 하였다(개혁위안 제2조 제4호). 수사기관공직자범죄에 대하여는 기관상피(相避)의 원칙이 적용된다. 소속 검사 또는 소속 경무관급 이상 경찰관의 범죄혐의를 발견한 기관의 장은 그 사건을 공수처에 이관하여야 한다(개혁위안 제21조 제2항). 그 대신 공수처 검사의 모든 범죄는 검찰이나 경찰에서 처리할 수 있도록 하였고, 공수처장이 공수처 검사의 범죄혐의를 발견한 경우에는 대검찰청에서 이를 수사하도록 이첩을 강제하였다(개혁위안 제21조 제1항).

수사기관공직자범죄에 대하여 기관상피의 원칙이 적용됨으로써 공수처, 검찰, 경찰 등 세 수사기관 사이에 실질적 견제와 균형이 보장된다.[24] 형사소송법은 검찰과 경찰을 지휘관계로 규정하였기 때문에 검찰비리에 대한 경찰의 수사는 쉽지 않았다. 검찰에 대한 압수·수색, 체포·구속 영장을 검사가 기각하거나, 검사가 경찰에 대하여 사건 송치지휘를 함으로써 검찰이 경찰의 수사를 쉽게 제한할 수 있었다. 그러나 개혁위안은 검사의 범죄에 대한 경찰의 수사가 방해되는 경우에 경찰이 공수처와 협의하여 공수처에 그 사건을 이첩할 수 있도록 함으로써 경찰이 고위공직자범죄 등에 대하여는 공수처를 매개로 검찰과 평등한 관계에서 상호 견제를 할 수 있도록 하였다(개혁위안 제20조, 제21조).

---

24) 법무부안도 기관상피의 원칙을 포함하고 있으나(법무부안 제25조), 수사기관공직자범죄의 개념을 두지 않고 있기 때문에, 기관상피의 원칙이 적용되는 범위가 제한적이다. 즉, 법무부안은 검찰청 검사의 경우에도 다른 고위공직자와 마찬가지로 제한된 범위의 범죄에 대하여만 공수처가 관할권을 가지기 때문에 그러한 범위 밖의 범죄에 대하여 검찰청 검사만 관할권을 갖고 공수처 검사는 관할권이 없다. 반대로 공수처 검사의 모든 범죄에 대하여는 검찰청 검사가 관할권을 갖는다. 법무부안은 수사기관공직자범죄의 개념을 배제함으로써 기관상피의 원칙의 적용범위를 제한하고, 검찰의 공수처에 대한 우위를 확보하고 있다.

■표 2　개혁위안 공수처의 사건 관할

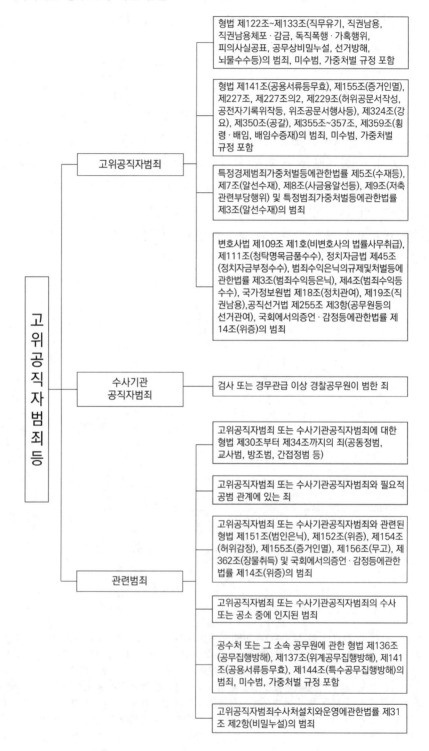

고위공직자범죄등

고위공직자범죄

- 형법 제122조~제133조(직무유기, 직권남용, 직권남용체포·감금, 독직폭행·가혹행위, 피의사실공표, 공무상비밀누설, 선거방해, 뇌물수수등)의 범죄, 미수범, 가중처벌 규정 포함

- 형법 제141조(공용서류등무효), 제155조(증거인멸), 제227조, 제227조의2, 제229조(허위공문서작성, 공전자기록위작등, 위조공문서행사등), 제324조(강요), 제350조(공갈), 제355조~357조, 제359조(횡령·배임, 배임수증재)의 범죄, 미수범, 가중처벌 규정 포함

- 특정경제범죄가중처벌등에관한법률 제5조(수재등), 제7조(알선수재), 제8조(사금융알선등), 제9조(저축관련부당행위) 및 특정범죄가중처벌등에관한법률 제3조(알선수재)의 범죄

- 변호사법 제109조 제1호(비변호사의 법률사무취급), 제111조(청탁명목금품수수), 정치자금법 제45조(정치자금부정수수), 범죄수익은닉의규제및처벌등에관한법률 제3조(범죄수익등은닉), 제4조(범죄수익등수수), 국가정보원법 제18조(정치관여), 제19조(직권남용),공직선거법 제255조 제3항(공무원등의 선거관여), 국회에서의증언·감정등에관한법률 제14조(위증)의 범죄

수사기관 공직자범죄

- 검사 또는 경무관급 이상 경찰공무원이 범한 죄

관련범죄

- 고위공직자범죄 또는 수사기관공직자범죄에 대한 형법 제30조부터 제34조까지의 죄(공동정범, 교사범, 방조범, 간접정범 등)

- 고위공직자범죄 또는 수사기관공직자범죄와 필요적 공범 관계에 있는 죄

- 고위공직자범죄 또는 수사기관공직자범죄와 관련된 형법 제151조(범인은닉), 제152조(위증), 제154조(허위감정), 제155조(증거인멸), 제156조(무고), 제362조(장물취득) 및 국회에서의증언·감정등에관한 법률 제14조(위증)의 범죄

- 고위공직자범죄 또는 수사기관공직자범죄의 수사 또는 공소 중에 인지된 범죄

- 공수처 또는 그 소속 공무원에 관한 형법 제136조(공무집행방해), 제137조(위계공무집행방해), 제141조(공용서류등무효), 제144조(특수공무집행방해)의 범죄, 미수범, 가중처벌 규정 포함

- 고위공직자범죄수사처설치와운영에관한법률 제31조 제2항(비밀누설)의 범죄

2) 공수처의 규모

개혁위의 공수처의 규모는 공수처 검사 30인 이상 50인 이내, 공수처 수사관 50인 이하 70인 이내이다(개혁위안 제8조, 제10조). 개혁위안에 대하여 최대 검사 50명, 수사관 70명, 처장, 차장을 합하여 122명이 되는 '슈퍼 공수처'라는 지적이 있다. 노회찬안은 특별검사 10인 이내, 특별수사관 45인 이내(노회찬안 제6조, 제7조), 박범계안은 특별검사 20인 이내(박범계안 제9조), 양승조안은 특수검사 3인 이내, 수사관 30인 이내(양승조안 제3조)를 제시하고 있는 점에 비추어 개혁위안의 규모가 상대적으로 커보인다. 개혁위안은 공수처가 고위공직자범죄 등을 제대로 수사하기 위하여 그 정도의 인원은 필요하다고 보았다.[25]

그런데 공수처의 규모를 다른 공수처 법안상의 인원과 비교하는 것은 의미가 없다. 공수처는 다른 법안상의 공수처를 견제하기 위해 만드는 것이 아니라, 고위공직자범죄를 전담하고, 검찰을 견제할 수 있는 기관으로 만드는 것이기 때문이다. 현재 검찰은 12,000명, 경찰은 150,000명 정도이므로 개혁위안에서 제시한 최대 인원 122명이 받아들여진다고 하더라도 대략 공수처:검찰:경찰의 규모는 1:100:1000 비율이다. 검찰의 수사지휘권, 법무부 지배, 중요 부처에 대한 파견을 통하여 축적한 네트워크 등을 고려하면 공수처가 실제로 검찰을 견제할 수 있을 지에 대하여 의문이 든다. 개혁위안은 공수처가 이러한 역할을 할 수 있도록 몇 가지 보완 장치를 도입하였다.

3) 공수처의 상대적 우선적 관할권

개혁위안은 노회찬안, 박범계안, 양승조안에 비하여 공수처의 대상범죄와 공수처의 규모를 확대하였다. 다른 수사기관과 관할권이 경합하는 경우에 공수처의 우선적 권한을 축소시키고 대신에 공공기관의 고발의무와 다른 수사기관의 통지의무를 도입

---

25) 최순실 검찰수사에 검사 32명이 동원되었다. 이를 받아 수사한 박영수 특검에 20명의 검사가 파견되었으며, 공판에는 11명의 검사가 파견되었다. 박영수 특검의 최종 규모는 122명이었다. 공수처가 신설되면 진정·고소·고발, 재정신청, 대외협력 등 기본적 업무와 공소유지·상소를 담당할 검사도 필요하게 된다. 공수처에 50명의 검사가 임명되더라도 실질적인 수사 검사는 25~30명 정도에 불과할 것이다. "최순실 검찰 수사 규모 역대 최대급…특별수사본부 검사 32명으로 확대 재편", 서울신문, 2016. 11. 4. http://www.seoul.co.kr/news/newsView.php?id=20161104500164&wlog_tag3=naver#csidxf3f8eddc6179a46a2dab8d4a79c1210, 2017. 11. 5. 검색; "박영수 특검팀에 검사 3명 추가파견…검사 11명이 공소유지", 연합뉴스, 2017. 5. 18. http://www.yonhapnews.co.kr/bulle tin/2017/05/18/0200000000AKR20170518110300004.HTML?input=1195m, 2017. 11. 5. 검색; "[총력취재] '국정농단' 수사, 박영수 특검 90일의 기록", 중앙시사매거진, 2017. 3. 17. http://jmagazine.joins.com/monthly/view/315904 2017. 11. 5. 검색; 이윤제, "[왜냐면] 공수처 권고법안의 오해와 진실", 한겨레, 2017. 10. 9. http://www.hani.co.kr/arti/opinion /column/813770.html#csidx9c890845ab0c51eb2aabacc2d5c14b5, 2017. 11. 5. 검색.

하여 이를 보상하였다.

(1) 이첩요구권

공수처의 관할 대상 범죄를 공수처만 수사할 수 있는 것이 아니며 검찰과 경찰도 관할권을 가지고 있으므로 3개의 수사기관 사이에 관할의 경합이 발생한다. 그런데, 노회찬안, 박범계안, 양승조안은 모두 공수처가 그 관할범죄에 대하여 다른 수사기관에 절대적으로 우월한 관할권을 갖도록 규정되어 있다. 노회찬안 제12조 제2항은 공수처의 직무와 중복되는 다른 기관의 직무는 수사처로 이관하도록 하고 있다. 문언상으로 보면 공수처가 모든 공수처 관할범죄에 대하여 전속적 관할권을 갖도록 되어 있다(전속적 관할권). 박범계안 제16조 제1항은 공수처의 범죄수사와 중복되는 다른 기관의 범죄수사는 공수처로 이첩하여야 한다고 하고, 양승조안 제19조 제1항은 다른 기관에서 담당하는 사건의 공수처의 소관 사건과 중복되는 경우에 그 사건을 공수처로 이관하여야 한다고 규정하고 있으므로, 박범계안, 양승조안에서는 공수처와 다른 기관의 관할이 경합하면 법률에 의하여 자동적으로 공수처가 우선적 관할권을 갖는다(절대적 우선적 관할권). 또한 위 안들은 모두 공수처장이 그 판단에 의하여 사건을 검찰에 이첩할 수 있는 권한을 부여하고 있다(노회찬안 제12조 제2항, 박범계안 제16조 제1항, 양승조안 제19조 제2항). 그러나, 개혁위는 위와 같은 전속적 관할권이나 절대적 우선적 관할권을 채택하게 되면 검찰이나 경찰이 고위공직자범죄 등을 수사할 유인이나 동기를 잃을 우려가 있다고 보았다. 최대 규모로 설립되더라도 검찰의 100분의 1, 경찰의 1,000분의 1에 불과한 공수처가 독점적 관할권을 갖게 되면 고위공직자범죄 등에 대한 수사가 오히려 부실하게 될 수 있다. 검찰·경찰의 적극적 수사를 독려하기 위하여는 검찰·경찰이 부당하게 사건을 방치하는 경우에 공수처가 적절히 개입할 수 있는 정도의 권한을 갖는 것으로 충분하다고 보았다. 공수처는 다른 수사기관에 사건의 이첩을 요구할 수 있지만, 다른 수사기관의 수사가 한창 진행 중에 있을 때나 영장청구의 단계에 있을 때는 그 수사의 맥을 끊지 않도록 그 이첩요구권의 행사에 관한 일정한 기준을 제시하였다(개혁위안 제20조 제2항).[26] 이첩요구권은 '상대적' 우선적 관할권인데, 그것은 첫째로 관할의 경합이 발생하는 경우에 자동적으로 이첩의무가 발생하는 것이 아니라, 이첩요구가 있어야 한다는 점에서, 둘째로 이첩요구권 행사는 일정한 기준에 의해 제한된다는 점에서 '상대적'이다. 공수

---

26) 개혁위안 제20조 ② 처장은 공수처에서 수사하는 것이 적절하다고 판단한 때에는 다른 수사기관에 그 사건의 이첩을 요구할 수 있다. 다른 수사기관은 강제처분을 행하거나 그밖의 특별한 사정이 없는 한 이에 응하여야 한다.

처가 이첩요구권을 실제로 행사할 수 있도록 하기 위해서는 고위공직자범죄 등의 발생과 수사에 대한 정보가 필요하다. 따라서 개혁위안은 공공기관의 고위공직자범죄 등에 대한 수사의뢰 및 고발의무(개혁위안 제19조 제3항)와 다른 수사기관의 고위공직자범죄 등 수사착수 통지의무(개혁위안 제20조 제1항)를 규정하였다. 개혁위안 제20조 제3항은 공수처의 정당한 이첩요구에 응하지 않는 경우에 공수처가 수사개시를 함으로써 동일한 사건을 수사중인 검찰이나 경찰에게 이첩의무를 발생시킨다.27) 개혁위안의 상대적 우선적 관할권(이첩요구권)은 뒤에서 보는 공수처, 검찰, 경찰의 협력의무(개혁위안 제21조 제3항)와 결합함으로써 고위공직자범죄 등의 정당한 처리를 위하여 공수처, 검찰, 경찰이 협의하는 기초가 될 것이다.

혹자는 공수처가 이첩요구권을 남용할 것이라고 주장한다. 공수처가 '무소불위'의 '절대권력'인 검찰에 대하여 이첩요구권을 부당하게 행사할 수 있을까? 검찰은 고위공직자, 공수처를 포함하여, 모든 사건에 대한 관할권을 가지고 있다. 검사는 특별사법경찰에 대한 수사지휘권, 거대조직인 경찰에 대한 수사지휘권을 가지고 있으며, 형 집행권을 통하여 약 1만5천명의 교정공무원에 대한 지휘권을 가지고 있다. 검찰은 법무부를 장악함으로써 법무부가 가진 권한을 실질적으로 행사하고 있으며, 법무부를 제외한 국정원, 감사원, 금융정보분석원 등 중요 국가기관에 파견되어 검찰네트워크를 구성하고 있는 검사들만 해도 권고안 공수처 검사의 최대 숫자인 50명을 훨씬 넘는다. 한편, 15만의 경찰은 수사권은 물론이고, 전국의 모든 지역에서 정보를 수집하고 있다. 검찰과 경찰은 공수처 견제라는 공통의 목적을 가지고 있으며 수사지휘권으로 결합되어 있다.28) 공수처의 수사대상이 되는 고위공직자들은 공수처가

---

27) 2017년 6월 30일 유럽검찰청 설립에 관한 강화된 협력을 실행하는 이사회 규정안(Document 9941/17) 제25조 제1항은 유럽검찰청은 관할 범죄에 대하여 수사를 개시하거나, 회원국의 국내 관할 기관이 수사하는 사건에 대한 이첩요구권을 행사함으로써 그 관할권을 행사하며, 유럽검찰청이 관할권을 행사하면 국내의 관할 기관은 동일한 범죄에 대하여 관할권을 행사할 수 없다고 규정하고 있다[Council of the European Union, Council Regulation implementing enhanced cooperation on the establishment of the European Public Prosecutor's Office, 30 June 2017(Document 9941/17) Article 25(1) The EPPO shall exercise its competence either by initiating an investigation under Article 26 or by deciding to use its right of evocation under Article 27. If the EPPO decides to exercise its competence, the competent national authorities shall not exercise their own competence in respect of the same criminal conduct. https://db.eurocrim. org/db/en/doc/2792.pdf, 2017. 11. 4. 검색].

28) 검찰만 공수처 설치를 반대하였던 것은 아니다. 경찰은 수사권과 공소권을 모두 갖는 공수처를 제2의 검찰로 보고 있다. 공수처의 존재는 수사·기소 분리, 즉 검찰 수사권의 원칙적 폐지를 요구하는 경찰의 주장에 장애가 된다고 생각하기 때문에 경찰은 공수처를 한시적 모델이라고 주장한다. 경찰청 수사구조개혁단장 황운하, 토론문, "보수와 진보, 함께 개혁을 찾는다": 2017. 1. 24. 국가미래연구원·경제개혁연구소·경제개혁연대 합동 토론회 시리즈, 세부주제 ① 공권력의 오·남용 방지: 검찰 등 권력기관의 개혁 방안, 2-3면 참조.

조금이라도 무리한 이첩요구를 하여 국민의 지지를 잃는 순간 검찰, 경찰과 연합하여 공수처를 소멸시킬 것이다. 이첩요구를 관철시킬 수 있는 강제력도 없는 공수처가 위와 같은 위험을 무릅쓰고 무리하게 부당한 이첩요구권을 행사할 것이라는 주장은 억측이다.[29]

(2) 공수처 · 검찰 · 경찰의 상호협력의무

공수처와 검찰, 경찰을 포함하는 모든 수사기관은 고위공직자범죄 등의 적정한 처리를 위하여 상호 협력하여야 한다고 선언하였다(개혁위안 제21조 제3항). 이러한 협력의무의 이행으로 검찰과 경찰은 고위공직자범죄 등의 수사에 착수한 경우에 지체없이 그 요지를 공수처장에게 통지하도록 하였다(개혁위안 제20조 제1항). 공수처는 검찰, 경찰로부터 통지되는 고위공직자범죄 등의 현황을 바탕으로 다른 수사기관들과 협의를 통하여 이첩요구권과 이첩권(개혁위안 제22조)을 행사하고, 고위공직자범죄 등 사건의 적정한 처리를 도모할 수 있다. 이러한 목적을 위하여 공수처, 검찰, 경찰이 협의하는 조정기구를 둘 수 있음은 물론이다. 이 상호협력의무 선언은 공수처, 검찰, 경찰이 "고위공직자범죄 등"의 수사 및 공소에 있어서 평등한 관계임을 전제로 한다.

4) 공수처 검사의 신분 보장과 검찰과 공수처의 인적 교류 제한

공수처 검사는 변호사 자격이 있는 사람 중에서 인사위원회의 추천을 거쳐 공수처장의 제청으로 대통령이 임명하도록 하였다(개혁위안 제8조). 변호사 자격 외에 다른 경력요건을 두지 않음으로 다양한 인재들이 지원할 수 있도록 하였다. 공수처 검사가 외압에 흔들리지 않고 헌법과 법률과 직업적 양심에 따라 업무를 처리할 수 있도록 검사와 동일한 수준의 신분보장을 하였고(개혁위안 제12조), 정치적 목적에 의한 부당한 사건처리나 전관예우 등을 방지하기 위하여 퇴직 후에 공직임용 등의 제한을 가하였다(개혁위안 제13조). 공수처 검사의 임기는 6년으로 하되 연임이 가능하도록 하여 우수 인력 모집과 업무 연속성의 확보, 공수처 검사의 권한 남용에 대한 대비 사이에 균형을 도모하였다(개혁위안 제8조 제3항).

박범계안 제12조 제3항은 처장, 차장, 특별검사는 검사의 직에서 퇴직 후 1년이 경과하여야 한다고 규정하고 있다. 박범계안은 현직 검사가 바로 공수처에 진입하는 것을 제한함으로써 인적 구성면에서 공수처를 검찰로부터 독립시키고 두 기관의 견

---

29) 이윤제, "[왜냐면] 공수처 권고법안의 오해와 진실", 한겨레, 2017. 10. 9. http://www. hani.co.kr/arti/opinion/column/813770.html#csidx9c890845ab0c51eb2aabacc2d5c14b5, 2017. 11. 5. 검색.

제를 도모하였다. 개혁위는 현직 검사가 공수처로 바로 전직을 하는 것을 허용하되, 다만, 공수처와 검찰의 상호 견제 관계 유지를 위하여, 검찰청 소속 검사의 직에 있었던 자로서 공수처 검사로 임명되는 자는 공수처 검사 정원의 2분의 1을 넘지 않도록 제한하고(개혁위안 제11조 제3항), 공수처 검사는 퇴직 후 3년이 지나지 않으면 검찰청 소속 검사로 임용될 수 없다는 제한을 가했다(개혁위안 제13조 제2항).[30]

V 법무부안-검사가 바라는 공수처

법무부안은 공수처법안의 통과를 위해 개혁위안에서 제시된 공수처의 규모와 권한을 축소하였다고 한다.[31] 법무부안은 첫째 공수처의 설립 취지에 반하여 검찰권 견제 기능을 약화시켰고, 둘째, 공수처법안 통과를 내세웠으나 사실은 국회가 관심이 없는 사항에서 검찰이 원하는 바를 반영하였으며, 셋째, 전체적으로 보아 개혁위안이 확보한 공수처의 독립성과 정치적 중립성에서 퇴보하였다.

1. 공수처 약화-검찰 견제 기능의 약화

법무부는 법안의 통과와 공수처의 조속한 설치·가동이라는 목적을 위하여 권한남용 우려를 해소하고자 개혁위안보다 공수처의 규모와 권한을 축소시켰다고 설명하고 있다. 그러나, 법무부안의 공수처 약화는 공수처의 검찰견제 기능을 무의미하게 만들 정도라는 점에서 공수처 설립 취지에 반한다. 법무부안은 수사대상이 되는 고위공직자와 대상범죄의 범위를 지나치게 제한하였고, 고위공직자범죄 등에 대한 이첩요구권을 실질화하기 위하여 개혁위가 도입한 법적 장치들을 삭제하였다.

---

30) 이윤제, 주 9)의 논문, 136-137면 참조.

31) 법무부의 보도자료는 법무부안에 대하여 ① 권력의 눈치를 보지 않는 성역 없는 수사가 가능하도록 수사·기소권을 보유한 독립적인 수사기구를 설치하되, ② 국민의 신뢰를 받는 공수처가 되도록 정치적 중립성을 확보하기 위해 철저를 기하고, ③ 권한남용의 우려를 해소함과 아울러 부패척결 역량 강화 요청을 조화시키는 한편, ④ 수사대상 고위공직자와 범죄의 범위를 합리적으로 설정하되, 검사의 대상범죄는 검찰이 관여하지 못하고 공수처에서 전속 수사하게 하는 등 검사 부패에 엄정 대처하도록 하고, ⑤ 공수처의 우선적 수사권을 보장하되, 다른 수사기관의 수사 진행정도 및 공정성 논란 등을 고려하여 이첩 요청 여부를 결정하도록 하였다고 설명한다(법무부 홈페이지 법무뉴스/보도자료 2017. 10. 15. 등록된 "법무부,「고위공직자범죄수사처」설치에 대한 자체 방안 제시"에 보도자료 전문이 실려 있다, https://www.moj.go.kr/HP/COM/bbs_03/ListShowData.do, 2017. 11. 4. 검색).

1) 공수처의 관할과 규모 축소

법무부안의 공수처는 최대 공수처 검사 25인, 수사관 30인으로 축소되었다(법무부안 제8조 제2항, 제10조 제2항). 또한 관할 대상을 축소하여 고위공직자에서 고위공무원단, 금감원, 현직 장성급 장교를 제외하고(법무부안 제2조 제1호), 고위공직자범죄에서 강요죄, 증거인멸죄, 공직선거법위반죄 등 다수의 범죄를 삭제하였다(법무부안 제2조 제3호). 오랜 기간 발생한 권력형부조리 사건들을 반영하여 정한 개혁위안의 관할을 대폭 축소한 것은 정당화되기 어렵다.

2) 공수처의 수사 능력의 약화

관련범죄 중 관련사건 인지범죄에 관하여 개혁위안은 '고위공직자범죄 또는 수사기관공직자범죄의 수사 또는 공소 중에 인지된 범죄'(개혁위안 제2조 제5호 라.목)라고 정의하였으나, 법무부안은 '고위공직자범죄 수사 중 "직접" 관련성이 있어 인지한 "고위공직자"의 죄'라는 매우 제한적인 정의를 사용하였다(법무부안 제2조 제4호 라.목). 법무부안은 관련사건 인지범죄의 범행 주체를 고위공직자로 제한하고, 더 나아가 고위공직자범죄 수사 중 "직접" 관련성이 있어 인지할 것까지 요구함으로써 판례나 학설에 없었던 새로운 요건을 추가하였다. 박근혜 정부의 최순실 등 민간인에 의한 국정농단 의혹 사건 규명을 위한 특별검사의 임명 등에 관한 법률 제2조(특별검사의 수사대상)는 "이 법에 따른 특별검사의 수사대상은 다음 각 호의 사건 및 그와 관련된 사건에 한정한다."고 규정하고, 제1호부터 제14호까지에서 인적 대상과 의혹 사건을 제시하면서 제15호는 "제1호부터 제14호까지의 사건의 수사과정에서 인지된 관련 사건"을 들고 있다. 이와 관련하여 판례는 기존 사건의 수사과정에서 인지된 것으로 "합리적인 관련성"이 있으면 족하며, 이러한 합리적 관련성이 있는 경우에는 제2조에 열거되지 않은 사람에 대하여도 관할권이 인정된다고 하고 있다.[32] 개혁위안은 특별검사의 임명 등에 관한 법률 제2조 제15호를 모델로 하였고, 판례의 법리가 적용될 것으로 예상하였었다.

---

32) 서울고등법원 2017초기42 특별검사의직무범위이탈에대한이의신청: 제2조 제15호의 '관련 사건'이란 헌법상의 적법절차 원리나 형사절차의 법정주의 원칙에서 벗어나지 않는 한도 내에서 특별검사법의 입법 배경과 목적 및 법의 특수성 등을 감안하여 제2조 제1호부터 제14호까지 사건의 수사과정에서 인지된 것으로서 제2조 각호가 규정하는 개별 의혹사건과 사이에 합리적인 관련성이 있는 사건을 의미한다고 할 것이고, 이러한 합리적인 관련성이 인정되는 경우라면 제2조에 열거되지 않은 사람이라도 특별검사의 수사 및 기소의 대상이 된다.

3) 공수처의 이첩요구권(이첩요청권) 무력화

개혁위안은 공수처가 작은 규모에도 불구하고 공수처, 검찰, 경찰의 3개 기관이 삼각형의 평등한 견제 시스템을 유지할 수 있도록 고위공직자범죄 등에 대하여 공수처가 전문화할 수 있는 장치로서 공공기관의 공수처에 대한 고발의무(개혁위안 제19조), 수사기관의 고위공직자범죄 수사시 공수처에 대한 통지의무, 공수처의 이첩요구권(개혁위안 제20조), 수사기관들의 상호협력의무(제21조 제3항)를 규정하였다. 법무부안은 개혁위안의 이첩요구권을 이첩요청권으로 변경하고, 다른 장치들은 모두 삭제하였다. 법무부안 제24조 제1항은 "수사처의 범죄수사와 중복되는 다른 수사기관의 범죄수사는 처장이 수사의 진행정도 및 공정성 논란 등에 비추어 수사처에서 수사하는 것이 적절하다고 판단하여 이첩을 요청하는 경우 해당 수사기관은 이에 응하여야 한다."고 규정하고 있다. 법무부 보도자료는 이 규정에 의하여 공수처의 우선적 수사권을 보장하였다고 설명하고 있다. 소규모의 공수처가 고발이나 통지와 같은 보완장치 없이 다른 수사기관의 고위공직자범죄 수사상황을 알 수 있는 가능성은 거의 없으므로 공수처가 이첩요청을 실제로 행사할 수 있는 가능성은 낮다.

2. 검찰의 공수처에 대한 법적 우위 확보

1) 수사기관공직자범죄 개념의 삭제−공수처에 대한 우위 확보

개혁위안은 수사기관공직자범죄의 개념을 도입함으로써 검찰청 검사의 모든 범죄는 공수처가, 공수처 검사나 직원의 모든 범죄는 검찰이나 경찰이 수사하도록 하였다(개혁위안 제2조 제4호). 법무부안은 수사기관공직자범죄의 개념을 폐지하고, 공수처 검사 등 공수처 소속원의 모든 범죄는 검찰이 수사할 수 있지만, 검찰청 검사의 범죄에 대하여는 일정 범죄에 한하여만 공수처가 수사할 수 있도록 하여 검찰의 공수처에 대한 법적 우위를 확보하고 있다(법무부안 제25조).

2) 수사기관간 상호협력의무의 삭제−경찰에 대한 지휘관계 유지

법무부안은 고위공직자범죄 등에 관한 수사기관들의 상호협력의무(개혁위안 제21조 제3항)를 삭제하였다. 개혁위안의 수사기관공직자범죄 개념과 수사기관들의 상호협력의무는 고위공직자범죄 등 사건의 수사와 공소에 있어서 공수처, 검찰, 경찰의 평등관계에 기초한 삼각형 상호 견제를 가능하게 하고, 검찰이 다른 기관들을 압도하는 것을 방지한다. 법무부안은 이러한 규정들을 폐지함으로써 검찰의 공수처에 대한 우월성을 확보함과 동시에 검사의 경찰에 대한 지휘관계가 공수처법에 의해 방해되는 것을 막았다.

3) 공수처 구성원의 지위 약화

개혁위안은 공수처장의 임명자격을 검찰총장과 동일하게 규정하였다(개혁위안 제5조). 이 점에 있어서 법무부안도 마찬가지이다(법무부안 제5조). 개혁위안과 법무부안 모두 공수처장의 임명절차에 국회, 법무부장관, 법원행정처장, 대한변호사협회장이 관여한다. 개혁위안은 필수적으로 인사청문을 거치고, 법무부안에서는 국회의장과 각 교섭단체대표의원과 협의가 이루어지지 않은 경우에 인사청문을 거친다(개혁위안, 법무부안 각 제5조). 특별검사의 임명 등에 관한 법률에 의한 특별검사의 추천에는 법무부차관, 법원행정처 차장이 관여하며(특별검사의 임명 등에 관한 법률 제4조 제1항), 인사청문을 거치지 않는다. 특별검사의 임명 등에 관한 법률의 대상인 특별검사보다 공수처장의 임명에 훨씬 엄중한 절차를 요구하고 있다. 그렇다면, 공수처장은 검찰총장에 준하여 장관급 처우를 받는 것이 타당함에도 불구하고, 고등검사장의 처우를 받는 특별검사보다 격하시켜 차관급으로 규정하고 있다(법무부안 제12조 제1항).[33]

개혁위안이 신규 공수처 검사에 대하여 변호사 자격 보유 5년의 요건을 삭제했던 것을 법무부안에서 복구하였다(법무부안 제8조). 검사 경력이 없는 젊은 인재들이 공수처에 지원하여 장기간 근무하는 것은 공수처의 발전뿐만 아니라, 공수처와 검찰의 견제관계를 유지하는데 도움이 될 것이다. 그런데, 검찰청 검사의 지원 요건에는 5년의 변호사 자격이 없는데, 공수처 검사에 대한 지원에는 이러한 제한이 있다면 법학전문대학원을 졸업하고 처음 변호사가 되는 사람들 중에서 우수한 자원은 먼저 지원기회가 부여되는 검찰청 검사가 될 가능성이 높다. 법무부안에 의하면 공수처는 검찰청 검사가 되지 않고 5년을 기다린 변호사들 중에서 지원자를 받아야 한다.

수사관에 대하여는 임기를 제한하지 않은 개혁위안과 달리 법무부안은 공수처 수사관의 임기를 6년으로 하고 있다(법무부안 제10조 제3항). 비록 연임이 가능하다고 하나, 변호사 자격증이 없는 일반인이 특별한 이유없이 6년마다 재임용 절차를 밟아야 하는 직책을 지원할 가능성은 거의 없을 것이다. 검찰청 수사관들에게는 없는 이런

---

33) 특별검사의 임명 등에 관한 법률에서 변호사 경력 7년 이상이 요구되는 특별검사보는 검사장, 특별수사관은 3급부터 5급까지 상당의 별정직 국가공무원의 처우를 받도록 하고 있다(특별검사의 임명 등에 관한 법률 제8조, 제13조). 법무부안은 변호사 경력 10년 이상이 요구되는 공수처 차장에 대하여는 고위공무원단 가등급, 공수처 수사관은 4급 이하 7급 이하의 검찰직공무원에 준하도록 하고 있다(법무부안 제12조).

제한은 단순히 공수처의 수사관의 지위를 검찰청보다 열악하게 하는 것에 그치지 않는다. 퇴직후 변호사로서 활동할 수 없는 공수처 수사관의 신분을 불안정하게 만드는 것은 도덕적 해이를 유도하는 결과가 될 수 있다.

3. 공수처의 독립성과 정치적 중립성 약화

개혁위안은 공수처장 추천위원회가 2인을 추천하고, 대통령이 그 중 1인을 지명한 뒤 국회 인사청문을 거쳐 임명하도록 하였다. 법무부안에서는 추천위원회가 2인을 추천하면, 국회의장이 각 교섭단체대표의원과 협의한 후 1명을 국회에서 선출하여 대통령이 임명하되, 다만, 협의가 이루어지지 않는 때에는 국회의장이 그 2명을 대통령에게 추천하고 대통령이 그 중 1명을 지명하여 인사청문회를 거쳐 임명하도록 하였다(법무부안 제5조). 법무부안은 국회의 협력을 끌어내기 위하여 공수처장의 임명절차에서 국회의 영향력을 증가시킨 것으로 보인다. 박범계안이나 개혁위안, 법무부안의 공수처장 추천위원회의 인적 구성 방식은 특별검사의 임명 등에 관한 법률과 실질적으로 같다. 추천위원회의 인적 구성 방식에 본질적인 변화가 없기 때문에 법무부안이 개혁위안과 실질적으로 차이가 있다고 보지는 않지만, 국회의 영향력을 증가시키려고 노력하였다는 점은 평가할 만하다.

1) 예산 편성의 자율성 약화

공수처가 대통령의 영향으로부터 벗어나 공정한 사건처리를 하기 위해서 실질적으로 가장 중요한 것의 하나가 공수처 예산의 독립성이다. 행정부가 공수처의 예산을 쉽게 좌우할 수 있다면 이를 통해 공수처의 활동을 제약할 수 있게 된다. 공수처의 수사대상이 된 정부의 고위공직자들은 공수처의 예산에 대한 영향력을 이용하여 공수처의 활동을 제약할 가능성이 높다.[34] 노회찬안, 박범계안, 양승조안은 공수처의 예산업무에 관하여 공수처장을 「국가재정법」 제6조에 따른 중앙관서의 장으로 간주한다(노회찬안 제23조 제4항, 박범계안 제6조 제4항, 양승조안 제15조 제6항).[35] 그러나 이

---

34) 부패방지기구의 활동과 예산(budgetary constraints)의 관계에 대한 외국의 사례에 대하여는 John R. Heilbrunn, Anti−Corruption Commissions, in: Rick Stapenhurst 외 2(편), The Role of Parliament in Curbing Corruption, The World Bank, 2006, p. 142−145.

35) 국가재정법 제6조(독립기관 및 중앙관서) ① 이 법에서 "독립기관"이라 함은 국회·대법원·헌법재판소 및 중앙선거관리위원회를 말한다. ② 이 법에서 "중앙관서"라 함은 「헌법」 또는 「정부조직법」 그 밖의 법률에 따라 설치된 중앙행정기관을 말한다. ③ 국회의 사무총장, 법원행정처장, 헌법재판소의 사무처장 및 중앙선거관리위원회의 사무총장은 이 법의 적용에 있어 중앙관서의 장으로 본다.

것은 예산에 있어서 공수처의 정치적 중립성과 독립성을 보장하는 충분한 규정이 못 된다. 이 규정에 의하여 공수처장은 다른 행정부처를 거치지 않고 예산요구안을 독자적으로 작성하여 기획재정부에 직접 제출할 수 있을 뿐이다. 여전히 기획재정부가 공수처의 예산안을 변경할 수 있는 권한을 가지고 있다. 공수처 업무의 특성에 부합하는 예산편성의 자율성을 보장하여야 한다. 개혁위안 제25조 제1항은 "공수처는 국가재정법 제40조의 규정에 의한 독립기관으로 한다."라고 규정하고 제2항에서 "공수처의 예산회계에 관한 사항은 공수처 규칙으로 정한다."라고 하였다. 국가재정법 제40조가 적용되면 공수처는 헌법재판소, 법원, 국회, 중앙선거관리위원회와 같은 정도의 높은 예산상 자율성을 누리게 된다.[36] 국가정보원에 대하여 동일한 취지의 규정을 두고 있고 있으며,[37] 감사원에 대하여도 예산의 자율성을 고려한 특별한 규정들을 두고 있다.[38][39]

개혁위안과 달리 법무부안은 예산에 있어서 공수처를 "중앙관서"로 보도록 하였다 (법무부안 제17조 제6항, 제44조). 대통령의 공수처에 대한 영향력을 제한하려고 한 개혁위안의 예산 관련 규정들이 법무부안에서 수정됨으로써 법무부안에서 대통령의 공수처에 대한 영향력이 개혁위안보다 증가되었다.

2) 조직 구성의 자율성 약화

국가인권위원회의 조직 구성과 인원에 대하여 국가인권위원회법에서 규정하지 않는 바람에 이명박 대통령이 국가인권위원회의 인원을 감축할 수 있었고, 결국 국가인권위원회의 활동이 크게 위축되었다는 비판이 있다.[40] 이러한 전례에 비추어 공수

---

36) 국가재정법 제40조(독립기관의 예산) ① 정부는 독립기관의 예산을 편성함에 있어 당해 독립기관의 장의 의견을 최대한 존중하여야 하며, 국가재정상황 등에 따라 조정이 필요한 때에는 당해 독립기관의 장과 미리 협의하여야 한다. ② 정부는 제1항의 규정에 따른 협의에도 불구하고 독립기관의 세출예산요구액을 감액하고자 할 때에는 국무회의에서 당해 독립기관의 장의 의견을 구하여야 하며, 정부가 독립기관의 세출예산요구액을 감액한 때에는 그 규모 및 이유, 감액에 대한 독립기관의 장의 의견을 국회에 제출하여야 한다.

37) 국가정보원법 제12조(예산회계) ① 국정원은 「국가재정법」 제40조에 따른 독립기관으로 한다.

38) 국가재정법 제41조(감사원의 예산) 정부는 감사원의 세출예산요구액을 감액하고자 할 때에는 국무회의에서 감사원장의 의견을 구하여야 한다.

39) 정태욱, "국가인권위원회의 독립성에 관한 제도 개선론 소고", 인하대학교 법학연구소 법학연구 제13집 제2호, 2010, 243−247면. 국가인권위원회의 독립성과 관련된 예산편성권의 문제점에 대하여는 정영선, "국가인권위원회 10년, 독립성 평가와 과제", 전북대학교 법학연구 제34집, 2011, 15−16, 30면; 이윤제, 주 9)의 논문, 139−141면 참조.

40) 정영선, 앞의 논문, 25면; 정태욱 앞의 논문, 236−239면; 국가인권위원회법 제18조 제1항, 「국가인권위원회와 그 소속기관 직제」 각 참조.

처의 대강의 조직 구성과 인원에 대하여 공수처 설치 법률에서 직접 규정할 필요가 있다. 개혁위안은 공수처의 인원에 대하여는 그 대강을 법률에서 직접 규정하였고, 공수처의 조직 및 운영에 관한 사항은 공수처 규칙으로 정하도록 하였다(개혁위안 제27조). 법무부안은 개혁위안과 달리 공수처의 조지 및 운영에 관한 사항을 대통령령으로 정하도록 하여 공수처에 대한 대통령의 영향력을 증가시켰다.

3) 공수처 검사의 신분 보장 약화 – 공수처와 검찰의 결합

개혁위안은 공수처 검사의 임기를 6년으로 하면서도 제한없이 연임할 수 있도록 하고 정년을 63세로 하여 그 신분을 상당한 정도 안정시키고 있다(개혁위안 제8조 제3항). 법무부안은 공수처 검사들의 신분보장을 약화시킴으로써 공수처의 정치적 중립성과 독립성을 약화시키고 있다. 법무부안은 공수처 검사 임기를 3년, 3회에 한하여 연임할 수 있고 63세를 정년으로 하고 있다(법무부안 제8조 제3항).[41] 일반적인 경우에 임기 3년으로 최대 12년까지만 근무할 수 있는 자리를 매력적으로 보기는 어렵다. 게다가 공수처장의 임기도 3년 단임이기 때문에 실제로 공수처장이 바뀔 때 공수처 검사들도 상당수 바뀔 가능성이 매우 높다(법무부안 제5조 제3항). 변호사들이 전문직이기는 하지만, 아주 특별한 경우를 제외하면 이렇게 불안정한 직책에 지원하는 것은 쉽지 않을 것이다. 검찰청에서 퇴직하는 검사들은 법무부안의 공수처에 지원하는 아주 특별한 경우에 해당될 수 있다. 더 좋은 보직으로 승진하지 못해 퇴직하는 검사에게 3년밖에 더 못한다는 제한은 큰 단점이 아니다.

법무부안은 공수처를 검찰청 검사들의 보직관리용으로 활용하려고 했다는 점에서 비판받을 수 있지만 더 큰 문제는 검찰과 공수처가 견제 취지가 몰각되고, 공수처에 대한 대통령의 영향력이 증가된다는 점이다. 개혁위안은 박범계안이 퇴직 후 1년이 경과하지 않으면 공수처 검사가 될 수 없도록 한 제한(박범계안 제12조 제3항)을 삭제함으로써 검찰청 검사가 바로 공수처로 전직하여 정년까지 근무하는 것을 허용하고 있다. 이것은 공수처가 검찰로부터 유능한 인재를 받아들일 수 있게 허용하면서도 공수처와 검찰의 견제 관계 유지를 가능하게 하는 장치이다. 검찰청 소속 검사도 공수처 검사로 임용되고 공수처에서 장기간 근무할 예정이라면 검찰로부터 영향을 받을 가능성은 높지 않다. 그런데, 법무부안은 검찰청 검사가 바로 공수처 검사가 되는 것을 제한하는 박범계안 대신에 현직 검찰청 검사의 공수처 유입을 허용하는 개혁위안을 받아들였다. 그러나, 공수처 검사의 임기에 관한 개혁위안의 규정은 따르지 않

---

41) 법무부안의 공수처 검사 정년 63세는 공수처 검사가 51세 이후에 임용된 경우에만 적용될 가능성이 있다.

고 3년, 3회 연임 가능이라는 독자적 방안을 도입하였다. 법무부안에 의하면 현직 검찰청 검사는 공수처 검사가 바로 될 수 있지만 대부분 3년의 단기 근무만하고 퇴직할 것이다. 검찰청에서 오래 동안 근무한 뒤 단기간 공수처 검사로 근무하고 퇴직할 것이 예정된 공수처 검사가, 그가 공수처 검사로 재직하는 3년의 기간 동안에 검찰견제의 기능을 제대로 수행할 지 의문이다. 결국 공수처 검사의 단기 임기 규정은 검찰의 공수처에 대한 영향력 증가를 의미하며, 이것은 대통령의 공수처에 대한 영향력 증가를 수반한다.

Ⅵ 결론

  법무검찰개혁위원회의 공수처법안은 16명의 민간위원들이 기초하였다. 법무부의 공수처법안은 검사로 구성된 법무부 공수처TF가 기초하였다. 개혁위안은 국민이 원하는 공수처를 목적으로 하였다. 국민들이 바라는 공수처는 권력형범죄의 수사·공소 전문기관으로서 검찰견제의 역할을 수행하며, 정치적 중립을 지키는 독립기관이라고 보았다. 법무부안은 검사도 반대하지 않을 만한 공수처를 목적으로 하였다. 조속한 공수처 법안 통과를 명분으로 공수처의 규모와 권한을 약화시키고 검찰의 공수처에 대한 우위를 확보하였다. 이 과정에서 공수처의 독립성과 정치적 중립성은 퇴보하였다. 법무부안은 공수처장의 임명절차에서 국회의 영향력을 개혁위안보다 조금 증가시켰으나, 개혁위안이 공수처를 예산에 있어서 독립기관으로 간주하도록 하여 대통령의 통제권을 대폭 제한하고 국회의 영향력을 증가시킨 규정을 변경시켰다. 개혁위안이 공수처 조직을 공수처 규칙으로 정하도록 하여 공수처의 자율성을 보장한 것을 삭제함으로써 대통령의 영향력을 증가시켰다. 법무부안의 공수처 검사의 3년 임기, 3회 연임 가능이라는 단기 근무제는 공수처 검사의 신분을 불안하게 만들어 공수처의 정치적 중립성을 약화시킬 뿐만 아니라, 공수처와 검찰의 결합을 가져와 공수처가 검찰견제라는 설립 취지를 이행하기 어렵게 할 것이다.

  법무부 공수처TF는 개혁위안을 활용하여 그 동안 공수처 설치를 반대하여 온 검찰과 법무부조차 찬성할 수 있는 내용의 법무부안을 완성하였다. 많은 국민들이 법무부안과 개혁위안을 구분하지 못하고 있을 가능성이 높다. 그러나, 국회의 공수처법안 논의과정에서 법무부안의 내용이 모두 반영된다는 보장이 없다. 공수처 검사 3년 임기, 3회 연임은 너무 무리한 방안이라는 것이 쉽게 드러날 것이다. 검찰청 검사는 공수처 검사의 모든 범죄에 대한 관할권을 갖고, 공수처 검사는 검찰청 검사의 일정 범죄에 대한 관할권만을 갖는 불평등한 구조, 고위공직자범죄의 수사착수 시 공수처에 대한 통지의무 삭제를 통한 공수처의 무력화 등 중요 문제점에 대한 비판도 제기될 것이다. 검찰은 위와 같은 쟁점중에서 어느 하나라도 법무부안이 반영이 되지 못하면 공수처 설치 반대로 돌아설 가능성이 높고, 검찰 출신 국회의원들은 검찰의 입장에 호응할 것으로 추측된다. 결국 조속한 공수처 설치를 명분으로 제시된 법무부안은 실제로는 공수처 설치를 방해하거나 지연시키는 명분으로 사용될 가능성이 있다.

서론에서 소개한 한인섭 개혁위 위원장의 공수처 신설 발표는 다음과 같이 끝난다.

  6. …
  7. 오늘 저희가 발표하는 안은 법무·검찰개혁위원회의 권고안입니다. 저희들은 어떤 정파 이익, 기관 이익의 차원을 넘어서, 오직 국민의 여망을 받들면서, 수사효율성을 위한 최상의 작품을 만들려고 했습니다. 감사합니다.

공수처 법안을 통과시킬 힘은 검찰에 있는 것이 아니다. 공수처는 국민의 여망에 따라 설치되는 것이다.[42]

---

42) 인도네시아의 부패척결위원회(Corruption Eradication Commission)는 수사권과 기소권을 모두 갖고 있는 독립기구로 우리나라의 공수처에 해당한다. 인도네시아어 약자인 KPK로 불리며 2013년 국제투명성 기구로부터 최고의 반부패기구 모델로 인정받았고, 현재 인도네시아에서 국민들로부터 가장 신뢰받는 기관이다. 정치인들은 부패척결위원회의 독립성과 수사 및 공소 능력을 약화시키기 위하여 부패척결위원회의 예산과 직원을 축소를 시도하고 있으며, 시민들이 이에 반대하는 시위를 하고 있다. https://thediplomat.com/2017/09/indonesias-corruption-eradication-commission-law-weathers-the-storm-for-now/, 2017. 11. 6. 검색.

첨부자료. [법무·검찰개혁위원회 권고안 제2호: 고위공직자범죄수사처 설립]

2017. 9. 18. 법무·검찰 개혁위원회 위원장 한인섭

오늘 <법무·검찰개혁위원회>는 여러차례 깊은 논의 끝에 <고위공직자범죄수사
처법안>을 위원회 권고안(No.2)으로 발표했습니다. 그동안 권력형범죄를 방지하기
위한 방안으로 공수처 설치는 국민적 여망이었습니다. 저희가 만든 공수처법 권고안
요지는 이렇습니다.

1. 공수처는 독립된 수사기관으로, 권력형 범죄의 수사.공소만 담당하는 기관입니
   다. 정식명칭은 '고위공직자범죄수사처'로 하고, 약칭은 공수처로 합니다.

2. 공수처의 수사대상은 고위공직자이고, 행정, 입법, 사법을 망라합니다. 행정부
   공무원의 경우 2급이상 공무원이 대상으로 됩니다만, 청와대와 국정원은 3급
   이상까지 포함됩니다. 그동안 힘있는 기관, 접근하기 어려웠던 기관에 대해 실
   효성있는 수사를 확보하기 위해서입니다.

3. 수사대상범죄는 공무원의 직무상 범죄가 주로 대상이 됩니다. 하지만 직무범죄
   를 수사하다가 인지하게 된 사건은 자연스럽게 포함됩니다. 뇌물죄 같은 경우
   엔 돈받은 공무원과 뇌물제공한 민간인도 포함됩니다.

4. 검사(및 경무관급 이상 경찰관)의 경우는 특별합니다. 검사(+고위경찰)의 모든 범
   죄는 공수처에서 수사합니다. 검사에 대해 검찰이 수사했을 때 신뢰받기 어렵
   기에 기관상피(相避)의 원칙을 적용하여, 검사의 범죄는 공수처에서 다룬다는
   것입니다. 대신 공수처 검사의 범죄는 검찰에서 수사합니다. 이렇게 수사공직자
   범죄는 다른 기관이 수사토록 하여, 엄정 수사토록 하고, 수사결과에 대한 대외
   적 신뢰도를 높이도록 합니다.

5. 공수처 대상범죄에 대해 공수처만 수사할 수 있는 게 아닙니다. 공수처는 수사
   권 독점이나 전속적관할이 아니라, 우선적 관할을 갖습니다. 검·경도 고위직범
   죄에 대해 수사권을 행사할 수 있습니다. 수사기관끼리 적극적 경쟁!!을 유도하
   자는 게 이 법안의 특색입니다. 다만 동일한 범죄에 대해 공수처와 검찰이 동시
   에 수사할 때는, 공수처에 이첩해야 합니다. 또 공수처는 검찰에게 사건 이첩을
   요청할 수 있고, 검찰은 그에 응해야 합니다. 그런데, 이미 검찰 수사가 한창
   진행중에 있을 때나, 영장청구의 단계에 있을 때는, 수사의 맥을 끊지 않도록
   검찰이 수사할 수 있습니다. 수사기관끼리 사건을 놓고 서로 하겠다고 충돌할

때는 조정기구를 운영토록 했습니다.

6. 공수처 규모는 크지 않습니다. 기존 국회의원 안에는 20명 정도의 검사를 예정하고 있습니다만, 저희는 30-50명의 검사, 50-70명의 수사관을 예정하고 있습니다. 작지만 효율적인 수사기관을 목표하고 있습니다.

7. 오늘 저희가 발표하는 안은 법무·검찰개혁위원회의 권고안입니다. 저희들은 어떤 정파 이익, 기관 이익의 차원을 넘어서, 오직 국민의 여망을 받들면서, 수사 효율성을 위한 최상의 작품을 만들려고 했습니다. 감사합니다.

후기

제가 "국민의 공수처 VS 검찰의 수사처"를 형사법연구에 투고하게 된 것은 한인섭 교수과의 인연에 기인합니다. 아주대 로스쿨 교수로서 형사소송법을 강의하고 있던 저는 그 전에 검찰청 및 법무부에서 검사로 근무한 경력과 구유고전범재판소(UN ICTY)에서 재판연구관으로 근무한 경험을 가지고 나름대로 한국 검찰의 개혁을 위한 제도 구상을 고민하고 있었습니다. 그런데, 2017년 5월 문재인 정부가 시작된 후 검찰개혁을 추진하기 위한 법무·검찰개혁위원회(이하 "개혁위")가 2017년 8월 9일 출범하였고, 한인섭 교수님이 그 위원장이 되셨습니다. 당시는 마침 제가 한인섭 교수님을 지도교수로 모시고 2016년에 박사학위(PhD)를 받은 직후였고, 한인섭 교수님께서는 저에게 개혁위의 위원이 되어 검찰개혁의 구상을 구체화할 수 있는 기회를 주셨습니다. 개혁위는 법무부 탈검찰화를 제1차 권고안으로 하여, 검찰 과거사위원회 설치, 인권보호수사준칙, 검·경수사권 조정방안 등 14차례의 권고안을 발표하였습니다. 저는 14차례의 권고안 중에서 법무부탈검찰화, 검·경수사권조정, 공수처 권고안의 기획을 담당했었습니다. 2017년 9월 18일 발표된 제2차 개혁위 권고안이 온 국민의 관심이 집중되었던 공수처 설치방안이었는데, 한인섭 교수님께서는 개혁의 대상인 검찰과 법무부의 방해를 우려하여 특별히 개혁위에서 공수처설치에 필요한 법안까지 자체적으로 마련하라고 하셨습니다. 개혁위의 "고위공직자범죄수사처 설치와 운영에 관한 법률(안)"(이하 "개혁위안")이 발표되자 공수처 설치 논의는 언론의 주목을 받으면서 급속도로 확산되었고, 결국 압도적인 국민의 지지를 배경으로 2020년에 국회에서 공수처법이 통과되었습니다. 1996년 11월 참여연대의 입법청원을 계기로 시작된 공수처 논의에서 개혁위 공수처법안 발표까지 약 20년이 걸렸지만, 개혁위

공수처법안 발표후 약 3년만에 공수처법이 국회를 통과하였던 것입니다.

한인섭 교수님께서 공수처의 설립과 발전에 기여하신 내용을 간단히 적으면 다음과 같습니다. 한인섭 교수님께서는 앞에 본 바와 같이 지체중이던 공수처 설립의 물꼬를 트셨을 뿐만 아니라, 공수처법의 틀을 짜는데 많은 공헌을 하셨습니다. 한인섭 교수님은 공수처의 명칭과 관련하여 그동안 제시된 "공직부패수사처", "고위공직자비리수사처", "고위공직자비리조사처"의 "부패"나 "비리" 대신에 형사소송법상 수사기관의 적법한 수사대상인 "범죄"를 택하여 "고위공직자범죄수사처"를 공수처의 정식명칭으로 삼고, 그 약칭을 국민들의 원하는 대로 "공수처"로 하자고 주장하셨습니다. 결국 이 주장은 개혁위 위원들의 지지를 받았고 그렇게 정해졌습니다. 그래서, 공수처는 부패나 비리를 조사하는 사찰기구나 정보기관이 아니라 고위공직자의 부패와 비리 범죄를 엄정히 처벌하고 검찰을 견제하기 위한 특별 수사·기소 기관으로 설계될 수 있었던 것입니다. 현재의 고위공직자범죄수사처의 명칭, 약칭 공수처는 순전히 한인섭 교수님의 덕택인 것입니다. 검찰, 법무부, 국회가 각자 개혁위의 공수처법안에 손을 대고 그 내용을 수정하였지만, 그 근본틀과 검찰개혁의 정신은 바꾸지 못하였습니다. 공수처는 법무부의 자문기관에 불과하였고, 공수처법은 개혁위의 원안대로 제정되지는 못하였지만, 헌법재판소는 현행 공수처법의 해석에 있어서 개혁위의 공수처법안을 가장 중요한 자료의 하나로 보고 있습니다(헌재 2021. 1. 28. 2020헌마264등, 판례집 33-1, 72, 97-98). 개혁위의 공수처법안은 현행 공수처법의 해석자료를 넘어 공수처가 지향하여야 할 고전적 이상형으로 여겨지고 있습니다. 많은 학자들이 개혁위안을 공수처법의 이상적 모습으로 평가할 뿐만 아니라, 국회에서도 개혁위안으로 돌아가고자 하는 개정안들이 발의되고 있습니다. 2020년 5월 30일 회기가 시작된 제21대 국회에서 발의된 공수처법일부개정안은 2020년 8월 24일 김용민 의원 등 12인 대표발의를 시작으로 2023년 9월 27일 김승원 의원 등 10인 대표발의까지 모두 30개입니다. 그 대부분의 법안들이 현행 공수처법을 개혁위 공수법안의 취지에 부합하게 다시 복원하는 개정안입니다. 한인섭 교수님의 공수처에 대한 애정은 남다르셔서, 공수처법안을 제시했던 것만으로 성이 차지 않으셨나 봅니다. 공수처가 그 설립 초기에 많은 논란을 일으키고 비판을 받아 어려운 지경에 이르자, 공수처를 직접 도와주기 위하여 공수처법의 제정 과정을 알려 주고 공수처가 그 본래의 설립 취지에 맞게 운영될 수 있도록 공수처의 발전 방향을 제시하는 연구를 손수 담당하셔서 2023년에는 "한국 공수처법의 제정과정과 발전방안—개혁위 권고안과 법률의 제정 및 내용을 중심으로—"라는 연구용역을 수행하셨습니다. 공수처를 도와주기에는 이것도 부족하다고 생각하셨는지, 2024년 6월 26일 국회 의원회관에서 국회의원 이성윤·박은정 주최, 고위공직자범죄수사처 설치 및 운영에 관한 법률(공수처법) 개정안 토론회를 개최하도록 주선을 하셨습니다. 한인섭 교수님은 여기서 좌장을 맡으셨고, 저는 발표를 맡아서 한인섭 교수님께서 생각하시는 바람직한 공수처의 위상과 권한을 회복하기 위한 공수처법 개정안을 제시하였습니다. 이 토론회의 성과는 2024년 7월 5일 이성윤 의원 등 16인이 대표발의한 고위공직자범죄수사처 설치 및 운영에 관한 법률 일부개정법률안(의안번호 2201405)에 반영되었습니다.

저는 한인섭 교수님으로부터 학은을 입어 법학박사(PhD)가 되었고, 제가 가지고 있었던 검찰개혁에 대한 구상을 현실에 반영할 수 있는 기회를 얻었습니다. 개혁위 위원님들의 최종 결정에 필요한 공수처법안의 초안을 마련하였고, 법무부 탈검찰화와 검·경수사권조정안을 기획하였습니다. 어떤 학자도 경험해보기 어려운 소중한 기회였습니다. 스승의 은혜는 하늘과 같다는 말은 제 얘기라고 생각하고 있으며, 늘 선생님께 감사하고 있습니다. 저는 스스로 매우 진보적이라고 생각하였는데, 어느날 한인섭 교수님께서 '자네는 진보적이지 않으며, 개혁된 보수에 불과하다'는 취지의 말씀을 하셨습니다. 제가 한번도 생각해보지 못했던 평가를 받아서, 저에 대하여 다시 한번 생각에 볼 수 있는 계기가 되었었습니다. 진보 인사로든 개혁된 보수 인사로든, 사회에 도움이 되는 사람이 되도록 살고자 노력하겠습니다. 시대를 앞서는 진보적 삶을 사신 한인섭 교수님, ⋯ 선생님께 무한한 감사를 드립니다.

5

수사구조 개혁을 위한 국가수사청 도입의 필요성*

오병두(교수, 홍익대학교 법과대학)

Ⅰ 시작하며

2022. 7. 22. 여·야는 제21대 국회 후반기 상임위원회 위원장 배분 등 원 구성 합의에서 사법개혁특별위원회(이하 '사개특위')를 "형사사법체계개혁특별위원회"라는 명칭으로 구성하기로 합의하였다.[1] 그 논의안건은 "[2022년] 5월 3일 본회의에서 의결한 사법개혁특별위원회 구성결의안에 따른 사항과 관련 법안의 보완 등 여야 간사 간 추가로 합의된 사항"으로 하며, 활동 시한은 2023. 1. 31.까지로 하였다.

위 「사법개혁특별위원회 구성결의안」(2022. 5. 3.)[2]에서는 사개특위의 활동목표를

---

* 이 글은 오병두, "수사구조 개혁을 위한 국가수사청 도입의 필요성", 홍익법학 제23권 제4호, 홍익대학교 법학연구소, 2022에 게재되었음을 밝힌다.

1) 위 합의안의 전문은 "여야 원 구성 합의문···사개특위 위원장은 민주당", 경향신문 2022. 7. 22(https://m.khan.co.kr/politics/assembly/article/202207221106001#c2b, 2022.10.15. 최종검색).

> **합의문(2022. 7. 22.)**
> 3. 사법개혁특별위원회 구성 및 운영과 관련하여 다음과 같이 변경한다.
> – 명칭은 형사사법체계개혁특별위원회로 변경한다.
> – 위원정수는 12인으로 하고, 더불어민주당 6인, 국민의힘 6인으로 한다.
> – 위원장은 더불어민주당이 맡는다.
> – 활동기간은 2023년 1월 31일까지로 한다.
> – 법률안 심사권을 부여하되, 안건은 여야 합의로 처리한다.
> – 논의안건은 5월 3일 본회의에서 의결한 사법개혁특별위원회 구성결의안에 따른 사항과 관련 법안의 보완 등 여야 간사 간 추가로 합의된 사항으로 한다.

2) 의안번호: 2115456, 제안일자: 2022. 4. 29, 제안자: 국회운영위원장.

"가칭 중대범죄수사청(한국형 FBI)의 신설과 이에 따른 다른 수사기관의 권한 조정에 관한 사항, 모든 수사기관의 수사 공정성·중립성과 사법적 통제를 담보할 수 있는 방안 마련 등 사법 체계 전반에 대하여 논의하고 관련 법률안을 심사·처리"(주문 가항)하는 것으로 하며, 그 제안이유를 다음과 같이 기술하고 있었다.

> 검찰의 직접 수사권과 기소권은 분리하는 방향으로 하고, 검찰의 직접 수사권은 한시적이며 직접 수사의 경우에도 수사와 기소 검사는 분리하는 것으로 하면서, 이와 관련하여 가칭 중대범죄수사청(한국형 FBI)에 대해 특별위원회 구성 후 6개월 내 입법 조치를 완성하고, 동 기관을 입법 후 1년 이내에 출범시키며, 출범과 동시에 검찰의 직접 수사권을 폐지하도록 하고, 경찰 등 수사기관에 대한 감시와 통제, 견제와 균형을 실현하는 등 사법 체계 전반에 대하여 논의하고 관련 법률안을 심사·처리하기 위하여 「사법개혁 특별위원회」를 구성하려는 것임.

이 제안이유의 상당 부분은 박병석 국회의장이 제안하였고 당시 야당인 국민의힘이 합의하였다가 파기한 「국회의장 중재안」(2022. 4. 22.)과 같은 취지이다.[3] 이 중재안에서는 '중대범죄수사청'을 '한국형 FBI'로 지칭하며 '수사−기소의 분리'를 강조하였는데, 이는 문재인 정부의 '검찰개혁'에 대한 후속작업임을 천명한 것이었다.

문재인 정부의 주요 국정과제였던 '검찰개혁' 구상은 '권력기관' 전체의 개혁이라는 맥락에 진행되었다.[4] 그 중요한 내용은 검찰−경찰 사이의 수사권 조정과 공수

---

[3] 위 중재안의 전문은 "박병석 중재안, 檢 수사범위 6대→2대범죄로 축소", 동아일보 2022. 4. 22. (https://www.donga.com/news/Politics/article/all/20220422/113024176/1, 2022.10.15. 최종검색). 박병석 국회의장의 중재안 중 '한국형 FBI'에 관한 내용은 다음과 같다.

> **국회의장 중재안(2022. 4. 22.)**
> 5. 법률안 심사권을 부여하는 사법개혁특위를 구성한다. 이 특위는 가칭 '중대범죄수사청(한국형 FBI)' 등 사법 체계 전반에 대해 밀도 있게 논의한다.
> 　중수청은 특위 구성 후 6개월 내 입법 조치를 완성하고 입법 조치 후 1년 이내에 발족시킨다. 중수청(한국형 FBI)이 출범하면 검찰의 직접 수사권은 폐지한다.
> 　중수청 신설에 따른 다른 수사기관의 권한 조정도 함께 논의한다.
> 　사법개혁 특위의 구성은 13인으로 하며 위원장은 민주당이 맡는다. 위원 구성은 민주당 7명, 국민의힘 5명, 비교섭단체 1명으로 한다. 사개특위는 모든 수사기관의 수사에 대한 공정성, 중립성과 사법적 통제를 담보할 수 있는 방안도 함께 마련한다.

[4] 문재인 정부의 검찰개혁에 대한 정리와 평가로는 오병두, "문재인 정부 검찰개혁에 대한 평가", 「민주법학」 제76호(민주주의법학연구회, 2021), 75−97쪽.

처의 설립이다. 특히 수사권 조정은 2번에 걸쳐 이루어졌다.

첫 번째는 2020년 「검찰청법」, 「형사소송법」, 「고위공직자범죄수사처 설치 및 운영에 관한 법률」(이하 '공수처법') 등 '검찰개혁 3법'의 제·개정에 의한 수사권 조정(이하 '2022년의 수사권 조정')이었다. 2020. 12.에는 국가수사본부의 설치, 자치경찰제의 실시 등을 내용으로 하는 「국가경찰과 자치경찰의 조직 및 운영에 관한 법률」(이하 '통합경찰법')이 국회를 통과하였다. 검찰중심의 사법체계의 균열을 가져오기는 했으나 그것만으로 충분하다고 보기는 어려웠다. 무엇보다도 검찰의 수사와 관련하여, 소위 '6대범죄', 즉 "부패범죄, 경제범죄, 공직자범죄, 선거범죄, 방위사업범죄, 대형참사 등 대통령령으로 정하는 중요 범죄"에 대해서는 수사개시권을 그대로 남겼고(「검찰청법」 제4조)[5], 논란이 많았던 검찰 내 직접수사인력에 대해서는 별다른 조치를 취하지 않았다. 게다가 공수처는 판사, 검사, 고위직 경찰관의 고위공직자범죄와 관련범죄에 대해서만 예외적으로 기소권을 행사할 수 있게 되었다(공수처법 제3조 제1항 제1호)[6]. 한편, 통합경찰법이 경찰청장과 시·도경찰청장, 경찰서장 등 경찰관서장이 일반적 지휘권과 구체적 지휘권을 통해서 수사에 개입할 여지를 넓게 인정하면서(통합경찰법 제14조 제6항, 제28조 제3항 등), 국가수사본부의 수사에 대한 행정경찰의 관여 방지를 위한 '사법경찰과 행정경찰의 분리'가 제대로 이루어지지 않았다.[7]

두 번째는 2022년 「검찰청법」과 「형사소송법」의 개정으로 이루어진 수사권 조정이다(이하 '2022년의 수사권 조정'). 수사권 조정을 중심으로 보면, 「검찰청법」 제4조

---

5) 「검찰청법」(법률 제16908호, 2020. 2. 4. 개정, 2021. 1. 1. 시행) 제4조(검사의 직무) ① 검사는 공익의 대표자로서 다음 각 호의 직무와 권한이 있다.

  1. 범죄수사, 공소의 제기 및 그 유지에 필요한 사항. 다만, 검사가 수사를 개시할 수 있는 범죄의 범위는 다음 각 목과 같다.

    가. 부패범죄, 경제범죄, 공직자범죄, 선거범죄, 방위사업범죄, 대형참사 등 대통령령으로 정하는 중요 범죄

    나. 경찰공무원이 범한 범죄

    다. 가목·나목의 범죄 및 사법경찰관이 송치한 범죄와 관련하여 인지한 각 해당 범죄와 직접 관련성이 있는 범죄

6) 공수처법 제3조(고위공직자범죄수사처의 설치와 독립성) ① 고위공직자범죄등에 관하여 다음 각 호에 필요한 직무를 수행하기 위하여 고위공직자범죄수사처(이하 "수사처"라 한다)를 둔다.

  1. 고위공직자범죄등에 관한 수사

  2. 제2조제1호다목, 카목, 파목, 하목에 해당하는 고위공직자로 재직 중에 본인 또는 본인의 가족이 범한 고위공직자범죄 및 관련범죄의 공소제기와 그 유지

7) '사법경찰과 행정경찰의 분리'와 국가수사본부에 관하여는 오병두, "국가수사본부의 독립성 −사법경찰과 행정경찰의 분리를 중심으로−", 「형사정책」 제33권 제3호(한국형사정책학회, 2021.10), 7−33쪽; 이윤제, "국가수사본부의 문제점과 한계", 「저스티스」 통권 186호(한국법학원, 2021), 176−206쪽.

제1항 제1호 가목[8])이 종전의 '6대범죄'가 '2대범죄', 즉, "부패범죄, 경제범죄 등 대통령령으로 정하는 중요 범죄"로 축소되었고, 「형사소송법」 제196조 제2항[9])이 신설되어 검사가 사법경찰관에 대해 사건의 송치요구를 하는 경우에도 "해당 사건과 동일성을 해치지 아니하는 범위 내에서"만 수사하도록 하였다. 전자는 검찰의 '수사개시권'을, 후자는 '수사권' 자체를 제한한다.[10])

2022. 8. 30. 사개특위는 첫 회의를 열고 정성호 의원을 위원장으로, 국민의힘 정점식 의원과 민주당 송기헌 의원을 각각 간사로 선임했다. 2022. 5. 3. 「검찰청법」과 「형사소송법」의 개정안이 국회를 통과한 지 119일 만의 일이며,[11]) '박병석 국회의장 중재안'이 제안된 날로부터 만 3개월만의 일이었다.

법개정의 취지가 '검수완박'(검찰수사권 완전박탈)이라며, 그 위헌성을 주장하는 법무부가 이를 사실상 무력화시키는 「검사의 수사개시 범죄 범위에 관한 규정」[12])을 9. 8. 통과시킨 직후, 당초 법안에 반대하였던 여당의 협조 하에 사개특위를 정상적으로 가동시키는 일은 시작부터 난항이 예상되는 것이었다. 그 후 사개특위는 야당 위원들이 회의 개최를 촉구하는 등의 사정에도 불구하고[13]) 여당의 불참으로 인해 별다른

---

8) 「검찰청법」(시행 2022. 9. 10., 법률 제18861호, 2022. 5. 9. 개정) 제4조(검사의 직무) ① 검사는 공익의 대표자로서 다음 각 호의 직무와 권한이 있다.

  1. 범죄수사, 공소의 제기 및 그 유지에 필요한 사항. 다만, 검사가 수사를 개시할 수 있는 범죄의 범위는 다음 각 목과 같다.

  가. 부패범죄, 경제범죄 등 대통령령으로 정하는 중요 범죄

  나. 경찰공무원(다른 법률에 따라 사법경찰관리의 직무를 행하는 자를 포함한다) 및 고위공직자범죄수사처 소속 공무원(「고위공직자범죄수사처 설치 및 운영에 관한 법률」에 따른 파견공무원을 포함한다)이 범한 범죄

  다. 가목·나목의 범죄 및 사법경찰관이 송치한 범죄와 관련하여 인지한 각 해당 범죄와 직접 관련성이 있는 범죄

9) 「형사소송법」(시행 2022. 9. 10., 법률 제18862호, 2022. 5. 9. 개정) 제196조(검사의 수사) ② 검사는 제197조의3제6항[시정조치요구 등], 제198조의2제2항[검사의 체포·구속장소감찰] 및 제245조의7제2항[고소인 등의 이의신청]에 따라 사법경찰관으로부터 송치받은 사건에 관하여는 해당 사건과 동일성을 해치지 아니하는 범위 내에서 수사할 수 있다.

10) 검찰의 직무에서 '범죄수사'를 배제하는 것을 골자로 하는 「공소청법안」(의안번호: 2106976, 제안일자: 2020. 12. 29., 제안자: 김용민의원 등 13인)이 제안되기도 하였으나, 위 「검찰청」 개정안(「검찰청법 일부개정법률안(대안)」(의안번호: 2115408, 제안일자: 2022. 4. 27. 제안자: 법제사법위원장)에 반영되어 폐기되었다.

11) '검수원복' 논란 속 넉달 만에 사개특위 가동…실효성은?", CBS노컷뉴스 2022. 8. 30. (https://www.nocutnews.co.kr/news/5809837, 2022.10.15. 최종검색). 사개특위 위원 명단은 민주당 소속 국회의원 6명(정성호(위원장), 송기헌(간사), 김승원, 박범계, 박주민, 임호선) 그리고 국민의힘 소속 국회의원 6명(정점식(간사), 박형수, 서범수, 유상범, 전주혜, 조수진 의원) 등 12명으로 구성되었다.

12) 시행 2022. 9. 10., 대통령령 제32902호, 2022. 9. 8. 개정.

13) "사개특위 野 의원들 "與, 미완성 사법 체계 논의해야" 회의 촉구", Newsis 2022. 10. 17. (https://

진척 없이 현재에 이르고 있다.

　고착상태에 빠진 사개특위의 논의를 볼 때, 현재의 답보상태를 만드는 데에 일조하였고 '수사-기소의 분리' 등 수사구조 개혁에서 핵심어로 등장한 '중대범죄수사청' 또는 '한국형 FBI'라는 제도적 구상에 대해 살펴보고 현 상황에서 시급한 과제를 정리할 필요성이 있다고 생각된다. 또한 문재인 정부의 검찰개혁과 경찰개혁을 포함하는 수사구조 개혁이 일종의 '과도기'적 단계로 평가되고,[14] 검찰과 경찰 사이의 어정쩡한 권한 분배로 인해 추가적인 조정이 불가피하다는 점에서도 수사구조 개혁 논의를 정리할 필요성이 있다. 후속 개혁이 적절하게 진행되지 않는다면 형사사법체계 내부의 갈등과 비효율성은 점차로 커질 수밖에 없기 때문이다.

Ⅱ　수사구조 개혁의 기본 방향: 수사와 기소의 조직적 분리

1. 기능의 분리가 아닌 조직의 분리로서 '수사-기소 분리'

　직접수사권(수사개시권) 제한과 관련된 검찰의 반대(소위 '검수완박'에 대한 반대론)는 '수사-기소 분리'라는 명제의 이해방식과 무관하지 않다. 하나의 기능적 단위인 검찰로부터 '수사권'을 박탈하여 '공소권'만을 남긴다는 식으로 '수사-기소 분리'를 이해하고 있다는 점과 관계가 깊다. 이와 같이 조직구성과 별도로 특정한 기능만을 법률적으로 배제, 제거한다는 발상(기능분리론)은 수사와 기소의 현실과는 거리가 있고, 형사사법체계의 개선효과도 크지 않다. 오히려 '수사와 기소는 완전히 분리되어야 한다'고 말할 때의 '수사-기소 분리'란, 조직의 분리, 즉 수사와 기소를 한 조직에서 담당할 경우 생길 수 있는 권한의 오남용을 막기 위해 수사를 주된 업무로 하는 조직과 기소를 담당하는 조직으로 나누는 것으로 파악하는 것(조직분리론)이 적절하다.[15] 따라서 '수사-기소 분리'란 하나의 조직을 전제로 그 내부적으로 수사기능과 공소기능을 분리하는 것은 여기에서 말하고자 하는 '수사-기소 분리'는 아니다.

　본래 '수사-기소 분리'를 추구하였던 목적은 '기관 간의 통제'를 통한 검찰권력에

　　mobile.newsis.com/view.html?ar_id=NISX20221017_0002050168, 2022.10.15. 최종검색).

14) 수사권 조정의 과도기적 상태에 대하여는 오병두, "문재인 정부의 검찰개혁의 평가와 과제-수사-기소의 분리를 중심으로-", 「법과 사회」(법과사회이론학회, 2021. 10), 130쪽 이하.

15) '수사-기소 분리'에 관한 기능분리론과 조직분리론의 정리로는 오병두, "문재인 정부의 검찰개혁의 평가와 과제-수사-기소의 분리를 중심으로-", 127-146쪽.

대한 합리적 통제 가능성에 중점이 있다. 나아가 수사담당자로서의 지위와 공소관으로서 지위와의 충돌 가능성은 '수사-기소 분리'가 수사와 기소의 합리화나 효율성 증가에도 도움이 될 수 있음을 시사한다. 따라서 검찰이 아닌 경찰 등의 수사기관에서 수사를 하고 이를 법률전문가인 검찰이 제3자의 시각에서 재검토하는 작업은 수사의 적법성에 대한 외부적 통제수단이자, 수사의 오류 가능성에 대한 유효한 교정수단으로서도 의미가 있다. '수사-기소 분리'로 달성하려는 목적을 이루기 위해서는 제대로 된 조직분리가 필요한 이유이다.[16]

제대로 된 '수사-기소 분리'를 위해서는 검찰 내 직접수사 인력의 조정이 필수적이다. 이는 검찰청 내에 존재하는 수사조직을 검찰로부터 분리하는 것으로, 검사의 고유한 기능으로서의 수사기능의 자체의 폐지를 말하는 것은 아니다.[17] 기소를 중심으로 하는 검찰조직에서도 기소 여부의 판단에 필요한 범위 내에서 조사활동, 즉 수사활동은 가능하고 필요하다. 그러나 이것이 경찰이 행한 수사를 다시 하거나 경찰을 대신하여 수사를 하기 위하여 검찰 내에 수사인력을 갖춘다는 것과 같은 의미는 아니다.

검찰 조직 내 직접수사 인력의 분리 이후에는 형사사법체계 내에서 새롭게 조직과 권한이 커지는 기관에 대해서는 그 기관의 권한과 비례하여 통제도 강화되어야 한다. 확대되는 수사기관의 권한에 대해서는 통제장치의 강화로 대처할 필요가 있다는 것이다. 경찰의 수사에 대해서는 검찰의 공소권에 의한 통제가 대표적이지만,[18] 여기에 제한되어야 하는 것은 아니다. 검찰의 직접 수사 폐지 이후 국가수사본부(향후 독립한 국가수사청)의 수사에 대한 검찰의 통제 그리고 검찰과 수사기관 사이의 수사결과에 대한 이견과 갈등 조정을 위해서는 법원에 의한 통제 이외에 시민참여 기구에 의한 통제를 도입하여 해결할 필요가 있다.[19]

---

16) '수사-기소 분리'가 필요한 이유에 대하여는 크게 ① 검찰개혁의 국민적 요구(민주주의적 요청), ② 검찰권력에 대한 견제와 균형(권력분립 내지 법치국가적 관점), ③ 동일인이 수사관과 공소관을 담당하는 모순(수사와 기소가 일치하는 '신규문주의'적 수사)의 탈피(실질적 탄핵주의의 관점) 등이 제시되고 있다(이에 관하여는, 오병두, "문재인 정부의 검찰개혁의 평가와 과제-수사-기소의 분리를 중심으로 -", 134쪽).

17) 따라서 이른바 '검수완박'(검찰수사권 완전한 박탈)은 그 표현의 선명성과는 별개로 실제로 현실화되기는 어려운 것이다.

18) 예컨대, 유주성, "국가수사조직 도입모델로서 프랑스 중앙사법경찰국에 관한 연구", 경찰법연구 제10권 제1호(한국경찰법학회, 2012. 6), 116쪽은 검찰 내 수사인력의 분리와 독립된 국가수사기구의 신설은 "수사지휘를 하되 수사를 직접 집행할 수는 없"는 검찰이 되도록 하여, "통제받지 않는 수사기관으로써 검찰은 사라지고 기소기관과 수사경찰에 대한 법률통제기관으로써 역할을 기대할 수 있을 것"이라고 전망한다.

19) 상세한 논의는 오병두, "수사-기소 구조의 개혁 방안", 『검경개혁 위한 수사 기소 분리, 어떤 모습이

2. '중수처법안' 등에서 '수사-기소 분리'의 문제

주지하는 바와 같이, 「국회의장 중재안」(2022. 4. 22.)에서부터 명시적으로 '중대범죄수사청'(이하 '중수청')을 '한국형 FBI'로 언급하고 있으며, 「사법개혁특별위원회 구성결의안」(2022. 5. 3.)에서는 이것이 '수사-기소 분리'를 실현하기 위한 제도임을 천명하고 있다. 여기에서 말하는 중수청 모델은 2020년 개정 「검찰청법」 제4조 제1항 제1호 가목의 '6대범죄'를 전담하는 조직으로 검찰 내의 수사인력을 토대로 하는 수사기구를 말한다.

이처럼 검찰의 직접수사권이 인정되는 6대 범죄(검찰청법 제4조 제1항)를 전담하는 기구를 별도로 설치하고자 하는 법안은 현재 3개가 발의되어 있다. 위 「사법개혁특별위원회 구성결의안」에서도 언급된 「중대범죄수사청 설치 및 그 운영에 관한 법률안」(이하 '황운하의원안')[20]이 대표적이다. 황운하의원안은 공수처와 같은 독립수사기구로서 중대범죄수사청(이하 '중수청')을 신설하는 것을 골자로 한다. 그 외에 법무부 소속의 특별수사청을 신설하는 「특별수사청의 설치 및 운영에 관한 법률안」(이하 '이수진의원안')[21], 「특수수사청법안」(이하 '오기형의원안')[22]도 발의되었다.[23]

우선, 황운하의원안은 공수처와 마찬가지로 독립성을 띤 중수청을 상정한다(제4조). 그러면서도, 중수청의 설치 및 관할구역(제3조), 하부조직(제9조), 직제(제11조), 수사관의 자격(제15조 제1항 제3호), 인사위원회의 구성과 운영(제18조 제6항), 수사관의 직무수행(제21조 제3항), 수사관의 정원(제27조 제1항), 기타 직원의 수(제29조 제2항) 등을 대통령령에 위임하도록 하고 있다. 특히 수사관의 직무(제12조 제2항 제1호[24])에 관하여 이른바 '6대범죄'를 그대로 가져오다 보니, "부패범죄, 경제범죄, 공

어야 하는가』(참여연대 대선정책토론회 자료집), (2021. 11. 10.), 23쪽 이하의 "Ⅲ. 수사와 기소에 대한 시민적 통제의 강화" 참조.

20) 의안번호: 2108015, 제안일자: 2021. 2. 8., 제안자: 황운하의원 등 21인. 한다. 이 법안은 2021. 3. 16. 법제사법위원회 전체회의에 상정되었으나 심의를 "2024년 5월 29일까지로 연장"하는 것으로 정리되었다(제389회국회(임시회) 법제사법위원회 제1차 회의록, 2021. 3. 16. 14쪽).

21) 의안번호: 2110223, 제안일자: 2021. 5. 20., 제안자: 이수진의원 등 21인. 이 법안은 2021. 7. 22. 법제사법위원회 전체회의에 상정되었으나 그 심의를 "2024년 5월 29일까지로 연장"하기로 하는 것으로 정리되었다(제389회국회(임시회) 법제사법위원회 제1차 회의록, 2021. 7. 22, 14쪽).

22) 의안번호: 2115216, 제안일자: 2022. 4. 12, 제안자: 오기형의원 등 12인.

23) 황운하의원안과 이수진의원안에 대한 긍정적 평가를 기조로 하는 분석으로는 서보학, "검찰개혁 완성을 위한 완전한 수사·기소 분리 방안—중대범죄 전담 특별수사기구 설치의 의미와 핵심 개요를 중심으로—", 「법학논총」 제34권 제2호(국민대학교 법학연구소, 2021. 10), 102쪽 이하. 반대로, 이에 대한 비판적 견해로는 조광훈, "가칭 '중대범죄수사청' 설치에 관한 비판적 검토와 몇가지 대안 제시", 「연세법학」 제37권(연세법학회, 2021. 6), 229-281쪽. 이 두 견해는 결론은 서로 상이하나 양자가 모두 '수사-기소 분리'를 조직분리론에 아니라 기능분리론으로 이해한다는 점은 동일하다.

직자범죄, 선거범죄, 방위사업범죄, 대형참사 등 대통령령으로 정하는 중요 범죄"를 수사권의 범위로 한다. 독립기구인 중대범죄수사청의 수사범위를 대통령령으로 정할 수 있다면 그 자체로 독립기구로 한 취지가 탈색되며, 기능상의 독립성이나 정치적 중립성은 크게 위협받을 수 있다. 나아가 인사 "수사1급 이하 수사4급 이상 수사관은 수사청장의 제청으로 국무총리를 거쳐 대통령이 임용한다."(제17조 제1항)는 점도 공수처25)와 구별된다. 직업공무원제(헌법 제7조)에 의하여 신분이 보장되는 현재의 검찰청 소속 공무원의 소속을 변경하여 중수청 소속으로 한다는 점을 고려한 것으로 보이나, 이 정도로 행정부 종속성이 강한 조직 구성원을 둔다면, 당초 독립기구로 하겠다는 취지와 조화되기는 어려워 보인다.

다음으로, 이수진의원안(제2조)과 오기형의원안(제2조)은 모두 특수수사청을 법무부장관 소속으로 한다. 이수진의원안은 「검찰청법」 제8조와 동일하게, 법무부장관을 '수사청 사무의 최고 감독자'로 설정하면서 법무부장관의 일반적 지휘권 규정(제3조 제2항)26)을 두고 있다. 오기형의원안은 이와 같은 규정을 두고 있지 않아서 독립성이 높다고 볼 여지도 있으나, 특수수사청 소속 공무원들은 "상관의 지휘·감독을 받아 직무를 수행"하는데(제16조)27), 여기의 상관에 법무부장관이 포함되는지 여부는 법안 자체로는 명확하지 않다. 이 두 개의 법안도 특수수사청의 인사, 구성, 조직 등을 광범위하게 대통령령에 위임하는 점은 앞의 황운하의원안과 다르지 않다. 이 법안들은 법무부 소속의 특수수사청을 상정하고 있으므로 구체적으로 조직, 인사, 직무, 권한 등을 모두 대통령령에 위임하고 있다.28)

법무부 소속으로 하는 두 법률안의 주목할 만한 차이는 특수수사청장 후보자의 추천방법에 있다. 특별수사청장후보추천위원회를 이수진의원안은 국회(제5조)에 두도록

---

24) 2022년 개정 전 「검찰청법」 제4조 제1항 제1호 가목과 동일하다.

25) 공수처법 제10조(수사처수사관) ① 수사처수사관은 다음 각 호의 어느 하나에 해당하는 사람 중에서 처장이 임명한다.

　　1. 변호사 자격을 보유한 사람

　　2. 7급 이상 공무원으로서 조사, 수사업무에 종사하였던 사람

　　3. 수사처규칙으로 정하는 조사업무의 실무를 5년 이상 수행한 경력이 있는 사람

26) 이수진의원안 제3조(직무상 독립) ② 법무부장관은 수사청 사무의 최고 감독자로서 일반적으로 수사관을 지휘·감독하고, 구체적 사건에 관하여는 수사청장만을 지휘·감독한다.

27) 오기형의원안 제16조(직무수행) ① 특수수사청 소속 공무원은 상관의 지휘·감독을 받아 직무를 수행하고, 그 직무수행에 관하여 서로 협력하여야 한다.

28) 주요한 것으로는 이수진의원안 제2조 제4항, 제7조 제3항, 제10조, 제13조 제4항, 제19조 제6항, 제27조 제1항, 제28조 등, 그리고 오기형의원안 제5조 제7항, 제7조 제3항, 제10조 제1항, 제11조 제4항, 제16조 제3항 등.

하였음에 반하여, 오기형의원안은 법무부(제5조)에 두도록 하고 있다. 인사의 독립성 측면에서만 본다면, 이수진의원안이 상대적으로 낫다. 황운하의원안에서의 중수청장 추천위원회(제6조)나 이수진의원안의 특수수사청장 추천위원회(제5조)는 공수처를 모델로 하였음에 반하여, 오기형의원안에서는 검찰총장의 추천절차에 준한다(제5조 참조).

오기형의원안의 제안 배경은 알 수 없으나, 추측건대 집권 여당과의 타협이 가능한 모델을 염두에 둔 것으로 보인다. 사법경찰을 법무부 소속으로 하자는 기존 검찰의 주장과 크게 다르지 않고, 법무부 소속의 검찰 수사관을 중심으로 한 조직이어서 여당이 받아들일 만하다는 점 때문이다. 그렇지만, 특수수사청이 검찰과 다른 조직을 구성하여 권력을 분산한다는 장점에도 불구하고, '법무부의 탈검찰화'가 충분하지 않은 상태라면 그 의미는 반감될 수밖에 없다.

더 근본적인 문제는, 이 법률안들이 이른바 '6대범죄'를 기준으로 그 권한을 설정하였다는 점이다. 이들 법률안은 검찰과 경찰로부터 분리된 수사기구에서 6대 범죄를 다루도록 한다는 점에서, 그리고 검찰의 직접수사를 법률적으로 배제한다는 점에서, '수사-기소 분리' 원칙을 실현함으로써 2020년의 수사권조정(기존 '검찰개혁 3법')을 보완하여 문재인 정부 검찰개혁의 과도기적 성격을 개선한다는 성격을 띠고 있다. 이들 법률안의 제안이유가 담고 있는 '수사-기소 분리'라는 문제제기는 이 점에서 중요하다. 그러나 '6대범죄'의 인위적 분리[29]를 그대로 유지·강화한다는 점에서 상당한 보완이 필요하다. 개정 「검찰청법」에서 '2대범죄'로 축소된 상황에서도 여전히 유효할 수 있다고 보이지는 않는다.[30] 잠정적 타협으로 설정한 '6대범죄'가 원칙화할 수는 없는 노릇이다. 한편, 국가수사청에는 반대하면서, 중수청/특수수사청 모델을 지지하는 견해에서는 "제한된 범위내에서 수사권을 행사하는 특별수사기는 소규모 정예기구로 설치되는 것이 옳다."는 주장[31]을 하기도 한다. 이른바 '6대범죄'라는 범주가 '특수수사'와 동일시될 필요는 없을 것이다.

다음으로, 중수청/특수수사청 모델은 경찰(국가수사본부)은 그대로 두고서, 검찰이 가진 6대범죄에 대한 수사를 전담하는 조직을 상정한 것도 주목할 점이다. 이에 따르면, 수사조직은 경찰, 공수처, 중수청(특수수사청)으로 3분된다. 중수청이나 특수수

---

29) 최정학, "정부의 '검·경 수사권 조정 합의안'에 대한 단상", 「민주법학」 제68호(민주주의법학연구회, 2018), 357쪽; 오병두, "문재인 정부 검찰개혁에 대한 평가", 85쪽.

30) 2022. 10.29. 이태원 참사 이후에는 「검찰청법」 제4조 제1항 제1호 가목의 '2대범죄'에 "대형참사"를 추가하는 「검찰청법 일부개정법률안」(의안번호: 2118143, 제안일자: 2022. 11. 7, 제안자: 김영선의원 등 10인)이 발의되기도 하였다.

31) 서보학, "검찰개혁 완성을 위한 완전한 수사·기소 분리 방안－중대범죄 전담 특별수사기구 설치의 의미와 핵심 개요를 중심으로－", 109쪽.

사청은 행정경찰 없는 순수한 사법경찰의 형태로 구성된다. '사법경찰과 행정경찰의 분리'를 조직 분리로 이해해야 한다는 점에서 보면,[32] 유일하게 사법경찰만으로 구성되는 수사기구가 된다. 반면, 중수청/특수수사청 모델은 현재의 경찰 수사권에 대한 제한적 의미는 거의 없다.

끝으로, 이들 법률안에서는 종래 독립된 수사기구 신설과 관련하여 논의되었던 자체 소속의 '수사검사'를 두지 않고 있다. 한편, 중수청이나 특수수사청을 지지하는 입장 중에는 현실적 편의를 고려하여 그와 같은 특수수사기구 내부에 "수사청 소속 영장청구검사"를 둘 수 있도록 하자는 제안도 있다.[33] 후술하는 바와 같이, 수사검사-기소검사의 조직적 분리는 다양한 법적 문제를 야기할 수 있다는 점에서 '수사검사'를 두지 않는 편이 적절하다고 생각된다.

Ⅲ   수사구조 개혁 모델로서 국가수사청

1. 국가수사청 도입의 의미와 맥락

종래 국가수사청은 '수사-기소 분리'를 조직적으로 구현하기 위한 모델로서 논의되어 왔다. 이미 "2012. 7. 24. 민주통합당에서는 수사의 공정성을 제고하고 수사권을 둘러싼 검·경 갈등을 최소화하며 검찰을 개혁하는 차원에서 검·경 합동수사기관인 국가수사국 설치를 합의한" 바 있었다.[34] 제20대 국회에서 경찰의 수사권을 독립한 수사청에서 담당하게 하는 「수사청법안」(곽상도의원안)[35]도 제안된 바 있다. 모두 경찰 및 검찰과 분리된 제3의 독립적인 수사기구를 도입하자는 논의였다.

여기에서 말하는 국가수사청은 현재 국가수사본부의 관할범죄와 검찰의 수사개시 대상범죄 등을 포함 모든 범죄를 수사 관할로 하며, 검찰이나 경찰이 아닌 제3의 독

---

32) '사법경찰과 행정경찰의 분리'는 동일 조직 내부에서 기능적으로 분할하는 것(기능분리)으로 충분하지 않고, '수사-기소의 분리'와 마찬가지로 사법경찰기능을 주로 하는 조직과 행정경찰기능을 주된 업무로 하는 조직을 분리하는 방식(조직분리)으로 이루어져야 한다는 주장이다. 이에 관하여는 오병두, "국가수사본부의 독립성-사법경찰과 행정경찰의 분리를 중심으로-", 20쪽 이하.

33) 서보학, "검찰개혁 완성을 위한 완전한 수사·기소 분리 방안-중대범죄 전담 특별수사기구 설치의 의미와 핵심 개요를 중심으로-", 111-112쪽.

34) 이에 대하여는 하태훈·윤동호·정유나, 『수사권·기소권 분리와 독립수사기구 설치 방안』(국회입법조사처, 2020. 12), 58쪽 참조.

35) 의안번호: 2016553, 제안일자: 2018. 11. 14, 제안자: 곽상도의원 등 11인.

립적 지위를 가진 조직이다. 즉, 국가수사청은 6대범죄뿐만 아니라 경찰이 수사하는 범죄까지 포괄하여 모든 범죄의 수사를 담당한다. 따라서 국가수사청 신설 이후에는 일반적 권한을 가진 유일한 수사기구로서,[36] 제한된 권한을 가진 수사기구인 공수처와 −공수처의 현재 권한이 그대로 유지된다고 가정하면− 병립하게 된다.

수사구조 개혁의 차원에서 보면, 국가수사청은 한편으로 '수사−기소 분리'를 통해 검찰권을 제한하면서도, 다른 한편으로 '사법경찰과 행정경찰의 분리'를 구현하여 완전한 수사권 조정 이후 비대화될 우려가 큰 경찰권을 견제하는 효과적인 대안이다.[37]

먼저, 국가수사청은 '수사−기소 분리'를 조직 차원에서 구조화한다. '수사−기소 분리' 이후에도 검찰에 광범위한 직접수사 영역이 인정되고 이를 실행할 검찰청 내 수사인력이 남아 있으면서, 이 인력에 대해 검찰의 수사'지휘'마저 가능하다면, '수사−기소 분리'는 형식적인 것에 그칠 수밖에 없기 때문이다. 국가수사청은 검찰로부터 독립한 기구이므로 실질적인 독립을 유지할 수 있다.

다음으로, 경찰청(행정경찰)과 분리된 국가수사청이 도입되면 '사법경찰과 행정경찰의 분리'가 조직 차원에서 실현되게 된다. 이는 수사활동의 독립성과 정치적 중립성을 위한 것이지만, 효율성 측면에서도 의미가 크다.[38] "공수처, 검찰청, 경찰청에 분산된 수사권을 집중시켜서 그 기능을 효율화하려는 데에 독립수사기구 신설 취지가 있"다는 설명은 이를 잘 보여준다.[39]

생각건대, 국가수사청의 도입은 문재인 정부의 수사권 조정에서 시작한 수사구조 개혁을 완결 짓는 의미를 가진다. 국가수사청은 수사구조 개혁 방향인 '수사−기소 분리'와 '사법경찰과 행정경찰의 분리'를 포괄적으로 달성할 수 있는 제도적 장치이기 때문이다.

이하에서는 국가수사청 도입과 관련하여 논의되고 있는 주요한 몇 가지 쟁점에 대

---

36) 국가수사청은 '일반적 권한'의 수사기구이므로, 국가수사청의 도입이 다른 특별수사기구의 설치나 특별사법경찰관리 등에 따른 수사권의 다원화 가능성을 배제하지는 않는다.

37) 오병두, "국가수사본부의 독립성−사법경찰과 행정경찰의 분리를 중심으로−", 22쪽. 유사 취지: 박찬걸, "경찰권과 검찰권의 조정을 통한 '국가수사청' 설치에 대한 시론", 「비교형사법연구」 제20권 제1호 (한국비교형사법학회, 2018), 201쪽.

38) '수사−기소 분리'에 관한 기능분리론적 시각에서 이와 반대로 (중수청/특수수사청의) 비효율성을 우려하기도 한다(조광훈, "가칭 '중대범죄수사청' 설치에 관한 비판적 검토와 몇 가지 대안 제시", 245쪽 이하). 검찰권으로부터 수사권한의 분리를 전제로 한 논의로서 이 견해가 예상하는 비효율성은 국가수사청 모델에서는 설득력이 낮다고 생각된다.

39) 하태훈 외, 『수사권·기소권 분리와 독립수사기구 설치 방안』, 81쪽. 또한 유주성, "국가수사조직 도입 모델로서 프랑스 중앙사법경찰국에 관한 연구", 116쪽도 같은 취지이다.

해 검토해보기로 한다.

2. 국가수사청 도입과 관련한 주요 쟁점

1) 국가수사청 도입의 필요성과 시의성

국가수사청 도입론에서 인력 구성을 위해 현재의 경찰(국가수사본부)과 검찰의 수사인력을 이관 받아야 한다는 점에 대체로 견해가 일치되어 있다고 보인다.[40]

문제는 이처럼 사법경찰과 검찰 내 직접수사 인력으로 국가수사청이 설립될 경우, ─지역적 분산이나 자치경찰로의 권한이양을 고려하지 않는다면─ 초대형의 수사기구가 등장하게 된다는 점에 있다.[41] 여기에서 "수사기관의 특성상 일사불란한 명령체계로 운영되는 국가단위의 수사청은 스스로 권력 기관화가 될 가능성이 크"다는 이유로 국가수사청 도입에 반대하는 견해도 있다.[42]

또한 제20대 국회, 곽상도의원안의 심의과정에서, 검찰, 경찰, 법무부의 의견을 수렴한 바 있었다. 당시 모든 국가기관이 국가수사청과 같은 단일화된 수사기구를 설립하는 것에 반대입장을 표명하였다.[43] 검찰과 경찰 모두 스스로의 인력과 권한이 축소되는 방향의 제도개혁안에 찬성하기는 쉽지 않았을 것임은 짐작하고도 남음이 있다.

무엇보다도, 이러한 우려나 반대론은 '국가단위의 수사청'만을 전제로 한 것으로, 국가수사청의 지역적 분산과 자치경찰로의 권한이양이 이루어져 한다는 점은 충분히 고려되어 있지 않다.[44] 또한 경찰청과 국가수사본부가 형식적으로 분리된 현 상황과

---

40) 예컨대, 박찬걸, "경찰권과 검찰권의 조정을 통한 '국가수사청' 설치에 대한 시론", 「비교형사법연구」 제20권 제1호(한국비교형사법학회, 2018), 223쪽; 하태훈 외, 『수사권·기소권 분리와 독립수사기구 설치 방안』, 89쪽.

41) 기존의 연구에서는, 외형상 약 38,000명 규모의 대형 기구가 만들어진다고 한다. 하태훈 외, 『수사권·기소권 분리와 독립수사기구 설치 방안』, 90─91쪽은 "경찰청 내 형사·수사경찰 및 여청·교통조사 등 전체 수사 인력은 30,552명"(2020. 3. 11. 기준)이고 "검찰수사관은 6,044명"과 검사 2,066명 중 약 70% 정도의 수사검사를 추산한 1,446명(2018. 9. 1. 기준)을 합칠 경우 국가수사청의 수사인원은 약 38,000명 정도가 될 것으로 예상하고 있다. 그러나 이 글에서 제시하는 분권형 조직형태를 취하면 이 정도의 대규모 조직이 생기지는 않는다.

42) 이성기, "수사─기소의 분리와 검찰개혁", 「형사정책」 제29권 제1호(형사정책학회, 2017. 4.), 164쪽. 이를 지지하는 견해로는 윤동호, "대선공약, 국정과제 이행을 위한 수사·기소 분리방안", 「비교형사법연구」 제19권 제4호(한국비교형사법학회, 2018), 175쪽; 서보학, "검찰개혁 완성을 위한 완전한 수사·기소 분리 방안 ─중대범죄 전담 특별수사기구 설치의 의미와 핵심 개요를 중심으로─", 109쪽.

43) 그 소개로는 하태훈 외, 『수사권·기소권 분리와 독립수사기구 설치 방안』, 92─95쪽.

44) 이에 관하여는, "나. 국가수사청의 조직과 권한"에서 후술한다.

비교할 때, 국가수사청이 이들을 합친 것보다 더 큰 권한을 갖게 되지도 않는다. 나아가 행정안전부 소속의 경찰청과 법무부 소속의 검찰청, 그리고 공수처로 분산된 수사─기소 체계에서 다른 기관의 견제를 받으므로 국가수사청의 권력기관화는 형사사법 체계의 구조상 현실화되기 쉽지 않다.

나아가, 국가수사청과 같은 단일한 수사기구의 신설은 장기적으로 추진할 과제라는 입장도 있다. "독립수사기구의 신설은 수사권과 기소권의 명확한 분리를 위한 의미 있는 방안이나 시간을 두고 여건 마련이 필요한 장기과제"라는 주장45)이 그것이다. "새로운 기구 또는 조직이 도입되기 위해서는 이에 관한 논의와 공감대 형성이 필요"한데, 특히 검찰─경찰 조직의 권한·기능 축소에 따른 설득을 위한 시간이 필요하다는 것이다.

2020년 수사권 조정 이후 경찰이 독자적으로 수사권을 운영하는 과정을 볼 때, 국가수사청 도입이 장기적 과제라는 주장은 현 시점에서는 수정될 필요가 있다고 보인다. 2020년 수사권 조정의 가장 큰 취약점이 검찰 직접수사의 불완전한 해소에 있었다는 점, 그리고 국가수사본부의 실질적 독립성 부족이 지적되고 있다는 점을 고려할 때, 형사사법체계의 안정적인 발전을 위해서는 국가수사청의 도입은 현 시점에 주요한 당면 과제가 되었다고 보아야 한다.

2) 국가수사청의 소속

국가수사청 도입 논의 중 가장 첨예하게 의견이 대립하는 쟁점은 국가수사청 소속 문제이다. 국가수사청의 소속은 그 법적 위상 그리고 기관 사이의 권한배분과 관련이 깊기 때문이다. 현재 ① 공수처와 같이 독립기구로 하는 안, ② 법무부 소속으로 하는 안, ③ 행정안전부 소속으로 하는 안, ④ 총리실 소속으로 하는 안 등이 제시되어 있다.46)

우선, 국가수사청을 공수처와 같은 독립기구로 하자는 안은 "공수처를 비롯한 국가인원위원회나 개인정보보호위원회처럼 행정, 입법, 사법에 속하지 않는 별도의 독립기구로" 하자는 주장이다.47) 이 안은 국가수사청의 조직과 권한에 관해서는 공수

---

45) 하태훈 외, 『수사권·기소권 분리와 독립수사기구 설치 방안』, 91쪽.

46) 이에 관하여는 오병두, "문재인 정부의 검찰개혁의 평가와 과제─수사─기소의 분리를 중심으로─", 138쪽 이하.

47) 하태훈 외, 『수사권·기소권 분리와 독립수사기구 설치 방안』, 83쪽. 중수청과 관련하여 국민권익위원회 소속 또는 공수처와 같은 독립기구안을 검토해야 한다는 것으로는 서보학, "검찰개혁 완성을 위한 완전한 수사·기소 분리 방안─중대범죄 전담 특별수사기구 설치의 의미와 핵심 개요를 중심으로─", 106─107쪽.

처법을 기본적 모델로 한다. 따라서 국가수사청의 독립성, 수사청장의 자격과 임명, 후보추천위원회 등의 입법사항에 대한 제안은 공수처법과 유사하다.[48]

이 안에 따를 때 특히 문제되는 것은 국가의 중추적 수사기관을 독립기구로 하면서도 그에 상응하는 충분한 법적·행정적 통제장치를 확보할 수 있는가이다. 행정각부의 헌법상 지위, 정치적 책임성 등과 같은 행정부처의 일반적 구성원리에 부합하는가에 대한 의문이다. 이 쟁점에 관한 의문의 해소가 선결되어야 이 안은 실효성이 있을 것이나, 공수처와 같은 소규모의 제한적 권한을 가진 특별기구가 아닌 한 헌법적 정당화가 쉽지는 않다고 보인다.[49]

둘째, 법무부 소속으로 하자는 안이 있다. "수사권을 검찰에서 분리하고 사법경찰과 행정경찰을 분리해야 한다는 논제와 맥락을 함께 하기 위해서는 '수사기관의 일원화'가 더 근본적인 해결책"이라고 하면서 국가수사청의 소속을 "미국의 FBI처럼 법무부 소속으로" 하자는 것이다.[50] 종래 검찰과 법무부가 주장하던 '한국형 FBI' 모델이다.

법무부 소속안에는 법무부의 비대화를 초래한다는 약점이 있다. 수사청장이 검찰총장과 마찬가지로 법무부장관의 지휘감독을 받게 되면, 수사권과 기소권을 가진 두 개의 조직 모두가 법무부에 소속된다.[51] 법무법무부장관의 개입으로부터 독립된 기관으로 구성한다면 이는 다음에 보는 총리실 소속안과 사실상 차이는 없게 된다. 또한 이 안은 법무부의 탈검찰화를 전제로 하지 않는 한 그 폐해가 현재보다 더 커질 수 있다.[52] 나아가 공수처의 제한적 기소권으로 인해 여전히 검찰의 기소독점이 유지되고 있다는 점을 고려하면 결과적으로는 검찰권 강화로 귀결될 우려도 크다.

셋째, 프랑스의 중앙사법경찰국을 모델로 하여, 검찰의 비대화에 대한 대안으로 검찰 내 직접수사 인력을 경찰청으로 이관하자는 안이 있다.[53] 이를 국가수사청 모델에 대입하면, 행정안전부 소속의 국가수사청이 된다. 현재와 같은 수사권 조정이나 국가수사본부의 독립 이전 상황에서의 논의로서, 검찰 내 직접수사 인력 폐지를

---

48) 예컨대, 공수처법 제3조(고위공직자범죄수사처의 설치와 독립성), 제5조(처장의 자격과 임명), 제6조(고위공직자범죄수사처장후보추천위원회) 등의 규정취지는 국가수사청에도 반영될 수 있을 것이다(하태훈 외, 『수사권·기소권 분리와 독립수사기구 설치 방안』, 84쪽 이하).

49) 오병두, "문재인 정부의 검찰개혁의 평가와 과제 ─수사─기소의 분리를 중심으로─", 140쪽.

50) 정승환, "형사소추기관의 구조개혁과 수사기관의 일원화", 「형사정책」 제24권 제2호(한국형사정책학회, 2012), 23─24쪽. 박찬걸, "경찰권과 검찰권의 조정을 통한 '국가수사청' 설치에 대한 시론", 220쪽도 유사한 입장이다.

51) 하태훈 외, 『수사권·기소권 분리와 독립수사기구 설치 방안』, 83─84쪽.

52) 같은 취지: 정승환, "형사소추기관의 구조개혁과 수사기관의 일원화", 24쪽 각주 40).

53) 유주성, "국가수사조직 도입모델로서 프랑스 중앙사법경찰국에 관한 연구", 116쪽.

중심으로 경찰청으로 소속을 이전하는 것만을 염두에 둔 안이다. 경찰청과 국가수사청 모두가 행정안전부에 소속되어 그 권한이 과도하게 집중될 우려가 있다. 이와 같은 사태를 방지하기 위해, 국가수사청의 독립성을 강화하고 국가수사위원회와 같은 합의제 행정기관의 통제를 도입할 경우, 이 안 역시 다음에 검토하는 총리실 소속안과 큰 차이가 없게 된다.

마지막으로, 국가수사청을 총리실 소속으로 하자는 안을 검토하기로 한다.54) 법무부 또는 행정안전부 소속으로 하는 경우 권력의 과도한 집중을 피하기 어렵다는 점이 일차적 근거이다. 또한 수사업무가 어느 하나의 행정각부에서 담당하기 어려운 업무이므로 총리실 소속으로 하는 것이 합리적이라는 점도 근거가 된다. 이 안에 대해서는 총리실에 과도한 업무부담으로 이어질 것이라는 우려가 있을 수 있다. 그러나 총리실 소속안의 요체는 국가수사위원회(가칭)의 위상을 강화하고, 그 통제를 받도록 하여 국가수사청의 정치적 중립성과 독립성을 담보하자는 데에 있다. 실질적인 감독은 국가수사위원회에서 이루어지게 되므로, 총리실의 과부하가 문제될 여지는 거의 없다. 또한 국가수사위원회의 감독을 받는 국가수사청을 검찰청과 대등기관으로 하기 위해서도 총리실 소속의 기관으로 하는 것이 합리적이다. 나아가 이 안은 법무부 소속안이나 행정안전부 소속안에 비하여, 국가수사청 신설과정에서 서로 상이한 경찰과 검찰 소속 공무원의 직급체계를 조정하기에 용이하고, 법무부·검찰이나 경찰의 모두의 반발을 최소화할 수 있다는 현실적인 장점도 가지고 있다.

위에서 살펴본 국가수사청의 소속에 관한 각 입장은 나름의 맥락과 근거를 가지고 있다. 어떤 것을 채택할 것인지는 그 방안이 '권력의 분리·분산'과 '기관 간의 견제·균형'의 관점에서 적절한가에 있다. 국가수사청의 중립성과 독립성을 강화하기 위해 국가수사위원회(가칭)의 실질적 감독을 받도록 하고, 총리실 소속의 외청으로 설치하는 안이 현재로서는 가장 합리적이라고 생각된다.

3) 국가수사청의 조직과 권한

국가수사청은 관할을 지역적으로 나누어 중앙수사청과 지역수사청을 둔다. 중앙수사청의 경우 전국적인 수사수요가 있는 사건을 관할하며, 지역수사청의 경우 자치(행정)경찰조직과 분리된 조직으로 하여 시·도와 같이 광역화된 지역단위로 설치한다.55) 지역수사청의 경우, 자치경찰의 실질화를 통해 자치경찰의 독자적 수사권이

---

54) 오병두, "문재인 정부의 검찰개혁의 평가와 과제―수사―기소의 분리를 중심으로―", 140–141쪽.

55) 국가수사청의 구체적인 조직설계를 다룬 연구들로는, 하태훈 외, 『수사권·기소권 분리와 독립수사기구 설치 방안』, 80쪽 이하; 박찬걸, "경찰권과 검찰권의 조정을 통한 '국가수사청' 설치에 대한 시론", 220

인정되는 범위만큼 인력과 권한이 축소될 것이므로 권한 비대화의 우려는 이로 인해 상당 부분 해소될 수 있다.[56]

또한 수사를 실제로 수행하는 기능적 단위를 재구성하여 권한과 책임을 일치시키는 수사책임제를 도입하는 것도 국가수사청의 권력기관화를 막는 조건이 될 수 있다. 이를 위해 책임수사 단위를 법적으로 설정함으로써 수사의 내용에 대한 통제를 의미하는 '수사지휘'와 수사담당자에 대한 조직·인사·예산 등의 행정적 통제를 의미하는 '수사통제'를 제도적으로 구별하여[57] 수사의 독립성과 중립성을 보장하면서도 수사에 대한 책임성도 확보할 수 있어야 한다.

한편, "국가수사청의 수사대상은 원칙적으로 즉결심판 대상사건을 제외한 모든 사건"이 되어야 한다는 견해[58]가 있다. 즉결심판을 행정경찰의 권한으로 남겨둘 것인지는 입법적으로 선택이 가능하나, 이는 자치경찰의 권한 설정과 연동하여 판단할 문제이다. 자치경찰의 수사권으로 이양하면서 경미사건 처리절차로서 즉결심판 절차의 재구성과 함께 논의할 수 있다. 그러한 전제조건이 갖추어지지 않는 경우, 잠정적으로는 즉결심판사건도 국가수사청(특히 지역수사청)의 관할로 되어야 할 것이다.[59]

4) 감독기구로서 국가수사위원회

국가수사청의 감독기구로서 국무총리 소속 합의제 행정기관으로서 국가수사위원회(가칭)의 도입이 필요하다. 이 국가수사위원회는 국가수사청 내부에서 이루어지는 수사활동 통제를 위한 감독기구이다.

국가수사위원회는 통합경찰법의 국가경찰위원회에 대응한다. 이 구상에 따르면, 행정경찰인 경찰청은 국가경찰위원회가, 사법경찰인 국가수사청은 국가수사위원회가 각각 국무총리실에 소속되어 감독기능을 수행한다. 민주적 통제장치로서 국가수사위원회는 기능의 독립성과 정치적 중립성이 보장되어야 하여야 한다. 특히 추천과 선임의 공정성이 담보되어야 한다. 위원 구성시 의회추천 비중, 외부위원 비중을 현재

쪽 이하 등.

56) 유주성, "국가수사조직 도입모델로서 프랑스 중앙사법경찰국에 관한 연구", 116쪽은 자치경찰 실질화의 맥락에서 "국가수사국은 국가전체나 지방단위의 광역화된 관할에서 전문성을 가지고 수사할 필요가 있는 중요 강력, 경제, 사이버 범죄수사 등에 역량을 집중하는 대신. 기존의 경찰서단위의 수사조직은 각 지역 실정에 따라 다양한 형태로 발생하는 소위 '민생범죄' 수사에 집중하도록 함으로써, '시국치안'과 '민생치안'을 조화롭게 상생·발전시킬 수 있을 것"이라고 전망한다.

57) '수사지휘'와 '수사통제'의 구분에 관하여는 오병두, "국가수사본부의 독립성 – 사법경찰과 행정경찰의 분리를 중심으로 –", 23쪽 이하.

58) 박찬걸, "경찰권과 검찰권의 조정을 통한 '국가수사청' 설치에 대한 시론", 223쪽.

59) 같은 취지: 하태훈 외, 『수사권·기소권 분리와 독립수사기구 설치 방안』, 81쪽.

의 국가경찰위원회(통합경찰법 제8조 참조)보다 높여야 한다. 또한 그 소속은 국무총리실로 하며, 별도의 사무국을 갖추고 상임위원의 수도 현재의 국가경찰위원회(통합경찰법 제10조 참조)보다 늘리는 등 실질적인 감독기관이 될 수 있도록 조직과 권한을 강화하여야 한다(경찰위원회의 실질화). 향후 국가경찰위원회가 실질화되어야 하며, 국가수사위원회도 그에 상응하는 수준의 조직과 권한을 갖추어야 한다.

국가수사위원회는 국가수사청 업무 전반에 대해 심의·의결하지만, 개별적 수사와 관련해서는 인권침해 사안의 심의와 같은 수사의 적법성 통제에 중점을 둔다. 여기에서 특히 국가수사위원회의 감독·감찰기능이 중요하다. 적법절차 위반 등 수사 과정에서 문제되는 인권에 대해서는 개별 수사단위에서 개선하기 쉽지 않고 전국적으로 단일한 인권보호기준이 적용될 필요성이 큰 만큼, 수사위원회 수준의 상위 단위에 두고, 지휘계통에 따른 수사상의 인권침해에 대한 법적, 행정적 책임을 추궁할 수 있도록 하여야 한다.[60]

한편, 국가수사위원회가 수사내용에 대한 과도한 통제로 말미암아 개별적인 수사에 대한 개입하는 것은 제한되어야 한다. 수사내용에 대한 통제는 원칙적으로 공소의 제기·유지 과정에서 검찰과 법원이 담당하는 것이 형사사법체계의 구성원리에 맞기 때문이다.

5) 국가수사청 소속 검사의 필요 여부

국가수사청의 수사인력과 관련한 쟁점 중의 하나로, 검사를 조직 내에 둘 것인지에 대한 논의가 있다. ① 국가수사청은 사법경찰관리만으로 구성하는 안이 자연스럽지만, 한국적 상황을 고려한다는 맥락에서 ② 국가수사청에 수사검사와 기소검사(공판검사)를 모두 두는 안과 ③ 국가수사청에 수사검사(기소검사)를 두고, 검찰청에는 공판검사를 두는 안 등이 제시되고 있다.

우선, 현재 국가수사청에 수사검사와 기소검사를 모두 두자는 제안이 적극적으로 개진되고 있지는 않다. 이 안은 내용상 현재의 검찰청 체제와 명칭 이외의 큰 차이는 없기 때문이다. 수사기능과 공소기능을 한 국가기관에 전속시켜서 독자적인 법집행 영역으로 설정하는 경우 외부적 통제나 견제 가능성이 낮아진다. 현재 검찰의 인지수사가 그러한 예이다. "법무부 산하에 대검찰청과 국가경찰청이 병렬적으로 소속되

---

60) 수사기관에 의한 인권침해에 대응하기 위해 국가 수사위원회 소속의 옴부즈만으로서 "인권감독관"(수사 옴부즈만)을 둘 필요가 있다. 이 인권감독관은 검찰에 의한 송치요구 등의 통제가 수사-기소의 분리에 따라 폐지되면 "법령위반, 인권침해 또는 현저한 수사권 남용"을 이유로 한 송치요구(형사소송법 제197조의3)의 기능을 대신하게 된다.

어 있고 검사가 국가경찰청에 근무하면서 수사를 관장"하는 '덴마크 모델'(또는 '검·경 융합주의')을 수사구조에 관한 하나의 선택지로 제시하면서 이 모델이 우리에게 '낯설 지 않다'는 설명61)이 나오는 이유도 여기에 있다. 이러한 접근은 본래 '수사-기소 분리'의 원칙이 요구되었던 취지에 반한다. 국가수사청은 수사기능을 중심으로 기소 기능과 분리되어 설계되어야 하기 때문이다.

둘째, "수사검사는 모두 수사청 소속으로, 기소검사는 검찰청 소속으로 각각 분리" 하자는 제안62)이 있다. 법무부 소속안 중에는 기소검사는 국가수사청 소속으로, 그리고 공판검사는 검찰청 소속으로 분리하는 것을 전제로 하여 "사법경찰뿐만 아니라 검사를 그 구성원으로 하고 있다는 점에서 기존의 검찰청과 마찬가지로 법무부의 외청으로 두는 것이 타당하다"는 입장도 있다.63) 검사가 배속되어 있으므로, 법무부 소관으로 하여야 한다는 것이다. 이는 조직의 기능적 구성의 문제와 소속의 문제를 혼동한 것이다. 국가수사청이 법무부 소속으로 했다고 당연히 검사가 배속되어야 하는 것이 아닐 것이다.

물론 이것이 국가수사청 내부에 검사와 같은 사법적 판단을 조력하는 법률전문가가 근무하는 것을 배제하거나 금지한다는 취지는 아니다. 검사의 파견을 받거나 국가수사청 소속의 법률자문관을 두는 등의 방법을 고려할 수 있을 것이다. 수사의 방향에 대한 법적 검토를 수사 진행과 동시에 수행하여 사건의 처리방향을 조율하는 것은 수사의 효율성 확보를 넘어, 피의자나 피해자에 대한 위법·부당한 수사를 막는 수단이 된다. 또한 헌법이 개정되지 않아 검사의 독점적 영장청구권이 남아 있는 상태에서는 영장청구 업무의 효율성을 위해 검찰청 소속의 검사가 파견될 수 있을 것이나, 이로 인해 그 소속이 국가수사청으로 변경될 필요까지는 없다고 본다.

이처럼 기소검사를 국가수사청에 두어야 한다는 발상에는 검찰제도의 본질을 수사에서 찾는 인식이 반영되어 있다. 즉, 검찰제도의 본질을 수사기관으로 상정하는 '검찰사법' 체제를 전제로 하는 논리이다. 따라서 완전한 의미의 '수사-기소 분리'(조직분리론)와는 거리가 있다.

또한 법기술적 차원에서도 문제이다. 기소검사와 공판검사의 판단이 다른 경우 그

---

61) 정승환, "형사소추기관의 구조개혁과 수사기관의 일원화", 22-23쪽. "덴마크에서는 법무부 산하에 대검찰청과 국가경찰청이 병렬적으로 소속되어 있고 검사가 국가경찰청에 근무하면서 수사를 관장하고 있다"고 한다(같은 글, 15쪽).

62) 하태훈 외, 『수사권·기소권 분리와 독립수사기구 설치 방안』, 89쪽. 또한 검찰청 소속 검사가 수사에 전념하기 원할 경우 국가수사청 소속 수사관으로 전직하는 것도 고려할 수 있다고 한다(같은 곳).

63) 박찬걸, "경찰권과 검찰권의 조정을 통한 '국가수사청' 설치에 대한 시론", 220쪽.

법적 처리가 문제될 것이다. 기소검사와 공판검사 사이의 권한배분을 어찌할 것인지부터가 문제이다. 기소검사와 공판검사는 서로 조직과 소속을 달리하므로 검사동일체의 원칙이 원용하기도 쉽지 않아 보인다. 검찰권이라는 하나의 기능이 두 조직 단위에 걸쳐 분할되기 때문에 생기는 문제이다.

그보다는 국가수사청 내부에 변호사 자격있는 사람(수사자문관)을 두어 수사의 적법성, 필요성 등을 검토하도록 하는 방안이 더 실효성이 있다. 아울러, 금융, 경제사범이나 마약사범, IT범죄 등에 대한 수사와 같이 특수한 영역의 수사나 중요사건 수사에서는 검찰청과 국가수사청이 상호간에 파견의 형태로 협업하거나 임시조직으로 '합동수사단'을 구성하도록 한다면, 이는 따로 문제되지 않을 수도 있을 것이다.

나아가, 법무부의 탈검찰화가 진척되지 못한 현재의 법무부와 검찰의 관계를 볼 때, 수사검사가 소속된 국가수사청과 기소검사(또는 공판검사)가 소속된 검찰청이라는 두 기관 사이의 적절한 거리나 견제−균형의 관계를 유지하기 쉽지 않아 보인다. 수사검사와 기소검사의 분리모델은 수사기능과 기소기능을 형식적으로 분리한다는 생각에 기초한다. 그러나 양자가 매우 밀접한 관련이 있고, 이를 통일적 국가의사로 수렴케 하려면 양 기능의 상위에서 조율하는 행정단위가 필요하다. 결과적으로는, 그 관할 관청으로서 법무부의 권한강화와 그로 인한 무분별한 수사개입을 초래하게 될 공산이 크다.

Ⅳ 맺으며

문재인 정부의 검찰·경찰개혁으로 만들어진 현재의 수사구조는 일종의 '과도기'적 상태에 놓여 있다고 할 수 있다. 이 '과도기'적 상황은 본래 추진하고자 하였던 기본 방향에 대해 이행이 철저하지 못했다는 점에 기인한다. 본래의 개혁방향인 '수사−기소 분리', '사법경찰과 행정경찰의 분리'가 원칙대로 구현되도록 해야 하는 이유이다. 그 구현 모델로서 총리실 소속으로 국가수사위원회의 실질적 감독을 받는 국가수사청을 제안하였다.

현재 사개특위에서 논의 예정으로 되어 있는 중수청안은 '수사−기소 분리'라는 개혁방향을 실현하는 방안임이 강조하며 이를 '한국형 FBI'로 지칭한다. 이처럼 '한국형 FBI'라는 말은 그간 바람직한 수사기관의 상징으로 통용되어 왔다. '한국형 FBI'란 경찰 입장에서는 기존 경찰의 수사권을 희생하지 않는 별도의 수사기구라는 취지에서, 법무부나 검찰의 입장에서는 경찰에 의존하지 않아도 되고 직할이 가능한 독자적인 수사기구라는 의미에서 선호되고 있다. 각 기관의 욕망이 '한국형 FBI'라는 표현 속에 투영되고 있다고 할 수 있다.

시민들이 일차적인 관심사는 간명하고 효율적이면서 인권침해를 최소화하는 형사사법 제도일 것이다. 그것이 수사구조 개혁의 실질적인 의미이자 효용일 것이다. 경찰과 검찰의 이해관계가 아니라 시민의 관점에서 권한이 명확하고 수사기능을 효율적으로 수행하면서도 시민적 통제가 가능한 제도의 도입과 안착이 필요하다. 이 글에서 제안한 국가수사청이 잘 설계되어 그러한 목표에 부합하는 제도로 결실 맺기를 기대한다.

6

고위험 인공지능에 대한
가치지향적·위험평가기반 형사정책*

김한균(선임연구위원, 한국형사·법무정책연구원)

인공지능기술 개발·활용의 혁신적 발전과 함께 윤리 지침(ethical guidelines) 정립을 통한 공동체적, 자율적 규제논의가 시작된데 이어서 국가전략적 접근과 국제사회의 규범정립 노력이 진행되는 가운데, 인류사회가 인공지능기술로써 지향해야 할 윤리적 가치를 기반으로 인간의 안전과 권리에 중한 영향을 미치게 될 고위험 인공지능(high-risk AI) 통제의 기본틀(framework)을 구축하고, 그 틀안에서 인공지능기술의 개별구체적 개발과 구현의 고위험성을 평가하여 형법을 포함한 법적 통제하에 두려는 입법정책적 노력이 전개되고 있다. 본 논문에서는 이러한 최신 논의동향을 분석하여 윤리적 가치를 지향하면서, 위험평가에 기반을 둔 형사정책 설계방향을 제시해보고자 한다.

I 인공지능 형사정책 설계를 위한 인공지능 위험 이해

1. 어떻게 위험을 이해할 것인가

인공지능기술 위험에 대한 사회적 평가는 과장과 경시 사이에서 아직 합리적이고 합의가능한 자리를 찾지 못했다. 인공지능기술 전문가들도 기술전도사(technology evangelist)와 예언자로 갈려 장밋빛 미래와 잿빛 종말에 대해 각각 설파하는 가운데 대중매체는 이를 극적으로 전파하고 있는 상황이다. 비관론은 새로운 기술을 맞아 오래된 두려움을 소환하고 있다.[1] 인공지능 위험에 대한 불안 정서는 현대과학기술

---

* 이 글은 김한균, "고위험 인공지능에 대한 가치지향적·위험평가기반 형사정책", 형사정책 제34권 제1호, 한국형사정책학회, 2022에 게재되었음을 밝힌다.

[1] Thomas Powers·Jean-Gabriel Ganascia, *The Ethics of the Ethics of AI*, in M.Dubber et al, eds,

의 광범한 혜택에도 불구하고 안전관리체계가 부실하거나 오작동할 경우 초래될 위험은 파멸적이어서 국가와 법체계가 위험을 통제하고 시민을 보호해 주리라는 믿음이 흔들리게 되는 상황[2]의 연장인 측면도 있다. 범용인공지능(AGI)이 현실적으로 가능하지 않거나 예상가능한 장래에 실현되지 않는 한[3] 자의식과 고유의 욕망을 지닌 인공지능체가 인류를 위협하는 일은 있을 수 없다. 반면 낙관론은 인공지능기술 발전이 사회적 위기이자 기회가 될 수 있다는 말은 위기와 기회 분별이 불투명하다는 뜻이기도 하다는 사실, 인공지능의 학습과 작동방식이 이미 인간이해 수준을 넘어섰다[4]는 사실, 그리고 인간과 기계의 하이브리드화(hybridization)로 지능과 수명을 월등히 높인다해도 기술권력과 불평등 문제는 여전하다[5]는 사실을 간과한다. 인공지능기술을 위험하게 활용하거나 범죄도구로 악용하려는 욕망을 지닌 인간 또한 언제나처럼 존재한다.

사실 생각하는 기계나 범행하는 기계(Criminal AI)[6]가 인류의 장래를 위협하는 문제라기보다는, 인간의 신체적, 정신적 기능을 모사하여 인간의 기능을 대체하거나 강화하는 기계를 우리 일상의 삶 속에 수용하는 과제야말로 실제 다룰 의미가 있는 위험한 인공지능의 문제다. 현실적으로 기계지능(machine intelligence)은 인간과 협업하거나 보조지원하는 능력 개선방향으로 개발되고 있다.[7] 이는 인공지능의 위험이 프랑켄슈타인이나 스카이넷과 같은 형태가 아니라, 인간과 상호작용관계를 바탕으로 일상적 삶속에 밀접한 영향을 미칠 수 있게 될 자동화의사결정시스템(automated de-cision-making system)이나 특정기능성 로봇의 형태로, 그리고 개인의 정체성, 지향과 취향 정보가 인공지능의 도구가 될 수 있는 형태로 제기될 것임을 말해준다.

The Oxford Handbook of AI, 2020, 34면.

2) 김한균, 후기현대사회의 위험관리를 위한 형법 및 형사정책 연구(I): 현대과학기술사회 위험관리 형법 및 형사정책의 체계와 원리, 한국형사정책연구원, 2012, 39면.

3) Michael L. Littman et al, *Gathering Strength, Gathering Storms: AI100: 2021 Study Panel Report*, 2021, 30면.

4) Davide Castelvecchi, *Can we open the black box of AI?*, NATURE 538, 2016, 20-23면

5) Thomas Powers·Jean-Gabriel Ganascia, 앞의 논문, 36면

6) Eric Horvitz, *One Hundred Year Study on Artificial Intelligence: Reflections and Framing*, 2014, 3면.

7) Michael L. Littman et al, 앞의 보고서, 24면.

2. 어떤 위험을 통제할 것인가

인공지능 기술의 잠재적 위협이나 현실 위험성에 대한 잘못된 평가는 예측오류와 규제실패의 문제로 이어진다는 점에서도 문제다. 예컨대 1894년 이른바 말똥위기 (horse Maure Crisis)는 불과 30년 뒤 마차가 자동차로 대체되면서 잘못된 우려였음이 드러났다. 한때 기술적 난제로 보였던 문제 상당수는 생각보다 빨리 왜 문제 삼았었는지조차 의아할 지경이 될 수 있다.[8] 마차에서 내연기관 자동차로의 전환이 인공지능기술에 기반한 자율주행수단으로의 전환과 단순비교 되기는 어렵지만, 위험예측과 대응은 언제나 오류가능성을 열어두고 신중해야 한다는 점은 변함없다.

특히 과장 인식된 위험은 더 많고 더 강한 통제 필요성에 대한 사회적 압력을 높인다는 점에서 과소평가해서는 안된다. 불충분한 정보에 근거한 부적절하게 강화된 규제는 인류에게 혜택을 줄 기술적 가능성마저 차단하는 부당한 결과에 이를 수 있기 때문이다.[9] 법제도를 포함해 위험을 방지하기 위해 투입할 사회적 자원 역시 한정되어 있다는 점도 고려해야 한다. 그래서 인공지능기술 위험방지와 윤리적·법적 대응은 문제지점을 적절히 파악하고, 그에 대응한 규제를 정당하고도 효과적으로 배치하기 위한 숙고의 과정이 될 것이다. 인공지능 기술에 내재된 또는 인공지능기술로 초래될 위험의 실체여부, 실체적 위험의 경우 그 정도에 따른 분별에 기해 통제방안이 도출된다.

인공지능기술 위험과 관련하여 현행 지능정보화기본법이 규정한 '국민의 생명 또는 신체안전 등에 밀접한 지능정보기술'(제21조)을 2020년 '인공지능 법·제도·규제 정비 로드맵'은 고위험 인공지능기술 규정이라 이해하고, 인공지능 도입과 위험예방을 위한 법적 기반 확충 필요성을 제시한다.[10] 2021년 '알고리즘 및 인공지능에 관한 법률안'은 고위험인공지능을 '국민의 생명, 신체의 안전 및 기본권의 보호에 중대한 영향을 미치는 인공지능'이라 정의한다.[11]

이는 유럽연합의 위험(평가)기반 규제개별화(risk−based, sector−specific approach) 방식과 기본적 방향을 같이 한다.[12] 즉 안면인식 프로그램(facial recognition software)

---

8) 19세기말 도시 교통수단인 말 5만마리 때문에 런던이 50년뒤 2.7미터 높이의 배설물 아래 파묻힐 것이라는 언론의 경고와 학계의 대책논의가 있었다. (Aaron Bastani, Fully Automated Luxury Communism, 2019, 김민수·윤종은 역, 완전히 자동화된 화려한 공산주의, 2020, 106−109면.)

9) Peter Stone et al, Artificial Intelliegence and Life in 2030: AI 100: Report of the 2015−2016 Study Panel, 2016, 10면.

10) 관계부처합동, 인공지능 법·제도·규제 정비 로드맵, 2020, 32면

11) 제2조 제3호 (의안번호 13509호, 윤영찬 의원대표발의, 2021년 11월 24일)

12) 미국의 2019년 알고리듬 공적책임법안(Algorithmic Accountability Act), 캐나다의 2019년 자동화의사결

과 같은 고위험 인공지능기술의 개별 활용에 한정하고 특정하여 선제적으로 안전, 공정성, 정보보호 요건을 부과하고 그 부합여부를 사전평가한다는 것이다.[13] 고위험 인공지능활용(high−risk AI applications)이란 해당 분야에서 중한 위험이 예상되는 (significant risks can be expected) 경우다. 이에 2021년 유럽인공지능법안(legislative proposal for an Artificial Intelligence Act)은 특정인공지능기술 금지와 고위험인공지능 시스템 규제가 주요 목적이다(제1조(a)(b)).

시민의 생명과 신체의 안전과 인권 보장에 대한 상당한 위험을 기준으로 합의·제시된 위험방지의 규칙과 법제는 인공지능기술에 대한 불신과 불안에 대한 해법이 될 수 있다.[14] 다만 고위험 인공지능기술 통제는 형법적 제재도 상정해야 하기 때문에, 형법과 형사정책적 개입이 오히려 문제의 일부가 될 위험도 높다는 딜레마를 마주해야 한다.

3. 어떻게 위험을 통제할 것인가

기술사학자 크란츠버그의 기술법칙(Laws of technology)에 따르면,[15] 제1원칙은 기술은 선하지도 악하지도 않되, 중립적이지도 아니하다는 것이므로, 제2원칙에 따르면 개입과 규제는 필요성의 문제다. 다만 제4원칙은 기술이 공적 현안의 중심요소라 할지라도, 기술 정책은 기술외적 요소에 대한 판단이 선행되어야 한다는 것이다. 인공지능기술위험에 대한 법정책도 마찬가지다. 인공지능기술은 사회적 수요로 인해 개발(공급)되기도 하지만, 기술의 공급이 필요(수요)를 만들기도 한다. 삶의 편의와 질을 혁신하는데 활용될 수도, 치밀한 감시와 치명적 침해의 전혀 새로운 수단으로 동원될 수도 있다. 따라서 고위험인공지능기술에 대한 통제 정책은 기술 자체뿐만 아니라 그 활용과 위험 문제에 대한 사회적 판단이 선행되어야 하고, 인공지능기술이 창출하거나 가중한 고위험에 대해서는 개입과 통제 필요성이 법정책적으로 검토될 필요가 있는 것이다.

물론 인공지능기술 위험에 대한 사회적 평가와 마찬가지로 윤리와 법, 특히 형법

정규칙(Directive on Automated Decision−Making)도 위험기반 체계에 따라 고위험인공지능에 특화된 규제방식을 취하고 있다.

13) European Comission, *White Paper on Artificial Intelligence−A European approach to excellence and trust,* COM(2020) 65 final, 2020, 17−18면.

14) Peter Stone et al, 앞의 보고서, 5면.

15) Melvin Kranzberg, Technology and history: Kranzberg's Laws, Technology and Culture 27(3), 1986, 545−559면.

의 적절한 자리를 찾기는 어렵다. 인공지능 기술을 규율하는 윤리적 지침과 행정규제로 충분할 것인가. 형사법적 통제까지 필요할 것인가. 필요하다면 그 대상과 범위는 어떻게 설정할 것인가. 예측이 어려운 위험은 선제적으로 예방 또는 금지되거나, 오히려 금지를 유보해야 할 수 있고, 예상되는 위험에도 불구하고 통제속에 활용되어야 할 인공지능기술도 있다. 게다가 인류가 의지해 온 윤리와 법의 대상은 인간과 사물인데, 인간이기도 하고 사물이거나, 인간도 사물도 아닌 기술구현개체나 시스템이 그 대상이 될 것이라면, 윤리적 규율, 정부 규제, 형법적 통제의 경계도 식별이 어려워질 수 있다.

그렇지만 인공지능이란 기술개발과 활용, 운용시스템을 모두 포함한 개념이며, 그 운용시스템의 핵심은 인공지능 윤리와 법제이기 때문에 그 활용의 무한한 혹은 예측불가한 가능성 안에서 해서는 안되는 것과 할 수 있어도 하지 않아야 하는 것에 대한 규범적 판단과 정책설계가 필요하고, 그에 따라 인공지능이 야기할 특정 위험과 침해의 실질과 형태에 따라 형법적 제재를 포함한 법적 통제대상이 될 것이다. 즉 인공지능기술 통제 기본틀은 윤리적 지향가치 ―위험평가― 법적 규제의 형태로 설계된다.

이는 인공지능기술의 효용과 안전을 모두 보장하기 위한 설계로서, 종래 안전 설계(safety design)를 넘어 윤리적 설계(ethical design) 및 적법 설계(legitimate design)의 차원까지 포괄한다. 현실 인공지능 기술이 인간에 유사한 형태와 기능을 구현하면서 인간경험과 밀접한 상호작용을 한다면 단순히 기계제품의 위험방지를 위한 안전규제를 넘어 윤리적이고 합법적으로 기능하도록 설계하고, 또한 윤리적이고 합법적으로 활용되도록 통제가능해야 인공지능의 시대가 비로소 인간문명의 연장일 수 있다.

다만 인공지능 기술과 그에 기반한 시스템의 윤리적 설계, 적법 설계는 단순히 윤리학자와 법률가가 제시한 내용을 도덕엔진 또는 법률데이터 코드에 담아 기술적으로 탑재하는 문제차원이 아니다. 과학기술 연구개발의 설계단계부터 윤리적·법적 관점에서 인공지능의 기능과 역량을 구현하여야 한다면, 무엇이 인류사회의 보편적 윤리와 인공지능 기술에 고유한 윤리인지, 어떻게 이에 부합되게 인공지능 기술을 개발·운용하고, 어떻게 이에 반하는 위험을 규정하고 규율·통제할 것인지에 대한 사회적 합의가 선행되고, 이러한 사회적 합의를 어떻게 법제도적으로 보장할 것인지가 인공지능 국가전략의 최우선과제가 되어야 한다.

1. 윤리적 가치에 정향된 인공지능 개발과 규제

현재 세계 최대의 전기전자공학 전문가 단체로서 관련 기술표준을 선도하는 IEEE에 따르면, 모든 형태의 인공지능 기술, 돌봄 로봇이든 자율주행운송수단이든, 또는 의료진단 소프트웨어나 알고리즘기반 챗봇이든, 공히 적용될 수 있는 보편적 윤리원칙을 정립에 있어서는 첫째, 인권 이념이 체화되어야 하고, 둘째, 인류와 자연환경의 최대 이익을 최우선적으로 고려되어야 하며, 셋째, 인공지능자율시스템이 사회시스템으로서 진화해나가면서 미치게 될 위험이나 부정적 영향을 최소화할 수 있도록 해야 한다.[16] 뿐만 아니라 정부가 담당할 과제에는 자동화기계 관련 침해에 대한 기업의 법적 책임 문제도 포함된다. 종래 법적 주체로서 자연인과 법인의 침해결과에 대한 책임 법제는 인공지능기술의 사회적 활용에 앞서 해결되어야 할 법적 과제이기 때문이다.[17]

현재 인공지능기술 개발과 활용이 지향해야 할 가치를 담아 책임있는 인공지능 (responsible AI)[18], 신뢰가능 인공지능(trustworthy AI)[19], 설명가능 인공지능(explainalbe AI)[20], 인간중심 인공지능(human-centered AI)[21]등이 논의되고, 공적책임성 (accountability), 투명성(transparency), 공정성(fairness)과 같은 윤리적 가치에 정향된 (ethically aligned) 인공지능 설계와 지침, 입법논의가 다양한 형태와 방식으로 추진되고 있다.

미국의 경우 2020년 국가인공지능전략법 (National Artificial Intelligence Initiative Act of 2020)상 국가인공지능주도전략[22]의 목적에는 공공 및 민간부문에서 신뢰가능한

---

16) IEEE Global Initiative for Ethical Consideration in Artificial Intelligence and Autonomous Systems, Ethically Aligned Design A Vision for Prioritizing Human Well-being with Artificial Intelligence and Autonomous Systems, Version 1- For Public Discussion, Institute of Electrical and Electronics Engineers, 2016, 15면.

17) IEEE, Artificial Intelligence: Calling on Policy Makers to Take a Leading Role in Setting a Long-Term AI Strategy - An IEEE European Public Policy Initiative Position Statement, 2017, 6면.

18) Council of Europe, Expert Committee on human rights dimensions of automated data processing and different forms of artificial intelligence, *Responsibility and AI*, 2019

19) European Commission, Independent High-Level Expert Group on Artificial Intelligence, *Ethics Guidelines For Trustworthy AI*, 2019

20) The Royal Society, *Explainable AI: the basics*, 2019

21) Stanford University Institute for Human-Centered AI (https://hai.stanford.edu/)

22) National Artificial Intelligence Initiative(https://www.ai.gov/ 2022년 3월 1일 최종검색)

인공지능시스템의 선도적 개발과 활용, 모든 국민을 위한 인공지능시스템의 수혜가 포함된다.[23) 또한 동법에 따라 국가기술표준연구소가 개발하는 위험관리기본틀은 신뢰가능한 인공지능시스템 개발과 인공지능시스템의 신뢰가능성 평가를 위한 표준지침 신뢰가능성의 특징을 설명가능성(explainability), 투명성, 안전, 프라이버시, 보안, 견고성(robustness), 공정, 편향, 유효성, 인증, 해석가능성(interpretability)으로 규정한다.[24)

영국의 경우 2019년 인공지능청(Office for Artificial Intelligence)[25)이 제시한 인공지능 윤리 및 안전지침[26)에 따르면 인공지능기술 허용여부는 개인과 특정집단에 차별적 영향을 미칠 가능성을 고려하고, 설계·실행의 단계마다 공정성 문제를 유의하며, 편향적 요소를 줄여야 한다. 그리고 시민의 신뢰(trust)에 부응할 수 있어야 하며, 인공지능 기술의 안전성, 정확성, 신뢰가능성(reliability), 안전성, 견고성을 보장해야 한다. 정당화 가능성을 위해서는 설계·실행 단계에서 투명성, 인공지능기반 의사결정과 작용의 설명·해석가능성이 우선순위에 놓여야 한다.[27)

2. 유럽연합의 인공지능 위험평가기반 규제 법체계

유럽연합은 인공지능기술이 1950년대부터 개발·활용되어왔지만 새로운 발전단계로 진입했다는 점, 그 자체 목적이 아니라 수단이라는 점을 전제하고, 크나큰 잠재적 혜택과 함께 많은 위험을 초래할 가능성에 대응해 유럽적 가치와 규칙을 존중하면서 인공지능기술을 통제하겠다는 것이다. 이에 따라 유럽이 선도적으로 인공지능기술의 개별적 위험에 상응하여 비례적이고 융통성 있는 규범을 제시함으로써 국제적 기준을 향상시키고자 한다. 그 핵심표지가 바로 '인간중심적이고, 지속가능하며, 안전하고 포용적이며, 신뢰가능한 인공지능(human－centric,sustainable, secure, inclusive and trustworthy AI)'이다.[28) 이는 유럽연합 인공지능 윤리원칙, 즉 인간자율성(human

---

23) Sec. 5101. National Artificial Intelligence Initiative. (A) Establishment; Purposes

24) National Institute of Standards and Technology Act Sec. 22A. Standards for Artificial Intelligence (C)(2) (2020년법 Sec. 5301에 의해 개정)

25) 디지털문화미디어스포츠부(Department for Digital, Culture, Media & Sport)와 기업동력산업전략부 (Department for Business, Energy & Industrial Strategy)의 연합기관으로서 인공지능 윤리와 거버넌스, 데이터, 기술, 공공 및 민간부문 활용에 관한 정책을 수립한다. (https://www.gov.uk/govern－ment/organisations/office－for－artificial－intelligence/about 2022년 3월 1일 최종접속).

26) Office for Artificial Intelligence, *A guide to using artificial intelligence in the public sector*, 2020, 39면.

27) 같은 문서, 42－43면.

autonomy) 존중, 위해방지(prevention of harm), 공정과 설명가능성(explicability)의 구현을 뜻한다.[29]

따라서 유럽연합 차원 인공지능 정책의 핵심은 기술적 수월성(excellence)과 신뢰가능성이다. 이는 시장과 공공부문 기능의 보장, 그리고 시민의 안전과 기본권 보호에 대한 규칙 기반위에 인공지능기술의 향상이 추진되어야 한다는 의미다.[30] 신뢰가능한 인공지능의 3대 요소는 첫째, 법과 규칙에 따라야 하며, 둘째, 윤리적 원리와 가치에 부합되어야 하며, 셋째, 기술적 사회적 관점에서 견고해야(robust) 한다는 것이다.[31] 신뢰가능한 인공지능의 핵심요건은 ① 인간행위주체성(human agency)과 감독, ② 기술적 견고성과 안전, ③ 프라이버시와 데이터 거버넌스, ④ 투명성, ⑤ 다양성과 차별금지 및 공정, ⑥ 환경적·사회적 복지, ⑦ 공적 책임성이다.[32]

신뢰가능 인공지능의 법적 기반에 대한 논제는 첫째, 특정 인공지능시스템의 위험방지와 기본권 보장을 위한 법적 기본틀(legal framework), 둘째, 인공지능기술 관련 책임문제 해결을 위한 규정, 셋째, 관련분야 안전 규칙(Regulation) 및 지침(Directive)의 개정이다.

1) 유럽연합의 인공지능 규제기본틀

2021년 4월 유럽연합의 인공지능 규제기본틀(Regulatory framework proposal on artificial intelligence)은 유럽연합 디지털전략 체계[33] 안에서 인공지능협업계획(Coordinated Plan on AI)과 함께 유럽차원에서 인공지능 위험에 대응하기 위한 법적

---

28) European Commission, AI Excellence: Ensuring that AI works for people (https://digital−strategy. ec.europa.eu/en/policies/ai−people 2022년 3월 1일 최종검색)

29) European Commission, Ethics Guidelines for Trustworthy AI, 4면

30) "A European approach to artificial intelligence" (https://digital−strategy.ec.europa.eu/en/policies/ european−approach−artificial−intelligence 2022년 3월 1일 최종검색)

31) European Commission, Ethics Guidelines for Trustworthy AI, 5면.

32) 같은 문서, 11−13면.

33) 유럽연합은 유럽시민과 기업을 위한 디지털시대(Digital Decade)로 규정하고 인간중심, 지속가능한 디지털 사회를 지향하는 전략을 추진하고 있다. 디지털시대에 대응하는 유럽의 방식(European way)을 규정하는 정책지표는 디지털역량을 갖춘 시민과 고급전문인력, 안전하고 지속가능한 디지털인프라, 기업의 디지털전환, 공공서비스의 디지털화(digitisation)다. 그 핵심정책영역이 바로 인공지능, 클라우드 컴퓨팅, 디지털 정체성, 데이터, 그리고 연결성(connectivity)인 것이다. 또한 유럽연합은 2022년 1월 디지털권리와 원칙 선언(declaration on digital rights and principles) 초안을 공개했다. 동 선언초안의 주요내용은 ① 인권중심의 디지털전환(digital transformation), ② 연대와 포용의 지지, ③ 온라인 공간에서 선택의 자유 보장, ④ 디지털공적공간에서의 참여증진, ⑤ 안전, 안보와 개인역량의 증진, ⑥ 디지털미래의 지속가능성 증진이다.(https://digital−strategy.ec.europa.eu/en/policies/europes−digital−decade #ecl−inpage−kyvdt35y 2022년 3월 1일 최종검색)

기본틀로서 제안된 것이다. 유럽을 신뢰가능한 인공지능의 글로벌허브(global hub)로 발전시키겠다는 정책의 핵심인 법적 기본틀과 협업계획은 시민과 기업의 안전과 기본권을 보장하고, 인공지능 투자와 혁신을 강화하는데 목적이 있다. 새 법적 체계의 방향은 신기술과 그에 기반한 다양한 새로운 애플리케이션에 대한 안전 규칙을 정립함으로써 사용자 시민의 신뢰를 높이는데 있다. 인공지능에 대한 신뢰는 필수적이기 때문에, 규제분야에서도 국제적 기준을 선도함으로써 윤리적 기술과 미래를 보장하고 혁신친화적인 법제도를 통해 시민의 안전과 기본권을 보장하는 길을 열겠다는 것이다.[34]

2) 2021년 유럽연합 인공지능법안의 4단계 위험규정

2021년 유럽연합 인공지능법안은 인공지능에 대한 포괄적 법적 기본틀[35]로서는 최초다. 인공지능기술의 특정활용과 관련된 위험에 초점을 맞춘 규제방식을 취한다는 점,[36] 인공지능기술의 급속한 진화를 고려해 미래지향적 융통성(future-proof approach)으로써 법적 규제를 기술변화에 상응하도록 한다는 점이 특징이다. 인공지능기술의 개발과 활용 단계에서 모두 신뢰가능성이 확보되어야 하기 때문에, 기술공급자의 지속적인 품질 및 위험관리(quality and risk management)를 요한다.[37]

---

34) European Commission, "Europe fit for the Digital Age: Commission proposes new rules and actions for excellence and trust in Artificial Intelligence" (Press release, 2021년 4월 21일자)

35) https://digital-strategy.ec.europa.eu/en/policies/european-approach-artificial-intelligence (2022년 3월 1일 최종검색)

36) European Parliament, Artificial Intelligence Act, Briefing: EU Legislation in Progress, 2021, 1면. 이는 다음과 같이 (같은 문서, 5면) 위험을 단계별로 구분하여 엄격하게 단계에 상응한 인공지능기술 활용에 대해 규제하기 때문에 수직적 규제(horizontal regulation)라 한다.

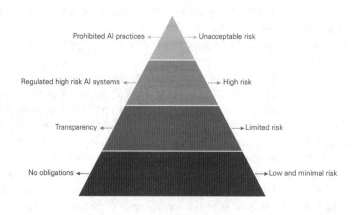

37) European parliament, Regulatory framework proposal on artificial intelligence(https://digital-strategy.

기본적으로 2021년 법안의 위험평가기반 규제방식은 인공지능기술의 위험을 ①
절대적 위험(unacceptable risk), ② 고위험(high risk), ③ 제한적 위험(limited risk) ④
최소위험(low or minimal risk)으로 구분한다. 그 기준은 인공지능기술의 특성으로서
불투명성, 복잡성, 데이터의존성, 인간통제를 벗어난 작동으로 인하여 사용자의 안전
과 시민의 기본권에 부정적 영향을 미치는 정도다. 위험기반 규제방식은 엄격하게
각 단계 특정 위험에 대응하는 필요한 한에서 규제가 부과된다는 데 특징이 있다.38)

(1) 절대적 위험 인공지능(법안 제5조)

절대적 위험은 유해한 인공지능 활용으로 인한 침해가 명백히 금지되는 경우다.
사람의 안전, 생존, 권리에 대한 명백한 위협(clear threat to people's safety, livelihoods
and rights)으로서, 금지된 위험(unacceptable risk)을 야기하는 위험을 뜻한다. 구체적
으로는 유해한 조작적 잠재의식조종기술(manipulative subliminal techniques)사용, 장애
인 등 특정 취약계층에 대한 착취, 공공기관의 사회적평판기록(social scoring) 목적,
법집행기관의 공공장소 실시간 생체정보판독 시스템(Real-time remote biometric
identification systems) 관련 인공지능기술이다.

(2) 고위험 인공지능 시스템(법안 제6조, 제7조)

고위험은 인공지능시스템이 사람의 안전과 권리에 대해 부정적 효과(adverse im-
pact)를 초래하는 경우다. 보건안전법규가 적용되는 제품(항공, 자동차, 의료기기, 완구)
의 안전요소와 관련사용되는 경우와, 특정분야에 활용되는 경우로 구분된다. 고위험
인공지능 시스템은 자연인에 대한 생체정보판독과 분류, 핵심인프라 관리운영(의료용
수술로봇), 교육훈련, 고용 및 노동자관리(채용서류분류 소프트웨어)39), 주요 공공서비
스 이용 및 부조 수혜(대출심사 신용판정), 법집행(증거능력 판단), 출입국관리 및 이민·
난민(여권발급심사), 사법행정과 민주적 절차(개별사안 재판), 8개분야로 특정된다. 해
당 분야는 필요에 따라 수정보완되며, 각각 새로운 고유의 규칙이 부과된다.40)

---

ec.europa.eu/en/policies/regulatory-framework-ai 2022년 3월1일 최종검색)

38) European Parliament, Artificial Intelligence Act, 5면.

39) 2019년 미국 일리노이주 인공지능화상면접법(820 ILCS 42. Artificial Intelligence Video Interview Act)
은 고용주로 하여금 지원자에게 화상면접에 앞서 인공지능이 면접과 채용판단여부에 활용될 수 있다는
사실을 고지하도록 의무화하였다. 또한 고용주는 각 지원자에게 인터뷰에 앞서 인공지능이 지원자 평
가와 관련하여 어떻게 작동하는지 고지해야 한다. 지원자에게 인공지능기반 채용평가프로그램 사용에
대하여 사전동의도 받아야 한다. 고용주는 해당 면접영상의 불필요한 공유가 금지되며, 지원자의 요청
이 있을 경우 삭제해야 한다. (https://www.ilga.gov/legislation/ilcs/ilcs3.asp?ActID=4015&ChapterID=68
2022년 3월 1일 최종검색)

분석해 보면, 고위험의 내용은 특히 보건복지(핵심인프라, 교육훈련,고용)과 공적절차(생체정보관리, 공공 서비스이용,출입국, 법집행, 사법행정과 민주적 절차) 부문의 안전과 권리에 대한 위해가능성이다.

따라서 고위험 인공지능시스템에 대해서는 개발단계에서 엄격한 의무요건이 부과된다. 첫째, 위험평가와 감소방지시스템이 충분히 갖추어져야 한다. 둘째, 위험유발적이며 차별적 결과를 최소화하기 위해 양질의 데이터가 시스템에 제공되어야 한다. 셋째, 결과에 대한 사후검증가능성 확보를 위해 작동기록(logging of activity)이 관리되어야 한다. 넷째, 준법(compliance) 감시평가를 위해 시스템관련 모든 정보의 상세한 기록이 관리되어야 한다. 다섯째, 사용자에게 명확하고 충분한 정보가 제공되어야 한다. 여섯째, 위험방지를 위한 적절한 수단으로서 사람의 감독이 보장되어야 한다. 일곱째, 높은 수준의 견고성, 보안과 정확성을 갖추어야 한다.

이러한 의무요건은 일차적으로 개발자의 준법감시와 행정적 규제를 통해 실현되며, 그 적절한 준수는 법적 책임과 형사제재의 면책요건이 될 수 있을 것이다. 반면 그 위반에 대해서는 행정적 제재, 나아가 중대한 위반이나 위반으로 인한 침해결과에 대해서는 형사제재가 부과될 것이다.

(3) 제한적 위험 인공지능 시스템(법안 제4장)

고위험 인공지능시스템에 비해 투명성 의무(transparency obligations) 부과로 한정되는 경우가 제한적 위험이다. 예를 들어 챗봇, 감정인식 시스템, 생체정보판별 시스템, 딥페이크 이미지· 영상·음성물의 상대방이 된 사람에게는 기계와의 상호작용여부를 결정할 수 있도록 상황에 대한 충분한 정보가 주어져야 한다.41)

(4) 허용된 최소위험(법안 제9장)

그 밖의 인공지능시스템은 낮은 위험 수준으로서 법적 의무 부담이 적게 부과된다. 인공지능기반 비디오게임이나 스팸 필터링 프로그램이 그 예다. 다만 2021년법안은 허용된 위험 범위안에 있는 인공지능 시스템이라 하더라도 고위험인공지능시스템에 부과된 요건에 상응하는 의무를 자율적으로 이행하도록 일종의 모범준칙(codes of conduct) 필요성도 인정한다.42)

---

40) European Parliament, Regulatory framework proposal on artificial intelligence (https://digi‐tal‐strategy.ec.europa.eu/en/policies/regulatory‐framework‐ai 2022년 3월1일 최종검색)

41) European Parliament, Artificial Intelligence Act, 6‐7면.

42) 같은 문서, 7면.

3. 인공지능 위험평가와 형법적 위험평가

위험평가는 위험도와 위험 내용을 측정하고 판별하여 그에 상응한 대응수준과 조치를 제시하기 위함이다. 인공지능기술이 가져올 위험에 대한 예측과 그에 따른 예방적 규제도 마찬가지다. 인공지능기술 활용의 이익에 비해 사회경제적 피해가 용납할 수 있을 정도라면 고위험성을 인정하고 강력한 규제가 부과되어야 마땅하다. 물론 인공지능기술의 급속한 발전현황을 보건대, 위험 예측평가 범위는 한정적이고 유동적이어서 항상 평가의 신중함과 지속적 보정에 유의하지 않으면, 위험평가 자체가 위험문제의 일부가 되어버릴 수 있다.

영국 인공지능청은 인공지능기술 위험을 오용, 설계상 문제, 예측을 벗어난 위해로 구분한다. 오용은 설계로 인한 경우와 의도된 목적 이외의 목적에 사용되는 경우로 구분된다. 설계상 문제는 알고리듬 편향이나 안전 리스크와 관련된 기술적 문제를 철저히 고려하지 않은 경우다. 예측을 벗어난 결과적 위해는 개인과 공동체에 미치게될 부정적 가능성을 철저히 고려하지 않은 경우다.[43] 미국 국가기술표준연구소의 2022년 위험관리기본틀(AI Risk Management Framwork)에 따르면 인공지능 위험핵심지표는 기술적 요소(판단오류율), 인간적 요소(적정 투명성 수준에 대한 사회적 법적 규범)다. 인공지능의 지향가치와 이러한 요소들을 고려하고 부작용 또는 위해 평가에 기반하여 인공지능 위험수준을 저 – 중 – 고위험으로 구분한다. 이에 따라 특정 조직이나 시스템, 집단에 대해서 금지될 수준의 인공지능 위험여부 또한 지향가치 및 위험핵심표지에 따라 판단하게 된다.[44]

2021년 유럽인공지능법안은 보건, 교통, 에너지, 공공 부문 인공지능기술을 특정하여 개별고유의 규제기본틀을 새롭게 구성하며, 고위험인공지능기술을 규제하되 정기적 평가를 통해 규제대상과 내용을 수정한다.[45]

2019년 미국 알고리듬 공적책임법안은 인공지능 알고리듬의 편향적, 차별적 산출물에 대한 연방정부의 규제를 내용으로 하며, 인공지능의 적법하고 윤리적인 활용에 대한 사회적 요구를 반영하고 있다. 동법안의 핵심내용은 연방무역위원회(Federal

---

43) https://www.gov.uk/government/organisations/office – for – artificial – intelligence/about (2022년 3월 1일 최종접속).

44) National Institute of Standards and Technology, AI Risk Management Framework: Initial Draft, 2022, 6 – 7면. (https://www.nist.gov/system/files/documents/2022/03/17/AI – RMF – 1stdraft.pdf 2022 년 3월21일 최종검색)

45) Proposal for a Regulation of The European Parliament and of the Council Laying Down Harmonised Rules on Artificial Intelligence (Artificial Intelligence Act) and Amending Certain Union Legislative Acts, 2021, para.42.

Trade Commission)에 시민 개인정보를 활용·관리하는 개인과 기업에 대하여 영향평가(impact assessments) 및 확인된 편향 및 안전문제에 대한 합당한 해결조치에 관하여 규제를 부과하고 이를 이행하는 권한을 부여한다는데 있다. 2022년 2월 현재 2022년 법안이 재상정되어 있다.[46)

캐나다의 2019년 자동화의사결정규칙은 자동화결정시스템에 대해서 알고리듬영향평가(Algorithmic Impact Assessment)를 의무화하고, 결정내용의 개인과 공동체의 권리, 보건복지, 경제적 이익, 환경의 지속가능성에 대한 위험영향을 4단계로 평가한다.[47)

전통적 형법의 가벌적 위험성 평가 체계에 따르면 보호법익에 대한 침해정도에 따라 법익침해 현실적 가능성의 경우를 구체적 위험범으로, 낮거나 관념적인 가능성의 경우 추상적 위험범으로 규정한다. 종래 위험형법론에서 추상적 위험범은 개인적 귀속가능한 실제적 위험이 아니라 보편적 법익침해 개연성을 고려한 입법정책의 결과로 이해된다.[48) 생각건대 인공지능기술의 오용이나 악용으로 인한 침해결과가 형법적 제재대상이 됨은 물론이다. 앞서 살펴본 유럽연합의 인공지능위험평가는 인공지능의 불투명성, 복잡성, 데이터의존성, 인간통제이탈 가능성을 전제하고, 시민 안전 기본권에 부정적 영향을 미치는 정도를 고려한다.[49) 이는 인공지능 위험이 종래 구체적 위험과 추상적 위험의 구분으로만 이해되기 어려움을 말해준다. 위험의 구체성, 추상성을 구분하는 '실제적' '개인적'이라는 표지에 대한 새로운 이해가 필요하기 때문이다.

또한 인공지능 위험의 근원은 인공지능 시스템 자체, 인공지능 활용, 인공지능 거버넌스의 부실로 구분하는데,[50) 이에 따라 침해결과 역시 인공지능기술 시스템을 침해하는 범죄, 인공지능기술을 악용하는 범죄, 인공지능기술을 이용한 불법컨텐츠 범죄로 구분할 수 있을 것이다. 이는 현행 사이버범죄(인터넷범죄)를 정보통신망에 대한 침해, 정보통신망의 악용, 정보통신망을 통한 불법컨텐츠 유통 범죄로 구분하는 체계를 참고한 구상이다.

---

46) Algorithmic Accountability Act of 2022 (https://www.congress.gov/bill/117th−congress/house−bill/6580/text?r=1&s=1 2022년 3월 1일 최종검색)

47) Directive on Automated Decision−Making, para. 6.1, Appendix B.

48) 이상돈, 형법강론, 제3판, 2020, 47−48면.

49) European Parliament, Artificial Intelligence Act, 5면.

50) Artificial Intelligence/Machine Learning Risk & Security Working Group, *Artificial Intelligence Risk & Governance*(https://ai.wharton.upenn.edu/artificial−intelligence−risk−governance/ 2022년 3월 1일 최종검색)

4. 형사사법에서 인공지능기술 활용의 법적 · 윤리적 기준

2021년법 미국 국가인공지능전략법에 따라 설치된 법집행기관에서의 인공지능 활용문제 자문위원회(National AI Advisory Committee's Subcommittee on Law Enforcement)는 데이터편향, 데이터보안, 정보기관 및 법집행기관에서 인공지능의 도입가능성 문제와 인공지능 활용에 있어서 프라이버시, 시민의 자유, 사회적 약자권리에 부합하는지에 관한 법적 기준을 자문하는 역할을 담당하게 된다.[51]

영국 알란튜링 연구소[52]의 '형사사법체계 내 인공지능 및 데이터기술 관련 윤리적 기본틀 구축(Building an ethical framework for data science and AI in the criminal justice system)' 기획은 2019년 인공지능 윤리 및 안전 지침의 후속작업으로서 법무부 등 유관정부기관과 협업하에 특히 형사사법 분야 인공지능 기술활용 특화된 지침제시를 과제로 삼고 있다는 점에서 주목할 만하다. 이는 형사정책에서도 감시카메라나 드론, 금융사기 탐지알고리듬, 예측선제적 치안(predictive policing) 등 인공지능기술 도입과 활용이 확대될수록 부당한 감시와 침해에 대한 우려도 높아진다는 문제 때문이다.[53] 또한 시민의 안전과 권리보호를 위해 도입된 최신 인공지능기반 범죄예방기법이나 도구가 '스마트 치안(smart policing)'의 외관에도 불구하고 오히려 신뢰하기 어렵고 책임소재를 따질 수 없다면 그 자체 고위험 인공지능기술의 통제문제가 될 것이기 때문이다.

동 기획은 형사정책적인 인공지능기술 활용과 관련하여 제기될 윤리적 현안문제에 대처하고, 포용적이고 개방적인 관점에서 공적 활용될 수 있도록 보장하는 방안을 모색한다는 데 의미가 있다.[54] 형사사법체계 내에서 인공지능기반 자동화된 결정내용을 어떻게 설명가능하게 할 것인가, 신뢰성, 공적 책임성, 공정성과 같은 윤리적 가치를 어떻게 설계하고 실현할 것인지는 민간부문보다 오히려 더욱 중요한 문제이기 때문이다.

형사사법체계상 데이터과학 및 인공지능의 윤리적 기본틀의 일차적 목표는 형사사법기관 정책결정 및 판단책임자가 인공지능기술과 데이터과학의 혁신적 내용과 잠재된 위험을 이해하는데 도움이 되는 윤리적 판단체계를 제공하는 데 있다. 이를 위해서는 인공지능기반 기술이 개발·적용될 형사사법에 특유한 조직구조와 절차에 대한

---

51) Sec. 5104. National Artificial Intelligence Advisory Committee.
52) 2015년 설립된 데이터과학 분야 정부와 13개 대학 협력 국립연구기관이다. 2017년 인공지능 분야 연구로 확장되었다. (https://www.turing.ac.uk/ 2022년 3월 1일 최종검색)
53) Peter Stone et al, 앞의 보고서, 8면.
54) https://www.turing.ac.uk/research/asg(2022년 3월 1일 최종검색)

이해, 해당기술의 최종사용자가 누구이며, 이러한 기술활용이 형사사법 직무에 어떠한 영향을 미치게 될지에 대한 검토가 필수적이다. 궁극적으로 인공지능 윤리가 요청하는 공적책임성과 설명가능성의 원리는 윤리적 가치에 기반한 형사사법기관간 소통을 근거짓고 동기지워주는 지침으로서, 편견이나 차별없는 공정한 조치의 실현가능하고 작동가능한 기반이 되어야 한다. 예컨대 인공지능기반 의사결정시스템이 설명가능한 절차를 통해 조정가능한 결과를 산출해 낼 수 있으려면, 형사사법기관의 거버넌스와 조직역량 또한 윤리적 기준에 부합될 수 있도록 조치해야 한다.55)

Ⅲ 고위험 인공지능기술의 활용과 형법적 통제 필요성

다양하게 전개되고 있는 고위험 인공지능기술에 대한 통제 논의들은 공통적으로 인공지능기술의 활용이 시민의 안전과 권리를 침해하는 문제를 상정한다. 현실적으로 인공지능기술의 고위험이 구현되는 경우로서 형법적 제재 필요성과 타당성까지 검토될 실제 문제지점은 지능형 기계(인공지능기반 로봇), 그리고 인공지능기반 자동인식·판단결정시스템이 야기한 위험과 결과한 침해다. 인공지능 로봇과 시스템이 윤리적 규율을 위반하여 설계되거나 작동됨에 따라 시민의 안전과 권리를 침해한 경우, 사람이 이를 범죄적 목적으로 오용 내지 악용하거나 그 결과 침해에 이른 경우가 형법적 통제를 고려할 문제사안이 된다.

1. 인공지능기반 로봇의 위험

인공지능기반 로봇, 특히 인간과의 상호작용(Human−robot interaction)56)로봇의 현실적 위험 유형은 산업용 로봇, 의료용 로봇, 자율주행운송 로봇, 성기능 로봇, 그리고 군사용 로봇 다섯 가지로 살펴볼 수 있다.

---

55) https://www.turing.ac.uk/research/research−projects/building−ethical−framework−data−science−and−ai−criminal−justice−system (2022년 3월 1일 최종검색)

56) Thomas Arnold·Matthias Scheutz, *Beyond Moral Dilemmas: Exploring the Ethical Landscape in HRI*, 2017, 445-452면. (doi:10.1145/2909824.3020255)

1) 산업용 로봇

산업용 로봇의 공장 도입은 1960년대부터 시작되었고, 로봇의 '살인' 역사는 1979년 미국 미시건 주 포드 자동차 공장에서 시작된다. 기계식 팔 형태의 로봇이 일시 정지하자 직접 부품을 가져오려던 노동자가 갑자기 다시 작동한 로봇에 부딪혀 사망한 사건이다. 이를 계기로 산업용 로봇은 안전펜스 등으로 격리되고, 사람의 개입이 필요하면 완전정지 후에 로봇 동작 영역에 들어갈 수 있도록 규정되었다. 현재는 사람과 협동해 안전하게 일할 수 있는 기계를 지향하는 협업형 산업용 로봇으로 대체되어 간다. 즉 일본에서 개발된 CR-35iA의 경우 접촉감지 센서와 이중안전 소프트웨어를 장착해 로봇의 모든 방향에서 일어나는 접촉을 감지하고 사람과의 충분한 간격을 자동 모니터링할 수 있다. 이는 사람에 대한 피해방지에 초점을 맞춰 설계된 로봇의 보편화를 전망케 해준다.[57]

산업용 로봇에 의한 생산공정은 노동인력의 효율적 대체뿐만 아니라 위험작업을 수행하여 산업재해를 줄일 수 있다는 측면도 있다. 산업용 로봇과 노동자가 협업하는 공정에서 안전설계(safety by design)의 법적 의무화는 로봇의 작동소프트웨어와 구성장치가 작동의 효율성보다 로봇 작업환경내 사람의 안전을 우선하도록 하도록 하는 내용이 된다. 따라서 인공지능 로봇에서 안전설계의 형법적 책임은 제조물책임법상 '합리적 대체설계'와 구별될 것이다. 제조물책입법상 결함이란 해당 제조물의 제조상·설계상 또는 표시상 결함이 있거나 그 밖에 통상적으로 기대할 수 있는 안전성이 결여되어 있는 것을 말하는데, '설계상의 결함'이란 제조업자가 합리적인 대체설계를 채용하였더라면 피해나 위험을 줄이거나 피할 수 있었음에도 대체설계를 채용하지 아니하여 해당 제조물이 안전하지 못하게 된 경우를 말한다. (제2조 제2호 나목) 이러한 제조물 결함으로 인한 생명·신체 또는 재산에 손해에 대해서는 배상책임이 부과된다. (동법 제3조 제1항) 이와 대조적으로 산업용 로봇의 하드웨어 및 소프트웨어상 안전설계 부재 내지 결함으로 인한 피해에 대해서는 적극적 안전설계의무 위반의 형사책임을 부과할 것이다. 또한 제조물책입법에서의 제조물 결함으로 인한 손해추정 규정(동법 제3조의 2)과 대조적으로 검사가 정상적 사용상태에서 피해가 발생하였다는 사실을 증명한 경우 안전설계 의무위반을 추정케 하되, 로봇 설계제조업자가 제조물 결함이 아닌 원인으로 피해가 발생하였음을 증명한 경우에는 산업용 로봇 사용관리자의 안전관리 의무위반을 추정케 하는 방식이 될 것이다.

---

57) David Hambling·Liron Gilenberg, WE: Robot, 2018, 백승민 역, 우리는 로봇이다, 2019, 13-14면.

2) 의료용 로봇

복강경 수술로봇(Da Vinci Surgical System)은 심장판막 수술처럼 복잡하고 정교한 수술에 투입되어 의료사고나 합병증 위험을 줄일 수 있다. 이러한 로봇 수술은 외과의사에 의한 수술보다 비용이 높아서, 인건비절감을 위해 로봇을 도입한다는 통념과 반대되는 경우다. 물론 외과의사가 다빈치 수술로봇을 100% 통제하도록 설계되어 있다. 내시경 수술로봇(Flex Robotic System)도 외과의사에 의한 원격제어 시스템이며 종래 어려웠던 종양제거수술도 가능케 한다. 58) 미국 식약청(FDA)은 2000년 외과의사에 의한 상시 통제를 조건으로 사용을 허가했으며, 우발적 움직임 제어장치까지 설치되어 있다. 그러나 의사에 의한 추가시술을 필요로 하는 중한 부작용이나 의료사고 사망 사례도 보고된다.59) 장기적 부작용 효과와 비용문제도 지적된다.60)

2018년부터 민관협력으로 개발한 진료데이터, 의료영상 등 의료 데이터를 연계·분석하여 개발한 인공지능 '닥터앤서 1.0'의 경우 한국인 8대 질환 진단과 치료를 지원하는 21개 인공지능 소프트웨어로 구성되어 있다. 후속개발중인 '닥터앤서 2.0'은 우울증까지 대상질환을 확장하게 된다.61)

현재로서는 의학적 진단 및 수술용 인공지능 로봇에 의한 진단 및 수술의 최종적 결정은 의사에 맡겨져 있기 때문에 직접 의료행위에 대한 의무와 책임자는 여전히 의사나 병원이다. 다만, 진단용 인공지능 기계의 진단내용이 의사 판단보다 더 크게 최종결정에 작용하고, 수술행위에서 의사 개입이 줄어들수록 즉 인공지능 수술로봇의 자율성이 늘어날수록 안전기준 준수하에 로봇이 수술한 경우 의사의 면책은 입법 정책적 결정문제가 될 것이다.62)

3) 성기능 로봇

성기능 로봇은 장애인, 노인 등을 위한 반려로봇(companion robot) 또는 치료목적의 기능관점에서는 긍정적 가능성도 인정되는 반면, 인간의 존엄에 반한다는 반론도 맞선다. 영국의 1998년 인권법(Human Rights Act 1998)과 2010년 평등법(Equality Act 2010)에 따르면 장애인이 자신의 사적 공간에서 보통사람과 같은 행복을 추구할 권

---

58) 같은 책, 69-70, 89-90면.

59) https://www.drugwatch.com/davinci-surgery/ (2022년 3월 1일 최종검색)

60) Bec Crew, *Worth the cost? A closer look at the da Vinci robot's impact on prostate cancer surgery*, Nature 580, 2020, 5-7면.

61) 과학기술정보통신부, "과기정통부, 닥터앤서 2.0 개발 착수" (보도자료 2021년 4월 9일)

62) 이중기·이재현, 의료 AI에 대한 규제체제와 책임의 귀속-진단 AI와 수술로봇을 중심으로, 홍익법학 21(4), 2020, 278면.

리를 제한하는 조치는 불법이라는 점을 고려하면, 권리문제 차원이 될 수도 있다.[63] 이는 성행위가 기본적 인권의 하나이며, 성기능 로봇은 성행위 상대방에 대한 접근이 제한된 사람에 대한 일종의 해결수단이 될 수 있다는 인식이다.

그러나 욕망과 권리는 분별해야 하며, 성기능로봇에 대해서는 성폭행과 여성혐오적 폭력 실행 도구가 되어 여성의 성적 대상화와 폭력을 악화시킬 수 있다는 문제제기가 당연하다. 기계와 소통에 빠져 인간다운 상호공감과 감정교류를 상실하게 되리라는 더 근본적인 우려도 나온다.[64] 인셀(incel)[65]의 성폭력범죄에 대한 방지책으로서 성기능 로봇의 가능성에 대한 주장도 있지만,[66] 성폭력 대상을 대체해 준다고 해서 성폭력범죄에 대한 해결책은 못된다. 오히려 성폭력범죄의 증상에 더 가깝게 되기 마련이다. 개인욕구와 자기결정 침해여지 없이 전적으로 통제하고 지배할 수 있는 성적 대상을 찾는 자에게 성기능 로봇은 욕망을 해소하기보다는 조장한다.[67]

아동형 성기능 로봇의 형법적 금지도 마찬가지 이유다. 소아성애자의 범죄를 방지하기보다는 오히려 범죄유발적이기 때문이다.[68] 특히 인간신체와 매우 유사한 로봇을 성폭력 범죄욕구의 대체물로 활용한다는 구상은 윤리적으로 사회적으로 수용하기 어렵다는 점은 분명하며, 범죄감소의 효과는 미미하고 불확실한 반면, 오히려 성폭력을 유발하는 위험한 경로를 터주는 일이 될 수 있다.[69]

미국의 경우 2021년 1월 연방 하원에 상정된 아동성착취로봇금지법안(Curbing Realistic Exploitative Electronic Pedophilic Robots Act 2.0)에 따르면 금지위반에 대하여는 5년 이하의 구금형이 부과된다. 또한 2019년 호주 연방의회에 상정된 아동성착취 근절 개정법안(Combatting Child Sexual Exploitation Legislation Amendment Bill 2019)에 따르면 아동형체 성기능 인형 내지 로봇 제작·소지는 15년 이하의 구금형에 처해지는 중범죄다.[70] 그러나 이러한 법안들이 실제 법제화 단계에 이르지는 못하고 있는

---

63) Noel Sharkey et al, *Our Sexual Future with Robots, Foundation for Responsible Robotics*, 2017, 22−24면.

64) Jenny Kleeman, S*ex Robots & Vegan Meat*, 고호관 역, AI 시대, 본능의 미래, 2020, 113면.

65) 이른바 비자발적 독신주의자 남성으로 성적 좌절감을 여성혐오와 폭력으로 분출하며, 온라인 활동을 넘어 무차별 살인범죄로 나아가기도 한다.(같은 책, 83면.)

66) Ross Douthat, *The Redistribution of Sex*, NYT 2018년 5월 2일자; Toby Young, *Here's What Every Incel Needs : a Sex Robot*, Spetator, 2018년 5월 5일자.

67) Jenny Kleeman, 앞의 책, 84−85면.

68) 김한균, 아동형체 '리얼돌' 성범죄화에 관한 영미국가 입법동향 비교 분석, 비교형사법연구 21(4), 2020, 109면.

69) Noel Sharkey et al, 앞의 보고서, 31면.

70) 김한균, 앞의 논문,109, 119면.

데, 아동형체 인형 내지 로봇은 그 자체 위험성이 있는 것이 아니라 도구에 지나지 않는다는 점에서 아동성폭력 내지 아동성착취에 대한 과도한 우려를 빌미로 위헌적으로 표현의 자유를 제한한다는 비판[71] 때문인 것으로 판단된다.

한국의 경우 현행 청소년성보호법상으로 아동형체 성기능로봇은 아동성착취물[72]에 해당되지 않지만, 법취지에 비추어 보면 앞으로 형법적 금지대상에 포함될 가능성이 높다. 그러나 성인형체 성기능로봇의 경우 우리 사회 건전한 성풍속을 침해하므로 형법적 금지의 대상이 될 것인지 사생활의 자유 영역에 둘 것인지, 그리고 형법적으로 금지된 성폭력인 성매매의 경우 로봇 성매매[73]도 포함될 것인지는 별개의 판단을 요하는 문제다. 2021년 법원은 성인 섹스돌에 대해서 풍속을 해치는 물품에 해당하지 않는다고 보고, 매우 사적인 공간의 활동이므로 국가가 개입하지 않음으로써 자유를 실현해야 한다고 판단한 바 있다.[74] 또한 현행 성매매처벌법상 성매매알선행위는 성매매를 알선, 권유, 유인 또는 강요하거나 성매매 장소를 제공하는 행위(동법 제2조 제1항 제2호)인데 성매매 개념[75]상 성기능로봇은 포함되지 아니하므로 성매매근절 목적의 금지대상이 될 법적 근거가 없다.

4) 자율주행운송 로봇

2016년 아마존이 시범도입한 배송용 드론(Amazon Prime Air)의 경우 상품배송의 자동화설정이 필요한데, 가장 현실적 문제는 인구가 밀집한 도시환경에서 안전하게 자율비행할 수 있는지 안전성 입증이다. 현재 인간 통제 시야를 벗어난 비행은 금지되고, 유인항공기 항로를 방해하지 않아야 한다.[76] 드론에 탑재된 센서로 장애물을 탐지하는 감지회피 시스템(sense—and—avoid system), 드론 기지국 역할의 비행선이나 배달트럭, 고층건물 충전소 등 서비스 시스템 구축 관련된 문제[77]는 다양한 법적

---

71) 같은 논문,110면.

72) 청소년성보호법 제2조 제5호

73) 2018년 캐나다 성기능로봇 제작업체가 캐나다 토론토에 이어서 미국내 로봇 성매매업소를 시도했으나 불허되었다. ("Toronto's first sex doll brothel has been open for a year" https://www.blogto.com/city/2018/08/toronto—sex—doll—brothel/ ; "Sex robot brothel planned for Houston comes to a halt amidallegations owner misrepresented business"

(https://abc13.com/sex—robot—brothel—sexbots—kinkys—dolls—galleria/4362686/ 2022년 3월 1일 최종검색)

74) "리얼돌, 음란 물품 아닌 성기구…법원, 수입 허용 판결" (조선일보 2021년 1월 25일자)

75) 성매매처벌법 제2조 제1항 제1호

76) Federal Aviation Administration, *Package Delivery by Drone* (Part 135) (https://www.faa.gov/uas/advanced_operations/package_delivery_drone/ 2022년 3월 1일 최종검색)

77) David Hambling·Liron Gilenberg, 앞의 책, 93—94면.

규제요인이 될 것인데, 해킹과 같은 사이버침해 범죄대상이 될 경우 자율주행운송로봇은 그 자체만으로 살상무기가 될 수 있다.

한편 2017년 두바이 정부가 경찰로봇(Reem Dubai Police)과 함께 도입한 자율주행경찰차(O-R3)는 비정상탐지 소프트웨어를 설치하여 범죄를 자동으로 감시하고, 용의자 추적을 위해 쿼드콥터(Quadcopter)를 발사할 수 있다. 쿼드콥터에 테이저건, 후추 스프레이를 장착하여 진압까지 가능한 기능도 시험단계다.[78]

이처럼 자율주행운송로봇은 자율주행차량부터 드론에 이르기까지 사람과 화물 운송용도로 일차 개발되지만 병기와 경찰로봇으로 전화할 가능성도 높고, 그 가능성은 집회시위진압이나 전투상황에서 인간 경찰과 병사와의 상호작용이 아닌 로봇과 대면하는 상황에서의 위험으로 나타날 수 있다.

5) 군사용 로봇

드론이나 순항미사일과 달리 자동화 무기(Autonomous weapons)는 자율적으로, 즉 인간의 최종개입 없이 표적을 택하고 공격을 결정한다는 점에서 살상로봇(killer robot)이라 불리며 인공지능기술이 인류의 종말을 초래하리라는 경고가 가장 먼저 나오게끔 한 문제다. 2015년 전세계 인공지능 로봇과학자들이 서명한 공개서한은 가까운 장래 인공기능기반 무기가 군비경쟁의 수준으로 개발될 것을 예측하면서, 핵무기와 생화학무기와 마찬가지로 국제적 금지조약 필요성을 제기했다.[79] 2106년 유엔 전문가그룹은 자동화살상무기시스템(lethal autonomous weapons systems)에 대한 국제적 논의를 시작했으며, 현행 특정재래식무기협약(Convention on Certain Conventional Weapons) 체계하에서 특정 유형 무기 규제와 금지차원에서 논의된다. 그러나 자동화무기의 자동화(automated) 또는 자율적(autonomous) 개념 규정에 있어서 표적설정과 감독에 대한 인간 개입정도에 대해서는 국가마다 입장이 갈린다.[80]

현실적으로 인공지능기술적 요소를 상당부분 구현하는 드론형태는 1995년 유고슬라비아 내전부터 투입되었고, 아프가니스탄 전쟁 당시 소위 테러리스트 표적을 탐지하게 되면서 자체미사일을 탑재하여 공격용으로도 사용되기 시작했다.[81] 원격조정된

---

78) 같은 책, 222면.

79) Future of Life Institute, Autonomous Weapons: An open letter from AI & Robotics Researchers, 2015 (https://futureoflife.org/2016/02/09/open-letter-autonomous-weapons-ai-robotics/ 2022년 3월 1일 최종검색)

80) House of Lords, Report of Session 2017-19, paras. 342-343.

81) The Intercept, *The Drone Papers* (2015.10.15) (https://theintercept.com/drone-papers/ 2022년 3월 1일 최종검색)

다는 점에서 자동화무기는 아니지만, 목표조준은 통신위치 등 정보인덱스에 근거하는 부분적 자동화가 실현되어 있다.[82]

그리고 세계에서 가장 처음으로 그리고 유일하게 실전운용되는 군사용 로봇은 한국 DMZ에 배치되어 있는 SRG－A1 Sentry다. 표적을 감시하고 교전도 가능하다. 카메라와 인식소프트웨어에 기반하여 감시영역에 들어오는 사람에게 암호를 묻고 확인도 할 수 있으며, 제스처 인식기능을 통해 항복의사도 확인할 수 있다. 기관총과 수류탄 발사기도 갖추고 있다. 현재는 고정모드에서 최종발사를 사람이 통제하지만, 이동모드를 선택하면 사람은 작동을 시작케 할 뿐 이동상태에서는 사실상 킬러로봇이 된다.[83] 인공지능기반 군사용 로봇의 투입은 상당한 부수적 피해도 이미 현실이지만, 대테러 수단이나 경찰용으로 전화될 위험은 언제든지 현실화될 수 있다.

2. 인공지능기반 자동인식 및 의사결정시스템의 위험

1) 생체정보인식시스템

공격용 드론이 출몰하는 분쟁지역이 아닌 일상공간에서 현재 가장 경계와 두려움의 대상인 인공지능기술이라면 바로 생체정보인식 시스템(biometric identification systems)이다. 대도시 인구밀집환경에서 개인 동선을 추적 기록하는 기법이 특정집단 추적감시에 사용되고, 보행신호위반 정도의 경범죄까지 자동탐지하여 생체정보를 수집해 시민에 대한 "사회평판점수시스템(social credit system)"이 구축될 가능성도 있다.[84] 행동예측이나 분류를 위한 안면인식이나 감정분석 알고리즘에 대해서는 이를테면 신종 골상학(new phrenology)[85]이라는 비난마저 나오고 있다. 2020년 미국 경찰폭력과 인종차별 사태와 맞물리게 되면 더욱 심각한 사회문제가 될 수 있다. 이에 따라 유럽과 미국, 중국 등에서 무차별적 안면인식 시스템의 감시에 대한 비판이 높아지고 있다.[86]

---

82) Thomas Powers ·Jean－Gabriel Ganascia, 앞의 논문, 38면.

83) David Hambling·Liron Gilenberg, 앞의 책, 133－134면.

84) Paul Mozur, *One Month, 500,000 Face Scans: How China is Using AI to Profile a Minority*, NYT 2019년 4월 14일자; Rachel Botsman, *Big Data Meets Big Brother as China Moves to Rate Its Citizens* (https://www.wired.co.uk/article/chinese－government－social－credit－score－privacy－invasion 2022년 3월 1일 최종검색)

85) Catherine Stinson, *Algorithms that Associate Appearance and Criminality*, American Scientist 109(1), 2021, 26면.

86) Thomas Powers·Jean－Gabriel Ganascia, 앞의 논문, 34면.; Michael L. Littman et al, 앞의 보고서, 36면.

하지만 사회안전이나 테러방지를 명분으로 도입될 가능성이 높고, 일단 도입되면 활용 범위는 시민일반에로 확대될 위험성 또한 높다.[87] 이처럼 정부의 생체정보인식시스템을 통한 상시적 시민 감시와 일상 정보수집·축적은 위험으로부터 시민의 안전확보를 내세우지만, 권리침해라는 측면에서는 고위험 인공지능기술로서 통제가 필요하다. 고위험 인공지능의 위험에 대한 평가는 이처럼 기술적인 문제일 뿐만 아니라 사회적 문제이기도 하다.

유럽연합의 경우 생체정보인식시스템을 고위험 인공지능기술로서 엄격한 규제대상으로 규정한다. 공공장소에서 법집행기관의 사용은 금지대상이다. 극히 예외적으로 실종아동수색, 임박한 테러위협 탐지, 중대범죄 용의자나 범인 추적에 한하여 엄격한 요건하에 허용될 뿐이다. 즉 법원이나 독립된 판정기구에 의한 허용여부, 시간적 장소적 범위와 수집정보 범위 판단에 구속된다.[88]

2) 자동화의사결정시스템

자동화의사결정시스템(automated decision-making system)은 심층신경망을 통해서 확보되는 고품질 데이터를 활용해 의사결정 기능을 수행하는 인공지능기술이다. 그 활용의 윤리적 문제와 사회적 유용성 평가는 자율성(autonomy), 응용가능성(adaptability)과 계측성(scalability)의 문제가 된다.[89] 최근 들어 자동화의사결정은 의료진단이나 대출심사, 신용카드 발급처럼 민감한 분야까지 포함해 많은 사회 영역으로 확대되고 있다. 일관성을 높이면서 비용은 낮추고 새로운 혁신적 해법을 통해 사회경제적 혜택을 가져올 수 있기 때문이다. 반면 오류 또는 차별적인 결과를 산출할 수 있고, 나아가 인간의 오류를 강화하거나, 인간의 책임문제를 소거해 버린다[90]는 점에서 윤리적·법적 문제도 초래할 수 있다.

특히 형사사법에서도 자동화의사결정시스템 활용이 특정 개인이나 장소의 범죄위험성을 예측, 평가, 프로파일링함으로써 감시, 검문, 벌금부과, 압수수색, 체포에 이

---

87) Thomas Powers·Jean-Gabriel Ganascia, 앞의 논문, 38면.

88) Tambiama Madiega·Hendrik Mildebrath, *Regulating facial recognition in the EU*, 2021, 28-29면 ; *Regulatory framework proposal on artificial intelligence* (https://digital-strategy.ec.europa.eu/en/policies/regulatory-framework-ai 2022년 3월1일 최종검색)

89) Jakob Mökaner · Maria Axente, *Ethics-based auditing of automated decision-making systems: intervention points and policy implications*, AI & SOCIETY, 2021 (https://doi.org/10.1007/s00146-021-01286-x)

90) Guang-Zhong Yang et al, T*he grand challenges of Science Robotics*, Science Robotics 3(14), 2018, 11면.

르게 되거나, 기소·양형·가석방 판단에 영향을 미치는 경우에, 차별과 공정한 재판을 받을 권리 침해, 무죄추정 원칙 위반을 초래한다면 이는 자동화된 불의(automating injustice)에 다름아닐 것이다.[91]

이렇게 자동화의사결정 시스템로 인해 시민의 신뢰를 잃게 된다면, 오히려 사회적 문제가 될 수도 있다. 그 사회적 맥락도 유의해야 한다. 21세기 초기 경제침체기 동안 공공부조, 저임금 노동, 그리고 형사사법 분야에서 정교한 데이터기반 자동화의사결정시스템이 확대되기 시작했다. 실제 도움을 필요로 하는 사람에게 서비스가 제공되어야 한다는 효율성 요구에 기반하여 예측 알고리듬, 위험 평가모델, 자격판정시스템이 신용평가, 마케팅, 양형, 재정, 공공프로그램 관리에서 일상화되었다. 하지만 특히 사회적 빈곤계층에게는 효율적 보호시스템이 아니라 세밀하고도 강화된 감시와 차별적 관리시스템으로 경험된다.[92] 자동화의사결정시스템은 정치적 책임이나 투명성을 기대하기 어려운 인권취약지점부터 도입되기 마련인데, 프라이버시보호나 보안조치 확보없이 개인정보를 수집하고 예측모형과 알고리듬을 통해 저신용자, 사회적 문제인물이라는 낙인을 찍는 결과에 이를 수 있다. 이런 방식의 자동화 의사결정의 확산은 빈곤계층을 범죄자화하고, 차별을 심화시켜 사회안전망과 민주주의 제도역량을 오히려 약화시킨다.[93]

문제의 근본은 바로 알고리듬의 편향가능성에 있다. 인공지능 기계학습 데이터 자체가 편향되면 부당하게 편향된 결정을 막기 어렵고, 편향 방지를 위한 법적 조치 역시 데이터 생성의 배경인 사회문화의 기존 편향 반영까지 막기는 더욱 어렵다.[94] 예측선제적 치안(predictive policing)과 재범위험성 평가에서도 자동화된 형사정책 판단결정의 편향성은 알고리듬과 기술을 이용하는 사람이 초래하는 문제라는 점이 지적된다.[95]

그래서 2018년 유럽연합 개인정보규정(General Data Protection Regulation)은 인공지

91) Fair Trials, *Automating Injustice: The Use of Artificial Intelligence & Automated Decision−Making Systems in Criminal Justice in Europe*, 2021, 7−8, 27−32면.
92) Virginia Eubanks, *Automating Inequality: How High−tech Tools Profile, Police, and Punish the Poor* 2018, 김영선 역, 자동화된 불평등, 2018, 26−28면.
93) 같은 책, 30−32면.
94) D.Leslie, *Understanding artificial intelligence ethics and safety: A guide for the responsible design and implementation of AI systems in the public sector*, Alan Turing Institute, 2019, 67면.; Stuart Russell, *Human Compatible: AI and the Problem of Control*, 2019, 이한음 역, 어떻게 인간과 공존하는 인공지능을 만들 것인가, 2021, 189−190면.
95) 임용진·박규동, 형사정책시스템 알고리즘 구축 과정에서의 편향성, 한국정책분석평가학회 학술대회 발표논문집, 2021, 29면.

능 기술에게 프로파일링을 포함한 개인에게 중요한 영향을 미치는 법적 효과를 낳는 자동화 과정을 기반으로 결정을 내릴 권한부여를 명시적으로 금지하며,[96] 인종, 정치적 견해, 종교적·사상적 신념, 노조가입과 같은 개인정보의 공개, 신원확인을 위한 유전자정보, 생체정보 처리, 보건데이터와 성적 데이터의 처리를 금지한다.[97] 또한 정보주체에게 자동화 결정에 대한 설명을 요구할 권리를 보장한다.[98]

인공지능기술의 개발과 활용은 독자적 의식과 판단결정이 가능한 시스템이 아니라, 인간에게 설명될 수 있고 책임을 물을 권한과 인간의 자율성이 보장되도록 설계함으로써 인간과 기계의 협업을 통해 인간역량을 향상하는 데 목표가 있다. 인공지능기술도 인류의 강점인 협업시스템의 일부라는 점에서 인간과 자동화의사결정시스템 사이의 명확한 소통 연결이 확보되어야 한다.[99] 바로 이러한 요청이 고위험 인공지능기술에 대한 공적 책임성, 신뢰가능성, 설명가능성, 투명성, 공정성과 같은 윤리적 가치지향이 논의되며, 가치지향적, 위험평가기반 형사정책이 인공지능기술 발전과 향유의 핵심내용이 되는 이유다.

Ⅳ 결론: 고위험인공지능 형사정책의 설계

인공지능 국가전략[100]의 일부로서 형사정책은 인공지능기술 역기능에 따른 위험성과 인공지능기술의 범죄적 악용에 대응한 형사법적 조치를 의미할 것이다. 인공지능 형법의 과제는 고위험 인공지능기술의 위험방지, 인공지능기술의 불법적 이용으로 인한 침해제재 두 가지다. 인공지능 기술개발의 중요한 일부가 다름아닌 인간지능과 인지와 뇌신경에 대한 연구일 수밖에 없다는 점, 인공지능 윤리에 대한 성찰이 인간과 인간 사이의 윤리, 인간의 자연에 대한 의무에 대한 재성찰부터 요구한다는 점을 생각할 때 인공지능기술의 위험, 그 오용과 악용에 대한 문제의식과 대응논의

---

96) Art. 22. Automated individual decision−making, including profiling
97) Art. 9. Processing of special categories of personal data
98) Art. 14. Information to be provided where personal data have not been obtained from the data subject
99) Stuart Russell,앞의 책,193면.; Michael L. Littman et al, 앞의 보고서, 71면
100) 2019년 인공지능 국가전략에 따르면, 인공지능 역기능 방지를 위한 윤리 기준은 사생활 및 개인정보 침해 금지에 관한 기준이며, 최소한의 보호조치는 안전성·신뢰성 확보를 위한 최소한의 보호규정을 말한다. (관계부처합동, 인공지능 국가전략, 21면)

는 기존 형사법적 통제 원칙과 방향을 다시 살피는 과제이기도 할 것이다.

인공지능 형사정책의 핵심은 고위험인공지능기술 통제의 문제이며, 윤리적 지향가치와 위험평가에 기반을 둔 법적 기본틀을 요한다. 이를 위해서는 미국의 예와 같이 '신뢰가능한 인공지능시스템'이라는 가치지향을 법제화하고, 유럽연합의 예와 같이 합의된 가치와 합리적 위험평가 기반 위에서 관리·통제입법을 진행하면서, 형사정책적 개입도 고려되어야 할 것이다. 다만 윤리적 인공지능 담론은 이른바 윤리세탁(ethics washing)[101]의 혐의도 받을 수 있음을 유의해야 한다. 마땅한 공적 감독과 법적 통제를 회피하기 위해 윤리 프레임을 남용할 수도 있기 때문이다.[102]

그리고 인공지능 형사정책은 인공지능기술이 구현된 기계와 인간의 상호작용, 인공지능기술 개발·운용 기업과 인공지능기술기반 공적 제도를 주요 대상으로 할 것이다.

2021년 알고리즘및인공지능법률안의 경우, 알고리즘 및 인공지능 개발의 기본원칙으로서 알고리즘과 인공지능을 개발·이용하는 자는 개인의 자기정보통제권을 보장하고 신뢰성과 투명성이 확보될 수 있도록 알고리즘과 인공지능을 설계 또는 이용하여야 한다(법안 제5조 제2항)는 규정을 두었다. 특히 '고위험인공지능'을 구체적으로 ① 인간 생명, ② 생체인식, ③ 주요 사회기반시설의 관리운용, ④ 채용 등 인사 평가 또는 직무 배치 결정, ⑤ 응필수 공공·민간 서비스, ⑥ 기본권을 침해할 수 있는 국가기관의 권한 행사, ⑦ 이민, 망명 및 출입국관리와 관련된 인공지능(법안 제2조 제3호)으로 규정하였다는 점에서 유럽연합 인공지능법안과 방향이 같다고 판단된다.[103]

결론짓자면, 인공지능 형사정책은 고위험 인공지능 기술개발과 활용으로 인한 안전과 인권침해 문제를 가치지향적 기반위에서 다룬다. 다만 형사입법과 제재를 위해서는 위험평가, 즉 해당 인공지능기술 개발·활용의 위험도와 내용에 대한 합리적 예측·판별, 그리고 개입수단과 효과의 비교형량이 필요한데, 과잉·부실대응이나 방치 결과에 이를 위험성도 있다. 이처럼 문제대응이 곧 문제의 일부가 될 수 있다는 딜레마라는 점에서, 예방과 금지의 법제화 논의 진전은 신중할 수 밖에 없음을 인정해야 한다. 또한 주의할 점은 고위험인공지능기술 현실에는 형사정책적 수단, 즉 범죄

---

101) Karen Haoarchive, "In 2020, let's stop AI ethics−washing and actually do something", MIT Technology Review, 2019 (https://www.technologyreview.com/2019/12/27/57/ai−ethics−wash−ing−time−to−act/ 2022년 3월 1일 최종검색)

102) Michael, J. Litman et al, 앞의 보고서, 36면

103)

예방과 탐지, 진압에 활용되는 각종 로봇과 생체정보식별시스템, 자동화의사결정시스템이 포함되어 있다는 사실이다. 따라서 고위험인공지능기술의 위험과 침해에 대응하는 형사법과 정책은 자신에게도 엄격한 기술활용 통제와 시민안전과 권리보호를 위한 활용과제를 함께 감당해야 한다.

후기

2024년 시행 유럽연합 인공지능법의 고위험 인공지능 규제 체계

본 논문(2022년 발표)에서 인공지능 형사정책의 핵심을 고위험 인공지능기술 통제의 문제로 규정하는 데 모델로 삼았던 2021년 11월 유럽연합 인공지능법안은 인공지능기술의 위험을 단계적으로 구분하여 각각의 위험대응 필요성에 따라 규제를 부과하는 방식이다. 2021년 초안은 유럽연합 의회, 유럽이사회와 집행위원회의 논의를 통해 2023년 11월 최종안이 성안되었고, 2024년 2월 유럽연합 회원국의 만장일치 승인, 5월 유럽이사회의 공식채택을 거쳐 7월 공포되었다. 2024년 유럽연합인공지능법(EU Artificial Intelligence Act)은 2025년 2월부터 순차적으로 효력이 발생한다.

2024년 인공지능법에 따르면 사회평판기록시스템(social scoring systems. 사회적 행

2021년 알고리즘및인공지능법안 고위험인공지능 유형	2021년 유럽연합인공지능법안 고위험인공지능 유형
생체인식과 관련된 인공지능	자연인에 대한 생체정보판독과 분류
인간의 생명과 관련된 인공지능 교통, 수도, 가스, 난방, 전기 등 주요 사회기반시설의 관리·운용과 관련된 인공지능	핵심인프라 관리운영(의료용 수술로봇)
채용 등 인사 평가 또는 직무 배치의 결정에 이용되는 인공지능	고용 및 노동자관리(채용서류분류 소프트웨어)
응급서비스, 대출 신용평가 등 필수 공공·민간 서비스 관련 인공지능	주요 공공서비스 이용 및 부조수혜(대출심사 신용판정)
	교육훈련
수사 및 기소 등 기본권을 침해할 수 있는 국가기관의 권한 행사에 이용되는 인공지능	법집행(증거능력 판단)
	사법행정과 민주적 절차(개별사안 재판)
문서의 진위 확인, 위험평가 등 이민, 망명 및 출입국관리와 관련된 인공지능	출입국관리 및 이민·난민(여권발급심사)

동이나 개인적 습관에 기해 개인 또는 집단을 평가, 분류함으로써 차별적 처우를 하는 조치)이나 조작적 인공지능(manipulative AI. 세뇌나 기망적인 기술로 행동을 유도하거나 잘못된 정보에 기한 의사결정으로 인해 상당한 위해(significant harm)가 야기되는 경우), 생체정보 분류시스템(biometric categorisation systems. 인종, 정치적 견해, 노동조합 가입, 종교적 신념, 성생활 및 성적 지향과 같은 민감한 특성을 도출할 수 있는 분류시스템의 경우. 단 법집행기관의 합법적 생체정보 관리는 예외적으로 허용), 무차별 안면인식 데이터베이스(인터넷이나 CCTV를 통해 불특정 다수의 얼굴 이미지를 수집 처리하는 경우)는 용납될 수 없는 위험(unacceptable risk)으로 전면 금지된다(제2장 제5조). 형사정책적으로 개인의 특성이나 프로파일링에 전적으로 근거한 인공지능기반 범죄위험예측은 금지되지만, 객관적 자료에 따른 인간의 평가를 보완하기 위한 활용은 가능하다. 공공장소에서 법집행기관의 실시간 인공지능기반 원격생체정보확인(remote biometric identification)은 실종자, 납치, 인신매매, 성착취 피해자 추적, 임박한 테러위협이나 실체적이고 급박한 생명 위협 방지, 살인, 강간, 강도, 마약 무기 밀매, 조직범죄, 환경범죄 등의 중범죄 피의자 추적의 경우에 한해 허용된다.

동법의 주된 규제대상은 고위험 인공지능시스템(high-risk AI systems)으로서 유럽이나 제3국에 기반을 두고 유럽내 서비스 통용되는 경우에 해당된다(제3장 제6조). 고위험 인공지능은 유럽연합법상 인공지능이 안전관련 장치 또는 제품(의료기기, 장난감, 승강기, 열기구 부터 차량과 항공기까지 광범위하고 다양하다)의 일부이거나 그 자체인 경우, 그리고 관련사안(사회기반시설, 교육 및 직업훈련, 고용노동, 필수공공서비스, 법집행, 출입국 관리,사법행정과 민주적 절차)에 인공지능이 활용되는 경우다. 업무성과, 경제적 상황, 건강, 취향과 선호, 위치와 행동에 관한 개인의 삶을 평가할 수 있는 데이터를 자동처리하여 프로파일링하는 경우는 예외 없이 고위험인공지능으로 간주된다. 다만 인공지능 시스템이 세부절차 수행기능에 한정된 경우, 사람이 완료한 업무 결과를 개선하는 경우, 사람의 판단을 대체하는 것이 아닌 기존 의사결정 패턴을 탐색하는 기능인 경우, 평가목적 시스템의 준비업무를 수행하는 경우는 예외다.

형사정책과 관련해서 고위험인공지능 관련사안은 범죄피해자 예측, 거짓말탐지기, 범죄수사 및 소추과정에서의 증거평가 및 프로파일링 범죄 및 재범 예측의 경우다.

고위험인공지능 개발자와 공급자는 엄격한 책임을 진다. 고위험인공지능 전체 과정에 걸쳐 위험관리시스템(risk management system)을 구축하고, 데이터관리 거버넌스(data governance) 이행, 의무이행 상황에 대한 기록과 규제당국 제출, 활용자에 대한 의무이행사항 제시, 활용자의 개입을 허용하는 설계, 설계상 적정수준의 정확성, 견고성, 사이버보안 확보 등의 의무가 있다. (제8조 내지 제17조) 사용자와 활용자 또한 책임이 부과되는데, 유럽내 사용자뿐만 아니라 인공지능 시스템의 결과물이 유럽내 사용될 경우 해당 시스템의 제3국내 사용자에게도 적용된다. 이에 비해 일부 제한된 위험 인공지능 시스템 (limited risk AI systems)에 대해서는 투명성을 요건으로 규제를 완화한다. 예컨대 챗봇이나 딥페이크 개발자나 운영자는 최종 사용자에게 인공지능 기반 기술임을 고지할 의무를 진다. 반면 유럽내 통용되는 최소한 위험(minimal risk) 의 인공지능, 예컨대 인공지능기반 게임이나 스팸필터는 규제대상에서 제외된다.

다만 생성형 인공지능(generative AI)의 등장으로 규제대상 위험 여부에 대한 판단 은 변할 수 있다. 이는 인공지능법안 논의과정에서도 새로운 형태의 인공지능기술과 그에 따라 예상되는 위험의 문제가 법과 제도가 대응하기 어려울 정도로 빠르게 변 화하고 있음을 보여준다. 뿐만 아니라 유럽과 미국, 중국, 그리고 한국의 인공지능 국가전략과 산업 차원의 이해관계가 상이하기 때문에 유럽 인공지능법을 보편적 국 제기준으로 수용하기에는 신중한 검토가 필요하다. 정책적 관건은 인공지능 기술진 화에 그에 따라 변화하는 위험양상에 대응한 법적 규제, 특히 형법적 개입의 필요성 과 정당성에 대한 합리적 판단과 사회적 합의 문제가 된다.

7

위험-욕구-반응성 모델에서 바라본 전자감독제도의 운영 실태와 문제점*

김지선(선임연구위원, 한국형사·법무정책연구원)

최근 전자감독 대상자가 전자발찌를 훼손한 전후 여성 두 명을 살해한 사건이 발생하면서 전자감독제도에 대한 사회적 관심이 어느 때보다 높다. 2008년 전자감독제도가 도입된 이후 국민과 언론의 관심을 끄는 전자감독 대상자의 재범이나 훼손 사건이 발생하면, 언론에서는 이를 전자감독 자체의 실패로 간주하면서 무용론을 제기하였고, 이는 일반인의 공포를 악화시켜 더욱 강력한 처벌 요구로 이어졌으며, 법무부와 입법부는 전자감독 대상자에 대한 감시 및 통제 강화를 골자로 하는 개선안을 내놓는 상황이 반복됐다. 부착기간 연장(5년 → 10년 → 30년), 준수사항위반자에 대한 형사처벌 강화, 19세 미만 아동·청소년 성폭력범에 대한 외출 제한 및 피해자 접근금지 준수사항의 필요적 부과, 고위험 아동·청소년 성폭력에 대한 1:1 전자감독 도입 등이 대표적인 예이다. 이와 같은 감시 및 통제 강화가 전자감독 대상자에게 어떠한 영향을 미쳤는지에 대한 제대로 된 검증도 이루어지지 않은 상태에서 현재의 전자감독에 대한 사회적 관심이 다시 똑같은 전철을 밟게 되지나 않을까 하는 우려가 앞선다.

본 논문에서는 전자감독제도가 고위험범죄자의 재범을 억제하고 사회복귀에 도움이 되는 효과적인 개입 프로그램이 되기 위해서는 대상자의 위험수준과 개인적 특성에 맞게 부과되어야 하고, 제도가 기본적으로 감시에 기반하고 있더라도 대상자가 갖고 있는 범죄 원인적 욕구들을 완화·해소시켜 줄 수 있는 프로그램과 병행하여 운영되어야 한다는 관점에서 전자감독제도의 운영 현황을 비판적으로 검토해 보고자 한다.

일반적으로 전자적 기술을 범죄자의 관리·감독에 활용하는 것을 지칭하는 용어로 '전자감시'와 '전자감독'이라는 용어가 혼재되어 사용되고 있다. 그러나 본 논문에서

---

* 이 글은 김지선, "위험-욕구-반응성 모델에서 바라본 전자감독제도의 운영 실태와 문제점", 범죄방지포럼 제45호, 한국범죄방지재단, 2021에 게재되었음을 밝힌다.

는 '전자감시'는 범죄자의 위치와 준수사항 위반 여부를 파악하는 "기술"과 관련된 측면을 강조하는 맥락에서 사용할 것이다. 이에 반해, '전자감독'은 전자장치를 통한 감시 이외에 보호관찰관과의 대면접촉이나 원호, 사회복귀 프로그램의 제공 등과 같이 전통적인 보호관찰의 지도·감독 기능까지 겸비한 포괄적인 제도로서의 의미로 사용할 것이다.

Ⅰ 전자감독 실시 현황

우리나라에서 전자감독제도는 2008년 9월부터 시행되었다. 2005년 7월 국회에서 처음 발의한 법률제정안에서 전자감독 대상은 형 집행을 종료하고 사회로 출소하는 고위험 성폭력범죄자였다. 그러나 2006년 법무부에서 제출한 수정법률안에는 적용범죄는 변화가 없었으나, 적용단계를 형기 종료 후뿐만 아니라 가석방, 가출소, 가종료, 집행유예 단계로 확대하였고, 그대로 가결되었다. 이후 전자감독제도는 지속적인 확장의 길을 걷는다. 2009년 미성년자 유괴범죄, 2010년 살인범죄, 2014년 강도범죄로 적용범죄가 확대되었고, 2010년에는 법 시행이전에 성폭력범죄를 저지른 범죄자까지 소급적용[1]되었다. 또한, 2020년 8월부터는 기존 성폭력, 미성년자 유괴, 살인, 강도범죄(이하, 특정범죄)에 한정되어 적용되던 가석방 전자감독이 일반 범죄로 확대되었고, 보석단계에서도 전자장치 부착을 보석의 조건으로 하는 제도가 도입되었다. 이로써 제도가 도입된 지 12년 만에 형사사법의 전 단계에서 전자감독 활용이 가능해졌고, 보석과 가석방 단계에서는 적용대상이 모든 범죄로 확대되었다. 전자감독이 적용되는 형사사법 단계별로 대상범죄, 요건, 결정기관, 부착기간 등을 간략하게 정리한 결과는 <표 1>과 같다.

---

1) 법 시행일인 2008년 9월 이전에 1심 판결이 확정된 경우에도 이 법 시행 당시 형 집행 중이거나 형기 종료 후 등이 완료된 후 3년이 지나지 않은 성폭력범죄자에게 소급하여 적용할 수 있도록 법이 개정되었다(한영수·강호성·이형섭, 「한국 전자감독제도론: 범죄인 위치추적과 전자발찌 운용에 관한 이론과 실무」, 박영사, 2013).

■ 표 1 형사사법 단계별 전자감독

적용단계	재판 전	재판 후				형기 종료 후	
	보석조건부 (2020)	집행유예 (2008)	가석방 (특정 범죄: 2008 일반 범죄: 2020)	가종료 (2008)	가출소 (2008)	일반 형기종료 (2008)	소급 형기종료 (2010)
대상범죄	전체 범죄	특정범죄	전체 범죄	특정범죄	특정범죄	특정범죄	성폭력 범죄
		특정범죄: 성폭력(2008) → 미성년자유괴(2009) → 살인(2010) → 강도 (2014)					
요건	임의적	임의적	특정범죄만 필요적	임의적	임의적	임의적	임의적
조사	결정 전 조사	판결 전 조사	전자장치 부착 적합성 조사			청구 전 조사	
결정기관	법원	법원	보호관찰 심사위원회	치료감호 심사위원회		법원	
부착기간	구속요건 만료 시까지	보호관찰 기간 (5년 이내)	가석방 기간 (10년 이내)	보호관찰 기간 (3년 이내)	보호관찰 기간 (3년 이내)	법정형 연동 · 사형 또는 무기징역: 10년~30년 · 징역형 하한 3년이상 3년~20년 · 징역형 하한 3년 미만: 1년~10년 *피해자 19세 미만인 때 가중	10년 이내
보호관찰	×	○	○	○	○	○	○
준수사항	×	보호관찰법상 일반준수사항과 특별준수사항				전자장치부착법 특별준수사항	
임시해제	×	임시해제: 집행개시 후 3개월경과 시마다 피부착자 및 법정대리인 신청, 보호관찰심사위원회 결정					

  이처럼 적용범죄와 형사사법 단계 양측 면에서 전자감독 대상이 지속해서 확장되면서, 2009년 한 해 동안 법원 명령이나 보호관찰심사위원회 결정으로 전자감독이

개시된 인원(접수 인원)은 347명에 불과하였으나, 2020년2)에는 2,383명으로 약 7배 정도 증가하였고, 매해 접수 인원에 집행이 계속되는 인원을 합친 실시 인원은 2009년 591명에서 2020년 6,044명으로 약 10배 정도 증가하였다.

전자감독이 적용되는 형사사법 시점(단계)과 적용 적용범죄가 확대되면서 지난 13년간 전자감독 대상자의 내적 구성에도 변화가 있었다. 2008년과 2009년 전자감독 대상자는 모두 성폭력 가석방 대상자였다. 이는 최초 대상자가 성폭력범죄로 한정되어 있었고, 형기종료 대상자는 징역형이 종료된 이후 전자감독이 집행되기 때문에, 보호관찰심사위원회의 결정으로 바로 집행이 시작되는 성폭력 가석방 대상자로 구성될 수밖에 없었다. 2009년 미성년자 유괴범죄도 전자감독 대상에 포함되었으나, 발생하는 건수가 매우 적어 지난 13년간 미성년자 유괴범죄로 전자감독을 받은 대상자는 21명에 불과해 범죄유형별 구성 비율 변화에 거의 영향을 미치지 않는다.

2010년에는 성폭력범죄자에 대한 여론이 더욱 악화하면서 가석방이 전면 금지되어 성폭력 가석방자 수가 감소하였으나, 반면에 살인범죄로 적용대상이 확대되면서 살인범죄가 가장 높은 비율을 차지하였다. 한편, 2013년 이후부터는 성폭력범죄가 가장 높은 비율을 차지하게 되는데, 초기와 달리 이들은 형기 종료 후 대상자였으며, 특히 소급 형기 종료 후자 비율이 일반 형기 종료 후자보다 더 높았다. 이후 성폭력과 살인범죄가 전자감독 대상자의 주된 유형이었으나, 2020년 8월부터 가석방 전자감독이 모든 범죄로 확대된 이후 매월 300명 이상의 가석방자가 전자감독 결정을 받게 되면서 접수 인원이 전년도보다 187% 증가하였고, 성폭력, 살인, 강도 이외의 일반 범죄(주로, 사기범죄와 교통범죄)가 전체의 64.0%를 차지하였으며, 가석방 대상자가 79.5%를 차지하게 되었다.

2020년 12월 말 현재원 기준으로 볼 때, 성폭력 형기 종료 후 대상자가 54.5%(일반 40.1%, 소급 14.4%)로 가장 높은 비율을 차지하고 있고, 그다음 일반 범죄 가석방 대상자가 30.7%로 2순위였다. 범죄유형별 처분유형을 살펴보면, 성폭력과 미성년자 유괴범죄는 각각 96.3%와 85.7%가 형기 종료 후 대상자이며, 살인과 강도범죄는 각각 84.1%와 82.9%가 가석방·가종료·가출소 대상자이다.

---

2) 2020년 8월부터 전자장치 조건부 보석이 시행되었으나, [표 2]에는 포함하지 않았다. 보석단계 대상자에게는 보호관찰이 필요적으로 부과되지 않기 때문이다. 물론 전담 직원이 지정되기는 하지만 실질적 지도·감독 규정은 적용되지 않는 것을 원칙으로 한다(법무부 전자장치부착법 시행지침, 2021). 2020년 전자장치 부착 조건부 보석은 총 144건이었고, 12월 말 현재원은 9건(법무부, 「범죄예방정책 통계분석」, 2021)으로 아직 활발하게 활용되고 있지 않다.

단위: 명(%)

| 연도 | 계 | 접수 인원 | | | | | | | | | 형기종료 | | 실시 인원 |
		성폭력	유괴	살인	강도	특정 이외	가석방	가종료	가출소	집행 유예	일반	소급	
2008	188	188 (100.0)	–	–	–	–	186 (98.9)	1 (0.5)	0 (0.0)	1 (0.5)	–	–	205
2009	347	347 (100.0)	–	–	–	–	329 (94.8)	12 (3.5)	0 (0.0)	5 (1.4)	1 (0.3)	–	591
2010	465	239 (51.4)	–	226 (48.6)	–	–	306 (65.8)	12 (2.6)	2 (0.4)	29 (6.2)	18 (3.9)	98 (21.1)	714
2011	766	366 (47.8)	2 (0.3)	398 (52.0)	–	–	397 (51.8)	6 (0.9)	5 (0.7)	46 (6.0)	68 (8.9)	244 (31.9)	1,561
2012	526	209 (39.7)	1 (0.2)	316 (60.1)	–	–	295 (56.1)	28 (5.3)	2 (0.4)	15 (2.9)	118 (22.4)	68 (12.9)	1,747
2013	1,136	817 (71.9)	1 (0.1)	318 (28.0)	–	–	302 (26.6)	14 (1.2)	13 (1.1)	32 (2.8)	179 (15.8)	596 (52.5)	2,555
2014	950	570 (60.0)	2 (0.2)	229 (24.1)	149 (15.7)	–	347 (36.5)	24 (2.5)	23 (2.4)	17 (1.8)	241 (25.4)	298 (31.4)	3,260
2015	836	390 (46.7)	2 (0.2)	244 (29.2)	200 (23.9)	–	403 (48.2)	44 (5.3)	17 (2.0)	5 (0.6)	263 (31.5)	104 (12.4)	3,598
2016	1,133	435 (38.4)	2 (0.2)	451 (39.8)	245 (21.6)	–	599 (52.9)	100 (8.8)	26 (7.9)	7 (0.6)	333 (29.4)	68 (6.0)	4,066
2017	1,154	504 (43.7)	5 (0.4)	417 (36.1)	228 (19.8)	–	560 (48.5)	91 (7.9)	30 (2.6)	12 (1.0)	382 (33.1)	79 (6.8)	4,350
2018	929	392 (42.2)	2 (0.2)	397 (42.7)	138 (14.9)	–	490 (52.7)	41 (4.4)	13 (1.4)	9 (1.0)	340 (41.0)	30 (2.5)	4,668
2019	830	368 (44.3)	2 (0.2)	302 (36.4)	158 (19.0)	–	410 (49.4)	41 (4.9)	7 (0.8)	11 (1.3)	340 (41.0)	21 (2.5)	4,563
2020	2,383	417 (17.5)	2 (0.1)	311 (13.1)	128 (5.4)	1,525 (64.0)	1,895 (79.5)	49 (2.1)	5 (0.2)	6 (0.3)	392 (16.4)	36 (1.5)	6,044

자료출처: 법무부 전자감독과 내부자료.

전자감독 대상자의 급격한 증가와 내적 구성의 변화는 제도 도입 초기 혼돈과 시행착오 과정을 거쳐 고위험 강력사범을 중심으로 안정적으로 운영되던 기존 전자감독제도에 또 한 번의 변화와 혼란을 초래할 것으로 예상된다. 대상자의 위험도를 고려한 업무 배당 방식의 변화 등과 같이 조직구성과 인력 운용 방식에서의 변화가 필요하다.

한편, 이러한 변화와 함께 관심을 갖고 점검해야 할 점은 전자감독제도의 성과에 관련된 부분이다. 일반적으로 전자감독제도의 기대된 효과로는 재범억제 효과 이외에도 구금완화 효과와 이를 통한 비용 절감 효과가 논의되지만,[3] 우리나라에서 전자감독 실시 이후 제도의 효과 평가에 있어 주된 관심은 대상자의 재범률, 즉 특별예방효과였다. 이는 제정 법률에서부터 가석방, 가종료, 가출소, 집행유예 대상자가 전자감독제도에 포함되어 있었으나, 법원에서 집행유예처분 시에 전자감독을 결정하는 사례가 매우 드물었고, 가석방, 가종료, 가출소 단계에서 전자감독은 원래 예정된 구금 기간을 단축하는 조기 석방의 목적보다는 출소 이후 재범위험성이 높은 특정범죄자를 관리하기 위한 수단으로 활용하였기 때문에 구금완화 및 이로 인한 비용 절감 효과는 주된 관심 대상이 아니었다.

그러나 가석방 전자감독이 일반범죄로 확대된 배경은 2016년 12월 29일 헌법재판소의 과밀수용에 대한 위헌결정이라고 할 수 있다. 헌법재판소의 위헌결정 이후 법무부가 정책적으로 이를 해소할 수 있는 선택지는 수용 시설 신축과 조기 석방이었고, 수용 시설의 신축 및 유지비용과 비교해 볼 때, 전자감독이 훨씬 더 비용효율적이라는 외국의 사례에 기초해 기존 가석방 집행기준 완화를 통해 가석방을 확대하는 대신에 심사를 통해 전자감독을 실시함으로써 국민 불안에 대응하기로 하는 정책 결정이 이루어졌다. 보통 제도가 새로 도입되었을 때는 보수적으로 운영되지만, 2020년 초부터 시작된 코로나19 사태가 가석방 전자감독을 더욱 적극적으로 활용하게 만드는 촉진제로 작용하였다고 할 수 있다.

이러한 변화와 정책 도입 배경을 고려하여 앞으로 전자감독제도의 성과를 평가할 때, 재범억제 효과 이외에도 구금완화 및 이로 인한 비용 절감 효과가 있는지 아니면 단지 사회통제망을 확대(net widening)하는 데 그치고 있는지를 자세히 검토해야 할 것이다. 또한, 특정범죄와 비교해볼 때 비교적 경한 범죄라고 할 수 있는 사기나 교통범죄 가석방자에 대한 3개월 이내 단기간의 전자감독이 출소 이후 이들이 사회에 적응하는 시기에 긍정적인 '재사회화 효과'가 있는지 아니면 전자장치에 의한 촘

---

3) 한영수 외, 앞의 책.

촘한 감시로 인해 사소한 준수사항 위반도 바로 탐지되어 준수사항 위반자를 양산하고, 이것이 가석방 취소로 이어지는 '감독효과(supervision effect)'를 효과를 낳았는지에 대한 평가도 필요하다.

위에서 살펴본 바와 같이 현재 전자감독 대상자는 형사사법 단계에서의 적용 시점과 범죄유형에 있어서 그 구성이 다양하고, 이는 전자감독 실시 목적, 대상자의 부착기간, 재범위험성과 지도·감독 수준 등에 영향을 미치기 때문에 이들을 하나의 집단으로 묶어 전자감독제도의 운영현황과 문제점을 살펴보는 것은 큰 의미가 없다. 따라서 아래에서는 전자감독 대상 중에서도 핵심적인 위치를 차지하고 있으며, 언론과 일반 국민의 관심도가 높은 성폭력사범을 포함한 강력사범에 대한 전자감독을 중심으로 운영 현황을 살펴보고, 그 개선방안을 모색해보고자 한다.

Ⅱ 실시간 GPS 위치추적(active GPS tracking) 전자감시의 특성과 한계

범죄자의 전자감시에 관한 관심은 1970년대와 80년대 미국과 영국에서 교도소 과밀수용과 구금 비용 급증이라는 행형 위기(penal crisis)에서 촉발되었다.[4] 이에 따라 기존부터 활용되던 재택구금(home detention)에 전자감시 기술을 결합하였고, 당시 기술 수준의 한계로 무선 주파수(radio frequency) 전자감시 기술이 채택되었다. 무선 주파수 방식은 전자장치 간 신호 도달 범위가 제한적이어서 주거지 밖으로 나가면 위치 파악이 불가능하다는 한계가 있었다. 이후 위치추적기술의 발전에 힘입어 위치추적방식의 전자감시가 활용되기 시작하였다. 위치추적 전자감시는 대상자의 현재 위치를 시간과 장소에 구애받지 않고 실시간으로 파악할 수 있고, 외출제한명령이나 출입금지 및 접근금지명령을 부과한 후 관리자가 이의 위반 여부를 전자적 통지인 경보(alert)로 받아 즉각적 개입이 가능하다는 장점을 갖고 있다.[5]

---

4) Hucklesby, A. "Understanding Offenders' Compliance: A Case Study of Electronically Monitored Curfew Orders", *Journal of Law and Society*, 36(2), 2009, 248-271.; Renzema and Mayo-Wilson, "Can Electronic Monitoring Reduce Crime for Moderate to High-risk Offenders?", *Journal of Experimental Criminology* 1(2), 215-237, 2005.

5) 전자감독제도를 도입·실시하고 있는 국가들의 경험에 비추어 볼 때, 무선주파수 방식은 경미한 범죄자를 대상으로 재택감독과 결합하여 활용되고 있으며, 위치추적 방식은 성폭력, 조직폭력 등 고위험범죄자를 대상으로 활용되며 재택감독 대신에 준수사항을 부과한 후 이의 이행 여부를 관리·감독하는 방식

실시간[6] GPS 위치추적방식을 활용하게 되면서 대상자가 언제, 어디에 있든지 구애받지 않고 24시간 실시간으로 감시할 수 있게 되었다는 장점이 주목받으면서 전자감시의 재범억제 효과에 대한 기대가 더욱 높아졌으며, 이는 전자감시 기술이 범죄자의 재범을 완벽하게 억제할 수 있다는 과도한 신뢰로 나타나기도 하였다. 그러나 통신장치는 지형이나 기후 등과 같은 환경적인 요인에 취약하므로 신호 실종 등의 문제가 발생해 일시적으로 대상자의 위치 파악이 되지 않기도 하며, 전자장치 오작동으로 인해 대상자의 실제 위치를 잘 못 알려주거나 장치 훼손이나 준수사항위반과 관련해 잘못된 경보(false alert)가 울릴 수도 있다.

이는 앞으로 지속적인 기술 발전으로 해결될 수 있는 문제로 보이나, GPS 위치추적 기술을 통해서는 대상자의 위치를 파악할 수 있을 뿐 파악된 위치에서 무엇을 하고 있는지는 알 수 없다는 본질적인 한계는 해결될 수 없다. 다만, 경보가 울렸을 때 위치추적 관제센터와 전담 직원이 즉시 개입이 가능하며, 좀 더 나아가서는 대상자의 이동 경로를 분석한 결과와 대상자와의 면담 등 지도·감독을 통해 얻은 자료들을 결합해 이상·위험 징후를 파악하여 선제적 개입이 가능한 정도이다. 계속적 GPS 위치추적 기술이 무선 주파수 방식에 비교해 장점이 많지만, 극복할 수 없는 한계도 있으므로 대상자의 재범을 완벽하게 억제할 수 없다. 기술적 특성과 한계에 대한 명확한 이해를 통해 계속적 GPS 전자감시에 대한 과도한 신뢰는 물론, 가끔 발생하는 훼손이나 재범사건을 전자감독제도 자체의 실패로 간주하는 태도로부터 탈피할 필요가 있다.

을 취하고 있다(Hucklesby, A., Beyens, K., Boone, M., Dunkel, F., McIvor, G., & Graham, H. "Creativity and effectiveness in the use of electronic monitoring: A case study of five jurisdictions". *Journal of Offender Monitoring*, 27(2), 31-47, 2016).

6) 전자감독방법은 수집된 위치정보가 관제센터에 전송되는 방식에 따라 실시간(active) 방식과 단속적 (passive) 방식으로 구분된다. 실시간 방식은 수집된 위치정보가 관제센터에 거의 실시간으로 전송되는 방식이며, 단속적 방식은 수집된 위치정보를 모아두었다가 정해진 시간마다 일괄 전송하는 방식이다 (Brown, T. M., McCabe, S. A. & Wellfor, C. F., Global Positioning System technology for community supervision: Lessons Learned, Noblis, 2007).

Ⅲ 전자감시의 기대된 재범억제 메커니즘과 실제 재범억제 효과

전자감시가 대상자의 재범을 억제하는 메커니즘에 대한 이론적 설명은 합리적 선택이론에 기초하고 있는 억제이론이나 상황적 범죄예방이론을 통해 도출할 수 있다[7]. 억제이론에 근거해서 볼 때, 전자장치를 통해서 24시간 실시간으로 범죄자를 감시하는 것은 그에게 범죄를 저지르거나 혹은 부과된 의무나 준수사항을 위반하였을 때 즉시 발각되어 처벌된다는 인식을 심어줌으로써 범죄가 억제된다. 즉 검거의 확실성과 신속성에 대한 '인식'이 대상자의 범죄를 억제한다는 것이다. 상황적 범죄예방이론은 전자감시로 인해 검거위험이 커져 대상자가 범죄 실행 시 투입하는 노력 증가, 범죄를 유발할 수 있는 상황 및 기회 감소라는 메커니즘이 특정 시간과 상황에서 범죄행위를 단념하게 하는 요인으로 작동한다고 설명한다.

1980년대 이후 우리나라보다 일찍 전자감독제도를 도입한 영미와 유럽국가에서는 전자감독의 재범억제 효과에 대한 상당히 많은 양의 실증 연구가 수행되었다. 그러나 개별 연구 간 재범억제 효과에 관한 결과는 일치하지 않으며, 형사사법 절차에서의 적용 시점, 적용범죄, 채택된 전자감시 기술, 재택감독과의 결합 여부, 다른 개입 프로그램과의 결합 여부 등 전자감독 운영 측면에서 차이가 크고, 표본크기, 재범추적 기간, 재범을 측정하는 방식(준수사항위반율, 재체포율, 재기소율, 재수감율 등)에 있어서도 차이가 있어 단일한 결론을 도출하기 어렵다.

비교집단을 구성하여 전자감독의 재범억제 효과를 검증한 개별 연구를 선별하여 메타분석을 한 Renzema와 Mayo－Wilson(2005)[8]의 연구에서는 전자감독의 인과적 효과는 없는 것으로 나타났고, 가장 최근에 실시된 Belur 외(2020)[9]의 연구에서는 전자감독 집단과 비교집단 간 재범률에서는 유의미한 차이가 없었고, 단지 전자감독이 재범시점을 늦추었을 뿐이라는 실망스러운 결과를 내놓았다. 또한, Belur 외(2020)[10]의 연구에서는 체계적 분석(systematic analysis) 대상이 된 33개의 연구 중 27개 연구

---

7) 한영수 외, 앞의 책 ; 김지선, 장다혜, 김정명, 김성언, 한영수, 강호성, 문희갑, 한국행정연구원, 「성폭력범죄자 사후관리시스템에 관한 평가연구(Ⅱ): 전자감독제도에 관한 평가연구」, 한국형사정책연구원, 2013),

8) Renzema and Mayo－Wilson, 앞의 논문.

9) Belur, J., Thornton, A., Tompsson, L., Manning, M., & Sidebottom, A. "A systematic review of the effectiveness of the electronic monitoring of offenders", *Journal of Criminal Justice*, 68, 1－18, 2020.

10) Belur et al., 앞의 논문.

에서 전자감시가 재범을 억제하는 메커니즘으로 검거위험 및 노력 증가, 범죄를 유발할 수 있는 상황 및 기회 감소와 같은 상황적 메커니즘이 제시된 것으로 나타났다.

우리나라에 전자감독이 도입된 지 올해로 13년이 지났지만, 자료 접근성 등 여러 가지 한계로 인해 전자감독의 재범억제 효과에 대한 정밀한 인과적 검증을 한 연구는 조윤오(2016)[11]와 김병배(2020)[12]의 연구 두 편에 불과하다.[13][14] 두 연구는 분석시점을 달리할 뿐 같은 자료를 대상으로 하고 있음으로 최근 연구인 김병배(2020)[15]의 연구결과를 살펴보면, 전자감독이 성폭력범죄자의 동종 재범위험을 43% 감소시켰으나, 전자감독은 부착기간 중에만 유의미한 재범억제 효과가 있는 것으로 나타났다.

이와 같은 국내외 연구결과는 전자감독은 도구적 규범준수(instrumental com-pliance)[16] 혹은 감시에 기반한 규범준수(surveillance-based compliance)[17]를 가능하

---

11) 조윤오, "성범죄자의 재범률에 영향을 미치는 요인: 전자감시 대상자를 중심으로", 「형사정책」, 28(2) , 139-166, 2016.

12) 김병배, "징역형을 복역한 성폭력사범에 대한 신상공개와 전자감독명령의 상호작용 효과 분석", 「보호관찰」 20(2): 27-57, 2020.

13) 법무부에서는 아래의 [표]와 같이 연도별 특정범죄 및 성폭력범죄의 재범률(해당연도 전자감독 실시인원 중 해당연도에 재범한 대상자 비율)을 발표하고 있다.

특정범죄와 성폭력범죄 전자감독 대상자의 전자감독 기간 중 재범률

재범률	2008	2009	2010	2011	2012	2013	2014	2015	2016	2017	2018	2019	2020
특정범죄	0.5	0.0	0.6	1.1	1.3	1.3	1.6	1.7	1.7	1.8	2.0	2.0	1.7
성폭력	0.5	0.0	0.7	2.2	2.4	1.7	2.0	2.0	2.0	2.2	2.5	1.7	1.3

자료출처: 법무부 전자감독과 내부자료.

2008년에서 2020년까지 특정범죄의 재범률은 최저 0%(2009년)에서 최고 2.0%(2018년과 2019년)의 수준이며, 성폭력범죄의 동종 재범률은 최저 0%(2009년)에서 최고 2.5%(2018년)로 특정범죄 재범률에 비해 높은 수준이지만 전체적으로는 2% 내외로 매우 낮다. 그러나 이러한 수치가 전자감독이 재범억제에 미치는 인과적 효과를 보여주는 것은 아니다. 또한, 전자감독 기간 내 재범률이라는 점도 간과해서는 안 된다.

14) 김병배의 연구에서는 법무부가 신상정보 등록대상자의 등록정보를 관리하기 위한 목적으로 만든 신상정보 등록시스템 자료를 활용하였다. 이 시스템에 등록된 성폭력범죄자를 전자감독 명령을 받은 집단과 그렇지 않은 집단으로 나눈 다음 경향성 점수(propensity score methods)를 활용하여 전자감독이라는 처치효과 이외에 재범에 영향을 미칠 수 있는 요인들을 동등화한 후 일정 기간이 흐른 뒤 재범 여부를 추적하여 그 효과를 검증하는 방식을 취하고 있다. 이와 같은 유사 실험설계에 근거한 재범억제효과 검증방식은 선별오류(selection bias)를 어느 정도 해결할 수 있다(김병배, 앞의 논문).

15) 김병배, 앞의 논문.

16) Hucklesby, A. "Understanding Offenders' Compliance: A Case Study of Electronically Monitored Curfew Orders", *Journal of Law and Society, 36*(2): 248-271, 2009.

17) Nellis, Surveillance, Rehabilitation, and Electronic Monitoring; Getting the Issues Clear, *Criminology and Public Policy*, 5, 2006.

게 하는 단기적 효과이며, 장기간의 재범억제 효과 혹은 범죄로부터의 단절 효과를 기대하기 어렵다는 점을 보여준다.

IV 위험-욕구-반응성 모델 관점에서 바라본 현행 전자감독제도의 운영 실태와 문제점

범죄자의 사회복귀 및 사회재통합을 위한 효과적인 개입(intervention)의 원칙으로 Andrew 외(1990)가 제시한 위험－욕구－반응성 모델(Risk－Need－Responsivity model)은 현재 형사사법 분야의 다양한 영역에서 널리 사용되고 있다.[18] 모델의 이름에서 드러나듯이 범죄자에 대한 효과적인 개입의 원칙은 위험 원칙, 욕구 원칙, 반응성 원칙으로 구성된다. 위험 원칙은 범죄자 위험 수준과 개입 프로그램의 강도가 일치되어야 한다는 원칙이다. 욕구 원칙은 개입 프로그램이 범죄자가 가진 문제상황, 즉 반사회적 태도, 반사회적 가치, 반사회적 신념, 낮은 자기 통제력, 음주 문제 등과 같은 범죄 원인적 욕구(criminogenic needs)를 다룰 수 있어야 한다는 것이다. 마지막으로 반응성 원칙은 개입 프로그램이 범죄자의 학습 능력 및 방식, 개인의 특성 등과 상응해야 한다는 원칙이다. 요약해보면, 개입 프로그램이 효과적으로 되기 위해서는 범죄자의 위험 수준과 특성에 부합하고, 범죄행위에 영향을 미치는 기저 요인을 변화시킬 수 있어야 한다는 것이다.

아래에서는 이러한 위험－욕구－반응성 모델의 관점에서 현행 전자감독제도의 처분 내용과 집행 과정을 평가해 보고 그 개선점을 모색해 보고자 한다. 특히 아래에서는 잔여형기 동안만 전자감독을 받는 가석방자보다는 이미 형 집행을 완료하고 추가로 보안처분을 받는 형기 종료 후 전자감독에 초점을 맞추어 논의를 진행하기로 한다.

---

18) 장안식·김민경·정혜원,"위험성－요구－반응성 모델의 이해와 국내 소년사법 적용 가능성",「교정복지 연구」, 제47호; 71－93, 2017.

1. 위험 원칙–대상자의 위험에 상응하는 처분이 부과되었는가?

현행 「전자장치부착에 관한 법률」에는 형기 종료 후 전자장치 부착처분의 청구와 결정은 재범위험성에 기초하게 되어 있고, 개개인의 재범위험성을 판단하는 절차인 청구 전 조사제도도 마련되어 있다. 개입 강도에 해당하는 부착 기간의 결정은 처음에는 5년 이내의 범위 내에서 결정하게 되어 있었으나, 국민의 공분을 사는 성폭력 범죄가 발생하면서 최장 10년(2008년)으로 길어졌다. 또 다른 성폭력범죄의 발생으로 2010년에 다시 한번 법 개정이 이루어져 부착기간의 결정은 본건 범죄의 법정형 및 피해자 연령과 연동되는 방식으로 변화되었다.[19] 이와 같은 부착기간 결정 방식의 변화로 판사가 부착기간을 결정할 때 대상자의 개개인의 재범위험성 수준을 고려할 여지가 줄어들었고, 법정형에 따라 구분된 범주마다 하한을 설정해 놓아 결과적으로는 형기 종료 후 전자감독 대상자의 부착기간이 길어지는 효과를 낳았다.

[그림 1]에서 알 수 있듯이 2008년 형기 종료 후 전자감독 대상자의 평균 부착기간은 71.6개월이었으나 개정 법률이 본격적으로 적용된 2012년에는 113.6개월로 길어졌고, 2014년에는 122.6개월로 최고치를 기록했다. 형기 종료 후 전자감독 대상자의 부착기간을 가석방 전자감독 대상자와 비교해 본 결과, 2017년을 기준으로 할 때 형기 종료 후 대상자의 평균 부착기간(108.5개월)은 가석방 대상자(8.3개월)보다 약 13배 정도 길었다.

| 그림 1 | **성폭력 형기 종료 후 전자감독 대상자의 평균 부착기간 추이**

(단위: 개월)

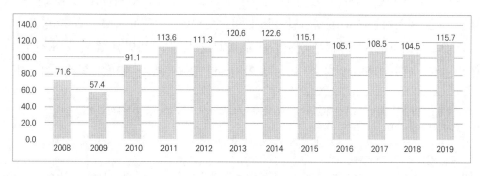

자료출처: 법무부 전자감독과 신상정보등록시스템 자료(2020)

---

19) 형기 종료 후 전자감독의 법정형과 피해자 연령에 따른 부착기간은 [표 1]을 참조.

부착기간을 결정하는 주요 기준인 법정형이나 피해자 연령이 대상자의 재범위험성을 보여주는 적절한 지표라고 보기 어렵다. 예를 들어, 강제추행을 저질러 법정형은 낮지만, 재범위험성이 매우 높을 때가 있을 수 있고, 강간을 저질러 법정형은 높지만 재범위험성이 낮을 때가 있을 수 있다. 더욱 문제가 되는 것은 「전자장치부착법에 관한 법률」은 판사가 준수사항을 부과할 때 부착기간의 범위 내에서 이행 기간을 결정하도록 규정하고 있으나, 실제 준수사항의 이행기간이 부착기간과 다른 판결이 거의 없는 상황이다[20].

부착기간 장기화가 대상자의 스트레스 및 우울증 등에 미치는 부정적인 영향과 대상자의 경각심 약화나 자포자기로 인한 지도·감독의 효율성 저하 등 집행상의 어려움을 고려해 볼 때, 부착기간은 대상자의 재범위험성의 정도에 상응하여 적절하게 부과될 필요가 있다.[21]

전자감독 자체의 문제는 아니지만, 형기 종료 후 전자감독 대상자에게 보안처분이 중복해서 부과되고 있다는 사실도 위험 원칙이라는 측면에서도 재고해 봐야 한다. 2019년 성폭력 형기 종료 후 전자감독 대상자 중 전자감독만 부과받은 사람은 한 명도 없었고,[22] 대부분인 86.2%가 전자감독 이외에도 신상정보 등록과 신상정보 공개 처분을 함께 부과받은 것으로 나타났다.[23] 즉 대상자 10명 중 8명 이상이 3개의 보안처분을 중복해서 부과받았다.

성폭력범죄자에게 부과될 수 있는 보안처분의 구체적인 제재 방식이 감시(전자감독, 신상정보 공개), 관리(신상정보 등록), 치료(성충동 약물치료) 등으로 달라 개별 필요성이 인정된다고 하더라도, 보안처분의 목적이 대상자의 재범억제라는 동일한 목표를 추구하고 있다는 점에서 한 명의 대상자에게 3~4개의 보안처분을 중복해서 부과하는 것은 과잉개입이며 과잉처벌이라고 할 수 있다. 더욱이 전자감독 대상자에게 신상정보 공개처분이 같이 부과되었을 때, 전자감독의 재범억제 효과가 오히려 더 낮아진다는 연구결과도 있다.[24] 이는 보안처분의 중복부과가 재범을 억제하기보다는

---

20) 박형민·박준희·황만성, 「전자감독에서의 준수사항 효과성 연구: 야간외출제한명령을 중심으로」, 형사정책연구원, 2018.

21) 김지선 외, 앞의 보고서; 연성진·유진, 「전자감독제도 운영성과 분석 및 효과적인 개선방안에 관한 연구」, 한국형사정책연구원, 2015.

22) 이는 성폭력범죄로 유죄판결을 받으면 자동적으로 신상정보 등록처분의 대상이 되기 때문이다.

23) 2014년에는 이보다 더 높은 93.2%가 부착명령을 포함해 4개의 보안처분을 부과받았다. 중복부과 현황이 다소 완화된 것은 2018년 취업제한제도가 헌법불합치 판결을 받아 모든 성폭력범죄자에게 일률적으로 적용되다가 재범위험성의 요건이 도입되면서 전자감독 대상자에게는 거의 부과되지 않게 되었기 때문이다.

24) 김병배, 앞의 논문.

오히려 유발할 수 있음을 시사하는 결과로 해석될 수 있으며, 따라서 한 명의 대상자에게 제한 없이 보안처분을 중복 부과할 수 있도록 허용하고 있는 현행법의 개정이 필요하다.

2. 욕구 원칙–대상자의 범죄 원인적 요인을 변화시키기 위한 개입이 이루어지고 있는가?

앞서 살펴본 바와 같이 GPS 전자감시는 검거위험에 대한 인식 제고나 범죄가 발생할 수 있는 상황 및 기회구조 변화를 통해 범죄를 억제할 수 있다. 제정 법률에 보호관찰관이 대상자의 재범방지를 위해 의료기관에서 치료나 상담 시설에서 상담·치료 등의 조치[25]를 취할 수 있도록 하였고, 이후 법률 개정을 통해 특별준수사항 부과(2008년, 1차 개정)와 보호관찰의 의무적 부과(2010년, 3차 개정) 조항이 추가되어 대상자의 범죄 원인적 요인을 변화시키기 위한 개입이 이루어질 수 있는 형식적 요건을 갖추었다고 할 수 있다. 그러나 준수사항과 치료프로그램의 운영이 대상자의 범죄 행동을 유발하는 기저 요인들에 대해 적극적으로 개입하고 있다고 평가하기 어렵다.

보호관찰에서 준수사항은 대상자의 준법의식, 자립심 등을 함양하고 개선 및 교화적 방향으로 나아가는 데 중요한 역할을 할 수 있다. 즉, 준수사항은 대상자의 재범위험성에 기초한 범죄위험요인을 경감시키기 위한 구체적이고 전략적인 프로그램인 것이다.[26] 준수사항이 범죄 원인론적 요인을 경감시켜 대상자가 범죄단절로 나아갈 수 있도록 하기 위해서는 대상자 개개인의 범행 특성과 범죄위험요인 등에 따라 가장 효과적으로 재범을 억제할 수 있는 내용으로 부과되어야 하며, 대상자의 이행가능성도 고려해야 한다.

그러나 형기 종료 후 전자감독 대상자에게 부과되는 준수사항의 운영현황을 살펴보면, 이와는 다소간의 거리가 있다. 전담 직원들은 전자감독 대상자의 준수사항과 관련하여 개선되어야 할 문제 중의 하나로 대상자의 재범위험 특성이나 범죄 원인에 상응하는 준수사항의 부과를 들고 있다. 준수사항이 대상자의 재범위험 특성 등을 고려하지 않고, 기계적으로 부과되는 경향이 있으며, 이런 경우 대상자의 준수사항 부과에 대한 수용도도 낮고, 준수사항을 관리해야 할 대상자 수가 늘어나 고위험범

---

25) 이 조항은 2012년 4차 개정 시 재범방지 이외에도 '수치심으로 인한 과도한 고통의 방지'를 위해 보호관찰관이 개입할 수 있도록 개정되었다.

26) 박정일, "사회 내 보안처분으로서 보호관찰의 실효성 제고방안–보호관찰 특별준수사항을 중심으로–", 고려법학 96호: 213–255, 2020.

죄자를 집중해서 관리가 어렵다는 점을 지적하고 있다.[27)28)] 이러한 측면에서 2019년부터 대상자 개개인에 대한 개별적 판단 없이 19세 미만 아동·청소년에게 범죄를 저지른 전자감독 대상자에게는 필요적으로 외출 제한 명령과 피해자 접근금지 명령 부과하도록 한 것은 수정이 필요하다.

한편, 전담직원은 '특정 지역·장소에의 출입 금지', '피해자 등 특정인 접근금지', '거주지 제한'과 같은 준수사항은 집행 시 이행가능성을 고려하지 않고 부과되어 실효성이 떨어진다는 점도 지적하고 있다.[29)] '특정 지역·장소에의 출입 금지'는 영유아 시설이나 청소년이 활동하는 지역·장소에 대해 출입 및 접근을 금지하는 명령이다. 관제센터에서는 출입 금지 시설로부터 반경 50m는 출입 금지 위반지역, 출입 금지 위반지역으로부터 50m는 버퍼 존(buffer zone)으로 설정해 놓고, 이러한 준수사항을 부과받은 대상자가 출입 금지 위반지역이나 버퍼 존에 접근하면 경보[30)]가 울리도록 하여 대상자의 준수사항 위반 여부를 관리한다. 그런데 대상자 대부분이 건물들이 밀집되어 있을 뿐 아니라 아동·청소년 보호시설의 수도 많은 도심지역에 거주하고 있어 피부착자가 출입 금지 위반지역과 버퍼 존에 접근하거나 경유하지 않고는 일상활동이 불가능하다. 이러한 이유로 출입금지 위반이 전체 경보 발생 건수에서 차지하는 비중이 가장 높다.[31)] 이는 준수사항의 부과가 범죄 원인적 요인을 변화시키기 위한 긍정적 개입효과 보다는 준수사항 위반 여부를 실시간으로 전자적으로 감시할 수 있게 됨에 따라 준수사항 위반자와 이로 인해 형사처벌을 받아 전과 수만 늘리는 '감시효과'(supervision effect)를 초래할 가능성이 더 크다고 할 수 있다.

조사관이 청구 전 조사에서 준수사항과 관련된 의견을 적극적으로 개진하고, 이를 참고하여 형기 종료 후 전자감독 대상자에 대한 준수사항은 이전 범행 특성과 범죄위험요인에 근거해 필요한 범위 내에서 부과되어야 할 것이다. 그리고 전담 직원은 대상자에게 부과된 준수사항이 대상자의 범죄위험 요인과 맞지 않는 경우, 재범위험성이 현저히 낮아져 더는 준수사항 부과가 필요 없는 경우, 대상자의 주거지 상황이

---

27) 박형민 외, 앞의 보고서.

28) 전담직원들은 이처럼 특별준수사항의 부과가 대상자의 재범위험이나 범죄 원인에 부합되지 않는 이유 중 하나로 선고 시점과 집행되는 출소 이후 시점 간의 시간적 격차 때문이라고 인식하고 있다. 이는 형기 종료 후 대상자의 경우 징역형을 종료하고 출소하기 직전 재범위험성에 대한 판단이 다시 한번 이루어져야 할 필요성이 있다는 점을 시사한다.

29) 김지선 외, 앞의 보고서; 박형민 외, 앞의 보고서.

30) 피부착자가 출입금지위반지역에 접근하면'위험경보'가, 버퍼 존에 접근하면'주의경보'가 울리며, 경보등 급에 따라 관제센터와 전담 보호관찰관은 다른 방식으로 대처한다(김지선 외, 앞의 보고서).

31) 법무부 범죄예방정책국 전자감독과 내부자료에 따르면, 2020년 경보 발생 건수는 총 23,302건이며, 이 중 출입 금지 위반으로 인한 경보가 전체 경보의 29.3%를 차지하여 가장 높았다.

나 생업 등을 고려할 때 실행 가능성이 낮은 경우 등과 같은 상황에서는 더욱 적극적으로 준수사항의 추가, 변경, 삭제를 신청해야 할 필요가 있다.

대상자가 갖는 범죄 원인론적 욕구에 개입하기 위해서는 보안처분의 연장선에 있는 준수사항의 부과와 관리보다는 치료프로그램과 직업훈련이나 취업 알선 등을 통한 일자리 마련과 같은 사회복귀 프로그램의 제공에 더 많은 시간과 노력이 투입될 필요가 있다. 전자감시가 집중 재활 프로그램,[32) 알코올 남용 치료프로그램,[33) 상담과 치료적 개입[34) 등과 같은 다른 개입 프로그램의 일부로 시행되었을 때 유의미한 재범억제 효과가 나타났다는 실증적인 연구 결과는 범죄 원인적 욕구(criminogenic needs)를 함께 다루어야 할 필요성을 보여준다.

현재 전자감독 대상자에 대한 보호관찰관의 원호 활동은 경제구호가 95% 이상을 차지하고 있으며, 직업훈련이나 취업 알선 등의 지원 비율은 매우 낮다.[35) 대상자에 대한 원호 활동이 체계적 프로그램 마련과 이를 실행하기 위한 적절한 예산의 뒷받침 없이 전자감독 전담 직원의 개별적인 역량과 노력으로 실행되고 있다는 문제점도 있다. 한편, 재범방지와 전자장치 부착으로 인해 야기된 수치심으로 인한 고통의 방지를 위해 심리 치료 및 사회적응프로그램을 실시하고 있고, 2017년부터 주요 지역의 보호관찰소에 심리전문요원을 배치해 보호관찰소 자체적인 심리치료프로그램을 시행하고 있으나, 2008년~2017년까지 총 전자감독 대상자의 14.2%, 2017년에 집행이 개시된 대상자의 13.4%만 심리 치료프로그램을 받은 것으로 나타났다(법무부 전자감독과 보호관찰정보시스템 자료 분석결과).

성폭력범죄자에 대한 강한 처벌을 요구하는 여론을 의식해 장기간의 부착기간, 준수사항 부과 비율의 증가 및 위반 시 처벌 강화, 전담 직원에 의한 지도·감독 강화와 같이 처분의 감시·통제적 성격이 강화되고 있으며, 전자감독으로 인한 스트레스로 인해 대상자의 자살률이 일반인과 비교해 상당히 높다는 점을 고려해 볼 때, 심리 치료 및 사회적응 프로그램을 통한 개입은 너무나 미약하다고 할 수 있다.

---

32) Bonta, J., Wallace—Capretta, S., & Rooney, J., "Can Electronic Monitoring Make a Difference?. An Evaluation of Three Canadian Programs". *Crime & Delinquency 46*(1), 61–75, 2000; Jannetta, J., *GPS Monitoring of High—Risk Sex Offenders*, Center for Evidence—Based Corrections, The University of California, Irvine. 2006.

33) Lapham, S. C., C'de Baca, J., Lapidus, J. and McMillan, G.,'Randomized sanctions to reduce re—offense among repeat impaired—driving offenders', Addiction, 102(10), 1618–1625, 2007.

34) Pearson, A., A*n Evaluation of Winnipeg's Electronic Monitoring Pilot Project For Youth Auto Theft Offenders*, Dissertation University of Manitoba, 2012.

35) 법무부, 앞의 책.

3. 반응성 원칙: 전자감시에 적절한 대상자에게 부과되고 있는가

위치추적 전자감독이 재범을 억제하는 메커니즘은 기본적으로 행위 실행 이전에 행위로 인한 이익과 비용을 계산하는 합리적 인간에 대한 가정을 기초로 하고 있다. 따라서 이러한 가정에 부합되지 않는 범죄자에게 전자감독을 실시하는 경우 집행 부담을 가중하면서도 정작 재범억제 효과를 기대하기 어렵다. 전자감독에 대한 반응성이 낮은 대상자 유형은 무엇보다도 정신질환, 지적 발달 장애, 알코올중독 등과 같은 정신장애가 있는 범죄자라고 할 수 있다. 전자감독 전담 직원들도 80.6%가 정신질환이 있는 범죄자는 전자감독에 부적절하다고 응답하였다.[36] 조현병이나 지적장애 등의 정신장애가 있는 대상자는 전자장치를 충전하고 휴대하는 등 기본적인 관리의무를 이행하지 못할 뿐만 아니라 전담 직원과의 의사소통도 원만히 이뤄지기가 어려워서 이들에게 전자감독을 선고하는 것의 실효성에 의문을 제기할 수밖에 없다.[37]

그러나 「전자장치부착에 관한 법률」에 정신장애 등의 이유로 치료감호시설에 있다가 가종료 결정을 받았거나 치료명령을 받은 사람도 전자감독 대상자로 규정하고 있다. 또한 가종료 전자감독 대상자가 아니더라도 청구 전 조사와 선고 결정 시 이미 정신질환 진단 경험이 있거나 진단서는 없지만, 정신질환이 의심되는 대상자도 K-SORAS[38] 적용 결과 재범위험성이 높다는 이유로 형기 종료 후 전자감독 처분을 받게 된다. 2017년 12월 말 전자감독 현재원 기준으로 정신질환 진단 경험이 있거나 정신질환 의심자는 17.5%이며, 음주 문제가 있는 대상자는 25.3%나 된다. 이와 같이 하나의 처분을 만들어 놓고, 고위험범죄자의 재범위험 특성이나 개인 특성을 고려하지 않고, 동일한 처분을 부과하는 전략은 절대 효과적일 수 없다. 정신장애가 있는 고위험범죄자는 다른 보안처분 제도를 개발해 관리할 필요가 있다.

---

36) 김지선 외, 앞의 보고서.

37) 박은영, 「정신장애 전자감독 대상자의 지도감독 강화 방안 : 정신건강 서비스 모델을 중심으로」, 법무부 정책연구 보고서, 2016.

38) 현재 우리나라에서는 청구 전 조사에서 피청구자가 성폭력범죄자인 경우 "한국 성범죄자 위험성 평가 척도(Korean Sex Offender Risk Assesment Scale : 일명 K-SORAS)"라는 재범위험성 평가도구를 활용하고 있다. K-SORAS는 이론 혹은 경험적으로 도출된 재범위험요인들을 개별 요인의 중요도에 따라 가중치를 부여한 후 합산하여 위험의 정도를 제공해주는 구조화된 알고리즘 방식으로 만들어졌으며, 대부분이 정적 위험 요인으로 구성되어 있다(이수정·고려진·박혜란, "한국 성범죄자 위험성 평가 도구 개발 및 타당도 연구", 「형사정책연구」76: 1-37, 2008).

V 해결이 필요한 집행상 문제점: 전자장치 기술 및 인력 문제

집행상 쟁점: 전자장치 기술 관련 문제와 인력 문제

개입 프로그램을 실행하는 과정에서 부딪치게 되는 어려움이나 장애 요소도 개입 효과에 영향을 미칠 수 있다.[39] 국내외를 막론하고 기존 전자감독 관련 선행연구에서 가장 중요하게 언급되는 집행 상 쟁점은 신호 실종 및 오류, 전자장치 오작동으로 인한 오경보(false alert), 배터리 충전 등 전자장치 성능과 관련된 기술적인 문제와 적절한 인력배치, 직원의 전문성 확보 등과 관련된 인력 문제이다.[40]

전자감독 대상자 규모가 작아 민간 기업에서 적극적으로 투자하여 전자장치의 성능을 개선하기 위해 기술을 개발할 만한 유인책이 없는 상황이기는 하지만, 우리나라 정보통신 분야 인프라와 기술 수준을 고려해 볼 때, 앞으로는 도입 초기만큼 전자장치 성능 문제가 집행상의 쟁점으로 부각되지는 않을 것으로 예상된다.

하지만 도입 초기부터 문제점으로 지적되었던 인력 문제는 여전히 해결해야 할 과제 중의 하나이다. 지난 13년간 7차례에 걸쳐 신규인력의 증원이 있었으나, 늘 신규인력 증원과 비교해 전자감독 대상자의 수가 더 빠른 속도로 증가하여 2021년 7월 현재 전담 직원 1인당 지도·감독 대상자 수는 17.3명으로 적정인원인 10명을 초과했다. 이는 전국 평균 수치이며, 전체 직원이 10명 미만인 소규모 보호관찰소에서는 인력 부족으로 전담 직원이 일반보호관찰업무를 겸임하고 있고, 야간 및 주말에 발생하는 경보 등의 긴급 상황에 대처하기 위해 편성된 범죄예방팀의 교대순번제가 제대로 작동하지 않거나 인접한 보호관찰소 간 공조를 통해 한 개의 팀을 운영하고 있다.[41] 이러한 상황은 전자감독 업무뿐만 일반 보호관찰 업무의 부실화를 초래할 수도 있다는 점에서 조속히 해결해야 한다.

---

39) Belur et al., 앞의 논문

40) 김지선 외, 앞의 보고서; 김혜정, 김혜정,「전자감독제도의 장기 발전전략 수립을 위한 부착명령 대상범죄 및 부착기간 등의 적정성에 관한 연구」, 법무부 정책연구보고서, 2015; 연성진·유진, 앞의 보고서; 문희갑, "전자감독제도의 실무상 문제점과 개선방안",「보호관찰」20(1), 83-113, 2020; Bales, W., Mann K., Blomberg T., Gaes G., Barrick K., Dhungana K., & McManus B.,「A Quantitative and Qualitative Assessment of Electronic Monitoring」, National Institute of Justice & U.S. Department of Justice, 2010; Belur et al, 앞의 논문.

41) 범죄예방팀은 현재 54개 기관에 58개 팀이 설치되어 있고, 18개 기관은 인접한 2개 기관이 공조하여 하나의 팀을 구성하고 있다.

충분한 인력 확충과 더불어 정기적인 보수교육을 통해 전담 직원의 전문성을 높이기 위한 노력도 필요하다. 전담직원의 보수교육에 대한 욕구는 매우 높은 것으로 나타났으나,[42] 현재 전담 업무 배치 이후 교육은 전임자나 상급자로부터 도제식 현장교육의 방법으로 이루어지며, 보수교육은 법무연수원 사이버교육과 연 2회 개최되는 전담 직원 워크숍이 전부이다. 전자감독 업무 규정의 복잡성, 장치 및 위치추적관리시스템의 지속적 변화, 전자감독 대상자의 위험성의 정도를 고려할 때, 정기적인 보수교육을 강화할 필요가 있다.

---

42) 한민경, 김민영, 「전자감독 전담직원 직무분석 및 개선방안 연구」, 법무부 정책연구보고서, 2019.

8

회복적 사법의 한계 극복 및 형사사법 정의와의 조화
– 소년사법을 중심으로 –*

신혜진(부장검사, 서울중앙지방검찰청)

I 들어가며

회복적 사법은 현재 형사사법 절차에서 많이 논의되고 있는 것으로 이러한 회복적 사법이 반영된 여러 제도가 시행 중에 있고, 그 효과와 의의에 대해서 많은 연구가 이뤄지고 있다. 기존 형사사법 시스템은 응보적 시스템이라고 할 수 있는데, 이는 사회 질서 유지를 위한 범죄자에 대한 응보주의적 처벌, 범죄에 상응하는 형벌 부과 등을 목적으로 한다. 이에 반하여 회복적 사법은 현재의 형사사법 정의와 다르게 지역 공동체, 사회의 건전한 회복, 피해자를 중심으로 한 피해자의 피해 논의, 피해 회복, 가해자의 진정한 반성, 사회 공동체로의 복귀 등을 목적으로 한 사법 시스템이라고 하겠다.

형사사법이 추구했던 응보적 처벌이라는 국가형벌권의 행사가 지금의 사회질서를 유지하기에 부족하다는 의견이 있고, 특히 소년사법 분야에서 이러한 논의가 활발히 이뤄지고 있다. 최근 들어 문제가 자주 되고 있는 촉법 소년들의 범죄 증가, 사이버 따돌림 등 학교 폭력 형태, 소년 사범들의 범죄적 특징을 보면 어려운 가정 형편으로 인한 범죄가 아닌 우월감을 과시하고, 유흥비, 인터넷 게임, 도박 비용 등을 위해 범죄를 저지르는 소년들이 증가하고 있다.[1] 더욱 집단화, 조직화되어 가고 있고, 사

---

* 이 글은 신혜진, "회복적 사법의 한계 극복 및 형사사법 정의와의 조화–소년사법을 중심으로–", 소년보호연구 제34권 제2호, 한국소년정책학회, 2021에 게재되었음을 밝힌다.

1) 박준휘 외 30명, "한국의 범죄현상과 형사정책", 한국형사정책연구원(2017), 109쪽. 신혜진, "소년사법에서 부모 책임에 관한 연구–부모 교육 및 부모 참여를 중심으로", 서울대학교 석사학위논문, 2020. 2., 6쪽.

이버 공간에서의 언어적 폭력도 증가하고 있으며, SNS를 통한 범죄 과시 성향도 증가하고 있는 등 범죄에 대한 두려움을 전혀 느끼지 못하는 듯하고, 공감 능력, 분쟁 해결 능력도 상실한 것 같은 모습이다.

이러한 소년범죄의 추세를 보면 현재의 소년사법 시스템만으로는 소년사범의 재사회화, 소년사범들의 분쟁 해결 능력을 개선시키기 어렵다는 것을 알 수 있다. 그리고 소년범죄에서의 피해 회복은 성인 범죄와는 다른 특징을 가지는데, 피해자였던 소년이 나중에 가해 소년이 되는 경우가 많다. 학교폭력, 또래 폭력, 그리고 인터넷상 모욕, 따돌림 범죄가 그렇다고 하겠다. 따라서 다른 성인 범죄와는 다르게 피해자의 피해 회복, 가해자와의 원만한 관계 회복이 더 중요한 의미를 가진다고 할 것이고, 이러한 측면에서 회복적 사법의 이념과 목표가 소년사법 영역에서 제대로 구현되어 왔는지, 소년 범죄에 대한 강력한 처벌을 논하고 있는 현재의 형사사법 시스템과 회복적 사법이 조화를 이룰 수 있는지를 살펴보는 것은 큰 의의가 있다고 하겠다.

이에 회복적 사법의 의의, 모델 등에 대해서 간단히 살펴보고, 회복적 사법과 달리 현재의 형사사법이 추구하는 정의가 무엇이고, 계속 옳다고 할 수 있는지, 이러한 회복적 사법과 형사사법은 어떤 관계를 설정하여 나아가야 하는지 논의해 보도록 하겠다. 그리고 현재 회복적 사법이 반영된 국내의 소년사법 제도들을 살펴보고, 회복적 사법의 원리와 목표가 제대로 반영되어 운영되고 있는지, 이러한 회복적 사법이 반영된 소년사법 제도가 형사사법과의 관계에서 그 목표를 제대로 이뤄내기 위해서는 어떤 방향으로 적용되고, 활용되는 게 좋을지 그 개선방안을 중심으로 고찰해보기로 하겠다.

Ⅱ 회복적 사법의 한계 및 형사사법과의 관계

1. 회복적 사법의 특징 및 운영 형태

1) 회복적 사법의 의의

회복적 사법은 1977년 Albert Eaglash에 의해 처음으로 사용된 것으로 알려져 있고, 하워드 제어(Howard Zehr)는 회복적 사법을 "가능한 한 잘못을 바로잡고, 치유하기 위하여 특정한 가해 행위에 이해관계가 있는 사람들을 최대한 관여시켜 피해와 니즈(needs) 그리고 의무를 함께 확인하고 다루는 과정"이라고 정의하였다.[2] 회복적

정의는 가해자 처벌 중심의 응보적 사법과 달리 소외되었던 당사자, 특히 피해자를 절차에 참여시켜 피해자와의 대화, 화해, 피해 회복을 이끌어 내는 데에 핵심이 있다.[3]

범죄를 국가가 제정한 법에 대한 위반으로만 보는 것이 아니라 개인과 지역, 사회 공동체에 가해진 피해 행위로 간주하여 공동체 전체의 안녕을 도모하는 것이다.[4] 회복적 사법은 가해자에게 저지른 범죄에 대한 의미, 사회 법질서가 무엇인지를 직접 깨닫게 하고, 피해자와의 적극적인 화해를 통해 자신이 부담해야 할 책임을 보다 명확히 하고, 지역 사회에 통합 시켜 재범 방지를 하는데 목적이 있을 뿐만 아니라 피해자를 범죄로 인한 두려움, 공포로부터 벗어나게 해준다.[5]

2) 회복적 사법의 요건 및 자발성 요구

회복적 사법이 추구하는 이념과 목표를 실현하기 위해서는 다음과 같은 조건들이 전제되어야 한다고 설명되고 있다. ① 최소한 확인 가능한 피해자가 있어야 하고, ② 가해자와 피해자의 자발적인 참여가 있어야 하며, ③ 가해자가 범죄행위에 대한 책임을 인정해야 한다는 것이다.[6]

당사자들이 참여하게 된 동기가 침해행위에 대한 회복을 위한 것인지, 자신의 처벌을 감경하기 위한 것인지를 구분하기 어려운 경우가 많으므로 이러한 참여를 자발성에 기한 참여로 인정하지 말고, 자발성의 요건을 완화하거나 자발성을 기준으로 판단하지 말아야 한다는 주장[7]도 있는 것으로 보인다. 그러나 회복적 사법이 단순히 피해자의 피해 회복이나 화해의 결과만을 지향하는 게 아닌 회복을 위한 당사자들 사이의 노력과 화해의 과정을 지향한다고 본다면 자발성은 중요한 요건이 된다고 생각된다.[8] 다만 자발성의 정도와 관련해서 시작 단계에서 경한 정도의 책임 인정과 책임 인수라고 할지라도 회복적 사법 프로그램에 참여하는 동안 서로의 입장을 나누

2) 조균석·김재희, "소년보호관찰에 회복적 사법 프로그램 실천을 위한 제언", 형사정책 제31권 제1호, 2019. 4., 359쪽.
3) 이용식, "회복적 사법에 대한 비판적 소고-소년범을 중심으로", 소년보호연구 제31권 제3호, 2018. 8., 288쪽.
4) 신양균, "다문화가정 내 가정폭력과 회복적 사법", 법학연구 제34집, 2011. 12., 367쪽.
5) 원혜욱, "보호관찰단계에서의 회복적 사법의 평가와 실현 방안", 이화여자대학교 법학논집 제16권 제1호, 2011. 9., 116쪽. 신혜진, 앞의 글, 70쪽.
6) 원혜욱, "외국의 회복적 사법제도의 고찰을 통한 우리나라 소년사법정책의 방향", 피해자학연구 제 14권 제1호, 2006. 4., 4쪽.
7) 원혜욱, 앞의 글(주 5), 120-121쪽.
8) 조균석·김재희, 앞의 글, 352쪽.

고, 공감하는 과정을 통해서 피해 회복을 위한 가해자의 참여에 대한 자발성은 강화될 수 있다고 할 것이다.

또한 가해자는 범죄행위에 대한 책임을 인정해야 하는데, 회복적 사법에 의한 책임 인정은 단순히 가해자의 도덕적 책임으로 끝나지 않고, 자신의 잘못을 진정으로 반성하고 인정하는 것에서 출발하여 실질적인 피해 회복을 약속하고, 이로 인해 생긴 의무를 이행하도록 하는 과정에서 기존 응보적 사법보다 더 무거운 책임을 요구하게 된다고 할 것이다. 자신의 행위에 대한 인정과 자발적인 책임 인수가 불충분한 경우 국가는 형벌을 통해 보다 중한 법적 책임을 지움으로써 회복적 사법에 의한 책임을 포기하지 않게 될 것이다.[9]

3) 회복적 사법의 운영 형태

회복적 사법의 운영 모델에는 조정 모델(Mediation Model)과 회합 모델(Conferencing Model), 서클 모델(Circle Model)이 있다고 설명되고 있다.

'지역사회 조정(community mediation), 피해자-가해자 화해 프로그램(victim of-fender reconciliation program), 피해자-가해자 조정(victim offender mediation)' 등이 조정 모델로 분류되고 있는데,[10] 조정은 중립적 제3자가 피해자와 가해자 사이의 대화를 조정하여 이뤄지게 된다고 한다. 일반적으로 피해자, 가해자, 조정자가 참석하고, 필요시 가해자의 부모도 조정에 참여할 수 있다. 조정자는 대체로 배상액만을 결정하고, 사건의 처분에는 관여하지 않는다고 하며, 배상 합의는 법원에 의해 강제 집행될 수 있다.[11] 회합 모델에는 뉴질랜드의 사회복지가족집단회합(social welfare family group conferences), 호주의 지역사회사법회의(CJC) 등이 있는데, 과거 행동에 의해 영향을 받고 연결된 개인들이 발생된 문제를 토론하기 위해 함께 모인 그룹 과정을 의미한다. 조정자에게만 의지하는 조정과 달리 회합은 집단적 논의를 통한 규범적 영향력을 활용하여 이뤄지게 된다.[12] 서클 모델은 전통적인 원주민 문화에서의 문제 해결 과정을 토대로 하여 발전된 모델로 피해자와 가해자, 후원자 및 지역 사회 구성원을 비롯한 사람들이 모여 발언하여 합의에 이르기 위해 논의하고, 지역 공동체를 회복시키고, 상호간 신뢰와 감정적 유대를 쌓는 것을 지향한다고 한다.[13] 서

---

9) 조균석·김재희, 앞의 글, 353-355쪽.
10) 김은경·이호중, "학교폭력 대응방안으로서 회복적 소년사법 실험연구", 한국형사정책연구원 연구총서, 2006. 12., 178쪽.
11) 원혜욱, 앞의 글(주 6), 5쪽.
12) 김은경·이호중, 앞의 책, 179-181쪽.

클모델은 치유 서클, 사건 처벌과 관련된 양형 서클 두 가지 모델을 통해 진화되어 왔다. 캐나다의 소년사법위원회 양형 서클, 미국의 peacemaking court 등이 서클 모델의 한 유형이다.[14]

2. 응보적 사법의 현대적 의의 및 형사사법 정의의 구현 방향

응보적 사법에서는 "범죄란 법률 위반 행위로 추상적인 법규 내용을 개인이 위반하여 궁극적으로 국가 권위에 도전했음을 의미하고, 국가의 형사사법 체계가 범죄를 통제하며 범죄자가 자신의 범죄에 대하여 책임을 진다는 것은 공식적인 처벌을 받는다는 의미이다. 피해자는 형사절차 내 주변인에 불과하고, 처벌의 고통과 위하력이 범죄를 예방하며, 지역 사회는 처벌 과정에서 핵심적인 참여자가 아니고, 국가에 의하여 규정된 관념적, 상징적 존재에 불과하다"라고 본다.[15]

현행 형사법 시스템 내에서 추구되고 있는 형사사법 정의는 여전히 사적 보복이 아닌 국가가 형벌권을 통해 사회를 통제하고, 사회 질서 유지와 사회적 법익의 보호를 목적으로 한다. 형사사법 정의의 내용과 관련해서는 범죄 행위에 상응하는 반대 급부의 해악을 부과해야 한다는 응보론과 형벌의 부과가 사회 구성원, 범죄자 자신에 대한 장래의 범죄 예방을 목적으로 해야 한다는 예방론이 있어 왔는데, 현재에는 응보와 예방이 결합된 형벌이 형사사법의 정의에 부합한다는 데 이견이 없어 보인다.[16] 현행 형사법 하에서의 형사사법 정의는 절차적 정의와 실체적 정의로 구분되고, 절차적 정의는 형사소송 절차에서의 정의를 의미하며, 공정한 절차, 합법적인 증거를 토대로 한 합리적인 판단, 선입견의 배제, 인간의 존엄성을 존중하고, 절차에 있어서 모두를 동등하게 대우해줘야 하는 것을 그 내용으로 한다. 실체적 정의는 범죄자가 자신의 불법과 책임에 비례하는 형벌을 부과받아야 한다는 것으로 이를 정확히 확정짓기 위하여 실체적 진실의 발견을 그 내용으로 하게 된다.[17]

응보적 사법에 기한 전통적인 형사사법의 정의 패러다임은 수없이 많은 갈등과 피해 중에서 극히 제한된 상황에서만 적용되고, 대부분의 문제는 사법절차 밖에서 해

---

13) 이용식, 앞의 글(주 3), 291쪽.

14) 김은경·이호중, 앞의 책, 181쪽.

15) 조윤오, "소년범죄자에 대한 회복적 사법 연구—미국의 피해자—가해자 조정(VOM) 프로그램을 중심으로", 이화여자대학교 법학연구소 법학논집 제16권 제1호, 2011. 9., 155쪽.

16) 이용식, "회복적 정의와 형사사법 정의—두 정의의 '절충'은 가능한 것인가?", 동아법학 제54호, 2012. 2., 418쪽.

17) 이용식, 앞의 글(주 16), 429쪽.

결되는 경우가 많다고 하면서 형사사법 시스템은 분쟁을 해결하는 방안 중 하나에 불과하여 실제로는 당사자의 삶과 경험에 상응하지 않는 다른 방식으로 이뤄져 왔다고 보는 의견도 있다.[18] 피해자와 가해자의 참여와 그들의 욕구와는 전혀 무관하게 사회 질서 유지라는 목표만을 위하여 결과를 부과하여 실제 사건의 당사자인 피해자와 가해자를 무시해 왔다는 것이다.

또한 응보적 사법 하에서 처벌을 하여 정의의 불균형이 바로 잡힐 것을 기대하지만 실제로는 처벌의 당위성을 찾아내기 어려운 경우도 많고, 처벌을 통해 가해자나 피해자에게 새로운 상태를 만들어 낼 수는 있으나 범죄 이전의 상태로 완전히 되돌리는 것은 불가능하다고 할 것이다.[19]

범죄 이전의 상태를 완전히 되돌리는 것은 원래 불가능하고, 이러한 회복이 중요한 게 아니라고 하면서 국가가 형벌권을 행사할 수 있는 가장 중요한 정당성은 사회 공동체, 법질서 유지이기에 응보적 사법이 형사사법의 근간이라고 주장할 수도 있겠다. 그러나 우리는 형벌의 목적이 무엇인지 기존 응보적 사법의 관념만으로는 그 답을 제대로 낼 수 없는 시대에 이르렀다고 생각한다. 응보적 사법을 근간으로 이루어진 엄벌주의는 범죄를 감소시키지 않았고,[20] 엄벌주의 기조와 여론에 따라 오히려 더 다양하고, 중한 새로운 보안처분 관련 등 입법을 통해 범죄를 억제시키기 보단 더 많은 범죄자들을 양성시키는 결과가 발생하고 있다.[21]

응보적 형사사법에 기초한 정의 관념은 오늘날 우리들에게 가해자들이 그들이 마땅히 받아야 할 벌을 받고 있는지에 대한 질문을 던진다고 할 것이다. 처벌의 필요성이 있는 행위를 그 불법성에 비례하여 범죄로 규정되어 있는지, 이러한 범죄 구성에 따른 형벌이 가해자에게 초점이 맞춰져 제대로 부과되고 있는지, 가해자가 받아야 할 형벌이 죄에 비례해서 부과되고 있는 것이 맞는지, 가해자의 재범 위험을 방지하고, 가해자의 사회 통합 가능성이 어떠한지 등에 대한 고민이 절실히 필요하다.

---

18) 장규원·윤현석, "회복적 사법의 한계에 대한 고찰", 동아법학 제57호, 2012. 11., 122–123쪽.

19) 이용식, 앞의 글(주 16), 430쪽.

20) 2020년 재산범죄의 발생건수는 659,058건으로 재산범죄의 발생비는 2019년 대비 5.1% 증가하였고, 지난 10년 대비 6.5% 증가하였다. 지난 10년간 연도별 재산범죄의 발생비 추이를 살펴보면, 2013년까지 증가하다 2014년부터 감소 추세를 보이고 2018년 이후로는 다시 지속적으로 증가하였다. 2020년 강력범죄(흉악)의 발생건수는 32,812건으로, 인구 10만명당 63.3건의 범죄가 발생하였고, 강력범죄(흉악)의 발생비는 2019년 대비 6.4% 감소였으나, 지난 10년 동안은 9.3% 증가하였다. 대검찰청, 범죄분석(2020), 7쪽.

21) 성폭력범죄자들의 전자발찌 훼손자는 2009년 1명에 불과했으나 2019년에는 23명까지 늘어났고, 2021년 8월까지 13명을 기록했다. 연합뉴스, "전자발찌 도입 13년째…재범률 크게 떨어뜨렸지만", 2021. 8. 30., https://www.yna.co.kr/view/AKR20210830087800004?input=1195m, 2021. 11. 12. 검색.

엄벌주의와 응보라는 형사사법 정의 관념에 치우쳐 일반인들에게는 형벌에 대한 공포를 조성하고, 가해자에게는 그가 받아야 할 형벌보다 더 중한 형벌이나 보안처분 등이 부과되고 있는 오늘날의 형사사법 정의는 범죄자의 불법과 책임에 상응하는 형벌을 부과하여 사회 질서를 유지해야 하는 본래의 역할을 제대로 해내지 못하고 있다고 할 것이다. 국가가 정당하게 형벌권을 행사한다고 생각되기 보단 국민적 여론의 관심 사항에 따라 국민들이 직접적으로 응보라는 감정에 기한 형벌권을 행사하고 있는 성향이 점점 증가하고 있는 분위기이다. 응보론과 예방론을 결합한 형사사법 정의 패러다임이 아닌 엄벌과 응보가 처벌에 대한 더 큰 동기를 부여하고 있는 듯하다.

형사사법에서의 정의 패러다임을 기존처럼 응보와 예방 측면으로만 바라보는 것은 바람직하지 않다고 생각된다. 응보와 예방론뿐만이 아니라 가해자와 피해자의 회복, 사회 공동체의 회복 등도 형사사법의 정의 패러다임에 포함될 수 있다고 생각한다. 이러한 생각이 현재의 형사사법 시스템을 혼란스럽게 하고, 근간을 무너뜨릴 수 있다고 할 수도 있으나, 오히려 기존의 형사사법 정의 관념을 계속 추구하게 된다면 지금보다 더한 엄벌주의와 응보가 만연해질 것이다. 난무하는 보안처분, 새로운 입법, 중한 처벌 규정들의 도입을 통해서 말이다. 이러한 엄벌주의 강화와 응보주의적 성향 확대는 범죄 예방에도 적절치 않다. 범죄를 제대로 예방하기 위해서는 법률이 개개인을 평등하게 보호할 수 있게 하여야 하고, 국민들이 법률만을 두려워하게 해야지 다른 사람들을 두려워하게 해서는 안된다고 할 것인데, 이러한 엄벌주의와 응보는 다른 사람들을 점점 더 배척하고, 두려워하게 만들어 범죄자들이 사회에 통합되고, 개선될 수 있는 것을 막고, 결국 더 많은 범죄를 저지르게 만들 수 있다.[22]

이를 해결하기 위해서는 그간 형사사법 절차에서 무시당해 온 가해자, 피해자 등 당사자들, 지역 사회에 집중하고, 이들을 형사사법 절차의 진정한 참여자로 인정해야 할 필요가 있다고 할 것이다. 이들을 절차에 제대로 참여시키고, 가해자의 재범을 적극적으로 막고, 가해자가 사회에 진정으로 통합됨과 동시에 사회 공동체가 범죄가 일어나기 전 상태로 되돌아갈 수 있게 최선의 노력을 해 나가는 것이 필요하다. 이러한 과정이 회복적 사법이 추구하는 목표이자 방향으로 기존의 응보적 사법과 조화를 이뤄낸다면 범죄를 더욱 효과적으로 예방하고, 형벌권의 정당한 행사가 이뤄지는 데 기여할 수 있다고 생각된다. 그러나 이러한 회복적 사법도 여러 측면에서 한계를 지니고 있다. 이에 다음에서 회복적 사법이 구현되는 과정에서 발생하는 한계와 문제점에 대해서 고찰해보도록 하겠다.

---

22) 체사레 벡카리아, 한인섭 신역, "범죄와 형벌", 박영사, 2010. 3., 175-176쪽.

3. 회복적 사법의 구현에 따른 실질적 한계

1) 권한, 책임 및 적용 범위 등에 대한 모호성

회복적 사법에 대해 어느 단계에서 구현되는 것이며 누가 주도해야 하는지, 그 권한과 책임의 한계가 명확하지 않다는 비판이 있다.[23] 형사 절차는 어느 기관이 어떤 권한을 가지고 이를 행사할 수 있는지 권한과 책임 규정이 엄격히 적용되고 있다. 그러나 회복적 사법은 어느 기관이 이를 행사할 수 있고, 어디까지 개입할 수 있는지 권한과 책임에 대한 근거가 제대로 마련되어 있지 않아 문제가 생길 수 있다. 특히 수사권 조정 이후 경찰과 검찰에서 회복적 사법을 어느 단계에서 어느 범위까지 구현할 수 있는지 고민해볼 필요가 있다고 할 것이다. 경찰에서 소년 사건에 대한 불기소 결정 권한을 갖고 있기 때문에 이러한 불기소 처분 사건에 있어서 경찰만이 회복적 사법을 구현할 수 있는 권한이 있는지, 검사는 기소 의견으로 송치받은 사건에 대해서만 회복적 사법을 구현할 수 있는지 등에 대해서 말이다.

향후 회복적 사법의 구현을 어느 단계에서 어느 기관이 어떤 권한과 책임을 가지고 해나갈지 소년법상의 화해권고 제도나 형사법상의 형사조정 제도와 같이 법상 규정을 통해 이를 명확해 나가는 것이 요구되고, 어느 단계에서 회복적 사법을 구현해 나가는게 가장 효과적인지에 대해서 가해자, 피해자 조사, 재범률 등에 대한 추적 분석을 통한 고찰도 필요하다고 할 것이다.

또한 회복적 사법이 적용되는 범위와 관련해서 적용되는 범죄가 무엇인지, 어느 경우에 적용되어야 하는지도 명확히 규정되어 있지 않다. 회복적 사법의 일환으로 시행되고 있는 형사조정의 경우는 검찰에서 주도하고 있고, 일정한 대상 범죄를 규정하고 있기는 하나,[24] 나머지 제도들의 경우는 어떤 경우 적용할 수 있는지, 일반적 정의 규정이나 대상 범죄 등에 관한 규정이 없어 혼란을 주고 있고, 강제력 또한 없어 적용 및 집행 측면에서 한계가 있는 게 사실이다.[25]

그리고, 참여시켜야 하는 지역 사회 범위와 개념에 대한 정의가 없어 어려움이 있을 수 있다. 회복적 사법 이념이 시작되었던 초기 서구 사회에서는 지역 사회 범위

---

23) 이용식, 앞의 글(주 3), 299쪽.

24) 범죄피해자보호법 시행령 제46조(형사조정 대상 사건) 법 제41조제2항에 따라 형사조정에 회부할 수 있는 형사사건은 다음 각 호와 같다. 1. 차용금, 공사대금, 투자금 등 개인 간 금전거래로 인하여 발생한 분쟁으로서 사기, 횡령, 배임 등으로 고소된 재산범죄 사건 2. 개인 간의 명예훼손·모욕, 경계 침범, 지식재산권 침해, 임금체불 등 사적 분쟁에 대한 고소사건 3. 제1호 및 제2호에서 규정한 사항 외에 형사조정에 회부하는 것이 분쟁 해결에 적합하다고 판단되는 고소사건 4. 고소사건 외에 일반 형사사건 중 제1호부터 제3호까지에 준하는 사건

25) 이용식, 앞의 글(주 3), 299-301쪽.

가 한정되고, 좁아 참가자 범위가 크게 문제될 일이 없었으나 현대 사회에서는 범위 확정과 개념 정의에 어려움이 있어 회복적 사법 프로그램을 운영하는 데 장애가 될 가능성이 있다.26)

어느 범위까지의 지역 사회까지 포함시켜야 하고, 지역 사회의 누구를 참여시키는 것이 적절한지 이를 판단할 수 있는 기관이나 주체에 대한 규정이 없어 제도 운영에 있어서 혼란을 줄 수 있다고 할 것이다.

2) 형사절차 이전의 가해자와 피해자 확정 문제

가해자와 피해자를 확정해 나가는 절차가 형사절차이고, 이러한 절차에 들어가기도 전에 가해자와 피해자라는 용어를 사용하여 가해자와 피해자를 확정하는 것은 무죄추정 원칙에도 반하여 현행 형사 절차를 무력화시킬 뿐만 아니라 회복적 사법의 진행 과정에서 가해자와 피해자가 제대로 확정되지 못하는 경우 등이 있어 한계가 있다고 볼 수 있다. 가해자와 피해자가 국가가 아닌 사인 간의 관계에서 확정되게 되면 형사사법 질서가 무너질 수도 있다는 염려가 있는바, 형법의 보충성 원칙에서 이 문제를 바라볼 필요가 있다고 생각된다.

가해자와 피해자 확정을 반드시 형사절차 단계에서 확정지어야 한다는 생각은 전통적인 응보적 사법 관념에 따르기 때문이라고 생각된다. 형사절차에 들어가기 전에 가해자 스스로 자신이 죄를 저질렀음을 자발적으로 인정하고 피해자에게 사죄하여 하루라도 빨리 피해자의 피해가 회복되게 하는 것이 회복적 사법의 진정한 목표이고, 이러한 목표에 이르는 과정에서 거짓된 가해자의 가해 사실 인정은 드러나게 될 것이고, 사회 질서 유지에는 더 도움이 되리라 생각된다.

이 점에 관해서는 아래 형사사법과의 조화를 이루기 위한 개선방안에서 더 자세히 살펴보도록 하겠다.

3) 현대 사회 구조와 참여자의 능력 등에 대한 한계

회복적 사법은 이를 뒷받침 할 수 있는 서로에 대한 연대가 강한 사회 구조를 갖춰야 하는데, 지역 내 동일한 생활 공동체가 거의 형성되어 있지 않은 현대 사회는 이를 실현하기 어려운 구조라고 할 것이다. 그리고 참여하게 되는 당사자, 가족, 지역 사회 구성원들에 대해서도 이성적이고 합리적인 인간상을 가정하고 있어 실제 운용에 있어서는 어려움을 겪게 될 수밖에 없다.

---

26) 조윤오, 앞의 글, 173쪽.

조정자는 중립을 유지해야 하므로 회복적 사법 시스템에 제대로 훈련된 조정자가 필요한데 실무상 모두가 이 정도 능력을 갖추고 있지 않고, 훈련시킬 수 있는 프로그램도 아직 제대로 마련되어 있지 않는 것 같다.

그리고 조정자의 능력과 의지 등에 따라 회복적 사법의 성과가 달라지게 되고, 지역사회의 참여가 항상 도움이 되기만 하지 않을 수도 있다. 소년 사건에서 참여한 학부모들이 학교 폭력 사안에 대한 객관적 발언이 아닌 가해 학생에 대한 2차 가해, 가족에 대한 비난까지 하는 경우가 많아 2차 가해에 따른 사건이 발생되는 경우들도 있는 것으로 보이고, 참여하게 된 지역 사회 구성원들이 서로 대립하게 될 시 오히려 문제를 해결하는 게 아니라 더욱 심각하게 갈등을 악화시킬 수도 있다고 할 것이다.[27]

4) 피해자의 고통 및 욕구 측면

회복적 사법에서 피해자의 고통 회복, 피해 회복은 매우 중요한 목표 중 하나이다. 그런데 과연 이들의 고통이 회복적 사법의 추구로 회복될 수 있는지에 대해서 살펴보면 경미한 범죄의 경우는 회복이 될 가능성이 상대적으로 클 수 있으나 성폭력 등 강력 범죄로 인한 피해는 현재 국내에서 이뤄지고 있는 회복적 사법의 방안만으로는 그 피해 회복이 불충분하리라 생각된다.

범죄피해자지원센터 등을 통한 피해자 지원, 치유 프로그램이 있기는 하나 이 제도는 피해자를 가해자와 분리하여 피해자만을 상대로 따로 이뤄지는 절차여서 회복적 사법의 목표에 완전히 부합하는 시스템으로 보기는 어렵다.

이와 관련하여 미국 등 외국에서 피해자의 트라우마, 고통에 관한 기억을 재통합(reconsolidation)하는 데 회복적 사법이 매우 큰 효과가 있고, 경한 범죄뿐만 아니라 중한 범죄에서도 회복적 사법이 좋은 결과를 보여주고 있다는 연구 결과가 나와 있다. 국내 회복적 사법 과정도 이를 참고하여 기준과 절차, 프로그램 등을 잘 마련해 나간다면 회복적 사법의 한계를 극복해 낼 수 있다고 생각된다.[28]

다음으로 피해자의 욕구와 관련해서 피해자가 과연 진정으로 무엇을 원하는지에 대해서 살펴보면 가해자에 대한 엄중한 처벌을 원할 때도 많지만 그렇지 않은 경우들도 있다. 실무에서 피해자들을 만나 이야기를 들어보면 오랜 원한 관계에서 가해

---

27) 이용식, 앞의 글(주 3), 311쪽.

28) Jane Bolitho, Inside the restorative justice black box: The role of memory reconsolidation in transforming the emotional impact of violent crime on victims, International Review of Vicimology, Vol. 23(3), 2017., 248-249쪽.

자의 진정한 반성을 원할 때도 있고, 자신의 억울한 사정을 알아주기를 원하고, 가해자의 재범을 원하지 않는 경우들도 있다.[29]

이러한 경우 회복적 사법의 적용은 피해자의 트라우마 회복, 욕구에 부합할 수 있지만 가해자의 진정한 반성이 없을 시 피해자는 가해자를 용서하기 어렵고, 중대한 범죄의 경우는 피해자들이 가해자에 대한 엄중 처벌을 원하는 경우가 많다. 따라서 가해자와 피해자에게 분별력이 있고, 서로를 이해하는 공감능력이 잘 갖춰져 있을 때 가해자의 진정한 반성과 피해자의 용서가 가능해질 수 있어 이러한 능력이 갖춰지지 않은 상태에서 이뤄지는 회복적 사법의 적용은 목표 달성에 한계가 있다고 할 것이다.

4. 회복적 사법의 한계 극복과 형사사법과의 관계 재설정

1) 회복적 사법과 형사사법의 관계에 대한 기존 견해 논의

양자를 상호 대립적으로 보는 견해는 회복적 사법은 형사사법과 목표도 다르고, 적용 방식도 다르기 때문에 양자는 절충될 것이 아니고, 별개의 해결 방안으로서 회복적 사법이 형사사법에 대하여 우위의 위치에서 적용되어야 한다는 입장이다.[30]

"회복적 사법의 이론 구상은 사회적 갈등 해결 메카니즘을 '형사사법체계에 의한 권력적 제도화의 길'에서 끄집어 내 '일상화'하고자 하는 지향점이 숨어 있다는 점에서 출발하고 있다"라고 보고 있다.[31] 형사절차의 모든 단계에서 회복적 사법 프로그램 적용이 가능하면 다이버전을 의무적으로 하게 하고, 일정한 합의에 이른 경우 형벌을 감경하고, 감면하는 효과를 명확히 부여해야 한다고 한다.[32]

조화·상호 보충적인 관계로 보아야 한다는 견해는 회복적 사법의 제도화와 운용에 있어서 전통적 형사사법 체계를 배제하지 않고, 오히려 기존의 형사사법 체계 내에서 회복적 사법 이념을 실현할 수 있는 제도적 장치들을 마련하여 조화, 결합할 수 있다는 입장으로 회복적 사법은 전통적인 형사사법 시스템의 문제점을 보완하는 방안으로 적용되어야 한다는 것이다.[33] 범행 당사자 간 갈등 해결을 단지 국가적 통

---

29) 장규원·윤현석, 앞의 글, 133쪽
30) 이용식, 앞의 글(주 16), 433쪽.
31) 이호중, "회복적 사법 이념과 형사제재체계의 개편 ─ 트로이 목마의 투입? 값싼 형벌신상품의 개발? ─", 한국형사법연구 제22호, 2004. 2., 501쪽.
32) 이용식, 앞의 글(주 16), 433쪽.
33) 이용식, 앞의 글(주 16), 433 ─ 434쪽.

제에 의해서만 이뤄져야 한다는 형벌 폐지주의적 관점은 범죄행위의 영역에서 피해자의 이익, 사회의 요구에 모순되는 것이라고 한다.[34]

2) 회복적 사법과 형사사법과의 관계 재설정 필요

대립 관계와 조화로운 관계로 보는 견해 모두 회복적 사법과 형사사법이 서로 다르다고 본다. 대립 관계로 보는 학설의 입장은 양자가 서로 조화가 될 수 없으니 회복적 사법을 형사사법에 우선하여 적용하자는 입장으로 회복적 사법이 형사사법을 대체할 수 있다고 보고 있다. 이에 반하여 상호 보충적 입장으로 보는 견해는 형사사법 절차를 회복적 사법이 대체할 수 없기에 보완해야 한다는 입장이다.

앞서 살펴본 바와 같이 회복적 사법은 한계를 가지고 있음이 명백하고, 기존의 형사사법이 추구했던 사회 질서 유지, 예방론적인 측면은 어느 시대를 막론하고, 중요한 가치가 아닐 수 없다. 형사사법과 분리된 당사자의 완전한 자율성이란 사회적으로 조화롭고, 서로가 동등한 이상적 사회를 전제로 하기에 불평등과 권력이 존재하는 현실의 사회에선 완전한 자율성을 갖추기를 기대하는 건 어려울지도 모른다.[35] 사회 약자 보호도 회복적 사법으로 완전히 대체하게 될 시 제대로 이뤄지지 않을 가능성이 있다.[36]

또한 회복적 사법은 사실 확인이나 수사 구조, 방식에 대해서는 적용되지 않아 형사사법 시스템 자체를 완전히 대체하기는 어렵다고 할 것이다.[37] 대립 관계에서는 회복적 사법 과정을 의무적으로 거치게 하는데, 이는 회복적 사법의 기본 전제 조건인 자발성의 원칙에 반하여 회복적 사법의 이념에 부합하지 않는다고 하겠다.

양자의 가치가 완전히 다르다고 보는 건 두 입장 모두 응보주의 형사사법적 관점에서 형사사법을 바라보기 때문이라고 생각된다. 형사사법의 예방적 기능에 더하여 가해자의 책임 인수, 진정한 반성, 피해자의 피해 회복, 지역 공동체의 회복 등을 함께 생각한다면 회복적 사법과 형사사법이 추구하는 정의는 다르지 않을 수 있다고 생각되고, 충분히 조화를 이룰 수 있다고 할 것이다.

형사사법 정의 패러다임을 회복적 사법 정의 패러다임으로 완전히 바꾸자는 것이 아니라 양자가 완전히 다르지 않을 수 있다는 것이다. 회복적 사법이 한계를 가지고

---

34) 이진국·오영근, "형사사법체계상 회복적 사법 이념의 실현 방안", 형사정책연구원 연구총서, 2006. 12., 136쪽.
35) 이진국·오영근, 앞의 책, 139쪽.
36) 이진국·오영근, 앞의 책, 136쪽.
37) 장규원·윤현석, 앞의 책, 128쪽.

있는 것은 사실이나 이를 극복해나가면서 회복적 사법 정의가 피해자만을 우선시한
다는 생각을 바꿀 필요가 있다고 생각한다. 회복적 사법은 가해자의 가해 사실 확정,
가해자에 대한 처벌을 완전히 포기하는 정의 관념이 아니다. 현재의 형사사법이 피
해자를 완전히 무시하고, 피해자의 피해를 제대로 평가하지 않았기 때문에 이를 제
대로 평가하여 가해자와 피해자 사이, 더 나아가 사회 공동체까지 어느 한 쪽으로
경도되지 않은 균형 잡힌 회복적 사법을 이뤄내자는 것이다. 따라서 회복적 사법과
현재의 형사사법 정의는 서로 충분히 조화될 수 있기에 범죄예방적 측면보다 응보와
엄벌주의를 향해 가고 있는 현대 사회의 형사사법 정의 패러다임을 근본적으로 다시
고민하고, 변화시킬 필요가 있다고 생각한다.

Ⅲ   소년사법에 있어서 회복적 사법의 실현과 개선방안

1. 소년사법에 있어서 회복적 사법의 역할과 재정비 필요성

소년사법에는 이미 회복적 사법의 가치가 반영되어 있기 때문에 오히려 회복적 사
법의 중요성은 성인범죄에서 논의될 필요성이 더 크다고 볼 수도 있다. 성인범죄에
서 회복적 사법의 역할은 매우 중요하고, 이를 제대로 구현하기 위해서 깊은 고민이
필요하다고 생각한다. 다만 현행 소년사법에서 과연 회복적 사법이 구현되어 있다고
볼 수 있는지 의문이고, 또한 소년 사법에서 회복적 사법 가치가 매우 중요하다고
여겨지고 있음에도 불구하고 회복적 사법이 제대로 구현되지 않고 있는 게 심각한
문제라고 생각하기 때문에 소년사법을 중심으로 회복적 사법의 구현과 재정비 필요
성에 대해서 살펴보기로 한 것이다. 소년들이 자신들의 문제를 스스로 해결해 나가
는 능력을 상실해 가고 있고, 앞서 살펴본 바와 같이 촉법 소년들의 범죄가 늘고 있
으며, 소년사범들의 재범률 또한 점차 증가하고 있고,[38] 범죄의 태양이 더 잔인해지
고, 조직화되는 경향을 보이고 있다. 자신의 잘못에 대해서 진정한 반성, 사과를 할

---

[38] 최근 5년간 촉법소년 소년부 송치 현황 자료에 따르면 2018년 7,364명, 2019년 8,615명, 2020년 9,606
명으로 3년 연속 증가 추세로 인구 감소에 따라 만 14~18세 전체 인구 대비 범죄자 비율은 2.69%에서
2.75%로 증가했다. 2020년 보호관찰 대상자 중 소년 범죄자 재범률은 13.5%로 같은 기간 성인 보호관
찰 대상자 재범률(5%) 대비 3배이며, 최근 3년간 전체 보호관찰 대상자의 재범률은 7.2~7.3%이지만
소년 재범률은 12.3%, 12.8%, 13.5%로 계속 증가하고 있는 추세이다. 매일경제, "난 처벌 안받잖아" 흉
폭해지는 소년범죄", 2021. 9. 1, https://www.mk.co.kr/news/society/view/2021/09/846130/, 2021.
11. 12. 검색

줄 모르는 지금 같은 시대에 회복적 사법은 그 역할과 기능을 다시 정비할 필요가 있다.

회복적 사법은 소년사법에 있어서 가해 소년의 사회 복귀 발전에 기여하고, 피해자의 관여, 회복, 가해자의 책임 수용, 지역 사회의 참여와 지지를 증가시키는데 긍정적인 효과가 있는데, 기존 소년사법 시스템 하에서 회복적 사법은 제도가 제대로 구현되어 있지 않아 그 역할을 충분히 해내지 못하고 있다고 할 것이다.[39]

소년형사사건 절차에서도 회복적 사법은 제대로 구현되지 못하였고, 소년보호사건 절차에서도 회복적 사법의 이념은 제대로 실현되지 않고 있다고 생각된다. 소년보호사건 절차에서는 피해자의 권리 보장, 피해 회복, 치유 등 피해자를 위한 절차가 마련되어 있지 않고, 소년형사사건 절차에서도 소년 범죄를 대상으로 하는 형사조정은 실제 잘 이뤄지지 않고, 피해 소년의 절차 참여, 피해 회복, 치유가 충분히 이뤄지는 경우는 많지 않은 것으로 보인다.

소년 범죄자에 대한 형사 처벌은 낙인 효과를 증가시켜 소년 범죄자들의 사회 복귀, 사회에의 재통합을 방해한다. 기존 소년사법 시스템 안에서는 소년범죄자들의 내적 제재 시스템이 제대로 작동하지 못하고 있고, 개인이 해당 지역사회로부터 배척되어 소년 범죄자들이 지역 사회, 국가에 반감을 가진 채 성인으로 성장해나갈 확률이 높다. 학교폭력 사건의 경우 획일화된 징계를 할 시 학교와 교사, 학생들 사이의 의사소통을 통한 문제 해결을 가로막게 될 수 있다. 이에 학생들에게 폭력에 의하지 않고 갈등과 문제를 해결할 수 있는 능력을 길러주는 훈련이 필요하다.[40]

기존의 형사사법 절차 내에서는 소년에 대해서 교육적인 측면을 중요시하며 국가 개입을 정당화해 왔다. 이는 존중받아야 할 인격체로서의 소년을 설정한 게 아닌 불완전한 모습의 소년을 상정해 놓고 이뤄지고 있는 것이다. 이에 회복적 사법을 통해 우리는 가해, 피해 소년을 성인과 동등한 인격체로서 대우하면서 회복해나가야 한다고 할 것이다.[41]

또한 이러한 소년 범죄 사건의 피해자들은 역시 소년들인 경우가 다수인데, 이들에 대하여 현행 소년사법 체계 내에서 관심과 지원이 미약했던 것이 사실이다. 소년보호사건 절차에서 피해 소년들이 목소리를 제대로 낼 수 있는 기회가 거의 없었고,

---

39) 신혜진, 앞의 글, 71쪽. 박광현, "소년사법의 개선방안에 관한 연구", 법학연구 제24권 제4호, 2016. 10., 108쪽.

40) 김은경·이호중, 앞의 책, 274쪽.

41) 강지명, "소년법상 보호처분의 체계적 정비방안 – 회복적 공동체 사법에 의한 연령별 보호처분 마련을 중심으로 –", 공공사회연구 제7권, 2017. 6., 110–111쪽.

피해자들의 피해가 실제 보호처분 결정에 반영되었는지도 의문이다.

형사 재판과 달리 피해자들을 대변하는 검사가 출석하여 의견을 진술하지 않고 있어 피해자의 피해가 소년 사건 심리에 반영될 수 있는 경우가 많지 않았을 것으로 생각된다. 또한 소년보호 사건은 비공개가 원칙이므로 피해자의 사건에 대한 정보 접근이 제한되었다고 할 것이다.[42] 따라서 현재의 소년보호사건 절차는 피해자 참여와 피해자의 피해 회복이라는 가치를 중요하게 생각하고 있는 회복적 사법이 제대로 구현되어 있지 않은 절차라고 할 것이다.

특히, 소년 범죄의 중요한 특징 중 하나는 피해자였던 소년이 가해자가 되는 경우가 많다는 것이다. 피해자의 트라우마 극복과 피해 회복이 다른 범죄에서보다 더 중요한 것이 바로 이러한 측면 때문이다. 따라서 소년범죄의 피해자들을 사법시스템 안에서 무시하지 않고, 그들의 피해를 진정으로 회복시켜 나갈 수 있는 방안이 필요하며 회복적 사법은 이를 구현해 나갈 수 있는 적절한 시스템이라고 할 것이다.[43]

그렇다고 해서 소년사법에서 피해자만을 중시하는 게 회복적 사법이 추구하는 진정한 목표라고 할 수 없다. 소년사법에서 회복적 사법은 가해자, 피해자, 그리고 그 가정, 지역 사회까지 치유하고, 회복시킬 수 있는 방향으로 균형 잡힌 회복적 사법을 추구해야 한다고 생각된다.

가해 소년, 피해 소년만이 절차에 참여하고, 치유 프로그램을 함께 한다고 해도 가정과 지역 공동체가 변화하지 않으면 가해 소년은 또 다시 범죄를 저지르게 될 가능성이 크고, 피해 소년 또한 트라우마에서 완전히 벗어나지 못한 채 가해 소년으로 변화되어 범죄를 저지르게 될 수 있기 때문이다. 따라서 소년사법에서 이러한 균형 잡힌 회복적 사법이 구현될 수 있도록 제도들을 전면적으로 다시 검토하고, 정비할 필요가 크다고 할 것이다.

대부분의 나라들이 소년 형사사법 법률과 규정 내에 회복적 사법의 의미와 제도들을 구현하고 있다. 이는 형사사법이 추구하는 정의와 조화가 될 수 있기에 이미 오래전부터 시행하고, 적용하고 있는 것이다. 그 효과도 이미 많이 검증되어 여전히 널리 시행되고 있다. 따라서 이러한 회복적 사법이 현재의 형사사법 절차 내에서 제대로 자기 기능을 다할 수 있도록 그간 제도들의 실효성을 분석하고, 보완해 나갈 필요성이 매우 크다고 하겠다.

---

42) 김혁, "피해자 중심적 소년사법·보호정책으로의 전환에 관한 서론", 피해자학연구 제28권 제3호, 2020. 12., 123쪽.

43) 김은경, "21세기 소년사법 개혁과 회복적 사법의 가치", 형사정책연구 제18권 제3호, 2007. 9., 1163－1165쪽.

2. 현행 소년사법 제도에서 회복적 사법의 구현 실태

1) 소년법상 화해권고 제도

2007년부터 소년법 제25조의3 제1항에 "소년부 판사는 소년의 품행을 교정하고 피해자를 보호하기 위하여 필요하다고 인정하면 소년에게 피해 변상 등 피해자와의 화해를 권고할 수 있다"라고 규정하여 화해 권고 제도를 도입하였다. 소년보호사건 절차에서 회복적 사법 이념이 구현되어 있는 제도로 피해 변상만을 목적으로 한 제도가 아니라 가해자인 소년과 피해자 사이 갈등을 해소하고, 서로의 상처를 치유하고, 피해자의 피해 회복, 가해 소년의 사회로의 원만한 복귀 등을 위한 제도이다.

화해 권고 대상 사건은 소년부 판사가 필요하다고 인정한 사건으로 판사의 재량에 따라 화해 권고를 할 수 있게 되어 있다.[44] 법원에서 실무상 화해권고를 하는 기준은 "① 가해 소년이 범죄 소년 또는 촉법 소년인 사건 ② 소년, 보호자 및 피해자의 서면에 의한 동의가 있는 사건 ③ 사실관계가 분명하고 가해 소년이 범죄사실을 인정하는 사건"으로 되어 있다.[45] 화해권고 제도는 소년보호사건 절차에서만 적용되는데, 민사소송과 달리 재판상 화해의 효력이 없고, 보호처분을 결정할 시 참작 사유만 될 뿐이다.[46] 화해에 따른 합의 사항 이행과 피해 회복은 중요한 요소이므로 이를 조사하기 위해 소년부판사는 조사관이나 법원사무관으로 하여금 이행 실태에 대해 조사하도록 하고 있다.[47]

화해권고위원들의 해당 소년들 면담 소요 시간은 평균 1시간 30분에서 2시간 정도로 비교적 짧은 시간을 상담하고, 면담은 2번 이상 진행하고 있는 것으로 조사된 적이 있는바,[48] 이렇게 짧은 시간과 면담으로 그 효과를 달성하기는 부족하다고 생각된다.

---

44) 소년법 제25조의 3 제1항

45) 오영근 외 15인, 소년법-조문해설서, 박영사, 2021. 8., 142쪽.

46) 이용식, 앞의 글(주 3), 296쪽.

47) 소년심판규칙 제26조의8 제1항

48) 윤현석·전명길, "소년법상 화해권고제도에 관한 실증적 고찰－화해권고 제도 운영 실태에 관한 화해권고위원 인식 조사", 법이론실무연구 제7권 제1호, 2019. 2., 364쪽.

2) 학교폭력예방법상 구현된 제도

학교폭력예방및대책에관한법률(이하 '학교폭력예방법')에 따라 학교폭력대책심의위원회에서 학교폭력 문제를 다루고 있다. 학교폭력의예방 및 대책에 관련된 사항을 심의하기 위하여 교육지원청에 설치되어 있는 학교폭력대책심의위원회는 가해학생에 대하여 피해학생에 대한 서면사과, 피해학생 및 신고·고발 학생에 대한 접촉, 협박 및 보복행위의 금지, 학교에서의 봉사, 사회봉사, 학내외 전문가에 의한 특별 교육이수 또는 심리치료, 출석정지, 학급교체, 전학, 퇴학처분을 교육장에게 요청할 수 있다(학교폭력예방법 제17조 제1항). 피해 학생에 대한 보호를 중시하고 있고, 가해 학생에 대해서 형사처벌과 구별되는 여러 조치들을 명하고 있어 회복적 사법이 구현된 것이라고 한다.[49] 그러나 이러한 조치들이 회복적 사법이 제대로 구현되고 있는 것이 맞는지 전면적으로 재검토를 해 볼 필요가 있다. 대부분의 조치가 징계적 측면을 가지고 있고, 실제 회복적 사법의 구현 효과를 위한 피해 학생과의 관계 회복을 위한 조치는 없어 보인다. 따라서 학교폭력예방법상 가해 학생에 대한 조치는 회복적 사법이 구현되어 있다고 할 수 없다.

다음으로 학교폭력대책심의위원회는 학교폭력과 관련하여 분쟁이 있는 경우에는 그 분쟁을 조정할 수 있고, 피해학생과 가해학생 간 또는 그 보호자 간의 손해배상에 관련된 합의조정, 그 밖에 심의위원회가 필요하다고 인정하는 사항에 대하여 조정할 수 있게 되어 있다(학교폭력예방법 제18조). 그러나 실무에서 학교폭력 사건으로 검찰에 송치된 사건의 당사자인 소년들을 만나 물어보면 위원회의 위원들 전문성이 부족하고, 가해 소년과 피해 소년 등을 회복시키기 위한 제대로 된 프로그램이 아직 구비되어 있지 않은 것으로 보인다. 또한 조정 기간이 1개월 밖에 되지 않아 이렇게 짧은 기간에 망가져있는 가해자, 피해자와의 관계 회복이 쉽게 되기는 어렵다고 할 것이다.

3) 선도조건부 기소유예 제도

소년형사절차와 관련하여 소년법 제49조의3에 "검사는 피의자에 대하여 다음 각 호에 해당하는 선도(善導) 등을 받게 하고, 피의사건에 대한 공소를 제기하지 아니할 수 있다. 이 경우 소년과 소년의 친권자·후견인 등 법정대리인의 동의를 받아야 한다. 1. 범죄예방자원봉사위원의 선도 2. 소년의 선도·교육과 관련된 단체·시설에서의 상담·교육·활동 등"이라고 규정되어 조건부 기소유예 처분을 할 수 있는 법적

---

49) 이용식, 앞의 글(주 3), 297쪽.

근거가 마련되었다. 선도유예는 재범 가능성이 거의 없는 소년을 주된 대상으로 하고 있고, 공안사범, 마약사범, 흉악범, 조직적 또는 상습적 폭력배, 현저한 파렴치범은 선도유예 대상에서 제외하고 있다.[50]

소년과 법정대리인의 동의를 받도록 하고 있고, 소년이 동의하지 않더라도 법정대리인이 대신 소년을 대리하여 행사할 수 있는지 여부와 관련된 논란이 있으나 제대로 된 선도의 효과를 위해서는 소년의 진정한 동의가 필요하다고 할 것이다.[51]

이 규정에 따라 검찰에서는 소년 사범들에 대하여 다양한 조건부 기소유예를 실시하고 있다. 청소년 범죄예방위원들의 선도를 조건으로 한 기소유예, 지역 검찰청 단위로 실시되고 있는 가족캠프 프로그램도 있고, 청소년비행예방센터, Wee센터, 학교 밖 지원센터 등이 하는 상담 및 교육 조건부 기소유예, 보호관찰소의 선도를 조건으로 한 보호관찰소 교육 조건부 기소유예, 예술 치료 조건부 기소유예 등이 있다.

4) 형사법상의 형사조정 제도

형사법상의 형사조정 제도는 범죄피해자보호법 제41조 제1항에 "검사는 피의자와 범죄피해자(이하 '당사자'라 한다) 사이에 형사 분쟁을 공정하고 원만하게 해결하여 범죄피해자가 입은 피해를 실질적으로 회복하는 데 필요하다고 인정하면 당사자의 신청 또는 직권으로 수사 중인 형사사건을 형사조정에 회부할 수 있다."라고 규정되어 있다.

검사가 양 당사자에게 조정 동의 의사를 확인하고, 당사자들 모두가 조정 받기를 원하면 형사조정 절차에 사건을 회부한 후 해당 사건에 대해선 시한부기소중지 처분을 하게 된다. 직권으로 회부할 수도 있으나 실무에서는 직권으로 의뢰하는 케이스는 많지 않은 편이다. 형사조정 절차는 형사조정위원회에서 주관하게 하는데, 형사조정위원회는 검사로부터 조정 사건을 의뢰받으면 조정 위원이 기록을 검토하여 당사자들의 의견을 직접 듣고 합의점을 제안, 설득하여 당사자들이 모두 찬성하게 되면 조정이 성립되게 된다.[52]

형사조정이 성립되면 고소가 취소되거나 합의서가 작성된 사건 중 친고죄나 반의사불벌죄 등에 해당하여 공소권 없음 처분 대상 사건이 아닌 경우 각하 처분을 하게 되어 있고, 혐의가 있다고 보이는 사건의 경우 담당 검사는 형사조정 성립을 정상

---

50) 소년선도보호지침 제4조 제1항
51) 오영근 외 15인, 앞의 책, 267쪽.
52) 문재태, "형사조정제도에 관한 검토", 한국정부학회 학술발표논문집, 2015. 6., 8쪽.

참작 사유로 고려하여 사건에 대하여 기소유예 처분을 하거나 양형에 반영하게 되어 있다(형사조정실무운영지침 제27조 제1항).

이러한 회복적 사법 절차와 관련해서 가해자가 피해자와 화해를 하면 이를 유무죄 판단에 고려한다거나 가해자에 대하여 죄가 없다고 판단하는 절차로 오인하기도 하는데 이는 현재의 형사조정 제도를 제대로 이해하지 못하였기 때문이라고 생각된다. 위와 같이 형사조정이 성립한 경우도 혐의가 있어 보이면 수사를 계속 진행하는 경우가 많다. 화해가 될 시 양형에 고려하게 되어 있을 뿐 피해자와 화해가 되어 각하 처분을 하는 경우는 대다수 민사적 사안으로 고소인의 고소 자체로 형사처벌 대상이 되지 않는 사안들이 많다. 사안에 따라 피해자가 금전적 배상만을 요구하여 가해자에게 금전적 보상을 조건으로 한 화해를 강요하게 될 수도 있어 보이는데, 이러한 경우에는 회복적 사법이 그 목적을 제대로 달성할 수 없을지도 모른다. 회복적 사법이 제대로 구현되지 못하고 있기에 발생되는 부작용이라고 하겠다. 우리나라의 경우는 회복적 사법이 아직 제대로 도입되어 시행되고 있는 게 아니어서 형사조정의 기간이나 화해권고 등 기간이 매우 짧게 적용되고 있는데, 외국의 경우는 6개월에서 1년의 기간 동안 이 과정이 시행되고 있다. 피해자의 물질적 회복에만 중점을 둔 게 아니고, 정신적 회복, 그리고 사회의 기능 회복을 중요하게 생각하면서 과정이 이뤄지고 있다.

국내 조정 제도 운영과 관련하여 소년 사건에 대한 전문성을 가진 위원들이 부족한 실정이고, 미국 등의 피해자-가해자 조정 제도와 달리 부모가 참여하여 함께 협의하고, 문제점을 해결해 나가며 피해자들의 피해 회복을 위한 절차를 함께 진행해 나가는 조정은 이뤄지지 않고 있는 실정이다. 외국 사례들을 참고하여 우리나라도 회복적 사법이 제대로 구현될 수 있도록 미비점들을 보완해 나가야 할 것이다.

3. 형사사법 절차와의 조화를 위한 제도적 개선방안 논의

1) 자발성과 가해자의 진정한 책임 인수 강화

회복적 사법을 실현하기 위해서는 가해자와 피해자가 명확히 설정되는 것이 필요하다면서 이러한 가해자, 피해자를 설정하는 문제가 당사자의 의사에 의해 결정되게 되는 등 타협의 여지가 발생하여 형사법적 정의가 훼손될 우려가 있다는 염려가 있다.[53] 당해 사건의 가해자를 특정하고, 피해자를 명확히 설정하는 작업은 형사사법

---

[53] 이용식, "회복적 정의와 형사사법 정의-두 정의의 '절충'은 가능한 것인가?", 동아법학 제54호, 2012.

에서 실체적 진실을 밝혀내는 가장 중요한 내용으로 회복적 사법은 이를 전제 조건으로 하고 있어 형사사법과 차이가 있다고 할 것이다.

그러나 회복적 사법의 과정에서 소년은 단순한 처벌로 자신이 저지른 문제가 해결되고 끝나는 게 아니라 행위에 대한 인정과 그 행위에 따른 의무를 부담하는 절차를 경험하게 되고, 그 과정에서 상대방의 입장을 이해하고 자신의 행위에 대한 중대성, 영향력 등을 깊이 깨달을 수 있게 된다.[54] 이렇게 자발적으로 절차에 참여하여 자신의 범행을 진심으로 반성하고, 인정하게 되는 가해자의 변화되는 모습은 형사사법이 추구하는 실체적 진실이라는 목표에 더 빨리 효과적으로 도달할 수 있는 장점이 있다고 생각된다.

이러한 자발성 측면에 대해서 국가가 실제로 강요하는 것이지 자발적으로 이뤄지는 것은 아니라고 주장할 수 있으나 실제 사례를 접해보면 강요에 의한 절차 참여가 없다는 것을 알 수 있으리라 생각된다. 이 절차에 참여할 것을 절대로 강요하지 않는다. 제도에 대한 충분한 설명을 해주고, 법률가 등 전문가들이 참여하여 책임의 인수가 제대로 이뤄지도록 도와준다.

당사자들끼리 타협의 여지가 있어 가해자, 피해자 확정을 혼란스럽게 할 수 있는 회복적 사법의 한계에 대해서 앞서 살펴보았는바, 형사절차가 가해자와 피해자를 확정해 나가는 절차인 것은 맞지만 회복적 사법에서의 가해자 개념이 반드시 형사절차에서의 피고인을 의미하는 게 아니라고 하겠다. 형사절차만을 통해서 가해자와 피해자를 확정해야 한다고 생각되지 않는다. 형법은 이 세상의 문제를 해결하는 데 있어서 보충적으로 적용되어야 한다. 물론 심각한 중대 범죄, 강력 범죄의 경우는 최우선적으로 개입될 필요성도 있으나 형법이 이 세상의 분쟁을 해결하는 데 앞장서서는 안 된다고 할 것이다. 형사절차를 무력화시킨다는 의견은 응보적 사법 개념에 기초하여 지금의 형사절차가 이 세상의 분쟁을 해결하는데 가장 적합한 수단이라고 보고, 가해자가 억울하게 죄를 인정하게 될 것을 염려하기 때문이라고 생각되는데, 전세계적으로 널리 적용되고 있는 회복적 사법 절차에서 억울하게 가해사실을 강요에 의하여 인정한 케이스는 거의 없을 것으로 보인다.

진정한 자발적인 참여를 이끌어내고, 가해자의 책임 인수 과정을 강화하면서 모든 범죄가 아닌 그 대상 범죄를 한정하고, 민사적 성격을 띠는 사건을 제외하게 되면 가해자, 피해자 확정이 당사자들의 의사에 좌지우지 되는 경우는 그리 많지 않아 보

2., (주 6), 436쪽.
54) 조균석·김재희, 앞의 글, 354쪽.

인다. 이에 형사조정의 경우도 이를 거쳤다고 하더라도 수사가 바로 종결되는 게 아니라 피의자에 대한 혐의가 인정될 시 계속 수사가 진행될 수 있도록 절차를 마련하여 형사사법이 추구하는 실체적 정의를 훼손하지 않고 있는 것이다.

2) 수치심 관리 및 재통합 추구 개선

기존의 응보적, 징계적 처벌 방식은 가해자 개인으로 하여금 자신에게만 집중하게 하여 이기적인 사유 방식을 갖게 하고, 수치심(잘못된 행동에 대한 부끄러움) 관리에 있어서도 부정적인 결과를 낳는다고 할 것이다. 수치심이 잘못 관리되게 되면 개인의 내적인 통제 시스템은 그 기능을 제대로 하지 못하고, 발전해 나갈 수 없으며 용서받지 못하고, 회복되지 못한 수치심은 계속 내재적으로 유지되고, 분노로 표출되는 경우가 많다고 한다. 개인이 지역 사회로부터 배척되고 있단 생각을 하게 되면 수치심을 느끼게 만든 지역 사회에 부정적으로 반응하고, 사회적 관계를 부정하며 사회에 반발하는 경향을 보이게 된다.[55]

재통합적 수치심 주기 이론(reintegrative shaming theory)에 따르면 "범죄나 잘못된 행동을 다룸에 있어 가해자의 수치심을 자극함으로써 얻어지는 재통합 효과에 주목하면서 가해자와 강한 애착 내지 존경의 관계를 형성하고 있는 사람이 대화 과정에 참여하게 되면 수치심을 재통합의 과정으로 이끌 수 있다"라고 한다.[56]

현행 형사사법에 따른 징벌적 처우는 가해자의 수치심을 부정적인 방향으로 자극시켜 그를 공동체로부터 배제시키고, 가해자의 수치심 회피 성향을 더욱 강화하여 재범의 위험을 증대시키는 악순환의 결과를 가져오는 반면 회복적 사법은 가해 학생들로 하여금 수치심 회피 태도에서 벗어나 수치심을 긍정적으로 수용하는데 효과적인 방식이라고 하겠다.[57]

징벌적 처우나 소년법에 의한 형사제재와 같은 조치는 가해학생에게 강한 낙인을 남기게 된다. 학교 폭력 사건의 경우 회복적 사법에 의한 해결은 가해 학생에 대해서 징벌적 조치에 따른 부정적 낙인효과를 지양하면서 가해자에게 책임을 자각하게 하고, 피해자의 피해 회복과 정서적 관계의 회복을 위해 노력하게 하여 가해자에 대한 교육적 선도 효과를 낳을 수 있다.

피해 학생에게는 학교에 적응하지 못하는 낙오자로 취급하는 주위의 시선을 이겨

---

55) 김은경·이호중, 앞의 책, 269-270쪽.
56) 김은경·이호중, 앞의 책, 271쪽.
57) 김은경·이호중, 앞의 책, 272쪽.

내 피해의 후유증에서 벗어나 가해 학생 및 또래 친구들과의 정서적 유대 관계를 회복하도록 도와주게 된다.[58]

이렇듯 회복적 사법은 가해자로 하여금 수치심을 제대로 관리할 수 있게 도와주고, 가해자 및 피해자 모두 사회에 재통합될 수 있는 길을 마련해 준다는 점에서 형사사법이 추구했던 진정한 정의와 목표에 부합하는 조화로운 성과를 이뤄낼 수 있다. 따라서 가해 소년으로 하여금 수치심을 회피하지 않고, 제대로 인식, 직면하여 이를 관리할 수 있도록 하는 프로그램 마련이 요구된다고 할 것이다.

3) 소년보호사건 절차에서의 화해권고 제도 개선

현행 소년법상의 화해권고 제도는 판사의 권고에 따라 이뤄져 가해 소년과 피해자와의 대화가 강제된다는 점에서 진정한 의미의 회복적 사법을 도입한 게 아니라는 견해가 있다.[59] 판사에 의한 강제보다 화해권고위원을 주축으로 하여 더 자율적인 참여를 유도하여 회복적 사법의 취지에 부합되도록 제도를 운영해야 할 필요가 있다고 하겠다.

그리고 화해권고 절차가 피해 변상을 중심으로 이뤄지고 있는 실정으로[60] 부모의 재력에 따라 처분이 달라질 수 있어 회복적 사법의 취지나 형사사법 정의 이념에도 맞지 않다고 할 것이다. 따라서 피해 변상의 방법 외에 가해자가 책임을 인수하고, 피해자의 피해 회복이 이뤄져 진정한 화해를 이뤄낼 수 있도록 프로그램 등을 개발해 나갈 필요가 있다.

또한 화해권고 제도는 소년보호절차에서만 적용되고, 소년형사절차에 대해서는 적용되지 않고 있고, 법원 단계에서만 회부가 가능해서 사건 발생 이후 너무 많은 시간이 지나 가해자와 피해자의 악화된 관계를 되돌리기에 많은 어려움이 있다. 이에 사건이 발생하고 나서 되도록 빨리 개입하여 가해자의 책임 인정과 피해자의 피해 회복을 이뤄내는 게 효과적이므로 사법절차가 개시되기 전에 활용되는 게 좋다면서 검찰 단계에서 검사가 결정 전 조사시 화해권고를 할 수 있도록 하자는 의견이 있는데, 그 효과성에 대해서 고찰해 볼 필요가 있다고 할 것이다.[61] 검찰 단계에서 검사 결정 전 조사시 화해권고 절차를 진행하고, 화해가 이뤄지면 조건부 기소유예를 할

---

58) 김은경·이호중, 앞의 책, 268쪽.

59) 강지명, "소년법상 화해권고 제도 규정의 문제점과 개선방안", 형사정책 제24권 제3호, 2012. 12., 120쪽.

60) 오영근 외 15인, 앞의 책, 145쪽.

61) 박찬걸, "소년사건 피해자의 인권 강화방안에 대한 검토−제20대 국회에 제출된 소년법 개정법률안을 중심으로−", 대검 형사법의 신동향 통권 제71호, 2021. 6., 150−151쪽.

수 있게 규정할 수 있을 것이다.

소년보호사건에만 적용되고 있는 화해권고 절차를 소년형사절차에서도 적용할 수 있을지, 사건 발생 후 오랜 시간이 지나 시행되기 때문에 재범률에 어떤 영향을 미칠지 여부 등과 관련된 실효성에 대해서도 제대로 된 연구가 필요하다고 하겠다.

화해의 결과에 따른 법적 효과에 대해서도 보호처분시 이를 고려할 수 있다고 규정해 놓았을 뿐 성립시 불처분 결정을 할 수 있다는 내용이 없어 불처분을 하거나 심리불개시를 할 수 있도록 명문으로 규정하여 법적 효과에 대하여 보다 명확하게 해 놓을 필요가 있다.

합의 이행을 담보하기 위한 절차에 대해서도 규정이 없어 실제 합의를 이행하는지에 대한 감독도 제대로 이뤄지지 않는 경우가 많으므로 보호관찰관이 보호관찰에 대한 준수사항의 이행을 관리하는 것과 마찬가지로 합의 이행 여부를 판단하여 불이행시 그 결과를 판사에게 보고하도록 규정을 해 놓아 피드백을 통해 화해권고의 효용성에 대하여 제대로 분석할 수 있는 제도 마련이 필요해 보인다.[62]

4) 피해자 의견 진술권 및 통지 제도 등 피해자 권리 강화

소년보호사건 절차에 있어서 피해자들은 여러 측면에서 소외되어 왔던 게 사실이다. 피해자 의견 진술권이 형사사법절차와 마찬가지로 보장되어 있지 않았고, 실제로 법정에 출석해서 의견을 진술하고, 피해를 호소한 사례가 많지 않은 것으로 보인다. 소년보호사건 절차에 있어서 피해자 의견 진술권(소년법 제25조의2)이 규정되어 있기는 하나 어떤 방식으로 의견을 진술할 수 있는지에 대해서 전혀 규정되어 있지 않다. 이에 서면 진술도 가능하게 하거나 가해 소년이 퇴정한 상태에서 진술하게 하고, 비디오 등을 통해 진술을 할 수 있는 규정 등에 대한 도입을 검토해 볼 필요가 있다.[63]

이러한 의견 진술 절차와 방식에 대한 개선 뿐만이 아니라 피해자가 자신의 의견을 제대로 진술할 수 있도록 도와주는 신뢰관계인이나 국선보조인 등의 참여를 권장할 필요가 있고, 피해자의 피해를 소년부 판사의 소년보호결정에 반영할 수 있도록 기준을 마련할 필요가 있다. 소년보호처분 결정을 보면 가해 소년의 환경, 가해의 정도 등 주로 가해자에게 초점이 맞춰져 결정이 이뤄지고 있는 것으로 보이므로 피해자의 피해가 제대로 반영될 수 있게 그 처분 기준을 형사절차에서의 양형기준처럼

---

62) 강지명, 앞의 글(주 49), 122, 125 – 126쪽.
63) 김혁, 앞의 글, 128쪽.

마련해 놓는 것도 피해자의 피해 회복과 피해자 보호 측면에서 중요한 문제라고 생각된다. 또한 조사관 등으로 하여금 피해자에게 의견 진술권이 있음을 고지하게 하고, 피해자의 의견 진술 여부를 확인한 후 피해자에게 관련 내용을 미리 설명해주는 것도 필요하다고 할 것이다.[64]

그리고 소년보호사건의 경우 비공개로 되어 있어 피해자는 절차가 어떻게 진행되는지 전혀 알기 어렵고, 어떤 처분을 받는지도 모르는 경우가 많다. 가해자, 피해자 모두 소년일 경우 학교 등에서 다시 만나게 될 수도 있고, 같은 지역에 거주하는 경우 다시 마주칠 가능성이 많은데, 피해자는 가해자의 사건 진행 상황에 대해 전혀 알기가 어려워 트라우마에서 회복되지 못한 채 늘 두려운 상태에서 지내게 될 가능성이 많다. 따라서 형사재판절차[65]와 동일하게 피해자에 대한 통지 제도를 마련해 놓는 것이 필요해 보인다.[66]

소년 사건에서 가해 소년에 대한 낙인 효과 방지라는 이유로 피해자를 더 이상 소외시켜서는 안 된다고 생각한다. 피해 소년이 가해 소년이 되는 경우가 많은 소년범죄의 특성상 피해자가 그 절차에 함께 참여하고, 의견을 진술할 수 있게 하여 가해자가 진정으로 책임을 인수하고, 피해자가 스스로 이를 극복해 낼 수 있는 기회를 줘야 한다.

5) 부모 참여 등 소년범죄 맞춤형 형사조정 도입

형사조정이 협상으로서의 성격이 강하여 절차에 참여한 소년을 심리적으로 위축시킬 수 있고, 소년으로 하여금 불리한 조건의 형사조정에 합의하게 할 위험성도 있으며, 회복적 사법은 대등한 당사자를 전제로 하므로 소년법이 상정하는 소년과는 맞지 않아 소년 사건을 형사조정에 의뢰하는 것이 부적절하다는 의견도 있다.[67]

그러나 국내 형사조정의 경우 조정 절차에 법조인들이나 학교 선생님, 심리교육자 등 전문가들이 위원으로 상당 수 참여하고 있어 소년이 법률적, 심리적 조언을 얻기가 어렵지 않고, 부모들이 보통 절차에 함께 참여하는 경우가 많아 가해 소년과 피해자 양 당사자가 대등하지 않은 경우는 많지 않다. 또한 미국의 피해자 – 가해자 조

---

64) 오영근 외 15인, 앞의 책, 140쪽.
65) 형사소송법 제259조의2(피해자 등에 대한 통지) 검사는 범죄로 인한 피해자 또는 그 법정대리인(피해자가 사망한 경우에는 그 배우자·직계친족·형제자매를 포함한다)의 신청이 있는 때에는 당해 사건의 공소제기여부, 공판의 일시·장소, 재판결과, 피의자·피고인의 구속·석방 등 구금에 관한 사실 등을 신속하게 통지하여야 한다.
66) 박찬걸, 앞의 글, 146 – 148쪽.
67) 이용식, 앞의 글(주 3), 303 – 304쪽.

정 모델이나 가족협의체 모델과 같이 이를 운영하게 된다면 양 당사자가 보다 더 대등하게 회복적 사법의 과정에 참여할 수 있게 되리라 생각된다.

소년 사건의 형사조정의 경우 부모들이 참여하는 경우가 많은데, 국내에서 형사조정이 이뤄지고 있는 현황을 보면 해당 소년 가해자, 피해자의 부모들이 조정의 직접 당사자가 되어 아이들은 위 조정 절차에서 실질적으로는 소외되고, 배제되는 케이스가 많아 보였다. 소년들이 진정으로 원하는 바를 이야기하기 보단 부모들이 원하고, 합의하기 바라는 조건 쪽으로 조정이 진행되어 가는 경향을 보이고 있어 이러한 점은 반드시 개선시켜야 할 것이다.

따라서 진정한 회복적 사법의 목표를 이루기 위해서 부모의 참여를 단순히 참관, 참여가 아니라 캐나다, 뉴질랜드에서 실시하고 있는 가족회합 형태처럼 부모도 함께 개선될 수 있는 과정을 포함시켜 진행하는 것이 필요하다고 생각된다. 독일에서 소년 사범에 대한 형사조정은 소년 사범에 대한 교육 처분의 일환으로 실시되고 있다는 점도 형사조정 방식과 과정을 개선함에 있어 살펴볼 필요가 있다.

기존의 형사사법 시스템에 따른 소년 사건의 해결은 해당 소년의 가정과 부모에 대해서 관심을 두지 않고 그냥 방치해 왔던 게 사실이다. 소년 사건은 그 해당 소년의 가해자만 변화한다고 문제의 근본을 절대로 해결 할 수 없다. 피해 소년의 경우도 마찬가지라고 할 수 있다. 피해 소년의 가정에도 문제가 있어 그 트라우마 극복에 도움이 되지 않는 경우가 상당수 있기 때문이다. 따라서 회복적 사법의 일환으로 그 해당 소년이 다시 돌아갈 가정의 부모, 가족들을 형사조정의 과정에 참여시켜 함께 이를 협의해 나가도록 하고, 부모와 가정이 함께 변화할 수 있는 교육 프로그램 또한 그 과정에 포함시켜 소년 범죄에 효과적으로 대응하고, 이들이 사회에 제대로 복귀하고, 재통합될 수 있도록 도와줘야 할 것이다.

6) 해당 범죄의 분류, 확정

소년형사절차에서 진행되는 형사조정과 관련해서 해당 범죄가 범죄피해자보호법 시행령 제46조에 규정되어 있으나 발생되는 소년 범죄 유형과는 차이가 있어 실무에서 소년 사건은 형사조정에 회부되는 경우가 많지 않다. 따라서 회복적 사법이 활용될 수 있는 소년범죄 대상 사건을 적절히 분류하여 대상 범죄를 한정시켜 활용하는 방법을 취할 시 적용범위가 모호하다는 비판에서 벗어날 수 있다고 생각한다.

성폭력 사건이나 마약류 관련 사건은 회복적 사법의 적용에서 제외하는 게 상당하다는 의견과 폭력 조직과 관련된 학교폭력 사건 같은 경우도 회복적 사법의 적용 여부를 결정하는 데 신중해야 한다는 견해도 있다.[68] 독일에서는 피해자－가해자 중재 프로그램의 경우 강도, 상해, 가정폭력, 살인미수 등 거의 모든 범죄에 대해서 실시하고 있으나 주로 경미한 재산 범죄를 중심으로 이뤄지고 있고, 뉴질랜드에서는 상대적으로 죄질이 심각한 범죄에 대해서도 가족집단회의를 개최하고 있다.[69]

뉴욕 브루클린과 브롱스에서 실시하고 있는 'Common Justice' 프로그램은 구금에 대한 대안으로 중대한 범죄를 저지른 소년에 대하여 회복적 사법에 근간을 둔 피해자 서비스 프로그램이다. 이 프로그램은 16세~26세의 어린 가해자들로 인해 피해를 받은 전 연령의 피해자를 대상으로 하고, 성범죄, 가정폭력, 배우자 폭력 등의 범죄에는 적용되지 않고 있다고 한다.[70]

중대범죄에서 적용이 어려운 게 아니고, 외국 사례에서도 보듯이 중대범죄에서도 회복적 사법이 구현될 수 있다. 다만 범죄의 본질적 특징상 회복적 사법이 절대로 이뤄지기 힘든 성격의 범죄들도 있다. 잔인한 성폭력 사건이나 살인 사건들은 가해자가 책임을 인수하기 어려운 상태인 경우가 많고, 회복적 사법의 가치보다 가해자에 대한 엄중 처벌이 더 우선될 수 있다. 따라서 외국 사례들을 면밀히 분석하여 회복적 사법의 가치가 구현될 수 있는 소년 범죄 사건을 우선 대상으로 시행해 나가면서 실효성을 연구한 후 점차 대상 범죄를 확대해 나가는 게 바람직하다고 생각된다.

Ⅳ 글을 마치며

형사사법이 추구하는 정의와 회복적 사법의 정의는 그 내용과 목표가 다르다고 평가되어 왔으나 서로 대립된 관계가 아니라 하나의 정의 패러다임으로 바라볼 여지가 있다고 생각된다. 지금까지의 응보적 사법은 가해자에 대한 엄중한 처벌을 추구하여 사회 질서 유지에 이바지해 왔던 게 사실이다. 또한 피해자의 욕구 측면에서도 가해자에 대한 엄중한 처벌은 중요한 니즈(needs)라는 점은 명백하다. 하지만 이러한 응보적 사법은 가해자의 사회에의 재통합과 피해자의 피해 회복, 상처 치유에는 크게 기여한 것 같지 않다. 특히 소년 범죄에 있어서 기존 소년사법은 그 목표를 제대로

---

68) 김은경·이호중, 앞의 책, 288－289쪽.

69) 이혜리, "회복적 사법의 적용 영역", 비교법연구 제9권 제1호, 2008. 10., 342－343쪽.

70) 이승현, "소년범 조건부기소유예제도의 내실화 방안 연구", 한국형사정책연구원, 2018. 12., 89－90쪽.
    https://www.commonjustice.org/our_work

달성하지 못하고 있는 것으로 보인다. 중대 범죄를 저지르고 죄를 감추기 보단 이를 과시하는 경향이 커지고 있고, 성인 범죄를 모방하여 보다 집단화되고, 조직화되어 범죄를 저지르는 경향이 증가하고 있다. 여러 원인이 있겠으나 소년들이 자신의 책임을 제대로 인수하지 않은 채 소년사법 시스템 안에서 절차가 진행되고, 소년들이 돌아갈 환경인 가정과 부모에게 문제가 그대로 남아 있다는 사실이 주요한 원인이라고 생각된다. 이러한 경우 회복적 사법이 형사사법 절차 내에서 이를 보완하여 형사사법이 최후 수단으로 개입할 수 있는 사회를 만드는데 기여할 수 있다고 생각한다.

현행법상 시행되고 있는 소년사법 영역에서의 회복적 사법 제도가 가지고 있는 여러 문제점을 분석하여 단순히 양 당사자의 참여와 조정이 아닌 가족과 지역 사회까지 참여시킬 수 있는 방안을 연구해야 할 것이다. 또한 대상 범죄를 보다 명확히 분류하고, 회복적 사법을 시행하고, 책임지는 기관, 진행 단계에 대한 규정도 보다 명확히 할 필요가 있다. 미국, 영국 등에서처럼 6개월에서 1년 정도의 긴 시간 동안 회복적 사법 과정을 이행해 나갈 수 있도록 절차를 마련하고, 회복적 사법을 제대로 시행해 나갈 수 있는 조정자나 참여자들에 대해서도 보다 체계화된 훈련도 해야 한다. 이러한 과정들을 통해 회복적 사법은 형사사법의 정의와 조화롭게 회복적 사법의 중요한 목표인 피해자의 피해 회복, 사회 치유, 공동체 회복의 목표도 함께 이뤄낼 수 있으리라 생각된다.

후기

본 논문은 '소년 사법에서 부모 책임에 관한 연구'로 석사학위 논문을 준비하면서 관심을 가지게 된 주제인 국내 소년 사법에서 회복적 사법의 적용 현황, 그 한계 및 문제점을 살펴보고, 제도 개선 방안에 관한 연구를 진행하여 소년보호연구에 게재하였던 글입니다. 이 연구를 통해 학교폭력예방 및 대책에 관한 법률(이하 '학교폭력예방법')에서 회복적 사법이 어떻게 구현되어 있는지를 고찰하면서 학교폭력예방법상의 처리 절차상 여러 법적 문제점을 알게 되었고, 학교폭력의 해결 과정에서 회복적 사법의 이념 구현의 중요성을 인식하며 회복적 사법의 구현과 개선 방안을 한 절로 구성하여 '사이버 학교폭력 사건에 대한 법적 대응 개선 방안'을 주제로 박사학위 논문을 완성하게 되었습니다.

현재 청소년들 사이에서 발생하고 있는 딥페이크 기술을 활용한 불법 성착취물 합성, 반포 행위, 온라인 그루밍, 온라인 사칭 등 새로운 형태의 사이버 학교폭력이 사회적으로 큰 문제가 되고 있습니다. 이러한 문제에 대응해 나감에 있어 가해자에 대한 엄중한 처벌이라는 기존의 응보적 사법 가치도 중요하다고 할 것이나 가해자의 진정한 반성 및 책임 인수, 피해자의 피해 회복, 트라우마 치유를 목표로 하는 회복적 사법의 적용을 통한 균형 잡힌 해결 또한 경시해서는 안 된다고 생각합니다. 이에 향후 회복적 사법에 대한 연구가 더욱 활발히 이뤄져 진정한 사과와 반성, 용서와 화해가 사라져가고 있는 현대 사회에서 회복적 사법이 제 역할을 다해나가기를 기대합니다.

제 석사, 박사학위 논문의 지도 교수님이셨던 한인섭 교수님의 뛰어난 식견과 따뜻한 지도로 박사학위 논문에서 사이버 학교폭력에 대한 효과적 대응을 위한 여러 개선책과 입법안을 제시하여 학교 현장에 도움을 줄 수 있는 계기를 마련할 수 있었습니다. 최근 사이버폭력 실태 및 피해자 보호 방안에 관한 연구까지 검사로서 실무적 경험을 토대로 열정적으로 연구를 진행할 수 있었습니다. 제가 여러 가지로 힘들었던 시간, 학자로서 성장할 수 있도록 지도해주시고, 많은 힘을 주신 한인섭 교수님께 깊은 감사의 말씀을 전합니다.

9

성공적인 양형개혁을 위한 양형위원회의 상시 임무[*]

박형관(교수, 가천대학교 법과대학 경찰행정학과)

Ⅰ   서론

온전한 사법개혁을 바라는 국민의 열망이 2000년대 초반 사법개혁위원회, 사법개혁추진위원회의 활동을 매개로 여러 결과물들을 맺었다.[1] 양형위원회 설치 및 참고적 양형기준제의 도입도 귀한 열매 중 하나였다.[2] 한국이 대륙법계 국가이지만 양형에 관한 국민의 뿌리 깊은 불신을 해소하기 위하여 영미법계 국가인 미국에서 주로 시행되고 있던 양형기준제를 도입하였다.[3] 2006년 12월 법원조직법의 일부 개정을

---

* 이 글은 박형관, "성공적인 양형개혁을 위한 양형위원회의 상시 임무", 형사소송 이론과 실무 제14권 제3호, 한국형사소송법학회, 2022에 게재되었음을 밝힌다.

1) 2003. 8. 대법원장 산하 사법개혁위원회(이하, 사개위)가 설치되어 사법개혁과제들이 논의되었고, 사개위는 2004. 4. 18. 양형제도 개선방안으로 참고적 양형기준제의 도입과 양형데이터베이스 구축 등을 건의하였다. 2004. 12. 사개위의 개선안을 실행하기 위하여 대통령 직속으로 사법제도개혁추진위원회가 발족되었고 이후 동 위원회가 양형위원회 설치와 참고적 양형기준제를 도입하는 내용의 법원조직법 개정안을 국회에 제출하게 된다(자세한 내용은, 사법제도개혁추진위원회, 사법선진화를 위한 개혁: 사법제도개혁추진위원회 백서(상, 하), 2006, 224면 이하).

2) 사실 양형목표를 달성하는 방법은 다양하다. 국회가 직접 입법을 통하여 이를 달성하려 할 수도 있고 사법부가 판례법을 발전시키거나 내부 지침을 통하여 달성할 수도 있을 것이다. 각 방식마다 장, 단점이 있다. 입법을 통한 문제 해결은 그 효과는 강하나 양형의 개별성을 제대로 반영하기 어려운 문제점이 있고 사법부의 자율적 해결은 아무래도 여러 양형에 관한 문제점을 안고 있는 당사자 스스로에게 해결책을 맡기는 셈이 되어 객관성을 보장하기 쉽지 않다. 따라서 독립적이고 중립적인 양형위원회를 설치하고 이를 통하여 양형기준 마련하여 양형목표를 해결하려는 방향은 타당하다고 하겠다. 양형목표를 달성하기 위한 다양한 정책방향에 관한 설명으로, Michael Tonry and Richard S. Frase, *Sentencing and Sanctions in Western Countries*, Oxford(1996), 5면 이하 참조.

3) 양형위원회를 설립하고 동 위원회가 만든 양형기준을 통하여 양형목표를 달성하려는 노력은 1970년대 후반 미국에서 시작되어 1980년 미국 미네소타 주에서 양형기준이 최초로 시행되었다. 미국 연방과 약 20개 주들에서 양형기준이 시행되고 있고 영국도 2004년 양형위원회를 설립하고 같은 해 양형기준을 공표하기 시작하였다. 미국 주 양형위원회들의 자세한 현황은, National Center for State Court(NCSC), State Sentencing Guidelines Profiles and Continuum, 2008, 5면 이하; 박형관, "양형정보시스템에 관

통하여 대법원에 양형위원회가 설치되었다. 양형위원회를 입법부, 사법부, 행정부 어느 곳에 설치할 것인지 논란 끝에 대법원에 두되 그 권한에 속하는 업무를 독립하여 수행하도록 하는 방향으로 매듭이 지워졌다. 다만 양형위원회의 구성과 운영은 다소 사법부 주도적인 모습을 띠게 되었다.[4]

2007년 5월 설립된 양형위원회는 개별적, 점진적 양형기준 설정방식을 채택하고 2009년 7월 살인, 성범죄 등 7개 범죄군에 관한 최초 양형기준을 시행한 이래 현재까지(2022년 9월말 기준) 44개 범죄군에 관한 개별 양형기준을 시행 중이다. 대다수 범죄에 관하여 양형기준이 수립되었고 양형기준 준수율도 높다.[5] 이제 양형기준제가 어느 정도 성공적으로 정착한 것으로 보인다. 다만 양형개혁 목표들이 국민이 바라는 수준까지 달성되었는지 여부는 아직 의문이다. 국민은 여전히 양형의 일관성, 투명성, 공정성과 객관성에 의문을 제기하고 있고 이른바 '전관예우'도 근절되지 않았다고 보는 듯하다.[6]

대다수 범죄에 대한 양형기준이 마련되어 양형위원회는 이제 초기 임무를 어느 정도 마무리한 것으로 보인다. 그렇다면 양형위원회가 앞으로 지속적으로 수행해야하는 임무들은 무엇인가? 양형목표들을 달성하는 과업은 1회적이 아닌 지속적 과업이다. 그런 의미에서 양형위원회가 수행하고 있는 상시 업무를 점검해보고 성공적 양형개혁을 위하여 보완 또는 개선해야 할 사항을 살필 시점이다.[7]

바람직한 양형위원회의 상시 역할에 관하여 다양한 의견이 있을 수 있다. 나라마다 양형 목표, 양형위원회 운영방식이나 양형기준 설정방식에 차이가 있고 또한 활용이 가능한 인적, 물적 자원의 규모도 다르기 때문에 바람직한 구체적 모습은 차이

한 비교법 연구-바람직한 양형자료의 수집, 분석 및 공개방안을 중심으로," 『형사정책』 제27권 제2호, 한국형사정책학회, 2015, 15면 참조.

4) 대법원장이 양형위원장 및 위원 13인 모두를 임명 또는 위촉하는 점(법원조직법 제81조의3 제2항. 다만 위원에는 법무부장관이 추천하는 검사 2인, 대한변호사협회장이 추천하는 변호사 2인이 포함된다), 양형기준의 설정이나 변경에 국회가 관여하지 않는 점, 양형위원회의 조직에 관한 사항을 대법원규칙으로 정하는 점(법원조직법 제81조의12 제1항) 등을 근거로 들 수 있다.

5) 양형기준 준수율은 대체로 90%에 이른다. 자세한 내용은, 이글 Ⅲ. 2. 가.항 부분 참조.

6) 한국리서치 <여론 속의 여론>팀은 2020년 10월 30일~11월 2일 전국 만 18세 이상 남녀 1,000명을 대상으로 국민들이 느끼는 범죄 처벌에 대한 인식에 대한 조사를 진행하였다. 법원의 판결에 대해 신뢰한다는 응답은 29%에 그쳤고, 법원에서 선고하는 범죄자에 대한 형벌이 판사에 따라 차이가 있다는 응답이 86%에 이르는 등 사법부에 대한 불신이 매우 심각한 수준이었다(인터넷 기사 검색자료, https://hrcopinion.co.kr/archives/17133)

7) 미국 연방양형위원회도 2004년 연방양형기준 15년 시행 성과를 책자로 발간하고 양형목표 달성 여부를 점검한 적이 있다(U.S. Sentencing Commission, FIFTEEN YEARS OF GUIDELINES SENTENCING – An Assessment of How Well the Federal Criminal Justice System is Achieving the Goals of Sentencing Reform, 2004).

가 있을 수 있다. 하지만 양형의 일관성과 투명성을 높여 부당한 양형편차를 줄이고 양형의 개별성과 객관성의 조화를 이루려는 양형목표들은 보편적인 것이고 각 양형위원회에게 부여되는 과업도 공통분모가 존재한다. 따라서 성공적으로 상시 역할을 수행해 온 외국의 사례를 참고할 수 있겠다.

이글은 위와 같은 취지에서 바람직한 양형위원회의 상시 임무가 무엇인지 검토하고 한국 양형위원회의 모습을 점검하고 개선점을 찾는 것을 목적으로 한다. 그동안 바람직한 양형기준의 모습, 양형위원회의 구성과 임무에 관한 연구들은 검토한 글들이 있었으나 양형위원회의 상시 임무에 관하여 다룬 연구는 많지 않았다. 아무래도 양형기준제는 미국에서 출발하여 오랜 기간 운용되어 온 제도이고 미국 미네소타 주, 노스캐롤라이나 주, 버지니아 주 등은 성공적으로 양형위원회를 운용하고 있다고 평가되므로 이러한 곳들의 경험을 참고할 만하다. 물론 한국과 비슷하게 개별적 양형기준 설정방식을 채택하고 있는 영국 양형위원회의 운용 방식이나 경험을 오히려 참고하는 것이 바람직하다는 의견도 있을 수 있으나 영국의 경우 대부분의 미국 양형위원회들보다 뒤늦게 2004년 양형위원회가 설립되어 아직 운용 성과가 명확히 나타나지 않고 있는 점, 더욱이 2009년 '2009년 검시관 및 사법에 관한 법(Coroners and Justice Act 2009, 이하, CJA 2009)'을 제정하여 그동안 이원적으로 운영되어 오던 양형자문단(Sentencing Advisory Panel)과 양형위원회를 통합하여 새로운 양형위원회를 탄생시키고 양형기준의 규범적 기속력을 강화하는 등 운영상 많은 변화를 보이는 점,[8] 미국의 경우 연방양형위원회 이외 약 20곳에 이르는 주들에서 오랜 기간 양형기준제가 시행되어 그 운용 경험에서 나온 제안들을 참고할 만하므로 미국 내 논의를 중심으로 살피기로 한다. 미국 각 분야 법률가들이 모인 오랜 전통의 학술조직인 미국법률협회(American Law Institute)는 2017년 5월 장기간 논의를 거쳐 미국 모범형법전: 양형편(Model Penal Code: Sentencing, 이하'모범형법 양형편'이라고 함) 최종안을 승인한바 있다.[9] 모범형법 양형편은 양형위원회의 상시 업무에 관한 사항을 자세히

---

8) 위와 같은 영국 양형위원회의 운영 변화의 내용과 배경에 관한 소개는, 박형관,"영국 양형기준의 운용 변화와 한국 양형개혁에 주는 시사점 -「2009년 검시관 및 사법에 관한 법」 시행 이후의 변화를 중심으로," 『형사법의 신동향』 통권 제51호, 대검찰청, 2016, 360면 이하.

9) 미국 법률협회의 연혁과 임무 등은 동 협회 홈페이지(www.ali.org) 참조. 모범형법전 양형편 내용은 위 홈페이지에서 찾아볼 수 있다(https://www.ali.org/publications/show/sentencing/#drafts). 모범형법 양형편은 2007년 1차 잠정안(Tentative draft)이 완성된 이래 2016년까지 4차례 잠정안이 만들어진 다음 2017. 4. 10. 최종안이 위 협회에 제출되어 같은 해 5월 승인되었다. 약 15년 동안 검토가 진행된 것으로 위 최종안에 양형편에 관한 상세한 내용과 설명이 담겨 있다. 미국 미네소타 주립대학 라이츠(Reitz) 교수가 위 협회의 보고자(Reporter)로서 위 안들을 정리하였다. 위 최종안은 미국 미네소타 주립대학 로비나 연구소(Robina Institute) 사이트에서 검색이 가능하다. https://robinainstitute.umn.edu/

제시하고 있다. 그 내용을 살피고 우리에게 주는 시사점을 검토한 다음(Ⅱ.), 한국 양형위원회의 상시 업무를 주요 업무 중심으로 분석하고 양형위원회가 출범할 당시 예정되었던 과업을 잘 수행하고 있는지 여부도 평가해 본다(Ⅲ). 아울러 양형위원회 구성과 운영과 관련하여 설립 초기부터 꾸준히 제기되었지만 아직 해결되지 못한 몇 가지 구조적 쟁점들을 살피고 이를 신속히 개선하는 것이 양형위원회의 성공적 상시 임무 수행에 필요하다는 점을 다시 강조하고자 한다(Ⅳ).

Ⅱ 미국 모범형법 양형편에 제시된 양형위원회의 상시 임무

1. 일반 업무

모범형법 양형편은 양형위원회의 상시 임무를 일반 임무와 기타 특별 업무로 나눈다. 일반 임무는 다시 요구되는 임무의 수행 강도에 따라 양형위원회가 반드시 수행하여야 하는 임무(mandatory continuing duties), 되도록 수행해야 하는 임무(encouraged general responsibilities) 및 재량껏 수행여부를 결정하면 충분한 임무(discretionary general responsibilities) 등 3가지 범주로 제시된다.

일반 업무 중 반드시 수행하여야 하는 임무를 살펴본다.[10] 첫째, 새로운 양형기준을 수립하고 주기적으로 양형기준을 개정하는 임무이다. 당연한 임무라고 할 수 있겠다. 둘째, 최소한 연 1회 정기적으로 교정시설 수용인구에 관한 예측 평가를 하고 양형에 영향을 주는 법률이나 양형기준이 제안된 경우에도 마찬가지로 평가를 수행하여야 한다. 이는 아무래도 미국이 인구 대비 교정시설 수용인원이 다른 국가들에 비하여 매우 높아 이를 적정 수준으로 낮추는 것이 연방이나 주들의 큰 과제라는 점이 반영된 것으로 보인다.[11] 모범형법 양형편은 이와 관련하여 양형위원회로 하여금 사회 내 처우(community corrections)에 관한 전략을 수립하여 권고하는 역할을 부여하고,[12] 교정시설 수용인구 예측모델을 개발하도록 요구한다.[13] 셋째, 양형위원회는 정보시스템을 개발하여야 하는데 위 시스템은 법원 형사사건의 흐름을 추적하고,

---

publications/model-penal-code-sentencing-proposed-final-draft-approved-may-2017).

10) 모범형법 양형편 Section 8.05.(2)
11) 2020년 미국의 인구 10만 명당 교정시설 수용인원은 655명으로 같은 해 한국 109명, 일본 41명에 대비하여 압도적으로 많다(법무부 교정본부, 『2021교정통계연보』, 2021, 62면).
12) 모범형법 양형편 §8.06.
13) 모범형법 양형편 §8.07.(1)

아울러 범죄의 결과, 범죄자, 피해자 및 부과된 형량과 실제 복역기간에 관한 각 사례의 특질, 주 전체 및 주 각 지역의 양형패턴, 취소판결(sentence revocation) 건수와 취소 이유에 관한 데이터, 기타 양형위원회가 양형 및 교정시스템의 운영에 중요한 영향을 미치는 사항으로 판단한 사항들도 추적하여야 한다. 넷째, 교정시설 수용 인구와 교정자원에 관한 정보를 모으고 필요한 경우 주기적 조사를 실시하여야 한다. 다섯째, 선고형과 실제 복역한 형기 등이 양형이나 양형시스템의 목표를 달성하는데 있어 효율적인지 여부에 관한 정보를 수집하고 양형 및 교정시스템에 존재하는 차별이나 불공정의 존재를 조사하는 것들이다.

다음으로 일반 임무 중 양형위원회가 수행하도록 권장되는 임무는 아래와 같다.[14] 첫째, 주(state)의 다른 기관들에 의하여 생산된 가용 데이터와 연구 성과를 최대한 활용하고 그러한 기관들과 증진된 정보시스템을 발전시키는데 협력한다. 둘째, 검사의 재판절차회부 결정에 관한 재량권(charging discretion), 당사자의 유죄협상에 관한 재량권, 교정시설 석방 권한에 관한 담당 공무원의 재량적 결정, 지역사회 감독부 판결(sentences of community supervision)의 취소 또는 다른 양형조건의 위반에 따라 부과되는 제재에 관한 공무원의 재량적 결정 등이 법률, 양형기준, 기준이나 규정에 의하여 바람직하게 규율되고 있는지 여부를 연구한다. 셋째, 다른 관할권에 속한 양형위원회와 양형기준 경험을 잘 숙지하여 해당 주에 적용이 가능하리라 생각되는 다른 관할권의 혁신사례들을 연구하며 다른 양형위원회에 정보와 적절한 조력을 제공한다.

마지막으로 양형위원회가 여러 여건을 고려하여 재량에 따라 수행여부를 결정할 임무는 아래와 같다.[15] 첫째, 의회에 필요한 입법을 권고하거나 입법기능을 하는 기관에 대하여 권고하는 역할이다. 형사절차에서 양형기준이나 양형위원회의 운용을 가장 효과적으로 하는데 필요한 사항에 관한 법률이나 규정들에 관한 사항이 권고사항에 포함된다. 둘째, 양형목표의 수행에 부합하는 선고형과 실제 복역한 기간의 효율성을 점검하기 위한 기본 연구(original research)를 지시하거나 직접 수행한다. 셋째, 다양한 종류의 형의 집행을 마친 범죄자의 실태와 양형이 범죄자, 피해자, 그리고 그들의 가족 및 공동체에 미친 영향에 관한 내용을 수집하고 필요한 연구를 수행하는 것이다.

---

14) 모범형법 양형편 §8.05.(3)
15) 모범형법 양형편 §8.05.(4)

2. 특별 임무(specialized responsibilities)

모범형법 양형편은 양형위원회가 상시적으로 수행해야 하는 특별 임무를 일반 임무와 구별하여 제시하고 있다. 이를 차례로 살핀다.

첫째, 양형위원회는 양형기준의 실행 상황, 관련 절차 규정, 기타 양형 결정에 영향을 미치는 법률이나 재량적 절차 등도 점검해야 한다.[16] 모범형법 양형편은 위 기능을 수행하기 위한 세부 방안들을 상세히 제시한다. 즉 양형위원회는, (1) 법원이 모든 사건에 대하여 형을 선고할 때 작성해야 하는 양형판결 보고서(sentence reports)에 관한 양식을 설계하고,[17] (2) 양형기준의 적용을 담당하는 법원이나 기타 공무원들의 양형기준 사용에 관하여 연구하며, (3) 항소법원의 양형에 관한 결정과 양형부당 항소가 법원의 업무 부담에 끼치는 영향을 점검하고, (4) 사법부의 양형실무와 항소심 판례법의 취지에 부합하도록 양형기준을 개정할 필요성을 연구하며, (5) 절차 규정들이 잘 준수되는지 여부, 특히 양형데이터를 수집하고 검증하는 업무를 담당하는 일반 공무원이나 교정 공무원들에게 적용되는 절차 규정의 준수에 관하여 연구하여야 한다.

둘째, 양형위원회는 양형시스템 전반을 통하여 책임 있는 담당자들이 양형기준의 실행을 촉진시키는 방안을 마련하여야 한다.[18] 이러한 기능을 수행하기 위하여 양형위원회는, (1) 지침서(manual), 양식 및 기타 판결전 보고서와 양형보고서의 내용과 준비에 있어 보다 일관성을 획득하기 위한 통제방안을 발전시켜야 하고, (2) 판사, 검사, 변호사, 보호관찰관 기타 공무원들에 대한 교육과 지원을 제공하며, (3) 공무원, 정부기관, 법원, 법조계 및 국민에게 양형기준, 양형정책 및 양형실무에 관한 정보를 제공하고, (4) 양형기준을 설명하고 쉽게 적용하는데 유용하도록 판단되는 지침서, 사용자 가이드(users' guide), 작업지(worksheets), 소프트웨어, 판례 요약집, 인터넷 자료 및 기타 자료들을 만들어야 한다.

마지막으로 제시된 양형위원회의 특별 임무는 다양한 보고서를 작성하는 것이다. 즉 양형위원회는 의회와 국민들을 위하여 위원회의 활동에 관한 연례적인 보고서들을 만들어 출간하여야 하는데 여기에는 데이터 수집과 연구에 관한 내용이 포함되어야 하며 이외에도 위원회에 의해 수행된 전문적인 연구보고서, 의회의 지시에 따른

---

16) 모범형법 양형편 §8.05.(5)
17) 모범형법 양형편 §8.05.(5)(1). 이를 위하여 모범형법 양형편은 법원이 양형 후에 위 보고서 양식을 완성하고 양형위원회에 보내도록 규정한다{모범형법 양형편 §8.08(4)}.
18) 모범형법 양형편 §8.05.(6)

보고서들도 만들어 출간하여야 한다.[19]

또한 이외에도 모범형법 양형편은 양형위원회는 법령에 의하여 요구되거나 위 임무들을 수행하는데 필요한 다른 역할들도 수행하여야 한다고 규정한다.[20]

3. 소결론

위와 같이 모범형법 양형편이 제시하는 양형위원회의 상시 임무에 관한 내용을 통하여 우리는 다음과 같은 몇 가지 시사점을 얻을 수 있다.

첫째, 양형위원회의 상시 임무는 단지 양형기준의 설정과 수정에 그치지 않고 광범위하다는 점이다. 사실 넓은 의미의 양형은 형사법정의 판결 선고 시점에 이루어지는 것이 아니라 형사사법 전 단계에 걸쳐 이루어진다. 수사단계에서 구속 여부, 검사의 기소에 관한 다양한 결정, 형의 선고, 형 집행정지 여부, 가석방 여부, 집행유예나 가석방의 취소 결정 등도 광의의 양형에 속한다고 할 수 있다. 양형기준은 단지 범죄의 심각성에 관한 인자뿐만 아니라 재범위험성을 포함하여 다양한 양형인자들을 고려하므로 다른 형사절차 단계에서도 이를 참조할 수 있고 마찬가지로 다른 단계에서 수집된 인자들도 양형기준의 수립과 변경에 좋은 자료가 될 수 있다. 모범형법 양형편은 양형위원회가 위와 같은 영역, 특히 교정정책 등에서 적극적인 역할을 수행하도록 요구하고 있고 이를 위하여 다른 기관과의 협력 등을 강화하고 다양한 연구와 정책제안을 하도록 제안하고 있는 것이다. 즉 양형위원회는 형사사법시스템 전반에서 양형정책의 수립 및 실행에서 핵심적 역할을 수행해야 하는 셈이다.[21] 양형위원회가 입법부, 사법부나 행정부의 한 편에 치우지지 않고 잘 균형 잡힌 기구여야 하는 이유도 여기에 있다.

둘째, 양형위원회의 상시 임무 수행이 실증적 자료의 수집과 분석에 기초해야 하며 이를 위하여 양형정보시스템의 운용이 필수적이라는 점이다. 양형기준 준수 여부에 관한 점검을 비롯하여 양형기준의 지속적인 수립과 개정, 다양한 양형합리화 방안을 마련하기 위하여 양질의 양형데이터에 기초한 정보시스템이 구축될 필요가 있다. 앞서 보았듯이 2000년대 초반 사개위도 사법개혁에 관한 여러 과제들을 점검하고 양형데이터베이스 구축을 건의한 바 있다.[22] 실증적인 자료에 근거하지 않는다면

---

19) 모범형법 양형편 §8.05.(7)

20) 모범형법 양형편 §8.05.(8)

21) Steven L. Chanenson, "Commissions At the Core", 30 Fed. Sent'g Rep. 1 (Oct. 2017), 85면.

22) 2004. 10. 18. 사개위는 '양형제도 개선방안'으로 참고적 양형기준제의 도입과 양형데이터베이스 구축

효과적인 업무 수행이 어려울 뿐만 아니라 양형에 관한 국민의 불신을 해소하기 쉽지 않을 것이다. 각 법원으로부터 통일된 양질의 양형데이터를 수집하기 위하여 양형결과를 보고하는 양식이 잘 개발되어야 한다. 위 양식을 개발하는데 양형위원회는 매우 신중한 주의를 기울여야 한다.[23] 너무 많은 인자를 수집하고자 하면 각 법원에 지나친 부담을 줄 수 있고 너무 적은 인자를 수집하면 데이터 축적의 의미가 없고 추후 위 양식을 수정할 수밖에 없기 때문이다. 양질의 양형인자들을 효과적으로 수집할 수 있느냐 여부는 양형개혁의 핵심적인 요소가 된다. 영국 양형위원회도 위와 같은 점을 인식하고 'CJA 2009'를 제정하여 양형위원회가 실증적으로 양형기준 모니터링을 강화하도록 하는 규정을 마련하였다.[24]

셋째, 양형위원회는 일종의 정보창고로서의 기능을 수행하면서 양형정책 전반에 관한 적극적인 제안을 하여야 한다는 점이다. 이는 매우 광범위한 역할로 양형위원회에게 국가 전체의 형사정책 수립에 주요한 역할을 수행하도록 요구한다. 사실 위원회가 양형기준만을 수립하는데 그친다면 초기 역할에 비하여 상시 역할의 범위가 좁아지므로 굳이 양형위원회의 조직이나 규모를 초기와 같이 유지할 필요가 없다는 입장도 가능하다. 즉 상시 업무의 적절한 양과 질을 유지하는 것이 양형위원회의 존속을 위한 길이기도 하다.

비록 법원조직법에 규정된 양형위원회의 권한과 의무는 양형기준의 설정과 변경, 관계기관의 협조 및 보고서 발간 등에 관한 내용으로 규정되어 있지만 양형위원회는 위 역할에 그치지 않고 양형정책의 수립 등 확대된 역할을 수행해야 할 것이다. 양형위원회의 권한과 의무에 관하여 법률에 보다 상세한 규정을 둘 필요가 있다고 생각한다. 양형위원회 운영규정은 양형합리화 방안 등 양형정책에 관한 중요사항, 위원회의 의견 공표, 백서 발간 등 대외적 업무에 관한 주요사항을 의결사항에 포함시키고 있어 이러한 문제의식을 어느 정도 반영하고 있다.[25]

위와 같은 분석을 기초로 양형위원회의 상시 임무를 주요 업무별로 점검하고 평가해 보기로 한다.

등을 건의하였다. 사개위에 관한 자료는 대법원 홈페이지(www.scourt.go.kr)의 '정보광장＞사법개혁위원회' 란에서 찾아볼 수 있다.

23) 같은 취지, 모범형법전 최종안, 299면.

24) CJA 2009 §120(11), §128(2) 참조. 한편 CJA 2009 제정으로 양형자문단과 양형위원회 2개 기구가 하나의 새로운 양형위원회 조직으로 통합되었다.

25) 양형위원회 운영규정 제4조 제2호, 제7호.

1. 양형기준의 수립, 개정 등

1) 현황

양형위원회는 44개 개별 범죄에 관한 양형기준을 시행하고 있다.[26] 개별 양형기준들은 입법이나 국민 여론을 반영하여 필요에 따라 개정되었다.[27] 2021. 4. 27. 출범한 제8기 양형위원회는 정보통신 및 개인정보 관련 범죄, 관세법위반범죄에 대하여 양형기준을 설정하기로 하였고 최초로 교통범죄에 관한 '벌금형 양형기준'을 설정할 예정으로 있다.

양형기준 설정 및 적용방식은 대체로 최초 양형기준 설정 당시 설계된 틀을 별다른 변화 없이 유지하고 있다. 형종 및 형량기준에서는 각 개별범죄군마다 유형을 분류하고 각 유형마다 감경, 기본, 가중영역을 나누어 각 영역마다 권고형량범위를 제시한다. 위 권고형량범위는 중첩이 허용되는 구조이다. 범죄의 심각성이 상대적으로 중한 범죄의 경우에는 집행유예 기준이 마련되었다. 양형인자들은 형종 및 형량기준의 경우에는 크게 특별인자, 일반인자 범주로 나뉘고 각 범주는 다시 가중, 감경인자와 행위인자, 행위자 인자로 분류된다. 집행유예 기준의 경우는 주요 참작사유와 일반 참작사유의 범주로 나뉘고 각 범주는 다시 집행유예 여부에 관한 긍정적 요소와 부정적 요소로 나뉜다. 각 개별 양형기준마다 다수범죄 처리기준이 마련되어 있다. 위와 같은 설정방식의 기본 틀은 최초 양형기준, 특히 살인죄, 성범죄 및 뇌물죄 양형기준을 만들 때 대체로 결정된 것이다.

양형기준은 범죄의 심각성에 따른 통일적인 등급표를 두지 않고 개별 양형기준마다 유형에 따라 권고형량범위를 제시한다. 공동정범, 교사, 방조, 예비 등에 관한 명시적

---

26) 신설된 개별 양형기준을 양형위원회 기수별로 살펴보면, 제1기 양형위원회는 살인, 뇌물, 성범죄, 강도, 횡령·배임, 위증, 무고범죄의 양형기준을 수립하였고, 제2기 양형위원회는 약취·유인, 사기, 절도, 공문서, 사문서, 공무집행방해, 식품·보건, 마약범죄의 양형기준을, 제3기 양형위원회는 증권·금융, 지식재산권, 폭력, 교통범죄, 선거범죄 양형기준을, 제4기 양형위원회는 변호사법위반, 배임수증재, 성매매, 체포·감금·유기·학대범죄, 장물, 권리행사방해, 업무방해, 손괴, 사행성·게임물범죄 양형기준을, 제5기 양형위원회는 근로기준법위반, 석유사업법위반, 과실치사상범죄, 근로기준법위반, 석유사업법위반, 과실치사상범죄, 도주·범인은닉, 통화·유가증권·부정수표단속법위반, 대부업법·채권추심법위반범죄 양형기준을, 제6기 양형위원회는 명예훼손, 유사수신행위법위반, 전자금융거래법위반범죄 양형기준을, 제7기 양형위원회는 디지털 성범죄, 주거침입범죄, 환경범죄 각 양형기준을 각 시행하였다.

27) 예를 들어 살인, 횡령·배임, 마약범죄, 교통범죄, 장물죄 양형기준은 각 3차례 수정되었고, 성범죄 양형기준은 5차례 수정되었다.

인 기준은 없는데'양형기준 해설'은 공동정범이나 교사범의 경우 양형기준이 그대로 적용될 수 있다고 설명하고 있다.[28] 양형기준이 수립된 범죄군이라 하더라도 특정 범죄에 대한 양형기준이 마련되지 않은 경우도 있다. 예를 들어 살인죄 양형기준에서 존속살해, 영아살해, 자살교사·방조 등에 대한 기준은 아직 마련되지 않았다.

2) 평가

2006년 사실상 전격적으로 양형기준제가 도입되었다는 점을 고려하면 양형위원회가 15년 동안 대다수 범죄에 대한 양형기준을 마련하고 양형기준제를 운용해 온 것 자체가 성공이라 할 수 있다.[29] 해외 사례를 보면 양형기준제를 도입하려다가 무산된 곳들도 있고,[30] 양형기준을 마련한 이후 양형위원회가 폐지된 곳도 있다.[31] 15년 동안 위와 같이 많은 개별 양형기준들을 수립하고 개정하는 등 양형위원회가 양형기준 설정 등에 관한 상시 업무를 나름대로 충실하게 수행해 왔다고 평가할 수 있겠다.

특히 양형기준 마련이 매우 까다로운 영역인 집행유예 기준, 다수범죄 처리기준을 구체적인 형태로 탄생시킨 것은 만든 것은 대단한 성과이다.[32] 양형인자의 평가방식도, 물론 세부적인 내용에 대하여는 비판이 있지만, 단지 가중인자와 감경인자를 제시하는 방식에 그치지 않고 질적인 구분을 한 점도 높이 평가할 만하다.[33]

다만 양형기준 설정방식이나 내용에 대하여 그동안 학계에서 양형기준의 개선방안에 대하여 많은 연구물이 생산되었고,[34] 제시된 개선의견 중에는 학계의 일반적인

---

28) 양형위원회 홈페이지>양형기준 해설란 참조. '양형기준 해설'중 일부 내용은 총론적 양형기준의 성격을 띠는데 해설의 형태로 일종의 '기준'을 제시하는 것이 타당한지 의문이다.

29) 법원조직법 개정 당시 국회 법제사법위원회 소위원회 논의 상황을 보면 아직 영미의 양형기준제의 장, 단점이나 성과에 대한 심도 깊은 논의가 있었던 것으로 보이지 않지만 세부 조항에 대하여 좀 더 논의를 진행하자는 소위원회 위원장의 의견에 대하여 여러 위원들이 지금 안을 통과시키지 않으면 10년 이상의 시간이 걸린 후에나 법안 통과가 가능하다고 법안 심사를 통과시킬 것을 요구하고 있음을 확인할 수 있다. 이는 국민의 양형개혁 열망을 담아 양형개혁 법안을 통과해야 한다는 분위기가 강했음을 알 수 있다(제263회 국회 법제사법위원회 법안심사소위원회 제1차 회의(2006. 12. 12.) 회의록 12면).

30) 뉴질랜드, 스코틀랜드, 캐나다 등이 양형기준제 도입을 추진하다가 무산된 곳들이다.

31) 미국 알래스카 주, 미시간 주, 테네시 주, 위스콘신 주가 그 예이다(National Center for State Court (NCSC), State Sentencing Guidelines Profiles and Continuum, 2008, 6면 이하).

32) 개별 범죄사실(count)마다 형을 선고하는 영미의 경우와 달리 대륙법계 국가인 우리나라의 경우는 원칙적으로 다수범죄의 경우 1개의 형을 선고되므로 다수범죄 처리기준이 제대로 마련되지 않으면 양형기준제 도입의 취지가 반감된다. 한편 한국이 집행유예 판단기준을 제시하여 선진 외국에 비해 진일보하였다는 평가로, 서보학, 뒤(각주 34) 논문, 11면.

33) 양형인자의 질적 구분이 양형의 개별성과 객관성의 조화를 이룬다는 의견으로, 김현석, 뒤(각주 34)의 논문, 14면; 손철우, 뒤(각주 34)의 논문, 118면 참조.

34) 양형기준 시행이후 많은 개선을 제시한 논문이 다수 발표되었다. 이를 개략적으로 소개하면, 강우예, "대법원 양형기준에 대한 비판적 고찰: 피고인의 이익에 부합하는 양형기준의 해석을 중심으로," 『형사

공감대를 형성하는 부분이 상당 부분 있었음에도 불구하고 양형위원회가 별다른 논의를 진행하지 못한 부분은 아쉬운 일이다.[35] 현재 양형기준 설정방식이나 내용은 최초 양형기준 설정방식 그 틀이 정해진 것인데 당시 법원조직법이 정한 법 시행 2년 이내에 양형기준을 만들어야 하는 1기 양형위원회로서는 위와 같은 의견을 심층적으로 논의할 여유가 없었다. 하지만 이후 2기 양형위원회부터는 상대적으로 시간적 여유가 있었으므로 위 의견들을 검토하여 양형기준을 더욱 양형목표에 부합하게 개선할 필요가 있었다고 보인다.

개별적 설정방식은 개별 범죄의 특성을 반영한 양형인자의 추출이나 양형의 개별성을 보장하는 장점이 있지만,[36] 대체로 전체적인 조감도가 없이 조각조각 개별 양형기준을 설정하는 것이므로 양형목표를 달성하기에 취약하다.[37] 주요 범죄들에 대

법연구 제24권 제1호』한국형사법학회, 2012; 김한균, "양형기준의 존중과 양형기준을 벗어난 판결," 『형사정책』제26권 제2호, 한국형사정책학회, 2014; 김현석, "양형기준의 시행 성과와 향후 과제,"『형사정책연구』제21권 제2호, 한국형사정책연구원, 2010; 김현성, "새로운 양형기준제 도입에 관한 소고," 변호사 제41집, 2011; 류부곤, "우리나라 양형기준에 관한 고찰," 형사법연구 제24권 제4호, 2012; 박강우. "대법원 양형기준안과 바람직한 양형개혁의 방향," 저스티스 통권 제114호, 2009; 박형관, "우리나라 양형기준 설정방식과 양형위원회 운용방식에 관한 점검 및 개선방안," 형사정책 제26권 제2호, 2014; 박형관, "양형정보시스템에 관한 비교법 연구-바람직한 양형자료의 수집, 분석 및 공개방안을 중심으로,"『형사정책』제27권 제2호, 한국형사정책학회, 2015; 서보학, "양형기준의 시행에 관한 평가와 개선방안 ,"『형사법연구』제23권 제4호, 한국형사법학회, 2011; 서봉규, "현행 양형기준의 문제점과 개선방안,"『홍익법학』제11권 제2호, 홍익대학교, 2010; 손철우, "우리나라 양형기준 설정의 주요 쟁점과 과제,"『사법』8호, 사법발전재단, 2009; 승재현, "우리나라 양형위원회 양형기준 모델의 타당성 평가,"『법조』제59권 제1호, 한국법조협회, 2010; 이상근, "양형기준의 규범성,"『인권과 정의』통권 제426호, 대한변호사협회, 2012; 이현정, "책임범위이론에 기초한 현행 양형기준의 개선방안,"『비교형사법연구』제13권 제1호, 한국비교형사법학회, 2011; 이현정, 임응, "양형위원회의 양형기준안에 대한 비판적 고찰,"『성균관법학』제21권 제1호, 성균관대학교 법학연구소, 2009, 이호중, "우리나라의 양형기준에 대한 비판적 분석,"『형사법연구』제22권 제1호, 한국형사법학회, 2010; 최석윤, "양형기준 법안에 관한 비판적 검토,"『한양법학』제22권 2집, 한양법학회, 2011; 천진호, "양형기준제 시행의 문제점과 양형자료 조사제도 도입을 위한 제언,"『형사법연구』제21권 제4호, 한국형사법학회, 2009; 최호진, "양형기준의 합리성 검토와 개선방향,"『비교형사법 연구』제11권 제2호, 한국비교형사법학회, 2009 등이다.

35) 여러 학자들이 개선이 필요하다고 강조하는 점들을 살펴보면, 양형기준 권고형량범위의 폭을 적절히 제한하는 규정이 없다는 점(이주형, 앞의 논문, 69면; 이현정·임응, 앞의 논문, 372면; 최호진, 앞의 논문, 92면, 류부곤, 앞의 논문, 264면; 승재현, 앞의 논문, 107면), 기본 영역이 형법상 법정형의 하한 이하로 설정된 경우가 있다는 점(이호중, 앞의 논문, 255면; 이주형, 앞의 논문, 59면; 서봉규, 앞의 논문, 43면, 이현정·임응, 앞의 논문, 371, 372면), 양형인자의 행위인자와 행위자인자의 구별이나 평가방식이 규범적, 실증적인 근거가 부족하다는 점(이호중, 앞의 논문, 258, 259면; 이주형, 앞의 논문, 60면; 서봉규, 앞의 논문, 44면), 집행유예 기준이 법관의 재량을 너무 많이 부여하여 예측가능성이 낮다는 점(최호진, 앞의 논문, 97면; 이현정·임응, 앞의 논문, 375면; 서봉규, 앞의 논문, 45면; 이주형, 앞의 논문, 73면; 이호중, 앞의 논문, 262면; 승재현, 앞의 논문, 120면), 판결문에 양형이유가 제대로 기재되어야 한다는 점(이호중, 앞의 논문, 267면; 서보학, 앞의 논문, 76, 77면; 최호진, 앞의 논문, 110면) 등이다.

36) 손철우, 앞의 논문, 115면. 개별적 설정방식을 지지하면서 망라적 양형기준의 문제점을 지적하고 있다.

한 범죄의 심각성 수준을 합리적으로 비교하기도 어렵고 교정정책 등 정책적 고려를 해나가기도 쉽지 않다.

다만 대부분 범죄를 아우르는 범죄 등급표를 고안하는 방식 등으로 설정방식의 틀을 전면적으로 바꾸는 것은 현실적이지 않을 수 있으므로,[38] 현 설정방식의 기본 틀을 유지하면서도 총론적 기준을 마련하여 개별적 설정방식의 약점을 극복하는 차선책을 생각할 필요는 있다. 개별적 설정방식을 택한 영국이 총론적 기준을 다수 마련하여 위와 같은 문제점을 완화하고 있는 점을 음미할 필요가 있다.[39]

양형기준 전체에 관한 지도원칙이나 원리, 형종 선택에 관한 일반적 기준, 무기형 선택에 관한 기준,[40] 유형 분류, 양형인자 특히 범죄전력에 관한 평가 원칙, 권고형량범위의 폭에 관한 기준, 공통되는 가중, 감경인자, 임의적 공범에 관한 적용기준, 양형기준 이탈 사유 등에 관한 영역에서 총론적 기준을 마련하여야 한다고 본다. 특히 형종 및 형량기준에서 유형분류는 양형기준 적용의 출발점이므로 통일적 '유형분류'의 원칙이 마련될 필요가 있다. 영국 양형기준도 피해(Harm) 정도와 유책성(Culpability)의 정도에 따라 각 개별 범죄의 범주영역(Category range)을 결정하고 있다.[41] 다수범죄 처리기준, 집행유예 기준도 재정비할 필요가 있다.[42] 권고형량범위 내에서 시작점(starting point)을 제시할 것인지 여부, 범죄등급표 없이 주요 범죄들 사이의 범죄의 심각성 수준에 관한 합리적 서열을 어떻게 유지할지 여부, 국민이 쉽게 이해할 수 있고 보다 단순한 양형기준 틀의 모색도 계속 검토가 필요한 주제들이다.

이제 양형기준의 양적 증가뿐만 아니라 질적인 고도화가 필요한 시점이고 설정방식을 끊임없이 재점검하여 보다 양형목표에 부합하는 방향으로 정비하는 것이 양형

---

37) 같은 취지, 이호중, 앞의 논문, 248, 249면; Michael Tonry(2004), *Punishment and Politics-Evidence and Emulation in the Making of English Crime Control Policy*, William Publishing, 16면, 112면.

38) 이현정, 앞의 논문, 22면.

39) 영국 양형위원회는 '일반 원칙: 포괄하는 원칙들(General Principles: Overarching Principles: Seriousness)' 양형기준을 비롯하여 도합 9개의 총론적 양형기준을 마련하여 시행하고 있다(https://www.sentencing council.org.uk/crown-court/).

40) 사형에 관한 개별 기준을 마련할지 여부에 관한 결정이나 마련은 그 특성상 장기 과제로 보인다. 만약 전반적인 형종 선택 기준을 마련하는 것이 어렵다면 우선 무기형과 유기형을 구분하는 기준('무기형 부과기준'), 유기형과 벌금형을 구분하는 기준 마련이 긴요하다.

41) 영국이 처음에는 순전한 서술형 양형기준(narrative guidelines)으로 출발하였으나 'CJA 2009' 제정 이후 새로 수립된 개별 양형기준들에서는 피해와 유책성의 정도를 주요 인자들로 하여 조금 더 격자식(Grid)으로 형량을 제시하는 기준으로 변화하였다(이에 관한 설명으로, Andrew Ashworth(2015), Sentencing and Criminal Justice, 6th Eds. Cambridge, 24 내지 26면, 451면 참조.

42) 다수범죄처리 기준의 문제점과 경합범 처리방식의 비교법적인 분석을 한 글로, 박형관, "경합범 양형에 관한 비교법적 고찰," 『형사법의 신동향』통권 제59호, 대검찰청, 2018. 다수범죄처리기준이 뚜렷한 이유 없이 가중 중한 범죄 3개만을 경합범 가중에서 고려하는 문제점 등이 지적된다(위 논문, 192면).

위원회의 주된 임무로 요청된다고 하겠다.

2. 양형기준 실행 성과 점검

1) 현황

양형기준의 실행 상황 점검은 양형위원회의 주요한 상시 임무중 하나이고 모범형법 양형편에서도 이를 양형위원회의 특별 임무중 하나로 규정하고 있다는 점은 앞서 살폈다. 양형목표들이 제대로 달성되고 있는지 여부를 검증하는 중요한 작업이기도 하다. 양형위원회는 매년 연간보고서를 통하여 양형기준 운영 점검 상황, 양형자료 조사 및 양형기준 적용현황 분석을 공표하고 있다.[43] 양형기준 적용대상 사건의 현황, 양형기준 준수율 등을 조사하고 각 개별 양형기준별로 연도별, 각 유형별 사건수, 실형과 집행유예 건수와 비율, 선고 형량 등이 제시되고 있다.

양형기준의 실행 점검 사항 중 가장 중요한 부분이 법관의 양형기준 준수율이라 할 것이다. 법관의 준수율이 낮다면 양형기준제가 좌초할 수도 있기 때문이다. 양형기준이 시행된 이후 2020년까지 양형기준 준수율 추이는 아래 <표 1>과 같다.

■ 표 1 **양형기준 연도별 준수율**[44]

연도	2009 하반기	2010	2011	2012	2013	2014	2015	2016	2017	2018	2019	2020
준수율 (%)	90.5	90.6	84	85.8	89.6	90.9	89.7	90.8	90.3	89.9	90.7	90.5

양형기준 준수율은 2011년, 2012년 다소 하락한 것을 제외하고 양형기준제 시행 초기부터 일관되게 90% 전후 모습을 보인다. 위와 같은 높은 준수율은 양형기준이 법관들에게 잘 수용되고 있다는 점을 나타내는 지표이므로 양형기준제가 나름대로 성공적으로 정착하였다고 추정할 수 있다.

양형위원회는 양형기준 준수율을 지방법원별, 단독·합의사건별, 내·외국인별, 연령별, 양형기준 기수별 등으로 다양하게 분석하고 있다. 다만 재판부나 판사별 준수

---

43) 양형위원회 운영규정 제21조는 "운영지원단은 판결서에 기재된 양형의 이유를 분석하는 등의 방법으로 양형기준의 적용현황을 정기적으로 확인하여 위원회에 보고하여야 한다."고 규정하고 있다. 이에 따라 운영지원단은 매년 1년 동안의 양형기준 적용현황을 분석한 결과를 책자로 발간하여 양형위원회에 보고하고 있다.

44) 양형위원회, 『2020연간보고서』, 『2019연간보고서』, 『2014연간보고서』를 참조하여 정리하였다.

율이나 집행유예 기준의 준수율 등은 분석이 이루어지지 않고 있는 것으로 보인다. 특히 재조 경력변호사 이른바 '전관 변호사' 선임 여부에 따른 양형기준 준수율이나 형량 차이에 대한 분석은 보이지 않는다.[45]

2) 분석

양형위원회가 연간보고서를 통하여 양형기준의 실행 성과를 분석하여 공표하고 있는 점은 높게 평가할 만하다. 양형기준 대상 사건의 현황이나 양형기준 준수율에 대한 위와 같은 정보는 양형의 실제 모습을 실증적으로 보여주고 있어 국민이 이를 통해 양형의 실제 모습을 파악할 수 있게 되었다. 양형기준제 도입으로 이룬 괄목할만한 성과로 볼 수 있다.

다만 양형목표들이 어느 정도 달성되었는지 여부를 명확히 하려면 재판부별, 지역별 양형편차, 전관 변호사 선임 여부에 의한 양형편차들을 분석하여 부당한 편차가 존재하는지 여부에 관한 실증적 분석이 필요하다고 하겠다.[46] 여론 조사나 설문조사를 통하여 국민이나 전문가들이 양형문제점들의 개선에 대하여 어느 정도 체감하는지를 주기적으로 점검하는 것도 필요하다고 하겠다.

그리고 90% 내외의 높은 양형기준 준수율이 의미하는 바를 여러 각도에서 깊게 생각할 필요가 있다. 물론 높은 준수율은 양형기준이 재판부에 의하여 잘 수용되고 있다는 점을 말해주지만 이를 근거로 종래 양형문제점들이 해소되었다고 판단하는 것은 섣부르다. 이는 역설적으로 현 양형기준이 여전히 법관의 양형재량권을 폭넓게 보장되고 있다는 방증일 수도 있기 때문이다.[47] 다음으로 준수율을 실증적으로 분석하는 과정에도 흠이 있다. 즉 양형기준이 시행된 이후에도 판사들이 양형기준의 적용대상 사건에서 양형이유를 명시적으로 기재하지 않는 비율이 상당하여 위 준수율이 엄밀히 검증된 결과라고 단정하기 어려운 면이 있는 것이다.[48] 양형기준의 이탈

---

45) 원래 1기 양형위원회에서 양형조사와 관련하여 재조경력 변호사의 정보를 어떻게 조사할 것인지 여부, 재판부 특정 등 재판부 정보를 상세히 조사하는 문제에 논의가 되었으나 합의에 이루지 못하였다〔양형위원회 제1차 임시회의 회의록(2007. 11. 16.) 참조〕.

46) 전관 변호사 선임 여부에 따른 분석이 어려울 수 있으나 하지만 변호사법은 공직퇴임변호사들로 하여금 퇴직일로부터 2년간 선임한 사건에 대하여 수임자료와 처리결과를 각 지방변호사회에 제출하도록 되어있으므로 지방변호사회와 협조하여 효과적으로 분석하는 것도 가능하리라 본다.

47) 한국 양형기준은 각 개별양형기준에 따른 유형의 결정, 권고영역의 선택, 실형과 집행유예의 결정에 있어 법관이 종합적으로 판단할 수 있는 여지가 많고 권고형량범위의 상, 하한 폭을 규율하는 원칙이 없어 최종적으로 제시되는 권고형량범위 폭이 비교적 넓은 편이다.

48) 즉 양형기준의 적용과정이 판결문에 정확히 나타나 있어야 '실제 이탈 여부'에 관하여 정확히 판단이 가능한 것이다.

은 유형범위를 벗어난 이탈, 권고형량범위를 벗어난 이탈, 양형인자의 평가방식 등 양형기준 적용방식을 벗어난 이탈,[49] 집행유예 기준의 이탈 등 매우 다양한 유형이 있을 수 있다. 따라서 양형기준의 이탈 여부를 명확히 판단하려면 판결문에 양형기준의 적용과정이 명시적으로 기재되어 있어야 한다.[50] 하지만 아래 <표 2>에서 보다시피 양형기준의 명시적 기재비율은 60%에 미치지 못한다. 양형기준의 명시적 기재가 없는 경우에는 양형자료분석관이 판결문을 통하여 "범죄사실, 법령의 적용, 양형이유에 언급된 양형요소 등을 면밀히 분석함으로써 구체적인 양형인자와 형량범위를 추출해 낸 다음 양형기준 준수 여부를 판단"[51]하는 실무가 이루어지고 있으므로 양형기준 이행 실태에 대한 점검이 완벽하지 못한 셈이다.

■표 2 **양형이유의 명시적 기재 비율**[52]

연도	2010	2011	2012	2013	2014
명시적 기재율(%)	51.6	46.3	36.8	28.3	50.1

양형위원회 운영지원단은 실행분석에 필요한 자료를 주로 판결문 등에서 추출하고 있어 정밀한 실태 분석이 어렵다(이와 관련된 문제점 등 자세한 내용은 아래 Ⅲ.3.항 참조). 모범형법 양형편이 강조하듯이 양형기준 실행상황을 제대로 모니터링하기 위하여 양형위원회에서 분석에 필요한 양형작업지 등을 개발하고 재판부가 위 양식에 정

---

49) 양형기준 자체의 이탈을 진정 이탈로, 양형기준 내에서 적용상 이탈하는 경우를 부진정 이탈로 설명하는 글로, 김한균, "양형기준의 존중과 양형기준을 벗어난 판결,"『형사정책』제26권 제2호,"한국형사정책학회, 2014, 170면 참조. 저자는 "권고형량범위 이탈의 경우뿐만 아니라 형식적 준수의 경우에도 양형기준에 따른 판단과정과 이유를 확인할 수 있는 길을 찾아볼 필요가 있다"라고 강조한다(위 논문 184면).

50) 양형위원회는 양형이유의 기재와 관련하여 2015년까지 아래와 같이 3가지 유형의 분류를 하고 있었다. 첫째, '양형기준의 명시적 기재'로 이는 판결서에 당해 사건에 대하여 양형기준이 권고하는 형량, 양형인자 등을 명시적으로 설시한 경우를 말한다. 둘째, '양형이유의 일반적 기재'로 이는 양형기준을 명시적으로 기재하지는 않았지만, 법령의 적용 부분에서 괄호 안에 해당 양형인자를 간략하게 기재하거나 별도의 항목에서 양형이유를 제시하는 전통적 방식을 말한다. 마지막으로 '양형이유의 미기재'로 판결서에 양형기준의 명시적 기재, 일반적 기재(양형이유 기재) 어느 것도 설시되지 않은 경우이다(양형위원회, 『2014연간보고서』, 2015, 210면).

51) 양형위원회, 『2014연간보고서』, 200면.

52) 양형위원회, 『2014연간보고서』, 210, 211면 참조. 참고로 2016년 이후 발간된 연간보고서에서는 양형기준 판단을 명시적으로 양형이유에 기재와 경우와 전통적인 양형이유 기재방식을 따른 경우를 구별하여 통계를 제시하지 않고 모두 양형이유의 기재가 있는 경우로 통합하여 통계를 제시하고 있다. 명시적 기재 여부도 중요한 점검요소이므로 이에 관한 현황을 공표하고 그 기재율을 높이는 방안을 마련해야 할 것이다.

보를 입력하여 위원회에 송부하는 시스템이 갖추어져야 함에도 아직 양형위원회는 이를 구축하지 못한 것이다.

3. 양형자료의 수집, 분석 및 양형정보 공개

1) 현황

양형위원회에서 양형자료 수집과 분석은 양형위원회 운영지원단이 담당한다.[53] 양형자료 수집형태는 양형기준 수립 대상 죄명과 관련된 자료를 수집하는 작업과 양형기준이 시행되고 있는 사건의 현황에 관한 자료를 수집하는 작업으로 나뉜다.

운영지원단의 과거 사건에 대한 양형정보 수집은 대상 사건의 판결문, 필요한 경우 확정된 사건기록을 양형자료분석관들이 직접 조사하여 이루어진다. 1기 양형위원회에서는 최초 양형기준을 수립하기 위하여 과거 확정사건 42,371건, 판결전 조사보고서 5,866건을 조사하였다.[54] 2기 양형위원회 이후는 주로 판결문과 판결전 조사보고서 등을 통한 양형자료 수집이 이루어진다. 양형자료분석관들은 운영지원단에게 개발한 양형인자표 등을 통하여 자료를 수집한다.

앞서 살핀 바와 같이 운영지원단은 판결서를 분석하는 방식으로 자료를 수집하는데 판결문에 나타난 양형이유로만 필요한 자료를 확보하기 어려운 면이 있고 더욱이 양형이유의 명시적 기재가 없는 경우도 상당하다. 아직 재판부가 판결문에 양형이유를 기재하는 방식이나 양식에 관하여 아무런 법령이나 지침이 없다. 더욱이 대법원은 양형기준 적용대상 사건에서 양형기준을 벗어나는 판결을 하더라도 당해 양형에 이른 이유를 합리적으로 기재하면 족하고 구체적인 양형인자의 적용과정까지 기재할 의무는 없다는 입장을 취하고 있다.[55] 또한 대법원은 항소심이 양형기준을 적용한 1심 판결을 파기하는 경우 양형기준 적용과정을 기재하지 않고 통상적인 양형이유만을 기재한 경우도 허용된다는 취지로 판시하였다.[56] 위 판결들은 양형기준의 규범력

---

53) 운영지원단은 양형자료분석관을 통하여 양형자료를 수집하는 한편, 지원단 내 통계전문 담당자를 배치하여 통계분석 프로그램을 통한 양형현황분석 및 양형인자 추출작업 등을 통하여 구체적 양형기준 설정에 필요한 통계분석자료를 다음과 같이 양형위원회에 제공한다.
54) 양형위원회, 『2008 연간보고서』, 2019, 171면 이하.
55) 대법원 2010. 11. 11. 2010도5603판결
56) 대법원 2010. 12. 09. 2010도7410판결. 위 사건은 양형기준 적용대상 사건의 항소심에서 양형기준의 범위에서 양형을 선고한 1심을 파기하고 경한 형을 선고한 것인데 이에 대한 상고심에서 대법원은 구체적인 양형기준의 적용과 이탈 사유를 기재 없이 단지 일반적인 양형이유를 기재하는 것도 가능하다고 판시하였다.

을 현저하게 떨어뜨리고"법원이 양형기준을 벗어난 판결을 하는 경우에는 판결서에 양형의 이유를 적어야 한다"[57]라는 법률 조항을 법관의 부담을 줄이는 방향으로 편의적으로 해석한 것이므로 매우 부적절하다.[58] 특히 항소심이 양형기준을 적용한 1심을 파기하면서 구체적인 양형기준 적용과정을 기재하지 않는다면 항소심의 양형지도기능을 통한 양형기준 발전은 기대하기 어렵다.

양형위원회는 위와 같이 연간보고서 등을 통하여 양형기준 시행 현황에 대한 기본적 사항들을 공개하는 것 이외에 별도로 축적된 양형정보를 국민이나 학계에 제공하지는 않는다.

2) 평가

양질의 양형자료가 수집되고 축적되어야 이에 관한 분석을 통하여 양형위원회가 임무를 적절하고 효과적으로 수행할 수 있다는 점에 대하여는 이론이 없을 것이다. 어떤 양형인자를 고려하고 채택하였는지 여부는 각 재판부가 정확히 알고 있는 것이므로 당해 재판부가 양형인자에 관한 정보를 명확하게 제공하지 않으면 양질의 양형정보가 탄생할 수 없다. 이런 점에서 양형자료분석관 등이 판결문 등을 통하여 간접적으로 양형정보를 수집하는 현 방식은 근본적 한계가 있다.

다양한 양형인자 채부에 관한 결정을 포함하여 양형기준의 구체적 적용과정을 판결문에 기재하기는 어렵고 적절하지 않다. 이러한 이유로 모범형법 양형편도 양형위원회로 하여금 별도 양식을 개발하도록 규정하고 있고 미국 내 대다수 양형위원회들도 나름의 양형작업지(Sentencing Worksheet)를 만들어 양형자료를 수집한다.[59] 별도 양식을 통한 수집방식은 양형데이터베이스에도 큰 도움이 된다.[60] 다만 양형위원회가 위 양식을 개발하더라도 각 재판부에 위 양식에 자료를 입력하고 이를 양형위원회에 송부하도록 요청하려면 법률상 근거가 필요할 것이다(자세한 논의는 Ⅳ.2.항 참조).

양질의 양형자료가 수집되어야 양형기준 실행현황에 관한 적확한 분석이 가능하고

---

57) 법원조직법 제81조의7 제2항 제1문.

58) 위 조항을 통상적으로 해석한다면'이탈의 이유'를 포함하여 양형의 이유를 자세히 기재하라는 취지로 봄이 상당하다. 위 판례들을 포함하여 양형기준의 규범력과 관련된 대법원 판례를 분석한 글로, 이상근, "양형기준의 규범성,"『인권과 정의』 제426호, 2012, 137면 이하.

59) National Center for State Court(NCSC), State Sentencing Guidelines Profiles and Continuum, 2008, 5면; 박형관(2015), 앞의 논문, 15면.

60) 별도 양식의 내용을 데이터베이스 구축에 필요한 형태로 작성하고 발전시킬 수 있을 것이다. 통상 판결문은 서술형 문장으로 작성되지만 위 양식은 양형인자의 채택여부, 평가정도를 해당란에 표시하는 방식으로 만들 수 있고 데이터베이스를 구축하기 쉽다.

단계적으로 양질의 양형데이터베이스 및 양형정보시스템을 완성하는 것이 가능하다. 양형정보시스템이 잘 구축되면 양형정보 등이 신속하게 정확히 제시되므로 일종의 '자발적 양형기준'과 유사한 효과를 달성할 수 있다.[61] 또한 동종 사건의 정보를 제공받은 상태에서 판사가 개별 사건의 특수성을 고려할 수 있다는 점에서 양형의 개별성과 객관성 사이의 긴장관계도 해소할 수 있는 셈이다.[62] 고도의 양형정보시스템을 통하여 양형목표를 달성하는 좋은 수단인 것이다.[63] 정보화시대의 발전된 기술을 활용하여 국민이 온라인상으로 직접 검색조건을 입력하여 다양한 양형정보를 얻는 검색프로그램 운영도 가능할 것이다.

국민의 사법불신을 해소하고 양형에 관한 국민의 알 권리를 보장하기 위하여 양형정보는 가능한 한 국민에게 공개될 필요가 있다. 양형정보의 공개를 통하여 국민들은 양형 결과를 어느 정도 예측할 수 있게 되고 학자 및 다양한 정책 전문가들도 정밀한 양형분석이나 양형정책에 관한 연구를 수행할 수 있게 된다. 나아가 미국 연방양형위원회,[64] 미네소타 주 양형위원회,[65] 펜실베이니아 주 양형위원회,[66] 버지니아주 양형위원회[67] 등의 사례처럼 양형 데이터를 온라인을 통하여 공개하거나 제공하

---

61) 즉 동종 사례에 관한 다양한 값을 제시하므로 법관도 자신이 생각하는 최종 양형이 어느 범위에 있는지를 쉽게 파악하게 된다. 물론 양형정보시스템에 제공하는 양형정보는 말 그대로 '보여주는 정보'이므로 어떠한 규범력이 있는 것은 아니지만, 과거 및 현재 다른 재판부가 동종 사안에게 어떠한 양형을 하고 있는지를 찾아보는 과정에서 일정한 조언을 받는 셈이라는 점에서 자발적 양형기준의 성격을 띤다고 할 수 있다.

62) 같은 취지, Osler, Mark, "The Promise of Trailing−Edge Sentencing Guidelines to resolve the Conflict Between Uniformity and Judicial Discretion," 14 NCJLT 203 (2012), 242면.

63) 같은 취지의 글, Auld, Review of the Criminal Courts of England and Wales Report, London, 603, 606면; Miller, Marc M., Ronald F. Wright(2005), "The Wisdom We have Lost? Sentencing Information and its Uses," 58 Stanford L. Rev., 361, 380면.

64) 미국연방양형위원회 홈페이지(www.ussc.gov)에서 'Research＞Interactive Data Analyzer' 클릭하면 접속자가 범죄유형, 대표범죄(양형기준 적용 조문), 연도, 지역 등 다양한 변수를 직접 선택하여 데이터를 산출할 수 있는 화면으로 이동한다.

65) 미국 미네소타 주 양형위원회 홈페이지(https://mn.gov/sentencing−guidelines/)를 통하여 다양한 양형정보를 제공하는 한편, 데이터 자료가 필요하면 위원회에 일정 양식에 따라 요청하도록 한다 (https://mn.gov/sentencing−guidelines/contact/data−requests.jsp).

66) 미국 펜실베이니아 주 양형위원회 홈페이지에서 'Interactive Data Portal'을 클릭하면 SAS Delivery Portal 화면(https://pcsdata.psu.edu/SASPortal/main.do)으로 이동한다. 위 화면은 'sentencing report' 항목과 'Judge report'항목을 제공하는데 각 항목에서 사용자가 범죄유형별, 연도, 지역별, 판사별 항목 등을 자유로이 선택하여 그에 해당하는 통계치를 볼 수 있다. 또한 위 홈페이지에서 'Research&Data＞Request Data and Report'을 클릭하면 데이터 등을 요청하는 화면으로 이동한다. 위와 같이 펜실베이니아 주는 양형자료의 분석, 수집 및 공개에 있어 미국 주들 중 선도적인 역할을 보여주고 있는데 그 자세한 현황 등은, Mark H. Bergstorm, and Jordan T. Zvonkovich, "Harnessing the Power of Data: The Role of Sentencing Commissions in the information age,"33 Fed. Sent'g Rep. 4, (April, 2021), 229, 230면 참조.

는 방향으로 신속히 나갈 필요가 있다.

4. 연구, 교육 등

1) 현황

양형위원회의 상시 임무 중 그 중요성에도 불구하고 소홀히 되기 쉬운 부분이 교육연구 분야이다. 성공적인 양형기준제의 유지를 위하여 여러 분야 형사사법 종사자들의 협력, 국민의 관심과 지원이 절대적이므로 적극적인 교육 및 홍보가 필수적이다. 모범형법 양형편도 사무국장이 연구분야 책임자와 교육 훈련분야 책임자를 해당 분야의 전문인력과 함께 반드시 고용하도록 규정한다.[68]

양형위원회의 연구활동은 주로 전문위원들이 담당하고 있다. 전문위원들은 양형기준의 수립과 관련하여 각종 쟁점들을 연구하고 양형기준안 제출과 해설 업무를 수행하였다. 위원회 홈페이지에 총 89건의 연구결과물들이 게시되어 있다.[69] 전문위원 연구는 주로 1기 양형위원회에 집중되어 있다. 양형위원회는 자문위원회를 두어 양형기준이나 양형정책에 관하여 사회 각계의 다양한 의견을 수렴하고 있고,[70] 2018년 5월 양형정책의 연구와 심의 기능을 활성화하기 위하여 학계, 실무계 등 각계 전문가로 구성된 양형연구회를 창립하였다. 양형연구회는 2022. 8. 말까지 8차례 심포지엄을 개최하였다. 양형위원회는 미국, 영국 등 외국 양형위원회를 방문하는 등 국제교류에도 나서고 있다.

양형위원회의 교육 활동은 주로 양형자료분석관 등 양형위원회 직원들을 대상으로 이루어진다. 다른 형사사법기관이나 국민을 대상으로 한 정기적 교육은 눈에 띠지 않는다. 한편 양형위원회는 국민을 대상으로 '당신이 법관입니다'라는 양형체험 프로그램을 개발하여 양형위원회에 홈페이지에 접속하여 누구라도 가상 사례를 듣고 양형을 한 후 실제 양형과 비교하는 서비스를 제공하고 있다.[71]

---

67) 미국 버지니아 주 양형위원회 홈페이지(http://www.vcsc.virginia.gov/sgdata.html)에 접속하면 접속자가 직접 필요한 양형정보를 클릭하여 볼 수 있는 'VCSC DATA DASH BOARD'란이 있고 연도별 양형 데이터를 다운로드 받을 수 있는 'SG DATA'란이 있다.

68) 모범형법 양형편 §8.03(2)

69) '양형위원회 홈페이지＞정보광장＞연구자료'란 참조.

70) 양형위원회에는 필요한 경우에 50인 이내의 자문위원을 둘 수 있다. 자문위원은 법조계, 학계, 언론계, 교육계, 노동계, 여성단체, 시민사회단체 등 각계각층의 인사 중에서 위원장이 위촉한다. 현재, 학계 5인, 언론계 3인, 시민사회단체 2인, 공공기관 1인, 법조계 1인 등 12인의 자문위원이 활동하고 있다(양형위원회 홈페이지 참조).

71) 영국 양형위원회에서 시행하였던 'You be the judge' 프로그램을 벤치마킹한 것으로 보인다. 영국에서

2) 평가

양형위원회의 여러 노력에도 불구하고 연구교육 분야는 아래와 같은 점에서 다소 미흡한 면이 있다. 우선 1기 양형위원회를 제외하고 전문위원의 다양한 정책분야의 연구가 잘 이루어지지 않고 있다. 물론 1기 양형위원회에서 양형기준 설정방식 등 큰 과제 등이 논의되었고 그 이후 위원회는 개별 양형기준안 마련에 집중하였기 때문이겠지만 양형기준안의 개선이나 양형정책 등에 관한 지속적 연구가 필요하다고 하겠다.

다음으로 양형기준의 적용현황이나 분석, 양형목표 달성 여부에 관한 보다 실증적 연구가 필요하다. 이러한 연구가 미진한 이유로 앞서 언급한대로 운영지원단이 양질의 양형자료를 수집하기 어려운 여건, 후술하는 바와 같이 전문위원과 운영지원단으로 이원화되고 연구의 주축이 비상근으로 근무하는 전문위원에게 주어지는 다소 특이하고 비효율적인 운영 구조 등을 들 수 있을 것이다. 사무기구 구성원이 모두 법원공무원들로 법원 인사에 따라 자주 교체되므로 전문성이 확보되기 어려운 것도 이유 중 하나라 하겠다.

모범형법 양형편도 강조하고 있듯이 양형기준의 성공적 시행은 법원뿐만 아니라 경찰, 검찰, 보호관찰 및 교정공무원 등 다양한 분야의 형사사법 종사자의 적극적 참여와 협력이 필요하므로 양형위원회의 교육 활동도 다양한 형사사법 분야 종사자에게 확대되어야 할 것이다.[72]

아울러 국민들에 대하여 좀 더 쉽게 양형기준이나 양형위원회의 역할을 이해할 수 있는 방식으로 교육과 홍보가 이루어질 필요가 있다. 국민에 대한 교육은 양형기준제의 내용과 필요성에 관한 이해를 돕는 홍보의 성격도 아울러 가진다. 위와 같은 교육이 효율적으로 이루어지도록 양형위원회가 안내책자, 양형기준 적용 지침서, 교육동영상, 등 다양한 프로그램을 마련할 필요가 있다. 또한 미국 주요 양형위원회의 사례를 참고하여 양형기준 적용현황 등을 쌍방향 데이터 시스템(interactive data system)을 구축하여 누구나 필요한 정보를 즉시 찾아볼 수 있게 하는 방안도 추진할 필요가 있다. 주요 양형관련 법령이나 판례들도 위원회 홈페이지를 통하여 지속적으로 제공할 필요가 있을 것이다. 개별 범죄에 따라 죄명과 적용법조에 따라 어떤 양형기

는 양형위원회가 위 프로그램을 더 이상 운영하지 않고 그 업무가 법무부로 이관되었다. 한국 양형위원회의 위 프로그램에서 8건의 다양한 가상 사례가 제시되고 있다.

[72] 양형인자는 재판단계에서만 수집되는 것이 아니라 수사초기부터 형 집행의 단계에 이르기까지 전 단계에서 수집된다. 범정에 관한 인자 이외에도 범죄자의 성장배경, 교육, 직업, 재범의 위험성 등 보다 전문적인 양형조사가 필요한 사항도 있다. 따라서 양형위원회는 다양한 형사사법 분야 종사자에게 양형조사, 양형기준의 내용 등에 관하여 다양한 형태로 교육할 필요가 있다.

준이 적용되는지 찾기 쉽지 않은 경우가 있으므로 홈페이지에서 위 변수를 입력하면 해당 양형기준을 찾을 수 있는 프로그램도 필요하다.

5. 양형정책 제시

1) 현황

양형위원회의 상시 임무 중 중요한 역할중 하나가 교정정책 등 양형정책 수립에 관한 중심 역할을 수행하는 것이다. 양형위원회도 '양형합리화 방안 등 양형정책에 관한 중요사항'을 의결사항으로 규정하고[73] 이를 전문위원이 담당하는 사무에 포함시키고 있다.[74] 하지만 아직까지 뚜렷한 연구 성과는 없는 듯하다.

모범형법 양형편은 양형위원회가 양형기준과 법령하에서 교도소 등 수용인원의 변동을 예측할 수 있는 모델을 개발하여야 한다고 규정하고,[75] 양형기준을 제정하거나 수정할 때 위 모델을 반드시 이용하여야 한다고 한다.[76] 이에 관한 양형위원회의 역할이 국가나 사회적으로 중요하다는 점을 나타내는 것이라 하겠다. 아래 <표 3>은 한국의 1일 평균수용인원의 연도별 추이이다. 수용인원이 2011년 이후 급증하여 2017년 정점에 올랐다가 다소 주춤하고 있는 것을 알 수 있다. 세밀한 분석이 필요하겠지만 2011년 형법 일부 개정으로 유기형의 상한이 2배로 상향되고,[77] 이에 맞추어 양형기준의 형량 등도 상향 조정된 영향도 있다고 보인다. 범죄의 증가율이나 재범율 등의 큰 변화가 없는 상태에서 위와 같이 상향은 형사정책적인 면에서 부적절하다고 보인다.[78] 양형기준의 효력이 권고적이라고 하더라도 90%에 이르는 높은 준수율에 비추어 양형기준의 수립과 변경은 구금인원 증감에 큰 영향을 미친다고 할 수 있다.[79]

---

73) 양형위원회 운용규정 제4조
74) 양형위원회 규칙 별표 2 '전문위원 편제 및 분장사무표' 참조.
75) 모범형법 양형편 §8.07(1)
76) 모범형법 양형편 §9.02(9)
77) 2010. 4. 15. 형법 제42조가 개정되어 유기형의 범위가 종래 '1개월 이상 15년 이하'에서 '1개월 이상 30년 이하'로 상향되었고 형이 가중되는 경우는 상한이 30년에서 50년으로 늘어났다.
78) 위 개정은 교정시설 과밀수용문제를 악화시키고 장기수를 증가시키므로 장기적으로 유기형의 상한을 다시 하향 조정하고 장기수에 대한 다양한 교정프로그램 마련이 필요하다는 견해가 있다(최석윤, "양형기준의 변화가 교정처우에 미치는 영향,"『교정연구』통권 제51호, 2011, 58 내지 62면).
79) 형량에 관한 기준뿐만 아니라 집행유예 기준도 이에 직접적인 영향을 미친다고 보인다. 아울러 양형위원회가 아직 집행유예나 가석방 취소에 관한 기준은 제시하지 않고 있으나 중, 장기적으로 필요하다고 본다. 사실 집행유예 취소판결은 실형 선고와 동일한 효과이므로 역시 부당한 편차를 방지하여야 하기 때문이다.

연도	2011	2012	2013	2014	2015	2016	2017	2018	2019	2020
1일 평균 수용인원	45,845	45,488	47,924	50,128	53,892	56,495	57,298	54,744	54,624	53,873

양형위원회규칙은 양형위원회로 하여금 양형기준과 관련된 양형정책을 연구·심의하도록 규정[81)]하고 있지만 아직 양형위원회에서는 이에 관한 연구가 진행되지 않은 보인다. 앞으로 양형기준 설정, 변경시 수용인원의 변화 예측 등 교정정책에 관한 보고서 등을 마련할 필요가 있다. 이러한 예측을 제대로 이루어지려면 양질의 양형자료가 수집되고 양형데이터베이스가 잘 구축되어야 있어야 함은 물론이다.[82)]

2) 평가

양형위원회의 양형정책 연구는 다소 미흡하다. 앞서 살핀 것처럼 양질의 실증적 자료가 제대로 축적되지 못한 점, 연구의 담당 주체인 전문위원이 비상근으로 현업에 종사하고 임기도 단기간인 점 등이 주요 원인이라 보인다.

더 근본적인 이유도 있다고 보인다. 원래 사법부는 구체적 사안을 재판하는데 있어 전문성을 갖지만 통상적으로 다양한 선택사항을 고려하여야 하는 정책 판단에 익숙하지 않다. 그런데 상임위원, 수석전문위원 및 운영지원단장 모두 현직 법관이 맡아 역할을 수행하는 운영 구조도 영향을 미친 것이 아닌가 생각한다. 교정정책을 포함하여 양형정책의 수립은 양형위원회의 중요한 기능 중 하나이므로 해당 분야의 전문가들이 참여하여 내실 있는 정책 제시가 필요하다.

6. 소결론

양형위원회의 주요한 상시 활동을 점검해볼 때 양형기준의 수립이나 수정작업은 어려운 여건 속에서 비교적 성공적으로 이행되었다고 판단할 수 있으나 양형기준의 실행에 관한 정밀한 점검, 양질의 양형자료의 수집과 분석 활동은 다소 부족하다고

---

80) 법무부, 『2021 교정통계연보』, 2021, 64면.
81) 양형위원회규칙 제2조 제1항.
82) 영국 양형위원회는 CJA 2009에 따라 이러한 실증적 예측을 하도록 임무를 부여받았지만 각 재판부로부터 직접 양형자료를 송부 받지 못하고 양형결과에 대한 설문조사 형식으로 불완전한 데이터를 수집하게 되어 제대로 수용인원 예측을 하지 못하는 실정이다[이에 관한 자세한 설명은, 박형관(2015), 앞의 논문, 373, 374면 참조].

판단된다. 연구, 교육 활동이나 양형정책 등을 제시하는 역할도 국민들이 만족할 수준에 이르지는 못한 듯하다. 양형위원회가 모범형법 양형편에 제시된 내용을 참고하여 요구되는 상시 업무를 보다 적극적으로 수행할 필요가 있겠다.

다만 양형위원회가 상시 임무를 성공적으로 수행하기 위하여 양형위원회 구성을 포함하여 운용방식에 있어 관련 법령의 개정이 필요한 영역이 있다. 위 영역에 대한 구조적 정비가 필요하지만 아직까지 별다른 개선이 이루어지 않았다. 이러한 상황도 양형위원회의 바람직한 상시 업무 수행을 가로막은 원인으로 작용한 것이라 생각한다.

Ⅳ 아직 해결되지 않은 몇 가지 구조적 문제들

아래 사항들은 이미 많은 선행 연구들에서 양형위원회의 구성이나 운영과 관련된 문제점들로 지적된 것들이나 아직 해결되지 못하고 있다. 이는 양형위원회의 바람직한 상시 업무 수행에 장애물로 작용하므로 향후 신속한 개선을 촉구하는 의미에서 간략히 다시 강조하고자 한다.

1. 양형위원회의 독립성

양형위원회 역할과 기능에 비추어 양형위원회는 입법부, 사법부 및 행정부의 어느 곳에도 치우지지 않은 중립적이고 독립적인 기구여야 할 것이고 이에 대하여 보편적 공감대가 형성되어 있다고 보인다.[83] 양형위원회를 사법부에 두되 독립적 위원회로 기능하도록 법률로 정한 이유로 한 점도 여기에 있다. 양형기준제의 성공을 위하여 최종적으로 양형을 하는 법관의 통찰력과 축적된 전문성을 양형기준 수립, 개정에 반영하고 양형기준 실행 점검 과정에서 협력을 이끌어내는 것이 가장 중요한 요소인 것은 틀림없으나 양형위원회의 운영이 지나치게 사법부가 주도하는 방식이 된다면 양형개혁을 성공적으로 달성하기 쉽지 않다.[84] 법관이 양형 문제점과 관련하여 당사

---

83) 같은 취지, 모범형법 양형법 최종안, 262, 263면. 모범형법 양형편은 양형위원회의 구성과 관련하여, 법관 이외 주 의회 의원이 포함되도록 규정하고 있다(모범형법 양형편 §8.02). 또한 검사, 변호사 이외 교정공무원이나 보호관찰 공무원 등도 포함되도록 규정하므로 입법, 행정, 사법부의 구성원들이 위원으로 포함되는 셈이다. 물론 양형이 사법판단의 핵심이므로 양형위원회를 대통령 직속으로 두는 등 사법부 외부에 두는 것은 사법부 독립에 반한다는 주장도 있다(홍순욱, "양형기준의 제정과 한계,"『저스티스』 통권 제139호, 한국법학원, 2013. 163면; 최석윤, 앞의 논문, 425면).

자이고 당사자가 자신의 문제를 제대로 해결하기 어려운 점, 사법부는 전통적으로 양형을 사법부 내부 문제로 보고 내부 기준이나 항소심의 양형지도기능을 통한 해결을 선호해 온 점, 법관이 양형 개혁과 같은 정책 과제를 수행하는데 있어 전문성이 부족하거나 적절하지 않다는 점 등을 이유로 들 수 있겠다.

앞서 언급한 바와 같이 한국 양형위원회는 사법부가 주도하는 모습이다. 국민에게 양형우원회가 대법원의 전형적인 산하 기구의 하나처럼 비춰지는 듯하다.[85]

원래 양형위원회의 소속이나 역할에 관한 논란의 바탕에는 양형과 양형기준 설정행위의 본질에 관한 근본적인 가치관의 차이가 깔려 있다. 양형은 법관의 고유한 권한이고 따라서 법관의 합리적인 양형재량권의 보장이 양형기준 설정행위의 주된 목적이 되어야 하고 양형 재량을 사법부 외부에서 제한하는 것은 3권 분립의 취지에 반하고 사법부 독립을 침해한다는 견해[86]와 법관의 양형 재량은 사실 입법권에 의하여 그 범위가 보장된 것이라는 견해가 대립되어 왔다.[87] 전자는 전통적으로 사법부에서 지지하는 견해로 양형의 개별성을 보다 강조하는 반면 후자는 양형의 객관성을 강조한다. 위와 같은 차이는 양형위원회의 구성이나 임무에 큰 영향을 미친다.[88] 대법원규칙인 양형위원회 규칙은 양형위원회의 임무와 관련하여 "양형기준은 법관이 재판상 독립과 합리적인 양형결정권을 보장하고, 양형의 균등성과 적정성을 제고하는

---

84) 같은 취지, Michael Tonry, *Punishment and Politics—Evidence and Emulation in the Making of English Crime Control Policy*, William Publishing(2004), 102쪽. 톤리(Tonry)는 양형기준제의 성공에 있어 사법부의 협력이 필수적이라고 이야기하면서도 사법부 주도하는 개혁은 실패하기 쉽다고 평한다.

85) 양형위원회는 보도자료 등을 통하여 '대법원 양형위원회'라고 스스로 칭하는데 이는 국민들에게 양형위원회가 대법원의 통상적인 산하 기구로 인식되게 하는 주된 원인이 된다. 미국 연방위원회도 사법부에 속하나 대외적 자료를 공표할 때 '사법부' 소속이라고 표기하지 않는다. 양형위원회는 대법원에 속하지만 대법원의 전형적인 산하 기관이라 보기 어렵다. 법원조직법이 법원의 기관을 제7편으로 나열하고 있는데 양형위원회는 제8편에 독립적으로 위치하고 있고 양형위원회가 독립적으로 권한과 임무를 행사하는 점을 고려할 때 사실상 독립 위원회인 셈이다.

86) 영국과 호주의 경우 대다수 판사들이 그러한 생각을 가지고 있는 것으로 보인다. 우리나라 법관들도 대체로 비슷한 의견을 지닌 것으로 추정된다(이러한 견해를 피력한 글로, 손철우, "우리나라에 적합한 양형기준제," 양형위원회 전문위원 연구자료 34, 2008, 8면; 홍순욱, 앞의 논문, 152면)

87) Andrew J. Ashworth(1992), "Sentencing Reform Structures," Crime and Justice Vol.16., 198 내지 200면 참조. Ashworth 교수는 위 논문에서 많은 국가에서 판사들이 판사의 양형재량권 침해가 헌법위반이라는 견해를 갖고 있고 호주나 영국의 대법원이 이러한 입장을 지지하는 듯한 판결을 내린 바 있지만 그는 의회가 양형에 관한 입법을 할 수 있는 것이므로 미국 연방대법관 블랙먼(Blackmun) 판사가 Mistretta v. U.S., 488 U.S. 361 (1989) 사건에서 "최종적으로 사법적 양형재량권의 범위는 의회의 통제 범위에 속한다(the scope of judicial discretion with respect to a sentence is subject to con-gressional control)"라고 판시한 입장이 타당하다고 본다는 취지로 설명한다.

88) "누구도 자신의 사건에 대한 재판관이 될 수 없다(Nemo iudex in causa sua)"는 오래된 법언에 비추어 보더라도 '법원'의 양형이 국민의 불신의 직접적인 대상이므로 사법부 자체에 의한 해결책은 비록 그 내용이 적절하다고 하더라도 쉽게 객관성을 인정받기 어려운 셈이다.

데 기여하여야 한다."[89]라고 명시하여 모법인 법원조직법의 취지와 달리 법관의 양형결정권 보장을 우선시 하고 있다. 양형기준제를 바라보는 대법원의 이러한 태도와 방향은 양형기준의 설정을 비롯한 양형위원회의 임무 수행에 부정적 영향을 미치고 있는 것이다.

양형위원회의 편제를 아예 국회에 두어야 한다는 의견도 있고[90] 미국의 예를 보면 양형위원회가 의회에 속한 경우도 있으나[91] 사법부에 편제하더라도 미국 연방양형위원회처럼 독립성이 실질적으로 보장되도록 운용될 수 있다. 양형위원의 구성 또는 추천에 국회나 대통령이 견제와 균형의 원칙에 따라 조화롭게 관여하도록 법률이 마련되어야 할 것이다. 이를테면 양형위원회를 사법부에 그대로 두는 경우 대통령이나 국회가 일정한 수의 양형위원을 추천하여 균형을 이루게 하는 것이다.[92]

2. 체계적인 양형자료 수집, 분석 및 공개를 위한 법률적 근거 마련

실증적인 자료에 근거한 양형기준 적용현황 분석, 연구 및 정책수립을 위하여 양질의 양형자료가 수집되어야 한다. 양형위원회 운영규정은 양형자료분석관으로 하여금 판결문 등의 조사를 통하여 양형기준의 적용현황을 분석하도록 한다. 사실 판결문만으로는 양형분석에 필요한 양형인자들을 제대로 조사할 수 없다.[93] 법률에 근거가 없다면 사실상 재판부가 제대로 요청사항을 이행하지 않을 때 위원회로서는 별다른 대책이 없게 되고 양형데이터의 전체적 가치가 급격하게 낮아지게 된다.[94] 따라서 각 재판부가 판결 후 판결문이 아닌 일정한 양식에 양형인자에 관한 사항을 기재하고 그 자료를 양형위원회에 송부하도록 법률로 근거를 마련할 필요가 있다. 모범형법 양형편이 규정하듯이 양형위원회가 위 양식을 만들고 수정하는 역할을 맡아야 한다. 각 재판부가 위 양식에 기재하는 것이 업무상 부담이 될 수 있으나 검사 또는 보호관찰관이 이를 우선적으로 작성과 피고인이나 피고인의 변호인이 이에 대하여

---

89) 양형위원회규칙 제2조 제2항.

90) 양형위원회를 의회 소속이나 독립기구로 해야 하고 어디에 두더라도 의회가 주도하여야 한다는 주장으로, 방희선, 『양형기준제와 양형위원회 도입방안 연구』, 2010법무부 용역과제, 2010, 86면.

91) 미국 펜실베이니아 주가 이에 해당한다.

92) 이를테면 현재 양형위원회 구성 틀을 기본적으로 유지한다면, 법관 위원 4인 중 2인을 대통령과 국회가 각 1인, 법무부 장관이 추천하는 검사 2인 중 1인을 국회가 추천하는 방안도 생각할 수도 있겠다.

93) 이를테면 피고인의 범죄전력은 양형에 고려되었더라도 특정한 전과가 범죄구성요건의 일부이거나 집행유예 결격사유 등이 아니라면 통상적으로 판결문에 구체적으로 기재되지 않는다.

94) 미국 연방(28 U.S.C. §994(w)), 버지니아 주(VC §19.2－298.01), 펜실베이니아 주(42 Pa. C.S.A. §2153)도 법률로 양형위원회가 위와 같은 자료를 수집할 수 있는 권한에 관하여 규정하고 있다.

의견을 제시하는 절차를 거친 후 재판부가 최종적으로 확인한다면 재판부의 부담을 줄일 수 있을 것이다.[95]

3. 국회의 적절한 관여

양형위원회의 구성이나 운용에 있어 한국 양형위원회는 국회의 관여가 거의 없는 특이한 모습을 보인다. 국회가 양형위원회의 운영이나 양형기준 수립, 개정 과정에 어느 정도 관여하는 것은 양형기준 설정행위의 법적 성격에 비추어 당연하다고 하겠다. 양형이 사법작용이라고 하더라도 양형기준 설정은 양형에 관한 일반적인 규범을 수립하는 행위이고 양형기준이 참고적 효력을 갖더라도 이탈하는 경우 판사가 양형의 이유를 적어야하는 점에서 사실상 규범력을 갖는다는 점에서 본질적으로 입법작용에 가깝다고 하겠다. 따라서 국회가 적절히 관여할 필요가 있다.

법원조직법 제81조의10은 양형위원회는 "매년 그 연도의 실적과 그 다음 연도의 추진계획을 담은 연간 보고서를 발간하고, 이를 국회에 보고하여야 한다"라고 규정하고 있다. 매년 양형위원회는 연간보고서를 발간하여 국회에 송부하는 것으로 보고절차를 사실상 마무리하고 있는데 양형위원장이 매년 양형기준의 수립, 개정 내용 등을 직접 국회에 출석하여 실질적으로 보고하여야 할 것이다. 2006년 법원조직법 개정 당시 위 '보고 조항'이 추가된 국회 논의과정을 보더라도 실질적인 보고가 이루어지는 것을 전제로 하고 있음을 알 수 있다.[96] 국회가 보고를 받고 양형위원회에

---

95) 양형기준을 시행함에 따라 발생하는 새로운 양형조사 수요를 종래 형사사법 기관 중 어느 곳에서 담당하느냐에 대하여 지금까지 많은 논란이 진행되고 있다. 사법부는 법원공무원인 양형조사관이 위 업무를 담당하여야 한다고 주장하나 전문성과 독립성을 갖춘 보호관찰관이 담당하는 것이 더 바람직하다고 보인다. 다만 공판절차가 유, 무죄 인정절차와 양형절차로 이분되지 않은 상황에서 자백사건이나 간단한 사안의 경우에는 검사가 위와 같은 통일 양식에 의한 양형보고서(혹은 양형작업지)를 작성하여 재판절차에서 제출하고 이에 관한 심리가 이루어진 후 최종적으로 재판부가 확정하는 방안이 가능하다고 하겠다. 미국 버지니아 주의 경우 양형작업지는 원칙적으로 보호관찰관이 작성하나 피고인이 유죄시인을 하거나 유죄협상을 받아들이고 법관, 피고인, 검사가 동의하는 경우 법원은 검사로 하여금 양형작업지를 작성할 수 있다(VC §19.2 – 298.01)

96) 제263회 국회 법제사법위원회 법안심사소위원회 제1차 회의(2006. 12. 12.) 회의록 10, 11면 참조. 이와 관련된 논의 내용을 아래와 같이 일부 발췌해 본다.

최병국 위원: 양형기준표 만들었을 때 우리 법사위에 보고하는 규정이 있습니까?
법원행정처기획조정실장 박병대: 보고를 하도록 되어 있습니다.
최병국 위원: 보고를 해야 됩니다. 그것은 행정부처에서 법률에 대하여 법령을 만들 때 법사위에 다 보고합니다. 양형기준표를 만들면 그것은 법의 집행적인 성질이 있기 때문에 그것을 다 보고합니다.
소위원장 문병호: 보고조항 하나 넣어 주시지요.

양형기준이나 양형정책에 관한 의견을 제시할 수도 있을 것이다. 나아가 양형기준의 규범력을 높이는 방안으로 양형위원회가 양형기준을 수정하는 경우 양형위원회가 국회에 안을 제출하고 국회가 일정 기한 내에 이를 거부하지 않으면 위 안이 효력이 발생하도록 법률로 정하는 것도 바람직하다.[97]

4. 전문위원과 운영지원단 통합 등 사무기구 활성화

양형위원회의 사무 및 보좌기능은 전문위원단과 운영지원단으로 이원화되어 있는데 이는 비교법적으로 역시 매우 이례적이다. 양형위원회를 운영하는 나라에서 위 기능이 이원화된 경우는 찾기 어렵다. 이원화 구조는 업무 효율성이 떨어지고 책임이 분산되므로 신속히 통합할 필요가 있겠다. 전문위원은 법률가, 교수 및 기타 전문가로 구성되는데 양형기준안을 비롯하여 양형기준의 적용 및 효과에 관한 사항, 양형합리화 방안에 관한 사항 등 위원회의 의결사안과 위원회가 요청한 그 밖의 사항을 연구한다.[98] 그런데 전문위원은 모두 비상근으로 현업을 가진 법률가나 교수가

최병국 위원: 법령은 전부 다 보고를 받게 보어 있습니다.

전문위원 박기준: 제81조의10(보고서 발간)에다가 "발간하여야 한다."하고 "국회에 보고하여야 한다" 이런 식으로 조항을 넣겠습니다.

97) 미국 연방의 경우 연방 양형위원회는 제안된 수정안을 그 수정을 필요로 하는 이유를 기재한 설명서와 함께 늦어도 5월 1일 이전에 의회에 제출하여야 한다. 양형위원회는 그 수정안의 발효일을 국회에 제출한 날로부터 180일 이후이자 11월 1일 이전의 날로 특정을 하여야 한다. 의회는 위 심사기간 중에 제출된 수정안을 변경하거나 불승인할 수 있다(.U. S. Sentencing Commission(2004), FIFTEEN YEARS OF GUIDELINES SENTENCING — An Assessment of How Well the Federal Criminal Justice System is Achieving the Goals of Sentencing Reform, 45면). 2004. 한편, 미국 버지니아 주에서 같은 취지의 규정을 찾아볼 수 있다(VC §17.1 – 803)

98) 양형위원회 규칙 별표 2에 제시된 전문위원의 분장사무와 구성원은 아래와 같다.

구분	분장사무	구성원
총괄팀	1. 제1, 2팀 연구결과 검토 및 양형기준안 작성에 관한 사항 2. 위원회에 제출할 보고서 작성에 관한 사항 3. 양형정책의 연구·기획에 관한 사항	수석전문위원(팀장) 제1, 2팀장 변호사, 교수
제1팀	1. 개별범죄에 관한 양형기준 연구에 관한 사항 2. 일반적 양형기준 연구에 관한 사항 3. 양형실태 분석에 관한 사항 4. 양형합리화방안에 관한 사항	법관(팀장) 검사, 변호사 교수, 기타 전문가

현실적으로 위 업무를 수행하기 어렵고 결과적으로 좋은 인적 자원을 확보하기도 쉽지 않다. 이에 대비하여 운영지원단은 모두 상근 직원으로 구성되지만 독자적인 연구를 수행하기보다 전문위원의 업무를 보좌하는 기능을 수행한다.[99] 수석전문위원과 운영지원단장이 법관이나 법원공무원으로 임명되고 법원인사에 의하여 잦은 교체가 이루어져 지속적이고 전문적인 업무수행도 어렵다.[100] 따라서 양형위원회 규칙을 개정하여 전문위원단과 운영지원단을 통합하여 '사무국'을 설치하는 것이 타당하다.

양형위원회가 성공적으로 운영되려면 사무기구의 장의 역할이나 능력이 매우 중요하다. 미국 모범형법 양형편은 사무국장이 사무직원의 업무를 총괄하여 감독하는 한편 위원회가 부과하는 모든 업무에 대한 최종적인 책임을 맡아 수행하고 주(state)의 다른 기관들이나 다른 양형위원회와 접촉을 유지하는 역할을 수행하여야 한다고 규정한다.[101] 사무기구의 장은 법률뿐만 아니라 범죄학, 통계학, 형사정책 등에 정통하여야 할 것이다. 사무기구 직원들도 실증적 연구, 교육, 훈련에 정통한 인력으로 충원하여야 할 것이고 양형위원회의 독립적인 성격을 고려할 때 법원 인사의 대상이 되지 않아야 할 것이다.[102] 법원조직법 제81조8 제2항에 근거하여 양형위원회가 "국가기관·연구기관·단체 등의 장에게 그 소속 공무원 또는 직원의 파견을 요청"하여 다양한 전문가들로 사무기구를 구성해야 한다.[103]

| 제2팀 | 1. 개별범죄에 관한 양형기준 연구에 관한 사항
2. 양형인자의 추출 및 분석에 관한 사항
3. 양형기준의 적용 및 효과에 관한 사항
4. 형사실체법 정비방안에 관한 사항 | 검사(팀장)
법관, 변호사
교수, 기타 전문가 |

99) 다른 나라의 양형위원회들에서 사무국장의 주도하에 양형기준안이 마련되고 많은 실증적 연구보고서를 작성되고 있는 것과 대비된다.

100) 수석전문위원은 법관중 1인으로 정하고(양형위원회 규칙 제8조 제2항), 운영지원단에 단장 1인을 두되 법관, 법원이사관 또는 부이사관을 보한다(양형위원회 규칙 제7조 제2항).

101) 모범형법 양형편 §8.03(1)

102) 미국 연방법은 "연방 양형위원회 사무국장은 양형위원회의 승인을 받아 양형위원회의 기능을 수행함에 있어서 필요한 사무국 공무원 및 고용인을 임명하여야 한다"라고 규정한다(28 U.S.C.§996). 미국 내 주 양형위원회의 경우도 사무기구 직원들이 인사를 통하여 순환 보직되는 경우는 없는 것으로 보인다.

103) 양형기준의 수립이나 양형정책의 수립에 형사정책이나 교정 분야에 전문성을 가진 교정직 및 보호관찰직 공무원의 참여가 필수적이므로 위 공무원을 양형위원회에 파견받을 필요가 있을 것이다.

V 결론

양형목표들을 성공적으로 달성하기 위하여 양형위원회가 단지 양형기준을 전체적으로 수립하는 데 그치지 않고 필요한 상시 업무를 적절하게 수행하여야 한다. 새로운 양형기준을 만들고 필요한 경우 기존 양형기준을 수정할 필요도 있고 양형기준의 실행을 적극적으로 점검하여야 한다. 또한 양질의 양형정보를 수집하여 분석하고 적극적으로 공개하여야 한다. 양형데이터베이스와 양형정보시스템도 구축하여야 한다. 양형위원회는 단지 법관에게 양형에 관한 참고자료를 제공하는데 그치지 않고 교정정책 등 양형정책 수립을 위한 정보 창고 역할을 수행하여야 한다. 이는 은 양형의 개별성과 객관성을 조화롭게 달성하기 위하여 양형위원회의 상시 임무로 당연히 요청되는 사항들이라 할 것이고 미국 모범형법 양형편도 같은 취지로 규정하고 있다.

양형위원회의 15년간 활동을 개관하면 대다수 범죄에 대한 양형기준을 수립하고 필요한 경우 수정하는 등 많은 성과를 거두었음에도 불구하고 미진한 부분이 상당하다. 양형기준의 설정방식이나 내용이 복잡하고 법관의 재량을 여전히 폭넓게 보장하고 있다. 또한 양형위원회가 '대법원' 밑의 통상적인 여러 위원회 중 하나처럼 변질되어 운영되는 느낌도 지울 수 없다. 양형데이터베이스와 양형정보시스템의 구축 작업도 더디고 양형정보도 제대로 공개되지 않는다. 양형위원회는 형사절차 전반에 걸친 양형정책의 발전을 위한 토대를 제공할 필요가 있음에도 별다른 성과가 보이지 않는다.

무엇보다 양질의 양형자료 수집이 문제를 해결하는 첫 단추이다. 이를 통하여 실증적 기반에서 양형기준이 수립되고 양형목표 달성 여부가 점검되는 체제가 마련되어야 한다. 양형위원회가 양형작업지 등 필요한 양식을 개발하고 재판부가 위 양식에 양형자료를 입력하여 위원회에 송부하도록 하여야 한다. 아울러 사무기구의 효율성, 전문성을 높이기 위해 전문위원과 운영지원단의 통합이 필요하고 사무기구의 장의 역할도 강화하여야 한다.

양형위원회가 사법부 주도형으로 구성되고 운용되는 점에 대하여는 많은 우려가 있었다. 문제의 중심에 있었던 당사자가 주도적으로 해결방안을 찾도록 하는 점에 대하여 많은 우려가 있었고 그 결과 사법부에 편제하지만 독립적인 위상을 갖는 양형위원회가 탄생한 것이다. 양형기준제 운용에 있어 양형에 관한 오랜 경륜과 통찰력이 축적된 사법부의 역할이 중요하더라도 지나친 사법부의 관여는 양형개혁 자체를 좌초시킬 우려도 있는 것이다.

양형에 관한 국민의 신뢰를 얻기 위한 여정은 양형위원회를 포함하여 형사사법시스텝에 참여하고 있는 모든 사람들의 끊임없는 노력이 필요한 지속적인 과정이다. 양형위원회가 본연의 자리를 되찾고 양형개혁의 목표에 부합하는 상시 임무를 충실하게 수행하여 양형개혁에 매진하기 바란다.

후기

양형개혁의 길에서 만나 뵌 한인섭 교수님

국민을 위한 사법개혁에 헌신하시고 한국의 격동적 역사 속에서 한 줄기 빛을 내는 법률가들의 삶을 발굴하여 진정한 법과 법률가의 의미를 끊임없이 추구하시고 계시는 한인섭 교수님과 필자의 인연은 2007년에 시작되었다. 양형개혁을 바라는 국민의 열망을 담아 참고적 양형기준제가 도입되고 양형위원회가 발족된 때였다. 한 교수님은 양형위원이셨고 필자와 이주형 변호사(前 서울고검장)은 대검찰청 양형기준팀으로 양형위원회 전문위원이었다. 양형개혁에 관한 말씀을 듣고자 찾아뵌 두 사람에게 교수님께서 공정하고 객관적인 양형기준의 중요성을 강조하시면서 양형기준이 단지 법관에게 참고적인 효력이 아니라 법관이 '존중'하여야 하는 효력을 갖는다고 힘주어 말씀하신 것이 기억에 남는다.

한 교수님은 양형위원으로 활동하시면서 항상 양형기준이 국민이 쉽게 이해할 수 있는 공정하고 객관적인 모습이어야 한다는 점을 끊임없이 강조하셨다. 양형인자의 계량화를 주저하는 분위기에 대하여 위원회가 이를 위해 최대한 노력하지 않으면 위원회의 존재 의미가 없다고 열변을 토하셨고 집행유예 기준을 좀 더 객관적이고 투명하게 마련하여 고질적인 양형 문제점들을 해결하자고 하셨다. 또한, 교수님은 개별 양형기준안들을 심의하는 소위원회 위원으로 열정적으로 활동하셨다. 아쉽게도 항상 일반 시민의 관점에서 양형개혁을 바라본 교수님의 의견이 모두 반영되지 못했지만, 양형기준이 양형의 개별성이 중시되었음에도 나름대로 공정하고 객관적인 틀을 갖추게 된 근저에는 교수님의 열정과 헌신이 있었던 것이다.

필자는 전문위원으로서 양형기준의 객관성을 더욱 높이는 설정방식을 주장하였고 같은 취지의 살인죄 양형기준안 등을 제시하였으나 수용되지 못하였다. 교수님은 필자에게 학문적인 연구를 통하여 소수 의견'을 글로 담아내고 설득해 나가는 길이 있다는 점을 말씀하셨다. 교수님의 권유에 힘입어 실무를 병행하면서 박사과정을 시작하게 되었고 종합적 양형기준 설정방식에 관한 연구로 학위를 취득하였다. 한 교수님은 위 논문의 심사위원장으로 지도하여 주셨다. 필자가 검사 생활을 마치고 변호사의 길을 계속하기보다 학자의 길을 생각할 때도 멘토로서 적극적으로 조언하여 주시고 필자가 대학교로 자리를 옮긴 후에도 양형 개혁에 관한 글을 꾸준히 발표하도록 격려하여 주셨다.

모든 개혁이 그렇듯이 국민이 바라는 양형 개혁이라는 큰 과업이 한번에 달성되기는 어려울 것이다. 무엇보다 양형개혁의 길에서 존경하는 교수님과 함께 한 인연에 감사드리면서 부족하나마 꾸준히 온전한 개혁을 위한 '소수 의견'을 계속 제시해 나가고자 한다.

10

교정시설 최소 수용면적 기준에 관한 비교법적 고찰*

신용해(법학박사, 법무부 교정본부장)

Ⅰ　서설

　　교정시설에서의 과밀수용은 수용자의 기본적인 인권을 침해한다. 수용자의 인권침해를 금지하는 국제인권규범으로 시민적·정치적 권리에 관한 국제규약(자유권규약) 및 유엔 피구금자 처우에 관한 최저기준 규칙(넬슨 만델라 규칙) 등이 있다.

　　자유권규약 제7조에는 "어느 누구도 고문 또는 잔혹한, 비인도적인 또는 굴욕적인 취급 또는 형벌을 받지 아니한다. 특히 누구든지 자신의 자유로운 동의 없이 의학적 또는 과학적 실험을 받지 아니한다"라고 규정되어 있으며, 동 규약 제10조 제1항에는 "자유를 박탈당한 모든 사람은 인도적으로 또한 인간의 고유한 존엄성을 존중하여 취급된다"라며 피구금자의 인도적 처우에 대한 국가의 의무를 선언하고 있다. 교정시설에서의 지나친 과밀수용은 동 규약 제7조가 금지하고 있는 잔혹하고 비인도적이며 굴욕적인 취급 또는 형벌의 수준에 해당한다고 볼 수 있고, 제10조 제1항의 자유를 박탈당한 사람에 대한 인도적 처우에 관한 의무를 위반한다고 할 수 있다. 그러나 이 규정들은 피구금자에 대한 인도적인 처우와 관련하여 추상적인 개념을 사용하고 있을 뿐 과밀수용과 관련하여 구체적인 기준을 적시하지 않고 있다.

　　이에 반하여 넬슨 만델라 규칙은 제12조부터 제17조에 이르기까지 피구금자의 거주시설에 대하여 구체적인 기준을 제시하고 있다. 특히, 동 규칙 제12조 제1항에서는 "취침설비가 각 방에 설치되어 있을 경우, 개개의 피구금자마다 야간에 방 한

---

* 이 글은 신용해, "교정시설 과밀수용 방지를 위한 정책적·법적 대책", 서울대학교 법학전문대학원 박사 학위논문, 2022의 내용 일부를 발췌한 것이다.

칸이 제공되어야 한다. 일시적인 과잉수용 등과 같은 특별한 이유로 중앙교정당국이 이 규정에 대한 예외를 둘 필요가 있을 경우에도 방 한 칸에 2명의 피구금자를 수용하는 것은 바람직하지 않다."라고 규정하고 있고, 동 규칙 제13조에서는 "피구금자가 사용하도록 마련된 모든 거주설비, 특히 모든 취침 설비는 기후상태와 특히 공기의 용적, 최소건평(최소 바닥면적), 조명, 난방 및 환기에 관하여 적절한 고려를 함으로써 건강유지에 필요한 모든 조건을 충족하여야 한다."라고 규정하고 있는데 이 규정은 피구금자의 건강유지를 위하여 지나친 과밀수용을 금지하는 명시적인 근거라고 볼 수 있을 것이다. 특히 동 규칙 제13조에서 취침 설비와 관련하여 최소 바닥면적을 언급한 것은 구금되어 있는 인간이 건강유지를 위해서는 적정한 수면을 취할 수 있는 최소한의 공간, 즉 최소 바닥면적이 필요하다는 점을 강조한 것으로 보인다. 그러나 이 규칙에서도 피구금자의 건강유지를 위한 적절한 최소 바닥면적이 어느 정도인지에 대해서는 별도의 규정을 두고 있지 않다.

아래에서는 교정시설 내 1인당 적정한 수용 면적에 관하여 국제사회에서는 어떠한 기준을 가지고 있는지에 대하여 비교법적인 연구를 진행하기로 한다.

Ⅱ 국제적십자위원회의 최소 수용면적 지침

국제적십자위원회(International Committee of the Red Cross, ICRC)는 1863년 2월 제네바협약에 따라 설립된 국제 인도주의 기구로 국제적 및 비국제적 무력충돌, 내란 및 긴장 상황에서 자발적 또는 제네바협약을 바탕으로 피해자들을 보호, 지원하는 단체이다.[1]

국제적십자위원회는 2013년 '교정시설내 식수, 용변, 위생 및 거주에 관한 핸드북(Water, Sanitation, Hygiene and Habitat in Prisons,)'을 발간하여 교정시설에 대한 인도주의적 기준을 제시하고 있다. 이 핸드북에서는 구금자 1인당 전체 교도소 내 사용가능 면적은 20~30㎡ 정도 되어야 하고, 수용을 위한 최소공간으로 독거수용의 경우 1인당 5.4㎡, 혼거수용의 경우 3.4㎡이어야 하며, 수면을 위한 공간으로 침대의 최소면적은 1.6㎡(길이 2m × 너비 0.8m) 이어야 하고, 벙커 침대의 경우에는 바닥에서 침대까지의 최소 높이가 0.2 m, 층간 최소 수직 공간은 1.2m, 최대 층수는 3층,

---

[1] 국제적십자위원회(The International Committee of the Red Cross) 홈페이지, https://www.icrc.org/en/who-we-are (검색일: 2024. 3. 23.)

벙커 침대 사이의 최소 수평 공간은 1.5m가 되어야 한다고 규정하고 있다.[2]

Ⅲ 유럽인권재판소 및 유럽고문방지위원회의 최소 수용면적 기준

1. 유럽인권재판소의 수용면적 기준

유럽인권재판소(European Court of Human Rights)는 유럽인권협약(Convention for the Protection of Human Rights and Fundamental Freedoms)에 따라 1959년 설립된 인권에 관한 재판소로 교정시설의 과밀수용과 관련한 여러 판결을 통하여 1인당 최소 수용면적 기준을 제시하고 있다. 아래에서는 유럽인권재판소가 1인당 최소 수용면적의 기준을 제시한 것으로 평가받고 있는 대표적인 판례로 Mandić and Jović v. Slovenia 사건과 Muršić v. Croatia 사건을 간략히 소개하기로 한다.

1) Mandić and Jović v. Slovenia 사건[3]

(1) 사실관계

이 사건의 원고들인 슬로베니아 국적의 페타르 만디치(Petar Mandić)와 세르비아 국적의 블라단 요비치(Vladan Jović)는 각각 1959년과 1963년에 태어나 슬로베니아(Slovenia)의 류블랴나(Ljubljana)와 트르보블예(Trbovlje)에 거주하고 있다. 만디치(Mandić) 씨는 2009년 7월 10일부터 2010년 2월 2일까지, 요비치(Jović) 씨는 2009년 6월 5일부터 2010년 1월 13일까지 약 7개월 동안 재판이 진행될 때까지 류블랴나 교도소(Ljubljana Prison)의 미결구금 구역에 수용되어 있었다. 그들은 6개의 수면 공간이 있는 16.28㎡ 규모의 감방에 다른 수용자 4명과 함께 수용되었다. 감방에는 바

---

2) Nembrini, Pier Giorgio. *Water, Sanitation, Hygiene and Habitat in Prisons*, International Committee of the Red Cross, 2013, p. 18−24.

3) 이하 내용은 The European Court of Human Rights, *Conditions in Ljubljana Prison amounted to degrading treatment of prisoners*, Press Release, 2011. 10. 20. 및 The European Court of Human Rights, *Mandic and Jovic v Slovenia [2011] ECHR Application Nos. 5774/10 and 5985/10* (20 October 2011). JUDGMENT, STRASBOURG, 20 October 2016. 참조. 이 판결에 대한 원문자료는 https://hudoc.echr.coe.int/eng#{%22itemid%22:[%22001−167483%22]} (검색일: 2022. 11. 30.) 참조. 이 판결에 대한 요약자료는 https://www.hrlc.org.au/human−rights−case−summaries/systemic−overcrowding−in−prisons−may−amount−to−inhuman−and−degrading−treatment−2 (검색일: 2022. 11. 30.) 참조.

닥에서 천장까지 벽으로 분리된 세면대와 화장실이 있는 위생 별관이 갖춰져 있었고, 감방과 같은 층에 있는 샤워실은 매일 사용할 수 있었다. 구금 구역과 폐쇄 구역 모두 하루 종일 감방이 잠겨 있었고, 이들은 면회나 운동과 같은 예정된 활동을 위해서만 감방을 떠날 수 있었으며, 하루 평균 2시간 30분을 감방 밖에서 보낼 수 있었다. 이들은 한 번에 평균 30명 이상이 사용하는 운동장을 하루 2시간씩 이용할 수 있었고, 일주일에 두 시간은 오락실도 이용할 수 있었다.

한편, 슬로베니아 정부가 제공한 정보에 따르면 2009년 7월 하반기와 8월 오후 평균 기온은 약 섭씨 28도로 7일 동안 섭씨 30도를 넘었다. 그리고 슬로베니아 교정국에 따르면, 류블랴나 교도소의 공식 수용 정원은 128명이나, 이들이 구금된 기간인 2009년과 2010년에는 각각 261명과 245명의 수용자를 수용하여 공식 수용 정원을 2배나 초과하였다고 한다. 특히 유럽고문방지위원회(European Committee for the Prevention of Torture and Inhuman or Degrading Treatment or Punishment, CPT)가 2006년에 류블랴나 교도소의 과밀화를 비판하면서 $18m^2$ 규모의 감방에 수용되는 수감자 수를 최대 4명으로 줄이고, $8m^2$ 규모의 각 감방에 한 명의 수감자만 수용할 수 있도록 노력할 것을 재차 권고한 바 있다. 슬로베니아 인권 옴부즈맨 역시 과밀수용에 대해 우려를 표명했으며, 2007년 연례보고서에서 "류블랴나 교도소를 방문하는 동안 공식 수용 정원의 거의 95%가 초과되었다...방문 당시는...전형적인 여름 날씨였기 때문에 감방 안의 공기는 덥고 습했다. 방문 3일째(2007년 7월 19일) 정오쯤 일부 감방에서의 온도가 섭씨 31.9도로 측정되었다. 수감자들은 방에 갇혀 있어 공기가 순환되지 않았기 때문에 자체 환풍기를 사용하고 창문에 차양을 치는 등 찌는 듯한...더위의 영향을 줄이기 위해 노력했다. 우리가 여름에 관찰한 바와 같이 생활 환경은 비인간적이라고 판단했다."고 지적한 바 있다.

원고들은 류블랴나 교도소의 구금 조건이 유럽인권협약 제3조(비인도적이고 굴욕적인 대우 금지) 및 제8조(사생활 및 가족생활을 존중받을 권리)의 위반에 해당하고, 특히 심각한 과밀수용, 부적절한 환기, 열악한 위생 상태, 감방 밖에서 보낼 수 있는 시간에 대한 과도한 제한 등을 호소하며 유럽인권협약 제13조(효과적인 구제에 대한 권리)에 근거하여 해당 불만 사항에 대해 효과적인 구제 수단이 없었다고 주장하면서 2009년 12월 24일 유럽인권재판소에 소송을 제기하였다.

(2) 유럽인권재판소의 판단

이 사건에 대하여 유럽인권재판소는 2011년 10월 20일 원고들이 1인당 수용면적이 2.7㎡인 감방에 수개월 동안 갇혀 있었다고 지적하며, 이러한 상황 자체가 유럽인권협약 제3조와 관련한 문제를 일으키는 것이고, 게다가 만디치(Mandić) 씨와 요비치(Jović) 씨의 경우 하루에 두 시간의 운동 시간을 제외하고는 밤낮으로 감방에 갇혀 있어야 했기 때문에 상황이 더욱 악화되었다고 판단하였다.

또한 유럽인권재판소는 슬로베니아 인권 옴부즈맨의 보고서에 의해 뒷받침되는 감방의 높은 온도에 대한 원고들의 불만 사항에 주목했으며, 시설이 과밀하다는 사실로 인해 위생 상태가 영향을 받았을 수 있다는 점을 인정할 수 있었지만, 이전 자료에 근거하여 교도소 관련 구역의 청결도가 부적절하다고 판단하지는 않았다.

그리고 유럽인권재판소는 해당 교도소가 원고들을 비하하거나 모욕하려는 의도가 있었다는 증거는 전혀 없었지만, 구금 기간 대부분의 시간 동안 거의 하루 종일 감방 내 개인 공간이 3㎡ 미만인 점을 고려하여, 이들이 겪은 고통과 고난은 구금에 내재된 불가피한 수준의 고통을 초과하였으며 이는 유럽인권협약 제3조의 심각성 기준을 넘어섰다고 판단하였다. 유럽인권재판소는 따라서 이는 유럽인권협약 제3조를 위반한 굴욕적인 대우에 해당한다고 판결하였다.

또한 유럽인권재판소는 관련 법률에 규정된 전화 통화 제한과 방문 횟수 및 기간 제한이 교도소 체제를 유지하기 위한 필요성을 고려할 때 그 자체로는 불합리하지 않은 것으로 보인다고 판단하고, 원고들이 법률에서 요구하는 것보다 더 많은 전화나 방문을 통해 다른 사람들과의 접촉이 제한되었다고 불만을 제기하는 것으로 이해되는 한, 2006년 방문 시 CPT가 이 분야에서 일부 우려를 제기한 것을 언급하면서도, 법원은 신청인들이 법률에 따라 문제의 시설을 사용할 수 없었다는 증거 또는 구체적인 정보를 제출하지 않았으므로 이 부분은 입증되지 않았고, 이는 명백히 근거가 부족한 것으로 간주되므로 원고들의 유럽인권협약 제8조 위반 주장은 기각하였다.

다만, 유럽인권재판소는 슬로베니아 정부가 신뢰하는 구제책 중 어느 것도 원고들에 대한 효과적인 구제책이 될 수 없다고 판단하며, 구금 조건과 관련하여 원고들의 불만 사항에 대한 국내법상 효과적이고 접근 가능한 구제 수단이 부족하여 유럽인권협약 제13조를 위반했다고 판결하였다.

한편, 유럽인권협약 제41조의 정당한 구제조치와 관련하여 유럽인권재판소는 슬로베니아 정부가 원고들에게 각각 8,000유로(EUR)의 비금전적 손해와 비용에 대해 공동으로 2,000유로를 지급해야 한다고 판결했다.

(3) 이 판결의 의의

위에서 살펴본 바와 같이 2011년 유럽인권재판소는 이 사건에서 교도소 내 부적절한 구금 환경, 특히 체계적인 과밀수용으로 인한 수용자의 개인 공간 부족은 유럽인권협약 제3조를 위반하는 비인간적이고 굴욕적인 대우에 해당할 수 있다고 확인하였다. 즉, 유럽인권재판소는 이 판결에서 1인당 수용거실 면적이 2.7㎡인 교도소에서 수개월 동안 수용되었던 청구인의 사례는 유럽인권협약 제3조(고문의 금지)[4] 위반이라고 판결하면서 3㎡의 수용거실 면적이 유럽인권협약 심사의 최저기준이라는 것을 확인하였다. 또한 교정시설이 일정한 최소 기준을 충족하지 못하는 경우, 수용자를 모욕하거나 비하하려는 적극적인 의도가 없더라도 유럽인권협약 제3조 위반에 해당하는 심각성의 기준을 초과할 수 있다는 점도 이 사건에서 주목할 부분이라고 하겠다.

2) Muršić v. Croatia 사건[5]
(1) 사실관계 및 소송의 경과

이 사건의 원고인 크리스티안 무르시치(Kristijan Muršić)는 1987년생으로 크로아티아(Croatia) 쿠르샤네츠(Kuršanec)에 거주하는 크로아티아 국민이다. 2009년 2월 원고는 무장강도 혐의로 징역 2년 형을 선고받았고, 2010년 7월에는 절도 혐의로 징역 1년 형을 추가로 선고받았다. 2011년 8월 26일, 차코베츠(Čakovec) 카운티 법원은 두 기간을 합쳐 원고에게 2년 11개월의 징역형을 선고했다. 2009년 10월 16일 원고는 투로폴레(Turopolje) 주립 교도소의 반개방형 체제에서 벨루바르(Bjelovar) 카운티 교도소로 이송되어 2011년 3월 16일까지 그곳에 수용되어 있었다. 원고는 그곳에 수용되었던 동안 과밀한 환경의 감방에 갇혀 있었는데, 연속 27일을 포함해 총 50일 동안 그는 개인 공간이 3㎡도 안 되는 감방에 갇혀 있었으며, 그 감방은 제대로 관리되지 않았고 축축하고 더러웠다고 주장하였다. 또한 원고는 교도소에서 일할 기회가 전혀 주어지지 않았으며 일반적으로 오락 및 교육 활동에 대한 충분한 접근권도 없었다고 불만을 호소하였다. 2010년 3월 24일 원고는 개인 및 가족을 이유로 벨루바르 교도소 행정 부서에 바라즈딘(Varaždin) 교도소로의 이송을 요청하였고, 2010년 5

---

4) 유럽인권협약 제3조(고문의 금지): 어느 누구도 고문, 비인도적인 또는 굴욕적인 취급이나 형벌을 받지 아니한다. https://www.echr.coe.int/Documents/Convention_ENG.pdf, (검색일: 2022. 11. 30.)

5) 이하 내용은 The European Court of Human Rights, *CASE OF MURŠIĆ v. CROATIA* (Application no. 7334/13), JUDGMENT, STRASBOURG, 20 October 2016 및 The European Court of Human Rights, *Detention for 27 days in personal space of less than 3 square metres was inhuman and degrading treatment*, Press Release, 2016. 10. 20. 참조. https://johan‒callewaert.eu/wp‒content/up‒loads/2019/12/CASE‒OF‒MURSIC‒v.‒CROATIA.pdf, (검색일: 2022. 11. 30.)

월에도 가족의 재정적 어려움으로 인해 벨루바르(Bjelovar) 교도소를 방문하기 어렵다는 점을 들어 개인적인 사유와 가족 문제를 다시 한번 언급하며 자신의 요청을 반복하였다.

2010년 8월 그는 형 집행 판사에게 자신의 구금 조건에 대해 진정을 제기하였으나, 형 집행 판사는 구금 조건에 대해 교도소로부터 자세한 보고서를 받고 원고를 직접 심리한 후, 그의 진정이 근거가 없다고 기각하였다. 원고는 이 결정에 불복하여 항소하였고, 2010년 10월 벨루바르 지방법원의 3인 재판부는 그의 항소를 기각하고 형집행 판사의 판결 이유를 지지하였다. 그는 벨루바르 지방법원의 결정에 이의를 제기하고 벨루바르 교도소의 개인 공간 부족과 작업 기회 부족 등 일반적인 사항에 대해 헌법 소송을 제기하였다. 2012년 6월 5일, 헌법재판소는 원고의 헌법 소송을 명백하게 근거 없는 것으로 판단하여 부적법하다고 선언하였다.

이에 원고는 2012년 12월 17일 유럽인권재판소에 유럽인권협약 제3조(비인도적이거나 굴욕적인 대우 금지)에 근거하여 자신이 벨로바르 교도소에 열악한 환경에 갇혀 있었다고 소송을 제기하였다. 원고는 총 50일의 기간 동안 여러 차례에 걸쳐서 3㎡ 미만의 감방 내 개인 공간을 사용했으며, 다른 기간에는 3~4㎡의 개인 공간을 사용했다고 주장하였다. 원고는 또한 위생 시설, 위생 조건, 음식, 교도소 업무에 참여할 가능성, 교도소 내 레크리에이션 또는 교육 활동에 대한 접근이 불충분하다고 주장하였다.

이에 대하여 유럽인권재판소는 2015년 3월 12일 6대 1의 표결로 신청인이 수용되었던 환경이 비인간적이거나 모욕적인 대우로 간주되기 위한 심각성의 기준에 도달하지 못했기 때문에 유럽인권협약 제3조를 위반하지 않았다고 판결하였다. 원고는 2015년 6월 10일, 유럽인권재판소 규정 제43조(대재판부 회부)에 따라 이 사건을 대재판부(Grand Chamber)에 회부해 줄 것을 요청하였고, 2015년 7월 6일 대재판부의 합의체는 그 요청을 받아들였다.

(2) 유럽인권재판소 대재판부의 판단

유럽인권재판소 대재판부는 2016년 10월 20일 이 사건에 대하여 다음과 같이 판결하였다.

먼저, 유럽인권재판소 대재판부는 만장일치로 원고가 2010년 7월 18일~2010년 8월 13일까지 벨루바르 교도소에서 3㎡ 미만의 개인 공간을 사용한 기간은 유럽인권협약 제3조(비인간적이거나 모욕적인 대우 금지)를 위반하였다고 판결하였다. 그리고 유럽인권재판소 대재판부는 10대 7의 표결로 그가 3㎡ 미만의 개인 공간을 사용한 다른 비연속적인 구금 기간에 대해서는 유럽인권협약 제3조를 위반하지 않았다고 판결하였다. 아울러, 유럽인권재판소 대재판부는 13대 4의 표결로 그가 벨루바르 교도소에서 3㎡에서 4㎡ 사이의 개인 공간을 사용한 기간에 대해서는 제3조를 위반하지 않았다고 판결하였다.

또한, 유럽인권재판소 대재판부는 여러 명이 함께 사용하는 감방에서 수용자 1인당 3㎡의 바닥면적이 판례상 일반적인 기준이며, 유럽인권협약 제3조의 목적상 적용할 수 있는 최소 기준이라고 확인하였다. 이 면적이 3㎡ 미만으로 떨어지면 개인 공간의 부족이 매우 심각하여 유럽인권협약 제3조 위반의 강력한 추정이 발생한다고 보았다.

그리고 유럽인권재판소 대재판부는 크로아티아 정부가 제출한 문서와 원고의 진술을 고려할 때, 원고가 벨루바르 교도소에서 구금되었던 환경은 일반적으로 적절하였으나, 그가 3㎡ 미만의 개인 공간에 27일 연속으로 수용되었던 기간에는 유럽인권협약 제3조를 위반하였다고 판단하였다.

마지막으로, 유럽인권재판소 대재판부는 원고가 3㎡ 미만의 개인 공간을 사용한 다른 기간은 개인 공간의 일시적이고 경미한 감소로 볼 수 있으며, 동시에 원고는 감방 밖에서 충분한 이동의 자유와 활동을 할 수 있었고, 일반적으로 적절한 구금시설에 구금되어 있었다고 판단하였다.

한편, 유럽인권재판소 대재판부는 유럽인권협약 제41조의 정당한 구제조치와 관련하여 크로아티아 정부가 원고에게 비금전적 손해에 대해 1,000유로(EUR), 비용 및 지출에 대해 3,091.50유로(EUR)를 지급해야 한다고 판결하였다.

(3) 이 판결의 의의

유럽인권재판소 대재판부의 이 판결은 앞에서 살펴본 2011년 Mandić and Jović v. Slovenia 사건에 대한 유럽인권재판소의 판결과 같이 여러 명이 함께 사용하는 감방에서 수용자 1인당 3㎡의 바닥면적이 판례상 일반적인 기준이며, 유럽인권협약 제3조의 목적상 적용 가능한 최소 기준이라고 재차 확인하였다. 이 재판에서 유럽인권재판소 대재판부는 교도소 감방의 수용자 1인당 바닥면적이 3㎡ 미만으로 떨어지면 개인 공간의 부족이 매우 심각하여 유럽인권협약 제3조 위반의 강력한 추정이 발생한다고 판결한 것은 수용자에 대한 기본적인 인권보호의 측면에서 교정시설의 1인당 수용면적 기준의 중요성을 강조한 것으로 평가할 수 있겠다.

2. 유럽고문방지위원회의 수용면적 기준

우리나라에서 지금까지 권고된 다수의 국가인권위원회 결정례에 의하면 유럽고문
방지위원회(European Committee for the Prevention of Torture and Inhumane or
Degrading Treatment or Punishment, CPT)는 최소 수용면적 기준으로 7㎡를 제시한 것
으로 알려졌다.[6] 또한 헌법재판소 결정례에 따르면 유럽고문방지위원회는 혼거 수용
실의 경우 4㎡의 면적을 1인당 최소 수용면적 기준으로 제시한 것으로 나타났다.[7]

그러나, 유럽고문방지위원회는 2015년 12월 15일 펴낸 "교도소 내 수용자 1인당
생활 공간: 유럽고문방지위원회 표준(Living space per prisoner in prison establish—
ments: CPT standards)"을 통해 밝히고 있듯이 독거 수용실의 경우 $6m^2$의 생활 공간
을 최소 기준으로 하고 있으며, 혼거 수용실의 경우 수용자 1인당 생활 공간을 $4m^2$
를 최소 수용면적 기준으로 정하고 있다.[8]

아울러, 유럽고문방지위원회는 최근 몇 년간 분명히 밝혔듯이 생활 공간의 최소
기준은 독방 내 위생시설을 제외해야 하므로, 결과적으로, 독거 수용실은 $6m^2$에 위
생 별관(화장실)에 필요한 공간(보통 $1m^2 \sim 2m^2$)을 더한 크기여야 하고, 마찬가지로,
위생 별관이 차지하는 공간은 혼거 수용실의 1인당 $4m^2$의 계산에서 제외되어야 하
고, 한 명 이상의 수용자를 수용하는 감방에서는 위생 별관이 완전히 분리되어야 한
다고 적시하고 있다.[9] 추가적으로, 유럽고문방지위원회는 수용자의 수용을 위해 사
용되는 모든 거실은 벽 사이가 최소 2m, 바닥과 천장 사이는 최소 2.5m 이상으로
측정되기를 고려한다고 규정하고 있다.[10]

---

6) 국가인권위원회 결정, 2018. 11.5., 17직권0002100·16진정0380801 등 25건(병합) 구금시설 과밀수용으로
   인한 수용자 인권침해 직권조사 등 결정.

7) 헌법재판소 결정. 2016. 12. 29. 2013헌마142.

8) European Committee for the Prevention of Torture and Inhuman or Degrading Treatment or
   Punishment(CPT), *Living space per prisoner in prison establishments: CPT standards*, 2015. 12.
   15., para.9.

9) European Committee for the Prevention of Torture and Inhuman or Degrading Treatment or
   Punishment(CPT), ibid., para.10.

10) European Committee for the Prevention of Torture and Inhuman or Degrading Treatment or
   Punishment(CPT), ibid., para.11.

Ⅳ 기타 국가들의 최소 수용면적 기준

1. 선행 연구에서의 최소 수용면적 기준 개관

1) 미국

미국의 경우 주(州, state)에 따라 1인당 최소 수용면적의 기준이 각자 다르기 때문에 일률적으로 판단하기는 쉽지 않다. 일찍이 미국은 1829년 펜실베니아주에서 필라델피아 동부주립감옥(East State Penitentiary)을 설립하면서 주야로 완전히 독거하는 형태를 구현하기 위해 길이 3.6m, 폭 2.4m의 독거실을 마련하였는데,[11] 이에 의하면 수용면적은 8.64㎡에 이를 정도로 넓은 공간을 수용자에게 허용한 바 있다.

미국 법무부(U.S. Department of Justice)의 국립교정연구소(National Institute of Corrections)에서는 구치소의 수용면적(바닥면적)은 독거실의 경우 50˜70평방피트(4.65㎡˜6.50㎡)이며, 혼거실의 경우 최소 60평방피트(5.57㎡)의 수용면적을 기준으로 추가 인원은 1인당 12.5평방피트(1.16㎡)를 더하도록 각 주(state)에 권장하고 있다.[12] 또한 미국 교정협회(American Correctional Association, ACA)에서는 성인교도소의 수용거실은 1인당 최소 25평방피트(2.32㎡)의 방해받지 않는 공간을 제공하고, 심각한 의료장애나 정신질환이 있는 수용자나 성범죄자, 타인에 의해 착취당하거나 피해를 입을 가능성이 있는 수용자, 그 외 독거수용이 필요한 수용자의 경우에는 독거실에 수용할 수 있는데, 구금이 하루 10시간을 초과하는 경우 총 바닥면적이 최소 80평방피트(7.43㎡) 이상이고 그 중 35평방피트(3.25㎡)는 방해받지 않는 공간을 제공하도록 규정하고 있다.[13] 또한 특별관리 수용동(special management housing)과 엄중격리 수용동(restrictive housing)의 독거실은 최소 80평방피트(7.43㎡)의 면적을 제공하여야 하고, 혼거실의 경우 최소 35평방피트(3.25㎡)를 제공하되 추가 인원에 대해서는 25평방피트(2.32㎡)의 방해받지 않는 공간을 제공하도록 규정하고 있다.[14]

이러한 기준에 따라 알래스카주(State of Alaska)는 독거실의 경우 5.57㎡, 2인실은 7.43㎡, 3인실은 14㎡의 수용면적 기준을 가지고 있다.[15] 콜로라도주(State of

---

11) 한인섭, 「형벌과 사회통제」, 박영사, 2006, 189면.

12) Kimme, Dennis A. & Gary M. Bowke & Robert G. Deichman. J*ail Design Guide—third edition*, National Institute of Corrections(NIC), March 2011, p. 140.

13) American Correctional Association, *Performance—Based Standards, Expected Practices, Adult Correctional Institutions Fifth Edition*, 2021, p. 55.

14) American Correctional Association, ibid., p. 112, p. 123.

15) 안성훈, 「교정시설에서의 과밀수용 현상과 그 대책에 관한 연구」, 한국형사정책연구원 연구총서, 한국형

Colorado)의 경우에는 독거실의 경우 최소 70 평방피트(6.50㎡), 혼거실의 경우 최소 50평방피트(4.65㎡)의 바닥면적 기준을 규정하고 있다.[16]

한편, 앞서 살펴본 우리나라 헌법재판소 결정의 보충의견에서는 "미국의 경우 수형자에 대하여는 수용시설 환경이 지나치게 열악하여 수정헌법 제8조의 '잔혹하고 이상한 형벌(cruel and unusual punishment)의 금지'에 위배되는지 여부를 판단하는바, 연방대법원이 약 6.3㎡에 2인을 수용한 것이 헌법의 위반에 이르는 정도가 아니라고 한 예가 있으나(Rhodes v. Chapman, 452 U.S. 337, 1981), 제7연방항소법원은 1인당 수용면적이 2.2㎡인 경우(실제 사용가능면적은 그 절반이었음) 위헌이라고 판단하였고 (French v. Owens, 777 F.2d 1250, 1985), 제8연방항소법원은 1인당 2.5~3㎡의 경우 그 수용조건이 위헌적이라고 판단하였다(Cody v. Hillard, 799 F.2d 477, 1986)."라고 미국의 1인당 최소 수용면적 기준을 소개하고 있다.[17] 다만, 미국의 경우에 연방법이나 주법에서 교정시설의 1인당 최소 수용면적 기준을 직접 규정하기 보다는 주법의 위임을 받아 미국 법무부의 국립교정연구소(National Institute of Corrections, NIC)나 미국 교정협회(American Correctional Association, ACA) 그리고 국립 교정의료위원회 (National Commission on Correctional Healthcare, NCCHC)에서 권장하는 기준을 참고하여 업무 매뉴얼 형식으로 이를 규정하고 있다.

2) 독일

독일의 경우 연방정부는 1인당 9㎡의 면적을 최소 수용면적 기준으로 권고하고 있고, 연방헌법재판소도 독거실의 경우 9㎡ 혼거실의 경우 7㎡를 1인당 최소 수용면적으로 보장하여야 한다고 판시하였다.[18] 한편, 앞에서 살펴본 우리나라 헌법재판소 결정의 보충의견에서도 "독일의 경우 연방헌법재판소는 7.6㎡ 내지 8㎡의 독거실에 2인이 수용된 경우 인간의 존엄성을 침해한다고 판단하였고(BVerfG, NJW 2002. 2699 f.), 프랑크푸르트 주 상급법원이 11.54㎡(화장실 포함)의 방에 3인이 수용된 경우 인간의 존엄성을 침해한다고 판단한 바 있다(OLG Frankfurt a.M., NStZ－RR 2009, 326)."

사정책연구원, 2016, 18면.

16) Colorado Jail Standards Commission, *Report to the Legislative Oversight Committee Concerning Colorado Jail Standards － Recommended Standards for Colorado Jails*, November 15, 2023, p. 108.

17) 헌법재판소 2016. 12. 29. 2013헌마142 결정; 헌법재판소, 「헌법재판소 판례집」 제28권 2집(하), 헌법재판소, 2017, 663~664면.

18) 이승택, "수용시설 과밀수용 최저기준에 관한 국제적 기준과 헌법재판소의 결정 : 헌법재판소 결정. 2016. 12. 29. 2013헌마142에 대한 분석을 중심으로", 「국제법 동향과 실무」 Vol.16, No.4(통권 제47호), 외교부 국제법률국, 2017, 120면.

라고 소개하고 있다.[19]

다만, 독일도 미국과 마찬가지로 1인당 수용면적 기준을 법률에 명확히 규정하고 있지는 않다. 즉, 우리가 흔히 독일 '행형법'이라고 부르고 있는 독일 '구금형 집행과 자유 박탈을 수반하는 교정 및 보안 조치에 관한 법률(Gesetz über den Vollzug der Freiheitsstrafe und der freiheitsentziehenden Maßregeln der Besserung und Sicherung (Strafvollzugsgesetz-StVollzG))' 제144조와 제146조에서는 아래와 같이 수용거실의 크기와 구조, 과밀수용 금지에 대하여 규정하고 있다.[20] 그러나 구체적인 수용면적(바닥면적) 기준은 법무·소비자보호부에서 연방평의회의 동의를 받아 법규명령으로 정하도록 위임하고 있다.

제144조 거실의 크기와 구조(Größe und Ausgestaltung der Räume)

① 휴식 및 여가 시간 동안의 체류 공간과 공동 휴게실 및 면회실은 주거용 또는 그 목적에 맞게 구성되어야 한다. 충분한 공기량을 가지고 있어야 하며 건강한 생활을 영위하기에 충분하도록 난방 및 환기, 바닥 및 창문 면적이 갖추어져 있어야 한다.

② 연방 법무·소비자보호부는 연방평의회의 동의를 받아 법규명령에 따라 공기량, 환기, 바닥 면적 및 창문 면적, 난방 및 시설에 관한 세부 사항을 정할 수 있다.

제146조 과밀수용 금지(Verbot der Überbelegung)

① 수용거실에는 허용된 인원 이상을 수용할 수 없다.

② 이에 대한 예외는 일시적이며 감독기관의 동의가 있는 경우에만 허용된다.

그리고 대부분의 주에서도 주 행형법에 1인당 최소 수용면적을 규정하고 있지 않지만, 바덴-뷔르템베르그(Baden-Württemberg)주의 행형법 제7조는 2010. 1. 10. 동법 시행을 기준으로 그 이전에 착공된 교정시설의 경우 2인 혼거실은 1인당 4.5㎡, 그 이상 혼거실은 1인당 6㎡, 동법 시행 이후에 착공된 교정시설의 경우에는 독거실 9㎡, 혼거실 1인당 7㎡를 최소 수용면적 기준으로 규정하고 있다.[21]

---

19) 헌법재판소 2016. 12. 29. 2013헌마142 결정; 헌법재판소, 「헌법재판소 판례집」 제28권 2집(하), 헌법재판소, 2017, 664면.

20) 독일 법무·소비자보호부(Bundesministerium der Justiz und fuer Verbraucherschutz) 홈페이지, Gesetz über den Vollzug der Freiheitsstrafe und der freiheitsentziehenden Maßregeln der Besserung und Sicherung (Strafvollzugsgesetz-StVollzG), https://www.gesetze-im-internet.de/stvollzg/BJNR005810 976.html (검색일: 2024. 6.10.)

21) 이봉민, "과밀수용에 대한 국가배상책임", 「대법원판례해설」 제133호, 법원도서관, 2023, 59~60면.

3) 영국

영국의 경우 1842년 모델감옥으로 불리우는 팬턴빌 감옥이 설립되었을 당시 각 독거실은 길이가 4.1m, 폭이 2.3m, 높이 2.7m였는데[22] 수용면적을 계산해보면 9.43㎡로 제법 넓은 편이라고 볼 수 있다. 한 연구에 의하면 현재 영국은 개인당 5.40㎡를 기준으로 독거실은 6.80㎡~7.20㎡의 면적을 기준으로 제시하고 있고, 2인실은 9.80㎡~10.60㎡를 최소 수용면적 기준으로 제시하고 있다.[23] 영국의 경우에도 1인당 최소 수용면적 기준을 법률에 규정하고 있지는 않은 것으로 조사되었다.

4) 일본과 기타 국가

일본은 '구치소, 형무소, 소년원, 소년감별소 기준면적표('91)'에 독거실 10㎡, 혼거실 7.2㎡의 최소 수용면적 기준을 규정하고 있으나, '일본의 교도소 환경(Prison Conditions in Japan('95. 3. 8))'에는 독거실 4.65㎡(50ft2)~5㎡, 혼거실 2.42㎡로 기준을 정하여 13㎡~16㎡에 6인~10인이 수용된다고 하며, 그 외에 폴란드 2.97㎡, 태국 2.25㎡ 등의 최소 수용면적 기준을 가지고 있다고 한다.[24] 위에서 살펴본 다른 나라와 마찬가지로 일본을 비롯한 기타 국가에서도 1인당 수용면적 기준을 법률에 규정하고 있지는 않고 있는 것으로 조사되었다.

2. 최근 연구에 의한 최소 수용면적 기준

교정시설 내의 1인당 수용 공간의 밀도에 대한 현재의 국제적, 지역적 및 국가별 표준을 조사하고, 코로나19 감염과 교정시설 과밀수용 간의 연관성에 관한 증거를 설명하면서 포스트 팬데믹 시대에 있어서 세계 여러 나라에 교정시설 수용 공간 밀도 표준에 대한 권장 사항을 제공하기 위하여 2023년에 수행된 한 연구에 의하면 국가별 최소 수용면적 기준은 아래 <표 1>과 같다.

---

22) 한인섭, 위의 책, 190~191면.
23) 안성훈, 위의 책, 18면.
24) 안성훈, 위의 책, 18~19면.

(단위: ㎡)

국가/관할권	독거실 면적	2인 거실 면적	혼거실 면적
오세아니아			
오스트레일리아 수도주*	8.9	5.35	
빅토리아[26]	6.5	6.0	
뉴사우스웨일즈	8.5	5.25	
뉴질랜드*	7.6		3.9
피지*	5.6		3.7
아프리카			
케냐*		3.7	
세네갈*		3.55	
기니*		2	
말라위*		2–4	
모리셔스*		4.08	
남아프리카공화국*	5.5		3.5
북아메리카			
캐나다*	6.5		
미국	5.57		
남아메리카			
칠레*	6		
과테말라*	11.52	6.98–7.46	
유럽			
아일랜드	7	4	
스위스*	16	8	7.3
이탈리아*	9	7	

25) Dahiya, Simran & Paul Leslie Simpson & Tony Butler, "Rethinking standards on prison cell size in a(post) pandemic world: a scoping review", *BMJ open*, 2023, 13.4, pp. 3-4.

리히텐슈타인*	11.27		
스페인*	13		
핀란드*	7	5	
네덜란드*	10		
노르웨이*	10		
오스트리아*	9.4		
키프로스*	7	4	
스코틀랜드	7	4.5	
슬로바키아*	3.5		
프랑스	9	5.5	4.67
잉글랜드	5.5	7.15	
알바니아*	4		
불가리아*	4		
크로아티아*	4		
루마니아*	4		
체코공화국*	4		
몰도바*	4		
아제르바이잔*	4		
튀르키예*	11.5–12.45		
헝가리*	6	3	
폴란드*	3		
러시아*	2.5		
라트비아*	9	2.5	
에스토니아*	2.5		
아시아			
일본*		2.5	
대한민국*	2.4		

태국*	2.25	
대만*	2	
인도*	8.92	3.71
파키스탄*		1.25
필리핀*	4.7	
홍콩*	4.6	

- 이탈리아, 리히텐슈타인은 화장실/욕실 면적 미포함.
- 파키스탄은 사형수를 대상으로 한 거실면적임.
- * 표시한 국가의 자료는 국제적십자사가 2014년 발간한 교도소 수용 거실의 공간 기준 검토 (International Committee of the Red Cross. *Review of space accommodation standards in prison cells*, Geneva : International Committee of the Red Cross, 2014.)를 참조하였음.

이 연구에 따르면 국제 표준은 혼거실의 경우 1인당 3.4㎡ 및 3.5㎡, 지역 표준은 유럽의 경우 1인당 4㎡ 및 1인당 5.75㎡, 호주 및 뉴질랜드의 경우 1인당 4㎡라는 것을 발견할 수 있고, 국가별 표준은 파키스탄의 1인당 1.25㎡부터 네덜란드의 1인당 10㎡까지 다양하다는 것을 알 수 있다.

특히, 이 연구에서 우리나라의 독거실 수용면적은 2.4㎡으로 조사되었고, 혼거실의 1인당 수용면적은 기록되어 있지 않다. 이러한 결과는 우리나라에 대한 통계 조사가 정확하지 않아서 그렇겠지만, OECD(경제협력개발기구, Organization for Economic Cooperation and Development) 회원국으로서 세계의 경제발전을 선도하고 있는 우리나라의 국격을 고려할 때 1인당 수용면적이 세계에서 가장 낮은 순위를 기록하고 있다는 점은 부끄러운 일이 아닐 수 없다.

사실, 이 연구에서는 국제적십자위원회가 2014년 발간한 자료를 많이 인용한 것으로 나타났는데, 이 당시 우리나라의 1인당 수용면적은 「법무시설기준규칙」(2011. 12. 29. 법무부훈령 제848호) 제3조에 따라 독거실의 기준면적은 4.62㎡이었고 혼거실의 기준면적은 2.58㎡이었지만 관물대, 싱크대 설치공간을 포함하고 화장실 면적은 포함하지 않도록 규정하고 있었다.[27] 이후 우리나라는 2014. 12. 29. 법무부훈령 제

---

26) International Committee for the Red Cross, *Water, sanitation, hygiene, and habitat in prisons : supplementary guidance*, 2012.

27) 국가인권위원회, 2013. 9. 11. 13직권0000100 교정시설 과밀수용 환경개선, 4면.

971호로 독거실의 경우 수용자 1인당 기준면적을 5.4㎡로, 혼거실의 경우 화장실 면적을 제외하고 1인당 기준면적을 3.4㎡로 규정함으로써 국제적십자위원회 기준으로 상향 조정한 바 있으며, 다시 2017년 12월 29일 혼거실의 1인당 기준면적을 화장실 포함 3.4㎡로 개정하였다.[28]

아래 <그림 1>은 위 <표 1>에서 국제 표준에 따른 국가별 독거실의 권장 바닥 면적을 그래프로 나타내 비교한 것이다.[29]

| 그림 1 | **국가별 독거실 최소 면적 기준 비교**

(단위: ㎡)

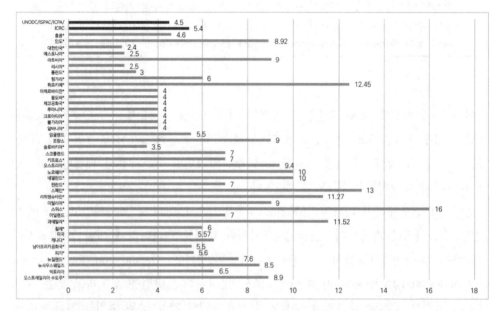

* ICPA, 국제 교정 및 교도소 협회; ICRC, 국제적십자위원회; ISPAC, 국제 과학 및 전문 자문위원회; UNODC, 유엔마약범죄사무소.

3. 국가인권정책기본계획에 나타난 주요 국가의 최소면적 기준

우리나라 국가인권위원회가 2022년에 펴낸 "2023 ~ 2027 제4차 국가인권정책기본계획(인권NAP) 권고"에서는 아래 <표 2>와 같이 외국 교정시설 수용거실의 1인당 최소면적 기준을 소개하고 있다.[30] 다만, 국가인권위원회에서 소개하고 있는 외국

---

28) 국가인권위원회 결정, 2018. 11.5. 17직권0002100·16진정0380801 등 25건(병합) 구금시설 과밀수용으로 인한 수용자 인권침해 직권조사 등 결정.

29) Dahiya, Simran & Paul Leslie Simpson & Tony Butler. ibid., p. 6.을 참고하여 재구성한 것임.

교정시설의 최소면적 기준은 본 연구에서 조사한 내용과 비교하여 다소 정확하지 않은 면이 있다.

■ 표 2 **외국 교정시설 수용거실 최소면적 기준**

구분		최소 수용거실 면적
유엔 피구금자 규칙	독거실	개인의 건강에 필요한 면적
	혼거실 개인당	
국제적십자사	독거실	5.4㎡(화장실 제외)
	혼거실 개인당	3.4㎡(화장실 포함)
미국	독거실	5.57㎡
	2인실	7.43㎡
	3인실	14㎡
독일	개인당	9㎡(연방정부 권고사항)
	개인당	7㎡
일본	독거실	10㎡
	혼거실	7.2㎡
유럽인권재판소	독거실	
	혼거실	3㎡
유럽고문방지위원회	독거실	
	혼거실	4㎡

---

30) 국가인권위원회, 「2023~2027 제4차 국가인권정책기본계획(인권NAP) 권고」, 국가인권위원회 인권정책과, 2022, 91면.

V   결어

지금까지 교정시설 1인당 수용면적 기준과 관련하여 국제 인권 기구와 주요 국가의 현황을 비교법적으로 살펴보았다. 국제적십자위원회는 교정시설에 대한 인도주의적인 기준으로 독거수용의 경우 1인당 5.4㎡, 혼거수용의 경우 1인당 3.4㎡을 제시하고 있다. 유럽인권재판소는 교정시설의 수용자 1인당 바닥면적이 3㎡ 미만으로 떨어지면 개인 공간의 부족이 매우 심각하여 유럽인권협약 제3조(비인간적이거나 모욕적인 대우 금지)를 위반한다고 판결하였다. 유럽고문방지위원회는 독거 수용실의 경우 6m²의 생활 공간을 최소 기준으로 하고 있으며, 혼거 수용실의 경우 수용자 1인당 생활 공간을 4m²를 최소 면적 기준으로 정하고 있다. 이러한 국제 인권 기구와는 달리 미국, 독일, 영국, 일본을 비롯한 세계 각국은 교정시설에서의 1인당 수용면적 기준을 1.25㎡에서 10㎡까지 다양하게 정해두고 있었다. 다만, 이러한 수용면적 기준은 그 나라의 법률에 규정된 것이 아니라 대부분 하위 법령이나 업무 매뉴얼에 규정되어 있는 것으로 분석되었다.

위에서 살펴본 바와 같이 국제 인권 기구 및 외국의 혼거실 수용자 1인당 수용면적은 다양하지만 대체로 우리나라 법무부의 기준인 2.58㎡나 대법원이 제시한 2㎡보다는 훨씬 넓다고 할 수 있다. 국가인권위원회의 결정문에 따르면, 1인당 수용면적을 외국의 기준으로 계산할 경우, 우리나라의 수용률은 국제적십자위원회 기준(3.40㎡)으로는 152%, 유럽고문방지위원회 기준(7㎡)으로는 무려 300%를 넘게 된다.[31] 이처럼 국내 교정시설이 과밀수용에 허덕이고 있는 현실은 세계의 경제발전을 선도하고 있는 OECD 회원국으로서 우리나라의 국격 수준과도 맞지 않는 것이다. 이러한 점에서 우리나라 교정시설의 수용자 1인당 최소 수용면적 기준을 국제 인권 기구나 해외 국가의 사례를 참고하여 선진국 수준의 국격에 맞게 대폭 높여야 할 필요성이 있다.

---

31) 국가인권위원회 결정, 2018. 11.5. 17직권0002100·16진정0380801 등 25건(병합) 구금시설 과밀수용으로 인한 수용자 인권침해 직권조사 등 결정.

후기

신사독행(愼思篤行)의 법학자

법학을 전공하며 형법을 공부한 지 벌써 37년이라는 시간이 흘렀다. 대학 시절, 푸른 바다가 아름다운 남쪽 지방의 한 사립대학교 법과대학에서 형법 총론을 처음 접했다. 당시 독일에서 법학박사 학위를 취득하신 교수님께 죄형법정주의와 사형제도, 간통죄 폐지, 비범죄화 등 당시 사회적으로 이슈가 되었던 주제들을 배우며, 범죄와 형벌의 중요성을 깊이 인식하게 되었다. 하지만, 범죄자가 구속되어 구치소에 가거나 형을 선고받아 교도소에서 복역하는 등 교정 시설에 대한 구체적인 내용은 접할 기회가 많지 않았다. 그 시절에는 사법연수원 연수생에게 구치소나 교도소를 잠깐 참관하게 하는 프로그램이 엄청난 특권으로 인정받던 시절이었다. 보안상의 이유로 외부인의 출입이 철저히 제한되었던 교정시설을 형법학자라고 해서 쉽게 접근할 수는 없었을 것이다. 더군다나 독일에서 유학하고 돌아온 젊은 형법학자에게는 교정시설에 관한 연구는 더욱 어려운 일이었을 것으로 짐작된다. 세월이 흘러 법과대학을 졸업하고 교도관으로서 직장생활을 한 지 벌써 29년이 다 되어간다. 대학 시절 형사법을 공부하던 때나 처음 교도관으로 일하던 때나 여전히 형법학자들이 교정시설에 관해 연구하기 어려운 현실은 변하지 않았다. 한인섭 선생님은 이러한 어려운 여건 속에서도 교정시설에 대한 깊은 관심과 열정을 바탕으로 뛰어난 학문적 업적을 이루신 한국의 대표적인 형사법 학자 중 한 분이다.

한선생님과의 첫 만남은 2005년 10월경으로 기억된다. 참여정부가 출범한 2003년부터 법무부는 시대적 요구에 부응하여 수용자의 인권을 강화하는 방향으로 행형법의 대대적인 개정을 추진하고 있었다. 당시 필자는 법무부 교정국 소속 조사연구 담당 교정관으로 근무하며, 행형법 개정안을 제3기 정책 위원회에 보고하는 업무를 맡고 있었는데, 그 자리에서 정책위원으로 활동하시던 한선생님을 처음으로 만나게 되었다. 이후 행형법 전면 개정과 관련하여 소위원회 위원장을 맡으신 한 선생님의 연구실을 자주 방문하여 개정안의 주요 쟁점 사항에 대한 자문을 구했다. 한선생님의 전문적인 조언을 바탕으로 수정된 행형법 개정안에는 국가인권위원회의 권고와 헌법재판소의 결정 등이 충분히 반영될 수 있었다. 또한, 이전에는 허가를 받아야 했던 서신, 집필, 접견제도가 수용자의 기본적인 권리로 인정받게 되었으며, 특히 검열이 원칙이었던 서신 제도는 이제 무검열을 원칙으로 하고, 예외적인 경우에만 검열을 실시하는 것으로 변경되었다. 이러한 노력 끝에 2006년 1월, 제6회 법무부 정책위원회에서 행형법 개정안의 추진 경과와 주요 내용이 보고되며 정부안으로서 정식적인 모습을 갖추게 되었다. 이후 2007년 12월에는 「형의 집행 및 수용자의 처우에 관한 법률」로 제명을 변경하여 국회를 통과하였고, 2008년 12월부터 시행되어 수용자의 인권 보호와 처우 개선을 위한 새로운 전기를 마련하였다. 돌이켜보면, 1950년 3월 2일에 제정된 행형법이 1961년 12월 23일 첫 전면 개정 이후 무려 45년 만에 다시 전면 개정되는 뜻깊은 순간이었으며, 이 과정에서 한 선생님의 전문가적 식견과 날카로운 조언이 큰 힘이 되었다. 행형법 전면 개정안이 국회를 통과한 후 한선생님을 만나 소감을 물었다. 선생님은 "여전히 부족한 부분이 있지만, 이번 개정을 통해 수용자의 인권을 보호하고 재사회화를 촉진하는 다양한 제도가 마련되어 기쁘게 생각합니다."라며 환하게 미소 지으셨다. 그 말씀이 아직도 생생히 떠오른다.

시간이 흘러 2018년 여름, 서울동부구치소 소장으로 일하던 중 한선생님이 한국형사정책연구원 원장으로 취임하셨다는 소식을 들었다. 기쁜 마음에 전화로 축하 인사를 드렸다. 한 선생님은 안부를 물으신 뒤, 행형법 전면 개정 이후 교정시설 운영의 변화를 살펴보기 위해 직접 방문할 계획이라고 말씀하셨다. 아울러 형사정책연구원 연구원들에게도 교정시설 참관과 교정행정 연구를 적극 권장하겠다는 의견을 나타내셨다. 나중에 알게 된 사실인데, 한 선생님은 그해 8월 인천구치소를 방문해 소장과 대화를 나누고 중앙통제실, 자치 수용동, 민원실, 구치감 등을 참관하셨다고 한다. 이후 형사정책연구원 연구원들도 안양교도소를 포함한 7개 교정시설을 차례로 방문해 참관하며 교정 행정에 큰 관심을 보였다고 한다. 이러한 한선생님의 노력 덕분에 한국형사법무정책연구원은 역대 최고 수준의 교정행정 연구 성과를 달성할 수 있었다고 생각한다. 이는 한선생님께서 평소 감옥과 인권 문제에 깊은 관심을 가지고 계셨기 때문에 당연한 결과라 할 수 있다. 한선생님은 이미 1997년 1월부터 2월까지 스웨덴과 핀란드의 교정시설을, 1999년 2월에는 미국의 다양한 교정시설을 참관하며, 이를 잡지와 학술지에 소개하는 등 활발한 연구 활동을 펼쳐왔다. 또한 한선생님은 1998년 12월과 1999년 1월, 5월에 걸쳐 국내의 지방교정청과 교도소, 구치소, 보호감호소, 소년교도소, 소년원 등 여러 교정 시설 및 보호 시설을 방문하여 참관 조사를 진행했고, 그 결과를 학술지에 발표하기도 했다. 이처럼 한 선생님은 현장을 직접 확인하고, 느낀 점을 연구에 반영해야 직성이 풀리는 성격의 소유자로 알려져 있다.

한선생님의 열정은 아직도 뜨겁다. 최근에는 변호사와 판사, 법학 교수 등 법률가들과 교정 전문가 68명이 참여한 '교정 판례 백선'을 출간하며 그 열정을 이어가고 있다. 이 책의 서문에서 한선생님은 모든 수용자가 헌법과 법률에 따른 기본권을 가진 주체이며, 그들의 자유 제한은 필요 최소한도에 그쳐야 한다고 강조한다. 또한,

이러한 변화와 개선은 법조인들과 수용자, 그리고 그들을 지지하는 시민들과 전문가들의 노력의 산물이라고 말한다. 어떻게 보면 그러한 노력 중에서도 긴 세월 형법학자로서 감옥과 인권에 특히 관심을 가지고 연구해 온 한 선생님의 노고가 가장 크지 않았나 생각된다.

신사독행(愼思篤行)이란 말이 있다. 중국의 고전인 중용(中庸)에서 학문을 하는 방법 중 신사지(愼思之)와 독행지(篤行之)를 합한 말로, 신중하게 생각하고 성실히 행동한다는 뜻이다. 중국이나 우리나라 대부분의 저명한 유학자가 그렇게 실천했듯이 한 선생님은 신사독행(愼思篤行)의 법학자로 충분히 평가받으실 만한 분이시다. 나는 이러한 한선생님의 지도 덕분에 형사법을 깊이 있게 공부하고 박사학위까지 취득할 수 있었다. 이 모든 과정이 나에겐 큰 행복이자 영광이었다. 이제 나는 한선생님의 연구자세와 그동안 쌓아온 실무경험을 바탕으로 형사법 분야에서 교정 관련 연구가 더욱 활발해지도록 하는 마중물이 되고자 한다.

11

교정시설에서의 변호인 접견교통에 관한 연구*

박진열(인권정책과장, 법무부)

I 피고인 등의 변호인 접견교통권

변호인 접견교통권이란 피고인 또는 피의자, 특히 체포 또는 구속된 피고인 등이 변호인과 접견하고 서류 또는 물건을 수수하며 의사의 진료를 받는 권리를 말한다. 이와 관련한 법 규정은 헌법 제12조 제4항, 형사소송법 제34조 및 '형의 집행 및 수용자의 처우에 관한 법률(이하, 수용자처우법)'의 여러 규정이다.

변호인 접견교통권에 관한 논의는 일반적으로 피고인 등이 권리 주체인 것을 전제로 진행되고 실제 소송도 피고인 등이 신청인이나 청구인 또는 원고가 되는 경우가 많으나 변호인 접견교통권은 '변호인의 피고인 등과의 접견교통권'이라는 개념도 포함하고 있다. 헌법재판소도 피고인 등의 접견교통권과 변호인의 접견교통권을 엄밀히 구분하고 있다.[1] 보통의 경우 변호인의 접견교통권을 침해가 곧바로 피고인 등의 접견교통권의 침해로 이어지므로 양자의 구별 실익이 크지는 않다.

---

* 이 글은 박진열, "교정시설에서의 변호인 접견교통에 관한 연구", 서울대학교 일반대학원 법학과 석사학위논문, 2012의 내용 일부를 발췌·요약한 것이다.
1) 헌재 1995. 7. 21. 선고 92헌마144 "헌법상의 변호인과의 접견교통권은 헌법 조항의 문언에 비추어 체포 또는 구속당한 피의자·피고인 자신에만 한정되는 신체적 자유에 관한 기본권이지, 그 규정으로부터 변호인의 구속피의자·피고인의 접견교통권까지 파생된다고 할 수는 없을 것이다. 따라서 변호인 자신의 구속피의자·피고인과의 접견교통권은 헌법상의 권리라고는 말할 수 없으며, 헌법상 보장되는 피의자·피고인의 접견교통권과는 별개의 것으로 단지 형사소송법 제34조에 의하여 비로소 보장되는 권리임에 그친다고 할 것이다."

1. 의의

1) 개념

피고인 등의 변호인과의 접견교통권이란 피고인 등이 변호인과 접견하고 서류 또는 물건을 수수하는 등의 권리로서 헌법 제12조 제4항의 변호인의 조력을 받을 권리의 한 내용이다. 형사소송법 제34조는 피고인의 접견교통권이 아닌 변호인의 접견교통권을 규정하고 있으나 피고인의 권리도 함께 규정한 것으로 해석할 수 있다.

2) 주체

피고인 등의 접견교통권의 주체는 피고인 또는 피의자로서, 신체구속을 당한 피고인 등뿐만 아니라 구속이나 체포되지 않은 상태의 피고인 등도 주체가 된다. 따라서 체포 영장에 의하여 체포된 사람, 긴급체포된 사람, 현행범인으로 체포된 사람, 구속 영장에 의하여 구속된 사람, 감정유치된 사람뿐 아니라 임의동행의 형식으로 수사기관에 연행된 사람도 변호인 접견교통권의 주체가 된다.

변호인의 조력을 받을 권리는 형사 절차에 있는 피의자 또는 피고인에게 인정되는 권리로서 유죄 판결이 확정되는 등 형사절차가 종료되어 교정시설에 수용 중인 수형자[2]는 변호인의 조력을 받을 권리의 주체가 될 수 없다.[3] 변호인 접견교통권의 경우 형사 절차에 있는 피고인 등이 변호인과의 접견을 통하여 피의 사실을 충분히 방어할 수 있도록 함으로써 피고인 등의 인권을 보장하려는 데 그 취지가 있는 점에 비추어 보면 형사절차가 종료되어 교정시설에 수용중인 수형자는 원칙적으로 변호인의 조력을 받을 권리의 주체가 될 수 없다.[4] 예를 들어 수형자가 징벌에 대해 행정소송, 헌법소원심판을 제기한 경우,[5] 국가를 상대로 국가배상소송을 제기한 경우,[6] 형사 판결에 대해 재심 청구를 한 경우[7] 모두 변호인의 조력을 받을 수 없고 실무상 이러한 경우 수형자가 변호사를 만나 상담을 하려면 변호인 접견이 아닌 일반 접견 절차를 통하여야 한다.

---

2) 수형자란 징역형·금고형 또는 구류형의 선고를 받아 그 형이 확정된 사람과 벌금 또는 과료를 완납하지 아니하여 노역장 유치명령을 받은 사람을 말한다(수용자처우법 제2조 제1호).

3) 헌재 2004.12.16. 선고 2002헌마478 결정.

4) 헌재 2004.12.16. 선고 2002헌마478 결정; 1998.8.27. 선고 96헌마398 결정.

5) 대법원 2004.12.9. 선고 2003다50184 판결.

6) 헌재 2004.12.16. 선고 2002헌마478 결정, 서울중앙지방법원 2004.6.1. 선고 2003나59302 판결.

7) 헌재 1998.8.27. 선고 96헌마398 결정, 대법원 1998.4.28. 선고 96다48831 판결.

3) 대상

피고인 등의 접견교통권의 상대방은 변호인이다. 변호인은 사선변호인뿐만 아니라 국선변호인도[8] 포함한다. 형사소송법 제34조 규정상 피고인·피의자는 '변호인으로 되려는 자'와도 변호인 접견을 할 수 있다. 변호인이란 형사 절차에서 피고인 또는 피의자의 방어력을 보충함을 임무로 하는 보조자로서 행정소송 및 국가배상소송에서의 소송대리인,[9] 헌법소원심판에서의 대리인[10] 등과는 개념상 구별된다. 따라서 수형자뿐 아니라 피고인 등이라고 할지라도 행정소송이나 헌법소원심판을 준비하기 위하여 소송대리인 등을 접견하려고 하는 경우에는 변호인 접견이 아닌 일반 접견을 하여야 한다.

이에 대하여는 반대 견해[11]가 있다. 이 견해는 수형자에게 신체의 자유와 거주 이전의 자유 제약 외 사법 절차의 참여에 있어서 불이익을 부여해서는 안 되므로 헌법상 재판받을 권리, 변호인의 조력을 받을 권리 그리고 '시민적 및 정치적 권리에 관한 국제규약'의 공평한 재판을 받을 권리를 근거로 수형자에게도 변호인 접견을 허용하여야 한다고 주장하고, 재판받을 권리에는 변호사의 조력을 통한 실질적인 재판을 받을 권리의 보장이 포함된다고 한다. 이 외 2011. 8. 경 서울지방변호사회는 법무부에 '재소자도 변호인 접견권을 보장받아야 하는 만큼 변호인 접견이 적법하게 이뤄질 수 있도록 해 달라'고 요청하였는데[12] 동 변호사회는 헌법 제12조 제4항의 '체포와 구속을 당한 때'를 수사기관에 의한 신체의 구금을 당한 때로 한정하는 것은 신체의 자유 보장 측면에서 잘못된 해석이고, 수형자의 변호인 접견을 보장하고 있는 수용자처우법 제88조의 '형사사건으로 재판을 받고 있는 수형자'는 예시규정에 불과한 만큼 재심을 청구하는 수형자도 포함해야 하며, 변호인 선임권자인 형사소송법 제30조의 '피고인 또는 피의자'에는 형사상 불이익을 받을 위험이 있는 사람을 포함하는 것으로 해석하여야 한다고 주장한다.

현행법 해석상 변호인이 아닌 변호사에게 변호인 접견교통권이 인정된다고 하기는 어렵고, 민사소송 등 개인적인 이해 관계를 다투는 소송 수행을 위하여 교정시설을

---

8) 형사소송법 제31조 단서.

9) 민사소송법 제87조 이하, 행정소송법 제8조 제2항 참조.

10) 헌법재판소법 제25조, 제70조 참조.

11) 이승호, 수형자와 변호인의 접견교통, 일감법학 제15호, 2009, ; 조병인 외, 수용자 외부교통 확대방안 연구, 한국형사정책연구원, 2004, 84면

12) 김소영, "수형자 접견권 보장해야" "명문규정 없고 남용 소지", 법률신문, 2011. 8. 22, <http://www.lawtimes.co.kr/LawNews/News/NewsContents.aspx?serial=58901&kind=AA01&page=1. 검색일 2011. 12. 6.>

방문한 변호사에게 접견 시간과 횟수를 무제한으로 허용하는 것은 다른 일반 접견자에 비하여 특혜를 부여하는 것이 된다. 그러나 일반 접견의 경우 접견 시간이 10분 정도에 불과하고 일반 접견실에는 차단 시설이 설치되어 있어 서류 열람이 불편한 점, 미국 C.F.R(Code of Federal Regulations) 543. 12(a)가 "구금시설 관리자는 수용자에게 변호사와 접촉하고 도움 받을 권리를 보장해야 한다(The Warden shall allow an inmate to contact and retain attorneys.)."라고 규정하고 있는 점 등을 고려할 때 수형자와 변호사 간의 접견은 일반 접견 절차를 따르되 수용자처우법 시행령 제59조[13]를 적용하여 접견 시간과 장소, 횟수를 달리할 필요가 있다고 생각한다.

수형자의 변호인 접견은 특히 재심 청구 시 그 필요성이 인정되는데 판결이 확정되더라도 재심 청구 여부를 결정하기 위하여 접견을 할 필요가 있기 때문이다. 대법원 상고심의 경우 선고와 동시에 판결이 확정되고 미결수용자의 신분이 수형자로 바뀌므로 이론상으로는 판결 선고 이후부터는 변호인 접견을 할 수 없으나, 실무상 검사의 집행 지휘서가 교정 기관에 도달할 때까지는 변호인 접견을 허용하고 있었다. 그러나 최근 형사사법정보시스템이 완비되어 구치소에서 대법원 선고를 바로 확인할 수 있게 되자 선고 즉시 변호인 접견을 금지하는 교정기관이 생겨났다. 이에 대한변호사협회는 2011. 10. 경 법무부에 형사사법정보시스템 확인만으로 수형자로 신분 변동이 되는지, 대법원 선고 후 일주일 정도 변호인 접견을 허용하는 방안을 고려할 수 없는지 질의를 하였다.[14] 법무부에서 실태를 파악한 결과 세 개 기관을 제외한 나머지 기관에서는 검사의 집행 지휘서가 올 때까지는 변호인 접견을 허용하고 있는 것으로 확인되어 법무부는 변호인 접견을 보장하고 행정의 통일을 기하기 위하여 모든 기관에서 검사의 집행 지휘서 도착 시까지는 변호인 접견을 허용하기로 방침을 정하였다.[15] 수형자가 변호인 접견을 통하여 대법원 판결의 취지에 대하여

---

13) 수용자처우법 시행령 제59조(접견의 예외)

　① 소장은 제58조 제1항 및 제2항에도 불구하고 수형자의 교화 또는 건전한 사회복귀를 위하여 특히 필요하다고 인정하면 접견 시간대 외에도 접견을 하게 할 수 있고 접견시간을 연장할 수 있다.

　② 소장은 제58조제3항에도 불구하고 수형자가 다음 각 호의 어느 하나에 해당하면 접견 횟수를 늘릴 수 있다.

　　1. 19세 미만인 때

　　2. 교정성적이 우수한 때

　　3. 교화 또는 건전한 사회복귀를 위하여 특히 필요하다고 인정되는 때

　③ 소장은 제58조 제4항에도 불구하고 수형자가 제2항 제2호 또는 제3호에 해당하는 경우에는 접촉차단시설이 없는 장소에서 접견하게 할 수 있다.

14) 여태경, 대법원 확정판결 후 2주간 변호인 접견 가능하다, 머니투데이, 2011. 10. 24.

　(http://news.mt.co.kr/mtview.php?no=2011102417018297712, 검색일 2011. 12. 6.)

상세하게 설명을 듣고 재심 청구 여부를 결정할 기회를 가질 필요성이 있으므로 법무부 방침대로 운영하는 것이 기본적으로 타당하다고 생각한다. 다만 검사의 집행지휘서 도달 시점이 기관마다 다를 것이므로 대법원 판결 선고 후 15일까지 변호인 접견을 허용한다는 식으로 변호인 접견 가능 시기를 명확하게 할 필요가 있다.

2. 피고인 등의 접견교통권의 내용

피고인 등의 접견교통권의 내용은 접견의 비밀 보장 및 서류 또는 물건의 수수, 의사의 진료이다.[16]

1) 접견의 비밀 보장

형사소송법은 물론 행형법에 변호인 접견 내용의 비밀을 보장하는 명문 규정이 없던 과거에도 대다수 학설은 접견교통권의 실질적 보장을 논거로 접견의 비밀 보장을 변호인 접견교통권의 내용으로 보았다. 이와 관련하여 헌법재판소는[17] "변호인과의 접견교통권의 충분한 보장은 구속된 자와 변호인의 대화내용에 대하여 비밀이 완전히 보장되고, 어떠한 제한·영향·압력 또는 부당한 간섭 없이 자유롭게 대화할 수 있는 접견을 통하여서만 가능하고, 이러한 자유로운 접견은 구속된 자와 변호인의 접견에 교도관이나 수사관 등 관계공무원의 참여가 없어야 가능하다"고 판시하여 명시적으로 접견의 비밀 보장을 선언하였고 헌법소원심판 과정에서 구 행형법 제62조가[18] 삭제되기에 이르렀다.

현재 수용자처우법 제84조는, 제41조 제2항[19]에도 불구하고 미결수용자와 변호인 또는 변호인이 되려고 하는 사람과의 접견에는 교도관이 참여하거나 그 내용을 청취

---

15) 법무부자료 참조.
16) 형사소송법 제34조: 이재상, 신형사소송법(제2판), 박영사, 2011, 265-266면; 신동운(각주 33), 94-96면.
17) 헌재 1992. 1. 28. 선고 91헌마111 결정.
18) 구 행형법 제62조는 수형자가 타인과 접견할 경우에 교도관이 참여하도록 규정한 동법 제18조 제3항의 규정을 미결수용자의 변호인 접견에도 준용할 수 있도록 규정하고 있었다.
19) 수용자처우법 제41조(접견)
　　② 소장은 다음 각 호의 어느 하나에 해당하는 사유가 있으면 교도관으로 하여금 수용자의 접견내용을 청취·기록 , 녹음 또는 녹화하게 할 수 있다.
　　　1. 범죄의 증거를 인멸하거나 형사 법령에 저촉되는 행위를 할 우려가 있는 때
　　　2. 수형자의 교화 또는 건전한 사회복귀를 위하여 필요한 때
　　　3. 시설의 안전과 질서 유지를 위하여 필요한 때

또는 녹취하지 못하며 다만 보이는 거리에서 미결수용자를 관찰할 수 있다고 규정하고 있으며 이 규정은 수용자가 징벌대상자로서 조사받고 있거나 징벌 집행 중인 경우에도 그대로 적용되고 있다.[20)]

현재 교정시설 내에서 변호인 접견을 하는 경우에는 교도관이 입회하지 않으며 녹음이나 녹화도 하지 않고 있다. 다만 가청 거리 밖에 교도관이 위치하여 접견 과정을 살펴보고 있다.

한편 변호인과 피고인 등이 소송 서류 열람을 자유롭게 할 수 있도록 수용자처우법 시행령 제58조 제4항은 "수용자의 접견은 접촉차단시설이 설치된 장소에서 하게 한다. 다만, 미결수용자가 변호인과 접견하는 경우에는 그러하지 아니하다"라고 규정하고 있으며 현재 변호인 접견은 아크릴판 등의 차단 시설이 없는 별도의 접견실에서 실시하고 있다.

2) 서류 또는 물건의 수수

피고인 등은 변호인과 서류 또는 물건을 수수할 수 있다. 이는 피고인 등의 방어 준비과 기본적 생활수준 유지, 그리고 심리적 안정을 위하여 인정된 것이다.[21)] 다만 교정시설의 경우 금지물품[22)]의 반입이 금지되고[23)] 금지물품 중 현금, 수표, 주류, 담배를 교정시설에 반입하거나 수용자에게 수수한 경우 형사 처벌되므로[24)] 피고인 등은 변호인과 금지물품을 수수할 수는 없다. 그런데 교정시설 내에서는 금지물품

---

20) 수용자처우법 제85조.

21) 신동운(각주 33), 96면.

22) 수용자처우법 제92조(금지물품) 수용자는 다음 각 호의 물품을 소지하여서는 아니 된다.

　　1. 마약·총기·도검·폭발물·흉기·독극물, 그 밖에 범죄의 도구로 이용될 우려가 있는 물품

　　2. 주류·담배·화기·현금·수표, 그 밖에 시설의 안전 또는 질서를 해칠 우려가 있는 물품

　　3. 음란물, 사행행위에 사용되는 물품, 그 밖에 수형자의 교화 또는 건전한 사회복귀를 해칠 우려가 있는 물품

23) 수용자처우법 제93조(신체검사 등)

　　③ 교도관은 시설의 안전과 질서유지를 위하여 필요하면 교정시설을 출입하는 수용자 외의 사람에 대하여 의류와 휴대품을 검사할 수 있다. 이 경우 출입자가 제92조의 금지물품을 소지하고 있으면 교정시설에 맡기도록 하여야 하며, 이에 응하지 아니하면 출입을 금지할 수 있다.

24) 수용자처우법 제132조(주류의 반입 등)

　　① 다음 각 호의 어느 하나에 해당하는 행위를 한 사람은 6개월 이하의 징역 또는 200만원 이하의 벌금에 처한다.

　　1. 주류·담배·현금·수표를 교정시설에 반입하거나 소지·사용·수수·교환 또는 은닉하는 행위

　　2. 수용자에게 전달할 목적으로 주류·담배·현금·수표를 허가 없이 교정시설에 반입하거나 수용자와 수수 또는 교환하는 행위

외 물건과 서류의 수수도 다소 제한적으로 운영되고 있다. 실무상 변호인 접견 중 변호인과 미결수용자가 수수할 수 있는 것을 소송서류에 한정되어 있고 소송서류 외 서류와 물건 수수는 수용자처우법 제27조가 정하고 있는 수용자에 대한 금품 교부 절차에 따라 이루어지고 있다.25)

3) 의사의 진료

변호인 또는 변호인이 되려는 자는 의사로 하여금 신체 구속된 피의자 또는 피고인을 진료하게 할 수 있다. 이를 통하여 피고인 등에 대한 인도적 배려가 가능하고 피고인 등의 신체적·정신적 상태를 파악하여 인권 침해를 방지할 수 있다.26)

Ⅱ 교정시설에서의 변호인 접견 실태

현재 교정시설에서 변호인 접견이 어떻게 이루어지고 있는지, 변호인 접견 현황 등 변호인 접견 실태를 알아보고 최근 교정 현장에서 문제되고 있는 변호인 접견교통권 남용에 대하여 살펴본다. 변호인 접견권을 남용하는 일부 변호사들이 교정기관에 업무상 부담을 주는 경우가 있다.

1. 변호인 접견 현황

1) 변호인 접견실 설치 현황

2011. 9. 현재 전국에는 총 50개의 교정기관이 있다.27) 이 중 교도소가 36개이고, 구치소가 11개이며 지소가 3개이다. 교도소와 구치소가 구분되어 있어 원칙적으로 수형자는 교도소에 미결수용자는 구치소에 구분 수용되어야 하나28) 구치소의 숫자

---

25) 수용관리 업무지침 제117조(변호인 접견 시 소송서류 등 수수)

　① 변호인 접견 시 변호인과 수용자간에는 소송서류와 법 제84조 제3항에 따른 서신에 한하여 그 수수를 허가하여야 하며, 그 이외의 물품은 영치금품의 차입·환부 절차에 따른다.

26) 신동운(각주 33), 96면.

27) 2010. 12. 1. 개소한 민영교도소인 소망교도소는 제외한 숫자이다. 위탁계약 상 소망교도소에는 미결수용자가 수용될 수 없어 변호인 접견이 실시될 가능성이 희박하다.

28) 수용자처우법 제11조 참조. 2011. 9. 19. 현재 수용 현원은 수형자 31,251명, 미결수용자 14,878명이다.

가 부족하여 교도소에 미결수용자가 수용되어 있으며 청소, 취사 등 운영지원작업을 하기 위하여 구치소에도 수형자가 수용되어 있다.[29] 결국 50개 수용기관 모두에 미결수용자가 수용될 수 있고 모든 곳에서 변호인 접견이 이루어질 수 있다. 이러한 이유로 전국 모든 교정시설에는 변호인 접견실이 설치되어 있으며 2011. 9. 현재 변호인 접견실 총 개수는 238개이다.

변호인 접견실 설치 시 법무시설 기준규칙(법무부훈령 제665호)에 따라 면적이 12㎡가 되도록 하고 있어 변호인 접견실의 면적은 일반 접견실의 면적(10㎡)보다 넓다. 위 기준규칙은 변호인 접견실 출입문과 벽에 내부 투시형 창문을 설치하도록 정하고 있으나 실제 대부분의 접견실은 출입문과 벽 전체가 유리로 되어 있다. 이는 변호인 접견 상황을 용이하게 관찰할 수 있도록 하기 위함이다. 변호인 접견실 내부에는 변호인과 수용자가 마주 앉아 접견을 할 수 있는 책상이 있고 일반 접견실과 달리 변호인과 수용자 사이에 스테인리스 차단 시설은 설치되어 있지 않다. 다만 금지물품 등 수수를 방지하기 위하여 책상 하부에 차단막이 설치되어 있다. 컴퓨터 문서 작업을 돕기 위하여 일부 접견실에 공용 컴퓨터 및 프린터가 설치되어 있고 수용자의 돌발 행동에 대비하여 모든 접견실에는 비상벨이 설치되어 있다.

2) 변호인 접견 건수

2011. 8. 한 달 동안 전국 교정시설에서 이뤄진 변호인 접견 건수는 총 22,735건이다. 변호인 접견 건수가 총 22,735건이고 미결수용자 수가 약 15,000명이므로 단순 계산하면 미결수용자 1인이 한 달 동안 약 1.5건의 접견을 하였다고 할 것이나 법무부 자료에 따르면 2011. 8. 한 달간 변호인 접견을 한 번이라도 한 수용자가 총 10,782명이므로 실제로는 이들이 평균 2회 정도의 접견을 하였고 나머지 약 5,000명의 미결수용자는 변호인 접견을 하지 않았다고 볼 수 있다. 한편 같은 기간 동안 변호인 접견을 한 번 이상 한 변호인의 수는 총 4,663명으로서 이들이 평균 4.9회의 접견을 한 셈이다.

---

[29] 미결수용자에게는 원칙적으로 작업을 부과할 수 없기 때문이다. 교도소에 미결수용자를, 구치소에 수형자를 수용하는 것은 수용자처우법 제12조(구분수용의 예외)에 따른 것으로 위법한 것은 아니다. '11. 9. 19. 현재 36개 교도소 중 미결수용자가 전혀 수용되어 있지 않은 교도소는 5개 기관이고 수형자가 수용되어 있지 않은 구치소는 한 곳도 없다. 교도소에 미결수용자를 수용할 경우 수용자처우법 제13조에 따라 분리 수용하여야 하므로 실무에서는 미결 사동을 지정하여 미결수용자를 미결 사동에 수용하고 있다.

2. 변호인 접견 절차

변호인 접견 절차는 변호인이나 변호인이 되려는 변호사가 팩스, 전화 혹은 구두로 접견 신청을 함으로써 시작된다. 변호사들은 보통 접견일 며칠 전에 팩스로 접견 신청을 하나, 접견 당일에도 접견 신청이 가능하다. 변호인 접견 시간이 다가오면 변호인 접견실 근무자가 해당 미결수용자의 거실로 가서 수용자의 신체와 의류를 검사한 후 변호인 접견실로 수용자를 동행하여 온다. 변호인 접견실에 도착한 미결수용자는 접견 대기실에 대기하게 되는데 수용자 간의 통모를 방지하기 위하여 접견실 근무자는 수용자들을 적절히 분리하여 대기하게 한다. 특히 공범 간의 접촉을 막기 위하여 한 사람의 변호인이 공범관계에 있는 다수의 수용자를 접견하고자 할 경우에는 시간 간격을 두어 동행 및 접견을 실시한다.[30] 변호인 접견은 시간과 횟수의 제한 없이 할 수 있음이 원칙이나[31] 접견 시간에 있어서는 실무상 일반 접견과 마찬가지로 오전 9시부터 오후 6시까지[32] 접견을 실시하고 있다. 변호인이나 수용자가 소송서류를 수수하려고 할 경우에는 변호인 접견실 근무자가 직접 접수하여 그 내용물을 확인한 후 상대방에게 교부한다.[33]

법무부는 2011. 11. 7. 변호인 접견의 편의를 위하여 전국 모든 교정기관에서 변호인 화상접견 제도를 실시하였다.[34] 변호인 화상접견은 변호인이 가까운 교정시설을 방문하여 원거리에 수용되어 있는 미결수용자와 영상을 통하여 접견하는 방식으로 운영되는데 현재 시행 중인 일반 화상접견 시스템을[35] 변호인 접견에 도입한 것이다.

---

30) 수용관리업무지침 제116조 제2항.
31) 수용자처우법 제84조 제2항.
32) 수용자처우법 시행령 제58조(접견)
　　① 수용자의 접견은 매일(공휴일 및 법무부장관이 정한 날은 제외한다) 국가공무원 복무규정 제9조에 따른 근무시간 내에서 한다.
　　국가공무원 복무규정 제9조(근무시간 등)
　　② 공무원의 1일 근무시간은 오전 9시부터 오후 6시까지로 하며, 점심시간은 낮 12시부터 오후 1시까지로 한다.
33) 수용관리업무지침 제117조 제2항.
34) 이하, 제3절 내용은 법무부 자료 참조.
35) 일반 화상접견은 생업에 종사하느라 장거리를 이동하여 수용자를 접견할 시간적, 경제적 여유가 없는 국민들을 위해 마련된 제도로서 2003년에 처음 도입되었다. 첫 해 화상접견 이용 횟수는 3만 6천여 건이었는데 2009년 이용 횟수가 16만 3천여 건으로 급증하였다.

구분	2002	2003	2004	2005	2006	2007	2008	2009
이용횟수	3,351	36,815	66,003	90,329	107,608	123,425	141,000	163,585

3. 변호인 접견교통권 남용 사례

변호사 수임경쟁의 심화로 위법한 행위를 하는 변호사가 늘어남[36]에 따라 교정시설에서 변호인 접견교통권을 남용하는 변호사도 증가하고 있다.[37] 남용 행위를 형사처벌 대상이 되는 행위와 징계의 대상이 되는 행위로 나누어 살펴본다.

1) 형사 처벌대상 행위 유형

변호인 접견 과정에서 발생하는 변호인의 형사 처벌 대상 행위의 대부분은 금지물품 등의 수수 행위이다. 수용자처우법 제132조는 수용자에게 전달할 목적으로 주류·담배·현금·수표를 허가 없이 교정시설에 반입하거나 수용자와 수수 또는 교환하는 행위를 한 사람을 6개월 이하의 징역 또는 200만원 이하의 벌금에 처한다고 규정하고 있다. 위 규정에 따라 법원이 벌금 200만원을 선고한 사례가 있다.[38] 이는 수용자가 평소 사회에서부터 친분이 있던 변호인에게 접견 시 담배를 줄 것을 요구하여, 변호인이 필터를 제거하고 랩으로 싼 담배 8개비를 건네주자 속옷에 넣어 은닉하는 방법으로 교도관의 신체 검사를 통과해 거실로 반입한 사건이다.

위 벌칙 조항은 2008. 12. 21.부터 시행되었는데 2008. 12. 21. 이전에는 변호인이 허가되지 아니한 물품을 반입하는 행위[39]를 형법 제137조의 위계에 의한 공무집행방해죄로 처벌하였다. 대법원은[40] 2003. 5.부터 같은 해 11.까지 휴대전화와 증권거래용 단말기를 구치소 내로 몰래 반입하여 다수의 수용자로 하여금 총 985회에 걸쳐

---

36) 2005년부터 2009년 사이 각종 비위 행위로 징계를 받은 변호사가 157명에 달해 1년에 31명 꼴로 징계를 받았고, 범죄 혐의로 기소돼 법원에서 집행유예 이상의 형이 확정된 변호사는 2005년 5명에서 2006년 6명, 2007년 8명, 2008년 11명으로 꾸준히 늘고 있으며 2009년에도 11명을 기록했다(임주영, 죄짓는 변호사 늘어난다, 연합뉴스, 2010. 9. 21.).
　<http://www.yonhapnews.co.kr/society/2010/09/20/0702000000AKR20100920130100004.HTML, 검색일 2011. 12. 6.>
37) 경인지역 모 교정기관의 변호사 관련 비리 현황을 보면 '01년, '03년, '05년 각 1건에 불과하던 위법 행위가 '06년 2건, '07년 1건, '08년 4건, '09년 4건, '10년 3건, '11년 6건으로 늘어나고 있다.
38) 서울중앙지방법원 2009. 4. 22. 선고 2009고약14761 결정. 한편 해당 변호사는 과태료 300만원의 징계처분도 받았다.
39) 2008. 12. 21. 이전에는 금지 물품 반입 행위가 구 행형법 상 형사 처벌의 대상은 아니었으나 구 행형법 제45조, 제46조 제1항, 구 수용자규율 및 징벌에 관한 규칙(2004. 6. 29. 법무부령 제555호로 개정되기 전의 것) 제3조, 제7조 제1항, 교도관직무규칙 제47조, 제54조의 각 규정들을 종합해 보면 수용자에게는 허가 없는 물품을 사용·수수하거나 허가 없이 전화 등의 방법으로 다른 사람과 연락하는 등의 규율 위반행위를 하여서는 안 될 금지의무가 부과되어 있다는 해석은 가능했다(대법원 2005. 8. 25. 선고 2005도1731 판결 참조).
40) 대법원 2005. 8. 25. 선고 2005도1731 판결.

외부 사람과 전화 통화를 하게 하고 증권거래용 단말기로 10,200회에 걸쳐 증권 현황 조회 및 증권 거래를 하게 한 변호인에 대하여 징역 1년을 선고한 바 있고, 2011. 1. 변호인이 교도관 몰래 주머니에 넣어 온 휴대전화를 수용자에게 사용케 하여 벌금 100만원이 선고된 사례가 있으며[41] 2004. 11.부터 2005. 3.까지 총 13회에 걸쳐 담배 14갑을 수용자에게 건넨 변호사에게 벌금 1,000만원이 선고된 바 있다.[42] 이외 수용자로부터 600만원을 받고 2007. 7.부터 2008. 1. 사이 66갑 분량의 담배를 소송서류 사이에 은닉하여 수용자에게 전달한 변호사가 불구속 기소된 사례가 있다.[43]

2008. 12. 21. 이전에 발생한 허가되지 아니한 물품 반입 사례도 많이 있으나 이 사건들에 대해서는 교정기관이 검찰에 사건 송치를 하지 않았을뿐더러 위계에 의한 공무집행방해죄의 성립을 엄격하게 보는 대법원의 태도[44]를 감안할 때 이들 사례를 형사 처벌 대상 행위로 분류하기는 힘들다. 따라서 이들은 징계 대상 행위로 보아 다음 목차에서 살펴본다.

금지 물품 반입이 아닌 행위로 형사 처벌을 받은 사례로는 2010. 5. 세 차례에 걸쳐 변호사가 아닌 외부인을 변호인인 양 가장하여 함께 변호인 접견을 한 혐의로 벌금 2,000만원을 선고받은 사례가 있다.[45]

2) 징계 대상 행위 유형

(1) 물품 무단 반입

가장 많은 수를 차지하는 징계 대상 행위[46] 역시 형사 처벌대상 행위 유형과 마찬

---

41) 안양지방법원 2011. 6. 10. 선고 2011고약3572 결정.

42) 서울중앙지방법원 2005. 11. 4. 선고 2005고약45804 결정.

43) 장원주, 정신나간 변호사, 세계일보, 2012. 1. 6, http://www.segye.com/Articles/News/Society/Article.asp?aid=20120106004057&cid=0101080100000 &subctg1=01&subctg2=00 접속일 2012. 1. 25.

44) 수용자가 아닌 자가 교도관의 검사 또는 감시를 피하여 금지물품을 반입하거나 허가 없이 전화 등의 방법으로 다른 사람과 연락하도록 하였더라도 교도관에게 교도소 등의 출입자와 반출·입 물품을 단속·검사할 권한과 의무가 있는 이상, 수용자 아닌 자의 그러한 행위는 특별한 사정이 없는 한 위계에 의한 공무집행방해죄에 해당하는 것으로는 볼 수 없다 할 것이나, 구체적이고 현실적으로 감시·단속업무를 수행하는 교도관에 대하여 그가 충실히 직무를 수행한다고 하더라도 통상적인 업무처리과정하에서는 사실상 적발이 어려운 위계를 적극적으로 사용하여 그 업무집행을 하지 못하게 하였다면 이에 대하여 위계에 의한 공무집행방해죄가 성립한다(대법원 2005. 8. 25. 선고 2005도1731 판결).

45) 안양지방법원 2011. 3. 4. 선고 2011고약723 결정.

46) 변호사법에 따르면 변호사에 대한 징계의 종류는 영구제명, 제명, 3년 이하의 정직, 3천만원 이하의 과태료, 견책이고(제90조), 제명 이하의 징계 사유는 변호사법을 위반한 경우, 소속 지방변호사회나 대한변호사협회의 회칙을 위반한 경우, 직무의 내외를 막론하고 변호사로서의 품위를 손상하는 행위를 한 경우(제91조 제2항)이다.

가지로 허가되지 아니한 물품 반입 행위이다.[47] 징계 대상 행위가 적발되면 교정기관은 즉시 징계 담당 기관인 해당 변호사회에 통보를 한다.

허가되지 아니한 물품 중 가장 대표적 물품인 담배의 반입 사례를 살펴보면[48] 변호인이 2001. 4.과 2001. 5. 2회에 걸쳐 수용자에게 담배를 전달한 사례, 2003. 9. 미결수용자에게 담배 10개비와 라이터 1개를 전달한 사례, 2006. 12. 수용자를 접견하던 중 사전에 교도관의 검사를 받지 않은 채 수용자에게 서류봉투를 전달함으로써 필터를 제거한 담배 73개비를 전달한 사례,[49] 2007. 2. 변호인이 소지하고 있던 새 담배 1갑을 전달한 사례,[50] 2008. 5. 사건 관계 서류철 9권 중 6권의 철끈 부분에 홈을 파고 총 23갑의 담배를 은닉 전달한 사례[51] 등이 있다.

담배 이외의 물품 반입 사례를 살펴보면 2008. 5. 새 운동화를 가방에 넣어 가 미결수용자의 헌 운동화와 바꿔주려 한 사례, 2008. 7. 돋보기와 붓 펜을 전달한 사례, 2008. 9. 휴대전화를 반입하여 수용자의 처와 통화하게 한 사례,[52] 변호인 접견 도중 반입한 휴대전화를 사용하게 한 사례, 2008. 10. 김, 멸치, 육포, 플라스틱 자, 집게, 편지봉투 등을 넣은 종이박스를 재판 관련 서류 사이에 은닉하여 전달한 사례,[53] 2010. 7. 껌 3통, 사탕 2통, 플라스틱 자 2개를 전달한 사례, 2011. 1. 미결수용자의 가족으로부터 건네받은 다이어리를 전달한 사례, 2011. 8. 금속성 볼펜 1개를 전달한 사례 등이 있다.

그 외 변호인 접견 과정에서 발생한 징계 대상 행위는 2011. 3. 변호사 등록이 취소된 변호사가 다수의 접견을 한 사례가 있다.

(2) 소위 '집사변호사'의 변호인 접견교통권 남용 행위

① 집사변호사의 접견 실태

집사변호사란 소송 중인 사건의 변론 활동과 무관하게 보수를 받고 수용자의 말상대가 되어주거나 수감 생활 편의를 위한 잔심부름, 외부 사람들과의 연락 및 재산관리 등을 해 주는 변호사를 말한다.[54][55]

---

47) 변호사의 금지 물품 반입 행위는 변호사법 제91조 제2항의 징계 사유 중 변호사로서의 품위를 손상하는 행위에 해당한다.

48) 이하, 법무부 자료 참조.

49) 서울행정법원 2009. 7. 17. 선고 2008구합38483 판결.

50) 해당 변호사는 과태료 2,000만원 처분을 받음.

51) 해당 변호사는 정직 3월 처분을 받음.

52) 해당 변호사는 과태료 100만원 처분을 받음.

53) 해당 변호사는 과태료 100만원 처분을 받음.

형사소송법상 '변호인이 되려는 자'도 변호인 접견을 할 수 있으므로 변호사 자격을 가진 자는 별다른 제한 없이 미결수용자와 접견을 할 수 있다. 집사변호사는 이러한 변호사의 특권을 남용하는 자로서 재판 준비 혹은 변호인 선임 명목으로 접견신청을 하지만 실제로는 접견 자체를 목적으로 한다. 2003. 10. 자 서울지방검찰청 특수3부의 '법조비리 사범 중간 수사 결과' 보도 자료에 의하면 B 변호사의 경우 서울구치소에서 2002. 4.부터 2003. 4. 사이 미결수용자와 107회 접견하였고, C 변호사의 경우 사회적 이목을 끌었던 대형사건 수용자들만 매일 접견하였다. 이러한 상황은 현재도 별 다를 바 없다.

위 수사 결과 보도 자료에 따르면 집사변호사는 접견만을 목적으로 선임되다 보니 수용자에게 담배나 휴대전화 등 불법적인 편의 제공을 하는 경우가 많고 수용자의 범죄 수익을 관리하는 것을 돕기도 한다. 실제 앞서 살펴본 금지물품 반입의 상당수가 집사변호사들에 의하여 이뤄지고 있다. 재력 있는 수용자의 경우 집사 변호사 4-5명을 선임해 각 변호사들로 하여금 교대로 접견신청을 하도록 하여 거실에 구금되어 있는 것이 아니라 사실상 변호인 접견실에서 거의 모든 시간을 보내 일반 수용자들에게 위화감을 조성하기도 한다.56)

② 집사변호사의 접견 행위의 위법 여부

집사변호사로 인한 폐해가 적지 않으나 집사변호사의 접견 행위 자체를 위법하다고 볼 수는 없다. 집사변호사의 금지물품 반입 행위 등이 위법 행위인 것과는 별론으로 집사변호사의 접견 행위를 처벌하거나 제한하는 현행법 규정이 없는 이상 집사변호사의 접견은 적법한 행위로 보아야 한다. 변호인의 지위 중 가장 기본적인 지위인 보호자의 지위를 고려할 때57) 집사변호사의 접견 자체는 수용자에게 필요한 변호인의 조력 행위이다. 변호인은 접견을 통하여 피고인 등의 심리적 불안을 해소해주는 보호기능을 행사하고58) 법적·심리적으로 불안한 상태에 있는 피의자나 피고인은 변호인과의 접견을 통하여 위로를 받음으로써 심리적인 안정을 회복하고, 형사소송 절차 내에서 효과적으로 방어권을 행사할 수 있게 되기 때문이다.59)

---

54) 서울중앙지법 2005.2.17. 선고 2004노1270 참고.

55) 국립 국어원 2003년 10월 신어 자료집에 따르면 집사변호사란 "힘 있는 정치인이나 돈이 많은 부자의 자질구레한 심부름을 해 주는 변호사를 비유적으로 이르는 말"이다.
   <http://krdic.naver.com/detail.nhn?kind=newword&docid=48299, 검색일 2011. 12. 6.>

56) 서울중앙지방검찰청, '법조비리 사범 중간 수사 결과' 보도 자료, 2003.

57) 이재상(각주 46), 137면.

58) 이재상(각주 46), 137면.

다만 집사변호사의 접견 중 심리적 불안을 해소하거나 피고인 등을 위로하는 것과 전혀 상관이 없는 부분, 예컨대 단순히 말상대가 되어주거나 잔심부름을 하는 행위, 외부 사람들과의 연락 및 재산 관리 역할을 하는 행위는 변호인 접견의 개념에 속한다고 할 수 없을 것이다. 변호인에게는 보호자의 지위도 있지만 공익적 지위도 있어 변호인의 활동은 이 두 가지 지위가 조화되는 점에 그 한계가 있다.[60] 변호인의 임무는 오로지 피고인 등의 이익만을 위하여 일하는 것이 아니라 법치국가 원칙에 입각한 형사사법의 실현에 있으며 변호인은 형사절차가 사안에 적정하게 절차법에 따라 진행되도록 유의할 의무가 있다.[61]

이러한 접견권의 남용에 대하여는 관련 법규정을 신설하여 접견을 제한할 수 있고, 이론이 있겠으나 법규 신설 없이 권리 남용의 법리에 따라 접견을 제한할 수도 있을 것이며,[62] 변호사로서의 품위를 손상하는 행위라고 판단하여 변호사법 제91조 제2항에 따라 징계 처분을 내릴 수도 있을 것이다. 그러나 접견 제한이나 징계 처분을 하려면 접견 내용이 변호인 접견의 개념을 벗어난 것이라는 사실이 확인되어야 하는데 현행법상 변호인 접견의 내용을 청취할 수 없으므로 현실적으로는 어떠한 제한이나 징계도 불가능하다.

(3) 기타 변호인 접견교통권 남용 행위

공범자들에 대하여 동시 혹은 순차적으로 접견 신청을 함으로써 변호인 접견 대기실에서 공범 간의 의사 연락이나 수사나 재판에서의 사전 의견 조율 등 증거 인멸을 도와주는 변호인이 있다.[63] 매일 마약사범만 10명 이상씩 접견하여 변호인 접견 대기실을 마약사범 정보 교환소가 되게 한 사례도 있다.[64] 그 외 변호인이 구속된 피고인 등의 범행에 관련되어 있어 변호인 접견을 하면서 수사 상황에 대한 정보를 알아내고 증거 인멸이나 조작을 하는 경우가 있으며[65] 공범 중 1인이 체포되고 1인이 도주한 상황에서 도주한 자가 변호인을 선임한 뒤 그 변호인으로 하여금 변호인 접

---

59) 헌재 2009. 10. 29. 선고 2007헌마992 결정.

60) 이재상(각주 46), 138－139면.

61) 백형구, 주석 형사소송법(Ⅰ), 한국사법행정학회, 2009, 381면.

62) 백형구(각주 205), 381면, 이완규(각주 14), 218면.

63) 앞서 본 바대로 다수의 공범에 대하여 접견이 신청되는 경우 공범 간의 접촉을 막기 위하여 시간 간격을 두고 접견을 실시하나 하루 수 백건의 변호인 접견이 이뤄지거나 접견 대기 시간이 길어질 경우 담당 직원의 부주의로 공범 간에 대화가 이뤄질 가능성이 있다.

64) 서울중앙지방검찰청(각주 199).

65) 서울중앙지방검찰청(각주 199).

견을 하게 함으로써 수사 진행 상황을 알아내는 경우도 있다.[66]

변호인 접견실을 브로커를 통해 소개받은 수용자를 만나 변호인 선임 계약을 체결하는 창구로 악용하는 경우가 있다. '법조비리 사범 중간 수사 결과' 보도 자료에 의하면 1회 접견신청 시 보통 30명 내외의 재소자에 대해 접견 신청한 변호사가 있다고 하는데 이러한 접견 중 상당 부분은 선임 계약 체결을 목적으로 한 영리 행위라고 볼 수 있을 것이다. 이러한 행위는 변호사법 제35조[67] 위반으로 과태료 부과가 가능하다.[68]

Ⅲ   변호인 접견교통권의 제한에 관한 연구

앞서 변호인 접견권을 남용하는 사례를 살펴보았는데 과거와 달리 이제는 변호인 접견교통권에 대한 국가기관의 침해를 어떻게 막을 것인지뿐만 아니라 위법한 변호인 접견 행위를 어떻게 제한할 것인지도 문제되고 있다.

헌법재판소는 2009년, 2011년 변호인 접견교통권의 제한을 긍정한 결정을 연이어 내놓고 있는데,[69] 이하에서 변호인 접견교통권 제한에 관한 그간의 헌법재판소 주요 결정 및 학설의 태도를 정리하고 그 의미를 살펴본다.

1. 변호인 접견 시 수사관 참여 금지결정(91헌마111 결정)

1) 결정 내용

접견교통권의 제한에 관한 가장 대표적인 결정은 91헌마111 결정[70]이다.

---

66) 이완규(각주 14), 218면.
67) 변호사법 제35조 (사건 유치 목적의 출입금지 등)
　　변호사나 그 사무직원은 법률사건이나 법률사무를 유상으로 유치할 목적으로 법원·수사기관·교정기관 및 병원에 출입하거나 다른 사람을 파견하거나 출입 또는 주재하게 하여서는 아니 된다.
68) 그 외 일본에서 발생한 변호인 접견권 남용 사례를 살펴보면 비변호인과의 접견 불허 결정을 받은 피의자의 변호인이 공범자의 서신을 전달하여 징계처분을 받은 사례가 있고, 변호인이 접견 내용을 언론에 유포하여 참고인의 진술을 받아내기 어렵게 하여 징계처분을 받은 사례가 있으며, 변호인이 옴진리교 교주와 접견하며 몰래 반입한 녹음기로 교주의 육성을 녹음하여 나중에 신자들에게 들려줌으로써 신자들의 위법행위를 부추긴 사례가 있다(노명선, 변호권 남용을 둘러싼 제 문제, 해외연수 검사 연구 논문집(I)(제13편), 법무연수원, 1997, 244-247면).
69) 헌재 2009. 10. 29. 선고 2007헌마992결정, 2011. 5. 26. 선고 2009헌마341 결정.
70) 헌재 1992 1. 28. 선고 91헌마111 결정.

[헌법재판소 결정 중 변호인 접견 제한 관련 판시 내용]

"변호인과의 자유로운 접견은 신체구속을 당한 사람에게 보장된 변호인의 조력을 받을
권리의 가장 중요한 내용이어서 국가안전보장·질서유지·공공복리 등 어떠한 명분으로
도 제한될 수 있는 성질의 것이 아니다."

2) 결정의 의미

위 판시 문구 중 '변호인과의 접견은 국가안전보장·질서유지·공공복리 등 어떠한
명분으로도 제한될 수 있는 성질의 것이 아니다'라는 부분에 주목하면 헌법재판소는
변호인과의 접견교통권에 대한 헌법 제37조 제2항에 의한 제한이 불가능한 것으로
보는 것으로, 즉 변호인 접견교통권을 절대적 기본권으로 보는 것으로 해석할 여지
가 있고 실제 학설 중 절대적 기본권설이 있다.[71]

헌법재판소는[72] 변호인의 조력을 받을 권리의 하나인 변호인선임권에 대하여 이는
변호인의 조력을 받을 권리의 출발점이자 가장 기초적인 구성부분으로서 법률로써도
제한할 수 없다고 판시한 바 있고 이 결정에서 조언과 상담을 통하여 이루어지는 변
호인의 조력자로서의 역할은 변호인선임권과 마찬가지로 가장 핵심적인 것이라고 판
시하여 변호인선임권과 변호인의 조력자로서의 역할을 절대적 기본권으로 본 바 있
다. 한편 헌법재판소는 위 91헌마111 결정에서 변호인과의 자유로운 접견을 변호인의
조력을 받을 권리의 '가장 중요한 내용'이라고 하였다. 그렇다면 헌법재판소가 변호인
접견교통권을 절대적 기본권으로 보고 있는 것으로 해석하는 것도 가능하다.

그러나 절대적 기본권이란 어떠한 경우에도, 또 어떠한 이유로도 제한되거나 침해
될 수 없는 기본권을 말한다.[73] 내심의 작용으로서의 신앙의 자유, 양심형성과 침묵
의 자유, 연구와 창작의 자유 등이 절대적 기본권에 해당한다.[74] 헌법학자 중 변호
인 접견교통권을 절대적 기본권으로 분류하는 학설은 없고 오히려 변호인의 조력을
받을 권리나 변호인 접견교통권도 헌법 제37조 제2항에 의하여 제한할 수 있다고 보
는 견해가 다수설이다.[75] 형사소송법 학계에서도 피고인 등의 접견교통권은 법률에
의하여 제한할 수 있으나 현행법상 아무런 제한 없이 보장되고 있다고 보는 견해가
다수설이다.[76]

---

71) 허영(각주 137), 381면; 황윤상(각주 2), 6면, 87면 ; 임동규, 형사소송법(6판), 법문사, 2010, 83면.
72) 헌재 2004. 9. 23. 선고 2000헌마138 결정.
73) 권영성(각주 14), 306면; 성낙인(각주 9), 397면.
74) 권영성(각주 14), 306면; 정종섭(각주 14), 535, 547면.
75) 정종섭(각주 14), 522면; 성낙인(각주 9), 489면.

피의자 등의 접견교통권은 양심형성의 자유나 신앙의 자유와 같은 내심의 영역에 속하는 기본권과는 성격을 달리해 이를 절대적 기본권으로 보기는 어렵다. 변호인 접견교통권은 현실적이고 실천적인 권리인데 변호인 접견교통권을 절대적 기본권으로 규정해놓고 어떤 경우에도 법률로써 제한되지 않는 것이라고 선언하면 이를 추상화, 관념화시켜 버리는 문제점도 있다.[77] 수사 과정에서 변호인 접견을 거부할 수 있는 가능성 자체를 상정하지 않고 있으면 이를 규율하는 법률도 존재하지 않게 되고 그 과정 전체가 법 규율로부터 벗어나 있는 사실 상태가 될 우려도 있다.[78] 변호인선임권 역시 절대적 기본권으로 볼 이론적, 실정법적 근거가 없다. 실제 변호인 선임권을 제한하는 입법례가 있는데 영국의 경우 변호인의 선임으로 증거인멸이나 타인의 권리 침해의 우려가 있거나 장물회수가 불가능하게 될 경우 수사기관이 변호인 선임권을 36시간 내지 48시간 유예하는 처분을 할 수 있도록 하고 있다.[79]

그런데 위와 같이 변호인 접견교통권을 상대적 기본권으로 볼 경우 위 91헌마111 결정문 중 '변호인과의 자유로운 접견은 국가안전보장·질서유지·공공복리 등 어떠한 명분으로도 제한될 수 있는 성질의 것이 아니다'를 어떻게 해석해야 할지 문제된다. 이에 대하여는 헌법재판소가 판시한 것은 변호인 접견교통권을 당해 사안에서처럼 수사관에 의하여 제한할 수 없다는 것이지 법률에 의한 제한까지 부정하고 있는 것은 아니라는 견해가 있고,[80] 91헌마111 결정이 마치 변호인의 접견교통권은 법률로도 제한할 수 없는 것이라고 한 것처럼 오해될 소지가 있으나 이는 변호인과 접견교통을 함에 있어 자유로운 의사소통을 할 수 있도록 하는 것을 말할 뿐이라는 견해도 있다.[81]

위 91헌마111 결정 내용 중 주목할 부분은 '변호인과의 자유로운 접견'이라는 부분이다. 즉 헌법재판소는 변호인 접견이 시작된 이상 '자유로운 접견'을 무제한 허용하여야 하고 어떠한 명분으로도 제한할 수 없다고 판시한 것일 뿐 '변호인 접견' 자체의 제한 불가능함을 판시한 것이 아니다. 헌법재판소는[82] 최근 이와 동일한 해석을 한 바 있는데 헌법재판소는 "어떠한 명분으로도 제한할 수 없다고 한 것은 구속된 자와 변호인 간의 접견이 실제로 이루어지는 경우에 있어서의 '자유로운 접견',

---

76) 이재상(각주 46), 264면; 신동운(각주 33), 제93면 ; 백형구(각주 205), 155면.
77) 한상희, 변호인의 도움을 받을 권리 : 비교법제적 분석, 일감법학 제17호, 이호문화사, 2010, 180−181면.
78) 한상희(각주 221), 181면.
79) 한상희(각주 221), 180면.
80) 노희범, 지정토론문, 형사법과 헌법이념(제3권), 박영사, 2010, 227면.
81) 이완규(각주 14), 201면.
82) 헌재 2011. 5. 26. 선고 2009헌마341 결정.

즉 '대화내용에 대하여 비밀이 완전히 보장되고 어떠한 제한, 영향, 압력 또는 부당한 간섭 없이 자유롭게 대화할 수 있는 접견'을 제한할 수 없다는 것이지 변호인과의 접견 자체에 대해 아무런 제한도 가할 수 없다는 것을 의미하는 것이 아니다"라고 하여 91헌마111 결정에 대한 명확한 해석을 하였다.[83]

2. 수사기록 열람·등사 결정 및 피의자 신문 시 변호인 참여 결정

1) 결정 내용

헌법재판소는 변호인의 접견교통권에 관한 위 91헌마111 결정 태도를 계속 유지하던 중[84] 변호인의 수사 서류 열람·등사권[85] 및 수사기관의 피의자신문 절차에서의 변호인 참여권[86]을 제한할 수 있다고 판시하였다.

[수사기록 열람·등사권 제한에 관한 헌법재판소 판시 내용]

"수사기록에 대한 열람·등사권이…변호인의 조력을 받을 권리 등에 의하여 보호되는 권리라 하더라도 무제한적인 것은 아니며 헌법상 보장된 다른 기본권과 사이에 조화를 이루어야 한다. …변호인의 수사기록에 대한 열람·등사권도 기본권 제한의 일반적 법률유보조항인 국가안전보장·질서유지 또는 공공복리를 위하여 제한되는 경우가 있을 수 있으며…."(94헌마60 결정[87])

---

83) 필자가 헌법재판소에 제출한 의견서에서 필자는 '이 결정의 취지는 일단 변호인 접견이 시작된 이상 자유로운 접견만큼은 무제한 허용하여야 하고 이는 어떠한 명분으로도 제한할 수 없다는 것으로 해석함이 옳고 변호인 접견교통권 자체를 제한할 수 없다는 것으로 해석할 수는 없다'고 주장한 바 있다.

84) 헌재 1992. 4. 14 선고 90헌마82 결정, 헌재 1993. 3. 11 선고 92헌마98 결정, 헌재 1994. 7. 29 선고 91헌마137 결정, 헌재 1995. 5. 25 선고 91헌마44 결정, 헌재 1997. 1. 16 선고 90헌마110 결정 등

85) 이 사건은 변호인이 담당검사에게 피고인에 대한 경찰과 검찰의 수사기록 일체를 열람·등사하겠다는 신청을 하였으나 검사가 거부사유를 밝히지 아니한 채 신청을 거부한 처분의 위헌확인을 구하는 사건이었는데 헌법재판소는 검사가 보관하는 수사기록에 대한 변호인의 열람·등사는 실질적 당사자대등을 확보하고, 신속·공정한 재판을 실현하기 위하여 필요불가결한 것이어서 그에 대한 지나친 제한은 피고인의 신속·공정한 재판을 받을 권리를 침해하는 것이고, 변호인의 수사기록에 대한 검토는 피고인에게 유리한 증거는 이를 피고인의 이익으로 원용하고 불리한 증거에 대하여는 검사의 공격에 대하여 효율적인 방어를 위하여 필수적인 것이므로 변호인의 수사 기록 열람·등사에 대한 제한은 피고인에게 보장된 변호인의 조력을 받을 권리를 침해하게 되는 것이라고 판시하였다.

86) 이 사건은 피고인들이 담당 검사에게 피의자신문 시 변호인들이 참여하여 조력할 수 있도록 해 줄 것을 구두와 서면으로 요청하였으나 담당 이를 거부한 채 피의자신문을 하고 피의자신문조서를 작성한 것이 자신의 변호인의 조력을 받을 권리 등을 침해하였다고 주장하면서 이의 위헌확인을 구한 사건이었다. 헌법재판소는 아무런 이유 없이 피의자신문 시 피고인들의 변호인과의 조언과 상담요구를 제한한 행위는 피고인의 변호인의 조력을 받을 권리를 침해하였다고 판시하였다.

87) 헌재 2004. 9. 23.선고 2000헌마138 결정.

"피의자신문에 변호인을 참여시킬 권리의 행사에도 일정한 제한을 할 수 있으나, 이러한 기본권의 제한은 헌법 제37조 제2항에 따라 국가안전보장·질서유지·공공복리를 위하여 필요한 경우에 한하여 법률로써 이루어져야 하며, 제한하는 경우에도 자유와 권리의 본질적인 내용을 침해할 수 없다."(2000헌마138 결정[88]) 중 별개의견).

2. 결정의 의미

위 두 결정은 변호인 접견교통권에 대한 결정이 아니고 변호인의 수사 서류 열람·등사권 및 피의자신문 시 변호인 참여권에 관한 결정이나 위 두 권리는 변호인 접견교통권과 함께 변호인의 조력을 받을 권리의 내용이므로 헌법재판소가 이 권리들을 법률로써 제한할 수 있음을 인정한 것은 변호인 접견교통권도 제한될 수 있음을 시사하는 것이었다.[89]

3. 법정 옆 대기실에서의 변호인 접견 불허 결정(2007헌마992 결정)

1) 결정 내용

헌법재판소는[90] 2009. 10. 29. 변호인 접견교통권의 제한이 가능함을 처음 인정하는 결정을 하였다. 이 헌법소원심판은 법정 옆 대기실에서 재판을 대기하던 피고인이 자신의 재판 시작 약 20분 전에 교도관에게 변호인과의 면담을 요구하였는데 교도관이 위 요구를 받아들이지 않자 피고인이 이를 다툰 사건이다. 헌법재판소는 구속피고인의 변호인 면접·교섭권은 형사소송절차상 목적을 구현하기 위하여 제한될 수 있다며 교도관의 접견 불허 행위를 청구인의 기본권을 침해하는 위헌적인 공권력의 행사라고 보기 어렵다고 판시하였다.[91]

---

88) 헌재 1997. 11. 27. 선고 94헌마60 결정.
89) 위 두 결정에 관해 헌법재판소가 위 두 권리의 내재적 한계를 명시한 것으로 보아 입법자가 규정하지 않더라도 논리적으로 당연히 인정될 수 있는 제한 사유를 판시한 것이라는 견해(이완규(각주 14), 208-211면)가 있으나 헌법 제37조 제2항과 같은 기본권 일반적 법률유보 조항이 있는 우리 헌법의 해석에서는 굳이 내재적 한계 이론을 수용할 필요가 없다고 보며 위 헌법재판소 결정에서 언급한 제한 사유를 법률에 규정하여야 비로소 위 권리들을 제한할 수 있다는 반대 견해(정진연, 헌법상 변호인의 조력을 받을 권리의 내용과 한계, 형사법과 헌법이념 제2권, 박영사, 2007. 151면, 노희범(각주 224), 229-230면)가 있다.
90) 헌재 2009. 10. 29. 선고 2007헌마992 결정.
91) 법원이나 검찰청에서도 변호인 접견은 가능하다. 수용관리업무지침 제118조에 따르면 법원이나 검찰청에서의 변호인 접견 신청이 있는 경우 해당 판사 또는 검사에게 통보하고 소장의 허가를 받아 실시한

[헌법재판소 결정 중 변호인 접견 제한 관련 판시 내용]

"구속피고인 변호인 면접·교섭권은 독자적으로 존재하는 것이 아니라 국가형벌권의 적정한 행사와 피고인의 인권보호라는 형사소송절차의 전체적인 체계 안에서 의미를 갖고 있는 것이다. 따라서 구속피고인의 변호인 면접·교섭권은 최대한 보장되어야 하지만, 형사소송절차의 위와 같은 목적을 구현하기 위하여 제한될 수 있다. 다만 이 경우에도 그 제한은 엄격한 비례의 원칙에 따라야 하고, 시간·장소·방법 등 일반적 기준에 따라 중립적이어야 한다."

2) 결정의 의미

이 결정의 가장 큰 의미는 변호인 접견교통권을 제한할 수 있음을 명시적으로 인정하였다는 것이다. 그러나 헌법재판소는 '법률에 의한' 변호인 접견교통권의 제한을 명시적으로 언급하지는 않았다. 헌법 제37조 제2항에 따라 기본권의 제한은 법률로써만 가능하나 헌법재판소는 '변호인 접견교통권의 제한은 엄격한 비례의 원칙에 따라야 하고, 시간·장소·방법 등 일반적 기준에 따라 중립적이어야 한다.'고 판시하였다.

이러한 헌법재판소의 태도를 어떻게 이론 구성할지가 문제인데 헌법재판소는 이 사안의 해결을 위하여 변호인 접견교통권의 일반적 제한[92] 이론을 적용한 것으로 볼 수 있다. 일반적 제한 이론이란 구속 장소의 질서 유지를 위한 일반적인 시간의 제한, 예컨대 일요일 또는 퇴근 시간 후의 접견의 금지나 무기 또는 위험한 물건의 수수를 금지하는 것은 접견교통권의 침해에 해당하지 않는다는 이론이다.[93] 일반적 제한 이론을 헌법의 기본권 제한 관련 법리로 설명하면 일요일 변호인 접견 등은 접견교통권의 내재적 한계[94]를 벗어나는 기본권 행사로서 보장될 수 없다는 것으로 설명

다. 접견은 해당 판사 또는 검사가 지정한 사무실에서 하고 계호, 서류 및 물건 수수, 신체 검사 등은 교정시설에서의 변호인 접견에 준하여 시행한다.

헌법재판소가 위 결정에서 교도관의 접견 불허 조치를 합헌으로 판단한 이유는 청구인이 변호인과의 접견에 관하여 사전에 서면은 물론 구두로도 신청한 바 없다가 재판 시작 전 약 20분 전에야 변호인과의 면담을 요구한 점, 당시 위 대기실에는 청구인을 포함하여 14인이 대기 중이었고, 그 중 11인은 살인미수, 강간치상 등 강력범들이었던 점, 반면 대기실에서 근무하는 교도관은 2명뿐이었던 점, 교도관들은 청구인이 만나고자 하는 변호인이 법정에 있는지조차 알 수 없는 상황이어서 교도관이 청구인의 변호인과의 면접을 허용하려면, 법정으로 들어가 변호인을 찾은 후 면담의 비밀성이 보장되고 계호에도 문제가 없는 공간을 찾아서 면담을 하게 하여줄 수밖에 없다는 점, 교도관이 청구인과 변호인 간의 면담을 위하여 이와 같은 행위를 하여줄 경우 다른 피고인들의 계호 등 교도행정업무에 치명적 위험이 될 가능성도 배제할 수 없다는 점을 고려한 것이다.

92) 정진연, 답안 강평, 고시연구, 2004. 9. 349면 참조.
93) 이재상(각주 46), 143, 265면; 신동운(각주 33), 제95면.
94) 권영성(각주 14), 345면; 헌재 1990. 9. 10. 선고 89헌마82.

할 수 있을 것이다. 그러나 앞서 본 것처럼 일반적 법률유보의 방식을 취하는 우리나라 헌법의 경우에는 기본권의 내재적 제한이라는 개념은 필요가 없고 굳이 논의할 실익도 없어95) 일반적 제한 이론은 재고할 필요가 있다.96) 더욱이 휴일 접견 금지나 위험한 물건 수수 금지는 기본권 제한 이론으로 설명할 수 있다. 금지물품 금지에 관한 법적 근거는 앞서 본 바대로 수용자처우법 제92, 93조이고, 휴일 접견 금지에 관한 근거는 수용자처우법 제41조 제4항이므로 이 조항을 대상으로 기본권 제한의 위헌 여부 판단을 할 수 있기 때문이다.97)

헌법재판소는 계호상의 문제점이나 직원 부족 등의 현실을 고려하여 교도관의 접견 제한 조치를 법률유보 원칙 위반98)으로 보아 위헌 선언을 하지 않고 일반적 제한 이론을 원용하여 합헌 결정을 한 것으로 보인다. 법무부에서는 법원이나 검찰청에서의 변호인 접견에 관한 법 규정을 마련하여 접견 허용 기준과 절차를 법정할 필요가 있다.99)

4. 공휴일 변호인 접견 불허 결정(2009헌마341 결정)

1) 결정 내용

헌법재판소는100) 최근 변호인 접견교통권 제한에 관한 그간의 논쟁을 정리함과 동시에 접견교통권을 제한하고 있는 법령의 존재를 인정하는 결정을 하였다. 이 사건은 수용자인 청구인의 변호인과의 접견 신청이, 접견을 희망하는 날이 공휴일(현충일)이라는 이유로 불허되자 청구인이 이러한 접견 불허 처분이 자신의 변호인의 조력을 받을 권리를 침해하였다며 헌법소원심판을 청구한 사건이다. 헌법재판소는 미결수용자가 원하는 특정한 시점에 접견이 이루어지지 못하였다 하더라도 곧바로 변호인의 조력을 받을 권리가 침해되었다고 단정할 수는 없는 것이고, 변호인의 조력을 받을 권리가 침해되었다고 하기 위해서는 접견이 불허된 특정한 시점을 전후한 수사 또는 재판의 진행 경과에 비추어 보아 그 시점에 접견이 불허됨으로써 피의자 또는 피고인의 방어권 행사에 불이익이 초래되었다고 인정할 수 있어야만 하므로 미

---

95) 정종섭(각주 14), 363면; 성낙인(각주 9), 358면, 김철수, 헌법학(상), 박영사, 2008, 439면; 허영, 한국헌법론, 박영사, 2008, 273면.
96) 정진연, (각주 236), 349면.
97) 수용자처우법 제41조 제4항에 관해서는 후술한다.
98) 법정 옆 구속피고인 대기실에서의 접견 제한에 관하여는 훈령인 구 계호업무지침 외 법률적 근거가 없다.
99) 위 2007헌마992 결정 보충의견.
100) 헌재 2011. 5. 26. 선고 2009헌마341 결정.

결수용자에게 변호인의 조력을 받을 기회가 충분히 보장되었다고 인정될 수 있는 경우에는 변호인의 조력을 받을 권리가 침해되었다고 할 수 없다며 이 사건 접견 불허 처분이 청구인의 권리를 침해하지 않았다고 판시하였다.

[헌법재판소 결정 중 변호인 접견 제한 관련 판시 내용]

"헌법재판소가 91헌마111 결정에서 미결수용자와 변호인과의 접견에 대해 어떠한 명분으로도 제한할 수 없다고 한 것은 구속된 자와 변호인 간의 접견이 실제로 이루어지는 경우에 있어서의 '자유로운 접견', 즉 '대화내용에 대하여 비밀이 완전히 보장되고 어떠한 제한, 영향, 압력 또는 부당한 간섭 없이 자유롭게 대화할 수 있는 접견'을 제한할 수 없다는 것이지, 변호인과의 접견 자체에 대해 아무런 제한도 가할 수 없다는 것을 의미하는 것이 아니므로 미결수용자의 변호인 접견권 역시 국가안전보장 · 질서유지 또는 공공복리를 위해 필요한 경우에는 법률로써 제한될 수 있음은 당연하다. …수용자처우법 제41조 제4항의 위임에 따라 수용자의 접견이 이루어지는 일반적인 시간대를 대통령령으로 규정하는 것은 가능하다."

2) 결정의 의미

이 결정의 첫 번째 의의는 앞서 본 바대로 91헌마111 결정에 대한 유권 해석을 하였다는 점이고, 두 번째 의의는 법률로써 변호인 접견교통권을 제한할 수 있음을 처음으로 밝힌 점이며 위 결정의 세 번째 의의는 변호인 접견교통권을 제한하고 있는 법률의 존재를 인정하였다는 점이다. 형사소송법 교과서는 대부분 변호인과의 접견교통권을 제한하는 법률의 규정이 없어 접견교통권은 현행법상 아무런 제한 없이 보장되고 있다고 기술하고 있으나[101] 헌법재판소는 수용자처우법이 변호인 접견교통권을 제한하고 있다고 판시하였다. 수용자처우법 제41조 제4항은 접견의 횟수 · 시간 · 장소 · 방법 및 접견내용의 청취 · 기록 · 녹음 · 녹화 등에 관하여 필요한 사항은 대통령령으로 정한다고 규정하고 있는데 헌법재판소는 이 조항을 근거로 수용자의 접견이 이루어지는 일반적인 시간대를 대통령령으로 규정하는 것은 가능하다고 보았다.[102]

현재 교정기관은 소위 집사변호사와 브로커 고용 변호사 등 변호인 접견교통권을 남용하는 변호사들로 인하여 업무에 지장을 받고 있고 변호사 시장의 경쟁이 치열해

---

101) 이재상(각주 46), 264면.

102) 위 조항의 위임을 받아 수용자처우법 시행령 제58조 제1항은 '수용자의 접견은 매일(공휴일 및 법무부장관이 정한 날은 제외한다) 국가공무원 복무규정 제9조에 따른 근무시간 내에서 한다.'라고 규정하고 있다.

질수록 이러한 현상은 더 심각해질 것으로 예상된다. 이러한 시점에서 헌법재판소가 변호인 접견권의 법률에 의한 제한을 명시적으로 인정하였는바 이 결정을 기초로 향후 관련 법률에 변호인 접견교통권 남용을 제한하는 규정을 신설하여 변호인의 위법한 행위를 통제할 수 있을 것이다.

Ⅳ 교정시설에서의 변호인 접견교통권 제한 관련 검토 -구체적 사례를 중심으로

1. 공휴일 및 토요일 변호인 접견 제한

1) 문제 제기

공휴일 접견 제한에 관한 헌법재판소의 합헌 결정에도 불구하고 공휴일 및 토요일 변호인 접견 제한에 관한 논의는 여전히 필요하다. 헌법재판소는 교정기관에서 공휴일에 변호인 접견을 제한하는 현 제도를 합헌이라고 선언한 것이 아니고 당해 사건에서 특정한 일자(현충일)에 변호인 접견을 제한한 것이 피고인에게 어떠한 불이익을 입혔는지를 검토했을 뿐이다. 오히려 헌법재판소는 보충의견으로 토요일 또는 공휴일이라는 이유만으로 미결수용자와 변호인의 접견을 원칙적으로 불허하고 있는 교정시설의 현재 실무 관행은 시정될 필요가 있다고 하였다.

2) 현 실태

수용자처우법은 접견 시간에 관한 사항을 대통령령에 위임하고 있고 동법 시행령은 수용자의 접견은 공휴일 및 법무부장관이 정한 날을 제외한 날에 실시한다고 규정하고 있다.[103] 이를 근거로 현재 모든 교정기관은 공휴일에는 변호인 접견뿐 아니라 일반 접견도 실시하고 있지 않다. 위 시행령의 '법무부장관이 정한 날'은 바로 토요일인데 법무부 예규인 수용관리업무지침은 토요일에는 변호인 접견을 실시하지 않

---

103) 수용자처우법 제41조(접견)

　　④ 접견의 횟수·시간·장소·방법 및 접견내용의 청취·기록·녹음·녹화 등에 관하여 필요한 사항은 대통령령으로 정한다.

　수용자처우법 시행령 제58조(접견)

　　① 수용자의 접견은 매일(공휴일 및 법무부장관이 정한 날은 제외한다)「국가공무원 복무규정」제9조에 따른 근무시간 내에서 한다.

음을 원칙으로 하되[104] 4부제[105]를 실시하는 교정시설에서는 소장의 재량으로 토요일 접견을 실시할 수 있고, 3부제를 실시하는 시설에서는 가까운 친족으로서 주중 평일에 접견을 하지 못한 사람에 한하여 소장 재량으로 접견을 실시할 수 있다고 규정하고 있다. 실제 운영은 위 규정과 다소 상이한데 3, 4부제를 가리지 않고 모든 교정기관에서 토요일 일반 접견은 실시하나 변호인 접견은 시행하지 않고 있다.

정리하면 일반 접견은 토요일에 시행되고 있으나 변호인 접견은 토요일과 공휴일 모두 실시되지 않고 있다.

3) 공휴일·토요일 변호인 접견 제한의 위헌 여부

공휴일 및 토요일 변호인 접견 불허 조치로 인하여 제한되는 기본권은 피고인 등의 접견교통권과 변호인의 접견교통권 두 가지 모두이다. 앞서 본 바대로 법률에 의한 변호인 접견교통권 제한이 가능하므로 법령에 의한 제한 자체가 위헌이라고 할 수는 없고 위 법령이 과연 공휴일 및 토요일 접견 제한의 근거 법령이 될 수 있는지, 있다면 그 내용이 과잉금지원칙에 부합하는지가 문제된다.

(1) 법률유보 원칙 위반 여부

위 수용자처우법 제41조 제4항이 변호인 접견교통권 제한의 근거 법률이 될 수 있는지에 대하여 이견이 있을 수 있다. 수용자처우법 제84조 제2항은 미결수용자와 변호인 간의 접견은 시간과 횟수를 제한하지 아니한다고 규정하고 있으므로 제41조 제4항을 근거로 변호인 접견 시간을 제한할 수 없고, 위 조항은 오로지 일반 접견의 시간 제한에 관한 위임 규정이라는 주장이 가능하다. 이렇게 해석하면 공휴일 등 변호인 접견 불허 처분은 법률유보 원칙 위반으로 위헌이 된다.

---

104) 수용관리업무지침 제96조(토요일 접견)

　① 영 제58조 제1항에 따라 토요일에는 수용자와 교정시설 외부에 있는 사람과의 접견을 실시하지 아니 한다. 다만, 보안야간근무체계 개편에 따라 4부제를 실시하는 교정시설에서는 접견실에서의 접견을 실시할 수 있다.

　② 제1항에도 불구하고 4부제를 실시하지 않는 교정시설에서는 수용자의 직계존비속·형제자매·배우자, 직계비속의 배우자, 형제자매의 배우자, 배우자의 부모·형제자매로서 불가피한 사유로 해당 주중 평일에 접견하지 못한 경우에는 접견을 허가할 수 있다.

105) 4부제 근무란 교도관 중 보안근무자를 제1부부터 제4부까지 4개 부로 나누어 서로 교대하여 24시간 근무를 하는 것을 말한다. 이에 비해 3부제 근무란 보안근무자를 3개 부로 나누어 근무하는 것을 말한다 (교도관직무규칙 제18조 참조). 2011. 1. 현재 50개 교정기관 중 32개 기관은 4부제를 실시하고 있으며 나머지 18개 기관은 3부제를 시행하고 있는데 법무부는 교도관 추가 채용을 통한 전 기관 4부제 실시를 목표로 하고 있다.

헌법재판소는 앞서 본 공휴일 변호인 접견 불허 처분에 관한 결정[106]에서 제41조 제4항에 관한 해석을 한 바 있다. 헌법재판소는 수용자처우법 제84조 제2항이 접견에 관한 일체의 시간적 제한을 금지하는 것으로 볼 수는 없고, 자유롭고 충분한 변호인의 조력을 보장하기 위해 접견 시간을 양적으로 제한하지 못한다는 의미로 이해하는 것이 타당하므로 수용자처우법 제84조 제2항에도 불구하고 같은 법 제41조 제4항의 위임에 따라 수용자의 접견이 이루어지는 일반적인 시간대를 대통령령으로 규정하는 것은 가능하다고 판시하였다. 따라서 공휴일 및 토요일 변호인 접견 불허 처분이 법률유보 원칙에 위배된다고 할 수는 없다.

(2) 과잉금지원칙 위반 여부[107]

과잉금지원칙이란 국민의 기본권 제한 시 국가작용의 한계를 명시한 원칙으로서 목적의 정당성·수단의 상당성·피해의 최소성·법익의 균형성을 그 내용으로 하며 어느 하나에라도 저촉되면 위헌이 된다는 헌법 원칙을 말한다.[108]

공휴일 등 변호인 접견 제한 근거 법령인 수용자처우법, 동법 시행령 및 수용관리업무지침 조항의 목적의 정당성을 살펴본다. 법무부 자료에 의하면 현재 교정공무원의 주당 평균근무 시간이 70시간으로 일반 행정공무원의 40시간에 비해 30시간이나 많고 교정공무원의 근무 강도도 타 직렬 공무원에 비해 높은 편이어서 공휴일이나 토요일에 변호인 접견을 시행할 경우 교정공무원의 피로도 증가와 사기 저하 및 이로 인한 계호력 약화가 예상된다. 따라서 공휴일 등에 변호인 접견을 불허할 수 있도록 규정한 현행 법령은 교도관의 업무 부담 감소 및 휴무 보장이라는 입법 목적을 가지는 것으로서 목적의 정당성은 충분히 인정된다. 그리고 공휴일 및 토요일에 변호인 접견을 하지 않을 수 있도록 한 법조항은 이러한 입법목적을 달성하는 데 적절한 수단이라고 할 것이다.

공휴일 변호인 접견은 원칙적으로 불허되나 필요성이 인정되는 경우에는 접견이 가능하고[109] 토요일 변호인 접견은 재량행위로 규정되어 있어 위 근거 법령이 최소

---

106) 헌재 2011. 5. 26. 선고 2009헌마341 결정.

107) 헌법재판소는 위 2009헌마341 결정에서 관련 법령에 대한 과잉금지원칙 위반 여부 심사를 하지 않고 당해 2009. 6. 6.자 변호인 접견 불허 처분이 청구인의 변호인의 조력을 받을 권리를 침해하였는지 여부를 검토하였으나 공휴일 등 변호인 접견 제한의 위헌 여부를 일반적으로 논하려면 근거 법령에 대한 과잉금지원칙 위반 여부 검토가 필요하다.

108) 권영성(각주 14), 354면.

109) 수용자처우법 시행령 제102조는 소장은 미결수용자의 처우를 위하여 특히 필요하다고 인정하면 제58조 제1항에도 불구하고 접견 시간대 외, 즉 공휴일에도 접견하게 할 수 있다고 규정하고 있다. 실제 공휴일

침해성 원칙에 반한다고 할 수 없다. 공휴일이나 토요일 변호인 접견이 대부분 불허되는 것이 현실이나 이러한 실무 관행의 위헌·위법 여부와 별론으로 위 근거 법령은 최소침해성 원칙을 지키고 있다고 볼 수 있다.110)

마지막으로 법익의 균형성을 살펴본다. 토요일과 공휴일에 변호인 접견이 불허됨으로써 구속된 피고인 등의 방어권 보장에 미흡함이 생길 수 있다. 금요일 저녁에 구속된 미결수용자는 특별한 경우를 제외하고는 월요일까지 변호인을 만날 수 없다.111) 그리고 최근 전국 법원이 월요일 재판을 진행하고 있어 토요일이나 일요일 변호인 접견의 필요성이 증가하였다. 미결수용자 입장에서는 가족을 만나는 것보다 변호인을 만나 법적 자문을 구하는 것이 더 중요할 수 있으므로 일반 접견을 허용한다면 변호인 접견도 허용하는 것이 타당하다. 그런데 공휴일 등 접견을 당장 시행하기에는 교도관의 인력이 부족하다. 법무부 자료에 따르면 서울구치소의 경우 공휴일 변호인 접견 예상 건수가 약 220건에 달하여112) 이에 따른 추가 배치 인원이 46명에 달하고 부산구치소의 경우 33명, 성동구치소의 경우 26명의 직원을 추가로 배치하여야 한다. 변호인 접견을 실시하려면 행정업무 담당자, 접수 및 안내 담당자, 접견실 통제 요원, 동행 및 검신 요원, 출입 관련 요원 등이 필요하고 각 수용 사동 및 정문에 근무자를 추가로 배치하여야 한다.113) 공휴일 등 변호인 접견을 실시하지 않음으로써 교도관의

변호인 접견이 필요한 경우에는 실무상 장소변경접견 방식으로 변호인 접견을 하고 있다. 장소변경접견이란 접촉 차단 시설이 없는 장소에서 접견을 하는 것으로 이는 위 시행령 제102조에 규정되어 있다.

110) 이에 반하여 일본 '형사수용시설 및 피수용자 등의 처우에 관한 법률' 제118조 제1항은 '미결구금자와 변호인 등과의 면회의 일 및 시간은 일요일, 그 밖에 정령에서 정하는 날 이외의 날 중 형사시설의 집무시간 내로 한다.'고 규정하고 있으며 동법 정령 제2조는 토요일을 면회가 불가능한 날로 정하고 있다. 한편 미국 캘리포니아 주법의 경우도 변호인 접견은 주중 근무 시간 내에 가능하다고 규정하고 있다(The California Department of Corrections and Rehabilitation(CDCR) art. 42 — VISITING (Revised May 1, 2003 Updated May 10, 2010) 54020.32.3 Attorney Visiting Hours 참조).

111) 2009. 4. 13. 법류신문 기사에 실린 예이다. 20년 경력의 최 모 변호사는 지난주 금요일 저녁 야간 폭행으로 구속된 B씨의 형으로부터 피해자와 합의를 마쳤으니 구속적부심을 신청해 달라는 의뢰를 받았다. 최 변호사는 피의자접견을 위해 이튿날 아침 급히 구치소로 달려갔지만 토요일이라는 이유로 피의자를 만날 수 없었다. 결국 구속적부심은 월요일이 돼서야 신청할 수 있었고 B씨는 화요일 간신히 석방됐다. 최 변호사는 "구치소가 헌법상 규정된 변호인 접견권만 제대로 지켰어도 인신이 하루 더 구속되는 일은 막았을 텐데…"라며 안타까워했다.

＜http://www.lawtimes.co.kr/LawNews/News/NewsContents.aspx?kind＝AA&serial＝46410, 검색일 2011. 12. 6.＞

112) 2009년의 경우 서울구치소 변호인 접견 총 수는 58,658건, 1일 평균 변호인 접견 건수는 222건이다.

113) 헌법재판소는 위 2009헌마341 결정 중 보충의견으로 토요일이나 공휴일에 미결수용자와 변호인의 접견을 허용함으로 인한 예산이나 인력의 부담은 접견 시간대를 평일에 비해 단축하거나(예컨대 오전 중에만 실시하거나, 오후에만 실시하는 방법), 그 횟수를 미결수용자별로 제한하는 방법(예컨대 미결수용자별로 토요일 등에 접견할 수 있는 총 횟수를 제한하는 방법) 또는 미결수용자가 처음 실시하는 변호인 접견에 한하여 원칙적으로 허용해 주고 그 이후에는 필요하다고 인정되는 경우에만 허용해 주는 방법

업무 부담 증가가 방지되고 공휴일 등에 휴식이 보장되는 측면이 있다.

그러나 인력 부족은 예산 증원과 교도관 추가 채용으로 해결할 수 있는 것이고, 교정공무원의 공휴일 등 휴무 보장이라는 공익이 변호인과의 상담을 통해 적절한 대응책을 강구하고 심리적 불안과 고민을 해소하는 사익보다 우월한 이익인지 의문이 있다. 공휴일 등에 변호인 접견을 불허할 수 있다고 규정한 수용자처우법, 동법 시행령 조항 및 수용관리업무지침 조항은 법익의 균형성 위반의 소지가 있다.

(3) 소결: 과잉금지원칙 위반 여부

공휴일 및 토요일에 변호인 접견을 불허하는 법령은 과잉금지원칙 위반으로 위헌으로 볼 수 있어 공휴일 등 변호인 접견 제한 처분 역시 위헌 소지가 있다.

4) 소결

변호인 접견교통권을 최대한 보장하기 위하여 공휴일 및 토요일에도 변호인 접견을 실시하여야 한다. 현재 교정공무원의 인원이 넉넉하지 않아서[114] 변호인 접견을 바로 시행하기는 힘들겠지만 교정공무원 채용을 늘림으로써 조속한 시기에 공휴일 등에도 변호인 접견을 시행하여야 할 것이다.

2. 변호인선임서 미제출 접견 제한

1) 문제 제기

법무부는 2010. 5. 변호사의 탈법적 수용자 접견 행태를 바로잡기 위한 지침을 전국 교정기관에 시달하여 미선임 변호사가 수용자를 접견하려 할 때에는 먼저 선임계를 제출할 것을 권고하고, 이후에도 미선임 상태에서 수용자를 계속 접견하면 대한변호사협회와 지방변호사협회에 징계를 의뢰하거나 접견을 제한하기로 하였다.[115] 미선임 변호사란 실무상 법원이나 교정기관에 변호인선임서를 제출하지 않고 교정시

등을 통해 완화할 수 있을 것이라고 판시한 바 있다. 그러나 위 세 가지 방법 어느 것을 선택하더라도 추가 배치 인력의 숫자는 변함이 없다.

114) 앞서 본 인터넷 법률신문 기사에 따르면 최근 10여년 동안 6개의 교정시설이 신설되었지만 교정직 공무원의 신규 증원은 필요 인력의 55.4%인 510명에 불과해 나머지 411명은 기존 교정기관에서 충당했다고 한다.

115) 법무부 자료; 전성훈, '벌틸' 담배심부름 그만…'집사변호사' 발 묶는다, 연합뉴스, 2010. 7. 22, <http://www.yonhapnews.co.kr/politics/2010/07/22/0505000000AKR20100722080800004.HTML, 접속일 2011. 12. 6.>

설에서 변호인 접견을 하는 변호사를 의미한다. 이러한 법무부의 지침에 대하여 변호사협회는 강하게 반발하였고 법무부는 시행 4개월여 만에 위 접견 제한 방안을 철회하였다.[116]

현재 미선임 변호인 접견을 제한하고 있지 않으며 지침 시행 기간 동안 실제로 접견이 제한된 사례도 없으나 미선임 접견 제한은 언제든 다시 시행될 수 있으므로 미선임 변호인 접견 제한에 관하여 논의할 필요성이 있다. 아래에서 미선임 변호인 접견 실태를 살펴본 후 법무부가 미선임 변호인의 접견을 제한하고자 한 이유와 접견 제한 처분의 위법 여부를 검토한다.

2) 미선임 변호인 접견 실태

변호사가 변호인 접견신청서를 제출할 때 신청서에 선임 여부를 표시하고 있으며 대부분의 변호사는 선임 상태로 접견을 신청한다. 교정기관에서는 선임 여부를 확인하지 않는 편이나 기관에 따라 법원에 확인을 하는 경우도 있다.[117] 이에 반해 선임 계약을 위하여 접견을 하는 변호사는 당연히 선임이 안 된 상태로 접견 신청을 하게 되는데 이러한 경우는 접견 중 변호인선임서를 작성하여 사본을 제출한다. 그런데 일부 변호사는 미선임 상태의 변호인 접견을 계속 반복하기도 한다.

3) 미선임 변호인 접견 제한 필요성

미선임 변호인 접견에는 특정 수용자와 다수·반복적인 접견을 하는 유형(이하, 1유형)과 다수의 수용자와 1회적 미선임 접견을 하는 유형(이하, 2유형)이 있다. 1유형에 속하는 미선임 접견은 집사변호사에 의하여 주로 행하여진다. 집사변호사는 접견 자체를 목적으로 계약을 체결할 뿐 법원이나 검찰에서 변호 행위를 하지 않으므로 변호인선임서를 법원에 제출하지 않는다. 1유형의 미선임 접견을 반복하는 변호인은 변호사법 위반 행위인 변호인선임서 등의 미제출 변호 행위[118]를 하고 있을 개연성

---

116) 법무부 자료; 권용태, 수용자 접견 변호사 소지품도 검사, 법률신문 제3859호(2010. 7. 22.) 1-2면.

117) 2011. 10. 일본 법무성 교정국에 확인한 바로는 일본의 경우는 재판소에서 변호인선임 통지서를 교정기관에 보내주거나 변호인이 위 통지서를 직접 소지하고 방문하여 변호인 접견 신청을 한다고 한다.

118) 변호사법 제29조의2(변호인선임서 등의 미제출 변호 금지)
변호사는 법원이나 수사기관에 변호인선임서나 위임장 등을 제출하지 아니하고는 다음 각 호의 사건에 대하여 변호하거나 대리할 수 없다.
1. 재판에 계속 중인 사건
2. 수사 중인 형사사건[내사 중인 사건을 포함한다]
변호사윤리장전 제20조(위임장 등의 제출 및 경유)

도 있다. 아울러 위와 같은 유형의 미선임 접견을 하는 경우 변호사의 대부분은 변호인선임서를 지방변호사회에 경유[119])하지 않을 것이므로 이러한 접견은 변호사의 탈세 행위를 의심할 수 있는 단서가 되기도 한다.

2유형에 속하는 접견은 사건 유치를 위해 브로커를 동원하는 변호사에 의하여 많이 행해진다. 이들 변호사들은 변호인 접견을 브로커로부터 소개 받은[120]) 미결수용자를 만나 사건을 선임하는 영업의 기회로 활용하며, 교정시설 내에서 브로커 역할을 하는 수용자를 접견한 후 그로부터 소개받은 수용자를 즉석으로 접견하여 사건을 수임한다.

형사소송법상 변호인뿐만 아니라 변호인이 되려는 자도 미결수용자와 접견할 수 있어 현행법상 변호사라면 선임 여부와 상관없이 어떤 미결수용자와도 접견을 할 수 있고 이 수용자를 반복해서 계속 접견할 수도 있다. 그런데 이러한 제도를 악용하는 집사변호나 미선임 변호, 브로커 동원 행위가 늘고 있어 이에 대한 대응으로 법무부가 위와 같은 미선임 변호인 접견을 제한하는 지침을 마련하게 된 것이다.

4) 미선임 변호인 접견의 위법·부당 여부

미선임 변호인 접견을 통하여 변호사가 위법하거나 부당한 행위를 할 수 있으나 미선임 변호인 접견을 제한하려면 미선임 접견이 위법하거나 적어도 부당하여야 한다.

변호사법 제29조의 2에 따르면 변호사는 법원이나 수사기관에 변호인선임서나 위임장 등을 제출하지 아니하고는 재판에 계속 중인 사건과 수사 중인 형사사건에 대하여 변호하거나 대리할 수 없고 이를 위반하여 변호나 대리를 한 경우 1천만원 이하의 과태료를 부과한다.[121]) 그런데 위 조항은 변호인선임서 제출 대상 기관으로서 법원과 수사기관을 열거할 뿐 교정기관을 대상 기관으로 하고 있지 않으며 변호인선

---

  ① 변호사는 사건을 수임하였을 때는 소송위임장이나 변호인선임신고서 등을 해당 기관에 제출하여야 한다. 이를 제출하지 아니하고는 전화, 문서, 방문 기타 어떠한 방법으로도 변론 활동을 하여서는 아니된다.

119) 변호사법 제29조(변호인선임서 등의 지방변호사회 경유)

  변호사는 법률사건이나 법률사무에 관한 변호인선임서 또는 위임장 등을 공공기관에 제출할 때에는 사전에 소속 지방변호사회를 경유하여야 한다.

120) 변호사법 제34조 제2항은 변호사는 법률사건이나 법률사무의 수임에 관하여 소개·알선 또는 유인의 대가로 금품·향응 또는 그 밖의 이익을 제공하거나 제공하기로 약속하여서는 아니 된다고 규정하고 있고 동조 제3항은 변호사나 그 사무직원은 제109조 제1호(타인의 법률 사무를 대신 처리하거나 알선하는 변호사 아닌 자, 필자 주)에 규정된 자 등으로부터 법률사건이나 법률사무의 수임을 알선 받아서는 아니 된다고 규정하고 있으며 동법 제109조 제2호는 이들 조항 위반 시 7년 이하의 징역 또는 5천만원 이하의 벌금에 처하거나 벌금과 징역은 병과할 수 있다고 규정하고 있다.

121) 변호사법 제117조 제1항 제3호.

임서 미제출 상태에서 변호사가 할 수 없는 행위로서 변호행위와 대리행위를 언급하고 있을 뿐 접견 행위를 금지하고 있지 않다. 앞서 본 변호사윤리장전 제20조 역시 변호인선임 신고서를 해당 기관에 제출하지 아니하고는 어떠한 '변론' 행위도 할 수 없다고 규정하고 있다. 따라서 변호인 접견을 하려는 변호사가 교정기관에 변호인선임서를 제출할 의무가 있다고 할 수는 없고 미선임 변호인 접견 행위를 변호사법 위반 행위로 볼 수는 없다. 변호사법 외 어떠한 법률도 미선임 변호인 접견을 제한하고 있지 않아 현행법상 미선임 변호인 접견은 적법한 행위로 보아야 한다.

변호사법 해석을 떠나 적어도 첫 번째 미선임 변호인 접견을 부당하다고 말할 수는 없다. 왜냐하면 형사소송법 제34조에 따라 변호인이 되려는 자로서 변호인 선임계약을 체결하기 위하여 변호인 접견을 신청한 변호사에게 변호인선임서를 제출하라고 하는 것은 사리에 맞지 않기 때문이다.

5) 미선임 접견 제한 처분의 위법 여부

법무부는 미선임 변호사가 수용자를 접견하려 할 때 먼저 선임계를 제출할 것을 권고하고, 이후에도 미선임 상태에서 수용자를 계속 접견하면 대한변호사협회와 지방변호사협회에 징계를 의뢰하거나 접견을 제한하려 하였다.[122] 이는 1유형의 미선임 접견에 대한 제한 방안이라고 할 수 있다. 법무부의 제한 조치에 대하여 살펴보자.

우선 최초의 미선임 변호인 접견 시 선임계 제출 권고 행위에 대하여 검토한다. 단순 권고만으로 미결수용자나 변호인의 접견교통권에 대한 제한은 발생하지 않는다. 권고는 행정절차법상 행정지도에 해당하므로[123] 반드시 법적 근거를 요하는 것도 아니다.[124] 다만 행정지도는 조직법상 주어진 권한 내에서만 할 수 있는데[125] 미선임 접견 행위를 악용하는 현실을 감안할 때 '변호인 선임'을 권고하는 것은 적법하고 타당한 행위라고 볼 수 있으나 선임계, 즉 '변호인선임서' 제출을 요구하는 것은 변호사법 규정상 변호사에게 의무 없는 행위를 강요하는 것으로서 위법한 행위로 볼 수 있다.

다음으로 해당 변호사협회에 징계 의뢰하는 조치에 관하여 살펴본다. 이 조치 역시 접견을 제한하는 것이 아니므로 미결수용자나 변호인의 접견교통권에 대한 직접

---

122) 법무부 자료에 따르면 실제 권고 조치는 있었으나 징계를 의뢰하거나 변호인 접견을 제한한 사례는 없었다.
123) 행정절차법 제2조 제3호.
124) 홍정선, 행정법특강(제8판), 2009, 박영사, 346면.
125) 홍정선(각주 273), 346면.

적인 제한은 없다. 징계 의뢰는 미선임 변호인 접견에 대한 간접적 통제 방안이라 할 수 있다. 즉, 미선임 변호인 접견을 반복하는 변호사의 타 기관에서의 변호 행위를 확인한 뒤 변호사법 제29조의2 위반, 즉 미선임 변호를 이유로 대한변협이나 지방변호사회 혹은 지방검찰청에[126] 변호사 징계 개시 청구나 신청을 의뢰하면 미선임 접견에 대한 간접적 제한이 가능하다. 그러나 이 방안은 교정시설에서의 미선임 접견 행위에 대한 직접적 통제 방안이 아니어서 효과가 제한적이고 타 기관에서의 위법 행위에 관하여 교정기관이 징계 의뢰하는 것이 타당한 것인지 의문이 있다.[127]

마지막으로 접견 제한 조치에 대하여 살펴본다. 이 경우 변호인의 접견교통권과 미결수용자의 접견교통권 모두가 제한된다. 기본권에 대한 제한을 하려면 법률에 근거가 있어야 하는데 현행법상 이러한 법 규정은 없다. 따라서 미선임 변호인 접견이 반복된다는 이유로 변호인 접견을 제한하는 것은 위법하다.[128]

결국, 미선임 접견 대응 조치로 법무부가 마련하였던 권고 조치, 징계 의뢰 조치, 접견 제한 조치는 모두 위법하거나 부당하다.

6) 입법론

미선임 변호인 접견 행위가 적법한 행위이더라도 이를 악용하는 행위는 제한할 필요성이 있다. 앞서 본대로 특정 수용자와 미선임 변호인 접견을 반복하는 변호사는 집사변호사이거나 변호사법 위반인 변호 행위를 하고 있을 가능성이 있고 다수의 수용자와 1회적 미선임 접견을 자주 하는 변호사는 사건 유치를 위하여 브로커를 동반하는 변호사일 가능성이 있기 때문이다.

우선 1유형의 미선임 변호인 접견 제한에 관하여 살펴본다. 1유형의 미선임 접견을 하는 변호사는 변호인이 되려는 의사가 없는 자로 볼 수 있다. 변호인의 주 임무는 법원이나 수사 기관에서 의뢰인의 무죄나 정상 참작 증거를 제출하고 유리한 사실을 주장하며 의뢰인의 방어권을 보충하는 것인데 특별한 이유 없이 법원에 변호인

---

126) 대한변호사협회의 장은 변협징계위원회에 '징계개시 청구'를 할 수 있고 지방변호사협회의 장 및 지방검찰청 검사장은 대한변호사협회의 장에게 '징계개시 신청'을 할 수 있다.

127) 2008. 8. 대전 중부경찰서는 지방변호사회를 경유하지 않고 경찰서에 대리 고소한 법무법인 4곳과 변호사 3명에 대해 소속 지방변호사회 및 관할 지방검찰청에 징계 및 과태료 처분 의뢰한 바 있는데 이 경우는 당해 기관에서 일어난 변호사법 위반 사안이므로 징계 처분 의뢰하는 것이 적절하다(장재완, 저작권 위반 고소남발 변호사들의 법위반 사례 적발, 오마이뉴스, 2008. 8. 18, http://www.ohmynews.com/NWS_Web/view/at_pg.aspx?CNTN_CD=A0000965013, 접속일 2011. 12. 6.).

128) 앞서 본 2002다56628 및 91가단58693 판례는 변호인선임서 등의 문서가 없다는 이유로 접견을 불허한 국가정보기관에 대해 국가배상을 명한바 있다.

선임서를 계속 제출하지 아니한 채 변호인 접견을 반복하는 것은 위와 같은 변호인의 임무를 수행하려는 의사가 없다고 추론할 수 있는 근거가 되므로 이러한 변호사에게는 변호인이 될 의사가 없다고 판단할 수 있을 것이다.[129] 그런데 이러한 미선임 변호인 접견을 제한하려면 법률 개정을 통하여 제한의 법적 근거를 마련하여야 하는데 변호인이 될 의사가 없음을 어떻게 확인할 것인지가 문제이다. 단순히 미선임 접견을 반복하는 것만으로 변호인이 될 의사가 없다고 단정할 수는 없고 가사 이렇게 법안을 마련하더라도 변호인이 미결수용자와 변호인 선임서를 작성하여 제출하면 더 이상 미선임 접견이 아니게 되어 법안의 취지가 무력화된다. 따라서 1유형의 미선임 접견에 대한 제한은 사실상 불가능하다.

다음으로 2유형의 미선임 변호인 접견 제한에 관하여 본다. 변호인 접견을 브로커 등으로부터 소개받은 수용자를 만나는 기회로 삼는 변호사는, 변호인이 되려는 자는 미결수용자의 의사와 상관없이 변호인 접견을 할 수 있음을 악용하는 것인데 이러한 행위를 제한하고 있는 입법례가 앞서 본 일본 형사소송법 제39조이다. 동 조항은 "피고인 또는 피의자는 변호인을 선임할 수 있는 자의 의뢰에 의하여 변호인이 되려는 자와…접견할 수 있다"고 규정하고 있어 미결수용자 등으로부터 변호인 선임의 의뢰를 받은 자가 아닌 변호사는 변호인 접견을 할 수 없다. 2011. 10. 일본 법무성 교정국에 확인한 바에 따르면 변호인이 되려는 변호사는 미결수용자가 변호사회나 가족에게 보낸 편지를 지참하여 변호인 접견 신청을 해야 하고 편지를 소지하지 않은 경우는 미결수용자의 의사를 확인하여 그 의사에 따라 변호인 접견 여부를 결정한다고 한다.

2유형의 미선임 변호인 접견의 폐해는 교정시설에서 주로 일어나는 일이므로 관련 규정을 형사소송법에 둘 필요는 없다고 생각하고 '교도관 직무집행법'[130]을 제정하

---

129) 서울중앙지방법원 2010. 8. 19. 선고 2010나10701 판결(대법원 2010.12.23 선고 2010다80183 상고이유서 부제출 기각 판결)은 접견교통권을 인정하기 위하여는 적어도 접견신청 당시 피고인 또는 피의자의 변호인이 되려는 진정한 의사가 있어야 한다고 판시하며, 당해 사건의 변호사에게는 경찰공무원의 현행범 체포를 방해하기 위하여 접견을 요청하였을 뿐 접견 요청 당시 변호인이 되려는 진정한 의사가 있었다고 할 수 없다고 판단하였다(이에 대한 비판은 송상교(각주 117). 그리고 앞서 본 2005도1731 판결의 원심인 서울중앙지방법원 2005. 2. 17. 선고 2004노1270 판결은 변호인으로 선임된 것도 아니고 변호인이 될 의사도 없이 300만원의 대가를 받고 수용자의 편의를 위한 잔심부름과 외부인들과의 연락 통로 역할을 하고, 변호인에게는 아무런 제한 없이 접견이 허용됨을 악용하여 수용자에게 휴대전화를 사용하게 한 바 피고인(변호사)의 행위는 위계에 의한 공무집행방해에 해당한다고 판시하여 돈을 받고 오로지 집사 변호 행위만 한 변호사에게 변호인이 될 의사가 없다고 판단한 적이 있다.

130) 현행 수용자처우법 제10조는 '이 법에 규정된 사항 외에 교도관의 직무에 관하여는 따로 법률로 정한다'고 규정하고 있다. 수수료 징수 등 일반 행정업무에 관한 법 조항을 수용자처우법에 두는 것은 부적절하므로 교도관의 직무에 관한 법률을 따로 제정할 필요성이 있다.

여 동법에 규정을 신설하는 것이 적절하다고 생각한다. 왜냐하면 수용자처우법은 수형자의 교정교화와 건전한 사회복귀를 도모하고 수용자의 처우와 권리에 관하여 필요한 사항을 규정함을 목적으로 하고 있으므로[131] 형의 집행이나 수용자의 처우와 관계없는, 변호인만을 수범자로 하는 법 규정을 수용자처우법에 두는 것은 동법의 성격에 맞지 않기 때문이다.

V 결론

헌법재판소가 법률로써 변호인 접견교통권을 제한할 수 있다고 명시적으로 선언함에 따라 해당 국가기관은 헌법재판소의 위 결정을 기초하여 관련 법 규정을 신설함으로써 브로커 동원 변호사에 의한 변호인 접견교통권 남용 행위를 통제할 수 있게 되었다.

그러나 헌법재판소 결정을 법률에 근거만 있다면 얼마든지 변호인 접견교통권을 제한할 수 있다는 것으로 해석해서는 아니 될 것이다. 헌법재판소의 결정은 변호인 접견교통권도 다른 기본권처럼 수사 기관의 처분이나 법원의 명령이 아닌 법률로써만 제한할 수 있으며 이러한 법률은 과잉금지원칙을 준수하여야 함을 선언한 것이다. 따라서 변호인 접견교통권을 제한하여야 할 필요성이 없거나 제한 필요성 이상의 통제를 가하는 법률 규정은 위헌 선언을 피할 수 없다. 일부 변호사에 의한 변호인 접견교통권 남용 행위에 대해서도 접견교통권의 개념과 기능에 비추어 그 행위가 위법하거나 부당하다고 판단될 때에만 법률로써 최소한의 통제만을 가하여야 할 것이다.

모든 인권과 기본권이 그러하듯 변호인 접견교통권도 수사기관 등 국가에 의하여 언제든지 침해될 수 있다. 현재는 변호인 접견권을 누구나 누리는 기본권으로 생각하지만 불과 20년 전만 해도 변호인 접견교통권은 법전과 교과서에만 있는 유명무실한 권리였고 최근의 미선임 변호인 접견 제한의 예에서 보듯 변호인 접견교통권에 대한 제한이나 침해는 앞으로도 얼마든지 발생할 수 있다. 접견교통권에 대한 국가의 제한 조치에 대하여는 변호인 접견권 침해 사례에 관한 연구와 헌법재판소가 설시한 변호인 접견교통권 제한 법리로써 유효적절하게 대응할 수 있을 것이다.

---

131) 수용자처우법 제1조(목적) 참조.

후기

- 논문 작성('12년) 이후 현재까지의 헌법재판소 결정 및 이에 따른 실무상 변화 -

1. 법령에 의한 변호인 접견교통권 제한을 인정한 추가 결정

석사 논문을 쓰게 된 계기가 된 헌법재판소 결정이 2009헌마341 결정이었는데 동 결정은 변호인 접견교통권 제한에 관한 그간의 논쟁을 정리함과 동시에 접견교통권을 제한하고 있는 법령의 존재를 처음으로 인정한 결정이었다. 최근 헌법재판소는 같은 취지의 결정을 하였는데(2015헌마243), 헌재는 변호인 접견실을 CCTV를 통해 감시, 녹화하는 것이 형집행법에 근거가 있고 비례원칙에 위반되지 않아 수용자의 변호인의 조력을 받을 권리를 침해하지 않는다고 판시하였다.

2. 소송사건의 대리인의 변호사 접견

미결수용자가 아닌, 형이 확정된 수형자는 변호인의 조력을 받을 권리의 주체가 될 수 없어, 수형자가 변호사를 만나 자신의 민사 사건 등에 대한 상담을 하려면 변호인 접견이 아닌 일반 접견 절차를 통하여야 한다. 일반 접견은 ① 접촉차단시설이 있는 곳에서 이뤄지고 ② 경우에 따라 녹음, 녹화되며 ③ 본인의 접견 횟수(월 4-6회 정도) 내에서만 할 수 있는데 헌재는 이 모든 제한을 위헌으로 판단하였다(각 2011헌마122, 2011헌마398. 2012헌마858). 다만 헌재는 수형자에게 변호인 접견권이 있다고 인정한 것은 아니고 당사자의 재판청구권이 침해된 것으로 이론 구성하였다. 법무부는 헌재의 판단을 받아들여 형집행법 시행령을 개정하였다.

3. 소송사건의 대리인이 되려는 자의 변호사 접견

변호인이 되려는 자도 변호인 접견이 가능하다(형사소송법 제34조). 소송사건의 대리인은 변호사 접견을 할 수 있다. 소송사건의 대리인이 '되려는 자'는 변호사 접견을 할 수 있는가? 이에 대해 헌법재판소는 이 경우 일반 접견을 하게 하는 것이 변호사의 직업수행의 자유를 침해하지 않는다고 판시하였다(2018헌마

1010).

4. 변호인의 접견권의 기본권성

과거 헌법재판소는 변호인의 접견권은 기본권이 아니고 단지 형사소송법에
의해 보장되는 권리라고 하였으나(2012헌마610), 최근 헌재는 변호인이 되려는
자의 접견교통권을 헌법상 기본권으로 인정하였다(2015헌마1204).

12

수용자의 서신 수수 제한과 그 한계에 관한 판례 연구 - 서울고등법원 2017. 11. 29. 선고 2017누34669 판결에 대한 평석을 중심으로-*

심유진(변호사, 법무법인 무한)

I 서론

일반 행정의 영역뿐만 아니라 다소 특수성이 인정되는 교정행정의 영역에서도 '특별권력관계에서는 법률유보원칙이 적용되지 않고, 권리의 제한이 있더라도 사법 심사 대상에서 제외 된다'[1]는 전통적 특별권력관계이론이 극복된 지 오래이다. 적법한 사법절차에 따라 교정시설에 구금된 수용자들이라 하더라도 대한민국 국민으로서 헌법에 규정된 기본권의 주체임은 부정할 수 없고, 전통적 특별권력관계이론 하에서 응보주의적 행형이념이 지배하던 과거와 달리 오늘날 교정의 목적은 교화를 통한 재사회화를 거쳐 지역사회로의 건전한 복귀이므로, 수형자의 외부교통권을 널리 허용하는 것이 추세이다.[2]

수용시설 내 수용자들과 교정당국 간의 갈등의 대부분은 수용자들의 기본권 보장에 대한 요구와 시설의 질서 및 안전, 수용자들의 교화와 건전한 사회복귀 등 목표로 하는 교정행정의 합목적성 사이의 상호 긴장에서 비롯된다. 구금의 목적을 달성하기 위해 수용자에 대한 기본권의 제한이 다소 불가피한 면이 있다고 하더라도, 그

---

* 이 글은 심유진, "수용자의 서신 수수 제한과 그 한계에 관한 판례 연구-서울고등법원 2017. 11. 29. 선고 2017누34669 판결에 대한 평석을 중심으로-", 법학연구 제19권 제3호, 한국법학회, 2019에 게재되었음을 밝힌다.

1) 이명웅, "수용자의 기본권 제한", 「헌법논총」, 17집, 헌법재판소, 2006, 258면
2) 조승래, "수형자의 외부교통권", 「고시연구」, 제33권 제3호, 고시연구사, 2006, 342면

가 기본권 주체로서 당연히 가지는 기본권을 보장하는 우리 헌법의 가치를 준수하여야 하는바, 헌법 제37조 제2항에서 정한 과잉금지원칙에 따른 기본권 제한의 한계를 넘어서는 아니 된다[3]는 점 자체에 대해서는 일반적으로 이론이 없을 것으로 보인다.

인간은 사회적 존재로서 본능적으로 다른 사람들과의 지속적인 접촉과 교류를 통해 유대관계를 맺고자 하는 욕구가 있다. 사형확정자를 제외한 통상의 수용자의 경우 형의 확정 후 형기가 종료되면 지역사회의 일원으로 다시 복귀하게 된다는 점에서 가족, 친구와 같은 친밀한 인적 관계에 있는 사람들과 서신 수수, 전화 통화 등으로 교류를 지속하는 것이 교화 또는 사회복귀에 상당한 도움이 되는 것으로 알려져 있다. 타인과의 건강한 인적 교류는 고립된 수용자의 소외감을 감소시키고 사회와의 유대감을 증대시키기 때문이다.

우리 헌법재판소 역시 구금의 목적인 자유형의 집행을 위해서는 수형자의 통신의 자유에 대한 제한이 필연적으로 수반될 수밖에 없기 때문에 수형자에 대한 서신검열 행위를 합헌이라고 판단하면서도, 수형자의 서신 수발을 일정한 범위 내에서 허용하는 것이 교화 또는 갱생을 위해 더 유익할 수 있다고 판단하였다.[4]

국가의 기본권보장 확대라는 시대적 흐름에 따라 구 행형법은 2007년 '형의 집행 및 수용자의 처우에 관한 법률(이하 '형집행법')'로 전면 개정되었고, 1950년 제정 이래로 50년 이상 지속되어 온 수용자의 서신 수수 대한 허가주의 및 검열주의는 전면 폐지되었다. 그러나 수용자의 자유로운 서신 수수가 교정 시설의 질서와 안전 및 수형자의 교정·교화 또는 건전한 사회복귀에 오히려 방해가 되는 부정적 사례는 현재까지도 계속 발생하고 있다. 특히 최근 국정농단사건의 주범으로 서울동부구치소에 수감되어 있는 최순실이 딸 정유라에게 불법적으로 축적한 것으로 추정되는 재산의 은닉을 지시하는 '옥중서신'이 한 언론사에 의해 공개되며 화제가 된 바 있다. 그러나 정작 불법 또는 불법에 대한 조력을 방지하여야할 의무가 있는 법무부는 최순실이 "서신검열대상자가 아니라서 언제 누구에게 발신됐는지 현재로선 확인 불가능하다"고만 밝혀 비난을 받고 있다.

이처럼 일부 수용자의 경우 서신검열대상자로 지정하여 서신의 발신을 불허할 필요성이 인정됨에도 불구하고, 수용시설의 장에 의한 서신검열대상자 지정 처분의 근거가 무엇인지 법률적으로 명확히 규명된 바 없어 교정당국으로서는 서신검열대상자 지정하여 서신의 발신을 불허하는데 비교적 소극적일 수밖에 없었다. 교정 당국은

---

3) 노희범, "수용자 서신검열 제도의 위헌성", 「법학논총」, 제32집 제2호, 전남대학교 법학연구소, 2012, 제40면
4) 헌재 1998. 8. 27. 96헌마398

서신 검열 사유가 있다고 판단될 경우 예외적으로 수용자의 서신에 대한 검열을 허용하는 형집행법 제43조 제4항을 그 근거 규정으로 판단하고 서신검열대상자 지정처분을 하였던 것으로 보이나, 위 규정이 '검열 그 자체'가 아니라 '수용자가 수발하는 서신을 일정한 기간 동안 일괄적으로 검열하는 처분'의 근거가 될 수 있는지에 관해서 법원이 구체적인 판단을 내린 적은 없었던 것으로 보인다. 이 글에서는 형집행법 제43조 제4항 소정의 서신 검열 사유가 인정될 경우 수용자에게 일정기간 동안 그가 수발하는 모든 서신을 일괄적으로 검열할 수 있게 하는 '서신검열대상자 지정처분'의 근거에 대하여 사법부가 거의 최초로 판단한 서울고등법원 2017. 11. 29. 선고 2017누34669 판결의 서신검열대상자 지정 처분에 대한 판시 내용과 아울러 동 판결에 나타난 발신불허처분에 관한 판시 내용을 함께 검토한다.

Ⅱ 수용자의 서신 수수에 관한 법령과 판례 검토

1. 우리나라의 관계규정

1) 서신 수수 관련 규정의 변화

수용자 서신 수수 관련 규정은 1950년 행형법 제정 이후 6회에 걸쳐 개정되었다. 1950년 제정된 행형법은 수용자의 서신은 검열을 원칙으로 하고, 친족 간의 서신수발만을 예외적으로 허가하되 그 외의 사람과의 서신수발을 원칙적으로 금지하였다.[5] 1962년 개정으로 서신수발 자체는 원칙적으로 금지하되 예외적으로 친족 이외의 자와의 서신 수발도 허용하였으나 여전히 서신은 검열을 원칙으로 삼았다.[6] 1995년 개정 행형법부터 수용자의 서신 수수를 '교화상 또는 처우상 특히 부적당한 사유가 없는 한 원칙적으로 허가하여야 한다'고 규정하였으며, 1999년 개정으로 원칙적 검열

---

5) 行刑法 제정 1950. 3. 2. [법률 제105호, 시행 1950. 3. 18.] 제17조 수형자는 타인과 접견하거나 서신을 수발할 수 있다. 친족이외의 자와의 접견과 서신수발은 필요한 용무가 있을 때에 한한다. 수형자의 접견과 서신수발은 형무관리의 입회 또는 검열을 요한다. 접견의 입회, 서신의 검열과 제한에 관한 규정은 대통령령으로 정한다.

6) 제18조(접견과서신의 수발) ① 수형자는 소장의 허가를 받아 타인과 접견하거나 서신을 수발할 수 있다.<개정 1962·12·24> ② 친족이외의 자와의 접견과 서신수발은 필요한 용무가 있을 때에 한한다.
③ 수형자의 접견과 서신수발은 교도관의 참여 또는 검열을 요한다.
④ 접견참여, 서신의 검열 및 접견과 서신의 제한에 관하여 필요한 사항은 각령으로 정한다. <개정 1962·12·24>

이던 것이 예외적 검열로 개정되었다가[7] 2007년 형집행법으로 명칭을 바꾸고 전면 개정 되면서 서신무검열 원칙을 천명하기에 이르렀다. 이후 2019년 4월 23일 개정되어 10. 24.부터 시행될 형집행법은 서신수발 금지 서신의 경우 그 구체적인 사유를 서면으로 작성하여 관리하도록 하는 절차를 마련하였다.[8]

2) 형집행법상 서신 수수 제한 사유

서신검열 원칙의 전면적 폐기에 따라 수용자의 서신은 검열하지 않는 것이 원칙이나, 제43조 제3항에 따라 금지물품 동봉 여부 확인을 위한 서신의 내용물 검열을 할 수 있고, 서신이 제4항 소정의 사유에 해당하는 경우 검열될 수 있다. 형집행법은 수용자의 서신 수수권을 원칙적으로 보장하면서도,[9] 예외적으로 수용자의 서신에 제43조 제1항 단서에 해당하는 사유가 있거나 해당 서신에 금지물품이 동봉되어 있거나 서신의 내용이 제5항 각호에서 정한 사유에 해당하는 경우 소장은 수용자의 서신 수수를 금지할 수 있다.[10]

---

7) 行刑法 일부개정 1999. 12. 28. [법률 제6038호, 시행 2000. 3. 29.] 제18조의2(서신)
　① 수용자는 소장의 허가를 받아 다른 사람과 서신을 주고 받을 수 있다.
　② 소장은 교화 또는 처우상 특히 부적당한 사유가 없는 한 제1항의 규정에 의한 허가를 하여야 한다.
　③ 소장은 수용자의 서신을 검열할 수 있다. 다만, 제66조제2항 각호외의 부분 본문의 규정에 의한 변호인과의 서신은 예외로 한다.
8) 2019. 4. 23. 형집행법 제43조 7항은 "소장은 제1항 단서 또는 제5항에 따라 발신 또는 수신이 금지된 서신은 그 구체적인 사유를 서면으로 작성해 관리하고, 수용자에게 그 사유를 알린 후 교정시설에 영치한다. 다만, 수용자가 동의하면 폐기할 수 있다."로 개정되었다. <시행일 2019. 10. 24.>
9) 형집행법은 수용자에게 서신을 수수할 수 있는 '권리'가 있다고 직접 선언하지는 않았으나, 그간의 개정 취지에 비추어 사실상 수용자의 서신 수수권을 원칙적으로 보장하고 있다고 평가된다. 이와 관련하여 조성용 "수형자의 서신 수수권 제한의 헌법적 문제점과 개선방안", 「인권과 정의」 제465호, 대한변호사협회, 2017, 55면
10) 형집행법 제43조(서신 수수) ① 수용자는 다른 사람과 서신을 주고받을 수 있다. 다만, 다음 각 호의 어느 하나에 해당하는 사유가 있으면 그러하지 아니하다.
　1.「형사소송법」이나 그 밖의 법률에 따른 서신의 수수금지 및 압수의 결정이 있는 때
　2. 수형자의 교화 또는 건전한 사회복귀를 해칠 우려가 있는 때
　3. 시설의 안전 또는 질서를 해칠 우려가 있는 때
　② 제1항 본문에도 불구하고 같은 교정시설의 수용자 간에 서신을 주고받으려면 소장의 허가를 받아야 한다.
　③ 소장은 수용자가 주고받는 서신에 법령에 따라 금지된 물품이 들어 있는지 확인할 수 있다.
　④ 수용자가 주고받는 서신의 내용은 검열받지 아니한다. 다만, 다음 각 호의 어느 하나에 해당하는 사유가 있으면 그러하지 아니하다.
　1. 서신의 상대방이 누구인지 확인할 수 없는 때
　2.「형사소송법」이나 그 밖의 법률에 따른 서신검열의 결정이 있는 때

수용자의 서신 수수를 원칙적으로 보장하고 수용자가 수발하는 서신을 검열하지 않되, 예외적으로 검열사유에 해당하는 서신을 검열한 결과 수수가 허가되지 않은 서신은 원칙적으로 시설 내 영치하고, 예외적으로 수용자 동의를 얻어 폐기하며, 금지물품의 서신 동봉 여부를 확인하고자 서신의 내용물만을 확인하는 규정들이 대거 신설됨으로써 '수용자의 인권신장과 처우 개선에 있어서 획기적 전환'을 가져왔다고 평가된다.[11] 그러나 수용자와 청원기관 간의 서신, 수형자와 변호사 간의 서신, 배우자·친족 등과 수발하는 서신 등 서신 수발 상대방과의 친밀성, 서신을 보내려는 목적 등의 여타의 특수성을 전혀 감안하지 아니하고 수용자가 수수하는 서신을 일률적·획일적으로 규율하는 현행 규정은 외국의 입법례에 비추어 수용자의 통신의 자유 등 기본권을 필요이상으로 제한하는 부분이 있으므로, 현행 규정을 개정하여 수용자의 서신 수수권을 보다 전면적으로 보장하여야 한다는 일각의 비판이 있다.[12]

---

3. 제1항제2호 또는 제3호에 해당하는 내용이나 형사 법령에 저촉되는 내용이 기재되어 있다고 의심할 만한 상당한 이유가 있는 때

4. 대통령령으로 정하는 수용자 간의 서신인 때

⑤ 소장은 제3항 또는 제4항 단서에 따라 확인 또는 검열한 결과 수용자의 서신에 법령으로 금지된 물품이 들어 있거나 서신의 내용이 다음 각 호의 어느 하나에 해당하면 발신 또는 수신을 금지할 수 있다.

1. 암호·기호 등 이해할 수 없는 특수문자로 작성되어 있는 때

2. 범죄의 증거를 인멸할 우려가 있는 때

3. 형사 법령에 저촉되는 내용이 기재되어 있는 때

4. 수용자의 처우 또는 교정시설의 운영에 관하여 명백한 거짓사실을 포함하고 있는 때

5. 사생활의 비밀 또는 자유를 침해할 우려가 있는 때

6. 수형자의 교화 또는 건전한 사회복귀를 해칠 우려가 있는 때

7. 시설의 안전 또는 질서를 해칠 우려가 있는 때

⑥ 소장이 서신을 발송하거나 교부하는 경우에는 신속히 하여야 한다.

⑦ 소장은 제1항 단서 또는 제5항에 따라 발신 또는 수신이 금지된 서신은 수용자에게 그 사유를 알린 후 교정시설에 영치한다. 다만, 수용자가 동의하면 폐기할 수 있다.

⑧ 서신발송의 횟수, 서신 내용물의 확인방법 및 서신 내용의 검열절차 등에 관하여 필요한 사항은 대통령령으로 정한다.

11) 조성용, 주10의 논문, 53~54면

12) 박인수, "수용자의 서신검열과 통신의 자유", 「공법학연구」 제7권, 제2호, 2006.; 윤영미, "수형자의 서신검열과 기본권 제한", 「법조」 제55권 제11호, 통권 제602호, 2006.; 조성용, 주9의 논문; 노희범, 주3의 논문 참고

2. 외국의 입법례

(1) 미국

미국 연방교도소는 미결수용자의 발신서신을 모두 개봉상태로 제출하게 하여 검열함을 원칙으로 하나, 기결수는 보안등급(처우등급)에 따라 최소·완화구금 수용자의 발신서신은 봉함상태로 제출하도록 하고 규율위반의 의심이 없으면 검열 없이 발송가능하나, 중간·중(重)구금 수용자의 경우 무봉함 상태로 제출하고 검열 대상이 된다.13) 모든 연방교도소에 구금된 미결·기결수가 수신하는 서신은 모두 개봉 및 검열 대상이 된다. 그러나 특별서신14)의 경우 발신하는 서신은 봉함하여 제출하되 무검열 원칙을 적용하고, 수신서신의 경우 수용자 면전에서 개봉하여 금지물품 동봉 여부만을 확인한 후 교부한다.

(2) 일본

일본은 미결수용자가 수발하는 모든 서신을 원칙적으로 검열하도록 하고 있고, 기결수의 서신은 무검열을 원칙으로 하되, 규율 및 질서유지, 교정처우의 적절한 실시, 그 밖에 필요하다고 인정되는 경우에 한하여 검열이 가능하다. 단, 모든 수용자가 변호인, 국가, 지방공공단체의 기관으로부터 수신한 서신은 공적서신임을 확인하는 한도 내에서 검열하도록 하고 있다. 사형수가 수발하는 서신은 원칙적으로 검열하며, 서신 수수의 허가범위도 엄격히 제한하고 있다.15) 이는 일본 행형법이 최고형을 선고받은 사형수는 무거운 형벌에 상응하는 제재를 부과 받았다고 전제하고, 그 처우에 있어서도 수형자의 그것에 비해 자유를 더 제한하는 것이 허용될 수 있다고 보기 때문이며, 사형의 집행을 대기하는 특수한 상황에 처해 있는 사형수에게 친족 등과의 서신 수수를 보장함으로써 그가 정신적으로 고립되지 않도록 배려하는 것 이상의 외부교통권을 인정하는 것은 적절하지 않다고 보기 때문이다.16)

---

13) 우리 형집행법 시행령 제65조도 이와 유사한 취지에서 마약류사범, 조직폭력사범 등 법무부령으로 정하는 관심대상수용자 또는 처우등급이 중(重)경비시설 수용대상인 수형자가 변호인 외의 자에게 발신하는 서신에 금지물품 동봉여부를 확인하기 위해 무봉함 상태로 서신을 제출하게 할 수 있다고 규정하고 있다.

14) 대통령, 부통령, 법무부, 국무부, 법원, 국회의원, 연방검사장, 주지사 등 국가기관 또는 청원기관과 수용자가 수발하는 우편을 말함

15) 일본 행형법인 '형사수용시설 및 피수용자 처우 등에 관한 법률' 제127조, 제135조, 제139조, 제140조, 제141조 참조

16) 하야시 마코토, 키타무라 아츠시, 나토리 토시야; 안성훈·금용명 번역, 일본행형법, 한국형사정책연구원, 2016, 679~683면

(3) 독일

독일 행형법은 수용자의 서신 수수를 권리로 선언하면서도 예외적으로 '시설의 안전 또는 질서가 위태롭게 되거나 수용자의 사회복귀에 지장을 줄 우려가 있는 경우' 특정인과의 서신수발을 금지할 수 있다고 규정한다. 또한, 변호인, 연방과 각 주의 의회 및 그 구성원, 유럽 인권재판소 등 청원기관과의 서신(테러범 수용자 제외)은 무검열을 원칙으로 하되,[17] 그 외 수용자가 수발하는 모든 서신은 처우상 또는 교정시설의 안전 및 질서를 이유로 검열이 가능하며, 금지물품 확인을 위한 검열과 서신 내용의 검열을 포함한 개념으로 이해된다. 소장은 검열이 허용되는 경우 서신검열의 방법 및 범위를 정하여야 하며, 수용자는 검열대상이 된 서신을 개봉상태로 제출하여야 한다.[18]

(4) 소결

수용자의 서신 수수에 관한 각국의 입법례는 형사정책, 국민의 법 감정 등에 따라 다양한 양상을 보이고 있다. 또한, 사형제도를 유지한 일본의 경우 사형확정자의 서신 수수에 엄격한 제한을 하는 것이 특징이다. 사형제를 폐지한 대부분의 유럽 국가들은 미결수용자와 수형자로 이원화하여 규율하는데, 수용자들의 서신 수수를 제한 없이 허용하면서도, 미결수용자의 서신은 검열을 원칙으로, 수형자가 수발하는 서신은 무검열을 원칙으로 하되 시설의 질서와 안전을 해칠 우려가 있거나 수형자의 교화 및 재사회화에 해를 끼칠 우려가 있는 경우 검열이 가능할 수 있도록 규율하고 있다. 즉, 일반적으로 변호인과의 서신 수수, 청원기관과의 서신 수수에 대해서는 무검열을 원칙으로 하고, 그 외 서신에 대해서는 교화 또는 사회복귀에 해로운 영향을 끼칠 우려가 있거나 시설의 안전 및 질서 유지 목적 등을 위해 검열을 할 수 있도록 정한 입법례가 다수인 것을 확인할 수 있다. 형집행법이 서신 검열의 점에서 미결수용자와 수형자, 사형확정자를 구분하지 아니하고 무검열을 원칙으로 한다는 점에서 미결수용자의 서신을 원칙적으로 검열하는 미국과 일본의 입법례와 상이하며, 대부분의 외국 행형법이 청원기관과 변호인과 수발하는 서신을 검열하지 않는 것을 원칙으로 하는 반면, 우리나라는 청원 또는 권리구제 목적의 서신이라 하더라도 수용자가 법무부장관·순회점검공무원·관할 지방교정청장 및 국가인권위원회 이외의 국가기관에 보내는 서신인 경우 이를 역시 검열할 수 있다고 규정한 점에서 차이가 있다.

---

17) 독일 행형법 제28조, 제29조
18) 제2조 제1항, 제2항

3. 수용자의 서신 수수 제한에 관한 헌법재판소 판례

헌법재판소는 형의 집행을 위해 강제로 구금되어 공동생활을 하게 되는 수형자는 형의 집행과 도망의 방지라는 구금의 목적과 관련된 신체의 자유, 거주이전의 자유, 통신의 자유 등 헌법상 보장되는 기본권이 제한될 수밖에 없으나, 그 경우에도 형벌의 집행을 위하여 필요한 한도를 벗어날 수 없다[19]고 전제하고, '수형자의 도주를 예방하고 교도소 내의 기율과 질서를 유지하여 구금의 목적을 달성하기 위하여는 수형자의 서신에 대한 검열은 불가피하다'고 보고 있다[20]. 또한, 헌법재판소는 서신검열제도에 대해 '수용자가 발송하는 서신에 대해 발송 전 그 내용을 일일이 살펴 수용질서 유지에 저해되거나 새로운 범죄를 일으킬 가능성이 있는 것에 대해서는 미리 그 발송을 차단함으로써 수용자가 재차 범죄를 저지르는 것을 사전에 방지하고 수용자를 적절하게 교화하고자 하는 제도'라고 판시한 바 있다.[21]

수형자의 서신검열을 합헌으로 선언한 이후(96헌마398 및 99헌마713) 헌법재판소는 기존의 논거를 일관하여 적용하고 있는데, 수용자의 서신 검열 행위에 대한 헌법소원심판청구에 대하여는 '이미 종료되어 이에 대해 위헌확인 선언을 하더라도 그로 인한 청구인의 기본권이 회복될 수 없어 주관적 권리보호이익이 소멸'하였고, '이미 헌법재판소는 헌재 96헌마398 결정 및 99헌마713 결정 등에서 수차례 수형자에 대한 서신검열이 헌법에 위반되지 않는다고 선언한 바 있고 이 사건에 있어서 특별히 또 다시 헌법적 해명을 해야 할 필요성도 인정되지 아니한다'는 이유로, 서신 발신 불허 처분에 대한 심판청구에 대하여는 행정소송 등을 거치지 않아 보충성 요건을 결여하였다는 이유로 모두 각하하고 있다.

Ⅲ 판례 평석

1. 사건의 개요

사형확정자인 원고는 특정범죄가중처벌등에관한법률위반(영리약취·유인등)죄, 성폭력범죄의처벌및피해자보호등에관한법률(강제추행살인)죄, 사체은닉죄, 상해치사죄로 사

---

19) 헌재 2008. 5. 29. 2005헌마137
20) 헌재 1998. 8. 27. 98헌마398
21) 헌재 2001. 11. 29. 99헌마713

형 확정판결(이하 '선행 유죄판결')을 받은 사람으로 서울구치소에 입소한 이후부터 재심 청구에 유리한 근거를 마련할 목적으로 수사기관이 무죄의 증거를 고의로 제외시키고 허위감정결과를 재판부에 제시하였다는 등 이유로 지속적으로 수사검사·경찰관을 고소하고 손해배상을 청구하였으나, 이에 대해서는 모두 불기소 처분이 내려졌고, 이에 대한 재정신청 또한 기각되었으며, 위 기각결정에 대한 항고 역시 모두 기각되는 한편, 민사소송에서도 모두 패소하였다. 또한, 원고는 재심을 청구하였으나 기각 당하였고, 위 기각결정에 대한 재항고 역시 기각 결정을 받았다. 이후 원고는 자신에게 불리한 기사를 보도한 기자들을 상대로 손해배상소송을 제기하였으나 대부분 패소하였다. 그러자 원고는 2015. 9. 15.경부터 2016. 1. 22.경까지 재심개시와 관련한 탐사보도로 유명한 A기자 등(이하 'A기자'라 한다)에게 접촉하여 재심 재청구를 용이하게 할 목적으로 기존의 재심사유와 동일한 사유, 즉 수사과정에서 수사검사·경찰관의 불법행위·위법수사가 있었다는 내용을 제보하는 서신들을 보냈다. 이에 관심을 가진 A기자는 원고에게 '수사과정에서 담당검사와 경찰관의 증거조작, 허위감정, 진술강요 등 불법행위가 있었는데 법원이 위법한 증거들을 그대로 받아들여 만연히 원고에게 사형판결을 선고하였는바, 무죄 판결을 받아야 하므로 재심을 준비 중이다'는 내용을 기사화 하는 것에 대한 원고의 최종적 동의를 구하는 서신을 보냈다. 원고는 2016. 2. 1. A기자에게 기사화에 동의하는 서신을 발신하려 하였으나 위 서신을 검열한 구치소장은 형집행법 제43조 제5항을 근거로 위 서신의 발신을 불허하고 형집행법 제43조 제4항 제3호에 의거하여 원고를 2016. 2. 1.부터 2016. 11. 17.까지 약 15일에서 1개월 간격으로 서신검열대상자로 지정하여 원고가 위 기간 동안 수발하는 서신을 모두 검열하도록 하는 처분을 하면서 원고가 계속하여 A기자에게 기사화에 동의하는 답장을 발신하려 하자 위 각 서신의 발신을 불허하였다. 이에 원고는 피고의 위 각 발신 불허 처분 및 각 서신검열대상자 지정 처분의 취소를 구하는 행정소송을 제기하였다.

2. 소송의 경과 및 판결 요지

1) 제1심 소송 경과

(1) 발신불허처분

피고는 원고가 선행 유죄판결에 대한 재심을 제기할 계획을 가지고 관련내용을 기사화하려는 의도에서 언론인에게 서신을 발신하려 하였고, 이러한 서신의 발신은 법무부 교정기획과에서 만든 '언론 취재·촬영 요청 등에 관한 업무처리 기준(이하 '이

사건 업무처리 기준')'에서 형집행법 제42조 제5호 제6호가 정한 '수형자의 교화 또는 건전한 사회 복귀를 해칠 우려가 있는 때'의 예시로 들고 있는 '자신의 범죄에 대하여 확정된 판결에 배치되는 부당한 주장을 하려는 때'에 해당하고, 나아가 각 서신에는 마치 피고가 원고의 서신을 부당하게 검열하면서 그 발송을 불허하고 있는 것처럼 기재되어 있는데 이러한 서신의 발신은 이 사건 기준에서 형집행법 제43조 제5항 제6호가 정한 '수형자의 교화 또는 건전한 사회 복귀를 해칠 우려가 있는 때'의 예시로 들고 있는 '적법한 처우에 대한 불만 등 허위 사실 전달의 우려가 있는 때'나 '여론에 영향력을 행사하여 수형 생활을 유리하게 하려는 때'에 해당할 뿐 아니라, 같은 항 제7호가 정한 '시설의 안전 또는 질서를 해칠 우려가 있는 때'의 예시로 들고 있는 '시설이나 처우에 관한 사실이 기사화될 경우 수용자가 동요를 일으키는 등 시설의 질서를 해칠 우려가 있는 때'에도 해당하므로, 이 사건 발신금지처분은 적법하다고 주장하였다.

그러나 제1심 법원은 ① 이 사건 업무처리 기준은 법령의 위임에 근거하여 제정된 것이 아닐 뿐만 아니라 법령과 결합하여 법령을 보충하는 기능을 하는 것도 아닌 행정청 내부의 사무처리지침에 불과하여 대외적으로 국민이나 법원을 구속하는 효력이 없으므로(대법원 1998. 10. 27. 선고 96누15879 판결), 이 사건 기준에서 정한 예시에 해당한다는 이유만으로 곧바로 원고에게 형집행법 제43조 제5항 제6호나 제7호에서 정한 사유가 있다고 볼 수는 없는 점, ② 구 형집행법은 '수형자'와 '사형확정자'를 구분하여 사형확정자는 '수용자'이기는 하지만 '수형자'는 아닌 것으로 보아야 하므로 애초에 사형확정자에게는 교화나 사회 복귀의 여지가 없으므로 형집행법 제43조 제5항 제6호가 정한 '수형자의 교화 또는 건전한 사회 복귀를 해칠 우려가 있는 때'라는 사유는 사형확정자인 원고의 교화나 사회 복귀라는 관점에서는 적용될 수 없다는 점, ③ 수용자가 자신의 범죄에 대한 유죄의 확정판결이 부당하다고 하면서 무죄를 주장하거나 재심을 청구하려는 내용을 기자에게 전하려고 한다는 것만으로 곧바로 수형자의 교화나 건전한 사회 복귀를 헤칠 우려가 있다거나 교정시설의 안전 또는 질서를 해칠 우려가 있다고 단정하기 어려운 점을 이유로 서신이 발신불허 처분 사유에 해당하지 않는다고 판단하였다. 다만, "피해자가 고의로 살해되었다는 아무런 증명이 없는 상태에서 진술만 강요한 것일 뿐 피해자는 살해되지 않았습니다", "... 검사는 환각 물질에 대하여 감정을 했다고 허위 감정을 제시하고, 진술을 막고...", "수사 검사는 허위 감정을 제시하였다"라는 등 내용이 직접 적으로 기재된 2개 서신의 경우, 언론사를 통하여 사실이나 허위 사실을 적시함으로써 이 사건 선행

유죄판결에 관여했던 수사 검사나 수사기관의 명예를 훼손할 여지가 있는 내용이 담겨 있었다고 봄이 타당하고, 이러한 서신의 발신은 행집행법 제43조 제5항 제3호가 정하는 '형사 법령에 저촉되는 내용이 기재되어 있는 때'에 해당하여 발신금지처분을 할 수 있다고 판단하였다.

(2) 서신검열대상자 지정 처분

원고는 ① 서신검열대상자 지정 처분은 원고가 수신·발신하는 모든 서신을 일괄적으로 검열하는 행위로서 법령에 근거가 없어 위법하고, ② 행집행법 제43조 제4항, 행집행법 시행령 제66조 제3항에 의하면 수용자가 개개의 서신을 제출하여야만 비로소 그것이 검열 사유에 해당하는지를 판단할 수 있는데 아직 개개의 서신이 제출되지도 않은 상황에서 피고가 미리 일정한 기간을 정하여 서신을 일괄적으로 검열하도록 지정하는 것은 위와 같은 법령에 위반되며, ③ 피고는 이 사건 각 서신검열대상자 지정 처분을 하는 과정에서 원고에게 그 처분의 이유를 제시하지 않았고, ④ 행집행법 시행령 제66조 제5항에 의하면 교정시설의 장은 서신의 내용을 검열하였을 때에는 그 사실을 해당 수용자에게 지체 없이 알려 주도록 되어 있는데도 피고는 이 사건 각 서신검열대상자 지정 처분에 따라 이루어진 개개 서신에 대한 검열 사실을 원고에게 통지하지 않았으므로, 이 사건 각 서신검열대상자 지정 처분은 위법하다고 주장하였다. 이에 대하여 제1심 법원은 원고가 서울구치소 수감 이후 지속적으로 '검사가 거짓말을 하여 허위 자백을 유도하였다', '수사기관이 허위 감정을 제시하였다' 등의 수사 검사나 수사기관의 명예를 훼손할 여지가 있는 내용이 담긴 서신을 기자나 언론사에 발신하려고 하였다고 봄이 타당하고, 이에 따르면 이 사건 각 서신검열대상자 지정 처분이 이루어질 당시 원고가 발신하려 하는 서신엔 기자나 언론사 등을 통하여 수사 검사나 수사기관의 명예를 훼손함으로써 형사 법령에 저촉되는 내용이 기재되어 있다고 의심할 만한 상당한 이유가 있었다고 볼 수 있으므로, 그 당시를 기준으로 피고는 행집행법 제43조 제4항 단서, 제3호에 근거하여 원고에게 일정 기간 동안 원고가 수신·발신하는 서신의 내용을 검열하는 처분을 할 수 있다고 보아야 한다고 판단하였다. 특히 제1심 법원은 행집행법 제43조 제4항 제3호가 서신에 '형사법령에 저촉되는 내용이 기재되어 있다고 의심할 만한 상당한 이유'가 있는 경우이면 수용자가 주고받는 서신의 내용을 검열할 수 있도록 허용하고 있는 이상 개개의 서신 검열 처분을 포괄하여 위와 같은 상당한 이유가 지속된다고 볼 수 있는 일정한 기간을 정하여 그 기간에 수용자가 수신·발신하는 서신을 일괄적으로 검열하는 것 역시 위 법률 조항에 근거하여 허용된다고 봄이 타당하고, 형사 법령에 저촉되는 내용이 기재되어 있다고 의심할 만한 상당한 이유가 있는지는 그 서신에 담긴 내용을 바탕으로 하여 판단하는 것이 아니라(서신은 검열을 하여야 그 내용을 알 수 있는데 위 '상당한 이유'에 대한 판단은 그러한 검열을 하기 전 단계에서 이루어지므로 애초에 서신의 내용을 바탕으로 이를 판단하는 것인 불가능하다), 그 서신을 수신·발신하려고 하는 수용자의 평소 언행이나 이전의 서신 수신·발신 내용 및 형사 법령에 저촉되는 내용의 기재 등 서신 수신·발신 금지 사유에 해당하는 서신을 수신·발신한 전력이 있는지 등 서신의 수신·발신을 둘러싼 여러 가지 주변 사정을 종합적으로 고려하여 판단하는 것이므로, 반드시 그 판단의 대상이 되는 개개의 서신이 제출되어야만 이를 판단할 수 있는 것이 아니어서, 피고가 미리 일정한 기간을 정하여 서신을 일괄적으로 검열하도록 지정하였다는 것만으로 형집행법 제43조 제4항 등 법령을 위반하였다고 볼 수 없고, 형집행법 시행령 제66조 제5항이 '교정시설의 장은 서신의 내용을 검열하였을 때에는 그 사실을 해당수용자에게 지체 없이 알려주어야 한다'고 규정하고 있음은 원고의 주장과 같으나, 위 조항은 형집행법 제43조 제4항 등에 근거하여 이미 적법하게 서신 검열 처분이 이루어지고 난 이후에 사후적으로 그러한 검열 처분이 있었던 사실을 수용자에게 통지하여야 한다는 취지로 해석되므로, 실제로 검열을 실시한 개개의 서신에 대하여 그러한 사실의 통지를 누락한 것 때문에 기존에 이미 적법하게 이루어졌던 서신검열대상자 지정 처분이나 서신 검열 처분이 소급하여 위법하게 된다고 보기는 어렵다고 판단하였다.

2) 제2심 소송 경과

(1) 발신불허처분

항소심 법원은 수형자의 교정·교화를 해칠 우려를 규정한 제6호 사유는 사형확정자에게 적용되지 않는다는 제1심 판결을 인용함과 아울러 설령 사형확정자가 교화나 사회 복귀의 대상이 된다고 하더라도, 수용자가 자신의 범죄에 대한 유죄의 확정판결이 부당하다고 하면서 무죄를 주장하거나 재심을 청구하려는 내용을 기자에게 전하려고 한다는 것만으로 곧바로 수형자의 교화나 건전한 사회 복귀를 해칠 우려가 있다거나 교정시설의 안전 또는 질서를 해칠 우려가 있다고 단정하기 어렵다고 판단하여 제1심과 동일한 결론을 유지하였다.

(2) 서신검열대상자 지정처분

항소심은 형집행법 제43조 제4항 제3호가 서신에 '형사법령에 저촉되는 내용이 기재되어 있다고 의심할 만한 상당한 이유'가 있는 경우이면 수용자가 주고받는 서신의 내용을 검열할 수 있도록 허용하고 있는 이상 개개의 서신 검열 처분을 포괄하여 위와 같은 상당한 이유가 지속된다고 볼 수 있는 일정한 기간을 정하여 그 기근에 수용자가 수신·발신하는 서신을 일괄적으로 검열하는 것 역시 위 법률 조항에 근거하여 허용된다고 봄이 타당하다는 제1심 판결 이유를 인용함과 아울러 추가적으로 ① 다수의 수용자를 집단으로 관리하는 교정시설에서 이루어지는 수용자 서신업무의 현실을 고려할 때 형사법령에 저촉되는 내용이 기재되어 있다고 의심할 만한 상당한 이유가 지속되는 수형자에 대하여 일정한 기간을 정하여 일괄적으로 서신을 검열하는 것을 제한적 범위 내에서 허용할 필요성을 부인하기 어렵고, 교정시설의 장은 서신검열대상자 지정의 사유와 적절한 기간에 대해 합리적으로 판단할 수 있을 것으로 보이는 점, ② 법무부 "수용자 서신업무 개선방안"(법무부 사회복귀과 – 7115)에는 '서신검열대상자의 지정은 교도관회의에서 심의하여 결정하고, 모든 서신검열대상자에 대하여 교도관회의에서 매월 1회 정기적으로 범죄 특성, 지정된 이후의 수용 생활 동정 등을 종합적으로 고려하여 해제 여부를 심의하며, 발신금지 사유에 해당하는 서신을 작성할 우려가 해소되었다고 인정할 만한 특별한 사정이 생긴 경우에는 지체 없이 교도관회의에 회부'하도록 규정하고 있는 점, ③ 실제로도 매월 1회 교도관회의를 거쳐 위와 같은 우려가 해소되었는지 여부를 심의하여 원고를 서신검열대상자로 재지정한 점, ④ 서울구치소에 수용된 수용자들 중 서신검열대상자로 지정된 수용자는 극히 일부에 불과하고 피고가 상당히 제한적으로 서신검열대상자의 지정을 시행한 것으로 보이는 점 등에 비추어 보면, 10개월 동안 원고의 서신을 일괄적으로 검열하였다고 하여 이를 피고가 자의적으로 검열기간을 정한 것으로 위법하다고 볼 수 없다고 판단하였다.

3) 상고심 소송 경과

피고만이 상고한 상고심에서 대법원이 심리불속행 기각판결을 함으로써 이 사건 각 서신검열대상자 지정 처분은 적법하나, 각 서신 발신 불허 처분은 위법하다는 원심 판결이 확정되었다.

3. 사안의 쟁점

대상판결의 쟁점은 서신검열대상자 지정 처분이 법령에 근거 없이 이루어진 것으로서 법률유보원칙을 위반한 것인지 여부, 발신이 불허된 각 서신이 형집행법 제43조 제5항 각호에서 정한 발신 불허 사유에 해당하는지 여부, 미결수용자도, 수형자도 아닌 사형확정자가 수수하는 서신의 발신 불허 사유 및 검열 사유의 적법한 판단 기준은 무엇인지, 수용 편의 도모 또는 재판작용 또는 교정행정에 부당한 압력을 행사할 목적으로 언론사에 자극적인 허위사실 내지 일방적 주장을 기재한 서신을 발신하려 하는 경우 교정당국의 적법한 조치는 무엇인지, 교정시설에 구금된 수용자의 특수성과 행형의 목적 등을 두루 감안하여 내린 교정당국의 재량행위에 대한 적절한 사법심사기준은 무엇인지 등으로 정리할 수 있다. 이하 쟁점별로 살펴본다.

4. 판례 검토

1) 수용자의 서신 수수 제한과 수용자의 기본권 침해

교정당국이 행형의 목적을 위해 수용자가 주고받는 서신을 검열하거나 서신의 수수를 불허하는 경우 수용자는 통신비밀의 자유를 제한받는다. 그러나 그밖에도 서신을 주고받는 대상과 쓰는 목적 등에 따라 제한되는 기본권의 종류는 다양할 수 있다. 예를 들어 수형자가 재심 내지 상소권 회복신청을 할 목적으로 변호사의 조력을 받고자 서신을 발송한 경우에는 변호인의 조력을 받을 권리 또는 재판을 받을 권리(재판청구권)에 대한 제한 문제가, 국가기관 또는 청원기관에 청원 목적 서신을 작성하여 발신한 경우에는 청원권의 제한 문제 등이 야기될 수 있다는 지적들이 있다.[22]

헌법재판소는 원칙적으로 수형자는 변호인의 조력을 받을 권리를 보장받을 수 없다고 보면서도 재심절차를 진행하기 위한 변호인 선임 목적의 접견교통권은 예외적으로 인정될 수도 있다고 보았고,[23] 이후 2011헌마398 결정에서 수형자와 변호사의 접견 내용을 녹음한 행위가 변호인의 조력을 받을 권리를 침해한 것은 아니라는 기

---

22) 윤영미, "수형자의 서신검열과 기본권 제한" 「법조」, 제55권, 11호, 2006.; 조성용, "수형자의 서신 수수권 제한의 헌법적 문제점과 개선방안", 「인권과 정의」 제465호, 대한변호사협회, 2017. 특히 서신검열 가능성 자체만으로도 '위축효과'를 일으켜 표현의 자유 및 통신비밀의 자유는 물론, 해당 서신이 청원 서신인 경우 청원권 행사를 제한할 수 있다는 견해로는 노희범, "수용자 서신검열 제도의 위헌성", 「법학논총」, 제32집 제2호, 전남대학교 법학연구소, 2012. 참고

23) 헌재 1998. 8. 27. 96헌마398. 그러나 헌법재판소는 위 결정에서 재심절차에서 수형자의 변호인의 접견교통권을 인정하는 논거와 접견교통권의 보장 범위 등에 대해서는 구체적으로 밝히지 않았다.

존 입장을 확인하면서 위 녹음 행위가 수형자의 재판청구권을 침해하였다고 판단함으로써 수형자와 변호사가 수수하는 서신검열이 수형자의 재판받을 권리의 침해 여부를 판단하는 논거로 적용될 수 있는 여지를 남겼다.[24]

2) 서신 발신 불허 사유 판단에 대한 비판적 검토
(1) 형집행법 제43조 제5항 제3호의 적용 문제
① 종래 하급심 판례

대법원은 서신 발신 불허 처분에 대한 항고소송이나 국가배상청구 사건의 대부분을 심리불속행 기각 판결을 하거나 소액사건심판법에 따라 상고 기각 판결을 한 것으로 보인다. 따라서 수용자의 서신 수수 제한에 관한 사건의 대부분은 하급심 판례로 형성되어 있다. 종래 판례는 서신의 발신 전후의 객관적 사정, 수용자의 수용생활 태도, 과거 수용자가 보낸 서신의 내용 등 서신 발신과 관련한 제반사정을 종합적으로 판단하여 서신 발신 불허 처분의 적법성을 판단하였다. 하급심 법원은 형집행법 제43조 제5항 제3호에서 정한 '형사 법령에 저촉되는 내용이 기재되어 있는 때'란, 서신의 기재 내용이 "적극적으로 형사법령에 위반할 것을 요건으로 하거나, 범죄를 구성하는 경우뿐만 아니라, 외부로 발송될 경우 형사법령을 위배하는 행위를 조장하는 등 형사법령을 위반하는 행위 또는 결과를 발생시킬 상당한 우려가 있다고 인정할 수 있는 경우에도 이에 해당하는 것으로 보아야"한다는 취지의 판시를 하면서 이에 해당하는지 여부는 "형사법령을 위반하는 행위 또는 결과를 발생시킬 상당한 우려라는 기준을 일률적으로 적용할 것은 아니고, 적용될 것으로 예상되는 형사법령의 내용, 위배할 것으로 예상되는 행위의 모습, 그러한 행위에 집필문이 미칠 영향의 정도 등을 종합하여 개개의 사안마다 구체적으로 살펴 판단하여야 할 문제"라고 판단한 바 있다.[25] 또한, 교정기관의 고문 등이 있었다는 내용의 기사 작성을 목적으로 기자에게 보낸 서신이 발신 불허되자 고문 등 표현을 사용하지는 않았으나 유사한 취지의 내용을 □□기독교총연합회장에게 보내려고 한 사안에서 법원은 "직접적인 표현은 사용하지 않으면서도 전달하려는 메시지를 짐작케 하는 결국 같은 목적의 서신을 □□기독교총연합회장에게 재차 보내려고 한 것"이라고 판단한 바 있다.[26]

구체적 사안에 따라 다를 수 있으나, 종래의 하급심 판례는 형집행법 제43조 제5

---

24) 조성용 주10의 논문 61면~62면.

25) 전주지방법원 2013. 10. 23. 2013구합21

26) 부산지방법원 2011. 12. 23. 2011구합1031

항 제3호의 '형사 법령에 저촉되는 내용이 기재되어 있는 때'의 해당함을 판단하는 경우, 서신 등에 직접적으로 형사 법령에 위반하는 내용이 기재된 경우뿐만 아니라 형사 법령을 위반하는 행위 또는 결과를 발생시킬 상당한 우려가 있다고 인정할 수 있는 경우도 포함하여 해석하고 있으며, 이를 판단할 때 설령 직접적인 표현이 없다 하더라도 메시지를 짐작케 하거나 함축적·상징적 표현만으로도 서신 등의 의도가 확인된다면 '형사 법령에 저촉되는 내용의 기재'가 있었다고 판단한 것으로 보인다.

서신 발신 불허 처분을 다룬 사건은 아니지만 수용자가 발신한 서신의 내용에 대한 협박죄 성립 여부를 판단하였다는 점에서 다음 판결을 검토할만하다. 서울남부지방법원은 구치소에 수감되어 있던 피고인이 자신의 선행 유죄판결에서 불리한 증언을 한 피해자들에게 '피해자들의 이름과 주소를 각각 기재한 편지봉투 5장에 빨간색 펜으로 '立春大吉'이라고만 기재한 편지지 5장을 각각 동봉하여 위 서신을 피해자들에게 발송하여 기소된 사건에서 일반우편으로 보냄으로써 자기의 형사사건의 재판과 관련하여 증언에 대한 보복의 목적으로 피고인이 석방될 경우 피해자들에게 어떠한 해악을 가할 듯한 내용을 고지하여 피해자들을 협박하였다'고 판단하고 징역 2년을 선고하였다.27) 유추해석 등이 엄격히 금지되는 형사 판결에서도 서신의 수신자, 서신이 함축하는 내용 등을 종합적으로 고려하여 피해자에 발신한 서신의 내용만으로 유죄판결을 선고한 점에 비추어 볼 때, 해당 서신에 '형사 법령에 저촉되는 내용의 기재 여부'를 판단하기 위해서는, 설령 서신에 형사 법령에 저촉되는 것으로 보여지는 직접적인 표현이 없다고 하더라도 개별 서신에 담긴 내용 그 자체의 문언적 의미만으로 제한하여 판단할 것이 아니라, 서신을 통해 전달하려는 메시지의 목적 및 의도, 수용자의 연령, 직업, 성향, 서신 발신의 동기 및 경위, 수단과 방법, 서신 발신으로 달성하려 하는 목적과 예상되는 결과, 피해자와의 인적 관계, 서신 수발 전후의 정황 등 제반 사정을 두루 감안하여 결국 형사 법령에 저촉되는 결과를 초래할 우려가 있는 서신인지 여부를 검토하여야 할 것으로 보인다.

최근 법원이 발신불허처분과 관련한 손해배상 소송에서 수용자가 지속적으로 교정 공무원의 가혹행위, 직무유기 등이 있었다는 허위 진정, 고소·고발을 반복해온 사실을 인정하면서 발신 불허된 서신의 "전체적인 문맥에 비추어 보면" 발신불허사유에 해당한다고 판결한 것 역시 불신 불허 처분의 사유를 판단하는 경우 모든 사정을 종합적으로 고찰하여 판단하여야 한다는 맥락에서 이해될 수 있을 것이다.28)

---

27) 서울남부지방법원 2014. 11. 27. 2014고합155
28) 대구지방법원 2015 3. 26. 2014나16881

② 해당사건의 발신 불허된 서신의 내용을 구체적으로 살펴보면, 발신 불허 처분이 취소된 서신들에는 "세상의 모든 불법행위가 뿌리 뽑히는 그 날까지 저는 싸울 것입니다", "진실이 밝혀지면 역풍은 누가 맞는지 저도 기다리고 있습니다", "부당한 행위에 대하여 죽는 날까지 싸울 것입니다" 등으로 직접적으로 형사법령에 저촉되는 표현이 기재되어 있지는 않았고, 이에 해당 판결은 위와 같은 기재만으로 수사검사의 명예를 훼손할 우려가 있다고 보기 어렵다고 판단하였다. 그러나 해당 사건에서 A기자는 "기사가 나가는데 동의하시면 답장을 부탁드립니다."라는 서신을 원고에게 보냄으로써 원고의 선행 유죄판결이 수사검사 등 수사기관의 불법행위로 인해 부당하므로 재심이 개시되어야 한다는 취지의 기사의 보도에 대한 최종 동의를 요청하였다. 원고는 위 기사보도를 동의하는 취지로 "무죄를 증명하는 증거를 제외시키는 행위, 그리고 허위감정을 제시하는 행위, 부검상 나와 있지도 않은 결과를 강요하는 행위, 역풍을 맞게 된다면 상대방이 될 것입니다"라고 기재한 답장을 A기자에게 발송하려고 시도하였다. 대상판결에서도 원고를 "상당히 오랫동안 이 사건 유죄판결과 관련하여 검사가 증거를 조작하였고 거짓말을 하여 허위자백을 유도하였다고 주장하면서 이를 언론사에 알리려고 한 사람으로서, 2016. 2. 1. 무렵부터 2016. 11. 17. 무렵까지 실제로 이 사건 선행 유죄판결과 관련하여 '수사 검사 등이 무죄의 증거를 제외시켰고 허위 감정을 제시하였으며 진술을 강요하였다'는 등 수사 검사나 수사기관의 명예를 훼손할 여지가 있는 내용이 담긴 서신을 기자나 언론사에 발신하려 하였다"고 판시한 바 있다.

해당 판결의 인정한 사실에 따른 발신 불허 경위 등을 종합해 볼 때, 발신이 불허된 원고의 서신은 수사 검사나 경찰관 등의 명예를 훼손하는 자극적인 내용의 기사화의 요청 또는 그에 동의하는 답장인 것으로 보아야 할 것이다. 그러나 대상 판례는 이러한 사정을 간과한 채 단순히 각 서신에 기재된 문언을 기계적으로 판단하여 위 서신에 형사 법령에 저촉되는 내용이 기재되지 아니하였다고 판단하였다. 나아가, 간접적, 상징적·함축적 표현으로도 '형사 법령의 저촉 여부'를 인정할 수 있고, '외부로 발송될 경우 형사 법령을 위배하는 행위를 조장할 상당한 우려가 있는 경우' 또한 '형사법령에 저촉되는 내용이 기재되어 있을 때'에 해당한다고 본 기존 하급심 판례와도 다른 판단을 한 것으로 보인다.

특히 해당 판결은 형집행법 제43조 제5항 제3호의 문언을 제한적이고 엄격하게 해석함으로써 수용자의 서신 수수를 제한함에 있어 보다 명확하고 엄격한 판단 기준을 제시한 것으로 볼 여지가 있다. 그러나 지속적으로 재심 재청구를 유리하게 진행할 목적으로 수사검사 및 경찰관 등의 명예를 훼손하는 내용을 기사화하려 시도한 사실이 소송 과정에서 현출되었는바, 해당 서신에 직접적인 명예훼손의 표현이 없다는 이유만으로 서신 발신 불허 처분이 '형사 법령에 저촉되는 내용이 기재되어 있는 때'에 해당하지 않는다고 판단한 것은 사건의 종합적·문맥적 판단이 결여되었다는 비판을 피하기 어려울 것으로 보인다. 결국 제반 사정의 종합적·문맥적 판단은 1차적으로 24시간 수용자를 감시·감독하는 교정기관의 판단이 존중되어야 할 것임에도 해당 판결은 형집행법상 발신 불허 처분 사유를 기계적·제한적으로 해석함으로써 교정기관의 판단 여지 또는 판단 재량을 극히 축소시켜 구체적 타당성 측면에서 비판 받을 여지가 있다.[29]

이와 관련하여 헌법재판소는 발신 불허 처분 사유 판단과 관련하여 "교정시설 내·외에서 발생할 수 있는 상황의 다양한 위험, 그에 대처하기 위한 행형수단의 다양성에 상응하는 행형당국의 재량과 판단여지를 충분히 고려하지 않을 수 없고, 이러한 예측과 판단의 주체인 교정시설의 장은 통상적인 법감정과 직업의식을 가진 경우라면 장기간의 교정행정업무 종사 경험을 바탕으로 어느 경우에 이러한 사유가 발생할 우려 또는 의심할 만한 상당한 이유가 있는지에 대해 합리적으로 판단할 수 있을 것"이라고 설시하여,[30] 교정 행정의 특수성에 비추어 교정 기관의 판단 여지 또는 판단 재량을 충분히 존중할 필요가 있다는 점을 언급한 바, 교정 기관의 판단 여지 또는 판단 재량을 제한·축소한다는 측면에서 해당 판결은 비판의 여지가 있어 보인다.

(2) 사형확정자의 법적 지위와 형집행법 제43조 제5항 제6호의 적용 문제

① 우리나라는 사형집행이 20년 이상 이루어지지 않아 실질적 사형폐지국으로 분류되어 있다. 따라서 실질적으로 가석방 없는 종신형 수형자의 지위에 있다고 할 수 있는 사형확정자가 주고받는 서신에 형집행법 제43조 소정의 서신 발신 불허 사유 및 서신 검열 사유의 여부를 판단하는 경우에는 대상판결의 제1심 법원의 판단과 같이 사형확정자는 교화 또는 사회 복귀의 대상이 될 수가 없어 '수형자'가 아니므로 수형자에 관한 서신 수수 제한에 관한 규정을 적용할 수 없다고 보아야 하는지 여부가 문제된다.

헌법재판소는 "사형확정자의 수용시설에의 수용과 처우는 형의 집행이라고 할 수

---

29) 윤영미는 주12의 논문에서 "교정당국의 위험예방조치에 대한 재량적 판단을 존중할 필요성이 인정되며 교정공무원에게 적용되는 당시의 행위기준과 사법부의 사후 판단기준이 일치되기는 어렵다"고 전제하고 교정당국의 재량을 존중할 필요성이 있다고 지적하였다. 윤영미, 주12의 논문, 101면.

30) 헌법재판소 2016. 5. 26. 2013헌바98

없을 뿐만 아니라 사형집행 대기기간 동안에는 사형이라는 집행형의 성질상 건전한 사회복귀보다는 원만한 수용생활의 도모에 교정처우의 목적이 있다고 할 것이므로, 가석방의 대상이 되는 무기징역형의 수형자에 대하여 그 형 집행의 일환으로서 행하여지는 교정교화 및 가석방시 사회복귀를 위한 수용 및 처우와 본질적인 부분까지 같다고 할 수 없는 것이다"[31]라고 설시하여 사형확정자의 경우 수형자가 아니라는 입장이고, 당해 판결 역시 위 헌법재판소 결정 내용의 연장선에서 사형확정자인 원고는 수용자일 뿐 "수형자"가 아니고, 사회복귀의 여지가 없으므로 형집행법 제43조 제5항 제6호 사유를 적용할 수 없다고 판단하였다.

② 그러나 우리나라에서의 마지막 사형 집행은 1997년으로 사형이 집행되지 않은 기간이 20년 이상을 경과하였고, 국제앰네스티 또한 한국을 "실질적 사형 폐지 국가"로 분류하고 있다는 점에서 사형확정자는 형집행 대기자의 지위보다는 사실상 가석방 없는 무기징역 수형자에 가깝다는 교정 실무의 지적 역시 간과하여서는 안 될 것으로 생각된다. 사형확정자와 일반 수형자는 범죄사실에 있어서 구별되는 것이 아니라, 법원의 양형 결과에 따라 구분되는 것에 불과하기 때문이다.[32]

2017년을 기준으로 서울구치소의 사형확정 판결을 받은 수용자의 수는 16명이고, 위 서울구치소 수용자들 중 모범적 수형생활을 하여 사면법에 따라 가석방이 가능한 무기징역형으로 특별 감형된 사람은 2002년 3명, 2008년 3명 총 6명이 있다. 즉, 사형확정자의 경우에도 가석방이 가능한 무기징역형으로 특별감형 될 수 있는바, "사회로부터 영구적 격리"가 필연적인 귀결이 아니라 교정·교화를 통해 "사회로 복귀"할 가능성이 있다는 것이다.

또한, 형집행법 제89조 및 제90조는 사형확정자라 하더라도 교육·교화프로그램의 실시 대상이 된다고 규정하여 사형확정자의 교화 가능성을 전면적으로 배제하고 있지는 않으며, 실제로도 사형확정자는 가석방 없는 무기징역 수형자와 사실상 동일한 수용 생활을 하고 있다. 이러한 측면에서 우리나라가 사형제의 전면 폐지국으로 나아가는 과정에 있는 것으로 파악하고 사형확정자의 처우가 궁극적으로는 사회복귀를 지향하는 관점에서 재검토되어야 된다는 지적 역시 새길 필요가 있다.[33] 따라서 대상판례의 제1심 재판부가 사형확정자에게는 애초에 교화나 재사회화의 여지가 있을

---

31) 헌법재판소 2009. 10. 29. 2008헌마230
32) 윤창식, "사형확정자 처우의 이해와 쟁점", 「교정담론」, 제4권, 1호, 2010, 19면
33) 이호중, "사형수의 인권과 처우의 방향", 「동아법학」, 제50권, 2011, 253면

수 없다고 판단한 것에서 진일보하여 사형확정자에게도 교화나 재사회화의 여지가 있을 수 있다고 판단한 대상판결은 미결수도 아니고 기결수도 아닌 사형확정자의 서신 수수 관련 규정의 해석·적용에서 유연한 태도를 보였다는 점에서 의의가 있다.

③ 대상판결은 '원고가 이미 선행 유죄판결에 대하여 제기한 재심청구와 관련 수사 검사 및 수사기관의 위법수사를 이유로 한 손해배상청구가 이미 모두 기각되었다고 하더라도 자신의 범죄에 대한 유죄의 확정판결이 부당하다고 하면서 무죄를 주장하거나 그 판결에 대한 재심을 재청구하려 하거나 그러한 내용을 기자에게 전하여 기사화하려 한다는 것만으로 동료 수형자의 교화나 건전한 사회복귀를 해칠 우려가 있다거나 교정시설의 안전 또는 질서를 해칠 우려가 있다고 볼 수 없다'고 판단하였다. 그러나 원고와 같은 충격적인 범죄를 저질러 사형확정 판결을 받은 수용자가 사형의 집행을 대기하면서 여전히 자신의 범죄를 뉘우치거나 반성하지 아니하고 자신의 형사사건 관련 수사기관, 법원, 교정당국 등에 대한 명예를 훼손할 여지가 있는 자극적인 내용으로 자신의 무죄를 주장한다면, 피해자와 유족의 명예와 사생활의 비밀을 해칠 우려가 있음은 물론, 사형집행을 서두르라는 여론이 일어 다른 사형확정자들의 불안을 야기할 수 있으며 다른 동료 수형자의 교화나 건전한 사회 복귀를 해칠 우려가 있을 수 있고, 수사기관, 교정당국, 사법부에 이르기까지 사법기관 전반에 대한 국민의 불신을 야기할 우려가 있을 수 있으며, 종래 판례가 수용자가 수사기관의 불기소처분이나 법원의 확정판결과 상반되는 주장을 하는 경우 해당 서신에 발신 불허 사유가 인정된다고 판단하였다는 점에서 대상판결은 수용자의 서신 수수권과 공익 간의 이익형량에 있어 수용자의 기본권 보장에 치우친 면이 있다는 비판을 받을 수 있다.

(3) 언론사와의 서신 수수의 문제점

서울행정법원은 수용자가 언론사에 보내는 서신의 발신 불허가 문제된 사건에서 "일반적으로 언론사에 대한 투고의 경우 사실이 확인되지 않은 수용자의 일방적인 주장이나 교정시설의 질서를 유지하기 위하여 비공개성이 요구되는 정보가 신문기사나 방송 보도의 형식으로 블특정 다수에게 전파될 가능성이 있다"고 전제하고, 수용자가 언론과 같은 외부기관의 힘을 빌려 교정 당국을 괴롭힘으로써 수용질서 유지에 위해를 가하는 것을 방지할 필요성이 있으므로, 소장이 수형자의 교화 또는 건전한 사회복귀를 해칠 우려가 있거나, 시설의 질서를 해칠 우려가 있다고 의심할 만한 상당한 이유가 있다고 판단하여 해당서신의 발신을 불허한 것은 적법하다고 판단하였다.[34] 대전지방법원은 "언론사에 서신을 보내면서 허위의 사실을 기재하는 등으로 기사 재료를 제공하여 언론에 보도되게 함으로써 재판작용 및 교정행정에 부당한 압력을 행사하여 수용생활의 편의를 도모하거나 교도소 직원 등의 명예를 훼손하는 일이 발생할 수 있는데, 이는 교도소 시설의 안전 또는 질서를 해칠 우려가 있는 경우 내지 형사 법령에 저촉되는 내용이 기재된 경우에 해당한다"고 판단한 바 있다.

수용자가 언론사에 보내는 서신 가운데 수용자의 범죄 특성, 수용생활의 태도 및 수신자와의 관계 등을 종합적으로 고려할 때, 허위사실 또는 일방적인 주장을 언론에 보도되도록 함으로써 진행 중이거나 준비 중인 형사사건에 있어서 자신에게 유리한 여론을 조성하려 하거나 교정행정에 부당한 압력을 행사하거나 개인의 사생활을 침해할 우려가 크다고 판단되는 경우에는 형집행법에 의거하여 해당 서신의 발신을 불허할 필요성이 인정될 수 있을 것으로 보인다. 그러나 수용자가 언론사에 제보하는 내용 중의 일부가 다소 과장되었다거나 견해의 표명에 불과한 것으로 판단될 여지가 있는데도 단순히 언론사가 수신자라는 이유만으로 교정당국이 '수형자의 처우 또는 명백히 거짓 사실을 포함하고 있는 경우'라고 판단하고 해당 서신의 발신을 불허한다면 수용자의 표현의 자유 등이 침해될 수 있다. 특히 교정당국은 시설의 질서와 안전을 해칠 우려 여부의 판단 주체이면서도 피해자에 해당할 수 있는 이중적 위치에 있기 때문이다.[35]

따라서 이를 해결할 입법 방안으로 독일 행형법상 '첨부서신(Begleitchreiben) 동봉 제도'와 같은 규정을 제정할 필요성이 인정된다(독일 행형법 제31조 제2항).[36] 한편, 위 제도가 도입되면 서신의 내용에 대한 사실관계의 확인, 수용자의 수용실태 및 동정관찰 등을 위한 조사 등의 절차를 거쳐야만 하므로 첨부서신을 작성하기 위해 상당한 수준의 인력과 시간 및 행정력 등의 투입이 불가피하다는 점에서 수용자의 과밀수용으로 인한 교도관 인력의 부족으로 여러 어려움을 겪고 있는 교정당국의 업무가 가중되어 교정행정의 효율성이 저하될 수 있다는 지적이 있을 수 있다.

---

34) 서울행정법원 2015. 3. 19. 선고 2014구합8346 판결

35) 교정당국의 자의적인 판단에 대한 우려를 표한 견해로는 조성용, 주10의 논문 58면; 윤영미, 주12의 논문, 109면

36) 독일 행형법 제2항은 "잘못된 내용을 포함하고 있는 발송서신은 수형자가 그 발송을 주장하는 경우에는 첨부서신을 동봉할 수 있다."고 규정하면서 같은 법 시행령 제31조 제2호는 "첨부서신에는 정정에 도움이 되는 기재만을 포함할 수 있다. 수형자에게는 첨부서신을 붙이는 목적에 대하여 고지하여야 한다."라고 규정하고 있다.

Ⅳ 수용자의 서신 수수 제한에 관한 입법론

1. 서신검열대상자 지정 근거 규정 제정

대상판결은 형집행법령상 명문 규정이 없어 법률유보원칙에 위배된다거나 수용자의 통신비밀의 자유를 과도하게 침해한 것이 아닌지 여부가 문제된 서신검열대상자 지정행위의 적법성을 법원이 최초로 인정하였다는 점에서 그 의의가 있다. 대상판결은 서신검열과 관련하여 교정실무에서 고려하여야 할 판단 준거를 명확하게 제시하였다. 그러나 형집행법 제43조 제8항에서 서신 내용의 검열 절차 등에 관하여 필요한 사항을 대통령령에 정하도록 규정하고 있으므로, 위 조항의 위임범위 내에서 형집행법 시행령에 서신검열대상자 지정 절차에 관한 명문규정을 제정하는 것이 종국적인 해결방안으로 보인다.

2. 청원기관 및 언론사와의 서신 수수

교정시설은 일반사회와 격리된 구금시설이다. 따라서 해당 서신이 검열될 수 있다는 우려 때문에 수용자가 시설 내의 부당한 처우 등에 관한 권리구제를 위해 청원목적의 서신을 보내는 것이 위축될 수 있다거나 교정당국의 자의적인 법해석을 통해 그러한 서신의 발신을 불허될 수 있다는 일각의 우려가 있다.[37] 그러나 수용자가 법적으로 엄격하게 검열이 금지되는 법무부장관·순회점검공무원·관할 지방교정청장 및 국가인권위원회 이외의 국가기관을 수신인으로 하여 발신하는 청원형 서신은 형집행법상 발신 불허 사유에 해당함이 명확하다는 등 특단의 사정이 없는 한 수신인이 국가기관이 맞는지 여부만을 확인한 채 그대로 발송되는 것이 현재의 교정실무인 것으로 보인다. 따라서 청원형 서신의 경우 원칙적으로 검열을 금지하고 수신인이 국가기관이 맞는지 여부만을 확인한 후 지체 없이 발송하도록 하거나 현행법상 서신검열이 금지되는 국가기관의 범위를 보다 확장하는 방향으로 형집행법을 개정하는 입법론적 해결방식을 검토할 필요가 있다.

더불어, 언론사와의 수신수수에 관하여는 수형자가 갖는 본질적 위험요인, 언론에 보도될 경우 미칠 사회적 파장에 대한 우려, 수용자의 표현의 자유 및 통신의 자유 보장 등을 감안할 때 독일 행형법상의 '첨부서신(Begleitchreiben) 동봉제도'와 같은

---

37) 윤영미, 주12의 논문, 103면~107면.

제도의 도입을 검토할 수 있다(독일 행형법 제31조 제2항).[38] 그러나 위 제도를 도입할 경우 첨부서신의 작성을 위해 사실관계 확인을 위한 조사 과정 등의 절차를 거쳐야 하고, 그 과정에서 상당한 인력, 시간, 행정력 등의 투입이 불가피하다는 측면이 고려되어야 할 것이다.

3. 사형확정자의 처우에 관한 체계적인 기준 설정

우리나라는 현재 실질적인 사형폐지국으로 평가받고 있다. 그러나 현행법상 사형제가 여전히 존치하는 이상, 미결수용자도 아니고 수형자도 아닌 사형확정자의 특성을 고려한 체계적인 처우 기준이 마련될 필요가 있다. 사실상 사형확정자는 거의 평생을 구금시설에 수용되어 생활하고 있다는 점에서 가석방이 거의 불가능한 무기징역형을 선고받은 수형자와 유사하면서도, 무기징역형을 선고받은 수형자와 사형확정자의 구별은 사실상 법원의 양형판단의 차이에 불과하다는 지적을 고려하면,[39] 사형제가 폐지될 경우 사형확정자의 수용 처우는 가장 중한 범죄를 저지른 수형자의 그것보다 더 낮아지게 될 것으로 예상된다. 형집행법 시행령이 전면 개정되기 이전까지 사형확정자는 미결수용자에 준하는 처우를 받았다가 전면개정 이후 사형확정자로서 개별적인 처우가 도입되었으나 이는 역시 미미한 수준이다. 대상판결 역시 사형확정자의 서신 수수를 제한할 수 있는 규범기준으로 '수형자'에게 적용되는 규정으로 규율할 수 없다고 판단한 바 있다. 따라서 형집행법의 개정을 통해 사형확정자의 서신 검열 및 발신 불허 사유에 대한 판단의 기준이 정립될 필요가 있다. 나아가, 사형확정자에 대한 체계적·단계적 처우 기준이 명문규정으로 마련되어야 한다.

2019. 10. 24. 시행 예정인 개정 형집행법은 법무부장관으로 하여금 교정행정의 목적을 효율적으로 달성하기 위해 법원, 검찰 및 경찰 등 관계기관과 협의를 거쳐 형의 집행 및 수용자의 처우에 관한 기본계획을 수립·추진할 의무를 부과하고 있으므로, 관계 기관의 의견을 수렴하여 수용자의 기본권을 최대한 보장하면서도 교정의 목적을 달성할 수 있는 조화로운 법치행정의 길이 모색되어야 할 것이다.

---

38) 독일 행형법 제2항은 "잘못된 내용을 포함하고 있는 발송서신은 수형자가 그 발송을 주장하는 경우에는 첨부서신을 동봉할 수 있다."고 규정하면서 같은 법 시행령 제31조 제2호는 "첨부서신에는 정정에 도움이 되는 기재만을 포함할 수 있다. 수형자에게는 첨부서신을 붙이는 목적에 대하여 고지하여야 한다."라고 규정하고 있다.
39) 윤창식, 주32의 논문, 19면.

13

수용자 처우에 관한 각종 국제규칙에 관한 연구*

금용명(소장, 교도소연구소)

I 서론

「수용자 처우에 관한 유엔최저기준규칙」[1](2015년 5월까지는 「유엔피구금자처우에 관한 최저기준규칙」이라고 번역되어 사용되었다. 이하 '유엔최저기준규칙'이라 한다)의 기초원리는 수용자를 인간으로서 존중하는 것으로, 이 원리로부터 수용자의 권리보장과 수형자의 사회복귀를 위한 처우의 원칙이 도출되며,[2] 이 규칙은 각국 교정시설의 관리, 수용자 처우 등 행형운영과 관련된 업무에 있어 가장 기본적인 지침으로 인식되고 있다. 또한 유엔최저기준규칙은 1955년 채택된 이후 수용자의 구금에 대한 최저기준으로서 각국의 행형과 관련한 입법 정책수립, 실무에 대한 지침으로 그 가치와 영향력을 행사해 왔다.

우리나라는 2007년 「행형법」을 전부 개정하였으며, 현재 시행되고 있는 「형의 집행 및 수용자의 처우에 관한 법률」의 이념적인 배경에는 수용자에게 인권을 배려한 수용생활을 영위하도록 함으로써 건전한 사회복귀와 권리보호를 도모한다고 하는 유엔최저기준규칙의 원칙과도 깊게 관련되어 있다. 특히 2015년 개정된 유엔최저기준규칙의 내용은 현행 형집행법의 개정 필요성을 요구하고, 또한 개정시 고려하여야 하는 중요한 준거점이 된다. 다수의 헌법재판소 결정에서 유엔최저기준규칙이 인용된 바 있고, 향후 헌법재판소의 위헌성 판단의 기준으로 활용될 것으로 보인다.[3]

---

* 이 글은 금용명, "수용자 처우에 관한 각종 국제규칙에 관한 연구", 교정연구 제26권 제2호, 한국교정학회, 2016에 게재되었음을 밝힌다.

1) United Nations Standard Minimum Rules for the Treatment of Prisoners.

2) 芝原邦爾, 刑事政策と国際準則, 神戸法学雑誌, 29巻4号, 1980년, 459쪽/森本益之, 앞의 책(1985년), 325~326쪽.

3) 구치소 내 과밀수용행위 위헌확인(헌재 2016.12.29. 2013헌마142) 보충의견: 최저기준규칙 제10조(피구

여기에서는 국제적 수준의 형사정책의 필요성과 더불어, 수용자의 처우를 둘러싼 이론과 실천, 특히 지금까지 세계 각국의 수용자 처우의 이론과 실무에 커다란 영향을 미친 유엔을 중심으로 한 일련의 관련 규칙에 대하여 고찰한다. 즉 유엔최저기준규칙의 제정 및 그 이후의 전개 과정과 유럽평의회에 의한 유럽교정시설규칙의 제정과 그 이후의 중요한 개정 사항, 그 밖에 교정관계 각종 국제규약을 검토하고 그 중에서 유엔최저기준규칙의 내용이 현재 시행되고 있는 형집행법 및 관련 법령, 현행 우리나라 교정실무에 대해 시사하는 사항에 대해서 살펴보고자 한다.

Ⅱ 수용자 처우에 관한 유엔최저기준규칙의 제정과 개정

유엔최저기준규칙의 제정을 주도한 국제형법 및 형무위원회는 그 전신이 국제감옥회의(Internationaler Gefängniskongress)이다. 1846년 프랑크푸르트 암마인에서 독일, 프랑스, 벨기에, 네덜란드, 덴마크, 영국 등의 형사학자들이 국가를 초월하여 제1회 국제감옥회의를 개최하였고, 이 회의는 3회를 개최한 후 정치정세 때문에 중단되었다. 한편, 미국감옥협회는 1870년 미국 신시네티(Cincinati)에서 회의를 개최하면서 당시 감옥개량사상이 활발한 것에 힘입어 감옥에 관한 모든 원칙인 신시내티선언을 의결하였고, 감옥개량은 국제적으로 시행되어야 한다는 입장에서 종래 유럽에서 개최되다가 일시 중단된 감옥회의를 다시 개최할 것을 의결하였다. 이에 따라 1872년 제1회 국제감옥회의(International Prison Congress: IPC)가 런던에서 개최되었고, 종래의 학자와 실무자 외에 23개국의 정부대표가 참가한 국제회의로서 재출발하였으며, 1930년에 열린 제10회 회의부터 국제형법 및 감옥회의(International Penal and Penitentiary Congress: IPPC)로 명칭이 바뀌었다. 그 후 1950년 네덜란드 헤이그에서 제12회 회의까지 개최되었으며, 동 회의에서 유엔으로 승계하는 것이 결의되었다. 이를 인수한 유엔은 1955년 스위스 제네바에서 제1회 유엔범죄방지 및 범죄자 처우 회의(United Nations Congress on the Prevention of Crime and the Treatment of

---

금자 설비 기준)/형집행법 제108조 위헌확인(헌재 2016. 5. 26. 2014헌마45)·형의 집행 및 수용자의 처우에 관한 법률 제112조 제3항 위헌확인 등(헌재 2016.4.28. 2012헌마549, 2013헌마865(병합) 반대의견: 최저기준규칙 제39조(신문, 방송)/형집행법 제82조 위헌확인(헌재 2015. 12. 23. 2013헌마712)·공권력행사 위헌확인 등(헌재 2011.2.24. 2009헌마209) 반대의견: 최저기준규칙 제17조 제3항(사복착용)/수갑 및 포승 시용(施用) 위헌확인(헌재 2005.5.26. 2001헌마728 전원재판부): 최저기준규칙 제84조 제2항(미결수용자 무죄추정), 제33조(계구 사용).

Offenders, 이하 '유엔범죄방지회의'라 한다)를 개최하였으며, 2005년 개최된 제11차 회의부터 회의의 명칭을 유엔형사사법총회(United Nations Congresses on Crime Prevention and Criminal Justice)로 변경하여 현재까지 존속하고 있다.

1. 유엔최저기준규칙의 제정과 개정

유엔최저기준규칙은 1955년 제네바에서 개최된 제1회 유엔범죄방지회의에서 채택되었다. 그러나 이 규칙의 원안은 1929년 국제형법 및 형무위원회(IPPC)[4]에서 기초되었고, 1933년 수정을 거쳐 1934년에 국제연맹 총회에서 승인된 「피수용자처우최저기준규칙」이다.[5] 동 위원회는 1949년 소위원회를 조직하고 동 규칙에 대한 개정작업을 진행하는 한편, 유엔과 협력하면서 1950년 헤이그에서 열린 제12회 회의와 1951년의 국제형법 및 형무위원회에서도 심의를 진행하였다. 그 결과 1951년 7월 6일 수용자 처우에 관한 최저기준규칙 초안[6]이 작성되었다.

그 후 유엔은 초안에 대한 각국의 의견을 수렴하였고, 1952년 12월 8일부터 16일까지 스위스의 제네바에서 열린 국제형법 및 형무위원회에서 각국 정부의 의견에 대한 축조심의가 실시되었다. 동 규칙은 국제형법 및 형무위원회를 인계한 유엔범죄방지위원회의 1955년 제1회 회의에서 결의되었고, 1957년 유엔경제사회이사회의 승인을 받아 영어·프랑스어·스페인어로 인쇄되어 전가맹국에 송부되었다. 이후 각국에 대하여 교정운영에 있어 유엔최저기준규칙의 내용을 충족시키기 위하여 노력하도록 요구하였고 동 규칙은 처우의 지침으로서 중요한 역할을 담당하였다.

1955년의 규칙과 1929년의 규칙을 비교하면, 1955년 규칙은 수용자 처우의 근본사상을 보다 명확하고 상세하게 조문화하는 한편, 형사정책의 실시에 대해서도 적극적인 배려를 하였다. 예를 들면 1929년 기준규칙이 처우의 일반원칙으로 제4조에 '처우는 수형자를 질서와 노동에 익숙하도록 하고 도덕적으로 건강하게 하는 것을 근본목적으로 한다.'라고 규정하는 데 그쳤지만, 유엔최저기준규칙은 제58조와 제59조에서 '자유형의 목적은 궁극적으로는 범죄로부터 사회를 방위하는 것이라는 사실

---

4) 藤本哲也, 앞의 책(2006年), 36쪽/長島敦, 犯罪防止と犯罪者の処遇－国連と世界の動き－, 成文堂, 1984년, 4~14쪽.

5) Torsten Eriksson, 앞의 책(1976년), 245쪽/木村亀二, 被収容者処遇最低基準規則について, 刑政, 67巻6号, 1956年, 8쪽/芝原邦爾·앞의 논문(1980년), 458쪽/森本益之, 앞의 책(1985년), 325쪽.

6) Draft of Standard Minimum Rules for the Treatment of Prisoners. 일본 후쿠오카(福岡)교정관구가 번역한 「被拘禁者の処遇に関する最低基準規則草案」은 九州矯正, 8巻7号, 1953년, 44~59쪽에 전문에 게재되어 있다.

을 명확히 하고, 그 목적달성을 위하여 수형자가 사회에 복귀한 후 도덕적이고 자주적인 생활을 영위하는 것이 가능하도록 하는 의사와 능력을 배양하기 위한 치료적·교육적·도덕적·정신적·그 밖에 적절한 원조수단이 사용되어야 한다.'는 것을 분명히 하고 있다.[7]

1967년 유엔사무국은 유엔최저기준규칙이 어느 정도까지 이행되고 있는가에 대한 질문지를 135개 가맹국에 보내어 상세한 정보를 요구하였으나 회답을 보내온 것은 44개국뿐이었다. 1974년에는 두 번째의 질문지가 보내졌고 62개국이 회답하였다. 미국, 캐나다 그리고 유럽 26개국이 그 중에 포함되어 있었지만 대부분의 개발도상국으로부터 회답이 없었다. 1975년 제네바 회의에서 유엔사무국 보고는 실망스러운 어조로 '몇 개의 틀림없이 가장 중요하다고 생각되는 규칙은 가장 이행될 수 없는 것 중에 포함되어 있다.'고 적고 있다.[8]

1970년 일본 교토(京都)에서 개최된 제4회 유엔범죄방지회의에서도 '교정분야에 있어서 최근의 진보에 비추어 본 유엔최저기준규칙'이라고 하는 의제가 상정되어 규칙의 성격, 적용범위, 법적지위, 충족, 개정 등에 대한 검토가 행해졌다.[9] 그러나 유엔최저기준규칙에 대하여 소극적인 의견이 다수를 차지하여 개정은 실현에 이르지 못하였다. 그 원인은 당시 유엔가맹국의 교정실무의 수준이 국가에 따라서 각각 다르고, 개정에 대한 합의가 쉽게 얻어질 수 없었기 때문이었다. 즉 1955년 동 규칙의 성립 당시는 유엔가맹국 중에 행형제도에 대한 공통요소가 많은 유럽국가가 차지하는 비율이 높았기 때문에 가맹국간에 합의를 이끌어내기 쉬웠다. 그러나 1970년 당시에는 행형제도에 대한 공통요소의 충족을 달성하는 것조차 곤란한 개발도상국이 다수 가맹국인 반면, 스칸디나비아 제국과 같이 기준규칙의 수준을 훨씬 상회하는 처우가 실시되거나 또는 중국, 러시아, 중남미 국가 등과 같이 의도적으로 다른 교정처우를 실시하고 있는 국가들도 존재하였다. 따라서 이론적으로는 개정의 필요가 인정되더라도 전세계적 수준의 합의에 달하는 것이 사실상 곤란한 상태였다.

또한 현재 실제로 필요한 것은 규칙의 개정이 아니라 각국의 교정시설에서 현재의 유엔최저기준규칙에 규정되어 있는 수준을 달성하는 것이고, 현재 개정을 하면 지금까지 현행 규칙을 목표로 노력을 기울여 온 특히 개발도상국가들에게 불필요한 혼란을 초래하는 것도 그 논거의 하나였다.[10]

---

7) 日本法務總合研究所, 被拘禁者處遇最低基準規則の研究, 法務研究, 58卷3号, 1971年, 7~8쪽.
8) Torsten Eriksson, 앞의 책(1976년), 246쪽.
9) 森本益之, 앞의 책(1985년), 327~328쪽.
10) 芝原邦爾, 앞의 논문(1980년), 470쪽.

유엔최저기준규칙은 1955년 제1회 유엔범죄방지회의에서 채택된 이후 그에 대한 개정 노력이 여러 차례 추진되었으나 각국의 이해관계 등을 이유로 오랫동안 개정작업이 진행되지 아니하다가 2012년부터 2015년까지 4회에 걸쳐 정부간 전문가 회의를 개최하여 개정에 대한 논의가 진행되었다.

논의가 행해진 배경에는 2010년 4월에 개최된 제12회 회의에서 '최근 교정학의 진보와 최선의 실천을 현행 최저기준규칙에 반영하고, 다음 단계에서 유엔범죄방지 및 형사사법위원회에 권고하는 것을 목표로 최선의 실천, 국내법, 기존의 국제법 및 현행 최저기준규칙의 개정에 관한 정보를 교환하기 위해 제한없는 정부간 전문가회의의 개최를 검토하기 위해 초청한다.'는 결의가 의결되었고, 이 의결에 따라 같은 해 12월 유엔총회에서 위원회에 대해 제한없는 정부간 전문가회의의 개최가 요청된 데 따른 것이다.

동 전문가회의는 2012년 1월 오스트리아 빈에서 제1회 회의, 같은 해 12월 아르헨티나 부에노스아이레스에서 제2회 회의, 2014년 3월 다시 빈에서 제3회 회의가 개최되었고 2015년 3월 남아프리카 케이프타운에서 개최된 제4회 회의[11])에서 합의에 도달하였다. 그 후 유엔 범죄예방 및 형사사법위원회는 2015년 5월 18일부터 22일까지 오스트리아 빈에서 개최된 제24차 회의에서 동 규칙에 대하여 합의를 하고, 같은 해 12월 17일 유엔총회에서 정식으로 채택되어 오랜 개정의 숙원사업을 달성하였다.[12]) 그리고 인권과 평등, 민주주의, 평화를 위해 싸우며 27년간 수감생활을 한 남아프리카공화국의 전 대통령인 넬슨 만델라의 업적을 기리기 위하여 규칙의 부제를 「만델라 규칙」(The Mandela Rules)으로 명명한 전문가 단체의 권고를 승인하였다.

2. 유럽교정시설규칙의 제정과 개정

유럽평의회(Council of Europe)[13])는 유엔최저기준규칙의 채택 이후 범죄자 처우에 있어서의 이론과 실무의 진보를 반영하여, 1968년 유럽수준의 '보다 자유주의적인 공통사항'을 정하는 것을 목적으로 하여 유엔최저기준규칙의 재검토에 착수하였다.

---

11) 본 회의의 의장에는 개최국 남아프리카공화국의 하우텡 고등재판소장인 Dunstan Mlambo가 선출되었다.

12) 杉山多惠, 被拘禁者處遇最低基準規則改正について, 刑政, 日本矯正協會, 2016년 3월, 127권 3호, 78쪽.

13) 유럽평의회는 국제적 형사정책을 추진하기 위하여 1957년에 각료위원회(The Committee of Ministers) 산하에 유럽범죄문제위원회를 설립하고 동유럽을 제외한 유럽국가의 범위를 초월한 국가간의 협력에 의한 형사정책의 추진에 착수하였고, 그 이후 형사법과 형사정책의 영역에서 활발한 활동을 계속하고 있다(芝原邦爾, 刑事政策の國際化, 法曹時報, 32卷4号, 1980年, 4쪽).

그리고 범죄문제위원회(Europe Committee on Crime Problems) 산하에 소위원회를 설치하여 작업을 진행하였다. 그 결과 1973년 유엔최저기준규칙의 일부 개정이라고 하는 형태로, 각료위원회(Committee of MInisters)의 결의에 의한 유럽피구금자처우최저기준규칙(The European Standard Minimum Rules for the Treatment of Prisoners. 이하 '유럽최저기준규칙'이라 한다.)이 성립되기에 이르렀다.[14] 그 후 유럽최저기준규칙은 두 차례 개정이 이루어졌다.

첫번째 개정은 1987년 2월 12일 각료위원회 제404회의[15]에서 채택된 「유럽교정시설규칙」(The European Prison Rules)으로, '교정시설을 관할하는 당국, 수용자 및 시설직원의 필요와 요구사항에 대하여, 일관성을 가지고 건설적·현실적 및 동시대적으로 반영한다.'는 것을 목적으로 행해졌다. 두 번째 개정은 2006년 1월 11일 유럽평의회의 각료위원회 제952회의에서 새로운 유럽교정시설규칙에 대하여 각료위원회의 가맹국에 대한 권고가 채택되었다. 2006년 개정된 규칙은 1987년 채택 이후의 유럽지역 형사시설을 둘러싼 중요한 발전과 변화를 반영하고 있다.

Ⅲ 유엔최저기준규칙의 개요

1. 1929년 국제형법 및 형무위원회의 피구금자처우규칙 초안

동 초안[16]은 전문, 격리 및 수용시설, 처우, 징벌과 보호장비, 직원, 석방자 보호 등 5장 54조로 구성되어 있다.

'전문'에서는 각국의 형사제도 운영에 대하여 권고하는 일반원칙으로, 수용자 처우가 인도적·사회적 견지에서 충족해야 할 최저조건을 나타내는 것에 지나지 아니한다는 것을 선언하였다.

---

14) 일본 법무성 교정국에 의하여 「被拘禁者ヨーロッパ最低基準規則」이라고 하는 규칙명으로 번역되어 있다. 원문은 https://wcd.coe.int/ViewDoc.jsp?id=656187&BackColorInternet= 9999CC&BackColorIntranet=FFBB55&BackColorLogged=FFAC75(2007年1月31日確認).

15) Adopted by the Committee of Ministers of 12 February 1987 at the 404th meeting of the Ministers Deputies.

16) 이 초안은 1929년 1월에 개최된 국제형무위원회 소위원회의 결과 작성된 것으로, 이에 대한 각국의 수정의견을 모아 다음 형무위원회의 회의에 소위원회의 결정안으로서 제출하기 위하여 마사끼 아끼라(正木亮) 위원에게 회송되어 온 것이다. 상세한 것은 木村亀二訳, 拘禁者処遇に関する国際刑務委員会の草案, 刑政 42巻12号, 1929年, 17~27쪽 참조.

제2장 '처우'에서는 수용자의 개성을 고려하면서(제3조), 수용자를 질서와 노동에 익숙해지도록 하는 동시에 도덕적으로 건강해지도록 하는 것을 목적으로 한다는 원칙을 규정하였다(제4조). 그리고 특별수용자, 보관(영치), 의류 및 침구, 식량, 작업, 보건설비, 도덕적 및 지적 교육, 사회와의 교류 등에 대하여 규정하고 있다. 작업은 가능한 한 교육적 성질을 가져야 하는 동시에 수용자의 석방 후 생활수단이 되는 것을 선정하고(제10조), 노동에 대하여는 노임을 지급할 수 있다고(제13조) 규정하였다. 또한 보건설비는 수용자의 건강에 유해하지 아니하는 상태에 있도록 하고(제14조), 실내온도(제15조), 일광(제16조), 공기의 유통(제18조), 음료와 물품의 비치(제20조), 의사에 의한 진료(제24조), 운동(제25조) 등을 규정하였다. 도덕적 및 지적 교육에 관해서는 종교생활(제29조), 교육(제28조), 도서의 열람(제29조) 등에 대하여, 그리고 친족 및 친구와 교통할 기회의 보장(제31조), 외국인수용자의 외부교통권의 보장(제32조)에 대하여 규정하였다.

제3장 '징벌 및 보호장비'에서는 징벌의 법정화(제33조), 감식 및 옥외운동 제한의 금지 또는 제한(제29조) 그리고 징벌의 수단으로 보호장비 사용을 해서는 아니된다는 것(제39조) 등에 대하여 규정하였다.

제4장 '직원'에서는 교정직원의 의무는 단순히 감시하는 것뿐만 아니라 자기의 행동이 수용자에게 교육적 감화를 주는 것을 목적으로 하여야 한다는 것을 명시하고 (제44조), 의사의 확보 등에 대하여 규정하였다(제48조).

제5장의 '석방자 보호'에서는 수용자에 대한 원조는 구금시부터 시작되어야 한다는 것(제54조) 등을 선언하였다.

2. 1955년 유엔최저기준규칙

유엔최저기준규칙의 내용은 본 규칙 성립 당시 세계의 형사정책이 달성한 교정처우에 관한 제 원칙을 집대성한 것이다. 본 규칙은 모두 94조[17]로 구성되어 있으며 서론과 제1편 통칙 및 제2편 특칙으로 나뉘어져 있다.

'서론'에서는 본 규칙이 형사시설의 모범적인 제도를 상세하게 정하도록 하는 것이 아니라 근대사상의 일반적 견해와 오늘날 가장 타당한 제도의 본질적인 요소를 기초로 하여 수용자 처우 및 수용시설의 관리에 대하여 일반적으로 보다 좋은 원칙

---

17) 유엔최저기준규칙 제95조는 계엄령하 등 특정 범죄의 혐의에 의하지 아니하고 장기간 구금되어 있는 사람에 대하여 기준규칙을 정하는 인권보장의 제원칙을 적용하기 위하여 1977년에 추가되었다(森本益之, 앞의 책(1985년), 326쪽).

또는 실천을 확립하는 것을 목적으로 하는 본 규칙의 성질에 대하여 정하고 있다(제1조). 그리고 '본 규칙은 유엔에서 적절한 것으로 승인된 수용자 처우의 최저조건을 나타내는 것이라는 사실을 알림으로써 그 적용에 방해가 되는 실제상의 여러 곤란을 극복하려고 하는 부단한 노력을 촉구하는 데에 도움이 될 것이다(제2조).'라고 선언하고 있다.

제1편 '통칙'은 시설의 일반적 관리에 대하여 정한 것으로 모든 종류의 수용자, 즉 형사피구금자 및 민사피구금자, 미결수용자 또는 수형자 나아가 보안처분 또는 판사의 명에 의하여 교정처분에 처해진 사람에게도 적용된다. 주요내용은 규칙의 공정한 적용, 수용자의 구분, 주거설비, 개인위생, 의류 및 침구, 식량, 운동 및 경기, 의료, 규율 및 징벌, 보호장비, 수용자에게 제공되어야 하는 정보 및 불복신청, 외부교통, 도서, 종교, 수용자 소유물의 보관, 사망·질병·이송 등에 대한 통지, 수용자 이송, 시설직원, 관찰 등에 관한 규정이 마련되어 있다.

제2편 '특칙'은 특정 수용자에게 적용되는 규정을 두고 있다. 그 중에서도 가장 중요한 수형자의 처우에 대한 중요내용은 다음과 같다.

우선 자유형의 목적은 사회방위, 즉 범죄로부터 사회를 보호하는 것으로, 수형자의 처우는 범죄자가 사회복귀 후 준법적이고 자립적인 생활을 할 수 있는 의사와 능력을 가지도록 할 것을 목표로 하여, 그들의 자존심을 높이고 책임감을 향상시킬 것(제58조, 제65조)과 '자유형은 수형자의 자유를 박탈하고 자기결정권을 빼앗는 그 자체로서 고통을 주기 때문에 행형제도는 수형자에게 자유형 고유의 고통 이상을 주어서는 안 된다(제57조).'고 규정하고 있다.

처우목적 설정을 위해서는 처우의 개별화가 필요하고 수형자 개인의 성격 등에 대한 과학적인 조사결과를 기초로 하여 작성된 개별처우계획에 근거하고, 각자의 필요성에 따른 치료적·교육적 그 밖에 모든 유효한 방법이 사용되어야 한다는 것(제66조, 제69조)을 명백히 하고 있다.

분류에 대해서는 수형자를 집단으로 분류하여 실시하는 처우분류를 진행하여야 한다는 것(제63조 제1항, 제67조, 제68조)과 개방시설의 처우(제63조 제2항)에 대해서 규정하고 있다. 또한 형사시설 내의 생활을 외부의 자유로운 생활에 가능한 한 가깝게 하여, 양자의 차이를 최소화하도록 노력하여야 한다(제60조 제1항)는 것과 '수형자의 처우는 사회로부터의 배제가 아니라 사회와의 연결을 강조하는 것이어야 하고, 수형자와 가족 및 그의 사회복귀에 도움이 되는 시설 외의 개인이나 단체와의 관계가 유지·촉진되어야 한다.'(제61조, 제79조, 제80조)고 규정하고 있다.

석방전 준비제도와 실험적 석방제도 등 수형자가 점차 사회생활에 복귀하도록 하는 수단이 마련되어야 하고, 동시에 석방 후에는 사회복귀를 도모하기 위한 유효한 사후지도가 행해져야 한다(제60조 제2항, 제64조, 제81조)는 것 등을 규정하고 있다.

3. 1973년 유럽최저기준규칙

유럽최저기준규칙[18]은 모두 94조로 구성되어 있으며 서칙, 제1편 통칙 및 제2편 각종 피구금자에게 적용되는 규칙으로 나뉘어져 있다. 제2편 각종 수용자에게 적용되는 규칙에는 수형자, 정신병 및 정신이상 수용자, 피체포자 및 미결수용자, 민사구금에 처해진 채권확정자에 대한 규정을 두고 있다.

유럽최저기준규칙에 대하여는 수형자 처우에 관한 유엔 수준에서의 중점의 추이가 수형자의 '처우의 지침'이라고 하는 측면에서 '수용자의 권리장전'이라는 측면을 강조하는 방향으로 전개되고 있는 시대적 상황을 반영하는 동시에, 사회복귀처우의 목적을 실현하기 위해서는 수형자 스스로의 처우에의 자주적 참가와 가족을 포함한 외부사회의 이해와 협력, 유능하고 열의를 가진 시설직원의 확보 등이 불가결한 조건을 이룬다고 하는 인식에 기초하여, 유엔최저기준규칙을 개정한 것이라고 평가할 수 있다.[19]

유엔최저기준규칙과 비교하면 수형자의 인간으로서의 존엄확보를 한층 더 강조하고, 권리의 확대를 도모하는 동시에 범죄자 처우의 면에서도 철저한 처우의 개별화의 실현, 수형자가 주체적이고 적극적으로 협력·참가하는 처우의 추진, 그리고 그것을 위해 필요한 수형자와 직원간의 커뮤니케이션 촉진, 수형자와 외부 사회와의 연대의 유지·확대 등의 점에서 대체하는 것도 가능하게 하였다. 그러나 유엔최저기준규칙과 마찬가지로 주말구금, 일시귀휴, 석방전 처우로서의 중간처우시설 등 중간처우에 대한 실질적인 규정을 마련하지 아니한 것은 과제로 남았다.[20]

자유형의 목적에 대해서 유럽최저기준규칙은 유엔최저기준규칙과 마찬가지로 범죄에 대한 사회방위와 그것을 통한 사회복귀의 달성이라고 하고(제55조, 제66조), 또한 자유형에 따르는 불가피한 고통은 자유의 박탈 그 자체이며, 형의 내용으로서 그 이상의 고통을 수형자에게 주어서는 아니된다(제58조)라고 하였다.

---

18) Standard Minimum Rules for the Treatment of Prisons.

19) 森本益之, 앞의 책(1985년), 331쪽.

20) 芝原邦爾, 앞의 논문(1980년), 4쪽.

인간의 존엄확보 및 수형자의 권리에 관하여 자유박탈은 인간의 존엄에 대한 존중을 확보할 수 있는 물질적 및 정신적 조건 아래에서 실시되어야 한다는 규정(제5조 제3항)을 신설하고, 또한 새로운 처우방법을 시도하는 것은 인간의 존엄보호원리와 일치하는 한, 방해받지 아니한다(제3조)고 하였다. 수용자의 외부와의 교통·접견의 권리, 외부사회의 정보를 얻을 권리에 대해서도 유엔최저기준규칙과 비교하여 대폭 확대되었다(제37조, 제39조). 형사시설 내의 규율 및 수용자의 징벌에 대해서도 인권보장이라고 하는 방향에서 개정이 행해졌다(제27~제34조).

처우의 개별화 및 분류처우에 대해서는 유엔최저기준규칙과 마찬가지로 처우의 개별화를 강조하고(제60조, 제64조, 제67조, 제70조), 분류처우에 대해서는 유엔최저기준규칙에서 정하고 있는 형사시설의 규모 등에 대한 약간의 형식적인 규정을 개정하여 시설 또는 분류형태, 규모, 조직 및 수용능력은 기본적으로 실시하는 처우의 성질에 따라서 결정되어야 한다고 규정하였다(제64조 제3항).

수형자의 처우에의 협력 및 참가와 관련하여 수형자를 처우의 주체로 적극적으로 처우에 참가시키고 그의 자주적인 협력을 이끌어 낼 것과 그 전제로서 직원과 수형자와의 커뮤니케이션을 촉진할 것을 강조하였다(제60조 제2항, 제67조 제4항). 또한 유엔최저기준규칙의 상우제도(제70조)를 폐지하고, 그 대신에 수형자의 자발적인 노력에 의한 자기의 처우에 대한 협력과 참가의 필요성을 강조하는 규정을 마련하였다(제71조).

외부사회와의 연대와 관련해서는 유엔최저기준규칙과 마찬가지로, 형사시설의 생활을 가능한 한 일반사회의 생활에 가깝게 하고, 수형자의 외부사회와의 연대를 촉진하기 위한 규정을 두었다. 형사시설 내의 생활과 외부사회의 자유로운 생활과의 차이를 최소화하는 노력을 실시할 것(제58조)과 수형자를 사회로부터 배제하는 것이 아니라 사회와의 연대를 강조하는 처우가 실시되어야 한다(제62조)고 규정하였다.

교도작업에 대해서는 교도작업이 징벌적 성질의 것이어서는 안되고, 또한 범죄에 대한 응보로서 과해져서도 안된다고 하는 취지를 명확히 하였다. 그리고 수형자에 대하여 현저한 위험 또는 건강을 해칠 수 있는 작업을 하도록 해서는 아니된다(제72조 제1항)고 규정하였다. 그 밖에 교도작업의 조직, 방법, 노동조건 등에 대한 규정은 유엔최저기준규칙과 거의 같다.

직원에 대해서는 '교정직원의 선발은 신중하게 해야 하고(제46조 제1항), 또한 충분한 교육과 보수가 보장되어야 한다(제46조 제3항).'라고 규정하고 당국은 직원과 일반사회의 국민들에게 형사시설의 업무가 매우 중요한 사회적 사업이라는 신념을 갖도록 노력하고, 그것을 위해서 사회에 대하여 적절한 홍보활동을 실시할 필요가 있다 (제46조 제2항)고 규정하였다. 그 밖에 수형자의 자주적인 참가·협력에 기초한 처우를 실현하고 동시에 형사시설을 원활하게 운영하기 위해서도 수형자와 직원 사이의 커뮤니케이션의 촉진과 더불어, 직원 상호간의 커뮤니케이션의 촉진을 강조하였다 (제51조).

석방전 준비 및 석방후의 원조에 대해서는 형의 집행 초기부터 석방후의 수형자의 장래에 대하여 배려하여야 하고, 또한 수형자의 사회복귀에 도움이 되는 친족 등을 비롯한 시설 외의 개인 또는 기관과의 관계를 설정·유지하도록 장려하고 원조하여야 한다(제80조)고 규정하였다. 그리고 수형자가 서서히 사회생활에 복귀할 수 있도록 석방전 준비제도와 실험적 석방제도가 필요하며(제61조), 또한 사회에 대한 의무는 수형자의 석방으로 끝나지 아니하고, 석방후 수형자의 사회복귀를 위하여 수용생활 중에도 취업을 원조하는 효과적인 업무와 기관이 설치되어야 한다(제65조, 제81조)고 규정하였다.

4. 1987년 유럽교정시설규칙

유럽최저기준규칙에 대한 개정안이 1987년 2월 12일 유럽각료위원회 제404회의에서 채택되고, 규칙명도 「유럽교정시설규칙(European Prison Rules)」으로 변경하였다. 동 규칙은 서장, 제1부 기본원칙, 제2부 형사시설의 운영, 제3부 교정직원, 제4부 시설내 처우 및 체제, 제5부 분류에 속하는 수용자에 대한 추가 조항으로 구성되어 있다.

먼저 '서장'은 본 규칙의 목적을 교정시설제도 전반에 걸친 최저기준을 확립하고, 교정시설의 직원이 스스로 사회의 이익과 수용자의 갱생을 위하여 그리고 자기의 직업상 사명을 위하여 그 역할을 하고 있다고 믿을 수 있는 환경을 만들어 주어야 한다고 선언하였다. 또한 인간존엄의 존중, 인도적이고 동시에 적극적 처우를 위한 구금제도 아래의 구금, 직원 역할의 중요성 및 효과적이고 근대적인 시설관리라는 접근이 새롭게 강조되었다.

제1부 '기본원칙'은 수용자 처우의 목적은 수용자의 건강 및 자존심을 유지하고, 선고받은 형기가 허용하는 한도에서 책임감을 강화시키며, 석방 후 법을 존중하면서 자립생활을 영위하도록 하기 위한 가장 좋은 기회를 주고, 사회복귀를 촉진하는 생활태도와 기술을 장려하는 것에 있다는 것을 규정하였다(제3조).

제2부 '교정시설 운영'에서는 수용 및 등록, 수용자의 분리 및 분류, 구금장소, 개

인위생, 의류 및 침구, 급식, 의료업무, 규율 및 징벌, 구속 방법, 수용자에게 제공하는 정보 및 불복신청의 권리, 외부와의 교통, 종교적 및 도덕적 원조, 수용자의 소지품 보관, 사망·질병·이송 등에 대한 통지, 수용자 이송 등에 대하여 규정하였다. 제2부의 내용은 유럽최저기준규칙의 제1편 통칙과 거의 같다. 그러나 수용 후 즉시 각 수용자에 대한 보고서 및 수형자의 석방준비에 대비한 훈련계획서를 작성할 것(제10조 제1항), 원칙적으로 임부의 출산은 외부의 의료시설에서 하도록 조치를 취할 것(제28조 제1항), 규율 및 징벌에 따르는 불복신청절차와 담당에 관한 내용을 법률 또는 권한 있는 행정당국의 규칙으로 정할 것(제35조), 외부와의 교통을 장려하기 위하여 처우목적과 병립하는 가출소 허가제도를 도입할 것(제43조 제2항) 등에 대하여 새롭게 규정하였다.

제3부 '교정직원'에 대한 내용은 유럽최저기준규칙과 같다. 다만 시설의 적절한 관리와 조직운영상, 시설내 처우의 목적을 수행함에 있어 시설직원 측면이 본질적인 중요성을 가진다는 입장에서 당국은 직원에 관한 규칙의 충족도에 높은 우선순위를 두어야 한다고 하고(제51조), 직원의 훈련에는 유럽교정시설규칙 및 유럽인권조약 상의 요구와 적용에 대한 교시가 포함되어야 한다(제54조 제4항)는 내용이 추가되었다.

제4부 '시설내 처우 및 처우체제'에서는 시설내 처우의 목적 및 체제, 작업, 교육, 체육·운동·스포츠·레크리에이션 및 석방준비에 대하여 규정하고 있다. 이 개정에서 가장 중점이 두어진 부분이다. 시설내 처우의 목적은 '구금형은 범죄자로부터 그 자유를 박탈하는 그 자체가 형벌이다. 구금상태 및 교정제도는 정당한 이유에 기초하여 분리처우 또는 규율유지에 따르는 조치를 제외하고는 이와 같은 상황에 따른 고유한 고통을 그 이상 증대해서는 아니된다(제64조)'라고 규정하고, 또한 '수용자의 사회복귀를 달성하기 위하여 적절한 교정·교육·도덕·정신적 또는 그 밖의 수단이 각 수용자의 개별적 처우상 필요에 따라서 제공되고, 이용가능한 것이어야 한다(제66조)'는 것을 분명히 하였다. 그리고 교도작업은 처우, 훈련 및 시설관리상 적극적인 요소로 운영되어야 하고(제71조), 교도작업의 조직 및 방법은 현대적인 노동기준 및 기술에 적합한 것이어야 한다(제72조 제1항)는 것 등에 대하여 규정하였다. 또한 교육에 대해서는 교육프로그램의 제공과 그 프로그램이 수용자의 사회복귀를 성공시키고, 그들에게 준법적인 태도 및 자립심을 가지게 하며 향상시킬 가능성을 높이는 것을 목적으로 하여야 한다(제77조)는 것을 추가하였다. 석방전 준비로서 석방전 계획 및 조건부 석방을 시도한다고(제88조) 규정하였다.

제5부 '특정한 분류에 속하는 수용자에 대한 추가조항'에서는 미결수용자, 민사피

구금자, 정신병 및 정신이상 수용자에 대하여 규정하였다.

5. 2006년 유럽교정시설규칙

2006년 1월 11일 유럽평의회의 각료위원회 제952차 회의에서 채택된 새로운 유럽 교정시설규칙은 1987년 개정 이후 유럽지역에서의 형사시설을 둘러싼 중요한 발전, 판례의 축적, 사회 및 범죄대책의 변화 등을 반영한 것이다.[21]

개정의 특징으로는 다음과 같은 세 가지를 들 수 있다. 첫 번째는 유럽 형사시설의 발전에 중요한 역할을 담당하여 온 유럽인권재판소[22]의 판결과 유럽고문금지위원회[23]에 의한 활동의 성과를 반영하였다. 두 번째는 구금은 최후의 수단으로서만 사용되어야 한다라고 하는 기본원칙을 밑바탕에 두었다.

이 사상은 형사시설의 수용자 수를 가능한 한 최소화하는 것을 고려하기 때문에 매우 중대한 범죄에 대해서만 구금형을 과하도록 하고, 수형자의 경우라도 구금에 대신하는 형벌을 과하거나 일정한 범죄에 대해서는 비범죄화의 가능성을 모색하여야 한다고 하는 것이다. 세 번째는 각 가맹국의 법제도와 교정행정규칙의 실효화를 도모하는 것이다. 그 실효화를 높이기 위하여 본규칙은 각 가맹국의 법 개정과 교정행정의 개혁에 대한 일정한 지침을 제공하고 있다.

2006년 규칙은 제1부 기본원칙 및 적용범위, 제2부 구금조건, 제3부 보건의료, 제4부 질서유지, 제5부 관리운영 및 형사시설직원, 제6부 감사 및 감시, 제7부 미결수용자, 제8부 수형자에 대한 교정처우, 제9부 규정의 개정 등으로 구성되어 있다.

6. 2015년 유엔최저기준규칙

1) 의의

2012년 1월 제1회 전문가회의에서는 어떻게 유엔최저기준규칙을 개정할 것인가에 대하여 공통의 인식이 있었던 것은 아니었다. 즉 개정 후 유엔최저기준규칙의 법적 성질에 대하여 조약체결국가에 대하여 법적 구속력을 가지는 조약으로 할 것을 희망하는 국가도 있었지만, 법적 구속력을 가지지 아니하는 국제적 지침으로서의 성격을

---

21) 클라우스 라우벤탈 저/신양균·김태명·조기영 역, 앞의 책(2010년), 22쪽.
22) The European Court of Human Rights.
23) The European Committee for the Prevention of Torture and Inhuman or Degrading Treatment or Punishment.

유지하는 것을 희망하는 국가도 있었다. 또한 개정에 대해서도 전면적으로 개정하여야 한다고 하는 국가에서부터 현행 유엔최저기준규칙을 기본적으로 유지하여야 한다는 국가까지 다양하였다.

한편, 제1회 회의에서는 유엔최저기준규칙의 개정시 현행 규정을 밑도는 기준으로 해서는 아니된다는 합의가 이루어진 외에 최근의 교정학의 진보와 최선의 실천을 반영하기 위해 우선적으로 검토하여야 하는 9개 분야를 선정하였고 제2회 회의 이후부터는 각 분야별로 검토한 결과, 종전에는 95개조이었던 조문의 수가 개정후에는 121개조로 증가하였다.

개정된 유엔최저기준규칙은 형사사법의 인간화와 인권보호에 대한 유엔의 지속적인 노력에 기초하여 1955년 이후 수용자 처우에 관련된 국제법의 점진적인 발전을 반영하는 한편, 수용자 처우와 관련된 유엔의 각종 규칙과 소년사법과 여성 등 특수한 상황의 수용자에 대한 유엔의 각종 성과에 입각하고, 유럽·미주·아프리카 등 수용자 처우에 관한 각 지역의 원칙과 기준을 반영하였다. 또한 수용자의 안전과 보안, 인도적 환경의 유지 등 최근 교정학 분야의 진보를 반영하였다.

2) 주요 개정내용

(1) 수용자의 존엄존중 및 약자 보호, 직원연수

인종, 성별 등에 따른 차별금지 및 종교적 신조의 존중 등 처우에 관한 기본원칙에 대하여 정한 구규칙 제6조에 인간으로서의 존엄, 고문 또는 비인도적 처우 등의 금지 및 관계자의 안전의 보장에 관한 규정을 추가하는 한편(제1조), 가장 약한 입장에 있으며 특별한 필요성을 가진 수용자의 권리보호 등을 위한 대책은 불공정으로 간주되지 아니한다는 취지의 규정을 추가하였다(제5조 제2항).

또한 수형자에 대한 자유형의 목적에 대해서는 지금까지 '범죄로부터 사회를 보호하는 것'이 규정되어 있었지만(구 제58조), 새롭게 '재범을 줄이는 것'을 목적에 추가하였다(제4조 제1항).

그 외에 구규칙 제47조는 모든 직원이 임무에 임하기 전에 임무에 따른 연수를 받아야 한다는 취지의 규정을 하고 있었으며 연수내용에 법령, 직원의 권리의무 및 금지행위, 위기관리, 응급조치 등이 포함되어야 한다는 것을 새롭게 포함하였다(제76조).

(2) 보건의료

보건의료와 관련하여 수용자의 보건의료에 대한 국가의 책임을 규정하고 수용자는 지역사회에서 제공하는 것과 동일한 수준의 보건의료 혜택을 누릴 권리가 있으며 법적 신분으로 인한 차별을 받지 아니하고 필요한 보건의료 서비스를 무상으로 이용할 수 있어야 한다고 규정(제24조)하는 한편 의료 및 보건서비스에 관한 사항을 구체화하였다. 수용자에 대한 의료제공은 국가의 책무이고, 수용자가 사회와 같은 수준의 의료를 무상으로 받을 권리를 가진다(제24조 제1항)고 하는 이념을 명확하게 하는 외에, 의료에 관련된 결정이 의료전문가에 의해 행해져야 한다는 원칙(제27조 제2항)이 명기되었다.

의료파일에 대해서 적절한 작성·관리 및 자기의 파일에의 접근보장이 포함되었다(제26조 제1항). 또한 제4회 회의에서 '접근'이란 구두 등에 의해 당해 정보에 접할 수 있어도 충분하고, 반드시 서면을 열람할 수 있는 것까지 의미하는 것은 아니라는 견해가 의장으로부터 제시되었다. 또한 수용자를 이송할 때는 그 이송시설에 의료파일을 이관하는 것도 포함되었다(제26조 제2항).

의료종사자의 의무에 대해서는 '모든 진료는 완전히 비밀로 실시되어야 한다.'는 규정이 포함되었다(제31조). 이 규정에 관하여 의료장소에 교도관을 입회하는 처리와 '완전하게 비밀로'와의 관계에 대해서는 제4회 회의에서 다수 국가의 참석자로부터 경비상의 이유에 의해 경비직원이 입회하는 것의 필요성이 제기되었고(미국, 캐나다, 프랑스, 이스라엘 등), 또한 개정 최저기준규칙 제1조에 '수용자, 직원, 업무제공자 및 방문자의 안전은 어떠한 경우라도 보장되어야 한다.'라는 규정으로부터도 수용자의 수치심 등을 배려하는 가운데 경비상 필요한 범위에서 의료관계자 이외의 직원을 입회시키는 것도 허용된다고 하였다.

또한 제48조 제2항에서 '분만중, 출산 중 및 출산 직후의 여성에게는 절대 보호장비를 사용해서는 안된다.'라는 규정이 추가되었다. 2010년 12월 유엔총회에서 채택된 「여성수용자의 처우 및 여성범죄자의 비구금조치에 관한 유엔규칙(방콕규칙)」 제24조에서 '보호장비는 분만 중, 출산 중 및 출산 직후의 여성에게 사용하지 않는 것으로 한다.'라는 규정을 반영한 것이다.

(3) 규율 및 질서

규율위반에 대한 처벌과 관련하여 공정하고 신속한 조사, 법적 지원, 처벌에 대한 사법심사의 기회제공, 독거수용과 식사량 감축에 대한 제한, 처벌된 수용자의 건강상태에 대한 각별한 주의 등에 대하여 규정하고 있다(제36조~제46조).

보호장비와 관련하여 사용상 원칙과 보호장비 사용법에 대한 직원교육을 규정하는 한편, 거실검사시 인간의 존엄성과 개인의 사생활 보호에 유의하도록 하고, 알몸검사와 체강검사시 자격을 갖춘 전문가 등이 하도록 규정하였다(제48조~제53조).

제4회 회의에서는 각국 참석자의 의견이 크게 나뉘어지고 그 논의에 가장 많은 시간이 할애된 문제는 규율 및 질서, 특히 엄정독거구금에 대한 규제의 방법에 대해서였다. 사무국으로부터 제시된 당초의 개정안에는 엄정독거구금(solitary confinement)을 사용하는 경우는 예외적인 경우에 한하고, 최후 수단으로서 가능한 한 단기간이어야 하며, 무제한 또는 장기에 걸친 엄정독거구금을 금지한다고 하는 내용이었지만 원래 '엄정독거구금'과 '장기'의 정의가 애매하고, 각국이 받아들이는 방법도 다양하였기에 의논이 좀처럼 수습되지 않았다. 밤늦게까지 장시간 의논한 결과 개정 최저기준규칙에서는 '엄정독거구금'은 '의미 있는 인적접촉이 없는 1일 22시간 이상의 구금'이라고 정의되었다(제44조). 이것은 2011년 8월에 공표된 '고문 및 다른 잔학한, 비인도적 또는 품위를 손상하는 처우 또는 형벌에 관한 인권이사회 특별보고서의 중간보고서'에서, '하루 22시간에서 24시간 거실에의 구금에 의한 개인의 물리적·사회적인 격리(고립)'가 '엄정독거구금'이라고 정의되었지만, 각국의 실정을 반드시 고려하지 않았기 때문에 장기간의 논의 끝에 이 정의에 귀착되었다. '의미 있는 인적 접촉이 없는 1일 22시간 이상의 구금'을 예외적인 경우에 한해 최후수단으로서 가능한 한 단기간만 사용되고, 또한 독립한 심사에 회부되고 권한 있는 당국에 의한 허가에 의해서만 사용되어야 한다고 하는 한편(제45조 제1항), 무기한의 엄정독거구금이나 연속한 15일을 초과하는 장기에 걸친 엄정독거구금은 금지되어야 하는 것으로 하였다(제43조 제1항 가 및 나, 제44조).

(4) 법적대리인과의 접촉, 불복신청, 감사

이중처벌 금지 등 징벌에 관한 규정인 구규칙 제30조에 따라 과해진 징벌에 대하여 사법심사를 요구하는 기회가 주어져야 한다는 것(제41조 제4항)과 규율위반이 범죄로서 소추되는 경우에 적법절차의 보장 규정이 새롭게 포함되었다(동조 제5항).

또한 자기가 선임하는 법적지원자 등과의 접견이나 상담 등에 관한 규정이 포함되었다. 예를 들면 이러한 사람과의 접견에 있어서는 국내법의 규정에 근거하여 지체 없이 입회나 검열 없이 완전하게 비밀로 실시되어야 한다(제61조 제1항)는 것이다.

불복신청 및 감사에 대해서도 많은 규정이 포함되었다. 특히 제56조 제4항에서 불복신청 및 감사에 관한 권리에 대해서는 수용자에게 추가하여 법적지원자에게도 적용되어야 한다는 규정이 포함되었다. 교정시설에 대하여 정기적인 내·외부 감사를 할 것과 감사의 목적, 감독관의 권한 등에 대하여 규정하였다(제83조, 제84조).

(5) 고문 등의 방지 등

구최저기준규칙에는 수용자가 사망한 경우 등에 그 친족에게 통지하여야 한다는 취지의 규정이 있었으나, 이번 개정에 의해 사망사안 등에 대한 조사에 대한 규정이 포함되었다. 즉 모든 사망(custodial death) 사안에 대하여 사법당국에 보고할 것을 의무지운 것이다(제71조 제1항).

수용자의 기록관리와 관련하여 입소시 및 구금 기간 중 수용자의 정보에 대한 기록관리에 대하여 구체화하고 기밀로 관리하도록 하였으며(제6조~제10조), 외국 국적을 가진 수용자에 대한 편의제공(제62조)에 대하여 규정하였다.

Ⅳ 그 밖의 교정관련 국제규칙

1) 수형자 처우를 위한 기본원칙

수형자 처우를 위한 기본원칙(Basic Principle for the Treatment of Prisoners)은 1990년 9월에 개최된 제8회 유엔범죄방지회의에서 의결되고, 같은 해 12월14일 유엔총회에서 채택되었다. 이 원칙은 11개로 구성되어 있으며 법적인 구속력은 없으나 수형자의 처우에 관한 입법 및 실무운영에 있어서 지도이념으로 존중되고 준수되어야 할 기본원칙으로 고려하도록 요구하고 있는 국제적인 원칙이다.

주요내용은 모든 수형자를 인간고유의 존엄과 가치를 존중하여 처우하여야 한다는 것, 수형자의 구금과 범죄로부터 사회방위에 대한 구금시설의 책임은 사회전체 구성원의 복지의 충실과 발전이라고 하는 사회의 목표와 국가의 기본적인 책임 아래에 달성하여야 한다는 것, 수형자는 인격의 충분한 발전을 목적으로 하는 문화적 활동 및 교육에 참가할 권리를 가진다는 것, 수형자에게는 국가의 노동시장에 재통합되는데 도움이 되고 자신과 가족의 재정지원에 도움이 될 수 있게 하는 정당한 대가를 보장하는 노동을 할 수 있는 여건을 조성하여야 한다는 것, 수형자는 자신의 법적 상태를 이유로 차별을 받지 아니하고 국가에서 이용할 수 있는 건강서비스를 받을 권리를 가진다는 것, 지역사회 및 사회내의 관계 기관의 협력과 참가를 얻고, 피해자의 이익을 정당하게 고려하면서 출소자가 최저 가능한 조건 아래에서 사회복귀를 할 수 있도록 한다는 것 등이다.

2) 시민적 및 정치적 권리에 관한 국제규약(국제인권 B규약)

시민적 및 정치적 권리에 관한 국제규약[24](International Covenant of Civil and Political Rights)은 1966년 12월 16일 채택되고, 1976년 3월 23일 발효되었다.[25] 이 규약은 법률보다 상위의 효력을 가지고 있으며, 비준국은 규약에서 정해져 있는 권리를 존중하고 확보할 의무를 진다. 이를 위하여 필요한 입법 및 그 밖의 조치를 취할 필요가 있고 또한 규약상의 권리가 침해된 경우에는 법원 등에 구제조치를 요구할 수 있다. 본 조약 제40조는 체약국에 대하여 본 규약에서 열거하는 권리의 국내적 실시에 대하여 보고서를 제출하도록 요구하고 있다.

전문에서는 인권 및 자유의 보편적 가치의 존중 및 보장에 노력해야 할 의무를 각국이 부담하고 있다는 것, 개인이 다른 사람 및 그가 속한 사회에 대하여 의무를 부담한다는 사실과 이 규약에서 인정된 권리의 확대 및 옹호를 위하여 노력할 책임을 가지고 있다는 것에 대하여 규정하고 있다.

본문에서는 모든 사람이 생존권, 주거이전의 자유, 공평한 재판을 받을 권리, 표현의 자유, 집회 및 결사의 자유 등을 가지고 있고 노예제와 강제노동 등을 금지할 것 등 시민적·정치적인 분야에 관련된 권리에 대하여 규정하고 있다. 특히, 가혹하고 비인도적인 또는 모욕적인 처우나 형벌을 금지하는 제7조와 자유를 박탈당한 모든 사람은 인도적으로 또한 인간의 고유한 존엄성을 존중하여 취급되어야 함을 규정한 제10조는 수용자의 기본권 제한과 관련된다.

헌법재판소는 접견불허처분 등 위헌확인심판에서 '비록 자유형 수형자, 그 중에서도 규율을 위반하여 금치처분을 받은 수형자라고 하여도, 우리와 같은 인간으로서 가지는 기본적인 존엄과 가치를 훼손할 수 없다는 의미를 내포한 것이다. 우리나라가 가입되어 있는 시민적 및 정치적 권리에 관한 국제규약(이른바 B규약) 제10조에서 "자유를 박탈당한 모든 사람은 인도적으로 또한 인간의 고유한 존엄성을 존중하여 취급되어야 한다"고 규정하고, 제7조에서 "가혹한, 비인도적인 또는 모욕적인 처우나 형벌"의 금지규정을 두고 있는 것은 바로 이와 같은 인간에 대한 기본적 권위를 존중하는 보편적 정신의 제도적 발현이라 할 것이다.'라고 하였다.[26]

---

24) 경제적, 사회적 및 문화적 권리에 관한 국제규약(International Covenant on Economic, Social and Cultural Rights)이 국제인권 A규약이라고 불리고 있는 데 대하여 본규약은 국제인권 B규약이라고 한다.

25) 우리나라는 ① 시민적·정치적 권리에 관한 국제규약, ② 경제적·사회적 및 문화적 권리에 관한 국제규약, ③ 여성에 대한 모든 형태의 차별철폐에 관한 조약, ④ 아동권리조약, ⑤ 모든 형태의 인종차별철폐에 관한 국제조약, ⑥ 고문방지 조약 등의 국제인권조약에 가입하고 있다(법무부, 국민의 정부 인권보호정책의 성과, 법무부, 2003년, 292쪽).

26) 헌재 2004.12.16. 2002헌마478/구치소 내 과밀수용행위 위헌확인(2016. 12. 29. 2013헌마142) 재판관 4

3) 교도작업에 관한 권고

1955년 제네바에서 개최된 제1회 유엔범죄방지회의에서 채택된 「교도작업에 관한 권고」(Recommendations on Prison Labour)는 법적인 구속력은 없지만, 수형자의 작업에 관한 입법 및 실무운영에 있어 지도이념으로서 존중되고, 가능한 한 참작하도록 요구되는 국제적 권고이다.

교도작업은 부가적인 형벌이 아니라 수형자의 개선갱생, 직업훈련, 좋은 노동습관을 촉진하고 시설 내 무질서를 방지하는 수단으로 실시할 것, 시설 내의 작업으로부터 수익을 올릴 목적으로 수형자 개인 및 직업훈련의 중요성이 경시되어서는 안 된다는 것, 교도작업은 근로습관과 일에 대한 흥미를 환기시키는 조건과 환경 아래에서 실시되어야 한다는 것, 일반노동자의 안전·건강의 보호를 위한 예방조치는 시설 내에서도 마찬가지로 준수되어야 한다는 것, 수형자는 그 작업에 대한 적절한 보수를 받아야 한다는 것 등에 대하여 규정하고 있다.

4) 개방교정시설에 관한 권고

1955년 제네바에서 개최된 제1회 유엔범죄방지회의에서 채택된 「개방교정시설에 관한 권고」(Recommendation on Open Penal and Correctional Institutions)는 법적구속력이 없지만, 개방적 처우시설과 관련된 입법 및 실무운영에 있어서 지도이념으로서 존중되고, 가능한 한 참작하도록 요구되고 있는 국제적 권고이다.

본 권고에서는 개방시설에 관한 정의, 입소대상이 되는 수용자 선택의 기준, 성공조건, 처우내용 등에 대하여 규정하고 있다. 특히 개방시설은 근대 행형제도의 발전에 있어 중요한 의의가 있는 것으로, 수형자의 사회복귀라는 관점에서 처우의 개별화 원칙에 가장 성공한 적용 예의 하나라는 사실을 고려할 때 가능한 한 이 제도의 적용을 확대할 것을 권고하고 있다.

5) 형태를 불문한 억류 · 구금 하에 있는 모든 사람의 보호에 관한 원칙

1988년 12월에 유엔총회에서 채택된 「형태를 불문한 억류·구금하에 있는 모든 사람의 보호에 관한 원칙」(Body of Principles for the Protection of all Persons under Any Form of Detention or Imprisonment)은 법적인 구속력은 없지만, 각국에서 형태를 불문한 구류 또는 구금되어 있는 사람의 취급에 관한 입법 및 실무운영에 있어서 지도이

인 보충의견에서는 '우리나라가 1990년 가입한 '시민적·정치적 권리에 관한 국제규약' 제10조 제1항은 "자유를 박탈당한 모든 사람은 인도적으로 또한 인간의 존엄성을 존중하여 취급된다."라고 규정하고 있고…'라고 하였다.

념으로서 존중하고, 충분히 노력하도록 하는 권고적 성격을 가진 국제기준이다.

형사절차에 한하지 아니하고 모든 사람이 자의적인 체포, 구금 등으로부터 자유로워야 한다고 하는 사고에 기초하여, 그 사람의 인권을 보호하기 위한 사법적 통제의 철저라고 하는 관점에서 구류 또는 구금되어 있는 사람의 보호에 관하여 폭넓게 규정하고 있다. 교정에 관한 규정을 살펴보면 구류, 구금 등을 담당하는 기관은 수용개시시 권리 및 권리행사의 방법에 관한 정보를 제공하고 설명할 것, 징벌의 요건 및 종류 등에 대해서는 법률 또는 규칙으로 명기하고 고지할 것, 피구류자 및 피구금자 등은 자기가 받는 처우, 특히 고문 및 그 밖의 잔학한 처우에 대한 고충을 시설의 관리책임을 지는 기관과 그 상급기관 등에 대하여 신청할 권리를 가질 것 등이 규정되어 있다.

6) 외국인수용자의 처우에 관한 권고

1985년 밀라노에서 개최된 제7회 유엔범죄방지회의에서 채택된 「외국인수용자의 처우에 관한 권고」(Recommendations on the Treatment of Foreign Prisoners)는 법적인 구속력은 없지만 외국인수용자의 처우에 관한 입법 및 실무운영에 있어 지도이념으로 존중되어야 하고, 가능한 한 참작하도록 요구되는 국제적인 권고이다.

형사시설에 수용되어 있는 외국인수용자는 언어, 문화, 습관 및 종교의 차이 등의 요인에서 기인하는 다양한 어려움이 존재한다는 점을 고려하고, 적절한 처우를 위해 노력할 것, 외국인수용자에 대하여 자국민인 수용자와 같은 정도의 교육·노동 및 직업훈련의 실시, 종교상의 계율 및 습관의 존중, 그 국가의 영사부와 연락할 권리의 고지, 접견 및 통신에 대한 모든 필요에 따른 기회의 제공, 보호관찰 등에 대해 규정하고 있다.

7) 의료윤리원칙

고문 및 그 밖에 잔학한, 비인도적인 또는 굴욕적인 처우 또는 처벌로부터 피구금자 및 피억류자를 보호하는 보건직원, 특히 의사의 역할에 관한 의료윤리원칙[27]은 '구류되어 있는 사람, 구금된 사람 그리고 그 밖의 형태로 공권력의 관리 하에 있는 사람도 같은 인간이고, 따라서 그들의 인권도 또한 보호받아야 한다'라는 권리의 보호를, 특히 의료종사자의 행위와 관련시켜서 촉진하기 위하여 1982년 12월 18일 유

---

27) Principles of Medical Ethics Relevant to the Role of Health Personnel, Particularly Physicians, in the Protection of Prisoners and Detainees against Torture and Other Cruel, Inhuman or Degrading Treatment or Punishment.

엔총회에서 채택되었다. 법적인 구속력은 없지만 각국이 수용자에 대하여 진료를 실시하는 의사 등의 의학상 윤리에 관한 입법 및 실무운영에 있어서의 지도이념으로서 존중되고 준수되어야 할 기본원칙으로서 고려할 것을 요구하는 국제원칙이다.

수용자에 대하여 진료를 실시하는 보건직원, 특히 의사는 수용자에 대하여 구금되어있지 아니하는 사람에게 실시하는 것과 동등한 질과 같은 수준의 신체적 및 정신적 건강에 대한 보호와 치료를 제공할 의무를 부담할 것과 고문 그 밖에 잔학한 처우에 어떠한 형태를 불문하고 관여해서는 안된다는 것, 고문 및 그 밖에 잔학, 비인도적 또는 굴욕적인 처우나 그와 같은 처우로부터의 수용자 및 피구류자 보호의 입장에서 의사 등의 의학윤리에 대하여 규정하고 있다.

8) 법집행 공무원 행동규약

법집행 공무원 행동규약(Code of Conduct for Law Enforcement Officials)은 인권의 촉진·보호에 있어 법집행 공무원이 중요한 역할을 담당할 뿐만 아니라, 법집행 공무원의 직무수행의 적정화를 도모하고 그들이 법집행시 인권을 침해하는 것을 우려하여 1979년 12월 17일 유엔총회에서 채택되었다. 법적인 구속력은 없지만 각국의 경찰관, 교도관 등의 직무수행에 관한 입법 및 실무운영에 있어 지도이념으로 존중하고 준수해야 할 기본원칙으로 고려하도록 요구되고 있는 국제규칙이다.

본 규약은 모두 6조로 구성되어 있으며 법집행 공무원은 어떠한 사람도 인간으로서의 존엄을 존중하고 보호하여야 하며, 그 인권을 옹호하여야 한다는 것, 엄격하게 정해진 필요한 경우에 한하여 직무수행에 필요한 범위 내에서 강제력을 행사할 수 있다는 것, 고문 또는 잔혹하고 비인도적 또는 굴욕적인 취급이나 처벌의 어떠한 행위라도 실행, 선동 또는 허용되어서는 안 된다는 것, 직무에 어긋난 어떤 행위도 해서는 안 된다는 것 등에 대하여 규정하고 있다.

9) 형사 및 교정시설 직원의 선발과 교육훈련에 관한 권고

1955년 제네바에서 개최된 제1회 유엔범죄방지회의에서 채택된 「형사 및 교정시설 직원의 선발과 교육훈련에 관한 권고」(Recommendations of the Selection and Training of Personnel for Penal and Correctional Institutions)는 법적인 구속력은 없지만 형사시설 직원의 선발 및 연수에 관한 입법과 실무운영에 있어서의 지도이념으로 존중하고 가능한 한 참작하도록 요구되는 국제권고이다.

형사시설의 직원이 단순한 감시자의 입장에서 각자의 능력, 적절한 연수 및 양호한 팀워크가 필요한 중요한 사회적 업무의 담당자라는 것과 교도소 업무의 근대적 개념, 직원의 지위와 근무조건, 직원의 임용, 전문연수 등에 대하여 유의해야 할 사항에 대하여 규정하고 있다.

10) 법집행 공무원의 강제력 및 무기사용에 있어서의 기본원칙

법집행 공무원의 강제력 및 무기사용에 있어서의 기본원칙(Basic Principles on the Use of Force and Firearms by Law Enforcement Officials)은 1990년 쿠바의 수도 아바나(Habana)에서 개최된 범죄예방 및 범죄자 처우에 관한 제8차 유엔회의에서 채택되었으며, 그 성격은 비준·발효한 조약이 아니며 법적인 구속력이 없다. 각국의 경찰관, 교정직원 등 법집행공무원에 의한 실력행사 등에 관한 입법 및 실무운영에 있어서 지도이념으로서 존중하고 준수하여야 하는 기본원칙으로서 고려하도록 요구되는 국제적인 원칙이다.

담당하고 있는 법집행 공무원의 역할을 고려하면서 법집행 공무원에 의한 실력행사 및 무기사용시 인권에 대한 충분한 배려를 할 것, 법집행 공무원의 자격, 훈련 및 행사에 대하여 고려하여야 하는 사항에 대하여 규정하고 있다.

V 결어

1929년 국제형법 및 형무위원회에서 기초되고 1934년 국제연맹총회에서 승인된 규칙과 제2차 세계대전 후 수용자 처우와 관련한 국제사조를 반영한 1955년 유엔최저기준규칙이 채택된 이후, 다양한 교정관계 국제규칙과 권고 등이 만들어졌다. 이러한 규칙들은 각 분야에 있어 수용자의 권리와 처우의 기준으로서 중요한 지침을 제공해 왔다. 그리고 이러한 규칙들의 바탕에 있는 사상은 모두 수용자를 인간으로서 존중하는 것으로,[28] 이러한 기본원리에 기초하여 수용자의 권리보장과 수형자의 사회복귀를 위한 처우의 원칙이 도출되었다.

따라서 유엔최저기준규칙은 수용자에게는 '권리의 장전'인 동시에 수형자의 사회복귀를 지향하는 '처우의 지침'이라고 하는 이중의 성격을 가지는 매우 중요한 국제준칙이라고 할 수 있다.[29]

---

28) 森本益之, 앞의 책(1985년), 335쪽.
29) 芝原邦爾, 앞의 논문(1980년), 461쪽.

1955년 제정된 유엔최저기준규칙은 시대의 흐름과 범죄자에 대한 의식의 변화 등에 따라서 개정의 필요성이 주장되었지만, 수용자를 둘러싼 각국 형사환경의 차이와 사정 등에 의하여 그 개정이 미루어지다가 2015년 개정이 이루어져 결실을 보게 되었다. 앞으로도 변함없이 각국의 행형운영과 법제정, 제도 등에 있어서 기준으로 중요한 역할을 할 것으로 예상된다.

　　한편 유럽평의회에 의해 채택된 유럽최저기준규칙과 그 후 행해진 두 차례의 개정은 1955년 유엔최저기준규칙 성립 이후의 유럽지역의 교정시설을 둘러싼 중요한 발전과 변화를 반영하고 있다. 즉 유럽교정시설규칙 제103조 제7항에서 피수용자의 동의를 전제로 하여 회복적 사법프로그램(Programme of restoration justice)에 참가시킬 수 있다고 규정하고 있는 것도 그 예라고 할 수 있다.

　　한편 유엔최저기준규칙과 우리나라 교정처우의 각 영역별 국내법규와 실제의 이행실태에 대하여 수용질서, 수용자의 기본적 생활, 수형자 처우, 권리보장과 교정시설 감독, 미결수용자와 소수 수용자 관리, 교정시설 조직과 직원으로 나누어 그 이행실태를 평가한 바, 국내법규는 대체로 이행으로 평가되었으나 교정실제와는 차이가 있었다.[30] 특히 교정처우의 영역 중 개선해야 할 사항은 수용시설과 설비의 선진화, 수형자 사회복귀 지원을 위한 처우의 내실화, 교정직원에 대한 인권교육 및 직무교육 강화, 의료처우의 선진화, 교정시설에 대한 감찰과 교도작업에서 수형자에 대한 보호가 지적되었다.

　　2015년 개정된 유엔최저기준규칙의 내용은 1955년 이후의 교정분야의 발전을 포함하여 대폭 개선된 내용을 반영하고 있기 때문에 현행 형집행법의 개정 필요성을 요구하는 한편, 개정시 최저기준으로서의 중요한 준거점이 될 뿐만 아니라 현행 교정실무의 개선을 요구하고 있다. 따라서 새로 개정된 유엔최저기준규칙은 앞으로 행형운영에 있어 최소기준으로 활용하고, 각 분야를 개혁할 때에는 그 밖의 각종 기준 등도 참고하여야 한다.

---

30) 자세한 내용에 대해서는 최영신·이승호·윤옥경·금용명, 재범방지를 위한 교정보호의 선진화 방안 연구(Ⅲ)-총괄보고서-, 한국형사정책연구원, 2014년 12월, 89~121쪽 참조.

제 4 편

갈등하는 역사현실 속에서 법과 인권

1

조선어학회 수난 사건의 법사적 검토*

정긍식(교수, 서울대학교 법학전문대학원)

I 머리말

1942년 8월 여학생의 일기장에서 찾은 "국어를 사용하였다가 처벌을 받았다"라는 구절을 빌미로 교사 정태진과 조선어학회 그리고 대종교로까지 확대된 '조선어학회 수난 사건'은 패망으로 치닫고 있는 일제의 황민화정책의 극단적 표출이다. 그해 9월 5일부터 이듬해 4월 초까지 전국에 걸쳐 33명을 조사하여 함경도 홍원 등에 28명을 구속하였으며, 경찰과 검찰의 수사를 거쳐 첫 구속 후 만 1년이 되는 9월 18일 16명을 예심에 회부하였다. 예심에서는 다시 1년 후인 1944년 9월 30일 12명을 공판에 회부하였는데, 그 사이에 이윤재와 한징이 옥사하였다. 1945년 1월 16일 제1심 함흥지방법원에서는 1명에게 무죄를, 11명에게 유죄를 선고하였다. 실형을 선고받은 4명과 검사가 (조선)고등법원에 상고하였으며, 고등법원은 해방 이틀 전인 8월 13일 피고인과 검사의 상고를 모두 기각하였다.[1] 1942년 9월 5일 정태진의 연행에서부터 고등법원의 판결까지 무려 2년 11개월이 소요되었다.

1930년대에 조선학 연구가 활발하게 전개되어 민족주의가 성장하였지만, 1940년대 전시 체제에서 조선총독부의 탄압이 극심해지자 국학의 부진은 물론 변절자까지 나타났다. 그러나 거의 변절하지 않은 국어학자들[2]이 중심이 된 조선어학회는 파시즘 상황에서 항일운동을 지속한 점에 민족사적 의의가 있다. 식민지기 조선어학회가 차지하는 위상, 특히 민족독립운동사에서는 이미 많은 연구와 회고록 등으로 자세히

---

* 이 글은 정긍식, "조선어학회 수난 사건의 법사적 검토", 한글 제84권 제4호, 한글학회, 2023에 게재되었음을 밝힌다.
1) 자세한 것은 "부록1. 사건 전개 일지" 참조.
2) 조동걸, 『한국근현대사의 이해와 이론』(지식산업사, 1998), 머리말 참조.

밝혀졌기 때문에 굳이 설명할 필요가 없을 것이다.[3] 또 애산학회가 2006년에 간행한 『애산학보』(제32집)에서 조선어학회 수난 사건을 심도 있게 다룬 바 있다.[4]

'조선어학회 수난 사건'과 관련된 자료는 함흥지방법원의 <예심종결결정서>, <고등법원 판결문>과 이희승, 정인승 등 관련 당사자의 회고[5]가 남아 있어서 불충분하지만 사건의 전개과정과 혐의사실과 적용 법조 등을 검토할 수 있다. 본고에서는 근대적 국어의 탄생의 배경과 조선총독부의 언어정책을 소개한 후, 필자의 기존 연구를 재정리하여 사건의 전개 과정과 법적 쟁점을 검토한다. 이로써 조선어학회 수난 사건의 전모를 소개하며 민족독립운동사에서 조선어학회의 위상을 다시 생각할 수 있는 계기로 삼는다.

Ⅱ 조선총독부 언어정책과 조선어학회

말은 자연발생적인 것으로 의사교환의 수단이지만 이를 넘어서 창조력을 가진 사람의 창조물로 사람의 정신을 새겨내며 무한의 능력으로 무엇을 이루어내는 것이다. 근대국가 수립기에 창조적 언어관은 '말의 힘'을 인지하여 민족주의 언어관으로 나아가며, 이는 한 공동체가 지향하는 이상이다. 개화기의 민족주의 언어관이 정립되면서 '말=얼'의 철학이 등장하였다. 식민지기에는 저항적 민족주의 언어관이 태동하였고 이는 강압에 의해 겨레의 말이 사라지더라도 조건만 형성되면 내면적 말글이 사전을 통해 부활한다는 '초생물학적 민족주의 언어관'으로 발전하였다.[6] 조선총독

---

3) 한글학회 편, 『한글학회 100년사』(2009); 박용규, 『조선어학회 항일투쟁사』(한글학회, 2012); 리의도, 『한글날과 한글기념가의 역사』(보고사, 2024) 참조.

4) 필자와 논제는 다음이다: 김호일, 「<사론> 항일독립운동으로서 조선어학회의 수난」; 김석득, 「조선어학회 수난사건: 언어관을 통해서 본」; 정승교, 「일제는 왜 조선어학회사건을 일으켰나?: 기만적 동화정책의 파탄」; 박영신, 「조선어학회가 겪은 '수난' 사건의 역사 사회학: 학회 조직의 성격과 행위 구조」; 정긍식, 「조선어학회 사건에 대한 법적 분석」; 조재수, 「조선어 학회와 큰사전」; 정해동, 「선친과 그 주변 사람들을 생각하며」(총 7편).

5) 일석이희승전집간행위원회 편, 『一石 李熙昇 全集 2: 국어교육, 국어정책, 기타』(서울대학교출판부, 2000), 353–502쪽; 김윤경, 『김윤경 전집 5: 한글운동, 그 밖』(연세대학교출판부, 1985), 130–160쪽; 한말연구학회 편, 『건재 정인승 전집 6: 국어운동사』(박이정, 1997), 1–77쪽; 이인, 『반세기의 증언』(명지대학출판부, 1974), 125–141쪽. 이희승의 회고록이 가장 자세하여 사건의 전모를 알 수 있다. 이는 1959년 6월부터 1961년 6월까지 모두 13차례에 걸쳐서 『사상계』에 수록되었다. 김윤경, 이인의 회고는 본인과 관련된 사실만 간단히 서술하고 있다. 본고에서는 위 이희승의 회고록을 기본으로 하고 다른 것은 부분적으로 참조·보충하였다.

6) 김석득, 「조선어학회 수난사건: 언어관을 통해서 본」, 18–22쪽.

부는 언어를 단순한 의사소통의 수단이 아니라 민족의 얼을 담는 도구로 조선어학회의 활동으로 사전이 편찬되어 언어가 보존되면 민족은 언제든지 부활할 수 있다고 인식하였다. 그래서 체제에 위협이 될 우려가 전혀 없는 학술단체인 조선어학회를 주목하였고, 한계상황에서 직접적으로 멸절을 시도하였다.

민족주의 언어관은 근대적 국어연구가 시작된 때부터 태동되었다. 근대에 민족국가가 수립됨에 따라 의사소통의 중심이 된 민족어의 정리에 착수하였고 이는 민족국가의 기반을 확립하는 일이었다.[7] 주시경은 학자를 넘어서 '겨레의 혼'과 '나라의 생각'을 가르친 저항적 민족주의자였으며, 제자들은 그의 사상을 이어서 '겨레의 혼'이 든 우리글과 말을 연구해야 한다고 생각하였다. 이는 '민족의 얼'을 일깨우는 밑으로부터의 운동이었다.[8] 주시경이 지향한 어문민족주의적 조선어연구의 경향이 대중으로 확산되어 조선어사전편찬회가 결성되었다. 조선어연구회는 민족 문화의 발전과 자존심을 세울 사전편찬을 제안하였고, 이는 공감을 얻어 조선어사전편찬회 결성을 주도하였다. 조선어사전편찬 사업은 1930년대 이후 조선어를 지키기 위한 저항으로서의 소명이었다.[9]

조선총독부는 언어학자 호시나 고이치(保科孝一; 1872~1955)에게 비밀리 독일의 폴란드에 대한 언어정책의 조사를 명했다.[10] 그는 "식민정책에서 동화가 핵심이지만 무력에 의한 동화는 반감을 야기하여 바람직하지 않다. 백성을 열복시켜야 하고, 여기서 국어정책이 심오한 의미를 갖는다"라고 하였다. 그가 가장 관심을 가진 것은 비스마르크 시대의 '게르만화 정책'인데, 이는 언어정책을 통해 폴란드어의 추방을 넘어서서 폴란드의 민족성 자체를 개조하려는 시도였다. 비스마르크는 공용어보다 교육어를 중시하여서 1906~7년 독일은 초등학교 종교교육에서 폴란드어를 완전히 배제하였고, 이에 대한 반발로 동맹휴학이 발생하는 등 '게르만화 정책'은 실패하였다. 그는 "실패의 원인을 비스마르크가 '압박주의'를 취했기 때문이 아니라 그 후 정부가 상황에 따라 '유화'정책을 취해서 '동화'정책이 진전되지 않았기 때문"으로 보았다.

---

7) 최경봉, 「쟁점: 일제강점기 조선어학회 활동의 역사적 의미」, 『민족문학사연구』 31, 민족문학사학회, 2006), 19쪽.

8) 박영신, 「조선어학회가 겪은 '수난' 사건의 역사 사회학: 학회 조직의 성격과 행위 구조」, 65-95쪽.

9) 최경봉, 앞의 글(2006), 65-70쪽.

10) 호시나 고이치(保科孝一), 『独逸属領時代の波蘭に於ける国語政策』, 조선총독부, 1921년(大正 10) 10월 10일 발행; 비밀도서, 총 148쪽(서언 2쪽, 목차 2쪽, 본문 144쪽). 본서는 철저하게 비밀로 관리되었다. 조선총독부 도서관의 후신인 국립중앙도서관과 경성제대부속도서관을 이은 서울대학교 중앙도서관은 미소장이며, 아시아역사자료센터(https://www.jacar.go.jp/index.html)에서 검색하면 일본 国立公文書館에 2책이 소장되어 있는데, 枢密院 관계 문서 1책, 내각문고 조선총독부 간행물 1책이 있으며, 원문을 이용할 수 있다.

호시나 고이치는 위 책에서 식민지 언어정책의 요점을 제시하였다. ① 국어와 민족은 밀접한 관계가 있다. 민족어의 사용금지 나아가 멸절의 시도는 무모한 행동이다. 강압적 정책은 민족의식을 고양시켜 식민 지배체제를 위험에 빠뜨리게 한다. ② 이민족의 동화에는 국어교육으로 진행하는 것이 가장 효과적이다. ③ 위 동화정책은 장기에 걸쳐 최소한 1세기 이상 소요되므로, 온건하게(Slow & Steady) 진행할 마음가짐이 긴요하다. ④ 국어정책은 일관성이 있어야 하고, 장기에 걸쳐도 유지되어야 한다.11) 1937년 11월 조선군 참모장이 육군차관에게 보낸 기밀문서에서 일본정부는 식민지 조선에서 병역법의 완전한 실시는 수십 년 이후로 상정하였는데, 그 전제는 약 80%의 조선인이 일본어를 상용하는 것이었고 교육과 관련해서는 50년을 상정하였지만, 15년 내지 20년으로 단축할 것을 기도하였다.12) 징병제 실시와 관련된 위 내용에서 그의 제언이 존중되었음을 알 수 있다.

일본은 지속적으로 동화정책을 추진하였는데, 1920년대에는 유화적 모습을 보였지만, 1930년대 후반부터는 '강압적 민족말살정책'으로 전환하였다. 1938년 제3차 조선교육령에서는 교육에서 형식적 내선일체를 달성하였으며, 1941년에는 소학교를 국민학교로 개칭하면서 조선어 과목을 폐지하였고, 1943년 제4차 조선교육령에서는 조선어 교과를 완전히 없애고 '국어상용' 정책에 따라 언어생활을 통해 일본화를 추진하였다.13)

조선총독부는 1936년 10월 28일 훈민정음 반포 490돌 기념축하회에서 안창호의 축사를 빌미로 조선어학회의 대외활동을 금지하였으며, 1937년 수양동우회와 흥업구락부 관련자를 처벌하였으며 그 여파는 조선어학회에도 미쳐 존립 그 자체가 불투명하였다. 민족말살정책 하에서 조선어학회는 민족사적 사명을 완수하려고 조선어사전 출판 허가를 받는 등 합법적으로 활동하였고, 황민화 정책에 호응하여, 국민총력연맹에 가입하여 간사장 이극로 등은 조선신궁에 참배하기도 하였다.14)

호시나 고이치의 온건하지만 점진적이고 그래서 더욱 강력한 언어의 흡수와 말살을 통한 동화 방침은 조선총독부의 정책의 기틀이 되었다. 조선총독부는 동화정책을 추진하면서 저항을 마무리하기 위해 부분적으로 해방구를 인정하였으며, 그 해방구는 축소되고 언젠가는 소멸될 예정이었다. 조선어학회는 조선총독부의 설립허가를 받은

---

11) 이연숙 저/ 고영진·임경화 옮김, 「조선과 독일령 폴란드」, 『국어라는 사상: 근대 일본의 언어 인식』, 소명출판, 2006) 참조.

12) 宮田節子 저/ 李熒娘 역, 『조선민중과 「황민화」정책』(일조각, 1997), 31쪽.

13) 정승교, 「일제는 왜 조선어학회사건을 일으켰나?: 기만적 동화정책의 파탄」, 97−140쪽.

14) 최경봉, 앞의 글(2006), 187−284쪽.

합법적인 학술단체로, 문화운동의 일환으로 순수한 학술적 차원에서 어문의 통일과 사전편찬을 목적으로 하였다. 그러나 동화라는 큰 흐름 속에서 문화운동을 표방하는 조선어학회는 해방구에서 민족언어의 보존이라는 목적을 달성하기 위해 합법과 불법의 외줄 위에서 조선총독부와 불편한 동거를 하고 있었다. 그러나 그 동거는 황민화정책의 추진으로 파탄을 맞이할 운명이었다. 조선어학회 수난 사건은 조선총독부와 일제의 1930년대 후반 이후 기만적 동화정책이 그 본색을 드러낸 대표적 증거이다.

III　사건의 전개 과정

1. 경찰과 검찰의 수사

1) 사건의 발단

1919년 3·1운동 이후 문화정치를 표방한 조선총독부의 유화 국면을 이용하여 문화 국면에서 민족의 활로를 타개하려는 노력의 일환으로 학자들은 국어와 국문의 과학적 연구를 바탕으로 국민교육에 이바지하기 위해 1919년 가을에 국어연구학회를 부활하였으며, 1921년 12월 3일에 장지영, 권덕규 등 15, 6명이 '조선어연구회'를 설립하였다.[15] 1927년에는 독일에서 귀국한 이극로가 참가하였고, 이를 바탕으로 1929년 기념일인 한글날에 전국적으로 구성된 108명의 발기로 '조선어사전편찬회'를 조직하여 본격적으로 착수하였다. 조선총독부도 초기에는 학술문화단체로 여겨 허용하였다.

그러나 1940년에 접어들어서는 학술문화단체도 탄압하기 시작하였다. 1942년 여름 일본경찰이 함흥에서 국방복을 입지 않은 박병엽을 조사하면서 그의 조카 박영옥의 일기에서 "국어를 사용하였다가 처벌을 받았다"는 구절을 발견하고, 당시 국어교사인 정태진과 조선어학회까지 조사하였지만 무위에 그쳤다. 마침 만주의 윤세복(尹世復: 1881~1960, 대종교 제3대 교주)이 이극로에게 보낸 단군 성가(聖歌) 작곡의 주선을 부탁하는 편지 한 통을 발견하였다.[16] 이를 근거로 조선어학회를 조선독립, 즉

---

15) 한글학회 편, 『한글학회 100년사』(2009), 45-46쪽. '조선어연구회'는 1908년 8월 31일에 창립한 '국어연구학회'(지금의 한글학회)를 계승한 것이다. 학회를 새로 창립했다기보다 국어연구학회(→ 배달말글몯음 → 한글모)가 주시경 선생의 죽음으로 그 활동이 얼마 동안 중단됨으로써 이때에 단체의 조직을 확대·강화하기 위한 총회를 열어 '조선어연구회'라는 이름으로 부활하였다.

16) 이동언, 『독립운동 자금의 젖줄 안희제』(역사공간, 2010), 147쪽. 대종교에서는 이 사건을 "임오교변"

치안유지법 상의 국체의 변혁을 목적으로 하는 단체로 규정하고 본격적으로 수사에 착수하였다.

담당 경찰서인 홍원경찰서에서는 1942년 9월 5일부터 1943년 1월 5일까지 7개월 동안 정태진 등 모두 33명을 전국에서 검거하여 홍원과 함흥으로 연행하였다. 1943년 2월경에 함경남도 경찰부와 홍원경찰서는 합동회의를 개최하여 사건에 대해 협의를 하였는데, 처음에는 치안유지법의 적용을 주저하였으나, "요시찰인물 중에서 위험분자로 인식되는 자는 검거할 것이며, 이와 같은 사건은 일체 엄중히 조치하라"는 조선총독부의 예비검속(豫備檢束) 명령에 따라 본격적으로 수사하였다.

2) 경찰과 검찰의 수사

담당 경찰서인 홍원경찰서에서는 1942년 9월 5일부터 1943년 4월 초까지 7개월에 걸쳐 모두 관련자 33명을 조사하여 29명을 구속하였으며, 증인으로 약 50명을 소환하였다. 경찰의 본격적인 조사 및 조서 작성은 1943년 1월 말경부터 시작하여 1943년 3월 15일경에 완료되었다. 경찰은 4월에 9명을 기소중지 또는 기소유예하고, 나머지 24명을 기소하여 예심에 회부할 것을 검찰에 보고하였다. 검찰은 1년의 구속 만기일에 임박하여 12명을 기소유예, 16명을 예심에 회부하였다. 그러나 기소유예 처분을 한 12명을 즉시 석방하지 않고 조사에 미진한 점이 있다는 핑계로 함흥으로 이감하였다.[17] 1943년 9월 12, 13일 이틀에 걸쳐 28명을 이감하였다. 함흥에 와서는 사상범으로 독방에 감금되었다. 조사를 받았지만, 같은 검사에 같은 형사여서 형식적이었다.

경찰이 수사하고 조서를 받을 때에는 고문을 통하여 허위사실의 자백을 강요받은 것은 불문가지이다. 허위자백을 통한 혐의사실은 치안유지법 제1조 위반인 국체변혁을 목적으로 하는 조직의 결사 등이었다. 고문을 자행한 수사관들은 사상 사건을 다루어 별명이 '사람백정'이었다.

1943년 3월 15일 경찰의 조서작성이 끝나 4월부터 검찰에 송치되기를 기대하였지만, 검사는 오지 않았다. 8월말이나 9월 초에 검사가 왔다. 검사국이 있는 함흥으로 이송되지 않고 홍원경찰서에서 검사의 조사를 받게 되었다. 검사가 조사를 할 때에는 'ㄷ' 형태로 된 자리에 피고인 1명을 검사와 마주보게 중앙에 앉히고 그 주위에 경찰이 앉도록 하였다. 고문으로 자백을 받아낸 경찰이 둘러있는 곳에서 딴 이야기

이라고 부르며 대종교 총본사의 비품과 서적이 압수되었으며, 동만주·남만주 및 국내에서 대종교 간부 21명이 체포되었다.

17) 자세한 내용은 <부록 2. 관련자의 형사절차> 참조.

를 하기 어려웠을 뿐만 아니라 만약 경찰의 조서와 다른 내용을 검사에게 대답하면 검사의 신문이 끝난 후 다시 경찰로부터 모진 고문을 당했다. 그런 상황에서 검사의 신문을 받았기 때문에 결국 경찰의 조서와 검사의 조서는 같을 수밖에 없었다. 예심에 회부된 16명은 모진 고문과 감옥의 열악한 환경 탓으로 1943년 12월 8일 이윤재가, 그리고 1944년 2월 22일에 한징이 사망하였다. 이후 국어학자가 아닌 후원자인 김도연, 김양수, 장현식, 이인, 이우식 등은 병보석으로 석방하였다.

2. 예심과 재판

홍원경찰서에서 경찰들이 자백을 강요하면서 예심에 회부되면 수년을 끌어 옥중에서 죽을 수도 있다고 겁을 주었다. 1944년 2월 상순에 온 예심판사는 4월경에 심문을 시작하였다. 고문에 의한 자백임을 주장하였으나, 판사는 "경찰 조서만이 아니라 검찰 조서도 같은데 검사도 고문하였겠는가?"라고 질문하고 도리어 윽박질렀다. 결국 예심 조서도 경찰 조서와 같은 내용으로 꾸며지게 되었다. 1944년 9월 30일에 예심이 종결되었는데, 이미 사망한 이윤재와 한징을 제외하고 장지영과 정열모는 증거가 부족하여 면소되고, 나머지 12명은 정식 재판에 회부되었다.

제1심 재판부는 1944년 12월 21일부터 1945년 1월 16일까지 9회 공판을 하였는데, 공범으로 함께 심문해야 하지만 이 두세 명 또는 서너 명씩 재판소에 갔다. 재판부는 예심종결결정문에 쓰인 대로 밀어붙였다. 최현배, 이희승, 정인승, 이극로, 정태진 등 국어학자는 독립의 목적으로 결사를 조직하고 그 목적을 수행하기 위한 행위를 하였으며, 이중화, 김법린은 이에 가담한 점이 치안유지법 위반이며, 이우식, 장현식, 김도연, 김양수, 이인 등은 이를 실행하였을 뿐만 아니라 목적의 실행을 협의하였다는 것이다. 검사는 8~4년의 징역을 구형했다. 유치장 미결감방에 2년 동안 가두어두고 2개월 미만의 속성으로 끝내었다. 선고에 대해 재판장은 "당신에게 이 정도의 판결은 약과이다. 그동안 법정을 다니며 얼마나 귀찮게 굴었는지 아느냐?"라고 힐난하였다.

1945년 1월 16일 함흥지방법원은 이극로 등 국어학자 5명에게는 징역 6년에서 2년의 실형을, 후원자 6명은 징역 2년에 집행유예 3년을, 장현식은 무죄를 선고하였다. 이극로 등 4명은 1945년 1월 18일에 상고를 하였다. 그러자 재판장은 사나흘 후에 개별적으로 불러 상고 취하를 권유하였고 나아가 이례적으로 같은 방에 있도록 하였지만 거절하였다. 일본인 검사 사까모토 이치로(坂本一郎)는 피고인 전원에 대해 양형부당과 무죄를 이유로 상고를 제기하였다.

　실제 상고를 하면 1개월 내에는 재판이 종결되는 것이 상례이었다. 그러나 5월에 상고를 접수하였다는 통지가 왔는데, 이는 재판장이 상고를 취소하지 않은 것에 대해 보복하기 위해 일부러 서류를 고등법원에 늦게 보내었기 때문이다. 굳이 상고를 한 이유는 함흥이 아닌 서울에 이감되기를 희망해서였다. 그러나 상고를 하였음에도 불구하고 여전히 함흥교도소에 있었다. 7월 중순경에 고등법원에서 공판 일자가 8월 12일로 잡혔다는 연락이 왔으며, 그 날이 다가와도 이감은 이루어지지 않았고, 변호사조차 고등법원에서 변론을 할 수 없었다. 그 이후 연락이 두절되었다. 8월 13일에 상고 기각으로 제1심 판결이 확정되었다.

　8월 15일 일본이 항복한 후 함흥 유지의 부탁을 받은 함흥지방 검사국의 엄상섭 검사는 출옥명령서를 작성하여 간수장에게 제시하여 8월 17일 오후에 출감하였다. 그날 함흥 유지들과 함께 출옥환영회 및 광복축하연을 갖고 이튿날인 8월 18일 서울로 가는 마지막 열차를 타고 모두 서울로 돌아왔다.[18]

Ⅳ　예심종결서의 검토

　<예심종결결정서>에 따르면 조선어학회 수난 사건에 적용된 법조는 치안유지법 제1조와 제5조 위반이다. 치안유지법 제1조는 "국체(國體)의 변혁을 목적으로 결사를 조직한 자 또는 지도자 등"을, 제5조는 "위 결사의 목적을 수행한 행위를 한 자"를 처벌하고 있다. 여기서 '국체의 변혁'은 통치권자인 천황의 절대성에 변경을 가하는 일체의 행위라고 해석되었다. 그래서 조선의 독립을 꾀하는 행위는 일본의 통치권·영토권으로부터 이탈하는 행위이기 때문에 당연히 이 범주에 포섭되었다.[19] 재판은 사실을 확정한 다음에 그에 해당하는 법조문을 적용하여 형을 선고하는 것이다. 여기에서는 먼저 범죄혐의 사실의 확정에 대해 살펴본 다음, 이 사실에 대한 법적용에

---

18) 최경봉, 『우리말의 탄생: 최초의 국어사전 만들기 50년의 역사』(개정판: 책과함께, 2019), 497쪽. 경찰에 압수된 국어사전 원고는 9월 8일 서울역 뒤의 조선운송주식회사 창고에서 거의 완벽하게 보존되어 있는 것을 발견하였다. 이는 고등법원에서 상고하였기 때문에 관련 자료를 재판기록과 함께 증거로 서울에 보낸 것이다.

19) 한인섭, 『한국형사법과 법의 지배』(한울아카데미, 1998), 38쪽; 특히 고등법원의 입장에 대해서는 水野直樹/ 이영록 역, 「조선에 있어서 치안유지법 체제의 식민지적 성격」, 『법사학연구』 26(한국법사학회, 2002), 49-76쪽 및 오기노 후지오 지음/ 윤소영 옮김, 『일제강점기 치안유지법 운용의 역사』(역사공간, 2022) 참조.

대해 살펴보자.

1. 혐의사실의 확정

조선어학회 수난 사건이 왜 국체변혁에 해당하는지에 대한 조선총독부의 입장을 <예심종결결정서>를 통하여 들어보자. 이는 서론에 해당하는 부분과 당사자[피고] 14명에 대한 개별적 의견으로 구성되어 있다. "민족 고유의 어문의 정리·통일·보급을 목적으로 하는 어문운동은 가장 근본적인 민족운동이며, 이는 세계사에서 검증된 가장 유력하고 효과적인 운동이다. 1919년 3·1운동 이래 실력양성운동이 제 기능을 발휘하고 있지 못하고 있다. 그리고 민족주의 운동진영의 활동이 쇠락기에 접어든 1930년대 이래 조선어학회를 중심으로 한 어문운동은 민족의식의 고양 등에서 중추적인 역할을 하였다"고 단정한 서론은 조선어학회의 활동에 대한 그들의 전반적인 시각을 잘 보여주고 있다.

예심에서는 다음과 같이 조선어학회를 민족운동사에서의 위상을 정립하여, 치안유지법 상의 국체변혁을 목적으로 하는 단체로 규정하였다.

민족운동의 한 형태로서의 소위 어문운동은 민족 고유의 어문의 정리 통일 보급을 꾀하는 하나의 문화적 민족운동임과 동시에 가장 심모원려(深謀遠慮)를 포함하는 민족독립운동의 점진형태이다. 언어는 사람의 지적 원천이며 감정과 특성을 표현하는 것이다. 민족 고유의 언어는 의사소통은 물론 민족감정 및 민족의식을 양성하여 민족결합을 굳게 하여, 민족 고유의 문자로 민족문화를 성립시키는 것으로서, 민족적 특질은 그 어문을 통해서 더욱 민족문화의 특수성이 향상 발전되고, 고유문화에 대한 애착은 민족적 우월감을 낳아 민족은 활기차게 발전한다. 그러므로 민족 고유의 어문의 성쇠는 민족 자체의 성쇠와 관련되는 것으로서 약소민족은 필사적으로 이의 보존과 발전에 노력하고 방언의 표준어화, 문자의 통일 및 보급을 희구하였다. 이리하여 어문운동은 민족 고유문화의 쇠퇴를 방지할 뿐만 아니라 향상과 발전을 초래하고, 문화의 향상은 민족 자체에 대한 강한 반성적 의식을 가지게 하여 강렬한 민족의식을 배양함으로써 약소민족에게 독립의욕을 낳게 하고. 정치적 독립달성의 실력을 양성케 하는 것이다. '조선어학회'는 1919년 3·1운동과 그 후의 문화운동에 의한 민족정신의 함양 및 실력양성을 우선한 실력양성운동에 대한 반성에서 출발하여 1931년 이래 문화운동 중 기초적인 어문운동을 통해서 표면적으로는 문화운동의 가면 아래에 조선독립을 위한 실력양성단체로서 조선어문운동을 전개하여 왔다. 그 활동은 조선어문에 깃든 조선민심의 심저(心底)에 파고들어 조선어문에 대한 새로운 관심을 낳게 하여 편협한 민족관념을 배양하고, 민족문화의 향상, 민족의식의 앙양 등 조선독립을 위한 실력신장에 기여한 바가 적지 않았다. '조선어학회'는 공산주의운동에 위축되어 존재감이 없는 민족주의 진영에 있어서 단연 빼놓을 수 없는 지위를 차지하여, 민족주의의 아성을 사수하였다. 각종 사업은 언론 등의 지지 하에 조선인 사회에 큰 반향을 불러일으키고 특히 조선어사전편찬사업 등 미증유의 민족적 대사업으로서 촉망받고 있었다.

이어서 이극로, 최현배, 이희승, 정인승 등 12명에 대해 구체적인 범죄혐의 사실을 적시하였다. 개인에 대해서는 기소 사실과 직접 관련이 없는 생애를 기술하여 이들이 철저한 민족주의자임을 강조한 다음 조선어학회를 통한 민족독립운동의 구체적인 활동을 적시하였다. 기술 방식은 이극로를 중심으로 기술하여 다른 사람에 대해서는 이극로에 대한 내용을 그대로 적용하는 형식을 취하고 있다. <예심종결결정서>에서 이극로와 최현배에 대한 기술에 따라 혐의사실을 다음과 같이 크게 4개로 정리할 수 있다.

① 국체변혁을 목적으로 하는 결사인 '조선어학회'의 결성과 가입 및 가입을 권유한 사실, 즉 조선어학회의 활동을 통하여 민족독립운동을 한 범죄 행위이다. 여기에는 다시 "(가)철자법통일안, (나)표준어 사정, (다)외래어표기법, (라)언문강습회, (마)한글날 기념회, (바)기관지 『한글』 발행, (사)조선어사전편찬, (아)조선기념도서 출판" 등으로 구분되어 있다. 그리고 조선어학회와는 관련 없이 독자적으로 ② 인재양성을 위한 결사의 조직, ③ 문법술어의 협의, ④ 교육과 강연을 통한 민족의식의 고취 등이다.

이에 따르면 국어학자인 이극로, 최현배, 이희승 등은 결사의 조직 및 가입과 활동 사실이 인정되었으며, 정인승은 가입과 사전편찬 등의 혐의 사실이 인정되었다. 그리고 이우식 등은 사전편찬의 자금을 지원한 혐의로, 대개는 조선어학회 활동과는 직접 관련이 없는 교육이나 강연을 통한 민족의식을 고취한 혐의가 인정되었다(부록3: 범죄 혐의 사실 참조).

조선총독부는 조선어학회의 결성과 이에의 가입, 한글맞춤법 통일, 표준어 사정, 외래어표기법, 한글강습회, 한글날 기념회, 기관지 한글 발행, 조선어사전편찬, 문법 술어의 협의, 조선기념도서의 출판 등 학술활동과 관련된 모든 행위를 '국체변혁을 목적'으로 하는 범죄사실로 규정하였으며 나아가 단순한 인재 양성을 위한 결사 조직까지도 범죄사실로 규정하였다. 이는 당시 조선총독부 나아가 일본 제국주의의 조급성을 여실히 드러내고 있는 것이다.

2. 적용 법조의 문제

예심에서는 사실을 확정한 다음에는 이에 대해 구체적인 법조항을 적용하여 공판에 회부할 것인가를 결정한다. 그런데 이 사건은 그들의 시각에 따르면 1929년의 조선어사전편찬회 결성에서부터 1931년에 조선어연구회에서 조선어학회로 명칭 변경을 거쳐 1942년 검거에까지 장기에 걸쳐 일어난 사건이다. 근대형법의 가장 중요한 목표는 권력자의 임의적·자의적 처벌로부터 개인을 보호하기 위한 것이다. 이는 "법률 없으면 범죄 없고, 범죄 없으면 처벌 없다"는 '죄형법정주의'로 표현되어 있다. 일본 형법에서는 해석상 이 원칙이 인정되었고, 행위에 대한 처벌은 행위시의 법률에 따라야 한다.[20] 조선어학회 수난 사건에 적용된 법률은 1928년 및 1941년에 개정된 치안유지법 제1조와 제5조이다(부록4: 적용 법조 및 법정형 참조).

직접적으로 혐의사실로는 인정하지 않지만 결과적으로 인정하는 사항이 있다. 즉 이극로, 최현배, 이희승의 결사 조직 및 이우식, 김법린의 결사 가입 그리고 이극로, 이희승의 인재양성을 위한 결사 조직에 대해서이다(부록 3의 '△' 표시 부분). 1931년 조선어학회는 어문의 과학적 연구와 이를 통한 2세 국민교육에 이바지하는 것을 목적으로 설립되었기 때문에 독립의 목적, 즉 국체변혁의 목적을 찾을 수 없다(부록5: 조선어학회 규칙 참조). 치안유지법 제1조 위반행위는 "국체변혁을 목적"으로 하는 '목적범'이므로, 구체적인 목적이 확정적으로 드러나야만 성립한다. 처음 조선어학회라는 결사를 조직할 때에는 그 설립취지 등에는 이러한 목적이 분명하게 드러나지 않았고, 따라서 위법은 아니었다.[21]

---

20) 牧野英一, 『刑法總論』(新法律學全集 23: 日本評論社, 1937), 78쪽. 일본 형법에는 죄형법정주의를 선언하는 명문의 규정은 없다. 하지만, "일본신민은 법률에 의하지 않고서 체포, 구금, 심문, 처벌을 받지 아니 한다"는 대일본제국 헌법 제23조 및 "유죄판결을 할 때에는 법령의 적용을 명시"해야 하는 형사소송법 제360조에 따라 당연히 인정되고 있다.

21) 일석이희승전집간행위원회, 앞의 책(2000), 489-490쪽. 변호사들은 수양동우회 사건에 대한 판결을 근거로 무죄를 주장하였다. "인격을 수양하고 무실역행으로 경제적 실력을 배양한다"는 것이 수양동우회의 주요강령이었다. 여기에는 조선의 독립이 전면에 나타나 있지 않다. 그러나 이 강령을 실천하면 '자연히 조선의 독립을 달성할 수 있을 것'이므로, 조선독립은 수양동우회의 사실상─이면상(裏面上)─의 목적이었다. 조선총독부에서는 수양동우회를 조선독립을 목적으로 삼는 단체로 규정하여 처벌하려고 하였다. 일본 변호사는 간접목적은 범죄를 구성하지 않는다고 주장하여 무죄판결을 받았다.

조선어학회가 사전편찬, 한글 보급운동 등 각종 활동을 하면서 민족의식이 점차 고취되어서 독립운동으로 방향을 전환하게 된 경우를 상정할 수 있다. 실제로 경찰은 1929년 '조선어사전편찬회'의 창립과 1931년 '조선어연구회'를 '조선어학회'로 개칭한 것을 조직의 변경이며 동시에 목적도 변경하였다고 트집을 잡았다. 사전편찬 등 구체적인 활동이 바로 조선독립의 목적을 띤 행위이므로 이는 바로 치안유지법 제1조 위반이 된다. 그런데 조선어학회를 결성하고 그 목적에 따른 활동은 행위 자체는 여러 번에 걸쳐 있지만, 전체로 보아서는 1개의 행위 내지 범죄로 파악할 수 있다. 즉 '조선어학회'라는 결사를 조직하고 이에 가입하고 그 목적 수행행위를 하는 것은 문화운동을 통한 민족독립 행위인 것으로 치안유지법 제1조 소정의 국체변혁을 목적으로 하는 일련의 행위이다. 예심종결결정서에서 나와 있듯이 바로 '연속범(連續犯)'에 해당한다.[22] 나아가 조선어학회의 결성 자체도 이에 해당한다고 본 것이다. 조선총독부는 연속범의 개념을 이용하여 조선어학회의 결성부터 구체적인 행위까지 처벌하였다.

3. 절차법적 문제

형사소송의 목적은 한편으로는 피의자 내지 피고인을 일정한 절차에 따라 재판을 하고 유죄를 확정하여 처벌하기 위함이면서, 다른 한편으로는 적법한 절차에 따라 이들의 인권을 보장하기 위함이다.

조선에 적용된 당시 일본 형사소송법 제1조에서는 "재판지(裁判地)를 범죄지 또는 피고인의 주소나 거소(居所) 또는 현재지"로 규정하였다. 이는 사건의 효율적 처리와 피고인의 방어권을 보호하기 위해서이다. 조선어학회 수난 사건의 피고인은 많고 또 범죄지는 넓지만 주요인물은 서울에 거주하고 사무실도 서울에 있다. 그리고 핵심적인 사건은 조선어사전편찬이므로 범죄지도 서울이다.[23] 그러므로 수사는 물론 재판도 서울에서 이루어져야 한다. 하지만 서울이 아닌 함경남도 홍원과 함흥에서 진행되었다. 수난 사건이 발발하였을 때, 이극로는 국민총력조선연맹 총재를 찾아가 무마를 부탁하였지만 무위에 그쳤다. 그런데 김성수가 조선어학회를 지원한다는 사실을 알고 있

---

22) 자세한 것은 牧野英一, 앞의 책(1937), 290 – 294쪽 참조. 형법 제55조 "連續한 數個의 행위가 동일한 罪名에 저촉될 때에는 1개의 죄로써 이를 處斷한다"
23) 한말연구학회 편, 앞의 책(1997), 13 – 14, 111쪽. 경찰은 조선어학회를 항상 감시를 하고 있었다. 그래서 표면적으로는 최대한 조선총독부에 협조를 하여, 신사참배, 국방헌금, 근로봉사에도 참여하였으며, 또한 친일파의 거두 한상용, 최인 등과도 친하게 지냈다. 이런 일은 이극로가 맡았다. 이런 관계로서 서울에서는 직접 다루기 어려웠을 것이다.

는 총독부에서는 김성수에까지 확대하지 않았다.[24] 초기에 경찰은 진단학회로까지 확대하려고 하였지만 고위층에서는 이를 막았다. 일차적으로는 사건을 축소시키고 또 조선인은 물론 외국인의 이목을 피하려는 조선총독부의 의도가 게재되어 있다.

당시 조선형사령과 형사소송법 등에서 피의자 또는 피고인의 인권보장과 관련된 규정들을 종합하면 경찰 수사 단계에서는 피의자는 체포된 후 48시간 이내에 신문을 받아 구류장이 발부되면 구류가 되어야 하며 구류는 10일을 초과할 수 없다. 정태진은 1942년 9월 5일에, 이극로 등은 그해 10월 1일에 체포되었다. 경찰의 조사는 1943년 1월 말에 시작되어 3월 15일에 종료되었고 당사자는 4월에는 검찰에 송치되기를 기대하였다. 이를 종합하면 사건이 발생한 지 6, 7개월이 지난 3월 말경에 경찰의 수사와 구류가 끝난 것으로 이해할 수 있다. 이는 얼핏 보면 인권보장을 위한 법규를 정면으로 위반하는 것이다.

그러나 조선총독부는 연속범의 해석을 통하여 절차적 불법을 회피하였다. 즉 연속범은 실체법상 일죄로서 형벌권은 1개이기 때문에 공소권과 관련하여서는 1개로 공소절차에서는 이를 분할할 수 없다. 당사자들의 조선어학회 관련행위는 수년에 걸쳐 지속적이고 반복적으로 이루어진 연속범에 해당한다. 조선총독부는 이 개념을 활용하여 심판 범위를 마음대로 확장하여 피고인의 방어권 행사를 위한 각종 절차를 허용하지 않았다. 핵심적 기소 사실은 '① 조선어학회의 결성'이지만, 부수적으로 '② 인재양성을 위한 결사의 조직, ③ 문법술어의 협의, ④ 교육과 강연'도 포함하였다. 하지만 수사절차에서는 각 범죄사실에 대하여 실무적으로 연속범 개념을 해체하여 이를 수 개의 사건으로 취급하는 것으로 하여[25] 미결구금 기간도 무제한으로 연장하였다.[26] 국체변혁을 목적으로 하는 '조선어학회의 결성'의 구체적 범죄 행위로는 8개 행위를 적시하였으며, 그중 하나인 기관지『한글』은 발행할 때마다 하나의 범죄 행위가 된다. 이 개개의 행위마다 법령에 따라 열흘씩 구류기간을 산정하면 6, 7개월을 넘을 것이다. 따라서 외형적으로는 적법 절차를 준수한 셈이다.

6, 7개월의 구류기간 동안 경찰은 자백을 받기 위해 엄청난 고문을 하였다. 고문이 불법이라는 것은 굳이 말할 필요가 없을 것이다. 뿐만 아니라 창씨개명까지도 강요하였다.[27] 이희승 등은 자백을 받기 위한 고문의 실상을 다음과 같이 자세하게 그

---

24) 이석린, 「화동 시절의 이런 일 저런 일」, 한글학회 편, 『얼음장 밑에서도 물은 흘러: 조선어학회 수난 50돌 기념 글모이』(1993), 21–28쪽.

25) 玉名友彦(1944), 법원도서관 역, 『국역 조선형사령석의』(2005), 78쪽.

26) 신동운, 『형법총론』(제14판: 법문사, 2022), 796–769쪽. 1953년 제정형법에서는 연속범을 폐지하였다.

27) <예심종결결정서>에는 본명과 함께 창씨개명한 것도 기재되어 있다.

려 당시의 실상을 잘 알려주고 있다.

1) '비행기 태우기': 두 팔을 등 뒤로 젖혀 두 손을 함께 묶어 허리와 동여매고 두 팔과 등허리 사이에 나무를 가로지른 다음 나무의 양 끝을 줄에 묶어 천장에 매다는 것이다. 또 줄을 꼬아서 돌리는 경우도 있다. 대개는 10분 내지 15분이면 정신을 잃어버린다 (공중전). 2) '물 먹이기': 목욕실에 칠성판 같은 곳에 사람을 묶고 얼굴을 아래로 젖힌 후 주전자 등으로 물을 붓는다(해전). 3) '난장(亂杖)': 주먹질, 발길질, 나무 등으로 때리는 것이다(육전). 가장 많이 쓰는 방법이다. 4) 기타: 겨울에 빨가벗겨 기게 하고, 바닥에 눕히고 때리며 얼음물을 붓기, 정신적 고통을 주기 위해 얼굴의 반을 먹칠하고 등에는 "나는 허언자(虛言者)입니다", "나는 허언자이니 용서하십시오"라고 써서 돌아다니게 하는 것, 서로 때리게 하는 것 등이다.[28]

검찰은 피고인의 인권보장을 위해 그들의 경찰에서의 진술이 고문 등에 의한 것이 아닌지를 다시 조사해야 하지만 검사의 조사는 형식적인 것에 불과하고 경찰에서 고문으로 날조된 사실을 그대로 인정하였다. 다만 김윤경에 대해서만 고문으로 인한 허위자백을 인정하여 기소를 하지 않았을 뿐이다. 예심에서 검찰에서 작성한 것은 고문에 의한 것을 주장하지만 이미 잘 짜진 각본대로 진행되었다. 예심의 목적은 검사의 기소권의 남용 방지인데, 식민지 조선에서 예심은 제도의 원래 취지와 다르게 피고인은 무기한으로 구금하기 위한 수단으로 활용되었고, 심지어 예심 중에 이윤재와 한징처럼 감옥에서 죽는 경우까지 있었다.[29]

제1심 판결문이 남아 있지 않은 현재, 그 구체적인 내용은 알 수 없으나 이인의 회고대로 예심종결결정서와 크게 다르지 않을 것이다. 치안유지법 제33조에 따라 직접 고등법원에 상고하였다. 상고법원에서는 최초의 공판 기일 35일 전에는 당사자에게 통고하도록 하고 있다(조선형사령 제31조). 하지만 치안유지법 제35조에서는 이를 배제하였다.

---

28) 일석이희승전집간행위원회, 앞의 책(2000), 385–388쪽.

29) 신동운, 「日帝下의 豫審制度에 관하여: 그 制度的 機能을 中心으로」, 『서울대학교 法學』 27–1(서울대학교 법학연구소 1986) 참조.

조선어학회 고등법원 판결문은 동아일보 1982년 9월 3일자 제1면에 개요를, 이어서 9월 6일~8일 3회에 걸쳐 전문이 번역·소개되었다. 그리고 9월 4일자 제7면에서는 생존자이신 이희승(당시 86세), 정인승(당시 85세) 선생을 인터뷰하였는데, 선생들은 "남아 있으리라고 생각지도 못했던 보물을 찾았다"며 "어문운동사는 물론 독립운동사의 귀중한 자료가 틀림없다"는 소감을 밝히면서 "잃었던 자식을 찾은 기분"이라고 기뻐하였다.30) 1945년 8월 13일에 선고된 고등법원 1945년[昭和20年]형상(刑上) 제59호 판결을 소개하여 그 의미를 되새기기로 한다.31)

1. 고등법원 판결문의 형식과 구성

"고등법원 판결문"은 일본어 타이프로 인쇄된 양면 괘지(罫紙)에 작성되었으며, 판심(版心)은 "흑구(黑口) 하향어미(下向魚尾)"이며, 하단에 "재판소검사국용지(裁判所檢事局用紙)"가 인쇄되어 있으며, 심하게 훼손되었다. 판결문에는 상고이유와 이에 대한 고등법원의 판단을 기재해야 한다. 개별 상고이유를 적고 이어서 행만 바꾸어 판단하였다.32) 그런데 이 판결문은 일반적 관례에 따르지 않고 장까지 바꾸어 새로운 장에 작성하였다. 1945년 5월 17일 선고 1945년형상제30호 판결문과 비교하면 분명하다. 판결문의 용지는 양면괘지로, 판심의 양식은 같은데 "조선총독부재판소(朝鮮總督府裁判所)"가 하단에 인쇄되어 있고 그 위에는 쪽수가 기재되어 있으며, 판결 확정 후의 조치까지 기재되어 있다. 그런데 여기에는 이런 것이 없다. 따라서 이러한 판결문의 상태로 미루어 보면 당시 아주 급박하게 작성한 것 같다.

1쪽 12행 95쪽[실제는 93쪽]에 달하는 판결문의 구성은 크게 서두[1~4쪽]와 본문[4~94쪽], 결론[94~5쪽] 부분으로 나눌 수 있다.

---

30) 한인섭, 『식민지법정에서 독립을 변론하다』(경인문화사, 2012), 591쪽. 신문기사는 'NAVER 뉴스 라이브러리(http://newslibrary.naver.com)'에서 검색하였다. 이 판결문은 부산지검 문서보관소 창고에서 찾았다고 한다.

31) 국가기록원(http://www.archives.go.kr/next/viewMain.do)→기록물검색→독립운동관련판결문(http://theme.archives.go.kr/next/indy/viewMain.do); 그러나 번역문에는 상당한 분량이 누락되었으므로 주의해야 한다.

32) [일본] 형사소송법[1937. 법률71 개정] 제425조 ① 상고이유서에는 상고이유를 명시해야 한다.
제453조 판결서에는 상고이유 및 중요한 답변의 요지를 기재해야 한다. (단서 생략)

1) 서두: 서두는 사건번호와 피고인 그리고 판결 경위와 주문으로 구성되어 있다. ① 사건 번호와 재판의 종류를 "昭和二十年刑上第五九號/判決"라고 기재하였다(1쪽 1~2행). ② 피고인의 인적 사항을 기재하였는데, "본적, 住居[주소],[33] 성명, 직업, 나이" 순으로 각각 1행씩 적었으며, 강제로 창씨개명한 흔적이 그대로 보인다. ③ 판결에 이른 경위를 서술하였다. ④ 고등법원의 판단인 판결 주문을 기재하였는데 전체 내용으로 보아 "피고인 및 검사의 상고를 모두 기각한다"이다.

2) 본문: 변호인과 검사의 상고이유와 이에 대한 고등법원의 판단으로 이루어진 핵심 부분으로, 다시 고등법원의 판단을 기준으로 다음 세 부분으로 구분할 수 있다.

① 변호인 마루야마 케이지로(丸山敬次郎), 야스다 미키다(安田幹太), 박원삼(朴元三) 의 상고이유: ㉮ 이극로, 정인승의 변호인 마루야마 케이지로, ㉯ 최현배, 이희승의 변호인 야스다 미키다, ㉰ 최현배의 변호인 박원삼, ㉱ 상고이유에 대한 판단.

② 변호인 박원삼 및 야스다 미키다의 상고이유: ㉮ 최현배의 변호인 박원삼, ㉯ 최현배, 이희승의 변호인 야스다 미키다, ㉰ 상고이유에 대한 판단.

③ 검사의 상고이유: ㉮ 4인에 대한 양형 부당 상고, ㉯ 상고이유에 대한 판단, ㉰ 장현식에 대한 무죄 선고에 대한 상고이유, ㉱상고이유에 대한 판단.

3) 결사: 재판부가 판결함을 선언하는 부분이다. ① "따라서 전시형사특별법 제29조에 의하여 주문과 같이 판결한다"라고 하여 판결임을 선언하였다. ② "昭和二十年 八月 十三日/ 高等法院 刑事部"를 기재하여 선고일자와 재판부를 명시하였다. ③ 판사 5명이 "직위, 씨명(氏名), 날인"의 순으로 작성하였다. 특이한 것은 난외 아래에 수기로 판사의 "씨(氏)"가 적혀 있는데 1945년 5월 17일 선고 1945년(소화 20)형상제 30호 판결문과 1945년 8월 20일 선고 1945년(소화 20)형상제91호 결정문 아래에는 이러한 기재가 보이지 않는다.

그런데 판결문에서는 첫째, "조선총독부검사국용지"에 작성된 점, 둘째, 상고이유 별로 새로운 장을 달리하는 점, 셋째, 판사의 서명·날인한 곳 아래에 수기로 "씨"가 기재된 점이다. 이들을 종합하면 다음을 근거로 법원이 아닌 검사국에서 작성하였다고 추정할 수 있다.

① 판결문은 "조선총독부재판소" 용지가 아닌 (조선총독부) "재판소검사국용지"에 작성되었는데, 전쟁 끝이어서 용지 부족으로 '재판소검사국용지'를 사용하였을 가능성

---

33) 본적, 주소가 같으면 함께 기재하였다.

도 있지만 1945년 8월 20일 고등법원에서 선고한 결정문은 "조선총독부재판소" 용지에 작성되었다. 따라서 용지 부족으로 '검사국용지'를 사용한 것이 아님은 분명하다.

② 공문서나 판결문은 대개 이어서 작성하는 것이 일반적이다. 그런데 이 판결문은 변호인과 검사 별로 장을 달리하여 새 용지에 작성하였으며, 끝에 고등법원의 판단을 기재하였다. 다양한 형식을 종합·검토하면 본문은 최대 7명이 나누어 작성하였다고 추정할 수 있다.[34] 위 용지와 함께 고찰하면 이 작업은 검사국에서 하였을 가능성이 더 짙어진다.

③ 판결문은 판사가 서명·날인을 해야 효력이 발생한다. 재판부를 구성하는 판사들은 서명하는 순서를 알고 있기 때문에 기재할 필요가 없는 "씨(氏)"가 수기로 있다는 것은 아마도 검사국에서 피고인—변호인—의 상고이유를 검토하여 상고 기각의 판결문을 작성하여 담당 재판부로 보냈고 판사는 그 판결문에 그냥 서명·날인만 한 것으로 추정된다.

④ 검사의 상고를 기각한 이유가 다른 방식으로 작성된 점이다. 변호인의 상고 기각 부분(①-㉱, ②-㉲)과 검사의 장현식의 무죄선고에 대한 상고 기각 부분(③-㉰)은 타이프로 작성되어 있다. 피고인들에 대한 양형부당에 대한 검사의 상고를 기각한 부분(③-㉯)은 타이프가 아닌 수기로 작성되었는데, 재판부에서는 기각하여 형을 확정하였다.

판결문에 대한 형식적인 문제는 이것이 판사가 재판한 후에 서명·날인을 한 원본(原本)인 '정본(正本)'인지 여부이다. 우선 국가기록원에서는 출처정보를 전혀 제공하고 있지 않아서 원소장처가 고등법원인지 검사국인지를 알 수 없다. 하지만 판사가 서명·날인한 점에 비추어 보면 정본일 가능성이 높다. 그런데 판결문에 엄청난 오자가 수정되지도 않은 채 남아 있는 점에서 판결 선고용 초고일 수도 있다. 그러나 이러한 형식적인 문제점을 고려하여 설사 이 판결문이 정본이 아닌 초고라고 하여도, 고등법원—조선총독부—의 최종판단이라는 점은 숨길 수 없는 핵심적 사실이다.

2. 원심의 판단

1945년 1월 16일에 선고한 함흥지방법원의 제1심 판결문은 찾을 수 없는데, 고등

---

34) ①은 3명(마루야마 케이지로, 야스다 미키다, 박원삼 및 판단), ②는 2명(박원삼, 야스다 미키다 및 판단), ③은 2명(양형 부당, 장현식).

법원 판결문에서 복원한 원심의 판단은 아래와 같다.

① 민족 고유의 어문의 정리·통일·보급을 도모하는 소위 어문운동은 문화적 민족운동
임과 동시에 가장 심모원려를 함축하는 민족독립운동이다(이극로, 정인승의 변호인
마루야마 케이지로의 상고이유 제1점).

② 민족 고유의 어문의 성쇠는 그것으로 인하여 민족 자체의 성쇠와 관계되며, 방언의
표준어화, 문자의 통일보급을 기도하는 등은 조선독립 행위에 해당한다(위 제2점).

③ 조선 어문운동 자체는 표면상 합법적 문화운동이나 그 이면에 있어서 조선독립의
목적을 가진 비합법적 운동이다(위 제5점).

④ 어휘의 채록·주해는 조선독립의 근본목적에 따라 민족정신의 고취로 일관한 취지
하에 그 철저함을 기하였으며, 조선의 민족정신을 말살·훼손하는 문구의 사용을 피
하였다. 그리고 주해는 검열의 범위 내에서 암암리에 민족의식의 앙양을 도모하도
록 연구할 것을 협의·결정하여 수록 어휘 약 15만(원문 '號') 단어의 원고를 작성했
다(최현배의 변호인 박원삼의 상고이유 제2점).

위에서 보듯이 제1심 판결문은 예심종결결정문을 그대로 옮겨 놓은 듯하며, 아마
이 역시 검사국에서 작성하였을 것이다. 다만 1921년 대동단 사건으로 유죄선고를
받은 장현식[35]에 대해 조선어학회의 성격을 알고 지원하였다는 사실에 대한 입증이
없다고 무죄를 선고하였다.

3. 변호인과 검사의 상고이유

1) 변호인

마루야마 케이지로는 이극로와 정인승을, 야스다 미키다는 최현배와 이희승을, 박
원삼은 최현배를 변론하였는데, 공동으로 선임하면, 당사자들은 물론 변호인에게도
불이익이 있을까 우려하여 개별로 선임하였다.[36]

마루야마 케이지로는 조선어학회가 정치적 결사가 아닌 학술단체임을 주장하였다.
우선 조선총독부의 판단과는 달리 조선 내에서 유력한 민족주의 단체가 아니며, 총

---

35) 김명엽, 『서도에서 길을 찾다: 인동장씨 집성촌 서도 사람들』(민속원, 2013), 261-298쪽 참조.

36) 이인은 1930년 수원농고 興農社 사건을 변론하면서, 변론 내용 때문에 6개월 변호사정직 처분을 받았
다. 이인, 앞의 책(1974), 82-5쪽. 조선총독은 치안유지법위반사건의 변호사 지정을 취소하기도 하였
다(신의주 平居熙建[1942. 1. 15, 대전 北村直甫[1945. 6. 13] 등).

독부의 방침에 따른 조선어사전편찬을 총독부도 지원하였고, 그래서 10여 년 동안 내버려 두었으며, 독립을 목적으로 한 직접적인 활동이 없었다. 원심이 전제로 한 민족 고유 언어의 발전이 민족 자체의 발전과 직결되는 것을 부정하고 그 반대임을 주장하였다. 그 증거로 당시 조선 사회의 발전에 비추어 조선어의 후진성을 강조하여 조선어로는 학문을 할 수 없고 일상 대화조차도 일본어로 하고 있는 사실을 들었다.

야스다 미키다는 핵심인물인 이극로를 들어 그가 전향 과정에 있으며 다른 관련자도 그러함을 강조하고, 조선독립의 직접적·적극적인 행위가 있어야만 처벌할 수 있다고 주장하였다. 이 주장은 수양동우회─흥사단─사건에 대한 고등법원의 판결을 인용한 것이다. 1937년 6월에 150여 명을 검거하여 2년이 지난 1939년 10월에 제1심 공판을 개시하여 12월의 제1심에서는 41명 전원에게 증거불충분으로 무죄를 선고하였고, 1940년 8월 제2심에서는 전원 유죄를 선고하였다. 1941년 11월 17일 고등법원에서는 "법은 행동의 잘못을 처벌하는 것이지 마음까지 처벌할 수 없다"는 이유로 전원 무죄를 선고하였다. 즉 모든 피압박 민족은 마음 속으로 독립과 자유를 원하지만, 이 마음만으로는 처벌할 수 없다는 것이다.[37] 그리고 목적을 함께하는 동지적 결합이 있어야만 내심을 처벌할 수 있다. 박원삼은 "조선어학회의 조선어사전편찬과 활동은 시정방침과 일치하는 것으로 위법성이 없으며, 직접적이고 구체적인 행동만 처벌할 수 있다"고 주장하였다.

위 주장은 법적인 논변을 다투고 있지만, 한편에서는 일본인들이 식민지 조선 사회를 보는 시각이 잘 드러나 있다. 마루야마 케이지로는 조선 사회가 발전했음에도 불구하고, 조선어가 여전히 후진상태에 있어 일상생활에서조차 일본어를 사용하고 있음을 강조하였다. 이 논변은 피고인의 이익을 위한 전술로도 볼 수 있지만, 민족말살정책의 표면적 효과를 잘 드러내며, 나아가 조선 사회의 발전이 일본의 시혜임을 암묵적으로 전제하는 것이다. 그리고 야스다 미키다는 전향을 의도적으로 부각시켜, 완전한 신민으로 복속시키기 위해서는 포용을 강조하였다.[38]

2) 검사

검사는, 이극로에 대해서는 만주에서의 활동과 공산주의, 민족종교인 대종교와의 연계성을 강조하였으며, 최현배 등 모두에 대해서는 3·1운동의 영향을 적시하였다. 또 조선어학회가 합법적 단체로 위장한 1931년 이후에는 회원이 많아졌지만, 본질을

---

37) 한인섭, 앞의 책(2012), 559-561쪽 참조.
38) 한인섭, 앞의 책(2012), 562-563쪽. 이의 대표적인 예는 수양동우회 사건인데, 이를 계기로 주역인 이광수는 전향하였다. 또한 사법부는 독립된 모습을 보여 나름의 홍보적 효과도 거두었다.

알아차리게 되자 이극로 등 5인의 모임으로 전락하여 그들의 의도대로 움직였다고 하였다. 그런데 이 서술은 33명을 검거하고 29명을 구속하여 16명을 예심에, 그 중 12명을 정식 재판에 회부한 조치와는 모순된다. 즉 1931년 이전은 물론 이후에도 정치적 목적을 갖지 않은 순수한 학술·문화단체인 조선어학회를 국체변혁을 목적으로 하는 결사로 날조하였음을 실토하는 것이다.

검사는 '조선어학회'가 민족운동사에서 차지하는 위상을 다음과 같이 정리하였다.

> 조선어학회는 1919년 3·1운동의 실패를 거울삼아 문화운동에 의한 민족정신을 함양하여 독립을 추구하려는 실력양성운동 역시 성공하지 못한 것을 반성하였다. 1931년 이래 이극로를 중심으로 문화운동 중 기초적인 언문운동에 주력하여 문화운동의 가면 아래 조선독립을 위한 실력양성단체로서 20여 년의 장기간에 걸쳐 조선민족에 대해 조선어문운동을 전개해 왔으며, 그 활동은 그 유례를 찾아 볼 수 없다. 조선어문에 의지하는 조선민심의 깊은 곳까지 침투하여 조선어문에 대한 새로운 관심을 불러일으켜 조선민족에게 민족관념을 배양하고 민족문화의 향상, 민족의식의 앙양 등을 기도한 조선독립을 위한 실력신장에 획기적 효과를 거두었다. 이는 메이지유신의 원동력이 된 도쿠가와(德川) 말기 국학(國學; Kokukaku)의 초기 발흥과 유사하다.
> 조선어학회는, 조선사상계를 풍미한 공산주의운동의 주된 흐름 속에서 민족주의단체 사이에서 홀로 민족주의의 아성을 사수해 온 단체로서 민족주의 진영에서 단연 불후의 지위를 점하고 있다. 그 사업은 조선인 사회에 커다란 반향을 불러일으켰고, 그 가운데 조선어사전편찬사업은 광고(曠古)의 민족적 대사업으로서 촉망 받게 된 것이다.
> 조선어사전에 수록된 어휘 및 주해는 현저히 민족적 색채를 갖추어 사용자에게 저절로 민족의식을 자극·배양하는 민족적·역사적 대사전이다. 조선어학회의 어문활동이야말로 실로 조선민족운동 가운데 그 본도(本道)를 걸은 대표적·획기적인 확고한 지도이념을 가진 가장 심모원려가 풍부한 민족독립운동의 점진적 형태라 단정할 수 있다. 10여 년 간 일반 사회인의 마음에 끼친 해독은 심대한 것이다.

검사는 조선어학회의 활동이 잠자고 있는 조선민족의 정신을 일깨워 직접적인 독립운동보다 더 큰 영향을 조선인에게 미쳤음을 언급하고 이를 사상사적으로 일본의 근대를 탄생시킨 국학에 비유하였다. 이극로 등의 제1심에서 태도를 문제로 삼았다. 또 조선어사전의 내용에 대해 트집을 잡았다. 대종교 등 민족적 색채가 현저한 어휘나, 왜란 등 민족적 감정에서 일본을 모욕했다고 인정되는 어휘와 주해가 일본정신을 현저히 결여하고 민족적 색채를 띠는 기원절, 개국기원절, 일장기, 태극기 등을 근거로 범죄를 입증하려고 했는데, 예심 증인 토쿠야마 이치(德山一)는 "종합적으로 보면 민족적 성격이 강하다"라고 증언하였다. 검사는 이극로 등이 겉으로는 "민족의식을 청산하고 충량한 황국신민이 되어 있다고 진술하지만, 공판정에서의 태도로 보아 여전히 민족의식에 투철하다"고 논박하였다. 그리고 장현식에 대해서는 검사는 본인에 대한 사법경찰관의 신문조서와 검사의 이극로에 대한 신문에서 "장현식에게 지원을 요청"한 내용을 근거로 유죄임을 주장하였다.

4. 고등법원의 판단

고등법원은 변호인의 주장을 다음과 같이 구분하여 판단하여 전부 기각하였다.

① 소극적·간접적 행동: 치안유지법에서는 국체변혁의 수단이나 방법을 한정하지 않았기 때문에 소극적·간접적인 행위도 해당하며, 게일어의 부활로 영국의 자치령이 된 남에이레(Aire)[아일랜드]와 지배국의 동화정책에 맞서 자국 언어 사용운동으로 민족정신을 고취하여 1918년 독립을 한 폴란드를 그 예로 들었다.

② 사전에 수록된 어휘의 합법성: 행위 자체는 위법이 아니지만, 위법한 목적과 결합되어 범죄를 구성하게 되면 처벌대상이 된다.

③ 조선총독부의 방침에 따른 문화활동으로 위법성이 없는 사전편찬: 객관적인 내용의 비교가 아닌 행위자의 내심—숨은 목적—을 보아야 하며, 소극적·간접적 문화운동도 국체변혁의 수단이 될 수 있다.

④ 국체변혁의 위험성을 처벌하는 취지이므로 실제의 실행행위가 없어도 처벌할 수 있다.

⑤ 범죄사실에 대한 구체적인 적시가 없다는 주장에 대해서는, "원판결문과 원용된 증거의 내용을 종합하면 원판결은 이와 같은 행위가 민족의식을 앙양시켜 독립의 기운을 양성시키는 결과 독립의 위험을 생기게 한다는 것을 설명한 취지인 것이 자명하다"고 하여, 그냥 무시하였다.

⑥ 고등법원은 수사과정에서 고문이 있었고 강압에 의한 자백이라는 주장에 대해서는 이윤재와 한징의 옥사, 이인 등의 보석 등에 대해 애써 눈을 감고 주어진 대로 판결하였다.

형사법의 목적은 '심정(心情)'이 아닌 '행동(行動)'을 처벌하여 국가의 폭력으로부터 인간의 행동은 물론, 사상과 양심의 자유를 지키기 위한 것이다. 조선어학회 수난 사건에 대해서는 고등법원은 사상만으로도 처벌할 수 있다고 선언하였다. 합법적 단체인 '조선어학회'의 표면적 활동은 이면에서는 불법이다. 조선총독부의 검열을 받아 합법적으로 출판된 것도 암암리에 민족의식을 고양하기 위한 불법활동이다. 합법적 학술활동에 종사하여도 방향을 전향하여 언제든지 불법활동을 할 우려가 있다. 국체 변혁의 수단과 방법에는 제한이 없기 때문에 무력을 동원하지 않는 문화활동도 이에 해당한다. 핵심은 겉으로 드러난 행동—학술, 창씨개명, 자백—이 아니라 흉중에 품고 있는 속마음이다.[39]

조선인의 모든 행동은 국체변혁을 위한 수단이며 따라서 항상 조선인은 잠재적 범죄자이며 이들에 대한 감시와 처벌을 게을리해서는 아니 된다. 이제 식민지 형사법은 불법적인 행동을 넘어서 인간의 마음까지 규율 대상으로 삼는 심정형법으로 '거대한 전환'을 선언하였다.

Ⅵ 맺음말

식민정책의 최종 목표는 완전한 동화이다. 이를 위해서는 민족의 문화와 정신을 담고 있는 민족어를 말살해야 한다. 민족어는 사전에 담기게 되고 조선어학회의 사전편찬 운동은 '민족어의 보존'을 통한 근본적인 민족운동이다. 민족어 말살을 완전한 동화정책의 가장 근본적이고 최종적 방법으로 인식한 일제는 국방복을 입지 않았다는 사실을 빌미로 사건을 확대하여 조선어학회 수난 사건을 일으켰다. 일제는 문화운동을 통한 간접적인 독립운동으로 국체변혁을 목적으로 하는 단체의 조직과 가입, 목적 수행행위 등을 엄하게 처벌하는 치안유지법 제1조 위반으로 처단하였다.

1942년 8월부터 시작된 조선어학회 수난 사건은 식민지 말기에 대부분의 민족주의자가 전향한 가운데 발생한 항일운동이다. 33명을 검거하여 29명을 구속하였으며 증인 등은 약 50명에 달하는 대규모 사건이었다. 경찰에서는 허위자백을 얻기 위하여 고문을 하였으며 이는 검사도 묵시적으로 동조하였고 판사 역시 마찬가지였다. 검찰은 1년이 지난 1943년 9월 이극로 등 16명을 예심에 회부하였다. 예심 기간 동안 이윤재와 한징이 고문의 후유증과 열악한 처우 때문에 옥사하였다. 또 1년이 지

---

39) 한인섭, 앞의 책(2012), 600-601쪽.

난 1944년 9월 예심에서는 장지영과 정열모를 증거부족을 이유로 면소하고, 나머지 12명을 정식 재판으로 회부하였다. 1945년 1월의 제1심 법원은 이극로, 최현배, 이희승, 정인승, 정태진 등 5명에게는 실형을, 이우식 등 6명에게는 집행유예, 장현식에게는 무죄를 선고하였다. 실형을 선고받은 4명과 검찰이 상고하여 해방 이틀 전인 1945년 8월 13일에 고등법원에서 상고심 선고를 하였는데, 양쪽의 상고를 기각하여 제1심 판결이 확정되었다. 유죄의 논리는 "간접목적은 목적범을 구성하지 않는다"는 기존의 판례와는 달리 문화운동을 통한 간접적인 독립운동도 국체변혁을 목적으로 하는 행위에 해당한다고 보았다.

수사절차와 재판절차는 형식적으로는 당시 조선형사령과 의용되고 있는 일본형사소송법 등을 준수하고 있었다. 하지만 실질적으로는 경찰에서는 불법적이고 야만적인 고문이 있었고, 검사와 판사는 이를 조장하거나 묵인하는 등 불법적이었다. 또한 형사소송법의 원칙과 사건 발생지 등을 고려하면 서울에서 수사와 재판을 해야 하지만, 세간의 이목을 회피하기 위해 탄압의 꼬투리를 잡은 함흥에서 진행하였다.[40]

1945년 8월 13일의 고등법원 판결문은 검사가 작성하였음을 확인하였다. 그 이유는 첫째, '조선총독부 재판소' 용지가 아닌 (조선총독부) '검사국용지'에 작성된 점, 둘째, 판결문을 한 사람이 아닌 최대 7명이 작성하여 형식적으로 통일되지 않은 점, 셋째, 마지막에 판사의 서명 날인하는 곳 하단에 고등법원 판사의 "氏"가 수기로 기재된 점 등이다. 그리고 판결문에 오류와 수정한 곳이 엄청나게 많아 정상적인 것으로는 도저히 볼 수 없을 정도로 급박하게 작성하였음을 추측할 수 있다. 이는 근대법의 대원칙인 권력분립—사법의 행정으로부터의 독립—의 대원칙을 훼손한 최소한의 법치주의조차 훼손한 폭거이다.

변호인은 조선어학회의 조선어사전편찬 등의 활동은 합법적이며 또 순수한 학술문화활동으로 정치적 결사 내지 독립을 목적으로 하는 것이 아님을 주장하였다. 이에 대해 고등법원은 표면적으로는 순수한 문화활동이어도 내심으로는 조선독립을 목적으로 하는 것이기 때문에 치안유지법 상의 '국체변혁'을 목적으로 하는 결사에 해당한다고 판단하였다. 이는 형사법이 인간의 행동을 넘어서서 내심까지 규율할 수 있는 심정형법으로 나아간 군국주의의 모습을 보이고 있다. 그리고 피고인의 고문에 의한 허위자백과 조작에 의해 범죄가 구성되었다는 주장에 대해서는 상고심인 고등법원은 법률심이기 때문에 원심에서 인정한 사실에 대해서는 심리를 하지 않는다는 법원칙에 따라 기각하였다. 그리고 법리 등에 대한 검토 없이 예심과 제1심인 함흥

---

40) 1941년부터 1945년 해방 때까지 조선어학회는 언론에 전혀 보도되지 않았다.

지방법원의 판단을 그대로 용인하였다. 변호인은 피고인의 이익을 위하여 당시 조선어의 상황, 사상 전향의 문제 등을 상고이유로 주장하였지만, 인정되지 않았다. 이 주장은 당시 식민지 조선에서 활동하는 변호사 등 지식인들이 조선 사회를 보는 시각을 드러내고 있는데, 이에 대한 관심도 필요하다.

● 부록 Ⅰ. 사건 전개 일지

1942. 8.	사건 단서 포착
1942. 9. 5.	정태진 연행
1942. 10. 1.	이극로, 이중화, 장지영, 한징, 이윤재, 김윤경, 최현배, 이희승, 정인승, 권승욱, 이석린 등 11명 검거
1942. 10. 21.	이우식, 이병기, 이만규, 이강래, 김선기, 정열모, 김법린 등 7명 검거
1942. 12. 23.	이인, 서승효, 안재홍, 김양수, 장현식, 정인섭, 윤병호, 이은상 등 8명 검거
1943. 1. 5.	김도연, 서민호 등 2명 검거
1943. 1. 말	경찰 조서 작성 시작
1943. 2.	함경남도 경찰부와 홍원경찰서 협의
1943. 3. 15.	경찰 조서 작성 완료
1943. 3. 15.	안재홍 경찰의 불기소 결정으로 석방
1943. 3. 말	신윤국, 김종철 검거, 권덕규와 안호상 기소중지 처분
1943. 4. 1.	경찰 김종철, 신윤국 기소유예
1943. 4.	경찰 권승욱 등 4명 기소유예, 김도연 등 24명 기소 의견 검사국 송치
1943. 9. 7.	아오야나기 고로(靑柳五郞) 검사 조사 시작(*경찰 수사 의견 제시)
1943. 9. 12.	관련자 함흥으로 이감(이틀)
1943. 9. 18.	김윤경 등 12명 기소유예로 석방, 이극로 등 16명 예심 회부
1943. 12. 8.	이윤재 옥사[면소]
1944. 2.	상순 예심판사 나타남
1944. 2. 22.	한징 옥사[면소]
1944. 9. 30.	14명 예심 종결; 장지영, 정열모 면소, 이극로 등 12명 공판 회부
1944. 12. 21. ~ 45. 1. 16.	제1심 공판 9회
일자 미상	검사 4~8년 징역형 구형
1945. 1. 16.	제1심 선고 공판; 11명 유죄 선고(5명 실형, 6명 집행유예), 장현식 무죄
1945. 1. 18.	정태진 외 실형 선고자 4명 상고
1945. 1. 21.	검사 상고(장현식 포함)
1945. 1.	판사 상고 취하 권유
1945. 5.	상고 접수 통고
1945. 7.	중순 상고심 선고일(8. 12.) 통고
1945. 8. 13.	(조선)고등법원 상고 기각 판결
1945. 8. 15.	해방
1945. 8. 17.	함흥 형무소에서 석방
1945. 8. 18.	함흥 출발, 서울 도착
1945. 9. 8.	서울역 조선운송주식회사 창고에서 국어사전 원고 발견
1947. 10. 9.	조선말큰사전 제1권 발간
1957. 10. 9.	큰사전 6권 완간

● 부록 2. 관련자의 형사절차

성명	체포일과 장소	구속 장소	기소 여부		예심 1944. 9. 30.	제1심 판결 1945. 1. 16.	상고 여부
			경찰 43. 4.	검찰 43. 9. 18.			
권덕규	병으로 불구속		중지				
권승욱	42. 10. 1; 서울	함흥	유예				
김도연	43. 1. 5; 서울	미상	○	○	공판	징역 2년 집행유예 3년	포기
김법린	42. 10. 19; 동래	미상	○	○	공판	징역 2년 집행유예 3년	포기
김선기	42. 10. 21; 서울	미상	○	유예			
김양수	42. 12. 23; 서울	미상	○	○	공판	징역 2년 집행유예 3년	포기
김윤경	42. 10. 1; 서울	홍원	○	유예			
김종철	43. 4. 1; 서울		유예				
서민호	43. 1. 6; 서울	미상	○	유예			
서승효	42. 12. 23; 서울	미상	유예				
신윤국	43. 3. 31; 서울		유예				
안재홍	42. 12. 23; 서울		불기소			(43. 3. 15. 석방)	
안호상	병으로 불구속		중지				
윤병호	42. 12. 23; 부산	미상	유예				
이강래	42. 10. 21; 서울	미상	○	유예			
이극로	42. 10. 1; 서울	함흥	○	○	공판	징역 6년	상고
이만규	42. 10. 21; 서울	미상	○	유예			
이병기	42. 10. 21; 서울	미상	○	유예			
이석린	42. 10. 1; 서울	홍원	유예				
이우식	42. 10. 18; 의령	미상	○	○	공판	징역 2년 집행유예 3년	포기
이윤재	42. 10. 1; 서울	홍원	○	○	면소	1943. 12. 8. 옥사	

이은상	42. 12. 23; 광양	미상	○		유예			
이 인	42. 12. 23; 서울	함흥	○	○		공판	징역 2년 집행유예 3년	포기
이중화	42. 10. 1; 서울	홍원	○	○		공판	징역 2년 집행유예 3년	포기
이희승	42. 10. 1; 서울	홍원	○	○		공판	징역 2년 6월	상고
장지영	42. 10. 1; 서울	홍원	○	○		면소		
장현식	42. 12. 23; 서울	미상	○	○		공판	무죄	검사
정열모	42. 10. 20; 김천	미상	○	○		면소		
정인섭	42. 12. 23; 서울	미상	○		유예			
정인승	42. 10. 1; 서울	함흥	○	○		공판	징역 2년	상고
정태진	42. 9. 5; 서울	미상	○	○		공판	징역 2년	포기
최현배	42. 10. 1; 서울	홍원	○	○		공판	징역 4년	상고
한 징	42. 10. 1; 서울	홍원	○	○		면소	1944. 2. 22. 옥사	

* 구속 장소는 대부분 홍원으로 추정된다.
** 이희승의 회고를 기초로 작성하였다.
　　단 '징역 2년 집행유예 3년': 김윤경은 "징역 2년 집행유예 4년"으로 회고하였다.

● 부록 3. 혐의사실

혐의 사실	이극로	최현배	이희승	정인승	정태진	김도연	김법린
1. 조선어학회 조직	△29–42	△좌동	△30				
2. 조선어학회 가입				○36.4.	◎	◎	△32
가) 철자법 통일안	○33, 40	○좌동	○좌동	○좌동			
나) 표준어 사정	○35, 36	○좌동	○좌동				
다) 외래어표기법	○31–41.1	○좌동	○좌동				
라) 언문강습회	○31–32	○좌동	○좌동				
마) 한글날 기념회	○31–36	○좌동	○좌동				
바) 『한글』 발행	○32–42.6	○좌동	○좌동	○37–42			

협의 사실							
사) 조선어사전편찬	○38-42.9	○좌동	○좌동	○36-42	○41-42	○36-40	
아) 조선기념도서 출판	○35. 38	○좌동	○좌동				
자) 결사가입 권유	○36. 4.						
3. 인재양성 결사 조직	△36,7,41		△이극로				
4. 문법술어 협의		○35,40	○좌동	○좌동			
5. 교육·강연					○36-39		○34-38

협의 사실	김양수	이우식	이 인	이중화	장지영	정열모	장현식
1. 조선어학회 조직					●29	●29	
2. 조선어학회 가입	◎	△31.6.	◎	◎고용			◎
가) 철자법 통일안					●이극로	●이극로	
나) 표준어 사정					●이극로	●이극로	
다) 외래어표기법							
라) 언문강습회							
마) 한글날 기념회					●이극로	●이극로	
바) 『한글』 발행		○36-42			●이극로	●이극로	
사) 조선어사전편찬	○36-40	○상동	○39,40	○37-42			○36-39
아) 조선기념도서 출판			○38				
자) 결사가입 권유							
3. 인재양성 결사 조직		○이극로	○이극로				
4. 문법술어 협의							
5. 교육·강연						●31-39	

비고 ○: 혐의사실 인정; ●: 혐의사실 불인정;
　　　◎: 〈예심종결결정서〉에 적시되지 않은 혐의사실 인정
　　　△: 혐의사실을 불인정하나 다른 사실과 함께 연속 1죄로 기소
　　* 일제는 조선어사전편찬회와 조선어학회를 동일단체로 간주하므로 1929년으로 하였다.
　　* 표시 뒤의 숫자는 해당사건이 발생한 연월이며, "이극로"는 그와 같다.
　　* 〈예심종결결정서〉를 토대로 작성하였다.

● 부록 4. 적용 법조 및 법정형

성 명	치안유지법(1941)		관계	치안유지법 개정	처단형 죄명	선고형
이극로	제1조 전단	제5조 실행협의	형법 제55조		제1조 전단 결사 조직죄	징역 6년
최현배	제1조 전단					징역 4년
이희승	제1조 전단					징역 2.5년
정인승	제1조 후단				제1조 후단 목적수행행위죄	징역 2년
정태진	제1조 후단	제5조 실행선동	형법 제55조			징역 2년
이중화	제1조 후단				제1조 후단 목적수행행위죄	
이우식	제1조 후단	제5조 실행협의	형법 제55조			징역 2년 집행유예 3년
김양수	제1조 후단			부칙; 형법 제10조	개정 전 치안유지법 제1조제1항후단 목적수행행위죄	
김도연	제1조 후단			부칙; 형법 제10조		
이인	제1조 후단	제5조 실행협의	형법 제55조	부칙; 형법 제10조		
장현식	제1조 후단			부칙; 형법 제10조		무죄
김법린	제1조 전단	제5조 실행선동	형법 제55조		제1조 후단 결사가입죄	징역 2년 집행유예

* 치안유지법 제1조 전단 결사조직죄: 사형, 무기 또는 7년 이상 징역형
* 치안유지법 제1조 후단 결사가입죄: 7년 이상 유기징역형
* 치안유지법 제5조 결사목적수행 행위죄: 1년 이상 10년 이하 징역형
* 개정 전 치안유지법 제1조 제1항 후단: 결사목적수행 행위죄: 2년 이상 유기징역 또는 금고형
* 형법 제55조 연속한 수개의 행위가 동일한 죄명에 저촉될 때에는 1개의 죄로써 이를 처단한다.
* 치안유지법 부칙 제2조: 개정으로 형이 가중되면 종전의 형으로 처단한다.

● 부록 5. 조선어학회 규칙

1. 조선언문회 규칙(1911. 9. 3. 제정)
제2조 본회는 조선의 言文을 실행함을 목적함
제4조 제2조의 목적을 달하기 위하야 조선 언문에 필요한 서적과 잡지를 간행하며 강습소를 설함.

2. 조선어연구회 규칙(1921. 12. 3. 제정)
2. 본회는 조선어의 정확한 法理를 연구함을 목적함

3. 조선어학회 규칙(1932. 1. 9. 전부 개정)
2. 본회는 조선 언문의 연구와 통일을 목적함
11. 본회는 본회의 목적을 이루기 위하여, 다음과 같은 사업을 행함.
  1) 강연회   2) 강습회
  3) 강의록, 학보, 연구 총서, 조사 보고서, 관계 고문헌, 기타 필요 서적의 출판[41]

* 출전: 「조선어학회 수난 사건의 법사적 검토」, 『한글』 84-4, 한글학회, 2023. 12., 1279-1325쪽.

후기

형님 같은 한인섭 교수와의 40년의 여정

한인섭 교수(이하 한 교수로 약칭한다)를 처음 만난 때는 1986년 3월경 석사과정에 입학하였을 때이다(한 교수는 필자를 학부 때부터 알았다고 하지만, 편면적 만남일 뿐이다). 여기 서울대학교를 터전으로 근 40년의 만남이 지속되고 있다.

15동 5층에 대학원생 세미나실이 있었고 그곳에서 다른 대학교 대학원생까지 포함하여 세미나가 매주 진행되었다. 주제는 비판법학, 법과 사회, 발전법학 등으로 실정법의 한계를 벗어나 이 땅의 문제를 해결하는 우리의 법학을 찾기 위한 학문적 노력이었다. 어설픈 법해석만 공부를 해온 우리들은 세미나에서 법에 대한 시야를 넓힐 수 있었고, 비록 초보적이지만 방법론을 공부할 수 있는 소중한 계기가 되었다. 이 세미나의 결과는 이철우 연세대 교수와 공편으로 간행한 『법 국가 저발전』(이성과 현실, 1987. 3)으로 공유하였다. 우리들끼리 조촐한 출판기념회를 한 것도 기억에 남는다. 이때 최대권, 양창수 교수님이 참석하여 격려하였다. 이 세미나 모임이 진보적

───────────────
41) 출전: 한글학회, 『한글학회 100년사』(2009), 916~8쪽.

법학학술단체인 "법과사회이론학회"와 "민주주의법학연구회"의 모태임을 밝힌다.

2002년 6월부터 2003년 6월까지 안경환 학장과 한인섭 교무부학장, 필자는 학생부학장으로 함께 일하였다. 그때 학생부학장의 가장 큰 현안은 학생징계였다. 3월 28일 서울대생들은 '등록금 인상, 모집단위 광역화' 등에 반대하는 비상총회를 개최하였다. 대학집행부에서 이를 거부하자 학생 300여 명은 행정관과 총장실을 점거하였다. 그 와중에서 다른 문제가 불거져서 이기준 총장은 물러났다. 대학집행부에서는 법대생인 구정모 총학생회장 등 점거에 가담한 학생들의 징계를 준비하였다. 주동자는 직접 징계하고 단순가담자는 징계 수준까지 정해서 소속 단과대학에서 징계를 요청하였다. 학생부학장인 필자는 법대생인 총학생회장을 징계하면서 보호해야 하고 또 다른 단과대학에는 메세지도 전해야 하는 입장이었다. 대학의 민주화라는 목적은 정당하지만 이를 실현하려는 점거는 잘못임이 분명하다. 딜레마 상황에서 한 교수가 혜안을 제시하였다. 주도자는 대학집행부에서 징계하고 단순가담자는 단과대학에서 봉사활동으로 징계를 대체하는 방안이었다. 봉사시간도 강제가 아닌 본인 스스로 정하게 하였다. 이는 징계를 넘어선 교육이었다. 이후 몇 차례 행정관 점거 사건이 있었지만, 이렇게 아름다운 해결은 듣지 못하였다.

2002년 6월부터 2년 동안은 대학은 변신하였다. 점거 사태 후인 7월에 취임한 정운찬 총장이 다양한 입학제도를 도입하여 처음으로 중증장애인이 입학하였고, 여학생들도 많아졌다. 학생들의 편의시설은 필자의 소관이지만 한 교수 역시 적극적으로 도와주었다. 기억에 남는 것은 장애인을 위한 15동 엘리베이터 설치, 화장실의 여학생 배려, 학부생의 공부시설 등이다.

2000년대 초반 우리 사회는 성인지도가 낮았고 대학도 마찬가지였다. 그때 대학 내에서 성희롱 내지 스토킹이 수면 위로 떠오르기 시작하였다.42) 특히 강의시간에 성차별적 발언이 논란이 되었다. 안경환 학장님은 이를 공론화시키기로 하였다. 교수 간담회에 박정은 법대학생회장을 초대하여 성차별적 내용을 얘기하는 기회를 부여하였다. 이 역시 한 교수의 보이지 않는 노력 덕분에 가능하였다. 이후 함께 1년 동안 행정을 함께 하면서 한 교수가 법대를 위해 교수를 위해 보이지 않은 노력과 중재는 굳이 언급할 필요가 없을 것이다.43) 지금은 법학연구소의 '법과 문화 포럼'으

---

42) 당시 인문대학 학생부학장인 김은경(서어서문학과) 교수가 고생하였으며, 2002년 8월에 성희롱성폭력 상담소장에 취임하였고 2002년 11월에 <서울대학교 성희롱성폭력 근절 대책>을 발표하였다. 한 교수는 2015년 5월에 인권센터장에 취임하였다.

43) 한 교수의 중요한 역할은 2007년 법학전문대학원 제도가 출범할 때이다. 이는 다른 부분에서 언급할 것으로 기대한다.

로 동료교수의 학문적 관심사 등을 쉽게 알 수 있다. 간헐적으로 진행된 이 모임을 매주 개최하여 활성화시킨 것 역시 한 교수의 기여 중의 하나이다.

법대교수 등산의 역사는 30년이 되는데, 한 교수는 항상 뒤편에 있다. 체력 때문에 낙오한 것이 아니라 추억을 함께 나누려고 항상 사진기와 함께하였다. 그 덕분인지 어느 때부터는 전문가 수준의 사진으로 우리 모두를 충격에 빠뜨리고, 함께 하면서도 느끼지 못한 신선함을 안겨주고 있다.

박사과정에 입학한 후에는 경원대(현 가천대)에 강사로 경제적으로 큰 도움을 받았다. 그때 필자 20대 중반으로 나이로는 수강생과는 같은 또래로 강단에 서기 힘든 처지였다 — 한 교수 역시 이 때문에 곤혹을 치렀다고 하였다 — . 나이를 중시하는 문화 탓으로 행정을 맡은 분들을 설득하기 힘들었을 것인데 후배를 위해 그 어려움을 떠안았다. 살아가면서 생기는 이런저런 일들에 대해 아무런 부담 없이 상의할 수 있는 그런 선배로 형으로 지내왔다.

한 교수님 제가 모교로 부임하게 된 사실을 알았을 때 처음으로 나눈 대화를 기억하시는지요? "앞으로 함께 잘 놉시다"입니다. 이렇게 28년이 지났습니다. 앞으로도 그만큼 그렇게 되기를 바랍니다. 그러기 위해서는 건강이 뒷받침되어야겠죠. 이제 조금 쉬면서 몸도 챙기기 바랍니다. 그리고 가끔은 후배들에게 따뜻한 질책도 해주세요.

2024. 12. 8.

2

후세 다츠지의 '조선건국헌법초안'과 박열*

이경주(교수, 인하대학교 법학전문대학원)

I 들어가는 말

후세 다츠지(布施辰治, 이하 후세)는 일본인 쉰들러로 유명하다.[1] 일제 강점기 박열(朴烈) 등 재일조선인, 토지회수운동 중의 조선인 농민들의 인권변론을 통하여 조선인들의 인권신장에 기여했기 때문이다. 이러한 공로로 2004년 일본인으로서는 최초로 한국정부로부터 건국훈장을 받았다. 이를 계기로 '인권변호사 후세 다츠지'[2]는 영화[3]를 비롯한 각종 저작물의 소재로 등장하기도 하였다.

그런데 후세는 인권변호사일 뿐만 아니라 1945년 일본 패전 후 한일 양국의 민간헌법초안을 만든 사람이기도 하다는 점은 몇몇 선행연구를 제외하면 그다지 잘 알려져 있지 않다[4]. 한글문헌의 경우, 이규수는 2003년 「후세 다츠지(布施辰治)의 한국인식」이라는 연구를 통하여 "1946년 '조선건국헌법초안'을 조선인들과 공동 집필했다"[5]고 소개하였으며, 정종섭은 2010년 '조선건국헌법초안'의 해설서에 해당하는

---

* 이 논문은 이경주, "후세다츠지와 박열의 헌법의식", 한일민족문제연구 제36권, 한일민족문제학회, 2019에 실린 논문을 수정 가필한 것입니다. 후세 관련 자료에 있어서 한인섭 교수님의 전폭적인 자료 제공이 있었습니다. 이 자리를 빌려 다시 한번 감사의 뜻을 전합니다.

1) MBC, 「발굴! 일본인 쉰들러 후세 다츠지:3.1절 특집」, 2000년 2월29일 방영.

2) 2007년 도쿄의 고려박물관에서 개최된 후세 다츠지 기획전에서도 조선인 민중과 함께한 인권변호사로 소개되고 있다. 「布施辰治-朝鮮人民衆と共に生きた人權弁護士」, 高麗博物館, 2007年8月8日～10月21日。 다테노 아키라 편저, 『그때 그 일본인들』, 한길사, 2006년, 215～221쪽 등.

3) 영화 「박열」(이준익, 2017년), 영화 「弁護士布施辰治」(池田博穂, 2010년).

4) 후세 다츠지가 민간헌법초안을 만들었다는 일본문헌 선행연구들로는 森正, 「布施辰治による'憲法改正私案'と'朝鮮建国憲法草案私稿」, 『法と民主主義』147号(1980年5月);高史明ほか『布施辰治と朝鮮』, 高麗博物館, 2011年, 177쪽 이하 등을 참조. 후세 다츠지에 대한 연구 일반에 대하여는 김창록, 「후세다츠지(布施辰治)의 법사상」, 충남대 법학연구소, 『법학연구』 26권1집, 2105년4월, 48～49쪽을 참조.

5) 이규수, 「후세 다츠지(布施辰治)의 한국인식」, 『한국근현대사연구』 제25권(2003년6월)429면.

「조선건국헌법초안사고」에 대한 연구를 진행하고 "조선의 독립운동을 전개하였던 인사들의 염원과 구상을 반영하여 헌법 사안(私案)으로 구상된 것"[6]이라고 분석하였으며, 비교적 최근인 2015년에는 김창록이 "후세가 평소 생각한 올바른 국가에 대한 구상을 표현한 것"으로"일본 '헌법개정사안'과 쌍둥이"[7]라고 후세의 '조선건국헌법초안'을 위치지은 바 있다.

이러한 괄목할만한 선행연구의 문제의식을 발전시키기 위해서는 이 초안을 좀 다각적으로 연구할 필요가 여전히 남아 있다고 생각한다. 특히 선행연구들이 언급하고 있는 '공동 집필'에 이 논문은 착안하여 보고자 한다.

후세는 많은 조선인들과 교류하였으나 이 '조선건국헌법초안'을 "박열군을 위원장으로 하는 건국촉진회의 대학 강좌 텍스트로 집필했다"[8]고 언급한 점, 박열의 변론을 통하여 식민지 조선의 민족문제에 적극적으로 관여하기 시작하였고 특히 이 초안 작성을 전후한 시점(1945년 하반기)에도 누구보다도 '박열의 열렬한 옹호자'였다는 점[9] 등을 생각하면, 이때의 공동 집필의 실질과 의미를 밝히는 연구는 박열과 후세의 해방조선에 대한 생각(헌법의식)에서 출발해 볼 수 있을 것이다.

헌법의식이란 헌법연구자만이 갖는 것이 아니고 주권자인 국민 모두의 헌법에 대한 다양한 생각을 말한다. 여기에는 개인적인 소박한 발상, 주의, 신조에서부터 국가 구상과 이에 기초한 체계적인 헌법사상에 이르기까지 다양한 형태로 존재한다. 예를 들면, "국가는 법률이라는 족쇄를 만들어 두고 있다"(박열)라든가, 전쟁을 막기위해서는 침략전쟁을 하려는 국가를 견제하여야 한다(후세 다츠지)와 같이 다양한 형태로 존재한다.[10]

본 연구는 후세 다츠지와 박열의 헌법의식(II,III)을 각각 조명하여 보고 이를 통하여 공동 집필의 실질이 있었는지 있었다면 그것은 무엇이었는지를 분석(IV)하고 이를 통하여 「전후」 한일 민족문제 교류의 선두에 서 있는 대표적인 인사들 중의 하나

---

6) 정종섭, 「布施辰治의 朝鮮建国憲法草案私稿에 관한 研究」, 『서울대학교 法學』 제51권 제1호, 2010년 3월, 140쪽.

7) 김창록, 「후세 다쯔지(布施辰治)의 법사상」, 71쪽.

8) 布施辰治,「朝鮮人民に与ふ―朝鮮獨立憲法草案について」(이하,「朝鮮獨立憲法草案について」로 표기),『国際』2巻6号,1946年6月(『Fuse Tatsuji植民地関係資料編』Vol.1(朝鮮編)),89쪽.

9) 布施辰治ほか(張祥重,鄭泰成),『運命の勝利者・朴烈』, 世紀書房,1946年.

10) 일본의 저명한 헌법학자 하세가와 마사야스(長谷川正安)는 헌법감각, 헌법지식, 헌법해석, 헌법학설=헌법이론의 네가지를 헌법의식의 범주로 제시하고 있다. 카게야마 히데야(影山日出弥)는 헌법의식은 헌법에 대한 의식·이데올로기로서 다양한 형태로 존재하고 그 담당자도 다양한데, 제헌활동은 이러한 헌법의식의 객관화과정이라고 하고 있다. 카게야마 히데야(이경주역),『현대헌법학의 이론』, 이성과 현실, 1989년. 63쪽 이하.

인 후세와 박열이 일제강점이 끝난 한일양국의 공간에서 신국가건설의 모태가 될 헌법문제를 어떻게 생각하고 있었는지를 살펴보고자 한다. 나아가, 이러한 연장선상에서 '조선건국헌법초안'과 관련한 선행연구들이 과제로 남긴 이 초안이 과연 조선(남과 북)의 헌법제정과정과 얼마나 연결 되었는가에 대하여도 부차적으로 한 점을 추가하여 보기로 한다.

Ⅱ 후세 다츠지와 '헌법개정사안'

1. 후세의 헌법의식[11]

1) 겸애와 평화주의

'박열의 열렬한 옹호자'후세는 1880년 11월 일본 동북부의 미야기(宮城)현 이시마키(石巻)시에서 태어났다. 1899년 4월 메이지(明治)법률학교(오늘날의 메이지대학)에 입학하였고, 1902년 12월(22세) 판검사 등용시험에 합격하였다. 그러나 사법관시보 1년도 채 되지 않은 1903년 11월 사직하고 변호사로 활동하였다. 1926년에는 전라남도 나주 궁삼면 소작쟁의[12] 조사차 조선을 방문하며, 1927년에는 조선공산당사건을 변론하기 위하여 조선을 방문(47세)하는 등 조선의 인권문제에 깊이 관여하게 되었다. 1930년 8월 신문지법과 우편법 위반으로 구속되었으며 이러한 사건 연루 등을 이유로 1932년에는 변호사회로부터 제명당하여 변호사자격을 박탈당하였다.

한편, 1934년에는 치안유지법 위반으로 기소 당하였으며, 1939년 5월 상고가 기각되면서 변호사 자격이 다시 박탈되고 징역 약 2년 6개월이 확정되었다. 치바 형무소에 복역 중이던 1940년 7월29일 사면으로 감형 출소되었고, 1945년 변호사 자격이 부활되었다. 1933년~1945년의 시기는 후세의 생애에 있어서 '암중모색의 시기'[13]였다고 할 수 있겠다. 그 암중모색의 끝자락에서 '조선건국헌법초안'(1945년 11월)을 작성하고 일본 '헌법개정사안'(1946년1월)을 발표한 셈이다. 그 후 활발한 인권활동을

---

11) 선행연구인 「후세 다쯔지의 법사상」(김창록)에서는 후세를 인도주의 및 자기혁명의 변호사, 법률운동의 전술가로 조명하고 있다.

12) 이규수, 「일제하 토지회수운동의 전개과정 – 전남 나주군 궁삼면의 사례」, 『한국독립운동사연구』 16, 2001년 8월, 233~267쪽; 「전남 나주군 '궁삼면'의 토지소유관계의 변동과 동양척식주식회사의 토지집적」, 『한국독립운동사연구』 14, 2000년10월, 185~221쪽.

13) 森正, 『評伝布施辰治』, 日本評論社,2014年,747頁 이하 참조.

전개하였으며 1953년 9월13일 내장암으로 사망(73세)하였다.

이러한 파란만장한 삶을 산 후세의 헌법의식을 잘 보여주는 것은 열린 민족주의와 평화주의이다. 그리고 이러한 의식의 근간에는 겸애주의가 자립잡고 있다. 검사직에서 물러날 때 "내가 항상 마음속에 끌어안고 있는 사회정책으로서의 겸애주의"라는 기록이 있을 정도이다.[14] 겸애주의로부터 비롯한 열린 민족주의와 평화주의는 아나키즘과 접점이 없지 않다. 아나키즘에서는 '세계는 하나다'라고 하여 국제주의를 내세우며, 국가와 전쟁이 밀접하게 연관이 있다고 보고 강권적 국가권력에 반대하는 것이 평화의 첩경이라고 보았는데, 겸애주의에서도 '천하에 남이란 없다'고 하여 세계가 하나이며, 비공론(非攻論)이라는 이름의 평화주의적 사고가 존재하였다.

물론 겸애주의란 무엇인가에 대해서도 다양한 스펙트럼이 존재한다. 다만, 개인의 이익보다는 공공의 이익을 존중한다는 사상사조로서 묵자에 의해 완성되었다는 점에서는 대체로 이견이 없어 보인다.[15] 후세가 사법관 시보 8개월여 만에 사직 [16]하면서 남긴 문서(『桂冠の辭,抛職の歌』)는 보편적 인류애에 기초한 겸애의 사상과 인도(권)주의가 잘 드러나 있다.

전쟁과 평화의 관점에서 본 묵자사상에서는 바로 싸우지 않고(非戰), 바로 공격하지 않는다(非攻)는 측면에서 침략전쟁의 부정을 내용으로 하는 오늘날의 평화주의와도 맞닿아 있다. 평화주의와 관련하여서는 톨스토이의 평화주의(非戰論)[17], 우치무라 간조(內村監三)의 기독교적 사회주의의 영향도 받았다. 1905년(25세)부터는 톨스토이의 평화주의(非戰論)에 동조하였는데, 톨스토이는 1904년 러일 전쟁 중 폭력행사를 부정하고, 전쟁에 협력하지 말 것을 호소한 바 있다. 특히 국가를 장악한 정치 지도자들이 전쟁을 일으키는 원흉이라고 보고 기독교인이 전쟁을 거부해야 한다고 하였다.[18]

---

14) 다테노 아키라 편, 『그때 그 일본인들』, 219쪽.

15) 이에 기초하면 겸애주의는 개인의 권익을 옹호했던 도가의 철학과도 구별된다. 공자의 박애주의가 신분적 차이를 전제로 한 사람에 대한 사랑을 강조하는 한편 묵자의 겸애주의는 그러한 차별을 배제한 백성 모두에 대한 사랑을 강조한다는 점에서도 대비되며, 유가의 仁愛가 혈연에 대한 사랑을 의미하지만, 묵자의 兼愛는 노예까지도 사랑해야 한다는 보편적 사랑이라는 점에도 차별된다. 묵자의 핵심사상은 尙賢(어진 사람을 존경함), 尙同(윗사람의 바른 뜻에 동조함), 兼愛(보편적 인류애), 非攻(침략전쟁의 반대), 節用(근검절약의 강조), 節葬(장례의 간소화), 非儒(유학의 허위성과 비생산성을 비판), 非樂(백성의 고통을 외면하는 예악의 낭비 비난), 非命(숙명론에 대한 반대) 등이다.

16) 김창록, 「후세 다쓰지(布施辰治)의 법사상」, 53쪽.

17) 평화주의의 또다른 표현, 그러나 평화주의라고 하지 않고 비전론이라고 소극적으로 표현한 것은 러일 전쟁에 대한 당시의 태도와 관련된다. 대표적 평화주의자인 고도쿠 슈스이의 경우 전쟁을 반대하면서 실제 전쟁이 발생한 경우에는 참전이 불가피하다는 입장을 취하기도 하였다.

18) 하승우, 『세계를 뒤흔든 상호부조론』, 그린비, 2006년, 126쪽.

2) 겸애와 열린 민족주의

후세가 일제의 식민지 강점을 의식하게 된 데에는 유학생의 존재도 적지 않은 역할을 하였던 것으로 보인다. 당시 후세가 진학하였던 메이지 법률학교에는 재학 시 조선인6명 포함 8명(1902.7)[19]의 유학생이 있었다고 한다.

뿐만 아니라 반식민주의적 의식이 고양된 데에는 겸애주의도 한 몫을 하였던 것으로 보인다. "자신과 다른 사람을 동등하게 사랑해야 할 필요성을 설명하는 겸애주의에서 인간의 평등성을 발견하고 식민지의 '민중의 진정한 벗'이 되어야 한다는 의식을 배양했다"[20]고 할 수 있기 때문이다.

이러한 배경 하에 1919년에는 3.1독립운동의 기폭제가 된 2.8독립선언 사건의 '최팔용 백관수 등의 출판법 위반사건' 변론을 맡는 등 식민지 조선인 및 대만인의 변론에도 나서게 되었다.[21] 후세의 기록에 의하면 "박열군 도일 직후의 부당단발사건 이래, 잡지『불령선인』의 발행에도, 흑도회 운동에도 직간접적 협력하였다"[22]고 하는 것으로 보아 박열과 후세의 첫 만남은 이때(1919년~20년 사이)인 것으로 생각된다. 이 과정에서 박열에 대한 불법감금규탄 연설회를 도쿄YMCA에서 개최하는데 이를 계기로 박열의 변론에 나서게 되고 박열 등과 '30여년의 교류'[23]를 통하여 우의를 다지게 된다.

반식민주의적 의식의 고양에는 식민지 문제의 근원을 계급문제로 보기 시작한 것도 일정한 역할을 하였다고 보인다. 물론, 식민지 강점의 문제가 계급문제로 해소될 수 있는가에 대한 논란이 없는 것은 아니다. 그러나 식민지문제를 계급문제와 결부시킴으로서 인식의 지평을 넓혔는데, 이러한 그의 생각은 1923년 4월 아카하타(赤旗) 창간호에 실린 글「무산자계급으로부터 본 조선해방문제」로 나타나기도 하였다.[24]

이후 조선 문제와 관련하여 매우 적극적으로 활동하게 되는데, 1923년 5월에는 박열에 대한 불법감금을 규탄하는 연설회를 개최하였으며, 1923년 7월 하순에는 북성회[25]가 식민지 조선에서 주최한 강연회의 핵심인사로서 조선을 처음 방문하였으

---

19) 水野直樹,「弁護士布施辰治と朝鮮」,『季刊三千里』第34号, 1983年夏, 30頁.

20) 다테노 아키라 편,『그때 그 일본인들』, 219쪽.

21) 水野直樹,「弁護士布施辰治と朝鮮」, 30頁。

22) 布施辰治ほか,『運命の勝利者朴烈』序文1頁.

23) 「朝鮮建国憲法私案について」83頁. 30여 년 간의 교류의 실체는 다양하다고 보여진다. 박열의 옹호자로서의 만남, 변호인과 피고인으로서의 접견 및 법정에서의 만남, 변론과정에서의 각종 자료(경찰보고서, 재판조서 등)를 통한 직간접적인 만남 등이 있었다. 이와 관련해서는『運命の勝利者朴烈』의 내용과 참고자료를 참조할 것.

24) 水野直樹,「弁護士布施辰治と朝鮮」, 31頁.

25) 1920년 1월 25일 도쿄유학생 및 노동자사회의 지도와 원조를 목적으로 김약수·박열·정태성 등이 도쿄

며,[26] 같은 해 9월 관동대지진이 일어나자 조선인, 노동자, 무정부주의자 학살에 항의하여 조사와 구원활동에 뛰어들게 되었다. 1926년에도 조선에 직접 건너가 당시 토지회수운동을 벌이고 있던 나주 궁삼면의 소작쟁의 사건을 조사하고 변론하기도 하였다. 1927년 조선공산당 사건에도 후루야 사다오(古屋貞雄)변호사와 함께 적극 변론활동을 전개하였으며, 조선을 방문하고 이인, 김병로, 허헌 등과 같은 조선인 변호사와 연계하여 활동하였다.

3) 자유민권주의자

후세는 도쿄의 '전차운임인상반대 소요사건'에 대한 변론(1906년, 26세)을 시작으로 인권변론에 나서게 되었다. 1917년에는 「군주와 백성에 의한 통치의 이상과 보통선거」를 발표하고, 1918년에는 쌀 소동사건의 변론에 나서면서는 변론요지를 공개적으로 내세우는 등 적극적인 대외인권활동에 나섰다.

만40세가 되던 1920년에는 자신의 변호활동을 사회개조와 관련된 사건에 한정(원죄사건, 필화사건, 부자로부터 고통 받는 약자들의 사건, 무산자계급운동을 박해하는 사건)할 것 사회적 약자의 무료법률상담 및 시국강연을 행할 것을 내용으로 하는 「자기혁명의 고백」이라는 서한을 지인 및 신문사 등에 보내면서 인권변호사로서의 깃발을 본격적으로 들기 시작하였다. 그러한 연장선상에서 1921년에는 일본의 대표적 진보 변호사단체인 '자유법조단'의 창립에 관여하였다. 후세 연구에 정통한 모리 다다시(森正)교수는 이 시기(1912~1922년)를 '반권력 의식의 시기'라고 분류하여 그 이전의 시기(1902－1912) '인도주의 의식의 시기'와 대비하기도 한다.[27]

후세가 인권변론에 나서게 된 데에는 겸애주의뿐만 아니라 여러 가지 사상적 세례의 과정이 있었다고 보여 진다. 우선 자유민권운동의 영향도 폭넓게 받은 것으로 보인다. 1872년 일본에서는 오늘날의 국회설립청원에 해당하는 「민선의원설립 건백서」

조선고학생동우회를 만들었다. 이들 중 박열·정태성·김약수 등과 사상단체 신인연맹(新人聯盟)의 조직을 준비하던 원종린등 20여 명이 1921년 11월 21일 이 단체를 결성하고 기관지 『흑도(黑濤)』를 발간하였다. 취지는 한국의 현실을 양심적인 일본인에게 전달하는 것, 국가적 편견과 민족적 증오가 없는 세계융합을 실현하는 것 등이다. 1922년 가을에는 박열 등 행동파는 풍뢰회(風雷會: 1922년 10월 결성. 후일 흑우회(黑友會)로 개명)를, 김약수 등 볼셰비키파는 북성회(北星會, 1922년 12월 26일경 결성)를 조직함으로써 이 단체는 해체되었다. 김광렬, 「大正期 일본의 사회사상과 在日韓人－1920년대 초 東京의 흑도회(黑濤會)를 중심으로」, 『일본학보』, 제42권(1996년 6월). 구승회 외, 『한국 아나키즘 100년』 이학사, 2004년, 235~238쪽.

26) 水野直樹, 「弁護士布施辰治と朝鮮」, 32頁.

27) 森正 「法律家·布施辰治の民主主義思想と行動(1)」, 『名古屋私立女子短期大学研究紀要』 28集, 1978年, 64頁 이하.

가 제출되는 등 서구의 헌법사상과 인권보장의식에 대한 섭취가 비교적 활발하게 이루어지고 있었고 이러한 일련의 운동을 '자유민권운동'이라고 하는데, 후세의 인권변론활동의 배경이 되고 있다. 자유민권운동에 대한 관심은 시골농부이면서도 책 읽기를 좋아하여 국회개설을 요구하는 등의 자유민권운동 관련 뉴스가 마을에 전해질 때마다 일장 연설을 마다하지 않아 '동네 제일의 시사전문가'라는 칭찬과 비아냥을 같이 들었던 아버지 후세 에이지로(布施栄次郎)로부터 들은 귀동냥도 보이지 않는 영향을 미쳤다고 하겠다.[28]

변호사가 된 뒤의 후세의 인권변론은 적극적 활동을 넘어 치열한 저술활동으로 이어 졌다. 공창제 폐지운동을 내용으로 하는『공창 자진폐지의 전술과 법률』, 소작쟁의에 반대하는 운동을 고취하기 위한『소작쟁의에 대한 법률전술』등 방대한 내용의 인권활동 지침을 스스로 저술하는 등의 활약을 하였다.[29]

후세의 인권변론 활동은 본인의 정치적 사상적 주의나 신조와 일치되는 경우에 국한되는 것은 아니었다. 일본의 대표적 아나키스트의 한사람인 고도쿠 슈스이 '대역사건'과 관련하여 변호인이 되고자 하였으나 법원으로부터 변론을 거절당하기도 하였다. 도쿄 유학 이래 아나키즘에 경도되었던 박열의 사건변론을 맡은 것도 대표적인 사례이다. 그밖에도 대구 진우(真友)회[30] 사건 변론 등 정치적 사상적 입장을 초월하여 변론활동을 전개하였다.[31]

후세의 변호사로서의 자세와 헌법의식을 잘 알 수 있는 것은 앞에서도 잠시 언급한「자기혁명의 고백」이라는 편지글이다. 후세는 만40세가 되던 해 1920년 자기혁명 없이는 사회혁명이 있을 수 없다는 취지로 다음과 같은 내용의 사건에 전념하겠다는 내용의 글을 지인을 비롯한 보도기관에 보낸다. ① 관헌에게 부당하게 죄를 받거나, 부당한 부담을 강요받은 사람의 사건, ② 자본가와 부호의 횡포에 시달리는 사람의 사건, ③ 관헌이 진리의 주장에 간섭하는 언론범 사건(표현의 자유), ④ 사회운동에 대한 탄압과 투쟁하는 무산자 계급의 사건, ⑤ 인간차별에 맞서 투쟁하는 사건(평등),

---

28) 다테노 아키라 편,『그때 그 일본인들』, 219쪽. 布施柑治『ある弁護士の生涯』, 岩波新書,1963年, 3~7頁.
29) 이와 관련하여서는 김창록,「후세 다쯔지(布施辰治)의 법사상」, 56~59쪽을 참조.
30) 1923년 관동 대지진 때, 헌병 대위 아마카스 마사히코(甘粕正彦)는 아나키스트 오스기 사카에, 이토 노에(伊藤野枝) 및 일곱살짜리 조카 다치바나 슈이치(橘花宗一)를 죽여 우물에 던지는 등 이른바 아마카스사건을 일으켰고, 그 밖에 악행을 저지르는 일제 관헌들이 많아, '길로틴(결)사' 등 일본인 아나키스트들이 이들을 응징하기 위한 행동에 나섰고, 여기에 박열, 가네코 후미코 등이 연루되는데, 이와 친분이 있는 서동성이 일본의 '길로틴(결)사'와 일정한 관계 하에 대구에서 진우회를 결성, 일제가 이를 적발하고 문제시 한 사건이다.
31) 이규수,「후세 다츠지(布施辰治)의 한국인식」, 422쪽.

⑥ 조선인과 대만인의 이익을 위해 투쟁하는 사건(반식민지주의)[32]

　이상의 내용을 보면 후세는 사회주의 운동가는 아니지만, 무산자 대중의 인권옹호에 앞장서겠다는 다짐과 결의를 가지고 있었던 것이라고 하겠다. 정치적 사상적 입장을 초월하여 인권을 변론하여야 한다는 생각이 박열과의 인연을 만들었고 그 과정에서 박열의 헌법의식에 영향을 주기도 하였으며, 박열의 헌법의식을 포착하는 등의 헌법의식의 교감과 교류가 '조선건국헌법초안'으로 이어졌다고 볼 수 있지 않을까 생각된다.

2. 후세의 헌법사상과 '헌법개정사안'[33]

1) '헌법개정사안'의 내용

　1946년 1월1일 후세는 8개의 장(제1장 통치권, 제2장 의회, 제3장, 천황, 제4장 정부, 제5장 입법, 제6장 사법, 제7장 국민의 권리의무, 제8장 회계)으로 구성된 일본 '헌법개정사안'을 발표한다. 천황제를 존치하였지만, 메이지 헌법과 달리 제1장에는 국민이 통치권자임을 규정하고, 그 대표기관인 의회를 제2장에 위치시킨 뒤, 의례적 권한의 천황을 제3장에 위치시켰다. 실질적 행정권을 행사하는 정부에 대하여 제4장에서 규정하고, 행정권 행사에 있어서는 법률에 의거하여야 하며(이른바 법치행정), 그 법률은 의회의 의결과 천황의 재가를 거치는 협찬작업이라고 생각한 탓인지 '입법'에 관한 내용을 제5장에 위치시켰다. 인권보장에 대해서는 제7장에 국민의 권리의무라는 이름으로 편성하였다.

　전체적으로 보면 천황중심의 메이지 헌법의 편장구성(제1장 천황, 제2장 신민의 권리의무, 제3장 제국의회, 제4장 국무대신, 제5장 사법 등)을 탈피하고자 노력한 것으로 보이며, 구체적인 조문의 내용을 보더라도 천황의 절대주의적 성격을 약화시키고(제3장), 통치권자인 국민에 의한 통치를 규정(제1조)한 것으로 보아 국민주권과 약한 천황제의 이념을 규정하였다. 후술하겠지만 이른바 군민동치(君民同治)의 이념을 구현하고자 한 것으로 보인다. 의회는 1원2부제로 구성하고, 정부형태는 의원내각제(26조,29조 등)를 규정하였으며, 법원장 및 검사장의 직선(41조), 배심제(42조) 등을 규정하는 등

---

32) 大石進, 『弁護士布施辰治』, 西田書店, 2010年, 86~87頁.
33) 1945년 패전 후부터 1946년5월3일 새로운 헌법제정(형식적으로 개정)에 이르는 과정에는 정당에 의한 개정안, 후세의 '헌법개정사안'과 같은 민간헌법초안들이 다수 존재한다. 이러한 초안들의 공통점은 후세와 마찬가지로 1920년대의 자유민권운동의 영향을 받았다는 점이다. 憲法研究会案(儀礼的立憲君主制民主主義), 高野岩三郎案(民主共和制), 社会党案(立憲君主制), 共産党案(人民主権), 憲法懇談会案. 古関彰一 『新憲法の誕生』, 中央公論社, 1994年, 30頁以下.

비교적 폭넓은 국가권력의 민주화를 도모하고 있다.

(1) 전쟁과 평화관

일본 '헌법개정사안'에는 메이지 헌법과 달리 병역의무(제20조)[34] 및 군대와 전쟁에 대한 조항이 없다. 1946년 일본국 헌법이 제9조에 비무장평화주의를 적극적으로 규정하고 있는데 비하여, 후세의 경우, 그러한 규정을 두지 않는 소극적인 방법으로 평화주의를 표현하고 있다고도 할 수 있겠다. 후세는 해방직후 아직 국군을 갖지 않은 상태의 조선이 평화주의를 적극적으로 실현하기 좋은 조건이라고 보았다.[35]

이'헌법개정사안'을 보면 후세의 비전론이 반전론으로 발전하고 있는 것으로 보인다. 일련의 전쟁행위를 절대적으로 포기해야 하며, 일체의 비무장국가가 문화국가건설[36]이라고 하고 있다. 다만, 전쟁의 원인에 대한 평가는 매우 협소하다. 후세는 전쟁의 원인은 군벌·관료·재벌이라고 보았으며, 이들 군벌·관료·재벌에 대하여 국민에 의한 전쟁책임추궁이 필요하다고 본 반면, 미국과 천황에 대하여는 감사의 대상으로 보기도 하였다(「平和日本建国記念祭国民感謝祭」 1946. 3. 1., 二重橋前広場).

(2) 입헌군주제로서의 약한 천황제

'헌법개정사안'은 국민이 통치권자(제1장 제1조)라고 규정하면서도, 천황제를 존치(제3장 21조~25조)하는 규정을 두고 있다. 다만 그 천황은 메이지 헌법과 달리 전제성을 탈피한 약한 천황제이다. 종래의 메이지 헌법이 주권이 천황에 있고 국민은 왕의 신하라고 보았다는 것에 비하면 진전이지만, 천황제를 존치시켰다는 점에서는 일정한 한계를 내포하고 있다. 그러나 천황의 권한을 수동적이고 의례적인 것으로 제한하였다는 점에서는 1946년 일본국 헌법의 상징천황제와도 큰 흐름을 같이 한다고 볼 수도 있겠다.

이에 기반한 후세의 천황제는 몇 가지 특징이 있다. 첫째, 일본 '헌법개정사안'은 천황을 제1장에서 규정하고 있는 메이지 헌법과 달리 제3장에서 규정하고 있다. '천황은 만세일계의 황남자손이 이를 계승한다고 하여 메이지 헌법 제1조와 제2조를 혼합한 표현을 쓰고 있지만,[37] 메이지 헌법의 '천황이 통치한다'(제1조)는 표현을 삭제

---

34) 메이지 헌법에는 병역의무(제20조)를 규정하고 있었지만, '헌법개정사안'의 국민의 의무관련 조항에는 납세의 의무와 법률에 의한 근로봉사의무만을 규정하고 있다.

35) 布施辰治, 「朝鮮獨立憲法草案について」, 83頁.

36) 布施辰治, 「朝鮮建国憲法草案私稿」, 『世界評論』Vol.1 No.3, 1946年4月, 90頁.

하였다. '만세일계의 황남자손이 계승한다'는 표현에 대한 해설에서는 '황남자손이 대를 이을 수 없는 경우에는 현실적으로 천황제를 종료할 수밖에 없다'고 설명하고 있어, 말하자면 '한시적 천황제'라고도 할 수 있다.[38]

둘째, 후세에 의한 일본 '헌법개정사안'의 경우 권력성이 약한 천황을 규정하였는데, 천황의 존재를 부인하지 않았지만, 대권이라는 문구가 삭제되고 천왕의 의례적 지위가 규정되어 있다. 법률의 재가권은 존치(36조)되어 있지만, 조약에 대한 비준권은 형식적이며(34조), 정부가 천황에 대해 책임을 진다는 규정에도 불구하고 천황의 장관 및 관리임명권 보이지 않는다. 1946년 일본국 헌법의 상징천황제와는 밀도의 차이가 있지만, 기본적으로 상징천황 또는 의례적 천황제을 제안하고 있다는 점에서 매우 흥미롭다.[39] 또한 천황이 비신성적 신분이며, 천황의 존엄과 자숙(22조)을 규정하고 있다.

왕제에 대한 일본의 이러한 논의와 달리, 나라를 빼앗긴 조선왕조의 복고론이 미약하였던 해방조선을 대상으로 한 '조선건국헌법초안'에서는 국민주권(統治權在民)론에 기초한 대통령제가 규정되었다.

(3) 주권과 국민

1946년의 일본국 헌법이 제1장을 천황제에 대해 할애하고 있는 것과 달리 후세의 '헌법개정사안'은 제1장에 통치권(주권)을 규정하고 천황에 대해서는 국민의 대표기관인 의회(제2장) 다음에 규정하고 있다. '일본국은 일본국민이 향유하는 통치권에 의해 이를 통치한다'라고 규정하고 있는데, 패전 후 일본에서 논의되던 주권재민 또는 국민주권을 우회적으로 표현한 것이라 할 수 있다. 다만, 주권이라는 표현을 피하고 통치권이라는 권력개념을 사용하고 있다는 점에서는 국민주권과 천황주권의 애매한 타협으로도 볼 수 있으며, 천황제를 존치하면서도 실질적으로 국민주권을 선언하였다고 평가할 수도 있겠다.[40] 이는 후세의 특수한 민주주의사상과도 관련 있다. 후세는 민주주의도 자연사적인 성장과정을 거치는데 일본은 아직 천황제를 전면폐지하고 공화제, 국민주권주의로 전격적으로 가기에는 시기상조이며,[41] 그렇다고 메이지 헌법에서와 같은 전제적 권력을 용인할 수는 없다는 생각에서 '군민동치(君民同治)'

---

37) 森正,「布施辰治による'憲法改正私案'と'朝鮮建国憲法草案私稿'」, 38頁。
38) 小林勇樹,「布施辰治の戦後思想」, 『日本歴史』770号, 吉川弘文館, 2012年7月, 72頁。
39) 森正, 『評伝布施辰治』, 963頁.
40) 같은 책, 965頁.
41) 森正,「法律家・布施辰治の民主主義思想と行動(1)」, 120頁.

론[42]을 주장하였으며,[43] 그 결과 전제적 천황제는 약한 천황제로, 주권이라는 개념을 회피하고 통치권이라는 개념을 사용하는 것으로 나타났다고 보인다.

국회는 1원2부제로 규정하고 있는데, 직능대표부에 해당하는 제2부의 국회의원조차도 직능단체에 의한 직접선거를 규정(제6조)하고 있다. 나아가 후세가 생각하는 민주주의는 국회와 행정부의 구성에 머무르지 않고 사법부에도 향하고 있다. 관료제 사법제도를 타파하기 위하여 배심제의 도입(38조), 재판소장 및 검찰총장의 선거제(41조)에 대하여 규정하고 있다.

후세의 '헌법개정사안'이 당시 일본의 민간헌법초안과 다른 가장 큰 특징은 주권자인 '국민'에 관한 조항이다. '헌법개정사안'은 일본 국민의 요건을 제2조에서 다음과 같이 6개로 범주화하였다. 일본국민인 아버지와 어머니 사이에 태어난(출생지 불문) 자(1항), 일본국민인 아버지와 그렇지 않는 어머니 사이에서 태어난 자의 경우, 일본영토에서 태어난 경우는 일본 국민으로 하고, 그렇지 않은 경우는 어머니의 동의를 얻어 일본국민으로(2항), 일본국민이 아닌 아버지와 일본 국민인 어머니와의 사이에서 태어난 자의 경우 아버지의 동의를 얻어 일본국민으로(3항), 일본국민인 남자와 결혼한 여자는 일본국민으로(4항), 계속하여 10년 연속하여 20년을 일본영토 내에서 생활의 본거를 두고 정주하는 자는 일본국민으로(5항), 일본 영토 내에 주 사무소를 갖는 법인은 이를 일본국민으로 한다(6항).

이 중 가장 주목할 만한 것은 정주자에 대한 국적 선택권이다. 즉 계속하여 10년, 연속하여 20년을 일본영토 내에서 생활의 본거를 두고 정주하는 자는 일본국민으로 할 수 있다는 것인데, 이는 패전 직후 260여만에 이르렀다고 하는 재일조선인, 그보다 더 많았다고 하는 재일 대만·중국인을 염두에 둔 것이다.

물론, 이 '헌법개정사안'의 인권향유주체 규정을 보면, 아버지를 중심으로 하는 부계주의의 흔적이 역력한 것도 사실이다. 하지만, 진보정당이라고 자처하는 공산당과 사회당의 헌법개정안에도 그리고 진보적인 민간헌법초안의 하나인 헌법연구회안도 국적요건을 법률에 유보하고 있다거나[44] 침묵하고 있는 점에 비추어 보면 매우 전향적인 측면을 가지고 있다.

---

42) 메이지 헌법의 근대적인 모습과 근대적이지 못한 모습으로 인하여 그 본질을 어떻게 볼 것인가를 둘러싸고 천황주권설(우에스기 신기치上杉慎吉)과 천황기관설(미노베 다츠기치美濃部達吉)설 사이에 헌법 논쟁이 계속되고 있었다. 후세의 군민동치론은 천황기관설계의 요시노 사쿠조(吉野作造)의 민주주의론(주권은 정치적으로는 인민에게 있다)에 기초한 천황제 개혁론과 궤를 같이 한다고 볼 수 있다. 森正, 『評伝布施辰治』, 日本評論社, 2014年, 962頁 이하 참조.

43) 같은 논문 122頁.

44) 佐藤達夫, 『日本国憲法成立史』, 有斐閣, 1993年, 785頁.

연합국총사령부(General Headquarters/Supreme Commander for the Allied Powers＝SCAP, 이하 GHQ)의 우유부단한 재일조선인 정책에도 불구하고 GHQ가 일본정부에 제시한 헌법초안에는 인권의 향유주체를 국민(nation)으로 하지 않고, 누구든(person)으로 함으로써 재일외국인의 지위보장 가능성의 여지를 남겨 두었다고도 볼 수 있는데, 이와 내용적으로 일맥상통할 여지가 있다. 반면, 재일외국인을 배제하고자 인권의 향유주체를 국민(nation)으로 애써 바꾼 일본 정부의 개정안과는 매우 대조적이다.

후세의 일본 '헌법개정사안'은 국민요건을 구체화하였을 뿐만 아니라, 생활실태에 기초한 국적취득에 대한 헌법의식을 전향적으로 보여준 것으로 평가할 수 있을 것이다. 이러한 생각은 '조선건국헌법초안'에도 그대로 반영되어 있다. 일제 강점기를 거친 결과 일본 패전 후에도 일본과 조선 내에 잔류하고 있던 외국인들의 생활실태를 고려한 것으로 보인다.

(4) 노사협조주의에 기초한 복지국가주의

현대적 의미의 헌법의 특징으로는 생존권, 근로3권과 같은 사회적 기본권의 명문화를 들 수 있다. 그러나 '헌법개정사안'에는 인간다운 생활을 할 권리의 보호영역 중에 하나라고 할 수 있는 생활필수물자소비의 자유(제43조8항)에 관한 규정이 존재함에도 불구하고, 근로3권에 대한 명문의 규정은 존재하지 않는다. 노사협조를 의식하여 근로3권에 대신하여 근로협조(제4조8항)에 대해 규정한 것으로 보인다.

후세의 경우 식민지문제를 계급문제로 볼 정도로 계급문제에 대한 인식지평의 확산이 있었으나 그렇다고 하여 공산주의나 사회주의에 적극적이지 않았다. 더군다나 후세가 주목하였던 박열 역시 좌우익을 결합한 새로운 사상으로 계급대립보다는 노사협조를 강조하였는데 이와 일맥상통해 보인다.[45] 노동조합보다는 협동조합을 강조하고 노동자의 자주관리를 강조하고 있는 아나키즘[46] 경향성을 포착한 것으로도 보인다. 박열이 가장 많은 영향을 받았다고 하는 오스기 사카에의 경우도 중앙집권적인 노조에 반대하고 노조의 자유연합을 긍정한 바 있다. 다만, 오스기 사카에의 경우 중앙집권주의적 노조에 반대하면서도 노사협조주의도 기만이라고 하였던 것을 고려하면 오스기 사카에와는 다소 다른 측면을 보이고 있다고 할 것이다.

---

45) 이호룡, 「박열의 무정부주의 사상과 독립국가 건설구상」, 『한국학보』 제23권제2호, 1997년, 172쪽.
46) 박홍규, 『아나키즘 이야기』, 이학사, 2004년, 201쪽.

2) 조선의 제헌과정에의 영향 여하

후세의 '헌법개정사안'은 박열을 비롯한 조선 독립 운동가들을 통하여 조선의 헌법제정에 일정한 영향을 미쳤을 가능성이 있다. 사실 후세는 박열과 같은 재일 조선 독립 운동가들뿐 아니라 1927년 조선공산당 사건을 변론47)하면서는 같은 변호인단에 속하여 있던 대표적 조선인 변호사 김병로(당시40세)와 이인(당시 31세) 그리고 허헌(당시 42세)등 조선의 인사들과도 긴밀한 연계가 있었고 이 사건 관련하여 두 번에 걸쳐 조선을 방문(당시 47세)하였다. 특히 메이지 법률학교 후배이자 연하인 이인(당시 31세)과 긴밀한 연락을 취하였고 그 결과 다량의 서신이 일본 문헌에는 남아있다.48)

이 가운데, 이인은 1945년 12월 김병로,김규식 등과 한미호텔에 모여 남한에서 헌법기초위원회를 조직하였고49) 김병로가 회장, 이인 자신은 부회장을 맡았다고 회고하고 있다.50) 1947년에는 미군정 산하의의 법전편찬위원회의 '헌법기초분과위원회'에서 김병로가 분과장을 맡았고 이인은 부위원장을 맡았다.51) 허헌은 민주주의 민족전선(이하 민전)의 '임시헌법기초위원회'의 대표로서 '조선민주공화국임시약법'시안(試案)을 만들었고,52) 1947년 경 북한으로 건너가 제1기 북한최고인민회의 대의원, 1948년 최고인민회의 의장 등을 역임하였다.

그러나 이인,53) 김병로의 평전54)은 물론 제헌관계 자료 등 어디에도 후세의 '헌법개정사안'이나 '조선건국헌법초안'에 대한 언급이 없다. 박열 등이 조직한 흑도회의 후신 중의 하나인 북풍회에도 관여하였던55) 김병로도 후세와의 언급에 소극적인 것은 물론,56) 심지어 이인의 경우에는 후세와의 만남 자체에 대한 언급도 아예 없거나 매우 단편적이다.57) 김병로 평전에 의하더라도 미군정 하의 법전편찬위원회 '헌법기

---

47) 한인섭, 『식민지 법정에서 독립을 변론하다』, 경인문화사, 2012년, 316~287쪽.
48) 石巻文化センター所蔵布施辰治資料研究準備委員会編, 『Fuse Tatsuji植民地関係資料編』Vol.1(朝鮮編), 21頁 이하.
49) 최영희 외『애산 이인』, 과학사, 1989년, 231쪽 이하.
50) 「20년만에 햇빛 본 헌법초안:이인씨가 말하는 제헌비화」『경향신문』, 1967년 7월 17일, 그러나 미군정청 행정명령3호에 의하면 법전편찬위원회가 만들어진 것은 1947년 6월 30일이다. 그리고 실제 조직된 것은 1947년 9월 초이다. 김수용, 『건국과 헌법』, 경인문화사, 2008년, 176쪽.
51) 한인섭, 『가인김병로』, 박영사, 2017년, 443쪽 이하.
52) 고대박물관, 『현민 유진오 제헌관계 자료집』, 고대출판부, 2009년, 12쪽.
53) 김석득 편, 『애산여적』제4집, 애산학회, 2016년, 153쪽.
54) 김학준, 『가인김병로 평전』, 민음사, 2005년3월.한인섭『가인 김병로』, 박영사, 2017년. 법조삼성 평전 간행위, 『한국사법을 지킨 양심』, 일조각, 2015년.
55) 김학준, 『가인 김병로 평전』, 126쪽.
56) 김학준, 『가인 김병로 평전』, 126쪽 이하.
57) 최영희 외『애산 이인』, 104쪽 이하.

초분과위원회' 시절 "미군에 부탁하여 열일곱 개 외국의 헌법자료를 얻는 등의 작업을 계속했다"[58]는 언급에도 불구하고, 후세의 '헌법개정사안'에 대한 언급은 없다. 김병로, 이인의 경우 후세와 그것도 조선공산당 사건을 변론하였다는 것이 경력관리에 득이 되지 않는다고 하여 이렇다 할 기록이 없다하더라도, 후세의 경우에는 다를텐데 후세의 기록에도 이렇다 할 흔적이 없다. 특히 메이지 법률학교의 후배이자 조선 공산당 사건 변론 당시 가장 많은 서신 교환을 할 정도로 친밀도과 높았던 이인에게 '조선건국헌법초안'이 전달되었을 법도 한데 어디에도 '조선건국헌법사안'이 건네졌다는 기록이 없는 것으로 보아 현재로서는 실제 전달되었을 가능성이 많지 않아 보인다.

또한 법전편찬위원회의 헌법안(이른바 권승렬안)의 내용을 보더라도 내용적인 결절점을 찾아보기 힘들다. 적어도 현재의 문헌상황으로는 '조선건국헌법초안'이 전달된 것은 확인되지 않으며, 전달되었다 하더라도 내용적으로 연결되지 않는다.

김병로, 이인과 달리 북으로 건너갔던 허헌의 경우에도 법조인이었던 관계로 각종 헌법제정과정에 참여하였다. 1946년 2월4일 민전 준비위원회는 사무총국과 5개 부서를 발표하고 헌법기초위원회를 비롯한 7개 전문위원회를 설치하고 허헌을 임시헌법 기초위원회 위원장으로 선출하였다. 그리고 허헌이 중심이 되어 총9장 103개 조항으로 이루어진 민주주의 민족전선의 '조선민주공화국 임시약법' 시안을 작성하였는데, 이에 대해서는 1946년 3월 9일 초안에 대한 축조검토가 이루어졌다. [59] 그간의 후세와의 관계, 시기상으로 보았을 때 '조선건국헌법초안'에 대한 언급이 있을 법한 시기이나, 현재로서는 허헌과 관련한 연구서와 자료집[60] 어디에도 '조선건국헌법초안'에 대한 언급 및 후세와의 관련이 언급되고 있지 않다. 뿐만 아니라 권리장전(제2장 인민의 기본적 권리)부분의 일부조항과 사법부(제6장)의 배심제(81조)를 제외하고는 이렇다 할 내용적 연계도 긴밀도도 찾기가 쉽지 않다. '조선민주공화국 임시약법' 시안은 민전과 인민위원회를 중심으로 한 행정 및 입법권의 행사에 대하여 규정하고 있으며 군사에 관한 별도의 장(제7장)을 두어 자위력으로서의 군대에 대하여 9개의 조문을 두고 있어, '조선건국헌법초안'과 내용과 편제 면에서도 유사성이 없다.

'헌법개정사안'은 1946년 1월1일 『打倒？支持？天皇制の批判』이라는 46페이지짜리 소책자의 후반부에 첨부되어 신생활운동사라는 출판사에 의해 일단 공간되었다. 이

---

58) 김학준, 『가인 김병로 평전』, 343쪽.
59) 고대박물관, 『현민 유진오 제헌관계 자료집』, 13쪽.
60) 심지연, 『허헌 연구』, 역사비평사, 1994년,89쪽 이하 및 299쪽 이하.

'헌법개정사안'의 존재는 1956년 일본정부에 의해 설치된 헌법조사회(1956년~1964년)에서 출간한 헌법자료집 『憲資』(1957년)에 일부가 수록되어 있으나,[61] 후세 연구에 정통한 모리 다다시가 1980년에 천황제구상 부분까지 첨부하여 소개하면서 비로소 본격적으로 연구자들에게도 알려지게 되었다는 점 등의 정황을 보면 공간된 자료의 형태로 한반도에 건네졌을 가능성도 그다지 높아보이지는 않는다.

III 박열의 헌법의식과 '독립국가구상'

1. 박열의 헌법의식

1) 국제주의 그리고 반강권주의

박열은 외세의 조선침략이 가시화되기 시작하던 1902년 3월 12일 경상북도 문경군 마성면에서 태어나 1919년 10월경에 일본에 건너가 고학하며 활동하다 1923년 관동대지진 후 체포되어 대역죄로 재판을 받았으며, 단일 범죄로 세계최장 22년간의 감옥 생활 끝에 1945년 10월27일 석방되어 1948년 9월8일 「재일본 대한민국거류민단(이하 민단)」을 결성하였고 1950년 6월28일 납북되어 1974년 1월 17일 북한에서 사망하였다.[62]

격동기의 파란만장한 삶을 산 탓에 박열만큼 다양한 평가를 받는 사람도 드물 것이다. 그의 삶은 체포되어 재판을 받던 시기를 전후한 혈기방장하던 청년시절, 가인(歌人)이나 선승(禪僧)[63]으로 불리던 감옥에서의 청장년시절, 좌우 정치세력과 분단조국을 넘나들거나 줄타기하던 출옥 후의 장년시절로 나누어 볼 수 있다. 이 글에서는 후세가 박열을 관찰하고 교류한 기록으로서의 『운명의 승리자 박열』(1946년5월)이라는 책이 묘사하고 있는 시기(1919~1945년 패전 직후, 즉 1946년 1월 조선건국헌법이 발표되기까지)의 헌법의식을 원칙적으로 대상으로 한다.

박열이 아나키스트들과 본격적으로 만나고 활동한 것은 1919년 8월 도쿄로 건너간 이후이지만, 아나키스트들과 조우하게 된 배경에는 조선인학교인 경성의 고등보

---

61) 이와 관련한 자세한 기술로는 森正, 「布施辰治による'憲法改正私案'と'朝鮮建国憲法草案私稿'」, 『法と民主主義』147号, 1980年, 5月, 38頁.

62) 박열의 생애와 삶에 대하여는 김인덕, 『극일에서 분단을 넘은 박애주의자 박열』, 역사공간, 2013년을 참조. 일본어 문헌으로는 布施辰治ほか, 『運命の勝利者朴烈』, 140~211頁을 참조.

63) 최영호, 「해방직후 아키타에서 보인 박열의 움직임」, 『로컬리티 인문학』17권, 2017년 4월, 172쪽.

통화교 시절의 일본인 교사의 영향이 컸던 것으로 알려지고 있다. 1924년의 예심조서[64]에 의하면, 일본경부를 미워하면서도 공부를 하고 싶은 이중적인 생각으로 그 고민하다가 편비로 공부를 시켜주는 고등보통학교 입학시험(1912년, 박준식 10세)에 합격하였는데, 입학 후에는 수준 낮은 등 수준 낮은 일본인에게는 가르쳐 주는 것을 주저하지 않는 일본인 교사(심리학전공)가 일본의 대표적인 아나키스트인 한명인 고도쿠 슈스이(幸德秋水, 1871.11.5.~1911.1.24)의 이른바 '대역사건'에 대하여 이야기하여 주었는데 너무 흥미롭고 기발하다고 생각하였다.[65]

도쿄의 세이소쿠(正則)영어학교 흑도회(黑濤會)를 창립[66]하였다. 1921년에는 이와사 사쿠타로(岩佐作太郎) 지도하에 일본의 권력체제에 대한 반감을 느끼면서 박열이 시절인 1920년에는 노동조합과 상당함을 제휴의 오스기 사카에(大杉榮)[66]와의 만나 교제하게 되었으며, 그 역시 박열 이상으로 아나키즘 특히 막스 슈티르너의 개인주의적 아나키즘에 열심이었던 것으로 전해진다.[67]

1922년 2월 「청년조선」이라는 잡지에 일본의 가네코 후미코(金子ふみ子)와 만나 교제하게 되었으며,[68] 그녀 역시 박열 이상으로 아나키즘 특히 막스 이런한 과정을 통하여 민족독립이 정치되던 것으로 보인다. 이 시절 박열은 막스 슈티르너 등의 개인주의적 아나키즘에 열심이었던 것으로 전해진다.[69]

박정적인 시각이 형성되었던 것으로 보인다. 이 시절 박열은 "국가는 소수를 가장 조직적으로 가장없이 일본에 처하고 있다"[70]고 신언하기도 한다. 아나키스트들에게는 새로운 국가권력으로서의 사회주의국가의 수립에 대한 전망 아나키스트들에게는 새로운 국가권력으로서의 사회주의국가의 수립에 대한 전망보다는 사회의 혁명이 매우 중시되었는데,[71] 그러한 연장선상에서 박열도 자율과 자치의 삶, 사회의 유지를 위한 법의 필요성은 존중하거나 인정하되 위계적 권위와 혁명보다는 사회의 혁명이 매우 중시되었는데,[71] 그러한 연장선상에서 박열도 자율과 자치의 삶, 사회의 유지를 위한 법의 필요성은 존중하거나 인정하되 위계적 권위

---

64) 일제 강점기의 형사소송법 및 우리나라의 구 형사소송법에서의 재판 전 절차의 하나로 예심은 예심을 담당하는데, 검찰이 피의자를 법원에 기소하면, 법원은 재판 회부여부를 결정하기 위한 증거 수집 등의 예비조사과정(예심)을 두었는데, 이를 기록한 문서를 말한다.

65) 布施辰治ほか, 『運命の勝利者 朴烈』, 141쪽.

66) 박홍규, 「아나키즘 이야기」, 130~140쪽, 구승회 외, 「한국 아나키즘 100년」, 74쪽과 94쪽.

67) 앞의 주 25) 참조.

68) 김인덕, 「극일에서 반일을 넘어 반예속의자 박열」, 역사공간, 2013년, 68쪽 이하. 박열에 대한 자세한 기술로는 『日本人の自由と』6(金子ふみ子ほか), 不二出版, 1980年, 322~333頁을 참조.

69) 김진웅, 「가네코의 아나키즘」, 268쪽.

70) 박열, 「나의 선언」, 김삼웅, 「박열평전」, 가람기획, 1996년, 233면.

71) 전상숙, 「박열의 무정부주의와 민족의식」, 107면.

로서의 법 즉 국가법에 대하여 부정적 인식을 갖게 되었던 것으로 보인다.[72]

2) 민족주의자 박열

민족주의는 정치적 주의 신조이면서도 헌법원리에도 투영되는데, 현행 헌법은 '3.1운동으로 건립된 대한민국임시정부의 법통을 계승'한다고 하여 헌법전문에 명시하고 있다. 이러한 민족주의의 박열이 눈 뜬 것은 경성고등보통학교 시절인 것으로 보인다. 1923년의 예심조서에 의하면, 앞에서도 언급했듯이, 일본인 아나키스트 교사가 고토쿠 슈스이를 언급하면서,[73] 독립도 프랑스로부터 독립하였다는 이야기를 듣고 조선도 독립해야겠다고 생각했다는 것이다.[74]

박열이 경성고등보통학교 그만 둔 것은 1919년이 3.1운동이 영향이 있었던 것 같 다. 만세운동이 '유쾌'하였으며 이 무렵 한일합병에 거부한 고종이 독살되었다는 소 문이 포지면서 더 이상 일본정부가 세운 관립학교를 다닐 수 없어 그만두었다고 술 회하고 있다.[74]

민족주의자이자 아나키스트에 경도되어 있었던 박열에 있어서 타도해야할 '강권적 권력'은 다름 아닌 천황제였으며, 비판하여야 할 것은 한일합병의 부당성, 일본식민 정책 등[75]이었다. 그 방법론은 천황론은 천황과 왕세자 폭살계획 같은 직접행동이었다. 이러한 직접 행동론에는 '약자로서의 인간'이면서 동시에 '식민지 조선인'이라는 허 무주의적 생각도 일조하여 반역과 복수의 직접으로 일환으로 직접 행동론에 경도하고도 보인다.[76] 박열 역시 이와 대한 복합적인 생각을 생각하였으며, 민족의 독립과 조국통일은 아나기 틈 사회로 나가기 위한 과정으로 이해하였던 것으로 보인다.[77]

3) 비자본 · 비(반)공주의자 박열

박열이 사회변혁의 사상으로서의 아나키즘에 경도되게 된 데에는 사회주의 계열의 운동가들에 대한 부정적인 인식도 큰 몫을 하게 되었다. 1924년의 예심조서에서는 "인간은 자유평등하다는 생각을 가지고 있으며 그런 의미에서는 (자신은―필자) 넓은

72) 박홍규, 「간디의 아나키즘 법사상」, 「민주법학」, 42호, 2010년 3월, 204쪽.
73) 전상숙, 「박열의 무정부주의와 민족의식」, 「한국 동양정치사상사 연구」제7권 제1호, 2008년3월, 104쪽.
74) 布施辰治ほか, 「運命の勝利者朴烈」, 153頁.
75) 박열, 「한 불령선인으로부터 일본의 권력자 계급에 전한다」, 김삼웅, 앞의 책, 223면 이하.
76) 전상숙, 「박열의 무정부주의와 민족의식」, 109쪽.
77) 이호룡, 「박열의 무정부주의 사상과 독립국가 건설구상」, 169면.

의미의 사회주의자라고 할 수 있다"[78]고 술회하기도 하지만, "사회변혁을 주장하는 사회운동자들을 보니 배반과 변절을 일삼으며 부르주아를 공격하면서도 부르주아적 생활을 하고 있었다"[79]고 비판하고 있었을 뿐만 아니라, 새로이 건설된 지 얼마 되지 않은 사회주의 러시아 국가에 대해서도 "러시아 민중은 60만 상비군대의 위협 속에서 구식의 로마노프가 대신 공산당이라는 신식의 흡혈귀에 의해 가장 조직적으로 착취당하고 기계화되어 가고 있다"라고 하며 매우 부정적인 인식을 보였다.[80]

사회주의 계열의 항일운동에 대한 부정적인 인식은 해방 후의 재일 민족운동 단체의 결성과정에서 '재일본 조선인연맹'(이하 조련,1945년10월16일 결성, 사회주의계열)에 일정한 거리를 두고, 비록 친일파가 가입되었다고 하더라도 민족계 반공청년[81]이 중심이 된 '조선건국촉진청년동맹'(이하 건청)을 추진하는 모습으로 나타났다.

1946년 8월31일에는 건동을 중심으로 범 우익계를 결집한 거류민단조직 문제를 제기하고, 9월 25일 '재일거류민단 결성준비위원회'를 구성하며, 10월3일에는 2000여명이 참석한 가운데 박열을 단장으로 하는 '재일조선인거류민단'(이하 조선민단) 이 출범하였다. 조선민단은 "재류동포 민생안정, 재류동포 교양향상, 국제친선, 민생단체 지향"[82]을 내걸었다.1948년 10월5일 조선민단은 재일본 대한민국거류민단(이하 민단)으로 전개되었다.[83]

여기서 주목할 만한 것은 건동의 10대 강령이다. 여기에는 '조국건설의 대강과 구체안의 조속한 완성'을 들고 있는데, 가장 완성된 형태의 조국건설의 대강이 다름 아닌 헌법이라는 점을 생각하면, 박열 자신이 헌법초안을 직접 언급하며 의뢰하지 않았다고 하더라도 건동의 건설과정을 지켜본 법률가 후세가 '조국건설의 대강으로서의 헌법'을 착안하는 것은 어렵지 않았을 것으로 보인다.

나아가, 후세가 '조선건국헌법초안'을 "박열군을 위원장으로 하는 건국촉진회의 대학강좌 텍스트로 집필했다"[84]고 언급한 바 있는데, 재류동포의 교양향상 및 건동의 교육구국사업의 일환으로도 헌법초안의 필요성을 언급했을 개연성도 매우 높다.

---

78) 布施辰治ほか, 『運命の勝利者朴烈』, 154頁.
79) 전상숙, 「박열의 무정부주의와 민족의식」, 108쪽.
80) 박열, 「한 불령선인으로부터 일본의 권력자 계급에 전한다」, 237~238쪽.
81) 김태기, 「아나키스트 박열과 해방 후 재일한인 보수단체」, 『한일민족문제연구』 제27권, 2014년, 98쪽.
82) 김태기, 「아나키스트 박열과 해방 후 재일한인 보수단체」, 116면.
83) 이 과정에서 이강훈은 박열과 결별하게 되는데, 백범노선(민족주의적 항일)이 친일파, 모리배 노선으로 바뀌었다고 비판하였다. 이강훈, 『민족해방운동과 나』, 215면, 김태기, 「아나키스트 박열과 해방 후 재일한인 보수단체」, 114면에서 재인용. 김인덕, 『극일에서 분단을 넘은 박애주의자 박열』, 164쪽.
84) 布施辰治, 「朝鮮獨立憲法草案について」, 83頁.

2. 박열의 독립국가구상과 남한의 제헌과정

'박열의 열렬한 옹호자' 후세의 '조선건국헌법초안'은 1945년 11월에 완성되었다고 하고, 1946년 1월 발표되었다. 그렇다면 박열을 통하여 남한측에 전달되었을 가능성도 배제할 수 없다. 실제 1946년 12월10일 도쿄를 방문한 이승만은 박열에게 남한만의 단독정부가 수립될 경우 이를 지지하여 줄 것을 요청한 바 있다(제1차 이승만 회동),[85] 또한 1947년 4월7일 이승만은 박열에게 국무위원직함[86]을 제안하면서 유엔 감시 하의 남한 단독선거를 설득한 바 있다(제2차 이승만 회동). 1948년 8월 16일에는 민단 단장으로 정부수립식에 초대되어 국회에서 연설하기도 하였고, 나아가 비록 실패하기는 하였으나 1948년 10월 19일에는 일본 도쿄의 히비야(日比谷) 야외음악당에서 이승만 환영대회를 열 계획이었으나 대회가 무산되었다. 그러나 1948년의 이승만과의 만남은 모두 제헌 이후의 일이므로 '조선건국헌법초안'을 전달할 의미가 없었다고 보여진다. 1948년 대한민국 정부 수립식장에서의 연설에서 "간단히 불완전하나마 서류를 만들어 가지고 왔다"는 기술이 보이는데, 그 목록은 '재일동포 조사표, 한국인학교 통계표, 일본인과 결혼사람 통계표, 재일동포 수감현황 통계표, 재일동포의 민생·사법·외국인관계·사상경향'이라고 한 것으로 보아 이 목록에도 '조선건국헌법초안'이 포함되어 있지는 않은 것으로 보인다.

가능성이 있다면 1947년 4월7일 이승만과의 만남이지만, 현재까지의 제헌관련 문서에는 내용과 형식상으로도 그 연계를 찾아보기가 쉽지 않다. 더구나 1946년 2월의 후세 다츠지와 장상중, 정태성이 공동으로 작성 중이었던 『운명의 승리자, 박열(運命の勝利者朴烈)』출판과정에서 "박열이 그 원고를 '무단으로 출판'하면서 이후 박열이 후세 앞에 얼굴을 내밀지 못했다"는 후손(大石進)의 진술, 후세의 박열에게 보낸 편지 등[87]으로 보아 두 사람사이의 관계가 악화되어 후세 작성의 '조선건국헌법초안'을 박열자신이 적극적으로 대외적으로 알리거나 전달하는 일들을 하지 못하였을 것으로 생각된다.

---

85) 김인덕, 『극일에서 분단을 넘은 박애주의자 박열』, 159쪽.

86) 1948년 8월 15일 발간된 『신조선혁명론』이 '대한민국임시정부 국무위원 박열' 이름으로 발간된 것은 실제 박열이 국무위원이었다기보다는 이러한 설득과정에서의 제안을 박열 스스로 직함화한 것이 아닌가 생각된다.

87) 「書簡 布施辰治より朴烈君あて(１９４６年か,2月2日付あり,罫書1枚あり)」石巻文化センター所蔵布施辰治資料研究準備委員会編 『Fuse Tatsuji植民地関係資料編』 Vol.2(朝鮮·台湾編) 126頁 이하.

Ⅳ   결절점으로서의 '조선건국헌법초안'

1. 내용과 작성과정

일본 '헌법개정사안'에 앞서 1945년 11월경에 작성되었다고 전해지는 '조선건국헌법초안'은 7개의 장, 63개조의 조문으로 이루어졌으며, 국민주권 등 헌법원리를 규정하는 총강을 앞에 두고(제1장 통치권), 이어 분립된 국가권력을 행정권(제2장 대통령), 입법권(제3장 의회,제4장 입법), 사법권(제5장)으로 나누어 규정하고 있다. 일본 '헌법개정사안'이 '군민동치'라는 타협적 과도적 민주주의 이념에 입각하여 천황제를 존치시킨 탓에 주권자인 국민(제1장)과 그 대표인 의회(제2장)를 의식적으로 앞세운 것과 달리, 왕제가 없는 조선에 있어서는 국민주권을 규정한 제1장(통치권)에 이어 행정권의 수반인 대통령을 다음에 위치시키고(제2장) 그 뒤에 의회(제3장)와 사법권(제5장)을 위치시키고 있다. '헌법개정사안'과 대체로 동일한 내용으로 구성되어 있다.[88] 어떤 경우는 일본 '헌법개정사안'의 편제를 그냥 옮겨 온 것도 있다. 예를 들어 '헌법개정사안'의 경우 입법에 있어서 의회와 천황의 공동행위가 필요하여 입법권을 별도의 장에서 규정하였다고 보이는데, 딱히 그럴 필요가 없는 '조선건국헌법초안'에서도 입법을 별도의 편장으로 하여 제4장에서 규정하고 있는 경우가 그렇다.

근대적 의미의 헌법의 목적이라고 할 수 있는 인권보장에 대해서는 제6장에 권리·의무라는 이름으로 규정하고 있다. 정부형태는 전형적인 정부형태(의회정부제, 대통령제, 의원내각제)와는 다소 거리가 있다. 의회가 대통령을 불신임할 수 있다는 점에서는 의회정부제의 모습이나 행정부의 하나인 대통령도 의회의 해산을 명할 수 있다는 점에서는 의원내각제와 유사하다. 그러나 행정부의 수장인 대통령을 의회가 아닌 국민이 직접 선출한다는 측면에서는 의원내각제와도 다른 변형된 대통령제 또는 혼합정부형태를 취하고 있다.

헌법이란 무엇인가에 대하여서는 다양한 헌법사상과 그에 기초한 이른바 헌법관이 존재할 수 있다. 그 중에서도 종래에는 국가의 통치조직에 관한 근본사항을 정한 기본법으로 헌법을 인식(고유한 의미의 헌법)하기도 하였지만, 오늘날에 있어서는 프랑스 시민혁명의 영향을 받은 자유주의적 헌법관에 기초하여, 인권보장과 이를 위한 권력분립의 문서(1789년 프랑스 인권선언 제16조)라는 것이 일반적이다. 반면에 '조선건국헌법초안'에 대한 해설서에 해당하는 「조선건국헌법초안사고」에 의하면 후세는

---

88) 같은 논문, 38頁이하.

헌법을 '국가의 조직법'[89)]으로 인식하고 있다. 그런 의미에서는 후세는 전근대적 요소가 있는 고유한 의미의 헌법관을 가지고 있다고도 볼 수 있으며, 법률가이기는 하나 본격적인 헌법연구자는 아니었던 후세의 헌법의식의 한계가 노정된 것이라고도 할 수 있겠다.

그러나 일반 법률과 달리 헌법은 민중의 총의(총지지)를 모아야 한다고 강조하고 있으며, 대통령의 통치권행사와 관련하여서는 법률에 따르도록 규정(제41조)하여 근대국가 헌법의 주요한 원리 중 하나인 법치국가원리를 반영한 것이다.[90)] 나아가 제5조의 '10대 국시'는 근대적 의미의 헌법원리들을 좀 더 확연히 나타내고 있다. 심지어는 법률을 "의회와 협찬하여 재가하더라도 사법권은 소원에 의해 무효를 선언할 수 있다"[91)]고 하는 등 현대적 의미의 헌법에서 일반화되고 위헌법률심사권도 염두에 두고 있다. 결국 여러 가지 헌법관이 착종되어 있었던 것으로 보인다.

'조선건국헌법초안'의 작성과정에는 박열도 다소 참여하였던 것으로 보인다. 후세의 외손자이자 일본의 대표적 법률서적 출판사인 일본평론사(日本評論社)의 사장을 지낸 오오이시 스스무는 "박열의 의견을 들어가며 마무리"[92)]하였다고 기록하고 있다. 필자와의 간접 서신교환에 의하면 외가에서 지내던 어린 시절(12세) 박열을 보았으며, 그와 관련한 내용이 책에 기술된 것이라고 하고 있다.

후세 자신도 이 초안의 작성계기와 관련, 단순히 내가 아쉬워서 동지들에게 주는 시혜적 선물이 아니라, "나의 염원(나만의 독자적인 국가관과 세계관에 기초한 민주국가 건설의 구체적인 구성을 이제 해방되어 자유로워진 조선에서 건국의 헌법초안으로 표현하고 싶다)과 조선독립운동에 협력하였던 동지들의 의견(조국탈환의 기쁨과 조선 3천만 동포에게 작별의 선물로 조선독립건국헌법초안을 가지고 가고 싶다)의 일치에 의한 것이다"[93)]고 표현하고 있는데, 그 일치의 긴밀도까지 검증된 것은 아니지만 다소나마 실제의 의견교환도 있었던 것으로 보인다.

이 '조선건국헌법초안' 작성과정은 후세 개인에게도 많은 영향을 미친 것으로 볼 수 있다. 후세는 뛰어난 인권변호사이지만, 기나긴 '암중모색기' 등으로 인하여 관계망이 그다지 넓지 않아 당시의 일본의 정치권과 식자층에서 진행 중이었던 개헌논의와도 다소 동떨어져 있었던 것 같다. '조선건국헌법초안'의 해설논문에 해당하는 「조

89) 布施辰治, 「朝鮮建国憲法草案私稿」, 89頁.
90) 布施辰治, 「朝鮮建国憲法草案私稿」, 96頁.
91) 布施辰治, 「朝鮮建国憲法草案私稿」, 90頁.
92) 大石進, 『弁護士布施辰治』, 185頁.
93) 布施辰治, 「朝鮮獨立憲法草案について」, 83頁.

선독립헌법초안에 대하여」(1947년 6월 15일)에서 이러저러한 민간초안이나 개정된 일본 헌법안에 비추어보니 '조선건국헌법초안'(1945년 11월경)의 몇몇 조항의 내용이 아쉽고, 원래 후세 본인이 표현하고 싶었던 것은 이런 것이고 지금이라면 이렇게 했을 것이라는 등의 해설을 사후적으로 하고 있다. [94]

사실 1945년 9월 이후 후세가 '조선건국헌법초안'을 만들 당시 일본의 정치 및 법조계에서는 일본 헌법 개정과 관련한 민간초안들 예를 들어 가장 대표적인 것으로는 헌법연구회의 '헌법초안요강', 공산당의 '신헌법골자' 등이 논의 되었는데, 이러한 논의과정을 잘 알지 못하였고 그 결과 그러한 초안들을 참조하지 않은 상태였던 것이다.[95] 이러한 전후사정을 보면, '조선건국헌법초안'을 구상하면서 일본 '헌법개정사안'을 작성하는 계기가 되었다고도 할 수 있을 것이다.

2. 결절점

1) 열린 민족주의

후세와 박열의 헌법의식의 가장 큰 결절점은 세계주의와 그에 기초한 열린 민족주의이다. 세계가 하나라는 아나키즘의 국제주의는 후세의 헌법의식의 밑바탕이 되었던 겸애주의에서 말하는'천하에 남이 없다'라는 말과 일맥상통한다.[96] 나아가 후세는 앞에서도 언급하였듯이, 1919년 3.1운동의 도화선이 되었던 1919년 2.8 독립선언(도쿄)사건의 최팔용, 백관수 등의 출판법 위반 변론을 맡는 등 조선인 및 대만인의 변론을 맡게 되었으며, 1923년 관동대지진 후에는 박열 등 조선인 등에 대한 탄압사건을 변론하기 시작하면서 본격적으로 식민지 피압박 민족의 생활실태와 인권문제에 대한 관심을 갖게 되었다.

이러한 관심은 '조선건국헌법초안'과 '헌법개정사안'모두에 잘 들어난다. 특히 후세의 일본'헌법개정사안'은 국민요건을 구체화하였을 뿐만 아니라, 생활실태에 기초한 국적취득에 대한 헌법의식을 보여준 것으로 평가할 수 있는데 이러한 생각은 '조선건국헌법초안'의 국적조항에도 잘 드러나고 있다. '조선건국헌법초안'은 다음과 같

---

94) 布施辰治, 「朝鮮獨立憲法草案について」, 83~87頁.

95) 후세 연구에 정통한 모리 다다시교수는 1945년 말에 발표된 일본의 대표적인 민간헌법초안인 '헌법초안요강'(헌법연구회)과 대표적 정당의 개헌요강인 '신헌법의 골자'(공산당)을 보지 않은 것으로 분석하고 있다. 森正, 「布施辰治による'憲法改正私案'と'朝鮮建国憲法草案私稿'」, 『法と民主主義』147号(1980年 5月)39頁.

96) 하승우, 『세계를 뒤흔든 상호부조론』, 13쪽.

이 국적조항을 규정하고 있다.

조선국민을 아버지와 어머니로 하여 출생한 자는 조선국 영토 내외를 불문하고 조선국민으로 한다(1항), 조선국민을 아버지로 하고 그러지 않은 어머니 사이에서 출생한 자는 조선국 영토 내에서 태어난 경우 조선국민으로 하고 조선국 영토 밖에서 태어난 경우는 어머니의 동의를 얻어 조선국민으로 한다(2항), 조선국민 아닌 자를 아버지로 하고 조선국민인 어머니와의 사이에서 태어난 자는 아버지의 동의를 얻어 조선국민으로 한다(3항), 조선국민인 남자와 결혼한 여자는 조선국민으로 한다(4항), 계속하여 10년 연속하여 20년간 조선영토 내에 생활의 본거를 둔 정주자는 조선국민으로 한다(5항),조선영토내에 주 사무소를 둔 법인은 조선국민으로 한다(6항).

일본의 패전 직후 재일조선인이 200여만 명 체류하였다고 하며,[97] 재조선 일본인도 적지 않았으며 그 실태는 다양했다. 그 가운데는 강제 동원되어 온 사람도 있고 유학, 결혼(예를 들어 박열과 가네코 후미코) 등 여러 가지 사유로 생활기반이 일본과 조선에 있는 등 사정이 복잡다단하였다. 이를 반영한 것으로 보인다.

GHQ가 제안한 일본 헌법개정안에 인권의 향유주체를 누구든(person)으로 하고 있는 것에 비하여 일본 정부는 재일외국인들을 배제하기 위하여 국민(nation)으로 하였는데 이와 대조된다. 이는 편협한 혈통주의를 넘어 생활실태에 따른 국적취득의 가능성을 열었다[98]는 점에서 도 주목할 만한데, 이는 조선의 지위를 전승국이라고 간주하고 재일 조선인에게 심지어 동등한 선거권을 행사할 수 있도록 하여야 한다고 주장했던 것과도 맥락을 같이 한다.[99]

이러한 열린 민족주의의 근저에는 일본과 조선의 민중을 국적은 다르지만 동일한 무산자계급(민중)으로 보았다는 인식이 크게 작용한 것으로 보인다. 물론 이러한 인식은 "조선민족의 독립 문제를 무산계급 해방문제로 해소시켜 버리는 잘못"[100]이라는 오류에 빠질 우려가 없는 것은 아니다. 그럼에도 불구하고 무산자계급의 문제로까지 인식을 확대하고 그들의 생활실태에 주목하여 인권의 향유주체를 설정하였다는 점을 알 수 있다.

뿐만 아니라 '세계는 하나'라는 박열의 생각은 '조선건국헌법초안'에도 다양한 형태로 표현되었다. 신생 독립국 조선의 '10대 국시'의 하나로 민족정신의 특수성에 기

---

97) 민단에서 작성한 교과서에 의하면 1944년에는193만 6843인, 1945년 5월에는 210만명으로 추정하고 있다. 『在日コリアンの歷史』(第2版), 明石書店, 2013年, 66~67頁.

98) 小林勇樹, 「布施辰治の戰後思想」, 『日本歷史』 770号, 吉川弘文館, 2012年7月, 82頁.

99) 布施辰治, 「朝鮮獨立憲法草案について」, 87頁.

100) 水野直樹, 「弁護士布施辰治と朝鮮」, 32頁.

초한 세계문화의 확립을 규정(제5조6항)하고 있으며, 인종간의 평등과 차별철폐(제5항5호)를 규정하고 있다. 민족문화의 수립도 필요하지만 그것은 세계문화의 보편성과 함께 하여야 하며, 보편적인 세계문화의 확립은 민족문화의 특수성과 함께 하여야 한다. 그리고 이를 위해서는 무엇보다 인종간의 차별 등과 같은 민족차별이 철폐되어야 함을 명문화하고 있다고 할 것이다.

2) 비전론적(비무장)평화주의

일본국 헌법이 제9조에서 비무장평화주의를 적극적으로 규정하고 있는 것과 달리 후세의 일본 '헌법개정사안'은 그와 같은 적극적 규정은 보이지 않고, 다만, 메이지 헌법과 달리 '병역의무'를 삭제하는 등 군대와 전쟁에 대한 일체의 표현을 하고 있지 않다.

후세는 '조선건국헌법초안' 제5조의 조선의 '10대 국시' 중의 제3항(국가우호와 친애의 세계관 확립), 제4항(생명존중의 인생관 확립)을 설명하면서 "세계평화의 확립을 위해 침략전쟁의 절멸을 의도하였다"[101]고 분석하고 있어,[102] 단순한 누락이 아니라 부작위 즉 소극적인 형태로 평화주의를 관철하고자 하였던 것으로 보인다. 이러한 의도는 '조선건국헌법초안'의 해설논문이라고 할 수 있는 「조선건국헌법초안사고(私稿)」에서 비무장국가가 문화국가임을 강조하고 있는데서도 나타나고 있다.[103]

뿐만 아니라 '헌법개정사안'의 밑그림이 되었던 '조선건국헌법초안'에도 이러한 전쟁과 군대에 관한 규정이 없는데, 후세가 "조선은 일체의 무장을 해제했기 때문에 비무장평화주의가 가능하다"[104]고 서술하고 있듯이, 일제로부터 독립되어 아직 군대가 없는 조선을 오히려 이상적인 상태로 보았음을 알 수 있다. 나아가 헌법개정사안' 제5조의 '10대 국시' 가운데에는 '내외폭력의 침압방지'라는 규정도 있는데, 이러한 일련의 상황을 생각하면 군사력에 의한 방지 이른바 '자위전쟁'도 상정하고 있지 않은 것으로 확대해석할 여지가 없는 것도 아니다.[105] 나아가 '조선건국헌법초안' 작성 이후에 개정된 일본국 헌법(1946년 11월)을 보고서는 '조선건국헌법초안' 제5조의 '10대 국시'에 "전쟁교육의 철저한 금지"를 규정했어야 한다고 아쉬워했다.[106]

---

101) 森正, 『評伝布施辰治』, 966頁.
102) 布施辰治, 「朝鮮獨立憲法草案について」, 83頁.
103) 布施辰治, 「朝鮮建国憲法草案私稿」, 89~90頁.
104) 布施辰治, 「朝鮮建国憲法草案私稿」, 90頁.
105) 森正, 『評伝布施辰治』, 966頁.
106) 布施辰治, 「朝鮮獨立憲法草案について」, 83頁.

3) 광범위한 권력의 민주화

'조선건국헌법초안'은 '헌법개정사안'과 마찬가지로 주권 또는 국민주권이라는 명시적 표현을 사용하고 있지 않고, 통치권이라는 표현을 사용하고 있지만, 그 통치권의 주체가 조선국민(제1조)임을 규정하고 있는 등 국민주권에 기초한 민주주의를 표방하고 있다.

후세 연구에 정통한 모리 다다시는 후세를 전제적 천황제 하에서 법률투쟁을 왕성하게 전개한'전투적 민주주의자'로 규정하고 있는데, 그에 따르면 공화주의와 국민주권을 종착역으로 생각하고 있었으나, 일본의 경우 천황제가 매우 특수하고 이를 맹신하는 부류들이 많다고 판단 '군민동치'론을 전개하고, 그러한 천황제가 없는 조선의 경우 국민주권주의에 기초한 민주주의의 표방은 당연한 귀결이었다고 평가하고 있다.

국민주권에 기초한 민주주의는 국회의원에 대한 선거에 그치지 않았다. 대통령과 부통령에 대한 직접선거(제6조), 나아가 행정각부 장관도 선거(제10조)해야 한다는 규정으로 나타났다. 뿐만 아니라 입법부와 행정부 구성에 머무르지 않고 사법부에도 미쳤다. 관료제 사법제도를 타파하기 위하여 배심제의 도입(38조,44조), 재판소장 및 검찰총장의 선거제(41조, 46조)에 대하여 규정하고 있다.

4) 노사협동주의에 기반 한 복지국가주의

'조선건국헌법초안'과 일본 '헌법개정사안'은 기본적으로 복지국가주의를 기본원리로 내재하고 있다고 보인다. 조선과 일본의 국시의 하나로 '생활문화의 향상과 복지의 증진'을 '10대 국시'의 두 번째로 내걸고 있다.

다만, 복지국가의 내용은 일반적인 현대 입헌주의 헌법의 복지국가 즉 노동3권과 생존권에 기초한 복지국가주의와는 다소의 차별성이 있는 것으로 보인다. '조선건국헌법초안'에는 생존권의 한 내용이라고 할 수 있는 생활필수물자소비의 자유(제48조8항)에 대하여 규정하면서도 근로3권을 명시적으로 규정하지 않고 근로협조(제5조8항)에 대하여 규정하고 있다. 이것은 신생국가의 지향점으로 극단적인 자본주의와 공산주의를 모두 배격하자는 생각이 노사협동주의로 나타난 것으로 보인다.

박열은『신조선혁명론』에서 자본주의를 비판하면서도 극단적인 사회주의·공산주의를 '원칙론,'공식론'이라 비판하면서 조합과 자율적인 단체가 필요한데, 그러한 조합과 단체는 민주적이어야 한다고 한 바 있다.[107]

---

107) 朴烈, 『新朝鮮革命論』, 104頁.

V 맺음말

이상과 같이 '조선건국헌법초안'은 당시의 조선의 상황을 감안하여 기본적으로는 후세가 집필하였고, 후세의 박열과의 20년 이상의 직간접적 교류,『운명의 승리자 박열』집필과정 등에서의 후세에 의한 박열의 헌법의식 포착, 초안 작성 과정에서의 박열의 후세 방문[108] 등과 같은 다양한 수준의 일련의 의사확인 및 수렴과정이 있었던 것으로 보인다. 하지만, 그것은 단순한 외교적 언술에 불과한 것은 아니고 두 사람의 헌법의식을 바탕으로 본다면 일정한 내용적 결절점도 있었다고 분석해 볼 수 있겠다.

그것은 다름 아니라 박열의 세계주의, 평화주의, 민주주의, 노사협동주의와 같은 헌법의식을 후세가 포착하여 '조선건국헌법초안'의 국적조항과 같은 열린 민족주의, 군대에 관한 명문의 규정을 두지 않고 식민지 침압금지 규정을 두는 것과 같은 평화주의, 입법·행정권에 대한 민주주의뿐만 아니라 사법권에도 주권자의 손길이 미쳐야 한다는 사법권의 민주주의, 노사협동에 기초한 복지주의와 같은 헌법 원리로 반영되어 나타났다고 분석해 볼 수 있겠다. 나아가 '조선건국헌법초안'의 국적조항은 생활실태에 기반한 민족문제에 대한 공감의 표현이라고 할 수 있겠으며, 박열과 같은 조선인과의 교류가 없었다면 조문화되기 쉽지 않은 부분이었다고 생각된다.

나아가, 이러한 '조선건국헌법초안'의 작성 및 그 과정은 후세의 박열에 대한 일방적 시혜물, 후세의 표현에 의하면 '오미야게(お土産)' 또는 '오쿠리모노(贈物)'에 그친 것이 아니라 오히려 후세가 일본의 헌법개정사안을 만드는 모멘텀도 되었다고도 할 수 있겠다.[109]

이상과 같은 나름의 성과에도 불구하고 과제가 없는 것은 아니다. 후세의 조선 독립 운동가들과의 교제범위가 좁지 않았다는 점, '조선독립운동에 협력했던 동지들의 의견의 일치에 의한 것'이라는 표현들을 고려하면, 박열 이외에도 그 밖의 어떤 조선 독립운동가들과 교제하였는지, 예를 들어『運命の勝利者 朴烈』의 일단의 공동저자로 되어 있는 장상중, 정태성 등에 대한 연구과제 등도 여전히 남는다고 생각된다.

---

108) 大石進,『弁護士布施辰治』, 185頁, 207頁.
109) 최근 한일관계는 최악의 험로를 걷고 있다. 특히 재일외국인들의 생활실태를 도외시한 혐한 감정의 표현들이 극에 달하고 있다. 식민지 강점국의 백성이면서도 식민지의 민족문제를 고민하고 처지와 직업의 차이를 떠나 민족문화와 신조국건설의 이상을 교류하였던 후세와 박열의 사례가 한일간의 민족문제의 가교의 전례로 재음미되었으면 하는 오늘이다.

후기 -한교수님과의 인연 이야기-

한인섭 교수께서 정년을 하신다니 믿어지지가 않는다. 한교수님을 처음 만난 것은 1989년 가을쯤으로 기억한다. 출신학부도 고향도 나이도 다른 내가 한교수님을 만나게 된 것은 돌이켜볼수록 인연 중의 인연이 아닐 수 없다. 1987년 6월 민주화운동을 계기로 당시 법학도들 사이에서는 기존의 수험법학, 강단 법학과는 다른 대안적인 법학에 목말라하던 시기이기도 하였는데 안암동에도 그런저런 공부 모임이 있었다. 뭔가 기폭제가 필요하고 그래서 강호의 고수들을 찾아 다니기도 하였다. 그러던 차에 『법 국가 저발전』(한인섭, 이철우 공저, 1986년)이라는 매력적인 제목의 책을 발견하고 읽고 강연을 요청한 적이 있다.

사실 강연을 요청받으면 쉬운 일이 아니다. 요청하는 입장에서는 강연을 수락하지 않을까 봐 그냥 하시던 말씀 해 주세요 한 3~40분이면 됩니다라고 완곡하게 얘기하기도 하지만, 3~40분 이야기하는 것도 보통 일은 아니다. 게다가 강연을 요청받는 사람의 입장에서 보면, 드는 품에 비하여 표가 잘 안 나기도 하고 그래서 어떤 때는 참 고민스러울 때가 없지 않다. PPT발표가 일반화되지 않았던 시절이라 개조식의 발표문 두어장을 가지고 강연이 진행되는 경우도 적지 않다.

그런데 강연 당일 가보니 무려 46페이지 걸친 발표문이 놓여 있었다. 그것도 각주와 참고문헌도 단단히 붙은. 제목은 『한국사회와 법』이었다. 35년이 지난 지금 생각해 보면, 그리고 이런 저런 글을 쓰고 연구자 생활을 해 본 지금 다시 생각해 보면, 이 발표를 준비하느라 몇 달을 준비하신 것이 아닐까 싶다. 더군다나 주제가 어마무시하게 '한국사회와 법' 아닌가. 부제는 '식민지적 권위주의적 지배구조와 법체제'였던 것으로 기억하는데 이 부제를 뽑기 위하여 얼마나 머리를 쥐어 짜내었을까 추측이 가고, 그러면 그럴수록 죄송한 마음과 감사한 마음이 지금도 부채처럼 가슴 속에 남아 있다.

그 내용도 돌이켜 생각해 보면, 수험서 중심의 법학서적에서 볼 수 없었던 거시적 시야가 첫머리에 등장했던 것 같다. 법체제의 성격을 이해하기 위해서는 <국가론적 전망>이 선결되어야 하며, 국내의 정치적 법적 문제에 대한 분석에 있어서도 <국제적 전망>의 확보가 요구되며, 지배집단 및 국가체제의 형성과 변모를 제대로 분석하기 위해서는 <역사적 전망>이 있어야 한국 사회의 법을 총체적으로 그리고 본질적으로 이해할 수 있다는 취지의 강연이었던 것으로 기억한다. 더군다나 당시 아직은 보수적이었던 법학계의 풍토하에서 이런 류의 주장을 한다는 것 그리고 그것을 활자화시킨다는 것은 지금 생각해 보면 상당한 결단도 필요했을 것으로 생각된다.

생각할수록 감사한 마음이 잊히지를 않는다.

그 뒤 한동안 먼발치에서만 한교수님을 뵈었던 것 같다. 나는 나대로 유학을 다녀오고 박사학위를 받고 취직을 하느라 경황없이 지내었던 것 같고, 한 교수님은 사법제도 개혁 추진의 선봉에 서 계셔서 서로들 경황이 없어 지내다가 2000년 중후반 어느 무렵인가 지금은 잘 기억이 안 나는데 어떤 학술대회 행사 뒷풀이가 끝나고 낙성대의 한 교수님 아파트를 다른 일행들과 방문한 적이 있다. 전공이 다른 내가 그 행사에 참석한 것으로 보아 아마 한일 학술교류가 아니었는가 싶다. 보통 손님들이 찾아오면 아이들은 방으로 들어가게 마련인데, 한교수님네에서는 오히려 중학생 또래의 아이를 합석을 시켰던 기억이 있다. 지금 생각해 보니 아이의 귀동냥도 시키고 어른들도 견제도 하고 뭐 그런 다목적 교육관이 아니었나 싶다.

2016년 두 번째 연구년을 유학을 하였던 일본으로 다녀온 적이 있다. 현지의 주변 분들이 그간 일본 잡지에 실린 논문을 책으로 출간하라고 하여 원고 교정으로 하루하루를 보내었는데, 틈틈이 헌정사 여행이랍시고 여기저기 돌아다닌 적이 있다. 그 중 가장 기억에 남는 곳은 동경 신주쿠에 있는 고려 박물관이다. 민간 박물관인 이곳에서는 한일간의 고대사에서부터 현대사에 이르기까지의 교류를 소개하고 전시하고 있었는데, 전공은 못 속인다고, 박물관 한쪽 코너에 있는 인권 관련 책자에 눈이 쏠렸다. 조선민중과 함께 살아온 인권변호사(朝鮮民衆と共に生きた人権弁護士), 후세 다츠지(布施辰治)라는 책자였다. 2004년 일본인으로서는 처음으로 한국정부로부터 건국훈장을 받은 인권변호사의 이야기였는데, MBC에서 2000년에 3.1절 특집으로 소개할 때는 일본인 쉰들러로 소개했었던 기억이 있어, 막연히 인권 변호사 중의 한사람 정도로 생각하였는데, 책자를 뒤적이다 보니 1946년에 '조선건국헌법초안'이라는 민간 헌법초안을 조선인들과 공동집필했다는 것이다. 헌정사에 관심있는 연구자의 한 사람으로서 눈이 번쩍 뜨이지 않을 수 없었다. 여기저기 탐문도 하고 인터뷰도 하고 있었는데 마침 책 출판을 하고 있던 출판사의 전임 사장이 후세의 손자라는 것이었으니 이런 기가 막힌 인연이 있나 싶기도 하였다.

그런데 막상 귀국하여 연구년 숙제로 활자화하려고 보니 부족한 사료가 한두가지가 아니었다. 그런데 어떤 기회에 한인섭교수님을 만나서 이런저런 이야기를 하다 보니(아마도 『가인 김병로』라는 책의 저자를 헌정사연구회에서 모시고 저자와의 대화를 하던 날) 사실은 한 교수님은 이미 몇 년 전에 후세의 조선건국헌법초안을 알고 있었고 후세의 고향을 방문한 적도 있다는 것이었다. 그러시면서 당신이 모아둔 사료들을 모두 줄 터이니 당신이 한번 써보라는 것이었다. 후세의 메이지대학 후배인 이인이 후세에게 보낸 편지 등 그간에 전혀 접할 수 없었던 사료가 보물처럼 담겨져 있었다. 역사연구를 하는 사람들이 사료를 얼마나 중요시하는 아는 나로서는 참으로 횡재가 아닐 수 없었다. 이 책에 실린 「후세 다츠지의 '조선건국헌법초안'과 박열」도 한인섭 교수님과의 그런 인연으로 실린 글이다. 사료를 더 충분히 활용치 못한 것은 다 나의 능력 부족 탓이다.

전공이 다르고 근무지도 달랐지만, 인권 과거사 등등의 헌법과 형사법의 키워드가 겹치는 곳(제주 인권회의 518 학술 대회 등등)에서 간간히 뵙게 되었는데, 잊지 않고 계시다 이런 기회에 논문을 게재할 기회를 주시어 오히려 영광이기도 하다

최근에 <보스톤 1947>이라는 영화를 외국 출장 귀국길의 비행기에서 우연히 본 적이 있다. 42.195키로를 완주하기 위해서는 기력과 체력만 필요한 것이 아니라 정신력의 삼위일체가 되어야 한다는 생각이 새삼 들었다. 한인섭 교수님의 완주를 다시한번 축하드리고 그간에 축적된 기력과 체력 정신력으로 형사법에 구애되지 않고 <한국사회와 법>이라는 마라톤도 잘 마무리 하실 것으로 믿어 의심치 않는다. 『가인 김병로』(박영사, 2017년), 『100년의 헌법』(푸른역사, 2019년) 그리고 오늘 이 논문집 기획에서 이미 그런 작업이 시작되었지만.

3
─────────

긴급조치의 청산법리*

이재승(교수, 건국대학교 법학전문대학원)

I 긴급조치 판사는 무죄인가?

한국현대사에서 악법의 다수는 박정희 정권 18년간, 특히 유신체제에서 출현하였다. 1961년 군사반란, 1963년 민정이양거부, 1965년 한일국교정상화, 1969년 3선개헌, 1972년 유신선포와 일련의 긴급조치 발동으로 이어지는 박정희의 시간은 절대권력을 향한 절대적 의지의 표출이었다. 이 과정에서 법은 벌거벗은 폭력을 분식하는 수단이 되었고, 재판은 테러 지배의 도구로 전락하였다. 존경할 만한 법조인들은 언제나 극히 예외적인 존재로 머물렀고 대다수의 법조인들은 폭력적 지배를 밑받침하거나 소극적으로 추수하였다. 역사적으로 말하자면, 일제의 관료주의와 군국주의, 토착적 출세주의가 이 땅의 법조인들을 정신적 문맹으로 몰아넣었다.

지금까지 한국의 사법부는 주로 군대, 경찰, 정보기구의 공직자의 범죄와 권력남용을 청산하면서 순항해 왔다면, 긴급조치 사건을 통해 비로소 악법을 적용한 판사의 책임이라는 암초에 직면하였다. 2010년 대법원 전원합의체의 긴급조치 제1호 위헌선언 이후 헌법재판소까지 가세하여 대부분의 긴급조치에 대해 위헌결정을 내렸으나,[1] 대법원은 오랫동안 위헌합법론의 논리에 따라 국가배상책임을 부인하였다. 그러다가 2022년 대법원 전원합의체가 획기적으로 긴급조치 제9호 위반사건으로 유죄

---

* 이 글은 이재승, "긴급조치의 청산법리", 민주법학 제71권, 민주주의법학연구회, 2019에 게재되었음을 밝힌다.

1) 대법원 2010. 12. 16. 2010도5986 전원합의체판결; 긴급조치 제4호에 대한 동일한 취지의 판결로는 대법원 2013. 5. 16. 2011도2631 전원합의체판결. 긴급조치 제9호에 대한 동일한 취지의 판결로는 대법원 2013. 4. 18. 2010모363; 긴급조치 제1호·제2호·제9호가에 대한 헌법재판소의 위헌결정은 헌법재판소 2013. 3. 21. 2010헌바70·132·170(병합).

판결을 받은 피해자들에게 국가배상책임을 인정하였다.[2] 그러나 이 판결도 법관의 책임이라는 암초에서 좌초하였다고 판단된다.[3] 회고해보면, 대한민국, 입법부와 사법부는 적당하게 배상을 통해 피해자를 무마하면서 국가범죄라는 메두사의 눈을 직시하지 않았다. 그러나 과거청산 작업이 심화되어 감에 따라 '악법을 적용한 판사의 책임'이라는 법조를 상대로 한 법의 포위망이 나날이 좁혀졌다.

진실화해를 위한 과거사정리위원회에 따르면 긴급조치에 관련된 판사들은 총 492명에 이르고, 101명이 지방법원장급 이상의 고위법관을 역임하였다.[4] 이러한 판사들의 책임은 어떻게 추궁되었는가? 대법원은 2014년 10월 27일자 결정에서 긴급조치 판사는 당시에 유효한 법을 적용했으므로 불법행위가 성립하지 않는다고 판단하였다.[5] 대법원은 2015년 3월 26일자 판결에서 정치행위의 결과인 긴급조치를 적용한 책임을 판사에게 물을 수 없다고 판시하였다.[6] 2022년 대법원 전원합의체 판결도 대통령의 발령행위만을 불법으로 판단하고 판사의 책임을 덮어 버림으로써 같은 취지를 반복하였다.

일련의 판결에서 나치판사들에 대한 전후 독일법원의 기본공식, 즉 "당시에 법이었던 것은 지금에 와서 불법이 될 수 없다(Was damals Recht war, kann heute nicht Unrecht sein)"는 논지를 다시 듣게 되었다.[7] 대법원은 긴급조치를 적용한 판사들의 이미지를 사형집행인으로 추락시키고 말았다. 유럽의 역사박물관에 소장된 사형집행인의 칼날에는 다음과 같은 취지의 명문(銘文)이 있다. "나리께서는 악을 막으시고, 소인은 그저 판결을 집행할 뿐(Die Herren steurn dem Unheil, Ich exequiere ihr Endurteil)."[8] 사형집행인은 판결을 선고한 판사에게 책임을 전가함으로써 처형에 대

---

2) 대법원 2022.8.30. 2018다212610 전원합의체판결.

3) 이 판결에 대한 평석은 이재승, 긴급조치 제9호를 적용한 법관의 책임 – 대법원 2022.8.30. 2018다212610 전원합의체판결 –, 민주법학 제81호, 2023, 135 – 175쪽. 이 평석 166쪽 본문에 등장한 판결은 필자가 잘못 인용한 것으로서 삭제되어야 할 부분이다.

4) 진실·화해를위한과거사정리위원회, 긴급조치위반 판결분석 보고서, 2006년도 하반기 조사보고서(2006), 279쪽 이하.

5) 대법원 2014. 10. 27. 2013다217962.

6) 대법원 2015. 3. 26. 2012다48824.

7) 점령체제가 종료된 후 과거 사법살인을 자행한 나치판사들이 1950 – 60년대에 살인죄나 법왜곡죄로 기소되었는데 독일 대법원은 행위당시 합법성론이나 법적 확신(법맹목성)으로 인해 고의가 없다는 논리로 나치판사들에게 일관되게 무죄를 선고하였다. BGH, 19.06.1956 – 1 StR 50/56; BGH, 30.04.1968 – 5 StR 670/67.

8) 라드브루흐, "법률적 불법과 초법률적 법", 이재승, 국가범죄(앨피, 2010), 658쪽. 나치제국에서 수백건의 사형판결을 집행한 사형집행인들이 전후청산과정에서 살인죄로 기소되었을 때 라드브루흐는 판결이 불법적이라고 하더라도 사형집행인에게는 판결의 적법성을 심사할 권한도, 의무도 없기 때문에 살인죄에 해당하지 않는다고 보았다.

한 중압감을 진정시켰다. 이 문장은 행위의 재량이나 자유가 전혀 없는 사형집행인의 면책 근거로서는 완전히 타당하다. 판사는 망나니처럼 누군가에게 책임을 전가할 존재가 아니다. 2022년 대법원 판결은 여전히 망나니용 법리를 판사의 방패로 사용했던 셈이다.

대법원의 판결을 낳은 법조인들의 법인식을 유신의 잔재로 볼 것인지, 동업자로서 인간적 고민이라고 공명해줄 것인지 망설여진다. 유신체제와 근본적인 단절을 이루는 쇄신된 법리가 여전히 필요하다. 형사책임의 문제로 보자면 긴급조치의 발령과 적용은 인도에 반한 죄에 해당한다. 국제형사재판소규정(제7조)도 인종적, 정치적, 종교적 이유로 민간주민에 대해 체계적이거나 광범위한 공격의 일환으로서 공권력이 정책적으로 자행한 살육9)과 박해를 인도에 반한 죄로 규정한다. 비판적인 정치적 견해와 태도를 표명했다는 이유로 영장 없이 체포하고 자의적인 처벌을 규정한 긴급조치의 공포 및 적용은 또한 국헌문란으로서 '헌정질서파괴범죄'의 일부를 구성한다.10) 대법원은 이미 1997년 전원합의체 판결에서 권력을 남용한 신군부에 의한 비상계엄의 전국확대조치를 내란죄로 규정한 바 있다.11)

1971년 대통령 선거에서 김대중에게 예상외로 고전한 박정희는 거추장스러운 선거 대신에 영구집권체제를 구상하였다. 영구집권의 흉계에 반발하는 대학생들을 탄압하고자 박정희는 위수령12)을 발동하여 대학 구내에 군대를 주둔시키면서 '국가보위에 관한 특별조치법'(법률 제2312호, 1971. 12. 27.)을 통과시켰다. 이 과정은 히틀러가 나치독재를 관철시키기 위해 투입한 일련의 법적 조치들에 비견된다.13) 박정희는

---

9) 살육의 사례는 인혁당 사건 희생자들에게 국한된다.

10) 헌정질서 파괴범죄의 공소시효 등에 관한 특례법(1995)

11) 대법원 1997. 4. 17. 96도3376(전원합의체).

12) 1965년 한일회담에 대학가의 반대시위가 심해지자 서울시에 위수령이 한번 선포된 적이 있다. 1971년 10월 15일 각 대학에서 반정부시위가 격화되자 10여 개 대학에 위수령을 선포하고, 휴교령을 내리고 무장군인을 대학에 진주하도록 하였다. 위수령은 상위법률에 의해 위임받지 않은 참으로 특이한 명령이기도 하다. 그 존재 자체가 법체계에서 벗어난 예외법이었다. 위수령은 1950년 3월 27일에 제정되어 2018년 9월 18일 폐지되었다.

13) 히틀러는 1923년에 뮌헨에서 쿠데타를 시도하여 유죄판결을 받은 적이 있지만 나치제국의 출현과정에서 최고지위 자체를 불법적으로 차지하지 않았으므로 박정희의 법파괴 과정과 간단히 비교하기는 어렵다. 히틀러는 합법적으로 권좌에 오른 후 '국가와 민족의 위난을 구하기 위한 법률(이른바 수권법)'을 통과시켜 제국정부(히틀러내각)의 입법권을 정당화하였다. 이후 히틀러내각은 수권법에 따라 의회의 입법기능을 대신하며 정부법률을 쏟아냈다. 중세 이탈리아 로마법학자 발두스(Baldus de Ubaldis 1327-1400)는 합법적으로 지위에 올라 타락한 군주를 '타락폭군'(tyrannus ex parte exercitii)으로, 불법적으로 지위에 오른 자를 '찬탈폭군'(tyrannus ex defectu tituli)으로 불렀다. 폭군시해론에 의하면 '찬탈폭군'은 인민에 대해 전쟁을 선포한 자이므로 인민은 언제든지 그를 제거할 수 있다(적극적 저항권). 한편 '타락폭군'은 인민이 그에게 소극적으로 복종을 거부할 수 있으며 교회나 특수한 고위공직자들만이

1972년 10월 17일 초헌법적인 비상조치를 선포하여 제8대 국회를 해산시키고, 비상 국무회의로 하여금 국회의 권한을 대신 행사하도록 하였다. 비상국무회의는 법률을 제·개정하였고 심지어 유신헌법을 성안하였다. 프랭켈은 나치체제를 해부하면서 이 중국가(Doppelstaat) 개념을 제안한 바 있다.[14] 이 이론에 따르면 나치국가는 규범국 가(Normenstaat)의 차원과 비상조치국가(Maßnahmenstaat)의 차원을 갖는다는 것이다. 이러한 구분을 유신체제에 적용한다면 자본주의적 경제질서를 법적으로 굴러가게 하 는 차원을 규범국가로, 안보 위기를 구실 삼아 민주정치를 파괴하고 일인 지배를 공 고하게 하는 차원을 비상조치국가로 부를 수 있겠다.

유신헌법은 독재헌법의 온갖 특성을 갖추었다. 영도자원리, 국민주권행사방식의 특정, 통일주체국민회의에 의한 대통령선거, 헌법개정절차의 이원화, 대통령의 국회 의원 1/3추천권, 대통령제에서는 찾아보기 어려운 국회해산권, 법적 통제가 면제된 비상조치권, 법관에 대한 포괄적인 인사권 등이 바로 그것이다. 특히 비상조치권은 유신헌법의 규정조차도 수시로 중단시킬 수 있었다. 비상조치권은 예외상태를 상례 화하고 사법심사를 배제함으로써 그 자체로 국헌문란의 원점이었다. 한마디로 유신 헌법은 민주헌정의 폐절문서이고, 긴급조치조항은 유신헌법의 전복조항이다. 이에 따라 발령된 긴급조치들은 헌법 자체를 비판하는 인물을 헌법수호의 명분 아래 자의 적으로 구금하고 정치적 표현을 범죄화함으로써 인신구속과 형사절차에 관한 기본원 칙을 모두 유린하였다.

유신헌법이 명령된 질서(ordo ordinata)로서 상대적인 헌법이라면 긴급조치는 명령 하는 질서(ordo ordinans)로서 절대적인 헌법이다.[15] 긴급조치는 헌법을 초월하는 불 법으로서 헌법적 불법이자 불법적 헌법이다. 따라서 긴급조치들에 대한 심사권한을 대법원이 관할하는가, 헌법재판소가 관할하는가, 즉 긴급조치를 명령으로 볼 것인가, 법률로 볼 것인가를 둘러싼 논쟁은 불법을 정상화하려는 법률가들의 수공예이다. 긴 급조치는 정상적인 법령이 아니라 헌법적 불법이기 때문에 대법원이나 헌법재판소뿐 만 아니라 어느 수준의 기관이든지 그 효력을 마땅히 부정할 수 있어야 한다. 그 근 거도 유신헌법이나 현행 헌법의 특정한 조문이 아니라 국민주권, 민주주의, 인권과

그를 탄핵할 수 있다(소극적 저항권). 히틀러는 타락폭군이지만, 박정희는 찬탈폭군과 타락폭군을 반복 했다.

14) Alexander von Brünneck 펴냄, *Nationalsozialismus und Widerstand: Ernst Fraenkel Gesammelte Schriften* Bd. 2(Nomos Verlaggesellschaft, 1999), 33쪽 이하.

15) 절대적 헌법과 상대적 헌법 개념은 카를 슈미트, 김기범 옮김, 헌법이론(교문사, 1975), 21쪽; 제헌적 권력과 제정된 권력의 관계에 대해서는 조르죠 아감벤, 박진우 옮김, 호모 사케르(새물결, 2008), 101쪽 이하.

같은 근원적인 헌법 관념이어야 한다. 국민주권, 민주주의, 기본권 보장의 관념은 인류사의 민주헌정의 근간이고, 최소한 제2차세계대전 이후 지구적으로 강화된 헌법의 핵심원리이기 때문이다.

이 글에서 필자는 긴급조치 판사를 면책한 앞의 대법원의 판결들의 전제들을 공박하고자 한다. 우선 한국의 과거청산과정에서 헌법적 불법을 정상화하는 위태로운 판결을 예비적으로 검토하고, 이어서 라드브루흐의 '법률적 불법' 관념에 의지하여 악법과 불법판결의 청산방식을 논의하고, 마지막으로 입법적 불법 관념을 활용하여 긴급조치에 관한 입법자와 판사의 책임을 해명해 보겠다. 긴급조치와 같은 법률적 불법에 직면하여 필요한 것은 저공비행의 기술이 아니라 그러한 불법판결을 진지하게 생각하고 자기 책임으로 내면화하는 후회의 정치였다. 그러나 대법원은 연거푸 모든 책임을 외부에 전가함으로써 악법 앞에서 법관의 윤리적 행동강령 대신 속된 처세훈을 제시하였다. 판결은 폭력적인 과거사에서 배우지 않으려는 의지로 충만하였다.

Ⅱ 악법 또는 불법판결의 정상화

1. 긴급조치 관련 판결

인혁당사건의 재심재판 당시에 법원은 긴급조치위반과 관련해서 긴급조치의 실효를 이유로 면소판결을 내렸다.[16] 2010년 12월 16일 대법원은 긴급조치 제1호 위반으로 복역한 오종상에게 무죄를 선고하면서 긴급조치 제1호가 당시 유신헌법상의 발동 요건조차 갖추지 못하고 국민의 기본권을 침해했기 때문에 위헌이라고 판단했다.[17] 대법원은 이 긴급조치를 형식적 의미에서의 법률이 아닌 대통령의 명령에 불과하다고 판단하고 대법원의 판단대상으로 삼았다. 2013년 대법원은 긴급조치 제9호와 긴급조치 제4호도 위헌으로 결정하였다.[18] 대법원은 긴급조치 제4호나 제9호가 민주주의의 본질적인 요소인 표현의 자유를 침해하고 영장주의에 위배되는 등 헌법상 보장된 국민의 기본권을 침해하므로 현행 헌법뿐만 아니라 유신헌법에 비추어 보더라도 위헌이라고 획기적으로 판단하였다. 대법원이 피해자들의 권리구제를 위해

---

16) 김선택, "유신헌법의 불법성논증", 고려법학 제49호(2007), 175－207쪽.
17) 대법원 2010. 12. 16. 2010도5986(전원합의체).
18) 대법원 2013. 4. 18. 2011초기689; 대법원 2013. 5. 16. 2011도2631.

진일보한 결정을 내렸지만 긴급조치의 효력을 특정한 실정헌법 조문과 결부시키는 것은 불길한 조짐을 내포하였다.

2013년 3월 21일 헌법재판소는 긴급조치의 위헌판단권이 헌법재판소에 전속한다고 전제하고, 긴급조치 제1호·제2호·제9호가 국민의 기본권을 침해하고 현행 헌법에 어긋나 위헌이라고 결정하였다.[19] 헌법재판소는 긴급조치 제1호와 제2호는 유신헌법 제53조 긴급조치권에 비추어 보더라도 입법목적의 정당성이나 방법의 적절성을 갖추지 못하였을 뿐만 아니라 죄형법정주의에 위배되고 헌법개정권력의 행사와 관련한 참정권, 표현의 자유, 영장주의 및 신체의 자유, 법관에 의한 재판을 받을 권리 등 국민의 기본권을 지나치게 제한하거나 침해하므로 헌법에 위반된다고 판시하였고, 긴급조치 제9호도 유사한 이유로 위헌으로 결정하였다.[20] 이렇게 극명하게 불법적인 법령에 대한 판단권이 왜 헌법재판소의 전속사항이어야 하는지는 이해할 수 없다. 어느 누구라도, 언제라도, 어느 법원이라도 처음부터 효력이 없는 악법이라고 선언할 수 있어야 하기 때문이다.

오종상 사건에서 변호인들이 유신헌법 제53조의 위헌성을 문제 삼아 유신체제의 정당성을 다투고자 하였으나 헌법재판소는 '법률'의 위헌성을 심판하는 기구로 스스로 격하함으로써 헌법소원을 각하하였다.[21] 이로써 헌법재판소가 감당할 수 없는 헌법적 불법 또는 과잉위헌성을 판단하는 새로운 양식이 필요하다는 점이 드러났다. 일련의 하급심법원은 긴급조치의 적용에 대한 불법행위 책임을 인정함으로써 피해자의 구제를 시도하였다.[22] 그러나 2014년 대법원은 긴급조치 제9호가 영장 없이 체포할 수 있도록 규정하였기 때문에 긴급조치에 따른 수사기관의 활동이나 법관의 유죄판결은 불법행위가 아니라고 판시함으로써 국가배상청구를 봉쇄하였다.[23] 이러한 '위헌합법론' 판결은 긴급조치 제1호를 유신헌법에 비추어도 위헌무효의 명령[24]으로

---

19) 헌법재판소의 관할권을 지지하는 견해로는 정태호, '긴급조치 위반사건(2010헌바70, 132, 170(병합))에 대한 참고인 진술서' 참조.

20) 헌법재판소 2013. 3. 21. 2010헌바70·132·170(병합).

21) 헌법재판소 2010. 3. 9. 2010헌바97.

22) 긴급조치 제9호에 따른 불법체포에 대하여 국가책임을 인정한 판결(서울중앙지법 2014. 5. 28. 2013가합70205), 긴급조치 제9호에 따른 불법체포에 대하여 국가책임을 인정한 판결(서울중앙지법 2014. 6. 27. 2013가합544065), 긴급조치 제1호, 제9호에 따른 불법체포에 대하여 국가책임을 인정한 판결(서울중앙지법 2014. 12. 11. 2013가합544423).

23) 대법원 2014. 10. 27. 2013다217962.

24) 자연법에 반하는 법률(제정법)을 적용한 행위와 법률(제정법)에 반하는 명령을 적용한 행위는 일응 구별될 수 있다. 긴급조치를 명령의 수준으로 이해한다면 긴급조치를 적용한 공무원과 국가의 책임은 더욱 간단히 확립될 수 있다. Helmut Coing, "Zur Frage der strafrechtlichen Haftung der Richter für die Anwendung naturrechtswidriger Gesetze", *Süddeutsche Juristen−Zeitung*, Vol. 2(1947), 64쪽.

판단한 2013년 대법원 전원합의체 판결[25])의 취지와 전반적으로 양립하는지 의문이다. 국가의 권력구조와 규범적 구조 안에서 긴급조치가 맹백하게 위헌적일 정도로 중대한 인권침해라는 취지의 판결을 하고서도 그러한 법령의 제작자로서 대통령과 적용자로서 법관의 책임을 부정하는 것은 납득할 수 없었다.[26] 2015년 대법원 판결은 긴급조치의 발동을 정치행위로 판단함으로써 국가책임을 재차 부인하였다.[27] 그러다가 2022년 긴급초지의 발령권자로서 대통령에게 책임을 전가하는 묘수를 사용하여 긴급조치의 집행과 판결에 관여한 수사관, 검사, 판사의 책임을 묻어버렸다.

2. 위태로운 판결들

이러한 대법원의 파행 또는 저공비행을 밑받침해주는 의심스러운 판결 관행들을 먼저 검토해 보겠다. 사법부는 과거사 관련 사건에서 헌법의 근본원칙의 파괴를 통해 제작된 법률들에 대하여 헌법 수호자로서의 자세를 그다지 보여주지 못했다. 사법부는 형식판단 우선 법리, 사건의 전제성에 관한 축소지향적 독해, 소송경제적 사고 등으로 사건의 핵심을 늘 회피한다. 사법부는 미온적인 방식으로도 당해 사건을 실용적으로 해결할 수 있다고 생각하지만 더 큰 문제를 덮어버림으로써 과거사로부터 올바른 법리를 이끌어내는 데에 실패한다.

1) 헌법파괴기구의 헌법적 알박기

헌법재판소는 전두환 신군부의 헌법파괴기구인 국가보위입법회의가 도입한 사회보호법이나 개정한 국가보안법에 대한 헌법소원에서 헌법파괴기구의 반헌법적 행위에 전적으로 침묵하였다. 사회보호법이 입법권을 찬탈한 국가보위입법회의의 작품이기 때문에 위헌이라는 청구인의 주장 앞에서 헌법재판소는 국가보위입법회의법이 사건과 직접적인 관련이 없으므로 재판의 전제성이 없다며 판단을 회피하였다.[28] 나아가 헌법재판소는 국가보안법 사건에서 '헌법적 알박기' 조항을 핑계로 반민주적 법생성에 수수방관하였다.[29] 헌법재판소는 봉쇄조항(1980년 헌법 부칙 제6조)과 여과조

---

25) 대법원 2013. 4. 18. 2011초기689.

26) 이때 하급심법원은 통치자와 법관의 책임을 분리하는 논리를 개발하였다. 긴급조치 손해배상청구소송에서 도구사용자로서 판사의 책임 대신에 도구제작자로서 통치자의 긴급조치의 발동행위를 불법행위로 규정하였다(서울중앙지법 2014. 6. 27. 2013가합544065). 대법원 판결(2014. 10. 27. 2013다217962) 이후에는 긴급조치의 발동행위에 대한 국가배상책임을 인정하는 판결과 부정하는 판결이 동시에 나왔다.

27) 대법원 2015. 3. 26. 2012다48824.

28) 헌법재판소 2001. 10. 30. 2001헌바78; 2001. 3. 21. 99헌바7.

항(부칙 제5조)을 결합하여 헌법파괴 과정을 불문에 부쳤다. 이는 자승자박이라고 할 수 있다. 헌법재판소가 2013년 긴급조치 제1호, 제2호, 제9호를 현행 헌법을 기준으로 위헌으로 선언하였는데, 만일 앞서 언급한 국가보안법 사례처럼 헌법적 알박기 논리에 구속되었다면 긴급조치에 대해 위헌결정조차 내리지 못할 뻔했다. 어쨌든 헌법재판소가 봉쇄조항의 장벽을 구애받지 않고 2013년 긴급조치를 위헌으로 결정한 행위는 그나마 다행이다. 그런데 2015년에 대법원은 국가책임 또는 판사의 책임을 부인하면서 유신헌법상의 봉쇄조항, 즉 긴급조치에 대한 사법심사 배제조항(제53조 제4항)을 또 다시 방패로 삼는 추문을 일으켰다. 이러한 기조는 2022년 대법원 판결에도 지속된다.

2) 국방경비법의 공포 여부에 대한 침묵

제주4.3사건을 비롯하여 한국전쟁 전후에 민간인을 자의적으로 처형하는 근거된 국방경비법의 존재 여부를 둘러싼 논란은 더욱 심각하다.[30] 국방경비법의 실체를 의문시하는 쪽에서는 국방경비법이 관보에 정식으로 공포되지 않았으므로 법으로서 효력이 없다고 주장하였다. 법의 존재증명은 법원의 몫이기 때문에 법원은 국방경비법의 공포사실을 증명해야 했다. 그런데 대법원은 미군정당국이 관보게재 이외의 방식으로 공포하였을 것이라고 추측만 제시하였다.[31] 해당법령이 공포 이외의 방식으로 도입되었다고 하더라도 그러한 사실은 공포의 다양한 방식들을 허용해주는 것이 아니라 법이 공포되지 않았다는 사실만 증명해줄 뿐이다. 공포는 법으로 인정되기 위

---

29) "1980.10.27. 공포된 구 헌법 부칙 제6조 제1항은 국가보위입법회의는 구 헌법시행일로부터 구 헌법에 의한 국회의 최초의 집회일 전일까지 국회의 권한을 대행한다고 규정함으로써 국가보위입법회의에 입법권을 부여하는 합헌적 근거규정을 마련하였고, 동 제3항은 국가보위입법회의가 제정한 법률에 대하여 지속효를 가지며 제소나 이의할 수 없도록 하여 구 헌법하에서 그 제정절차를 다툴 수 없는 유효한 법률임을 명백히 하였으며, 한편 1987.10.29. 공포된 현행 헌법 부칙 제5조는 현행 헌법 시행당시의 법령은 현행 헌법에 위배되지 아니하는 한 효력을 지속한다고 하여 법령의 지속효에 관한 규정을 두고 있는바, 그렇다면 국가보위입법회의에서 제정된 법률의 내용이 현행 헌법에 저촉된다고 하여 다투는 것은 별론으로 하되 현행 헌법하에서도 제정 절차에 위헌적 하자가 있음을 다툴 수는 없다고 보아야 할 것이므로 청구인의 위 주장은 그 이유 없다." 헌법재판소 1992. 4. 14. 90헌바23(전원재판부).

30) 문준영, "미군정 법령체제와 국방경비법", 민주법학 제34호(2007), 97-136쪽.

31) "구 국방경비법은 우리 정부가 수립되기 전 미군정 아래의 과도기에 시행된 법률로서 그 제정 및 공포의 경위에 관하여 관련 자료의 미비와 부족으로 불분명한 점이 없지 않으나, 위 법이 그 효력 발생일로 규정된 1948. 8. 4.부터 실제로 시행되어 온 점 및 관련 미군정법령과 정부수립 후의 군형법, 군법회의법의 규정내용 등 여러 정황에 비추어 볼 때, 위 법은 당시의 법규에 따라 군정장관이 1948. 7. 5. 자신의 직권에 의하여 남조선과도정부 법령(South Korean Interim Government Ordinance)의 하나로 제정하여 군정청관보에의 게재가 아닌 다른 방법에 의하여 공포한 것으로 보여지므로, 위 법은 적법하게 제정·공포되어 유효하다." 대법원 1999. 1. 26. 98두16620.

한 선행적인 필수요소이다.[32] 더구나 국방경비법은 특별형법으로서 중차대한 법이기 때문에 어떤 식으로든 알려지기만 해도 좋은 하위법령이나 훈령[33]이 아니라는 점을 주목해야 한다. 국방경비법과 같은 자의적 처형의 도구가 된 법의 미공포는 죄형법정주의에 대한 명백한 위반이다. 명확성 원칙은 법의 적용 전에 이미 법이 공포되어 있음을 전제한다.[34] 공포되지 않은 법은 비밀지령[35]이며 비밀지령은 법치국가적 맥락에서 법으로 볼 수 없으며, 이를 적용하는 자는 범죄를 자행한 것과 마찬가지이다.[36] 또한 헌법상 근거가 없는 군사재판의 도입, 민간인에 대한 영장제도의 배제, 방어권의 보장이 전혀 없는 졸속적인 재판, 민간인에 대한 무분별한 적용 등은 헌법의 여러 원칙을 심각하게 위반하였고 이러한 위반상태는 최소한 한국전쟁의 종료 시점까지 전혀 고쳐지지 않았다.

공포하지 않았더라도 처벌할 수 있는 범죄도 있다. 국제범죄의 영역이다. 자유권규약도 국제법의 영역에서 죄형법정주의를 제약하고 있다. 국제법에 위반되는 행위(전쟁범죄나 인도에 반한 죄)와 '국제사회에 의하여 인정된 법의 일반원칙에 따라 그 행위시에 범죄를 구성하는 작위 또는 부작위'는 처벌할 수 있다(제15조). 그러나 국방경비법이 이 수준의 국제인도법과 국제관습법에 해당하는지도 의문스럽고, 오히려 공정한 재판에 대한 권리를 부인하고 사실상 약식처형을 제도화하였기 때문에 국방경비법과 그 적용 관행이 국제관습법을 위반한 범죄행위라고 해야 할 것이다.

3) 조용수 재심판결에서의 판단 회피

2008년 1월 16일 서울중앙지법은 <특수범죄처벌에 관한 특별법>의 제6조(특수반국가행위)를 엄격하게 '재'해석함으로써 조용수에게 무죄를 선고하였다. 이 판결이 피해자들의 화급한 목표에 기여했을지는 모르나 원리적으로 심각한 문제를 안고 있다. 법원은 처벌조항을 정상적인 법률인양 전제하고 해석하여 무죄판결을 내릴 것이 아니라 그 조항이 위헌무효이므로 그 취지를 담은 공소기각판결이나 무죄판결을 선고

---

32) 론 플러 지음, 박은정 옮김, 법의 도덕성(서울대학교출판문화원, 2015), 84쪽 이하; 실제로 토마퀴나스도 <신학대전>에서 공포를 법의 선행조건으로 파악하였다. R. J. Henle, S.J., *Saint Thomas Aquinas – The Treatise on Law*(University of Notre Dame, 1993), 295쪽 이하.

33) 실제로 연합국의 독일점령에서 모든 군정법령이 관보에 공포된 것은 아니다. 물론 내용적으로 중요한 법령이라면 관보에 게재되어야 한다. 점령법 폐지에 관한 제1차 법률(1956. 5. 30.) 제2조 참조.

34) 제네바 제4협약 제65조: 점령국이 제정한 형벌규정은 주민들이 사용하는 언어로 공포하고 또 주민들에게 주지시킨 후에 발효하며 효력은 소급되지 않는다.

35) 나치시대 안락사명령(1939)은 그러한 사례로 꼽힌다.

36) Coing, "Zur Frage der strafrechtlichen Haftung der Richter für die Anwendung naturrechtswidriger Gesetze", *Süddeutsche Juristen – Zeitung*, Jahrg.2, Nr. 2, 1947, 64쪽.

했어야 한다. 사형판결의 근거였던 '국가재건비상조치법', '혁명재판소 및 혁명검찰부조직법', '특수범죄처벌에 관한 특별법' 등은 헌법파괴기구에 의한 입법적 불법에 해당한다. 또한 '특수범죄처벌에 관한 특별법'은 법제정 3년 전의 행위도 처벌하도록 하였기 때문에 소급형법금지의 원칙에도 명백히 위배된 것이다. 그런데도 법원은 명백히 법적인 성질을 갖지 못한 법률을 '법치국가적 해석'을 통해 악법과 불법판결을 정상화함으로써 피해자를 그릇된 방식으로 구제하였다.[37] 판사들의 결의론(決疑論)은 개별사건을 해결하지만 동시에 근원적 불법의 방치라는 더 큰 문제를 야기한다. 물론 실용적인 법기술 중 헌법판단회피이론이 있다. 법률적 수준과 헌법적 수준에서 동시에 쟁점이 존재할 때 법률적 수준의 쟁점만을 다루고도 문제를 해결할 수 있다면 헌법적 쟁점으로 확전하지 않는다는 소송경제적 사고이다. 그런데 불법성이 규범 전체를 뒤덮고 있는 법률적 불법의 경우, 더구나 그러한 불법규정이 인간의 생명을 자의적으로 박탈하는 악법의 경우에 헌법판단회피이론이 가르치는 지혜는 법에 충실성을 배반하는 샛된 이론이다.[38]

4) 여순군사재판의 재심결정

정부는 여순사건에서 반란세력에 동조했다는 혐의로 다수의 민간인을 영장 없이 체포하여 군사재판으로 처형하였다. 이 재판이 약식, 자의적 처형이라는 점은 말할 필요도 없다. 이 사건 피해자의 유족들이 군사재판의 재심을 청구하였다. 당시 피고인들의 죄목과 형량이 기재된 기록들은 남아있지만 판결서는 발견되지 않았다. 판결서가 처음부터 작성되지 않았는지 또는 작성되었으나 소실되었는지 정확하게 알 수 없었다.[39] 이러한 상황에서 법원은 피해자들을 구제한다는 일념 아래 피해자들이 영장 없이 체포되었다는 점을 재심사유로 부각시켰다. 법원이 절차적 권리를 이렇게 중시한다면 헌법파괴기구가 만든 악법들의 효력을 안일하게 전제하는 태도는 설명되지 않는다. 심지어 재심개시결정에서 대법원은 '판결서가 없더라도 형이 선고되었다면 재판이 유효하게 성립한다'는 심각하게 문제적인 판단까지 삽입하였다.[40]

---

37) 이 판결에 대한 비판은 이재승, 국가범죄, 369쪽 이하.

38) 일련의 헌법파괴적 법률들, 특히 특수반국가행위처벌조항과 이에 입각한 과거의 유죄판결들이 일거에 입법적으로 폐지되었어야 함에도 개별적 재심으로 일관되었다. 특수범죄처벌에 관한 특별법에 입각하여 유죄판결을 받은 사람들은 재심재판에서 예외 없이 무죄로 확정되었다.

39) 제주4.3군사재판 당시에 유효한 공소제기가 없었다는 제주지방법원의 판결은 명의상 군사법원이 생존 수형인들에게 불법체포감금과 가혹행위를 자행했다는 점을 확인해주었다.

40) "재심청구의 대상은 유죄의 확정판결이다(형사소송법 제420조). 판결은 선고함으로써 성립하고, 공판정에서는 판결서에 따라 판결을 선고해야 한다(형사소송법 제42조). 판결과 판결서는 개념적으로 다르다.

대법원은 영장 없는 체포에서 군사재판의 하자를 찾음으로써 군사재판 자체의 야만성을 도외시하였다. 영장발부 여부는 군사재판의 범죄적 성격을 발견하는 단서이기는 하지만 군사재판의 범죄성은 영장유무보다는 재판 자체에서 찾아야 한다. 한국전쟁 전후의 군사재판은 전체적으로 보자면 전쟁범죄와 인도에 반한 죄에 해당한다. 군사재판과 관련하여 국제적십자사가 발간한 관습국제인도법은 "모든 필수적인 사법적 보장수단들을 제공하는 공정한 재판에 의한 경우를 제외하고는 어느 누구도 유죄가 인정되지 않는다"는 규칙(제100조)을 국제관습법으로 확인하면서 공정한 재판의 기준을 제시한다. 독립적이고 불편부당하고 정상적으로 구성된 법원에 의한 재판, 무죄추정 원칙, 소인에 대한 정보제공의무, 필수적인 방어권과 방어수단의 보장, 지체 없이 재판을 받을 권리의 보장, 증인을 조사할 피고인의 권리, 통역자의 지원, 재판에 출석할 피고인의 권리, 유죄인정의 강요금지, 공개적인 재판절차, 이용 가능한 불복수단과 불복기간의 고지의무, 일사부재리 등을 공정한 재판 보장수단들(fair trial guarantees)로 규정한다.[41] 연합국의 군사법정은 제2차세계대전 후 이러한 기준을 총체적으로 위반한 군사재판 관여자들을 전쟁범죄자로 처벌하였다.[42]

5) 판사의 범죄를 백안시하는 재심개시 결정들

최근 15년 새 재심절차를 통해서 과거의 무수한 정치재판들이 파기되고 피해자들에게 무죄가 선고되었다. 대다수 판결들은 판사의 잘못을 지적하기보다는 기술적으로 불법 체포나 장기구금, 고문 등 수사관들의 범죄만 주목하였다. 수사관들의 범죄는 확보한 서면자료를 통해서도 용이하게 확인할 수 있으므로 이들의 불법만으로도 재심을 개시하기에 충분하다. 그러나 재심개시 사유로서 수사관의 위법과 범죄가 확인될 정도라면 원판결 당시 판사들이 마땅히 공소기각결정이나 무죄판결을 선고했어야 했다. 수사관의 행위에 초점을 맞춤으로써 당시에 절차통제에 실패한 또는 알고서도 개의치 않은 판사들의 불법과 범죄는 무화된다. 형사소송법의 재심이유로 수사

판결의 선고내용과 판결서의 내용이 다르면 선고된 내용에 따라 판결의 효력이 발생하고, 판결서는 판결의 내용을 확인하는 문서일 뿐 판결서가 판결 그 자체인 것은 아니다(대법원 1973. 10. 10. 73다555, 대법원 1981. 5. 14. 81모8 등 참조). **따라서 판결서가 작성되지 않았거나 작성된 다음 멸실되어 존재하지 않더라도 판결이 선고되었다면 판결은 성립하여 존재한다고 보아야 한다.** 그것이 유죄 확정판결이라면 재심의 대상이 될 수 있다." 대법원 2019. 3. 21. 2015모2229.

41) Jean Marie Henckaerts, & Louise Doswald-Beck, *Customary International Humanitarian Law*. Vol. I(Cambridge U.P., 2005), 352-371쪽; *Customary International Humanitarian Law*. Vol. II (Cambridge U.P. 2005), 2363-2493쪽. 실제로 국제적십자사가 국제관습법으로 제시한 사항은 자유권규약 제14조와 대동소이하다.

42) 이재승, "법조인소송", 일감법학 제44호, 2019, 156-159쪽.

기관의 범죄뿐만 아니라 법관의 범죄도 규정되어 있다.[43] 대다수 재심개시 결정 및 재심에서의 판결도 원판결에서 수사기관의 범죄(불법체포, 고문)를 무시하거나 경시한 법관들의 죄책을 도외시하였다. 피고인들이 원판결의 공판과정에서 불법체포와 고문 사실을 주장하지 않았을 리 없기 때문이다. 재심법원은 검사, 수사관, 판사의 합동범 죄인 정치재판을 수사관들의 범죄인양 축소시킴으로써 사법부의 면책 논리를 예비하 였다.

Ⅲ 악법을 청산하는 방식

과거의 악법에 대한 사법부의 불길한 입장을 극복하기 위해 법철학자 라드브루흐 의 '법률적 불법'을 출발점으로 삼아 몇 가지 쟁점들을 논의해 보겠다.[44] 첫째로, 불 법의 평가수준과 관련해서 개별규범적 접근과 체계적 접근의 구분이다. 전자는 개별 법이나 개별적 조치의 불법성 혹은 부정의를 평가하는 방식이고, 후자는 체제 자체 또는 상위의 근본 전제의 불법성 혹은 부정의를 평가하는 방식이다. 둘째로, 절차적 접근과 실체적 접근에 대한 구분이다. 전자는 법의 절차적 형식적 요건의 위배를 기 준으로 악법을 판단하는 방식이고, 후자는 그 법규범과 결정의 내용적 질을 기준으 로 악법을 판단하는 방식이다. 라드브루흐는 나치청산과정에서 전통적인 자연법론에 유사한 법률적 불법(초법률적 법)을 제시하였고, 그로부터 10여 년 후 미국의 법철학 자 풀러는 절차적 자연법을 제안하였다. 셋째로, 사법적 해법과 입법적 해법의 구별 이다. 전자는 악법 및 불법판결을 개별사건별로 재판으로 극복하는 방안이며, 후자 는 입법을 통해서 포괄적으로 해결하는 방안이다. 한국의 과거청산이 개별사건별로 진행되었다면 독일에서는 포괄적 입법적 해결방식이 지배하였다. 이는 과거청산의 동력과 연결된 정치적 여건의 문제이고, 또한 국가기관(입법, 사법, 각종 조사위원회)의 상호의존성을 효율적으로 조직하는 문제이기도 하다.

---

43) 형사소송법 제420조 제7호.
44) 특히 개별적 규범과 체계의 구분론에 대해서는 로베르트 알렉시, 이준일 옮김, 법의 개념과 효력(지산, 2000), 32쪽 이하.

1. 개별적 접근과 총체적 접근

총체적 접근은 법체계 또는 전체법질서에 대한 평가라면, 개별적 접근은 개개의 법령에 대한 평가를 의미한다. 다수의 학자들은 나치체제를 불법국가(Unrechtsstaat), 불법체계, 불법체제로 지칭한다. 이러한 용어는 체제를 특징짓는 일련의 악법들[45]과 사악한 관행들의 비중을 고려한 총체적인 판단이다. 독일에서는 정치적 반대자나 다른 인종을 박해하고 말살하는 개별적인 법, 지시, 조치들을 나치법률(NS-Gesetz)[46], 나치불법(Naziunrecht), 나치범죄(Naziverbrechen)라고 부른다. 이러한 개별적 불법들이 당해 체제를 전반적으로 타락시켰다면 이러한 체제를 불법국가로 규정한다. 라드브루흐가 <법률적 불법과 초법률적 법>에서 나치체제를 처음으로 불법국가로 지칭했으며, 독일법원은 1953년 레머재판[47]에서 브라운쉬바이크주 검사장 프리츠 바우어의 견해를 수용하여 나치국가를 불법국가로 표현하였다. 구동독 통일사회당 정권의 범죄를 겨냥하여 통일조약 제17조 제2항, 통일사회당-불법행위의 시효중단법(1993), 형법시행법 제315조의a도 불법체제라는 개념을 사용하였다. 1998년에 제정된 나치불법판결청산법의 제1조도 '나치불법체제'라는 개념을 사용하였다.

불법국가, 불법체계, 불법체제라는 개념은 법치국가의 대(對)개념으로서 극단적인 인권침해를 자행하는 국가의 정치적-법적 성질을 표현한다. 불법국가 관념은 법철학 또는 공법학 담론에서 널리 사용되지만 이러한 관념이 구체적인 법적 논쟁이나 법해석에서, 특히 과거청산의 맥락에서 어떠한 파장을 갖는지에 대해서는 그다지 진지하게 논의되지 않았다. 우선적으로 불법국가라는 규정은 헌정적-정치적 수준에서 총체적인 평가로서 해당국가 또는 해당정부의 정치적 정통성을 제거하는 기능을 한다. 현존하는 어떤 국가를 이와 같이 불법국가로 규정한다면 현재의 체제를 타도나 저항의 대상으로 간주한다거나 국제적인 인도적 개입의 잠재적 대상이라는 점을 의미한다. 그런데 과거청산의 국면에서는 불법국가라는 규정성에서 무엇을 이끌어낼 수 있는가? 우선 해당국가에서 자행되었던 국가범죄나 국가불법의 책임을 추궁하기 위해 그 체제의 존속기간을 시효계산에서 배제해야 한다. 나아가 불법국가에 저항한

---

45) "체제전형적인 법들"은 크릴레의 용어이다. Martin Kriele, *Recht und praktische Vernunft*(Vandenhoeck & Ruprecht, 1979), 117쪽 이하. 실제로 점령위원회법률 제1호가 적시한 25개의 나치악법을 그 예로 들 수 있다.

46) 뮌히는 이러한 특수한 나치악법 120개를 제시하였다. Ingo von Münch, *Gesetze des NS-Staates*(Schöningh, 1994) 참조.

47) 나치군대의 중장이었던 오토 에른스트 레머가 1944년 7월 히틀러의 암살모의에 관여하였던 사람들을 역적이라고 비난하여 사자명예훼손죄로 기소된 사건이다. 이후 레머는 탈출하였다가 귀국하여 사망에 이르기 까지 네오나치로서 유랑자의 소란스러운 삶을 살았다.

사람들, 정치적 이유로 처벌받거나 박해받은 사람들의 명예를 회복시켜야 한다. 한편, 불법국가라는 이유로 해당국가의 과거 모든 법령을 논리적으로 무효화할 것을 요구하는가? 그러한 무효화조치는 전혀 현실적이지 않다. 독일의 경우에도 나치적 성격을 담고 있는 개별법률, 또는 개별법률의 개별조항의 효력을 박탈하는 방식을 택하였다. 물론 나치악법에 해당하지 않은 법령의 적용은 완전히 정상적인 판결로 취급할 수 있는가? 불법국가의 여건에서는 정상적인 법조차도 중대한 인권침해의 도구나 테러지배의 수단으로 작동하기 때문에 처벌의 이유와 배경을 고려한 개별적 재심이나 심사가 작동한다.

이제 이러한 구분에 따라 유신체제와 그 긴급조치를 논의해보자. 과거청산 국면에서 국회는 '민주화보상법'48)에서 권위주의 통치49)라는 개념을 도입하였다. 이 법은 한일회담 이래로 3공화국, 유신체제, 5공화국을 민주화운동이나 항거의 대상으로 삼음으로써 잠재적으로 불법국가로 상정한다.50) 이에 따르면 유신체제를 불법체제로 부르고, 유신체제를 특징짓는 일련의 악법들, 특히 긴급조치를 '권위주의적 악법'이나 '법률적 불법'51)으로 규정할 수도 있겠다. 긴급조치는 특정한 정치적 표현을 근본적으로 부정하고, 자유로운 행위를 자의적으로 처벌하였기 때문에 유신악법을 대표한다. 한국의 과거청산과정에서 나치악법에 버금가는 악법 개념을 정립함으로써 불법국가의 법률적 불법과 정상적인 국가의 다소간 부정의한 법률을 차별화할 수 있을

---

48) 민주화운동관련자명예회복및보상에관한법률 제2조(정의)
   1. "민주화운동"이란 1964년 3월 24일 이후 자유민주적 기본질서를 문란하게 하고 헌법에 보장된 국민의 기본권을 침해한 **권위주의적 통치**에 항거하여 헌법이 지향하는 이념 및 가치의 실현과 민주헌정질서의 확립에 기여하고 국민의 자유와 권리를 회복·신장시킨 활동을 말한다.
49) 박정희 체제는 관료적–군사적 권위주의 체제로 보아야 한다. 가시오롭스키는 박정희 체제를 단순한 군사적 권위주의 체제와 구별하여 관료적 권위주의 체제(bureaucratic authoritarian regime)로 부른다. 그는 당시 일군의 관료들이 경제개발을 명분으로 국가장치를 이용하고 있다는 점을 주목한다. Mark J. Gasiorowski, "The Political Regimes Project", Alex Inketes 펴냄, *On Measuring Democracy: Its Consequences and Concomitants*(Transaction Publishers, 2006), 110–111쪽. 박정희 집권기가 한국 경제의 도약기라는 점은 부인할 수 없으나 박정희가 군사쿠데타로 집권하고, 2차 쿠데타로 유신체제를 구축하고, 유신체제를 방어하기 위해 군대(위수령)와 전투경찰을 평시에도 널리 활용했다는 점에서 단순히 관료적 권위주의체제로 규정한 것은 실상에 맞지 않다.
50) '헌정질서파괴범죄의 공소시효 등에 관한 특례법(1995)'은 민주주의 법학연구회 김종서 회원이 작성한 '헌법파괴적 범죄 등의 공소시효에 관한 법률안'에서 출발하였다. 국순옥 선생의 '헌법파괴적 범죄'라는 개념이 이 법안의 초석이 되었다. 헌법파괴적 범죄는 쿠데타 세력의 통치기를 불법국가로 파악할 수 있게 한다. 국순옥은 이러한 시각에서 공화국의 순차결정에 관한 습관에 대해 문제를 제기하였다. 국순옥, "공화국의 정치적 상품화와 순차 결정의 과학적 기준", 민주주의 헌법론(아카넷, 2015), 483–500쪽.
51) 법률적 불법(gesetzliches Unrecht)이라는 표현이 우리말의 어감에서는 모순적이지만 독일어에서 Gesetz는 제정된 법, 실정법을 의미하고, Recht는 그 자체로 옳음(올바른 법)을 의미하므로 전혀 모순적이지 않다. 한자문화권에서 본디 법은 올바른 것을 의미하고, 률은 문자로 적은 것을 의미하였다.

것이다. 이러한 구분의 실패는 과거의 극단적인 악법의 적용사례조차 사법과정으로 정상화할 우려를 야기한다.

2. 실체적 접근과 절차적 접근

제2차세계대전후 두 명의 법철학자가 중요한 악법론을 전개하였다. 중점에서 보자면 라드브루흐가 자연법적이고 실체적인 관점에서 악법을 규정했다면, 풀러는 절차적이고 구조적인 관점에서 이 작업을 수행했다. 라드브루흐는 뉘른베르크 국제군사재판소의 재판과정을 지켜보면서 법률적 불법 개념을 제안하였다.[52] 그는 "정의의 핵심인 인권을 법제정시에 의도적으로 부인하는 법률"이나 "정의와 참을 수 없을 정도로 모순된 법률"을 '법률적 불법(gesetzliches Unrecht)'으로 보았다.[53] 그는 심지어 나치의 모든 법이 법률적 불법에 해당한다고 극언했다.[54] 시민이든 법관이든 이러한 법률에 복종해서는 안 되며 저항해야 한다고 단언했다. 특히 법관은 악법의 적용을 거부해야 한다고 언급했다. 라드브루흐는 '법률적 불법'이나 '초실정적 법' 관념을 낡은 스타일의 자연법이 아니라 '가변적 내용의 자연법' 또는 '형식적 자연법'의 일종이라고 부르면서 고전적 자연법과는 다소간 거리를 두려고 하였다.[55] 실제로 그는 바이마르 공화국 내내 '실증주의자인 것처럼' 반동적인 자연법론자들과의 악전고투를 벌였기 때문에 이러한 제한은 불가피했다. 그는 나치악법들이 '법률의 형식을 취한 불법'이고 그 내용에서 보자면 범죄를 명령하는 법이라고 규정하였다. 또한 히틀러의 인격에는 진실과 법에 대한 감각이 총체적으로 결여되어 있었기 때문에 한갓 자의를 법으로 둔갑시킬 수 있었다고 지적하였다. 악법과 통치자의 인성을 결부시킨 것은 인상적인 대목이다. 유신헌법에 대한 정치적 비판조차 범죄로 규정하고 제멋대로 중형을 가하는 긴급조치들, 5.16쿠데타 직후 영장제도를 배제한 '인신구속 등에 관한 임시특례법'(1961),[56] 3년 전의 행위까지도 소급해서 처벌하는 '특수범죄처벌에

---

52) 라드브루흐, "법률적 불법과 초법률적 법", 652쪽 참조.
53) 이에 관한 상세한 논의는 프랑크 잘리거, 윤재왕 옮김, 라드브루흐 공식과 법치국가(세창, 2011) 참조.
54) 필자는 실체적 기준에 따라 평가할 때 나치의 모든 법률이 법률적 불법에 해당한다는 라드브루흐의 주장에는 동조하지 않는다.
55) 형식적 자연법(formales Naturrecht)이나 가변적 내용의 자연법은 자연법의 내용은 역사적으로 상대적이지만 옳음의 형식으로서 자연법은 절대적이라는 입장이다. 신칸트학파의 루돌프 슈탐믈러나 에밀 라스크가 이러한 입장을 취했다. Gustav Radbruch, "Neue Problematik in der Rechtswissenschaft", Günter Spendel 펴냄, *Kulturphilosophische und kulturhistorische Schriften*, GRGA Bd. 4(C.F. Müller, 2002), 232-235쪽.
56) 헌법재판소 2012. 12. 27. 2011헌가5.

관한 특별법'(1961), 위수령선포(1970), 국제적 비판의 빌미를 제공한 정보원을 타격하려는 '국가모독죄'(1975), 김형욱을 단죄하려는 '반국가행위자의 처벌에 관한 특별조치법'(1977)[57] 등은 단적으로 독재자 박정희의 인성을 드러낸다. 독재자가 자신의 인성을 법제도에 기입하기 때문에 독재인 것이고, 이를 억제하는 한에서 공화국이라고 불리는 것이다.

풀러는 라드브루흐의 실체적 접근방식과는 달리 법다움(legality)[58]의 원칙들, 즉 법의 형식적 구조적 관문을 설정함으로써 악법의 특징을 개관하였다.[59] 그는 법률실증주의 법관념이 시민에 대한 국가 '권위의 일방적 투사(one-way projection of authority)'[60]로서 결함을 가진다고 지적하고, 계약법 전문가답게 국가와 시민 간의 상호작용이라는 수평적 틀로서 '상호성'과 '대칭성'에 입각한 법관념을 제안하였다. 풀러는 법다움의 여덟 가지 원칙을 제시하였다. 법규범의 일반성, 공포, 소급입법의 금지, 이해가능성, 모순금지, 불가능한 요구의 금지, 시간적인 안정성, 규범과 관행의 일치 등이 그것이다. 앞의 일곱 가지가 입법의 원칙이라면, 마지막 기준은 법적용 관행에 관한 것이다. 풀러는 이를 절차적 자연법(procedural natural law), 법의 내재적 도덕성이라고 불렀다. 법의 근원적 공정성이나 영미법에서 말하는 자연적 정의(natural justice)의 구체적인 표현으로 볼 수 있다.

이와 같이 여덟 가지 기준을 충족시키고도 실제로 악법이 출현할 소지가 있지만, 역사적으로 그렇게 공을 들여 악법을 만드는 독재자도 찾기 어렵다. 우선 이 기준을 모두 충족시킨다면 그 법률은 합당한 법이 될 개연성이 그만큼 높다.[61] 나치의 비밀

---

57) 헌법재판소 1996. 1. 25. 95헌가5.

58) 풀러가 말한 legality를 합법성으로 번역하면 잘못된 것이다. 합법성은 특정한 규범에 구체적인 집행행위의 합치 여부를 따지는 도구적인 수준이라면, 법다움은 그 자체로 법적인 것(the legal)으로 평가할 만한 것인지를 묻는 본질적인 수준이다. 그가 묻는 절차도 특정한 절차가 아니라 단적으로 공정한 절차에 관한 것이다.

59) 론 풀러, 박은정 옮김, 법의 도덕성(서울대학교출판문화원, 2015), 63쪽 이하.

60) 이는 분석적인 의미에서 실증주의, 특히 명령설을 설명하는 데에 꽤나 유용한 것처럼 보이지만, 실증주의가 권위에 맹목적으로 복종하라고 가르치지 않는다는 하트의 비판이 더욱 타당하다. 실증주의는 법의 엄격한 해석, 유추금지, 죄형법정주의, 자유주의 정신을 내포하기 때문이다. 나치시대에 등장한 권위주의적 실증주의는 실제로 법적 사유에서 총통원리, 나치적 의미에서 실질적 정의사상을 밑받침한다. 라드브루흐의 '방어불능테제'(실증주의가 악법의 출현에 기여하였고, 법관이 실증주의적 가르침으로 인해 악법을 무비판적으로 적용했으며, 따라서 실증주의적인 법관이 면책될 수 있다는 주장)는 역사적 사실에도 부합하지 않고 법이론적으로도 유지될 수 없다. 이에 대한 역사적 연구는 Walter Ott, *Der Rechtspositivismus*(Duncker & Humblot, 1991), 182쪽 이하.

61) 실제로 라드브루흐와 풀러 간의 논쟁은 없었고, 풀러와 실증주의자 하트 간의 논쟁이 벌어졌다. 이 논쟁의 결산에 대해서는 장영민, "하트-풀러 논쟁 50년 회고", 이화여자대학교 법학논집 제11권 제2호(2007), 3-34쪽.

지령이나 앞서 언급한 국방경비법은 공포(公布)의 요건에 비추어볼 때 법이 아니다. 그것은 근본적으로 상호성을 결여한 것이고, 시민을 법률관계의 상대방으로 인정하지 않는 것이기 때문이다. 풀러는 이 기준을 낱낱의 법률보다는 법체계 전체에 연관시켜 논의하고자 하였다. 나치법질서는 이러한 여덟 가지 관문을 전반적으로 충족시키지 못하였기 때문에 전체적으로 불법적이라고 규정하였다. 그러나 형식적 구조적 접근을 헌법의 탄생과정, 의회의 입법과정으로 확전시킨다면 의외로 급진적인 결론이 나온다. 마우스는 라드브루흐가 개별법들의 내용적 부정의에 착목하여 나치법을 법률적 불법으로 판단하였기 때문에 나치체제 자체의 정당성을 박탈하는 데에 미흡하다고 지적하였다. 그는 나치법들이 민주주의의 파괴 위에서 제정되었다고 지적하고 라드브루흐의 법률적 불법 대신에 민주적 법생성 원칙을 기준으로 나치체제의 정당성을 부인해야 한다고 적절하게 주장하였다.[62]

절차적 접근(풀러-마우스 방식)이 전체법질서뿐만 아니라 개별법들의 성립과정상의 하자에 주목하는 것이라면, 실체적 접근(라드브루흐 공식)은 법질서뿐만 아니라 개별 법령과 조치들의 내용적 하자에 주목한다. 이러한 두 가지 기준은 모두 유신체제와 긴급조치의 청산작업에 유용하기 때문에 양자택일이 필요하지도 않다. 특히 쿠데타를 통해 성립한 헌법질서가 기존헌법보다 더욱 좋은 내용을 담고 있다고 하더라도 그 헌법질서의 정당성이 인정되는 것은 아니다. 이 경우 절차적 접근이 더 유용하다고 여겨진다. 어쨌든 헌법형성을 위한 자율적인 정치 공간을 파괴하고 등장한 헌법질서는 총체적으로 무효로 판단할 수 있다.[63] 어떠한 접근법에 따르더라도 유신헌법이나 긴급조치는 법률적 불법으로 규정할 수 있다.

---

62) Ingeborg Maus, "Die Trennung von Recht und Moral als Begrenzung des Rechts", *Rechtstheorie*, Vol. 20(1989), 191-210쪽. 라드브루흐도 법률의 내용적 부정의 문제뿐만 아니라 수권법에 의한 의회주의 파괴나 일당독재를 보장하는 법을 고려하면서 나치제국을 불법국가로 규정하였다.

63) 법률실증주의자 켈젠과 하트의 입장은 주목할 만하다. 이들은 법률실증주의자로서 불처벌을 주장하지 않기 때문이다. 켈젠은 나치의 악행이 처벌할 만한 악이라면 소급처벌법을 제정하여 처벌하여야 한다고 주장하였다. 켈젠의 논의는 근본적인 악을 처벌해야 한다는 주장뿐만 아니라 행위시에 처벌대상이 되지 않은 행위는 처벌할 수 없다는 주장(죄형법정주의)도 자연법적이라고 평가하였다. 하트는 자연법 개념을 거부하면서 처벌하는 것이 더 공익적이라면 사후처벌법을 제정하면 된다고 주장하였다. 죄형법정주의의 위상에 대한 의문에 대해서는 Hans Kelsen, "The Rule against Ex Post Facto and the Prosecution of the Axis War Criminals", *The Judge Advocate Journal*, Vol. 2 No. 3(1945), 8-12쪽; "Will the Judgement of the Nuremberg Tribunal constitute a Precedent in International Law", *International Law Quarterly* Vol. 1(1947), 153-171쪽; H. L. .A, Hart, "Positivism and the Separation of Law and Morals", in *Essays in Jurisprudence and Philosophy*(Clarendon Press, 1983), 76쪽 이하.

3. 사법적 해법과 입법적 해법

과거의 악법, 이에 따른 불법판결과 조치들을 어떻게 청산할 것인가? 사법적 해법이 판결로써 과거의 악법과 판결, 조치들을 개별적으로 제거하는 방식을 의미한다면, 입법적 해법은 바로 그러한 악법과 판결을 법률로써 포괄적으로 제거하는 방식이다. 제2차세계대전 후 나치청산과 관련하여 뢰벤스타인은 그 방식을 네 가지로 구분하였다. 전체적-소급적 무효(나치법 전체를 소급적으로 무효화하는 방안), 전체적-장래적 폐지(나치법 전체를 장래적으로 폐지하는 방안), 개별적-소급적 무효(나치악법을 개별적으로 소급적으로 무효화하는 방안), 개별적-장래적 폐지(나치악법을 개별적으로 장래적으로 폐지하는 방안)가 바로 네 가지 접근법이다.[64] 첫 번째 전체적-소급적 무효화방안은 수권법과 그에 따른 모든 법령을 소급해서 무효로 하는 극단적인 처방이다. 그러나 12년간 존속하면서 나치가 시행한 모든 법들 및 법적 조치들을 무효화한다는 것은 불가능하다.[65] 이른바 정상국가 또는 법치국가의 관념 아래 이루어진 정부의 조치나 개인의 사사로운 계약도 모조리 무효로 하는 것은 과도한 법적 불안정성을 야기하기 때문이다. 또한 나치시대의 모든 법을 장래적으로 폐지한다는 두 번째 방안도 비현실적이기는 마찬가지이다.[66] 결국 개별적인 법령-이른바 특정한 나치악법-을 발굴하여 소급적으로 무효화하거나 장래적으로 폐지하는 것만이 이론상으로나 실무상으로 현실화 가능하다.

나치 청산작업도 이러한 방향에서 진행되었다. 연합국이 점령 초기에 통제위원회법률(Kontrollratsgesetz) 제1호로 수권법을 포함해서 나치악법 25건을 폐지하였고, 점령당국은 25건의 나치악법에 따른 유죄판결을 일괄적으로 무효화하는 나치불법판결청산법(1946)을 도입하였다. 독일은 1998년 나치불법판결청산법(Aufhebungsgesetz)을 제정하여 과거 연합국 통제위원회법률 제1호의 취지를 확장하여 59건의 나치법령[67]

---

64) Matthia Etzel, *Die Aufhebung von nationalsozialistischen Gesetzen durch den Allierten Kontrollrat (1945-1948)*(Mohr, 1992), 49쪽 이하. 이에 대한 간단한 설명은 이재승, "법효력의 계속과 차단", 법철학연구 제16권 제1호(2003), 27-50쪽; 독일사법부, 법조, 법학교육의 개혁에 대한 뢰벤스타인의 구상에 대해서는 Karl Loewenstein, "Reconstruction of the Administration of Justice in American-Occupied Germany", *Harvard Law Review* Vol. 61(1948), 419-466쪽.

65) 독일헌법재판소는 나치가 제정한 모든 법이 무효라는 견해를 거부하였다. BVerfGE 6, 132/199(1957).

66) 매우 단기간에 매우 이질적 세력의 지배(특히 전시점령)를 종식시킨 경우에는 그러한 지배기간에 시행된 모든 법의 효력을 배제하고 종래의 법질서로 복귀시킬 수 있을 것이다.

67) 형법이나 군형법에 입각한 유죄판결을 모두 무효화할 수는 없었고, 그 중 정치적 성격을 띤 일부 범죄조항에 입각한 유죄판결만 무효화하였다. 나치불법판결청산법(2009년 개정)은 군형법상 이적죄와 탈영죄로 인한 유죄판결까지 무효화하였다. 오랜 논란 끝에 나치독일과 나치군대가 정치적으로 불법화된 것이다.

에 입각한 유죄판결을 자동적으로 파기하고, 특수한 예외법원들의 판결도 무효화하였다. 이 법에 의해 자동적으로 파기되지 않은 유죄판결의 피해자들은 특별재심절차나 일반적인 재심을 통해 무죄판결을 구할 수 있었다.

나치악법 폐지목록(별표)에 나열되지 않은 구 법령들은 1948년 한국헌법 제101조와 같은 여과조항(filter-clause)[68]을 거쳐 위헌으로 결정되거나 독일연방공화국의 법령으로 편입되었다. 한국에서는 식민지 악법을 폐지하는 법령(미군정법령)를 제외하고는 입법적 청산방식을 채택한 적은 없다. 국가폭력의 희생자들은 사건별로 개별적인 보상법 아래서 보상청구, 국가배상청구소송, 개별적인 재심으로 대응했다. 입법적 해법을 과거청산에서 주도적으로 활용한 독일에서는 원칙적으로 사법적 해결의 여지는 적었다. 나치 불법행위에 대한 손해배상청구권에 대해서도 독일은 소멸시효(3년) 기간이 도과한 후 1956년 나치불법보상법을 제정하여 보상문제를 일괄하여 해결하였다. 이 법에 의한 보상 이외에 별도의 손해배상청구는 허용되지 않았다. 물론 이 법에 의해 원래 나치불법으로 규정되지 않은 피해(강제노동이나 집시들에 대한 우생학적 조치)에 대해 뒤늦게 보상이 시행되기도 하였다.

5.18보상법과 민주화보상법은 과거의 유죄판결을 포괄적으로 청산하는 규정을 두지 않았다. '5·18민주화운동 등에 관한 특별법' 제4조가 5.18운동 관련자들에게 특별재심의 기회를 부여하였지만 5.18민주화운동 관련자들에 대한 유죄판결을 자동적으로 파기하지 않은 것이다. 민주화보상법도 권위주의 통치에 항거한 사람들에게 민주화운동 관련자로 규정하고 보상까지 시행하면서도 유죄판결을 제거하지 못했다. 결국 피해자들은 개별적으로 재심을 청구하는 추가적인 작업을 해야 했다. 긴급조치의 피해자들은 민주화보상법이 말하는 민주화운동 관련자 범주에 해당한다. 포괄적인 판결청산법을 도입하지 않고 개별적인 재심으로 문제를 해결하는 관행은 피해자들뿐만 아니라 국가기관의 공력도 과도하게 소진시키는 방식이다. 나치불법판결청산법을 모범으로 제주4.3군사재판,[69] 혁명재판소 판결, 긴급조치사건 판결 등을 포괄적으로 무효화하는 법률이나 법무부의 주도하에 포괄적인 구제조치 등이 바람직하다. 다행히 긴급조치로 인한 유죄판결에 대해서는 법무부에 의한 직권 재심 청구가 시행되었다. 한국에서 포괄적인 청산방식이 일반화되지 못한 이유는 이러한 경로에 대한 무지에 있지 않다. 그와 같은 급진적 처방을 관철시킬 정도로 강한 정치적 헤

---

68) 독일헌법 제123조(구법령과 조약의 계속시행) ① 연방하원의 개회시점 이전의 법은 헌법에 저촉되지 않는 한에서 효력을 지속한다.

69) 특별재심규정을 도입했음에도 여전히 미청구인의 문제가 남기 때문에 제주4.3군사재판을 일괄해서 무효화하는 방안이 도입되어야 할 것이다.

게모니가 확립되지 않았다는 점, 또 법조기득권층의 조직적인 반발과 한국사회에 팽배한 판결물신주의가 오랫 동안 위력을 발휘했다는 점에 있다. 최근에 수많은 재심판결을 통해 한국현대사에서 남용된 정치사법의 실상이 널리 폭로됨으로써 이러한 물신주의는 와해되고 있다.

Ⅳ 입법적 불법과 입법자의 죄책

1. 법률적 불법과 위헌법률

유신헌법 제53조(긴급조치권)에 대한 헌법소원에서 헌법재판소는 "형식적 의미의 법률과 동일한 효력을 갖는 조약 등이 위헌심사의 대상에 포함되는 것은 별론으로 하고 헌법의 개별규정 자체가 위헌심사의 대상이 될 수 없음은 위 각 규정의 문언에 의하여 명백하다."고 판단하였다.[70] 헌법재판소는 군인의 국가배상청구 제한규정에 관한 헌법소원에서 이미 이와 같은 견해를 정립하였다.[71] 국가배상청구 제한규정이 동일한 헌법체계 안에서의 문제라면, 유신헌법 제53조는 전(前)헌법과 전(前)헌법규정에 대한 것이므로 새로운 불연속을 만들면서 체제청산론을 전개할 여지도 있었다.[72] 그런데 헌법재판소는 헌법재판의 대상을 오로지 형식적 의미의 법률 및 그와 동일한 서열의 규범으로 국한시킴으로써 유신헌법의 잔재(효력)를 극복하지 못하였다.

지금과 같은 위헌법률판단 방식으로는 법률적 불법 또는 입법적 불법을 담아내기 어렵다. 위헌법률 심판기제는 앞서 논의한 법률적 불법 또는 반자연법적인 법률과 정상적이지만 내용상 하자가 있는 법률을 한결같이 위헌법률로 다룸으로써 그 법률적 불법의 초과불법성을 적절하게 포착하지 못하고 있다. 위헌법률 심판과 법률적

---

70) 헌법재판소 2010. 3. 9. 2010헌바97.

71) "헌법 및 헌법재판소의 규정상 위헌심사의 대상이 되는 법률은 국회의 의결을 거친 이른바 형식적 의미의 법률을 의미하는 것이므로 헌법의 개별규정 자체는 헌법소원에 의한 위헌심사의 대상이 아니다. 개별적 헌법규정 상호 간에 효력상의 차등을 인정할 수도 없으므로, 헌법의 개별규정에 대한 위헌심사는 허용될 수 없다." 헌법재판소 2018. 5. 31. 2013헌바22, 2015헌바147(병합); 2001. 2. 22. 2000헌바38(전원재판부).

72) 헌법재판소는 1948년 헌법부터 1987년 헌법까지 헌법의 역사적 일체성과 논리적 자족성을 전제하기 때문에 전(前)헌법적 불법에 대해서 속수무책이다. 그러나 최소한 전면개정에 가까운 헌법(1948년 헌법, 1960년 헌법, 1972년 헌법, 1980년 헌법, 1987년 헌법)을 각각 단일한 헌법질서로 파악하고, 1987년 헌법의 관점에서 1972년 헌법이나 1980년 헌법을 불법체제의 헌법적 불법으로 규정함으로써 헌법적 불법의 효력을 부인할 수도 있다.

불법 판단 간에 존재하는 질적인 차이를 주목할 필요가 있다.

첫째로, 헌법재판제도는 특정헌법 아래서 법질서 전체에 규범적 통일성을 부여하는 일상적 제도라면, 법률적 불법에 대한 판단은 본질적으로 과거 체제의 헌법적 수준의 불법까지도 제거하는 비상적인 철학적 심급이다. 헌법재판소의 결정에 따르면 위헌법률심판대상은 규범서열상 법률에 한정되지만, 법률적 불법론은 유신헌법 제53조뿐만 아니라 유신헌법조차도 '헌법적 불법(verfassungsgesetzliches Unrecht)'[73]으로 탄핵하도록 요구한다. 둘째로, 단순한 위헌 판단과 법률적 불법 판단 간에는 불법의 비중에서 구조적인 차이가 존재한다. 법률적 불법 개념이 상정한 부정의는 헌법초과적인 수준에 이르기 때문에 그러한 법률은 당연히 위헌법률로 규정되겠지만 헌법재판소에 의한 위헌법률 판단은 그와 같은 극단적 부정의에 미달하는 부정의도 위헌법률로 규정할 수 있다.[74] 단순한 위헌 판단이 법치국가적 수준에서 발생하는 다소 부정의한 실정법을 처리하는 장치로서 적절하다면, 법률적 불법 판단은 불법국가 수준의 극단적 악법을 처리하는 데에 적절한 관념이다. 셋째로, 법률적 불법은 대체로 시원적 불법성을 전제하지만 통상적인 위헌법률 판단은 후발적 사유도 허용한다. 따라서 법률적 불법은 시원적 소급효를 본질로 하지만, 통상적인 위헌 판단은 사유발생의 시점에 따라 장래적 효과를 갖도록 제한할 수 있는 여지를 갖는다. 넷째로, 법률적 불법 판단은 행위나 조치의 합법적 근거를 부인하고 그 효과를 처음부터 완전히 제거해야만 소기의 목표를 달성하지만 위헌법률 판단은 결정 형식의 다양성으로 인해 그 효과가 제한적이거나 유동적이며, 또한 그렇게 하는 게 바람직하다. 결국, 법률적 불법은 애초부터 법이 아니므로, 이를 제정한 자와 적용한 자는 불법과 범죄를 자행한 것으로 이해되지만, 단순한 위헌판단에서는 이러한 효과를 부여하기 어렵다. 이러한 이유로 단순한 위헌결정 기제와 법률적 불법 판단의 차이를 명료하게 드러냄으로써 악법에 대한 접근법을 제도적으로 재구성해야 한다.

법률적 불법 판단은 특정헌법 체계를 초월하는 (자연법적) 심급이고, 위헌법률 판단은 특정헌법에 구속되는 체계내적인 (실정법적) 심급이다. 그럼에도 불구하고 법률

---

73) 라드브루흐의 '법률적 불법(gesetzliches Unrecht)'에서 '법률적(gesetzlich)'이라는 형용사가 규범서열상 의회의 입법형식으로서 법률(Gesetz)에 관련된 것이 아니라 헌법, 법률, 명령 등 일체의 제정법으로서 실정법(Positives Recht)에 관련된다. 여기서 그 명사형으로서 Gesetzlichkeit는 실정성(Posivität)나 제정성(Gesetztheit)을 의미한다. 필자는 이러한 맥락에서 최상위 실정법인 헌법까지 포함하는 '헌법적 불법"이라는 용어를 취한다. 전두환 신군부에 대한 불기소결정과 관련하여 강경선이 헌법적 불법이라는 개념을 이미 사용하였다. 강경선, "헌법적 불법은 시효가 없다", 민주법학 제10호(1995), 70-86쪽.

74) 정치적 반대세력을 군사재판으로 처단하는 법제는 현대 민주주의 관념에 비추어볼 때 제정 시부터 법률적 불법으로 취급해야 하지만, 규제관념의 변화로 인해 위헌판결을 받은 간통죄 처벌규정을 법률적 불법으로 다루기는 어려울 것이다.

적 불법 판단은 현실적으로 위헌판단 기제라는 제도적 틀 안에서 표현된다. 최고법원이 자연법과 정의의 원리를 판단의 기준으로 원용하며 헌법적 불법까지 확고하게 제거하고자 한다면 이는 헌법자연법주의[75]이고, 특정한 실정 헌법(憲法)을 완전한 우주로 섬기고 스스로를 그 포로로 자처한다면 이는 헌법실증주의라고 할 수 있다. 과거청산 과정에서 한국의 헌법재판소가 보여준 태도는 헌법실증주의에 더 가깝다. 하지만 헌법재판소가 모든 국면에서 원리주의자처럼 특정한 실정헌법의 포로로 소극적 입장을 고수하지는 않은 것 같다. 헌법재판소는 '신행정수도의 건설을 위한 특별조치법'의 위헌결정에서 초실정법적 심급을 자임하기도 하였다. 이 결정에서 '헌법전 제정 당시 자명하거나 전제된 사항 및 보편적 헌법원리'를 '불문헌법' 혹은 '관습헌법'으로 파악한 대목은 눈여겨볼 만하다.[76] 여기서 '보편적 헌법원리'는 특정헌법(유신헌법이든 현행헌법이든)의 지평을 초월하지만, 민주헌정사의 인류적 지평 안에 내재한 것으로 이해된다. 실제로 연합국은 독일점령기간에 국제인도법 또는 국제관습법(통제위원회법률 제10호)을 나치청산의 기준으로 동원함으로써 체계내적 심급[77]과 체계초월적 심급 사이의 심연을 가교하였다.

법률적 불법 관념을 활용한 사례는 한국의 과거사 판결에서 찾기 어렵지만, 독일에서는 참조할 만한 사례가 적지 않다. 이러한 판례가 위헌판단과 직결되지 않았다. 독일대법원은 국가배상 사건에서 라드브루흐 공식을 원용하면서 히틀러의 초토화명령(Katastrophenbefehl)[78]을 법률적 불법으로 판단하였고,[79] 독일 헌법재판소는 재판소원에서 유대인의 국적을 박탈한 독일국적법 제11차규정(1941. 11. 25.)을 법률적 불법으로 판단하였다.[80] 극단적인 악법에 예리하게 응수하여 그 효과를 제거하는 것이 사법부의 직분이고, 어떤 제도적 결정형식을 활용하고 어떤 법조항으로 포섭할 것인지는 부차적인 일이다. 만일 긴급조치의 근원적 불법성으로 직진했더라면 국회든 법

---

75) 실정헌법규범이 자연법에 위배되는 경우 자연법과 정의의 원리도 위헌법률심사기준이 된다는 견해는 김철수, 헌법학신론(박영사, 2006), 1126쪽.

76) "우리나라는 성문헌법을 가진 나라로서 기본적으로 우리 헌법전(憲法典)이 헌법의 법원(法源)이 된다. 그러나 성문헌법이라고 하여도 그 속에 모든 헌법사항을 빠짐없이 완전히 규율하는 것은 불가능하고 또한 헌법은 국가의 기본법으로서 간결성과 함축성을 추구하기 때문에 형식적 헌법전에는 기재되지 아니한 사항이라도 이를 불문헌법(不文憲法) 내지 관습헌법으로 인정할 소지가 있다. 특히 헌법제정 당시 자명하거나 전제된 사항 및 보편적 헌법원리와 같은 것은 반드시 명문의 규정을 두지 아니하는 경우도 있다." 2004. 10. 21. 2004헌마554·566(병합).

77) 죄형법정주의가 인도에 반한 죄의 처벌에 대한 항변사유로 연합국 군사재판소에 제출되었다. 물론 군사재판소는 이러한 항변을 수용하지 않았다.

78) 초토화명령은 전선에서 탈영하는 병사를 무조건 사살하라는 히틀러의 지령을 말한다.

79) BGHZ 3, 94(107).

80) BVerfGE 23, 98(1968).

원이든 초실정법적 심급으로서 유신에 대한 항거가 자연법적 저항권의 행사이고 헌법의 긴급조치 조항도 보편적 헌법원리에 근본적으로 위배되는 법률적 불법이자 위헌법률이라고 선언할 수 있었을 것이다. 헌법재판소가 헌법전의 논리적 역사적 자족성을 넘어 보편적 헌법원리를 활용하였다면 전(前)헌법에 대한 초헌법적 심급으로 작동했을 것이다.

대중적 봉기만이 필요한 비상적 헌법파괴상황에서는 초헌법적 심급은 저항권의 주체로서 주권적 국민이다. 그러한 헌정질서를 파괴하는 새로운 헌법에 대해서도 어느 법원이든지, 어느 판사든지 합당하게 평가권한을 행사할 수 있어야 한다. 그러나 경험칙상 그러한 일은 기대하기 어렵다. 만일 독재체제가 붕괴하고 민주체제가 도래한 상황에서 법률적 불법을 탄핵하는 초헌법적 심급은 현존하는 입법부나 최고법원으로 집중될 수밖에 없다.[81] 이 경우에도 최고법원이 헌법적 불법(법률적 불법)을 기술적인 맥락에서 위헌법률로 축소 또는 정상화해서는 안 되며, 헌법적 불법에 완전한 법적 형상을 부여하는 것이 필요하다. 법률적 불법에 관한 한, 입법부는 전헌법적 법령을 법률적 불법이라는 이유로 폐지하면서 폐지의 효과를 법탄생의 시점까지 소급시켜야 하고, 최고법원도 위헌판단의 형식 안에 법률적 불법 판단을 담아냄으로써 법탄생의 시점까지 거슬러 올라가야 한다. 그 경우 입법부나 사법부가 폐지결정과 위헌결정의 이유와 방론에서 '법률적 불법'임을 명시함으로써 문제의 법령과 단순한 '위헌법률'을 완전하게 차별화해야 한다. 그 경우에만 법률적 불법의 잔재를 법의 세계에서 완전하게 제거할 수 있다. 그러나 현실적으로 작동하는 국가기관 간의 기능적 분할이 문제해결의 경로를 분열시키고 희생자들에게 과도한 추가 노동을 요구한다.

2. 입법적 불법

법률적 불법 개념을 수용하는 경우 악법을 제정한 입법자의 책임을 적절하게 물을 수 있다. 법치국가의 여건에서 헌법은 입법, 사법, 행정을 모두 구속하기 때문에 단순한 행정공무원의 행위뿐만 아니라 법관, 국회, 대통령의 행위가 헌법을 위반한 경우 그것은 언제든지 불법행위가 된다.[82] 국회가 범죄적인 법률을 제정한 경우 해당

---

81) 라드브루흐, "법률적 불법과 초법률적 법", 654쪽.
82) 독일공법학에서 관헌국가 이데올로기 아래서 입법적 불법 개념은 상상할 수 없었으나 나치체제를 겪으면서 법치국가사상에 입각하여 입법적 불법은 보편적으로 인정되었다. Bartłomiej P. Wróblewski, *Die Staatshaftung für legislatives Unrecht in Deutschland. Eine rechtshistorische, rechtsdogmatische und rechtsvergleichendes Untersuchung*(Baden-Baden, 2015), 56쪽 이하.

법률은 국회의 범죄와 불법을 구성한다. 그 경우 국회의원 전체나 법안찬성자 전체를 집단범죄자로 취급할 수 있는지는 의문이나, 그 법안을 주도적으로 구상하고 발의한 정당지도부, 의원들, 조언한 학자들을 범죄자로 상정할 수 있다. 뉘른베르크 법조인 소송에서 나치악법(뉘른베르크 인종법이나 폴란드점령지형사법)의 초안을 제출한 행위도 인도에 반한 죄로 다루어졌다. 대법원은 2015년 판결에서는 긴급조치를 입법자의 정치행위로 규정하고 입법자의 불법행위 책임을 배제하였다.[83] 대법원이 대량의 인권침해를 의도한 긴급조치(인도에 반한 죄)를 정치행위로 두루뭉술하게 처리한 것은 법치국가적 판단이라고 보기 어렵다.

2015년 대법원 판결의 참조판결[84]은 입법적 불법을 시사한다. 그러나 참조판결이 민주주의와 의회의 자율적 토론, 나아가 정치적 책임추궁 방식에서의 의회주의적 방식(다음 선거에서 책임을 추궁한다는 사고)에 기초하여 국민에 대한 입법자(국회)의 민사적 불법행위 책임을 부인하고 있는데, 이를 긴급조치의 발령자인 대통령에 대한 책임 논의와 연결하는 판단은 매우 의문스럽다. 유신 체제 아래서 긴급조치의 발령자로서 대통령은 국민, 국회, 사법부 그 누구에 대해서도 정치적 책임을 지지 않는 존재이므로 의회주의적 책임원리를 긴급조치 문제에 활용하기 어렵다. 그렇다고 대법원이 '왕은 불법을 행할 수 없다(rex non potest peccare)'는 고색창연한 논리도 따르지도 않았다. 참조판례는 입법자의 책임을 추궁할 수 있는 사유도 제시하기 때문이다. 참조판례에 나타난 '입법 내용이 헌법의 문언에 명백히 위배'라는 문구는 입법적 불법(legislatives Unrecht) 관념을 시사한다. 따라서 입법적 불법의 사례와 그렇지 않은 위헌법률의 사례를 구별하는 것이 의미를 가진다.

그러나 '명백한 헌법문언 위배'가 무엇을 의미하는지 참조판례만으로 알 수 없다. 헌법은 국가에 국민의 자유와 권리를 보장해야 할 의무를 부과하지만 동시에 안전보장, 사회질서, 공공복리를 위해 국민의 자유와 권리를 제한할 권한도 부여한다. 이러

---

83) "긴급조치 제9호가 사후적으로 법원에서 위헌·무효로 선언되었다고 하더라도, 유신헌법에 근거한 대통령의 긴급조치권 행사는 고도의 정치성을 띤 국가행위로서 대통령은 국가긴급권의 행사에 관하여 원칙적으로 국민 전체에 대한 관계에서 정치적 책임을 질 뿐 국민 개개인의 권리에 대응하여 법적 의무를 지는 것은 아니므로, 대통령의 이러한 권력행사가 국민 개개인에 대한 관계에서 민사상 불법행위를 구성한다고는 볼 수 없다." 대법원 2015. 3. 26. 2012다48824.

84) "우리 헌법이 채택하고 있는 의회민주주의 하에서 국회는 다원적 의견이나 각가지 이익을 반영시킨 토론과정을 거쳐 다수결의 원리에 따라 통일적인 국가의사를 형성하는 역할을 담당하는 국가기관으로서 그 과정에 참여한 국회의원은 입법에 관하여 원칙적으로 국민 전체에 대한 관계에서 정치적 책임을 질 뿐 국민 개개인의 권리에 대응하여 법적 의무를 지는 것은 아니므로, **국회의원의 입법행위는 그 입법 내용이 헌법의 문언에 명백히 위배됨에도 불구하고 국회가 굳이 당해 입법을 한 것과 같은 특수한 경우**가 아닌 한 국가배상법 제2조 제1항 소정의 위법행위에 해당한다고 볼 수 없[다]." 대법원 2008. 5. 29. 2004다33469; 대법원 1997. 6. 13. 96다56115.

한 상반적 구조로 인해 '명백한 헌법문언 위배'에 해당하는 법률이 실제로 출현할 여지는 적다. 대한민국이 왕국이라고 선언하거나 선거제도를 철폐하거나 정당을 모두 해산하거나 신문발행을 원천적으로 금지하는 법령 정도여야 헌법 문언에 명백하게 위배될 것이다.[85] 극악한 독재자라도 영리한 법기술자(법비)들을 책사로 두기 때문에 그와 같이 우매하고 노골적인 법령이 탄생될 리도 없다. 온갖 자유를 유린하는 긴급조치조차도 규범적 상반구조를 교묘하게 활용하면서 나름의 명분을 확보한다. 따라서 '헌법의 문언에 대한 명백한 위배' 여부로 입법적 불법을 간단히 판정할 수 없다. 중대명백성은 어떤 실체와 상황에 대한 결론으로서 의미를 가진다. 그런데 2022년 대법원 판결은 긴급조치 제9조가 헌법 제53조의 긴급조치 발동요건을 갖추지 못했다고 기술적으로 판단함으로써 대통령의 긴급조치 발동을 불법적이라고 규정하였다. 대법원은 긴급조치를 기술적 평가사안으로 격하함으로써 문제를 해결하면서 또한 문제를 봉합하였다.

기술적인 효과성에도 불구하고 중대명백성은 헌법원리나 근본적 가치이념에 입각한 총체적이고 체계적인 평가이어야 한다. 한 마디로 헌법의 개별규정들의 문언이 아니라 헌법 전체를 관통하는 헌법원리나 최고가치가 결정적인 기준이다. 유신의 악법들을 유신헌법에 비추어도 위헌이라는 대법원의 판단도 이상적 원리의 관점에서만 이해가능하다.[86] 오로지 이상 아래서만 모순을 인식할 수 있기 때문이다. 유신의 악법을 탄핵하기 위해서는 유신의 우주에서 벗어나야 한다. 유신헌법을 초월한다는 것은 헌법의 특정조항에 대한 의존이 아니라 민주헌정사의 보편적 헌법원리에로 귀의이다. 이렇게 할 때 헌법재판소의 '반법치주의, 반입헌주의의 위헌법률'이라는 언명도 분명한 의미를 획득하게 된다.[87] 중대명백성은 문자 그대로의 문언위배성이 아니

---

85) 물론 유신헌법 자체를 비판하는 행위를 금지하는 긴급조치는 표현의 자유를 인정한 헌법규정의 문언에 명백하게 위배된다.

86) 긴급조치 제9호가 유신헌법이 보장하는 법치국가원리를 부인했다는 취지의 대법원의 결정(대법원 2013. 4. 18. 2011초기689)은 유신헌법을 초월하는 해석이다. 유신헌법이 법치국가원리를 부정하는 헌법이기 때문이다.

87) 박정희가 유신헌법을 제정하기 1년 전 특별조치법을 도입하였는데 이 법에 대한 위헌결정에서 헌법재판소는 전체헌법질서에 입각하여 총체적 법적 판단을 하였다. 이는 법률적 불법 개념에 입각한 판단과정과 유사해서 입법자의 불법행위를 구성하는 데에 유용한 시사를 제공한다. "[국가보위에 관한 특별조치법(1971. 12. 27.)]은 초헌법적인 국가긴급권을 대통령에게 부여하고 있다는 점에서 **이는 헌법을 부정하고 파괴하는 반입헌주의, 반법치주의의 위헌법률이고, 국가긴급권 발동(비상사태선포)의 조건을 규정한 위 특별조치법 제2조의 "국가안전보장에 대한 중대한 위협에 효율적으로 대처하고 사회의 안녕질서를 유지하여 국가를 보위하기 위하여 신속한 사태대비조치를 취할 필요가 있을 경우" 라는 규정내용은 너무 추상적이고 광범위한 개념으로 되어 있어 남용·악용의 소지가 매우 크므로 기본권 제한법률 특히 형벌법규의 명확성의 원칙에 반하고 그럼에도 불구하고 국회에 의한 사후통제장치도 전무하다는**

라 입법이 보편적 헌법원리에 대한 위반성을 의미한다. 이 맥락에서 독일헌법재판소의 실질적인 평가방식은 참고할 만하다. 헌법재판소는 유대인의 국적박탈을 규정한 독일국적법 제11차 규정에 대한 평가에서 실질적인 정의의 수사학을 동원하였다.[88]

1. 나치법들을 적용하거나 그 법적 효과를 승인하고자 하는 법관이 법 대신에 불법을 판결한다고 할 정도로 그 법들이 정의의 근본적인 원칙들과 분명하게(evident) 모순되는 경우에 나치법들의 효력은 박탈될 수 있다.[89]

2. 1941년 11월 25일자 제국국적법 제11차 규정에는 정의와의 모순이 참을 수 없을 정도(unerträgliches Maß)에 이른 까닭에 그 규정은 애당초 무효로 간주하지 않으면 안 된다.

3. 일단 제정된 법이 법의 구성 원칙들에 명백하게(offenbar) 위배되는 경우에 그 제정된 법은 적용되고 준수된다는 사정으로 인해 법으로 변하지 않는다.

이러한 기준에 따르면 긴급조치는 정의, 정의의 근본원칙, 법의 구성원칙을 '명백하게', '분명하게', '참을 수 없을 정도로' 위배한 것이다. 유신체제에 대한 비판그룹을 겨냥하여 표현의 자유, 신체의 자유, 영장주의를 의도적으로 부인하고 군법회의에 회부하여 처벌하는 긴급조치는 제정 당시에도 민주헌정을 구현한 자유사회의 보편적 헌법원리(법치주의, 입헌주의, 죄형법정주의, 책임원칙)를 명백히 위배할 뿐만 아니라 정의의 원칙을 심각하게 침해하는 법률적 불법이자 자연법에 반하는 법률(naturrechtswidrige Gesetze)[90]이다. 헌법재판소는 판단형식과 내용에서 입법적 불법과 단순한 위헌법률 간의 차이를 만들 때 입법자의 죄책을 분명히 확정할 수 있다.

'(중대하고) 명백하게 위헌적인 법령'은 군사법과 국제인도법상 '명백하게 불법적인 명령'과 구조적으로 유사하다. '중대하고 명백한 위헌성'과 '명백한 불법성'(manifest

---

점에서 **비상사태선포에 관한 위 특별조치법 제2조는 위헌·무효이고**, 이 사건 심판대상 법률조항을 포함하여 비상사태선포가 합헌·유효인 것을 전제로 하여서만 합헌·유효가 될 수 있는 위 특별조치법의 그 밖의 규정은 모두 위헌이다." 헌법재판소 1994. 6. 30. 92헌가18.

88) BVerfGE 23, 98(1968).

89) 이 표현의 출처는 헬무트 코잉의 문장이다. "윤리적 가치를 갖지 못한 권력명령, 즉 정의 및 정의의 원칙들과 모순되는 법률을 법관이 적용한다면 그는 자신을 국가권력의 단순한 집행기구로 전락시키게 된다." Coing, "Zur Frage der strafrechtlichen Haftung der Richter für die Anwendung naturrechtswidriger Gesetze", *Süddeutsche Juristen-Zeitung*, Jahrg.2, No. 2, 1947, 62쪽.

90) Coing, 앞의 글, 61쪽. 코잉은 전후청산과정에서 죄형법정주의를 전가의 보도로 사용하면서 악법을 적용한 판사의 책임을 배제하였다. 그는 반자연법적 법률과 반자연법적인 명령을 구분하고 반자연법적인 명령(비밀지령)의 집행은 불법으로, 반자연법적인 법률의 적용은 합법으로 구성함으로써 논의의 파장을 제약하였다.

illegality)[91]을 동일한 맥락에서 이해하는 경우에만 중대명백성의 체계상 지위가 확립된다. '명령을 따랐다'는 군인의 항변과 '법을 적용했다'는 법관의 항변을 다르게 취급할 이유는 없다. 복종을 직업적 생명으로 하는 군사문화를 고려할 때 복종하는 군인을 우호적으로 취급하고 법률전문가인 법관을 더욱 엄정하게 처우해야 할 것처럼 예상되지만 현실은 늘 그 반대이다.

군인의 복종과 그 한계에 관한 원칙은 시대적 부침을 겪지만 최소한 제1차세계대전 이후에는 명백하게 불법적인 명령에 복종해서는 안 된다는 것이다. 뉘른베르크원칙도 도덕적 선택이 가능한 경우에는 정부나 상관의 명령에 따랐다는 이유로 국제법상 책임을 면할 수 없다고 천명한다(제4원칙).[92] 미국의 군형법에 따르면 '명백하게 불법적인(palpably or obviously illegal) 명령'은 적법성의 추정을 누릴 수 없으며 부하도 이에 복종해서는 안 된다.[93] 독일의 군형법에 따르면 명령이 직무상의 목적에 반하거나 인간 존엄을 침해하거나 범죄를 요구하는 경우 군인은 복종의 의무에서 해방된다.[94] 우리나라 판결도 이와 다르지 않다.[95] 국제형사재판소규정도 군사법과 국제인도법의 발전을 대체로 반영하였다. 즉 부하가 상관의 명령이 불법적인지 아닌지를 명확하게 알지 못한 채 명령을 수행했다면 상관의 명령에 따랐다는 항변은 허용되지만 명백하게 불법적인 명령에 복종했다고 한다면 그러한 항변은 허용되지 않는다.

국제형사재판소규정은 '집단살해죄'와 '인도에 반한 죄'를 범하도록 하는 명령은 명백하게 불법적(manifestly illegal)이라고 규정한다.[96] '명백한 불법성'은 명백하게 불법적인 명령을 수행한 군인의 면책을 허용하지 않는다는 것을 의미한다. 국제적십자사가 발간한 <국제관습인도법> 규칙 제155조에 따르면, "부하가 명령받은 행위가 불법적인 것을 알았다면 혹은 부하가 명령받은 행위의 명백한 불법성으로 인해 명령받은 행위가 불법적이라는 것을 알았어야 했다면 상관의 명령에 대한 복종은 부하의 형사책임을 면제해주지 않는다."[97]

---

91) '명백한 불법성'의 의미에 대해서는 Bakker, Jeane L., "The Defence of Obedience to Superior Orders: The Mens Rea Requirement", *American Journal of Criminal Law* Vol. 17(1989), 55쪽 이하; Gary D. Solis, *The Law of Armed Conflict*(Cambridge University Press, 2016), 390쪽 이하.

92) 'Principles of International Law Recognized in the Charter of the Nüremberg Tribunal and in the Judgment of the Tribunal', *Yearbook of the International Law Commission*, 1950, Vol. II, 374－378 참조.

93) *United States v. Griffin*, 39 C.M.R. 596(1968). Davidson, Michael J., *A Guide to Military Criminal Law*(Naval Institute Press, 1999), 68쪽 참조.

94) 독일군인법 제11조 및 독일군형법 제22조 참조.

95) 대법원 1980. 5. 20. 80도306.

96) 국제형사재판소규정 제33조 제2항.

V 판사의 죄책

대법원은 2014년 판결에서 행위 당시에 위헌무효가 선언되지 않았다는 점을 이유로 긴급조치를 집행한 수사관이나 유죄판결을 선고한 판사의 책임을 부정하였다.[98) 이른바 위헌(사후)·합법(당시)론을 전개한 것이다. 법원은 재심을 통해 피해자들에게 무죄를 선고하면서도 긴급조치의 집행 및 판결에 대해서는 합법적이라고 보고 국가배상책임을 부정하였다. 대법원은 2022년 판결에서 비로소 불법성을 인정하였다. 그러나 대법원은 긴급조치를 발령한 대통령의 불법만 인정하고, 악법을 집행한 공직자와 이를 적용한 판사는 행위 당시에는 합법이었으므로 특별한 고의가 없다면 불법행위의 성립을 부정하였다. 그러나 긴급조치의 불법성에는 중대명백성(중대하고 명백한 위헌적인 법령)이 존재하므로 판사의 불법의식은 피할 수 없다. 그러한 법령에 따른 행위는 자연범에 해당한다.

악법을 적용한 판사들을 전적으로 면책시키는 2022년 대법원의 판결은 극단적인 법물신주의로서 법맹신과 법률가의 무책임을 향후에도 조장할 것이 명백하다. 악법을 만든 사람만이 책임을 지기 때문이다. 이 판결은 장차 악법을 적용하게 될 판사에게 일반사면장을 발부한 것이나 다름 없다. 다만 김선수, 오경미 대법관만이 긴급조치의 판사의 법적 책임을 명확하게 인정하였다.[99) 나머지 대법관들은 판사의 책임을 논의로 하거나 명백하게 부인하였다. 대법원은 지금까지 법령위반을 널리 객관적 정당성의 결여로 이해해 왔다.[100) 대법원이 이러한 기준에 따라 공무원의 책임을 추궁해 왔으면서도 중차대한 법률적 불법을 적용한 법관을 예외적인 범주로 취급한 것은 타당성이 전혀 없다.[101)

---

97) 상관의 명령에 따랐다는 항변에 대한 국제인도법의 개관은 ICRC, "Practice relating to Rule 155. Defence of Superior Orders," <https://ihl-databases.icrc.org/en/customary-ihl/v2/rule155>, 검색일: 2023. 2. 20.

98) 대법원 2014. 10. 27. 2013다217962.

99) 전원합의체 판결에서 첫 번째 쟁점은 책임을 객관화할 것인가, 주관적 요소를 중시할 것인가, 두 번째 쟁점은 긴급조치 발령, 집행, 판결을 개괄적으로 다루는가, 개별적으로 다루는가에 따라 의견이 나뉘었고, 세 번째 쟁점은 대통령과 판사의 개별적 책임을 규정하는 경우 책임이 대통령에게만 있는지, 둘 다에 있는지에 따라 견해가 나뉘어 총 다섯 가지 의견이 개진되었다. 대법원 2022.8.30. 2018다212610 전원합의체판결.

100) "국가배상책임에서 공무원의 가해행위는 법령에 위반한 것이어야 하고, 법령 위반이라 함은 엄격한 의미의 법령 위반뿐만 아니라 인권존중, 권력남용금지, 신의성실, 공서양속 등의 위반도 포함하여 널리 그 행위가 객관적인 정당성을 결여하고 있음을 의미한다." 대법원 2013. 5. 9. 2013다200438.

101) 문병효, "대법원의 긴급조치 및 국가배상 관련 판결들에 대한 비판적 고찰", 민주법학 제59호(2015),

나아가 대법원은 긴급조치를 사법심사의 대상에서 배제한 유신헌법 제53조 제4항이 법관에게 사법심사를 배제하였다는 구실로 법관의 맹목적인 법적용과 법맹신, 나아가 무책임을 합리화하였다. 법관의 재판권, 법관에 의한 재판받을 권리는 헌법이 보장하는 것이기 때문에 유신헌법 제53조 제4항이 모든 문제를 결정하지 않는다. '맹목적 복종'과 '법맹신'은 규범이나 규범적 정당화사유가 될 수 없다. 악법을 적용한 법관은 독일식으로 말하면 법왜곡죄에 해당하고, 우리에게는 특수한 독직죄의 적용대상이다. 단지 우리 역사에서 악법에 따른 판사의 책임을 추궁한 사례가 없을 뿐이다.

판사의 법왜곡과 관련해서 라드브루흐는 <법률적 불법과 초법률적 법>에서 의문스러운 견해를 내놓았다.[102] 악법을 적용한 법관에 대한 첫 번째 변론은, 실증주의적 교육을 받은 판사는 악법을 적용하는 데에 있어서 법왜곡의 고의를 갖기 어렵다는 것이다. 두 번째 변론은, 법왜곡의 고의가 있더라도 적용을 거부하였을 때 초래될 생명에 대한 위험 때문에 악법의 적용이 면책적 긴급피난 사유(강요에 의한 행위)에 해당할 수도 있다는 것이다. 이러한 주장은 나치판사에게 면죄부를 주는 것으로 받아들여져 비판의 초점이 되기도 하였다. 그러나 확신범이론은 어떤 범죄자를 책임에 영향을 줄 수는 있어도 범죄성립에 영향을 주지 않는다. 배운 이론 탓에 고의가 조각된다는 라드브루흐의 변론은 잘못된 것이다. 이러한 이론을 일반화하면, '열등민족이 박멸되어야 한다'고 인종주의적 교육을 받은 사람들에게 제노사이드의 책임을 물을 수 없게 될 것이다. 한편, 나치시대에는 총통의 의지에 맹목적으로 추종하거나 인종주의적이고 권위주의적 자연법이 지배하였기 때문에 판사의 법왜곡을 실증주의의 책임으로 돌리는 듯한 발언도 사태에 맞지도 않다.[103] 또한 나치시대에 악법의 적용을 거부한 판사를 처형한 사례도 없었기 때문에 면책적 긴급피난의 법리도 적절하지 않다. 나치체제는 기껏해야 그러한 판사[104]를 해직시켰을 뿐이다. 매우 드물지만 히

41-97쪽.

현행독일민법은 판사의 직무위반이 범죄를 구성하는 경우에만 손해배상책임을 인정하는 예외범주를 마련하였다. 이는 형사보상과 개인적 불법행위를 구분하려는 의도로 보인다.

독일민법 제839조 (2) 공무원이 법률사건의 판결에서 직무를 위반한 때에는 직무위반이 범죄를 구성하는 경우에만 그로부터 발생한 손해에 책임이 있다.

102) 라드브루흐, "법률적 불법과 초법률적 법", 657쪽.

103) Manfred Walther, "Hat der juristische Positivismus die deutschen Juristen wehrlos gemacht?", *Kritische Justiz* Vol. 21, No. 3(1988), 263-280쪽.

104) 로타 크라이식 판사는 안락사명령에 따른 박해조치의 동참을 거부하고 그러한 프로그램을 제안한 나치당의 지도자를 기소하도록 명령하였다. 이에 히틀러는 그를 해직시키고 은퇴연금을 제공하였다. Lothar Gruchmann, "Ein Unbequemer Amtsrichter im Dritten Reich. Aus den Personalakten des Dr. Lothar

틀러를 암살하려는 1944년 7월 모의사건에 가담하여 처형된 자크와 도나니 같은 법률가가 있기는 하다. 그러나 이는 비교할 수 없는 사례이다. 물론 악법을 적용해야 할 상황에 처한 판사는 칭병하여 집에 머물거나 사직을 택할 수도 있었다. 어쨌든 라드브루흐는 1948년 '법무부의 명성과 종언'[105]에서 판사의 법왜곡이 출세동기에서 비롯되었다고 정정함으로써 사고의 혼란을 수습하였다.

긴급조치 판사는 명백한 불법성을 인식하면서 권력자의 정치적 박해에 가담하였다. 2022년 대법원은 이 명백한 사실을 부인하거나 도외시하면서 판사의 면책근거를 마련하느라 사분오열되었다. 당시 긴급조치를 적용한 판사들은 아이히만처럼 법과 규정에 충실하고 가정을 지키는 가부장으로서 그렇게 했을 공산이 크다. 긴급조치의 적용이 세인의 비난을 초래할지라도 법적인 뒤탈이 없을 것이고, 법조경력에서 승승장구를 보장할 것이라는 기대 등이다. 어쨌든 판사가 법조인의 책무를 다하고자 했다면 긴급조치의 적용을 거부했어야 했으며, 그마저도 여의치 않다면 사직했어야 했다. 선택의 여지가 있음에도 자신을 범죄의 집행도구로 방치했다면 판사는 책임을 면하기 어렵다. 단순한 집행도구로서의 판사라는 관념은 법치국가에서는 존재하지 않는다. 오로지 사형집행인만이 단순한 집행도구라는 이유로 책임을 면할 수 있다. 앞서 살핀 대로 군인도 명령을 수행했다는 이유로 범죄의 책임을 면하지 못한다.

유엔은 1951년 뉘른베르크 원칙을 통해 전쟁범죄와 인도에 반한 죄를 법과 정책으로, 공직수행이라는 이유로 정당화할 수 없다고 확인하였다. 일련의 긴급조치의 제정과 적용은 민주헌정원리의 핵심을 부인하려는 헌정질서파괴범죄이자 인도에 반한 죄에 해당한다.[106] 긴급조치에 따른 인권침해는 입법자와 법적용자의 공동범죄이자 공동불법행위이다. 2022년 긴급조치판결은 공동범죄의 전선에서 대통령을 일단 술래로 밀어넣고 나머지 공무원과 법관들은 뒤로 빠졌다. 악법을 제정한 자에게 더 큰 책임이 있을지 모르지만, 악법을 적용한 공무원, 특히 법률가들의 책임은 결코 가볍지 않다. 피해자들이 법정을 찾는 이유가 판사들이 더욱 올바른 판단을 해줄 것이라는 기대 때문이다. 이는 피해자들에게는 재판받을 권리이고, 판사들에게는 목숨을 잃더라도 정의를 수호해야 한다는 사명이 존재하기 때문이다. 2022년 대법원의 판결

Kreißig", V*ierteljahrshefte für Zeitgeschichte* Jahrg. 32(1984), 463-490쪽.

105) Gustav Radbruch, "Des Reichsjustizministeriums Ruhm und Ende. Zum Nürnberger Juristen-prozess", *Süddeutsche Juristen-Zeitung* Jahrg. 3, Nr. 2(1948), 57-64쪽.

106) 미군은 뉘른베르크 법조인소송에서 유대인과 외국인에 대한 나치악법을 남용한 법조인들을 전쟁범죄나 인도에 반한 죄로 처벌하였다. 점령체제가 끝난 후 독일에서 법왜곡죄와 살인죄가 문제되었는데, 독일 대법원은 악법을 적용하는 데에 특별한 고의가 없다거나 나치적 확신을 가지고 법을 적용했기 때문에 고의가 없다고 판단하였다.

은 법관이 한갓 법률기계라고 법조의 숭고한 사명을 탈신비화하였다.

1947년 뉘른베르크에서 미국군사법원 재판부는 나치법조인들에게 '살인자의 비수를 법으로 감추었다'고 질타하였다.[107] 법을 집행하는 자가 법의 이름으로 살인을 자행한다는 역리를 폭로한 것이다. 같은 해 소련점령구역인 드레스덴의 중죄법원도 6인의 나치법조인에 대해 형사재판을 진행하였다. 재판부는 강제노동에 동원된 체코인들의 항의소동을 반역죄로 처형했던 나치법조인들에게 인도에 반한 죄를 적용하면서 법관의 직분을 다음과 같이 천명하였다.

> "법관은 법률 아래에 있다. 하지만 법관은 법률에 맹목적으로 복종해야 하는 것이 아니라 우선적으로 정의롭게 판결할 의무에 복종해야 한다. 법관은 그 경우 정의로운 결정의 범위 안에서 법을 해석하는 기준들을 따라야 한다. 법관은 법률뿐만 아니라 정의의 윤리적 가치들에도 복종해야 한다. 법관이 정의 및 그 원칙들과 모순되는 방식으로 법률을 적용하는 경우에는 스스로 국가권력의 단순한 도구로 타락하고 이윽고 직업윤리를 배반하게 된다."[108]

---

107) United States Government Printing Offices, *TRIALS OF WAR CRIMINALS BEFORE THE NUERNBERG MILITARY TRIBUNALS*, Vol. Ⅲ(1951), 985쪽.

108) Meyer－Seitz, Christian, *Die Strafrechtliche Verfolgung von NS－Straftaten in der Sowjetischen Besatzungszone*, Berliner Wissenschafts－Verlag, 1998, 122－123쪽.

5·18민간인학살과 '반인도적 범죄': 공소시효와 소급효금지원칙을 중심으로*

김남진(책임연구원, 전남대학교 동아시아법센터)

I 머리말

「5·18민주화운동 진상규명을 위한 특별법」이 2018. 3. 13. 제정되어 2018. 9. 14. 부터 시행되고 있다. 이 법은 1980년 광주 5·18민주화운동과 관련한 시기에 국가권력에 의한 반민주적 또는 반인권적 행위에 따른 인권유린과 폭력·학살[1]·암매장 사건 등을 조사하여 왜곡되거나 은폐된 진실을 규명함으로써 국민통합에 기여함을 목적으로 하고 있다(제1조). 이 법의 목적 조항이 명시하고 있듯이 이번 5·18진상규명의 핵심과제는 국가에 의한 국민에 대한 '반인도적 범죄'의 진상을 규명하는데 있다 할 것이다.

5·18민주화운동 기간 중 계엄군에 의하여 발생한 민간인학살행위는 계엄군이 주

---

* 이 글은 김남진, "5·18민간인학살과 '반인도적 범죄': 공소시효와 소급효금지원칙을 중심으로", 민주주의와 인권 제21권 제3호, 전남대학교 5.18연구소, 2021에 게재되었음을 밝힌다.

1) '학살(虐殺)'이란 용어는 「5·18민주화운동 진상규명을 위한 특별법(개정 2021.1.5.)」뿐만 아니라 「진실·화해를 위한 과거사정리 기본법 (개정 2020.6.9.)」, 「제주4·3사건 진상규명 및 희생자 명예회복에 관한 특별법(개정 2021.3.23.)」, 「여수·순천 10·19사건 진상규명 및 희생자 명예회복에 관한 특별법(제정 2021.7.20.)」 등에서 사용되고 있다. 다만, 학살이란 용어의 정의 규정을 별도로 규정하고 있지 않다. 국립국어원 표준국어대사전은 학살을 '가혹하게 마구 죽이는 것'이라고 규정하고 있고, 정치학자 로버트 멜슨(Robert Melson)은 학살을 "정치적 주체에 의한 유의미하게 많은 상대적으로 무력한 자들에 대한 의도적 살해"로 정의했다[Melson, Robert, *Theoretical Inquiry into the Armenian Massacres of 1894–1896*, Comparative Studies in Society and History 24(3), 1982. p.482–483]. 이 글에서 언급하는 5·18민주화운동 당시 발생한 민간인 살해행위(비무장 시위대를 향한 집단발포, 대량살상 능력을 갖춘 무장헬기를 동원한 시민 살상행위, 저항능력 및 의지 없는 민간인에 대한 살해행위 등)는 학살행위에 해당한다 할 것이다.

장하는 자위권으로 포섭될 수 없는 범죄행위가 다수 포함되어 있다. 1996년과 1997
년 법원은 이들 민간인학살행위 중 일부를 내란죄 및 내란목적살인죄로 처벌하였다.
이들 민간인학살행위를 '반인도적 범죄'로 처벌하는 것은 국가적 법익을 보호하고자
하는 내란죄 및 내란목적살인죄와는 달리 국민의 생명권을 보호법익으로 하는 개인
적 법익을 침해하는 범죄라는 점에서 그 성격을 달리한다. 1996년과 1997년 법원의
판결은 전두환·노태우 등 피고인들에게 반란죄, 내란죄 및 내란목적살인죄를 적용하
여 '국가에 대한 범죄'를 처벌하였을 뿐이다. 헌정질서 파괴세력에 대항하여 민주주
의와 인권을 지키기 위하여 항거하는 시민들을 학살한 행위는 국민의 인권을 침해하
는 '국민에 대한 범죄'로서의 성격을 가진다. '국민에 대한 범죄'에 대하여 온전하게
처벌하지 못한 한계를 갖고 있는 재판이었던 것이다.

국가와 국민의 관계를 민주적으로 세우려는 5·18의 과제는 1997년 확정된 대법원
판결이 갖고 있는 한계를 넘어서야 한다. 특히 '반인도적 범죄'는 국헌문란의 목적을
인정할 수 없었던 현장지휘관 또는 직접 범죄행위자의 경우 내란죄 또는 내란목적살
인죄를 적용할 수 없는 한계를 뛰어 넘어 처벌가능성이 있다는 점에서 그 의의가 있
다 할 것이다. 국민을 상대로 행해진 '반인도적 범죄'의 실상을 밝히고, 그 책임을 물
을 수 있어야 5·18민주화운동의 미완의 과제를 완수하는 의미를 가진다. 물론 5·18
민주화운동의 미완의 과제는 철저한 진상규명과 더불어 피해자에 대한 충분한 보상,
예우 및 제도 개혁과 문화적 구축을 포함하는 '두터운' 청산이 되어야 할 것이다.[2]

이하 첫째, 1997년 대법원에서 판결 확정된 내란죄 및 내란목적살인죄의 기판력
범위를 살펴본다. 둘째, '반인도적 범죄'의 정의규정, 구성요건 및 입증책임을 살펴보
고, 5·18민주화운동 기간 중 계엄군에 의하여 발생한 민간인학살행위의 대표적인 사
례가 위 규정이 요구하는 조건에 포섭되는지 검토한다. 셋째, '반인도적 범죄'의 공소
시효 정지 및 배제 규정이 5·18민간인학살행위에 어떻게 적용되는지 검토하고, 5·18
민간인학살행위를 '반인도적 범죄'로 기소할 경우 예상되는 현행법의 해석론과 개정
론을 함께 살펴본다.

이 글은 5·18민주화운동 기간 중 발생한 민간인 학살행위 중 대표적인 사례를 '반
인도적 범죄'에 적용할 경우 예상되는 법리적 쟁점을 해결하기 위하여 필요한 법 개
정 등 시급한 사안을 정리하는 것을 목적으로 하고 있다. 따라서 5·18민간인학살행
위를 시기별, 희생자별로 정리하는 것은 향후 5·18진상규명조사위원회의 조사가 완
료된 이후의 향후 과제로 남겨두고자 한다.

---

2) 이재승, 「국가범죄」, 앨피, 2010, 6-7면.

II '내란죄 및 내란목적살인죄'의 기판력 범위

1. 확정판결의 기판력

5·18민주화운동 당시 민간인을 학살한 피고인들에 대하여 대법원은 1997. 4. 17. 내란죄 및 내란목적살인죄를 인정하는 판결을 하였다. 피고인들은 신군부세력의 주요 인물들로서 국헌문란의 목적을 갖고 있었으나, 대통령을 비롯한 정부 요인들과 현장에 있던 계엄군들은 국헌문란의 목적을 갖고 있지 않았다는 전제에서 판결하였다. 피고인들은 국헌문란의 목적을 갖고 있지 않은 계엄군들을 수단으로 이용하여 간접정범의 형태로 내란죄 및 내란목적살인죄를 범한 것이다. 당시 검찰과 법원은 5·18 사건에 대하여 기간별로 3단계로 구분하여 정리하였으므로 아래에서 각 기간별로 기판력 여부를 살펴본다.

첫째, 이 사건 판결문에 첨부된 별지 목록 기재 피해자 중 5. 18.부터 5. 21. 오후 전남도청 앞 계엄군 발포로 인한 피해자들에 대한 피고인들의 범죄행위에 대하여 내란죄의 유죄판결이 확정되었다. 검찰은 <표 1>에 기재된 범죄행위에 대하여 내란목적살인죄가 아닌 내란죄로 기소하여 판결이 확정되었다. 내란행위에 수반된 폭동의 일환으로서 살해행위는 별도의 내란목적살인죄가 성립하지 않는다는 판단하에 내란죄로만 기소가 이뤄진 것이고, 구체적인 피해자 특정에 노력을 하지 않고 공소장에 <표 1>과 같이 불명확한 피해자 특정에 그치고 있는 것이다. 피고인들의 <표 1>에 표시된 범죄행위에 대해서는 동일성이 인정되는 범위에서 기판력이 미친다 할 것이다.

■ 표 1 내란죄의 폭동에 의한 살인행위

순번	일시 · 장소	피해자	사 인
1	1980.5.18. 부상을 입고 다음날 국군광주통합병원으로 후송되었으나 5.19.사망	김경철(남, 23세)	후두부열상 등
2	1980.5.19. 10:00경 공수부대의 과잉진압으로 사망	김안부(남, 34세)	전두부열상 등
3	1980.5.20. 24:00경 **광주역** 앞에서 3공수여단 12, 15대대 장교들이 시위대의 차량 공격에 대응 발포	광주 시민들 부상, 김재화(남, 25세)	살인미수, 총상
4	1980.5.21. 12:00경 **전남대학교** 앞에서 3공수여단 병력이 차량 공격 등을 시도한 시위대에게 발포	성명불상 운전 등	총상

| 5 | 1980.5.21. 13:00경 **전남도청 앞**에서 11공수여단 병력이 시위대에게 발포를 시작하고, 인근 건물 옥상에 배치된 병력들이 시위대를 향하여 집단적으로 발포 | 박민환(남, 26세) 등 상당수의 희생자 | 총상 |

(자료: 서울지방법원 1996.8.26.선고 95고합1228,1237,1238,1320, 96고합12(병합)판결, 판결문 41−50면)

　둘째, 이 사건 판결문에 첨부된 별지 목록 <표 2>에 기재된 피해자들 44명에 대한 피고인들의 범죄행위 중 5. 21.밤부터 5. 24.까지 사망자 26명부분에 대하여 검찰은 자위권 보유천명 및 자위권 발동을 지시한 이후에 발생한 것이라는 이유로 내란목적살인죄로 기소하였다. 그러나 재판부는 5. 21.밤부터 5. 24.까지 사망자 26명에 대한 살해행위는 내란죄의 폭동행위에 포함되는 것으로 내란죄만 성립하는 것으로 판결하였다.[3] 피고인들의 <표 2>에 표시된 범죄행위 중 5. 21.밤부터 5. 24.까지 사망자 26명에 대하여 내란죄의 유죄판결이 확정되어 이들 범죄사실과 동일성이 인정되는 사건에 대하여는 기판력이 미친다.[4]

　셋째, 5. 27. 사망자 18명에 대하여는 검찰이 내란목적살인죄로 기소하여 내란목적살인죄의 유죄판결이 확정되었다. 이들 범죄사실과 동일성이 인정되는 사건에 대하여 기판력이 미친다. 만일 이 기간 중 <표 2>에 명시된 18명 이외의 추가적인 희생자가 있다는 사실을 밝혀낼 경우 이들에 대해서는 기판력이 미치지 않는다 할 것이다.

---

3) 5. 21. 밤부터 상무충정작전 개시 전의 외곽 봉쇄 시 충격 살해 부분과, 광주교도소 방어와 관련한 부분에 대해 검찰은 내란죄 및 내란목적살인죄로 기소하였으나, 재판부는 내란죄만 인정하였다. 이에 관해서는 김이수, 5·18광주항쟁과 5·18의 두 법정, 법학평론 11, 서울대학교, 2021, 41−44면 참조.

4) 검찰은 12·12사건과 5·18사건을 공소제기함에 있어 별도로 공소제기하였으나, 이 두 사건은 법원에서 병합심리되어 판결되었다. 12·12사건에 대한 1차 기소(95형제129453,140469)는 95. 12. 21. 전두환, 노태우를 피고인으로, 2차 기소(96형제144115)는 96. 2. 28. 유학성, 황영시, 차규헌, 허화평, 허삼수, 이학봉, 박준병, 장세동, 최세창, 박종규, 신윤희를 피고인으로 각 특정하였다. 5·18사건에 대한 1차 기소(96형제144116)는 96. 1. 23. 전두환, 노태우, 유학성, 황영시, 차규헌, 주영복, 이희성, 이학봉을 피고인으로, 2차 기소(96형제144116)는 96. 2. 7. 정호용, 허화평, 허삼수를 피고인으로 각 특정하였다. 광주에 출동하였던 3공수여단장 최세창, 특전사 작전참모 장세동, 20사단장 박준병은 12·12사건으로만 기소되었을뿐이고, 5·18사건 관련해서는 기소조차 이루어지지 않았다. 전두환, 노태우, 정호용은 특정범죄 가중처벌 등에 관한 법률위반(뇌물)으로도 기소되었다.

■표 2 내란목적살인죄 피해자 및 피해상황일람표

순번	일시 · 장소	피해자	사인
1	1980.5.21. 22:00경 및 5.22. 01:00경 효천역 부근	강복원(남, 20세)	견동맥관통총상
2	1980.5.22. 00:10 경 및 09:00경 광주교도소 부근	서종덕(남 17세)	좌흉상부맹관총창상
		이명진(남, 36세)	좌후두부맹관총창상
		이용충(남, 26세)	우안부맹관총창상
3	1980.5.22. 08:30경 효천역 부근	왕태경(남, 26세)	두부관통총상
4	1980.5.22. 17:00경 국군광주통합병원 부근	김영선(남, 25세)	좌흉부관통총창상
		손광식(남, 20세)	복부관통총상
		조규영(남, 38세)	치골상부맹관총상
		함광수(남, 16세)	좌측측두부관통총상
		김재평(남, 29세)	하악골맹관총상
		이매식(여, 68세)	두부우축다발성맹관총상
5	1980.5.23. 05:30 경 및 10:00경 해남 우슬재, 복평리 부근	박영청(남, 27세)	흉부관통총상
		김귀환(남, 19세)	흉부관통총상
6	1980.5.23. 09:00경 주남마을 부근	박현숙(여, 16세)	하복부 부총상
		고영자(여, 22세)	전흉부다발성총상
		김춘례(여, 18세)	흉복부다발성관통총상
		백대환(남, 18세)	경부 및 흉부총상
		황호걸(남, 19세)	복부 및 하지총상
		김윤수(남, 27세)	좌흉부총상
		성명불상 (남, 20~25세 가량 : 군복바지, 곤색쉐타, 얼룩무늬 내의 착용)	흉복부총상
7	1980.5.24. 13:30경 효덕국민학교 부근	전재수(남, 11세)	흉부관통총상

		방광범(남, 12세)	두부관통총상
8	1980.5.24. 13:55경 효천역 부근	권근립(남, 24세)	흉부관통총상
		김승후(남, 18세)	흉부관통총상
		임병철(남, 23세)	흉부관통총상
		박연옥(여, 49세)	복부 및 회음부관통총상
9	1980.5.27. 새벽 전남도청 부근(광 주 재진입작전 수행과정)	이정연(남, 20세)	우두전골맹관총창상
		홍순권(남, 19세)	우측전흉부맹관총창상
		박진홍(남, 21세)	좌측두정골관통총창상
		문용동(남, 26세)	흉부맹관총창상
		서호빈(남, 19세)	후흉부관통총창상
		박병규(남, 19세)	좌흉부맹관총창상
		김동수(남, 21세)	좌경부맹관총상
		김종연(남, 18세)	우흉부맹관총상
		이강수(남, 19세)	전흉부관통총상
		박성용(남, 17세)	배흉부맹관총상
		유동운(남, 19세)	좌상골반부맹관총상
		안종필(남, 15세)	흉부관통총상
		문재학(남, 15세)	좌전경부관통총상
		윤개원(남, 28세)	우하복부자상 및 우흉복부3도화상
		민병대(남, 28세)	경부관통총상
		양동선(남, 44세)	좌측복부맹관총상
		박용준(남, 23세)	안두부관통총상
		오세현(남, 24세)	좌흉부관통총상

(자료: 서울지방법원 1996.8.26.선고 95고합1228,1237,1238,1320, 96고합12(병합)판결, 판결문 242면)

2. '반인도적 범죄'의 기소 가능성

1) 내란죄 및 내란목적살인죄로 확정판결이 난 동일한 사건에 대해 내란죄 및 내란목적살인죄로 다시 기소하는 것은 기판력에 저촉된다. 그렇다면 내란죄 및 내란목적살인죄가 아닌 별도의 '반인도적 범죄'를 적용하여 기소할 수 있는지 문제된다. 이 사건 판결문 별지 목록에 기재된 피해자들에 대한 살해행위에 대해서는 범죄사실이 동일하다 할 것이므로 기판력이 미친다 할 것이다. 기판력은 내용적 확정력의 대외적 효과를 의미하는 내용적 구속력과 일사부재리의 효력(헌법 제13조 1항)을 포함하는 의미로 해석하는 것이 타당하다.[5] 일사부재리의 효력은 법원의 현실적 심판의 대상인 공소장에 기재된 공소사실뿐만 아니라 그 사실과 동일성이 인정되는 잠재적 심판의 대상에 대하여도 미친다고 해야 하기 때문이다.[6]

2) 이 사건 판결문에 첨부된 별지 목록 기재 피해자들 이외의 피해자들에 대하여도 기판력이 미치는지 문제된다. 내란죄와 내란목적살인죄의 피해자들에 대해 나눠서 살펴보아야 할 것이다. 내란목적살인죄는 피해자별로 별개의 범죄행위가 성립한다 할 것이므로 별지 목록 기재 피해자들 18명 이외의 피해자들에 대하여는 내란목적살인죄와 반인도적 범죄로 공소제기가 가능하다 할 것이다. 다만 내란죄가 적용되었던 공소장 별지 [표1] 기재 5. 19.부터 5. 21. 오후까지 사망자와 [표2] 기재 5. 21. 밤부터 5. 24.까지 사망자 26명 이외의 피해자들에 대해서도 내란죄의 폭동에 포함된 것으로 판단한다면 별도로 '반인도적 범죄'로 기소하는 것도 부정될 여지가 있다. 따라서 이하에서는 '반인도적 범죄'로 기소할 수 있는지 여부를 검토하고자 한다.

---

5) 이재상·조균석, 「형사소송법」, 박영사, 2016, 724면.
6) 대법원이 일관하여 포괄일죄와 과형상의 일죄의 일부분에 대한 기판력은 현실적 심판의 대상으로 되지 아니한 부분에까지 미친다고 판시하고 있고[대법원 2014.1.16.선고 2013도11649판결 등], 즉결심판을 받은 범죄사실과 동일성이 인정되는 경우에는 강간죄나 상해치사죄에 관하여 면소판결을 선고해야 한다고 하고 있는 것[대법원 1990.3.9.선고 89도1046판결]도 이러한 의미에서 이해할 수 있다. 이재상·조균석, 앞의 책, 730면.

III '반인도적 범죄'의 정의규정, 구성요건 및 입증책임

1. '반인도적 범죄'의 정의규정

> 「5·18민주화운동 등에 관한 특별법」제1조의2(정의) ① 이 법에서 "5·18민주화운동"
> 이란 1979년 12월 12일과 1980년 5월 18일을 전후하여 발생한 헌정질서 파괴범죄와 **반**
> **인도적 범죄**에 대항하여 시민들이 전개한 민주화운동을 말한다.
>
> ② 이 법에서 **"반인도적 범죄"**란 제1항에 따른 기간 동안 국가 또는 단체·기관(이에
> 속한 사람을 포함한다)의 민간인에 대한 살해, 상해, 감금, 고문, 강간, 강제추행, 폭행
> 을 말한다.

「5·18민주화운동 등에 관한 특별법」개정법[7] 제1조의2 제1항 "5·18민주화운동"
정의 규정은 5·18민주화운동은 12·12쿠데타와 연장선상에서 발생한 사실을 분명히
하고, 헌정질서 파괴범죄와 더불어 반인도적 범죄에 저항한 행위임을 명시하여 더
이상 5·18민주화운동을 비방·폄훼하고 나아가 사실을 왜곡·날조함으로써 국론 분열
을 조장하고 이를 정치적으로 이용하는 행위를 근절시키고자 그 성격을 분명히 규정
하고 있다.

「5·18민주화운동 진상 규명을 위한 특별법」개정법[8] 제2조도 "5·18민주화운동"을
1980년 5월 광주 관련 지역에서 일어난 시위에 대하여 군부 등에 의한 헌정질서 파
괴범죄와 부당한 공권력 행사로 다수의 희생자와 피해자가 발생한 사건을 말한다고
규정하고 있다.

「5·18민주화운동 등에 관한 특별법」개정법 제1조의2 제2항 "반인도적 범죄" 정의
규정은 「국제형사재판소 관할 범죄의 처벌 등에 관한 법률」제9조(인도에 반한 죄)[9]
조항을 원용하여 규정된 것이므로, "민간인 주민을 공격하려는 국가 또는 단체·기관
(이에 속한 사람을 포함한다)의 정책과 관련하여 민간인 주민에 대한 광범위하거나 체

---

7) 2021.1.5. 개정되고, 같은 일자부터 시행되었다.

8) 설훈의원 대표발의안(2020.10.27.)으로 국회 본회의에서 2020.12.9. 의결되었다. 2021.1.5. 개정되고, 같
  은 일자부터 시행되었다.

9) 제9조(인도에 반한 죄) ① 민간인 주민을 공격하려는 국가 또는 단체·기관의 정책과 관련하여 민간인
  주민에 대한 광범위하거나 체계적인 공격으로 사람을 살해한 사람은 사형, 무기 또는 7년 이상의 징역
  에 처한다. ② 민간인 주민을 공격하려는 국가 또는 단체·기관의 정책과 관련하여 민간인 주민에 대한
  광범위하거나 체계적인 공격으로 다음 각 호의 어느 하나에 해당하는 행위를 한 사람은 무기 또는 5년
  이상의 징역에 처한다.

계적인 공격으로 사람을 살해, 상해, 감금, 고문, 강간, 강제추행, 폭행"한 범죄를 말한다고 해석하여야 할 것이다. 다만 대상범죄를 "형법 제250조 제1항(살인), 제259조 제1항(상해치사), 제262조(폭행치사), 제275조 제1항(유기치사), 제301조의2(강간 등 살인·치사), 제257조 제1항(상해), 제124조(불법체포·불법감금), 제125조(폭행·가혹행위), 제297조(강간), 제298조(강제추행), 제260조 제1항(폭행)"으로 적용법조를 구체적으로 명시하고, 명시한 범죄에 한정하여 적용된다고 해석하여야 할 것이다.

2. '반인도적 범죄'의 구성요건

'반인도적 범죄'의 구성요건은 「국제형사재판소 관할 범죄의 처벌 등에 관한 법률」 제9조(인도에 반한 죄)를 기초하여 신설된 것이므로, 같은 법률 제9조의 "민간인 주민을 공격하려는 국가 또는 단체·기관(이에 속한 사람을 포함한다)의 정책과 관련하여 민간인 주민에 대한 광범위하거나 체계적인 공격"이라는 구성요건과 연계하여 그 구성요건 해당성 여부를 판단해야 한다고 본다.

첫째, 국가 또는 단체·기관(이에 속한 사람을 포함한다)의 정책과 관련성이 필요하다. 르완다 국제형사재판소규정은 반인도적 범죄의 구성요건으로 "국가적·정치적·민족적·인종적·종교적 사유에 따른 민간인에 대한 정책적 학살"을 필요로 하였다. 그러나 국제형사재판소 로마규정은 "국가적, 정치적, 민족적, 인종적, 종교적 사유"를 요건으로 하지 않고, "국가 또는 조직의 정책에 따른 민간인에 대한 광범위하거나 체계적인 공격"인 경우 구성요건을 충족하는 것으로 보았다. 개인에 의한 범행이라 할지라도 광범위하거나 체계적인 공격으로서 조직범죄에 가담한다는 인식하에 범해졌다면 구성요건을 충족한다는 입장이다. 그러나 개인이 다수 국민을 살해하기 위하여 치명적인 독극물을 퍼뜨렸더라도 이는 집단살해죄에 해당할지라도 반인도적 범죄는 아니다.[10] 둘째, 민간인 주민에 대한 광범위(widespread)하거나 체계적인 (systematic) 공격이어야 한다. 공격의 광범위성은 공격이 대규모로 이루어졌거나 피해자가 많이 발생한 경우를 의미한다. 공격의 체계성은 공격을 구성하는 일련의 행위들이 무작위적으로 일어난 것이 아니라 조직적으로 이루어진 경우를 의미한다. 공격은 광범위하거나 체계적인 경우 어느 한 요건만이라도 충족되는 경우 반인도적 범죄를 구성하게 된다.[11] 유고슬라비아 국제형사재판소(ICTY)는 "민간인 주민에 대한

---

10) David Luban, A Theory of Crimes Against Humanity, Georgetown Law Faculty Publications, 2010. pp. 96−98.

11) 1998년 로마회의 전체위원회 회의에서 반인도적 범죄의 개념을 정함에 있어 이 부분에 대해 논란이 있

광범위하거나 체계적인 공격의 맥락에서 가해자가 행한 하나의 행위(single act)도 개인의 형사책임을 수반하며 범죄자 개인은 다수의 범죄를 범해야만 처벌되는 것은 아니다"라고 판시하여 대량범죄성은 요건이 아니다.[12] 셋째, 민간인 주민에 대한 살해, 상해, 감금, 고문, 강간, 강제추행, 폭행이어야 한다. 반인도적 범죄행위의 유형을 열거하고 있다. 한편 국제형사재판소 로마규정은 반인도적 범죄행위의 유형을 "살해, 박멸, 노예화, 강제추방, 신체적 자유를 심각하게 박탈하는 구금, 고문, 강간, 성적 노예, 강제 매춘, 강제 임신, 강제 불임, 국가적·정치적·민족적·인종적·종교적·문화적·성적 사유에 따른 박해, 강제 실종, 인종차별, 커다란 고통이나 심각한 육체적 상해 또는 육체적·정신적 건강을 해치는 기타 반인도적 행위"로 규정하고 있다.[13]

3. '반인도적 범죄'의 입증책임

1) 차별적 의도(discriminatory intent)의 입증여부

검찰은 반인도적 범죄의 구성요건인 "민간인 주민에 대한 광범위하거나 체계적인 공격"에 대한 입증책임을 부담한다. 이와 관련하여 뉘른베르그 전범재판소(1945)와 유고슬라비아 국제형사재판소(ICTY, 1993), 르완다 국제형사재판소(ICTR, 1994)는 검찰이 반인도적 범죄의 다른 집단에 비해 범죄대상이 된 집단에 대한 '차별적 의도(discriminatory intent)'를 입증하도록 하였다. 이에 비해 국제형사재판소에 관한 로마규정(1998)은 반인도적 범죄의 '차별적 의도'를 입증하길 요구하지 않는다.[14]

었다. 우리나라를 비롯하여 그리스, 덴마크 등 다수 국가들이 대안 중에 포함된 문구 중 "광범위한 또는 체계적인"이라는 문구를 선호하였다. 이는 살해 등 관련 공격행위들이 체계적으로 또는 광범위하게 행해졌다면 인도에 반한 죄가 성립될 수 있다는 의미가 되며, 따라서 인도에 반한 죄의 범위를 넓게 정의하는 것이었다. 반면, 영국, 일본, 러시아 등은 보다 엄격한 기준인 "광범위하고 체계적인"이라는 문구를 선호하였다. 이는 관련 공격행위가 광범위하고 체계적이어야만 인도에 반한 죄가 성립될 수 있다는 의미였다. 양측의 대립은 결국 "민간인에 대한 광범위한 또는 체계적인 공격"이라는 문구를 채택하는 것으로 결정되었다. 김영석, 「국제형사재판소 관할범죄의 처벌 등에 관한 법률 해설서」, 법무부, 2008, 59면.

12) 김영석, 앞의 책, 61면.

13) M. Cherif Bassiouni, Crimes Against Humanity—Historical Evolution and Contemporary Application, Cambridge University Press, 2011, pp. 199-204.

14) David Luban, op. cit., pp. 103-104.

2) 정책(policy)의 입증여부

검찰은 반인도적 범죄의 구성요건인 "민간인 주민을 공격하려는 국가 또는 단체·기관(이에 속한 사람을 포함한다)의 정책(policy)"과의 관련성여부에 대한 입증책임을 부담한다. 이와 관련하여 뉘른베르그 전범재판소(1945), 도쿄 전범재판소(1945), 유고슬라비아 국제형사재판소(ICTY, 1993), 전쟁범죄와 반인도적범죄의 시효부적용에 관한 협약(1968), 인종차별철폐협약(1973), 집단살해방지협약(1948)은 '정책'을 반인도적 범죄의 구성요건으로 요구하지 않는다. 이에 비해 국제형사재판소에 관한 로마규정(1998)과 이 규정의 국내 이행법률인 「국제형사재판소 관할 범죄의 처벌 등에 관한 법률」은 '정책'을 반인도적 범죄의 구성요건으로 요구하고 있다. 그러나 정책을 요구하는 이 규정은 이후 진행된 임시재판소에서 엄격하게 적용되지 않았다. 결론적으로 현재 국제법적으로 반인도적 범죄의 구성요건으로 '정책'을 요구하는 규정은 엄격하게 적용되지 않고, 다만 '정책'의 일환으로 실행된 경우임이 입증된 경우 참고사항으로 고려하고 있는 입장이다.[15]

3) 지휘관책임 요건으로서 실효적 통제의 입증전환

지휘관책임은 자신의 실효적 통제(effective control) 하에 있는 부하의 범죄에 대하여 알았거나 이를 과실로 알지 못한 국가, 군 또는 이에 준하는 조직의 지도자(상급자)가 부하(하급자)의 국제범죄를 방지, 억제, 처벌, 보고하지 않은 경우에 상급자에게 성립하는 형사책임이다.[16] 지휘관책임의 객관적 요건은 ① 부하에 대한 상급자의 실효적 통제(상급자−하급자 관계), ② 부하의 범죄에 관한 상급자의 의무불이행(부작위), ③ 부하의 국제범죄 발생이고, 주관적 요건은 부하의 범죄에 대한 인식 또는 인식의 실패이다.[17] 「국제형사재판소 관할범죄의 처벌 등에 관한 법률」제5조는 지휘관

---

15) Guénaël Mettraux, The Definition of Crimes Against Humanity and the Question of a Policy Element, *Forging a Convention for Crimes Against Humanity*, Leila Nadya Sadat, Cambridge University Press, 2011, p.p.142−176.

16) 태평양 전쟁에서 야마시타 도모유키(山下奉文)는 일본군 제14방면군 사령관이었다. 그는 전후 전범재판에서 전쟁법위반, 자기 부하들이 야만적인 잔혹행위를 저지르는 것을 승인했다는 혐의로 기소되어 유죄판결을 받았다. 잔혹행위는 필리핀 바탕가스(Batangas)지역에 사는 대부분의 민간인을 학살하고 이곳의 개인과 공공 재산, 종교 재산을 파괴하려는 계획과 목적하에 2만5천 명의 남녀와 아이들, 비무장 민간인을 재판 없이 학대하고 살인했으며, 모든 촌락을 철저히 파괴한 것이었다. 야마시타는 미국 대법원에 항소했지만, 그는 사령관으로서 부하들이 잔혹행위와 중대한 범죄를 저지르도록 승인하고 부하의 작전을 통제할 의무를 불법적으로 소홀히 안 혐의를 받았다. 결국 그는 전쟁법을 위반한 죄로 사형을 선고받았다. 한성훈, 「가면권력−한국전쟁과 학살−」, 후마니타스, 2014, 173면 참조.

17) 이윤제, 국제범죄에 대한지휘관책임의 연구, 서울대학교대학원 박사학위논문, 2016, 116−138면.

과 그 밖의 상급자 책임을 규정하고,[18] 동법 제15조는 직무태만죄를 규정하고 있다.[19]

동법 제5조 지휘관과 그 밖의 상급자의 책임의 구성요건으로서 부하에 대한 상급자의 실효적 통제의 입증책임에 관하여 규정 형식상 검사가 그 입증책임을 부담한다 할 것이다. 다만 이와 관련하여 검사가 상급자의 사실상의 힘(de facto power)[20]이 법적인 권위(de jure authority)에서 갖는 힘보다 컸다는 것을 입증하는 것이 아니라 피고가 사실상의 힘이 법적인 권위에서 갖는 힘보다 적었다는 것을 입증하도록 입증책임을 전환하도록 하여야 한다는 주장이 있다. 그러나 미국의 법정도 국가적 고문범죄로 인한 피해에 대한 손해배상책임을 묻는 민사소송에서 입증책임의 전환을 인정하고 있을 뿐이고, 범죄행위에 대한 형사책임을 묻는 형사소송에서는 인정하고 있지 않다.[21]

4. 5·18민주화운동의 경우

1) '반인도적 범죄'의 구성요건 성립여부

5·18민간인학살범죄 중 '반인도적 범죄'로 거론할 수 있는 사례로는 1980. 5. 20. 밤 광주역 앞 민간인에 대한 발포, 5. 20.~21. 전남대에서 연행·구금된 시위대에 대해 자행된 가혹행위, 살인(구금된 자를 대검으로 살해하는 행위 등) 및 암매장사건, 5. 21. 도청 앞 시위대에 대한 집단발포, 5. 21. 오후 전남대에서 철수하여 광주교도소

---

18) 「국제형사재판소 관할 범죄의 처벌 등에 관한 법률」 제5조(지휘관과 그 밖의 상급자의 책임) 군대의 지휘관(지휘관의 권한을 사실상 행사하는 사람을 포함한다. 이하 같다) 또는 단체·기관의 상급자(상급자의 권한을 사실상 행사하는 사람을 포함한다. 이하 같다)가 실효적인 지휘와 통제 하에 있는 부하 또는 하급자가 집단살해죄 등을 범하고 있거나 범하려는 것을 알고도 이를 방지하기 위하여 필요한 상당한 조치를 하지 아니하였을 때에는 그 집단살해죄 등을 범한 사람을 처벌하는 외에 그 지휘관 또는 상급자도 각 해당 조문에서 정한 형으로 처벌한다.

19) 동법 제15조(지휘관 등의 직무태만죄) ① 군대의 지휘관 또는 단체·기관의 상급자로서 직무를 게을리하거나 유기(遺棄)하여 실효적인 지휘와 통제 하에 있는 부하가 집단살해죄 등을 범하는 것을 방지하거나 제지하지 못한 사람은 7년 이하의 징역에 처한다. ② 과실로 제1항의 행위에 이른 사람은 5년 이하의 징역에 처한다. ③ 군대의 지휘관 또는 단체·기관의 상급자로서 집단살해죄 등을 범한 실효적인 지휘와 통제 하에 있는 부하 또는 하급자를 수사기관에 알리지 아니한 사람은 5년 이하의 징역에 처한다.

20) 국제형사재판소는 법적 지휘관(de jure commander)과 사실상 지휘관(de facto commander)을 구별하고 있다. 법적 지휘관은 병력을 지휘할 공식적인 법적 권한을 갖는 자임에 반하여 사실상 지휘관은 비공식적인 사실상 권한을 갖는 자이다. Prosecutor v. Jean−Pierre Bemba Gombo, (Case No ICC−01/05−01/08−424) Pre−Trial Chamber Ⅱ Decision Pursuant to Article 61(7)(a) and (b) of the Rome Statute on the Charges of Prosecutor Against Jean−Pierre Bemba Gombo, 15 June 2009, p.p. 407−408.

21) Mark Osiel, Making Sense of Mass Atrocity, Cambridge University Press, 2009, p. 37.

로 이동하던 중 연행된 시민들을 가득 실은 호송차량에 최루탄을 터뜨려 질식 및 압사하도록 한 사건 및 광주천 부근 헬기사격사건, 5. 21.-25. 광주봉쇄작전 중 담양, 화순, 나주 간 도로를 통행하는 민간인에 대한 발포사건, 5. 23. 주남마을 앞 버스에 대한 발포 및 생존자에 대한 즉결처분사건, 5. 24. 효덕초등학교 및 효천역 부근에서 자행한 민간인살해 및 즉결처분사건 등이다. 특히 5. 23. 주남마을에서 계엄군의 총격으로 부상당한 젊은 남성 2명과 여성 1명을 주둔지로 연행해 와서 남성 2명을 즉결처분 지시에 따라 사살한 사건은 반인도적 범죄의 대표적인 예가 될 수 있다.[22] 이와 유사한 사례는 여성과 아이들에 대하여도 자행되었다. 다만 이와 관련된 구체적인 내용은 2019. 12. 27. 출범한 5·18민주화운동 진상규명조사위원회가 조사를 완결하는 시점에 공적인 국가보고서로 정리하게 될 것이다.

5·18민간인학살범죄행위가 「국제형사재판소 관할 범죄의 처벌 등에 관한 법률」 제9조(인도에 반한 죄)의 구성요건에 해당하는지 여부를 살펴보면 다음과 같은 사유로 해당한다 할 것이다. 첫째, 당시 신군부세력은 12·12사태 이후 군대 및 정치권력을 사실상 장악하고 있는 자들이었고, 이들은 '군대를 이용하여 반정부 시위를 하는 학생·시민들을 강경하게 진압한다'는 정책을 추구하였다. 따라서 '민간인 주민을 공격하려는 국가의 정책에 따라' 광주민주화운동을 강경 진압하였다 할 수 있다. 둘째, 광주민주화운동 진압행위 과정에서 발생한 살해행위 등은 광주지역에서 광범위하게 이루어졌을 뿐만 아니라 군대에 의해 조직적으로 이루어졌기에 공격의 체계성도 인정된다. 셋째, 민주화 등을 요구하면서 시위하는 학생·시민들을 살해하고, 불법하게 체포·감금한 행위 등은 박해행위에 해당하고, 이는 민간인 주민에 대한 광범위하거나 체계적인 공격으로 이루어졌다고 할 수 있다.[23]

2) '반인도적 범죄'의 입증책임여부

첫째, 검찰은 반인도적 범죄의 구성요건인 "민간인 주민에 대한 광범위하거나 체계적인 공격"에 대한 입증책임을 부담할 뿐이고, 반인도적 범죄의 대상이 된 집단에 대한 '차별적 의도(discriminatory intent)'까지 입증할 필요는 없다. 둘째, 국제법적으로 반인도적 범죄의 구성요건으로 '정책'을 요구하는 규정은 엄격하게 적용되지 않고 있다 할 것이므로 '정책'의 일환으로 실행된 경우임이 입증된 경우 참고사항으로 고려하면 될 것이다. 셋째, 반인도적 범죄가 현장의 병사들에 의해 실행된 경우 상부

---

22) 서울지방법원 1996.8.26.선고 95고합1228,1237,1238,1320, 96고합12(병합)판결에서 검사가 증거로 제출한 계엄군들의 참고인 진술조서에 의해 확인되는 사실이다.

23) 박경규·김선일·박미경, '반인도적 범죄'의 국제법적 쟁점 연구, 한국형사정책연구원, 2020, 67-68면 참조.

에 존재하는 지휘관들의 책임을 묻기 위하여 부하에 대한 상급자의 실효적 통제의 입증책임은 검사에게 있다 할 것이다.[24]

Ⅳ '반인도적 범죄'의 공소시효 정지 및 배제

1. '반인도적 범죄'의 공소시효 정지

> 「5·18민주화운동 등에 관한 특별법」 제2조(공소시효의 정지) 1979년 12월 12일과 1980년 5월 18일을 전후하여 발생한 「헌정질서 파괴범죄의 공소시효 등에 관한 특례법」 제2조의 헌정질서 파괴범죄와 **반인도적 범죄**에 대하여 해당 범죄행위의 종료일부터 1993년 2월 24일까지의 기간은 공소시효의 진행이 정지된 것으로 본다.

2021. 1. 5. 개정 「5·18민주화운동 등에 관한 특별법」 제2조(공소시효의 정지) 규정에 헌정질서파괴범죄와 더불어 '반인도적 범죄'도 포함시키고 있다. 5·18민주화운동 당시 민간인을 학살한 현장지휘관과 병사들이 국헌문란의 목적을 갖지 아니하였다는 이유로 내란죄 또는 내란목적살인죄가 성립하지 아니하여 「헌정질서 파괴범죄의 공소시효 등에 관한 특례법」이 적용되지 아니하는 경우를 예상할 수 있다. 이 경우에는 「5·18민주화운동 등에 관한 특별법」 제2조 공소시효 정지에 관한 규정이 적용되어야 할 것이고, 이 경우를 대비하여 '반인도적 범죄'에 대하여 공소시효가 93년 2월 24일까지 정지하도록 한 것이다.

---

24) 5·18관여자들은 모두 자신의 범행(내란죄 및 내란목적살인죄) 관여사실을 부인했다. 전두환은 자기 권한 밖의 일이라 했고, 계엄사령관 이희성은 자위발동을 중계발표했을 뿐이고, 국방부장관 주영복은 대책회의에 사회를 보았을 뿐이고, 계엄부사령관 황영시는 작전명령권을 단지 전달했을 뿐이고, 특전사령관 정호용은 보급품 지원과 작전상의 조언만 했을 뿐이고, 광주 현지의 지휘관이었던 소준열 전교사령관과 20사단장 박준병은 단지 명령대로 행동했을 뿐이라고 주장했다. 반면 영관급 이하의 일선 장교와 사병들은 위에서 시키는대로 했을 뿐이라고 주장했다. 한인섭, 「5·18재판과 사회정의」, 경인문화사, 2006, 169면.

2. 공소시효 정지 및 배제

1) 법정형이 사형에 해당하는 살해죄의 경우

첫째, 5·18민주화운동 당시 민간인학살범죄 중 법정형이 사형[25]에 해당하는 살해죄를 「5·18민주화운동 등에 관한 특별법」 제2조 '반인도적 범죄'로 기소할 경우 공소시효가 만료되었는지 여부가 문제된다. ① 1980년 당시 사형에 해당하는 범죄의 공소시효는 15년이기 때문에 1993. 2. 24.까지는 위 개정 「5·18민주화운동 등에 관한 특별법」 제2조에 따라 '반인도적 범죄'로 공소시효가 정지된다.[26] ② 그 다음날인 1993. 2. 25.부터 공소시효가 기산되나 2007. 12. 21. 「형사소송법」 제249조 제1항 제1호[27] 개정에 의해 사형에 해당하는 범죄의 공소시효는 15년에서 25년으로 연장되었다. ③ 2015. 7. 31. 「형사소송법」 제253조의2[28] 개정에 의해 법정형이 사형에 해당하는 살해죄는 공소시효가 폐지되었고, 이 개정법 부칙 제2조는 '이 법 시행 전에 공소시효가 완성되기 전 범죄에도 적용된다'고 명시하고 있다. 따라서 1980년 5·18민주화운동 당시 민간인학살범죄 중 법정형이 사형에 해당하는 살해죄는 「5·18민주화운동 등에 관한 특별법」 제2조에 따라 1993. 2. 24.까지 공소시효가 정지되고, 2007. 12. 21. 공소시효가 25년으로 연장되며, 2015. 7. 31. 공소시효가 폐지됨으로 인하여 기소 후 처벌이 가능하다 할 것이다.

둘째, 국내법원에 「국제형사재판소 관할 범죄의 처벌 등에 관한 법률」 제9조 '인도에 반한 죄'로 공소 제기할 경우 이 법의 시행은 2007. 12. 21. 제정 공포한 날로부터이므로 당해 범죄의 공소제기 기간이 만료하기 이전인지 여부가 문제된다. 「5·18민주화운동 등에 관한 특별법」 제2조에 따라 1993. 2. 24.까지는 '반인도적 범죄'로 공소시효가 정지되므로 그 다음날인 1993. 2. 25.부터 기산하면 위 법이 시행되는 시점인 2007. 12. 21.까지는 1980년 5·18민주화운동 당시 민간인학살범죄의 공소시효

---

25) 「국제형사재판소 관할 범죄의 처벌 등에 관한 법률」 제9조 제1항은 '민간인 주민을 공격하려는 국가 또는 단체·기관의 정책과 관련하여 민간인 주민에 대한 광범위하거나 체계적인 공격으로 사람을 살해한 사람은 사형, 무기 또는 7년 이상의 징역에 처한다'고 규정하고 있다.

26) 다만, 2021. 1. 5. 개정된 「5·18민주화운동 등에 관한 특별법」 제2조 규정(반인도적 범죄 추가)이 1980년 5·18사건에 적용되기 위해서는 부칙에 '이 법 시행 전에 공소시효가 완성되기 전 범죄에도 적용된다'는 부칙규정을 신설하여야 한다. 부진정 소급입법과 관련해서는 아래 법정형이 사형이 없는 기타 반인도적 범죄에 해당하는 경우 부분에서 상술한다.

27) 형사소송법 제249조(공소시효) ① 공소시효는 다음 기간의 경과로 완성한다. [개정 2007.12.21.] 1. 사형에 해당하는 범죄에는 25년

28) 형사소송법 제253조의2(공소시효의 적용 배제) 사람을 살해한 범죄(종범은 제외한다)로 사형에 해당하는 범죄에 대하여는 제249조부터 제253조까지에 규정된 공소시효를 적용하지 아니한다. [본조신설 2015.7.31.]

기간이 14년 경과한 시점이므로 공소시효가 완료되지 않았음이 역수상 명백하다. 「국제형사재판소 관할 범죄의 처벌 등에 관한 법률」에 '이 법 시행 전에 공소시효가 완성되기 전 범죄에도 적용된다'는 부칙규정을 신설하는 방안이 필요하다. 이 부칙규정은 부진정소급입법에 해당할 수 있다.[29] 우리 헌법재판소는 부진정소급입법에 대해 원칙적으로 헌법에 위배되지 아니한다는 입장이다.[30] 2015. 7. 31.자 형사소송법 일부개정법률 부칙 제2조도 사람을 살해한 범죄로 사형에 해당하는 범죄에 대하여는 공소시효적용을 배제하되, 개정 규정은 공소시효가 아직 완성되지 아니한 범죄에 대하여 적용한다는 부진정소급입법을 채택하였던 점을 참고할 수 있다.[31]

현행	개정안
(신설)	이 법 시행 전에 공소시효가 **완성되기 전** 범죄에도 적용된다.

---

29) 「국제형사재판소 관할 범죄의 처벌 등에 관한 법률」 제3조 제1항은 '이 법은 대한민국 영역 안에서 이 법으로 정한 죄를 범한 내국인과 외국인에게 적용한다'고 규정하고 있을 뿐 시적 적용범위에 대해서는 명시적으로 규정하고 있지 않아 해석상 소급 적용도 가능하다 할 것이다. 또한 2002년 7월 1일 발효된 「국제형사재판소에 관한 로마규정」 제29조는 재판소의 관할 범죄에 대해서는 공소시효적용을 배제하고 있고, '인도에 반한 범죄'에 대해서는 많은 국가들이 공소시효 적용을 배제하고 있어 이를 일반적으로 승인된 국제법규로 해석하는 경우 국내법과 동일한 효력을 인정받을 수 있어 공소시효 적용이 배제될 수 있을 것이다. 다만 이 법으로 정한 죄에 대해서는 '이 법 시행 전에 공소시효가 완성되기 전 범죄에도 적용된다'는 것을 제3조 적용범위에서 명시하는 것이 보다 명확할 것이다.

30) 공소시효가 아직 완성되지 않은 경우 위 법률조항은 단지 진행중인 공소시효를 연장하는 법률로서 이른바 부진정소급효를 갖게 되나, 공소시효제도에 근거한 개인의 신뢰와 공소시효의 연장을 통하여 달성하려는 공익을 비교형량하여 공익이 개인의 신뢰보호이익에 우선하는 경우에는 소급효를 갖는 법률도 헌법상 정당화될 수 있다. 위 법률조항의 경우에는 왜곡된 한국 반세기 헌정사의 흐름을 바로 잡아야 하는 시대적 당위성과 아울러 집권과정에서의 헌정질서파괴범죄를 범한 자들을 응징하여 정의를 회복하여야 한다는 중대한 공익이 있는 반면, 공소시효는 행위자의 의사와 관계없이 정지될 수도 있는 것이어서 아직 공소시효가 완성되지 않은 이상 예상된 시기에 이르러 반드시 시효가 완성되리라는 것에 대한 보장이 없는 불확실한 기대일 뿐이므로 공소시효에 대하여 보호될 수 있는 신뢰보호이익은 상대적으로 미약하여 위 법률조항은 헌법에 위반되지 아니한다[헌재 1996.2.16.선고 96헌가2결정]. 독일연방헌법재판소도 1969. 2. 26. 형벌불소급의 원칙을 근거로 '공소시효에 관한 특별법(Gesetz ueber die berechung strafrechtlicher Verjaehrungsfrist)'의 위헌을 주장하는 원고의 청구를 기각하면서, 종신형에 해당되는 범죄의 공소시효가 아직 완성되지 아니한 상태에서 그 공소시효를 연장하는 것은 법치주의 원리에 위배되지도 않을 뿐 아니라 원고의 평등권을 침해하는 것도 아니라고 판결을 한 바 있다. BVerfGE 25, 269.

31) 부칙 제2조(공소시효의 적용 배제에 관한 경과조치) 제253조의2의 개정규정은 이 법 시행 전에 범한 범죄로 아직 공소시효가 완성되지 아니한 범죄에 대하여도 적용한다.

2) 법정형이 사형에 해당하지 아니하는 기타 반인도적 범죄의 경우

법정형이 사형에 해당하지 아니하는 상해, 감금, 고문, 강간, 강제추행, 폭행의 경우32)에는 공소시효가 완료되었다 할 것이므로 기소하기 어려울 수 있다.

이형석의원이 대표발의한 「헌정질서파괴범죄의 공소시효 등에 관한 특례법」 일부개정법률안(발의일자: 2020. 6. 29.) 제3조는 헌정질서파괴범죄와 더불어 '반인도적 범죄행위'도 공소시효를 배제한다는 규정을 두고 있다.33) 이 규정에 의해 상해, 감금, 고문, 강간, 강제추행, 폭행의 경우도 '반인도적 범죄'로서 공소시효가 배제될 여지가 있다. 다만 부칙에 아래 <개정 1안>에 따라 경과조치를 두어 과거에 발생한 "공소시효가 완성된 반인도적 범죄행위"에 대하여도 공소시효가 적용 배제됨(진정 소급입법)을 명시한다면 처벌 가능할 수 있다.34)35) 소급효금지원칙은 실체법에만 적용되고 공소시효 등 절차법에는 적용되지 않는다는 입장36)에 따르면 공소시효가 이미 완성된 범죄라고 하더라도 사후입법을 통해서 해당 범죄의 공소시효를 연장하거나 폐지하고 처벌할 수 있게 된다.

---

32) 「국제형사재판소 관할 범죄의 처벌 등에 관한 법률」 제9조 제2항은 '민간인 주민을 공격하려는 국가 또는 단체·기관의 정책과 관련하여 민간인 주민에 대한 광범위하거나 체계적인 공격으로 다음 각호의 어느 하나에 해당하는 행위를 한 사람은 무기 또는 5년 이상의 징역에 처한다'고 규정하고 있다.

33) 의안정보시스템[http://likms.assembly.go.kr/bill]

34) 진정소급입법이라 하더라도 기존의 법을 변경하여야 할 공익적 필요는 심히 중대한 반면에 그 법적 지위에 대한 개인의 신뢰를 보호하여야 할 필요가 상대적으로 적어 개인의 신뢰이익을 관철하는 것이 객관적으로 정당화될 수 없는 경우에는 예외적으로 허용될 수 있다. 진정소급입법이 허용되는 예외적인 경우로는 일반적으로, 국민이 소급입법을 예상할 수 있었거나, 법적 상태가 불확실하고 혼란스러웠거나 하여 보호할만한 신뢰의 이익이 적은 경우와 소급입법에 의한 당사자의 손실이 없거나 아주 경미한 경우, 그리고 신뢰보호의 요청에 우선하는 심히 중대한 공익상의 사유가 소급입법을 정당화하는 경우를 들 수 있다[헌재 1996.2.16.선고 96헌가2결정]. 다만, 진정소급입법에 대하여 당시 재판관 중 위헌의견이 5명, 합헌의견이 4명이었으나, 위헌결정을 하기 위한 정족수 6명에 미달하여 결과적으로 합헌결정을 하였다. 헌법재판소의 이 결정은 사실상 합법 정부로서 오랜 기간 존재했던 과거 정권을 법적으로 청산하는 헌법적인 가능성을 제시하였다는 점에서 헌정사에 중요한 의미를 갖고 있다. 전광석, 불법청산의 헌법문제, 5·18민중항쟁과 법학, 5·18기념재단, 2006, 397면. 진정소급입법도 예외적으로 허용될 수 있다는 입장으로 오영근, 형법총론, 박영사, 2014, 34면. 조국, 반인권적 국가범죄의 공소시효의 정지·배제와 소급효금지의 원칙, 형사법연구 17호, 2002. 11~14면. 참조.

35) 최근 공소시효와 관련 진정소급입법의 가능성에 대해 "반인권적 국가범죄에 대한 공소시효정지·배제의 진정소급효를 분명히 하기 위해 이형석의원안의 부칙에 '이 법 시행 이전에 공소시효가 완성된 범죄행위에 대해서도 이 법을 적용한다'라는 취지의 경과조치를 둠이 바람직하다고 본다"는 주장이 제기되고 있다. 김재윤·임남수, 검찰의 12·12, 5·18사건 공판전략연구, 건국대학교 산학협력단, 2021. 179면 참조.

36) 김일수·서보학, 형법총론, 박영사, 2002, 61면; 박상기, 형법총론, 박영사, 2004, 31면; 배종대, 형법총론, 홍문사, 2004, 72면.

〈개정 1안〉

현행	개정안
(신설)	이 법 시행 전에 공소시효가 **완성된** 범죄에도 적용된다.

이 경우에도 「헌정질서파괴범죄의 공소시효 등에 관한 특례법」에 '이 법 시행 전에 공소시효가 완성되지 않은 범죄에도 적용된다'는 부칙규정(부진정소급입법)을 아래 〈개정 2안〉에 따라 신설하는 선택을 한다면 법정형이 사형에 해당하지 아니하는 상해, 감금, 고문, 강간, 강제추행, 폭행의 경우는 공소시효 완성으로 처벌할 수 없게 될 것이다.

〈개정 2안〉

현행	개정안
(신설)	이 법 시행 전에 공소시효가 **완성되지 않은** 범죄에도 적용된다.

공소시효가 완성되면 실체법상 형벌권이 소멸되므로 검사는 공소를 제기할 수 없고, 공소제기 후 이러한 사실이 발견된 경우에는 절차법상 소송조건의 흠결을 이유로 면소판결을 하게 되는 점을 고려하면, 공소시효는 형벌권 소멸의 실체법적 성격과 공소권 소멸의 소송법적 성격을 모두 가지고 있다는 점을 감안하여 이분법적 단절의 논리에 기초하여 택일적으로 판단하는 것은 지양하고,[37] 국가권력의 반인도적 범죄를 처벌하여야 한다는 국제인권법적 요구와 실질적 정의 실현의 당위성을 감안하여 개정이 이뤄져야 할 것이다.[38]

---

37) 이용욱, 공소시효제도에 대한 헌법재판소의 결정에 관한 연구-법학방법론의 측면에서-, 법철학연구 10(1), 한국법철학회, 2007, 423-424면 참조.

38) 병합설을 취하여 공소시효에 소송법적 성격과 더불어 실체법적 성격이 있음을 인정하면서도, 국가의 반인권적 범죄에 대해서는 사후에 공소시효를 소급 연장하는 것은 가능하다는 입장이 있다. 조국, 위 논문, 2002, 9-10면. 문봉규, 공무원의 반인권적 범죄에 대한 공소시효 연장배제에 관한 연구, 법학연구 32, 전북대학교 법학연구소, 2011, 442-444면 참조.

V 결론

중대한 인권침해사건에 대한 불처벌은 이행기정의 실현에 가장 큰 걸림돌이 된다. 유사한 사건의 발생이 재현되지 않도록 하기 위해서 특단의 조치가 필요하다. 위 사건에서 '반인도적 범죄'를 실행한 자와 그 범죄의 성립요건을 구체적으로 밝혀낼 경우 이들을 처벌할 수 있는지 여부에 대한 해석론과 개정론을 정리한다.

첫째, 5·18민간인학살범죄 중 '반인도적 범죄'로 기소할 가능성이 있는 사례는 「국제형사재판소 관할 범죄의 처벌 등에 관한 법률」 제9조(인도에 반한 죄)에서 민간인 주민을 공격하려는 국가 또는 단체·기관(이에 속한 사람을 포함한다)의 정책과 관련하여 민간인 주민에 대한 광범위하거나 체계적인 공격이라는 구성요건에 해당한다할 것이다. 둘째, 법정형이 사형에 해당하는 반인도적 살해죄의 경우에는 형사소송법 제253조의2에 의해 공소시효가 폐지되어 현재 기소해서 처벌할 수 있다 할 것이다. 다만 97년 대법원 확정판결의 기판력이 미치지 않는 범죄행위에 국한된다. 또한 국내법원에 「국제형사재판소 관할 범죄의 처벌 등에 관한 법률」 제9조 '인도에 반한 죄'로 공소 제기할 경우 「5·18민주화운동 등에 관한 특별법」과 「국제형사재판소 관할 범죄의 처벌 등에 관한 법률」에 '이 법 시행 전에 공소시효가 완성되기 전 범죄에도 적용된다'는 부칙 규정을 신설하는 방안이 필요하다. 셋째, 법정형이 사형에 해당하지 아니하는 기타 반인도적 범죄의 경우에는 현행법상 공소시효가 완료되어 기소하기 어렵다. 다만, 이형석의원이 대표 발의한 「헌정질서파괴범죄의 공소시효 등에 관한 특례법」 일부 개정 법률안(발의일자: 2020. 6. 29.)에 위 <개정 1안>과 같이 과거에 발생한 "공소시효가 완성된 반인도적 범죄행위"에 대하여도 공소시효가 적용 배제된다(진정소급입법)는 부칙개정안까지 명시하여 국회에서 통과된다면 처벌할 수 있게 된다. 다만 위 <개정 2안>과 같이 이 법 시행 전에 공소시효가 완성되지 않은 범죄에 한하여 적용된다는 내용의 부진정소급입법을 택한다면 법정형이 사형에 해당하지 아니하는 기타 반인도적 범죄의 경우는 처벌할 수 없게 된다. 반인도적 국가범죄는 범죄자의 신뢰보호 요청보다 일반인의 정의감정 내지 인권실현의 공익상 요청이 현저히 중대한 경우에 해당한다 할 것이므로 이에 부응하는 개정이 이뤄져야 할 것이다.

후기

5·18민주화운동진상규명조사위원회는 2024년 6월 26일 활동기한이 종료되기 직전 조사 결과를 기초로 계엄군의 반인도적 범죄 및 집단살해행위에 대하여 검찰총장에게 고발조치를 하였다. 고발된 총 14명은 계엄군으로서 직접 반인도적 범죄 및 집단살해행위를 행한 정범과 이러한 행위를 하지 못하도록 하여야 할 직책에 있었던 공범으로서 지휘관들이다. 44년이 지난 시점에서 고발을 하게 됨에 따라 공소시효가 문제가 되었고, 관련 법률에 대한 검토 과정에서 해석론이 다양하게 주장되었고 최종적으로 전원위원회에서 표결을 통해 고발을 하도록 결정되었다. 향후 검찰과 법원이 최종적으로 어떤 결정을 할 것인지는 지켜보아야 할 상황이다.

5·18민주화운동은 한국 민주주의에 있어 커다란 봉우리와 같은 역할을 하였고, 그 이전과 이후는 확실하게 달라졌다. 진상규명과 책임자 처벌 및 정신계승을 위한 '5월운동'은 계속되었고, 이후 한국 민주주의의 굳건한 버팀목이 되었다. 1995년 검찰 수사와 1996-1997년 법원 재판을 통한 신군부 주요세력에 대한 형사 처벌은 과거사 청산에 있어 큰 의미를 갖는다. 이번 위원회의 고발조치는 반인도적 범죄 및 집단살해행위는 반드시 처벌해야 한다는 국제적 논의를 기반으로 해서 과거사 청산 모델의 완성을 위해 필요한 절차였다. 반인도적 범죄 및 집단살해행위를 한 자가 시효 이익을 원용하여 처벌을 면하는 것은 인류의 법 감정과 정의의 범 이념에도 배치되는 것이다. 5·18민주화운동이 한국뿐만 아니라 다른 나라의 민주주의 실현에 기여하고, 과거사 청산의 선도적 모델이 될 수 있도록 보완해 가야 할 것이다.

필자는 2022년 서울대학교 공익인권법센타에서 개설한 '인권법 전문과정'을 수료하였다. 이 과정을 만드는데 헌신적인 기여를 하신 한인섭 교수님을 알게 되었다. 한인섭 교수님은 15주 과정 동안 매주 출석하여 수업 진행을 도와주었다. 이 과정이 끝난 후 여의도 근처에 있는 '샛강을 걷는 모임'을 함께 하였고, 이후 자연을 함께 거닐며 교수님의 합리적이고 치밀한 언행을 보고 배우는 계기가 되었다. 교수님은 매사에 준비를 치밀하게 하여 그 의미가 훗날에 귀감이 되도록 하셨고, 항상 문제의 합리적인 대안을 제시하려 하셨다. 귀감이 되는 스승의 모습이었고, 인간과 자연에 대한 사랑이 몸에 배어 있으셨다. 앞으로도 건강하고 선한 사회를 만드는데 영향력을 미쳐주시길 기원한다.

5

'홍성우 변호사 인권변론 기록'의 가치와 과제: 1977년 리영희 교수 필화 사건을 중심으로*

김두식(교수, 경북대학교 법학전문대학원)

* 이 글은 김두식, "'홍성우 변호사 인권변론 기록'의 가치와 과제: 1977년 리영희 교수 필화 사건을 중심으로", 법과사회 제41호, 법과사회이론학회, 2011에 게재되었음을 밝힌다.

I   들어가는 글

한인섭 서울대 법학전문대학원 교수가 홍성우 변호사를 인터뷰한 대담집 「인권변론 한 시대: 홍성우 변호사의 증언」이 2011년 5월 출간되면서 홍 변호사가 보관해 온 '1970~1980년대 인권변론 기록'의 존재가 세상에 알려졌다.

1974년 민청학련 사건부터 시국사건 변론에 나선 홍성우 변호사는 자신이 관여한 사건들의 수사기록과 공판기록을 수십 년 동안 그대로 보관해 왔다. 홍 변호사는 두어 차례 사무실을 옮기면서도 "그 시대의 민주화투쟁의 역사를 정리하는 데 이 자료가 조금이라도 도움이 되지 않을까 하는 생각, 혹 세월이 좋아져서 그때의 피고인들이 이 자료를 찾아서 재심이라도 할 수 있지 않을까 하는 한 가닥 기대" 때문에 기록을 차마 버릴 수 없었다고 한다.1) 정인섭 서울대 법학전문대학원 교수에게 이 기록의 존재를 전해들은 한인섭 교수는 안영도, 윤종현 변호사 등과 상의하면서 그 자료들이 대학으로 와야 한다고 홍 변호사를 설득했고, 2006년 10월에 이르러 홍 변호사 사무실 지하 창고에 있던 변론 기록을 서울대 연구실로 가져와 분석을 시작했다.2) 1차 정리작업을 마친 자료만 해도 총 1207종, 4만 6천 장에 이르는 방대한 분량이었다. 한 교수는 이 자료를 기초로 2009년 10월 16일부터 2010년 2월 11일까지

---

1) 홍성우, 한인섭, 「인권변론 한 시대: 홍성우 변호사의 증언」, 경인문화사, 2011, 8면.
2) 장관석, "서울대 한인섭 교수, 군사정권 시절 인권변론 담은 책 발간", <동아일보> 2011년 5월 28일자 26면.

총 15주 약 60시간 동안 홍 변호사의 증언을 받아 「인권변론 한 시대」를 출간했다.[3] 본문만 700쪽이 넘는 대담집의 출간 이후 대부분의 언론은 홍 변호사가 보관한 '기록' 자체보다 홍 변호사의 '증언'에 초점을 맞춘 보도를 내보냈다.[4]

이 논문은 '홍성우 변호사가 보존하고 한인섭 교수 팀이 정리한 미공개 기록(이하 '홍성우 기록'이라 부른다)'[5] 자체가 갖는 의미를 검토하고자 작성되었다. 방대한 자료 전체를 한 번에 분석할 수는 없어서, 이 논문에서는 '홍성우 기록'이 갖는 가치에 대해 1977년의 리영희 교수 필화 사건을 중심으로 살펴본다. 리영희 교수 필화 사건은

---

3) 홍성우, 한인섭, 앞의 책, 746면.

4) 개점휴업 상태로 어려움을 겪던 홍 변호사에게 김수환 추기경이 독일돈 2만 마르크를 몰래 건네며 도움을 주었던 에피소드가 대표적인 예로 주목을 받았다. 이인우, "한겨레가 만난 사람: 시국사건 변론 20년 기록 펴낸 홍성우 변호사 '법정에 선 양심수들의 역사 증언하고 싶었다'", <한겨레> 2011년 6월 6일자 25면. 이 기록 자체가 지닌 엄청난 역사적 가치에 주목한 것은 <한겨레> 김효순 대기자 정도가 거의 유일했다. 민청학련 사건의 피고인이기도 했던 김효순 대기자는 한인섭 교수와 원고를 정리한 연구원, 대학원생들의 노력을 높이 평가하면서 인명, 지명, 사실관계의 오기 등을 보완해 나갈 것을 주문했다. 김효순, "홍성우 변호사의 사료 남기기", <한겨레> 2011년 6월 14일자 30면.

5) 원래 필자는 홍성우 변호사가 보관해 온 기록을 '홍성우-한인섭 기록'으로 부르자고 조심스럽게 제안했다. 그 이유는 다음과 같다. 첫째, 변호인으로 직접 참여해 그 기록을 오랜 세월 동안 보관해 온 홍성우 변호사의 역할은 당연히 가장 크고 중요한 기여로 평가받아야 한다. 둘째, 홍 변호사의 역할을 기록 보관자로 이해한다면, 이 기록을 디지털화하고 세상에 알린 한인섭 교수의 역할도 무시할 수 없다. 홍 변호사는 1) 자료의 공개가 피고인들에게 어떤 영향을 끼칠지 모른다는 우려, 2) 자료에 대한 충분한 부연 설명 없이는 오해가 있을 수 있으므로 일일이 검토하고 의견을 정리한 후 넘겨주고 싶다는 신중함, 3) 최선의 변론을 하지 못했다는 자괴감, 4) 체계적이지 못하며 사라진 기록이 너무 많다는 자탄 때문에 기록을 넘겨주는 것을 주저했다. 홍 변호사다운 겸손함의 표현이었을 것이다. 한인섭 교수는 홍 변호사를 설득하여 이 기록을 받아내고, 이목회원(홍성우 변호사와 후배들의 친목모임)의 지원을 받아 서울대 석박사 과정의 형사법 전공자들인 김현숙, 임보미, 김동혁, 장다현 등과 함께 미정리 상태의 자료들을 정리했다. 셋째, 기록을 보관하는 방법에 관한 한인섭 교수의 기여도 평가받아야 한다. '한승헌 변호사 변론사건 실록'은 사건 개요와 당사자들의 체험기를 첨부하고 변론요지서, 항소이유서 등을 하나하나 타이핑하여 깨끗하게 정리한 장점을 지녔다. 한인섭 교수의 작업은 홍성우 변호사가 보관한 기록을 최대한 원형 그대로 살려낸 특징이 있다. 한인섭 팀이 기록을 모두 PDF 파일로 전환하고 분류하지 않았다면 필자가 책상에 앉아 컴퓨터로 기록 전체를 검토하기란 불가능했을 것이다. 뿐만 아니라 한인섭 교수는 이 기록을 보완하기 위하여 홍성우 변호사를 인터뷰하여 대담집을 펴냈다. 고문과 조작에 의해 만들어진 사건들이 많았음을 생각할 때 이와 같은 증언 청취는 사건의 왜곡을 막기 위한 필수적이고도 탁월한 작업이었다. 증언을 받고 녹취록을 만들어 정리하는 데도 1년 이상의 시간의 투입되었다. 기록의 명칭을 '홍성우-한인섭 기록'으로 한다고 해서 기록을 디지털로 완벽하게 보존하고 대담집을 남긴 한인섭 교수의 공로가 모두 보상받는 것은 아니겠지만, 그의 기여를 인정하는 최소한의 출발은 될 수 있다. 필자는 앞으로 이와 같은 의미 있는 작업이 계속되기 위해서라도 한인섭 교수의 역할이 명칭을 통해 부각되어야 한다고 생각한다.

그러나 이 논문의 심사과정에서 '홍성우-한인섭 기록'이라는 표기가 우리 학계에 익숙한 방법이 아니고, 자칫 기록자인 한인섭 교수의 순수한 의도에 흠이 갈 수도 있다는 동료 학자들의 조언을 받아들여, 일단 이 논문에서는 '홍성우 기록'으로 약칭하기로 했다. 명칭이야 어떻게 되든 이 방대한 작업을 수행한 한인섭 교수에 대한 감사의 마음은 따로 적어놓고 싶다. 앞으로 이 기록을 검토하게 될 동료 학자들도 비슷한 마음을 갖게 되리라 생각한다.

'홍성우 기록'에 포함된 형사사건 중에서 피의자신문조서 등 기록 보존 정도가 양호한 첫번째 사건이다. 기록의 배경과 그 내용의 진위를 검증할 수 있는 상당히 많은 '비교자료'가 갖추어져 있어서 검토의 출발점으로 삼기에 적절했다. 역사를 환기시키고, 인권 침해 관련자들의 신상을 파악하며, 우리 형사법의 발전 과정을 이해하는데도 도움이 되는 기록이었다. 필자는 '홍성우 기록' 앞에 놓인 몇 가지 과제를 살펴보고, 이 기록에 대한 동료 학자들의 관심을 촉구하고자 한다.

Ⅱ 1977년 리영희 교수 필화 사건의 의미와 개요

1. '홍성우 기록'에서 리영희 교수 필화 사건이 갖는 의미

여러 사건 중 리영희 교수 필화 사건을 중심으로 '홍성우 기록'의 가치와 과제를 검토하기로 한 데에는 다음과 같은 이유가 있다.

첫째, 리영희 교수의 「8억인과의 대화」, 「우상과 이성」 필화 사건은 '홍성우 기록' 중에서 치안본부 대공분실의 각종 보고서, 피의자(리영희, 백낙청, 박관순)들의 자필 진술서, 사법경찰관과 검사가 작성한 피의자신문조서, 공판조서 등이 거의 완벽하게 보존된 첫 형사 사건이다.

'홍성우 기록'에는 홍 변호사가 친구인 황인철의 권유로 인권변론에 뛰어들게 된 1974년 전국민주청년학생총연맹(민청학련) 사건을 시작으로 해서 1997년의 전두환, 노태우 등의 내란죄 사건에 이르기까지 총 133개 사건, 1,207건, 4만 6천 장의 자료가 포함되어 있다. 그 중에는 민청학련처럼 공소장과 제1심 판결문만 보존되어 있는 사건이 있는가 하면, 1976년의 3. 1. 민주구국선언 사건처럼 공소장, 논고문, 공판조서, 판결문, 상고이유서 등 주로 공판 이후의 자료만 보존된 사건도 있고, 리영희 교수 필화사건처럼 피의자신문조서를 비롯한 수사기록 전부가 남아있는 경우도 있다.

공소장, 판결문, 항소이유서 등의 필수적인 문서만으로도 충분히 연구할 가치가 있지만, 피의자신문조서를 비롯한 수사기록 전체가 남아있는 경우는 사건의 전체적인 맥락을 시간적 흐름에 따라 파악하는 데 큰 도움을 준다. 고문과 조작의 위험성을 신중하게 고려할 수만 있다면 피의자의 생생한 목소리를 전달하는 데 피의자신문조서만큼 유용한 자료도 없다. 피의자신문조서가 남아있는 사건은 진술조서 등 다른 자료도 함께 보존된 경우가 많아서 기록의 가치를 나누는 데도 좋은 기준을 제공한

다. '홍성우 기록'에서 피의자신문조서까지 남아있는 사건은 리영희 필화 사건 외에
도 1979년의 선박철거고물수입 사건, 계엄포고위반 사건, 박현채 반공법위반 사건,
1981년의 반월공작납북귀환어부 사건, 1983년의 조총련간첩 김찬규 사건, 충북거점
간첩단(송씨 일가) 사건, 1984년의 교과서분석팀 교사강의(리영희) 사건, 범양여객 해
고 사건, 영천기름집 폭파사건, 깃발 안병용 사건, 조총련간첩 윤정헌 사건, 조총련
간첩 조일지 사건, 1985년의 민청련 김근태, 이을호 사건, 구로지역 노조민주화 추진
위원회 사건, 대우자동차 파업 사건, 민주화추진위원회 윤성주 사건, 깃발 문용식 사
건, 대우어패럴 농성 사건, 조총련간첩 조원삼 사건, 1987년의 사상정치교양학교 사
건, 국가보안법 위반(이상백) 사건, 1988년의 금은농장 사건, 의문사진상규명대책위원회
사건, 1989년의 전민련 이부영 사건, <한겨레> 방북 계획(리영희) 사건 등이 있다.

　리영희 교수 필화 사건은 수사기록뿐만 아니라 속기사가 정리한 공판조서도 거의
완벽하게 보존되어 있다. 김지하 사건 이후 변호인들이 재판장의 허가를 받아 속기
사를 참석시킴으로써 공판조서를 사실상 법원 대신 작성해 준 경우가 가끔 있었는
데, 리영희 교수 필화 사건도 그 중 하나였다.[6] 이 공판조서에는 법정에서 검사와
리영희 교수가 벌인 논쟁, 변호인의 반대신문, 피고인의 최후 진술까지 그대로 담겨
있어서 1970년대의 공판 장면을 이해하는 데 엄청난 도움을 준다. 공판조서의 분량
만 해도 421쪽에 이른다.

　둘째, 리영희 교수 필화 사건은 기록의 배경과 진위를 검토할 수 있는 상당히 많
은 '비교자료'를 갖추고 있다. 피고인이었던 리영희 교수 자신이 탁월한 기자, 학자,
문필가로 이 사건에 대해 다양한 기록을 남긴 까닭이다. '홍성우 기록'은 공소장, 피
의자신문조서, 수사보고서 등이 대부분 수사기관에 의해 일방적으로 작성되고, 피의
자가 자필로 작성한 진술서라 하더라도 강압적인 수사기관의 영향력 하에서 만들어
졌을 개연성이 크다. 당사자에 의해 확인되지 않고 그 내용이 사실인 것처럼 받아들
여질 경우 당사자들에 대한 중대한 명예훼손이 되거나, 사실 자체도 왜곡될 수 있다.
지금 시점에서 기록의 전면적인 공개가 어려운 이유다. 그런 점에서 리영희 교수 필
화 사건은 연구의 출발점으로 삼기에 비교적 안전한 사례이다.

　셋째, 리영희 교수 필화 사건은 표현의 자유를 명백하게 침해한 기소와 판결이어
서 유신체제의 본질을 이해하는데 도움이 된다. 당사자의 진술이 엇갈리는 것도 아
니고, 수사기관과 피의자의 논쟁, 법정에서의 논박도 사실관계에 관한 것은 거의 없
고 대부분 리영희 교수의 숨겨진 의도를 따지기 위한 것뿐이다. 지금의 기준으로는

---

6) 홍성우, 한인섭, 앞의 책, 177면.

공소장과 판결문의 내용을 모두 사실로 인정한다 하더라도 죄를 인정하기 어렵다. 해외학자들의 중국 연구 성과를 번역하고 소개한 것만으로 처벌의 대상이 될 수 있었던 권위주의 정권의 분위기를 파악하는데 이만큼 적절한 자료가 없다.

2. 리영희 교수 필화 사건의 개요

리영희 교수는 해양대학을 졸업하고 통역장교로 제대한 뒤 합동통신 외신부장, 조선일보외신부장 등을 거쳐 1972년부터 한양대 교수로 재직하다가 1976년 박정희 정권의 외압으로 재임용 탈락되었다. 1974년 「전환시대의 논리」를 저술하고 당국에 의해 '의식화 원흉'으로 낙인찍힌 그는 「한양대학교 40년사」 교사편찬위원으로 일하던 1977년 8월 말경 창작과비평사에서 「8억인과의 대화」를 출간한다. 「8억인과의 대화」는 드골 정부의 공보, 문교장관 등을 역임한 알랭 페르피트, 미국의 저명한 경제학자인 존 케네스 갈브레이스 하버드대 교수, 뉴욕타임스 기자이자 공산권 연구가였던 해리슨 솔즈베리, 「중국의 붉은 별」의 저자인 에드거 스노우 등 서방 지식인들이 공산화 이후의 중국을 관찰하고 적은 체험기, 기행문 등을 리영희 교수가 번역하고 편집하여 출간한 책이다. 책에 실린 글 중 다수는 <세대>, <대화>, <창작과 비평> 등에 이미 수록된 바 있었다. 1977년 10월 중순경 한길사에서 출간된 「우상과 이성」은 리영희 교수가 1969년부터 1977년 8월까지 여러 매체에 기고했던 평론, 수필 등을 모은 책이다.[7] 리 교수가 「8억인의 대화」와 「우성과 이성」을 출간한 1977년은 그의 인생을 성장기(출생에서 군생활까지), 이론의 형성기(기자시절), 이론의 실천기(한양대 교수 부임부터 동구권 몰락까지), 완숙기(자신의 사상을 점검, 반성하고 새로운 모색을 하는 시기)로 분류할 때 가장 왕성한 저술활동을 벌인 이론 실천기의 정점에 해당한다.[8]

문화공보부는 1977년 9월 7일 창작과비평 대표 백낙청을 불러 「8억인과의 대화」에 대한 "간행물의 배포 중지 및 배포분 회수에 관한 협조"를 요청하고, 창작과비평사는 출고분을 회수 조치한다.[9] 1977년 10월 22일 중앙정보부는 「8억인과의 대화」가

---

7) 「8억인과의 대화」 초판에 찍힌 발행일자는 1977년 9월 1일이나 시중과 언론에 처음 배포된 것은 8월 22일경이었고, 「우상과 이성」 초판에 찍힌 발행일자는 1977년 11월 1일이지만 언론과 시중에 처음 배포된 것은 10월 17일경이었다. 홍성우 기록 [77팔억02] 보고서 6, 8면. 이하 기록의 인용은 모두 한인섭 교수의 분류방식에 따른 것이다. 예컨대 '77'은 자료의 작성년도를, '팔억'은 해당 사건의 약칭을, '02'는 작성시점을 기준으로 한 자료의 연번을 의미하고, '보고서'는 해당 자료의 제목이다. 면수는 PDF 파일에서 몇 번째 면에 등장하는지를 기준으로 삼았다.

8) 박병기, "휴머니즘으로서의 이데올로기 비판", 「리영희 저작집 10: 반세기의 신화」, 한길사, 2006.

9) 홍성우 기록 [77팔억02] 보고서 6면. 홍성우 기록 [77팔억09] 피의자신문조서(백낙청) 18-19면. 한인

"전반적으로 적성국가인 중공을 찬양하고 있어 대중심리전의 측면에서 일반 공개는 시기상조"라는 이유로 불온간행물 취급기관 이외의 일반 시중 판매가 되지 않도록 판매 금지할 것을 문화공보부에 통보한다.「우상과 이성」은 출판사및인쇄소의등록에 관한법률 제4조 제1항 및 시행령 제5조 제1항 규정의 사전 납본의무를 이행하지 않 았다는 이유로 1977년 10월 27일 문화공보부의 주의를 받았고 한길사 대표인 박남 순은 배포를 중지하겠다는 각서를 제출한다.[10]

1977년 11월 21일 서울지방검찰청 황상구 검사는 리영희 교수의 주거지와 한길사, 창작과비평사에 대한 압수수색영장을 청구하여 서울형사지방법원 김형기 판사로부 터 11월 30일까지 유효한 압수수색영장을 발부받았다.[11] 영장에 기재된 범죄사실은 리영희 교수가 「8억인과의 대화」와 「우상과 이성」을 통해 농민을 선동하고 국외 공산 계열인 중공을 찬양했다는 것이었다. 영장은 11월 25일 내무부 치안본부 정보2과 백 남은 경위, 성지현 경사에 의해 집행되어, 리영희 교수 주거지에서 「분열조선의 역 사」,「해방조선의 역사」,「모택동 선집」,「중국의 붉은 별」 등 국내외 책자 38권, 창작 과비평사에서 「8억인과의 대화」 10권 등이 압수되었다.[12]

한편 리영희 교수는 11월 23일 아침 동네 이발소에서 이발을 하고 나오던 중 경찰 에 의해 연행되었고,[13] 11월 30일 구속되어 12월 27일 황상구 검사에 의해 반공법 제4조 제1항, 제16조, 국가보안법 제11조 위반으로 기소되었다.[14] 불구속 상태로 수 사를 받은 백낙청 교수는 「8억인과의 대화」에 대한 공동정범으로 리 교수와 함께 기

섭 교수는 기록에 포함된 자료의 제목을 그대로 따오는 분류 방식을 취하고 있어서 피의자신문조서나 피의자진술서가 구체적으로 누구에 대한 것인지가 제목에 드러나지 않는다. 필자는 검색의 편의를 위 해 괄호 안에 사경 작성인지 검사 작성인지 여부와 대상자의 이름을 함께 적는 방식을 제안한다.

10) 홍성우 기록 [77팔억02] 보고서 8면. [77팔억11] 피의자신문조서(사경, 박남순) 18-19면.

11) 홍성우 기록 [77팔억07] 압수수색영장 1면.

12) 홍성우 기록 [77팔억07] 압수수색영장 4-10면.

13) 리영희, 임헌영, 「대화: 한 지식인의 삶과 사상」, 한길사, 2005, 471면.

14) 당시 반공법과 국가보안법 해당조문의 내용은 다음과 같다. 반공법 제4조(찬양, 고무등) ① 반국가단체 나 그 구성원 또는 국외의 공산계열의 활동을 찬양, 고무 또는 이에 동조하거나 기타의 방법으로 반국 가단체(국외공산계열을 포함한다)를 이롭게 하는 행위를 한 자는 7년이하의 징역에 처한다. 이러한 행 위를 목적으로 하는 단체를 구성하거나 이에 가입한 자도 같다. <개정 1963.10.8> ② 전항의 행위를 할 목적으로 문서, 도화 기타의 표현물을 제작, 수입, 복사, 보관, 운반, 반포, 판매 또는 취득한 자도 전항의 형과 같다. ③ 전항의 표현물을 취득하고 지체없이 수사, 정보기관에 그 사실을 고지한 때에는 벌하지 아니한다. ④ 제1항, 제2항의 미수범은 처벌한다. ⑤ 제1항, 제2항의 죄를 범할 목적으로 예비 또는 음모한 자는 5년이하의 징역에 처한다.

반공법 제16조(준용규정) 국가보안법 제10조 내지 제13조와 동법제2장의 규정은 이 법의 경우에 이를 준용한다.

국가보안법 제11조(자격정지) 본법의 죄에 관하여 징역형를 선고할 때에는 그 형의 장기이하의 자격정 지를 병과한다.

소되었다. <8억인과의 대화>에서 공소장이 주로 문제 삼은 부분은 알랭 페르피트의 '피의 댓가'를 번역한 부분 중 "역사라는 저울에 걸 때, 모택동 체제는 저울 한쪽에 그 헤라클레스적 위업을 자랑스럽게 올려놓을 수 있을 것이다(32면)", "전문가들 사이에 그 수는 각기 조금씩 다르지만 해방 후 중국에서 숙청된 대일본, 대구정권(對舊政權) 협력자와 반동분자의 수는 100만 내지 300만이라고 한다(37면)... 이 대량살육에 우리는 놀라야 할 것인가? 미국의 독립전쟁, 프랑스의 혁명, 미국의 남북전쟁, 러시아의 혁명, 또는 스페인의 내전도 비율로서는 중국혁명과 비슷한 것이었다(38면)"는 내용, 갈브레이스의 중국 방문기 중 "중국이 효율적인 경제체제를 창출해냈다는 데 대해서는 별로 크게 의심할 여지가 없다(127면)", "인구 1천 2백만 상해시에는 424개의 병원에 4만 4천 개의 입원환자 수용능력과 약 1만 1천 5백 명의 의사가 있어 뉴욕시의 주민들보다도 더 나은 의료 써비스를 받고 있다고 나는 믿을 수 있다(134면)"는 내용 등이었다. 「우상과 이성」에 대한 공소장은 리영희 교수가 쓴 '농사꾼 임군에게 보낸 편지'가 "노동자 농민 영세민 등이 자기들을 위한 정치사회제도를 가지기 위하여서는 우리나라의 현 정치사회제도를 유지하고 있는 정치인 기업가 등 지식인을 타도하는 길밖에 없다"며 "노동자 농민 영세민을 주축으로 하는 공산혁명을 선동"하여 "반국가단체인 북한공산집단 및 국외 공산계열인 중공 활동을 찬양 고무했다"는 결론을 내린다. 공산혁명을 선동했다는 근거로 인용한 것은 리 교수의 편지 중 "우리 농민은 너무도 오랫동안 복종과 순종만을 해온 것 같아. 생각하고 저항할 줄 아는 농민을 보고 싶은 마음 간절하네(320면)"라는 부분이었다.[15]

이 사건에는 이돈명, 정춘용, 조준희, 박두환, 황인철, 홍성우 변호사가 리영희 교수를 위한 변호인으로, 김강영 변호사가 백낙청 교수를 위한 변호인으로 참여했다. 23명의 언론인과 31명의 교수, 31명의 작가들은 두 교수를 위한 탄원서에 동참했다.[16] 제1심 공판은 서울형사지방법원 유경희 판사의 주관으로 1978년 1월 27일부터 진행되었고, 5월 19일 리영희에 대해서는 징역 3년과 자격정지 3년, 백낙청에 대해서는 징역 1년과 자격정지 1년이 선고되었다.[17] 1978년 9월 29일 선고된 항소심은 리영희 교수에 대해 징역 2년과 자격정지 2년을, 백낙청 교수에 대해 징역 1년 집행유예 2년과 자격정지 1년을 선고했고,[18] 1979년 1월 16일 대법원은 피고인들의

---

15) 홍성우 기록 [77팔억24] 공소장 1-12면.
16) 홍성우 기록 [77팔억15] 진정서 1-18면. 홍성우, 한인섭, 앞의 책, 197면.
17) 서울형사지방법원 1978. 5. 19. 선고 77고단 9701 판결. 홍성우 기록 [78팔억04] 판결문.
18) 서울형사지방법원 1978. 9. 29. 선고 78노4236 판결. 항소심 판결 번호는 확인 가능하나 그 내용은 대법원이 공개하고 있지 않다. 백낙청 교수에 대한 판결 내용은 민주화운동관련자 명예회복 및 보상심의

상고를 기각하여 항소심이 그대로 확정되었다. 대법원은 "어떤 문장에 있어서 반국가단체의 활동을 찬양, 고무, 동조하는 내용의 구절 또는 글귀가 있다면 비록 그 문장의 결론부분이 상이하고 반국가단체의 실제를 그대로 표현한 것이라 하더라도 위와 같은 표현구절 또는 글귀를 독자가 이를 읽고 그 부분에 대하여 감명을 가질지도 모른다는 인식하에 사용한 행위는 반공법 소정의 위의 구성요건에 해당한다"는 이유로 변호인들의 주장을 모두 배척했다.[19] 재판에 관여한 대법관은 김윤행, 이영섭, 김용철, 유태흥이었다. 리영희 교수는 1980년 1월 9일 출소했고,[20] 리영희 교수와 백낙청 교수는 2003년 4월 30일 민주화운동관련자 명예회복 및 보상심의위원회 제65차 회의에서 민주화운동 관련자로 인정받았다.

Ⅲ 1977년 리영희 교수 필화 사건을 중심으로 살펴본 '홍성우 기록'의 가치

앞서 본 바와 같이 리영희 교수 필화 사건에 대한 짧은 요약을 위해서도 '홍성우 기록'의 도움이 필요했다. 이 기록이 없었다면 언제부터 중앙정보부, 문화공보부, 치안본부 대공분실의 '관심'이 시작되었고, 어떤 과정을 거쳐서 기소에 이르렀는지 정확히 파악하기란 불가능했을 것이다. 반면에 '홍성우 기록'에 포함되어 있지 않은 항소심 판결의 경우에는 판결한 판사들이 누구인지조차 쉽게 확인할 방법이 없다. 대법원이 하급심 판결을 공개하고 있지 않은 까닭이다. 이 기록이 가진 가치는 그밖에도 많다.

위원회의 결정을 보도한 신문기사를 통해서 확인할 수밖에 없었다. 장세훈, "리영희, 백낙청 씨 등 19명 민주화운동관련자 인정", <서울신문> 2003년 5월 2일자 10면.

19) 대법원 1979. 1. 16. 선고 78도2706 판결.

20) 리영희, 임헌영, 앞의 책, 499면. 리영희 교수는 출소일자를 1월 19일로 기억하고 있으나 1989년 <한겨레> 방북 계획 사건의 공소장에 따르면 확실한 일자는 1월 9일이다. 홍성우 기록 [89겨레14] 공소장 2면.

1. 피해자들이 남긴 생생한 역사: 시대 상황의 정확한 이해

첫째, '홍성우 기록'의 가장 큰 가치는 마치 유신 시대로 쑥 빠져 들어가는 것 같은 생생함에 있다. 그 생생함은 기록이 갖는 거친 성격에서 나온다. 똑같은 판결문이라 하더라도 컴퓨터로 깨끗하게 새로 타이핑되어 미색 종이에 인쇄된 활자를 보는 것과 누렇게 색이 바랜 종이에 타이프라이터로 찍힌 실제 기록을 보는 느낌은 전혀 다르다. 이미 널리 알려져 있는 민청학련 사건의 제1심 판결문도 "비상보통군법회의"라고 조잡하게 적혀 있는 표지와 함께 판결문 마지막 장에 적힌 "재판장 육군중장 박희동, 심판관 육군소장 신현수, 심판관 판사 박천식, 심판관 검사 김태원, 심판관 육군중령 김영범"의 이름을 실제 기록으로 확인하다보면 누구나 전율을 느끼게 된다. 민간인들을 군사법원에서 재판한 군사독재정권의 현실을 피부로 느낄 수 있는 까닭이다. 장군들과 판검사들이 나란히 재판정에 앉아있는 상황에서 사법의 독립성 따위는 상상할 수도 없다.

리영희 교수 필화 사건도 곳곳에서 당시의 분위기를 극적으로 전달한다. 예를 들어 이 기록에는 리영희 교수와 백낙청 교수가 자필로 작성한 진술서가 포함되어 있는데, 리영희 교수의 것은 「8억인과의 대화」 내용을 요약한 것으로 26쪽 분량이고, 백낙청 교수의 것은 책의 출간 과정을 설명한 것으로 16쪽 분량이다. 리영희 교수는 1977년 11월 25일자 자필 진술서에서 "원저술 책자 등은 대부분이 국외적성국가인 중공을 <u>찬양하는</u> 내용이 있는 것이므로 수입판금 조치되어 있는 관계로 본인이 그동안 시내 각 서점, 일본신문통신 특파원, 해외주재의 후배 신문특파원 등을 통해서 구득(求得)하여 <u>불법으로</u> 보관하고 있던 것을 편역, 출판한 것"이고 그 중 일부는 "모택동과 중국혁명을 <u>찬양한</u> 책자"라고 적는다.[21] 백낙청 교수는 1977년 11월 26일자 자필 진술서에서 "책이 독자들의 관심을 끌어 찾는 사람이 많다고 서점 등에서 배포를 요구하여 <u>책을 많이 팔 욕심에서</u> 문공부에 배포를 하여도 좋은지를 확인해보지 않고... 책자를 배포한 사실이 있다"고 적는다. 진술서의 마지막 부분에는 "<u>불온한</u> 내용이 실린 「8억인과의 대화」라는 간행물을 발간한 발행인으로서 당국에 본인의 <u>경솔함을 뉘우치고</u> 관대한 용서를 바랍니다"라는 내용도 적혀 있다.[22] '책을 많이 팔아보겠다는 욕심에서 무모하게 재판까지 발행했다'는 표현은 백 교수에 대한 피의자신문조서에서도 그대로 반복된다.[23] 리영희 교수와 백낙청 교수의 단정한 자필로 적

---

21) 홍성우 기록 [77팔억04] 피의자진술서(리영희) 11−12, 26면.
22) 홍성우 기록 [77팔억08] 피의자진술서(백낙청) 15−16면.
23) 홍성우 기록 [77팔억09] 피의자신문조서(사경, 백낙청) 20면.

혀있는 이런 문장을 보면서 우리는 자연스럽게 조사를 받는 두 교수의 위치에 자신을 놓아보게 된다. 무자비한 독재권력 앞에 홀로 놓인 지식인의 깊은 고뇌를 느껴보는 것은 민주주의의 가치를 깨닫는 소중한 기회가 아닐 수 없다.

물론 기록만 믿어서는 곤란하다. 리영희 교수는 당시 상황에 대해서 "사흘 동안 잠을 재우지 않고, 4명의 대공반 수사요원이 번갈아가면서 심문을 했고, 자기들이 미리 짜놓고 요구하는 답변을 끄집어내기 위해서 같은 사항을 계속 반복해서 물었다"고 회고한다. "몇백 번이나 반복되는 질문에 지쳐서 사흘 닷새 지나면 결국은 요구하는 대로 대충 쓰게 된다"는 것이다. 우리가 보고 있는 기록은 그런 상태에서 리영희 교수가 "대충 그자들이 각본을 짰던 그대로 무인을 찍어준" 결과일 뿐이다.[24]

둘째, '홍성우 기록'은 불확실한 기억을 되살려 구체적인 날짜와 상세한 정황을 확인할 수 있도록 돕는다. 리영희 교수에 대한 공소장에 적혀 있는 구속일자는 1977년 11월 30일이다.[25] 「8억인과의 대화」에 대한 문화공보부의 회수 지시가 내려진 것은 그보다 훨씬 앞선 9월 7일이고,[26] 치안본부 정보2과에서 「우상과 이성」에 수록된 '농사꾼 임 군에게 보내는 글'이 국외공산계열을 동조 찬양하고 있다고 분석 보고한 것은 10월 20일이다.[27] 「8억인과의 대화」를 판매 금지하라는 중앙정보부 401분실의 지시가 문화공보부에 내려간 것은 10월 22일,[28] 치안본부 정보2과 대공분실의 백남은 경위, 박용주, 성낙현 경사가 범죄인지를 보고한 것은 10월 31일,[29] 서울지방검찰청 공안부 정경식 검사가 "검토 결과 전반적으로 불온성이 있으며 국외 공산계열을 찬양한 것이 인정되니 반공법 제4조 1, 2항으로 입건토록 하라"고 지휘한 것은 11월 20일,[30] 리영희 교수의 자필 진술서가 작성된 것은 11월 25일,[31] 피의자신문조서가 작성된 것은 11월 26일이다.[32] 요즘 상식으로 보면 10월 20일을 전후하여 수사가 시작되고 11월 25일에 불구속 상태로 피의자에 대한 조사가 이루어진 다음 11월 30일에 구속한 것으로 이해하기 쉽다. 그러나 리영희 교수는 11월 23일 7시경 체포되어 남영동의 치안본부 대공분실에 구금되었다. 당시 관행이었던 이른바 '임의동행'의 피

---

24) 리영희, 임헌영, 앞의 책, 473면.
25) 홍성우 기록 [77팔억24] 공소장 1면.
26) 홍성우 기록 [77팔억02] 보고서 6면.
27) 홍성우 기록 [77팔억03] 수사지휘서 2면.
28) 홍성우 기록 [77팔억02] 보고서 5면.
29) 홍성우 기록 [77팔억05] 보고서 1면.
30) 홍성우 기록 [77팔억06] 보고서 13면.
31) 홍성우 기록 [77팔억04] 피의자진술서(리영희) 26면.
32) 홍성우 기록 [77팔억10] 피의자신문조서(사경, 리영희) 1면.

해자가 된 것이다. 군사독재하의 엄혹한 언론통제로 인하여 1970년대 후반의 신문 어디를 찾아보아도 리영희 교수의 구속, 기소, 공판에 관한 기사는 단 하나도 찾아볼 수 없다.

이와 같은 비교를 통해서 우리는 '홍성우 기록'이 지닌 가치와 위험성을 동시에 확인할 수 있다. 리영희 교수가 작성한 진술서와 피의자신문조서는 전체 상황을 정확히 재현하는 중요한 근거자료이다. 그러나 가혹행위의 결과물이기도 한 이 기록은 반드시 당사자들의 증언과 다른 자료들을 통해서 검증되어야 한다. 연구자들의 적극적인 참여와 검토도 함께 진행될 필요가 있다. 그 시대를 살았던 사람들의 증언이 충분치 않은 상태에서 조선총독부 등의 공식적인 자료만이 남아 일제강점기의 역사를 왜곡하는 데 악용되는 현실이 반면교사가 될 수 있을 것이다.

셋째, '홍성우 기록'은 원본 그대로 PDF로 옮겨 담았기 때문에 기록의 내용뿐만 아니라 형식을 통해서도 당시 시대상을 이해하는 데 큰 도움을 준다. 사법경찰관 작성의 피의자신문조서가 대체로 어떤 시기까지 수기(手記)로 작성되었고, 어느 시기에 타이프라이터가 주로 쓰였으며, 언제부터 컴퓨터가 사용되었는지는 이 자료가 아니면 확인하기 어렵다. 수사실무에서 한자가 언제까지 많이 사용되었고, 언제부터 한글이 주로 쓰였는지도 알 수 있고, 타이프라이터가 사용되기 시작하면서 점차 한자가 밀려나는 현상도 육안으로 확인할 수 있다. 예컨대 1977년 10월 31일 백남은 경위, 박용주, 성지현 경사가 작성한 수사보고서 표지를 보면, "受信 治安本部長, 參照 情報二課長, 題目 犯罪認知報告. 反共法 違反 被疑事件을 다음과 같이 認知하였기 報告합니다. (중략) 犯罪認知經緯, 1977. 10. 25. 搜査指示에 依함. (하략)"33) 하는 식으로 조사를 제외한 거의 모든 글자를 한자로 표기하고 있다. 내외정책연구소를 비롯한 이른바 '감정기관'이 작성한 감정서는 1986년까지도 여전히 이와 같은 한자중심의 국한문혼용체를 사용한다.34) 한자를 손으로 적다보면 한글보다 몇 배 많은 시간이 소요된다. 그런데도 지속적으로 '對하여, 爲하여, 生覺하여' 같은 단어까지 억지 한자로 표기하는 국한문혼용체를 사용한 것은, 내외정책연구소 홍성문 연구위원 같은 사람이 나가노학교 출신이었다는 증언과 함께,35) 대공 분야 종사자들의 배경과 성향을 이해하는 중요한 단서를 제공한다.36)

---

33) 홍성우 기록 [77팔억05] 보고서 1면.
34) 예컨대 홍성우 기록 [86녹두01] 감정서.
35) 홍성우, 한인섭, 앞의 책, 467면.
36) 똑같은 경찰이라 하더라도 대공분야가 아닌 일반형사사건을 담당한 경찰관들은 같은 시기에 주로 한글 전용의 피의자신문조서를 작성하고 있기 때문이다. 1983년의 영천기름집 폭발사건의 피의자신문조서가

2. 가해자들의 정체 파악

'홍성우 기록'은 지금까지 베일에 가려져 있던 인권 침해 주체들의 정체를 정확하게 알려준다. 직접 조사받은 리영희 교수도 자신을 조사한 사람들에 대해서 "백기영이라는 조금 젊은 사람이 기억나고, 반장은 김 무엇인지, 본명인지 가명인지 모르겠다"고만 회고할 뿐 정확한 정체를 알지는 못했다.[37] '홍성우 기록'은 그들의 이름이 백남은, 최병돈, 안교찬 경위, 박용주, 성지현, 조진옥 경사 등임을 확인해 준다. 리영희 교수를 조사하도록 수사지휘한 것은 정경식 검사, 피의자신문조서를 작성하고 기소하여 초창기 공판에 관여한 것은 황상구 검사였음도 확인할 수 있다. 황상구 검사가 인사이동으로 부산지검에 내려간 이후에는, 정경식 검사가 공판에 관여했고,[38] 제1심 판결문 상의 검사도 정경식으로 나타난다. 제1심 유죄판결은 서울형사지방법원 유경희 판사가 내렸다.

1) 대공분실의 경찰관들

리영희 교수 필화 사건에서 주도적인 역할을 담당한 경찰관은 치안본부 정보2과 대공분실 백남은 '경위'이다. 그는 1977년 10월 31일 박용주, 성지현 경사와 함께 최초의 범죄인지보고서를 작성했고,[39] 압수수색영장을 집행했으며,[40] 리영희 교수에 대한 피의자신문조서를 작성했다.[41] 백남은 '경위'가 어떤 사람인지 파악하는 데는 '홍성우 기록'의 다른 부분이 길잡이 노릇을 한다. 김근태 씨에 대한 고문이 자행된 1985년 민주화운동청년연합(민청련) 사건이 바로 그 길잡이다. 민청련 사건 기록에서 치안본부 제4부 대공수사단 백남은 '경감'은 김근태의 동료인 민청련 상임위원장 김병곤,[42] 민청련 대변인 김희상[43] 등에 대한 의견서 작성자로 등장한다. 민청련 김근태 의장은 1985년 9월 4일부터 26일까지 치안본부 대공분실에서 물고문과 전기고문을 받으며 무려 7차례의 자술서와 10회의 피의자신문조서를 작성했고, 이듬해 공판과정에서 고문 받은 날짜, 시간, 정황, 고문한 사람들의 신원을 상세히 기억하여 폭로했다. 이에 따라 백남은 '경정'은 피의자 신분으로 조사를 받게 되는데, 비록 혐의

그 예이다. 홍성우 기록 [84폭발01] 피의자신문조서(사경, 박광훈).

37) 리영희, 임헌영, 앞의 책, 476면.
38) "검사 이동 명단", <동아일보> 1978년 2월 7일자 2면.
39) 홍성우 기록 [77팔억05] 보고서 8면.
40) 홍성우 기록 [77팔억07] 압수수색영장 4면.
41) 홍성우 기록 [77팔억10] 피의자신문조서(사경, 리영희) 1면.
42) 홍성우 기록 [85고문A04] 의견서 39면.
43) 홍성우 기록 [85민청03] 의견서 34면.

내용을 전부 부인하는 다섯 장짜리 피의자신문조서에 불과하지만 '홍성우 기록'에서 우리는 비로소 그가 어떤 사람인지 알 수 있게 된다. 대학 졸업 후 1961년 경찰에 투신하여 1974년부터 치안본부 대공분실에 근무한 그의 이력이 밝혀지는 것이다. 경위에서 경감, 경정으로 이어지는 그의 승진과정도 알 수 있고, 1985년 1월 20일 보국훈장을 받은 사실도 알 수 있다. 김근태 고문 사건의 피의자로 조사받을 당시 그는 치안본부 대공수사1단 2과 1계장이었다.[44] 피의자신문조서에서 백남은은 "1985년 9월 4일부터 26일까지 치안본부 대공수사단 조사실에서 김수현 경감이 수사하는 데 가끔 김근태를 면담하는 등 그 조사를 도와준 일이 있다"면서도 "가혹행위를 한 사실은 전혀 없고 김근태를 직접 수사한 김수현 경감반에서도 김근태에게 고문 등 가혹행위를 한 사실이 없는 것으로 알고 있다"며 범죄사실을 전면 부인한다.[45] 백 경정은 김근태 고문 건으로 징역 1년 6월을 선고받아 복역했다.

리영희 교수 필화 사건에서 백남은과 함께 눈에 띄는 인물은 수사지휘서의 수신인인 박처원 '총경'이다.[46] 리영희 교수의 증언에 따르면, 훗날 박처원은 리영희 교수에게 "중앙정보부에서는 반공법으로 공소유지가 어렵다는 이야기가 나왔지만, 내가 고집해서 뒤집어놓았다"고 직접 고백한다.[47] 1987년 박종철 군 고문치사 사건 당시 치안본부 5차장이었던 박처원 '치안감'은 박 군의 죽음을 단순 쇼크사로 은폐하고 나중에 고문 사실이 밝혀진 후에는 이를 조한경, 강진규 경위 두 사람의 범행으로 축소한 혐의로 구속 기소되어 제1심에서 징역 1년 6월에 집행유예 3년을 선고받았다. 서울형사지방법원 합의14부 박영무 부장판사는 "20－40년 동안 경찰에 봉직하면서 명예나 권력을 추구하지 않고 오로지 대공 분야에 헌신했고 유죄판결 자체만으로도 그동안 쌓아올린 공로에 치명상을 입게 된 적을 참작했다"는 집행유예 이유를 밝혔다.[48] 항소심은 박처원 '전 치안감'에게 무죄를 선고했으나 이 무죄판결은 대법원에서 유죄 취지로 파기 환송되었고,[49] 다시 서울고등법원이 집행유예를 선고한 것이[50] 대법원에서 그대로 확정됨으로써 그는 끝내 실형을 살지 않았다.[51] 집행유예의

44) 홍성우 기록 [86고문B19] 피의자신문조서(백남은) 2면.
45) 홍성우 기록 [86고문B19] 피의자신문조서(백남은) 3면.
46) 홍성우 기록 [77팔억14] 수사지휘서 1면.
47) 리영희, 임헌영, 앞의 책, 487면.
48) "박처원 전 치안감 등 3명 모두 집유, 서울지법 선고", <동아일보> 1987년 9월 21일자 11면.
49) 대법원 1991. 12. 27. 선고 90도2081 판결.
50) "박종철 군 고문치사 축소조작 혐의 박처원 피고 등 3명 집유", <동아일보> 1993년 2월 27일자 22면.
51) "대법원, 박종철 군 고문치사 은폐축소 당시 경찰간부 3명 유죄 확정", <동아일보> 1996년 1월 6일자 39면.

이유와는 달리 박처원 치안감은 리영희, 백낙청 교수 같은 사람을 반공법 위반으로 처벌해 온 사람이었고, 1955년 종로경찰서 사찰계원으로 '괴뢰노동당재건 및 정부고위층 요인암살음모 공작대'를 적발하여 표창을 받은 이후,[52] 1966년 6월 25일 경감으로 특진,[53] 1970년 6월 17일 경정,[54] 1975년 12월 8일 총경,[55] 1982년 6월 1일 경무관,[56] 1986년 10월 24일 치안감[57]으로 고속 승진해 온 사람이었다.[58] 그가 '헌신'해온 일이 무엇인지, '명예와 권력을 추구하지 않았다'는 것이 도대체 무슨 뜻인지 해명되지 않은 집행유예 판결이었던 셈이다.[59] 치안감으로 퇴직한 그는 카지노 대부인 전낙원 씨에게서 나온 돈 10억원을 김우현 당시 치안본부장을 통해 전달받았고, 이 돈으로 '현대비교문화연구소'를 만들어 치안본부 대공수사에 대한 조언과 강의 등을 진행했으며, 이 돈 중 1천 5백만 원을 고문 경찰 이근안 경감에게 지원했다.[60] 1999년 이근안이 붙잡힌 이후 그는 다시 범인도피죄로 불구속 기소되었으나 "고령인데다가 혈관성 치매 등 병환에 시달리고 있는 점"이 감안되어 징역 1년에 집행유예 2년을 선고받았다.[61] '홍성우 기록'은 박처원 같은 인물이 실제로 어떤 일을 해왔는지를 밝혀내는 중요한 단서를 제공한다.

2) 황상구 검사와 정경식 검사

리영희, 백낙청 교수를 기소한 황상구 검사는 정치근, 정형근, 정경식만큼 잘 알려진 공안검사가 아니다. 리영희 교수는 자신을 기소한 검사에 대해 'D검사와 리 교수의 하루'라는 소설 형식의 글을 통해서 상당히 자세한 기록을 남겼다. 이 글에서 D

---

52) "계장 외 7명 표창, 요인암살 타진에 공", <경향신문> 1955년 5월 7일자 3면.

53) "간첩 검거 유공 네 경찰관 특진", <경향신문> 1966년 6월 25일자 7면.

54) "승진, 총경, 경정 명단", <경향신문> 1970년 6월 17일자 2면.

55) "총경, 경정, 경감급 1백 52명 승진 확정", <경향신문> 1975년 12월 8일자 7면.

56) "총경 1백 25명 이동, 경무관으로 5명 승진시켜", <동아일보> 1982년 6월 1일자 11면.

57) "인사", <경향신문> 1986년 10월 24일자 2면.

58) 이와 같은 박처원의 경력은 리영희 교수가 본인에게 직접 들었다는 "17살 때 평양에서 '반소(련)운동'을 했고, 남조선에 내려와서 종로경찰서에 들어가 '빨갱이'를 잡겠다는 일념으로 경찰 대공과를 지망했고, 밑바닥에서부터 30년간 일해왔다. 내 손으로 수천 명을 잡아넣고 골로 가게 만들었다"는 고백과도 일치한다. 리영희, 임헌영, 앞의 책, 486-487면.

59) 박처원을 소개하면서 "대공수사 현장이 좋다며 경찰서장이나 지방경찰청 국장 등의 요직을 사양해 그런 자리를 한 번도 거치지 않고 치안감에 오른 유일한 경찰"이라는 신문기사도 눈에 띈다. 부형권, "박처원은 누구?", <동아일보> 1999년 11월 16일자 30면. 이게 사실이라 하더라도 과연 '명예와 권력을 추구하지 않았다'는 근거가 될 수 있는지 의문이다.

60) 김인현, "박처원 씨 10억 위로금 간주 퇴직 대공 경찰관들에 뒷돈", <한겨레> 1999년 11월 30일자 15면.

61) 김영화, "박처원 전 치안감 집유", <한국일보> 2000년 5월 24일자 31면.

검사는 "객관적 진실이냐 아니냐 하는 것은 여기서 문제가 되지 않아요. 우리나라 학교의 교과서에 씌어 있는 대로냐 아니냐가 고무·찬양의 기준이에요"라는 식의 억지 주장을 펼치고, 「자본론」의 저자도 누구인지 모르는 사람으로 묘사된다.[62] 리영희 교수는 대담집 「대화」에서 D 검사가 황상구 검사였음을 밝힌다.[63] 황상구 검사는 김영삼 정부에서 광주고검장까지 지낸 후[64] 변호사로 개업했다.[65]

'홍성우 기록'의 공판조서는 황상구 검사가 리영희 교수에게서 중공 공산정권을 찬양하려고 했다는 진술을 받아내기 위해 집요하게 질문하는 모습이 그대로 담겨있다. "공산혁명을 찬양하는 취지가 있었던 것 아닌지, 중공정권을 이해 내지 찬양하는 요소는 있었던 것 아닌지, 보는 사람에 따라서는 찬양한다는 결론을 낼 수도 있는 것 아니겠는지, 공산주의 국가의 지도자가 위대하다고 가정할 경우 그 위대한 것을 전국민에게 알리는 것이 현단계에서 좋은 일인지" 그의 질문은 끝이 없다. "종래의 순종만을 일삼던 노동자 농민은 저항할 줄 알고 다시 생각해야 한다면 그 결론은 노동자 농민이 결속해서 프롤레타리아 사회주의 혁명을 해야 된다는 결론이 안 나옵니까?"라는 식의 논리 비약도 눈에 띈다.[66]

황상구 검사가 1978년 2월 7일 부산지검으로 전보발령이 난 이후 2월 17일 제3차 공판부터는 정경식 검사가 공판에 관여한다.[67] 정 검사는 주로 "독자가 꼭 대졸자라

---

62) 김삼웅, 「리영희 평전 : 시대를 밝힌 '사상의 은사'」, 책보세, 2010, 296−299면.

63) 리영희, 임헌영, 앞의 책, 482−483면.

64) 고검장 승진 당시 <경향신문> 프로필은 다음과 같다. "서글서글한 외모 속에 매서움을 감추고 있는 특수수사의 귀재. 평검사 시절인 75년 경찰과 유착된 소매치기 조직을 적발, 경찰관을 포함해 소매치기 1백 87명을 입건하는 '악명'을 떨쳤다. 대검 특수부 4과장 때는 서울구치소장 등 구치소 간부 3명을 한꺼번에 구속하기도 했다. 기억력이 뛰어난데다 언변이 좋아 '황구라'로 통한다." "황상구 광주고검장 프로필", <경향신문> 1993년 9월 18일자 3면. 같은 날짜 <동아일보>도 "75년 서울지검 재직시 소매치기 조직과 유착된 경찰관 10여명을 구속하고 1백 87명을 파면시켜 일대 파문을 일으킨 특수수사통. 기억력이 비상하고 입담도 좋아 '황구라'라는 별명을 가지고 있다. 그러나 일에는 빈틈이 없다는 평."이라는 프로필을 싣고 있다. 내용이 대동소이한 걸로 보아 검찰의 보도자료에 기초한 것 같다. 이런 식의 과거 프로필 작성관행에 대해서는 따로 비판이 필요하다.

65) 황 변호사의 근황을 알고자 인터넷을 검색해 보면 흥미롭게도 그가 리영희 교수의 주장에 반박하는 글을 자신의 변호사 사무실 게시판에 올린 것을 발견할 수 있다. "옛말에 길이 아니면 가지를 말고 말이 아니면 갈지를 말라고 했는데 대법원 판결로 확정된 사실을 가지고 왈가왈부 한다는 것은 대한민국을 부인하는 결과가 되는 것이기 때문입니다. 검사는 공소장으로 말하고 판사는 판결문으로 말하는 것이 민주주의 사법제도의 원칙이니까요. 또한 우리나라에는 재심제도도 있습니다. 이 게시판을 보신 분들은 리영희에 대하여 조갑제닷컴에 실린 그 사람에 대한 평을 보시고 판단해 보시라고 권하고 싶습니다. 다만 그 사람이 내게 대하여 쓴 글은 사실과 다르다는 것만 말하고 싶습니다." 법무법인 이엘케이 대표변호사 황상구 홈페이지 게시판 참조. http://sghwang.co.kr/notice/sub01.htm?tid=9&mode=view&uid=59 말이 아니면 '갈지를 말라'는 '하지를 말라'는 속담의 오타로 보인다.

66) 홍성우 기록 [78팔억02] 공판조서 41−42면.

67) 홍성우 기록 [78팔억02] 공판조서 77면.

는 법은 없지 않느냐, 이 책을 미국 사회에 내놓을 때와 한국사회에 내놓을 때는 다른 것 아니냐, 공산주의자와 국경을 해서 정면으로 싸워야 하는 나라에서는 공산주의를 달리 보아야 할 것 아니냐?"는 등의 질문을 던진다.[68] 우리나라의 특수성을 생각할 때 일부에게라도 위험한 책이라면 서점에 내놓은 것 자체가 잘못이라는 답변을 받아내기 위한 것이었다. 정경식 검사는 문세광 사건, 한승헌 변호사의 반공법 위반 사건, 통혁당 사건, 남민전 사건 등을 수사한 대표적인 공안검사로 전두환 집권 이후에는 국보위 사회정화위원을 지냈고 대검 공안부장, 부산지검장, 대구고검장을 거쳐 헌법재판관을 지냈다. 정경식 헌법재판관은 5.18민주화운동등에관한특별법 제2조에 대한 위헌제청사건에서 "진정소급입법이라 하더라도 기존의 법을 변경하여야 할 공익적 필요는 심히 중대한 반면에 그 법적 지위에 대한 개인의 신뢰를 보호하여야 할 필요가 상대적으로 적어 개인의 신뢰이익을 관철하는 것이 객관적으로 정당화될 수 없는 경우에는 예외적으로 허용될 수 있다"는 가장 적극적인 입장을 내어놓아 전두환, 노태우 등에 대한 처벌의 길을 열었다.[69] 공안검사로서 국보위 사회정화위원을 지냈던 그가 헌정질서파괴행위 처벌을 위한 공소시효 정지를 합헌으로 본 것은 아이러니가 아닐 수 없다.

리영희 사건을 담당한 검사에 대해서 홍성우 변호사는 "섬뜩섬뜩할 정도로 집요하게 추궁하는 것이 대단히 공격적이었고, 사상적으로도 말할 것 없이 꽉 막혀 있는 사람"이어서 "「레미제라블」에 나오는 자베르 경감 같다고 그 때 얘기했었다"고 회상한다.[70] 이름을 밝히고 있지는 않지만 수사 전과정과 공판 초반에 관여한 황상구 검사를 지칭하는 걸로 보인다. 전체 공판조서의 분량으로 볼 때 황상구 검사가 관여한 부분이 76면, 정경식 검사가 관여한 부분이 345면이어서 정경식 검사 관여부분이 훨씬 많아 보이지만, 정경식 검사가 관여한 부분은 대부분 변호인 반대신문, 증인 신문 등이어서, 정 검사가 실제로 피고인을 신문한 내용은 많지 않은 까닭이다.

3) 유죄판결을 내린 유경희 판사

제1심을 맡았던 유경희 판사는 반공법 위반으로 무리하게 기소된 리영희, 백낙청 교수에게 모두 실형을 선고했다는 점에서 책임을 면하기 어렵다. 그가 작성한 판결문의 범죄사실은 검사가 작성한 공소장의 공소사실을 거의 그대로 베낀 것이었다.

---

68) 홍성우 기록 [78팔억02] 공판조서 250−256면.
69) 헌재 1996. 2. 16. 96헌가2, 96헌바7, 96헌바13 전원재판부 결정.
70) 홍성우, 한인섭, 앞의 책, 195면.

그러나 홍성우 변호사는 유경희 판사에 대해서 "재판진행은 하는데 마지못해 하는 느낌"이었고, "변호인들이나 피고인들에 대한 절차상의 편의 같은 것은 최대한 보장해 주었다"고 비교적 높이 평가한다.[71] 김지하 사건을 담당했던 심훈종 부장판사를 "수석부장판사를 통해서 어느 정도 압력을 받았을 텐데도, 한 번도 제지하지 않고 물어보고 싶은 것 다 물어보고, 얼마든지 시간 끌고 대답하도록 놓아두었던", "변소의 기회를 보장해 준 판사"로 평가하는 것과 같은 맥락이다.[72] 김지하 사건처럼 리영희 사건도 공판 전체를 속기사가 그대로 기록하여 검사, 피고인, 변호인, 증인 사이에 어떤 이야기가 오고갔는지 생생하게 확인할 수 있음은 전술했다. 심훈종, 유경희 판사처럼 유죄판결을 내리기는 했지만 변론권을 보장하려고 나름대로 노력했던 법관들을 어떻게 평가해야 하는지는 좀 더 깊은 논의가 필요하리라 생각한다.

3. 변호사들의 이론 전개를 통한 형사법의 발전 과정 확인

'홍성우 기록'은 군사독재에 맞서다 억울하게 처벌받은 사람들을 위해 변호사들이 개발한 다양한 논리도 담고 있다. 리영희 교수 필화사건에서는 특히 반공법과 국가보안법의 목적론적 제한을 염두에 둔 해석이 눈에 띈다. 이돈명 변호사는 공판정에서 최종 의견을 진술하면서 "국가보안법이나 반공법은 그 자체가 목적이 아니라 우리가 공산주의자와 같은 독재를 하지 않고 진정한 민주주의를 하겠다는 것이 목적"이라 밝히고,[73] 동서 데탕트와 7.4 공동성명 등 시대의 변화를 강조한 다음, 만에 하나 이런 책을 읽고 공산주의자가 되는 사람이 있으면 어떻게 하냐는 검찰의 지적은 "국민을 너무 우민으로 생각하는 것"이라고 비판한다.[74] 홍성우 변호사도 항소이유서에서 "반공법은 제1조에서 정한 바와 같이 반공체제를 강화함으로써 국가안전을 위태롭게 하는 공산계열의 활동을 봉쇄하고 국가의 안전과 국민의 자유를 확보하는 데 그 목적이 있는 것이지, 국민의 언론이나 자유에 관하여 불필요한 제한을 가하기 위하여 법률이 존재하는 것이 아니"라면서,[75] 찬양고무도 "찬양을 받고 고무되고 동조되는 어떤 객체를 이롭게 할 목적을 포함한 개념"으로 해석해야 한다고 주장한다.[76] 이와 같은 이론은 1991년의 국가보안법 개정에 그대로 반영되어 국가보안법

---

71) 홍성우, 한인섭, 앞의 책, 195면.
72) 홍성우, 한인섭, 앞의 책, 146면.
73) 홍성우 기록 [78팔억02] 공판조서 361-362면.
74) 홍성우 기록 [78팔억02] 공판조서 361-362면.
75) 홍성우 기록 [78팔억05] 항소이유서 2면.

제1조 제2항에 "이 법을 해석 적용함에 있어서는 제1항의 목적달성을 위하여 필요한 최소한도에 그쳐야 하며, 이를 확대해석하거나 헌법상 보장된 국민의 기본적 인권을 부당하게 제한하는 일이 있어서는 아니된다"는 규정이 신설되었고, 제7조 찬양고무죄에도 "국가의 존립·안전이나 자유민주적 기본질서를 위태롭게 한다는 정을 알면서"라는 강화된 기준이 추가되었다. 이와 같은 법률 개정이 땅에서 솟아난 것이 아니라 인권에 헌신한 변호사들의 오랜 투쟁의 결과물이었음을 '홍성우 기록'은 선명하게 보여준다.

Ⅳ 결론: '홍성우 기록'의 과제

'홍성우 기록'은 홍성우 변호사와 그를 아끼는 지인들, 그리고 한인섭 교수 팀의 돈, 시간, 인적 네트워크가 집약된 성과물이다. 개인으로는 쉽게 할 수 없는 작업이었고, 다른 기록과 차별화되는 장점도 많지만, 적지 않은 과제도 남아있다.

첫째, '홍성우 기록'의 전체 자료를 새로 타이핑하여 디지털 자료로 만들 필요가 있다. '홍성우 기록'은 자료를 원본 그대로 보존했다는 엄청난 장점을 지니고 있지만, 가독성이 떨어지는 한계를 안고 있기 때문이다. 대공 경찰이나 감정기관의 문서가 대부분 한자 중심의 국한문혼용체로 작성되었다는 사실은 이미 지적했다. 피의자 신문조서처럼 시간에 쫓기면서 작성된 문서는 심하게 흘려 쓴 한자로 작성되어 전문가가 아니면 알아보기 어렵다. 감정서들은 상대적으로 깨끗하게 작성되어 있으나 역시 한자라는 장벽 때문에 일반인의 접근이 쉽지 않다. 다음 세대가 이 자료를 읽고 연구할 수 있는 길을 열어주기 위해서는 문서 전체를 판독하고 새로 타이핑하는 작업이 필수적이다. 인터넷에서 누구나 찾아볼 수 있게 된 조선왕조실록이나 일제강점기의 기록들이 선례가 될 수 있을 것이다.[77] 이와 같은 작업이 개인의 힘으로 불가능함은 말할 것도 없다. 조선왕조실록이나 일제강점기의 기록들처럼 지금 당장 일반에 공개하기는 어렵다 하더라도, 일단 타이핑하여 디지털화하는 작업은 국가가 미래를 위해 지금 감당해야 할 과제이다.

둘째, 근본적으로는 국가가 보관중인 수사기록에 대한 공개 방법을 찾고, 이를 기

---

76) 홍성우 기록 [78팔억05] 항소이유서 4면.

77) 예컨대 국사편찬위원회의 한국사데이터베이스에서 쉽게 찾을 수 있는 안중근 의사 공판기록은 '홍성우 기록'이 앞으로 어떻게 일반인에게 공개될 수 있는지에 관한 좋은 선례가 될 수 있다.

초로 당사자들의 증언을 듣는 광범위한 작업이 진행되어야 한다. '홍성우 기록'은 리영희 교수 필화 사건처럼 보존상태가 양호한 경우도 있지만, 공소장이나 판결문만 남아있는 경우도 많다. 1982년 1월 1일 시행된 검찰보존사무규칙은 "사건기록은 제1심법원에 대응하는 검찰청에서 보존"하도록 하고, "형을 선고하는 재판이 확정된 사건기록은 형의 시효가 완성될 때까지 보존"하도록 규정한다. 다만 형법 제2편 제1장 (내란의 죄) 및 제2장의 죄(외환의 죄), 반공법 및 국가보안법 위반의 죄의 사건 기록은 "1. 사형, 무기의 징역 또는 금고의 형이 확정된 사건기록과 국내외적으로 중대한 사건기록은 영구보존(갑종), 2. 10년 이상의 유기의 징역 또는 금고의 형이 확정된 사건기록은 영구보존(을종), 3. 10년 미만의 유기의 징역 또는 금고의 형이 확정된 사건기록은 준영구보존"해야 한다.[78] 이 규정에 따르면 연구대상이 되는 사건들은 현재 각급 검찰청에 대부분 보존되어 있을 것이다.[79] 한편 형사소송법 제59조의 2는 "누구든지 권리구제·학술연구 또는 공익적 목적으로 재판이 확정된 사건의 소송기록을 보관하고 있는 검찰청에 그 소송기록의 열람 또는 등사를 신청할 수 있다."고 규정하여 보존된 기록을 열람 또는 등사할 수 있는 길을 열어놓았다. 이런 기록들을 '홍성우 기록'과 같이 데이터베이스화하여 적절히 활용할 방법을 찾는다면 법률가들의 역사적 과오를 연구하여 재발을 방지하는 최소한의 안전판을 마련할 수 있다.

셋째, 한승헌, 홍성우 등으로 대표되는 서울 쪽의 인권변론 기록뿐만 아니라 김광일, 노무현, 문재인 등이 활동한 부산이나, 홍남순 등이 활동한 광주의 기록도 모아서 전국적인 데이터베이스를 갖추어야 할 필요가 있다. '서울공화국'으로 불릴 정도로 나라 전체가 수도권 중심으로 움직인 결과, 지역에서 일어난 민주화운동과 탄압에 대한 사례의 발굴과 연구는 여전히 부족한 실정이다. 민주화운동뿐만 아니라 양심에 따른 병역거부자 등 소수자 보호와 관련된 중요 사건 기록을 보존하고 연구할 방법도 모색해야 한다. '홍성우 기록'을 데이터베이스화한 경험을 기초로 추가 작업이 필요하다고 생각한다.

넷째, '홍성우 기록'의 공개 방안에 대해 학자들의 보다 깊은 논의가 필요하다. 현재 한인섭 교수는 1970년대 부분에 한정하여 자료집의 출간을 준비하고 있다. 문제

---

78) 검찰보존사무규칙 제5조, 제8조.
79) 물론 인혁당재건위 사건처럼 비상조치에 의해 설치된 비상보통군법회의가 없어졌기 때문에 국방부와 검찰 중 누가 그 기록을 인수받았는지를 찾기 어려웠던 경우도 있다. 이런 경우에도 의문사진상규명위원회가 인혁당재건위 사건에 대해 직권조사 결정을 하고 수개월의 노력 끝에 서울지방검찰청에 보관되어 있던 재판기록을 찾아내어 재심의 청구를 가능하게 한 선례가 존재한다. 이유정, "사법절차를 통한 과거사 청산의 쟁점: 인혁당 재건위 사건을 중심으로", 「재심, 시효, 인권: 국가기관의 인권침해에 대한 법적 구제방안 (한인섭 편)」, 경인문화사, 2007, 278면.

는 수사기록과 공판기록 곳곳에 흩어져 있는 개인정보 유출, 명예훼손의 가능성이다. 기록에 포함된 피의자, 피고인, 참고인, 증인들이 자신에 관한 기록의 공개를 원하지 않을 경우 어떻게 해야 할지에 관한 기준을 정하기도 쉽지 않다. 사전에 피의자, 피고인, 참고인, 증인들을 모두 찾아 동의를 구해야 하는지, 그게 현실적으로 가능한지도 분명치 않다. 현재 한 교수는 "정식 동의 없이 누구에게도 재복사하지 않고, 특정인에 대한 정치적, 인간적 공격의 목적으로 사용하지 않으며, 연구목적으로만 사용하고 일간지 등의 언론에는 공개하지 않는 것"을 조건으로 동료 연구자들에게 파일의 복사를 허용하고 있다. 그만큼 기록의 공개에 신중을 기하고 있는 것이다. '홍성우 기록'의 공개방법 논의에 학자들의 적극적인 참여를 기대한다.

지금까지 살펴본 바와 같이 '홍성우 기록'은 1970−1980년대 우리 형사사법의 현실을 생생히 보여주는 놀라운 역사적 가치를 갖는다. 20−40년 동안 이 기록을 보존해 온 홍성우 변호사와 이 기록을 발굴하여 데이터베이스를 만들어낸 한인섭 교수에게 경의를 표한다. 이제 다음 단계는 동료 학자들의 폭넓은 참여를 통해 이 자산을 공론의 장으로 끌어내는 것이다.

잘못된 역사를 끊임없이 반성하지 않으면 동일한 오류가 반복된다. 과거사에 대한 반성과 교육은 민주주의의 미래를 담보하는 초석이다. 기록하지 않은 역사는 존재하지 않는 역사가 된다. '홍성우 기록'의 활용방안을 찾고 내용을 분석하는 데 동료 학자들이 앞 다투어 뛰어들기를 기대하면서 부족한 글을 마친다.

6

과거청산의 어제와 오늘 – 제2기 진실·화해를위한과거사정리위원회의 출범에 즈음하여*

최광준(교수, 경희대학교 법학전문대학원)

I 들어가는 말

우리의 역사를 돌이켜 보면, 오늘날 길거리를 지나는 사람들의 화사한 웃음이 믿기지 않을 정도로 한국인들에게는 많은 아픔과 슬픔이 있었다. 일제강점기 시절의 시련과 한국전쟁의 참화 속에서 민간인들이 억울한 죽임을 당했고 독재정권의 탄압 속에 국민들은 시달려야 했으며 많은 젊은이들이 억울한 죽임을 당해야 했다.

우리 정부는 90년대부터 사건별로 개별적인 진상규명위원회를 구성해 오다가 1998년 김대중 대통령의 취임 후, 2000년이 되어서 인권침해사망사건을 포괄적으로 다루는 「대통령소속의문사진상규명위원회」를 발족한다. 그러나 안타깝게도 기대했던 만큼 많은 성과를 내지는 못했다. 의문사위의 조사권한이 극히 제한돼 있었고, 조사기간도 한정되어 있었다. 또한 '의문사진상규명에 관한 특별법'에는 '민주화운동과 관련된' 죽음에 대해서만 인용결정을 하도록 되어 있어서, '국가 공권력의 직·간접적인 개입'으로 사망했다는 점이 밝혀지더라도 '민주화운동 관련성'의 요건이 인정되지 않으면 기각결정을 해야 했다. 의문사의 문제가 인권 중에서도 '생명권의 침해'라고 하는 가장 중대한 인권침해의 문제이고, 희생자가 민주화운동에 가담했는지의 여부는 문제의 핵심이 아니라는 점을 그 당시 우리 사회는 제대로 인식하지 못하고 있었

---

* 이 글은 최광준, "과거청산의 어제와 오늘 – 제2기 진실과화해를위한과거사위원회의 출범에 즈음하여", 경희법학 제55권 제4호, 경희대학교 법학연구소, 2020에 게재되었음을 밝힌다.

던 것이다. 이후 이러한 의문사위의 한계를 극복하기 위해 포괄적 과거청산을 목표로 「진실·화해를 위한 과거사 정리위원회」가 설립되어 조사활동을 벌였고, 한국동란 중 집단학살 사건과, 조작간첩사건 등 많은 사건의 진실을 밝혀냈고, 2010년 12월 그 활동을 종료했지만, 그 때까지도 해결되지 못한 사건들이 산재해 있었다. 그리고 2020년 12월 10일 피해자와 유족을 포함하는 시민사회의 오랜 숙원이었던 제2기 「진실·화해를 위한 과거사 정리위원회」가 출범하기에 이르렀다. 2020년 5월에 개정된 「진실·화해를 위한 과거사정리 기본법」이 국회 본회의를 통과하였는데, 이 기본법에 의하면 제2기 위원회는 위원장을 포함하여 9인의 위원으로 구성되어 3년간 활동할 수 있으며 필요한 경우 1년의 범위내에서 연장이 가능하다. 2005년의 기본법이 15인의 위원회 위원과 4년간의 활동 기간 및 2년의 범위내에의 연장 가능성을 부여하고 있었던 점과 대조적이다. 12월 말 현재 여당인 더불어민주당은 위원회의 출범 일정에 맞춰 4명의 위원을 추천하였으나, 야당인 국민의 힘에서는 12월 30일 현재까지도 4명의 위원에 대한 추천을 지체하고 있는 상황이다. 위원장으로는 정근식 서울대 사회학과 교수가 임명되었다. 위원회의 구성이 완결되지 못했음에도 불구하고 12월 10일부터 진실규명 신청서를 접수하기 시작하여 12월 말 현재 678건의 사건에 대해 1,302명이 진실규명 신청을 하였다.

■ 표 1 제2기 진실·화해위원회 진실규명 신청서 접수 현황(2020년 12월 말 현재)

사건 유형	위원회		자치단체		합계	
	건수	신청인	건수	신청인	건수	신청인
항일독립운동	3	4	1	1	4	5
해외동포사			9	9	9	9
민간인 집단학살	179	305	308	319	487	624
인권침해 조작의혹사건	28	513	51	51	79	564
적대세력관련사건	4	5	67	67	71	72
확정판결된 사건	3	3			3	3
기타	2	2	23	23	25	25
계	219	832	459	470	678	1,302

(2020.12.10.~2020.12.31.)

우리 정부는 국가적인 차원의 진상규명을 결정[1]하였으면서도 포괄적인 인권회복 방안을 함께 고민하지 못했기 때문에, 현재의 사법부가 여러 가지의 난제들을 떠안게 된 것이다. 「대통령소속 의문사진상규명위원회」나 「진실·화해를 위한 과거사정리위원회」 등을 구성하여 인권침해사건들에 대한 진상을 규명해 놓고, 이에 대한 책임은 질 수 없다면서 피고인 국가는 ─그 어느 소송에 있어서나 예외 없이─ 소멸시효완성의 항변으로 일관하고 있다.[2] 이에 대해 사법부는 어떠한 판단을 해야 하겠는가?

인권회복을 위한 사법부의 노력으로 인해 피고인 국가의 소멸시효항변이 권리남용 내지 신의칙 위반으로 저지되기에 이르렀고, 결국 소멸시효의 문제를 상당부분 극복할 수 있었다.

그러나 대법원 2013.5.16. 선고 2012다202819 전원합의체판결에서는 「진실·화해를 위한 과거사정리위원회」의 진실규명결정이 있은 후 상당한 기간 안에 소를 제기해야만 피고인 국가의 소멸시효항변을 배척할 수 있다고 판시하면서, '상당한 기간 안의 소의 제기'라는 새로운 요건을 추가하여 많은 논란을 야기하였다. 이 판결에서는 상당한 기간은 특별한 사정이 없는 한 민법상 시효정지의 경우에 준하여 단기간으로 제한되어야 하고, 단기소멸시효 기간인 3년을 넘을 수 없다고 판시하면서 진실규명 후 2년 10개월 만에 제기된 소송을 상당한 기간 안에 제기된 것으로 보았다. 많은 하급심 법원은 이 판결에 따라 '상당한 기간'의 요건을 검토하기에 이르렀고, 진실규명 후 3년을 기준으로 시효항변의 여부를 결정하게 되었다. 그런데 대법원 2013.12.12. 선고 2013다201844 판결에서는 재심에서 무죄판결이 확정된 후 국가기

---

1) 사건유형별로 과거사사건 일부에 대해서는 보상의 문제를 고려하기도 했지만, 국가의 책임에 의한 인권침해 전반에 관한 배·보상의 문제를 함께 고민하지 못했다. 그동안 있어 왔던 과거사정리위원회의 설치근거 법령들을 보면 다음과 같다. 5.18민주화운동등에관한특별법(법률 제5029호, 1995. 12. 21. 시행), 거창사건등관련자의명예회복에관한특별조치법(법률 제5148호, 1996.4. 6. 시행), 민주화운동관련자명예회복및보상등에관한법률(법률 제6123호, 2000. 5. 13. 행), 제주4.3사건진상규명및희생자명예회복에관한특별법(법률 제6117호, 2000. 4. 13. 시행), 의문사진상규명에관한특별법(법률 제6170호, 2000. 1. 16. 시행), 5.18민주유공자예유에관 한법률(법률 제6650호, 2002. 7. 27. 시행), 삼청교육피해자의명예회복및보상에관한법률(법률 제7121호, 2004. 7. 30. 시행), 노근사건희생자심사및명예회복에관한특별법(법률 제7175호, 2004. 6. 6. 시행), 진실.화해를위한과거사정리기본법(법률 제7542호, 2005. 12. 1. 시 행), 군의문사진상규명등에관한특별법(법률 제7626호, 2006. 1. 1. 시행), 10.27 법난피해자의명예회복등에관한법률(법률 제8995호, 2008. 6. 29. 시행), 6.25전쟁 납북피해진상규명및납북피해자명예회복에관한법률(법률 제10190호, 2010. 9. 27 시행), 부마민주항쟁관련 자의명예회복및보상등에관한법률(법률 제11851호, 2013. 12. 5. 시 행) 등. 이 중에서 특히 의문사진상규명에관한특별법이나 진실화해를위한과거사정리기본법에는 배·보상에 관한 내용이 결여되어 있었다.

2) 2000년대부터 의문사유가족이 과거사 사건을 담당하는 법무부 소속 담당 검사에게 '과거사사건에 있어 피고인 국가는 소멸시효로 항변하지 말 것'을 공식서한을 보내 촉구한 바 있으나 그때마다 '피고인 국가로서는 모든 가능한 항변 수단을 사용할 수밖에 없다'는 의례적인 한 줄 답변만을 받을 수 있었을 뿐이었다. 지금도 이러한 정부의 입장에 변함이 없다는 점을 매우 안타깝게 생각한다.

관의 위법행위 등을 원인으로 국가를 상대로 손해배상을 청구하는 경우에 채권자는 특별한 사정이 없는 한 재심무죄판결 확정일로부터 민사상 시효정지의 경우에 준하는 6개월 안에 권리행사를 해야 한다고 판시하여, 인권피해자들을 심한 혼란에 빠뜨렸다.

한편 2018년 헌법재판소는 소멸시효에 관한 민법 제166조 제1항 및 제766조 제2항의 객관적 기산점 조항이 과거사사건의 특수성을 고려하고 있지 않아 위헌이라는 취지의 결정을 내렸는데 이 헌법재판소의 결정은 매우 중요한 의미를 갖는다.

제2기 「진실·화해를 위한 과거사정리위원회」의 출범을 환영하면서도 우려가 되는 것은 진실규명의 노력 이후의 시점이다. 진실을 규명하기 위해 최선의 노력을 경주했음에도 불구하고 여전히 그 진실을 밝혀내지 못하게 되는 사건들과 그 희생자들에 대해서는 어떠한 조치를 취해야 하겠는가? 인용결정이 나는 사건들뿐만 아니라 진실규명 불능으로 판정될 수 밖에 없는 사건들에 있어서도 한 사람 한 사람의 희생자들을 기억하고 가족의 일원을 잃고 평생 한 맺힌 삶을 살아온 유족들의 목소리에 귀를 기울이고 이들의 목소리를 후세들에게 들려줄 수 있도록 기록해야 한다. 이를 위해 과거의 죄를 뉘우치고 희생자들을 추모하기 위해 전개되고 있는 독일의 기억문화운동은 우리에게 시사하는 바가 크다. 독일의 예를 보면, 나치정권 하에서 핍박을 받은 강제노역 피해자들을 위해 「기억과 책임과 미래 재단」을 공법상의 재단으로 설립하였고, 이 재단을 통해 피해자들에 대한 배보상은 물론 이들을 기억하고 추모하는 여러 가지 사업을 진행해 오고 있다. 피해자들에 대한 '기억과 책임이 전제되어야만 미래가 있다'는 의미로 재단의 이름을 붙인 것이다. 우리 인류에게 주어진 가장 큰 과제는 이런 반인권적인 범죄가 다시는 반복되지 않도록 희생자들과 그들의 삶을 '기억'하는 데 있다. 이들을 기억하지 못하고 망각한다면 우리는 인간과 인류로서의 가치를 스스로 상실해 버리는 결과가 되고 말 것이다. "그 어느 인간도 그 자체로 전체인 섬이 아니다. 인간은 누구나 대륙의 한 조각이며 큰 것의 일부이다. (중략) 그 누구의 죽음도 나를 줄어들게 하나니, 그것은 내가 인류에 속하기 때문이다. 그러니 누구를 애도하고자 종이 울리는지 사람을 보내 묻지 말라. 그것은 바로 그대를 위해 울리는 것이니…." 이것은 16~17세기의 성공회 신부 John Donne(존 던)의 기도문인 '묵상 17'에 나오는 문구이다. 인권희생자들을 기억하는 것은 인간의 존엄과 인류의 가치를 지키는 것이다. 결국 우리 모두에게는 희생자들을 기억해야 할 의무가 있다고 할 수 있다. 이것은 죽은 이들을 위한 것이 아니라 오늘날 인류를 구성하는 우리들 자신을 위해 실천해야 하는 의무인 것이다. 그렇다면 우리는 이 의무를 어떻게 실천해 나갈 수 있을까?

여러 가지의 한계를 지니고 있었지만, 어느 특정 지역이나 사례군에 한정하지 않는 포괄적 과거청산을 처음으로 시작한 위원회로서 2000년의 대통령소속의문사진상규명위원회의 활동과 이 위원회의 한계를 극복하고 진정한 의미에서의 포괄적 과거청산을 목표로 활동했던 2005년 진실·화해를위한과거사정리위원회를 소개한 후 피해자들의 국가배상청구와 소멸시효의 문제를 살펴보고, 독일의 기억문화와 연계하여 희생자들을 기억하는 방법론에 관해 고찰해 보고자 한다.

Ⅱ 대통령소속의문사진상규명위원회

수십 년간 지속된 독재정권의 탄압 속에 국민들은 시달려야 했고 울분을 달래야 했고 많은 젊은이들이 억울한 죽임을 당해야 했다. 이들의 죽음에 대해 당시 독재정권은 '자살'[3) 또는 '사고사'라고 발표했지만 국민들은 이를 납득할 수 없었다. 그래서 이런 의문의 죽음을 '의문사'라고 부르게 되었다. '의문사'를 일컬어 '아직 밝혀지지 않은 박종철 사건'이라고도 한다. 박종철의 죽음도 진실이 밝혀지기 전까지는 의문사였던 것이다.[4)

마침내 1986년 8월 의문사자를 포함하는 국가폭력 희생자들의 유가족은 '민주화운동 유가족 협의회(유가협)'를 결성하고 희생자의 죽음에 대한 진실규명 및 명예회복을 촉구하는 운동을 벌였다. 하지만 이들의 요구는 계속적으로 이어지는 군사독재정권에 의해 거부당했다.

---

3) 주목할 것은 군사정권에 의해 허위로 자살이라 발표된 죽음 외에도 저항을 위한 자살이 있었다는 점이다. 당시 상당수의 젊은이들이 독재권력에 저항하기 위해 분신, 투신, 할복 등의 방법으로 목숨을 스스로 끊었는데, 언론의 자유가 없고, 권력이 모든 것을 완벽하게 통제하며, 저항세력은 조직화되어 있지 못한 상태에서 자신의 목숨을 바쳐 저항의 의지를 표시하는 것은 제국주의 침략기부터 한국에서는 저항의 한 방식이었던 것이다. 저항을 위한 자살과 함께 국가 정보기관에 대한 협조를 거부하고, 조직의 비밀유지를 위해 수행된 자실도 상당수 있었을 것이라고 예상된다. 홍석률.

4) 군사독재기간 동안 희생된 사람들은 300여 명에 이를 것으로 추산된다. 조현연, 「한국 현대정치의 악몽」, 책세상, 2000, 116면 참조.

1. 입법 과정

1987년 6월 민주화 항쟁 이후 한국은 소위 문민정부의 출범과 함께 점진적인 민주화의 길로 접어들었지만 구 군사독재정권의 기득권 세력은 여전히 권력을 유지하고 있었고 민주화를 가로막았다.[5] 결국 의문사 진상규명 작업은 계속 지체될 수밖에 없었다.

그러던 중 1998년 2월 김대중 대통령이 취임하였다. 1961년 4·19 이후 처음으로 야당이 승리하여 정권교체가 이루어진 것이다. 김대중 대통령 자신도 1973년 8월 박정희 정권의 중앙정보부에 의해 납치당했었고 죽음을 목전에 두고 있었던 피해자 중 한사람이다. 의문사 유가족은 그러한 대통령에게 많은 기대와 희망을 걸고 있었다. 국가폭력사건 희생자들에 대한 사인규명과 명예회복은 그의 대선공약이기도 했다. 그러나 김대중 대통령의 집권도 역시 5·16 쿠데타 주도자 중 하나였던 김종필[6]과의 공조를 통해 이루어진 것이었기 때문에 과거 군부독재에 협력했던 인물들을 정치권력으로부터 완전히 추출해낼 수 없었다. 결국 대통령 당선 당시 애초에는 희망적이었던 의문사진상규명운동은 난관에 봉착하고 말았다. 미온적인 정부의 태도를 더 이상 참지 못한 의문사유가족들은 마침내 1998년 11월의 차가운 겨울 날씨에 국회 앞에서 천막농성을 시작했고 천막농성은 422여일의 긴 시간 동안 지속되었다. 시간이 흐르면서 점점 많은 사람들이 이들의 목소리에 귀를 기울이기 시작했고 마침내 1999년 12월 「의문사진상규명에 관한 특별법」이 국회를 통과하기에 이르렀다. 이에 따라 2000년 10월 역사상 첫 포괄적 과거청산위원회인 「대통령소속의문사진상규명위원회」가 출범하게 되었다.[7]

---

5) 홍석률, "의문사 진상규명 – 과거청산을 위한 진상규명의 시도와 쟁점", 「민주사회와 정책연구」, (2005), 112면 참조.

6) 김종필은 박정희 시절 국무총리를 지낸 인물로 중앙정보부를 창설하고 제1대 중앙정부부장을 거쳐 박정희 시대에 국무총리를 지낸 바 있는데, 1998년 당시에도 김대중 정부의 국무총리직을 수행하고 있었다.

7) 임명된 위원은 위원장 양승규(법학과 교수), 상임위원 김형태(변호사)와 문덕형(공무원), 그리고 이석영(농학과 교수), 안병욱(역사학과 교수), 이윤성(의학과 교수), 박은정(법학과 교수), 이원영(변호사), 백승헌(변호사)였다. 2002년 4월부터 위원장 한상범(교수)과 상임위원 김준곤(변호사)이 임명되었다. 이후 2기 위원회에서는 김희수(변호사)가 상임위원에 임명되었다.

2. 의문사진상규명에 관한 특별법의 주요내용

1) 법의 목적과 범위

「의문사진상규명에 관한 특별법」(이하 의문사특별법)의 목적은 "민주화운동과 관련하여 의문의 죽음을 당한 사건(의) ... 진상을 규명함으로써 국민화합과 민주발전에 이바지"하는 것이었다(의문사특별법 제1조).

여기서 말하는 '민주화운동'이란 「민주화운동 관련자 명예회복 및 보상 등에 관한 법률」(이하 민주화보상법) 제2조 제1항의 규정되어 있는 '민주화운동'을 의미하는 것이었다(의문사 특별법 제2조 2호). 이에 의하면 '민주화운동'이란 "1969년 8월 7일 이후 자유민주적 기본질서를 문란하게 하고 헌법에 보장된 국민의 기본권을 침해한 권위주의적 통치에 항거하여 민주헌정질서의 확립에 기여하고 국민의 자유와 권리를 회복. 신장시킨 활동"을 의미한다.

결국 민주화운동과 관련이 없는 의문사 사건은 조사의 대상에서 제외될 수밖에 없다는 한계가 존재한다.

2) 조사기간

위원회는 2000년 12월 31일까지 진정을 접수하여(의문사 특별법 제18조 2항), 진정 접수 후 30일 이내에 각하 또는 조사개시를 결정해야 했다(시행령 제17조). 다만, 의문사에 해당한다고 인정할 만한 상당한 근거가 있고 그 내용이 중대하다고 인정될 때에는 직권으로 필요한 조사를 할 수 있었다(의문사 특별법 제21조 2항). 조사개시를 결정하면 위원회는 "6월 이내에 조사를 완료하여야" 했으며(의문사 특별법 제23조 1항) 그 기간내에 사건을 처리하기 어려운 경우에는 대통령에게 그 사유를 보고하고 1회에 한하여 3개월의 범위내에서 그 기간을 연장할 수 있었다(의문사 특별법 제23조 2항).

따라서 의문사 특별법은 새로운 사실이나 증거가 조사기간의 만료시점 직전에 발견된다 하더라도, 더 이상의 진상조사는 −조사기간의 한계에 부딪혀− 불가능하다는 한계를 갖는다.

3) 조사결과에 따른 위원회의 조치

조사결과 진정의 내용이 사실로 드러날 경우 위원회는 다음의 세 가지의 조치를 취해야 했다. ① 검찰·군 참모총장이나 수사기관에 고발 또는 수사를 의뢰, ② 명예회복위원회에 피해자에 대한 보상심의를 요청 ③ 조사결과와 각 개별 사건에 대해 국가가 취해야 할 조치사항을 포함하는 보고서의 작성.

4) 위원회의 조사권

위원회가 의문사의 진상을 규명하기 위하여 사용할 수 있는 방법은 참고인과 피진정인 등에 대한 진술서 제출요구, 출석요구 및 진술청취, 감정인의 지정 및 감정의뢰, 관계기관 등에 대한 자료 또는 물건의 제출요구, 그리고 실지조사 등이 있었다(의문사 특별법 제22조 1내지 6항). 출석요구를 받은 자가 정당한 사유없이 출석에 응하지 않을 경우에는 동행명령을 할 수 있었다(의문사 특별법 제22조 8내지 14항).

위원과 직원, 감정인 등에 대한 폭행, 협박, 위계에 의한 업무수행 방해는 형사 처벌하며(의문사 특별법 제29조, 34조), 정당한 사유없이 자료나 물건의 제출요구에 응하지 않거나 허위의 자료나 물건을 제출한 자, 그리고 실지조사를 거부·방해·기피한 자는 1,000만원 이하의 과태료의 제재를 받도록 되어 있었다(의문사 특별법 제37조).

한편 의문사 조사에 관한 정보 제공을 이유로 불이익을 받지 아니하며 위원회는 증인이나 참고인의 보호, 증거나 자료의 확보 또는 인멸의 방지를 위해 증인과 참고인의 신상공개금지, 신변보호 등의 방법으로 대책을 세워야 하고(의문사 특별법 제29조 2항, 시행령 21조) 진상을 밝히거나 증거, 자료를 발견 또는 제출한 사람에게는 5천만원 이내의 보상금을 지급할 수 있었다(의문사 특별법 제29조 3항, 시형령 22조).

여기서는 특히 의문사 특별법 제37조에 주목할 필요가 있는데, 이에 따르면 가해자도 최고 1,000만원의 과태료만을 내면, 위원회의 출석에 응하지 않아도 된다는 결과가 된다. 또한 가해기관에 소속되어 있거나 소속원이었던 자가 양심선언의 대가로서 감수해야 하는 위험에 대한 대가로서 5천만원이 충분한가에 대한 의문도 제기되었었다.[8] 의문사 유가족들은 양심선언자에 대한 보상금 마련을 위한 모금활동을 벌이기도 했다.

5) '불능 결정' 개념의 도입

의문사 특별법은 애초에 '각하', '기각', '인용'만을 알고 있었으나, 위원회의 미약한 조사권한과 관련기관의 비협조 등으로 진상규명을 완료하지 못하는 사건들에 대해 '기각'이 아니라, '불능'을 신설하여 '불능' 결정을 내려 달라는 의문사유가족[9]의 제안이 받아들여져 2002년의 2차 법개정에서는 의문사 특별법 제24조의 2에 진상규

---

8) 최광준, "과거청산의 의의와 「의문사진상규명에 관한 특별법」에 대한 개정의 필요성", 경희법학 제38권 제1호(2003), 192면.

9) '불능' 개념의 도입 논의는 의문사 유가족중 어느 법학과 교수의 제안으로 처음 시작되었다. 그는 의문사진상규명위원회 활동은 법원을 통한 사법적 판단과는 성격을 달리하는 것이기 때문에 '인용' 또는 '기각' 중에서 하나만을 선택하려고 하는 율사의 논리를 벗어나 새로운 개념인 '불능'을 도입해야 할 필요가 있음을 역설했다.

명 불능 결정 규정이 신설되었다. 위원회는 이에 따라 의문사 사건이 민주화운동 과정에서 발생한 것인지의 여부나 공권력의 직·간접적인 행사에 의한 것인지의 여부에 관하여 명백히 밝히지 못한 경우, 진상규명 불능임과 그 사유를 기재한 결정을 할 수 있었다. '불능 결정'의 새로운 개념의 도입은 이후 한국 과거청산에서 매우 중요한 의미를 갖는다. 의문사진상규명활동 이후 진실·화해위의 구성을 위해 제정된「진실·화해를 위한 과거사정리 기본법」에도 '진상 규명 불능 결정'이 삽입되기에 이른다.

의문사위의 가장 두드러진 두 가지 한계는 조사권한이 취약했다는 점과 진상규명의 범위가 국가공권력에 의한 국민의 사망사건 전체가 아니라 민주화운동과 관련된 사건들에만 한정되어 있었다는 점이라고 할 수 있다.

3. 위원회의 성과와 한계

2000년 10월에 활동을 시작한 의문사위는 같은 해 12월까지 2개월간 의문사 사건에 대한 진정을 접수하였는데 80건의 진정서가 제출되었다.[10] 80개 중 2개의 사건은 위원회의 조사범위에 해당되지 않는다고 판단되어 각하되었고 5개의 사건은 위원회가 ─진정이 없이─ 직권으로 조사하기로 결정하였다. 1기 위원회는 법정 조사 활동 마감일이었던 2002년 9월 16일까지 의문사사건 83건에 대해 조사한 결과 19건을 민주화운동과 관련하여 위법한 공권력의 행사로 발생한 의문의 죽음으로 인정했다. 그리고 33건은 기각했으며, 30건에 대해서는 진상규명 불능 결정을 내렸다.

비록 30건이나 되는 사건이 진상규명 불능으로 남았지만, 주어진 권한과 시한을 고려해 볼 때 위원회는 상당한 진상규명의 성과를 거두었다. 위원회는 중앙정보부에 연행되었다가 자살한 것으로 발표되었던 최종길 교수가 고문을 당했고, 그 사망과정이 조작되었다는 것을 밝혀냈다. 삼청교육대 관련자로 청송교도소에서 사망한 박영두가 교도관에게 구타당해 죽은 사실도 규명했다. 한편 군부대 내에서 자살한 것으로 발표되었던 허원근 일병이 타살되었고, 그 죽음의 진상이 은폐되었다는 사실도 규명했다. 이 밖에도 장기수들에 대한 강제 전향공작과 학생 민주화운동가들에 대한 강제징집 및 감시활동의 실상도 상당부분 규명했다.[11]

그러나 많은 관심을 끌었던 장준하 사건을 포함한 30개의 사건은 여전히 진상규명 불능으로 판정될 수밖에 없었다.

---

10) 원래 유족단체들은 40여건이 접수될 것으로 예상했으나 이를 훨씬 상회하는 수의 진정서가 접수되었다.
11) 홍석률, 위의 글, 116면.

제1기 위원회가 법정 조사 기한을 마감하고, 보고서 발간 등 마무리 작업을 하고 있던 무렵에 다시 의문사 특별법 개정 논의가 시작되었다. 마침내 2002년 11월 14일 3차 법개정안이 국회를 통과하였다. 위원회는 진상규명 불능이라고 판단한 30개 사건과 기각된 사건 중 위원회가 조사 재개를 전원일치로 결정하는 사건에 한하여 최대 1년간 더 조사할 수 있게 되었다.

이에 따라 2003년 7월 제2기 위원회가 발족하게 되었다. 위원장은 그대로 한상범(법학 교수)이었고, 상임위원에 김희수(변호사)와 홍춘의(공무원), 그리고 위원으로는 이석영(농학 교수)이 연임되었고, 나머지 위원들은 모두 새로 임명되었는데, 그들은 황상익(의학 교수), 서재관(의사), 강경근(법학 교수), 이기욱(변호사), 전해철(변호사) 등이었다.

제2기 위원회의 조사활동은 짧은 기간이었음에도 불구하고 사회적으로 많은 어려움에 봉착했다. 2기 위원회가 조사활동중이던 2004년 3월 12일 노무현 대통령 탄핵소추안이 국회에서 가결되자 위원 5인과 민간출신 조사관 33인이 대통령 탄핵소추 가결을 규탄하는 시국성명서를 발표하였는데, 당시 대통령 권한대행이던 고건 국무총리는 이를 공무원의 정치적 중립 및 집단행동 금지원칙을 위반한 행위로 보았던 것이다. 위원회는 감사원의 특별감사를 받았고, 상임위원 김희수는 국가공무원법 위반으로 검찰에 고발까지 당하는 사태가 발생하였다.

또한 위원회가 2004년 6월 전향공작 및 강제급식 등으로 인해 사망한 장기수 최석기, 박윤서, 손윤기의 죽음을 의문사로 인정하자 사회적으로 일대 파문이 일어났다. 1기 의문사위는 이들 사건에 있어 위법한 공권력의 개입이 있었다는 사실은 인정했으나 이들의 사망 당시 대한민국의 존립, 안전을 부정하고 자유민주주의적 기본질서에 위해를 가하려는 의사가 없었다고 단정할 수 없기 때문에 민주화운동 관련성은 인정하지 않는 결정을 내렸다. 반면 2기 위원회는 자유민주주의적 기본질서의 위해를 가하려는 의사 여부를 추측하여 단정하는 것 자체가 양심의 자유의 한 축을 이루는 양심추지금지원칙에 위반한다고 판단했다. 또한 이들이 사상전향을 거부한 행위 자세는 국민의 권리인 양심의 자유에 해당하기 때문에 민주화운동 관련성이 있다고 인정하였다. 이러한 결정이 공표되자 한국의 주류 언론들은 의문사 위원회가 '간첩'을 민주화운동가로 인정했다고 하면서 선정적으로 보도했고, 이에 반공단체의 성원들이 위원회로 몰려와 시위를 벌이고, 또한 사무실까지 난입하는 사태가 발생하였던 것이다.[12]

---

12) 홍석률, 위의 글, 119면.

위원회는 1기 위원회에서 진상규명 불능으로 결정된 30개 사건과 기각 사건 중 이의가 제기되어 위원회에서 조사하기로 결정한 사건 11건을 합하여 도합 44건에 대해 법정 조사기한인 2004년 6월 30일까지 조사를 했다. 그 결과 새롭게 11개 사건을 위법한 공권력의 개입과 민주화운동과 관련된 의문사로 인정했고, 7개 사건은 기각했으며, 24개 사건은 여전히 진상규명 불능으로 판정했다. 2기 위원회는 1987년 군부대에서 단순폭행으로 사망했다고 발표된 정연관 사건이 이 당시 이루어진 대통령 선거 과정에서 자행된 군부재자 투표 부정과 관련이 있었다는 사실을 밝혀냈다. 또한 민주화운동에 참가한 학생들에 대한 강제징집 과정과 이들을 감시하고, 프락치로 활용하는 과정이나 강제전향 공작의 실상에 대해서도 진상을 밝혀내는 성과를 거두었다.13) 또한 2기 위원회는 의문사 재발 방지를 위해 '사인확인제도에 대한 입법안'을 성안하고, 입법 공청회를 개최하는 등 유사 사건의 재발 방지를 위한 법적, 제도적 조치를 위한 노력도 기울였다. 이렇게 해서 2년 9개월간의 의문사진상규명활동이 종료되었다.14) 의문사진상규명위원회에서 끝내 '진상규명 불능'으로 결정된 사망사건들에 대해서는 아래에 소개하는 진실·화해위원회에서 재조사할 수 있는 가능성이 열리게 되었다.

---

13) 홍석률, 위의 글, 119면 참조.
14) 당시 의문사 특별법은 조사권한이 취약했다는 점이 가장 큰 문제점으로 지적되었다. 의문사 특별법은 임의적인 진술에만 의존하여 조사할 수 있도록 규정되어 있었고, 동행명령권이 있었으나 단지 과태료에 처할수 있는 미약한힘으로는 출석을 거부할 경우 다른 진상파악의 방법이 제도적으로 전무하였으며, 위원회에 나와서 허위진술을 일삼아도 이 또한 진상파악을 할 수 있는다른 방법이 전혀 고안되어 있지 아니하였다는 점, 권위주의적 통치하에서 이루어진 국가 폭력의 개입 여부가 의문사사건들의 대다수 핵심적인 사항이었는데도 정작 국정원, 기무사등 관련 국가기관들이 정보공개 등에 비협조로일관하여도 관련 정보에 접근할 수 있는 방법이 전무하여 진상파악을 하는 데는 본질적인 취약점을 갖고 있었다. 또한 국가기관이 아닌 개인이나 단체등이 진상파악에 필요한 자료를 갖고 있는 것이 분명한 데도 소지인이 임의제출하지 않는 이상 진상파악에 필요한 그 어떠한 조치도 취할 수 없는 한계를지니고 있었다는 점이 지적되기도 했다; 김성길, "과거사법 제정 과정과 현황, 이후 방향에 대하여─통과된 과거사법의 문제점을 중심으로", 광복 60년 (제6차) 종합학술대회 올바른 과거청산을 위한 전국순회 심포지엄 종합자료집: 청산하지 못한 역사 어떻게 할 것인가?, 올바른과거청산을위한범국민위원회 2005, 41-42면.

　　2003년 2월에 취임한 노무현 대통령은 국가보안법 폐지를 포함하여 과거청산, 사립학교와 언론관계법 등 4대 개혁과제를 제시했는데, 특히 과거청산과 관련하여 2004년 8월 15일 광복 60주년 경축사에서 '보편적 방식에 입각한 포괄적 과거사 청산'을 제안하였다.15)16)

　　이를 계기로 과거사청산 운동을 추진하던 시민단체 및 피해자단체들의 입법 활동이 촉발되었다. 2004년 11월 9일에는 당시까지 해결되지 못한 과거청산 문제들을 포괄적으로 해결하기 위해 시민운동단체인 '올바른 과거청산을 위한 범국민위원회'(이하 '범국민위원회')가 결성되었다. 범국민위원회는 여러 한계로 인해 의문사위에서 해결되지 못한 의문사 사건과 특히 의문사 특별법이 민주화운동관련성을 요건화함으로써 해결할 수 없었던 민주화운동 관련성이 없는 군의문사 사건 및 민간인 집단희생 사건을 통합하는 포괄적인 과거청산 입법을 추진하면서 과거사 관련 법안을 준비하

---

15) "반민족 친일행위만이 진상규명의 대상은 아닙니다. 과거 국가권력이 저지른 인권침해와 불법행위도 그 대상이 되어야 합니다. 진상을 규명해서는 다시는 그런 일이 없도록 해야 할 것입니다. 저는 이 자리를 빌려 지난 역사에서 쟁점이 됐던 사안들을 포괄적으로 다루는 진상규명특별위원회를 국회 안에 만들 것을 제안드립니다. 이미 국회에서는 진상규명과 관련하여 열세건의 법률이 추진되고 있습니다. 그러나 법안마다 기준이 다르고 이해관계가 엇갈리기 때문에 개별적으로 다루기가 어려운 것이 사실입니다. 국회가 올바른 진상규명이라는 원칙에만 동의한다면 구체적인 방법은 국민 여러분의 의견을 수렴해서 충분히 합의할 수 있을 것입니다. 그리고 그동안 각종 진상조사가 이루어질 때마다 국가기관의 은폐와 비협조 문제가 논란의 대상이 되어 왔습니다. 그러나 이번만은 그런 시비가 없어야 할 것입니다. 고백해야 할 일이 있으면 기관이 먼저 용기 있게 밝히고 새롭게 출발해야 합니다."(대통령비서실, 노무현 대통령 연설 문집 제2권, 2005, 258).

16) 노무현 대통령의 8·15 경축사 이후 국정원, 경찰청, 국방부는 자체적으로 진실규명위원회를 구성하기에 이른다. 경찰은 2004년 9월 민간이 참여하는 '경찰청 과거사진상규명위원회'를 조직하고 2007년 11월까지 대표적인 경찰관련 과거사사건 10개를 선정하여 진상을 규명했다. 이 10개의 사건은 서울대 깃발사건, 민청련 사건, 강기훈 유서대필 사건, 남민전 사건, 대구 10-1 사건, 보도연맹원 학살 의혹 사건, 나주부대 사건, 진보의련 사건 등이었다. 국가정보원 또한 2004년 11월 민간위원을 포함한 '국정원과거사건진실규명을통한발전위원회'를 발족시켜 2007년 10월까지 국정원사건들에 대한 진상규명활동을 했는데, 조사과정과 내용은 비공개를 원칙으로 하되 조사 결과는 공개하는 방식을 취했다. 국정원이 조사한 주요 사건으로는 김형욱 실종사건, 김대중 납치사건, 동백림 사건, 부일장학회 강제헌납·경향신문 매각사건, 민청학력 및 인혁당 사건, 남한조선노동당 사건, KAL기 폭파사건 등이 있었다. 국방부는 다른 국가기관보다 늦게 2005년 5월 국방부과거사진상규명위원회를 조직하고 2007년 1월까지 국방부 관련 과거사사건들을 조사했다. 국방부 관련 주요사건들은 12·12 쿠데타, 5·17 비상계엄확대, 5·18 사건, 삼청교육대사건, 강제징집·녹화사업, 실미도 사건, 10·27 법난 사건과 신군부집권기간의 언론통제, 보안사 민간인 사찰, 재일통포 및 일본관련 간첩 조작 의혹사건 등이었다. 국정원, 경찰청, 국방부 등 관련기관의 진상규명활동은 여러 가지 내재적인 한계를 지니고 있었지만, 부분적이나마 과거의 잘못을 관련 기관이 직접 나서서 조사했다는 점에서 그 의의를 찾을 수 있을 것이다.

였고, 정치권과 연계하여 입법 활동을 전개해 나갔다.

하지만 포괄적 과거청산법에 대한 정치권의 입장대립[17]으로 인해 입법은 계속 지연되었다.

1. 입법 과정

범국민위원회는 과거청산과 관련된 각종 법률들과 의문사위에서의 활동경험 등을 바탕으로 의문사위에서의 한계점을 극복하기 위한 방향으로 '범국민위원회안'을 만들었다.

이에 따라 범국민위원회안은 위원회의 조사권한을 강화하기 위한 여러 규정을 두고 있었다.[18] 피조사자가 동행명령에 불응할 경우 형사처벌이 가능하도록 하고 있었으며 국가기관 자료제출명령권 규정을 두어 진실규명과 관련하여 자료 및 물건의 제출 명령을 받은 기관 등은 정당한 사유 없이 자료 및 물건의 제출을 거부할 수 없도록 하였다. 범국민위원회안은 또한 금융기관에 대한 금융거래자료제출요구권, 공소시효정지, 검찰에 대한 압수 수백 검증 영창청구 의뢰권 등을 조사권한에 포함시키고 있었다.

그러나 당시 집권당인 열린우리당은 범국민위원회안에 대해 유보적인 입장을 취했다. 열린우리당은 동행명령권에 대해 피조사자가 조사에 불응할 경우 형사처벌 대신 과태료 규정으로 수정하고, 자료제출명령권에 대해서도 군사·외교·대북관계의 국가기밀에 관한 사항의 경우 주무부장관의 소명이 제출된 경우에는 예외를 두도록 하였다. 또한 열린우리당은 위원회의 홍보 권한은 불필요하고, 조사보고 전에 언론·출판물을 통해 조사대상자 및 그의 가해행위와 관련한 위원회의 조사내용을 공개하지 못하도록 하며, 조사 종료 전 조사내용 공표를 금지해야 한다는 입장이었다.

한편 당시 제1야당인 한나라당은 과거사정리를 현대사 연구라는 학술적 차원에서 규명하고, 학술원 산하에 이를 수행할 기구(한국현대사조사·연구위원회)를 두자고 주장하였다.[19] 그리고 진실규명 범위도 항일독립운동과 해외동포사, 대한민국의 정통성

---

17) 당시 언론을 통해 발표된 정치권의 갑론을박에 관해 상세한 것은 황현숙, "민주화 이후 한국의 과거청산 – 진실과화해위원회의 성과와 한계를 중심으로"(서강대 석사학위논문), 2014, 46면 이하 참조.

18) 김성길, 위의 글, 41면: "과거청산 범국민위에서 작성한 법률안은 그동안 과거청산과 관련된 각종 법률들과 의문사위원회에서의 활동경험 등을 종합하여가장 효과적인 과거청산법안이 무엇인지를 반영한 법안이었다. 의문사진상규명에 관한 특별법은 수없이 지적되었듯이 조사권한상으로 본질적인 진상규명이 어려운 조건으로 구성된 법률이었다."

19) 박근혜 한나라당 대표는 '과거사 진상조사 특별위원회'를 수용하되, 해방공간 및 한국전쟁 과정의 친북

을 부정하는 세력에 의한 테러 인권유린'을 포함하여 확대할 것을 주장하였다. 그 외에도 과거사정리에 국가예산이 과다하게 소요되어 국가경제에 큰 부담이 되므로 경제문제 해결이 우선이라는 주장이 나오는 등 상당한 정치적 논란이 있었다.

마침내 제17대 국회가 개원하자 각 정당은 각기 다른 법안을 제출하기에 이르렀다. 열린우리당은 「진실규명과 화해를 위한 기본법」(원혜영 의원 외 150인, 2004. 10. 20.), 한나라당은 「현대사 조사·연구를 위한 기본법」(유기준 의원 외 120인, 2004. 9. 23.), 민주노동당은 「진실 미래를 향한 과거청산 통합 특별법」(이영순 의원 외 10인, 2004. 10. 21.)을 제출하였지만 각 정당은 입장 차이를 좁히지 못하고 그해 정기국회에서 입법안을 처리하지 못하였다.

이후 여야는 임시국회를 열고 국민 여론 지지와 시민단체의 호응을 바탕으로 타협을 모색해 2004년 12월 31일 기본법 수정안을 마련하기에 이른다. 그리고 많은 진통과 우여곡절 끝에 2005년 5월 3일 「진실·화해를 위한 과거사정리 기본법」(이하 기본법)이 국회 본회의를 통과했다. 이 기본법은 2005년 5월 31일 공포되어 2005년 12월 1일부터 시행되었다.

■ 표 2 **법안 비교 I(기본 구성)**

	열린우리당	한나라당	민주노동당
법안명칭	진실규명과화해를위한 기본법	현대사조사·연구를위한 기본법안	진실·미래를향한과거청 산통합 특별법
기구명칭	진실화해위원회	현대사조사·연구위원회	진실·미래위원회
조직형태	독립된 국가기구	학술원 산하	독립된 국가기구
조사기간	4년(2년 연장 가능)	6년(3년 연장 가능)	4년(4년 연장 가능)

좌익 행위도 조사해야 한다고 주장했다. 이번 기회에 과거의 역사를 되짚어보고 교훈을 얻기 위해서 "중립적인, 검증적인 학자들이 과거사를 짚어보고" "6·25 전쟁 때 정말 우리나라를 해방 후 자유민주 주의와 공산주의로 헷갈려있을 때, 우리의 선택이 옳았던 것인가? 6·25 침략으로부터 누가 지켜냈고, 6·25때 만행으로 피해를 입었던 사람들도 밝혀내고, 4·19혁명이 일어나기 지경까지 부정부패하고 무능했던 사람들은 누구냐? 5·16 후 산업화 과정의 공과는 무엇이고, 공산주의와 자유민주주의가 대립한 냉전시대에 국가안보를 누가 지켜냈고, 위협했나? 누가 피해를 입었는가를 이번 기회에 공정하게 규명해보자"는 것이었다. 박근혜의 대표의 발언은 이후 한나라당이 제출한 현대사정리법의 방향과 일치하는 것이었는데 '과거의 공과 과를 모두 따지자'는 그녀의 주장은 그녀와 당시 보수세력이 과거청산의 문제가 피해자인 국민의 인권 회복과 재발 방지에 있다는 문제의식을 전혀 가지고 있지 않았음을 잘 보여주고 있다. 박근혜 전 대표의 발언 전문은 아래의 사이트에서 확인할 수 있다. http://www.ohmynews. com/NWS_Web/View/at_pg.aspx?CNTN_CD=A0000204900&CMPT_CD=SEARCH

위원구성	위원: 13인 (위원장 1인, 상임 4인)	위원: 7인 (위원장1인, 상임 1인)	위원: 25인 (위원장 1인, 상임 8인)

■ 표 3 **법안 비교 II(위원회의 권한)**

	열린우리당	한나라당	민주노동당
위원회 의 권한 (업무 및 방법)	1. 진상규명 • 진술(서), 자료제출요구, 정보조회, 감정의뢰등 • 실지조사 및 자료제출요구(거부시 소명→명령, 단서조항) • 통신사실조회 • 압수·수색·검증 영장청구의뢰(단서조항) • 동행명령(거부시 과태료) • 청문회 2. 화해업무 • 희생자의 사면·복권건의 • 사실을 인정하는 가해자에 대한 구제조치 및 건의 • 기념 및 위령사업 3. 고발 및 수사의뢰(재정신청) 4. 증인 등의 보호 5. 조사보고서 작성보고(권고포함) ※ 단, 조사 종료 이전공표금지 6. 소송업무수행	1. 조사·연구 • 자료의 제출·열람 요구 • 출석답변 및 진술서 제출 요구 • 감정의뢰 및 현지조사 2. 조사보고서 발간 3. 참고인등 보호	1. 진상규명 • 진술(서), 자료 제출요구, 정보 조회, 감정의뢰 등 • 실지조사및 자료제출요구(거부시소명→명령) • 압수·수색·검증영장청구 의뢰 ※ 실지조사시에 긴급이 요구되는 경우 영장 없이 압수, 수색 또는 검증 (사후 의뢰) • 동행명령·통신사실, 금융거래 제출요구 • 청문회·증거보전의 청구의뢰 • 증인신문의 청구의뢰 2. 역사연구 3. 화해 및 사면등 • 명예회복과 위령 사업·사면, 감형, 복권등 건의 • 피해 배상, 보상 및 생활지원 • 법령·제도·정책 등 개선·기념사업등 4. 고발 및 수사의뢰 5. 증인 등의 보호 6. 조사보고서 작성보고(권고포함) 7. 홍보

2. 기본법의 주요 내용

1) 목적과 적용범위

기본법 제1조는 위원회의 목적에 관해, '항일독립운동, 반민주적 또는 반인권적 행위에 의한 인권유린과 폭력·학살·의문사 사건 등을 조사하여 왜곡되거나 은폐된 진실을 밝혀냄으로써 민족의 정통성을 확립하고 과거와의 화해를 통해 미래로 나아가기 위한 국민통합에 기여'함을 목적으로 한다고 명시하고 있다.

진실규명의 범위에 관해서 기본법 제2조는 다음의 경우를 예시적으로 명시한다.

① 일제 강점기 또는 그 직전에 행한 항일독립운동

② 일제 강점기 이후 기본법 시행일까지 우리나라의 주권을 지키고 국력을 신장시키는 등의 해외동포사

③ 1945년 8월 15일부터 한국전쟁 전후의 시기에 불법적으로 이루어진 민간인 집단희생사건 (2020년의 개정법에는 '1945년 8월 15일부터 한국전쟁 전후의 시기에 불법적으로 이루어진 민간인 집단 사망·상해·실종사건'으로 개정되었다.)

④ 1945년 8월 15일부터 권위주의 통치 시까지 헌정질서 파괴행위 등 위법 또는 현저히 부당한 공권력의 행사로 인하여 발생한 사망·상해·실종사건, 그 밖에 중대한 인권침해사건과 조작의혹사건

⑤ 대한민국의 정통성을 부정하거나 대한민국을 적대시하는 세력에 의한 테러 인권유린과 폭력·학살·의문사

⑥ 역사적으로 중요한 사건으로서 위원회가 이 법의 목적 달성을 위하여 진실규명이 필요하다고 인정한 사건

2) 위원회의 구성

기본법 제4조(위원회의 구성)에 따라 위원회는 상임위원 4인을 포함한 15인의 위원으로 구성하되, 국회가 선출하는 8인(상임위원 2인을 포함), 대통령이 지명하는 4인(상임위원 2인 포함), 대법원장이 지명하는 3인을 대통령이 임명하도록 되어 있었다.

그러나 2020년 개정 기본법 제4조에 의하면 위원회의 구성은 상임위원 3명을 포함한 9명의 위원으로 하며 대통령이 지명하는 1인과 국회가 선출하는 8인(대통령이 소속되거나 소속되었던 정당의 교섭단체가 추천하는 4인, 그 외 교섭단체가 추천하는 4인으로 구성)을 대통령이 임명하도록 되어 있다.

위원이 될 수 있는 자격은 2005년과 동일하며 아래와 같다.

① 공인된 대학에서 전임교수 이상의 직에 10년 이상 재직한 자

② 판사·검사·군법무관 또는 변호사의 직에 10년 이상 재직한 자

③ 3급 이상 공무원으로서 공무원의 직에 10년 이상 재직한 자

④ 성직자 또는 역사고증·사료편찬 등의 연구활동에 10년 이상 종사한 자

3) 조사대상의 선정 및 조사개시 결정

위원회는 기본법 제19조(진실규명 신청)에 근거하여 진실규명 대상에 해당하는 희생자, 피해자 및 그 유족이나 이들과 친족관계에 있는 사람. 그리고 위원회 진실규명 사건에 관하여 특별한 사실을 알고 있는 사람을 대상으로 법 시행일부터 1년 동안 진실규명 신청을 받도록 하였다. 그리고 진실규명 신청이 제21조 제1항에서 정한 각하사유에 해당하지 아니하는 경우에는 조사개시결정을 하고 그 내용에 관하여 필요한 조사를 하였으며, 조사개시결정 이전에 필요한 경우에는 조사개시 여부를 결정하기 위한 사전 조사를 하였다. 또한 역사적으로 중요한 사건으로서 진실규명 사건에 해당한다고 인정할 만한 상당한 근거가 있고 진실규명이 중대하다고 판단되는 때에는 이를 직권으로 조사하도록 하였다. 하지만 위원회는 진실규명 신청이 위원회의 진실규명 조사대상에 해당하지 아니한 경우, 진실규명 신청 내용이 그 자체로서 명백히 허위이거나 이유 없다고 인정되는 경우, 또는 위원회가 각하한 신청과 동일한 사실에 관하여 다시 신청한 경우에는 기본법 제21조(각하결정)에 따라 그 신청을 각하해야 한다.

4) 조사 권한

위원회는 기본법 제23조(진실규명 조사 방법)에 따라 다음의 권한을 갖는다.

① 조사대상자 및 참고인에 대한 진술서 제출 요구

② 조사대상자 및 참고인에 대한 출석요구 및 진술청취

③ 조사대상자 및 참고인, 그 밖의 관계 기관·시설·단체 등에 대한 관련 자료 또는 물건의 제출요구 및 제출된 자료의 영치

④ 관계 기관·시설 또는 단체 등에 대하여 조사사항과 관련이 있다고 인정되는 사실 또는 정보에 대한 조회

⑤ 감정인의 지정 및 감정의뢰

위원회는 또한 기본법 제24조(동행명령권)에 따라 출석요구를 받은 자 중 반민주적·반인권적 공권력의 행사 등으로 왜곡되거나 은폐된 진실에 관한 결정적 증거자료를 보유하거나 정보를 가진 자가 정당한 사유 없이 3회 이상 출석요구에 응하지 아니하는

때에는 위원회의 의결로 동행할 것을 명령하는 동행명령장을 발부할 수 있다.

2020년 개정법의 가장 큰 특징은 2005년에는 제안만 되고 수용되지 못했던 청문회 제도가 신설되었다는 것이다. 그러나 이 청문회는 비공개로 하도록 규정되어 있어 그 실효성이 의문시되고 있다. 개정 기본법 제24조의2(청문회의 실시)에 따라 위원회는 업무수행에 필요하다고 판단되는 경우 증인·감정인·참고인으로부터 증언·감정·진술을 청취하고 증거를 채택하기 위하여 위원회의 의결로 청문회를 실시할 수 있다. 그러나 청문회는 비공개로 하며 개인의 사생활을 침해하거나 계속 중인 재판 또는 수사 중인 사건의 소추에 관여할 목적으로 실시되어서는 아니 된다. 위 청문회와 관련하여 자료 또는 물건의 제출을 요구하거나 증인·감정인·참고인의 출석을 요구할 때에는 위원장이 해당하는 사람이나 해당하는 기관의 장에게 요구서를 발부한다. (개정 기본법 제24조의3)

또한 2020년 신설된 것으로서 개정 기본법 23조 3항에 따라 위원회는 필요한 경우 행정안전부, 대법원 등 관계 기관에 주민등록자료, 가족관계등록자료 등 개인정보에 관한 자료의 제출을 요구할 수 있다. 이 경우 요구를 받은 관계 기관은 해당 자료를 제출하여야 한다.

5) 조사 기간

위원회는 기본법 제25조(조사기간)에 따라 최초의 진실규명 조사개시결정일인 2006년 4월 25일 이후부터 4년 간 진실규명 활동을 전개하였 다. 하지만 위원회는 2010년 4월 22일 회의에서 사건 처리 진척율을 감안할 때 잔여 사건의 원만한 처리를 위해서는 조사기간 연장이 필요하다고 판단하였고, 이에 조사기간을 2010년 6월 30일까지 연장하기로 의결하였다. 조사기간 연장은 조사기간 만료일(2010년 4월 24일) 3개월 전에 대통령 및 국회에 보고하고, 진실·화해위원회의 의결로 2년 이내의 범위에서 그 기간을 연장할 수 있다는 기본법 제25조 2항에 근거한 것이다. 2년까지 연장할 수 있었음에도 불구하고 이명박 정부에서는 위원회의 연장을 포기하였다.

2020년 개정법에서는 조사기간이 단축되었다. 현행 기본법 제25조는 위원회가 3년 간 진실규명활동을 하고 1년 이내의 범위에서 그 기간을 연장할 수 있다고 규정하고 있다.

6) 진실규명 결정, 진실규명 불능 결정

위원회는 기본법 제26조(진실규명 결정)에 따라 조사가 종료되어 진실규명이 된 경우 진실규명 조사결과를 의결로써 결정한다. 또한 의문사특별법에 신설되었던 '진실규명 불능 결정'을 그대로 수용하여 제27조에 따라 진실규명 조사결과 진실을 밝히지 못하거나, 밝힐 수 없는 경우 진실규명 불능으로 결정하도록 하였다.

7) 화해를 위한 조치

위원회는 화해를 위한 여러 조치를 할 수 있다.

기본법 제36조(피해 및 명예회복) 제1항은 정부의 의무로써 정부는 규명된 진실에 따라 희생자, 피해자 및 유가족의 피해 및 명예를 회복시키기 위한 적절한 조치를 취하여야 한다고 규정하고 있다.

위원회는 제37조(희생자를 위한 특별사면·복권의 건의)에 따라 진실이 은폐되거나 왜곡됨으로써 유죄판결을 받은 자와 법령이 정한 바에 따라 자격이 상실 또는 정지된 자에 대해서 특별사면과 복권을 대통령에게 건의할 수 있으며, 관계 국가기관은 위원회의 결정 및 건의를 존중해야 한다고 명시하고 있다. 또한 위원회는 진실규명의 과정에서 가해자가 가해사실을 스스로 인정함으로써 진실규명에 적극 협조하고, 그 인정한 내용이 진실에 부합하는 경우에는 가해자에 대하여 수사 및 재판절차에서 처벌하지 않거나 감형할 것을 관계 기관에게 건의할 수 있고, 형사소송절차에 의하여 유죄로 인정된 경우 대통령에게 법령이 정한 바에 따라 특별사면과 복권을 건의할 수 있다. (제38조(완전한 진실을 고백한 가해자에 대한 화해조치)). 기본법 제39조(가해자와 피해자·유족과의 화해)는 위원회와 정부는 가해자와 피해자·유족간의 화해를 적극 권유해야 한다고 규정하고 있다.

기본법 제40조(과거사연구재단 설립)는 정부가 위령 사업 및 사료관 운영·관리 등을 수행할 과거사연구재단을 설립하기 위하여 자금을 출연할 수 있다고 규정하면서 동조 제3항에서는 다음을 과거사연구재단의 사업으로 명시하고 있다.

① 위령 사업 및 사료관의 운영·관리
② 추가 진상조사사업의 지원
③ 진상규명과 관련한 문화, 학술 활동의 지원
④ 그 밖에 필요한 사업

1기 진실·화해위원회는 기본법 제32조(보고 및 의견진술 기회의 부여)와 제4장(화해를 위한 국가와 위원회의 조치)을 넓게 해석하여 진실규명된 개별사건에 대해 국가가 취할 조치를 권고하였으며, 특히 대통령과 국회를 상대로 다음 세 가지의 정책 건의를 하였다.

① 한국전쟁 전후 민간인 집단희생사건에 대한 배·보상 특별법의 제정
② 한국전쟁 전후 민간인 집단희생 유해 발굴과 안장
③ 과거사연구재단의 설립

하지만 정부는 아직까지 위의 세 가지 정책건의를 수용하지 않고 있다.

참고로 2005년의 기본법과 2020년의 개정 기본법의 주요 차이점을 요약하면 다음의 표와 같다.

■ 표 4 **기본법 신구 비교**

구분	2005년 기본법	2020년 개정 기본법
진실규명의 범위 (제2조 제1항)	(3호) 불법적 민간인 집단희생사건 (1945.8.15.~한국전쟁 전후)	(3호) 불법적 민간인 집단 사망·상해·실종 사건 (1945.8.15.~한국전쟁 전후)
위원회 구성 (제4조 제1항, 제2항)	대통령 4명(상임2), 국회 8명(상임2), 대법원장 3명	대통령1명(상임1), 국회 8명(여당4(상임1), 야당4(상임1))
	〈5호 신설: 위원의 자격〉	5. 진실규명을 위해 필요한 전문성과 경력을 갖추었다고 인정되는 자
신청기간 (제19조 제2항)	이법 시행일부터 1년 이내	이법 시행일부터 2년 이내
조사기간 (제25조 제1항, 제2항)	최초 조사개시 결정일 이후 4년간 (+2년 연장 가능)	3년(+1년 연장 가능)
진실규명 조사방법 등 (제23조 제3함)	〈신설〉	개인정보 자료 제출 요구
청문회 (제24조의2~7)	〈신설〉	비공개 청문회 도입
가족관계등록부의 작성 및 정정(제37조의2)	〈신설〉	피해자에 대한 가족관계 등록부의 작성 및 기록 정정

피해자 지원단체 조직의 제한(제43조의2)	〈신설〉	피해자 또는 유족 지원 명목 아래 영리 목적의 단체 조직활동 제한
벌칙 및 과태료 (제45조, 제47조)	〈신설〉	청문회에서의 거짓 증언 및 감정에 대한 벌칙 규정 등 신설

3. 성과와 한계

1기 진실·화해위원회의 활동 기간 중 세 명의 위원장이 임명되었는데, 초대 송기인, (카톨릭 사제, 2005년 12월 1일–2007년 11월 30일), 제2대 안병욱[20] (사학 교수, 2007년 12월 1일–2009년 11월 30일), 제3대 이영조[21] (진실·화해위 상임위원, 2009년 12월 1일–2010년 12월 31일) 등이었다.

진실·화해위는 위원장 1인과 상임위원 3명 그리고 비상임위원 11명 등 총 15명의 위원으로 구성되어 있었다. 위원장을 포함한 위원의 임기는 2년이었으며 연임이 가능했다.

위원회는 과거사정리법 시행일인 2005년 12월 1일부터 2006년 11월 30일까지, 1년간 위원회와 진실규명 신청을 받았다(과거사정리법 제19조). 총 10,860 건이 접수되었고, 민간인 집단 희생(7,922건)과 적대세력 관련(1,687건) 사건이 전체의 88.6%로 가장 비중이 높았다. 진실·화해위는 8,450건의 진실규명결정, 528건의 진실규명불능결정을 내렸고 1,729건에 대해서는 각하[22]결정을 했다.

국방부, 군의문사진상규명위원회, 국가보훈처 등으로 97개의 사건이 이송되었고 또 신청접수 후 신청인이 신청을 취하한 사건은 351건이었다(진실·화해위 2010, 76–78). 진실·화해위는 2010년 6월30일까지 10,860건이 신청사건과 직권조사 사건 15건, 분

---

20) 안병욱 위원장은 진실화해위의 전신인 의문사위의 비상임위원을 지낸 바 있다.

21) 한국의 뉴라이트로 잘 알려져 있던 이영조 위원장이 공천을 받을 당시는 보수진영의 이명박 대통령 시절인데, 이영조 위원장의 임명에 관해서는 많은 사회적 논란이 있었다. 이에 관해 상세한 것은 예를 들어 정희상, 뉴라이트가 접수한 과거사위원회, 시사인 2009년 12월 21일, https://www.sisain.co.kr/news/articleView.html?idxno=6060

22) 각하 사건 중에는 항일독립운동 신청 사건이 많은데, 국가보훈처 등 관련기관에서 종결된 사건을 진실화해위에 재접수했거나 항일독립운동의 범주에 해당하지 않는 사건이 많았기 때문이라고 한다, 황현숙, 위의 논문, 61면 각주 46.

리·병합처리 사건을 포함한 11,175건의 진상규명을 완료하고, 종합보고서를 작성한 이후 2010년 12월 31일 해산하였다.

　진실·화해위는 여러 한계에도 불구하고 주요 인권침해 사건을 규명해 법원의 재심 판결을 이끌어 내거나 유족들의 명예회복과 보상조치를 가능하게 하는 성과를 거두었다. 진실·화해위가 규명한 사건에는 항일독립운동은 신흥무관학교 출신 항일 독립운동, 반탁운동가 소련 유형사건 등이 대표적인 사례이고, 민간인 집단희생은 고양 금정굴 사건, 경산 코발트광산 사건, 함평 11사단 사건 등이 있으며, 인권침해는 민족일보 조용수 사건, 강기훈 유서대필 사건, 이수근 간첩사건 등이 있다.

　특히 한국전쟁 전후의 민간인희생 사건은 위원회가 처리한 사건의 73.4%에 달할 정도로 큰 비중을 차지했다. 진실·화해위 이전에 정부차원에서 거창사건이나 제주4·3사건, 노근리 사건을 다루었지만, 한국전쟁기 민간인 학살을 전국적인 차원에서 포괄적으로 다룬 것은 진실·화해위가 최초였다. 국민보도 연맹원 학살 사건, 인민군 점령기의 부역혐의자 학살 사건, 미군 폭력에 의한 민간인 희생 사건 등에 대한 진상[23]을 규명해 냈다.

　그러나 1기 진실·화해위의 한계에 대해서는 다음과 같은 비판[24]이 있다.

　첫째, 1기 진실·화해위가 직권조사의 권한을 가지고 있음에도 불구하고 지나치게 피해자의 신청에 의존한 나머지 미처 조사대상으로 삼지 못한 사건들이 많다는 지적이 있다.[25]

　둘째, 1기 진실·화해위에서는 진실규명에 실패하고 진실규명 불능으로 처리한 사건들이 매우 많다는 점에 대한 비판이 있다.[26]

---

23) 상세한 것은 김상숙, "진실과화해위원회의 활동을 중심으로 본 한국전쟁 전후 민간인학살 진상규명현황과 향후 과제", 「기억과 전망」 제27권, 2012, 131면 이하 참조.

24) 김상숙, "진실화해법 개정과 2기 진실화해위의 과제", 「Issue & Review on Democracy」, 51호, 2021, 4면 이하.

25) 김상숙, 위의 글, 4면; 김태우, "진실화해위원회의 미군 사건 조사보고서에 대한 비판적 검토", 「역사연구」, 제21호, 2011, 112면. 신청사건 중심으로 접근 함으로써, 과거사 정리를 개별화된 '희생자 중심'의 진상 규명 및 경제적·상징적 보상이나 명예 회복 문제로 축소하는 결과를 낳았다는 비판도 있다. 김영수, "한국 과거사정리와 국가의 전략", 「역사연구」, 제21호, 2011, 157. 왜 애초의 예상보다 신청 건수가 적었는가에 대해서는 그 이유로 ① 법으로 정해진 신청 기간(1년)이 짧았고, ② 신청 기간에 공영방송 등을 통한 국민적 홍보 부족으로 피해자들이 위원회의 존재를 몰라 신청하지 못한 경우가 많았으며, ③ 일부 피해자들은 위원회의 존재를 알았다 해도 수십 년간 겪어온 연좌제 피해와 트라우마로 인해 국가기관에 대한 불신과 공포가 남아 있어 신청하지 못한 경우도 많았다고 한다. 김상숙, "진실과화해위원회의 활동을 중심으로 본 한국전쟁 전후 민간인학살 진상규명현황과 향후 과제", 「기억과 전망」 제27권, 2012, 135면.

셋째, 진상 규명 후 후속 조치가 미흡했다. 특히, 피해자 배·보상 문제와 관련해서는 특별법 제정 등을 정부에 권고했으나 정부는 이를 외면했으며 과거사연구재단의 설립 건의도 받아들여지지 않았다.

넷째, 한시기구로서의 한계와 시간의 제약 및 전문성 부족에 대한 비판도 있다.[27]

다섯째, 위원회가 시민사회보다는 제도권 정당들이나 정세 변화의 영향을 많이 받았다는 점을 비판한다.[28]

Ⅳ 과거사사건과 소멸시효

과거사사건 피해자들에 대한 포괄적인 배상이나 보상에 관한 정부의 조치가 부재했기 때문에 과거사사건 피해자들은 국가를 상대로 국가배상청구를 할 수밖에 없었다. 이러한 소송에서 계속적으로 문제가 되었던 것은 소멸시효였다. 피고인 국가가 과거사사건들에 있어 오랜 시간이 지난 사건이라는 점을 이유로 예외 없이 소멸시효 항변을 하고 있기 때문이다. 형사법상의 공소시효와 민사법상의 소멸시효는 다르다. 소멸시효는 절대적인 것이 아니다. 소멸시효의 항변은 채무자의 선택의 문제이다. 다시 말해 피고인 국가는 자기의 책임으로 죽거나 피해를 입은 국민의 손해배상청구

---

26) 불능이나 각하가 많이 나온 이유로는 사건의 진상을 입증할 증거자료가 아예 부족했던 경우뿐 아니라, 입증할 자료는 충분했으나 2010년 상반기 이명박 정부에서 이영조 위원장 등 위원 다수를 당시 친여권 인사로 새로 임명하면서 위원회의 진실규명 결정 기조가 바뀌면서 불능 또는 각하 결정된 경우로 나눌 수 있다고 하면서 그 근거로 진실규명 불능 결정한 454건 가운데 78%에 달하는 354건이 2010년 상반기에 처리되었다는 점을 들고 있다. 김상숙, "진실화해법 개정과 2기 진실화해위의 과제", 「Issue & Review on Democracy」, 51호, 2021, 5면.

27) 김상숙, 위의 글, 4-5면: "진실화해위가 수행했던 진실규명의 주요 과제로는 ① 개별 희생자의 희생 사실 인정, ② 사건 전개 과정의 역사적 재구성을 통한 사건의 구조적 진실규명, ③ 가해의 지휘·명령체계 확인을 통한 국가 책임성 확인, 세 가지를 들 수 있다. 그런데 이 세 가지 과제는 서로 연관되어 있으면서도 각각 조사 대상, 조사 방법, 조사에 드는 기간, 필요한 결과물이 다르다. 그런데 진실화해위에서는 각각 다른 방식으로 수행해야 할 이 세 가지 차원의 조사 전체를 개별 조사관이 담당하고, 하나의 단위 사건 보고서 안에 종합하는 방식을 취했다. 이는 당시에는 전국 각지에서 발생한 사건에 대한 조사연구 결과가 거의 축적되어 있지 않은 상태였고, 진실화해위 역시 조사 기간과 조사 권한의 제약, 유관기관의 비협조 등 조사 여건의 제약이 있는 상태에서 조사했기 때문에 불가피했던 것이라고 볼 수도 있으나 이로 인해 사건의 역사적·구조적 진실규명으로 나아가기에는 부족했으며, 학살을 지시한 최상부의 명령체계 등 사건의 전말을 규명할 수 있는 조사도 상당히 부족했다."

28) 1기 진실화해위가 시민사회의 입법 운동에 의해 만들어졌음에도 불구하고 위원회 설립 후 제도화된 활동 단계에서는 시민사회단체들이 배제된 채 구체적 전략과 힘을 갖지 못했으며 과거청산 운동의 주요한 축이었던 피해자와 유족들은 이해집단 내지는 민원인으로 전락했다는 것이다. 김상숙, 위의 글, 6면.

소송에서 소멸시효를 이유로 항변을 할지 이러한 항변을 하지 않을지를 스스로 선택하고 결정할 수 있는 것이다. 그러나 피고인 국가는 우리 역사상 단 한번도 국과거청산과 관련된 국가배상청구소송에서 소멸시효항변을 포기한 적이 없었다.[29]

과거사사건손해배상청구소송에서 법원은 신의칙을 적용하여 피고인 국가의 소멸시효항변을 저지하기도 했지만, 대법원의 판결이 피해자인 권리자가 진실·화해위 등의 결정이 있은 후 상당한 기간 안에 권리주장을 할 것을 요건화하면서, '상당한 기간'을 3년이라고 했다가 재심 결정 후 6개월이라고 하는 등 과거사피해자들에게 불리한 판단을 내리는 등 과거사피해자들을 혼란에 빠뜨렸다. 한편 소멸시효에 관한 민법 제166조 제1항 및 제766조 제2항의 객관적 기산점 조항이 과거사사건의 특수성을 고려하고 있지 않아 위헌이라는 취지의 결정을 내렸는데 이 헌재의 결정은 매우 중요한 의미를 갖는다.

여기서는 소멸시효에 적용되는 신의칙의 유형을 간략히 소개한 후 문제되는 대법원 판결과 헌법재판소결정의 내용을 소멸시효제의 존재이유에 대한 고찰을 통해 검증해 보기로 하겠다.

1. 소멸시효와 신의칙의 유형

소멸시효에 신의칙을 적용하는 판례는 일반적으로 다음의 네 가지 유형으로 나뉜다.[30]

---

29) 반인도적 국가범죄의 경우 피고인 국가가 소멸시효항변을 할 수 없다고 보는 것이 합당하다는 견해가 있다. 임상혁, "거창사건 피해자에 대한 국가배상: 입법적, 사법적 해결의 검토: 거창사건 관련 판결과 소멸시효 항법", 「법과 사회」 제27권(2004), 177면.

30) 대법원 1994.12.9. 선고 93다27604 판결. 이 네 가지 유형에 관해서는 이범균, "국가의 소멸시효 완성 주장이 신의칙에 반하여 권리남용에 해당하는지 여부에 관한 판단 기준", 대법원판례해설 제54호 (2006), 22면 이하 참조. 소멸시효항변을 저지할 수 있는 신의칙을 4가지 유형으로 구분하고 있는 견해로는, 강우찬, "국가배상소송에서 국가의 소멸시효 완성주장에 대한 기산점 인 정 및 신의칙 위반 여부에 관한 검토", 법조(제55권 제2호), 법조협회 (2009), 268~269면; 김상훈, "과거사 국가배상사건에서 국가의 소멸시효 항변 제한법리 - 대법원 2013. 12. 12. 선고, 2013다201844 판결 등 타 당성 검토 -", 민사법연구(제22권), 대한민사법학회(2014), 35~36면; 김상훈, "재심절차에서 무죄 확정판결을 받은 자의 손해배상 청구에 대한 소멸시효 항변의 허용 여부", 대법원판례해설(제97호, 2013 하), 법원도서관 (2014), 17~18면; 남효순, "일제징용시 일본기업의 불법행위로 인한 손해배상청구권의 소멸시효남용에 관한 연구", 법학(제54권 제3호), 서울 대학교 법학연구소(2013), 410~411면; 박준용, "진실·화해를 위한 과거사정리 기본법에 따른 진실규명결정과 국가배상소송", 판례연구(제25집), 부산판례연구회 (2014), 377~378면; 이영창, "불법행위에 기한 손해배상청구에 대한 소멸시효 항변 - 과거사사건을 중심으로 -", 민사재판의 제문제(제22권), 한국사법행정학회(2013), 357면; 이영창, "과거사 사건의 사실 확정 및 소멸시효 문제", 대법원판례해설 (제95호, 2013 상), 법원도서관(2013), 440면; 최창호·유진·전성환, "과거 사 사건에 있어 법원의 소멸시효 남용론에 대한 비판적 고찰", 법조(제686권), 법조협회

① 채무자가 시효완성 전에 채권자의 권리행사나 시효중단(청구, 압류·가압류·가처분 및 채무의 승인)을 불가능하게 만들었거나 현저히 곤란하게 하였거나, 또는 시효중단 등의 조치가 불필요하다고 믿도록 만드는 행동을 한 경우(제1유형),

② 채권자가 권리행사를 할 수 없는 개관적인 장애사유가 있는 경우(제2유형),

③ 시효가 완성된 후라 하더라도 채무자가 시효를 원용하지 아니할 것 같은 태도를 보임으로써 권리자로 하여금 채무자가 시효를 원용하지 않을 것이라고 신뢰하게 한 경우(제3유형), 또는

④ 채권자보호의 필요성이 크고, 동일한 조건의 다른 채권자가 채무의 변제를 수령하는 등의 사정을 고려할 때 채무이행의 거절을 허용하는 것이 현저하게 부당하거나 불공평한 것으로 판단되는 등의 특별한 사정이 존재하는 경우(제4유형)

제1유형은 채무자가 권리행사 자체를 물리적으로 불가능하게 하거나, 권리자의 권리행사를 미루도록 유인하는 등, 채무자가 적극적으로 어떤 행동을 하여 채권자로 하여금 권리행사를 제때에 하기 어렵게 만든 경우이다. 이러한 적극적인 행동이 없거나, 어떠한 행동이 있었더라도 채권자의 권리행사를 어렵게 하는 정도에 이르지 않았다면 신의칙위반에 해당하지 않는다.

제2유형은 채권자의 권리행사가 객관적으로 불가능한 사실상의 장애사유가 있는 경우이다. 한편 관련 대법원 판례해설에 따르면, 이러한 장애사유에 해당하려면 일반인의 시각에서 봤을 때 그러한 권리를 행사한다는 것을 기대하기 어려운 사정이 있어야 하며, 채권자의 권리불행사가 사회적으로도 상당한 것이어야 하는데, 이러한 상태가 반드시 채무자에 의하여 유발되었을 필요는 없다고 한다.[31][32]

(2013), 50~51면; 한삼인·차영민, "국가의 소멸시효항변과 신의성실의 원칙 – 대법원 2013. 5. 16. 선고, 2012다202819 판결을 중심으로 –", 법학논고(제43집), 경북대학교 법학연구원(2013), 143면. 24); 홍관표, "과거사 사건의 소멸시효와 신의성실의 원칙 문제 – 대법원 판결의 입장 변화를 중심으로 –" 국가배상소송에서 국가의 소멸시효 완성주장에 대한 기산점 인정 및 신의칙 위반 여부에 관한 검토", 법조(제713호), 법조협회 (2016), 123~126면. 조용환, "역사의 희생자들과 법 – 중대한 인권침해에 대한 소멸시효의 적용문제", 법학평론(제1권), 서울대학교 법학평론 편집위원회(2010), 19~20면은 '제1유형'을 세분하여 채무자가 시효완성 전에 '채권자의 권리행사나 시효중단을 불가능 또는 현저히 곤란하게 한 경우'와 '채권자로 하여금 권리행사나 시효중단 조치가 불필요하다고 믿게 하는 행동을 한 경우'로 나누어 5가지 유형으로 구분하여 설명하고 있다.

31) 이주현, "채권자의 권리행사가 객관적으로 불가능한 사실상의 장애사유가 있음에 불과한 경우 채무자의 소멸시효 항변이 신의칙에 반한다는 이유로 허용하지 않을 수 있는지 여부", 대법원판례해설 제42호, 2003, 577면.

32) 그런데 국가가 우월적 지위를 이용하여 인권피해자의 권리행사를 객관적으로 불가능하게 만들었다면, 그 기간 동안에는 아직 민법 제166조 제1항상의 '권리를 행사할 수 있는 때'가 도래하지 않은 것으로 봐야 하지 않을까? 다수의 판례가 이러한 입장에서 판결하였다. 예를 들어 대판 1993. 7. 13, 92다

제3유형은 제1유형과 같은 맥락에서 이해할 수 있다. 두 유형 모두 채권자의 권리불행사가 '채무자의 적극적인 잘못된 언동'으로 초래되었다는 공통점을 가지기 때문이다. 차이점은 제3유형에 있어서는 이미 시효가 완성된 후의 채무자의 행위가 문제되는 것이다.

제4유형은 채무이행거절을 인정하는 것이 현저히 부당하거나 불공평한 경우에 해당되는 등의 특별한 사정이 있는 경우로써 이익형량의 결과 채무자의 소멸시효 완성 주장을 도저히 받아들이기 어려운 경우에 해당한다. 현저한 불균형이 요구되기 때문에, 네 가지 신의칙의 유형중에서도 가장 좁은 문을 통과해야 인정될 수 있는 것이라고 할 수 있다.

2. 문제되는 대법원 판결

1) 대법원의 입장

대법원 2013. 5. 16. 선고 2012다202819 전원합의체 판결은, 50. 10.경 부역자들에 대한 학살사건(진도민간인학살사건)에 관한 것으로, 2009. 4. 6. 진실·화해위의 진실규명결정이 있은 이후 2년 10개월 만인 2012.2. 14. 국가를 상대로 손해배상을 구한 사안이다. 위 전원합의체판결은 국가의 소멸시효 항변 제한에 관한 기존 판례의 입장과 상당한 거리를 두면서 제3유형의 신의칙 위반 유형을 적용하였는데, 원고들에게 상당한 기간 안에 권리행사를 할 것을 요구하면서 '상당한 기간'에 관해서는 진실·화해위원회 등 과거사위원회를 통한 진상규명결정일로부터 3년(민법상의 단기소멸시효)이라고 판시하였다. 이에 따라 과거사 피해자들 사이에서는 진상규명결정 후 3년 안에 권리행사를 하면 된다고 하는 일정한 신뢰가 구성되어 가고 있었다. 그런데 대법원 2013.12.12 선고, 2013다201844 판결에서는 국가의 소멸시효항변을 권리남용 제2유형의 신의칙 위반으로 판단하면서 원고들은 재심무죄판결 확정시와 형사보상결정 확정시를 기준으로 6개월(민법상 시효정지 기간) 안에 권리행사를 해야 한다고 판시함으로써 상당한 기간의 인정범위를 대폭 축소하여 많은 과거사피해자들을 당황하게 만들었다.

이들 대법원 판결의 내용을 정리하면 다음과 같다.[33]

39822; 대판 2001. 4. 27, 2000 다 31168; 대판 2003. 2. 11, 99 다66427; 대판 2003. 4. 8, 2002 다 64957; 대판 2006. 1. 26, 2004 다 19104 등.

33) 이 판결에서는 진실화해위 결정의 증명력에 대해서도 판단하였는데, 다수의견은 진실화해위의 결정을 하나의 '증거'로 보고 별도의 증거조사가 필요하다고 판단하였다. 이에 대해, 과거사정리법 및 진실화해

① 대법원 판결은 위에서 소개한 신의칙 제3유형을 적극적으로 적용하면서 피고인 국가가 시효를 원용하지 아니할 것 같은 태도를 보여 피해자인 권리자가 이를 신뢰하였던 경우, '상당한 기간' 안에 자기의 권리를 행사하였다면, 피고인 국가가 소멸시효 완성을 주장하는 것은 신의성실 원칙에 반하는 권리남용으로 허용될 수 없다는 견해를 취했다.

② 대법원 판결은 피고인 국가가 과거사정리법의 제정 등을 통하여 진실을 규명하고 피해자에 및 유족에 대해서 피해회복조치를 취하겠다고 선언함으로써 피해자 등이 국가배상청구의 방법으로 손해배상을 구하는 사법적 구제방법을 취하는 것도 궁극적으로는 수용하겠다는 취지를 담아 선언한 것이라 고 볼 수 있으며, 구체적인 소송사건에서 소멸시효로 항변하지 않겠다는 의사를 표명한 취지가 내포되어 있다는 입장이다.[34][35]

③ 대법원에 따르면 과거사정리법의 적용대상에 포함되는 경우임에도 불구하고 진실규명신청이 없었던 경우에는 피고인 국가의 소멸시효항변은 특별한 사정이

위원회 설립 취지를 무시하고 결과적으로 사건을 진실규명이 없었던 원점으로 다시 돌려놓았다는 비판을 받고 있다. 이 판결에서 이인복, 이상훈, 김용덕, 김소영 대법관의 소수의견을 음미할 필요가 있다: "피해자가 정리위원회의 진실규명결정을 증거로 제출하면서 국가를 상대로 국가 소속 공무원의 불법행위를 원인으로 한 손해배상을 청구하는 경우, 진실규명결정은 그 내용에 중대하고 명백한 오류가 있는 등으로 인하여 그 자체로 증명력이 부족함이 분명한 경우가 아닌 한 매우 유력한 증거로서의 가치를 가진다고 할 것이어서 피해자는 그것으로써 국가 소속 공무원에 의한 불법행위책임 발생 원인사실의 존재를 증명하였다고 봄이 타당하다. 이 경우 진실규명결정의 내용을 부인하며 가해행위를 한 바가 없다고 다투는 국가가 그에 관한 반증을 제출할 책임을 부담한다고 보아야 한다. 즉 국가는 진실규명결정의 내용이 사실과 다르다는 점에 관한 구체적인 사유를 주장하고 이를 뒷받침할만한 반증을 제출함으로써 진실규명결정의 신빙성을 충분히 흔들어야만 비로소 피해자 측에 진실규명결정의 내용과 같은 사실의 존재를 추가로 증명할 필요가 생기고, 국가가 그 정도의 증명에 이르지 못한 경우에는 함부로 진실규명결정의 증명력을 부정하고 그와 다른 사실을 인정할 수는 없다."

34) 대법원은 "........국가가 과거사정리법의 제정을 통하여 수십 년 전의 역사적 사실관계를 다시 규명하고 피해자 및 유족에 대한 피해회복을 위한 조치를 취하겠다고 선언하면서도 그 실행방법에 대해서는 아무런 제한을 두지 아니한 이상, 이는 특별한 사정이 없는 한 그 피해자 등이 국가배상청구의 방법으로 손해배상을 구하는 사법적 구제방법을 취하는 것도 궁극적으로는 수용하겠다는 취지를 담아 선언한 것이라고 볼 수밖에 없고, 거기에서 파생된 법적 의미에는 구체적인 소송사건에서 새삼 소멸시효를 주장함으로써 배상을 거부하지는 않겠다는 의사를 표명한 취지가 내포되어 있다고 할 것이다."고 판시하였다. 그런데 국가를 상대로 하는 소송에서 예외없이 소멸시효항변을 당하고 있는 피해자들이 실제로 이런 신뢰를 하고 있었을까? 적어도 진실화해위의 전신이라 할 수 있는 의문사위에서 의문사사건의 진실이 밝혀지고, 유가족들이 소를 제기하기 시작한 2002년도 무렵에는 실제로 이러한 신뢰가 있었다고 할수도 있겠지만, 의문사유가족이 제기한 국가배상청구소송에서부터 예외없이 소멸시효항변으로 일관하던 정부의 입장을 모르는 이는 적어도 진실화해위의 조사로 진실이 밝혀진 사건과 관련된 원고들 중에는 아무도 없었을 것이다.

35) 그렇다면 소멸시효를 문제 삼지 않고 피해자구제를 해 줄 것처럼 선행위를 해 놓고 이제 와서 소멸시효의 항변을 하는 것은 모순행위금지 또는 금반언의 원칙상 허용될 수 없다고 하는 것이 옳지 않을까? 이에 대해서는 최광준, 위의 글 참조.

없는 한 권리남용에 해당하지 않는다.

④ 국가에게 국민에 대한 보호의무가 있지만 그러한 이유만으로 피고인 국가를 일반의 개인 채무자와 달리 취급할 아무런 이유가 없다.

⑤ 피고인 국가의 소멸시효 항변을 저지할 수 있는 '상당한 기간'은 특별한 사정이 없는 한 민법상 시효정지의 경우에 준하여 단기간으로 제한되어야 하고, 단기소멸시효 기간인 3년 넘을 수는 없다. 또한 재심무죄판결 확정시와 형사보상결정 확정시를 기준으로 6개월(민법상 시효정지 기간) 안에 권리행사를 해야 한다.

이후 대법원 및 하급심 판례가 일관되게 위 대법원의 견해를 따르고 있었다.[36]

2) 비판적 검토
(1) 신뢰의 구성

대법원이 위의 신의칙 제3유형을 적용하는 취지는 2000년 의문사위가 구성된 이후 의문사유가족이 주장해 왔던 논리와도 일맥상통하는 부분이 있다. 국가가 의문사진상규명위원회를 대통령직속기관으로 설치하여 진상을 규명해 놓고서 배상은 피하겠다고 소멸시효항변을 하는 것은 모순된 행위로써 도저히 이해할 수 없다는 주장이 바로 그것이다. 따라서 의문사유가족들은 피고인 국가가 소멸시효를 이유로 항변하지 말 것과 사법부는 이를 허용하지 말 것을 호소하였던 것이다. 하지만, 피고인 국가는 예외 없이 소멸시효 항변으로 일관하였고, 의문사희생자 유가족들의 신뢰와 기대는 여지없이 무너져 버리고 말았다. 의문사진상규명위원회의 2기 활동까지 모두 종료되고 난 후, 2005년이 되어서야 비로소 「진실·화해를 위한 과거사정리위원회」(이하 진실·화해위)가 구성되었는데, 「의문사진상규명위원회」에서 밝혀진 사건에 대한 소송이 진행되던 2002년 무렵부터는 진실·화해위에서 진실을 밝혀 국가의 책임을 입증한다고 하더라도 소송에 있어서는 피고인 국가의 소멸시효항변이라는 커다란 장애에 부딪힐 것이라는 사실을 모르고 있었을까? 이런 상황인데도 불구하고 인권피해자들은 진실·화해위에서 밝혀진 진실에 대해서는 피고인 국가가 소멸시효를 이유로 항변하지 않을 것이라고 신뢰하고 있었을까? 적어도 진실·화해위의 전신이라 할 수

---

36) 좋은 예로서, 통영 민간인 학살 사건에서 1심 법원은 객관적 장애사유와 채권자 보호의 필요성을 근거로 국가의 소멸시효 주장 원용을 배척했는데(서울중앙지방법원 2013. 5. 1. 선고 2012가합526022 판결), 대상판결 이후에 선고된 항소심에서 서울고등법원은 '채무자가 시효를 원용하지 않을 것 같은 태도를 보여 채권자로 하여금 신뢰하게 한 경우'에 해당한다고 보아 시효를 배척하였다(서울고등법원 2013. 12. 20. 선고 2013나2009206 판결).

있는 의문사위에서 의문사사건의 진실이 밝혀지고, 유가족들이 소를 제기하기 시작한 2002년도 무렵에는 실제로 이러한 신뢰가 있었다고 할 수도 있겠지만, 의문사유가족이 제기한 국가배상청구소송에서부터 예외없이 소멸시효항변으로 일관하던 정부의 입장을 모르는 이는 적어도 진실·화해위의 조사로 진실이 밝혀진 사건[37]과 관련된 원고들 중에는 아무도 없었을 것이다.[38] 따라서 진실·화해위의 결정이 있은 이후에도 소송을 제기하는 것을 망설이고 있지는 않았을까? 섣불리 소송을 제기하기 보다는 소멸시효항변 등으로 책임을 회피하려는 피고 국가를 상대로 해야 했기에 더 많은 준비의 시간이 필요하지는 않았을까? 대법원은 이러한 측면을 전혀 고려하지 않았다.

희생자들이 실제로 신뢰했는가의 여부를 제외하면, 대상판결에서와 같이, 의문사위나 진실·화해위를 통해 과거 인권침해의 진상을 밝히도록 하는 국가의 행위 안에는 배·보상의 의사도 내재되어 있는 것으로 보는 것이 적어도 객관적으로 합리적이라는 점에 동의할 수 있다면, 진실·화해위와 관련법을 제정하고 진상규명결정을 한 행위는 선행위가 되고, 소멸시효항변은 선행위에 대한 모순행위가 되어 금반언의 원칙을 적용할 수 있다는 견해가 있다.[39]

(2) 국가와 개인은 다르다

대법원은 객관적 장애사유를 인정하지 않고, 채권자 보호의 필요성과 관련해서도 국가를 일반 개인적 채무자와 구별할 필요가 없다고 하면서 국가가 아닌 일반 채무자의 소멸시효 완성에서와 같은 특별한 사정이 인정될 때만 권리남용에 해당한다고 판단하였는데, 이에 대해 사법부가 과거사청산의 의지를 포기하거나 후퇴시킨 것이 아닌가하는 의문이 제기된다. 국가는 헌법 제10조에 따라 "개인이 가지는 불가침의

---

37) 진실화해위의 진실규명결정은 2007년 4월 17일에 이르러서야 시작되었다. 진실·화해를위한과거사정리위원회, 『진실화해위원회 종합보고서 Ⅰ』, 진실·화해를위한과거사정리위원회(2010), 229면 이하 참조.

38) 같은 의견으로 홍관표, 위의 글, 149-151: "과거사정리위원회의 진실규명결정이 있으면 국가가 소멸시효의 완성을 들어 권리소멸을 주장하지는 않을 것이라는 신뢰를 가질 만한 특별한 사정이 있다고 인정했으나, 이는 사실이 아닌 가정 내지 상상에 기반한 것으로 실체적 진실과 부합하지 않는다. 대한민국은 과거사 사건과 관련하여 한 번도 시효완성 항변을 하지 않을 것이라는 신뢰를 피해자 및 유족에게 부여한 바 없고, 피해자나 유족 역시대한민국이 손해배상소송에서 시효완성 항변을 하지 않을 것이라고 신뢰한 적이 없으며 이를 기대한 적도 없었다고 보는 것이 사실에 부합한다. 대한민국이 과거사 사건과 관련된 손해배상소송에서 1심부터 과거의 잘못을 인정하고 반성하면서 시효완성의 이익을 포기한 사례가 있었던가.......이미 다른 진실규명결정에 따른 개별 손해배상청구 소송에서 피고 대한민국의 시효완성 항변이 현실적으로 지속되고 있는 상황에서, 2009년 4월 6일 진실규명결정에 이르러 갑자기 특별한 사정도 없이 피고 대한민국이 시효완성의 항변을 하지 않을 것이라는 신뢰를 유족들이 가질 만했다고 인정하는 것은 어불성설이다."

39) 최광준, 위의 글.

기본적 인권을 확인하고 이를 보장할 의무를 진다".[40] 국가는 국민에 대한 보호의무에 의해 그 존립가치를 인정받는 것이다. 그러한 국가가 공권력을 남용하여 국민의 생명과 자유를 침해하여 자기의 존립가치를 부정하는 경우를 일반 사인간의 문제와 동일선상에서 보는 것은 어불성설이다. 어느 개인도 다른 개인에 대하여 기본적 인권을 보장하는 의미에서의 보호의무를 부담하지는 않는다. 즉, 국가가 국민에 대해서 갖는 보호의무와 일반채무자가 타 개인에 대해서 가질 수 있는 보호의무는 근본적으로 그 성격을 달리하는 것이다. 대상판결을 표현을 빌리자면, '국가가 국민에 대한 보호의무를 부담한다는 이유만으로 개인(일반 채무자)과 달리 취급할 이유가 없을 수도 있겠지만, 그렇다면 여기서 말하는 국가의 보호의무의 성격은 어떤 것인지, 그리고 그 보호의무를 위반했을 때 그러한 행위가 우리의 사회질서를 어떻게 붕괴시킬 수 있는지, 공권력을 남용하여 국민에 대한 인권침해를 한 행위 자체를 넘어서, 이러한 불법행위를 조직적으로 은폐하고 조작한 것이 우리의 사회질서에 얼마나 치명적인 결과를 초래할 수 있는 것인지를 함께 고려하였더라면, 국가의 보호의무를 이렇게 가볍게 평가할 수는 없었을 것이다.

대법원의 입장은 아마도 법적 안정성을 수호하려는 취지에서 여지껏 사인들간의 문제로서만 다루어왔던 소멸시효항변에 적용되는 법리가 피고가 국가가 되었다고 해서 달리 적용하지 않음으로서 법적안정성을 지키는 것으로 이해했던 것으로 추정된다. 그러나 이는 법적안정성에 대한 잘못된 이해에서부터 비롯된 것이다. 법적안정성은 전혀 다른 문제에 대해서도 똑같은 규정을 적용해서 지켜지지 않는다. 일반인이 가장 예상하기 쉽고 이해하기 쉬운 공평한 해결책을 찾는 것이 법적안정성을 지키는 길이다. 국가를 개인과 동일하게 취급하겠다는 의도는 법적안정성을 지키기는커녕 법적안정성과 사회질서를 무너뜨릴 수 있는 매우 위험한 발상이다.[41]

유엔이 유엔기본원칙을 통해 중대한 인권침해에 대한 민사적 손해배상청구에 대하여 소멸시효가 적용되지 않는다고 한 것은, 공권력에 의한 인권침해가 사인간의 인

---

40) 민사법에 한정하지 않고, 국민에 대한 기본권보장이나 법해석학적 관점에서도 국가의 소멸시효항변이 허용될 수 없다는 취지의 견해로는 송기춘, "조작간첩사건과 법원의 판결에 대한 국가배상청구 가능성",「세계헌법연구」제13권 1호, 국제헌법학회 한국학회, 2007, 85면 이하; 이덕연, "거창사건에 대한 대법원판결(2008.5.29. 2004다33469)평석 - 견벽청야(堅壁淸野)의 군사작전과 법리구성의 구조적 유사점을 주목하여", 저스티스 제129호, 한국법학원, 2012, 297면 이하 및 김창록, "특집 - 故 故崔鍾吉 敎授 30주기 추모학술회의: 과거청산과 시효", 공익과 인권(제1권 1호), 서울대학교 공익인권법센터 (2004) 참조.
41) 유엔이 유엔기본원칙을 통해 중대한 인권침해에 대해서는 민사적 손해배상청구에 대하여 소멸시효가 적용되지 않는다고 한 것은 무엇을 의미하겠는가? 국가를 개인과 동일하게 취급했다면 이러한 입장을 취하는 것이 가능했겠는가?

권침해와 다른 의미를 갖기 때문이다.

인권회복을 통한 기본권보장의 의무는 행정부뿐만이 아니라 사법부에도 주어지는 것이다. 헌법재판소의 표현을 빌리자면, "...법원은 기본권을 보호하고 관철하는 일차적인 주체이다. 모든 국가권력이 헌법의 구속을 받듯이 사법부도 헌법의 일부인 기본권의 구속을 받고, 따라서 법원은 그의 재판작용에서 기본권을 존중하고 준수해야 한다. 법원이 기본권의 구속을 받기 때문에 법원이 행정청이나 하급심에 의한 기본권의 침해를 제거해야 하는 것은 당연한 것이다. 기본권의 보호는 제도적으로 독립된 헌법재판소만의 전유물이 아니라 모든 법원의 가장 중요한 과제이기도 하다."[42]

(3) 상당한 기간

대상판결에서는, '상당한 기간 내 소송의 제기'를 권리남용의 판단 요소 중 하나로 명시하면서 '상당한 기간'은 특별한 사정이 없는 한 민법상 시효 정지의 경우에 준하여 단기간으로 제한되어야 한다'고 판시하였다.[43]

2000년 후반부터 하급심 법원이 재심무죄 피해자가 제기한 국가배상청구 소송에서 국가의 법적 책임을 인정하였고 대법원도 2011. 1. 13. 이후부터 이러한 판결에 합류하는데, 대상판결 이전까지만 하더라도 민법 제766조 단기 소멸시효를 적용하여 재심무죄판결 확정일로부터 3년 이내에 소송을 제기하면 법적 책임을 인정하는 것으로 판단하였다.

대법원이 2011. 1. 13.에 선고한 사건 중 하나인 아람회 사건(대법원 2010다28833 판결)만 보더라도 형사재심사건이 2009. 5. 21. 선고되어(서울고등법원 2000재노6) 1주일 뒤인 2009. 5. 28.에 확정되었고, 형사보상신청 건은 2010. 10. 13. 결정되었으며(서울고등법원 2010코13), 1심 국가배상청구 소송은 2011. 4. 28.에 제기되었다(서울중앙지방법원 2011가합41944).

그 외 대법원 2012. 11. 29. 선고 2012다201380 판결,[44] 대법원 2013. 6. 13. 선고

---

42) 헌재 1997.12.24. 선고, 96헌마172·173(병합) 결정.

43) 시효정지에 관하여 우리 민법(제179조부터 제182조)은 권리행사기간을 1개월부터 6개월까지 다양하게 규정하고 있는데, 그 기준도 제시하지 않고 '시효 정지의 경우에 준한다'고만 판시한 모호함으로 인해 하급심 법원도 "소멸시효 항변을 저지하기 위한 손해배상청구권을 행사하여야 할 '상당한 기간'은 원칙적으로 민법상 시효정지의 경우에 준하여 권리남용사유 종료일로부터 1월 내지 6월 이내라고 할 것인바"라고 함으로써(서울중앙지방법원 2013. 10. 10. 선고 2013가합14151 판결), 그 기준도 제대로 정하지 못하고 판단을 내리고 있었다.

44) 재심무죄 피해자들이 제기한 국가배상청구 소송에서, 대법원은 재심무죄판결 확정일로부터 3년 내에 제기된 손해배상청구 소송에서 국가가 소멸시효 완성을 주장하는 것은 신의성실의 원칙에 반하여 권리남용으로서 허용될 수 없다는 하급심 판결을 그대로 인용했다.

2013다203253 판결,[45] 대법원 2012. 7. 26. 선고 2011다77825 판결[46]들도 '6개월'과 무관하게 판결을 하였다.

이로써 피해자들로서는 재심판결 확정일로부터 3년 이내에 소송을 제기하면 구제 받을 수 있다는 신뢰가 형성되었다.

대상판결 이후에도 하급심에서 재심무죄 국가배상청구 소송에서, 재심무죄 판결 확정일 또는 형사보상결정 확정일로부터 6개월 이상 지난 시점에 소송이 제기된 사건에 대해서도 '상당한 기간'의 '특별한 사정'이 있는 경우에 해당한다고 보고 법적 책임을 인정한 바 있다.[47]

그런데 대법원은 2013. 12. 12. 재심무죄 피해자가 제기한 국가배상청구 사건에서, 신의성실의 원칙을 들어 시효 완성 효력을 부정하는 것은 예외에 그쳐야 할 것이므로 특별한 사정이 없는 한 그러한 장애요소가 해소된 무죄판결 확정일로부터 민법상 시효 정지 경우에 준하는 6개월 내에 권리 행사해야 한다고 했지만, 6개월 안에 소

---

45) 원고가 재심 무죄판결 확정일로부터 약 11개월 경과하여 손해배상청구의 소를 제기하였는데, 대법원은 재심판결 선고일로부터 민법 제766조 제1항의 소멸시효 기간인 3년 내에 제기된 이 사건 손해배상청구 소송에서 피고가 원고들에 대하여 소멸시효 완성을 주장하는 것은 신의성실의 원칙에 반하는 권리남용으로 허용될 수 없다고 판단한 원심을 인용하였다.

46) 재심무죄 판결 확정일로부터 약 11개월, 형사보상결정 확정일로부터 6개월 이상 지난 시점에 소송 제기된 사건이다.

47) 서울중앙지방법원 2013. 10. 31. 선고 2013가합531595 판결: "과거사정리위원회에서 특별법 위반으로 처벌받은 다수 사건 조사하여 진실규명 결정을 하였고, 과거사정리기본법에서는 정부에게 과거사정리위원회의 조사 및 결정을 받은 피해자 및 유가족의 피해를 회복하기 위하여 적절한 조치를 취할 의무를 명시적으로 부과하고 있으므로, 이에 비추어 보면 원고들이 피고가 입법 기타 조치를 통하여 원고들에게 피해보상 등을 위한 적절한 조치를 취하리라고 기대하여 재심 판결이 확정된 뒤 즉시 손해배상청구권 행사에 나서지 않음으로써 권리행사가 지연될 만한 특별한 사정이 있었다고 보인다."고 하면서 상당한 기간 내에 행사한 것으로 판단하였다; 서울중앙지방법원 2013. 7. 2. 선고 2012가합532683 판결: "원고들이 재심판결 확정일로부터 1년이 경과한 후 소를 제기하였으나, 피고의 불법행위 성질, 그로 인한 손해배상채권의 규모 및 그 청구권자의 범위, 유사한 국가배상사건의 진행상황 등을 고려할 때 신의칙상 상당한 기간 내에 권리 행사하였다고 봄이 타당하다"고 판단하였다. 서울중앙지방법원 2013. 10. 4. 선고 2013가합514774 판결: "국가권력기관의 국민에 대한 불법 체포, 구금과 고문 등 가혹행위는 결코 일어나서는 안될 위법행위일 뿐 아니라 다시 되풀이되어서도 안될 중대한 인권침해에 해당하고, 국제적으로도 이와 같은 중대한 반인권적 행위에 대하여는 공소시효의 적용을 배제하여야 한다는 논의가 지속되고 있으며, 이러한 경우 민사상으로도 소멸시효로 피해회복의 길을 봉쇄하는 것이 타당하지 않다. 상당한 기간을 6개월로 제한할 이유를 찾아볼 수 없고, 원고들이 권리를 행사하여야 하는 기간은 손해 및 가해자를 안 때로부터 3년이라고 해야 한다. 즉, 처음부터 5년 소멸시효 적용이 없었던 것으로 보아 3년 소멸시효 기간만 남는다"; 서울고등법원 2013. 11. 14. 선고 2013나2008463: "채권자는 사실상의 장애사유가 해소된 때로부터 신의칙상 상당한 기간 내에 권리를 행사하여야 하나, 그 '상당한 기간'은 일률적으로 6개월로 볼 것은 아니고 구체적인 개별 사건에서 소멸시효 제도의 취지, 소멸시효 기간, 채무자의 소멸시효 주장이 권리남용으로 인정된 이유, 채권자의 보호 필요성 등을 종합적으로 고려하여 결정하여야 한다"고 하면서, 상당한 기간을 3년으로 판단하였다.

를 제기하지 않았다 해도 그 기간 안에 형사보상법상의 형사보상청구를 한 경우라면 국가인 피고의 소멸시효의 항변을 저지할 수 있는 권리행사의 '상당한 기간'이 연장되어야 하는 특별한 사정이 있다고 하였으며, 이때는 형사보상결정 확정일로부터 6개월 안에 제기하면 상당한 기간 안에 행사한 것으로 볼 수 있다고 판단하였다.[48]

이 판결 이후 하급심 법원은 재심무죄판결 확정일로부터 6개월 또는 형사보상결정 확정일로부터 6개월을 '상당한 기간'으로 보고 있었다.

국가의 법적 책임을 인정한지 얼마 되지도 않은 법원이 그 전까지 '무죄 판결 확정일로부터 3년' 이내에 소송을 제기하면 법적 책임을 인정하여 이러한 법원의 판례만 믿고 소송 제기가 늦어진 피해자들이 2013. 12. 12. 선고된 대법원 판결 때문에 국가에 법적 책임을 묻지 못할 위기에 처하게 되었던 것이다.

특히 소송을 같이 시작했는데, 하급심 재판부의 진행 속도에 따라 2013. 12. 12. 선고 이전에 사건이 종결된 경우에는 국가의 법적 책임을 물을 수 있었는데, 그 후에는 법적 책임을 묻지 못하는 어처구니없는 일들이 일어나고 있었다.

최근에 이러한 불합리한 결과를 일정 정도 조정하기 위한 것인지 알 수 없으나, 대법원이 재심무죄 피해자와 그 가족들이 제기한 국가배상청구 사건에서, 재심 대상 사건 당사자는 재심무죄판결 확정일 또는 형사보상결정일로부터 6개월을 원칙으로 하되 지연될 수 밖에 없었던 특수한 사정이 있었는지 여부를 판단해야 할 것이나, 불법구금 및 가혹행위를 당한 가족의 경우 진실·화해위에서 위 불법구금 및 가혹행위에 대해 진실규명한 날로부터 3년 이내에 소송을 제기했으므로 상당한 기간 내에 권리행사한 것으로 볼 수 있다고 판단하였던 것이다.[49]

대상판결에서 대법원은 "상당한 기간 내에 권리행사가 있었는지 여부는 채권자와 채무자 사이의 관계, 신뢰를 부여하게 된 채무자의 행위 등의 내용과 동기 및 경위, 채무자가 그 행위 등에 의하여 달성하려고 한 목적과 진정한 의도, 채권자의 권리행사가 지연될 수밖에 없었던 특별한 사정이 있었는지 여부 등을 종합적으로 고려하여 판단할 것이다."라고 하면서도 상당한 기간에 관해 최장 6개월로 규정되어 있는 시효정지기간에 준하는 단기간을 기준으로 하고 있었다. 인권침해사건들을 시효정지사건들과 동일시하는 것이 과연 정당할까? 일반적인 시효정지사건에 있어서는 가해자와 가해행위 등을 피해자인 채권자가 잘 알고 있는 경우로서 가해행위가 있었을 때부터 소멸시효가 진행되고 있는 중에 전시·사변 등 시효정지의 원인이 발생하여 권

48) 대법원 2013.12.12 선고, 2013다201844 판결.
49) 대법원 2014. 4. 10. 선고 2013다215973 판결.

리구제를 받지 못했을 경우, 원칙적으로는 채권자에게 주어진 소멸시효기간이 다 경과하였음에도 불구하고 권리구제를 받기 어려웠던 사유가 존재하는 기간을 시효계산에서 제외시켜 주면서, 이 사유에서 벗어나자마자 상당한 기간 안에 곧바로 소를 제기하라는 의미가 담겨져 있다. 시효정지사건에 있어서의 '상당한 기간'이란 (사법제도상) '가능한 한 가장 빠른 시간'이라고 할 수 있다. 그 결과 정지시효기간을 1개월내지 6개월로 입법화한 것이다. 그런데 이렇듯 '가능한 한 빠른 시간'이라는 기준을 과거인권침해사건들에 똑같이 적용해야 하는 근거는 어디에 있는가? 과거인권침해사건들은 대부분 국가기관의 조직적인 은폐와 조작에 의해 여지껏 국민들이 그 가해행위나 가해자 등을 알지 못하는 상태로 그 진실이 감추어져 있었던 사건들이다. 이 점에서 일반적인 시효정지사건들과는 근본적으로 다르다. 인권침해사건들은 진실·화해위 등의 진실규명에 의해 비로소 그 실체가 드러난 사건들이다. 피해자 유가족들조차도 그 사건의 진상을 전혀 모르고 있었던 경우가 대부분이다. 과거인권피해자의 경우에도 과거사위원회의 진실결정이 있고 나서 '상당한 기간' 안에 권리구제를 위한 소를 제기해야 한다는 점에 대해서는 아무도 반대하지 않을 것이다. 그러나 왜 그 상당한 기간의 기준이 시효정지에 있어서와 마찬가지로 '사법제도상 가능한 한 가장 빠른 시간'인지는 의문이 아닐 수 없다. 수십 년이 지난 이제야 사건의 실체를 알게 된 유가족들로서는 이제부터 정신적 충격을 극복[50]해야 하고 냉철한 마음으로 현실을 직시하면서 국가를 상대로 하는 어려운 소송을 준비해야 했을 것이다. 더구나 대상판결에서 판시한 바와 같이 과거사위원회의 결정사항이 소송상 단지 하나의 증거에 지나지 않는 상황에 있어서는 피고인 국가가 책임 자체를 부정하는 경우를 항상 염두에 두고 있어야 한다. 다행히 가해공무원의 신원이 밝혀진 경우라면 이들의 자백을 받아내기 위한 노력도 했어야 할 것이고, 이 모두를 위해서는 시간이 필요하다. 법원은 결국 인권피해자가 처한 입장을 올바로 인식하지 못하고 있었던 것 같다. 때문에 인권침해사건들에 있어서도 시효정지기간에 준하는 단기간을 기준으로 하고 있는 것이라는 생각이 든다. 인권피해자의 입장에서는 피고인 국가가 계속적으로 소멸시효를 이유로 항변하고 있는 상황에서, 진실·화해위의 결정만을 믿고 섣불리 소송을 제기할 수 없는 특별한 사정이 있었다는 점을 고려했어야 했다. 어김없이 예상되는 피고 국가의 소멸시효항변에 대해 개별사건별로 이 항변을 저지할 수 있는 법률적 논리를 개발하면서 소송에 철저하게 대비하기 위해서는 전문변호사의 선임과

---

50) 유가족이 극복해야 하는 정신적 문제에 대해서는 정원옥, "의문사 유가족의 애도전략－유령과 함께 살기", 민주주의와 인권 제12권 3호, 전남대학교 5.18연구소, 2012, 235면 이하 참조.

정을 포함하여 상당한 준비기간이 필요하다. 소멸시효기간을 채무자가 아닌, 채권자의 입장에서 보면, 일반적으로 이 기간 안에는 언제든지 채권자가 자기 권리주장을 하는 것이 보장되어 있으며, 따라서 그 기간 동안은 채권자의 권리가 보호받고 있다고 볼 수 있다. 채권자는 그 기간 동안 자기의 권리행사를 위한 증거도 수집할 수 있고, 증인도 확보할 수 있을 것이다. 또한 그 기간 안에는 소를 제기하는 시기를 자유롭게 결정할 수 있는 권리도 가지고 있다. 그런데, 과거인권침해사건에 있어서는 채권자에게 이러한 기간이 존재하지 않는다. 그 오랜 시간동안 사건의 실체조차 알 수 없었던 채권자에게 보장되는 권리보호의 기간이 거의 전무하다. 자신이 채권자의 자격이 있다는 사실 조차도 이제야 알게 된 사람에게 '사법상 가능한 가장 빠른 시간' 안에 권리행사를 하라고 무리한 요구를 하고 있는 것이다. 이러한 사정을 종합해 보면, 시효정지의 기간인 6개월은 부당하게 짧다고 할 수 있다.[51] 따라서 과거인권침해사건들에 있어서는 단기소멸시효기간인 3년을 원칙으로 하는 것이 합리적이라는 주장이 있었다.[52]

V 헌법재판소의 결정과 소멸시효제도의 존재이유

1. 헌법재판소 결정의 내용

2018년 헌법재판소[53] 민법 제166조 제1항, 제766조 제1항, 제2항, 국가재정법 제96조 제2항, 구 예산회계법 제96조 제2항이 원칙적으로는 합헌이지만, 과거사 사건에 관하여는 「민법」 제166조 제1항, 제766조 제2항이 위헌이라는 결정을 내렸다.[54]

---

51) 홍성균, 위의 글, 154~155면에서는 시효정지의 사유는 모두가 채권자, 채무자에게 책임이 없는 경우임에 반하여, 소멸시효 항변의 신의칙에 따른 허용한계에 속하는 4개 사유는 모두 일정 정도 채무자에게 책임이 있는 경우이므로, 성격이 서로 다름에도 불구하고 시효정지기간을 기준으로 하는 것은 적절하지 못하다고 한다. 김제완, "국가폭력에 의한 특수유형 불법행위에 있어서 손해배상청구권 의 소멸시효. 거창사건 항소심판결(부산고법 2004. 5. 7. 선고 2001 나15255)에 대한 비판적 검토-", 인권과 정의(제368호), 대한변호사협회(2007), 75~77면은 유사한 취지에서 국가와 국민과의 관계의 특수성 을 강조하고, 당사자가 국가라는 사정만으로는 신의칙을 적용할 수 없다는 점을 수긍할 수는 있지만, 문제가 된 해당 권리의 성격과 일응 소멸시효기간이 만료하게 된 경위 등을 전혀 고려하지 않은 채 신의칙 적용의 타당성 여부를 판단할 수 없다고 한다.

52) 최광준, 위의 글.

53) 헌재 2018. 8. 30, 2014헌바148, 162, 219, 466; 2015헌바50, 440(병합); 2014헌바223, 290; 2016헌바419(병합).

54) 헌법재판소 결정에 관해 상세한 것은 홍관표, "국가에 대한 손해배상청구권과 소멸시효-과거사 사건

민간인 집단 희생사건, 중대한 인권침해사건·조작의혹사건 등 과거사정리법[55]이 규정하는 주요 과거사사건에 대해서까지 「민법」 제166조 제1항, 제766조 제2항의 객관적 기산점을 적용하도록 규정해 놓은 것 자체가 위헌이라는 견해다. 국가의 국민에 대한 인권침해사건인 과거사사건을 전혀 구별하지 않고 일반 개인의 개인에 대한 불법행위와 똑 같이 취급하는 것은 소멸시효제도를 통한 법적 안정성과 가해자 보호만을 지나치게 중시한 나머지 합리적 이유가 없으며 과거사 사건에 관한 국가배상청구권의 보장 필요성을 외면한 것으로서 입법형성의 한계를 일탈하여 청구인들의 국가배상청구권을 침해하고 있기 때문에 위헌이라는 것이다.

헌법재판소는 구체적으로 다음의 이유를 들고 있다.

① 과거사 사건은 과거사정리법 제정 경위 및 취지 등에 비추어 볼 때 국가기관의 조직적 은폐와 조작에 의해서 피해자들이 그 가해자나 가해행위, 가해행위와 손해와의 인과관계 등을 정확하게 알지 못하는 상태에서 오랜 기간 진실이 감추어져 왔다는 특성이 있어 사인간 불법행위 내지 일반적인 국가 배상 사건과는 근본적으로 다른 사건 유형에 해당되는 것임에도 불구하고 과거사 사건의 특성을 구분하지 아니한 채 사인간 불법행위 내지 일반적인 국가배상 사건에 대한 소멸시효 정당화 논리를 그대로 적용하는 것은 헌법 제11조의 평등원칙에도 부합하지 않는 것이다.[56]

② 과거사 사건의 이러한 특성으로 인해 소멸시효제도의 입법취지 중 '채무자의 증명곤란으로 인한 이중변제 방지'나 '권리행사 태만[57]에 대한 채권자의 제재 필요성과 채무자의 보호가치 있는 신뢰'는 그 근거가 되기 어렵다는 것이다.

③ 과거사 사건에 대해 오랫동안 국가배상청구권을 행사하기 어려운 상황이었음에도 헌법 제10조 제2문의 헌법상 기본권 보호의무를 지는 국가가 소멸시효를 「민법」 제766조 제2항 내지 제166조 제1항으로부터 기산함으로써 국가배상 청구권이 이미 시효로 소멸되었다고 선언하는 것은 헌법 제10조에 반한다는 것이다.

④ 국가배상청구권의 시효소멸을 통한 법적 안정성의 요청이 헌법 제10조가 선언한 국가의 기본권 보호의무와 헌법 제29조 제1항이 명시한 국가배상청구권 보장 필요성을 완전히 희생시킬 정도로 중요한 것이라고 보기 어렵다.

을 중심으로", 「법학논총」 제39건 제2호 (2019), 239면 이하 참조.

55) 과거사정리법 제2조 제1항 제3호 및 제4호.

56) 이 헌법재판소의 결정 이전에도 국가와 개인은 달리 취급되어야 한다는 주장이 있었다. 최광준, 위의 글.

57) 이는 가해자가 국가인 경우와 일반 개인인 경우가 서로 다르게 취급되어야 한다는 주장을 받아들인 것으로 이해된다. 이 주장에 관해서는 최광준, 위의 글 참조.

⑤ 과거사 사건에 있어서는 그 특성상 피해자의 진상규명을 저해하여 국가에 대해 손해배상을 청구할 수 없었던 경우가 많았음에도 불구하고 불법행위 시점으로부터 소멸시효의 객관적 기산점을 적용하도록 하는 것은 피해자와 가해자 보호의 균형을 이루고 있는 것으로 보기 어렵고 손해의 공평·타당한 분담이라는 손해배상제도의 지도원리에도 부합하지 않는다는 점을 들었다.

헌법재판소는 다른 한편 「민법」 제766조 제1항의 주관적 기산점 및 단기소멸시효에 관하여는 불법행위로 인한 손해배상청구에 있어 피해자와 가해자 보호의 균형을 도모하기 위한 것으로 과거사 사건에 있어서도 합리적 이유가 인정된다고 판단하면서 과거사 사건 중 '민간인 집단 희생사건'의 경우에는 피해자 등이 진실·화해위의 '진실규명결정을 안 날'로부터 3년 이내에 국가배상을 청구하여야 하고, '중대한 인권침해사건과 조작의혹사건' 중 유죄확정판결을 받았던 사건의 경우에는 피해자 등이 '재심판결 확정을 안 날'로부터 3년 이내에 국가배상을 청구하여야 「민법」 제766조 제1항의 단기소멸시효 완성을 저지할 수 있다는 점을 밝혔다.[58]

2. 소멸시효제도의 존재이유

여기서는 소멸시효제도의 존재이유를 과거사사건을 대상으로 검토해 보고, 위 헌법재판소 결정과 같은 결론에 이를 수 있는지를 검증해 보기로 하겠다.

일반적으로 소멸시효 제도의 존재이유로 ① 법적 안정성의 제고, ② 입증곤란의 구제, ③ 권리행사의 태만에 대한 제재의 세 가지를 든다. 이에 더하여 일부에서는 권리자가 더 이상 권리를 행사하지 않을 것으로 믿은 의무자의 신뢰보호를 추가하기도 한다.[59] 그런데 이러한 소멸시효의 일반적 존재이유를 인권침해사건에 연결하면

---

58) 이는 다수의견을 정리한 것이다. 재판관 3인은 반대의견을 고수하였는데, 반대의견은 당해 사건에서 청구인들은 심판대상조항들에 대한 해석·적용을 다투기 위한 방편으로 헌법소원심판을 청구한 것으로, 법률조항 자체의 위헌 여부를 다투는 것이 아니라 당해사건 재판의 기초가 되는 사실관계의 인정이나 평가 또는 개별적·구체적 사건에서의 법률조항의 단순한 포섭·적용에 관한 법원의 해석·적용이나 재판 결과를 다투는 것에 불과하므로 재판소원을 금지한 헌법재판소법 제68조 제1항의 취지에 비추어 허용될 수 없고 부적법 각하하여야 한다는 것이었다.

59) 곽윤직 편집대표, 민법주해 III-총칙(3)(윤진수 집필부분), 박영사 1992. 390-392. 입증곤란을 구제한다는 논거는 입증자료가 충분히 확보되어 현존하더라도 여전히 소멸시효가 적용된다는 점에서 소멸시효 제도를 지지하는 독자적 논거가 될 수 없고, 권리행사의 태만에 대한 제재라는 논거도 권리자에게 권리행사의 법적 의무가 부과되는 것이 아니라면 왜 권리불행사가 권리의 박탈이라는 결과를 가져오는지 설명하기 어려운 점 등으로 미루어 소멸시효 제도의 가장 강력한 존재근거는 법적 안정, 즉 유동적인 법률상태의 '매듭짓기'라는 견해가 유력하다. 권영준, "소멸시효와 신의칙", 재산법연구 제26권 제1

어떠한 결과가 도출될 수 있을까?

1) 법적 안정성의 제고

일정한 사실상태가 오랫동안 계속되면, 사회는 이것을 진실한 권리관계에 부합하는 것으로 믿게 되고, 그것을 기초로 하여 다수의 새로운 법률관계를 맺어 새로운 사회질서가 형성되기 때문에 이를 보호하자는 것이다. 이것이 지켜지지 않으면, 거래의 안전이 위협되고, 사회질서가 문란하게 될 수 있다고 한다. 그런데 국민을 보호해야 하는 국가가 국민의 인권을 침해하고, 그 우월적 지위를 이용하여 오랜 기간 동안 권리구제를 막고 있었던 경우에도, 이제와서 국가가 책임을 다하는 것이 거래의 안전을 위협하고 사회질서를 문란하게 하는 것일까? 오히려 그 반대가 되어야 하지 않을까?

2) 입증곤란의 구제

불법행위사건에 있어서는 원칙적으로 청구자가 행위와 손해 사이의 인과관계 등 모든 요건을 입증해야 하는데, 실제 소송에 있어서는 다툼이 있는 경우 피청구인도 반대의 입증을 하여 청구인의 주장을 배척할 필요가 있게 된다. 이 때에 반대입증의 곤란을 구제하기 위해서 소멸시효가 존재한다는 것이 하나의 논거가 된다. 일면 타당성을 가지는 논리이다. 과거인권침해사건에 있어서와 같이, 어려운 과정을 거쳐 입증자료가 확보되어 현존하는 경우에도 소멸시효를 적용하는 독자적 논거가 되기 어렵다.

3) 권리행사의 태만에 대한 제재

시효제도의 존재이유로서 '법은 권리 위에 잠자는 자를 보호하지 않는다'는 격언이 자주 인용되고 있지만, 일반적으로 권리자에게 권리행사의 법적 의무가 부과된 것이 아니라면 왜 권리불행사가 권리의 박탈이라는 결과를 가져오는지 설명하기 어렵다. 더구나 과거인권침해사건에 있어서는 그동안 소를 제기하지 못한 피해자들에게 권리행사의 태만을 비난할 수는 없을 것이다.

호, 2009.06., 10면 및 김태봉, "국가기관의 인권침해행위에 기한 손해배상청구사례와 소멸시효항변의 제한 법리", 법학논총(전남대), 제35권 제2호, 2015.12, 210면 참조.

4) 권리불행사에 대한 의무자의 신뢰보호

국가로서는 국민을 보호할 의무가 있는 까닭에 국민은 국가를 믿고 국가가 취한 조치가 적법하게 이루어졌을 것이라는 데 대해서 의심을 하지 아니하는 것이 일반적이고, 이와 같이 국가를 믿은 것에 어떠한 잘못이 있거나 권리행사에 태만이 있다고 볼 수는 없다고 할 것인데, 오히려 위법행위를 한 국가가 그 위법에 대해 아무런 조치를 취하지 않고 있다가 뒤늦게 그 위법을 몰랐던 피해자들에 대해 소멸시효 완성을 주장한다는 것은 소멸시효의 존재이유 등의 측면에서도 용납될 수 없는 것이다. 또한 법규를 제정하고 집행하는 국가기관의 위법행위에 대하여 소멸시효를 적용하여 그 책임을 면하게 하는 것은 법규에 대한 존중감을 잃게 함으로써 법적안정성에 치명적인 타격을 줄 것이다.[60)

소멸시효제도의 존재이유를 국가의 국민에 대한 인권침해사건에 적용해 보면, 그 어느 것도 온전하게 정당한 논거가 되기 어렵다는 점을 알 수 있다.

서울고등법원의 판례[61) 중에는 소멸시효제도의 본질에 관해 다음과 같은 입장을 취하기도 했다: "일반적으로 소멸시효 제도는, 일정 기간 계속된 사회질서를 유지하고 시간의 경과로 인하여 곤란하게 되는 증거보전으로부터 구제하며 자기의 권리를 행사하지 아니하고 권리 위에 잠자는 자를 법적보호에서 배제하기 위하여 인정된 제도이다. 즉, 시효제도는 원칙적으로 진정한 권리자의 권리를 확보하고, 변제자의 이중변제를 피하기 위한 제도이므로, 권리자가 아니거나 변제하지 않은 것이 명백한 진정한 권리를 희생하면서까지 보호할 필요는 없다 할 것이다. 또한, 시효제도는 권리자로부터 정당한 권리를 빼앗으려는 데 있는 것이 아니라 채무자에게 근거 없는 청구를 받았을 때 사실의 탐지 없이 방어할 수 있는 보호수단을 주려는 데 있는 것이었다. 위와 같은 시효제도의 본질론에 비추어 볼 때, 이 사건과 같은 경우에 국가의 손해배상책임에 대하여도 시효소멸을 인정하는 것은 시효제도의 취지에도 반한다."

유엔세계인권선언, 자유권규약과 유럽인권협약 등 국제인권법조약 일관되게 인권침해사건에 대해서 소멸시효의 적용을 배제하고 있는 이유가 바로 여기에 있는 것이다.[62)

---

60) 김태봉, 위의 글, 224면.

61) 서울고등법원 2006.2.14. 선고 2005나27906 판결. 이 판결 및 사건에 관해 상세한 것은 김평우, "소멸시효 항변과 신의칙 — 고(故) 최종길 교수 사건【서울고등법원 2005나 27906호 손해배상(기)】판결을 중심으로", 서강법학 제8권(2006), 이광택, "차철권 전 중정수사관은 47가지 거짓말 하고 있다", 「신동아」 2002.6., 유봉인, "기억의 문제와 의문사진상규명 — 최종길 교수사건의 진상규명 조사를 중심으로", 「기억과 전망」 제4권, 민주화운동기념사업회, 2003 참조.

62) 여기에 관해 상세한 것은 이재승, "집단살해에서 소멸시효와 신의칙", 「민주법학」(제53호), 민주주의법

결론적으로 국가의 책임이 인정되는 인권침해사건에 있어 피고인 국가의 소멸시효 항변을 인정하는 것은 소멸시효제도의 존재이유와 입법취지에도 맞지 않는다고 할 것이다.[63] 인권회복과 소멸시효가 충돌하게 되면, 소멸시효가 양보되는 것이 소멸시효제도의 취지에 부합한다고 할 수 있다.

소멸시효제도의 존재이유를 검토해 본 결과 위 헌법재판소의 결정과 일치하는 결론에 도달할 수 있음을 알 수 있다.

Ⅵ 희생자를 기억하기 위한 노력(기억문화)

진상규명을 목적으로 하는 진실·화해위의 활동이 재개되더라도 국가기관의 사법적 책임을 물을 수 있을 만큼의 진상을 다 밝혀내기에는 역부족인 사건들이 많이 남게 될 것임을 우리는 또한 염두에 두어야 한다. 진상이 밝혀진 사건이나 밝혀지지 못한 사건이나 모두 우리 역사의 비극적인 인권희생자들에 관한 것임에 틀림이 없다. 과거사사건을 여러 유형, 사건별로 분류할 수 있겠지만, 이들은 모두가 '인권침해사건'이라는 공통점을 가지고 있다.[64] 따라서 과거사 문제의 해결을 위한 각종 소송사건들은 이러한 인권침해의 문제를 해결하기 위한, 즉 인권의 회복을 위한 노력들이라고 볼 수 있다.

애초에 과거 인권침해사건들에 대한 진상규명을 계획하는 단계에서부터 정부는 배·보상의 문제 및 인권피해자의 트라우마 치유 및 이들의 삶과 죽음에 대한 기억과 인권교육 등을 포함하는 포괄적인 로드맵을 구상했어야 했다. 진정한 의미에서의 과거청산[65]에는 진상규명을 넘어 피해보상을 포함하는 포괄적인 명예회복조치가 필요하기

학연구회, 2013 참조.

63) 기간, 실효 등 유사한 타제도와의 비교연구 및 시효제도의 본질에 관해서는 Piekenbrock, Andreas *Befristung, Verjährung, Verschweigung und Verwirkung*, Mohr Siebeck: Tübingen, 2006 참조.

64) 편의상 '민간인학살사건'을 '일반 인권침해사건'과 구별하고 있지만, '민간인학살사건'이야 말로 대표적인 '인권침해사건'이라고 할 수 있다. 과거인권침해사건들의 개요와 관련 판례들에 관해서는 김태봉, "국가기관의 인권침해행위에 기한 손해배상청구사례와 소멸시효항변의 제한 법리", 법학논총, 전남대 법학연구소, 제35권 제2호, 2015.12, 193면 이하 참조.

65) '과거청산'은 독일어 'Vergangenheitsbewältigung(과거극복)'이란 용어와 일치한다. 그런데 독일에서 의미하는 '과거극복'이란 가해자에 대한 처벌이나 피해자에 대한 구제가 없이 지나가 버린 범죄행위에 대한 해결을 의미하는 것이지, 과거의 역사를 정리하자는 것과는 차원을 달리하는 것이다. 그럼에도 불구하고 국내에서는 '과거사' 또는 '과거사 정리'라는 용어가 공공연하게 사용되고 있는 실정이다. '과거사 정리'는 선택의 문제일 수도 있지만, 인권침해사건과 관련된 '과거청산'은 필연적 과제인 것이다.

때문이다.[66] 과거청산의 궁극적 과제는 희생자들을 기억하는 것이다.

죽음의 진상을 다 밝혀낼 수 없어 사법적으로 국가기관의 책임을 물을 수는 없으나 여러 확정적인 정황상 국가폭력에 의해 억울한 죽임을 당했다고 판단되는 희생자들과 이러한 확신을 가지고 평생을 살아온 또는 그렇게 살다가 이 세상을 떠나버린 유가족들의 이름과 삶도 함께 기억해야 한다. 이들은 한 사람도 빠짐없이 기억되어야 한다. 진상이 규명 된 사건은 그 진상을 상세히 기록하고 진상이 다 밝혀지지 못한 사건 또한 밝혀내지 못한 한계의 내용과 함께 기록되고 기억되어야 한다. 하지만 기억을 실천에 옮기는 것은 매우 힘든 일이다. 사람들로 하여금 기억하도록 강제할 수도 없는 노릇이다. 그렇다면 어떻게 해야 할까? 우리 인류는 이들을 어떻게 기억할 수 있을까?

가해자들에 대한 기억은 가치가 없다. 누가 어떻게 죽였는가를 기억하는 것은 그 가치적 의미를 상실한다. 그들은 오히려 잊혀지는 것이 마땅하다. 우리에게 중요한 것은 누가 어떻게 죽임을 당했는가 하는 것이다. 그들의 삶은 어떠했을까? 그들은 어떤 희망과 꿈을 가지고 있었을까? 피해자에 대한 기억만이 우리 인류에게 의미가 있는 것이다. 그렇다면 우리는 그들을 어떻게 기억해야 하겠는가? 여기서는 과거의 잘못을 뉘우치고 희생자들을 추모하고 잊지 않겠다는 의도를 가지고 '기억문화'를 실천하고 있는 독일의 기억문화활동을 간략히 소개한 후 희생자들을 기억하기 위한 노력의 사례들을 몇 가지 소개해 보기로 하겠다.

---

66) Hayner는 피해구제(reparation)에 관해 설명하면서 "피해가 발생하기 이전의 상태로 되돌리는 원상회복(restitution), 금전배상(compensation), 법률적, 의료적, 심리적 치료를 통한 재활(rehabilitation), 사죄(satisfaction) 외에 재발방지책 마련 등 모든 방법을 포함"해야 한다고 설명한다, Priscilla B. Hayner, Unspeakable Truths: Facing the Challenge of Truth Commissions, Routledge: London 2002, 171면. 피해구제는 대체적으로 이와 같은 맥락에서 이해되고 있다. Martha Minow, Between Vengence and Forgiveness, Beacon Press: Boston, Massachusetts 1998, 9면 이하; A. James McAdams, Transitional Justice and the Rule of Law in New Democracies, University of Notre Dame Press: Notre Dame 2001 등 참조. 국내 피해보상제도에 대한 비판적 검토에 관해서는 이영재, "과거사 피해보상에 대한 비판적 검토─광주민중항쟁 및 민주화운동에 대한 피해보상과 국가배상의 비교를 중심으로", 「기억과 전망」 제23권, 민주화운동기념사업회, 2010, 199면 이하 참조. 국내에서는 김근태 기념 치유센터 '숨'이 인권피해자들을 위한 치유와 재활프로그램의 제공, 국가폭력 피해와 피해자 치유에 관한 연구 조사, 고문과 공권력 남용 방지와 피해보상 법제화 추진, 국가폭력 피해자와 유족을 위한 사회연대 기금조성, UN과 국제 민간단체들과의 고문방지 협력사업을 주요사업목표로 내걸고 인권피해자들의 트라우마 치료를 위해 노력하고 있는데, 이는 사실 국가적인 차원에서 실행되었어야 했다. 이 모두가 과거청산을 결정했던 초기 단계부터 계획안에 포함시켰어야 했던 것이다.

1. 독일의 기억문화

'기억문화'라는 말이 우리에게는 생소하지만, 과거의 잘못을 뉘우치고 희생자들을 기억하고자 하는 인류의 노력을 총체적으로 일컫는 이 용어는 오늘날 독일에서는 일반인들에게도 매우 일상적인 용어가 되었다. 이는 그만큼 독일이 희생자에 대한 기억문화운동을 잘 실천해 나가고 있다는 것을 보여주는 것이다. 독일에서 희생자에 대한 기억을 문화의 단계로 끌어 올려야 한다는 이론을 촉발한 것은 일반적으로 Aleida와 Jan Assmann 부부로부터 시작되는 것으로 알려져 있다.[67]

기억문화 운동의 영향으로 독일뿐 아니라 전 세계에 걸쳐 수백 개[68]에 달하는 '기억의 터'가 설립되었다. '기억의 터'는 독일어로는 Gedenkstätte, 영어로는 Memorial Site 등으로 불리고 있는데, 작은 위령비에서부터 기념관에 이르기까지 매우 다양한 규모와 형태로 이루어져 있다. 그 수는 전 세계에 걸쳐 200여 개가 넘는다고 하는데 어쩌면 한국에는 더 많은 기억의 터가 필요할지도 모른다.

작은 돌들로 깔아 놓은 독일의 인도를 걷다 보면 군데군데 손바닥 만한 금색 동판으로 된 슈톨퍼슈타인(Stolperstein)[69]이 반짝거린다. 거기에는 국가폭력에 의해 희생된 사람들의 이름과 생년월일 및 사망일, 그리고 사망원인이 간략하게 새겨져 있다. 기일이 되면 슈톨퍼슈타인 위에 꽃이 놓여져 있기도 하고 작은 촛불이 켜져 있기도 한다. 슈톨퍼슈타인은 '장소 특정적 예술작품(site specific art)'으로서 슈톨퍼슈타인이 설치된 곳은 희생자들의 삶과 관련이 있는 곳이다. 어느 무명 작가와 시민단체가 홀로코스트 희생자들을 기억하기 위해 시작한 이 슈톨퍼슈타인 프로젝트는 이제 전국

---

67) Jan Assmann, "Das kulturelle Gedächtnis: Schrift, Erinnerung und politische Identität in frühen Hochkulturen," Verlag C. H. Beck, München 1992. Aleida Assmann, "Der lange Schatten der Vergangenheit: Erinnerungskultur und Geschichtspolitik", Verlag C. H. Beck, München 2006. Jan Assmann은 그의 저서 서문에서 1986년 Maurice Halbwachs를 읽고 신대륙을 발견한 것 같았고 나치에 의해 희생된 그의 죽음 앞에서 가해자와 피해자의 기억의 역사를 풀어나가야 하는 사명감을 가지게 되었다는 점을 밝히고 있다. Maurice Halbwachs 1925년 집단기억(collective memory)의 개념을 처음으로 세상에 밝힌 프랑스의 학자이다. 그는 유대인이었던 그의 장인의 체포에 대해 항의하다 독일 게슈타포에 의해 체포·구금되었으며 결국 Buchenwald 강제수용소에서 1945년 2월 사망했다. Halbwachs는 이미 1925년 집단기억에 관한 자신의 저서를 펴냈다(Les Travaux de L'Année Sociologique, Paris, F. Alcan, 1925). 이 저술은 1952년에 Les cadres sociaux de la mémoire, Paris, Presses Universitaires de France로 다시 출간되었고 영어로 번역되었다. (Halbwachs, Maurice, On collective memory, The University of Chicago Press, 1992).

68) 독일 '테러의 지형 재단'(Stiftung Topographie des Terrors)의 홈페이지 참조. https://www.gedenk-staetten-uebersicht.de/

69) Stolperstein은 '걸려 넘어지는 돌' 또는 '걸림돌'로 번역될 수 있는데, '걸림돌'로 직역하면 부정적 의미가 강하기 때문에 여기서는 독일어 단어인 슈톨퍼슈타인을 그대로 외래어로 차용하여 사용하기로 한다.

적인 운동으로 발전했다. 슈톨퍼슈타인 프로젝트의 성공사례는 우리가 기억의 책무를 실현해 나가고 '기억의 터'를 만들어 나가는 과정에서 사회참여적인 예술인가들이 많은 역할을 할 수 있음을 시사한다. 예술은 인간의 감성에 호소하고 인간의 마음을 움직일 수 있다.

홀로코스트 희생자들을 기억하고 추모하는 방법을 모색함에 있어서 독일에서는 정태적이고 위압적인 근대 기념비의 틀을 벗어나 '반(反)기념비(countermonument)'의 형태를 취하는 경향이 20세기 후반부터 강하게 나타나고 있다. 이는 포스트모더니즘 조류와도 무관하지 않은데 반기념비는 고정되어 있지 않고 일시적이거나 비가시적인 특징을 가지고 있다. 반기념비는 기념비의 근본 전제에 도전하며 스스로의 부정을 통해 기념비가 지닌 역사성을 드러내고자 하는 것이다.[70] Christian Boltanski의 '유실된 집(Missing House)'은 홀로코스트 희생자들을 기억하기 위한 반기념비의 사례로 잘 알려져 있다. '유실된 집'은 말 그대로 더 이상 존재하지 않는다. 남아 있는 것이라곤 과거 여러 사람들이 살던 4~5층 건물이 서 있던 빈터만이 있을 뿐이다. 한가운데 집 한 채가 사라진 듯이 보이는 이 빈터의 양옆으로는 과거에는 유실된 집과 나란히 서 있었을 건물 두 동이 그대로 서 있는데 이 건물들의 외벽에 유실된 집에 살던 사람들의 이름표를 부착해 둔 것이 이 작품의 전부다. 이름과 거주기간, 직업만 적혀 있다. 그 외에는 아무런 설명도 없다. 그런데 이런 단순한 전시(?)를 보면서 사람들은 눈시울을 적신다. 이 건물에 살던 사람들은 대부분 유대인들이었고 그들은 모두 죽음의 수용소로 끌려갔기 때문이다. 유대인이 사라진 이 집은 2차 세계대전이 끝나기 얼마 전인 1945년 2월 연합군의 폭격으로 유실되었다. 예술적 형상화와 역사적 고증이 결합하여 완성된 '유실된 집'은 개개인의 운명과 역사 그리고 방문자의 개인적 감성을 서로 연결키는 매개체가 된다.[71]

이러한 '반기념비'를 넘어서 아예 기념비가 아닌 기념비, 이른바 '비(非)기념비(nonmonument)'도 등장했다. 그 중 대표적인 것이 베를린 브란덴부르크 문 앞에 설치된 '버스정류장(Bus Stop)' 작품이다. 이는 Renate Stih와 Frieder Schnock의 공동작업으로 1994년 처음 선보였는데, 베를린 근교의 강제수용소가 있었던 Ravensbrück 행이라고 행선지만 표시된 빨간색 관광버스에 올라타는 경험이 이 작품의 전부다. 일상적인 버스 운행을 홀로코스트 희생자들과 연결시키면서 당시 나치의 테러도 이러한 평범한 일상속에서 자행되었다는 것을 암시한다. 버스에 올라탄 승객들은 단지

70) 전진성, 「역사가 기억을 말하다」, 휴머니스트 2005, 220면 이하.
71) Aleida Assmann, *Errinnerungräume*, 1999, 375면 이하.

수용소라는 목적지에서만이 아니라 여행을 하는 내내 유대인들의 경험을 반추해보게 된다. 여기서 기념비에 해당하는 것은 버스정류소도, 수용소도 아니며, 바로 여행 과정 그 자체다.

수많은 독일 기억의 터의 운영자는 각기 독립된 과거청산재단이다. 따라서 각각의 기억의 터를 독립적으로 관리하고 운영하고 있는 과거청산재단의 수는 기억의 터만큼 여러 개가 있다. 이 중에서도 대표적인 것이 「기억과 책임과 미래 재단」인데 이 재단은 과거 나치 정권하에서 강제 노역을 당했던 피해자들에 대한 배·보상과 추모 사업을 위해 2000년에 설립되었다. 이러한 공법상의 재단을 설립하기 위해서는 우선 관련 입법을 해야 하고 그 법에 따라서 기금 출연을 하여 설립되는 것이지만 국가로부터 독립적으로 활동하고 있다. 독일에 존재하는 대부분의 기억의 터는 이와 유사한 공법상의 재단에 의해 운영되고 있다. 우리나라에도 국가폭력에 의한 인권침해희생자들의 삶과 죽음을 기억하고 추모하는 공법상의 재단으로서 '과거청산재단'의 설립이 필요하다.

2. 기억을 위한 노력

제2차 세계대전 당시 미국으로 망명한 독일계 유대인 철학자 Hannah Ahrendt는 'vita activa(활동적 삶)'라는 제목의 철학서를 독일어로 쓰면서 이를 'human condition(인간의 조건)'이란 제목으로 하여 영어로 직접 번역하였는데, Ahrendt는 '활동적 삶'이란 용어를 인간의 세 가지 근본적인 활동들 즉, '노동(labor)', '작업(work)', '행위(action)'를 통해 영위되는 삶이라고 포괄적으로 설명하고 있다.[72] '노동'은 신체의 생물학적 과정으로 이해될 수 있으며, '작업'은 인간실존의 비자연성과 인공성에 조응하고, '행위'는 '다원성(human plurality)'이라는 인간적 조건, 다시 말해 다양한 사람들이 세계에 존재한다는 사실에 조응한다고 한다. 아렌트는 이 세 가지 활동 중 '행위'를 인간 최고의 활동 능력으로 파악하면서, '미술'은 시각적인 그 무엇인가를 남기는 활동으로써 '작업'의 하나로 분류하고 있다. '행위'는 기존의 관례를 변화시키거나 새로운 것을 덧붙이든지 아니면 전적으로 새로운 것으로 대체시키는 특징을 갖고 있다고 한다. 그러므로 모든 시작의 본질 속에 '불측성' 또는 '의외성(unexpectedness)'이 존재한다고 한다. 그런데 오늘날의 현대 미술 작가들은 '작업'보다는 '행위'에 더 큰 비중을 두는 경우가 많은 것 같다. 그들은 '항상 의외의 것', '예

---

72) 한나 아렌트 저/이진우 역, 「인간의 조건」, 제2판, 한길사 2019.

측하지 못했던 새로운 것'을 추구하며 아렌트가 말하는 '완전한 자유'를 추구하면서
자기 자신을 드러내는 것을 목표로 활동하는 '행위'의 주체와 궁극적으로 같은 것을
추구하고 있다고 생각한다.

여기서는 지면 관계상 사람에 대한 기억을 주제로 하는 작업을 몇 개 소개하기로
한다.

1) 쑹둥의 [입김]과 톈안먼 기억의 흔적

쑹둥의 [입김]. 쑹둥은 추운 겨울날 톈안먼 광장에 나가 40여 분간 엎드려서 광장
바닥에 입김을 불어 넣는 행위를 통해 광장 바닥 위에 얼음을 만들어 낸다. 이 얼음
은 곧 녹아내려 흔적도 없이 사라지고 만다. 기억은 마음에 담아 둔다. 흔적이 반드
시 물질로 남아야 하는 것은 아니다. 이러한 행위예술을 통해 작가는 자기 자신의
마음속에 담아 둔 기억을 되새긴다. 기억은 과거이고 그것은 흔적을 남기지 않는다.
그렇다고 해서 기억이 부질없는 것은 아니다. 분명 있었던 일. 그것을 그 일이 발생했
던 톈안먼 광장에서 확인하고 다시금 그의 마음에 담아둔다. '지금은 그 어디에도 흔적
이 남아 있지 않지만 나의 입김을 보라. 그 일을 기억하는 나는 이렇게 살아 있다.'73)

쑹둥은 1989년 베이징의 한복판까지 탱크가 밀고 들어와 민간인을 죽음으로 내몬
톈안먼 사건 이후 하룻밤 사이에 다른 사람이 되어 버렸다고 회고한다.74) 1996년 선
보인 그의 [입김] 퍼포먼스는 7년 전의 비극과 죽음을 상징하는 톈안먼 광장에서 희
생자들을 기리며 그들에게 생명을 불어넣기 위한 절박한 노력이자 실패한 민주화운
동을 기념하기 위한 행위였다. 비기념비를 방불케 하는 그의 [입김]은 얼음이 되었다
가 녹아내리고 물이 되어 호수로 흘러 들어가 희생자들이 죽어서 묻힌 땅속으로 스
며든다. 영원히 사라지는 것이 아니다. 어디엔가 흔적이 남아 있다. 단지 눈에 보이
지 않을 뿐이다. 쑹둥의 [입김]은 톈안먼 광장에서 희생당한 이들을 추모하는 매우
사적인 헌사이다.75)

2) 보디츠코(Wodiczko)와 '나의 소원(My Wish)'

폴란드계 미국 작가인 크리슈토프 보디츠코는 대형 프로젝션 작품들을 통해소외된
여러 계층의 증언을 동영상으로 보여주는 작업을 주로 하고 있다.

---

73) 최광준, 쑹둥의 입김에 관한 해설.
74) 우정아, 「남겨진 자들을 위한 미술」, 휴머니스트 2015, 32면.
75) 우정아, 위의 책, 33면.

그는 촛불집회 이후 2017년 국립현대 미술관에서 [나의 소원]을 선보였는데, 백범 김구 선생의 좌상 위에 촛불 집회 참가자들의 증언영상을 프로젝션으로 비춰 관람객들이 그들의 평범한 목소리에 귀 기울이도록 했다. 이 전시는 국내에서 큰 반향을 불러일으켰다.

그의 프로젝션 작품 중 대표적인 것이 '히로시마 프로젝션'인데 히로시마 원폭으로 파괴된 모습 그대로 보존된 '원폭 돔'에 프로젝션을 비추어서 피폭자와 간접적인 원폭 피해자 등 소외된 사람들의 증언과 고백을 동영상으로 보여준다. 이때 생존자들의 얼굴은 드러나지 않고 오직 손 모양과 목소리만 들리도록 영상 이미지를 조절하여 마치 건물의 돔이 머리처럼 보이며 살아 있는 사람처럼 말하는 건축물의 모습을 연출한다. 프로젝션 작업은 약 40분에 걸쳐 15개의 증언을 담았는데, 현장에서 약 5천 명 이상이 이를 보았고, 일본 전국 방송을 타고 일본 전역에 방영되었다. 그런데 여기에 등장한 증언은 일본 정부의 입장을 대변하는 것도 아니었고 그 어느 공식적인 위원회나 단체의 것도 아니었다. 그저 보통 사람들의 증언이었다. 일부 증언은 한국 위안부의 이야기를 담고 있었다. 일본은 잊고 싶어하는 과거가 평범한 한 사람의 재일동포의 입에서 흘러나온다.

그런데 보디츠코의 프로젝션에서 놀라운 발견이자 성과는 이 프로젝트에 참가해서 증언을 한 참가자들이 처음에는 끔찍한 고통을 다시 기억해야 한다는 사실이 싫었지만, 프로젝트에 참여하면서 자기 자신이 점점 치유되고 있으며 강해지고 있는 것을 느꼈다고 한다.[76]

3) 곤잘레스 토레스(Gonzalez-Torres)와 죽은 이에 대한 기억

쿠바계 미국 작가인 곤잘레스 토레스는 1996년 38세의 나이에 에이즈로 사망했다. 커튼이나 사탕, 시계 등 일상적 소재들을 이용하여 설치작업을 한 후 제목을 무제, 즉 "Untitled"라고 붙이고 그 옆에 괄호를 열어 자신이 생각하는 제목을 하나 삽입해 놓았는데, 작가는 괄호 안의 제목을 생각하고 작업한 것이지만, 관람객의 입장에서는 나름대로 해석하라는 의미였을 것으로 생각된다.

1989년에는 바람에 날리는 두 개의 커튼을 설치해 놓고 [Lover Boy]라는 제목을 붙였다. 그리고 1991년에는 전시장의 한쪽에 사탕더미를 쌓아 놓고 [Lover Boys]라는 복수형의 제목을 붙여 넣었다. 관람객으로 하여금 마음껏 사탕을 집어 먹을 수 있게 하고, 사탕이 떨어지면 다시 쌓아 놓도록 하는 설치작업이었다. 이 작품에서 중

---

76) 신채기, "전쟁의 기억 – 보디츠코의 (반)기념비 프로젝트", 「현대미술사연구」 39, 2016, 86면.

요한 것은 사탕더미의 무게였는데, Lover Boys의 무게는 곤잘레스 토레스와 그의 죽은 애인의 몸무게를 합친 만큼이어야만 했던 것이다. 결국 달콤한 사탕은 두 사람의 상징물이자 분신이었던 것이다. 곤잘레스 토레스의 작품이 기억만을 주제로 했던 것은 아니지만, 독특한 방법으로 죽은 이를 기억하고 있다.

4) 기억의 터 [81+]

국내에서도 인권침해희생자들을 기억하기 위한 기호로서 [81＋]가 제안되었다.[77] [81＋]는 우리나라 역사상 최초의 포괄적 과거청산위원회라고 할 수 있는 「대통령소속 의문사진상규명위원회」의 조사대상이 되었던 희생자들의 숫자가 80여 명이었다는 점에서부터 출발한다. 80여 명을 시작으로 '＋1'은 한 사람 한 사람의 희생자를 더하여 전쟁 당시 희생된 민간인들에 이르기까지 모두를 기억하겠다는 의미를 담고 있다. 즉, 81＋는 국가공권력에 의해 희생된 모든 이들을 의미하는 상징적인 기호로서 제안된 것이다. 이 기억의 터 81＋는 그러나 희생자들만을 위한 전유공간으로서의 기념관이 아니라, 오늘날의 시민들, 특히 젊은이들과 함께 공유하고 호흡할 수 있는 복합문화예술공간으로서 제안되었다. 시민들은 이 복합문화공간에서 각종 전시회, 음악회, 공연 또는 학술행사를 열고 참여하면서 자연스럽게 인권침해희생자들을 기억하게 되는 것을 바라는 것이다. 희생자들의 생애나 인권교육 관련 정보 자료는 가능한 한 많은 공간을 차지하지 않도록 디지털 아카이브 등을 활용하여 언제든지 검색이 가능하도록 비치해 둔다. 특히 유가족들의 한 맺힌 영상증언 등을 불러내서 볼 수 있도록 해 준다. 대부분의 공간은 일반 시민들을 위한 인권교육이나 미술전시, 예술 공연 등을 위해 비워 둔다. 이렇게 하면 일반 시민들은 인권세미나의 참석, 전시나 공연 관람 등 그들의 일상생활 속에서 인권과 [81＋]의 의미와 희생자들의 삶을 생각하게 될 것이다. 어쩌면 이것이 희생자들이 원하는 진정한 의미에서의 추모 방식이 아닐까?

---

77) 문화공간 [81＋]가 처음 제안된 것은 2018년 이한열 기념관에서였다. 이에 관해서는 최광준, "기억과 책임과 미래 – 국가권력에 의한 인권침해사건의 해결과 미술의 역할", 「잠들지 않는 남도」(제주4.3 70주년 기념사업위원회), 제주도립미술관, 2018 참조. 문화공간 [81＋]의 소식을 우연히 접한 독일의 정치인 Walther Kohl(Helmut Kohl 전 독일 수상의 장남)은 자기 소유의 전시관을 [Raum 81＋]로 명명하고 2019년 광주 5.18 사진전을 개최하였다. 이 전시관에 설치된 [81＋] 표식의 제작과 부착은 류승환 미술작가의 재능기부로 성사되었다. 이에 관해서는 정희상, "최광준 교수가 아버지를 기억하는 방법", 시사인, 2020.4.3. (https://www.sisain.co.kr/news/articleView.html?idxno=41596)

[81＋]에 관련한 미술전시에 관해서는 최리준 작가의 "Erinnere 81＋ 희생자에 대한 기억 Remembrance of the victims" 전시정보 참조. https://neolook.com/archives/20191007e

VII 맺는 말

2020년 12월 10일, 제1기 위원회가 종료된 지 10여 년 만에 오랜 진통 끝에 제2기 진실·화해위가 출범하였다. 진실규명 사건의 접수가 시작되었고 12월 말 현재 1,302명이 678건의 사건을 접수해 놓은 상황이다. 그런데 제1기 위원회의 15명에 비해 거의 절반으로 축소된 9명의 위원조차 위원장 외에는 확정되지 못한 실정이다. 왜 이럴까? 정치권의 대립이 왜 국민의 인권을 회복하고자 하는 진실·화해위원회에 영향을 미치는 것일까? 과거청산이 정치적인 문제인가? 이는 과거청산이 인권의 문제이자, 과거 미해결된 형사사건의 해결이라면 점에 대한 사회적 인식이 아직도 부족하다는 것을 보여주고 있어 안타까움을 금할 수 없다.

과거사사건을 여러 유형, 사건별로 분류할 수 있겠지만, 이들은 모두가 '인권침해사건'이라는 공통점을 가지고 있다. 편의상 '민간인학살사건'을 '일반 인권침해사건'과 구별하고 있지만, '민간인학살사건'이야말로 대표적인 '인권침해사건'이라고 할 수 있다. 애초에 과거 인권침해사건들에 대한 진상규명을 계획하는 단계에서부터 정부는 배·보상의 문제 및 인권피해자의 트라우마 치유 및 이들의 삶과 죽음에 대한 기억과 인권교육 등을 포함하는 과거청산의 포괄적인 로드맵을 구상했어야 했다.

과거청산을 의미하는 '이행기 정의(transitional justice)'의 일반화된 이론은 진정한 '피해자 구제(reparation)'의 개념에는 피해가 발생하기 이전의 상태로 되돌리는 원상회복(restitution), 금전배상(compensation), 법률적, 의료적, 심리적 치료를 통한 재활(rehabilitation), 사죄(satisfaction) 외에 재발방지책 마련 등 모든 방법을 포함한다고 설명하고 있다. '과거청산'은 또한 독일어의 'Vergangenheitsbewältigung(과거극복)'이란 용어와 일치한다. 독일에서 의미하는 '과거극복'이란 가해자에 대한 처벌이나 피해자에 대한 구제에 실패한 범죄행위에 대한 해결을 의미하는 것이지, 과거의 역사를 정리하자는 것과는 그 궤를 달리하는 것이다. 그럼에도 불구하고 국내에서는 '과거사' 또는 '과거사 정리'라는 용어가 공공연하게 사용되고 있는 실정이다. '과거사 정리'는 선택의 문제일 수도 있지만, 인권침해사건과 관련된 '과거청산'은 필연적 과제다.

제2기 진실·화해위가 아직도 많이 남아 있는 과거사사건의 진상을 밝히기 위해 주어진 권한 안에서 최선을 다하더라도 여전히 그 실체적 진실을 밝혀내기 어려운 사건들이 있을 수 있다는 점을 우리는 염두에 두어야 한다. 그런데 주목할 것은 진실이 밝혀진 사건이나 밝혀지지 못한 사건이나 모두 우리 역사의 비극적인 인권희생자들에 관한 것임에 틀림이 없다.

　과거청산의 궁극적 과제는 희생자들을 기억하는 것이다. 죽음의 진상을 다 밝혀낼 수 없어 사법적으로 국가기관의 책임을 물을 수는 없으나 여러 확정적인 정황상 국가폭력에 의해 억울한 죽임을 당했다고 판단되는 희생자들과 이러한 확신을 가지고 평생을 살아온 또는 그렇게 살다가 이 세상을 떠나버린 유가족들의 이름과 삶도 함께 기억해야 한다. 이들은 한 사람도 빠짐없이 기억되어야 한다. 진상이 규명 된 사건은 그 진상을 상세히 기록하고 진상이 다 밝혀지지 못한 사건 또한 밝혀내지 못한 한계의 내용과 함께 기록되고 기억되어야 한다. 하지만 기억을 실천에 옮기는 것은 매우 힘든 일이다. 사람들로 하여금 기억하도록 강제할 수도 없는 노릇이다. 그렇다면 어떻게 해야 할까? 우리 인류는 이들을 어떻게 기억할 수 있을까?

　과거사 사건에서 중요한 원칙은 진실규명과 가해자 처벌, 그리고 피해자 구제이다. 공소시효와 가해자의 생존 여부가 불확실하여 가해자에 대한 형사처벌이 어려운 상황에서, 법적으로 가해자측에 물을 수 있는 것은 국가배상책임밖에 없다.

　국가배상책임이 인정되기 위해서는 소멸시효의 법리적 장애를 극복해야 하는데, 소멸시효의 법리적 장애를 처음부터 제거하는 방법은 가해자인 정부가 소멸시효 주장을 포기하거나 입법으로 해결하는 것이다. 그러나 피고인 국가는 책임을 회피하며 소멸시효의 항변을 계속해 왔고, 배·보상을 위한 법안은 국회에서 논의조차 되지 못하고 있다. 이와 같은 어려운 상황에서 돌파구를 제시한 것이 소멸시효에 관한 헌법재판소의 결정이었다. 이 결정은 소멸시효에 있어서는 피고인 국가와 일반채무자를 달리 취급해야 한다는 민사법학계의 작은 목소리를 들어 준 것으로 평가된다.

　진정한 의미에서의 과거청산은 손해배상금의 개별적인 지급만으로 끝나지 않는다. 독일의 기억·책임·미래재단[78]과 같은 공법상의 재단을 설립해서 피해자에 대한 배·보상과 트라우마치료 등을 포함하여 과거인권침해사건 피해자들을 포괄적으로 보호하고, 기억과 재발방지를 위해 폭넓은 정책을 실천할 수 있도록 하는 국가적인 조치가 필요하다.

　제2기 진실·화해위의 성공적인 활동과 함께 하루빨리 포괄적인 과거청산재단[79]이 설립되어 과거사피해자들을 모두 기억하고 추모하며 교육할 수 있는 공간이 마련되

---

78) 이 재단에 관해서는 Goschler, Constantin (Hrsg.), *Die Entschädigung von NS-Zwangsarbeit am Anfang des 21. Jahrhunderts: Die Stiftung 'Erinnerung, Verantwortung und Zukunft' und ihre Partnerorganisationen*, Wallstein, 2012 참조.

79) 기본법상으로는 '과거사연구재단'이라는 표현을 사용하고 있으나, '과거사에 대한 연구'는 '과거청산재단'의 하나의 목표에 지나지 않을 것이다. 따라서 여기서는 '과거청산재단'이라는 용어를 사용하기로 한다.

기를 바라마지 않는다.

이러한 바람과 함께, 베를린의 '살해된 유럽 유대인 추모관(Memorial to the Murdered Jews of Europe)'을 위한 자료집 서문[80]에 실려 있는 전 독일 연방의회의장 Wolfgang Thiers 의 글을 소개하며 이 글을 마친다.

"이는 육백만의 홀로코스트 희생자들에게 바쳐진 것이다. 이 추모관은 독일 역사상 가장 참혹한 범죄에 대한 기억을 상기시키고 미래의 세대들에게 인권의 보호와 법치국가의 수호, 그리고 법 앞에서 인간의 평등권의 보호가 얼마나 중요한 것인가를 일깨울 것이다. 이 추모관은 만인에게 개방되어 있지만 개인적인 기억과 추모와 애도의 공간이기도 하다. (이 추모관내의) 정보실을 통해서 희생자들은 그들의 이름과 얼굴을 되찾을 것이다. 여기서는 희생자 개개인과 그 가족들의 운명적 삶이 중심에 있으며, 그들의 삶과 고통, 죽음이 기록되어 있다. 홀로코스트의 공포를 (집단적인 것이 아니라) 인격화 개별화시킨 것은 의도된 것이며 전시의 핵심이다. 우리는 죽임을 당한 이들을 상상을 초월하는 무수히 많은 숫자의 익명성으로부터 끄집어내고 그들 (한 사람 한 사람)의 삶과의 연결고리를 만들어나가야 한다."

---

80) Thierse, Wolfgang in: *Materialien zum Denkmal für die ermordeten Juden Europas*, Berlin 2007, 5 면: "Es ist den sechs Millionen Opfern des Holocaust gewidmet und soll die Erinnerung an das grausamste Verbrechen der deutschen Geschichte wach halten. Das Denkmal ehrt die Opfer und mahnt künftige Generationen, die Menschenrechte zu schützen, den Rechtsstaat zu verteidigen, die Gleichheit der Menschen vor dem Gesetz zu wahren. In seiner Offenheit bietet es Raum für persön — liches Erinnern, Gedenken und Trauern. Im Ort der Information bekommen die Opfer des Holocaust Namen und Gesicht. Hier stehen die Schicksale einzelner Opfer und ihrer Familien im Mittelpunkt, hier wird ihr Leben, Leiden und Sterben dokumentiert. Die Personalisierung und Individualisierung des mit dem Holocaust verbundenen Schreckens ist gewollt, sie zieht sich wie ein roter Faden durch die gesamte Ausstellung. Sie soll die Ermordeten aus der Anonymität der nicht fassbaren Opferzahl herausholen, das eigene Gedenken mit konkreten Lebensgeschichten verbinden."

7

[변론요지서] 양심적 병역거부권과 정당한 사유*

오두진(변호사) · 이창화(변호사) · 임성호(변호사) ·
김진우(변호사) · 피터 뮤즈니(교수, 제네바대학)

변론요지서

사　　건　　2016도10912　병역법위반
피 고 인　　오 승 헌

위 사건에 관하여 피고인의 변호인은 다음과 같이 변론요지서를 제출합니다.

다음

I　병역법 제88조 제1항의 '정당한 사유'

가. - 라. [생략]

마. 양심에 따른 병역거부 여부 판단 기준
- 정당한 사유 부재에 관한 증명책임과 증명의 정도

(1) '정당한 사유'가 존재하면 구성요건 자체가 충족되지 않게 되므로, '정당한 사유'가 없다는 점, 즉 피고인의 행위가 단지 병역을 기피한 것에 지나지 않는다는 점

---

* 이 글의 전반부는 오두진, 이창화, 임성호, 김진우 변호사가 공동으로 작성한 '대법원 2018. 11. 1. 선고 2016도10912 전원합의체 판결 [병역법위반]'의 변론요지서이고, 후반부는 피터 뮤즈니 교수(제네바대학)가 작성한 전문가의견서임을 밝힌다.

에 대한 입증책임은 검사에게 있습니다.

(2) 다만 피고인은 자신에게 불이익한 판단을 면하기 위하여 사실을 증명할 증거를 제출할 부담(이른바 '입증의 부담')을 지게 됩니다.[1] 헌법재판소도 "특정한 내적인 확신 또는 신념이 양심으로 형성된 이상 그 내용 여하를 떠나 양심의 자유에 의해 보호되는 양심이 될 수 있으므로, 헌법상 양심의 자유에 의해 보호받는 '양심'으로 인정할 것인지의 판단은 그것이 **깊고, 확고하며, 진실된 것인지** 여부에 따르게 된다. 그리하여 양심적 병역거부를 주장하는 사람은 자신의 '양심'을 외부로 표명하여 증명할 최소한의 의무를 진다."고 하였습니다.[2]

(3) 양심적 병역거부 인정기준에 관해서는 독일판례가 광범위하게 축적되었고[3] 참고인 이재승 교수 의견서 중 'Ⅵ.병역거부 판단기준과 절차'에 상세한 내용이 담겨 있습니다. 간단히 요약하면, 교파 소속성은 병역거부권 인정의 관문이 아니며, 다만 독일에서 여호와의 증인 신자로 공인된 경우에는 특별히 배제하는 사례를 찾기 어렵지만, 특정교파 소속은 양심적 병역거부를 판단하는 하나의 방증일 뿐이며,[4] 양심적 결정 여부를 판별하는 내용적 심사기준은 존재하지 않지만, 법원이 법적권리로서 양심적 병역거부권을 승인하기 위해서는 양심적 결정의 기준을 정립하지 않을 수 없고, 물론 법원은 양심적 결정을 '바른 것과 그릇된 것'으로 분류하거나 평가하지는 않으며[5] 양심적 병역거부 **결정의 '진지함과 일관성'을 확인**하는 작업을 합니다.[6] 독일헌법은 양심적 병역거부권 행사의 특별한 요건을 설정하지 않았으나, 병역거부권을 구체화한 구병역법 제25조는 독일과 외국 사이에서 발생하는 '온갖 무력행사'를 거부해야 한다는 관문을 설정했다가, 2003년 개정 병역거부법에서는 이 문구를 삭제하였습니다. 독일헌법 제4조 제3항과 병역거부법 제1조는 거부대상인 병역을 '무기를 휴대한 병역(Kriegsdienst mit der Waffe)'으로 규정하였으나 이 표현의 의미는 직접 살상무기를 휴대하는 것에 국한되지 않으며, 후방 레이더 부대, 나아가 통상 무기를

---

1) 의정부지방법원 고양지원 2018. 5. 17. 선고 2018고단117 판결
2) 헌법재판소 2018. 6. 28. 선고 2011헌바379 등 결정
3) 양심적 병역거부자를 위한 대체복무를 신청하였다가 거부당한 후 행정소송 등을 제기하면 결국 법원에서 구체적 사안마다 개별적으로 해당 사례를 심사하고 판단하면서 구체적 사례와 판례가 축적됩니다. 따라서 하나의 판결에서, 그것도 대체복무제도를 처음 도입하는 시기의 판결에서 향후 양심적 병역거부 결정의 진정성 판단을 위한 구체적이고 세부적인 기준을 미리 제시하기는 어렵습니다. 향후 대체복무제 입법과정에서 해외 입법 및 시행 사례를 참고하여 합리적인 기준을 입법화하고, 심사기구의 결정에 불복할 경우 법원에서 개별적으로 심사하면서 구체적 기준 등이 더욱 정립될 것으로 보입니다.
4) BVerwGE 75, 188쪽.
5) BVerfGE 12, 56쪽.
6) BVerwGE 75, 188쪽.

사용하지 않는 부대, 즉 후송부대나 위생부대도 살상행위를 목표로 하는 군대조직 전체의 일부분에 해당하므로 그러한 부대에 근무하는 것도 당연히 병역에 해당하고, 헌법이나 병역거부법도 대체복무는 연방군대 바깥에서 이루어져야 한다고 규정함으로써 군대조직과 연결된 근무는 병역으로 파악하고 있습니다.[7] 그러므로 독일에서는, 직접 총기를 휴대하는 병역은 거부하지만 여타 군복무는 이행하겠다는 의사는 병역거부의사로서 완전하지 못합니다.[8] 연방대체복무청의 심사 및 결정절차에 대해서도 위 참고인 의견서에 상세히 기술되어 있습니다.

(4) 한편 유럽인권재판소 판결이 설시한 판단기준은 쟁점목록 2.의 나.항에 서술하도록 되어있으므로, 참고자료 36 피터 뮤즈니 교수 의견서 내용과 함께 해당 부분에서 말씀드리겠습니다.

(5) 그 외에 참고자료 36 피터 뮤즈니 교수 의견서도 인용하고 있듯이, 캐나다 국내법은 양심적 병역거부로 인정되지 않는 사유를 열거하고 있고,[9] 미국 국방부 훈령에서도 군복무 중 양심적 병역거부를 신청하는 경우 "심사에서 가장 중요한 점은 종교적, 도덕적, 윤리적 신념의 진정성(sincerity)"으로서, 신청인은 "개인의 편의 또는 병역 기피를 위해 신청한 것이 아님을 충분히 입증하는 견해 또는 행동을 증명하는 개인사 관련 자료를 제출해야" 하고, "신념의 확고불변함과 진지함, 신청기준에 부합한다는 점에 대한 명확하고 설득력 있는 증거를 제시할 입증책임"은 신청인에게 있습니다.[10] 또한 "오로지 정책, 실용주의, 편의 또는 정치적 견해를 이유로" 전쟁을 반대하는 사람은 진정한 양심적 병역거부자로 볼 수 없다"고 규정하였는데, 이 훈령에 언급된 "종교적 가르침 또는 신앙"이란 "외부 세계의 힘 또는 '존재'에 대한 믿음 또는 내면 깊숙이 자리 잡은 도덕적, 윤리적 신념으로써 다른 모든 사고에 우선하며 이들의 근간이 되어 도덕적 자아에게 영향을 미치는 강력한 힘을 가지는 것"입니다.[11]

(6) 유엔 자유권규약위원회는 '자신이 살인을 할 수 없거나 살인을 원치 않기 때문이 아니라, 동료 인간을 죽이라고 명령할 수 있는 부대 내의 상급자에게 복종하는 것을 거부하기 때문에 군 복무를 거부'한 사람에 대해서는 양심적 병역거부권을 인정하지 않았습니다.[12][13]

---

7) 독일헌법 제12조a ② (……). 이 대체복무는 군대 및 국경수비대소속의 기관과 관련이 없어야 한다.
8) 참고인 이재승 의견서
9) "다음 각 호에 기반한 거부 의사는 양심적 병역거부에 포함되지 않는다: (…) 특정 분쟁이나 작전에의 참전 또는 무기 사용을 거부하는 행위; 국가 정책; 개인의 편의; 정치적 신념."
10) DoD Instruction 1300.06, 3.1, 3.2, 3.3.
11) 유엔인권고등판무관실, "양심적 병역거부", 50면
12) 폴 웨스트먼 대 네덜란드(Paul Westerman v. the Netherlands) 사건, CCPR/C/67/D/682/1996

(7) '정당한 사유'는 구성요건해당성 조각사유로서 그 부재는 엄격한 증명에 의하여야 합니다. 다만 피고인은 실질적인 입증의 부담을 지고 있는바, 현재의 병역법 처벌조항에 의하여 병역거부시 1년 6월의 실형을 선고받아온 상황에서 병역을 거부하기로 결정하는 사람들은 이미 어느 정도 그 결정이 확고한 내적 신념 내지 신앙에 근거한 것임이 추정될 수 있을 것입니다.[14] 같은 이유로 자유권규약위원회는 개인청원 사건에서 다음과 같이 설시하였습니다.[15]

> 2.1. 50명의 진정인 모두는 여호와의 증인으로, 그들의 종교적 신념에 따라 군복무 징집을 거부하였다는 이유로 1년6월의 징역형을 선고받았다
>
> 7.4. 본 사건에서, 위원회는 진정인들이 군복무를 거부한 것은 논란의 여지없이 그들의 신실한 종교적인 믿음으로부터 발현된 것으로 보며, 뒤이은 진정인들에 대한 유죄판결과 징역형은 자유권규약 제18조 1항을 위반하여 그들의 양심의 자유를 침해한 것에 해당한다고 본다. 무기의 사용을 금지하는 양심 및 종교를 가진 이들에게 행해지는, 의무적 군복무를 위한 징집 거부에 대한 억압은 자유권 규약 제18조 제1항과 양립하지 않는다.

(8) 양심적 병역거부는 군사적 무력의 사용이 자신의 내면에 뿌리 깊이 자리 잡은 신념과 상충되기 때문에 어떤 상황에서도 객관적인 방법으로 군 복무를 거부하는 진지함을 보이며, 이러한 결정은 가볍게 내릴 수 있는 것이 아니라 오랜 시간에 걸쳐 당사자의 생활방식에서 기본적인 요소로 자리 잡게 되고 그의 생활과 성격에서 누구나 알아볼 수 있는 대표적인 특성이 되어 진정성을 드러냅니다.[16] 이것은 각국 재판소와 대체복무제 심사기관에서 수십 년 이상 심사해온 방법이자 기준이었으며, 심사에 어려움은 없었습니다.

---

13) 참고자료 36 피터 뮤즈니 교수 의견서
14) 부산지방법원 2018. 2. 1. 선고 2017노3008 판결: "여호와의 증인 신도들의 입영거부는 단순히 군복무의 고역을 피하려거나 국가공동체 일원으로서의 기본적인 의무를 이행하지 않은 채 무임승차 식의 보호를 바라는 것으로 평가절하 되어서는 안 된다. 그들의 선택은 종교적 신념에 따라 강력하고 진지하게 형성된 '양심'에 따른 것이다."
15) 김영관 외 49인 대 대한민국, 개인청원 2179/2012, 2014.10.15. 채택한 견해; 같은 취지로서, 정민규 등 대 대한민국, 개인청원 1642-1741, 2011년 3월 24일에 채택한 견해, 7.4항 및 김종남 등 대 대한민국, 개인청원 1786/2008호, 2012년 10월 25일에 채택한 견해 7.5항.
16) 참고자료 36 피터 뮤즈니 교수 의견서

II 양심적 병역거부권에 대한 국제법적, 비교법적 측면

가. 관련 조약, 규약, 유엔 인권위원회, 자유권규약위원회, 인권이사회 등의 해석

(1) 유엔 자유권규약 제18조는 "사람은 사상, 양심 및 종교의 자유를 향유할 권리를 가진다. 이러한 권리는 스스로 선택하는 종교나 신념을 가지거나 받아들일 자유와 또는 다른 사람과 공동으로 공적 또는 사적으로 예배의식, 행사 및 선교에 의하여 그의 종교나 신념을 표명하는 자유를 포함한다(제1항). 어느 누구도 스스로 선택하는 종교나 신념을 가지거나 받아들일 자유를 침해하게 될 강제를 받지 아니한다(제2항). 자신의 종교나 신념을 표명하는 자유는, 법률에 규정되고 공공의 안전, 질서, 공중보건, 도덕 또는 타인의 기본적 권리 및 자유를 보호하기 위하여 필요한 경우에만 제한 받을 수 있다(제3항)."고 규정하고 있습니다.

(2) 유엔 자유권규약위원회, 인권위원회 및 인권이사회 등의 해석

(가) 자유권규약위원회는 1993년 일반논평 제22호에서, "자유권규약이 양심적 병역거부권을 명시적으로 언급하고 있지는 않지만, 살상무기를 사용하여야 하는 의무가 양심의 자유 및 자신의 종교 및 신념을 표현할 권리와 심각하게 충돌할 수 있으므로, 양심적 병역거부권이 자유권규약 제18조에서 도출될 수 있다"고 하였습니다.

(나) 인권위원회는 1989년 제59호 결의에서 "모든 사람은 자유권규약 제18조에 규정된 권리의 합법적 행사로써 양심에 따라 병역을 거부할 권리를 가진다"고 하였고, 1993년, 1995년, 1998년, 2002년, 2004년 그리고 인권이사회의 2012년, 2013년 반복된 결의를 통해 같은 입장을 밝혔습니다. 대한민국은 1990년 자유권규약에 가입한 이후 1993년부터 2013년 결의까지 7번의 결의에 참여했습니다. 1998년 제77호 결의에서는 "양심적 병역거부 행위의 진정성을 판단할 독립적이고 공정한 결정기관의 설립, 비전투적 또는 민간적 성격을 띤 대체복무제 도입, 양심적 병역거부자에 대한 구금 및 반복적 형벌부과 금지 등을 각국에 요청"했고, 1998년 이후의 결의에서는 "양심적 병역거부로 투옥될 위험에 처한 사람을 난민으로 받아줄 것을 각국에 권고"했습니다. 인권이사회는 2013년 "양심적 병역거부자의 무조건적인 석방을 각국에 촉구"했습니다.

(다) 자유권규약위원회는 2006년 대한민국의 제3차 국가보고서에 대한 최종견해에서, "양심적 병역거부자를 군복무에서 면제하고 자유권규약 제18조에

부합하는 입법조치를 취할 것"을 권고했고, 2015년 대한민국의 제4차 국가보고서에 대한 최종견해에서, "양심적 병역거부자를 즉시 석방하고, 전과기록을 말소하고 적절한 보상을 하며, 민간적 성격의 대체복무제를 도입할 것"을 권고했습니다.

(라) 한편, 자유권규약위원회는 2006년 윤여범, 최명진 대 대한민국[17] 사건에서 양심적 병역거부권이 규약 제18조 제3항의 보호를 받는다고 판단했는데, 2011년 정민규 외 99명[18] 사건부터는 양심적 병역거부권이 **제18조 제1항에 '내재'된 권리**임을 선언하였고, 2012년 김종남 외 387명[19], 2014년 김영관 외 49명[20] 사건에서도 동일한 입장을 유지했습니다. 특히 자유권규약위원회는 2014년 김영관 외 49명 사건에서 한국이 양심적 병역거부자를 수감한 것은 (**대법원까지 재판절차를 거쳤는데도**) '**자의적 구금**'(**규약 제9조**)이라고 판단하였습니다.

(3) 헌법재판소는 지난 7. 28. "자유권규약의 조약상 기구인 <u>자유권규약위원회의 견해는 규약</u>을 해석함에 있어 중요한 참고기준이 되고, 규약 당사국은 <u>그 견해를 존중하여야 한다</u>. 특히 우리나라는 자유권규약을 비준함과 동시에, 자유권규약위원회의 개인통보 접수·심리 권한을 인정하는 내용의 선택의정서에 가입하였으므로, 대한민국 국민이 제기한 개인통보에 대한 자유권규약위원회의 견해(Views)를 존중하고, 그 이행을 위하여 가능한 범위에서 충분한 노력을 기울여야 한다."고 판시하였습니다.[21] 따라서 자유권규약위원회, 인권위원회 및 인권이사회의 해석 및 견해는 규약 해석에 있어 적어도 연성법(soft law)으로서 "중요한 참고기준"으로 삼는 방식으로 "존중"되어야 합니다. 헌법재판소는 병역법 제5조 제1항에 대한 헌법불합치를 선언하여 그러한 존중심을 나타내었습니다.

나. 유럽 인권재판소[22] 판결 및 시사점
(1) 바야탄 대 아르메니아 판결[23]
(가) 유럽인권재판소의 대재판부는 2011. 7. 7. "양심적 병역거부가 사상, 양심, 종

---

17) 개인청원 제1321−1322/2004호 윤여범, 최명진 대 대한민국 사건(2006.11.3.)
18) 개인청원 제1642−1741/2007호 정민규 외 99인 대 대한민국 사건(2011.3.24.)
19) 개인청원 제1786/2008호 김종남 외 387명 대 대한민국 사건(2012.10.25.)
20) 개인청원 제2179/2012호 김영관 외 49인 대 대한민국 사건(2014.10.15.)
21) 헌법재판소 2018. 7. 28. 선고 2011헌마306, 2013헌마431(병합)
22) 동재판소는 유럽 47개국이 가입한 유럽인권협약을 근거법으로 합니다.
23) 유럽인권재판소 대재판부, 2011. 7. 7. 선고, 23459/03호(CASE OF BAYATYAN v. ARMENIA)

교의 자유를 보장하는 유럽인권협약 제9조에 의해 보장된다. ... 진지한 종교적 신념을 이유로 병역의무를 거부하는 사람에게 대체복무를 부과하지 않고 형사처벌을 하는 것은 민주사회에서 필요한 제한이라고 볼 수 없어 유럽인권협약 제9조를 위반한 것"이라고 판단하여 46년 만에 판례를 변경했습니다.

(나) 재판소는 자유권규약위원회 해석이 판례 변경의 주된 이유라고 언급했습니다. 이전에 재판소는 '대체복무를 강제노역으로 보지 않는 협약의 강제노역금지 조항을 고려해 보면 양심적 병역거부가 협약의 양심의 자유 조항으로부터 당연한 권리로서 도출되지는 않는다'는 취지의 해석을 해왔습니다. 이는 대법원이 2007년 자유권규약에 대한 소극적 판단을 내릴 때 사용한 논리이기도 합니다.[24] 그러나 재판소 대재판부는 기존 판례 변경 이유에 대하여, "협약에 사용된 용어와 개념을 정의할 때 본 협약을 제외한 다른 국제법의 요소와 유사 기관의 해석을 고려할 수 있으며 그렇게 해야 한다. 특정분야의 국제법에서 새로운 합의가 도출될 경우, 재판소는 관련 사건을 판단하기 위해 협약의 조항을 해석할 때 그 점을 고려할 수 있다."(102항), "<u>가장 유의할 만한 것</u>은 유럽인권협약(제4조 및 제9조)과 비슷한 구조를 가진 자유권규약(제8조 및 제18조)에 대한 <u>자유권규약위원회(UN Human Rights Committee)의 해석</u>이다. 처음에는 자유권규약위원회도 유럽인권위원회와 동일한 입장을 취하여 자유권규약 제18조의 범위에 양심적 병역거부권이 포함되지 않는다고 결정했다. 그러나 1993년에 자유권규약위원회는 일반논평 22호를 통해 입장을 변경하여, 살상용 무기를 사용해야 하는 의무는 양심의 자유와 종교나 신앙을 공표할 권리와 심각한 충돌을 일으킬 수 있으므로 양심적 병역거부권은 제18조에서 파생될 수 있다고 밝혔다. 2006년에 자유권규약위원회는 양심적 병역거부자와 관련하여 대한민국 정부를 대상으로 제기된 2건의 청원을 고려할 때 자유권규약 제8조를 적용하는 것을 명백히 거부하고, 자유권규약 제18조에만 의거하여 두 사건을 검토했으며 양심을 이유로 군복무를 거부한 청원인에게 형을 선고한 것은 제18조를 위반한 것이라고 결정하였다."(105항)라고 하여, 양심적 병역거부권이 유럽인권협약 제9조에 의해 보장된다고 해석함에 있어 자유권규약위원회 해석을 중요한 참고기준으로 삼아 이를 존중하고 받아들였음을 분명히 했습니다.

(다) 또한 재판소는 유럽과 그 밖의 지역에서 양심적 병역거부의 인정과 관련된 '보편적 합의(General Consensus)'가 있고, "민주주의는 다수가 그들의 지배적 지위를 남용하지 않고 소수에게 공정하고 합리적 대우를 보장하여야 하므로, 종교적 소수자

---

24) 대법원 2007.12.27. 선고 2007도7941 판결

에게 사회에 봉사할 기회를 부여하는 것은 국가가 말하는 것처럼 부당한 차별과 불평등을 조장하는 것이 아니라 종교간 조화와 관용을 증진하고 안정적인 다원주의를 보장한다."는 취지에서 양심적 병역거부권을 인정함으로, 양심적 병역거부권의 인정이 문명국가가 합의할 수 있는 기본적 권리(Minimum Standard)라는 점과 관련된 규범적 근거를 제공했습니다.[25]

(2) 아댠 등 대 아르메니아 판결[26]

(가) 아르메니아는 2003년 대체복무제를 도입하였지만 군의 감독을 받는 방식이어서 양심적 병역거부자들이 이를 이행할 수 없었고, 대체복무법 위반으로 처벌되었습니다. 베니스위원회 등 국제인권기구의 강력한 수정권고와 위 2011년 유럽인권재판소의 바야탄 판결 등으로 인하여 아르메니아는 결국 10년 만인 2013년 대체복무법을 개정하여 군과 무관한, 주 정부가 감독하는 민간대체복무제로 수정시행하였고, 개정 전 대체복무법 위반으로 수감 중이던 28명의 여호와의 증인 수감자를 전원석방하였습니다. 석방된 이들은 개정된 민간대체복무를 이행했습니다. 한편 석방된 이들 중 아댠 등 4명의 양심적 병역거부자는 대체복무법 개정 전에 유럽인권재판소에 제소하였고, 유럽인권재판소는 2017. 10. 12.자 아댠 등 대 아르메니아 판결에서, 개정 전 대체복무에 대해 "권한, 통제, 적용되는 규칙 및 외적요소"가 중요한 판단요소라고 밝히면서, "(i) 군당국이 복무의 감독에 적극 관여하고, (ii) 군당국이 대체복무근로자가 다른 기관 혹은 복무장소로 이송되도록 명령함으로써 복무에 영향을 미칠 수 있고, (iii) 대체근로복무의 특정 부문들이 군 복무규정에 따라 조직되어 민간기관장이 군으로부터 복무환경과 방법에 관한 지시를 받고, 군이 업무를 배정, 변경하여 … 위계질서나 제도적인 면에서 군으로부터 충분히 분리되어 있지 않아 … 대체복무가 진정으로 민간성격이 아니었다."고 판단하였습니다. 나아가 개정 전 복무기간도 1.5배를 상회하여 징벌적 요소가 있다고 보아 정부가 각 12,000유로(약 1600만원)를 배상할 책임이 있다고 판결하였습니다. 아르메니아는 국제사회의 압력으로 마지못해 대체복무제를 도입하면서 양심적 병역거부자들이 받아들일 수 없는, 군의 지휘를 받는 복무형태를 설계하여 결국 10년 동안 양심적 병역거부자들은 '대체복무를 마련해주었는데도 못하겠다는 것이냐'는 비난과 함께 대체복무법위반으로 처벌받는 더 힘겨운 시간을 보내야 했습니다. 처음부터 군과 무관한 정부부처가 감독하는 민간대체

---

25) 광주지방법원 2016.10.18. 선고 2015노1181 판결
26) 유럽인권재판소 대재판부, 2017. 10. 12., 75604/11호 (CASE OF ADYAN AND OTHERS v. ARMENIA)

복무제가 시행되었더라면 훨씬 좋았을 것입니다.

(3) 양심적 병역거부 여부 판단기준[27]

(가) 유럽인권재판소 대재판부는 2011년 바야탄 판결에서 판단기준에 대해 다음과 같이 판시하였습니다:

> 110. [양심적 병역거부는] 군 복무라는 의무와 양심 또는 당사자의 내면 깊숙이 자리잡은 종교적 또는 그 밖의 신념이 심각한 충돌을 일으켜 더 이상 감당할 수 없는 상황에서 비롯될 경우, 제9조에 보장된 권리를 고려하기에 충분한 타당성, 심각성, 밀접성, 중요성을 가지는 확신 또는 신념이라 볼 수 있다. 병역거부 행위가 이 조항의 범위에 포함되는지, 그리고 포함된다면 어느 정도까지 인정되는지를 판단하는 문제는 당해 사건의 구체적인 정황을 고려해야 할 것이다.

> 111. 본 사건의 청구인은 여호와의 증인이며, 이 종교는 비무장 복무라 하더라도 군 복무를 수행할 수 없다는 입장을 고수한다. 청구인의 병역 거부 의사는 종교적 신념에서 비롯된 것이며 그 신념이 병역 의무에 비추어 감당할 수 없는 심각한 충돌을 일으킨다는 점은 의심할 여지가 전혀 없다. 이런 의미에서 볼 때, 정부 측의 주장(위 81항 참조)과 대조적으로 청구인의 상황은 일반적인 세금 납무의 의무와 같이 구체적인 양심의 갈등을 전혀 유발하지 않는 의무에 대한 상황과는 반드시 구별되어야 한다.

> 124. 본 사건의 경우 여호와의 증인인 청구인은 개인의 이익이나 편의 때문이 아니라 진지한 종교적 신념을 이유로 병역의무에서 면제해 줄 것을 요청하고 있다는 점을 간과해서는 안 된다. 사건 당시에는 아르메니아에 대체 복무제가 없었으므로 청구인은 자신의 신념을 고수하기 위하여 형사 고발을 무릅쓰더라도 입영을 거부하는 것 외에는 다른 방법을 찾을 수 없었다.

(나) 위 판시에 따르면 (i) 양심적 병역거부는 개인의 양심에 따른 것으로서 극복할 수 없을 정도의 거부 의사가 있어야 하고, (ii) 심각하고 진정한 신앙 또는 신념에 근거해야 하며, (iii) 이러한 진정성은 공정하고 독립된 심사에 의해 개별적으로 판단될 수 있다는 것입니다.

(다) 유럽인권재판소는 종교적 신념과 비종교적 신념 모두 양심, 사상, 종교의 자

---

27) 이 항의 내용은 참고자료 36 피터 뮤즈니 교수 의견서 내용을 인용하였습니다.

유의 보호를 받아야 할 대상으로 인정했는데, 다만 그러한 신앙 또는 신념은 심각하고 진지하여 "타당성, 심각성, 밀접성, 중요성"이 충분히 인정되어야 합니다. 유럽인권재판소는 각 요소의 정확한 의미를 구체적으로 설명하지 않았으나, 재판소에서 다룬 구체적 사례들과 각국 사법부 및 재판소 판결[28]의 사안들을 살펴보면 의미를 파악할 수 있습니다.[29]

(라) 한편 자유권규약위원회는 "양심적 병역거부권이 특정 종교단체에 속한다는 이유만으로 행사할 수 있는 권리와 분명히 다르다"고 언급했고[30], 실제 유럽인권재판소는 양심적 병역거부의 진정성이 문제가 되자 개별적 접근방식으로 이를 해결했으며, 양심적 병역거부 주장의 진정성을 확인하려는 국가들에게 이와 동일한 접근방식을 사용하거나 개인별 심사 절차를 마련할 것을 권하였습니다.[31] 다만, 각국 사례들에서 평화추구를 중시하는 종교 집단에 소속된 경우 병역거부의 진정성이 추정되었습니다.[32][33] 여호와의 증인이 아닌 병역거부자가 양심적 병역거부자로 인정받지 못하자 여호와의 증인이 자동으로 병역 면제되는 것에 비해 자신이 차별 당했다며 유럽인권위원회에 소송을 제기한 사례에서 위원회는 해당 소송을 기각한 바 있습니다.[34][35]

---

28) 1.의 마.항에서 광범위한 판례가 축적된 독일과 캐나다, 미국의 경우를 말씀드린 바 있습니다.

29) 한 가지 사례로 엔버 아이데미르 대 터키(Enver Aydemir v. Turkey)사건에서 유럽인권재판소는 '터키 공화국의 이름으로 군복을 입고 군사 활동에 참여하는 것을 거부했지만 이슬람 율법이 지배하는 국가에 있었다면 군 복무를 이행했을 것이라고 주장한 경우' 이를 양심적 병역거부자로 볼 수 없다고 결정했습니다. 재판소는 위 주장이 정치적 동기에서 비롯된 것이며 객관적으로 군 복무를 이행하지 못하게 하는 신앙이나 신념을 가지고 있지 않다고 본 것입니다. 나아가 재판소는 "사건 기록으로 볼 때 신청인이 주장하는 신앙은 참전 및 무기소지에 대한 강력하고 영구적이며 진실한 거부 의사를 포함하는 것으로 보이지 않는다."고 판시하였습니다; 제26012/11호, 2016.6.7, 제76–83항 (원문은 프랑스어)

30) "양심적 병역거부", HR/PUB/12/1, 23면

31) 사브다 대 터키(Savda v. Turkey), 제42730/05호, 2012.6.12., 제96–99항; 타르한 대 터키(Tarhan v. Turkey), 제9078/06호, 2012.7.17., 제61항

32) 러시아 올리야노프스크 지방법원, 2001.4.26, "당사자가 병역 기피를 목적으로 특정 종교에 가담했다는 [구체적인] 증거가 없을 경우, 그 종교에 소속되어 있다는 점은 당사자가 종교적 견해 및 신념을 가지고 있다는 증거로 보아야 할 것이다."

33) 스웨덴과 네덜란드 등 몇몇 나라에서는 여호와의 증인과 같은 특정 종교에 소속된 사람들에게 양심적 병역거부권을 인정하고 있습니다.

34) N. v. Sweden, 제10410/83호, 1984.10.11.: "여호와의 증인 소속이라는 점은 당사자의 병역거부 의사가 진정한 종교적 신념에 기초한 것이라는 강력한 증거가 된다. 개인의 병역거부에 있어서, 이와 유사한 특성을 가진 집단에 소속되어 있다는 것에 견줄 만한 증거는 없을 것이다. 따라서 본 위원회는 여호와의 증인과 같은 종교에 소속되어 있다는 객관적 사실 자체만으로도 병역 면제를 받은 사람이 기피자가 아니라는 점이 담보될 가능성이 높다고 본다. 단지 군 복무나 대체 복무를 이행하지 않을 목적으로 그와 같은 종교에 입단하려는 사람은 거의 없을 것이다. 하지만 양심상의 이유로 병역 거부를 주장하는 개인이나 다양한 평화주의 집단 또는 조직에 소속된 자에게 면제를 허용할 경우에는 그 정도의 높은

다. 양심적 병역거부 관련 외국법원의 해석 사례

(1) 우크라이나의 최고 법원은 2015년 크림 반도를 포함한 동부 지역을 둘러싼 내전과 전쟁 기간에도 양심적 병역거부자가 대체복무를 할 권리가 있다는 점을 확인했습니다. 양심적 병역거부권이 군사동원기간에도 보호받아야 하는 기본적 인권이라는 점을 인정했고, 양심적 병역거부를 이기적인 이유로 의무를 기피하거나 국가 이익과 안보에 위협이 되는 행위로 보지 않았습니다.[36]

(2) 콜롬비아 공화국 헌법재판소는 2009년[37] 기존 판례를 변경하면서, 콜롬비아 헌법 제18조(양심의 자유), 제19조(종교의 자유)에서 양심적 병역거부권이 도출된다고 판단하였습니다. 동 재판소는 유엔 인권위원회 1989/59 결의, 자유권규약위원회 1993년 일반논평 제22호, 자유권규약위원회의 콜롬비아에 대한 최종견해, 자유권규약위원회 2006년 윤여범, 최명진 대 대한민국 사건 결정 등을 고려한 후, "입법자에 의해 특별한 규정이 만들어질 때까지 양심적 병역거부권이라는 헌법적 권리는 판사들의 입장에서 보호해야 할 대상"이라고 판시했습니다(VI.5.2.5., VI.5.2.6.5.항). 동 재판소는 2013년[38] 판결에서는 "양심적 병역거부는 즉시 적용할 수 있는 기본권이며, 양심적 병역거부를 인정, 존중, 보호하거나 법적으로 이행하는데 관련법을 확대 적용하는 것이 요구되지 않는다. 헌법상의 권리는 관련법의 유무에 제약을 받는 권리가 아니다."(II.4.2.항), "양심의 자유는 인간의 존엄성을 중시하는 민주주의 사회에서 필수불가결한 요소이다. 특히 사법기관은 사회 소수 집단 및 다수와 입장을 달리하는 사람들의 신념과 양심을 존중해야 한다."(II.4.2.1.항)고 하여 양심적 병역거부권을 확인했습니다.

(3) 키르기스스탄 공화국 대법원 헌법재판부는 양심적 병역거부권을 인정하면서, 특히 대체복무는 군과 무관해야 한다는 점을 강조했습니다. 양심적 병역거부자들이 대체복무법에 따라 국방부 계좌로 일정액을 납입하는 것을 거부하였다는 이유로 기

가능성을 기대할 수 없다."

35) 유럽인권협약에 대한 제11의정서가 1998년에 시행되기 전까지 인권 침해에 관한 소송을 심사하는 기관은 두 곳이었습니다. 유럽인권위원회가 1차 심사기관으로서 사실관계를 확인하고 심리적격여부를 판단하여 법적 의견을 제시했고, 유럽인권재판소는 본안심사를 진행하는 2차 심사기관이었습니다. 따라서 사건은 위원회로 접수되었으며 유럽의회 각료이사회가 사건의 심각성에 따라 유럽인권재판소로 사건을 회부할 것인지 결정하였습니다. 그러나 사건이 급증함에 따라 신속한 처리를 위해 1998년에 위원회와 재판소를 통합하여 하나의 심사기관을 운영하게 되었습니다.

36) 2015. 6. 23. 우크라이나 민·형사전담 고등특수법원 판결(3심). 이 판결은 2014. 11. 13. 노보모스코프스크 법원 판결(1심)과 2015. 2. 26. 드니프로페트로브스크 항소법원 판결(2심)을 최종 확정했습니다.

37) 콜롬비아 공화국 헌법재판소 2009. 10. 14. 2009C−728 위헌법률심판 사건

38) 콜롬비아 공화국 헌법재판소 2013. 7. 10. 2013T−430 사건

소된 사건의 위헌심판제청사건에서, "키르기스스탄 헌법에 따라 국내에서 효력을 발휘하는 국제규약인 자유권규약 등 국제규약과, 통상적으로 인정되는 국제법상의 원칙 및 표준은 키르기스스탄 공화국의 법 체제를 구성하는 요소"라고 판시하고, 군사활동을 지원하기 위하여 국방부 특별계좌로 일정액을 납입하게 하는 것은 '민간복무의 성격'이라고 볼 수 없으므로 이 부분의 대체복무법은 위헌이라고 판시했습니다.[39] 그 결과 키르기스스탄 공화국 대법원 사법재판부는 관련 사건에서 원심 유죄판결을 파기하고 당해 형사사건을 종료했습니다.[40]

Ⅲ 병역의무의 형평성과 대체복무제도의 도입과의 관계

가. 병역의무와의 형평성, 국가안보에 대한 우려에 대하여

(1) 헌법재판소는 이번 결정[41]에서 입법자가 늦어도 2019. 12. 31.까지 개선입법을 해야 할 의무가 있다고 결정했습니다. 국회가 내년말까지 개선입법을 하지 않는다면 일체의 병역의무를 부과할 수 없게 될 정도의 결정의 파급력을 고려할 때, 오랜 기간 충분히 검토하고 고민한 후에 내린 결정일 수밖에 없습니다. 따라서 본 항에서는 형평성 및 국가안보에 대해 사법부만큼이나 깊고 오랜 고민을 하였을 헌법재판소 결정을 주로 인용하여 말씀드리고자 합니다.

"양심적 병역거부자에 대한 대체복무제를 도입할 경우 병역기피자가 증가하고 병역의무의 형평성이 붕괴되어 전체 병역제도의 실효성이 훼손될 것이라는 견해는 다소 추상적이거나 막연한 예측에 가깝다. 반면, 이미 상당한 기간 동안 세계의 많은 나라들이 양심적 병역거부를 인정하면서도 여러 문제를 효과적으로 해결하여 징병제를 유지해오고 있다는 사실은, 대체복무제를 도입하면서도 병역의무의 형평을 유지하는 것이 충분히 가능하다는 사실을 강력히 시사한다."

(2) 헌법재판소는 진정한 양심적 병역거부자를 심사하는 방법으로, "대체복무를 신청할 때 그 사유를 자세히 소명하고 증빙자료를 제출하게 하고, 신청의 인용 여부

---

39) 키르기스스탄 공화국 대법원 헌법재판부 2013. 11. 19. 선고.
40) 키르기스스탄 공화국 대법원 사법재판부 2014. 1. 14.자 4-030/14CC, 2014. 4. 1.자 4-0442/14CC 판결
41) 헌법재판소 2018. 6. 28. 선고 2011헌바379 등 결정

는 학계·법조계·종교계·시민사회 등 전문분야의 위원으로 구성된 중립적인 위원회에서 결정하도록 하며, 필요한 경우 서면심사 뿐만 아니라 대면심사를 통해 신청인·증인·참고인으로부터 증언 또는 진술을 청취할 수 있도록 하는 등 위원회에 폭넓은 사실조사 권한을 부여하고, 자료나 진술이 허위인 것으로 사후에 밝혀지는 경우 위원회가 재심사를 통해 종전의 결정을 번복할 수 있도록 하는 등의 국가가 관리하는 객관적이고 공정한 사전심사절차와 엄격한 사후관리절차 제도적 장치를 마련한다면 양심을 가장한 병역기피자를 가려낼 수 있다(37–38쪽)"고 판단했습니다.

(3) 또한 병역의무와 민간대체복무 간의 형평성 문제에 관해서는, "현역복무와 대체복무 간 복무의 난이도, 기간과 관련해서 형평성을 확보해 현역복무를 회피할 요인을 제거한다면, 심사의 곤란성과 병역기피자의 증가 문제를 효과적으로 해결할 수 있다"면서, "다만 대체복무의 기간이나 고역의 정도가 과도하여 양심적 병역거부자라 하더라도 도저히 이를 선택하기 어렵게 만드는 것은, 대체복무제를 유명무실하게 하거나 징벌로 기능하게 할 수 있으며 또 다른 기본권 침해 문제를 발생시킬 수 있다(37–38쪽)"고 하여 형평성을 침해하지 않는 대체복무제 설계가 가능하다고 판단했습니다.

(4) 특히 국가안보 우려에 대해서는, "2016년 국방백서에 의하면 총 병력은 62만 5천명에 이르는 반면, 양심적 병역거부자는 연평균 약 600명 내외(전체 병력의 약 0.1%)일 뿐이므로 국가안보를 논할 정도로 의미있는 규모가 아니라는 점, 현대전은 정보전·과학전의 양상을 띠므로 병력자원이 차지하는 중요성이 상대적으로 낮아지고 있고, 실제로 국방부는 군구조 개편과 방위사업 혁신을 추진함과 동시에 상비병력을 2022년까지 50만 명 수준으로 단계적으로 감축할 계획이라는 점(36–37쪽)"을 볼 때 대체복무가 국방력에 의미 있는 수준의 영향을 미친다고 보기 어렵다고 판단했습니다.

나. 정부 및 국회의 대체복무제 도입 논의와의 관계

(1) 문재인 대통령은 지난 2017. 12. 국가인권위원장과의 특별보고 자리에서 "국제 인권원칙에 따른 기준과 대안을 마련하라"고 지시했고, 국회는 헌법재판소 결정에 따라 2019. 12. 31.까지 양심적 병역거부자를 위한 대체복무제를 마련해야 합니다. 현재 국회에는 박주민, 전해철, 이철희 의원이 제출한 대체복무안이 마련되어 있고, 국가인권위원회, 관계부처 실무 추진단, 대한변호사협회, 서울지방변호사회 등에서 대체복무제 연구가 진행 중입니다. 특히 국가인권위원회는 2018. 5.경 국회에서

대체복무제에 관한 토론회를 개최하였으며 이를 기초로 금년 하반기 국제기준에 부합하는 대체복무방안을 대통령에게 직접 보고할 예정입니다.

(2) 국제사회의 확립된 표준이자, 가장 중요한 요건은 **'대체복무자에 대한 지휘·감독'**과 **'대체복무의 성격'**이 모두 **'군과 무관'**해야 한다는 것입니다.[42] 독일, 대만 등 다수 국가가 국제표준에 부합하는 대체복무제를 성공적으로 시행해왔습니다.

(3) 독일[43]의 경우 대체복무 감독을 위해 '민간대체복무 연방사무소'라는 독립적인 고위 연방 정부기관을 설립하고, 가족노인여성청소년부의 감독 하에 두었습니다(민간대체복무법§2). 대체복무를 수행할 고용업체로는 사회, 환경, 보호, 자연 보존 또는 경치 보존에 관련된 업무를 수행하는 곳; 주로 사회 분야의 고용기회를 제공하는 기관이 선정되었습니다(민간대체복무법 §4). 복무기간은 군 복무기간인 6개월과 동일했습니다(민간대체복무법 §24(2)). 양심적 병역거부자 판정을 위해 대체복무 신청서, 이유서, 이력서를 지방병무청을 거쳐 연방대체복무청에 신청하면 서면 위주로 심사했습니다(병역거부법 제5조)[44].

(4) 이탈리아[45]의 경우 '국가 민간복무청'에서 대체복무를 감독하고(양심적 병역거부에 관한 신규법령 제8조(1)), 민간복무 형태로 비군사적 활동, 특히 국가유산, 환경, 산림, 예술, 역사, 문화적 자산의 보호 및 긴급상황 대처와 같은 업무를 수행하도록 했고(국가민간복무 제1조(1)(a)), 복무기간은 군 복무기간인 10개월과 동일하게 정했습니다(양심적 병역거부에 관한 신규법령 제9조(4)). 양심적 병역거부자는 국가민간복무 지원자격에 따라 지원서를 제출해야 하고(국가민간복무(제64/2001호 법률) 제5조(3)), 다만

---

42) 유엔 자유권규약위원회의 **"군사적 영역 밖의, 군의 지휘를 받지 않는** 민간대체복무(outside the military sphere and not under military command)"(김영관 등 대 대한민국, 개인청원 2179/2012, 2014. 10. 15 채택한 견해 7.3항), "민간 성격의 대체복무제를 도입할 것"(2015년 대한민국에 대한 4차 최종견해), 세계 헌법재판기관협의체인 베니스위원회의 "대체복무에 대한 어떠한 **통제나 감독**도 민간에 의해 이루어져야 하며... 대체복무를 수행하는 사람의 **일상업무에 대해 군은 어떠한 감독권도** 갖지 못한다."(2011. 12. 20.자 베니스위원회 644/2011호 견해, 38항), 유엔 고등인권판무관의 "대체복무는 **군의 영역 밖에 있어야 하며, 군의 통제 아래 있어서는** 안된다."(2012년 양심적 병역거부), 유럽인권재판소의 "진정으로 민간인적 성격을 띠지 않는 대체복무제를 허용한다면, 양심적 병역거부권은 환상에 불과한 것이 되고 말 것"(아단 등 대 아르메니아, 75605/11), 국가인권위원회의 "위 4차 최종견해에 따라 민간 성격의 대체복무제 도입 촉구" 등의 반복된 확인을 통해 알 수 있듯이, 대체복무제에 대한 국제표준은 군과 무관한 정부부처가 관할하는 민간대체복무제여야 한다는 것에 이견이 없습니다.

43) 독일은 1956년부터 2011년까지 남성을 대상으로 징병제를 실시했습니다. 2011년 7월 1일에 징병제가 유예되고 자원복무제가 도입됨에 따라 양심적 병역거부자들이 대체복무를 이행할 필요성도 사라졌습니다.

44) 양심적 병역거부와 대체복무제, 한인섭·이재승, 경인문화사

45) 이탈리아는 1998년 7월 8일 제230호 법에 따라 1998년에 양심적 병역거부자를 등록하고 민간대체복무를 허용하는 마련이 시행되었습니다. 2005년에 의무적 군 복무제가 폐지됨에 따라 양심적 병역거부자들이 징집되는 문제는 사라졌습니다.

무기 소지 허가를 취득한 자, 최근 2년 이내 무기 사용이 포함되는 상황에서 복무할 것을 요청한 자, 타인에게 폭력을 행사하거나 체재를 타도하려는 집단에 소속되었던 자 등에 해당하면 양심적 병역거부권을 행사할 수 없도록 규정했습니다(양심적 병역거부에 관한 신규법령 제2조(1)).

(5) 대만[46]의 경우 내정부가 대체복무를 관할하고 있고(대체역실시조례 제2조), 대체역의 종류로는 경찰역, 소방역, 사회봉사역, 환경보호역, 의료역, 교육봉사역, 농업봉사역, 행정원이 지정한 기타 역종을 정하고 있습니다(대체역실시조례 제4조). 복무기간은 상비병역 복무기간 대비 6개월 이하의 기간이 더 추가된 기간으로 규정하고 있는데(대체역실시조례 제7조(2007.1.24.자 제09600009751호 대통령령으로 개정됨)), 현재 대체복무기간은 6개월입니다. 신청자는 해당 종교에 2년 이상 속해 있던 자로서 신청 시에 이유서, 자서전, 서약서, 종교단체에서 발행한 증명서를 첨부해야 합니다[47]. 대만은 대체역실시조례에 "종교적 사유를 빌미로 군 복무를 기피하려고 시도한 사례는 한 번도 없었다"고 명시했습니다.

(6) 미국[48]의 경우 대체복무사무소에서 감독권을 가지고(국방법 32CFR Ch. XVI 선택적 복무 §1656.3항과 1565.4항), 건강관리 서비스, 병원, 요양원, 집중관리시설, 의료시설, 정신건강시설, 호스피스, 환경 보존, 소방, 오염 통제 및 관리시스템, 사회 서비스, 보호시설, 위생관리, 학교 또는 공공건물 관리, 교정시설지원 프로그램 등의 업무를 수행하도록 했습니다(국방법 32CFR Ch. XVI 선택적 복무 §1656.5). 복무기간은 24개월이었습니다(국방법 32CFR Ch. XVI 선택적 복무 §1656.9 대체복무자의 책임(b)).

(7) 아르메니아의 경우 아르메니아 정부의 허가를 받은 주 정부기관에서 대체복무를 조직, 감독하고, 대체근로복무에 대한 감독을 군에 맡기지 않습니다[대체복무법(2014.6.10.개정) 제14조]. 대체복무 내용으로는 간호원, 주방보조원, 병원 목욕 보조 또는 세탁요원, 시설관리인, 근로역을 규정하고 있습니다[대체근로복무 중 수행되는 업무 목록과 대체근로역복무 기관 목록 작성에 관한 아르메니아 정부의 N796 결정(2013.7.25.채택, 2016.8.4. 개정)]. 신청인은 출석하여 심사를 받습니다[49].

---

46) 대만은 2000년에 민간대체복무를 도입했고, 민간대체복무가 도입된 2000년 5월부터 2016년 1월까지 699명 이상이 종교적 사유로 인해 대체복무를 이행했습니다. 역정서의 공식 통계에 의하면 그 중 여호와의 증인은 634명입니다.

47) 양심적 병역거부와 대체복무제, 한인섭·이재승, 경인문화사

48) 미국은 독립전쟁(1775-1783) 당시 양심적 병역거부를 기본권으로 인정했습니다. 지금은 징병제가 폐지되었으나 징병제를 실시할 때에는 양심적 병역거부자를 대체복무프로그램에 따라 복무하도록 했습니다.

49) 2008. 12. 진석용 연구보고서

다. 사법부의 역할과 기능

(1) "법원의 역할 중 하나는 다수의 원칙, 다수의 원리에 의해 지배되는 현 상황에서 소수자의 권리를 보호하는 것이고, 법관이 여론으로부터 독립하여 법과 양심에 따라 재판함으로서 다수의 힘에 의해 발생할 수 있는 사회적 약자, 소수자를 보호하라는 사회적 사명에 의한 것"입니다.[50]

(2) 또한 "헌법 제10조에서 규정하고 있는 국가의 기본권 보호의무는 입법자에 국한된 것이 아닌 모든 국가기관의 의무이고 이 국가기관에는 법원도 포함되기 때문에, 법원은 구체적 사안에 있어 어떤 법률의 해석과 적용에 위헌성이 있다고 판단된다면, 헌법으로부터 부여받은 권한을 적극적으로 행사하여 그 위헌성을 제거함으로 국가의 기본권 보호의무를 다해야" 합니다.[51]

IV 결론

(1) 입법개선 시한인 2019. 12. 31.까지 입법자가 입법개선의무를 이행하면 양심적 병역거부자들은 대체복무를 통해 국가와 사회 공동체에 대한 구성원으로서의 의무를 이행할 기회를 부여받을 수 있습니다. 헌법재판소도 <u>이들을 교도소에 수용하는 것은 국가안보와 공익에 아무런 도움이 되지 않으며 대체복무를 부과하는 것이 더 도움이 된다</u>고 판시하였습니다.[52]

(2) 병역법 제88조 제1항 및 예비군법 제15조 제9항으로 인한 양심적 병역거부자 형사처벌은 일제 강점기를 제외하고도 65년 이상 지속되어 왔습니다. 이 처벌은 '정당한 사유'에 양심적 병역거부를 고려하지 않은 입법불비와, '정당한 사유'에 대한 법원의 종래 해석에 따른 것입니다. 이 문제를 해결하기 위해 헌법재판소는 할 수

---

50) 서울북부지방법원 2017. 4. 6. 선고 2016고단5123 판결
51) 부산지방법원 2018. 2. 1. 선고 2017노3008 판결
52) "<u>양심적 병역거부자를 처벌하는 것보다 이들에게 대체복무를 부과하는 것이 넓은 의미의 국가안보와 공익 실현에 오히려 더 도움이 된다고 할 수 있다.</u> ... 양심적 병역거부자들을 억지로 입영시키거나 소집에 응하게 할 수 있는 방법은 사실상 없다고 볼 수 있으므로, 현 상황에서는 오로지 이들을 처벌하여 교도소에 수용하는 것만이 가능할 뿐이다. 그런데 양심적 병역거부자들이 오랜 기간 형사처벌 및 이에 뒤따르는 유·무형의 막대한 불이익을 겪으면서도 꾸준히 입영이나 집총을 거부하여 왔다는 사실을 고려하면, 형사처벌이 그들에게 특별예방효과나 일반예방효과를 가지지 못한다고 볼 수 있으므로, <u>병역자원을 단순히 교도소에 수용하고 있는 것은 국가안보나 공익에 거의 아무런 도움이 되지 않는 조치라고 할 수 있다.</u>"- 헌법재판소 2018. 6. 28. 선고 2011헌바379 등 결정

있는 일을 하였습니다. 즉, 현재 대안 없이 양심적 병역거부자들에게 가해지는 형사처벌이 헌법에 위반된다는 점을 확인해주었습니다. 국회는 헌법재판소 결정에 따라 시한 전까지 입법개선의무를 이행하면 됩니다. 이제 남은 것은 사법부의 후속조치입니다. 이미 헌법재판소 결정이 내려지기 전에도, 하급심 법원들은 '정당한 사유'에 대한 합헌적 법률해석을 통해 89건에 이르는 무죄판결을 내렸습니다.[53] 다른 법원들도 900여명에 이르는 양심적 병역거부자 피고인들에 대한 재판을 늦추며 전원합의체 판결을 기다리고 있습니다.

(3) 대법관님들께서 이 피고인들에게 유죄가 선고되게 하시면, 한국에서 양심적 병역거부는 영원히 "범죄"로 남습니다. 대체복무제는 "범죄자"에게 국가가 그저 아량을 베푼 시혜적 조치에 지나지 않게 됩니다. 시혜적 조치는 가변적이고 언제든 국가가 거두어갈 수 있는 미봉책과도 같은 조치가 됩니다. 그것은 "인권"에 대한 헌법상 보호와는 전혀 다른 차원의 것입니다.

(4) 이제 대법원과 전국 법원에 재판이 계속 중인 이 900여명의 젊은이들은 대법관님들의 판단에 따라, 대한민국에서, 어쩌면 세계에서, 가장 마지막으로 징역 1년 6월의 형을 선고받고 교도소에 수감되는 전과자가 될 수도 있고, 또는 대한민국에서 최초로 양심적 병역거부자를 위한 대체복무를 이행하는 제1기 대체복무자가 되어 자랑스럽게 그 사진을 집에 걸어놓는 젊은이들이 될 수도 있습니다. 이 900여명은 사법부로 향했던 1만 9천명의 행렬 중에서 사법부에 판단이 맡겨진 마지막 양심적 병역거부자 피고인들입니다. 부디 65년 형사처벌 역사를 유죄판결로 마무리 짓지 말아주시기를, 이들에게 무죄가 선고되게 해 주시기를 간곡히 부탁드립니다.

---

53) 2004년 이후 2018. 7. 기준 90건이라는 사법 역사상 유례가 없을 정도로 하급심 무죄 판결이 계속되어 왔습니다. 무죄 판결을 선고한 법관들은, "양심적 병역거부자들에 대한 형사처벌이 위헌이라고 판단되는 이상 입법자의 광범위한 입법형성권에만 기대어 현재의 위헌적 상태를 지속시키는 것에 대해 법관은 이를 고민하지 않을 수 없다"(부산지방법원 2018. 2. 1. 선고 2017노3008 판결), "병역기피라는 범죄예방을 위해 양심적 병역거부자의 인간으로서의 존엄과 가치에 직결되는 핵심적인 기본권을 중대하게 제한해가면서까지 이들을 형사처벌할 필요가 있는지, 깊은 의문이 든다"(인천지방법원 2017. 2. 6. 선고 2016고단2624 판결), "국가형벌권을 꼭 필요한 곳에 최소한의 범위에서만 행사되어야 한다는 '형벌최소화원칙'에 비추어 볼 때, 여호와의 증인 신도들에 대한 형사처벌은 무의미하다"(부산지방법원 2016. 12. 27. 선고 2016고단6148 판결)라는 판시 등을 통해 깊은 고민이 있었음을 밝혔습니다.

첨부서류

1. 참고자료 36   전문가 의견서, 피터 뮤즈니
                        (스위스 제네바 대학교 법학교수, 프랑스 사부아 몽블랑
                        대학교 법학 교수)
1. 참고자료 37   헌법재판소 2018. 6. 28. 선고 2011헌바379 등 결정문

2018. 8. 13.

피고인의 변호인
변호사 오두진
변호사 이창화
변호사 임성호
변호사 김진우

대법원 제3부 귀중

(번역본)

V 전문가 의견서(피터 뮤즈니)

피터 뮤즈니
스위스 제네바 대학교 법학 교수
프랑스 사부아 몽블랑 대학교 법학 교수

목차
[생략]

A. 서문

1. 전 세계 여러 나라를 살펴보면, 징집 제도 내에 '정당한 사유'에 근거한 병역 면제가 포함되어 있습니다.[54] 개인의 성별, 건강, 학력, 전문성이 인정되는 활동, 가족 문제, 민족성과 같이 다양한 사유를 폭넓게 정당한 사유로 인정하여 병역을 면제하는 것을 볼 수 있습니다.

2. 20세기에 들어와서 민주주의 국가들은 양심적 병역거부권을 병역 면제의 정당한 사유로 인정하고 양심적 병역거부자들에게 민간대체복무를 허용하는 추세를 보이고 있습니다.[55] 최근 15년간 유럽인권재판소(European Court of Human Rights), 유엔자유권규약위원회(United Nations Human Rights Committee)를 비롯하여 각국의 대법원

---

* 번역자 주: 원문의 이탤릭체는 밑줄 처리하였습니다.

[54] 양심적 병역거부권에 대한 종합적인 연구를 위해 유엔인권고등판무관실이 발행한 "양심적 병역거부"를 참조할 수 있다. (The Office of the United Nations Human Rights High Commissioner, "Conscientious Objection to Military Service", HR/PUB/12/1, New York and Geneva, 2012, 84면)

[55] 군 복무를 갈음하는 대체복무가 유일한 대안이라는 뜻은 아니다. 노르웨이 등 일부 국가에서는 양심적 병역거부자로 인정되면 군 복무와 대체복무가 모두 면제된다. (https://www.wri-irg.org/en/story/2011/norway-end-substitute-service-conscientious-objectors) (2018.8.6. 검색)

종교 단체 내에서 특정 책임을 맡고 있는 신도가 진정한 양심적 병역거부자로 인정되면 어떠한 대가나 납세 행위가 없더라도 군 복무 및 대체복무에서 모두 면제해 준다. 비교. 루마니아 형사고등법원, 2006.6.27., 제5650호 결정(File No.21515/2004): 민간대체복무를 거부한 여호와의 증인 성직자인 양심적 병역거부자에게 법원이 피해 보상 판결을 내렸다. 독일 연방 헌법재판소, 1989.9.29., BVerwG 8 C 53.87: 활동적으로 광범위한 복음전파 활동에 참여하고 있다는 점을 고려하여 여호와의 증인 복음전파자에게 군 복무 및 대체복무 면제를 인정하였다.

들과 국제기구들에서는 양심상의 이유로 병역을 거부하는 사람들을 수감하는 것이 양심, 사상 및 종교의 자유라는 기본권의 침해라는 점을 확증하고 있습니다.

3. 하지만 양심적 병역거부권을 가볍게 생각해서 성급하게 이를 인정한 것은 결코 아닙니다. 일각에서는 군 복무를 회피하려고 양심적 병역거부자를 가장하는 사람들이 분명히 있을 것이라고 우려합니다. 이 점에 대해 면밀한 분석이 이루어졌으며 양심적 병역거부자의 신념의 진정성을 확인하는 구체적인 절차가 마련되었습니다. 지금처럼 많은 나라에서 양심적 병역거부권을 인정하기까지 100여 년에 걸쳐 점진적인 발전이 이루어졌습니다.

4. 프랑스, 대만, 아르메니아 등에서는 국가 안보에 미치는 위험과 국민들 사이에 불평등이 초래될 위험이 있다는 이유로 한때 양심적 병역거부를 병역 면제의 정당한 사유로 인정하지 않았습니다. 그러나 지금은 이들도 민간대체복무를 시행했으며, 우려했던 점들이 현실로 나타나지 않았다는 점을 인정했습니다. 오히려 정부 관리들은 진정한 민간대체복무가 국익에 기여하며 어떠한 문제도 초래하지 않는다는 점을 확인하고 이 복무제도에 대해 만족한다고 말합니다.56)

5. 양심적 병역거부에 관해 논할 내용은 매우 많지만, 본 의견서에서는 두 가지 부면만 살펴보겠습니다. 첫째, 양심적 병역거부권을 인정한다고 해서 병역 면제 대상이 급격히 늘어나는 일은 없습니다. 진정한 양심적 병역거부자는 매우 제한적인 의미를 가지며, 정부 당국은 개별 심사 위주의 심사 절차를 마련함으로써 심사 절차를 적절히 통제할 수 있습니다.

6. 어떤 사람이 진정한 양심적 병역거부자 지위를 얻게 되면, 그 나라에서는 대체복무를 마련해 주어야 합니다. 하지만 대체복무를 마련해주는 것으로는 충분치 않습니다. 다수의 민주주의 국가 및 국제기구들이 정한 표준에 의하면, 대체복무는 국제기준에 부합하는, 진정한 민간 성격의 복무여야 합니다. 진정한 민간 성격이 아닌 대체복무는 법적 모조품에 불과합니다. 아르메니아의 뼈아픈 실수에서 볼 수 있듯이 진정한 민간대체복무가 아니고서는 양심적 병역거부 문제를 해결할 수 없습니다. 이하에서는 진정한 민간대체복무의 요건을 살펴보겠습니다.

7. 수십 년간 축적된 광범위한 사례들은 한국에 큰 도움이 될 것입니다. 이를 토대로 진정한 민간대체복무제도를 마련한다면, 분명 병역 의무자와 진정한 양심적 병역거부자들이 모두 이 제도에 대해 만족할 것이라고 생각합니다.

---

56) 일례로 다음 기사를 참조할 수 있다. https://www.jw.org/en/news/legal/by－region/taiwan/successful－alternative－service－ conscientious－objectors/ [2018.8.6. 검색]

1. 진정한 양심적 병역거부자

8. 2011년에 유럽인권재판소 대재판부는 *바야탄 대 아르메니아*(Bayatyan v. Armenia) 사건에서, 양심적 병역거부권이 유럽인권조약 제9조의 종교의 자유에 의해 보호되는 권리라고 인정하는 역사적인 판결을 내렸습니다. 이로써 유럽인권재판소가 46년간 고수해 오던 판례는 변경되었습니다.[57]

9. 재판부는 상기 판결문 제110항에서 진정한 양심적 병역거부를 다음과 같이 정의 했습니다. 이는 다수의 민주주의 국가들의 주요 판례 및 국내법에 부합하는 것입니다.

> "[양심적 병역거부는] 군 복무라는 의무와 양심 또는 당사자의 내면 깊숙이 자리 잡은
> 종교적 또는 그 밖의 신념이 심각한 충돌을 일으켜 더 이상 극복할 수 없는 상황에서
> 비롯될 경우, 제9조에 보장된 권리[종교의 자유]를 고려하기에 충분한 타당성, 심각성,
> 밀접성, 중요성을 가지는 확신 또는 신념이라고 볼 수 있다."[58]

10. 상기 판결문을 통해 진정한 양심적 병역거부는 세 가지 기본 요건을 충족해야 한다는 점을 알 수 있습니다. 첫째, 병역 거부는 당사자가 본인의 양심에 따라 표현 해야 합니다. 둘째, 심각하고 진정한 신앙 또는 신념에 근거한 입장이어야 합니다. 셋째, 당국은 이러한 두 가지 요건을 독립적이고 공정한 방식으로 심사해야 합니다.

a. 양심적 병역거부는 개인의 양심에 따른 것이어야 하며, 극복할 수 없을 정도 의 거부 의사가 있어야 한다

11. 양심은 개인의 문제입니다. 제3자나 집단이 개인을 대신해서 양심상의 결정을 내려줄 수 없습니다.

12. 양심적 병역거부는 개인의 선택 문제입니다. 이 점에 관해 자유권규약위원회 는 "양심적 병역거부권이 특정 종교단체에 속한다는 이유만으로 행사할 수 있는 권 리와 분명히 다르다"[59]고 명확히 언급했습니다.

13. 바야탄 사건에서 유럽인권재판소 역시 양심적 병역거부의 진정성은 "당해 사 건의 구체적인 정황을 고려해야 한다"[60]고 판결했습니다.

---

57) *바야탄 대 아르메니아* [대재판부], 제23459/03호, 제110항, 유럽인권재판소, 2011년; 피터 뮤즈니, "바 야탄 대 아르메니아: 대재판부가 역사적인 판결을 내리다", 인권법평석(Human Rights Law Review), 제12권, 2012.3.1., 135 – 147면

58) *바야탄 대 아르메니아* [대재판부], 앞서 인용된 판결, 제110항

59) "양심적 병역거부", HR/PUB/12/1, 앞서 인용된 자료, 23면

60) *바야탄 대 아르메니아* [대재판부], 앞서 인용된 판결, 제110항

14. 실제로 유럽인권재판소는 양심적 병역거부의 진정성이 문제가 되자 개별적 접근 방식으로 이를 해결했습니다.[61] 또한 유럽인권재판소[62]는 양심적 병역거부 주장의 진정성을 확인하려는 국가들에게 이와 동일한 접근 방식을 사용하거나 개인별 심사 절차를 마련할 것을 권하고 있습니다.[63]

15. 각국의 사례들을 살펴보면, 평화 추구를 중시하는 종교 집단에 소속된 경우는 병역거부의 진정성[64]이 추정되므로 심사 결과를 단순화해도 무방하다는 점을 확인할 수 있습니다. 일례로 유럽인권재판소는 바야탄 판결 이후에 여호와의 증인 사건을 포함하여 총 8건의 양심적 병역거부 사건에 대해 판결하면서 이 점을 반복적으로 언급했습니다. "본 사건의 청구인은 여호와의 증인이며, 이 종교는 비무장 복무라 하더라도 군 복무를 수행할 수 없다는 입장을 고수한다. 청구인의 병역 거부 의사는 종교적 신념에서 비롯된 것이며 그 신념이 병역 의무에 비추어 심각하고 극복할 수 없는 충돌을 일으킨다는 점은 의심할 여지가 전혀 없다."[65]

16. 이 접근방식은 N. v. Sweden[66] 사건을 통해 입증되었습니다. 스웨덴에 거주하며 여호와의 증인이 아닌 사람이 양심적 병역거부자로 인정받지 못하자, 그로 인해 여호와의 증인이 자동으로 병역 면제되는 것에 비해 자신이 차별을 당하는 것이라고 유럽인권위원회(European Commission on Human Rights)[67]에 소송을 제기했습니다. 위원회는 다음과 같이 판단하여 이를 기각했습니다.

---

61) 그 외에도 올리야노프스크 지방법원이 판결(2001.4.26., No. 44-G-99)에 인용한 러시아 헌법재판소의 결정(1999.11.23., No.16-Ⅱ)도 참조할 것. "상기 언급된 권리는 명확하게 할 필요가 없으며, 러시아 연방 헌법 제18조, 제23조, 제59조에 따라, 즉시 시행된다. 집단적으로 적용되는 것이 아니라 개인에게 적용되는 숭배의 자유에 관한 개별적 권한은 특정 종교의 소속 여부와 관계없이 보장되어야 함을 의미한다."

62) 사브다 대 터키(Savda v. Turkey), 제42730/05호, 2012.6.12., 제96-99항; 타르한 대 터키(Tarhan v. Turkey), 제9078/06호, 2012.7.17., 제61항

63) 몇몇 나라에서는 여호와의 증인과 같은 특정 종교에 소속된 사람들에게 양심적 병역거부권을 인정하고 있다. 스웨덴과 네덜란드 참조

64) 러시아 올리야노프스크 지방법원, 2001.4.26., 앞서 인용된 판결 "당사자가 병역 기피를 목적으로 특정 종교에 가담했다는 [구체적인] 증거가 없을 경우, 그 종교에 소속되어 있다는 점은 당사자가 종교적 견해 및 신념을 가지고 있다는 증거로 보아야 할 것이다."

65) 바야탄 대 아르메니아 [대재판부], 앞서 인용된 판결, 제111항

66) N. v. Sweden, 제10410/83호, 1984.10.11.

67) 유럽인권협약에 대한 제11의정서가 1998년에 시행되기 전까지 인권 침해에 관한 소송을 심사하는 기관은 두 곳이었다. 유럽인권위원회가 1차 심사기관으로서 사실관계를 확인하고 심리적격여부를 판단하여 법적 의견을 제시했다. 유럽인권재판소는 본안심사를 진행하는 2차 심사기관이었다. 따라서 사건은 위원회로 접수되었으며 유럽의회 각료이사회가 사건의 심각성에 따라 유럽인권재판소로 사건을 회부할 것인지 결정하였다. 그러나 사건이 급증함에 따라 신속한 처리를 위해 1998년에 위원회와 재판소를 통합하여 하나의 심사기관을 운영하게 되었다.

"여호와의 증인 소속이라는 점은 당사자의 병역거부 의사가 진정한 종교적 신념에 기초한 것이라는 강력한 증거가 된다. 개인의 병역거부에 있어서, 이와 유사한 특성을 가진 집단에 소속되어 있다는 것에 견줄 만한 증거는 없을 것이다.

따라서 본 위원회는 여호와의 증인과 같은 종교에 소속되어 있다는 객관적 사실 자체만으로도 병역 면제를 받은 사람이 기피자가 아니라는 점이 담보될 가능성이 높다고 본다. 단지 군 복무나 대체복무를 이행하지 않을 목적으로 그와 같은 종교에 입단하려는 사람은 거의 없을 것이다. 반면에 양심상의 이유로 병역 거부를 주장하는 개인이나 다양한 평화주의 집단 또는 조직에 소속된 자에게 면제를 허용할 경우에는 그 정도의 높은 가능성을 기대할 수 없다."[68]

17. 여호와의 증인의 역사를 살펴보면 위와 같은 판결이 나온 것도 그리 놀랄 일이 아닙니다. 이들은 생명을 잃는다 하더라도 신념을 고수하는 편을 택하기 때문입니다. 나치 체제에서는 비전투적 성격의 군 복무조차 거부하여 수백 명이 처형되었습니다.[69] 한국의 여호와의 증인 양심적 병역거부자의 역사에서도 이들의 신념이 매우 강하다는 점을 확인할 수 있습니다. 19,300명 이상의 젊은이들이 지난 65년간 수감된 세월은 도합 36,800년입니다. 어떤 종교도 이처럼 일관되게 자신들의 양심적 입장을 고수하는 모습을 보이지 않았습니다.

18. 양심적 병역거부는 개인이 어떤 상황에 직면하더라도 포기할 수 없는 양심에 근거한 개인적 선택입니다. 평화를 우선적 가치로 추구하며 종교의 도덕률이 구성원 모두에게 구속력을 갖는 종교에 소속되어 있다는 것은 그 사람의 양심적 병역거부의 진정성을 긍정적으로 판단할 수 있는 강력한 전제가 됩니다.

a. b. 양심적 병역거부는 심각하고 진지한 신앙 또는 신념에 근거해야 한다

19. 유럽인권재판소는 바야탄 대 아르메니아 사건에서 양심적 병역거부를 "내면 깊숙이 자리 잡은 종교적 또는 그 밖의 신념, (…) 타당성, 심각성, 밀접성, 중요성을 가지는 확신 또는 신념"[70]에 근거한 입장이라고 정의했습니다.

20. 그렇다면 양심적 병역거부자는 '정당한 사유'에 포섭되기에 충분할 정도로 심

---

68) N. v. Sweden, 앞서 인용된 사건, 208면
69) 일례로 P. Brock의 "Against the Draft. Essays on Conscientious Objection from the Radical Transformation to the Second World War"을 참조할 수 있다. (University of Toronto Press, 2006, 425면)
70) *바야탄 대 아르메니아* [대재판부], 앞서 인용된 판결, 제110항

각하고 진지한 신앙 또는 신념을 가지고 있어야 합니다. 이 점은 다음과 같이 이해할 수 있습니다.

21. 첫째, "종교적 또는 그 밖의 신념"이라는 표현을 통해 유럽인권재판소는 종교적 신념과 비종교적 신념은 모두 양심, 사상, 종교의 자유의 보호를 받아야 할 대상으로 인정했습니다. 이는 "양심적 병역거부는 종교적, 윤리적, 도덕적 또는 이와 유사한 동기에서 발생하는 심오한 신념 또는 양심에서 유래하는 것"이라는 일반적인 접근방식과도 조화를 이루는 것입니다.71)

22. 둘째, 그러한 신앙 또는 신념은 심각하고 진지해야 합니다. 즉, "타당성, 심각성, 밀접성, 중요성"이 충분히 인정되어야 합니다. 유럽인권재판소는 각 요소의 정확한 의미를 구체적으로 설명하지 않으며, 이러한 요소들을 종합적으로 고려해야 하는지 아니면 보완적으로 고려해야 하는지도 언급하지 않습니다. 하지만 재판소의 판례 및 각국 사법부 및 국제 재판소의 판결들을 살펴보면 정당한 사유에 충족하는 병역거부 의사의 한계를 파악할 수 있습니다.

23. 일례로 캐나다 국내법에는 양심적 병역거부로 인정되지 않는 사유가 열거되어 있습니다. "다음 각 호에 기반한 거부 의사는 양심적 병역거부에 포함되지 않는다. (…) 특정 분쟁이나 작전에의 참전 또는 무기 사용을 거부하는 행위; 국가 정책; 개인의 편의; 정치적 신념." 미국의 경우, 국방부 훈령에서는 "오로지 정책, 실용주의, 편의 또는 정치적 견해를 이유로 전쟁을 반대하는 사람들은 진정한 양심적 병역거부자로 볼 수 없다"고 규정합니다. 훈령에 언급된 "종교적 가르침 또는 신앙"이란 "외부 세계의 힘 또는 '존재'에 대한 믿음 또는 내면 깊숙이 자리 잡은 도덕적, 윤리적 신념으로서 다른 모든 사고에 우선하며 이들의 근간이 되어 도덕적 자아에게 영향을 미치는 강력한 힘을 가지는 것"입니다."72)

24. 자유권규약위원회는 자신이 살인을 할 수 없거나 원치 않기 때문이 아니라 동료 인간을 죽이라고 명령할 수 있는 부대 내의 상급자에게 복종하는 것을 거부하기 때문에 군 복무를 거부한 사람에 대해서는 양심적 병역거부권을 인정해주지 않았습니다.73)

---

71) 유엔 인권위원회, 1998/77호 결의

72) 유엔인권고등판무관실, "양심적 병역거부", 앞서 인용된 자료, 50면

73) 폴 웨스트먼 대 네덜란드(Paul Westerman v. the Netherlands) 사건, CCPR/C/67/D/682/1996, 제9.4항: 청구인은 다음과 같은 이유로 군 복무 거부를 주장했다. "군의 성격이 여성의 운명과 대치되기 때문이다. 군은 부대원들에게 결코 양도할 수 없는 인간의 가장 기본적인 권리, 즉 도덕적 운명 또는 존재의 핵심 가치에 따라 행동할 권리를 포기할 것을 요구한다. '군에 소속된 자'는 발언권을 포기하고 다른 사람의 손에 좌우되는 도구, 즉 다른 사람이 보기에 필요하다고 판단될 경우에는 동료 인간을 결

25. 엔버 아이데미르 대 터키(Enver Aydemir v. Turkey) 사건에서, 유럽인권재판소는 청구인이 터키 공화국의 이름으로 군복을 입고 군사 활동에 참여하는 것을 거부했지만 이슬람 율법이 지배하는 국가에 있었다면 군 복무를 이행했을 것이라고 주장하므로 진정한 양심적 병역거부자로 볼 수 없다고 결정했습니다.[74] 재판소는 청구인의 주장이 정치적 동기에서 비롯된 것이며, 객관적으로 군 복무를 이행하지 못하게 하는 신앙이나 신념을 가지고 있지 않다고 본 것입니다. 더 나아가 재판소는 "<u>사건 기록으로 볼 때 청구인이 주장하는 신앙은 참전 및 무기 소지에 대한 강력하고 영구적이며 진실한 거부 의사를 포함하는 것으로 보이지 않는다</u>"[75]는 결론을 내렸습니다.

26. 시간적 요소("영구적")를 언급한 것으로 보아, 재판소는 진정한 양심적 병역거부자라면 단지 몇 시간이나 며칠이 아니라 오랜 시간에 걸쳐 깊이 뿌리내린 신념이라는 동기가 있어야 한다고 본 것입니다. 하지만 새로 개종한 사람이라 하더라도 진정성 있는 양심적 병역거부를 주장할 수 있으며, 그러한 주장의 진정성은 보다 심도 깊은 평가를 통해 확인할 수 있습니다.

27. 요약하자면, 양심적 병역거부자는 군사적 무력의 사용이 자신의 내면에 뿌리 깊이 자리 잡은 신념과 상충되기 때문에 어떤 상황에서도 객관적인 방법으로 군 복무를 거부합니다. (진지함) 이러한 결정은 가볍게 내릴 수 있는 것이 아니라 오랜 시간에 걸쳐 당사자의 생활방식에서 기본적인 요소로 자리 잡게 되며 그의 성격에서도 누구나 알아볼 수 있는 대표적인 특성이 됩니다. (진정성)

b. c. 양심적 병역거부 의사의 진정성은 공정하고 독립된 위원회의 개별적 판단을 통해 확인할 수 있다

28. 전 세계적으로 양심적 병역거부 의사의 진정성을 확인하는 데 두 가지 방법이 사용되고 있습니다. 하나는 관련 증거와 독립된 위원회가 주관하는 당사자 인터뷰 등에 근거한 조사 시스템입니다. 다른 하나는 당사국이 별도의 조사 없이 개인의 양심적 병역거부 주장을 그대로 인정해 주는 것으로 비교적 자유로운 방식이라고 할 수 있습니다. 후자의 경우, 당사자가 속한 종교단체에서 증빙서류를 받거나 단지 양심적 병역거부를 주장하는 진술서를 제출하는 것으로 충분합니다. 두 가지 방법 모두 국제 표준에 부합하는 것입니다.

29. 아르메니아는 바야탄 판결 이후에 조사 시스템을 마련했습니다. 이 제도를 통해

<u>국 죽이는 데 사용되는 도구로 전락하도록 강요받는다.</u>"

74) *엔버 아이데미르 대 터키*, 제26012/11호, 2016.6.7., 제76-83항 (원문은 프랑스어)

75) *엔버 아이데미르 대 터키*, 앞서 인용된 판결, 제83항 (비공식 번역문)

국가는 민간대체복무 신청자 개개인의 진정성을 엄격히 심사할 수 있게 되었습니다.[76]

30. 아르메니아 시민은 최초의 소집 통지서를 받으면 군 복무에 갈음하는 민간대체복무 신청서를 법에 정해진 기한 내에 등록지의 병무청에 제출해야 합니다. 신청서에는 신청 사유를 자세히 기재해야 합니다. 신청서가 정해진 기준에 부합하는 것으로 판정되면 병무청은 해당 신청서를 심사 위원회(공화국 위원회)로 이송합니다.

31. 공화국 위원회는 "상임 위원회이며, 지역 행정, 보건, 노동, 사회, 교육 및 과학, 민병 및 국방 분야에서 아르메니아 공화국 정부가 승인한 행정기관들의 대표자 각 1인 그리고 소수민족과 종교 문제를 관할하는 정부 행정기관의 대표자 1인으로 구성됩니다. 위원회의 구성은 아르메니아 정부의 승인을 받아야" 합니다.[77] 공화국 위원회는 신청서의 심사를 위해 심리를 열게 됩니다. 신청인은 심리에 출석하여 신청 동기에 대한 질문에 답변해야 합니다.[78] 동법 제8조 제2항은 "공화국 위원회의 심리에는 신학자, 심리학자, 기타 전문가, 대체복무자들이 근무하는 기관이나 종교단체, 비정부 기구의 대표자 등을 초대할 수 있다"고 규정합니다.

32. 심리가 끝나면 공화국 위원회는 "투표를 통해 결정을 내립니다. 각 신청서에 대해 총 구성원의 절반 이상이 출석해야 하고, 출석위원의 3분의 2가 동의해야 합니다. 결정이 채택되면 10일 이내에 신청인 및 관할 병무청에게 통지해야 합니다."[79] 이 결정에 따라 신청이 기각될 수도 있고 본인이 선호하는 대체복무에 배정될 수도 있습니다.[80]

33. 각국은 이런 방식으로 개개인의 신청을 통제하며 엄격한 심사를 하고 있습니다. 이 절차는 적절치 않은 동기나 기피를 목적으로 하는 신청을 걸러내는 데 매우 효과적입니다.

34. 심사 절차는 세 가지 요건을 충족해야 합니다. 유럽의회 각료이사회(권고 R(87)8호)에 의하면, 첫 번째 요건은 1차 결정에 대해 항소할 권리가 인정되어야 한다는 점이며, 두 번째 요건은 의사결정기관이 "군 행정기관과 분리"되어야 한다는

---

76) 아르메니아 대체복무법, 2013.5.2. HO−31−N법으로 개정됨
** 번역자 주: 원문의 'civilian'은 보통 '민간'으로 번역되는데, '정부'에 상대되는 '민간' 개념이 아닌, '군'에 상대되는 '민간' 개념, 즉 군과 무관한 정부부처나 기관을 가리키는 개념입니다. 번역에 반영되었습니다.
77) 제4조; 2013.7.25. 2013N796 결정(대체복무관련 공화국 위원회 소속 위원 명단)도 참조할 수 있다.
78) 제8조
79) 앞서 인용된 법 제8.1조
80) 동법 제9조에 의하면 신청서의 기각 사유는 다음과 같이 3가지로 나뉜다. (1) 신청인이 두 차례 심리에 출석하지 않은 경우, (2) 신청인이 거짓 정보를 제출한 경우, (3) 신청의 근거가 없는 경우

점입니다. 이 점에 관해 자유권규약위원회는 "양심적 병역거부자 신청서의 심사는 민간 정부기관**의 감독하에 두는 것을 고려해야" 한다고 결정했습니다. 세 번째 요건은 위원회가 말하는 "심사 절차 전반의 독립성과 공정성을 확보"하는 것입니다.[81]

35. 최근에 유럽인권재판소는 양심적 병역거부의 진정성에 관한 그리스의 심사 절차가 국제 표준에 부합하는지 검토하였습니다. 사건 청구인은 심리에 민간위원 2명이 불출석했기 때문에 자신의 신청이 기각된 것이라고 주장했습니다. 통상적으로 심리에는 5명의 위원이 출석하지만, 당시에는 3명이 출석하여 결국 군 관계자들(3명 중 2명)의 주도 하에 결정이 내려졌습니다.[82]

36. 그러나 유럽인권재판소는 "특정 징집대상자들이 양심적 병역거부를 가장할지 모른다는 우려를 완전히 배제할 수 없으므로, 이와 같은 심리는 가치가 있다고 인정"했습니다.[83] 하지만 동 재판소는 당사국에게 "국내법 체제에 양심적 병역거부자 지위에 대한 신청서를 심사하는 절차를 마련"하도록 요청했습니다. "이는 심사 절차에 효과적이고 접근가능한 조사를 시행할 의무가 포함됩니다. … 효과적인 조사의 한 가지 요건은 조사관 각자의 독립성"입니다.[84] 재판소는 이러한 상황을 고려하여 독립성이 부족했다는 결론을 내렸습니다.[85] 규약 위반이라는 결론에 앞서 재판소는 국방부 장관이 위원회의 의견을 고려하여 최종 결정을 내리는 방식으로 심사 과정에 관여하고 있으나, 이는 심사 절차의 독립성과 공정성이라는 요건에 위배된다고 분명히 지적했습니다.[86]

37. 요약하자면 양심적 병역거부 신청의 진정성을 심사하는 절차는 당국이 부적절

---

81) CCPR/CO/83/GRC, 제15항, CCPR/C/RUS/CO/6, 제23항과 유엔 인권위원회 1998/77호 결의는 다음과 같다. "양심에 따른 병역거부권을 보장하는 제도가 없는 국가는, 양심에 따른 병역거부자의 신념을 차별하지 않고, 양심에 따른 병역거부가 특정한 사안에서 타당한지를 결정할 임무를 맡을 독립적이고 공정한 의사결정기관을 마련하여야 한다."

82) *파파바실라키스 대 그리스*(Papavasilakis v. Greece), 제66899/14호, 2016.9.15.

83) 제54항

84) 제60항

85) "재판부는 이 사건에서 심리 당시에 특별위원회의 모든 위원들이 출석했더라면, 사회과학 전공의 대학교수 2명과 국가 법자문위원회(위원장 역할) 및 군 고위관계자 2명이 참석하므로, 출석 위원의 대부분이 민간인이었을 것이라는 점에 주목한다. 그러나 실제 심리에는 위원장과 군 관계자 2명만 출석했다. 재판부가 판단하기에 신청인은 종교 단체에 소속되어 있지 않으므로 고위 계급의 군 장교에게 본인의 이데올로기적 신념을 전달하는 것이 어려울 것을 우려한 점은 충분히 이해할 만한 것이다." (*파파바실라키스 대 그리스*, 앞서 인용한 판결, 제61항)

86) "위원회의 결정은 국방부 장관에게 전달되는 의견에 지나지 않는다. 대체복무 거부에 대한 최종 결정은 국방부 장관이 내린다. (…) 그렇다면, 본 사건과 같이 양심적 병역거부자가 군 고위 관계자들 위주로 구성된 위원회가 양심적 병역거부자를 대상으로 심리를 진행했다면 공평성과 독립성 보장이라는 요건을 충족한 것으로 볼 수 없다." (*파파바실라키스 대 그리스*, 앞서 인용된 판결, 제64항)

한 신청자를 찾아내어 그들의 신청을 기각하는 데 효과적인 도구가 됩니다. 한편 국가는 양심적 병역거부를 주장하는 사람들이 공정한 심사 절차를 받도록 해 주어서 효율성에 더해 독립성과 공평성을 확보할 의무가 있습니다.

2. 민간 성격의 진정한 대체복무

38. 기본적으로 양심적 병역거부자는 두 가지 형태로 나눌 수 있습니다. 어떤 양심적 병역거부자들은 무기 소지는 거부하지만 군의 감독을 받는 다른 복무는 받아들이는데, 이 경우에는 군 복무와 겹치는 대체복무가 가능합니다. 그러나 군과 관련된 활동, 군의 통제 및 감독을 모두 거부하는 양심적 병역거부자들에게는 진정한 민간 성격의 대체복무, 즉 군과 어떠한 관련도 없이 완벽히 분리된 대체복무를 마련해 주어야 합니다.

39. 이는 대체복무에서 필수적인 고려 사항입니다. 진정한 민간대체복무가 마련되지 않으면 후자의 병역거부자에게 양심적 병역거부권을 인정해 주더라도 아무런 의미가 없기 때문입니다. 이는 아르메니아의 사례에서 이미 증명된 바 있습니다.

40. 앞서 살펴본 것처럼, 유럽인권재판소는 2011.7.7.자 바야탄 판결에서 양심적 병역거부권을 인정했으며, 아르메니아 정부에게 병역거부자 개개인의 요구에 부합하는 민간대체복무를 마련하라고 요청했습니다.[87] 2004년 이후를 살펴보면, 아르메니아에는 민간대체복무제도가 있었지만 그 복무제의 일부는 군의 규칙에 따라 조직되었으며 군 당국이 민간대체복무를 감독하고 있었습니다. 양심적 병역거부자들은 군복과 크게 다를 바 없는 제복을 입어야 했습니다. 뿐만 아니라 허가 없이 복무지를 이탈해서는 안 되며 복무지에서 숙식하는 등, 여러 가지 명령에 따라야 했습니다. 대체복무자의 급여는 군 복무자와 동일한 액수였습니다. 군 복무는 24개월인데 반해 대체복무기간은 42개월이었으므로 징벌적 성격의 복무였습니다. 이에 4명의 여호와의 증인들은 대체복무를 할 의향이 있으나 아르메니아와 같은 복무조건은 받아들일 수 없다고 주장하게 되었습니다. 바야탄 판결이 있었음에도 불구하고 아르메니아 국내 법원은 이들에게 2년 6개월의 징역형을 선고했습니다. 이에 유럽인권재판소는 "관련 당국이 사건 당시 청구인들의 양심과 신념의 절박함에 부합하는 대안을 제시하지 못했으며" 양심, 사상 종교의 자유에서 요구되는 바와 같이 "사회의 전반적인 이해와 청구인들의 이해 사이에 공평한 균형을 이루지 못하였다"고 판결했습니다.[88]

---

87) *바야탄 대 아르메니아* [대재판부], 제123항, 제125항, 제127-128항
88) *아단 등 대 아르메니아*, 제75604/11호, 제72항, 유럽인권재판소, 2017년

41. 그러므로 양심적 병역거부권을 인정하면, 진정한 민간대체복무도 마련해 주어야 합니다.

42. 유럽인권재판소와 자유권규약위원회는 3가지 기준을 제시합니다.[89] 자유권규약위원회는 정민규 등 대 대한민국 사건에서 다음과 같이 언급하였습니다. "국가가 원한다면 양심적 병역거부자에게 군 복무에 대한 민간 대체수단의 이행을 강제할 수도 있으나, 그러한 대체복무는 군 관할지역 밖의 것이고 군의 지휘 하에 있지 않아야 한다. 대체복무는 징벌적인 성격이 되어서는 안 된다. 그것은 공동체에 대한 진정한 봉사가 되어야 하고 인권 존중에 적합하여야 한다."[90]

a. 대체복무는 군의 감독과 통제를 받지 않아야 한다

43. 아단 등 대 아르메니아(Adyan and others v. Armenia) 사건[91]에서 정부는 대체근로복무자들이 "다양한 민간 기관들, 이를테면 고아원, 양로원, 정신 보건 기관, 장애인 수용 기관, 및 병원 등에서 복무하도록 되어 있었"으므로 대체복무가 민간 성격의 복무라고 주장했습니다. 그러나 재판소는 정부의 주장을 다음과 같이 일축했습니다. "업무의 성격은 진정으로 민간적 성격의 대체복무인지를 판단함에 있어서 고려할 요소 중에 하나일 뿐이라고 판단한다. 권한, 통제, 적용되는 규칙 및 외적 요소 등도 이 문제를 판단함에 있어서 중요한 것들이다."[92]

44. 앞서 언급한 대체복무는 민간적 성격의 복무지만 군의 조직 및 감독이라는 요소가 결합되어 있었습니다. 군 당국은 민간 복무의 감독에 적극적으로 관여했으며 "아르메니아 군 수뇌부의 명령"에 따라 민간 기관에 대한 정기적인 감사를 시행했습니다. 군 당국은 대체복무자에게 명령을 내려 복무 장소를 변경하는 등, 영향력을 행사할 수 있었습니다. 또한 민간복무기관장에게 복무 여건 및 형식에 대한 지침을 하달하기도 했습니다. 대체복무자가 치료를 필요로 할 경우에는 군 병원으로 이송되었고, 복무자는 군복과 거의 다를 바 없는 제복을 항상 입어야 했습니다. 대체복무일지의 표지에는 "아르메니아 군"이라고 명시되어 있었습니다. 재판소는 모든 점을 고려한 후에 "사건 당시에 대체근로복무가 위계질서나 제도적인 면에서 군으로부터 충분

---

89) 대체복무는 (1) 민간 성격이어야 하고 (2) 공익에 기여해야 하며 (3) 징벌적 성격이 아니어야 한다. 각료회의(Committee of Ministers)의 권고 제R(87)8호(Recommendation No. R(87)8, 1987.4.9.)와 CCPR/CO/79/RUS, 제17항 참조

90) CCPR/C/101/D/1642–1741/2007, 제7.3항

91) *아단 등 대 아르메니아*, 제75604/11호, 유럽인권재판소, 2017년

92) *아단 등 대 아르메니아*, 앞서 인용된 판결, 제68항

히 분리되어 있지 않았"93)으므로, 대체근로복무는 진정한 민간 성격의 복무가 아니라는 결론을 내렸습니다.

b. 대체복무는 징벌적 성격이 아니어야 한다

45. 민간대체복무의 징벌적 성격을 논할 때에 복무기간이 가장 자주 언급되지만, 다른 요소가 문제가 되기도 합니다. 푸엥 대 프랑스(Foin v. France) 사건에서 자유권규약위원회는 "법과 관행에 따라 현역과 대체복무 기간에 차이를 둘 수 있다 … 구체적인 사건에서 그러한 차이가 관련된 구체적인 복무의 성격이나 그러한 복무 수행에 요구되는 특별한 교육훈련의 필요성과 같이 합리적이고 객관적인 기준에 근거한 경우에만 복무기간의 차이가 정당화될 수 있다"94)고 판시했습니다. 다른 사건들에서 위원회는 병역 기피자를 가려낼 목적으로 대체복무기간을 군 복무의 2배로 설정한 것이라면 "합리적이고 객관적인 기준"에 근거하여 "복무기간을 연장"한 것으로 볼 수 없다고 결정했습니다. 물론 실질적인 복무 기간을 결정하는 것은 각 당사국이 재량에 따라 적절한 비율을 선택해야 합니다. 하지만, 판례에 의하면 진정한 민간대체복무는 군 복무 기간의 1.5배를 초과하지 않아야 합니다.95)

46. 대체복무 기간에 더하여, 자유권규약위원회는 민간대체복무의 징벌적 성격을 심사하는데, 그 기준은 다음과 같습니다. "영구거주지에서 벗어난 지역에서 복무이행을 요구하는 것, 사회 기관에 복무하도록 배정된 사람들의 최저 생계 수준에도 미치지 못하는 적은 급여 및 당사자의 이동의 자유에 제약을 가하는 것."96) 기본 원칙은 양심적 병역거부자가 민간 복무를 포기하게 만들 목적으로 민간복무의 형태를 지나치게 부담스럽게 만들어서는 안 된다는 것입니다.

c. c. 대체복무는 지역사회에 기여한다

47. 양심적 병역거부자는 지역 사회 복지에 기여하는 유용한 프로그램에 참여할 수 있습니다. 이를테면, 교육, 스포츠, 문화유산 보존, 각종 중독의 예방 및 사회봉사

---

93) *아단 등 대 아르메니아*, 앞서 인용된 판결, 제69항

94) CCPR/C/67/D/666/1995, 제10.3항

95) 유럽사회권위원회, 유럽사회헌장(개정) 2008년 결론(제1권) 231면 참조. 이 점은 앞서 인용된 유럽인권재판소의 *아단 등 대 아르메니아* 사건에서 확정되었다: "대체복무 기간은 군 복무 기간의 1.5배를 초과하지 않아야 한다. …아르메니아는 군 복무기간이 24개월로서 비교적 긴 편이다. … 대체근로복무는 사건 당시 42개월이며 이는 군 복무기간의 1.5배를 훨씬 초과하는 기간이다. …재판부가 판단하기에 복무기간이 큰 차이가 있으면 방해효과가 있으며 징벌적 요소가 있는 것으로 보인다." (제70항)

96) CCPR/C/RUS/CO/6, 제23항

등이 가능합니다.

48. 아르메니아는 오랫동안 대체복무 도입을 꺼려왔으나, 지금은 군과 어떤 관련도 없는 10개의 기관에서 양심적 병역거부자들에게 간호 보조, 주방 보조, 환자 목욕 보조 또는 병원 세탁 업무, 시설 관리인, 구조대 보조(응급 상황 지원) 및 운전 보조원(구조 장비 및 물품의 유지보수 업무) 등의 복무를 이행하도록 마련하고 있습니다.[97] 진정한 민간대체복무를 도입한 후에 관계 당국은 이 복무가 사회에 많은 도움을 준다며 여러 차례 만족스러운 평가를 내놓았습니다.[98]

A. 결론

49. 양심적 병역거부권을 인정하고 진정한 민간 성격의 대체복무를 도입하는 것이 일부 나라에서는 입법에 관한 우려로 이어질 수 있습니다. 하지만 축적된 사례는 "[아르메니아] 정부가 우려하는 것처럼 불공평한 처우나 차별이 발생할 가능성은 거의 없"으며, "오히려 다원주의의 통합과 안정성을 도모하며 사회적으로 종교 간의 조화와 관용을 증진하는 데 기여"[99]한다는 점을 보여 줍니다.

50. 일단 민간대체복무를 도입한 나라들은 대체복무가 국가와 복무자 모두에게 유익하다는 점을 금방 인정하게 됩니다. 또한 양심적 병역거부자들이 국익에 반하는 존재가 아님을 이해하게 됩니다. 사실, 양심적 병역거부자들은 양심에 반하지 않는 국가 의무를 기꺼이 이행하고자 합니다. 이는 사회 전반의 복지를 위해 소수자의 요구를 수용하는 것이 가능하며, 동시에 기본권을 존중할 수 있다는 의미이기도 합니다.

51. 지금까지 간략히 살펴본 것처럼, 국가는 양심의 진정성을 심사하고 진정한 민간 성격의 대체복무를 마련해 줄 역량을 충분히 갖추고 있습니다. 그러므로 일반적인 공익을 저해할 우려는 없습니다. 이 기회를 계기로 한국에서도 진정한 민간대체복무를 마련하여 폭넓은 유익을 직접 경험하게 되기를 바랍니다.

C. 참고문헌

[생략]

---

97) 아르메니아 정부의 N796 결정, 2013.7.25.

98) 다음 뉴스를 참조할 수 있다. https://www.jw.org/en/news/legal/by-region/armenia/alternative-civilian-service-program/

99) 바야탄 대 아르메니아, 앞서 인용된 판결, 제126항

후기

한인섭 교수님의 인권에 대한 연구와 헌신은 많은 법률가들의 귀감이 되었습니다. 특히 양심적 병역거부와 대체복무제에 대한 깊이 있는 통찰은 한국 사회의 인권의식 발전에 비할 데 없는 기여를 하였습니다.

2002년, 한국에서 양심적 병역거부에 대한 학문적 논의가 전혀 없던 시기에 교수님께서 출간을 주도하신 「양심적 병역거부」 서적은 이 이슈가 단순히 소수자에 대한 관용적 처우의 문제가 아닌 헌법과 국제 인권법이 보장하는 기본권의 문제라는 인식을 높이는 데 중요한 역할을 했습니다. 더 나아가, 지난 2013년 이재승 교수님과 함께 출간하신 저서 「양심적 병역거부와 대체복무제」는 양심적 병역거부의 국내 학술적 정립에 큰 발자취를 남겼습니다. 2015년 7월, 헌법재판소에서 열린 양심적 병역거부 관련 공개변론에 청구인 측 법률대리인으로 참여했을 때, 저는 헌재 소장을 비롯한 재판관들이 교수님의 저서를 들고 재판장에 참석한 것을 보고 매우 깊은 인상을 받았습니다. 또한 중요한 그 공개변론에서 참고인으로서 설득력 있는 의견을 제시해 주시어 마침내 헌재가 2018년 6월 역사적인 결정을 내리는 데 든든한 기초석을 놓아주신 점도 깊이 감사드립니다.

이 변론요지서는 2018년 헌법재판소에서 대체복무를 마련하지 않은 병역법 제5조 1항에 대해 헌법불합치 결정을 내린 직후, 같은 해 8월 30일 양심적 병역거부가 병역법 제88조 1항의 '정당한 사유'에 해당하는지를 다룬 대법원 공개 변론을 위해 제출된 것입니다. 여기에는 그동안 한국에서 있었던 양심적 병역거부에 대한 논의들이 축약되어 있습니다. 당시 한국형사법무정책연구원 원장으로 계시면서 동 연구원 명의로 대법원에 훌륭한 전문가 의견서를 제출해 주시고, 장장 4시간 동안 진행된 변론을 청중석에서 직접 참관하시며 깊은 관심을 나타내주신 점에 대해 교수님께 다시금 깊이 감사드립니다.

한편, 이 변론요지서에는 중요한 또 다른 서면이 첨부되어 있습니다. 바로 2011년 양심적 병역거부에 관한 기존 판례를 변경한 유럽인권재판소 사건(바야탄 대 아르메니아)에 소송 대리인으로 참여하기도 했던 유럽의 양심적 병역거부 전문가인 피터 뮤즈니(Petr Muzny) 교수가 제공한 Amicus Curiae 서면입니다. 이는 당시 대법원이 매우 관심이 있던, 진정한 양심적 병역거부자를 판단하는 객관적인 기준을 제시하였고, 아울러 이들이 받아들이는 진정한 민간 대체 복무의 국제기준도 깊이 있게 다루고 있습니다.

결국 대법원은 2018년 11월 1일 전원합의체 판결로써 양심적 병역거부에 대해 무죄를 선언함으로써 지난 65년간 이어져 투옥의 행렬을 중단시킵니다.

한국의 양심적 병역거부 인정 과정에서, 교수님께서는 범죄화를 막는 일뿐만 아니라, 대체복무제도의 준비와 시행 과정에도 면밀한 관심을 가지시고 나아가야 할 방향을 계속 제시해 주셨습니다. 2020년 가을에 있었던 한국교정학회와의 공동학술대회에서 교수님이 발표하신 기조연설에서는 이제 막 출범한 한국의 대체복무가 징벌성으로 인해 "대체처벌"이 될 수 있음을 경고하셨고, 향후 "헌법적 문제 제기가 있을 것"이라고 예상하셨습니다.

교수님께서 우려를 나타내셨던 것처럼, 현재 한국의 대체복무는 기간과 분야, 복무 여건 등에서 여전히 징벌적인 요소들을 가지고 있습니다. 안타깝게도 헌법재판소는 지난 2024년 5월 30일, 징벌적인 대체복무를 규정한 「대체역의 편입 및 복무 등에 관한 법률」이 합헌이라고 결정하였습니다. 하지만 9명 중 헌재 소장을 포함한 4명의 재판관은 현행 대체복무에 대해 '양심적 병역거부자에 대해 사실상 징벌로 기능하는 대체복무제도를 구성함으로써 과잉금지원칙을 위반해 청구인들의 양심의 자유를 침해한다'라는 취지의 반대의견을 내기도 했습니다.

현재는 이러한 징벌성을 이유로 대체복무 자체를 거부하는 사람들이 점점 증가하고 있으며, 그중 한 명이 제기한 헌법소원이 다시 헌법재판소로 올라가 있어 귀추가 주목됩니다. 국제기구들 또한 곧 개별 청원들을 다룰 것입니다. 이런 상황에서는 양심적 병역거부자와 우리 사회 모두가 현행 대체복무로 인한 부정적인 영향으로부터 벗어날 수 없습니다.

실제로 대체복무를 수행하는 사람들은 교도소 내부에 갇혀 합숙복무를 하면서 3년이라는 긴 시간 동안 사회와 단절된 삶을 살고 있습니다. 이로 인해 그들은 사회에 의미 있는 기여를 할 수 없습니다. 자녀를 양육하는 사람, 신체등급 4급에 해당하는 사람에 대한 마련이 없고, 변호사 및 의사와 같이 전문 자격을 갖춘 사람들을 활용할 수 있는 체계도 없습니다. 인권과 공익의 관점에서 볼 때, 이 제도는 긴급한 개선이 필요합니다. 대체복무와 관련된 이후의 법적 논의와 법령 개정 과정에도 교수님께서 그간 연구해 오신 성과들이 큰 도움이 될 것임이 분명합니다.

오랜 세월 계속되어 온 중요한 인권 문제의 해결을 위한 교수님의 헌신적인 노고와 기여에 다시금 깊은 감사를 드립니다.

8

대체복무제도 및 대체역 복무관리의 인권 쟁점*

강태경(연구위원, 한국형사·법무정책연구원)

Ⅰ 서론

2018년 양심적 병역거부에 대한 사법적 판단의 일대 전환이 있었다. 1953년 이래 19,300명 이상이 양심적 병역거부를 이유로 수감되었다(Morton 등, 2020: 6).[1] 2004년부터 종교적 자유를 근거로 양심적 병역거부를 인정한 하급심 판결들이 나오기 시작하면서 양심적 병역거부에 대한 사법적 판단에서 전향적 변화가 일기 시작했다. 2018년 11월 31일 대법원은 종래의 입장을 변경하여 「병역법」 제82조 제1항의 '정당한 사유'에 종교적 신앙 등이 포함된다고 보아 무죄 취지의 판결을 내렸다.[2] 한편 같은 해 6월 28일 헌법재판소는 "양심적 병역거부자에 대한 대체복무제를 규정하지 아니한 병역종류조항은 과잉금지원칙에 위배하여 양심적 병역거부자의 양심의 자유를 침해한다."고 판단하여 「병역법」 제5조 제1항에 대하여 헌법불합치결정을 내렸다.[3] 이로써 1948년 국군이 창설된 뒤 72년 만에 종교적 신념 등에 근거하여 '무기를 들지 않을 권리'가 인정되었다.

이 사법적 판단 이후 2019년 12월 「병역법」 개정안과 「대체역의 편입 및 복무 등에 관한 법률」(이하, '대체역법') 제정안이 국회 본회의를 통과되어 2020년 1월 1일부터 시행되기 시작하였다. 이로써 한국 사회는 대체복무제를 마련하여 소수자인 양심

---

* 이 글은 강태경, "대체복무제도 및 대체역 복무관리의 인권 쟁점", 교정연구 제31권 제1호, 한국교정학회, 2021에 게재되었음을 밝힌다.

1) 양심적 병역거부자들이 감옥에서 보낸 시간을 모두 더하면 35,800년이 넘는다고 한다(국제앰네스티, 2016).
2) 대법원 2018. 11. 1. 선고 전원합의체 판결.
3) 헌법재판소 2018. 6. 28.자 2011헌바379 결정 등.

적 병역거부자의 신념을 존중하고 가능한 한 수용함으로써 "보다 성숙되고 발전된 방향으로 나아가게 하는 길"을[4] 닦고 있다. '대체역법'에 따라 양심적 병역거부자는 교정시설 등 대통령령으로 정한 기관에서 합숙하면서 공익 업무에 36개월간 복무한다. 이는 2021년 현재 육군 및 해병대 병사 복무기간의 2배에 해당한다. 2020년 6월 30일 제정된 대체역법 시행령 제18조는 대체복무기관을 '교도소, 구치소 및 교도소·구치소의 지소'로 정하고, 같은 시행령 제19조는 대체업무를 '급식, 물품, 보건위생, 교정·화, 시설관리에 관한 업무 보조 및 그 밖에 대체복무기관 소관 중앙행정기관장이 필요하다고 인정하는 업무'로 정하였다.

2020년 10월 26일 대전교도소 내 대체복무 교육센터에서 대체역 제도 도입 이래 첫 '대체복무요원' 소집이 이루어졌다. 처음 소집된 인원은 63명으로 이들은 종교적 신앙 등에 따른 병역거부자로서 전원 법원의 무죄판결이 확정된 사람들이며, 대체역법 부칙 제2조에 따라 대체역 심사위원회에서 심사 없이 인용 결정하여 대체역에 편입된 사람들이다. 이들은 3주 동안 교육을 받은 후 대전교도소와 목포교도소에 배치되어 현역병과 동일한 수준의 월급, 휴가 등 처우를 받으며, 급식·물품·보건위생·시설관리 등의 보조업무를 수행하기 시작하였다.

이 논문에서는 대체복무제도와 대체복무요원 복무관리의 인권 쟁점을 살펴보고자 한다. 이를 위해서 현행 대체복무제도가 국제인권규범에 부합하는지 여부를 '독립적이고 공정한 심사기구', '차별 금지', '공익성·비징벌성·민간성 요건 충족 여부', '강제노동 해당 여부'를 중심으로 검토하고, 대체복무요원 복무관리규칙의 주요 내용 중 '보수', '보호대원', '인권진단 및 고충처리', '실태조사'를 비판적으로 검토한다.

Ⅱ 국제인권규범 관점에서 본 대체복무제도

1. 현행 대체복무제도의 주요 내용

대체역법 제3조 제1항은 대체역 편입신청자를 "「대한민국헌법」이 보장하는 양심의 자유를 이유로 현역, 예비역 또는 보충역의 복무를 대신하여 병역을 이행하려는 사람"으로 정의한다. 동법 제4조는 대체역 편입신청 등을 심사·의결하기 위해 "병무청

---

4) 「병역법」 제88조 제1항 제1호 위헌제청에 대한 '헌법재판소 2004. 8. 26. 2002헌가1 전원재판부 결정 (합헌)' 중 재판관 김경일과 재판관 전효숙의 반대의견.

장 소속으로 대체역 심사위원회"을 두도록 규정하고, 제5조는 각 분야에서의 경력이 10년 이상인 법조인, 학자, 정신건강의학과 전문의, 인권전문가, 4급 이상의 공무원 등 29명의 위원으로 대체역 심사위원회를 구성하도록 규정하고 있다. 국가인권위원회, 법무부, 국방부, 병무청, 국회 국방위원회, 대한변호사협회가 위원을 추천하고, 국방부장관의 제청을 거쳐 대통령이 위원을 임명한다(법 제5조).

대체역법 제16조 제1항은 "대체복무요원은 교정시설 등 대통령령으로 정하는 대체복무기관에서 공익에 필요한 업무에 복무하여야 한다."라고 규정한다. 대체역법 시행령 제19조는 대체복무기관을 '교도소, 구치소, 교도소·구치소의 지소'로 열거한다. 대체복무요원의 복무기간은 36개월이고(법 제18조), 국방부장관은 현역병의 복무기간이 조정되는 경우에는 병무청장의 요청에 따라 국무회의의 심의를 거치고 대통령의 승인을 받아 대체복무요원의 복무기간을 6개월의 범위에서 조정할 수 있다(법 제19조). 이는 2021년 육군 현역 복무기간인 18개월의 2배에 해당한다.

대체복무기관 소관중앙행정기관의 장은 대체복무요원의 복무 전반에 대한 지휘·감독 권한을 가지고, 대체복무기관의 장은 배치받은 대체복무요원에 대한 지휘·감독 권한을 가진다(법 제22조). 이때 대체복무기관의 장은 대체복무요원의 복무 관리 담당 직원을 정하여 대체복무요원의 복무를 관리해야 한다. 소관중앙행정기관의 장은 대체복무요원의 대체업무 수행에 필요한 복무수칙을 정해야 한다(령 제31조).

대체역법은 복무이탈에 대해서는 연장복무 규정(법 제24조)과 부정 편입에 대해서는 대체역 편입 취소 규정(법 제25조)을 두고 있다. 대체복무요원이 정당한 사유 없이 복무를 이탈한 경우에는 그 이탈일수의 5배의 기간을 연장하여 복무하게 한다(법 제24조 제1항). 그리고 대체복무요원이 부정한 방법으로 편입하거나 정당한 사유 없이 통틀어 8일 이상 복무를 이탈하는 등의 경우 병무청장은 대체역 편입을 취소하여야 한다(법 제25조 제1항).

대체역법 제26조는 대체복무를 마친 효과로 예비군 훈련 대체복무를 규정하고 있다. 대체복무요원 복무를 마친 날의 다음날부터 8년이 되는 해의 12월 31일까지의 기간에 있는 사람 등에 대하여 대체복무기관에서 복무하도록 소집한다. 양심적 병역거부의 대상에는 현역복무뿐만 아니라 예비군 훈련도 포함되기에 양심적 병역거부자가 현역 또는 보충역 대신 대체복무를 마친 후 예비군으로 편입되는 상황을 방지할 수 있는 규정이 필요하다(강태경, 2018: 134).

2. 국제인권규범에 따른 검토

유엔인권위원회(United Nations Commission on Human Rights, UNCHR)는[5] '결의 1998/77'에서 양심적 병역거부자의 신념에 대한 '차별을 금지하고' 양심적 병역거부 심사를 위한 '독립적이고 공정한 정책결정기관'을 마련하여 이들의 재판받을 권리를 보장하도록 권고하였고, 양심적 병역거부자를 위한 대체복무는 '공익적이고 형벌적 성격이 아닌 비전투적 혹은 민간적(non-combatant or civilian) 성격'이어야 한다고 밝혔다(UNCHR, 1998). 유엔인권최고대표사무소(Office of the United Nations High Commissioner for Human Rights, OHCHR)도 '양심적 병역거부(Conscientious Objection to Military Service)'라는 지침서에서 ① 대체복무자에게 배정되는 업무는 양심적 병역거부의 근거가 되는 신념과 부합하는 것이어야 하고, ② 민간대체복무는 군의 영역 밖에 있어야 하며 군의 통제 아래에 있어서는 안 되며, ③ 대체복무는 징벌적 성격을 띠지 않아야 한다는 기준을 제시하였다(OHCHR, 2012). 또한 최근 유엔 자유권규약위원회(United Nations Human Rights Committee, UNHRC)는 배종범 등이 대한민국을 상대로 제기한 개인청원에 대해서 "양심적 병역거부자에게 군복무에 갈음하여 군의 영역 밖이야 하며 군의 감독을 받지 않는 민간대체복무를 부과할 수 있다. 대체복무의 성격은 징벌적이 아니어야 하며, 공동체에 대한 진정한 봉사가 되어야 하고 인권 존중에 적합하여야 한다."라는 견해를 채택함으로써 종래의 입장을 재차 확인하였다 (UNHRC. 2020).[6]

병역의 이행은 인류 보편적인 인권인 자유권을 제한하기 때문에 국내법적 관점뿐만 아니라 국제인권규범이 관점에서 논의되어야 한다. 또한 대한민국은 양심적 병역거부권의 근거인 자유권규약의 당사국이라는 점에서 대체복무제도를 설계하고 시행함에 있어서 국제인권규범이 주요한 준거가 되어야 한다. 아래에서는 유엔인권위원회 등이 제시한 합리적 대체복무제도의 요건을 중심으로 대한민국의 대체복무제도를 검토하고자 한다.

---

5) 현 유엔인권이사회(United Nations Human Rights Council, UNHRC).

6) 정민규 등 대 대한민국, 개인청원 1642-1741, 2011년 3월 24일에 채택한 견해, 7.3항 참조; 김종남 등 대 대한민국, 개인청원 1786/2008호, 2012년 10월 25일에 채택한 견해 7.4항 참조; Atasoy and Sarkut v. Turkey, 10.4항; 김영관 등 대 대한민국, 7.3항; Abdullayev v. Turkmenistan, 7.7항; Mahmud Hudaybergenov v. Turkmenistan, 7.5항; Ahmet Hudaybergenov v. Turkmenistan, 7.5항; Japparow v. Turkmenistan, 7.6항; Matyakubov v. Turkmenistan, 7.7항; Nurjanov v Turkmenistan, 9.3항; Uchetov v. Turkmenistan, 7.6항; and Durdyyev v. Turkmenistan, 7.3항.

1) '독립적이고 공정한' 심사기구

2020년 6월 29일 대체복무 신청자의 병역거부가 진지한 양심의 결정에 따른 것인지 여부를 심사하기 위해 법조인, 학자, 정신건강의학과 전문의, 인권전문가, 공무원 등 29명의 위원으로 구성된 대체역심의위원회가 처음으로 소집되었다. 대체역 신청을 접수 받아 2020년 10월 심사를 거쳐 대체역으로 편입된 사람은 총 626명이었다 (병무청, 2020). 대체역심의위원회는 심의·의결을 통해 신청 사유를 '종교적 신념'과 '개인적 신념'으로 구분하고, '종교적 신념'에 대한 심사에는 신앙기간, 실제 종교활동 여부 등 8개, '개인적 신념'에 대한 심사에는 신념의 내용, 형성동기, 외부표출 등 8개의 고려요소를 마련하였다(국방부, 2020). 또한 대체역심의위원회는 "신청인의 삶 전반에 대하여 사실조사하는 업무 특성 상 인권침해의 소지가 큰 점을 고려하여" 절차적·제도적 인권보호를 위한 「인권보호헌장」 및 「인권보호조사준칙」을 제정하였다 (국방부, 2020).

대체역심의위원회는 대체역 편입에 관한 심사·의결을 담당하는 독립적인 행정형 위원회이다. 행정형 위원회는 사법심사에 비해 판단의 신속성·전문성·민주성을 도모할 수 있다. 대체역 편입 여부는 신청자의 향후 삶을 좌우하는 중대한 사안이라는 점에서 전문가들의 논의를 거쳐 가능한 한 신속하게 판단되어야 한다(강태경 등, 2019: 145). 신청인이 심사 결과 대체역에 편입되지 못했다면 병역의무 이행 방법을 선택할 수 있는 시간적 여유가 보장되어야 한다. 그리고 양심적 병역거부라는 결정의 개인적·사회적 의미를 이해하기 위해서는 헌법적, 철학적, 심리적, 종교적, 역사적 관점들이 동원되어야 한다.

그런데 행정형 위원회는 사법심사에 비하여 반면에 행정형 위원회의 위원들이 임명권자의 의사에 영향을 받을 수 있고 다양한 이해관계의 충돌로 위원회의 결정이 교착상태에 빠질 수 있다는 우려도 있다(강태경 등, 2019: 145). 다시 말해, 대체역심의위원회가 병무청의 영향으로부터 독립적이고 공정한 판정을 담보할 수 있는 판정기구인지 여부가 문제이다. 심사위원회의 소속은 위원회의 위상과 판정의 공정성 담보에 있어서 중요한 요소이다. 현재 대체복무제를 운용하고 있거나 최근까지 운용하였던 국가들의 경우를 살펴보면 판정기구의 소속은 매우 다양하다. 예를 들어, 그리스는 병무국이, 핀란드는 고용경제부가, 대만은 내정부(한국의 행정안전부)가, 노르웨이는 법무부가 양심적 병역거부자에 대한 대체복무 심사 기구를 관리하고 있다. 또한 스위스, 오스트리아처럼 민사복무청이라는 독립된 정부기구를 두는 경우도 있다.

양심적 병역거부와 대체복무제도를 오랫동안 연구해온 이재승 교수는 대체복무요원의 판정 및 대체복무제도의 운영, 정책수립, 시설지정, 제반사항을 결정할 기구로서 대체복무위원회를 국무총리 산하에 설치하는 방안을 제시하였다(이재승 등, 2018). 위원회의 독립성 및 공정성을 확보하면서도 업무의 효율성을 위한 현실적인 방안은 위원회를 국무총리 산하에 두는 방안이다(강태경 등, 2019: 146). 대체역심의위원회를 국가인권위원회와 같은 별도의 독립기구로 두는 방안은 위원회의 독립성 및 공정성을 제고할 수 있으나 대체역 편입 심사라는 매우 제한적인 병무행정을 위해 별도의 국가기구를 설치하는 것은 과잉행정일 수 있다(이광수, 2018: 304). 현재 국방부의 대체역법안의 경우 복무 기관으로 구금시설만 규정되고 그 외의 기관은 대통령령으로 정하도록 되어 있다. 앞으로 다양한 사회적 복무영역이 발굴되려면 대체복무 시행 과정에서 여러 부처의 업무협조와 조정이 필요하다. 따라서 이와 같은 업무협조와 조정을 쉽게 할 수 있도록 위원회를 국무총리 산하에 두는 것이 효율적일 것으로 보인다(강태경 등, 2019: 147).

또 다른 문제로는 대체역법에서 정신과 전문의를 위원의 자격 조건 중 하나로 규정한 점이다. 양심적 병역거부는 종교적 신념이나 평화주의적 신념에 근거한 진지한 결정이지 정신장애가 아니다. 그리고 대체역 편입 신청자는 징병신체검사나 대체역편입신청 신체검사 과정에서 심신장애에 대한 평가를 이미 받게 된다. 그럼에도 불구하고 정신과 전문의 경력자를 위원의 자격 조건으로 규정하는 것은 타당하지 않다.

한편 대체역법에서 위원의 구성에서 성비를 고려하지 않는 점이 아쉽다. 국방부가 마련하였던 당초 대체역법안 제8조 제6항은 "위원의 일정 비율 이상은 여성으로 한다."라고 규정함으로써 양성평등의 이념을 반영했다. 그러나 현행 대체역법에는 이 규정이 반영되지 않았다. 신청자의 병역거부가 진지한 양심상의 결정인지 여부를 판단하는 것은 성별에 상관없는 문제이다. 또한 남성 위원의 경우 자신의 군복무 경험이 판단에 부정적 영향을 미칠 개연성이 존재하기 때문에 이에 대한 통제 장치로 여성 위원을 일정 비율 참여시키는 것이 바람직할 것으로 보인다.

2) 양심적 병역거부자의 신념에 대한 '차별 금지'

앞서 살펴본 것처럼 유엔인권위원회 '결의 1998/77'은 양심적 병역거부자의 신념에 대한 차별을 금지하고 있다. 이에 대체복무제 도입을 위해 개정된 「병역법」은[7] 병역 감면, 변역처분 변경, 복학·복직 보장, 보상 등에서 대체복무자를 다른 종류의 병역복무자와 동일하게 보호한다.

---

7) 법률 제16852호, 2019. 12. 31., 일부개정(시행 2021. 1. 1.).

첫째, 병역법 제63조의2는 대체보무요원도 가사사정으로 인한 소집해제 등을 받을 수 있도록 규정하였다. 대체역에 편입된 사람 중 본인이 아니면 가족의 생계를 유지할 수 없는 경우에 본인이 원한다면 대체복무요원 소집을 면제하거나 소집을 해제할 수 있고, 대체복무요원으로서 부모·배우자 또는 형제자매 중 전사자·순직자가 있거나 전상(戰傷)이나 공상(公傷)으로 인한 장애인이 있는 경우에 본인이 원하면 복무기간을 6개월로 단축할 수 있다.

둘째, 병역법 제65조의2는 대체복무자도 병역처분 변경 대상으로 규정하였다. 대체복무자도 전·공상·질병 또는 심신장애로 인하여 병역을 감당하기 어려운 경우에 신체검사를 거쳐 소집제외, 소집제외 또는 병역면제 처분을 받을 수 있고, 복무 중 가족과 함께 국외 이주하는 경우 소집 해제 처분을 받을 수 있다.

셋째, 대체복무요원도 현역병입영 또는 사회복무요원 소집 의무와 마찬가지로 36세부터 소집 의무가 면제된다(제71조 제1항). 다만, 정당한 사유 없이 대체복무요원 소집을 기피한 사실이 있거나 기피하고 있는 사람과 행방을 알 수 없었거나 알 수 없는 사람 등의 경우에는 38세부터 소집 의무가 면제된다. 또한 대체역의 병역의무도 현역·예비역·보충역의 병 및 전시근로역과 마찬가지로 40세까지이다(제72조 제1항).

넷째, 대체복무요원도 다른 종류의 병역복무자와 동일하게 복학·복직 보장 및 학업·직장 보장 규정인 병역법 제73조 내지 제74조의4의 적용을 받는다. 이에 학교 및 직장은 대체복무자에 대하여 휴·복학 또는 휴·복직을 각각 보장하고(제73조 제1항, 제74조 제1항), 예비군 훈련 대체복무 소집에 응하는 학생 또는 직원에 대하여 소집을 이유로 불리한 처분을 해서는 안 된다(제74조의3 및 제74조의4). 또한「국가유공자 등 예우 및 지원에 관한 법률」제30조에 따른 취업지원 실시기관의 장은 "소집 등에 의한 승선근무예비역, 보충역(사회복무요원은 제외한다) 또는 대체복무요원 복무를 마친 사람이 채용시험에 응시하는 경우에는" 응시상한연령을 3세 범위 내에서 연장하여야 한다(제74조의2).

다섯째, 대체복무자는 다른 종류의 병역복무자와 마찬가지로 보상 및 치료 규정, 재해 등에 대한 보상 규정인 병역법 제75조 내지 제75조의3의 적용을 받는다. 예를 들어, 예비군 훈련 대체복무 중 부상을 입거나 사망한 경우「국가유공자 등 예우 및 지원에 관한 법률」등에서 정하는 바에 따라 보상을 받을 수 있고(제75조 제2항), 대체복무요원으로 복무 중 순직하거나 공상 등을 얻은 경우 재해보상금이 지급된다(제75조의2 제1항).

그러나 부당한 복무 이탈에 대한 제재, 복무 장소, 자녀가 있는 대체복무요원에 대한 처우에서는 다른 종류의 병역복무자에 비해 대체복무요원이 차별을 받고 있다고 볼 여지가 상당하다.

첫째, 대체역법 제25조 제1항에 따라 제대체복무요원이 통산 8일 이상 정당한 사유 없이 복무를 이탈하거나 통산 8회 이상 근태 관련 경고 처분을 받은 경우에 대체역 편입 결정을 취소하는 것은 차별의 소지가 있다. 왜냐하면 이와 같은 제재는 양심적 병역거부자에게 대체역 외의 병역의무가 부과되는 결과를 야기할 수 있기에 대체복무요원의 양심의 자유를 침해할 수 있는 소지가 있기 때문이다. 예를 들어, 「병역법」 제89조의2 제1호는 사회복무요원이 경우 통산 8일 이상 정당한 사유 없이 복무를 이탈한 경우 3년 이하의 징역에 처하도록 한다. 대체복무요원도 사회복무요원과 동일하게 8일 이상 복무를 이탈한 경우 처벌을 하는 것이 양심의 자유를 침해하지 않으면서 동시에 복무 이탈을 방지할 수 있는 방안으로 여겨진다. 대체복무요원의 인권 보장에 방점을 두었던 의원 발의 법률안들에도[8] 이와 같은 편입 취소 조항이 있었던 점을 고려한다면 이와 같은 편입 취소는 병역거부의 근거가 되는 '양심'에 복무의 '성실성'이 포함된다고 전제한 것으로 의심된다. 한편 연장복무의 경우 사회복무요원이 정당한 사유 없이 복무를 이탈한 경우에는 그 이탈일수의 5배의 기간을 연장하여 복무하게 하는 「병역법」 제33조 제1항과 비교하여 적절하다.

둘째, 대체복무 장소가 현재 '교도소, 구치소, 교도소·구치소의 지소'로 국한된 것은 차별의 소지가 크다(대체역법 시행령 제19조). 양심적 병역거부자가 병역법 위반으로 교정시설에서 1년 6월 간 복역해야 했던 이전 상황과 교정시설에서 3년 간 합숙 복무해야 하는 현재 상황을 비교하면 양심적 병역거부자의 법적 지위는 '범죄자에서 병역의무 이행자'로 극적으로 변하였다. 그러나 대체복무 장소가 교정시설로 국한되어 있기에 '양심적 병역거부−교도소'라는 통상적 관념의 연결은 사회적으로 여전할 것으로 예상된다. 유엔인권이사회는 대체복무자를 법적으로나 '사회적으로' 차별해서는 안 된다고 강조하고 있는데, 대체복무 장소를 협소하게 규정한 현행 시행령에는 차별의 소지가 존재하는 것으로 보인다.

셋째, 자녀가 있는 대체복무요원은 상근예비역이나 사회복무요원과는 달리 출퇴근 형태의 복무나 겸직이 불가능하기 때문에 자녀 양육과 가족 부양을 할 수 없다는 점에서 차별의 소지가 있다. 병역법 제65조 제3항은 현역병으로 복무하고 있는 사람 중 자녀 출산으로 인하여 상근예비역으로 복무하기를 원하는 경우에는 예비역에 편

---

8) 박주민의원안 제33조의28, 전해철의원안 제33조의28, 이정희의원안 제33조의20, 김부겸의원안 제43조의16, 노회찬의원안 제33조의25, 임종인의원안 제43조의14 등 참조.

입할 수 있도록 규정하고 있다. 그리고 사회복무요원 복무관리 규정 제28조는 사회복무요원이 복무기관의 장으로부터 겸직 허가를 사전에 받아 다른 직무를 겸직할 수 있도록 허용하고 있다. 반면에 대체역법은 합숙 복무만 허용되기 때문에 대체복무요원은 자녀가 있더라도 대체복무 기간 동안 자녀 양육과 가족 부양을 할 방법이 없다. 아내와 두 자녀가 있는 가장인 대체복무요원이 평등권 침해를 이유로 대체역법에 대한 헌법소원을 제기하였다(이혜리, 2021).

3) 대체복무 분야 및 기간
(1) '공익성' 요건

앞서 살펴본 바와 같이 인권이사회나 자유권규약위원회는 양심적 병역거부자를 위한 대체복무는 공익적이어야 한다고 강조한다. "대체복무요원은 교정시설 등 대통령령으로 정하는 대체복무기관에서 공익에 필요한 업무에 복무하여야 한다."라고 규정하고 있는 대체역법 제16조 제1항에는 이러한 공익성 요건이 반영되었다고 볼 수 있다. 법률상 교정시설로 대체복무기관을 명시하면서도 다른 기관은 대통령령으로 정하도록 함으로써 제도 정착 이후 소방서와 복지기관 등으로 복무 분야를 다양화할 가능성을 열어둔 점은 적절하다.

그런데 법률상 대체복무 장소의 예시로 '교정시설'만을 언급됨으로써 대체복무요원이 공동체에 진정한 봉사를 할 수 있는 범위가 매우 협소하게 설정되는 인상을 준다. 더욱이 대체역법 시행령 제19조가 대체복무기관을 '교도소, 구치소, 교도소·구치소의 지소'로 열거함으로써 이러한 인상은 실재가 된다. 대체역법에서는 대체복무기관을 구금시설로 규정해야 할 타당한 근거가 부족해 보인다(강태경 등, 2018: 133).

우리보다 앞서 대체복무제도를 시행하고 있는 국가들의 경우 대체복무 분야가 매우 다양하다. 예를 들어, 대만의 '대체역실시조례(替代役實施條例)' 제4조 제1항은 일반대체역의 종류를 경찰역, 소방역, 사회봉사역[社會役], 환경보호역[環保役], 의료역, 교육봉사역[教育服務役], 농업봉사역[農業服務役], 원주민을 위한 부족 서비스[原住民族部落役], 행정원[行政院]이 지정한 기타 역종으로 규정하고 있다. 대체복무제도를 성공적으로 시행했었던 독일에서는 양심적 병역거부자는 대체로 병역을 대신하여 병원, 청소년보호소, 요양소, 구조단체, 장애인보호기관 등에서 돌봄서비스와 운전, 지도 등 수행함으로써 민간복무(Zivildienst)를 한다(강태경 등, 2019: 72). 독일의 대체복무요원들은 주로 사회복지 영역에서 돌봄 노동을 담당하면서 '여성적'이라고 여겨졌던 성별화된 돌봄 노동에 서서히 균열을 내고 전통적인 남성성과 여성성에 대한 고민을 사회 전체가 함께 하게 만들었다고 한다(이용석, 2020). 다분히 징벌적 대체복무제도를 도입함으로써 후폭풍을 겪었던 아르메니아도 대체근로복무(alternative labour service)의 업무를 간호원, 주방 보조원, 병원 목욕 보조 또는 세탁 요원, 시설 관리인, 근로역으로 정하고 있다(오두진, 2020).

(2) '비징벌성' 요건

대체복무자가 36개월간 교정시설에서 합숙해야 한다는 점은 유엔인권이사회가 제시한 합리적인 대체복무제도 기준 중 '비형벌성' 요건에 저촉되는 것은 아닌지 신중한 검토가 필요하다. 유엔 자유권규약위원회는 대체복무제도가 '징벌적'인지 여부를 판단함에 있어서 현역복무 기간 대비 대체복무 기간의 비율을 기준으로 삼는다(OHCHR, 2012: 39). 따라서 대체역법이 대체복무 방식으로 합숙 복무를 채택한 것을 징벌적이라고 보기는 어렵지만, 현역병 복무기간의 2배에 달하는 대체복무 기간을 채택한 것은 '대체형벌'의 성격을 가진다고 평가할 수 있다(Morton 등, 2020: 7). 국가인권위원회도 타당한 근거 제시 없이 대체복무 기간을 현역복무 기간의 2배로 규정하는 것은 징벌적이라고 비판하였다(국가인권위원회, 2018). 현재 대체복무 기간에 대한 헌법소원이 제기되어 있다(이혜리, 2021).

물론 대체역법 제19조는 현역병 복무기간 조정에 맞춰 국무회의 심의와 대통령 승인을 거쳐 대체복무기간을 6개월의 범위에서 조정할 수 있도록 하였다. 이는 대체복무기간이 군복무기간의 1.5배를 넘지 않아야 한다는 국제인권기구와 국가인권위원회의 권고를 점진적으로 반영할 수 있도록 그 가능성을 열어둔 것으로 평가할 수 있다.

입법 예고 당시 국방부는 교정시설에서의 복무 강도가 통상의 현역병 복무 강도에 비해 높은 수준일 것으로 평가하였는데(국방부, 2018), 복무 강도가 높은 수준임에도 대체복복무기간을 현역병 복무기간의 2배로 정한 점은 모순적이다. 이러한 모순을 해소하기 위해서는 현역병, 상근예비역, 사회복무요원 등 다양한 역종별 복무의 강도·기간·형태·환경 등에 대한 종합적인 비교를 통해 합리적인 대체복무 기간을 정해야 한다. 아울러 대체역은 "현역, 보충역 또는 예비역의 복무를 대신하여 병역을 이행하고 있거나 이행할 의무가 있는 사람"이라는 점에서 병역판정검사 결과에 대한 고려도 필요하다.

합리적인 대체복무 기간을 계산하는 데 있어서 현역병 및 사회복무요원의 군사훈련의 강도 및 기간, 현역병의 복무 방식 및 환경, 대체복무요원의 복무 강도와 복무 방식 및 환경 등을 고려해야 한다. 예를 들어, 대체복무 방식을 현역병과 마찬가지로 합숙 복무로 정하였다면, 현역병과 대체복무요원의 복무에 있어서 핵심적인 차이는 군사훈련의 유무이다. 따라서 군사훈련의 강도와 위험성의 정도를 대체복무 기간으로 변환하는 데 있어서 합리적인 기준이 필요하다.

(3) '민간성' 요건

대체역법 제16조 제2항은 대체복무요원의 업무에 '무기·흉기를 사용하거나 관리·단속하는 행위', '인명살상 또는 시설파괴가 수반되거나 그러한 능력을 향상시키는 것을 목적으로 하는 행위' 그리고 그 밖에 이에 준하는 행위가 포함되어서는 안 된다고 규정한다. 이는 양심적 병역거부의 개념적 정의로부터 도출되는 당연한 규정이다(강태경 등, 2018: 133). 무기 등의 사용과 인명살상 훈련 등을 대체복무요원의 업무에서 배제하고 있는 현행 대체복무제도는 민간성 요건을 충족하는 것일까?

자유권규약위원회는 양심적 병역거부에 따른 대체복무가 군의 영역 밖에서 이루어져야 하고 군의 명령 체계 아래에 있지 않아야 민간적(civilian) 대체복무라는 기준을 일관되게 제시해왔다. 대체복무의 업무의 내용으로 판단되는 비전투성은 대체복무의 수행의 맥락까지 고려하여 판단되는 민간성보다 좁은 개념이라고 할 수 있다. 예를 들어, 안식교 신자는 군의 명령 체계 아래 있는 비전투적 복무를 수용할 수 있지만 여호와의 증인은 이와 같은 비전투적 복무도 거부한다.

현행 대체복무제도가 비전투적 성격이라고는 할 수 있어도 교도소 합숙 복무로 운용되는 대체복무가 민간적인 성격이라고 단언하기 어렵다. 왜냐하면 교도소 합숙 복무는 군인과 같이 이동의 제한이 상당하고 점호와 같은 군대식 규율이 적용될 가능성이 높기 때문이다. 만일 현역복무 기간의 두 배인 기간만으로도 징벌성 요건에 저촉되는데, 대체복무자가 일종의 감금 생활(house arrest)과 같은 대우를 받음으로써 여전히 자신이 군인으로 취급된다고 느낀다면 대체복무마저 거부하려는 요원들이 나올 가능성도 있어 보인다. 이러한 가능성은 대체복무자가 더 큰 특혜를 원한다거나 불성실하기 때문이 아니라, 평화주의나 종교적 신념의 관점에서 대체복무가 여전히 '민간적' 성격이 아니라고 생각할 수 있기 때문이다. 다행스럽게도 대체복무 교육이 이루어지는 법무부 산하 대전교도소 내 대체복무교육센터 현장 취재에 따르면, 센터 직원들이 관등성명이나 점호와 같은 군대식 규율을 지양하고 민간적 성격을 최대한 살리기 위해 노력하고 있는 것으로 나타났다(하어영, 2020). 이러한 노력이 일선 교도소에서도 이루어진다면 대체복무제도가 민간적 성격의 제도로 정착될 것이다.

4) '강제노동' 문제

1991년 대한민국은 국제노동기구에 가입하였지만 지난 30년간 결자의 자유 분야와 강제노동금지 분야의 4개 협약을 비준하지 않고 있다. 근본적으로는 해당 협약 미비준은 한－EU FTA 위반사항이기도 하다. 현행 사회복무요원은 노동시간이나 장소 등에 대한 선택권 없이 민간인 신분으로 2년간 주 40시간의 노동이 강제된다. 이는 강제노동금지협약(ILO 제29호 협약)이 금지하는 "자유의사가 배제된 강제된 노동(compulsory labor)"에 해당한다. 물론 징집된 현역군인으로서의 노동, 시민의 의무로 하는 노동, 교도소에서의 노동, 재난 상황에서의 노동, 지역사회에서의 의무로 하는 경미한 노동은 강제노동의 예외이다. 그러나 사회복무는 이러한 예외에 속하지 않는다. 이에 대해 국방부는 "개인에게 선택권이 주어지는 '개인적 특권(Privilege)'에 해당할 시, 강제노동에 해당하지 않기에 현역 복무 선택권을 주려는" 방향으로 병역법 개정을 추진 중이다(현지용, 2019).

한편 2019년 5월 30일 사회복무요원으로 복무하였던 이다훈 씨는 사회복무요원 제도 폐지와 강제노동철폐협약(ILO 핵심협약 제105호 협약)의 비준을 촉구하는 기자회견을 열고 '사회복무요원 제도에 대한 헌법소원심판'을 청구하였다.[9] 이 사건에서 전원재판부는 다음과 같이 판단하였다.

> 현역병과 달리 사회복무요원에게 보수 외에 중식비, 교통비, 제복 등을 제외한 다른 의식주 비용을 지급하지 않는 것은 해당 비용과 직무수행 간의 밀접한 관련성 유무를 고려한 것이다. 현역병은 엄격한 규율이 적용되는 내무생활을 하면서 총기·폭발물 사고 등 위험에 노출되어 있는데, 병역의무 이행에 대한 보상의 정도를 결정할 때 위와 같은 현역병 복무의 특수성을 반영할 수 있으며, 사회복무요원은 생계유지를 위하여 필요한 경우 복무기관의 장의 허가를 얻어 겸직할 수 있는 점 등을 고려하면, 심판대상조항이 사회복무요원에게 현역병의 봉급과 동일한 보수를 지급하면서 중식비, 교통비, 제복 등을 제외한 다른 의식주 비용을 추가로 지급하지 않는다 하더라도, 사회복무요원을 현역병에 비하여 합리적 이유 없이 자의적으로 차별한 것이라고 볼 수 없다. 따라서 심판대상조항은 청구인들의 평등권을 침해하지 아니한다.

양심적 병역거부에 따른 대체복무는 ILO 협약 상 강제노동의 예외에 해당하는가? ILO 제29호 강제근로 협약 제2조는 "전적으로 군사적 성격의 작업에 대해서 의무적

---

9) 헌법재판소 2019. 2. 28. 선고 2017헌마374·976 결정 등.

인 병역법에 의해서 강요되는 노동 또는 서비스"는 강제노동에서 제외한다. 대체복무는 개념 필연적으로 비군사적이어야 하므로 이 예외 규정의 적용을 받을 수 없다. 또한 현재 양심적 병역거부자는 군사훈련이 포함된 병역을 선택할 것이 아닌 이상 병역기피로 처벌 받지 않기 위해서는 교정시설에서의 대체복무를 선택해야만 한다. 예를 들어, 보충역 판정을 받은 병역의무자가 양심상 결정에 따라 대체역으로 편입된 경우, 보충역 판정을 받은 다른 병역의무자와 비교하면 36개월간 교정시설에서 합숙 근무해야 하는 그에게는 선택권이 전혀 없다고 봐도 무방하다. 대체복무요원에게 다양한 복무 분야가 허용되지 않는 현재로서는 대체복무가 ILO 협약 상 금지되는 강제노동에 해당할 소지가 크다. 따라서 '인권 및 기본적 자유의 보호에 관한 유럽협약(Convention for the Protection of Human Rights and Fundamental Freedoms)'처럼 양심적 병역거부에 따른 대체복무를 군사적 성격의 병역의무와 함께 강제노동에서 제외하는 법적 근거를 마련할 필요가 있다. 유럽인권협약 제4조 제3항은 '군사적 성격의 역무, 또는 양심적 병역거부가 인정되고 있는 국가에서 병역의무 대신 실시되는 역무'를 강제적 또는 의무적 노동에서 제외한다.

3. 국제인권규범을 고려한 개정 방향

필자는 '대체역법', '헌법재판소 결정에 따른 양심적 병역거부 대체복무제 시민사회단체안',[10) '국가인권위원회안', 독일 및 대만의 대체복무제도를 종합적으로 고려하여 <표 1>과 같이 대체복무제도 설계에 관한 구체적인 가이드라인을 제시하였다.[11) 이 안은 대체복무 분야 및 복무 방식의 다양화, 국제 기준에 부합되는 복무 기간 설정, 차별금지 및 고충담당관 제도를 핵심 내용으로 삼고 있다.

---

10) 국제앰네스티 한국지부, 군인권센터, 민주사회를위한변호사모임, 전쟁없는세상, 참여연대 공동안.

11) 강태경 등, (2019), 대체복무제도 시행 방안 연구, 한국형사정책연구원, pp. 157-158, <표 5-2-1> '대체복무제도 가이드라인'은 대체역 신청부터 심사 및 복무에 관한 내용을 망라하고 있다. 다만, 본 논문의 <표 1>에는 대체복무요원 복무관리 관련 내용만을 담았다.

쟁점	내용
복무 분야	• 대체복무가 허용되는 업무 　– 사회복지 관련 업무: 아동·노인·장애인·환자 등의 보호·요양·이동·재활에 관한 보조 등 　– 공익 관련 업무: 교정·소방·재난·구호·산림감시·환경감시 등 • 대체복무가 금지되는 업무 　– 개인화기·공용화기, 도검 등 일체의 무기·흉기를 사용하거나 관리·단속하는 행위, 　　인명살상 또는 시설파괴가 수반되거나 그러한 능력을 향상시키기 위해 시행하는 일 　　체의 훈련 또는 보조 행위 　– 기타 대체복무요원에게 적합하지 아니하다고 인정하는 사항으로서 대통령령으로 정 　　하는 행위 등 • 병역판정검사 결과에 따라 적절한 업무 분야 체계 마련
복무 기간	• 대체복무제 시행 단계에 따른 탄력적 기간 　– 대체복무제 시행 초기 단계: 육군 현역 복무기간의 1.5배 　– 대체복무제 확대·정착 단계: 육군 현역 복무기간과 동일하게 점진적으로 단축 　– 자유권규약위원회는 현역 복무기간의 1.5배를 초과하는 경우 징벌적으로 봄 • 대체복무의 업무 및 방식에 따른 탄력적 기간 　– 현역 복무의 난이도와 비교하여 대체복무기간 차등화 　– 합숙형 방식과 출퇴근형 방식의 대체복무기간 차등화
복무 방식	• (대체복무기간이 현역복무기간의 1.5배 미만인 경우) 합숙 복무 원칙 　– 합숙을 원칙으로 하되, 업무의 특성상 합숙 복무가 어려운 경우 출퇴근 복무 • (대체복무기간이 현역복무기간의 1.5배 초과인 경우) 출퇴근 복무 원칙 　– 출퇴근을 원칙으로 하되, 업무의 특성상 출퇴근 복무가 어려운 경우 합숙 복무
관리 감독	• 대체복무 업무 분야 관련 부처 　– 대체복무 기관에서는 대체복무요원 복무 관리·감독 담당자 지정 • 심사위원회 　– 대체복무제 운영 전반에 관한 관리·감독 및 성과 평가
복무 해태 제재	• 복무규율 위반 및 복무 이탈 　– 현역병 및 사회복무요원에 대한 징계 체계에 준함(예: 복무연장) 　– 대체역 편입 취소 조치는 대체복무제의 취지에 어긋남 　　* 부정편입자에 대한 대체역 편입 취소 조치는 타당함
처우	• 차별금지 　– 현역병 및 사회복무요원와 동등한 처우(복무기간 및 환경 고려) 　– 차별금지 조항 • 고충담당관제도 　– 대체복무 과정 중 발생하는 차별·인권침해와 같은 고충을 해결해줄 수 있는 고충처

	리 제도 도입
	– 중립성 및 실효성을 제고하기 위해 대체역심의위원회 소속으로 함
효과	• 예비군 훈련 대체복무

*출처: 강태경 등(2019), 대체복무제도 시행 방안 연구, 한국형사정책연구원, 157–158면, <표 5–2–1> 중 발췌·수정

Ⅲ 대체역 복무관리

1. 대체역 복무관리규칙

지난 10월 21일 「대체역 복무관리규칙」(이하, '관리규칙'이라 한다)이 법무부훈령(제1212호)으로 제정되었다. '총칙', '배치 및 소집해제', '복지후생', '신상변동', '복무관리 등', '예비군대체복무', '행정 및 사무처리' 총 7개 장(총 90개 조)으로 이루어진 관리규칙은 「사회복무요원 복무관리 규정」 및 「부대관리훈령」 중 일부를 바탕으로 하고 있다. 병역법, 대체역법 및 관리규칙은 병역 감면, 변역처분 변경, 보상, 휴가 및 외출·외박 등에서 대체복무자를 다른 종류의 병역복무자와 동일하게 보호하고 있다(예를 들어, 병역법 제62조, 관리규칙 제11조 등이 있다). 이외에도 대체복무요원의 권익 증진에 신경을 쓴 규정들이 상당히 많다. 우선 복장 및 급식을 교도관과 동일하게 제공받도록 한 점도 대체복무요원으로서의 양심적 병역거부자의 자존감 향상과 인권 증진에 크게 기여할 수 있을 것으로 보인다(관리규칙 제26조, 제32조 등)(법무부, 2020). 또한 경고, 고충처리 등에 필요한 사항을 심의하는 각 대체복무기관의 대체복무 운영위원회에 외부 위원 3인 이상이 포함되도록 한 점도 「부대관리훈령」에 비해 진일보한 것으로 평가할 수 있다(관리규칙 제51조).

아래에서는 관리규칙 중 대체복무요원의 기본권, 더 나아가서 인권 보장에 다소 미흡한 부분에 관해서 이야기해보고자 한다.

2. 대체역 복무관리에서의 인권 쟁점

1) 보수

관리규칙 제31조는 대체복무요원 보수를 병역법 시행령 제33조의 제1항에 따라 「공무원보수규정」 별표13 군인의 봉급표에 규정된 보수로 정하고 있고, 대체역법 시행령 제33조 제1항은 다음과 같이 대체복무요원의 복무 기간에 따라 차등적으로 보수를 규정하고 있다. 사회복무요원의 경우에도 군인의 봉급표에 규정된 보수를 복무기간에 따라 차등적으로 지급받고 있다.

■표 2 대체복무요원 및 사회복무요원 보수 기준 비교

대체역 시행령 제33조 제1항 보수 지급 기준	군인사법법 시행규칙 제32조 제1항 병의 진급 최저복무기간	사회복무요원 복무관리 규정 제41조 제1항 보수 지급 기준
1. 소집월부터 4개월까지 : 이등병의 보수	(이등병: 입대일로부터 2개월)	1. 소집월부터 2개월까지 : 이등병의 보수
2. 소집월부터 5개월에서 16개월까지 : 일등병의 보수	일등병: 이등병으로서 2개월	2. 소집월부터 3개월에서 8개월까지 : 일등병의 보수
3. 소집월부터 17개월에서 28개월까지 : 상등병의 보수	상등병: 일등병으로서 6개월	3. 소집월부터 9개월에서 14개월까지 : 상등병의 보수
4. 소집월부터 29개월 이상 : 병장의 보수	병 장: 상등병으로서 6개월	4. 소집월부터 15개월 이상 : 병장의 보수

위 표에서 알 수 있듯이 사회복무요원은 복무기간 21개월임에도 불구하고 현역병의 진급 최저복무기간을 준용하여 보수 지급 기준으로 삼고 있다. 반면에 대체복무요원의 경우 현역병 복무기간 대비 비율을 현역병 진급 최저복무기간에 곱한 기간을 보수 지급 기준으로 삼고 있다. 「공무원보수규정」 '별표13 군인의 봉급표'에 따르면, 병의 봉급은 이등병 408,100원, 일등병 441,700원, 상등병 488,200원, 병장 540,900원이다. 이를 기준으로 계산하면 현역병은 복무기간 18개월 동안 총 855만 원가량의 봉급(월 평균 47.5만 원가량)을 받고, 대체복무요원은 복무기간 36개월 동안 총 1,710만 원가량의 보수(월 평균 47.5만 원가량)를 받게 된다. 반면에 사회복무요원의 복무기

간이 21개월인 경우 보수 총액은 1,017만 원가량 되고 월 평균 보수는 56.5만 원가량 된다. 앞서 언급하였듯이 대체복무의 강도가 현역복무의 강도에 비해 결코 낮지 않다는 국방부의 입장을 고려한다면, 대체복무요원은 현역병 복무 강도에 버금가는 강도의 복무를 함에도 불구하고 단순히 복무기간 비율을 보수 지급 기준에 그대로 적용하는 것이 적절한 처우인지 의문이다.

대체복무요원 보수 문제를 개선함에 있어 현역병 등의 보수가 최저임금기준에 못 미친다는 점을 염두에 두어야 한다. 현역병 등의 보수가 최저임금기준에 미치지 못하는 데에 대해서 헌법재판소는 현역병 및 사회복무요원이 어느 수준의 보수를 청구할 수 있는 권리는 "단순한 기대이익에 불과하여 재산권의 내용에 포함된다고 볼 수 없(다)"고 보고, 최저임금 수준보다 낮은 봉급월액을 규정한 병의 봉급표가 현역병 및 사회복무요원의 재산권을 침해한다고 볼 수 없다고 판시한 바 있다.[12] 현재의 보수 지급 기준이 위헌이 아니라는 판단이 현재의 기준이 바람직하다는 평가를 담보하지 못한다. 현행 「근로기준법」에서는 근로자를 '임금을 목적으로' 근로를 제공하는 사람으로 규정하고 「최저임금법」은 근로자를 사용하는 모든 사업 또는 사업장에 적용되므로, 현역병과 대체복무요원의 근로자성을 인정하기 어렵고 이들에게 「최저임금법」이 곧바로 적용될 수 없다. 하지만 현실적으로 이들이 병역의무의 이행 과정에서 공익을 위해 상당한 근로를 제공하고 있다는 점에서 임금을 목적으로 하는 근로자보다 못한 처우를 받아야 할 어떠한 근거도 없다.

2) 보호대원 지정

관리규칙 제70조 제1항은 교육 완료 후 복무기관에 배치된 '신규 대원'(제1호), 경고를 받은 대원(제2호), 복무생활 적응에 어려움을 겪는 대원(제3호)을 '보호대원'으로 지정하여 관리하도록 규정하고 있다. 그런데 신규 대원은 다른 유형의 보호대원에 비해서 관리 기간이 2개월로 2배에 달한다. 해당 조항의 취지는 신규 대원이 복무생활에 적응할 수 있도록 관리하려는 것으로 이해된다. 그러나 신규 대원을 경고를 받은 대원과 함께 보호대원으로 지정하는 것이 신규 대원의 복무생활 적응 지원에 긍정적 영향을 미칠지는 의문이다.

더욱이 관리규칙 제22조 제2항은 보호대원에 대해서는 휴가·외출·외박을 허가하지 않도록 규정하고 있어 신규 대원은 복무기관에 배치된 날로부터 2개월 동안 휴가 등을 갈 수 없게 된다. 이는 육군 현역병의 경우 자대 배치일을 기준으로 42일 후

---

12) 헌법재판소 2012. 10. 25. 선고 2011헌마307 결정.

첫 휴가를 나오게 되는 것에 비하면 대체복무요원의 첫 휴가는 상당히 늦은 것이다.

3) 인권진단 및 고충처리

관리규칙 제71조는 기관장으로 하여금 인권진단을 매월 1회, 복무만족도 조사를 매분기 1회 실시하여 그 결과를 각각 매월 말일, 매분기 말일까지 법무부장관에게 보고하도록 정하고 있다. 이는 대체복무요원의 인권보호, 불만요인 해소, 복무환경개선에 상당히 기여할 것으로 기대된다. 관리규칙 별지 제22호 '대체복무요원 인권진단' 설문지를 살펴보면, 복무관리관에 의한 또는 대원 간 인권침해·부당행위를 상세히 열거한 점이 돋보인다. 그런데 '종교 등을 이유로 인격을 훼손하는 발언 등'은 복무관리관뿐만 아니라 대원 간에도 벌어질 수 있는 인권침해이므로 대원 간 인권침해 행위 항목에도 포함시키는 것이 바람직하다. 앞으로 종교적 신념뿐만 아니라 평화주의적 신념에 따른 대체복무의 비중이 늘어날 경우 서로 다른 신념을 가진 대체복무요원들 간의 차별적 발언이 문제될 소지가 있으므로 이에 미리 대비할 필요가 있을 것이다.

한편 관리규칙은 경고, 고충처리 등 대체복무 운영에 필요한 사항을 심의하기 위해 대체복무기관에 '대체복무 운영위원회'를 두도록 하고(제50조), 5인 위원회에는 외부 위원이 3명 이상이 포함되도록 규정하여 심의의 공정성을 제고하고 있다(제51조). 다만, 대체복무요원의 고충 처리가 기관 내부 절차만으로 진행되는 것은 심의의 독립성과 이의신청 및 처리 결과의 실효성을 저해할 수 있다. 이에 법무부 또는 대체역심의위원회에 고충처리담당관을 두어 대체복무기관 내 위원회에서 처리하기 어려운 고충에 대해서 담당할 수 있도록 하는 것이 대체복무요원 권익 보호에 기여할 수 있을 것으로 보인다.

4) 실태조사

관리규칙 제76조는 복무점검의 시기와 점검 사항을 정하고, 제78조는 법무부장관과 병무청장이 합동으로 실태조사를 실시하도록 정하였다. 이는 새롭게 도입된 대체복무제도가 조속히 정착할 수 있도록 하는 데 필수적이라고 할 수 있다. 제78조 제3항은 조사반의 구성, 조사기관, 조사방법 등이 포함된 실태조사 계획을 법무부장관과 병무청장이 협의하여 수립·시행하도록 정하고 있다. 새롭게 도입된 대체복무제도의 합리적 시행을 추적하여 조사하기 위해서는 매년 실시하는 실태조사뿐만 아니라 관리규칙 제71조에서 정한 인권진단 및 복무만족도 조사를 통합적으로 연계하고 그 결과를 종합적으로 분석할 필요가 있다. 따라서 제78조 제3항과 같이 실태조사 계획에 관한 사항을 법무부장관과 병무청장의 협의에 맡기기보다는 3년 정도의 실태조사 기본계획을 수립할 수 있도록 하는 것이 제도 도입 효과 분석에 유익할 것이다. 아울러 이와 같은 기본계획의 수립과 시행, 조사 결과의 분석과 정책 개선 방안 연구를 위해 법무부 또는 대체역심의위원회 소속으로 상설 연구조직을 둘 필요가 있다.

Ⅳ   결론

지금까지 대체복무제도와 대체역 복무관리의 인권 쟁점을 짚어보았다.

2020년 6월부터 본격적으로 운용되기 시작한 대체복무제도는 국제인권규범의 관점에서 앞으로 개선되어야 할 부분이 많다. 첫째, 대체역심의위원회의 독립성과 공정성을 제고하기 위해서 병무청 산하로 되어 있는 소속을 재고해야 한다. 둘째, 양심적 병역거부자에 대한 차별이 없도록 대체복무 분야와 복무 형태를 다양화해야 한다. 셋째, 공익성·비징벌성·민간성 요건을 충족하는 대체복무제도 실현을 위해서 대체복무 분야를 다양화하고, 대체복무 기간을 합리적 수준으로 단축하고, 제도 운용 현장에서 군대식 규율을 지양해야 한다. 넷째, 대체복무가 강제노동인지 여부에 관한 논란을 해소하기 위해서 대체복무 분야를 다양화하여 대체복무요원에게 실질적인 선택권을 주고 유럽인권협약 제4조와 같은 법적 근거를 마련해야 한다.

대체복무제도가 대체복무요원의 인권을 보호하는 방향으로 운용되기 위해서는 대체복무요원 복무관리규칙도 개선되어야 할 부분이 많다. 첫째, 대체복무요원의 보수를 다른 종류의 병역복무자와 비교하여 합리적으로 올려야 한다. 둘째, 신규 대원을 보호대원으로 지정하는 관리하는 것은 복무생활 적응 지원이라는 목적은 정당하더라도 적절한 방식인지는 의심스럽다. 셋째, 대체복무요원의 인권침해를 방지하기 위한 인권진단이 실질적인 효과를 내기 위해서는 인권침해의 다양한 양태를 진단 설문에 반영해야 한다. 넷째, 고충처리제도의 공정한 운용을 위해서는 운영위원회에 외부위원 참여 비율을 높이고 대체역심의위원회에 고충처리담당관을 두어야 한다. 다섯째, 대체복무제도의 조기 정착을 위해서는 단편적 실태조사보다는 3년 이상의 실태조사 기본계획 수립 및 실행이 필요하다.

교정시설에서 처음 실시되는 대체복무가 소수자의 신념을 존중하고 수용하는 성숙한 사회로 나아가는 길의 첫 걸음이 될 수 있도록 법무부와 교정본부 그리고 사민사회단체가 협력해야 한다. 이를 위해서는 정책의 방점이 대체복무요원에 대한 관리의 효율성보다는 대체복무요원이 우리 사회의 한 구성원으로서 넓은 의미의 국방에 기여할 수 있도록 하는 데 두어져야 한다. 그리고 그 과정에서 앞서 언급한 인권 쟁점에 대한 해결 방안 모색이 이루어지기를 소망한다.

9

여성의 '목소리'와 여성주의 법학 방법론*

양현아(교수, 서울대학교 법학전문대학원)

I   서론

버지니아 울프(Virginia Wolf)는 <자기만의 방 A Room of One's Own>에서 "여성과 소설"의 관계에 관해 돌아보았다. 울프는 여성은 가난하기 때문에, 성별에 부과된 환경 때문에 글을 쓰기 어렵다고 하였다. 그런 장애를 극복했다손 치더라도 그녀들에겐 따라야 할 글쓰기의 전통이란 것이 없다. 따라서 여성 작가들은 자신들의 삶에 적합한 문장을 개발해야 한다.[1] 하지만, 여성의 글쓰기에는 숨겨지고 이름 없는 여성의 삶에 담긴 아름다움과 기록되지 않은 무한한 다양성을 포착할 수 있는 도전이 있다고 울프는 생각하였다.

비슷한 질문이 "여성과 법"의 관계에 대해서도 제기될 수 있을 것 같다. 법에서 여성이란 누구인가. 여성과 법의 관계란 무엇을 의미하는가. 그것은 법의 형성, 적용, 집행에서 차지하는 여성 법률가, 여성 법학자, 여성 입법자의 역할에 관한 것일 수 있다.[2] 그것은 법 안에서 규율되거나 규정되는 여성, 그래서 그것이 여성의 삶에 미치는 법의 효과에 관한 것일 수 있다. 그것은 법의 추론방식(reasoning)과 여성의 존재 방식 간의 관계에 관한 이론적 문제를 뜻하기도 할 것이다. 여성의 삶에 적합

---

* 이 학술대회의 발표문과 토론내용을 편집하여 『가지 않은 길, 법여성학을 향하여』, 양현아 편, 서울대 BK21법학연구단 공익인권법센터 기획, 사람생각, 2004로 출간하였다. 이 글을 수정·보완하여 사단법인 올 편, 『젠더와 법』, 박영사, 2022("다시 쓰는 여성의 '목소리' 방법론: 페미니즘 법이론의 관점에서")에 수록하였다. 이 글은 후자의 논문을 다시 수정·보완한 것이다.

1) Virginia Wolf, *A Room of One's Own*, Harvest/HBJ Book, 1981.

2) 1990년대 이후 입법부와 사법부에 여성의 확대는 괄목할만하다. 특히 법학전문대학원 개원 이후 여성 법학교수, 여성변호사 비율도 꾸준히 증가하였다. 그럼에도 불구하고 2024년 현재 과연 '젠더 평등한' 법조계 그리고 법학교육이 달성되었는지는 여전히 의문이다.

한 법적 추론방식이 남성과 다른 것이라면 법학이 존중하는 보편성과 불편 부당성과 공존하기 어려울 수도 있을 것이다. 버지니아 울프의 질문처럼, 여성 법률가가 '여성으로서' 따라야 할 법학의 전통이 있는지는 불분명하다. 도대체 여성들이 여성으로서 법과 만난다는 것은 어떤 것이며 가능한 일인가. 이런 질문들이 우리를 고민에 잠기게 하기에 오늘날 여성주의 법학이 대두되었다.

여성주의 법학(Feminist Jurisprudence)이란 '여성의 시각으로' 법을 바라보는 새로운 법학 이론이자 방법론이다. 여성주의 법학은 법에 내재한 남성중심성 내지 남성편향성을 폭로하고, 여성의 관점을 법 안에 구축해야 하는 과제를 안고 있다. 그렇다면, '여성의 관점'이란 과연 무엇이며 그것을 어떻게 찾고 법에 반영할 수 있는지 여성주의 법학의 관심사가 아닐 수 없다. 여성주의 법학의 의미와 중요성에 대해서는 여러 학자들이 논하였다. 파인만(M. Fineman)은 여성주의 법이론은 그 주제와 방법론을 통해서만 드러난다고 본다. 여성주의 법학 방법론에 의해서만 법의 중립성과 객관성에 감추어진 '권력관계'를 폭로·비판·재구성할 수 있기 때문이다.3) 바트렛(K. Bartlett)은 여성주의 방법론이 곧 여성주의 법학의 목적(ends)이라고 한다. 여성주의 법률가 역시 여느 법학자와 같이 귀납, 연역, 유추, 가설 등과 같은 일반적 방법을 사용한다. 사실을 조사하고 그 사실에서 핵심적 성격을 색출하고, 다툼을 해소할 수 있는 법적 원리를 결정하며, 그 사실에 이를 적용한다. 그런데, 이 과정에서 여성주의 법학자는 전통적 방법 외에 다른 방법을 쓴다. 그것은 여성문제가 무엇인지 묻기, 여성주의적 실용적 추론을 사용하기, 또 의식 고양(consciousness raising) 등이라고 하였다.4) 웨스트(R. West)는 기존의 남성적 법학에서는 여성의 삶을 특징짓는 딜레마가 문제시되지 않는다고 하면서 여성주의 법학 방법론은 기존 법학에 대하여 '비판'의 성격을 띤다고 한다.5) 비판은 주로 두 방향으로 제시된다. 한편으로는 구술적이고 현상학적 비판(The narrative and phenomenological critique)인데 그것은 여성의 관점에서 법을 바라봄으로써 현재의 법의 지배의 현실 속에 놓인 여성들의 물적, 내적, 현

---

3) Martha Fineman, "Introduction," *At the Boundaries of Law—Feminism and Legal Theory*, Martha Fineman & Nancy Sweet Thomadson (eds.) Routledge, 1991, pp.xi—xvi

4) 바트렛은 여성주의 법학자의 인식의 근거로서 합리적/경험적 위치, 전망 인식론(Standpoint epistemology), 포스트모더니즘, 위치성(positionality)을 제시하고 있다. [Katharine T. Bartlett, *"Feminist Legal Methods"* in Feminist Legal Theory *—Readings in Law and Gender*, Katharine T. Bartlett & Rosanne Kennedy(eds.)(Boulder: Westview), 1991, pp.370—403, 양현아 외 편역, 『평등, 차이, 정의를 그리다 – 페미니즘 법이론』, 서울대학교 출판부), 2019, 27—83면에 번역 수록됨. 이하 위 책은 양현아 외 편역(2019)으로 표기됨].

5) Robin West, "Jurisprudence and Gender," *University of Chicago Law Review* 55—1, pp.1—72.

상학적, 주관적 이야기를 하는 방향이다. 다른 한편으로는 해석적 비판(The inter-pretive critique)인데, 법 안에 수용된 여성이 누구인지를 해석함으로써 여성이 법에서 단지 부재한 존재가 아니라 법정책의 대상, 이차적 존재, 의존자, 혹은 보이지 않는 존재로 규정되고 제한되어 있다는 것을 드러내는 방향이다.

이상과 같이 '여성의 관점'에 대한 접근방법이란 다양하다. 여성의 관점이란 무엇을 의미하며, 그것은 어떻게 찾을 수 있을까는 경험적인 문제이자 이론적인 문제거리이다. 여성의 관점이란 여성들의 관점에 대한 수학적 합(合)이자 평균치라고 하기는 어렵다. 여성의 관점 안에는 가부장적 편견도 있을 것이다. 무엇보다, 여성들 간에도 관점의 커다란 편차가 있을 것이다. 이러한 난점들에도 불구하고 본 논문에서는 여성의 관점이란 남성의 입장에서 '바라보는' 여성의 관점이 아니라 여성의 체험, 입장, 고통에 '입각한' 관점이라고 일단 정의하고 이를 찾기 위해 노력해 보려 한다.

여성의 관점을 찾기 위해서는 먼저, 남성의 입장에서 그려진 여성의 상(象)을 비판하고 해체하는 일이 중요하다. 또한, 사회적 존재로서의 여성들의 체험, 입장, 고통은 집합적인 것이자 개별적인 성격의 것이므로 여성들의 관점을 법학의 방법론으로 자리매김하기 위해서는 여성의 체험을 '날 것 그대로' 채용하기는 어려울 것이다. 이 글에서는 여성의 입장, 체험, 고통, 그리고 기쁨을 여성의 '목소리'라는 은유로 표현하면서, 이로써 여성의 관점에 비해서 보다 원초적인 상태, 잘 제도화되지는 않았지만 세상에 편만한 목소리를 의미하고자 한다. 그것은 톤과 리듬과 결을 가진 육성(肉聲)이라는 의미에서 여성의 주체성을 나타내는 탁월한 기호가 아닌가 한다. 본 연구는 여성의 관점을 법 안에 들여오기 위한 방법론을 모색하고자 법이 한국 여성들의 목소리를 어떻게 수용해 왔는지 혹은 오해해 왔는지를 넘어서서 한국 여성들의 목소리가 법에 어떤 의미를 줄 수 있는지에 관해서도 생각해 보려 한다. 이를 위해서 여성의 목소리를 다루는데 참고가 될 다양한 이론들에 대해 살펴볼 것이다. 캐롤 길리건, 캐더린 맥키논, 로빈 웨스트 그리고 조안 스콧, 마지막으로 포스트식민 법여성주의 이론에서 여성의 목소리란 어떤 의미인지, 어떻게 찾을 수 있는지에 대해 논의할 것이다(제II장). 그리고 이 목소리론을 한국 사회 속에서 위치 짓기 위해서 한국의 젠더사건들을 고찰할 것이다. 이 글에서는 용인 이씨 사맹공파 종중을 상대로 여성들이 제기했던 "종회회원 확인의 소(訴)"에 대하여 이런 이론들을 적용하고 재구성할 때 본 소송과 이론의 의미가 어떻게 풍부해질 수 있는지를 논의하려고 한다.

Ⅱ 여성주의 법이론에서 여성들의 "목소리"가 가지는 의미

1. "다른 목소리": 캐롤 길리건(Carol Gilligan)

널리 알려진 "다른 목소리로(In a Different Voice)"라는 저서에서 길리건은 남자와 여자 간에 도덕적 사고방식에서의 차이가 있다는 것을 규명하였고, 여성의 사유를 관계적 사유에 입각한 다른 목소리라는 관점에서 조명하였다. 길리건에게 다른 목소리란 남성의 도덕발달기준에 의해서 평가되거나 등급화될 수 없는 차이를 의미한다. 길리건은 예컨대 콜버그(L. Kohlberg)가 제시했던 가상적 규범 충돌 상황인 하인츠(Heinz)의 딜레마를 가지고 여아와 남아를 인터뷰하였다. 즉, 배우자의 병환을 치료하기 위한 약을 구매할 돈이 부족한데, 약사는 그 약을 저렴하게 주기를 거부할 때 이 문제를 어떻게 해결하겠느냐는 딜레마 상황이었다. 그런데, 이 도덕적 딜레마에 대해서 수학능력이 마찬가지로 우수한 남아와 여아의 전형적 추론에서 일관되는 차이가 나타났다. 남아는 가치의 우선 순위에 입각해서 논리적으로 정연하게 갈등을 해소했던 반면, 여아는 인간관계의 맥락과 사건의 시간적 흐름 속에서 딜레마를 해소하는 논리 전개를 보여주었다. 길리건은 여아들의 이러한 추론방식을 "청취하면서"여아의 논리가 아니라 기존의 도덕 발달이론에 대해 문제제기하였다.[6]

미드(G. H. Mead)나 삐아제(J. Piaget) 등이 수행했던 아동기 놀이 연구를 보면 인간의 도덕발달(moral development)은 남아의 도덕발달을 중심으로 한 개인화(individuation) 과정이 중심을 이룬다. 개인화 과정의 논리에 따르면, 발달된 도덕성이란 타인에 대한 관심이 아니라 한 개인으로서 독립된 도덕적 논리를 구성하는 능력에 핵심이 있다. 이런 틀에서 바라보면 여성의 도덕발달이란 혼란스러운 것이라 하겠다. 앞의 하인츠 딜레마(딜레마를 겪는 주체가 이미 남성으로 설정됨)에 대해 남아는 약국에서 약을 훔친다는 해결방안을 내놓았다. 그 이유는 생명이라는 가치가 돈이라는 가치보다 중요하고 약사는 손해 이후에도 돈을 더 벌 수 있지만, 부인의 생명은 다른 사람과 대체할 수 없다는 유일한 사람이라는 나름 논리정연한 해결책을 내놓았다. 설사 재판을 받게 된다고 할지라도 판사는 이런 절도가 불가피했음을 인정할 것이라고도 하였다. 그런데 여아는 이렇게 정연한 논리를 펼치지 않았다. 여아는 약을 훔치지 않은 채 다른 방법을 찾아야 한다고 답변했다. 왜냐하면 절도는 약사에게도

---

6) Carol Gilligan, *In a Different Voice: Psychological Theory and Women's Development* Harvard Univ. Press, 1982. pp. 9−13; 24−38.

피해를 줄 것이고 이 절도로 인해 남편이 체포된다면 배우자를 돌볼 수 없게 되어서 더더욱 그를 아프게 할 수도 있다고 응답했다. 그래서 돈을 마련할 방안을 찾으면서 동시에 약사와 자기 자신의 필요(needs)에 대해 더 많이 대화해야 한다고 말했다. 이렇게 여아는 세상이란 수학의 문제가 아니라 시간의 전개에 따라 펼쳐지는 관계의 이야기(narrative of relationships)로 인식하였고, 약을 훔치는 행위를 재산이나 법의 관점이 아니라 하인츠와 부인에게 미칠 효과를 중심으로 사유하였다.

남아처럼 도덕적 딜레마 상황을 명확하게 "해결하지" 못하는 여아의 사고란 콜버그의 척도에 따르면 인습적인 도덕 발달단계인 3단계에도 미처 도달하지 못한 2단계와 3단계 사이 정도로 측정되어 왔다. 반면 남아의 사유는 개인화와 법과 도덕을 구분한다는 면에서 3단계와 4단계 사이에 있는 것으로 측정되어 왔다.[7] 콜버그에게 이와 같은 여아의 논리는 힘없음(powerlessness)의 표현이자 도덕이나 법에 대해 체계적으로 사유할 능력이 부족하다는 것, 주어진 권위에 도전하거나 진정한 효과를 낳는 행동을 취하는 것을 저어하면서 그저 인간관계에 의존하고 의사소통을 꾀하려는 것으로 해석되었다. 콜버그를 포함한 주류 도덕발달 척도에 따르면, 사람들의 필요에 대한 감수성이나 보살핌과 같은 덕목은 열등한 것으로 평가되어 온 것이다. 길리건 및 여성주의 심리학자들은 인습적으로 여성의 덕성(virtue)으로 규정된 자질들이 인간은 도덕적 성숙(maturity)과 충돌된다는 점에서 여성을 바라보는 인간발달 이론들에 근본적인 문제가 있다고 지적하였다. 요컨대, 바람직한 여성성을 구현하는 여성들은 개인화, 독립성, 탈규범화 등의 측면에서 성숙한 인간이 되기 어렵게 된다.[8] 길리건은 남성중심적 도덕발달론을 비판하면서 여성의 도덕적 추론을 "다른 목소리"라고 해석하였다. 그간의 여성주의 정신분석학에 기초한 길리건의 다른 목소리론은 귀중한 메시지를 주었다고 생각한다.

첫째, 길리건은 남성과 여성의 도덕적 사유방식의 차이를 우열이 아니라 '차이의 문제'로 전환하였다. 이러한 성취의 의의는 아무리 강조해도 지나치지 않을 만큼 압도적이다. 남성의 도덕적 사유는 가치의 위계적 사고체계를, 여성의 도덕적 사유는 그물망적인 사고를 나타내고, 여성들은 가치의 위계 서열이 아니라 여러 변수들을 왔다 갔다 하면서 해결책을 찾는다는 것이다. 이러한 발견을 통해서 길리건은 여성

---

7) 콜버그는 도덕적 성숙에 이루는 세가지 수준에 속하는 여섯 발달 단계들을 설정하고 있다.
    I. 전인습수준: 1) 처벌과 복종적 성향, 2) 도구적, 상대주의적 성향
    II. 인습수준: 3)행위자 상호간의 일치, 또는 "착한소년–착한소녀"적 경향, 4) 법과 질서지향적 성향
    III. 후인습 수준: 5) 사회 계약, 법칙주의적 성향, 6) 보편적 도덕원리 지향적 성향
8) Gilligan, 전게서, pp. 29–32.

의 사유 특성을 관계적 추론으로 이론화하였다.

둘째, 여성들의 사고방식, 도덕성, 그에 따른 행위방식이 남성들의 잣대에 의해서 제대로 평가받지 못했다는 것을 알려준다. 여성의 "차이론"은 단지 도덕이나 인간발달 영역에만 국한하지 않고, 법학, 철학, 예술 등 여러 측면에 널리 적용되었다. 그동안 남녀평등이란 남성과 "비교해서" 여성이 차별받지 않는 원리를 의미하였다면, 길리건이 말하는 차이론에 따른 평등론이란 남성과 비교될 수 없는, 혹은 남성이 가지지 못한, 여성성을 발견하고 옹호함으로써 평등론을 구성하려고 한다. 여성주의 법학에 동등성의 기준만으로는 부족한 성별 간 차이를 수용한 평등론을 구성하는 데에 여성주의 차이론이 영감을 주었다. 여성의 임신, 출산 등에서 나타나는 신체적 차이를 넘어서 실제로 거의 모든 삶의 영역에서 나타나는 성별 간 차이의 재발견과 재평가는 젠더정의(gender justice) 실현의 중요한 과제가 되었다.[9]

셋째, 길리건의 다른 목소리론은 보살핌의 윤리(ethics of care, 혹은 배려의 윤리)론을 정립하는데 선구적 역할을 하였다. 오늘날 배려의 윤리는 남성들의 도덕 발달에서 가장 높은 가치로 여겨지는 정의의 윤리(ethics of justice)와 다르지만 마찬가지로 존중되어야 할 윤리로 자리매김되었다.[10] 서구의 페미니즘 연구에서 보살핌 학파(the school of care)는 한편으로는 철학과 윤리의 영역에서, 다른 한편에서는 보살핌 노동의 영역으로 진화해 왔다. 특히 후자는 주로 여성들이 담당해 온 보살핌 노동의 성격을 규명하고, 경제학 등에서 보살핌 노동의 가치를 재평가했다. 보살핌 학파는 오늘날의 국가체계를 케어레짐(care regime)이라고 부를 정도로 보살핌 정책을 핵심적 공적 사안으로 구성했다.

다른 한편, 길리건의 페미니즘도 비판에서 자유롭지는 않다.[11] 길리건의 이론은 남성적 잣대를 비판하기 위해서 현실의 모든, 다양하고 이질적인 여성들의 기준 혹은 사고방식을 마치 동질적인 것처럼 만들었고, 이 결과 남성과 여성 간의 이분법을 공고화하는 면이 있다는 것이다. 이런 이분법은 1980년대 이후 포스트모던 계열의

---

9) 헌법재판소는 낙태죄에 관한 헌법불합치 결정(2019.4.11.선고 2017헌바 127)의 다수의견은 "임신한 여성이 임신을 유지 또는 종결할 것인지 여부를 결정하는 것은 스스로 선택한 인생관·사회관을 바탕으로 자신이 처한 신체적·심리적·사회적·경제적 상황에 대한 깊은 고민을 한 결과를 반영하는 전인적(全人的) 결정이다"라고 하였다. 여기에는 낙태를 '태아의 생명' 무시라고 보았던 기존의 법익론을 넘어서 임부자신과 태아의 관계를 고려한 논리가 들어있다.

10) 예컨대, Virginia Held (ed), *Justice and Care-Essential Readings in Feminist Ethics*, Westview Press, 1995를 참고할 것.

11) Robin West, "Relational Feminism," Robin West and Cynthia Grant Bowman (eds), *Research Handbook on Feminist Jurisprudence*, Edward Elgar, 2019 참고.

여성주의 논리에 의해 비판을 받아왔다. 또한, 길리건과 이후 케어 윤리론자들은 가부장제 속에서 길러진 여성의 특성을 여성의 고유한 특성인 것처럼 칭송한 나머지 가부장제의 변화에는 소극적인 것이 아니냐는 반격을 받곤 하였다. 여성의 예술, 보살핌 노동, 글쓰기가 이미 훌륭한 것이라면 현재 사회를 변화시킬 필요가 없지 않으냐는 것이다. 연속해서, 길리건에게 여성의 목소리는 이미 발성되고 있는 것으로서 들으려고만 한다면 들리는 이미 존재하는 "경험적인" 차원의 것처럼 들린다. 그런데, 남성중심적인 도덕발달론에 대해서는 비판하면서도 남성중심적 사회 안에서 형성된 여성성을 옹호한다는 것이 논리적으로 가능한 일인가. 길리건의 이론에서는 여성의 "다른 목소리"는 이미 존재하는 여성의 목소리를 인정하고 옹호하는 일은 사회개혁 이라기보다는 여성 목소리에 대한 '해석의 문제'로 남게 되었다. 이러한 약점에도 불구하고 길리건 페미니즘의 큰 강점은 보이지 않았던 여성의 활동과 가치를 크게 가시화시켰고 그 목소리에 힘을 주고, 새롭게 들을 수 있는 계기를 마련했다는 점이다. 양성간 정의를 수립하는 데 있어서도 유일한 기준처럼 여겨지던 동등성 기분의 평등 원리가 남성편향성을 가질 수 있음을 일깨워 주었다. 이로써 여성을 더 이상 남성과 다른 젠더가 아니라 바로 "여성인 젠더"라는 차이의 기호 혹은 긍정의 기호로서 인식의 방향을 완전히 바꾸었다. 필자가 보기에 이러한 공적은 길리건에만 국한하지 않는 서구의 관계적 페미니즘의 큰 성과라고 생각한다.

2. 권력 표출로서의 목소리: 캐더린 맥키논(Catharine MacKinnon)

『직장여성이 겪는 성적 괴롭힘(Sexual Harrassment of the Working Women)』(1979)이 라는 저서를 필두로 여성의 섹슈얼리티(성성) 문제에 천착하여 온 캐더린 맥키논의 페미니즘 법학은 또 다른 "목소리"관(觀)을 가지고 있다. 맥키논의 여성주의 법학이 특별히 여성의 목소리 개념을 활용했다고 보기는 어렵지만, 이 절에서는 맥키논의 페미니즘 법학을 목소리의 관점에서 읽어보고자 한다. 길리건이 도덕과 도덕적 딜레마 영역을 주로 다루었다면, 맥키논은 섹슈얼리티와 성적 폭력을 주된 관심영역으로 삼았다. 이 점에서 맥키논이 듣고 말하는 "목소리"는 도덕적 발성이 아니라 여성의 몸에서 나오는 문자 그대로 육성이라 할 수 있다.

맥키논은 쓰고 있다. 섹슈얼리티와 페미니즘간의 관계는 맑시즘과 노동 간의 관계 이다. 대부분 자신의 것이지만 대부분 빼앗긴다."섹슈얼리티란 젠더간의 사회적 관계가 창조되고, 조직되고, 표현되는 사회적 과정이다. 이를 통해 우리가 아는 여자와 남자라는 사회적 존재가 만들어진다.[12] 맥키논은 성적 폭력의 만연함에 주목하면서(미국 여성 중 단 7.8% 여성만이 평생동안 성폭력을 체험하지 않는다), 남성의 여성에 대한 성적 폭력은 부정되거나, 축소되거나, 사소하게 되거나, 성애화되거나(eroticized) 주변화되거나 에피소드적인 것이거나 어쨌든 보다 중요한 논쟁거리 바깥에 있다고 고발한다. "성적(sexual)이라고 느껴지는 것을 제외하고 성이란 대체 무엇인가? 거의 폭력이며 또 폭력을 포함한, 지배와 복종의 행위가 성적으로 흥분되는 것으로 체험된다면, 성 그 자체처럼 그것이 성적인 것이다. 남성에게는 지배가 여성에게는 종속, 젠더정체성, 여성성이 성애화되었다." "양성 간의 불평등은 성적인 쾌락으로 정의되기 때문에, 그 불평등은 마치 동의에 기반한 것처럼 보이게 된다."[13]

맥키논의 페미니즘에 따르면, 여성과 남성은 권력의 구조화된 서열 속에 놓여있는데, 이 힘의 서열관계란 단지 남성과 여성 간의 지위와 같은 외부에만 존재하는 것이 아니고 성적 욕망과 주체성에까지 침투해 있다. 남성의 여성에 대한 성적 폭력은 폭력이면서도 마치 성적으로 쾌락적인 것처럼 포장되어서 남성 지배 사회에서는 근본적으로 성성에 관한 쾌락과 성적 폭력은 잘 구분되지 않는다고 맥키논은 일갈하였다. 그녀의 분석에서 성성이란 육체적 본능이나 본질이 아니며 사회적으로 구성되는 것이자 변화 가능한 것이다. 하지만, 맥키논이 보기에 페미니즘은 "변화할 수 없는" 속성이 있으니 그것은 여성의 섹슈얼리티를 통제하고 종속시키는 남성 지배체계를 전복시키는 일이다. 이렇게 보면 맥키논이 이해하는 여성의 "목소리"를 단순화하자면 본능이나 본질이 아니라 남성 중심의 권력관계 속에서의 지배와 복종, 권력관계 속에 얽혀있는 정치적인 것이지 칭송해야 할 것과는 거리가 멀다.

맥키논 이론의 혜안은 당시까지 미국의 여성주의 법학을 지배하던 평등과 차이 기준 모두를 비판한 것에 있다고 할 수 있다. 평등이란 남성과의 동등성 기준이며, 차이 역시 "남성으로부터의" 여성의 차이이기에 남성은 차이론에서도 기준이 되어왔다고 맥키논은 비판한다. 이런 관점에서, 앞서 길리건이 제시했던 다른 목소리론은 남성중심성의 문제를 전혀 벗어나지 못한다. 길리건이 남성 지배의 사회구조적 차원을 다루지 않았다는 점에서 자유주의 법학의 젠더 중립성(gender neutrality) 접근과 마찬가지의 문제점을 지닌다는 것이다. "여성이 배려적인 것은 남성에 대한 그들의 배려를 통해서 가치롭게 여겨지기 때문이다. 여성이 관계를 중시하는 것은 남성과의 관

---

12) Catharine MacKinnon, *Toward a Feminist Theory of the State*(Cambridge: Harvard Univ. Press), 1989, pp. 3-4.

13) Catharine MacKinnon, *Feminism Unmodified-Discourses on Life and Law*. Cambridge: Harvard Univ. Press, 1987, pp. 5-8.

계 속에서 그녀들의 존재가 규정되기 때문이다"라고 맥키논은 기술하였다.[14]

계속해서 맥키논은 "같은 것은 같게 다른 것은 다르게"라는 아리스토텔레스 이후의 평등원리는 성평등에 크게 도움이 되지 못한다고 하였다. 왜냐하면 젠더 간 불평등이 심화된 사회에서는 남성과 "같은" 기회를 누리는 여성 자체가 희소할 것이기 때문이다. 마찬가지로 성별간 차이란 옹호의 대상이 아니라 바로 남녀불평등의 결과이자 근거라는 점에서 차이 기준도 심각한 문제점을 가진다고 한다. "비슷한 위치를 가진(similary situated)" 남녀란 어차피 매우 희소할 것이고 대다수 남성들과 여성들은 다른 영역에서 다른 기대 속에서 살아간다. 남성과 여성 간의 이런 삶의 분리를 단지 "차이"라고 표현한다는 것은 문제를 너무 심하게 탈정치화, 탈맥락화하는 것이라고 맥키논은 보았다. 필자도 이 점은 매우 중요한 포인트라고 생각한다. 맥키논이 생각하기에 불평등이란 "같은 것을 다르게" 대우하는 데서 온다기보다 대부분 "다른 것을 잘못 다르게" 대우하는 데서 온다고 생각한다. 그렇다면 다른 것을 어떻게 "제대로" 다르게 대우하는가가 젠더 정의 실현의 관건이 될 것이다. 맥키논의 페미니즘에서 "차이"가 핵심적 열쇠말이라고 하기는 어렵다. 앞서 본 길리건이나 리틀톤 등과 같이 맥키논이 차이론을 발전시켰다고 보이지 않는다.[15] 오히려 맥키논의 기여는 성별 간 평등의 문제를 권력과 폭력의 문제로, 체계적 차별의 문제로 포착하고 그 권력관계가 여성과 남성의 내면세계로까지 깊숙이 침투해 있다는 것을 보여준 점에 있다고 생각한다.

맥키논은 성희롱, 반포르노 입법운동,[16] 전시 성폭력 등 여성에 대한 폭력에 대해서 전방위적으로 활동하고 이론화한 학자이다.[17] 그녀는 표현의 자유, 프라이버시 침해라는 자유주의적 법이념에 반대하고, 젠더 간의 불평등과 힘의 불균형을 시정하는 데에는 국가의 입법 의지가 무엇보다 중요하다고 보았다. 국가가 성폭력, 재생산권에 관한 여성주의적 시점(視點)을 법에 분명하게 기입할 것을 촉구하였다. 이상과 같이, 성별 간의 구조적이고 체계적인 권력 불균형에 초점을 맞추는 맥키논에게 여

---

14) Catharine MacKinnon, *Feminism Unmodified*, 1987, p. 39.

15) 이 글에서 크리스틴 리틀톤(Christine Littleton)을 다루지는 않지만, 실질적 평등을 달성하기 위한 성별 차이에 관한 수용론은 매우 중요한 이론이다. 크리스틴 리틀턴, "성적 평등의 재구성," 양현아 외 편역 (2019), 277-346면을 참고할 것.

16) 맥키논은 드워킨(A. Dworkin)과 함께 반포르노 조례(Anti-Pornography Civil-Rights Ordinance) 입법 운동을 벌였다. 1983년 미국 미네아폴리스에서, 1984년에는 인디애나폴리스에서 법제정 운동을 주도하였다. 하지만, 전자는 시장이 거부권을 행사함으로써, 후자는 1985년 연방항소법원이 위헌이라고 판결하고 1986년 연방대법원이 이를 확정함으로써 시행되지 못했다.

17) Catharine MacKinnon, "Privacy v, Equality: Beyond Roe v. Wade" in *Feminism Unmodified*, 1987, pp. 93-102.

성의 목소리가 그리 중요할까 싶지만 그녀가 제안하는 "의식고양(consciousness rais-ing)"은 목소리론과 관련성이 있다고 보인다.

맥키논은 의식 고양을 페미니스트 정치학의 대표적 방법론으로 들고 있다. 의식 고양이란 첫째, 여성들은 의식 고양을 통해서 여성들이 자신과 타인의 여성으로서의 경험을 나누고 집단적인 차원에서 여성으로서의 동일화하는 과정을 거친다. 이를 통해 여성들은 여성으로서의 정체성을 인식하고 억압의 경험이 개별적인 것이 아니라 공통적인 것이라는 깨닫게 된다고 한다.[18] 이는 길리건이 말했던 "이미" 여성 안에 경험적으로 존재하는 "여성의 목소리"라는 의제와는 사뭇 다른 차원의 의식화 과정이라고 할 수 있다. 의식 고양을 통해서 여성들은 젠더 간의 사회관계에 대해 질문을 하고 비판적으로 성찰할 수 있게 된다. 여성들은 자신이 종속당해 왔다는 것을 자각하게 되고 이것이 문제라고 느끼게 되면서 자신의 의식, 체험적 지식, 상황 등에 대해 다시 바라보고 그것을 바꾸고자 의식을 고양시킨다.[19] 맥키논의 의식 고양은 내면적 대화와 특정 사건에 초점을 맞춘다는 점에서는 길리건의 면접과 유사한 점이 있다. 하지만, 그 면접 내용을 있는 그대로 옹호한다기보다 비판하고 재구성한다는 점에서는 차이가 있다. 여성들은 오늘 무슨 일이 있었는지, 어떻게 느꼈는지, 왜 그렇게 느꼈는지, 지금은 어떤지 등 가사노동, 성교, 일터에서의 관계 등에 관하여 나누게 된다. 이 과정에서 집단으로서의 남성이 집단으로서의 여성들을 억압하는 동일한 사회적 장치로부터 혜택을 누리고 있다는 것을 깨달을 수 있게 된다. 남성은 자녀 양육, 성적 서비스, 자잘한 일로부터 해방되는데도 경제적·사회적으로 더 높은 가치를 받는 노동을 해 왔다는 점 등을 알게 된다. 맥키논은 의식 고양 집단을 여성만(women only)으로 한정한다는 점에서 분리주의 원칙을 표방하였다. 남성이 없을 때, 여성들은 남성들의 승인을 의식할 필요 없이 자유롭게 자신을 표현하게 된다고 보았다. 이러한 조건 속에서 여성은 섹슈얼리티, 가족, 몸, 돈 그리고 권력 등에 관한 감추어진 이야기를 솔직하게 말할 수 있다는 것이다. 여성 집단 속에서 통찰과 충고와 정보와 자극과 질문의 "원천"이 되는 여성들을 가치 있게 여기게 되고 진실의 준거가 바뀔 수 있다.

---

18) 여성주의 법학 방법론에서 의식고양 방법은 중요하다. 캐더린 바틀렛은 의식고양에 대해 다음과 같이 말한다. "일관성보다는 솔직함을 중시하고, 자족보다는 협업을 중시하며, 추상적 분석보다는 사적인 이야기를 중시한다. 그 목적은 개인적인 공격이나 정복이 아니라 개별적·집단적 역량 강화이다. 캐더린 바틀렛, "페미니즘 법학 방법론," 양현아 외(2019), 50−53면.

19) 이러한 논리는 맑시즘에서 착취 당하는 노동자 계급이 계급의식 없이 살아갈 때 그것은 즉자적 계급이요, 학습을 통해 자신을 자본주의 사회구조 속에서 바라볼 수 있는 대자적 계급으로 바뀐다는 논리와 닮아 있다.

이상과 같은 맥키논의 길리건에 대한 비판은 정당한가. 두 학자 간 여성의 목소리 인식에는 큰 차이가 있다. 길리건은 여성의 도덕적 추론, 인식에 "여성적인 것"이 있다는 점을 경험적 연구로 밝혀냈고 이를 이론화하였다. 이에 비해, 맥키논의 의식 고양에서는 여성들이 자신의 "경험" 이야기 속에서 그 경험에 내재한 집합적이고 구조적인 권력관계를 알게 됨으로써 의식의 고양으로 나아간다는 것이다. 따라서 길리건에게 여성의 목소리란 이미 존재하는 발성이지만 맥키논에게 그것은 성취해야 할 발성이다. 둘째, 맥키논의 의식 고양은 주로 억압 내지 피해의 체험을 다시 보게 하는 방법이라는 인상을 받는다. 여성들은 집단 토론 속에서 가부장적 현실을 고발하고 여성주의적 깨달음을 얻는다. 이에 비해 길리건에게 여성들은 피해자 혹은 피억압자라기보다는 관계 지향적이며 맥락적 추론을 해 낼 수 있는 다른 종류의 "능력"을 가진 주체들이다.

그런데, 맥키논 이론에서 여성의 고양된 의식의 원천은 어디일까. 길리건은 대상관계이론 등 정신분석적 이론에 근거해서 주로 어머니를 통한 사회화 과정으로 인해서 대다수 여아들이 남아와는 다른 여성성을 형성한다는 점에서 차이의 목소리의 원천을 찾는다. 하지만 맥키논에게 이 문제는 분명치 않다. 맥키논이 스스로를 칭하듯이, 맑스주의에 입각한 여성주의 법학자라면 대다수 여성들은 가부장적 사회체계를 토대로 하고 그 이데올로기를 내면화함으로써 남성의 이익을 자신의 이익인양 인식할 것이다. 하지만 맥키논이 여성들을 순전히 가부장제의 피조물로 본다면 의식의 고양이란 과연 가능한 일일까. 맥키논을 포함한 페미니스트의 사유는 가부장제 속에서 과연 어떻게 가능했을까. 여성들이 가질 수 있는 허위의식이나 여성성에 관한 인식의 지평을 열기 위해서는 아래에서 이어질 웨스트나 스콧과 같은 인식론이 필요하지 않을까 생각한다. 그럼에도 맥키논은 여성에 대한 성/폭력을 여성에 대한 차별로 바라보게 하였고 성별관계를 권력관계의 틀에서 조망하게 하였다. 그것도 여성 일반 대중의 눈높이에서 말이다. 여성의 목소리론에서 맥키논의 유산은 무엇보다도 여성의 목소리이자 외침은 그저 생생한 것이 아니라 "권력관계 속에 놓인 목소리"로 해석되고 청취되어야 한다는 것인데, 이것은 매우 중요한 점이다.

3. 내면 표현으로서의 목소리: 로빈 웨스트(Robin West)

로빈 웨스트는 현상학적 여성주의 법학을 주창하면서, 남성과 여성의 고통의 차이에 관심을 기울였다. 특히 여성의 고통에 관심을 집중하였다.[20] 데이트 강간, 성적 괴롭힘과 같은 체험은 하나의 현실을 여성과 남성이 다르게 경험한다는 것을 나타낸다. 그럼에도 우리의 법문화(legal culture)에서는 여성이 겪는 상해는 자주 인식되지 않거나 그 피해에 대해 배상하지 않는다. 웨스트는 다음과 같이 쓰고 있다.

> "여성의 고통은 어떤 이유에서든지 법적 구제 범위의 바깥에 있다. 이처럼 여성 특유의 피해들은 현재까지 다양한 이유로 무시되어 왔다. 사소해서(길거리에서의 성적 괴롭힘), 동의했기 때문에(직장내 성적 괴롭힘), 우스워서(폭력적이지 않은 부부강간), 스스로 동참했거나 무의식적으로 원했거나 자신이 자초한 일이기 때문에(아버지의 딸에 대한 근친상간), 자연적이거나 생물학적이며 따라서 피할 수 없는 것이므로(출산), 우발적이며 따라서 여성만이 당하지는 않는다고 느껴져서(폭력 범죄의 관점에서 본 강간), 당할 만하거나 사적이어서(가정폭력), 실재하지 않으므로(포르노그래피), 이해할 수 없어서(불쾌하고 원하지 않은 동의에 의한 섹스) 또는 법적으로 미리 예정되어 있기 때문에(혼인면책 규정을 둔 주들에서의 부부강간) 무시당할 것이다."[21]

웨스트는 여성의 고통에 관한 법의 무지와 무관심은 부분적으로는 여성이 느끼는 고통이 잘 이해되지 않고 있기 때문이고 여성의 고통이 남성의 그것과 다르기 때문이라고 진단한다. 여성의 고통이 남성의 그것과 다를 뿐 아니라 그 고통이 남성들과의 관계에 기인할 경우 남성들은 그 고통을 공감하려 하지 않을 것이 분명하다. 웨스트는 "여성이 법문화의 협력을 끌어내기 위해서는 여성에게 특정한 고통의 느낌을 서술하는 것"이 중요하다고 한다. 여성의 "쾌락적 삶(hedonic lives)"에 주목해야 하는 이유는 앞서 맥키논이 지적한 허위의식과는 많이 다르다. 웨스트는, 페미니즘의 목적 자체를 평등이나 정의가 아니라 예컨대 여성의 삶의 기쁨이나 행복에 두고 있다는 점에서도 다른 여성주의 법학자들과 많이 다르다. 웨스트는, 여성의 고통을 사소하게 만드는 법문화 속에서 여성 스스로도 그 고통을 사소하게 바라보게 된다고 한다. 소수자 집단에게 고유한 고통은 대체로 그 이름, 역사, 언어적 현실을 가지지 못한다. 따라서 가해자뿐 아니라 피해자 스스로도 그 고통을 응분의 벌을 받는 것, 자랑거리, 무의식적 쾌락 등과 같이 고통이 아니라 "다른 어떤 것(something else)"으로 변형시켜서 이해하곤 한다. 여성에 대한 위협이 여성에 대한 처벌이라고 불리고 어

---

20) 로빈 웨스트, "여성의 쾌락적 삶에 있어서의 차이-페미니즘 법이론에 대한 현상학적 비판(Robin West, "The Difference in Women's Hedonic Lives: A Phenomenological Critique of Feminist Legal Theory"), 양현아 외 (2019), 83–157면.
21) 로빈 웨스트, 상기 논문, 양현아 외(2019), 83–84면.

떤 상해가 사소한 것이라고 여겨진다면 그러한 위협 또는 상해에 대한 우리의 반응 또한 그러할 것이다. 과거의 고통이 피해자가 무의식적으로 유도한 것이라면 과거의 체험은 그 해석에 맞게 구성될 것이다. 이렇게 여성의 고통에 대한 외부적인 해석이 여성의 자기 인식을 구성한다는 점을 관찰하면서, 웨스트는 상처를 받는 자아에 "목소리"를 주어야 한다고 주장한다. 이것이 그녀가 제안하는 현상학적 여성주의 법학의 핵심 논거이다.

웨스트는 여성주의 법이론가들이 대체로 여성들의 쾌락적인 내면적 삶에 주목하지 않았다고 비판한다. 자유주의와 급진주의 법여성주의(legal feminism) 모두 비판적 시선을 여성의 고통이나 기쁨이 아니라 외부에 돌리고 있고(예컨대, 선택의 폭 혹은 권력), 페미니스트 법이론이 정초하는 자유주의 혹은 맑시즘에서 제시하는 인간상이나 규범적 가정들에 대해서는 이상하리만치 무비판적이라는 것이다. 예컨대, 급진적 법여성주의는 여성들이 (성적으로) 이용됨으로써 받는 고통이 그러한 이용이 고통스러워서가 아니라 그것이 여성의 본성에 대한 침해이기 때문에 나쁜 것으로 인식하는 경향이 있다. 여성들이 가진 생각 중에서 평등주의가 아니거나 자신들에게 힘을 주는(empowering) 생각이 아니라면 그것은 모두 허위의식이라고 간주한다. 자유주의나 급진주의 여성주의 법학에서 여성이란 사회적 맥락으로부터 떨어져나온 듯한 자율적 개인상을 가지고 있다.

필자는 웨스트의 여성주의 법학 방법론은 여러 강점들을 가지고 있다고 생각한다. 첫째, 법학자인 웨스트가 여성의 주관적 체험, 그것도 가부장적 사회에 살아온 남성과 여성의 주관적 체험의 차이에 주목했다는 점이 주목된다. 그녀에 따르면, 여성에게는 고통의 체험이 더 많으며 같은 사건에서도 남성보다 더 많이 고통 받는다. 이러한 차이의 근거를 여성이 힘이 없는 집단일 뿐 아니라 여성의 관계적 존재 성격에서 찾는다. 여성에게 삶의 복지와 행복을 가져다주는 여성주의 법학이 되기 위해선 그녀들의 내면적 체험에 귀를 기울여서 그것에 무게를 주고 의미를 부여하는 방법론이 필요하다고 한다.

둘째, 여성주의 법학이 스스로의 인식론을 개발하지 못하고 자유주의나 맑스주의 등과 같은 기존 인식론에 기초한 후 여성에다 그것을 "적용하는" 이론에 대해 비판하였다는 점도 주목된다. 웨스트가 보기에 이러한 접근은 페미니즘이라는 이름에도 불구하고 충분히 페미니스트적이지 않다. 웨스트는 여성주의 법학이 자율적 개인 간의 평등모델에 한정될 것이 아니라 여성의 체험세계를 나타내는 관계적 모델에 입각한 언어를 형성할 필요가 있다고 생각한다. 이러한 강점도 불구하고, 그녀의 현상학적 여성주의 법학은 자칫 주관적 체험 속에서 표류할 위험성도 있다. 여성의 의식을 외적 잣대에 의해 허위의식인지 아닌지를 가려낸다는 웨스트의 맥키논에 대한 비판은 날카롭지만 그렇다고 내적인 느낌 자체가 어떤 진정성을 보증한다고 보기도 어렵기 때문이다. 이것이야말로 맥키논이 비판했던 현상유지적 여성주의의 전형이 아닐까. 허위의식 개념은 아닐지라도 여성의 의식에 침투해 있는 남성중심성을 인식할 필요가 있기 때문이다.

웨스트는 자신의 현상학적 여성주의 법학에서는 여성의 체험을 "다른 무엇"으로 환원하는 않는다는 지적은 매우 훌륭하다. 웨스트는 여성의 체험을 비판하고 평가하기에 앞서 그것은 기록하는 방법론의 중요성을 일깨워주고 여성의 쾌락과 행복이라는 주관적 복지에 관심을 가질 것을 촉구한다. 여성주의 법학자는 여성의 자기 체험을 충실하게 언어화하라는 것인데, 이 접근은 맥키논의 의식 고양에서처럼 가부장제에 대한 비판적 시선을 던지기 이전에 여성 자신을 수용하고 힘을 주라는 점에서 차이가 있다. 여성들의 말하기에 대한 의미 부여가 부족하다는 점은 길리건의 생각과 겹치면서도 웨스트는 여성들이 자신(특히 자신의 고통을)을 표현할 개념도, 그것을 기록할 언어도 개발되지 않았다는 점에서 길리건의 관심과 다르다. 아무튼 법학자임에도 웨스트는 여성주의 법학에서 언어의 형성과 재현 등의 문제에 관심을 가졌다는 점에서도 매우 주목된다. 나아가, 페미니즘의 목적을 여성의 주관적 삶의 복지에 두었다는 점도 특기할 만하다. 이 점에서 현상학적 접근은 뒤에서 볼 여성 종중원 확인의 소를 통한 여성들의 목소리론에도 중요한 기여를 할 수 있을 것으로 예상한다.

4. 집합성으로서의 목소리: 조안 스콧(Joan Scott)

포스트구조주의(poststructuralism) 여성주의 역사학자인 스콧에게서 우리는 또 다른 "목소리론"과 만난다. 여성의 "체험,"[22] 그리고 EEOC 대 Sears, Roebuck & Co. 판결 연구에서[23] 스콧의 생각을 읽을 수 있다.[24] 스콧은 EEOC(Equal Employment Opportunities Commission: 고용기회평등위원회)가 거대 소매업 체인인 시어즈사에 대해

---

22) Joan Scott, "Experience" in *Feminist Theorize the Political*, Judith Butler & Joan Scott (eds.) Routledge, 1992.

23) 839 F.2d 302 (7th Cir.1988).

24) 조안 스콧, "평등 대 차이의 해체 또는 페미니즘을 위한 포스트구조주의 이론의 활용"(Joan Scott, "Deconstructing Equality−Versus−Difference: Or, the Uses of Poststructuralist Theory for Feminism"), 양현아 외 편역(2019), 347−372면.

제기한 소송을 분석함으로써 평등과 차이라는 기존의 성차별 판단 기준에 대해서 고찰하였다. 이 소송의 핵심 쟁점은 시어즈 사의 판매직 고용, 특히 커미션 판매직 고용에 있어 성차별이 있었는지 여부를 가리는 것이었다. 스콧은 젠더 간 평등과 차이, 여성의 요구 등은 법적 개념화에 언어, 담론, 차이, 해체에 대한 포스트구조주의적 사고가 유용하다고 주장하였다.

스콧은 담론이란 단지 언어, 텍스트가 아니라 역사적·사회적·제도적으로 형성된 언명의 구조, 범주, 믿음을 뜻한다고 정의하였다. 푸코(M.Foucault)에 따르면, 의미를 분명하게 하는 것은 항시 권력과 갈등을 수반하는 일이며, 담론은 다양한 의미들이 서로 경합하는 "힘의 장(fields of force)" 안에 있다. 담론이란 따라서 말과 텍스트뿐 아니라 조직, 제도(학교, 병원, 사법제도 등), 사회관계(남편과 아내, 사용자와 근로자 등) 속에도 담겨있고 또 표현된다. 따라서 담론분석이란 단지 언어 분석이 아니라 그 담론에 의해 운용되고 정당화되는 사회관계, 제도, 조직에 대한 분석을 포함한다.[25] 이러한 논의는 담론분석을 통해서 사회제도의 해체와 재구성이 가능하다는 것을 말하고 있다. 특히, 젠더는[26] 가족, 시장, 노동, 군사 등과 같은 사회적 영역뿐 아니라 개인들의 상상력, 도덕, 취향의 전영역에 관련되어 있기에 스콧에게 젠더관계의 변동이란 사회의 근본적 재구성에 해당하는 사회변화를 의미한다. 이것이 그녀가 젠더란 유용한 역사서술의 방법이자 분석수단이라고 보는 이유이다. 이 젠더 개념을 법학에 적용한다면 젠더 분석이란 법학 전반의 변화를 유도할 수도 있는 유용한 방법이 될 것이다.

스콧은 위 사건에서 문제가 되었던 "여성의 차이" 개념에 대해 살펴보았다.[27] 시어즈 사 측은 커미션 판매직에서 드러나는 남성과 여성 종사자 비율의 차이는 시어즈 측의 차별적 고용 관행 때문이 아니라 여성들이 이 직종에 대한 관심이 저조하기

---

25) 후기구조주의에 '언어' 및 '기호'가 가지는 중요성에 대해서는 더 이상 강조하기 어렵다. 스위스 언어학자 소쉬르(F. Saussure)의 구조주의 언어학에 의해 패러다임이 바뀌어 버린 서구 후기구조주의자들에 있어서 언어는 중심적 키워드이다. 기호는 기표와 기의에 의해서 끊임없는 의미화 과정을 지속하고 그 의미화는 종결되지 않고 인간 역시 그러한 기호의 의미화 속에서 주체성을 구축한다. 인본주의가 말하는 주체는 의식의 세계에서 스스로 인식하는, 일관되고 합리적인 주체로 보았던 반면 후기 구조주의에서 언어란 인간이 자신에 대한 인식, 즉 주체성을 구성하게 되는 장소 내지 도구이다.

26) 스콧은 젠더를 한 사회가 여성과 남성을 조직하는 방식이자 이를 정당화하는 지식으로 정의한다. 젠더의 의미에 관해서는 다음을 참조할 것[Joan Scott, *Gender and the Politics of History*, Columbia University Press, 1989].

27) "여성의 차이"란 "젠더 간 차이"와 같지 않다. 전자는 주로 남성을 기준으로 해서 "차이를 가진 여성"이라는 의미를 만들어 낸다는 점에서 남성중심적 표현이다. 진정 젠더 간 차이를 사유하는 논리를 어떻게 구성할 것인가에 관해서는 앞서 언급했던 리틀톤의 논문(양현아 외, 2019)을 참고할 수 있다.

때문이라고 주장하였다. 시어즈 측은 이를 입증하기 위해 거의 모든 증거를 통계적 수치로 제시하였다. 시어즈를 변호했던 역사학자 로자린 로젠버그(Rosalind Rosenberg)는 여성과 남성은 생래적인 것은 아니지만 문화 혹은 사회화의 결과로 "근본적인 차이"가 있다는 점을 강조했다. 남녀 간의 차이는 근본적이고 실제적인 것이며 이로 인해 고용에 있어서 통계적 편차가 나타났다고 설명하였다. 로젠버그는 반대 측 EEOC를 변호한 또 다른 역사학자 엘리스 캐슬러-해리스(Alice Kessler-Harries) 역시 그녀의 논문에서 남녀의 차이를 강조했던 것을 인용하기도 했다.[28] 아마도 캐슬러-해리스가 주장하는 역사적으로 누적되고 구조적인 차별의 결과 중 하나가 로젠버그가 지적하는 현상적 남녀 차이를 낳았을 것이다. 이 재판에서 판사들은 시어즈사의 논증을 선호하였고 남녀가 동일한 관심을 가졌다는 것은 "입증되지 않았다." EEOC의 입장이 거부되었을 뿐 아니라 시어즈사의 고용정책이 간접적으로 지지되었다.[29]

이 소송에서 개진된 담론에서, 차이란 차별의 대체어가 되었고 평등의 반대항이 되었다. 스콧은 여성주의 법학에서 이념과 분석 도구로서 평등과 차이 양자를 모두 포기할 수 없으며, 경계해야 할 것은 동일성과 차이라는 이름으로 젠더라는 사회적 범주가 고정되는 것이라고 주장하였다. 평등의 반대항은 차이가 아니라 불평등이다. 마찬가지로 이항 대립 속에 위치한 고정된 남녀 차이에 대한 반대항은 여성들 간의 다양성과 여성의 역동적 체험이라고 스콧은 주장하였다. 본 판결에서 받아들여졌던 것처럼 여성들은 관계 지향적이고 비경쟁적이며 높은 보수의 직종에는 관심이 덜하다는 식으로, 여성의 차이가 "움직일 수 없는" 사실로 여겨지는 것을 경계해야 한다. 역사적으로, 여성들이 요구했던 것은 남성과 여성의 범주적 동일성도, 이항 대립적 차이도 아니었다. 이러한 고정된 범주보다 훨씬 복잡한 다양성의 인정이었고, 그 다양성은 구체적 사건의 맥락과 목적 속에서 형성되고 표현되었다고 스콧은 말하였다.

이와 같은 분석이 여성의 목소리에 관하여 시사하는 바는 무엇일까. 스콧은, 여성이 남성과 가지는 차이를 인정하지만 그것은 고정된 것이 아니라 역사적인 구성물임을 분명히 하였다. 여성들이 나타내는 차이란 특정한 맥락 속에서 담론적으로 구성

---

28) 노동역사에서 "노동자"의 체험이란 단지 남성의 체험에만 기반했다는 것을 강조하기 위해서 여성의 차이를 강조하는 것은 의미가 있지만, 이 때 여성의 체험이 과도하게 일반화될 위험성이 있다. 고용주의 입장에서는 여성들의 행위와 동기 등의 다양성과 복합성을 강조함으로써 일반화된 차이를 부정하는 것이 유리할 것이다.

29) 여성주의 법학자들간에 존재하는 성적 차이에 대한 양가감정을 미노우(Minow)는 "차이의 딜레마"라고 표현한 바 있다. 종속된 집단에 있어서 차이의 무시는 "잘못된 중립성을 남기며" 차이에 집중하는 것은 일탈(deviance)의 낙인을 지나치게 부각시킨다고 한다[Martha Minow. 1984. "Learning to Live with the Dilemma of Difference: Bilingual and Special Education." *Law and Contemporary Problems*, 48, pp. 157-211].

되며 또 사안마다 상이한 효과를 자아낸다. 따라서 스콧은 차이와 평등의 피상적 이분법에 대해 경계하였다. 여성이 남성과 동일하다는 것을 규명하려는 목적에 복무하지 않은 채, 고정되고 범주화된 차이를 극복하려고 하였다. 하지만 이와 같은 사회구조적 분석에 입각할 때, 맥키논처럼 여성들에게 나타나는 남성과의 차이란 결국 가부장제의 결과일 뿐인지에 관해서 스콧이 동의할지 의문이다. 스콧이 젠더란 사회를 조직하는 주요한 사회적 원리라고 보았다는 점을 상기할 때, 예컨대 시어즈사에서 여성들의 직업 선호 및 성취도에 있어 차이가 난다면 그것은 성차별적 사회구조의 "효과"라고 할 것이다. 하지만, 스콧의 이런 생각이 맥키논의 급진적 법여성주의와 다른 점은, 성별 간 차이가 이분법적으로 구분되는 것도, 몸과 성성을 중심으로 고정된 것처럼 여기지 않으며, 보다 중요하게는 그 차이의 의미가 투명하게 밝혀진 것처럼 보지도 않는다는 점이다. 스콧의 입장에서는, 맥키논의 생각과 달리 여성의 주체성이란 (남성의 주체성처럼) 특정 사회와 사건 속에서 끊임없이 재구성되는 변화 속에 있다.

스콧에게 "여성의 목소리"란 특정한 역사적 맥락 속에서 발화되고 또 청취되는(해석되는) 것이기 때문에 그것 자체가 진실이나 증거를 담보하지 않을 것이다. 스콧 역시 구체적 맥락 속에서 여성의 목소리에 귀 기울이고 그 요구를 청취해야 한다는 데에는 동의할 것이지만 이때 여성의 목소리란 웨스트가 보았던 것처럼 그녀들의 내면적 희노애락을 그대로 표출하는 것이 아니라고 할 것이다. 여성들이 말하는 것이 거울처럼 투명하게 표상되는 것이 아니라 입장과 이해관계를 가진 특정한 "청취의 귀"에 의해 해석되고 의미가 생산될 것이라고 볼 것이기 때문이다.[30] 이 점에서 길리건과 같이 목소리가 전하는 진솔함에 대한 믿음도, 웨스트가 생각하는 가공되지 않은 내면에 대한 신뢰도 스콧에게는 없을 것이다. 그렇지만, 사회구조 속에서도 여전히 인간 주체성의 행위성을 인정하는 포스트구조주의자 스콧에게 여성의 목소리란 오로지 구조의 산물이고 외부적 잣대에 의해 허위의식으로 보지도 않을 것이다. 어떤 목소리가 들린다는 자체가 이미 말하는 발화자와 청취자(해석자)간의 만남의 결과라는 점에서 이미 집합적인 목소리이며 다층적인 사회관계 속에서 나타나는 효과라고 볼 것이다.

그렇다면 스콧에게 여성이라는 범주가 가지는 의미가 무엇일까. 앞서 살펴본 길리건은 남성과는 다른 추론방식을 가진 여성들의 특성에 초점을 맞추었으므로 여성들

---

30) 스콧은 여성(그리고 남성)의 경험이라는 것이 여성주의에 있어 움직일 수 없는 증거처럼 채용하는 경우가 많지만, 체험은 분명한 증거가 아니라 그 자체가 해석되어야 할 대상이며 특정한 해석을 거친 결과라고 한다(Scott, 전게 논문, 1992).

간의 차이가 관심사였다고 하기 어렵다. 맥키논의 경우에도 가부장제에서 여성은 그 위계서열의 하위에 위치한 존재로서 애초부터 그 분석 대상이 여성 집단에 있었고, 이에 따라 여성 내부에 존재하는 차이에 대한 관심을 가지기는 어려웠을 것이다. 스 콧에게 여성은 역사적으로 형성된 주체성을 구현하기 때문에 외견상 개별 여성의 목 소리라고 할지라도 그것은 사회적 상황을 나타내는 집합적 목소리가 된다. 즉, 하나 의 목소리 안에도 집합성이 존재하고, 여성들 간에는 수천, 수만의 다른 목소리를 가 지게 된다. 그렇다고 스콧이 남성과 여성 간의 체계적 권력관계가 존재한다는 것을 부정하지도 않을 것이고 오히려 가부장제는 여성 간의 차이에 무관심한 채 여성으로 만 동일시하여 여성의 역할과 특성을 배정하고 단지 성성이나 성별의 표지로만 가두 어놓았다고 생각할 것이다.

이상과 같이, 스콧에게 여성의 목소리란 개인성과 집합성이 복합적으로 표출되는 다층적으로 구성된 산물이다. 따라서 그 목소리들은 역사적 맥락과 이론 속에서 해 석되어야 할 텍스트라고 정리할 수 있다. 담론에 대한 그녀의 설명에서 보았듯이, 여 성의 목소리란 그녀 자신의 이야기이며 그 이야기는 언제나 그녀가 놓인 조직, 제도, 사회관계라는 "장(場)" 속에서 발화된다. 이러한 시각은 여성의 목소리는 그저 발화 하는 것을 기록하면 된다는 경험주의 신념으로부터 벗어나게 만든다. 하지만, 스콧 의 이론에 따르면 들리지 않고 가치롭지 않게 여겨지던 목소리에 대해 새로운 환기 를 할 수 있을지는 우려된다. 스콧에게는 여성의 목소리 자체가 중요하다기보다는 이론가와 역사가의 해석에 보다 큰 무게를 두는 결론을 이끌어 낼 것 같기 때문이 다. 또한, 법적 판단을 내려야 하는 상황에서 진실의 유동성만을 상기시키는 효과가 무엇일지도 의문이 된다. 이에 대해, 포스트구조주의 입장에서는 그들이 주장하는 것은 단지 진실의 유동성이 아니라 복잡한 이해관계의 맥락에서 진실을 추구해야 함 을 알려주는 것이라고 맞설 것 같다. 필자가 보기에 포스트구조주의 여성주의에서 "여성의 목소리"는 여성의 주체성과 집합성을 의미하는 기호이고, 그 목소리를 중심 에 놓고 맥락과 제도를 다시 읽을 수 있게 해 주는 텍스트가 된다는 점에서 매력이 있다. 이후 사례에서 좀 더 논의하기로 한다.

5. 새로운 역사쓰기를 위한 기층 여성의 목소리: 포스트식민 법여성주의 (Postcolonial Legal Feminism)

이제까지 살펴본 법여성주의가 주로 영미의 역사적 맥락에서 전개된 이론이자 담론이라는 것을 부정하기는 어렵다. 1980년대 이후 형성된 인식론적 흐름은 여성주의의 서구중심성과 백인중심성에 대해 비판적으로 바라보게 하였다. 한편으로는 아프로—아메리칸(Afro—American) 페미니즘이 형성되면서 기존의 페미니즘 담론에서 인종에 대한 맹점(盲點)이 있었다고 비판하게 되었다. 여기서 더 나아가, 라티노(Latino) 페미니즘, 아시안 페미니즘 등과 같은 "유색인종 페미니즘(Women of Color Feminism)"으로 페미니즘이 다변화되었다. 다른 한편, 이론적으로 포스트모더니즘의 다양성, 탈중심성, 차이 등과 같은 개념 자원들이 새로운 "포스트" 계열의 여성주의 이론 형성에 박차를 가하였다. 여성이 인종, 민족, 계급, 장애, 세대, 성적 지향 등 다양한 사회적 축(axis) 속에서 구성되는 이질적이고도 광범위한 집합임에도 과연 "자매애는 전지구적인 것(sisterhood is global)"인 것인지에 대해서 의문이 제기되었다. 여성에 대해 말하는 화자들은 어째서 대부분 백인 중산층 여성들인지, 남미 출신 이민자 여성노동자는 여성에 대해 말할 수 없는 것인지, 전지구적 분업체계 속에서 서구 여성들은 비서구 여성들의 노동으로부터 부당하게 이득을 취한 것은 아닌지, 강제 성매매·인신매매 범죄들이 어째로 주로 제3세계 여성들을 대상으로 벌어지는지 등의 질문이 심각하게 제기되었다. 이런 질문 들은 기존의 백인 중산층 중심의 페미니즘에 깊은 성찰의 계기가 되었을 뿐 아니라 유색인종 페미니즘이 형성하게 하는 동력이 되었다.[31] 이렇게 1980년대말 1990년대 초 "제3세계 페미니즘(Third World Feminism)"이라고 당당하게 불리는 페미니즘이 등장하였고, 이런 에피스테메 속에서 "자기 땅에서의 페미니즘"을 찾고자 하는 포스트식민 페미니즘이 등장하게 되었다.[32]

1980년대에 부상한 포스트식민주의(postcolonialism)는 식민지 피지배를 당했던 사회에서 나타나는 피식민 "이후에도" 지속되는 문화적, 정치적 식민지성의 문제를 제기하였다. 정치체제의 식민지배가 극복되었다고 할지라도 제도적이고 정신적인 영역

---

31) 대표적으로 Chandra Mohanty, Ann Russo and Lourdes Torres, *Third World Feminism and the Politics of Feminism* (Bloomington: Indiana Univ. Press, 1991), Patricia Williams, *Alchemy and Race and Rights* (Cambridge: Harvard Univ. Press, 1991).

32) 지식 생산의 서구중심성은 여성주의에 국한하거나 더 부각되는 특징은 아니다. 오히려 소수자와 인권에 민감한 정치학이자 철학으로서 여성주의는 유색인종과 제3세계 여성주의자들의 비판과 지식 생산에 대해 "수용적 자세"를 취해 왔기에 비서구사회의 페미니즘 담론에도 개방되어 있다고 해석해야 한다. 이론의 서구중심성 문제를 노출한 것은 페미니즘의 한계가 아니라 그 진취성으로 이해할 수 있다.

에 식민지성의 유산이 깊이 남아있게 되는 원인과 결과, 대안에 대해 고민하게 된 것이다. 아시아, 아프리카, 중동, 남미 지역을 포함하여 사실상 지구상의 3/4에 해당하는 광범위한 지역이 식민지 피지배를 통하여 근대화 과정을 겪었으므로 식민주의를 빼놓고 근대화를 설명하기 어렵다.[33] 그럼에도 후기 식민사회들은 자신의 근대적 사회변화(modernity) —사회관계, 경제관계, 근대법체계, 가족, 성성, 자아, 라이프스타일 등— 를 설명하는 모델을 서구를 중심으로 한 이론에 대거 의존하고있다는 것이다. 포스트식민주의 학자들은 서양의 눈으로 바라본 비서구 사회란 중세 봉건주의에 지속되는 듯 경직된 본성으로 설명되고 서양의 "타자"로서 표상되면서 정작 자신의 식민지 피지배와 중첩되었던 근대화 과정을 설명하지 못하고 있음을 깨달았다.[34]

이렇게 볼 때, 필자는 포스트식민주의에서 "포스트(post)"의 의미를 크게 세 가지고 정리하고자 한다. i) 시간적으로 식민지 피지배 이후라는 '시간적 후기'라는 의미, ii) 식민지적 사회관계와 제도와 문화가 지속되고 사회구조가 재구성되면서 식민지성의 극복이 '지연된다'는 의미, iii) 식민지 유제로부터 해방되어 식민지성을 진정으로 '벗어난다는 의미' 등 세 의미를 동시에 지닌다고 생각한다.[35] 특히 가부장제, 젠더 관계, 전통/관습 문제에 식민주의 유산은 제도적으로는 피지배에서 상태에서 벗어났다고 해도 헤어날 길 없는 깊은 영향을 남기게 된다. 탈식민 독립국가의 정치 엘리트들은 식민주의 피지배에 대한 반작용과 함께 자신들의 정치적 위치를 공고화하기 위해서 가부장적 가족제도와 성역할을 강화하는 경향을 보여주었다. 서구의 페미니즘으로는 이와 같은 "다른" 역사적 상황에 대해 깊은 관심을 가지기는 어려울 것이다.

피식민 경험을 했던 사회에서 페미니즘이 가지는 역사적 맥락에 대해서도 주목할 필요가 있다. 먼저, 식민지 지배 하에서 지배 관료들은 식민지 사회의 봉건적 지주소작관계라든가 가족관계를 근대화하려는 관심이 별로 없었고 또 이들과 결탁한 토착세력들 역시 기존의 권력관계를 개혁할 필요성은 별로 없었던 것으로 보인다. 예컨대, 식민지 조선에서 발효되었던 조선민사령 제11조의 "조선의 관습을 따른다"는 원

---

33) 포스트식민주의에 관해서는 다음을 참고할 수 있다(Ania Loomba, *Colonialism/Postcoloinialism*, Routlege, 1998, 프란츠 파농, 『검은 피부, 하얀 가면』, 이석호 역, 1995, 인간사랑). 포스트콜로니알리즘의 기반이 되었던 서브알턴 연구(Subaltern Studies) 시리즈도 참고할 수 있다[Ranajit Guha & Gayatri Spivak, *Selected Subaltern Studies*, Oxford Univ. Press, 1988]. 페미니즘과의 관련성을 보기 위해서는 Reina Lewis & Sara Mills, *Feminist Postcolonial Theory*, Routledge, 2003.

34) 관련해서, 사이드를 참고할 것[Edward Said, *Orientalism*(1978), 박홍규 역, 『오리엔탈리즘』, 교보문고, 2007].

35) 졸고, "법의 타자들: 페미니즘, 포스트식민주의와 법의 개혁," 김명숙·안진·양현아·이상수·홍성수·황승흠 저, 『법사회학, 법과 사회의 대화』, 다산출판사, 2013 참고.

칙으로 인해서 마치 조선 사회의 가부장적 전통을 계승한 것과 같은 오해를 불러일으킬 수 있다. 하지만, 그 관습이란 식민지 관료와 학자들의 눈에 비친 일본적 렌즈를 통한 조선의 관습이었다. 페미니즘은 식민주의의 영향 속에서 재구성된 가부장적 민족주의가 배태하고 있는 "전통"과 "관습"에 대한 비판적 고찰을 제시하는 데 중요한 역할을 할 수 있다.

탈식민 이후 한국에서 호주제도는 1950년대 초부터 가족법 개정 운동에서 가장 중요한 폐지의 대상이었지만 2005년에 와서야 민법 등 여러 법률에서 호주제도가 완전히 삭제되었다. 호주제도가 존속하는 데에는 호주제도가 한국의 미풍양속이라는 유교론자들 혹은 전통론자들의 의견이 강력하게 작용하였다. 정부는 이러한 주장의 역사적 사실성이나 현재적 의미에 대해 거의 논하지 않은 채 대체로 침묵하였다. 이와 같이 전통, 민족, 근대성, 식민주의와 같은 영역들에 관심을 가진 포스트식민 페미니즘은 젠더관계를 통해서 자신의 사회와 근대성에 대한 역사를 다시 만들고자 한다. 이에 따라 포스트식민 페미니즘은 그 땅의 젠더관계에 관한 것이자 페미니즘을 통해서 이루는 그 땅의 탈식민 프로젝트라고 할 수 있다.

인도의 과부순장(sati)이라는 "전통"과 그 폐지를 연구했던 라타 마니(Lata Mani)는 과부로 죽어가거나 죽을 수 있는 여성들은 순장의 전통을 "말할 수 있는" 주체도 객체도 아니었음을 분석하였다.[36] 다만 여성들은 과부 순장이라는 아름답거나 미개한 전통을 말할 수 있게 하는 담론의 "장(field)"을 제공했을 뿐이다. 여성을 통해서 천년 전 힌두교 경전을 재해석하거나 혹은 인도의 근대성을 논할 수 있는 논쟁의 장이 마련되었을 뿐, 여성은 정작 그 논쟁에서 화자도 청자도 아니었다는 것이다. 이렇게 본다면 여성은 식민주의, 민족주의, 혹은 계급주의의 어디에서도 재현되지 못했던 틈새의 존재들이다. 이러한 역사적 담론 장 속에서 성평등이나 여성의 권리를 실현하기 위해서는 남녀간의 동등 기회라든가 여성의 차이 인정이라는 논리를 넘어서서 현재라는 공간 축에 역사적인 시간 축을 교차시킨 입체적 접근이 필요하다고 생각한다. 이것이 포스트식민 법페미니즘이 젠더분석을 함에 있어서 역사적 접근을 하는 이유이다.

이제 "여성의 목소리"에 좀더 다가가 본다. 포스트식민 페미니즘 연구의 대표적 연구자 중 하나인 스피박은 서브알턴 연구(Subaltern Studies)에 입각해서 인도의 식민주의 역사학과 민족주의 역사학이 서브알턴, 즉 사회의 저변이 되는 기층민의 이야

---

36) Lata Mani, "Contentious Tradition: the Debate on Sati in Colonial india", in KumKum Sangari & Sudesh Veid, *Recasting Women* (New Delhi: Kali for Women), 1990, pp. 88-127.

기, 구술, 증언을 과연 역사쓰기의 자원으로 삼아왔는지에 대해 질문하였다. 서브알턴의 역사와 체험은 서구 엘리트주의나 민족주의 역사학 심지어 맑스주의 역사학에서도 재현이 대상이 아니었다는 것이다. 여기서 포스트식민주의가 대표적인 반식민(反植民) 담론인 민족주의에 대해서도 비판적이라는 점을 잠시 살펴본다. 민족주의는 식민주의 역사를 자민족을 중심으로 해서 해석하면서 "자아 대 타자"와 같은 이분법을 통해 자기 민족의 순수성, 피해자성만을 부각시키면서 민족 안의 다양성, 이질성, 지배-피지배의 복잡한 관계들에 대해서는 무심하기 쉽다. 아니, 식민지 하에서 청산되지 않은 가부장제와 같은 문제들은 남성엘리트가 주도했던 민족주의 운동의 관심사에서 아니게 됨으로써 식민지 이후 사회에도 "전통적" 젠더관계가 온존하고 강화될 가능성이 크다. 포스트식민 연구자들은 피식민 사회 속에서 "정치적 장"에 포섭되지 않았던 인민들의 목소리에 관심을 가졌고, 스피박은 특히 인도의 민중 여성들의 이름 없음과 목소리 없음에 주목하였다. 그녀들은 서구 페미니즘에서 그려냈던 권리를 주장하는 대문자 여성(Woman)이 아니라 역사에 기입되지 못한 복수의 여성들(women)이다. 그동안 페미니즘, 나아가 사회이론가들은 이 서브알턴 여성들의 목소리를 듣지 못했는데 그 이유는 기층 여성들이 말하지 않아서가 아니라 이 여성들의 목소리를 재현할 방법론과 이론이 부족했기 때문이라고 일갈하였다. 기층 여성들은 끊임없이 말해 왔다.37)

스피박의 비판은 포스트식민 법여성주의에게 깊은 영감을 줄 수 있다. 포스트식민 여성주의는 한 사회의 식민주의 유산을 "아래로부터" 전복시키는 해방적 담론이고 탈정치적 영역으로 배제되었던 서브알턴 여성들을 "말하는 화자"로 표상하는 이론, 즉 그녀들의 목소리를 재현하는 이론을 의미하기 때문이다. 자신들의 근대사, 식민지사 어디에도 존재하지 않았던 서브알턴 여성들을 재현하는 방법론을 찾는 노력은 곧 자신의 역사를 새로 쓰는 시도가 되고 그것은 곧 자기사회를 재구성하여 근본적으로 "해방시키는" 프로젝트가 된다. 이와 같이 포스트식민 페미니즘은 포스트식민주의를 더욱 구체화하였고 젠더화한 버전이라고 할 수 있다.

스피박의 시각은 앞서 로빈 웨스트가 말했던 소수자 여성의 언어를 발굴하고 목소리에 힘을 주라는 방법론의 연장선에 있는 것 같지만 그 기록과 청취가 그저 관심과 의지만 있으면 되는 일이 아니라 이론과 방법론이 필요한 문제라고 인식하는 점에서 차이가 있다. 이 점에서 목소리의 형성과 해석이란 그저 들으면 되는 경험주의적 차

---

37) Gayatri Chakravorty Spivak, "Can the Subaltern Speak?," *Marxism and the Interpretation of Culture*, edited by Cary Nelson & Lawrence Grossberg, University of Illinois Press, 1988, pp. 271-313.

원의 것이 아니라 사회구조적 차원의 것을 논의했던 조안 스콧과 같은 포스트/구조주의적 시각이 느껴진다. 하지만 스콧에게 피식민 사회 내지 탈식민 사회에서 지속되는 "정치가 소외된 장" 내지 "강제가 집행된 장" 안에서 살았던 서브알턴 여성들에 대한 관심을 찾기는 어려운 일이다. 포스트식민 여성주의는 식민주의가 남긴 가부장제의 식민 이후의 지속성, 근대와 전통의 착종(錯綜)이라는 어지러운 현실 속에서 새로운 길찾기를 시도하고 있다. 특히 기층 여성의 재현되지 않은 목소리를 자원으로 하여 역사쓰기를 꾀한다는 점에서 "목소리"는 은유를 넘어서 자료이자 자원이 된다. 포스트식민 여성주의가 법과 결합되면 과연 어떤 시너지 효과를 낳을 수 있을까. 이어질 여성종중 확인의 소송 분석에서 포스트식민 여성주의 법학에 대해서 좀 더 논의하고자 한다.

단순화의 위험을 무릅쓰고라도, 이해를 돕기 위해서 이제까지 다루었던 여성의 목소리에 관한 다섯 종류의 이론들의 특징을 정리하면 아래와 같다. 주의할 점은, 이 이론들은 서로 연관되어 있어서 실제 사건이나 쟁점에서 이론적 자원을 복합적으로 활용할 수 있다는 것이다.

■표 1 **여성의 "목소리"에 대한 다양한 이론적 입장**

	관계적 법여성주의	급진적 법여성주의	현상학적 법여성주의	후기구조주의적 법여성주의	포스트식민 법여성주의
목소리의 주체	개별 여성/경험적 존재로서의 여성 (woman)	남성화된 여성 혹은 의식 고양된 여성/이념적 존재 (Woman)	개별 여성 혹은 여성들/아직 기록되지 않은 여성 (woman/women)	역사적, 집합적 존재로서의 여성/아직 해석되지 않은 여성(woman)	식민지하의 정치적 영역에 포섭되지 않은 배제된 여성들 (subaltern women)
목소리의 의미	다른 목소리/다른 도덕적 추론	권력관계 속에서 발화된 성찰과 개조의 대상	내면적 체험	담론과 제도, 권력의 산물/집합성을 담지함	탈정치화되고 재현되지 않은 "목소리"
방법론적 가치	방법론이자 연구내용	가부장제 비판 및 의식고양의 대상	기록되어야 할 원자료	이론과 맥락 속에서 해석되어야 할 텍스트	식민지 유산과 가부장적 민족주의를 벗어날 수 있는 역사쓰기의 자료이자 자원

이데올로기 문제	이데올로기에 무관심/진정성에의 믿음	허위의식 비판	허위의식으로의 접근을 비판함	진실과 허위의 이분법 피함	여성의 목소리를 들을 수 있는 방법론과 이론의 부족함. 이데올로기 판단 유보
여성간 차이	대체로 무관심	계급적 차이, 대체로 무관심	여성간의 주관적 차이 인정	계급적, 인종적, 역사적 차이를 무시하는 여성 범주를 의심함	식민지를 겪은 사회의 여성주의와 서구 여성주의간의 차이에 대한 의식
주관심 영역	모성, 보살핌 노동과 윤리 등	섹슈얼리티, 폭력, 국가	주관적 체험-고통과 쾌락	고정된 것의 해체, 여성 주체성과 역사쓰기 방법	식민주의 유산, 민족주의적 전통과 관습과 젠더 간의 관계
여성주의 법학에의 적용	여성의 추론(사유)의 특성을 밝혀냈고 "보살핌 윤리"를 이론화함	구조화된 젠더 위계질서를 명료화함	여성의 주관적 체험 청취와 여성의 행복에 기여할 수 있는 여성주의 법학	여성의 목소리를 통해서 집합 체험, 담론, 제도 분석의 방법을 제시함	법에 남아있는 젠더화된 식민주의 영향, "전통" 문제 여성주의를 통한 탈식민 사회 재구성

Ⅲ   종회회원 확인 소송을 통해 본 "목소리" 방법론

　본 장에서는 종회회원 확인의 소송에서 터져나왔던 "목소리"를 들어보면서 앞서 살펴보았던 여성주의 목소리 방법론의 의미를 되새겨 보고자 한다. "딸들의 반란"이라고 칭해졌던 종회회원 확인의 소송은 2000년 초반기 한국사회에서 법적 분쟁에서 여성들의 목소리가 발성된 주목할 만한 사건이다. 이런 사안들에서 "여성의 목소리"란 어떤 목소리였으며, 우리는 그것을 통해 무엇을 들을 수 있었는가. 앞서 논의하였던 목소리 방법론을 통해 본 사안들의 의미를 다시 읽어봄으로써 여성주의 법학에서 목소리 방법론의 의의를 다져보고자 한다.

1. 사건 개요

피고 용인이씨 사맹공파 종회(회장 이호현)는 종중 소유인 용인시 수지읍 성복리 일대의 땅값이 정부의 신도시 개발정책에 따라 폭등하게 됨에 따라 1999년 3월 종중 소유 임야를 매각하고 인접지역 임야를 매수하는 과정에서 남은 차액 약 350억 원을 종종의 회원들에게 분배하게 되었다. 당해 종중회의에서는 분배의 비율을 종중에 대한 공헌도, 향후의 기여에 대한 기대 등에 따라 20세 이상 남성 종중원에게는 1억 5,000만 원, 10세부터 19세까지의 남자에게는 5,500만 원, 9세 이하의 남자에게는 1,650만 원, 20세 이상의 미혼 여자에게는 3,300만 원, 10세부터 19세까지의 여자에게는 2,200만 원, 9세 이하의 여자에게는 1,500만 원씩 각각 지급하기로 하였다. 이렇게 어린이에게까지 지급되었던 토지매각대금 분배에서 성인 기혼 여성(딸)들은 완전히 소외되는 일이 발생했다. 분배에서 배제되었던 여성들은 종회를 수차례 방문해서 항의했고 종회는 이들에게 2,200만 원씩을 주는 선에서 타협했고 기혼의 딸들도 이를 받아들였다. 하지만 닷새 뒤 동일 종회가 며느리들에게도 3,300만 원씩 나눠주는 것을 보고 이원재씨 등 용인이씨 사맹공파의 딸들은 2000년 4월 6일 "종회회원 확인"의 소송을 제기하기에 이르렀다.

이 사건 1심 법원인 수원지방법원은 2001년 3월 26일 원고패소 판결을 내렸다.[38] 재판부는 "종중이 성년의 남자를 구성원으로 하여 자연적으로 성립된다는 법리에 비추어 볼 때, 피고 종회의 규약이 회원의 자격을 명시적으로 남자로 제한하고 있지는 않으나 그로 인해 여자도 피고 종회의 자격을 갖는다고 할 수는 없다"고 하였다. 이어서 2001년 12월 11일 선고된 서울고등법원 항소심 재판부는 "관습상 종중은 공동 선조의 후손 중 성년인 남자를 종원으로 하여 구성되는 자연집단"이라고 하면서 "이러한 관습이 헌법상 남녀평등 이념 등과 조화를 이루지 못한다고 볼 여지가 있다 해도 헌법상 기본권은 사법(私法)의 일반원칙을 통해서만 간접적으로 사인 간의 관계에 적용되는 것일 뿐 아니라, 여자 및 미성년자를 배제한 채 성년의 남자를 중심으로 종중이 형성되는 종래의 관습이 선량한 풍속 기타 사회질서에 위반된다고 보기 어렵다"고 판시하였다.[39] 하지만, 2005년 7월 21일, 대법원 전원합의체는 원심을 파기 환송하라는 판결을 내렸다.[40] 대법원은 종중이 공동 선조의 후손 중 성년 남자만을 종중의 구성원으로 하고 여성은 종중의 구성원이 될 수 없다는 종래의 관습은 우

---

38) 수원지방법원 2001.3.26. 선고, 민사6부 2000가합 5711
39) 서울고등법원 2001.12.11.선고, 민사14부 2001나19594
40) 대법원 2005.7.21.선고 2002다1178 전원합의체 판결

리의 전체 법질서에 부합하지 아니하여 정당성과 합리성이 있다고 할 수 없다고 판단하였다. 이로써 종중 구성원의 자격을 성년 남자만으로 제한하는 종래의 관습법은 더 이상 법적 효력을 가질 수 없게 되었다.[41]

용인 이씨 이외에도 수지 일대의 종중재산 매각에 따른 차액 분배가 부당하다는 이유로 청송 심씨 혜령공파,[42] 성주 이씨 안변공파의[43] 출가 여성들도 해당 종회를 상대로 각각 소송을 냈다. 이와 함께 용인 수지 일대에 땅을 가진 20여 개의 종중에서도 재산분배 문제로 인한 분쟁이 일어났다.

2. "딸들의 반란"을 통해서 본 목소리 방법론의 의미

종회회원확인 소송은 2000년대 한국의 자본주의 시장 논리 속에서 종중 조직과 남녀평등원리가 만나고, 부계계승적 가족제도 속에서 한국의 보통 여성들이 멤버십을 요구하면서 페미니스트 담론을 구사하게 된 흥미진진한 사건이다. 더욱이 이 사건은 종중이라는 역사적 제도 속에서 여성의 지위를 다루었다는 점에서 한국의 전통 내지 관습 문제라는 문제영역에 대한 해법을 한국의 여성주의 법학에 요청하고 있다. 이 사건을 여성의 목소리라는 견지에서 논의해 보기로 하자.

(1) 보이지 않던 여성의 활동, 체험의 가시화

여성의 종회회원 확인 소송에서는 그동안 들리지 않던 여성들의 목소리가 발성되었다고 할 수 있다. 첫째, 이 소송을 통해 그동안 보이지 않았던 기혼 딸들의 종중을 위한 노동과 활동이 가시화되었다. 앞서 본대로 피고 종회 측은 토지매각 대금의 배

---

41) 대법원 젠더법연구회, 『젠더판례백선』, 사법발전재단, 2021, 4면 참고.

42) 수원지방법원 2000.6.20, 2000가합2477[청송 심씨 종회를 상대로 심화택, 심희택, 심금숙, 심정숙, 심경숙, 심신자가 낸 본 소송은 피고 종중규약의 무효를 구하였으나, 재판부는 이를 각하한다는 판결을 내렸다. 청송 심씨 종회가 토지를 매각한 것은 1998년이고, 1년 뒤 종약을 개정하여 2000년 3월 1일 수원시로부터 받은 60억원을 1차 배분했다. 종원 1인당 2500만원씩 돌아갔는데, 결혼하지 않은 딸의 몫은 없었다.

43) 수원지방법원 2000.11.28, 2000가합5407[성주이씨안변공성복파 후손 여성 26명은 해당 종중(대표 이종선)을 상대로 낸 소송에 대해 해당 재판부는 원고의 청구를 모두 각하한다고 판결하였다. 당해 종중은 1985년경 종원의 자격을 "안변공 이후 후손 성년남녀"로 하는 등의 정관을 작성하였으나 1998.1.18일 정기총회를 개최하여 종원 자격을 "성주이씨 안변공파 이수 후손으로 국내 거주자인 성년 남자 만 20세 이상"으로 정관을 변경하고 종원 1인당 약 2,500만원을 분배하기로 결정하였다. 토지매각에 관한 임시총회 및 정기총회에서 기혼여성들은 완전히 배제되었다].항소심에서 서울고등법원은 조정결정에서 종중으로부터 합의금을 100만원 지급받는 조건으로 소송을 취하하였다. "여성도 종중재산 분배" 용인일보(yonginilbo.com), 2001.8.31.

분를 종회에 대한 그동안의 공헌 및 앞으로의 기여라는 두 기준에 의해 분해했다고 했다.[44] 이에 따라 "종중에 대한 공헌과 무관한 출가녀들에게는 전혀 [종회의 지원이란] 해당이 없는 것입니다"라고 하였다.[45] 그런데, 종회 규약에서 종회란 종사 관련 회의, 시제, 묘역의 석물 설치, 종재관리, 제각 증건 등 종사를 처리하였고 재정이 빈약할 때는 종중 운영비를 갹출하는 등과 같은 업무를 수행하는 것으로 되어 있지만, 종회의 모든 성년 남자들이 이런 사업들에 참여해서 종회에 기여했다는 증거를 찾을 수는 없다.[46] 하지만, 기혼의 딸들의 목소리가 터져 나오면서 사람들이 관념적으로 생각하던 종중제도와 종중의 운영 현실 간에는 간극이 있다는 것을 여실히 알 수 있었다. 아래는 종중 기혼 딸들이 작성한 진술서이다.[47]

이은상(용인 이씨 33세손인 이원규의 2남 3녀 중 장녀)의 진술서(2001.2.11 작성)

"부친 사망시, 본인은 중학교 1학년이며 큰 남동생 3살, 작은 남동생은 이후 태어났습니다. 태어나서 결혼 후 3년을 빼고는 문중에서 하는 일을 다 알고 보고 살았습니다. 어린 동생들 학교, 소풍, 운동회 가는 것, 논밭일, 소죽 쑤는 것, 동생들 빨래 도시락 일 모두 하였습니다...... 24세에 결혼하고도 친정 일손을 돕다가 1974년에는 친정에 일할 사람이 없어 남편이 다니던 회사에 사표를 내고 친정에 들어가서 살게 되었습니다. 동생들이 결혼을 가면 먼저 살림을 나가서 1980년 10월에는 어머니 바로 앞에 집을 지어서 살림을 내어 주었습니다. **친정 집안일은 물론이고 어머니가 지내오던 한식이며 시제는 제가 같이 도와서 어머니가 3년간 해외의 여동생 집에 계시는 동안은 제가 차려서 저희 집에서 지냈습니다. 당시에는 근처 동네에 사는 몇 사람만 시제에 참석했을 뿐, 외지에 있는 사람들은 참석도 하지 않았습니다.** 저희 아버지로부터 7대까지 할아버지 산소의 벌초도 남편과 제가 거의 둘이 다 했습니다.[중략]

그러다가 시제는 3년전 종중땅을 팔면서 종중에 돈이 생기니까 가져갔습니다…대종손 시제는 저희집 옆에 있는 묘직이가 지냈는데, **남편은 밤 까주고 저는 다식 매겨주고 떡쌀 2 가마 하는 것 개울 가서 씻어서 이고 다니고, 시제날은 탕국이고 밥도 이고, 설거지도 했습니다.** 동생들 공부할 적에는 아들이라고 일도 안 시키고 공부만 해서 논이 어디 있는지, 밭이 어디 있는지 조차 모르고 자라 집안일이고 종중일이고 제가 다 했습니

---

44) 종회에서 60세 이상의 종원들이나 경노비, 종원 자녀의 학자금을 지원한 것도 "지금까지의 종중에 대한 공헌도와 장차 기대되는 기여도"를 감안한 것이라고 한다(수원지방법원 가합5711, 피고측 변론 준비서 면, 11면).

45) 전게서면, 11면(원고측 변호사를 통해서 수집함)

46) 전게서면, 3-4면

47) 이 글에서 진술서 등 재판 자료는 모두 연구 목적으로 원고측 변호사를 통해서 수집함

다. 동생들은 결혼 후에는 다 타지에 나가 살게 되어, 여전히 집안일이나 종중일은 제가 다 했습니다. 남자들이 종중에 특별이 한 일이 무엇인지 모르겠습니다. **고향에 사는 몇 사람 빼고는 시제에 참석조차 잘 하지 않고 종중일에 관여한 사람이 거의 없었으며 종중땅이 있어 그 소출로 시제 등 비용에 사용하였고 별도로 돈 걷는 일이 없었습니다. 요즘에야 땅을 팔아서 돈이 많이 생기니까 종중원이라고 해외에서 오고 야단들이고 시제도 지내지만**" (원문대로, 강조는 필자).[48]

용인군 수지면 성봉리 이재분씨 7남매 중 막내 이칠선의 자필 진술서(2001.1.16 발신)
"아버님 돌아가시고 **일은 말할 수도 업시 심해지드군요.** 시제를 지낼때면 절구에 쌀가루도 빻고 정월만 되면 나물캐러 성봉니를 하루에도 보통 두 번씩너머 다니곤 햇담니다...... 그러케 자라온 우리 딸들을 이제 와서 모든 우리 딸들을 남녀차별대우를 하다니 피가 께그루 솟아오릅니다. 조상님내들 재산인대 아들딸 차별이 따로 있다니 그럴 수가 있읍니까. 저도 부모님께 할만큼 하였습니다. 가정에도 충실하였습니다. 풀을 비여다 작두에 썰다가 손가락을 자를 적도 있고 시집오던 삼일전에도 논두렁에 가서 나물도 캐습니다" (원문대로, 강조는 필자).[49]

이원재, 이원순 자매 인터뷰(한국일보, 2000)
장녀인 이원재씨는 **친정어머니가 아파 눕자 25년째 살고 있는 서울 영등포의 자그마한 집에서 세를 준 방을 빼내 어머니를 7년간 모시면서 병수발을 했다.** 어떤 가장은 자신, 부인, 아들들 부부, 시집 안 간 딸, 손자, 손녀까지 합해 20억원이 넘는 돈을 받았다고 한다.[중략]. "오빠나 남자동생들 때문에 자신을 희생해야 했던 여자들이 마지막에 또 이런 억울함을 감수해야만 하는가. 우리 부모가 딸만 셋 낳은 죄로 우리가 고생한 것 다 말할 수 없다. 사회가 이런 식이면 누가 딸을 낳겠나" (원문대로, 강조는 인용자).

위 여성들의 진술은 종회라는 조직, 제도, 원칙과 여성들이 행해 온 활동 간에는 커다란 간극이 있다는 것을 보여준다. 통념과 달리, 미혼 딸 혹은 기혼 딸로서 여성들은 많은 제사에서 음식을 장만하고 제사에 참석하고 묘소를 관리하는 등에 전방위적으로 참여하였다고 증언한다. 또한, 친정집의 농사, 부모님의 간병, 남자형제들을 보살피는 등으로 가족원들을 보살피고 가정경제에 기여하였다고 한다. 딸들은 아들

---

48) 수원지방법원 가합5711, 원고측 변호인 제출자료
49) 전게 자료

과 비교해서 받았던 차별의 분한 경험도 가지고 있고, 남자형제들 중에는 기제에 나타나지 않는 사람들이 대부분이라고 진술하였다. 이렇게 여성들이 말하는 "종중 관련 활동"이란 친정 가족 속에서 이루어진 대부분의 일에 관한 것으로서 가족과 종중의 특별한 구분이 없는 경험적 실체인 듯하다. 그녀들은 현장에서 일하고, 사람을 보살피고, 필요에 따라 그때그때 문제를 해결하는 활동을 하였다. 이 활동은 여성주의에서 말하는 배려 활동 혹은 보살핌 노동이라 할 것이다. 이렇게 본다면 본 소송은 가족, 친족, 혹은 종중에서 여성들이 행했던 활동을 가시화시켰다는 점에서 큰 의의가 있다고 본다. 무엇보다도 종중의 제도와 규칙으로는 잘 포섭되지 않은 여성들이 수행했던 "보살핌 노동"으로 종중이 유지되고 운영되었다는 것을 한국사회를 향해서 고백하게 하였다.

피고 측이 주장하듯이, 토지매각 대금 분배방식이 남녀 차별이 아니라 종중에 대한 기여도에 따른 것이었다면, 종중에 기여한 특정 개인들에게만 대금을 분배했어야 옳았을 것이다. 그것이 아니라면, 모든 개별 남성 종원들의 종중에 대한 공헌과 기여도가 모든 개별 여성에 비해 크다는 것이 입증했어야 했을 것이다. 본 종회의 배분 결정을 보면, 개개인의 기여도에 대한 검증 절차 없이 남자 후손과 여자 후손 간의 범주적 차별, 혼인한 여자 후손과 혼인하지 않은 여자 후손 간을 범주로 나누어 차별하였고, 결과적으로 아들이 많은 가족과 딸이 많은 가족 간에 차별이 발생하게 되었다.

이와 같은 여성의 목소리는 앞서 살펴본 길리건의 논의를 연상시킨다. 제사라는 제의(祭儀)에서 그동안 보이지 않았지만 여성들의 노동과 보살핌 활동이 실제로 그것들을 지속시킨 힘이었다는 것을 알려준다. 피고는 공헌과 기여도라는 기준 그리고 종회 규약이라는 자치법규를 근거로 삼았지만, 여성 원고들은 그것이 형식적일 뿐 아니라 허구적이라는 점을 지적하였다. 여성들은 남성 중심의 종중의 부계 질서와는 다른 논리, 즉 "친정에 일할 사람이 없어서 남편이 아예 퇴직을 하는" 실질적 추론을 구사하였다. 기혼의 딸이지만 조상과 부모님에 대해 가지고 있는 "관계성에 입각한 추론이라고 해석할 수 있다. 다른 한편, 이들은 결혼 전부터 아들에 비해 차별받은 설움이 있었고 그럼에도 불구하고 결혼 전이나 결혼 후에도 제사음식을 차리고 어머니를 돌보는 일을 했던 것에 대해 증언하였고, 종중 매각 자금의 배분에서 자신들의 손자나 손녀뻘 되는 후손보다도 못한 차별을 받았던 것에서 모멸감을 느꼈을 것으로 사료된다. 이런 진술에서 볼 때, 여성의 "목소리"란 과거에서 현재라는 시간축 위에서 청취하고 분석해야 할 것임을 다시금 깨닫게 된다. 이런 역사적 문제의식은 포스트식민주의 법여성주의와 같은 이론을 가져올 때보다 보다 풍부하게 해석될 수 있을 것이다. 이하에서 이에 대해 계속 논의한다.

(2) 남성들의 조직과 여성들의 맴버십

이 사건에서는 아들과 딸 간의 차별, 기혼의 딸과 미혼의 딸 간의 차별, 친정과 시가간의 대우 차별과 같은 성별화된 질서가 물질적 이해관계 속에서 명시적으로 드러났다. 그런 의미에서 본 소송에서 여성의 목소리란 이미 존재하는 가부장적 질서에 문제를 제기하고, 그것을 전복하고자 하는 비판적 목소리라고 할 수 있다. 이 목소리는 남성들로만 구성된 아직 인정되고 등록되지 않은 여성의 맴버십에 관한 권리 주장이라고 할 수 있다.[50] 원고측에서는 1985년에 제정된 종중 규약 제3조에 "본회는 용인 이씨 사맹공파의 후손으로서 성년이 되면 회원자격을 가진다"고 규정에 의거해서 여성도 회원자격이 있다고 주장하였다.[51] 따라서 본 재판에서는 "종중" 활동 혹은 "후손"이 무엇인지에 관한 의미의 경합이 일어났던 것이다.[52] 원고측 변론 준비서면에서는 헌법적 관점에서 종중에 있어서 남녀평등의 중요성을 강조하고, 종중 조직에서 여성과 남성에 대한 차별은 전통적 유교 사상에 입각한 가부장적 남계혈족중심의 사고방식의 결과라고 주장하였다. 이에 대해 피고 측에서는 종중이란 관습법에 의하여 생성된 개념이며, 유교적 관점에서 볼 때 딸은 출가외인으로서 시가(媤家)에서 독립된 지위를 차지하고 친정에서의 권리를 주장하지 않는 것이라고 하였다. 출가한 여자의 경우, 시가에서 제사를 모시고, 여성의 성과 본을 그대로 유지한다는 것이 친정 가족의 일원이라는 것을 속한다는 것을 의미하지 않는다고 하였다. 또한 당시 호주제도 하에서 딸이 출가하면 본적(本籍)도 남편을 따라 바뀐다는 점을 지적하였다.[53]

원고들의 종중원 확인의 청구가 1심과 2심에서 기각됨에 따라, 법원은 출가한 여자들은 친정 조상의 후손이 아니라는 것을 인정한 셈이 되어 버렸다. "출가한 여자들은 그 시가(媤家)에서 권리를 주장하여야 마땅할 것입니다"라는 해당 종중의 종회 대표의 말에 여성의 가족 내 맴버십에 관한 가부장적 인식이 요약되어 있다.[54] 딸들

---

50) 소송 당시 고문(6명), 회장(1), 부회장(3), 총무이사(1), 관리이사(1), 이사(16), 감사(2), 토지위원(11) 등 종중의 간부들이 전원 남성이었다.

51) 수원지방법원 가합5711 소장 참고

52) 학자녀 장학금 지원에 관해서는 "후손들에 대한 장학금 지급은 남녀를 불문함"이라고 하여 남녀 똑같이 지급하였다.

53) 수원지방법원 가합5711, 피고측 변론 준비서면

54) 수원지방법원 가합5711, 원고측 변론 준비서면

은 혼인에 의해서 종중 규칙에 따라 친정 종중의 일원이 되지 않는다고 선언하였지만, 그 여성들의 시댁 내의 권리도 시부모, 남편, 자녀에 비해 낮은 것이기에 그녀들에게는 어디에도 평등한 권리를 보장하는 가족 내지 종중이란 없다고 해야 한다. 요컨대, 여성의 가족 내 권리는 친정과 시댁이라는 공간, 딸과 며느리라는 지위로 분할되고 약화되면서 어디에서도 온전한 가족 멤버십을 보유하고 있지 못하다.

종중 내의 여성과 남성의 차별적 지위는 개개인의 특성이나 능력과는 무관한 조직원리라는 점에서 캐더린 맥키논이 주장했던 위계적 권력관계로서의 젠더 관계라는 시각에 부합한다. 맥키논은 젠더에 관한 온갖 이념이나 규범은 현실의 남성 중심 권력을 정당화하기 위한 장치로 보면서 핵심은 권력의 재분배 혹은 전복에 있다고 본다. 이런 견지에서 본 소송은 여성들의 종중 내 지위를 향한 "권력투쟁"의 성격을 부인하기 어렵다. 그런데, 본 소송에서 남녀평등이란 "같은 것을 같고 다른 것을 다르게" 대우하는 평등원리도, 개인의 권리를 부정하는 여성에 대한 스테레오 타입의 철폐에 의해서도 해소될 성질의 것이 아니라 젠더 평등한 새로운 조직원리의 마련에서만 가능하다는 점이 주목된다. 대법원에서는 성별에 따른 차별적인 종중 인식은 헌법 등 우리 법체계의 이념에 부합하지 않는 불합리한 것으로 선언하였다. 또한 사회변화와 시대 흐름에 대해서도 주목하였다.

우리 민법의 친족 규정을 볼 때, 친족이 종중에 포함되거나 중복이 될지언정 별개의 조직이 아니라고 할 것이다.[55] 그렇다면, 여성은 친정 친족의 일원이지만, 친정 종중의 일원은 아니라는 것은 모순이다.[56] 앞서 진술에서 보았듯이, 어떤 여성들의 경우에는 실제 생계를 시가족이 아니라 친정 가족과 함께하고 있다. 한국 가족법과 종중의 논리에서 볼 때, 여성들의 친정 가족(친족, 종중)에서의 멤버십은 완전한 부재라기보다는 "2차적 지위"를 가지며, 그늘에 가리워진, 애매성을 가진 것이라고 분석한다. 이런 멤버십은 그때그때 상황에 따라 포섭되었다가 배제되는 것이 가능하므로

---

55) 우리 민법의 친족 규정에서, 친족이란 모계와 부계 혈족간, 남편과 처로 인해 형성된 인척간에 동등한 촌수의 범위의 사람들로 규정되어 있다. 이 조항에 따르면 기혼여성의 친족은 자신의 부계와 모계 혈족(친정가족)으로 된다. 이 규정에 비추어 볼 때, 종중에서의 여성의 배제를 "선량한 풍속"이라는 한 재판부의 판단이 의문스럽다.

제 777조 [친족의 범위] 친족관계로 인한 법률상 효력은 이 법 또는 다른 법률에 특별한 규정이 없는 한 다음 각호에 해당하는 자에 미친다.

1. 8촌 이내의 혈족 2. 4촌 이내의 인척 3. 배우자

56) 1989년 개정된 민법의 친족의 범위 규정과 유산상속의 법정상속분 비율에 있어 기존에 존재했던 남녀간, 기미혼간 차별이 철폐되었다. 하지만, 여성의 가족 정체성을 가늠하는 부처제 결혼제도가 제826조 제3항에, 부계계승제도는 주로 제781조 제1항에 남아있었다. 이러한 제도는 2003년 호주제도가 폐지됨에 따라 함께 폐지되었으나 부계 성본주의 원칙은 고수되었다.

명백한 배제와도 다르다. 관련해서, 종회에서 여성들의 멤버쉽의 기호인 "딸"이라는 정체성에 내재한 불안에 대해서도 음미해 보자. 이 소송은 딸들의 반란이라고 불리면서 원고 여성들은 기혼의 "딸"로서 표상되었다. 하지만 만약 기혼의 남성 후손들이 만약 이런 소송을 종중에 대해 제기했다면 "아들의 반란"으로 표상되었을까. 60대 연령의 기혼의 딸들은 그녀들의 시가에선 어머니이고 할머니일 것이다. 여성들은, 하나의 종중에서는 딸이자 "동시에" 어머니가 되지 않기에, 딸의 목소리란 딸의 지위에서 늙어 버린 여성들의 친정 내 지위의 기호이다. 이에 비해, 남자들은 한 종중에서 아들이자 아버지가 됨으로서 연속되고 안정된 가족 정체성을 확보하기에 만약 부른다면 "아버지의 반란" 정도가 되었을 것이다. 이 딸들이 가진 "어머니" 정체성은 "다른 곳(즉, 시댁)"에 있기에 가부장적 가족의 틀에서 여성의 멤버십이란 늘 분절적이고 부분적이고 이쪽에서도 저쪽에서도 "외인구단"이 된다. 가부장적 가족제도가 여성들에게 적용하는 분할과 배제의 논리의 이면에는 남성이 가족 안에서 누리는 연속성과 안정성이 있다.

여성의 친정과 시댁이라는 양쪽 가족에서의 지위가 2차적 지위를 가진 것은 한국의 근대화 과정에서 가족의 근대화가 불완전했음을 나타내는 표지(標識)라고 해석한다. 한국의 근대화의 과정에서 가족이란 종중 내지 친족을 중심으로 했던 대가족 이념형에서 핵가족이라는 소규모 가족을 기본 생활단위이자 이념형으로 변화하였다. 이와 함께 여성과 남성의 가족 역할, 혼인에 따른 여성과 남성의 인척과의 관계 형성 등에 대해서도 시대에 부합하는 변화가 있어야 마땅하였다. 나아가, 돌아가신 조상을 어떻게 기억할 것인가라는 죽음과 추모와 의례의 방식 역시 사회적 공론화와 함께 실제 현실을 고려해서 새롭게 디자인하는 시간을 가졌어야 했다. 자본주의 사회변화, 가족의 변화, 조상에 대한 관념 등 다양한 측면에 대한 고민과 수용이 필요하였다고 보인다. 그럼에도 2020년대 현재까지 한국의 거의 모든 기혼 여성들이 남성중심적이고 이중적 차별을 받는 가족 경험을 하고 있다는 사실은 매우 시대착오적인 일이다. 왜냐하면 사회의 모든 분야가 합리화의 흐름 속에서 최대한 현재의 사회 시스템(이념과 경계체제)에 부합하게 재구조화해 왔기 때문이다. 시장이, 정치가, 교육이, 복지제도가 그러했다. 필자는 가족과 젠더 관계에 대한 지체 현상은 식민지 피지배 과정과 탈식민 과정에서 충분히 시간을 가지고 자립적 사회구성을 하지 못한 것에 원인이 있다고 분석해 왔다.[57] 이 사건에서 종중, 관습, 제의 등과 같은 의제는

---

57) 가족과 젠더관계에 남겨진 식민지 시기 재구성된 관습과 전통 문제에 관한 분석으로는 졸저, 『한국가족법 읽기 – 전통, 식민지성, 젠더의 교차로에서』, 창비, 2001; 졸고, "식민지 시기 한국 가족법의 '관습' 문제: 시간의식의 실종을 중심으로," 『사회와 역사』, 제 58집, 2000

새로운 사회관계에서 재정의되었어야 함에도 "시간 의식이 실종된 관습"과 전통 개념 속에서 박제화되어 버린 경향이 있다. 이런 문화적 자본이 척박한 가운데에서 본 소송 피고 종중처럼 차별적인 재산분배를 실행해 버린 것이다. 대법원 판결로 헌법에 부합하는 여성의 종중 멤버십에 대한 승인이 일어나긴 하였지만, 한국의 종중 원리가 재정의되었다고 보이진 않는다. 아니, 법원의 판결로서만 그런 변화가 일어나기를 기대하기는 어렵다고 본다. 이러한 생각에서 이 사안에서 여성의 목소리는 포스트식민 사회의 전통과 양성평등, 가족과 사회, 그리고 개인 간의 "구조적 부조응" 상태를 표출하는 목소리라고 해석한다. 포스트식민의 관점에서 해석한 목소리론은 "누구의 목소리인가"를 논의한 절에서 보다 자세하게 논의될 것이다.

(3) 들리지 않았던 목소리의 기록

본 소송은 여성의 목소리가 들리도록 만들었지만, 로빈 웨스트가 의미하는 그 내면적 체험의 목소리가 충분하게 발성되고 기록되었을까 다소 의문이다. 본 소송 원고들의 언니격인 이원재씨는 다음과 같이 말하였다. "이 문제에 관심을 보인 여자들은 육순 넘은 고모들과 4촌, 6촌을 포함, 모두 53명인데, 소송비용을 줄이기 위해 우선 5명이 대표로 소송을 제기했다. 고모나 언니 가운데는 그 날 이후 "여자로 태어난 게 이렇게 죄가 되는가"며 잠을 못 이루는 사람도 많다."[58] 53명의 여성들은 무슨 생각으로 이 소송에 관심으로 보였을까. 이들이 잠을 이루지 못할 때 이들의 고통과 생각은 어떤 것이었을까. 이들이 기억하는 "조상"이란 누구이며 그것은 이들의 정체성에 어떤 영향을 미쳤을까 등에 관한 목소리가 충분히 기록되지는 못했다고 본다. 본 소송의 소장과 변론에서 여성의 목소리는 2편의 진술서로 간략하게 제출되었다. 이 점에서 여성 원고들과 원고를 지지하는 여성들의 목소리를 더 청취하고 풍부하게 기록할 필요가 있다. 일반적으로 이 소송은 경제적 이익을 둘러싼 종회내의 싸움이라고 이해되지만, 이 여성들은 오히려 자신들의 자존심이 크게 상했다고 말한다. 예컨대 자신들보다 친정의 며느리들이 더 많은 분배액을 받았을 때, 이들의 마음은 어떠했을까. 단지 남성들과 같은 수준으로 분배액을 늘리는 것을 기원하였을까. 웨스트가 강조하듯이, 여성의 내적 체험에 천착한 변론의 구성은 여성주의 법학적 입법과 소송에 있어 필수적인 방법이라고 할 때, 원고의 진술에 대한 좀 더 전문적인 진술 조사를 했어야 할 필요가 있다. 여성의 목소리에 대한 조사가 불충분했음에도 불구하고 이 소송을 통해서 "종중 여성들의 목소리"가 법원, 미디어 등을 통해

---

58) 이원재 씨 인터뷰, 한국일보, 2000.

들리고 공감을 얻었다는 사실은 매우 중요하다고 평가한다.[59]

(4) 누구의 목소리인가: 식민지적 관습, 부처제 결혼제도, 자본주의

조안 스콧과 같은 포스트구조주의적 시각을 채용하자면, 모든 담론은 발화자의 주체성과 함께 역사적으로 형성된 제도와 힘의 관계로 해독해야 한다. 목소리는 그 목소리 자체보다는 목소리가 발화되었던 시공간, 즉 당시의 제도 그리고 문화의 맥락 속에서 분석되어야 그 의미가 드러날 수 있다. 동시에 이 목소리를 통해 미래의 대안적 제도에 대한 실마리를 얻어낼 수도 있다. 목소리가 복합적 주체성을 나타낸다고 할 때, 과연 이 여성들은 누구인가. 이제까지 이 글에서 원고들을 주로 "여성" 혹은 "기혼의 딸"이라고 호명하였지만, 이들을 여성이라고만 호명할 때, 종중과 후손과 여성 지위 간에 서로 경합하는, 이 주체성의 충돌하는 성격을 잘 다루기 어렵다. 뿐만 아니라, 여성이라고 호명될 때, 마치 여성들은 동질적 이해와 관심으로 가진 사람들인 것처럼 가정되고, 그런 만큼 이들은 신체적으로 여성으로서 동일시된다. 종중의 늙은 "딸들"은 종중으로 시집온 "며느리들"과 같은 이해 관심을 가지고 있지 않다. 이 여성들이 혼인 중이라면 시가에서는 며느리의 지위를 가졌을진대, 시가의 "딸(즉 시누이)"들이 종중 재산을 공평하게 분배받아야 된다고 말할 수 있을지 불분명하다. 딸들이 자기 종중에서의 권리 찾기에 분연히 일어서자 그들의 배우자, 즉 사위들도 남녀평등을 주장하였지만 과연 자신들의 친가에서 같은 원리를 여자 형제들에게 적용할지도 미지수이다.

이러한 관점에서 보면, 이 종중 여성들의 목소리는 젠더 평등을 추구하는 "여성의 진정한 목소리"라고 본질화시키기보다는 종중 임야를 많이 가지고 있었고 그 가격이 폭등했던 특정 종중, 그리고 자본주의 시장경제의 만남이라는 사회적·역사적 장 속에서 구성된 목소리로 청취해야 할 것이다. 동시에, 이 목소리가 이 원고들의 목소리라고만 규정하기도 어렵다. 그것은 한국 여성이 속해있던 가부장적이고 식민지적이면서도 자본주의적인 사회가 빚어낸 목소리이며, 여성들의 불안정한 사회적·가족적 멤버십에 관한 목소리이며, 가치 절하된 자신의 노동과 존재에 대한 항의의 목소리이다. 그리고 변화하는 정치경제 속에서 여성들이 이제는 말할 수 있는 여건이 마련되었다는 것의 표지로도 읽힌다.

이렇게 여성의 목소리를 통해 당시 여성들이 놓인 역사적 상황과 그 주체성을 읽을 수 있다. 특히 종중 문제를 판단하는 데 있어 중심 근거가 된 관습 개념에 대해서

---

59) 유사한 성격의 소송에 대해서도 조사연구가 필요하다.

생각할 때 포스트식민의 관점이 적용될 수 있다고 사료된다. 피고 측은 "종중이란 수백 년 이상 관습법적으로 생성된 개념이라는 사실과 우리 민법이 관습법을 법원(法源)의 하나로 엄연히 규정하고 있"다고 피력하고 있다. 여기서 종중에 관한 현대 한국의 법원칙이 대부분 식민지시기에 확립된 내용이라는 점에 주목할 필요가 있다. 식민지 시기 중추원(中樞院) 의장 회담에 따르면, 종중(宗中)이란 동일선조(同一先祖)에서 나온 자손이 공동으로 선조의 제사를 계속하고 분묘(墳墓)를 수호하고 아울러 종원 상호간의 친목 및 복리의 증진을 도모하기 위하여 자연히 발생하는 종족단체라고 정의내린다.[60] 1945년 탈식민 이후 판례에서도 이러한 종중 개념에는 큰 변화가 없이 공동 선조의 분묘수호, 제사, 종원상호 간의 친목을 목적으로 하는 공동 선조의 후손 중 성년 이상의 남자를 종원으로 하여 구성되는 "종족의 자연적 집단"[61] 또는 "동족의 집단"[62]이라고 정의내렸다. 이렇게 종중 제도의 근간을 이루는 종법이 조선시대의 중심적 사회 구성 원리였다고 할지라도 종중 또는 종중 재산을 둘러싼 분쟁에 대한 근대법의 개입은 식민지 시대에 시작되었다는 점을 인식해야 한다.[63]

일제시기인 1912년에 발효한 조선민사령 제 11조는 "조선인에 대한 능력, 친족 및 상속에 관한 규정은 조선의 관습에 의한다"고 규정하였다. 하지만 식민지 조선의 관습을 조사하고 기록한 것은 식민지 정부 당국 및 관련 연구회들이었다. 그런데, 식민지 시기 조선의 관습에는 조상의 묘, 제사 방식, 대종(大宗)과 소종(小宗)의 범위 등 조선 사람들의 조상과 영혼을 다루는 영역들이 포함되었다. 식민지 이후 한국에서는 식민지 시기 동안 확립된 관습들은 조선시대의 전통의 계승 혹은 왜곡이라는 이분법 속에 재단하였을 뿐, 식민지시기를 통해 "재구성된" 관습에 대한 시각은 발견하기 어렵다.[64] 관습과 관련하여, 흥미로운 점은 성별 관계를 제도화한 가족 가부장제에 관하여, 고유하고 불변하는 전통이 타 영역에서 찾아볼 수 없으리만큼 위력을 발휘해 왔다는 점이다.[65] 현재 우리가 알고 있는 종중이 수백 년 이상 관습법적으로 생성된 개념이라는 점에 대해서 법제사적 고찰이 필요함은 두말 할 나위가 없다. 하지만, 그것이 설령 역사적 사실이라고 할지라도 왜 유독 2000년대의 한국의 가족에서

---

60) 1924 8월 4일, 중추원(中樞院) 의장 회담[허 규 "종중·종중재산에 관한 제고찰", 『법사학연구』, 2집, 1975, 79면에서 재인용].

61) 대법원73.7.10, 72다1918; 대법원 72.9.12, 72다 1090.

62) 대법원, 1968.2.6.67다 1701, 1072.

63) 허 규, 전계논문.

64) 졸고, 전계논문(2000).

65) 한국의 호주제도는 오랫동안 한국의 "전통"으로 수호되었고 그것의 식민지성에 대한 대중적 자각이 일어난 것은 1990년대 말부터이다.

법적으로 강제되어야 하는지에 관해서는 비판적 성찰이 필요하다. 남성만을 종원으로 인정했던 종회의 가부장적 풍속에 대해 "선량하다" 했던 법원의 판단은 그 자체 남성의 관점에 서 있다.

2024년 현재 한국의 가족에게 필요한 것은 가부장적 가족제도의 원칙적 고수가 아니라 소규모가 되고 국내·국제적으로 흩어져 있는 가족 구성원들 간의 "친밀한 관계"이자 보살핌의 가족이 아닌가 한다. 그것은 감염병과 기후위기, 경제위기 속에서 생존해야 할 개개인에게 정신적 버팀목이 되어줄 가족이 아닌가 한다. 자신은 결혼할 것이며 아이를 낳고 기를 것인가. 누가 아픈 가족과 늙은 부모를 보살필 것인가. 가족원의 장례를 어떻게 치르고 제사(지낸다면)를 지닐 것이며, 묘소(있다면)를 돌볼 것인가와 같은 문제들은 이제 대다수 개인과 가족들의 당면 과제이다. 이제 딸들의 종중 내 지위 인정은 여성이 아니라 종종의 생존을 위해 필요할 것이다. 인구율이 급격히 저조해진 1990년대 태어난 세대들이 혼인하기 시작하는 2015년 정도면 딸들을 인정하지 않고 가족 내의 상례와 제례를 계승한다는 것을 생각할 수 없을 것이라고 전망한다. 전주이씨 효령대군 종친회가 여성 후손도 족보에 기재하기로 결정하였고, 광산 김씨 판서공파는 1980년대부터, 김해 김씨 사군파는 1995년부터 마찬가지로 시행해 왔다.[66]

이렇게 한국의 여성주의 법학은 전통의 재해석을 통해 양성이 평등할 뿐 아니라 양계(兩系)를 수용하는 친/가족제도를 디자인하는데 일조해야 한다. 이것은 서구 가족에 대한 양성 평등 가족론보다 훨씬 더 어려울 일이라고 생각한다. 종중 내 남녀 후손을 인정하고, 모계와 부계의 조상을 모두 인정하는 느슨한 의미에서의 양계적 가계계승방식을 고안해야 한다. 이 경우, 기혼 여성들의 친정 내 멤버십을 첫 번째의 멤버십으로 인정하고, 재산증여와 유산상속을 실제로 평등하게 해야 하며, 그에 따른 의무와 책임도 함께 지어야 할 것이다. 이러할 때 기존의 친정, 친족, 종중, 성본(姓本)의 의미 자체가 변화할 것이다. 여성과 남성 모두 친가와 혼인에 의한 가족이라는 이중적 가족 멤버십을 갖게 될 것이고, 그 조화를 꾀하기 위해 노력해야 할 것이다. 이상과 같이 종중원 지위를 찾고자 했던 여성의 목소리가 가지는 의미를 풍부하게 해석하기 위하여 캐롤 길리건, 캐더린 맥키논, 로빈 웨스트, 조안 스콧, 그리고 포스트식민주의 이론 등을 모두 활용해 보았다.

---

66) "여성 후손 목소리 높아진다," 한국일보. 2002.11.18. 사설.

Ⅳ 결론

페미니즘 법이론을 공부하는 이유는 하나의 최선의 이론을 선별하고 따르고자 한 것이 아니라 여러 이론들의 진면목과 한계점들을 동시에 이해해서 그 장점을 살려서 현실의 대상에 적용하고 그 적용을 넘어서 이론의 재구성과 재창조 능력을 기르기 위함이다. 그리하여 문제되는 시간과 공간과 주체들에 가장 부합하는 시각과 방법론을 만들어 내고자 함이다. 이 점에서 페미니즘 법이론은 명사가 아니라 "이론하기(theorizing)"라는 동사로 이해되어야 할 것이다. 이 글에서 다루었던 "목소리 방법론" 마찬가지라고 생각한다. 이 글에서는 "여성의 목소리"가 여성주의 법학의 중요한 방법론이 될 수 있다는 데에 착안하여 관련되는 이론을 고찰하였고 그것을 여성 종회회원 확인의 소송 사례에 적용하여 그 의의를 여러 각도에서 논의하였다. 본론에서 지적된 몇 사항을 요약하는 것으로 결론을 대신하고자 한다.

먼저, 종중원의 토지매각 대금 분배에서 종중 여성들의 제외는 종중에 대한 기여를 기준으로 한다는 기준이 허위이고 규범적으로 평등권의 위배라는 것을 밝혔다. 종회에 실질적으로 적극적으로 기여해 온 여성들의 활동을 무시하였고, 어떤 활동도 하지 않았던 남성들에 대해서 무지했기 때문이다. 따라서 기여도를 기준으로 한 배분은 기여도가 아니라 단순히 성별에 의한 분류였는데 이에 대해 대법원은 2005년 여성이 종중 구성원이 될 수 없다는 판결을 파기함으로써 종중의 새로운 원칙과 역사를 쓸 수 있는 초석을 만들었다.

이 글에서는 앞서 살펴보았던 길리건, 맥키논, 웨스트, 스콧 그리고 포스트식민주의 이론을 모두 적용하여 본 소송에서 표출된 "여성의 목소리"의 의미를 해석하였다. 기혼의 여성 후손들은 혈통적으로는 후손일지라도 종중원이 아니라는 애매한 지위는 결국 한국 가족과 종중 체계의 "그늘진 자리"를 폭로시켰다. 그녀들의 목소리와 지위를 통해 한국 가족과 종중들 다시 재구성할 수 있는 기회가 열린 것이다. 이러한 목소리를 낸 결과, 본 소송 이후 다른 종중들에서도 유사한 소송이 이어졌고 여성의 종중원 지위 및 종중 재산분배에 관한 새로운 판결이 내려졌다. 여성들의 목소리를 통한 종중원 자격에 관한 투쟁은 탈식민적이고 성평등한 가족과 친족의 실천으로 나아가는 데 커다란 힘과 영감을 주었다.

이렇게 여성의 목소리에 주목하는 법여성주의 방법론은 단지 법적 원칙과 규범을 따라 목소리를 반영하는 것이 아니라 오히려 법과 사회가 경청해야 할 여성들의 이야기를 귀중한 자원으로 삼으려고 한다. 여성 종중원 소송의 경우와 같이 당사자들의 체험, 갈등, 고통에 관한 자료가 더 많이 생산되었기를 희망한다. 앞으로 젠더법학을 포함한 법학연구 및 실무에서 이런 이야기들(narratives)의 수집과 분석이 더욱 활발히 일어나야 할 것이다. 나아가, 포스트식민 여성주의 법학은 식민주의의 지속된 유산을 가시화하고 비판하는 것에 넘어서서 그 대안을 구성하여 진정하게 식민주의 유산에서 벗어나는 것을 목표로 삼는다. 이러할 때, 여성주의 법학은 여성에 "관한" 법학을 훨씬 넘어서서 여성의 "입장에서" 새로운 사회 비전을 제시하는 보편적 시선이 될 수 있다.

[20년 이후 후기]

이 글은 필자가 2003년 11월 5일에 열렸던 "한국 법여성학의 전망과 과제" 학술대회에서 발표했던 글이다. 100년을 아로새기는 서울대 법대 역사상 최초로 법여성학 내지 젠더법학을 주제로 했던 이 학술행사에서는 이은영 교수(전 외대 법학과), 김선욱 교수(전 이화여대 총장), 조미경 교수(전 아주대 법학부), 김엘림 교수(전 방송대 법학부), 박숙자 전문위원(국회여성위원회)이 발표하였고 심영희 교수(전 한양대 사회학과), 김도균 교수(서울대 법학전문대학원), 진선미 변호사(현 국회의원), 조순경 교수(전 이화여대), 조현옥 대표(여성정치세력연대)가 토론자로 참여했다. 멀리서 김혜숙 교수(미국 Long Island University, 사회학과)도 오셔서 특별 발표를 하였다. 사회자로는 안경환 교수(전 서울대 법대 학장), 곽배희 소장(한국가정법률상담소), 권태환 교수(서울대 사회학과)께서 수고하였다. 지금 돌아보니 더욱 기라성과 같은 참여자들이었다. 학술회의의 기획에는 정인섭 교수(당시 BK21 법학연구단 공익인권법센터 센터장)의 강력한 지원이 있었고 필자가 행사를 주로 조직하였다. 그날의 학술대회는 서울대 법대에서 법여성학이라는 분야가 창설된 것에 대한 축하의 분위기가 넘쳤다. 주류적 실정법 해석을 주로 해 왔던 교육기관에서 법여성학을 어떻게 가르치고 앞으로 어떻게 나아갈지에 대한 관심이 상당히 높았던 것 같다.

우리는 법대에 있는 백주년 기념관 소강당(오전)과 대강당(오후)에 걸쳐서 온종일 성황리에 학술행사를 마쳤다. '서울대에서 법여성학을 한다는 것'은 소수자의 입장에서서 법학을 비판하고 재해석해야 한다는 점에서 서울대로서 그리고 나 자신으로서도 가보지 않은 길이었다. 특히 학부와 대학원 학생들에게도 법대의 법여성학의 과목의 신설이란 더욱 새롭고 신기한 것이었으리라. 필자는 당시 서울대 법대 최초의 여교수로 임용되었는데, 그것은 여성 교수의 임용을 요청했던 법대 학생들의 '부름'에 당시 학장단(안경환 학장, 한인섭 교무부학장, 정긍식 학생부학장)의 소중한 응답으로 가능하지 않았을까 생각해 본다.

이 글은 여성의 입장을 대변한다는 것은 단순하지도 자명하지 않고 이론적 사유와 실천을 요하는 일이라는 점을 말하고자 쓰게 되었다. 페미니즘이라는 것은 하나의 흐름이 아니라 여러 사유와 논리들이 공존하고 시대와 장소에 따라 탄력적으로 변화해 왔다. 이 글에서는 은유이자 육성(肉聲)으로서 '목소리'(말이 아니라)를 중심으로 해서 서구의 페미니즘 이론을 재구성해 보았다. 즉 관계적 페미니즘 법학, 지배의 페미니즘 법학, 현상학적 페미니즘 법학, 포스트식민 페미니즘 법학 등의 조류에서 여성의 목소리가 가지는 의미를 논한 다음, 그것을 당시 소송 중이었던 '여성종중원 확인 소송'에 적용하여 페미니즘 이론과 소송의 의미를 새겨보았다. 대법원은 본 판결을 위하여 공개변호 방식을 취하였고 국민과 전문가 집단을 상대로 한 의식조사를 실시하였으며 변호사들을 통해 원고 여성들의 목소리를 청취하는 등 '목소리 방법론' 절차의 일면을 보여주었다고 평가한다. 여성의 '목소리 방법론'은 이 논문에서 최초로(!) 제안한 것으로 필자는 생각하는데, 20년이 지난 지금 여성의 목소리, 소수자의 목소리와 같은 표현은 학계와 언론 등에서 널리 사용되는 일반명사가 된 것 같다. 반가운 일이다.

사실 필자에게 목소리 방법론은 일본군 성노예제 피해자의 증언연구에서 개발되었고 활용되었다 할 수 있다. 알다시피, 김학순 피해생존자가 근 50년 동안의 침묵을 깨고 '부끄러운 것은 내가 아니라 일본 정부'라고 발언하였다. 이런 본질을 관통하는 목소리는 또 다른 피해자들에게 자신을 드러낼 수 있는 용기를 주었고 수많은 시민들의 공감을 불러일으켰다. 1992년경부터 시작된 한국의 피해생존자 증언조사연구는 현재까지 100 사례를 넘는 심층 면접자료를 축적하였다. 증언조사연구 결과는 진실과 정의의 실현, 피해자의 회복, 시민들의 집합기억을 재형성하는 데에 필수불가결한 자원이 되었고 울림이 되었다. 이외에도 목소리 방법론은 한국 근대사에서 발생했던 공권력 피해자 연구, 이행기 정의 연구, 주류에 포함되지 못했던 소수자 연구 등에서 널리 활용되고 있다.

20년 전, 처음 서울대 법대에 임용되었을 때 '새로운 시각을 열리라'고 했던 나의 포부는 정말 미미하게만 이루어졌다고 자평한다. 그럼에도, 서울대 법대에서의 법여성학의 시작은 우리 법대가 우리 사회의 낮은 목소리에 그 문호를 활짝 개방한다는 것을 의미하고, 역으로 젠더문제를 포함한 여러 사회문제들에 서울대 법대가 '존재한다'는 것을 의미한다고 본다. 때때로 법원에서, 변호사 모임에서, 그리고 여러 모임에서 나의 강의로부터 영향을 받았다는 법률가, 연구자, 활동가들을 만나게 되면 매우 기쁘다. 또 아는가. 내가 모르는 어떤 곳에서 여성주의 법학 나아가 진실한 도반들이 자라나고 있을지. 인류의 저변을 이루는 기층민들의 목소리를 대변하고 대리하고 해석할 수 있는 도반들이 많아진다면 그들은 수많은 사람들을 태우고 길을 건너는 커다란 수레(大乘) 역할을 할 것이다.

10

세계화 속에서의 한국 형사사법적 정의*

백태웅(교수, 하와이대 로스쿨)

I 글머리에

형사정책연구원 설립 30주년 학술행사에 기조발언자로 초청해 주신 한인섭 원장님 이하 형사정책연구원의 여러 관계자님들께 깊이 감사드린다. 한국형사정책연구원과 약간의 활동을 함께 하면서 우수한 연구원들의 활동에 깊은 존경의 마음을 갖고 있는 저로서는 이렇게 중요한 행사에 함께하게 된 것을 매우 영광스럽게 생각한다. 저는 지금 하와이대학교 로스쿨의 교수로서 국제인권법과 국제형법, 비교법, 한국법 등을 가르치고 있고, 또 유엔인권이사회의 강제실종실무그룹의 위원이자 부의장으로 활동하고 있다. 저의 학술적 연구 영역 중 한 부분이 비교형법 및 형사 절차이어서 형사정책연구원의 행사에 참여하여 배울 기회가 있다는 것 자체에 대해서도 매우 기쁘게 생각하고 있다. 특히 오늘 컨퍼런스의 주제인 인간으로서의 존엄과 가치와 형사사법적 정의는 인권이 부인되고 인간에 의한 인간의 억압이 난무하는 세계 각국의 참담한 인권 유린의 현장에서 내가 매일 씨름을 벌이고 있는 화두이기도 하다.

II 유엔 강제실종실무그룹

지난 주 5월 13일부터 22일까지의 기간 동안 제네바에서 열린 유엔인권이사회 강제실종실무그룹 118차 회의가 열렸다. 강제실종실무그룹의 정기회의는 약 1−2주의

---

* 이 글은 한국형사정책연구원 개원 30주년을 기념하여 2019. 5. 31. 열린 「30주년 유관학회 공동학술회의」 "인간 존엄과 가치의 형사사법적 실현"의 기조연설문임을 밝힌다.

기간 동안 신규 청원 및 기존 계류 사건 등 여러 강제실종 케이스를 다루고, 여러 정부대표, 시민사회 대표, 피해자 가족, 기타 전문가를 만나 협의하고, 해당 국가의 실종문제 해결을 위한 방향을 논의한다.

강제실종 실무그룹은 유엔 인권이사회의 특별절차 중의 하나로서 유엔 회원국 내에서 일어나는 강제실종 문제에 대한 청원을 받아 그 내용을 심사하고, 해당 국가에 실종자의 운명이나 행방을 조사할 것을 요구하여 가족에 통보하고, 또 실종 문제의 양상이나 원인, 그리고 그 해결 방법을 연구하기 위하여 국가방문을 행하고 보고서를 내거나, 일반적 위반 사항(general allegation), 보도자료(news release), 기타 통보 (other letters) 등을 발간하고, 주제별 연구 결과를 유엔 인권 이사회와 유엔총회에 보고한다.

현재 유엔 인권 이사회 특별절차로는 국가별 절차(14), 주제별 절차(43)를 포함하여 대략 57개가 있으며 80명의 독립전문가가 활동하고 있다. 강제실종 실무그룹은 1980년에 설립되어 유엔 특별절차 중에 가장 오래된 절차로서 세계의 5개 지역에서 각각 선임되는 5명의 위원과 제네바에 기반을 두고 있는 사무국 직원들에 지원을 받아 일을 하고 있다.

이번 118차 제네바 회기 약 10일의 기간 동안 420여건의 사건을 다루었으며, 지난 기간 방문한 우크라이나 국가방문 보고서를 조율하고, 유엔에서 최근 최대의 쟁점 중의 하나인 비정부행위자(non-state actors)에 의해서 벌어지는 강제실종 문제를 어떻게 다룰 것인가의 문제에 대한 토론, 강제실종이 벌어질 경우 국가가 이에 대해 조사해야 할 의무에 대한 주제 보고서 검토 등 논의와, 각 정부 대표단, 시민사회 대표단, 피해자 가족 면담 등으로 바쁜 시간을 보냈다.

여담이지만 사람들은 유엔에서 일하는 것을 부러워하는 경우도 있는데 이 일이 굉장히 중요하고 의미있는 일이긴 하지만 쉽지 않은 과정이기도 하다. 원래 유엔에서 일년에 세번 정도 정기 회기에 참석하고 약간의 일을 더 하면 되므로 큰 부담이 없을 것이라고 설득했는데 막상 위원이 되고 보니 매일 아침 수십통의 이메일이 제네바에서 와 있고, 회기는 물론 비회기에도 매일 일을 처리해야 하고, 국가방문도 해야하며 글도 써야 하는 등 상당히 큰 업무 부담을 지는 과정이었다. 특히 인간이 인간의 존엄성을 훼손하는 제도와 관행, 폭력 속에서, 인간성을 회복하고 고통받는 절망 속의 희생자들과 함께 희망을 만드는 일을 해야 하는 과정이어서 심리적 부담은 결코 가볍지 않다는 것을 고백하지 않을 수 없다.

실무그룹은 정기 회기에서 강제실종 케이스를 다루는 외에도 국가 방문을 진행한다. 작년 6월 진행된 우크라이나의 방문에서는 키에프의 정부 지역과 그곳에서 정부에 의해서 벌어진 실종문제만이 아니라 러시아에서 통제하는 크리미아, 그리고 반군이 독립정부를 세우고 있는 소위 도네츠크 인민공화국, 루한스크 인민공화국을 포격이 교환되는 전선을 직접 통과하여 방문하고, 그 쪽 반군대표와 민간 단체, 적십자사, 피해자의 가족, 실종 후 살아남은 사람들을 인터뷰하였다. 그 내용은 오는 9월 유엔인권이사회에 보고할 예정이다. 2015년 11월엔 스리랑카 국가방문을 하였다. 스리랑카는 저희가 방문하는 기간동안 20여명의 양심수를 석방하고, 강제실종협약 가입을 약속하고, 실종자 사무소(Office of Missing Persons)를 설치하기로 하여 그 약속을 이행하는 등, 아직은 미진하지만 변화의 가능성을 보여 주고 있다. 그 외에도 현지 세션의 일환으로 모로코(2016)와 벨기에(2018), 그리고 올 2월에는 보스니아헤르체고비나 공화국의 사라예보를 방문하였다. 유엔의 활동은 매우 제약이 많고 현실 속에서의 힘은 미약하지만 다른 희망이 모두 봉쇄된 지역에 희망을 주고 있는 것도 사실이다.

이번 회기 중에 특히 많은 논의가 된 파키스탄의 경우, 여러 그룹의 파키스탄 실종문제관련 대표단을 만났고, 실종자 가족의 직접 증언과 추가정보를 들었으며, 유엔 파키스탄 담당사무소의 특별보고, 또 파키스탄 대사와 참사관과 직접 회의를 해서 파키스탄 내부의 인권 문제에 대한 심도 깊은 논의를 하였다. 쉽게 상상할 수 있는 것처럼 정부 대표와 민간 대표단은 정반대의 극단적으로 상치되는 입장을 제기하고 있으며, 냉철한 현실 인식 속에서 정확한 입장을 취하기 위해 엄청난 노력을 해야 한다.

파키스탄의 실종 후 살아남은 당사자와 함께 온 한 실종자가족은 작년에 우리 회기에 와서 유엔에 직접 청원을 제출한 후, 이번에 다시 미팅에 와서 시민단체와 가족에 대한 파키스탄 당국의 보복과 가족 탄압 상황을 자세히 보고하였는데, 여러 곳에서 반복해서 보복에 관한 보고를 듣고 있지만 이 사례는 자못 충격적이었다. 작년 유엔과의 미팅에서 실종 문제에 대한 청원서를 제출한 지 얼마 지나지 않아, 가족의 집에 괴한이 습격하여 기물을 파손하고 문서들을 절취해 갔다고 하였다. 유엔 서류가 정식 접수되고 난 후에는 정보기관과 정부에서 계속 접촉을 하면서 끊임없이 감시를 한다고 했다. 실종 사건 신고 후 지난 4년 동안 아무것도 하지 않던 정보기관과 경찰은 유엔에 이 사건이 보고된 이후 연일 유엔, 유엔 하며 정보를 수집하러 다니며, 가족들에게 유엔에의 청원을 철회하라고 계속 요구하고 있지만, 활동가들과 가족들은 목숨을 걸고 이를 거절하고 있다고 한다. 그리고 정보기관과 정부가 유엔

청원을 철회하라고 협박하는 것을 보면서 이 사건을 해결할 수 있는 유일한 희망은 유엔이라 생각한다고 말하였다. 그들 정보기관과 경찰은 실종자를 찾는 데 주력하는 것이 아니라, 실종자 가족들에게 납치자가 정보부(ISI)나 군정보기관(MI), 군대가 아닌 신원미상의 기관이었다고 말하라며 압력을 넣고, 협박하고 감시하고 있으며, 심지어는 해외에 있는 가족까지 협박하는 등 심각한 탄압을 이 시간에도 계속하고 있다.

또 다른 사례로 정보기관의 일원으로 종사하던 사람이 내부적인 갈등 으로 인해 외국 정부의 간첩으로 몰리면서 실종자들이 수감되어 있는 곳에 함께 수감되었다가 살아나와 그 사건의 실태와 비밀 감옥에 수용되어 있는 다른 사람들에 대해 목숨을 걸고 증언한 경우도 있었다. 그러한 상황에서도 그러면서도 사법기관의 핵심인물이 "사랑과 전쟁의 문제에서는 모든 것이 용납된다"는 가당찮은 얘기를 하고 있다고 하니 끔찍하지 않을 수 없다.

이러한 일이 우리나라에서는 더 이상 벌어지지 않으니 남의 나라의 일이라고 외면하고 말 것인가? 동시대 90여개 국가에서 55,000여 건의 강제실종이 유엔에 보고 되어 그중 45,000여 건이 아직 계류 중이라는 점을 잊어서는 안 된다. 우리의 지난 어두운 과거도 그 속에 담겨 있으며, 아직 다 밝혀지지 않은 북한의 인권현실도 그 속에 숨어 있고, 앞으로 인권이 보장된 한반도와 세계질서를 창출하기 위해서는 반드시 해결해야 할 공동의 과제라고 생각하지 않으면 안 된다.

III 인간의 존엄과 가치, 행복추구권, 그리고 인권

우리가 형사사법적 정의와 관련하여 헌법 제10조의 인간으로서의 존엄과 가치, 행복추구권을 마음대로 이야기하고, 유엔 세계인권선언과 인권 조약 전체를 망라하는 인간의 존엄, 또 양도할 수 없는(non-derogable) 인권을 이야기하는 시대에 산다는 것은 참으로 기적 같은 일이다.

여기 이 자리에 과거에 감옥 살이 경험하신 분이나 사법시험을 치고도 떨어졌다가 뒤늦게 합격증을 받으신 분도 계시고, 지지난해 겨울 광화문에서 겨우내 촛불을 들고 민주주의를 위해 노심초사하며 거리를 채웠던 많은 분들이 계시지만 사실 우리에게 인권과 인간의 존엄, 사법적 정의라는 말은 당연히 보장되는 것이라고 말하기 어렵고, 모든 것이 새롭고도 새로운 일이다.

형법 시간에는 인간의 본질이 성선설인지 성악설인지, 형벌의 본질이 응보인지,

일반예방 또는 특별예방인지, 교육인지 또는 억지인지 등 많은 고매한 이론적 내용을 다루지만, 우리의 과거를 돌아 보면 법과 형벌이 시민의 권리를 보호하는 수단이 아니라 지배세력이 국민을 억누르고 규제하는 도구요 몽둥이였으며 정당한 행위가 형벌로 처벌받던 시절이 있었다. 그리고 우리가 겪어온 형사사법적 문제는 우리 법 시스템의 기본 관념과도 밀접히 관련이 있다.

여기서 커먼로 시스템과 시민법 시스템사이에 존재하는 근본적인 차이를 짚어 보는 것이 의미가 있다. 커먼로 국가에서는 시민법국가와 달리 선례기속의 원칙(stare decisis)이 법의 형성과 작동에 중심적인 역할을 하고 있다. 아울러 법의 정신의 관점에서 보면 법과 국가기관의 역할이 무엇인가에 대한 이해 방식에 있어서 근본적 차이가 있다. 커먼로시스템은 성문입법과 판례법에 의지하되 해당 사안에 적용할 명시적인 법이 없더라도, 법정이 이해 당사자가 대등하게 권리를 다투는 공정한 경기장을 제공하고 판사가 최대한 공정한 심판의 역할에 머무르면서 양 당사자, 또는 검사와 피고가 대등하게 다투는 재판을 통해서 새로운 법을 만들어 내는 과정으로 법의 작용을 바라 보는 반면, 시민법은 법이 이미 존재 하고 있는 것으로 상정하고, 판사와 검사는 실체적 정의를 실현하고 보장하는 당사자의 역할을 해야 한다고 본다.

이와 비슷한 맥락에서 법의 존재를 미리 상정하기보다는 당사자의 직접적 역할을 강조하는 커먼로 국가에서는 수백 페이지의 계약서를 써야만 계약이 이루어 지는 사안에 대하여, 시민법 국가에서는 몇 페이지의 계약서로 계약을 대신하고, 미진한 부분은 등기절차나 법규, 약관 등 여러 장치가 그 내용을 채운다는 식으로 접근한다. 검사와 피고가 법정에서 대등하게 다투어야 하며 절차적 정의로서의 적정절차를 보장하는 것이 무엇보다 강조되는 커먼로와 달리, 시민법국가에서는 검사는 물론 변호사도 실체적 진실을 추구하고 실체적 정의를 실현하는 의무를 져야 하고, 또 검사는 때로는 무죄를 구형하는 의무를 지게 하는 등, 두 체계는 정의를 실현하는 길에 대해 근본적으로 다른 접근을 하고 있다. 시민법국가 중에서도 극단적인 일본 군국주의와 총독부의 법시스템과 독일의 법실증주의의 영향을 많이 받은 우리에게는, 악법도 법이라는 극단적 법실증주의와 국가기관의 규문적(inquisitorial) 재판절차가 당연한 법체계로 받아들여졌고, 권위주의 또는 군사독재 체제하에서 법과 법기관 자체가 권리 보호기관의 역할을 하지 못함으로써, 헌법이 보장하는 인간적 존엄에 근거한 형사사법적 정의가 실현되지 못하고 법 자체가 두려움과 경원의 대상이 되었던 시대를 경험하였다.

지난 시절 많은 사람에게 형사사법적 정의, 법을 통한 인간의 존엄성을 실현한다는 것은 지난한 투쟁의 과정이었다. 국가기관, 법 집행 기관이 인간의 존엄을 보호하는 것이 아니라 침해하는 시스템 아래에서 한국 현대사는 민주주의를 이루기 위한 고귀한 저항의 역사이기도 했고, 새로운 법적 정의의 기초를 세우기 위한 건설의 과정이기도 했다. 이러한 민주주의의 회복, 법의 지배를 이룩하기 위한 노력이 이제는 어느 정도 성공했다는 것이 꿈만 같다.

특히 한국 사회가 지금도 과거를 바로 세우기 위한 노력을 진행하고, 사법개혁, 검찰개혁을 추구하며, 공수처와 검경 권한 조정 등 형사사법적 정의를 제대로 보장하기 위한 모색을 계속하는 것은 인간의 존엄이 보장되지 않았던 어두운 시대를 경험해 온 지난 역사 때문에 더욱 절실하다고 하겠다. 과거사 청산, 적폐 청산, 사법부와 검찰, 경찰 등 법집행 기관의 근본적 개혁, 그리고 오랫동안 무시되어 왔던 여성의 권리를 본격적으로 재조명하게 하는 미투 운동, 나아가 권력 중심이 아니라 시민과 피해자 중심의 시각에서 형사사법적 정의를 재조명하려는 노력도 크게 보면 같은 맥락이라고 하겠다.

한국에서의 형사적 정의는 사실 한국전쟁과 냉전, 국가보안법과 북한의 존재, 나아가 미국, 중국, 일본, 러시아 등의 주변 각국과의 관계와 정세에 의해서 계속 왜곡되어 왔으며, 여전히 한반도와 주변지역의 평화 실현 및 통일의 성취로 나아가기까지 넘어야 할 고비가 많다.

특히 국가안보나 북한의 문제가 연계될 때 인간의 존엄과 가치는 도전에 직면하는 경우가 많았으며, 아직도 강력한 검찰과 사법부의 권력과 권위 속에서 형사 범죄자의 인권을 위한 적정절차의 보장, 정치적 풍향을 타지 않는 형사절차의 진행, 나아가 피해자에 대한 충분한 배려 등의 면에서 더 개선되어야 할 영역이 많다고 하겠다.

Ⅳ   국제사회의 일원으로서의 한국 형사정책의 역할

세계화되어 가고 있는 오늘날의 국제 질서 속에서 한국의 위상을 생각해 보면, 국내에서의 인간의 존엄과 가치 및 인권의 보장을 위해 노력하는 것에 그치는 것이 아니라 세계 속에서 한국이 해야 할 일을 심각하게 고려해야 할 때가 되었다.

국제형사재판소의 기초가 되는 로마규정은 반인도범죄, 전쟁범죄, 제노사이드, 평화를 침해하는 죄 등을 국제범죄로 규정하고 일국의 주권을 넘어서 보편적 처벌이 가능한 범죄로 만들었다. 그리고 우리 나라도 국제 형사 재판소에 관한 로마규정

(Rome Statute of the International Criminal Court)을 비준했을 뿐만 아니라 그 내용을 담아 국제형사재판소 관할 범죄의 처벌 등에 관한 법률도 제정하였다.

그러나 실제로 한국 정부와 사법부 및 법률기관이 한국 내부만이 아니라 세계 각국에서 진행되는 이러한 국제범죄와 싸우기 위한 노력은 매우 제한적이다. 국제형사사법공조는 우리의 범죄인을 국내로 송환하기 위한 제한적 장치로 해석되고 있다. 한국이 가령 스리랑카나 아프가니스탄, 미얀마, 나아가 아프리카의 사법적 정의를 지원하기 위한 노력을 하는 것이 시기상조인가? 유엔 의무분담금 납부액에서 한국이 세계 12위인 현실을 생각할 때 국제적 인권의 실현과, 국제범죄의 예방 조치, 국제적 평화를 위한 노력은 더욱 확대될 필요가 있다.

마찬가지로 우리 정부는 2015년 유엔국제조직범죄협약(United Nations Convention against Transnational Organized Crime)에 우리가 가입하고 그 이행을 위해서 인신매매 등을 포함한 형법 개정을 하는 등 일정 정도 세계화 속에서의 한국의 역할을 받아들이고 있는 것이 사실이다. 그러나 그것이 어디까지나 한국의 국내적 시야에 한정되어 있기 때문에 진정한 의미에서 국제적 차원에서 형사사법적 정의를 실현하고 인간의 존엄과 가치를 보장하며, 인권이 꽃피게 하는 일에 앞장서는 것에는 훨씬 미치지 못하는 것이 현실이다. 국제 폭력 범죄와 형사 공조, 범죄인 인도, 범죄 예방 퇴치를 위한 협력 등을 좁은 국내적 시각에서만 보아서는 안된다. 한국의 형사사법적 정의를 세계화된 사회 속에서 돌아보는 국제적 시각이 필요하다.

얼마전 제네바에서 북한 국가정례인권보고(UPR)를 참관하러 오신 형사정책연구원의 김한균 박사와 만나서 비핵화와 남북 북미 평화 협상이 전면에 부상되어 있는 조건에서 북한 인권을 제기하는 것이 갖는 현실적 어려움에 대해서 함께 얘기를 나누었다. 사실 북한의 인권문제 제기하는 것이 북한을 상대로 하는 추상적 정치슬로건을 제기하기 위한 것만이 아니라는 것에 의견을 같이 했다. 현재 북한인권기록 보존소에서는 여러 차원에서 북한에서의 인권침해에 대한 정보를 모으고 있다. 이를 북한 인권 상황을 개선하고 실제적 형사사법적 개혁을 추동할 수 있는 방법으로 사용할 필요가 있다. 북한 지도부에 대한 정치적 공격과 북한 체제 비판 못지 않게 북한 국경에 있는 한 집결소나 교화소, 또는 관리소에서 모월 모일 모시에 진행된 성폭력의 특정 가해자의 처벌과, 그 사건의 조직적 은폐 등 구체적 범죄 행위를 제기하고 그러한 내용을 제기하는 것이 더욱 큰 변화를 만들 수 있다. 그러한 하나하나의 인권 유린이 광범위하고 체계적으로 진행되는 것이 바로 반인도적 범죄이다. 실제적 인권 개선을 위한 창조적 노력이 필요하다고 생각된다.

사실 이번에 북한은 국가별 정례인권검토(UPR)에 10명의 정부 대표단이 참석하였고 63개 권고 항목을 거부했지만 199개 항목에 대해 고려하겠다는 입장을 밝히기도 했다. 강제실종 실무그룹에 북한이 보내 오는 답변은 아직도 대체로 적대적 세력들의 정확하지 않은 정보에 기반하여 인권이라는 이름 하에 정치적 목적에 따른 공격에 불과해서 답변을 거부한다는 것이다. 하지만 북한의 현재 형사사법체계에서 평양공민법의 운용 방식이나 관리소 시스템 등을 보면 강제실종의 문제는 제도화 되어 있어서 이에 대한 법제도적 개선이 시급하며 북한도 결국 그러한 문제를 개선하지 않고는 버틸 수 없을 것으로 믿고 있다. 북한에서의 형사사법적 정의를 실현하기 위한 노력은 결코 미룰 수 없는 현실적 과제라고 생각한다.

유엔을 통한 세계적 활동에서, 또 가까이는 아시아 지역에서도 한국은 더 많은 역할을 해야 한다. 한국 내부의 문제만 보지 말고 한국을 넘어선 형사 정의의 실현에 더 많은 기여를 해야 한다. 나는 아시아에도 인권재판소가 설립되어야 한다고 믿고 있고, 아시아인권헌장과 인권규약의 내용을 정리하는 일에도 깊은 관심을 갖고 있다. 아시아는 세계 속에서 진정 아시아가 아시아 답게 내세울 수 있는 영역과 정체성을 찾아 내고, 세계를 위한 기여를 할 수 있어야 하며, 한국은 그 속에서 나름대로 지도적 역할을 하여야 한다.

V   형사사법적 정의와 형벌의 적정 수위

이제 최근 국내에서 진행되는 상황과 관련한 문제에 대해 한 가지 덧붙이고 발표를 마치고자 한다. 사실 인간의 존엄과 가치는 추상적 가치가 아니고 형사적 절차 속에서 관철되어야 할 가치이다. 그러한 점에서 형사사법적 정의를 실현하는 과정에서 지나치게 강력한 검찰권의 행사, 모든 사회 문제의 형사문제화, 그리고 구속과 징역형 등 직접적 인신구속과 형사처벌의 남용은 있어서는 안 될 일이다. 형사범죄화의 과잉은 필연적으로 개인적 자유의 침해로 귀결되고 궁극적으로 국가에 의한 인간의 본질적 존재에 대한 규제로 나아간다.

오늘날 한국의 형사사법적 정의의 실현과 인간의 존엄과 가치, 인권의 보장의 관점에서 보면 구속과 징역형이 지나치게 남발되는 것이 아닌가 하는 문제의식을 갖게 된다. 여러분들은 감옥에 가 보신적이 있는가? 교도소의 담장은 4.5m이어서 하늘을 제외하고는 완전히 바깥세계와 인간을 차단한다. 그리고 조그만 방에 당신을 밀어

넣고 당신의 등 뒤에서 철문이 쾅 하고 닫히고, 거기에도 자물쇠를 위와 아래에 각각 하나씩 채우고, 빌딩의 현관문마다 자물쇠, 통로마다 자물쇠, 끝도 없이 문과 자물쇠로 봉쇄된 곳에 밀어지는 상황을 상상해 보라. 법정에서 "이 사람을 사회로부터 영원히 격리해 달라"라는 검사의 구형을 경험해 본 나로서는 교도소와 형벌 사용을 남발하는 법률 시스템의 위험에 경종을 울리지 않을 수 없다. 교도소 안에서 벌어지는 일에 대해서도 깊이 있게 생각해 보기를 제안한다. 사형제가 인간을 근원적으로 부정하고, 법과 도덕, 인간의 존엄의 승리를 원천적으로 포기하는 장치인 것처럼, 사람을 감옥에 가두고 자유를 박탈하는 것도 인간의 존엄에 대한 최악의 한계상황을 만드는 것이다. 꼭 필요할 때 형벌을 사용하고, 꼭 필요할 때 구속영장을 청구, 발부하고, 꼭 필요할 때 징역을 살리는 것은 필요 불가결한 일이지만, 구속과 실형의 이면에서 사회의 건강성을 강화하고, 감옥에 있는 사람들조차 사회로 제대로 복귀시킬 수 있는 메커니즘도 함께 고민해야 한다.

검찰이 수사권과 기소권을 모두 가지고, 그 휘하에 경찰청과 지방경찰청, 일정하게는 국정원, 보안사, 심지어는 군수사기관까지 포함 범죄의 수사와 기소의 전면적인 개입을 하는 엄청난 권력을 가진 나라는 세계에서 유례를 보기 어렵다. 과거 구소련이나 사회주의 체제에서는 그런 사례가 있었지만, 한국 현대사 속에서 검찰의 잣대가 공정하지 못하고 정치적 풍향과 조직의 이해가 형사사법적 정의에 영향을 미치기도 했던 과거를 이제 넘어서야 한다. 그러한 점에서 제대로 된 형사사법적 정의의 실현을 위해 공수처를 설치하고 검경 권한 분리 조정을 포함한 법원과 검찰의 개혁은 미룰 수 없는 일이다. 어떻게 그것이 가능할 것인가에 국민적 지혜가 필요하며, 해당 기관의 이해관계에 휘둘리기보다는 균형잡힌 시각으로 국민의 자유와 권리, 인간의 존엄을 보장하는 새로운 법적 질서를 창출하기 위한 과정을 만들어 나가야 할 것이다.

Ⅵ 결론

사실 한국은 이제 세계 어느 나라에 비해서도 헌법주의와 법의 지배 인권과 형사법적 정의가 강하게 성숙해 나가고 있는 나라이다. 한국 사회의 사법개혁, 검찰개혁은 절망적 상황에 대한 절망적 몸부림을 계속하고 있는 많은 나라에 비하면 매우 다행스러운 지점에 와 있는 것이 사실이다. 그러나 우리는 인간으로서의 존엄과 가치가, 그리고 헌법을 통하여 표출된 민중의 보다 넓고 깊은 민주주의에 대한 요구가 지속적으로 현실에 안주하려는 이기심을 넘어서지 않고는 진전되지 않는 다는 점을 잘 알고 있다. 그래서 우리는 현실의 불의로 부터 눈을 돌리고 변화를 거부하는 것을 용인해서는 안 된다.

이상의 관점에서 나의 입장을 정리해 보면 다음과 같이 요약될 수 있을 것 같다. "인간이 중심이 된 형사사법적 정의를 지향하며, 필요한 최소한의 형벌적 규제와 최대한의 자유를 보장하는 속에서, 범죄로 부터 인간과 사회를 보호하며 적정절차를 드높이는 형사사법적 정의를 실현하고, 나아가 평화와 통일에 봉사하며, 국제 사회의 평화와 정의 실현에 기여하는 형사사법적 정의가 이 땅에 실현될 수 있도록 최선을 다해야 할 것이다." 긴 이야기를 들어주신 것에 깊이 감사드린다.

11

인권에 대한 관계적 접근*

이주영(연구교수, 서울대학교 인권센터)

I 서론

　코로나19 감염병 사태는 두 가지 사실을 확인시켜 주고 있다. 하나는 사람들은 모두 유한한 몸을 가진 존재로서의 취약성을 지니고 있고 서로 긴밀하게 연결되어 있다는 점이다. 또 하나는, 특별히 관심을 두고 대책을 고안해 내지 않는 한, 위기 상황에서의 피해는 불평등하게 경험되고 기존의 불평등을 강화한다는 점이다. 요양시설, 정신병원, 집단거주 사회복지시설에서 생활하는 노인, 장애인 등이 집단감염에 노출되는 일이 여러 나라에서 공통적으로 나타났다. 콜센터, 물류센터와 같이 밀집된 노동환경에서 일하는 노동자들 사이에서 집단감염이 속출하였다. 경제활동의 중단 내지 축소는 불안정 노동자, 소규모 자영업자·프리랜서, 빈곤층에게는 소득 상실, 임대료 체납, 빚의 증가를 의미한다. 여러 나라에서 실시했거나 하려고 하는 긴급 지원이 삶의 위기에 놓인 사람들에게 안전망이 될 정도로 적절하고 충분한지 살피는 것이 절박하게 요청된다. 주소지가 없어서, 이주민이어서 긴급 지원에서도 소외되는 사회적 약자가 존재한다. 휴교·휴원·이동 제한 등이 시행되는 상황에서 가정에서의 돌봄노동이 현격히 늘었고, 주로는 여성의 부담 증가로 나타나고 있다. 사회적 돌봄이 필요한 장애인, 노인, 취약계층 아동 등은 돌봄의 사각지대에 놓였다. 공공도서관·체육·문화시설의 장기화된 휴관 및 폐쇄는 공공시설 의존도가 높은 취약계층이 자유를 행사할 수 있는 공간 면적을 좁혔다.[1] 인지·감정·사회적 측면의

---

* 이 글은 이주영, "인권에 대한 관계적 접근", 법과사회 제65권, 법과사회이론학회, 2020에 게재되었음을 밝힌다.

1) 공간 및 소유가 자유에 대해 갖는 함의에 대해 Waldron, Jeremy, "Homelessness and the Issue of Freedom", *UCLA Law Review*, Vol. 39, 1991, 295–324 참조.

발달에 대면관계가 필수적인 어린이·청소년에게 장기화된 온라인 교육이 어떤 영향을 미칠지에 대한 연구와 대책이 절실하다. 적지 않은 사람들은 감염 그 자체보다, 감염으로 인해 일자리나 소득원을 잃게 되는 것, 그리고 사회적 비난을 받게 되는 것을 더 두려워한다. 최초 감염자가 발생했던 국가 출신, 아시아계, 또는 외국인에 대한 혐오, 확진자들에 대한 사회적 낙인과 차별이 세계적 현상이다. 이처럼 감염병 피해와 대응 과정에서의 사회·경제적 부담은 현존하는 사회의 불평등을 반영하거나 강화하는 방식으로 나타나고 있다. 감염병 사태가 선명하게 드러내 주는 인간의 취약성과 사회 불평등 문제에 대해 인권은 어떤 역할을 할 수 있을 것인가.

판데믹 상황에서 다양한 인권[2] 문제를 포착하는 동시에 인권 문제 전반을 관통하는 주요 요소로 취약성과 불평등을 강조하며 감염병 대응의 방향 모색을 촉구하는 인권 논의가 분명히 존재한다. 유엔인권최고대표사무소의 「코로나19 지침」[3]이나 한국의 코로나19인권대응네트워크의 「코로나19와 인권: 인간의 존엄과 평등을 위한 사회적 가이드라인」[4]이 대표적인 예이다. 하지만 감염병을 둘러싸고 인권과 관련된 가장 주된 대중적 담론[5]은 개인의 자유를 개인 및 공동체의 안전과 건강의 대립항에 놓고 보는 것이다. 타인의 자유나 안전은 나의 문제가 아니고 각자가 자신을 돌보도록 국가는 개입하지 말라는 식의 태도가 한쪽 극단에 있다면, 또 다른 극단에는 타인들을 바이러스의 매개체인양 경계하며 나와 공동체의 안전을 위해 각종 제한조치에 무조건 순응할 것을 요구하는 태도가 존재한다. 대립하는 양쪽의 태도가 보이는 공통점은 건강상 또는 사회·경제적 차원의 취약성에 눈을 감음으로써, 취약성은 개인들이 알아서 감당해야 할 문제로 만든다는 점이다. 자유와 안전·건강 사이의 경합의 문제로 감염병을 비롯한 위기 상황의 인권에 접근하는 것은, 중요성을 갖는 양쪽의 가치 중 하나만 선택하거나 포기할 것을 요구한다. 또한, 자유든 안전이든 그 향유에 사람들 사이에 격차가 존재한다는 점을 제대로 포착하지 못한다. 이러한 문제는 판데믹 시대에 더 극적으로 드러나 보이지만, 근본적으로는 자유주의적 개인주의를 전제로 하는 권리에 대한 주류적인 시각에 내재되어 있는 한계라고 할 수 있다.

국제인권법은 차별금지와 평등을 기본 원칙이자 권리로서 보장하고 있고, 자유권

---

2) 이 글에서는 인권과 권리를 혼용하여 사용한다. 필요한 경우에는 권리의 성격을 분명히 밝혀주는 방식으로 '법적 권리' 등의 용어를 사용한다.

3) OHCHR, *COVID-19 Guidance*, 13 May 2020. https://www.ohchr.org/EN/NewsEvents/Pages/COVID19 Guidance.aspx (최종접속일: 2020.10.5.)

4) 코로나19인권대응네트워크, 『코로나19와 인권: 인간의 존엄과 평등을 위한 사회적 가이드라인』, 2020.

5) 여기에서 인권에 대한 대중적 담론이라 함은 언론이나 소셜미디어 등에서 감염병을 둘러싸고 자유나 권리가 언어화되는 방식을 말한다.

과 사회권을 동등하게 인권으로 인정하고 있다. 하지만 인권이나 기본권에 대한 전통적인 시각은 현대인권규범의 잠재적 유용성을 제한한다. 권리에 대한 전통적인 접근은 자율성이나 프라이버시를 타인으로부터의 분리로 개념화한다. 타인은 위협을 구성하는 요소로 상정된다.6) 이러한 접근으로는 타인과의 협력을 통한 인권의 실현을 이끌어내기가 어렵다. 사회권에 대한 인식이 진전되기는 하였지만 여전히 사회권을 부정하거나 소극적으로만 접근하는 태도가 강하게 작동하며, 개인에 대한 국가의 부당한 간섭을 규율하는 문제로 인권을 축소해서 이해하는 경향도 여전하다. 차별금지와 평등권은 비교군과의 동일성을 전제로 부당한 구별을 판별할 것을 관습적으로 요구하다 보니, 동일성을 설명할 비교군 없이 차이와 취약성이 사회제도와 관행에 의해 고착화되는 문제를 다루는 경우에는 난점을 보인다. 권리 분석의 지배적인 형태는 특정 시점에 발생하는 특정 개인의 권리에 대한 간섭이 정당화될 수 있는지 여부를 핀셋으로 부품을 분해하여 보듯 하는 것인데,7) 이러한 접근은 전체적인 맥락과 관계성 속에 위치해 있는 권리 문제를 놓치기 쉽다. 또한, '트럼프(으뜸패)'8)라는 비유를 통해 나타나는 권리에 대한 전통적인 인식은 다른 공익이나 효용과의 경합에서 권리가 갖는 도덕적 가치를 분명하게 인지한다는 점에서 의의가 있지만, 다양한 권리의 문제가 중첩적으로 나타나는 상황, 즉 '트럼프'가 여럿인 상황에서 그러한 접근은 유효성을 잃는다.9)

이 글은 대안으로서 인권에 대한 관계적 접근을 고찰해 보고자 한다. 현대인권규범은 반복되는 위기 속 점증하는 취약성과 불평등 문제에 대처할 수 있는 잠재적 유용성을 갖고 있지만, 이러한 권리 규범의 해석과 실천을 도울 관점과 이론은 여전히 자유주의적 개인주의의 자장 안에 머물러 있는 것처럼 보인다. 하지만 이러한 한계를 넘어, 인간의 상호의존성과 취약성을 인지하면서 권리가 품고 있는 존엄, 자유, 안전, 안녕과 같은 기본적 가치를 관계성 속에서 이해하고자 하는 접근이 이미 모색되어 왔다. 캐나다의 법학자 제니퍼 니델스키(Jennifer Nedelsky), 미국의 법학자 마사 미노우(Martha Minow), 윌리엄 싱어(William Singer) 등이 권리에 대한 관계적 접근을 발전시킨 대표적인 학자들이다. 이 글은 인권에 대한 관계적 접근이 넘어서고자 하

---

6) Herring, Jonathan, "Forging a Relational Approach: Best Interests or Human Rights?", *Medical Law International* 13(1), 2013, 32–54, 47면.

7) Herring, Jonathan, "Compassion, Ethics of Care and Legal Rights", *International Journal of Law in Context* Vol. 13(2), 2017, 158–171, 164면.

8) Dworkin, Ronald, *Taking Rights Seriously*, Harvard University Press, 1978.

9) Lacey, Nicola, "Feminist Legal Theory and the Rights of Women", in Karen Knop. ed., *Gender and Human Rights*, Oxford: Oxford University Press, 2004, 13–56.

는 것은 무엇이고, 인권에 대한 관계적 접근이 대안적으로 제시하는 관점과 실천은 무엇인지를 논의하고자 한다. 이를 위해, 자유주의적 개인주의에 대한 비판적 논의로부터 시작해, 권리에 대한 관계적 접근의 형성에 영향을 미친 법현실주의와 돌봄 윤리를 검토한다(Ⅱ). 이어서, 권리에 대한 관계적 접근을 발전시킨 주요 학자들의 저작을 중심으로, 관계적 접근이 지향하는 주요 내용을 취약성과 권력에 대한 통찰, 분리가 아닌 관계의 재구성을 통한 권리와 내재적 가치의 실현, 권리 실현을 위한 공유된 책임으로 나누어 살펴본다(Ⅲ). 이 글은 인권에 대한 관계적 접근의 의의와 향후 과제를 결론으로 제시하며 끝을 맺는다(Ⅳ).

Ⅱ 인권에 대한 관계적 접근: 이론적 배경

인권에 대한 관계적 접근은, 사람은 고유하게 개별적이면서도 다른 사람들과 연결되어 있는 사회적 존재이며, 사회적 관계가 사람들의 인권의 향유에 영향을 미친다는 인식을 전제로 한다.[10] 또한 인권을 어떻게 해석하고 실천하느냐에 따라 사람들 사이의 관계도 다르게 구성, 재구성된다는 점을 중요하게 포착한다.[11] 관계로서의 인권에 대한 인식은 권리의 바탕이 되는 가치가 무엇인지, 어떠한 관계가 그러한 가치들을 잘 실현할 수 있는지를 인권 해석과 적용에서 중심적인 질문으로 삼는다.[12]

1. 자유주의적 개인주의와 관계적 접근

인권에 대한 관계적 접근은 자유주의적 개인주의를 비판적으로 사고하면서 권리를 재구성하고자 하는 시도라는 점에서,[13] 자유주의적 개인주의에 대한 비판적 논의를 먼저 살펴본다. 현대인권규범은 하나의 사상에 뿌리를 두어 발전한 것으로 환원해

---

10) Minow, Martha, *Making All the Difference: Inclusion, Exclusion, and American Law,* Ithaca and London: Cornell University Press, 1990; Nedelsky, Jennifer, "Reconceiving Rights and Constitutionalism", *Journal of Human Rights* 7(2), 2008, 139–173; Sherwin, Susan, "1. Relational Autonomy and Global Threats", Jennifer J. Llewellyn, Jocelyn Downie (eds.) *Being Relational, Reflections on Relational Theory and Health Law,* UBC Press, 2011, 13–34.

11) Nedelsky, 앞의 글, 139면.

12) Nedelsky, 앞의 글, 142–143면.

13) Minow, 앞의 글, 152면; Nedelsky, 앞의 글, 148면; Sherwin, 앞의 글 14면.

설명하기 어렵지만,[14] 고유한 존엄과 양도할 수 없는 권리를 가진 개인이라는 관념은 기본적으로 자유주의적 정치사상을 바탕으로 한다. 자유주의적 개인주의는 합리적이고 자립적인 개인을 전제로 하며 타인 또는 국가의 방해가 없는 상태로서의 자유를 핵심적으로 지향한다. 이러한 사상이 근대혁명에 주요한 이념적 원천을 제공했고 현대사회에 이르러서도 "자의적 권력의 횡포를 막는 역할"[15]을 담당하였음은 주지의 사실이다. 현대 민주주의 사회의 헌법상 권리 체계도 권리를 개인주의적 인간관과 결부시키는 자유주의적 정치사상의 중심적 영향력 하에서 발전하였다.[16] 자유주의는 "국가와 교회, 국가와 시민사회, 국가와 대학, 국가와 가족, 공적 영역과 사적 영역 등의 분리를 통해 개인들로 하여금 종교와 양심의 자유, 경제활동의 자유, 표현의 자유, 학문의 자유, 프라이버시 등의 권리를 향유할 수 있게 하였다."[17]

이렇듯 자유주의적 개인주의는 인권 개념의 태동에 주요한 역할을 했지만, 인권을 확장하고 실천하는 데 있어 중요한 한계를 드러내기도 하였다. 인권을 실현하는 데에는 사람들 사이의 유대와 협력이 바탕이 되어야 하는데, 자유주의적 개인주의는 개인의 고립과 소외를 조장한다는 비판을 받았다.[18] 개인의 존엄성에 대한 또 다른 위협인 "'경제 권력'에 대항할 수 있는 이론적 무기를 제공하지 못"할 뿐 아니라,[19] 경제적 자유주의의 경우 식량, 주거, 보건의료, 교육과 같은 인간의 기본적인 필요를 권리로서 보장하고 시장에 제한을 가하는 것에 소극적이거나 적대적이기도 하다. 자유주의적 개인주의는 자립적인 성인을 규범으로 하기에, 이러한 인식 하에서 아동, 장애인, 경제적으로 자립하지 못하는 사람 등은 '정상규범'을 이탈한 잔여적 존재들로 여겨진다.

권리에 대한 관계적 접근은 자유주의적 개인주의에 대한 비판적 인식을 공유한다. 니델스키는, 자족적이고 독립적인 개인을 전제로 하는 자유주의적 개인주의의 인간관은 사람들이 욕구의 충족, 역량의 발전, 자유의 추구, 사회적 참여에서 타인과 상호 연결되어 있는 현실을 간과한다고 지적하였다.[20] 자유주의적 개인주의는 실제 관

---

14) 조효제, 『인권의 문법』, 후마니타스, 2007, 92면.

15) 유홍림, "1장 현대 자유주의와 인권의 보편성", 『인권의 정치사상: 현대 인권 담론의 쟁점과 전망』, 이학사, 2011, 75-104, 77면.

16) Nedelsky, 앞의 글, 148면.

17) 유홍림, 앞의 글, 78면.

18) 자유주의적 개인주의가 원자적 개인을 전제로 한다는 점에 대한 비판은 공동체주의와 여성주의 관점에서 주로 제기되었다. Walzer, Michael, "Liberalism and the Art of Separation", *Political Theory* 12(3), 1984, 315-330; Nedelsky, "Reconceiving Autonomy: Sources, Thoughts and Possibilities", *Yale Journal of Law and Feminism* 1, 1989, 7-36, 8면.

19) 유홍림, 앞의 글, 78면.

계 속에 개인들이 어떻게 위치해 있고 그러한 관계가 개인들의 삶을 어떻게 조건 짓고 인권의 향유를 제한하거나 증진하는지를 잘 설명할 수 없다. 이러한 한계 속에 틀 지어진 자율성 논의는 사회적으로 유리한 위치에 놓인 사람들이 훨씬 많은 기회와 더 다차원적인 선택지를 가졌다는 점, 즉 특권과 권력이 자율성의 실현에 어떻게 작동하는지를 제대로 포착하지 못한다.[21] 또한, 미노우는, 자유주의적 개인주의를 바탕으로 하는 권리 이론이 자의적 구분에 대항하여 평등을 구현하는 데 기여하였지만 여성, 장애인, 아동, 소수집단 등을 다르게 구분 짓는 지배적인 사회구조와 규범에 대해서는 문제제기하지 않는다고 비판하였다.[22]

2. 법현실주의와 돌봄 윤리

관계적 접근은 자유주의적 개인주의의 한계를 넘어 관계성으로서 권리를 재개념화하고자 하였다. 권리에 대한 관계적 접근에 영향을 준 사상적 뿌리를 찾아가다 보면, 미국의 법현실주의(legal realism)과 페미니즘의 돌봄 윤리(ethics of care)를 만나게 된다. 미국의 법현실주의와 페미니즘의 돌봄 윤리 각각이 관계적 접근에 어떻게 연결되는지 살펴본다.

(1) 법현실주의와 관계적 접근

법현실주의는 20세기 초반 당시 지배적이었던 형식주의 법학을 비판하며 등장하였다.[23] 형식주의 법학(formalism)은 법을 과학에 등치시키면서 법적 결론은 일반적 원리원칙을 근거로 "논리적이고 객관적이고 과학적인 추론 과정을 통해" 도출된다고 보았다.[24] 반면, 법현실주의는 "법은 발견되는 것이 아니라, 만들어지는 것"이라고 보았다.[25] 법현실주의에 따르면, "법은 인간의 경험, 정책, 윤리에 기초한 것이자, 그

---

20) Nedelsky, 2008, 149면.

21) Sherwin, 앞의 글, 14면.

22) Minow, 앞의 글, 108면.

23) 조기영, "미국의 법현실주의 논쟁에 관한 고찰", 「법철학연구」 제10권제1호, 2007, 281–314; 최봉철, "법현실주의", 「미국학」 Vol.20, 1997, 1–40; Singer, Joseph William, "Legal Realism Now", *California Law Review* 76(2), 1988, 465–544, 474면; 싱어의 논문은 Laura Kalman의 Legal Realism at Yale:1927–1960에 대한 서평의 형식을 빌려, 법현실주의의 주요 논지와 지적 유산에 대해 풍부하게 논의하고 있다. 싱어는 Walter Wheeler Cook, John Dewey, Felix Cohen, Moris Cohen, Leon Green, Wesley Newcomb Hohfeld, Oliver Wendell Holmes, John Dawson, Roscoe Pound, Karl Llewellyn 등의 저작을 중심으로 법현실주의를 분석하였다.

24) Singer, 위의 글, 497면.

러하여야만 하는 것"이고, 법적 원칙들은 "역사적·사회적 맥락에서 특정 목적을 달성하기 위해 고안된 사회적 구성물"이었다.[26] 법현실주의의 또 하나의 중요한 지적 유산은, 시장이 공적 영역과 엄격히 분리된 영역으로서 스스로 조정가능하다는 사고가 법 현실과는 거리가 먼 신화임을 비판하고 시장에서의 사적 권력이 공적 권력만큼이나 위협적임을 드러낸 것이다. 19세기 후반에서 20세기 전반기의 고전적인 법사상가들은 계약의 자유에 기반을 둔 사적 영역을 정부 규제의 공적 영역으로부터 엄격히 분리하고자 했고, 시장은 국가의 관여 없이 자유계약에만 기초해 스스로 조정할 수 있다는 사고하에 있었다.[27] 하지만 재산권이나 계약에 대한 권리를 포함해 어떠한 법적 권리든 타인에 대한 의무를 부과하기 때문에 그러한 권리와 의무 관계를 규정하고 집행하기 위해서는 국가의 규제 틀을 기본적으로 요구한다.

이러한 인식을 진전시키는 데 미국의 법학자 웨슬리 호펠드(Wesley Hohfeld)의 연구가 크게 기여하였다.[28] 호펠드는 권리는 네 가지 권리요소(청구권, 자유권, 권능 또는 형성권, 면제권)로 분류되거나 각 권리요소의 조합의 성격을 가지고 있고, 각 권리요소는 상응하는 의무관계(의무, 청구권 없음, 처분 아래 놓임, 권능 없음)를 수반한다고 분석하였다.[29] 자유는 국가의 통제로부터 개인을 보호할 뿐 국가는 개인들 사이의 관계와는 무관한 것으로 여기는 것이 고전적 사고였지만[30] 호펠드는 자유는 자기집행적이지 않고 상응하는 타인들의 의무 관계를 수반하기 때문에 궁극적으로 국가의 역할을 요구한다는 점을 강조하였다.[31]

법현실주의자는, 국가의 규율이 시장에서 누구의 이익을 더 보호하는가, 국가 규율을 통해 시장에서의 권력이 어떻게 분배되는가를 중요하게 질문하였다.[32] 계약의 자유에 대한 전통적 시각에 따르면, 노동자들이 경제적 빈곤함 때문에 적은 임금과 열악한 처우를 수용한다 해도 그러한 고용 계약이 형식상 자발적인 것이라면 그대로 집행되어야 마땅하다. 하지만 법현실주의자들은 고용주나 부유한 자산가와 같이 사

---

25) Singer, 위의 글, 474면.

26) Singer, 위의 글, 474면.

27) Singer, 위의 글, 478면.

28) Hohfeld, Wesley, "Some Fundamental Legal Conceptions as Applied in Judicial Reasoning," *Yale Law Journal* 23, 1913, 16-59.

29) Hohfeld, 위의 글, 30면; 김도균, "권리 담론의 세 차원: 개념 분석, 정당화, 제도화", 「법철학연구」 제7권 제1호, 2004, 181-210, 184-186면.

30) Singer, William, *Entitlement: Paradoxes of Property*, New Haven and London: Yale University Press, 2000, 133면.

31) Hohfeld, 앞의 글, Singer, 앞의 글 133면; Minow, 위의 글 279면.

32) Singer, 1988, 482면.

적 권력을 가진 사람들은 그러한 권력에서 열위에 있는 사람의 자유의사를 무력화시킬 수 있다는 점을 지적하면서, 법질서가 자유를 수호하고자 한다면 자유를 누릴 수 있는 조건이 모두에게 동등하지 않다는 점부터 사고해야 한다고 보았다.[33] 법현실주의자들은 법원이나 국회가 더 많은 권력을 가진 사람들의 자유를 우선시하여 법적 판단을 하거나 입법을 하는 경향이 있음을 지적하였고, 힘의 열위에 있는 사람을 보호하지 않는 정부의 부작위 역시 작위만큼이나 자유를 해칠 수 있다는 점을 강조하였다.[34] 나아가, 민주사회에서 정부의 목적이 권력을 견제하고 자유를 보호하는 것이라면 사용자보다 힘이 없는 노동자의 권리를 인정하고 보호해야 한다고 주장했다.[35] 법현실주의는 공·사 권력의 작동과 더불어 권리와 자유에 대한 경합하는 해석들이 시장에서 각기 다른 위치에 있는 행위자들의 관계를 어떻게 다르게 형성 또는 변형하는지를 예리하게 드러냈다.

법현실주의는 권리에 의해 권리 보유자인 개인과 정부, 그리고 다른 사람들 사이의 관계가 어떻게 형성되는지를 중요한 분석 대상으로 삼았다. "권리가 자유를 보호한다면, 누구의 자유가 보호되는 것이고 누구에게 그 비용을 지불하게 하는 것인가"라는 질문은 관계성으로서 권리를 사고해야 함을 요구하는 것이고,[36] 이러한 시각은 권리에 대한 관계적 접근으로 연결되었다.

(2) 돌봄 윤리와 관계적 접근

돌봄 윤리(ethics of care)는 인간은 상호의존적이고 돌봄의 사회적 관계망을 필요로 하는 존재라는 인식에서 출발하여, 타인의 필요를 살피고 응답하는 돌봄에 중요한 도덕적 가치를 둔다.[37] 미국의 도덕심리학자 캐롤 길리건(Carol Gilligan)은 1982년 『다른 목소리로: 심리 이론과 여성의 발달』이란 책을 통해, 어떠한 관계로부터도 독립된 상태에서 공정, 권리, 평등에 대해 원리적 사고를 하는 것을 인간의 도덕적 심리 발달에서 가장 높은 수준의 단계로 제시하는 기존의 도덕심리이론을 비판하였다.[38] 어려운 도덕적 판단이 요구되는 상황에서 여성들은 구체적 맥락과 관계 속에

---

33) Singer, 위의 글, 482-487면.
34) Minow, 앞의 글 281면.
35) Minow, 위의 글, 281면.
36) Minow, 위의 글, 283면.
37) Gilligan, Carol, *In A Different Voice: Psychological Theory and Women's Development*, London & Cambridge: Harvard University Press, 1982; Held, Virginia, The Ethics of Care: Personal, Political and Global, Oxford, New York: Oxford University Press, 2006. 김희상·나상원 (역), 『돌봄: 돌봄 윤리: 개인적, 정치적, 지구적』, 서울: 박영사, 2017.

서 돌봄과 책임의 문제를 중심으로 사고하는 경향을 보이는데, 길리건은 그것이 종래의 도덕심리이론이 전제하듯 더 낮은 도덕 발달 단계를 의미하는 것이 아니라 다른 도덕적 관점을 나타내는 것이라고 보았다.[39] 즉, "돌봄, 관계 속의 연결된 자아, 맥락적이고 구체적인 사고를 중심으로 한 돌봄 윤리"는 고유의 가치가 있고, 공정, 평등, 개인의 권리와 같이 추상적 원칙을 중심으로 하는 정의 윤리와 우열 관계가 아니라는 것이다.[40]

돌봄 윤리가 관계를 중시하고 살피는 돌봄의 가치를 자칫 여성의 것으로 본질화하여 성별분업화된 돌봄 체계를 정당화하지 않을까 하는 우려가 제기되기도 한다.[41] 하지만 길리건은 맥락과 관계 속에서 구체적으로 사고하고 감응하는 패턴이 여성들에게서 경험적으로 많이 관찰되었다는 점을 알린 것이지, 돌봄 윤리의 문제를 성차에 기인한 것으로 본질화하는 것은 아니다.[42] 돌봄을 사적인 문제로 여기고 희생을 강조하면서 돌봄 노동을 여성에게 주로 전가해 온 기존의 질서는 여성에게 억압적이었고 남성들에게는 타자와의 연결 속에서 관계를 돌보는 도덕적 성숙의 경험을 축소하였다. 이러한 점에서 사람들 사이의 상호의존성을 재인식하고 돌봄 관계에서 윤리적 가치를 확인하는 것은 "보편적인 인간성 전체의 회복을 위한 것"이다.[43]

돌봄 윤리를 통해 길리건은 "도덕문제가 해석될 수 있는 대안의 관점"을 제시하였다고 미국의 철학자 버지니아 헬드(Virginia Held)는 평하였다.[44] "보편적 도덕원칙이 강조되고 이 원칙이 구체적인 사례와 가치에 어떻게 적용될 수 있는지를 합리적인 논쟁으로 보여"주는 것이 '정의 관점'이라면, 길리건은 구체적인 관계 속에서 사람들의 필요에 더 관심을 두며 도덕적 판단에서 맥락과 서사를 중시하는 '돌봄 관점'을 새롭게 제시했다.[45] 돌봄 윤리는 이후 페미니즘 안에서 공명을 일으키며 페미니즘 윤리학으로 발전해 나갔다.[46]

---

38) Gilligan, 앞의 책, 27-31면.

39) Gilligan, 위의 책, 59-62면.

40) 김은희, "4. 캐롤 길리건: 정의 윤리를 넘어 돌봄 윤리로", 『현대 페미니즘의 테제들』, 사월의 책, 2009, 117-152면: 148면; Gilligan, 위의 책, 62-63면; 173-174면.

41) 허라금, "관계적 돌봄의 철학: 필요의 노동을 넘어 정치적 행위로", 『사회와 철학』(35), 2018, 67-90: 81면.

42) 김은희, 앞의 글, 136-137면.

43) 김은희, 위의 글, 142면.

44) Held, 앞의 책(번역서), 62면.

45) Held, 위의 책, 62면.

46) Tronto, Joan C., Moral Boundaries: A Political Argument for An Ethic of Care. New York: Routledge. 1993; Kittay, Eva Feder, Love's Labor: Essays on Women, Equality, and Dependency, New York: Routledge, 1999; Held, Virginia, The Ethics of Care: Personal, Political and Global,

돌봄 윤리는 "자족적이며 비의존적인 인간이 아니라 관계적 존재로서의 인간"을 전제로 한다.[47] 사회구성원을 "비의존적이고 자유로우며 평등한 합리적인 행위자"라고 가정하는 주류 도덕이론은 사람들의 각기 다른 조건과 취약성을 고려한 윤리적 논의를 어렵게 만들고 돌봄을 필요로 하는 사람들이 명백하게 드러나는 경우에는 사적인 문제, 잔여적인 문제로 간주하는 경향이 있음을 돌봄 윤리는 지적하였다.[48] 생애주기의 각 시점마다 한 사람이 필요로 하는 돌봄의 정도는 다르지만, 우리에게 누구도 돌보지 않거나 돌봄을 받지 않은 채 지나가게 되는 삶의 시점은 없다.[49] 지금껏 돌봄노동은 그 가치를 제대로 인정받지 못한 채 주로 여성에 의해 이루어져 왔지만, 사람들은 돌봄의 사회적 관계망 없이는 살 수 없다. 이러한 점에서, 미국의 법학자 마사 파인만(Martha Fineman)은 취약성은 "인간이 처한 조건에서 보편적이고, 불가피하고, 지속적인 측면이며, 사회적·국가적 책임 개념의 핵심에 자리해야 한다"라고 주장한다.[50]

돌봄 윤리는 사적 차원에서뿐 아니라 공적 차원에서도 사람들 사이의 신뢰, 유대, 협력이 갖는 가치에 대해 통찰을 제공한다. 미국의 정치철학자 조안 트론토(Joan Tronto)는 돌봄 윤리는 "고용정책, 비차별, 학교에 대한 동등한 지출, 보건의료에 대한 충분한 접근성 제공" 등 모든 사람에게 충분한 돌봄 보장을 목표로 한다고 강조하였다.[51] 돌봄의 가치가 공공정책에 뿌리내린 사회에서는 보건의료, 아이돌봄, 교육, 시민교육, 그리고 문화생산의 활동이 상업적 가치에 잠식당하지 않도록 시장에 대해 정당한 한계를 설정하고 정부가 구성원의 필요에 제대로 응답하도록 하는 데 관심을 둘 것이다.[52] 돌봄 윤리는 "돌봄 관계의 토양을 유실"시키는 시장 규범이 식량, 주거, 보건의료, 교육과 같은 영역들을 지나치게 지배하는 것을 제어하는 데 도덕적 근거를 제공할 수 있다고 보았다.[53]

Oxford and New York: Oxford University Press, 2006, 김희상·나상원 (역), 『돌봄: 돌봄 윤리: 개인적, 정치적, 지구적』, 서울: 박영사, 2017.

47) Held, 위의 책, 36면.

48) Held, 위의 책, 169면.

49) Sevenhuijsen, Selma, "The Place of Care: The Relevance of the Feminist Ethics of Care for Social Policy", *Feminist Theory*, Vol.4, 2003, 179－197.

50) Fineman, Martha Albertson, "The Vulnerable Subject: Anchoring Equality in the Human Condition", *Yale Journal of Law and Feminism*, Vol. 20(1), 2008, 1－23, 8면.

51) Tronto, Joan C., "Care as a Political Concept", Nancy J, Hirschmann and Chritine Di Stefano (eds.) Revisioning the Political: Feminist Reconstructions of Traditional Concepts In Western Political Theory, Boulder, Colo.: Westview Press, 1966, 139－156, 140면.

52) Held, 앞의 책, 222－236, 246면.

53) Held, 위의 책, 222－229면.

그렇다면, 정의와 돌봄은 어떤 관계여야 하는가 논의할 필요가 있다. 헬드는 "정의, 평등, 권리, 자유를 구조화하는 틀은 돌봄, 관계성, 신뢰의 연결망과 어떻게 조화로운 접맥 지점을 찾아갈 수 있는가"[54]라고 묻는다. 돌봄 윤리 관점에 입각해, 헬드는 사회변화에서의 권리의 잠재적 가능성을 긍정하며 정의와 돌봄의 긴밀한 연계성을 강조한다. "여성들은 평등권 개념을 재정립하면서 출산휴가, 아이돌봄지원 그리고 보다 동등한 수당을 성공적으로 성취해왔다. 성희롱으로부터 자유로울 권리는 여성에게 덜 적대적인 작업환경을 조성해 왔다."[55] 또한, 필요에 대한 응답, 즉 돌봄이 권리 실현의 밑바탕이 된다는 점도 중요한 지점이다. 돌봄의 가치는 교육, 아이돌봄, 보건의료, 사회보장에 대한 공적 관심과 책임을 요구하며 사람들이 서로 살피고 돌보는 관계를 촉진한다.[56] 돌봄은 인간다운 생활에 대한 권리, 주거권, 식량권, 건강권, 사회보장권, 교육권과 같은 사회권 전반을 지지하는 윤리적 가치를 제공할 뿐 아니라, 신뢰와 협력의 관계를 촉진함으로써 타인에게 벌어지는 부정의와 고통에 대해 감응성을 발휘하고 연대할 수 있는 인권 실현의 바탕을 다지는 데 기여할 수 있다.

자유주의 이론이 돌봄 윤리에 대해 온정주의적 간섭으로 개인의 자율성을 침식할 것이라고 비판을 제기한다면,[57] '관계로서의 권리'는 인간을 타인들로부터 분리된 개인으로 보는 관점을 넘어서면서도 온정주의적 위험에 빠지지 않는 또 다른 길을 제시한다. 관계의 기저에서 작동하는 권력을 보지 못하거나 그대로 둔 채 돌봄을 강조하는 경우 자칫 의존을 구조화하는 관계를 영속시킬 위험이 있을 수 있다.[58] 돌봄의 부담이 불균등하게 분배되어 있는 상황에서 돌봄의 강조는 돌봄 노동을 주로 담당하는 여성이나 소수자 집단의 착취로 나타나기도 한다. 관계적 접근은 돌봄 윤리의 문제의식을 수용하면서 권리의 재구성을 시도한다. 권력과 취약성이 불균등하게 분포되어 있는 현재의 질서를 유지하거나 강화하는 것은 아닌지 주의를 기울인다.[59] 전통적인 권리 이론이 관계성을 경시해 왔음을 비판하는 동시에, 공적이거나 사적인 권력의 억압에 대항하는 데 유용성을 갖는 권리의 힘에 주목하면서 '관계로서의 권리' 접근이 발전되었다.[60]

---

54) Held, 위의 책, 138면.
55) Held, 위의 책, 173면.
56) Held, 위의 책, 139, 145면.
57) Held, 위의 책, 152-153면.
58) Minow, 앞의 책, 229면.
59) Minow, 위의 책, 219, 229면.
60) Minow, 위의 책, 283면.

Ⅲ   인권에 대한 관계적 접근: 이론적 발전

1. 관계적 접근에서의 차이와 권력

미노우는 전통적 권리 이론에서 주변부로 밀려났던 여성, 아동, 장애인, 역사적 소수자에 주목하며, 권리를 관계 속에 위치시키는 관계적 접근으로 권리의 재구성을 시도한다.[61] 전통적 권리이론의 한계를 비판하고 돌봄 윤리가 강조하는 사람들 사이의 상호의존성과 돌봄의 책임을 중요하게 인식하되, 권리 담론을 폐기하지 않는다. 미노우는 자연권과 사회계약 전통에 기반을 둔 고전적인 권리 이론이 이른바 자립 능력이 있고 '정상적'인 성인을 인간상으로 하면서 공적 권력으로부터의 자율성을 권리가 보호하는 거의 유일한 가치인 것처럼 전제하는 것을 비판한다.[62] 전통적인 권리 이론이 상정하는 규범적 인간상에 부합하지 않는 사람들, 이를테면, 장애인, 아동, 여성, 역사적 소수자 관점에서 보면, 위협은 이들이 처해 있는 공적·사적 공간의 위계적 질서, 그리고 자신을 알아서 돌보라고 하는 자유주의적 개인주의 양자 모두로부터 온다.[63] 하지만 전통적 권리 이론은 사적 영역에서의 권력 작동에 대해 관심을 두지 않고, 오히려 사적 공간에서 권력을 가진 이들에 대해 프라이버시라는 방패막을 제공한다.[64] 돌봄의 필요에 대해 응답하는 것은 사적 관계에서의 의무로 치부하여 이를 위한 공적 자원 배분의 필요성을 중요하게 사고하지 못한다.[65]

미노우는 차이 또는 취약성이 자칫 특정 사람 또는 집단의 속성에서 기인하는 문제인 것처럼 인식되고 보호나 돌봄을 이유로 기존 권력 불균형 관계가 유지·강화되는 현실에 대해 경각심을 촉구한다.[66] 전통적 권리 개념이 갖는 한계에도 불구하고, 권력을 견제하고 지배적인 장치들에 맞서 싸우는 데 여전히 권리가 중요한 언어와 기준을 제공한다는 점을 주목할 필요가 있다고 말한다. 미노우는 시장과 같은 사적 영역에서 법을 통한 권력의 작동을 조명한 법현실주의와 인간의 상호의존성과 돌봄 관계의 중요성을 강조한 돌봄 윤리로부터 얻은 통찰을 권리에 대한 관계적 접근을 통해 통합하고자 한다. 미노우는 이른바 '정상'과 '차이'를 구분하는 범주를 통해 권

---

61) Minow, 위의 책.
62) Minow, 위의 책, 107면.
63) Minow, 위의 책, 268면.
64) Minow, 위의 책, 378면.
65) Minow, 위의 책, 144면.
66) Minow, 위의 책, 215, 307-308, 382면.

력도 배분된다고 지적하면서, 차이를 구성하는 범주 자체를 문제시하고 취약성과 돌봄의 필요를 일부에게만 부담으로 전가하는 사회제도와 관행에 도전하는 데 관계적 접근이 갖는 유용성을 강조하였다.[67] 즉, 권리에 대한 관계적 접근은 의존의 관계에 결박된 것처럼 여겨지는 여성, 아동, 장애인, 소수자 등이 차이와 취약성을 재생산해 내는 공·사 권력 자체를 문제시하면서 자신들의 인간 존엄을 확보하기 위해 목소리를 낼 수 있도록 돕는다는 것이다.[68]

기존의 권리 이론에서는 정상인 '우리'와 돌봄의 필요가 있는 '다른' 타자의 권리가 대립하고 다투는 양상에 초점을 두고 주로 접근하였다면, 권리에 대한 관계적 접근은 사람들 사이의 연결과 돌봄을 돕기 위해 사회적 규범과 관행, 그리고 우리 모두의 관계를 어떻게 만들 것인가로 논점을 이동시킨다.[69] 그리고 취약성은 취약하다고 여겨지는 '타자'가 부담해야 할 문제가 아니라는 점을 강조하였다. 예컨대, 임신과 아동 양육을 일종의 일탈로 보아 임신이나 아동 양육을 병행하는 노동자에게 불이익을 가하는 남성 중심의 노동규범을 정비하는 것, 주류 언어가 서툰 이주 아동이 다니는 학교에서 이 학생의 '다름'을 문제시하는 방식으로 대책을 마련하기보다는 이주민 학생과 기존의 학생들이 양쪽의 언어를 배움으로써 양쪽이 모두 성장할 수 있는 관계를 모색하는 것이 그러한 예이다.[70] 또 다른 예를 든다면, 발달장애인 그룹홈을 부지 인근 주택 소유주들이 반대하고 시의 건축 관련 조례가 발달장애인에 대한 편견을 제도화하여 그룹홈 건축을 어렵게 하는 상황에서, 권리에 대한 관계적 접근은 비장애인 중심에서 만들어 낸 '다름'의 사회적 범주가 발달장애인을 사회적으로 고립시키고 배제해 왔음을 발달장애인 관점에서 고려할 것을 촉구한다.[71] 이러

---

67) Minow, 위의 책, 111면.
68) Minow, 위의 책, 383면.
69) Minow, 위의 책, 388-389면.
70) Minow, 위의 책, 228면.
71) 미노우는 발달장애인 그룹홈 관련 미 대법원의 판결문에서 이른바 '정상'과 '비정상'으로 사람을 나누는 접근, 권리 접근, 그리고 관계적 접근의 요소들이 각각 어떻게 나타나는지를 분석하였다. 이 사건은 미국 텍사스 주 클레번 시가 발달장애인 그룹홈 건축 신청을 부지 인근 주택 소유자들의 동의를 얻지 못하였다고 승인하지 않은 결정, 그리고 그 결정의 근거가 되었던 시 조례가 미 헌법 제14조 평등보호조항을 위반하는지에 대한 것이었다. 대법원 다수의견은 발달장애인 병원 및 시설 등에 대해 부지 인근 주택소유자들의 동의를 구하도록 요구하는 조례 자체는 위헌이 아니지만 이 사건에 조례가 적용된 방식은 평등보호조항을 위반하여 위헌이라고 결정하였다. 미노우는 다수의견에서는 '정상'과 '비정상'으로 사람을 나누는 접근과 권리 접근이 혼재하여 나타난다고 비판적으로 평하면서, 스티븐스 대법관과 마샬 대법관의 소수 의견을 권리에 대한 관계적 접근의 표현으로 주목한다. 스티븐스 대법관의 소수 의견은 발달장애인의 관점에서 이 사안이 어떠할지 논증을 시도하였고, 마샬 대법관은 발달장애인들이 학교·정치·일상의 사회생활로부터 배제되고 오랜 사회·문화적 고립에 처해 왔으며 그것이 사회에서 발달장애인에 대한 무지와 불합리한 공포를 강화시켜 왔음을 설시하였다. Minow, 위의 책, 102-120면.

한 관계적 접근에서 권리는 다른 가치나 효용과의 비교에서 늘 우선성을 갖고 논쟁을 종결시키는 '트럼프'[72]가 아니라, 권리 담론이 비전으로 두는 자유롭고 평등한 관계를 만들기 위해 소외되었던 사회적 약자와 소수자의 관점을 경청하고 어떠한 책임을 누가 져야 하는지를 논의하고 정하기 위한 대화의 언어로 작용한다.[73]

2. 관계적 접근에서의 자율성과 평등

"관계적 접근은, 권리가 실제로 수행하고 항상 해 왔던 것이 관계—권력, 책임, 신뢰와 의무의 관계—를 구성하는 것이었음을 분명히 함으로써 역사적 불균형을 시정한다. 법적 권리는 개인과 개인들에게 중요성을 갖는 가치를 보호할 수 있다. 단, 그러한 가치를 키울 수 있는 관계를 구조화함을 통해서 그러한 역할을 한다. 따라서 모든 권리, 권리 개념 그 자체는 관계성으로 이해하는 것이 최선이다."[74]

니델스키는 권리에 대한 해석과 집행은 사람들 사이에서 권력과 의무를 배분하면서 관계를 새롭게 형성하거나 변화시키는 기능을 한다는 점을 강조하였다.[75] 이러한 권리에 대한 관계적 접근이 전통적인 권리 개념보다 자율성(autonomy)과 평등의 가치를 구현하는 데 더 유용한 틀을 제공할 수 있다고 제안한다. 니델스키는 자율성, 평등, 존엄성, 안전과 같은 인간 삶의 핵심적 가치의 실현을 조건 짓는 것은 관계라고 보았다.[76] 사람들 사이의 관계가 어떻게 구성되느냐에 따라 기본적 가치들이 보호·증진될 수도 있고 역으로 위협을 받을 수도 있다는 것이다.

이러한 관계적 접근에 입각해서, 니델스키는 권리 분석의 틀을 제시한다.[77] 첫 단계에서는 어떠한 권리들이 관련되어 있으며, 그러한 권리가 보호하거나 추구하는 가치들이 무엇인지를 분석하는 것이다. 두 번째 단계에서는 어떠한 관계가 그러한 가치의 실현을 도울 것인지를 검토하는 것이다. 세 번째 단계는 권리에 대해 경합하는 해석들 중 가치의 실현을 도울 수 있는 관계를 형성하는 데 어떤 해석이 가장 적절한지를 평가하는 것이다. 관계에 대한 관심은 기본적으로 맥락적 사고를 중시한다.

---

72) Ronald, 앞의 책.
73) Minow, 앞의 책, 309면.
74) Nedelsky, 2008, 141면.
75) Nedelsky, 위의 글, 148면.
76) 제니퍼 니델스키, "서문 법의 관계: 자아, 자율성, 법에 대한 관계적 접근" (역자: 송윤진) 「아세아 여성법학」 제21호, 2018, 203-226, 205-214면.
77) Nedelsky, 2008, 141-142면.

미노우와 마찬가지로, 니델스키 역시 권리를 다른 가치나 효용에 우선하는 '트럼프'로 보는 수사가 상당히 호소력이 있지만, 그러한 접근으로는 권리 문제에 얽힌 다양한 가치와 관계성을 분석하기 어렵다고 본다.[78] 대신, "민주적 책무성에 대한 대화"를 촉진하는 것으로 권리를 이해한다.[79] 관계적 접근에서는 사람들이 위치해 있는 구체적인 현실과 관계에 대한 세심한 검토를 요구한다.[80]

전통적으로 자율성은 합리성을 바탕으로 한 인간의 독립성과 자기 이익의 추구로 이해되었다. 이와 달리, 관계적 자율성은 "사람들은 사회에 뿌리박혀 있으며, 행위자의 정체성은 사회적 관계 맥락에서 형성되고, 인종, 계급, 젠더, 민족과 같이 교차하는 복합적 사회적 요인에 의해 빚어진다"는 인식을 바탕으로 한다.[81] 캐나다의 철학자 수잔 셔윈(Susan Sherwin)은 인간은 사회적 존재라는 점을 환기시키면서, "완전한 독립이란 불가능하고 바람직하지도 않다"고 강조한다.[82] 셔윈에 따르면, "자율성을 독립과 동일시하는 것은 사람들이 다양한 방식으로 서로 의존하고 있는 점을 가리는 경향이 있"어, 돌봄의 관계망 속에서 책임을 정하고 분배하는 과제를 제대로 인식하지 못하게 한다.[83] 또한, 자율성을 독립이나 분리로 이해하는 것은 아동, 노인, 장애인 등 명시적으로 타인의 도움을 필요로 하는 사람들을 결핍된 존재로 고정화하는데 기여한다.[84] 사회제도와 관행이 어떻게 작동하느냐에 따라 사람들마다 자유롭게 선택할 수 있는 폭이 다르게 형성되고 여기에는 사회경제적 권력이 영향을 미친다.[85]

이러한 점에서 관계적 자율성은, "젠더, 인종, 연령, 장애, 성 또는 계급 (또는 이러한 범주의 다양한 조합)"과 같은 것들이 사람들이 자유를 행사하는 데 영향을 미친다는 점을 중요하게 고려한다.[86] 우리가 내리는 결정은 우리가 속한 관계와 다양한 책임들 속에서 이해될 수 있는 것이다.[87] 관계가 우리의 자율적 결정에 영향을 미친다는 것은 자율성을 제약한다는 의미도 있지만, 우리가 자율적 결정을 할 수 있는 능

---

78) Nedelsky, 위의 글, 147면.

79) Nedelsky, 앞의 글, 161면.

80) Herring, 2017, 167면.

81) MacKenzie, Catriona and Natalie Soljar, "Autonomy Refigured", Catriona Mackenzie and Natalie Stoljar (ed.) *Relational Autonomy: Feminist Perspectives on Autonomy, Agency, and the Social Self,* Oxford: Oxford University Press, 2000, 3-31, 4면.

82) Sherwin, 앞의 글, 14면.

83) Sherwin, 위의 글, 14면.

84) Sherwin, 위의 글, 14면.

85) Sherwin, 위의 글, 14면.

86) Sherwin, 위의 글, 15면.

87) Nedelsky, 1989.

력이 관계 속에서 배양될 수 있다는 의미이기도 하다.[88] 자율성은 외부의 간섭이나 위협이 없으면 당연히 존재하는 '상태'가 아니라, 사람들이 발전시키고 키울 때 실천할 수 있는 것이다.[89] 관계적 자율성에서 주목하는 것은 어떤 사회구조와 관계에서 자율성을 키우고 발전시킬 수 있느냐는 것이다.[90] 이러한 관점에서 자율성과 관련한 핵심 개념인 '동의'(consent)에 접근한다면, 특정 시점에서 동의가 있었는지 여부로 논의를 축소하지 않고 특정 행위에 대한 동의가 이루어지는 사회문화적 맥락을 충분히 이해하는 것이 중요하게 요구되는 것이다.[91]

사람들의 삶에 핵심적이고 자율적 능력을 키우는 데도 도움이 되는 관계들이 있는가 하면, 사람들의 자율성을 억압하고 통제하는 관계들이 있다.[92] 다만, 전통적 권리 이론에서는 자율성을 국가나 다른 개인들의 침입으로부터 보호되어야 하는 것으로 주되게 사고한다면, 관계적 접근에서는 다른 사람들과의 관계에서 일정한 공간을 오려내는 것을 통해서가 아니라 사람들 사이의 관계를 다르게 형성함으로써 자율성이 진작될 수 있다고 본다.[93]

관계적 접근에서는 평등 역시, 필요와 능력을 비롯해 사람들이 각기 매우 다르다는 구체적 현실을 직시하면서, 서로의 인간 존엄을 인정하고 평등하게 대우하는 관계를 어떻게 구조화할 수 있을 것인가가 중심적인 질문이다.[94] 니델스키나 싱어는 현대국가에서 자원과 권력을 분배하는 기능으로서의 재산과 그것이 불평등에 미치는 영향에 특히 관심을 둔다.[95] 시장경제에서 소득과 부의 불평등은 효율성과 번영을 위한 당연한 전제로 여겨지고 있지만, 자유와 평등이라는 기본 가치의 의미를 어떻게 해석하느냐에 따라 재산에 대한 규범도 달라져야 한다. 재산에 대한 규범에 따라 권력이나 의무가 다르게 배분되고 사회관계가 다르게 형성되기 때문이다.[96] 민주주

---

88) MacKenzie, Catriona, "Imagining Oneself Otherwise", Catriona Mackenzie and Natalie Stoljar (ed.) *Relational Autonomy: Feminist Perspectives on Autonomy, Agency, and the Social Self*, Oxford: Oxford University Press, 2000, 124-150.

89) Nedelsky, 1989, 10면.

90) Nedelsky, 위의 글.

91) Herring, Jonathan, "Relational Autonomy and Rape", in Shelley Day-Sclater, Fatemeh Ebtehaj, Emily Jackson and Martin Richards (eds.) *Regulating Autonomy: Sex, Reproduction and Family*, Portland: Hart, 2009, 53-72.

92) Chen-Wishart, Mindy, "Undue Influence: Vindicating Relationships of Influence", *Current Legal Problems*, Volume 59, Issue 1, 2006, 231-266.

93) Nedelsky, 2008, 146면.

94) Nedelsky, 위의 글, 154면.

95) Nedelsky, 위의 글, 154-157면; Singer, 2000.

96) Singer, 2000, 139면.

의 사회가 전제로 하는 정치적 평등을 위해 일정 수준의 사회경제적 평등이 요구된다고 할 때, 시장에 의한 불평등한 분배는 복지제도와 세금을 통해 완화되어야 한다.[97] 보다 적극적으로는, 모든 사회 구성원들의 평등, 존엄, 자유, 안전과 같은 근본적인 가치를 실현하기 위해 어떠한 사회·경제·정치적 관계가 형성되어야 하는가를 탐색하고 그에 합당하게 재산에 관한 규범 자체를 새롭게 형성할 필요가 있다.[98] 사적으로 운영되더라도 일반에게 열려있는 시설에서는 인종·성별·종교·장애·성적 지향 등에 따라 이용자나 소비자를 차별해서는 안 되는 것, 사기업이라 하더라도 사람을 차별적으로 고용하거나 해고해서는 안 되고 노동자나 소비자의 안전에 대한 법적 의무를 갖는 것은 존엄·평등·자유·안전과 같은 기본 가치가 재산규범에 영향을 미친 사례들이다.

3. 인권 실현을 위한 공유된 책임[99]

인권은 개개인들이 다른 사람의 삶에 개입하지 않는 것으로 실현되지 않는다. 차별 없이 모든 사람이 인간으로서의 존엄을 인정받고 사회생활에 참여할 수 있는 권리는 사회 구성원들이 그러한 권리를 존중하는 것을 의무로 이행할 때 실현될 수 있다. 모든 사람이 인간다운 삶을 누릴 수 있는 권리는 사람들의 건강, 주거, 교육, 돌봄을 비롯한 적절한 삶을 사회적으로 보장하는 정책이 입안되고 사람들이 세금의 납부 등으로 그러한 정책을 뒷받침하기 위한 재정 조달에 연대할 때 가능하다. 사람들이 폭력적 상황에 처하지 않고, 각자 자신이 중요하다고 생각하는 가치를 추구하고 실행할 수 있고, 인간의 존엄성을 유지하면서 사회생활에 의미 있게 참여할 수 있는 조건을 향유하는 것은 개개인들이 그것이 가능하도록 하는 사회관계를 지지할 때 가능해진다. 인권에 저해가 되는 사회제도와 권력의 작동에 대해 도전하고, 인권의 실현을 촉진하는 관계를 형성하는 것은 사람들 사이의 협력과 연대를 바탕으로 한다. 국가의 의무를 환기시키는 것만으로는 충분치 않다.

미국의 정치철학자 아이리스 영(Iris Young)은 정의의 관점에서 개인과 집단 모두를 포함하는 행위자들의 책임 문제를 '사회적 연결모델'로 이론화하였다.[100] 미국의

---

97) Nedelsky, 2008, 156면.

98) Nedelsky, 위의 글, 156면.

99) 이 절에서는 책임과 의무를 혼용해서 사용하며, 법적 의무과 정치적·윤리적 책임의 구분이 필요한 경우에는 명시적으로 서술한다.

100) Young, Iris, *Responsibility for Justice*, Oxford: Oxford University Press, 2011, 허라금·김양희·천수

인권학자 캐서린 시킹크(Kathryn Sikkink)는 '사회적 연결모델'을 이론적 자원으로 하여, 인권의 실현을 위해 국가 아닌 행위자들이 공유해야 할 책임의 문제를 제기하였다.[101] 20세기 중반 이후 인권규범은 영역을 확장하며 눈부시게 발전해 왔지만, 현실과 규범 사이의 간극은 매우 크다. 시킹크는 인권과 책임 사이의 연결을 강화하는 것이 인권규범의 이상과 현실 사이의 간극을 좁히는 데 역할을 할 것이라고 제안한다.[102] 다른 사람들의 인권의 존중과 실현에 대한 책임이 수반되지 않고서는 "권리는 불완전"하기 때문이다.[103]

(1) 인권과 의무

인권이 의무와 책임을 수반한다는 것은 새로운 개념이나 제안은 아니다. 호펠드가 일찍이 분석하였듯이, 모든 권리는 의무와 쌍을 이룬다.[104] 미국의 철학자 헨리 슈(Henry Shue)는 생존에 대한 권리, 안전에 대한 권리, 자유에 대한 권리를 포함해 모든 권리는 그 권리를 "박탈하지 않을 의무", "박탈되지 않도록 보호할 의무", 권리를 누리기 위한 조건이 결핍된 사람들에게 "지원을 제공할 의무"를 수반한다고 인권이론을 제시하였다.[105] 권리는 타인의 작위나 부작위에 의해 침해되거나 향유되는 것이기 때문에 모든 사람은 다른 사람의 인권에 대해 일정한 의무를 갖는다. 물론, 관계의 성격에 따라 보호할 의무나 지원을 제공할 의무를 지게 되는 인적 범위는 달라진다. 유엔 인권조약기구는 인권조약의 해석지침인 일반논평(General Comments)에서 존중 의무(duty to respect), 보호 의무(duty to protect), 충족 또는 실현 의무(duty to fulfil)로 인권에 상응하는 의무를 분석하고 있다. 이것은 슈의 인권에 대한 의무의 세 가지 유형을 토대로 노르웨이의 인권학자 아스본 아이데(Asbjørn Eide)가 발전시킨 인권-의무 프레임워크를 변형하여 채택한 데 따른 것인데,[106] 국제법 하에서 기본적인 의무주체는 국가이기 때문에 유엔 인권조약기구의 인권-의무 분석틀은 국가를 일차적 수범자(受範者)로 한다.

정 (역), 『정의를 위한 정치적 책임』, 서울:이화여자대학교 출판문화원, 2018.

101) Sikkink, Kathryn, *The Hidden Face of Rights: Toward a Politics of Responsibilities*, New Haven and London: Yale University Press, 2020.

102) Sikkink, 앞의 책, 11면.

103) Sikkink, 위의 책, 6면.

104) Hohfeld, 위의 글, 30면.

105) Shue, Henry, *Basic Rights, Subsistence, Affluence and U.S. Foreign Policy*, Princeton, N.J.: Princeton University Press, 1980, 51-55면.

106) Eide, Asbjørn, "Realisation of Social and Economic Rights and the Minimum Threshold Approach", *Human Rights Law Journal* Vol. 10, 1989, 35-51.

일부 국제인권문서에서 권리뿐 아니라 의무에 대한 언급도 발견되는데, 1948년 채택된 '인간의 권리와 의무에 관한 미주 선언(American Declaration of the Rights and Duties of Man)'[107]이 가장 대표적이다. 이 선언 제29조에서 "개개인 모두가 자신의 인격을 충분히 형성하고 발전시킬 수 있는 방향으로, 각 개인이 다른 사람과의 관계에서 행동할 의무"[108]는 타인의 권리를 존중할 책임을 의미하는 것으로 해석된다.[109] 같은 해 유엔에서 채택된 '세계인권선언(Universal Declaration of Human Rights)'은 "모든 사람은 그 안에서만 자신의 인격을 자유롭고 완전하게 발전시킬 수 있는 공동체에 대하여 의무를 부담한다"[110]라는 조항을 두고 있고, '경제적·사회적 및 문화적 권리에 관한 국제규약'과 '시민적 및 정치적 권리에 관한 국제규약'도 공통적으로 전문(Preamble)에 "타 개인과 자기가 속한 사회에 대한 의무를 지고 있는 개인은 이 규약에서 인정된 권리의 증진과 준수를 위하여 노력하여야 할 책임이 있음을 인식"한다는 문구를 포함하고 있다.[111]

하지만 국가행위자가 아닌, 시민[112]들이 권리의 증진을 위해 노력할 의무나 책임은 이제껏 인권 논의에서 그다지 주목받지 못했다. 정부나 인권을 침해하는 행위자가 인권을 부인하거나 제한하기 위해 개인의 의무나 책임을 권리향유의 전제조건처럼 부과하는 것이 인권과 관련해 의무가 논의되는 주된 방식이었기 때문이다. 시킹크는 이와 관련해 "일정한 책임을 다하지 못하면 권리 박탈을 허용할 수 있는" 조건부의 관계처럼 권리와 의무를 사고하는 것은 인권의 의미에 부합하지 않는다고 비판한다.[113] 인권은 어떤 의무의 수행을 조건으로 부여되는 것이 아니라, 단지 사람이기 때문에 누려야 하는 권리로서 확립된 개념이기 때문이다.

인권 담론 안에서 시민의 책임에 대한 논의를 주저하게 된 데는, 1980년대 이후 복지국가의 쇠퇴, 신자유주의의 부상과 함께 "사회 구성원이 서로의 노년과 건강, 아동을 보살피고 빈곤을 방지할 책임을 집단으로 진다는 생각"이 약해지고 개인적 책

---

107) Adopted by the Ninth International Conference of American States. 2 May 1948, Bogota, Colombia.
108) American Declaration of the Rights and Duties of Man, Adopted by the Ninth International Conference of American States, Bogotá, Colombia, 1948, Article XXIX.
109) Sikkink, 앞의 책, 30면.
110) 「세계인권선언」, 유엔총회, 1948 채택, 제29조 제1항.
111) 「경제적·사회적 및 문화적 권리에 관한 국제규약」, 유엔총회, 1966 채택, 1976 발효, 대한민국 1990 비준; 「시민적 및 정치적 권리에 관한 국제규약」, 유엔총회, 1966 채택, 1976 발효, 대한민국 1990 비준.
112) 이 글에서 '시민'은 특정 정치공동체의 성원으로서의 시민을 의미하는 것이 아니라 정치적 행위자로서의 시민을 의미한다.
113) Sikkink, 앞의 책, 26면.

임 담론이 지배적이 된 것도 배경으로 작용하였다.[114] 각 개인이나 가족이 각자의 삶에 대해 책임을 지고 필요한 비용을 알아서 감당해야 한다는 가정은 사회적 연대를 약화시키고 정부의 책임을 감축하는 결과를 나타내 왔다. 이러한 상황에서, 사회적 취약성을 가진 개인에게 책임을 더욱 지우는 방식의 책임 담론이 강화되지 않을까를 우려하는 것은 지극히 정당하다. 관계적 접근의 맥락에서 인권 실현에 대한 책임을 강조하는 것은, 개인적 책임 담론이 "타인의 삶의 조건에 대해 (우리 시민들은) 어떤 책임을 가져야 하는지 묻는 데 실패했다"는 인식에서 출발한다.[115]

(2) 공유된 책임

영은 "개인과 집단 모두를 포함하는 행위자들", 즉 우리는 사회구조에 의해 생산되는 부정의에 대해, 그 구조에 참여하고 있는 사람들로서 어떤 책임을 갖는가를 질문하며, '사회적 연결모델'을 제시한다.[116] 영이 말하는 구조적 부정의는 홈리스 문제, 개발도상국 의류산업에 만연한 노동 착취 문제와 같은 것으로, "특정한 개별적 행동이나 정책으로 말미암아 발생하는 잘못"과 구분된다.[117] 따라서 구조적 부정의에 대한 책임은 "죄나 비난, 과실, (법적) 의무로 변종될 수 있는 책임과는 다른" 책임이다.[118] 해악을 유발한 고의나 과실을 추론할 때는 어떤 행위와 해악의 인과관계를 밝히고 책임 당사자를 파악해서 제재, 처벌, 배상 등의 목적으로 책임을 부여하겠지만, 구조적 부정의에 대한 책임에는 이러한 전형적 법적 모델을 그대로 적용할 수는 없거나 그것으로는 부족하다. "부정의한 구조는 일반적으로 수용되는 규제와 관행에 따라 행위하는 수많은 사람들에 의해 생산, 재생산"되므로 그 구조적 과정의 본질상 "잠재적으로 해로울 수 있는 효과들을 그 과정에 기여한 어느 특정 행위자의 탓으로 돌릴 수 없"기 때문이다.[119] 과거의 행위에 대해 책임을 묻는 모델은 일반적으로 비난을 수반하는데, 영은 구조적 부정의를 바꿔 나가는 데 '비난의 언어'가 갖는 한계를 함께 지적한다. "비난의 언어는 [...] 사람들을 잘못한 자와 무고한 자, 또는 희생자와 방관자로 분열시킬 수 있"는데 이렇게 되면 부정의의 원인이 과도하게 단순화되고 "부정의한 결과를 만드는 행위나 관행에 대한 대중의 이해를 발전시키는

---

114) Young, 앞의 책(국문 번역서), 47면.
115) Young, 위의 책, 41면.
116) Young, 위의 책, 175, 188면.
117) Young, 위의 책, 97면.
118) Young, 위의 책, 178면.
119) Young, 위의 책, 182면.

데 실패하게 된다"는 것이다.[120] 물론 '사회적 연결모델'은 법적 책임 모델을 거부하거나 그 모델을 대체하고자 하는 것은 아니다. '사회적 연결모델'에서도 명백히 불법적인 행위를 한 사람에 대해 법적 책임을 물어야 함은 분명하다. 다만, 중요한 것은 그 후에도 불법적인 행위에 관여하지 않은 사람들의 책임은 여전히 남는다는 것이다.[121]

구조적 부정의에 대한 책임은 부정의를 생산하는 사회제도와 과정을 바꾸는 데 목적이 있다는 점에서 미래지향적 책임이고 그 책임은 공유된다.[122] 영은 "관계를 조직하고 행동을 더 정당하게 조율하기 위해 다른 이들과 공적인 소통에 참여"하는 방식으로 가장 잘 실행될 수 있다는 의미에서, 이 책임을 '정치적 책임'이라고 설명한다.[123] 시킹크는 영의 '사회적 연결모델'을 이론적 바탕으로 하여, 권리 이행을 위한 '네트워크 책임'을 제안한다.[124]

부정의를 개선하기 위한 공유된 책임 하에서 각자가 무엇에 대해 어떻게 행동해야 하는지 책임의 유형과 실행의 방식은 다양하다. 구체적인 책임의 유형과 실행방식은 어느 정도 직관을 바탕으로 추론해야 할 텐데, 영은 그 과정에서 고려할 필요가 있는 네 가지 요소를 제시한다.[125] 첫째, 특정 과정에 영향을 미칠 수 있는 권력이 있는지 여부, 즉 구조적 과정을 변화시키는 데 더 큰 영향을 미칠 수 있는 곳에 행동을 집중할 수 있다. 둘째, 영은 선진국에 사는 중산층 의류 소비자가 세계 의류 산업 구조에서 누리는 특권적 위치를 예로 들면서, "구조적 과정에서 상대적인 특권을 갖는다면 부정의를 약화하기 위해 행동해야 할 책임이 더 크다"고 말한다.[126] 셋째, 부정의 상황에서 불이익을 경험하는 사람들, 피해를 입는 사람들, 즉, 부정의가 개선되면 이익을 얻을 수 있는 사람들은 특별한 책임을 공유한다. 넷째, 집단역량을 발휘할 수 있다면, 부정의를 바로잡는 데 더 효과적일 수 있다. 따라서, 집단역량은 책임을 어떻게 실행할지 고민하는 데 중요한 매개변수 중 하나이다.

부정의를 해소하거나 인권을 이행하는 것은 국가가 해야 할 일이지 나의 일이 아니라고 생각할 수 있다. 국가에 인권의 보호와 실현의 책임을 묻는 것을 중심으로 인권이 주로 논의된다는 점을 고려하면, 그러한 시각은 일견 자연스럽다. 하지만 인권 실현을 촉진하는 정부 정책의 형성과 실행은 시민들의 지지에 상당 부분 의존한

---

120) Young, 위의 책, 204, 206면.
121) Young, 위의 책, 191면.
122) Young, 위의 책, 189, 195면.
123) Young, 위의 책, 199면.
124) Sikkink, 앞의 책, 40면.
125) Young, 앞의 책, 246-251면.
126) Young, 위의 책, 247면.

다는 점을 생각하면, 국가나 기업이 의무를 분명히 행사하도록 하기 위해서도 시민들이 사회제도나 관행과 관련해 공유된 책임을 인지하고 그 책임을 실행하는 것이 필요하다.[127] 인권에 대한 관계적 접근은 사람들이 인권을 존중받고 인간다운 삶을 누리는 것은 그것을 가능하게 하는 관계를 지지하고 형성하는 연대성의 실천을 바탕으로 한다는 점을 환기시킨다.

Ⅳ 나가며

유엔 산하 에이즈 전담기구인 유엔에이즈(UNAIDS)는 HIV 감염인과 에이즈 환자에 대한 사회적 차별과 낙인에 대항하며 에이즈 치료와 예방에 대한 보편적 접근을 증진해 왔던 오랜 경험을 기초로, 코로나19 대응에서의 인권 원칙을 밝히는 문서를 발표하였다.[128] 유엔에이즈는 사람들이 자신과 타인의 건강을 지키는 데 무엇이 장벽으로 작용하는지를 살피라고 권고하는데, 그러한 장벽에는 정보의 문제, 일자리나 소득 상실에 대한 두려움, 진단 및 치료 비용에 대한 부담, 다른 사람을 지속적으로 돌봐야 하는 문제, 낙인이나 차별에 대한 공포 등이 포함된다.[129] 유엔에이즈는 감염 확산을 막기 위한 목적으로 강압적 조치들을 도입하는 것은 원래 목적을 실현하는 데 절실히 필요한 사람들 사이의 신뢰와 협력에 오히려 방해물로 작용한다고 우려하면서, 연대와 돌봄을 감염병 시대에 필요한 윤리로 제안한다.[130] 이러한 개념은 이미 국제인권법상의 의무에 대한 해석을 통해 확인할 수 있다고 덧붙인다.[131] 관계적 접근은 인권에 대한 유엔에이즈의 해석을 이론적으로 뒷받침한다. 타인의 건강은 나와 상관없으니 간섭하지 말라는 자유지상주의와 낯선 타인을 잠재적 위협으로 여기며 공동체를 위한 안전 조치에 대한 순응을 요구하는 집단주의 양자가 공유하는 불평등과 취약성에 대한 몰이해를 경계하며, 인권에 대한 관계적 접근은 감염병 시대에 사람들이 자신과 타인의 건강을 돌보는 데 어떤 취약함을 경험하는지를 살피도록 한다. 감염병에 대한 사회의 대응이 자유와 안전을 누리는 데 사람들 사이에 이미 존

---

127) Young, 위의 책, 200, 286면; Sikkink, 앞의 책, 20면.

128) UNAIDS, *Rights in the Time of COVID-19*, 2020, https://www.unaids.org/en/resources/documents/2020/human-rights-and-covid-19 (최종접속일: 2020.10.05.

129) 위의 글, 3면.

130) 위의 글, 4면.

131) 위의 글, 4면.

재하는 격차를 더 넓히는 것은 아닌지 돌아보고, 연대와 돌봄의 관계를 구축할 것을 요청한다.

인권에 대한 관계적 접근은 감염병 상황에서만 유효한 것은 아니다. 관계적 접근은 '태아의 생명권'과 '여성의 자기결정권'을 인위적으로 대립시키며 여성의 몸을 통제하는 낙태죄 문제를 규명하고, 안전하고 건강한 재생산권 보장을 위한 논의를 진척시키는 데 유용한 틀을 제시할 수 있다. 혐오표현에 대한 논의가 자유 대 평등이라는 대립항을 넘어, 혐오표현의 생성과 확산에 기여하는 권력의 작동을 약화시키고 혐오표현의 표적이 되는 사람들의 자율적 역량을 강화시키는 방향으로 나아가는 데도 관계적 접근을 바탕으로 한 분석과 대응이 기여할 수 있으리라 생각한다. 사회경제적 불평등이나 기후위기는 모든 인권의 향유에 지대한 영향을 미치지만, 행위자·피해자·행위 시점 등이 특정되는 인권 침해를 중심으로 문제를 분석하고 대응하는 전통적인 권리 담론으로는 경제 불평등이나 기후위기에 대해 효과적으로 분석하고 대응하는 데 한계가 있다. 사람들이 지닌 취약성과 공·사 영역에서의 권력관계를 분명하게 인지하면서 인권 존중과 실현을 위한 책임을 우리 개개인들이 공유하고 있음을 재확인하는 관계적 접근은 경제불평등이나 기후위기와 같은 구조적 부정의에 대해서도 보다 적절한 인권 관점과 대안을 제시할 수 있는 가능성을 품고 있다. 이 글은 인권에 대한 관계적 접근의 이론적 바탕과 내용을 고찰하는 데 집중하였으며, 인권에 대한 관계적 접근의 적용은 향후의 과제로 남긴다.

12

한국 로스쿨의 의의와 과제*
-'로스쿨 시스템'을 로스쿨답게 만들어야 -

김창록(교수, 경북대학교 법학전문대학원)

I 머리말

2009년 3월 1일의 '로스쿨(법학전문대학원) 시스템' 출범은 대한민국(이하 '한국') 법률가양성 제도의 역사에서 '혁명'이라고 불러도 좋을 사건이다. 조선시대의 과거제도까지 거슬러 올라가면 수백 년, '근대' 이후로만 따지더라도 100년 이상 이어져 온 법률가양성 제도의 기본틀을 획기적으로 바꾸겠다는 과감한 시도이기 때문이다.

도입 7년차를 앞에 두고 있는 지금, 전체적으로 볼 때, '로스쿨 시스템'은 기대 이상의 빠른 속도로 정착하고 있다. '로스쿨 시스템'의 도입을 전후한 시기에 회의론 내지는 비판론이 강하게 제기되었던 데 비해,[1] 지금은 시스템 자체에 대한 본질적인 문제 제기는 발견하기 어렵다.

하지만, '로스쿨 시스템'의 도입이 백 년 이상의 역사를 가진 '시험에 의한 선발'이라는 법률가양성 제도의 기본원리를 '교육을 통한 양성'으로 획기적으로 전환시키는 커다란 과업이라는 점을 생각하면, 도입 후 만 6년도 되지 않은 지금 그 시스템의 안정적이고 성공적인 정착을 위해 지속적인 노력이 기울여지지 않으면 안 된다는 것은 더 말할 것도 없다.

---

* 이 글은 김창록, "한국 로스쿨의 의의와 과제-'로스쿨 시스템'을 로스쿨답게 만들어야-", 저스티스 통권 제146-2호, 한국법학원, 2015에 게재되었음을 밝힌다.

1) 이에 관해서는, 김창록, 로스쿨을 주장하다-한국 로스쿨 탄생의 기록, 유니스토리, 2013, 제2장(법학교육과 변호사의 역할) 참조. 위의 책은 필자가 2000년부터 2012년까지 '로스쿨 시스템'에 관해 쓴 글들을 모은 것이다. 이 글은 위의 책에 근거하면서, 2014년 12월의 시점에서 '로스쿨 시스템'에 관해 종합적으로 재검검해 본 것이다.

지금 한국의 '로스쿨 시스템'은 어디에 와 있는가? '낡은' 제도와 생각은 얼마나 극복되었는가? 그래서 얼마나 많은 '새로움'이 확보되었는가? 시급히 해결되어야 할 과제는 무엇인가? 도입 후 만 6년도 되지 않은 시점인 지금으로서는 이 질문들에 대한 명확한 대답을 찾기에는 아직 이르다. '로스쿨 시스템'에 대한 종합적인 평가는 빨라도 도입 후 만 10년이 지난 2019년 무렵에나 가능할 것이다.

이 글에서는, 위와 같은 사정들을 염두에 두면서, 도입 7년차를 눈 앞에 둔 시점에서, 한국 '로스쿨 시스템' 도입의 과정과 의의를 다시 한 번 되짚어 보고, 현안이 되어 있는 시급한 과제들을 점검해보기로 한다.

Ⅱ 한국 '로스쿨 시스템' 도입의 과정

한국의 법률가양성 제도는 기본적으로는 일제 강점기에 정착된 '시험에 의한 선발'이라는 틀[2]을 이어받는 형태로 시작되었다. 그 틀은 광복 직후의 과도기를 거쳐[3] 확고하게 자리 잡았으며, 개혁에 관한 다양한 논의들에도 불구하고 30년 이상 이어졌다. 사법시험을 중심으로 하는 법률가양성 제도에 대한 본격적인 개혁 논의는 1990년대 중반에 들어서 '로스쿨'이라는 용어가 돌연 등장하면서 시작되었으며, 이후 10년여의 숙성과정을 거쳐 2000년대 중반에 결실을 맺게 되었다.

1. 김영삼 정부의 세계화추진위원회(1995)

로스쿨 논의는, '세계화'를 국가적 과제로 내걸었던 김영삼 정부가 1995년 1월 21일 '세계화추진위원회'(이하 '세추위')를 설치하면서 시작되었다. 1월 25일 김영삼 대통령이 '세계화 6대 과제'의 하나로 사법개혁을 내걸고,[4] 2월 24일 세추위가 "현재 및 미래의 다양한 법률수요에 맞추어 법조인의 수를 확대할 수 있도록 시험제도를

---

2) 이에 관해서는, 김창록, "식민지 조선의 법조 양성 – 법조 자격 및 시험제도를 중심으로", 법과 사회 제41호(2011.12) 참조.
3) 이에 관해서는, 이국운, "해방공간에서 사법기구의 재편과정에 관한 연구", 법과 사회 제29호(2005.12) 참조.
4) "세계 중심국가 도약목표/김대통령 세계화 6대과제 제시", 조선일보 1995.1.26(http://news.chosun.com/svc/content_view/content_view.html?contid=1995012670205). 이 글에서의 인터넷 사이트 인용은 2014년 12월 15일에 검색한 결과에 따른다. 이하 같다.

개편하고, 전문적이고 종합적인 지식과 훌륭한 덕목을 갖춘 법조인을 양성할 수 있도록 법학교육체제를 개편해야 함"이라는 내용을 포함하는 '법률서비스 및 법학교육의 세계화'를 위한 추진계획5)을 대통령에게 보고한 것을 계기로 본격화된 논의는, 이후 언론과 시민단체 그리고 국민의 절대적인 지지6) 속에서 진행되었다.

하지만, 그것은 곧 법조계의 대대적인 반발에 부딪혔으며,7) 그 결과 3월 18일에는 세추위와 대법원이 "각자의 역할과 입장을 충분히 이해하고 존중하는 바탕 위에서 중요한 국가정책을 상호 협조하여 공동의 노력으로 해결방안을 제시"하기로 합의했다라고 발표하기에 이르렀다.8) 세추위와 대법원은 이후 논의를 거듭하여, 4월 25일에 "현행 300명 수준의 시험에 의한 법조인 선발인원을 원칙적으로 '96년: 500명, '97년: 600명, '98년: 700명, '99년: 800명으로 하고 2000년 및 그 이후에는 1,000~2,000명의 범위 내에서 늘"린다라는 내용의 '법률서비스 및 법학교육의 세계화방안'을 공동으로 발표했다. 하지만, 법률가양성 제도에 관해서는 각각 3명씩 총 6명의 전문가로 '법조학제위원회'를 구성하여 계속 검토하기로 했다고 발표했다.9)

그러나, 세추위와 대법원은, 1995년 12월 1일에 이르러 결국 로스쿨 제도 도입을 포함한 법률가양성 시스템의 개혁에 대한 합의를 도출하지 못한 채, "법학교육 제도의 개편은…대학교육개혁의 차원에서 법학교육계가 필요한 개편을 자율적으로 추진

---

5) 세계화추진위원회, "법률서비스 및 법학교육의 세계화", 법률서비스 및 법학교육의 세계화 주요자료집, 1995, 11-15면.

6) 공보처가 여론 조사기관인 코리아리서치에 의뢰하여 1995년 3월 6일부터 8일까지 전국 19세 이상 남녀 1천명을 대상으로 실시한 전화 여론조사에서는, 응답자의 83.4%가 사법제도 개혁이 필요하다고 응답했고, 사법시험 대신 로스쿨을 신설해 수료자에게 변호사 시험에 응시할 자격을 주자는 의견에 대해서는 찬성이 67.8%, 반대가 15.5%였다. "사법개혁 첫 과제 '전관예우 척결' / 코리아리서치, 1천명 여론조사", 조선일보 1995.3.17(http://news.chosun.com/svc/content_view/content_view.html?contid=1995031770305). 또한 이 시기에 참여연대 사법감시센터가 조선일보 사회부 법조팀과 '사법개혁 공동기획'을 10회 연재의 형태로 진행한 것도 국민적 지지를 확인할 수 있는 하나의 예이다. 참여민주사회시민연대 사법감시센터, 국민을 위한 사법개혁, 박영률출판사, 1996 참조.

7) 1995년 3월 16일 세추위의 '법률서비스 및 법학교육의 세계화' 소위원회는 제2차 전문가회의를 열고 로스쿨 도입을 골자로 하는 사법교육제도 개혁 시안을 제안했으나, 법조계 참석자들의 반대로 논의 자체가 무산되었다. 그 회의에서 손지열 서울고등법원 부장판사 등 법조계 참석자들은 "법률가 숫자를 결정하는 민감한 사안인 사법시험제도에 대한 논의 없이 사법교육제도 개혁방안만을 논의하는 것은 의미가 없다"고 반대했다. "로스쿨 도입 개혁안 / 법조계 반대 논의 무산 / 세계화추진위", 조선일보 1995.3.17. (http://news.chosun.com/svc/content_view/content_view.html?contid=1995031770406). 또한 "사법개혁 성토장된 법사위 / 율사의원들 앞 다퉈 문제 제기", 조선일보 1995.2.4(http://news.chosun.com/svc/content_view/content_view.html?contid=1995021470206)도 참조.

8) 김진현·최종영, "공동발표문", 세계화추진위원회, 위의 자료집, 22면.

9) 대법원·세계화추진위원회, "법률서비스 및 법학교육의 세계화 방안", 세계화추진위원회, 위의 자료집, 27-29면.

해 나가도록" 한다라고 발표했다.[10] 이후 세추위의 '교육개혁위원회'가 로스쿨 논의를 이어 받아 산하의 '법학교육개혁특별위원회'를 중심으로 논의를 진행했고, 1996년 2월 9일에 이르러 법학전문대학원 제도의 도입을 중점 추진과제로 선정했지만, 그 또한 뚜렷한 결실을 맺지 못했다. 또한 전문대학원 제도의 도입을 추진하고 있던 교육부에 의해 1996년에 설치된 '법학교육위원회'에서도 로스쿨에 관한 논의가 진행되었지만, "설립 그 자체에 반대하는 대법원의 강력한 저항에 부딪혀" "설립에 필요한 구체적인 사항에 대하여는 논의조차 해 보지 못"함으로써,[11] 1995년의 논의는 결국 "개혁을 추진하는 정부 측의 준비 부족과 법조계의 강력한 저항에 부딪혀"[12] 결실 없이 종결되고 말았다.

2. 김대중 정부의 새교육공동체위원회 및 사법개혁추진위원회(1998.6-1999.9)

논의가 재개된 것은, 1998년 7월 24일 김대중 정부에 의해 '교육개혁'을 위한 대통령 자문기구로 '새교육공동체위원회'(이하 '새교위')가 구성되면서였다. '대학입시 지옥' 문제의 해결을 위한 획기적인 교육개혁사업을 대통령선거의 공약으로 내걸었던 김대중 정부는, 법과대학의 폐지를 통해 대학입시 문제의 해결을 도모한다는 관점에서 법학전문대학원 제도에 주목했다. 11월에 새교위 산하의 '대학위원회'에 구성된 '법학교육제도연구위원회'는, 세추위의 구상을 발전시켜 1999년 8월에 최종보고서를 제출했으며, 그 속에서 "다양한 전공의 학부 졸업자를 대상으로 대학원 수준에서 전문 법률가를 교육·양성하고 심화된 학문 연구를 위한 법학교육을 시행"하는 기구인 "법학대학원"의 설치를 핵심 내용으로 하는 "학사 후 법학교육"의 도입을 제안했다.[13]

한편 새교위가 활동 중이던 1999년 5월 7일, 같은 해 1-2월에 대대적인 법조비리 사건이 밝혀져[14] 법조계 전체에 대한 국민의 불신이 폭발한 것을 계기로, 대통령 자문기구로 '사법개혁추진위원회'(이하 '사개추')가 설치되었다. 법조인 8명을 포함한 총 19명의 위원으로 구성된 사개추는 '시민의 사법참여'까지를 포함한 광범위한 사법개혁 과제들을 논의했다. 하지만, 사개추는 2000년 5월 제출한 최종보고서에서, "여러

---

10) 대법원·세계화추진위원회, "법률서비스 및 법조인양성제도의 세계화", 세계화추진위원회, 위의 자료집, 70면.

11) 권오승, "법학교육개혁의 과제와 추진", 법과 사회 제18호(2000.7), 113-114면.

12) 권오승, 법으로 사랑하다, 홍성사, 2010, 246면.

13) 법학교육제도연구위원회, 법학교육제도 개선 연구-'학사 후 법학교육'의 도입, 1999, 29면.

14) 이에 관해서는, "대전법조비리 수사발표문(요약)," 조선일보 1999.2.1(http://news.chosun.com/svc/content_view/content_view.html?contid=1999020170207) 참조.

가지 필요적 구비조건에 대한 마땅한 대응방안을 찾을 수 없어…현실적으로 곤란하다"라는 이유로 「새교위안」과 '로스쿨 도입방안' 등을 배척하고, 대신에 사법연수원을 "대법원이 관장하는 독립법인 형태의 '한국사법대학원(가칭)'으로 개편하여 실무교육과 학문교육을 병행 실시하도록 한다"라는 '개선'안을 제시하는 데 머물렀다.[15]

김대중 정부의 '로스쿨안'은 법학대학원의 학위, 설립기준, 입학자격과 입학시험, 수업연한과 커리큘럼까지 상세하게 제시한 것이었다[16]는 점에서 이전 정부의 안보다 진일보한 것이었으나, 결국 하나의 정부에 설치된 두 개의 대통령 자문기구가 정반대의 제안을 내놓는 결과가 됨으로써 결실 없이 종결되고 말았다.

3. 노무현 정부의 사법개혁위원회 및 사법제도개혁추진위원회(2003.11-2006.12)

2003년 2월에 출범한 노무현 정부는 '변방' 출신의 대통령이 이끄는 정부였다는 점에서 당초 많은 개혁을 추진할 것으로 기대 혹은 '우려'되었다. 하지만 '사법개혁'에 관한 한 검찰에 대한 견제[17] 이상의 청사진을 내놓지 못했다. 그런 가운데 8월에 대법관 인사를 둘러싸고 '제4차 사법파동'이 발생했다.

노무현 정부의 출범을 계기로, 2003년부터 2006년 사이에 이루어질 다수 대법관의 교체와 관련하여, "절대 다수가 서울 법대를 졸업하고 법원 내 엘리트 승진 코스를 밟아 온 남성 법원장 중 정권과 대법원장의 방침에 적극 순응한 법관들로" 대법관 자리를 채우던 기존의 관행에서 벗어나 "성향이나 성별·나이·출신 등에서 다양한 대법관으로 대법원을 구성하라는 요구"가 사회 각계에서 제기되었고,[18] 그러한 요구에 대응하는 형태로 대법원이 '대법관 후보 제청자문회의'를 설치하는 내용의 규칙까지 제정했으나, 2003년 8월에 개최된 대법관 후보 제청자문회의에 대법원장이 추천한 후보자는 종전의 '관행'에서 벗어나지 못한 사람들이었다. 이에 당연직 자문위원이었던 강금실 법무부 장관과 박재승 대한변호사협회장이 항의의 표시로 회의장에서 퇴장했고, 판사들의 사표 제출, 항의서명 운동 등이 확산되는 사태가 빚어졌다.[19]

이와 같이 대법원의 구성 문제가 초미의 과제로 떠오른 상황에서, 최종영 대법원

---

15) 사법개혁추진위원회, 민주사회를 위한 사법개혁-대통령 자문위원회 보고서, 2000, 393-430면 참조.
16) 법학교육제도연구위원회, 위의 책, 30-40면.
17) 이에 관해서는, "춤추는 검, 정면돌파!", 한겨레21 제450호(2003.3, http://h21.hani.co.kr/arti/special/special_general/7437.html) 참조.
18) 박시환, "사법개혁에 관한 회고", 황해문화 제81호(2013.12), 507-508면.
19) 상세한 내용은, 주간동아 제399호(2003.8.28)의 특집(4차 사법파동) 참조.

장이 제청자문회의에 추천했던 3명 중 1명인 김용담 광주고등법원장을 제청[20]하는 대신 대통령에게 '사법개혁'을 위한 기구의 설치를 제안했고, 그 제안을 대통령이 받아들임으로써 10월 28일에 대법원장 자문기구로 '사법개혁위원회'(이하 '사개위')가 발족하게 되었다. 사개위는 대법원규칙에 의해 설치된 기관으로서, 그 위원은 21명이었으며, 그 중 12명이 법조출신 위원(노동계·시민단체·헌법재판소·국방부를 대표하는 위원 포함)이었고, 그 외 법학교수 3명, 언론인 2명, 여성계·경제계·국회·교육인적자원부를 대표하는 위원이 각 1명이었다. 사개위는, 대법원장이 부의한 5개의 안건(대법원의 기능과 구성, 법조일원화와 법관임용방식의 개선, 법조인 양성 및 선발, 국민의 사법참여, 사법서비스 및 형사사법 제도)을 중심으로 사법개혁 전반에 걸친 심의를 하여, 12월 31일에 대법원장에게 개혁방안을 담은「사법개혁을 위한 건의문」을 제출했고, 대법원장이 그 건의사항을 대통령에게 제출했다.[21]

사개위에서 로스쿨은 처음부터 '법조인 양성 및 선발'의 핵심 주제로서 다루어졌다. 하지만, 초기의 논의에서는 찬반론이 다람쥐 쳇바퀴 돌 듯 반복되기만 했다. 결정적인 전기가 마련된 것은, 김영삼·김대중 정부에서 로스쿨 도입에 반대했던 대법원이 9월 6일의 제19차 회의에서 '법학전문대학원 도입안'을 제출한 것이었다. 이후 대법원안을 중심으로 진행된 논의는 마침내 10월 4일의 제21차 회의에서 로스쿨 제도의 도입을 건의하기로 결정하는 것으로 수렴되었다. 그리하여, 설립기준에 따른 로스쿨의 인가, 총입학정원, 3년의 교육과정, 제3자 평가, 자격시험으로서의 변호사시험, 직역별 실무연수 등을 내용으로 하는 한국 '로스쿨 시스템'의 청사진[22]이 제시되게 되었다.

사개위의 '로스쿨 시스템' 도입 결정은, 1995년 이후 10년 가까이 진행된 법률가 양성 제도 개혁 논의에 '하나의' 마침표를 찍은 것으로서, 여러 가지 한계에도 불구하고 '국가적·사회적 합의'의 형태를 갖춘 것이었다는 점에서 높이 평가되어 마땅할 것이다. 다만, 사개위 출범의 계기가 '대법원의 기능과 구성'을 둘러싼 '제4차 사법파동'이었다는 점을 생각하면, 사개위가 내놓은 대표적인 성과물이 '로스쿨'과 '국민참여재판'이었다는 사실, 그에 반해 '대법원의 기능과 구성'에 관해서는 이렇다 할 성

---

20) 최종영 대법원장은, 차후 대법관과 헌법재판관 후보 제청에는 판사들의 요구를 반영하겠다고 밝히고, 실제로 이후 헌법재판관 후보에 전효숙 고등법원 부장판사, 대법관 후보에 김영란 고등법원 부장판사를 각각 제청했다(박시환, 위의 글, 509면). 이렇게 두 사람의 '여성' 판사를 대법관으로 임명한 것은 분명 작지 않은 변화였으나, '법원 내부의 잔치'라는 틀은 그대로 유지되었으며, 무엇보다 제도적으로 대법관 구성의 다양화를 담보하는 장치는 마련되지 못했다는 점에서 한계를 가진 조치였다고 할 것이다.

21) 상세한 내용은, 사법개혁위원회, 국민과 함께 하는 사법개혁 - 사법개혁위원회 백서, 2005 참조.

22) 위의 책, 164 - 169면 참조.

과를 내지 못했고, 그 결과 지금 현재까지도 많은 논란을 불러일으키고 있다는 사실은 아이러니컬한 일이다.

4. '로스쿨 시스템'의 출범

사개위의 '로스쿨 시스템' 제안은 2005년 1월에 발족한 대통령 자문기구인 '사법제도개혁추진위원회'(이하 '사개추위')에 의해 구체화되었다.[23] 사개추위는 법령화 작업을 서둘러 2005년 5월에 16일 「법학전문대학원 설치·운영에 관한 법률안」과 같은 법률의 「시행령안」을 의결했고, 위 「법률안」이 10월에 정부의 법률안으로서 국회에 제출되었다.

그런데 국회에서의 「법률안」 처리는 의외의 난관에 부딪혔다. 야당인 한나라당이 「사립학교법」 재개정을 요구하며 국회 의사일정을 전면 거부함으로써, 「법률안」은 국회에 계류된 채 발목이 잡혀 있었다. 이런 가운데 한나라당은 '법학교육 및 법조인양성제도개선책 마련을 위한 TFT'를 구성하여 사실상 기존 제도의 존치를 주장하는 '대안'을 내놓았고,[24] 민주노동당도 로스쿨 제도의 도입을 배제하는 「변호사자격시험법안」을 검토했으며,[25] 총입학정원이 1,200명이 되지 않으면 「법률안」을 반대한다는 주장으로 일관해 온 대한변호사협회(이하 '대한변협') 또한 「법률안」에 대한 비판과 '학부강화론'을 전면에 내세운 심포지엄을 개최했다.[26] 이와 같은 '비우호적인' 분위기 속에서, 「법률안」은 노무현 정부에서의 사실상 마지막 국회 회기였던 제268회 임시국회의 마지막 날인 2007년 7월 3일 오후 11시 56분 무렵에 극적으로 국회 본회의에서 가결되었고, 7월 27일에 법률 제8544호로 공포되었다.

「법학전문대학원 설치·운영에 관한 법률」이 공포된 후 정부가 맨 처음 한 작업은 총입학정원을 정하는 일이었다. 교육인적자원부 장관은 2007년 10월 17일에 "2009년 1,500명부터 시작하여 2013학년도까지…단계적·순차적으로 2,000명까지 증원"한다라는 안[27]을 보고했다. 그런데 이 안은 대학들은 물론이고 국회의원들에 의해서도

---

23) 사개추위의 활동에 관해서는, 사법제도개혁추진위원회, 사법선진화를 위한 개혁: 사법제도개혁추진위원회 백서, 2006; 김선수, 사법개혁 리포트, 박영사, 2008 참조.

24) 한나라당 법학교육 및 법조인양성제도개선책 마련을 위한 TFT, "법학교육 및 법조인양성제도 개선방안", 2007 참조.

25) 민주주의 법학연구회, 민주노동당 정책위원회, 법조인 양성과정 및 법학교육과정 개선을 위한 제도적 대안 (자료집), 2007 참조.

26) "[특집] 바람직한 로스쿨 방안을 위한 심포지엄", 인권과 정의 제371호(2007.7) 참조.

27) 교육인적자원부, "법학전문대학원 개원 추진현황 보고", 2007.10.17.

비판을 받아 좌절되었다. 결국 교육인적자원부 장관은 10월 26일에 처음부터 2,000명으로 하는 새로운 안[28])을 보고했고, 그것이 국회에 의해 거부되지 않음으로써 총입학정원은 2,000명으로 결정되게 되었다.

총입학정원이 정해진 후, 정부는 인가 작업을 서둘러 2007년 10월 30일에 「법학전문대학원 설치인가 심사기준」 및 「법학전문대학원 설치인가 신청서 작성방법 및 제출 요령」을 확정·발표하고 설치인가 신청을 공고했고, 11월 30일에 41개 대학이 로스쿨 인가를 신청하여, 2008년 2월 4일에 교육인적자원부 장관이 그 중 25개 대학에 대해 예비인가를 하고, 8월에 최종인가를 하여, 2009년 3월 1일에 25개 법학전문대학원이 출범하게 되었다.

인가 과정에서는, A4 용지 100면에 세세하게 점수화되어 있는 총 132개 항목의 심사기준을 일일이 챙기며 한 달 만에 A4 용지 500면의 신청서와 그 몇 배에 이르는 부록 및 비치자료를 만들기 위해 법학교수들이 밤샘 작업에 내몰리는 '비대학적인' 사태가 벌어졌다.[29]) 또 「시행령」에 지역간 균형을 특별히 규정하게 했던 노무현 대통령이 자신의 출신지인 경상남도에 인가교가 없다는 것은 지역간 균형에 배치된다고 주장하여 1월말로 예정된 예비인가 발표가 지연되는 사태가 벌어졌고, 일부 언론 보도를 통해 인가를 받지 못한 것으로 알려진 대학들의 총장과 교수와 학생들이 교육인적자원부 건물 앞에서 연일 시위를 하는 지경에까지 이르렀으며, 매우 세밀한 여러 가지 규정에 따라 마련된 인가안을 수정하기 어렵다고 판단한 교육인적자원부 장관이 2월 4일에 원래의 안대로 발표하고 대통령에게 사표를 제출하자, 임기만료가 20여일밖에 남지 않은 대통령이 예상을 뒤엎고 그 사표를 단 하루만에 수리하는 우여곡절도 벌어졌다.

한편, 법학전문대학원과 함께 '로스쿨 시스템'의 핵심 요소를 이루는 변호사시험에 관해서는, 로스쿨 최종인가가 난 시점까지 법률안도 제시되지 않는 이례적인 사태가 이어졌다. 2008년 10월 20일에 정부가 뒤늦게 국회에 제출한 「변호사시험법」안은, 2009년 2월 12일에 한 차례 부결되는 우여곡절을 거쳐 로스쿨 출범 이후인 4월 29일에야 가결되었고, 5월 28일에 이르러 법률 제9747호로 공포되었다. 2월에 「법률안」이 부결된 것은 한나라당의 한 국회의원이 "현행 사법시험보다도 과목 수도 더 적"다고

---

28) 교육인적자원부, "법학전문대학원 개원 추진현황 보고(계속)", 2008.10.26.

29) 필자가 2004년에 확인한 일본 와세다(早稲田)대학의 로스쿨(법과대학원) 신청서는 A4 20면 정도의 극히 소략한 것이었다. "신청서 전체를 보여 달라"라는 필자의 요청에 대해 와세다대학 로스쿨 부원장은 의아해 하는 표정으로 "그것이 전부다"라고 대답했다. 와세다대학은 2004년 4월에 일본에서 가장 많은 정원인 300명으로 출범한 로스쿨이다.

하는 등 사실에도 부합되지 않는 선정적인 반대토론을 한 결과였지만,[30] 그것이 당초 일본의 「사법시험법」을 거의 그대로 모방했던 정부 「법률안」을 재검토할 수 있는 계기를 제공한 결과, 한국의 변호사시험은, 일본의 신사법시험과는 달리, 로스쿨 졸업 후 5년 내에 5회에 한하여 응시할 수 있도록 되었고, 로스쿨 재학생 및 졸업생의 사법시험 응시가 금지되었으며, 선택형 필기시험과 논술형 필기시험을 혼합하여 출제하고 두 시험의 점수를 일정한 비율로 환산하여 합산한 총득점으로 합격자를 결정하도록 되는 등 상대적으로 더 합리적인 제도로 자리매김되었으니, 이 또한 아이러니컬한 일이다.[31]

어쨌든 이렇게 「변호사시험법」이 제정되었지만, 변호사시험 관리위원회가 결정하도록 규정된 합격 결정방법(제10조)을 어떻게 할 것인지는 여전히 문제로 남게 되었다. 이 문제는 2010년 11월에 이르러 '합격자수' 논란으로 발전했으며, 12월 6일에 로스쿨 학생 3,154명이 과천 정부종합청사 대운동장에서 '변호사시험 합격자 결정방법 토론회 및 결의대회'를 개최하여 변호사시험의 자격시험화를 요구하는 사태로까지 이어졌다. 하지만, 결국 12월 7일 법무부는 변호사시험 관리위원회를 통해 변호사시험 합격자 결정방법을 '선발인원 1,500명 이상'으로 하는 결정을 강행했고, 그러한 틀 안에서 2012년 1월 제1회 변호사시험을 실시된 이후 2014년 1월에 제3회 변호사시험까지 실시되었다.[32]

Ⅲ 한국 '로스쿨 시스템'의 의의

1. 의의

1) 배경

한국의 '로스쿨 시스템'은, 사법시험과 사법연수를 요소로 하는 기존의 법률가양성제도의 '총체적 기능부전'과 경쟁력 있는 '새로운' 법률가의 양성이라는 제도 밖으로부터의 '외압'에 대처하기 위해 도입된 것이다.

한국에서 법률가의 자격은, 사실상 응시자격이 없어 대학에서의 법학교육과 단절

---

30) 국회사무처, "제281회 국회(임시회) 국회본회의 회의록 제6호", 2009.2.12, 4–5면.
31) 이에 관한 상세한 내용은, 김창록, 위의 책, 제7장(「변호사시험법」의 쟁점과 방향) 참조.
32) 이에 관한 상세한 내용은, 김창록, 위의 책, 제8장(한국 로스쿨, 제3차 '수 파동') 참조.

되어 있었던, 통일적인 정원제 국가시험인 사법시험에 합격하고, 대법원에 설치된 사법연수원에서 국가의 비용 부담 아래 판사·검사·변호사의 구별 없이 획일적으로 이루어지는 사법연수를 수료한 자에게 부여되어 왔다. 이와 같은 국가 주도의 획일적인 법률가양성 제도 아래에서, 우선 극단적으로 낮은 사법시험 합격률 때문에 다수의 젊은이들이 장기간에 걸쳐 암기 중심의 시험공부에 매달리지 않을 수 없게 됨으로써, 심각한 국가적 인력낭비가 초래되었다. 대학의 법학교육은 한편으로 사법시험 수험교육으로 전락하고, 다른 한편으로 법률가양성과는 상관없는 교육으로 치부됨으로써, 이중의 의미에서 정체성을 확보하지 못했다. 사실상 응시자격을 요구하지 않는 사법시험에 비법과대학 출신의 학생들도 대거 몰리면서 전 대학의 고시학원화가 초래되었다. 암기식 시험 준비에 유리한 고시학원이 번성했고, 고시학원에서 시험기술의 습득에만 몰두한 수험생들이 법률가가 됨으로써, 풍부한 교양에 터 잡은 문제해결 능력을 갖춘 법률가는 양성되지 못했다.[33]

그와 같은 문제상황을 안고 있는 법률가양성 제도는 양과 질 양면에서 수준 높은 법률가를 제공하지 못함으로써, 오랫동안 국민들의 불신과 불만의 대상이 되어 왔다. 뿐만 아니라 국제화와 법화(法化: Legalization)의 진전은, 다양한 분야에서 양질의 법률서비스를 제공할 수 있는 능력을 갖춘 법률가를 양성해야 할 필요성을 더욱 강하게 만들었다. 1990년대에 몰아닥친 국제화의 물결은 국제경쟁력을 갖춘 법률가의 양성을 시급한 국가적 과제로 만들었으며, 법률시장과 교육시장의 개방 압력은 법률가양성 제도에 대한 근본적인 재검토를 요구했다.[34] 1987년 이후 급격하게 진전된 민주화의 결과 권위주의가 물러난 공간을 급속하게 '법치(法治)'가 채워가는 과정에서, 이전에는 법외적(法外的)인 방법으로 해결되거나 혹은 방치되었던 문제들이 갈수록 많이 헌법재판소·법원·국가인권위원회 등 '법적' 분쟁해결기관으로 몰려들게 됨으로써, 보다 많은 보다 질 높은 법률가에 대한 사회적 요구는 점점 더 커져갔다.

2) '새로운 법률가' 양성을 위한 국가적 합의

'로스쿨 시스템'은 그러한 '총체적 기능부전'과 '외압'에 대응하여 '새로운 법률가'·'우수한 법률가'를 양성하기 위해 도입된 제도적 틀이다. 이 점은 '로스쿨 시스템'의 청사진이라고 할 수 있는 사개위의 건의문에 명확하게 제시되어 있다. 건의문의 해당 부

---

33) 이에 관해서는, "[특집] 법학교육과 법률가양성제도의 개혁", 법과 사회 제24호(2003.6); "[특집] 법학교육, 개혁이 시급하다", 법과 사회 제9호(1994.5); "[특집] 사법 개혁의 모색", 법과 사회 제8호(1993.7) 참조.

34) 이에 관해서는, "[특집] 국제화와 법적 대응", 법과 사회 제10호(1994.11) 참조.

분은 아래와 같다.

"현재의 사법시험제도는 우수한 법조인력의 양성이라는 기능을 나름대로 수행하여 왔습니다. 그러나 일회의 시험결과에 의존하는 현 제도는 변화된 시대상황이 요구하는 바람직한 법조인을 선발하기에는 많은 문제점과 한계를 드러내고 있습니다. / 21세기의 법치국가를 뒷받침할 장래의 법조인은, 국민의 기대와 요청에 부응하는 양질의 법적 서비스를 제공하기 위하여 풍부한 교양, 인간과 사회에 대한 깊은 애정과 이해 및 자유·민주·평등·정의를 지향하는 가치관을 바탕으로, 건전한 직업윤리관과 복잡다기한 법적 분쟁을 보다 전문적·효율적으로 해결할 수 있는 지식과 능력을 갖추고, 개방되어 가는 법률시장에 대처하며 국제적 사법체계에 대응할 수 있는 세계적인 경쟁력과 다양성을 지녀야 합니다. / 이러한 법조인을 배출하기 위하여 다양한 전공 학위 소지자를 대상으로 전문적인 법률이론 및 실무 교육을 담당하는 법학전문대학원을 설치하고, 그 교육과정을 충실하게 이수한 사람이 법조인으로 진출하도록 하는 새로운 법조인 양성 및 선발 제도를 도입할 것을 건의합니다."[35]

요컨대 법학전문대학원과 변호사시험으로 구성되는 '로스쿨 시스템'은, 이전의 사법시험 제도가 "많은 문제점과 한계"를 가지고 있다는 판단 위에, "21세기의 법치국가를 뒷받침할 장래의 법조인", "변화된 시대상황이 요구하는 바람직한 법조인"을 양성하기 위한 "새로운 법조인 양성 및 선발 제도"로서 도입된 것이다. 「법학전문대학원 설치·운영에 관한 법률」에서 법학전문대학원은 "우수한 법조인을 양성함을 목적으로 한다"(제1조)라고 규정하고 있는 것은 그 점을 다시 한 번 확인한 것에 다름 아니다.

또한 '로스쿨 시스템'은 국가적 합의의 산물이며 국가적 차원에서 추진해야 할 과제이다. 위의 II에서 살펴 본 것처럼, '로스쿨 시스템'은 최소한 1995년부터 3개의 정부에 걸친 10년여의 논의 끝에 도출한 합의이다. 바로 그 때문에 「법학전문대학원 설치·운영에 관한 법률」은, "국가, 대학, 그 밖에 법조인의 양성과 관련된 기관 또는 단체는 제2조에 따른 교육이념의 취지에 부합하는 법조인을 양성하기 위하여 상호 협력하여야 한다", "국가는 법조인의 양성을 위하여 재정적 지원방안을 마련하는 등 필요한 조치를 하여야 한다"(제3조)라고 규정하고 있는 것이다.

---

35) 사법개혁위원회, 위의 책, 164–165면.

3) '시험에 의한 선발'로부터 '교육을 통한 양성'으로

이러한 '로스쿨 시스템'의 핵심적인 의의는 법률가양성 제도의 중심축을 '시험에 의한 선발'로부터 '교육을 통한 양성'으로 획기적으로 전환시키는 것이다. '과거를 묻지 않고' 합격률 3%인 시험(<별표 1> 참조)에 합격하기만 하면 법률가 자격을 부여하던 시대로부터, '법학전문대학원에서의 충실한 교육과 자격시험으로서의 변호사시험'이라는 프로세스를 통해 법률가를 '양성'하는 시대로 획기적으로 이행하는 것이다.

한국의 '로스쿨 시스템'은 그러한 전환과 이행을 담보하는 핵심요소인 '충실한 교육을 위해', 엄격한 설치인가 기준[36]을 마련했으며, 주기적인 자체평가와 법학전문대학원평가위원회의 평가(「법학전문대학원 설치·운영에 관한 법률」 제27조, 제32조) 제도도 마련했다.

그리고 '자격시험을 위해', 사개위 건의문에서부터 변호사시험은 "법률가로서의 기본소양 및 자질을 평가하는 시험으로 법학전문대학원의 교육과정을 충실하게 이수한 경우 비교적 어렵지 않게 합격할 수 있는" "자격시험"[37]으로 명확하게 자리매김되었다. 「변호사시험법」에서 변호사시험은 "법학전문대학원의 교육과정과 유기적으로 연계하여 시행되어야 한다"(제2조)라고 규정하고, 변호사시험의 "합격은 법학전문대학원의 도입 취지를 충분히 고려하여 결정되어야 한다"(제10조 제1항)라고 규정한 것은 그 점을 다시 한 번 확인한 것에 다름 아니다.

2. 성과

한국의 '로스쿨 시스템'은 이미 법률가양성 제도에 많은 변화를 가져왔다. 하지만, 아직은 그 성과를 전면적으로 제시할 수 있는 시점이 아니다. 성과의 척도는 결국 로스쿨 출신 법률가들과 사법시험 출신 법률가들 사이의 경쟁력 비교를 통해서 가장 명확하게 확인될 수 있을 터인데, 이제 로스쿨 3기 졸업생까지 진출한 단계이니 아직은 그 비교를 위한 충분한 자료가 확보되지 않았다.

이에 관해서는 '로스쿨 출신 변호사들이 질이 낮다'라는 주장이 일각에서 들린다. 하지만 그 주장은 지나치게 인상적일 뿐만 아니라, 낡은 기준으로 새로운 법률가를 재단하려 하는 잘못을 범하는 것이라는 혐의가 매우 짙다. 위의 III에서 지적한 것처럼, 21세기의 평가 기준은 기존의 정형적인 서면 작성 능력에 머무는 것이 아니라

---

36) 교육인적자원부, "법학전문대학원 설치인가 심사기준", 2007.10.30.

37) 사법개혁위원회, 위의 책, 24면.

그것을 훨씬 뛰어넘는 것이다. 필자는 그 새로운 기준에 따를 때에는 로스쿨 출신 법률가들이 이미 기존의 법률가들을 능가하고 있다고 판단하지만, 이 또한 아직은 충분한 근거에 기초한 것이 아니므로 인상적인 평가의 영역을 넘어서지 못하는 것이다. 그 새로운 기준에 따른 평가는 빨라도 '로스쿨 시스템' 도입 10년이 지난 2019년 무렵에나 가능할 것이다. 위와 같은 상황을 고려하면서, 여기에서는 몇 가지 변화를 확인하는 것을 통해 현 단계의 성과를 스케치해보기로 한다.

첫째, 다양한 출신과 전공과 경험을 가진 법률가 배출의 가능성이다. 사법시험 체제에서 합격자 5명 이상을 배출한 비수도권 대학은 4개교(경북대, 부산대, 전남대, 전북대)에 불과했던 데 대해, 졸업생 5명 이상을 로스쿨에 진출시킨 비수도권 대학의 수는 그 2.6배인 13개교이다. 지난 10년간 사법시험 합격자의 9.5%만이 비수도권 대학 출신자였던 데 대해, 지난 5년간 로스쿨 총 입학자의 13.8%가 비수도권 대학 출신자이다. 그리고 지난 5년간 사법시험 합격자 중 비법학 전공자의 비율이 23.6%였던 데 대해, 로스쿨 입학생 중 비법학 전공자의 비율은 53.7%이다.[38] 이러한 수치들은 장래의 법률가들이 보다 다양한 출신과 전공과 경험을 배경으로 가지게 될 것이라는 전망, 그래서 한국 사회의 보다 다양한 수요에 잘 부응할 수 있게 될 것이라는 전망에 설득력을 부여한다고 할 것이다.

둘째, 새로운 법률가 직역 개척의 가능성이다. 법률가가 반드시 필요함에도 불구하고 지금까지 전무했거나 현저하게 적었던 정부의 각 부처, 공기업, 지방자치단체, 지방의회, 대학[39] 등으로 법률가의 직역이 확대되고 있다. 이것은 변호사 수의 증가와도 관련이 있을 것이지만, 위에서 확인한 변화의 결과라는 측면도 가지고 있다고 할 것이다.

셋째, 법률가의 지역간 균형 확대의 가능성이다. 한국 사회의 모든 측면에서 그러하듯이 변호사 직역에서도 서울 집중은 여전히 심각하다. 서울지방변호사회에 등록된 변호사의 수는 2000년에 전체 변호사의 63%였던 것이 2014년에는 74%까지 지속적으로 늘고 있다.[40] 하지만, 서울 집중은 변호사에 국한된 문제가 아니라 국가적 차원의 구조적인 문제이며, 그 현상에 대한 평가에 있어서는 지역에서의 변호사 절대수의 증가라는 측면을 동시에 고려해야 한다. 그 점에서 제주 지역 개업 변호사 수가 2000년에 25명에서 2014년에 70명으로 세 배 가까이 늘었다는 사실,[41] 2012년

---

38) 참여연대, 로스쿨 도입 5년 점검보고서 - 2009년~2013년, 2013 참조.
39) 충남대에 1명, 서울대에 10명이 채용되었다.
40) 대한변협 홈페이지의 '회원현황'(http://www.koreanbar.or.kr/info/info07.asp) 참조.
41) 위의 대한변협 홈페이지 '회원현황' 참조.

에 대구에서 새로 변호사로 활동하기 시작한 인원의 경우, 사법연수원 수료자는 1,000명 중 2-3명인 데 대해, 변호사시험 합격자는 1,451명 중 12-13명이라는 사실[42]은 법률가의 지역간 균형이라는 점에서 시사적이라고 할 것이다.

넷째, 경제적·사회적 약자의 법률가 진출 증대의 가능성이다. 로스쿨에서는 경제적·사회적 약자를 위한 특별전형 및 장학금 수여를 실시하고 있다. 설치인가 요건으로 입학정원의 5% 이상을 반드시 경제적·사회적 약자를 위한 특별전형으로 선발하도록 되어 있으며, 2009년부터 2013까지 연평균 특별전형 입학자의 실질비율은 6.08%에 이른다. 2009년부터 2011년까지 등록금 대비 장학금 지급 비율은 43.7%이고, 특별전형 입학자 93.5%가 장학금을 수혜했으며, 86.5%는 전액장학금을 수혜했다.[43] 이러한 지원은 사법시험을 준비하는 사람에게는 주어진 적이 없는 것이다. 그 점에서 '로스쿨 시스템'은 경제적·사회적 약자에게 법률가 진출의 길을 실질적으로 보장해주는 것이라고 할 것이다.

Ⅳ 한국 '로스쿨 시스템'의 과제

물론 한국 '로스쿨 시스템'은 해결해야 할 많은 과제들을 안고 있다. 이것은 도입 후 만 6년도 되지 않았다는 사실을 생각하면 너무나도 당연한 이야기이다. 학사 운영의 충실화, 사법연수원 식의 판사 실무와는 다른 변호사 실무 교육의 정체성 확보, 로스쿨 교원의 자질에 대한 질적 평가를 포함한 평가의 실질화, 교원의 협력 등등 챙겨야 할 일들이 산적해있다. 하지만, 그 모두를 점검하는 것은 하나의 글로는 불가능한 일이기에, 여기에서는 출범 단계에서부터 핵심과제였던 총입학정원의 폐지와 변호사시험의 자격시험화를 집중적으로 살펴보고, 최근에 법률개정안이 제기됨으로써 특히 논란이 되고 있는 '사법시험(이하 '사시') 존치' 및 '변호사시험 예비시험(이하 '예비시험') 도입'과 로스쿨 설치 대학의 법학부 부활 문제에 관해 점검해보기로 한다.

---

42) 이 인원수는 경북대 로스쿨 1기 졸업생인 김기수 변호사를 통해 확인한 것이다.
43) 법학전문대학원협의회, 법학전문대학원에 대한 오해와 편견, 2013 참조.

1. 총입학정원의 폐지

한국 '로스쿨 시스템'은 총입학정원이라고 하는 특수한 제도를 그 요소로 하고 있다. 「법학전문대학원 설치·운영에 관한 법률」에 따르면, 교육부장관은 "법원행정처장, 법무부장관과 협의하여" "법학전문대학원의 총입학정원을 정한다."(제7조) 그런데 이렇게 정부가 전국에 설치되는 로스쿨의 전체 입학정원을 미리 정하는 제도는 로스쿨 제도를 도입하고 있는 미국과 일본 등 다른 어떤 나라에서도 그 예를 발견할 수 없는 것이다.

위의 II-4에서 살펴본 것처럼, 총입학정원은 2007년에 2,000명으로 정해졌으나, 그 결정의 합리적인 근거는 전혀 발견할 수 없다. 국회에 대한 교육인적자원부 장관의 1차보고 당시 제시된 유일한 근거는, "총입학정원을 2,000명으로 할 경우 연간 신규 법조인 배출규모는 1,440명(법학전문대학원 중도 탈락률 10%, 변호사시험 합격률 80% 적용) 수준으로, 법조 1인당 인구수는 2021년에 '06년 OECD 평균 수준(1,482명)으로 도달할 것으로 전망"된다라는 것이었다.[44] 하지만 이것은, 시험 불합격자 누적 인원을 계산에 넣지 않는 등 산술적으로도 문제가 있을 뿐만 아니라, 한국의 2021년을 OECD의 2006년과 동일시하는 결정적인 결함을 가지는 것이라는 점에서 애당초 근거로서의 자격이 없는 것이다.

총입학정원은 설치인가 과정에서 대학들에 대해 '선착순'을 강요했다. 대학들의 수요가 2,000명이라는 공급량을 훨씬 뛰어넘을 것이 예상되는 상황에서 인가 결과에 대한 반발에 대비하지 않을 수 없었던 정부는 설치인가 기준 자체를 매우 높게 설정했다. 그 결과 설치인가 기준이 전 세계에서 가장 높은 수준으로 치솟았다. 2003년 8월 현재 ABA(American Bar Association: 미국법률가협회)의 인증을 받은 미국 로스쿨 183개교 중, 한국의 "전임교원 1인당 학생 수 12인, 최소 전임교원 20인 이상"이라는 기준을 충족시키는 로스쿨은 전체의 6.6%인 12개교에 불과하다.[45] 2004년 4월 현재 "전임교원 1인당 학생 수 12인, 최소 전임교원 20인 이상, 실무가교원 5분의 1 이상"이라는 기준을 충족시키는 일본의 법과대학원은 전체의 31%인 21개교에 불과하다.[46] 다시 말해, 미국 로스쿨의 93.4%와 일본 법과대학원의 69%는 한국에서는 로스쿨 설치인가를 받을 수 없을 정도로 한국의 인가기준의 수준이 과도하게 높은 것이다. 게다가 '상대평가'를 받는 대학들이 충족시켜야 하는 것은 사실상 '설치인가

---

44) 교육인적자원부, "법학전문대학원 개원 추진현황 보고", 6면.
45) 대법원, 법조인 양성, 그 새로운 접근 - 공개토론회(2003.7.25) 결과보고서 -, 2003, 263 - 275면 참조.
46) 김창록, 위의 책, 381 - 386면 참조.

기준 자체'가 아니라 '총입학정원 2,000명의 범위 내에 들 수 있을 수준'이었기 때문에, 대학으로서는 설치인가 기준을 '초과달성'하는 무한경쟁에 내몰리지 않을 수 없었다. 그 결과는 곧 등록금의 상승이었다.

한편 총입학정원은 설치인가 이후에는 로스쿨들의 '독과점' 상태를 초래했다. 총입학정원이라는 진입장벽으로 인해 신규진입자가 들어올 가능성이 차단된 상황에서, 대학들은 설치인가를 받는 순간 '독과점의 평온'을 누리게 되었다. 그 결과 경쟁을 통한 발전이라는 요소가 현저하게 약화되었다. 교육에 관한 질적 경쟁의 유인이 약화되었으며, 등록금 인하의 유인은 약화되는 반면 인상의 유혹은 강화되었고, 특성화된 법률가의 양성이라는 질적인 측면은 경시되고 변호사시험 합격률이라는 양적인 경쟁이 전면에 나서게 되었다.

'진입장벽' 이외의 다른 의미를 가지지 못할 뿐만 아니라, 오히려 로스쿨 제도의 발전을 가로막고 있는 총입학정원은 폐지되어야 마땅하다. 총입학정원을 폐지하면, 설치인가 기준의 완화가 가능하게 되며, 그만큼 등록금 인하가 가능하게 될 것이다. 로스쿨의 '독과점 이익'은 사라지게 될 것이며, 그만큼 우수한 인재를 확보하기 위한 경쟁, 교육의 질적 경쟁, 특성화 경쟁, 등록금 인하 경쟁이 활성화될 것이다.

돌이켜보면, '법률가 수의 통제'라고 하는 사시 시대의 낡은 관행과 완전히 단절하지 못한 것이야말로 한국 '로스쿨 시스템'의 태생적 한계이다. 위의 II에서 살펴본 것처럼, 대법원은 애당초 로스쿨에 대해 반대하는 입장이었다가 사개위 단계에서 로스쿨 찬성으로 방향을 전환했다. 하지만, 그 전환은 대법관 구성을 둘러싼 '위기상황'에 처한 때문이었으며, 법률가 수의 증대라고 하는 반대의 이유를 철회한 결과는 아니었다. 대법원이 대한변협에 대해 로스쿨을 도입하되 법률가 수는 계속 통제하겠다고 '약속'했다[47]는 것이 그 증거이다. 결국 '법률가 수의 통제'는 한국 법조 전체의 불변의 전제였다고 보아 틀림없다. 그에 대해 사개위 위원이었던 법학교수 전원이 "적정 수준으로 유지"해야 한다는 제한을 가하는 소수의견을 내기는 했지만,[48] 그것

---

47) 이 점을 뒷받침해주는 것으로 2005년 6월 16일의 아래와 같은 기사가 주목된다. "대한변호사협회는 최근 대법원과 가진 법조간담회에서 로스쿨 도입과 관련, 사법시험 합격자 1천명 선이 유지될 수 있도록 로스쿨 입학정원을 1,200명으로 하자는 데 의견을 모은 것으로 16일 확인됐다. 변협 민경식 법제이사는 지방변호사회에 보낸 법조간담회 결과보고서에서 "유정주 부협회장이 로스쿨 도입과 관련해 초기 대법원이 제안한 로스쿨 입학정원 1,200명, 사시합격자 1천명 선이 유지될 수 있도록 해 줄 것을 요청했다", "이에 대해 김황식 법원행정처 차장은 대법원의 입장은 초기와 변함이 없으며, 사법개혁을 진행하는 과정에서 변협과 대법원이 상호 협조할 것을 당부했다." "변협·대법원 법조간담회, 로스쿨 입학정원 1200명 합의", 로이슈 2005.6.16(http://www.lawissue.co.kr/news/articleView.html?idxno=820).

48) 박상기, 신동운, 한인섭, "법조인 양성 및 선발제도 최종안에 대한 수정의견"(사법개혁위원회 제21차 회의 자료), 2004.10.4.

은 어디까지나 대법원장 자문기구인 사개위에서 대법원이 제시한 '총입학정원'이라는 틀을 전제로 한 것이었으며, 그 점에서 법조의 전제를 뛰어넘기에는 역부족이었다고 할 것이다. 아래에서 살펴보는 변호사시험의 '정원제 선발시험' 운영도 그 '대전제'의 연장선상에 위치하는 것이라고 하여 틀림없다. 결국 '법률가의 수를 통제할 수 있다'는 이 낡은 사고방식을 깨는 것이야말로 '로스쿨 시스템'의 '정상화'를 위해 가장 근원적으로 챙겨야 할 일인 것이다.

2. 변호사시험의 정상화

'로스쿨 시스템'을 로스쿨답게 만들기 위해 현 단계에서 가장 시급하게 챙겨야 할 크리티컬한 과제는 변호사시험을 자격시험으로 만드는 것이다. 사개위의 건의문에서, 변호사시험은 "자격시험", 즉 "법률가로서의 기본소양 및 자질을 평가하는 시험으로 법학전문대학원의 교육과정을 충실하게 이수한 경우 비교적 어렵지 않게 합격할 수 있는 시험"으로 자리매김되었다.[49] '로스쿨 시스템'의 도입이 '시험'으로부터 '교육'으로 무게 중심을 확실하게 옮기기 위한 것인 이상, '정원제 선발시험'인 사법시험으로부터 '자격시험'인 변호사시험으로 전환하는 것은 시스템의 존립에 관한 가장 기본적인 요구였기 때문이다.

하지만 「변호사시험법」의 제정과정에서 그 요구는 관철되지 않았다. 오히려 변호사시험은 사법시험보다 '무거운 시험'으로 도입되어 버렸다. 시험과목의 면에서, 사법시험 1차시험(헌법, 민법, 형법)에 해당하는 변호사시험 선택형 시험은 7과목(헌법, 민법, 형법, 행정법, 상법, 민사소송법, 형사소송법)으로 늘어났다(제9조). 선택형 시험의 비중의 면에서, 사법시험 1차시험의 성적은 최종 합격에서는 전혀 의미를 가지지 않지만, 변호사시험 선택형 시험의 성적은 최종 합격에서 1/4(선택형 1: 논술형 3)이나 반영된다 (「시행령」 [별표 3]).[50] 게다가, 논술형 시험 성적이 표준점수로 반영되는 데 대해 선택형 시험 성적은 절대점수로 반영됨으로써, 선택형 시험 성적이 사실상 합격 여부를 결정하는 기형적인 구조를 만들어내고 있다. 또한, 25개 로스쿨이 각각 서로 다른 특성화를 실시하고 있음에도 변호사시험의 전문적 법률분야 과목은 7개로 한정되어 있어서(「시행령」 [별표 1]), 그 과목과 관련이 없는 특성화를 실시하고 있는 로스쿨의 학생들에게는 추가적인 시험공부를 하지 않으면 안 되는 부담도 지우고 있다.

---

49) 사법개혁위원회, 위의 책, 168면.

50) 일본의 경우, 단답식과 논문식의 총득점에서의 반영비율은 2008년까지는 '1:4'였으나, 2009년부터는 '1:8'로 축소되었다.

보다 심각한 것은 변호사시험이 '자격시험'이 아니라 '정원제 선발시험'으로 운영되고 있다는 점이다. 「변호사시험법」은 "선택형 필기시험과 논술형 필기시험 간의 환산비율, 선택형 및 논술형 필기시험 내에서의 각 과목별 배점비율, 각 과목별 필기시험의 합격최저점수, 법조윤리시험의 합격에 필요한 점수, 성적의 세부산출방법"은 대통령령으로 정하게 하면서도(제10조), 자격시험의 필수요소인 합격에 필요한 점수[51]는 어디에도 규정하지 않았다. 그 결과 가장 중요한 합격 결정방법인 합격점은 법무부 변호사시험 관리위원회에 일임되었다. 그런데 법조인이 위원의 절대 다수를 차지하는 변호사시험 관리위원회는 합격점을 정하는 대신 "입학정원 대비 75%"라는 기준을 설정했다. 입학정원이 2,000명으로 고정되어 있는 상황에서는 "입학정원 대비 75%"는 '정원 1,500명'을 의미할 뿐이다. 그 결과 변호사시험은 '자격시험'이 아니라 '정원 1,500명'인 '정원제 선발시험'으로 운영되고 있는 것이다.

변호사시험이 '정원 1,500명인 정원제 선발시험'으로 운영되고 있다는 것은, 제3회까지의 변호사시험 결과(<별표 4> 참조)를 보면 한 눈에 알 수 있다. 제2회와 제3회 변호사시험에서 응시자수가 늘었음에도 합격률은 제1회의 87.15%에서 75.17%, 67.62%로 낮아졌다. 제2회와 제3회 변호사시험 초시응시자는 제1회 변호사시험 응시자보다 더 엄격한 학사관리 기준인 이른바 '학사관리 강화방안'[52]의 적용을 받았음에도 합격률은 제1회의 87.15%에서 80.8%, 76.81%로 오히려 낮아졌다. 자격시험이라면 고정되어 있어야 할 합격점은 제1회의 720.46점에서 762.03점, 793.70점으로

---

51) 자격시험인 의사, 치과의사, 한의사, 약사 등의 시험의 합격기준은 "총점의 60퍼센트 이상, 매 과목 40퍼센트 이상 득점한 자"이다. 한국보건의료인국가시험원 홈페이지(http://www.kuksiwon.or.kr/Examination/Default.aspx) 참조.

52) 이것은 2012년 12월 1일에 법학전문대학원협의회가 도입을 발표한 제도이다(공식 채택은 12월 6일). 그 내용은, 최대 20%까지 탈락시킬수 있는 강력한 유급제도 시행, 성적 절대평가 폐지 및 모든과목 상대평가 실시, 상대평가 시 학점인플레를 방지하기 위한 엄격한 배분 비율 설정, 재학년한 최대 5년이후 자동 제적 등이다(법학전문대학원협의회, ("[보도자료] '법학전문대학원 학사관리 강화방안' 발표", 2010.12.1.). 그 결과 2013년 1학기부터 로스쿨에서는 실무기초과목 및 외국어 강의를 제외한 모든 과목의 획일적인 상대평가(학점 배분비율 : A+: 7%, A0: 8%, A-: 10%, B+: 15%, B0: 20%, B-: 15%, C+: 9%, C0: 7%, C-: 5%, D: 4%.)가 실시되었다. 이러한 획일적인 상대평가는 전 세계 어떤 교육기관에서도 실시한 예를 발견하기 어렵고, '실무연수기관'인 사법연수원에서조차 실시하지 않는 것이다(사법연수원, "2011년 학점 배분 및 등급비율", 2011 참조). 이 제도는 그 자체가 공정성의 면에서 심각한 문제가 있는 것일 뿐만 아니라(전종익, "법학전문대학원 학사관리방안의 기준과 방향", 저스티스 제124호[2011.6], 26-30면 참조), 무엇보다 변호사시험 합격자 결정방법을 둘러싸고 법무부와 대한변협의 '1,000명 정원제' 추진을 저지하기 위해 로스쿨 학생들이 집회까지 연 시점에, 비록 법무부와 교육부의 부당한 압력이 있었다고 하더라도, '교육기관'인 로스쿨의 원장들의 협의체인 법학전문대학원협의회가 그와 같은 '비교육적'인 제도를 도입하기로 결정했다는 것(김창록, 위의 책, 제8장[한국 로스쿨, 제3차 '수 파동'] 참조), 그 결과 그 잘못된 제도가 '로스쿨 시스템'에 끼친 해약을 끼쳤다는 것은, 참으로 유감스러운 일이라고 하지 않을 수 없다.

해마다 높아지고 있다. 이 모든 현상은 변호사시험이 일정한 점수를 얻으면 합격할 수 있는 자격시험이 아니라, 1,500명 이내에 들어야만 합격할 수 있는 정원제 선발시험으로 운영되고 있기 때문에 발생한 것에 다름 아니다.[53]

만일 앞으로도 변호사시험을 '정원 1,500명인 정원제 선발시험'으로 운영한다면 2022년이 되면 합격률이 20% 대 중반까지 떨어지게 된다(<별표 5> 참조). 이것은 일본 신사법시험의 합격률과 비슷한 수준이다(<별표 6> 참조). 이러한 결과가, 한국의 로스쿨을 '교육'을 펼치는 곳이 아니라 '시험'에 종속된 곳으로 만듦으로써, 일본과 마찬가지로 '로스쿨의 실패'로 이어지게 될 것이라는 것은 더 말할 것도 없다.

변호사시험을 '합격이 끝'이 아니라 '합격이 시작'인 진정한 의미의 '자격시험'으로 만들어야 한다. 그러기 위해, 선택형 시험을 전면 폐지하거나, 최소한 헌법·민법·형법으로 과목을 축소하고 총득점에서의 반영비율도 낮추어야 한다. 전문적 법률분야 과목에 대한 논술형 시험을 폐지하고 로스쿨에서의 학점 취득으로 대체해야 한다. 무엇보다, 자격시험이라면 반드시 갖추어야 할 합격점을 「변호사시험법」에 명기하고, 변호사시험을 다른 자격시험과 마찬가지의 합격률[54]로 합격할 수 있는 시험으로 만들어가야 한다.

3. '관성'에 대한 대응

1) 경제적 약자를 위한 '예비시험 도입' 혹은 '사시 존치'?

위에서 살펴본 것처럼, 변호사시험의 자격시험화가 긴급한 과제임에도 불구하고, 특히 2013년 이후 그와는 다른 방향인 '예비시험 도입' 혹은 '사시 존치'가 강하게 주장되고 있다.

(1) 「변호사시험법」 개정안

'예비시험 도입'은, 로스쿨 제도가 도입된 2009년부터 로스쿨을 설치하지 않은 법과대학들을 중심으로 제기되었으며[55] 관련 법률안이 제시된 적도 있지만,[56] 특히

---

53) 이에 관한 상세한 분석은, 김창록, 위의 책, 제9장(변호사시험을 '자격시험'으로 만들어야 한다) 참조.

54) 2012년의 시험을 기준으로 볼 때, 의사 93.1%, 치과의사 94.4%, 한의사 94.2%, 약사 88.9%이다. 위의 한국보건의료인국가시험원 홈페이지 참조.

55) 대표적인 것으로서, 전국법과대학협의회 준비모임, "변호사시험법에 예비시험제도 도입을 촉구한다", 고시계 제626호(2009.3); 전국법과대학협의회, "끝내 법조귀족화의 길로 가려는가? - 변호사시험 예비시험제도의 도입이 필요합니다!!", 고시계 제627호(2009.4) 참조.

56) 「변호사시험법」 제정 이전 단계에서 예비시험 도입을 주장한 법안으로서, 박선영 의원 등 22인의 「변

2013년 이후에는 박영선 국회의원이, 2009년 4월 22일 국회 법제사법위원회 전체회의에서 「변호사시험법안」이 가결될 당시에 예비시험에 관해 "2013년에 다시 논의해야 한다"라는 부대의견이 있었다는 점[57]을 근거로 적극적으로 '예비시험 도입'을 주장하고 있다.[58]

한편 '사시 존치'는, 2013년 1월에 실시된 최초의 대한변호사협회(이하 '대한변협') 회장 직접선거 당시 "서민의 법조계 진출을 위한 사다리 마련을 위해 로스쿨과 병행하여 사법시험 존치 또는 예비시험 도입을 추진하겠"다[59]라는 선거공약을 내세웠던 위철환 대한변협 협회장을 중심으로 한 대한변협 집행부가, 특히 2014년에 들어와[60] 다수의 토론회 등[61]을 개최하며 거듭 주장하고 있다.

위의 주장들은 「변호사시험법」(법률 제9747호, 2009.5.28) 부칙 제2조 및 제4조[62]를

호사시험법안」(2009.2.27 ; http://likms.assembly.go.kr/bill/jsp/BillDetail.jsp?bill_id=PRC_V0X9K0S2Z2A7A1Y8P0B7A3C1X8K2Y7)과 강석석 의원 등 33인의 「변호사시험법안」(2009.3.17 ; http://likms.assembly.go.kr/bill/jsp/BillDetail.jsp?bill_id=PRC_R0C9N0L3Y1B7W1W7I0M1Z3J2Q3T7W1)이 있었으나, 이 두 법안은 2012년 5월 29일 국회 임기만료로 폐기되었다. 또한 강용석 의원 등 78인의 「변호사시험법안(위원회안)에 대한 수정안」(2009.4.27; http://likms.assembly.go.kr/bill/jsp/BillDetail.jsp?bill_id=PRC_F0T9E0U4P0M1F1W7Q1Q2X5L5Y8M2U4)도 있었으나, 이 수정안은 2009년 5월 28일 국회 본회의에서 부결되었다.

57) 부대의견의 전문은 아래와 같다. "예비시험제도에 관하여 외국 사례를 참조하여 우리나라에서의 법학전문대학원 교육상황 등을 고려하여 2013년에 다시 논의해야 한다는 부대의견과 5년의 시험기간이 너무 짧다는 부대의견이 있었다." 국회사무처, "제282회 국회(임시회) 법제사법위원회 회의록" 제6호, 2009.4.22, 28면.

58) 박영선 의원은 '예비시험 도입'과 관련하여 2013년에 아래와 같은 세 차례의 토론회를 개최했다. '변호사 예비시험제도 도입 필요한가?'(2013.4.9); '변호사 예비시험제도 도입 필요한가?-당사자 참여 대토론회'(2013.6.3); '변호사시험 예비시험제도 어떻게 할 것인가?-변호사시험법 개정안 입법공청회'(2013.12.4).

59) 위철환, "<내가 변협 협회장이 된다면 이렇게 하겠습니다> 기호 3번 위철환", 대한변협신문 2012.12.10(http://news.koreanbar.or.kr/news/articleView.html?idxno=8025).

60) 위철환 협회장의 당초 공약은 "사법시험 존치 또는 예비시험 도입"이었고, 또 대한변협측은 2013년 4월 9일에 박영선 의원 주최로 열린 토론회에서도 "사법시험 존치가 더 바람직하지만, 그것이 어렵다면 예비시험 도입이라도 이루어져야" 한다라고 주장했으나(양재규, "서민의 법조계 진출을 위한 사다리 마련", 박영선 의원실, 변호사 예비시험제도 도입 필요한가? [토론회 자료집], 2013, 23면), 같은 토론회에서 필자가 예비시험제도의 문제점을 지적(김창록, "변호사시험 예비시험 제도 도입, 得은 없고 失만 클 뿐이다", 위의 [토론회 자료집])한 이후에는 주로 '사시 존치'를 주장하고 있다.

61) '신규법조인 양성제도 개선에 관한 토론회'(노철래 의원과 공동 주최, 2014.3.20); '법조인 선발·양성제도 개선에 관한 토론회」(함진규 의원과 공동 주최, 2014.9.19); '희망의 사다리-사법시험 존치 필요성'(김용남 의원과 공동 주최, 2014.11.18) 등.

62) 「변호사시험법」(법률 제9747호, 2009.5.28) 부칙 제2조(다른 법률의 폐지) 사법시험법은 폐지한다. / 부칙 제4조(사법시험과의 병행실시) ① 이 법에 따른 시험과 별도로 「사법시험법」에 따른 사법시험을 2017년까지 실시한다. 다만, 2017년에는 2016년에 실시한 제1차시험에 합격한 사람 중 2016년에 제3차시험까지 합격하지 못한 사람을 대상으로 제2차시험 또는 제3차시험을 실시한다. ② 「사법시험법」 제5조에도 불구하고 법학전문대학원의 석사학위과정에 재학 또는 휴학 중인 사람과 법학전문대학원에서 석사학위를 취득한 사람은 사법시험에 응시할 수 없다. ③ 제2항에도 불구하고 법학전문대학원의 석사학위과정에 재학 또는 휴학 중인 사람은 이 법 시행일이 속하는 연도에 실시하는 사법시험의 제1차시

개정하자는 개정안의 형태로 구체화되었으며, 2014년 12월 현재 4개의 관련 개정안이 국회에 계류 중이다.

'사시 존치'를 주장하는 개정안으로는, 함진규 의원 등 10인의 「변호사시험법 일부개정법률안」(2014.3.7; 이하 '함진규안')[63], 노철래 의원 등 10인의 「변호사시험법 일부개정법률안」(2014.4.7; 이하 '노철래안')[64], 김용남 의원 등 11인의 「변호사시험법 일부개정법률안」(2014.9.18; 이하 '김용남안')[65]이 있다. 이 세 개의 개정안은 사시를 존치시킨다는 공통적인 주장을 반영하고 있지만, 「노철래안」과 「김용남안」이 「변호사시험법」 부칙 제2조를 삭제하고 부칙 제4조 제1항 본문 중 "2017년까지 실시한다"를 "실시한다"로 바꾸어 시한을 없애는 동시에 같은 항의 단서를 삭제하는 것으로 하여 사시를 존치시키는 데 머물고 있는 데 대해, 「함진규안」은 한 걸음 더 나아가서 부칙 제2조 및 제4조 전체를 삭제하도록 하여 사시를 존치시킬 뿐만 아니라, 로스쿨 재학생·휴학생·졸업생도 사시에 응시할 수 있도록 하고 있는 점[66]에서 차이가 있다.

'예비시험 도입'을 주장하는 개정안으로는, 박영선 의원 등 21인의 「변호사시험법 일부개정법률안」(2014.1.23; 이하 '박영선안')[67]이 있다. 「박영선안」은, 예비시험을 합격한 사람이 3년 이상 대체 법학교육기관을 통하여 대체 법학교육과정을 이수한 경우에는 변호사시험에 응시할 수 있도록 하고, 예비시험은 매년 1회 법무부장관이 관장·실시하며, 헌법, 민법, 형법, 상법, 행정법, 형사소송법 및 민사소송법에 대해 원칙적으로 선택형으로 실시하도록 하는 것을 내용으로 하고 있다.

험에 합격하거나 시행일 이전의 연도에 실시한 사법시험의 제1차시험 또는 제2차시험에 합격한 경우에 한하여 「사법시험법」 제7조제2항 및 제10조에 따라 일부 시험이 면제되는 회까지 사법시험(그 면제되는 차수의 다음 단계의 시험에 응시하는 경우에 한한다)에 응시할 수 있다. 이 경우 제7조제1항을 적용할 때에는 그 입학일 이후에 응시한 사법시험을 이 법에 따른 시험에 응시한 것으로 보아 응시횟수에 포함한다.

63) http://likms.assembly.go.kr/bill/jsp/BillDetail.jsp?bill_id=PRC_W1Q4W0P3J0B7F1J4A0N3R3Y9B9Z4P0

64) http://likms.assembly.go.kr/bill/jsp/BillDetail.jsp?bill_id=PRC_J1Y4H0F4E0Y7D1Z5M0L4F5T0N3X8U6

65) http://likms.assembly.go.kr/bill/jsp/BillDetail.jsp?bill_id=PRC_Z1H4Q0T9R1O8H1V3R5J6A1V0W7V0W9

66) 이 부분은 이 글의 주제에서 다소 벗어나는 것이기 때문에 본문에서는 다루지 않지만, 한국 로스쿨 시스템이 보다 철저하게 '교육을 통한 양성'을 지향하도록 설계되었다는 사실을 이해하지 못한 잘못된 주장이다. 2009년의 정부 「변호사시험법」 제정안은 원래는 일본의 「사법시험법」을 모방하여 로스쿨 졸업생에게 5년 3회의 변호사시험 응시기회를 주는 대신 로스쿨 재학생 및 졸업생에게도 사법시험에 응시할 수 있도록 되어 있었다. '5년 3회'라는 기이한 제도는 로스쿨 재학생들의 재학 중 사법시험 응시를 허용하면서도 그것을 억제하기 위한 고육지책이었다. 국회에서 위의 「변호사시험법」 제정안이 일차 부결되고 새롭게 검토되는 과정에서 그 점이 지적되었고, 그 결과 한국에서는 '5년 5회'로 하는 대신 로스쿨 재학생 및 졸업생은 사법시험에 응시하지 못하게 함으로써, '시험에 의한 선발'로부터 '교육을 통한 양성'으로의 전환을 더욱 철저하게 도모했던 것이다. 이 점에 관해서는, 김창록, 위의 책, 208–210면 참조.

67) http://likms.assembly.go.kr/bill/jsp/BillDetail.jsp?bill_id=PRC_T1K4T0V1V2P3Q1A4K2O5X3O4Q1I6J0

(2) '예비시험 도입' 혹은 '사시 존치'의 근거

① '경제적 약자를 위한 희망의 사다리'

'사시 존치' 및 '예비시험 도입' 주장의 공통의 핵심 논거는 경제적 약자들도 변호사가 될 수 있도록 하기 위해 필요하다는 것이다. 즉, "경제적 약자에 대한 변호사 진입장벽의 제거"[68]를 위해, "개천에서 용 날 수 있는 기회"[69]를 보장하기 위해, "서민의 법조계 진출을 위한 사다리"를 마련하기 위해(「노철래안」), "서민과 저소득층의 법조계 진출"할 수 있도록 하기 위해(「김용남안」), "경제적 약자들도 변호사가 될 수 있도록" 하기 위해(「박영선안」), '사시 존치' 혹은 '예비시험 도입'이 필요하다는 것이다.

② '공정경쟁과 기회균등'

위의 논거와 같은 맥락에서 보다 일반적으로 '공정경쟁과 기회균등'이 논거로 제시되고 있다. 즉, "누구나 노력하면 빈부나 환경, 배경, 나이, 조건 등에 좌우되지 않고 법조인이 될 수 있는 기회를 제공"하기 위해(「노철래안」), "법조계 진입장벽을 완화하며 기회균등을 보장하기 위해"(「김용남안」), "기회의 나라! 대한민국!"[70]을 위해, '사시 존치' 혹은 '예비시험 도입'이 필요하다는 것이다.

③ '외국의 선례'

한편 '예비시험 도입' 주장은 '외국의 선례'를 논거로 들기도 한다. 즉, 일본에서도 "예비시험 제도를 도입하여 경제적 사정이나 이미 실제사회에서 충분히 경험을 쌓고 있는 등의 이유에 의해 로스쿨을 거치지 아니한 자에게도 변호사시험의 응시자격을 인정하고 있"고,[71] "로스쿨 제도를 시행하는 미국에서도 미국변호사협회의 인증을 받은 로스쿨 졸업자에게만 변호사시험을 볼 수 있게 제한하는 주는 전체 50개 주에서 19개에 불과… 나머지 31개 주에서는 비인증 로스쿨이나 통신강좌이수는 물론 외국의 법과대학 졸업자에게도 응시기회를 부여"하고 있다[72]라는 것이 그것이다.

---

68) 전국법과대학협의회 준비모임, "변호사시험법에 예비시험제도 도입을 촉구한다", 115면.
69) 강용석, "공정사회, 예비시험 도입이 시작이다", 고시계 제658호(2011.11), 85면.
70) 각주 58)의 연속 토론회를 개최하면서 박영선 의원이 토론회 자료집의 첫머리를 장식하는 구호로서 내건 것이다.
71) 전국법과대학협의회, "끝내 법조귀족화의 길로 가려는가? − 변호사시험 예비시험제도의 도입이 필요합니다!!", 156면.
72) 위의 글, 156면.

(3) '사시 존치' 주장에 대한 검토

① '사시 폐지'는 '우수한 법조인'을 지향하는 국가적·사회적 합의의 산물이다.

위의 Ⅲ에서 살펴본 것처럼, '로스쿨 시스템'의 도입은 "우수한 법조인을 양성"하기 위한 것이며, '사시 폐지'는 사시로는 "우수한 법조인"을 배출할 수 없다는 사회적 합의에 따른 것이다. 그 점에서 '사시 존치'는, "21세기의 법치국가를 뒷받침할 장래의 법조인", "변화된 시대상황이 요구하는 바람직한 법조인", "우수한 법조인"을 배출하기에는 미흡하다고 판정이 난 낡은 제도에 매달리는 퇴행적인 주장이라고 할 것이다.

② 사시는 이미 '경제적 약자'를 위한 제도가 아니다.

<별표 1>과 <별표 2>를 통해 확인되는 것처럼, 사시는 평균 합격률 3% 전후, 합격연령 30세 전후인 시험이다. 사시 공부를 위한 비용에 관한 정확한 정보는 알기 어렵지만, 2009년 사시 합격자 808명을 대상으로 한 설문조사에 따르면, 사시 수험생의 한 달 평균 수험비용은 80만원 안팎이며 그 대부분을 부모에게 의존하는 것으로 나타났다고 한다.[73] 그렇다면 결국 사시는 경제적인 수익 없이 30세 전후까지 시험공부를 해도 100명 중 3명 밖에 합격할 수 없는 시험인 것이다. 게다가 사시를 준비한다고 국가나 변호사단체가 지원해주는 것도 아니다. 요컨대 사시는 이미 '경제적 약자를 위한 희망의 사다리'가 아닌 것이다.

③ '사시 존치'는 합리적인 정책방향이 아니다.

사시를 존치시키면, 대학생들이 자신의 전공은 팽개친 채 사시로 내달림으로써 황폐화되었던 대학 교육 현장, 3%의 '대박'을 꿈꾸는 다수의 젊은이들이 심한 경우 10년 넘게 시험공부에만 매몰됨으로써 초래된 국가적 인력 낭비, 사회와는 담을 쌓은 채 반복적인 시험공부에만 매달려야 했기에 진정으로 필요한 문제해결 능력은 갖추지 못한 법률가의 양산 등등, 지난 수십년간 누누이 지적되어 온 사시의 문제들이 고스란히 남게 된다. 이 문제들을 어떻게 할 것인가? 사시존치론자들은 이 질문들에 전혀 대답하지 않고 있다.

사시를 존치시킨다면 연간 합격자 수는 몇 명으로 할 것인가? 100명인가, 200명인가, 300명인가, 500명인가, 1000명인가, 아니면 그 이상인가? 그 수의 근거는 무엇인

---

73) "사시 공부에 한달 드는 비용은?", 법률저널 2009.12.4(http://www.lec.co.kr/news/articleView.html?idxno =16792).

가? '경제적 약자'를 위해 사시를 존치시켜야 한다면 응시자격을 '경제적 약자'로 제한해야 하는 것이 아닌가? 제한한다면 그 기준은 무엇인가? 만일 제한하지 않는다면 과연 연간 얼마나 많은 '경제적 약자'가 사시를 통해 변호사 자격을 얻게 될 것인가? 2009년 '로스쿨 시스템' 출범과 함께 사시 선발인원을 연차적으로 줄이고 있는 것과 연동하여 사법연수원의 사시 합격자 연수 기능도 단계적으로 축소하고 있는데, 지금 사시를 존치시킨다면 그 합격자의 연수는 어떻게 할 것인가? 사시존치론자들은 이 많은 질문들에 전혀 대답하지 않고 있다.

그래도 "노무현 전 대통령을 비롯한 고졸자, 변정수 전 헌법재판관을 비롯한 중졸자, 판사를 거쳐서 3선을 했던 박헌기 전 국회의원을 비롯한 초등학교 졸업의 학력자도 법조인이 될 수 있고, 사법연수원 41기 중에도 고졸 학력자가 2명 있"으니 사시가 필요하다는 주장도 있다.[74] 하지만, <별표 3>을 통해 확인되는 것처럼, 1981년부터 2010년까지의 사시 합격자 16,500명 중 고졸 이하의 학력을 가진 사람은 18명으로 전체의 0.1%에 지나지 않는다.

이런 상황임에도 '사시 존치' 주장이 계속 이어지고 있는 이유는, 결국 "사법시험이 아니었다면 나 같은 사람은 법조인이 될 수가 없었을 것이라고 생각하므로 이 제도의 존치에 대해 관심을 가질 수밖에 없다"라는 법조인의 "공통"된 생각[75]에서 찾을 수밖에 없다. 하지만, 국가적·사회적 과제인 법률가양성 제도의 문제에 대해 개인적인 경험을 절대시하는 자기중심적인 생각에 터 잡아 접근하는 이러한 태도가 타당하지 못하다는 것은 더 말할 것도 없다.

2009년 이래로 국가적·사회적 합의에 따라 단계를 밟아 로스쿨과 변호사시험을 도입하고 사시와 사법연수를 폐지하는 절차가 진행 중인 가운데, 그 근본틀을 흔드는 변화가 될 '사시 존치'는 불필요한 혼란만 가져올 뿐이다.

(4) '예비시험 도입' 주장에 대한 검토

① 예비시험은 본질적으로 사시과 동일한 문제를 가지고 있는 제도이다.

예비시험을, 일본과 마찬가지로 "법학전문대학원의 석사학위를 취득한 자와 동등한 학식, 그 응용능력 및 법률에 관한 실무의 기초적 소양을 가지는지의 여부를 판정하는 것을 목적"으로 하는 시험[76]으로 도입하게 되면 사법시험보다 어려운 시험이

---

74) 이정호, "사법시험 존치 왜 필요한가 – 사법시험 폐지는 시기상조다", 대한변호사협회, 신규법조인 양성제도 개선에 관한 토론회 – 로스쿨과 사법시험 병행 필요한가?, 2014, 15 – 16면.

75) 위의 글, 15면.

76) 이하 일본 신사법시험 예비시험의 내용에 관해서는, 일본 법무성 사법시험 예비시험 사이트

되지 않을 수 없고, '경제적 약자'를 특정하기 어려우므로 응시자격을 제한할 수 없고, 정규코스가 아니라 '우회로'인 만큼 그 합격인원은 소수로 제한할 수밖에 없으므로 합격률 또한 사법시험보다 높아지기 어려울 것이다. 이러한 문제점은 「박영선안」에서와 같이 시험과목을 7법으로 한정한다고 하더라도 해소될 수 없다.

그렇다면, 아래에서 살펴보는 것처럼, 예비시험을 도입하는 경우에는, 일본과 마찬가지로 시험기술에 능한 이른바 '상위'대학 재학생들이 로스쿨을 우회하는 수단을 만들어버리는 결과가 될 것이며, 진정한 '경제적 약자'에게는 '고시낭인' 문제로 대변되는 사법시험의 폐해를 더욱 심각한 형태로 강요하는 결과가 될 것이다.

② 일본의 예비시험 제도는 이미 문제가 많다는 사실이 입증된 제도이다.

일본의 예비시험 제도는 극소수 인원만이 합격할 수 있는, 구 사법시험보다 더 어려운 시험으로서, 구 사법시험이 가지고 있던 폐해를 재생산하고 있다.

일본 예비시험의 수험자격에는 아무런 제한이 없고, 게다가 "법과대학원을 수료한 자와 동등한 학식, 그 응용능력 및 법률에 관한 실무의 기초적 소양을 가지는지의 여부를 판정하는 것을 목적"으로 하는 시험이어야 하므로, 시험과목이 구 사법시험보다 더 늘어났다. 1차 단답식시험에서는 7법은 물론이고 일반교양과목까지 시험을 치르고, 2차 논문식시험에서는 1차 시험의 8개 과목에 더해 법률실무기초과목까지 시험을 치르고, 3차 구술시험에서도 법률실무기초과목에 대해 시험을 치른다.

그 결과 일본의 예비시험은 경제적 약자의 법조자격 취득이라는 원래의 목적을 달성하지 못하고 있다. 2011년의 경우, 합격자 연령에 있어서 20−24세가 51.7%로 절반을 넘으며, 그 연령대에서 31명이 응시하여 30명이 합격함으로써 합격률도 96.8%로 압도적이다(<별표 8> 참조). 또 합격자의 직업에 있어서 대학 재학생이 44.8%나 차지하며, 그 대학 재학생의 합격률은 92.9%로 압도적인 데 반해, 대학 재학 이하의 학력을 가진 사람은 전혀 없다(<별표 9> 참조). 이와 같이, 일본의 예비시험은 "원래 법과대학원에 갈 경제적·시간적 여유가 없는 사회인을 위한 예외적 조치로 인정된 것이었는데, 실제로는 우수한 법학부 학생들을 위한 특급 바이패스 코스로 전락"해 버렸다.[77] 요컨대, 일본의 예비시험은 경제적 약자를 위한 시험이기보다는, 대입경쟁을 갓 뚫고 들어와 '시험기술'이 뛰어난 20대의 대학 재학생들이 로스쿨이라는 체계적인 법학공부를 우회하여 시험만으로 법조 자격을 취득할 수 있게 하는 지름길

(http://www.moj.go.jp/jinji/shihoushiken/shikaku_saiyo_index.html) 참조.

77) 마쯔모토 쯔네오(松本恒雄), "일본의 법과대학제도와 신사법시험의 현황", 법학논고 제40호(2012.10), 852면.

의 역할을 하고 있는 것이다.

게다가 일본의 예비시험은, 법과대학원 제도에 대한 심각한 위협이 되고 있으며, 법과대학원 제도의 실패를 초래할 위험성이 매우 크다. 신사법시험의 합격률이 20%대 중반에 머무르고 있어서(<별표 6> 참조), 다수의 법과대학원이 이미 고시학원으로 전락했고, 정원 미달사태가 속출하여 폐교하는 법과대학원까지 나오는 상태에서, 예비시험이라는 '우회로'까지 만들어짐으로써 법과대학원 제도가 심각한 위협을 받고 있다. 특히 2011년 예비시험 합격자 중 13.8%에 해당하는 8명이 법과대학원 재학생이고, 9명이 응시하여 8명이 합격함으로써 합격률이 88.9%에 이르는 것을 볼 때(<별표 9> 참조), 앞으로 법과대학원 재학생 중에서도 상당수가 예비시험을 선택할 가능성이 있으며, 그 점에서도 법과대학원 제도가 심각한 위협을 받고 있다. 결국 "예비시험이 나와서 로스쿨이 망한다"[78]라는 탄식이 현실이 되어가고 있는 것이다.

③ 미국의 제도는 특수한 배경을 가지는 것이다.

미국의 비 로스쿨 트랙은, 변호사시험을 자격시험으로 운영한다는 확고한 원칙 아래, 연방제라고 하는 특수한 환경, 외국에서 법학을 공부하고서 미국 변호사 자격을 취득하고자 하는 사람들의 수요 등에 대응하기 위해 마련된 것이다.

그것은, 연방 차원의 'ABA 등의 공인을 받은 로스쿨 졸업자' 이외에 '각 주 변호사협회 또는 변호사시험위원회의 공인을 받은 로스쿨 졸업자'에 대한 고려가 특별히 필요한 상황에서 만들어진 산물이며, 외국에서 일정한 법학 공부를 하고서 미국 변호사 자격을 취득하고자 하는 수요가 많기 때문에 그들에게 미국의 기준에서 응시자격이 있는지를 체크하기 위해 마련된 제도이다. 게다가 미국의 변호사시험은 자격시험이므로 위와 같은 특수한 사정에 대해 배려하는 제도를 마련하는 것이 로스쿨을 중심으로 하는 법률가 양성제도에 장애를 발생시키지 않는다. 한편 미국의 제도는 원래 도제 시스템으로 변호사를 양성하다가 1930년대 이후 로스쿨 제도가 정착되면서 등장하게 된 것이라는 성격도 가진다. Law Office Study 경력자에게 변호사시험 응시자격을 부여하는 것은 도제 시스템의 연장이라고 보아야 하는 것이다.[79]

위와 같은 미국의 사례는, 연방제를 취하지 않고 있고, 국가에 의해 로스쿨의 인가 및 평가가 통일적으로 이루어지고 있고, 외국에서 법학 공부를 하고서 한국 법률가

---

78) 米倉明, "「予備試験」出デテ法科大学院亡ブ", 戸籍時報 제637호(2009.2)의 제목.

79) 이에 관한 상세한 분석은, 김창록·이국운, 변호사시험 예비시험 제도의 도입 가부에 관한 연구, 법학전문대학원협의회, 2013 참조.

자격을 취득하고자 하는 사람들에 대한 대응이 현실적인 과제로 부각되어 있지 않고, 변호사시험이 완전한 자격시험으로 자리매김되어 있지 않고, 도제 시스템에 의한 변호사 양성의 경험이 없으며 현실적으로도 그러한 시스템이 작동하지 않고 있는 한국에서는 단순한 참조 이상의 의미를 가질 수 없다고 보아야 한다.

오히려 미국에서도 오로지 ABA 공인을 받은 로스쿨의 졸업자에게만 변호사시험 응시자격을 부여하는 주가 16개주[80]나 된다는 사실은, 한국에서도 한국의 상황에 비추어 예비시험 제도를 도입하지 않을 수 있다는 논거가 될 것이다.

④ 「박영선안」의 대체 법학교육과정에 대해

「박영선안」은, 일본의 예비시험과는 달리 예비시험을 7법에 대한 선택형 시험으로 하여 '가볍게' 만드는 대신, 3년 이상의 대체 법학교육과정을 거쳐야 변호사시험 응시자격을 얻도록 하고 있는 것이 특징이다.

하지만, 만일 그 대체 법학교육과정이 '로스쿨 시스템' 밖에서 운영되는 것이라면, 그 담당기관을 인가하고 그 교육내용을 구성하는 추가적인 비용이 필요할 것인데, 그 '비용'을 굳이 부담해야 하는 이유가 무엇인지 알 수 없다. 반대로, 만일 그 대체 법학교육과정이 로스쿨에서의 특별과정으로 구상된 것이라면, 당연히 예비시험은 필요가 없을 것이다.

(5) 소결

위에서 살펴본 것처럼, '사시 존치' 혹은 '예비시험 도입'은 경제적 약자를 위한 제도가 아닐 뿐더러, 결국 기존의 사시의 문제점들을 그대로 안고 가자는 것으로서, 이론적으로도 정책적으로도 바람직하지 않다. 위의 III-2에서 살펴본 것처럼, '로스쿨 시스템'이야말로 경제적 약자의 법률가 자격 취득을 사시나 예비시험보다도 더 실질적으로 보장해주는 제도이다. 만일 경제적 약자에 대한 배려가 더 필요하다면, 로스쿨 특별전형의 비율을 늘리고, 그 입학자에 대해 사법시험과 사법연수의 폐지를 통해 확보되는 재원으로 국가가 지원을 하는 방안도 고려해볼 수 있을 것이다.

---

80) Arkansas, Delaware, Georgia, Idaho, Indiana, Iowa, Kansas, Mississippi, Montana, Nebraska, New Jersey, North Carolina, North Dakota, Oklahoma, South Carolina, South Dakota.

2) 법학자 양성을 위한 법학부의 부활?

한편, 로스쿨을 설치하는 대학의 경우 폐지하도록 되어 있는 법학부를 다시 부활시켜야 한다는 주장도 일각에서 제기되고 있다. 2013년 9월 11일 이명수 의원 등 10인에 의해 발의된 「법학전문대학원 설치·운영에 관한 법률 일부개정법률안」[81]이 그 대표적인 예인데, 거기에서는 "법률서비스를 제공하는 법조인이 아닌 연구목적의 학문으로서의 법학을 전공"하는 사람들을 위해 로스쿨 설치 대학은 "법학에 관한 학사학위과정"을 폐지하도록 한 법률 제8조를 삭제하는 것으로 되어 있다.

하지만, 법학전문대학원 제도 아래에서도 '학문을 위한 법학교육'을 하고 있다. 애당초 법학전문대학원은 '실무를 위한 기술교육'만을 하는 곳이 아니며 '학문을 위한 이론교육'도 하는 곳이다.[82] 실제로 거의 모든 법학전문대학원은 박사학위과정을 두고 있으며, 변호사 양성을 위한 전문석사학위과정 이외에 학술석사학위과정을 운영하는 곳도 있다. 또한 법률의 요구는 "법학에 관한 학사학위과정"을 폐지하라는 것이지 학부에서의 법학교육 자체를 폐지하라는 것이 아니므로, 법학전문대학원을 설치한 대학에서도 학부에서 법학강의를 개설하여 운영하는 것이 가능할 뿐만 아니라, 법학교육은 법조인만이 아니라 널리 법치국가의 시민에게 필요한 것이므로, 법학전문대학원을 설치한 대학에서도 학부에서 보다 다양하고 보다 많은 법학강의를 개설하여 교육을 실시하는 것이 바람직하다.

애당초 '학문을 위한 법학교육'을 위해 학부 법학교육과정이 반드시 필요한 것도 아니다. 미국의 경우 학부 법학교육과정 없이 100년 이상 로스쿨을 운영하고 있지만, 법학자 양성이나 기초법학교육과 관련하여 미국의 법학교육에 문제가 있다는 지적은 제기되지 않고 있는 것은 물론이고, 오히려 미국의 법학은 세계의 법학을 선도하고 있다. 반대로 학부 법학교육과정과 로스쿨과정이 동시에 운영되고 있는 일본의 경우, 오히려 학부 법학교육과정의 병행이 부담으로 작용하여, '학문을 위한 법학교육'을 포함한 로스쿨 제도의 운영에 장애를 초래하고 있다.[83]

뿐만 아니라, 현재의 제도 아래에서도 학부법학교육과정을 두는 것은 가능하다. 학부 법학교육과정이 반드시 필요하다고 판단하는 대학은 법학전문대학원을 설치하지 않고, 혹은 설치된 법학전문대학원을 폐지하고 학부 법학교육과정을 운영하면 되는 것이다.

---

81) http://likms.assembly.go.kr/bill/jsp/BillDetail.jsp?bill_id=PRC_S1C3C0E9N1D1Q1I7T2E9A2X4H2U9W1
82) 이에 관해서는, 김창록, 위의 책, 제6장(로스쿨에서의 이론교육과 실무교육) 참조.
83) 이에 관해서는, 김창록, 위의 책, 제12장(일본 법과대학원 제도의 구조와 문제점) 참조.

돌이켜보면, '로스쿨 시스템' 도입과정에서 로스쿨을 설치하는 대학은 법학부를 폐지하도록 한 것은, '그렇게 하지 않으면 안 된다'라는 논리필연적인 판단에 따른 것이었다기보다는 '그렇게 하는 것이 바람직하다'라는 정책적 판단에 따른 것이었다. '다양한 법률가의 양성'이라는 목표가 다양한 전공의 학생들을 입학시키도록 요구하는 것은 사실이지만, 그 '다양한 전공' 중에 법학이 포함되지 말아야 할 필연적인 이유는 없다. 한국 '로스쿨 시스템'이 '법학부 폐지'를 선택한 것은, 한발 앞서 로스쿨 제도를 도입한 일본에서 로스쿨을 설치한 대학에도 법학부를 존치시킨 결과 로스쿨 법학교육의 정체성 모색이 어려웠을 뿐만 아니라 로스쿨과 법학부의 병행 운영이 대학측에 과다한 부담을 지웠다는 점, 한국에서 법학부를 존치시킬 경우 다수의 사시 합격자를 배출해 온 소수의 법학부 출신들이 로스쿨 입학생의 다수를 차지하게 됨으로써 법률가의 '다양성' 확보가 어려워질 것이라는 점 등을 고려한 정책적 판단의 결과였다고 할 수 있다. 이러한 정책적 고려는 지금도 여전히 타당하며, 그 점에서 로스쿨을 설치한 대학의 법학부를 부활시키는 것은 정책적으로도 바람직하지 않다고 할 것이다.

V 맺음말

한국 '로스쿨 시스템'의 도입은 '시험에 의한 선발'로부터 '교육을 통한 양성'으로 법률가양성 제도의 기본틀을 근본적으로 바꾸기 위한 것이라는 점을 다시 한 번 확인할 필요가 있다.

지금 필요한 것은, 로스쿨 및 변호사시험의 그간의 운영과정에서 드러난 문제점들을 발전적으로 해결하기 위해 모두가 함께 지혜를 모음으로써, '21세기를 위한 새로운 법률가양성 제도'의 성공적인 안착을 위해 함께 노력하는 것이다. 이것은 "국가, 대학, 그 밖에 법조인의 양성과 관련된 기관 또는 단체는" 로스쿨의 "교육이념의 취지에 부합하는 법조인을 양성하기 위하여 상호 협력하여야 한다"라고 선언한 「법학전문대학원 설치·운영에 관한 법률」 제3조 제1항에 따른 법률상의 요청이기도 하다.

그러기 위해 사법시험 시대의 '소수의 신화'와 '시험의 신화'에서 벗어나야 한다. 총입학정원의 통제, 변호사시험의 '사법시험화', '사시 존치' 주장, '예비시험 도입' 주장 등은 그 신화에 대한 향수가 낳은 산물에 불과하다. 그러한 구시대의 신화는 새로운 시대로 나아가는 발목을 잡는 족쇄 이상의 의미를 가질 수 없는 것이다.

이 글에서 확인한 방향은 '로스쿨 시스템'을 진정으로 로스쿨답게 만들어야 한다는 것이다. 총입학정원 제도를 폐지하고 설치인가 기준을 완화시킴으로써 '로스쿨의 문호개방'으로 나아가야 한다. 변호사시험을 확실한 자격시험으로 만듦으로써 '변호사시험의 문호개방'으로 나아가야 한다. 그래서 한국 '로스쿨 시스템'을 진정으로 "21세기의 법치국가를 뒷받침할 장래의 법조인"을 양성하는 제도로 만들어야 한다.

이러한 '로스쿨 시스템'의 '정상화'에서 한 걸음 더 나아가, 교육 내용과 방법을 일신함으로써 로스쿨 시대의 알맹이를 충실하게 채우기 위해서도 지속적인 노력을 기울여야 한다는 것은 더 말할 것도 없다. '신화'들에 대처하기에도 힘겨운 상황이기는 하고, '관성'을 제어하는 것이야말로 새로움을 만들어내는 길이기도 하지만, 보다 긴 호흡으로 그 이상의 적극적인 형식과 내용을 만들어내는 노력을 지속적으로 기울이는 것이 긴요하다.

결국 한국 '로스쿨 시스템'의 미래는 어떤 힘이 얼마나 어떤 방향으로 작동하는지에 따라 결정되게 될 것이다.[84]

---

84) 이 글에 대해 아래와 같은 점에 대한 내용상의 보충이 필요하다는 심사평을 저스티스 편집위원회로부터 전달받았다. "(1) 교육기간: 법학부가 없어지는 상황에서 3년의 교육기간은 너무 단기간이라는 비판이 있습니다, 이에 대한 대책은? (2) 특성화 교육 문제: 인가기준에서 특성화를 요구해서 많은 학교가 특성화 과목을 만들었으니 대부분 제대로 운영되지 않습니다, 그 이유와 대책은? (3) 실무교육: 로스쿨 교육은 실무교육이 또 하나의 축입니다, 그러나 현재 대부분 학교의 실무교육은 매우 수준이 낮고, 이로 인해 변호사단체로부터 비판을 받고 있습니다. 그 이유와 대책은? (4) 법학으로서의 학문: 필자는 로스쿨 체제 아래에서도 법학으로서의 학문은 특별히 문제가 되지 않는다고 하나 현실은 그렇지 않습니다, 서울 소재 몇 몇 학교를 제외하고는 대학원이 서서히 죽어가고 있고, 전문박사 과정은 유명무실합니다. 그 이유와 대책은? (5) 학부에서의 법학교육: 필자는 로스쿨 체제 아래에서도 학부 법학은 충분히 가능하다고 하나 현실적으로 법학부가 없어지는 상황에서 학부에서 체계적인 법학교육은 매우 어렵습니다. 만일 그렇지 않다면 현실적인 방법론을 제시해야 할 것입니다."

위의 심사평의 질문들은, "도입 7년차를 눈 앞에 둔 시점에서, 한국 '로스쿨 시스템' 도입의 과정과 의의를 다시 한 번 되짚어 보고, 현안이 되어 있는 시급한 과제들을 점검"하고자 하는 이 글의 수비범위를 넘어선 것이기는 하지만, 아래에서 간단하게 필자의 생각을 적어 답변에 대신하기로 한다.

(1) 3년의 교육기간이 "너무 단기간"이라는 비판은, 기존의 사법시험 합격자들이 4년의 학부 법학교육과 2년의 연수를 거쳐 배출된다는 것과 비교하면서 가해지고 있는 것이라고 이해됩니다. 하지만, 그러한 단순 비교를 근거로 한 비판은, 로스쿨 입학생들이 이미 다양한 경험과 지식을 배경으로 가지고 있다는 점, 로스쿨은 사법연수원이 아니라는 점, 교육기간은 교육의 질에 따라 신축이 있을 수 있다는 점 등을 생각할 때 설득력이 있다고 생각되지 않습니다. 교육기간의 문제가 있다고 하더라도, 그것은 로스쿨 교육의 질적 향상을 통해 충분히 커버할 수 있을 것입니다. (2) 특성화교육의 문제는 변호사시험이 무한경쟁의 선발시험으로 운영되고 있다는 점과 관련이 있습니다. 변호사시험을 자격시험으로 만들게 되면, 시험 합격이 아니라 시험 이후의 활동에 보다 많은 관심을 가질 수밖에 없는 학생들이 특성화에 더 많은 관심을 가지게 될 것입니다. 또한 변호사시험의 전문적 법률분야 과목도 관련이 있습니다. 본문에서 적은 것처럼, 이 과목은 폐지하고 각 로스쿨별 특성화 과목의 학점 취득으로 대체하도록 해야 할 것입니다. (3) 실무교육의 정체성에 대한 제시는 없이 실무교육이 필요하다, 부족하다라고 강조하기만 하는 현상에 대해 되짚어 볼 필요가 있습니다. 실무교육은 실무 현장에서 이루어지는 것이 베스트

연도	출원자수	제1차 시험			제2차 시험			최종 합격자수	최종합격 률(%)
		응시자수	합격자수	합격률	응시자수	합격자수	합격률		
1963	4,176(466)	3,450	1,471	42.64	2,115	41	1.94	41	0.98
1963	3,732(1,325)	2,318	1,205	51.98	2,530	45	1.78	45	1.21
1964	4,969(1,067)	3,770	781	20.72	1,848	10	0.54	10	0.20
1964	4,214(725)	3,251	461	14.18	1,186	22	1.85	22	0.52
1965	2,141	2,141	475	22.19	408	16	3.92	16	0.75
1966	2,370(423)	1,858	470	25.30	756	19	2.51	19	0.80
1967	2,820(430)	2,304	491	21.31	835	5	0.60	5	0.18
1967	2,466(161)	1,837	473	25.75	779	83	10.65	83	3.37
1968	2,599(396)	2,070	447	21.59	736	37	5.03	37	1.42
1969	2,363(372)	2,363	629	26.62	750	34	4.53	34	1.44
1970	2,561(511)	2,326	520	22.36	930	33	3.55	33	1.29

입니다. 로스쿨에서의 실무교육은 현장에서의 원활한 교육을 위해 필요한 기초적인 교육을 하는 것이어야 할 것입니다. 무엇보다, 실무교육의 정체성 확보가 중요합니다. 실무와 실무교육은 다릅니다. 실무의 다양한 경험을 체계화하는 과정 없이 실무교육은 불가능합니다. 미국의 로스쿨이 도제방식이 충분하지 않다는 판단 위에서 '체계적인 교육'을 통해 보다 우수한 법률가를 양성하기 위해 도입되었다는 점을 되새길 필요가 있습니다. 또한 로스쿨 교수의 1/5 이상을 반드시 실무가교원으로 채우게 되어 있음에도 실무교육에 대한 비판이 나온다는 것이 무엇을 의미하는지 되새길 필요가 있을 것입니다. (4) 로스쿨의 학자 양성 기능이 충분히 기능하지 못하고 있는 현실은, 로스쿨은 '실무교육'을 하는 곳이다라는 잘못된 생각과 관련된 과도기적 현상이라고 생각합니다. 체계적인 학문 없이 충실한 교육은 불가능합니다. 충실한 실무는 학문의 발전을 전제로 합니다. 이에 관해서는 1949년 11월 7일에 공포된 최초의 「변호사법」 제43조에 "법률학의 발달"이 대한변호사협회의 목적 중 첫 항목으로 제시되어 있었다는 사실을 주목할 필요가 있습니다(1982.12.31. 개정으로 삭제됨). 앞으로 로스쿨 교원의 다수는 변호사 자격을 가지고 실무의 경험도 가진 사람들이 채우게 될 것입니다만, 학문적 훈련 없이 로스쿨 교원이 되기는 어려울 것입니다. 한때 미달이었던 로스쿨 박사과정에 최근 지원자가 늘고 있는 것은 그러한 이해가 확산되고 있다는 증거라고 할 것입니다. 덧붙여서, 다른 모든 영역에서 그러하듯이, 필요에 따라 사람이 모이게 마련이라는 점을 지적하고 싶습니다. 로스쿨 박사과정이 필요하다고 느끼도록 알맹이를 채우는 작업은 로스쿨 교원들의 몫일 것입니다. (5) 학부에서의 법학교육의 정체성을 확보하는 것 또한 과제입니다만, 그것을 기존의 법학부 커리큘럼을 전제로 생각하는 것은 가능하지도 않고 바람직하지도 않다고 생각합니다. 법에 관한 '기본 지식'을 전달하는 다양한 강의를 학부에 개설함으로써, 법치국가의 시민교육과 함께 법률가 직역에 대한 동기유발이 가능하도록 하는 것이 필요하며, 그것은 학부 교양교육의 일부로서 충분히 가능할 것입니다. 물론 이 또한 로스쿨 교원들의 노력이 전제가 되어야 한다는 것은 말할 것도 없습니다.

85) 이 표는 대법원, 법조인 양성, 그 새로운 접근－공개토론회(2003.7.25) 결과보고서－, 204면의 표 및 법무부 사법시험 사이트(http://www.moj. go.kr/barexam/)－자료실－통계에 게시된 통계자료를 토대로 작성된 것이다.

86) 2007년 최종합격자수 중 괄호 안의 수는, 1981년 및 1982년에 시국관련 시위전력을 이유로 제3차시험

1970	2,786(408)	2,531	762	30.11	944	50	5.30	49	1.76
1971	2,776(709)	2,629	420	15.98	962	80	8.32	81	2.92
1972	3,514(377)	3,215	577	17.95	829	80	9.65	80	2.28
1973	4,072(503)	3,614	430	11.90	787	60	7.62	60	1.47
1974	4,010(376)	3,311	498	15.04	705	60	8.51	60	1.50
1975	4,119(452)	3,344	424	12.68	747	60	8.03	59	1.43
1976	4,498(376)	3,625	405	11.17	653	60	9.19	61	1.36
1977	4,119(452)	4,011	541	13.49	801	80	9.99	80	1.94
1978	5,387(488)	4,153	521	12.55	912	100	10.96	100	1.86
1979	5,788(479)	4,506	564	12.52	929	120	12.92	120	2.07
1980	6,658(502)	4,868	575	11.81	986	141	14.30	141	2.12
1981	7,983(523)	6,805	785	11.54	1,227	316	25.75	289	3.62
1982	9,272(663)	7,386	830	11.24	1,350	307	22.74	300	3.24
1983	9,785(723)	8,450	722	8.54	1,353	306	22.62	300	3.07
1984	11,600(621)	9,870	816	8.27	1,365	353	25.86	303	2.61
1985	11,743(706)	10,089	755	7.48	1,401	312	22.27	298	2.54
1986	13,635(688)	11,708	791	6.76	1,373	309	22.50	300	2.20
1987	14,252(711)	11,973	732	6.11	1,381	311	22.52	300	2.10
1988	13,568(677)	11,209	818	7.30	1,419	310	21.85	300	2.21
1989	13,429(773)	11,237	714	6.35	1,417	311	21.95	300	2.23
1990	14,365(676)	11,697	830	7.10	1,425	298	20.91	298	2.07
1991	15,540(771)	12,925	741	5.73	1,468	287	19.55	287	1.85
1992	16,424(707)	13,958	821	5.88	1,488	288	19.35	288	1.75
1993	18,232(759)	15,516	777	5.01	1,492	288	19.30	288	1.58
1994	19,006(730)	16,390	850	5.19	1,530	290	18.95	290	1.53
1995	20,737(803)	16,879	1,052	6.23	1,856	308	16.59	308	1.49
1996	22,771(1,012)	18,572	1,250	6.73	2,198	502	22.84	502	2.20
1997	20,551(1,166)	15,568	1,865	11.98	2,949	604	20.48	604	2.94
1998	20,755(1,765)	15,670	2,662	16.99	3,558	700	19.67	700	3.37
1999	22,964(1,786)	17,301	2,127	12.29	3,554	709	19.95	709	3.09
2000	23,249(2,001)	16,218	1,985	12.24	3,762	801	21.29	801	3.45
2001	27,625(2,351)	22,365	2,406	10.76	4,578	991	21.65	991	3.59

2002	30,024(2,368)	24,707	2,640	10.69	4,764	999	20.97	998	3.32
2003	30,146(2,658)	24,491	2,598	10.61	5,012	905	18.06	906	3.01
2004	18,894(2,576)	15,446	2,692	17.43	5,028	1,009	20.07	1,009	5.34
2005	21,585(2,395)	17,642	2,884	16.35	5,038	1,001	19.87	1,001	4.64
2006	21,210(2,575)	17,290	2,665	15.41	5,007	1,002	20.01	994	4.69
2007	23,430(2,398)	18,114	2,808	15.50	5,024	1,008	20.06	1,011(6)[86]	4.31
2008	23,656(2,563)	17,829	2,511	14.08	4,877	1,005	20.61	1,005	4.25
2009	23,430(2,274)	17,972	2,584	14.38	4,399	1,009	22.94	997	4.26
2010	23,244(2,337)	17,028	1,963	11.53	4,104	800	19.49	814	3.50
2011	19,536(2,038)	14,449	1,447	10.01	3,313	706	21.31	707	3.62
2012	14,035((1,269)	10,306	1,001	9.71	2,164	502	23.19	506	3.61
2013	10,089(854)	6,862	665	9.69	1,456	305	20.95	306	3.03
2014	7,428(578)	4,696	471	10.03	1,002	203	20.26	204	2.75
합계	696,331	556,113	64,398	11.58	115,460	20,591	17.83	20,450	2.94

* 출원자수 중 괄호 안의 수는 1차시험 면제자수임. 단, 1965의 출원자수는 1차시험 면제자수를 포함하지 않은 수임.
** 최종합격률 = 최종합격자수 / 출원자수

에서 불합격한 사람 중 법무부가 직권으로 불합격 처분을 취소하고 합격 처분함으로써 추가합격한 사람들의 수이다.

입소 연도	기수	연령별(입소당시 기준)				계	평균 연령
		24세 이하	25-27세	28-30세	31세 이상		
1983	14기	43	110	71	87	311	28.45
1984	15기	57	107	56	79	299	28.01
1985	16기	71	100	76	60	307	27.61
1986	17기	147	86	54	22	309	25.63
1987	18기	131	83	49	33	296	25.71
1988	19기	119	81	56	47	303	26.31
1989	20기	74	110	61	59	304	27.31
1990	21기	79(26.3)	105(35)	60(20)	56(18.7)	300	25.72
1991	22기	57(19.2)	127(42.8)	53(17.8)	60(20.2)	297	27.52
1992	23기	72(24.9)	94(32.5)	69(23.9)	54(18.7)	289	27.35
1993	24기	39(13.3)	92(31.4)	80(27.3)	82(27.9)	293	28.35
1994	25기	53(18.7)	101(35.6)	80(28.2)	50(17.6)	284	27.37
1995	26기	34(11.7)	95(32.7)	90(30.9)	72(24.7)	291	28.18
1996	27기	30(9.5)	105(33.3)	100(37.7)	80(25.4)	315	28.48
1997	28기	39(7.9)	143(28.8)	142(28.6)	172(34.7)	496	29.20
1998	29기	50(8.4)	151(25.5)	163(27.5)	228(38.5)	592	29.58
1999	30기	57(8.2)	200(28.8)	208(30)	226(33)	694	29.25
2000	31기	44(6.13)	217(30.26)	223(31.10)	233(32.51)	717	29.29
2001	32기	70(8.74)	219(27.34)	237(29.59)	275(34.33)	800	29.22
2002	33기	44(4.51)	210(21.51)	293(30.02)	429(43.96)	976	31.21
2003	34기	51(5.24)	239(24.59)	301(30.97)	381(39.20)	972	29.95
2004	35기					887	30.17
2005	36기					987	29.88

---

87) 이 표는 2007년 2월 20일 사법연수원 홈페이지의 관련 사이트(http://jrti.scourt.go.kr/intro/situation.as
p?flag=6)에서 검색한 자료를 토대로 작성된 것이다. 2008년 2월 24일 현재, 관련 자료는 위의 사이트
에서 발견되지 않으며, 또 사법연수원의 "연수생, 교수, 교직원, 법관만이 회원가입"하여 접근할 수 있
는 "자료실" 이외의, 사법연수원 홈페이지의 다른 사이트에서도 발견되지 않는다.

■ 별표 3 　사법시험 합격자 학력 분포[88]

연도	회수	합격자수	대학원		대학(교)			전문대학			고등학교			기타
			졸	재	졸	재	퇴	졸	재	퇴	졸	재	퇴	
1981	23	289	33	47	169	36	1	–	–	–	3	–	–	–
1982	24	300	44	79	124	45	4	1	1	–	1	–	–	1
1983	25	300	38	99	91	68	–	–	–	–	2	–	1	1
1984	26	303	53	85	83	81	–	–	–	–	1	–	–	–
1985	27	298	34	100	104	60	–	–	–	–	–	–	–	–
1986	28	300	50	84	104	61	1	–	–	–	–	–	–	–
1987	29	300	125		130	43	–	–	–	–	2	–	–	–
1988	30	300	139		121	38	–	–	–	–	2	–	–	–
1989	31	300	113		151	36	–	–	–	–	–	–	–	–
1990	32	298	121		136	41	–	–	–	–	–	–	–	–
1991	33	287	102		132	53	–	–	–	–	–	–	–	–
1992	34	288	91		159	38	–	–	–	–	–	–	–	–
1993	35	288	91		132	65	–	–	–	–	–	–	–	–
1994	36	290	64		166	60	–	–	–	–	–	–	–	–
1995	37	308	95		168	45	–	–	–	–	–	–	–	–
1996	38	502	116		312	74	–	–	–	–	–	–	–	–
1997	39	604	131		370	101	–	2	–	–	–	–	–	–
1998	40	700	137		415	148	–	–	–	–	–	–	–	–
1999	41	709	120		431	158	–	–	–	–	–	–	–	–
2000	42	801	132		470	199	–	–	–	–	–	–	–	–

---

88) 이 표는, 2000년까지는 행정자치부, 통계연보 2001(제4호), 행정자치부, 2001, 100면의 표를 토대로, 2002년부터 2007년까지는 법무부 사법시험 사이트(http://www.moj.go.kr/barexam/) – 자료실 – 통계에 게시된 통계자료를 토대로 작성된 것이다.

	회수	합격 자수	대학원 재학 이상	대학(교)		3년제 이하 대학 졸 · 재 · 퇴	고등학교 졸 · 퇴	기타
				졸	수료 · 재 · 퇴			
2002	44	999	159	612	227	–	1	–
2003	45	905	168	483	254	–	–	–
2004	46	1,009	147	549	311	2	–	–
2005	47	1,001	136	489	373	1	2	–
2006	48	994	133	496	365	–	–	–
2007	49	1,011	131	483	397	–	–	–
2008	50	1,005	131	490	383	–	1	–
2009	51	997	122	503	370	2	–	–
2010	52	814	67	350	395	–	2	–
계		16,500	3,517	8,423	4,531	9	18	2

* 2002년 및 2003년은 제2차시험 합격자 기준임.

■ 별표 4   **변호사시험 결과**[89]

	제1회	제2회	제3회
응시자	1,665명	2,046명	2,292명
합격자	1,451명	1,538명	1,550명
합격률	87.15%	75.17%	67.62%
초시합격률	87.15%	80.8%(1,477/1,829)	76.81%
합격점	720.46(만점 1,660)	762.03(만점 1,660)	793.70(만점, 1,660)

89) 이 표는, 법무부 법무부 홈페이지 공지사항 사이트(http://www.moj.go.kr/HP/COM/bbs_03/BoardList.do)
중 제1,2,3회 변호사시험 합격자 발표를 토대로 작성한 것이다.

■ 별표 5 정원 1,500명인 경우의 변호사시험 예상 합격률

연도	합격지수	응시지수	합격률	1기	2기	3기	4기	5기	6기	7기	8기	9기	10기	11기	12기	13기	14기	15기	16기	17기	18기	19기
2012	1,500	2,000	75.0%	1500																		
2013	1,500	2,500	60.0%	300	1200																	
2014	1,500	3,000	50.0%	100	400	1000																
2015	1,500	3,500	42.9%	43	171	429	857															
2016	1,500	4,000	37.5%	21	86	214	429	750														
2017	1,500	4,464	33.6%		48	120	240	420	672													
2018	1,500	4,868	30.8%			73	146	256	409	616												
2019	1,500	5,204	28.8%				94	166	265	399	576											
2020	1,500	5,470	27.4%					113	179	270	390	548										
2021	1,500	5,675	26.4%						126	189	273	384	529									
2022	1,500	5,826	25.7%							135	196	275	379	515								
2023	1,500	5,936	25.3%								143	200	276	375	505							
2024	1,500	6,014	24.9%									148	204	277	373	499						
2025	1,500	6,069	24.7%										151	206	277	371	494					
2026	1,500	6,108	24.6%											154	207	278	370	491				
2027	1,500	6,135	24.5%												156	208	278	369	489			
2028	1,500	6,153	24.4%													157	209	278	368	488		
2029	1,500	6,166	24.3%														158	210	278	367	487	
2030	1,500	6,175	24.3%															158	210	278	368	486
2031	1,500	6,181	24.3%																159	210	278	367
2032	1,500	6,186	24.3%																	159	210	278
2033	1,500	6,188	24.2%																		159	210
2034	1,500	6,190	24.2%																			159

* 이 표는 매년 2,000명이 로스쿨을 졸업하고, 그 전원이 변호사시험에 응시하며, 불합격자 전원이 다음 회의 변호사시험에 응시한다는 것을 전제로 하여 작성한 것임.

연도	수험자수	합격자수	합격률	기수자 합격률	미수자 합격률	응시년도 졸업생 합격률	응시년도 기수자 합격률
2006	2,091	1,009	48.3%	48.3%	—	48.3%	48.3%
2007	4,607	1,851	40.2%	46.0%	32.3%	39.3%	47.1%
2008	6,261	2,065	33.0%	44.3%	22.5%	36.9%	51.3%
2009	7,392	2,043	27.6%	38.7%	18.9%	35.0%	48.7%
2010	8,164	2,074	25.4%	37.0%	17.3%	33.0%	46.4%
2011	8,765	2,063	23.5%	35.4%	16.2%	32.5%	41.8%
2012	8,387	2,102	25.1%	36.2%	17.2%	32.9%	43.2%
2013	7,653	2,049	26.8%	–	–	–	–
2014	8,015	1,810	22.6%	–	–	–	–

■ 별표 7 **일본 예비시험 합격률**91)

	출원자	수험자	최종합격자	합격률(%)
2011	8,971	6,477	116	1.8
2012	9,118	7,183	219	3.0
2013	11,255	9,224	351	3.8
2014	12,622	10,347	356	3.4

---

90) 마쯔모토 쯔네오(松本恒雄), 위의 글, 836면. 2013년 및 2014년의 통계는 일본 법무성 사법시험 사이트 (http://www.moj.go.jp/shikaku_saiyo_index1.html)를 참조하여 추가하였다.

91) 이 표는, 일본 법무성 홈페이지(http://www.moj.go.jp/shikaku_saiyo_index1.html)의 자료를 토대로 작성한 것이다.

연령별	응시자수	최종 합격자	최종 합격률	최종합격자 중 비율
20~24세	31	30	96.8%	51.7%
25~29세	4	4	100.0%	6.9%
30~34세	16	11	68.8%	19.0%
35~39세	14	4	28.6%	6.9%
40~44세	11	5	45.5%	8.6%
45~49세	4	2	50.0%	3.4%
50~54세	2	1	50.0%	1.7%
55~59세	2	0	0.0%	0.0%
60~64세	1	1	100.0%	1.7%
합계	85	58	68.2%	100.0%

■ 별표 9 2011년 일본 예비시험 합격자–최종학력별[93)]

최종 학력별	응시자수	최종 합격자	최종 합격률	최종 합격자 중 비율
대졸	38	20	52.6%	34.5%
대학 재학	28	26	92.9%	44.8%
법과대학원 졸업	3	0	0.0%	0.0%
법과대학원 재학	9	8	88.9%	13.8%
법과대학원 중퇴	1	0	0.0%	0.0%
법과대학원 이외의 대학원 졸업	4	2	50.0%	3.4%
법과대학원 이외의 대학원 중퇴	2	2	100.0%	3.4%
합계	85	58	68.2%	100.0%

---

92) 마쯔모토 쯔네오(松本恒雄), 위의 글, 844면.
93) 위의 글, 845면.

추기

위의 논문을 발표한 지 10년 가까운 세월이 흘렀다. 그 사이에 한국의 로스쿨 시스템은 '대세'가 되었다. 사법시험 부활, 예비시험 도입, 법학부 부활 등의 주장은 거의 사그러들었다. 법률가가 되려면 로스쿨에 가야 하고 변호사시험에 합격해야 한다는 생각이 상식이 되었다.

하지만 총입학정원과 변호사시험을 중심으로 한 '수의 통제'라는 구조는 변하지 않았고, 오히려 고착되어 가고 있는 듯이 보인다. 총입학정원의 폐지를 통한 '로스쿨의 문호개방'을 생각하는 사람은 거의 없는 듯하다. 변호사시험은 여전히 자격시험이 아니라 선발시험으로 운영되고 있고, 그 결과 '변호사시험의 문호개방'은 요원한 듯하다.

위의 논문에서 적은 우려와는 달리 변호사시험 합격률은 2016년 이후 50%대 초반을 유지하고 있다. 그리고 합격자수는 1,700명대로, 합격점은 900점 전후로 수렴하는 경향을 보이고 있다. 하지만 합격자수를 둘러싸고 매년 합격자 결정 직전에는 변호사단체들과 법학전문대학원협의회 및 로스쿨 학생들 사이에 성명전과 시위가 거듭되고 있다. 여전히 합격점은 미리 제시되지 않고 있고, 매년 바뀐다. 1,700명대, 900점 전후라는 숫자는 구조상 언제든 바뀔 수 있다.

그 결과 '시험에 의한 선발에서 교육을 통한 양성으로'라는 로스쿨 시스템의 근본 취지는 달성되지 못했고, 오히려 로스쿨이 시험에 의해 점령당한 비정상적 상황이 고착되어 가고 있다. 로스쿨 학생들은 입학의 순간부터 변호사시험을 향해 내달리며 전문법과목이나 기초법과목을 수강할 여유를 거의 가지지 못한다. 로스쿨 강의는 변호사시험 대비에 초점이 맞추어지고, 로스쿨 교수들은 시험합격률에 연연해하고 있다.

정원제 선발시험인 사법시험과 법학부를 유지하고, 게다가 예비시험까지 도입한 일본의 로스쿨 시스템은 실패했다(김창록, 「일본 '로스쿨 시스템'의 현상」, 『법학논총』 39-3 (전남대), 2019 참조). 한국은 일본보다는 강하게 과거와 단절했기에 실패했다고는 말하기 어렵다. 하지만 일본의 실패를 초래한 '수의 통제'라는 구조를 한국도 여전히 버리지 못하고 있다.

일본과 비교할 때 변호사 1인당 인구수는 2002년에 일본 6,752명, 한국 9,391명이었던 것이, 2018년에는 3,162명, 1,998명으로 크게 역전되었다. 그만큼 한국은 '소수의 신화'에 매달려야 할 필요성이 사라졌다.

최종결과를 누구도 알 수 없어서 무한경쟁을 하도록 강요하는 변호사시험과 변호사시험 합격을 거의 유일한 목표로 내달리고 있는 로스쿨이라는, 한국 로스쿨 시스템의 새로운 '관성'을 깨뜨릴 계기가 과연 시스템 내부에서 만들어질 수 있을까?

끝으로 한국 로스쿨 시스템과 '한인섭'에 관한 몇 가지 기억을 더듬어본다. 1987년에 출범한 '법과사회이론연구회'(현재는 법과사회이론학회)로 이끌어 준 '한인섭 선배'가 열정적으로 토로했던 것 중 하나가 법률가 양성제도 개혁이었다. 2003-04년, 대법원 사법개혁위원회의 전문위원으로서 '한인섭 사법개혁위원회 위원'이 협상을 통해 한국 로스쿨 시스템의 청사진을 도출해내는 과정을 지켜보았다. 2007-08년, 비록 총입학정원이라는 한계 속에서나마 최대한의 절차적 합리성을 담보하기 위해 치밀하게 작성된 「법학전문대학원 설치인가신청 공고」, 「법학전문대학원 설치인가 심사기준」을 받아보고 그 작성책임자가 '한인섭 법학교육위원회 위원'이라는 사실을 직감했다. 실사를 위해 경북대를 방문한 그는 실사단을 맞으러 나가 있던 필자와 눈길조차 맞추지 않았다. 로스쿨 출범 후 연구실을 방문한 필자에게 '한인섭 교수'는 '로스쿨 하느라 에너지가 완전 소진되어 몸 속이 냉골 같아 연구실 바닥에 온돌을 깔았다'라고 겸연쩍게 말했다. 그리고 돌아서서는 로스쿨 학생들의 통통 튀는 반응에 강의가 신이 난다며 금세 환한 표정을 지어 보였다. 필자가 과제로 삼고 있는 '한국 로스쿨 시스템의 역사'라는 제목의 책에 '한인섭'은 중요인물로 등장할 예정이다.

13

법과 사회의 지나온 과거와 미래상*

황승흠(교수, 국민대학교 법과대학) · 심우민(교수, 경인교육대학교)

I 들어가며

법과사회이론학회의 출발인 법과사회이론연구회의 당초 설립 취지를 공식적으로 밝히고 있는 내용은 1989년 8월 5일 발간된 「법과 사회」 창간호 제일 마지막 장에서 확인할 수 있다.

'법과 사회'이론 연구회는 진보적이고 민주적인 법문화의 창달을 위해 소장 학자와 실무에 종사하는 연구자들을 중심으로 1987년 초에 결성된 학술연구단체입니다. 본 연구회는 기존 법학이 지녀온 현실도피적 태도를 비판하면서 우리의 구체적 법현실에서 문제점을 찾아내어 그 해결책을 모색하는 법학, 억압적·권위적 법문화를 청산하고 민주적이고 정의로운 규범질서를 모색하는 법학, 학계와 실무전문가와 대중 사이에 두텁게 가로놓여 있는 담벽을 헐고 지적 토론을 활성화시킴으로써 대중과 함께하는 법학을 지향하고 있습니다.

'법과사회'이론 연구회는 현재 40여명의 회원을 갖고 있으며 전공의 제한 없이 교수, 판사, 변호사, 석박사과정의 학생들이 두루 참여하고 있습니다. 우리의 역사적 현실과 직결된 제반 법적 문제점들을 정례적으로 열리는 월례발표회에서 집중토론하며, 공개 토론회의 장을 통해 대중적인 만남을 꾀하고 있습니다. 본 연구회의 연구와 토론의 성과는 부정기간행물 <법과 사회> 및 기타 간행물을 통해 발표됩니다. 현재는 연구자 중심의 모임을 갖고 있지만 본 연구회와 문제의식을 같이하는 여러분에게도 문호를 개

---

* 이 글은 황승흠·심우민, "법과 사회의 지나온 과거와 미래상", 법과사회 제56호, 법과사회이론학회, 2017에 게재되었음을 밝힌다.

방할 준비를 진행하고 있습니다.

새로운 법학운동과 민주적 법실천에 관심을 갖고 계신 분들의 많은 참여를 바랍니다.

이상의 내용으로 보자면, 법과사회이론학회의 설립취지는 현재의 시점에서도 여전히 그 의미를 가진다고 평가할 수 있을 것이다. 물론 30여 년이라는 시간적인 터울은 분명 존재하지만, 우리의 법현실 전반이 당시의 상황과 양적인 차이는 있을 수 있어도, 질적이 측면에서의 차별성을 확인하기 힘들다는 반성적 시각이 자연스레 들 수밖에 없다.

그렇다면 이제까지 법과사회이론학회는 한국 사회에서 어떠한 역할을 해 왔고, 그리고 미래에는 또한 어떠한 지향점을 가지게 될 것인지에 대해 다양한 자료들을 바탕으로 검토해 보고자 한다. 물론 이하의 내용은 학문적 엄밀성을 지니는 방법론에 기초하고 있지는 않다. 다만 대체적인 흐름과 방향성을 점검해 봄으로써, 향후 한국 사회에서 법과사회이론학회의 새로운 역할을 모색하는 과학적 노력을 향한 하나의 미약한 계기로써 활용될 수 있기를 희망한다.

Ⅱ　법학 분야의 새로운 파장

법과사회이론연구회(現 법과사회이론학회)가 세간의 주목을 받기 시작한 것은 크게 세 가지였다고 할 수 있다. 출범당시 매우 억압적인 정치 상황이었음에도 불구하고 공개적으로 독회 및 토론회 등을 적극적으로 개최했다는 점, 전문가 중심의 학술지가 아니라 다소 대중적 차원의 학술지를 발간하여 반향을 불러일으켰다는 점, 그리고 각종 공개 토론회 및 학술지에 다양한 개혁 입법과 관련한 제안과 고민들을 담아냄으로써 관련 분야의 논의를 선도했다는 점이 그것이다.

1. 공개 독회 및 토론회

첫째, 공개적 독회 및 토론회 개최에 대해 살펴보면 다음과 같다. 1987년 민주화를 전후한 시기 우리나라에서는 다양한 학문 분야에서 독회가 일종의 유행이었다고 볼 수 있는 상황이 연출되었다. 그 가운데 법학 분야에서는 법과사회이론연구회가 대표적인 역할을 수행하였다고 볼 수 있다.[1] 물론 이러한 움직임에 있어서는 민주주의법학연구회도 법과사회이론연구회와 유사한 역할을 수행해 왔다고 평가할 수 있다. 실제로 당시 일간지에서는 다음 <그림 1>과 같이 관련 활동들이 소개되기도 하였다.

| 그림 1 | **한겨레신문 1989. 5. 5.**

당시 기사의 내용을 살펴보면, 보수적일 수밖에 없는 법(학)의 영역에서 비판, 민주, 실천 법학을 추구하는 움직임이 등장하고 있다는 소개가 이루어지고 있다. 이는 당시 법과사회이론연구회의 움직임이 과거 법학분야 연구자들의 집단과는 다른 역할을 수행하기 시작했음을 알리는 기폭제 역할을 했다는 점을 확인할 수 있다.

---

1) 경향신문, 1987년 9월 26일

법과사회이론연구회의 이러한 역할이 공개적으로 드러나기 시작한 시발점은 1989
년 3월 31일 이화여자대학교 경영관홀에서 개최된 「반민주 법률의 개폐를 위한 공개
토론회」였다. 당시 다수의 언론과 국민들이 주목하는 가운데 젊은 연구자들이 주축
이 되어 어렵게 포문을 연 것이었다. 실제 당시 토론회에 관한 관심이 지대했다는
사실은 다수의 언론을 통해 확인할 수 있으며, 이번 법과사회이론학회 설립 30주년
기념 학술대회에서 이루어진 초대회장 양건 교수의 기조강연을 통해서도 확인할 수
있다.

| 그림 2 | **한겨레 1989. 4. 2.**

2. 무크지 형태의 학술지

　　둘째, 법과사회이론연구회의 학술지 「법과 사회」도 상당히 중요한 역할을 했다. 소
위 무크지 형태의 학술지, 즉 잡지를 닮은 학술지는 당시 진보 학계의 추세였던 것
으로 보인다. 법학 분야에서는 바로 법과사회이론연구회(학회)가 잡지 형태의 학술지

「법과 사회」를 발간하여 법학 담론의 대중화에 앞장섰다고 볼 수 있다. 전문가 집단의 전유물로 보였던 법의 문제를 대중적으로 다루기 시작했다는 점은 당시 주요 언론에서 「법과 사회」를 소개할 정도로 상당히 신선한 시도로 평가받았던 것으로 보인다. 실제로 현재 50대 중반을 넘어가는 법학자들의 서재에는 「법과 사회」 창간호 정도는 거의 구비되어 있다고 해도 과언이 아닐 것이다. 이는 당시 법학계는 물론이고 일반 국민들의 입장에서도 현실과 괴리되지 않은 법 담론을 상당히 갈구해 왔다는 점을 여실히 보여주는 것이라고 평가할 수 있을 것이다.

| 그림 3 | **동아 1989. 8. 7.**

3. 개혁입법 논의의 선도

셋째, 공개토론회 및 학술지를 통해 시대적 화두를 중심으로 한 개혁 입법에 관한 제안들을 담아냄으로써, 관련 분야의 논의를 선도해 왔다. 특히 당시 주요 일간지들은 「법과 사회」에 게재되는 다양한 제안들을 앞 다투어 보도하기도 하였다. 물론 현재 언론보도 관행에서는 다소 생소한 일이라고 할 수 있지만, 당시 협소한 취재원 환경을 생각해 보면 법과사회이론연구회 및 그 학술지는 소중한 자료로써 활용될 수밖에 없는 환경이었던 것으로 보인다. 특히 현재까지도 학술지 편제에서 유지하고 있는 '특집'은 그 자체로 한국의 법 현실을 확인해 볼 수 있는 중요한 자료로서 자리매김하고 있다는 평가가 가능하다.

| 그림 4 | **한겨레** 1992. 12. 28.

| 그림 5 | **동아** 1994. 5. 17.

Ⅲ 학술지 「법과 사회」

현재 법과사회이론학회의 정체성을 가장 뚜렷하게 보여주는 것은 역시 학술지 「법과 사회」라고 할 수 있다. 당초 「법과 사회」는 대중적 성격을 가지는 잡지 형식의 체계와 취지를 가지고 있었지만, 점차 그 내용과 형식이 자리 잡아 가면서 학술지로서의 면모를 갖추어 나갔고, 현재는 한국연구재단 등재학술지로서의 위상을 유지하고 있다.

1. 개관

학술지 「법과 사회」는 학회 설립 이후인 1989년 8월 5일 창간호 발행 이후 2017년 8월 31일까지 총 55호 권수로는 총 54권이 발행되었다. 이제까지 「법과 사회」에 게재된 총 논문편수는 총 604건이며, 한 권당 평균 11.25건의 논문이 수록되었다. 「법과 사회」와 해당 분야 타 학술지와의 연간 논문 발행수를 총괄적으로 비교해 보면, 비교적 적은 수의 논문의 게재된 경우도 있지만 전반적으로는 유사하거나 높은 수준의 논문들이 게재되고 있음을 알 수 있다.

| 그림 6 | **타 학회지와의 논문 발행수 비교**

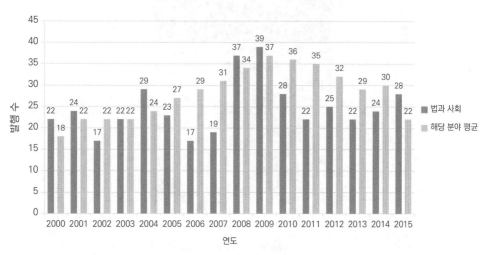

이상에서 볼 수 있는 바와 같이, 학술지 「법과 사회」는 매우 확고한 법학 및 사회과학 분야의 학술지로 자리 잡아 가고 있는 상황이다.

2. 「법과 사회」의 변천과정

이제는 학술지로서의 위상을 갖추고 있는 「법과 사회」는 그간 법학 및 사회과학 분야의 변화는 물론이고, 출판시장의 상황과 맞물려 다양한 변화가 이루어져 왔다. 이를 시기적으로 구분해 보자면, (ⅰ) 창작과 비평사 시대, (ⅱ) 동성출판사 시대, (ⅲ) 박영사 시대, (ⅳ) 법과사회이론학회의 시대로 구분된다.

우선 창작과 비평사를 통하여 출판된 「법과 사회」는 창간호에서 제15호에 이르는 총 15권이었다(1989년~1997년). 최초 1989년 8월 5일 창간호는 부정기간행물이었으나, 1990년부터 1997년에 이르는 시기에 발간된 제2호~제15호까지는 정기간행물(반년간)이었다. 편집인은 회장이었고, 판형은 신국판(154*224mm)이었다.

앞서 언급한 바와 같이, 상당한 반향을 불러일으키면서 대중의 관심을 받았던 창간호의 표지 앞면과 뒷면의 문구는 다음 그림과 같다.

| 그림 7 | **창간호 앞면 표지**

| 그림 8 | **창간호 뒷면**

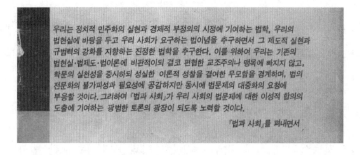

창간호 뒷면에는 학술지의 취지를 담고 있어, 법과사회이론연구회는 물론이고 학술지의 취지를 간명하게 나타내고 있다. 이 글의 모두에 언급했던 창간호의 학회 소개는 한인섭 교수가, 표지 뒷면의 소개 글은 양건 교수가 작성한 것으로 알려져 있다.

동성출판사 시대는 1999년에서부터 2005년에 이르는 시기로 제16·17호 합본호에서 제29호까지 총 13권이 발행되었던 시기이다. 또한 제18호까지는 "법과사회이론연구회 편"으로 되어 있었으나, 공식적으로 학회로 명칭이 전환되면서 제19호부터는 "법과사회이론학회 편"으로 변경되었다. 그리고 여전히 편집인은 회장으로 되어 있었으며, 판형은 변형신국판(165*245mm)이었다. 그리고 특징적인 지점은 제19호부터 표지 뒷면에 영문 목차를 두기 시작하였다는 점이다.

| 그림 9 | **제16·17 합본호 앞면 표지**

| 그림 10 | **제19호 뒷면 영문목차**

이후 출판사를 변경하여 박영사를 통한 출판이 시작되었다. 이는 2006년에서 2014년에 이르는 시기로 제30호에서 제47호까지 총 18권이 출간된 시기이다. 이 시기의 특징이라고 한다면, 과거 발행되었던 학술지의 판형 등 기본 체제는 그대로 유지되었지만, 편집 등에 있어 가독성을 높였다는 점이라고 할 수 있다. 또한 이 시기에서부터 본격적으로 한국연구재단 등재(후보)지로서의 위상이 정립되어 갔다.

| 그림 11 | **제30호 앞면 표지**

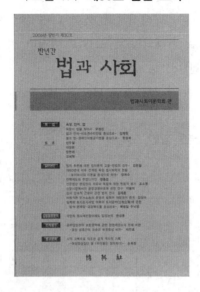

　　마지막으로, 법과사회이론학회 자체 출판의 시대이다. 이는 2015년에서부터 현재까지 이르는 시기이다. 실제적인 인쇄실무는 관악사에서 담당해 주고 있으며, 기존 학술지 형식 및 체제와 큰 차별성은 존재하지 않는다. 다만 학술지 평가 등에 대응하는 실무적 과정에서 과거 반년간 출판되어 왔던 것이 연 3회 발간으로 변경되었고, 발행인은 회장이지만 편집인은 편집위원장이라는 점을 명확히 하고 있다.

| 그림 12 | **제48호 앞면 표지**

이상과 같은 외형적·내용적 변천 과정을 거친 학술지 「법과 사회」는 최근 2017년 한국연구재단 학술지 계속평가에서 등재지 유지 결정을 받아, 법학 및 사회과학 분야 학술지로서 확고하게 자리 잡아 가고 있다.

3. 학술지 내용분석

법과사회이론학회 및 학술지 정체성에 관한 학회 내부의 다양한 담론들이 존재하는 것이 사실이지만, 「법과 사회」는 전반적으로는 한국사회 법현실의 문제와 결부하여 다양한 법학 및 사회과학 담론들을 담아오는 데 충실했다는 평가가 가능하다. 이제까지 창간호 발간이래 대략 60여개가 넘는 법학 연구영역의 주제들을 다루어 왔다. 특히 법사회학이론, 헌법, 법률가집단, 법과 사회변동을 주제로 하는 논문들이 각각 50건을 상회하고 있으며, 인권, 법학전문대학원, 사법개혁에 관한 주제에 관한 논문이 각각 30건 이상을 넘어서고 있다. 법사회학이론, 법률가집단, 법과 사회변동이 법사회학의 핵심주제라는 점을 고려하면 법사회학은 법과 사회」를 이끌었던 가장 중요한 연구주제이었다는 점을 알 수 있다. 이를 표로 정리해 보면 다음과 같다.

■ 표 1 **논문영역 출현 빈도**

분야명	빈도	분야명	빈도
법사회학이론	70	공법	7
헌법	61	사회학	6
법률가집단	59	생명윤리법	6
법과 사회변동	58	사회과학	6
인권	42	문화예술법	4
법학전문대학원	39	환경법	4
사법개혁	38	언론법	4
법사학	24	입법학	3
민법	23	보험법	2
형법	22	방송법	2
경제법	21	조세법	2

정치학	20	상법	2
국제법	16	국가보안법	2
노동법	15	행정법	2
법여성학	13	저작권법	2
북한법	7	문화재법	2

개별 호에 수록되어 있는 특집 주제 상당수는 법과사회이론학회의 학술대회 주제를 반영하고 있다는 측면에서, 법과사회이론학회 및 학술지 「법과 사회」 활동의 그간 주안점을 확인할 수 있게 해 주는 성격을 가진다. 이러한 특집 주제를 키워드를 중심으로 분석해 보면 다음과 같은 결과를 얻을 수 있다(총 논문 276편).

| 그림 13 | 「법과 사회」 특집주제 분석

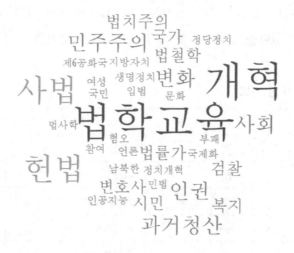

이상에서 확인할 수 있는 바와 같이, 기본적으로 학술지 「법과 사회」에는 그간 법학계의 중심적 화두였던 '법학교육'과 관련한 주제들에 집중한 양상을 확인할 수 있으며, '개혁'(입법) 등과 같은 국가 공동체 과제와 연관성을 가지는 주제들을 또한 가장 빈번하게 다루어 왔다는 점도 확인할 수 있다.

특집을 제외한 일반논단의 경향도 키워드를 중심으로 확인해 보았다. 이제까지 게재된 일반논단 논문 총 305건을 대상으로 분석해 본 결과 가음과 같은 결과를 얻을 수 있었다.

| 그림 14 | 「법과 사회」 일반논단 분석

위헌 법판전문화 **복한** 민사재판 영업비밀 의학 **인권보장** 미국헌법 이주민 함만노무공급
사회보장법 계약 아감벤 **기업법** 강제근로금지협약 장애인 충동조절장애 조약 근대
성전환 출자총액제한제도 노동 **법학전문대학원** 대법원 법원 **법조윤리** 중국
연방대법원 **노동법** 보안관찰법 생명윤리 심신장애 로스쿨 **독일** **법학교육** 문학
법조문화 리베이트 wto협정 통합진보당 인간유전체 간통 법정책 이슬람 형사공판 문학
김병로 의료 방송 **형법** 노사관계 법감정 영토 사회학 신경과학 헌법재판 법의식 국정원
사법개혁 유엔 공무원 김근태 민주화 유럽연합 형벌
국제법 조직은행 경제법 **법률가집단** 헌법해석 법의학 **헌법** 정당해산 통신
빈곤 민주주의 헌법해석 토이브너 분쟁 법사학
홉스 생명정치 젠더 아키텍처 시민불복종 취업 프랑스 **권력이론** 사학법 발산업사회 노동자
통일법 독점규제 **검찰** 탄핵 혐오 국민건강보험법 유전자검사 처벌 **환경법** 게임이론 소수자
다문화가정 동아시아 공판조서 원격의료 영국 사형제 장애 주한미군
엄격책임원리 도시재개발법 양원제 사회과학 iptv 공안 취업규칙 영미법
시민권 **카르텔** 근로자 동물권 **일본** 조선 개인정보보호 박경리 로널드 드워킨
부동산양도소득세 정치범 사회권 국제 조직의식 성폭력
정보통신망법 캐나다 민사 통신산업 국회의원 라이터 사법기구 법무법인 푸코
법적추론 연구방법론 인권침해 헌정 사용자책임 법률정보조사 법철학 난민 논증

그간 「법과 사회」에 게재된 일반논단 논문들의 경우에는 전반적으로 고른 분포를 보이고 있기는 하지만, 특집 주제 중 가장 높은 출현빈도를 차지하고 있는 법학교육 및 개혁과 연관성을 가진다고 볼 수 있는 '법률가집단', '사법개혁', '법학전문대학원' 등에 관한 논문의 상당한 비중을 차지하고 있다는 점을 확인할 수 있다.

Ⅳ 법과사회이론학회의 현재와 미래: 설문조사결과 분석

법과사회이론학회는 이번 학회 설립 30주년 기념학술대회를 준비하면서, 수차례의 기획회의를 진행하였는데, 특히 2017년 6월 9일부터 11일까지 개최되었던 제주 워크숍은 학회원들간의 공감대와 문제인식을 확인할 수 있었던 중요한 계기였다. 이를 바탕으로 법과사회이론학회는 온라인 설문조사를 실시하였다. 이 설문조사는 총 12문항으로 구성되었고, 조사기간은 2017년 10월 17일부터 26일까지였다. 또한 이 설문에는 총 51명이 응답했다.

1. 이제까지의 법과 사회

우선 법과사회이론학회의 과거를 분석하기 위한 목적으로 총 4문항이 제시되었다. 각각을 살펴보면 다음과 같다.

1. 법과사회이론학회 활동에 관심 및 참여하게 된 계기는 무엇입니까?

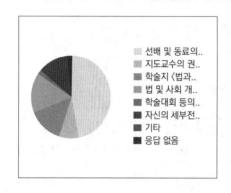

선배 및 동료의 권유 및 영향	24	47%
지도교수의 권유 및 영향	4	7%
학술지 〈법과 사회〉	7	13%
법 및 사회 개혁에 대한 열망	8	15%
학술대회 등의 활동	1	1%
자신의 세부전공영역과의 일치	6	11%
기타	0	0%
응답 없음	1	1%

　법과사회이론학회 활동에 관심을 갖거나 참여하게 된 계기와 관련하여, 총 47%에 달하는 응답자들이 '선배 및 동료의 권유'를 중요한 요인으로 꼽았다. 이는 법과사회 이론학회 및 그 전신인 법과사회이론연구회의 구성 계기를 보여주는 것이라고 할 수 있다.

　이 설문 문항과 관련하여 15년 이하 연구경력자들(26명)과 16년 이상 연구경력자들(25명)은 공히(각각 11명, 13명) '선배 및 동료의 권유' 등을 학회에 관한 관심과 참여의 계기로 꼽았다. 그러나 15년 이하 연구경력자들의 경우에는 '자신의 세부전공 영역과의 일치'를 꼽은 인원이 뒤를 이었고(5명), 16년 이상 연구경력자들의 경우에는 '법 및 사회 개혁에 대한 열망'을 꼽은 인원이 뒤를 이었다(13명)는 특징이 있다. 즉 다소 미미한 차이이기는 하지만 젊은 연구자들일수록 전공과 관련하여 학회를 선택하는 경향이 있다.

2. 이제까지 법과사회이론학회가 무엇을 지향해 왔다고 판단하시는지요?

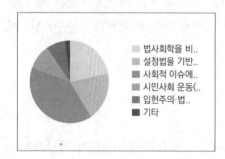

법사회학을 비롯한 기초법학 연구	11	21%
설정법을 기반으로 한 제반 사회문제 연구	10	19%
사회적 이슈에 관한 학제간 연구	20	39%
시민사회 운동(수단)으로서의 법학	5	9%
입헌주의·법치주의의 사회적 토대 연구	4	7%
기타	1	1%

이제까지 법과사회이론학회의 지향점이 무엇이었다고 생각하는지에 관해서는, '사회적 이슈에 관한 학제간 연구'라는 항목에 대한 응답자가 제일 많았고(39%), 그 다음으로 '법사회학을 비롯한 기초법학 연구'와 '실정법을 기반으로 한 제반 사회문제 연구'를 선택한 응답자들이 뒤를 이었다. 종합적으로 판단해 보자면 결국 법과사회이론학회는 학제간 연구와 기초법학 연구를 중심으로 해 왔다는 평가가 가능하다.

이 설문 문항과 관련하여 15년 이하 연구경력자들(26명)은 각각 '법사회학을 비롯한 기초법학 연구' 8명, '사회적 이슈에 관한 학제간 연구' 5명으로 가장 많은 비중을 차지하였다. 16년 이상 연구경력자들(25명)은 상당수의 인원인 15명이 '사회적 이슈에 관한 학제간 연구'를 꼽았다. 이는 신구 연구자 사이에 미묘한 인식의 변화가 이루어지고 점을 보여주고 있는 것으로 평가할 수도 있겠다.

3. 이제까지 법과사회이론학회가 한국사회에 기여한 부분이 있다고 한다면, 구체적으로 어떠한 사안에서 그러했는지요?

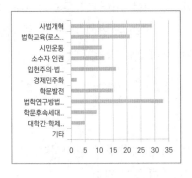

항목	응답수	비율
사법개혁	29	56%
법학교육(로스쿨 등)	21	41%
시민운동	11	21%
소수자 인권	12	23%
입헌주의·법치주의 확산	16	31%
경제민주화	2	3%
학문발전	15	29%
법학연구방법의 다양화	33	64%
학문후속세대 양성	9	17%
대학간·학제간 연구	5	9%
기타	0	0%

이제까지 법과사회이론학회가 한국사회에 기여한 부분과 관련하여 질의하였다. 이 문항은 3개까지 복수응답을 요청하였다. 이에 대해 총 64%의 응답자들이 '법학연구방법의 다양화'라고 응답했다. 그리고 그 뒤를 이어 '사법개혁' 56%, '법학교육(로스쿨 등)' 41%가 뒤를 이었다. 개혁입법 및 시민사회 이슈를 넘어서서 이제까지 법과사회이론학회는 학회 또는 연구회로서의 정체성으로 인하여 법학연구방법의 다양화에 기여했다는 평가가 지배적이라고 할 수 있다.

4. 학회 설립 이후 이제까지 학회 운영상 가장 미흡했던 점은 무엇일런지요?

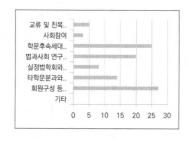

교류 및 친목 도모	5	9%
사회참여	3	5%
학문후속세대 양성	25	49%
법과사회 연구방법론	20	39%
실정법학회와의 교류	8	15%
타학문분과와의 학제간 연구	14	27%
회원구성 등 외연확장	27	52%
기타	0	0%

그간 법과사회이론학회 운영에 있어 미흡했던 범에 관하여 질의하였다. 이 문항은 2개까지 복수응답을 요청하였다. 이에 대해 응답자들은 '회원구성 등 외연확장'에 학회의 역할이 가장 미흡했다고 응답했다(52%). 또한 그 뒤를 이어 '학문후속세대 양성'이 미흡했다는 의견도 많았다(49%). 결과적으로 그간 학회 운영에 있어 인적 기반 확충의 문제에 관심이 소홀했다는 문제점이 지적된 것이라고 할 수 있다.

2. 법과 사회의 미래

이상과 같은 과거상을 전제로 법과사회이론학회의 미래 방향성과 관련하여 설문하였다. 이와 관련한 문항은 총 3문항이었다. 그 결과는 다음과 같다.

5. 향후 법과사회이론학회는 어떠한 정체성을 가지는 학회로 발전해 나가는 것이 필요하다고 생각하십니까?

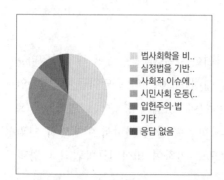

법사회학을 비롯한 기초법학 연구	19	37%
실정법을 기반으로 한 제반 사회문제 연구	8	15%
사회적 이슈에 관한 학제간 연구	15	29%
시민사회 운동(수단)으로서의 법학	2	3%
입헌주의·법치주의의 사회적 토대 연구	5	9%
기타	1	1%
응답 없음	1	1%

향후 학회 정체성에 관해 묻는 질문을 제시하였다. 이에 대해서는 총 37%의 응답자들이 '법사회학을 비롯한 기초법학 연구'를 정체성으로 지향해야 한다고 응답하였으며, 그 뒤를 이어 29%의 응답자들이 '사회적 이슈에 관한 학제간' 연구에 중점을 두어야 한다고 응답했다. 법현실에 관한 학제간 연구를 위해서는 기초법학 연구가 일정부분 전제될 수밖에 없다는 측면에서 상당수의 응답자들이 기초법학 또는 학제간 연구를 지향하는 학회가 될 필요가 있다는 의견을 가지고 있다고 할 수 있겠다.

6. 향후 법과사회이론학회가 한국사회에 기여해야 할 부분은 무엇이라고 생각하십니까?

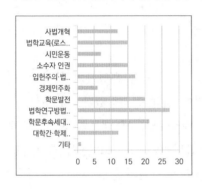

사법개혁	12	23%
법학교육(로스쿨 등)	15	29%
시민운동	7	13%
소수자 인권	15	29%
입헌주의·법치주의 확산	17	33%
경제민주화	6	11%
학문발전	20	39%
법학연구방법의 다양화	27	52%
학문후속세대 양성	21	41%
대학간·학제간 연구	12	23%
기타	1	1%

법과사회이론학회가 향후 한국사회에 기여해야할 지점에 대해서 질의하였다. 이 문항은 3개까지 복수응답을 요청하였다. 그 결과 앞서 살펴본 바와 같은 이제까지 학회 기여에 대한 의견에서와 마찬가지로 '법학연구방법의 다양화'를 기여부분이 되어야 한다고 꼽은 응답자들이 가장 많았다(52%). 이와 더불어 '학문후속세대 양성'(41%), '학문발전'(39%) 등의 의견을 감안해 본다면, 향후 법과사회이론학회는 학술적인 측면에서 한국사회에 기여해야 한다는 의견이 지배적이라는 평가가 가능하다.

7. 향후 법과사회이론학회가 학회원간 유대관계 증진 및 학회 운영상의 목적달성을 위하여 시급히 추진하여야 할 세부사업은 무엇이라고 생각하시는지요?

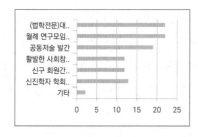

(법학전문)대학원 재학생 및 졸업생들의 참여유도	22	43%
월례 연구모임(독회 등)의 운영	22	43%
공동저술 발간	19	37%
활발한 사회참여 공동 활동	12	23%
신구 회원간 멘토-멘티제 운영(공동 논문 지도/심사제)	12	23%
신진학자 학회 세션 구성·발표 의무할당(논문작성 지도 등)	13	25%
기타	2	3%

향후 법과사회이론학회가 학회원간 유대관계 증진 및 학회 운영상의 목적달성을 위하여 시급히 추진하여야 할 세부사업이 무엇인지에 대해 질의하였다. 이 문항은 2개까지 복수응답을 요청하였다. 그 결과 '대학원 재학생 및 졸업생들의 참여유도'와 '월례 연구모임(독회 등)의 운영'이 각각 43%로 응답되었다. 그리고 '공동저술 발간'도 37%로 뒤를 이었다. 결국 대다수의 응답자들은 학회 차원의 공동 학술 사업을 요청하고 있는 것이라 볼 수 있을 것이다.

8. 최근 5년간 우리 학회 학술지 「법과 사회」의 특집 중 가장 인상적이었던 것이 있으시다면?

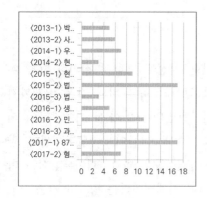

〈2013-1〉 박근혜 정부의 출범을 계기로 본 3대 국가권력의 현황과 과제	5	9%
〈2013-2〉 사회영역에 대한 국가의 개입 가능성과 한계	6	11%
〈2014-1〉 우리의 민주주의는 지금 어디에서 있는가	7	13%
〈2014-2〉 현대 위험사회에 대한 국가 및 법의 임무와 한계	3	5%
〈2015-1〉 현대 법사회학의 주요이론	9	17%
〈2015-2〉 법을 통한 과거청산의 가능성과 한계	17	33%
〈2015-3〉 법원의 사회학 - 인지제도와 상소율	3	5%
〈2016-1〉 생명정치와 법	5	9%
〈2016-2〉 민주주의와 대표성	11	21%
〈2016-3〉 과학기술의 발전에 대한 법체계의 대응	12	23%
〈2017-1〉 87년 헌정체제와 공화적 공존을 위 한 시민정치 헌법화의 과제	17	33%
〈2017-2〉 혐오표현과 증오범죄의 규제	7	13%

3. 학술지 「법과 사회」

최근 5년간 학술지 「법과 사회」의 가장 중요한 섹션이라고 할 수 있는 '특집'과 관련하여, 그간 가장 인상적이었던 것을 2개까지 선택해 달라고 질의하였다. 그 결과 2015년 두 번째 발간호의 특집주제였던 '법을 통한 과거청산의 가능성과 한계'와 2017년 첫 번째 발간호의 특집주제였던 '87년 헌정체제와 공화적 공존을 위한 시민 정치 헌법화의 과제'가 공히 33%로 가장 많이 선택되었다. 이는 응답자들의 관심이 주로 우리나라의 구체적 법현실에 대해 깊이 있는 이론적 접근에 관심을 드러낸다는 점을 보여준다.

9. 학술지로서 「법과 사회」는 다른 학술지들에 비하여 장점이 있다고 평가하시는지요?

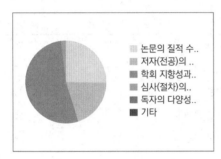

논문의 질적 수준	13	25%
저자(전공)의 다양성	10	19%
학회 지향성과의 조화	27	52%
심사(절차)의 공정성	1	1%
독자의 다양성 및 대중성	0	0%
기타	0	0%

다른 학술지들에 대비한 학술지 「법과 사회」의 장점에 관하여 질의하였다. 이에 관해 응답자 중 52%가 학회 지향성과 조화된다는 점을 꼽았다. 실제 독자의 다양성과 대중성을 선택한 경우는 없었다는 점에서, 향후 학술지 운영에 참조할 부분이 있는 것으로 보인다.

10. 향후 학술지 「법과 사회」가 정체성 확보를 위하여 추구해야 할 편집 방향성은 어떠해야 한다고 생각하십니까?

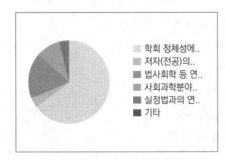

학회 정체성에 부합하는 논문 및 특집 주제 선정	33	64%
저자(전공)의 다양화	2	3%
법사회학 등 연구방법론 강화	9	17%
사회과학분야 논문 투고유도	5	9%
실정법과의 연계성 강화	2	3%
기타	0	0%

학술지 「법과 사회」가 추구해야할 편집 방향과 관련해서는 가장 많은 응답자들이 학회 정체성에 부합하는 논문 및 특집 주제 선정을 곱았다(64%). 앞서 학술지 「법과 사회」의 장점에 관한 응답결과와 비교해 본다면, 결국 향후에도 학회 정체성에 부합하는 글들을 지속적으로 게재하여 관심을 공유해 줄 것을 요청받고 있다고 평가할 수 있을 것이다.

4. 응답자 구성 및 분포

마지막으로 2개의 문항은 답변자와 관련한 정보를 질의하였다. 그 결과는 다음과 같다.

11. 귀하의 연구경력은 아래 중 어디에 해당하십니까?

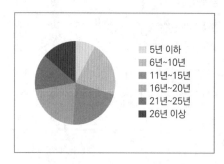

5년 이하	4	7%
6년~10년	11	21%
11년~15년	11	21%
16년~20년	11	21%
21년~25년	7	13%
26년 이상	7	13%

응답자 분포를 확인해 보면, 연구경력 6년차~20년차 구간의 연구자들이 가장 많이 응답하였다. 편의적으로 15년을 기준으로 이를 나누어 보자면, 15년 이하 연구경력자가 26명, 16년 이상 연구경력자가 25명으로 고른 분포를 보여주었다.

12. 귀하의 전공 세부분야는 다음 중 어디에 해당하십니까?

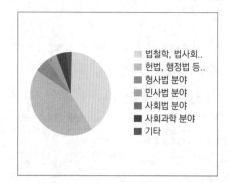

법철학, 법사회학, 법경제학 등 기초법 분야	21	41%
헌법, 행정법 등 공법 분야	22	43%
형사법 분야	3	5%
민사법 분야	2	3%
사회법 분야	0	0%
사회과학 분야	2	3%
기타	1	1%

응답자들의 세부 전공분야와 관련해서는 총 43%인 '헌법, 행정법 등 공법분야' 전공자가 가장 많았으며, '법철학, 법사회학, 법경제학 등 기초법 분야'도 그에 못지않은 41%를 기록했다. 결과적으로 다른 실정법 분야에 비하여 공법분야 연구자가 법과사회이론학회에 상당부분을 차지하고 있으면서도, 기초법학 전공자들도 다수 포진해 있는 양상이라고 볼 수 있다.

V 맺는 말

전통적인 법학의 학문분과에서 벗어난 영역에서 사회과학과의 학제적 접근과 그리고 현실의 법적 문제에 대한 개혁적 접근을 연구모토로 삼는 학회가 30년을 끌어왔다는 것은 보수적인 법학계의 현상에서 볼 때 분명 쉬운 일이 아니다. 이와 함께 55번째로 발간하는 학회지에 그간의 경과를 수록한다는 것 또한 경이로운 일임에 틀림없다. 그것은 그간에 이루어진 선배들의 열정과 노력이 빚어낸 산물이리라. 축하와 찬사를 함께 해도 모자람이 없다. 그럼에도 우리 법과사회이론학회의 앞으로의 30년이 지나온 30년만큼이나 탄탄할 것인가에 대해서는 선뜻 그러하다고 단언하기 어렵다. 그간의 학문이나 사회·정치 환경이 바뀌었고 연구자들의 문화도 이전의 그것과 같지 않다. 우리는 30년 후의 후배들에게 이 기록과 열정을 전달해 줄 수 있을까? 누구도 이를 기약할 수 없지만 그 답은 더 많은 열정과 더 많은 노력이 필요하다는 이외에 또 어느 것이 있으랴. 현실의 법 문제에 대한 사회과학과 법학의 학제적 접근이라는 우리 학회의 연구모토가 더 발전할 수 있도록 하자는 당부만이 그 답이 될 것임을 새삼 다짐해 본다.

14

함께 가는 길
— 인(因)과 연(緣), 필연 —

임은정(부장검사, 대전지방검찰청)

I 아주 늦은 자각(自覺)

이명박 정부의 법무부에서 근무할 때, 수시로 흔들리고 주저앉으며 <검사 선서>[1] 에서의 검사는 현실에 없다는 걸 인정하게 되었습니다. 생각해 보면 2001년 초임검사 시절부터 성추행과 성희롱, 스폰서는 물론 고문 등 학창 시절 상상하지 못한 일들을 보고 듣고 겪었음에도 몇몇 간부와 검사들의 개인적 일탈일 뿐이라고 애써 외면했지요. 최우수 자원이 모인다는 법무부에서 또 다른 숱한 일들을 보고 듣고 겪으며 비로소 주변을 찬찬히 둘러보게 되었습니다. 저 역시도 정도(正道)를 일탈한 검사 중 하나로 그 기괴한 풍경을 채우는 침묵의 방관자 내지 조력자에 불과하다는 걸 인정하는 데 애를 먹었습니다만, 개인적·조직적 일탈을 인정하고 보니, 앞으로 무엇을 해야 하는지는 어렵지 않게 판단할 수 있었지요.

2012년 2월 서울중앙지검 검사로 발령받아 공판부에 배치된 후 검찰 내부망인 검사게시판을 통해 비판의 목소리를 내기 시작했습니다. 얼마나 찍힐지 잘 알았기에 비판의 날이 선 글을 올릴라치면 손이 떨렸고, 위에서 흐뭇해할 주제로 수위 조절한 글을 더러 올리는 등으로 서초동 횡단보도 너머의 대검을 곁눈질하며 요령을 부렸습니다. 무엇을 해야 하는지 아는 것과 실제 행동하는 건 전혀 다른 문제잖아요. 가야 할

---

[1] 나는 이 순간 국가와 국민의 부름을 받고 영광스러운 대한민국 검사의 직에 나섭니다. 공익의 대표자로서 정의와 인권을 바로 세우고 범죄로부터 내 이웃과 공동체를 지키라는 막중한 사명을 부여받은 것입니다. 나는 불의의 어둠을 걷어내는 용기 있는 검사, 힘없고 소외된 사람들을 돌보는 따뜻한 검사, 오로지 진실만을 따라가는 공평한 검사, 스스로에게 더 엄격한 바른 검사로서, 처음부터 끝까지 혼신의 힘을 다해 국민을 섬기고 국가에 봉사할 것을 나의 명예를 걸고 굳게 다짐합니다.

길을 가기로 마음먹었음에도, 족쇄가 채워진 듯 발이 무거워 잘 떨어지지 않았습니다.

Ⅱ   가야 할 길-도움닫기-

2012년 8월 7일 제가 담당하던 서울중앙지법 형사28부는 박형규 목사님의 2010재고합35 대통령긴급조치위반 등 사건에 대한 재심 개시를 결정했습니다. 유신시절 민청학련 관련으로 징역 15년형이 선고된 대표적인 사법 흑역사이기도 하고, 한국기독교교회협의회(NCCK) 인권위원장, 민주화운동기념사업회 초대 이사장 등을 역임한 박 목사님에 대한 재심 개시 결정이어서 사회적 파급력이 상당할 것으로 보여 공판부장에게 급히 보고했는데, 누군지 전혀 모르는 눈치더군요. 부장실을 나서며 한결 수월하게 무죄구형 결재를 받겠다 싶은 안도감이 없지 않았지만, 죄송하고 민망한 마음이었습니다. 저 역시 그 행적을 자세히 알지 못하지만, 덕분에 자유롭게 살고 있는 빚진 자들의 무지가 죄송했고, 무엇보다 누명을 씌웠던 검찰 구성원으로서 우리의 업보가 너무 크다는 죄책감이 들었으니까요.

9월 6일 첫 재판기일을 앞두고 분주했습니다. 여타 과거사 재심 사건에서의 구형 선례를 확인한 후 마음을 다잡고 공안부와 구형 변경 협의를 시도했습니다. 예상대로 수사 승계인 민기홍 검사는 무죄구형을 반대했는데, 직을 걸겠다고 으름장을 놓는 제게 사법연수원 동기인 민 검사는 "직을 걸 일이냐"고 핀잔을 주었습니다. 박 목사님과 우리 사회에 있어 이 사건이 가지는 무게와 의미, 검사의 의무와 책임을 모르는 듯 해 아쉽고 답답했지요. 공안부와 평행선인 채로 결재판을 들고 차장실과 검사장실을 오갔습니다. 이의제기권 행사를 각오했는데, 이금로 차장은 곤혹스러워하면서도 비교적 선선히 도장을 찍었고, 최교일 검사장은 뜻밖에 흔쾌히 도장을 찍었습니다. 내부망에 연이어 올린 글들로 '말 안 듣는 검사'로 찍힌 상태여서 제가 소위 '찍어 누르기'가 되지 않는 검사임을 모르지 않기도 했고, 어차피 무죄판결이 선고될 사안임을 알았기 때문일 겁니다.

9월 3일 무죄구형 변경 결재를 받아낸 후 이제 어떻게 논고할지를 고민할 차례. 공범들에 대한 무죄판결이 쌓여 있는 상태라, 판결 이유와 같이 무죄구형을 하면 됩니다만, 74년 8월 비상보통군법회의 74비보군형공제19호 사건 법정에서 했었어야 할 무죄구형을 40여 년이 지나 비로소 하는 검찰의 과오를 생각한다면, 몇 마디로 끝낼 수 없습니다. 과거사 반성 논고를 결심했는데, 차마 입 밖에 낼 수 없었습니다. 상부에서 미리 안다면 사건 재배당이 일어날 테니까요. 논고문을 왜 사전 보고하지 않았느냐는 질책에 대비해 '법정에서 논고문을 완성하여 결재받을 시간이 없었다'는 변명을 미리 준비해 놓고, 그 변명에 맞추어 논고문을 머리 속으로만 궁리하다가, 재판기일 아침 서울중앙지법으로 출발하기 직전 논고문 초안을 프린트한 후 법정에서 단어 2개를 고쳐 완성하고, 바로 낭독했습니다.

"이 땅을 뜨겁게 사랑하여 권력의 채찍에 맞아가며 시대의 어둠을 헤치고 걸어간 사람들이 있었습니다. 몸을 불살라 그 칠흑 같은 어둠을 밝히고 묵묵히 가시밭길을 걸어 새벽을 연 사람들이 있었습니다. 그분들의 숭고한 희생과 헌신으로 민주주의의 아침이 밝아, 그 시절 법의 이름으로 그분들의 가슴에 날인하였던 주홍글씨를 뒤늦게나마 다시 법의 이름으로 지울 수 있게 되었습니다. 그리하여, 지금 우리는 모진 비바람 속에서 온몸으로 민주주의의 싹을 지켜낸 우리 시대의 거인에게서 그 어두웠던 시대의 상흔을 씻어내며 역사의 한 장을 함께 넘기고 있습니다.

피고인이 위반한 대통령긴급조치 제1호와 제4호는 헌법에 위반되는 법령이므로 무죄고, 내란선동죄는 관련 사건들에서 이미 밝혀진 바와 같이 관련 증거는 믿기 어려울 뿐만 아니라 피고인이 정권교체를 넘어 국헌문란의 목적으로 한 폭동을 선동했다고 볼 수 없으므로 피고인에게 무죄를 선고해 주시기 바랍니다."

Ⅲ 가야 할 길 -비틀거림-

2012. 10. 9. 일기
그물에 걸리지 않는 바람처럼 가리라. 그리 마음먹고 가지만, 기실 바람이 아니다 보니 그물에 걸리면 생채기가 생긴다. 이렇게 부딪쳐 가다 보면 결국 그물이 찢길 터. 그리 믿고 씩씩하게 걷자. 그리고, 내 뒷사람들이 아프지 않게 이 그물을 찢어버리고 말 테다.

무죄구형을 예상하지 못한 듯 변호인도, 재판부도 당황하여 말을 잘 잇지 못했습니다. 피고인은 물론 검사도 무죄라 외치는 사안이니 재판부는 고령의 박 목사님이 두 번 출석하지 않도록 결심 즉일 무죄판결로 화답했지요. 법정을 나서는 목사님을 바라보며 속으로 읊조렸습니다. 어제 당신이 목숨 걸고 만들려 한 내일이 바로 오늘임을 믿습니다. 고맙습니다.

누명을 벗기는 검사의 역할을 담당한 것에 대한 벅찬 보람과 희열에 들떠 사무실로 돌아와 검사게시판에 <민청학련 관련 사건 공판 소회> 글을 올렸습니다. 경향 각지에서 과거사 재심 사건을 담당할 동료들에게 무죄구형 사례를 널리 알려 무죄구형을 활성화시킬 의도였지요. 논고문까지 담지 않았지만, 행간에서 검찰 선배들에 대한 비판 논조가 보였는지 공판부장이 급히 불렀습니다. "논고도 했나? 월권일세"

9월 10일. 박근혜 새누리당 대선 후보가 MBC 라디오 <손석희의 시선집중>에서 인혁당 사건에 대해 "대법원 판결이 2가지로 나오지 않았느냐. 그 부분에 대해 앞으로의 판단에 맡겨야 하지 않겠느냐"고 발언해 8명의 사법살인이 자행된 인혁당 사건 피해자 유족을 비롯한 각계각층이 반발하는 등 소란이 일었습니다. 박 목사님, 법정에서 논고를 직접 들었던 정의구현사제단 함세웅 신부님 등으로부터 소식이 전해졌는지 민주당 고위정책회의에서 박근혜 후보의 발언을 비판하며 검찰조차 과거사를 반성했다는 사실이 거론되었고, 민주당 출입 기자로부터 연락받은 법조 출입 기자가 사무실로 득달같이 달려와 논고문을 내놓으라고 독촉했습니다. 논고문을 달라, 못 준다. 실랑이하는 와중에 누군가의 전화를 받은 기자가 "판결문에 논고문 실렸답니다. 판결문 입수했습니다. 논고문 안 주셔도 됩니다"라 말하고 기사를 쓰러 쏜살같이 기자실로 되돌아갔지요. 언론의 호평과 달리 소위 '공안통' 간부들의 분노는 하늘을 찔렀고, 그 분노는 해일이 되어 덮쳤습니다. "넌 검찰 선배들을 권력의 주구로 몰았어", "자네가 몰라서 그렇지, 그들은 빨갱이였네". 한동안 밤낮으로 불려 다니며 꾸중을 들었습니다. 한참 웅크리고 있었는데, 아무리 생각해도 잘못한 게 없더군요. 결심했습니다. 후배들은 저처럼 해야 할 일을 하며 힘들지 않게 하겠다고.

Ⅳ 가야 할 길-도약-

2012. 12. 18. 일기

어제저녁부터 공안부 검사와의 채팅으로 손가락에 불이 나고, 아침엔 부장실과 차장실을 오가며 씩씩거리다가 법정에 지각해 버렸다. 공안부 반대로 무죄구형 변경이 여의치 않을 경우, 쓰려고 숨겨둔 비장의 무기 이의제기권 카드를 꺼냈음에도 미련을 못 버려 날 설득하려는 자가 있었지만, 제 생각은 변함 없으니 변경이 불가할 경우 공안부에 직관케 하라고, 그 말을 잘라 버렸다. 서면으로 이의제기하고, 차회 기일에 구형하는 것으로 일단 합의한 후 법정에 뛰어간 거라 머리가 복잡하여 하루 종일 사건들에 제대로 집중하지 못했다. 이의제기권. 예전에 검찰청법 조항을 들여다보며 이걸 누가 행사하나 했는데. 나구나.

2012년 10월 16일 서울중앙지법 형사28부는 前 진보당 간사인 故 윤길중의 2011 재고합39 특수범죄처벌에관한특별법위반 사건에 대한 재심 개시를 결정했습니다. 특수범죄처벌에관한특별법은 박정희 장군이 5·16쿠데타를 성공한 후 정적을 제거하기 위해 3년 6개월 소급 적용하도록 급조한 위헌인 악법으로, 야당 정치인인 윤길중이 데모규제법 등의 제정을 반대하고 외세배격 등을 주장한 것이 북괴를 이롭게 한 것이라며 혁명재판소에서 징역 15년을 선고한 사건입니다. 그물을 찢어버리겠다고 다짐했지만, 충돌이 더는 없기를 바라고 있다가 결정문을 받고 보니 눈앞이 깜깜해졌습니다. 공안부가 박형규 목사님 사건 때처럼 호락호락하지 않을 테니까요. 수사 승계인 공안부 정원두 검사는 재심 개시 사유가 없다며 제 이름으로 즉시항고해 달라고 요청했는데, 단칼에 거절하여 전운(戰雲)이 감돌았습니다만, 다행히 이금로 차장이 공안부를 말려 즉시항고장은 제출되지 않았습니다. 그러나, 공안부의 분노는 더욱 뜨거워졌지요.

재판기일을 하루 앞둔 12월 17일 오후. 내부망 채팅으로 정 검사와 날 선 말을 주고받았습니다. "공범들에 대한 재심 무죄판결이 확정되었고 법리적으로 무죄다. '법과 원칙에 따라 무죄를 선고해 달라'고 하면 되지 않느냐. 계속 반대한다면 정 검사가 법정에서 직접 구형하라", "공범들에 대하여도 무죄구형을 하지 않았고, 윤길중이 자백했던 사건이라 무죄구형은 맞지 않다. '법과 원칙에 따라 선고해 달라'고만 해 달라. 이런 사건까지 공안부에서 직관(直關)할 수 없다. 관행대로 공판부에서 하라" 그때까지는 재판부의 판단에 전적으로 맡기는 구형인 줄 알았는데, 나중에 알고 보니 법과 원칙에 따라 (유죄를) 선고해 달라는 말이었습니다. 검찰은 무죄판결에 기계적으로 상소를 했으니까요.

12월 18일 재판기일 아침, 공판부장은 결재했다가, 공안부장의 연락을 받고 결재 서류를 회수한 후 공안부 주장대로 구형하라고 지시했습니다. 박형규 목사님 사건 때부터 준비한 이의제기권을 결국 행사했지요. "부장님 지시의 적법성과 정당성에 이의 있습니다. 검찰청법 제7조 제2항에 따른 이의제기권을 행사합니다" 공판부장은 강경한 공안부와 더욱 강경한 임은정 사이에서 고심하다 제3의 선택을 했습니다. 공안부와 공판부장의 뜻에 따르겠다고 한 공판부 기획인 이정렬 검사에게 대신 법정에 들어가 구형하라고 직무이전을 지시했습니다.

12월 28일 결심 및 선고기일 당일 오전. 이정렬 검사가 들어오지 못하게 서울중앙지법 서관 509호에서 법대(法臺) 뒤편 검사 출입문을 걸어 잠갔습니다. 무죄구형을 강행하겠다는 뜻을 밝힌 <징계 청원> 글을 재판 시각인 11시에 맞추어 검사게시 판에 게시되도록 예약 게시한 상태였는데, 누군가가 예약게시판에서 미리 확인한다 면 법정으로 달려와 저를 끌어낼 수 있으니 무죄구형할 시간을 최대한 벌어야 했으 니까요. 제 딴에는 검사직을 수행하기 위한 최후의 바리케이드입니다.

<징계 청원> 글을 읽었을 검찰 수뇌부의 고함소리가 환청처럼 들리더군요. 상명 하복 군대식 조직문화가 팽배한 검찰에서 항명을 용납하지 않을 테니 짓이겨지고 찢 길 터. 직업적 양심만으로는 공포를 이겨낼 수 없어 신앙을 덧대어 '누명을 쓴 예수 곁에 설 것인가, 유대 민족 탓을 하며 손을 씻는 본디오 빌라도 곁에 설 것인가'를 저에게 계속 물었습니다. 예수와 함께 십자가에 못 박혀야 한다고 저를 다그치며 공 판검사석에서 일어섰습니다. 표현의 자유와 집회의 자유 등 기본권의 범주 안에서의 활동일 뿐 북한의 활동을 고무·동조하는 목적 활동이 아니었음을 이유로 간단히 그 리고 간신히 무죄구형을 했습니다. 이덕우 변호사님이 최후 변론에서 "윤길중의 공 범인 구익균옹은 도산 안창호 선생님의 비서셨던 독립투사로 100세가 넘으신 분이 라, 언제 돌아가실지 모르는데 검찰이 상고까지 했다. 항소심까지는 어떻게 이해했 는데, 상고하는 걸 보고 검찰이 너무하다고 생각했다. 변호사 생활 20년 만에 무죄구 형을 처음 본다. 검사가 공익의 대변자임을 이제 알겠다"고 할 때 떨림이 비로소 멈 추었습니다. 이제 죽어도 좋다, 여한이 없다... 싶었지요.

V   얼음땡–달려오는 사람들–

From: "한인섭" To: "임은정" Date: 2013/02/07 목요일 05:34:59
민변 성명서가 나왔네요. 덕불고 필유린이란 말 알지요?
From: "임은정" To: "한인섭" Date: 2013/02/08 금요일 01:03:10
제 감사가 온전한 찬양이 되게 해 달라고 간절히 기도하는 나날입니다. 제가 교수님과
김칠준 변호사님을 특별변호인으로 모시고 간 것에 간부들이 경악하여 '역시 임은정!'
이라고 하였다고 해요. 웃으면서도 복잡한 마음으로 그분들이 어찌 생각할지 미루어
짐작하고 있습니다. 검찰국 출신 동기 검사가 교수님과 김 변호사님이 없었으면 면직
되었을 거라고, 정직으로나마 살아남은 것을 축하하더라구요. 거듭 감사드립니다. 고단
합니다만, 고단함 속에서 보람과 희망을 놓지 않으려고 발버둥치고 있습니다.

오늘 사무실에 있는 제 짐을 어디에 둘 것인지 묻는 후배의 질문에 구겨지는 표정을 지우느라 애를 먹었어요. 당연한 질문을 아무렇지 않게 받아들이기엔 아직 제 맘이 흔들리나 봅니다. 德不孤 必有隣. 큰 위로를 또 받습니다.

무죄구형 강행 소문이 외부에 알려져 12월 31일부터 기사화되기 시작했습니다. 검찰 관계자의 '공판부장의 재배당에 동의해 놓고 임은정이 뒤통수친 것'이라는 취지의 거짓말이 버젓이 해명조로 실렸고, 보수 언론은 막무가내 검사(동아일보), 얼치기 운동권형 검사(조선일보), 부끄러운 검사(중앙일보) 등으로 매도했습니다. 서초동에서 오랜만에 만난 대검 검찰연구관은 못 본 체하며 굳은 얼굴로 스쳐지났고, 공판 업무 차 연락에 단답형으로 답하는 동료들이 늘어나는 등 한순간에 불가촉천민이 되더군요. 예상대로 짓밟히고 찢어지며 깨달았지요. 제가 순두부처럼 말랑한 영혼에 불과하다는 걸. 징계절차는 전광석화와 같이 진행되었습니다. 2013년 1월 11일 대검 감찰위원회가 개최하여 매형인 변호사에게 자신의 사건 피의자를 소개한 박동인 검사에 대해서는 해임 권고를 의결하면서, 저에 대하여도 정직 또는 감봉 권고를 의결했고, 대검은 1월 15일 저와 박동인 검사, 다단계업체에서 거액의 뇌물을 받은 김광준 부장, 검사실에서 피의자와 성관계를 맺은 전재몽 검사를 묶어 함께 징계 청구했습니다. 법무부 동료가 '수뇌부에서 자르기로 방침을 정했으니 잘 대비하라'고 은밀히 귀띔해 주었는데, 공판부장의 직무이전 지시 위반, 이정렬 검사의 구형 방해 등을 징계사유로 한 징계청구서 부본과 법무부 검사징계위원회 출석 통보서를 연이어 받고도 한동안 얼음처럼 가만히 있었습니다. 억울하고 분했지만, 숨쉬기도 벅찬 상황이어서 어떻게 해야 할지 모르겠더라구요.

2001년 인천지검에서 함께 근무했던 박병규 선배로부터 10여 년 만에 연락을 받았습니다.[2] 다른 선배들처럼 혼내는 전화인가 싶어 의기소침하여 전화를 받았는데, 평소 말수가 적고 온화했던 선배가 고함을 질렀습니다. "정신 차려! 민변을 등에 업든, 민주당을 등에 업든, 살아남아!" 정신이 번쩍 들었습니다. 그제야 검사로서 해야 할 일을 하고 이대로 징계받는다면 하지 않느니만 못하다는 생각이 들더군요. 부서지더라도 대한민국 검사답게 힘껏 부딪쳐보기로 마음을 고쳐먹었습니다.

---

2) 박병규 검사는 검찰 내부망에 저를 응원하거나 수뇌부를 비판하는 글을 종종 게시하였고, 2015년 2월 검찰 역사상 전무후무하게 검사 부적격자로 몰려 퇴직명령을 받았다가 행정소송에서 승소하여 검사로 복귀하였는데, 서울고법은 '박병규 검사가 상부의 지시에 반하여 무죄를 구형한 임은정 검사에 대한 징계조치 등에 관하여 비판적인 내용의 글을 잇달아 게시하였고, 이로 인해 청주지검에 근무할 당시 상급자의 지도를 받은 것으로 보이며, 이러한 사정은 2014년도 (저조한 D) 복무평정에 어느 정도의 영향을 미쳤을 것으로 보인다'고 판시하였습니다(서울고법 2017누35358).

정신을 차리고 보니 2주도 채 남지 않은 상황. 검사징계위원회에 함께 갈 특별변호인을 수소문하기 시작했습니다. 정해진 결론을 바꾸지는 못하겠지만, 일련의 일들을 생생하게 지켜보고 세상에 온전히 알릴 목격자를 구해야 한다는 생각에 법무부의 위세에 눌리지 않을 만한 분을 수소문하여 김칠준 변호사님의 승낙을 받아 한숨을 돌리고 보니 위법한 현실과 당위의 싸움이라 학계에서도 찾자는 생각이 들었습니다. 달력을 보니 이제 남은 시간은 1주일 남짓.

인터넷을 검색하다가 한 이름을 찾았습니다. 2012년 9월 故 박형규 목사님 사건 때부터 꾸준한 관심과 격려를 보내셨더군요. 이분이라면 흔쾌히 맡아주시리라고 확신하고, 학과 사무실과 교수실로 전화를 걸었는데, 방학 때라 연락이 닿지 않았습니다. 지푸라기라도 잡는 심정으로 이메일을 보냈더니, 출국 직전 스마트폰으로 바꾸어 다행히 이메일 확인을 했다면서 특별변호인을 기쁘게 맡겠노라는 캄보디아발 답신이 당도했습니다.

VI 검찰, 그 철옹성 앞에서-장대짚기-

역사는 임은정 검사의 소신과 용기를 자랑스럽게 생각할 것입니다. 한국 법조의 역사를 기록한 여러 책을 낸 저로서는 더욱 그렇게 생각합니다. 이미 우리 역사는 법조인에 대한 징계권 남용의 사례를 적지 않게 갖고 있습니다.[3] 누적된 징계권 남용의 역사에 또 하나의 오점을 더하는 일이 없도록 바랍니다.

특히 오늘의 징계사건은 과거사 재심 과정에서 일어난 일입니다. 과거사 판결에서 숱한 오욕과 회한의 판결과 기소를 양산했는데, 그 수치를 청산하는 과정에서, 또 다른 오점이 생산된다면 참으로 한탄스러운 일이 될 것입니다. 오늘의 판단은 곧바로 전국 로스쿨의 법조윤리의 자료가 되고 토론될 것입니다. 조직 논리에 동화되지 않는 예비 법조인의 맑은 눈에서도 올바르고 온당한 결정으로 느껴질 수 있도록, 양질의 결정이 내려지길 바랍니다.

- <특별변호인 한인섭의 변론요지서> -

---

[3] 구한 말 이준 검사, 허헌 변호사에 대한 징계. 일제하 항일변론을 전담했던 허헌, 김병로, 이인에 대한 징계. 1970년대 한승헌, 강신옥 변호사에 대한 징계. 1980년대 박시환, 서태영 판사에 대한 인사불이익 조치 등.

검사징계위원회 개최 이틀 전인 2013년 2월 3일 일요일 오후. 귀국한 한인섭 교수님의 자택으로 찾아갔습니다. 2004년 검사동일체의 원칙을 폐지하고 이의제기권 규정을 신설한 검찰청법 개정을 주도했던 법무부 정책위원회 위원이셨다며, 그때의 결실을 보는 듯 흐뭇한 눈길로 맞으셨지요. 대한제국 헤이그 밀사로 유명한 이준 검사도 항명으로 면직되었고 초대 대법원장이었던 김병로 선생도 일제시대 정직을 받았다며, 불의한 시대에는 정직한 사람들이 징계받는 거라고 격려하시고, 1964년 1차 인혁당 기소 지시를 거부하고 사표를 쓴 이용훈 前 서울지검 공안부장의 자서전 <사필귀정의 신념으로>, 이승만 정부에서 간첩으로 몰려 결국 사형당한 조봉암 선생, 윤길중 등의 간첩죄 등을 1958년 무죄판결을 했다가 용공분자로 몰렸던 유병진 판사의 법률논집인 <재판관의 고민> 등을 주셨습니다.

검찰사에 보기 드문 항명 사례로 이용훈 부장의 뒤를 이은 제가 윤길중 前 진보당 간사를 매개로 유병진 판사를 접하고 보니, 법원사와 검찰사가 만나는 두물머리에 선 듯 벅차더군요. 두물머리에 선 제 곁으로 이의제기권을 법제화한 한 교수님이 또한 운명인 듯 다가오셨습니다. 기이한 우연에 놀라는 제게 한 교수님은 웃으며 말씀하셨지요. 우연을 가장한 필연이라고.

한 교수님은 월요일 밤을 새어 변론요지서를 작성하여 2월 5일 화요일 오후 함께 법무부로 갔습니다. 덕분에 덜 외로웠지요. '검찰청법상 직무이전권은 검사장 권한이고, 따라서 공판부장의 직무이전 지시는 월권으로 무효'라는 교수님의 주장에 검사징계위원회 외부 위원이 동조하면서 난상 토론이 벌어졌고 결국 법무부 내부 의견인 면직과 대검에서 청구한 정직 3월의 중간인 정직 4월로 결정되었습니다. 검찰에 남겨진 희망의 씨앗이라도 되는 듯 모진 비바람에 날아가지 않도록 저를 지켜주셨지요. 덕분에 살아남았습니다.

Ⅶ 검찰, 그 철옹성 앞에서 -뛰어넘기-

2014. 11. 9. 일기
보잘 것 없는 절 귀히 품으시고 제 눈물을 값진 보석으로 만드신 주님. 저는 주님의 사랑받는 딸입니다. 주님의 사랑에 합당한 딸이 되게 하소서.

징계취소소송을 제기할 엄두가 나지 않았습니다. 검찰 조직을 상대로 단발성 전투를 하는 것과 장기전으로 전쟁을 이어가는 것은 전혀 다르니까요. 한 교수님은 끊임 없이 격려하고, 변론요지서를 다듬어 <법과사회> 학회지에 논문 기고하는 등으로 공개 응원해 주시며, 당연하다는 듯 소송을 강권했습니다. 정직 4월 중징계 선례를 남긴다면 시작하지 않으니만 못하다는 걸 알기도 했고, 못하겠다는 말씀을 차마 드릴 수가 없어 떠밀리듯 2013년 5월 서울행정법원에 소장을 제출하여 4년 5개월에 걸친 법무부와의 공방전을 시작했습니다.

법무부는, 과거사 재심 사건의 경우 속칭 '백지구형'(법과 원칙에 따라 선고해 달라)으로 통일하여 시행 중임을 인정하고, 증거로만 판단하면 되는 법원과 달리 자기 반성이 초래하는 파급효, 검찰 내부 여론 등도 고려해야 하는 검찰의 특수성, 기소유지 의무 등으로 인해 검사가 무죄구형을 할 수 있는지 의문을 표시하며, 사건이 확정되는 순간까지 공소를 유지하기 위해 최선의 노력을 해야 한다고 주장했습니다. 제 행위가 대한민국 헌법과 민주주의에 대한 심각하고도 근원적인 위험을 발생시킨 행위로 평가되어야 한다고까지 우기더군요.[4]

'검사에게는 기소유지의무가 아니라 객관의무가 있고, 유죄 판결을 받아내기 위해서가 아니라 실체 진실의 발견과 사법정의 실현을 위해 최선을 다해야 한다'고 반박하고, 형사소송법 교재, 법무연수원 교재 등을 증거로 제출하면서, 버거워도 소송하길 잘했다는 생각을 비로소 했지요. 법무부와 검찰이 대외적으로 법과 원칙을 내세우고 있지만, 포장지를 걷어낸 진의는 조직 논리에 불과함을 자백받았고, 민주주의와 법치주의를 모른다는 걸 확인했으니까요.

당연히 서울행정법원 2013구합12454 사건 재판부는 한 교수님이 검사징계위원회에서 한 주장을 그대로 받아들여 2014년 2월 21일 공판부장의 직무이전 지시가 월권이어서 무효라는 등의 이유로 원고 승소 판결을 하였고, 서울고등법원 2014누45361 사건 재판부는 2014년 11월 6일 법무부의 항소를 기각하면서 "백지구형은 형사소송법과 검찰청법이 예정하고 있는 적법한 의견 진술이나 법령의 정당한 적용 청구라고 보기 어렵고, 공판부장이 백지구형을 하도록 한 것은 반드시 따를 필요 없는 상급자의 권고에 해당한다"고 판시했으며, 대법원은 2017년 10월 31일 법무부의 상고를 기각하여 징계는 최종 취소되었습니다.

---

4) 대법원 2014두45734 징계취소소송 법무부의 상고이유서 7면

Ⅷ 가야 할 길 -이어달리기-

○ 과거사 재심 사건 일반적 처리 기준
  • 재심 개시 결정에 명백한 오류가 없는 한 즉시항고 부제기
  • 구형 기본 원칙: 백지구형은 자제하고 유·무죄 실질 구형
○ 특정 유형 과거사 재심 사건 대응 기준
  • 대통령긴급조치위반, 518 관련 특별 재심, 부마민주항쟁 특별재심, 특수범죄처벌
    에관한특별법위반 등 사건: 재심 개시 결정에 대한 즉시항고 부제기 원칙, 무죄 구
    형 및 상소 부제기
    - 2018년 6월 29일 배포된 대검 공안부의 <과거사 재심 대응 매뉴얼> -

문재인 정부가 들어선 후 첫 검찰 인사안을 보고 실명이 컸습니다. 검찰국장 박균택, 검찰과장 권순정 등 검찰개혁을 추진할 법무부와 대검 간부들 면면을 보니 이번에도 검찰개혁이 시늉에 그칠 거란 걸 직감했지요. 이명박 정부, 박근혜 정부에서도 승승장구하던 이들이라 문제의식을 기대하기 어렵고, 실제 검찰이 잘못하고 있을 때 그들의 목소리를 들은 적이 없었으니까요. 그래도, 대선 공약이 검찰개혁이었던 만큼 법무부는 2017년 8월 9일 법무검찰개혁위원회를 발족시켰습니다. 위원장은 한 교수님, 이명박 정부 시절 광우병을 보도한 PD수첩 제작진 기소 여부를 두고 수뇌부와 마찰을 빚고 사표를 쓴 임수빈 변호사 등 여러 명망가들을 위원으로 위촉했습니다.

예상대로 검찰개혁은 지지부진했지요. 예컨대, 이의제기권 절차 규정을 마련하라는 위원회의 권고에 대검은 2018년 1월 '검사의 이의제기 절차 등에 관한 지침'을 마련한 후 보도자료를 배포하며 개혁 성과로 적극 홍보했습니다. 그런데, 정작 내용은 검사의 수명의무, 이의제기 검사 등의 관련 내용 비공개 의무 등 검사들을 옥죄는 것이었고, 비공개 예규로 묶어 그 내용을 검찰 밖 사람들이 알지 못하게 하였지요. 지침을 확인한 후 검사게시판과 개인 SNS로 즉시 개정을 건의하고, 이를 널리 알렸습니다. 결국 지침은 공개 예규로 전환되었지만, 개정은 되지 않고 있습니다. 기득권 집단에 대한 개혁이 쉽게 될 리 없지요. 가지고 쥔 게 많아 잃을 게 많은 조직일수록 저항과 방해는 크고, 절대반지와 같은 검찰권을 부리고 싶은 권력은 욕심에 눈이 멀어 어리석어지기 마련이니까요.

그래도 한 교수님을 비롯한 위원들의 의지와 분투, 시민단체 등 여론 등에 떠밀려 검찰이 바꾼 것이 없지 않았습니다. 과거사 재심 사건에 있어 국가의 잘못을 적극적

으로 인정하고 시정할 것을 권고했는데, 대검 공안부는 직권 재심 청구와 무죄 구형 등을 지시하는 공문을 일선에 하달하였고, 2018년 6월 <과거사 재심 사건 대응 매뉴얼>을 만들어 일선에 배포하기에 이르렀지요. 그런데, 공교롭게도 대검 공안부의 담당 실무자가 2012년 서울중앙지검에서 저와 의견 대립했던 정원두 검사더군요. 기자의 확인 전화를 받은 정 검사는 "사건을 바라보는 게 시기에 따라서 다를 수 있다"고 해명했습니다. 정권이 바뀌면 시각이 달라지는 검사들이라 또 정권이 바뀌면 바뀌지 않을까 걱정했는데, 매뉴얼화 되고 보니 과거사 재심 사건에서는 역주행이 일어나지 않더군요. 더디지만, 그래도 나아간 역사의 벅찬 한 걸음입니다.

역사는 더딜지언정 결코 멈추지 않습니다. 걸림돌을 넘어서고 결국 부수고 말지요. 인간에게는 긴 시간이겠지만, 역사 앞에는 찰나에 불과한 불의의 시대. 그 불의가 넘실대는 시대의 강에 징검다리가 되어준 이준 검사와 김병로 대법원장, 유병진 판사와 이용훈 부장 등 거인들이 있었고, 징검다리가 이어질 수 있도록 그 불의에 휩쓸려 가지 않도록 저를 붙들어 매주신 한 교수님 등이 있어 제 몫의 징검다리가 오늘도 이어지고 역사가 조금씩 나아가고 있음을 압니다.

역사의 걸림돌이 아니라 디딤돌의 역할이 주어진 것에 감사하며, 제 몫을 감당해보려 합니다. 대한민국 검사 그 이름이 부끄럽지 않도록, 한 교수님이 지켜주신 노력이 헛되지 않도록.

씩씩하게 계속 가보겠습니다.

15

참여연대에서 얻은 보람

박근용(공익제보센터장, 서울시교육청)

이 글은, 참여연대 19여년의 상근활동을 마감하며 새 둥지를 찾고 있는 시간동안 잊고 싶지 않은 저의 19년과 참여연대의 크고 작은 분투기를 기록한 글입니다. 시민 운동단체에서 겪은 다양한 경험과 프로젝트 기획 중에서 제가 집중했던 것과 실질적 으로 기여했던 것들, 그중에서도 법원, 검찰, 변호사계 등 사법분야 감시 또는 개혁 에 관한 활동들을 기록해보았습니다. 그 시간들은 보람과 기쁨의 순간들이었습니다.

일부는 참여연대 창립 20주년에 편찬한 참여연대 활동 100선에도 포함된 일들입 니다. 다만 이 글은 그 일을 맡았던 사람의 입장에서 쓴 글이라 참여연대 홈페이지 에서 볼 수 있는 활동100선과는 꽤 다른 맛도 있습니다.

I 판사는 공개하는데 검사는 왜 감추나요?

2006년 7월 27일, 참여연대 사법감시팀장이던 저는 검사들의 징계사유 정보공개 청구 행정소송을 서울행정법원에 제기하였습니다.

소장 제출에 앞서, 2005년 5월 20일에는 법무부에 징계받은 검사들의 징계사유 정 보공개를 청구했습니다. 그러나 같은 달 24일에 법무부가 징계받은 검사의 사생활 의 비밀을 침해할 수 있어 공개를 거부하였지요. 이의신청했지만 법무부가 또 거부 하여, 2005년 9월 23일에 국무총리행정심판위원회에 행정심판을 청구했습니다. 이 또한 2006년 4월 24일에 거부당했습니다. 그래서 행정소송 제기까지는 1년 2개월의 시간이 걸렸습니다.

이 소송은 2006년 11월 28일 1심 승소를 거쳐, 2007년 7월 24일 2심(서울고등법원)

승소로 종결되었습니다. 검사들의 징계사유는 공개해야 하는 공익적 정보임이 확인된 것입니다.

정보공개청구 소송치고는 4개월만에 1심이 선고되었는데, 상당히 빠른 결정이었다고 기억합니다. 판사의 입장에서 열받을 일이었기 때문에 그런 것 아닐까 추측했습니다.

제가 그렇게 추측했던 이유와 함께 이 소송이 더 각별했던 이유는 이렇습니다.

이 일은 정부의 공식 발간문서인 '관보'에 검사들의 징계사유도 싣도록 하고, 검사에 대한 중징계만 관보에 싣고(징계사유는 빼고) 경징계는 관보에 싣지 않던 검사징계법을 바꾸는 계기도 되었다고 생각합니다.

지금에나 그 당시에나 판사의 경우에는 징계사유가 꽤 상세하게 관보에 실렸습니다. 그래서 관심 있는 사람이라면 누구나 판사가 어떤 일로 징계받았는지를 웬만큼 파악할 수 있고 징계수준이 적당한지도 가늠할 수 있었습니다.

하지만 당시에 검사의 징계사유는 전혀 관보에 실리지 않았습니다. 간혹 언론의 주목을 받은 사건의 경우에는 언론보도를 통해 알 수 있지만, 그것은 일부에 그쳤습니다.

예를 들면 2004년 12월 18일 관보에 게재된 청주지방법원 곽용섭 판사 징계에 대한 관보게재 내용은 이렇습니다.

"1. 징계대상자: 청주지방법원 곽용섭, 2. 징계처분 일자: 2004년 12월 13일, 3. 징계종류: 견책, 4. 징계사유: 징계대상자는 서울남부지방법원에 근무하던 2004년 5월 14일 01:00 경 서울 양천구 신정동 321 소재 양천경찰서에서 경찰관을 폭행하고, 이로 인하여 2004년 10월 25일 약식 명령이 청구되어, 같은 해 11월 9일 서울남부지방법원에서 공무집행방해 등의 죄로 벌금 3,000,000원에 처하는 약식명령이 확정됨으로써, 법관으로서의 품위를 손상하고 법원의 위신을 실추시킴"

그런데 2003년 12월 19일 관보에 게재된 김기문 검사의 징계에 대한 내용은 이렇습니다.

"대구지방검찰청 검사 김기문, 검사징계법 제2조 제3호의 규정에 의하여 1월간 정직에 처함"

판사의 경우에는 대법원에서 관보에 싣는 내용을 정하고, 검사의 경우에는 법무부에서 정합니다. 그래서 그런지 두 경우가 극명하게 대비되었습니다.

한편 판사의 경우에는 징계의 종류를 불문하고 관보에 실렸지만, 당시 검사는 중징계(감봉, 정직, 면직)의 경우에만 관보에 실렸습니다. 경징계(견책, 경근신, 중근신)는 관보에 실리지 않았습니다.

다행히 그 모두 바뀌었습니다. 징계종류에 상관없이 검사의 징계처분은 관보에 실리고, 징계사유도 (아직 부족하기는 하지만) 나름대로 관보에 실리고 있습니다. 대략 2007년에서 2009년 사이에 바뀌었고, 검사징계법(제23조 등) 같은 제도도 바뀌었습니다.

공식문서인 관보를 통해 징계사유를 파악할 수 있게 된만큼 2013년 6월에 참여연대가 발간한 <이명박정부 5년 검찰보고서 종합판>에는 2008년 2월 이후 행위로 징계받은 30명의 검사들의 징계사유를 담을 수 있었습니다. 그 이후 발간되는 연례 검찰보고서에도 징계받은 검사들과 그 사유를 계속 수록하고 있습니다.

이 일들은 검사윤리 제도와 관행을 조금씩 개선하는 수많은 노력들중에 하나쯤은 충분히 되지 않나 생각합니다. 물론 이 사업 추진과 성과는 함께 한 몇몇 분들의 협업덕분이었습니다. 실제 소송을 담당한 분은 장유식 변호사님이시고, 당시에 사법감시센터 소장님은 한상희 교수님이었습니다.

혹시 지금 검사의 징계사례와 사유를 보고 싶으신가요? '대한민국 전자관보' 웹사이트에 접속하여, '징계처분'을 검색어로 입력해보세요. 법무부가 공고한 검사들에 대한 징계처분 내용을 볼 수 있고 판사들의 경우도 보실 수 있습니다.

그 때 기억을 되살려보려고 기사를 찾다보니, 12년 전 제 사진도 있어서 추억거리로 올려봅니다. https://www.hani.co.kr/arti/society/society_general/145214.html

II 검찰보고서, 당장은 못 막아도 차곡차곡 쌓아두리라

2008년, 참여연대 사법감시팀장이었던 저는 당시 참여연대 사무처장이었던 김민영 선배님으로부터 '근용아, 검찰을 어떻게 할 방법없냐'는 말을 자주 들었습니다. 사실 뾰족한 아이디어를 내지 못한 채 몇 달을 보내었습니다. 수많은 논평과 성명을 내고, 기자회견도 기획했고 검찰에 항의엽서를 보내는 시민캠페인도 벌였지만 '정치검찰'의 횡포를 제어하는데는 턱없이 부족했습니다.

그래서 시작한 일이 검찰보고서 발간이었습니다. 저들의 횡포만큼은 잊지 않도록 기록하자. 그 첫 보고서는 2009년 3월 25일에 나왔습니다. 보고서의 제목은 이렇게 붙였습니다. "이명박 정부 1년 검찰보고서-정치검찰의 본색을 드러낸 MB 1년 검찰"

2008년 봄, 광우병 위험 미국산 쇠고기 수입 반대 범국민적 촛불을 겪은 이명박 정부는 정부비판 세력을 억압하기 위해 할 수 있는 모든 일을 다 기획했습니다. 청와대 내에 있던 '영포'라인을 통해 국무총리실 소속 공직기강 담당부서를 동원한 민간인 사찰과 협박, 원세훈 국가정보원장을 통한 정부비판 세력에 대한 종북몰이가 바로 그 기획이었습니다.

여기에 덧붙여 정권을 지키는 데 검찰도 동원하였습니다. 수사와 기소, 소환과 구속 등을 반복해며 사람을 괴롭히고 위축시키고, 범죄자 이미지를 세우기에도 좋은게 검찰입니다. 집권세력의 범죄의혹에 면죄부를 줄 수 있는 곳이 검찰이니 청와대가 가만히 둘 리가 없었습니다.

출세 지향형 검사와도 죽이 맞는 일입니다. 인사권을 쥔 청와대의 눈에 들게끔 사건을 처리하는 댓가로 승진과 요직이 기다리고 있음을 잘 아는 검사들이지요.

권력에 붙어 살고, 또 자신들의 권력을 더 키우기 위해 검찰권을 부당하게 사용하는, 바로 그 '정치검찰'에게 시민들은 하염없이 당하기만 했습니다. 어떤 경고도 항의도 먹혀들지 않았습니다. 그래서 가장 미약한 방법이지만, 가장 기초적인 사업으로 검찰보고서를 만들기로 했습니다. 잊지 않도록 만들겠다. 비판해야 할 때 바로 쓸 수 있는 자료들을 차곡차곡 잘 쌓아두겠다.

마침 지침서가 있었습니다. 김대중 정부 시절 검찰의 모습을 기록해둔 참여연대의 '김대중 정부 5년 검찰백서'(2003년 3월 발간)가 바로 그것이었습니다. 한겨레 기자로 재직 중인 이재명 선배께서 당시 그 일을 하느라 고생했던 것을 어렴풋하게나마 기억하고 있었지요. 그 백서의 구성방식을 일단 따라갔습니다.

검찰 인사 내역과 검찰의 주요 수사 내역을 보여주는 기본 사실을 기록하는데 집중하였습니다. 주요 수사 담당 검사와 지휘라인이 핵심이었습니다. 여기에 형사법 전공자인 하태훈 고려대 교수님(당시 사법감시센터 소장님)과 서보학 경희대 교수님이 써주신 검찰을 질타하는 원고를 하나씩 실었습니다. 그 후에는 청와대와 검찰의 관계를 보여주는 인사라인 내역이나 검사징계 내역 등도 추가하였습니다.

2009년 3월에 첫 검찰보고서 발간을 알리는 보도자료에는 이렇게 썼습니다.

"이 보고서가 검찰을 감시하고 평가하는데 유용하게 쓰일 수 있는 자료가 될 것이라 보고 검찰개혁을 위한 시민사회의 움직임에 작은 토대가 될 것"이다.

다행히 한 번으로 그치지 않았습니다. 2010년 3월에는 <퇴행하는 한국 검찰－이명박 정부 2년 검찰보고서>를 냈습니다. 회원 관련 업무를 맡은 시민참여팀으로 이동하였기 때문에, 2011년 4월에는 <이명박 정부 3년 검찰보고서-MB검찰 3년, 한국 검찰의 현주소>, 2012년 10월에는 <이명박 정부 4년 검찰보고서-조직의 수호자, 검찰>를 저의 후임자들이 냈습니다. 사업을 이어간 이진영 당시 사법감시센터 담당 간사에게 고마울 뿐입니다.

2013년 6월에는 <이명박 정부 5년 검찰보고서 종합판-국민의 검찰로 거듭나야 할 정치검찰>, 2014년 4월에는 <박근혜 정부 1년 검찰보고서-국민의 검찰로 거듭나는데 실패한 검찰>, 2015년 3월에는 <박근혜 정부 2년 검찰보고서-비정상의 늪으로 더 깊이 빠져든 정치 검찰>, 2016년 3월에는 <박근혜 정부 3년 검찰보고서-국민 위에 군림하고 권력에 봉사하는 검찰>, 2017년 4월에는 <박근혜 정부 4년 검찰보고서 종합판-빼앗긴 정의, 침몰한 검찰>을 내었습니다. 가장 최근인 2018년 5월에는 <문재인 정부 1년 검찰보고서-잰 건을 적폐 수사, 더딘 걸음 검찰개혁>을 내었습니다. 검찰보고서 발간 사업이 10년을 이어간 것입니다.

2013년부터 저는 기획검토와 감수, 일부 집필만 하고, 대부분의 실무 작업은 사법감시센터 담당 팀장 또는 간사인 이지현, 김은영, 김희순, 김태일 님 등이 맡아주었습니다. 번거롭고 시간이 많이 걸리는 일임을 잘 알기에 고마울 뿐입니다. 질적인 업그레이드를 할 시간적 여유만 있다면 더 좋을 텐데 하는 아쉬움도 있기는 합니다.

에피소드 하나를 덧붙이자면, 대검찰청에서 반응이 나왔습니다. '참여연대 이명박 정부 1년 검찰 보고서에 관한 검찰의 입장'이라는 제목으로 A4용지 32페이지에 이르는 장문의 해명·반박 자료를 검찰청 출입 기자들에게 2009년 5월 6일에 배포한 것입니다. 그 내용은 '정치 검찰' 논란이 빚어졌던 25개 사건에 대한 참여연대의 평가에 동의할 수 없다는 것이었습니다.

하지만 검찰의 수사가 부당했다는게 법원 판결을 통해서 확인되기도 하고 국민적으로도 인정되고 있는 것만은 분명합니다. 검찰의 해명자료에 대해 어떻게 생각하냐는 파이낸셜뉴스 홍석희 기자에게 제가 이렇게 답했나 봅니다. "악플보다 무서운 것이 무플인데 감사하게 생각한다." 그 기사는 여기에 있습니다. http://www.fnnews.com/news/200905061814461776?t=y

검찰의 행적을 알고 싶은 분들은 누구든지 참여연대의 검찰보고서를 보실 수 있습니다. 참여연대 홈페이지의 '자료실-발간자료'코너에서 '검찰보고서'를 검색어로 입력하면 됩니다.

검찰보고서 덕분에 자료 검색 시간을 아끼고 필요한 정보가 웬만큼 잘 담겨있어서 고마웠다는 기자들이나 국회의원실 보좌진들의 이야기를 가끔 들었습니다. 2017년 초에 민언련의 공동대표인 박석운 선생님한테서 '박 처장, 우리도 검찰보고서같은 것 하나 내야되겠어'라는 말씀을 들었는데, 그 몇 달 후에 <이명박 박근혜 정권 시기 언론장악 백서>라는 두툼한 백서를 하나 받았습니다. 권력감시의 기반은 기록이고 기억임을 알기에 자료수집과 정리에 긴 시간이 걸려도 좋았던 그 일들이 새록새록 기억에 남습니다.

Ⅲ 변호사를 찾는 시민에게 꼭 필요한 정보를 제공하자

포털사이트에서 제 이름으로 검색하면 나오는 참여연대 활동 사진이 여럿 있는데, 이 사진을 보다보면 저도 머쓱해집니다. 바로 한겨레21 679호(2007년 10월 4일자)에 실린 "<박근용−이지은> 내 변호사는 내가 알아본다"는 인터뷰 기사에 실린 사진입니다.[1]

지금도 취재현장에서 종종 볼 수 있는 한겨레의 류우종 사진기자님이 찍어주신 사진입니다. 촬영장소는 참여연대 5층 옥상이고 청와대가 있는 북악산을 배경으로 찍었습니다. 문제는 저와 이지은 선배 간사님이 너무 다정해보인다는 점이죠.

이 인터뷰는 1년 넘게 우리 두 상근자가 힘을 모아 이룬 프로젝트의 결과물에 주목해준 한겨레21 김영배 기자님 덕분에 나왔습니다.

2007년 9월 27일, 참여연대 홈페이지에는 새로운 기능이 추가되었습니다. 어느 변호사가 변호사윤리 위반으로 징계를 받은 변호사인지 검색해 볼 수 있는 데이터베이스 검색기능입니다. 이름 붙이길 "변호사징계정보찾기−믿고 의지할만한 변호사를 찾아요"였습니다.[2]

예를 들어 변호사를 선임하려고 하는데, 혹시 그 사람이 변호사윤리 위반으로 징계를 받은 사람인지를 확인할 수 있는 검색 페이지인 것이지요. 이런 검색 페이지가 있으면 시민들은 신뢰하기 어려운 변호사를 피할 수 있고, 변호사들은 자신의 징계경력이 노출될 수 있으니 윤리문제에 좀더 민감해하지 않을까 하는 생각으로 만들었습니다.

---

1) https://h21.hani.co.kr/arti/society/society_general/20786.html
2) http://www.peoplepower21.org/lawyer

데이터베이스에는 변호사에 대한 징계권을 가지고 있는 대한변협의 공식적인 발표자료(공고)에 실린 내용을 10년 치 이상 수백 건을 입력하여 채웠습니다.

검찰감시나 비판업무가 조금 잦아든 참여정부 중반기. 손이 부족해 잘 다루지 못했던 변호사윤리 문제에 대해 뭔가 해보아야 할 때였습니다. 전문직종으로서 자율징계권을 가진 변협이 자기 조직의 회원인 변호사에 대해 솜방망이 징계를 반복하는 것도 지탄을 받고 있었는데, 시민들이 징계받은 변호사가 누군지 모르겠구나 하는 것을 우연히 포착했던 것 같습니다.

물론 변협이 아무것도 공개하지 않았던 것은 아닙니다. 징계결정이 확정되면, 매달 발간하는 대한변협의 간행물(책)인 <인권과 정의>의 공고란에 징계받은 변호사 이름과 징계처분의 종류 등을 간략히 실었습니다. 그런데 이것은 내가 알고 싶은 변호사의 징계이력을 검색해서 확인할만한 방법이 되지 못합니다. 매달 발행하는 책을 전부 뒤져볼 수도 없는 것 아니겠습니까.

그런데 해외사례를 조사해보니 미국의 캘리포니아주 변호사회는 달랐습니다. 캘리포니아주 변호사회 홈페이지에서 변호사 이름으로 검색하면 자격취득일 같은 기본정보 뿐만 아니라 징계이력까지 한꺼번에 보여주었습니다. 징계보고서 요약본까지 보여줄 정도로 상세했습니다(지금도 그러합니다). 눈이 확 떠졌습니다.

우리나라 대한변협이나 지방변호사회 홈페이지에서 변호사 검색을 하면 전문분야나 소속 사무실, 사법시험 기수 등만 나오는 것과는 대비되었습니다.

그리고 미국 전체를 커버하는 전미변호사협회(ABA)의 홈페이지에도 보았습니다. "수수료를 내면 '미국변호사윤리데이터뱅크'를 통해 특정 변호사에게 취해진 징계조치 여부를 확인할 수 있습니다. For a fee, ABA's National Lawyer Regulatory Data Bank can be searched to see if any discipline action has been taken against a particular lawyer."라는 문구가 홈페이지에서 보였습니다(지금은 구체적인 방식이 조금 바뀐 것으로 압니다).

이런 사례를 접하면서 우리의 견해는 더 단단해졌습니다. 2006년 7월에 "변호사징계정보 공개 실태 조사보고서"를 발표하였고, 대한변협에 미국 캘리포니아주의 사례처럼 징계정보 확인시스템을 만들어 달라고 요청하였습니다. 국회 법제사법위원회에도 같은 취지의 의견을 제출(2006년 9월)했습니다.

이에 앞서, 그 해 4월 참여연대 회원 3명의 도움을 받아, 회원 개인의 명의로 대한

변협과 서울지방변호사회, 대구지방변호사회에 특정 변호사를 소송대리인 등으로 선임하기 위해 필요하다는 이유를 제시하면서 특정 변호사가 징계를 받은 경력이 있는지, 어떤 사유로 징계를 받았는지 알려줄 것을 서면으로 요청했습니다.

대한변협은 1개월 후에 "인권과 정의"에 수록된 해당 변호사의 징계결정 공고 사본을 팩스로 보내왔습니다. 서울변회는 전화통화를 통해 간략히 징계정보를 알려준 후, 서면으로 회신해 줄 것을 요청하자, 2개월이 지난 6월 22일에 이르러서야 "인권과 정의"에 수록된 징계결정공고 사본을 팩스로 보내주었습니다. 대구변회는 1개월이 지난 5월 24일 '개인정보보호를 위하여 알려 드릴 수 없다'고 우편으로 회신서를 보내왔습니다.

비록 알려주기는 하지만 1~2개월이나 시간이 걸리는 것은 적절한 방법이 아니라고 저희는 평가하였습니다. 그리고 "인권과 정의"에 실린 내용은 너무나 간략한 요약이라 사실 무슨 내용으로 징계받았는지를 알기도 어려웠습니다. 물론 징계정보가 민감할 수 있지만, 이미 '공고'를 해야 하는 공적인 정보임을 인정하는 마당에 이래서는 안 된다는 저희 생각도 더 단단해졌습니다.

이런 노력덕분에 2006년 10월 말 대한변협에서 전향적인 조치가 발표되었습니다. 변협 홈페이지에 변호사 징계정보를 공개하겠다고. 그런데 '정직' 이상의 징계만 홈페이지에 올려두겠다는 것이었습니다. 이렇게 되면 '과태료 처분' 징계는 모두 빠져버리게 되었습니다. 1993년부터 2006년 3월까지 과태료 처분받은 경우가 실제로 전체의 52.8%였습니다. 받아들이기 어려웠습니다.

변호사법도 마침 개정되었습니다. 2007년 1월 26일에 공포된 개정 변호사법에서는 징계처분을 지체없이 공개해야 한다는 조항이 신설되었습니다. 그러나 공개범위와 세부 사항은 변협에 맡겨두는 법 개정에 그쳤습니다.

그래서 변호사징계정보검색 사이트를 아예 우리가 만들어 버렸습니다. 그리고 그후 3년 지난 2010년에는 일본 도쿄의 사법서사(우리나라의 법무사와 유사한 전문직입니다) 사례까지 다시 추가하여 보고서를 다시 냈습니다. '이런 변호사인 줄 진작 알았다면'이라는 다소 자극적인 제목을 붙였습니다. 인터넷에서 쉽게 확인할 수 있는 시스템을 변협이 만들라는 주장을 다시 강조했습니다.

변호사법은 다시 개정됩니다. 2011년 7월에 인터넷 홈페이지에 징계결정을 3개월 이상 게재한다는 조항이 신설됩니다. 시민의 징계정보 열람 신청권을 인정하는 조항도 신설됩니다. 물론 세부 사항은 여전히 변협에게 맡기는 단서는 유지되었습니다.

이러한 과정과 우여곡절을 거쳐, 현재는 징계처분이 대한변협 홈페이지에 게시되고 있습니다. 대한변협 홈페이지의 첫 화면에 <징계정보공개>라는 메뉴 제목도 보이는데 10년 전에 비하면 장족의 발전같습니다.

다만, 영구제명과 제명 처분은 3년 동안만, 정직 처분은 1년 동안만, 과태료 처분은 6개월 동안만, 견책 처분은 3개월 동안만 홈페이지에 게시하고, 그 기간이 지나면 홈페이지에서 사라집니다. 법무부가 만든 변호사법 시행령때문입니다. 당연히 변호사단체들의 의견이 받아들여졌을 것입니다.

그리고 징계정보 열람권을 변협이 인정하고는 있지만, 참여연대와 같이 홈페이지에서 검색하여 열람 가능한 방식은 아닙니다. 특정 변호사와 면담하였거나 수임계약을 체결한 시민이, 그 변호사에 대한 선임 의사 확인서와 주민등록증 사본 등을 내면서 징계정보 열람을 변협에 신청하면, 1주일 내에 징계정보 확인서를 제공하는 방식입니다.

여전히 까다롭고 가급적이면 징계정보를 알리지 않으려는 분위기가 뚜렷합니다. 그래서 차라리 11년째 운영중인 참여연대 <변호사징계정보찾기>를 이용하는 것이 더 나을지도 모르겠습니다.

저 스스로에게도 아쉬운 점은 있습니다. 참여연대 징계정보찾기 검색을 하는 시민에 대한 통계를 내지 못하고 있다는 점입니다. 이것은 저희 홈페이지의 기술적 시스템의 한계로 알고 있습니다. 그리고 지난 11년동안 변호사징계정보찾기 시스템을 업그레이드 시키지 않은 것도 제가 해결하지 못하고 멈춘 숙제였습니다.

다만 저의 후임자과 후배들이 매달 징계받은 변호사 내역을 추가 입력하는 것만큼은 열심히 하고 있습니다. 저 다음에 사법감시센터를 담당한 간사들이 이 검색사이트를 방치할 수도 있었는데 이어주고 있는 것만으로도 감사하죠.

대한변협의 징계정보열람신청 제도의 이용빈도가 얼마나 되는지 아직 모릅니다. 변협에서 한 번 발표를 해주면 좋겠습니다. 문턱이 높아서이거나 전혀 홍보를 하지 않고 있어서 아무도 몰라 이용하지 않을 수도 있을 것입니다.

물론 단 1명이라도 이용한다면 그것만으로도 의미는 있을 것 같습니다. 혹시나 성희롱 행위로 징계받은 변호사를 성폭력 피해자가 선임하는 일은 피했을 수 있을테니까요.

이 검색사이트를 오픈하고 나서 지금도 참여연대에서 수고하고 있는 후배인 정세윤 간사가 한 말이 있습니다. 대충 이런 말입니다. '참여연대가 시민들에게 이렇게 유익한 정보를 제공하다니 정말 기분좋습니다.' 세윤 씨는 잊고 있을지 모르겠습니다. 하지만 제게는 어떤 칭찬보다도 큰 칭찬이었습니다.

그리고 우리의 노력이 더해져 미흡한 점이 있지만 변호사법 개정과 변협이 한 발짝이라도 움직이게 했으니 더 없이 좋은 일이었습니다. 이 일에 함께 힘을 보태준 이지은 간사님과 당시 사법감시센터 소장님이었던 한상희 교수님도 같은 마음이지 않을까 생각합니다.

Ⅳ 검찰청법을 빠져나가는 검사들, 20년 만에 막았다

2007년 3월, 당시 사무처장직을 막 내려놓았던 김기식 선배님께서 화가 잔뜩 난 목소리로 말했습니다. "법무부에서 이재순 사정비서관 복직시킨 거 비판하는 성명서 하나 내자."

그때 저는 사법감시팀장으로 일하고 있었는데, 이재순 사정비서관 복직이 뭔지 모른 상태였습니다. 부랴부랴 상황을 파악하니, 대검 공안3과장과 서울중앙지검 형사3부장을 하다가 2005년에 사표를 내자마자 청와대 민정수석실 사정비서관이 된 잘 나가던 검사였습니다. 그런데 사정비서관 일을 2016년 12월 중순에 마친 후 석달 쯤 지난 2007년 3월 말에 법무부에서 검찰 복귀, 그러니까 검사로 재임용한 것입니다.

제가 검사들의 청와대 편법파견 관행과 싸우게 된 계기였습니다.

검사들의 청와대 근무는 김영삼 정부 시절부터 검찰의 정치화 배경으로 비판받았습니다. 잘 나가는 검사들이 청와대 비서관으로 일하면서 권력 핵심과의 인맥도 넓히고 영향력도 키웠습니다. 또 청와대는 현직 검사 신분의 청와대 비서관이나 행정관을 통해 법무부장관뿐만 아니라 검찰청에도 직접 영향력을 가할 수 있었습니다. 정치권력과 검사들간의 이해관계가 맞아떨어진 것입니다.

그래서 김영삼 정부 말기(1997년 1월 13일)에 검찰청법을 고쳐, 검사가 대통령 비서실에 근무할 수 없다는 조항(제44조의2)이 만들어졌습니다.

그러자 머리 잘 쓰는 검사들과 청와대에서는 편법을 동원했습니다. 사표를 내게 해서 청와대에 근무하게 한 뒤, 청와대 근무를 마치면 다시 법무부가 검사로 재임용해 검찰로 복귀시켜 주는 방식이 나타난 것입니다. 검찰청법 제44조의2를 완벽하게 무력화시켜 버리는 방식이지요. 김대중 정부에서도 이 편법을 사용하다 비판이 거세지자, 김대중 정부 말기인 2002년 2월, 편법관행을 끊겠다고 발표까지 할 정도였습니다.

유감스럽게도 이 관행은 참여정부에서도 이어집니다. 참여정부 5년 동안 현직 검사가 사표를 내자마자 청와대 근무를 시작한 경우는 제가 파악하기로는 9명이었습니다. 그 중 문재인 정부에서 국정원 기조실장을 하신 신현수 검사(전 대검 마약과장, 민정수석실 사정비서관)만 검찰로 복귀하지 않고, 나머지 8명은 모두 검찰로 복귀했지요.

윤석열 서울중앙지검장과 가깝다고 널리 알려진 윤대진 검사(전 서울중앙지검 1차장, 2018년 12월 현재 법무부 검찰국장)도 그 경우입니다. 다만 청와대 사정비서관실 행정관을 마친 후 약 8개월 가량 있다가 검찰로 복귀(전주지검 검사)한 경우이니 바로 복귀는 아니었습니다. 이재순 검사도 3~4개월가량의 '신변 정리' 기간은 있었던 경우입니다. 열에 아홉은 청와대 사직일 다음날이 검사 재임용일인데, 이는 사실 청와대와 법무부가 사전에 짬짬이를 했다는 말입니다.

이재순 케이스를 막지 못해서 그런 것일까요? 이재순 다음에 박성수, 조남관, 이영렬(바로 그 이영렬입니다!! 아실 분은 아실!!!), 이수권 검사는 모두 청와대 근무를 마친 다음 날짜로 검찰로 복귀합니다. 노무현 정부 임기만료와 함께 말이죠.

이명박 정부 들어서는 더 심각해집니다. 외부의 눈치를 보지 않겠다는 것이 노골적이었습니다.

이명박 정부 8개월째인 2018년 10월초만해도, 이미 4명의 검사가 '검사 사표 - 청와대 근무 - 검찰 복귀'했고, 5명의 검사가 '검사 사표 - 청와대 근무'중이었습니다. 이명박 대통령후보 시절 BBK사건 면죄부 발급 수사팀에 있었던 장영섭 검사(경북 영주 출신)도 2008년 8월에 청와대 민정수석실에 2급 행정관으로 들어갑니다. 그는 2년 후 검찰로 복귀하여 승승장구하다 대형로펌(법무법인 광장)에 근무합니다. 이런 내용을 담아 2008년 10월, 저는 <청와대 검사파견 금지 검찰청법 무시하는 청와대와 법무부>라는 긴 제목을 단 보고서를 발표합니다. 최초의 실태조사로 기억합니다.[3]

6개월 안식년과 2년의 시민참여팀장 업무를 마치고 다시 권력감시 부서 업무로 돌아왔습니다. 달라진 것은 없었습니다. 박근혜 정부 1년이 조금 지난 2014년 늦봄과 여름사이에 집권 초반에 청와대 근무를 시작한 검사 출신들이 검사로 재임용되기 시작합니다. 비판 논평은 물론이고 법무부장관에 질의서를 보내 편법이라고 보지 않냐고 따졌습니다. 8월에는 이명박 정부시절 편법을 동원해 청와대 근무했던 검사들 사

---

3) https://www.peoplepower21.org/judiciary/519495?cat=12&paged=0

례 22명과 함께 박근혜 정부 1년 6개월의 사례 10건을 또 발표하였습니다. 이 보고서의 제목은 <확대되고 있는 '청와대 검사파견'>으로 썼습니다. 보고서 실무는 이지현 팀장과 김은영 간사님이 수고해주셨습니다.[4]

9월에는 편법적 인사권 행사에 대해 감사원에 공익감사를 청구합니다. 이 일도 이지현 당시 팀장과 박성은 간사가 수고해주었습니다. 그러나 감사원은 넉 달 후 위법은 아니니 감사하기 부적합하다고 답해왔습니다. 위법만 문제고 편법은 문제가 아니라는 것인데 너무 실망스러웠습니다. 하지만 바위에 달걀은 계속 던졌습니다. 매년 검찰보고서를 내면서 편법적 방법으로 청와대 근무하고 검찰로 복귀하는 이들의 명단을 차곡차곡 실었습니다.

힘이 되어준 의원들도 있었습니다. 19대 국회(2012.6~2016.5.)에서 임내현 의원, 김동철 의원, 정청래 의원이 각각, 검사는 사표낸 뒤 1년 정도 지나지 않으면 청와대 근무를 못하거나, 청와대 근무를 한 이를 검사로 임용하려면 2~3년이 지나야 한다는 내용의 검찰청법 개정안을 발의했습니다. 2015년 2월에는 김동철, 임내현 의원과 법개정 촉구 공동기자회견도 했습니다.

마침 그 하루 전인 2월 26일에 황교안 당시 법무부장관은 국회 본회의장에서 "검사의 청와대 근무를 제한하는 것이 직업선택의 자유를 침해하는 것"이라고 답변합니다.

우리의 '투쟁심'만 더 돋우는 것이었지요. 다음 해 2016년 16대 총선의 정책과제에 이어 가을 정기국회의 중점 국감과제로 편법 파견 근절 검찰청법 개정 등을 제시하여 정치권의 관심을 촉구합니다.

20대 국회가 시작되었을 때 의원들의 호응은 더 높아졌습니다. 고인이 되신 존경하는 노회찬 의원께서 2016년 8월에, 이용주 의원이 같은 달에, 9월에는 김종회 의원이, 11월에는 박찬대 의원이, 12월에는 정성호 의원이, 2017년 1월에는 박주민 의원이 이 편법을 근절하기 위한 검찰청법 개정안을 내었습니다. 심지어 저하고는 정책적인 면에서 상극이었던 자유한국당 권성동 의원조차 2017년 2월에 같은 취지의 법개정안을 냈을 정도입니다. 한 달에 한 건씩 개정안이 쌓인 것입니다.

마침내 2017년 3월 14일, 임시국회에서 검찰청법이 개정됩니다. 검사 사직 후 1년이 지나지않으면 청와대에서 근무할 수 없다는 조항이 제44조의2 제2항으로 추가 신설됩니다. 대통령 비서실에서 퇴직한 지 2년이 지나지 않은 사람은 검사로 임용할 수 없다는 검사결격사유 조항도 제33조 4호로 추가됩니다.[5]

---

4) https://www.peoplepower21.org/judiciary/1195355

이로써 김영삼 정부 말기 이후 이어진 그 지긋지긋한 편법을 막는 데 성공했습니다. 박근혜 국정농단 사건으로 인한 '촛불혁명'의 힘이 있었기 때문이겠지요. 운이 좋았던 것 같습니다.

저의 기준에서 보자면 10년 만에, 저의 선배들로부터 보면 더 오랜 시간이 걸려 겨우 법조항 한 개를 고쳤습니다. 좀 더 노력했다면 그 시간을 단축시켰을 수 있었을 텐데 하는 아쉬움이 있기는 합니다.

하지만 워낙 강고한 법무-검찰조직이고, 사실 김대중-노무현 정부에서도 편법 관행이 있었던 것처럼 권력을 잡으면 그 전과 달라지는 것은 정도의 차이는 있지만 권력의 속성인만큼 쉽게 바꿀 수 없던 일이라고 자위합니다(다만, 참여정부에서는 민정수석만큼은 검찰 출신을 기용하지 않은 것은 저는 참 높이 평가합니다. 문재인 정부에서도 그리하고 있는 게 기쁘고요).

무엇보다도 한 가지 검찰개혁 과제를 이루었으니 홀가분에게 다른 일에 집중할 수 있게 된 것이 기뻤습니다. 이 법이 개정될 때에는 출산으로 쉬고 있었던 이지현 팀장도 엄청 뿌듯한 일로 기억하지 않을까 합니다. 이제 남은 과제들은 참여연대에 남은 분들이 계속 맡아주실 것입니다. 저도 바깥에서 힘을 보탤 방법을 찾아봐야지요.

V 참여연대와 함께 재판 방청하러 가실래요?

2008년 2월 12일 아침. 출근하기 전 인터넷에서 뉴스 기사를 하나 보았습니다. "아. 오늘이구나." 짧은 탄식과 함께 곧장 기차역으로 갔습니다.

광명역에서 동대구행 기차를 탔습니다. 목적지는 대구지방법원이었습니다. 국내 제1호 국민참여재판, 그러니까 시민들이 배심원이 되어 판결하는 배심재판이 처음 열리는 역사적 현장으로 달려간 것입니다.

2004년 여름께 사법감시센터로 보직 변동되었을 때, 사법개혁위원회가 한창 가동 중이었습니다. 2003년 봄의 대법관 제청 파동을 거치고 대법원이 청와대와의 협의를 거쳐 그해 여름에 대법원 소속 사법개혁위원회가 구성되었습니다. 박원순 변호사님(당시 아름다운재단 상임이사)를 비롯한 한인섭 교수님 등 개혁적 법률가들이 다수 들

---

5) https://likms.assembly.go.kr/bill/billDetail.do?billId=PRC_J1Q7L0Y2U2O0T1C8M3O3G2Y1Y0D6T2

어간 이 곳에서는 한국형 배심제인 국민참여재판 제도 도입을 2004년 11월에 권고하였습니다.

제가 사법감시팀으로 가기 전부터 참여연대 사법감시센터에서는 배심제 도입운동을 정말 열심히 하고 있었습니다. 이송희 간사가 그 때 담당자였구요. 그 후 구체적인 정부 제출 법안 만들기와 국회 통과 때까지는 저도 3여년 동안 정말 열심히 일했습니다. 한상희 교수님, 임지봉 교수님, 한상훈 교수님 등의 도움이 없었으면 힘들었을 것입니다. 2006년에 한겨레21에 제안하여 모의배심재판 참가자 좌담을 진행하고 그 기사를 싣게 한 것도 그 노력 중의 하나였습니다.[6]

'국민의 형사재판 참여에 관한 법률'은 2007년 6월 1일에 국회에서 제정되어 2008년 1월 1일부터 시행되었습니다. 그런데 배심재판이 어디서 열리는지 알기가 어려웠습니다. 법원에서도 홍보하지 않았습니다. 그러다보니 국내 최초의 배심재판도 당일 아침에서야 인터넷 뉴스를 통해 접했습니다.

국내 제1호 재판을 놓치고 싶지 않았습니다. 제2호 재판은 1주일 후 청주지법에서, 제3호 재판은 3월 17일 수원지법에서, 제4호 재판은 3월 24일 인천지법에서 열렸는데, 이 재판들도 모두 현장 방청하였습니다. 방청기도 썼지요. 지금도 참여연대 홈페이지에 있는데 지금보니 참 부끄러운 글입니다.

그런데 제가 마침 2월 말부터 안식월에 들어갔습니다. 안식월을 마치고 4월에 복귀할 때 사업 아이템 하나를 들고 복귀했습니다.

"나만 보지말고 시민방청단을 꾸려 보자. 미래의 배심원들이 체험하는 것도 필요하지 않겠나. 방청 후기도 써주면 홍보도 될 테고. 시민들이 알고 수용을 해주어야 성공할 수 있지 않겠나. 이거야말로 시민참여형 운동이잖아"라고 생각하면서 말이죠.

당시 센터 소장이셨던 한상희 교수님의 동의를 바로 얻었습니다. 이름하여 <참여연대와 함께 국민참여재판 방청하기>.

그런데 이게 가능하려면, 재판 일정을 사전에 알 수 있어야 합니다. 그래야 넉넉한 시간을 두고 함께 할 시민을 모집할 수 있을 테니까요.

이 문제는 안식월 가기 전에 보낸 공문으로 해결되어 있었습니다. 2월말, 참여연대 사법감시센터는 법원행정처에 공문을 하나 보냅니다. "특정 재판이 국민참여재판으로 진행하기로 확정되면, 법원 홈페이지에 그 내용을 게시해달라, 그러면 더 많은 국민들이 배심재판을 방청할 수 있게 되어 배심제 안착에 큰 도움이 될 것이다"는

---

6) https://h21.hani.co.kr/arti/special/special_general/16685.html

내용이었습니다.

법원행정처는 이 제안을 금방 수용했습니다. 그래서 국내 제3호 재판 일정부터는 법원 홈페이지에서 1주일 또는 열흘 전쯤에 확인할 수 있었습니다(이런 안내 서비스는 몇 년전부터인가 슬그머니 법원 홈페이지에서 사라졌습니다. 안타깝습니다.)

드디어 5월 20일, 참여연대 홈페이지에 <[신청하세요] "같이 보러 가요~. 국민참여재판"> 이라는 안내문을 올렸습니다. 5월 27일 서울서부지법과 29일 인천지법에서 열리는 강도상해 사건 배심재판을 방청할 시민을 모집하는 내용이었습니다.[7]

비공개로 진행되는 배심원 선정절차 시간을 이용해, 제가 배심재판의 의미나 진행절차를 소개해드리고 질문도 받는 사전교육시간을 진행했습니다. 법정 밖 복도나 휴게실을 주로 이용했습니다. 이 시간을 위해 저도 공부를 열심히 했습니다. 아마추어처럼 보이면 안 되니까요.

배심원 선정이 끝나면 다 함께 법정으로 들어가 대여섯 시간 정도 재판을 관찰하였습니다. 배심원들의 모습을 유심히 보고, 검사나 변호사의 이야기도 우리가 배심원이 된 것처럼 집중해서 듣고, 판사들이 배심원에게 하는 이런저런 이야기도 다 함께 들었지요.

배심원 평의를 하러 휴정이 선언되면, 우리도 저녁 식사를 하거나 마냥 복도에서 기다리면서 소감과 의견을 나누었습니다. 방청 소감문을 써달라고 애걸복걸 부탁도 하고 그랬습니다. 시민방청단의 소감문은 참여연대 홈페이지에 차곡차곡 쌓여 있습니다.

제가 이 일을 맡은 것은 2010년 2월까지였습니다. 2011년 즈음부터 축소되기 시작해 2013년 1월까지 진행하다 종료되었습니다. 2008년 5월 이후 6회, 2009년 8회, 2010년 7회 실시했던 것 같습니다(참여연대 총회 자료집 수록 숫자 기준). 완전히 종료되어 아쉽기는 합니다만, 직접 제가 담당하던 2년동안은 시민방청을 갈 때마다 신났던게 기억납니다.

한 번에 적을 때는 7~8명, 많을 때는 20여명 정도의 시민들이 참여해주셨습니다. 시간 여유가 있는 대학생들이나 대학원생들이 주된 참가자였습니다. 중고등학교 선생님, 고등학생들도 있었고, 로스쿨 진학을 준비하는 이들도 있었던 것 같습니다. 간혹 40~50대 성인들도 오셨습니다. 배심재판에 대해 알 수 있어서 좋았고, 배심원이 될 때 자신감을 줄 것 같다고 말씀해주는 분들도 있었습니다.

---

7) https://www.peoplepower21.org/judiciary/518845?cat=12&paged=0

국민참여재판은 현재 안정적으로 진행되고 있는 것으로 압니다. 다만 피고인의 신청이 있을 때에만 실시하니 정작 중요한 사건이 배심재판에서 빠지는 경우가 많습니다. 참여연대도 지난 수년 동안 검찰개혁에 매진하느라 배심제 확대 운동은 거의 못했습니다.

몇 년 전에는 서울의 지하철 객실안에 배심재판 홍보 광고들이 꽤 많이 있었습니다. 그것을 볼 때마다 참여연대와 함께 방청하기 할 때가 생각났습니다. 국민참여재판 시민방청 사업진행을 위해 함께 수고한 장동엽 간사와 이진영 간사도 기억납니다.

배심재판과 시민들을 가깝게 만드는데 도움이 되었다고, 참여연대를 시민들과 더 가깝게 만드는데도 도움되었다고 생각하니 기분이 참 좋았습니다. 국민주권주의를 사법분야에도 적용하자고 참여연대가 외쳤던 배심제가 안착하는 데 조금이라도 기여했다고 자부합니다.

그런데 왜 저는 아직 한 번도 배심원 후보자 출석 통지서를 받지 못했을까요? 투표하듯이 꼭 배심원이 되고 싶은데 말입니다.

VI 판결문을 다 함께 광장에서 읽어봅시다

2005년 2월, 새 사업을 시작해보았습니다. 판결비평 사업입니다. 정확하게는 판결비평문 발표사업입니다.

그 일이 14년째 이어지고 있습니다. 2014년 가을께에 북콤마 출판사의 임후성 대표께서 출판제의를 해왔고, 2015년 초에 <공평한가? 판결비평 2005~2014>라는 책으로 나왔습니다. 66개의 판결에 대한 비평문을 실은 책입니다. 제가 참여연대를 떠나기로 마음먹은 2018년 11월 즈음에 그 후 판결비평문으로 두 번째 책을 내자는 제안도 왔습니다.

그리고 판결문읽기 시민 모임도 해보았고 올해에는 판결문 함께 읽기 강좌도 열렸습니다.

법원에서 쉽게 동의할 수 없는 부당한 판결이 나오는 것은 지금이나 과거나 마찬가지입니다. 판결 비판 성명서를 내는 것은 참여연대의 일상 업무였습니다. 그런데 성명서는 일단 짧은 글이라 충분히 비판하기에 어려움이 적지 않았습니다. 여러 사법감시 활동에 따라오는 부차적인 방식같은 인상도 지울 수 없었습니다.

물론 '판례평석'이라는 게 있습니다. 법률가들이 보는 전문지에나 실리는 학술적 또는 전문가용 글입니다. 그런데 시민과의 친화성은 '1도 없는' 글들입니다.

이같은 한계를 극복해 참여연대만의 판결비평 모델을 만들고 싶었습니다.

무엇보다도 법률전문가층에만 국한되는 판결비평을 시민사회 공론의 장으로 끌어내자는 게 목표였습니다. 너무 길지도 않고 짧지도 않을 분량을 생각하여 분량은 신문칼럼의 1.5배나 2배 정도로 정했습니다. 200자 원고지 15매에서 20매 정도입니다. 비평문 의뢰 대상자에게 일반 시민용이니까 신문칼럼 쓰듯이 써주세요라고 신신당부했던 게 기억납니다.

독자적인 형식을 유지하기 위해 판결비평문 모음집 형태를 갖추기로 했습니다. 고유의 편집양식도 개발하였습니다. 이 사업의 이름을 어떻게 부를까 고민해보았습니다. 문제의식을 살려 <판결비평－광장에 나온 판결>로 지었지요. 글로만 그치지 말고 비평행사도 조촐하게나마 만들었습니다. 좌담회 형식인데 <시민포럼－법정 밖에서 본 판결>이라고 이름지었습니다.

처음에는 "최근의 판결 중 사회변화의 흐름을 반영하지 못하거나 국민의 법감정과 괴리된 판결, 반인권적이고 반민주적인 판결 또는 그에 반대하여 인권수호기관으로서 위상을 정립하는데 기여한 판결"을 비평대상으로 삼았습니다. 그러나 경제, 소비자 권익, 민생, 행정 분야 등의 판결도 다룰 수 밖에 없었습니다.

제가 실무를 맡았던 2005년부터 2007년까지 3년 동안은 40여 편의 판결비평문을 받아 발표했습니다. 1개의 판결에 2~3편의 비평문을 받은 적도 있기 때문에 약 30여 개의 판결이 비평의 대상이 되었습니다.

사업 초기 몇 년간의 비평문 제목만 보아도 다룬 분야가 다양했음을 알 수 있습니다. <근거없이 이사의 책임경영 원칙을 저버린 판결(김선웅)>, <선거, 그들만의 잔치?(박경신)>, <법원의 검열, 영화 '그때 그 사람들' 가처분 결정(오동석)>, <정신지체 여성 장애인을 '보호 불능' 상태로 만든 판결(박경순)>, <되살아나는 경찰국가의 망령(한상희)>, <카드 연체에 사기죄를 적용한 대법원 판결은 올바른가(김남근)>, <상법까지 뜯어고친 대법원(김주영)>, <부패방지를 위한 '청렴계약'이 불공정 약관인가?(김영수)>, <건설회사에 불리한 정보라도 소비자에게 알릴 책임있어(김남근)>, <퇴직 공직자 취업 제한 규정의 입법취지를 외면한 법원(윤태범)>, <현실성 없는 위험을 내세워 진짜 국익을 외면한 판결(박주민)>, <상지대 판결과 유훈 통치(한상희)>, <성실하지만 불운한 채무자에게 따뜻한 손길을 줘야 할 법원

(권정순) > 등등.

판결비평 좌담회는 초기 2년 동안은 비평문을 발표할 때마다 열었습니다. 하지만 실무 부담이 적지 않아서 2007년부터는 특별한 때에만 열었습니다. 그러다가 좌담회를 열어도 <시민포럼－법정 밖에서 본 판결>이라는 이름이 사라졌습니다. 다른 부서로 이동해 있던 제가 뭐라 말할 입장은 아니었지만, 독자적인 '브랜드'를 잃어버린 듯해서 아쉬웠습니다. 그래도 <광장에 나온 판결>이라는 이름은 아직 유지해주어서 기쁩니다.

지금은 사라졌지만, 초기 2년동안은 <시민의 신문>이라고 엔지오 소식을 전문적으로 다루는 (종이)신문에서 좌담회 기사를 게재해주었습니다. 이재환 기자와 강국진 기자가 그 때 정말 도움을 많이 주었지요.

참여연대 홈페이지에서 확인해보니 2005년부터 최근까지 나온 비평문만 150여 편이 됩니다. 판결비평 좌담회나 토론회도 30여 회가 되었습니다.

판결비평 사업을 해보자는 생각은 신참 간사일 때의 경험에서 유래한 것 같습니다.

장하성 교수님이 소장을 맡고 있던 참여연대 경제민주화위원회에서 일하던 2000년 6월입니다. 서울고등법원 변동걸 부장판사는 삼성그룹 이건희 회장의 장남 이재용씨가 취득한 삼성잔자 전환사채 발행 무효소송에서 삼성그룹의 손을 들어줍니다. 변 부장판사는 전환사채(나중에 주식으로 바꿀 수 있는 채권입니다)를 발행하는 과정에서 이사회 의결도 없었고 사채 발행의 경영상 필요성도 없다는 참여연대(원고)의 주장이 맞다고 하였습니다. 하지만 이미 발행된 것을 무효로 하면 주식시장에 혼란이 오니 무효로 할 수 없다고 판결합니다. 삼성그룹의 핵심인 삼성전자의 지분을 이재용씨가 확보하게 된 것입니다.

판결문을 받은 참여연대는 전국의 모든 판사들에게 판결문을 우편으로 보냈습니다. 판사가 법원 바깥으로 보내온 판결문을 다시 법원으로 되돌려보내고 전국의 법관들이 그 판결문을 한 번 읽어보라는 역설적인 행동이었습니다.

우리가 의도했던 것은, 이것이었습니다. '당신들의 판결은 언제든지 국민들과 동료들의 비판대상이 된다는 점을 명심하라'

2015년에는 이지현 사법감시센터 담당 팀장과 김은영 선배 간사님을 채근하여 판결문읽기시민모임을 운영해 보았습니다. 독서모임처럼 판결문읽기 모임이라고 못할 것이 있겠냐 싶었습니다. 전문적인 내용 풀이는 한상희 교수님과 김종철 교수님께 부탁드렸습니다. 2015년 10월부터 3개월간 격주로 진행했는데, 20여명 정도가 참여한 것으로 기억합니다.

3년 후 2018년에는 참여연대의 시민교육기관인 '아카데미 느티나무'의 정식 강좌의 하나로 발전하였습니다(저는 전혀 관여하지 않은 후임자들의 고마운 결정이었습니다). 강좌제목은 <내 생애 첫 사법감시-판결문 함께 읽기>였습니다. 이 강좌 제목이 너무나 맘에 들었습니다. 판결비평 사업을 시작한 이유를 잘 표현했기 때문입니다.

처음 시작했을 때에는, 그때 그때 나온 판결 중 시사적 의미가 있는 것을 다루었습니다. 근래에는 주제를 잡아서 몇 년 전에 나온 판결들도 함께 다루는 방식으로도 진행되고 있습니다. 2018년 봄에는 박근혜 국정농단 판결 특집, 2017년 여름에는 양승태 퇴임 대법원 판결 특집, 2017년 봄에는 대선을 앞두고 선거법 판결 특집같은 방식이었습니다. 이것도 제가 전혀 관여하지 않은 김희순 팀장과 김선휴 간사의 좋은 시도였습니다.

반면 실행해보지 못한 일이 하나 있습니다 <판결문읽기 집회>입니다. 문제적 판결에 공분하는 시민들을 광화문광장에 나오시라고 합니다. 둥글게 또는 보통 집회처럼 무대를 보고 앉습니다. 군중에게 문제의 판결문을 나누어 줍니다. 마이크를 돌려가며 한 구절씩 나누어 낭독합니다. 정말 귀중한 판결이 나오면 그 판결문도 함께 광장에서 읽습니다. 말도 안 되는 구절에서는 탄식과 야유가, 정말 멋진 구절에서는 박수와 찬사가 나옵니다.

'내가 쓴 판결문을 군중들이 광장에서 낭독하다니!' 이런 장면은 법원의 담장안에 갇혀있는 법관에게 '충격' 또는 '기쁨'이 되지 않을까요? 저 혼자만의 공상에 그쳤습니다. 이러저러한 부족함으로 실행하지 못했는데, 누군가가 꼭 해보시면 좋겠습니다.

Ⅶ 사법감시誌

참여연대에서의 만 19년의 활동에서 제일 화려했던 시기는 사법감시센터를 맡았던 2000년대 중후반이었습니다. 30대 중후반이었던 때이니 활력이 제일 넘쳤던 시기였을 수도 있습니다.

이 시기에 참 많은 일을 시도했지만 꼭 하나만 꼽으라고 한다면, 주저하지 않고 꼽을 일이 하나 있습니다. 비록 지금은 명맥이 끊어졌지만, 사법감시센터의 창립때부터 발간한 사법감시 전문지 <사법감시>誌를 현실적 상황에 맞춰 개편하고 이를 발판으로 개혁이 시급한 사법 분야의 여러 현실을 실증적으로 파헤친 일이었습니다.

참여연대는 권력감시를 전문으로 하겠다는 사명을 지고 있는 곳입니다. 사법감시센터는 그 중에서 창립 초기부터 있었던 활동기구이지요. 이 기구에서 초창기부터 한 역점 사업의 하나가 사법감시 전문 '잡지'를 발간하는 것이었습니다. 논단이나 특집, 기고문 같은 여러 유형의 글이 실렸는데, 제호 그 자체도 <사법감시>였습니다. 창간호는 1995년 10월에 나왔습니다. 저는 1999년 연말부터 참여연대에 몸을 담았으니 그 장대한 출발은 함께하지 못했습니다.

그러나 사법감시센터 담당 상근자는 1명 또는 2명에 불과하던 상황에서 잡지를 안정적으로 발간하는 것은 결코 쉬운 일이 아니었습니다. 제가 사법감시센터 담당자로 보직이동을 한 것이 2004년 6월인데, 그때까지 발간된 '사법감시'는 20호까지였습니다. 창간호 발간 후 만 9년이 흘렀으니, 연 2차례 정도는 발간했다는 뜻입니다.

초기에는 격월이나 분기에 한 번 정도는 발간을 했는데, 현안 대응에도 벅찬 상황에서 잡지를 발간하는 일은 매번 뒤로 밀릴 수밖에 없었습니다. 그럼에도 전문가주의와 엘리트주의의 최고봉이었던 검찰과 법원을 상대로 전문감시지를 내는 것만으로도 대단했던 시절입니다. 참여연대말고는 그런 잡지를 내는 곳이 전혀 없었던 시절이니까요.

그러나 전담자가 없는 상황에서 잡지를 내는 것은 너무나 어려운 일인데 이를 해결해야 했습니다. 방법은 몇 가지가 있겠지요. 현실적으로 발행주기를 매우 넉넉하게 하거나, 아니면 공식적으로 폐간결정을 내리거나 또는 사실상 방치해두거나. 하지만 이 모든 것은 기존의 '잡지' 형식을 유지한다는 조건에서 고려되는 선택지였습니다.

하지만 다른 길을 택해보았습니다. 사법감시 전문성은 유지하되 여러 종류의 주제를 다루고 여러 편의 글을 싣는 '잡지' 형식을 벗어나자. 특정 주제에 대해서만 다루는 책자로 바꾸자. 쉽게 말해서 특정 주제에 집중한 '감시'보고서로 가자. 판형이나 디자인도 바꾸기로 하였습니다. 사법감시센터 실행위원 선생님들도 변화를 꾀해야 한다는 점에 대해 모두 동의를 해주셨습니다.

'잡지'가 아닌 '감시 보고서'로 변신한 첫 <사법감시>는 2004년 9월 24일에 발행한 <사법감시> 21호였습니다. 21호의 제목은 <법관 및 검사 출신 법률가들의

퇴직후 변호사개업 실태조사 결과>였습니다. 전관예우에 집중하여, 2000년 1월부터 2004년 8월사이에 퇴직한 판사 319명과 퇴직 검사 254명의 개업지를 조사한 결과를 수록하였습니다. 그 기간동안 퇴직한 법관과 검사들이 변호사 개업을 한 시점이 언제인지, 그리고 퇴임 근무지에서 개업한 이들은 얼마나 되는지 등을 다루었습니다.

표지까지 포함하여 32쪽. 판형은 A4 크기. 제본방식은 중철(잡지의 가운데에 스테플러 심을 박는 방식). 표지는 1가지 색만 컬러로 하고, 내지는 흑백으로만 하였습니다. 표지 색깔은 매호마다 달리하는 것으로 하되, 첫 호는 가을에 발간된 것을 감안하여 주황색 계열로 하였습니다. 그다음 것들은 갈색, 푸른색, 연두색, 짙은 녹색, 보라색으로 조금씩 변화를 주었습니다. 변화를 주고 나니 새 출발 느낌이 물씬 느껴졌습니다.

22호는 한 달 후인 2004년 10월 말에 냈습니다. 제목은 <불법정치자금 재판에서 본 "화이트칼라 범죄" 선고형량 및 양형사유 비판>이었습니다. 23건의 불법정치차금 정치인 재판결과 및 양형사유 분석결과, 23건의 판결문에 기록된 '양형사유' 전문을 수록하였습니다. 정치인에 대한 재판에서 집행유예나 선처가 반복되는 현실을 폭넓은 사례조사를 통해 객관적으로 확인하는 내용이었습니다.

23호는 2005년 1월에 나온 <참여연대가 본 2004년 주요 판결―디딤돌과 걸림돌>이었습니다. 언론보도와 판례공보, 시민사회단체 등의 자료를 바탕으로 100여건의 1차 후보를 선별하고 법조출입기자들 9명과 변호사 10명, 법학교수 9명에게 디딤돌과 걸림돌 판결 추천을 부탁하였습니다. 내부에서 선별한 1차 후보와 외부 전문가들의 추천결과를 종합하여 디딤돌 판결 5개, 걸림돌 판결 4개를 뽑았습니다. 여기에 더해 디딤돌이나 걸림돌은 아니지만 주목할만한 판결 6개를 더해 비평문들과 함께 선정결과를 실었습니다.

이 23호를 볼 때마다 아쉬움이 남습니다. 23호를 준비하면서 매년 디딤돌, 걸림돌 판결을 선정하자고 마음먹었습니다. 하지만 이런저런 사정으로 그러지 못했습니다. 그 후 민주사회를 위한 변호사모임(민변)이 경향신문과 함께 디딤돌 걸림돌 판결을 선정하고 있습니다. 시사 주간지 한겨레21은 '한 해의 주요 판결'이라는 이름으로 판결 선정 사업을 하고 있습니다. 다들 좋은 단체와 언론사이지만 의미있는 사법감시 아이템을 후발주자들에게 내주고 선발주자는 중단해버려서 아쉬운 생각이 10년이 지났지만 맴돌고 있습니다.

24호는 2005년 3월에 발간한 <1970년대 이후 대법관 임명실태 분석―법원행정처 경력자와 고시(사시) 서열중시>였습니다. 양승태 대법원장 시절 사법농단의 핵심통로로 법원행정처가 지목되고 있어 행정처 개혁의 필요성이 강조되고 있습니다. 이미 참여연대는 그 시절부터 문제를 분석적으로 제기하였던 것입니다. 물론 법관의 관료화를 부추기는 서열중심의 대법관 임명 실태를 실증적으로 다룬 보고서였습니다.

25호는 2005년 7월에 발간한 <대법원장과 대법원을 돌아본다－대법원장의 권한과 대법원 개혁의 이유를 보여준 최근 판결들>이었습니다. 그 해 9월 신임 대법원장 임명을 앞두고 있었던 때였습니다. 차병직 변호사님이 써주신 장문의 칼럼 '누가 대법원장이 될 것인가'도 함께 실었는데, 13년이 지난 지금 읽어보아도 타당한 글입니다.

26호는 이용훈 신임 대법원장 취임을 맞아 2005년 10월에 발간한 <현직 법관들이 말하는 대법원장에게 바라는 법원개혁>이었습니다. 장문의 칼럼을 대신하여 한상희 사법감시센터 소장님께서 장문의 발간사를 써주셨습니다. 26호가 특별한 것은 현직 법관들의 글로만 만들었다는 것입니다. 이건 순전히 차병직 변호사님의 힘이었는데 법관 6명의 글을 받았습니다.

법원내부 세미나 자료나 내부 간행물을 제외하고, 사법개혁이나 법원개혁에 대해 법관들의 글을 이만큼 실은 법원 밖 간행물은 지금 어디서도 찾아보기 어려울 것입니다. 특히 대법관이 되신 전수안 당시 서울고법 부장판사님을 비롯해 박재완 대법원 재판연구관, 한동수 특허법원 판사께서는 실명으로 입장을 밝혀주셨습니다. 2015년인가에 퇴임한 전수안 전 대법관님을 뵈었는데, 그 때를 기억해주셔서 기뻤던 것도 기억납니다.

27호는 2006년 1월에 발간했습니다. <판결문 공개실태 조사결과 "법관들은 보는데 국민들은 왜 못보나요?">가 제목이었습니다. 지금은 일반 시민들도 판결사건번호 등 기초정보를 알면 인터넷을 통해 판결문을 볼 수도 있고, 청구도 할 수 있습니다. 하지만 당시만 하더라도 언감생심이었습니다. 사법감시를 전문으로 한다는 우리도 취재편의를 위해 법원으로부터 판결문을 받은 기자들한테 부탁하거나, 아는 판사에게 부탁해서 보는 방법뿐이었습니다. 변호사나 법학교수들도 변론이나 연구참고를 위해 판결을 검색하고 싶어도 아는 판사의 도움없으면 안되는 실정이었습니다. 기자와 판사에게 부탁할 수 있는 '힘'있는 사람들이니까 할 수 있는 방법이지요. 당연히 개선되어야 한다고 생각했습니다. 27호는 이 문제를 정면으로 다루었습니다.

제가 제작한 마지막 <사법감시>는 2006년 11월에 발간한 28호 <로펌의 지배와 사법감시－퇴직 판검사 영입으로 몸집 불린 로펌들>이었습니다. 김앤장을 비롯해 태평양, 광장, 화우같은 대형 로펌들이 정치나 행정에 끼치는 영향력은 상당해서 누구나 불안해하고 감시를 해야겠다는 생각을 많이 했던 것 같습니다. 저들의 힘은 어디서 나오는가라는 관점에서 판사와 검사를 얼마나 영입했는지를 한 번 살펴보았던 것입니다.

이렇게 <사법감시>지의 성격과 틀을 바꾼 후 21호부터 28호까지 27개월동안 9편을 발간할 정도로 집중력을 유지했습니다. 물론 발행 주기를 지키지 못하고 27개월동안에도 들쭉날쭉한 한계도 있었습니다.

그러다 28호 발간 후 2007년부터는 발간이 중단되었습니다. 30여쪽 정도의 보고서로 내려면 조사주제 선정도 쉽지 않았지만 조사과정에도 많은 품이 들어갔습니다. <사법감시>로 내기에는 조금 작은 분량은 참여연대의 간행물 중의 하나인 <이슈리포트>로 해결하기도 했던 것도 영향을 끼쳤습니다. 그러나 더 큰 이유는 비용문제였습니다.

<사법감시>誌는 원하는 사람에게 보내주거나 인터넷에서 보는 것에 머무르는 잡지가 아니었습니다. 제가 발간을 맡기 전부터, 창간호 멤버들은 우리끼리 보고 마는, 의견이 비슷한 사람들끼리 보고 마는 그런 것을 생각하지 않았습니다. 창간 멤버들은 <사법감시>에 실린 글을 읽어야 할 사람은 비판 대상자이자 감시 대상자인 현직 판사와 현직 검사들이라고 생각하였습니다. 그래서 그들에게 우편으로 <사법감시>를 보냈습니다. 당연히 무료로 보냈습니다. 싫더라도 읽게 만들자는 것이었지요.

감시 대상자들이 모르는 감시와 비판의 글이 무슨 의미가 있나. "나를 그리고 우리 조직을 이렇게 비판하고 있다니"라는 생각을 그들이 하게끔 해야 우리의 감시와 비판이 성공한 것이라고 믿었습니다. 그래서 내용을 충실하게 채워 발간하는 것 못지않게 현직 판사와 검사들에게 우편물로 보내는 것까지를 이 사법감시지 발간 사업의 시작이요 끝이라고 보았습니다.

우리끼리 돌려보는 것은 안 된다는 생각은, 제가 <사법감시>를 맡았을 때도 놓아버릴 수 없었습니다. 그리고 그 정신은 이명박 정부때부터 매년 발간하고 있는 검찰보고서 발송으로 이어지고 있습니다.

물론 우편물로 <사법감시>와 <검찰보고서>를 받은 판사와 검사 중에 곧바로 쓰레기통에 넣어버린 이들도 있을 것입니다. 그리고 나름 시간내어 읽어본 이는 1%도 되지 않을 수도 있다고 생각합니다. 그래서 미련한 방식을 고수하는 것처럼 보일 수도 있습니다. 하지만 저는 저에 앞서 이런 자세를 견지하셨던 분들을 존경합니다. 권력감시와 비판은 상대방을 변화시키기 위해 하는 것이지 그저 나의 만족을 위해 하는 것은 아니라는 생각을 가르쳐주셨기 때문입니다.

정확하지는 않지만 제가 2004년에 <사법감시> 21호를 냈을 때에 현직 판사와 검사는 모두 3000여명 정도였던 것 같습니다. 이들에게 30여 쪽의 책자를 우편물로 보내는데는 꽤 많은 돈이 들었습니다. 제작비도 100~200여만원 들었지만, 발송비가 두 세배는 되었던 것 같습니다. 대량발송 우편물은 할인 혜택이 있기는 하지만 그래도 많이 들었습니다. 회원들의 십시일반 회비로 운영되는 참여연대에서 그 정도의 비용을 들이는 사업은 그 때나 지금에나 많지 않습니다.

판사와 검사의 정원은 점점 늘어 2006년을 넘어가면서는 어느새 4000명에 육박하였던 것 같습니다. 결국 발간을 포기했습니다.

물론 발송 대상을 줄여보기도 했습니다. 부장검사 이상 간부급 검사들에게 보내는 게 좋을지, 평검사들에게 보내면 좋을지 나름 토의도 하고 그랬습니다.

그래서 2010년 11월에 발간한 <사법감시> 30호(현재는 이게 마지막 호입니다)는 2300여명의 부장판사와 평판사, 1400여명의 부장검사와 평검사에게만 보내고, '변화의 가능성'이 적다고 임의적으로 판단한 고위 판사와 고위 검사들 600여명을 제외하였습니다. 그나마 이 때 3700여명에게 보내는 것이 가능했던 것은, (저는 안식년 중이었기 때문에) 후임자들이 하태훈 교수님(당시 사법감시센터 소장님)을 비롯한 임원들과 힘을 합쳐 발간 및 발송 비용 마련을 위한 특별모금행사를 했기 때문이었습니다.

개인적으로는 <사법감시> 발간 비용을 조금이라도 줄이기 위해 발품을 판 것도 소소하지만 즐거운 추억거리입니다.

책자로 발간하는 것인만큼 전문적 편집은 편집디자인 회사에 맡겨야 했습니다. 제대로 비용을 지불하려면 큰 돈이 나가기 때문에 주변에 아는 분을 통해 자원봉사격으로 해줄 곳을 찾았습니다. 하지만 편집디자인이 어떤 일인지 아는 저로서는 공짜로 '재능기부'받는 것도 도리가 아니라 생각했습니다. 그래서 약소한 금액이지만 20여만원을 드렸던 것 같습니다. 충무로 근처 주택에 있던 편집디자인 회사를 방문해 편집과 수정과정을 지켜보는 것도 나름 재미있었습니다.

보통은 편집디자인 회사에 맡기면 출력소와 인쇄소에서 진행하는 업무까지 일괄적으로 맡깁니다. 그런데 그것도 용역 비용을 추가 지불하는 것이어서, 그 돈을 아껴보겠다고 출력소와 인쇄소에서 이루어지는 업무는 직접 제가 담당해보는 호기도 부렸습니다. 편집디자인 회사에서 받은 편집본 컴퓨터 파일을 출력소에 가서 필름으로 출력하고, 지업사(제지공장의 판매 대리점 같은 곳입니다)에 가서 직접 종이를 구매해 인쇄소로 배달해달라고 하는 일 등등이었습니다. 이렇게 해서 아낀 비용은 전체 비용 중에 5%도 안 되었을 것입니다. 하지만 조금이라도 아끼고 싶은 마음이 가득해서 하루 반나절은 출력소와 지업사, 인쇄소가 있던 을지로와 충무로에서 열심히 돌아다니기만 하였습니다. 물론 그런 경험을 통해 책의 출판과정을 나름 많이 배웠지요.

광고를 유치하기도 했습니다. 법률서적 전문 출판사인 '박영사'의 광고를 <사법감시>지 뒷표지 겉면에 싣는 일이었지요. 어느 분인지 기억나지 않는데, 법학교수와 변호사로 구성된 사법감시센터 실행위원회이니 그 분들 중의 한 분의 주선으로 출판사를 찾아갔습니다. 광고는 23호부터 28호까지 실었는데, 한 회에 50만원인가 100만원정도였던 것 같습니다. 지금 다시 펼쳐보니, <사법감시>에 실은 박영사의 광고는 <민법주해 17, 18, 19>이라는 법률전문서였습니다. 판사와 검사 등에게 보내는 책자이니 그것을 감안한 광고였습니다.

<사법감시> 발간 사업은 행복했던 경험으로 간직되고 있습니다. 사법분야 전문 감시단체로서의 위상을 이어가는 데 기여한 <사법감시>지의 명맥을 제가 조금 더 이어갔다는 점에서도 그렇지만, <사법감시>를 발간하면서 사법분야의 현실도 많이 알게 되고 경험도 많이 쌓았기 때문에 그런 것 같습니다.

사법감시 21호부터 23호까지의 발간사는 조국 교수님이, 24호부터 28호까지의 발간사는 한상희 교수님이 써 주셨습니다. 두 분 모두 사법감시센터 소장이셨습니다. 제가 이 일을 추진할 수 있었던 것은 이 두 분의 도움이 있었기 때문이었습니다.

Ⅷ 공수처

'고위공직자비리수사처(공수처) 신설'. 가까운 시일안에 국회에서 법률이 제정되기를 바라는 것을 하나만 꼽으라면 저에게는 이것입니다.

참여연대 전체를 보더라도 20년 넘게 주창하고 있고, 제 개인적으로도 10년 넘게 고군분투했던 과제였습니다. 오늘 현재까지는 결실을 맺지 못했지만, 그리고 결실을 거두기 전에 '현장'을 떠났지만, 조만간 좋은 소식이 올 것이라는 희망은 여전합니다.

대통령, 국회의원을 포함한 고위공직자의 비리나 범죄를 수사하는 특별기관을 "고위공직자비리수사처"라고 부르자는 게 2019년 현재 가장 일반적인 듯합니다. 2000년대 초반까지는 '조사처'라는 표현의 법안들도 많았는데, '조사'보다는 '수사'가 더 적절하다는 의견이 대두되었기 때문입니다. 또 '비리'수사처보다는 '범죄'수사처가 더 적절하다는 의견(2017년 법무검찰개혁위)도 있는데, 이 표현까지는 아직 일반화되지 않은 듯합니다.

약칭도 변화가 있었습니다. 2004년 이전까지는 "고비처"라고 불렀습니다. 그러다 2004년에 노무현 정부가 <공직부패수사처>를 만들겠다고 한 뒤로는 "공수처"와 "고비처"가 함께 쓰였습니다. 그러다 2017년 즈음부터는 민주당과 문재인 정부가 노무현 정부의 관례에 따라 "공수처"라는 용어를 쓰고, 참여연대를 비롯한 시민단체들도 번거로움을 피하기 위해 "고비처"라는 약칭을 포기함으로써, "공수처"가 일반적 약칭의 지위를 굳혔습니다.

참여연대 맑은사회만들기본부는 창립 후 2년이 지난 1996년 11월, <부패방지법 제정 청원>을 15대 국회(1996.6.~2000.5)에 제출합니다. 공익제보자 보호, 자금세탁 규제와 함께 공직자비리조사처 신설이 담겼습니다. 공수처 설치를 제안하는 최초의 청원이었습니다. 반부패 운동을 전면에 내세우고 부방법 제정 100만 서명운동을 벌이고 있던 참여연대의 지향이 담겨있었던 청원이었습니다. 참여연대 공동대표이셨고 초대 국가인권위원장이셨던 고 김창국 변호사님께서 참 열심히 하셨던 일이기도 했습니다. 이태호 전 사무처장께서도 열정을 태웠던 일이었고요.

한편 얼마 지나지 않은 1997년 6월에 참여연대 사법감시센터는 <특별검사의 직무 등에 관한 법률 제정 청원>을 국회에 제출합니다. 국회가 특별검사에게 사건을 맡기기로 의결하면, 어떤 절차를 거쳐 특별검사를 임명할 것인지를 사전에 정해두는 법이었습니다.

이들 두 청원은 모순적입니다. 앞선 것은 항시적으로 특별검사가 활동하는 기구를 만들자는 것이고, 뒤의 것은 특별검사가 필요할 때 일을 맡기는 절차만 정해두자는 것입니다(뒤에서 설명하겠지만, 박근혜 정부가 만든 <특별검사임명절차법>과 유사한 것입니다).

모순적인 두 개가 비슷한 시기에 한 조직에서 나왔다는 것은 이상해보입니다. 그러나 특별검사가 속해있는 상설 기구 신설에 대한 기득권 세력의 저항은 거센 가운데, 현실에서는 검찰에 맡길 수 없는 권력부패 사건이 계속 생기니, 상설기구 설치만을 주장하고 있을 수는 없었기 때문이라고 저는 평가합니다.

그러던 중 1999년 5월과 6월에 '김태정 법무부장관의 검찰총장 재임시 옷로비 의혹'과 '검찰 공안부의 조폐공사 파업유도 의혹'이 터졌습니다. 김대중 정부와 여당이 국민의 성난 요구를 물리칠 수 없었습니다. 국회는 1999년 9월에 옷로비 특검법과 조폐공사 파업유도 특검법을 각각 제정하고 김대중 대통령은 특별검사를 각각 임명하였습니다. 참여연대도 당시 두 사건에 대한 특별검사에 의한 수사를 강력히 요구했습니다. 우리나라 최초의 특별검사제 시행이었으며, 이때부터 최근까지 '개별 사건 특검법' 제정이 반복되었습니다.

그러나 15대 국회에서 공수처 설치를 담고 있는 부패방지법안도, 특검임명절차를 정한 법안도 국회를 통과하지 못했습니다. 행정부도 국회의 다수 의원들도 외면하는 법안들이었습니다.

16대 국회(2000.6~2004.5)가 문을 연 직후인 2000년 9월, 참여연대(맑은사회만들기본부)는 다시 부패방지법 제정 청원안을 제출합니다. 다만 공수처 설치가 아니라 부패방지위원회 설치와 특별검사 임명 절차를 정하는 내용이었습니다. 1996년과 1997년에 제출한 부패방지법 제정 청원안과 특검임명절차법안을 통폐합한 것이었습니다.

아들과 측근들의 비리와 부패로 시련에 빠진 김대중 대통령은 부패방지입법시민연대로 모인 시민사회단체들이 요구한 부패방지법 제정을 수용할 수 밖에 없었습니다. 그러나 정부와 당시 여당이 수용한 것은 부패방지위원회 설치에 그쳤습니다. 특별검사제에 대한 거부감이 그만큼 컸던 시절이었습니다. 특별검사에 관한 내용은 빠진 부패방지법이 2001년 6월 국회에서 제정되었습니다.

그래서 참여연대(사법감시센터)는 석 달이 지난 9월에 <특별검사의 임명 등에 관한 법률안>을 국회에 청원하였습니다. 국회의사당 앞 집회 및 대검찰청 1인시위를 시작으로 '특검제 실시와 검찰개혁을 위한 50시간 시민행동'에 들어갔습니다. 그 몇 년후 한겨레 기자가 된 이재명 간사님이 수고를 많이 했던 것으로 기억합니다.

한 해 뒤, 참여연대(사법감시센터)는 방향을 수정합니다. 공수처 신설로 돌아간 것입니다. 2002년 7월 신기남 의원의 소개를 받아 <고위공직자비리조사처 설치에 관한 특례법> 제정 청원서를 국회에 냈습니다. 독립된 법안으로서는 최초의 공수처 법안이었습니다. 그러나 참여연대 청원안도 같은 내용을 담은 신기남 의원의 발의안도 2004년 5월, 16대 국회 종료과 함께 폐기됩니다.

그러나 기회는 다시 왔습니다. 2004년 6월 17대 국회의원 총선 공약으로 노무현 정부의 여당인 열린우리당이 공수처 신설을 공약합니다. 이 선거에서 열리우리당이 152석으로 과반을 차지했습니다. 여대야소 국회였습니다.

다시 힘을 내볼만 했습니다. 참여연대는 17대 국회가 개원한 직후부터 토론회 등을 열고, 넉달 후인 10월에 <고위공직자비리조사처 설치에 관한 법률안>을 국회에 입법청원합니다. 15대, 16대 국회에 이은 세 번째 공수처 설치법 청원이었습니다. 이 때부터는 저는 경제민주화위원회에서 사법감시센터로 부서를 바꾸었기때문에 이 일에 참여하기 시작했습니다.

그런데 노무현 정부는 호랑이가 아니라 고양이를 그려왔습니다. 정부는 2004년 11월에 <공직부패수사처의 설치에 관한 법률안>을 국회에 제출합니다. 공수처장 후보를 대통령이 임명한 부패방지위원장이 제청하고, 검찰이 행사하는 기소권을 공수처에는 주지 않는 내용이었습니다.

참여연대는 반대입장을 냈습니다. 고위공직자 범죄를 수사하는 경찰조직을 하나 더 만드는 것에 불과하다는 것이 저희의 판단이었습니다. 기소권이 없으면 힘이 쫙 빠진 조직이 될 것이라고 보았습니다. 그리고 대통령이 임명한 부방위원장이 공수처장 후보를 제청하는 것은, 법무부장관이 검찰총장 후보를 제청하는 것과 마찬가지라서, 검찰과 달리 대통령으로부터 독립성을 확보해야 한다는 '제1원칙'에 반하는 것이었습니다. 검찰, 그리고 검찰이 장악한 법무부가 그린 마지노선을 노무현 정부도 벗어나지 못했습니다.

야당이었던 한나라당도 대통령의 권력만 키우는 것 아니냐면 반대했습니다. 정부가 발목잡힐 명분을 야당에 준 것이었습니다. 보수야당도 반대하고 개혁적 시민단체들도 반대하니, 노무현 정부와 17대 국회 때는 이것으로 끝이 났습니다.

시민운동을 하면서 기대에 미치지 못하는 개혁정책을 많이 접합니다. 부족한 부분을 비판하면서도 한 걸음씩 전진하는 지혜를 발휘합니다. 그러나 노무현 정부가 제출한 그 법안은 그럴 수 없었습니다.

2010년 18대 국회에서 공수처 설치를 다룰 상황이 만들어졌습니다. '스폰서 검사', '그랜저 검사' 등 각종 검찰 비리 사건이 이어지자 국회가 검찰개혁하자며 사법제도개혁특별위원회를 구성했기 때문입니다.

이명박 정부 시기여서 별 기대는 하지 않았지만, 2010년 6월에 다시 <고위공직자비리수사처 설치 및 운영에 관한 법률안>을 국회에 청원합니다. 그러나 사개특위는 변죽만 울리다 끝났습니다. 이명박 대통령의 청와대나 새누리당은 검찰권 독점을 천년만년 이어가고 싶어했으니 될 일이 아니었습니다.

그러다 2012년 대선이 다가왔습니다. 5년 전 노무현 정부 때와 확연히 달라진 검찰에 대한 국민적 분노가 쌓이고 쌓였습니다. 대통령 후보들의 공약에 검찰개혁이 빠질 수 없었습니다. 문재인 후보는 공수처 도입을, 박근혜 후보는 상설특검 도입과 특별감찰관제 도입을 공약으로 내걸었습니다. 선거 결과는 박근혜 후보의 당선이었습니다.

참여연대는 민변에 머리를 맞대자고 연락합니다. 참여연대 3층 중회의실에서 여러 차례 회의가 열렸습니다. 민변에서는 김선수 변호사님과 김인회 교수님, 김남준 변호사님 등이 오셨습니다. 대통령과 여당(새누리당)이 말한 '상설특검'이 특별검사 임명 절차를 사전에 정해두는 것(상설제도 특검)에 그칠 수도 있지만, 논의의 마당이 열리는 것은 기정사실이니 상설기구로서의 특검팀을 만드는 것으로 밀어 부쳐보자고 결정했습니다. 법률이나 제도의 이름도 예전의 공수처에 메이지 말고 상설특검으로 부르는 것도 수용해보기로 했습니다.

이런 협의를 거쳐 2013년 6월 참여연대는 민변과 함께 <상설특별검사의 임명 등에 관한 법률안>을 마련하고, 서기호 의원이 속한 통합진보당을 통해 의원 발의안으로 국회에 제출하였습니다. 이에 앞서 민주통합당 최원식 의원도 비슷한 취지의 법안을 발의했습니다.

그러나 청와대와 새누리당은 임명 절차만 정해두는 것에서 한 발짝도 움직이지 않았습니다. 새누리당 김도읍 의원이 정부와 여당을 대표해 낸 법안은 <특별검사의 임명 등에 관한 법률안>이었습니다. '상설'이라는 표현 자체도 없는 특검 임명 절차만 정해두는 법이었습니다.

그런데 당시 야당인 민주통합당이 별로 싸우지도 않고 청와대와 여당의 법안을 받아줍니다. 2014년 2월 '특검임명절차'법이 국회를 통과합니다. 같은 때 특별감찰관법도 통과합니다.

왜 쉽게 합의했는지 지금도 궁금합니다. 새누리당이 과반수를 점한 국회에서 청와대가 제시한 법안과 다른 상설특검제는 불가능하다고 보고, 야당이 지레 포기했었나 싶습니다. 그러나 실제 이 때 통과한 '특검임명절차'법은 그 후 한 번도 적용된 적이 없습니다. 박근혜최순실게이트를 수사한 박영수 특검도 드루킹 사건을 수사한 허익범 특검도 2014년에 제정된 특검임명절차법과 무관합니다.

그러다 박근혜 정부가 몰락의 길에 들어선 2016년 겨울과 2017년 연초, 공수처 법안 처리가 쟁점으로 부상합니다. '정윤회 문건' 사건이나 '우병우 개인 비리 사건'을 부당하게 처리한 검찰에 대한 분노가 쌓여 있었기 때문이었습니다.

조금만 힘을 더 내면 공수처법이 만들어질 수 있을 것 같았습니다. 기자회견과 원탁토론회도 열고, 공수처 도입주장을 반박하는 대검의 주장을 재반박하는 자료도 발표하였습니다. 박근혜 정부 기간 중의 마지막 국회 회기나 다름없던 2017년 2월 임시국회에서 통과시킬 것을 촉구하는 1인 릴레이 시위도 전개하였습니다.

그러나 권성동 의원이 법사위원장으로서 저항하고, 자유한국당과 결별한 의원들이 만든 바른정당마저 슬그머니 공수처 반대 입장으로 선회하니 옴짝달싹 못했습니다. 3월에 헌재에서 박근혜 탄핵결정이 선고되니, 정치권은 대통령선거 준비 국면으로 확 넘어가버렸습니다. 민주당도 모든 것은 대선 이후에 추진하는 것으로 태세를 바꾸었습니다.

그 과정을 거쳐 문재인 정부가 들어섰습니다. 노무현 정부와는 달리 문재인 정부는 법무부와 검찰의 거센 반발을 꺾었습니다. 의미있는 진전이라고 저는 평가합니다. 참여연대도 이번에야말로 마지막일 수도 있다는 마음으로 최선을 다합니다. 새 정부가 들어선 2017년 9월 참여연대는 <고위공직자비리수사처 설치 및 운영에 관한 법률안>을 국회에 청원했습니다. 민변, 경실련 등에게 '공수처 공동행동'이라는 기구를 만들어 함께 힘을 보태자고 제안하고 이 기구를 운영을 주도하고 있습니다.

그러나 문재인 정부 1년 7개월을 보내고, 이제 곧 중반기에 접어들 텐데, 아직 국회의 장벽을 넘지 못했습니다. 올해 하반기를 넘지 않아야 할텐데 어찌될까 모르겠습니다. 현장을 떠나버렸으니 제가 할 일도 이제는 일반 국민으로서 할 일뿐이게 되었습니다.

개인적으로는 2004년 여름부터 공수처 설치 운동에 합류하였습니다. 그 때는 정부가 제출한 기대에 턱없이 못 미치는 공직부패수사처 법안과 한나라당과 민주노동당이 각각 낸 특별검사 임명절차법안 저지하는데 많은 시간을 썼습니다. 2005년 4월에는 3개 법안을 비판하는 의견서도 국회에 냈습니다. 이 법안들은 개혁의 흉내만 내는 것이라고 보았기 때문입니다.

2010년에는 지난 10여 년동안 한국사회에서 경험해온 개별 사건 특검제도의 한계를 살펴보고 공수처의 필요성을 설명하는데 노력했습니다. 그 결과물은 2010년 11월에 낸 <역대 9번의 특별검사제를 통해 본 고위공직자비리수사처의 필요성>이라는 정책보고서였습니다.

이 정책보고서를 내기 위해 역대 특별검사들이 국회에 제출한 수사결과보고서를 국회의원을 통해 입수한 후 이를 제본해 각각 1권의 책으로 참여연대 사법감시센터에서 보관하고 있습니다. 이 9편의 보고서 책자를 가지고 있는 민간기관은 참여연대 말고는 없지 않을까 싶습니다.

2013년과 2014년에는 기존의 공수처 청원 법률안을 변형한 '상설특검법안'을 성안 하는데 힘을 보탰습니다. 그러나 이 법안의 통과보다는 청와대와 새누리당이 밀어붙이던 빈껍데기 '특검임명절차법'을 막아보려고 애를 썼습니다. 민주통합당 전해철, 박영선, 박범계 의원 등을 만나 법안통과에 합의하지 말아달라고 신신당부를 했습니다. 기자회견과 의견서 제출은 당연한 일이었습니다.

기자들에게도 정부 제출법안(특별검사의 임명 등에 관한 법률안)을 부를 때 '상설특검'이라고 부르지 말아달라고 부탁했습니다. 하지만 정부가 그 표현을 쓰니 기자들도 그냥 사용했습니다. 만약 그 때 정부와 여당이 냈던 법을 '특검임명절차법'이라고 언론이 불렀다면 법이 제정되었을까 싶습니다.

문재인 정부가 들어서기 직전과 들어선 후에는 참여연대에서는 제 후임자들이 많은 노력을 기울여주었습니다. 김희순 팀장이 고생을 많이 했습니다.

저는 참여연대 내부보다는 법무부장관 자문기구 위상을 가진 '법무검찰개혁위원회' 위원으로서 법무부에 권고할 공수처 법안을 성안하는 과정에 참여하였습니다. 진보적이면서도 합리적인 한인섭, 전지연 교수님같은 형사법학자, 민변을 대표하는 변호사, 검사로서의 경험도 풍부한 변호사와 교수와 함께 10여 회에 육박하는 몰입도가 매우 높은 회의를 거쳤습니다. 저 개인의 의견도 많이 내고 참여연대 입장도 반영하기 위해 노력한 시간이면서도, 쟁쟁한 실력을 갖춘 다른 분들로부터 많은 것들을 배우는 시간이기도 했습니다. 그래서 법무검찰개혁위가 권고안 법안의 완성도와 합리성은 그 이전에 나온 어떤 법안들보다도 높았다고 생각합니다.

물론 법무검찰개혁위원회의 권고안이나 이를 수정(일부 내용은 퇴보)한 정부안, 이보다 앞서 나왔던 박범계 의원 등의 공수처 법률안도 20년 전부터 나왔던 법률 청원안들에서 출발했다고 생각합니다.

이제 20년도 지났습니다. 그 사이에 참여연대 사법감시센터 소장을 맡았던 한인섭 교수님, 조국 교수님, 한상희 교수님, 서보학 교수님, 하태훈 교수님, 임지봉 교수님까지 현재까지 6명의 소장님들이 다 이 일에 땀을 흘리셨습니다. 반부패 운동 담당 부서였던 맑은사회만들기본부의 본부장이셨던 고 김창국 변호사님을 비롯해 윤태범 교수님, 장유식 변호사님도 참 많은 수고를 기울이셨습니다. 박원순 전 사무처장님을 비롯해 상근자들 중에도 김기식, 이태호, 김민영, 이재명, 문혜진 선배님을 비롯해 이진영, 이지현, 이재근, 이은미, 김희순, 김태일 간사 등등 참 많은 사람들이 긴 세월동안 땀을 쏟았습니다.

개인적으로도 공수처가 검찰개혁의 과제에서 잊혀지지 않도록 노력해왔고, 반대논리에 맞서 치열하게 논쟁을 해왔던 것에서나마 보람을 느낍니다. 이제는 결실을 맺어야 할 때가 되었습니다. 그만큼 오랜 세월동안 많은 노력이 켜켜이 쌓여있기 때문입니다. 과정에 대한 보람을 넘어 결과에 대한 보람까지 맛보고 싶습니다.[8]

IX 로스쿨 체제 도입, 절반의 성공

참여연대에서 작은 변화를 이끄는 일도 하지만, 통상 '시스템' 또는 '체제'라고 부르는 큰 구조적 변화를 위해 나서는 경우도 있었습니다. 제가 참여하기 전부터 참여연대(사법감시센터)에서 적극적으로 추진하던 일이지만, 로스쿨 체제 도입 운동도 그런 것이었습니다.

개인들이 알아서 시험준비를 한 뒤 성적순으로 1,000명(한 때는 300명)안에 든 사람들이 국가가 운영하는 1개의 연수기관(사법연수원)에서 2년의 연수를 받은 후 변호사가 되는 제도. 사법시험 – 사법연수원이라는 우리나라의 오래된 '선발시험을 통한 자격부여 후 연수'시스템입니다.

그에 반해 다양한 절차와 기준을 거쳐 전국 25개 전문대학원에 입학한 이들이 3년의 교육을 거친 후 변호사 자격 검증을 거쳐 변호사가 되는 제도. 로스쿨 – 변호사(자격)시험이라는 새로 도입된 '법률가 양성 후 자격 검증 시스템'입니다.

저는 2005년경부터 로스쿨 – 변호사시험 시스템 도입 운동에 참여했습니다. 그리고 시스템의 변화를 이루어냈습니다. 하지만 절반의 변화만 이끌어내는데 성공하다 보니 삐거덕삐거덕거리고 있음을 목도하고 있습니다. 안타깝기도 하고 화도 나고 만감이 교차합니다.

이 글은 새로운 법률가양성 – 자격부여시스템 도입을 위한 절반의 성공을 거둘 때까지의 고군분투기, 그리고 절반의 실패담입니다.

로스쿨 제도 도입에 대한 국가적 검토는 김영삼 정부에서 시작합니다. 김영삼 대통

---

8) https://www.peoplepower21.org/judiciary/1589492

령이 만든 '세계화추진위원회(세추위)'에서는 1995년에 사시 합격자 수(당시 300명)를 연차적으로 증원하기로 하지만 법률가양성제도 개혁은 추후 과제로 넘겨버립니다.

그 다음은 김대중 정부 때입니다. 김대중 대통령 자문기구로 만들어진 '사법개혁추진위원회(사개추)'는 1999년에 로스쿨 도입론을 거부합니다. 그 대신 사법연수원을 대법원이 관장하는 독립법인 형태의 '한국사법대학원'으로 개편하자는 안을 채택합니다. 법원은 법적 분쟁의 최종 판단자(재판권)뿐만 아니라 스승이라는 지위(교수권)에 기반한 권위를 꽉 쥐고 있었습니다.

드디어 노무현 대통령 시절에 로스쿨 도입론은 수용됩니다. 2003년 사법파동을 겪은 후 대통령과 대법원장이 '사법개혁위원회(사개위)'를 대법원에 설치하기로 합의합니다. 사개위는 2004년 12월 31일에 로스쿨 도입을 대법원장에게 건의합니다. 사법시험 체제에서 변호사가 된 대통령임을 감안하면 이상해 보입니다. 그만큼 사시 – 연수원 체제의 단점(한계점)이나 문제점을 더 방치할 수 없었습니다.

한인섭 교수님을 비롯해 참여연대에 몸담았던 많은 분들이 적극적으로 로스쿨 도입을 설득한 결과였습니다. 참여연대 역시 사개위에 몇 차례에 걸쳐 의견을 제시하였습니다.

구체적인 로스쿨 법안은 청와대에 설치된 대통령 자문기구인 '사법제도개혁추진위원회(사개추위)'가 맡았습니다. 사개추위에서 마련한 안은 정부 내부의 조율을 거쳐 2005년 10월에 국회에 제출됩니다.

정부안의 국회 제출을 전후하여, 참여연대와 저는 이런 일을 합니다. 2005년 4월 사개추위 공청회에서 로스쿨 제도의 각론에 관한 입장을 발표합니다. 5월에는 사개추위의 방안을 비판하는 성명도 발표하고, 11월부터는 정부안 비판 의견서도 발표합니다.

총론에서는 동의하지만, '총입학정원' 제도를 도입해 로스쿨 입학생과 변호사 수를 통제하려는 발상에 대한 비판이었습니다. 이것은 뒤에 이어질 '수數 파동'의 1차였습니다(이 용어는 로스쿨 시스템 도입운동의 핵심이었던 김창록 교수님이 붙이셨습니다).

정부안을 받은 국회는 1년 9개월 후에야, 본회의에서 일부 수정안을 통과시켜 로스쿨법(정식명칭은 '법학전문대학원 설치·운영에 관한 법률')을 제정합니다. 2007년 7월이었습니다. 최초 개교 시점은 2009년으로 정했습니다. 총입학정원 제도(로스쿨법 제7조)도 반영되었는데, 참여연대는 아쉬웠지만 그래도 큰 산은 넘은 기분이었습니다.

정부안에서 총입학정원 규정을 빼려고 노력한 것 못지않게 공을 들인 것은 로스쿨법 자체의 제정이었습니다. 자칫 정권이 바뀌면 처음부터 다시 시작할 수도 있기때문이었습니다.

그래서 국회와의 싸움이 벌어집니다. 노무현 정부의 정책에 힘을 보태고 싶지 않은 한나라당, 사법시험 체제에서 변호사가 된 법조계 출신 국회의원들, 로스쿨이 '미국식 신자유주의' 정책이라고까지 규정하며 가난한 사람들의 기회를 박탈한다고 본 '민주노동당'의 이념적 접근탓에 법안 처리는 지지부진했습니다.

참여연대는 정부안이 국회에 제출된 지 1년쯤 된 2006년 11월부터 '로스쿨 지지자의 편지' 시리즈 사업을 벌입니다. 1787년에 미국에서 발간된 "연방주의자의 논집(The Federalist Papers)"을 모방하여 박경신 교수께서 제안해 준 제목이었습니다.

김창록 교수님이 안상수 당시 법사위원장에게, 한상희 교수님이 권철현 교육위원장에게, 박경신 교수께서 민주노동당 최순영 의원에게 편지를 보내는 방식이었습니다.

두 달 동안 12편의 편지를 10명의 의원에게 보냈습니다. 최근 작고하신 노회찬 의원께도 보내고 최순영 의원께는 3번이나 보내었습니다. 민주노동당 소속 의원에게 12편중의 4편을 보낸 셈이었습니다. 진보정당이 거부감을 느낀 이유는, 로스쿨이 되면 경제적으로 여유있는 사람들만 변호사가 될 것이라는 우려였습니다.

물론 노회찬 의원은 그때에도 이념에 갇혀 있지 않았습니다. "로스쿨 늘려 부유층 사법시험 독식막아야"라는 언론기사에서 보다시피, 서울지역 사시 합격자의 상당수가 강남8학군 출신이라는 통계를 내며 사법시험이 이미 사회적 불평등을 보여주고 있음을 간파하고 있었습니다.[9]

참여연대와 저의 생각도 그랬습니다. 로스쿨 시스템에서는 저소득층이나 사회경제적 약자에 대한 특별전형, 지역균형선발 등 교육정책을 활용할 수 있고, 경제적 이유에 의한 장학금을 더 많이 의무화하는 방법을 쓸 수 있다는 점을 설명하고 또 설명했습니다. 개인의 무한경쟁에만 맡겨두는 사법시험 체제가 더 가난한 이들에게 불리한 점을 이해해달라고 했습니다.

다행히 정권이 바뀌기 전인 2007년 봄에 로스쿨법은 제정되었습니다. 이제부터는 교육부와의 싸움이 이어집니다.

교육부가 총입학정원을 구체적으로 정하는 절차에 착수합니다. 참여연대와 저는 2007년 10월 한 달동안 13편의 성명서와 보도자료를 썼습니다. 국회 교육위를 가운

---

9) https://bit.ly/2Ryeefh

데에 두고 교육부와 벌인 '전쟁'이었습니다. 교육부가 국회에 내놓은 총입학정원은 1500명이었습니다. 턱없이 부족하다는 내용을 휴일을 제외하면 이틀마다 글로 썼던 것입니다.

교육부가 국회 교육위에 보고한 자료들도 의원실을 통해 확인하였습니다. 10월 22일에는 <교육부의 국회 보고자료는 불량품>이라는 제목으로 기자회견도 열었습니다. 한상희, 김창록 교수님은 거의 매일 보내드리는 초안을 검토하고 수정하시느라 바쁘셨습니다.

마침내 11월에, 교육부는 로스쿨의 총 입학정원을 2,000명으로 결정합니다. 그 범위안에서 인가신청서를 낸 41개 학교를 심사하여 그중 25개 학교를 2008년 8월에 최종 인가합니다. 어떤 학교에는 150명, 어떤 학교에는 40명을 배정하였습니다.

교육부도 변호사 수 증가를 싫어하던 법조계, 그들의 대변자였던 법무부의 입김에 휘둘렸을 것입니다. 그나마 법무부가 총입학정원을 정하는 주무부서가 아니었기에 다행이었습니다. 김창록 교수님은 이를 '제2차 수數 파동'이라고 불렀습니다.

그다음에는 2여년에 걸친 법무부와의 싸움이 시작됩니다.

로스쿨법과 로스쿨의 총입학정원도 정했지만, 정작 로스쿨 졸업생이 치를 변호사(자격)시험은 정해지지 않았습니다. 변호사시험제도와 합격자 결정방법이 남았습니다. 용 그림에 눈동자를 어떻게 잘 찍을 것인가에 해당하는 문제였습니다.

법무부가 주무부서가 되어 2008년 10월에 변호사시험법안을 국회에 제출합니다. 이 정부안을 약간 손질한 수정안은 2009년 2월 국회 본회의에서는 부결됩니다. 4월에 이르러 국회 법제사법위원회의 의결을 거쳐 법사위원장이 본회의에 제안한 변호사시험법이 국회 본회의를 통과합니다.

이어 법무부는 2010년 12월말 변호사시험관리위원회를 거쳐 변호사시험 합격자 결정방법을 발표합니다. '2012년에 치르는 1회 변호사시험 합격자는 입학정원(2,000명)의 75%(1,500명) 이상'이었습니다. 여기에 '2013년 이후 합격자 결정방법은 추후 논의한다'고 발표합니다.

그러나 실제로는 1,500명 '이상'이 아니라 1,500명 '안팎'으로 고착되고, 지금까지도 합격자는 자격을 갖추었는지가 아니라 시험성적에서 1,500등 안에 들었냐 아니냐가 기준입니다. 제3차 수(數) 파동이었습니다.

정부가 움직이는만큼 참여연대도 움직였습니다. '변호사시험 잘못 만들면 로스쿨은 고시학원으로 전락한다'며 경고 메시지를 성명과 의견서로 2008년 5월부터 정부에 전달하였습니다. 같은 해 11월에는 법과사회이론학회와 공동으로 <미국과 일본의 변호사시험제도와 한국의 과제>라는 국제심포지움도 개최합니다.

2009년 연초 불쑥 튀어나온 예비시험제도 주장을 반박하는 자료도 여러 편 발표합니다. 예비시험제도 도입론자들은 '가난한 이들이 선택할 수 있는 통로'라고 주장했습니다. 그러나 사시보다 더 좁아질 예비시험 관문을 가난한 이들이 통과하는 것은 더 어려운 일입니다.

변호사시험 합격방법 결정기준을 사법시험처럼 정하지 말라는 자료를 여러 편 발표하였습니다. 2010년 12월에는 참여연대와 경실련, 김선수 변호사(전 사개추위 기획추진단장), 천정배 의원(사개추위 당시 법무부장관) 공동성명서도 발표합니다. 로스쿨들도 부랴부랴 '상대평가제'를 통해 학사관리를 엄격하게 하며 열심히 가르칠테니 학교를 믿어달라고 합니다.

하지만 정부는 성적순으로 1,500명 안팎으로 합격자를 뽑는 '정원제 선발시험'을 고수하였습니다. 1,000명에서 1,500명으로 늘었지 사법시험의 연장이었습니다.

이런 상황에 처한 로스쿨과 로스쿨 학생들의 선택은 충분히 예상됩니다. 입학생 선발부터 강의 개설과 선택, 학회 활동 등은 모두 1,500명이라는 숫자 앞에서 뒤틀리고 꼬여버립니다.

행복은 성적순이 아니듯, 변호사 자격을 갖추었냐는 변호사시험 성적 순위와 무관합니다. (초임) 변호사로서 가져야 할 실력을 검증하여 그 기준을 충족하면 500명이든 2,000명이든 자격을 부여하는게 맞습니다. 1,500등과 1,501등에 무슨 차이가 있겠습니까.

이 점에서는 한국의 법학계와 법조계는 초임 변호사는 어느 정도 실력을 갖추면 되는 사람인지 합의된 기준을 마련하고 있지 못하고 있고 그런 기준을 마련하려는 노력도 하지 않고 있음이 안타깝습니다.

2010년 12월 말부터 2년 간 시민참여팀장이 되었다가, 2013년에 다시 사법개혁 업무도 총괄하는 협동사무처장으로 복귀했습니다. '애프터 서비스'를 해야한다는 마음에, 그리고 로스쿨을 폐지하라는 황당한 주장까지 난무하던 때라 <로스쿨 5년 점검과 개선방향>이라는 토론회를 이춘석 국회의원과 공동주최했습니다. 그때 저는 학생선발의 다양성과 장학제도 현황을 조사해 보고서로 발표하였습니다.

2002년부터 2011년까지 10년간 5명 이상 사시 합격자 배출 대학은 전국 18개였습니다. 그러나 2009년부터 2012년까지 4년간 5명 이상 로스쿨 입학생 배출 대학은 전국 33개였습니다(로스쿨 입학이 곧 변호사시험 합격은 아니니 단순비교보다는 참고치였습니다). 10년 동안 10명 이상 사시 합격자 배출대학은 전국 14개였으나, 4년동안 10명 이상 로스쿨 입학생 배출 대학은 전국 28개였습니다. 비수도권 대학의 약진도 뚜렷했습니다.

경제사회적 취약계층 중심의 로스쿨 특별전형 입학자들은 2009년부터 2013년 사이에 연평균 125명이었습니다. 이들 모두가 변호사시험에 합격하지는 못했겠지만, 사시 합격자 1,000명 중 비율보다는 높지 않을까 추측해보았습니다.

사회에서 직업 경험을 쌓은 이들이 입학한 사례들도 꽤 많았고, 학부시절 전공분야도 다변화되고 있었습니다. 변호사 집단의 다양화에 청신호로 보였습니다. 그래서 제발 로스쿨 제도의 안착화에 지혜를 모으자고 호소하였습니다.

그러나 로스쿨 10년 차를 넘어서고 있는 지금, 그 변화의 추세는 많이 꺾였습니다. 로스쿨 시스템의 한계라고는 생각하지 않습니다. 어떤 사람에게 변호사 자격을 허용할 것인가에 대한 낡은 철학과 관습에서 벗어나지 못해서, 로스쿨은 도입했지만 변호사시험을 사법시험처럼 운영하면서 실타래가 꼬여있습니다. 우리 사회가 풀어야 할 과제입니다.

참여연대에서 펼친 '사법시험을 통한 선발－사법연수원에서의 연수' 시스템을 '로스쿨에서의 교육－변호사시험을 통한 자격검증' 체계로 바꾸려는 노력은 이렇게 일단락되어 있습니다. 앞서 말했지만 절반의 성과와 실패에 머물러 있습니다.

개인적으로 40여년 넘는 시스템을 바꾸기 위해 국회, 교육부, 법무부와 벌인 싸움은 잊을 수 없는 경험이었고, 그 경험을 통해 배우고 익힌 것 역시 소중하게 기억합니다. 한상희 선생님, 이국운 교수님, 김창록 교수님이 이끌고 밀어주셨던 과정이었습니다. 특히 경북대 법대의 김창록 교수님의 헌신은 정말 대단했습니다. 혹 더 관심 있는 분들은 김창록 교수님이 쓰신 <로스쿨을 주장하다－한국 로스쿨 탄생의 기록>(유니스토리, 2013)을 보아주십시오.

X 이슈리포트와 대법원과 헌법재판소의 사람들

역사가 오래된 기관, 특히 정책(연구)기관에는 고유한 이름을 가진 발간자료들이 있습니다. 예를 들어 국회의 입법조사처를 보면, <이슈와 논점>, <NARS 현안분석>, <NARS 입법·정책보고서> 라는 이름의 자료를 수시로 발간하고 있습니다.

그리고 각각 고유의 편집 형식을 띠고 있습니다. 세 가지는 조금씩 성격이 다른데, 앞에서 뒤로 갈수록 좀더 심층적이고 다루는 주제가 넓어지는 등의 특징이 있습니다.

참여연대에도 나름 고유의 간행물이 있으며 그것들만의 이름이 있습니다. 물론 처음부터 그리했던 것은 아니었습니다. 예를 들어 어떤 사안에 대한 기획 조사 뒤 그 결과를 발표하는 자료에는 대개 모니터보고서라는 일반적인 이름으로 붙이는데, 그렇다고 고유의 간행물 이름으로 정착되는 수준까지는 아니었습니다. 게다가 그 자료를 내는 부서가 어디든 참여연대가 내는 자료임을 알 수 있는 고유의 편집 형식이 고정된 것도 아니었지요.

그러다 2004년 11월말부터 의정감시팀에서 '이슈리포트'라는 이름으로 시리즈 자료를 내기 시작하였습니다. 이 시리즈는 2006년 6월 초순까지 1년 8개월째 이어졌습니다. 모두 16편의 이슈리포트를 만들었는데, 아마 그 일을 담당했던 이지현 당시 의정감시팀장은 지금 그때 그 기억이 생생하지 않을까 합니다.

마침 저는 2004년 여름께 사법감시센터로 부서로 옮기고 2005년에 사법감시팀장을 맡았습니다. 그 때 사법감시팀은 시민감시국이라는 부서안에 의정감시팀과 함께 있었습니다. 그 즈음 바로 옆 책상에서 근무하던 의정감시팀 멤버로는 이지현 팀장과 강수경 간사, 그리고 김현정 간사(2019년 현재는 사무국장)가 일하고 있었습니다.

의정감시센터에서 기획조사 결과를 이슈리포트라는 시리즈물로 내고 있었다면, 저는 2004년 말부터 <사법감시>라는 제호의 부정기 간행물에 기획조사 결과물을 실어 세상에 알리고 있었습니다. 그리고 짧은 내용은 보도자료의 첨부자료에 붙이는 형식으로 몇 건 썼습니다.

<사법감시>라는 부정기 간행물로 발간하려면 최소한 30여 페이지를 넘어야 하는 분량이 나와야 합니다. 그런데 그에 좀 미치지 못하는 기획조사 결과물도 있었습니다. 그렇다고 통상 내는 보도자료들의 첨부 자료로 세상에 내놓기에는 뭔가 아쉬움이 많았습니다.

그래서 마침 기획조사 결과물을 발표하려던 2006년 5월 어느 날, 의정감시팀의 이지현 팀장과 이런저런 이야기를 나누었습니다. 의정감시팀에서 내던 '이슈리포트'라는 이름의 시리즈물을 참여연대 전체의 발간자료 종류 중 하나로 해보자는 데 뜻이 모였습니다. 저도 그 이름이 매우 적당하다고 생각했기 때문입니다. 다만 기존의 편집 형식을 조금 손보아 계속 이어갈 고유한 편집 양식도 마련하게 되었습니다.

이런 과정을 거쳐 참여연대 발간자료의 한 유형으로서 <참여연대 이슈리포트>

가 만들어졌습니다. 그 첫 이슈리포트는 사법감시팀에서 2006년 6월 1일에 낸 <대법관 임명동의 요청사유 조사결과 보고서-2000년 이후 임명 대법관 13명, 임명제청권자들은 무엇에 주목했나>였습니다.

두 번째는 의정감시팀이 2004년 말부터 내던 국회 이슈리포트의 16번째 편이었던 <17대 의원 겸직관련 보고서-아무런 준비없이 시행되는 '상임위 직무관련 영리행위금지'제도>였습니다. 김현정 간사가 썼습니다.

그에 이어 참여연대 정보공개사업단에서 6월 8일에 낸 <통합정보공개시스템 1개월 평가-통합정보공개시스템 '열린정부' 사이트의 20가지 문제점>이었습니다. 저의 입사동기였던 이경미 간사가 썼습니다. 일 주일 사이에 3개 부서에서 하나씩 발표를 하면서 참여연대의 고유 발간자료의 자리를 찾아가기 시작했던 것입니다.

그 후 2018년까지 발간된 이슈리포트는 참여연대 전체 부서에 걸쳐 280여 건에 이른 듯합니다. 초기의 편집 형식은 2008년 7월경에 한 번 변화를 겪고 큰 틀에서 지금까지 이어지고 있습니다.

이 이슈리포트를 통해 참여연대의 수많은 간사들은 정말 다양한 사안에 대한 조사결과를 내놓았습니다. 특히 새로운 주제들을 발굴하여 사회에 내놓는 좋은 매개체로 잘 활용해오고 있습니다. 저도 흥미진진한 소재 또는 주제를 탐색하고 이슈리포트를 통해 세상에 던져보는 재밌는 시간들을 보냈습니다.

첫 이슈리포트 <대법관 임명동의 요청사유 조사결과 보고서-2000년 이후 임명 대법관 13명, 임명제청권자들은 무엇에 주목했나>도 흥미로웠던 접근이고 결과였습니다. 이 작업의 취지나 의의에 대해서는 당시에 이렇게 썼습니다.[10]

"참여연대는 이번 대법관 후보자 '임명동의 요청사유' 분석을 통해 지금까지 대통령과 대법원장의 대법관 인선의 특징과 경향이 무엇이며, 대법원장과 대통령이 무엇을 중시해왔는지를 파악하고 앞으로 시정되어야 할 부분과 계승발전시켜야 할 부분이 있는지 확인하였음"

대법관에 대한 인사청문회가 도입된 2000년부터 당시(2006년 5월)까지 후보자로 지명된 13명에 대해 국회에 제출된 자료를 살펴보았습니다. 대법관 후보자라면 뭔가 내세울만하거나 존경할만한 행적이 있을 만한 것이고, 후보자를 제청(대법원장)하거나 임명(대통령)하려는 쪽에서는 그 점을 강조할 것입니다. 시민의 호감을 얻어서 국회 청문회도 수월하게 통과하려고 말이죠.

---

10) https://www.peoplepower21.org/judiciary/516523

그런데 임명동의 요청사유를 보니 호감을 느낄만한 것이 보이지 않았습니다. 대법원장이나 대통령이 일부러 감추려는 것이었을까요? 인권보호와 관련한 임명동의 요청사유가 하나도 제시되지 않은 경우가 절반을 넘었습니다. 2005년에 대법관이 된 양승태 후보자도 그런 경우였습니다. 사회적 약자보호나 다양한 사회적 가치 존중과 관련한 임명동의 요청사유가 제시되지 않은 경우도 절반을 넘었습니다. 대법관이라면 당연히 떠오르는 인권과 사회적 약자보호와는 관련없는 내용들로만 가득찬 임명동의 요청사유서였습니다.

또 흥미로웠던 것은 임명동의 요청사유서에 적힌 인물평은 천편일률이었다는 점입니다. "탁월한 재판능력, 해박한 법률지식 투철한 국가관과 엄격한 자기관리 원만한 인품과 법조계의 높은 신망 등을 감안하여 대법관에 적임자". 한 마디로 엘리트이고 대인관계가 좋다는 점을 어렵게 쓴 것이나 별 차이가 없어 보였습니다.

그나마 김지형, 박시환 대법관에 대한 인물평은 달랐습니다. 김 대법관 후보자에 대한 인물평은 "차분하고 합리적 성품을 가진 법조인으로서 재판업무의 이론과 실무에 두루 정통하며 대법관으로서 사회의 다양한 가치를 대변하고 소수자를 보호하는 역할을 충실히 이행할 것으로 평가"한다는 것이었습니다.

박시환 대법관 후보자의 경우는, "개혁적인 성향을 가진 법조인으로서 재판업무의 이론과 실무에 정통하며 사법권 독립과 인권보장에도 투철한 사명감을 갖고 있어 이 시대가 요구하는 대법관의 역할을 충실히 이행할 것으로 평가"함이었습니다. 이들은 나중에 대법원을 가장 대법원답게 만들었습니다.

그리고 김영란 대법관 후보자의 경우는, 인물평에서는 천편일률적인 틀을 벗어나지 못한 사유서였지만, 구체적 사례는 여럿 제시되어 대법관 적임자인지 시민들이 판단할 수 있는 정보가 있었습니다. 예를 들어, "2002년 9월에는 민족민주혁명당 사건으로 구속된 피고인들과 변호인들이 국가정보원의 접견교통권 침해를 이유로 제기한 손해배상청구소송에서 변호인이 되려는 변호사가 국가정보원 직원에게 피고인에 대한 접견을 요구할 경우 정당한 이유 없이 이를 거부할 수 없다고 판시하여 피고인의 권리보호에도 진일보한 입장을 나타냄"이 제시되었습니다. 또 "집중호우 때 침수 피해를 입은 주민들이 시(市)를 상대로 제기한 손해배상청구 소송에서 시(市)가 고지대에 택지조성공사를 하면서 적절한 배수처리시설을 하지 아니한 잘못이 있다고 하여 원고 일부 승소 판결을 선고하는 등 사회적 약자의 권리 보호를 중시하는 판결 성향을 보임", "여성의 인권 및 사회적 약자의 생존권 보호라는 시대적인 요청에 가장 적합한 여성대법관 후보로 일찍부터 지목되어 왔음"이 제시되었습니다.

대법관은 인권옹호와 사회적 다양성의 관점에서 임명해야 한다는 것이 그 때나 지금에나 저와 참여연대의 생각이었습니다. 이러한 우리의 생각을 어떻게 설득력있게 제시해볼까 하는 점은 항상 우리의 숙제였습니다.

그래서 당시까지 임명된 대법관들은 대체 어떤 사람들이었냐를 비판적으로 그리고 간접적으로 접근한 자료를 만들어 보았던 것입니다. 지금도 이런 관점에서 대법관 임명동의 요청사유서를 분석해보는 것도 재밌는 시도가 될 것이라고 생각합니다.

여러 편의 이슈리포트들 중에 각별한 또 한 가지는 2008년 8월에 낸 <헌법재판소 20년, 헌법재판관 및 헌법연구관 구성분석 - 헌법재판소를 움직이는 이들은 누구인가>입니다.

헌재 개소 20년이 되는 때였습니다. 사회적 분쟁 해결 기관으로 법원 못지않게 헌법재판소가 많은 역할을 해온 20년이었습니다. 특히 2000년대 중후반에 헌재는 '관습헌법' 논리로 노무현 대통령이 추진하던 수도 이전을 좌초시키기도 하고 노무현 대통령에 대한 탄핵심판을 기각하기도 하는 등 정치와 세상의 중심에 깊숙이 발을 들이고 있었습니다.

헌재 20주년에 맞아, 각계에서는 당연히 헌재의 주요 결정들을 되짚어 보는 기획들이 진행되고 있었습니다. 제 입장에서는 그런 자료는 아무리 잘 내도 법학 전문 연구자보다 잘 할 수도 없을 듯하고, 또 언론사들보다 더 시사적인 자료를 만들기도 어려워 보였습니다. 물론 2년 전인 2006년 8월에 <디딤돌과 걸림돌 결정을 통해본 제3기 헌법재판소>라는 이슈리포트를 낸 바도 있어서 흥미가 떨어지기도 했습니다.

그래서 생각한 것이 '사람'에 대한 분석이었습니다. 저도 너무나 궁금했던 점이어서 더 흥미롭게 자료조사를 했었던 것으로 기억합니다. 이 작업에는 사법감시센터 실행위원이신 한동대의 이국운 교수님의 지도편달이 정말 큰 힘이 되었습니다.

조사결과는 역시나 헌법재판소가 사법부(법원)의 그늘에서 여전히 벗어나 있지 못하다. 아니 그보다 오히려 더 제2의 사법부로 전락하고 있다는 점이었습니다.

헌재가 문을 연 1988년부터 2008년 8월까지 임명된 헌법재판관 39명을 분석해보니, 갈수록 현직 법관 출신의 비중이 늘어나고 있다는 점이 눈에 띄었습니다. 그리고 같은 기간동안 헌법연구관 이상 전문연구그룹도 법원에서 파견 나온 법관들이 과반수를 차지했고, 검찰에서 파견된 검사들도 상당수였습니다.

시기별로 나누어 보면 노무현 정부 때에는 이들 두 기관(법원과 검찰)의 파견자(법관과 검사)의 비중이 대폭 줄었는데, 이명박 정부 들어 법관들이 헌재에서 차지하는 비중은 다시 과거로 돌아가는 추세였습니다. 다행인 것은 헌재에서 직접 채용하는 변호사나 법학박사들의 수는 2000년대 들어 늘어나고 있다는 점이었습니다. 그리고 이들이 승진하여 수석 또는 선임연구관이 되는 경우도 쌓였습니다. 이는 주로 검찰에서 파견되는 비중이 줄어드는 것과 맞물렸습니다. 하지만 법원과의 밀착도는 개선되지 않고 있었던 것이 보였습니다.

물론 법관들도 뛰어난 인사들이 올 수 있지만, 법관들이라고 하여 모두 헌법재판에 적합한 전문가가 아니었습니다. 그러나 헌법전문 연구자의 채용은 그만큼 부족하고, 변호사 자격은 없지만 인권 전문가로서 충분한 이들은 더더욱 헌재에 들어가지 못하고 있음이 확연히 보였습니다.

헌재의 결정례 분석이 아니라 구성원의 경력과 충원배경을 살펴본 것은 나름대로 헌법재판소를 입체적으로 살펴보고 변화의 단초를 찾아보는 좋은 경험이었습니다.

지금은 고위 현직 법관이 헌법재판관이 되는 경향은 여전한데, 연구관들의 구성은 어떻게 되었나 모르겠습니다. 법원도 바로 서야 하지만, 헌법재판소도 정말 헌법정신에 충실한 기관이 되어야 할 텐데, 그런 역할을 할 수 있는 이들로 헌재를 채우려는 노력이 중요할 듯합니다.

XI 이슈리포트로 고발한 사법현실들

2006년 여름, 참여연대의 고유한 발간자료의 하나로 <참여연대 이슈리포트>를 도입한 후, 이슈리포트를 통해 우리나라의 다양한 사법분야 현황을 세상에 알려볼 수 있었습니다.

이미 앞선 글에서 소개한 <2000년 이후 임명 대법관 13명, 임명제청권자들은 무엇에 주목했나>(2006.6.)와 <변호사 징계정보 공개실태 조사 보고서>(2006.7.), <디딤돌과 걸림돌 결정을 통해 본 제3기 헌법재판소>(2006.8.), <헌법재판소 20년, 헌법재판관 및 헌법연구관 구성 분석>(2006.8.) 외에도 이슈리포트에 담긴 사법현실들은 법률가들의 각성과 사법감시 운동의 분발, 언론과 시민의 관심을 요청하는 것들이었습니다.

외국의 좋은 점과 비교하여 한국 법조계의 분발을 촉구한 이슈리포트도 있었습니다. 그것은 2008년 12월에 발표한 <한국과 일본의 '무변촌' 실태와 양국 변호사단

체의 활동 조사-"걸어서 갈 수 있는 곳에 변호사 사무소가 생겨서 정말 편해졌어요"> 였습니다.11)

변호사들이 서울과 대도시에 집중되어 있다는 것은 이미 오래된 사회적 문제였습니다. 중소도시는 말할 것도 없고 농어촌 지역으로 가면 더더욱 부족했습니다. 언론이나 학계에서도 관련 자료를 내놓은 경우도 있었습니다. 예를 들어 제가 이 자료를 준비하면서 본 것으로는 2006년에 김도현 동국대 교수님이 발표한 '전국 시군구별 개업 변호사수 분석 현황보고서'도 있었습니다.

제가 2008년에 조사한 바도 김 교수님의 내용과 엇비슷했습니다. 2년 사이에 변호사가 2000명 이상 늘었지만 별로 개선되지도 않고 있었습니다. 2008년 6월 당시 변호사가 한 명도 없는 지방자치단체(기초자치단체로서 시, 군, 구)가 총 232곳 중 105곳이나 되었습니다. 변호사가 1명만 있는 곳도 18곳이고 기초자치단체 중 절반 가량에는 변호사가 1명도 없다는 말이었습니다.

경산시법원이나 포천시법원, 영주시법원, 장흥지원이 있는 경산시, 포천시, 영주시, 장흥군도 변호사 제로(0) 지역이었습니다. 이들 시법원이나 지원에서 처리하는 사건도 결코 적지 않은데도 그리했습니다. 아마 경산시법원은 대구에 있는 변호사들이, 포천시법원 사건은 의정부시에 개업한 변호사들이 와서 대부분 수임하는 모양으로 보였습니다.

이 이슈리포트를 준비하면서 제가 배운 것은, 비슷한 현실을 적극적으로 개선하고 있던 일본의 변호사들의 노력이었습니다.

우리나라 대한변호사협회와 같은 격으로 일본에는 일변련이라 부르는 일본변호사연합회가 있습니다. 이들은 1996년 5월 정기총회에서 변호사 제로 지역과 변호사 원 지역(1명이 있는 지역) 등 이른바 변호사 과소지역 해결대책을 만들기 시작합니다. 지방재판소 지부 관할 내에 법률사무소가 3개 이하인 곳은 '1종 과소지역', 4~10개인 곳은 '2종 과소지역', 지방재판소 지부의 변호사 1인당 인구가 3만명을 넘는 지역은 '편재 해소대책 지구'로 분류하기도 했습니다.

일변련은 변호사 제로-원 지역에 변호사 정착 추진을 목표로 하여 '해바라기 기금'을 마련하기도 했습니다. 변호사가 부족한 지역에 법률상담센터 설치 및 운영 자금을 원조하는데 쓰거나, 법률사무소를 설치하고 이런 지역에 개업하는 변호사에는 사무소 개설비용과 운용비용을 무이자로 대출하되 그중 상당부분은 상환을 면제하는 혜택을 주었습니다.

---

11) https://www.peoplepower21.org/?cat=12&p=519701&paged=2

그 결과 변호사 제로지역은 1996년에 47곳이었지만 2008년에는 사라졌습니다.

더 인상적이었던 것은 일변련 인터넷 웹사이트에서 볼 수 있었던 변호사 과소지역에서 활동하고 있던 변호사들의 활동 수기였습니다. 지금도 감동적입니다.

쿠마모토현 히토요시 시에 있는 미노다 케이고 변호사의 수기에는 이런 내용이 있었습니다. 그는 해바라기 기금으로 세운 법률사무소(공설사무소)에서 최소 운영 기간 동안 근무하고, 그 지역에서 개인 사무소를 운영한 지 3년쯤 된다고 자신을 소개한 사람입니다.

"이곳은 저의 고향이기도 하여 고향에서 변호사 업무를 하고 싶은 희망을 갖고 있던 적도 있어서 과감히 개인 사무소를 이 땅에서 개업하고 정착하기로 했습니다. 현재는 공설 사무소가 있던 장소에서 변호사 1명, 사무직원 3명의 체제로 사건 처리에 임하고 있습니다....(중략) 저 자신도 강하게 느끼는 것은 「변호사가 없는 지역에는 법률이 없다」는 사실입니다. 즉, 생활의 장면마다 국민을 보호하는 각종 법제도는 준비되어 있는데, 변호사가 없는 지역에서는 그것을 실현할 수 있는 수단이 없기 때문에 지역 주민이 그 법의 보호를 받을 수 없는 것입니다. 현재도 그 때문에(저는 개인적으로 그렇게 생각하고 있습니다만) 자살 등을 하는 사람이 적지 않습니다. 사실은 누군가 거기에 변호사가 있으면, 살 수 있었던 사람이 여러 명 있었을지도 모릅니다."

또 한 명의 인상적인 수기도 읽을 수 있었습니다. 이 분의 수기의 한 구절이 이 이슈리포트의 부제가 되었습니다. 후쿠오카현 치쿠고시에 있는 치쿠고 법률사무소 근무하는 이토 슈이치 변호사의 글이었습니다.

"저희 사무소가 있는 야메 지부는 제로 원 지역이라고는 해도 변호사가 수십 명 있는 쿠루메시와도 가깝고 또, 큐슈 제1의 대도시인 후쿠오카 시에도 1시간 정도로 갈 수 있으므로, 변호사와 접촉하기 어렵다고까지는 할 수 없습니다. 그러나 이웃분이 「걸어 갈 수 있는 곳에 사무소가 생겨서 정말 편해졌어요, 상담하기 쉬워졌어요. 선생님, 언제까지나 치쿠고에 있어 주세요.」라고 말씀하시는 경우도 많아서 가까운 곳에 상담할 수 있는 변호사를 요구하는 목소리가 큰 것을 실감했습니다."

지난 20여년 동안 우리나라에서도 변호사 숫자가 많이 늘어났습니다. 로스쿨 체제 이후는 더 그렇습니다. 하지만 여전히 수도권 집중이라고 알고 있습니다. 재작년 어느 학회에서 읽은 법경제학자의 발표문에는 단순히 숫자만 늘어난다고 무변촌 문제가 해결되는 것은 아니라는 지적이었습니다.

맞습니다. 그래서 저는 대한변호사협회가 적극적으로 법률서비스 공급의 확장과 변호사협회의 공익성 실천을 생각해서 일변련처럼 했으면 좋겠습니다. 그 때 이슈리포트에 일변런 사례를 정말 많이 담았던 이유도 그것이었습니다.

로스쿨 이후 변호사업계가 어렵다는 말도 많이 듣습니다만, 아직도 많은 시민들은 변호사를 어디서 어떻게 찾아가야 할지 막막합니다. 동네 약국처럼 변호사 사무실을 집 앞에서 금방 찾아갔다 왔다하는 문화가 된다면 변호사들도 그렇게 힘들지만은 않을텐데 말이죠.

사법현실을 고발한 또 하나의 이슈리포트는 2008년 10월에 나온 <재심 무죄 판결문을 통해 본 검찰의 잘못들>이었습니다. 단, 이 이슈리포트는 명광복 선배 간사님이 맡았습니다. 저는 팀장으로서 챙기는 역할 정도를 했었구요.

당시 이용훈 대법원장 시절 사법부는 그나마 과거 독재정권에 부역했거나 인권유린을 방조했던 것을 반성하고 대국민 사과도 하였습니다. 그러나 검찰은 완전히 달랐습니다.

그래서 당신들의 잘못이 무엇인지를 법적 효력이 있는 공식기록인 '법원의 판결문'을 통해 제시해보자고 했습니다. 그 방법은 과거 조작간첩 사건이나 고문 등 인권유린 사건에 대한 재심 무죄 판결문을 통해 검찰의 잘못을 정리하는 것이었습니다.

검토 대상이 된 재심 사건은, 2005년 7월부터 2008년 10월까지 선고된 과거사 관련 재심 무죄 판결 7건이었습니다. 민족일보 조용수 사건(1961년 검찰 기소), 태영호 선원 납북사건(1969년 검찰 기소), 인혁당 재건위 사건(1974년 검찰 기소), 납북 귀환어부 강대광 간첩조작 사건(1979년 검찰 기소), 차풍길 간첩조작 사건(1982년 검찰 기소), 함주명 간첩조작 사건(1983년 검찰 기소), 강희철 간첩조작 사건(1986년 검찰 기소)에 대한 재심 무죄 판결이 바로 그것이었습니다.

검찰이 경찰이나 중앙정보부에서의 사건 조작과 고문 등 가혹 행위를 묵인하거나, 검찰이 재판부에 말도 안되는 자료들을 증거로 제시했다거나 하는 것 등이 구체적으로 판결문에서 나왔습니다. 검찰도 사법부처럼 최소한 과거의 인권침해 사건에 대해 반성을 하되, 구체적으로 잘못한 것이 무엇인지를 제대로 알고 대국민 사과를 하길 바라는 마음에 썼던 이슈리포트였습니다.

명광복 선배 간사를 통해 검찰에 관한 이슈리포트를 준비하던 중에, 저는 법조윤리에 대한 이슈리포트를 준비했습니다. 같은 달에 발표된 <법원장 출신 변호사의 퇴직 전 최종근무법원 사건수임사례 조사 — 이들의 낯뜨거운 행태, 계속 방치할 것인가>였습니다.

이 자료는 법원장 이상의 고위 법관으로 근무하다 퇴직한 판사 출신 변호사들이 퇴직하자마자 자신이 근무하던 법원의 사건을 맡아 변호사로 법정에 나가는 일이 얼마나 많은지를 다룬 것입니다.

2004년 가을에 '법관 및 검사 출신 법률가의 변호사개업 실태 조사 결과'를 사법감시지 21호에 담은 적이 있었습니다. 그 자료는 개업지역을 다룬 것이었는데, 이번 이슈리포트는 실제 최종근무법원의 사건을 퇴직하자마자 수임하였는지를 조사한 것이었습니다.

이런 자료를 만들기로 마음먹은 계기는, 김진기 전 대구고법원장의 사건때문이었습니다. 2007년 3월, 김진기 변호사는 대구고법원장직을 끝으로 법관복을 벗었습니다. 그런데 퇴임 후 단 3일만에 대구고법에서 진행되던 어떤 정치인의 선거법 위반 사건의 변호인이 되었습니다. 언론의 보도에 이어, 참여연대 사법감시센터는 항의성명을 내고 수임철회를 요구하였습니다. 다행히 김 변호사는 사건 수임을 철회하였습니다. 그 경험을 바탕으로 법관 출신 변호사들의 전관예우를 의식한 사건 수임 실태를 전체적으로 살펴보고 고발해보고 싶었습니다.

조사대상은 2004년부터 2007년 사이에 퇴직한 지법원장과 고법원장 출신 변호사들 총 20명이었습니다. 이들이 퇴직 후 1년 이내에 수임한 사건 중에 마지막 근무법원의 사건이 있는지를 조사했습니다.

그런데 어떤 변호사의 수임내역을 변호사회로부터 제가 받을 수 있는 방법은 없었습니다. 우리가 쓸 수 있는 방법은 이런 것이었습니다. 판결이 선고된 사건의 경우에 변호인 이름은 판결문에 남는다. 법원도서관 판결문 검색시스템을 이용하면 그들 20명의 이름이 남아 있는 판결문을 검색할 수 있다. 그리고 대법원의 사건검색시스템을 이용하면 그 변호사가 선임계를 언제 제출했는지를 파악할 수 있다. 이런 방식으로 조사를 진행하였습니다.

조사결과는 생각보다 심했습니다. 조사방법의 한계로 판결이 선고된 사건만을 기준으로 했는데도 불구하고, 조사 대상자 20명 모두 퇴직 후 1년 이내에 최종 근무지 사건을 수임한 적이 있었습니다.

박행용 전 광주지법원장은 광주지법 사건을 43건, 이광렬 전 서울서부지법원장은 서울서부지법 사건을 28건, 김동건 전 서울고법원장은 서울고법 사건을 19건이나 수임한 것으로 조사되었습니다. 다시 한 번 말하지만, 조사시점이었던 2008년 8월경까지 판결이 선고된 사건에서만 그랬다는 것입니다. 판결이 선고되기 전의 사건이나 수임을 했다가 도중에 사임한 사건들은 일단 빼놓은 통계입니다.

퇴직한 지 1개월도 지나지 않았는데 최종 근무법원 사건을 수임한 법원장 출신 변호사들도 3명이나 있었습니다. 신정치 전 서울고법원장과 김진기 전 대구고법원장이 각각 5건, 박행용 전 광주지법원장이 7건의 사건을 수임했습니다. 이것도 1심 판결문을 통해 확인한 최소한의 사건이었습니다.

참, 안타까운 일이었습니다. '염치'라는 말이 많이 생각났습니다. 그 때부터 퇴직 후 사건수임 제한 제도의 도입을 좀더 적극적으로 주장했던 것 같습니다. 법조계 전관예우 문제 해결의 고육지책으로 거론되던 방안이었습니다. 다행히 몇 년 후 변호사법이 개정되어 퇴직 후 근무지 사건은 1년 동안 수임할 수 없는 규정이 마련되었습니다.

2006년 7월, <2000년 이후 배임/횡령 기업인 범죄 판결 사례 조사> 이슈리포트를 발표합니다. 사법감시센터로 이동하기 전에 저는 참여연대 경제민주화위원회 담당 간사였습니다. 재벌감시를 하던 부서였기에, 사법감시센터 담당 간사가 된 후로도 대기업을 포함한 재벌 총수의 불법행위에 대한 형사처벌에 대해 각별한 관심이 있었습니다.

물론 기업인 범죄에 대한 낮은 수준의 처벌은 여러 차례 사회문제가 되었습니다. 다만 전수조사에 준하는 조사를 해보고 싶었습니다.

살펴본 사례들은 기소되었고 재판결과가 추적 가능한 69명에 대한 재판이었습니다. 이미 관대한 처벌이라고 비판받은 사례들로 한정한 것이 아니었습니다. 검찰이 소환했거나 기소하였다고 언론에 보도될 정도라면 결코 미미한 사건이 아니었을테니, 2000년 이후 언론에 보도된 기업인 범죄 사건을 대상으로 삼았습니다.

1심에서 집행유예형을 선고받은 이들은 69명중 38명이었습니다. 55%였습니다. 1심에는 실형을 선고받은 31명 중 13명은 원천적으로 집행유예가 불가능한 징역 3년을 넘는 형량이 선고된 이들이었습니다. 그렇다면 69명중 56명은 징역 3년 이하형인데, 그중 68%인 38명은 집행유예형을, 나머지 22%인 18명만 실형을 선고받았다는 결과가 나왔습니다. 물론 1심 선고결과입니다.

이들 1심에서 실형을 선고받은 뒤 2심 결과가 나온 경우(조사당시 시점)는 29명이었습니다. 이들 중 1심처럼 실형이 유지된 경우는 11명(37.9%)에 그치고, 18명(62.1%)는 집행유예형으로 바뀌어 버립니다. 그러니까 당시 조사기준으로 2심까지의 결과를 보면, 재판받은 69명 중 56명이 집행유예형을 받은 것이었습니다. 81%를 넘는 수치였습니다. 관대한 처벌이라는 말을 피할 수 없음이 확인되었습니다.

개별 사건의 특수성을 더 살펴본다면, 또는 다른 종류의 범죄들에 대한 양형과도 비교해본다면 좀더 많은 이야기를 할 수 있었을텐데 하는 아쉬움은 저 스스로에게도 있었습니다. 그럼에도 몇몇 케이스를 소개하는 단편적인 접근을 넘어선 것을 위안으로 삼았습니다.

이 자료가 혹시나 단초가 되었을는지 모르겠지만, 2000년대 중반까지 참여연대에서 함께 일했던 최한수 박사가 경제학 공부를 마치고 화이트칼라 범죄에 대한 양형분석 논문을 낸 적이 있었습니다. 연구자의 전문성과 집요함이 더 있었기 때문에 부럽기도 하고 배울 점도 많았던 논문이었습니다. 하지만 '시작은 내가 먼저였어'라고, 친구이기도 한 최 박사에게 농담을 건네주고 싶습니다. 물론 "수준과 깊이는 최 박사가 백배 천배 나아"라는 말도 함께 건네주겠습니다.

이것들 외에도 이슈리포트를 통해 고발하거나 알린 사법 현실들이 나름 많았습니다. 이런 것을 조사하고 이슈리포트라는 발간자료 형식에 맞추어 글을 쓰는 일은 참 즐거웠습니다. 저 역시 사법현실을 하나하나씩 알아가는 재미에 푹 빠져있었던 것 같습니다. 그래서 일이라기보다는 재밌는 공부같았습니다.

법조출입 기자들에게는 미안했지만, 사법현실 고발성 기획기사는 내가 더 많이 쓰겠다 과대망상도 가끔씩 하기도 했으니까요. 물론 기자들과 언론매체를 통하지 않으면 세상에 전달되지 않으니 그들에게 신세를 많이 지기도 했습니다.

제가 이런 일을 할 수 있었던 데는 2가지 배경이 있었다고 생각합니다.

우선은 원래부터 참여연대는 '권력감시'단체이지만, 2004년 창립 10주년을 맞아 채택한, '안정적인 모니터링'을 통한 권력감시단체로서의 장점을 살려가자는 조직의 발전 전망이 그 하나였다고 생각합니다. 그래서 여러 주제에 걸쳐 사법현실을 드러내는 조사작업을 좀더 의미있는 일로 느꼈습니다.

다음으로는, 제가 이런 일을 할 수 있게 앞에서 옆에서 이끌어주신 당시 사법감시센터의 한상희 소장님 덕분이었습니다. 꼼꼼히 검토도 해주시고, 새로운 정보도 가르쳐주시는 분이 있다보니 상근활동가로서 너무나 든든했습니다.

사법현실을 뒤쫓아가지 말고 앞서 당겨가는데까지 이르지 못한 점이 아쉽기는 합니다. 그래도 그 때가 저만의 전성기였고, 그래서 그 시절이 참 좋습니다.

후기

이 글은 2018년 12월부터 이듬해 1월 사이에 참여연대에서의 활동을 되돌아보며 쓴 글들 중에 사법 분야와 관련한 활동들에 대해 쓴 글입니다. 당시 저는 시민운동을 하며 경험한 일들을 기록해두고자 개인적으로 이 글들을 써 보았습니다. 당시의 심정이나 느낌을 그대로 살리는 게 좋겠다는 이 책의 기획자의 의견이 타당하다 싶어 굳이 이 책이 나오는 시점에 맞추어 다시 쓰지는 않았습니다. 그래서 글의 시점은 2018년 말과 2019년 1월입니다. 다만 본문에 표시한 인터넷 기사나 게시물의 웹주소는 2024년 9월 기준으로 재확인한 것입니다.

1999년 연말부터 참여연대에서 상근하기 시작한 제가 2004년 여름께 참여연대 사법감시센터 담당 상근자가 된 다음부터 참여연대를 떠날 때까지 15년 동안 사법개혁운동에 참여했던 것은 평생 잊지 못할 경험이었습니다. 그건 진보적 관점을 견지하며 전문적 법률 및 법학 지식과 법조계 현실을 가르쳐주시면서도, 법학이나 법률전문가가 아닌 저를 격려하며 지식과 지혜를 보태주신 참여연대 사법감시센터 실행위원과 소장님들 덕분이었습니다.

이런 일을 해볼까요라거나 이런 사건은 어떻게 평가해야 할까요 등등 온갖 질문을 실행위원님들께 이메일로 보냈습니다. 그러면 여러 실행위원님들이 이런저런 의견을 보내주시니 일할 맛이 났습니다. 선생님이 이런 거 써주시고 선생님이 이런 거 좀 구해주세요라고 부탁하면, 그것도 다들 바로바로 하나씩 해결해주셨으니, 신이 났습니다.

10명이 넘는 실행위원들에게 한꺼번에 이메일을 보내다보면, 상황 설명도 길어지고 거기다 제 의견까지 제대로 담아보려 하면, 메일 본문의 길이는 제가 생각해도 길어졌습니다. 그래서 이거 다 읽어보시려나 싶었습니다. 그런데도 신기하게 정확하게 내용을 읽어보신 다음에야 쓸 수 있는 답장들이 여러 개 메일 수신함에 쌓였습니다. 실행위원님들도 사법개혁운동에 진심을 다해 임하고 계셨던 게 느껴졌습니다.

그 분들을 생각하면 지금도 가슴이 뜁니다. 법무법인 한결의 차병직 변호사님, 건국대 한상희 교수님, 한동대 이국운 교수님, 경북대 김창록 교수님, 고려대 하태훈·김제완·박경신 교수님, 경희대 서보학 교수님, 서강대 임지봉 교수님, 연세대 한상훈·김종철 교수님, 아주대 오동석 교수님, 서울대 조국 교수님과 한인섭 교수님.

그 중 한인섭 교수님은 제가 2004년 이후 참여한 사법개혁운동의 밑그림을 약 10년 전에 그려둔 설계자 중의 한 분이었습니다. 1995년 2월에 당시 참여연대 사법감시센터 소장이었던 박은정 서울대 교수님과 부소장이었던 한인섭 교수님은 조선일보와 10회짜리 기획연재 기사 <사법개혁>을 기획하고 추진하였습니다. 근대법학 100주년이기도 했던 시기였는데, 1994년 9월에 창립한 참여연대에 몸담은 진보적 법학교수들이 사법개혁운동의 청사진을 제시하고자 하는 목적을 가진 프로젝트였습니다.

1년 후 1996년 2월에 한인섭 교수님을 비롯해 참여연대 사법감시센터 실행위원들은 이 기획기사시리즈의 성과물을 보강하여 <국민을 위한 사법개혁>이라는 단행본을 내었습니다. 이 책에는 그 후 2010년대까지 이어진 사법개혁운동이 다룬 주제들이 대부분 망라되어 있었습니다.

그리고 한인섭 교수님은 참여정부 시기 사법개혁위원회에서, 문재인정부 시기에는 법무검찰개혁위원회에서 많은 개혁의제를 다루었는데 특히 국민참여재판 도입과 고위공직자범죄수사처 도입의 중추적인 역할을 하셨는데, 저는 그 때마다 참여연대 사법감시센터 간사 또는 사무처장으로 그 두 위원회의 안팎에서 한 교수님과 협업할 수 있었습니다. 많이 배우는 시간이기도 하여 소중했습니다.

그래서 이 글이 저의 경험담이 아니라 한인섭 교수님을 포함해 앞에서 떠올린 분들, 그리고 저와 같은 단체 소속은 아니었으나 1990년대 중반부터 2020년대 초반까지 검찰개혁을 포함하여 사법개혁운동에 매진했던 분들의 노고를 떠올려 보는 이야기로 받아들여지면 더 바랄 게 없습니다.

본서 집필자

강민구(변호사, 법무법인 린)

강태경(연구위원, 한국형사·법무정책연구원)

고명수(교수, 서울대학교 법학전문대학원)

금용명(소장, 교도소연구소)

김광수(법학박사, 서울대학교 법학연구소)

김남준(변호사, 법무법인 시민)

김남진(책임연구원, 전남대학교 동아시아법센터)

김대근(연구위원, 한국형사·법무정책연구원)

김동혁(교수, 경일대학교 경찰행정학과)

김두식(교수, 경북대학교 법학전문대학원)

김상준(변호사, 법무법인 케이에스앤피)

김영중(연구위원, 한국형사·법무정책연구원)

김지선(선임연구위원, 한국형사·법무정책연구원)

김진우(변호사)

김창록(교수, 경북대학교 법학전문대학원)

김태명(교수, 전북대학교 법학전문대학원)

김한균(선임연구위원, 한국형사·법무정책연구원)

김현숙(법학박사)

문준영(교수, 부산대학교 법학전문대학원)

박경신(교수, 고려대학교 법학전문대학원)

박근용(공익제보센터장, 서울시교육청)

박지현(교수, 인제대학교 법학과)

박진열(인권정책과장, 법무부)

박형관(교수, 가천대학교 법과대학 경찰행정학과)

백태웅(교수, 하와이대 로스쿨)

서주연(변호사)

손익찬(변호사, 공동법률사무소 일과사람)

신상현(헌법연구원, 헌법재판소)

신용해(법학박사, 법무부 교정본부장)

신혜진(부장검사, 서울중앙지방검찰청)

심우민(교수, 경인교육대학교)

심유진(변호사, 법무법인 무한)
안성조(교수, 제주대학교 법학전문대학원)
양현아(교수, 서울대학교 법학전문대학원)
오두진(변호사)
오병두(교수, 홍익대학교 법과대학)
이경주(교수, 인하대학교 법학전문대학원)
이기수(교수, 전남대학교 해양경찰학과)
이덕인(교수, 부산과학기술대학교 경찰행정과)
이상수(교수, 서강대학교 법학전문대학원)
이윤제(교수, 명지대학교 법학과)
이재승(교수, 건국대학교 법학전문대학원)
이주영(연구교수, 서울대학교 인권센터)
이창화(변호사)
이형근(법학박사, 심리학박사, 경정)
임보미(HK연구교수, 건국대학교 모빌리티인문학연구원)
임성호(변호사)
임수빈(변호사, 법무법인 엘케이비앤파트너스)
임은정(부장검사, 대전지방검찰청)
장다혜(선임연구위원, 한국형사·법무정책연구원)
정긍식(교수, 서울대학교 법학전문대학원)
정도희(교수, 경상국립대학교 법과대학)
정민영(변호사, 법무법인 덕수)
최광준(교수, 경희대학교 법학전문대학원)
최정학(교수, 한국방송통신대학교 법학과)
최준혁(교수, 인하대학교 법학전문대학원)
피터 뮤즈니(교수, 제네바대학)
하태영(교수, 동아대학교 법학전문대학원)
한상훈(교수, 연세대학교 법학전문대학원)
한인섭(교수, 서울대학교 법학전문대학원)
홍진영(교수, 서울대학교 법학전문대학원)
황승흠(교수, 국민대학교 법과대학)

공익과인권 34 서울대학교 법학연구소 공익인권법센터

인간존엄의 형사법, 형사정책 및 제도개혁

초판발행	2025년 2월 14일
지은이	한인섭 등 61인
대표편집	한인섭
공동편집	문준영·김영중·김광수
펴낸이	안종만·안상준
편 집	이수연
기획/마케팅	조성호
표지디자인	BEN STORY
제 작	고철민·김원표

펴낸곳   (주) **박영시**
             서울특별시 금천구 가산디지털2로 53, 210호(가산동, 한라시그마밸리)
             등록 1959. 3. 11. 제300-1959-1호(倫)

전 화	02)733-6771
f a x	02)736-4818
e-mail	pys@pybook.co.kr
homepage	www.pybook.co.kr
ISBN	979-11-303-4839-1 93360

정 가   79,000원